PROBLEMAS DE DIREITO CIVIL

CIVIL

Homenagem aos 30 anos de cátedra do Professor Gustavo Tepedino por seus orientandos e ex-orientandos

O GEN | Grupo Editorial Nacional – maior plataforma editorial brasileira no segmento científico, técnico e profissional – publica conteúdos nas áreas de concursos, ciências jurídicas, humanas, exatas, da saúde e sociais aplicadas, além de prover serviços direcionados à educação continuada.

As editoras que integram o GEN, das mais respeitadas no mercado editorial, construíram catálogos inigualáveis, com obras decisivas para a formação acadêmica e o aperfeiçoamento de várias gerações de profissionais e estudantes, tendo se tornado sinônimo de qualidade e seriedade.

A missão do GEN e dos núcleos de conteúdo que o compõem é prover a melhor informação científica e distribuí-la de maneira flexível e conveniente, a preços justos, gerando benefícios e servindo a autores, docentes, livreiros, funcionários, colaboradores e acionistas.

Nosso comportamento ético incondicional e nossa responsabilidade social e ambiental são reforçados pela natureza educacional de nossa atividade e dão sustentabilidade ao crescimento contínuo e à rentabilidade do grupo.

PROBLEMAS DE DIREITO CIVIL

Homenagem aos 30 anos de cátedra do Professor Gustavo Tepedino por seus orientandos e ex-orientandos

**Anderson Schreiber
Carlos Edison do Rêgo Monteiro Filho
Milena Donato Oliva**

Alessandra Tufvesson • Alexandre Ferreira de Assumpção Alves • Alexandre Freitas Câmara • Aline de Miranda Valverde Terra • Ana Carolina Brochado Teixeira • Ana Luiza Maia Nevares • Anderson Schreiber • André Gondinho • André Ricardo Cruz Fontes • Antonella Marques Consentino • Barbara Almeida de Araujo • Bruno Costa Lewicki • Camila Helena Melchior Baptista • Carlos Edison do Rêgo Monteiro Filho • Carlos Tolomei • Celso Quintella Aleixo • Chiara Spadaccini de Teffé • Cíntia Muniz de Souza Konder • Daniela Trejos Vargas • Danielle Machado Soares • Danielle Tavares Peçanha • Danilo Doneda • Deborah Pereira Pinto dos Santos • Diana Loureiro Paiva de Castro • Fabiana Barletta • Fábio de Oliveira Azevedo • Fernanda Sabrinni • Francisco de Assis Viégas • Gabriel Rocha Furtado • Gabriela Tabet de Almeida • Gisela Sampaio da Cruz Guedes • Guilherme Magalhães Martins • João Quinelato de Queiroz • José Roberto de Castro Neves • Juliane Fernandes Queiroz • Laís Cavalcanti • Leonardo Mattietto • Leonardo Roscoe Bessa • Marcelo Junqueira Calixto • Marcos Alberto Rocha Gonçalves • Marcos Alves da Silva • Marcus Eduardo de Carvalho Dantas • Mauricio Moreira Menezes • Milena Donato Oliva • Nelly Potter • Pablo Renteria • Paula Greco Bandeira • Priscila Mathias Fichtner • Rachel Saab • Rafael Garcia Rodrigues • Raul Murad Ribeiro de Castro • Roberta Mauro Medina Maia • Rodrigo da Guia Silva • Rose Melo Vencelau Meireles • Samir Namur • Sérgio Marcos Carvalho de Avila Negri • Thaita Campos Trevizan • Victor Willcox • Vitor Butruce • Viviane Perez de Oliveira • Vivianne da Silveira Abílio

- O autor deste livro e a editora empenharam seus melhores esforços para assegurar que as informações e os procedimentos apresentados no texto estejam em acordo com os padrões aceitos à época da publicação, e todos os dados foram atualizados pelo autor até a data de fechamento do livro. Entretanto, tendo em conta a evolução das ciências, as atualizações legislativas, as mudanças regulamentares governamentais e o constante fluxo de novas informações sobre os temas que constam do livro, recomendamos enfaticamente que os leitores consultem sempre outras fontes fidedignas, de modo a se certificarem de que as informações contidas no texto estão corretas e de que não houve alterações nas recomendações ou na legislação regulamentadora.

- Fechamento desta edição: 14.09.2021

- O Autor e a editora se empenharam para citar adequadamente e dar o devido crédito a todos os detentores de direitos autorais de qualquer material utilizado neste livro, dispondo-se a possíveis acertos posteriores caso, inadvertida e involuntariamente, a identificação de algum deles tenha sido omitida.

- **Atendimento ao cliente: (11) 5080-0751 | faleconosco@grupogen.com.br**

- Direitos exclusivos para a língua portuguesa
  Copyright © 2021 by
  Editora Forense Ltda.
  Uma editora integrante do GEN | Grupo Editorial Nacional
  Travessa do Ouvidor, 11 – Térreo e 6º andar
  Rio de Janeiro – RJ – 20040-040
  www.grupogen.com.br

- Reservados todos os direitos. É proibida a duplicação ou reprodução deste volume, no todo ou em parte, em quaisquer formas ou por quaisquer meios (eletrônico, mecânico, gravação, fotocópia, distribuição pela Internet ou outros), sem permissão, por escrito, da Editora Forense Ltda.

- Capa: Fabricio Vale

- **CIP – BRASIL. CATALOGAÇÃO NA FONTE.**
  SINDICATO NACIONAL DOS EDITORES DE LIVROS, RJ.

P956

Problemas de direito civil : homenagem aos 30 anos de cátedra do professor Gustavo Tepedino por seus orientandos e ex-orientandos / Alessandra Tufvesson ... [et al.] ; coordenação Anderson Schreiber, Carlos Edison do Rêgo Monteiro Filho, Milena Donato Oliva. – 1. ed. – Rio de Janeiro : Forense, 2021.

Inclui bibliografia e índice
ISBN 978-65-596-4205-2

1. Direito civil – Brasil. 2. Proteção de dados – Brasil. 3. Contratos – Brasil. 4. Responsabilidade (Direito) – Brasil. 5. Direito de família – Brasil. 6. Herança e sucessão – Brasil. I. Tufvesson, Alessandra. II. Schreiber, Anderson. III. Monteiro Filho, Carlos Edison do Rêgo. IV. Oliva, Milena Donato.

21-73000 CDU: 342.7(81)

Camila Donis Hartmann – Bibliotecária – CRB-7/6472

SOBRE OS AUTORES

Alessandra Tufvesson

Ex-aluna do Professor Gustavo Tepedino. Juíza de Direito. Mestre em Direito Civil pela UERJ.

Alexandre Ferreira de Assumpção Alves

Doutor em Direito na área de concentração em Direito Civil pela Universidade do Estado do Rio de Janeiro (UERJ). Professor titular na UFRJ e professor-associado na UERJ. Membro do Programa de Pós-Graduação em Direito da UERJ na linha de pesquisa Empresa e Atividades Econômicas.

Alexandre Freitas Câmara

Doutor em Direito Processual (PUCMINAS). Professor adjunto de Direito Processual Civil da Escola de Direito da Fundação Getulio Vargas-RJ. Membro do Instituto Brasileiro de Direito Processual e da Associação Internacional de Direito Processual. Desembargador (TJRJ).

Aline de Miranda Valverde Terra

Professora de Direito Civil da UERJ e da Pontifícia Universidade Católica do Rio de Janeiro (PUC-Rio). Mestre e Doutora em Direito Civil pela Universidade do Estado do Rio de Janeiro (UERJ). Sócia de Aline de Miranda Valverde Terra Consultoria Jurídica.

Ana Carolina Brochado Teixeira

Doutora em Direito Civil pela UERJ. Mestre em Direito Privado pela PUC Minas. Professora de Direito Civil. Coordenadora editorial da *Revista Brasileira de Direito Civil – RBDCivil*. Advogada.

Ana Luiza Maia Nevares

Doutora e Mestre em Direito Civil pela UERJ. Professora de Direito Civil da PUC-Rio. Vice--Presidente da Comissão de Estudos Constitucionais da Família do IBDFAM. Diretora Acadêmica do IBDFAM-RJ. Membro do IBDCivil e do IAB. Advogada.

Anderson Schreiber

Professor Titular de Direito Civil da Universidade do Estado do Rio de Janeiro. Professor da Fundação Getulio Vargas – FGV. Membro da Academia Internacional de Direito Comparado. Doutor em Direito Privado Comparado pela *Università degli studi del Molise* (Itália). Mestre em Direito Civil pela UERJ. Pesquisador Visitante do *Max Planck Institut für ausländisches und internationales Privatrecht* (Alemanha). Procurador do Estado do Rio de Janeiro. Sócio fundador do escritório Schreiber Advogados.

André Gondinho

Mestre e Doutor em Direito Civil pela UERJ, Mestre em Administração pela *Alliance Manchester Business School*. Ex-Professor de Direito Civil em diversas instituições de ensino superior, a exemplo do IBMEC, da Faculdade de Direito Candido Mendes, da Escola de Magistratura do RJ.

André Ricardo Cruz Fontes

Desembargador do TRF-2ª Região e Doutor em Direito Civil pela Universidade do Estado do Rio de Janeiro – UERJ.

Antonella Marques Consentino

Advogada. Bacharel Direito Civil pela Universidade do Estado do Rio de Janeiro (UERJ). Mestre em Direito Civil pela Universidade do Estado do Rio de Janeiro (UERJ). Mestre em Direito Privado (*LL.M*) pela Columbia University.

Barbara Almeida de Araujo

Mestre em Direito Civil pela Universidade do Estado do Rio de Janeiro. Advogada. Lecionou a cadeira de Direito Civil na Universidade Candido Mendes-Centro e na Pontifícia Universidade Católica-RJ. Ingressou no Instituto Nacional da Propriedade Industrial em 2014. Atualmente, ocupa o cargo de Assistente na Procuradoria Federal Especializada junto ao INPI. Também escreve sobre Propriedade Industrial.

Bruno Costa Lewicki

Doutor em Direito Civil (UERJ). Foi assessor técnico da Comissão de Cultura da Câmara dos Deputados e coordenador do curso de graduação em direito do Ibmec-RJ. Seu texto neste livro é dedicado a Marcos Souza, gestor público que, em mais de uma passagem pelo Ministério da Cultura, comandou as discussões sobre a reforma da lei autoral brasileira com sabedoria política, determinação férrea, e uma vontade de ensinar apenas comparável ao seu desejo de aprender. Essa história ainda não terminou, e torço para que Marcos, e outros servidores como ele, a continuem.

Camila Helena Melchior Baptista

Mestranda em Direito Civil da Faculdade de Direito da Universidade do Estado do Rio de Janeiro (UERJ). Sócia do Escritório Gustavo Tepedino Advogados – GTA.

Carlos Edison do Rêgo Monteiro Filho

Professor Titular de Direito Civil da UERJ. Ex-coordenador do Programa de Pós-Graduação em Direito da UERJ. Procurador do Estado do Rio de Janeiro. Sócio fundador de Carlos Edison do Rêgo Monteiro Filho Advogados.

Carlos Tolomei

Advogado, Professor, Consultor, Mestre em Direito Civil pela Universidade do Estado do Rio de Janeiro – UERJ e *Visiting Scholar* na Faculdade de Direito da Universidade de Coimbra.

Celso Quintella Aleixo

Promotor de Justiça do Ministério Público do Rio de Janeiro. Mestre em Direito Civil pela Universidade do Estado do Rio de Janeiro – UERJ. Ex-Professor de Direito Civil da Universidade Católica de Petrópolis e da Universidade Estácio de Sá.

Chiara Spadaccini de Teffé

Doutoranda e mestre em Direito Civil pela Universidade do Estado do Rio de Janeiro (UERJ). Atualmente, é professora de Direito Civil e de Direito e Tecnologia na Faculdade de Direito do IBMEC. Leciona em cursos de pós-graduação do CEPED-UERJ, na Pós-graduação da PUC-Rio, na Pós-graduação do Instituto New Law e na Pós-graduação da EBRADI. É também professora da Escola da Magistratura do Estado do Rio de Janeiro (EMERJ), do Instituto de Tecnologia e Sociedade do Rio (ITS Rio) e do Data Privacy Brasil. Membro da Comissão de Proteção de Dados e Privacidade da OABRJ. Membro do conselho executivo da revista eletrônica **civilistica.com.** Membro do Fórum permanente de mídia e liberdade de expressão da EMERJ. Foi professora substituta de Direito Civil na UFRJ e pesquisadora do Instituto de Tecnologia e Sociedade do Rio (ITS Rio). Associada ao Instituto Brasileiro de Estudos em Responsabilidade Civil (IBERC). Atua como advogada em áreas do Direito Civil e do Direito Digital e como consultora em proteção de dados pessoais. *E-mail*: chiaradeteffe@gmail.com.

Cíntia Muniz de Souza Konder

Doutora em Direito Civil pela UERJ, Mestre em Direito e Sociologia pela UFF. Professora de Direito Civil da Faculdade Nacional de Direito da Universidade Federal do Rio de Janeiro (FND/UFRJ) e do Ibmec. Professora dos cursos de Pós-graduação *lato sensu* da UERJ e da PUC-Rio. Advogada.

Daniela Trejos Vargas

Professora adjunta do Departamento de Direito da PUC-Rio, Doutora em Direito Civil pela Universidade do Estado do Rio de Janeiro (UERJ), Mestre em Direito Constitucional pela PUC-Rio, bacharel em Direito pela PUC-Rio, advogada.

Danielle Machado Soares

Advogada da MD Advogados Associados, Ex-Professora da Universidade Católica de Petrópolis e da Universidade Estácio de Sá. Especialista em Processo Civil e Mestre em Direito Civil.

Danielle Tavares Peçanha

Mestranda em Direito Civil da Faculdade de Direito da Universidade do Estado do Rio de Janeiro – UERJ. Advogada. Pesquisadora do Escritório Gustavo Tepedino Advogados – GTA.

Danilo Doneda

Doutor em direito civil (UERJ), tendo tido como orientador o Prof. Gustavo Tepedino. Advogado. Professor no IDP. Diretor do CEDIS/IDP. Membro do Conselho diretor da IAPP.

Deborah Pereira Pinto dos Santos

Mestre e Doutoranda em Direito Civil pela Faculdade de Direito da UERJ. *Master of Law* pela Faculdade de Direito de Harvard (LLM'18). Procuradora do Município do Rio de Janeiro. Advogada.

Diana Loureiro Paiva de Castro

Mestre em Direito Civil pela Universidade do Estado do Rio de Janeiro – UERJ. Procuradora do Estado de São Paulo.

Fabiana Barletta

Professora-Associada III da UFRJ. Possui pós-doutorado em Direito do Consumidor pela UFRGS. Doutora em Teoria do Estado e Direito Constitucional pela PUC-Rio. Mestre em Direito Civil pela UERJ.

Fábio de Oliveira Azevedo

Mestre em Direito Civil pela UERJ. Professor da EMERJ e da AMPERJ. Professor das pós-graduações da PUC e da FGV. Membro do IAB, do IBDCivil, do IBDCont e do Ibradim. Advogado.

Fernanda Sabrinni

Doutora em direito privado pela Universidade Paris II Panthéon-Assas e pela Universidade do Estado do Rio de Janeiro-UERJ. Pós-doutora em direito das novas tecnologias pela Universidade de Paris. Conselheira do Comitê brasileiro da Association Henri Capitant. Professora na Ecole Superieure des Professions Immobilières – ESPI. Laboratoire ESPI2R. Advogada.

Francisco de Assis Viégas

Mestre em Direito Civil pela Universidade do Estado do Rio de Janeiro – UERJ. Sócio do Escritório Gustavo Tepedino Advogados – GTA.

Gabriel Rocha Furtado

Doutor e Mestre em Direito Civil (UERJ). Professor Adjunto de Direito Civil (UFPI). Associado ao Instituto Brasileiro de Direito Civil (IBDCivil). Membro Fundador do Instituto Brasileiro de Direito Contratual (IBDCont). Advogado. *E-mail*: gabriel@rochafurtado.com.br.

Gabriela Tabet de Almeida

Mestre em Direito pela UERJ. Gestão em Segurança Pública e Justiça Criminal no Estado do Rio de Janeiro pela UFF. Promotora de Justiça no Estado do Rio de Janeiro.

Gisela Sampaio da Cruz Guedes

Doutora e Mestre em Direito Civil pela Universidade do Estado do Rio de Janeiro (UERJ). Professora Adjunta do Departamento de Direito Civil da UERJ. Professora da pós-graduação *lato sensu* do Centro de Estudos e Pesquisas no Ensino de Direito (CEPED/UERJ), da Pontifícia Universidade Católica do Rio de Janeiro (PUC-RJ), da EMERJ e da EPM. Advogada, parecerista e árbitra.

Guilherme Magalhães Martins

Promotor de Justiça – RJ. Professor-associado de Direito Civil da Faculdade Nacional de Direito – UFRJ. Professor permanente do Doutorado em Direito, Instituições e Negócios – UFF. Doutor e Mestre em Direito Civil pela UERJ. Segundo Vice-Presidente do Instituto Brasilcon e Diretor Institucional do IBERC.

João Quinelato de Queiroz

Professor de Direito Civil do IBMEC. Mestre e Doutorando em Direito Civil pela UERJ. Presidente da Comissão de Direito Privado e Novas Tecnologias do Conselho Federal da OAB. Diretor Financeiro do Instituto Brasileiro de Direito Civil. *E-mail*: joaoquinelato@gmail.com.

José Roberto de Castro Neves

Doutor em Direito Civil pela Universidade do Estado do Rio de Janeiro (UERJ). Mestre em Direito pela Universidade de Cambridge, Inglaterra. Professor de Direito Civil da Pontifícia Universidade Católica (PUC-Rio) e da Fundação Getulio Vargas (FGV-Rio). Advogado.

Juliane Fernandes Queiroz

Professora de Direito Civil PUCMinas. Coordenadora de Cursos de Pós-Graduação IEC PUCMinas. Autora de livros na área de Direito de Família, Sucessões e Bioética. Doutorado em Direito Civil pela UERJ. Pesquisa Pós-Doutoral Università Torino Itália. Advocacia e Consultoria jurídica em Direito Biomédico especializado em RHA.

Laís Cavalcanti

Mestranda em Direito Civil pela Universidade do Estado do Rio de Janeiro. Sócia do Escritório Gustavo Tepedino Advogados – GTA.

Leonardo Mattietto

Mestre e Doutor em Direito Civil pela Universidade do Estado do Rio de Janeiro. Professor de Direito Civil na Universidade Federal do Estado do Rio de Janeiro e na Universidade Candido Mendes. Procurador do Estado.

Leonardo Roscoe Bessa

Professor de Direito Civil e Direito do Consumidor da graduação e do Programa de Mestrado e Doutorado do CEUB (DF). Professor da Escola Nacional da Magistratura – ENM. Mestre em Direito pela UnB. Doutor em Direito Civil pela UERJ. Procurador de Justiça do MPDFT. Instagram: @leonardoroscoebessa.

Marcelo Junqueira Calixto

Doutor e Mestre em Direito Civil (UERJ). Professor Adjunto da PUC-Rio (Mestrado e Graduação) e dos cursos de Pós-Graduação da FGV, da UERJ e da EMERJ. Membro do IBDCivil, do IBDCONT, do IBERC, do BRASILCON e do IAB. Advogado.

Marcos Alberto Rocha Gonçalves

Bacharel em Direito pela Universidade Federal do Paraná (2006). Mestre em Direito pela Pontifícia Universidade Católica de São Paulo (2012). Doutor em Direito pela Universidade do Estado do Rio de Janeiro (2019). Professor em cursos de graduação e pós-graduação. Advogado.

Marcos Alves da Silva

Doutor em Direito Civil pela UERJ. Mestre em Direito pela UFPR. Pós-Doutor pela Universidade Nova de Lisboa. Professor do Programa de Pós-Graduação em Direito Empresarial e Cidadania do UNICURITIBA (Mestrado e Doutorado). Professor da Fundação do Ministério Público do Paraná (FEMPAR). Advogado em Curitiba – PR.

Marcus Eduardo de Carvalho Dantas

Mestre em Ciências Jurídicas (PUC-Rio). Doutor em Direito Civil (UERJ). Professor-associado no Departamento de Direito Privado da Faculdade de Direito da Universidade Federal de Juiz de Fora (UFJF-MG).

Mauricio Moreira Menezes

Professor Titular de Direito Comercial da Universidade do Estado do Rio de Janeiro – UERJ. Advogado.

Milena Donato Oliva

Professora de Direito Civil e do Consumidor da Faculdade de Direito da Universidade do Estado do Rio de Janeiro – UERJ. Sócia do Escritório Gustavo Tepedino Advogados – GTA.

Nelly Potter

Doutora em Direito Civil UERJ. Mestre em Direito Civil UERJ. Mestre em Direito Público UCAM. Especialista em contratos FGV. Especialista em Contratos – Universidade de Colônia/Alemanha.

Pablo Renteria

Professor de Direito Civil da Pontifícia Universidade Católica do Rio de Janeiro (PUC-Rio). Ex-Diretor da Comissão de Valores Mobiliários – CVM. Secretário-Geral do Comitê Brasileiro da *Association Henri Capitant*. Fundador do Escritório Renteria Advogados.

Paula Greco Bandeira

Professora Adjunta de Direito Civil da Universidade do Estado do Rio de Janeiro (UERJ). Sócia do Escritório Gustavo Tepedino Advogados – GTA.

Priscila Mathias Fichtner

Doutora em Direito Civil-Constitucional pela Universidade do Estado do Rio de Janeiro (UERJ). Mestre em Direito do Trabalho e da Seguridade Social pela Universidade de São Paulo (USP). Sócia no Escritório Chalfin, Goldberg e Vainboim Advogados.

Rachel Saab

Advogada. Doutoranda em Direito Civil pela Universidade de Coimbra. Mestre em Direito Civil pela Universidade do Estado do Rio de Janeiro. Bacharel em Direito pela Universidade do Estado do Rio de Janeiro. Bacharel em Relações Internacionais pela Universidade Federal do Rio de Janeiro.

Rafael Garcia Rodrigues

Mestre em Direito Civil pela UERJ. Professor Universitário. Procurador do Trabalho.

Raul Murad Ribeiro de Castro

Doutor e Mestre em Direito Civil pela Universidade do Estado do Rio de Janeiro. Professor do Departamento de Direito da Pontifícia Universidade Católica do Rio de Janeiro. Sócio do Denis Borges Barbosa Advogados. *E-mail*: raulmurad@dbba.com.br.

Roberta Mauro Medina Maia

Doutora e Mestre em Direito Civil pela Uerj. Professora dos cursos de graduação e pós-graduação da PUC-Rio. Ex-aluna dos cursos de Negociação da Universidade de Harvard (2016), de Mediação Empresarial do Centro Brasileiro de Mediação e Arbitragem (2020) e de Mediação de Conflitos Judicializados da Universidade de Pepperdine (2021). Associada ao Instituto Brasileiro de Direito Civil (IBDCivil) e ao Instituto Brasileiro de Direito Imobiliário (IBRADIM). Advogada.

Rodrigo da Guia Silva

Doutorando e mestre em Direito Civil pela Universidade do Estado do Rio de Janeiro (UERJ). Pesquisador visitante do Instituto Max-Planck de Direito Privado Comparado e Internacional, Hamburgo – Alemanha. Membro do Instituto Brasileiro de Direito Civil (IBDCivil). Sócio do Escritório Gustavo Tepedino Advogados – GTA.

Rose Melo Vencelau Meireles

Professora Adjunta de Direito Civil da UERJ, Procuradora da UERJ, Mestre (2003) e Doutora (2008) em Direito Civil pela UERJ. Advogada e Mediadora.

Samir Namur

Mestre e doutor em Direito Civil pela Universidade do Estado do Rio de Janeiro (UERJ). Professor universitário e advogado.

Sergio Marcos Carvalho de Avila Negri

Professor Adjunto do Departamento de Direito Privado e membro do corpo docente permanente do Programa de Pós-Graduação *Stricto Sensu* em Direito e Inovação da Faculdade de Direito da Universidade Federal de Juiz de Fora (UFJF). Doutor e Mestre em Direito Civil pela Universidade do Estado do Rio de Janeiro (UERJ). Especialista em Direito Civil pela *Università degli Studi di Camerino* (Itália). *E-mail*: sergio.negri@ufjf.edu.br.

Thaita Campos Trevizan

Mestre em Direito Civil pela Universidade do Estado do Rio de Janeiro (UERJ). Especialista em Direito Público pelo Centro Universitário Leonardo da Vinci/ Uniasselvi/SP. Juíza de Direito do Tribunal de Justiça do Estado do Espírito Santo (TJES).

Victor Willcox

Mestre e Doutorando em Direito Civil do Programa de Pós-Graduação da Faculdade de Direito da Universidade do Estado do Rio de Janeiro – UERJ. Procurador do Município do Rio de Janeiro. Advogado.

Vitor Butruce

Doutor em Direito Comercial (USP). Mestre em Direito Civil (UERJ). Sócio do BMA – Barbosa Müssnich Aragão.

Viviane Perez de Oliveira

Advogada graduada pela Universidade do Estado do Rio de Janeiro (UERJ). Pós-graduada em Direito da Economia e da Empresa pela Fundação Getulio Vargas do Rio de Janeiro (FGV/RJ). Mestre em Direito Civil pela UERJ. Sócia fundadora do escritório Perez & Barros Sociedade de Advogados.

Vivianne da Silveira Abílio

Mestre em Direito Civil pela Faculdade de Direito da Universidade do Estado do Rio de Janeiro (UERJ). Sócia do Escritório Gustavo Tepedino Advogados – GTA.

APRESENTAÇÃO

Em agosto de 2021, completam-se trinta anos de cátedra do Professor Gustavo Tepedino na Faculdade de Direito da Universidade do Estado do Rio de Janeiro – UERJ. Sua incansável dedicação à vida acadêmica produziu uma quantidade de admiradores que seria impossível reunir em um só volume. São muitos aqueles que foram, de algum modo, influenciados pela sua produção científica, palestras, intercâmbios acadêmicos, arguições e ensinamentos. Assim, esta é apenas uma dentre as muitas homenagens que a ocasião merece, mas traz o selo peculiar da gratidão acadêmica, na medida em que figuram como autores deste livro apenas os orientandos e ex-orientandos do Professor Gustavo Tepedino no Programa de Pós-Graduação *Stricto Sensu* da Faculdade de Direito da UERJ (PPGD-UERJ).

Hoje professores ou profissionais consagrados em diferentes instituições no Brasil e no exterior, todos esses autores aceitaram prontamente o convite para participar desta obra e produziram, especialmente para o presente livro, artigos associados ao tema de sua respectiva dissertação de Mestrado ou tese de Doutorado orientada pelo homenageado no âmbito do PPGD-UERJ. Como o leitor poderá notar, são todos escritos que exprimem a mais rigorosa aplicação técnica da metodologia do Direito Civil-Constitucional, que caracteriza a escola de pensamento inaugurada pelo Professor Gustavo Tepedino na UERJ há três décadas.

À impressionante unidade metodológica da obra associa-se uma rica variedade de temas que perpassam todos os setores do Direito Civil brasileiro, a exprimir, desse modo tão genuíno, a ampla produção científica do Professor Gustavo Tepedino, sendo seus orientandos e ex-orientandos unânimes em reconhecer que aqueles trabalhos não seriam produzidos sem a sua decisiva contribuição. O livro sela, ainda, o encontro de diferentes gerações de civilistas, ligadas pela orientação dedicada do homenageado, que há trinta anos propaga conhecimento e estimula que jovens pesquisadores sigam e abracem a vida acadêmica.

Rio de Janeiro, agosto de 2021.

Os Coordenadores

SUMÁRIO

Parte I
TEORIA GERAL DO DIREITO CIVIL E PROTEÇÃO DE DADOS PESSOAIS

1 A DESCONSIDERAÇÃO DA PERSONALIDADE JURÍDICA: FUNDAMENTOS TEÓRICOS E PRESSUPOSTOS LEGAIS PARA SUA APLICAÇÃO
Alexandre Ferreira de Assumpção Alves.. 3

2 CORPO, AUTONOMIA EXISTENCIAL E CONSTRUÇÃO DA VIDA PRIVADA
Ana Carolina Brochado Teixeira 29

3 A PROIBIÇÃO DE COMPORTAMENTO CONTRADITÓRIO: ONTEM E HOJE
Anderson Schreiber 50

4 MARCHAS E CONTRAMARCHAS DAS LIMITAÇÕES AOS DIREITOS DO AUTOR
Bruno Lewicki 60

5 O DIREITO ADQUIRIDO SOB O PRISMA CIVIL CONSTITUCIONAL
Carlos Tolomei 78

6 A CATEGORIA ESPECIAL DOS DADOS SENSÍVEIS: FUNDAMENTOS E CONTORNOS
Chiara Spadaccini de Teffé 97

7 LEITURA CIVIL-CONSTITUCIONAL DA CONCESSÃO DE CRÉDITO NO ORDENAMENTO JURÍDICO BRASILEIRO
Cíntia Muniz de Souza Konder 124

8 A PROTEÇÃO DA PERSONALIDADE NO SISTEMA BRASILEIRO DE PROTEÇÃO DE DADOS PESSOAIS
Danilo Doneda 143

9 INVALIDADE E CONSERVAÇÃO DOS NEGÓCIOS JURÍDICOS: HISTÓRIA, DOGMÁTICA E CRÍTICA DOS INSTITUTOS
Leonardo Mattietto 154

XVI PROBLEMAS DE DIREITO CIVIL – *Homenagem aos 30 anos de cátedra do professor Gustavo Tepedino*

10 A NOVA LEI DO CADASTRO POSITIVO
Leonardo Roscoe Bessa 171

11 DOS BENS COMUNS AOS COMPORTAMENTOS COMUNS
Marcos Alberto Rocha Gonçalves 185

12 NEGÓCIO FIDUCIÁRIO E PATRIMÔNIO SEPARADO
Milena Donato Oliva 197

13 PRESCRIÇÃO: UMA RECONSTRUÇÃO FUNCIONAL
Rachel Saab 209

14 AUTONOMIA PRIVADA E OS ATOS DE DISPOSIÇÃO DO PRÓPRIO CORPO
Rafael Garcia Rodrigues 228

15 REFLEXÕES SOBRE A ABRANGÊNCIA DO DIREITO DE EXCLUSÃO EM PATENTES
Raul Murad Ribeiro de Castro 241

16 A (DES)NATURALIZAÇÃO DA PESSOA JURÍDICA E A EXPROPRIAÇÃO DA SUBJETIVIDADE
Sergio Marcos Carvalho de Avila Negri 259

17 O PRINCÍPIO DA CONSERVAÇÃO DO NEGÓCIO JURÍDICO NO TEMPERAMENTO DAS PATOLOGIAS NEGOCIAIS
Victor Willcox 271

Parte II
OBRIGAÇÕES E CONTRATOS

18 CLÁUSULA RESOLUTIVA EXPRESSA: FUNÇÃO, ESTRUTURA E OPERATIVIDADE
Aline de Miranda Valverde Terra 303

19 O ABUSO DE DIREITO POTESTATIVO NA LEGALIDADE CONSTITUCIONAL
Camila Helena Melchior Baptista de Oliveira 320

20 RESOLUÇÃO POR INADIMPLEMENTO EFICIENTE DO CONTRATO: INDENIZAÇÃO E LUCRO DA INTERVENÇÃO
Deborah Pereira Pinto dos Santos 337

21 POTENCIALIDADES FUNCIONAIS DAS CLÁUSULAS DE NÃO INDENIZAR: RELEITURA DO REQUISITO TRADICIONAL DE VALIDADE REFERENTE AO DOLO E À CULPA GRAVE DO DEVEDOR
Diana Loureiro Paiva de Castro 356

22 A REVISÃO DO CONTRATO NO CÓDIGO CIVIL E NO CÓDIGO DE DEFESA DO CONSUMIDOR
Fabiana Rodrigues Barletta 373

SUMÁRIO | **XVII**

23 A PROTEÇÃO CONTRA CLÁUSULAS ABUSIVAS EM CONTRATOS INTEREMPRESARIAIS – ANÁLISE COMPARATIVA DO DIREITO BRASILEIRO À LUZ DO DIREITO FRANCÊS
Fernanda Sabrinni 385

24 O ARTIGO 473, PARÁGRAFO ÚNICO, DO CÓDIGO CIVIL E A CHAMADA SUSPENSÃO DA EFICÁCIA DA DENÚNCIA SOB A PERSPECTIVA DO *GIUSTO RIMEDIO*
Francisco de Assis Viégas 397

25 O CÓDIGO DO CONSUMIDOR E AS CLÁUSULAS PENAIS
José Roberto de Castro Neves 415

26 NOTAS SOBRE O CONTEÚDO DO SINALAGMA E SEUS REFLEXOS NA APLICAÇÃO DA EXCEÇÃO DE CONTRATO NÃO CUMPRIDO
Laís Cavalcanti 429

27 O CONTRATO COMO MECANISMO DE ALOCAÇÃO DE RISCOS CONTRATUAIS: O EXEMPLO DA CLÁUSULA DE RESPONSABILIDADE PELO FORTUITO
Paula Greco Bandeira 448

28 A BOA-FÉ QUALIFICADA NOS CONTRATOS DE SEGURO
Priscila Mathias Fichtner 460

29 DO ENRIQUECIMENTO SEM CAUSA AO ENRIQUECIMENTO INJUSTO
Rodrigo da Guia Silva 480

30 DIREITO A NÃO CUMPRIR: NOTAS SOBRE O PERFIL FUNCIONAL DA EXCEÇÃO DE CONTRATO NÃO CUMPRIDO
Vitor Butruce 501

31 AS CLÁUSULAS PENAIS NO DIREITO BRASILEIRO: CRITÉRIOS DISTINTIVOS ENTRE CLÁUSULAS PENAIS MORATÓRIA E COMPENSATÓRIA
Vivianne da Silveira Abilio 526

Parte III
RESPONSABILIDADE CIVIL

32 A RESPONSABILIDADE CIVIL DO ESTADO POR ATOS OMISSIVOS: DA CULPA AO CONCEITO OBJETIVO DE ILICITUDE
Alessandra Tufvesson 549

33 DE VOLTA À REPARAÇÃO DO DANO MORAL: 30 ANOS DE TRAJETÓRIA ENTRE AVANÇOS E RETROCESSOS
Carlos Edison do Rêgo Monteiro Filho 563

XVIII | PROBLEMAS DE DIREITO CIVIL – *Homenagem aos 30 anos de cátedra do professor Gustavo Tepedino*

34 DESAFIOS NA REPARAÇÃO DOS LUCROS CESSANTES: A IMPORTÂNCIA DA CONCRETIZAÇÃO DA RAZOABILIDADE NA QUANTIFICAÇÃO DO DANO
Gisela Sampaio da Cruz Guedes 578

35 CONSUMO, RESPONSABILIDADE E VULNERABILIDADE NA INTERNET
Guilherme Magalhães Martins 602

36 DESAFIOS DA CLÁUSULA GERAL DE RISCO NA RESPONSABILIDADE CIVIL OBJETIVA:
João Quinelato de Queiroz 617

37 A RESPONSABILIDADE CIVIL DO PODER PÚBLICO POR OMISSÃO E OS EFEITOS DA DECISÃO PROFERIDA PELO STF NO RECURSO EXTRAORDINÁRIO 608.880/MT
Marcelo Junqueira Calixto 637

38 A RESPONSABILIDADE CIVIL DO ADVOGADO SOB A PERSPECTIVA CIVIL--CONSTITUCIONAL
Thaita Campos Trevizan 651

Parte IV
DIREITOS REAIS

39 POR QUE A HIPOTECA NÃO É UM VERDADEIRO DIREITO REAL?
Alexandre Freitas Câmara 673

40 O PRINCÍPIO DA TIPICIDADE DOS DIREITOS REAIS
André Gondinho 684

41 A PROTEÇÃO FUNCIONAL DA POSSE DOS BENS PÚBLICOS: ESTUDO DA AUTONOMIA DA POSSE FRENTE À PROPRIEDADE
Barbara Almeida de Araujo 696

42 AS GARANTIAS MOBILIÁRIAS NO SISTEMA JURÍDICO BRASILEIRO: UMA PROPOSTA DE MODERNIZAÇÃO
Daniela Trejos Vargas 711

43 SITUAÇÕES DE FATO: CONDOMÍNIO DE ÁGUAS
Danielle Machado Soares 726

44 CONDOMÍNIO EDILÍCIO ENTRE FORMALISMO E FUNÇÃO: NOVAS ESTRUTURAS E MERECIMENTO DE TUTELA
Fábio de Oliveira Azevedo 742

45 A COLIGAÇÃO DE DIREITOS REAIS NOS CONDOMÍNIOS HOTELEIROS
Gabriel Rocha Furtado 758

SUMÁRIO | **XIX**

46 DIREITO REAL E RELAÇÃO DE COOPERAÇÃO*

Pablo Renteria 774

47 OPONIBILIDADE ERGA OMNES E BOA-FÉ SUBJETIVA: REFLEXÕES SOBRE A USUCAPIÃO TABULAR E O ART. 54 DA LEI 13.097/2015

Roberta Mauro Medina Maia 791

Parte V
FAMÍLIA E SUCESSÕES

48 A FUNÇÃO PROMOCIONAL DO TESTAMENTO

Ana Luiza Maia Nevares 813

49 NACIONALIDADE BRASILEIRA E ADOÇÃO INTERNACIONAL

André R. C. Fontes 823

50 PRISÃO CIVIL DO DEVEDOR DE ALIMENTOS ANTE O ADIMPLEMENTO SUBSTANCIAL

Celso Quintella Aleixo 828

51 O BEM DE FAMÍLIA EM PERSPECTIVA FUNCIONAL: (IM)PENHORABILIDADE DO IMÓVEL LUXUOSO

Danielle Tavares Peçanha 845

52 TUTELA DA PESSOA HUMANA E MANIPULAÇÃO EMBRIONÁRIA NA FER-TILIZAÇÃO *IN VITRO*

Gabriela Tabet de Almeida 866

53 GAMETAS E EMBRIÕES HUMANOS NO LIMBO DO ESQUECIMENTO

Juliane Fernandes Queiroz 884

54 REFLEXÕES PREAMBULARES SOBRE AS CONJUGALIDADES CONTEMPO-RÂNEAS: ESTADO, LAICIDADE E LIBERDADE

Marcos Alves da Silva 897

55 FUNDAMENTO DA TUTELA POSSESSÓRIA E O PAPEL DO PRINCÍPIO DA FUNÇÃO SOCIAL DA POSSE NO CONTEXTO DA AUTONOMIA DA POSSE FRENTE À PROPRIEDADE

Marcus Eduardo de Carvalho Dantas 908

56 A CAMINHO DA NORMATIVA DAS SITUAÇÕES JURÍDICAS EXISTENCIAIS

Rose Melo Vencelau Meireles 928

57 DESCONSTRUINDO O DISCURSO JURÍDICO DO CASAMENTO: ANTES E AINDA

Samir Namur 943

Parte VI
SOCIETÁRIO

58 REFLEXÕES SOBRE O CONTRATO DE ADESÃO
Antonella Marques Consentino 957

59 DIREITO SOCIETÁRIO NA CONSTITUIÇÃO
Mauricio Moreira Menezes 976

60 GRUPOS SOCIETÁRIOS DE FATO: BREVE ENSAIO SOBRE UMA REALIDADE
SOCIETÁRIA CONTEMPORÂNEA
Nelly Potter 995

61 REVISITANDO O TEMA DA FUNÇÃO SOCIAL DA EMPRESA
Viviane Perez de Oliveira 1006

PARTE I
TEORIA GERAL DO DIREITO CIVIL E PROTEÇÃO DE DADOS PESSOAIS

PARTE I

1

A DESCONSIDERAÇÃO DA PERSONALIDADE JURÍDICA: FUNDAMENTOS TEÓRICOS E PRESSUPOSTOS LEGAIS PARA SUA APLICAÇÃO

ALEXANDRE FERREIRA DE ASSUMPÇÃO ALVES

Sumário: 1. Introdução. 2. A personalidade jurídica e seus atributos, em especial a autonomia. 3. A relativização da autonomia da pessoa jurídica e o surgimento da teoria da desconsideração. 4. Os fundamentos da desconsideração da personalidade jurídica. 5. A possibilidade de desconsideração incidental da personalidade jurídica. 6. A desconsideração inversa da personalidade jurídica. 7. Os pressupostos legais para a aplicação da desconsideração da personalidade jurídica: o Código de Defesa do Consumidor e o Código Civil. 7.1 A desconsideração no Código de Defesa do Consumidor e seus pressupostos. 7.2 A desconsideração no Código Civil e seus pressupostos. 8. Conclusão.

1. INTRODUÇÃO

O trabalho tem por objetivo "revisitar" a teoria da desconsideração da personalidade jurídica na legislação brasileira. O termo "revisitar" se justifica, pois há mais de duas décadas iniciamos a pesquisa sobre os fundamentos e pressupostos da desconsideração da personalidade jurídica no direito brasileiro. Naquele (hoje distante) ano de 1999, durante o curso de doutorado na área de concentração em Direito Civil, o autor participou de um grupo de pesquisa em direito-civil constitucional coordenado pelo Prof. Titular de Direito Civil da UERJ Gustavo José Mendes Tepedino. O grupo, que reunia mestrandos e doutorandos da área de Direito Civil, apresentou seminários e trabalhos sobre as normas constitucionais e sua aplicação ao direito privado. Os temas foram reunidos em 4 eixos: relações obrigacionais, relações de consumo, direitos reais e direito de família, cada um sob a supervisão de um doutorando designado pelo coordenador do grupo. Coube-nos a supervisão do grupo sobre a influência das normas constitucionais nas relações de consumo.

A produção científica oriunda dos seminários e trabalhos individuais foi coligida e se transformou na obra coletiva "Problemas de Direito Civil-Constitucional", publicada no ano seguinte. Nessa obra, contribuímos com um estudo sobre a teoria da desconsideração da personalidade jurídica à luz da constitucionalização do direito civil e sua incidência no direito do consumidor. Colocou-se em realce como os valores e princípios que a Constituição apresenta foram (e ainda são) importantes para o instituto da pessoa jurídica e sua atuação, bem como a finalidade da desconsideração no CDC.

A pesquisa foi aprofundada em tese de doutorado, apresentada em 2003, onde se sustentou o descompasso das disposições do CDC (art. 28, *caput* e todos os seus parágrafos) com a *disregard doctrine*, que pugna pela preservação da pessoa jurídica, a necessidade e excepcionalidade da medida.

Mais de vinte anos depois e com renovada satisfação, traz-se novamente o tema à baila para descortinar todas as alterações ocorridas no interregno, a começar pela promulgação do Código Civil, no mesmo ano da defesa da tese e ainda diploma *de lege ferenda* em 1999, passando pela previsão do incidente de desconsideração da personalidade jurídica no CPC de 2015 e pela alteração do art. 50 do Código Civil, em 2019, para precisar conceitos abertos como "desvio de finalidade" ou "confusão patrimonial" e coibir caso de desconsideração exacerbados e desarrazoados.

Com apoio no método dedutivo, a exposição parte da premissa maior de que a desconsideração é uma medida para o aprimoramento da pessoa jurídica e de seus fins e da premissa menor de que a relativização da autonomia patrimonial é medida necessária apenas quando houver um obstáculo à reparação civil decorrente do abuso da personalidade da pessoa jurídica e para os responsáveis

A dedução, a partir do exame dos fundamentos e dos pressupostos legais apresentados no texto, é que ainda não se pode afirmar que o direito brasileiro tenha adotado a teoria da desconsideração nos moldes em que foi concebida. Persiste a confusão com o instituto da solidariedade em caráter subsidiário da pessoa jurídica com seus integrantes ou a dispensa da prova da intenção de fraude ou abuso do direito.

2. A PERSONALIDADE JURÍDICA E SEUS ATRIBUTOS, EM ESPECIAL A AUTONOMIA

O estudo da personalidade jurídica produziu uma abundante literatura em torno da fixação do conceito de pessoa jurídica, tema que ainda não encontrou uma pacificação na doutrina civilista, não obstante a formulação de várias teorias a respeito.

No bojo das teorias desenvolvidas, é possível distinguir duas vertentes: uma que nega a existência das pessoas jurídicas como um acontecimento natural da convivência em sociedade, concebendo-a como uma simples criação do Direito (concepção ficcionista) e a outra que admite a existência de grupos sociais com interesses próprios, aos quais o direito positivo não pode negar a qualidade de sujeito de direito e os direitos de personalidade (concepção realista). Dentre as teorias ficcionistas destaca-se a teoria da ficção, formulada no século XIX pelo jurista alemão Friedrich Carl von Savigny. Para o jurista, a pessoa jurídica é encarada como fruto exclusivo do direito positivo sendo contrária ao direito natural; assim, só existe a pessoa jurídica porque o legislador decidiu atribuir personalidade a entes fictícios, não humanos. A personalidade da pessoa física é espontânea e não precisaria ser reconhecida, mas, para que certos entes pudessem exercer direitos subjetivos e ter representação em relações jurídicas, o Direito lhes conferiu um atributo da pessoa física. Tais entidades foram denominadas por Savigny de "pessoas jurídicas", ou seja, pessoas apenas para o direito positivo e não para o direito natural. Na mesma linha da teoria da ficção, foram formuladas as teorias da representação, do patrimônio com fim, da propriedade coletiva e a individualista.

Cap. 1 · A DESCONSIDERAÇÃO DA PERSONALIDADE JURÍDICA | 5

Os adeptos da vertente realista partem da abstração para analisar a pessoa jurídica, rejeitando a concepção de que se trata de entidade esdrúxula imposta pelo direito positivo e em desacordo com o estado natural das coisas. Destacam-se, neste grupo, as teorias da realidade orgânica e da realidade técnica, sendo essa a mais adequada para explicar o conceito de pessoa jurídica. Na visão de Washington de Barros Monteiro, a teoria da realidade técnica é aquela "que fornece a verdadeira essência da pessoa jurídica"[1]. A teoria da realidade técnica defende que a pessoa jurídica existe para o direito como um ser ideal e não natural, mas isso não a torna uma ficção. Trata-se de uma criação da ciência jurídica, que aprecia os diferentes fenômenos com critérios próprios, afastando a visão materialista de que só o homem pode ser sujeito de direito.

A personalidade jurídica conferida pelo direito positivo a certos grupos de indivíduos reconhece à pessoa jurídica capacidade de direito material e formal, nacionalidade, domicílio e um patrimônio próprio, distinto daquele de seus integrantes. Mesmo sem existência corpórea, o legislador procurou, mutatis mutandis, dotar a pessoa jurídica de um feixe de direitos, inclusive de personalidade, para que possa exercer direitos subjetivos sem estar em situação de inferioridade vis-à-vis a pessoa natural. Por exemplo, conferindo a lei nacionalidade à pessoa jurídica (art. 11 da LINDB – Decreto-lei nº 4.657 de 1942 e art. 1.126 do Código Civil), ficam afastados os efeitos da apatrídia, pois ela passa a estar protegida pelo ordenamento jurídico de certo país conforme o critério adotado para atribuição de nacionalidade (ex.: constituição, sede, administração etc.).

Como sujeito de direito a pessoa jurídica tem capacidade de fato e de direito desde a aquisição da personalidade jurídica e essa, de conformidade com o art. 45 do Código Civil, nasce com o arquivamento do ato de constituição no registro próprio, precedida, se for o caso, de autorização governamental. Contrariamente a pessoa natural, a pessoa jurídica não tem incapacidade relativa no tocante ao exercício de direito; contudo, faltando-lhe vontade própria para exteriorizar nos negócios jurídicos, é necessário a presença de uma pessoa natural que atuará como seu órgão de administração para que se obrigue e exerça direitos[2], mas isso não significa uma representação como a que estão sujeitos os absolutamente incapazes.

A atuação da pessoa jurídica por meio de seu órgão de administração é tanto judicial quanto extrajudicial, podendo ser parte em juízo na forma do art. 75, VIII, do Código de Processo Civil (CPC). Todavia, embora o Código Civil não confira personalidade a certos entes (ex.: sociedades não personificadas), o CPC permite a representação processual da sociedade e associação irregulares assim como de outros entes organizados sem personalidade jurídica (art. 75, IX). Não obstante, a atribuição de capacidade processual não significa, por si só, o reconhecimento implícito de personalidade jurídica. A respeito, decidiu a Quarta Turma do Superior Tribunal de Justiça[3]:

> O legislador de 1973, ao atribuir no art. 12, VII, do CPC [correspondente ao art. 75, IX, no CPC de 2015] capacidade para ser parte as sociedades sem personalidade jurídica, colimou, embora com desapego ao rigor científico, tornar menos gravosa a situação processual dos que com tais sociedades litigam, sem com isso subverter a ordem legal até então vigente, em particular no que condiz com o art. 18, CC [refere-se ao Código Civil de 1916, correspondente ao art. 45 do Código Civil vigente].

---

[1] MONTEIRO, Washington de Barros. **Curso de direito civil**. v. 1. 20. ed. São Paulo: Saraiva, 1981, p. 100.

[2] Nesse sentido, cf. o Código Civil em seus artigos 47 ("Obrigam a pessoa jurídica os atos dos administradores, exercidos nos limites de seus poderes definidos no ato constitutivo") e 1.022 ("A sociedade [personificada] adquire direitos, assume obrigações e procede judicialmente, por meio de administradores com poderes especiais, ou, não os havendo, por intermédio de qualquer administrador").

[3] BRASIL. Superior Tribunal de Justiça. Quarta Turma. REsp. 14180-0/SP. Relator Min. Sálvio de Figueiredo, julg. em 25/5/1993. In Diário da Justiça de 28/6/1993, p. 12.895.

O domicílio é outro atributo da personalidade, sendo considerado, para a pessoa jurídica de direito privado, o lugar onde funcionarem as respectivas diretorias e administrações, ou onde elegerem domicílio especial no seu estatuto ou atos constitutivos (cf. art. 75, IV, do Código Civil). Este local é o foro competente nas ações de cunho pessoal e naquelas fundadas em direito real sobre bens móveis propostas em face da pessoa jurídica (cf. art. 46 do CPC).

A pessoa jurídica tem um patrimônio separado do de seu (s) integrante (s) e tal atributo lhe permite praticar atos negociais em nome próprio e com responsabilidade ilimitada pelas obrigações que contrair. A autonomia patrimonial é um importante instrumento para estimular a economia de mercado e motivar a iniciativa privada e, em conjunto com a autonomia subjetiva, prestigia e estimula a constituição de pessoas jurídica, notadamente aquela de fins econômicos, como as sociedades. Por meio da autonomia patrimonial, o empreendedor pode se dedicar à exploração de uma atividade econômica e limitar os riscos decorrentes dela. Porém, tal limitação está circunscrita à adoção de uma estrutura jurídica que lhe assegure responsabilidade limitada pelas obrigações sociais.

Se a atividade que constitui o objeto da pessoa jurídica se revelar infrutífera, por qualquer motivo, seja de ordem estrutural ou conjuntural, ou mesmos por razões específicas, somente os bens dela poderão ser atingidos pelos credores, em razão de a responsabilidade recair sobre o patrimônio da pessoa jurídica (e não aquele de seus integrantes). A limitação de responsabilidade, decorrente da autonomia patrimonial, é um instrumento plenamente compatível com a ordem econômica neoliberal desenhada pela Constituição de 1988, que reserva aos particulares a primazia da atividade econômica (art. 170, parágrafo único) e estimula a realização de investimentos pelo setor privado.

O Código Civil de 1916 não positivou a autonomia patrimonial da pessoa jurídica, apenas a autonomia formal ou subjetiva (*universitas distat a singulis*) em seu artigo 20. O Código Civil vigente, em sua redação original, omitiu referência a qualquer tipo de autonomia. Todavia, em 2019, a Lei nº 13.874, de forma muito positiva e benfazeja, "restaurou" a autonomia formal e, de forma inédita, passou a dispor sobre a autonomia patrimonial em seu art. 49-A, parágrafo único, *in verbis:*

> Art. 49-A. A pessoa jurídica não se confunde com os seus sócios, associados, institui-dores ou administradores.
>
> Parágrafo único. A autonomia patrimonial das pessoas jurídicas é um instrumento lícito de alocação e segregação de riscos, estabelecido pela lei com a finalidade de estimular empreendimentos, para a geração de empregos, tributo, renda e inovação em benefício de todos.

A redação do *caput* não se refere mais genericamente a "membros" como o art. 20 do Código anterior, porque considera as peculiaridades das várias pessoas jurídicas, como sócios (sociedades pluripessoais), instituidores (fundações e sociedades unipessoais, inclusive EIRELI), associados (associações, organizações religiosas e partidos políticos). Cabe sublinhar que o fato de a redação incluir os administradores não os torna necessariamente membros da pessoa jurídica, ao contrário dos demais citados. Os administradores poderão ou não ser membros, dependendo da regra legal para sua eleição ou nomeação presente na regulação de cada espécie de pessoa jurídica.

Quanto ao parágrafo único, o texto traz importantes considerações: a) a autonomia patri-monial está relacionada ao investimento nas pessoas jurídicas (alocação de riscos) e a separação do patrimônio da entidade em face dos membros ("segregação"); b) há profunda ligação da autonomia patrimonial com a limitação de responsabilidade (embora não seja um efeito obriga-tório em toda pessoa jurídica), de modo que o empreendedor tem a oportunidade de alocar seus recursos na exploração de uma atividade econômica podendo mensurar suas perdas e proteger o restante de seu patrimônio; c) a autonomia patrimonial não gera benefícios apenas para o(s) membros(s) da pessoa jurídica, mas também para a sociedade e o Estado, pois permite estimular novos empreendimentos com a alocação de recursos na atividade produtiva e, com isso, criar novos empregos, arrecadação de tributos, geração de renda e produção de inovação, em prol de toda a sociedade, o que se coaduna com os objetivos da ordem econômica previstos no *caput* do art. 170 da Constituição de 1988.

Restringindo-se a análise da autonomia patrimonial às pessoas jurídicas de direito privado e da espécie sociedade, principal alvo da desconsideração da personalidade jurídica, percebe-se que, hodiernamente, a sociedade não é mais concebida apenas como um ente capaz apenas de proporcionar lucros aos sócios ou satisfazer os ideais de seus fundadores – argumentos tradicionais que justificavam a constituição e sua manutenção em atividade. O instituto da pessoa jurídica passa a ser entendido tanto na esfera particular – referencial dos membros e seus interesses – quanto na esfera pública – interesses do poder público, da comunidade e dos colaboradores. No caso das sociedades por ações, aquelas que são sempre empresárias independentemente de seu objeto, nos termos do parágrafo único do art. 982 do Código Civil, há um compromisso do acionista controlador e dos administradores com seus colaboradores, dependentes e independentes, e com a comunidade (cf. arts. 116 e 154 da Lei nº 6.404/76). Se a atuação da pessoa jurídica conduzir à prática de atos ilícitos com prejuízos a terceiros, mesmo com o reconhecimento da autonomia patrimonial, não será possível manter a blindagem ou segregação do patrimônio pessoal do integrante, impondo-se o afastamento da autonomia em ambos os sentidos mencionados.

A doutrina civilista, inclusive estrangeira, já havia percebido, no século anterior, a "socialização" de institutos tradicionais do direito privado, além da pessoa jurídica, como o contrato ou a propriedade, de modo que se interpenetram normas de direito público às de direito privado, exigindo do intérprete e do aplicador do direito a sensibilidade no reconhecimento do fato social ou econômico e de sua ponderação às necessidades da coletividade. A respeito do tema, o jurista italiano Michele Giorgiani[4], com acurada sensibilidade, assim se manifestou:

> Que deste modo, o Direito Privado tenha perdido o caráter de tutela exclusiva do indivíduo para 'socializar-se', como se costuma dizer, não se poderia colocar em dúvida. Não se deveria duvidar, por outro lado, seja dito incidentalmente, que a atividade econômica privada já transcende as fronteiras das relações entre indivíduos, e penetrou no centro do corpo social através de dilatadas dimensões da empresa econômica e através da possibilidade de satisfazer um número e uma variedade de necessidades antes nem mesmo imagináveis. Esta 'socialização' já impregnou intimamente todos os institutos do Direito Privado [...].

Outro jurista que reconheceu a rápida a mudança do papel no Estado nas relações de direito privado foi Natalino Irti. Para ele, o Estado não é um mero expectador nas relações privadas, apenas garantindo as "regras do jogo", ao contrário, intervém na economia, limita os poderes negociais das partes e chega a assumir o papel e a responsabilidade de empresário. Em algumas décadas, a sociedade não se reconhece mais na tabela de valores e modelos propostos pela burguesia liberal.

---

[4] No original: "Lo Stato non può più assistere inerte, símplice garante dele regole del gioco, ma interviene nelle economia , limita i poteri negoziali dei privati, assume – sono ormai gli anni dela grandi crisi – la figura e la responsabilità d´imprenditore. La storia subisce cosi um improvisa accelerazione: appena nel giro di qualche decennio, la società non si riconosce più nella távola di valori e di modelli, proposti dalla borghesia liberale." IRTI, Natalino. L´Età della decodificazione. **Revista de Direito Civil**. São Paulo, n. 10, out./dez. 1979, p. 18.

No direito pátrio, a legislação editada desde a década de 90 do século XX e nas primeiras décadas deste século confirma o movimento de publicização do direito privado quando reavalia conceitos tradicionais, adaptando-os à nova ordem constitucional, como o Estatuto da Criança e do Adolescente, o Código de Defesa do Consumidor (CDC), o Estatuto das Cidades, e, recentemente, a Lei de Liberdade Econômica.

A Constituição de 1988 foi a que teve maior participação da sociedade civil durante sua elaboração, tendo sido alcunhada de "Constituição cidadã". Do teor da carta constitucional percebe-se que a sociedade brasileira se manifestou, através dos congressistas constituintes, pela adoção de uma ordem econômica calcada em certos elementos axiológicos, fundamentos da República (art. 1º). A interpretação das normas constitucionais e infraconstitucionais deve ser orientada por estas diretrizes normativas, "sob pena de aniquilar-se a técnica constitucional de fixação de princípios"[5].

Diante desse quadro, a teoria da pessoa jurídica, que prega a separação entre o ente e seus integrantes e dá suporte à limitação de responsabilidade diante da autonomia patrimonial, estaria afastada dos princípios constitucionais, por realçar o caráter individualista e não-solidarista na atividade econômica? Certamente que não, mas é preciso considerar que a autonomia patrimonial não pode ser considerada absoluta, de forma a permitir a criação de um manto ou uma blindagem sobre os bens particulares de seus integrantes, mesmo diante da prática de atos ilícitos. A teoria da pessoa jurídica é um instrumento de incentivo à iniciativa privada, como deixa patente a redação do parágrafo único do art. 49-A do Código Civil, e dos atributos mencionados. Harmoniza-se a teoria da pessoa jurídica com os valores da dignidade da pessoa humana e do trabalho, assim como com a livre iniciativa. Por esta razão, a atuação da entidade encontra diretrizes e limites na própria Constituição federal[6] em prol da realização dos interesses da sociedade.

3. A RELATIVIZAÇÃO DA AUTONOMIA DA PESSOA JURÍDICA E O SURGIMENTO DA TEORIA DA DESCONSIDERAÇÃO

A teoria de desconsideração da personalidade jurídica tem aplicação mais sensível nas sociedades que possuem sócios de responsabilidade limitada, inclusive esse foi o cenário de surgimento da teoria, diante da separação patrimonial, como será exposto. Contudo, isso não significa seu afastamento em outras espécies de pessoas jurídicas, como associações, por exemplo, ou em sociedades com sócios de responsabilidade ilimitada, para imputar diretamente ao sócio efeitos de relações jurídicas imputadas à pessoa jurídica.

O rápido desenvolvimento das sociedades com sócios de responsabilidade limitada – no caso brasileiro, da sociedade por quotas de responsabilidade limitada, criada pelo Decreto nº 3.708/1919, hoje regulada pelo Código Civil – intensificou os negócios societários e novos empreendimentos, mas por outro apontou para distorções na condução da atividade da pessoa jurídica, que muitas vezes passou a ser uma extensão da atividade dos sócios para fraudar credores, albergada pela autonomia subjetiva[7]. A limitação de responsabilidade dos sócios, somada às prerrogativas que a

---

[5]   TEPEDINO, Gustavo. Premissas metodológicas para a constitucionalização do Direito Civil. In **Temas de Direito Civil.** Rio de Janeiro: Renovar, 1998, p. 15.

[6]   Dentre os limites citados no texto é possível indicar os seguintes dispositivos: os valores sociais da livre inciativa e do trabalho são fundamentos da República, a ordem econômica está fundada, dentre outros, na valorização do trabalho e na livre iniciativa, atendendo ao princípio da livre concorrência, liberdade de exercício da atividade econômica, coibição de abuso do poder econômico e.responsabilização da pessoa jurídica e seus dirigentes nos atos praticados contra a ordem econômica e financeira e contra a economia popular (arts. 1º, IV, 170, IV e parágrafo único, 173, §§ 4º e 5º).

[7]   Cf. OLIVEIRA, José Lamartine Corrêa de. **A dupla crise da pessoa jurídica.** São Paulo: Saraiva, 1979.

pessoa jurídica goza em razão de sua personificação, estimulou a prática de atos emulativos contra terceiros, não só credores como também outros sócios e o Estado. Um exemplo típico é a constituição de sociedade de fachada, para que negociantes pessoas físicas pudessem limitar sua responsabilidade usando o nome da sociedade. Não que isso seja vedado, porque é um corolário da livre iniciativa o investimento em atividades produtivas. A ilicitude reside na condução da sociedade, designando pessoas para atuarem como administradores apenas com a finalidade de levar à pessoa jurídica em pouco tempo a insolvência sem que tivesse recursos para honrar seus compromissos.

Desde o final do século XIX o adágio *universitas distat a singulis*, corolário da autonomia da pessoa jurídica, especialmente a separação formal entre a pessoa jurídica e seus integrantes, passou a ser questionado diante de casos de fraudes que eram estimulados pela sua aplicação irrestrita. Era preciso rever e afastar os efeitos da personificação quando estes se revelassem contrários aos objetivos da criação da pessoa jurídica. Para tal, não é necessário promover a dissolução e extinção da pessoa jurídica, apenas penetrar no seio dela para atingir e responsabilizar pessoalmente os sócios.

Foi exatamente num episódio de fraude contra credores ocorrido na Inglaterra em 1897 (Salomon vs. Salomon & Co.) e nas suas repercussões extremamente negativas que teve origem a teoria da desconsideração da personalidade jurídica, conhecida como *disregard doctrine* ou *disregard of legal entity*[8]. Resumidamente, o caso paradigma foi o seguinte: o comerciante individual Aaron Salomon tinha uma atividade próspera, que foi transmudada para o exercício através de uma pessoa jurídica (*company*) composta por ele e mais seis acionistas, figurando-se o ex-comerciante como sócio majoritário. Em pouco tempo a sociedade entrou em crise, tornando-se insolvente e sem condição de honrar seus credores, especialmente os quirografários. Todavia, antes da crise, Aaaron Salomon tornou-se credor privilegiado da sociedade por meio da emissão de debêntures, o que lhe daria prioridade no pagamento em concurso de credores. Nota-se que a emissão de debêntures em favor do sócio majoritário teve a exclusiva finalidade de blindar o patrimônio pessoal do ex-comerciante e colocá-lo em posição de vantagem perante os demais credores. O liquidante da sociedade, percebendo a manipulação da autonomia subjetiva da pessoa jurídica, sustentou a invalidade da emissão de debêntures porque a atividade da *company* era conduzida pelo próprio Aaron Salomon e no seu interesse exclusivo, considerado um alter-ego. Logo, deveria ser afastada a personalidade da sociedade para que o sócio majoritário fosse responsabilizado pelo pagamento das dívidas sociais. A proposta do liquidante foi acatada pelo juiz monocrático e pela Corte de Apelação, mas o Tribunal Superior (Casa dos Lordes) rejeitou a tese e confirmou o princípio da autonomia da pessoa jurídica Salomon & Co., eximindo o acionista Aaron Salomon de qualquer responsabilidade pelas dívidas da sociedade diante da capacidade jurídica desta. Não obstante, foi a decisão da Corte de Apelação que passou a ser aplicada em situações análogas e não a da Casa dos Lordes, diante da repercussão negativa e dos efeitos de legitimar o abuso do direito através da personalidade jurídica.

Percebe-se que o objetivo da *disregard of legal entity* não é anular o ato de constituição da pessoa jurídica ou decretar sua dissolução compulsória, mas tão somente tornar ineficaz a autonomia da pessoa jurídica em relação a seus integrantes e apenas quando essa mesma autonomia tenha servido de escopo para a fraude. A personalidade jurídica não é suprimida com a desconsideração, porém, procura-se imputar aos sócios os resultados negativos que caberiam à pessoa jurídica ou não ficariam ressarcidos se a medida não for adotada. Rubens Requião explica: "[...] a doutrina exposta objetiva que o juiz desconsidere episodicamente a personalidade jurídica, para

---

[8]   No Brasil, tanto na doutrina quanto na legislação e jurisprudência, a expressão adotada é desconsideração da personalidade jurídica (cf. art. 50 do Código Civil, art. 133 do Código de Processo Civil e art. 28 da Lei nº 8078/1990 – Código de Defesa do Consumidor.

coartar a fraude ou o abuso do sócio que dela se valeu como escudo, sem importar essa medida dissolução da entidade [...]".[9]

4. OS FUNDAMENTOS DA DESCONSIDERAÇÃO DA PERSONALIDADE JURÍDICA

Os fundamentos da desconsideração da personalidade jurídica foram cunhados pela jurisprudência dos países onde nasceu a teoria (Inglaterra) e se desenvolveu (Estados Unidos). Em comum encontram-se (i) o abuso da estrutura formal da pessoa jurídica com o rompimento da radical separação entre a sociedade e os sócios (*universitas distat a singulis*) para frustrar o resultado almejado pelos sócios e (ii) sua utilização episódica, para ajustar à realidade uma diversidade puramente formal (aparente), mas não efetiva.

Incialmente, nos Estados Unidos, os Tribunais aplicavam a *disregard* quando a pessoa jurídica era usada como meio para a perpetração de fraudes contra credores, subtração do sócio a uma obrigação legal ou contratual, constituição ou manutenção de um monopólio. Porém, esta visão mais restritiva foi alterada em 1983, quando a Suprema Corte considerou cabível o *"lifting the veil of the corporate entity"* sempre que o uso da personalidade conduzir a um resultado contrário a princípios equitativos internacionalmente reconhecidos, para evitar injustiças Nesta linha, foi fixado o seguinte entendimento: "Our decision today announces no mechanical formula for determining the circumstances under which the normally separate juridical status of a government instrumentality is to be disregarded. Instead, it is the product of the application of internationally recognized equitable principles to avoid the injustice [...]."[10]

Apesar de a teoria da desconsideração da personalidade jurídica ter surgido e se desenvolvido em países do sistema de *Common Law*, seus fundamentos extraídos de múltiplas decisões judiciais foram sistematizados pelo jurista alemão Rolf Serick em trabalho publicado em 1955 intitulado "Rechtsform und realität juristischer personen: ein rechtsvergleichender Beitrag zur frage des Durchgriffs auf die personen oder gegenstände hinter der juristischen person" (Forma jurídica e realidade das pessoas jurídicas: uma contribuição jurídica comparativa para a questão da penetração das pessoas ou objetos por trás da pessoa jurídica)[11].

Rolf Serick acentua o aspecto subjetivista da desconsideração, ou seja, aquele que limita a aplicação do instituto à comprovação da conduta do sócio e não a uma simples incapacidade de pagamento ou inadimplemento da pessoa jurídica. O autor traça quatro elementos formadores do substrato da teoria: a) existência de uma ou mais entidade personificada; b) fraude ou abuso do direito através da personalidade jurídica; c) manutenção da validade dos demais atos jurídicos não atingidos pela ilicitude; d) impossibilidade de realização dos fins da norma jurídica por outros meios.

Quanto ao primeiro elemento, a aplicação da desconsideração é restrita às pessoas jurídicas, pois sem a personificação e a autonomia dela decorrente não há razão para a existência do instituto.

---

[9]   REQUIÃO, Rubens. **Curso de direito comercial.** v.1 23.ed. São Paulo: Saraiva, 1998, p. 351.

[10] Cf. ESTADOS UNIDOS. Suprema Corte. 462 U.S. 611 (1983), 81-984, First National City Bank v. Banco para El Comercio Exterior de Cuba. June 17, 1983. Disponível em: https://case-law.vlex.com/vid/462-u-s-611-604908486. Acesso em 20 mar. 2021.

[11] Dados completos da publicação: SERICK, Rolf. Rechtsform und realität juristischer personen: ein rechtsvergleichender Beitrag zur frage des Durchgriffs auf die personen oder gegenstände hinter der juristischen person. Berlin: W. de Gruyter; Tübingen: J.C.B. Mohr, 1955. Tradução espanhola com o título de "*Apariencia y realidad en las sociedades mercantiles. El abuso de derecho por medio de la persona jurídica*". Barcelona: Ariel, 1958.

Com isso, devem ser cumpridos os requisitos presentes no art. 45 e 985 do Código Civil no tocante ao registro prévio do ato constitutivo no órgão competente. Nas sociedades não personificadas (sociedade em comum e em conta de participação) não há autonomia patrimonial, de modo que o credor poderá realizar seu crédito diretamente no patrimônio do sócio que contratou em seu nome e, subsidiariamente, no de qualquer dos sócios (art. 990 do Código Civil).

Em relação ao segundo elemento, sua compreensão é crucial para a correta aplicação da desconsideração. Os atos ilícitos (qualquer comportamento que configure antijuridicidade, englobando o abuso do direito) devem ser praticados em nome da pessoa jurídica por um agente que se vale da separação formal para se escudar na autonomia subjetiva. A desconsideração não é incompatível com a preservação da pessoa jurídica, haja vista que a medida não se destina à dissolução da atividade que se desenvolve sob o véu corporativo. Como houve uma manipulação da personalidade jurídica, a entidade é vítima do ato e não pode ser responsabilizada e sim, tão somente, as pessoas que dela se utilizaram para fins contrários aos seus objetivos. A fraude, para este efeito, não é apenas em relação aos credores e não precisa estar configurada uma situação de insolvência patrimonial. Trata-se de fraude *lato sensu*, que pode abranger uma norma legal, disposição contratual, terceiros não credores, sócios etc.). Portanto, a desconsideração deve promover uma mudança de imputação no polo subjetivo da relação, para a direcionar a pretensão àquele que conduziu para os fins ilícitos. Não atende ao elemento em exame a extensão de responsabilidade aos sócios ou administradores, porque o substrato da teoria está em preservar a entidade e não a submeter a qualquer tipo de sanção patrimonial ou extrapatrimonial. Não é consentâneo com a *disregard doctrine* a extensão "[d]os efeitos de certas e determinadas relações de obrigações [...] aos bens particulares dos administradores ou sócios da pessoa jurídica", como preceitua o art. 50 do Código Civil[12].

Quanto ao terceiro elemento, a desconsideração não visa à promoção da extinção da pessoa jurídica, ao contrário, busca-se a sua preservação e higidez através da adequação de seus rumos, coibindo o desvio de finalidade. A personalidade jurídica e seus efeitos serão mantidos nos casos em que a atuação da pessoa jurídica for um meio para a prática de atos consentâneos com seus fins.

Sobre o quarto e último elemento, é preciso delimitar a conveniência de aplicação da desconsideração, evitando que a medida seja utilizada indevidamente e abusivamente. A desconsideração, além de ser uma medida excepcional e necessária, não pode ser utilizada quando outros institutos permitem atingir diretamente os bens pessoais dos membros da pessoa jurídica, como a responsabilidade civil de administradores ou hipóteses de responsabilidade ilimitada, solidária ou não, de sócios. Sem este último elemento, a desconsideração perde completamente seu substrato. É muito importante, no caso concreto, identificar e delinear os fundamentos em virtude dos quais pode ser afastada a personalidade jurídica, possibilitando atingir diretamente as pessoas que se locupletaram indevidamente debaixo do "véu corporativo" e seus bens pessoais. E, nos demais atos praticados pela pessoa jurídica, são mantidos sua validade e a separação formal, preservando a autonomia patrimonial. Não cabe a desconsideração quando a lei responsabiliza os gerentes e outros prepostos do empresário, os administradores ou controladores por atos ilícitos, tampouco as sociedades integrantes de grupos econômicos, de fato ou de direito. As disposições legais que estabelecem a

---

[12] Merece nota a correta orientação contida na Lei Geral de Sociedades Comerciais da Argentina (Lei nº 19.550/1984) que prevê no último parágrafo do art. 54 a inoponibilidade da personalidade jurídica, nos seguintes termos: "La actuación de la sociedad que encubra la consecución de fines extrasocietarios constituya un mero recurso para violar la ley, el orden público o la buena fe o para frustrar derechos de terceros, se imputará directamente a los socios o a los controlantes que la hicieron posible, quienes responderán solidaria e ilimitadamente por los perjuicios causados." Percebe-se que há previsão de imputação direta aos sócios e a responsabilidade solidária e ilimitada dos responsáveis, ao contrário do Código brasileiro, que prevê a responsabilidade direta da pessoa jurídica.

PROBLEMAS DE DIREITO CIVIL – *Homenagem aos 30 anos de cátedra do professor Gustavo Tepedino*

solidariedade entre pessoas jurídicas, com relação de controle entre si ou de coordenação, pela reparação de danos (ao consumidor ou à ordem econômica, por exemplo) como no art. 28, §§ 2º a 4º do Código de Defesa do Consumidor e no art. 33 da Lei Antitruste (Lei nº 12.529/2011) não são situações para aplicação da desconsideração justamente porque permitem a aplicação da imputação direta aos envolvidos. Deste modo, interpretações ou manifestações que repudiam a aplicação desarrazoada e atécnica da desconsideração são muito bem-vindas para aperfeiçoar a aplicação do instituto, afastando-o de outros com objetivos diversos[13].

No Brasil, onde a desconsideração só foi incorporada à legislação em 1990 com o advento da Lei nº 8.078 (art. 28), mesmo antes de sua vigência, já havia preocupação de julgadores com seus fundamentos, de modo a não desvirtuar a teoria e eliminar a autonomia da pessoa jurídica. A respeito, a pertinente decisão da 2ª Câmara Cível do Tribunal de Alçada do Estado do Paraná (TAPR)[14].

> SOCIEDADE POR QUOTAS DE RESPONSABILIDADE LIMITADA. Desconsideração da personalidade jurídica. Aplicação que requer cautela e zelo, sob pena de destruir o instituto da pessoa jurídica e ouvidar [sic] os incontestáveis direitos da pessoa física. Necessidade de que seja apoiada em fatos concretos que demonstrem o desvio da finalidade social da sociedade, com proveito ilícito dos sócios.

Na mesma linha do órgão julgador anterior, pronunciou-se a 2ª Câmara Cível do Tribunal de Justiça do Estado do Rio de Janeiro (TJRJ)15:

> Desconsideração da personalidade jurídica. Falta de prova do abuso de direito ou de fraude no uso da sociedade. Descabimento. A autonomia entre a sociedade e os seus membros continua sendo a regra, só estando o juiz autorizado a desconsiderar a pessoa jurídica quando esta é utilizada para a realização de fraude ou abuso de direito. A simples insatisfação de um crédito não é suficiente, por si só, para o desprestígio da personalização.

Quanto a demonstração de prova cabal para a desconsideração, pronunciou-se a 10ª Câmara do 1º Tribunal de Alçada Cível do Tribunal de Justiça do Estado de São Paulo (1º TACiv/SP). No acórdão[16] do Agravo de Instrumento nº 968802-2, o relator Juiz Frank Hungria, destacou:

> Na espécie, nenhuma demonstração veio a respeito da conduta irregular da empresa [sic] através de seus representantes [...]. O fato do agravado encontrar-se fechado não constitui prova irrefutável do encerramento irregular ou ilícito das atividades da devedora, nem

---

[13] Em 2004, o Centro de Estudos Judiciários da Justiça Federal (CEJ), aprovou na III Jornada de Direito Civil, o enunciado nº, sobre o art. 1080 do Código Civil. O dispositivo prevê a responsabilidade ilimitada dos sócios que ajustarem deliberações contrárias à lei ou ao contrato, logo não se trata de "proteção" aos sócios que deva ser atacada pela desconsideração. Eis seu teor: A responsabilidade ilimitada dos sócios, pelas deliberações infringentes da lei ou do contrato, torna desnecessária a aplicação da desconsideração da personalidade jurídica, por não constituir a autonomia patrimonial da pessoa jurídica escudo para a responsabilização pessoal e direta.

[14] PARANÁ. Tribunal de Alçada. 2ª Câmara Cível. Apelação nº 529/90. Relator Juiz Nei Carneiro Leal. Julg. em 18/04/1990. *In* RT v. 673, p. 160-162.

[15] RIO DE JANEIRO. Tribunal de Justiça. 2ª Câmara Cível. Agravo de Instrumento nº 1243/98. Relator Des. Sergio Cavalieri Filho. Julg. Em 07/05/1998.

[16] A íntegra do acórdão encontra-se disponível na RT v. 90, n. 790, ago. 2001, p. 297.

violação da lei ou do contrato social com o propósito escuso. Tampouco foi demonstrado pela credora o elemento subjetivo indispensável à aplicação da teoria da desconsideração da personalidade jurídica, qual seja, o uso da pessoa jurídica como instrumento para a realização de fraude ou abuso de direito."

A teoria da desconsideração da personalidade jurídica repudia a visão absoluta da separação formal entre a pessoa jurídica e seus integrantes. A atribuição da personalidade pelo direito positivo a certos grupos é relativa e pode ser até mesmo cassada quando se verificar uma atuação ilícita, como em casos de prática de atos contra a administração pública, nacional ou estrangeira por pessoas jurídicas[17] (confira o art. 1º, parágrafo único, e o art. 19, III, da Lei nº 12.846/2013). É dever do juiz penetrar no âmago da pessoa jurídica e verificar se os direitos subjetivos a ela outorgados estão sendo legitimamente exercidos. Verificado o abuso da personalidade jurídica cabe ao juiz levantar o véu corporativo que protege os responsáveis da ação da Justiça, atribuindo-lhes os efeitos dos atos praticados pela pessoa jurídica, não se modo subsidiário, mas diretamente.

Ao decretar a desconsideração da personalidade jurídica o magistrado considera ineficaz (inoponibilidade a terceiros) a autonomia da pessoa jurídica sempre que ocorra um uso abusivo ou fraudulento da personalidade, responsabilizando diretamente o autor, mas preservando a entidade e os outros membros. A desconsideração, dessa forma, será aplicada quando a autonomia patrimonial for um instrumento propulsor da fraude, em desacordo com o que prescreve o art. 49-A, parágrafo único, do Código Civil. Nas situações de regularidade da atuação da pessoa jurídica, continuará sendo eficaz a autonomia e a imputação dos atos será apenas para a pessoa jurídica.

Um valoroso exemplo de decisão acertada, onde estão presentes os fundamentos para a correta aplicação da teoria, foi proferida pela 5ª Câmara Cível do Tribunal de Alçada do Estado de Minas Gerais[18]. O caso, em resumo, revela o uso da autonomia subjetiva para que sejam descumpridas obrigações contratuais. Uma sociedade limitada foi constituída exclusivamente para suceder outra, atuando na mesma atividade da anterior e recebendo todo o acervo societário. Na ação de execução movida pelos credores da sociedade extinta em face da sucessora, essa alegou que os bens constritos não lhe pertencem, pois são de propriedade do sócio majoritário (embargante), titular de 90% do capital social. Caso esta tese fosse acatada e os bens excluídos do processo, não seria possível o pagamento aos credores, ficando estes prejudicados pelo abuso da personalidade jurídica. O juiz relator sintetizou muito bem em seu voto a conduta do sócio majoritário e a relacionou à desconsideração da personalidade jurídica:

> [...] os ricos e unânimes depoimentos das testemunhas não deixam dúvida de que se tenha operado sucessão de fato da ré pela embargante, que adquiriu daquela todo seu acervo patrimonial, instalando-se no mesmo local e com os mesmos funcionários da sucedida. [...] O sócio da ré era, na realidade, dono de todo o acervo e patrimônio da empresa [sic], detendo inclusive, as concessões de linha servida pela mesma. [...]. Feitas essas considerações, se pode entender que sempre que a pessoa jurídica deixa de ser essa

---

[17] A lei anticorrupção (Lei nº 12.846/2013) prevê como sanção às pessoas jurídicas, no âmbito judicial, a dissolução compulsória, que promoverá a extinção da pessoa jurídica. Tal medida extrema será aplicada, de acordo com o art. 19, § 1º, quando comprovado que a personalidade jurídica foi utilizada de forma habitual para facilitar ou promover a prática de atos ilícitos; ou quando a entidade for constituída para ocultar ou dissimular interesses ilícitos ou a identidade dos beneficiários dos atos praticados.

[18] MINAS GERAIS. Tribunal de Alçada. 5ª Câmara Cível. Apelação cível nº 114409-4. Rel. Juiz Aloysio Nogueira. A íntegra da decisão foi publicada na Revista de Direito do Consumidor, nº 15, p. 179-185, jul.-set. 1995.

PROBLEMAS DE DIREITO CIVIL – *Homenagem aos 30 anos de cátedra do professor Gustavo Tepedino*

abstração independente das pessoas físicas que a compõem, poder-se-á desconsidera-la quando constitui obstáculo ao ressarcimento de danos causados a terceiros. [...] está evidenciado que dependia a empresa [sic] da permanência do sócio alienante em seus quadros, para que pudesse continuar até mesmo a existir. Nessas condições há que se entender que confundiram-se [sic] uma e outra pessoa (física e jurídica), donde se pode desconsiderar a personalidade jurídica.

No caso apreciado, a desconsideração da personalidade jurídica foi proclamada na ação de embargos de terceiros ajuizada pelo sócio majoritário diante da constrição sobre seus bens pessoais para satisfazer dívidas da sociedade extinta e por ele também controlada, e não em ação própria, intentada pelos credores da sociedade em face do sócio majoritário. Hoje, a questão já está pacificada tanto do ponto de vista jurisprudencial quanto legislativo, porém é importante analisar os argumentos em prol de um posicionamento e do outro. É o que se fará na seção seguinte.

5. A POSSIBILIDADE DE DESCONSIDERAÇÃO INCIDENTAL DA PERSONALIDADE JURÍDICA

A necessidade de ação própria em face do autor do abuso da personalidade jurídica, em que pese não ser um posicionamento majoritário, é o comportamento mais desejável para a correta aplicação dos fundamentos da desconsideração da personalidade jurídica, especialmente por preservar a pessoa jurídica e demonstrar que a pretensão não se dirige a ela e sim a quem a manipulou e extraiu resultados ilícitos. Capitaneando tal orientação, Fabio Ulhoa Coelho assim pondera:

> [...] o pressuposto inafastável da desconsideração é o uso fraudulento ou abusivo da autonomia patrimonial da pessoa jurídica, únicas situações em que a personalização das sociedades empresárias deve ser abstraída para fins de coibição dos atos ilícitos por ela ocultados. Ora, se assim é, o juiz não pode desconsiderar a separação entre a pessoa jurídica e seus integrantes senão por meio de ação judicial própria, de caráter cognitivo, movida pelo credor da sociedade contra os sócios ou seus controladores [...]. Em outros termos, quem pretende imputar a sócio ou sócios de uma sociedade empresária a responsabilidade por ato social, em virtude da fraude na manipulação da autonomia da pessoa jurídica, não deve demandar esta última, mas a pessoa ou as pessoas que quer ver responsabilizadas.[19]

A reflexão do autor é muito pertinente e se coaduna com uma premissa basilar da *disregard doctrine*, ou seja, não se trata de uma medida contra a pessoa jurídica e sim a seu favor. Por isso, a entidade não deve sofrer os efeitos deletérios de uma demanda judicial, quando o autor, na verdade, pretende ser ressarcido pelo patrimônio de um integrante. A declaração incidental acaba por reforçar (ou estimular) a visão deturpada da desconsideração como uma medida para imputar responsabilidade subsidiária aos sócios, mantendo a responsabilidade da pessoa jurídica, na linha que foi adotada no Código de Defesa do Consumidor (art. 28, § 5º) e no art. 50 do Código Civil, por exemplo.

Também se manifestou na linha da doutrina acima exposta a Segunda Turma Cível do Tribunal de Justiça do Distrito Federal, rechaçando a possibilidade de o juiz por simples despacho nos autos ou em decisão liminar (*inaudita altera pars*), responsabilizar pessoalmente os sócios e/

---

[19] COELHO, Fábio Ulhoa. **Curso de Direito Comercial**. v. 2. São Paulo: Saraiva, 1999, p. 54.

ou administradores sem lhes dar o direito constitucional do contraditório e ampla defesa (art. 5º, inciso LV, da Constituição de 1988). Destaca-se o seguinte trecho da decisão:

> Para se determinar que os prejuízos aos consumidores recaiam integralmente e em solidariedade passiva sobre o acionista controlador e sobre os administradores, necessária a apuração dos fatos na ação principal, não em cautelar, à luz de provas concretas de fraudes e conluios, com a desconsideração da personalidade jurídica[20].

Mesmo que a decisão tenha, acertadamente, exigido a apuração dos fatos imputados em ação própria, a associação da imputação de responsabilidade aos sócios com a desconsideração da personalidade jurídica não é apropriada. Remete-se o leitor ao quarto elemento para a correta aplicação da desconsideração, isto é, a impossibilidade de realização dos fins da norma jurídica por outros meios. A medida extrema deve ser empregada com cautela e quando efetivamente for necessária, evitando sua utilização indevida ou abusiva. Nota-se que se trata de discussão quanto a responsabilidade de sócio controlador e administradores de uma companhia (Encol S/A), portanto, devem ser aplicadas as disposições da lei própria (Lei nº 6.404/76) e seus dispositivos que autorizam a responsabilização destas figuras na ação de responsabilidade (arts. 117, 158, 159 e 246). Se ficar comprovado a prática de ato de abuso do poder de controle, ainda que não esteja arrolado no art. 117, § 1º, o acionista controlador poderá ter seus bens pessoais atingidos sem necessidade de desconsiderar a personalidade jurídica da companhia, por ser caso de imputação direta decorrente da responsabilidade civil (art. 942 do Código Civil). O mesmo poderá ser feito em relação aos administradores que violarem a lei ou o estatuto (art. 158, II, da Lei nº 6.404/76).

Em sentido oposto, quanto a desnecessidade de ajuizamento de ação própria, podendo a medida ser decretada incidentalmente e em qualquer fase do processo, manifestou-se o STJ em reiteradas oportunidades, como se exporá sucintamente.

No Recurso Ordinário em Mandado de Segurança nº 16105/GO, julgado em 19/08/2003 pela Terceira Turma, cuja relatoria coube à ministra Nancy Andrighi, ficou assentado o entendimento de que é possível a desconsideração da personalidade jurídica para estender os efeitos da decretação da falência a outras sociedades, caracterizada a confusão patrimonial entre sociedades formalmente distintas, sob pena de prestigiar a fraude à lei ou contra credores. Também ficou decidido que a aplicação da desconsideração dispensa a propositura de ação autônoma, podendo o juiz, verificando os pressupostos de sua incidência, incidentemente no próprio processo de execução (singular ou coletiva), levantar o véu da personalidade jurídica para que o ato de expropriação atinja terceiros envolvidos.[21] Se as pessoas atingidas pelos efeitos da desconsideração não puderam apresentar sua defesa quanto aos fatos que lhe foram imputados, como assegurar o direito fundamental ao contraditório e ampla defesa? Os julgadores decidiram que as pessoas alcançadas pela decretação da desconsideração da personalidade jurídica têm legitimidade para interpor recurso da decisão (no caso de falência, o agravo de instrumento) visando a defesa de seus direitos.

Na mesma data, o colegiado de Ministros da Terceira Turma, no julgamento do Recurso Ordinário em Mandado de Segurança nº 16274/SP, tal qual na decisão anterior, afirmou que "A aplicação da teoria da desconsideração da personalidade jurídica dispensa a propositura de ação autônoma para tal" e, com isso, "o sócio alcançado pela desconsideração da personalidade jurídica

---

[20] DISTRITO FEDERAL. Tribunal de Justiça. Segunda Turma Cível. Agravo de Instrumento nº 8837. Rel. Des, Sandra de Sanctis. Julg, em 30/11/1998. In DJU, Seção 3, de 02/06/1999, p.34.

[21] BRASIL. Superior Tribunal de Justiça. Terceira Turma. Recurso Ordinário em Mandado de Segurança nº 16105/GO. Rel, Min. Nancy Andrighi. Julg. em 19/08/2003. In *DJ* de 22/09/2003, p. 314.

da sociedade empresária torna-se parte no processo e assim está legitimado a interpor, perante o Juízo de origem, os recursos tidos por cabíveis".[22]

Antes de apresentar a questão sob a ótica do Código de Processo Civil de 2015 (Lei nº 13.105), cumpre registrar a admissibilidade – tanto legislativa quanto jurisprudencial – da desconsideração ser decretada pela autoridade administrativa e não pelo juiz.

Em 2003, a Segunda Turma do STJ, por unanimidade, negou provimento o recurso ordinário em mandado de segurança no qual se discutiu a legalidade de ato administrativo em que se desconsiderou a personalidade jurídica que uma sociedade constituída com abuso de forma e fraude à lei, mas foi facultado previamente ao administrado o contraditório e a ampla defesa em processo administrativo regular. No voto, o relator observou que a administração pública havia considerado inidônea para participar de licitação uma sociedade. Para burlar o efeito do ato administrativo, foi constituída uma nova sociedade, com o mesmo objeto social, os mesmos sócios e mesmo endereço, em substituição a outra. Com isso, a pretensão da sociedade, no mandado de segurança, fundada na autonomia subjetiva da pessoa jurídica (art. 49, *caput*, do Código Civil) pela qual ela não poderia ser declarada inidônea por não se confundir com a anterior, não deve ser acatada, pois houve abuso da personalidade jurídica para burlar a lei de licitações. Com base neste fundamento, a Turma considerou válida a aplicação da teoria da desconsideração da personalidade jurídica para estenderem-se os efeitos da sanção administrativa à nova sociedade constituída[23].

Forte nos fundamentos adotados pelo STJ quanto ao direito consagrado no inciso LV do art. 5º da Constituição, a Lei nº 12.846/2013 em seu Capítulo IV, que trata do processo administrativo de responsabilização da pessoa jurídica pela prática de atos contra a administração pública previu a possibilidade de desconsideração da personalidade jurídica, nos seguintes termos:

> Art. 14. A personalidade jurídica poderá ser desconsiderada sempre que utilizada com abuso do direito para facilitar, encobrir ou dissimular a prática dos atos ilícitos previstos nesta Lei ou para provocar confusão patrimonial, sendo estendidos todos os efeitos das sanções aplicadas à pessoa jurídica aos seus administradores e sócios com poderes de administração, observados o contraditório e a ampla defesa.

Retomando a análise de aspecto processual da desconsideração – necessidade ou não de ação autônoma– o Código de Processo Civil vigente, no Capítulo IV do Título III (Da Intervenção de Terceiros), incorporou ao ordenamento o incidente de desconsideração da personalidade jurídica, admitido em qualquer fase do processo de conhecimento, no cumprimento de sentença e na execução fundada em título executivo extrajudicial (art. 134, *caput*). Tal previsão, contudo, não impede a propositura de ação em que os sócios sejam demandados diretamente como responsáveis pelo abuso da personalidade jurídica, caso em que não caberá o incidente de desconsideração da personalidade jurídica. Nesta situação, segundo o art. 134, § 2º, não será instaurado o incidente se a desconsideração da personalidade jurídica for requerida na petição inicial, hipótese em que será citado o sócio para apresentar defesa e produzir provas.

Além da possibilidade de decretação da desconsideração por decisão monocrática, em primeira instância, o relator do processo em segunda instância poderá decidir o incidente de

---

[22]   BRASIL. Superior Tribunal de Justiça. Terceira Turma, Recurso Ordinário em Mandado de Segurança nº 16274/SP. Rel, Min. Nancy Andrighi. Julg. em 19/08/2003. In *DJ* de 02/08/2004, p. 359.

[23]   BRASIL. Superior Tribunal de Justiça. Segunda Turma. Recurso Ordinário em Mandado de Segurança 15166/BA. Rel. Min. Castro Meira. Julg. Em 07/08/2003. In *DJ* de 08/09/2003, p. 262.

desconsideração da personalidade jurídica, quando este for instaurado originariamente perante o tribunal, consoante incumbência que lhe é atribuída pelo art. 932, VI, do CPC.

Quanto a legitimidade para a instauração do incidente, o CPC seguiu o art. 50 do Código Civil, em sua redação original, como fica patente na comparação deste artigo com o art. 133 do CPC.

Art. 50 Em caso de abuso da personalidade jurídica, caracterizado pelo desvio de finalidade, ou pela confusão patrimonial, pode o juiz decidir, **a requerimento da parte, ou do Ministério Público quando lhe couber intervir no processo**, que os efeitos de certas e determinadas relações de obrigações sejam estendidos aos bens particulares dos administradores ou sócios da pessoa jurídica. [grifo nosso]	Art. 133. O incidente de desconsideração da personalidade jurídica será instaurado **a pedido da parte ou do Ministério Público, quando lhe couber intervir no processo.** [grifo nosso]

Embora o CPC tenha admitido a desconsideração de forma incidental, inclusive nos processos de competência dos juizados especiais cíveis, para fins de julgamento de causas de menor complexidade consideradas no art. 3º da Lei nº 9.099/95 (cf. art. 1.062), relativizando a autonomia da pessoa jurídica e seus efeitos para terceiros, foram preservadas certas garantias processuais dos sócios ou de terceiros, como se percebe pelo teor de algumas disposições:

Art. 133, § 1º: o juiz é obrigado a observar os pressupostos previstos em lei, sem poder decidir por equidade. Trata-se de disposição aberta, pois não prevê a lei processual quais são os referidos pressupostos. No mesmo sentido do CPC dispõe o art. 855-A da Consolidação das Leis do Trabalho (Decreto-lei nº 5.452/43), incluído pela Lei nº 13.467/2017 sobre a aplicação do incidente de desconsideração da personalidade jurídica ao processo do trabalho, tal qual aplicado no processo civil. Portanto, em ambos deve ser aplicada a legislação civil, como regra geral (art. 50), ou a disposição específica que trata da desconsideração em lei especial (v.g. art. 28 do CDC). A questão dos pressupostos para a aplicação do instituto será analisada na próxima seção.

Art. 4795, *caput* e § 4º: ao regular a Responsabilidade Patrimonial do Devedor no processo de execução (Livro II, Título I, Capítulo V), o CPC oferece prerrogativas aos sócios, como no art. 795. O dispositivo consagra na lei processual a autonomia patrimonial ou objetiva da pessoa jurídica em relação aos seus membros, de modo que os bens particulares dos sócios não respondem pelas dívidas da sociedade e, mesmo que haja disposição em contrário (sócios de responsabilidade ilimitada), a constrição se dará de modo subsidiário na forma do art. 795, § 1º, do CPC e do art. 1.024 do Código Civil (benefício de ordem ou de excussão). Sem embargo da proteção ao patrimônio pessoal dos sócios no processo de execução, é admissível a desconsideração da personalidade jurídica, **mas não de ofício**, pois para levantar o véu corporativo a fim de atingir os bens dos sócios é obrigatória a observância do incidente previsto no Código (art. 795, § 4º).

Art. 674, *caput*, e § 2º: proferida a decisão interlocutória no sentido de decretar a desconsideração da personalidade jurídica, os bens do responsável (até então considerado terceiro no processo, salvo se figurou desde o início como parte) ficam sujeitos à execução, com fundamento no art. 790, VII, do CPC. Entretanto, o ato de constrição judicial decorrente da desconsideração pode atingir, indevidamente, terceiro que não faça parte do incidente. Para isso, esta pessoa é considerada terceiro para efeito da legitimidade ativa na ação de embargos de terceiros com o fito de requerer o desfazimento da constrição ou sua inibição.

Art. 134, § 1º e art. 135: com a instauração do incidente de desconsideração da personalidade jurídica, se o sócio não foi indicado como réu na petição inicial, ele se torna parte no processo e, com isso, deve haver a comunicação ao distribuidor do feito para as anotações devidas. Ademais, na linha da orientação fixada pelo STJ sobre a necessidade de assegurar àquele que sofrer os efeitos da desconsideração sobre seus bens a garantia constitucional do contraditório, é necessário que haja a citação do sócio para manifestar-se e requerer as provas cabíveis no prazo de 15 (quinze) dias.

Art. 134, § 3º: para assegurar que o terceiro, que passa a ser parte no processo com a instauração do incidente, não sofra os efeitos da desconsideração da personalidade jurídica sem que antes possa se manifestar e requerer as provas cabíveis, o processo ficará suspenso até a resolução do incidente, salvo se a ação for proposta em face dele, como prevê o art. 134, § 2º.

Art. 134, § 4º: para evitar o abuso no manejo do instituto, a lei processual exige que o requerimento de instauração do incidente deve demonstrar o preenchimento dos pressupostos legais específicos para desconsideração da personalidade jurídica, não podendo, por exemplo, o requerente de valer de situações que não ensejam a medida, tais como: inadimplemento contratual ou legal, simples inatividade da pessoa jurídica, ato próprio de sócio que lhe acarrete responsabilidade pessoal e direta, solidariedade legal ou contratual.

Após a citação e, se necessário, produção de provas, o juiz, resolverá a questão incidental (responsabilizando ou não o imputado por obrigações da pessoa jurídica) por decisão interlocutória contra a qual se prevê o recurso de agravo de instrumento (art. 136 c/c/ art. 1.015, IV, do CPC). Se a decisão for proferida pelo relator do processo no Tribunal, caberá agravo interno.

Resolvido o incidente com decisão pelo descabimento da desconsideração, os bens do integrante da pessoa jurídica permanecem na sua livre disposição pela negativa de constrição judicial e manutenção da autonomia patrimonial. No entanto, caso contrário, acolhido o pedido, fica vedado qualquer ato de alienação ou a oneração de bens, e, se houver, ele será considerado como praticado em fraude de execução, sendo ineficaz em relação ao requerente (art. 137). Para desestimular que o requerido pratique atos de disposição ou oneração de bens antes da decisão interlocutória, ainda na fase de instrução, a lei considera fraude à execução todo ato praticado a partir da citação da parte, determinação contida no art. 792, § 3º.

6. A DESCONSIDERAÇÃO INVERSA DA PERSONALIDADE JURÍDICA

Outro aspecto relevante que o CPC inovou na legislação foi é a previsão expressa da desconsideração inversa da personalidade jurídica no art. 133, § 2º, seguindo as mesmas regras previstas para a modalidade direta, ou seja, (i) mediante a propositura da ação em face dos responsáveis ou (ii) requerimento de declaração incidental na ação ajuizada em face da pessoa jurídica. Na desconsideração inversa, a ação pode ser proposta em face da pessoa jurídica que se pretende responsabilizar por dívida particular de seu integrante, e não haverá instauração do incidente, ou na forma do art. 134, § 2º, sendo em ambas as situações a entidade citada para apresentar defesa.

A desconsideração inversa tem os mesmos fundamentos da modalidade direta, apenas com a mudança da imputação, mas sempre tendo em vista afastar a personalidade jurídica quando esta é realmente um obstáculo à aplicação da norma jurídica. Se na modalidade direta, o membro da pessoa jurídica se escuda na sua personalidade e na separação formal para cometer abusos e atos ilícitos, resguardando seus bens particulares, na modalidade indireta, a pessoa jurídica é usada como anteparo ou véu pelo seu integrante para que esse esvazie seu patrimônio particular ou transfira-lhe bens, de modo a ficar inadimplente perante seus credores. Quando estes procuram a satisfação de seus créditos, não encontram bens a serem penhorados, arrolados, ou passíveis de sofrer constrição judicial porque eles estão no acervo da pessoa jurídica, muitas vezes constituída exatamente com esta finalidade, ou seja, a blindagem patrimonial da pessoa física, que fica "livre" aparentemente para atuar impunemente. Justamente para evitar a fraude, ao contrário, a desconsideração inversa é extremamente importante também no aprimoramento da aplicação da teoria de pessoa jurídica.

Um caso muito usual e, aparentemente acobertado de licitude, mas que pode descambar para o abuso é a situação de pessoas naturais que se dedicam profissionalmente a atividades intelectuais, de natureza científica, artística ou literária e prestam serviços a terceiros, a maioria das vezes em caráter personalíssimo. Tal escapar da tributação que incide sobre a renda da pessoa física, são constituídas pessoas jurídicas (geralmente sociedade limitada unipessoal ou EIRELI) para emitir a nota fiscal e constar como a prestadora de serviço no lugar da pessoa física. As pessoas jurídicas são constituídas "de fachada" porque, na realidade, a atividade é desenvolvida pela (s) pessoas naturais e isso é evidente em razão da ausência de organização empresarial. Embora tal atitude seja polêmica e tenha críticos, está amparada pela legislação e com chancela do STF. Em 21 de novembro de 2005, foi publicada a Lei nº 11.196, fruto da conversão da Medida Provisória nº 255, que promoveu em seu artigo 129, a regularização tributária e previdenciária da atividade de prestação de serviços, realizada por profissionais liberais, mediante a constituição de pessoa jurídica. Eis o dispositivo:

> Art. 129. Para fins fiscais e previdenciários, a prestação de serviços intelectuais, inclusive os de natureza científica, artística ou cultural, em caráter personalíssimo ou não, com ou sem a designação de quaisquer obrigações a sócios ou empregados da sociedade prestadora de serviços, quando por esta realizada, se sujeita tão-somente à legislação aplicável às pessoas jurídicas, **sem prejuízo da observância do disposto no art. 50 da Lei nº 10.406, de 10 de janeiro de 2002 – Código Civil.** [grifo nosso]

A redação amplíssima da norma ("em caráter personalíssimo ou não, com ou sem a designação de quaisquer obrigações a sócios ou empregados") é proposital e visa fomentar a multiplicação de pessoas jurídicas unipessoais e esvaziar a prestação de serviços por pessoas físicas, que, na maioria das vezes, é feita na informalidade. Neste sentido, por maioria, em 21/12/2020, o Plenário do STF proclamou a constitucionalidade do referido artigo, julgando procedente a ação declaratória de constitucionalidade nº 66, ajuizada pela Confederação Nacional da Comunicação Social – CNCOM e relatada pela Ministra Cármen Lúcia. Contudo, o que interessa a este estudo é a preocupação do legislador de coibir o abuso na constituição ou funcionamento destas pessoas jurídicas, que podem perfeitamente servir como escudo para esvaziar o patrimônio das pessoas naturais que dela participam, mormente sob a justificativa da autonomia subjetiva. Com isso, é fundamental a ressalva ao art. 50 do Código Civil quanto a possibilidade de ser afastada a personalidade jurídica para responsabilizar a pessoa jurídica por obrigação assumida pelo profissional liberal (a pessoa física) – desconsideração inversa da personalidade jurídica.

O exemplo legislativo revela que muito antes do CPC, que só entrou em vigor no ano de 2016, positivar esta modalidade de desconsideração, a jurisprudência já a admitia com base na disposição contida no art. 50 do Código Civil, em intepretação teleológica.

A Terceira Turma do STJ, na apreciação do RESP nº 948117/MS, julgado em 2010, reconheceu a possibilidade de desconsideração inversa da personalidade jurídica e indicou seu fundamento legal[24] como denota os trechos da ementa abaixo transcritos:

> [...] III- A desconsideração inversa da personalidade jurídica caracteriza-se pelo afastamento da autonomia patrimonial da sociedade, para, contrariamente do que ocorre na desconsideração da personalidade propriamente dita, atingir o ente coletivo e seu patrimônio social, de modo a responsabilizar a pessoa jurídica por obrigações do sócio controlador.

---

[24]   BRASIL. Superior Tribunal de Justiça. Terceira Turma. REsp 948117/MS. Relatora Min. Nancy Andrighi. Julg. 22/06/2010. In *DJe* de 03/08/2010.

IV – Considerando-se que a finalidade da disregard doctrine é combater a utilização indevida do ente societário por seus sócios, o que pode ocorrer também nos casos em que o sócio controlador esvazia o seu patrimônio pessoal e o integraliza na pessoa jurídica, conclui-se, de uma interpretação teleológica do art. 50 do CC/02, **ser possível a desconsideração inversa da personalidade jurídica, de modo a atingir bens da sociedade em razão de dívidas contraídas pelo sócio controlador, conquanto preenchidos os requisitos previstos na norma.** [grifo nosso]

Percebe-se, no item III, a descrição dos objetivos da desconsideração na modalidade direta, ou seja, com o fito de atingir o membro da pessoa jurídica por ato desta, responsabilizando-o pelas obrigações. O item IV expõe que o fundamento teleológico da desconsideração é a coibição da fraude ou do abuso através da personalidade jurídica; desse modo, o ato pode ser praticado tanto em detrimento do credor da pessoa jurídica ou de sócio. Nesse último caso, haverá a desconsideração inversa para atingir os bens da pessoa jurídica e, em qualquer modalidade (direta ou inversa), o art. 50 do Código Civil é o embasamento normativo, "conquanto preenchidos os requisitos previstos na norma", mesma exigência feita pelo CPC no art. 133, § 1º e no art. 134, § 4º. Portanto, na próxima seção torna-se curial verificar estes pressupostos e se eles são uniformes na legislação brasileira.

7. OS PRESSUPOSTOS LEGAIS PARA A APLICAÇÃO DA DESCONSIDERAÇÃO DA PERSONALIDADE JURÍDICA: O CÓDIGO DE DEFESA DO CONSUMIDOR E O CÓDIGO CIVIL

Na seção anterior verificou-se que o art. 133, § 1º, do CPC determina que o incidente de desconsideração da personalidade jurídica seja resolvido com base nos pressupostos legais para a aplicação da medida. O mesmo comando deve ser adotado no processo do trabalho, consoante a disposição do já citado art. 855–A da CLT[25].

Advirta-se que, bem antes da Lei nº 13.105/2015, a Terceira Turma do STJ, ao apreciar no ano de 2010 o citado RESP nº 948117/MS, reconheceu a excepcionalidade da desconsideração, pois a regra geral é o reconhecimento da autonomia da pessoa jurídica (art. 49-A do Código Civil).

[...] V – A desconsideração da personalidade jurídica configura-se como medida excepcional. **Sua adoção somente é recomendada quando forem atendidos os pressupostos**

---

[25] Antes da previsão na CLT, em 2017, do incidente de desconsideração da personalidade jurídica, a Justiça do Trabalho, na falta de uma orientação formal e baseando-se na premissa de que o crédito trabalhista não pode ficar sem pagamento, aplicava um critério objetivo para a decretação da desconsideração, totalmente desvencilhado da prova do abuso da personalidade jurídica, que se presumia apenas pelo inadimplemento das obrigações trabalhistas pelo empregador. É bem ilustrativa a seguinte decisão do Tribunal Superior do Trabalho (TST): " [...] 2) RESPONSABILIDADE SOLIDÁRIA – SÓCIO COTISTA – TEORIA DA DESCONSIDERAÇÃO DA PESSOA JURÍDICA – Em sede de direito do trabalho, em que os créditos trabalhistas não podem ficar a descoberto, vem-se abrindo uma exceção ao princípio da responsabilidade limitada do sócio, ao se aplicar a teoria da desconsideração da personalidade jurídica (*disregard of legal entity*) para que o empregado possa, verificando a insuficiência do patrimônio societário, sujeitar à execução os bens dos sócios individualmente considerados, porém, solidária e ilimitadamente, até o pagamento integral dos créditos dos empregados". BRASIL. Tribunal Superior do Trabalho. Subseção II. Recurso Ordinário 531317-09.1999.5.03.5555. Rel. Min. Ronaldo Leal. Julg. em 26/10/99. Disponível em https://jurisprudencia.tst.jus.br/. Acesso em 30/03/2021.

específicos relacionados com a fraude ou abuso de direito estabelecidos no art. 50 do CC/02.** Somente se forem verificados os requisitos de sua incidência, poderá o juiz, no próprio processo de execução, "levantar o véu" da personalidade jurídica para que o ato de expropriação atinja os bens da empresa. VI – À luz das provas produzidas, a decisão proferida no primeiro grau de jurisdição, entendeu, mediante minuciosa fundamentação, pela ocorrência de confusão patrimonial e abuso de direito por parte do recorrente, ao se utilizar indevidamente de sua empresa para adquirir bens de uso particular. [...]. Recurso especial não provido. [grifo nosso]

Percebe-se no trecho grifado, cuja lavra coube a ministra relatora Nancy Andrighi, a medida que afastará casuisticamente a autonomia da pessoa jurídica, seja para responsabilizar seu integrante por obrigações daquela, ou vice-versa, deve ser aplicada em casos extremos e justificáveis, em que estiverem presentes "fraude ou abuso do direito" por meio da pessoa jurídica e não diretamente.

Verifica-se, pela decisão supra e as normas legais invocadas neste trabalho, quão importante é conhecer os referidos pressupostos. É inequívoco que a desconsideração pressupõe: (i) a existência de uma entidade personalizada (art. 45 do Código Civil), onde se faça presente a autonomia entre ela e seu(s) integrante (s), (ii) o dano causado a terceiro pelo abuso da personalidade jurídica, com o fito de acobertar a conduta da pessoa natural pela separação formal e (iii) a necessidade da medida, ou seja, sua excepcionalidade. A esses três pressupostos soma-se o último, que é o mais importante e decisivo no caso concreto: (iv) a aferição do abuso da personalidade jurídica por meio de provas.

Afirma-se de antemão que, quanto ao quarto pressuposto, não há uniformidade nas normas que positivaram a teoria acerca da necessidade de ficar caracterizada a conduta ilícita, podendo ser presumida em razão da importância do direito tutelado (ex.: direito de o consumidor ser integralmente ressarcido). A respeito, existem duas orientações no direito positivo nacional: (i) aquela "aberta", onde é dado a oportunidade aos responsáveis de refutar a imputação que lhes é dirigida no incidente suscitado, provando que sua conduta é lícita e. em havendo esta certeza, a decisão judicial será denegatória ou (ii) a concepção "fechada" ou objetiva, que dispensa a prova de qualquer irregularidade na conduta do membro da pessoa jurídica e trata a desconsideração como um "acerto de contas" entre o credor e o sócio/participante. Se o patrimônio da pessoa jurídica ou do participante dele não for suficiente para pagar o credor e a personalidade jurídica (autonomia objetiva) for um "obstáculo" ao ressarcimento, caberá a desconsideração sem necessidade de prova da conduta ilícita. Nesse caso, a desconsideração tem apenas por finalidade afastar a limitação de responsabilidade e tornar o sócio responsável objetivamente, ilimitada e subsidiariamente pelos débitos da entidade.

A primeira "vertente" da desconsideração é adotada no Código de Defesa do Consumidor, especialmente no art. 28, § 5º, com a interpretação que lhe foi dada pela mesma Terceira Turma, em 2003, no julgamento do RESP 279273/SP. A segunda espelha-se no Código Civil, em seu art. 50, mesmo antes da alteração promovida em 2019 pela Lei nº 13.874, fruto da conversão da Medida Provisória nº 881/2019. Sobre cada uma delas tratarão as subseções seguintes.

7.1 A desconsideração no Código de Defesa do Consumidor e seus pressupostos

A Constituição de 1988 indica como um dos objetivos fundamentais da República a solidariedade social (art. 3º, I), que deve ser conjugada com a liberdade de iniciativa (art. 1º, IV e 170, *caput*). Se o agente econômico, ainda que pessoa jurídica, praticar atos emulativos a terceiros, abusando do direito que o ordenamento lhe assegura ao pleno exercício de sua atividade (art. 170, parágrafo único) estará abusando do seu poder e poderá ser sancionado (art. 173, § 4º).

À luz dos valores da solidariedade e da livre inciativa, o Código de Defesa do Consumidor reputa os princípios constitucionais da ordem econômica, dentre está a defesa do consumidor, como valores a serem observados na elaboração da Política Nacional de Relações de Consumo:

> Art. 4º A Política Nacional das Relações de Consumo tem por objetivo o atendimento das necessidades dos consumidores, o respeito à sua dignidade, saúde e segurança, a proteção de seus interesses econômicos, a melhoria da sua qualidade de vida, bem como a transparência e harmonia das relações de consumo, atendidos os seguintes princípios: [...]
>
> III – harmonização dos interesses dos participantes das relações de consumo e compatibilização da proteção do consumidor com a necessidade de desenvolvimento econômico e tecnológico, **de modo a viabilizar os princípios nos quais se funda a ordem econômica (art. 170, da Constituição Federal)**, sempre com base na boa-fé e equilíbrio nas relações entre consumidores e fornecedores; [...] [grifo nosso]

Para tutelar direitos básicos do consumidor, o Código previu diversas regras tendo como pilar o reconhecimento de sua vulnerabilidade perante o fornecedor (art. 4º, I), tais como a responsabilidade objetiva pelo fato e vício do produto e do serviço (exceto para profissionais liberais), prazos prescricionais maiores, proteção contratual, estipulação de práticas e cláusulas abusivas, efeitos erga omnes da coisa julgada em ações coletivas julgadas favoravelmente aos consumidores. No bojo destas "prerrogativas" legais, está a previsão da desconsideração da personalidade jurídica, que se articula com o direito básico do consumidor à "efetiva" reparação de danos de toda sorte, patrimoniais e morais, individuais, coletivos ou difusos (art. 6º, VI). Caso não seja possível receber a reparação do fornecedor diretamente, deverá haver mecanismo para que outras pessoas sejam responsáveis pelo cumprimento da obrigação, pois ela deve ser "efetiva". Nesse contexto foi concebida a previsão da desconsideração da personalidade jurídica no Código, haja vista sua inserção topográfica na Seção V do Capítulo IV, dedicado, entre outros temas, à reparação dos danos.

O art. 28 do CDC foi a primeira norma legal sobre a desconsideração[26], embora a teoria já fosse invocada pela doutrina nacional e aplicada pela jurisprudência, com certa frequência. O dispositivo é desdobrado em duas partes, para efeito de análise: primeiramente, o *caput* será analisado em conjunto com os parágrafos 1º e 5º e, em seguida, os outros parágrafos.

O *caput* autoriza o juiz a desconsiderar a personalidade jurídica nas situações que aponta (abuso "de" direito, excesso de poder, infração à lei, fato ou ato ilícito, violação de contratos ou estatutos, falência, insolvência, encerramento ou inatividade da pessoa jurídica provocados por má administração) e sempre que ficar configurado o dano ao consumidor. Das onze situações arroladas, apenas o "abuso de direito" é consentâneo com a *disregard doctrine*, e, ainda assim, no caso de uso da personalidade jurídica em detrimento do credor da pessoa jurídica ou credor de um de seus integrantes, na modalidade inversa. Os demais casos não envolvem obstáculo ao ressarcimento do consumidor em razão da existência da pessoa jurídica, pois já estão positivados em leis próprias que determinam a responsabilização pessoal ou solidária de sócios ou dirigentes de pessoas jurídicas[27].

---

[26] Após o CDC, outras leis passaram a prever a utilização da desconsideração da personalidade jurídica em casos específicos, mesmo antes da sua previsão no Código Civil de 2002. São elas: a Lei nº 8.884/94 (revogada pela Lei nº 12.529/2011), Lei nº 9.605/98 e Lei nº 9.847/99.

[27] Não há cabimento para a desconsideração da personalidade jurídica quando há norma legal que já prevê a responsabilidade civil e constrição sobre os bens particulares de acionistas controladores, administradores ou sócios, especialmente quando a pessoa jurídica sofrer inatividade, falência ou insolvência por

Cap. 1 • A DESCONSIDERAÇÃO DA PERSONALIDADE JURÍDICA | 23

Não há previsão no *caput* do art. 28 se a decisão judicial será de ofício ou a pedido da parte interessada e se as hipóteses referidas são exaustivas (*numerus clausus*) ou exemplificativas. As redações dos parágrafos 1º e 5º se ocuparam de suprir as duas lacunas apontadas.

O parágrafo 1º esclareceu que a desconsideração seria decretada a pedido da parte interessada, afastando a medida de ofício, e que a desconsideração se faria a partir do direcionamento da responsabilidade da pessoa jurídica sobre "acionista controlador, o sócio majoritário, os sócios-gerentes, os administradores societários e, no caso de grupo societário, as sociedades que a integram". O dispositivo sofreu críticas após a aprovação da lei, por ser considerado redundante, eis que a simples previsão de desconsideração no *caput* já abarcaria a responsabilidade de terceiros sobre os atos da pessoa jurídica, logo seria desnecessário, conforme justificou o veto presidencial nele aposto.

De fato, o parágrafo 1º continha falhas como a ausência de previsão de legitimidade ao Ministério Público para requerer a medida (omissão corrigida no Código Civil) e a inclusão de pessoas que já são responsabilizadas pela legislação societária pela prática de atos ilícitos e violadores da lei ou do estatuto, como administradores, "sócios-gerentes", acionista controlador e sociedades integrantes de grupo societário. Não atentou o legislador para a excepcionalidade da desconsideração e sua oportunidade, confundindo-a com outros institutos, mormente a responsabilidade civil de sócio e de administrador. Contudo, o veto trouxe a possibilidade, afastada pelo referido parágrafo vetado, da desconsideração de ofício, diante do silêncio do *caput*, que se justificaria pela vulnerabilidade do consumidor quando litiga em juízo, especialmente sem a assistência de advogado, que é facultativa nas causas dos juizados especiais cíveis na condição prevista no art. 9º da Lei nº 9.099/95.

Quanto ao parágrafo 5º, sua finalidade foi esclarecer que as situações previstas no *caput* são meramente exemplificativas, pois qualquer outra que se apresente e seja, "de alguma forma, obstáculo ao ressarcimento de prejuízos causados aos consumidores" autoriza a desconsideração da personalidade jurídica. O legislador deixou para o magistrado verificar, objetivamente, se o consumidor tem direito a uma reparação da pessoa jurídica e se há algum obstáculo decorrente da autonomia patrimonial que o impeça de ser integralmente ressarcido. Se houver, como a limitação de responsabilidade pelo tipo societário da pessoa jurídica, a personalidade deve ser afastada e os integrantes responsabilizados pela pessoa jurídica[28].

Contudo, não se pode olvidar que em sede de hermenêutica jurídica, a disposição do parágrafo deve ser interpretada em consonância com a do *caput*. No caso do art. 28, no *caput* estão previstas condutas perpetradas por pessoas que integram a pessoa jurídica ou a administram violadoras de direitos ou deveres legais (má administração, por exemplo, que viola o dever de diligência do administrador). Poderia ser dispensada esta vinculação, de modo a ser adotada a desconsideração sem a aferição da ilicitude da conduta com base numa exegese autônoma do parágrafo 5º, ou, ao contrário, mesmo numa situação "atípica", não contemplada no *caput*, deveria ser comprovada a ilicitude da conduta do responsável, critério do *caput*.[29] Em resumo: a *vexata quaestio* era se a

---

má administração, como no Código Civil (arts.1.016 e 1.080), na Lei nº 6.404/76 (arts. 117, § 1º, 158, 159, 245 e 246) ou na Lei de Falências (art. 82).

[28] A mesma orientação do parágrafo 5º do art. 28 de não especificar situações e adotar uma regra ampla e abrangente foi adotada no art. 4º da Lei nº 9.605/98 (Lei de Crimes Ambientais) e no art. 18, § 3º, da Lei nº 9.847/99 (Abastecimento Nacional de Combustíveis).

[29] Fábio Ulhoa Coelho considera compatíveis o *caput* e o § 5º do art. 28, porém a esse dispositivo se sujeitam apenas as sanções de caráter não pecuniário a que possa estar sujeito o fornecedor e que, com a desconsideração da personalidade jurídica, recaem sobre os sócios responsáveis pela conduta ilícita. Caso, por exemplo, seja constituída uma pessoa jurídica para que o fornecedor se furte do cumprimento da sanção

aplicação deveria ser "aberta", com necessidade de se garantir a defesa e contraditório ao imputado ou "fechada", dispensando a prova do abuso da personalidade jurídica.

A questão gerou intensos debates, seja pela posição pró-consumidor, dispensando o requisito probatório, ou pró-pessoa jurídica e seus integrantes, exigindo sua presença. O fato é que, em 2003, por maioria, a Terceira Turma do STJ, ao julgar o RESP 279273/SP. Na opinião do relator originário, cujo voto foi vencido pela maioria dos ministros, a interpretação do parágrafo 5º deveria ser feita de acordo com os requisitos do *caput*, exigindo a demonstração da ilicitude da conduta dos administradores da pessoa jurídica. No caso apreciado foi requerida e decretada a desconsideração sem qualquer prova ou evidência de ato ilícito ou abuso da personalidade jurídica, o que para o relator seria atentatório ao próprio instituto da pessoa jurídica, sem que os sócios tivessem sequer a possibilidade de defesa. Prevaleceu o entendimento exarado na ementa do acórdão, lavrado pela ministra Nancy Andrighi, autora do voto vencedor, que após expor os dois critérios existentes na legislação ("teoria maior" e "teoria menor"), decidiu pela exegese autônoma do parágrafo 5º, desprezando a ausência de prova de ilicitude nos autos das condutas descritas no *caput*.

> A teoria maior da desconsideração, regra geral no sistema jurídico brasileiro, não pode ser aplicada com a mera demonstração de estar a pessoa jurídica insolvente para o cumprimento de suas obrigações. Exige-se, aqui, para além da prova de insolvência, ou a demonstração de desvio de finalidade (teoria subjetiva da desconsideração), ou a demonstração de confusão patrimonial (teoria objetiva da desconsideração). A teoria menor da desconsideração, acolhida em nosso ordenamento jurídico excepcionalmente no Direito do Consumidor e no Direito Ambiental, incide com a mera prova de insolvência da pessoa jurídica para o pagamento de suas obrigações, independentemente da existência de desvio de finalidade ou de confusão patrimonial.
>
> Para a teoria menor, o risco empresarial normal às atividades econômicas não pode ser suportado pelo terceiro que contratou com a pessoa jurídica, mas pelos sócios e/ou administradores desta, **ainda que estes demonstrem conduta administrativa proba, isto é, mesmo que não exista qualquer prova capaz de identificar conduta culposa ou dolosa por parte dos sócios e/ou administradores da pessoa jurídica.**
>
> A aplicação da teoria menor da desconsideração às relações de consumo está calcada na **exegese autônoma do § 5º do art. 28, do CDC**, porquanto a incidência desse dispositivo **não se subordina à demonstração dos requisitos previstos no *caput* do artigo indicado**, mas apenas à prova de causar, a mera existência da pessoa jurídica, obstáculo ao ressarcimento de prejuízos causados aos consumidores. [grifos nossos]

Com base nas considerações tecidas no acórdão, pode-se afirmar que a aplicação da desconsideração nas relações de consumo não se dá com base no *caput* do art. 28, rechaçado em favor do parágrafo 5º. Ao se posicionar pela "Teoria Menor da desconsideração da personalidade jurídica", o STJ fixou entendimento que o pressuposto não é a prova da conduta abusiva ou fraudulenta do membro da pessoa jurídica (critério subjetivo ou "aberto") e sim a demonstração do estado de insolvência presumida do fornecedor, ou de qualquer fato que indique ser a autonomia patrimonial um obstáculo ao ressarcimento dos prejuízos causados ao consumidor (critério objetivo ou "fechado"). O critério é fechado porque, como pontuou a relatora, "mesmo que

---

que lhe foi imposta, a personalidade jurídica desta nova sociedade poderia ser afastada para evitar a fraude aos preceitos do CDC. (COELHO, Fabio Ulhoa. Comentários aos artigos 28 a 45. *In* OLIVEIRA, Juarez de. (Coord.). **Comentários ao Código de Defesa do Consumidor.** São Paulo: Saraiva, 1991, p. 146.

não exista qualquer prova capaz de identificar conduta culposa ou dolosa" haverá a medida. Com isso, não se admite defesa por parte do responsável diante de uma responsabilidade subsidiária e objetiva, pelo simples fato de integrar uma pessoa jurídica.

Encerrando esta subseção, analisa-se os parágrafos 2º a 4º do art. 28, todos destoando da teoria da desconsideração da personalidade jurídica por criarem hipóteses de solidariedade legal entre sociedades, independentemente de qualquer ato abusivo por meio da personalidade jurídica. O legislador, nos referidos parágrafos, estendeu a responsabilidade do fornecedor (pessoa jurídica da espécie sociedade) a outras entidades do mesmo grupo econômico, como já previsto em leis especiais (*v.g.* art. 2º, § 2º, da CLT e art. 33 da Lei nº 12.529/2011). A previsão, no parágrafo 2º, de solidariedade entre as sociedades integrantes dos grupos societários e as sociedades controladas, independentemente da apuração de culpa e de modo subsidiário é contrária à teoria da desconsideração, pois esta visa preservar a pessoa jurídica e não a atingir. Em se tratando de consórcio de sociedades, tema do parágrafo 3º, a única peculiaridade é a ausência de responsabilidade subsidiária, mantida a imputação da reparação do dano à pessoa jurídica. Por fim, quanto ao parágrafo 4º, nas sociedades coligadas, a existência da solidariedade – sem benefício de ordem – depende da prova da culpa, ao contrário dos parágrafos anteriores. A disposição também está em desacordo com os fundamentos da desconsideração, haja vista que se a lei admite atingir as sociedades coligadas desde que seja provada a culpa de seus membros ou administradores, será a própria pessoa jurídica quem sofrerá os efeitos da desconsideração e não as pessoas naturais.

7.2 A desconsideração no Código Civil e seus pressupostos

A desconsideração da personalidade jurídica constou do Projeto de Código Civil apresentado pelo Poder Executivo à Câmara dos Deputados em 1975 (PL nº 634). Todavia, as medidas previstas (exclusão judicial de sócio ou dissolução) não eram compatíveis com a *disregard doctrine*. Embora o texto do art. 48 invocasse cânones da desconsideração[30], a solução proposta foi a responsabilidade solidária da pessoa jurídica apenas com o administrador ou representante responsável pelo ato abusivo, não contemplando o sócio. Quando o PL retornou à Câmara, após tramitação no Senado, foi aprovada em 1998 emenda que alterou a redação do art. 48, renumerado para art. 50, texto que se tornou definitivo e foi promulgado no bojo da Lei nº 10.406/2002 nos seguintes termos:

> Art. 50. Em caso de abuso da personalidade jurídica, caracterizado pelo desvio de finalidade, ou pela confusão patrimonial, pode o juiz decidir, a requerimento da parte, ou do Ministério Público quando lhe couber intervir no processo, que os efeitos de certas e determinadas relações de obrigações sejam estendidos aos bens particulares dos administradores ou sócios da pessoa jurídica.

Embora o texto aprovado tenha suprimido erros do anterior, como a previsão de exclusão judicial do sócio ou dissolução da pessoa jurídica, bem como eliminado a responsabilidade solidária

---

[30] Art. 48. **A pessoa jurídica não pode ser desviada dos fins estabelecidos no ato constitutivo, para servir de instrumento ou cobertura à prática de atos ilícitos, ou abusivos**, caso em que poderá o juiz, a requerimento de qualquer dos sócios ou do Ministério Público, decretará a exclusão do sócio responsável, ou, tais sejam as circunstâncias, a dissolução da entidade. Parágrafo único. Nesse caso, sem prejuízo de outras sanções cabíveis, responderão, conjuntamente com os da pessoa jurídica, os bens pessoais do administrador ou representante **que dela se houver utilizado de maneira fraudulenta ou abusiva**, salvo se norma especial determinar a responsabilidade solidária de todos os membros da administração. [grifos nossos]

da entidade com seus administradores ou representantes, partes importantes da redação originária foram suprimidas. Persistiu a concepção da desconsideração como uma forma de responsabilidade subsidiária de sócio ou administrador e não de uma imputação direta apenas aos responsáveis, nos termos do art. 54, último parágrafo, da lei geral de sociedades argentina (cf. nota 13).

O texto final não contém um comando dirigido aos membros da pessoa jurídica de que ela deve ser ater aos fins previstos para sua criação. Embora o legislador tenha utilizado a expressão "desvio de finalidade" como uma forma de abuso da personalidade jurídica, não há relação com a atuação da pessoa jurídica como "instrumento ou cobertura à prática de atos ilícitos, ou abusivos". Ademais, o dispositivo mantém a solidariedade, de forma subsidiária, entre a pessoa jurídica e os administradores, apenas tendo incluído os sócios, sem ressalvar que a medida se destina apenas àqueles que se utilizaram da personalidade de maneira abusiva e não a qualquer integrante[31].

Em 2019, felizmente, a redação foi parcialmente aprimorada com a Lei nº 13.874, fruto de conversão da Medida Provisória nº 881 do mesmo ano, inclusive pela inclusão de cinco parágrafos. Passou a constar do *caput* do art. 50 que a extensão dos "efeitos de certas e determinadas relações de obrigações é restrita aos "bens particulares de administradores ou de sócios da pessoa jurídica beneficiados direta ou indiretamente pelo abuso".

Os parágrafos 1º e 2º do art. 50 apresentam os conceitos de desvio de finalidade e confusão patrimonial, situações previstas no *caput* como motivadoras da desconsideração, inclusive para efeito de desconsideração inversa da personalidade jurídica (art. 50, § 3º). A redação do parágrafo 1º é muito parecida com a do *caput* do art. 48 do PL 634/75, enfatizando a vedação de a pessoa jurídica ser utilizada para a prática de atos ilícitos, incluindo a lesão aos credores. De modo inédito em relação às redações anteriores, o texto atual avança na conceituação de confusão patrimonial e os atos que a caracterizam de modo exemplificativo (parágrafo 2º, inciso III)[32].

Os últimos parágrafos do art. 50 (4º e 5º), contém disposições para evitar decisões judiciais desconectadas dos objetivos da desconsideração, que afastam a autonomia da pessoa jurídica sem atentar para a presença dos pressupostos[33]. Por exemplo, a simples existência de sociedades

---

[31] A jurisprudência do STJ tem rechaçado a constrição sobre bens de sócio por efeito de decretação da desconsideração da personalidade jurídica quando não fica demonstrada sua participação na fraude perpetrada através da utilização da pessoa jurídica. No julgamento do Recurso Especial nº 1861306/SP, os ministros da Terceira Turma firmaram o entendimento que "A desconsideração da personalidade jurídica, em regra, deve atingir somente os sócios administradores ou que comprovadamente contribuíram para a prática dos atos caracterizadores do abuso da personalidade jurídica". "[...] deve ser afastada a responsabilidade da herdeira do sócio minoritário, sem poderes de administração, que não contribuiu para a prática dos atos fraudulentos" (BRASIL, Superior Tribunal de Justiça. Terceira Turma. Recurso Especial nº 1861306/SP. Relator Min. Villas Boas Cueva. Julg. em 02/02/2021).

[32] Art. 50 [...] § 2º Entende-se por confusão patrimonial a ausência de separação de fato entre os patrimônios, caracterizada por: I – cumprimento repetitivo pela sociedade de obrigações do sócio ou do administrador ou vice-versa; II – transferência de ativos ou de passivos sem efetivas contraprestações, exceto os de valor proporcionalmente insignificante; e III – outros atos de descumprimento da autonomia patrimonial.

[33] A Medida Provisória nº 881/2019 foi adotada para estimular o empreendedorismo e a liberdade econômica. O aprimoramento do art. 50, especialmente pela inclusão de cinco parágrafos, foi necessário para dar segurança aos membros da pessoa jurídica contra decisões que não respeitavam os pressupostos para sua aplicação. A respeito, destaca-se trecho da Exposição de Motivos: "15. A mais prestigiada e segura conceituação dos requisitos de desconsideração da personalidade jurídica, conforme amplo estudo da jurisprudência do Superior Tribunal de Justiça, e em alinhamento com pareceres da Receita Federal, é anotada em parágrafos no art. 50 do Código Civil, de maneira a garantir que aqueles empreendedores

sujeitas a uma direção comum (hipótese de grupo econômico) não configura abuso da personalidade jurídica, bem como as alterações contratuais ou estatutárias que ampliam ou modificam o objeto social não representam desvio de finalidade, desde que a entidade se mantenha nos limites do novo objeto.

Percebe-se que a aplicação da desconsideração no Código Civil[34] tem pressupostos bem distintos do Código de Defesa do Consumidor, considerando a orientação do STJ quanto a desnecessidade de prova de qualquer conduta ilícita por parte dos membros da pessoa jurídica, bastando haver obstáculo ao ressarcimento do consumidor (art. 28, § 5º). No Código Civil, deve ficar comprovado o abuso da personalidade jurídica por meio de condutas praticadas tão somente pelos responsáveis (e não por qualquer integrante da pessoa jurídica), sendo assegurado o contraditório e a ampla defesa, pois a mera existência da pessoa jurídica ou o inadimplemento de uma obrigação não permitem, por si só, o afastamento da personalidade. Tal discrepância tem efeito direto na apreciação do incidente processual pelo juiz, que deverá observar os pressupostos legais previstos para a relação jurídica de direito material (de direito do consumidor ou não consumerista).

8. CONCLUSÃO

A desconsideração da personalidade jurídica é um instrumento de correção dos desvios de finalidade da pessoa jurídica ou o uso indevido da autonomia subjetiva e patrimonial. Através de seus fundamentos teóricos, examinados na seção 4, é possível coibir atos emulativos causados por aqueles que se serviram dos atributos da personalidade jurídica próprios do ente moral para auferir vantagens em detrimento do direito de terceiros, em especial os credores (consumidores, fornecedores, empresários, administração pública).

A teoria da desconsideração da personalidade jurídica foi positivada no Brasil em 1990 no CDC, porém em desacordo com os fundamentos da *disregard of legal entity* como exposto na seção 7.1. Há, ainda, grande incompreensão quanto aos seus objetivos, que ora conduzem à despersonalização ora a sua incidência em situações que já ensejam responsabilização direta.

Fica patente que o CDC procurou, em parte, consagrar no *caput* do art. 28 a necessidade da configuração do abuso da personalidade jurídica para a desconsideração, embora tenha estendido a medida para situações que já responsabilizam dirigentes ou sócios de forma direta e ilimitada. Contudo, a ampliação sem qualquer razoabilidade pelo parágrafo 5º, considerado um dispositivo "autônomo" acabou por se afastar completamente dos fundamentos da teoria da desconsideração não só quanto a aferição do abuso como também quanto a necessidade de preservar a própria pessoa jurídica e seu patrimônio dos malefícios causados por seus integrantes que a manipularam.

Na linha da interpretação dada ao parágrafo 5º do art. 28 pelo STJ, qualquer prejuízo sofrido pelo consumidor pode ensejar a desconsideração da personalidade do fornecedor, pois estaria sendo eliminada a personalidade e não afastada episodicamente. Sustenta-se que se o objetivo da medida é o aprimoramento do instituto da pessoa jurídica e da autonomia patrimonial (art. 49-A, parágrafo único, do Código Civil), não é possível sujeitar os sócios à insegurança jurídica

---

que não possuem condições muitas vezes de litigar até as instâncias superiores possam também estar protegidos contra decisões que não reflitam o mais consolidado entendimento."

[34] Adotando os mesmos pressupostos para a aplicação da desconsideração da personalidade jurídica que o art. 50 do Código Civil, pode-se citar o art. 27 da Lei nº 9.615/98, na redação dada pela Lei nº 10.672/2003 e o art. 14 da Lei nº 12.846/2013.

de terem seus bens constritos e sem defesa em razão da aplicação do critério objetivo e sem prova de qualquer abuso.

Por outro lado, no Código Civil são observados alguns pressupostos da desconsideração, como a necessidade de comprovação do abuso da personalidade (a não sua presunção) e a incidência restrita aos responsáveis por ele. Contudo, ainda que as alterações no art. 50 tenham de certa forma "aprimorado" o instituto, persiste o mecanismo de "extensão" do levantamento do véu aos bens particulares dos administradores, medida desnecessária diante das normas de direito societário sancionatórias de condutas ilícitas praticadas por eles. Também merece crítica a persistência do legislador em submeter a pessoa jurídica aos efeitos do abuso de sua própria personalidade ao invés de determinar a imputação direta (e não subsidiária) àqueles que dela se locupletaram, como acertadamente determinou o legislador argentino (*desestimación de la personalidade juridica*).

2

CORPO, AUTONOMIA EXISTENCIAL E CONSTRUÇÃO DA VIDA PRIVADA

ANA CAROLINA BROCHADO TEIXEIRA

Sumário: 1. Corpo, autonomia e saúde. 2. Corpo: um espaço para construção da vida privada. 3. Dever ou autonomia de manter a intangibilidade do próprio corpo? 4. Conclusão.

1. CORPO, AUTONOMIA E SAÚDE

Stefano Rodotà inicia um dos capítulos de seu livro *La vita e le regole: tra diritto e non diritto*, fazendo as seguintes perguntas: "De quem é o corpo? Da pessoa interessada, dos familiares que a cercam, de um Deus que lhe há doado, de uma natureza que o quer inviolável, de um poder social que de mil formas o padroniza, de um médico ou de um magistrado que estabelece o seu destino?"[1] À pergunta retórica, responde que o corpo pertence à própria pessoa e é ela quem deve lhe dar a destinação que melhor lhe aprouver, dentro do que a realiza. Nesse sentido, o corpo não é considerado intocável, sendo lícita a doação de órgãos, tecidos e partes do corpo, em vida e *post mortem*, desde que obedeça a certas condições previstas na Lei n. 9.434/97, com as alterações determinadas pela Lei n. 10.211/01. Ele é objeto, portanto, de poder de disposição.

Corpo e saúde estão intrinsecamente vinculados, embora saúde traduza um aspecto maior do que a integridade física. Não obstante saúde seja definida como tutela da integridade psíquica, física e social pela Organização Mundial de Saúde, é relevante esclarecer que os conceitos de saúde e integridade psicofísica não são exatamente coincidentes. Saúde adquire um conceito dinâmico

---

[1] Stefano Rodotà. *Le vita e le regole*: tra diritto e non diritto. Milano: Feltrinelli, 2006, p. 73. Texto no original: "*Di chi è il corpo? Della persona interessata, della sua cerchia familiare, di un Dio che l'ha donato, di una natura che lo vuole inviolabile, di un potere sociale che in mille modi se ne impadronisce, di un medico o di un magistrato che ne stabiliscono il destino?*"

e integridade psicofísica – principalmente a física – é imóvel, estática. Integridade física identifica-se com existência corpórea e vital do homem, além de constituir "o pressuposto indireto mas indefectível da relevância jurídica de todos os interesses (patrimoniais e não patrimoniais) dos quais podem ser portadores os indivíduos".[2] Integridade vem do latim *in-tangere* que significa não tocado, reforçando o conceito estático[3] que, a princípio, não acompanha uma construção pessoal, bem como o consentimento que pode existir em atos de disposição do próprio corpo, que podem violar a integridade física de alguém, embora sejam direcionados à preservação da saúde. Por isso, é possível que o conceito de saúde varie de acordo com cada pessoa, suas experiências de vida, sua cultura, o local onde habita, entre outros fatores que podem influenciá-lo.

A integridade psicofísica é essencial para se pensar a saúde, embora seja conveniente fragmentar este conceito. A higidez psíquica e a possibilidade de expressar a vontade são fundamentais para que se tenha a vontade válida, que o consentimento para os atos que expressam a liberdade de escolha possa produzir efeitos no mundo jurídico, desde que atendam a uma opção livre e consciente do sujeito, como expressão da sua autonomia corporal. Quando isso ocorre, mesmo que haja abalo à integridade física, a saúde está sendo preservada, tutelada, promovida, pois atende a um apelo de liberdade consciente daquele indivíduo que fez determinadas opções em sua vida que, segundo seu projeto pessoal, atende à realização da sua personalidade. Afirma Rodotà que *"L'integrità non è una nozione esterna. È il modo stesso in cui riusciamo a pensarci, a definire il rapporto con il nostro sé. Se viene messa in discussione, inevitabilmente determina un impoverimento del concetto di vita"*.[4]

Qualquer lesão à integridade física que ocorra sem a permissão do sujeito detentor de intangibilidade psíquica e com potencialidade de expressão de vontade não objetiva preservar sua saúde, pois esta ofensa atingirá seu equilíbrio psicofísico, bem como sua autonomia corporal. Esse tipo de ato não deve ser tutelado pelo ordenamento jurídico, vez que fere diretamente a liberdade, a saúde e a integridade psicofísica, inclusive nas hipóteses em que a pessoa se realiza por meio da lesão à própria integridade física, direcionada à melhora do estado de saúde ou mesmo à adequação da

---

[2] Cosimo D´Arrigo. *Integrità física e autonomia privata*. Milano: Giuffrè, 1999, p. 105.

[3] Tanto é verdadeira esta concepção estática de integridade física, que muitos doutrinadores propõem uma nova interpretação da integridade física, subsistindo, inclusive, uma confusão conceitual com o conceito de saúde. Senão vejamos: *"Il concetto di 'integrità fisica' coincide con la sfera biológica e vitale dell'essere umano. Le vicende che incidono di fatto nella sfera vitale hanno effetti direttamente condizionanti non soltanto sull'interesse dell'individuo alla propria salute ma anche su numerosi altri differenti profili della personalità dello stesso. Per tali ragioni, l'integrità fisica non deve essere intesa come un concetto statico (nel senso che l'opzione preferibile è quella che tenda solamente alla sua conservazione) bensì come un fenomeno dinamico che non soltanto deve essere preservato dagli eventi lesivi o peggiorativi ma anche 'gestito' per promuovere e per assecondare la realizzazione di tutti gli altri valori condizionati dallo stesso".* (Cosimo D´Arrigo. *Integrità física e autonomia privata*. Milano: Giuffrè, 1999, p. 109). Tradução livre: O conceito de integridade física coincide com a esfera biológica e vital do ser humano. As situações que incidem na esfera vital têm efeitos diretamente condicionantes não apenas no interesse do indivíduo na própria saúde, mas também sobre numerosos outros diferentes perfis da personalidade do mesmo. Por tais razões, a integridade física não deve ser entendida como um conceito estático (no sentido que a opção preferível é aquela que tenda apenas à sua conservação), mas também como um fenômeno dinâmico que não apenas deve ser preservado dos eventos lesivos ou prejudiciais, mas dirigido a promover e auxiliar a realização de todos os outros valores condicionados por ele.

[4] Stefano Rodotà. *La vita e le regole*: tra diritto e non diritto. Milano: Feltrinelli, 2006, p. 96. Tradução livre: A integridade não é uma noção externa. É o modo próprio no qual conseguimos pensar em nós, e definir a relação com nós mesmos. Se vem colocada em discussão, inevitavelmente determina um empobrecimento do conceito de vida.

construção individual do que, para ela, seja saúde. Desta forma, nem sempre a lesão à integridade causa uma ofensa à saúde. Exemplo claro de tal afirmação é o transexual que, para sua realização, pode ser necessário que ele proceda à cirurgia de redesignação sexual, sendo esta um ato mutilador à integridade física, que tem como escopo a adequação do sexo morfológico ao psíquico o que, nesta situação, concretiza sua dignidade.

Pensar no corpo é garantir a autonomia do seu titular, para assegurar sua saúde. Só por meio do autocontrole do corpo, da autodeterminação corporal é que será possível a efetiva tutela da saúde. Trata-se de uma ideia distinta, para além da integridade física.[5] Afinal, saúde e integridade psicofísica constituem direitos autônomos, embora integridade psicofísica esteja submetida ao direito à saúde.[6]

Sendo, portanto, a saúde entendida como domínio sobre o corpo que pode ser exercido na medida da higidez psíquica e capacidade de expressão da vontade de cada um, estariam nela englobados os direitos à vida e à integridade física, como aspectos que lhes são referentes. Integridade é um paradigma fixo, constante; na tutela da saúde, moldada pela autonomia, existe gradação da integridade física – a pessoa decide em qual medida esta se concretizará.[7] Devem ser consideradas a capacidade/competência e a possibilidade de expressão da vontade e de autodeterminação dos indivíduos em relação à própria esfera corpórea, à própria vida e morte. É o pleno poder de governar os próprios corpo e saúde.[8]

A tutela da autonomia corporal encontra guarida na proteção à saúde. O corpo, hoje, também assume uma multiplicidade de feições, porquanto é território de inovações biotecnológicas, em termos de reprodução medicamente assistida, transplantes, implantação de chips,[9]

---

[5] "En suma, pensar el cuerpo, e impedir que alguien pueda 'poner la mano' sobre él, exige una idea distinta de su integridad, ya no encerrada en los confines de su antiguo físico, y a cuya protección están destinadas las garantías constitucionales. Otro cuerpo está ante nosotros – descomponible, diseminable, manipulable, falsificable – y este nuevo cuerpo es el que hace posible nuevas formas de control, y, por tanto, exige nuevas y más fuertes garantías. De nuevo el cuerpo, y la libertad personal que en él se encarna se presentan al teatro del mundo como el punto de partida de la acción libre." (Stefano Rodotà. Aventuras del cuerpo. In: Hector Silveira (Ed.). El derecho ante la biotecnología. Barcelona: Icaria, 2008, p. 305)

[6] Esta opinião, contudo, não é unânime: "Innanzitutto, è chiaro che interesse primário di ciascun uomo è quello di conservare nel tempo la propria funzionalità biológica, di recuperarla qualora la stessa sia parzialmente scemata, di migliorarla ove possibile. Tali ambizione – in quanto giuridicamente rilevanti alla stregua dell'ordenamento positivo – sono comunemente designate come 'diritto alla vita' e 'diritto alla salute' e afferiscono, in quanto ottavi, alla sfera spirituale." (Cosimo D´Arrigo. Integrità física e autonomia privata. Milano: Giuffrè, 1999, p. 106) Tradução livre: Antes de tudo, é claro que o interesse primário de cada homem é aquele de conservar no tempo a própria funcionalidade biológica, de recuperá-la a qualquer hora se for parcialmente reduzida, de melhorá-la quando possível. Tais ambições – enquanto juridicamente relevantes pelo ordenamento positivo – são comumente designadas como "direito à vida" e "direito à saúde" e afirmam, enquanto optativas, à esfera espiritual.

[7] Diaulas Costa Ribeiro. Um novo testamento: testamentos vitais e diretivas antecipadas. In: Rodrigo da Cunha Pereira (Coord.). Família e dignidade humana. Anais do V Congresso Brasileiro de Direito de Família. São Paulo: IOB Thopson, 2006, p. 273-283.

[8] Importante frisar que, ao atrelarmos saúde com o governo do corpo, não estamos ignorando a relevância de outros aspectos da saúde, como seu viés público. Contudo, para este trabalho que vincula saúde e autonomia, este é o conceito que melhor se adequa às perspectivas propostas.

[9] O implante de chips no corpo para diversas finalidades já é uma realidade: podem substituir chaves, fazer pagamentos e serviços de localização. Causou enorme polêmica uma declaração de que Chiquinho Scarpa teria implantado um chip na namorada, para que sempre tivesse o controle sobre o local onde ela estivesse. No entanto, parece que essa foi uma falsa notícia, que não deixou de servir para provocar

piercings, etc.[10] Assim, ele vem sendo decomposto, recomposto, sendo estudado sob vários ângulos, com limites redefinidos, suas funções físicas e sociais têm ganhado novos espaços e, como afirma Stefano Rodotà, o corpo tem-se transformado em uma espécie de *"password abstracto, objecto de vigilância continua, en un caleidoscopio de imágenes que nos deslumbra, pero que al final hay que reconducir a uma unidad".*[11] O corpo está sendo analisado de maneira fragmentada, pelas suas partes, de modo a se pensar em novas regras para seu uso. Será que as normas atuais para o uso do corpo como um todo servem, também, para as partes destacadas, tais como células reprodutivas, cabelo, órgãos, DNA etc.? Será necessária a utilização de uma interpretação que seja funcional e que conjugue as norma e a situação jurídica a partir de um recorte fático concreto?[12]

O início desta reflexão ocorreu em 1993 perante o Tribunal de Cassação da Alemanha, que enfrentou o problema da destruição do sêmen masculino de um ser humano, que se encontrava em banco de material genético. O Tribunal apenas considerou possível a concessão de uma indenização se se concebesse a destruição do sêmen como lesão ao corpo. Os julgadores entenderam também que a separação material do esperma do corpo não era algo decisivo, pois os gametas eram destinados a tornar possível a função reprodutiva, de modo a ensejar a concepção do corpo como unidade funcional, constituído por elementos localizados em diversos lugares.[13] Tem-se, hoje, os biobancos, que recebem depósito de sangue, tecidos, células ou gametas, para funções reprodutivas, terapêuticas ou de controle.

Embora exista reflexão sobre o tratamento a ser dado às partes destacadas do corpo, é certo que se consubstanciam em coisa, mas não em *res nullius* ou *res derelictae*, como já ocorreu na

---

    reflexões sobre o tema. (Disponível em https://olhardigital.com.br/noticia/-atualizado-chiquinho-scarpa-nao-implantou-chip-com-gps-na-namorada/95092. Acesso em 31.1.2020).

[10] "Il corpo umano su cui profondamente incidono le complesse tecniche della biologia molecolare e della ingegneria genetica sta subendo una metamorfosi così profonda da mettere in crisi le vecchie tipologie di inquadramento tradizionale. È stato detto efficacemente che il corpo umano è ormai la pagina su cui più profondamente è incisa la parabola di una modernità che muovendo dalla tecnologia come strumento per plasmare il mondo, approda alla tecnologia per l'automutazione". (M. Giuseppina Salaris. *Corpo umano e diritto civile.* Milano: Giuffrè, 2007, p. 33) Tradução livre: O corpo humano, sobre o qual incidem profundamente as complexas técnicas da biologica molecular e da engenharia genética está sofrendo uma metamorfose tão profunda a colocar a em crise as velhas tipologias de enquadramento tradicional. Foi dito de forma eficaz que o corpo humano é a página na qual mais profundamente recai a parábola de uma modernidade que move a tecnologia como instrumento para modelar o mundo, utiliza a tecnologia para a automutação.

[11] Stefano Rodotà. Aventuras del cuerpo. *In*: Hector Silveira (Ed.). *El derecho ante la biotecnología.* Barcelona: Icaria, 2008, p. 291.

[12] Gustavo Tepedino analisou, em outra oportunidade, a diferença entre a classificação estática e funcional dos bens jurídicos, sendo leitura recomendada para melhor compreensão dessa abordagem em Livro (eletrônico) e o perfil funcional dos bens jurídicos na experiência brasileira. In: Dário Moreira Vicente; José Alberto Coelho Vieira; Sofia de Vasconcelos Casimiro; Ana Maria Pereira da Silva (*Orgs.*). *Estudos de Direito Intelectual em homenagem ao Prof. Doutor José de Oliveira Ascensão,* Coimbra: Almedina, 2015, p. 269-287.

[13] Stefano Rodotà. Aventuras del cuerpo. *In*: Hector Silveira (Ed.). *El derecho ante la biotecnología.* Barcelona: Icaria, 2008, p. 304. Trata-se de um homem que tinha câncer na bexiga e decidiu submeter-se a uma intervenção cirúrgica, o que poderia acarretar a infertilidade, razão pela qual optou por depositar o próprio esperma em uma clínica especializada. Dois anos depois, em razão de problemas de espaço, a clínica pede aos depositantes para informá-la em 4 semanas se desejam a continuidade da conservação do seu esperma. A pessoa respondeu em cinco dias, mas a carta não foi inserida no seu dossiê e, findo o prazo, o seu esperma foi destruído.

jurisprudência brasileira em duas situações amplamente divulgadas pela imprensa. O primeiro caso aconteceu em fevereiro de 2002 com a cantora mexicana Glória Trevi, presa na Polícia Federal, em Brasília.[14] Ela engravidou na prisão, mesmo sem direito a visitas íntimas, e relutou em divulgar quem era o pai de seu filho. Em razão de haver suspeita de um crime (estupro dentro da prisão) e de haver perda de credibilidade do nome institucional da Polícia Federal, desejavam averiguar a paternidade da criança, de modo a se apurar corretamente a situação. A solução dada pelo Supremo Tribunal Federal[15] foi guardar a placenta de Glória Trevi para posterior utilização, de modo a fazer a colheita do exame em DNA.[16] O argumento utilizado foi que a placenta, já fora do corpo de Glória, era *res derelictae*, pois o material seria lançado ao lixo e perderia sua utilidade. Contudo, foram completamente desconsideradas as informações genéticas que nela havia. O conflito tratado acabou por ser a concorrência entre o nome institucional da Polícia Federal e a necessidade de se averiguar a prática de crimes utilizando-se os dados genéticos dos envolvidos. Não obstante um dos polos da concorrência referir-se ao nome institucional, esta representa seus componentes, os quais foram colocados sob suspeita de ter praticado estupro. Embora esse seja um fato relevante, entre a valorização do nome institucional e os direitos de personalidade de Glória e seu filho, são

---

[14] Luiz Edson Fachin fez importantes reflexões acerca da possibilidade de extradição de Glória Trevi, tendo como base o melhor interesse de seu filho em *O princípio do melhor interesse da criança e a suspensão da extradição de genitora de nacionalidade estrangeira. In:* Luiz Edson Fachin. *Questões de direito civil brasileiro contemporâneo.* Rio de Janeiro: Renovar, 2008, p. 167-187.

[15] Supremo Tribunal Federal, Reclamação QO 2040/DF, Rel. Min. Néri da Silveira. J. 21/02/2002. Partes: Reclamante: Glória de Los Ángeles Treviño Ruiz; Reclamado: Juiz Federal da 10ª Vara da Seção Judiciária do Distrito Federal. Ementa: "Reclamação. Reclamante submetida ao processo de Extradição n.º 783, à disposição do STF. 2. Coleta de material biológico da placenta, com propósito de se fazer exame de DNA, para averiguação de paternidade do nascituro, embora a oposição da extraditanda. 3. Invocação dos incisos X e XLIX do art. 5º, da CF/88. 4. Ofício do Secretário de Saúde do DF sobre comunicação do Juiz Federal da 10ª Vara da Seção Judiciária do DF ao Diretor do Hospital Regional da Asa Norte – HRAN, autorizando a coleta e entrega de placenta para fins de exame de DNA e fornecimento de cópia do prontuário médico da parturiente. 5. Extraditanda à disposição desta Corte, nos termos da Lei n.º 6.815/80. Competência do STF, para processar e julgar eventual pedido de autorização de coleta e exame de material genético, para os fins pretendidos pela Polícia Federal. 6. Decisão do Juiz Federal da 10ª Vara do Distrito Federal, no ponto em que autoriza a entrega da placenta, para fins de realização de exame de DNA, suspensa, em parte, na liminar concedida na Reclamação. Mantida a determinação ao Diretor do Hospital Regional da Asa Norte, quanto à realização da coleta da placenta do filho da extraditanda. Suspenso também o despacho do Juiz Federal da 10ª Vara, na parte relativa ao fornecimento de cópia integral do prontuário médico da parturiente. 7. Bens jurídicos constitucionais como "moralidade administrativa", "persecução penal pública" e "segurança pública" que se acrescem, – como bens da comunidade, na expressão de Canotilho, – ao direito fundamental à honra (CF, art. 5º, X), bem assim direito à honra e à imagem de policiais federais acusados de estupro da extraditanda, nas dependências da Polícia Federal, e direito à imagem da própria instituição, em confronto com o alegado direito da reclamante à intimidade e a preservar a identidade do pai de seu filho. 8. Pedido conhecido como reclamação e julgado procedente para avocar o julgamento do pleito do Ministério Público Federal, feito perante o Juízo Federal da 10ª Vara do Distrito Federal. 9. Mérito do pedido do Ministério Público Federal julgado, desde logo, e deferido, em parte, para autorizar a realização do exame de DNA do filho da reclamante, com a utilização da placenta recolhida, sendo, entretanto, indeferida a súplica de entrega à Polícia Federal do "prontuário médico" da reclamante."

[16] A questão foi amplamente noticiada nos meios de comunicação, conforme se pode constatar pela notícia disponível em: http://www1.folha.uol.com.br/folha/cotidiano/ult95u46405.shtml. Acesso em: 11 mar. 2021.

os dados genéticos dos mesmos que deveriam ser prioritariamente tutelados, pois esses estão mais atrelados à intimidade da pessoa humana, configurando-se em dados sensíveis que necessitam de proteção diferenciada. Todavia, não foi esse o desfecho judicial do caso.

O Supremo Tribunal Federal afirmou que a realização do exame não feriria direito fundamental de Glória Trevi, pois "não há qualquer procedimento invasivo na coleta da placenta – que a perícia já qualificou de refugo hospitalar – e, de todo modo, a tomada de cabelo, células bucais ou sangue da criança não lhe dizem respeito, dada a notória autonomia que o filho detém em relação à mãe do ponto de vista jurídico".[17]

O voto condutor desconsiderou as informações genéticas de titularidade dos envolvidos na disputa judicial. Não obstante a placenta não mais estivesse no interior do corpo da mulher e não mais envolvesse a criança, não poderia ser considerada lixo biológico, vez que ali havia informações afetas, tão somente, aos envolvidos, por carregar consigo dados sensíveis, que compõem o patrimônio genético da pessoa humana.[18]

O segundo caso ocorreu em 2003, envolvendo Roberta Jamily Martins, sequestrada por Vilma Martins Costa, que praticou o mesmo crime com outra criança, Pedrinho, que estava sendo procurado pela família biológica. O delito envolvendo Pedrinho ficou provado e, por esta razão, a polícia pretendia investigar também a relação biológica entre Vilma e Roberta pois, segundo depoimentos de testemunhas, Vilma se submetera à cirurgia de esterilização antes de Roberta nascer. Esta, por seu turno, recusava-se a fazer exame de DNA, dizendo que não queria conhecer sua origem genética. Entretanto, quando Roberta compareceu à Delegacia para prestar depoimento, deixou no cinzeiro a "guimba" do cigarro que fumara, cuja saliva nela depositada foi utilizada como material para exame de DNA,[19] ao argumento de se tratar de *res derelicta*, cuja utilização era possível para resolução daquele crime. A conduta da autoridade policial ignorou totalmente a privacidade de Roberta, seu direito de não-saber sua origem, bem como o fato de que a ela pertenciam os dados genéticos ali depositados, bem como o controle destes, e caber-lhe-ia dar a destinação aos dados que melhor lhe aprouvesse.

---

[17] Supremo Tribunal Federal, Reclamação QO 2040/DF, Rel. Min. Néri da Silveira. J. 21/02/2002. Além disso, o relator afirmou: "após o parto, o material orgânico periférico ao nascituro não tem utilidade prática qualquer à sobrevida do bebê ou à recuperação da parturiente. Outrossim, a placenta não pode ser considerada ser vivo por não possuir vida própria ao ser retirada do ventre quando do trabalho do parto e, em razão da própria retirada durante o nascimento, não mais é parte do corpo da mãe ou da criança. Sendo a placenta, no pós-parto, corpo alheio ao organismo de ambos, o procedimento de obtenção do material genético não se constitui como meio de coleta invasivo. Assim, sem qualquer espetadela ou agressão ao menor ou à sua mãe, será possível retirar da placenta, que é considerada lixo biológico, o material genético suficiente para a realização do exame de DNA, sem a necessidade de procedimento invasivo que importe em inserção de instrumento médico-cirúrgico no corpo dos declinados. Portanto, a realização do exame de DNA não acarretará qualquer sacrifício à inviabilidade corporal de Glória de Los Ángeles Treviño Ruiz ou do recém- nascido".

[18] Esse julgado é utilizado pelo Prof. Gustavo Tepedino como categorias clássicas são interpretadas de forma equivocada em novas situações jurídicas: "Esse verdadeiro orgulho na conservação de categorias gerais destoa da fugacidade dos fatos e enunciados normativos, com a ruptura das grandes classificações e institutos como negócio jurídico, a propriedade, a família, e assim por diante (alude-se, na terminologia alemã, à fragmentação dos conceitos jurídicos: *Umbruchcharakter*). A consequência de tal perspectiva é a qualificação errônea de novas pretensões e interesses jurídicos." (Gustavo Tepedino, Os Sete Pecados Capitais da Teoria da Interpretação. R. EMERJ, Rio de Janeiro, v. 20, n. 3, p. 319 – 343, Setembro – Dezembro. 2018, p. 334).

[19] Disponível em: http://www.conjur.com.br/static/text/27244,1. Acesso em: 28 fev. 2021.

Esse entendimento se deu antes do advento da Lei Geral de Proteção de Dados Pessoais – LGPD (Lei 13.709/2018). No entanto, mesmo após a lei, a controvérsia seria resolvida da mesma forma, pois o art. 4º, III, d determina que ela não se aplica ao tratamento de dados pessoais quando realizado para fins exclusivos de atividades de investigação ou repressão de investigação penal. Mesmo que se trate de dado pessoal sensível,[20] não houve nenhuma exceção à tratamento diferenciado desses dados, o que acaba por colocar em dúvida a aplicabilidade de valores constitucionais relevantes neste ponto, principalmente privacidade e dignidade.

Seja no caso da placenta, seja no da saliva no "toco" do cigarro,[21] o corpo deve ser tomado como uma unidade funcional que extrapola a unidade física, que abrange partes fisicamente colocadas em locais diversos, que devem ser tuteladas para preservar o direito de cada pessoa à autodeterminação.[22] Portanto, as partes destacadas do corpo carregam consigo informações que continuam pertencendo ao titular, que deve consentir na utilização destes, ou seja, também em relação a tais partes separadas incide a liberdade pessoal e a privacidade. São informações que se referem "à própria essência da personalidade daqueles de quem foram apropriados. Por isso mesmo, a circulação e utilização dos chamados dados sensíveis devem depender de manifestação expressa daqueles que terão aspectos de sua intimidade revelados".[23] Tais dados genéticos ou biométricos não podem ser utilizados de maneira arbitrária, o que configura uma das razões para a edição da LGPD, a fim de disciplinar o tratamento de dados pessoais, inclusive nos meios digitais, a fim de proteger os direitos fundamentais de liberdade e de privacidade, bem como o livre desenvolvimento da personalidade.[24]

---

[20] Segundo o art. 5º, II, dado pessoal sensível é "dado pessoal sobre origem racial ou étnica, convicção religiosa, opinião política, filiação a sindicato ou a organização de caráter religioso, filosófico ou político, dado referente à saúde ou à vida sexual, dado genético ou biométrico, quando vinculado a uma pessoa natural". Sobre o tema: Carlos Nelson Konder. O tratamento de dados sensíveis à luz da Lei 13.709/2018. In: Gustavo Tepedino; Ana Frazão; Milena Donato Oliva. *Lei Geral de Proteção de Dados Pessoais e suas repercussões no Direito Brasileiro*. São Paulo: RT, 2019, p. 445-464.

[21] Gustavo Tepedino narra, ainda, três casos que simbolizam exatamente como o modelo proprietário é insuficiente para a solução das mais diversas questões existenciais: (i) John Moore submeteu-se a tratamento de leucemia na Universidade da Califórnia, mediante vários procedimentos (amostras de sangue e outros tecidos do corpo) para a retirada do baço que requereram seu consentimento livre e esclarecido. Contudo, desconhecia que tais partes destacadas também servindo de instrumentos de pesquisa, que levou ao patenteamento de uma linhagem de células a partir do seu material genético pelos médicos. Ele solicitou parte dos lucros, vez que não mais teria propriedade sobre suas células que foram deles retiradas. (ii) Sharon Irons engravidou de seu namorado, Richard Phillips, após sexo oral no qual coletou sêmen utilizado para se inseminar. A Corte aceitou alegação de que teria havido doação do material genético com a transferência do título de propriedade do doador para a donatária. (iii) O Tribunal Superior do Trabalho concedeu ao empregador acesso e controle do conteúdo do correio eletrônico de seu empregado com base na titularidade sobre o computador e o provedor. O professor demonstra a insuficiência da dogmática tradicional, notadamente patrimonialista, para responder a novas situações existenciais. "Na experiência brasileira (...) trata-se de estranha revolta dos fatos em face (não do legislador, mas) do intérprete, ao qual cabe, em última análise, e o quanto antes, traduzir a ordem civil-constitucional". (Gustavo Tepedino. Editorial, *Revista Trimestral de Direito Civil*, v. 31, p. iii, iv, jul./set. 2007. Rio de Janeiro, Padma)

[22] Stefano Rodotà. *La vita e le regole*: tra diritto e non diritto. Milano: Feltrinelli, 2006, p. 80.

[23] Gustavo Tepedino. Normas constitucionais e direito civil na construção unitária do ordenamento. *In*: Gustavo Tepedino. *Temas de direito civil*. T. III. Rio de Janeiro: Renovar, 2009, p. 16.

[24] Na Itália, há um código específico para a tutela da privacidade, que se consubstancia no Decreto Legislativo n. 196, de 30 de junho de 2003, Codice in Materia di Protezione dei Dati Personali, publicado

36 | PROBLEMAS DE DIREITO CIVIL – *Homenagem aos 30 anos de cátedra do professor Gustavo Tepedino*

Partes destacadas do corpo podem manter diferentes vínculos com a pessoa, por carregar consigo informações de grande intimidade do ser humano, por ter um elo com a identidade da pessoa ou ter a função reprodutiva (gametas). Além disso, há um liame entre os interesses individuais e de terceiros, que levam o debate para a intrincada relação entre liberdade e responsabilidade, entre identidade individual e o interesse público, como se verificou nos casos citados, nos quais em oposição ao interesse dos indivíduos, estava a busca da sociedade pelo esclarecimento dos crimes cometidos.

A partir dessa visão múltipla, o corpo é pensado sob vários enfoques: corpo-sujeito, corpo-objeto, partes do corpo, corpo eletrônico,[25] dados sensíveis que o corpo carrega consigo, etc. Sob essa perspectiva, emergem as noções de direitos de personalidade, a autonomia dispositiva do indivíduo sobre decisões que se referem ao seu corpo, ratificando o conceito de que o fundamental para se definir saúde é ter em mente o controle sobre o corpo, mesmo que isso signifique sua disposição. O mais relevante para que haja tal controle é que exista intangibilidade psíquica aliada à possibilidade de expressão da vontade, pois os atos a serem praticados dependem da consciência do seu significado, bem como da responsabilidade para arcar com suas consequências.

Por isso, o consentimento inaugura a passagem da concepção objetivada do corpo para uma outra, subjetivada, pois, no contexto democrático, pressupõe o respeito do direito de cada um governar livremente seu próprio corpo, o que inclui tanto a perspectiva da disposição quanto a da privacidade.[26] Nesse sentido, só se pode permitir intervenção sobre o corpo que emane da própria vontade do seu titular; nem terceiros nem o Estado poderão intervir no corpo sem o consentimento do indivíduo, sob pena de ser este um ato ilegítimo no ordenamento jurídico.[27]

---

na Gazzetta Ufficiale n. 174, de 29 de julho de 2003, integrado com as modificações introduzidas pelo Decreto Legislativo n. 101 de 10 de agosto de 2018: "Disposizioni per l'adeguamento della normativa nazionale alle disposizioni del regolamento (UE) 2016/679 del Parlamento europeo e del Consiglio, del 27 aprile 2016, relativo alla protezione delle persone fisiche con riguardo al trattamento dei dati personali, nonchè alla libera circolazione di tali dati e che abroga la direttiva 95/46/CE (regolamento generale sulla protezione dei dati)" (in G.U. 4 settembre 2018 n.205).

[25] Afirma Rodotà que o corpo tem sido convertido atualmente em um conjunto de dados, um sistema informativo, aproximando-se de uma realidade virtual. Além disso, o autor afirma que o corpo virou senha, tendo em vista o acesso aos dados biométricos, que permitem realizar identificação, bem como o controle difuso dos cidadãos e da vida cotidiana. Vêm sendo desenvolvidas novas tecnologias nas mais diversas esferas do corpo, como por exemplo, programas que analisam a mínima expressão da voz para determinar se está dizendo a verdade; pela análise de músculos faciais, com o *Facial Action Coding System* pretende-se chegar aos impulsos da alma e a memória do indivíduo pode ser sondada para encontrar recordações de fatos passados que podem servir como provas de participação em tais situações. O mesmo se diga em relação a possibilidades de inserção de *chips* sob a pele, com informações sobre saúde ou para permitir localização de pessoas seqüestradas, criminosas, detidos em liberdade provisória, pais que pretendem localizar seu filho, ou identificação de pessoas. (Stefano Rodotà. Aventuras del cuerpo. *In*: Hector Silveira (Ed.). *El derecho ante la biotecnología*. Barcelona: Icaria, 2008, p. 294-295)

[26] Sob este último enfoque, Stefano Rodotà trata a privacidade como controle sobre as próprias informações, de modo que se pode afirmar neste caso que privacidade é autonomia informativa sobre o próprio corpo. (Stefano Rodotà. *A vida na sociedade da vigilância*: a privacidade hoje. Organização, seleção e apresentação Maria Celina Bodin de Moraes. Trad. Danilo Doneda e Luciana Cabral Doneda. Rio de Janeiro: Renovar, 2008, p. 7)

[27] No âmbito do direito de família, era comum existir a discussão acerca do débito conjugal ser ou não um dever do casamento, uma vez que este era vertido especialmente para a procriação, inexistindo autonomia de cada cônjuge no que se refere ao "dever de relações sexuais", sendo esta, inclusive, causa ensejadora da anulação de casamento, conforme jurisprudência: "Ação de anulação de casamento. Procedência. Mulher

2. CORPO: UM ESPAÇO PARA CONSTRUÇÃO DA VIDA PRIVADA

No âmbito de um Estado Democrático de Direito, que tem como alguns de seus pilares a dignidade humana e o pluralismo jurídico, é perfeitamente possível que cada pessoa viva de acordo com um estilo de vida individualizado segundo as próprias concepções morais. Isso significa que cada um tem liberdade para definir questões fundamentais da própria vida, principalmente aquelas de caráter existencial, como os valores pessoais, bem como a forma de se expressar através do corpo. O corpo pode ser uma forma de exteriorizar a própria identidade e de se expressar na sociedade.

Já é ultrapassada concepção de indisponibilidade de bens jurídicos tidos, até então, como "inerentes ao ser humano", pois não cabe mais um conceito referente a aspectos da maior intimidade do indivíduo que se baseie em uma concepção universal. A contemporaneidade tem feito com que "as pessoas voltem seus pensamentos para aquilo que elas consideram como parte de sua essência, ou seja, suas convicções, suas memórias, sua relação com o mundo".[28]

É necessário que o direito fundamental à liberdade seja exercido da forma mais genuína possível, sem atitudes paternalistas da família, do governo ou de qualquer outra entidade intermediária. E para que isto ocorra, é necessário que se investigue a existência, ou não, de um espaço exclusivo para decisões pessoais, tutelado pela Constituição Federal, que seja imune a interferências externas normatizadas. Stefano Rodotà afirma que "é justamente no jogo entre regulação e espontaneidade que ressurge a antiga virtude do direito privado, aquela de oferecer, no âmbito de um campo jurídico bem definido, grande espaço para as escolhas e a autonomia individual".[29]

Autonomia consiste no autogoverno, em manifestação da subjetividade, em elaborar as leis que guiarão a sua vida e que coexistirão com as leis externas, ditadas pelo Estado. Significa o reconhecimento da livre decisão individual, racional e não coagida, sobre seus próprios interesses sempre que não afete interesses de terceiros.[30] Ela é possível na contemporaneidade porque "o sujeito

---

que tem aversão ao ato sexual. Negando-se, terminantemente, ao 'debitum conjugale'. Descumprimento do dever de vida em comum (coabitação). Existência de causa inibitória para o congresso sexual, por motivos de ordem psicológica diagnosticados na requerida. Prova pericial demonstradora da anomalia. Estando provada a reiterada recusa da mulher ao ato sexual com seu marido anula-se o casamento, porque, em tais condições, este não chegou a consumar-se. O dever de vida em comum dos esposos no domicílio conjugal, previsto no art. 231 do Código Civil, exige comunhão total, notadamente de natureza íntima, e, uma vez inviabilizada essa comunhão, por falta de cumprimento do 'debitum conjugale', fica caracterizada a nulidade do casamento realizado. Reexame necessário improvido. Segredo de justiça. Decisão unânime. Negaram provimento." (TJPR, 2ª C. Criminal, Acórdão 11033, Rel. Des. Nasser de Mello, publ. 10/4/1995) Atualmente, no âmbito da família democrática e da tutela da pessoa humana, essa discussão foi esvaziada, pois a família é centro de afetividade e só faz sentido a sua existência enquanto for veículo de realização da personalidade de seus membros. Nesse sentido: TEPEDINO, Gustavo; TEIXEIRA, Ana Carolina Brochado. *Fundamentos de Direito Civil*: família. Vol. 6. 2ª ed. Rio de Janeiro: Forense, 2021, p. 1-11.

[28] Maria de Fátima Freire de Sá. *Direito de morrer*. 2. ed. Belo Horizonte: Del Rey, 2005, p. 143.

[29] Stefano Rodotà. Lo specchio di Stendhal: Riflessioni sulla riflessioni dei privatisti. *Rivista Critica del Diritto Privato*, Napoli: Jovene, 1997, p. 5.

[30] No mesmo sentido, "el principio de autonomía significa el reconoscimiento de la libre – autónoma – decisión individual sobre sus propios intereses siempre que non afecte a los intereses de un tercero, o el respeto a la posibilidad de adopción por los sujetos de decisiones racionales no constreñidas." (Carlos Maria Romeo Casabona. *El derecho y la bioética ante los limites de la vida humana*. Madrid: Centro de Estúdios Ramón Aceres, 1994, p. 42). Tradução livre: o princípio da autonomia significa o reconhecimento da livre – autônoma – decisão individual sobre seus próprios interesses sempre

moderno é concebido enquanto ser que se autodetermina, que decide livremente sobre a sua vida, com vistas ao autodesenvolvimento da personalidade, já que este possui capacidade de dominar a si e à natureza através da razão".[31] No Estado Democrático de Direito, em virtude de conviverem subjetividades e intersubjetividades, autonomia coexiste com heteronomia, de modo que ambas cedem espaços recíprocos, dependendo, principalmente, da natureza da situação jurídica em que consiste o caso concreto.

A Constituição Federal determinou um catálogo aberto de direitos fundamentais para que todos possam, de forma livre, exercê-los. Trata-se de possibilidades atribuídas a cada indivíduo, para que ele escolha a melhor forma de se realizar, por meio do viés existencial da autonomia privada.

Nesse sentido, no âmbito dos direitos fundamentais, pode a pessoa agir de acordo com o que entende ser melhor para si, principalmente no que tange às decisões referentes a si mesma, ao seu corpo, à sua individualidade, desde que sua ação seja responsável, que tenha plenas informações sobre os efeitos dos seus atos. Logo, a possibilidade de se fazer escolhas autorreferentes deriva, potencialmente, da tutela da privacidade e da vida privada:

> ... no que se refere às relações extrapatrimoniais, o Código Civil, à luz de interpretação constitucionalizada, possivelmente regrediu. Com efeito, debate-se atualmente se, em virtude do mesmo princípio fundamental da proteção da dignidade humana, não derivaria, logicamente, uma expansão da autonomia privada no que se refere às escolhas da vida privada de cada pessoa humana? Ou seja, a privacidade garantida pela Constituição a uma pessoa digna, plenamente capaz, não deveria significar, pelo menos em linha de princípio, mais amplo poder de escolha sobre os seus bens mais importantes?[32]

Em questões de maior intimidade, o único fio norteador deve ser a autonomia privada, pois a vontade individual é a única legítima a guiar tais decisões, não a imposição do Estado ou de terceiros. Conforme afirma Stefano Rodotà, trata-se de um espaço *indecidibile per il legislatore*, no qual a decisão da pessoa é a única verdadeiramente legítima quando estiver em jogo questões afetas à sua personalidade. É um espaço delimitado e garantido pelo constituinte e, dentro desse limite, o Estado autorizou *apenas* a ação do particular:

> *Si trascura così il cuore del problema, che consiste appunto in una valutazione preventiva intorno al 'se' della decisione, all'opportunità stessa del legiferare quando la coscienza da rispettare non è quella di deputati e senatori, ma quella delle donne e degli uomini che devono poter governare la loro esistenza. E che, quindi, non devono essere espropriati della libertà di decisione, ma messi in grado di esercitarla responsabilmente, allo stesso modo degli scienziati, per i quali «non si tratta di appellarsi alla fede o alla religione ma di puntare su una presa di coscienza» (così Ignazio Marino). La democrazia è anche sobrietà e rispetto.*[33]

---

que não afete aos interesses de um terceiro, ou o respeito à possibilidade de adoção pelos sujeitos de decisões racionais não coagidas.

[31] Luiz Edson Fachin. Fundamentos, limites e transmissibilidade. Anotações para uma leitura crítica, construtiva e de índole constitucional da disciplina dos direitos da personalidade no Código Civil brasileiro. *Revista da EMERJ*, v. 8, n. 31, 2005, p. 62.

[32] Maria Celina Bodin de Moraes. Ampliando os direitos da personalidade. *In*: José Ribas Vieira (Org.). *20 anos da Constituição cidadã de 1988*: efetivação ou impasse institucional? Rio de Janeiro: Forense, 2008, p. 372.

[33] Stefano Rodotà. Politici, liberateci dalla vostra coscienza. Disponível em: http://daleggere.wordpress.com/2008/01/13/stefano-rodota-%C2%ABpolitici-liberateci-dalla-vostra-coscienza%C2%BB/. Acesso

Cap. 2 • CORPO, AUTONOMIA EXISTENCIAL E CONSTRUÇÃO DA VIDA PRIVADA | 39

Afirma ainda Rodotà que a liberdade de consciência da pessoa sempre deve ser considerada, em matérias "eticamente sensíveis" e que se referem a decisões individuais, referentes a ela mesma. Por isso, decisões de foro íntimo, de repercussão apenas na esfera pessoal, não podem ser tomadas de antemão por um terceiro, mesmo que seja o legislador, uma vez que a Constituição Federal qualificou como direitos fundamentais liberdade (art. 5º, *caput*), intimidade e privacidade (art. 5º, X).[34] Desta forma, as decisões que envolvam situações atreladas ao próprio corpo (*rectius,* à autonomia corporal) também estão no âmbito desta esfera de intimidade e de liberdade, pois dizem respeito a aspectos essenciais da própria existência da pessoa humana. Tais situações são inerentes ao moderno conceito de privacidade, que se perfaz no controle das informações sobre si mesmo e, principalmente, de construção da vida privada, que se faz, juridicamente, pelo livre desenvolvimento da personalidade. "Nas últimas décadas, a privacidade vem sendo gradualmente compreendida como direito de manter controle sobre as próprias informações, passando a fazer referência à possibilidade de a pessoa natural conhecer, controlar, endereçar e, até mesmo, interromper o fluxo das informações a ela relacionadas".[35]

Por esse motivo, a autonomia se constrói por meio da privacidade, pois nesse espaço para a vida privada que o legislador constituinte reservou para a pessoa existe legitimidade constitucional apenas para ações autônomas, já que este é *locus* da realização dos direitos de personalidade de forma coerente ao estilo de vida eleito por determinado indivíduo. Afinal, a tutela constitucional da privacidade e da intimidade em termos de inviolabilidade significa que o espaço da construção

---

em: 10 mar. 2021. Tradução livre da autora: "Verifica-se, assim, o núcleo do problema, que consiste mesmo em uma avaliação preventiva em torno do 'se' da decisão, referente à própria oportunidade de legislar quando a consciência a respeitar não é aquela de deputados e senadores, mas aquela das mulheres e dos homens que devem poder governar a sua existência. E, portanto, não devem ser expropriados da liberdade de decisão, mas colocados em grau de exercê-la responsavelmente, do mesmo modo que os cientistas, para os quais 'não se trata de apelar à fé ou à religião, mas de apontar para uma tomada de consciência' (assim Ignazio Marino). A democracia é, também, sobriedade e respeito."

[34] Neste sentido, afirma ainda Rodotà: "Per carità, la libertà di coscienza va sempre presa in considerazione. Ma in realtà in queste materie cosiddette eticamente sensibili e che riguardano decisioni individuali, la libertà di coscienza che deve essere rispettata è quella della persona che deve prendere la decisione. Il punto chiave non è la libertà di coscienza del politico ma il fatto che la legge non può espropriare la libertà di coscienza di ciascuno di noi. E questo è un limite all'invasività della politica e all'uso proibizionista della legge. Inoltre è anche evidente che così la politica perde il suo senso di grande dibattito pubblico e si privatizza, e anche questo è sintomo della regressione culturale. Il confronto tra le idee lascia il posto all'arroccamento sulla torre d'avorio della propria coscienza, della quale non si risponde né alla politica né alla collettività. Ma attenzione all'effetto cascata delle obiezioni di coscienza: perché allora un giudice non potrebbe rifiutarsi di applicare una legge non conforme alla propria coscienza?" Tradução livre: Por caridade, a liberdade de consciência é sempre tomada em consideração. Mas, na realidade, nessas matérias assim ditas eticamente sensíveis e que se referem a decisões individuais, a liberdade de consciência que deve ser respeitada é aquela da pessoa que deve tomar a decisão. O ponto chave não é a liberdade de consciência do político mas o fato que a lei não pode expropriar a liberdade de consciência de cada um de nós. E este é um limite da invasão da política e ao uso proibitivo da lei. Além disso, é também evidente que a política perde o seu senso de grande debate público e se privatiza, o que também é sintoma da regressão cultural. O confronto entre as ideias deixa o lugar do "enrouquecimento da torre de marfim" da própria consciência, da qual não responde nem a política nem a coletividade. Mas atenção ao efeito cascata da objeção de consciência: por que agora um juiz não poderia se recusar a aplicar uma lei disforme a própria consciência?

[35] Gustavo Tepedino; Chiara Spadaccini de Teffé. Consentimento e proteção de dados pessoais na LGPD. In: Gustavo Tepedino; Ana Frazão; Milena Donato Oliva (coords.). *Lei Geral de proteção de dados pessoais e suas repercussões no Direito Brasileiro.* São Paulo: Revista dos Tribunais, 2019, p. 291.

da vida privada do indivíduo pertence apenas a ele mesmo, sendo inviolável perante terceiros que pretendam definir as questões referentes à sua vida privada e intimidade.

A estes aspectos, Stefano Rodotà denomina de "núcleo duro", pois são imprescindíveis para o respeito à pessoa humana enquanto tal, o que justifica o *indecidibile* por uma vontade externa à da pessoa, "mesmo que seja aquela expressa em coro por todos os cidadãos ou por um Parlamento unânime pode substituir àquela do interessado".[36] Logo, operou-se uma blindagem aos espaços existenciais de maior intimidade da pessoa humana que não estão sujeitos à invasão do legislador infraconstitucional, de qualquer decisão do Poder Judiciário, de ordem do Poder Executivo ou de ato de particulares. A vida privada existencial encontra-se protegida, portanto, de interferências externas, pois é necessário que cada um desenvolva sua personalidade livremente e participe da sua comunidade de forma autônoma.

A evolução das sociedades tem mostrado que "o Estado não é o melhor juiz e que não pode haver substituto para a consciência individual, sob pena de desresponsabilizar-se e infantilizar-se os indivíduos, reduzindo-se, na mesma proporção, o nível de liberdade da sociedade".[37] Agir de modo contrário, seria arrefecer o paternalismo, o que estaria na contramão das tendências modernas, por contrariar as noções de dignidade e liberdade, pois o homem só se faz digno enquanto ser livre, dotado de discernimento e de possibilidade de escolha, franqueado para ser ele mesmo, para construir e exercer sua personalidade. Porque o ser humano só se faz digno se tratado com igualdade pela sociedade e por seus pares, ou seja, sem discriminação por suas escolhas, sejam elas quais forem, sendo-lhe resguardado o direito de ser diferente; a pessoa só constrói sua autonomia na interação com o outro, na troca de experiências, no processo dialético do seu amadurecimento e aprendizado de vida, pois afinal, são nesses espaços de interssubjetividade que ela edifica sua personalidade.[38] Assim entende o legislador constituinte.

Essa proteção diferenciada também tutela a privacidade, pois o conceito moderno de privacidade abrange o controle das informações sobre si mesmo – autonomia ou autodeterminação informativa –, de modo a tutelar a sua esfera pessoal, do que deve ser exposto a terceiros e do que deve ser guardado apenas para si mesmo, mantido em segredo, por serem informações referentes apenas à pessoa. Privacidade é hoje entendida como "o direito de manter o controle sobre as próprias informações e de determinar o modo de construção da própria esfera privada";[39] trata-se, portanto, de um poder autorreferente. Por isso, não há que se falar em transferir para terceiros a tutela deste espaço que é eminentemente privado, espaço de exercício da autonomia corporal – entendida aqui de forma ampla, tanto no aspecto físico quanto psíquico, englobando, ainda, as informações que se refiram apenas à própria pessoa.

O que se pode fazer no interior deste espaço privado é uma decisão que compete apenas à própria pessoa.[40] Permissões ou proibições normativas estão vedadas, por se tratar de manifestações

---

[36]   Stefano Rodotà. La legge e I dilemma della libertà. *In*: Andrea Boraschi; Luigi Manconi. *Il dolore e la politica*: accanimento terapeutico, testamento biologico, libertà di cura. Genova: Bruno Mondadori, 2007, p. 24.

[37]   Maria Celina Bodin de Moraes. *Parecer sobre o alegado comprometimento da liberdade individual dos fumantes em virtude de dependência causada pelo consumo de cigarros e a eventual responsabilidade civil decorrente*. Rio de Janeiro, 2007, p. 10-11, mimeo.

[38]   Ideias desenvolvidas em Ana Carolina Brochado Teixeira. *Família, guarda e autoridade parental*. 2. Ed. Rio de Janeiro: Renovar, 2009, p. 196.

[39]   Stefano Rodotà. *Tecnologie e diritti*. Bologna: Il Mulino, 1995.

[40]   Judith Martins-Costa concorda com a existência de tais espaços de exclusividade pessoal: "a noção vem Hannah Arendt ao referir o espaço em que 'escolhemos aqueles com os quais desejamos passar nossas

heterônomas, que se tornam ilegítimas perante a tutela da pessoa humana e de seus direitos fundamentais, que devem ser exercidos como expressão de liberdade do seu titular, sem imposições culturais ou normativas, sob pena de flagrante desrespeito à concepção de vida boa adotada pela pessoa, com base na qual construiu o seu projeto de vida no que tange a aspectos existenciais. Isso não significa que não haja ingerências externas que influenciam no conceito individual de autonomia, já que essa noção é construída nos espaços compartilhados de intersubjetividade. Em última instância, as ingerências externas podem configurar-se em desrespeito à pessoa e às suas opções existenciais, como afirma Rodotà, em trecho que, embora referente à Constituição italiana, também se aplica à brasileira:

> *La legge non può in nessun caso violare i limiti imposti dal rispetto della persona umana', dice con il suo bel linguaggio la Costituzione proprio nell'articolo 32. È la coscienza individuale, con i suoi tormenti, a dover essere rispettata da un legislatore al quale si addice la sobrietà e, nei casi limite, il silenzio. Inoltre, convenendo che vi sia un'area 'indecidibile' per il legislatore e rimessa alle decisioni individuali nel quadro di principi generali, si troverebbe una regola capace di evitare conflitti laceranti là dove una o più delle parti politiche faccia riferimento a valori ritenuti non negoziabili. [...][41]*

Dessa forma, existe um núcleo atrelado a questões existenciais afeto à própria pessoa, principalmente quando esta decisão interfere apenas em sua própria esfera jurídica existencial, sem se referir a terceiros. A construção autônoma dessas escolhas é que acarreta sua legitimidade, pois em matéria de tanta intimidade e de construção da vida privada – como autonomia e expressões corporais –, não é possível conceber-se imposições heterônomas, mesmo que essas venham do Estado ou do legislador. Se isto ocorrer, tratar-se-á de ditadura, pois em regimes estatais totalitários, o Estado imporá a moral – o *ethos* – que julgar mais adequada, em detrimento daquela que a própria pessoa escolheu, "pretendendo substituir integralmente o tecido individual onde a vida faz sentir mais forte as suas razões".[42] A imposição autoritária nesse espaço individual nega de forma veemente a autonomia e a responsabilidade individuais.

Sem dúvida, o corpo é um *locus* especial para manifestação individual, pois ninguém melhor do que a própria pessoa para definir a forma ou a expressão que o próprio corpo deve ter, já que corpo, privacidade e identidade são conceitos que se encontram sob o imperativo da autonomia.

---

vidas, amigos pessoais e aqueles que amamos; e nossa escolha é guiada não por semelhanças ou qualidades compartilhadas por um grupo de pessoas – ela não é guiada, de fato, por nenhum padrão objetivo ou normas, mas inexplicável e infalivelmente, afetada pelo impacto de uma pessoa em sua singularidade, sua diferença em relação a todas as pessoas que conhecemos" (Judith Martins-Costa. Capacidade para consentir e esterilização de mulheres tornadas incapazes pelo uso de drogas: notas para uma aproximação entre a técnica jurídica e a reflexão bioética. *In:* Judith Martins-Costa; Letícia Ludwig Moller (Coords.). *Bioética e responsabilidade*. Rio de Janeiro: Forense, 2009, p. 314).

[41] Stefano Rodotà. Politici, liberateci dalla vostra coscienza. Disponível em: http://daleggere.wordpress.com/2008/01/13/stefano-rodota-%C2%ABpolitici-liberateci-dalla-vostra-coscienza%C2%BB/. Acesso em: 14 mar. 2021. Tradução livre: A lei não pode em nenhum caso violar os limites impostos ao respeito à pessoa humana, diz com a sua bela linguagem a Constituição, no art. 32. É a consciência individual, com os seus tormentos, que deve ser respeitada por um legislador ao qual se dedica à sobriedade e, nos casos limites, ao silêncio. Além disso, concordar que exista uma área que não pode ser decidida pelo legislador, apenas afetas a decisões individuais no quadro dos princípios gerais, encontrar-se-ia uma regra capaz de evitar conflitos lacerantes onde uma ou mais das partes políticas façam referências a valores tidos como não negociáveis.

[42] Stefano Rodotà. *Perché laico*. Roma: Laterza, 2009, p. 70.

3. DEVER OU AUTONOMIA DE MANTER A INTANGIBILIDADE DO PRÓPRIO CORPO?

O corpo tem passado por uma revisão conceitual, em face do advento das novas tecnologias, de modo que as partes destacadas do corpo não são *res nullius* ou *res derelictae,* pois carregam consigo informações relevantes sobre a carga genética humana, que pertencem apenas ao indivíduo, por força da contemporânea definição de privacidade (autodeterminação informativa). Serão investigadas as possibilidades e os limites em torno dos atos de disposição do próprio corpo, para verificar quais manifestações estão no âmbito da construção do próprio conceito de saúde, independentemente de haver ou não exigência médica, e quais estão vedadas, por contrariarem a ordem pública e os bons costumes.

Os atos de disposição do corpo encontram previsão no art. 13 do Código Civil, que se insere no capítulo dos direitos da personalidade, cuja gênese brasileira é a Constituição Federal, que determinou proteção mais abrangente, por meio do catálogo aberto dos direitos fundamentais, previstos, principalmente em seu art. 5º. Eis o conteúdo do art. 13:

> Art. 13. Salvo por exigência médica, é defeso o ato de disposição do próprio corpo quando importar diminuição permanente da integridade física ou contrariar os bons costumes.
>
> Parágrafo único. O ato previsto nesse artigo será admitido para fins de transplante, na forma estabelecida em lei especial.

O que se constata da análise textual do art. 13 é que a lei tutela o corpo contra o próprio titular, vedando, a princípio, a autolesão. O que o referido dispositivo fez foi individuar limites à faculdade de consentir a lesão de modo que os atos que respeitem tais limites sejam considerados lícitos; "os atos de disposição do próprio corpo seriam os atos de consenso à ofensa da integridade física incidentes sobre a própria pessoa".[43] O ordenamento impôs um *standard* mínimo de intangibilidade física pela vedação de certas práticas, como se soubesse o que é melhor para todas as pessoas indiscriminadamente, independente do seu próprio estilo de vida, em postura paternalista.

Por se tratar da integridade física, também não se pode descurar da relevância da intangibilidade psíquica, que é quem comanda o corpo, a partir do conceito de saúde que equivale ao governo corporal. Logo, importante resgatar o diálogo entre corpo e mente, visto ser ele essencial para uma compreensão adequada da autonomia corporal, pois uma necessidade psíquica pode demandar alterações corpóreas fora dos padrões de normalidade, mas que buscam a satisfação pessoal e, portanto, realizam a dignidade do sujeito. Por isso, embora o art. 13 refira-se apenas à integridade física, ele deve ser informado pela ideia de saúde que abrange o controle do corpo, que não ignora a integridade psíquica, muito pelo contrário, ela é o comando determinante a moldar o próprio corpo.

São muitas as alterações corpóreas aceitáveis na contemporaneidade, como é o caso da cirurgia plástica, para se alcançar um modelo de beleza ditado socialmente, ou mesmo, por uma questão de saúde física ou por uma realização psíquica. Em nome dessas máximas, o corpo vem sendo modificado por meio de lipoaspirações, botox, enxertos de silicone em suas mais diversas partes. Nesse sentido, questiona-se: por que essas mudanças corporais são socialmente admitidas e outras não? Como entender tais situações no âmbito do art. 13 do Código Civil?

Importante estabelecer, de pronto, algumas premissas. A primeira delas é que, quando o art. 13 do Código Civil utiliza o termo atos de disposição do próprio corpo, ele está se referindo,

---

[43] Pietro Perlingieri; Paola D'Addino. *Manuale di diritto civile.* 5. ed. Napoli: ESI, 2005, p. 478.

especificamente, à integridade física. Além disso, também releva esclarecer que os atos de disposição se direcionam à totalidade do corpo: às suas partes (órgãos e tecidos), aos seus produtos (gametas) e às suas funções, quando dirigidos a outrem (gestação de substituição).

Convém mencionar, ainda, que quando se fala em *disposição* do corpo, deve-se entender como separação de uma parte do restante do corpo; se esta importar em cessão para outrem, deve ser gratuita, em razão da extrapatrimonialidade. A concepção de *disposição* engloba também a utilização do corpo para alguma finalidade dirigida a outrem, como é o caso da cessão gratuita do útero para gerar criança filha de outrem, ou seja, gestação de substituição. Trata-se do direito sobre o próprio corpo, que não guarda nenhuma relação com o conceito de disposição sob o viés patrimonial. Em algumas hipóteses de disposição, o exercício de direitos de personalidade sofre interferência de terceiros ou pode beneficiar terceiros, como no caso da gestação de substituição, doação de sangue, órgãos, gametas. É o princípio da autonomia a serviço do princípio da solidariedade.

Estabelecidas essas premissas, verifica-se a necessidade do reconhecimento do corpo como expressão de liberdade, razão pela qual é necessário garantir às pessoas um âmbito significativo de liberdade em relação ao próprio corpo, numa interpretação civil-constitucional. Mas, antes do advento da Constituição, a única tutela que o corpo tinha, efetivamente, era de tipo penal, pois o Código Penal de 1940 afirma, em seu art. 129 e ss. que configura crime a ofensa à integridade física ou à saúde de outrem, tipo penal que sofre diversos agravantes conforme o resultado.

Com a centralidade da pessoa humana a partir da Constituição de 1988, era necessário buscar um equilíbrio entre a proteção à livre manifestação da personalidade por meio do corpo e a proibição de atos que importassem em uma agressão desmedida ao corpo, prejudicando a saúde e a dignidade do seu titular.[44] Para tanto, no atual Código Civil, entrou em vigor o art. 13, que tem redação semelhante à do art. 5º do Código Civil italiano. Este último surgiu para disciplinar situações de alguns negócios jurídicos recorrentes, tais como o trabalho no circo, a venda de cabelos, etc. Mas jamais se pensou na amplitude e potencialidade das variadas figuras que o progresso da ciência médica e da biotecnologia configurariam em atos de disposição do próprio corpo.[45]

Além disso, a ideologia que motivou a confecção do artigo no ordenamento italiano foi resultante da confluência de duas exigências: uma originária, garantidora de uma certa disponibilidade do corpo, segundo uma perspectiva de inspiração liberal-individualista; e a outra, de sentido oposto, para delimitação do âmbito da disponibilidade, em função não tanto da tutela da saúde ou da integridade física em si considerada, mas, sim, da salvaguarda de certos aspectos do corpo, vistos como instrumentos referentes à persecução de determinadas finalidades de caráter público, em conformidade com as concepções fascistas então dominantes.[46]

Uma leitura contextualizada do art. 5º do *Codice*, à época em que ele foi feito, faz pensar em um interesse superior do Estado na conservação de um indivíduo apto a adimplir suas funções fundamentais decorrentes das exigências do desenvolvimento demográfico, de defesa da pátria, de produção, além de também refletir a lógica proprietária e das determinações contratuais que perpassam todo o Código de 1942.[47] Contudo, a adequação desse dispositivo à Constituição ita-

---

44 Gustavo Tepedino; Heloisa Helena Barboza; Maria Celina Bodin de Moraes. *Código Civil brasileiro interpretado conforme a Constituição da República*. 2. ed. rev. e atual. Rio de Janeiro: Renovar, 2007, p. 37.

45 Cosimo M D´Arrigo. *Autonomia privata e integrità física*. Milano: Giuffrè, 1999, p. 11.

46 Cosimo M D´Arrigo. *Autonomia privata e integrità física*. Milano: Giuffrè, 1999, p. 11-12.

47 Marcella Fortino. La diseguaglianze per nature e le risposte del diritto: il problema dei limiti alla autodeterminazione dei soggetti. *In*: Umberto Brecchia; Alessandro Pizzorusso. (Coord.). *Atti di disposizione del proprio corpo a cura di Roberto Romboli*. Pisa: Plus, 2007, p. 31.

liana invoca outra interpretação, consoante o novo quadro de referência dos valores e princípios fundamentais, que determinaram a plena e irrevogável afirmação da liberdade e da dignidade, eliminando resquícios de paternalismo em diversas concepções, como a personalidade.[48] É esse o sentido a ser dado à norma também no caso brasileiro, para que ela possa se adaptar à realidade atual.

Por isso, é importante estabelecer alguns parâmetros para a interpretação do art. 13, do Código Civil, tendo em vista que o corpo não é somente objeto de disposição intrinsecamente livre e, por vezes, controlada, mas um modo de ser de tantos aspectos de uma identidade humana. Deve-se abandonar a visão reificadora do corpo, para impedir todo tipo de "colonização" autoritária da esfera vital.[49] Para tanto, não se pode perder de vista o primado das escolhas pessoais relativamente à saúde individual.

Os atos de disposição do corpo têm assumido as mais diversas conotações na contemporaneidade. Muitos deles estão vinculados à manifestação da própria identidade nos espaços sociais e nas mais diversas culturas, tais como *piercings,* tatuagens e suspensões corporais.[50] Contudo, outras situações estão mais atreladas a manifestações religiosas ou a imposições culturais, tais como os exemplos citados por Carlos Nelson Konder: a circuncisão judaica, o *O-kee-pa* dos indígenas americanos,[51] as tatuagens maori da Nova Zelândia,[52] e "qualquer resistência ou utilização

---

[48]   Maria Carmela Venuti. *Gli atti di disposizione del corpo.* Milano: Giuffrè, 2002, p. 27.

[49]   Umberto Breccia; Alessandro Pizzorusso. Presentazione. *In*: Umberto Breccia; Alessandro Pizzorusso (Coords.). *Atti di disposizione del proprio corpo a cura di Roberto Romboli.* Pisa: Plus, 2007, p. 17.

[50]   Várias situações diferenciadas sobre disposição do corpo, suspensão em fios e argolas pelo corpo, encontram-se no site http://bmezine.com/ritual/bme-ritu.html. Acesso em: 31 jan. 2020.

[51]   "No começo do século XIX, os índios Mandans viviam em cabanas de terra, em forma de cúpula, e vagueavam pelas planícies do Missuri caçando búfalos. Para se tornar um guerreiro, os jovens valorosos tinham de submeter-se a prova do O-Kee-Pa, uma tortura especificamente concebida para experimentar a sua resistência física e o seu grau de coragem. 1 – O feiticeiro chefe retalhava o peito e as costas do futuro guerreiro com uma faca de serrilha e enfiava depois espetos de madeira através da carne ensangüentada e por detrás dos músculos do jovem. Eram então ligadas a ambas extremidades dos espetos correias fortes presas às traves da tenda, que permitiam içar do chão o iniciado, cujas pernas eram ligados pesos, que aumentavam a sua agonia, e que depois era feito girar até perder totalmente a consciência. Quando, e se, recuperava, o jovem bravo recebia um pequeno machado, com o qual devia cortar o dedo mínimo da mão esquerda, mutilação que testemunharia a coragem de que era dotado. Na fase final, e para experimentar a sua resistência, era obrigado, com os pulsos apertados por cordas, a correr em círculo, como um cavalo quando é domado, até cair exausto, sem sentido. Se sobrevivia a todas estas torturas, podia então regressar em triunfo à sua família, como um guerreiro com direito a usar as penas, atributo que passava a ser-lhe inerente." (Disponível em: http://www.texbr.com/artigos/ artigos2002/mandans_okeepa.htm. Acesso em: 11 mar. 2021).

[52]   "Moko era o estilo de tatuagem único em que se tatuava o rosto. A face era decorada com espirais em baixo relevo que eram tatuados pela incisão na pele e eram cicatrizes na forma de cumes e de sulcos paralelos. Todos os homens (guerreiros ou de elevada posição social) eram obrigatoriamente tatuados no rosto, mas também eram tatuados em outras partes do corpo, exceto os escravos e pessoas comuns. Um rosto elegantemente tatuado era uma fonte de orgulho para o guerreiro, era como uma proteção para vencer a batalha feroz e se tornar atraente para as mulheres (...).Os instrumentos usados pelos Maoris para execução das tatuagens continham pequenos pedaços de ossos humanos, cascas de tartaruga, ou metal, que eram mergulhados em pigmento e em seguida eram batidos com um pequeno bastão. A fim de obter as cicatrizes e sulcos que identificam moko era necessário que o instrumento de penetrasse profundamente no tecido muscular, e os cortes seriam por vezes tão profundos que perfuravam e atravessavam a bochecha. A dor era intensa e havia uma grande quantidade de sangue derramado para esta prática, mas era uma questão de honra e orgulho dos

do poder coercitivo estatal para reprimi-las constitui uma clara afronta ao princípio da dignidade da pessoa humana."[53] Por isso, as mais variadas manifestações corporais são possíveis no Estado pluralista contemporâneo.

Uma outra forma tida como disposição do corpo, pouco comentada no âmbito jurídico, são os esportes radicais, cujo risco é inerente à própria atividade. O sujeito voluntariamente se coloca sob o risco de lesar a própria integridade física, de forma permanente ou temporária. Algumas atividades esportivas podem ou não provocar danos, razão pela qual se fala em risco, pois não há certeza de que qualquer lesão vá suceder, mas há potencialidade que ocorra pelo perigo que a atividade esportiva envolve.[54]

A saúde é dinâmica, sendo mutável segundo a experiência do indivíduo. Assim, a liberdade de dispor sobre o próprio corpo funda-se na ideia de que a pessoa é uma unidade incindível (corpo e mente) e, por isso, soa redutiva a interpretação que vê na tutela da integridade física exclusivamente um direito de não sofrer reduções físicas,[55] pois são várias as possibilidades de disposição corporal. Boxe, pugilismo, luta livre, *body jump*, *rally*, fórmula 1, são situações de grande e potencial perigo, mas que são admitidas em nosso ordenamento, mesmo que o risco à perda permanente da integridade física e mesmo à vida sejam inerentes ao esporte, por serem exemplos da tutela positiva da autodeterminação do indivíduo.

Conforme afirmado, a norma reconhece o poder de cada pessoa dispor do próprio corpo, mas dentro de certos limites. Os limites à autonomia corporal impostos pelo art. 13, para que o ato de disposição do próprio corpo possa ser lícito, são: o ato não pode afrontar os bons costumes nem importar na diminuição permanente da integridade física; essas duas limitações só podem ser relativizadas quando houver exigência médica.

Os bons costumes constituem um limitador geral à irrenunciabilidade dos direitos de personalidade. Importa frisar que o limite também é imposto aos atos de disposição do próprio corpo que interfiram diretamente na esfera corpórea do indivíduo. Tatuagens no corpo, por exemplo, violavam os bons costumes, mas hoje são entendidas muito mais como adereço ou manifestação da personalidade.

---

guerreiros Maori nunca se mexerem e manterem-se calados quando eram tatuados." (Disponível em: http://tattoone.blogspot.com/2008/05/tatuagem-maori-original-da-nova-zelndia.html. Acesso em: 11 mar. 2021).

[53] Carlos Nelson Konder. O consentimento no biodireito: os casos dos transexuais e dos *wannabes*. *Revista Trimestral de Direito Civil*. Rio de Janeiro: Padma, v. 15 (jul./set. 2003), p. 63.

[54] "O fundamento do intuito humanístico e da solidariedade social não é vislumbrado em situações como a prática de esportes radicais como *Bung Jump*, Vale Tudo, corridas de carros, paraquedismo, alpinismo, os quais também colocam em risco a saúde e até mesmo a vida da pessoa. A legislação não trata da finalidade do ato de disposição do próprio corpo, assim, a finalidade pode ser, única e exclusivamente, os interesses pessoais. A prática de esportes radicais importa na sujeição voluntária ao risco de limitar sua integridade física, sem um intento comunitário, mas tão somente pelo prazer de realizar o esporte. Conforme Carlos Alberto Bittar, o ato de disposição do próprio corpo para a prática de esportes radicais não encontra críticos, eis que existe uma aceitação geral da sociedade e dos participantes no que toca à prática. Sustenta que a legitimação da prática desse ato dispositivo se dá em função dessa aceitação social da conduta". (Fernanda Borghetti Cantali. *Direitos da personalidade*. Disponibilidade relativa, autonomia privada e dignidade humana. Porto Alegre: Livraria do Advogado, 2009, p. 187)

[55] Aldo Pierluigi Benedetti. Sport violento – Sport pericoloso: tra liberta di disporre del próprio corpo e risarcimento del dano. *In*: Umberto Breccia; Alessandro Pizzorusso. (Coords.). *Atti di disposizione del proprio corpo a cura di Roberto Romboli*. Pisa: Plus, 2007, p. 373.

Os bons costumes exprimem o "aspecto moral da ordem pública, isto é, regras morais impõem-se no interesse da sociedade e ao respeito das vontades individuais".[56] Além disso, referem-se à extrapatrimonialidade dos direitos de personalidade, que determinam que estes estão fora do comércio, posto que diretamente conectados à dignidade humana. Por isso, em atos de disposição do próprio corpo, não se pode tolerar a comercialização de tais direitos, pois os bens existenciais são imunes à lógica do mercado; aqui, impera a lógica da liberdade e da realização existencial. Dessa forma, os bons costumes constituem um limite aos atos de disposição do corpo de funcionalidade externa ao ato em si, pois o que mais importa efetivamente, é a realização da pessoa nos espaços de privacidade que a Constituição considerou imunes de ingerências externas, ou seja, espaços para o agir livre, para o desenvolvimento da própria personalidade.[57]

Outro limite legal para os atos de autonomia corporal é a diminuição permanente da integridade física. Essa vedação faz sentido se pensada não no indivíduo, titular dos direitos de personalidade, mas no Estado, na família, na coletividade ou numa antiga concepção de saúde como ausência de doença, que formou um parâmetro de normalidade do homem são, transformando o que é direito, num dever de ser são e de tratar-se, decorrente do dever de conservação da integridade física.

Nas reduções corporais que não sejam permanentes – sendo, portanto, autorizadas – não há nenhuma gradação no que tange à agressão ao corpo.[58] Com base nessa afirmativa, é plenamente possível o *bodyart*,[59] que se configura em manifestações artísticas no próprio corpo, que acabam por operar alterações corpóreas que podem ser significativas.

> Não se trata de produzir novas representações sobre o corpo – encontráveis no decorrer de toda a história da arte -, mas de tomar o corpo como suporte para realizar intervenções, de modo geral, associadas à violência, à dor e ao esforço físico. Pode ser citado, por exemplo, entre muitos outros, o *Rubbing Piece*, 1970, encenado em Nova York, por Vito Acconci (1940), em que o artista esfrega o próprio braço até produzir uma ferida. O sangue, o suor, o esperma, a saliva e outros fluidos corpóreos mobilizados nos trabalhos interpelam a materialidade do corpo, que se apresenta como suporte para cenas e gestos que tomam por vezes a forma de rituais e sacrifícios. Tatuagens, ferimentos, atos repetidos, deformações, escarificações, travestimentos são feitos ora em local privado

---

[56] Custódio da Piedade U Miranda. Autonomia privada: conceito, atuação e limites. *Revista da Faculdade de Direito de São Bernardo do Campo*, ano 7, n. 9, p. 60, 2003.

[57] Sobre os bons costumes, recomenda-se Thamis Dalsenter Viveiros de Castro. A função da cláusula de bons costumes no Direito Civil e a teoria tríplice da autonomia privada existencial. *Revista Brasileira de Direito Civil – RBDCivil*, Belo Horizonte, v. 14, p. 99-125, out./dez. 2017.

[58] Anderson Schreiber. Os direitos de personalidade e o Código Civil de 2002. *In*: Luiz Edson Fachin; Gustavo Tepedino (Orgs.). Rio de Janeiro: Renovar, 2008, p. 239.

[59] As definições de *bodyart* são interessantes e apontam a utilização do corpo como manifestação das artes, mesmo que implique em sua disposição: "Body Art (do inglês, arte do corpo) está associada à arte conceitual e ao minimalismo. É uma manifestação das artes visuais onde o corpo do artista é utilizado como suporte ou meio de expressão. O espectador pode actuar não apenas de forma passiva mas também como voyeur ou agente interativo. Via de regra, as obras de body art, como criações conceituais, são um convite à reflexão. Foi na década de 1960 que essa forma de arte se popularizou e se espalhou pelo mundo. Há casos em que a body art assume o papel de ritual ou apresentação pública, apresentando, portanto, ligações com o Happening e a Performance. Outras vezes, sua comunicação com o público se dá através de documentação, por meio de vídeos ou fotografia." (Disponível em: http://pt.wikipedia. org/wiki/Body_art. Acesso em: 22 mar. 2021).

Cap. 2 • CORPO, AUTONOMIA EXISTENCIAL E CONSTRUÇÃO DA VIDA PRIVADA | **47**

(e divulgados por meio de filmes ou fotografias), ora em público, o que indica o caráter freqüentemente teatral da arte do corpo. Bruce Nauman (1941) exprime o espírito motivador dos trabalhos, quando afirma, em 1970: 'Quero usar o meu corpo como material e manipulá-lo'.[60]

É famoso o caso de Felipe Klein, falecido em abril de 2004, que tinha sob o couro cabeludo dois chifres implantados na carne, feitos de teflon, além de seu corpo todo tatuado, com argolas de metal nos genitais, mamilos, lábios, nariz e orelhas; sua língua sofreu alterações, pois fora cortada ao meio e, após cicatrização, lembrava a língua de um lagarto. Tudo isso foi descoberto pelo médico-legista.[61] Também impressiona o caso de Erik Sprague, Homem Lagarto todo tatuado, com implantes de teflon sob as sobrancelhas, a língua bipartida como a de um lagarto, que faz diversas performances.[62] O homem que se tatuou como um tabuleiro de xadrez também demonstra o quanto aprecia o jogo, fazendo do seu corpo um símbolo de suas preferências.[63] Essas situações são permitidas porque o corpo se tornou um símbolo das preferências subjetivas, bem como um sinal exterior da identidade da pessoa, da forma como ela se coloca no mundo. É uma manifestação externa da sua identidade pessoal, que deve ser entendida como forma promocional de manifestação pessoal, protegida pelo Direito por meio da tutela positiva da autonomia privada.

Além disso, também são emblemáticas as hipóteses de implantação de *chips* subcutâneos como instrumento de identificação, como ocorreu em *Baja Beach*, boate espanhola que implantou *chips* em seus frequentadores, que substituíram documentos de identificação e cartões de crédito.[64]

---

[60] Disponível em: http://www.itaucultural.org.br/aplicexternas/enciclopedia_ic/index.cfm?fuseaction=termos_texto&cd_verbete=3177. Acesso em: 20 mar. 2021.

[61] Caso citado por Anderson Schreiber. Os direitos de personalidade e o Código Civil de 2002. *In*: Luiz Edson Fachin; Gustavo Tepedino (Orgs.). *Diálogos de direito civil*. Rio de Janeiro: Renovar, 2008, p. 239.

[62] Disponível em: http://www.thelizardman.com/ Acesso em: 20 mar. 2021.

[63] Disponível em: http://www.blogsilence.com/tatuagem-de-xadrez/. Acesso em: 20 mar. 2021.

[64] "La discoteca catalana *Baja Beach Club* celebrará su séptimo aniversario con la presentación del primer sistema de identificación implantado bajo la piel. El chip digital permitirá a su portador evitar presentar el DNI o la tarjeta de crédito para acceder al local. En principio está previsto su implantación a famosos. (...)"El 'Verichip' tiene el tamaño de un granito de arroz y se implanta a través de una jeringuilla", explicaron estas fuentes, que añadieron que "puede provocar alguna molestia y efectos secundarios, por lo que esa noche dispondremos de un médico que explique a los primeros que se implanten el chip los posibles efectos". El chip es de vidrio y se colocará en el antebrazo de los clientes de la discoteca. El director del Baja Beach Club y responsable del lanzamiento de este chip en España, Conrad Chase, considera que la llegada de esta nueva tecnología es sólo el principio. "Cuando esté más avanzada, los que dispongan del implante podrán incluso sacar dinero de los cajeros automáticos sin necesidad de tarjeta de crédito", aseguraron fuentes del recinto. De momento, el chip sólo podrá utilizarse "en locales que dispongan de esta tecnología". (Disponível em: http://www.elmundo.es/navegante/2004/03/17/esociedad/1079536632.html. Acesso em: 26 jan. 2020). Tradução livre: O clube catalão Baja Beach Club quando da comemoração de seu sétimo aniversário estreará o primeiro sistema de identificação implantado sob a pele. O chip digital permitirá ao seu portador evitar a apresentação da carteira de identidade ou cartão de crédito para acesso ao local. Em princípio, a sua aplicação está prevista para as celebridades. (...)" O "Verichip" é o tamanho de um grão de arroz e é implantado através de uma agulha ", disseram essas fontes, acrescentando que "pode causar algum desconforto e efeitos colaterais, por isso esta noite, teremos de um médico que explicará aos primeiros em que se implantarem o chip os possíveis efeitos. O chip é feito de vidro e será colocado no antebraço dos clientes da boate. O diretor da Baja Beach Club e responsável pelo lançamento deste chip na Espanha, Conrad Chase, acredita que a chegada desta nova tecnologia é apenas o começo. "Quando esta tecnologia estiver mais avançada, aqueles que têm o implante poderão

48 | PROBLEMAS DE DIREITO CIVIL – *Homenagem aos 30 anos de cátedra do professor Gustavo Tepedino*

Após a verificação da multiplicidade de hipóteses que atualmente requerem disposição corporal, é importante o exame do art. 13 do Código Civil, que veda redução corporal permanente, irreversível, sem possibilidade de renovação (aspecto quantitativo), além de provocar um dano que modifica substancialmente o modo de ser do indivíduo, sob o ponto de vista anatômico e funcional (viés qualitativo).[65] O que é importante, portanto, é a conservação das funções biológicas, que consintam no cumprimento dos deveres constitucionais por parte do próprio titular. Isso não significa que as reduções temporárias ou provisórias recebem menos tutela do ordenamento, mas são compreendidas como manifestações lícitas da autonomia privada.

Uma outra perspectiva é aquela que entende integridade da pessoa de forma mais ampla e "elástica", como manutenção das funções físicas e psíquicas do sujeito considerando também o perfil dinâmico e relacional do indivíduo,[66] como limite ao princípio da autonomia corporal. Essa alternativa atende melhor aos direitos e princípios constitucionais – tais como a saúde, dignidade, privacidade, liberdade de determinar-se quanto à própria esfera corpórea e solidariedade –, pois diretamente funcionalizada à realização pessoal.

Nesse sentido, a vedação da diminuição permanente da integridade física deve ser atrelada à busca da construção da própria identidade, o que é possível por uma visão plural da corporeidade, que impede uma concepção reificada do corpo. Na contemporaneidade, não mais se está diante de escolhas incompatíveis com o Estado e com a moral dominante na sociedade, pois se constata uma ampliação da tutela da saúde física e psíquica, bem como a possibilidade da pessoa tomar uma série de decisões íntimas, que de maneira independente, fazem do corpo e das suas partes um lugar eleito para múltiplas manifestações passivas e ativas da vida humana. Sem contar que, à luz das ciências e da tecnologia, a lesão permanente à integridade física pode, em alguns casos, ser compatível com a tutela da saúde psíquica do sujeito.[67]

A exigência médica é um limite que se encontra em posição de superioridade em relação aos demais, pois é o único capaz de derrogá-los. O legislador autorizou a disposição do corpo que tenha finalidade terapêutica, em nome da preservação da integridade psíquica do paciente e da vida.

O conceito de saúde que se adotou coincide com o governo do corpo, quando a pessoa tem higidez psíquica para fazer opções autorreferentes.[68] Por isso, "a cirurgia de transgenitalização traz a lume qual a concepção de saúde que adotamos. Poderíamos continuar vendo a saúde como um dever do médico de impor tratamentos para o 'bem' do paciente?"[69] Claro que não. Deve o médico atender aos comandos da autonomia do titular, para que este melhor realize sua personalidade, pois o conceito de saúde é individual. Logo, finalidade terapêutica significa atendimento às diretrizes de autodeterminação corporal da pessoa humana, ideia diretamente

---

até retirar dinheiro em caixas eletrônicos sem utilizar cartão de crédito", asseguraram fontes da boate. Por enquanto, o chip somente poderá ser usado "em lugares que têm esta tecnologia".

[65] Ferrando Mantovani. *I trapianti e la sperimentazione umana nel diritto italiano e straniero*. Padova: CEDAM, 1974, p. 152.

[66] Maria Carmela Venuti. *Gli atti di disposizione del corpo*. Milano: Giuffrè, 2002, p. 55.

[67] Um exemplo de diminuição permanente da integridade física autorizada pelo ordenamento é a esterilização voluntária, que consiste na perda provocada da capacidade procriativa, baseada no consentimento da pessoa que a sofre. Esta deve ser entendida como direito de personalidade, com fundamento na liberdade, dignidade e pluralismo, por ser decorrente da livre disposição do próprio corpo, bem como da própria capacidade reprodutiva, direitos que estão intrinsecamente atrelados à intimidade pessoal.

[68] Seja consentido remeter ao nosso *Saúde, corpo e autonomia privada*. Rio de Janeiro: Renovar, 2010.

[69] Bruno Torquato de Oliveira Naves; Maria de Fátima Freire de Sá. *Manual de biodireito*. Belo Horizonte: Del Rey, 2009, p. 256.

ligada à de bem-estar existencial. É este o sentido constitucional da baliza *exigência médica*, pois é assim que será possível a realização da pessoa.

4. CONCLUSÃO

Ante a multiplicidade dos interesses e das relações possíveis no âmbito da disposição do próprio corpo, que encontram fundamento primeiro na cláusula de tutela da pessoa humana e no livre desenvolvimento da personalidade, o legislador não regulamentou de forma específica as hipóteses individuais de disposição do corpo, mas os critérios de admissibilidade em sentido amplo, que devem ser analisados sob os parâmetros aqui expostos, que estão muito mais ligados a realização e ao bem-estar existencial que têm como fundamento a própria Constituição do que a requisitos herméticos.

A importância do corpo como expressão da personalidade do sujeito e de suas escolhas existenciais coloca o consentimento do indivíduo como elemento central imprescindível. Por isso, o consentimento deve ser livre e informado, não condicionado. Se o corpo é visto como um espaço de autonomia, a liberdade de dispor do próprio corpo deve ser a regra e suas limitações são as exceções, pois os conceitos de saúde, privacidade, liberdade e personalidade devem ter a mesma direção. Nesse sentido, quando a Constituição previu o catálogo aberto de direitos fundamentais, para que a pessoa encontre a melhor forma de se realizar, pode-se entender como implícita a liberdade de dispor do próprio corpo.

3

A PROIBIÇÃO DE COMPORTAMENTO CONTRADITÓRIO: ONTEM E HOJE

ANDERSON SCHREIBER

Sumário: 1. Introdução. 2. Fundamento e utilidade da proibição de comportamento contraditório. 3. Pressupostos de aplicação da proibição de comportamento contraditório. 4. Consequências da aplicação da proibição de comportamento contraditório. 5. A proibição de comportamento contraditório na jurisprudência mais recente.

1. INTRODUÇÃO

– *Nemo potest venire contra factum proprium* – quando, há vinte anos atrás, anunciei o tema que eu examinaria na minha dissertação de Mestrado, meus colegas de turma tomaram um susto. Um brocardo latino obscuro, de origem medieval, quase desconhecido, destoava completamente de todas as novas construções jurídicas que vínhamos estudando e debatendo naquela época. A ampla maioria dos professores também me desencorajou. Gustavo Tepedino foi a exceção: apoiou inteiramente a empreitada, desde o início, e quando eu mesmo ponderei que havia a dificuldade da bibliografia, pois não havia nenhum livro sobre o tema no Brasil, ele me respondeu com surpreendente entusiasmo: "*o seu será o primeiro*".[1] Um professor deve estar sempre ao lado dos seus alunos.

Passadas duas décadas, muitas coisas mudaram: o *venire* (em um diminutivo carinhoso que me permito após essa longa e estável união com o tema) tornou-se um conceito não apenas

---

[1] E foi. Fruto da dissertação de Mestrado aprovada com louvor e distinção por banca composta por Gustavo Tepedino (orientador), Maria Celina Bodin de Moraes e Luiz Edson Fachin, o livro *A Proibição de Comportamento Contraditório: tutela da confiança e venire contra factum proprium* foi publicado originariamente pela Editora Renovar ao fim do ano de 2004 (atualmente em 4ª edição, Ed. Atlas, 2016).

conhecido entre os juristas brasileiros, mas cotidianamente aplicado pelos nossos tribunais.[2] O Superior Tribunal de Justiça, por exemplo, já invocou o *nemo potest venire contra factum proprium* (ou, em bom Português, a proibição de comportamento contraditório) em um amplo espectro de casos concretos, conforme se verá detalhadamente mais adiante.[3] O Supremo Tribunal Federal tem se valido de sua incidência, inclusive em relações envolvendo Administração Pública, como se extrai de reiterados julgados.[4] A advocacia pública e privada também tem explorado o tema com frequência para sustentar teses corajosas que, não raro, rompem com entendimentos uniformizados das cortes judiciais. E há, ainda, naturalmente, casos em que a noção é utilizada de modo equivocado, sem a compreensão adequada de seus fundamentos teóricos, gerando resultados que não se conformam à nossa ciência jurídica.

Daí por que se torna tão oportuno, no momento atual, recordar os contornos técnicos da proibição de comportamento contraditório.

2. FUNDAMENTO E UTILIDADE DA PROIBIÇÃO DE COMPORTAMENTO CONTRADITÓRIO

Muito do "sucesso" da proibição de comportamento contraditório advém da consagração da boa-fé objetiva no direito brasileiro – cujo marco doutrinário situo na célebre obra de Judith Martins-Costa, *A Boa-fé no Direito Privado*, publicada originariamente em 1999.[5] Como imperativo de lealdade e confiança mútua nas relações sociais, a boa-fé objetiva veio abrir as portas do sistema jurídico brasileiro para diferentes construções fundadas na necessidade de proteção das expectativas despertadas pelo comportamento concretamente adotado pelos diferentes sujeitos de direito.[6] E é nisso que reside a essência do *nemo potest venire contra factum proprium*, em sua versão contemporânea.

---

[2]   Registre-se que, em 2006, o Centro de Estudos do Conselho de Justiça Federal inseriu o tema na pauta dos debates da IV Jornada de Direito Civil, debates dos quais resultou a aprovação do Enunciado 362: "*A vedação do comportamento contraditório (venire contra factum proprium) funda-se na proteção da confiança, tal como se extrai dos arts. 187 e 422 do Código Civil.*"

[3]   Ver, entre outros tantos exemplos, STJ, REsp 95.539/SP, Rei. Min. Ruy Rosado de Aguiar, j. 3.9.1996; STJ, REsp 762.031/MG, Rel. Min. Nancy Andrighi, j. 28.6.2006; e STJ, AgRg nos EDcl nos EDcl no Ag 704.933/SP, Rel. Min. Maria Thereza de Assis Moura, j. 24.8.2009. No tópico final do presente artigo, são mencionados alguns casos mais recentes envolvendo a alegação de impenhorabilidade do bem de família e a pretensão de invalidação de negócios jurídicos.

[4]   Veja-se, exemplificativamente: STF, Pleno, MS 24.927/RO, Rel. Min. Cezar Peluso, j. 28.9.2005; STF, Pleno, MS 25.116, Rel. Min. Ayres Britto, j. 8.9.2010; e STF, Pleno, ADI 4.429/SP, Rel. Min. Marco Aurélio, j. 14.12.2011.

[5]   Judith Martins-Costa, *A Boa-fé no Direito Privado – sistema e tópica no processo obrigacional*, São Paulo: RT, 1999. A obra sofreu recentemente uma profunda reformulação: Judith Martins-Costa, *A Boa-fé no Direito Privado: critérios para a sua aplicação*, São Paulo: Saraiva, 2018.

[6]   Bruno Lewicki, *Panorama da Boa-fé Objetiva*, in Gustavo Tepedino (coord.), *Problemas de Direito Civil-Constitucional*, Rio de Janeiro: Renovar, 2001, p. 57: "*Foi nesse contexto que se construiu a doutrina da boa-fé objetiva, caracterizada como um dever de agir de acordo com determinados padrões, socialmente recomendados, de correção, lisura e honestidade. Reduz-se a margem de discricionariedade da atuação privada: o sujeito, para consecução dos seus objetivos individuais, tem que agir com lealdade, observando e respeitando não só os direitos, mas também os interesses legítimos e as expectativas razoáveis de seus parceiros na aventura social.*"

52 | PROBLEMAS DE DIREITO CIVIL – *Homenagem aos 30 anos de cátedra do professor Gustavo Tepedino*

Significa dizer que o velho brocardo não exprime, entre nós, um dever absoluto de coerência. O agir humano é necessariamente dinâmico, como registra, em passagens saborosas, a literatura universal.[7] Todos somos livres para mudar de opinião e alterar o sentido de nossas condutas. A proibição de comportamento contraditório não visa a impedir que alguém modifique o seu modo de agir, mas se destina tão-somente a proteger a legítima expectativa daqueles que investiram sua confiança no sentido da conduta anterior. Esta é a função que desempenha o *nemo potest venire contra factum proprium* no direito contemporâneo.[8]

O tema, como se vê, não tem nada de antigo. Bem ao contrário, a proibição de comportamento contraditório exprime a diretriz fundamental do movimento de valorização da dimensão social do exercício dos direitos, que marca o fim do século XX e as primeiras décadas do século XXI.[9] O reconhecimento da necessidade de tutela da confiança daqueles que confiam em certo agir amplia notavelmente o foco de atenção da ciência jurídica, que deixa de se centrar exclusivamente sobre a fonte das condutas, como exige a tradicional teoria do ato jurídico, para atribuir efeitos também ao modo concreto como tais condutas se desenvolvem nas relações sociais.[10]

Se estiver ausente um atentado à legítima confiança, capaz de gerar prejuízo a outrem, não há razão para que se imponha a quem quer que seja coerência com um comportamento anterior.[11] Daí por que a proibição de comportamento contraditório se associa à proteção da boa-fé objetiva, inserindo-se, dogmaticamente, em uma de suas três funções,[12] qual seja, a função restritiva ao

---

[7] Confira-se, por exemplo, o saboroso alerta de Fernando Pessoa sobre a deselegância da coerência: *"É uma falta de cortesia com os outros ser sempre o mesmo à vista deles; é maçá-los, apoquentá-los com a nossa falta de variedade. Uma criatura de nervos modernos, de inteligência, sem cortinas, de sensibilidade acordada, tem a obrigação cerebral de mudar de opinião e de certeza várias vezes no mesmo dia. Deve ter, não crenças religiosas, opiniões políticas, predileções literárias, mas sensações religiosas, impressões políticas, impulsos de admiração literária."* (Fernando Pessoa, *Do contraditório como terapêutica de libertação*, in *Obras em prosa*, Rio de Janeiro: Nova Aguilar, 1986, p. 581).

[8] A meu ver, a obra pioneira sobre esta releitura é o livro de Erwin Riezler, *Venire contra factum proprium – studien in Römischen, Englischen und Deutschen Civilrecht*, Leipzig: Verlag von Duncker & Humblot, 1912, *passim*.

[9] Nesse sentido, o *nemo potest venire contra factum proprium* pode ser visto como um instrumento de realização do valor constitucional da solidariedade social (Constituição, art. 3º, I), exprimindo o imperativo de consideração da posição alheia no agir de cada indivíduo. Sobre o tema, ver Anderson Schreiber, *A Proibição de Comportamento Contraditório*, cit., pp. 70-72. Na doutrina estrangeira, vale conferir Jose Puig Brutau, *La doctrina de los actos propios. Medio siglo de estudios jurídicos*, Valencia: Tirant lo Blanch, 1997, p. 106: *"Significa realmente un poderoso instrumento para aumentar el sentido de solidariedad y para dar cohesión al grupo social, pues cada miembro ve reflejado en sus propios intereses el prejuicio que su conducta podía haber inferido a los demás."*

[10] Exemplo desta mudança de paradigma consiste no reconhecimento de juridicidade às diversas "relações de fato", tema examinado com profundidade por Gustavo Tepedino em *Atividade sem negócio jurídico fundante e a formação progressiva dos contratos*, in *Revista Trimestral de Direito Civil*, v. 44, 2011, pp. 19-30.

[11] Anderson Schreiber, *A Proibição de Comportamento Contraditório*, cit., p. 63: *"De fato, a proibição de comportamento contraditório não tem por fim a manutenção da coerência por si só, mas afigura-se razoável apenas quando e na medida em que a incoerência, a contradição aos próprios atos, possa violar expectativas despertadas em outrem e assim causar-lhes prejuízos. Mais que contra a simples coerência, atenta o venire contra factum proprium à confiança despertada na outra parte, ou em terceiros, de que o sentido objetivo daquele comportamento inicial seria mantido, e não contrariado."*

[12] Sobre a tripartição funcional da boa-fé objetiva, inspirada nas funções do direito pretoriano romano, ver Franz Wieacker, *El principio general de la buena fe*, Madrid: Civitas, 1986, p. 50.

exercício de direitos – positivada, entre nós, no artigo 187 do Código Civil[13] e coligada à construção mais tradicional do chamado abuso do direito.[14]

De fato, o comportamento contraditório é, em essência, um comportamento abusivo, no sentido de que exprimir um exercício de liberdade que, embora aparentemente lícito, se torna ilícito ou inadmissível justamente por lesar quem legitimamente confiou em um comportamento anterior que apontava em dado sentido. É preciso, contudo, que a proibição de comportamento contraditório seja aplicada com rigor, a partir da identificação precisa do significado destes pressupostos: o que é, afinal, confiar legitimamente? Quando um comportamento pode, de fato, suscitar essa confiança? Como aferir, na prática, a contradição? São perguntas que o domínio técnico dos pressupostos de aplicação da proibição de comportamento contraditório deve responder.

3. PRESSUPOSTOS DE APLICAÇÃO DA PROIBIÇÃO DE COMPORTAMENTO CONTRADITÓRIO

Pressupostos de aplicação de um comando jurídico, qualquer que seja, são os componentes da situação fática sobre a qual tal comando incide. Para definir de forma correta tais pressupostos não basta ter em mente a proposição normativa ou a estrutura pela qual o comando se expressa, mas é preciso levar em conta também, e principalmente, a sua função.[15] A função do *nemo potest venire contra factum proprium* é, como já visto, tutelar a legítima confiança alheia. Esta função informa, conforma e delimita os pressupostos de aplicação da proibição de comportamento contraditório, que são quatro: (i) um *factum proprium*, isto é, uma conduta inicial; (ii) a legítima confiança de outrem na conservação do sentido objetivo desta conduta; (iii) um comportamento contraditório com este sentido objetivo (e, por isto mesmo, violador da confiança); e, finalmente, (iv) um dano ou ameaça de dano que derive da contradição.[16]

O primeiro pressuposto do *nemo potest venire contra factum proprium* é justamente o *factum proprium*, ou seja, a conduta, o comportamento, o ato inicial. O *factum proprium* é, por definição, uma conduta originariamente *não vinculante*. Isso porque contrariar um comportamento a que o próprio direito positivo atribui força vinculante (*e.g.*, um contrato ou um negócio jurídico unilateral) já é vedado pelo próprio sistema jurídico (responsabilidade obrigacional). Em tais casos, a invocação da confiança é desnecessária.[17]

---

[13] *"Art. 187. Também comete ato ilícito o titular de um direito que, ao exercê-lo, excede manifestamente os limites impostos pelo seu fim econômico ou social, pela boa-fé ou pelos bons costumes."*

[14] Para a evolução histórica das diversas teorias sobre o abuso do direito, confira-se Heloísa Carpena, *Abuso do Direito nos Contratos de Consumo*, Rio de Janeiro: Renovar, 2001, pp. 37-70.

[15] Sobre a relação entre proposições e suas funções, ver, por todos, Norberto Bobbio, *Teoria generale del diritto*, Torino: G. Giappichelli Ed., 1993, especialmente pp. 50-54.

[16] Anderson Schreiber, *A Proibição de Comportamento Contraditório*, cit., p. 86.

[17] Na explicação sempre clara e precisa de João Baptista Machado, *Tutela da confiança e venire contra factum proprium. Obra dispersa*, Braga: Scientia Iuridica, 1991, pp. 358-359: *"(...) a autovinculação geradora das expectativas de facto que o direito tutela (tutela da confiança) tem para o direito uma mera relevância de facto; ao passo que a vinculação assumida por negócio jurídico válido é recebida, incorporada pelo direito com o valor de uma vinculação ou 'norma'. Deste modo, embora o direito reconheça e tutele esta última vinculação, não é rigoroso dizer-se que, ao fazê-lo, o direito está a tutelar a confiança que o promissário tem na promessa que lhe foi feita – mas antes que o direito tutela o que é de direito. Mais, perante a vinculação resultante de um negócio jurídico válido, não faz sequer sentido a quesitação empírica destinada a saber se o promissário efectivamente confiou na promessa. A resposta a esta questão não interessa: o credor tem o direito a confiar, mesmo que de facto o devedor lhe não mereça confiança."*

O *factum proprium* deve ser, portanto, um comportamento ao qual o direito positivo normalmente não atribui efeitos vinculantes. Torna-se posteriormente vinculante apenas porque e na medida em que, despertando a legítima confiança de outrem, atrai a incidência da proibição de comportamento contraditório e impõe a conservação do seu sentido objetivo. E é justamente nisto que reside um dos principais atrativos do *nemo potest venire contra factum proprium*: sua aptidão a tutelar situações que eram, antes, mantidas à margem do direito positivo, relegadas a uma pretensa categoria de "*atos juridicamente irrelevantes*" ou "*situações meramente de fato*". Protegendo a confiança despertada por comportamentos não contemplados em lei, a proibição de comportamento contraditório diminui a incerteza e a insegurança que caracterizam as relações sociais no mundo atual, baseadas em um conjunto técnico e normativo cada vez mais complexo, dinâmico e, por isso mesmo, inacessível à maioria das pessoas.

Para que se aplique a proibição do comportamento contraditório é preciso, ainda, que o *factum proprium* desperte em outrem uma legítima confiança na conservação do seu sentido objetivo.[18] Cumpre notar que a confiança que se perquire não é um estado psicológico, subjetivo ou íntimo daquele sobre quem repercute o comportamento inicial. A confiança deve ser, aqui, compreendia em sentido objetivo: como adesão concreta ao significado exterior do *factum proprium*. São indícios desta adesão: (i) a efetivação de gastos e despesas motivadas pelo *factum proprium*, (ii) a divulgação pública das expectativas depositadas, (iii) a adoção de medidas ou a abstenção de atos a partir do comportamento inicial, e assim por diante. A confiança deve, ainda, ser *legítima*, o que implica a inexistência de norma legal ou contratual que autorize expressamente a contradição. Em outras palavras, a ressalva expressa de possibilidade de contradição por quem pratica o comportamento exclui, a princípio, a legitimidade da confiança.[19]

Como se vê, o *nemo potest venire contra factum proprium* não tutela a confiança do deslumbrado, nem serve a proteger elucubrações ou fantasias que venham a se frustrar por conta de uma mudança de atitude. Há que se perquirir uma confiança legítima e objetivamente extraída do *factum proprium*. A proibição de comportamento contraditório é um tema apaixonante, mas não protege os romantismos. Seu campo de atuação são os fatos.

Terceiro pressuposto de aplicação do *nemo potest venire contra factum proprium* é o exercício de um comportamento contrário ao comportamento inicial. A contradição que se exige, aqui, é a incompatibilidade objetiva entre os dois comportamentos.[20] Tal contradição, note-se, não é aferida em um exame estritamente lógico, mesmo porque dois comportamentos podem ser – e,

---

[18] Como esclarece Harm Peter Westermann, *Código Civil alemão – direito das obrigações*, Porto Alegre: Fabris, 1983, p. 46: "*O exercício de direitos infringe a boa-fé especialmente quando o legitimado, por uma conduta que lhe é imputável, despertou a impressão de que o obrigado poderia se acomodar a uma situação jurídica diferente (venire contra factum proprium): o devedor argúi a exceção de prescrição depois que o credor desistiu da ação judicial, face à observação daquele de que um comerciante de sua categoria sempre paga suas dívidas.*"

[19] A doutrina estrangeira tem mesmo associado a questão da legitimidade da confiança à ausência de pré-aviso (em sentido amplo) da mudança de comportamento. Confira-se Sylvia Calmes, *Du principe de protection de la confiance légitime en droits allemand, communautaire et français*, Paris: Dalloz, 2001, p. 375, para quem "*la confiance de l'intéressé doit être légitime, ce qui est le cas d'une part lorsque le changement produit était imprévisible pour les intéressés, c'est-à-dire lorsqu'il n'a pas été annoncé par un préavis – entendu au sens large du terme*".

[20] Nas palavras de Diez-Picazo, *La doctrina de los propios actos – un estudio crítico sobre la jurisprudencia del Tribunal Supremo*, Barcelona: Bosch, 1963, p. 230, a contradição deve se dar entre "*el sentido objetivo de la conducta anterior*" e o "*resultado empírico buscado*" com o comportamento posterior.

de fato, muitas vezes são – contraditórios sob um aspecto, mas coerentes sob outro. O que se deve analisar é a contradição entre (a) o sentido objetivo da conduta inicial, à luz da confiança que se alega objetivamente despertada por quem invoca o *nemo potest venire contra factum proprium*, e (b) o sentido objetivo da conduta posterior (ou seja, do resultado a que tal conduta se dirige), à vista da mesma confiança. Para haver a incidência da proibição, a contradição deve gerar *ipso facto* a ruptura da confiança.

O derradeiro pressuposto para a incidência da proibição de comportamento contraditório é o dano, efetivo ou potencial (ameaça de dano), de ordem patrimonial ou moral, que decorre da contradição à conduta inicial.[21] A exigência deste pressuposto confirma que o *nemo potest venire contra factum proprium* não visa a proteger a coerência, mas sim a confiança, evitando não a mudança de atitude em si, mas apenas aquela alteração de comportamento que gere um injusto prejuízo a quem havia confiado no agir inicial.

4. CONSEQUÊNCIAS DA APLICAÇÃO DA PROIBIÇÃO DE COMPORTAMENTO CONTRADITÓRIO

A incidência do princípio de proibição ao comportamento contraditório tem como consequência principal impedir o exercício da conduta contraditória (efeito obstativo). Como modalidade de abuso do direito por violação à boa-fé objetiva (Código Civil, art. 187), o *venire contra factum proprium* deve ser prontamente obstado, prevenindo a produção de danos – o que é mais eficaz que simplesmente repará-los *a posteriori*.[22]

Entretanto, a paralisação da conduta contraditória nem sempre é possível. A iniciativa do titular da legítima confiança e a própria tutela judicial de sua expectativa nem sempre chegam a tempo de obstar o exercício da conduta incoerente. O *venire contra factum proprium* produz, nestes casos, um outro efeito: a deflagração da pretensão reparatória do dano sofrido, nos exatos termos do artigo 927, *caput*, do Código Civil, segundo o qual *"aquele que, por ato ilícito (arts. 186 e 187), causar dano a outrem, fica obrigado a repará-lo."*

Compreendidos estes dois efeitos do *nemo potest venire contra factum proprium* (efeito obstativo e efeito reparatório), é de se perguntar ainda se é possível, na hipótese de ter sido já praticada a conduta contraditória e superada, portanto, a via da sua prévia paralisação, pleitear-se, ao lado da reparação, o desfazimento da conduta que contradiz a conduta inicial (efeito desconstitutivo). O desfazimento do comportamento contraditório (*rectius*: do seu resultado concreto) consiste, a rigor, em uma das muitas formas de reparar o dano causado àquele que teve frustrada a sua legítima confiança. O direito contemporâneo, na sua tendência de privilegiar a real satisfação dos interesses em conflito, aceita e estimula o retorno mais pleno possível ao *status quo ante*. É de se admitir, portanto, o desfazimento do resultado concreto do *venire contra factum proprium*, respeitados, naturalmente, os direitos de terceiros.[23]

---

[21] O mesmo ocorre com a tutela da confiança como um todo: *"Do ponto de vista estrito do direito, parece-nos que a tutela da confiança só tem razão de ser quando a conduta contrária à fides causar ou for susceptível de causar danos a outrem. O dano, o dano actual ou o dano eventual, será pois um elemento indispensável para que se verifique uma hipótese de responsabilidade pela confiança"* (João Baptista Machado, *Tutela da confiança e venire contra factum proprium*, cit., p. 365).

[22] Anderson Schreiber, *Novos Paradigmas da Responsabilidade Civil: da erosão dos filtros da reparação à diluição dos danos*, São Paulo: Atlas, 2015, pp. 227-230.

[23] Para mais detalhes, seja consentido remeter a Anderson Schreiber, *A Proibição de Comportamento Contraditório*, cit., pp. 110-112.

5. A PROIBIÇÃO DE COMPORTAMENTO CONTRADITÓRIO NA JURISPRUDÊNCIA MAIS RECENTE

Um breve exame da mais recente jurisprudência do Superior Tribunal de Justiça confirma a inegável utilidade do *nemo potest venire contra factum proprium* no direito brasileiro contemporâneo. A Terceira Turma do STJ, por exemplo, examinou, neste ano de 2021, instigante caso em que se discutia a validade de contrato de franquia desportiva, cuja minuta de instrumento contratual fora enviado pela franqueadora à franqueada para assinatura. A franqueada, embora sem ter assinado referido instrumento, deu início à execução contratual, participando do treinamento oferecido pela franqueadora, utilizando a marca da franqueadora e instalando estabelecimento comercial de acordo com os termos da minuta de contrato. Ajuizada ação de resolução contratual pela franqueadora com fundamento no inadimplemento contratual pela franqueada, esta última se defendeu alegando a nulidade do contrato por violação ao artigo 6º da Lei 8.955/1994, que exigia a assinatura do contrato de franquia na presença de duas testemunhas.[24] Os Ministros integrantes da Terceira Turma concluíram, por unanimidade, que, ao impugnar a validade de contrato ao qual vinha voluntariamente dado cumprimento, a franqueada incorreu em comportamento contraditório (*venire contra factum proprium*), a obstar a alegação de nulidade:

> "*No particular, a franqueadora (recorrida) enviou à franqueada (recorrente) o instrumento contratual de franquia. Esta, repise-se, embora não tenha assinado e restituído o documento àquela, colocou em prática os termos contratados, tendo recebido treinamento da recorrida, utilizado a sua marca e instalado as franquias. Inclusive, pagou à franqueadora as contraprestações estabelecidas no contrato. Posteriormente, todavia, a franqueadora constatou descumprimento de disposições pactuadas e, então, ajuizou a presente demanda visando a obter a resolução da avença e a condenação da franqueada ao pagamento de indenização por perdas e danos, além da multa contratual por violação da cláusula de não concorrência. Em sua defesa, dentre outros argumentos, a ora recorrente invocou a nulidade do contrato de franquia pela ausência de assinatura do instrumento negocial. Nesse panorama, tem-se que o comportamento adotado em juízo pela recorrente – alegação de nulidade por vício formal – é manifestamente contraditório com a conduta praticada anteriormente, consistente na execução dos termos contratados. (...) Portanto, a prática de conduta contraditória desleal pela recorrente tem força para impedir a alegação de nulidade do contrato de franquia pela inobservância da forma preconizada no art. 6º da Lei 8.955/94.*"[25]

Registre-se que a questão relativa à possibilidade ou não de aplicação do *nemo potest venire contra factum proprium* para impedir a impugnação de negócio jurídico nulo consiste é objeto de intensa controvérsia na doutrina estrangeira. Isso porque, nos casos de nulidade absoluta, costuma-se argumentar que a presença de "*interesse público*", de natureza cogente, afastaria a incidência

---

[24] "*Art. 6º O contrato de franquia deve ser sempre escrito e assinado na presença de 2 (duas) testemunhas e terá validade independentemente de ser levado a registro perante cartório ou órgão público.*". No momento em que as partes contrataram, os contratos de franquia eram regidos pela Lei 8.955/94. Essa lei foi recentemente revogada pela Lei 13.966/2019, que entrou em vigor no dia 26 de março de 2020. No entanto, em respeito ao ato jurídico perfeito, o julgamento se deu em observância à legislação anterior (art. 6º da LINDB).

[25] STJ, 3ª Turma, REsp 1.881.149/DF, rel. Min. Nancy Andrighi, j. 1.6.2021.

da proibição de comportamento contraditório.[26] Ocorre, todavia, que também a proibição de comportamento contraditório exprime um comando jurídico de natureza cogente, consubstanciado na tutela da legítima confiança e na proteção à boa-fé objetiva, que radicam, em última análise, na concretização do valor constitucional da solidariedade social (Constituição, art. 3º, I). Nesse contexto, a tese segundo a qual a proibição do comportamento contraditório não se sujeitaria a ponderações com as regras relativas às nulidades absolutas afigura-se, tecnicamente, falha, porque parte da premissa ultrapassada de que ordem pública e autonomia privada são campos opostos e apartados.[27] O melhor entendimento nesta matéria é de que a efetiva incidência da proibição de comportamento contraditório fica a depender da ponderação, em concreto, entre o interesse público existente por trás da nulidade e o interesse, também público, na tutela da confiança e da solidariedade social.[28]

Outra questão delicada já examinada pelo Superior Tribunal de Justiça consiste em determinar se a proibição de comportamento contraditório pode ser aplicada para impedir a alegação de impenhorabilidade de bem de família que tenha sido previamente dado como garantia de uma obrigação ou oferecido à penhora pelo próprio devedor. Aqui também se exige, a rigor, o recurso à ponderação entre, de um lado, a tutela da confiança, e, de outro lado, o direito fundamental à moradia, atualmente positivado no artigo 6º da Constituição.[29] Ambas as Turmas integrantes da Segunda Seção, competente para o julgamento de questões de direito privado, já tiveram a oportunidade de se manifestar sobre o tema, concluindo pelo afastamento da impenhorabilidade do bem de família diante do comportamento contraditório do devedor:

> *"Desse modo, considerando que, no caso dos autos, o acordo de vontades foi validamente firmado e, ainda, que inexistente prova de vícios de consentimento, penso não haver lastro para excluir os efeitos do pacta sunt servanda sobre o contrato acessório de alienação fiduciária em garantia. Por conseguinte, malgrado seja o imóvel, cuja propriedade está sendo transferida ao credor fiduciário, o único de domínio das recorrentes, constituindo bem de família, não vislumbro razões para permitir sua intangibilidade. , sendo as recorrentes pessoas dotadas de capacidade civil, que livremente optaram por dar seu único imóvel, residencial, em garantia a um contrato de mútuo favorecedor de pessoa*

---

[26] Esta posição encontra-se já sedimentada em um dos textos mais antigos sobre o tema no Brasil, publicado no volume inaugural da Revista da Faculdade de Direito de São Paulo: Aureliano de Souza e Oliveira Coutinho, *Quando se pode contravir o próprio fato?*, in *Revista da Faculdade de Direito de São Paulo*, n. 1, 1893, p. 39, em que se lê: "*Como se vê, autorizados praxistas estão acordes em admitir que o autor do ato absolutamente nulo possa impugná-lo quando a respectiva nulidade tiver sido decretada em favor do público ou em favor do próprio autor do ato inválido."*

[27] Sobre a subordinação da autonomia privada à concretização de interesses sociais, ver Gustavo Tepedino, *Premissas metodológicas para a constitucionalização do direito civil*, in *Temas de Direito Civil*, Rio de Janeiro: Renovar, 2008, pp. 1-23. Sobre o reconhecimento da inclusão da boa-fé objetiva no âmbito da ordem pública brasileira, ver Antonio Junqueira de Azevedo, *A boa-fé na formação dos contratos*, in *Revista do Tribunal de Justiça do Estado do Pará*, v. 36, n. 57, 1992, p. 14: "*São ilícitos como contrários à lei os atos contrários aos bons costumes e à ordem pública; as convenções ou cláusulas que visem eliminar ou diminuir a boa-fé estão nesse caso."*

[28] Para um exame mais detalhado da questão, seja consentido remeter a Anderson Schreiber, *A Proibição de Comportamento Contraditório*, cit., pp. 179-187.

[29] "*Art. 6º São direitos sociais a educação, a saúde, a alimentação, o trabalho, a moradia, o transporte, o lazer, a segurança, a previdência social, a proteção à maternidade e à infância, a assistência aos desamparados, na forma desta Constituição."*

diversa, empresa jurídica da qual uma das recorrentes é única sócia, tenho que não lhes é permitido contrariar seu comportamento anterior pretendendo alijar a garantia no momento em que deixaram de adimplir o débito. É que, como se sabe, a boa-fé contratual é cláusula geral imposta pelo Código Civil, que impõe aos contratantes o dever de honrar com o pactuado e cumprir com as expectativas anteriormente criadas pela sua própria conduta."[30]

"*A questão da proteção indiscriminada do bem de família ganha, contudo, novas luzes quando confrontada com condutas que vão de encontro à própria ética e à boa-fé, que devem permear todas as relações negociais. Afinal, não se pode olvidar da máxima de que a nenhum é dado beneficiar-se de sua própria torpeza, isto é, não pode o devedor ofertar bem em garantia que é sabidamente residência familiar para, posteriormente, vir a informar que tal garantia não encontra respaldo legal, pugnando pela sua exclusão. A corroborar com tal raciocínio, tem-se também a vedação ao comportamento contraditório (venire contra factum proprium). Este entendimento conduz à conclusão de que, mesmo sendo impenhorável o bem de família, ainda que indicado à penhora pelo próprio devedor, não há que ser a mesma anulada em caso de má-fé calcada em comportamentos contraditórios deste. (...) Tem-se, assim, a ponderação da proteção irrestrita ao bem de família, tendo em vista a necessidade de se vedar, também, as atitudes que atentem contra a boa-fé e a eticidade, ínsitas às relações negociais.*"[31]

Outro aspecto que merece destaque no tocante à aplicação do *nemo potest venire contra factum proprium* pelo Superior Tribunal de Justiça é a sua extensão aos mais diversos ramos do direito, transcendendo o seu campo de incidência original (direito obrigacional). Não são incomuns, por exemplo, acórdãos sobre matéria processual penal reprimindo o comportamento contraditório de partes que, após aquiescerem com a prática de determinado ato processual (como a citação por meio do aplicativo de mensagens ou a realização de produção antecipada de prova), vêm a se insurgir contra este mesmo ato, alegando alguma nulidade.[32] Já na seara do direito administrativo,

---

[30]   STJ, 4ª Turma, REsp 1.559.348/DF, rel. Min. Luis Felipe Salomão, j. 18.6.2019. Merece destaque, no entanto, o voto vencido do Ministro Raul Araújo, favorável à prevalência da garantia do bem de família: "*tenho sempre me posicionado pela prevalência da disposição legal que, a meu ver, coloca fora do comércio o bem de família. O legislador, ao proteger essa instituição, o bem de família, o faz, a meu ver, muito mais voltado para o aspecto da fragilidade momentânea da pessoa, quando tomadora de empréstimo junto a instituições financeira. Nessa ocasião, oferece aquilo que jamais poderia comprometer não fosse aquele desespero momentâneo. Quem tem de compreender, ter a frieza e o profissionalismo de não aceitar esses bens como garantia, a meu ver, são os bancos, são as instituições credoras. Elas têm de perceber que, tratando-se de um bem de família, não lhe serve como garantia e aí não concede o crédito, o empréstimo, salvo nas estritas hipóteses previstas como exceção na própria lei.*"

[31]   STJ, 3ª Turma, REsp 1.782.227/PR, rel. Min. Nancy Andrighi, j. 27.8.2019.

[32]   Confira-se, nesse sentido, STJ, 5ª Turma, RHC 140.752/DF, rel. Min. Reynaldo Soares da Fonseca, j. 9.3.2021: "*Por meio deste recurso, busca-se provimento judicial favorável à anulação da citação realizada por meio de aplicativo de troca de mensagens instantâneas por telefone celular (WhatsApp). (...) De mais a mais, o comportamento do acusado, neste caso, viola a proibição do venire contra factum proprium, materializado no fato de, em um primeiro momento, o acusado ter concordado com a realização do ato processual para, em seguida, questionar a forma em que a citação se aperfeiçoou.*" Na mesma direção, STJ, 5ª Turma, AgRg no RHC 101.881/SP, rel. Min. Reynaldo Soares da Fonseca, j. 12.5.2020: "*Se o recorrente concordou, anteriormente, com a produção da prova, sua mudança de*

acórdão prolatado pela Segunda Turma do STJ reconheceu o comportamento contraditório da Administração Pública Federal ao, primeiramente, conceder aos servidores públicos do Estado de Pernambuco dispensa do comparecimento ao trabalho em razão de ponto facultativo decorrente de jogo da Copa do Mundo de Futebol de 2014 realizado no estádio Arena Pernambuco e, posteriormente, exigir dos servidores a reposição do serviço.[33]

Todas estas decisões contribuem para a confirmação do papel central desempenhado atualmente pela proibição de comportamento contraditório, no âmbito da construção de um ambiente jurídico efetivamente comprometido com a proteção da confiança e com a conservação das legítimas expectativas.

---

opinião a respeito do assunto constitui afronta ao princípio da boa-fé processual e impede o reconhecimento de nulidade, em virtude do brocardo jurídico 'nemo potest venire contra factum proprium', que veda o comportamento contraditório."

[33] *"Com efeito, mostra-se desarrazoado por parte da Administração Publica após a edição do ato conferindo aos servidores o não comparecimento ao trabalho em razão do ponto facultativo, a reposição dos dias 20, 23 e 26 de junho de 2014, revelando-se em comportamento contraditório (venire contra factum proprium), porquanto, a situação encontrava-se consolidada no tempo."* (STJ, 2ª Turma, REsp 1.629.888/PE, rel Min. Mauro Campbell Marques, j. 8.2.2018).

4

MARCHAS E CONTRAMARCHAS DAS LIMITAÇÕES AOS DIREITOS DO AUTOR

BRUNO LEWICKI

"O alvissareiro cenário, todavia, não se afirma sem reações."
(Gustavo Tepedino)[1]

Sumário: 1. Rua da Assembleia. 2. O dado normativo em vigor e o desprezo pelas limitações. 3. Cenário alvissareiro ou "imobilismo em movimento"? 4. E no entanto, a jurisprudência se move (para todos os lados). 5. Uma aventura generosa, mas sempre interrompida.

1. RUA DA ASSEMBLEIA

O cenário e o figurino denotavam formalidade: dois advogados de terno e gravata reunindo-se em um escritório na Rua da Assembleia, no escaldante Centro do Rio de Janeiro. A ocasião poderia revestir-se de maior gravidade ainda porque não se tratava de um encontro normal de trabalho, mas da primeira reunião de orientação de um projeto de doutorado que não se revestia, exatamente, de clareza solar.[2]

---

[1] Gustavo Tepedino, Que direito Civil? In: *Revista Trimestral de Direito Civil*, Rio de Janeiro, ano 1, vol. 1, jan-mar 2000, p. iii.

[2] Seu texto neste livro é dedicado a Marcos Souza, gestor público que, em mais de uma passagem pelo Ministério da Cultura, comandou as discussões sobre a reforma da lei autoral brasileira com sabedoria política, determinação férrea, e uma vontade de ensinar apenas comparável ao seu desejo de aprender. Essa história ainda não terminou, e torço para que Marcos, e outros servidores como ele, a continuem.

Mas o dever da honestidade intelectual me obriga a esclarecer que eu – o orientando – não tinha motivo algum para me sentir intimidado. Pelo contrário, antes mesmo dele ser meu orientador, a generosidade de Gustavo Tepedino já me fizera participar de diversos projetos acadêmicos capitaneados por ele: livros, cursos e a *Revista Trimestral de Direito Civil*. Talvez por isso mesmo, naquela tarde, eu tenha ficado à vontade para compartilhar os imberbes planos para minha tese sobre as limitações aos direitos do autor. Em suma, eu pensava, seria uma aguda crítica à insuficiência da lei vigente para dar conta dos desafios do novo século – e um esboço daquilo que deveria ser posto em seu lugar. Mas aguda, mesmo, foi a reação que ouvi:

– Você continua doutorando, não é? Que eu saiba, não se elegeu deputado ou senador, ainda...

A frase exata dele deve ter sido um tanto mais polida. Tepedino sempre teve um cuidado de alfaiate italiano com as palavras, escritas ou faladas. Mas minha imediata percepção de que eu estava dizendo bobagens afetou, justificadamente, a capacidade de memorização daquele momento. Sua intervenção seguinte, no entanto, eu lembro muito bem, porque a ela me agarrei como verdadeira boia que me salvaria do afogamento epistemológico pelo resto do doutorado:

– Será que a lei atual é tão ruim assim? E ainda que seja, seu dever como pesquisador é esgotar as possibilidades interpretativas do dado normativo em vigor...

2. O DADO NORMATIVO EM VIGOR E O DESPREZO PELAS LIMITAÇÕES

Saí daquela reunião tomado por um sentimento paradoxal, que demanda algumas explicações. Meu encantamento pelo direito autoral precedia a epifania que tive ao ouvir o professor Pietro Perlingieri, mestre de Tepedino, em conferência sobre a constitucionalização do direito civil no salão nobre da Faculdade de Direito da UERJ, em agosto de 1998. Até ali, porém, o interesse pelo direito autoral devia-se mais ao relativo fascínio despertado pelos temas daquelas discussões – as obras musicais, literárias e artísticas – comparados ao objeto da advocacia que eu incipientemente praticava (não citarei exemplos para não alimentar cizânias). Mas nos anos seguintes, à medida que eu aprofundava tanto meu estudo de direito autoral quanto meu mergulho na metodologia civil-constitucional, dois "estalos" me levaram a escolher as limitações aos direitos do autor como tema para o doutorado.

O primeiro foi a percepção de que poucos ramos do direito – especialmente no Brasil – poderiam oferecer uma oportunidade tão bem-acabada para serem revistos quanto o direito autoral. E um dos textos que me ajudou a entender essa desatualização da lei autoralista foi a publicação da aula inaugural do ano acadêmico de 1992, que marcaria o início da cátedra de Tepedino na UERJ: "Premissas Metodológicas para a Constitucionalização do Direito Civil". Nesse manifesto, Tepedino discorreu sobre a "vocação expansionista da legislação especial"[3] – leis que "disciplinam exaustivamente inteiras matérias extraídas da incidência do Código Civil" – e cuja primeira característica, "uma alteração profunda na técnica legislativa", é o fato de serem leis "que definem objetivos concretos; uma legislação de objetivos, que vai muito além da simples garantia de regras estáveis para os negócios".[4]

Como exemplo dessas novas leis, todas posteriores à Constituição de 1988, Tepedino menciona o Código de Defesa do Consumidor, o Estatuto da Criança e do Adolescente e a Lei de Locações. Não poderia, claro, ainda no início dos anos 90, falar da Lei dos Direitos Autorais

---

[3] Gustavo Tepedino, Premissas metodológicas para a constitucionalização do direito civil. In: Gustavo Tepedino, *Temas de direito civil*, Rio de Janeiro: Renovar, 1999, p. 6.

[4] Ibidem, pp. 8-9.

de 1998 – mas ainda que ele escrevesse hoje, o silêncio eloquente seguiria sendo a saída indicada. A Lei nº 9.610 de 1998, ao reciclar sua antecessora, a Lei nº 5.988 de 1973, fez questão de ignorar todas as técnicas legislativas (então inovadoras no Brasil) elencadas por Tepedino, tais como o uso de princípios e cláusulas gerais e a já citada fixação de diretrizes programáticas. Sequer registrava-se na Lei nº 9.610/98 a "alteração radical na linguagem, [...] menos jurídica e mais setorial", atendendo a "exigências específicas, ora atinentes a questões da informática, ora relacionadas a inovações tecnológicas", que Tepedino caracterizava como típicas dessas novas leis.[5] Essas novas discussões seriam tangenciadas em outro texto que se optou por promulgar no mesmo dia da Lei nº 9.610 – e com numeração imediatamente anterior – a chamada Lei do Software, sobre a proteção da propriedade intelectual dos programas de computador. Se, por um lado, com esse gesto o legislador demonstrou capacidade de atualização, por outro é como se dissesse, com relação à Lei dos Direitos Autorais propriamente dita, que não havia necessidade de maiores modernizações. Mais do que uma questão de técnica legislativa, essa opção traduzia um modo excessivamente respeitoso de ver as coisas. Afinal, como eu viria a escrever (olhando em retrospecto, de modo mais rocambólico que o necessário) em minha tese de doutorado, defendendo a necessidade de enfim se reconhecer a historicidade do direito autoral, bem como a necessidade de sua funcionalização e relativização:

> [...] as dificuldades que cercam qualquer tentativa de releitura do direito autoral são ainda maiores do que em outros ramos por conta do 'fervor religioso' e dos 'argumentos teológicos' que o caracterizam. Se a comparação pode ser transposta para qualquer ordenamento moderno, ela é particularmente acurada caso a situemos no contexto brasileiro atual. Isto porque, como já se frisou, o direito autoral segue sendo visto por parte relevante da doutrina e da jurisprudência como um campo até certo ponto infenso às sensíveis e inegáveis mudanças que vêm sendo registradas no restante do direito privado [...] Mais que anacrônica, a situação é paradoxal: nenhum ramo do direito privado sofreu de forma tão intensa os novos influxos da tecnologia, e poucos continuam tão atados às suas origens.[6]

Já o segundo estalo, acessório dessa primeira percepção da falta de atualidade do ramo, foi o entendimento de que dentro das fronteiras do direito autoral nenhum tema era tão propício para servir de ponto de partida para sua revisão, como um todo, quanto as limitações aos direitos do autor – que eu viria a conceituar como "as hipóteses em que o ordenamento reconhece como legítima uma conduta que, inversamente, poderia ser considerada infringente a partir de uma interpretação puramente literal e 'estática' dos direitos atribuídos, pela mesma lei, aos autores de obras intelectuais".[7] Entre outros motivos pelos quais as limitações tanto se prestavam a tal tarefa, o mais nítido deles é que era raro encontrar na nossa legislação uma previsão tão explícita (ainda que pouco aproveitada) da necessidade de convivência, por assim dizer, dos interesses proprietários com os interesses não-proprietários. Um diploma, enfim, que ainda era visto como uma apoteose da concessão de direitos subjetivos aos titulares de direitos autorais (os criadores, em

---

[5]   Ibidem, p. 9.

[6]   Seja consentido remeter – como diria Gustavo Tepedino – a Bruno Costa Lewicki, *Limitações aos direitos do autor*: Releitura na perspectiva do direito civil contemporâneo. Tese de doutorado, Universidade do Estado do Rio de Janeiro, 2007, pp. 33-5. As excepcionais referências ao "fervor religioso" e aos "argumentos teológicos" são emprestadas de Barbara Ringer, primeira mulher a comandar o sistema de registro de direitos autorais nos Estados Unidos, na década de 1970.

[7]   Ibidem, p. 1.

princípio – mas no mais das vezes, a indústria cultural, por força de cessões de direitos) mas que trazia, em seu próprio corpo, um capítulo que obrigava, em algumas circunstâncias, a subjugação desses interesses àqueles dos usuários das obras.

Em suma, daí a confusão de sentimentos que me assaltou, quando voltei ao confortável tumulto da Rua da Assembleia. A fagulha intelectual que me levou a escolher aquele tema era justamente seu anacronismo, e o imperativo de modernizá-lo. E o caminho para essa atualização, para mim, era relativamente claro: não só precisávamos de mais limitações, mas também de uma cláusula geral – e havia, talvez, um modelo a ser estudado (e, em alguma medida, tropicalizado) no instituto norte-americano do *fair use*. Mas agora, em vez de simplesmente pontificar novidades, qual arauto que viu a luz, eu teria que enfrentar, de fato, o tema. Espremê-lo, mesmo; tentar construir algo bom a partir de uma matéria-prima que eu julgava ser de qualidade discutível, a saber, os artigos 46, 47 e 48 da Lei nº 9.610/98[8], que pouco inovaram quanto às limitações já trazidas no diploma que a antecedeu em 25 anos.

---

[8]   Art. 46. Não constitui ofensa aos direitos autorais:

I – a reprodução:

a) na imprensa diária ou periódica, de notícia ou de artigo informativo, publicado em diários ou periódicos, com a menção do nome do autor, se assinados, e da publicação de onde foram transcritos;

b) em diários ou periódicos, de discursos pronunciados em reuniões públicas de qualquer natureza;

c) de retratos, ou de outra forma de representação da imagem, feitos sob encomenda, quando realizada pelo proprietário do objeto encomendado, não havendo a oposição da pessoa neles representada ou de seus herdeiros;

d) de obras literárias, artísticas ou científicas, para uso exclusivo de deficientes visuais, sempre que a reprodução, sem fins comerciais, seja feita mediante o sistema Braille ou outro procedimento em qualquer suporte para esses destinatários;

II – a reprodução, em um só exemplar de pequenos trechos, para uso privado do copista, desde que feita por este, sem intuito de lucro;

III – a citação em livros, jornais, revistas ou qualquer outro meio de comunicação, de passagens de qualquer obra, para fins de estudo, crítica ou polêmica, na medida justificada para o fim a atingir, indicando-se o nome do autor e a origem da obra;

IV – o apanhado de lições em estabelecimentos de ensino por aqueles a quem elas se dirigem, vedada sua publicação, integral ou parcial, sem autorização prévia e expressa de quem as ministrou;

V – a utilização de obras literárias, artísticas ou científicas, fonogramas e transmissão de rádio e televisão em estabelecimentos comerciais, exclusivamente para demonstração à clientela, desde que esses estabelecimentos comercializem os suportes ou equipamentos que permitam a sua utilização;

VI – a representação teatral e a execução musical, quando realizadas no recesso familiar ou, para fins exclusivamente didáticos, nos estabelecimentos de ensino, não havendo em qualquer caso intuito de lucro;

VII – a utilização de obras literárias, artísticas ou científicas para produzir prova judiciária ou administrativa;

VIII – a reprodução, em quaisquer obras, de pequenos trechos de obras preexistentes, de qualquer natureza, ou de obra integral, quando de artes plásticas, sempre que a reprodução em si não seja o objetivo principal da obra nova e que não prejudique a exploração normal da obra reproduzida nem cause um prejuízo injustificado aos legítimos interesses dos autores.

Art. 47. São livres as paráfrases e paródias que não forem verdadeiras reproduções da obra originária nem lhe implicarem descrédito.

Art. 48. As obras situadas permanentemente em logradouros públicos podem ser representadas livremente, por meio de pinturas, desenhos, fotografias e procedimentos audiovisuais.

PROBLEMAS DE DIREITO CIVIL – *Homenagem aos 30 anos de cátedra do professor Gustavo Tepedino*

E as duas maiores inovações em relação à Lei nº 5.988 de 1973 dão bem a tônica de como as limitações no Brasil sempre avançam (quando muito) por marchas e contramarchas:

- *Um passo à frente* foi aquilo que Mariana Giorgetti Valente, em obra de fôlego sobre a história da lei aprovada em 1998, chama de "mudança ocorrida quanto à regra flexível", ampliada, no inciso VIII do art. 46, para prever que "[n]ão constitui ofensa aos direitos do autor a reprodução, em quaisquer obras, de pequenos trechos de obras preexistentes, de qualquer natureza, ou de obra integral, quando de artes plásticas, sempre que a reprodução em si não seja o objetivo principal da obra nova e que não prejudique a exploração normal da obra reproduzida nem cause um prejuízo injustificado aos legítimos interesses dos autores".[9] Valente aponta como origem da mudança – cuja linguagem foi visivelmente inspirada pelo "Teste dos Três Passos" da Convenção de Berna – curiosa reivindicação da Federação Latino-Americana de Produtores de Fonogramas e Videofonogramas (FLAPF). Tal sugestão teria ocorrido "em vista de uma série de circunstâncias da vida prática", tais como "cenário de novela em que aparece um quadro que se enquadra no conceito de *fair use* ou 'usos honrados'", ou seja, mero uso incidental que não deveria gerar necessidade de autorização.[10]

- *Um passo atrás*: enquanto a lei de 1973 previa ser lícito realizar "a reprodução, em um só exemplar, de qualquer obra, contando que não se destine à utilização com intuito de lucro", a Lei nº 9.610/98 houve por bem (ou por mal...) incluir, no novo dispositivo (art. 46, II), aquela que se tornaria a sua mais infame expressão, determinando que seria lícita "a reprodução, em um só exemplar de *pequenos trechos*, para uso privado do copista, desde que feita por este, sem intuito de lucro". Valente tenta, aqui também, exercício de genealogia para indicar quem teria sido responsável por essa restrição, desta feita sem sucesso: "[e]mbora sejam deduzíveis quais eram os interesses por trás dessa emenda, não há registros da movimentação que tenha feito ela ser proposta. Naquele momento, a emenda foi aprovada sem maiores discussões, e aparentemente tampouco se atentou para suas possíveis consequências. Anos depois, travar-se-iam grandes disputas em torno desse artigo, por causa da reprografia – discutindo-se por exemplo no que consistiriam os tais pequenos trechos – e por causa da tecnologia digital, já que uma interpretação bastante comum desse dispositivo é que ele proíbe que um mesmo usuário copie, por exemplo, músicas de um CD para seu computador".[11]

Aquele passo à frente era particularmente relevante por permitir, ao menos em tese – já que o estágio evolutivo do direito autoral brasileiro ainda não permitia maiores voos nesse sentido – dar tratamento jurídico às inovações tecnológicas que tornavam mais usuais os chamados usos transformativos, ou seja, a possibilidade de recombinação de elementos de obras já existentes para a geração de obras novas (como no *sampling* de obras musicais). Mais ao rés do chão, porém, o passo atrás tinha um potencial de dano muito maior que os eventuais benefícios do passo à frente,

---

[9] Antes grafada como "[n]ão constitui ofensa aos direitos do autor a reprodução de trechos de obras já publicadas, ou ainda que integral, de pequenas composições alheias no contexto de obra maior, desde que esta apresente caráter científico, didático ou religioso, e haja a indicação da origem e do nome do autor" (art. 49, I, "a" da Lei nº 5.988 de 1973).

[10] Mariana Giorgetti Valente, *A construção do direito autoral no Brasil*, Belo Horizonte: Letramento, 2019, pp. 304-5.

[11] Mariana Giorgetti Valente, *A construção do direito autoral no Brasil*, Belo Horizonte: Letramento, 2019, p. 373.

tendo em vista sua repercussão em atos da vida cotidiana como a reprografia. Esse injustificável retrocesso na proteção legal dos intitulados "usos privados" ilustra à perfeição a tendência que José de Oliveira Ascensão chamava de "caça às exceções".[12] Essa "caça" – verdadeira má-vontade com as limitações – é comum em outros ordenamentos, mas deitava no caso brasileiro raízes bem mais profundas. Como eu viria a escrever, "o que se tem aqui é um histórico desprezo, quando não mesmo um preconceito contra as limitações"[13], traduzido na doutrina por numerosa corrente "que representa uma visão reducionista das limitações – defendendo sua interpretação estrita, o caráter *numerus clausus* dos dispositivos legais concernentes, a vedação da analogia neste âmbito e a impossibilidade de extensão das limitações aos direitos morais".[14]

Os dois primeiros postulados acima desempenhavam função especialmente relevante para refrear qualquer liberalidade na interpretação do instituto. Sobre a suposta necessidade de interpretação restritiva, escrevi:

> Os juristas brasileiros efetivamente aproximam-se das limitações com grande temor, como se estivessem diante de um instituto profano, que pudesse corromper a "sacralidade" da proteção às obras intelectuais. Poucas analogias seriam mais representativas, neste sentido, do que uma passagem de Eduardo Vieira Manso – não em seu famoso estudo sobre as limitações, mas ao final de um artigo posterior, no qual ele afirma que 'nada obstante toda exceção imposta ao Direito Autoral seja um ônus que se exige do autor como verdadeiro castigo, há nessa exclusão um verdadeiro ato de misericórdia, no sentido mais canônico da expressão'. Para evitar que os "santos" fossem corrompidos pelo castigo, um dos dogmas criados foi o da interpretação restritiva. A primeira explicação para esta restrição estaria nos conceitos mais elementares da hermenêutica: tudo aquilo que tem caráter excepcional deveria ser interpretado restritivamente.[15]

As limitações eram vistas, assim, na forma que nos referimos acima, como algo "externo" ao direito, uma violação à suposta regra que erigia o direito ao status de propriedade quase absoluta, ignorando-se que "elas integram a situação subjetiva autoral tanto quanto as faculdades morais e patrimoniais dispostas na lei".[16] Tamanha era a força dessa crença na interpretação restritiva das limitações que um importante precedente de 1977 do Supremo Tribunal Federal não causava maior comoção entre as fileiras do autoralismo brasileiro, apesar de sua clareza: "Tendo em vista a natureza do direito de autor, a interpretação extensiva da exceção em que se traduz o direito de citação é admitida pela doutrina".[17] A doutrina em questão, registre-se, apesar dessa citação na maior corte brasileira, era portuguesa – uma vez mais, José de Oliveira Ascensão. Os brasileiros, em sua vasta maioria, silenciavam.

Procurei demonstrar em minha tese que o fato de o legislador ter lançado mão, nos dispositivos que compõem o capítulo das limitações, de expressões como *objetivo principal, exploração*

---

[12] "Exceções" é denominação usada, geralmente, de forma sinonímica às limitações – ainda que um tanto pejorativa, uma vez que "mais do que uma questão terminológica, o significado desta opção é a segregação das limitações a um plano quase externo ao direito autoral" (Bruno Costa Lewicki, *Limitações aos direitos do autor*: Releitura na perspectiva do direito civil contemporâneo. Tese de doutorado, Universidade do Estado do Rio de Janeiro, 2007, p. 4).

[13] Ibidem, p. 147.

[14] Ibidem, p. 154.

[15] Ibidem, p. 147.

[16] Ibidem, p. 275.

[17] STF, 1ª T., RE nº 113.505, Rel. Min. Moreira Alves, julg. 28.02.1989, publ. D.J. 12.05.1989.

normal, prejuízo injustificado e *interesses legítimos* já impossibilitaria que se quisesse pautar sua aplicação ao método da subsunção simplesmente mecânica do fato à norma. E ilustrei, com alguns exemplos prosaicos, o porquê da inadequação do dogma da interpretação restritiva das limitações às necessidades da vida real – entre eles, o caso da representação teatral sem objetivo de lucro para fins exclusivamente didáticos, que a lei permite seja feita em estabelecimentos de ensino: mas não se justifica "excluir da permissão legal atividades educacionais que ocorrem, por exemplo, de maneira mais informal em igrejas ou centros comunitários" apenas porque esses locais não são, formalmente, estabelecimentos de ensino.[18]

E de forma mais breve, também quanto ao segundo postulado procurei demonstrar que o dogma que determinava que as limitações da lei brasileira eram *numerus clausus* não passava disso – um dogma. Ou seja, as limitações previstas em lei não eram, na verdade, taxativas e a interpretação sistemática poderia levar à "criação", no caso concreto, de uma limitação. Inobstante, a doutrina majoritária seguiu considerando que aquela lista de limitações, prevista nos artigos 46, 47 e 48 da Lei 9.610/98 era "fechada". E essa lista, como já mencionei, não era especialmente longa – e tampouco trazia muitas novidades em relação à lei de 1973.

Mas, com seus erros e acertos, avanços e retrocessos, essa era a lei em vigor, e esse foi o foco do meu trabalho. Tentando, porém, não descartar a possibilidade de inovações que aprimorassem nosso ordenamento jurídico, concluí naquela ocasião que "[d]iscutir novos modelos legislativos pode ser também extremamente válido para o direito autoral brasileiro":

> Por evidente, a hipótese de reformas legislativas no direito autoral não deve ser descartada. Seria ótimo acordar com uma lei que fosse fruto do entendimento dos setores interessados e dos responsáveis pelas políticas públicas; que se valesse da renovada técnica legislativa, caracterizada pela busca de objetivos ligados aos princípios constitucionais e com um uso racional de cláusulas-gerais que pudessem oxigenar o ramo; e que estivesse atenta às mudanças tecnológicas, culturais e artísticas e também às especificidades dos gêneros de que se ocupa. Ainda que a academia e a doutrina possam estimular este processo e nele influenciar, caso um dia ele venha a ocorrer, há que se lembrar que seu trabalho primordial não é o de legislar – mas, antes, interpretar o direito, tarefa que já não é das mais simples.[19]

Ao defender essa tese, no início de 2007, eu não fazia ideia do quanto, em poucos meses, "a academia e a doutrina" começariam a estimular esse processo de reforma legislativa. Mas a grande fagulha que criaria as condições para que isso acontecesse já estava em gestação, no que então se chamava Coordenação Geral de Direitos Autorais do Ministério da Cultura.

3. CENÁRIO ALVISSAREIRO OU "IMOBILISMO EM MOVIMENTO"?

A relativa pasmaceira que acometia o direito autoral brasileiro no final do século XX, a despeito da promulgação de um novo diploma legal, seria chacoalhada por novas circunstâncias. "O campo do direito autoral brasileiro mudou radicalmente no Brasil a partir de 1998", como afirma Mariana Giorgetti Valente, "mas dificilmente se pode atribuir isso à nova lei". Ela aponta as raízes dessas mudanças em fatores inicialmente externos: o primeiro deles, o desenvolvimento

---

[18] Bruno Costa Lewicki, *Limitações aos direitos do autor*: Releitura na perspectiva do direito civil contemporâneo. Tese de doutorado, Universidade do Estado do Rio de Janeiro, 2007, p. 172.

[19] Ibidem, pp. 157-8.

da internet comercial, seguido da disseminação de protocolos *peer-to-peer* que levaram ao Napster e aos processos judiciais milionários que surgiram em seu encalço, movidos pela indústria da música; e também o aumento dos prazos de proteção autoral nos Estados Unidos, por meio do *Sonny Bono Act*, em 1998, o qual levaria a uma forte reação de acadêmicos e da sociedade civil, redundando em uma série de movimentos importantes – o mais notório deles, talvez, o projeto *Creative Commons*, que tinha por objetivo "prover licenças públicas para bens intelectuais de forma a garantir o seu acesso principalmente pela Internet".[20]

O Brasil do início do século XXI também assistiu a um rápido desenvolvimento da internet comercial, à disseminação do compartilhamento não-autorizado de arquivos e à chegada de um capítulo brasileiro do *Creative Commons* – esconjurado, com todas as forças, pela indústria tradicional da cultura. Mas é revelador que os fatores que Valente aponta como as centelhas que levariam a uma mudança radical sejam, por assim dizer, um tanto "analógicos". O primeiro deles, que mobilizou fortemente a opinião pública, foi um conflito entre a ABDR (Associação Brasileira dos Direitos Reprográficos) e diretórios acadêmicos – tendo, como pano de fundo, a questão do que seriam os "pequenos trechos" de livros didáticos que poderiam ser objeto de cópia reprográfica pelos alunos – e que levaria a nada menos que 158 procedimentos de busca e apreensão em universidades. Já o segundo, uma cobrança do ECAD referente a direitos autorais que envolveu ameaça de interdição de uma cerimônia no Palácio do Planalto, serviu para impulsionar, no âmbito do Executivo, o trabalho que já vinha sendo desenvolvido pelo Ministério da Cultura, sob o comando de Gilberto Gil, que

> [...] encampou o lançamento, em 2007, do Fórum Nacional do Direito Autoral, que teria surgido como demanda na I Conferência Nacional de Cultura em 2005. O Fórum manteve atividades até 2009, já sob o Ministro Juca Ferreira, e realizou um seminário internacional, sete nacionais, e 80 reuniões com grupos de interesse [...] Desses debates saiu uma minuta de reforma da Lei nº 9.610/98, que foi aprovada pelo GIPI, e era fortemente pautada por uma retórica de equilíbrio entre os direitos autorais e o acesso ao conhecimento; a minuta foi posta a Consulta Pública por uma plataforma na internet.[21]

O melhor exemplo da diferença de ambição entre a lei aprovada em 1998 e esse anteprojeto submetido a uma consulta pública em 2010[22] – que foi ressaltada como modelo de processo "altamente participativo" no capítulo "Exemplos de Boas Práticas" do relatório "Política de Direitos Autorais e o Direito à Ciência e à Cultura", do Conselho de Direitos Humanos da ONU, de dezembro de 2014[23] –, está logo em suas primeiras linhas. Compare-se o artigo de abertura da lei em vigor (texto sem destaque) com a parte em itálico, que se propunha ver incluída: "Esta Lei regula os direitos autorais, entendendo-se sob esta denominação os direitos de autor e os que lhes são conexos, *e orienta-se pelo equilíbrio entre os ditames constitucionais de proteção aos direitos autorais e de garantia ao pleno exercício dos direitos culturais e dos demais direitos fundamentais e*

---

[20] Mariana Giorgetti Valente, *A construção do direito autoral no Brasil*, Belo Horizonte: Letramento, 2019, pp. 402-4.

[21] Ibidem, p. 405. O GIPI mencionado pela autora é o Grupo Interministerial de Propriedade Intelectual.

[22] Disponível em: http://www.planalto.gov.br/ccivil_03/consulta_publica/DireitosAutorais.htm. Acesso em 02.05.2021.

[23] Disponível em: https://undocs.org/A/HRC/28/57. Acesso em 02.05.2021. A menção ao Brasil encontra-se na página 18 do relatório, em cujo processo de elaboração tive a honra de colaborar como participante das reuniões de experts.

pela promoção do desenvolvimento nacional". Claramente, como propugnava Tepedino sobre outras leis especiais, pretendia-se ali criar uma "legislação de objetivos".

Nenhuma matéria, porém, ilustra maior a diferença de profundidade entre a legislação em vigor e o direito (ante)projetado quanto as limitações aos direitos do autor – como já se principia a ver pela comparação entre o *caput* vigente do art. 46 (texto sem destaque) e as inclusões pretendidas (em itálico): "[n]ão constitui ofensa aos direitos autorais *a utilização de obras protegidas, dispensando-se, inclusive, a prévia e expressa autorização do titular e a necessidade de remuneração por parte de quem as utiliza, nos seguintes casos"*.

Além de dirimir essas quase perenes "dúvidas" – que nem deveriam existir, a bem da verdade – sobre a desnecessidade de autorização e de remuneração quando da incidência das limitações, o anteprojeto submetido à consulta pública propunha incluir novas hipóteses expressas de limites aos direitos do autor. Essas novas previsões legais alcançariam tanto necessidade pontuais que ainda não eram expressamente cobertas pela legislação – como a inclusão de obras em portfólio ou currículo profissional, a utilização de obras para fins de publicidade relacionada à sua exposição pública ou venda, e a exibição gratuita de obras audiovisuais por cineclubes – quanto questões mais amplas (e que refletem gigantescas desatualizações do regime) como os problemas da preservação e da colocação à disposição do público de obras por bibliotecas, arquivos e museus.

Mas além de incluir dez novos incisos aos oito já existentes no art. 46, ampliando decisivamente o rol de limitações específicas, o projeto levado à consulta pública inovava, sobretudo, ao trazer um parágrafo único que traduzia verdadeira cláusula geral, dispondo que

> [a]lém dos casos previstos expressamente neste artigo, também não constitui ofensa aos direitos autorais a reprodução, distribuição e comunicação ao público de obras protegidas, dispensando-se, inclusive, a prévia e expressa autorização do titular e a necessidade de remuneração por parte de quem as utiliza, quando essa utilização for:
>
> I – para fins educacionais, didáticos, informativos, de pesquisa ou para uso como recurso criativo; e
>
> II – feita na medida justificada para o fim a se atingir, sem prejudicar a exploração normal da obra utilizada e nem causar prejuízo injustificado aos legítimos interesses dos autores.

Ali já estava lançada a ideia central de como as limitações deveriam ser tratadas na reforma autoral (ainda que a linguagem viesse a ser bem burilada nos anos seguintes): a junção de um rol de limitações a uma previsão aberta. Essa, aliás, começava a ser a tendência que pautaria o debate internacional, como ficou claro na Declaração "Uma Interpretação Equilibrada do 'Teste dos Três Passos' do Direito de Autor", coordenada pelo Instituto Max Planck para a Propriedade Intelectual (Munique) em 2008 e assinada por alguns dos mais renomados pesquisadores da matéria. Segundo essa Declaração, não apenas as limitações não precisam ser interpretadas restritivamente, "devendo ser interpretadas em consonância com seus objetivos e propósitos", tampouco os tribunais estariam impedidos "de aplicar limitações e exceções enunciadas em lei *mutatis mutandis* a circunstâncias factuais similares, ou estabelecer novas limitações ou exceções". Afirmava, ainda, que a restrição às limitações contida no Teste dos Três Passos da Convenção de Berna a "certos casos especiais" não impede, quando possível dentro do respectivo sistema legal, "os legisladores de introduzirem limitações e exceções abertas, desde que seu escopo seja razoavelmente previsível".[24]

---

[24] Disponível em: https://www.ip.mpg.de/fileadmin/ipmpg/content/forschung_aktuell/01_balanced/declaration_three_step_test_final_portuguese1.pdf. Acesso em 02.05.2021.

Cap. 4 • MARCHAS E CONTRAMARCHAS DAS LIMITAÇÕES AOS DIREITOS DO AUTOR

Após nova rodada de consulta pública em 2011 e com algumas mudanças incorporadas, o resultado desses processos viria a se cristalizar no Projeto de Lei nº 3.133 de 2012, levado à Câmara pelo deputado Nazareno Fonteles.[25] Mas o tumulto que tomou conta do universo político brasileiro na década que se seguiu refletiria-se no destino da reforma da lei autoral brasileira. Trocas ministeriais e presidenciais levaram a uma sucessão – uma vez mais – de marchas e contramarchas que tornam tortuosa a tarefa de narrar essa história, e irresistível o emprego de clichês como o rolar morro acima da pedra de Sísifo.

E uma vez adentrado o território do lugar-comum, recorro à muito conhecida citação de Lampedusa: algumas coisas precisavam mudar no direito autoral brasileiro para que, no fundo – ou, ao menos, no plano legislativo das limitações – tudo continuasse do mesmo jeito. Verificou-se, assim, no direito autoral brasileiro, dinâmica (estática?) análoga ao fenômeno analisado pelo cientista político Marcos Nobre em sua obra *Imobilismo em movimento*, que retrata o sistema político brasileiro pós-abertura democrática. Para Nobre, estabeleceu-se uma cultura política de fundo "contra a qual foi moldado a duras penas o novo modelo de sociedade" e que "obstrui e bloqueia o seu pleno desenvolvimento"[26]; cultura esta que, "mesmo se modificando ao longo do tempo, estruturou e blindou o sistema político contra as forças sociais da transformação"[27.] Em suma, um "sistema [que] se preservou sem mudar, fortalecendo sua lógica de travamento de grandes transformações".[28]

E, sem dúvida, muita coisa se modificou, ao longo do tempo, no campo das limitações. Além de avanços jurisprudenciais a que me referirei a seguir, não posso deixar de lembrar o protagonismo do Brasil para que fosse aprovado, em 2013, o Tratado de Marraqueche para Facilitar o Acesso a Obras Publicadas às Pessoas Cegas, com Deficiência Visual ou com Outras Dificuldades para Ter Acesso ao Texto Impresso. Sua aprovação era tão improvável, dado o estado das coisas nos tratados internacionais de propriedade intelectual, que se convencionou mesmo chamar aquele evento de "O Milagre de Marraqueche". Como lembra Martin Senftleben, sua negociação teve como pano de fundo o debate sobre a introdução dos chamados "tetos" no direito autoral internacional, isto é, regras vinculantes que estabeleceriam um nível *máximo* de proteção permitida[29] – e não, como é usual, níveis *mínimos* de proteção autoral. Essa novidade, baseada no estabelecimento de limitações aos direitos dos autores, teve o Brasil como um de seus principais impulsionadores. Ou seja, tamanho era o acúmulo de massa crítica já gerada nos anos anteriores que, de certo modo, o Brasil começava a exportar sua influência.

E ao mesmo tempo em que o Tratado de Marraqueche era aprovado, uma inédita correlação de forças reunia a rebatizada Diretoria de Direitos Intelectuais do Ministério da Cultura, um conjunto de parlamentares (alguns dos quais haviam acabado de participar de mais uma CPI sobre o ECAD) e, ainda, os maiores nomes da música popular brasileira[30]. Em verdadeira blitz legislativa,

---

[25] Disponível em: https://www.camara.leg.br/proposicoesWeb/fichadetramitacao?idProposicao=534039. Acesso em 02.05.2021.

[26] Marcos Nobre, *Imobilismo em movimento*: Da abertura democrática ao governo Dilma, São Paulo: Companhia das Letras: 2013, p. 24.

[27] Ibidem, p. 10.

[28] Ibidem, p.12.

[29] Martin Senftleben, A Copyright Limitations Treaty Based on the Marrakesh Model: Nightmare or Dream Come True? In: Shyamkrishna Balganesh; Ng-Loy Wee Loon; Haochen Sun (orgs.), *The Cambridge Handbook of Copyright Limitations and Exceptions*, Cambridge: Cambridge University Press, 2021, p. 74 e ss.

[30] Sobre esse processo, seja consentido remeter uma vez mais a Bruno Lewicki, Revolução de veludo na gestão coletiva de direitos autorais. In: *Observatório Itaú Cultural*, São Paulo, Itaú, n. 16, jan-jun 2014, p. 173 e ss.

esse grupo trabalhou com o material já existente sobre gestão coletiva de direitos autorais, que constituía parte considerável – e muito polêmica – dos projetos de reforma autoral. Construiu-se notável consenso (pela rapidez, inclusive – que só foi possível graças à sedimentação de anos de debates), e poucas semanas após o Milagre de Marraqueche conseguiu-se a aprovação, no Congresso, do que viria a ser Lei nº 12.853/2013.

A vigência dessa lei – a qual, com algumas poucas emendas, foi aprovada unanimemente pelas duas casas do parlamento, sancionada sem vetos pela Presidência da República e referendada pelo STF (que rejeitou, por dez votos a um, duas ações de inconstitucionalidade a seu respeito) – pode ser, também, considerada um pequeno milagre. Outra leitura, porém, menos metafísica, é a de que o bem-sucedido processo da sua aprovação tenha sido o último suspiro da mobilização dos anos anteriores por mudanças no direito autoral. Levar adiante a reforma do setor de gestão coletiva talvez fosse, naquele momento, a corporificação do ditado segundo o qual "política é a arte do possível". O restante da reforma, que incluía as limitações aos direitos do autor, não avançaria naquele momento – não por ausência de mérito, mas por falta de condições políticas para sua aprovação.

O mundo autoralista continuou, no entanto, a olhar para o trabalho desenvolvido no Brasil com admiração – e esperança. Em obra coletiva de 2017 que reuniu os maiores estudiosos do tema no mundo – *Copyright Law In An Age of Limitations and Exceptions* – Jerome H. Reichman destacou o pioneirismo da "há muito pendente" reforma autoral brasileira em tentar uma abordagem de limitações que aproximasse o *fair use* e o Teste dos Três Passos, entre outros aspectos contidos nos projetos. Para Reichman, se essas propostas

> [...] eventualmente venham a ser promulgadas, a reforma brasileira forneceria um exemplo de como elaborar um regime de direito autoral mais adequado ao digital, o que seria interessante tanto para países desenvolvidos como para países em desenvolvimento. Tais propostas, porém, continuam mofando após mais de dez anos de discussão, e o crescente poder de lobby da indústria pode garantir que a reforma nunca passe, no fim das contas. O quanto esse bem documentado conjunto de propostas pode influenciar projetos de reforma em outros países, mesmo que nunca se tornem lei no Brasil, ainda é incerto, e depende em parte da capacidade dos estudiosos de espalharem essa mensagem.[31]

A possibilidade desse "bem documentado conjunto de propostas" tornar-se lei no Brasil diminuiu, desde então – sem embargo da apresentação, na Câmara, do louvável Projeto de Lei nº 2.370 de 2019, proposto pela deputada Jandira Feghali.[32] Esse projeto pode ser considerado a última versão, ou evolução, dos textos de direito projetado que se iniciaram com a consulta pública de 2010. No campo das limitações, esse depuramento resta claro nos 22 incisos propostos para um renovado art. 46, cobrindo – com técnica acurada – ampla gama de possibilidades de usos de obras intelectuais que dispensariam autorização dos titulares, ou a remuneração devida àqueles, sem que

---

[31]   Trad. livre. No original: [If these proposals] were eventually enacted into law, Brazil's reforms would provide an example of how to design a more digital-friendly copyright regime of interest to both developed and developing countries. At the moment, however, these proposals are still languishing after more than ten years of discussion, and the growing power of the publishers' lobby may ensure that the reform bill is never passsed in the end. Whether this well-documented set of proposals could influence reforms elsewhere, even if never enacted into Brazilian law, remains to be seen and partly depends on the ability of law professors to spread the word". Jerome H. Reichman, The Limits Of "Limitations And Exceptions" in Copyright Law. In: Ruth L. Okediji (org.), *Copyright Law In An Age of Limitations and Exceptions*, Cambridge: Cambridge University Press, 2017, p. 302.

[32]   Disponível em https://www.camara.leg.br/proposicoesWeb/fichadetramitacao?idProposicao=2198534. Acesso em 02.05.2021.

prejuízos maiores lhes sejam causados. O indiscutível caráter exemplificativo dessas hipóteses é confirmado pelo parágrafo abaixo:

> § 2º Também não constituem ofensa aos direitos autorais utilizações análogas às previstas nos incisos do *caput*, caso atendidas cumulativamente as seguintes condições:
>
> I – a utilização não concorra com a exploração comercial da obra e nem prejudique os interesses do autor;
>
> II – a utilização tenha como objetivo atender a outros direitos e garantias fundamentais; e
>
> III – sejam citados o autor e a fonte.

Essa mais recente versão projetada da cláusula geral de limitações é elogiável por sua concisão e, em larga medida, alinha-se às recomendações dos mais renomados especialistas da matéria na contemporaneidade.[33] Sua eventual aprovação colocaria o Brasil em invejável posição de vanguarda mundial na matéria.

A realidade brasileira, no entanto, é um tanto mais dura. Nos últimos anos o Poder Executivo perdeu o interesse por reformas mais progressistas no campo do direito autoral, e a estrutura criada no Ministério da Cultura para desenvolver o tema da propriedade intelectual foi diminuindo – a exemplo do próprio Ministério. Como resumiu petição inicial de ação civil pública movida em maio de 2021 pelo Conselho Federal da OAB, com o intuito de normalizar a análise de processos referentes às leis de incentivo à cultura, a partir de 2019 houve o que se chamou um verdadeiro "desmantelamento" da Cultura, uma vez que "o antigo Ministério da Cultura foi 'rebaixado' ao *status* de Secretaria Especial da Cultura, primeiramente vinculada ao Ministério da Cidadania, depois ao Ministério do Turismo. Além disso, houve notórios cortes de verbas e descontinuação de políticas públicas".[34]

A nova Secretaria Nacional de Direitos Autorais e Propriedade Intelectual, vinculada à Secretaria Especial de Cultura, especulou retomar a reforma da lei, mas com abordagem distinta do que se verificava antes – tanto no tom quanto na forma. "Houve uma consulta pública em 2019, mas as contribuições nunca foram publicadas", lembrou Mariana Valente em matéria de maio de 2021 sobre o que se anunciava como a nova prioridade da Secretaria: a moderação de conteúdo por plataformas de tecnologia. O assunto já vinha sendo discutido, há muito, sob o prisma das infrações aos direitos dos titulares, mas a ótica em 2021 é outra. Como noticiado, o foco seria a suposição que "as big techs moderam conteúdo por uma perspectiva que mira a direita e que conteúdos publicados em redes sociais devem ser protegidos pela legislação que trata de direito

---

[33] Veja-se, a esse respeito, a proposta de instrumento internacional "International Instrument on Permitted Uses in Copyright Law", assinada em março de 2021 por alguns dos maiores estudiosos das limitações em direito autoral do mundo – e que preferem, desta feita, conceituar o instituto como "usos permitidos". Muitos dos seus autores são os mesmos da Declaração "Uma Interpretação Equilibrada do 'Teste dos Três Passos' do Direito de Autor", e veem essa nova proposta de instrumento internacional como um passo adiante – e mais concreto – em relação àquele texto de 2008. Os três incisos da cláusula geral contida no Projeto de Lei nº 2.370 de 2019 coincidem com as recomendações elencadas por essa proposta de instrumento de 2021, ainda que esta seja mais extensa nesse particular – sugerindo, ainda, outros fatores para que se considere um uso como "permitido", como o tipo do titular e da obra, o prazo de proteção remanescente, a natureza comercial (ou não) do uso). Disponível em https://papers.ssrn.com/sol3/papers.cfm?abstract_id=3771241. Acesso em 30.05.2021.

[34] Disponível em https://s.oab.org.br/arquivos/2021/05/5fd4cf51-2104-46b1-8d5c-2feddb32d45e.pdf. Acesso em 13.05.2021.

autoral – portanto, não poderiam ser derrubados apenas pela decisão das empresas". Assim, "a secretaria pretende criar um canal de comunicação do governo para usuários 'de todas as ideologias' que entendam que houve um "cerceamento da fala [...] A ideia é tornar a secretaria de direito autoral a fiscalizadora dessas práticas".[35]

Assim, se no Poder Legislativo a tocha da reforma continua sendo carregada pelo Projeto de Lei nº 2.370/2019, no Poder Executivo as questões verdadeiramente ligadas aos institutos do direito autoral, incluindo as limitações, foram perdendo o pequeno – mas valoroso – espaço de atenção que haviam conquistado sob o sol de Brasília, em detrimento de outras prioridades. Já no Judiciário, que é chamado a responder às demandas do mundo real com a multiplicidade de casos que lá chegam todos os dias, há – ao menos – algum motivo de alento.

4. E NO ENTANTO, A JURISPRUDÊNCIA SE MOVE (PARA TODOS OS LADOS)

Ao longo da última década, enquanto todo esse imobilismo em movimento acontecia (ou não acontecia?), a jurisprudência passou a tratar das limitações de forma bem mais recorrente do que acontecia antes. Restringindo-me, aqui às cortes superiores – e especificamente ao Superior Tribunal de Justiça – houve uma profusão de casos envolvendo exemplos diversos de limitações, tais como paródias, obras permanentemente expostas em locais públicos, e, em especial, o "passo à frente" do art. 46, VIII, gerando interessantes discussões sobre o uso transformativo de obras intelectuais. Entre marchas e contramarchas, houve inegáveis progressos. E o maior dos avanços foi a afirmação de que a interpretação das limitações aos direitos autorais não precisa ser restritiva, e de que o rol de limitações é exemplificativo. Ainda que, como referi, já houvesse relevante precedente do STF nesse sentido, o posicionamento do STJ – cuja missão é assegurar uniformidade à interpretação da legislação federal – representou virada mais consistente quanto ao desprezo pelas limitações.

E o início dessa virada aconteceu com o exame de um Recurso Especial originado do Espírito Santo.[36] Tratava-se de controvérsia entre o ECAD e a Mitra Arquidiocesana de Vitória em torno da possibilidade de cobrança de direitos autorais pela realização de execuções musicais e sonorizações ambientais em escola, como parte de evento religioso, sem fins lucrativos e com entrada gratuita. O tribunal capixaba entendeu que a cobrança era acertada. A Mitra, em seu recurso, invocou, entre outros argumentos, infração ao art. 46, VI, da Lei nº 9.610/98, que não considera fato gerador do pagamento de direitos autorais a representação teatral e a execução musical sem fins lucrativos realizadas com fim exclusivamente didático nos estabelecimentos de ensino.

O acórdão do STJ, relatado pelo Ministro Paulo de Tarso Sanseverino em 15 de março de 2011, não chega a analisar o cabimento específico desse argumento – talvez porque a subsunção literal dos fatos à norma fosse dificultada pela exigência de "fim exclusivamente didático", uma vez que o evento em si era de cunho religioso ("abertura do Ano Vocacional"), sem finalidade mais explícita, ou tradicional, de aprendizado. Mas após admitir que em princípio, o evento "importaria, sim, no pagamento de direitos autorais, pois verificada a realização de execuções musicais e sonorizações ambientais públicas em local de frequência coletiva", o acórdão lembra que o âmbito efetivo de proteção da "propriedade autoral" surge "somente após o reconhecimento das restrições e limitações a ela opostas pela própria lei especial". De forma incisiva, o acórdão perquire:

---

[35] Disponível em https://www1.folha.uol.com.br/poder/2021/05/plano-da-gestao-bolsonaro-para-engessar-redes-sociais-pode-mexer-com-regras-de-internet-e-direitos-autorais.shtml?origin=uol. Acesso em 21.05.2021.

[36] STJ, 3ª T., REsp 964.404/ES, Rel. Min. Paulo de Tarso Sanseverino, julg. 15.03.2011, publ. *DJ* 23.05.2011.

Discute-se apenas se essas restrições possuem caráter exemplificativo ou taxativo. [...]

Ora, se as limitações de que tratam os arts. 46, 47 e 48 da Lei 9.610/98 representam a valorização, pelo legislador ordinário, de direitos e garantias fundamentais frente ao direito à propriedade autoral, também um direito fundamental (art. 5º, XXVII, da CF), constituindo elas – as limitações dos arts. 46, 47 e 48 – o resultado da ponderação destes valores em determinadas situações, não se pode considerá-las a totalidade das limitações existentes. [...]

Saliento que a adoção de entendimento em sentido contrário conduziria, verificada a omissão do legislador infraconstitucional, à violação de direito ou garantia fundamental que, em determinada hipótese concreta, devesse preponderar sobre o direito de autor.

Conduziria ainda ao desrespeito do dever de otimização dos direitos e garantias fundamentais (art. 5º, §1º, da CF), que vinculam não só o Poder Legislativo, mas também o Poder Judiciário.

Portanto, o âmbito de proteção efetiva do direito à propriedade autoral ressai após a consideração das limitações contidas nos arts. 46, 47 e 48 da Lei 9.610/98, interpretadas e aplicadas de acordo com os direitos e garantias fundamentais, e da consideração dos próprios direitos e garantias fundamentais.

Dois anos depois, em 2013, a Terceira Turma seguiria no mesmo tom ao examinar uma disputa entre o ECAD e o Centro de Treinamento Bíblico Rhema Aracaju[37]. As partes discutiam o recolhimento de direitos autorais referentes às celebrações de fim de ano do Centro, quando este sempre "realiza uma formatura seguida de um culto evangélico, cujo único interesse é o de confraternização entre os alunos e seus familiares e amigos". A ministra Nancy Andrighi afirmou, ao relatar esse caso, que "[n]ão se pode deixar de perceber que, para criar a obra, o autor está sempre se inspirando na própria sociedade em que vive, o que gera a previsão legal de um direito dessa mesma sociedade a uma contrapartida. Além disso, é necessário também que haja um potencial equilíbrio entre os interesses privados do titular dos direitos autorais e o interesse público de ter acesso às obras protegidas, como, aliás, determina a Constituição Federal, em seu art. 5º, XVII".

A Turma, assim, vencido o ministro Sidnei Beneti, rejeitou a interpretação "mais estreita possível" defendida pelo ECAD para a limitação que permite "a representação teatral e a execução musical, quando realizadas no recesso familiar ou, para fins exclusivamente didáticos, nos estabelecimentos de ensino, não havendo em qualquer caso o intuito de lucro":

> Na verdade, o conceito de "recesso familiar" deve ser entendido por meio de uma interpretação *lato sensu*. [...] Numa interpretação teleológica da norma em foco (art. 46, VI, da Lei n. 9.610/98), é possível depreender que o legislador não pretendeu usar a expressão "recesso familiar" como sinônimo de "residência", pois, se assim o quisesse, assim o teria feito, eis que havia a sua disposição uma vasta gama de palavras ou expressões, tais como domicílio, lar, habitação, morada, moradia, casa, imóvel, etc, que certamente demonstrariam outra intenção.

> Na hipótese dos autos, temos que a recorrente é uma instituição cristã de educação teológica, sem fins lucrativos, cujo objetivo é o ensino das escrituras bíblicas, sendo realizada, ao final de cada ano, uma formatura com o intuito de confraternização entre os alunos e seus amigos e familiares. Frise-se que tal cerimônia é totalmente religiosa e desprovida de qualquer interesse de lucro. Ora, a festa é realizada com a presença de

---

[37] STJ, 3ª T., REsp 1.320.007/SE, Rel. Min. Nancy Andrighi, julg. 04.06.2013, publ. *DJ* 09.09.2013.

familiares e amigos próximos, o que pode ser considerado recesso familiar, uma vez que a festa não é aberta ao público, mas apenas para convidados dos formandos. [...]

A excepcionalidade criada pelo art. 46 da Lei Autoral é muito clara: havendo uma festa que se caracterize como "recesso familiar", a cobrança é indevida, pois não há violação ao direito dos autores das obras musicais, quando ocorre somente a locação do espaço físico para a realização de evento. Vale repisar: existindo a intenção de gerar um ambiente familiar, não devemos falar em violação de direitos autorais, o que afasta a incidência dos encargos cobrados pelo ECAD.

Curiosamente, a mesma ministra Nancy Andrighi, em 2014, adotaria tom mais conservador não apenas quanto às circunstâncias do caso concreto mas quanto à teoria das limitações, em si – e seria seguida pelo próprio ministro Sanseverino, entre outros. O caso em questão discutia a necessidade de recolhimento ao ECAD de quantias referentes ao "Festival de Cultura Popular", promovido pela Universidade Federal de Santa Maria.[38] Destacou a ministra Andrighi que "o evento em questão foi promovido em praça pública, na região central da cidade de Santa Maria [...] Vale dizer, de acordo com a norma invocada, não basta que a execução musical seja realizada *pela* Universidade, é necessário que o seja dentro de seus limites físicos, e com finalidade exclusivamente didática." Concluiu a relatora:

> Trata a regra de impor limites ao direito autoral, restringindo o âmbito de seu exercício. Como é cediço, normas que ostentam essa natureza não admitem qualquer espécie de interpretação que possa engendrar a ampliação de seu alcance. Sua aplicabilidade à hipótese fática está condicionada, portanto, ao preenchimento de todos os requisitos legais preestabelecidos.

Essa tendência mais restritiva reapareceria, ainda que incidentalmente, em 2015, em acordão da Quarta Turma relatado pelo ministro Luís Felipe Salomão.[39] Esse caso é especialmente interessante porque tratava, basicamente, da hipótese que teria levado ao "passo à frente" de 1998 – inclusão incidental de um quadro em cenário de filmagem – mas, desta feita, de um comercial exibido na televisão, não de uma novela. A corte entendeu que o uso era legítimo porque, no caso, a obra de artes visuais em questão não era "o centro das atenções", tampouco sua utilização causava dano à pintora – dano, se houvera, seria tão somente oriundo de quebra contratual entre a artista e a galeria que a custodiava a obra e a cedeu à produtora responsável pela filmagem. Apesar dessa resolução simpática a uma abordagem mais progressista dos direitos dos usuários, o voto de Salomão contém passagem, baseada na "doutrina especializada", afirmando que "[a]s limitações ao direito autoral serão sempre exceção à regra do exercício exclusivo e ilimitado do direito pelo seu titular, comportando, por essa razão, interpretação restritiva". Na mesma decisão, um passo adiante e um passo atrás: essa parece ser a eterna tônica do direito autoral brasileiro, sobretudo no campo das limitações.

Em 2016, finalmente, com o intuito de harmonizar o entendimento das turmas de direito privado, a Quarta Turma afetou à Segunda Seção do STJ o julgamento do Recurso Especial nº 1.575.225.[40] O caso versava sobre prototípico exemplo de cobrança, pelo ECAD, de direitos autorais em festa junina realizada por escola particular. Coube ao Ministro Raul Araújo relatar o feito, entendendo que a cobrança deveria ser afastada pela incidência de limitação:

---

[38] STJ, 3ª T., REsp 1.416.758/RS, Rel. Min. Nancy Andrighi, julg. 03.06.2014, publ. *DJ* 20.06.2014.

[39] STJ, 4ª T., REsp 1.343.961/RJ, Rel. Min. Luís Felipe Salomão, julg. 06.10.2015, publ. *DJ* 09.11.2015.

[40] STJ, 2ª S., REsp 1.575.225/SP, Rel. Min. Raul Araújo, julg. 22.06.2016, publ. *DJ* 03.08.2016.

O tema é controvertido, inclusive no âmbito desta Corte, daí a afetação promovida pela eg. Quarta Turma. Embora haja vários precedentes em contrário, a jurisprudência do STJ já teve ensejo de manifestar-se, em casos assemelhados, no sentido de que a festa promovida com fins didáticos, pedagógicos ou de integração pelos estabelecimentos de ensino, sem intuito de lucro, como se dá com as festas juninas, em que se executam músicas culturais e folclóricas – caso dos autos –, configura hipótese em que se revela indevida a cobrança pretendida pela recorrente. [...] Ademais, tratando-se de uma festa de confraternização, pedagógica, didática, de fins culturais, que congrega a escola e a família, é fácil constatar que a admissão da cobrança de direitos autorais representaria um desestímulo a essa união. Esse desagregamento não deve ser a tônica do presente julgamento, levando-se em consideração a sociedade brasileira, tão marcada pela violência e carente de valores mais sólidos.

O ministro Luis Filipe Salomão inaugurou divergência, seguido, entre outros, pela ministra Maria Isabel Gallotti, para quem "não haveria lógica em que houvesse pagamento de direitos autorais em inúmeras situações [...] e qualquer evento que fosse dentro de uma escola poderia, dentro de uma interpretação extensiva, se considerar que, por ser dentro de uma escola, tivesse fins didáticos, não obstante tenha também fins de confraternização e divertimento". Ao final do julgamento, persistia empate (quatro votos para cada lado), cabendo – de maneira a fechar o círculo que se iniciara, na Terceira Turma, em 2011 – ao mesmo ministro Sanseverino proferir o voto de desempate, agora já na Segunda Seção. E sucintamente, ele o fez, entendendo que o pagamento não era devido – "estando caracterizada a finalidade didática na festa junina".

A despeito do importante avanço que foi o STJ ter se debruçado sobre tantos casos, e ter reafirmado – em tons mais explícitos e já sob a égide da Lei nº 9.610/98 – que as limitações aos direitos do autor não devem ser interpretadas restritivamente (e, reflexamente, que novas limitações podem ser criadas no caso concreto), não se pode ainda afirmar que haja um progresso extremamente linear na matéria, tampouco que ele seja definitivo. E isso não apenas pelo titubear de opiniões e pela apertada votação registrada no caso levado à julgamento na Segunda Seção. Sem dúvida, vários dos pronunciamentos dos ministros do STJ sobre a matéria, em todos esses casos, serviram para aprofundar o entendimento das nossas cortes superiores sobre o tema das limitações, expondo o necessário equilíbrio entre o interesse público e privado que deve orientar o estudo da matéria. E é positivo que a interpretação restritiva não possa mais ser considerada um dogma, por mais que ressurja em suspiros conservadores, saudosos da hegemonia passada. Mas os passos hermenêuticos que o STJ deu, por dignos de celebração que sejam, são ainda tímidos. Em suma, a direção das mudanças parece ser a correta; a velocidade com que esse motor opera é que precisa ser revista.

5. UMA AVENTURA GENEROSA, MAS SEMPRE INTERROMPIDA

Parece claro que um dos grandes motivos para que essa velocidade das mudanças ganhe maior arranque é – se não mais um completo desprezo – o nítido desconforto que a ideia de limitações gera, ainda. Nesse sentido, poucas passagens são tão ilustrativas quanto o trecho de um dos últimos acórdãos que abordamos na escalada de decisões do STJ, segundo o qual "as regras que preveem aquelas tolerâncias [limitações] constituem direito excepcional, e não direito subjetivo de quem se vale delas".[41]

---

[41] STJ, 4ª T., REsp 1.343.961/RJ, Rel. Min. Luís Filipe Salomão, julg. 06.10.2015, publ. *DJ* 09.11.2015.

PROBLEMAS DE DIREITO CIVIL – *Homenagem aos 30 anos de cátedra do professor Gustavo Tepedino*

A essa passagem, contraponha-se a incisiva lição de Tepedino, em artigo de 2012 intitulado "Marchas e contramarchas da constitucionalização do direito civil" – em comentário sobre o ensino jurídico, mas que pode ser estendido à cultura jurídica brasileira como um todo, questionando a excessiva "preocupação com a regulamentação dos direitos subjetivos, sendo o direito de propriedade o grande paradigma. Imagina-se, erroneamente, que bom direito só se pode ter com um direito subjetivo claramente definido em sua estrutura, efeitos e ações postas à disposição de seu titular". Conclui Tepedino que "[a] pessoa humana deve ser tutelada em qualquer situação em que se encontre, mesmo diante da inocorrência de um direito subjetivo previsto ou tipificado pelo legislador. Tal preocupação parece, pois, indispensável, não só em termos de produção legislativa, mas também de técnica interpretativa".[42]

A citação acima de Tepedino antecedeu em uma década sua presciente advertência, na Rua da Assembleia, àquele novo doutorando que queria pular a etapa interpretativa para, sem escalas, dedicar-se à ingrata escrita *de lege ferenda*, sem mandato público para tal. E esse trecho permanece, hoje (uma década depois da sua publicação), tão atual quanto continuará sendo daqui a dez anos, e depois. A tarefa de tutelar os interesses da pessoa, "proprietária" ou não – e por conseguinte, o interesse público, em cada situação concreta de conflito – é, e só pode ser, diuturna. E é no momento da interpretação que tal tutela se dinamiza, trazendo a complexidade da vida para a enganosa simplicidade do modelo clássico do direito subjetivo. Os intérpretes da lei – seja na academia, seja na magistratura – não podem nunca baixar essa guarda, por melhor e mais sofisticado (ou por pior e mais simplório) que seja o dado normativo em vigor.

Mas a produção legislativa também pode e deve ser priorizada. A massa crítica que se criou no direito autoral brasileiro dos últimos vinte anos, refletida primeiro em produção acadêmica (tudo a seu tempo...), e depois no debate público e em tentativa de formulação de políticas, já influenciou os pontuais – ainda que relevantes – avanços jurisprudenciais aqui examinados. Contudo, é preciso mais. A aprovação do PL nº 2.370 de 2019, em especial das mudanças propostas no âmbito das limitações, forneceria o catalisador necessário para que o direito autoral brasileiro acelere sua atualização, tanto pelo delineamento claro de novos (e específicos) direitos dos usuários de obras intelectuais como pelo entronizamento de uma previsão geral de limitações. A extensão do catálogo de limitações – por mais que se entenda que o rol seja exemplificativo –, especialmente para fins de pesquisa e preservação, é o ajuste mais urgente, bem como a resolução do imbrólio criado pelos "pequenos trechos" no campo dos usos privados. Mas a explicitação de uma cláusula geral rigorosa também teria efeito muito importante de oxigenação do regime, deixando claro que, observadas certas condições, a reverência sacrossanta aos interesses do autor pode não ser a saída justa para o caso concreto.

No atual estado das coisas, advogar pelo avanço de uma proposta como o Projeto de Lei nº 2.370 de 2019 não é tarefa das mais simples. A agenda legislativa do momento é outra, e a atenção do país está voltada para dramas de ordem distinta. E ainda que houvesse sucesso em pautar o tema, não se pode desprezar a possibilidade de seu trâmite acabar, à luz do que se verifica no atual cenário político, trazendo emendas piores que o proverbial soneto. É preciso seguir tentando, contudo; e não só porque milagres acontecem, mas também porque, como concluiu Marcos Nobre em seu estudo sobre o imobilismo em movimento, "não correr o risco de aprofundar a democracia apresenta grande perigo de congelar um resultado conservador".[43] É preciso avançar na democratização da cultura brasileira com a ampliação legal das limitações aos direitos autorais; e enquanto isso não

---

[42] Gustavo Tepedino, Marchas e contramarchas da constitucionalização do direito civil: a interpretação do direito privado à luz da Constituição da República. In: [Syn]Thesis. Rio de Janeiro, v. 5, n. 1, 2012, p. 18.

[43] Marcos Nobre, *Imobilismo em movimento*: Da abertura democrática ao governo Dilma, São Paulo: Companhia das Letras: 2013, p. 156.

acontece, que se continue a aprofundar a democracia como na lição da Rua da Assembleia – por meio da interpretação do dado normativo em vigor.

Enfim, e à guisa de epílogo, pode parecer exagero – dada a gravidade do atual quadro brasileiro – falar em limitações ao direito autoral como fator relevante para a construção democrática. Mas é preciso insistir com "iniciativas de consequências imprevisíveis", no espírito das palavras de Gilberto Gil em seu discurso de posse como Ministro da Cultura, após lembrar que cabe ao Estado criar condições de acesso universal aos bens simbólicos:

> Porque o acesso à cultura é um direito básico de cidadania, assim como o direito à educação, à saúde, à vida num meio ambiente saudável. Porque, ao investir nas condições de criação e produção, estaremos tomando uma iniciativa de consequências imprevisíveis, mas certamente brilhantes e profundas, já que a criatividade popular brasileira, dos primeiros tempos coloniais aos dias de hoje, foi sempre muito além do que permitiam as condições educacionais, sociais e econômicas de nossa existência.[44]

Onde Gil fala em "investir nas condições de criação e produção", eu consigo – com a tranquilidade dada pelo contexto daquele discurso, e de toda a sua atuação ministerial – ler também nas entrelinhas a necessidade de investir nas condições de acesso à cultura, incluindo sua disseminação e sua utilização para gerar ainda mais cultura, processo em que as limitações aos direitos do autor desempenham um papel fundamental. É falsa a antítese segundo a qual mais limitações significariam menos criação; os interesses dos criadores devem ser protegidos, nos termos da lei, mas isso não impede que a pessoa humana seja tutelada também no seu direito de ter acesso à cultura. A ponderação entre esses interesses deve ser feita de maneira tão técnica quanto possível; nesse sentido, é preciso admitir que a mais importante decisão do STJ sobre o tema das limitações, vez que proferida por sua Segunda Seção, poderia ter se estendido um pouco mais quanto aos seus fundamentos (ainda que o voto decisivo refira-se a uma muito bem construída decisão anterior, do próprio ministro Sanseverino).

Mas o raciocínio que fecha o voto do ministro relator – em suma, que o direito autoral não deve ser invocado para desagregamento do tecido social, "levando-se em consideração a sociedade brasileira, tão marcada pela violência e carente de valores sociais e culturais mais sólidos" – encaixa-se perfeitamente ao discurso de Gil, ainda que ele tenha sido proferido há quase duas décadas: "Ou o Brasil acaba com a violência, ou a violência acaba com o Brasil. O Brasil não pode continuar sendo sinônimo de uma aventura generosa, mas sempre interrompida". Pois, como concluiu o músico-ministro, ele próprio um dos maiores criadores da nossa cultura: "Temos de completar a construção da nação. De incorporar os segmentos excluídos. De reduzir as desigualdades que nos atormentam. [...] E o papel da cultura, nesse processo, não é apenas tático ou estratégico, é central: o papel de contribuir objetivamente para a superação dos desníveis sociais, mas apostando sempre na realização plena do humano".

---

[44] GIL, Gilberto. Íntegra do discurso de posse do ministro da cultura Gilberto Gil. In: *Carta Maior*. Disponível em: https://www.cartamaior.com.br/?/Editoria/Midia-e-Redes-Sociais/integra-do-discurso-de--posse-do-ministro-da-cultura-Gilberto-Gil/12/5623. Acesso em: 06.05.2021.

5

O DIREITO ADQUIRIDO SOB O PRISMA CIVIL CONSTITUCIONAL

CARLOS TOLOMEI

Sumário: 1. Introdução. 2. Síntese dos elementos científicos. 2.1. Os três planos do ato legislativo. 2.2. Fatos passados, fatos presentes, fatos pendentes e fatos futuros. 2.3. Retrospectividade × Ultratividade. 2.4. Doutrinas baseadas na noção de direitos adquiridos. 2.5. O direito subjetivo como espécie de situação subjetiva. 2.6. O significado da proteção do direito adquirido no Brasil. 3. Questões relevantes. 3.1. A intertemporalidade e as situações de trato sucessivo. 3.2. O direito adquirido e o poder constituinte. 4. Conclusão.

1. INTRODUÇÃO

Um dos problemas de mais difícil solução na ciência do direito é aquele relativo ao conflito de leis no tempo e, nesta mesma esteira, ao princípio da irretroatividade das leis. A questão tem sido objeto de vários estudos desde séculos atrás. Contudo, todo esse esforço ainda não foi suficiente para que se pudesse encontrar respostas satisfatórias diante de graves indagações e perplexidades que, num fluxo contínuo e ininterrupto, se repetem neste particular campo do direito.

Em meados de 2001, ao ensejo do meu curso de mestrado na Universidade do Estado do Rio de Janeiro – UERJ, consciente desta dificuldade, elegi o tema para ser objeto de minha dissertação (que, como livro[1], foi publicada pela Editora Renovar). Mesmo considerado o arrojo natural que minha juventude à época proporcionava (e lá se vão 20 anos...), tal relativa ousadia, por escolher conteúdo tão turbulento, derivou da segurança proporcionada pelas brilhantes lições do meu orientador, o Professor Gustavo Tepedino.

---

[1] *A proteção do direito adquirido sob o prisma civil-constitucional: uma perspectiva sistemático-axiológica*, Rio de Janeiro: Renovar, 2005.

Minha proposta então foi – e continua sendo – abordar o "direito adquirido" sob uma perspectiva contemporânea e sob um novo viés sistemático e axiológico, plasmado no influxo civil-constitucional irradiado pela instituição dos Estados Democráticos de Direito.[2] Este particular aspecto apresentava-se – e ainda se apresenta – pouco explorado e parcamente valorizado.

Pois bem, no atual momento, em que celebramos 30 anos de tão exuberante cátedra do Professor Tepedino (e, para tanto, com grande alegria e honra sou instado a revistar minha dissertação de mestrado), o tema, após quase duas décadas, ainda revela-se instigante e desafiador. É o que veremos.

O "direito adquirido", como categoria jurídico-científica, foi objeto de incessantes movimentos doutrinários que buscaram consolidá-lo. Ainda que com origem filosófica bem remota, muitos chegando a perceber a questão, de forma embrionária, com o surgimento do direito escrito, certo é que, de um simples instrumento intuitivo para casuisticamente identificar o "Justo" e afastar o "Injusto", foi-se o "direito adquirido" impregnando gradualmente de uma dogmática própria, até chegar ao seu ápice no final do século XIX. Já então, longe de uma simples percepção natural, buscava-se critérios científicos para categorizá-lo e, com isso, exprimir uma regra abstrata que garantisse o máximo de segurança no momento de sua aplicação.

Ponto fundamental, dentro da nova perspectiva que propusemos (e propomos), é caracterizar a recente "construção" e confirmação dos Estados de Direito e dos Regimes Democráticos, após a II Grande Guerra, como sendo passo de extrema importância para a dogmática da intertemporalidade legal. Percebemos, com este movimento político, uma verdadeira revolução normativa, sobretudo no âmbito civil-constitucional. Firma-se o "Direito" como instrumento de superação de desastrosas experiências sociais, quando reiteradamente a força bélica prestava-se para negar liberdades. Há, com efeito, uma profunda alteração do eixo jurídico-axiológico basilar, tirando o foco do "Indivíduo" para iluminar a "Pessoa", como fim em si mesma. Na esteira de tal mudança de perspectiva, especial relevância possui o surgimento dos "Direitos Fundamentais", como positivação dos direitos humanos e como mecanismo jurídico de garantia da dignidade da pessoa.

Eis, em resumo, a forma como vislumbramos a proteção do "direito adquirido" no ordenamento brasileiro: inserida neste novo sistema político-social e impregnada pelos atuais valores fundamentais. O equívoco de balizar tal categoria num contexto histórico-normativo ultrapassado é, para nós, a origem dos conhecidos problemas que envolvem a matéria, criando o que seriam dificuldades insuperáveis.

Lançada essa premissa, cumpre assentar os elementos científicos do "direito adquirido" e sua natureza jurídica.

---

[2] Na lição do Professor Fachin, cumpre estabelecer uma nova hermenêutica jurídica, levando-se em conta não somente a norma, que inclui a Constituição, mas também *a própria ação legítima do sujeito concreto como constituinte de sua própria personalidade e da história daqueles com quem dialeticamente se relaciona*". O conflito de leis no tempo, com efeito, tem por base a totalidade de valores e princípios que, alocados no ápice do sistema normativo, permitem a superação de aparentes antinomias. "*É por meio da hermenêutica como compreensão e ação constitutiva do próprio sujeito que se alcançará a imperiosa sensibilidade jurídica à reinvenção e renovação do Direito, reconhecendo-se um modo de olhar socialmente eficaz*". Luiz Edson Fachin, *Direito Civil: sentidos, transformações e fim*, Rio de Janeiro: Renovar, 2015, p. 146.

2. SÍNTESE DOS ELEMENTOS CIENTÍFICOS

2.1 Os três planos do ato legislativo

O ato legislativo, em especial a lei, projeta-se em três planos distintos e sucessivos: a existência, a validade e, finalmente, a eficácia.[3] Somente depois de superados os dois primeiros planos (existência e validade) é que devemos investigar se a lei está apta a produzir efeitos, ou seja, transbordar para o plano da eficácia.

Há, no entanto, que se diferenciar vigência e eficácia, como aspecto relevante no âmbito da retroatividade e da ultratividade da lei. Elas, apesar de estarem no mesmo plano, não se confundem. É perfeitamente possível que uma lei exista, seja válida e esteja vigente, mas ainda não produza todos os efeitos possíveis (seja apenas parcialmente eficaz); e, nestes casos, não há que falar em vigência parcial. Pode o legislador sujeitar a eficácia da lei, total ou parcialmente, a uma regulamentação específica posterior. Assim, muito embora já esteja vigente, a produção dos plenos efeitos visados pela lei estará subordinada à expedição futura de outro ato pela autoridade competente. Tal limitação ou contenção total de efeitos próprios,[4] por sua vez, não se confunde com a *vacatio legis*, que é fator suspensivo da vigência da lei e que, por isso mesmo, impede a produção de qualquer efeito, suspendendo, com isso a eficácia da lei.

Em nosso sistema, a Lei de Introdução às Normas do Direito Brasileiro – LINDB[5], em seu art. 2.º, estipula que *"não se destinando a vigência temporária, a lei terá vigor até que outra a modifique ou revogue"*. Logo, o próprio legislador pode determinar o término da vigência através de um termo ou de uma condição (leis temporárias), ou a lei pode ter sua vigência cessada por outra que a modifique ou explicitamente revogue, quando ela é sucedida no tempo por outra; o que pode se dar de forma expressa (declaração objetiva na nova lei) ou tácita (incompatibilidade lógica entre os dois diplomas).

Imaginemos, numa metáfora, a dimensão temporal da lei como uma linha reta. Coloquemos numa ponta o término de eventual *vacatio legis* e na outra ponta a revogação da lei, pelo alcance do termo ou por substituição (revogação). Tudo que estiver entre estas duas pontas é a vigência do ato legislativo. A vigência qualifica o ato, tornando-o apto a produzir efeitos. Vigente pois a lei, entramos no plano da eficácia.

Nada obstante a eficácia de uma lei pressupor sua vigência, seus efeitos (sintomas externos e concretos da eficácia), sob o prisma da dimensão temporal, não se revelarão necessariamente durante tal vigência. Tenha-se em mente que a incidência da lei sobre um fato é apenas parte da atividade de aplicação da correspondente norma jurídica (incidência dos efeitos).[6]

2.2 Fatos passados, fatos presentes, fatos pendentes e fatos futuros

Identificados os três planos do ato legislativo, devemos considerar que a intertemporalidade legal pressupõe, sempre, a possibilidade de conflitos. Delimitamos nosso âmbito de estudo

---

[3] Por todos, ver Antônio Junqueira de Azevedo, *Negócio Jurídico: Existência, Validade e Eficácia*, São Paulo: Saraiva, 4ª ed., 2002.

[4] A rigor, mesmo que todas as suas próprias prescrições necessitem explicitamente de regulamentação para se tornarem eficazes, uma lei vigente sempre produzirá pelo menos um efeito e, por isso, já poderá ser considerada eficaz: terá ela, em regra, o condão de revogar as disposições de leis anteriores que sejam contrárias aos seus novos preceitos.

[5] Nova nomenclatura dada à antiga Lei de Introdução ao Código Civil – LICC pela Lei 12.376/10.

[6] Para estudo mais aprofundado do tema, ver João Baptista Machado, Âmbito de Eficácia e Âmbito de Competência das Leis, Coimbra: Almedina, 1998.

às hipóteses de intertemporalidade onde seja possível um conflito em razão da substituição de diplomas legais, ou seja, partindo-se da premissa de que tal substituição definitivamente se operou, de que não há dúvidas acerca da revogação de uma lei por outra.

Não sendo o caso de sucessão, mas de pluralidade de fontes, a situação assume contornos diversos. Passa a ser o caso, então, de integração normativa. Eis a advertência do Professor Gustavo Tepedino[7]:

> *"Em razão das intervenções legislativas suscitadas por sucessivas crises econômicas e, em 2002, pela recodificação civil, assume particular relevo, no momento atual do direito brasileiro, o problema da aplicação das leis novas aos contratos de longa duração celebrados sob a vigência da lei antiga. A matéria não se restringe à dogmática puramente conceitual, exigindo esforço hermenêutico capaz de compatibilizar as diversas leis especiais e o Código Civil com a Constituição da República, a partir das prioridades axiológicas pretendidas pelo legislador em cada momento histórico.*
>
> *Para tanto, mostra-se sempre atual a lição de Erick Jayme, que ressalta o pluralismo de fontes normativas como característica da pós-modernidade, conclamando o intérprete a um indispensável diálogo harmonizador dos núcleos legislativos. (...) Na esteira de tal construção, sugere-se, no lugar de conflito de leis, a visualização da possibilidade de coordenação sistemática destas fontes: o diálogo das fontes.*
>
> *Nesta direção, a Constituição da república assume papel prioritário na integração entre as fontes normativas, de sorte a conferir unidade sistemática e axiológica ao sistema jurídico."*

Isso considerado, devemos estabelecer o exato alcance das seguintes expressões: fatos passados, fatos presentes, fatos pendentes e fatos futuros.

Tendo em primeiro plano, como referência, o momento exato em que a lei entra em vigor, apresentamos a seguinte classificação: fatos passados são aqueles que tiveram curso antes deste momento. Já como fatos presentes reputamos aqueles que ocorrem durante o período de vigência da lei. Os fatos futuros são os que acontecerão após a revogação da lei. Até aqui levamos em conta, nestas três hipóteses, que os fatos se tenham completado inteiramente dentro dos respectivos períodos de tempo (antes da vigência, durante a vigência e depois da revogação), não havendo, por isso, parte de um mesmo fato que "toque" mais de um único período.

No entanto, fundamental para a compreensão dos problemas de conflitos de leis no tempo é a noção dos fatos pendentes. Estes são para nós os fatos que, iniciados antes da vigência de uma lei, se prolongam no tempo e continuam o seu desenrolar após o início da aludida vigência, ultrapassando assim este marco temporal.

2.3 Retrospectividade × Ultratividade

Após estabelecermos estas bases, cumpre qualificar a retroatividade da lei como efeito excepcional e, num contraponto, identificar os efeitos imediatos da lei como sendo sua vocação natural.

Retroatividade significa a retroprojeção dos efeitos da lei para período anterior à sua própria entrada em vigor. Isto pode ocorrer através da revaloração de fatos passados, para dar-lhes novas

---

[7] A noção de direito adquirido no diálogo de fontes normativas: um ensaio na perspectiva civil-constitucional, in *O Novo Direito Internacional – Estudos em Homenagem a Erick Jayme*, Rio de Janeiro: Renovar, 2005, pp.127/128.

consequências (retroatividade *ex fattispecie*), ou isto pode se dar através da utilização de fatos presentes para dar-lhes efeitos a contar do passado (retroatividade *ex statuizone*).

Estabelecido o correto alcance do fenômeno da retroatividade, em contraposição aos efeitos imediatos da lei, temos o fenômeno da "retrospectividade" como sendo a incidência dos efeitos naturais (imediatos) da nova lei sobre os fatos pendentes. Em oposição à retrospectividade, surge a "ultratividade" como sendo a pós-atividade da lei anterior, sua aplicabilidade sobre os fatos pendentes que venham a se materializar após a sua revogação.

Os efeitos retrospectivos, portanto, situam-se no âmbito dos efeitos naturais e imediatos da lei. Mas, apesar de naturais, dúvida não há de que a segurança jurídica pode ser afetada pelos efeitos retrospectivos de uma lei nova, na medida em que interfere na previsibilidade dos potencias efeitos (futuros) criados por ocasião da ocorrência de um fato-base, que tenha dado origem a fatos pendentes.

É também relevante destacar a distinção entre o fenômeno da "retroatividade", este como sendo atípico, e o fenômeno da "retrospectividade", considerado natural dentro da perspectiva da aplicação imediata da lei. Por isso, igualmente distintos são os tratamentos que os ordenamentos jurídicos dão à matéria.

Uma simples "contenção" da retroatividade, assim como da retrospectividade, dá-se de forma casuística. Tal contenção situa-se apenas como condicionamento, e não atua propriamente como limite. Os efeitos retroativos estão "condicionados" a uma declaração expressa do legislador. Por outro lado, os efeitos imediatos, aí incluídos os efeitos retrospectivos, estão "condicionados" à inexistência de declaração expressa do legislador em sentido contrário.

Já no que diz respeito a "limites" impostos ao legislador, este caráter funcional das regras de intertemporalidade das leis só pode ser obtido, sobretudo nos países de constituições rígidas, quando as regras são alçadas ao patamar constitucional. O controle do legislador ordinário só se pode realizar eficientemente por meio de uma supremacia hierárquica das normas que compõem a disciplina da eficácia temporal das leis. Com isso, é possível restringir tanto a retroatividade quanto a retrospectividade.

Poderíamos especular o cabimento de uma limitação total à retroatividade e, até, à retrospectividade, pensando que, com isso, estar-se-ia garantindo a segurança jurídica. Salta aos olhos, contudo, o equívoco em que incorreríamos com o engessamento total da atividade legislativa ordinária em matéria de intertemporalidade legal, principalmente em questões de Direito Civil.[8] Tornar-se-ia praticamente impossível a erradicação de uma figura jurídica que se revelasse odiosa em face dos novos valores sociais, sobretudo se for levada em conta a impressionante (e antes impensável) velocidade com que mudam os comportamentos e as exigências político-econômico-sociais. Ora, neste caso, no lugar da preservação da segurança, induzir-se-ia graves desajustes sociais, capazes de conduzir a movimentos extremos de radicalização, como única forma de superar a estagnação jurídica.

Por isso, a tendência é de que haja uma limitação apenas parcial dos fenômenos da retroatividade e da retrospectividade, como forma de permitir que o legislador interfira, ocasional e motivadamente, em situações que venham a se apresentar socialmente nocivas. A questão passa a ser, assim, a identificação do "ponto de equilíbrio" entre o engessamento completo e a

---

[8] Em matéria penal (e até, com menor frequência, em matéria tributária e fiscal), podemos imaginar (e efetivamente, na prática, esta é a tendência que se verifica) uma vedação completa de efeitos retroativos e retrospectivos, salvo se for para beneficiar o réu. É usual a conjugação, em nível constitucional, do princípio da legalidade, com o princípio da irretroatividade em sede de Direito Penal, como há muito se faz no Brasil.

liberdade total do legislador ordinário, seja através de normas de condicionamento, seja através de normas de limitação.

Disto se ocuparam as diversas teorias que enfrentaram a questão. Nos interessa aqui, em especial, a doutrina dos "direitos adquiridos".

2.4 Doutrinas baseadas na noção de direitos adquiridos

Sob a designação de teoria dos direitos adquiridos estão as doutrinas que distinguem o campo de aplicação da lei nova e da lei velha levando em conta, como linha divisória, as consequências dos fatos jurídicos sobre as pessoas (teorias subjetivistas).

Estas teorias, em síntese, dizem que a lei nova deve respeitar os direitos adquiridos, dos quais os indivíduos, seus titulares, não podem ser privados sem que isto signifique uma "injustiça." Com efeito, sua base está na distinção entre direitos adquiridos e tudo mais que não o é, ou seja, as simples expectativas de direito.

Dentre todos os partidários deste pensamento, Gabba é reconhecidamente a maior referência[9]. Ele apontou pela primeira vez, com clareza, a distinção entre retroatividade e violação a direitos adquiridos e, com isso, mostrou que nem toda retroatividade significa violação de direitos, pelo que se deveria afastar a genérica ilação de que "a lei não deve ser retroativa". A chave de toda sua doutrina está em se identificar direitos adquiridos e, a partir daí, estremá-los de simples expectativas de direito. Para tanto, ele apresenta, num primeiro momento,[10] a seguinte definição (numa tradução livre):

> "É adquirido todo direito que: a) é consequência de um fato idôneo a produzi-lo, em virtude da lei do tempo no qual o fato foi consumado, embora a ocasião de fazê-lo valer não se tenha apresentado antes da atuação de uma lei, nova sobre o mesmo; e b) nos termos da lei sob cujo império se entabulou o fato do qual se origina, entrou imediatamente a fazer parte do patrimônio de quem o adquiriu."[11]

Lançadas as raízes dogmáticas da doutrina dos direitos adquiridos, resta crucial assentar sua noção científica. Isto porque afirmar que existe a categoria jurídica dos direitos adquiridos é, a nosso sentir, premissa básica. A proteção obtida com tal objetivação científica atende ao princípio da segurança jurídica de forma bem mais efetiva, se comparada à fluidez de uma visão difusa e instintiva. Eventuais direitos que ficarem fora da noção científica e que sejam reputados merecedores de proteção diante de mudanças legislativas, podem ser preservados de forma isolada, exatamente como faz nosso texto constitucional (direitos fundamentais, cidadania, etc.).

Por isso, insistimos: devemos definir a categoria jurídica dos direitos adquiridos, para aí, e somente aí, termos alguma segurança acerca dos direitos que efetivamente estão protegidos e, noutra vertente, acerca daqueles que não estão. Do contrário, corremos o risco de perdermo-nos na fluidez do casuísmo, o que pode levar tanto à "superproteção" como à "proteção nenhuma". Ou a categoria jurídica (direito adquirido) existe e a identificamos segundo critérios científicos, ou, na ausência dela, não existirá qualquer proteção efetiva; pois simples "intuições" do aplicador da lei revelaria a mais absoluta insegurança jurídica.

---

[9]   Carlo Franceso Gabba, *Teoria dela Retroativitá dele Legge*, terza edizione, Torino: Unione Tipografico--Editrice, volume primo, 1891; volume secondo, 1897; volume terzo, 1898; volume quarto, 1898.

[10] Aqui fizemos questão de fazer a ressalva "num primeiro momento" porque, adiante, em sua obra, Gabba oferece outra definição, já para os direitos adquiridos de natureza pessoal.

[11] *Op. Cit.*, volume primo, p.191.

84 | PROBLEMAS DE DIREITO CIVIL – *Homenagem aos 30 anos de cátedra do professor Gustavo Tepedino*

Voltando ao conceito de Gabba, podemos dali inferir duas características fundamentais da categoria jurídica dos direitos adquiridos:

i) ela está totalmente integrada dentro de outra categoria mais ampla, que é a categoria jurídica dos direitos subjetivos, ou, dito diversamente, o direito adquirido é uma espécie de direito subjetivo;

ii) dentro da categoria ampla dos direitos subjetivos, identifica-se a (sub)categoria jurídica dos direitos adquiridos como sendo aqueles direitos subjetivos que tenham sido definitivamente incorporados ao patrimônio de seu titular, qualificando-se tais direitos, a partir desse momento e diante de uma mudança normativa, como direitos (subjetivos) adquiridos.

Logo, ao invocar direitos adquiridos estamos falando exclusivamente de direitos subjetivos. Este é o passo inicial para que se possa trabalhar cientificamente a noção de direito adquirido. E aqui, cabe lembrar, também poderá ser eventualmente considerado como direito adquirido algum direito subjetivo condicionado ou diferido a termo. Cuidar-se-á neste caso de direito que existe e é válido, mas que ainda não é eficaz.[12]

Já no segundo aspecto está o núcleo central do conceito e da noção de direitos adquiridos: sua natureza patrimonial. Também aí está seu elemento diferenciador: a incorporação ao patrimônio do seu titular, que será sempre o indivíduo.

Sintetizando assim o conceito, temos que direito adquirido é o direito subjetivo já incorporado ao patrimônio individual.

2.5 O direito subjetivo como espécie de situação subjetiva

Destacados os elementos identificadores da categoria dos direitos adquiridos (direito subjetivo e natureza patrimonial), cabe traçar zonas de exclusão onde não poderemos falar de direitos adquiridos.

Invoquemos, então, as situações jurídicas como instituto diretamente relacionado à categoria dos direito adquiridos. As situações jurídicas subjetivas são as resultantes da valoração histórica, sobre as pessoas como específicos centros de interesses, da ordem jurídica vigente. Elas encerram a posição que o sujeito jurídico se encontra perante o Direito, ou seja, *"a eficácia do fato com referência a um centro de interesses, que encontra a sua imputação em um sujeito destinatário, traduz-se em situações subjetivas juridicamente relevantes".*[13]

Diversas são as noções que se incorporam, numa estrutura de gênero e espécie, à noção de situação jurídica subjetiva. Assim, dentro dela, tida como noção geral, podemos identificar o direito subjetivo, as faculdades (aí inseridos os direitos potestativos), o poder jurídico, o interesse legítimo, o ônus, a qualidade (incluindo-se o *status*, a condição jurídica, a capacidade e outras diversas noções desta mesma natureza que se costuma identificar), etc.

De todas estas noções específicas, a que particularmente nos interessa é a noção de direito subjetivo. Isto porque, como vimos, só se pode conceber direitos adquiridos diante de

---

[12] Há muito o Professor Manuel Domingues Andrade já afirmava que o termo ou a condição (suspensiva) apenas difere a *eficácia* do negócio, presumindo aí, então, sua existência e validade, desde sua efetiva celebração, *Teoria Geral da Relação Jurídica*, vol. I, Coimbra: Coimbra Editora, pp. 439/440.

[13] Pietro Perlingieri, *Perfis do Direito Civil*, 2. ed, Rio de Janeiro: Renovar, 2002, p. 100.

situações jurídicas subjetivas desta espécie. Todas as demais categorias estão fora da noção de direito adquirido.

Reconhecer um "direito adquirido" significa identificar, casuisticamente, a concretização de certa situação subjetiva patrimonial. Logo, a proteção do direito adquirido revela a proteção das situações subjetivas patrimoniais, assim como a proteção dos efeitos que no ato da concretização desta, e somente nele, tenham a sua *causa eficiente*.

Outro "ingrediente" deve ainda ser considerado: a insustentável ampliação do conceito de direito subjetivo, aliada a recente movimento doutrinário de exaltação apoteótica das cláusulas pétreas constitucionais.

Como anotamos, o direito subjetivo nada mais é do que uma espécie de situação jurídica sub-jetiva. Contudo, a noção tradicional de direito subjetivo, eminentemente técnica, está impregnada por um artificialismo que tem resultado em graves confusões, em especial no que diz respeito à noção de direito adquirido (que a esta ampla noção de direito subjetivo se tem vinculado). Ainda hoje, alguns buscam manter "aprisionadas" dentro da noção de direito subjetivo determinadas situações subjetivas que são substancialmente diversas. Fala-se, sem fundamento técnico, em direito subjetivo à maioridade, direito subjetivo de contratar, direito subjetivo de testar, direito subjetivo de casar, direito subjetivo de votar (e, nessa mesma esteira, sustenta-se a existência de supostos direitos adquiridos correlatos).[14/15]

No que tange ao indevido agigantamento das cláusulas pétreas, muito bem anota Daniel Sarmento:[16]

> *"A maximização das cláusulas pétreas representa um sério atentado contra o princípio democrático, que postula que o povo deve ter, a cada momento, o poder de decidir os rumos que pretende seguir. Por outro lado, o alargamento da esfera intangível da Constituição pode expor a risco a sua própria continuidade no tempo, estimulando rupturas e saídas não institucionais, que poderiam ser facilmente evitadas através de um arranjo institucional um pouco mais maleável. Ademais, o engessamento da ordem constitucional frustra sua possibilidade de adaptar-se à realidade cambiante, que assume conformações muitas vezes imprevisíveis no momento do pacto constituinte."*

Tais equívocos devem ser afastados, para que possamos estabelecer, de forma correta, o efetivo alcance da proteção dos direitos adquiridos.[17]

---

[14] Belizário Antônio de Lacerda, por exemplo, fala de direito subjetivo à filiação, ao nome, ao apelido de família", *Direito Adquirido*, Belo Horizonte: Del Rey, 1999, p. 18.

[15] Em sede jurisprudencial já se afirmou, por exemplo, que a faculdade legal de exercer a preferência sobre a compra do imóvel locado, conferida ao locatário, seria um direito subjetivo adquirido e, por isso, inviolável: "Locação – Direito de Preferência – Contrato registrado antes da Lei n. 6.698/79 – Direito adquirido reconhecido – Inaplicabilidade do §1.º do art. 25 da Lei n. 6.649/79"; 2.º Tribunal de Alçada Cível de São Paulo, Ap. 440.473, 4.ª Câmara, Relator Juiz Celso Pimentel, j. 21.11.95.

[16] *Direito Adquirido, Emenda Constitucional, Democracia e Justiça Social*. Revista Eletrônica sobre a Reforma do Estado (RERE), Salvador, Instituto Brasileiro de Direito Público, nº12, dezembro/janeiro/fevereiro, 2008. Disponível na Internet: http://www.direitodoestado.com.br/artigo/daniel-sarmento/direito-ad-quirido-emenda-constitucional-democracia-e-justica-social, Acesso em 11 de março de 2021, p. 7/8.

[17] No Brasil, tal proteção está regulamentada tanto na Constituição Federal (art. 5, inciso XXXVI) quanto na legislação ordinária (art. 6.º da Lei de Introdução às normas do Direito Brasileiro – LINDB). Muitos entendem como inconstitucional a definição de direitos adquiridos levada a efeito pela LINDB (antiga LICC). Não nos alinhamos a este posicionamento, na medida em que o legislador ordinário vai além

2.6 O significado da proteção do direito adquirido no Brasil

Feitas as reflexões dogmáticas, eis o momento de, focados no sistema positivo brasileiro, alvidrarmos o conceito e o alcance atual da proteção do direito adquirido.

No que diz respeito à aplicação de leis no tempo, apresenta-se em lugar de destaque, no Brasil, o art. 5.°, inciso XXXVI, da Constituição Federal:

> *"A lei não prejudicará o direito adquirido, o ato jurídico perfeito e a coisa julgada."*

Da compatibilização deste dispositivo com as demais normas constitucionais que protegem os direitos subjetivos fundamentais, surge o contorno da limitação a que está sujeito o legislador ordinário. Assim, tendo como fonte primária o art. 5.°, XXXVI, da Constituição da República, trazendo a perspectiva de que só há que se falar em direitos adquiridos nas situações subjetivas patrimoniais (direito subjetivo de natureza patrimonial), propomos o seguinte preceito para solução de conflitos de leis no tempo:

> *"A lei nova, modificando as situações jurídicas, pode extinguir imediatamente as situações subjetivas não patrimoniais que se vinculavam a situações que não mais subsistem. Por outro lado, a lei nova não pode interferir nas situações subjetivas patrimoniais concretizadas sob a égide da legislação revogada, assim como não pode interferir nos efeitos que naquela situação, e somente nela, tenham sua causa eficiente."*

3. QUESTÕES RELEVANTES

3.1 A intertemporalidade e as situações de trato sucessivo

Muitas vezes o decurso do tempo, concorrendo com outros elementos, presta-se como fator determinante para o nascimento de uma obrigação. Nestes casos, a que se costuma chamar de situações subjetivas de trato sucessivo (ou de duração), o tempo, ou o estado de permanência da situação, constitui elemento substancial de determinação das prestações.

Nestas situações fica estabelecido um *negócio-base* através do qual cada específico período de tempo enseja, com seu decurso, a automática "repetição" (sob o plano da existência) do negócio original, como se estivessem sucessivamente ressurgindo, a cada período, as bases negociais originais. Cuida-se de simples e engenhoso mecanismo jurídico, através do qual evita-se sucessivas e desnecessárias repetições formais de uma mesmíssima espécie de negócio. As partes antecipadamente concordam com sua duração para além de cada particular e efetivo período de adimplemento recíproco.

Logo, em se tratando de negócios jurídicos de natureza continuada, o consenso entre as partes (autonomia da vontade[18]) acerca desta automática sucessividade do negócio (sua permanência

---

das fronteiras traçadas pelo constituinte. De toda forma, no que se confundir com a noção constitucional, a regra ordinária é inócua. Já naquilo que disse a mais, funciona a LINDB como simples norma de condicionamento, e não como barreira à atividade legislativa.

[18] Não se pode superdimensionar a "autonomia da vontade", sobretudo na realidade atual, onde os novos valores impõem mais e mais sua relativização, para imaginar que ela possa se sobrepor à própria ordem jurídica vigente. A liberdade individual permeia o vazio (e o permissivo) normativo, não se podendo invocá-la para objetar a incidência de uma norma cogente. O que aqui se está a afirmar tangencia, sob

no tempo) significa juridicamente a superação do plano da existência (repetição automática do negócio-base). No entanto, deve ser permanentemente aferida a compatibilidade entre o negócio e a lei vigente em cada específico período no qual se repete seu ciclo de adimplemento recíproco (superação do plano da validade). O que existe é uma "repetição" automática, não uma "convalidação" automática: mudando a lei, o negócio deve adequar-se à nova realidade normativa, como condição para sua validade.[19] Se contrariar a nova regra legal, o negócio continuará existente, mas será considerado inválido, por impropriedade de seu objeto.

Ora, os indivíduos não possuem direitos adquiridos a situações subjetivas abstratas. Os direitos adquiridos restringem-se a situações subjetivas concretas. Portanto, com a lei nova não mais será permitida a continuidade (ou, melhor dizendo, o "restabelecimento") da situação subjetiva, agora abstratamente proibida, sem violar quaisquer dos efeitos produzidos antes de sua vigência. Respeitar-se-á as situações jurídicas subjetivas já concretizadas anteriormente.

Eis aí a pedra angular da questão: identificar a que situação subjetiva concreta estão ligados os efeitos produzidos e, isto feito, aplicar a lei vigente no momento em que tal situação se estabeleceu.

O Professor Gustavo Tepedino há muito enfrentou a questão. Vejamos trecho de conferência proferida em 1996[20]:

> *"É imperioso interpretar restritivamente a noção de direito adquirido, de molde a não abranger os efeitos futuros de negócios jurídicos que, posto praticados legalmente no passado, são hostilizados pela lei nova. Até a entrada em vigor desta, há de se proteger os efeitos produzidos pelo ato jurídico perfeito, sempre que definitivamente incorporados ao patrimônio de alguém. Cuidando-se, entretanto, de relações de trato sucessivo, pretender fazer prevalecer por anos a fio, projetada para o futuro, a produção de efeitos e a incorporação de novos efeitos no patrimônio individual, por força de comportamento ou atividade que a sociedade considera nocivos ao convívio social, parece-me excessivo. Mais que excessivo, parece-me deliberada subversão da vontade constitucional"*

E ainda o Professor Tepedino, em oportunidade posterior,[21] reafirmou enfaticamente sua posição, afirmando que:

> *"No afã de assegurar uma proteção definitiva às situações jurídicas constituídas pela autonomia privada, o ordenamento brasileiro inseriu a proteção ao ato jurídico perfeito, ao direito*

---

o aspecto prático, aquelas alegações (equivocadas em seus fundamentos, a nosso juízo) de que diante das "leis de ordem pública" não se poderia invocar "direitos adquiridos". Com efeito, se existem direitos adquiridos, eles devem ser respeitados pela lei (independentemente da qualificação que se lhe dê ao ato legislativo).

[19] Este entendimento, a rigor, caminha ao lado da chamada *nova* teoria contratual, que lança raízes nas transformações sociais experimentadas ao longo do século passado e que, há muito, havia sido percebida por Georges Ripert: "O contrato já não é ordem estável, mas eterno vir a ser. O credor já não possui um direito adquirido, mas a simples esperança de que o juiz tenha as suas pretensões como legítimas", *O Regimen Democrático e o Direito Civil Moderno*, São Paulo: Saraiva, 1937, p. 314.

[20] As relações de consumo e a nova teoria contratual, in *Temas de Direito Civil.*, 3. ed., Rio de Janeiro: Renovar, 2004, p. 217 e ss.

[21] A noção de direito adquirido no diálogo de fontes normativas: um ensaio na perspectiva civil-constitucional, in *O Novo Direito Internacional – Estudos em Homenagem a Erick Jayme*, Rio de Janeiro: Renovar, 2005, pp.128/137.

> *adquirido e à coisa julgada no rol das garantias constitucionais imutáveis, consagradas como cláusulas pétreas, ou seja, insuscetíveis de alteração por reforma constitucional. (...)*
>
> *A solução brasileira, embora louvável no sentido de se buscar garantir a estabilidade do sistema, acabou por tornar excessivamente engessado o processo de reforma social, restando praticamente impossível a adaptação dos contratos de longa duração às circunstâncias econômicas traduzidas pelo legislador. (...)*
>
> *As partes, nos contratos de trato sucessivo ou de execução diferida, limitam-se a ter a expectativa de direito no sentido de que os efeitos contratuais sejam produzidos na forma pactuada, segundo os preceitos legais em vigor no momento da sua produção. (...) Portanto, tratando-se de contratos de execução diferida ou de trato sucessivo, não há que se cogitar da existência de direitos adquiridos a efeitos futuros, sendo legítima a intervenção legislativa que venha alcançá-los." (...)*
>
> *Se os contratos de longa duração traduzem o potencial criador da iniciativa privada, as leis novas retratam a confluência de fontes normativas e a prevalência da ordem pública dirigida às transformações sociais. Oxalá deste debate possa resultar a desmistificação do direito adquirido. Afinal, tal importantíssima categoria destina-se à proteção das relações patrimoniais e não deve, definitivamente, ser compreendida em si mesma, sem a necessária valoração de sua aptidão funcional, no caso concreto, à defesa das relações existenciais, dos princípios constitucionais e, especialmente, do valor-princípio da dignidade da pessoa humana veiculados pela atividade contratual."*

Destarte, diante de situações subjetivas de trato sucessivo, eventuais mudanças legislativas só poderão incidir sobre as situações que automaticamente se "repetirem" sob sua égide. A nova lei só poderá regular os efeitos das situações que se materializarem sob sua vigência. As situações subjetivas que periodicamente se "repetiram" e se "concretizaram" no passado, na vigência da lei anterior, são intangíveis pela lei nova, por significar, uma vez incorporadas ao patrimônio do indivíduo, direito adquirido e, nesta esteira, situação subjetiva constitucionalmente protegida.

3.2   O direito adquirido e o poder constituinte

É importante investigar se o poder constituinte sujeita-se a alguma espécie de limitação no que tange ao respeito do direito adquirido. A questão, muito embora possa parecer simples, tem suscitado dúvidas e entendimentos relativamente diversos.

Partamos da premissa, aqui já assentada, de que os efeitos naturais dos atos legislativos são aqueles imediatos, donde decorre o princípio da irretroatividade das leis. E tal princípio não se vincula necessariamente a uma norma jurídica, nem tampouco se cuida de simples elemento não-normativo; ou seja, ele não precisa fazer parte do repertório jurídico. Trata-se, a rigor, de princípio que compõe e ao mesmo tempo informa toda a estrutura do ordenamento.

Logo, no silêncio do legislador,[22] existe um princípio que vincula o intérprete no sentido de não fazer incidir efeitos tipicamente retroativos. De outra parte, justamente pelo fato dos efeitos imediatos significarem os efeitos normais, também somente ao legislador compete afastá-los, pelo que, não o fazendo, ao intérprete cabe aplicar de imediato tais efeitos. Quando estamos falando de leis (infraconstitucionais), o legislador ordinário não tem o caminho livre, pois ele está vinculado à proteção constitucional do direito adquirido (assim como do ato jurídico perfeito e da coisa julgada). Disso já falamos.

---

[22]   Mas, como já dito, hoje no Brasil há uma norma de condicionamento, expressa na LINDB.

Contudo, ao vislumbrarmos exatamente o mesmo mecanismo sob o prisma do legislador (poder) constituinte é que surgem as indagações mais complexas.

a) Poder constituinte originário

Em primeiro lugar, vejamos se há limitações ao poder constituinte originário. Trata-se de poder que configura ou reconfigura as bases do ordenamento jurídico, não podendo estar, por sua própria natureza, sujeito a limitações normativas anteriores. Partindo então da premissa, já apontada, de que o princípio da irretroatividade permeia todo o ordenamento, concluímos que (só) é permitido ao poder constituinte originário violar direitos adquiridos e até direitos efetivamente consumados, dando efeito retroativo a novas disposições constitucionais, se ele assim o fizer expressamente. Diversa, contudo, é a relação do poder constituinte originário com os efeitos retrospectivos. A tendência entre nós tem sido a de admitir efeitos retrospectivos independentemente de qualquer menção expressa; ao contrário, menção expressa seria necessária justamente para afastá-los. Vejamos a clássica lição de Pontes Miranda:

> *"É princípio básico o princípio da imediata incidência das regras jurídicas constitucionais, salvo se a própria Constituição protrai a incidência de alguma ou algumas de suas regras jurídicas, ou se a retrotrai. Quando se diz que as novas Constituições incidem imediatamente e há, aí, princípio inegável, de modo nenhum se enuncia que as novas Constituições têm retroatividade e o princípio do respeito aos direitos adquiridos, à coisa julgada e aos atos jurídicos perfeitos não exista para as Constituições. O que acontece é que à própria Constituição ficou a possibilidade de afastar, explícita ou implicitamente, o princípio do respeito ao que surgira em incidência de lei anterior, inclusive de Constituição. Aí, a Constituição, que poderia protrair a sua incidência, como ocorre com a Constituição de 1967, explicitamente a retrotrai. Quando uma Constituição – e aqui está apenas um exemplo – deixa de considerar nacional nato, ou nacional naturalizado, quem o era sob a Constituição anterior, corte que ela encontraria, porque sua incidência é imediata. Poderia ressalvar. Se não ressalvou, cortou".*[23]

Na mesma esteira, sempre se posicionou o Excelso Pretório, conforme a clássica manifestação do Ministro Moreira Alves:

> *"Já se firmou a jurisprudência desta Corte no sentido de que os dispositivos constitucionais têm vigência imediata, alcançando os efeitos futuros de fatos passados (retroatividade mínima[24]). Salvo disposição expressa em contrário – e a Constituição pode fazê-lo –, eles não alcançam os fatos consumados no passado nem as prestações anteriormente vencidas e não pagas (retroatividades máxima e média)".*[25]

Em resumo, no que diz respeito ao poder constituinte originário, consolidou-se o entendimento de que ele está apenas "condicionado" (e não "limitado") pelo princípio da irretroatividade, razão pela qual ele pode dispor retroativamente e, se for o caso, violar direitos adquiridos, desde que o faça expressamente. Já os efeitos retrospectivos são automáticos, necessitando então de norma expressa para afastá-los.

---

[23]   *Comentários à Constituição de 1967, com a emenda* nº 1, de 1969, Tomo V, São Paulo: Revista dos Tribunais, 1971, p. 385.

[24]   Ali, ao se referir à retroatividade mínima, queremos na verdade fazer alusão (conforme a melhor técnica) aos efeitos retrospectivos.

[25]   Recurso Extraordinário nº 140.499-GO, in *RTJ*, 156:229/237.

b) Poder constituinte derivado

Cumpre agora avaliar a questão sob a perspectiva do poder constituinte derivado.

Antes da Carta de 1988, predominava o entendimento de que *"não há direito adquirido em face da Constituição"*. Tal entendimento não impunha um verdadeiro limite ao poder constituinte derivado. A rigor, para que se pudesse dotar a emenda constitucional com efeitos retrospectivos, capazes de violar o direito adquirido, necessário seria menção expressa neste sentido. Com maior razão, e para manter a coerência, exatamente o mesmo se daria no caso de eventuais efeitos retroativos. Por outras palavras, sujeitar-se-ia o poder constituinte derivado não apenas ao princípio da irretroatividade (contrapondo-se aos efeitos imediatos), mas também para que se produzissem efeitos retrospectivos seria necessária determinação expressa neste sentido.

Mesmo após a Constituição Federal de 1988, o Supremo Tribunal Federal vinha se manifestado conforme a orientação[26] de que nenhum dos Poderes Constituintes estaria sujeito ao (ou limitado pelo) direito adquirido. Em voto de lavra do Ministro Moreira Alves, restou assentando que *"não há direito adquirido contra texto constitucional, resulte ele do Poder Constituinte originário, ou do Poder Constituinte derivado"*. E prossegue: *"a Constituição, ao aplicar-se de imediato, não desfaz os efeitos passados de fatos (salvo se expressamente estabelecer o contrário) ... mas alcança os efeitos futuros de fatos a ela anteriores (exceto se os ressalvar de modo inequívoco)"*. [27]

Gradualmente, no entanto, surgiram vozes no sentido de afastar tal entendimento, sob a alegação de que ele se revelaria incompatível diante da ordem constitucional introduzida pela Constituição de 1988. Invoca-se, então, a garantia das cláusulas pétreas, fixada no o art. 60, §4º, inciso IV, no sentido de que: *"não será objeto de deliberação a proposta de emenda tendente a abolir os direitos e garantias individuais"*. Eis, por todos, os argumentos de Elival da Silva Ramos:

> *"A despeito das variadas interpretações que correm acerca do preceituado do inciso IV do §4º do art. 60 da Lei Maior, afigurasse-nos estar muito próxima do consenso doutrinário a asserção de que não se pode, por emenda constitucional, eliminar a garantia que assegura proteção ao direito adquirido, ao ato jurídico perfeito e à coisa julgada, ou mesmo reduzir-lhe a abrangência, por exemplo, suprimindo uma das categorias limitantes ou restringindo a proteção aos direitos adquiridos enquanto fatos pretéritos. (...)*
>
> *Ora, dessa decorrência da limitação material ao Constituinte de revisão, que lhe impõe o respeito ao princípio dos direitos adquiridos e garantias fundamentais, há que se extrair outra, qual seja, a de que não é lícito às emendas constitucionais, ao disporem sobre determinadas matérias, causar prejuízos a direitos adquiridos, sejam eles de base infra-constitucional, sejam eles fundados em dispositivos da própria Constituição, sob pena de se admitir, por via oblíqua e dissimulada, que, paulatinamente, vá-se tornando a garantia letra morta, condenada a fazer parte da hedionda galeria das disposições constitucionais despregadas da realidade".*[28]

---

[26] Paulo Roberto Mendonça Silvério, em artigo intitulado *"O instituto jurídico dos direitos adquiridos e a 'cláusula pétrea' dos direitos e garantias individuais"*, após invocar inúmeros julgado do Supremo, conclui que esta é uma posição "há muito sedimentada"; *Revista de Informação Legislativa,* Brasília: Senado Federal, 128;69/77, 1995, p. 74.

[27] In *RTJ*, 114:237.

[28] *A Proteção do Direito Adquirido no Direito Constitucional Brasileiro*, São Paulo: Saraiva, 2002, pp. 238/239.

O autor, citando doutrina alinhada ao seu entendimento,[29] afirma que *"a tendência é que se torne essa a doutrina predominante, haja vista a solidez dos argumentos esgrimidos"*.[30]

No contexto de tal instabilidade hermenêutica, precedente de imensa relevância foi o julgamento da ADIN 3.105-8/DF (em 26/05/2004). Naquela oportunidade, por maioria, o Excelso Pretório afastou a proteção do direito adquirido em face de emendas constitucionais. Em voto corajoso e histórico, o Ministro Joaquim Barbosa destacou que, em que pese a importância das cláusulas pétreas – e, entre elas, o direito adquirido – para preservação do núcleo essencial de valores constitucionais, a sua ampliação desmesurada pela via hermenêutica constitui construção intelectual conservadora, antidemocrática, desarrazoada e com propensão oportunista e utilitarista, para fazer abstrair vários outros valores também protegidos pela Constituição. Vale transcrever trecho do voto:

> *"Conservadora porque, em sua essência, a ser acolhida em caráter absoluto, como se propõe nessa ação direta, sem qualquer possibilidade de limitação ou ponderação com outros valores igualmente importantes, tais como os que proclamam o caráter social do nosso pacto político, a teoria das cláusulas pétreas terá como consequência a perpetuação de nossa desigualdade. Constituiria, em outras palavras, um formidável instrumento de perenização de certos traços de nossa organização social. A Constituição de 1988 tem como uma de suas metas fundamentais operar profundas transformações em nosso quadro social. É o que diz seu art. 3.º, incisos III e V. Ora, a absolutização das cláusulas pétreas seria um forte obstáculo para a concretização desse objetivo. Daí o caráter conservador de sua pretendida maximização.*
>
> *Essa teoria é antidemocrática porque, em última análise, visa a impedir que o povo, por intermédio de seus representantes legitimamente eleitos, promova de tempos em tempos as correções de rumo necessárias à eliminação paulatina das distorções, dos incríveis e inaceitáveis privilégios que todos conhecemos. O povo tem, sim, o direito de definir o seu futuro, diretamente ou por meio de representantes ungidos com o voto popular.*
>
> *Além de antidemocrática, a tese que postula a imutabilidade perpétua de certas características de nosso pacto é ilusória. No constitucionalismo moderno, somente por intermédio dos procedimentos da emenda constitucional e da jurisdição constitucional, fenômeno jurídico hoje quase universal, é que se consegue manter a sincronização entre a Constituição e a realidade social, cuja evolução é contínua e se dá em ritmo avassalador. Ou seja, é insensato conceber que o constituinte originário possa criar aquilo que o Professor Canotilho qualifica como uma "constituição imorredoira e universal". A evolução do pacto social deve ser a regra, sob pena de se criar um choque de gerações, que pode até mesmo conduzir à esclerose do texto constitucional e do pacto político que ele materializa."*

---

[29] Carlos Ayres de Britto e Valmir Pontes Filho , Direito Adquirido contra as Emendas Constitucionais, in *Revista de Direito Administrativo*, nº 202/75, 1995; José Afonso da Silva, *Poder Constituinte e Poder Popular (estudos sobre a Constituição)*, São Paulo: Malheiros, 2000; Raul Machado Horta, Constituição e Direito Adquirido, in *Revistas de Informação Legislativa*, nº 112/69:86, 1991; entre outros.

[30] *Op. cit.*, p. 240.

92 | PROBLEMAS DE DIREITO CIVIL – *Homenagem aos 30 anos de cátedra do professor Gustavo Tepedino*

Na doutrina, dentre tantos conceituados professores (Celso Bastos[31], Caio Mário[32], Hugo de Britto Machado[33], José Eduardo Martins Cardoso[34]), Daniel Sarmento[35] reafirmou essa linha de pensamento, argumentando que a Constituição Federal de 1988 é dirigente, programática e visa a assegurar as bases necessárias à construção de uma democracia inclusiva. É, portanto, uma Constituição bem mais voltada para transformar do que para conservar. Com efeito, o princípio democrático, que postula o direito de cada geração de se autogovernar, revela-se incompatível com uma interpretação ampliativa das cláusulas pétreas. Outrossim, a lição do Professor Tepedino,[36] ao comentar a Emenda Constitucional n.º 41/93 (objeto da referida ADIN 3.105-8/DF), não deixa dúvidas:

> *"Em que pese sua importância para o sistema, os direitos adquiridos não desfrutam de proteção absoluta, superior à tutela conferida ao ordenamento a outros princípios constitucionais, como a solidariedade social e a igualdade substancial, evidentemente presentes na emenda constitucional em matéria de previdência social. Se assim não fosse, se uma cláusula pétrea fosse levada ao extremo da imponderabilidade, far-se-ia tabula rasa da estabilidade política que, com ela, pretendeu alcançar o legislador. Ou seja, se nem mesmo o constituinte derivado, como expressão da vontade popular, pudesse sopesar direitos adquiridos em favor de outros princípios igualmente importantes, e inseridos, também eles, no rol das garantias constitucionais, eventuais alterações políticas e sociais só se poderiam*

---

[31] *"Há que se considerar ainda o caso da Emenda Constitucional. A esta, sem dúvida, pela força de que está revestida de norma constitucional, cabe cassar direitos adquiridos. Mas aplique-se, aqui, o que foi dito com relação à própria Constituição. Não basta, por exemplo, uma emenda que se limite a suprimir o dispositivo constitucional sobre o qual se calcava o portado do direito adquirido"; Comentários à Constituição do Brasil,* vol. 2, São Paulo: Saraiva. 1989, p. 191.

[32] *"... em princípio, não pode haver nenhum direito oponível à Constituição, que é a fonte primária de todos os direitos e garantias do indivíduo, tanto na esfera publicística como privatística. Uma reforma constitucional não pode sofrer restrições com fundamento na ideia genérica do direito adquirido"; Instituições de Direito Civil,* v.1, Rio de Janeiro: Forense, 16ª ed, 1994, p. 117.

[33] *"A Constituição, sabemos todos, é um conjunto de normas hierarquicamente superiores. Assim, se nela reside norma como a do art. 5º, XXXVI, de nossa CF/88, estabelecendo que a 'a lei não prejudicará o direito adquirido, o ato jurídico perfeito e a coisa julgada' fica limitado o arbítrio do Poder Legislativo, pois a lei ordinária, como as demais normas inferiores, não poderão ser aplicadas a projeções de fatos anteriores ao início da respectiva vigência, ainda que contenham determinação expressa neste sentido. Essa determinação expressa será inconstitucional. Nada impede, contudo, que o próprio constituinte, ao fazer a Constituição, ou ao emenda-la, determine expressamente que o preceito novo aplica-se a projeção de fatos anteriores, pois a limitação residente no princípio da irretroatividade, mesmo inscrito na Constituição, a ele não se dirige. Nem seria válido o argumento segundo o qual a garantia do direito adquirido constitui um direito fundamental, inatingível por emendas à Constituição por força de seu art. 60. §4º, IV. Essa garantia constitucional é uma limitação de poderes do legislador ordinário. O legislador dotado de poder constituinte, mesmo que apenas reformador, ou derivado, a ela não está submetido. E por isto mesmo não se pode dizer que a elaboração, pelo legislador constituinte reformador, de uma norma retroativa, tende a abolir a garantia da irretroatividade das leis"; Direito adquirido e coisa julgada como garantias constitucionais,* in *RT* 714/19:26, pp.21/26.

[34] *Da Retroatividade da Lei,* São Paulo: Revista dos Tribunais, 1995, pp.313/314.

[35] Direito adquirido, emenda constitucional, democracia e justiça social. *Revista Trimestral de Direito Civil.* vol. 20. Rio de Janeiro: Padma, 2004.

[36] O STF e a noção de direito adquirido, in *Temas de Direito Civil, t. II,* Rio de Janeiro: Renovar, 2006, p. 394.

> *concretizar mediante movimento revolucionário, sendo impotentes as instituições democráticas, especialmente os Poderes constituídos, para levar a cabo as aspirações democráticas de transformações sociais."*

No entanto, bem recentemente (em sessão do "plenário virtual"[37] realizada em junho de 2020), o Supremo, ao enfrentar o Tema 543 da Repercussão Geral, assentou entendimento majoritário que limita o poder constituinte derivado, fixando a seguinte tese: *"A alteração de regência constitucional do salário-família não repercute nas relações jurídicas existentes na data em que promulgada a Emenda Constitucional nº 20/1998".*

Em voto condutor da lavra do Ministro Marco Aurélio, relator do julgado, restou consignado:

> *"Constata-se no inciso IV do § 4º do artigo 60 da Constituição Federal dualidade: a proteção, no tocante a emendas, faz-se presente considerados direitos e garantias. Uma coisa é afirmar a alteração ou a supressão de certo regime jurídico, respeitada a razoabilidade. Algo diverso é colocar em segundo plano direitos adquiridos e, mais, situações subjetivas já reconhecidas. (...)*

> *Situações consolidadas não podem ser atingidas, observada a garantia do direito adquirido, porque oponíveis ao Poder Constituinte Derivado. As novas regras instituídas são inaplicáveis a quem, na data da publicação da Emenda, já estava em gozo do benefício.*

> *O salário-família integrava a remuneração da recorrente até dezembro de 1998, quando inexistentes condicionantes ao recebimento.*

> *A sociedade não pode viver aos sobressaltos, aos solavancos. O texto constitucional proclama o direito adquirido, surgindo tuteladas relações jurídicas constituídas segundo a legislação anterior à referida Emenda de nº 20/1998. O direito individual da recorrente deve ser preservado."*

Discordamos, destarte, da perspectiva afirmada no recente julgado de nossa Corte Constitucional. Para nós, tal sacralização das cláusulas pétreas apresenta os mesmos sintomas da "obsessão" que levou ao "inchamento" da noção de direito adquirido, de forma que nela se pudesse incluir tudo aquilo que intuitivamente, no caso concreto, se considerasse "justo" inserir. A ampliação já agora é, não mais da noção de direito adquirido em si, mas da proteção que em torno dela se faz. Por mais que viremos e reviremos o texto constitucional, não se apresenta viável, sob qualquer prisma – seja hermenêutico, axiológico, histórico e, até, pelo direito comparado –, alargarmos a proteção para nela vincular o constituinte derivado.[38] Com efeito, alinhamo-nos ao voto divergente, da lavra do Ministro Luís Roberto Barroso:[39]

---

[37] Questões de tamanha relevância acabam ofuscadas em julgamentos dessa natureza, pois o Plenário virtual inibe os debates; conforme, aliás, afirmou recentemente o ex-Ministro Carlos Velloso, em entrevista ao "Migalhas" (*https://s.migalhas.com.br/S/E4F392*).

[38] Aqui lembramos a lição de Diogo de Figueiredo Moreira Neto: *"Se há incompatibilidade e choque entre o texto constitucional e a realidade política, econômica, social e cultural, pode-se estar certo: a mudança acabará sendo do texto, e não da realidade. Assim, a primeira condição de permanência de uma Constituição está na própria possibilidade de se renovar sem ruptura"; A Revisão Constitucional Brasileira – como se situa, qual seu alcance e quais seus limites,* Rio de Janeiro: Lumen Juris, 1993, p. 8.

[39] Anotemos que tal posição do ilustre ministro pode ser pontual, consideradas as circunstâncias do fato concreto *sub judice*, na medida em que o Professor Barroso já havia se manifestado, na Academia, no sentido da proteção do direito adquirido em face de emendas constitucionais: *"A regra do art. 5º, inc. XXXVI, dirige-se, primariamente, ao legislador, e, reflexamente, aos órgãos judiciários e administrativos.*

> "*4. Não assiste razão à recorrente, pois não há direito adquirido ao recebimento do salário-família, diante da alteração promovida pela EC nº 20/1998. Em primeiro lugar, porque a jurisprudência do Supremo Tribunal Federal é pacífica no sentido de que não existe direito adquirido a regime jurídico de servidores públicos, assegurada a irredutibilidade de vencimentos (RE nº 563.708, Rel. Min. Cármen Lúcia, j. 6.2.2013, DJe 2.5.2013; RE nº 563.965, Rel. Min. Cármen Lúcia, j. 11.02.2009, DJe 20.03.2009). No caso, o salário-família possui a natureza de benefício previdenciário e não integra os vencimentos da recorrente. Como bem destacado na manifestação da Advocacia-Geral da União, "o salário-família faz parte do regime jurídico previdenciário desses servidores públicos e, por sua própria natureza legal e estatutária, pode ser alterado a qualquer momento pela Constituição ou por uma nova lei, para se adequar às necessidades exigidas pela dinâmica realidade em constante mutação" (fls. 203). Não há que se falar, portanto, em direito adquirido da recorrente, tendo em vista se tratar de benefício sujeito às mutações de um regime jurídico estabelecido entre o servidor e a Administração Pública, proveniente de previsão constitucional. É absolutamente plausível, portanto, a alteração das exigências para a concessão do benefício por parte do constituinte reformador.*
>
> *5. Em segundo lugar, como se está diante do controle de constitucionalidade de emenda constitucional, recomenda-se postura de deferência por parte do Poder Judiciário. Isto é, apenas em caso de enquadramento inequívoco em uma das hipóteses previstas no art. 60, §4º, da CF é que há espaço para a declaração de inconstitucionalidade. É preciso ter em vista que o próprio texto constitucional sofreu alteração, pela atuação do legislador constituinte reformador em processo legislativo próprio e mediante a aprovação por quórum qualificado. Há, portanto, que se respeitar a escolha política que foi tomada legitimamente e só se justifica a intervenção judicial em hipótese de inconstitucionalidade flagrante, o que não é o caso dos autos. Não se está diante de emenda constitucional que afete o núcleo essencial dos direitos assegurados constitucionalmente a servidores públicos.*"

Ora, o princípio do respeito ao direito adquirido, surgiu, e rigorosamente manteve-se ao longo de séculos, como uma orientação doutrinária destinada ao intérprete e ao aplicador da lei; e, mesmo assim, no silêncio deste. Há até bem pouco tempo, seria inimaginável vincular o legislador a tal princípio. Entretanto, na medida em que se percebeu a necessidade, de natureza filosófica e político-axiológica, de limitar – e não apenas condicionar – a atividade legislativa, alguns (poucos) ordenamentos elevaram o plano hierárquico-normativo da proteção ao direito adquirido. Da lei, voltada para o aplicador e para o intérprete, foi o princípio alçado à Constituição, através de regra expressa, vinculando assim o legislador. No Brasil, com maior relevância, ele foi alocado dentre os direitos e garantias individuais. Cuida-se, sem dúvida, de importante passo para a segurança das relações e estabilidade dos negócios, na medida em que a proteção voltou-se agora diretamente para a lei, que sempre foi – e continuará sendo – o mecanismo usual de regulação jurídica da vida coletiva. Ou seja, e no caso específico brasileiro, o direito adquirido não é, ele próprio, um direito fundamental ou uma cláusula pétrea. Seu respeito pelo legislador ordinário, sim, que o é: "*a lei não prejudicará o direito adquirido.* Trata-se de direitos distintos, sucessivamente conexos, porém inconfundíveis: de um lado o "direito adquirido" e, de outro, o "*direito do indivíduo que a lei não viole seu direito adquirido*".

Vedado seria ao constituinte derivado, por exemplo, estabelecer, através de emenda ao Texto Constitucional, que as leis (ordinárias ou complementares) pudessem ter efeitos retroativos ou

---

Seu alcance atinge, também, o constituinte derivado, haja vista que a não retroação, nas hipóteses constitucionais, configura direito individual, que, como tal, é protegido pelas limitações materiais do art. 60, §4º, IV"; Interpretação e Aplicação da Constituição. 7. ed., rev. São Paulo: Saraiva, 2009.

retrospectivos, caso o legislador ordinário assim desejasse. Aí, sim, estaria violada a proteção constitucional (a cláusula pétrea erigida pelo constituinte originário no inciso XXXVI, do art. 5º), cabendo invocar a limitação material estabelecida no §4º do art. 60.[40]

Isso, e nada mais, foi desde sempre defendido por todas as doutrinas que trataram da proteção aos direitos adquiridos: a garantia de sua inviolabilidade diante de um conflito entre leis no tempo – e não de um conflito entre regras constitucionais no tempo, ou, pior, entre uma regra constitucional e uma lei.

De toda forma, não podemos esquecer que o endurecimento da proteção ao direito adquirido não se faz sem provocar sérias consequências práticas, que devem ser avaliadas. No momento em que se limita a atividade legislativa, limita-se, como dito, o mecanismo usual e democrático de regulação jurídica da vida coletiva. E as consequências de tal limitação não podem ser desprezadas, sobretudo na sociedade atual, onde impera um fabuloso dinamismo, com mudanças constantes de perspectivas e objetivos. Hoje, num único ano recebemos o influxo de informações que antes, não muito tempo atrás, atravessariam várias e várias gerações. Não podemos imaginar um completo engessamento da atividade legislativa e, pior ainda, da atividade reformadora constitucional, sob pena de engessarmos a própria sociedade.

Nos parece que a proteção constitucional do direito adquirido, em face da lei, seria justamente "o" endurecimento necessário, "a" solução intermediária pela qual o legislador atuaria ordinariamente, dentro do regular dinamismo social, sem, contudo, perturbar intensamente a esfera individual. Eis então o ponto de equilíbrio idealizado e protegido pela própria Constituição, sobretudo quando levamos em conta a rigidez constitucional brasileira: protege-se a segurança limitando-se a atividade (bem mais intensa) do legislador ordinário e, ao mesmo tempo, permite-se o dinamismo social e a imediata incorporação de novos valores ao ordenamento, através da possível atividade (bem menos intensa) do constituinte derivado.

Ao entendermos diversamente, ultrapassando tal posição equitativa, caminhamos a passos largos para o extremo oposto ao simples condicionamento. Imaginar a proteção ao direito adquirido não mais como uma limitação à regulação usual da vida coletiva, isto é, à lei, resulta em transformarmos tal proteção numa verdadeira e odiosa barreira ao desenvolvimento social, voltando-se não mais o legislador, mas para o próprio constituinte, ainda que derivado. De limite à atividade legislativa, a proteção do direito adquirido se tornaria verdade absoluta, dogma estrutural, como se dela dependesse todo o sistema jurídico. Na prática, estaria o direito adquirido no mesmo plano da liberdade, da vida, da saúde, da igualdade, enfim, da dignidade da pessoa humana. E com isso, num irônico círculo vicioso, entramos no "túnel do tempo", para chegarmos ao lugar de onde partimos no século XVIII, quando a autonomia da vontade era entendida como valor supremo; pois é justamente neste lugar que chegaremos com o superdimensionamento da proteção.[41]

---

[40] Sobre o assunto, ver Otto Bachoff, *"Normas Constitucionais Inconstitucionais?"*, Coimbra: Almedina, 1994.

[41] Neste ponto, lembremos a contundente advertência de Paiva Pitta, lançada há mais de um século: *"Ora, se a lei nova houver de respeitar tudo o que tiver a sua razão de ser no passado, restringindo o seu império somente ao que se fizer depois de sua promulgação, nós veremos o passado caminhar paralelamente ao presente, o desengano com a esperança, a saudade como o gozo, a sombra com a luz, enfim as velhas com as novas instituições. Se não quisermos pois que a sociedade apresente duas faces, uma enrugada e triste e outra bem contornada e lisa, uma cavada pelo remorso ou serena pela tranquilidade, outra animada pela esperança ou anuviada pela incerteza, havemos de estender o império da lei nova a tudo o que existe sem distinção de data para lhe dar morte ou regular vida, se a política e a justiça exigirem o sacrifício num caso, ou a metamorphose no outro"*; *Questões Transitórias do Direito Civil Portuguez*, Coimbra: Imprensa da Universidade de Coimbra, 1870, p. 76.

Para permitir uma exegese alargada do dispositivo constitucional, a ele vinculando o constituinte derivado, costuma-se afirmar que *"não afeta essa conclusão a circunstância de haver o constituinte empregado o vocábulo 'lei', ao expressar a cláusula protetiva"*.[42] Porém, os argumentos utilizados não convencem. O que levaria o constituinte a incluir a expressão "lei" apenas no momento de proteger o direito adquirido (e o ato jurídico perfeito e a coisa julgada), e dela não mais de utilizar em "coincidentemente" TODAS as outras hipóteses do mesmo art. 5.º? Não se fala que "a lei protegerá" a vida, que a "lei protegerá" a liberdade, que "a lei protegerá" a vida, que a "lei protegerá" a liberdade, que "a lei protegerá" a igualdade, que "a lei protegerá" a segurança, que "a lei protegerá" a propriedade, etc. Ora, cumpre-nos, do próprio texto constitucional, extrair bem mais: existe uma relação de conteúdo e forma entre o *caput*, do art. 5º e seus 77 incisos. Se no primeiro passo, no *caput*, o constituinte originário garantiu a inviolabilidade do direito à vida, à liberdade, à igualdade, à segurança e à propriedade, no passo seguinte garantiu tais direitos com a ressalva *"nos seguintes termos"*. Ou seja, nos termos dos 77 incisos que se seguem e, com efeito, onde se inclui "a proteção do direito adquirido em face da lei", e não "o direito adquirido em si".

Assim, não nos parece correto interpretar o art. 5º, inciso XXXVI, da Constituição Federal de forma a vincular, à proteção ali determinada, também o poder constituinte derivado; isto é, tentar impor o direito adquirido como limite às emendas constitucionais.

Por tudo isto, entendemos que, dirigindo-se a proteção do direito adquirido exclusivamente ao legislador infraconstitucional, o tratamento dispensado ao poder constituinte derivado deve ser o mesmo daquele dado ao poder constituinte originário: as emendas constitucionais podem violar direitos adquiridos, seja através de efeitos retroativos (e neste caso deverá fazê-lo expressamente), ou através de efeitos retrospectivos (e nesta última hipótese nada precisará ser dito).

4. CONCLUSÃO

As breves reflexões, aqui lançadas, tiveram por objetivo rediscutir, panoramicamente, o princípio da irretroatividade das leis e o princípio da proteção do direito adquirido sob a influência de perspectiva axiológica civil-constitucional. E, se existe pelo menos uma verdade que podemos extrair, é a de que, diante dos regimes e sistemas jurídicos democráticos atuais, não há como se avaliar a aplicação das leis no tempo e se interpretar a proteção do direito adquirido, sem levar em conta, em primeiro plano, a nova tábua de valores fundamentais; que, positivada nos diversos ordenamentos, sustenta e legitima a própria existência dos Estados. É essencial compreender que os direitos fundamentais estão fortemente presentes na atualidade, como eixo principal do Estado Democrático de Direito. Trata-se da estrutura política capaz de melhor realizar exatamente aqueles direitos, isto em razão da natureza ontológica da origem popular do "Poder" e, ao mesmo tempo, da natureza lógica do exercício deste "Poder", assegurada pelo princípio da legalidade.

Dentro deste novo ambiente, o direito adquirido, que antes se apresentava, para os indivíduos, como um baluarte (ou *pavillion*, como dizia Roubier) isolado para repressão do arbítrio estatal, como uma verdadeira "tábua de salvação", hoje se revela integrado a um amplo rol de garantias e valores fundamentais; em muitos casos, como no Brasil, expressamente previsto no Texto Constitucional, iluminando, diretamente e com intensidade jamais vista, também as relações privadas. É justamente assim, funcionalizado dentro deste completo e complexo sistema jurídico civil-constitucional, que o direito adquirido deve ser vislumbrado. A proteção constitucional do direito adquirido corresponde, hoje, a apenas um dos vários instrumentos de controle dos atos político-legislativos abusivos ou contrários à finalidade do Estado, esta traduzida, em um palavra, pela efetividade dos direitos fundamentais.

---

[42] A esta conclusão chega Elival da Silva Ramos, *op. cit.,* p. 239.

6

A CATEGORIA ESPECIAL DOS DADOS SENSÍVEIS: FUNDAMENTOS E CONTORNOS

CHIARA SPADACCINI DE TEFFÉ

Sumário: Introdução. 1. Fundamentos dos dados sensíveis: tutela do livre desenvolvimento da personalidade e do princípio da não discriminação. 2. O desenvolvimento da categoria dos dados sensíveis no ambiente europeu. 3. Critérios para qualificar os dados como sensíveis no cenário brasileiro. 4. O rol exemplificativo de dados sensíveis na LGPD. 5. Dados altamente sensíveis: uma nova categoria em discussão. Considerações finais.

INTRODUÇÃO

Os dados contam histórias sobre nós: indivíduos, grupos e sociedades. Quanto mais dados pessoais tratados e tecnologias sofisticadas empregadas, mais perfis serão criados e análises e predições realizadas. A partir de informações pessoais, é possível conhecer hábitos, comportamentos, gostos, preferências, descendência, estado de saúde e crenças de uma pessoa. Ao longo do tempo, a qualidade e a precisão das análises vêm sendo aperfeiçoadas, havendo inclusive a utilização de complexas estruturas de inteligência artificial nos processos, e seus resultados utilizados para os mais variados fins, por instituições públicas e privadas.

Na era da informação, o corpo não se resume apenas ao aspecto físico e materialmente visível. Ele abrange também o conjunto de dados pessoais sobre o indivíduo, formando o que foi denominado, por Stefano Rodotà[1], de "corpo eletrônico". Ao desenvolver esse conceito, o jurista italiano realçou a importância da proteção de dados pessoais para o exercício da cidadania e como

---

[1] RODOTÀ, Stefano. *A vida na sociedade da vigilância – a privacidade hoje.* Coord. Maria Celina Bodin de Moraes. Trad. Danilo Doneda e Luciana Cabral Doneda. Rio de Janeiro: Renovar, 2008.

instrumento contra a expansão do monitoramento estatal e o uso indiscriminado de dados por instituições de diversos segmentos.

Dados pessoais são continuamente tratados nas mais diversas relações, seja em compras em farmácias, na manutenção de perfil em rede social, na abertura de conta em banco ou por meio de ferramentas de vigilância e reconhecimento facial. Traços de cada um de nós ficam armazenados em inúmeros bancos de dados, onde nossa identidade é permanentemente analisada, e aparecemos ora como consumidores, ora como eleitores, devedores, trabalhadores ou usuários de serviços.[2]

Daniel Solove[3] aponta que as pessoas costumam afirmar que valorizam em grande medida a privacidade, porém elas prontamente fornecem informações, inclusive sensíveis, para obter pequenos descontos ou benefícios em serviços. Por vezes, as pessoas expressam elevada preocupação com a privacidade, mas falham em tomar medidas simples e não custosas para protegê-la. Esse fenômeno, segundo o autor, é conhecido como o "paradoxo da privacidade" e impacta profundamente a tutela dos dados pessoais. Em atividades do cotidiano, muitas vezes, fornecemos voluntariamente ou a pedido de terceiros dados sem questionar o porquê da solicitação, a finalidade e a política de tratamento desenvolvida do outro lado.

Dessa forma, informações bastante íntimas, privadas ou que podem gerar cenários graves de discriminação são colocadas em circulação tanto a partir de dados fornecidos por seus titulares quanto de dados inferidos ou compartilhados por terceiros. Conforme o grau de sensibilidade do dado aumenta, maiores são as possibilidades de seu titular sofrer interferências indevidas em sua liberdade e tratamentos discriminatórios ilícitos ou abusivos.[4] Por tal razão, além da criação de uma categoria especial para tutelar determinadas informações, mostrou-se necessário regular de forma mais restrita seu tratamento e estabelecer instrumentos amplos para a sua proteção.

1. FUNDAMENTOS DOS DADOS SENSÍVEIS: TUTELA DO LIVRE DESENVOLVIMENTO DA PERSONALIDADE E DO PRINCÍPIO DA NÃO DISCRIMINAÇÃO

A Lei Geral de Proteção de Dados (LGPD) tem como objetivo expresso proteger os direitos fundamentais de liberdade e de privacidade, além do livre desenvolvimento da personalidade da pessoa natural. Sua relevância, em verdade, mostra-se ainda maior, atuando na promoção da dignidade da pessoa humana[5] e na garantia dos direitos fundamentais nas mais diversas

---

[2] RODOTÀ, Stefano. Salviamo il corpo. Stralcio dell'intervento al convegno su "Trasformazioni del corpo e dignità della persona" – Roma 4/5/2005. Disponível em: <https://www.privacy.it/archivio/rodo20050504.html> Acesso em: 02.02.21

[3] SOLOVE, Daniel J. The Myth of the Privacy Paradox. 89 *George Washington Law Review* 1 (2021).

[4] No presente cenário, verifica-se fenômeno que vem sendo chamado de *datificação*: ato de datificar – pôr em dados – toda a vida e todas as relações de uma pessoa. Tais dados permitem o monitoramento em tempo real e a análise preditiva dos sujeitos, facilitando, inclusive, inferências de caráter sensível sobre eles. (MAYER-SCHOENBERGER, V.; CUKIER, K. *Big Data*: a revolution that will transform how we live, work, and think. Londres: John Murray, 2013.) Segundo Bioni, a tendência é a de que o ser humano tenha um prolongamento e uma projeção de si no ambiente digital, sendo todas as suas individualidades datificadas, de modo que muitos aspectos de sua vida poderão ser decididos a partir de sua extensão eletrônica. (BIONI, Bruno Ricardo. *Proteção de Dados Pessoais*: a função e os limites do consentimento. 2.ed. Rio de Janeiro: Editora Forense, 2020. p. 87.)

[5] MORAES, Maria Celina Bodin de. A tutela da pessoa humana no Brasil. *civilistica.com*, v. 3, n. 2, p. 1-36, 10 dez. 2014.

relações estabelecidas entre pessoas (naturais e/ou jurídicas) e entre pessoas e tecnologias. Ao se aplicar tanto ao setor público quanto ao privado, bem como aos ambientes físico e virtual, a LGPD impõe completa releitura de todas as formas de tratamento de dados pessoais, nas mais variadas áreas.

A cada segundo, uma infinidade de dados pessoais é extraída, transferida e organizada. Cadastros em lojas, logins em sites, identificação pessoal por biometria e a utilização de mídias sociais fornecem dados a diversos destinatários sem que, muitas vezes, seja possível ao titular controlar a finalidade da utilização de suas informações, bem como quem realizará o tratamento delas e por quanto tempo.[6] Dados biométricos ou de saúde, preferências culturais, estéticas ou de consumo e orientação sexual: tudo é coletado em tempo real e nos mais variados meios de comunicação e de prestação de serviços. Tais informações relacionam-se diretamente com a proteção integral da pessoa, devendo ser tuteladas de forma destacada e atualizada com os avanços científicos e tecnológicos.

Conforme aumenta o grau de exposição dos indivíduos e de sua sujeição a estruturas tecnológicas – pertencentes aos Estados e às grandes empresas –, verifica-se a relevância de se desenvolver instrumentos que coloquem os direitos à proteção de dados e à privacidade em posição de preeminência em face de situações patrimoniais. Neste sentido, inclusive, certas categorias de dados – pela sensibilidade e pela qualidade das informações que guardam – deverão receber garantias adicionais, não devendo ser utilizadas para fins meramente negociais.[7]

A LGPD, ainda que não defina expressamente o que são dados sensíveis, apresenta em seu Art. 5º, inciso II, dados assim considerados, como aqueles que versam sobre origem racial ou étnica, convicção religiosa, opinião política e filiação a sindicato ou a organização de caráter religioso, filosófico ou político. São também sensíveis aqueles referentes à saúde ou à vida sexual e dados genéticos ou biométricos. A legislação brasileira seguiu, em grande parte, a noção europeia de dados sensíveis, estabelecida em 2016 pelo Regulamento Geral de Proteção de Dados Pessoais (*General Data Protection Regulation* – GDPR), e expandiu rol já desenvolvido pela Lei do Cadastro Positivo (Lei n. 12.414/11).[8]

Mas o que torna um dado pessoal um dado sensível? Quais fundamentos legitimam a categoria? Quais dados foram assim qualificados pelo legislador brasileiro? No presente artigo, busca-se trabalhar as referidas questões por meio de estudo crítico acerca dos fundamentos e da definição dos dados sensíveis na LGPD, abordando-se seu conteúdo, contornos e princípios essenciais. Em momentos pontuais, será realizada análise do sistema de proteção de dados no contexto europeu.

Quando se afirma a relevância do livre desenvolvimento da personalidade, entende-se que cada pessoa deve eleger o seu modo de vida, podendo desenvolver e expor, de forma ampla, seu

---

[6]   TEPEDINO, Gustavo; TEFFÉ, Chiara Spadaccini de. O consentimento na circulação de dados pessoais. *Revista Brasileira de Direito Civil – RBDCivil*, Belo Horizonte, v. 25, p. 83-116, jul./set. 2020.

[7]   RODOTÀ, Stefano. *A vida na sociedade da vigilância – a privacidade hoje*. Coord. Maria Celina Bodin de Moraes. Trad. Danilo Doneda e Luciana Cabral Doneda. Rio de Janeiro: Renovar, 2008. p. 19.

[8]   "Art. 3º Os bancos de dados poderão conter informações de adimplemento do cadastrado, para a formação do histórico de crédito, nas condições estabelecidas nesta Lei. § 3º Ficam proibidas as anotações de: (...) II – informações sensíveis, assim consideradas aquelas pertinentes à origem social e étnica, à saúde, à informação genética, à orientação sexual e às convicções políticas, religiosas e filosóficas."

projeto pessoal.[9, 10] Garante-se autonomia para que cada um constitua sua personalidade de forma livre, sem qualquer imposição ou interferência de terceiros, havendo tanto um direito à individualidade quanto um direito à diferença.[11] A proteção da integridade da pessoa dar-se-á para além dos direitos positivados expressamente no ordenamento. Em contraponto a uma lógica paternalista, segundo a qual as pessoas deveriam ser protegidas de si próprias pelo Estado, promove-se a autonomia individual e a liberdade de escolha acerca do próprio destino.

Vale ressaltar que o livre desenvolvimento da personalidade, enquanto direito, deve ser também garantido pelo Estado e por terceiros. Recomenda-se, portanto, a elaboração e implementação de iniciativas, políticas e quadro normativo que propiciem o reconhecimento de capacidades, a atribuição de poderes e a determinação de deveres, de modo a possibilitar condições para o pleno desenvolvimento da personalidade.

O papel do ordenamento deve ser o de garantir à pessoa humana espaço para o desenvolvimento de suas escolhas, sabendo-se que de toda liberdade decorrerão também responsabilidades. Ao se tutelar os dados pessoais, tutela-se diretamente a liberdade, a igualdade e a integridade, tanto do indivíduo quanto das coletividades.

Nesse sentido, a proteção dos dados sensíveis mostra-se especialmente relevante para a garantia dos direitos e liberdades fundamentais das pessoas, devendo ser protegidos de forma mais específica e cuidadosa pelas diversas estruturas normativas. Isso porque, em virtude da qualidade e da natureza das informações que trazem, seu tratamento ou eventual vazamento poderá gerar riscos significativos à pessoa humana, podendo ser fonte para preconceitos e discriminações ilícitas ou abusivas.[12]

---

[9] Rodotà nos ensina: "O direito ao livre desenvolvimento da personalidade não é uma descoberta dos últimos tempos. É solenemente reconhecido pelo parágrafo 2º da Constituição alemã (...) e, de forma menos evidente, do artigo 2º da Constituição italiana, onde se afirma "a República reconhece e garante os direitos invioláveis do homem, seja como indivíduo, seja nas formações sociais nas quais se desenvolve sua personalidade." Pode-se legitimamente indagar, portanto, se a escolha de redefinir a própria identidade na internet pode ser considerada como um elemento essencial do desenvolvimento da personalidade e se as comunidades virtuais podem ser consideradas como "formações sociais"." (RODOTÀ, Stefano. *A vida na sociedade de vigilância*: a privacidade hoje. Rio de Janeiro: Renovar, 2008, p. 116.) Ver também: RODOTÀ, Stefano. *Il diritto di avere diritti*. Roma-Bari: Laterza, 2012.

[10] "A exigência do respeito da personalidade, de seu livre desenvolvimento, incide sobre a noção de ordem pública, sobre os limites e sobre a função da autonomia negocial, sobre a interpretação dos atos através dos quais se manifesta – na individuação das fronteiras do ilícito e de seu fundamento, sobre as configurações não apenas das relações familiares, mas também daquelas patrimoniais, sobre a concepção e a tutela da relação de trabalho, sobre o juízo de valor do associativismo e de seus possíveis escopos; incide, em suma, sobre toda a organização da vida em «comunidade»" (PERLINGIERI, Pietro. *O direito civil na legalidade constitucional*. Rio de Janeiro: Renovar, 2008, p. 768-769).

[11] Cf. MORAES, Maria Celina Bodin de. *Na medida da pessoa humana*: estudos de direito civil. Rio de Janeiro: Renovar, 2010. PINTO, Paulo Mota. A influência dos direitos fundamentais sobre o direito privado português. In: António Pinto Monteiro; Jörg Neuner; Ingo Wolfgang Sarlet (orgs.). *Direitos fundamentais e direito privado*: uma perspectiva de direito comparado, Coimbra, Almedina, 2007, p. 145-163. PINTO, Carlos Alberto da Mota. *Teoria Geral do Direito Civil*, 4ª Ed. Coimbra Editora, 2017. Paulo Mota Pinto, *O Direito ao Livre Desenvolvimento da Personalidade*, in Boletim da Faculdade de Direito de Coimbra, Portugal-Brasil ano 2000, Coimbra Editora, 1999.

[12] DONEDA, Danilo. *Da privacidade à proteção de dados pessoais*. 2. ed. São Paulo: Thomson Reuters Brasil, 2019.

Nas palavras de Rodotà,

> (...) dados sensíveis são aqueles relativos à saúde e vida sexual, às opiniões e ao pertencimento étnico ou racial, com uma lista semelhante às encontradas nas normas relativas a casos de discriminações. Assim, somos confrontados com algo que vai além da simples proteção da vida privada e se apresenta como defensor da mesma igualdade entre as pessoas.[13]

Verifica-se, na categoria em questão, importante conteúdo relacionado à intimidade, à identidade e à proteção da igualdade da pessoa natural, conteúdo que, como regra, só a ela diz respeito. Contudo, diante das novas dinâmicas de poder e de expressão, verifica-se também que nela há informações sensíveis que vêm integrando a esfera pública em que se encontra seu titular, constituindo as convicções que ele deve poder manifestar publicamente e que fazem parte de sua identidade pública.[14]

A seleção sobre quais dados são sensíveis demonstra que a circulação de determinadas informações pessoais pode acarretar maior potencial lesivo aos seus titulares, em uma determinada configuração social e política. Diante disso, a compreensão sobre os mecanismos que devem ser empregados na tutela de dados sensíveis perpassa um entendimento substancial sobre as dinâmicas discriminatórias que estão articuladas nas sociedades.

Scott Skinner-Thompson[15] destaca como as proteções legais limitadas para a privacidade causam diretamente danos concretos a comunidades marginalizadas, incluindo discriminações de toda ordem, assédio e violência. Segundo ele, estruturas de vigilância opressiva e sistemática têm sido historicamente destinadas às minorias, como negros[16], homossexuais e transexuais, definindo suas condições de vida e bloqueando sua capacidade de influenciar e moldar a governança democrática. Defende, assim, a necessidade de serem ampliados os instrumentos que efetivamente garantem o direito à privacidade, diante da capacidade do referido direito de promover objetivos relacionados à igualdade, servindo como uma forma de resistência expressiva à vigilância governamental e corporativa, bem como de libertação da opressão.

Mesmo com o avanço na garantia dos direitos fundamentais, grupos mais vulneráveis e minorias vêm sendo os mais perseguidos e violentados na sociedade brasileira, o que torna essencial e urgente a tutela ampliada dos dados sensíveis, assim como o questionamento efetivo de estruturas discriminatórias e opressivas de poder. Nessa lógica, verifica-se a necessidade de um olhar atento para a diversidade no processo de efetivação da tutela dos dados sensíveis. O Direito precisa ser

---

[13] Tradução livre de: "È necessario sottolineare, infatti, che i dati sensibile sono quelli che riguardano la salute e la vita sessuale, le opinioni e l'appartenenza etnica o razziale, con una elencazione analoga a quella che si trova nelle norme riguardanti i casi di discriminazione. Siamo così di fronte a qualcosa che eccede la semplice tutela della vita privata e si pone come presidio della stessa eguaglianza tra le persone". (RODOTÀ, Stefano. *Il mondo nella rete*: Quali i diritti, quali i vincoli. Roma: Laterza & Figli – Gruppo Editoriale L'Espresso, 2019.p.36)

[14] RODOTÀ, Stefano. *A vida na sociedade da vigilância*. A privacidade hoje. Rio de Janeiro: Renovar, 2008. KORKMAZ, Maria Regina Detoni Cavalcanti Rigolon. Dados Sensíveis na Lei Geral de Proteção de Dados Pessoais: mecanismos de tutela para o livre desenvolvimento da personalidade. Orientador: Sergio Marcos Carvalho de Ávila Negri. Dissertação (mestrado acadêmico) – Universidade Federal de Juiz de Fora, Faculdade de Direito. Programa de Pós-Graduação em Direito, 2019. p. 43.

[15] SKINNER-THOMPSON, Scott. *Privacy at margins*. Cambridge: Cambridge University Press, 2021.

[16] BROWNE, Simone. *Dark Matters*: On the Surveillance of Blackness. Durham: Duke University Press Books, 2015.

mobilizado para a aplicação dos princípios da igualdade material e da não discriminação, impedindo a perversa utilização de características étnico-raciais, sexuais ou de gênero como mecanismos de exclusão e segregação de pessoas[17].

Não há dúvidas de que o tratamento de dados sensíveis por parte, por exemplo, de empregadores[18,] recrutadores, companhias seguradoras, planos de saúde ou governos, se não observadas salvaguardas adequadas, poderá ampliar cenários de violações a direitos. Outro ponto de preocupação é o desenvolvimento contínuo de análises e de perfis comportamentais com tais dados, visando a direcionar e a personalizar, com elevada precisão, bens e serviços.

Diante disso, observa-se grande preocupação de estudiosos com o uso indevido de dados como elemento impulsionador de discriminação em atividades bancárias, financeiras, de seguro[19] e de saúde[20], por exemplo. Sobre a questão, Thiago Junqueira afirma:

> A ligação entre proteção de dados e prevenção da discriminação é intuitiva. Ao se restringir ou condicionar o uso de determinados dados pessoais pelos agentes de tratamento, tem-se, como corolário, o impedimento de sua consideração em prejuízo do titular deles. Em uma sociedade cada vez mais digital, os instrumentos fornecidos aos indivíduos pelas leis de proteção de dados, como o direito de acesso aos dados tratados

---

[17] MULHOLLAND, Caitlin; KREMER, Bianca. Responsabilidade civil por danos causados pela violação do princípio da igualdade no tratamento de dados pessoais. In: Rodrigo da Guia Silva; Gustavo Tepedino. (Org.). *O Direito Civil na era da inteligência artificial*. São Paulo: Revista dos Tribunais, 2020, p. 580.

[18] A Convenção 111 da Organização Internacional do Trabalho (1960), ratificada pelo Brasil, traz medidas para eliminar toda discriminação em matéria de emprego e ocupação, incentivando leis e programas de educação sobre o tema e que invistam na política promovida no documento. Em relação ao ambiente laboral, o artigo 7º, incisos XXX e XXXI, da Constituição Federal, proíbem diferença de salários, de exercício de funções e de critério de admissão por motivo de sexo, idade, cor ou estado civil, bem como qualquer discriminação no tocante a salário e critérios de admissão do trabalhador portador de deficiência.

[19] "A necessidade da inovação no debate em torno do uso de dados pessoais na contratação de seguros é definida especialmente pela realidade de nossa sociedade que associa o fenômeno do *big data* ao uso de Inteligência Artificial em sistemas de predição. A atividade das seguradoras é sobremaneira facilitada pelo advento destas novas tecnologias, pois permite não só a capacidade de tratar os dados de maneira mais eficiente, como, consequentemente, gera uma minimização de custos nas operações e uma maior velocidade nas tomadas de decisão. Estas vantagens, por sua vez, implicam a possibilidade de negociação de preços contratuais mais adequados, na medida em que os riscos estão previstos, em tese, de forma mais realista. Ao mesmo tempo em que a tecnologia traz vantagens excepcionais para o mercado de seguros, é necessário encontrar um equilíbrio adequado entre o tratamento de dados pessoais dentro deste ambiente e a proteção de direitos fundamentais dos segurados, tais como, a privacidade, a proteção de seus dados e a igualdade de tratamento. Em último juízo, a tutela destes direitos visa a coibir a potencial discriminação abusiva que o uso dos dados coletados massivamente pode ocasionar no mercado de seguros, segregando e retirando de inteiras parcelas da população a possibilidade de contratação de forma equitativa." (MULHOLLAND, Caitlin. Os contratos de seguro e a proteção dos dados pessoais sensíveis. In: GOLDBERG, Ilan; JUNQUEIRA, Thiago (Coords.). *Temas Atuais de Direito dos Seguros*, Tomo I. São Paulo: Thomson Reuters. 2020.)

[20] "(...) não há dúvida de que o conhecimento, por parte do empregador ou de uma companhia seguradora, de informações sobre uma pessoa infectada pelo HIV, ou que apresente características genéticas particulares, pode gerar discriminações. Estas podem assumir a forma da demissão, da não admissão, da recusa em estipular um contrato de seguro, da solicitação de um prêmio de seguro especialmente elevado." (RODOTÀ. Op cit., p. 70.)

pelo controlador e os direitos à explicação e revisão das decisões automatizadas, afiguram-se essenciais para a exposição e minimização de tratamentos discriminatórios. Some-se a eles, ainda, a explicitação de um princípio da não discriminação ilícita ou abusiva, a possível exigência de um relatório de impacto à proteção de dados pessoais (RIPD) e uma auditoria pela ANPD para verificação de aspectos discriminatórios nos tratamentos automatizados, e logo se conclui: o controle da discriminação nas relações entre privados no Brasil tende a mudar de patamar com a entrada em vigor da Lei Geral de Proteção de Dados (LGPD). [21]

O direito constitucional brasileiro e o direito internacional dos direitos humanos compreendem a afirmação do direito à igualdade como mandamento de proibição de discriminação.[22] Almeja-se, assim, "(...) afastar toda e qualquer diferenciação injusta, em especial práticas e regimes de subordinação contra indivíduos e grupos histórica e socialmente injustiçados e vítimas de preconceito."[23] Na Constituição Federal de 1988 foi estabelecido que é objetivo fundamental da República a promoção do bem de todos, sem preconceitos de origem, raça, sexo, cor, idade e quaisquer outras formas de discriminação.

O esforço de efetivação do mandamento antidiscriminatório resultou na formulação de doutrina, legislação e jurisprudência específicas, trazendo à tona um *direito da antidiscriminação*. Como salienta Roger Rios:

> Passa-se a atentar para os prejuízos injustos suportados pelos destinatários de tratamentos desiguais, objetivando enfrentar situações de estigma e subordinação experimentadas por grupos discriminados (RIOS, 2008, p. 36; MOREIRA, 2017, p. 67; SOLANKE, 2017). A discriminação enfrentada pelo direito da antidiscriminação é, portanto, tomada por uma perspectiva mais substantiva que formal: importa enfrentar a desigualdade prejudicial e injusta, pois nem sempre a adoção de tratamentos distintos se revela maléfica, sendo mesmo tantas vezes exigida, como alerta a dimensão material do princípio da igualdade (o de tratar igualmente os iguais e desigualmente os desiguais na medida de suas desigualdades). [24]

No direito da antidiscriminação são analisadas duas modalidades de discriminação: a direta e a indireta. A primeira ocorre quando se dá de modo intencional e consciente. A última se dá mediante atitudes aparentemente neutras, mas com impacto prejudicial, ainda que sem intencionalidade, em face de indivíduos e de grupos discriminados. Ela pode alastrar-se pelas estruturas organizacionais formais e informais, como acontece na discriminação institucional, havendo a reprodução de privilégios invisibilizados ou naturalizados. As duas modalidades poderão ser

---

[21] JUNQUEIRA, Thiago. *Tratamento de Dados Pessoais e Discriminação Algorítmica nos Seguros*. Revista dos Tribunais, 2020, p. 240.

[22] Recorda-se que o Decreto Legislativo nº 1 de 2021 aprovou o texto da Convenção Interamericana contra o Racismo, a Discriminação Racial e Formas Correlatas de Intolerância, adotada na Guatemala, por ocasião da 43ª Sessão Ordinária da Assembleia Geral da Organização dos Estados Americanos, em 5 de junho de 2013.

[23] RIOS, Roger Raupp; LEIVAS, Paulo Gilberto Cogo; SCHÄFER, Gilberto. Direito da antidiscriminação e direitos de minorias: perspectivas e modelos de proteção individual e coletivo. Rev. direitos fundam. democ., v. 22, n. 1, p. 126-148, jan./abr. 2017.

[24] RIOS, Roger Raupp. Tramas e interconexões no Supremo Tribunal Federal: Antidiscriminação, gênero e sexualidade. *Rev. Direito Práx.*, Rio de Janeiro, v. 11, n. 2, p. 1332-1357, abril. 2020.

verificadas, principalmente, quando houver o tratamento de dados sensíveis realizado por humanos ou por máquinas, trazendo sérias consequências a indivíduos e grupos.

O fundamento comum para a proteção dos dados sensíveis gira em torno da necessidade de se prevenir formas prejudiciais de discriminação em face dos titulares de dados. Em 1990, a Organização das Nações Unidas emitiu *Diretrizes para a Regulamentação de Arquivos de Dados Pessoais Computadorizados*. Tratando do princípio da não discriminação, o documento destacou que: "(...) data likely to give rise to unlawful or arbitrary discrimination, including information on racial or ethnic origin, colour, sex life, political opinions, religious, philosophical and other beliefs as well as membership of an association or trade union, should not be compiled."[25]

Recorda-se, também, a fundamentação desenvolvida no Relatório Explicativo ao Protocolo que alterou a Convenção para a Proteção das Pessoas, no que diz respeito ao Tratamento Automático de Dados Pessoais, publicado em 2018.[26] No documento, afirmou-se que o tratamento de certos tipos de dados e determinados tratamentos direcionados à obtenção de dados sensíveis poderiam levar a violações de interesses, direitos e liberdades. Como exemplo, destacou-se que o tratamento de dados relacionados à vida sexual ou à orientação sexual de uma pessoa poderia acarretar risco potencial de discriminação ou de lesão à dignidade dela.

Dessa forma, a fim de prevenir efeitos adversos para o titular dos dados, o tratamento de dados sensíveis para fins legítimos deve ser acompanhado por salvaguardas adequadas, que considerem os riscos em jogo e os direitos a serem protegidos, como bases legais específicas e mais restritas para o seu tratamento (como o Art. 11 da LGPD); obrigação de sigilo profissional; análises de risco; relatórios de impacto à proteção de dados; e medidas de segurança organizacional e técnicas específicas. Tipos específicos de tratamento de dados podem implicar risco particular para os titulares das informações, independentemente de seu contexto. Seria o caso, por exemplo, do tratamento de dados genéticos, que podem revelar informações sobre a saúde ou a filiação da pessoa ou de terceiros. Embora o tratamento de nomes de família possa, em muitas circunstâncias, não trazer riscos para os indivíduos, ele pode, em alguns casos, envolver dados sensíveis, como, por exemplo, quando o objetivo for revelar a origem étnica ou as crenças religiosas dos indivíduos.

Ressaltou-se, também, que dados sobre saúde incluem informações sobre o passado, o presente e o futuro da pessoa, bem como sobre sua saúde física e mental, e podem referir-se a uma pessoa doente ou saudável. Em relação ao tratamento de imagens, em fotos ou vídeos, afirmou-se que ele só poderá ser considerado como tratamento de dados sensíveis quando visar a obter tal categoria de informações sobre a pessoa.

A fundamentação acima dialoga com os considerandos do Regulamento Europeu de Proteção de Dados (atualmente em vigor).[27] De acordo com o considerando 51, merecem proteção específica os dados pessoais que são, pela sua natureza, especialmente sensíveis do ponto de vista dos direitos e liberdades fundamentais, visto que o contexto do tratamento desses dados poderá implicar riscos à pessoa natural. Acerca de decisões automatizadas e definições de perfis, a partir de dados pessoais que possam impactar seu titular, há o considerando 71 e norma específica no Art. 22 do GDPR. Por fim, o considerando 85 destaca que, se não forem adotadas

---

[25] Disponível em: <https://digitallibrary.un.org/record/99493> Acesso em: 09.01.21

[26] Disponível em: <https://www.coe.int/en/web/conventions/full-list/-/conventions/treaty/223> Acesso em: 09.01.21

[27] Regulamento (UE) 2016/679 do Parlamento Europeu e do Conselho, de 27 de abril de 2016, relativo à proteção das pessoas singulares no que diz respeito ao tratamento de dados pessoais e à livre circulação desses dados.

Cap. 6 · A CATEGORIA ESPECIAL DOS DADOS SENSÍVEIS: FUNDAMENTOS E CONTORNOS | **105**

medidas adequadas, uma violação de dados pessoais pode causar danos físicos, materiais ou imateriais às pessoas, como a perda de controle sobre os seus dados pessoais, limitação dos seus direitos, discriminação, roubo ou usurpação de identidade, perdas financeiras, inversão não autorizada de pseudonimização[28], danos para a reputação, perda de confidencialidade de dados pessoais protegidos por sigilo profissional ou qualquer outra desvantagem econômica ou social significativa em face do indivíduo.

Como se sabe, a depender da base histórica de dados utilizada para treinar o algoritmo e de como ele foi programado, poderão ser produzidos resultados discriminatórios. Tão importante quanto o algoritmo é a base de dados a ele subjacente e o enviesamento que pode vir a reboque.[29] Como a inteligência artificial tem sido frequentemente usada para a tomada de decisões, a vida das pessoas fica cada vez mais vulnerável a tratamentos discriminatórios ilícitos ou abusivos, como em situações que envolvem análise de probabilidade de cometimento de crimes[30], tutela da saúde[31], concessão de crédito[32] e participação em processos seletivos de emprego[33], por exemplo.

---

[28] A interpretação da pseudonimização como uma medida de segurança para os dados pessoais foi adotada pelo Working Party 29 na *Opinion 05/2014 on Anonymisation Techniques*. O GDPR menciona em diversas passagens a relevância da pseudonimização para a proteção e segurança dos dados pessoais, como nos artigos 6º, 25, 32, 40 e 89. No Brasil, a LGPD aborda o tema em seu art. 13 *caput* e § 4º.

[29] HOWLEY, Daniel. Google Photos Mislabels 2 Black Americans as Gorillas. Yahoo! Finance, 29.06.2015. Disponível em: <https://finance.yahoo.com/news/google-photos-mislabels-two-black-americans--as-122793782784.html>. Acesso em: 26.11.2020. HYPENESS. Tecnologia racista: Zoom é questionado por 'cortar cabeça' de professor negro. 19.09.2020. Disponível em: <https://www.hypeness.com.br/2020/09/tecnologia-racista-zoom-e-questionado-por-cortar-cabeca-de-professor-negro/>. Acesso em 12.12.2020. ALVES, Paulo. Twitter é acusado de racismo após ferramenta priorizar pessoas brancas. Techtudo, 21.09.2020. Disponível em: <https://www.techtudo.com.br/noticias/2020/09/twitter-e-acusa-do-de-racismo-apos-ferramenta-priorizar-pessoas-brancas.ghtml> Acesso em 12.12.2020. "(...) usuários apontam que a rede social sempre escolhe pessoas brancas ao selecionar a porção de destaque em uma foto comprida demais e que precisa ser cortada para encaixar no post. Tweets que tomaram conta da plataforma mostram que, independentemente da quantidade de rostos de pessoas negras, o rosto branco costuma ser selecionado pela inteligência artificial."

[30] Cf. BRAYNE, Sarah. *Predict and Surveil*: Data, Discretion, and the Future of Policing. 1.ed. Oxford University Press: 2020. SKINNER-THOMPSON, Scott. *Privacy at the Margins*. Cambridge university press: 2020. COSTANZA-CHOCK, Sasha. *Design Justice*. Community-Led Practices to Build the Worlds We Need. The MIT Press: 2020. NOBLE, Safiya Umoja. *Algorithms of Oppression*: How Search Engines Reinforce Racism. NYU Press, 2018.

[31] OBERMEYER, Ziad. Et al. Dissecting racial bias in an algorithm used to manage the health of populations. *Science*, 25.10.2019: Vol. 366, Issue 6464, pp. 447-453. Disponível em: <https://science.sciencemag.org/content/366/6464/447>. Acesso em: 01.12.2020.

[32] TELFORD, Taylor. Apple Card algorithm sparks gender bias allegations against Goldman Sachs. *Washington Post*, 11.11.2019. Disponível em: <https://www.washingtonpost.com/business/2019/11/11/apple-card-algorithm-sparks-gender-bias-allegations-against-goldman-sachs/>. Acesso em: 26.11.2020. "Entrepreneur David Heinemeier Hansson says his credit limit was 20 times that of his wife, even though she has the higher credit score"

[33] DASTIN, Jeffrey. Amazon scraps secret AI recruiting tool that showed bias against women. Reuters, 10.11.2018. Disponível em: <https://www.reuters.com/article/us-amazon-com-jobs-automation-insight/amazon-scraps-secret-ai-recruiting-tool-that-showed-bias-against-women-idUSKCN1MK08G>. Acesso em: 26.11.2020.

A gravidade dessa utilização de dados pode ser bem compreendida na obra *Automating Inequality: How high-tech tools profile, police, and punish the poor*, publicada em 2018 por Virginia Eubanks.[34] Nela, a autora lança luzes sobre como instrumentos tecnológicos de análise de dados impactaram relevantes decisões sobre a vida de determinadas pessoas, especialmente pobres e da classe trabalhadora: desde a seleção de currículos para uma vaga de emprego, chegando aos seguros, ao acesso ao crédito e a serviços do governo. Em sua obra, a autora questiona: quais os valores e crenças embutidos nos algoritmos? Como isso tem reforçado as desigualdades? Em seguida, ela traz perguntas que deveriam ser feitas antes de se implantar tais ferramentas tecnológicas: (a) a ferramenta aumenta a autonomia e a dignidade das pessoas pobres e da classe trabalhadora? (b) Se essa ferramenta visasse, focalizasse, qualquer outro grupo de pessoas, além de mais pessoas da classe trabalhadora, sua existência seria tolerada? Sem dúvida, a reflexão promovida pela obra mostra-se urgente tanto nos Estado Unidos quanto em países em desenvolvimento que apresentam elevado índice de desigualdade, como é o caso do Brasil.

Decisões que, até pouco tempo, eram tomadas exclusivamente por seres humanos vêm sendo delegadas – no todo ou em parte – para sistemas automatizados, algoritmos de ranking e modelos de risco preditivo, que, por sua vez, acabam controlando desde a concessão de crédito a uma pessoa até quem tem mais chances de delinquir, com base na análise computadorizada de estatísticas.[35] Percebe-se, assim, o potencial das decisões automatizadas de violarem direitos fundamentais, se tomadas sem o cumprimento de determinados parâmetros éticos e constitucionais que garantam sua transparência, possibilidade de controle, segurança, bem como a participação do indivíduo no âmbito do processo decisório que lhe diz respeito e a correção dos dados que serviram como *input* ao algoritmo. [36]

Nesse contexto, alude-se ao tratamento conferido ao tema na LGPD, que previu o direito de o titular dos dados solicitar a revisão de decisões tomadas unicamente com base em tratamento

---

[34] EUBANKS, Virginia. *Automating Inequality*: How High-Tech Tools Profile, Police, and Punish the Poor. St. Martin's Publishing Group, 2018.

[35] "As decisões automatizadas, referentes a um indivíduo determinado, que se baseiam em um método estatístico para análise de grande volume de dados e informações, podem ter grande impacto sobre os direitos individuais, especialmente no que se refere à autonomia, igualdade e personalidade. Afinal, na sociedade atual, caracterizada pelas relações remotas, os dados pessoais acabam por se constituir na única forma de representação das pessoas perante as mais diversas organizações estatais e privadas, sendo determinantes para "abrir ou fechar as portas de oportunidades e acessos" (LYON, 2003, p. 27). Dessa forma, uma eventual representação equivocada em determinados contextos sociais – por meio de um equívoco do algoritmo ou dos dados em que o algoritmo se baseou – afetaria tanto a forma como o indivíduo se percebe como também o modo como a sociedade o enxerga e o avalia, afetando a sua integridade moral e a sua personalidade (BRITZ, 2008, p. 179). Ademais, se essa representação, conforme alertado por Lyon (2003), acarretar a perda de chances e oportunidades do indivíduo na sociedade, dar-se-á uma restrição indevida à sua autonomia, limitando a sua liberdade de ação, suas escolhas econômicas e até mesmo existenciais. Por fim, destaca-se também a possibilidade de violação do princípio da igualdade, na hipótese de que a classificação e seleção operada por algoritmos produza resultados desiguais para pessoas em situações semelhantes, afetando negativamente as suas oportunidades de vida na sociedade (LYON, 2003, p. 27)." (DONEDA et al. Considerações iniciais sobre inteligência artificial, ética e autonomia pessoal. *Pensar*, Fortaleza, v. 23, n. 4, p. 1-17, 2018.)

[36] Cf. TEFFÉ, Chiara Spadaccini de; MEDON, Filipe. responsabilidade civil e regulação de novas tecnologias: questões acerca da utilização de inteligência artificial na tomada de decisões empresariais. *Revista estudos institucionais*, v. 6, p. 301-333, 2020.

automatizado de dados pessoais que afetem seus interesses, incluídas as decisões destinadas a definir o seu perfil pessoal, profissional, de consumo e de crédito ou os aspectos de sua personalidade. Segundo parte da doutrina, o artigo 20 da LGPD[37] seria, em certa medida, a sede do "direito à explicação"[38], o qual derivaria do *princípio da transparência* para o tratamento de dados pessoais.

O *princípio da não discriminação* – relevante fundamento para a tutela ampliada dos dados sensíveis – aparece na LGPD duas vezes: na primeira, no inciso IX do art. 6º, que o conceitua como "impossibilidade de realização do tratamento para fins discriminatórios ilícitos ou abusivos", e na segunda, no § 2º do art. 20, que prevê a possibilidade de a Autoridade Nacional de Proteção de Dados realizar auditoria para verificar aspectos discriminatórios em tratamento automatizado de dados pessoais.[39]

Como define Cathy O'Neil[40], matemática e cientista de dados, algoritmos são opiniões embutidas em código, que repetem práticas e padrões passados e, assim, automatizam o *status quo*. Para que os algoritmos sejam justos, é preciso fiscalizá-los, repará-los e aprimorá-los. Dessa forma, além de se ter uma regulamentação adequada, que privilegie a transparência e a explicação quanto às decisões algorítmicas, o princípio da não discriminação deve estar presente desde a concepção dos sistemas de inteligência artificial, tanto na parte técnica dessa construção quanto na garantia de diversidade dos times responsáveis pelo desenvolvimento dos algoritmos. Mostra-se fundamental exigir responsabilidade e prestação de contas de corporações que tomam decisões capazes de prejudicar pessoas e comunidades.

Entende-se que aplicações de inteligência artificial necessitam ser desenvolvidas a partir de orientações que considerem princípios[41] e valores éticos, além de haver a proteção aos direitos humanos inserida no desenho de todo o sistema. Ações alinhadas com a lógica do *privacy*

---

[37] Art. 20. O titular dos dados tem direito a solicitar a revisão de decisões tomadas unicamente com base em tratamento automatizado de dados pessoais que afetem seus interesses, incluídas as decisões destinadas a definir o seu perfil pessoal, profissional, de consumo e de crédito ou os aspectos de sua personalidade. § 1º O controlador deverá fornecer, sempre que solicitadas, informações claras e adequadas a respeito dos critérios e dos procedimentos utilizados para a decisão automatizada, observados os segredos comercial e industrial. § 2º Em caso de não oferecimento de informações de que trata o § 1º deste artigo baseado na observância de segredo comercial e industrial, a autoridade nacional poderá realizar auditoria para verificação de aspectos discriminatórios em tratamento automatizado de dados pessoais.

[38] No processo de aprovação da LGPD houve veto a trecho do artigo 20 que determinava o direito de revisão como um direito de revisão humana, ou seja, feito por uma pessoa natural. A crítica que se faz é a possibilidade então de tal revisão ser feita apenas por máquinas, ao contrário do que dispõe o direito europeu sobre a temática. Cf. FRAZÃO, Ana; MULHOLLAND, Caitlin (Org.). *Inteligência Artificial e Direito*: Ética, Regulação e Responsabilidade – revisto e atualizado. 2. ed. São Paulo: Revista dos Tribunais, 2020. FRAZÃO, Ana. Algoritmos e inteligência artificial, Jota, publicado em 15 de maio de 2018. ZANATTA, Rafael A. F. *Perfilização, Discriminação e Direitos*: do Código de Defesa do Consumidor à Lei Geral de Proteção de Dados Pessoais. Disponível em: <https://www.researchgate.net/publication/331287708> Acesso em: 09.01.21.

[39] Em comparação, questões atinentes aos segredos comercial e industrial aparecem 13 vezes na LGPD.

[40] O'NEIL, Cathy. *Weapons of Math Destruction*: How Big Data Increases Inequality and Threatens Democracy. Crown: 2016.

[41] BURLE, Caroline; CORTIZ, Diogo. Mapeamento de princípios de inteligência artificial. Disponível em: <https://ceweb.br/publicacoes/mapeamento-de-principios-de-inteligencia-artificial/?page=1> Acesso em: 30.12.20

by design [42, 43] devem ser tomadas no desenvolvimento e ao longo do ciclo de vida dos dados e sistemas, sendo incluídas avaliações prévias de impacto e medidas técnicas e organizacionais de prestação de contas. Do ponto de vista técnico, recomenda-se que alguns procedimentos sejam observados, como, por exemplo, a minimização dos dados tratados[44], a anonimização dos dados (quando possível) e o uso de ferramentas tecnológicas capazes de dar transparência aos critérios utilizados para a tomada de decisões.

De forma a ampliar as garantias aos dados sensíveis e a afirmar a relevância do princípio da não discriminação nas atividades de tratamento, recorda-se, ainda, que na LGPD o titular dos dados poderá revogar o consentimento manifestado (Art. 18, IX) ou pleitear o direito à oposição (Art.18 §2º), quando o tratamento ocorrer com fundamento em uma das hipóteses de dispensa de consentimento, em caso de descumprimento ao disposto nesta Lei.

Ter documentados os tratamentos que envolvem dados sensíveis, as técnicas adotadas e estruturas de compartilhamento e de descarte empregadas, assim como diagnosticar riscos com precisão e trabalhar em sua mitigação, mostra-se também fundamental quando são geridas informações sensíveis. Ainda que no Brasil o relatório de impacto à proteção de dados pessoais[45] não seja obrigatório para o tratamento de dados sensíveis, além de ser uma boa prática e instrumento

---

[42] CAVOUKIAN, Ann. Operationalizing Privacy by Design: A Guide to Implementing Strong Privacy Practices. Dez. 2012. CAVOUKIAN, Ann. Privacy by Design: The 7 Foundational Principles. Disponível em: <https://iapp.org/resources/article/privacy-by-design-the-7-foundational-principles/> Acesso em: 09.04.21

[43] LGPD, "Art. 46. Os agentes de tratamento devem adotar medidas de segurança, técnicas e administrativas aptas a proteger os dados pessoais de acessos não autorizados e de situações acidentais ou ilícitas de destruição, perda, alteração, comunicação ou qualquer forma de tratamento inadequado ou ilícito. (...) § 2º As medidas de que trata o *caput* deste artigo deverão ser observadas desde a fase de concepção do produto ou do serviço até a sua execução." "Art. 49. Os sistemas utilizados para o tratamento de dados pessoais devem ser estruturados de forma a atender aos requisitos de segurança, aos padrões de boas práticas e de governança e aos princípios gerais previstos nesta Lei e às demais normas regulamentares."

[44] Destaca-se, aqui, a relevância do *princípio da minimização* (ou da necessidade) no trato dos dados sensíveis. Se o agente estiver coletando dados sensíveis, ele deverá certificar-se de coletar apenas o mínimo necessário. Devido às restrições legais, havendo dúvidas sobre a necessidade da informação, a solução mais adequada será a sua não coleta ou, se já coletada, a sua eliminação. Outro princípio relevante é o da *prevenção* (Art. 6º, VIII), o qual preconiza a "adoção de medidas para prevenir a ocorrência de danos em virtude do tratamento de dados pessoais".

[45] LGPD, Art. 5º, XVII: "relatório de impacto à proteção de dados pessoais: documentação do controlador que contém a descrição dos processos de tratamento de dados pessoais que podem gerar riscos às liberdades civis e aos direitos fundamentais, bem como medidas, salvaguardas e mecanismos de mitigação de risco;" Cf. GOMES, Maria Cecília Oliveira. Relatório de Impacto a Proteção de Dados. Uma breve análise da sua definição e papel na LGPD. *Revista da AASP*, n. 144, 2019. _____. Entre o método e a complexidade: compreendendo a noção de risco na LGPD. In: *Temas atuais de proteção de dados*. São Paulo: Thomson Reuters Brasil, 2020, p 245-271. Kloza, D., Van Dijk, N., Gellert, R. M., Borocz, I. M., Tanas, A., Mantovani, E., & Quinn, P. Analyse d'impact relative à la protection des données dans l'Union européenne: une protection des personnes plus solide en complétant le nouveau cadre juridique. *d.pia. lab Policy Brief, 2017*(1), 1-8. QUELLE, Claudia. 2018: Enhancing Compliance under the General Data Protection Regulation: The Risky Upshot of the Accountability-and-Risk-based Approach, *European Journal of Risk Regulation*, 9, p. 502-526.

relevante contra a discriminação, ele poderá ser requerido pela Autoridade Nacional de Proteção de Dados (ANPD), a depender do caso.[46]

O tratamento de dados sensíveis é inevitável no mundo contemporâneo e nem sempre terá por objetivo práticas negativas ou discriminatórias, podendo contribuir para a melhor organização de instituições e para o funcionamento de bens e serviços, gerando, então, resultados benéficos para os titulares de dados. Contudo, é imprescindível que tais dados sejam utilizados respeitando-se, estritamente, os princípios e os limites impostos na Constituição Federal e na LGPD.

Cuidados adicionais para a proteção de dados sensíveis são essenciais para o seu regular tratamento, uma vez que a tônica de sua tutela é "permitir uma igualdade substancial no tratamento dos dados, vedando a discriminação e o abuso que dele podem surgir."[47] Isso se mostra relevante pois a mera proibição do tratamento de dados sensíveis seria inviável e desproporcional, já que, em alguns momentos, o uso de tais dados será legítimo e necessário. Além disso, existem determinados organismos cuja própria razão de ser estaria comprometida, caso não pudessem obter informações desta categoria, como, por exemplo, algumas entidades de caráter político, religioso ou filosófico.[48] Dessa forma, entende-se que o tratamento de dados sensíveis é possível e, inclusive, pode ser essencial em determinadas circunstâncias. Contudo, deverá ser pautado estritamente nos ditames legais, pela relevância dos valores em questão, e legitimado apenas quando se mostrar proporcional e relevante frente às normas constitucionais.[49]

2. O DESENVOLVIMENTO DA CATEGORIA DOS DADOS SENSÍVEIS NO AMBIENTE EUROPEU

O conceito de dados sensíveis e sua tutela ampliada são fundamentais para a construção de uma forte cultura de proteção de dados pessoais no Brasil. Nesse sentido, anota-se que em muitos países já é dada especial atenção a tal categoria. No GDPR, os dados sensíveis encontram-se em

---

[46]   LGPD, "Art. 38. A autoridade nacional poderá determinar ao controlador que elabore relatório de impacto à proteção de dados pessoais, inclusive de dados sensíveis, referente a suas operações de tratamento de dados, nos termos de regulamento, observados os segredos comercial e industrial. Parágrafo único. Observado o disposto no *caput* deste artigo, o relatório deverá conter, no mínimo, a descrição dos tipos de dados coletados, a metodologia utilizada para a coleta e para a garantia da segurança das informações e a análise do controlador com relação a medidas, salvaguardas e mecanismos de mitigação de risco adotados." Recorda-se também aqui: "Art. 46. Os agentes de tratamento devem adotar medidas de segurança, técnicas e administrativas aptas a proteger os dados pessoais de acessos não autorizados e de situações acidentais ou ilícitas de destruição, perda, alteração, comunicação ou qualquer forma de tratamento inadequado ou ilícito. § 1º A autoridade nacional poderá dispor sobre padrões técnicos mínimos para tornar aplicável o disposto no *caput* deste artigo, considerados a natureza das informações tratadas, as características específicas do tratamento e o estado atual da tecnologia, especialmente no caso de dados pessoais sensíveis, assim como os princípios previstos no *caput* do art. 6º desta Lei. (...)"

[47]   MULHOLLAND, Caitlin. Dados pessoais sensíveis e consentimento na Lei Geral de Proteção de Dados Pessoais. *Migalhas*, publicado em 22 de junho de 2020.

[48]   DONEDA, Danilo. *Da privacidade à proteção de dados pessoais*, cit, p. 144.

[49]   VIOLA, Mario; TEFFÉ, Chiara Spadaccini de. Tratamento de dados pessoais na LGPD: estudo sobre as bases legais dos artigos 7º e 11. In: Bruno Bioni, Laura Schertel Mendes, Danilo Doneda, Otavio Luiz Rodrigues Jr., Ingo Sarlet. (Org.). *Tratado de Proteção de dados pessoais*. 1ed.Rio de Janeiro: Forense, 2021, v. 1, p. 117-148.

rol taxativo[50] e fazem parte de uma *categoria especial de dados pessoais* (Artigo 9º), a qual recebe proteção destacada. O mesmo cuidado se verifica nas leis argentina[51], uruguaia[52], japonesa[53], filipina[54], islandesa[55] e australiana[56], por exemplo. A sensibilidade de determinados dados pessoais passou a constar também expressamente em uma das principais normas estadunidenses sobre proteção de dados: o *California Privacy Rights Act* (CPRA), que vai alterar e substituir o texto do *California Consumer Privacy Act* (CCPA), a partir de 2023[57].

---

[50] GEORGIEVA, Ludmila; KUNER, Christopher. Article 9 Processing of special categories of personal data In: KUNER, Christopher; BYGRAVE, Lee A.; DOCKSEY, Christopher. *The EU General Data Protection Regulation (GDPR): A Commentary.* 1.ed. Oxford University Press: 2020. p. 373.

[51] Ley 25.326 (Ley de Protección de los Datos Personales). "Art. 2º (...) – Datos sensibles: Datos personales que revelan origen racial y étnico, opiniones políticas, convicciones religiosas, filosóficas o morales, afiliación sindical e información referente a la salud o a la vida sexual."

[52] Ley nº 18331/2008. "Art. 4º (…) E) Dato sensible: datos personales que revelen origen racial y étnico, preferencias políticas, convicciones religiosas o morales, afiliación sindical e informaciones referentes a la salud o a la vida sexual."

[53] Act on the Protection of Personal Information (The amended Act fully put into effect on May 30,2017). Disponível em <https://www.ppc.go.jp/en/legal/>. Acesso: 18.01.2021. "Special care-required personal information" in this Act means personal information comprising a principal's race, creed, social status, medical history, criminal record, fact of having suffered damage by a crime, or other descriptions etc. prescribed by cabinet order as those of which the handling requires special care so as not to cause unfair discrimination, prejudice or other disadvantages to the principal."

[54] Republic Act 10173 – Data Privacy Act of 2012. Disponível em: <https://www.privacy.gov.ph/data-privacy-act/>. Acesso: 30/11/2020. "(l) *Sensitive personal information* refers to personal information: (1) About an individual's race, ethnic origin, marital status, age, color, and religious, philosophical or political affiliations; (2) About an individual's health, education, genetic or sexual life of a person, or to any proceeding for any offense committed or alleged to have been committed by such person, the disposal of such proceedings, or the sentence of any court in such proceedings; (3) Issued by government agencies peculiar to an individual which includes, but not limited to, social security numbers, previous or current health records, licenses or its denials, suspension or revocation, and tax returns; and (4) Specifically established by an executive order or an act of Congress to be kept classified."

[55] Act on the Protection of Privacy as regards the Processing of Personal Data no. 77/2000 <https://www.personuvernd.is/information-in-english/greinar/nr/438>. Acesso em: 30/11/2020. 8. Sensitive data: a. Data on origin, skin colour, race, political opinions, religious beliefs and other life philosophies. b. Data on whether a man has been suspected of, indicted for, prosecuted for or convicted of a punishable offence. c. Health data, including genetic data and data on use of alcohol, medical drugs and narcotics. d. Data concerning sex life (and sexual behaviour) e. Data on trade-union membership.

[56] Privacy Act No. 119 1988 (as amended) ('the Privacy Act') . Disponível em: <https://www.legislation.gov.au/Details/C2020C00237> Acesso: 18.01.21. "sensitive information means: (a) information or an opinion about an individual's: (i) racial or ethnic origin; or (ii) political opinions; or (iii) membership of a political association; or (iv) religious beliefs or affiliations; or (v) philosophical beliefs; or (vi) membership of a professional or trade association; or (vii) membership of a trade union; or (viii) sexual orientation or practices; or (ix) criminal record; that is also personal information; or (b) health information about an individual; or (c) genetic information about an individual that is not otherwise health information; or (d) biometric information that is to be used for the purpose of automated biometric verification or biometric identification; or (e) biometric templates."

[57] CPRA: "Sensitive personal information" means: (1) Personal information that reveals: (A) A consumer's social security, driver's license, state identification card, or passport number. (B) A consumer's account log-in, financial account, debit card, or credit card number in combination with any required security or access code, password, or credentials allowing access to an account. (C) A consumer's precise geolocation. (D) A consumer's racial or ethnic origin, religious or philosophical beliefs, or union membership. (E) The

Contudo, doutrina[58] recorda que a categoria dos dados sensíveis nem sempre esteve presente nas leis de proteção de dados e que as discussões sobre como o conceito deveria ser delimitado continuam até os dias atuais. Embora seja possível afirmar que alguns dados, especialmente em certos usos e contextos, sejam mais sensíveis do que outros, historicamente, mostrou-se difícil encontrar consenso sobre quais tipos de dados deveriam ser considerados sensíveis e como os tratados e as legislações deveriam ser redigidos para protegê-los.

A noção de dados sensíveis começou a ser discutida com maior seriedade a partir de documento da Organização para a Cooperação e Desenvolvimento Econômico (OCDE) de 1980, denominado *Diretrizes sobre a Proteção da Privacidade e Fluxos Transfronteiriços de Dados pessoais*. Estas diretrizes não vinculativas recomendaram que os Estados-Membros da OCDE introduzissem o conceito de dados sensíveis em sua legislação. Contudo, elas não elaboraram o conceito nem delinearam precisamente quais tipos de dados deveriam ser considerados sensíveis. Entendeu-se que, provavelmente, não seria possível identificar um conjunto de dados que seria universalmente considerado sensível.[59]

Outro passo importante ocorreu com a criação, em 1981, da *Convenção 108* do Conselho da Europa para a Proteção das Pessoas Singulares no que diz respeito ao Tratamento Automatizado de Dados Pessoais[60]. Ao contrário das diretrizes da OCDE, a Convenção foi considerada vinculativa para os signatários. Ela especificou categorias de dados que deveriam ser considerados sensíveis, sendo listados aqueles relacionados à origem racial, às opiniões políticas ou religiosas, bem como os dados pessoais relativos à saúde ou à vida sexual, devendo as mesmas normas serem aplicadas aos dados pessoais relativos a condenações criminais.[61, 62] Adicionalmente, entendia-se que cada

---

contents of a consumer's mail, email, and text messages unless the business is the intended recipient of the communication. (F) A consumer's genetic data. (2) (A) The processing of biometric information for the purpose of uniquely identifying a consumer. (B) Personal information collected and analyzed concerning a consumer's health. (C) Personal information collected and analyzed concerning a consumer's sex life or sexual orientation. (3) Sensitive personal information that is "publicly available" pursuant to paragraph (2) of subdivision (v) shall not be considered sensitive personal information or personal information." Disponível em: <https://iapp.org/resources/article/the-california-privacy-rights-act-of-2020/> Acesso em: 11.04.21

[58] QUINN, Paul; MALGIERI, Gianclaudio. The Difficulty of Defining Sensitive Data – the Concept of Sensitive Data in the EU Data Protection Framework. *Brussels Privacy Hub Research Paper*, publicado em 16 de outubro de 2020. Disponível em: <https://ssrn.com/abstract=3713134> Acesso em: 02.01.21

[59] No mencionado documento, na parte referente ao memorando explanatório, tratou-se expressamente do *princípio da limitação da coleta de dados*, afirmando-se que ele trataria de duas questões, a saber: a) ele ofereceria limites à coleta de dados que, devido ao modo como devem ser tratados, à sua natureza, ao contexto em que devem ser utilizados ou a outras circunstâncias, fossem considerados especialmente sensíveis; e b) traria requisitos relativos aos métodos de coleta de dados. Segundo o documento, seria possível e desejável enumerar tipos ou categorias de dados que seriam *per se* sensíveis e cuja coleta deveria ser restrita ou mesmo proibida. Disponível em: <http://www.oecd.org/digital/ieconomy/oecdguideline-sontheprotectionofprivacyandtransborderflowsofpersonaldata.htm> Acesso em: 02.01.21

[60] Disponível em: <https://www.coe.int/en/web/conventions/full-list/-/conventions/treaty/108> Acesso em: 02.01.21

[61] "Article 6 – Special categories of data. Personal data revealing racial origin, political opinions or religious or other beliefs, as well as personal data concerning health or sexual life, may not be processed automatically unless domestic law provides appropriate safeguards. The same shall apply to personal data relating to criminal convictions."

[62] Em relatório explicativo sobre a Convenção, destacou-se que: "43. While the risk that data processing is harmful to persons generally depends not on the contents of the data but on the context in which they

Estado poderia incluir, em seu direito interno, outras categorias de dados sensíveis, cujo tratamento seria prescrito ou restrito. O grau de sensibilidade das categorias de dados dependeria do contexto jurídico e sociológico do país em questão.[63]

A *Diretiva de Proteção de Dados da União Europeia 95/46/EC* foi mais longe, positivando categorias especiais de tratamento em seu artigo 8º: "(...) dados pessoais que revelem a origem racial ou étnica, as opiniões políticas, as convicções religiosas ou filosóficas, a filiação sindical, bem como o tratamento de dados relativos à saúde e à vida sexual."[64] Doutrina[65] afirma que tais categorias deveriam encontrar proteção em todos os Estados-Membros, embora a forma precisa como tal proteção deveria ser tomada fosse, em grande parte, deixada a critério de cada jurisdição. Existia, assim, a possibilidade de os Estados-Membros adicionarem outras categorias de dados sensíveis, como ocorreu com os dados genéticos. A escolha de uma Diretiva, portanto, segundo a doutrina[66], acabou permitindo maior heterogeneidade entre os sistemas jurídicos europeus, criando dificuldades para quem queria tratar dados sensíveis de pessoas de diferentes países. O resultado foi uma incerteza para controladores que desejavam tratar dados, por exemplo, para

---

are used, there are exceptional cases where the processing of certain categories of data is as such likely to lead to encroachments on individual rights and interests. Categories of data which in all member States are considered to be especially sensitive are listed in this article. 44. The expression "revealing ... political opinions, religious or other beliefs" covers also activities resulting from such opinions or beliefs. 45. The meaning of the term "personal data concerning health" has been carefully studied by the Committee of Experts on Data Protection in connection with its work on medical data banks. It includes information concerning the past, present and future, physical or mental health of an individual. The information may refer to a person who is sick, healthy or deceased. This category of data also covers those relating to abuse of alcohol or the taking of drugs. (...) 47. By "criminal convictions" in the sense of this article should be understood: convictions based on criminal law and in the framework of a criminal procedure. 48. The list of this article is not meant to be exhaustive. A Contracting State may, in conformity with Article 11, include in its domestic law other categories of sensitive data, the processing of which is prescribed or restricted. (...)" (Explanatory Report to the Convention for the Protection of Individuals with regard to Automatic Processing of Personal Data. Strasbourg, 28.I.1981. p. 09)

[63]   Propostas de modernização, elaboradas pelo Comitê da Convenção 108, foram analisadas entre 2013 e 2016. Em setembro de 2016, a comissão responsável encaminhou a sua proposta para discussão e adoção ao Comitê de Ministros do Conselho da Europa. Em maio de 2018, foi adotado o protocolo de alteração, que foi aberto à assinatura em Estrasburgo em 10 de outubro. Informação disponível em: <https://www.coe.int/en/web/portal/28-january-data-protection-day-factsheet> Acesso em: 03.04.21. O artigo sobre dados sensíveis tem atualmente a seguinte redação: "Article 6 – Special categories of data 1. The processing of: – genetic data; – personal data relating to offences, criminal proceedings and convictions, and related security measures; – biometric data uniquely identifying a person; – personal data for the information they reveal relating to racial or ethnic origin, political opinions, trade-union membership, religious or other beliefs, health or sexual life, shall only be allowed where appropriate safeguards are enshrined in law, complementing those of this Convention. 2. Such safeguards shall guard against the risks that the processing of sensitive data may present for the interests, rights and fundamental freedoms of the data subject, notably a risk of discrimination."

[64]   Em seguida, no art. 8º, dispôs que: "5. O tratamento de dados relativos a infracções, condenações penais ou medidas de segurança só poderá ser efectuado sob o controlo das autoridades públicas ou se o direito nacional estabelecer garantias adequadas e específicas, sob reserva das derrogações que poderão ser concedidas pelo Estado-membro com base em disposições nacionais que prevejam garantias específicas e adequadas. Contudo, o registo completo das condenações penais só pode ser mantido sob o controlo das autoridades públicas."

[65]   QUINN; MALGIERI. Op cit., p. 06.

[66]   QUINN; MALGIERI. Op cit., p. 06.

fins de *eHealth* ou em grandes consórcios de pesquisa científica. A principal maneira pela qual a Diretiva impôs requisitos extras sobre aqueles que desejavam tratar dados sensíveis foi através da criação de barreiras adicionais antes que tal processamento pudesse ser permitido. Isso foi alcançado por meio da criação de bases jurídicas específicas que deveriam ser utilizadas para o tratamento de dados sensíveis.

Atualmente, o GDPR traz uma lista de "categorias especiais de dados pessoais", ampliando o escopo de proteção para os dados sensíveis. Entende-se que a utilização do Regulamento trouxe mais segurança para o tema, ao estabelecer, precisamente, quais categorias de dados devem ser de natureza sensível e oferecer definições claras para algumas espécies de dados assim considerados. Esta harmonização foi, porém, limitada no que diz respeito aos dados genéticos, biométricos ou relativos à saúde, categorias importantes para muitas áreas críticas, como segurança, saúde e pesquisa científica. No que concerne a tais dados, os Estados-Membros estão autorizados a "manter ou introduzir outras condições, incluindo limitações" relativas ao tratamento.

A norma europeia trouxe bases específicas para o tratamento de categorias especiais de dados, bem como positivou restrições para a tomada de decisões automatizadas. Adicionalmente, estabeleceu requisitos administrativos que aplicar-se-ão quando houver o tratamento de dados sensíveis em grande escala: o controlador de dados será obrigado a nomear um responsável pela proteção de dados, de acordo com o Artigo 37 (1) (c), e a realizar uma avaliação de impacto sobre a proteção de dados, conforme o Artigo 35 (3) (b). Portanto, além da necessária escolha e aplicação da base legal pertinente ao tratamento, o controlador poderá ter deveres adicionais.

No parágrafo 1º do Art. 9º, o GDPR propõe uma definição baseada no contexto para todos os tipos de dados sensíveis ("dados pessoais que revelem" ou "dados relativos à"), exceto os biométricos, para os quais propõe uma definição baseada na finalidade do agente. São dados sensíveis:

> (...) personal data *revealing* racial or ethnic origin, political opinions, religious or philosophical beliefs, or trade union membership, and the processing of genetic data, biometric data <u>for the purpose of uniquely identifying a natural person</u>, data *concerning* health or data *concerning* a natural person's sex life or sexual orientation (...). (grifo nosso)

Um dos objetivos da exceção relativa a dados biométricos parece ser o de excluir fotografias e imagens da consideração automática de que elas seriam dados sensíveis. Isso ocorre porque, se uma definição puramente contextual de dados sensíveis fosse aplicada, coleções de fotografias de indivíduos identificáveis poderiam ser potencialmente consideradas dados biométricos, mesmo quando o controlador não tivesse intenção de aplicar processos biométricos a elas. Diante disso, a inserção do termo "para o propósito de unicamente identificar uma pessoa natural", em relação aos dados biométricos, significa que eles só serão sensíveis quando houver uma intenção clara de aplicar processos biométricos a imagens ou a outro material que possa ser potencialmente usado para identificar indivíduos. Acerca da exceção em comento, vale ressaltar que, no Brasil, a norma não adotou tal noção para a espécie.

Diante do avanço do uso de reconhecimento facial[67] para algumas atividades públicas e privadas, sem dúvida, mostra-se necessário discutir, com maior profundidade, o uso de dados biométricos. Conforme dispõe o considerando 51 do GDPR, o tratamento de fotografias não deverá ser considerado sistematicamente um tratamento de categorias especiais de dados

---

[67] TEFFÉ, Chiara Spadaccini de; FERNANDES, Elora. Tratamento de dados sensíveis por tecnologias de reconhecimento facial: proteção e limites. In: Gustavo Tepedino, Rodrigo da Guia Silva. (Org.). *O Direito Civil na Era da Inteligência Artificial*. 1ed.São Paulo: Editora dos Tribunais, 2020, v. 1, p. 283-310.

pessoais, uma vez que elas serão apenas abrangidas pela definição de dados biométricos quando forem processadas por meios técnicos específicos que permitam a identificação inequívoca ou a autenticação de uma pessoa singular. Além de questões biométricas, considerando-se que uma imagem pode revelar, em alguns casos, por exemplo, dados de origem étnica ou racial, de saúde, de orientação sexual[68] ou questões religiosas de determinada pessoa, é possível defender seu enquadramento, em determinados contextos e diante de certos usos, como um dado pessoal sensível.[69]

3. CRITÉRIOS PARA QUALIFICAR OS DADOS COMO SENSÍVEIS NO CENÁRIO BRASILEIRO

Levando em conta a experiência europeia, que muito influenciou a doutrina e a legislação brasileira, busca-se neste momento compreender como identificar e qualificar dados e tratamentos de natureza sensível. Esta análise será fundamental para se examinar a LGPD e suas disposições específicas acerca da temática.

Entende-se que a identificação dos dados sensíveis pode variar a depender da forma como eles forem compreendidos. *A priori*, parece que um número relevante de informações pessoais pode, dependendo das circunstâncias do tratamento, ser sensíveis. Consequentemente, os dados pessoais devem ser avaliados observando-se, por exemplo, o contexto que determina seu tratamento; interesses específicos do responsável pelo tratamento, assim como dos destinatários potenciais dos dados; fins e propósitos para os quais os dados serão tratados[70]; condições do tratamento; suas

---

[68] WANG, Y.; KOSINSKI, M. Deep neural networks are more accurate than humans at detecting sexual orientation from facial images. Disponível em: <psyarxiv.com/hv28a> Acesso: 02.11.20.

[69] Vale ressaltar que na Europa vem sendo firmado entendimento de que imagens processadas por sistemas de vigilância por vídeo, sem reconhecimento facial, apenas para segurança em área comercial, geralmente não serão consideradas como dentro de um tratamento de dados sensíveis. Nos últimos anos, as autoridades nacionais de proteção de dados europeias e o *European Data Protection Board* (Comitê Europeu para a Proteção de Dados) vêm estabelecendo diversos parâmetros para o tratamento de dados pessoais por meio de dispositivos de vídeo. Dessa forma, antes de operar um sistema de câmera, o controlador deverá avaliar onde e se as medidas de vigilância por vídeo são estritamente necessárias. Em geral, como princípio, sempre que instalar tal sistema, ele deverá considerar cuidadosamente o princípio da minimização de dados e aspectos relacionados à segurança da informação, sob pena de severas sanções. Assim, mesmo nos casos em que o artigo 9º, nº 1, não se aplicar, o responsável pelo tratamento dos dados deverá minimizar o risco de captura de imagens que revelem outros dados sensíveis (para além do artigo 9º). (EDPB. Guidelines 3/2019 on processing of personal data through video devices – version adopted after public consultation. Versão 2.0. Adotada em 29 de janeiro de 2020. "Video surveillance systems usually collect massive amounts of personal data which may reveal data of a highly personal nature and even special categories of data. Indeed, apparently non-significant data originally collected through video can be used to infer other information to achieve a different purpose (e.g. to map an individual's habits). However, video surveillance is not always considered to be processing of special categories of personal data." (p. 17))

[70] Imagine, por exemplo, um controlador que coletou grandes quantidades de dados pessoais, relativos a certas características comportamentais de determinadas pessoas, na esperança de que alguma forma de tratamento de dados possa estar disponível no futuro, permitindo tirar conclusões sobre o estado de saúde dos titulares dos dados. Usar uma definição muito restrita para os dados sensíveis pode significar que tal tratamento não será considerado de caráter sensível, visto que, no momento, não se pode tirar tais conclusões. Essa maneira de definir os dados pessoais pode ser insuficiente, dada a probabilidade

possíveis consequências para as pessoas envolvidas; e as possibilidades tecnológicas atuais e futuras envolvendo dados. Acerca da finalidade/propósito do agente, cabe questionar: o controlador pretende tirar conclusões do tratamento que possam ser consideradas dados de natureza sensível? Para se analisar a questão, mostra-se relevante verificar, entre outros aspectos, o histórico do agente e se a intenção declarada é, de fato, objetivamente verificável.

É importante também considerar quais outros dados podem estar disponíveis para o controlador, pois a combinação de vários conjuntos de dados pode aumentar a probabilidade de que conclusões de natureza sensível possam ser alcançadas. Em ambientes cada vez mais interconectados, isso pode envolver levar em consideração não apenas dados que estejam com o controlador, mas também dados que ele possa ter acesso em outros ambientes. Um segundo fator são as habilidades técnicas do controlador de dados. Isso incluirá a capacidade computacional e o *know-how* técnico disponíveis. Tendo em vista que tais fatores estão em constante evolução e que o acesso a conjuntos de dados potencialmente complementares está sempre aumentando, o contexto específico de um tratamento deverá, como regra, ser compreendido de forma dinâmica. O tratamento de dados que pode não ter sido considerado sensível no passado pode muito bem ser considerado sensível no futuro.

Como apresentado, não se mostra possível definir, antecipadamente e de forma absoluta, os efeitos de um tratamento de informações, nem o grau de sensibilidade de um dado pessoal. Por exemplo, dados que pareçam não relevantes em determinado momento, que não façam referência a alguém diretamente ou, ainda, que não sejam formalmente sensíveis, uma vez transferidos, cruzados e/ou organizados, podem resultar em dados bastante específicos sobre determinada pessoa, trazendo informações, inclusive, de caráter sensível sobre ela.

Em importante ensinamento, Danilo Doneda destaca que:

> A elaboração desta categoria e de disciplinas específicas a ela aplicadas não foi isenta de críticas, como a que afirma que é impossível, em última análise, definir antecipadamente os efeitos do tratamento de uma informação, seja ela da natureza que for. Desta forma, mesmo dados não qualificados como sensíveis, quando submetidos a um determinado tratamento, podem revelar aspectos sobre a personalidade de alguém, podendo levar a práticas discriminatórias. Afirma-se, em síntese, que um dado, em si, não é perigoso ou discriminatório – mas o uso que dele se faz pode sê-lo.
>
> (...) deve-se ter em conta que o próprio conceito de dados sensíveis atende à uma necessidade de delimitar uma área na qual a probabilidade de utilização discriminatória da

---

de que futuras evoluções tecnológicas tornem esses dados sensíveis. Diante disso, uma definição que ignore completamente o propósito do controlador pode nem sempre ser adequada, uma vez que um controlador pode reunir dados não sensíveis com a esperança de que futuras evoluções tecnológicas permitam que conclusões sensíveis sejam tiradas. Observa-se, também, que uma definição de dados sensíveis baseada exclusivamente no propósito do controlador pode aumentar os riscos de imprudência ou de tratamento negligente de dados pessoais, como, por exemplo, casos em que o próprio controlador não tinha intenção de tirar conclusões sensíveis, mas, ainda assim, processou-os de tal forma que terceiros poderão ter acesso aos dados e serem capazes de extrair tais conclusões. Além disso, embora um controlador possa afirmar estar tratando dados para uma determinada finalidade, pode, na realidade, ser difícil demonstrar que o que fora afirmado era, de fato, a verdadeira finalidade por trás da operação. Basear-se em propósitos declarados (compreensão puramente subjetiva) pode, em muitos casos, deixar a porta aberta para abusos ao permitir situações em que o controlador pode, simplesmente, declarar que não tem intenção de processar dados sensíveis, mesmo quando, em verdade, realizar o oposto.

116 | PROBLEMAS DE DIREITO CIVIL – *Homenagem aos 30 anos de cátedra do professor Gustavo Tepedino*

informação é potencialmente maior – sem deixarmos de reconhecer que há situações onde tal consequência pode advir sem que sejam utilizados dados sensíveis, ou então que a utilização destes dados se preste a fins legítimos e lícitos.[71]

Nesse sentido, entende-se que, além de se realizar uma proteção mais ampla de dados considerados sensíveis, seria necessário observar tal proteção também nos casos em que houvesse tratamento sensível de dados pessoais. Isso porque, com base apenas em considerações a respeito da natureza dos dados tratados, nem sempre será possível predizer os efeitos que o tratamento de dados poderá causar em seu titular ou em interesses coletivos. Mostra-se necessário, então, verificar, entre outras questões, as intenções do controlador e se, a partir do tratamento realizado, era razoavelmente previsível que os dados poderiam revelar informações sensíveis sobre seus titulares. Quando se pretende processar dados para se tirar conclusões sensíveis ou para produzir dados que possam revelar aspectos sensíveis, a proteção deverá ser ampliada, conforme dispõe a LGPD.

Sabe-se que, diante dos avanços tecnológicos e científicos, até mesmo informações pessoais que tradicionalmente não eram classificadas como sensíveis podem causar tanto (a) um tratamento discriminatório quanto (b) a dedução ou a inferência de dados sensíveis.[72]

Como exemplo, recorda-se caso em que se verificou que motoristas com nomes não ingleses, como *Mohammed Ali*, recebiam cotações de seguros de carros mais altas do que *Johns*. Segundo reportagem de 2018, grandes firmas ofereciam valores menores quando o motorista tinha nome considerado inglês, como, por exemplo, *John*, *Jack Jones* ou *David Smith*.[73] Há casos, também, de negativa de concessão de crédito para pessoas cujos nomes são, estatisticamente, os mais recorrentes na comunidade afrodescendente.[74] É dizer: o simples prenome, em certo contexto, pode ser considerado dado sensível para fins de tutela da igualdade.

Doneda e Monteiro analisam caso de solicitação de dados de nacionalidade, o qual ensejou questionamentos a respeito da razão de seu requerimento e de possíveis tratamentos discriminatórios que poderia ensejar[75]. Determinado pró-reitor da Universidade Federal de Santa Maria solicitou algumas informações aos programas de pós-graduação da instituição, estando, entre elas, questionamento acerca da presença de alunos e/ou professores de nacionalidade israelense.[76] O pedido procurava atender a uma solicitação de acesso à informação dirigida à Universidade por

---

[71] DONEDA, Danilo. *A proteção de dados pessoais nas relações de consumo*: para além da informação creditícia. Escola Nacional de Defesa do Consumidor. Brasília: SDE/DPDC, 2010. p. 26-27

[72] DONEDA, Danilo. op. cit., p. 27.

[73] Disponível em: <https://www.thesun.co.uk/motors/5393978/insurance-race-row-john-mohammed/> Acesso em: 02.11.20

[74] Disponível em: <https://www.oabrj.org.br/colunistas/gustavo-tepedino/as-tecnologias-renovacao-direito-civil> Acesso em: 02.11.20

[75] DONEDA, Danilo; MONTEIRO, Marília. Acesso à informação e privacidade no caso da Universidade Federal de Santa Maria. *Jota*. 2 jul. 2015. Disponível em: https://www.jota.info/opiniao-e-analise/artigos/acesso-a-informacao-e-privacidade-no-caso-da-universidade-federal-de-santa-maria-02072015. Acesso em: 14 jun. 2020, n.p.

[76] Para mais dados sobre o caso, cf. BACKES, Vanessa. Em ofício, UFSM pede dados sobre a presença de israelenses no campus. *G1*. [s.l.]. 3 jun. 2015. Disponível em: http://g1.globo.com/rs/rio-grande-do-sul/noticia/2015/06/em-oficio-ufsm-pede-dados-sobre-presenca-de-israelenses-no-campus.html. Acesso em: 14 jun. 2020. FAMER, Vitória. MPF investiga antissemitismo em universidade federal. *Estadão*. 9 jun. 2015. Disponível em: https://brasil.estadao.com.br/noticias/geral,mpf-investiga-antissemitismo--em-universidade-federal-gaucha,1702478. Acesso em: 12 jun. 2020.

Cap. 6 · A CATEGORIA ESPECIAL DOS DADOS SENSÍVEIS: FUNDAMENTOS E CONTORNOS | 117

algumas entidades. Analisando o caso e a ponderação entre transparência e proteção de dados, os autores destacaram que:

> [...] o fato de a informação referente à nacionalidade ter elevado potencial discriminatório – ainda que a nacionalidade não seja comumente considerada em si como uma informação sensível – depreende-se do tratamento sensível que pode ser dado a tal informação, capaz de estigmatizar, classificar, pré-julgar e mesmo comprometer a segurança dos cidadãos afetados. Note-se que a discriminação em razão da procedência nacional é, inclusive, tipificada como crime no Art. 1º da Lei 7.716/1989. Para tal ponderação contribui, igualmente, a motivação discriminatória passível de ser inferida pela série de considerandos ao pedido de acesso à informação, ao julgar de forma contundente atos que eventualmente teriam sido praticados pelo Estado de Israel.[77]

Ainda sobre informações que podem se tornar sensíveis, vale lembrar o histórico de compras de uma pessoa em um supermercado ou em uma farmácia[78] ou o acesso à fatura de seu cartão de crédito, uma vez que, a partir disso, seria possível inferir dados sensíveis, como convicções religiosas, estado de saúde[79] ou orientação sexual. Dados de geolocalização podem, também, ser manipulados para usos lesivos a seu titular e para a verificação de informações íntimas. Eles podem revelar, por exemplo, sua religião (pessoa localizada em determinado templo religioso) ou permitir que seja presumida alguma condição de saúde (pessoa localizada em clínica de saúde especializada em determinada doença). O próprio dado relativo à identidade de gênero ou à orientação sexual pode ser utilizado para discriminações ilícitas ou abusivas. Da mesma forma, é importante ter especial atenção com os dados financeiros[80]

---

[77] DONEDA; MONTEIRO. Op cit.

[78] "Por exemplo, ao fornecer o número do CPF para obter descontos nas farmácias, a lista de medicamentos associada a esse dado pode conter informações delicadas sobre nossa saúde. É possível que essas informações sejam utilizadas de maneira discriminatória por seguradoras de saúde, alterando o valor da franquia de acordo com o perfil. Da mesma forma, nosso histórico de compras *online* diz bastante sobre poder aquisitivo e preferências pessoais. Por meio dessas informações, é possível embasar o direcionamento de propagandas compatíveis com o nosso gosto, tentando-nos a comprar algo que não precisamos, bem como cobrar preços mais altos ou limitar o acesso ao crédito para determinados perfis. Dados sobre orientação sexual, em uma sociedade que ainda vive preconceitos contra a diversidade, também podem servir a práticas de segregação, restringindo, por exemplo, as oportunidades de trabalho." (VARON, Joana. Entrevista II. *Panorama Setorial da Internet*, v. 11, n. 2, p. 12-14, 2019. Privacidade e dados pessoais. Disponível em: <https://www.cetic.br/media/docs/publicacoes/6/15122520190717-panorama_setorial_ano-xi_n_2_privacidade_e_dados_pessoais.pdf> Acesso em: 31 maio 2020, p. 12).

[79] Caso famoso envolve a empresa *Target* e o uso de dados para a realização de previsão de gravidez de clientes. Cf. DUHIGG, Charles. How companies learn your secrets. *The New York Times*. 26 fev. 2012. Disponível em: <https://www.nytimes.com/2012/02/19/magazine/shopping-habits.html?pagewanted=1&_r=1&hp>. Acesso em: 31 maio 2020.

[80] A segurança das informações deve ser um pilar estratégico e prioritário para todas as instituições financeiras, especialmente aquelas que oferecem serviços digitais. Para garantir a segurança dos usuários e da própria empresa, alguns investimentos mostram-se essenciais, como, por exemplo: o uso amplo de criptografia e a constituição de equipe de segurança de alto padrão, havendo, portanto, profissionais capacitados em *cyber security*. Para a segurança dos dados financeiros, também é necessário que a empresa esteja em *compliance* com a LGPD e com padrões mundiais, como o CIS (Center for Internet Security) e o ISO/IEC 27001, tanto a nível de hardware quanto a nível de software. Por fim, deve-se incrementar dentro da instituição uma elevada cultura de segurança e proteção de dados, bem como a realização

de pessoas naturais, dados sobre antecedentes, processos ou condenações criminais e dados relativos a alguma forma de deficiência[81].

Vale lembrar que tal preocupação aparece em pesquisas há mais de uma década. Segundo estudo desenvolvido por pesquisadores da Universidade de Cambridge, afirmou-se[82] que registros digitais de comportamento facilmente acessíveis, como curtidas no *Facebook*, poderiam ser usados para prever, automaticamente e com precisão, atributos pessoais sensíveis como: orientação sexual, etnia, pontos de vista religiosos e políticos, traços de personalidade, inteligência, felicidade, uso de substâncias viciantes, separação dos pais, idade e sexo. Dos perfis analisados, o modelo identificou, com elevada acuidade, homossexuais e heterossexuais, usuários brancos e negros, e pessoas com ligações partidárias republicana ou democrata. [83]

---

de certificações na área. Fonte: <https://cryptoid.com.br/identidade-digital-destaques/seguranca-digital-quais-cuidados-as-fintechs-devem-ter-com-os-dados-financeiros-dos-clientes/> Acesso em: 17 de março de 2021.

[81] *"A preocupação com a proteção de dados pessoais de pessoas em situação de vulnerabilidade é ainda mais acentuada, notadamente em relação aos dados sensíveis. Assegurar os direitos da pessoa de manter o controle sobre seus dados, por meio da autodeterminação informativa, de forma a evitar a não discriminação, é ainda mais difícil para integrantes de grupos vulneráveis. Se já é tormentosa a proteção da liberdade e da igualdade no contexto da proteção de dados diante das assimetrias de poder na sociedade da informação, no caso de pessoas vulneradas é dramática sua tutela. Entre eles, as pessoas com deficiência constituem grupo estigmatizado e inferiorizado socialmente que representa significativa parcela da população e que o Direito brasileiro somente em tempos mais recentes se voltou à sua tutela na medida de suas vulnerabilidades".* (BARBOZA, Heloisa Helena; PEREIRA, Paula Moura Francesconi de Lemos; ALMEIDA, Vitor. Proteção dos dados pessoais da pessoa com deficiência. In: TEPEDINO, Gustavo; FRAZÃO, Ana; OLIVA, Milena Donato (Coord). *Lei Geral de Proteção de Dados Pessoais e suas repercussões no direito brasileiro.* São Paulo: Thomson Reuters: 2020.)

[82] KOSINSKI, Michal; STILLWELL, David; GRAEPEL, Thore. Private traits and attributes are predictable from digital records of human behavior. *PNAS*, vol. 110, n. 15, abril/2013, p. 5802-5805. Disponível em: <https://doi.org/10.1073/pnas.1218772110> Acesso em: 19.01.21.

[83] Recorda-se também, aqui, pesquisa de emoções realizada no Facebook com usuários da plataforma. Em janeiro de 2012, pesquisadores ajustaram o feed de notícias de quase 690 mil usuários para exibir histórias mais "positivas" ou "negativas", a fim de descobrir se as emoções seriam contagiosas nas redes sociais, ou melhor, se a transferência de emoções que acontece cara-a-cara também poderia ocorrer digitalmente. A equipe criou um algoritmo para analisar palavras no feed de notícias, que categorizou cada post como emocionalmente mais positivo ou negativo. Eles então usaram essas informações para ajustar os feeds de notícias de diversos usuários: em alguns feeds, o usuário deixava de ver status mais negativos; outros destacavam posts mais tristes. Verificou-se um efeito direto a partir disso: apesar de não ocorrer nenhuma interação humana real, os participantes que viram feeds artificialmente mais positivos postaram atualizações de status mais felizes e pessoas com feeds mais tristes postaram mensagens mais amargas. Os resultados indicaram que emoções expressas por outras pessoas no Facebook influenciavam as nossas emoções. O trabalho também sugeriu que a interação pessoal e as dicas não-verbais não eram estritamente necessárias para o contágio emocional e que a observação das experiências positivas dos outros constituiria experiência positiva para as pessoas. Entretanto, pergunta que logo veio à tona após a publicação do estudo foi: pode uma rede social financiar uma pesquisa como essa? O Facebook poderia *manipular* as emoções de usuários através do feed de notícias? (KRAMER, Adam D. I.; GUILLORY, Jamie E.; HANCOCK, Jeffrey T. Experimental evidence of massive-scale emotional contagion through social networks. *PNAS*, vol. 111, n. 24, jun. 2014, p. 8788-8790. Disponível em: <https://doi.org/10.1073/pnas.1320040111> Acesso em: 19.01.21)

Mulholland apresenta dois casos graves em que o perfilamento (*profiling*) gerou tratamentos discriminatórios:

> Os casos ocorreram nos EUA e se referiram à contratação de serviços médicos e de seguridade. No primeiro caso, algumas seguradoras utilizaram dados pessoais relacionados às vítimas de violência doméstica, acessíveis em banco de dados públicos. O resultado do tratamento dos dados levou a uma discriminação negativa, ao sugerir que mulheres vítimas de violência doméstica não poderiam contratar seguros de vida, saúde e invalidez, pois o risco contratado seria muito alto. Em outro caso, relacionado a dados de saúde, "quando uma pessoa tem um derrame, alguns bancos, ao descobrir tal fato, começam a cobrar o pagamento dos empréstimos realizados".[84]

E a análise pode ir muito além. A partir de *metadados* (isto é, dados sobre dados) é possível inferir diversas informações sensíveis sobre uma pessoa. Praticamente todos os dispositivos geram metadados através do uso que deles é feito, sendo exemplo emblemático, aqui, o *smartphone*. Ao tirar uma foto, por exemplo, além da imagem ficar gravada na memória do celular, metadados são associados a ela, descrevendo informações sobre o modelo da câmera, data, tamanho e formato do arquivo e até o local de onde a foto foi tirada, se o aparelho tiver GPS.

O conteúdo de comunicações pode revelar informações altamente sensíveis sobre as pessoas envolvidas[85], desde experiências pessoais e emoções até condições médicas, preferências sexuais e visões políticas, cuja divulgação pode resultar em danos pessoais e sociais, perdas econômicas e/ou constrangimentos. Da mesma forma, metadados derivados de comunicações eletrônicas também podem revelar informações muito pessoais. Esses metadados incluem os números chamados, os sites visitados, a localização geográfica e a hora, a data e a duração em que um indivíduo fez uma chamada, permitindo tirar conclusões precisas sobre a vida privada das pessoas envolvidas na comunicação, como suas relações sociais, seus hábitos, atividades da vida cotidiana e seus interesses e gostos.[86]

As novas e complexas formas de tratar dados vêm expandindo as possibilidades de classificação dos dados pessoais. Isso tem levado à defesa do estabelecimento de novas categorias, relações e tutelas. Nesse sentido, pode-se compreender que o conteúdo e o tratamento dos dados pessoais sensíveis não se mostram estáticos, sendo relevante a verificação concreta dos seguintes aspectos: (I) o contexto que determina seu tratamento; (II) interesses específicos do responsável pelo tratamento, assim como dos destinatários potenciais dos dados; (III) finalidade e propósito para os quais os dados sensíveis serão tratados; (IV) condições do tratamento; (V) relações que podem ser estabelecidas com as demais informações disponíveis sobre o titular e/ou o grupo de que ele faz parte; (VI) as possibilidades tecnológicas atuais e futuras envolvendo dados; (VII) como a informação pode afetar o indivíduo a quem ela diz respeito e o livre desenvolvimento de sua

---

[84] MULHOLLAND, Caitlin. Os contratos de seguro e a proteção dos dados pessoais sensíveis. In: GOLDBERG, Ilan; JUNQUEIRA, Thiago (Coords.). *Temas Atuais de Direito dos Seguros*, Tomo I. São Paulo: Thomson Reuters. 2020.

[85] HOF, Simone van der. I agree, or do I? A rights-based analysis of the law on children's consent in the digital world. *Wisconsin International Law Journal*, v. 34, n. 2, p. 409-445, 2016.

[86] Proposal for a REGULATION OF THE EUROPEAN PARLIAMENT AND OF THE COUNCIL concerning the respect for private life and the protection of personal data in electronic communications and repealing Directive 2002/58/EC (Regulation on Privacy and Electronic Communications) COM/2017/010 final – 2017/03 (COD). Disponível em: <https://eur-lex.europa.eu/legal-content/EN/TXT/?uri=CELEX%3A52017PC0010> Acesso em: 01.01.21

PROBLEMAS DE DIREITO CIVIL – *Homenagem aos 30 anos de cátedra do professor Gustavo Tepedino*

personalidade; e (VIII) a potencialidade do tratamento do dado sensível servir como instrumento de estigmatização ou discriminação ilícita ou abusiva da pessoa ou de um grupo.[87]

4. O ROL EXEMPLIFICATIVO DE DADOS SENSÍVEIS NA LGPD

Diante dos fundamentos da categoria dos dados sensíveis, relacionados diretamente com a tutela da liberdade e da igualdade material, e de sua natureza intrinsecamente relacionada a aspectos existenciais e íntimos da pessoa humana, entende-se que ela deve ser compreendida em rol exemplificativo.[88] Na LGPD, no artigo 5º, inciso II, não há qualquer disposição que afirme que a categoria dos dados sensíveis seja exaustiva. A lei estabelece, ainda, que o disposto no artigo 11 – que apresenta as bases legais para o tratamento de dados sensíveis – aplica-se a qualquer tratamento de dados pessoais que revele dados pessoais sensíveis e que possa causar dano ao titular (Art. 11, § 1º).[89]

Como direito da personalidade, a proteção de dados pessoais é essencial à pessoa humana, necessária, irrenunciável e inalienável. A elasticidade do rol de dados sensíveis representa instrumento para efetivar formas de proteção também atípicas, pautadas no interesse à existência e no livre exercício da vida de relações.[90] Uma previsão legal exaustiva de dados sensíveis deixaria de fora manifestações e exigências da pessoa que, em razão do progresso da sociedade, exigem uma proteção ampliada.

Neste sentido, Caitlin *Mulholland* ressalta que a definição do Art. 5º, II, da LGPD, não é, de forma alguma, taxativa: "Trata-se de conceito que enumera de maneira exemplificativa algumas

---

[87] "(...) mais importante do que identificar a natureza própria ou conteúdo do dado, é constatar a potencialidade discriminatória no tratamento de dados pessoais. Isto é, a limitação para o tratamento de dados se concretizaria na proibição de seu uso de maneira a gerar uma discriminação, um uso abusivo e não igualitário de dados. Não só a natureza de um dado, estruturalmente considerado, deve ser avaliada para sua determinação como sensível, mas deve-se admitir que certos dados, ainda que não tenham a princípio essa natureza especial, venham a ser considerados como tal, a depender do uso que deles é feito no tratamento de dados." (MULHOLLAND, Caitlin. Dados pessoais sensíveis e consentimento na Lei Geral de Proteção de Dados Pessoais. *Migalhas*, publicado em 22 de junho de 2020.)

[88] Neste sentido, KONDER, Carlos Nelson. O tratamento de dados sensíveis à luz da Lei 13.709/2018. In: FRAZÃO, Ana; TEPEDINO, Gustavo; OLIVA, Milena Donato (Org.). *A Lei Geral de Proteção de Dados Pessoais e Suas Repercussões no Direito Brasileiro*. Revista dos Tribunais: São Paulo, 2019, p. 455.

[89] "Com o propósito de evitar lesões a direitos fundamentais da pessoa humana, o § 1º do art. 11 da LGPD dispõe que as regras relativas aos dados sensíveis devem ser aplicadas aos dados pessoais que, quando tratados, possam vir a revelar informações sensíveis de seu titular, tornando-o suscetível a danos. A característica comum a todos os dados sensíveis é a suscetibilidade de sua utilização para fins discriminatórios, de modo que, em decorrência dos efeitos potencialmente lesivos de seu tratamento, não é possível aceitar que exista um rol taxativo de dados sensíveis. A propósito, Stefano Rodotà explica que a formação de perfis com base em dados pessoais pode ensejar discriminação em diferentes situações: (i) há dados pessoais que, embora sejam aparentemente não sensíveis, podem, quando tratados, se tornar sensíveis, viabilizando, inclusive, a identificação da pessoa e dos seus hábitos, relacionamentos, preferências, convicções religiosas, políticas e filosóficas etc.; e (ii) quando o tratamento de dados identifica um grupo de pessoas ao qual são atribuídas conotações negativas." (RODRIGUES, Marco Antonio dos Santos; HIBNER, Davi Amaral. Parâmetros para a proteção de dados pessoais em tempos de pandemia. *Revista de Direito e as Novas Tecnologias*, vol. 8/2020, Jul – Set / 2020.)

[90] PERLINGIERI, Pietro. *O direito civil na legalidade constitucional*. Rio de Janeiro: Renovar, 2008. p. 764-765.

das hipóteses em que serão identificados os dados pessoais que tenham natureza considerada sensível".[91-92] Sergio Negri e Maria Regina Korkmaz dispõem que:

> O *standard* protetivo dos dados pessoais sensíveis na LGPD, como apresentado, é mais rigoroso, todavia, o artigo 5º, inciso II, da citada lei (BRASIL, 2018a) não exaure todas as situações nas quais a pessoa pode ser submetida a situações de discriminação e desigualdade, porque baseado em um modelo de *fattispecie*. Assim sendo, a isonomia restaria injustificadamente mitigada ao se negar esse regime jurídico específico de proteção a dados que em sua natureza ostentassem essa configuração, sem estar, contudo, taxativamente previsto naquele rol. Com essa perspectiva, a proteção integral da pessoa nas sociedades de informação, notadamente com relação aos dados sensíveis, perpassa por um conceito normativo amplo.[93]

Na medida em que a criação da categoria de dados sensíveis justifica-se, entre outras razões, para proteger um tipo de informação que pode ocasionar práticas discriminatórias, ela pode abranger, por exemplo, dentro de certos contextos e usos, outras informações pessoais para além daquelas tipificadas na LGPD, como por exemplo a orientação sexual e a identidade de gênero.

Inclusive, na lei do cadastro positivo, Lei nº 12.414/11, em seu art. 3º, § 3º, encontra-se disposto que ficam proibidas as anotações de informações sensíveis, como aquelas pertinentes à origem social. O termo "origem social" aparece na mencionada norma, mas não na LGPD. Contudo, isso não impede que informações sobre a origem social de uma pessoa recebam proteção ampliada, conforme a tutela dos dados sensíveis, visto que, claramente, de forma individual ou conjugada, podem ser usadas para fins discriminatórios.[94] Em acórdãos relatados pelo Ministro Paulo de Tarso Sanseverino, em 2014, que trataram dos limites da prática de *credit scoring* e da aplicação da lei do cadastro positivo (REsp 1.419.697 – RS e REsp 1.457.199 – RS), afirmou-se que:

> A vedação de utilização de dados sensíveis busca evitar a utilização discriminatória da informação, conforme claramente definido pelo legislador como aqueles

---

[91] MULHOLLAND, Caitlin. Dados pessoais sensíveis e consentimento na Lei Geral de Proteção de Dados Pessoais. Migalhas, publicado em 22 de junho de 2020.

[92] No mesmo sentido, Miragem e Petersen afirmam que: "A esse conjunto de dados pessoais optou-se por conferir maior proteção, com a previsão de normas mais rigorosas para o seu tratamento, o que se justifica tanto por dizerem respeito a uma esfera de maior reserva do indivíduo como pelo caráter potencialmente discriminatório do seu uso. Nesse sentido, a disciplina dos dados sensíveis guarda íntima conexão com o princípio da não discriminação; mediante normas especiais busca-se coibir práticas discriminatórias abusivas. Ademais, é importante notar que o rol conceitual não é taxativo, sendo possível reconhecer a natureza sensível de outros dados cujo tratamento implique maiores riscos para o titular (art.11, §1º, da LGPD), de modo que dados ordinários podem se tornar sensíveis quando o seu uso der causa a uma situação potencialmente discriminatória." (MIRAGEM, Bruno; PETERSEN, Luiza. O contrato de seguro e a lei geral de proteção de dados. *Revista dos Tribunais*, vol.1018, agosto de 2020.)

[93] NEGRI, Sergio Marcos Carvalho de Ávila; KORKMAZ, Maria Regina Detoni Cavalcanti Rigolon. A normatividade dos dados sensíveis na lei geral de proteção de dados: ampliação conceitual e proteção da pessoa humana. *Rev. de Direito, Governança e Novas Tecnologias*, Goiânia, v. 5, n. 1, p. 63-85, Jan/Jun. 2019.

[94] KNOP, M.; COLLARES, A. C. M. A influência da origem social na probabilidade de concluir os diferentes cursos de ensino superior. *Sociedade e Estado, [S. l.]*, v. 34, n. 02, p. 351–380, 2019. ALVES, Fátima; ORTIGÃO, Isabel. Origem social e risco de repetência: interação raça-capital econômico. *Cadernos de Pesquisa*, v. 37, n. 130, p. 161-180, jan./abr. 2007.

"pertinentes à origem social e étnica, à saúde, à informação genética, à orientação sexual e às convicções políticas, religiosas e filosóficas." Desse modo, no sistema jurídico brasileiro, encontram-se devidamente regulados tanto o dever de respeito à privacidade do consumidor (v.g. informações excessivas e sensíveis), como o dever de transparência nessas relações com o mercado de consumo (v.g. deveres de clareza, objetividade e veracidade).

Por outro lado, parte da doutrina entende que o rol de dados sensíveis estabelecido na LGPD deveria ser taxativo: "Em razão de sua especialidade e das diversas restrições impostas ao seu tratamento, é efetivamente recomendável que dados sensíveis sejam normalmente definidos de modo taxativo (...)."[95] Sem dúvida, os grandes benefícios deste posicionamento são oferecer maior segurança jurídica para as partes e facilitar as atividades de tratamento, especialmente quando os agentes lidam com grandes volumes de dados e desejam usar bases legais mais flexíveis, como o legítimo interesse.

Ainda que se respeite o posicionamento acima, no presente artigo defende-se que, tendo em vista a natureza e os fundamentos das informações em questão, as diversas possibilidades de tratamento de dados pessoais, bem como o oferecimento de ferramentas tecnológicas cada vez mais sofisticadas, mostra-se, hoje, difícil pensar em um rol restrito e taxativo de dados sensíveis.

5. DADOS ALTAMENTE SENSÍVEIS: UMA NOVA CATEGORIA EM DISCUSSÃO

Entende-se que dados sensíveis podem, inclusive, alcançar diferentes níveis de sensibilidade, a depender da espécie de dado em questão, da informação em si que guarda e/ou do titular a quem diz respeito, impactando em graus de intensidade diversos a esfera íntima de seu titular. Quanto mais sensíveis forem as informações pessoais, maiores serão os riscos e danos, se houver um incidente de segurança ou violação de privacidade.

Por exemplo, as informações de contato profissional de uma pessoa são dados pessoais, mas é pouco provável que ela sofra danos se tais informações forem disponibilizadas publicamente. Da mesma forma, informações sobre alguém ter quebrado uma perna ou sobre a cor de pele branca de um indivíduo, se expostas, dificilmente causarão um dano grave a ele. Por outro lado, se informações específicas de saúde de um indivíduo como, por exemplo, ser portador do vírus da imunodeficiência humana (HIV), detalhes sobre sua saúde mental ou dados genéticos caírem nas mãos erradas, isso poderá causar um alto risco de lesão a ele e, até mesmo, a terceiros.

Em geral, quanto maior a sensibilidade das informações, maiores deverão ser as salvaguardas. Indaga-se, então, se não seria mais adequado, e inclusive necessário, criar novas categorias especiais de dados e, consequentemente, tutelas diferenciadas para os mesmos, de forma a se proteger mais amplamente a pessoa humana.

É possível também refletir acerca de proteção especial para casos que envolvam conteúdos altamente sensíveis de titulares de dados que apresentem vulnerabilidade agravada[96], como crianças,

---

[95] LEONARDI, Marcel. Principais bases legais de tratamento de dados pessoais no setor privado. *In*: SOUZA, Carlos Affonso; MAGRANI, Eduardo; SILVA, Priscilla (Coords.). *Lei geral de proteção de dados*. São Paulo: RT, 2019. p. 72.

[96] MIRAGEM, Bruno. *Curso de Direito do Consumidor*. 3ed. São Paulo: RT, 2012, p.102.

adolescentes, idosos e pessoas com deficiência.[97] Exemplo significativo disso seria o tratamento de dados biométricos de crianças e de dados de saúde de menores de idade com deficiência.

Como apontado no início do artigo, determinadas práticas negociais e estruturas tecnológicas vêm se mostrando bastante agressivas e pouco claras e transparentes em sua aplicação. O controle e a vigilância empregados em nossos corpos e dados vêm sendo substancialmente ampliados, afetando de formas e intensidades distintas as pessoas, especialmente determinados grupos mais vulneráveis e historicamente discriminados. Ainda que a LGPD não ofereça dispositivos específicos direcionados aos referidos sujeitos, mas apenas a crianças e adolescentes, discutir e oferecer uma tutela destacada a sujeitos mais vulneráveis, ainda que em casos concretos específicos, parece uma interpretação adequada das normas jurídicas, que valoriza os corolários da dignidade da pessoa humana e suas situações existenciais. Não se busca, aqui, tecer uma conclusão ou um rol fechado de situações em que os dados classificados como altamente sensíveis estarão presentes, mas, sim, colocar luzes na questão e nas potencialidades da categoria.

CONSIDERAÇÕES FINAIS

Como forma de promoção da dignidade da pessoa humana, e figurando como direito da personalidade, a proteção de dados pessoais revela-se fundamental, sendo condição para que o sujeito se realize e se relacione na sociedade. Como apresentado, tutelar dados sensíveis e tratamentos de caráter sensível significa proteger a pessoa contra discriminações abusivas e ilícitas, assegurar igualdade no seu tratamento e permitir o livre desenvolvimento da sua personalidade, levando-se em conta suas diferenças e características particulares.

Diante do atual cenário tecnológico, marcado pela hiperconectividade e pelo amplo uso de inteligência artificial, não mais parece fazer sentido considerar um dado ou um conjunto de dados pessoais de forma isolada e estática, mas, sim, dentro de uma perspectiva dinâmica, que considere diversos fatores, sujeitos e possibilidades de tratamento. Há cada vez mais formas de análises que podem identificar indivíduos e revelar dados sensíveis sobre eles.

Entende-se, assim, que os dados sensíveis devem ser compreendidos dentro de um rol exemplificativo, considerando-se, inclusive, os diferentes níveis e intensidades de sensibilidade de cada informação. Tal perspectiva deve levar em conta, porém, a necessidade de não ocorrer um alargamento excessivo e inadequado desta categoria especial, já que isso tanto limitaria alguns tratamentos de dados quanto poderia deixar a categoria com menos relevo no futuro.

---

[97] MARQUES, Cláudia Lima. O diálogo das fontes como método da nova teoria geral do direito: um tributo a Erik Jayme. In.: _____ (coord.) *Diálogo das fontes:* do conflito à coordenação de normas no direito brasileiro novo regime das relações contratuais. São Paulo: RT, 2012, p.17-66, p. 48.

7

LEITURA CIVIL-CONSTITUCIONAL DA CONCESSÃO DE CRÉDITO NO ORDENAMENTO JURÍDICO BRASILEIRO

CÍNTIA MUNIZ DE SOUZA KONDER

Sumário: 1. O acesso aos bens na sociedade contemporânea. 2. Da estrutura à função do crédito: o crédito como instrumento de livre desenvolvimento da personalidade. 3. A expansão da concessão de crédito no Brasil e as suas repercussões. 4. Remédios setoriais do direito do consumidor. 5. À guisa de conclusão: insuficiência das abordagens setoriais, crítica à teoria dos microssistemas e recondução à unidade da legalidade constitucional.

1. O ACESSO AOS BENS NA SOCIEDADE CONTEMPORÂNEA

Em qualquer época, as pessoas naturais sempre dependeram e vão depender dos bens para a sua sobrevivência: desde a água potável, a energia elétrica, o imóvel objeto de posse ou propriedade para moradia, assim como os bens que a guarnecem, até o vestuário, a alimentação, o dinheiro para as necessidades e para o lazer. Percebe-se que os bens são um meio, um instrumento para o homem sobreviver de forma digna.

A importância do acesso aos bens, contudo, modificou-se qualitativamente no âmbito da chamada "sociedade do consumo", na qual o "ter" tornou-se elemento necessário para o próprio exercício da cidadania. Criou-se uma "ligação direta entre a vida social e a aquisição de bens e serviços".[1] Trata-se de um efeito do advento da pós-modernidade,[2] termo utilizado para designar

---

[1] DIREITO, Carlos Alberto Menezes. A proteção do consumidor na sociedade da informação. *Informativo Jurídico da Biblioteca Ministro Oscar Saraiva*, v. 12, n. 1, jan./jun. 2000, p. 66. Disponível em <https://goo.gl/sPme8B>. Acesso em 08 abr. 2021.

[2] Sobre o tema, cf. LYOTARD, Jean-François. *A condição pós-moderna*. São Paulo: José Olympio, 2002; JAMESON, Fredric. *Pós-Modernismo – A Lógica Cultural do Capitalismo Tardio*, São Paulo: Ática, 2002;

o período que se iniciou nas últimas décadas do século XX, e teve como características principais diversas alterações na sociedade e na subjetividade.

Os homens deixaram de ter a certeza dos projetos de vida e da segurança das carreiras profissionais.[3] A certeza dos relacionamentos fechados e duradouros passou a ser mais difícil. A liberdade individual veio com um preço alto em um mundo pós-revolução industrial, com inúmeras mercadorias novas e o aumento das chamadas "necessidades", na medida em que novos objetos passaram a ser produzidos, e, por conseguinte, o consumismo tornou-se um atributo da sociedade[4] e o individualismo passou a ser vivido com muito mais intensidade.

Com o advento da *internet*, surgiu um novo *locus* para preencher o mundo com novidades diárias. Produtos originais surgidos em poucas horas de navegação são substituídos por outros sem os quais as pessoas não se sentem inseridas nos grupos sociais. A "facilidade" de compras *online*, na qual não se vê e não se sente o dinheiro literalmente deixando o patrimônio daquele que o desembolsa, com o agravante de que na *internet* as lojas estão abertas vinte e quatro horas por dia,[5] criou nova nau de compradores e "necessitados" do que passou a ser vendido como fundamental pelas mídias.

De fato, toda era de novidades e avanços sociais, industriais, tecnológicos e econômicos traz consigo novas demandas. Nas últimas décadas, os estilos e os padrões de consumo deixaram de ser fixos. O *marketing* produz novas mercadorias, que fatalmente representarão novos modelos de vida, e assim sucessivamente, em um círculo vicioso interminável. O resultado é salientado por Fridman: "[...] a busca da identidade está sempre um passo além daqueles que a perseguem".[6]

Nesta era, também conhecida como "sociedade de consumo", ocorre a hipervalorização do "ter" sobre o "ser" e o desenvolvimento do *self* depende do acesso aos bens e da satisfação das "falsas necessidades", que são criadas e recriadas pelos produtores e pelas mídias todos os dias.[7] Desde o bem mais básico e vital, como a água potável, até os bens de consumo cuja demanda é produzida pelas chamadas "falsas necessidades", isto é, necessários para a aceitação do indivíduo pelos seus pares na sociedade atual, todos se revelam cada vez mais um meio, um instrumento imprescindível para permitir ao sujeito desenvolver e realizar a sua personalidade. Isso envolve não mais apenas o acesso aos bens necessários à sobrevivência, mas também o acesso aos bens necessários ao reconhecimento social e à construção das identidades.

HARVEY, David. *Condição pós-moderna: Uma pesquisa sobre as origens da mudança cultural*. Tradução de Adail Ubirajara Sobral e Maria Stela Gonçalves, 9ª edição. São Paulo, Loyola, 2000.

[3] SENNETT, Richard. *A corrosão do caráter: consequências pessoais do trabalho no novo capitalismo*. Tradução de Marcos Santarrita, 4ª edição. Rio de Janeiro: Record, 2000, p. 9.

[4] BAUMAN, Zygmunt. *Vida para consumo: A transformação das pessoas em mercadoria*. Tradução de Carlos Alberto Medeiros. Rio de Janeiro: Jorge Zahar, 2008, p. 41.

[5] BAUMAN, Zygmunt. *O mal-estar da pós-modernidade*. Tradução de Mauro Gama e Cláudia Martinelli Gama. Revisão Técnica Luís Carlos Fridman. Rio de Janeiro: Jorge Zahar, 1998, *passim*.

[6] FRIDMAN, Luís Carlos. Vertigens Pós-modernas (Guiddens, Touraine e Bauman). *Lua Nova Revista de Cultura e Política*, n. 47, São Paulo: agosto 1999. Disponível em <https://goo.gl/OxVbpe>. Acesso em 08 abr. 2021.

[7] A questão é social e cultural, como define Grant McCracken: "[...] os bens de consumo nos quais o consumidor desperdiça tempo, atenção e renda são carregados de significado cultural. Os consumidores utilizam esse significado com propósitos totalmente culturais. Usam o significado dos bens de consumo para expressar categorias e princípios culturais, cultivar ideias, criar e sustentar estilos de vida, *construir noções de si e criar (e sobreviver a) mudanças sociais*" (MCCRAKEN, Grant. *Cultura e consumo: novas abordagens ao caráter simbólico dos bens e das atividades de consumo*. Tradução de Fernanda Eugenio. Rio de Janeiro: Mauad, 2003, p. 11. (grifou-se)).

Em especial no Brasil, país com reconhecida história de amplas desigualdades sociais e concentração de riquezas nas mãos de poucos, o acesso a tais bens é completamente díspar e a necessidade de o direito intervir para garantir o equilíbrio e permitir o acesso é ainda mais forte. A função dos bens – sejam aqueles necessários para a subsistência, sejam aqueles necessários para a integração no grupo social – é a plena realização da pessoa, cuja base legal se encontra no princípio da dignidade da pessoa humana. Afirma-se, inclusive, que a própria determinação do que seja um bem não está vinculada a uma característica intrínseca na sua essência, mas à sua aptidão para adentrar a esfera de interesses humanos.[8] De fato, reconhece-se que no ordenamento jurídico brasileiro, a plena realização da pessoa está garantida desde 1988, pelo princípio da dignidade humana, entendido como valor absoluto da ordem constitucional, previsto no art. 1º, inc. III, da Constituição da República.[9]

Embora controversa a interpretação do seu conteúdo, reconhece-se que o princípio da dignidade da pessoa humana não objetiva somente tratar das questões de sobrevivência do homem, sob a perspectiva puramente defensiva, mas também dos anseios dos indivíduos no desenvolvimento da sua personalidade, atribuindo-lhe uma função promocional. O potencial que cada ser humano tem de desenvolver as suas características, os seus gostos, o seu caráter, o seu modo de pensar e agir, o desenvolvimento das suas qualidades, os seus projetos de vida, os seus juízos e valores, configura o desenvolvimento da sua personalidade. O direito busca tutelar essa individualidade que existe em cada pessoa.[10]

A dignidade da pessoa humana, na explicação de Gustavo Tepedino, é uma verdadeira "cláusula geral de tutela e promoção da pessoa humana, tomada como valor máximo pelo ordenamento".[11] Em oposição ao método casuístico das hipóteses previstas em lei, Karl Engisch explica que a cláusula geral "é uma formulação da hipótese legal que, em termos de grande generalidade, abrange e submete a tratamento jurídico todo um domínio de casos".[12] Para Pietro Perlingieri, "legislar pelo método das cláusulas gerais deixa ao juiz, ao intérprete, uma maior possibilidade de adaptar a norma às situações de fato".[13] Stefano Rodotà destaca o papel das cláusulas gerais em

---

[8] DANTAS, Marcus Eduardo de Carvalho; NEGRI, Sérgio Marcos Carvalho de Ávila. Filósofos do direito e civilistas em colaboração: a superação da visão agostiniana no estudo do direito civil-constitucional. *In* RUZYK, Carlos Eduardo Pianovski *et al.* (orgs.). *Direito civil constitucional – A ressignificação da função dos institutos fundamentais do direito civil contemporâneo e suas consequências.* Florianópolis: Conceito, 2014, p. 584.

[9] TEPEDINO, Gustavo. Pelo princípio de isonomia substancial na nova Constituição – Notas sobre a "função promocional do Direito". *Revista trimestral de direito civil*, v. 52. Rio de Janeiro, out./nov. 2012, p. 61-71. Sobre o tema, v. MORAES, Maria Celina Bodin de. O princípio da dignidade da pessoa humana. *Na medida da pessoa humana: estudos de direito civil-constitucional.* Rio de Janeiro: Renovar, 2010; BARROSO, Luís Roberto. *A dignidade da pessoa humana no direito constitucional contemporâneo: a construção de um conceito jurídico à luz da jurisprudência mundial.* Belo Horizonte: Fórum, 2013; SARMENTO, Daniel. *Dignidade da pessoa humana: conteúdo, trajetórias e metodologia.* 2ª edição. Belo Horizonte: Fórum, 2016.

[10] MIRANDA, Felipe Arady. O direito fundamental ao livre desenvolvimento da personalidade. *Revista do Instituto do Direito Brasileiro – RIDB*, Ano 2, nº 10,2013, p. 11175-11211. Disponível em <https://goo.gl/qUYGQK>. Acesso em 08 abr. 2021.

[11] TEPEDINO, Gustavo. A tutela da personalidade no ordenamento civil-constitucional brasileiro. *Temas de direito civil.* 4ª edição. Rio de Janeiro: Renovar, 2008, p. 54.

[12] ENGISCH, Karl. *Introdução ao pensamento jurídico.* Tradução de J. Baptista Machado. 10ª edição. Lisboa: Fundação Calouste Gulbenkian, 2008, p. 229.

[13] PERLINGIERI, Pietro. *O direito civil na legalidade constitucional.* Tradução de Maria Cristina De Cicco. Rio de Janeiro: Renovar, 2008, p. 237.

Cap. 7 • LEITURA CIVIL-CONSTITUCIONAL DA CONCESSÃO DE CRÉDITO NO ORDENAMENTO JURÍDICO | 127

dar unidade e coerência, à luz da principiologia constitucional, em um sistema dinâmico e diante de uma realidade cada vez mais complexa.[14]

A caracterização da dignidade da pessoa humana como cláusula geral permite reconhecer-lhe uma função promocional, ao lado de sua atuação como mecanismo para impedir atos socialmente indesejáveis, atraindo penas, multas ou reparações. Trata-se de um princípio que impõe o estabelecimento de sanções positivas e incentivos criados para promover a realização de atos socialmente desejáveis.[15] Na seara da dignidade da pessoa humana, a ideia é a realização do projeto constitucional, de modo a garantir a tutela do sujeito pelo Estado e pela sociedade civil, bem como encorajar a aplicação e a efetividade do princípio da solidariedade e instrumentalizar os institutos do direito privado para a promoção da pessoa.[16] Os incentivos e benefícios do legislador devem ser feitos neste sentido.

Sob a perspectiva da função promocional da dignidade da pessoa humana, portanto, encontra-se um fundamento para viabilizar o acesso aos bens. Conforme destacado, sem o acesso aos bens não é possível a plena realização da pessoa.[17] Cabe aos intérpretes do direito, à doutrina e à jurisprudência, determinar, no caso concreto, o conteúdo deste princípio para que se obtenha o pleno desenvolvimento e realização da personalidade de cada indivíduo. Essa compreensão do acesso aos bens como potencial objeto ou serviço para a realização da pessoa no contexto atual deve ser analisada a partir de sua trajetória histórica. Enquanto na antiguidade utilizava-se o escambo ou trocas comerciais para negociar eventuais produtos excedentes feitos, plantados e colhidos pelos escravos, no sistema feudal da idade média a economia era agrária, a terra produzia basicamente tudo o que era necessário para os habitantes da época, e assim sendo, "quem tinha terra tinha fortuna".[18]

Segundo Leo Huberman, com o estabelecimento reiterado das feiras, mercadores de todos os lugares eram convidados a negociar suas mercadorias. Em dado momento surgiram os "trocadores de dinheiro", que eram parte importante da feira. Em suas palavras, "negociar em dinheiro levou a consequências tão grandes que passou a constituir uma profissão separada."[19] Isso deu origem a um sistema no qual as pessoas lidam diretamente com dinheiro para o acesso aos bens. As transações econômicas normalmente são feitas por meio de trocas baseadas em promessas de transferência de dinheiro. O crédito desponta, então, como uma das formas mais corriqueiras de acesso aos bens na sociedade contemporânea.

---

[14] RODOTÀ, Stefano. Ideologie e technique della reforma del diritto civile. *Rivista di diritto commerciale e del diritto generale delle obbligazione*, , anno LXV, I. Padova:, 1967, p. 94-95.

[15] BOBBIO, Norberto. *Da estrutura à função: novos estudos de teoria do direito*. Tradução de Daniela Beccaccia Versiani. São Paulo: Manole, 2007, *passim*; MORAES, Bruno Terra de; MAGALHÃES, Fabiano Pinto de. Historicidade e relatividade dos institutos e a função promocional do Direito Civil. *In*: SCHREIBER, Anderson; KONDER, Carlos (coord.) *Direito civil constitucional*. São Paulo: Atlas, 2016, p. 147-149.

[16] TEPEDINO, Gustavo. Pelo princípio de isonomia substancial na nova Constituição – Notas sobre a "função promocional do Direito". *Revista trimestral de direito civil*, v. 52. Rio de Janeiro, outubro/novembro de 2012, p. 61-71.

[17] Nas palavras de Paulo Lôbo: "Afinal de contas, já se tornou um truísmo a afirmação de que todos e cada um de nós somos consumidores, e a dignidade humana não estará assegurada se a realidade existencial de submissão, no mercado de consumo cada vez mais despersonalizado, não for levada em conta pelo direito". (LÔBO, Paulo. A informação como direito fundamental do consumidor. *Jus.com.br*. Disponível em <https://goo.gl/p1s88R>. Acesso em 08 abr. 2021).

[18] HUBERMAN, Leo. *História da riqueza do homem*. Tradução de Waltensir Dutra. 21ª ed. Rio de Janeiro: LTC, 1986, p. 5.

[19] HUBERMAN, Leo. *História da riqueza do homem*. Tradução de Waltensir Dutra. 21ª ed. Rio de Janeiro: LTC, 1986, p. 24.

2. DA ESTRUTURA À FUNÇÃO DO CRÉDITO: O CRÉDITO COMO INSTRUMENTO DE LIVRE DESENVOLVIMENTO DA PERSONALIDADE

A doutrina não é unânime no que concerne à conceituação de crédito, e por vezes isto decorre das distintas abordagens e da própria historicidade do conceito, isto é, porque os autores examinam o vocábulo por aspectos distintos e levando em consideração as épocas e os contextos diferentes. Como indica Comparato: "se tomarmos o vocábulo crédito tendo em conta a sua acepção moral, encontraremos a palavra em sua própria etimologia – do latim *creditum* e *credere*, e, neste sentido, o *creditor* é aquele que confia, que tem fé".[20] Tomando-se o vocábulo por sua acepção econômica, inicialmente os economistas conceberam o crédito de forma unilateral, como sendo o uso e gozo de uma riqueza econômica – *Nutzungstheorie*. Essa riqueza foi entendida por alguns como capital e por outros como valor econômico ou entidade imaterial – *Idealen Wertgegenstand*. Em oposição à concepção unilateral do crédito cunhou-se a teoria da troca, para a qual o crédito era visto sob uma concepção bilateral, uma troca de bens atuais por bens futuros. Enfim, passou-se a entender que quando o creditante realiza a sua prestação, priva-se do uso da riqueza transferida ao creditado durante certo tempo, sacrificando a liquidez do seu patrimônio, o que legitima a exigência de uma prestação suplementar à restituição da riqueza transferida.[21]

Na acepção jurídica, sob uma perspectiva puramente estrutural, crédito designa o direito do sujeito ativo numa relação obrigacional, ou, mais precisamente, o direito à prestação do devedor. Para a plena compreensão do crédito e do tratamento jurídico que lhe deve ser dispensado, deve-se levar também em conta a função que ele desempenha ou pode vir a desempenhar. É de se perguntar, portanto, não somente o que é o crédito, mas notadamente qual é a sua finalidade. Efetivamente, não se deve estar limitado à pergunta "o que é?", mas deve-se também e principalmente direcionar a interrogação "para que" e "por que" o crédito deve ser utilizado.[22] É fundamental compreender a estrutura e a função do instituto.

A função do crédito, como não poderia deixar de ser, vincula-se ao contexto histórico-social do qual faz parte em determinados momento e lugar. A partir do reconhecimento da historicidade dos conceitos, a análise do crédito pressupõe, pois, a compreensão da sociedade em que ele se insere, conforme abordado.[23] Se "é conhecida a divisão da história econômica em três grandes idades: a era da troca imediata, a era da moeda e a era do crédito",[24] hoje, vivemos a era do crédito, o que se vincula à caracterização da sociedade de consumo pós-moderna já

---

[20] COMPARATO, Fábio Konder. *O seguro de crédito*. São Paulo: Revista dos Tribunais, 1968, p. 26-27. Para outras acepções do vocábulo crédito, cf. BERTONCELLO, Karen Rick Danilevicz. *Superendividamento e dever de renegociação*. Dissertação. Porto Alegre: UFRGS, 2006. p. 7-9. Disponível em <http://hdl.handle.net/10183/13146>. Acesso em 08 abr. 2021.

[21] COMPARATO, Fábio Konder. *O seguro de crédito*. São Paulo: Revista dos tribunais, 1968, p. 28-29.

[22] PERLINGIERI, Pietro. *O direito civil na legalidade constitucional*. Tradução de Maria Cristina De Cicco. Rio de Janeiro: Renovar, 2008, p. 642.

[23] Nas palavras de Fabio Konder Comparato: "A importância considerável que assumiu o crédito na economia contemporânea é medida não somente em valor, mas também em duração – pelos prazos sempre mais longos que vão sendo praticados –, em volume – pelo número crescente de operações a crédito concluídas – e, em extensão – pela sua aplicação a todos os setores da vida econômica, da produção e do consumo" (*O seguro de crédito*. São Paulo: Revista dos Tribunais, 1968, p. 9).

[24] COMPARATO, Fábio Konder. *O seguro de crédito*. São Paulo: Revista dos Tribunais, 1968, p. 09.

Cap. 7 • LEITURA CIVIL-CONSTITUCIONAL DA CONCESSÃO DE CRÉDITO NO ORDENAMENTO JURÍDICO | 129

descrita. A função do crédito só pode ser entendida, portanto, no papel do acesso aos bens na sociedade de consumo.[25]

O crédito, nesse aspecto, passa a desempenhar a função de realização do projeto constitucional de exercício da cidadania. Nessa linha, Marcio Mello Casado chega a afirmar que "os contratos firmados com instituições financeiras, dada a atual indispensabilidade do crédito na sociedade de consumo, podem ser considerados como verdadeiros atos existenciais, absolutamente necessários à vida humana".[26] Esse aspecto existencial do crédito, ligado à sua instrumentalidade para a plena realização da pessoa, se revela ainda mais na questão da concessão ou não de crédito e dos mecanismos de avaliação para esse fim. O impacto da negativa de concessão de crédito para a pessoa que o requer pode ser não somente patrimonial, mas também existencial e social, como revela o debate acerca dos critérios para avaliação, o cadastro positivo e o chamado *credit scoring*.

Especialmente quando da entrada em vigor do Código de Defesa e Proteção do Consumidor (CDC), a grande preocupação foi com o controle dos arquivos de consumo.[27] Buscando-se, então, transparência e isonomia compatíveis com a proteção da dignidade da pessoa humana, foi publicada a Lei n. 12.414 de 2011, conhecida como "a Lei do cadastro positivo". Oriunda da Medida Provisória n. 518 de 2010, o seu objetivo é disciplinar a formação e a consulta a bancos de dados com informações de adimplemento de pessoas naturais ou de pessoas jurídicas, para formação de histórico de crédito, sem prejuízo do disposto no Código de Proteção e Defesa do Consumidor.

Entretanto, o esforço do legislador no resguardo da dignidade do cadastrado e na criação de benefícios no seu acesso ao crédito vinha sendo frustrado, já que a utilização dos bancos de dados propostos pela versão original da Lei n. 12.414 ainda era muito primária e tinha baixíssima adesão por parte dos consumidores.[28] Vários institutos e Câmaras Técnicas que trabalham com a defesa

---

[25]   Com base nas premissas oferecidas por Zygmunt Bauman, Fernando Lima Gurgel do Amaral explica os dois motivos pelos quais as pessoas, na sociedade de consumo, compram: "Primeiro porque busca sensações agradáveis ao adquirir bens de consumo, sejam eles alimentos, celulares modernos, ou ainda sensações mais profundas prometidas por conselheiros profissionais, sempre empurrados por uma forte carga de publicidade criadora de desejos. Mas há um segundo motivo. O consumidor compra para escapar da agonia decorrente da incerteza da vida moderna, a qual está atrelada à inexistência de standards de felicidade na sociedade contemporânea. O indivíduo se encontra em uma eterna busca pelo sucesso, pela felicidade e pela sua personalidade. Dessa forma, a própria personalidade é objeto de consumo. As compras não estão restritas a bens materiais. O indivíduo consome determinadas habilidades sociais que entende necessárias para ser bem-sucedido na vida. O consumo, sob este prisma, é fator de individualização do indivíduo, sendo que, nas camadas mais pobres, o consumo possui ainda fator simbólico de conceder dignidade no meio social" (*O superendividamento do consumidor: abrangência, conceito, prevenção e recuperação*. Disponível em<https://goo.gl/ROuDAu>. Acesso em 08 abr. 2021)

[26]   CASADO, Márcio Mello. *Proteção do consumidor de crédito bancário e financeiro*. 2ª edição. São Paulo: Revista dos tribunais, 2007, p. 145.

[27]   Texto retirado do acórdão da lavra do Ministro Paulo de Tarso Sanseverino. BRASIL. SUPERIOR TRIBUNAL DE JUSTIÇA. REsp. 1.419.697-RS. Partes: Recorrente: Boa Vista Serviços S/A. Recorrido: Anderson Guilherme Padro Soares e outros. 2ª Seção. Votação unânime. *DJ* de 17/11/2014, p. 13. Transitado em julgado em 02/03/2015.

[28]   Posteriormente, a Lei n. 12.414 de 2011 foi modificada pela Lei Complementar n. 166/2019, para não mais exigir do potencial cadastrado a autorização prévia, mediante consentimento informado, para a abertura do cadastro.

do consumidor não entendem a Lei do Cadastro Positivo como uma boa lei para os consumidores, podendo-se citar o IDEC – Instituto Brasileiro de Defesa do Consumidor.[29]

A ineficácia dos bancos de dados criados pela versão original da Lei de Cadastro Positivo levou o mercado a buscar alternativas mais eficientes para a criação de um sistema de análise de riscos. É aí que surge a controversa metodologia do *credit scoring* ou *credit score*, que *constitui* um conjunto de métodos ou metodologias de cálculo de risco de crédito[30]. Envolve uma série de dados do candidato a tomador de crédito, que podem ser a renda, a estabilidade no emprego, a credibilidade junto ao mercado de compras e de serviços, o histórico financeiro, como o pagamento de contas, a inserção do nome do requerente nos cadastros desabonadores, como o Serviço de Proteção ao Crédito (SPC) ou Centralizadora dos Serviços dos Bancos S/A – (SERASA) e, com o advento da *internet*, a criação de perfis de consumidores, com dados disponíveis na rede.[31] Além dos dados coletados, tais metodologias também envolvem procedimentos estatísticos ou fórmulas matemáticas, tudo para avaliar o risco de determinada concessão de crédito.[32]

O sistema de *credit scoring* tornou-se objeto de inúmeras demandas judiciais. Somente por ocasião do julgamento do Recurso Especial n. 1.419.697 – RS, o NURER (Núcleo de Recursos Repetitivos e Repercussão Geral) do Tribunal de Justiça do Rio Grande do Sul, informou ao relator do caso a existência de cerca de 80.000 (oitenta mil) recursos, tendo como tema o sistema de *score*.[33]

---

[29]   Cf. SUMAN, Lidiane; RODRIGUES, Arlete. Pesquisa do Idec mostra que cadastro positivo não garante redução da taxa de juros. *IDEC – Instituto brasileiro de defesa do consumidor*. São Paulo: 2014. Disponível em: <https://goo.gl/6krdrR>. Acesso em 08 abr. 2021.

[30]   A segunda seção do Superior Tribunal de Justiça sumulou que "A utilização de escore de crédito, método estatístico de avaliação de risco que não constitui banco de dados, dispensa o consentimento do consumidor, que terá o direito de solicitar esclarecimentos sobre as informações pessoais valoradas e as fontes dos dados considerados no respectivo cálculo". (STJ, 2ª Seção, Súmula 550, jul. em 14/10/2015, publ. 19/10/2015).

[31]   A história do *credit scoring* começou em 1936, ano em que o estatístico inglês Ronald Aymer Fisher estudou a técnica chamada "Análise Discriminante Linear" com o objetivo de classificar diferentes tipos de flores do gênero Íris com base na análise do comprimento e largura das sépalas e pétalas e publicou um artigo sobre o método. Com base neste estudo, Fisher chegaria às bases da "Análise Estatística Multivariada", que mais tarde serviria para resolver muitas questões relacionadas ao *credit scoring*. Em 1941, David Durant, na obra denominada *"Risk elements in consumer instalment financing"*, demonstrou que a mesma técnica poderia ser utilizada para discriminar bons e maus empréstimos. (SEMEDO, Danilson Pedro da Veiga. Credit scoring: aplicação da regressão logística vs redes neuronais artificiais na avaliação do risco de crédito no mercado cabo-verdiano. Dissertação de Mestrado apresentada para obtenção do grau de Mestre em Estatística e Gestão de Informação pelo Instituto Superior de Estatística e Gestão de Informação da Universidade Nova de Lisboa. 2009, p. 16. Disponível em <https://run.unl. pt/handle/10362/4041>. Acesso em 08 abr. 2021).

[32]   Um exemplo das informações e do peso destas na análise do risco do crédito é fornecido pelo site www. creditoedebito.com.br: cerca de trinta e cinco por cento da pontuação do requerente do crédito diz respeito ao seu histórico financeiro, trinta por cento se refere a dívidas pendentes, quinze por cento se baseia no período em que teve crédito, dez por cento leva em consideração a quantidade de consultas ao seu relatório de crédito. Esse relatório traz informações sobre suas movimentações no mercado financeiro. Finalmente, os últimos dez por cento dizem respeito ao tipo de crédito geralmente possuído. Nesse caso, não existem restrições. O indicador é o menos relevante e só pesará na pontuação quando não houver dados mais importantes para serem considerados. Disponível em <www.creditoedebito.com.br>. Acesso em 02 mais. 2017.

[33]   O Superior Tribunal de Justiça considerou o sistema de *credit scoring* lícito, com as seguintes teses: (i) O sistema "credit scoring", *scoring* ou SCPC SCORE CRÉDITO, ou "credscore" é um método desenvolvido

Cap. 7 · LEITURA CIVIL-CONSTITUCIONAL DA CONCESSÃO DE CRÉDITO NO ORDENAMENTO JURÍDICO | 131

A licitude do método declarada pelo Superior Tribunal de Justiça, não foi suficiente, todavia, para afastar os receios de violação à dignidade da pessoa humana envolvendo o acesso ao crédito.[34]

As dificuldades relativas ao acesso ao crédito e seu impacto sobre a dignidade dos potenciais tomadores de crédito, à luz da sua função, foram potencializadas pelo expressivo aumento na oferta de crédito no Brasil, como veremos a seguir.

3. A EXPANSÃO DA CONCESSÃO DE CRÉDITO NO BRASIL E AS SUAS REPERCUSSÕES

Firmada a importância do crédito como instrumento de acesso aos bens e promoção da personalidade, bem como o impacto patrimonial e existencial da restrição a seu acesso, cumpre reconhecer como esses problemas se tornaram mais relevantes em razão de um aumento significativo nas formas de concessão de crédito no Brasil nos últimos anos.[35]

---

para avaliação do risco de concessão de crédito, a partir de modelos estatísticos, considerando diversas variáveis, com atribuição de uma pontuação ao consumidor avaliado (nota do risco de crédito); (ii) essa prática comercial é lícita, estando autorizada pelo art. 5º, IV, e pelo art. 7º, I, da Lei n. 12.414/2011 (lei do cadastro positivo); (iii) na avaliação do risco de crédito, devem ser respeitados os limites estabelecidos pelo sistema de proteção do consumidor no sentido da tutela da privacidade e da máxima transparência nas relações negociais, conforme previsão do CDC e da Lei n. 12.414/2011; (iv) apesar de desnecessário o consentimento do consumidor consultado devem ser a ele fornecidos esclarecimentos, caso solicitados, acerca das fontes dos dados considerados (histórico de crédito), bem como as informações pessoais valoradas e (v) o desrespeito aos limites legais na utilização do sistema "credit scoring", configurando abuso no exercício desse direito (art. 187 do CC), pode ensejar a responsabilidade objetiva e solidária do fornecedor do serviço, do responsável pelo banco de dados, da fonte e do consulente (art. 16 da Lei n. 12.414/2011) pela ocorrência de danos morais nas hipóteses de utilização de informações excessivas ou sensíveis (art. 3º, § 3º, I e II, da Lei n. 12.414/2011), bem como nos casos de comprovada recusa indevida de crédito pelo uso de dados incorretos ou desatualizados (STJ. REsp. 1.419.697-RS. Partes: Recorrente: Boa Vista Serviços S/A. Recorrido: Anderson Guilherme Padro Soares e outros. 2ª Seção. Votação unânime. *DJ* de 17/11/2014, p. 8. Transitado em julgado em 02/03/2015).

[34] Como abordam Rafael Zanatta e Danilo Doneda: "Com relação ao conhecimento das práticas de "scoring", há um problema histórico. Bancos e birôs de crédito utilizam o "credit score" desde 1978 no Brasil. Tão antiga quanto a sua utilização, a falta de transparência sobre quais dados são utilizados e como são obtidos também acompanha o consumidor brasileiro. Mas, ao contrário dos EUA, no Brasil não houve maiores discussões parlamentares e acadêmicas sobre discriminação e utilização de informação excessiva. Infelizmente, além da lacuna história que é a ausência de uma legislação geral sobre proteção de dados pessoais, não tivemos um *Fair Credit Report Act* ou a criação de toda uma agenda de debates em torno da discriminação no acesso ao crédito" (O que há de novo no debate "credit scoring" no Brasil? Direitos são conhecidos e efetivamente exercidos pelos consumidores? Disponível em <https://goo.gl/oppWjY>. Acesso em 08 abr. 2021).

[35] O movimento foi observado também em outros países em desenvolvimento: "É reconhecida a relevância sócio-econômica da atividade creditícia. Definitivamente abandona a carga negativa a que historicamente esteve associado, como sinônimo de pobreza ou de prodigalidade, o crédito é hoje, assumidamente, uma componente estrutural das economias de mercado. Sem crédito, não há economia que sobreviva. O núcleo central de todo o universo do crédito é, sem dúvidas, o credito bancário. Praticamente nenhum empresário pode sobreviver à margem da banca. Na verdade, do crédito depende a existência e o sucesso dos grandes empreendimentos econômicos. Mas não só. Mesmo fora do âmbito da atividade empresarial, constata-se, v. gr., que o crédito ao consumo assume nos dias que correm dimensões de assinalável impacto, como factor de integração social e também de crescimento econômico." (PAULINO, Augusto.

O grande crescimento da concessão de crédito no Brasil ocorreu a partir de 2003, no mandato do então Presidente Luís Inácio Lula da Silva, que optou por beneficiar as camadas mais carentes da população com o acesso ao crédito e à chamada "bancarização".[36] A ideia era que aqueles situados nas faixas mais baixas da pirâmide social brasileira pudessem ter acesso ou ampliar o acesso aos serviços bancários. Como exemplo do resultado destas medidas, Emir Sader e Francisco Marcelo Barone demonstram que houve, "de 2001 a 2007, um aumento de 57,5% no número de contas correntes, evoluindo de 43,3 milhões para 62,8 milhões. O número de contas poupança cresceu 39%, passando de 51,2 milhões, em 2001, para 71,2 milhões, em 2007".[37]

Foi a partir desta época que o crédito ao consumo cresceu, notadamente o chamado crédito consignado, que é uma forma de crédito concedida de modo que as parcelas, com os respectivos juros, são descontadas diretamente da folha de pagamento, dos empregados celetistas, aposentados, pensionistas ou servidores públicos.[38] Este tipo de concessão de crédito, embora já previsto na legislação desde a década de 1950, recebeu um novo marco regulatório pela Medida Provisória n. 130 de 2003, que mais tarde veio a ser convertida na Lei n. 10.820 de 17 de dezembro de 2003.[39]

Concessão de crédito e responsabilidade bancária no Direito Moçambicano (Estudos de direito africano). Coimbra: Almedina, 2009, p.17-19).

[36] A bancarização é definida por Sader e Barone como "a massificação das contas simplificadas". Cf. BARONE, Francisco Marcelo; SADER, Emir. Acesso ao crédito no Brasil: evolução e perspectivas. *Revista de Administração Pública*, v. 42, n. 6, Rio de Janeiro: nov/dez, 2008. Disponível em <https://goo.gl/CM3A65>. Acesso em 08 abr. 2021. Para Costa, bancarização é "o acesso popular aos bancos". Cf. COSTA, Fernando Nogueira da. Bancos e Crédito no Brasil: 1945-2007. *História e economia – Revista interdisciplinar*, vol. 4, n. 2, 2º semestre 2008, p. 137. Disponível em <https://goo.gl/0MNdIB>. Acesso em 08 abr. 2021.

[37] BARONE, Francisco Marcelo; SADER, Emir. Acesso ao crédito no Brasil: evolução e perspectivas. *Revista de administração pública*, v. 42, n. 6, Rio de Janeiro: nov/dez, 2008. Disponível em <https://goo.gl/CM3A65>. Acesso em 08 abr. 2021.

[38] O crédito consignado é diferente do crédito pessoal. O crédito consignado é disponibilizado para empregados celetistas, aposentados, servidores ativos ou inativos, e aposentados pelo Instituto Nacional de Seguridade Social (INSS). Não costuma ser relevante para os concedentes se o pretenso tomador de empréstimo está com o nome incluso nos cadastros desabonadores, como o Serviço de Proteção ao Crédito (SPC) e/ou na Centralização de Serviço dos Bancos (SERASA). A taxa de inadimplemento é bastante inferior às outras modalidades de concessão, porque a parcela do empréstimo é descontada diretamente da folha de pagamento, por isso os juros tendem a ser mais baixos. Já o crédito pessoal ou empréstimo pessoal é destinado às pessoas naturais que têm ligação com alguma instituição financeira, como conta corrente ou cartão de crédito. O nome do pretenso tomador de crédito não pode ter anotação em nenhum cadastro desabonador. A taxa de juros costuma ser mais alta, porque a instituição financeira tem menos certeza de que irá receber o valor emprestado do que no crédito consignado, pois o valor das parcelas não será descontado em folha de pagamento, e sim pago por meio de boleto bancário ou débito em conta corrente. Em razão destas diferenças, o crédito consignado costuma ser mais comum.

[39] Outras leis merecem ser mencionadas: Lei n. 1.046 de 1950, que dispõe sobre a consignação em folha de vencimento, remuneração, salário, provento, subsídio, pensão, montepio, meio-soldo e gratificação adicional por tempo de serviço, detalhando quem pode ser consignante e consignatário, o tempo dos empréstimos em dinheiro, os juros, as averbações, os descontos e as penalidades; a Lei n. 6.445 de 1977, que dispõe sobre a consignação em folha de pagamento de servidores civis, ativos e inativos, da Administração Federal direta e das autarquias federais, lei essa regulamentada pelo Decreto n. 8.690 de 2016; Lei n. 8.112 de 1990, que reserva uma parte para cuidar das consignações para dos servidores públicos civis da União, das autarquias e das fundações públicas federais; o Decreto-lei n. 9.790 de 1946, que dispõe sobre a consignação de descontos sobre o salário de mutuários das Carteiras de Empréstimos das instituições de previdência social, dentre outras normas.

Cap. 7 • LEITURA CIVIL-CONSTITUCIONAL DA CONCESSÃO DE CRÉDITO NO ORDENAMENTO JURÍDICO

Assim, tais atores sociais já recebem os salários ou proventos com o valor do empréstimo e os juros descontados.[40]

Com o advento da crise internacional de 2008, que teve como consequência no Brasil a grave desvalorização do real, a falência de pequenos bancos, a fusão e a aquisição de outros, a oferta de recursos no sistema interbancário ficou praticamente estacionada. O Estado, então, utilizou o Banco do Brasil (BB) e a Caixa Econômica Federal (CEF), com o objetivo de manter a oferta de crédito e abrandar as repercussões sobre a estrutura produtiva e financeira. O Banco Nacional de Desenvolvimento Econômico e Social (BNDES) também foi bastante utilizado como estratégia do governo da época, que, em 2009, injetou mais de cento e vinte e sete bilhões de reais para que o BNDES pudesse aumentar significativamente a sua oferta de crédito e evitar que as pessoas jurídicas economicamente saudáveis, mas que estavam sofrendo as consequências da crise e por isso se encontravam "circunstancialmente insolventes", entrassem em processo de falência.[41]

Ao realizar a análise da democratização do crédito no Brasil na atualidade, Macedo Maia aponta: "se já há alguns anos observamos um aumento do espaço dedicado à chamada 'microfinança', vemos que o chamado crédito consignado em folha de pagamento tomou uma dimensão inusitada".[42] O grande aumento da concessão de crédito consignado em folha de pagamento em si não é um problema. A dificuldade se dá quando a oferta de crédito ocorre de maneira irrestrita e o crédito deixa de funcionar como instrumento e se torna um obstáculo para a livre realização da personalidade do tomador de crédito, acarretando efeitos patrimoniais e existenciais.[43]

A preocupação com os efeitos dessa concessão irrestrita de crédito, que pode gerar o endividamento excessivo dos tomadores de crédito, já provocou certas medidas do legislador. Foram fixados percentuais máximos de desconto, que podem ser observados na legislação referente à

---

[40] Fernando Nogueira da Costa ressalta o período do avanço do crédito à pessoa física na forma do crédito consignado: "O crescimento expressivo do volume de crédito com recursos livres vinha desde o início de 2004. Devia-se tanto à consolidação de um cenário macroeconômico favorável quanto a mudanças microeconômicas, por exemplo, a regulamentação que permitiu maior difusão do crédito consignado. Suas operações já representavam 56,6% das operações de crédito pessoal. Consequentemente, a expansão das operações de crédito estava contribuindo para o aumento da produção e do consumo, principalmente de bens de consumo duráveis. Ajudava a sustentar a venda de veículos e a fomentar a produção neste segmento. Ambos, produção e venda, seguiam batendo sucessivos recordes históricos. O crédito para pessoas físicas se beneficiava da melhora na dinâmica do mercado de trabalho, tanto a população ocupada crescia, quanto o número de trabalhadores com carteira assinada no setor privado também aumentava. Nesse processo cumulativo, o crescimento do consumo das famílias era viabilizado não só pelo aumento do crédito, mas também pelo aumento da renda e do emprego que, por sua vez, contribuíam para a expansão da economia" (Bancos e Crédito no Brasil: 1945-2007. *História e Economia Revista Interdisciplinar*, vol. 4, n. 2, 2º semestre 2008. Disponível em <https://goo.gl/0MNdIB>. Acesso em 08 abr. 2021, pp. 154-155)

[41] MORA, Mônica. A evolução do crédito no Brasil entre 2003 e 2010. *In* SOUZA JÚNIOR, José Reinaldo de Castro (org.). *Evolução recente das políticas monetária e cambial e do mercado de crédito no Brasil.* Rio de Janeiro: IPEA, 2014, p. 319-320.

[42] MAIA, Carlos Donizeti Macedo. *A democratização do crédito no Brasil: o crédito consignado.* Disponível em <https://goo.gl/wRca2S>, acesso em 11 mai. 2017.

[43] No sentido de que o superendividamento poderia levar até à perturbação da capacidade de discernimento do consumidor, DUQUE, Marcelo Schenk. O dever fundamental do estado de proteger a pessoa da redução da função cognitiva provocada pelo superendividamento. *Revista de Direito do Consumidor*, vol. 94. São Paulo: jul. 2014, p. 157 e ss. Para uma abordagem inicial do tema, LOPES, José Reinaldo de Lima. Crédito ao consumidor e superendividamento: uma problemática geral. *Revista de informação legislativa*, a. 33, n. 129. Brasília: jan./mar. 1996, p. 109-115.

remuneração dos trabalhadores celetistas[44], dos servidores públicos da União, das autarquias e das fundações públicas federais[45]. No Estado do Rio de Janeiro, o Decreto n. 45.563 de 27 de janeiro de 2016, determinou que "excluídos os descontos obrigatórios previstos em lei, a soma mensal das consignações facultativas de cada consignado não excederá a 30% (trinta por cento) da respectiva remuneração bruta".

Além da limitação da margem consignável nas folhas de pagamento, a legislação também se dirigiu aos casos em que os bancos descontassem das contas-corrente em duplicidade com a folha de pagamento. Nessa linha, sobreveio a Lei estadual n. 7.553 de 12 de abril de 2017, que declarou a nulidade de qualquer cláusula contratual autorizadora do desconto automático das prestações do valor consignado das contas-correntes dos servidores públicos estaduais ativos e inativos, aposentados e pensionistas, quando o desconto já tiver sido realizado na respectiva folha de pagamento dos servidores públicos ativos e inativos, aposentados e pensionistas.

As próprias instituições financeiras, especialmente as bancárias, têm também revelado preocupação com os efeitos da concessão irrestrita de crédito. As instituições financeiras bancárias normalmente aderem ao sistema de autorregulação bancária (SARB) criado pela FEBRABAN – Federação Brasileira de Bancos em 2008. Com a participação de sete dos maiores bancos do país, o apoio de uma pessoa jurídica contratada para este fim e o envolvimento dos profissionais da própria FEBRABAN, constituiu-se um grupo de trabalho que pesquisou e estudou as maiores demandas de consumo perante os bancos junto aos Procons, ao Banco Central e às suas Ouvidorias, nos últimos anos. Este processo resultou em quatro princípios para o manual de conduta das instituições que aderiram ao SARB: ética e legalidade, respeito ao consumidor, comunicação eficiente e melhoria contínua.

Após diversas transformações, o SARB passou a trabalhar em três frentes: evolução normativa, monitoramento, supervisão e "conte aqui". No que concerne à evolução normativa, existe o próprio código de autorregulação e diversos "normativos" sobre os assuntos mais relevantes para os bancos e os consumidores. Os de interesse para o presente trabalho, por exemplo, são o Normativo 15 sobre crédito consignado, o Normativo 10 sobre crédito responsável, o Normativo 13 sobre contratação de crédito por meios remotos, Normativo 4 sobre atendimento ao consumidor nas agências bancárias, o Normativo 23 sobre relacionamento com o consumidor idoso e o Normativo 24, que trata de relacionamento com os consumidores potencialmente vulneráveis. A frente relativa a monitoramento e supervisão possui três modalidades: o Relatório de Conformidade como base de verificação anual de adequação aos Normativos da Autorregulação; auditorias nos serviços de atendimento ao consumidor (SACs) e auditorias das agências. O "Conte aqui" é um canal criado para registrar os casos de não cumprimento de normas pelas instituições financeiras, pela *internet* ou pelo 0800, com demandas respondidas em até quinze dias.[46] A partir de janeiro de 2019, o texto original do Código de Autorregulação foi substituído pelo Código de Conduta Ética e Autorregulação, de observância obrigatória por todas as Instituições Financeiras associadas à Febraban.

A Febraban e a Associação Brasileira de Bancos instituíram o sistema de autorregulação de operações de empréstimo pessoal e cartão de crédito com pagamento mediante consignação, de adesão voluntária por parte dos bancos, que entrou em vigor no dia 02 de janeiro 2020, com o objetivo de aperfeiçoar o atendimento aos clientes na oferta de crédito consignado no Brasil.[47]

---

[44]   Lei n. 10.820/2003.

[45]   Lei n. 8.213/1991.

[46]   FEBRABAN. *Sistema de autorregulação bancária (SARB)*. Disponível em <https://goo.gl/Ix9ykW>. Acesso em 08 abr. 2021.

[47]   Disponível em <http://portal.autorregulacaobancaria.com.br>. Acesso em 15 abr 2021.

Cap. 7 · LEITURA CIVIL-CONSTITUCIONAL DA CONCESSÃO DE CRÉDITO NO ORDENAMENTO JURÍDICO | 135

O sistema tem três eixos principais: (i) a criação de um sistema de bloqueio para ofertas de crédito consignado a partir de cadastro feito pelo consumidor; (ii) a criação uma base de dados para o monitoramento de reclamações de ofertas inadequadas de crédito e (iii) a implementação de medidas voltadas à transparência, combate ao assédio comercial e qualificação de correspondentes.[48]

Os problemas da concessão irrestrita de crédito se iniciam desde o momento da oferta, por meio de publicidade de acesso ao crédito, sem aferir a capacidade econômica do pretenso tomador do empréstimo, sem consulta aos cadastros de inadimplentes e potencializada pelos mecanismos de desconto em folha de pagamento, como no caso do empréstimo consignado, tornando-o, como já visto, o empréstimo mais comum no setor de crédito à pessoa natural. No âmbito bancário, para o correntista, ao ir a um caixa eletrônico para realizar qualquer operação, a opção que já está em destaque é a da contratação de crédito, que pode até ser acionada por pura falta de atenção. No entanto, o mais comum é a concessão irrestrita dar-se entre as instituições financeiras não bancárias, como os anúncios voltados aos aposentados, não raro, utilizando-se de figuras de confiança. Pessoas públicas conhecidas há décadas pelo aposentado, como atores ou apresentadores de programas de televisão, que apelam para o sentimento de solidão destas pessoas que se encontram em situação de especial vulnerabilidade, sendo certo que muitos enxergam no crédito uma forma de se sentir reinserido na família por poder ajudar um parente próximo ou propiciar algum tipo de bem ou serviço, e então ter os seus proventos diminuídos justamente na fase da vida que mais precisará deles, para moradia, remédios, plano de saúde, dentre outros cuidados que a idade avançada demanda.[49]

Os efeitos deste modelo de oferta irrestrita de crédito vêm produzindo o que a doutrina costuma chamar de "superendividamento". Considerado como fenômeno social em diversos países, Claudia Lima Marques, Clarissa Costa de Lima e Káren Bertoncello o conceituam como a "impossibilidade global do devedor-pessoa física, consumidor, leigo e de boa-fé, de pagar todas as suas dívidas atuais e futuras de consumo (excluídas as dívidas com o Fisco, oriundas de delitos e de alimentos) em um tempo razoável com sua capacidade atual de rendas e patrimônio".[50]

O superendividamento é um gênero abrangente, no qual se costuma incluir duas espécies. Clarissa Costa de Lima e Káren Bertoncello explicam que a doutrina estrangeira classifica o

---

[48] Disponível em < http://portal.autorregulacaobancaria.com.br>. Acesso em 15 abr 2021.

[49] Geraldo Farias da Costa assim analisa: "Numa visão individualista, a questão do consumidor superendividado é tratada como um problema pessoal (moral, muitas vezes), ou seja, por causas pessoais, internas, psicológicas, o consumidor não pagou em tempo hábil a sua dívida. Ele deve ser uma pessoa descontrolada. É um esbanjador, um dissipador, um gastador, um estróina, um perdulário ou um mau caráter. A solução para o problema é simplesmente a execução. É muito fácil atribuir a inadimplência à causas internas, esquecendo-se das causas externas do problema. É muito fácil esquecer que os produtos e serviços e o próprio crédito, utilizado como argumento publicitário, foram ofertados por meio de poderosos aparatos de *markenting*. Lembremos de recente publicidade do Banco BGN S. A. veiculado nacionalmente pela televisão, pelos jornais e revistas de grande circulação que oferece crédito consignado aos aposentados, pensionistas do INSS e servidores públicos, que concorrem a sorteios de carros com carro na garagem. Segundo o anúncio estrelado pelo famoso autor Paulo Goulart, basta ligar 0800 de qualquer parte do Brasil, fazer um empréstimo e concorrer.

[50] MARQUES, Claudia Lima; LIMA, Clarissa Costa de; BERTONCELLO, Káren. *Prevenção e tratamento do superendividamento*. Brasília: DPCD, 2010, p. 21. Para a diferenciação entre superendividamento e insolvência civil, bem como seu tratamento normativo adequado, cf. BUCAR, Daniel. *Superendividamento: reabilitação patrimonial da pessoa humana*. São Paulo: Saraiva, 2017, especialmente p. 105 e ss.

superendividamento em superendividamento ativo e superendividamento passivo.[51] O superendividamento ativo normalmente decorrente do descontrole na aquisição de créditos para bens de consumo e da má administração da economia doméstica. Parte da doutrina subdivide o superendividamento ativo em consciente e inconsciente.[52] Aquele que se superendivida de forma ativa consciente é, para Schmidt Neto, "aquele que de má-fé contrai dívidas, convicto de que não poderá honrá-las, visando a ludibriar o credor e deixar de cumprir a sua prestação sabendo que o outro contratante não terá como executá-lo".[53] O superendividado ativo inconsciente é aquele que "agiu impulsivamente, e de maneira imprevidente deixou de fiscalizar seus gastos. [...] É o consumidor que se superendividou por inconsequência, não com o dolo de lograr, enganar".[54] Já o superendividamento passivo surge de acidentes da vida, tais como doença e morte de familiares, divórcio, redução de salário, gravidez múltipla, dentre outros fatores que podem influenciar as finanças de uma pessoa, no sentido de gastar muito mais do que estava preparada para despender.

Percebe-se, assim, que a expansão da concessão de crédito, desacompanhada de medidas preventivas adequadas, em lugar de apenas permitir a outras camadas da população o tão esperado acesso aos bens, como forma de promoção da personalidade, gerou um problema social grave, de aumento significativo de endividados e superendividados. Além das leis esparsas voltadas a conter o impacto desse fenômeno sobre a remuneração dos superendividados, bem como as medidas tomadas pelas próprias instituições financeiras, cumpre buscar no ordenamento jurídico uno e complexo os instrumentos para a solução desse problema que funcionem não somente como remédios para os casos já estabelecidos, mas atuem como meios preventivos no controle da própria concessão de crédito.

4. REMÉDIOS SETORIAIS DO DIREITO DO CONSUMIDOR

As demandas decorrentes do abuso da concessão de crédito já atingem com frequência os tribunais, que buscam uma solução para este problema, que é jurídico, mas também social.[55] Essa busca tem se focado no âmbito setorial do Código de Defesa do Consumidor. Embora oriundo de um comando constitucional e no contexto de necessidade de uma estrutura de proteção do consumidor, foram necessários quatorze anos da sua vigência para vencer a

---

[51] BERTONCELLO, Karen Rick Danilevicz; LIMA, Clarissa Costa de. Tratamento de crédito ao consumo na América Latina e superendividamento. *In* CAVALLAZZI, Rosângela Lunardelli; MARQUES, Claudia. *Direitos do consumidor endividado: Superendividamento e crédito*. São Paulo: Editora Revista dos Tribunais, 2006, p. 191-210.

[52] Cf. MARQUES, Maria Manuel Leitão *et al*. *O endividamento dos consumidores*. Coimbra: Almedina: 2000; MARQUES, Claudia Lima; CAVALLAZZI, Rosângela Lunardelli. (Coord.) *Direitos do consumidor endividado: superendividamento e crédito*. São Paulo: Revista dos tribunais, 2006; LIMA, Clarissa Costa de. *Empréstimo responsável: os deveres de informação nos contratos de crédito e a proteção do consumidor contra o superendividamento*. Dissertação. Porto Alegre: UFRGS, 2006.

[53] SCHMIDT NETO, André Perin. Superendividamento do consumidor: conceito, pressupostos e classificação. *Revista da SJRJ*, n. 26. Rio de Janeiro, 2009, p. 174. Disponível em <https://goo.gl/q2XCL7>. Acesso em 08 abr. 2021.

[54] SCHMIDT NETO, André Perin. Superendividamento do consumidor: conceito, pressupostos e classificação. *In: Revista da SJRJ*, Rio de Janeiro, n. 26, pp. 167-184, 2009, p. 174. Disponível em: <https://goo.gl/q2XCL7>. Acesso em 08 abr. 2021.

[55] GAULIA, Cristina Tereza. O abuso de direito na concessão de crédito: o risco do empreendimento financeiro na era do hiperconsumo. *Revista da EMERJ*, v. 12, nº 47. Rio de Janeiro: 2009, p. 94-123.

Cap. 7 • LEITURA CIVIL-CONSTITUCIONAL DA CONCESSÃO DE CRÉDITO NO ORDENAMENTO JURÍDICO | **137**

resistência existente, e obter a chancela da jurisprudência para ser aplicado às instituições financeiras.[56]

A súmula 297 e o resultado do julgamento da Adin n. 2591-DF demonstram a importância de interpretar a norma de maneira não adstrita a lei ou estatuto específico. A restrição da normativa aplicável à relação entre cliente e instituição financeira à Lei n. 4.595 de 1964 desprotegeria uma das partes em razão de sua inferioridade frente ao poder econômico da outra. Assim, reconhecer a aplicação do CDC já foi um passo importante para a interpretação mais sistemática da questão. É inegável que a Lei n. 8.078/90 foi um marco na proteção dos consumidores nas atividades financeiras.

O CDC apresenta diversos mecanismos para a proteção da parte vulnerável, entre os quais se destacam a atribuição de direitos básicos, a responsabilização objetiva dos fornecedores e a enumeração exemplificativa de práticas e cláusulas consideradas abusivas. Enquanto a caracterização de uma cláusula como abusiva atua como meio de controle do contrato já celebrado, em sua execução, a referência às práticas abusivas atinge também condutas durante a formação do contrato, por isso são potencialmente aplicáveis ao caso da concessão de crédito. Segundo Stiglitz, "práticas abusivas são condições irregulares de negociações nas relações de consumo".[57] De acordo com Benjamin, prática abusiva em sentido amplo é "a desconformidade com os padrões mercadológicos de boa conduta em relação ao consumidor, incluindo as condições irregulares citadas por Stiglitz, mas que ferem os alicerces da ordem jurídica, seja pelo prisma da boa-fé, seja pela ótica da ordem pública e dos bons costumes".[58]

As práticas abusivas não estão exauridas no Código de Defesa do Consumidor, sendo importante evidenciar que o rol do artigo 39, que as prevê, é *numerus apertus*. A jurisprudência do Superior Tribunal de Justiça é permeada de casos de utilização da categoria das práticas abusivas para a repressão a mecanismos de formação de contratos considerados violadores da proteção devida ao consumidor, sendo que em muitos casos houve a necessidade de recorrer a outras normas para definir se uma prática é ou não abusiva.

Com efeito, a interpretação da norma e o julgamento do caso não devem ser feitos de maneira apartada do restante do ordenamento. O sistema jurídico brasileiro é uno e complexo e assim sendo, a interpretação das questões civis e consumeristas devem passar pelo crivo da tábua axiológica da Constituição da República Federativa do Brasil. As questões de direito civil e de direito do consumidor não devem ser analisadas sem uma atenta leitura à tábua axiológica da Constituição da República de 1988.[59]

---

[56] BRASIL. SUPREMO TRIBUNAL FEDERAL. Tribunal pleno. nº 2.591. Relator: Min. Carlos Velloso, Relator p/ Acórdão: Min. Eros Grau, Tribunal Pleno, *DJ* 29-09-2006. Sobre o debate, cf. SCHONBLUM, Paulo Maximilian W. Mendlowicz. *Contratos bancários*. 4ª edição. Rio de Janeiro: Forense, 2015, p. 45-52.

[57] STIGLITZ, Gabriel A. *Apud* BENJAMIN. Antonio Herman de Vasconcellos e. *In* GRINOVER, Ada Pellegrini. [et. al.] *Código brasileiro de defesa do consumidor comentado pelos autores do anteprojeto*. 7ª ed. Rio de Janeiro: Forense Universitária, 2001, p. 319.

[58] STIGLITZ, Gabriel A. *Apud* BENJAMIN. Antonio Herman de Vasconcellos e. *In* GRINOVER, Ada Pellegrini. [et. al.] *Código brasileiro de defesa do consumidor comentado pelos autores do anteprojeto*. 7ª edição. Rio de Janeiro: Forense Universitária, 2001, p. 319.

[59] Neste sentido, afirmam Milena Donato Oliva e Pablo Rentería: "Em todos os confins do direito privado, insista-se, a autonomia privada se revela remodelada sob o influxo dos princípios constitucionais. Portanto, as situações patrimoniais, sejam de crédito ou reais, devem não só ser submetidas a um juízo de licitude, como também de valor, pelo qual se verifica seu merecimento de tutela à luz do ordenamento civil-constitucional" (Tutela do consumidor na perspectiva civil-constitucional. *Revista de direito do consumidor*, vol 101. São Paulo: 2015)

No que concerne especificamente à concessão de crédito, o art. 52 da Lei n. 8.078 de 1990 impõe a informação prévia e adequada pelo fornecedor ao consumidor sobre o preço, o montante dos juros de mora e da taxa efetiva anual de juros, acréscimos legais previstos, número e periodicidade das prestações e soma total a pagar. Com o advento da Lei n. 14.181 de 2021, que disciplina o crédito ao consumidor e dispõe sobre a prevenção e o tratamento do superendividamento, o Código de Defesa do Consumidor recebeu o art. 54-B, que trata das novas informações obrigatórias que devem ser informadas ao consumidor prévia e adequadamente no momento da oferta. São elas: o custo efetivo total e a descrição dos elementos que o compõem, a taxa efetiva mensal de juros, bem como a taxa dos juros de mora e o total de encargos, de qualquer natureza, previstos para o atraso no pagamento, o montante das prestações e o prazo de validade da oferta, que deve ser, no mínimo, de 2 (dois) dias; o nome e o endereço, inclusive o eletrônico, do fornecedor e o direito do consumidor à liquidação antecipada e não onerosa do débito, nos termos do § 2º do art. 52 deste Código e da regulamentação em vigor. Tais informações devem constar do instrumento contratual, da fatura ou do instrumento apartado de forma clara e resumida, para que o tomador de crédito possa acessá-las sempre que desejar. Entende-se que a lista de pontos a ser informados ao consumidor pelo fornecedor de crédito parece não conter um rol exaustivo, cumprindo ao intérprete identificar, à luz do caso concreto, quais informações devem ser fornecidas para evitar o abuso da liberdade de contratar. Descurar da importância de a interpretação não se prender à literalidade do texto faria com que este comando normativo, que atua normalmente na seara dos contratos de adesão, servisse apenas para indicar o conteúdo obrigatório do instrumento contratual, não servindo a um efetivo esclarecimento do tomador do crédito.

5. À GUISA DE CONCLUSÃO: INSUFICIÊNCIA DAS ABORDAGENS SETORIAIS, CRÍTICA À TEORIA DOS MICROSSISTEMAS E RECONDUÇÃO À UNIDADE DA LEGALIDADE CONSTITUCIONAL

Os remédios extraídos pela doutrina e pela jurisprudência a partir de uma interpretação isolada da legislação setorial são insuficientes. Embora a promulgação do Código de Defesa do Consumidor, bem como a aprovação da Lei n. 14.181 de 2021, sejam iniciativas louváveis e que devem auxiliar o endereçamento adequado de diversos problemas, sem a necessária interpretação sistemática do ordenamento sempre restarão problemas sem solução satisfatória.

Por exemplo, a legislação setorial, naturalmente movida pela sua inspiração protetiva da parte vulnerável, trata do problema da configuração da conduta abusiva somente por parte do fornecedor.[60] Entretanto, a necessária perspectiva relacional impõe reconhecer um dos parâmetros para a análise, no caso concreto, do abuso do direito por informação inadequada, é avaliar o que

---

[60] A impossibilidade de responsabilização do consumidor por conduta abusiva na legislação consumerista é apresentada por Bruno Miragem: "A inteligência das normas de defesa do consumidor demonstra que a violação dos deveres decorrentes da boa-fé é o segundo elemento identificado no exame de uma determinada conduta e sua identificação como abusiva ou não. O primeiro, parece fora de dúvida, é a definição do próprio consumidor como sujeito vulnerável, parte de uma relação jurídica desigual com o fornecedor. E é essa desigualdade o fundamento essencial da conduta abusiva do fornecedor. Tanto é verdade que, segundo as normas do Código de Defesa do Consumidor, apenas são reconhecidas as condutas levadas a efeito pelo fornecedor, e em nenhum caso a mesma qualificação é admitida às condutas eventualmente realizadas pelo consumidor nas relações de consumo" (*Abuso do Direito: proteção da confiança e limite ao exercício das prerrogativas jurídicas no direito privado*. Rio de Janeiro: Forense, 2009, p. 223-224)

deve ser informado pelo próprio tomador de crédito. No entanto, a legislação consumerista não prevê o dever de informar por parte do consumidor.

Com efeito, a Constituição da República determina a proteção do consumidor, mas este dispositivo deve ser interpretado de forma sistemática com o princípio da solidariedade, que demanda honestidade e protege a legítima confiança nas relações contratuais. Desta forma, merece proteção o consumidor que partilha as informações que detém e que, não sendo estritamente protegidas pela privacidade, são indispensáveis à finalidade do contrato. Se esse dado for inadequadamente prestado ou omitido, o consumidor não merece ser protegido.[61]

Da mesma forma, por mais específicas que sejam as diretrizes da legislação consumerista, nunca poderão exaurir todas as circunstâncias relevantes. Regulam-se as situações, por conta disso, por meio de cláusulas gerais e conceitos indeterminados, que carecem de preenchimento pelo intérprete. Esse preenchimento, contudo, não pode se guiar estritamente pelas diretrizes da legislação setorial, devendo envolver o ordenamento como um todo. Nesse sentido, a legislação consumerista não apresenta um sistema legal de critérios para o dever de informar, impondo que o problema seja solucionado a partir do abuso do direito, da boa-fé objetiva e do impacto das orientações axiológicas da Constituição da República.

Outro problema não solucionado pela legislação setorial é a hipótese de a instituição financeira descontar percentual maior que o permitido pela legislação infraconstitucional, fato recorrente nos Tribunais. O Código de Defesa do Consumidor não prevê percentual máximo de desconto na folha de vencimentos do tomador de crédito, e ainda que o projeto de reforma seja aprovado nesta parte, haverá o mesmo problema que já existe com a legislação ordinária que fixa os percentuais máximos: a não observância pelas instituições financeiras. Nesse caso, a argumentação dos advogados e a solução encontrada pelos Tribunais costuma ser apoiada no princípio da dignidade da pessoa humana.[62]

Mesmo se o projeto de reforma do Código de Defesa do Consumidor for aprovado, não se pode acreditar que o problema da concessão abusiva de crédito por informação inadequada estará resolvido. Com efeito, as dificuldades para um efetivo controle jurídico, proporcional e razoável, da concessão de crédito, não advêm da falta de legislação, mas da necessidade do afastamento do

---

[61] Neste sentido, Judith Martins-Costa: "Não se exclua, porém, o direcionamento da boa-fé também ao polo consumidor. Consistindo em mandamento de consideração para com os legítimos interesses do parceiro contratual (ou pré ou pós-contratual), os deveres da boa-fé incumbem tanto ao fornecedor quanto ao consumidor (inclusive aos equiparados) [...]". (MARTINS-COSTA, Judith. *A boa-fé no direito privado: critérios para a sua aplicação*. São Paulo: Marcial Pons, 2015, p. 307).

[62] Neste sentido, confira-se julgado do Superior Tribunal de Justiça que confirma a tese do Tribunal na limitação dos descontos vinculada ao fundamento da dignidade da pessoa humana: "1. Trata-se, em suma, da limitação dos descontos efetuados mediante consignações em folha de pagamento, fixados em 40% dos vencimentos dos servidores públicos do Estado do Mato Grosso do Sul. 2. A jurisprudência pacífica desta Corte Superior está firmada no sentido de que "ante a natureza alimentar do salário e do princípio da razoabilidade, os empréstimos com desconto em folha de pagamento (consignação facultativa/voluntária) devem limitar-se a 30% (trinta por cento) dos vencimentos do trabalhador" (REsp 1.186.965/RS, Rel. Min. MASSAMI UYEDA, *DJe* 03.02.2011). Outros precedentes do STJ. 3. Em suma, a fixação de percentual máximo para os descontos consignáveis visa a evita a privação de recursos indispensáveis à sua sobrevivência e a de sua família, com base no princípio da dignidade da pessoa humana, e se configura como meio para facilitar o pagamento de dívida, não como garantia de pagamento. 4. A decisão monocrática ora agravada baseou-se em jurisprudência do STJ, razão pela qual não merece reforma. 5. Agravo regimental não provido". (BRASIL. SUPERIOR TRIBUNAL DE JUSTIÇA. AgRg no RMS 43455. 2ª Turma. Rel. Min. Mauro Campbell Marques. Julg. em 18 nov. 2014, *DJe* de 24 nov. 2014).

método da subsunção para a metodologia do direito civil constitucional, que identifica o ordenamento como uno e indivisível, tendo no seu vértice a Constituição da República, cujos valores norteiam todo o sistema jurídico.[63]

As abordagens existentes sobre o problema, em sua maioria, restringem-se à legislação consumerista, esquecendo-se da necessidade de inserir o problema dentro da lógica mais ampla, na totalidade do ordenamento jurídico. Trata-se de orientação metodológica referida pela concepção da existência de chamados "microssistemas".

A teoria dos microssistemas surgiu na Itália, inspirada na expressão "era da descodificação", criada pelo Professor Natalino Irti, da Universidade de Roma.[64] A expressão decorreu dos avanços, industriais, econômicos e sociais experimentados por vários países europeus, que não encontravam no Código Civil – até então considerado como verdadeira "Constituição do direito privado", as soluções para as novas demandas que as recentes mudanças começavam a trazer para a análise dos juristas. O abandono do Código Civil como um sistema único de referência e a proliferação de leis sobre assuntos específicos deu lugar à expressão "microssistemas do direito privado".

Especificamente sobre o problema da concessão de crédito, mais uma vez, de *lege lata*, as soluções encontradas por boa parte da doutrina e da jurisprudência vêm permeadas pela compreensão do Código de Defesa do Consumidor como um sistema único, um microssistema praticamente a parte do ordenamento jurídico pátrio, permanecendo o equívoco metodológico por nós já referido.[65] O principal problema da teoria dos microssistemas, portanto, é entender que tais leis – como parte de um "polissistema" – não integram um ordenamento que possui uma unidade, que encontra necessária inspiração na força axiológica e normativa da Constituição. Assim, adverte Tepedino que a doutrina dos microssistemas levada às últimas consequências:

> [...] representa uma grave fragmentação do sistema, permitindo a convivência de universos isolados, responsáveis pela disciplina completa dos diversos setores da economia,

---

[63] Cumpre ressaltar a lição de Pietro Perlingieri: "Discorrer sobre a descodificação relativamente ao código vigente não implica absolutamente a perda de um fundamento unitário do ordenamento, de tal forma a propor uma fragmentação dele em tantos microordenamentos e em tantos microssistemas. A técnica legislativa não é uma variável independente do quadro constitucional e não é suscetível de autolegitimar legislações de setores a tal ponto de assumir o papel de direito geral de inteira matéria, à falta de um projeto global. Projeto que, se não aparece em nível legislativo, deve ser captado no constante e tenaz trabalho do intérprete voltado para individualizar os princípios à base da legislação especial, reconduzindo-os, também no plano da sua legitimidade, à unidade do sistema" (*O direito civil na legalidade constitucional*. Tradução de Maria Cristina De Cicco. Rio de Janeiro: Renovar, 2008, p. 186-187). Neste sentido, Gustavo Tepedino, ao analisar os cinco anos de promulgação do Código de Defesa do Consumidor: "A rigor, com o Estado social de direito, consagrado pela Constituição de 1988 – e levado a cabo na Itália, berço da referida doutrina, através da Carta de 1948 -, caracterizado, pela intervenção do Estado nas relações privadas – propriedade, iniciativa econômica, empresa, relações de consumo, direitos da personalidade, responsabilidade civil, família, etc. -, desloca-se a unidade sistemática do Código Civil para a Lei Maior, sem que contudo se possa conceber um sistema fragmentado". (*Temas de Direito Civil*. 4ª edição. Rio de Janeiro: Renovar, 2008, p. 292).

[64] IRTI, Natalino. L'eta della decodificazione. *Revista de Direito Civil, Imobiliário, Agrário e Empresarial*, v.3, nº 10, out./dez. de 1979, p. 15-33.

[65] A esse respeito, prossegue Perlingieri: "Não há normas que não pressupõem o sistema e que ao mesmo tempo não concorram a formá-lo; não há normas que sejam inteligíveis no seu efetivo alcance se não forem inseridas, como partes integrantes, em uma totalidade formal (sistema legislativo) e substancial (sistema social)" (*O direito civil na legalidade constitucional*. Rio de Janeiro: Renovar, 2008, p. 628)

sob a égide de princípios e valores díspares, não raro antagônicos e conflitantes, ao sabor dos grupos políticos de pressão.

Tal cenário, além de politicamente indesejável, não parece possa ser admitido diante da realidade constitucional, tendo em conta o cuidado do constituinte em definir princípios e valores bastante específicos no que concerne às relações de direito civil, particularmente quando trata da propriedade, dos direitos da personalidade, da política nacional das relações de consumo, da atividade econômica privada, da empresa e da família. Diante do novo texto constitucional, forçoso parece ser para o intérprete redesenhar o tecido do direito civil à luz da nova Constituição.[66]

Deve-se partir, portanto, da lição de Pietro Perlingieri, segundo o qual "A interpretação ou é sistemática (a trezentos e sessenta graus) ou não é interpretação", [67] e de Gustavo Tepedino: "[...] reconhecendo embora a existência dos mencionados universos legislativos setoriais, é de se buscar a unidade do sistema, deslocando para a tábua axiológica da Constituição da República o ponto de referência antes localizado no Código Civil".[68] A proteção do consumidor é um corolário de diversos dispositivos constitucionais. A edição de uma lei de proteção ao consumidor vem de comandos constitucionais presentes no art. 5º, XXXII,[69] e no art. 48 do Ato das Disposições Constituições Transitórias.[70] Ademais, a defesa do consumidor é um dos princípios gerais da ordem econômica, art. 170, V. O art. 24, VIII,[71] prevê competência concorrente para legislar sobre dano ao consumidor e o art. 150, §5º,[72] determina que a lei defina medidas para que os consumidores sejam esclarecidos acerca dos impostos que incidam sobre mercadorias e serviços. Por isso a interpretação das suas normas não pode estar apartada da tábua axiológica da Constituição Federal de 1988. Como explica Gustavo Tepedino:

> Tomemos como exemplo o Código de Defesa do Consumidor. Podemos até mesmo designá-lo como um microssistema por concessão didática, desde que não deixemos de o considerar como peça de uma inteira engrenagem, na qual os valores são definidos no ápice da hierarquia normativa. Estão incrustados na Constituição da República, cujos princípios fundamentais hão de ter precedência na atividade interpretativa sobre quaisquer outros, condicionando até mesmo a leitura do art. 170, CF, em matéria de atividade econômica privada ou dos princípios específicos que nos interessam diretamente, relacionados à política de consumo e à tutela do consumidor.[73]

---

[66] TEPEDINO, Gustavo. Premissas metodológicas para a constitucionalização do Direito Civil. *Temas de Direito Civil*. 4ª edição atualizada. Rio de Janeiro: Renovar, 2008, p. 13.

[67] PERLINGIERI, Pietro. *O direito civil na legalidade constitucional*. Rio de Janeiro: Renovar, 2008, p. 210.

[68] TEPEDINO, Gustavo. Premissas metodológicas para a constitucionalização do direito civil. *Temas de direito civil*. 4ª ed. Rio de Janeiro: Renovar, 2008, p. 13. (grifou-se)

[69] Art. 5º, XXXII: "O Estado promoverá, na forma da lei, a defesa do consumidor".

[70] Art. 48. ADCT: "O Congresso Nacional, dentro de cento e vinte dias da promulgação da Constituição, elaborará código de defesa do consumidor".

[71] Art. 24. Compete à União, aos Estados e ao Distrito Federal legislar concorrentemente sobre: [...] VIII – responsabilidade por dano ao meio ambiente, ao consumidor, a bens e direitos de valor artístico, estético, histórico, turístico e paisagístico; (grifou-se).

[72] Art. 150. Sem prejuízo de outras garantias asseguradas ao contribuinte, é vedado à União, aos Estados, ao Distrito Federal e aos Municípios: [...] §5º A lei determinará medidas para que os consumidores sejam esclarecidos acerca dos impostos que incidam sobre mercadorias e serviços.

[73] TEPEDINO, Gustavo. As relações de consumo e a nova teoria contratual. *Temas de Direito Civil*. 4ª ed. Rio de Janeiro: Renovar, 2008, p.242-243. Milena Donato Oliva e Pablo Rentería recordam a importância de

Assim, fazendo uma analogia, entender que o problema jurídico da concessão irrestrita de crédito pode ser resolvido com uma abordagem restrita à interpretação do Código de Defesa do Consumidor, seria como entender que as questões jurídicas envolvendo a reforma agrária no Brasil poderiam ter sido resolvidas com a interpretação apenas do Estatuto da Terra, ou que os problemas envolvendo o déficit habitacional urbano e a proteção do patrimônio mínimo do fiador seriam resolvidos interpretando-se e aplicando-se isoladamente a Lei do inquilinato e a Lei do bem de família.

Consentindo que se prossiga na analogia, crer que a aprovação da Lei n. 14.181 de 2021 dispensa maiores estudos jurídicos sobre a questão à luz de uma perspectiva mais ampla, seria algo como defender que, com o advento do Código Civil de 2002, estariam dispensados novos estudos com o objetivo de reinserir os problemas na sistemática constitucional. Isto conduziria a crer que o referido diploma seria, sozinho, o remédio para todas as demandas jurídicas que se apresentassem, erro metodológico que teria levado a ciência jurídica e os efeitos jurídico-sociais das decisões dos Tribunais a gerar danos muitas vezes irreparáveis, justamente por insistir em classificar cada nova lei que trata de assunto específico como um microssistema, leia-se, um sistema apartado do ordenamento autossuficiente e autorreferendado.

---

os princípios da igualdade substancial e da solidariedade social permearem a interpretação das questões patrimoniais no âmbito das relações de consumo: "O direito civil, dessa forma, não mais é visto como o estatuto das relações patrimoniais, vez que as situações existenciais ganham posição de proeminência e devem ser prioritariamente tuteladas. E as situações patrimoniais, a seu turno, afiguram-se intrinsecamente remodeladas e devem observar os ditames da igualdade substancial e da solidariedade social" (Tutela do consumidor na perspectiva civil-constitucional. *Revista de direito do consumidor*, vol 101. São Paulo: 2015, p. 103)

8

A PROTEÇÃO DA PERSONALIDADE NO SISTEMA BRASILEIRO DE PROTEÇÃO DE DADOS PESSOAIS

DANILO DONEDA

Sumário: 1. Introdução. 2. Proteção da personalidade na Sociedade da Informação. 3. Personalidade e tecnologia. 4. Os direitos da personalidade na Lei Geral de Proteção de Dados. 5. Conclusão.

1. INTRODUÇÃO

A recente entrada em vigor da Lei Geral de Proteção de Dados Pessoais (LGPD, Lei 13.709 de 14 de agosto de 2018) consolida, no ordenamento jurídico brasileiro, o reconhecimento da importância capital dos dados pessoais, com a formulação de um marco regulatório de natureza geral, que procura estabelecer condições para o tratamento de dados pessoais, nas mais variadas circunstâncias a partir de um conjunto unificado de princípios com o objetivo de garantir os direitos do cidadão em relação aos seus dados de forma isonômica nos diversos setores e situações.

A LGPD inaugura um sistema de proteção aos dados pessoais que, em vários de seus atributos, possui ressonância com sistemas de proteção de dados pessoais presentes em outros países e que, ao longo de seu desenvolvimento, enfatizaram e fortaleceram traços de identidade, favorecendo o fortalecimento de conceitos e princípios comuns e de instrumentos cuja adoção é observada em grande parte dos mais de 140 países que, hoje, contam com uma legislação de proteção de dados de natureza geral[1].

---

[1] Graham Greenleaf. "Global Data Privacy Laws 2021: Despite COVID Delays, 145 Laws Show GDPR Dominance", in 169 *Privacy Laws & Business International Report*, 1, 2021, pp. 3-5.

A disciplina da proteção de dados, embora tenha se formado a partir de diversos elementos já presentes no debate e desenvolvimento do direito à privacidade[2], com esta não se confunde. Entre outros motivos para seu particularismo, um dos principais pode-se verificar na própria alçada das normas presentes em um legislação de proteção de dados: estas se dirigem, de forma direta, aos dados pessoais em si, cuja natureza é verificada e cujo tratamento é objeto de escrutínio quanto à sua legitimidade e modalidades de atuação e muito mais. Não se verificam, contudo, dentro da normativa de proteção de dados, regras dirigidas diretamente à pessoa – não é levada em consideração, por exemplo, a sua esfera privada como elemento de proteção direta.

A normativa de proteção de dados, justamente, procura incidir em um elemento que, embora diretamente derivado e representativo da personalidade, com esta não se confunde: os dados pessoais. Estabelece regras e critérios para o tratamento destes dados, que podem ser dispostos e verificados de forma objetiva, sem a necessidade de que o debate, em regra, adentre um certo grau de subjetividade tão comum a discussões diretamente relacionadas à privacidade.

Esta técnica, no entanto, não representa uma tendência à "objetivação» da pessoa ou de aspectos da sua personalidade, muito embora aplique-se objetivamente sobre um elemento que é formalmente apartado da pessoas (seus dados pessoais). Muito pelo contrário, a proteção de dados procura, ao assim proceder, especificar condições para que suas regras possam ser aplicadas com eficácia e escala em situações que envolvem, não raro, contingentes imensos de pessoas, proporcionando-lhes tutela à sua personalidade que, ainda que não de forma direta, é capaz de alcançar níveis de efetividade e amplitude inauditos para outros instrumentos jurídicos em situações, cada vez mais comuns, nas quais a pessoa se vê representada em diversas instâncias por meio de seus dados pessoais – isto é, também de forma indireta.

A tutela da pessoa, ainda que, como mencionado, não seja realizada de forma direta pelas legislações de proteção de dados, é o fundamento último desta disciplina e também a baliza que determina o perfil e a aplicação dos seus institutos. Assim, em uma normativa como a LGPD, verificam-se presentes institutos que são o resultado do desenvolvimento de técnicas de proteção de direitos da personalidade, em especial os que foram concebidos em vista dos fenômenos relacionados à informação, perfazendo um sistema de tutela que, embora aplicado aos dados pessoais, está fundado na proteção da pessoa e apresenta diversas características que remetem concretamente à técnicas e instrumentos típicos dos direitos de personalidade – que, portanto, constituem-se não somente em fundamento mas também estão refletidos em aspectos estruturais desta normativa. Neste artigo faremos uma inclusão sobre a formação dos instrumentos de proteção de dados a partir de sua ligação com a proteção da personalidade e destacaremos a presença, na LGPD, de elementos que refletem de forma mais direta e concreta esta legação.

2. PROTEÇÃO DA PERSONALIDADE NA SOCIEDADE DA INFORMAÇÃO

A centralidade do homem para o direito antecede, de muito, a própria formulação dos atuais conceitos relacionados à personalidade ("O homem é a causa e origem de todo direito, lê-se no Digesto[3]). A pessoa, desde há muito posicionada como eixo em relação aos fenômenos jurídicos, detinha tradicionalmente tal posição por motivos mais estruturais do que propriamente ontológicos. A proteção da personalidade como consequência de lhe ser reconhecido um valor em si, em seu formato atual, é muito recente.

---

[2]   v. Danilo Doneda. *Da privacidade à proteção de dados pessoais*. RT: São Paulo, 2019.

[3]   *Hominum causa omne ius constitutum sit.* Digesto 1.5.2.

Cap. 8 · A PROTEÇÃO DA PERSONALIDADE NO SISTEMA BRASILEIRO DE PROTEÇÃO DE DADOS PESSOAIS | 145

Também recentemente, relações jurídicas privadas que, não raro, procuravam ostentar uma pretensa neutralidade perante os interesses que pretendiam equilibrar, foram fortemente influenciadas pelo paradigma dos direitos humanos[4], o que refletiu na idealização de institutos de natureza protetiva e cuja orientação axiológica era bem definida, como os direitos da personalidade.

A dinâmica subjacente à formação histórica e dogmática dos direitos da personalidade, já fartamente documentada[5], reflete uma tendência relativamente recente do direito civil à personalização das relações privadas e ao desenvolvimento de instrumentos que integrem esta tendência à sua própria estrutura formal e que, hoje, fornecem o substrato necessário para o enquadramento e solução de uma parcela muito representativa das situações jurídicas de direito civil, em ritmo que, conforme abordaremos, acentuou-se ao passo em que o desenvolvimento tecnológico abria novas possibilidades e escolhas para a pessoa[6]. De fato, grande parte do impulso que justificou e conformou a formação dos direitos da personalidade está ligado à necessidade de fornecer uma resposta ao desenvolvimento tecnológico e seus efeitos.

Podemos estabelecer, assumindo o risco da generalização, um marco razoavelmente claro como a Revolução Industrial como o momento a partir do qual a tecnologia passou a ocupar um lugar de destaque na dinâmica social – isto até o momento em que o mercado, impulsionado pela técnica, passa a operar em grande sinergia com a realidade tecnológica. A própria figura do *Homo Faber*[7], a representação do homem que, pela primeira vez, produzia mais do que poderia consumir, implicava na sua subordinação ao imperativo do *fazer*, restando a pessoa privada tanto de consciência crítica quanto da responsabilidade sobre seus atos, reduzida que estava pela técnica à esta dimensão[8].

A consideração do estado da tecnologia ganhou ímpeto e coloração com o incremento na velocidade do seu desenvolvimento em várias áreas. A tecnologia passou a condicionar diretamente a sociedade, com sua filosofia de trabalho, instrumentos de produção, distribuição do tempo e de espaço. A dimensão que o fenômeno tecnológico passaria a apresentar passou então a se tornar motivo de reflexão para as ciências sociais, dentre elas o direito.

O desenvolvimento de novas tecnologias capazes de potencializar a comunicação, e de reproduzir e disponibilizar a informação em volume inédito acabou por aumentar a exposição da pessoa a práticas que também seriam, eventualmente, potencialmente lesivas a aspectos não-patrimoniais de sua vida. Assim, demandas como a necessidade da proteção da imagem ou da honra da pessoa, cuja exposição passou aumentar com o desenvolvimento das tecnologias de informação – desde a fotografia até o crescimento do alcance dos meios de comunicação social, entre outros, foram

---

[4] Juan María Bilbao Ubillos, "La eficacia de los derechos fundamentales frente a particulares". In: Ingo Wolfgang Sarlet (Org.). *Constituição, Direitos Fundamentais e Direito Privado*. Porto Alegre: Livraria do Advogado, 2003

[5] Adriano De Cupis. *Os direitos da personalidade*. Lisboa: Livraria Moraes, 1961; Danilo Doneda. "Os direitos da personalidade no novo Código Civil", in: *A parte geral do Novo Código Civil*. TEPEDINO, Gustavo (org.). 2ª. ed. Rio de Janeiro: Renovar, 2003, pp. 35-61. Elimar Szaniawski. *Direitos da personalidade e sua tutela*. São Paulo: RT, 2005; Gustavo Tepedino, "A tutela da personalidade no ordenamento civil-constitucional brasileiro", in *Temas de direito civil*. 3ª ed. Rio de Janeiro: Renovar, 2004; Anderson Schreiber. *Direitos da personalidade*. 2ª ed. São Paulo: Atlas, 2013.

[6] Para um panorama deste rico rol de situações jurídicas, v. Anderson Schreiber. *Direitos da personalidade*. 2ª ed. São Paulo: Atlas, 2013.

[7] *Homo Faber* é o título de um romance de 1957 do escritor teuto-suíço Max Frisch; a expressão passou a se referir ao homem como senhor da técnica, que aplica seu potencial para fabricar, construir.

[8] v. Herbert Marcuse. *L'uomo ad una dimensione*. Torino: Einaudi, 1967, esp. p. 171. [Ed. bras.: *O Homem unidimensional*. Rio de Janeiro: Zahar, 1964]

ganhando corpo até que se propusessem como direitos subjetivos em si próprios que, com o tempo, passaram a fazer parte dos chamados direitos da personalidade.

Além das consequências diretas e cotidianas do desenvolvimento tecnológico, o desenvolvimento dogmático da categoria dos direitos da personalidade teve um outro momento de marcante impulso quando um resultado específico do progresso tecnológico se fez notar de forma trágica – o aumento concreto do potencial destrutivo nos conflitos armados no século XX. Dentre outros, mencione-se a respeito Karl Larenz:

> *"La protección de la personalidad humana en el ámbito proprio de ésta, (...), fue estimada en general como insuficiente tras la Segunda Guerra Mundial. Después de las experiencias de la Dictadura había surgido la sensibilidad frente a toda clase de menosprecio de la dignidad humana y de la personalidad; al propio tiempo se advirtió que las posibilidades de realizar actos que representen tal menosprecio no sólo por parte del Estado, sino también por parte de otras asociaciones o por personas privadas, se habían multiplicado, debido al desarrollo de la moderna técnica (por ejemplo, cintas magnetofónicas, aparatos de audición, microcámaras)".*[9].

A guerra foi um elemento catártico que, ao seu fim, abriu caminho para tendências que já vinham se pronunciando a respeito da instituição de novos institutos jurídicos destinados à proteger a personalidade. Em meio a este contexto, desenvolve-se também a ideia de estado social, no qual o ordenamento jurídico passa a assumir a função de estabelecer e promover uma hierarquia de valores, privilegiando a pessoa humana. Neste modelo, a Constituição deixa, em diversos ordenamentos, de ser um instrumento de cunho basicamente político para tornar-se o ponto de convergência de todo o ordenamento. Este movimento de adequação do instrumental jurídico a uma sociedade democrática com novas características pôde se observar em diversas ocasiões, também como fruto do início de uma experiência de inclusão nas sociedades ocidentais.

Como não poderia deixar de ser, esta mudança implica em um acréscimo na complexidade das relações sociais, que cada vez mais são institucionalizadas e trazidas para dentro da esfera jurídica. A dialética das relações jurídicas, desse modo, passa a apresentar um pluralismo de direitos e situações subjetivas, dificilmente enquadráveis nos vetores da certeza e infalibilidade do direito privado e de um modelo de Código Civil típico do século XIX. Podemos, sucintamente, verificar a gênese da crise do direito no século passado, observada cruamente por Günther Anders como sendo a "confusão do século": a utilização de estruturas jurídicas de cunho oitocentista em uma sociedade cuja organização baseava-se em premissas que estavam cada vez mais distantes deste sistema. Este fato originou uma crise que manifestou-se em paralelo à crise do sujeito de direito e do questionamento em torno da dicotomia clássica entre direito público e direito privado, por exemplo.

Neste contexto, o desenvolvimento da categoria dos direitos da personalidade foi, naturalmente, marcado por sobressaltos. E, ao mesmo tempo em que a dogmática, lenta porém constantemente, ia assimilando esta nova categoria, era cada vez mais visível que um dos principais fatores que impulsionaram o seu desenvolvimento era justamente a demanda crescente por instrumentos capazes de moldar o ordenamento jurídico de forma a absorver as mudanças sociais que vinham sendo fortemente induzidas pelas novas tecnologias. Passaremos, agora, a verificar de que forma a construção dos direitos da personalidade se deu em paralelo e como resposta a desafios propostos pela tecnologia.

---

[9]   Karl Larenz. *Tractado de Derecho Civil Alemán*. Madrid: Ed. Revista de Derecho Privado, 1980.

3. PERSONALIDADE E TECNOLOGIA

Em um primeiro momento, a ligação da proteção da personalidade com a tecnologia assumiu feições elitistas, dado que costumeiramente interessava a cidadãos com maior projeção social, o que pode é perceptível pela forma pela qual o direito à privacidade veio a ocupar espaço no debate jurídico.

Tomando-se como modelo o do direito à privacidade, a inserção deste direito em ordenamentos jurídicos de cunho eminentemente patrimonialista fizeram dele uma prerrogativa reservada a extratos sociais bem determinados. A bem da verdade, o substrato individualista em torno da proteção da privacidade era muito forte. Hoje, podemos observar a crônica judiciária do passado referente à privacidade para deparar-nos com algo semelhante a um elenco de celebridades de cada época: na Inglaterra, o caso que é mencionado como o exórdio da matéria nos tribunais envolve os literatos Alexander Pope e Jonathan Swift[10] e outro ainda o próprio casal real, Príncipe Albert e Rainha Vitória[11]; na França, o primeiro caso que envolveu a *vie privée* foi o *affaire Rachel*, envolvendo a então famosa atriz francesa Elisa Rachel Félix[12]; na Itália, dentre os primeiros julgados que envolviam a privacidade, encontramos nomes como o do tenor Enrico Caruso[13] ou então do ditador Benito Mussolini e sua amante Clara Petacci[14].

Este certo "elitismo" que marcou a acolhida da privacidade pelos tribunais durou, como modelo majoritário[15], pelo menos até a década de 1960. Vários motivos contribuíram para

---

[10] *Pope v. Curl*, 26 Eng. Rep. 608 (1741). No caso, um editor publicou sem autorização a correspondência privada entre ambos, o que originou uma sentença a favor de Alexander Pope que reconhecia o direito de propriedade sobre as próprias cartas para seu autor. O célebre caso mereceu menção nos *Commentaries* de Blackstone. William Blackstone. *Commentaries on the Laws of England*. Oxford: Clarendon Press, 1765, p. 407.

[11] *Prince Albert v. Stange* 64 ER 293 (1848). Tratava-se da reprodução gráfica e venda de objetos da coleção privada do príncipe. Novamente, a sentença reconheceu um direito de propriedade que impediria esta reprodução.

[12] Tribunal civil de la Seine (16 de junho de 1858, D.P., 1858.3.62). Após sua morte, retratos da atriz Rachel no leito de morte foram amplamente publicados, o que fez com que sua irmã solicitasse ao Tribunal que cessassem estas publicações. O tribunal o fez, em respeito a dor da família. Raymond Lindon. *Une création prétorienne: Les droits de la personnalité*. Paris: Dalloz, 1974, p. 11.

[13] Tribunal de Roma, sentença de 14 de setembro de 1953. Um filme, *Leggenda di una voce*, expôs aspectos da vida íntima de Enrico Caruso, motivando reclamações por parte de seus familiares. O Tribunal de Roma reconheceu a inadequação da exposição de alguns destes aspectos, em sentença que, para De Cupis, marcou o início do reconhecimento do *diritto alla riservatezza* na Itália. Adriano De Cupis, "Il diritto alla riservatezza esiste", in: *Foro Italiano*, IV, 1954, pp. 90-97.

[14] Em mais de uma ocasião a justiça italiana se viu às voltas com questões envolvendo a privacidade da vida amorosa de Clara Petacci com o ditador italiano e seu tratamento pela imprensa, p. ex. Tribunal de Milão, 24 de setembro de 1953, in: *Foro Italiano*, 1953, parte I, p, 1341, cf. Tommaso Amedeo Auletta. *Riservatezza e tutela della personalità*. Milano: Giuffrè, 1978, pp. 63-64

[15] Evidentemente, figuras com maior exposição na mídia e na sociedade eram particularmente sujeitas a ofensas à sua privacidade, assim como a modalidades de ofensas contra sua imagem ou honra que, hoje, se diluem entre outras manifestação da tutela da privacidade. Que isto configure uma continuação desta tendência "elitista" é um argumento algo falacioso, que não obstante ainda ressoa em parte da doutrina eventualmente menos atenta: "At best, continental privacy law is, not a form of protection for universal 'personhood', but a means of regulating the relations between celebrities and the rest of us". James Withman. "The two western cultures of privacy: dignity versus liberty", in: ", in: *Yale Law School. Public law & legal theory research paper series* n. 64 (2003), pp. 23-34. <papers.ssrn.com/abstract=476041>.

148 | PROBLEMAS DE DIREITO CIVIL – *Homenagem aos 30 anos de cátedra do professor Gustavo Tepedino*

uma inflexão desta tendência, dentre os quais citamos os desdobramentos do individualismo, a mudança do relacionamento entre cidadão e Estado e, particularmente, o crescimento do fluxo de informações, que era conseqüência do desenvolvimento tecnológico – ao qual correspondia uma capacidade também cada vez maior de recolher, processar e utilizar a informação[16].

No Brasil, o tema também chamava a atenção. No início da década de 1970, em continuidade a discussões sobre um sistema integrado de identificação civil que remonta à década de 1930, foi concebido no Brasil o projeto do Registro Nacional de Pessoas Naturais (RENAPE), que previa a criação de um órgão de abrangência nacional que integraria o Registro Civil de Pessoas Naturais e a Identificação Civil, além da criação de uma base de dados.[17] O projeto acabou arquivado em 1978, depois de ter suscitado um debate que deixou registros na imprensa[18] e também de certa forma inspirado um projeto de lei, de autoria do Deputado Faria Lima, que "Cria o Registro Nacional de Banco de Dados e estabelece normas de proteção da intimidade contra o uso indevido de dados arquivados em dispositivos eletrônicos de processamento de dados"[19].

O primeiro movimento legislativo no Brasil que fez referência direta às legislações sobre proteção de dados, que, na década de 1970, foram sendo implementadas na Europa e nos Estados Unidos, foi o Projeto de Lei 2.796 de 1980, de autoria da Deputada Cristina Tavares, que "assegura aos cidadãos acesso às suas informações constantes de bancos de dados e dá outras providências". O projeto foi arquivado ao final da legislatura, porém a demanda de que fosse dada maior concretude a alguns direitos relacionados à proteção de dados, em especial os direitos de acesso e retificação, foi se intensificando e ressoava com o movimento de redemocratização da década de 1980, vindo a resultar, entre outros, na presença da ação de *habeas data* na Constituição de 1988.

Ainda que a formulação de direitos específicos relacionados à proteção de dados somente viessem a ser considerados com maior atenção mais recentemente, a percepção do desequilíbrio que o tratamento da informação por meios informatizados era cada vez mais perceptível, como nesta passagem de Gustavo Tepedino:

> "ao avançar da tecnologia é preciso contrapor novas formas de controles legais preventivos, que tutelam valores existenciais, como é o caso da intimidade. É razoável estabelecer, de já, que o cruzamento de informações pessoais deva ser subordinado à prévia e expressa autorização do interessado"[20]

---

[16]   Na síntese de René Dotti, "Mais graves e traiçoeiros que as formas clássicas de invasão, os atuais mecanismos de intromissão podem ser dirigidos por controle remoto e sem conhecimento da pessoa que é atingida. A informação e os dados podem ser extraídos sem que a lesão cause uma deformidade aparente ou determine um confronto entre o agressor e a vítima". René Ariel Dotti. "Tutela jurídica da privacidade", in: *Estudos jurídicos em homenagem ao Professor Washington de Barros Monteiro*. São Paulo: Saraiva, 1982, p. 336.

[17]   VIANNA, Marcelo. Um novo "1984"? O projeto RENAPE e as discussões tecnopolíticas no campo da informática brasileira durante os governos militares na década de 1970. *Oficina do Historiador*, Porto Alegre, Suplemento especial, eISSN 21783748, I EPHIS/PUCRS, 27 a 29 maio 2014, p. 1148-11171. Disponível em: http://revistaseletronicas.pucrs.br/ojs/index.php/oficinadohistoriador/article/view/18998/12057.

[18]   Entre outros, v. ABRANCHES, Carlos A. Dunshee de. Renape e proteção da intimidade. *Jornal do Brasil*, 19 jan. 1977, p. 11.

[19]   Projeto de Lei 4.365 de 1977, de autoria do Deputado Faria Lima. *Diário do Congresso* Nacional, ano XXXII, n. 137, p. 79, 8 nov. 1977.

[20]   Gustavo Tepedino. Computador bisbilhoteiro. In: TEPEDINO, Gustavo. Temas de direito civil. 4. ed. Rio de Janeiro: Renovar, 2008. p. 563 – texto publicado originariamente na página de opinião do Jornal do Brasil, em 3.10.1989

Ao mesmo tempo que o fluxo de informações crescia, aumentava a sua importância. Não eram mais somente as figuras de grande relevo social que estavam sujeitas a terem sua privacidade ofendida, porém uma parcela muito maior da população, e em uma gama igualmente variada de situações.

Fora da esfera estatal a utilização da informação era limitada, basicamente por um motivo estrutural: a desproporção de meios dos organismos privados em relação ao Estado. Tal atividade não era atraente para os privados pelos seus altos custos, tanto para o tratamento dos dados quanto da própria dificuldade para sua coleta. Esta predominância do uso estatal de informações pessoais durou até que fossem desenvolvidas tecnologias que facilitassem sua coleta e processamento para organismos particulares, não somente baixando os custos como também oferecendo uma nova e extensa gama de possibilidades de utilização destas informações, o que aconteceu com o desenvolvimento das tecnologias de informação, em especial com o avanço da informática das últimas décadas. Desta forma, a importância da informação aumenta à medida que a tecnologia passa a fornecer meios para transformá-la em uma utilidade, a um custo razoável.

Sendo assim, a tecnologia, em conjunto com algumas mudanças no tecido social, vai definir diretamente o atual contexto no qual a informação pessoal e a privacidade relacionam-se; portanto, qualquer análise sobre estes fenômenos deve levar em consideração o vetor da técnica como um dos seus elementos determinantes. Sem perder de vista que o controle sobre a informação foi sempre um elemento essencial na definição de poderes dentro de uma sociedade[21], a tecnologia operou especificamente a intensificação dos fluxos de informação e, conseqüentemente, de suas fontes e seus destinatários. Tal mudança, a princípio quantitativa, acaba por influir qualitativamente, mudando os eixos de equilíbrio na equação entre poder – informação – pessoa – controle. Isto implica que identifiquemos uma nova estrutura de poder vinculada a esta nova arquitetura informacional.

A técnica, deixada livre, pode originar ou sustentar uma determinada tendência, passando a ser uma variável a ser levada em conta na dinâmica da sociedade. Não é difícil ilustrar esta afirmação com exemplos como este que nos fornece Arthur Miller: o autor nota que, na década de 1960, o departamento do Censo dos Estados Unidos passou a colher dados dos cidadãos norte-americanos sobre suas habitações privadas e sobre a história pessoal dos próprios ocupantes. Mais tarde, na década seguinte, a "curiosidade" deste órgão aumentou e passou-se a exigir que os cidadãos que tivessem rompido seu matrimônio esclarecessem quais fossem os motivos para tal[22]. Deixando de lado, por hora, qualquer consideração sobre o caráter das informações requisitadas, podemos aventar que provavelmente não foi um crescimento, ente um censo e outro, da necessidade do Estado de conhecer melhor os detalhes dos insucessos matrimoniais de seus cidadãos que originou tal medida; e a hipótese que explica o porquê desta crescente forma de invasão é o fato de que simplesmente tornou-se factível, para a tecnologia da época, processar estas informações e delas extrair alguma utilidade – e o que era novo não era a utilidade, mas o fato de sua obtenção ter sido tornada possível. Tudo em acordo com o que poderíamos denominar um verdadeiro "postulado" da vontade da técnica: "o que pode ser feito, será feito"[23].

---

[21]   Cite-se um célebre trecho de Oscar Wilde: "Of course I had private information about a certain transaction contemplated by the Government of the day, and I acted on it. Private information is practically the source of every large modern fortune". Oscar Wilde, *An ideal husband* , segundo ato. (No Brasil, *O Marido Ideal*).

[22]   Arthur Miller. *Assault on privacy*, Ann Arbor: University of Michigan, 1971, pp. 127 e ss.

[23]   "Whatever can be done, will be done. If not by incumbents, it will be done by emerging players. If not in a regulated industry, it will be done in a new industry born without regulation. Technological change and its effects are inevitable. Stopping them is not an option". Declaração de Andy Grove. *Wired*, janeiro de 1998.

Em um determinado momento, portanto, pareceu claro a muitos juristas a centralidade que os temas ligados à informação representariam, cada vez mais, para o direito. Ao mesmo tempo, uma certa polissemia do próprio conceito de informação se deixava ver em uma abordagem sistemática de uma teoria jurídica da informação, tal como propôs Pierre Catala, que a classificou em quatro modalidades: (i) as informações relativas às pessoas e seus patrimônios; (ii) as opiniões subjetivas das pessoas; (iii) as obras do espírito; e finalmente (iv) as informações que, fora das modalidades anteriores, referem-se a "descrições de fenômenos, coisas, eventos"[24].

Assim, verificamos que o termo "informação» pode se prestar a sintetizar, em determinados contextos, a própria liberdade de informação como fundamento de uma imprensa livre, bem como o próprio direito à informação. O direito à informação se constitui, de fato, na primeira manifestação concreta do interesse do ordenamento jurídico pelo tema, tendo sido inclusive expresso no artigo 19 da Declaração Universal dos Direitos Humanos[25].

4. OS DIREITOS DA PERSONALIDADE NA LEI GERAL DE PROTEÇÃO DE DADOS

A influência dos direitos da personalidade no marco regulatório de proteção de dados pessoais é uma das características que o diferenciam de outros modelos similares e que marcam decididamente o perfil da disciplina no Brasil. Assim, em consonância com o reconhecimento do direito fundamental à proteção de dados pelo Supremo Tribunal Federal[26], como forma de integrar de forma completa este direito no ordenamento pátrio, a LGPD se valeu de técnicas que permitem tanto o reconhecimento como a aplicação de institutos de direitos da personalidade para efetivar as garantias referentes à proteção de dados pessoais.

Há três vetores a partir dos quais podemos observar a presença e influência dos direitos da personalidade na LGPD: o vetor (i) estruturante; (ii) de fundamentação e legitimação; e (iii) na utilização de técnicas e institutos de direitos da personalidade diretamente na estrutura da LGPD

Estruturalmente, a Lei Geral de Proteção de Dados caracteriza-se como um instrumento normativo de natureza protetiva, isto é, elaborado com o objetivo de corrigir um desequilíbrio conjuntural em seu determinado âmbito, qual seja a missão de corrigir a assimetria informacional entre os titulares de dados pessoais e os agentes de tratamento, a partir da constatação do acúmulo de poder nas mãos destes últimos como resultado da configuração das tecnologias de informação. Esta natureza protetiva, especificamente, é voltada direta e unicamente para a proteção da pessoa, no caso quando caracterizada como titular de dados pessoais.

A proteção do titular dos dados pessoais é bem mais que elemento formal necessário à implementação das regras e deveres de conduta previstos na LGPD – esta proteção atrai para si o arcabouço da proteção da personalidade, que encontra espaço para concretizar novos espaços e possibilidades para a proteção da pessoa a partir do instrumental disponibilizado pela nova lei. O

---

[24] CATALA, Pierre. "Ebauche d'une théorie juridique de l'information", in: Informatica e Diritto, ano IX, jan-apr. 1983, p. 19.

[25] "Toda pessoa tem direito à liberdade de opinião e expressão; este direito inclui a liberdade de, sem interferência, ter opiniões e de procurar, receber e transmitir informações e idéias por quaisquer meios e independentemente de fronteiras".

[26] STF, ADIs 6.389, 6.390, 6.393, 6.388 e 6.387. DONEDA, Danilo, "Registro da sustentação oral no julgamento da ADI 6389, sobre a inconstitucionalidade do art 2º, *caput* e §§ 1º e 3º da MP 954/2020", in: *Civilistica*, v. 9, n. 1, disponívelem: https://civilistica.emnuvens.com.br/redc/article/view/519.

Cap. 8 · A PROTEÇÃO DA PERSONALIDADE NO SISTEMA BRASILEIRO DE PROTEÇÃO DE DADOS PESSOAIS | 151

primeiro artigo da LGPD demonstra a concretude desta atração, ao especificar como objetivo da lei a proteção dos direitos fundamentais de liberdade e de privacidade e o livre desenvolvimento da personalidade da pessoa natural. Desta forma, resta claro o objetivo da LGPD de funcionalizar a cláusula geral de proteção da personalidade[27] no cenário do tratamento de informações pessoais e com as ferramentas específicas proporcionadas pela LGPD.

A menção ao livre desenvolvimento da personalidade, que perfaz a delimitação da matéria ao âmbito dos direitos da personalidade, é inclusive mencionada de forma expressa somente pela segunda vez em uma lei federal brasileira – e pela primeira vez em lei com alçada genérica[28]. Ainda, a delimitação do objeto na proteção de dados de pessoa natural é outro elemento que, ao excluir da incidência da LGPD os dados pessoais de pessoas jurídicas que, genericamente, referem-se a situações patrimoniais, confirma a intenção declarada do legislador de compor um estatuto de natureza protetiva com o objetivo de tutela da personalidade.

Quanto ao segundo vetor, referente à menção aos direitos da personalidade para a fundamentação e legitimação da LGPD, este verifica-se pela presença, no seu artigo 2º, o artigo no qual são elencados os fundamentos da lei, uma presença majoritária de direitos da personalidade. Estes vão desde o direito à privacidade, a dignidade, a intimidade, honra e imagem, a autodeterminação informativa, passando pela liberdade de expressão, de informação, de comunicação e de opinião chegando até a uma perspectiva mais ampla ao mencionar os direitos humanos e o exercício da cidadania pelas pessoas naturais. Ainda é mencionado como fundamentação, novamente, o livre desenvolvimento da personalidade.

Ao menos dois fatores principais conspiram para esta presença muito representativa dos direitos da personalidade na fundamentação da LGPD: o fato de que hoje, diversas interações e relações das quais dependem o pleno exercício dos poderes atinentes à personalidade dependerem ou poderem ser condicionadas, de alguma forma, pelo tratamento de dados pessoais. Um outro fator é uma certa tendência expansionista do direito à privacidade que se faz sentir em medida ainda maior no direito à proteção de dados, que vem chamando para si a tarefa de proporcionar respostas ou um enquadramento para diversas questões referentes a escolhas ou limites de proteção à personalidade.

Já o terceiro vetor pelo qual verificamos a influência e presença dos direitos da personalidade na LGPD é a presença de institutos e técnicas típicas dos direitos da personalidade na implementação de diversos dos seus instrumentos.

Podemos mencionar alguns exemplos mais evidentes e marcantes desta influência. Um dos mais representativos diz respeito à própria natureza da relação do titular com os seus próprios dados pessoais, que assumem a feição de projeção da própria personalidade do titular e são, portanto, destinatários da tutela conferida a outros bens da personalidade.

Especificamente, a LGPD reconhece esta natureza e a tutela de forma específica ao, por exemplo, impor que todo tratamento de dados pessoais somente possa ser realizado caso seja para propósitos «legítimos, específicos, explícitos e informados ao titular" (LGPD, art. 6º, I). Ao vincular todo tratamento de dados ao mencionado princípio da finalidade que, por sua vez, somente é legítimo se conhecido do titular, além de restringir o tratamento para finalidades secundárias, a LGPD impõe aos dados pessoais algo que, mal comparando, poderia ser assemelhado a uma

---

[27] Gustavo Tepedino, "A tutela da personalidade no ordenamento civil-constitucional brasileiro", in *Temas de direito civil*. 3ª ed. Rio de Janeiro: Renovar, 2004.

[28] A expressão "livre desenvolvimento da personalidade" já havia sido mencionada como elemento de fundamentação na lei que instituiu a Política Nacional de Proteção dos Direitos da Pessoa com Transtorno do Espectro Autista (Lei 12.764/2012).

152 | PROBLEMAS DE DIREITO CIVIL – *Homenagem aos 30 anos de cátedra do professor Gustavo Tepedino*

"afetação", especificando que não existe um bem jurídico com ampla possibilidade de utilização e fruição como os dados pessoais, posto que o tratamento destes é impassível de ser autorizado de forma genérica, somente se justificando em vista de finalidades específicas, para cuja avaliação é preponderante considerar os interesses jurídicos da pessoa titular dos dados.

5. CONCLUSÃO

Dentro deste panorama, convém certificar-nos previamente o que se espera do operador do direito. Não propriamente um novo método, uma nova normativa, porém mais que tudo a consciência de que a relação dinâmica entre a sociedade e valores em evolução relacionam-se permanentemente com as normas jurídicas – modificando-as, ainda que literalmente continuem as mesmas. Cabe ao civilista a tarefa de atualizar os seus paradigmas interpretativos de acordo com uma reflexão sobre a relação entre o desenvolvimento tecnológico e a pessoa humana, ciente de que a liberdade individual e sua elemento formador desta estrutura.

Alan Westin identificou a relação entre a privacidade e o desenvolvimento da autonomia e do sentido de livre arbítrio como requisitos para uma sociedade democrática:

> "... o desenvolvimento da individualidade é particularmente importante nas sociedades democráticas, visto que os atributos do pensamento independente, a diversidade de pontos de vista e o não conformismo são considerados características desejáveis nos indivíduos. Para que uma tal independência seja alcançada, é preciso tempo e proteção para a experimentação e para que ideias sejam postas à prova, para a preparação e prática do pensamento e da conduta e mesmo para que exista oportunidade concreta de opiniões e posições serem alteradas antes de se tornarem públicas, sem que haja receio de que punições ou mesmo a ridicularização iniba este processo"[29].

O direito civil possui um papel de primeira ordem nesta tarefa, dependendo para isso que algumas de suas características mais caras sejam utilizadas em todo seu potencial, mesmo em um ambiente tão diverso daquele no qual alguns de seus conceitos e institutos foram delineados. Deve estabelecer, portanto, novas fronteiras para a autonomia privada em sua tarefa de ser instrumento para a efetivação das liberdades individuais, ao mesmo tempo que ressona com um conjunto de direitos fundamentais a elas ligados. Para isso, a regulação pode ser necessária, porém matizes que incluam não somente a forma da lei porém abranja outras possibilidades como a utilização da *soft law*[30] e de cláusulas gerais, aliadas a um trabalho conjunto com outras esferas do ordenamento, podem ser alguns dos caminhos a seguir. Stefano Rodotà sustenta com ênfase esta possibilidade:

> *"Ironicamente, recordando que Steve Toulmin havia dito que 'A filosofia foi salva pela ética', poder-se-ia afirmar que o direito privado foi salvo pela tecnologia.*
>
> *Justamente onde as velhas formas do direito privado pareciam isoladas e até mesmo desprovidas do ímpeto da inovação tecnológica e científica, surge novamente uma reflexão*

---

[29] Alan Westin. *Privacy and freedom*. New York: Atheneum, 1967, p. 34.

[30] A utilização da *soft law* e dos princípios encontra-se em andamento, por exemplo no projeto do código europeu de contratos ou nos princípios contratuais UNIDROIT. cf. Ugo Mattei. "International style e postmoderno nell'architettura giuridica della nuova Europa. Prime note critiche", in *Rivista Critica del Diritto Privato*, 2001, p. 118.

intensa sobre a pessoa e os seus direitos, apontando para novas fronteiras, com a elaboração de novas categorias.

É exatamente no jogo complexo entre a regulação e a espontaneidade que aparece novamente a antiga virtude do direito privado, que é a de oferecer, dentro de um campo jurídico bem definido, um grande espaço para as escolhas e para a autonomia individual"[31].

Os dilemas que hoje se apresentam ao jurista em magnitude nada desprezível, desde, por exemplo, a utilização de técnicas de manipulação genética para os mais variados fins até as implicações do processamento eletrônico de dados pessoais, sinalizam para o papel do direito privado na difícil situação em que a ciência deixou várias categorias tradicionais do direito, que passaram a não encontrar sua tradicional razão de ser refletida na realidade dos fatos. Sendo assim, apresenta-se o direito civil como o espaço ideal para a aplicação de fórmulas de adequação destes interesses à hierarquia axiológica constitucional em harmonia com as possibilidades tecnológicas; fatores que justificam a necessidade da aplicação de uma racionalidade não sistêmica, voltada para a concretude da vida.

---

[31] Stefano Rodotà. "Lo specchio di Stendhal. Riflessioni sulle riflessioni dei privatisti", in: *Rivista Critica del Diritto Privato*, 1997, p. 5.

9

INVALIDADE E CONSERVAÇÃO DOS NEGÓCIOS JURÍDICOS: HISTÓRIA, DOGMÁTICA E CRÍTICA DOS INSTITUTOS

LEONARDO MATTIETTO

Ao Professor Gustavo Tepedino,
que com brilho e inteligência estimulou a renovação do Direito Civil brasileiro,
o autor consigna sua homenagem e seus agradecimentos.

Sumário: 1. Introdução. 2. Raízes históricas. 3. Planos de existência, validade e eficácia. 4. Distinção entre as espécies de invalidade: nulidade e anulabilidade. 5. Princípio da conservação. 5.1 Confirmação. 5.2 Redução. 5.3 Conversão. 6. Conclusões.

1. INTRODUÇÃO

Propõe-se revisitar a *teoria da invalidade*, inspirada nos subsídios históricos recebidos do direito romano, revendo-a criticamente, de maneira coadunada com o *princípio da conservação* dos negócios jurídicos.

O tema tem inquietado a doutrina há bastante tempo:

> A teoria das nulidades é ainda vacilante na doutrina, circunstância que, aliada à falta de nitidez dos dispositivos legais, à ausência de princípios diretores do pensamento em função legislativa, tem dado a este assunto um aspecto particularmente rebarbativo[1].

---

[1]   Clóvis Bevilaqua, *Teoria Geral do Direito Civil*, Rio de Janeiro: Francisco Alves, 1955, 7ª ed., p. 236.

No mesmo sentido, Caio Mário da Silva Pereira adverte que "as legislações não têm disciplinado, com perfeição, a teoria das nulidades, certamente porque a doutrina não conseguiu ainda assentar com exatidão e uniformidade as suas linhas mestras". Acrescenta que, ao invés, "(...) a matéria é muito obscurecida, carece de boa exposição dogmática, e alimenta acentuada desarmonia entre os escritores, não somente no que se refere à fixação dos conceitos, como ainda no que diz respeito à terminologia, que é algo desencontrada e imprecisa"[2].

Rui de Alarcão faz referência à diversidade e delicadeza dos problemas a que o fenômeno da invalidade dá lugar, "o que faz da matéria em causa um tema disputado e dificultoso", aliás "tão dificultoso que já se falou num autêntico desconcerto da doutrina"[3].

Por sua vez, Valle Ferreira explica que "são por demais conhecidos os embaraços que se apresentam a um estudo mais completo das nulidades, e parece bem certo que tais dificuldades se agravam em consequência da opinião divergente dos autores"[4].

É possível perceber, na exposição de todos os que se aprofundaram no estudo da invalidade, que, nesse campo, a legislação não tem sido suficiente para dirimir todas as questões, não só porque o seu texto não é completo, mas também à conta da imprecisão terminológica com que certas expressões são empregadas, como, por exemplo, a chamada *nulidade de pleno direito*[5].

O estudioso da ciência jurídica, sob pena de limitar o seu espectro de visão e pois alienar-se da realidade, não deve desprezar a compreensão do fenômeno jurídico nos seus mais largos horizontes, não imaginando que a lei possa conter todo o direito[6]. Muitas vezes, porém, os juristas veem as leis como "se elas estabelecessem as únicas regras que à Razão seja possível conceber"[7].

---

[2]   Caio Mário da Silva Pereira, *Instituições de Direito Civil*, vol. I, Rio de Janeiro: Forense, 1995, 18ª ed., p. 402.

[3]   Rui de Alarcão, Sobre a invalidade do negócio jurídico. In: *Estudos em Homenagem ao Prof. Doutor J. J. Teixeira Ribeiro, Boletim da Faculdade de Direito de Coimbra*, número especial, vol. III, 1983, p. 609-610.

[4]   Valle Ferreira, Subsídios para o estudo das nulidades. In: *Revista Forense*, Rio de Janeiro, vol. 205, jan. 1964, p. 22.

[5]   A expressão nulidade de pleno direito, embora afastada dos Códigos de 1916 e de 2002, é frequentemente empregada na legislação esparsa, como se vê, por exemplo, do art. 214 da Lei nº 6.015/73 (Lei dos Registros Públicos), dos arts. 51 e 53 da Lei nº 8.078/90 (Código de Defesa do Consumidor) e do art. 45 da Lei nº 8.245/91 (Lei do Inquilinato). O uso desse termo é inadequado, porquanto a nulidade tratada nesses dispositivos não é de pleno direito, não opera automaticamente, mas, como qualquer invalidade, não pode prescindir de declaração judicial. A questão será melhor esclarecida no item 2 deste trabalho, ao se explicar a origem da expressão nulidade de pleno direito.

[6]   Avesso a essa tendência, que já à sua época florescia, Clóvis Bevilaqua alertava: "O estudo feito simplesmente sobre as disposições legais é mais a flor da terra e não contém elementos senão para uma arte, útil sem dúvida, mas que apenas exige qualidades secundárias de espírito em seus cultores. O estudo do direito feito à luz da história, da filosofia e, em geral, do conjunto das ciências que têm por objeto o homem e a sociedade, é uma aplicação mais elevada da inteligência, contém o estofo de uma ciência". Clóvis Bevilaqua, *Resumo das Licções de Legislação Comparada sobre o Direito Privado*, Bahia: J. L. da F. Magalhães (editor), 1897, 2ª ed., p. 17.

[7]   "Para eles o triunfo da lei coincide com o da Razão", nas palavras de Ripert. "Não hesitam, certamente, em criticar a técnica legislativa. As suas críticas às imperfeições de redação das leis modernas são muitas vezes duras; mas quase nunca atingem mais que a técnica. A lei, como expressão da vontade do legislador, parece-lhes sempre respeitável. Todo jurista é sucessor dum pontífice. Guarda do direito, julga-se obrigado a ser o defensor das leis. O texto promulgado no Diário Oficial torna-se sagrado. As Universidades e os tribunais são os edifícios consagrados ao culto". Georges Ripert, *O Regimen Democrático e o Direito Civil Moderno*, São Paulo: Saraiva, 1937, p. 9-10.

O direito se faz presente no cotidiano das pessoas, nos fatos grandes e pequenos, importantes e banais. Não é redutível a uma pura técnica, muito menos a uma matriz interpretativa limitada à exegese dos textos legais, mas se apresenta como uma realidade viva[8], para cuja compreensão é necessário respeitar todo o universo do saber humano.

O direito ensinado nos livros nem sempre coincide com a prática do direito, mas esse distanciamento deve ser evitado[9]. A análise do tema proposto deve considerar os pressupostos históricos e doutrinários dos textos legais, além de sopesar a experiência do direito comparado, a fim de que melhor se possa construir uma teoria da invalidade no direito brasileiro.

2. RAÍZES HISTÓRICAS

O tratamento da invalidade no direito brasileiro permanece em larga medida calcado nas noções hauridas dos romanos.

A elaboração dos códigos civis não afastou a importância do direito romano para os povos ocidentais, que continuam a ter nele fonte de soluções para problemas jurídicos[10].

O Código Civil respira direito romano, pois, como ensina Mario Curtis Giordani, a distinção entre as espécies de invalidade remonta à antítese entre o *ius civile* e o *ius honorarium*, bem como porque as causas de invalidade já haviam sido traçadas no direito romano[11]. O autor revela a ausência de nomenclatura uniforme para designar o instituto: *inutilis, injustus, inanis, cassus, irritus, vitiosus, nihil agit, nihil agitur, nullius momenti* etc.

É preciso levar em conta, porém, as diferentes épocas do direito romano, desde o direito antigo, passando pelo período clássico, até chegar ao direito justinianeu.

No direito romano antigo, segundo a Lei das XII Tábuas, a concepção de nulidade era bem simples: o ato nulo não existia do ponto de vista da lei; não existia, nem produzia efeitos jurídicos: nada havia[12].

Mesmo no direito romano clássico não aparece, propriamente, a anulabilidade do negócio jurídico. Assim como no período anterior, "os negócios jurídicos admitidos pelo *ius civile* eram válidos ou nulos: não havia meio termo"[13].

---

[8] Recorde-se a célebre afirmação, tão atual, de que "o direito não é uma pura teoria, mas uma força viva". Rudolf von Ihering, *A Luta pelo Direito*, Rio de Janeiro: Forense, 1990, 8ª ed., p. 1.

[9] Pietro Perlingieri, *Produzione scientifica e realtà pratica: una frattura da evitare*. In: *Scuole tendenze e metodi*, Napoli: ESI, 1989, p. 1-25; C. W. Canaris, Función, *estructura y falsación de las teorías jurídicas*, Madrid: Civitas, 1995, p. 25-30.

[10] "A elaboração dos Códigos Civis não pôs fim à influência do Direito Romano nas legislações dos povos ocidentais. A estrutura continua a ser romana, embora adaptada à época, ao meio social, à nova fisionomia que este século vem imprimindo às sociedades humanas. E toda vez que o legislador, o jurista e o magistrado se encontram a braços com uma dificuldade, uma omissão, um ponto obscuro na lei ou na doutrina, voltam as suas vistas para o passado e vão buscar nas inesgotáveis fontes clássicas romanas ou na interpretação medieval dessas mesmas fontes, o subsídio de que necessitam". Silvio Meira, *Curso de Direito Romano: História e Fontes*, São Paulo: LTr, 1996, p. 8.

[11] Mário Curtis Giordani, *O Código Civil à Luz do Direito Romano*, Rio de Janeiro: Lumen Juris, 1999, 4ª ed., p. 219.

[12] Martinho Garcez, *Das Nulidades dos Atos Jurídicos*, Rio de Janeiro: Renovar, 1997, 3ª ed., p. 2.

[13] José Carlos Moreira Alves, *Direito Romano*, vol. I, Rio de Janeiro: Forense, 1971, 3ª ed., p. 187.

Devido à atividade dos pretores, contudo, este quadro se alterou. Não podendo anular um ato que o direito civil declarava válido, o pretor, não obstante, concedia uma espécie de reparação, tão completa quanto possível, por meio de um processo específico, a *restitutio in integrum*. Por exemplo, um menor, tendo celebrado um contrato, podia ser restituído, sendo rescindido o contrato por ele celebrado (*restituitur, rescinditur*)[14].

A *restitutio in integrum* era um provimento jurisdicional constitutivo de anulação, o qual, pela autoridade do magistrado (*ope magistratus*), invalidava atos jurídicos que seriam, de acordo com a lei, formalmente válidos, e tinha então o efeito de repristinar integralmente situações jurídicas subjetivas que aqueles atos houvessem comprometido. O magistrado emitia tal provimento a pedido do interessado e previa uma *causae cognitio*, isto é, um acertamento do mérito, na base de um juízo de equidade (*aequitas*). Em geral, formulava um decreto (*decretum restitutiones*) relativo ao ato jurídico a invalidar e concedia ao beneficiado, para a hipótese de inobservância da ordem, um juízo rescisório (*iudicium rescissorium*) para ser exercido pelas vias ordinárias. Na prática, contudo, frequentemente dispensava a formalidade do decreto e estabelecia no processo uma ficção (*fictio rescissoria*), pela qual o juiz deveria considerar o ato como não tendo ocorrido[15].

Moreira Alves acrescenta que, além da *restitutio in integrum*, pela qual o pretor determinava a reintegração de uma situação jurídica anterior, rescindindo as modificações ocorridas, o *ius honorarium*[16] fornecia ainda outros meios, em certos casos, para impedir que os negócios jurídicos, considerados válidos pelo *ius civile*, produzissem seus efeitos, tais como a *denegatio actionis* (por meio da qual, denegando a ação nascida de um negócio jurídico do *ius civile*, lhe retirava, na prática, a eficácia jurídica) e a *exceptio* (defesa do réu, que servia para paralisar a ação proposta com base em um negócio considerado válido nos termos do *ius civile*).

A rigorosa concepção anterior, do direito pré-clássico, que só admitia a nulidade baseada no *ius civile*, o que era logicamente sustentável, pois os negócios eram, em regra, formais, foi sendo, portanto, lenta e progressivamente modificada, ao mesmo tempo em que se afirmavam novos negócios jurídicos causais e em que assumia importância o elemento da *causa* do negócio jurídico[17]. De outra parte, argumenta-se que uma valoração mais ampla das necessidades da prática fez sentir aos juristas a exigência de se tolher a eficácia de negócios que, pela lei, eram considerados perfeitos[18].

Logo, foram conhecidas no direito romano do período clássico duas maneiras para um ato ser nulo: a nulidade civil, que operava de pleno direito, automaticamente; e a nulidade pretoriana, que dependia do exercício de uma ação judicial e só se realizava em virtude de sentença[19]. Destarte, encontrava-se a seguinte dicotomia:

> a) nulidade reconhecida pelo *ius civile*, e que opera *ipso iure* (automaticamente, sem necessidade de declaração judicial); e

---

[14] Martinho Garcez, *op. cit.*, p. 3.

[15] Antonio Guarino, *Diritto Privato Romano*, Napoli: Jovene, 1997, 11ª ed., p. 270-271.

[16] Com a evolução do direito romano no período clássico, o *ius honorarium* ou *praetorium* (direito honorário ou pretoriano) passou a conviver com o *ius civile*, secundando, suprindo e corrigindo-o. Apesar de que os pretores não pudessem exatamente atribuir direitos a ninguém, mas na verdade conceder ou negar ações, isto proporcionou, na prática, uma grande renovação do direito romano.

[17] Edoardo Volterra, *Istituzioni di Diritto Privato Romano*, Roma: La Sapienza, 1993, p. 167-168.

[18] Vincenzo Arangio-Ruiz, *Istituzioni di Diritto Romano*, Napoli: Jovene, 1998, 14ª ed., p. 98.

[19] Martinho Garcez, *op. et loc. cit.*

b) impugnabilidade, admitida pelo *ius honorarium* (através, principalmente, da *denegatio actionis*, da *exceptio* ou da *restitutio in integrum*), de negócio jurídico que persiste válido em face do *ius civile*[20].

Até então, a impugnabilidade não poderia ser confundida com a noção moderna de anulabilidade, pois o negócio, perante o *ius civile*, não poderia ter a sua validade contestada, embora o pudesse através da ação ou exceção concedida pelo pretor. No período pós-clássico, contudo, o cenário já não mais seria o mesmo.

Na época do direito justinianeu, graças à fusão do *ius civile* com o *ius honorarium*, já se pôde tratar de anulação, uma vez que os meios de impugnação de um negócio passaram a ser concedidos pela lei[21]. O legislador estipulou meios para que se impedisse que um negócio jurídico produzisse seus efeitos, como diante da ocorrência de vícios como o dolo e a violência. Assim se consolidou o instituto da anulabilidade.

Sob outro ponto de vista, pode-se afirmar que o direito jurisprudencial clássico, aberto às exigências da vida social, conseguiu forjar a noção de impugnabilidade superando os estreitos limites dentro dos quais era tratada a nulidade no direito legislado. No período pós-clássico, todavia, o direito romano muito perderia de sua maleabilidade, em favor do mito da certeza da lei[22].

Diante deste quadro, explica Van Wetter que se chamava nula a convenção que, desde o momento em que ocorresse, fosse considerada em direito como não tendo havido; ao contrário, rescindível ou anulável a convenção que pudesse ser invalidada a requerimento dos interessados. Para esse autor, "o princípio geral a este respeito é de uma grande simplicidade: um contrato é nulo quando lhe falta diretamente uma das condições essenciais requeridas para a sua validade; em todos os outros casos em que seja permitido atacá-lo em razão de um certo vício, ele é anulável"[23].

Da fonte romana se abeberou o direito português. As Ordenações do Reino, que tiveram vigência parcial no Brasil mesmo após a independência[24], basicamente dispunham como princípios gerais ensejadores de nulidade a prática de atos contra disposição de lei ou contra as fórmulas ou condições estabelecidas pela lei.

---

[20] J. C. Moreira Alves, *op. cit.*, p. 188.

[21] Vincenzo Arangio-Ruiz, *op. et loc. cit.*

[22] "De maneira emblemática, a história do Direito romano apresenta na antítese *ius-lex*, na contraposição entre o Direito jurisprudencial pré-clássico e clássico e o Direito legislado pós-clássico justinianeu, o conflito entre um método de interpretação aberto às exigências da vida social e um método de interpretação fechado em nome do mito da certeza do Direito, que, se bem possa servir, em circunstâncias históricas determinadas, de contenção à arbitrariedade e à ilegalidade de sistemas jurídicos opressivos, pode, sem embargo, transformar-se por sua vez em rígido conservadorismo de um direito já superado pelas forças vivas da sociedade civil". Alberto Burdese, *Derecho Romano e Interpretación del Derecho*, Granada: Comares, 1998, p. 69.

[23] P. Van Wetter, *Cours Élémentaire de Droit Romain: contenant la législation de Justinien*, Gand: H. Hoste, 1871, t. I, p. 762.

[24] Foram três as grandes ordenações feitas por Portugal, e que vigoraram também no Brasil: Afonsinas, Manuelinas e Filipinas, cada uma tomando o nome do monarca da época de sua elaboração e correspondendo, respectivamente, aos séculos XV, XVI e XVII. As Ordenações Filipinas tiveram, em matéria cível, maior tempo de vigência no Brasil que em Portugal. Enquanto a antiga metrópole aprontaria o seu primeiro Código Civil em 1867, por obra do Visconde de Seabra, o Brasil só teria o seu primeiro Código Civil em 1916, entrando em vigor em 1º de janeiro de 1917.

Cap. 9 · INVALIDADE E CONSERVAÇÃO DOS NEGÓCIOS JURÍDICOS

Aliás, no direito português anterior ao Código Civil de 1867, sob direta influência do esquema das invalidades no direito justinianeu, Coelho da Rocha ensinava:

> A nulidade do ato jurídico é a consequência da falta de alguma solenidade essencial na forma interna, ou externa do ato; e é também a pena da lei imposta à infração. A nulidade umas vezes resulta *ipso jure*, isto é, por expressa declaração da lei; outras vezes só se verifica, quando o interessado a reclama[25].

Assim, segundo exemplos do mesmo autor, o contrato com objeto ilícito era nulo *ipso iure*, enquanto o contrato lesivo (referia-se à figura da lesão) só era anulável a requerimento da parte. No primeiro caso, cabia a ação de nulidade, com prescrição em 30 anos; no segundo, a ação de rescisão, com prazos mais curtos, como a de rescisão por lesão, que prescrevia em 15 anos[26].

No Brasil, em meados do século XIX, antes portanto da edição do Código Civil de 1916, as nulidades foram tratadas no Regulamento nº 737, de 25 de novembro de 1850.

O legislador brasileiro, ao editar o Regulamento, teria sofrido a influência do direito francês, o qual fora modelado também pelo direito romano. A esse respeito, Martinho Garcez observou:

> O direito francês foi a fonte onde os ilustres autores do Reg. 737 de 25 de novembro de 1850 foram buscar não só a expressão *nulidades de pleno direito* e absolutas e nulidades dependentes de rescisão e relativas, como o contexto jurídico dessas nulidades, as suas causas, os seus efeitos e caracteres e o modo de serem elas opostas e apreciadas pelo juiz; por isso, a origem, para nós, das nulidades, a fonte que é preciso conhecermos a fundo, é o direito francês, que oferece vasta e copiosa messe, não só nos textos do código civil, como no direito costumeiro que o precedeu, no trabalho dos jurisconsultos do século XVIII, e nas obras dos ilustres comentadores do código Napoleão[27].

Ainda antes do Código de 1916, a doutrina brasileira distinguia entre nulidades absolutas e relativas, como se lê na obra do Conselheiro Ribas, para quem: a) as primeiras correspondem aos atos cuja violação da lei acarreta a sua *inexistência*; enquanto as segundas ligam-se a atos que podem ser considerados válidos, desde que as pessoas cujos interesses a lei protege "quiserem desistir dessa proteção e convierem na subsistência do ato infrator delas"; b) as primeiras são insupríveis, ao contrário das segundas; c) enquanto as primeiras independem de declaração judicial, as segundas só podem prevalecer em favor de quem foram instituídas[28].

Teixeira de Freitas apresentava, resumidamente, a sua concepção sobre as nulidades, no *Promptuario das Leis Civis*, obra de grande utilidade para os juristas do século XIX, já depois do Regulamento nº 737 e da Consolidação das Leis Civis de 1858:

> Quando a nulidade é *absoluta*, os atos jurídicos são nulos; quando a nulidade é dependente de ação ou julgamento, os atos jurídicos são *anuláveis*. Os atos anuláveis são válidos enquanto não são anulados. Os atos *nulos* não produzem efeito algum

---

[25] M. A. Coelho da Rocha, *Instituições de Direito Civil Portuguez*, Coimbra: J. Augusto Orcel, 1857, t. I, 4ª ed., p. 72.

[26] M. A. Coelho da Rocha, *op. et loc. cit.*

[27] Martinho Garcez, *op. cit.*, p. 5.

[28] Antonio Joaquim Ribas, *Curso de Direito Civil Brasileiro*, vol. I, Rio de Janeiro: Jacintho Ribeiro dos Santos, 1915, 4ª ed., p. 159-162 e 508-509.

como atos jurídicos, mas produzem como *atos ilícitos*, cujas consequências devem ser reparadas[29].

Interessante notar que Teixeira de Freitas, no *Esboço*, pretendia apurar a diferença entre nulidade *manifesta* (art. 786), quando na lei se declarasse o ato como nulo (art. 787), e nulidade *dependente de julgamento*, quando a lei declarasse que o ato poderia ser anulado (art. 788). A essa diferença não correspondia a distinção entre nulidade *absoluta* (arts. 805 a 809), que poderia ser alegada por qualquer interessado ou pelo Ministério Público, não suscetível de ratificação e não sujeita à prescrição, e nulidade *relativa* (arts. 810 a 821), pronunciável a requerimento da parte, suscetível de ratificação e prescritível. Tanto não havia correspondência entre as duas distinções que um ato poderia ser manifestamente nulo (de pleno direito), mas de nulidade relativa; ou ainda, dependente de rescisão, mas de nulidade absoluta[30].

O Código Civil de 1916 dividiu a invalidade entre atos nulos (art. 145) e anuláveis (art. 147), estipulando as respectivas hipóteses. Não foi mais empregada, como na legislação anterior, a expressão *nulidade de pleno direito*.

Um dos primeiros comentadores do Código, Spencer Vampré, definia nulidade ainda de maneira parecida com os moldes das Ordenações:

> Nulidade do ato jurídico é a consequência da falta de alguma solenidade essencial na forma interna ou externa do ato.
>
> Também se chama nulidade o nenhum efeito do ato, ou o seu efeito limitado a certas pessoas, como pena contra a infração da lei.
>
> A nulidade ou resulta de expressa declaração da lei, ou só se verifica quando o interessado a reclama. Daí a divisão dos atos jurídicos em nulos e anuláveis[31].

No conceito de Spencer Vampré, as figuras da nulidade e da anulabilidade são consideradas, pois, em relação à necessidade ou não de o interessado pedir a rescisão.

Clóvis Bevilaqua, a seu turno, continua a empregar a expressão *nulidade de pleno direito*, mesmo não tendo sido abrigada no Código. Comparando-a com a anulabilidade, escreve:

> Essa reação é mais enérgica, a nulidade é de pleno direito, e o ato é *nulo*, quando ofende princípios básicos da ordem jurídica, garantidores dos mais valiosos interesses da coletividade. É mais atenuada a reação, a nulidade é sanável e o ato é apenas *anulável*, quando os preceitos violados se destinam, mais particularmente, a proteger interesses individuais.
>
> Os casos do art. 145 são de nulidade de pleno direito; os do art. 147 são de nulidade sanável ou anulabilidade[32].

Na linguagem de Clóvis, nulidade de pleno direito aparece, pois, como sinônimo de nulidade insanável, ou nulidade de ordem pública.

---

[29]   Augusto Teixeira de Freitas, *Promptuario das Leis Civis*, Rio de Janeiro: Instituto Typographico do Direito, 1876, p. 431.

[30]   A. Teixeira de Freitas, *Esboço*, vol. I, Brasília: Ministério da Justiça, 1983, p. 143 e seguintes.

[31]   Spencer Vampré, *Manual de Direito Civil Brasileiro*, vol. I, Rio de Janeiro: F. Briguiet, 1920, § 80, p. 129.

[32]   Clóvis Bevilaqua, *Codigo Civil dos Estados Unidos do Brazil*, vol. I, Rio de Janeiro: Francisco Alves, 1916, p. 446.

Cap. 9 · INVALIDADE E CONSERVAÇÃO DOS NEGÓCIOS JURÍDICOS | 161

De acordo com Martinho Garcez, o legislador consolidou a obra do Regulamento nº 737, de 1850, ao fazer a especificação das cinco hipóteses de nulidade traçadas no art. 145 e das duas de anulabilidade previstas no art. 147 do Código Civil de 1916. Escreve peremptoriamente que o Código nada inovou; apenas sedimentou os dispositivos já existentes.

Para Pontes de Miranda, no Código Civil de 1916, as disposições dos arts. 145 e 146 se referem aos atos nulos, e as dos arts. 147-152 e 154-155 aos atos anuláveis, enquanto as regras dos arts. 153, 157 e 158 são gerais[33]-[34]. Omite a referência ao art. 156[35]. Segundo o autor referido:

> Esta distinção geral, a que chegou o Reg. nº 737, de 1850, e mais puramente se acentuou no *Esboço* de Teixeira de Freitas, arts. 786-821, que, em muitos pontos, nos deu completa construção jurídica e teoria inteiriça e segura, não corresponde ao B.G.B., salvo, em certos pontos, às absolutas e relativas nulidades dos §§ 1.323 e seguintes. A 'nulidade relativa' compreende a *Anfechtbarkeit* do B.G.B. e a anulabilidade dos atos do 'relativamente incapaz' (*beschränkte Geschäftsunfähigkeit*). As expressões *nulos* e *anuláveis* correspondem a nulidades absolutas e relativas (*Esboço* de Teixeira de Freitas, arts. 787 e 788). Alguns reparos à lei tornariam o capítulo sobre nulidades modelo de clareza, de simplicidade e de boa doutrina: as suas vantagens quanto ao *Esboço* são notáveis[36].

Além da remissão aos §§1.323 e seguintes do BGB, hoje revogados, que tratavam da nulidade do casamento, Pontes poderia ter acrescentado a existência de vários parágrafos, na Parte Geral (*allgemeiner Teil*) do Código alemão, com os quais o Código de 1916 guardava forte simetria[37].

O Código Civil de 2002 trouxe algumas inovações em relação ao Código de 1916. Além das hipóteses já previstas neste, indicou a nulidade quando o *motivo* comum a ambas as partes, *determinante* do negócio jurídico, for ilícito (art. 166, III) e quando o negócio tiver por objetivo fraudar lei imperativa (art. 166, VI). A simulação deixou de ser hipótese de anulabilidade e passou a ensejar a nulidade (art. 167, *caput*). Manteve-se a nulidade por incapacidade absoluta do agente (art. 166, I), quando o objeto for ilícito, impossível ou indeterminável (art. 166, II), quando o negócio não revestir a forma prescrita em lei (art. 166, IV), quando houver a preterição de

---

[33] F. C. Pontes de Miranda, *Fontes e Evolução do Direito Civil Brasileiro*, Rio de Janeiro: Forense, 1981, 2ª ed., p. 161.

[34] Apesar da divergência sobre o alcance do art. 158 do Código de 1916 quanto às duas espécies de invalidade, prevalecia a corrente que defendia a aplicação aos atos nulos e aos anuláveis. Além de Pontes de Miranda, citem-se: Spencer Vampré, *op. cit.*, §§ 80 e 81, p. 131 e 133; Clóvis Bevilaqua, *Codigo Civil*, p. 464. Acrescentava Clóvis, a esse respeito, na página citada: "Em relação a terceiros, declarada a nulidade do ato, desfaz-se o direito, que, acaso, tenha adquirido com fundamento no ato nulo ou anulado, porque ninguém transfere a outrem direito que não tem".

[35] Aliás, deve tê-lo feito de maneira proposital, pois o art. 156 do Código de 1916 se inseriria mais adequadamente, a respeitar-se a sistemática legislativa, na parte daquele diploma que tratava dos atos ilícitos.

[36] F. C. Pontes de Miranda, *op. et loc. cit.*

[37] Basta cotejar o art. 145 e seus incisos, do Código Civil Brasileiro de 1916, com o BGB em seus §§ 105 (sobre nulidade da declaração de vontade por incapacidade do agente ou estado de inconsciência ou de perturbação passageira da atividade mental), 118 (falta de seriedade), 125 (falta de forma, quando prescrita), 134 (infração de uma proibição legal), 138 (contrariedade aos bons costumes) e 306 (prestação impossível), e o art. 147 do texto pátrio com os §§ 119 (impugnabilidade por erro), 120 (impugnabilidade por falsa transmissão) e 123 (impugnabilidade por engano ou ameaça) do BGB.

alguma solenidade essencial (art. 166, V) e quando a lei taxativamente o declarar nulo, ou mesmo proibir-lhe a prática, sem cominar sanção (art. 166, VII). Quanto às hipóteses de anulabilidade, foram incluídos o estado de perigo e a lesão (art. 171, II, combinado com os arts. 156 e 157). Foi mantida a anulabilidade por incapacidade relativa do agente (art. 171, I) e por erro, dolo, coação e fraude contra credores (art. 171, II).

3. PLANOS DE EXISTÊNCIA, VALIDADE E EFICÁCIA

Para a adequada percepção do fenômeno da invalidade, é preciso recorrer à abordagem dos negócios jurídicos nos planos de existência, validade e eficácia[38]. É grande a confusão, na doutrina, especialmente quando se admite a figura do ato ou negócio inexistente.

A teoria do ato inexistente foi sistematizada pelo jurista alemão Zachariae, para quem não se deve ignorar a diferença entre este e o ato nulo (o qual, se não fosse viciado, seria válido). O primeiro não existe para a lei, enquanto o segundo existe contra a lei. Não existe compra e venda, por exemplo, se a coisa já havia perecido antes da conclusão do contrato. Não existe, também, o contrato que, a ser celebrado por instrumento particular, não foi assinado pelas partes[39]. O autor exemplifica ainda com o casamento entre pessoas do mesmo sexo[40].

Martinho Garcez sustentava que o direito brasileiro não tinha a necessidade de recorrer à categoria de ato inexistente. Dizia que "para designar os atos jurídicos que não se constituíram, ou não se formaram, ou nasceram mortos, (...) temos a expressão nulo de pleno direito, que traduz em nosso direito o mesmo que a palavra inexistente no direito francês"[41].

O Projeto de Clóvis Bevilaqua, entretanto, incluía a categoria de ato inexistente, que seria o que não tivesse sequer a aparência de um ato jurídico de seu gênero, como, exemplificava o autor, um testamento feito de viva voz, ou feito por carta ao herdeiro, ou como, ainda, um ato em que devesse oficiar uma autoridade pública e, em vez dela, tivesse oficiado um particular. Clovis alertava, entretanto, que:

> Compreende-se que a transição entre o ato nulo e o inexistente é suave; desliza a mente de um para outro como que insensivelmente; não obstante, a distinção é real, porque o primeiro sofre de um vício essencial, que o desorganiza e desfaz: é um enfermo condenado à morte; o outro não tem existência jurídica; será, quando muito, a sombra de um ato, que se desvanece, desde que a consideremos de perto[42].

Embora tenha o legislador recusado a consagrar no Código de 1916 a noção que o Projeto de Clovis Bevilaqua havia assentado, a teoria do ato inexistente foi amparada por inúmeros autores, repercutindo com a acolhida da jurisprudência[43]. Apesar do reconhecimento doutrinário e jurisprudencial, o legislador também não a trouxe no Código Civil de 2002.

---

[38]   F. C. Pontes de Miranda, *Tratado de Direito Privado*, vol. IV, São Paulo: RT, 1974, 4ª ed., p. 8-28.

[39]   K. S. Zachariae, *Le Droit Civil Français*, Paris: Auguste Durand, 1854, t. 1, § 34, p. 45.

[40]   K. S. Zachariae, *op. cit.*, § 110, p. 170-171.

[41]   Martinho Garcez, *op. cit.*, p. 14. O autor chega a anotar que "não teria senso jurídico o escritor brasileiro que pretendesse levantar a teoria de Zachariae em face do Reg. 737, de 1850".

[42]   Clóvis Bevilaqua, *Teoria Geral do Direito Civil*, p. 240.

[43]   Para um panorama da matéria, veja-se Caio Mário da Silva Pereira, *op. cit.*, p. 412.

Antonio Junqueira de Azevedo, atento à análise do negócio jurídico nos seus três planos (existência, validade e eficácia), põe a questão em termos mais precisos:

> Não é lógico que se continue a colocar, ao lado do nulo e do anulável, o negócio dito inexistente, como se se tratasse de um *tertium genus* de invalidade. Não há uma gradação de invalidade entre o ato inexistente, o nulo e o anulável. Ao negócio inexistente opõe-se o negócio existente (este é que pode ser nulo, anulável ou válido). A dicotomia `negócio existente – negócio inexistente`, de um lado, e a tricotomia `negócio válido – negócio nulo – negócio anulável`, de outro, estão em *planos diferentes*[44].

A análise do negócio jurídico, em cada um dos seus três planos (existência, validade, eficácia), permite, pois, a identificação e a separação dos fenômenos negativos: inexistência, invalidade, ineficácia. Um negócio pode simplesmente não existir; ou, embora existindo, não ser válido nem eficaz; ou existir, ser válido, mas não eficaz; ou, como é desejável, se não encontra nenhum óbice, pode simultaneamente existir, ser válido e eficaz.

Do mesmo modo que se distingue a *inexistência* da *invalidade*, também não se deve confundir, por outro lado, nenhum desses dois fenômenos com a *ineficácia stricto sensu*. No plano da eficácia, os negócios podem ser eficazes ou ineficazes, sendo que a ineficácia se classifica em simples e relativa[45].

Nos negócios com *ineficácia simples* ou *pendente*, não há a pronta eficácia porque falta um dos fatores de eficácia estabelecidos para o negócio jurídico. Satisfeito o requisito faltante, o negócio se torna eficaz. É o caso, por exemplo, do negócio sob condição suspensiva (Código Civil de 2002, art. 125) ou subordinado a um termo inicial (art. 131).

Enquanto isso, a *ineficácia relativa* significa que o negócio é tido como ineficaz em relação a uma ou mais pessoas, permanecendo eficaz diante de todas as outras. Geralmente, a lei emprega esta figura quando um sujeito fica proibido de dispor de um direito, no interesse de alguém, para quem resta aberta a possibilidade de uma futura impugnação. Na hipótese do § 135 do BGB, por exemplo, quando a proibição da alienação de um bem tiver por objeto a proteção de determinadas pessoas, será ela ineficaz exclusivamente ante essas pessoas. No direito brasileiro, pode-se exemplificar com a venda *a non domino* e o negócio praticado em fraude à execução (Código de Processo Civil, art. 792).

4. DISTINÇÃO ENTRE AS ESPÉCIES DE INVALIDADE: NULIDADE E ANULABILIDADE

Como já visto, a lei civil brasileira, ao se referir a *atos nulos* e *atos anuláveis*, contempla duas espécies de invalidade: a nulidade e a anulabilidade.

As principais diferenças entre as duas categorias, apontadas tradicionalmente pela doutrina[46] e amparadas pelo Código Civil de 2002, são as seguintes: a) a nulidade se fundamenta

---

[44] Antonio Junqueira de Azevedo, *Negócio jurídico: existência, validade, eficácia*, São Paulo: Saraiva, 2000, 3ª ed., p. 61.

[45] Luiz Roldão de Freitas Gomes, Invalidade dos Atos Jurídicos – Nulidades – Anulabilidades – Conversão. In: *Revista de Direito Civil*, São Paulo, vol. 53, jul./set. 1990, p. 10.

[46] Washington de Barros Monteiro, *Curso de Direito Civil*, vol. 1, São Paulo: Saraiva, 1995, 33ª ed., p. 266; Maria Helena Diniz, *Curso de Direito Civil Brasileiro*, vol. 1, São Paulo: Saraiva, 1996, 12ª ed., p. 347-348; Zeno Veloso, *Invalidade do negócio jurídico*, Belo Horizonte: Del Rey, 2002, p. 267-268.

em razões de ordem pública, ao passo que a anulabilidade é instituída no interesse privado dos favorecidos com a sua decretação; b) a nulidade pode ser declarada de ofício pelo juiz, ou a requerimento do Ministério Público ou de qualquer interessado (art. 168), enquanto a anulabilidade só pode ser invocada pelas pessoas a quem aproveite, não podendo ser reconhecida *ex officio* (art. 177); c) o negócio nulo não é suscetível de confirmação (art. 169, 1ª parte), ao contrário do negócio anulável, que a admite (art. 172); d) o negócio nulo não convalesce pelo decurso do tempo (art. 169, 2ª parte)[47], enquanto que, para que seja decretada a anulação, a lei prevê o prazo decadencial (arts. 178 e 179); e) o negócio nulo não é apto a produzir nenhum efeito (*quod nullum est nullum producit effectum*), em vez do negócio anulável, que produz efeitos enquanto não for anulado.

Com o devido respeito pelas opiniões em contrário, a distinção entre nulidade e anulabilidade se prende às causas ensejadoras de cada uma das espécies de invalidade (arts. 166, 167 e 171), e não propriamente aos seus efeitos ou ao mesmo ao modo de operar.

Quanto ao principal efeito do reconhecimento da invalidade, as duas espécies se aproximam: a consequência tanto da declaração de nulidade, como da decretação da anulação, é a restituição ao *status quo* anterior ou, não sendo isso possível, a indenização com o equivalente (art. 182). A previsão legal, como já se expôs[48], é aplicável tanto aos negócios nulos como aos anuláveis. Nem se argumente que, no primeiro caso, o provimento jurisdicional seria meramente declaratório, enquanto que, no segundo, a decisão seria constitutiva. Toda sentença constitutiva possui um conteúdo declaratório: para decretar a anulação, o juiz precisa primeiro reconhecer e declarar a causa de anulabilidade.

Logo, soa equivocada a afirmação, tão comum, de que a sentença que declara que um negócio é nulo produz efeitos *ex tunc*, ao passo que a sentença que decreta a anulação de um negócio jurídico produz efeitos *ex nunc*. Ambas, na realidade, produzem efeitos *ex tunc*, pois, como prevê a lei civil, devem as partes retornar ao estado anterior[49]. A eventual proteção de terceiros de boa-fé, diante dos efeitos da anulação, não infirma este raciocínio, nem obsta o reconhecimento da invalidade.

Fugindo do misoneísmo da doutrina, avulta a exposição de Valle Ferreira:

> Atos nulos e atos anuláveis são igualmente imperfeitos, padecem de imperfeições, mais ou menos graves, mas o certo é que têm a mesma existência irregular e precária. Nesta matéria, em verdade, só se encontram dois conceitos antagônicos: *validade e invalidade*.
>
> (...) uma vez pronunciada a nulidade, não há qualquer diferença quanto a seus efeitos[50].

---

[47] Embora o Código de 2002 estabeleça a regra de que o negócio nulo não convalesce pelo decurso do tempo, permanece assente, em boa parte da doutrina e da jurisprudência, a ideia de prescrição. Ensina-se que os juristas modernos, "depois de assentarem que a prescritibilidade é a regra e a imprescritibilidade, a exceção, admitem que entre o interesse social do resguardo da ordem legal, contido na vulnerabilidade do negócio jurídico, constituído com infração de norma de ordem pública, e a paz social, também procurada pelo ordenamento jurídico, sobreleva esta última, e deve dar-se como suscetível de prescrição a faculdade de atingir o ato nulo", como alerta Caio Mário da Silva Pereira, *op. cit.*, p. 406.

[48] Esse entendimento já predominava na interpretação do Código de 1916. Vide a nota 34, *supra*.

[49] Chama-se a atenção para os efeitos retroativos da sentença de anulação, embora de natureza constitutiva, "(...) pois que se reporta ao vício contemporâneo à formação do ato, destruindo-o desde a sua origem. A retroatividade é, pois, efeito necessário e inseparável da sentença". Luiz Roldão de Freitas Gomes, *op. cit.*, p. 14.

[50] Valle Ferreira, *op. cit.*, p. 22.

Para Valle Ferreira, com todo o acerto, não há, no direito brasileiro, segundo o Código Civil, nulidade de pleno direito, "(...) pois qualquer que seja o grau de imperfeição do ato, a nulidade só pode ser pronunciada por julgamento". A gradação entre nulidade e anulabilidade não envolveria a produção de efeitos, pois, uma vez pronunciada a invalidade, " (...) as duas causas se igualam quanto ao efeito essencial, que é o de apagar o ato desde o passado e para o futuro" (Código de 2002, art. 182).

Alerta ainda que "(...) a ideia obstinada de uma nulidade de pleno direito, ou radical, continua a inspirar conclusões erradas, como, por exemplo, esta afirmativa frequente de que o *ato nulo* não tem qualquer eficácia, ao passo que o *anulável* produz todos os efeitos até que seja decretada a invalidade"[51].

Quanto ao modo de operar, pois, tanto o negócio nulo como o anulável são dependentes de rescisão, não podendo prescindir do reconhecimento judicial[52]. O ordenamento jurídico veda a autotutela, o exercício arbitrário das próprias razões, devendo o prejudicado se socorrer do Poder Judiciário para que, observados o devido processo legal, o contraditório e a ampla defesa, possa o juiz pronunciar a invalidade[53].

Veja-se um exemplo que, nas últimas décadas, tem recebido diferentes percepções da doutrina e na jurisprudência: a invalidade da venda feita por ascendente a descendente, sem a anuência dos demais descendentes, anteriormente prevista no art. 1.132 do Código de 1916. Enquanto parte da doutrina sustentava a nulidade, uma robusta corrente posicionava-se pela anulabilidade. Na jurisprudência, a perplexidade foi ainda maior. Inicialmente, o Supremo Tribunal Federal inclinava-se pela tese da anulabilidade (Súmula nº 152, de 16.12.1963), tendo mais tarde abraçado a posição que definia a nulidade do negócio (Súmula nº 494, de 03.10.1969). No Superior Tribunal de Justiça, houve decisões nos dois sentidos, sendo que acabou prevalecendo a tese da anulabilidade[54]. O Código de 2002, afinal, estipula que a compra e venda, na hipótese, é anulável (art. 496), sendo de se aplicar o prazo decadencial de dois anos para o descendente prejudicado ou o cônjuge demandar a anulação (art. 179).

5. PRINCÍPIO DA CONSERVAÇÃO

A confirmação dos negócios anuláveis (Código Civil de 2002, art, 172), assim como a redução dos negócios acometidos de nulidade parcial (art. 184) e também a conversão dos negócios nulos (art. 170) atendem ao *princípio da conservação*, segundo o qual, no conceito de Antonio Junqueira

---

[51] Valle Ferreira, *op. cit.*, p. 24.

[52] Mostra-se o equívoco de se achar que a nulidade acontece *ab initio*, ao contrário da anulabilidade, cuja rescisão só viria com a sentença. Escreve, sobre a primeira, que "Demais disso, a despeito da afirmação de não produzir o ato efeito *ab initio*, enquanto não for reconhecida por sentença, pode sempre o ato produzir dano, quando não seja, perturbando a certeza de direito, que constitui um bem jurídico. Daí a relatividade da assertiva, que poderia gerar a impressão de prescindir seu conhecimento sempre do ato judicial". Luiz Roldão de Freitas Gomes, *op. cit.*, p. 12.

[53] Encontra-se exceção na invalidade do ato administrativo. O Poder Público pode invalidar os próprios atos, quando eivados de vícios, pois deles não se originam direitos para os particulares, conforme as Súmulas nº 346 (de 13.12.1963) e nº 473 (de 03.10.1969) do Supremo Tribunal Federal. Ocorre que os atos administrativos, diferentemente dos atos dos particulares, gozam de presunção de legitimidade, do que defluem a sua imperatividade e a sua autoexecutoriedade.

[54] STJ, 4ª T., REsp 977-PB, Rel. Min. Sálvio de Figueiredo (para o acórdão), julg. 29.11.1994, publ. *DJ* de 27.03.1995.

de Azevedo, "(...) tanto o legislador quanto o intérprete, o primeiro, na criação das normas jurídicas sobre os diversos negócios, e o segundo, na aplicação dessas normas, devem procurar conservar, em qualquer um dos três planos – existência, validade e eficácia –, o máximo possível do negócio realizado pelo agente"[55].

Sobre o fundamento do princípio da conservação, não se pode deixar de dar razão a Eduardo Correia, quando afirma que a ordem jurídica não é inimiga dos interesses dos indivíduos e do desenvolvimento da vida social:

> A ordem jurídica não é tabu que fulmine totalmente tudo que lhe não é conforme, mas, muito ao contrário, meio de garantir a consecução dos interesses do homem e da vida social; não é inimiga da modelação dos fins dos indivíduos – mas ordenadora e coordenadora da sua realização. Por isso, só nega proteção, ou, vistas as coisas por outro lado, só sanciona, quando e até onde os valores ou interesses que presidem a tal coordenação ou ordenação o exigem. E a ideia domina toda a teoria dos negócios jurídicos[56].

Nos *Princípios de Direito Europeu dos Contratos*, elaborados pela Comissão para o Direito Europeu dos Contratos, ficou estabelecido que "as cláusulas do contrato devem ser interpretadas no sentido de que são lícitas e eficazes" (art. 5:106). O princípio da conservação dos contratos, aliás, já vinha expresso em vários Códigos: no francês (art. 1.157), no italiano (art. 1.367), no espanhol (art. 1.284), no português (art. 237), bem como admitido na jurisprudência alemã, na austríaca e na inglesa[57].

Tal princípio também é adotado pelo Instituto Internacional para a Unificação do Direito Privado (UNIDROIT), nos *Princípios dos Contratos Comerciais Internacionais* (art. 4.5): todos os termos de um contrato devem ser interpretados de maneira a produzir efeitos.

O direito contemporâneo caminha, portanto, no sentido de assegurar os efeitos do negócio celebrado entre as partes, tanto quanto seja isto possível, em um autêntico *favor contractus*. Espera-se, enfim, que as partes tenham contratado para que o negócio valha e produza normalmente os seus efeitos, e não o contrário.

5.1 Confirmação

A confirmação do negócio anulável[58] pode ser expressa ou tácita, retroagindo à data em que, originalmente, foi celebrado (Código Civil, art. 172).

É expressa quando o ato de confirmação contém a substância do negócio inicialmente celebrado e a declaração direta da vontade dirigida a mantê-lo (art. 173). Ao contrário, é tácita quando, mesmo ciente do vício que inquinava o negócio, o devedor espontaneamente cumpre a obrigação dele resultante (art. 174).

Pode a confirmação caber não apenas à parte, mas também ao terceiro que teria a legitimação para anular o negócio: quando a anulabilidade resultar da falta de autorização de terceiro, tornar-se-á perfeito desde que este dê posteriormente a sua anuência (art. 176).

---

[55]   Antonio Junqueira de Azevedo, *op. cit.*, p. 64.

[56]   Eduardo Correia, A Conversão dos Negócios Jurídicos Ineficazes. In: *Boletim da Faculdade de Direito de Coimbra*, vol. XXIV, 1948, p. 360.

[57]   Carlo Castronovo, *Principi di Diritto Europeo dei Contratti*, Milano: Giuffrè, 2001, p. 330.

[58]   Os termos ratificação e confirmação nem sempre são vistos como sinônimos pela doutrina, mas não parece haver razões substanciais que justifiquem a distinção.

O Código brasileiro expressamente exclui a confirmação do negócio nulo (art. 169), sendo esta, portanto, uma maneira de afastar apenas a anulabilidade. O direito alemão, ao invés, admite o aproveitamento de um negócio jurídico que seja nulo por qualquer motivo (vide o § 141 do BGB, sobre a confirmação de negócio nulo, e o § 144, de negócio impugnável). A validade, contudo, não pode lhe ser atribuída desde o momento da celebração do ato, nem da ocasião da cessação do fundamento da nulidade, mas do momento da própria convalidação. Por isso, a convalidação há de ser tida como "celebração renovada", isto é, a vontade das partes de convalidar o negócio deve, além de efetuar-se na forma prescrita, ser dirigida a que o negócio anteriormente celebrado seja válido precisamente com o seu conteúdo originário[59].

O efeito principal da confirmação do ato anulável é o de torná-lo perfeito, inatacável por ação de anulação, tampouco podendo ser o argumento da invalidade ser aproveitado em defesa: diz o Código, em linguagem pouco técnica, que a confirmação "importa a extinção de todas as ações, ou exceções, de que contra ele dispusesse o devedor" (art. 175).

5.2 Redução

A redução, em se tratando de nulidade parcial, mantém-se fiel ao postulado *utile per inutile non vitiatur*. Sem entrar na discussão da origem histórica – clássica ou pós-clássica, em direito romano – desse brocardo, é possível formular, desde logo, duas observações: em primeiro lugar, a aplicação desta regra aos negócios *inter vivos* pressupõe a existência da estrutura de um contrato válido (*utile*), que permaneça assim mesmo após a separação da parte inválida (*inutile*); em segundo lugar, a aplicação da regra implica a adoção de um critério de prevalência presuntiva: "(...) no caso de nulidade das cláusulas principais, presume-se a nulidade do contrato inteiro; no caso de nulidade de cláusulas secundárias, presume-se a validade da parte residual; mas ambos os critérios, expressão de uma refinada valoração da relevância normal da *fattispecie*, são derrogáveis em função do escopo prático perseguido pelas partes"[60].

De tal modo, deve-se ao máximo buscar preservar o fim prático almejado pelas partes, mesmo que a nulidade não contamine apenas cláusulas secundárias, contanto que, afastadas as disposições inválidas, reste uma estrutura contratual apta a desempenhar algum dos objetivos inicialmente visados pelos contraentes.

O art. 184 do Código Civil de 2002, fiel à tradição romana e à linha já seguida pelo Código de 1916 (art. 153), dispõe, por isso, que "respeitada a intenção das partes, a invalidade parcial de um negócio jurídico não o prejudicará na parte válida, se esta for separável". A alusão à intenção das partes deve ser entendida com cautela, não como a vontade hipotética que os contratantes teriam tido se, desde o início, soubessem da nulidade, mas como a preocupação do legislador em assegurar, ainda que somente em parte, o fim prático pretendido pelos sujeitos ao celebrar

---

[59] Karl Larenz, *Derecho Civil – Parte General*, Madrid: Editorial Revista de Derecho Privado, 1978, p. 626.

[60] Mario Casella, *Nullità parziale del contratto e inserzione automatica di clausole*, Milano: Giuffrè, 1974, p. 57-58. Segundo o autor, "o ofuscamento, na perspectiva da crescente importância atribuída pelos justinianeus e sucessivamente pelos glosadores, pelos comentadores e pelas escolas à *voluntas*, ao *animus* e ao *consensus*, dos perfis na *separatio*, como individuação de uma estrutura contratual residual, sem dúvida não tornou mais perceptível a nitidez das conclusões do querer essencial e acessório. Ao contrário, indicou uma constante de importância fundamental: a individuação da 'parte' frente ao 'contrato' em termos de compatibilidade ou incompatibilidade da *fattispecie* residual em relação à vontade, voltada ao fim prático das partes. Neste sentido, é exato que a nulidade parcial não atinge nunca o contrato, mas apenas cláusulas, ainda que cláusulas principais, desde que reste uma estrutura idônea a ser qualificada como contrato e cujos efeitos sejam compatíveis com os fins práticos perseguidos pelas partes".

o negócio. O que justifica, afinal, a redução do negócio acometido de nulidade parcial, não é a vontade das partes, mas o princípio, acolhido pelo ordenamento, de conservação dos contratos (*favor contractus*).

5.3 Conversão

A conversão era conhecida no direito romano e sobre a sua caracterização há excelentes monografias[61]. Segundo a regra contida no Digesto, pela qual se devia preferir a inteligência que fizesse valer o ato, sempre que este não pudesse subsistir com a forma sob a qual se apresentava, devia-se converter um negócio em outro pelo qual pudesse valer. Por exemplo, o contrato de compra e venda sob a condição de não se poder exigir o preço (*ne petatur pretium*), transformava-se em doação[62].

Entretanto, o maior problema em torno da conversão, no direito brasileiro, vinha sendo, até o advento do Código Civil de 2002, o da admissibilidade deste instituto. Sendo raríssimos os trabalhos doutrinários sobre o tema[63], a jurisprudência conhecia a conversão muito pouco, na verdade quase que intuitivamente. Presente no direito brasileiro pré-codificado e posto que omitida no Código de 1916, a conversão aparece regulada no novo Código Civil no art. 170.

No regime do Código de 1916, não havia obstáculos, porém, a que se aplicasse a conversão. Nesse sentido, Luiz Roldão de Freitas Gomes vaticinou que "(...) a conversão, mesmo quando não prevista em lei, não deve ser repudiada, se não lhe é adverso o sistema"[64].

Não se pode perder de vista, para a admissibilidade da conversão, em situações tais como a brasileira precedente ao novo Código, a solução proposta por Pietro Perlingieri, fundamentada no princípio da conservação:

> (...) a conversão não é senão um aspecto de um princípio mais geral, como é o da conservação dos negócios jurídicos. Isto permitiria contemplar a conversão dos negócios também nos ordenamentos jurídicos onde o instituto não está expressamente previsto[65].

A solução de Perlingieri pode ser demonstrada com o que ocorreu não só na Itália, se confrontado o Código Civil italiano de 1942 com o de 1865, mas também com o exemplo de Portugal. Embora contemplada no atual Código Civil da República Portuguesa, de 1966, o Código anterior, de 1867, não previa a conversão. Nem por isso, contudo, a doutrina e a jurisprudência portuguesa descartaram a sua aplicação. Galvão Telles, ainda no regime do Código de Seabra, sustentava que

---

[61] Vincenzo Giuffrè, *L'utilizzazione degli atti giuridici mediante "conversione" in diritto romano*, Napoli: Jovene, 1965; Raúl Jorge Rodrigues Ventura, *A Conversão dos Actos Jurídicos no Direito Romano*, Lisboa: Imprensa Portuguesa, 1947.

[62] Antonio Joaquim Ribas, *op. cit*, p. 510.

[63] Vejam-se os trabalhos apresentados na Universidade de São Paulo, respectivamente, como dissertação de mestrado e tese de doutorado : Raquel Campani Schmiedel, *Negócio Jurídico – Nulidades e Medidas Sanatórias*, São Paulo: Saraiva, 1981; João Alberto Schützer Del Nero, *Conversão Substancial do Negócio Jurídico*, Rio de Janeiro: Renovar, 2001.

[64] Luiz Roldão de Freitas Gomes, *op. cit.*, p. 16.

[65] Pietro Perlingieri, La pretesa conversione del negocio c. d. obbligatorio o ad effetti obbligatori (in tema di servitù a favore e a carico di edificio da costruire). In: *Rivista giuridica dell'edilizia*, Milano, vol. II, 1964, p. 257.

Cap. 9 · INVALIDADE E CONSERVAÇÃO DOS NEGÓCIOS JURÍDICOS | 169

a conversão era desejável e de se admitir, pois embora à falta de um preceito geral, também não havia preceitos a condená-la[66].

No direito alemão, a conversão, que tem aí o seu mais clássico modelo, vem regulada no § 140 do BGB, significando que o negócio nulo pode ser aproveitado como se fosse um negócio jurídico válido, se corresponder aos requisitos do segundo e dever-se supor que as partes haveriam querido manter-lhe a validade ao tomar conhecimento da nulidade[67].

Além de estar presente no direito alemão, a conversão também é adotada, dentre outros, no Código francês (art. 1.318), no italiano (art. 1.424), no espanhol (art. 715), no português (art. 293) e no holandês (art. 42 do Livro 3), posto que com matizes diversos[68].

Quanto ao conceito de conversão, pode-se seguir a lição de Raúl Ventura, que, de modo bastante singelo, define o instituto: "conversão é em geral a mudança de uma coisa em outra". Ademais, "os correspondentes termos latinos, *conversio*, *convertere*, traduzem igualmente a ideia de revolução, mudança, transferência, transformação, mesmo quando usados em textos jurídicos"[69].

No que concerne aos *requisitos* da conversão, divergem os entendimentos. O entendimento majoritário, difundido pelos alemães e seguido no novo Código brasileiro, é de que o instituto exige a presença de dois requisitos: a) elemento objetivo – que o negócio resultante da conversão (negócio sucedâneo ou *Ersatzgeschäft*) tenha o mesmo objeto material do negócio tido como nulo; b) elemento subjetivo – que a conversão esteja em harmonia com a vontade hipotética das partes, isto é, desde que o julgador se convença de que, se as partes tivessem sabido da nulidade do negócio primitivo, teriam querido celebrar o sucedâneo[70]. Já o novo Código Civil holandês, com mais perspicácia, não exige a presença dos requisitos do ato sucedâneo no ato nulo, mas apenas que ambos tenham semelhante alcance ou função específica[71].

Diante da distinção entre *conversão formal* e *substancial*, avulta a segunda, pois enquanto a primeira se prende tão somente à nulidade da forma adotada para o negócio (por exemplo, uma escritura pública, ferida de nulidade, poderá valer como documento particular, desde que assinada pelas partes), a segunda atinge a própria natureza do negócio, transmudando-a (por exemplo, o contrato de compra e venda de um imóvel, que não tenha sido feito por instrumento público, pode ser convertido em compromisso de compra e venda, já que este admite escritura particular; evidentemente, a natureza do contrato de compra e venda é diversa daquela do compromisso). Chega-se a dizer que "a essência da conversão reside na mudança, na substituição de um negócio por outro. Ora, apenas a conversão material corresponde àquela configuração. Deve, por isso, excluir-se do conceito a chamada conversão formal"[72].

---

[66] Inocêncio Galvão Telles, *Manual dos Contratos em Geral*, Lisboa: Lex, 1995, 3ª ed., p. 346-347. O autor apresenta largas referências doutrinárias e jurisprudenciais a amparar sua opinião.

[67] Karl Larenz, *op. cit.*, p. 642. Na explicação do autor, "um negócio jurídico nulo pode manter-se como outro distinto se corresponde aos requisitos deste e se deve se supor que se haveria pretendido a validez do mesmo ao conhecer-se a nulidade".

[68] Giuseppe Gandolfi, *La conversione dell'atto invalido. Il problema in proiezione europea*, vol. 2, Milano: Giuffrè, 1988, *passim*.

[69] Raúl J. Rodrigues Ventura, *op. cit.*, p. 50.

[70] Inocêncio Galvão Telles, *op. cit.*, p. 346.

[71] Giuseppe Gandolfi, *op. cit.*, p. 419; Carlos Manuel Díez Soto, *La conversión del contrato nulo*, Barcelona: Bosch, 1994, p. 103.

[72] Teresa Luso Soares, *A Conversão do Negócio Jurídico*, Coimbra: Almedina, 1986, p. 21.

Deve-se ter em conta a dificuldade de propor hipóteses de aplicação da conversão aludindo exclusivamente e em termos abstratos ao binômio negócio original/negócio sucedâneo. O tratamento da conversão somente pode ser efetivado tendo-se em conta a causa que determina a nulidade do contrato primitivo concluído entre as partes e os interesses concretos que lhe sejam subjacentes. Só deste modo estarão presentes as bases adequadas para que se possa travar a discussão de conservar ou não um negócio mediante o recurso à conversão[73].

A conversão é um instrumento útil à nova dogmática contratual (destacando-se, assim, a aplicação do instituto da conversão no campo contratual), porquanto se liga ao princípio da boa-fé objetiva, impedindo que se frustrem, ao menos parcialmente, os efeitos pretendidos com a atuação jurídico-negocial das partes.

Ferir brutalmente o contrato contrário à lei pode ser uma arma eficaz politicamente, pois, numa concepção autoritária, o Estado que pretenda intervir na ordem econômica, possuindo força para fazer respeitar os seus comandos, não tem necessidade do concurso dos particulares. Quando se trata de economia, no entanto, não basta proibir. O Estado não poderia tudo prever e prover. A nulidade do contrato é um meio de deter a atividade econômica, mas insistir sempre no seu pronunciamento geraria a paralisação da vida econômica. Quando se trata de pronunciar a nulidade do contrato contrário à ordem pública, assiste-se à mutação na técnica de imposição de invalidade, abrindo-se um campo privilegiado para a aplicação da conversão.

Não só no aspecto econômico, todavia, deve ser vista a conversão. O contrato não materializa apenas uma operação econômica. Como instituto que integra uma ordem jurídica em que o valor fundamental é o da dignidade da pessoa humana (Constituição de 1988, art. 1º, III), é funcionalizado a obsequiar as situações subjetivas existenciais de que participa a pessoa, realizando uma verdadeira função social, com fins que transcendem as meras expectativas das partes e importam, ao invés, para a própria sociedade. Logo, também os valores existenciais da pessoa humana devem ser sopesados, além daqueles de cunho patrimonial, ao proceder-se à conversão.

6. CONCLUSÕES

Não se confunde a *nulidade de pleno direito*, presente no direito romano, com a categoria de *atos nulos*, regulada no Código Civil de 1916, ou de *negócios jurídicos nulos*, prevista no Código de 2002. A nulidade, no direito privado brasileiro, não prescinde de reconhecimento judicial, não operando automaticamente.

A invalidade se distingue da inexistência e da ineficácia *stricto sensu*, devendo ser observados os três planos em que cabe examinar o negócio jurídico: existência, validade e eficácia.

São distintas, como espécies de invalidade, a *nulidade* e a *anulabilidade*, em vista da diversidade das causas que as ensejam, embora se assemelhem na consequência de restituir as partes ao estado anterior.

Deve-se romper com a falsa ideia de que o ato ou negócio inválido não possa produzir efeitos, haja vista o reconhecimento, pelo ordenamento, do *princípio da conservação*, inclusive mediante os institutos da *confirmação*, da *redução* e, especialmente, da *conversão*.

---

[73] Carlos Manuel Díez Soto, *op. cit.*, p. 187.

10

A NOVA LEI DO
CADASTRO POSITIVO

LEONARDO ROSCOE BESSA

Sumário: 1. Introdução. 2. A importância das entidades de proteção ao crédito. 3. Tratamento de informações positivas. 4. As entidades de proteção ao crédito e o direito à proteção de dados pessoais. 5. Mudança para o modelo *opt out*. 6. A pontuação de crédito (*credit scoring*) na Nova Lei do Cadastro Positivo. 6.1 Política de coleta e utilização de dados pessoais. 6.2 Responsabilidade civil.

1. INTRODUÇÃO

A definição dos contornos jurídicos do tratamento de informações positivas, inclusive para fins pontuação de crédito, requer interpretação e análise conjunta – diálogo das fontes – de três diplomas legais: Código de Defesa do Consumidor (Lei 8.078/1990), Lei do Cadastro Positivo (Lei 12.414/2011) e Lei Geral de Proteção de Dados Pessoais (Lei 13.709/2018).

Tal exame hermenêutico deve, ademais, considerar o caráter constitucional da defesa do consumidor (art. 5º, XXXII, da CF) e do direito fundamental à privacidade e proteção de dados (art. 5º, X, da Constituição Federal).

Os últimos anos foram marcados por edição de duas importantes normas federais relacionadas a tratamento de dados, indicando que o Congresso Nacional está mais atento à importância e necessidade de conferir concretude ao direito fundamental à privacidade (art. 5º, X, CF) no seu aspecto mais sensível: a proteção de dados pessoais.

Em agosto de 2018, foi promulgada a Lei Geral de Proteção de Dados Pessoais (Lei 13.709/2018), com início de vigência em setembro de 2020. Em julho de 2019, entrou em vigor a Lei Complementar 166/2019 que altera substancialmente a Lei 12.414/2011 (Lei do Cadastro Positivo).

A Lei Complementar 166/2019 altera substancialmente a Lei 12.414/2011 (Lei do Cadastro Positivo): mais da metade da norma foi modificada, ao lado de acréscimo de cinco novos artigos. Pode-se afirmar que há uma Nova Lei do Cadastro Positivo.[1]

Entre as motivações de mudança da Lei do Cadastro Positivo, a percepção da fraca adesão ao cadastro. Passados aproximadamente 8 (oito) anos, a inclusão voluntária ao cadastro, por meio de consentimento do interessado – representou menos do que 10% (dez por cento) dos potenciais tomadores de crédito no Brasil. Foi adotado o modelo *opt in*, ou seja, o consumidor deveria fazer a opção para integrar o cadastro.

A Nova Lei do Cadastro Positivo altera o modelo para *opt out*, ou seja, todos estão incluídos no cadastro positivo até a manifestação de vontade em sentido contrário (cancelamento do cadastro). Acredita-se que – só agora – o cadastro positivo poderá ser realmente testado e beneficiar milhões de pessoas com a redução da taxa de juros.

Na verdade, antes mesmo de 2011, quando se editou a Lei 12.414, as entidades de proteção ao crédito já estavam num processo de ampliação do número e espécies de informações pessoais que são coletadas, armazenadas e divulgadas para o mercado. O argumento principal: quanto maior o volume e a variedade dessas informações, melhor será a avaliação do risco da concessão de crédito (*more is better*), destacando-se a possibilidade de redução do *spread* bancário e concessão de taxa de juros menor para consumidores com um bom histórico de crédito.

O tema, que foi objeto de diversos projetos de lei, gerou, e ainda propicia grandes polêmicas na área econômica e jurídica. Alguns órgãos e entidades de defesa do consumidor são contrários ao cadastro positivo tanto por não acreditar na promessa de redução da taxa de juros, como por visualizar invasão indevida no direito à privacidade do consumidor (proteção de dados).

O presente artigo contextualiza e aborda aspectos da edição da Nova Lei do Cadastro Positivo, ou seja, da Lei 12.414/2011, com as alterações promovidas pela Lei Complementar 166/2019. Na sequência, destacam-se três pontos: a mudança do modelo *opt in* para *opt out*, a disciplina do *credit scoring* e alguns pontos relacionados à responsabilidade civil decorrente de tratamento irregular de dados para fins de pontuação do consumidor.

2. A IMPORTÂNCIA DAS ENTIDADES DE PROTEÇÃO AO CRÉDITO

Não se concebe a concessão de crédito sem informações do potencial beneficiário do empréstimo. A obtenção de dados pessoais é necessária para propiciar conhecimento mínimo do consumidor e, num segundo momento, avaliar o risco de concessão de crédito. Almeja-se ganhar confiança, grau favorável de *segurança* em relação a determinado negócio jurídico. O crédito ampara-se na crença de que o mutuário (consumidor) irá cumprir as obrigações assumidas.

Assim, presente a intenção de se conceder crédito, há, simultaneamente, o legítimo interesse de colher informações do consumidor para análise do risco de concessão de crédito.

Os bancos de dados de proteção ao crédito – denominados *gestores* pela Nova Lei do Cadastro Positivo – surgiram no Brasil, na década de 50, como resposta a um sensível aumento das vendas a crédito. Inicialmente, o trabalho de levantamento de informações sobre o consumidor – candidato à obtenção do crédito – era demorado e relativamente prolixo. As grandes lojas acabaram

---

[1] A alteração da Lei 12.414/2011, que é lei ordinária (art. 47 da CF), se deu por meio de lei complementar (art. 69 da CF) unicamente pela necessidade de modificar pontualmente a Lei Complementar 105/2001, que trata de sigilo bancário das instituições financeiras. A Nova Lei do Cadastro Positivo, todavia, permanece com *status* de lei ordinária perante o ordenamento jurídico brasileiro.

criando setores próprios com a única função de realizar pesquisa sobre os hábitos de pagamento do pretendente a realizar a compra de determinado produto ou serviço por intermédio de crediário.[2]

O surgimento e progressivo aumento da relevância dos bancos de dados de proteção ao crédito estão vinculados diretamente à massificação e anonimato da sociedade de consumo e, mais recentemente, à expansão da oferta de crédito. Quanto menos se conhecem os consumidores, potenciais tomadores de empréstimos, maior a importância e dependência dos arquivos de consumo. Quanto maior a oferta de crédito, mais necessárias são as atividades próprias das entidades de proteção ao crédito.

A confiança, no sentido do grau de segurança em relação ao recebimento futuro do que foi emprestado, decorre diretamente do nível e qualidade de informação e conhecimento que se possuem sobre a pessoa, potencial tomadora do crédito. A necessidade de informações sobre o candidato ao crédito é intensivamente destacada pela literatura econômica, principalmente a partir da década de 70. O objetivo central desses trabalhos é demonstrar que, sob enfoque econômico, a *assimetria de informações* impede, dificulta

Em que pese a identificação dos tempos atuais como *era da informação*, os atores do mercado são anônimos, raramente se conhecem ou encarece o crédito.[3]

As relações de compra e venda de produtos e serviços são fugazes e automáticas. É justamente neste contexto de *anonimato* dos atores do mercado de bens e serviços que se destacam as atividades exercidas pelos bancos de dados de proteção ao crédito, vale dizer, das entidades que têm por principal objeto a coleta, o armazenamento e a transferência a terceiros (credores potenciais) de informações pessoais dos pretendentes à obtenção de crédito. Tal relevância é amplamente reconhecida pela doutrina e jurisprudência.

O Superior Tribunal de Justiça, em julgado de 2018, destaca a função social dos bancos de dados de proteção ao crédito ao mitigar a assimetria de informações existente no mercado de consumo: "A essência – e, por conseguinte, a função social dos bancos de dados – é reduzir a assimetria de informação entre o credor/vendedor, garantindo informações aptas a facilitarem a avaliação do risco dos potenciais clientes, permitindo aos credores e comerciantes estabelecer preços, taxas de juros e condições de pagamento justas e diferenciadas para bons e maus pagadores."[4]

No item seguinte, discorre-se sobre a justificativa econômica para o tratamento de informações positivas.

---

[2]   STÜRMER, Bertram Antônio. Banco de dados e habeas data no Código do Consumidor. *Revista de Direito do Consumidor*, São Paulo, n. 1, p. 59, mar. 1992.

[3]   De fato, foi-se a época em que fornecedor e consumidor se conheciam e estavam unidos por uma relação de confiança mútua. "As relações de consumo não mais se processam esporádica e lentamente (em dias certos de feira pública), assumindo, ao contrário, um caráter de continuidade, de imprevisibilidade e de velocidade: o consumidor, em um único dia, adquire produtos e serviços os mais diversos, dos mais diferentes fornecedores e com muitos jamais teve, com certeza, qualquer contato ou nunca mais voltará a tê-lo" (BENJAMIN, Antonio Herman. *Código brasileiro de Defesa do Consumidor comentado pelos autores do anteprojeto*. 9. ed. rev. e ampl. Rio de Janeiro: Forense Universitária, 2007, p. 420).

[4]   STJ. REsp 1.630.889/DF, Rel. Min. Nancy Andrighi, j. em 11.09.2018, *DJe* 21.09.2018. Na mesma linha, consigne-se antiga decisão do Superior Tribunal de Justiça. O Min. Ruy Rosado de Aguiar, ao julgar o REsp 22.387, em fevereiro de 1995, ressaltou a importância do sistema de proteção ao crédito: "É evidente o benefício que dele decorre em favor da agilidade e da segurança das operações comerciais, assim como não se pode negar ao vendedor o direito de informar-se sobre o crédito do seu cliente na praça, e de repartir com os demais os dados de que dele dispõe".

3. TRATAMENTO DE INFORMAÇÕES POSITIVAS

Antes mesmo da edição, em 2011, da Lei 12.414, era nítida a tendência das entidades de proteção ao crédito (gestores) em ampliar o número e qualidade de informações tratadas para fins de análise do risco de concessão de crédito. Como justificativa principal, a ideia de que a referida análise resta otimizada se disponível um maior número de informações pessoais, que não devem se restringir a dívidas vencidas e não pagas (informações negativas).

Em favor do tomador do empréstimo (consumidor), o principal argumento é a possibilidade de redução de juros em face de um bom histórico de crédito. A literatura econômica sustenta que, para afastar a assimetria de informações e reduzir o valor da taxa de juros para os bons pagadores, é importante que as entidades de proteção ao crédito realizem o tratamento de informações positivas.

A grande promessa nessa tendência de tratamento de informações positivas é a possibilidade de redução da taxa de juros, sob a premissa de que, quando as informações são precárias, reflexos apenas de dívidas vencidas e não pagas, não há como distinguir adequadamente o bom pagador daquele que costuma falhar no cumprimento das obrigações, forçando a distribuição entre todos os consumidores do custo da inadimplência do conjunto de devedores. Ao revés, quando viável, por meio de informações positivas, a identificação do bom pagador, é possível cobrar dele uma taxa reduzida de juros, considerando que o custo de eventual inadimplência será menor ou até inexistente.

A Exposição de Motivos da Nova Lei do Cadastro Positivo utiliza tais argumentos econômicos. Acredita-se na diminuição de aproximadamente 40% (quarenta por cento) do nível de inadimplência dos empréstimos e, consequentemente, na redução da taxa de juros do consumidor final. Destaca que a lei anterior e seu modelo *opt in* dificultaram enormemente o funcionamento do cadastro positivo. A essência da na Nova Lei do Cadastro Positivo é justamente a opção pelo modelo *opt out*.

Destaque-se o seguinte trecho: "De acordo com o relatório de Política Monetária, Operações de Crédito do Banco Central (dados até nov./2016), a taxa média de empréstimos para pessoas físicas é de 42,7% ao ano e o spread bancário PF é de 33,1% ao ano. Conforme levantamentos do próprio BC, a inadimplência representa cerca de 30% do spread e, de acordo com estudo do Banco Mundial (2003, Majnoni, Miller, Mylenko and Powel), a implantação do Cadastro Positivo no Brasil poderia reduzir a inadimplência de cerca de 40%. A previsão do setor é que a redução da inadimplência diminua a taxa final média de empréstimos e com a taxa de juros mais baixa haveria uma alavancagem tanto na concessão de novos empréstimos aos consumidores que já possuam acesso ao crédito, por um menor comprometimento de sua renda, como para os novos ingressantes ao mercado de crédito, e que hoje estão fora desse mercado, não por alguma eventual negativação, mas sim pela insuficiência de informação a seu respeito. São os 'falsos negativos', pois merecem receber o crédito, mas por falta de dados não são aprovados."

Sob a ótica econômico-financeira, é possível justificar que não apenas o histórico de crédito do candidato ao empréstimo, mas também outras informações são auxiliares para uma melhor definição do perfil da pessoa e, consequentemente, para possibilitar análise de risco mais apurada e precisa, de modo a evitar situações de inadimplência, e, ao mesmo tempo, a possibilidade de se conceder taxa de juros menor ao mutuário.

O tratamento de informações sobre histórico de crédito dos consumidores é, sem dúvida, fator que permite e estimula a redução do *spread* bancário, com benefícios ao consumidor. Existem experiências exitosas.

Entretanto – e esta discussão não é nova –, para uma efetiva redução das taxas de juros ao consumidor, há necessidade paralela de medidas que promovam uma real concorrência entre os bancos. A história recente demonstra que a constante redução da taxa Selic não significou mudança sensível na taxa de juros que é cobrada do consumidor. Em que pese a realização de algumas medidas, como estímulo às *fintechs*, a regulamentação da portabilidade e o acordo BC-Cade (para análise de atos de concentração), é necessária atuação mais contundente do Banco Central.

Também, não há dúvidas de que o aumento do volume de crédito responsável é auspicioso para a economia e dinâmica do mercado. Apresenta benefícios ao consumidor, particularmente o de baixa renda que, em regra, não tem condições financeiras de adquirir bens essenciais (geladeira, fogão, eletrodomésticos, móveis) sem a obtenção de empréstimo.

Todavia, outros elementos devem ser considerados, pelo legislador e pelo intérprete, em qualquer discussão sobre a regulamentação e disciplina do mercado de tratamento de informações (positivas ou negativas) para o crédito: aspecto da privacidade relativa à proteção de dados do consumidor, particularmente após a edição da Lei Geral de Proteção de Dados Pessoais (Lei 13.709/2018), mais conhecida como LGPD.

No item seguinte, aborda-se justamente a tensão das atividades das entidades de proteção ao crédito em relação à privacidade no aspecto do direito à proteção de dados pessoais.

4. AS ENTIDADES DE PROTEÇÃO AO CRÉDITO E O DIREITO À PROTEÇÃO DE DADOS PESSOAIS

No debate relativo à aprovação da Lei do Cadastro Positivo e de sua recente modificação promovida pela Lei Complementar 166/2019, sempre esteve presente a tese de que o tratamento de informações de adimplemento histórico de crédito ofenderia o direito à proteção de dados pessoas (privacidade) e, em última análise, a própria concepção de dignidade da pessoa humana.

Tal argumento não prospera. Na verdade, as atividades desenvolvidas pelos bancos de dados de proteção ao crédito, ao mesmo tempo que tensionam aspectos da dignidade da pessoa humana (privacidade e honra), promovem a obtenção de crédito para aquisição de bens e produtos diversos, contribuindo, em consequência, para o bem-estar material e uma vida melhor do consumidor. Ademais, o tratamento de informações positivas, particularmente de históricos de créditos, enseja – ao menos em tese – taxas de juros menores na concessão de empréstimos, facilitando o acesso a meios materiais para uma vida digna.

Nesse debate, é preciso pontuar que bens materiais são necessários para viver com dignidade, ou seja, ao lado de autonomia, liberdade, respeito à integridade física, projetos espirituais e intelectuais, é fundamental assegurar um mínimo existencial ou seja de "conjunto de situações materiais indispensáveis à existência humana digna".[5]

Os arquivos de consumo, em sociedade massificada e anônima, possibilitam a concessão de crédito e, com o tratamento de informações positivas, a obtenção de taxas de juros menores. Para as populações de baixa renda, traduz-se no efetivo acesso a bens e serviços.

Outro aspecto da dignidade da pessoa humana que ganha importância na análise do tratamento de informações positivas relaciona-se à autodeterminação consciente e responsável da própria vida, o que significa, dentro da liberdade possível em ambiente de convívio com outras pessoas, definir rumos individuais, saber o que é melhor para si próprio, como alcançar a felicidade pessoal.[6]

---

[5] BARCELLOS, Ana Paula. *A eficácia jurídica dos princípios constitucionais:* o princípio da dignidade da pessoa humana. 3. ed. Rio de Janeiro: Renovar, 2011. p. 229-230.

[6] SARLET, Ingo Wolfgang. *Dignidade da pessoa humana e direitos fundamentais:* na Constituição Federal de 1988. 10. ed. Porto Alegre: Livraria do Advogado, 2015. p. 45-46.

A proteção conferida pelos direitos da personalidade deve sempre ser vista no sentido de promoção da pessoa e não de imposição de padrões do que pode ser considerado *melhor* ou mais *adequado*. Afinal, "num Estado não paternalista, como é essencialmente o Estado de Direito, que assenta na dignidade da pessoa humana e faz do livre desenvolvimento da personalidade individual um valor fundamental, esta situação de exercício obrigatório (direitos/deveres) é claramente excepcional".[7] Em outros termos, a autonomia, a possibilidade de escolhas do indivíduo em busca da felicidade integra o conteúdo da dignidade da pessoa humana.

Nessa linha, o direito à proteção de dados pessoais deve ser concebido como a *possibilidade* de limitar algumas informações pessoais e não o *dever* de manter estes dados sob restrição.

A Nova Lei do Cadastro Positivo se estrutura a partir dessa ideia. A vontade e liberdade do consumidor estão preservadas, na medida em que se permite, a qualquer tempo, mesmo antes do início do tratamento informações relativas a histórico de crédito, optar por não integrar o cadastro positivo.

Antes da modificação da lei, o início do tratamento de informações positivas exigia a "autorização prévia do potencial cadastrado mediante consentimento informado" (art. 4º revogado). Atualmente, todos estão incluídos "no cadastro positivo", até manifestação de vontade em sentido contrário (cancelamento), a qual, reitere-se, pode ser apresentada antes mesmo do início do tratamento de dados. Ambas as opções são legítimas e constitucionalmente válidas.

5. MUDANÇA PARA O MODELO *OPT OUT*

A existência do cadastro positivo significa a possibilidade de as fontes (credores) oferecerem informações periódicas sobre pagamento das parcelas da dívida do consumidor para vários gestores de bancos de dados.

Passados mais de sete anos de vigência da versão original da Lei do Cadastro Positivo, constatou-se que poucos consumidores aderiram ao referido cadastro. A principal alteração promovida pela Lei Complementar 166/2019, como já adiantado, é a inclusão automática de todos consumidores no cadastro positivo. Até manifestação em sentido contrário (cancelamento), as informações de histórico de crédito serão enviadas periodicamente às entidades de proteção ao crédito (gestores).

O art. 4º da Lei 12.414/2011 – que previa o consentimento informado do consumidor para ingressar no cadastro positivo – foi totalmente alterado. Na redação antiga, cabia ao consumidor decidir, de modo livre e racional, sobre a formação cadastral do seu histórico de crédito (*modelo opt in*). A atual redação do art. 4º autoriza o gestor a tratar informações de adimplemento do consumidor independente de qualquer manifestação prévia do consumidor (modelo *opt in*).

A nova redação do dispositivo está em consonância com a LGPD (Lei 13.709/2018). O inciso II, do art. 7º, dispõe que o tratamento de dados pode ser realizado "para o cumprimento de obrigação legal". O inciso X, do mesmo dispositivo, remete o tratamento de dados para proteção ao crédito à legislação específica que é justamente a Nova Lei do Cadastro Positivo

Destaque-se que a autonomia do consumidor permanece prestigiada. Se o titular de dados não desejar a abertura do cadastro positivo, basta manifestar sua vontade assim que for comunicado (art. 4º, § 4º). Realizada a abertura do cadastro, deve o gestor, no prazo de 30 dias, comunicar ao consumidor a referida abertura. Na mesma comunicação, o titular dos dados deve ser informado "de maneira clara e objetiva os canais disponíveis para o cancelamento do cadastro no banco de

---

7   NOVAIS, Jorge Reis. Renúncia a direitos fundamentais. In: MIRANDA, Jorge (org.). *Perspectivas constitucionais:* nos 20 anos da Constituição de 1976. Coimbra: Coimbra Ed., 2006. p. 286-287.

dados" (art. 4º, § 4º, III). Esclarece a lei que a comunicação deve ser "sem custo" e que pode ser realizada diretamente pelo gestor ou por intermédio de determinada fonte (credor).[8]

Além de prestigiar a vontade do consumidor – em permanecer ou não no cadastro – a Nova Lei do Cadastro Positivo e a Lei Geral de Proteção de Dados Pessoais (LGPD) estabelecem uma série de direitos e mecanismos de controle do adequado e legítimo tratamento de dados.

A atual redação do art. 4º, ao dispor que o gestor (entidade de proteção ao crédito) está autorizado, atendidas determinadas condições, "abrir cadastro em banco de dados com informações de inadimplemento de pessoas naturais e jurídicas", fez opção – juridicamente – válida. O direito à privacidade, além de não ser direito absoluto, é disponível. Não há dúvida de que a opção do legislador é compatível com a Constituição Federal (art. 5º, X).

Com a Nova Lei do Cadastro Positivo, muda-se a perspectiva. Sai do modelo *opt in* para o *opt out*. Ambas as opções são legítimas e constitucionalmente válidas. Ambas prestigiam a autonomia do consumidor. Diante da promessa de redução de taxas de juros e consequentes benefícios materiais, cabe ao consumidor a escolha em integrar ou não o cadastro positivo. Tanto no modelo antigo como no atual, não se sustenta argumento de ofensa à privacidade na perspectiva de proteção de dados pessoais.

6.   A PONTUAÇÃO DE CRÉDITO (*CREDIT SCORING*) NA NOVA LEI DO CADASTRO POSITIVO

Até a edição da Lei Complementar 166/2019, a única referência normativa ao sistema de pontuação de crédito estava no inc. IV do art. 5º (ainda em vigor). O dispositivo estabelece que o consumidor possui direito de "conhecer os principais elementos e critérios considerados para a análise de risco". A Nova Lei do Cadastro Positivo apresenta, no art. 7º-A, regulamentação mínima para a pontuação de crédito. Antes de comentar o dispositivo, é importante compreender o referido sistema, também conhecido como *credit scoring*.

O objetivo dos bancos de dados de proteção ao crédito é oferecer informações úteis para análise de risco de concessão de crédito. A análise de risco é realizada pelo consulente, ou seja, pelo fornecedor que pretende conceder o crédito ao consumidor. Todavia, com o passar do tempo, as empresas e entidades do setor passaram a oferecer serviço que realiza avaliações quanto ao risco de determinada concessão de crédito. Por meio de pontuação (1 a 1.000) ou classificação, do tipo situação normal, risco de atraso, risco de perda, o banco de dados (gestor) emite opinião sobre os riscos de um negócio específico.

A título de ilustração, a entidade de proteção ao crédito *Quod* informa, em seu sítio na internet, que "o score é um índice calculado com base nas informações do cadastro positivo que varia de 0 a 1000 e indica as chances do consumidor arcar com os seus compromissos financeiros." Esclarece ainda que "a lógica da sua régua é simples: quanto maior essa pontuação, maiores são as chances de o cliente pagar seus compromissos financeiros nos próximos meses (...) Na Quod, a probabilidade de pagamento é calculada a partir de técnicas estatísticas avançadas e dos dados do Cadastro Positivo, proporcionando uma análise profunda dos hábitos de pagamento do cliente

---

[8]   A comunicação de abertura de cadastro positivo é única e, feita por um banco de dados (gestor), tem validade para todos. O § 5º do art. 4º, dispensa expressamente a comunicação "caso o cadastrado já tenha cadastro aberto em outro banco de dados." Em relação à forma, a comunicação pode ser encaminhada por carta para o endereço residencial ou comercial. Admite-se também que seja enviada para o endereço eletrônico, com base em informações oferecidas pelo consumidor à fonte (art. 4º, § 4º).

e seu histórico de crédito – que considera: empréstimos, cheque especial, cartão de crédito, consórcio e financiamento."[9]

A preocupação em torno da pontuação recebida pelo consumidor é óbvia porque afeta diretamente sua legítima pretensão de obter crédito no mercado de consumo. Pode afetar, também, o limite disponível, bem como a taxa de juros que será cobrada. Como se trata de avaliação com evidentes impactos materiais, é fundamental a transparência nos critérios utilizados para que se possa, inclusive, questionar a nota.

Antes da promulgação da Nova Lei do Cadastro Positivo, houve importante julgamento do Superior Tribunal de Justiça que, com base no CDC e na Lei 12.404, reconheceu a legalidade do sistema de pontuação ao mesmo tempo em que se estabeleceram alguns parâmetros. Ao final do debate, editou-se a Sumula 550: "A utilização de escore de crédito, método estatístico de avaliação de risco que não constitui banco de dados, dispensa o consentimento do consumidor, que terá o direito de solicitar esclarecimentos sobre as informações pessoais valoradas e as fontes dos dados considerados no respectivo cálculo." [10]

---

[9] Disponível em: https://blog.quod.com.br/analise-credito/entenda-as-faixas-de-score-da-quod. Acesso em: fev. 2021.

[10] O debate (Tema 710), se deu, inicialmente, a partir do Recurso Especial 1.457.199/RS,17, julgado como repetitivo. A ementa da decisão possui o seguinte teor: "Recurso especial representativo de controvérsia (art. 543-C do CPC). Tema 710/STJ. Direito do consumidor. Arquivos de crédito. Sistema 'credit scoring'. compatibilidade com o direito brasileiro. Limites. Dano moral. I – Teses: 1) O sistema 'credit scoring' é um método desenvolvido para avaliação do risco de concessão de crédito, a partir de modelos estatísticos, considerando diversas variáveis, com atribuição de uma pontuação ao consumidor avaliado (nota do risco de crédito). 2) Essa prática comercial é lícita, estando autorizada pelo art. 5º, IV, e pelo art. 7º, I, da Lei n. 12.414/2011 (lei do cadastro positivo). 3) Na avaliação do risco de crédito, devem ser respeitados os limites estabelecidos pelo sistema de proteção do consumidor no sentido da tutela da privacidade e da máxima transparência nas relações negociais, conforme previsão do CDC e da Lei n. 12.414/2011. 4) Apesar de desnecessário o consentimento do consumidor consultado, devem ser a ele fornecidos esclarecimentos, caso solicitados, acerca das fontes dos dados considerados (histórico de crédito), bem como as informações pessoais valoradas. 5) O desrespeito aos limites legais na utilização do sistema 'credit scoring', configurando abuso no exercício desse direito (art. 187 do CC), pode ensejar a responsabilidade objetiva e solidária do fornecedor do foi – de modo inovador – precedido de ampla discussão em audiência pública, a qual foi bastante útil para compreensão do sistema. II – CASO CONCRETO: A) Recurso especial do CDL: 1) Violação ao art. 535 do CPC. Deficiência na fundamentação. Aplicação analógica do óbice da Súmula 284/STF. 2) Seguindo o recurso o rito do art. 543-C do CPC, a ampliação objetiva (territorial) e subjetiva (efeitos 'erga omnes') da eficácia do acórdão decorre da própria natureza da decisão proferida nos recursos especiais representativos de controvérsia, atingindo todos os processos em que se discuta a mesma questão de direito em todo o território nacional. 3) Parcial provimento do recurso especial do CDL para declarar que 'o sistema 'credit scoring' é um método de avaliação do risco de concessão de crédito, a partir de modelos estatísticos, considerando diversas variáveis, com atribuição de uma pontuação ao consumidor avaliado (nota do risco de crédito)' e para afastar a necessidade de consentimento prévio do consumidor consultado. B) Recursos especiais dos consumidores interessados: 1) Inviabilidade de imediata extinção das ações individuais englobadas pela presente macro-lide (art. 104 do CDC), devendo permanecer suspensas até o trânsito em julgado da presente ação coletiva de consumo, quando serão tomadas as providências previstas no art. 543-C do CPC (Recurso Especial n. 1.110.549-RS). 2) Necessidade de demonstração de uma indevida recusa de crédito para a caracterização de dano moral, salvo as hipóteses de utilização de informações excessivas ou sensíveis (art. 3º, § 3º, I e II, da Lei n. 12.414/2011). 3) Parcial provimento dos recursos especiais dos consumidores interessados apenas para afastar a determinação de extinção das ações individuais, que deverão permanecer suspensas até o trânsito em julgado do presente acórdão. III – Recursos especiais

Muitas questões fáticas e jurídicas se apresentaram para o Superior Tribunal de Justiça no referido precedente: 1) Trata-se de um novo banco de dados? 2) É legal a existência do referido serviço? 3) Quais informações são utilizadas para pontuar o consumidor? 4) É necessário o consentimento prévio do consumidor para utilização do sistema? 5) O consumidor pode ter acesso a tais informações e questionar a nota que lhe foi atribuída? 6) O método ofende a privacidade do consumidor? 7) A coleta ilegal de informações utilizadas para o sistema macula sua utilização?

A Corte respondeu adequadamente as principais perguntas (legalidade do sistema e necessidade de transparência).[11] Todavia, alguns questionamentos permaneceram abertos por ocasião do julgamento. O art. 7º-A apresenta algumas respostas e indica caminhos hermenêuticos para outras indagações.

O Tribunal, além de conceituar, com acerto, que se trata de método de análise de crédito – e não um banco de dados –, destacou a legalidade do serviço desde que observados os parâmetros normativos. Todavia – até pela limitação inerente ao julgamento do recurso especial – a definição de todos os pressupostos jurídicos para legitimar o funcionamento do sistema não foi enfrentada.

Afinal, quais informações podem ser consideradas na pontuação de crédito do consumidor?

O art. 7º-A proíbe expressamente que algumas informações do consumidor sejam utilizadas para compor sua nota de crédito (*credit scoring*). No inciso I, na primeira parte, são proibidas "informações que não estiverem vinculadas à análise de crédito." Aqui há reforço e destaque ao princípio da finalidade (art. 7º e art. 6º, I, da LGPD[12]). Na sequência, veda-se o tratamento de *dados sensíveis* para fins de pontuação. Não podem ser consideradas informações relativas à "origem social e étnica, à saúde, à informação genética, ao sexo e às convicções políticas, religiosas e filosóficas."

O inciso II, por seu turno, impede que, na composição da nota, sejam consideradas informações de pessoas "que não tenham com o cadastrado relação de parentesco de primeiro grau ou de dependência econômica". A *contrario sensu*, permite-se que informações financeiras sobre parentes de primeiro grau (pais e filhos) e de pessoas que dependem economicamente do consumidor sejam consideradas.

---

parcialmente providos" (REsp 1.457.199/RS, Rel. Min. Paulo de Tarso Sanseverino, 2ª Seção, j. 12.11.2014, *DJe* 17.12.2014).

[11] Destaque-se importante passagem do voto do Ministro Paulo de Tarso Sanseverino, relator do recurso especial: "No caso específico do '*credit scoring*', devem ser fornecidas ao consumidor informações claras, precisas e pormenorizadas acerca dos dados considerados e as respectivas fontes para atribuição da nota (histórico de crédito), como expressamente previsto no CDC e na Lei nº 12.414/2011. O fato de se tratar de uma metodologia de cálculo do risco de concessão de crédito, a partir de modelos estatísticos, que busca informações em cadastros e bancos de dados disponíveis no mercado digital, não afasta o dever de cumprimento desses deveres básicos, devendo-se apenas ressalvar dois aspectos: De um lado, a metodologia em si de cálculo da nota de risco de crédito ('*credit scoring*') constitui segredo da atividade empresarial, cujas fórmulas matemáticas e modelos estatísticos naturalmente não precisam ser divulgadas (art. 5º, IV, da Lei 12.414/2011: [...] 'resguardado o segredo empresarial'). De outro lado, não se pode exigir o prévio e expresso consentimento do consumidor avaliado, pois não constitui um cadastro ou banco de dados, mas um modelo estatístico. Com isso, não se aplica a exigência de obtenção de consentimento prévio e expresso do consumidor consultado (art. 4º). Isso não libera, porém, o cumprimento dos demais deveres estabelecidos pelo CDC e pela lei do cadastro positivo, inclusive a indicação das fontes dos dados considerados na avaliação estatística, como, aliás, está expresso no art. 5º, IV, da própria Lei nº 12.414/2011."

[12] "Art. 6º As atividades de tratamento de dados pessoais deverão observar a boa-fé e os seguintes princípios: I – finalidade: realização do tratamento para propósitos legítimos, específicos, explícitos e informados ao titular, sem possibilidade de tratamento posterior de forma incompatível com essas finalidades;"

180 | PROBLEMAS DE DIREITO CIVIL – *Homenagem aos 30 anos de cátedra do professor Gustavo Tepedino*

No caso, mostra-se razoável, para atribuir pontuação de risco de crédito, possuir alguns elementos concernentes à situação financeira de pessoas que, pela proximidade parental ou econômica, pode, potencialmente, afetar as despesas mensais do consumidor.

Também é razoável e acertado restringir a coleta de dados. Em tese, quanto maior o número de informações melhor é a avaliação de crédito (*more is better*). Todavia, a lei pode legitimamente limitar a quantidade de informações, proibir informações excessivas, particularmente na hipótese que envolve tratamento de dados de terceiros e não do interessado direto da obtenção do crédito.

O inciso III do art. 7º-A, por fim, estabelece regra salutar. Não se deve considerar na nota de crédito eventual exercício de direito do consumidor em relação ao acesso de informações sobre ele existentes nas bases de dados dos gestores de crédito (art. 5º, II)

6.1 Política de coleta e utilização de dados pessoais

Outro ponto que não foi enfrentado pelo Superior Tribunal de Justiça diz respeito à coleta de dados que servem para compor a nota de crédito. Merece elogios o § 1º do art. 7º-A que exige da entidade de proteção ao crédito (gestor) que disponibilize "em seu sítio eletrônico, de forma clara, acessível e de fácil compreensão, a sua política de coleta e utilização de dados pessoais para fins de elaboração de análise de risco de crédito".

Várias e diferentes informações são consideradas pelos arquivos de proteção ao crédito para pontuar o consumidor. Na verdade, existe um verdadeiro mistério de como e quais informações coletadas do consumidor são utilizadas pelas entidades de proteção ao crédito na pontuação do consumidor. Além das tradicionais informações negativas – dívidas vencidas e não pagas – as entidades consideram o histórico de pagamento, entre tantas outras. Em tese, é possível que elas sejam obtidas nas mais diversas fontes, como nos órgãos públicos e, até mesmo, em redes sociais.

A coleta das informações, todavia, deve ser legítima, sob pena de macular a nota atribuída ao consumidor. Em outros termos, deve observar os pressupostos indicados pela LGPD, entre os quais cabe destacar o princípio da boa-fé objetiva, finalidade, adequação e necessidade.[13] Ademais, "o tratamento de dados pessoais cujo acesso é público deve considerar a finalidade, a boa-fé e o interesse público que justificaram sua disponibilização" (art. 7º, § 3º, da LGPD).

Um dos grandes desafios da implementação da Nova Lei do Cadastro Positivo será conciliar o segredo empresarial com a necessidade de transparência ao consumidor sobre os critérios utilizados para pontuação do titular de dados. A política, exigida pelo dispositivo, deve indicar as informações e como são coletadas, além de elementos que são considerados para compor a nota do consumidor.

É direito do consumidor saber quais comportamentos e dados pessoais elevam ou reduzem sua pontuação. A salutar necessidade de transparência, exigida pelo art. 7º-A, deve, como consequência natural, sugerir atos e condutas financeiramente saudáveis que, ao final, elevam a pontuação do consumidor, ensejam a obtenção de taxa de juros mais reduzida. O consumidor deve ser informado sobre em que medida seu histórico de crédito (cadastro positivo) pode afetar

---

[13] "Art. 6º As atividades de tratamento de dados pessoais deverão observar a boa-fé e os seguintes princípios: I – finalidade: realização do tratamento para propósitos legítimos, específicos, explícitos e informados ao titular, sem possibilidade de tratamento posterior de forma incompatível com essas finalidades; II – adequação: compatibilidade do tratamento com as finalidades informadas ao titular, de acordo com o contexto do tratamento; III – necessidade: limitação do tratamento ao mínimo necessário para a realização de suas finalidades, com abrangência dos dados pertinentes, proporcionais e não excessivos em relação às finalidades do tratamento de dados;"

a sua nota. Tal informação, entre tantas outras, é importante para decidir por se manter ou se retirar do referido cadastro.

Por fim, o § 2º do art. 7º-A dispõe que "a transparência da política de coleta e utilização de dados pessoais de que trata o § 1º deste artigo deve ser objeto de verificação, na forma de regulamentação a ser expedida pelo Poder Executivo".

A lei não se contentou em limitar as informações para composição da nota de crédito e exigir política do uso de dados. Foi além para estabelecer a necessidade de verificação (fiscalização) da transparência da política. Na verdade, deve o órgão fiscalizador verificar mais do que a transparência da política de tratamento de dados para o *credit scoring*. Deve, por óbvio, averiguar o cumprimento das normas jurídicas brasileiras que disciplinam o tratamento de dados pessoais, particularmente a observância da própria Lei do Cadastro Positivo em diálogo com a Lei Geral de Proteção de Dados Pessoais.

Cabe observar que não está excluída a possibilidade de fiscalização antes do ato regulamentar referido pelo dispositivo. O art. 17 da Nova Lei do Cadastro Positivo institui sistema de controle e fiscalização do tratamento de dados do consumidor pelos órgãos públicos que integram o Sistema Nacional de Defesa do Consumidor, particularmente na área de proteção ao crédito.[14] O regulamento deve, ao final, apenas auxiliar na verificação de cumprimento da lei e da política de tratamento de dados divulgada pelo gestor.[15]

6.2 Responsabilidade civil

No âmbito do direito do consumidor, construiu-se o entendimento jurisprudencial no sentido de que o desrespeito aos limites jurídicos da atuação dos bancos de dados de proteção ao crédito, gera o dever de indenizar os danos morais e materiais decorrentes da ilicitude (art. 6.º, VI, do CDC e art. 16 da Lei 12.414/2011) e possibilita o ajuizamento de ações diversas para fazer cessar imediatamente a ofensa a direitos da personalidade.[16]

O consumidor, em face de tratamento irregular de seus dados, inclusive no âmbito do sistema de pontuação (*credit scoring*), pode requerer indenização *cumulada* dos danos morais e materiais decorrentes do ato, nos termos da Súmula 37 do STJ.[17]

No que concerne ao tratamento de informações negativas (dívidas vencidas e não pagar), está sedimentado que não é unicamente o registro baseado em informação inverídica que possibilita a indenização por danos morais e materiais. Qualquer violação dos deveres impostos aos bancos de dados de proteção ao crédito confere a possibilidade de o lesado (consumidor) requerer indenização por danos morais e materiais.

---

[14] BESSA, Leonardo Roscoe. *Nova Lei do Cadastro Positivo*: comentários à Lei 12.414, com as alterações da Lei Complementar 166/2019 e de acordo com a LGPD. São Paulo: Revista dos Tribunais, 2019, p. 139-142.

[15] O Decreto 9.936, de 24 de julho de 2019, que regulamenta a Nova Lei do Cadastro Positivo, não trouxe disciplina mais minuciosa relativa ao disposto no art. 7º-A. Em seu art. 5º apenas estabelece que "Os bancos de dados apresentarão, para fins de composição do histórico de crédito, informações objetivas, claras, verdadeiras e de fácil compreensão, que sejam necessárias para a avaliação da situação econômico-financeira do cadastrado e da composição *de sua nota de crédito*" (grifou-se)

[16] BESSA, Leonardo Roscoe. *Código de Defesa do Consumidor comentado*. Rio de Janeiro: Forense, 2021, p. 290-303.

[17] Súmula 37 do Superior Tribunal de Justiça: "São cumuláveis as indenizações por dano material e dano moral oriundos do mesmo fato".

É tênue a linha que divide o permitido do proibido. Há uma admissão excepcional de tratamento de dados pessoais que, em outras circunstâncias, constituiriam violação à privacidade e à honra. Desse modo, se todos os pressupostos legais que legitimam a atuação das entidades de proteção ao crédito não forem rigorosamente observados, há imediata caracterização de ofensa a direitos da personalidade, o que gera o dever de indenizar os danos morais e materiais do titular dos dados.

Assim, o registro sem a prévia comunicação ao interessado é *ilícito*, assim como é *ilícito* o registro de informações que não atente aos requisitos da *clareza* ou *objetividade* ou ao *limite temporal*, para citar apenas em alguns exemplos. Ressalte-se, pela relevância prática, aspecto da sanção civil decorrente de inscrição irregular em bancos de dados de proteção ao crédito: é a indenização (*rectius*: compensação) por danos morais. Na hipótese, basta a demonstração da irregularidade do procedimento de registro (informação inexata, falta de comunicação prévia etc.), vez que a inobservância de qualquer requisito constitucional ou legal que legitima a atuação dos arquivos de consumo retira o manto do *exercício regular de direito* e ofende a privacidade e honra do consumidor.

Os danos morais, decorrentes de inscrição ilegal em bancos de dados de proteção ao crédito, podem ser visualizados sob tríplice perspectiva: ofensa à privacidade e honra assim como alteração negativa do estado anímico da pessoa (ofensa à integridade psicofísica).

A inscrição irregular extrapola o tênue limite da legalidade de atuação dos bancos de dados, descaracteriza o *exercício regular de direito* e ofende a privacidade e honra do titular dos dados. O que, em princípio, era lícito, justamente pela rigorosa observância dos limites, passa a se constituir em ofensa à privacidade, no aspecto de controle de dados pessoais A honra do consumidor, invariavelmente, é atingida, pois se divulga para o mercado fato ofensivo a sua reputação (inadimplência, perfil negativo para ter direito a crédito etc.). Além disso, conforme as circunstâncias do caso concreto, pode haver afetação da integridade psicofísica do consumidor (constrangimento, vergonha ou outro sentimento negativo).

A concepção do dano moral, principalmente sua vinculação ou não à dor psíquica, é tema que enseja algumas polêmicas. Em síntese, há três correntes doutrinárias acerca do conceito de dano moral: 1) dor psíquica; 2) violação a direitos da personalidade; 3) ofensa à cláusula geral da dignidade da pessoa humana.

Em concepção mais antiga (primeira corrente), entende-se que o dano moral é caracterizado pela dor psíquica sofrida pela vítima, por afetação do seu estado anímico. Nessa linha, sustenta Silvio Rodrigues que o dano moral "é a dor, a mágoa, a tristeza infligida injustamente a outrem".[18]

Para corrente mais moderna (segunda corrente), o dano moral é ofensa a direito da personalidade. Qualquer violação a um direito da personalidade, como privacidade, honra, integridade física, nome, enseja compensação por dano moral. Eventual afetação do estado anímico, de acordo com esse posicionamento, serve apenas para aumentar o *quantum* indenizatório.[19]

---

[18] RODRIGUES, Silvio. *Direito civil*: responsabilidade civil. São Paulo: Saraiva, 2002, p. 190.

[19] Como síntese de tal pensamento, Héctor Valverde afirma que se deve abandoar a concepção de que "o dano moral pressupõe dor da vítima, para localizá-la primeiramente na ideia de lesão ou privação de um direito de personalidade (...) define-se o dano moral como a privação ou lesão de direito da personalidade, independentemente de repercussão patrimonial direta, desconsiderando-se o mero mal-estar, dissabor ou vicissitude do cotidiano" (*Dano Moral no Direito do Consumidor*. São Paulo: Revista dos Tribunais, 2009, p.153-154).

Cap. 10 · A NOVA LEI DO CADASTRO POSITIVO | **183**

Uma terceira corrente propugna que o dano moral decorre de ofensa à dignidade da pessoa humana, violação da cláusula geral de tutela da pessoa humana.[20]

A segunda e terceira correntes se aproximam: sustentam que o dano moral se configura independentemente do sofrimento – dor – que a vítima tenha vivenciado. O dano moral não está associado necessariamente a afetação do estado anímico da pessoa.[21] Ambas têm em comum o fato de afastar a dor para caracterização do dano moral. A diferença entre elas diz respeito à possibilidade ou não de a pessoa jurídica ser titular de direitos da personalidade.[22]

Em que pesem as controvérsias, é certo, no Superior Tribunal de Justiça Todavia, que, no tocante ao tratamento irregular de dados, para o deferimento do pleito indenizatório do consumidor, basta demonstrar que o registro foi irregular (informação inverídica, ausência de comunicação prévia etc.): não há necessidade de provar que se afetou o bem-estar psicofísico da pessoa, ou seja, que a inscrição gerou vergonha, constrangimento, tristeza ou qualquer outro sentimento negativo.[23] Cuida-se, para Corte, de *dano in re ipsa*.

Não há muita clareza a respeito de qual corrente se adota sobre o conceito de dano moral ao se referir à expressão dano *in re ipsa*. É possível concluir, pela análise das decisões, que, na perspectiva da Corte, o dano moral decorre de afetação do estado anímico (dor psíquica) e que, no caso das entidades de proteção ao crédito, a dor não precisa ser demonstrada porque, aplicando "as regras de experiência comum subministradas pela observação do que ordinariamente acontece"[24], sabe-se

---

[20] A propósito, Maria Celina Bodin de Moraes sintetiza: "tratar-se-á sempre de violação da cláusula geral de tutela da pessoa humana, seja causando-lhe um prejuízo material, seja violando direito extrapatrimonial) seu, seja, enfim, praticando em relação à sua dignidade, qualquer 'mal evidente' ou 'perturbação', mesmo se ainda não reconhecido como parte de alguma categoria jurídica" (*Danos à pessoa humana*: uma leitura civil-constitucional dos danos morais. Rio de Janeiro: Renovar, 2003, p. 184).

[21] Na verdade, nem sempre é muito clara a posição da doutrina que, invariavelmente, acaba por conceituar o dano moral como dor e, paralelamente, ofensa a direitos da personalidade. Ilustrativamente, Carlos Alberto Bittar, embora destaque a dor como característica necessária ao dano moral, observa, em determinada passagem, que "os danos morais plasmam-se, no plano fático, como lesões às esferas da personalidade humana situadas no âmbito do ser como entidade pensante, reagente e atuante nas interações sociais, ou, conforme os Mazeaud, com atentados à parte afetiva e à parte social da personalidade". BITTAR, Carlos Alberto. *Reparação civil por danos morais*. São Paulo: Revista dos Tribunais, 1999, p. 46).

[22] Em que pese o enunciado da Súmula 227 do Superior Tribunal de Justiça, que reconhece a possibilidade de a pessoa jurídica sofrer dano moral, defende Gustavo Tepedino "que o texto do art. 52 parece reconhecer que os direitos da personalidade constituem uma categoria voltada para a defesa e para a promoção da pessoa humana. Tanto assim que não assegura às pessoas jurídicas os direitos subjetivos da personalidade, admitindo, tão somente, a extensão da técnica dos direitos da personalidade para a proteção da pessoa jurídica" (*Temas de direito civil*. 3. ed. Rio de Janeiro: Renovar, 2004. p. 56).

[23] A dor psíquica não é pressuposto necessário para a configuração dos danos morais, como defende a corrente tradicional. Também não deve ser considerada elemento *acidental* na ofensa a direitos da personalidade que serviria para aumentar o *quantum* indenizatório. A posição mais correta é no sentido de que, entre os direitos da personalidade, há o direito à integridade psíquica (dor) cuja violação pode ocorrer de modo isolado ou cumulado com outros direitos existenciais e/ou materiais. Sobre o tema, v. BESSA, Leonardo Roscoe; REIS, Milla Pereira Primo. Dano moral e dor: direito autônomo à integridade psíquica. *Civilistica.com*. Rio de Janeiro, a. 9, n. 1, 2020. Disponível em: http://civilistica.com/dano-moral-e-dor/ Acesso em 12 mar. 2021.

[24] "Art. 375. O juiz aplicará as regras de experiência comum subministradas pela observação do que ordinariamente acontece e, ainda, as regras de experiência técnica, ressalvado, quanto a estas, o exame pericial."

que, de um modo geral, há afetação do estado anímico (aflição, angústia, ansiedade, vergonha etc.) quando se registra injustamente o nome de alguém em sistema de proteção ao crédito.

Em outras palavras, pela experiência comum, presume-se dor em face do fato (inscrição indevida do nome do consumidor em sistema de proteção ao crédito. Como pontuado no julgamento do REsp.640.196: "Em casos que tais, o dano é considerado *in re ipsa*, isto é, não se faz necessária a prova do prejuízo, que é presumido e decorre do próprio fato e da experiência comum."[25]

As questões relacionadas ao tratamento irregular de dados do consumidor para fins de *credit scoring* deve seguir os limites definidos pelo CDC, LGPD e particularmente o disposto no art. 7º-A da Nova Lei do Cadastro Positivo. Significa dizer que o tratamento de dados que descumpra qualquer dos pressupostos indicados pelo dispositivo é ilegal e enseja indenização (compensação) por danos morais.

A tendência do Poder Judiciário é seguir o raciocínio desenvolvido ao longo de 30 anos de experiência do Código de Defesa do Consumidor no exame de demandas indenizatórias decorrentes de registros indevidos em entidades de proteção ao crédito.[26]

Será ilegal, por exemplo, o tratamento de dados para fins de pontuação de crédito cuja coleta inicial de informações não observa as exigências da LGPD. Também será ilegal, ilustrativamente, a pontuação do consumidor baseada em dados sensíveis (art. 7º-A, I) ou aquela que utilize informações de pessoas que não tenham relação de parentesco de primeiro grau com o consumidor (art. 7º-A).

Em resumo, o tratamento de dados para fins de pontuação de crédito do consumidor é legítimo desde que rigorosamente observados os limites normativos. Todavia, o desrespeito a qualquer requisito ou exigência normativa – delineada pelo diálogo entre CDC, LGPD e nova Lei do Cadastro Positivo – lança a conduta na ilegalidade e enseja pretensão indenizatória/compensatória por danos morais e materiais.

---

[25] STJ. REsp. 640.196/PR, Rel. Ministro Castro Filho, julgado em 21.06.2005, *DJ* 01.08.2005. Ou seja, a experiência comum indica que são situações que, em regra, geram afetação do estado anímico (dor). Vários julgados referem-se à "experiência comum", "presunção de dano" ou "resultados presumidos". Registre-se acordão recente: "1. A inscrição/manutenção indevida do nome do devedor em cadastro de inadimplente enseja o dano moral *in re ipsa*, ou seja, dano vinculado a própria existência do ato ilícito, cujos resultados são presumidos." (STJ. AgInt no REsp 1846222/RS, Rel. Ministro Luis Felipe Salomão, julgado em 10.08.2020, *DJe* 13.08.2020).

[26] Tal ponto foi, inclusive, registrado no importante precedente do STJ que examinou a legalidade do *credit scoring*. Em determinada passagem do seu voto, o Min. Paulo de Tarso Sanseverino destaca: "O desrespeito aos limites legais na utilização do sistema *credit scoring*, configurando abuso no exercício desse direito (art. 187 do CC), pode ensejar a responsabilidade objetiva e solidária do fornecedor do serviço, do responsável pelo banco de dados, da fonte e do consulente (art. 16 da Lei n. 12.414/2011) pela ocorrência de danos morais nas hipóteses de utilização de informações excessivas ou sensíveis (art. 3º, § 3º, I e II, da Lei n. 12.414/2011), bem como nos casos de comprovada recusa indevida de crédito pelo uso de dados incorretos ou desatualizados." (STJ. REsp 1.457.199/RS, Rel. Ministro Paulo de Tarso Sanseverino, Segunda Seção, julgado em 12.11.2014, *DJe* 17.12.2014).

11

DOS BENS COMUNS AOS COMPORTAMENTOS COMUNS

Marcos Alberto Rocha Gonçalves

Sumário: 1. Introdução. 2. A propriedade constitucional como sinônimo de acesso. 3. Os bens comuns: eficácia da função social da propriedade. 4. Os resultantes comportamentais comuns: o paralelo funcional dos contratos. 5. Notas conclusivas.

1. INTRODUÇÃO

A apreensão contemporânea das relações jurídicas privadas, a partir da unidade constitucional, não mais permite olhares segmentados às circunstâncias nas quais opera a juridicidade. Nessa medida, a centralidade dos valores existenciais, estabelecida pela Constituição, convida à constante releitura das ferramentas normativas incidentes sobre as relações patrimoniais, permitindo a abertura de conceitos e arejando a interpretação dos fatos.

Na doutrina civilista, Gustavo Tepedino é timoneiro da construção de metodologia que assenta esta racionalidade, reconhecendo o deslocamento do Código à Constituição, sendo esteio do pensamento crítico em todos os seus espaços de atuação da jurisdição privada. Em especial em relação ao regime jurídico das titularidades, é da doutrina de Gustavo Tepedino que se colhem as mais inovadoras contribuições, estabelecidas como ponto de partida seguro para a construção interpretativa das normas frente à realidade social complexa.

Dentre suas contribuições de vanguarda, Gustavo Tepedino foi um dos pioneiros na introdução do debate dos conceitos próprios da teoria dos bens comuns no âmbito do ordenamento constitucional brasileiro, sendo seus postulados a fagulha que anima o presente estudo.

Com efeito, a apreensão constitucional dos múltiplos sentidos do signo propriedade presta-se à concretização dos valores erigidos como fundamentos da República. Neste aspecto, é relevante a apreensão não apenas da teoria dos bens comuns em seu estágio atual de desenvolvimento como a ampliação de seus conceitos a outras hipóteses de circunstâncias jurídicas.

Em tal medida, valendo-se exclusivamente das lições de Gustavo Tepedino, em homenagem à sua autoridade científica, adiante se aprofunda a proposta construtiva do paralelo da teoria dos bens comuns nas relações obrigacionais, tema trazido à lume em tese edificada sob a orientação do professor homenageado.

2. A PROPRIEDADE CONSTITUCIONAL COMO SINÔNIMO DE ACESSO

A reflexão sobre a categoria dos bens comuns e de conteúdos dela decorrentes demanda o estabelecimento de premissas relacionadas à compreensão dos possíveis múltiplos sentidos a serem atribuídos ao signo *propriedade*, especialmente tomada a arquitetura constitucional. Como bem aponta Gustavo Tepedino, "é possível identificar a existência de diversas 'situações proprietárias' na Constituição da República, cada qual com sua disciplina específica"[1], concluindo que "a propriedade assume, assim, formas variadas, não redutíveis a um único estatuto jurídico"[2].

A questão que se coloca ao início desta reflexão diz respeito à presença da expressão propriedade dentre as garantias fundamentais, conforme descritas no *caput* do artigo 5º da Constituição de 1988. De forma mais específica, parte-se a da análise do sentido que preenche de significado a coexistência da propriedade como garantia fundamental ao lado da *vida*, da *liberdade*, da *igualdade* e da *segurança*.

Nesta marca de partida, assume-se a compreensão da inexistência de hierarquia entre garantias fundamentais, tomando-se como comando constitucional a concretização conjunta e necessariamente sem sobreposições excludentes[3] do rol de garantias fundamentais enunciadas no dispositivo que inaugura o tratamento da matéria na Constituição.

Esta indicada inexistência de hierarquia entre as garantias fundamentais é o que possibilita construir a equação que desvela, diante do mosaico que compõe o encaixe de tais garantias, o valor máximo do ordenamento indicado na dignidade da pessoa humana.

É a dignidade humana o sustentáculo da tutela existencial dos sujeitos. Conforme leciona Gustavo Tepedino, trata-se de princípio "alçado à posição de valor máximo do ordenamento, justificando a tutela prioritária de interesses existenciais em face de direitos patrimoniais"[4].

---

[1] TEPEDINO, Gustavo. Posse e propriedade na constitucionalização do direito civil: função social, autonomia da posse e bens comuns. In: Luis Felipe Salomão; Flávio Tartuce. (Org.). *Direito civil*: diálogos entre a doutrina e a jurisprudência. São Paulo: Altas, 2018. p. 490.

[2] TEPEDINO, Gustavo. Posse e propriedade na constitucionalização do direito civil: função social, autonomia da posse e bens comuns. In: Luis Felipe Salomão; Flávio Tartuce. (Org.). *Direito civil*: diálogos entre a doutrina e a jurisprudência. São Paulo: Altas, 2018. p. 490.

[3] Exemplo da imbricação indissociável das garantias fundamentais, tomadas como ferramentas funcionais de concretização da dignidade humana é revelado por Gustavo Tepedino na seguinte passagem de destaque: "De outra parte, a proteção à igualdade e a garantia do acesso à terra como necessidade fundamental à existência humana já serviu de fundamento a decisões acerca de temas tão diversos quanto a demarcação de terras indígenas; a resolução de conflitos possessórios entre proprietários e lavradores sem-terra; entre o Estado e possuidores quilombolas" (TEPEDINO, Gustavo. A influência dos direitos humanos e direitos fundamentais no direito civil brasileiro. In: *XXIII Congresso Nacional CONPEDI*: A humanização do direito e a horizontalização da justiça no século XXI, 2014, João Pessoa. p. 29).

[4] TEPEDINO, Gustavo. A influência dos direitos humanos e direitos fundamentais no direito civil brasileiro. In: *XXIII Congresso Nacional CONPEDI*: A humanização do direito e a horizontalização da

Outrossim, a tutela da dignidade se revela a partir da proteção da vida que é vivida de forma livre, sem qualquer obstáculo involuntário de tolhimento nas escolhas de ser e estar no mundo, em condições materiais de igualdade para o exercício do próprio bem viver e garantida contra os riscos de perecimento.

Se a conjugação entre vida, igualdade, liberdade e segurança soam bem na escala melódica constitucional, a posição ocupada pela propriedade na formação dos acordes da tutela da dignidade merece olhar mais atento.

Isso porque, a experiência jurídica brasileiro apreende o conceito de propriedade a partir de sua construção moderna, em simetria ao conteúdo estampado na codificação gestada ao exemplo do Code Civil francês de 1804. Ao primeiro olhar, tal conceito trilha sentido dissonante de hipóteses possíveis de conjugação imediata com as demais garantias fundamentais, como se dá com as outras enunciações do *caput* do artigo 5º da Constituição.

Entretanto, não está autorizada pela interpretação sistemática da Constituição a conclusão de que só é digna a vida de quem é titular exclusivo de um conjunto de bens, sob pena de referendar, a partir da Constituição, critério excludente de tutela da dignidade. Neste ponto, tomar o conceito de propriedade privada enunciado no artigo 1.228 do Código Civil – conceito este marcado pela trajetória histórica do caráter absoluto da propriedade nos termos da definição já presente no Code de 1804 – seria estabelecer um preço à dignidade, o que, evidentemente, não se sustenta frente a compreensão sistemática do modelo constitucional vigente. A esse respeito, Gustavo Tepedino indica "o equívoco de se ater ao conceito estático de propriedade, construído à época do *laissez-fair*, de modo a (...) preservar a noção de domínio em sua essência, embora corroído ou mutilado por limites externos"[5].

Em tal assertiva se afirma, a *contrario sensu*, pista da multiplicidade de sentidos do conceito de propriedade, que se reforça na própria presença da expressão em *locus* distintos. Veja-se, por exemplo, que ao estabelecer o regramento conformador da Ordem Econômica o constituinte expôs, nos termos do artigo 170, o papel da propriedade privada clássica, temperando-a com o ferramental da função social, esquema necessário para o acoplamento da propriedade individual ao sistema normativo próprio de intervenção social estabelecido pela Constituição vigente.

No próprio desenrolar do artigo 5º, especificamente nos incisos XXII e XXIII, a presença do signo propriedade é remarcada, indicando, quando menos pela compreensão arquitetônica do dispositivo normativo, distinções conceituais entre as expressões. É certo, como leciona Gustavo Tepedino, que nos incisos XXII e XXIII a Constituição vincula "a tutela da propriedade privada à utilidade social do seu aproveitamento econômico, estabelecendo-se o controle pelo Judiciário

---

justiça no século XXI, 2014, João Pessoa. p. 24. Prossegue o autor: "A Constituição da República, ao estabelecer, como fundamento da República, o já aludido princípio da dignidade da pessoa humana, ex vi do art 1º, III, constitui cláusula geral de tutela e promoção da pessoa humana, tomada como valor máximo pelo ordenamento, de modo a superar a técnica da tipificação e proteger, de maneira irrestrita, a personalidade e o seu pleno desenvolvimento na vida social" (" (TEPEDINO, Gustavo. A influência dos direitos humanos e direitos fundamentais no direito civil brasileiro. In: *XXIII Congresso Nacional CONPEDI*: A humanização do direito e a horizontalização da justiça no século XXI, 2014, João Pessoa. p. 27).

[5]   TEPEDINO, Gustavo. Posse e propriedade na constitucionalização do direito civil: função social, autonomia da posse e bens comuns. In: Luis Felipe Salomão; Flávio Tartuce. (Org.). *Direito civil*: diálogos entre a doutrina e a jurisprudência. São Paulo: Altas, 2018. p. 491.

acerca do exercício do direito de propriedade"[6], encerrando assim um dos múltiplos capítulos teleológicos da propriedade constitucional.

De fato, não atende a um sentido lógico estruturante tomar como sinônimos o conceito de propriedade indicado no *caput* e aquele mencionado como um direito garantido aposto no inciso XXII, onde se lê que "é garantido o direito de propriedade privada". Com efeito, o direito à propriedade privada representa o enfeixamento das faculdades de usar, gozar, dispor e reaver, encetadas nos termos do Código Civil. Na lição de Tepedino, trata-se aqui do aspecto estrutural da propriedade, destinado a garantir individualmente tal direito, a partir de regulamento "de acordo com a técnica dos direitos reais e com a sua principiologia, revelando o conteúdo econômico do domínio (senhoria)"[7].

Igualmente não parece haver coincidência plena, ou ao menos não completamente, entre o conteúdo da propriedade como garantia fundamental com a enunciação de que a propriedade "atenderá a sua função social" presente no inciso XXIII do artigo 5º. Em tal inciso o texto Constitucional preocupou-se com aspecto que "condiciona a legitimidade do aproveitamento econômico, para que este possa ser merecedor de tutela jurídica, à promoção de interesses socialmente relevantes"[8].

Inegável que a funcionalização da propriedade, nos moldes do inciso XXIII do artigo 5º, constitui ferramenta de concretização da propriedade como acesso, tratando-se, nesta medida, de conceito mediador da realização do programa constitucional enunciado pela Constituição. De fato, a partir da inserção do direito de propriedade e da função social no rol dos direitos e das garantias fundamentais, inverte-se o fluxo dos conceitos, impondo a função social como elemento prévio do direito de propriedade. Vale dizer, portanto, que o atendimento da função social é objetivo inicial da garantia do direito de propriedade, sendo as intenções individuais necessariamente submissas a esse elemento prévio.

Assim, afirma-se que a ordem constitucional brasileira estabelece um modelo econômico de livre mercado em que a apropriação privada da propriedade se funcionaliza à luz da garantia do acesso para concretização da dignidade da pessoa humana. Como se denota da lição de Gustavo Tepedino, a função social deve ser compreendida "como instrumento para a própria definição do conteúdo do direito de propriedade, circunscrevendo internamente as faculdades exercitáveis pelo proprietário"[9]

Mas não só isso. À luz da tutela da dignidade humana e em conjugação com as demais garantias fundamentais, é imperioso conferir ao signo propriedade indicado no *caput* do artigo 5º sentido amplificado, afirmando-se que o que se garante como direito fundamental é o acesso aos bens necessários à vida digna. A vida que é livre, tutelada sem distinções quais sejam as suas

---

[6]   TEPEDINO, Gustavo. A influência dos direitos humanos e direitos fundamentais no direito civil brasileiro. In: *XXIII Congresso Nacional CONPEDI*: A humanização do direito e a horizontalização da justiça no século XXI, 2014, João Pessoa. p. 49.

[7]   TEPEDINO, Gustavo. A influência dos direitos humanos e direitos fundamentais no direito civil brasileiro. In: *XXIII Congresso Nacional CONPEDI*: A humanização do direito e a horizontalização da justiça no século XXI, 2014, João Pessoa. p. 49.

[8]   TEPEDINO, Gustavo. A influência dos direitos humanos e direitos fundamentais no direito civil brasileiro. In: *XXIII Congresso Nacional CONPEDI*: A humanização do direito e a horizontalização da justiça no século XXI, 2014, João Pessoa. p. 49.

[9]   TEPEDINO, Gustavo. Posse e propriedade na constitucionalização do direito civil: função social, autonomia da posse e bens comuns. In: Luis Felipe Salomão; Flávio Tartuce. (Org.). *Direito civil*: diálogos entre a doutrina e a jurisprudência. São Paulo: Altas, 2018. p. 497.

formas de constituição e protegida de riscos à sua própria existência é aquela a que se dá acesso às condições existenciais mínimas para que floresça.

Afirma-se, assim, que a propriedade inscrita como garantia fundamental não se identifica plenamente com o direito à propriedade privada tutelado no já mencionado art. 1.228 do Código Civil; a expressão *propriedade*, prevista ao início do artigo 5º da Constituição, deve ser reconhecida com garantia de acesso aos bens e às ferramentas materiais de concretização dos direitos fundamentais protegidos sob o guarda-chuva do princípio da dignidade humana.

Tal compreensão está diretamente ligada à viragem da construção interpretativa das normas infraconstitucionais fundada pela metodologia do direito civil constitucional. Ao admitir que os bens servem para garantir a vida digna (livre, igual e segura) de todos os sujeitos, indistintamente, reforça-se a ordem normativa fundada no ser, reconhecendo-se a substituição do núcleo do ordenamento jurídico privado. Se à luz dos conceitos típicos da modernidade o centro da irradiação normativa era a tutela da apropriação, ou seja, o valor e no trânsito econômico dos bens tomados em conceito estanque, tal lugar é tomado pela tutela do sujeito de carne e osso.

Ao dar assento à propriedade no *caput* do artigo 5º, o constituinte de 1988 estabeleceu que os bens se prestam a garantir a vida digna destes sujeitos. Ainda que o modo do acesso aos bens seja predominantemente por meio do sistema estrutural do direito de propriedade privada, como revela a sua presença em outros espaços da organização normativa constitucional, não pode o tratamento jurídico privado da propriedade afastar outras hipóteses de garantia de acesso a valores que, em si, configuram-se essenciais à vida digna.

Tal assertiva caminha em linha com a compressão contemporânea acerca do próprio conceito de bem. É certo que o entendimento hodierno de bem jurídico não se resume às coisas suscetíveis de apropriação. Assim, não ressurge adequado imaginar que categorias jurídicas que tutelam o acesso aos bens, independentemente de sua corporeidade, possam ter sua incidência afastada aos casos concretos que demandam solução à luz da Constituição. Sobre este ponto leciona Gustavo Tepedino que "numerosos são os interesses, especialmente os coletivos e difusos, que se tornam dignos de proteção mesmo incidindo sobre bens insuscetíveis de comercialização"[10], revelando a amplitude do conceito de bem jurídico.

Com o conteúdo que aqui se tem atribuído a expressão *propriedade*, trazida pela Constituição como garantia fundamental, parece fazer sentido amplificar o instrumento de materialização de direitos representado pela função social da propriedade não apenas para os bens corpóreos, mas para todos os interesses traduzidos valores jurídicos constitucionalmente tutelados.

Abrem-se as portas, assim, para a aterrissagem da categoria dos bens comuns no ordenamento jurídico constitucional brasileiro.

3.   OS BENS COMUNS: EFICÁCIA DA FUNÇÃO SOCIAL DA PROPRIEDADE

A abertura promovida pela admissão da presença constitucional da garantia fundamental do acesso aos bens essenciais à concretização da vida digna permite construir, no âmbito do sistema normativo brasileiro, vasos comunicantes com a teoria dos bens comuns, surgida no direito estrangeiro como *commons*.

---

[10]   TEPEDINO, Gustavo. Regime jurídico dos bens no Código Civil. In: Silvio de Salvo Venosa; Rafael Villar Gagliardi; Paulo Magalhães Nasser (Org.). *Dez anos do Código Civil*: desafios e perspectivas. São Paulo: Atlas, 2012. p. 49.

Com efeito, a teoria dos bens comuns representa o estabelecimento teórico que revisita a relação entre os direitos fundamentais da pessoa humana e os bens. Neste sentido, conforme vaticina Gustavo Tepedino, tal teoria estabelece "mecanismos jurídicos que efetivamente propiciem o acesso e a participação quanto aos bens necessários à satisfação das necessidades da pessoa humana"[11].

Partindo da mesma amplificação de sentidos do signo propriedade, conforme antes se expressou em relação à inserção de tal conteúdo no rol das garantias fundamentais da Constituição brasileira de 1988, a teoria dos bens comuns demonstra a insuficiência da apropriação dos bens como direito de exclusão para afirmar a necessidade do estabelecimento da propriedade inclusiva, "com o reconhecimento da legitimidade de que se investem sujeitos e interesses diversos em relação a um mesmo bem"[12].

Nesta medida, firmando-se como uma reconstrução da categoria jurídica arraigada no seio do direito privado, a construção da teoria dos bens comuns leva à superação do individualismo proprietário – como razão de ser e limite da definição do objeto do direito de propriedade – para se assentar seu sentido normativo no acesso[13].

Para Gustavo Tepedino, a explicitação dos *commons* permite "aperfeiçoar a tutela privilegiada das situações existenciais mediante o reconhecimento de bens – constitutivos da pessoa e de sua cidadania – cuja acessibilidade não se subordina à disponibilidade de recursos financeiros, retirada, portanto, da lógica do mercado"[14].

Em outros termos, é dizer que dados bens, pelo seu valor intrínseco na conformação da vida humana digna, devem ser considerados comuns a todas as pessoas ou à humanidade como um todo, atribuindo, por tal razão, direitos e deveres coletivos quanto à sua manutenção e exploração.

A guisa de exemplo, Gustavo Tepedino aponta que se inserirem na categoria dos bens comuns "da água ao conhecimento, dos alimentos à gestão dos espaços urbanos, da proteção do meio ambiente à tutela da saúde"[15], para concluir tratar-se de bens cuja tutela difusa, desapegada ao sentido excludente da propriedade privada clássica, possa "fortalecer o feixe de poderes pessoais que configuram precondições necessárias à efetiva participação no processo democrático"[16].

Em tal ponto, assume a função social da propriedade papel central na formatação da racionalidade construtiva da teoria dos bens comuns. Traço fundante do paradigma constitucional da propriedade privada, a função social é o elemento que desloca o direito de propriedade da seara exclusivamente patrimonial individualista para o âmbito das garantias constitucionais fundamentais. O princípio da função social insere a propriedade, assim, em uma rede de interconexões com

---

[11] TEPEDINO, Gustavo. Editorial: Direitos fundamentais e acesso aos bens: entram em cena os commons. *Revista Brasileira de Direito Civil – RBDCivil*. Belo Horizonte, v. 15, p. 11-14, jan./mar. 2018. p. 11.

[12] TEPEDINO, Gustavo. Editorial: Direitos fundamentais e acesso aos bens: entram em cena os commons. *Revista Brasileira de Direito Civil – RBDCivil*. Belo Horizonte, v. 15, p. 11-14, jan./mar. 2018. p. 12.

[13] Tal ordem de ideias está em consonância com a lição de Gustavo Tepedino, para que, "Assim considerada, a propriedade (deixa de uma ameaça e) se transforma em instrumento para a realização do projeto constitucional" (TEPEDINO, Gustavo. Posse e propriedade na constitucionalização do direito civil: função social, autonomia da posse e bens comuns. In: Luis Felipe Salomão; Flávio Tartuce. (Org.). *Direito civil*: diálogos entre a doutrina e a jurisprudência. 1ª ed. São Paulo: Altas, 2018. p. 492).

[14] TEPEDINO, Gustavo. Editorial: Direitos fundamentais e acesso aos bens: entram em cena os commons. *Revista Brasileira de Direito Civil – RBDCivil*. Belo Horizonte, v. 15, p. 11-14, jan./mar. 2018. p. 13

[15] TEPEDINO, Gustavo. Editorial: Direitos fundamentais e acesso aos bens: entram em cena os commons. *Revista Brasileira de Direito Civil – RBDCivil*. Belo Horizonte, v. 15, p. 11-14, jan./mar. 2018. p. 13.

[16] TEPEDINO, Gustavo. Editorial: Direitos fundamentais e acesso aos bens: entram em cena os commons. *Revista Brasileira de Direito Civil – RBDCivil*. Belo Horizonte, v. 15, p. 11-14, jan./mar. 2018. p. 13.

outros interesses socialmente relevantes, o que "permite configurar o poder de uma multiplicidade de sujeitos de participar nas decisões relativas a certas categorias de bens"[17].

Ainda sobre a função social da propriedade e seu postulado como fundamento dos bens comuns, leciona Gustavo Tepedino que a determinação do conteúdo da propriedade "dependerá de centros de interesses extra proprietários, os quais vão ser regulados no âmbito da relação jurídica de propriedade"[18].

Eis a confluência entre a categoria dos bens comuns e a leitura possível do sentido de propriedade constante no *caput* do artigo 5º da Constituição. A indicação da propriedade naquele *locus* constitucional, com status igual ao que se atribui ao direito à vida, à liberdade, à igualdade e à segurança, ultrapassa a estrutura formal dos bens como objeto dos direitos reais para conferir tutela jurídico-constitucional à propriedade como meio de concretização dos demais direitos fundamentais, valendo-se da interação social mediada por bens de múltiplas categorias.

Não é outro o sentido assinalado por Gustavo Tepedino, para quem a teoria dos bens comuns representa oportunidade para a retomada da agenda "relacionada à efetividade dos direitos fundamentais, notadamente no que se refere à garantia de acesso aos bens essenciais para o exercício destes direitos"[19].

Como se pode demonstrar, a construção discursiva da teoria dos bens comuns guarda assento na ressignificação da propriedade como direito ou, mais bem explicitada, como a ressignificação do direito de propriedade. Da mesma forma, o que a Constituição designa como "função social" a ser atendida pela propriedade deve ser compreendido dentro deste sistema, interpretando-se a função a partir da totalidade significativa do ordenamento.

Considerando que, na contemporaneidade, verifica-se com cada vez mais vigor o conteúdo difuso de atribuição de valores econômicos e existências a elementos externos ao próprio sujeito, esta amplitude do conceito de propriedade e de função social torna-se ainda mais relevante. É justamente neste ponto que reside a aversão de eventual tentativa de restrição da categoria dos bens comuns aos bens corpóreos.

Como se denota, integram a categoria dos *commons*, representados como bens, conteúdos complexos tidos como essenciais para manutenção da vida humana – e da própria humanidade como coletivo orgânico – e que não são apreensíveis de maneira tátil, a exemplo do meio-ambiente, do acesso a informação, da garantia ao conhecimento, entre outros[20].

---

[17] TEPEDINO, Gustavo. Posse e propriedade na constitucionalização do direito civil: função social, autonomia da posse e bens comuns. In: Luis Felipe Salomão; Flávio Tartuce. (Org.). *Direito civil*: diálogos entre a doutrina e a jurisprudência. São Paulo: Altas, 2018. p. 497.

[18] TEPEDINO, Gustavo. *Comentários ao Código Civil*: direito das coisas. art. 1.196 a 1.276. v. 14. São Paulo: Saraiva, 2011. p. 243-244. Prossegue o Autor: "Por outras palavras, no panorama constitucional, a propriedade deixa de atender apenas aos interesses proprietários, convertendo-se em instrumento para proteção da pessoa humana, de tal sorte que o exercício do domínio há de respeitar e promover situações jurídicas subjetivas existenciais e sociais por ele atingidas" (TEPEDINO, Gustavo. *Comentários ao Código Civil*: direito das coisas. art. 1.196 a 1.276. v. 14. São Paulo: Saraiva, 2011. p. 243-244. p. 244).

[19] TEPEDINO, Gustavo. Editorial: Direitos fundamentais e acesso aos bens: entram em cena os commons. *Revista Brasileira de Direito Civil – RBDCivil*. Belo Horizonte, v. 15, p. 11-14, jan./mar. 2018. p. 11.

[20] "Da água ao conhecimento, dos alimentos à gestão dos espaços urbanos, da proteção ao meio ambiente à tutela da saúde, augura-se que os bens comuns possam fortalecer o feixe de poderes pessoais que configuram precondições necessárias à efetiva participação no processo democrático." (TEPEDINO, Gustavo. Editorial: Direitos fundamentais e acesso aos bens: entram em cena os commons. *Revista Brasileira de Direito Civil – RBDCivil*. Belo Horizonte, v. 15, p. 11-14, jan./mar. 2018. p. 13).

Essa amplificação revela, igualmente, a necessidade de se avançar na construção de ferramentas para implementação da tutela dos bens comuns, sendo esta construção alinhada com o entendimento de que "a disciplina das coisas não se afigura estática e imutável, mas varia segundo o bem e a relação jurídica na qual se insere"[21], como indica Gustavo Tepedino.

Se, de um lado, a identificação da categoria dos bens comuns com a tutela dos direitos fundamentais é premissa indeclinável, "atribuindo a construção da pessoa constitucionalizada a lógica diversas daquelas proprietárias"[22], os meios e métodos para sua concretização permanecem em aberto.

Nessa singra, enfeixando a incidência da categoria jurídica dos bens comuns às relações privadas, tomando os amplos possíveis sentidos da propriedade constitucionalizada, é possível cogitar a construção da tutela do acesso a circunstâncias difusas entre corporeidade e virtualidade. A ao que se dedica a ideia de resultantes comportamentais comuns.

4. OS RESULTANTES COMPORTAMENTAIS COMUNS: O PARALELO FUNCIONAL DOS CONTRATOS

Figura paralela aos bens comuns é aquela que, na falta de expressão mais apropriada, denomina-se neste estudo de *resultantes comportamentais comuns*. Trata-se de categoria proposta na tentativa de amplificar o alcance da expressão *propriedade*, contida no *caput* do artigo 5º da Constituição, abarcando valores jurídicos que emergem como resultantes de relações obrigacionais vocacionados ao atendimento do interesse da coletividade.

Para se estruturar, a categoria dos *resultantes comportamentais comuns* se vale, em aproximação à conceituação dos bens comuns, da já citada afirmação da tutela das situações existenciais mediante o acesso a bens – tomados estes de forma amplificada, igualmente como antes se mencionou.

Neste ponto, relevante retomar a percepção da limitação estrutural do conceito de bens jurídicos e a necessidade de relativizar categoriais estanques em nome da construção funcional das circunstâncias jurídicas. Inclui-se nesta singra a percepção de Gustavo Tepedino, segundo a qual "novas coisas passam a ser incluídas no mundo jurídico, em número impressionante, tornando-se objetos de situações subjetivas: o software, o know how, a informação (...)."[23]

Outrossim, neste ambiente de inovação, a função social promovida pelos resultantes obrigacionais presta-se a retirar a densidade do princípio contratual da relatividade, estimulando, ao

---

[21] TEPEDINO, Gustavo. Livro (eletrônico) e o perfil funcional dos bens jurídicos na experiência brasileira. In: Dário Moreira Vicente; José Alberto Coelho Vieira; Sofia de Vasconcelos Casimiro; Ana Maria Pereira da Silva. (Org.). *Estudos de Direito Intelectual em homenagem ao Prof. Doutor José de Oliveira Ascensão.* 1ed.Coimbra: Almedina, 2015. p. 272. Prossegue o autor: "Dito diversamente, o ordenamento jurídico oferece mecanismos de tutela diferenciados consoante não apenas o bem, mas o conjunto de interesses ao qual se refere e que identifica a disciplina jurídica aplicável" (TEPEDINO, Gustavo. Livro (eletrônico) e o perfil funcional dos bens jurídicos na experiência brasileira. In: Dário Moreira Vicente; José Alberto Coelho Vieira; Sofia de Vasconcelos Casimiro; Ana Maria Pereira da Silva. (Org.). *Estudos de Direito Intelectual em homenagem ao Prof. Doutor José de Oliveira Ascensão.* Coimbra: Almedina, 2015. p. 272).

[22] TEPEDINO, Gustavo. Posse e propriedade na constitucionalização do direito civil: função social, autonomia da posse e bens comuns. In: Luis Felipe Salomão; Flávio Tartuce. (Org.). *Direito civil:* diálogos entre a doutrina e a jurisprudência. São Paulo: Altas, 2018. p. 499.

[23] TEPEDINO, Gustavo. Teoria dos Bens e situações subjetivas reais: esboço de uma introdução. TEPEDINO, Gustavo. *Temas de Direito Civil.* t. 2. Rio de Janeiro: Renovar, 2008.

longo do processo obrigacional, o reconhecimento do merecimento de tutela constitucional a *outpts* do estrito interesse negocial em desenvolvimento.

Ainda que se guardem as distinções conceituais entre a função social da propriedade – mola propulsora, do acoplamento da teoria dos bens comuns ao sistema normativo constitucional brasileiro – e a função social do contrato, este último conceito é igualmente útil na construção da ideai de resultantes obrigacionais comuns.

Isso porque ao se buscar a imagem especular do individualismo proprietária nas situações jurídicas de apropriação privada dos bens, cujo contrapeso é a função social da propriedade, encontra-se nas relações privadas a incidência em cores próprias da modernidade, o princípio da autonomia privada, que se contrabalança pelo princípio da função social do contrato.

Sobre a autonomia privada inserida no ambiente de unidade constitucional, afirma Gustavo Tepedino tratar-se de conteúdo não absoluto, "inserindo-se no tecido axiológico do ordenamento, no âmbito do qual se pode extrair seu verdadeiro significado"[24], sendo esta extração de significado desempenhado pela função social dos contratos.

Neste sentido, como se verá, o que se indica como resultantes comportamentais comuns representa a assunção de que o merecimento de tutela nas relações obrigacionais recaia tanto no interesse negocial das partes em relação, quanto nos múltiplos interesses que de alguma forma possam, concretamente, ser afetados pela existência daquela relação, produzindo efeitos concretos e prospectivos na própria estrutura do processo obrigacional. Esse movimento é mediado pela funcionalização.

A função social dos contratos tem como papel central promover as necessárias distensões entre a carga valores constitucionais que inclinam o ordenamento à primazia dos direitos fundamentais e o sentido estrutural das relações obrigacionais, representado pela tendência de exacerbação da autonomia privada e pela imutabilidade dos pactos, baldrames estes do modelo econômico estabelecido também pela Constituição.

Assim, ao se estabelecer a função social como um dever de concretização imposto aos contratantes, o sistema normativo garante, a luz da unidade constitucional, contraposição eficaz a possíveis sentidos deletérios da autonomia privada.

Para além da contraposição a uma interpretação exclusivamente estrutural dos contratos, a funcionalização permite o transbordo do sentido solidarista tal qual se retira da função social da propriedade, valendo-se da atuação dos contratantes para a realização do propósito constitucional.

A sociabilidade originada da função social, nesta medida, marca a ampliação dos círculos de atuação das relações obrigacionais no contexto social, recuperando-se, aqui, as razões da defesa antes feita à ampliação de sentidos do signo propriedade como garantia fundamental, a fim de permitir abarcar no âmbito da conceituação do acesso o resultado das relações obrigacionais.

O contrato funcionalizado, portanto, tem sua definição não mais como uma relação estanque lastreada exclusivamente na autonomia privada, passando a assumir o papel instrumental na concretização dos valores estabelecidos pela ordem constitucional, em especial na garantia fundamental do acesso a interesses jurídicos relevantes à concretização da dignidade humana.

Tendo como pano de fundo esse desenvolvimento conceitual, a inserção expressa da função social do contrato no ordenamento brasileiro, a partir do artigo 421 do Código Civil de 2002, estabeleceu, de forma mais intensa, o espraiamento concreto para as relações jurídicas negociais do

---

[24] TEPEDINO, Gustavo. Esboço de uma classificação funcional dos atos jurídicos. *Revista Brasileira de Direito Civil*. v. 1, jul./set. 2014. p. 9.

alicerce necessário para o reconhecimento da permeabilidade dos valores contidos no programa constitucional para o âmbito das relações tipicamente econômico-privadas[25].

O mérito central da perspectiva da funcionalização é, portanto, conceder ao intérprete ferramentas para estabelecer a extensão dos efeitos do processo obrigacional à luz do tecido valorativo emergido da Constituição, tem em seu ápice a tutela da dignidade humana. Neste sentido, afirma Gustavo Tepedino que "os interesses socialmente relevantes alcançados pela relação contratual definirão no caso concreto a sua função social e determinarão o específico regulamente de interesses, plasmando o seu conteúdo"[26].

Assim, o reconhecimento normativo de uma função social atribuída às relações obrigacionais determina que os atos surgidos da autonomia privada se submetam à validação a partir da realização dos interesses interindividuais e sociais prelecionados pela Constituição[27]. Aos contratantes se estabelece, portanto, a obrigação de colmatar os interesses privados constitutivos da liberdade de contratar aos interesses socialmente relevantes emanados do caso concreto e condizentes com o programa constitucional[28].

---

[25] Sobre a formatação expressa, no ordenamento jurídico brasileiro, do princípio da função social do contrato, Gustavo Tepedino referencia: "Não foi sem polêmica que o tema da função social se desenvolveu no Brasil. Embora introduzido no ordenamento jurídico pela Constituição da República de 1946, por meio da função social e há mais de cinquenta anos fosse objeto de estudo por parte da doutrina italiana, por muito tempo, na experiência brasileira, o princípio permaneceu associado à ciência política ou ao plano metajurídico. Com efeito, a função social, sob a ótica individualista que caracterizou as codificações oitocentistas, não se configurava em princípio jurídico, mas traduzia-se em postulado metajurídico, o qual correspondia, em matéria contratual, ao papel que o contrato deveria desempenhar no fomento às trocas e à prática comercial como um todo. Provavelmente por tal circunstância histórica, arraigada intensamente à cultura jurídica dominante (associada ao excessivo apego à técnica regulamentar), a função social afigura-se tema até hoje enigmático e polêmico. Note-se que nem mesmo o advento do Código de Defesa do Consumidor, que deu ensejo a acalorado debate acerca boa-fé suscitou discussão em profundidade sobre a função social. Tampouco a inserção, na Constituição Federal de 1988, do princípio da função social da propriedade teve o condão de despertar a atenção dos estudiosos. De fato, o instituto somente passou a ser objeto de maior reflexão, adquirindo a feição atual, com a sua introdução no art. 421 Código Civil de 2002, em conhecida dicção: "A liberdade de contratar será exercida em razão e nos limites da função social do contrato" (TEPEDINO, Gustavo. Notas sobre a Função Social dos Contratos. In: TEPEDINO, Gustavo. *Temas de Direito Civil*. Tomo III. Rio de Janeiro: Renovar, 2009. p. 145-146).

[26] TEPEDINO, Gustavo. Prefácio. In: GONÇALVES, Marcos. *Função Social das situações jurídicas obrigacionais:* da eficácia pós-contratual ao fim progressivo dos contratos. Belo Horizonte: Forum, 2021. p. 15.

[27] Sobre o tema, veja-se: "Como visto, o princípio da função social do contrato desempe desempenha o papel de impor aos titulares de posições contratual a de perseguir, ao lado de seus interesses individuais, a interesses extracontratuais socialmente relevantes, dignos de tutela jurídica, relacionados ou alcançados pelo contrato. Deste modo, no sistema em vigor, a função social amplia para o domínio do contrato a noção de ordem pública" (TEPEDINO, Gustavo. Notas sobre a Função Social dos Contratos. In: TEPEDINO, Gustavo. *Temas de Direito Civil*. Tomo III. Rio de Janeiro: Renovar, 2009. p. 150).

[28] Neste sentido leciona Gustavo Tepedino: "o papel da função social do contrato no ordenamento jurídico brasileiro se insere no âmbito deste processo de funcionalização dos fatos jurídicos, impondo-se ao intérprete verificar o merecimento de tutela dos atos de autonomia privada, os quais encontrarão proteção do ordenamento se e somente se realizarem não apenas a vontade dos contratantes, perseguida pelo regulamento de interesses, mas, da mesma forma, os interesses extracontratuais socialmente relevantes vinculados à promoção dos valores constitucionais" (TEPEDINO, Gustavo. Notas sobre a Função Social do Contrato. In: TEPEDINO, Gustavo. (org.) *Temas de Direito Civil*. Tomo III. Rio de Janeiro: Saraiva, 2009. p. 155).

Uma possível conclusão a que se chega frente à funcionalização social dos contratos e sua aproximação comparativa à teoria dos bens comuns por meio do que aqui se está denominando resultantes comportamentais comuns, é que o conteúdo da função social do contrato deve atrelar-se à construção da norma a partir do caso concreto. Isso porque, à luz do valor constitucional incidente, é o caso concreto o responsável por nortear os limites e alcances da tutela jurídica, especialmente quando diante de incidência material sobre interesses socialmente. É nesta medida que a função social é tomada como ferramenta de acesso aos bens e valores abarcados pelo interesse comum é o elemento atrativo da extrapolação dos efeitos da relação obrigacional aos interesses coletivos.

Tome-se, a título de exemplo, um dado conhecimento resultante de uma relação obrigacional que, por seu conteúdo, reveste-se de interesse comum para a concretização da vida digna de indivíduos que não fizeram parte daquela relação obrigacional da qual tal conhecimento resultou. É justamente sob o fundamento da garantia do acesso difuso que se estabelecem deveres prestacionais adicionais relativo à propagação de tal conhecimento.

Assim como os bens comuns não se prestam a desconstruir estruturalmente a propriedade privada, os resultantes comportamentais comuns não indicam a desnaturação integral da relação jurídica obrigacional, senão a atribuição de efeitos tais à função social que transformam o conteúdo da obrigação em instrumento de realização dúplice de interesses.

A semelhança com a função social da propriedade, nos termos da Constituição, é relevante neste ponto. Como já antes afirmado, é por meio da eficácia funcional da propriedade amplificada em seu conceito que se atende à garantia fundamental e se concretiza a dignidade humana. Se, no plano dos *commons*, a utilização dos bens é que atrai especial merecimento de tutela pela sua destinação social concreta, na perspectiva dos resultantes comportamentais comuns é o resultado concreto e fático de um processo obrigacional que leva a imputação de comportamentos extrapolados, omissos ou comissivos, a fim de amplificar tais resultados ao atendimento do interessa coletivo.

Relaciona-se a esta afirmação, por ampliação interpretativa, à construção, já presente na doutrina, a respeito da existência de relações contratuais sem negócio jurídico[29], com superação da estrutura formal da explicitação da declaração de vontade.

Abordando tal temática, Gustavo Tepedino[30] constata a existência de diversas atividades legítimas sem negócio, configuradas por relações de fato ou comportamentos sociais típicos, ampliando-se as possibilidades de qualificação contratual de circunstâncias não moldadas à luz da estrutura formal dos contratos. Em outra passagem, afirma o autor que a "admissão da relação contratual sem negócio permite atribuir juridicidade a efeitos socialmente reconhecidos, a partir de qualificação a posteriori da função da atividade realizada"[31] o que leva ao estabelecimento, diante do fato concreto, do merecimento de tutela à luz da legalidade constitucional.

Tal afirmação está em linha com o reconhecimento do papel nuclear da função social, considerando que, mesmo em desalinho com a estruturação formal dos vínculos obrigacionais, a materialização da relação jurídica decorre da função social como polo magnético que atrai seus efeitos. A função social atrai, com o merecimento de tutela, os fatos surgidos ao longo do processo de formação da relação, sem a necessidade de amoldá-los a priori na estrutura de uma pretensão, um dever jurídico ou uma prestação de caráter formal. Nesta medida, não há razão para se vincular

---

[29] TEPEDINO, Gustavo. Atividade sem negócio jurídico fundante e seus desdobramentos na teoria contratual. *Revista Trimestral de Direito Civil*. Rio de Janeiro, a. 11, v. 44, p. 19-30, out.-dez., 2010. p. 28.

[30] TEPEDINO, Gustavo. Atividade sem negócio jurídico fundante e a formação progressiva dos contratos. *Revista Trimestral de Direito Civil*. Rio de Janeiro, v. 11, n. 44, p. 19-30, out./dez. 2010. p. 29.

[31] TEPEDINO, Gustavo. Esboço de uma classificação funcional dos atos jurídicos. *Revista Brasileira de Direito Civil*. v. 1, jul./set. 2014. p. 36.

estes resultados da função aos sujeitos que deram início à relação contratual e tais resultantes revestirem-se de interesse comum da coletividade.

Destarte, a amplificação da acepção de propriedade e de bem, constitucionalmente estabelecidas, aproxima-os do conceito de valor, sendo possível alçar os comportamentos que promovem tais valores à categoria de resultante obrigacional cuja tutela se dá pelo acesso não restrito pelo princípio da relatividade – os resultantes comportamentais comuns.

Ao se impregnar, contemporaneamente, o sentido dos bens patrimoniais pelos valores emanados do programa constitucional, que transpassa espectro que vai do conteúdo econômico ao existencial, incorporam-se no resultado dos comportamentos havidos das relações obrigacionais a natureza de acesso. Transforma-se, com isso, o molde fechado de relação jurídica, esquadrinhada pelo princípio da relatividade, em uma tela em branco na qual as texturas próprias do interesse negocial absorvem a tinta dos interesses comuns de acesso aos resultantes diretos ou indiretos do negócio.

Sobre esse ponto e considerando as premissas da fragmentada relação jurídica obrigacional, há eventual proeminência de imputações socialmente funcionais paralelamente ou em extrapolação à satisfação do interesse negocial originário daquela relação obrigacional.

A localização do sentido de função social como fio condutor das situações jurídicas obrigacionais, assim como se defende em relação à propriedade, revela que é desenvolvimento do programa obrigacional, como de resto os demais comportamentos contratuais é capaz de desencadear imputações funcionais que estabelecem a permanência do vínculo de cooperação para fora da estrutura subjetiva do contrato, quando desencadeiam valores de interesse de toda uma comunidade de sujeitos.

Daí a relevância da construção a respeito dos resultantes comportamentais comuns como conteúdo justificador dos deveres prestacionais prospectivos em relação à satisfação do interesse negocial, em paralelo à teoria dos bens comuns. A formação de um conglomerado de pretensões, direitos e deveres organizados em marcha, pela aproximação de centros de interesses complementares, é gestora de resultados que podem impactar o ambiente social em que se localizam, com o surgimento de demandas de acesso a valores socialmente relevantes e, por isso, atraem para dentro desse programa as imputações que permitam a realização de tal acesso.

5. NOTAS CONCLUSIVAS

A propriedade constitucionalizada, especialmente diante da sua localização no *caput* do artigo 5º da Constituição demanda o reposicionamento do conceito, especialmente diante do reconhecimento da inexistência de hierarquia entre as garantias fundamentais. Nesta ambiência, tomando o princípio da dignidade da pessoa humana como amalgama de tais garantias, a propriedade se reveste do sentido de acesso aos bens essenciais para concretização da vida humana digna, prestando-se a funcionalização à mediação do tecido axiológico constitucional.

É neste contexto normativo que se insere a teoria dos bens comuns, materializando a propriedade como acesso, nos termos que aqui se quer referendar. Mais do que isso, à luz da funcionalização, igual tratamento pode e deve ser dado aos interesses que não encontram seu objeto nos bens corpóreos. Aliás, é próprio da teorização dos *commons* a abordagem das situações jurídicas complexas aptas a concretizar a vida humana digna.

Surge, pois, a proposta dos resultantes comportamentais comuns, lastrados na funcionalização dos processos obrigacionais a conferir merecimento de tutela aos múltiplos interesses sociais que não se limitam ao princípio da relatividade e impõe comportamentos prospectivos à concretização da dignidade da pessoa humana.

12

NEGÓCIO FIDUCIÁRIO
E PATRIMÔNIO SEPARADO[1,2]

Milena Donato Oliva

Sumário: 1. Introdução: negócio indireto, negócio fiduciário e *trust*. 2. Qualificação do negócio fiduciário. 2.1 Desproporção do meio em relação ao fim. 2.2 Risco de abuso. 2.3 Titularidade fiduciária. 3. Negócio fiduciário e *trust*: a separação patrimonial própria do *trust*. 4. A técnica da separação patrimonial no direito brasileiro. 5. Considerações finais.

1. INTRODUÇÃO: NEGÓCIO INDIRETO, NEGÓCIO FIDUCIÁRIO E *TRUST*

O chamado negócio indireto e, na sua esteira, o pacto fiduciário, se relacionam com o poder criativo da autonomia privada em idealizar novas formas de tutelar e promover seus interesses. As estruturas existentes são adaptadas para o alcance de novas funções, inicialmente não albergadas nos institutos positivados. No interessante exemplo noticiado por Tullio Ascarelli, praticava-se a libertação de escravos por meio da venda à divindade.[3] Como ilustra tal exemplo, as partes se

---

[1] Texto elaborado em homenagem aos trinta anos de cátedra do Professor Gustavo Tepedino, de quem tive a honra de ser aluna, bolsista e orientanda na Graduação, no Mestrado e no Doutorado, e de quem sou eterna discípula. A generosidade do Professor Gustavo Tepedino em compartilhar seus ensinamentos e a importância que sempre conferiu à vida acadêmica e à nossa UERJ o tornam um verdadeiro Professor, fonte permanente de exemplo e de inspiração para todos nós.

[2] As ideias aqui desenvolvidas encontram-se aprofundadas nas obras oriundas da minha dissertação (*Patrimônio Separado*. São Paulo: Renovar, 2009) e da minha tese (*Do negócio fiduciário à fidúcia*. São Paulo: Atlas, 2014), ambas elaboradas sob a orientação do Professor Gustavo Tepedino.

[3] Tullio Ascarelli, *Problema das Sociedades Anônimas e direito comparado*, São Paulo: Saraiva, 1969, p. 98.

valem de estrutura típica (compra e venda) para alcançar escopo diverso do normalmente realizado pelo negócio adotado (libertação do escravo), situação essa que a doutrina denomina de negócio indireto.[4]

O negócio fiduciário muitas vezes também é um negócio indireto, pois as partes se utilizam de estrutura típica, como a compra e venda, para alcançar escopo diverso do normalmente por ela realizado, como propiciar a transmissão de bens para fins de garantia ou de gestão. A especificidade do negócio fiduciário em relação ao negócio indireto está na transmissão da titularidade para a realização de um fim ulterior, de modo que aquele que recebe o bem o faz em caráter fiduciário.

Além de poder consubstanciar negócio indireto, o negócio fiduciário também pode se apresentar de forma direta, como genuíno contrato atípico, sem se utilizar da vestimenta de outro contrato para alcançar os fins que almeja. Vale dizer, as partes que desejem transmitir a propriedade para fins de garantia não precisam celebrar contrato de compra e venda, podendo diretamente pactuar negócio fiduciário com escopo de garantia, de sorte que nenhum expediente indireto seria utilizado, apresentando-se o ajuste fiduciário em si mesmo.

A extraordinária potencialidade funcional do negócio fiduciário, todavia, é inversamente proporcional à sua aplicação prática. Tal se explica por lhe faltar elemento que, presente na figura do *trust*, o torna expediente de larga utilização:[5] a separação patrimonial. Com efeito, as dúvidas e incertezas acerca de uma possível blindagem quanto aos riscos pessoais do fiduciário (insolvência, divórcio, falecimento) não tornam especialmente atrativa a figura do negócio fiduciário. Se a criação de negócio fiduciário se submete à liberdade contratual, a afetação patrimonial, por outro lado, apenas pode ser instituída por lei. Uma vez que não há previsão legal, os bens recebidos em fidúcia integram o patrimônio pessoal do fiduciário, a suscitar dúvidas quanto a possíveis pretensões que possam existir sobre tais bens por parte do cônjuge, companheiro, credores e herdeiros do fiduciário.

O presente texto busca qualificar o negócio fiduciário e compará-lo com o *trust*, comparação essa que se justifica na medida em que ambos acarretam a transmissão de ativos ao fiduciário para que ele os empregue com vistas a atingir determinado escopo, mas o primeiro apresenta baixíssima aplicação prática, ao passo que o segundo é diuturnamente praticado, o que se explica em virtude do expediente do patrimônio separado, que também será objeto de desenvolvimento neste trabalho.

2. QUALIFICAÇÃO DO NEGÓCIO FIDUCIÁRIO

A doutrina tradicional indica como característica fundamental do negócio fiduciário a desproporção do meio utilizado (*e.g.*, compra e venda) em relação ao fim pretendido (*e.g.*, administração), pois a transmissão dos bens seria plena e ilimitada, como decorrência do negócio translatício de domínio eleito pelas partes, ao passo que a finalidade pretendida com a transmissão suporia que titularidade fosse restrita e limitada.

Além disso, aduz-se que o negócio fiduciário acarretaria o risco de abuso pelo fiduciário, justamente em razão de a posição real transmitida não se ajustar perfeitamente ao vínculo obrigacional de caráter fiduciário entabulado pelas partes. A seguir, examinam-se criticamente esses atributos conferidos ao negócio fiduciário para, na sequência, proceder-se à sua qualificação.

---

[4]   Tullio Ascarelli, *Problema das Sociedades Anônimas e direito comparado*, cit., p. 94.

[5]   "Si l'on se demande à quoi sert le trust, on peut presque répondre: 'à tout'!" (Pierre Lepaulle, *Traité théorique et pratique des trusts en droit interne, en droit fiscal et en droit international*, Paris: Librairie Arthur Rousseau, 1932, p. 12).

2.1 Desproporção do meio em relação ao fim

No negócio fiduciário há a transmissão, pelo fiduciante, da titularidade de uma situação jurídica subjetiva ativa ao fiduciário, para que este dela se utilize com vistas a atingir os objetivos estipulados pelo fiduciante. O fiduciário assume a obrigação de exercer a situação ativa para a realização de específica função e, ao fim de certo tempo ou mediante o implemento de uma condição, deve transferi-la ao alienante ou a terceiro por ele indicado.[6]

Na medida em que ocorre a transmissão da titularidade ao fiduciário, o qual se obriga, pessoalmente, a exercê-la da forma ajustada com o fiduciante, aduz-se a uma desproporção entre o meio empregado (transmissão do domínio) e o fim perseguido (gestão de bens para função específica). Ou seja, haveria transmissão da propriedade, que é o direito real máximo que alguém pode ter sobre um bem, para que fosse desempenhada uma função menor, própria de um mandatário ou do beneficiário de uma garantia, função esta que, por sua vez, vincularia o fiduciário apenas pessoalmente, sem que a situação proprietária fosse, em si mesma, alterada para se adequar à finalidade perseguida pelas partes. Utiliza-se, assim, de estrutura jurídica mais forte e ampla para se obter um efeito prático mais restrito, de sorte a se extrapolar a finalidade pretendida pelas partes, obtendo-se mais consequências jurídicas do que as necessárias para se alcançar o escopo almejado.[7]

A despeito de tal característica parecer se amoldar, à primeira vista, com perfeição ao negócio fiduciário, fato é que traz consigo um equívoco de premissa. Pressupõe que as partes querem um efeito jurídico menor do que aquele que elas pactuaram, quando é exatamente o oposto. As partes desejam precisamente o efeito maior, ou seja, a transmissão plena do domínio, pois entendem que somente com poderes máximos, próprios do direito real de propriedade, o fiduciário poderá agir soberanamente para perseguir o escopo contratual. As partes, portanto, efetivamente querem a transferência do domínio, com todas as consequências daí decorrentes, para que ao fiduciário seja garantida ampla atuação, a qual é insuscetível de ser obtida por meio diverso da plena transmissão da propriedade. A transmissão, dessa forma, é essencial para a realização da finalidade pretendida; ela não é excessiva, mas absolutamente necessária.[8]

Com efeito, somente com a transmissão do domínio o credor teria a possibilidade de não sofrer os influxos patrimoniais do seu devedor, podendo se pagar com o bem que, agora, graças ao pacto fiduciário, integra o seu patrimônio, independentemente da situação de insolvência do devedor. Assim também, apenas com a transferência da propriedade se assegura ao fiduciário plenos poderes de gestão sobre a coisa sem os entraves do contrato de mandato e da representação que lhe é inerente, garantindo-se ao fiduciário amplos poderes para praticar todos os atos

---

[6] V., por todos, Cesare Grassetti, Del negozio fiduciario e della sua ammissibilità nel nostro ordinamento giuridico. In: *Rivista del Diritto Commerciale e del Diritto Generale delle Obbligazioni*, vol. XXXIV, Parte I, Milano: Casa Editrice Dottor Francesco Vallardi, 1936, p. 363-364.

[7] "Existe, pois, uma contradição entre o fim e o meio empregado: usa-se um meio mais forte para obter um resultado mais fraco, emprega-se uma forma jurídica mais importante, para obter um efeito menor. E eis a essência do negócio fiduciário. É um negócio que *vai mais além* da finalidade das partes, que *supera* a intenção prática, que *tem mais* consequências jurídicas do que as que seriam necessárias para se alcançar o fim em vista" (Francesco Ferrara, *A simulação dos negócios jurídicos*, trad. Bossa, São Paulo: Saraiva, 1939, p. 78).

[8] Cf. Cesare Grassetti, *Del negozio fiduciario e della sua ammissibilità nel nostro ordinamento giuridico*, cit., p. 348-349; 352-353; Francesco Galgano, Il negozio giuridico. In: *Trattato di Diritto Civile e Commerciale* (già diretto da Antonio Cicu; Francesco Messineo; Luigi Mengoni, continuato da Piero Schlesinger), Milano: Giuffrè, 2002, p. 487-488.

necessários ao alcance do escopo avençado. Portanto, não há que se falar em desproporção do meio em relação ao fim.

A corroborar essa perspectiva, quando o legislador se utiliza do negócio fiduciário, ele o faz atribuindo ao fiduciário a titularidade dos bens em fidúcia. A título ilustrativo, em instrumentos sofisticados de gestão patrimonial, como é o caso do fundo de investimento imobiliário, a Lei n. 8.668/1993 estabelece que a titularidade dos bens que integram o patrimônio do fundo é da administradora (v. art. 7º). Também na alienação fiduciária em garantia ocorre a transmissão da propriedade resolúvel ao credor, a reforçar que a transferência do domínio é o meio adequado para que certas funções sejam promovidas.

Entretanto, a previsão legal do negócio fiduciário, de acordo com autorizada doutrina, desnaturalizaria o caráter fiduciário do ajuste, pois retiraria o elemento confiança que justamente o qualificaria, confiança essa que pressupõe o poder de abuso pelo fiduciário, isto é, o seu atuar em contrariedade ao pacto fiduciário, valendo-se dos seus amplos poderes para fins diversos do avençado, frustrando, irremediavelmente, o escopo pretendido com o negócio fiduciário. A regulamentação em lei, sob essa perspectiva, ao retirar o aludido risco de abuso, também afastaria o caráter fiduciário do ajuste. O pretenso risco de abuso, contudo, igualmente não serve a qualificar o negócio fiduciário, como se passa a examinar.

2.2   Risco de abuso

A doutrina ressalta, como segunda característica do negócio fiduciário, o risco de abuso, ou seja, a possibilidade de o fiduciário agir em violação ao pactuado e se utilizar de seus amplos poderes para finalidade distinta da avençada, de modo a frustrar, fatalmente, o escopo almejado com o negócio fiduciário.[9]

O inadimplemento pelo fiduciário pode, efetivamente, impedir que se atinjam os fins pretendidos com o negócio fiduciário. Essa situação, contudo, não é privativa do negócio fiduciário. Com efeito, a impossibilidade de se garantir, em todas as hipóteses de inadimplemento, a satisfação *in natura* do credor lesado ocorre diversas vezes. De todo modo, independentemente da viabilidade de execução específica pelo credor, sempre há reação do ordenamento contra o inadimplente. Dessa forma, o fiduciante encontra remédios jurídicos para fazer frente à quebra dos deveres fiduciários, não se sujeitando apenas à confiança depositada no fiduciário.

Essa situação de perigo identificada pela doutrina, assim, não é diversa do risco de inadimplemento de qualquer outro contrato, cuja tutela, de ordinário, é apenas *inter partes*, dada a relatividade dos pactos, o que pode obstar a satisfação *in natura* do credor. A título ilustrativo, o contrato de compra e venda de imóvel, antes de registrado, produz efeitos meramente obrigacionais, ainda que o preço tenha sido integralmente pago. Dessa forma, se o vendedor de má-fé resolver alienar o mesmo bem para mais de uma pessoa, somente aquela que levar primeiro a registro o negócio

---

[9]   Cesare Grassetti, *Del negozio fiduciario e della sua ammissibilità nel nostro ordinamento giuridico*, cit., p. 355; Luigi Cariota-Ferrara, *I Negozi Fiduciari*, Padova: Cedam, 1933, p. 1-2; Francesco Ferrara, *A simulação dos negócios jurídicos*, cit., p. 79. Na doutrina brasileira, cf. José Carlos Moreira Alves, *Da alienação fiduciária em garantia*, Rio de Janeiro: Forense, 1979, p. 22; Paulo Restiffe Neto, *Garantia Fiduciária*, São Paulo: Revista dos Tribunais, 1976, p. 11-12; Custódio da Piedade Ubaldino Miranda, Negócio jurídico indireto e negócios fiduciários. In: *Doutrinas Essenciais:* obrigações e contratos, vol. VI, Gustavo Tepedino; Luiz Edson Fachin (org.), São Paulo: Revista dos Tribunais, 2011, p. 1274; Pontes de Miranda, *Tratado de Direito Privado*, t. III, São Paulo: Revista dos Tribunais, 2012, p. 179; Orlando Gomes, *Introdução ao Direito Civil*, Rio de Janeiro: Forense, 2001, p. 348.

translatício obterá tutela real e terá consigo o bem, restando ao outro comprador, a despeito de já ter pagado o preço, somente a possibilidade de pleitear perdas e danos em face do vendedor de má-fé.[10]

Ademais, qualificar um negócio à luz dos expedientes legais relativos à sua coercibilidade – *i. e.*, sob o paradigma do momento patológico – acaba por descurar da essência do próprio ajuste – *i. e.*, de sua configuração fisiológica –, que se encontra presente ainda que o legislador progressivamente amplie sua eficácia, mesmo perante terceiros.[11] Com efeito, a compra e venda permanece compra e venda se as partes tiverem apenas direito a perdas e danos ou se puderem contar com execução específica. No caso da promessa de compra e venda, sua causa[12] permanece a mesma nada obstante o ordenamento possa lhe atribuir o *status* de direito real, como fez o Código Civil atual nos arts. 1.417 e 1.418. Da mesma forma, a locação registrada e com cláusula de vigência não deixa de ser locação em virtude de lhe ter sido conferida eficácia perante terceiros.

Por isso não serve a chamada possibilidade de abuso a caracterizar o negócio fiduciário, vez que, tal como concebida, encontra-se também presente em outros ajustes. A possibilidade de inadimplir o pactuado é inerente a qualquer avença, sendo que nem sempre é possível tutelar especificamente os interesses do credor insatisfeito. E nem por isso o negócio se torna fiduciário.[13]

---

[10]   Confira-se o seguinte julgado: "Civil. Venda de imóvel a duas pessoas distintas. Anulação de escritura e do registro. Improcedência. A só e só circunstância de ter havido boa-fé do comprador não induz a que se anule o registro de uma outra escritura de compra e venda em que o mesmo imóvel foi vendido a uma terceira pessoa que o adquiriu também de boa-fé. Se duas distintas pessoas, por escrituras diversas, comprarem o mesmo imóvel, a que primeiro levar a sua escritura a registro é que adquirirá o seu domínio. É o prêmio que a lei confere a quem foi mais diligente. Recursos conhecidos e providos" (STJ, 4ª T., REsp 104200, Rel. Min. Cesar Asfor Rocha, julg. 23.5.2000). V. tb. STJ, Decisão Monocrática, AgInt no AREsp 1071530/SP, Rel. Min. Maria Isabel Gallotti, julg. 19.2.2019, publ. *DJ* 22.2.2019; TJMG, 15ª CC., Ap. Cív. 10024140733502001, Rel. Des. Marco Aurélio Ferrara Marcolino (JD Convocado), julg. 28.1.2021, publ. *DJ* 12.2.2021.

[11]   Sobre o equívoco de se qualificar determinada situação à luz do momento patológico em detrimento do fisiológico, cf. Francesco Donato Busnelli, *La lesione del credito da parte di terzi*, Milano: Giuffrè, 1964, p. 23; Adolfo Di Majo, Delle obbligazione in generale, libro IV. In: *Commentario del Codice Civile Scialoja-Branca*, a cura di Francesco Galgano, Bologna: Nicola Zanichelli Editore, 1988, p. 103; Pablo Rentería, *Obrigações de meios e de resultado*: análise crítica, São Paulo: Método, 2011, p. 58.

[12]   Sobre a importância da causa para a qualificação do contrato, v. Gustavo Tepedino, Questões controvertidas sobre o contrato de corretagem. In: *Temas de Direito Civil*, Rio de Janeiro: Renovar, 2008, p. 149; Maria Celina Bodin de Moraes, O procedimento de qualificação dos contratos e a dupla configuração do mútuo no direito civil brasileiro. In: *Revista Forense,* vol. 309, p. 33 e ss.; Carlos Nelson Konder, Causa do contrato *x* Função social do contrato: estudo comparativo sobre o controle da autonomia negocial. In: *Revista Trimestral de Direito Civil*, vol. 43, Rio de Janeiro: Padma, 2010, p. 33-75.

[13]   Oportuno transcrever a lição de Nicolò Lipari: "Mas, além dessas observações, que demonstram a impossibilidade de levar a caracterização do negócio fiduciário para uma não homogeneidade entre atribuição e finalidade, embora entendida conforme a perspectiva do poder de disposição que cabe ao fiduciário, parece que a fórmula do chamado poder de abuso se apresenta, por outro lado e de maneira ainda mais geral, absolutamente inaceitável. Deixando por enquanto de lado a referência, possível no campo abstrato, à teoria do abuso do direito, de que vamos falar mais adiante, e limitando o significado do termo 'abuso' às hipóteses de um comportamento contrário a um compromisso pactuado expressamente, segundo esta tese a singularidade do negócio fiduciário estaria no fato de que o abuso se encontra entre os poderes do fiduciário. Mas então, de novo, mais do que proposta, a questão parece resolvida de antemão no plano dos efeitos. Porque, ou com isso quer se dizer, em termos de qualificação formal das consequências do abuso, que, contrariando o *pactum fiduciae*, nenhuma responsabilidade caberá

Daí a insubsistência do entendimento segundo o qual o legislador, ao disciplinar o ajuste e prever as sanções específicas para a sua violação, estaria a retirar o caráter fiduciário do negócio. O caráter fiduciário advém não de suposto risco de abuso que justifique a confiança depositada pelo fiduciante no fiduciário, mas da circunstância de o fiduciário titularizar um direito para a promoção de determinada finalidade estipulada pelo fiduciante, como se examina a seguir.

2.3 Titularidade fiduciária

O negócio fiduciário pode assumir diferentes estruturas, inclusive se apresentando como negócio indireto, conforme já analisado. A despeito das suas distintas configurações estruturais, a função geral do negócio fiduciário será sempre a mesma: a transferência da titularidade para a consecução de determinado fim. O que caracteriza o negócio fiduciário, desse modo, é a titularidade fiduciária, isto é, a transmissão da titularidade ao fiduciário para que ele dela se utilize com vistas a promover determinada finalidade, a ser concretamente fixada.

Consubstancia o negócio fiduciário, assim, esquema geral no qual a titularidade é imputada de maneira instrumental, mediante a atribuição de um poder-dever ao fiduciário: o poder decorre da condição de titular e o dever advém do caráter fiduciário da alienação, funcionalizada para o alcance do escopo pretendido. Dessa sorte, independentemente das múltiplas funções que o negócio fiduciário possa, em concreto, realizar, sempre se estará diante de uma titularidade à conta de outrem ou para a realização de um fim, o que atrairá disciplina jurídica própria, condizente com essa específica situação.

Não há limitação apriorística dos escopos a que pode servir o negócio fiduciário, o que permite sua utilização para variadas atividades, desde que lícitas e merecedoras de tutela. Conforme já advertido, a incrível potencialidade do negócio fiduciário para promover variados interesses é inversamente proporcional à sua utilização prática. E isso em virtude de lhe faltar atributo que, presente na figura do *trust*, garantiria flexibilidade e segurança na gestão dos bens pelo fiduciário, qual seja, o patrimônio separado.

3. NEGÓCIO FIDUCIÁRIO E *TRUST*: A SEPARAÇÃO PATRIMONIAL PRÓPRIA DO *TRUST*

Mostra-se oportuno cotejar o negócio fiduciário com instituto emblemático que também apresenta como função primordial a atribuição de titularidade fiduciária, qual seja, o *trust*,

---

ao fiduciário por efeito de seu comportamento – ficando excluída também qualquer relevância jurídica do problema técnico da fidúcia –, ou se quer afirmar, de fato, a possibilidade para o fiduciário de tornar concretamente irrealizável o resultado prático esperado, com exceção (caso não seja possível a execução de forma específica do conteúdo do *pactum*) para o efeito reequilibrador decorrente da adimplência de uma obrigação ressarcitória. Mas isto acontece também com um sem número de negócios obrigatórios, e portanto não vale para caracterizar empiricamente o fenômeno. Na substância, até deste ponto de vista, dizer que um sujeito tem o poder de abusar de uma determinada posição formal, se resolve ou em afirmar a plenitude da qualificação jurídica, excluindo por consequência o abuso, ou em admitir um comportamento que contraria o escopo. Mas, nesta segunda hipótese, ou a realização do escopo é juridicamente relevante, e então o abuso se resolve em uma inadimplência, ou não é, e então – perdoe-se a impropriedade terminológica – o abuso pode fazer sentido, eventualmente, num plano diferente em relação àquele próprio dos fenômenos técnico-jurídicos" (*Il negozio fiduciario*, Milano: Giuffrè, 1964, p. 104-105, tradução livre).

Cap. 12 • NEGÓCIO FIDUCIÁRIO E PATRIMÔNIO SEPARADO | **203**

disciplinado na Convenção de Haia sobre a Lei Aplicável aos *Trusts* e sobre o Reconhecimento Deles. A comparação com o *trust* se justifica na medida em que, embora ambos traduzam mecanismo de atribuição de titularidade fiduciária, o negócio fiduciário, tal como hoje configurado no ordenamento brasileiro, não possui a mesma flexibilidade e segurança que o *trust*, por lhe faltar a separação patrimonial.

A compreensão do *trust* por países da família romano-germânica sempre foi marcada por dificuldades, haja vista a opinião, largamente difundida, de que o *trust* acarretaria a divisão da propriedade em formal e substancial, o que é incompatível com os sistemas da *civil law*.[14] Diante disto, a Convenção de Haia procurou expressar os principais efeitos do *trust* – que o tornam expediente flexível e seguro na *common law* – em instrumentos compatíveis com os ordenamentos da família romano-germânica.

Como elucida a Convenção de Haia, tais efeitos podem ser alcançados por meio do expediente da separação patrimonial. Foi utilizando-se dessa técnica que países da *civil law* incorporaram o *trust* (*e.g.* Argentina e França), aclimatando-o à tradição romano-germânica. Consoante esclarece a Convenção de Haia, os bens conferidos em *trust* constituem patrimônio separado, que não se confunde com o patrimônio pessoal do *trustee*. Em virtude da afetação patrimonial, os credores pessoais do *trustee* não podem excutir os bens em *trust*, os quais também não são passíveis de serem arrecadados na hipótese de insolvência ou falência do *trustee*, e tampouco integram o patrimônio da sociedade conjugal ou o espólio do *trustee*.[15]

Por meio da técnica da afetação patrimonial, destacam-se ativos do patrimônio geral do sujeito, que passam a formar um todo autônomo, isto é, nova universalidade patrimonial, inteiramente voltada para a realização de finalidade específica. Um mesmo sujeito, dessa forma, pode ser titular de mais de um patrimônio, cada qual a desempenhar, por meio de seus ativos, função própria.

A criação de patrimônio separado – também designado autônomo, segregado, destacado, destinado, afetado ou especial – acarreta o que se entende por blindagem patrimonial: somente os credores relacionados ao escopo desse específico patrimônio podem excutir os ativos que o integram. Daí se depreende que a afetação patrimonial tem como grande vantagem a limitação dos riscos, uma vez que os credores que não se encontrarem vinculados ao escopo de determinado patrimônio afetado não poderão ter seu crédito satisfeito nos ativos que o integram. Vale dizer, apenas os credores relacionados ao patrimônio separado podem excutir seus elementos, sujeitando-se, assim, somente aos riscos próprios da gestão desse patrimônio, que se encontra protegido do ataque de credores diversos.

Por outras palavras, os diversos credores do devedor não podem excutir seus bens indistintamente, apenas por serem de propriedade do devedor. Caso os bens integrem patrimônio separado, há de se examinar a pertinência do crédito a ser satisfeito com a função daquele patrimônio. Tratando-se de crédito vinculado ao patrimônio de afetação, poderá o credor executar os ativos que o integram. Ao revés, se o crédito não se relacionar à finalidade desempenhada pela universalidade patrimonial separada, o credor não poderá se satisfazer nos bens que a compõem, devendo excutir os ativos que integram o patrimônio geral do devedor.

Outra importante característica do patrimônio segregado consiste na possibilidade de alteração dos bens que o compõem. Significa dizer que: (i) se um componente sair do patrimônio, não mais se submete às relações jurídicas a este pertinentes; e (ii) se um novo elemento

---

[14] Sobre o ponto, v. Maurizio Lupoi, *Il trust nel diritto civile*. In: *Trattato di diritto civile*, diretto da Rodolfo Sacco. Torino: UTET, 2004, p. 20-22.

[15] Cf. arts. 2º e 11 da Convenção de Haia.

nele ingressar, submete-se *tout court* às relações jurídicas que o vinculam.[16] Vale dizer, se um ativo ingressa no patrimônio, os credores deste patrimônio poderão excuti-lo para satisfazerem seus créditos, ao passo que a saída de um ativo do patrimônio, salvo hipótese de fraude ou de constituição de direito real de garantia, impede que os credores deste patrimônio persigam o bem para satisfazerem seu crédito.[17]

Essa elasticidade própria das universalidades tem como grande vantagem, nos patrimônios de afetação, permitir a variação dos elementos que os integram com vistas a preservar a finalidade a que se dirigem. Assegura-se dinamismo na gestão dos ativos do patrimônio separado, os quais podem ser alterados pelo sujeito sempre que conveniente à realização do escopo pretendido.

A análise da gestão empreendida pelo titular do patrimônio, nessa esteira, encontra-se menos preocupada com o ativo individualmente considerado e mais centrada no conglomerado de bens e na sua aptidão a desempenhar, satisfatoriamente, a função que justificou a separação patrimonial. Por isso que, sempre que os elementos integrantes do patrimônio separado se mostrarem incapazes ou insuficientes para cumprir a finalidade a que se destinam, sua modificação deve ocorrer.

Veja-se que não se trata de substituição aos moldes do que seria um procedimento de sub-rogação, mas de alteração pura e simples dos elementos, podendo estes serem ampliados, reduzidos ou substituídos, já que a alteração do conteúdo do patrimônio mostra-se livre,[18] tendo

---

[16]   Inocêncio Galvão Teles, *Das Universalidades*, Lisboa: Minerva, 1940, p. 132. Essa característica não é exclusiva do patrimônio separado, também se encontrando presente no patrimônio geral. Nessa direção, o art. 789 do CPC determina que o "devedor responde, para o cumprimento de suas obrigações, com todos os seus bens presentes e futuros, salvo as restrições estabelecidas em lei". A norma em questão retrata a natureza de universalidade do patrimônio – seja ele geral ou afetado –, ao assegurar que o credor, a um só tempo, (i) poderá executar o patrimônio do devedor tal como se encontrar na ocasião, não importando a época de aquisição dos bens ou de constituição dos débitos, e (ii) não poderá se beneficiar de direito que tenha saído do patrimônio do devedor, salvo hipótese de fraude. Por outras palavras, o credor poderá excutir, na forma da lei, os direitos que se encontrarem no patrimônio do devedor no momento da execução, em nada influindo a data de incorporação de tais direitos ou do nascimento da dívida.

[17]   A nota distintiva das universalidades constitui precisamente a elasticidade de seu conteúdo, que pode se expandir ou se comprimir sem que a unidade do conjunto seja afetada. O titular da universalidade pode estabelecer relações jurídicas pertinentes aos elementos que a compõem, individualmente considerados, sendo possível até mesmo subtraí-los da universalidade. De outra parte, o titular pode adquirir novos componentes para integrar a universalidade, alargando-a quantitativamente. Daí a característica mais marcante da universalidade ser a maleabilidade de seu conteúdo, a atrair o olhar atento do legislador no sentido da criação de expedientes protetivos que evitem a frustração dos direitos que sobre ela recaem. Exemplo típico constitui a ação pauliana, que visa a assegurar a efetividade do direito de garantia dos credores sobre o patrimônio do devedor, concebido como universalidade. Dessa forma, a universalidade de direito forma unidade autônoma e independente de seus elementos, de sorte que pode figurar como objeto de direito, ao mesmo tempo em que seus componentes guardam autonomia jurídica e, por conseguinte, têm aptidão para figurar em negócio que o excluam da universalidade.

[18]   A sub-rogação real decorre de previsão legal, ocasião em que o legislador valora os casos nos quais a função desempenhada por determinada relação jurídica deve ser mantida a despeito da perda de seu objeto original, de modo que passa a incidir sobre novo bem, ainda que tal acarrete modificação da natureza da própria relação jurídica. Em outros termos, o ordenamento se vale do instituto da sub-rogação real para assegurar que a perda do objeto afetado a uma finalidade especial não acarrete a frustração de tal escopo, haja vista que, por força da sub-rogação real, se vincula novo bem àquela função, ainda que daí decorra extinção da relação jurídica original e substituição por outra. A universalidade de direito, por

como balizador a sua aptidão para promover adequadamente o escopo a que se volta. O escopo do patrimônio, assim, pautará o tipo de administração a ser empreendida pelo seu titular, de tal sorte que não se afigura possível a fixação de padrão único de conduta válido para toda gestão de patrimônio afetado.

A blindagem patrimonial e a possibilidade de alteração dos ativos, características próprias do patrimônio separado, traduzem os principais atrativos do *trust* comparativamente ao negócio fiduciário. O patrimônio de afetação depende de criação legal, vigorando verdadeiro princípio da taxatividade dos patrimônios separados.[19] Por isso que, à míngua de previsão legal, às partes não é concedido criar patrimônios separados e, portanto, não há instituto equivalente ao *trust* no Brasil.[20]

4. A TÉCNICA DA SEPARAÇÃO PATRIMONIAL NO DIREITO BRASILEIRO

O legislador pátrio tem cada vez mais se engajado na criação de importantes hipóteses legais de separação patrimonial conjugada com a titularidade fiduciária, em eloquente processo histórico de incorporação paulatina dos principais efeitos do *trust*. Cabe destacar, a título ilustrativo, o fundo de investimento imobiliário, regulado pela Lei nº 8.668/1993; a incorporação imobiliária, após as alterações introduzidas pela Lei nº 10.931/2004; a securitização de créditos imobiliários, prevista na Lei nº 9.514/1997; o sistema de consórcio de que trata a Lei nº 11.795/2008; o sistema brasileiro de pagamento, constante da Lei nº 10.214/2001; e o depósito centralizado de ativos financeiros e valores mobiliários, com previsão na Lei nº 12.810/2013.

Vale também citar o Código de Processo Civil de 2015, que, em seu art. 533, § 1º, introduziu o regime de afetação patrimonial para a garantia do pagamento dos alimentos indenizativos, ou seja, a constituição de um capital com o escopo de gerar renda para assegurar o pagamento do valor mensal da pensão. Desse modo, garante-se à vítima do dano maior proteção, haja vista que, além do patrimônio geral do devedor, que continua a garantir a pensão devida, há o patrimônio de afetação especificamente constituído para esse fim.[21]

---

sua vez, constitui objeto autônomo de direito, para além de seus componentes, os quais, por conservarem autonomia jurídica, podem participar de relações que os subtraiam da *universitas iuris* e, por conseguinte, do campo de ação daqueles que têm direitos sobre a universalidade em si considerada. Desse modo, a universalidade tem conteúdo variável, podendo se expandir ou se comprimir sem alteração qualitativa, isto é, sem que a livre mutabilidade de seus componentes modifique a configuração unitária do todo. Diante disto, não há de se confundir a livre substituição de elementos que se opera no seio de uma universalidade com o instituto da sub-rogação real. Por todos, cf. Francesco Santoro-Passarelli. *La Surrogazione Reale*, Roma: Attilio Sampaolesi, 1926, *passim*.

[19] V., nessa direção, Francesco Ferrara, *Trattato di Diritto Civile Italiano*, vol. I, Roma: Athenaeum, 1921, p. 876; Augusto Pino, *Il Patrimonio Separato*, Padova: Cedam, 1950, p. 28-29; Henri De Page, *Traité élémentaire de droit civil belge*, t. I, Bruxelles: Émile Bruylant, 1941, p. 560; Francesco Messineo, *Manuale di Diritto Civile e Commerciale*, Milano: Giuffrè, 1957, p. 385; Luis Bustamante Salazar, *El patrimonio: dogmatica juridica*, Santiago: Editorial Juridica de Chile, 1979, p. 88; Melhim Namem Chalhub, *Negócio Fiduciário*, Rio de Janeiro: Renovar, 2006, p. 72-74.

[20] Cf. Milena Donato Oliva. Trust. In: Daniele Chaves Teixeira. (Org.). *Arquitetura do Planejamento Sucessório*. Belo Horizonte: Fórum, 2019, p. 530.

[21] Para uma análise pormenorizada sobre o tema, permita-se remeter a Andre Vasconcelos Roque e Milena Donato Oliva, Patrimônio de afetação no novo Código de Processo Civil. In: *Pensar – Revista de Ciências Jurídicas*, v. 21, 2016, p. 654-674.

Muito embora já se tenha tentado incorporar no direito pátrio, em termos gerais, a possibilidade de criação de negócio fiduciário com patrimônio separado, todas as tentativas nesse sentido restaram frustradas. Há basicamente duas ordens de resistência na absorção de figura correspondente ao *trust*, quais sejam, (i) sua real necessidade no ordenamento brasileiro e (ii) o risco de ser utilizada como instrumento propiciador de fraudes e abusos.

No que tange ao primeiro aspecto, há de se investigar não apenas a ausência de instrumentos para a promoção de interesses merecedores de tutela, como também a possível otimização na proteção desses interesses com a incorporação do *trust*. Dessa forma, a análise não deve se limitar a identificar uma lacuna, mas há de cotejar a atual proteção de determinados interesses com a forma pela qual esses mesmos interesses poderiam ser promovidos a partir da incorporação de figura correspondente ao *trust*.

Em relação ao receio de o *trust* ser instrumento propiciador de fraudes, é de se ressaltar que não há risco específico que lhe seja associado superior ao já existente pela utilização de outros institutos consagrados. Qualquer instrumento jurídico pode ter sua função desvirtuada e servir para acobertar ilícitos. Um simples contrato de compra e venda pode ser utilizado como fachada para lavagem de dinheiro ou para simular doação proibida, por exemplo. A pessoa jurídica pode acobertar abusos dos seus sócios, a retrovenda encobrir juros usurários e assim por diante. Nem por isso se deixa de reconhecer a legitimidade desses institutos, paralelamente ao fomento de instrumentos de controle, jurídicos e fiscalizatórios por parte da administração pública, de modo a se coibirem todos os tipos de ilicitude.

A criação de patrimônio separado, como qualquer ato de disposição, sujeita-se a rigorosos controles destinados a aferir sua validade. Nessa direção, há de se verificar se contou com a anuência do cônjuge, nos casos em que a lei o exija; se respeitou a legítima dos herdeiros necessários, em se tratando de alienação gratuita; se o beneficiário do patrimônio separado pode receber os proventos diretamente do constituinte; se houve fraude aos credores, e assim por diante. Aplicam-se ao *trust* todos os preceitos de ordem pública incidentes sobre o concreto regulamento de interesses.[22]

Desse modo, o *trust* não carrega consigo qualquer perigo adicional de fraude que pudesse recomendar sua não absorção, em termos gerais, pelo legislador brasileiro. Ao revés, ao possibilitar um diverso aproveitamento dos bens em virtude da técnica do patrimônio separado, constitui mecanismo de grande potencialidade funcional,[23] a justificar sua incorporação pelo ordenamento pátrio.

A incorporação do *trust* significaria colocar à disposição da autonomia privada mais um instrumento para a realização de interesses merecedores de tutela. Exemplificativamente, no lugar de se pagar um seguro educacional para garantir a educação dos filhos, seria possível transferir ao *trustee* a titularidade de determinados ativos, que ficariam blindados e totalmente destinados a prover a educação dos filhos.

Pode-se pensar, também, na doação de bens a menores. A doação – que é perfeitamente admitida no direito pátrio –, quando efetuada diretamente a menores, representa severo engessamento na administração dos ativos doados. O *trust*, por outro lado, permitiria que os menores fossem os beneficiários da administração dos bens, mas sem serem donos deles, a possibilitar ágil e eficiente gestão desses ativos, conforme determinado no ato de instituição do *trust*.

A utilidade de se incorporar no Brasil o *trust* explica-se, assim, pela conveniência de se criar mecanismo que, por sua versatilidade, seja apto à realização de inúmeras funções, de modo

---

[22] V. Exposé des motifs de loi instituant la fiducie, présentée par Philippe Marini, p. 4 e Pierre van Ommeslaghe, Rapport de Synthèse. In: *Les opérations fiduciaires*, Colloque de Luxembourg des 20 et 21 septembre 1984, Paris: Feduci, 1985, p. 490-491.

[23] Jorge Roberto Hayzus, *Fideicomiso*, Buenos Aires: Astrea, 2004, p. 1-2.

a otimizar a tutela de importantes interesses. Se é verdade que o legislador se utiliza da técnica da titularidade fiduciária e da separação patrimonial toda vez que julga necessário, por outro lado também é verdade que nem sempre o legislador identifica as demandas sociais no devido tempo. Além disso, a incorporação do *trust* acarretaria maior democratização do instituto, por possibilitar que mais brasileiros, e não apenas aqueles com recursos para constituí-lo no exterior, a ele tenham acesso para realizar finalidades adequadas à sua realidade.

5.   CONSIDERAÇÕES FINAIS

Após longo período de ostracismo, o negócio fiduciário agora desponta com todo vigor como expediente ímpar para a promoção de inúmeras atividades. Não mais se associa à ausência de específicos institutos que pudessem servir a determinado interesse: traduz o próprio expediente por meio do qual se tutelam as mais diversas situações. Consubstancia o negócio fiduciário amplo modelo ao qual se reconduzem os ajustes que apresentam, como nota característica, a titularidade à conta de outrem ou para a promoção de certa finalidade, isto é, a titularidade fiduciária.

O negócio fiduciário não se qualifica em razão da invocada desproporção entre o meio utilizado e o fim pretendido, nem tampouco a partir do que usualmente se denomina risco de abuso (*rectius*, inadimplemento) do fiduciário. A uma porque a atribuição plena da propriedade, longe de se mostrar excessiva, afigura-se o mecanismo apropriado para garantir ao fiduciário plena atuação, insuscetível de ser obtida a partir de outros instrumentos, como o mandato. A duas porque a situação de perigo identificada pela doutrina não se mostra distinta do risco de inadimplemento de qualquer ajuste em geral.

Daí decorre a insubsistência do entendimento segundo o qual o legislador, ao disciplinar o ajuste e prever as sanções para a sua violação, estaria a retirar o caráter fiduciário do negócio. O caráter fiduciário advém não de suposto risco de abuso que justifique a confiança depositada pelo fiduciante no fiduciário, mas da circunstância de o fiduciário titularizar um direito para a promoção de determinada finalidade estipulada pelo fiduciante.

A qualificação do negócio fiduciário a partir da invocada desproporção entre o meio utilizado e o fim pretendido, ou com base no "risco de abuso", se mostra também censurável por reduzir o negócio fiduciário à utilização indireta de tipos contratuais, a exemplo da compra e venda para fins de gestão ou de garantia. O negócio fiduciário, entretanto, não se confunde com o negócio indireto. Embora o negócio fiduciário possa se valer de estrutura típica para atingir, indiretamente, os fins colimados, ocasião em que poderá ser considerado negócio indireto, tal conformação não é da sua essência, admitindo-se, igualmente, que as partes se valham diretamente de contrato fiduciário atípico.

Em definitivo, o que caracteriza o negócio fiduciário – seja quando se utiliza de expediente indireto, seja quando diretamente desponta como contrato atípico – é a titularidade à conta de outrem ou para a promoção de certa finalidade, ou seja, a titularidade fiduciária. Essa é a função perseguida pelas partes com o negócio fiduciário: a transmissão de um direito para que ele seja exercido de determinada maneira, com vistas ao alcance de um escopo comumente avençado. A transmissão da titularidade não é um fim em si mesma, mas é instrumental à finalidade pretendida. Opera-se verdadeira dissociação entre a função a ser desempenhada pelo bem e os interesses do seu titular.

Oportuno ressaltar que o negócio fiduciário pode ser associado à técnica do patrimônio separado. Contudo, a autonomia negocial, na qual se fundamenta o negócio fiduciário no direito brasileiro, não tem o condão de criar patrimônio separado, cuja constituição depende de previsão legislativa.

A segregação patrimonial proporciona às partes contratantes flexibilidade e segurança extraordinárias. A flexibilidade resulta da elasticidade do conteúdo do patrimônio, entendido como universalidade de direito, que pode se expandir ou se comprimir sem alteração da sua configuração unitária. Desse modo, em razão de a universalidade apresentar conteúdo mutável e, ao mesmo tempo, figurar, enquanto tal, como objeto de relação jurídica, tem-se que: (i) se um componente sair da universalidade patrimonial, não mais se submete às relações jurídicas a esta pertinentes; e (ii) se um novo elemento ingressar no patrimônio, submete-se *tout court* às relações jurídicas que o vinculam. Mostra-se possível, assim, haver livre mudança dos elementos do patrimônio (desde que respeitadas, evidentemente, as disposições do contrato fiduciário e demais preceitos legais pertinentes), a tornar os ativos afetados ao vínculo fiduciário maleáveis às mais diversas situações, de sorte a garantir ágil e eficiente gestão do patrimônio separado.

De outra parte, a técnica do patrimônio separado oferece segurança ímpar aos contratantes do negócio fiduciário. Com efeito, com vistas a promover o escopo que o unifica sem interferências externas, o patrimônio separado é vocacionado a garantir, com exclusividade, as dívidas pertinentes ao fim que persegue. Esse efeito da afetação patrimonial constitui eficiente mecanismo jurídico para assegurar, da maneira mais plena possível, a realização da finalidade a que se dirige, pois tem como importante e fundamental consequência blindar o patrimônio separado das vicissitudes atinentes ao patrimônio geral.

Dessa forma, os credores pessoais, herdeiros, cônjuge e companheiro do titular do patrimônio separado não podem ter qualquer pretensão, nessa qualidade, a excutir os bens que o integram. Além disso, os credores do fiduciante e do beneficiário não podem executar os direitos integrantes do patrimônio especial, vez que de titularidade do fiduciário. Os credores do beneficiário podem apenas excutir os proventos que este auferir da gestão do fiduciário.

Atento às inúmeras funções que podem ser desempenhadas por meio da titularidade fiduciária associada à separação patrimonial, o legislador pátrio se utiliza desse esquema em atividades estratégicas, de que são exemplos os fundos de investimento imobiliário, a securitização de créditos imobiliários, a incorporação imobiliária, o sistema de consórcio, o sistema brasileiro de pagamento e o depósito centralizado de ativos financeiros e valores mobiliários.

Nada obstante, o legislador brasileiro não introduziu o negócio fiduciário com patrimônio separado como esquema negocial de amplo alcance. Daí decorre que os indivíduos não podem aplicar tal mecanismo a outras atividades além daquelas especificamente contempladas pela legislação. Por essa razão, o negócio fiduciário não pode ser considerado, tal como hoje configurado no direito brasileiro, como um equivalente funcional do *trust* previsto na Convenção de Haia, o qual autoriza a constituição de titularidade fiduciária com patrimônio segregado para fins variados, desde que legítimos.

Há o difundido temor de a incorporação do *trust* facilitar sobremaneira fraudes contra herdeiros, cônjuge, companheiro e credores, haja vista a afetação patrimonial que lhe é inerente. Entretanto, a criação de patrimônio separado, como qualquer ato de disposição, sujeita-se a rigorosos controles destinados a aferir sua validade. O *trust* não é diverso de qualquer outro ato de alienação e, portanto, os mesmos controles de ilicitude e abusividade atinentes aos atos de disposição incidiriam sobre o *trust*. A blindagem patrimonial, nesse sentido, não surge como meio propiciador de fraude, mas como forma de tornar efetivo o escopo do *trust*.

A incorporação, no direito brasileiro, de esquema negocial equivalente ao *trust* se mostraria especialmente valiosa para o aprimoramento da tutela jurídica conferida a inúmeras situações existenciais e patrimoniais. O novo instituto, com efeito, não beneficiaria apenas aqueles que possuem patrimônio. Cuida-se de ajuste que ao permitir, com base na técnica da separação patrimonial, a dissociação entre a finalidade dos bens e os interesses do seu titular, acaba por viabilizar o acesso aos proveitos econômicos dos bens pelos não proprietários. Dessa forma, a atividade de gestão do patrimônio pode ter por escopo primordial promover situações existenciais, assegurando, por exemplo, condições de vida digna àqueles que se encontram em especial situação de vulnerabilidade.

13

PRESCRIÇÃO:
UMA RECONSTRUÇÃO FUNCIONAL

RACHEL SAAB

"os assuntos que julgamos mais profundos, mais impossíveis,
mais permanentes e imutáveis, transformam-se devagar em tempo."

José Luís Peixoto, A explicação da eternidade

Sumário: Introdução. 1. A inércia do titular do direito em perspectiva funcional. 2. Valoração dinâmica da relação jurídica: pretensão como exigibilidade da prestação. 3. Ponderações acerca do termo inicial da prescrição. 4. Releitura das causas impeditivas: impossibilidade objetiva de saber. 5. Conclusão.

INTRODUÇÃO

O instituto da prescrição constitui ponto de confluência de abordagens distintas à temporalidade: de um lado, o tempo cronológico é apreendido pelos prazos prescricionais fixados por lei; de outra parte, o tempo jurídico é organizado por meio de causas suspensivas, impeditivas e interruptivas, bem como pelo estabelecimento do termo inicial.[1] Na conver-

---

[1] "The three core issues for any regime of prescription or limitation of actions are the period of time that is necessary for the action to be barred (or, in the case of acquisitive prescription, for the right to be acquired); the time at which the period begins to run; and whether the period can be suspended or interrupted (i.e., the acts or facts which will either delay the running of the period or stop it – whether or not it then allows a period to start running again)." (John Cartwright, Reforming the French Law of Prescription: an English Perspective. In: John Cartwright; Stefan Vogenauer; Simon Whittaker (orgs.), *Reforming the French Law of Obligations, Comparative Reflections on the Avant-projet de réforme du droit*

210 | PROBLEMAS DE DIREITO CIVIL – *Homenagem aos 30 anos de cátedra do professor Gustavo Tepedino*

gência das facetas complementares da temporalidade, operar-se-ia um compromisso entre segurança jurídica e mudança.[2]

O transcurso do tempo figuraria como medida de todas as coisas, sendo apto a determinar o momento em que um direito não se revelaria mais exigível. Desse modo apreendida, a prescrição se assemelha a instituto pertencente ao domínio das ciências exatas: por meio de mero cálculo aritmético, seria possível estabelecer a data em que o prazo prescricional se consumou, independentemente das circunstâncias fáticas.

Sob essa perspectiva, os contornos da segurança jurídica que funcionaliza o instituto são delineados de modo abstrato e formal. Em adoção da técnica subsuntiva, a certeza jurídica encerra espécie de uniformidade na aplicação das regras prescricionais sobre as mais variadas situações fáticas, com maior previsibilidade do momento em que a pretensão não se revela mais exercitável. As causas impeditivas e suspensivas se restringiriam àquelas hipóteses previstas em lei, de sorte que a fluência do prazo prescricional somente seria impactada se a impossibilidade de agir pudesse ser formalmente reconduzida à abstrata *fattispecie* de antemão determinada. Caso contrário, o decurso do prazo prescricional não restaria impedido ou suspenso, ainda que demonstrada a concreta impossibilidade de exercício da pretensão.

Tal raciocínio, no entanto, acaba por subverter a ordem hierárquica do ordenamento constitucional, ao afastar a incidência direta dos princípios e valores constitucionais às relações de direito privado. Com efeito, a constitucionalização do direito civil atribui eficácia direta às normas constitucionais, que não constituem mero limite externo à legislação infraconstitucional e aos atos decorrentes da autonomia privada; antes, os limitam internamente, figurando como sua justificação de normatividade.[3]

---

des obligations et de la prescription ('the Avant-projet Catala'), vol. 9, Oxford: Hart Publishing, 2009, p. 371). Tradução livre: "As três questões centrais de qualquer regime de prescrição ou limitação de ações são o período de tempo necessário para a ação estar prescrita (ou, no caso de prescrição aquisitiva, para o direito a ser adquirido); o momento em que o prazo começa a correr; e se o prazo pode ser suspenso ou interrompido (ou seja, os atos ou fatos que irão atrasar a contagem do prazo ou interrompê-la – permitindo ou não que um prazo recomece a correr posteriormente)."

[2] "La prescription illustre ainsi deux approches de la temporalité que sont le temps chronométrique qui correspond à la durée du temps juridique et le temps chronologique qui correspond à l'organisation du temps juridique. Du premier, la prescription retient la continuité en se caractérisant principalement par sa durée, «coeur du mécanisme». Du second, elle retient l'instantanéité à travers la fixation du point de départ ou du terme du délai, d'une cause d'interruption, de suspension, etc. Utilisant ces deux facettes complémentaires de la temporalité, le législateur opère un compromis, variable selon la matière, «entre continuité et changement, justice et réalisme» en réglementant minutieusement le délai de prescription." (Charles Froger, *La Prescription Extinctive des Obligations em Droit Public Interne*, Bourdeaux: Universite Montesquieu – Bordeaux IV, École Doctorale de Droit, 2 décembre 2013, p. 18). Tradução livre: "A prescrição ilustra, assim, duas abordagens da temporalidade: o tempo cronométrico, que corresponde à duração do tempo legal, e o tempo cronológico, que corresponde à organização do tempo legal. Do primeiro, a prescrição retém a continuidade, caracterizada principalmente por sua duração, 'coração do mecanismo'. Do segundo, retém a instantaneidade, por meio da fixação do termo inicial e do termo final, de causas de interrupção, suspensão, etc. Utilizando essas duas facetas complementares da temporalidade, o legislador opera um compromisso, variável conforme a matéria, 'entre continuidade e mudança, justiça e realidade', regulando cuidadosamente o prazo prescricional".

[3] "As normas constitucionais, na verdade, têm um papel que não pode reduzir-se a representar limites e impedimento à lei ordinária ou constituir-se em simples suportes hermenêuticos para o mais completo conhecimento do ordenamento. Elas, além de indicar os fundamentos e as justificações de normatividade de valor interdisciplinar tanto das instituições jurídicas quanto dos institutos jurídicos, apontam

Ao desconsiderar as particularidades do caso concreto, a abordagem tradicional do instituto provoca efeito inverso àquele pretendido, ampliando as hipóteses em que a aplicação do prazo prescricional se revela insegura ou impede a possibilidade efetiva de exercício da pretensão.

Nesse cenário, propõe-se que sejam revisitados os conceitos que permeiam o instituto da prescrição, analisando-os à luz da metodologia civil-constitucional. O conteúdo da segurança jurídica – que funcionaliza a prescrição – deverá ser reconstruído, de modo a ser informado pelos valores constitucionais, em afirmação da abertura e complexidade do sistema jurídico. A abstrata certeza dá lugar à concreta estabilização de determinada relação jurídica, na qual se inserem os interesses juridicamente tutelados.

1. A INÉRCIA DO TITULAR DO DIREITO EM PERSPECTIVA FUNCIONAL

A prescrição foi concebida sob perspectiva estrutural, descurando-se da função do instituto na análise dos seus pressupostos fáticos. Com acentuada ênfase no fator temporal, a inércia do titular era entendida como a mera ausência de exercício da pretensão durante o período determinado por lei.[4]

Sob tal ótica, a inércia do titular restava subordinada ao próprio decurso do tempo, em aplicação automática – matematicamente previsível e inevitável[5] – dos prazos prescricionais, ao argumento de que a abstrata segurança jurídica que fundamenta o instituto restaria mais bem atendida.

O tempo jurídico, no entanto, expressa conceito relacional: um período transcorrido entre dois marcos teóricos. Por si só considerado, não é capaz de determinar o encobrimento de determinada pretensão, uma vez que não denota qualquer comportamento – omissivo ou comissivo – das partes que integram a relação jurídica.[6]

Assim, há que se atribuir centralidade à inércia do titular do direito para a configuração da prescrição. Se ambos – decurso do tempo e inércia do titular – constituem os pressupostos fáticos do instituto, deve-se sujeitar o transcurso do lapso temporal à inércia do sujeito, não já o contrário.[7]

---

parâmetros de avaliação dos atos, das atividades e dos comportamentos, como princípios de relevância normativa nas relações intersubjetivas" (Pietro Perlingieri, A Doutrina do Direito Civil na Legalidade Constitucional. In: Gustavo Tepedino (Org.), *Direito Civil Contemporâneo*, São Paulo: Atlas, 2008, p. 2).

[4] Na lição de San Tiago Dantas: "[M]esmo quando as partes nada combinam a respeito da eficácia do tempo, o decurso dele produz modificações importantes no direito, levando ora à aquisição de direitos, que não se tinha, ora à perda de direitos de que éramos titulares efetivos" (San Tiago Dantas, *Programa de Direito Civil, teoria geral*. Rio de Janeiro: Forense, 2001, p. 341).

[5] Fillipo Ranieri, Exceptio temporis e replicatio doli nel diritto dell'Europa. In: *Rivista di Diritto Civile*, 1971, v. 17, n. 01, p. 253 e ss..

[6] "Il tempo è un concetto di relazione, e non un fatto, ed perciò incapace di determinare, esso, l'acquisto o la perdita del diritto" (Ruperto Ferruci, Prescrizione estintiva. In: *Novissimo digesto italiano*. XIII. Turim, 1966, p. 646). Tradução livre: "O tempo é um conceito relacional, não um fato, e, portanto, incapaz de determinar isso, a aquisição ou a perda do direito".

[7] "Muovendo dal pressuposto che 'non è sufficiente la mera inerzia, concepita come fatto giuridico, a constituire la prescrizione, ma occorre che questa inerzia sia valutata nella sua realtà sociale come comportamento omissivo del titolare della situazione giuridica attiva' una recente ed apprezzabile dottrina ritiene necessario che l'interesse all'esercizio del diritto sia 'attuale', non solo eventuale, perché il comportamento omissivo sia socialmente valutabile come inerzia" (Giuseppe Panza, *Contributto allo Studio della Prescrizione*, Nápoles: Editora Jovene Napoli, 1984, p. 26). Tradução livre: "Partindo

Em contraponto às teorias tradicionais que atribuem ao fator temporal predominância na configuração da *fattispecie* extintiva, Santoro-Passarelli sustenta que o instituto da prescrição traduz a influência da conduta do titular – comissiva ou omissiva – sobre o direito. Nesse viés, propõe seja investigado o comportamento do sujeito que, podendo exercer a pretensão, não o faz.[8] O decurso do tempo será desconsiderado, para fins de cômputo do prazo prescricional, sempre que se caracterizar uma causa que torne impossível ou extremamente difícil o exercício da pretensão. Em tais casos, a inércia se justifica pela impossibilidade de agir do titular.[9]

O entendimento de que a prescrição deve estar ancorada unicamente no transcurso do tempo, com a incidência automática dos prazos previstos em lei, retira do intérprete a possibilidade de aplicar a norma jurídica à luz das circunstâncias fáticas irrepetíveis do caso em exame e dos valores que informam o ordenamento jurídico.

Adotando-se a hermenêutica em função aplicativa, a inércia que constitui o pressuposto fático da prescrição não corresponderá à mera inação do titular por determinado lapso temporal, em desconsideração das circunstâncias do caso concreto. Ao revés, as peculiaridades fáticas serão apreciadas, de modo a valorar se o titular do direito poderia concretamente buscar a satisfação e tutela de seu interesse jurídico – hipótese em que seu comportamento omissivo configurará inércia. A fim de individuar a normativa do caso concreto, o magistrado deverá confrontar o fato com o ordenamento jurídico em sua unidade, heterogeneidade e complexidade, afastando-se da automática aplicação do dispositivo legal isoladamente considerado.[10]

Assim, a inércia é remodelada: o intérprete deve apreender, das circunstâncias fáticas, (i) o comportamento exigível do titular do direito, na tutela de um interesse jurídico que tenha sido lesado ou visando à satisfação de seu crédito; (ii) a possibilidade concreta de exercício da pretensão, identificando-se as hipóteses de impossibilidade de agir (causas impeditivas e suspensivas); e (iii) o comportamento adotado pelo titular do direito. Alcança-se, dessa forma, concepção dinâmica e funcional da inércia.

---

do pressuposto de que 'não basta apenas a inércia, concebida como um fato jurídico, a constituir a prescrição, mas é necessário que esta inércia seja avaliada na sua realidade social como omissão do titular da situação jurídica ativa', uma doutrina recente e apreciável considera necessário que o interesse de exercer o direito seja atual, não só eventual, para que o comportamento omissivo seja socialmente valorado como inércia".

[8] Francesco Santoro-Passarelli, *Teoria Geral do Direito Civil*, Coimbra: Atlântida Editora, 1967, p. 16.

[9] "Se l'inerzia è il presupposto della prescrizione, questa non opera allorché sopraggiunga una causa che, rendendo impossibile o comunque estremamente difficile l'esercizio del diritto, giustifichi l'inerzia, e allorché l'inerzia cessi in quanto il diritto viene esercitato (o riconosciuto dalla controparte): ipotesi che corrispondono rispettivamente agli istituti della sospenzione e dell'interruzione della prescrizione" (Pietro Perlingieri, *Manuale di diritto civile*, Nápoles: Edizioni Scientifiche Italiane, 2000, p. 328) Tradução livre: "Se a inércia é o pressuposto da prescrição, esta não se configura quando sobrevier uma causa que, tornando impossível ou extremamente difícil o exercício do direito, justifique a inércia; de igual modo, a inércia cessa quando o direito for exercitado (ou reconhecido pela outra parte): tais situações correspondem, respectivamente, aos institutos da suspensão e interrupção da prescrição".

[10] "[M]ostra-se insustentável o vetusto processo hermenêutico silogístico conhecido como subsunção, que pressupõe a dualidade inexistente entre a norma jurídica (premissa maior) e a hipótese (premissa menor). A norma jurídica é um *posterius* e não um *prius* em relação ao processo interpretativo. Resulta da valoração do fato concreto, à luz de todo o ordenamento que, traduzindo-se na atividade interpretativa, exige ponderação no exame das peculiaridades do objeto cognitivo." (Gustavo Tepedino, Unidade do Ordenamento e Teoria da Interpretação, In: Gustavo Tepedino, *Temas de Direito Civil. t. III*, Rio de Janeiro: Renovar, 2009, p. 428).

Cap. 13 • PRESCRIÇÃO: UMA RECONSTRUÇÃO FUNCIONAL | **213**

A inércia do titular deve ser apreciada com referência ao modo pelo qual o direito é concretamente desfrutado e realizado.[11] No âmbito obrigacional, deve-se considerar a síntese dos efeitos essenciais pretendidos pelas partes no regulamento de interesses contratual,[12] identificando-se a forma pela qual os interesses de ambos os contratantes são satisfeitos. Nessa direção, Bruno Troisi oferece uma abordagem relacional e dinâmica da inércia, ao destacar que o exercício do direito subjetivo só pode ser apreciado com referência à concreta relação jurídica na qual se articulam os interesses merecedores de tutela que integram ambas as situações subjetivas.

A causa justificadora do fenômeno prescricional é identificada não já na mera inação do titular, mas na ausência de concretização do complexo regulamento de interesses entabulado pelas partes. A fim de verificar se este restou atendido – ou não –, devem ser apurados os comportamentos adotados por ambos os sujeitos que figuram como titulares das situações subjetivas funcionalmente correlatas, os quais, em regra, são os interessados na sua realização. Tais comportamentos assumirão conteúdos variados, segundo o específico regulamento de interesses.[13] Nessa esteira, Francesco Longobucco consigna que o debate acerca da configuração dos pressupostos fáticos da prescrição deve ser reconduzido à relação jurídica, necessário ponto de incidência do fenômeno prescricional.[14]

Em sentido similar, Judith Martins-Costa propõe o conceito de inércia qualificada, que configura um comportamento concludente por parte do titular do direito. A seu ver, a inércia só assume relevância jurídica quando denota manifestação de vontade, da qual se possa deduzir significado declarativo. Por meio de sua inação, o titular do direito teria – ainda que implicitamente – demonstrado não possuir interesse em exercer a posição que ocupa na relação jurídica que o

---

[11] Biagio Grasso, Prescrizione (Dir. priv.), In: *Enciclopedia del Diritto*. t. XXXV. Milão: Giuffrè, 1986.

[12] "A relação jurídica é, portanto, sob o perfil funcional, regulamento, disciplina dos centros de interesses opostos ou coligados, tendo por objeto a composição destes interesses. A relação jurídica é regulamento dos interesses na sua síntese: é a normativa que constitui a harmonização das situações subjetivas" (Pietro Perlingieri, *O direito civil na legalidade constitucional*, Rio de Janeiro: Renovar, 2008, p. 737).

[13] Bruno Troisi, *La Prescrizione come Procedimento*, Nápoles: Edizioni scientifiche italiane, 1980, p. 108.

[14] "In tale contesto si inserisce altresì il dibattito in merito alla definizione del concetto di «non esercizio» del diritto (i.e. inerzia del titolare): all'opinione tradizionale e dominante che considera il mancato esercizio della situazione in un'ottica meramente oggettiva e tranciante si replica, in vero, che sarebbe più corretto discorrere di inattuazione del rapporto e, segnatamente, di mancata attuazione del contenuto essenziale di un determinato rapporto, mutando di volta in volta le circostanze idonee a far considerare appunto non attuato un concreto regolamento di interessi. Proprio la progressiva riconduzione della prescrizione al tema fondamentale del rapporto giuridico, valorizzando segnatamente la prospettiva funzionale degli interessi nel caso concreto, apre la "stura" ad una più attuale concezione dell'istituto. Si giustifica, in tal senso, il riferimento al rapporto giuridico quale necessario punto di incidenza della prescrizione delle situazioni (non soltanto di diritto soggettivo)" (Francesco Longobucco, La prescrizione come "rimedio civile": profili di ragionevolezza dell'istituto. In: *I Contratti*, Milão, n. 11, 2012, p. 948-949). Tradução livre: "Nesse contexto também se insere o debate acerca da definição do conceito de 'não-exercício' do direito (isto é, a inércia do titular): à opinião tradicional e dominante que considera o não exercício da situação a partir de uma ótica meramente objetiva se replica, na verdade, que seria mais adequado sustentar a não realização da relação jurídica, e, em particular, a falta de atendimento do conteúdo essencial de determinada relação jurídica, alterando-se, em cada caso, as circunstâncias idôneas à caracterização de que não restou realizado um concreto regulamento de interesses. Daí a progressiva recondução da prescrição ao tema fundamental da relação jurídica, valorizando-se a perspectiva funcional dos interesses jurídicos identificados no caso concreto, de modo a abrir as 'comportas' a uma concepção mais moderna do instituto. Se justifica, nesse sentido, a referência à relação jurídica como necessário ponto de incidência da prescrição das situações subjetivas (não apenas de direitos subjetivos)".

vincula à contraparte.[15] Por sua vez, Arruda Alvim qualifica a inércia – que constitui pressuposto fático da prescrição – como a *"não atividade quando esta pode ser desempenhada"*.[16]

Considerando que o decurso do tempo se vincula intrinsecamente à configuração da inércia do titular, nem todo lapso temporal será relevante para a consumação da prescrição. A fluência do prazo prescricional poderá ser suspensa ou impedida, nas hipóteses em que identificada a impossibilidade de agir do titular.

Em renovada leitura dos pressupostos fáticos do instituto, atribui-se ênfase à concreta ausência de exercício da pretensão pelo titular do direito, em circunstâncias tais em que tal exercício se revelava possível, delineando-se, assim, conceito funcional e dinâmico da inércia.

2. VALORAÇÃO DINÂMICA DA RELAÇÃO JURÍDICA: PRETENSÃO COMO EXIGIBILIDADE DA PRESTAÇÃO

Uma vez definido o conteúdo funcional da inércia, passa-se à análise da pretensão, figura central ao instituto. Conforme sublinha José Carlos Barbosa Moreira, *"a pretensão emerge da condição de simples ponto de passagem episódico e secundário, a que – com as exceções de praxe – costumavam relegá-la, e move-se para o centro da paisagem"*.[17]

No ordenamento jurídico brasileiro, o conceito de pretensão corresponde àquele formulado por Windscheid, segundo o qual a pretensão não denota apenas a exigência concreta; antes, identifica-se na pertinência jurídica, como poder de pretender, de reclamar qualquer coisa de outrem.[18]

---

[15] "Como está assentado na doutrina, a inércia adquire relevância jurídica quando assume o caráter de um *comportamento concludente,* vale dizer: de um comportamento, ativo ou omissivo, do qual se pode deduzir um *significado declarativo,* apreensível por meio de uma recognoscibilidade tácita (ou, para Betti, indireta) acerca da existência de uma manifestação de vontade. Teleologicamente coligada a esta função está a de assegurar a estabilidade e segurança jurídicas que poderiam ser perturbadas pela reviravolta de situações há longo tempo assentadas, nesse sentido a prescrição servindo como garantia da certeza do direito. Esta – a certeza do direito –, deriva, pois, do transcurso do tempo conectado ao significado declarativo que, concludentemente, foi razoável retirar do comportamento inerte do titular do direito" (Judith Martins-Costa, Notas Sobre o Dies a Quo do Prazo Prescricional. In: Daniel Gomes de Miranda; Leonardo Carneiro da Cunha; Renato Paulino de Albuquerque Júnior (Orgs.), *Prescrição e Decadência*: Estudos em Homenagem a Agnelo Amorim Filho, Salvador: Editora JusPodivm, 2013, v. 5, p. 291-303).

[16] José Manoel Arruda Alvim, Da prescrição intercorrente. In: Mirna Ciani (Org.), *Prescrição no Código Civil*: Uma Análise Interdisciplinar, São Paulo: Saraiva, 2006, p. 116.

[17] José Carlos Barbosa Moreira, Notas sobre pretensão e prescrição no sistema do novo Código Civil brasileiro. In: *Revista Forense*, v. 99, n. 366, Rio de Janeiro: Forense, mar. 2003, p. 147-148.

[18] No original: "Esiste il bisogno di esprimere la tendenza del diritto ad assoggettarsi la volontà altrui come tale, indipendentemente dall'essere diritto reale o personale, assoluto o relativo. La espressione ragione soddisfa a tale bisogno. Così l'uso del linguaggio tedesco, come l'analogia del romano, permettono di usare tale espressione, non solo per indicare il pretendere come fatto, ma anche come pertinenza giuridicha, quindi come diritto di pretendere, di richiedere qualche cosa da un altro" (Bernardo Windscheid, *Diritto delle Pandette, volume primo, parte prima*, Turim: Unione Tipografico-Editrice, 1902, p. 183-184). Tradução livre: "Há a necessidade de expressar a tendência do direito de submeter a si a vontade de outrem, independentemente de se tratar de direito real ou pessoal, absoluto ou relativo. A expressão pretensão satisfaz tal necessidade. Assim, o uso da língua alemã, como a analogia do direito romano, permite que se use tal expressão, não só para indicar a efetiva exigência do direito, mas antes como pertinência jurídica, como o direito de exigir, de requerer qualquer coisa de outrem".

A pretensão é concebida como o poder atribuído ao titular de exigir o cumprimento da prestação. Segundo elucida Ovídio Baptista, a pretensão potencializaria o direito subjetivo, *"dotando-o do dinamismo em virtude do qual o direito poderá realizar-se como consequência da exigência de sua satisfação".*[19]

Nos comentários à Parte Geral do Projeto de Código Civil Brasileiro, José Carlos Moreira Alves esclarece que se considerou como pretensão o sentido atribuído por Savigny à ação material – pressupondo, portanto, a lesão.20

Ao investigar a distinção entre a pretensão e o direito subjetivo, Rodrigo Xavier Leonardo sublinha que este constitui categoria eficacial de cunho estático, ao passo que a pretensão traduz uma situação subjetiva dinâmica. Em específico, o direito subjetivo equivaleria a uma situação jurídica ativa estática por se revelar destituído da possibilidade de atuação sobre a esfera jurídica de outrem, visando ao cumprimento. Por sua vez, *"[q]uem é titular de uma pretensão tem em mãos, repita-se, algo a mais. Titulariza uma situação jurídica dinâmica: detém o poder de exigir uma prestação, positiva ou negativa, de alguém".*[21]

Tendo em vista que a pretensão consubstancia a exigibilidade do interesse que figura como ponto de referência objetivo da relação jurídica, seu surgimento só poderá ser analisado em perspectiva dinâmica, no âmbito da concreta relação em que se insere.[22] Como já alertava Pontes de Miranda, *"o conteúdo das pretensões é diverso, de conformidade com o direito de que emanam".*[23] Além disso, a subordinação do nascimento da pretensão ao momento da violação ao direito representaria *"restrição ideológica inaceitável",*[24] ao afastar a possibilidade de existência de pretensões inibitórias, destinadas justamente a evitar a lesão a interesse juridicamente tutelado.[25]

---

[19] Ovídio A. Baptista da Silva, *Curso de Processo Civil,* v. I, tomo I, Rio de Janeiro: Forense, 2008, p. 58.

[20] "O Projeto considera como pretensão o que Savigny denominava ação em sentido substancial ou material, em contraposição à ação em sentido formal ou processual" (José Carlos Moreira Alves, *A parte geral do projeto de Código Civil brasileiro,* São Paulo: Saraiva, 2003, p. 157).

[21] Rodrigo Xavier Leonardo, A Prescrição no Código Civil Brasileiro (ou o Jogo dos Sete Erros). In: *Revista da Faculdade de Direito UFPR,* Curitiba, v. 51, jun. 2010, p. 107.

[22] Nessa direção, Judith Martins-Costa sustenta que: "A noção do 'não poder exigir (ainda)', por razões de fato ou de direito, é de fundamental importância para compreender a regência que o vigente Código Civil deu ao tema da prescrição, infletindo na definição do marco inicial de sua fluência. Por vezes, o 'poder exigir' coincidirá com o momento do surgimento do direito subjetivo; por outras, será contemporâneo à própria lesão; porém, em outras hipóteses, haverá uma décalage entre um e outro; entre violação do direito e exigibilidade; entre exigibilidade e vencimento" (Judith Martins-Costa, Notas Sobre o Dies a Quo do Prazo Prescricional. In: Daniel Gomes de Miranda; Leonardo Carneiro da Cunha; Renato Paulino de Albuquerque Júnior (orgs.). *Prescrição e Decadência: Estudos em Homenagem a Agnelo Amorim Filho,* Salvador: Editora JusPodivm, 2013, p. 8).

[23] Francisco Cavalcanti Pontes de Miranda, *Tratado de Direito Privado, tomo V,* Campinas: Bookseller, 2000, p. 458.

[24] Rodrigo Xavier Leonardo, A Prescrição no Código Civil Brasileiro (ou o Jogo dos Sete Erros). In: *Revista da Faculdade de Direito UFPR,* Curitiba, v. 51, jun. 2010, p. 115.

[25] "Na literalidade do comando do art. 189 do Código Civil, não haveria possibilidade de utilização da tutela jurisdicional na hipótese de ameaça. Temos que o legislador disse menos do que deveria. Não apenas a violação ao direito tem como consequência o nascimento da pretensão, essa traduzida na possibilidade de acionar a tutela jurisdicional, mas a simples ameaça gera, também, igual possibilidade de proteção para o interessado. Possível, a teor do inciso XXXV do art. 5º da Constituição Federal, existir a pretensão antes da violação, ou seja, na hipótese de ameaça, sendo exemplo típico a turbação que legitima o interessado/possuidor a utilizar-se da ação de manutenção de posse ou mesmo o interdito proibitório"

Assim, afastando-se da atribuição abstrata e genérica do direito subjetivo ao titular, delineiam-se, nas circunstâncias fáticas e a partir do concreto regulamento de interesses, o modo pelo qual este restaria atendido, o momento em que surge a pretensão e a data em que se torna concretamente exercitável, valorando-se o comportamento do titular do direito em abordagem dinâmica e funcional.

3. PONDERAÇÕES ACERCA DO TERMO INICIAL DA PRESCRIÇÃO

No artigo 189[26] do Código Civil de 2002, o surgimento da pretensão restou umbilicalmente vinculado à violação ao direito.[27] Todavia, considerando que a pretensão corresponde à exigibilidade do conteúdo do direito, sua concomitância com a data da lesão será apenas ocasional. Para fins de fixação do termo inicial do prazo prescricional, deve-se considerar o momento em que a pretensão surge e pode ser efetivamente exercida pelo titular, de modo que a inação do sujeito seja apta a configurar o pressuposto fático do instituto.

A depender das circunstâncias, a incidência automática das regras prescricionais conduz ao contrassenso de a prescrição se consumar antes mesmo que o titular possa concretamente exercer a pretensão que lhe fora atribuída, ou sequer ter ciência de que possuía um direito. Por outro lado, a fluência do prazo prescricional a partir da lesão, em certos casos, permitirá que o credor module o início do cômputo em seu favor.

De um lado, há hipóteses em que a possibilidade de exercício da pretensão precede a própria lesão ao direito – as quais não estariam contempladas pela literalidade do referido dispositivo legal.[28] Acerca do tema, Windscheid sustenta que o decurso do prazo prescricional pode se iniciar antes do surgimento da pretensão, sempre que este depender exclusivamente da vontade do titular, no sentido de tornar a prestação exigível. Uma pretensão cujo nascimento esteja condicionado à mera declaração de vontade do credor corresponde a uma pretensão já existente, e, em consequência, a inércia do credor em invocar a pretensão não pode ser valorada de outra forma, senão como pressuposto fático da prescrição.[29]

(José Augusto Delgado *et al*, *Comentários ao Código Civil Brasileiro*, v. II, Rio de Janeiro: Forense, 2008, p. 884).

[26] Artigo 189 do Código Civil de 2002: "Violado o direito, nasce para o titular a pretensão, a qual se extingue, pela prescrição, nos prazos a que aludem os arts. 205 e 206".

[27] A esse propósito, confiram-se os comentários da Comissão Revisora do Projeto de Código Civil de 2002: "Desde que o Projeto – para evitar a discussão sobre se ação prescreve, ou não – adotou o vocábulo 'pretensão' para indicar que não se trata do direito subjetivo público abstrato de ação, era preciso dizer o que se entendia por pretensão. Daí o artigo 187, que tem a virtude de indicar que a prescrição se inicia no momento em que há violação do direito" (José Carlos Moreira Alves, *A parte geral do projeto de Código Civil brasileiro*, São Paulo: Saraiva, 2003, p. 158).

[28] "Embora nasçam pretensões de direito material com violações aos respectivos direitos subjetivos, a verdade é que há esse nascimento da pretensão de direito material em situações em que não se dê tal infringência. A pretensão é efeito jurídico caracterizado pela exigibilidade do conteúdo do direito subjetivo de que se irradia, independentemente de violação pelo alter. Se há essa violação referida no Código Civil, art. 189, surge a pretensão, se em momento anterior da duração ela já não se irradiara." (ALVES, Vilson Rodrigues, *Da Prescrição e da Decadência no novo Código Civil*, Campinas: Servanda Editora, 2006, p. 88).

[29] "Vi è un caso nel quale la prescrizione di una ragione comincia già prima che essa sia nata. Questo caso si avvera quando il sorgere della ragione dipende dalla nuda volontà dell'avente diritto. Una ragione, che posso evocare in vita con una parola, si può da me far valere affatto allo stesso modo come una

Ilustrativamente, tal se verifica nas obrigações quesíveis, em que o pagamento é feito por iniciativa do credor, que se compromete a receber o crédito no domicílio do devedor. Uma vez vencida a dívida, confere-se ao credor a possibilidade de exigi-la: a qualquer tempo, pode dirigir ao devedor sua pretensão de receber o crédito. Embora não haja mora do devedor antes da efetiva cobrança, já há pretensão exercitável, devendo ser valorada inclusive a mora do credor, para fins de cômputo do prazo prescricional.[30]

Nessa direção, Pontes de Miranda sustenta a existência do princípio da exercibilidade da pretensão. Caso o exercício da pretensão dependa apenas da vontade do credor, desde o momento em que este pode exercer a pretensão – ainda que não o faça –, estará em curso o prazo prescricional.[31] Assim, no âmbito das obrigações sem termo, defende que o *dies a quo* da prescrição deve

---

ragione, che mi compete fin d'ora, e la mia inazione rispetto ad essa non può quindi avere un senso diverso da quello, che avrebbe la mia inazione rispetto ad una ragione già nata. Altra cosa è se il sorgere dell'azione dipende da un atto del titolare (più esattamente: da un atto diverso dalla dichiarazione della volontà, che la ragione debba sorgere); questo caso rientra nella regola e la prescrizione comincia soltanto col compimento di quest'atto." (Bernardo Windscheid, *Diritto delle Pandette, volume primo, parte prima*, Turim: Unione Tipografico-Editrice, 1902, p. 432-434). Tradução livre: "Há um caso em que a prescrição de uma pretensão se inicia antes mesmo de seu surgimento. Este caso se configura quando o surgimento da pretensão depende da mera vontade do titular do direito. Uma pretensão que eu posso invocar à vida com uma palavra, que pode ser exercida tal como uma pretensão já existente, deve ser do mesmo modo considerada, e minha inação não pode ter um sentido diverso daquele verificado em relação a pretensões já nascidas. Hipótese distinta se verifica se o surgimento da pretensão depende de um ato do titular (especificamente: um ato diverso da declaração de vontade, para que surja a pretensão); neste caso, retoma-se a regra geral, e a prescrição só se inicia com o cumprimento deste ato."

[30] Confira-se a reflexão proposta por Ennecerus: "Según el derecho común, la pretensión que sólo dependía de la declaración de voluntad del titular, por ejemplo, de una denuncia, había que tratarla como una pretensión ya nacida. Si en estos casos se pretendiera que la prescripción se contase solamente a partir de la declaración de voluntad, resultaría que, puesto que con mucha frecuencia esa declaración no puede ya probarse una vez transcurrido un largo tiempo, el fin de la prescripción, que es en definitiva el de procurar un estado jurídico seguro, no podría conseguirse en muchos casos." (Ludwig Ennecerus; Theodor Kipp, *Derecho Civil (parte geral), volumen segundo, primer tomo, II*, Barcelona: Casa Editorial Bosch, p. 498). Tradução livre: "Segundo o direito comum, a pretensão que só dependia da declaração de vontade do titular, por exemplo, de uma denúncia, devia ser tratada como uma pretensão já nascida. Se nestes casos se pretendesse que a prescrição se contasse somente a partir da declaração de vontade, resultaria que, com muita frequência, essa declaração não poderia ser provada, uma vez transcorrido muito tempo, a finalidade da prescrição, que é a segurança jurídica, não poderia ser obtida em muitos casos".

[31] Nas palavras do autor: "Há outras espécies em que o exercício, e não o nascimento da pretensão, depende da vontade do credor. Rege o princípio da exercibilidade da pretensão: se depende, não o nascimento da pretensão, mas só o exercício (pretensão que só se pode exercer depois, ou após algum fato ou ato), é da exercibilidade que se conta o prazo. (...) Se ao credor é que cabe fazer nascer a pretensão, desde o momento em que o pode se inicia o prazo prescricional (...) Nas obrigações alternativas (arts. 884-888), se a escolha toca ao credor, o início do prazo prescricional é ao ser possível exercer a eleição – não escolheu porque não quis, e da sua inércia não lhe há de provir vantagem. A solução subsume-se em princípio mais geral, *toties praescribitur actioni nondum natae, quoties nativitas eius in potesta creditoris*. Se A recebeu documento em branco, com a data de 1, e o enche a 6, o prazo de prescrição iniciou-se a 1, quando o poderia ter enchido" (Francisco Cavalcanti Pontes de Miranda, *Tratado de Direito Privado*, t. VI, Rio de Janeiro: Editora Borsoi, 1970, p. 189).

corresponder à data em que a interpelação poderia ter sido realizada pelo credor, uma vez que "*a pretensão já existe, já é exigível a prestação, apenas não fora exigida*".[32] A evidenciar o descolamento entre a lesão e o termo inicial da prescrição, Carlos da Rocha Guimarães afirma que "*existem ações que não necessitam de uma lesão para serem exercidas*".[33]

Ao se debruçar sobre as obrigações quesíveis, Luiz Carpenter afirma que o surgimento de pretensão exercitável autoriza o decurso do prazo prescricional desde a data do vencimento da dívida, momento a partir do qual esta pode ser exigida pelo credor.[34] Do contrário, caso se considerasse que o prazo prescricional só seria deflagrado com a pretensão resistida, permitir-se-ia que o credor, por vias transversas, modulasse o termo inicial do prazo prescricional, alargando-o segundo seus interesses.

Na disciplina das obrigações quesíveis, caso a fluência do prazo prescricional se subordine à lesão ao direito, "*chegar-se-á à conclusão – evidentemente absurda – de que tal prazo jamais terá início, ou, então, que seu início ficará dependendo exclusivamente da vontade do credor: somente quando ele procurar o devedor, para receber o pagamento, e houver recusa da parte desse (caracterizando-se, assim, a violação do direito), é que começará a fluir dito prazo*".[35]

A esse respeito, releva a concepção pluralista e dinâmica da relação obrigacional, que, orientada à satisfação dos interesses que integram o regulamento contratual – especialmente, o do credor –, impõe a ambas as partes o dever mútuo de colaboração visando à sua realização. Dito diversamente, o credor também deve direcionar sua atuação de forma a concretizar o resultado útil programado na relação obrigacional. A relação jurídica modulará o comportamento exigível de cada parte e, por conseguinte, o momento em que resta qualificada a inércia do credor.

De outra parte, haverá casos em que, a despeito de o evento lesivo já ter se configurado, não se revela possível ao titular o concreto exercício da pretensão. Em tal cenário, não restará configurada a inércia qualificada que constitui pressuposto fático da prescrição, uma vez que não era exigível do titular, naquelas circunstâncias, a adoção de comportamento diverso.

A multiplicação dos danos ressarcíveis impacta diretamente o termo inicial da prescrição, de maneira que a pretensão à reparação do dano que ainda não tenha se manifestado só surgirá

---

[32]   Francisco Cavalcanti Pontes de Miranda, *Tratado de Direito Privado*, t. VI, Rio de Janeiro: Editora Borsoi, 1955, p. 115.

[33]   Carlos da Rocha Guimarães, *Prescrição e Decadência*, Rio de Janeiro: Forense, 1984, p. 30.

[34]   "Em se tratando de direitos pessoais ou de crédito, o direito pode transformar-se em ação, mesmo antes de ter sido violado. (...) Mas, vencida a dívida, só por esse fato do vencimento, da exigibilidade judicial, o direito se transforma em ação, independentemente de qualquer ato de violação. Nem se diga que o não pagamento de uma dívida vencida já é um ato de violação por parte do devedor. Porquanto é lícito convencionarem devedor e credor que, vencida a dívida, vá este cobrá-la das mãos daquele, no lugar do pagamento, forrando-se assim o devedor à obrigação de andar no encalço do credor: pois bem, dada uma tal convenção, vencida a dívida, logo o direito do credor se transforma em ação (*actio nata est*), de maneira que, desse momento começa a correr o prazo da prescrição liberatória, prazo que se completa, consumando-se a prescrição extintiva, se o credor omite de propor, dentro nele, sua demanda para cobrança do débito" (Luiz Frederico Carpenter, *Da Prescrição*, Rio de Janeiro: Editora Nacional de Direito, 1958, p. 124 – 125).

[35]   Agnelo Amorim Filho, Critério científico para distinguir a prescrição da decadência e para identificar as ações imprescritíveis. *Revista de Direito Processual Civil*, São Paulo, v. 2, n. 3, jan. 1961, p. 14-15.

após sua ocorrência, ainda que não delimitado em toda a sua extensão.[36, 37] Considerando o giro conceitual observado no âmbito da responsabilidade civil, voltada à reparação integral do dano, há de se atribuir centralidade ao momento em que este resta configurado. Logo, *"a pretensão de reparação somente pode surgir após a ocorrência efetiva do dano".*[38]

Há, ainda, outros fatores aptos a impedir o exercício da pretensão pelo titular. Conforme destacam Gisela Sampaio da Cruz e Carla Lgow "[a] *rigor, há vários fatores capazes de impedir que a pretensão seja exercida desde o instante em que o direito é violado. Definir tais fatores contribuirá na fixação do momento em que a prescrição, nesses casos, começa a correr".*[39]

Uma vez que a inércia corresponde à ausência de exercício da pretensão em circunstâncias tais em que este se revelava possível, defende-se o alargamento das causas impeditivas e suspensivas dos prazos prescricionais, de modo que sejam contempladas as situações fáticas que, apesar de não se enquadrarem às *fattispecie* abstratas previstas na regra jurídica, traduzem impossibilidade objetiva de agir. Essa abordagem funcional revela-se compatível com a renovada concepção de segurança jurídica – informada pelos valores constitucionais. Nesse cenário, indaga-se se a ciência do evento lesivo, sua autoria e dano deve impactar a fluência do prazo prescricional.

4. RELEITURA DAS CAUSAS IMPEDITIVAS: IMPOSSIBILIDADE OBJETIVA DE SABER

No contexto das situações fáticas em que a possibilidade de exercício da pretensão é posterior à violação, suscita intensa controvérsia a ausência da ciência da lesão a um interesse juridicamente tutelado por seu titular.

---

[36] Na doutrina estrangeira, sustenta-se que o ato ilícito traduz *fattispecie* complexa, ancorada no surgimento do dano. Logo, quando houver hiato temporal entre evento lesivo e configuração do dano, o prazo prescricional da pretensão ressarcitória só se iniciará com esta, momento em que se aperfeiçoa a *fattispecie* complexa: "Il momento del verificarsi coincide con quello della manifestazione del danno. Ciò perché l'evento danno è elemento costitutivo del fatto illecito. Alla esistenza di esso, quale presupposto necessario per la finalità risarcitoria della normativa civilistica, viene condizionato e ricollegato necessariamente l'exordium praescriptionis. E solo la manifestazione può fornire la certeza di tale esistenza, e garantire, quindi, in armonia con il principio consacrato dall'art. 2935 c.c. la possibilità concreta della tutela di quella precipua finalità" (Massimo Ottolenghi, *Prescrizione dell'azione per danni*, Milão: Giuffré Ed., 1982, p. 87). Tradução livre: "O momento da ocorrência coincide com o da manifestação do dano. Isso porque o dano é um elemento constitutivo do ato ilícito. À existência deste, como pressuposto necessário para a finalidade ressarcitória da norma civilística, resta condicionado e religado necessariamente o decurso da prescrição. E somente a manifestação pode dar a certeza dessa existência e, portanto, garantir, em consonância com o princípio consagrado no art. 2935 do Código Civil Italiano, a possibilidade concreta de tutelar aquela precípua finalidade".

[37] Em sede pátria, confira-se: "Ora, no nosso entendimento, é, salvo expressa determinação legal em contrário, *a partir da verificação do dano-prejuízo que se inicia a contagem do prazo de prescrição*. A prescrição é, aqui, prescrição da pretensão à indenização, e não prescrição do dano-evento. A pretensão à indenização somente surge com o dano-prejuízo" (Antonio Junqueira de Azevedo, *Novos Estudos e Pareceres de Direito Privado*, São Paulo: Saraiva, 2009, p. 420, grifos no original).

[38] Anderson Schreiber, Compensação de Créditos em Contrato de Empreitada e Instrumentos Genéricos de Quitação. In: *Revista Brasileira de Direito Civil*, v. 9, jul./set. 2016, p. 140-162. Disponível em: https://rbdcivil.ibdcivil.org.br/rbdc/article/view/57/51. Acesso em 16/03/2021.

[39] Gisela Sampaio da Cruz; Carla Lgow, Prescrição: questões controversas, In: Gustavo Tepedino (Org.), *Diálogos sobre Direito Civil*, v. III, Rio de Janeiro: Renovar, 2012, p. 185.

Ao examinar o tema, Pontes de Miranda sustenta que a ciência da violação – ou, ainda, da extensão do dano e de sua autoria – pelo titular é irrelevante ao termo inicial da prescrição.[40] Aludido posicionamento encontra amparo na teoria da *actio nata* formulada por Savigny, para quem o decurso do prazo prescricional prescinde da demonstração do conhecimento da lesão pelo titular, devendo tal avaliação se pautar por critérios puramente objetivos, notadamente, a existência de direito suscetível de ser deduzido em juízo e sua violação.[41]

Em sentido diverso, ainda na vigência do Código Civil de 1916, Câmara Leal posicionava-se em favor da ciência da lesão como pressuposto necessário ao início da contagem dos prazos prescricionais em determinadas circunstâncias. Nessa direção, sustentava que não se estaria diante de inércia do titular caso este não tivesse conhecimento da violação, sem o qual jamais poderia exercer a pretensão. A se considerar que a ignorância do titular não pode ser presumida, este deveria provar o momento em que teve ciência da violação para que pudesse se beneficiar dessa circunstância.[42]

A controvérsia acerca da ciência da lesão restou acentuada após a significativa redução dos prazos prescricionais operada no Código Civil de 2002. Ao se deter sobre o tema, Judith Martins--Costa defende que, com o encurtamento dos prazos, o modelo objetivo de contagem – desde a data da lesão, independentemente da ciência, pelo titular – deveria ser substituído por um modelo subjetivo, que leve em conta a concreta possibilidade de agir atribuída ao titular de direito.[43] A seu ver, os prazos longos anteriormente vigentes assegurariam que, ao tempo em que a prescrição se consumasse, todos os efeitos da violação ao direito já tivessem se concretizado no patrimônio ou

---

[40] "Para que nasça a pretensão não é pressuposto necessário que o titular do direito conheça a existência do direito, ou a sua natureza, ou validade, ou eficácia, ou a existência da pretensão nascente, ou da sua extensão em qualidade, quantidade, tempo e lugar da prestação, ou outra modalidade, ou quem seja o obrigado, ou que saiba o titular que a pode exercer. Por isso, no direito brasileiro, a prescrição trintenal da pretensão a haver indenização por ato ilícito absoluto independe de se saber se houve o dano e quem o causou" (Francisco Cavalcanti Pontes de Miranda, *Tratado de Direito Privado*, t. VI, Rio de Janeiro: Editor Borsoi, 1970, p. 117-118).

[41] V. Friedrich Carl de Savigny, *Sistema del Derecho Romano Actual*, t. III, p. 183.

[42] Nas palavras do autor: "Não nos parece racional admitir-se que a prescrição comece a correr sem que o titular do direito violado tenha ciência da violação. Se a prescrição é um castigo à negligência do titular – *cum contra desides homines, et sui juris contentores, odiosa exceptiones oppositae sunt* –, não se compreende a prescrição sem a negligência, e a esta, certamente, não se dá quando a inércia do titular decorre da ignorância da violação. Nosso Cód. Civil, a respeito de diversas ações, determina expressamente o conhecimento do fato, de que se origina a ação, pelo titular, como ponto inicial da prescrição. Exercitar a ação, ignorando a violação que lhe dá origem, é racionalmente impossível, e antijurídico seria responsabilizar o titular por uma inércia que não lhe pode ser imputada – *ad impossibilia remo tenetur*. (...) Todavia, a ignorância não se presume, pelo que ao titular incumbe provar o momento em que teve ciência da violação, para que possa beneficiar-se dessa circunstância, a fim de ser o prazo prescricional contado do momento da ciência, e não da violação. É bem de se ver que essa doutrina da contagem do prazo da prescrição da data da ciência da violação deve ser limitada às prescrições de curto prazo, porque, nas de prazo longo, a própria ignorância da violação, pelo titular, denota negligência, indicando o abandono em que deixou a coisa, objeto da violação, a ponto de ter sido violada e ele o ignorar por longo tempo" (Antônio Luiz da Câmara Leal, *Da Prescrição e da Decadência*, Rio de Janeiro: Forense, 1978, p. 23-24).

[43] Cf. Judith Martins-Costa, Notas Sobre o Dies a Quo do Prazo Prescricional. In: Daniel Gomes de Miranda; Leonardo Carneiro da Cunha; Renato Paulino de Albuquerque Júnior (Orgs.), *Prescrição e Decadência*: Estudos em Homenagem a Agnelo Amorim Filho, Salvador: Editora JusPodivm, 2013, v. 5. Sobre o tema, veja-se, ainda: Renata Carlos Steiner, A ciência do lesado e o início da contagem do prazo prescricional. In: *Revista de Direito Privado*, São Paulo, v. 13, n. 50, p. 73-92, abr./jun. 2012.

na pessoa do lesado. Em contrapartida, a redução considerável dos prazos prescricionais exigiria que fossem adotados critérios subjetivos, sob pena de o decurso do prazo prescricional se encerrar antes que o titular pudesse sequer exercer a pretensão, não tendo tido a possibilidade de saber que fora lesado em um bem jurídico indenizável.

Ainda que a fixação de um período longo para o exercício da pretensão não traduza maior proteção ao titular do direito,[44] um sistema de prazos prescricionais curtos que desconsidere – em absoluto – eventual impossibilidade de o titular ter ciência da lesão em tão reduzido espaço de tempo pode conduzir a situações em que, à época em que o titular possa ter ciência da lesão, sua pretensão já esteja prescrita.

Por outro lado, caso a impossibilidade objetiva de ter conhecimento dos fatos atue como causa impeditiva, o estabelecimento de prazos prescricionais curtos mostra-se compatível com o princípio de reparação integral do lesado, bem como com a função atribuída à prescrição.[45]

Nessa direção, Reinhard Zimmermann afirma que um prazo prescricional ânuo pode se mostrar excessivamente curto caso o termo inicial corresponda à data da violação ao direito, independentemente da ciência do titular; por outro lado, mesmo um prazo prescricional ânuo será perfeitamente adequado aos fins de justiça, caso seu termo inicial leve em conta aspectos de possibilidade de exercício da pretensão, tais como a ciência da lesão, seus efeitos e autoria.[46]

---

[44] Conforme sublinha Gustavo Tepedino: "O que mais preocupa, na discussão em pauta, não é a divergência em si considerada, mas o motor que a alimenta: o suposto matiz progressista que tem sido associado à extensão de prazos prescricionais. Como se prazos longos traduzissem a ampliação de direito de ação e, em consequência, a extensão do ressarcimento e, em última análise, a maior proteção das vítimas dos danos, o que estaria em sintonia com a contemporânea visão evolutiva da responsabilidade civil. Maior prazo prescricional levaria a mais justiça, enquanto a ocorrência de prazo prescricional, imposta pelo princípio da segurança, consagraria uma certa dose de injustiça. Tal perspectiva é equivocada e já levou à admissão de prazo vintenário (do CC 1916) para a ação promovida por vítima de acidente de consumo, em detrimento do prazo quinquenal indiscutível do CDC. A rigor, a perda de prazo prescricional, embora angustiante para o titular de certo direito, decorre da omissão do interessado ao longo do tempo, e sua ocorrência, indispensável à pacificação dos conflitos, associa-se a uma série de outros institutos estabelecidos pelo legislador para a garantia do direito de defesa, bem como ao arrefecimento progressivo da possibilidade de coleta de provas por parte do réu. Assim sendo, a opção do codificador civil pelo prazo trienal não se mostra aleatória, mas tem em conta, além da aludida coerência com o CDC (que estipula prazo de cinco anos), a objetivação de inúmeras hipóteses de responsabilidade civil e a velocidade dos meios de comunicação – que atua tanto na produção quanto na dissipação das provas" (Gustavo Tepedino, *Prescrição* aplicável à responsabilidade contratual: crônica de uma ilegalidade anunciada. *Editorial*. In: *Revista Trimestral do Direito Civil*, v. 27, 2009).

[45] Analisando a construção jurisprudencial italiana de um termo inicial móvel e dúctil para os prazos prescricionais, pondera Gaetano Anzani: "*La «mobilità» del dies a quo nel computo della prescrizione, adesso sancita in generale anche dalla nostra più giovane giurisprudenza, consentirebbe pure al legislatore italiano di prevedere con maggiore larghezza termini estintivi alquanto brevi – come appunto quelli vigenti nei settori dei danni da incidente nucleare e da prodotto difettoso – senza aggravare troppo la posizione del titolare del diritto prescrivibile*" (Gaetano Anzani, Riflessioni su prescrizione e responsabilità civile, In: *La Nuova Giurisprudenza Civile Commentata*, n. 2, Milão, CEDAM, Marzo 2012, Ano XXVIII, p. 209). Tradução livre: "A mobilidade do dies a quo no cômputo da prescrição, consagrada, em geral, até mesmo por nossa mais recente jurisprudência, permite ao legislador italiano prever com maior largueza prazos prescricionais bastante curtos – assim como aqueles em vigor nos setores de danos causados por acidente nuclear e produto defeituoso – sem agravar muito a posição do titular do direito objeto da prescrição".

[46] Reinhard Zimmermann, *Comparative Foundations of a European Law of Set-Off and Prescription*, Cambridge University Press: Regensburg, 2002, p. 76.

Em compasso com as exigências trazidas pela revolução tecnológica,[47] em inúmeros ordenamentos jurídicos, observa-se a diminuição dos prazos prescricionais. Tal movimento usualmente é acompanhado pela introdução de um modelo bifásico ("*two-stage periods*"): de um lado, são fixados prazos prescricionais curtos, cujo termo inicial se sujeita à concreta possibilidade de exercício da pretensão pelo credor. Em paralelo, transcorre um prazo prescricional longo, cuja contagem se subordina a critérios meramente objetivos, vinculando-se, em regra, à data da lesão. O prazo prescricional longo atua como uma barreira temporal ao exercício das pretensões, de modo que, uma vez encerrado, não será permitido ao credor valer-se do prazo prescricional curto.[48]

No ordenamento jurídico brasileiro, a ciência como fator determinante do termo inicial da prescrição foi inserida de forma setorial. A alteração mais significativa adveio da promulgação do Código de Defesa do Consumidor, que reduziu o prazo prescricional aplicável à reparação dos danos causados por fato do produto ou do serviço, ao passo que fixou um termo inicial móvel e dúctil, amparado no conhecimento do dano e de sua autoria, pelo consumidor.[49]

A jurisprudência pátria tem conduzido movimento similar de flexibilização do termo inicial da prescrição para além das relações consumeristas. Para tanto, investiga-se a possibilidade

---

[47] Acerca da redução dos prazos prescricionais associada às exigências tecnológicas, vejam-se as reflexões de Ermanno Calzolaio: "*La previsione di un termine cosi lungo mostra ben presto i suoi limiti, di pari passo con l'accelerazione della vita sociale che caratterizza l'inizio del secolo scorso. Pertanto, quando alcuni ordinamenti si dotano di nuovi codici, si assiste ad una radicale riduzione del termine*" (Ermanno Calzolaio, La riforma della prescrizione in Francia nella prospettiva del diritto privato europeo. In: *Rivista trimestrale di diritto e procedura civile*, Vol. 65, Nº 4, 2011, p. 1.088). Tradução livre: "A previsão de um termo tão longo logo revela os seus limites, juntamente com a aceleração da vida social que caracterizou o início do século passado. Portanto, quando alguns ordenamentos adotam novos códigos, assiste-se a uma redução radical dos prazos prescricionais".

[48] "The advantages of this system over the single-period system are obvious. First of all, it encourages the claimant to act rapidly where he can and prevents him from suspending for too long the sword of Damocles of na action over the defendant's head. Secondly, it gives the defendant the certainty that, after a certain period and no longer, a new action cannot be brought. It is therefore better able to provide legal certainty than the single-stage system for two reasons: first, the single-stage system may appear excessively long where the creditor has all the information to act; secondly, it may sometimes lead to the indefinite postponement of the completion of prescription, either because the starting point has been deferred, or by the effect of grounds of suspension." (Robert Wintgen, Reforming the French Law of Prescription: a French Perspective. In: John Cartwright; Stefan Vogenauer; Simon Whittaker (orgs.), *Reforming the French Law of Obligations, Comparative Reflections on the Avant-projet de réforme du droit des obligations et de la prescription ('the Avant-projet Catala')*, vol. 9, Oxford: Hart Publishing, 2009, p. 350). Tradução livre: "As vantagens desse sistema em relação ao sistema de período único são óbvias. Em primeiro lugar, incentiva o autor a agir rapidamente quando puder e o impede de suspender por muito tempo a espada de Dâmocles da ação sobre a cabeça do réu. Em segundo lugar, dá ao réu a certeza de que, decorrido um determinado período e não mais, não pode proposta uma nova demanda. Por conseguinte, é capaz de proporcionar maior segurança jurídica do que o sistema de uma única fase por duas razões: em primeiro lugar, o sistema de uma única fase pode parecer excessivamente longo quando o credor dispõe de todas as informações para agir; em segundo lugar, às vezes, pode levar ao adiamento indefinido da prescrição, seja porque o termo inicial foi postergado, seja pelo efeito de causas de suspensão".

[49] "O sistema do CDC impõe que este prazo prescricional passe a correr a partir do conhecimento tanto do dano como também de sua autoria. Assim, não basta ter ciência sobre a ocorrência do dano (ex.: desabamento de prédio de moradia após tempestade, explosão de cozinha em virtude de botijão de gás etc.), pois a norma exige a cumulação dos conhecimentos: dano e autoria" (Claudia Lima Marques, *Comentários ao Código de Defesa do Consumidor*, São Paulo: Revista dos Tribunais, 2013, p. 718).

efetiva de exercício do direito pelo seu titular em detrimento da aplicação automática do prazo prescricional desde a data da violação ao direito. Ao assim proceder, os tribunais avaliam as circunstâncias concretas e as particularidades do caso, confrontando-as à totalidade do ordenamento jurídico para a individuação do termo inicial do prazo prescricional, tomando a hermenêutica em função aplicativa.

Nessa esteira, a jurisprudência do Superior Tribunal de Justiça tem se firmado no sentido de que o decurso do prazo prescricional deve se vincular à exercibilidade da pretensão, não já à data da violação, a despeito da dicção do artigo 189 do Código Civil. Adota-se o entendimento de que o nascimento da pretensão corresponde ao momento em que o lesado possui conhecimento da violação do direito, da sua autoria e da extensão dos danos sofridos, que guardam com a lesão nexo causal direto e imediato. A teoria da *actio nata* é revisitada para nela se inserirem elementos subjetivos de cognoscibilidade da lesão, seus efeitos e autoria.[50]

A exposição acima confirma a tendência de atribuir relevância à ciência, pelo titular do direito, dos contornos do evento lesivo, do dano e da autoria. Na renovada abordagem da matéria, o termo inicial do prazo prescricional assume natureza dúctil e flexível, correspondendo à data em que a pretensão pode efetivamente ser exercitada, diante do conhecimento, pelo titular do direito, dos fatos atinentes à violação.

Na tentativa de minimizar a acentuada subjetividade associada à ciência da lesão pelo titular, forjou-se o critério de possibilidade de descoberta ("*discoverability criteria*"). Com efeito, a necessidade de individuar a data em que o titular do direito efetivamente teve ciência da lesão tornaria excessivamente árdua a tarefa de determinar o termo inicial da prescrição. A apuração do momento em que houve o conhecimento do fato lesivo restaria condicionada, em boa parte dos casos, à alegação do próprio titular. Nesse cenário, o critério da possibilidade de descoberta oferece parâmetros objetivos para determinar a época em que o titular do direito razoavelmente deveria ter tomado conhecimento dos fatos atinentes à violação ao interesse juridicamente tutelado.

Desse modo, será possível estremar as hipóteses de inércia do titular das situações fáticas em que não se revelava exigível a adoção de comportamento diverso. Afastando-se de investigações subjetivas acerca da efetiva ciência da violação pelo titular, apura-se se revelava possível, nas circunstâncias concretas em análise, que o sujeito houvesse tido conhecimento da lesão, sua autoria e efeitos e, em decorrência, pudesse exercer sua pretensão.

A objetivação da ciência é alcançada pela construção de *standards* de comportamento (fragmentação dos modelos de conduta), aliada à incidência do critério hermenêutico da razoabilidade.[51]

---

[50] A título ilustrativo, confira-se: "Contudo, a solução para estes casos em que o interessado não tem conhecimento da sua qualidade filiatória, conforme preconizado, ainda que implicitamente, nos julgados acima aludidos, é a adoção da teoria do nascimento da pretensão (*actio nata*) a partir um critério subjetivo, segundo a qual, **antes do conhecimento da violação ou lesão ao direito subjetivo pelo seu titular, não se pode considerar iniciado o cômputo do prazo prescricional**. Não basta a violação a direito subjetivo, é necessário que o seu titular tenha conhecimento desta violação e, a partir de então, surge para ele a pretensão de reclamá-lo. A literalidade do art. 189 o Código Civil, portanto, aplica-se diretamente às hipóteses em que a lesão do direito subjetivo e o conhecimento desta lesão por parte de seu titular ocorrem concomitantemente. **Desconhecendo, todavia, o titular, a afronta ao seu direito subjetivo, inviável a aplicação literal do art. 189, sob pena de se considerar iniciado prazo prescricional antes da existência de pretensão exercitável, em desrespeito à boa-fé objetiva e desvirtuando a finalidade do instituto da prescrição, que é conferir segurança**" (STJ, 3ª T., REsp 1.605.483/MG, Rel. Min. Paulo de Tarso Sanseverino, julg. 23.02.2021, publ. *DJ* 01.03.2021, grifos nossos).

[51] "Mediante a razoabilidade, o intérprete poderá aferir em que medida a disciplina individuada para certa hipótese fática, mesmo diante de regras aparentemente claras, se encontra consentânea com os

O comportamento concretamente adotado pelo titular do direito é confrontado com o *standard* de conduta esperado naquelas circunstâncias fáticas, de modo a identificar se o conhecimento do dano e sua autoria dependiam unicamente de uma atuação diligente do titular ou se, ao revés, se estava diante de hipótese de impossibilidade objetiva de saber.

Caso se conclua que seria possível o conhecimento da lesão pelo titular, eventual negligência em tomar ciência dos fatos atinentes a seus bens e direitos lhe será imputável, valorando-se negativamente sua inação; por conseguinte, não será impedido o decurso do prazo prescricional. Hipótese diversa se verifica caso o titular do direito adote as medidas razoavelmente esperadas para a tutela de seu interesse juridicamente tutelado e, a despeito disso, a violação se revele impossível de ser conhecida em momento prévio.[52]

Assume relevo o critério da cognoscibilidade do dano, segundo a ordinária diligência esperada do titular do direito, a qual é construída a partir das peculiaridades fáticas, levando-se em conta, ainda, o nível de conhecimento técnico difundido naquela sociedade.[53] Em defesa da adoção de

---

princípios e valores do ordenamento, tendo-se em conta as especificidades dos interesses em questão. É papel do intérprete, portanto, em nome da razoabilidade, entrever as consequências da sua atividade interpretativa no caso concreto, em busca da solução razoável que, ao mesmo tempo, seja rigorosamente fiel aos valores do ordenamento jurídico" (Gustavo Tepedino, A razoabilidade e a sua adoção à moda do jeitão, In: *Revista Brasileira de Direito Civil*, v. 8, 2016, p. 6).

[52] Sobre o tema, veja-se a lição de José Fernando Simão: "A segunda consequência é a de que a noção de conhecimento, de ciência, se dará necessariamente de acordo com o standard do homem médio, ou seja, de acordo com a conduta que se espera da pessoa comum. Isso quer dizer que, se, no caso concreto, o homem médio teria conhecimento do fato a ensejar o início da prescrição, mas aquele credor especificamente não o teve, o prazo se iniciará de acordo com esse padrão. Exemplifique-se. A vítima da colisão de veículos (dano-evento), após dois anos do ocorrido, passa a sentir fortes dores. Contudo, resiste em procurar um médico e apurar as causas dessa dor. Cinco anos após o início das dores, a vítima finalmente procura um especialista e descobre que sofrera um dano-prejuízo decorrente da colisão. A pretensão estará prescrita em razão dos padrões do homem médio" (José Fernando Simão, *Prescrição e Decadência - Início dos Prazos*, São Paulo: Atlas, 2013, p. 215).

[53] "Con riguardo alle pretese di responsabilità, la disciplina della prescrizione, vistosamente sagomata attorno a quella figura classica di illecito alla cui stregua evento lesivo e conseguenze dannose si verificano nel medesimo segmento temporale, si mostra inadeguata alle nuove tipologie di pregiudizio, ai progressi della scienza (ed in specie della medicina legale) nell'appurare il nesso eziologico, nonché ai sopravvenuti principi costituzionali o di rango altrimenti sovraordinato è emerso un rientamento secondo cui l'inizio della decorrenza di un termine prescrizionale è subordinato alla conoscenza, o almeno alla conoscibilità secondo l'ordinaria diligenza e tenuto conto delle diffuse acquisizioni scientifiche, della totale integrazione della fattispecie costitutiva del diritto prescrivibile da parte di chi ne sia il titolare: sul versante nazionale, si pensi al revirement delle sez. un. della Corte di cassazione sulla responsabilità per danni c.d. «lungolatenti», i quali prendono corpo molto tempo dopo l'evento lesivo" (Gaetano Anzani, Riflessioni su prescrizione e responsabilità civile, In: *La Nuova Giurisprudenza Civile Commentata*, n. 2, Milão, CEDAM, Marzo 2012, Ano XXVIII, p. 204). Tradução livre: "No que diz respeito à pretensão de reparação, a disciplina da prescrição, tradicionalmente vinculada à figura clássica de ilícito em que evento lesivo e consequência danosa se verificam no mesmo segmento de tempo, mostra-se inadequada aos novos danos ressarcíveis, ao progresso da ciência (e especialmente da medicina legal) na individuação do nexo de causalidade, bem como aos supervenientes princípios constitucionais, dos quais emerge o entendimento de que o termo inicial da prescrição se subordina ao conhecimento, ou ao menos à cognoscibilidade, segundo a ordinária diligência e tendo em conta o conhecimento científico atual, do total aperfeiçoamento da *fattispecie* constitutiva do direito prescritível: no âmbito nacional, aponta a revolução iniciada pela Corte de Cassação em relação à responsabilidade por danos latentes, que se configuram muito tempo após o evento danoso".

um critério objetivo para identificação da impossibilidade de conhecer a lesão, Gaetano Anzani alerta que a ignorância do titular por negligência não impedirá a fluência do prazo prescricional, uma vez que pode ser valorada como inércia, em sentido técnico.[54]

A adoção do critério de possibilidade de descoberta (*discoverability criteria*), com o estabelecimento de parâmetros objetivos para identificar as situações em que se revela impossível ou excessivamente difícil ao titular do direito tomar conhecimento do evento lesivo, sua imputabilidade subjetiva ou objetiva e dano (fragmentação dos modelos de conduta), lança as bases para a construção da impossibilidade objetiva de saber como causa impeditiva do decurso do prazo prescricional.

A partir do conceito remodelado de inércia, são endereçadas as hipóteses em que, a despeito da diligente atuação do titular do direito, a lesão não se revelava cognoscível, obstando o efetivo exercício da pretensão. Dito diversamente, se as providências necessárias à descoberta da lesão, sua autoria e efeitos não integrarem o escopo de diligência que razoavelmente se espera na administração e tutela dos próprios bens e direitos, naquelas circunstâncias fáticas, configura-se a impossibilidade objetiva de saber, não se podendo imputar inércia ao titular do direito.

Sob essa perspectiva, caberia ao titular do direito demonstrar que, a despeito de a lesão ter se configurado em momento anterior, o efetivo exercício da pretensão fora obstado pela impossibilidade de conhecer os fatos e circunstâncias atinentes ao evento lesivo, sua autoria e dano, razão pela qual não lhe seria exigível qualquer conduta diversa.[55]

Nessa direção, o Quadro Europeu Comum de Referência para o Direito Privado (Draft Common Frame of Reference – DCFR) prevê a ausência de conhecimento das circunstâncias relacionadas à lesão (tais como identidade do agente causador, existência e tipo do dano) como causa impeditiva da prescrição.[56] Idêntica solução é propugnada nos Princípios do Direito Contratual Europeu: a contagem do prazo prescricional é impedida caso o credor não tenha ciência – ou razoavelmente não possa tê-la – dos fatos relacionados à violação ao direito.[57]

---

[54]   Gaetano Anzani, Riflessioni su prescrizione e responsabilità civile, In: *La Nuova Giurisprudenza Civile Commentata*, n. 2, Milão, CEDAM, Marzo 2012, Ano XXVIII, p. 206.

[55]   Conforme indicado por Salvatore Patti: "*Altre soluzioni, pur ponendo sullo stesso piano conoscenza e conoscibilità, si distinguono – come si è visto – a seconda che l'ignoranza del creditore sia prevista come causa che impedisce il decorso iniziale della prescrizione oppure come causa di sospensione del decorso. Si ritiene che nel primo caso l'onere della prova della conoscenza spetti al debitore, mentre nel secondo incomba sul creditore la prova di non essere stato a conoscenza*" (PATTI, Salvatore. Certezza e giustizia nel diritto della prescrizione in Europa. In: *Rivista Trimestrale di Diritto e Procedura Civile*, Milão: v. 64, n. 1, jan. 2010, p. 31). Tradução livre: "Outras soluções, ao colocarem lado a lado o conhecimento e a cognoscibilidade, distinguem-se – como visto -, dependendo se a ignorância do credor é capaz de impedir o decurso inicial da prescrição ou se constitui uma causa impeditiva. No primeiro caso, o ônus da prova de conhecimento é do devedor, enquanto no segundo, cabe ao credor provar que ele não estava ciente".

[56]   "*III. – 7:301: Suspension in case of ignorance. The running of the period of prescription is suspended as long as the creditor does not know of, and could not reasonably be expected to know of: (a) the identity of the debtor; or (b) the facts giving rise to the right including, in the case of a right to damages, the type of damage.*" Tradução livre: "Suspensão em caso de ignorância. O decurso do prazo prescricional se suspende enquanto o credor não tiver conhecimento e não se puder razoavelmente esperar que ele tenha conhecimento: a) da identidade do devedor; ou b) dos fatos que deram origem ao direito, incluindo, no caso de um direito a indenização, o tipo de dano".

[57]   "*Article 14:301 Suspension in Case of Ignorance. The running of the period of prescription is suspended as long as the creditor does not know of, and could not reasonably know of: (a) the identity of the debtor; or*

Conclui-se que a impossibilidade objetiva de saber só poderá ser apurada a partir das peculiaridades fáticas, individuando-se a normativa do caso concreto. A objetivação da ciência é alcançada pela construção de *standards* objetivos de conduta, aliada à técnica hermenêutica da razoabilidade. O comportamento adotado pelo titular passa a ser confrontado ao *standard* de conduta esperado naquele cenário fático, de modo a se apurar se o conhecimento do dano dependia tão somente da atuação diligente do titular ou se, ao revés, restou configurada a impossibilidade objetiva de saber, que atua como causa impeditiva da fluência do prazo prescricional.

5. CONCLUSÃO

A despeito de sua relevância, a prescrição é comumente relegada a segundo plano,[58] já se tendo afirmado que consiste em conjunto de regras "*anacrônicas, confusas, mutáveis e tecnicamente imperfeitas*",[59] tratando-se de "*tópico marginal que aparece indiferentemente nas listas de leitura de nossos alunos para cada área do direito material*".[60]

Com efeito, na forma tradicionalmente apreendida, a prescrição encontra-se descolada dos valores que informam o ordenamento jurídico, ancorando-se em abstrata certeza jurídica ao promover meras operações aritméticas – que conduzem, em inúmeros casos, à impossibilidade efetiva de exercício da pretensão pelo titular.

(b) the facts giving rise to the claim including, in the case of a right to damages, the type of damage." Tradução livre: "Suspensão em caso de ignorância. O decurso do prazo prescricional se suspende enquanto o credor não tiver conhecimento e não se puder razoavelmente esperar que ele tenha conhecimento: a) da identidade do devedor; ou b) dos fatos que deram origem ao direito, incluindo, no caso de um direito a indenização, o tipo de dano".

[58] "En dépit de son omniprésence, le droit de la prescription extinctive est souvent tenu pour mineur et relégué dans les fins de manuels ou d'études, là où se fait sentir la fatigue de l'auteur comme du lecteur" (Alain Bénabent, Le chaos du droit de la prescription extinctive. In: *Mélanges dédiés à Louis Boyer*, Toulouse: Presses universitaires,1996, p. 122). Tradução livre: "Apesar de sua onipresença, a norma da prescrição extintiva é freqüentemente considerada menor e relegada ao final dos manuais ou dos estudos, onde o cansaço do autor e do leitor são sentidos".

[59] "It appears to be generally accepted today that this branch of the law consists of rules that are anachronistic, confused, changeable and technically imperfect" (Robert Wintgen, Reforming the French Law of Prescription: a French Perspective. In: John Cartwright; Stefan Vogenauer; Simon Whittaker (orgs.), *Reforming the French Law of Obligations, Comparative Reflections on the Avant-projet de réforme du droit des obligations et de la prescription ('the Avant-projet Catala'), vol. 9*, Oxford: Hart Publishing, 2009, p. 347). Tradução livre: "Parece ser geralmente aceito hoje que este ramo da lei consiste em regras que são anacrônicas, confusas, mutáveis e tecnicamente imperfeitas".

[60] "Indeed, the English law on this subject is not a topic on which English lawyers (or, at least, our English law students) themselves focus sufficiently. There is a sense that it is a fringe topic which appears half-heartedly on our students' reading lists for each area of substantive law, often buried amongst the 'defences." (John Cartwright, Reforming the French Law of Prescription: an English Perspective. In: John Cartwright; Stefan Vogenauer; Simon Whittaker (orgs.), *Reforming the French Law of Obligations, Comparative Reflections on the Avant-projet de réforme du droit des obligations et de la prescription ('the Avant-projet Catala'), vol. 9*, Oxford: Hart Publishing, 2009, p. 359). Tradução livre: "Na verdade, a lei inglesa sobre este assunto não é um tópico no qual os advogados ingleses (ou, ao menos, nossos estudantes de direito ingleses) se concentrem suficientemente. Há uma sensação de que é um tópico marginal que aparece indiferentemente nas listas de leitura de nossos alunos para cada área do direito material, muitas vezes enterrado entre as 'defesas'".

Diante da insuficiência de tal abordagem, é necessário remodelar a segurança jurídica que fundamenta a prescrição à luz dos valores constitucionais, atribuindo-se relevo à efetividade dos direitos fundamentais e ao acesso à justiça.

Em releitura funcional dos pressupostos fáticos da prescrição, a configuração da inércia do titular passa a levar em conta as particularidades irrepetíveis do caso, com referência (i) ao comportamento exigível do titular, avaliando-se o modo pelo qual seu direito é concretamente desfrutado e realizado; (ii) ao momento em que a pretensão surgiu e se tornou exercitável, identificando-se se restou configurada a impossibilidade de agir; e (iii) ao comportamento adotado pelo titular do direito.

Assim, o surgimento e a possibilidade de exercício da pretensão são individuados no bojo da relação jurídica, em perspectiva funcional e dinâmica, voltada à realização do interesse juridicamente tutelado. Nas palavras de Pietro Perlingieri, "*é preciso predispor-se a reconstruir o direito civil*"[61] – inclusive, no que tange à prescrição.

---

[61] Pietro Perlingieri, *Perfis de Direito Civil*, Rio de Janeiro: Renovar, 2002, p. 34.

14

AUTONOMIA PRIVADA E OS ATOS DE DISPOSIÇÃO DO PRÓPRIO CORPO

RAFAEL GARCIA RODRIGUES

Sumário: I. Introdução. II. Autonomia e liberdade. III. Autonomia privada em um sistema ordenado pelos valores e princípios constitucionais. IV. Os atos de disposição próprio corpo (a construção de uma chamada "Autonomia Corporal"). V. A pandemia de Covid-19 e a autonomia privada nos atos existenciais. VI. Conclusão.

I. INTRODUÇÃO

O presente artigo expõe em linhas gerais o tema tratado em minha dissertação de mestrado defendida em 2004 e tem como objetivo analisar o percurso da validade e importância da manifestação de vontade desde sua representação quase soberana nos primórdios do voluntarismo jurídico e do liberalismo econômico, passando pela sua ressignificação no processo de constitucionalização do direito civil e no âmbito da construção de um Estado Social de Direito. Por fim, alcançando sua revalorização quando da prática de atos de natureza exclusivamente existenciais, em especial, os que tocam à disposição do próprio corpo, constituindo-se como elemento de proteção da pessoa diante do Estado e do mercado, afirmando o indivíduo (mas não o individualismo), e em constante conformação com os objetivos solidários e coletivos almejados por nossa sociedade.

II. AUTONOMIA E LIBERDADE

A autonomia privada é apresentada como princípio fundamental do direito civil[1], significando a possibilidade que têm os particulares para, no âmbito de seus relacionamentos com os demais

---

[1] Carlos Alberto da Mota Pinto. *Teoria geral do direito civil.* Coimbra: Coimbra, p. 89.

Cap. 14 · AUTONOMIA PRIVADA E OS ATOS DE DISPOSIÇÃO DO PRÓPRIO CORPO

sujeitos privados, estabelecer livremente a ordenação das respectivas relações jurídicas. Trata-se, portanto, de um poder de autogoverno, de auto-regulamentação de seus próprios interesses.

Autonomia é então a esfera de liberdade da qual o sujeito desfruta, no âmbito do Direito Privado, para reger seus próprios interesses. Nesta perspectiva, é conferida à vontade privada o poder para estabelecer o regulamento das relações entre particulares, especialmente quando estas apresentam conteúdo patrimonial, proporcionando a circulação de riquezas.

Atrelada a uma determinada noção de liberdade, própria das sociedades modernas, o desenvolvimento teórico da autonomia privada retrata um momento histórico específico. A historicidade do conceito de autonomia privada implica na análise da noção de liberdade individual cunhada no momento de instauração de uma nova ordem jurídico-econômica[2]. Desta forma, a concepção clássica de autonomia privada é reveladora do momento de libertação do indivíduo e da consequente ruptura do modelo econômico feudal rumo à construção de uma sociedade capitalista[3], pautada pela livre iniciativa.

A compreensão deste princípio, elevado à categoria de fundamento do direito civil, implica no reconhecimento de sua imbricada ligação com um determinado modelo de Estado, de sociedade e de modo de organização da produção; razão pela qual, observa-se a metamorfose do conceito conforme a alteração de uma destas variantes.

Afirma FACHIN[4] ser 'o princípio da autonomia privada também um princípio político.' Sendo assim, é imperiosa a investigação acerca de sua fundamentação e de seu perfil histórico a fim de delimitar seu conteúdo e o papel a ser desempenhado em nossa complexa sociedade atual, em que, ao menos em tese, o Estado é chamado a atuar em prol da liberdade e igualdade material e as situações existenciais são reconhecidas pelo ordenamento como prioritárias[5].

Assim, destaca-se a importância da análise do perfil histórico do princípio para o desenvolvimento da questão sobre a existência de uma esfera de liberdade, conferida pelo ordenamento ao sujeito.

III. AUTONOMIA PRIVADA EM UM SISTEMA ORDENADO PELOS VALORES E PRINCÍPIOS CONSTITUCIONAIS

Sendo o Direito um produto histórico, as alterações e transformações sofridas por uma determinada sociedade acabam por influenciar decisivamente em seus institutos, princípios, regras... Logo, o princípio da autonomia privada não passou incólume a toda a transformação sofrida pelas sociedades ocidentais, especialmente, durante o transcorrer do século XX.

A industrialização, fenômeno que no Brasil apenas após os anos 50 foi intensificado, a necessidade de contratação em massa e a concentração do poder econômico ensejaram o desenvolvimento de um outro modelo de Estado, que não se limitasse apenas ao papel de garantidor da paz social, mas interventor, corrigindo e restringindo a atividade econômica. Desta forma a principal faceta daquela liberdade, concebida pelo ideário liberal e entrincheirada nos códigos oitocentistas, a liberdade de contratar sofre uma releitura de seu conteúdo e função[6].

---

[2]   Ana Prata. *A tutela constitucional da autonomia privada*. Coimbra: Almedina, 1982, p.78-79.

[3]   Carlos Alberto da Mota Pinto. *Teoria geral do direito civil*. Coimbra: Coimbra, p. 80.

[4]   Luiz Edson Fachin. *Novo conceito de ato e negócio jurídico*. Curitiba: Educa, 1988, p. 58.

[5]   Pietro Perlingieri. *Perfis do direito civil*. Rio de Janeiro: Renovar, 1998.

[6]   Orlando Gomes. *Transformações gerais do direito das obrigações*. São Paulo: Revista dos Tribunais, 1980, p. 06-08.

A liberdade contratual, cujo modelo clássico importa na possibilidade de livre fixação do conteúdo e criação de novos esquemas contratuais, conduz, face à realidade econômica e social, à concentração do poder. Tal consequência faz com que reste fulminada a concepção acerca da existência de uma real e efetiva possibilidade de autodeterminação, posto tratar-se de atores desiguais, cabendo ao Estado impedir e corrigir os efeitos nefastos desta sujeição, visando assegurar as exigências de justiça social mediante a introdução de normas imperativas[7], especialmente diante do fenômeno da contratação em massa.

Esta limitação sofrida pelos particulares em seu espaço de liberdade reconhecido pelo ordenamento como autonomia privada, fruto da intervenção estatal no campo econômico, se coaduna com a concepção de que ao Estado cabe, sobretudo, o dever de realizar justiça social[8]. A realização deste objetivo de justiça social implica, para o Estado, uma bem definida tomada de posição, optando pela proteção daqueles economicamente mais vulneráveis.

Assiste-se à derrocada da vontade (como elemento suficiente), pois o direito dos contratos, em razão das alterações dos cenários político e econômico, é forçado a se adaptar a novos valores antes estranhos à sua disciplina, sendo a ele conferida uma nova função, a de procurar a realização da justiça e equilíbrio contratuais[9]. Assim, o contrato, apesar de continuar sendo instrumento de satisfação e regulamentação de interesses dos particulares envolvidos, através da inserção desta nova função passa a apresentar uma configuração também voltada à realização de interesses coletivos, sendo protegido se de acordo com esta nova perspectiva[10].

Impõe-se, assim, verificar o contorno atual do princípio da autonomia privada, especialmente em virtude do reconhecimento de que a Constituição Federal de 1988 estabeleceu uma hierarquia de valores e objetivos a serem observados e alcançados pela sociedade brasileira, que em momento algum pode se furtar ao seu cumprimento. Desta forma, tendo em vista a hierarquia constitucional dos valores, na qual a pessoa humana situa-se com prevalência, a liberdade dos indivíduos não pode estar unicamente atrelada à sua atividade econômica[11].

Pietro PERLINGIERI[12] afirma categoricamente que a autonomia privada não é um valor em si, ou seja, o ato do particular no exercício de suas liberdades – uma vez que a autonomia privada não se restringe à liberdade econômica – somente será protegido e tutelado pelo ordenamento na hipótese de respeitar, observar e promover aqueles princípios que traduzem os valores primeiros de nossa sociedade. É através de tais princípios que se avaliará se a autonomia privada é digna de proteção.

Neste sentido, após a promulgação da Constituição Federal de 1988 observou-se a edição de várias leis que, nos dizeres de TEPEDINO[13], subordinam a proteção da autonomia privada se e quando respeitados os princípios basilares consagrados constitucionalmente, tendo em vista valores não apenas patrimoniais, mas essencialmente extrapatrimoniais:

---

[7]   Eliseu Figueira. *Renovação do sistema de direito privado*. Lisboa: Caminho, 1989, p. 151 e ss.

[8]   Ressalta-se aqui a obra de Orlando Gomes. *Transformações gerais do direito das obrigações*. São Paulo: Revista dos Tribunais, 1980, p. 45-46.

[9]   Orlando Gomes. *Transformações gerais do direito das obrigações*. São Paulo: Revista dos Tribunais, 1980, p. 88.

[10]   A respeito: Paulo Roberto Nalin. *Do contrato*: conceito pós-moderno. Curitiba: Juruá, 2001.

[11]   Pietro Perlingieri. *Perfis do direito civil*. Tradução Maria Cristina de Cicco. Rio de Janeiro: Renovar, 1997, p. 17.

[12]   Pietro Perlingieri. *Perfis do direito civil*. Tradução Maria Cristina de Cicco. Rio de Janeiro: Renovar, 1997, p. 17-20 e 276-277

[13]   Gustavo Tepedino. *Temas de direito civil* Rio de Janeiro: Renovar, 1999, p. 10.

Na esteira do texto constitucional, que impõe inúmeros deveres extrapatrimoniais nas relações privadas, tendo em mira a realização da personalidade e a tutela da dignidade da pessoa humana, o legislador mais e mais condiciona a proteção de situações contratuais ou situações jurídicas tradicionalmente disciplinadas sob a ótica exclusivamente patrimonial ao cumprimento de deveres não patrimoniais.

Ao contrato, ferramenta tão cara ao desenvolvimento do capitalismo liberal, é conferida função social, decorrente da concepção de contrato própria do Estado Social e que introduz em seu núcleo um elemento estranho às partes, o interesse social[14].

Desta forma, os interesses perseguidos através da atividade privada não se eximem da realização de interesse e funções socialmente úteis radicando neste elemento seu merecimento de tutela. Há a necessidade, portanto, do estabelecimento, através de um juízo de valor, da correlação destes interesses perseguidos pelo ato de autonomia e os valores consagrados na Constituição Federal[15].

Entretanto, na hierarquia constitucional dos valores, se por um lado conclui-se que os atos de autonomia voltados à realização de interesses patrimoniais são funcionalizados, ou seja, devem observar e realizar valores e objetivos colimados em nossa Constituição, por outro se reconhece que a liberdade do indivíduo na perspectiva civil não se esgota na iniciativa econômica ou na prática de atos com conteúdo patrimonial[16]. Ressalta-se, portanto, a indagação acerca da disciplina jurídica a ser dispensada aos atos de autonomia com conteúdo não patrimonial, que tocam diretamente situações existenciais.

Inserida em tal complexidade, os atos tocantes diretamente a situações existenciais, especialmente aquelas que envolvem o corpo humano, requerem uma análise de concessão de tutela por parte do ordenamento sobre bases distintas daquelas relativas aos atos patrimoniais.

A fundamentação da autonomia não pode ser analisada em separado ou descontextualizada da natureza do interesse a ser concretizado através do ato. Pois, conforme assinala Pietro PERLINGIERI[17], todo interesse está relacionado a um valor e a análise deste interesse consiste na individualização do valor a ele correspondente e que tem na Constituição Federal seu reconhecimento e tutela.

O ato de autonomia privada terá, portanto, fundamentação constitucional conforme o valor a ser realizado. Neste sentido, esta fundamentação constitucional do ato de autonomia privada variará conforme o valor constitucional a ser realizado; o ato de natureza patrimonial e a liberdade contratual fundamentam-se assim no artigo 1º, IV da Constituição Federal, no princípio da livre iniciativa. Por sua vez, aqueles que deitam raízes diretamente sobre o valor existencial do ser humano, encontram sua fundamentação no princípio da dignidade da pessoa humana, art. 1º, III, e especificamente com relação aos atos de disposição do próprio corpo, nos artigos e princípios que disciplinam e protegem a integridade física, art. 5º e também o princípio da solidariedade, art. 3º, I.

Fundamental pois se ter em vista esta alteração, radical, sofrida pelo princípio da autonomia privada e, mais ainda, o valor conferido à vontade nesta nova conformação do princípio, especificamente naquelas relações que envolvem diretamente situações existenciais ligadas ao corpo humano.

---

[14]   Cláudia Lima Marques. *Contratos no Código de Defesa do Consumidor*. 3ª ed. São Paulo: Revista dos Tribunais, 1999, p. 102.

[15]   Pietro Perlingieri. *Manuale di diritto civile*. Napoli: Edizione Scietifiche Italiane. p. 340 e Pietro Perlingieri. *Perfis do direito civil*. Tradução Maria Cristina de Cicco. Rio de Janeiro: Renovar, 1997, p. 19.

[16]   Pietro Perlingieri. *Perfis do direito civil*. Tradução Maria Cristina de Cicco. Rio de Janeiro: Renovar. 1997, p. 17.

[17]   Pietro Perlingieri. *Manuale di diritto civile*. Napoli: Edizione Scietifiche Italiane, p. 340.

IV. OS ATOS DE DISPOSIÇÃO PRÓPRIO CORPO (A CONSTRUÇÃO DE UMA CHAMADA "AUTONOMIA CORPORAL")

O percurso para a compreensão da noção de autonomia privada voltada para os atos de disposição corporal obviamente não pode, até mesmo pela acima referida primazia constitucional da proteção da pessoa humana, ser semelhante àquele dirigido às atividades privadas de disposição patrimonial.

Interessante notar e frisar que para estes atos de disposição corporal a vontade se reestabelece como imperativo. Vale destacar que, ainda que não seja absoluta, a manifestação da vontade para tais atos tampouco pode sofrer automática e genérica relativização imposta pela função social ou outra perspectiva de apelo coletiva. Mas para delinear tais conclusões, necessário revisitar o conteúdo e embasamento desta dita autonomia corporal.

Respeito à Integridade Física

A tutela de tal aspecto da personalidade reside na preocupação e na necessidade de conferir proteção à intangibilidade do sujeito.

Na realidade a finalidade da proteção é o próprio ser humano pois a separação da personalidade em aspectos corporais e intelectuais tem apenas significação cultural, científica e jurídica[18].

O artigo 13 de nosso Código Civil revela uma forte inspiração da lei italiana[19], especificamente seu artigo 5o[20], ao disciplinar que: "Art. 13. Salvo por exigência médica, é defeso o ato de disposição do próprio corpo, quando importar diminuição permanente da integridade física, ou contrariar os bons costumes."

Ao analisar o artigo 5o do Código Civil Italiano, Cosimo D'ARRIGO[21] destaca que o conteúdo de tal disposição contempla o temperamento de exigências de natureza diversa, pois reconhece implicitamente o poder de dispor do próprio corpo e ao mesmo tempo impõe limites à realização deste mesmo poder.

Desta forma, a tutela da integridade física do indivíduo possibilita a este o poder de se defender de atentados praticados por terceiros, seja proveniente de particulares ou do próprio Estado. Por outro lado, a promoção de seu bem-estar, o que implica na necessidade de manutenção de sua integridade física, constitui, em uma sociedade inspirada em valores solidários e cujo bem fundamental é o ser humano, obrigação de todos inclusive do próprio sujeito.

---

[18]   José Antônio Peres Gediel. *Os transplantes de órgãos e a invenção moderna do corpo.* Curitiba: Moinho do Verbo, 2000, p. 81.

[19]   Danilo Doneda. Os direitos da personalidade no novo Código Civil. In TEPEDINO, Gustavo (org). *A Parte Geral do novo Código Civil.* Rio de Janeiro: Renovar, 2002, p. 49.

[20]   Art. 5o Código Civil Italiano "5. Atti di disposizione del proprio corpo. – Gli atti di disposizione del proprio corpo sono vietati quando cagionino una diminuzione permanente della integritá fisica, o quando siano altrimenti contrari alla legge, all'ordine pubblico o al buon costume." Art. 5o Atos de disposição do próprio corpo são proibidos quando causarem uma diminuição permanente da integridade física, ou quando forem igualmente contrários à lei, à ordem pública ou aos bons costumes. Tradução Maria Cristina De Cicco *in* Pietro Perlingieri. *Perfis do Direito Civil.* tradução Maria Cristina De Cicco. Rio de Janeiro: ed. Renovar. 1997, pg. 334.

[21]   "La <doppia anima> dell'art. 5 cod. civ. é perfetta riprodotta dalla duplice valenza che è possibile attribuire a tale norma. Essa, da un lato, riconosce implicitamente il <potere> di ciascuno di disporre del proprio corpo e, dall'altro, pone limiti esplicite a siffatto potere." Cosimo D'Arrigo M. *Autonomia Privata e Integrità Fisica.* Ed: Giuffrè Editore. Milão. 1999, pg. 13.

Cap. 14 · AUTONOMIA PRIVADA E OS ATOS DE DISPOSIÇÃO DO PRÓPRIO CORPO | **233**

Assim, destaque-se que o conteúdo do direito à integridade física é complexo, concentrando poderes e deveres de seu titular, impondo ora a obrigação positiva de realizar a defesa de sua integridade frente a agressões externas, ora o dever de não atentar contra sua própria integridade[22].

Reconhecendo-se que tanto o perfil físico como o psíquico constituem componentes indivisíveis da estrutura humana verificamos que a tutela a qualquer destes "bens" traduz-se na própria proteção conferida à própria pessoa humana[23]. Qualquer atentado à esfera corporal de um indivíduo configura-se como agressão ao próprio sujeito em sua integralidade.

Altera-se assim a relação entre o bem tutelado (integridade física) e o sujeito, o que segundo GEDIEL:

> problematizou os direitos à vida e à integridade física e promoveu a rediscussão da liberdade, em seu sentido clássico, sustentada pela vontade e sua autonomia nas relações jurídicas de cunho privado. Modificou, também, o conceito de soberania, nos limites da atuação do Estado, com base no interesse público.

A Constituição Italiana em seu artigo 32 transparece esta perspectiva ao estabelecer que em nenhuma hipótese poderá a lei violar os limites impostos pelo respeito a pessoa humana. Nossa própria Constituição Federal, especificamente no artigo 1º, III, também segue por mesma via ao fundar nossa sociedade com base no respeito à dignidade da pessoa humana, afirmando assim a ilegitimidade de qualquer ato, particular ou Estatal, atentatório a este valor primário.

Situação extremamente angustiante é a que cerca as hipóteses de tratamento sanitário obrigatório, posto que, como vimos, ao sujeito é conferido autonomia para a práticas de atos relacionados à disposição de sua integridade física, assim como a diretiva emanada pelo chamado Código de Nuremberg que repudia qualquer intervenção no corpo humana contra a vontade do próprio indivíduo.

O Código Civil, por sua vez, imprimiu parâmetros à discussão ao estabelecer em seu "artigo 15 – Ninguém pode ser constrangido a submeter-se, com risco de vida, a tratamento médico ou intervenção cirúrgica.".

Trava-se, portanto, um conflito de difícil solução entre a vontade do indivíduo em determinar autonomamente o destino acerca de sua integridade física (ou seja, sobre si mesmo) e o dever do Estado em promover e assegurar a saúde da coletividade fazendo imperar o interesse público.

Pietro PERLINGIERI[24] destaca a possibilidade da intervenção sobre o corpo do indivíduo somente em última hipótese, quando as condições da patologia implicarem em sério perigo para a pessoa e a comunidade em que vive, e sempre levando em consideração que o respeito à pessoa se constitui como um limite insuperável para o legislador.

Daisy GOGLIANO[25] ao comentar o artigo 15 do Código Civil, põe em relevo a impropriedade da diminuição de amplitude de sua órbita de regulação ao estabelecer vedação ao constrangimento

---

[22] José Antônio Peres Gediel. *Os transplantes de órgãos e a invenção moderna do corpo*. Curitiba: ed. Moinho do Verbo. 2000, pg. 81-83.

[23] Pietro Perlingieri. *La personalità...* op. cit. pg. 310-311.

[24] Pietro Perlingieri. *Perfis...* pg. 160-162.

[25] , Daisy Gogliano. Exames médicos e direito da personalidade. In: LIMONGI FRANÇA, Rubens (coord.). *Enciclopédia Saraiva do Direito*. São Paulo: ed. Saraiva, 1977. pg. 316-317.

de tratamento médico ou cirúrgico contra a própria vontade somente nas hipóteses em que a intervenção gere risco de vida. Salienta que tal dispositivo pode deixar ao desabrigo uma série de situações em que apesar da vida não estar em risco, é inadmissível a intervenção externa sem o consentimento do sujeito.

O tratamento sanitário obrigatório e a possibilidade de disposição do corpo de outrem, ainda que contra sua vontade, somente poderá ser admitido de forma excepcionalíssima, pois se por um lado é indiscutível a necessidade de proteção da saúde da coletividade, não se pode admitir que sob esta fundamentação se tolerem intervenções corporais arbitrárias ou amparadas em supostas "razões de Estado". Esta matéria é dominada pelo constante conflito entre o interesse individual e o coletivo em que a decisão se delineará no caso concreto tendo sempre como medida o respeito à dignidade humana, tanto daquele que sofrerá a intervenção e como dos que serão prejudicados caso a negativa em se submeter ao tratamento prepondere.

Além da vedação expressa de intervenção externa independentemente da vontade do indivíduo, salvo situações excepcionais, a proteção da integridade física exige por parte do ordenamento um tratamento unitário, posto que, em um sistema com espírito solidário e cujo valor fundante é o ser humano, todas as normas (de natureza privada ou pública) que visam sua proteção devem convergir para a tutela de seu pleno desenvolvimento.

Verifica-se então o desenvolvimento de dois mecanismos de defesa e proteção da integridade física. O primeiro ancorado sob uma perspectiva repressiva a atuar sobre as situações patológicas e que consistem no atuar do aparato repressor do Estado, especialmente com o uso de seu monopólio da violência, através das normas de repressão penal. No âmbito privado a responsabilidade civil visa a ressarcir ou reparar o dano. Tanto a modalidade penal quanto a civil revelam uma estrutura inadequada e inidônea ao tratamento da integridade física, isto é, a um aspecto existencial do ser humano. Tendo como ponto de partida a lesão já ocorrida, pouco resta ao direito a fazer, seja cumprindo sua obrigação de retribuição do mal causado (no caso da norma penal), seja determinando sua obrigação de restaurar o dano ou a pagar determinado valor a título de dano moral. Em quaisquer das hipóteses, do ponto de vista da integridade humana, evidencia-se a insuficiência da solução diante do bem lesado.

Como ensina Cosimo D'ARRIGO[26]:

> De fato, em razão da intrínseca inadequação dos remédios ressarcitórios ao oferecimento de proteção aos valores da pessoa, se faz necessária uma tutela específica, quanto mais possível preventiva, inibitória, urgente. (tradução livre)

Observamos que nesta linha o artigo 12 do Código Civil estabelece: "Art. 12. Pode-se exigir que cesse a ameaça, ou a lesão, a direito da personalidade, e reclamar perdas e danos, sem prejuízo de outras sanções previstas em lei.". Com isto pretende-se a proteção preventiva da esfera biológica do indivíduo contra agressões externas, devendo tal dispositivo ser interpretado com a flexibilidade que a matéria exige, impondo-se ao julgador a procura de soluções diferenciadas para cada caso concreto.

Na esteira da conclusão de GEDIEL[27], podemos afirmar que qualquer intervenção sobre o corpo humano, não autorizada pelo sujeito, ou seja, frontalmente contra sua vontade, constitui-se,

---

[26] "infatti, in ragione della intrinseca inadeguatezza dei remedi risarcitoro ad offrire effetiva protezione ai valori della persona, si rende 'necessaria una tutela specifica, il più possibile preventiva, inibitoria, urgente'." op. cit. pg. 79.

[27] op.cit. 93.

em uma primeira angulação, como um atentado à sua dignidade, posto que resulta na violação de sua integridade física[28].

Neste contexto, ganha relevo a discussão envolvendo o valor assumido pela vontade, como elemento de exteriorização desta liberdade.

A revalorização da vontade e o consentimento livre e esclarecido

Na perspectiva traçada por Pietro PERLINGIERI[29], em se tratando de ato de autonomia tocante diretamente a situações existenciais, seu ponto de referência no ordenamento se localizará no princípio da dignidade da pessoa humana, da liberdade, da proteção à integridade psíco-física[30]. Por seu turno os atos realizadores de interesse patrimoniais ligam-se diretamente ao princípio da livre iniciativa econômica, muito embora, nem por isso deixem de dever respeito e obediência aos valores existenciais, que se constituem como objetivos primeiros do sistema jurídico.

Nossa Constituição Federal reconhece um espaço de liberdade corporal, elevado à condição de princípio, quando prevê, em seu artigo 199, § 4º a possibilidade de o sujeito dispor do próprio corpo para a realização de fins socialmente almejados como transplantes, tratamentos, pesquisa, etc.[31]

Trata-se então de uma liberdade prevista no ordenamento e cuja fundamentação e objetivo é a promoção e realização, através de tais atos, do desenvolvimento pleno da personalidade, ou seja, uma liberdade de decidir sobre questões tocantes ao próprio ser[32].

Esse espaço de autodeterminação conferido às pessoas tem como escopo a sua própria realização existencial, admitindo o ordenamento jurídico que ninguém melhor do que o próprio indivíduo para estabelecer quais atos, especialmente aqueles referentes ao corpo, que proporcionarão sua realização e o seu pleno desenvolvimento.

No entanto, cabe advertir que o permissivo constitucional não confere um poder absoluto do sujeito sobre seu corpo. Trata-se, na realidade, de um sentido de autonomia limitada, pois, como já referido em linhas anteriores, não há que se enxergar um direito ao próprio corpo à semelhança de uma relação patrimonial. O ordenamento repudia com veemência qualquer interpretação que

---

[28] No Brasil um *leading case* versando sobre a proteção da integridade física e a intimidade, se deu em um *habeas-corpus* impetrado por investigado em Ação de Investigação de paternidade pleiteando o remédio para a não realização do exame '*manu militari*' como havia determinado o magistrado de 1º Grau. A referida decisão foi assim ementada: "Ementa: Investigação de paternidade. Exame DNA. Condução do réu 'debaixo de vara'. Discrepa, a mais não poder, de garantias constitucionais implícitas e explícitas preservação da dignidade humana, da intimidade, da intangibilidade do corpo humano, do império da lei e da inexecução específica e direta de obrigação de fazer – provimento judicial que, em ação civil de investigação de paternidade, implique determinação no sentido de o réu ser conduzido ao laboratório, 'debaixo de vara', para coleta do material indispensável à feitura do exame de DNA. A recusa resolve-se no plano jurídico-instrumental, consideradas a dogmática, a doutrina e a jurisprudência, no que voltadas ao deslinde das questões ligadas à prova dos fatos." Juntado sua voz aos ministros vencidos, portanto, opondo-se à fundamentação e à decisão do Supremo Tribunal Federal, ver Ver Maria Celina Bodin de MORAES, *in* Revista Forense, vol. 343, pg. 157-168.

[29] Pietro Perlingieri., Pietro. *Autonomia negoziale e autonomia contrattuale*. Napoli: Edizioni Scientifiche Italiane. 2º ed. pg. 455.

[30] op.cit. pg. 455-456.

[31] José Antônio Peres Gediel. *Os transplantes de órgãos e a invenção moderna do corpo*. Curitiba: ed. Moinho do Verbo. 2000, pg. 96.

[32] D'ARRIGO, Cosimo M. D'Arrigo. *Autonomia Privata e Integrità Fisica*. Ed: Giuffrè Editore. Milão. 1999, pg, 149.

confira ao corpo humano tratamento, inclusive por parte do próprio sujeito, semelhante àquele dispensado aos bens patrimoniais.

Por outro lado, nota-se que o tratamento de questões envolvendo o corpo humano e atos de disposição implicam na revalorização do elemento volitivo, ou seja, a manifestação de vontade é imprescindível à legalidade e legitimidade da intervenção sobre o corpo humano sob a forma de consentimento livre e esclarecido.

Tal postulado é consequência direta da terrível experiência das duas grandes guerras mundiais e de suas atrocidades, que marcaram decisivamente o rumo das legislações do ocidente com a reafirmação de postulados éticos, como a liberdade dos indivíduos frente ao Estado. O Código de Nuremberg[33] destaca a reprovação e vedação da intervenção não autorizada sobre o corpo humano. Ganhando relevo, sobretudo, como proibição da prática de experimentação científica sem o devido consentimento do indivíduo que deve estar ciente e devidamente informado e esclarecido acerca das peculiaridades e riscos do ato praticado, tampouco se admite a experimentação que não acarrete ao indivíduo benefícios à sua saúde.

Estaríamos então, diante de um retorno da vontade, como denominado por Emanuele CALÒ[34], destacando que o advento de novas tecnologias e a bioética atuam decisivamente nesse movimento de resgate da noção de vontade. Seu renascer é percebido especialmente quando do confronto com situações envolvendo a saúde do indivíduo e sua opção por este ou aquele tratamento, ou ainda por tratamento algum, assim como em todas aquelas hipóteses em que não se admite que a lei pense pelo sujeito[35].

Retoma-se a vontade como elemento ético, de modo a somente admitir, salvo excepcionalíssimas exceções, a intervenção externa em aspectos determinantes do **ser**, como a corporalidade, mediante manifestação positiva da vontade. É o respeito a autodeterminação do sujeito sobre aspectos diretamente envolvidos a sua condição existencial.

---

[33] "O Tribunal de Nuremberg, em 9 de dezembro de 1946, julgou vinte e três pessoas – vinte das quais, médicos – que foram consideradas criminosas de guerra, pelos brutais experimentos realizados em seres humanos. Em 19 de agosto de 1947 divulgou as sentenças, além de um documento que ficou conhecido como Código de Nuremberg. Sete acusados foram condenados à morte. Este documento tornou-se um marco na história da humanidade: pela primeira vez, estabeleceu-se recomendação internacional sobre os aspectos éticos envolvidos na pesquisa em seres humanos. Código de Nuremberg:

1 – O consentimento voluntário do ser humano é absolutamente essencial. Isso significa que as pessoas que serão submetidas ao experimento devem ser legalmente capazes de dar consentimento; essas pessoas devem exercer o livre direito de escolha sem qualquer intervenção de elementos de força, fraude, mentira, coação, astúcia ou outra forma de restrição posterior; devem ter conhecimento suficiente do assunto em estudo para tomarem uma decisão. Esse último aspecto exige que sejam explicados às pessoas a natureza, a duração e o propósito do experimento; os métodos segundo os quais será conduzido; as inconveniências e os riscos esperados; os efeitos sobre a saúde ou sobre a pessoa do participante, que eventualmente possam ocorrer, devido à sua participação no experimento. O dever e a responsabilidade de garantir a qualidade do consentimento repousam sobre o pesquisador que inicia ou dirige um experimento ou se compromete nele. São deveres e responsabilidades pessoais que não podem ser delegados a outrem impunemente." Disponível em: http://www.bioetica.org.br/?siteAcao=DiretrizesDeclaracoesIntegra&id=2 Acesso em: 16/03/2021.

[34] Emanuele Caló. *Il ritorno della volontà. Bioetica, nuovi diritto e autonomia privata.* Milano: ed. Giuffrè. 1999.

[35] Op. cit., pg. 175.

Com efeito, a restauração do sentido ético da autonomia privada, não significa um retorno ao voluntarismo, como afirma PERLINGIERI[36]:

> O simples consentimento de quem tem o direito não é suficiente para tornar lícito o que para o ordenamento é objetivamente ilícito, nem pode – sem um retorno ao dogma da vontade como valor – representar um ato de autonomia de per si merecedor de tutela. Autonomia não é arbítrio: o ato de autonomia em um ordenamento social não se pode eximir de realizar um valor positivo.

Afirma-se, pois, a revalorização da vontade, elemento fundamental dos atos existenciais. Entretanto, tal retorno à autonomia da vontade, não implica no retorno do voluntarismo jurídico. Isto porque, como dito, tal vontade é mitigada pelos valores e objetivos constitucionais, ou seja, interesses localizados fora do indivíduo. Somente assim poder-se-á evitar que o retorno desta vontade implique também na retomada do voluntarismo, o que representaria verdadeira barbárie, pois implicaria na concepção de que a vontade, por si só, é causa eficiente da criação de vínculos jurídicos, inclusive não patrimoniais, o que, por certo, abriria as portas à mercantilização do corpo, do ser humano e, ao fim e ao cabo, da própria vida.

A vontade, portanto, apesar de necessária e imprescindível, não é suficiente para conferir merecimento de tutela pelo ordenamento de *per si*. Não é todo e qualquer comportamento referenciado no corpo humano que é lícito, a liberdade encontra limites na finalidade pretendida com tal ato. Assim, em virtude da relevância adquirida por tal modalidade de ato, envolvendo o próprio sujeito cujo corpo figura como objeto da ação de terceiros e objeto mediato de seu ato de disposição, o ordenamento confere tratamento especial realçando, ao mesmo tempo, **a valorização e a limitação da autonomia do sujeito**[37].

A afirmação da existência de uma esfera de liberdade ilimitada ao indivíduo para a prática de atos relacionados à sua realização existencial somente teria cabimento se a proteção conferida pelo ordenamento à pessoa se revestisse de conteúdo e preocupação exclusiva com seus interesses individuais.

Entretanto, sendo o caráter da proteção conferida pelo sistema jurídico à pessoa orientada não apenas para a satisfação de interesses individuais, a limitação da liberdade afina-se com o princípio da solidariedade, assim como reconhece os valores fundantes da sociedade como legítimos e limitadores da atividade particular[38].

Ao se reconhecer um limitado espaço de liberdade para a prática de atos de disposição do próprio corpo, faculta-se ao sujeito, através da manifestação de sua vontade, conferir dinâmica à sua proteção corporal reconhecendo que a 'auto-gestão' desta liberdade identifica-se com o objetivo do sistema jurídico de promoção do desenvolvimento de sua personalidade.

---

[36] Pietro Perlingieri. *Perfis...* op. cit. pg. 299.

[37] GEDIEL. op. cit. pg. 100.

[38] "pelo menos no que diz com seu conteúdo em dignidade – os direitos fundamentais vinculam também diretamente os particulares nas relações entre si, sendo – na esfera deste conteúdo – irrenunciáveis, já que, à evidência, e, como bem lembra Jorg Neuner, em termos de uma eficácia vinculante da dignidade, 'não importa de quem é a bota que desferiu o chute no rosto do ofendido'. Assim, percebe-se na esteira do que já foi anunciado alhures, que o dever de proteção imposto – e aqui estamos a nos referir especialmente ao poder público – inclui até mesmo a proteção da pessoa contra si mesma, de tal sorte que o Estado encontra-se autorizado e obrigado a intervir em face de atos de pessoas que, mesmo voluntariamente, atentem contra sua própria dignidade." Ingo Sarlet. *Dignidade da pessoa humana e direitos fundamentais na Constituição Federal de 1988*. Porto Alegre: ed. Livraria do Advogado. 2001. pg. 111.

238 | PROBLEMAS DE DIREITO CIVIL – *Homenagem aos 30 anos de cátedra do professor Gustavo Tepedino*

Desta forma, esta autonomia privada ligada imediatamente ao corpo apresenta-se como uma forma de autotutela promocional da promoção de sua personalidade, considerada como instrumento ético-jurídico fundamental da liberdade do indivíduo[39] que não é e não pode ser absoluta.

O ato de autonomia praticado conforme o ordenamento e, portanto, merecedor de tutela, configura-se como instrumento hábil à realização da nova concepção de pessoa, própria deste novo momento que atravessa o direito civil, pois implica na superação da antiga e limitada operação de transformação do dano em indenização (responsabilidade civil), orientando-se no sentido de dirigir a atividade privada à concretização e efetivação da dignidade da pessoa humana. A tutela que o ordenamento passa a dar à pessoa, portanto, ultrapassa o tradicional resguardo de seu conteúdo patrimonial em caso de violação, mas amplia-se para ampará-la em seus atos existenciais, reconhecendo, de fato, sua autonomia.

V. A PANDEMIA DE COVID-19 E A AUTONOMIA PRIVADA NOS ATOS EXISTENCIAIS

Muito oportuna a revisitação à minha dissertação apresentada em 2004 no Programa de Pós Graduação em Direito da UERJ, inicialmente pela honra de compor uma obra em homenagem ao querido Professor Gustavo Tepedino, bem como em razão dos contornos atualíssimos que o tema adquiriu no atual contexto.

A pandemia de Covid-19 que neste momento completa mais de um ano de transtornos, dores, preocupações e restrições a todo o mundo também provocou a rediscussão sobre os limites estatais de acesso ao corpo, de tratamento de saúde compulsório e, sobretudo, quanto à possibilidade de vacinação forçada, facultativa ou obrigatória.

Em fevereiro de 2020 foi promulgada a Lei 13.979/20 que em seu artigo 3º, prevê a possibilidade de vacinação compulsória, desde que, como dispõe o § 1º do mencionado dispositivo, seja determinada "com base em evidências científicas e em análises sobre as informações estratégicas em saúde e deverão ser limitadas no tempo e no espaço ao mínimo indispensável à promoção e à preservação da saúde pública".

A rigor, tal artigo sequer inova a legislação brasileira, uma vez que a Lei 6.259/1975, que foi o marco instituidor do Programa Nacional de Imunização, dispõe no seu artigo 3º:

> Art. 3º Cabe ao Ministério da Saúde a elaboração do Programa Nacional de Imunizações, que definirá as vacinações, inclusive as de caráter obrigatório. Parágrafo único. As vacinações obrigatórias serão praticadas de modo sistemático e gratuito pelos órgãos e

---

[39] "Emerge la centralità del tema dell'autonomia privata in ordine ai valori riconossi alla sfera vitale dell'uomo, quale ,qualità. Irrenunciabile dell'ordinamento giuridico. L'autonomia privata si attegia come una intensa forma di autotutela promozionale: il soggetto realizza al meglio i propri interesi potendoli curare o disponendone, scegliendo la maniera e le modalità più congeniali. Approntare idonei istituti che rendano effettivamente operante uno spazio di autonomia in materia di valori della persona (nella misura in cui sia possibile disporne) consente di fruire, in modo più completo, del riconoscimento giuridico degli stessi. Pur nelle diverse forme, è legittimo considerare l'autonomia individuale come uno strumento giuridico fondamentale per la tutela del valore etico-giuridico fondamentale della libertà dell'individuo nella vita sociale e giuridica: etico nella origine, ma anche e necessariamente giuridico nella sua attuazione perchè l'autonomia individuale non sarebe in grado di muovere i meccanismi della giuridicità se non facesse essa stessa parte dell'ordinamento." Cosimo D'Arrigo. op. cit. pg. 161-162.

entidades públicas, bem como pelas entidades privadas, subvencionadas pelos Governos Federal, Estaduais e Municipais, em todo o território nacional.

Observa-se assim que a vacinação obrigatória no Brasil não é novidade e tampouco trata-se de exceção construída para o enfrentamento da pandemia de Covid-19 pois figura como possibilidade em nosso ordenamento jurídico há mais de 40 anos.

No entanto, no atual contexto político brasileiro, a determinação de obrigatoriedade de vacinação prevista na Lei 13.979/20 foi objeto de acalorados debates e que tinham como elementos o direito coletivo à imunização, uma vez que visa buscar a imunidade de rebanho e, assim, a proteção de toda a coletividade, o direito à integridade física e os limites da liberdade, no caso, de não se submeter à vacinação.

Em dezembro de 2020 o Supremo Tribunal Federal se manifestou sobre o tema na oportunidade do julgamento conjunto das ADIns 6.586 e 6.587 e ARE 1.267.879[40], com a seguinte decisão:

> **Decisão:** O Tribunal, por maioria, julgou parcialmente procedente a ação direta, para conferir interpretação conforme à Constituição ao art. 3º, III, d, da Lei nº 13.979/2020, nos termos do voto do Relator e da seguinte tese de julgamento: "(I) A vacinação compulsória não significa vacinação forçada, porquanto facultada sempre a recusa do usuário, podendo, contudo, ser implementada por meio de medidas indiretas, as quais compreendem, dentre outras, a restrição ao exercício de certas atividades ou à frequência de determinados lugares, desde que previstas em lei, ou dela decorrentes, e (i) tenham como base evidências científicas e análises estratégicas pertinentes, (ii) venham acompanhadas de ampla informação sobre a eficácia, segurança e contraindicações dos imunizantes, (iii) respeitem a dignidade humana e os direitos fundamentais das pessoas, (iv) atendam aos critérios de razoabilidade e proporcionalidade e (v) sejam as vacinas distribuídas universal e gratuitamente; e (II) tais medidas, com as limitações acima expostas, podem ser implementadas tanto pela União como pelos Estados, Distrito Federal e Municípios, respeitadas as respectivas esferas de competência". Vencido, em parte, o Ministro Nunes Marques. Presidência do Ministro Luiz Fux. Plenário, 17.12.2020 (Sessão realizada inteiramente por videoconferência - Resolução 672/2020/STF).

Com esta decisão o STF afirma a possibilidade de vacinação obrigatória e a constitucionalidade e adequação de tal determinação estatal aos mandamentos e objetivos da República, reconhecendo expressamente, no entanto, a intangibilidade do corpo humano e a impossibilidade de realizar a referida vacinação de forma forçada, *manu militari*.

Ressaltado pelo Ministro Gilmar Mendes em seu voto, a recalcitrância na aceitação da vacina se constitui numa conduta que afronta objetivos e valores constitucionais, em especial, o direito da coletividade de acesso à saúde, o que permite a imposição de medidas indiretas como a restrição à acesso e exercício de diretos àqueles que recusam a vacinação, bem como sansões de natureza administrativa.

No entanto, a decisão reafirma de forma contundente a impossibilidade de constrição corpórea do indivíduo para a realização da vacina, a intangibilidade do corpo humano constitui-se assim em um limite sobre o qual o Estado não pode avançar, ao menos por meio de medida abstrata e genérica.

---

[40] STF, Plenário. ADI 6.586. Relator Ministro Ricardo Lewandowski, Julg. 17/12/2020, publ. 04/02/2021.

Assim é constitucional a imposição de vacinação obrigatória, no entanto, a decisão também destaca que, para ser obrigatória, a vacinação deve também atender a outros parâmetros , como aqueles destacados no artigo 3º, § 1º e § 2º, I, II e III da Lei 13.979/20 que versam sobre a aprovação científica do produto e atende aos princípios da Beneficência e da Gratuidade.

VI. CONCLUSÃO

A Constituição provoca um giro valorativo, destituindo o patrimônio como preocupação central em prol da construção de um sistema jurídico concatenado em torno dos valores existenciais.

O desenvolvimento tecnológico, em especial, cria constantemente novos e difíceis desafios ao Direito, a exemplo da discussão sobre a obrigatoriedade da vacina em meio a uma pandemia global.

Neste contexto, os atos de disposição do próprio corpo têm um espaço de destaque. É imperiosa a discussão acerca da liberdade conferida aos indivíduos para a prática de tais atos. Dessa análise, ressurge, renovada, a noção de autonomia privada, reestruturada a fim de embasar a prática de tais atos.

Redimensiona-se então, a autonomia como o espaço conferido à autodeterminação, inclusive de atos com conteúdo não patrimonial, pois a ligação entre o conceito e a atividade econômica é apenas de caráter ideológico. Reestrutura-se a noção de liberdade, não mais exclusiva da realização de interesses individuais, mas mitigada pela carga axiológica dos valores consagrados na Constituição da República, especialmente a solidariedade, de modo a ser merecedora de tutela enquanto realizadora de tais valores.

No esteio de tal renovada perspectiva de liberdade, ressurge a vontade como elemento ético, como salvaguarda a impedir a ilicitude de intervenções praticadas contra a esfera corporal do indivíduo a despeito de sua negativa.

Esta valorização da vontade, entretanto, não importa no ressurgimento do individualismo e voluntarismo jurídico, face à força axiológica emanada dos valores supremos do ordenamento, que lhe moldam os sentidos e estabelecem limites.

Portanto, a liberdade para a prática de atos de disposição do próprio corpo, esta esfera de autonomia corporal, é limitada. Pois, por um lado, não pode se abster de realizar valores positivos do nosso sistema jurídico; e por outro, encontra uma série de limitações previstas na legislação constitucional e infraconstitucional que impossibilitam a prática destes atos com intuito meramente egoístico.

O caso da vacinação é um atual exemplo dessa tensão entre liberdade e limites para prática de tais atos de disposição do corpo. Se, por óbvio, não é possível nem desejável a intervenção estatal no corpo do sujeito, esfera intangível por parte de outrem estranho a si próprio, em contrapartida o Estado, em atenção a valores sociais de saúde pública, pode determinar sanções ao sujeito que se recusa a se vacinar. Assim decidiu o Supremo Tribunal Federal quando posta a questão da vacinação na pandemia de Covid-19, declarando que a vacinação é, sim, obrigatória, limitando, portanto, a liberdade de não se vacinar. E, assim o sendo, como não se admite que haja intervenções estatais *a manu militari* no corpo, o limite se dá em atos civis, políticos e/ou econômicos, como sanções desde, por exemplo, a restrição de exercício de direitos e outras consequências civis como, na seara trabalhista, no limite, a dispensa do trabalhador por justa causa.

15

REFLEXÕES SOBRE A ABRANGÊNCIA DO DIREITO DE EXCLUSÃO EM PATENTES

RAUL MURAD RIBEIRO DE CASTRO

Sumário: Introdução. 1. As premissas teórico-funcionais da propriedade industrial: o dever de exploração comercial efetiva. 2. A potencial afronta às premissas teórico-funcionais da propriedade industrial: a complexidade da realidade fática e o *emprego* potencialmente disfuncional de patentes. 3. A afronta às premissas teórico-funcionais da propriedade industrial no âmbito patentário: a insuficiência dos mecanismos legais para a sua concretização. Conclusão.

INTRODUÇÃO

Não seria estranho se *pairasse no ar* um sentimento de que os pressupostos básicos – e mesmo mais avançados – do sistema de propriedade industrial já se encontrariam sedimentados e que estar-se-ia a presenciar um período de ampla bonança. No âmbito internacional, por exemplo, passaram-se mais de 100 anos, desde a promulgação da Convenção da União de Paris (CUP) proteção da propriedade industrial, em 1883. O Brasil, por sinal, foi um de seus signatários originais. De lá para cá, a CUP passou por sete revisões e ainda foi incorporada no Acordo sobre Aspectos dos Direitos de Propriedade Intelectual Relacionados ao Comércio (Acordo TRIPs), de 1994, o qual decorreu de novas e intensas discussões sobre a matéria.

Entretanto, o sistema de propriedade industrial não se apresenta como neutro e estático. É fruto de permanente tensão entre os interesses coletivos, difusos e proprietários. Neste sentir, não é incomum que, ao longo do tempo, se apresentem rupturas a este *fino ajuste* e surjam hipóteses fáticas de questionável razoabilidade. De uma forma pitoresca, toma-se por exemplo a Patente n. US5443036A, concedida em 1995 no território estadunidense, sob o título de "Método para exercitar gatos"[1], cuja *tecnologia* consistia em se apontar um feixe de luz no chão para que o felino o atacasse.

---

[1] Para maiores informações, consultar: https://patents.google.com/patent/US5443036A/en, acesso em 14 abr. 2021.

PROBLEMAS DE DIREITO CIVIL – *Homenagem aos 30 anos de cátedra do professor Gustavo Tepedino*

Este artigo, assim, desenvolve reflexão pautada na inteligência de que o exercício dos direitos de propriedade industrial, em específico daqueles atinentes às patentes, demanda acompanhamento atento da realidade-fático jurídica e dos efeitos decorrentes de sua interpretação. Ante a isso, este estudo provocará o interlocutor acerca da possibilidade de se mitigar a eficácia do exercício da faculdade de exclusão, de uma propriedade patentária, especialmente quando diante da ausência de utilização do bem protegido. Para tanto, serão reavivadas as premissas teórico-funcionais que fundamentam a tutela da propriedade industrial, as quais serão acompanhadas pela apresentação de hipóteses fáticas em que, com algum costume, as patentes são empregadas de forma potencialmente disfuncional, concluindo-se, por fim, com a demonstração de possível insuficiência dos mecanismo jurídicos, existentes com fins a coibir o desrespeito à função social da propriedade industrial.

1. AS PREMISSAS TEÓRICO-FUNCIONAIS DA PROPRIEDADE INDUSTRIAL: O DEVER DE EXPLORAÇÃO COMERCIAL EFETIVA

Há certo consenso doutrinário[2] de que o sistema jurídico de propriedade industrial necessita ser interpretado sob a diretriz da tábua axiológica constitucional, em especial dos princípios da livre iniciativa e liberdade de concorrência – artigo 170 *caput* e IV da Constituição. Ante a previsão da cláusula funcional finalística[3], presente no artigo 5º, XXIX da Constituição, dimana a conclusão de que os bens protegidos por propriedade industrial representam exceções ao oceano de liberdades[4], de modo que a "[...] proteção ordinária conferida ao titular de patentes [e dos demais direitos de propriedade industrial] consiste em privilégio que excepciona a regra geral de nosso ordenamento jurídico, cujo objetivo visa a assegurar a ampla concorrência e a livre-iniciativa."[5]

Neste mesmo sentido, percebe-se que a natureza complexa da propriedade industrial é um imperativo constitucional. Não fosse suficiente a previsão funcionalizadora do próprio artigo 5º XXIX da CRFB, a centralidade da Constituição – e da tutela dos princípios fundamentais – esvazia a possibilidade de diretrizes exclusivamente proprietárias. Não é de se espantar, desse modo, que a hermenêutica das *fattispecie* pertinentes à propriedade industrial seja permeada por valores e interesses, que não estejam necessariamente vinculados ao titular de direitos[6].

---

[2]   GRAU-KUNTZ, Karin. *Direito de Patentes. Sobre a Interpretação do Artigo 5o, XXIX, da Constituição Brasileira*. Disponível em: <http://www.ibpi.org.br/>. Acesso em 14 abr. 2021.

[3]   "A função do Estado na utilização do Direito como instrumento do desenvolvimento econômico vem se exercendo no intento de disciplinar o mercado, enquadrar as relações patrimoniais e lhes predeterminar, ou impor, o conteúdo. No modelo dirigista, a ordem pública econômica não chega ao extremo de exigir a destruição do mercado, mas se caracteriza por princípios novos inspiradores na ideia de que os instrumentos jurídicos devem ser usados, obrigatória ou facultativamente, no interesse do desenvolvimento nacional" GOMES, Orlando; VARELA, Antunes. *Direito econômico*. São Paulo: Saraiva, 1977, p. 32.

[4]   GEIGER, Christophe. Fundamental Rights, a Safeguard for the Coherence of Intellectual Property Law. *IIC 35*, 2004, p. 268; NUNES, António José Avelãs et al. A inconstitucionalidade das patentes "pipeline" brasileiras (artigos 230.o e 231.o do Código da Propriedade Industrial de 1996), *Revista Eletrônica do IBPI*, Edição especial patentes pipeline, pp. 4-73, 2009, p. 10. Disponível em: <https://ibpieuropa.org/book/revista-eletronica-do-ibpi-edicao-especial-patentes-pipeline>, Acesso em 14 abr. 2021.

[5]   STJ, 3ª Turma, REsp n. 1.721.711/RJ, Min. Rel. Nancy Andrighi, *DJe* 17.04.2018, p. 11 do voto condutor.

[6]   LOUREIRO, Francisco Eduardo. *A Propriedade como Relação Jurídica Complexa*. Rio de Janeiro: Renovar, 2003, p. 46: "Para entender a propriedade contemporânea, há necessidade de superar a impostação clássica e constatar que o interesse do proprietário não é objeto central da tutela, mas apenas um interesse protegido, num quadro complexo 'de outros interesses contrastantes, que o ordenamento reconhece e também tutela com mecanismos similares àqueles postos anteriormente a serviço do dominus."

Há em parte da doutrina, inclusive, a compreensão de que os bens imateriais protegidos pela propriedade industrial engendram relações jurídicas poliédricas (para a exatidão da expressão, hexagonais) contemplando diretamente os núcleos de interesses dos (i) autores/inventores, (ii) titulares/licenciados/cessionários, (iii) entes Estatais (INPI, municípios, Estados União), (iv) da concorrência, (v) dos consumidores e (vi) do meio ambiente (o que é mais nítido diante das chamadas tecnologias 'verdes')[7].

Isso não destoa, por sua vez, das premissas filosófico-econômicas que tradicionalmente atuam como justificativa para a *existência* da propriedade industrial. São elas: incentivo ao invento, o incentivo à revelação, o incentivo à invenção e a teoria da expectativa[8].

A primeira se funda na ideia de que a concessão de um título, por um certo tempo, promoverá a realização de inventos, dos quais a sociedade se beneficiará. A segunda – mais voltada às patentes – explica a proteção por meio dos benefícios que a revelação da tecnologia trará para a sociedade, pois, assegura-se uma exclusividade com eficácia *erga omnes* (tutela francamente mais forte do que a obrigacional pertinente aos segredos) e, em troca, o titular possibilita a disseminação das informações com o depósito e publicação do pedido de patente – fato que pode auxiliar a evitar, inclusive, que competidores promovam pesquisas desnecessárias.

A terceira, por sua vez, assemelha-se à primeira, mas em uma perspectiva mais ampla, pois estabelece que a salvaguarda da propriedade industrial tem por fim impulsionar a inovação (e não simples inventos individuais) de forma mais segura do que a concorrência, visto que esta espécie de tutela diminuiria os riscos e, neste contexto, permitiria que a sociedade fosse beneficiada por uma política de inovação. Por fim, pela quarta, como uma espécie de alongamento da anterior, defende-se que a propriedade industrial asseguraria, ou ao menos possibilitaria com maior facilidade, a concretização das expectativas de receita, de modo que investimentos em pesquisas de base e desenvolvimento poderiam ser realizados com tranquilidade, favorecendo também, em última instância, a comunidade[9].

Como pode ser visto pela própria nomenclatura de três dos fundamentos para a tutela, a motivação econômica está essencialmente vinculada ao elemento objetivo – o invento, a invenção e a publicação –, e não à figura do titular[10]. Ainda, a depuração das razões de tais justificativas econômicas demonstra que a proteção é precisamente vinculada ao ganho que terceiros auferirão,

---

[7]   BARBOSA, Pedro Marcos Nunes. A Arguição de 'Nulidade' Como Matéria de Defesa nas Demandas de Contrafação de Propriedade Industrial. In *Revista da EMARF*, Rio de Janeiro, v.32, n.1, p.229-256, mai./ out.2020.

[8]   TURNER, Julie S. The Nonmanufacturing Patent Owner: Toward a Theory of Efficient Infringement, 86 *California Law Review*. 179 (1998), 179-210. Disponível em: http://scholarship.law.berkeley.edu/ californialawreview/vol86/iss1/4. Acesso em 05 ago. 2018, p. 186.

[9]   TURNER, Julie S. The Nonmanufacturing Patent Owner: Toward a Theory of Efficient Infringement, 86 *California Law Review*. 179 (1998), 179-210. Disponível em: http://scholarship.law.berkeley.edu/ californialawreview/vol86/iss1/4. Acesso em 05 ago. 2018, pp. 186-187, 189-190, 191-192 e 194; GOLDEN, John M. Principles for Patent Remedies. *Texas Law Review* n. 88, p. 505–592, 2010, p. 511; BLAIR, Roger D.; COTTER, Thomas F. *Intellectual property*: economic and legal dimensions of rights and remedies. Cambridge: Cambridge University Press, 2005, pp. 138-144; DUTFIELD, Graham, SUTHERSANEN, Uma. *Global intellectual property law*. Northampton: Edward Elgar Publishing, Inc., 2008, pp. 109-113.

[10]   No sentido de que o princípio da função social da propriedade – aplicada aos bens imateriais – seria de natureza *objetiva* e não *subjetiva*, razão pela qual o *múnus* constitucional poderá ser atendido até por aquele que é tido como "contrafator", vide: BARBOSA, Pedro Marcos Nunes. *O Direito Civil da Propriedade Intelectual*. 3a Edição, Rio de Janeiro: Lumen Juris, 2016, p. 160-161.

i.e., há a concessão de um título permissivo de exploração exclusiva em todo o território nacional (mas não para além dele[11]), pois, a sociedade aproveitará o invento desenvolvido quando da entrada do domínio público[12], terá acesso às informações pertinentes a ele desde o depósito do pedido[13] e será beneficiada pelo estabelecimento de uma prática de inovação e pesquisa.

Nesta toada – e em complemento –, tem-se que o ordenamento pátrio estabelece a obrigatoriedade de exploração dos bens protegidos por propriedade industrial, como um norte peremptório[14]. Pois, a despeito do clássico instituto da usucapião (ou de sua versão includente[15]), a Lei de Propriedade Industrial (LPI – Lei n. 9.279/1996) compreende instrumentos próprios que atuam, por sinal, não especialmente em prestígio à posse de terceiro, mas sim como diretriz dissuasória a coibir[16] a propriedade *indolente*, ausente de efetiva exploração comercial[17], dos títulos de propriedade industrial.

---

[11] STJ, 3ª Turma, Min. Paulo de Tarso Sanseverino, REsp 1.888.053/RJ, *DJ* 15.04.2021: "Isso significa que a patente concedida pelo Brasil tem força apenas nos limites do território nacional, porque é apenas sobre ele que o Brasil exerce sua soberania".

[12] MONIZ, Ana Raquel Gonçalves. *O Domínio Público. O Critério e o Regime Jurídico da Dominalidade.* Coimbra: Almedina, 2005, p. 372.

[13] "Entre o sigilo e a informação, um ordenamento voltado a realizar um «Estado de cultura» deve optar pela informação e pela sua livre circulação: de modo que o sigilo se justifica somente com base em razões específicas, as quais, às vezes, condicionam a concretização dos valores jurídicos fundamentais, ainda mais do que a informação o faria." PERLINGIERI, Pietro. *O Direito Civil Na Legalidade Constitucional.* Rio de Janeiro: Renovar, 2008, p. 967.

[14] É possível verificar esta conclusão também dentre a doutrina estrangeira para patente e marca: "Devido ao caráter exclusivo, proeminentemente industrial, do direito de patente, o não exercício ou o exercício insuficiente lesam o interesse público, o possível concorrente e o potencial licenciado e ainda o consumidor, todos afetados pelo modo de exploração da invenção ou pela ausência dela, de diferentes formas, todas relevantes." (GARCIA, Teresa Silva. *Patente de invenção* – A caminho de um mero monopólio de comercialização? Estudos de direito intelectual. Dário Moura Vicente (coords.). Coimbra: Almedina, 2015, pp. 1053-1054) e "La marca deberá usarse de una manera 'efectiva y real'. [...] Con elle se trata de evitar que el titular de la marca la utilice de manera simbólica o aparente. Es decir, que la marca sea usada precisamente como marca, esto es, que sea utilizada para cumplir na función para la cual fue concedido ese derecho exclusivo, que no es otra que la de diferenciar los productos o servicios para los cuales fue registrada la marca." (GARCIA, Concepcion Saiz. *El uso obligatorio de la marca (nacional y comunitaria)*. Valencia: tirant lo blanch, 1997, p. 119).

[15] BARBOSA, Pedro Marcos Nunes. *Direito Civil da Propriedade Intelectual.* 3ª Edição, Rio de Janeiro: Lumen Juris, 2016.

[16] "De resto, a atuação estatal ordenadora do processo econômico se manifesta de modo tão incisivo que, por vezes, não se limita o Estado a simplesmente impor a celebração coativa de contratos, mas define como compulsório o próprio exercício da atividade econômica. São os casos, exemplares, dos titulares de um privilegio de invenção ou de concessão para a exploração de jazida mineral, que deles serão despojados na hipótese de deixa-los sem exploração. Ai, na verdade, não se configura contratação coativa, mas exercício coativo de atividade econômica" GRAU, Eros Roberto. *A Ordem Econômica Constituição de 1988.* São Paulo: Ed. Malheiros, 2010, p. 97.

[17] "A dimensão coletiva do bem-estar social autoriza, ainda, atribuir-se à propriedade e geral (arts. 5º, XXIII, e 170, III) e, em particular, à propriedade industrial (art. 5º, XXIX) e à propriedade imóvel, tanto urbana como rural (art. 182 e s.), funções sociais. Assim, o exercício de tais direitos individuais, assegurados pelo texto constitucional, deverá se dar de tal modo a preservar o benefício coletivo a que esses diferentes bens, empregados em sua utilização regular, naturalmente se destinam" BARCELLOS, Ana Paula de. *Curso de Direito Constitucional.* Rio de Janeiro: Forense, 2018, p. 136.

Em específico, ressalta-se a possibilidade de ambos os direitos pertinentes à patente e à marca extinguirem pela ausência de exploração. Tal fato ocorrerá após transcorrido um decurso de tempo, contado da concessão do título, para as marcas[18], e da constituição de licença compulsória, para as patentes (artigos 142, III e 80 da LPI)[19]. Em acréscimo, há ainda, para as patentes, a previsão permissiva para a aplicação de licenciamento compulsório de tecnologias patenteadas, desde que o titular não a explore em 03 anos contados da concessão do título (artigo 68, § 5º da LPI). Este instrumento, por sinal, é amplamente albergado no âmbito internacional, como incentivado no contexto de tecnologias sensíveis, como a da seara farmacêutica[20].

Esta vocação da propriedade industrial à pronta exploração comercial torna-se mais evidente quando se observa que os prazos previstos para a perda definitiva dos títulos de propriedade industrial são a metade daquele previsto para a usucapião de imóveis fundada em justo título e boa-fé (artigo 1.242 do CC/02). E não só. Os prazos para a caducidade são assemelhados aos das usucapiões constitucional *pro labore* (artigo 1.239 do CC/02) e constitucional habitacional (artigo 1.240 do CC/02), i.e., 05 anos. Ocorre que a caducidade dos direitos de propriedade não se submete a outras restrições, além do simples preenchimento do lapso temporal de inércia. Explica-se. Nas usucapiões, a perda da propriedade se restringe aos imóveis com porções de até 50 hectares e 250 metros quadrados, respectivamente. Entretanto, para marcas e patentes, basta o desuso, independentemente da relevância econômica que possam ter.

Sob essa via, é possível concluir que a propriedade industrial, máxime a pertinente às patentes, é permeada por premissas teórico-funcionais que condicionam a proteção em uma perspectiva não-proprietária e, por conseguinte, impõem aos proprietários o dever de pronta e efetiva exploração comercial do bem protegido, como elemento para a legitimação da tutela.

2. A POTENCIAL AFRONTA ÀS PREMISSAS TEÓRICO-FUNCIONAIS DA PROPRIEDADE INDUSTRIAL: A COMPLEXIDADE DA REALIDADE FÁTICA E O *EMPREGO* POTENCIALMENTE DISFUNCIONAL DE PATENTES

É possível notar que nem sempre a propriedade industrial, em específico aquela sobre patentes, se apresenta conforme a suas premissas teórico-funcionais (Capítulo 01 – acima), isto é, em conformidade com o imperativo de pronta e efetiva exploração comercial. Este fenômeno, entretanto, não costuma ser apreciado quando o titular de uma patente promove o exercício de sua faculdade de exclusão perante terceiros. Esta (*micro*) relação jurídica entre titular e eventual contrafator tende a se restringir à verificação possibilidade, em concreto, da exclusão do terceiro, ou seja, se houve reprodução indevida de tecnologia patenteada. Não o bastante, este fenômeno

---

[18] Sobre o procedimento de caducidade marcaria, vide: TEPEDINO, Gustavo. A proteção da boa-fé na propriedade industrial, *Revista Brasileira de Direito Civil* – RBDCivil | Belo Horizonte, v. 18, p. 199-215, out./dez. 2018, pp. 202-205.

[19] Para uma aplicação rigorosa do instituto da caducidade, vide: "COMERCIAL. MARCA. CADUCIDADE. A não utilização da marca só impede a caducidade do respectivo registro, se resultar de força maior, absoluta; se o produto estrangeiro podia ser importado por meio da Zona Franca de Manaus, a força maior não era absoluta. Recurso especial não conhecido." (STJ, REsp 242.032/RJ, Rel. Ministro ARI PARGENDLER, TERCEIRA TURMA, julgado em 01/03/2001, DJ 23/04/2001).

[20] Ver a Declaração de Doha de 2001 sobre o TRIPS e Saúde Publica. Disponível em <https://www.wto.org/english/thewto_e/minist_e/min01_e/mindecl_trips_e.htm>. Acesso em 14 abr. 2021.

PROBLEMAS DE DIREITO CIVIL – *Homenagem aos 30 anos de cátedra do professor Gustavo Tepedino*

pode tomar outras cores quando percebido dentro de um contexto maior (*macro*), trazendo questionamentos acerca da abrangência do direito de exclusão, em certos cenários.[21]

Neste sentir, instiga-se o interlocutor a refletir sobre a existência de situações em que a violação de um direito de propriedade industrial poderá estar inserida em um contexto de *baixa reprovabilidade*[22], quiçá refletirá como elemento positivo, em prol da concorrência[23]. Pois, certas condutas do titular, aliadas à erosão dos instrumentos de controle – ou mesmo de dificuldades jurídicas e práticas da aplicação destes –, poderão resultar na negativa de vigência à função social da propriedade industrial. Desse modo, passa-se a expor estas situações, assim como os efeitos que delas decorrem. Por sinal, ressalta-se que a apresentação destas condutas do titular não necessita do recurso ao exercício da 'criatividade' interpretativa, sendo bastante uma célere incursão por julgados históricos nesta seara.

Inicialmente, remete-se o interlocutor ao longínquo ano de 1939. O cenário se desenvolve perante o Comitê Nacional Temporário sobre Economia do Congresso dos Estados Unidos da América. Ocorria, então, a investigação de um grupo de sociedades empresárias relacionadas à Hartford-Empire Co. Havia suspeita de que o titular utilizava suas patentes com finalidade diversa[24] da efetiva exploração comercial, fato que poderia induzir à ocorrência de concentração de poder econômico.

A Hartford-Empire era uma companhia dedicada ao desenvolvimento de equipamentos para manufatura e modelação de vidros. Como era de se esperar, a sociedade empresária promovia investimentos em desenvolvimento e criação de novas tecnologias afetas a seu modelo de negócio. Entretanto, foi com surpresa, quando, na oitiva do testemunho do presidente da empresa, verificou-se que a investigada era titular de cerca de setecentos e dezessete patentes[25], todas relacionadas

---

[21] Sobre os descompassos interpretativos entre a teoria e a prática, vide: TEPEDINO, Gustavo. Os Sete Pecados Capitais da Teoria da Interpretação. In *R. EMERJ*, Rio de Janeiro, v. 20, n. 3, p. 319 – 343, Setembro – Dezembro. 2018, pp. 227-233.

[22] "Nesse contexto, não basta mais que certo ato se apresente conforme ao direito, sendo igualmente necessário que se revele merecedor de tutela – o que equivale a dizer que as situações jurídicas subjetivas não se encontram mais limitadas apenas por critérios negativos (repressivos) de controle, mas são valoradas positivamente pelos princípios do ordenamento" SOUZA, Eduardo Nunes de. *Teoria geral das invalidades do negócio jurídico: nulidade e anulabilidade no direito civil contemporâneo.* São Paulo: Almedina, 2017, p. 45.

[23] CASTRO, Raul Murad Ribeiro de; BARBOSA, Pedro Marcos Nunes. *O Uso de Signo Distintivo Alheio: um ensaio sobre a proteção do possuidor violador.* Disponível em http://pidcc.com.br/artigos/102015/03022016. pdf, acessado em 03.01.2019.

[24] A melhor doutrina nacional (mesmo no contexto pretérito à Lei 12.529/2011) é firme em lidar com tais *fattispecie* e situações análogas: "A empresa adquirente pode, na verdade, adquirir não outro agente econômico, *mas sim pessoal especializado, patentes, direitos de propriedade intelectual* e outros privilégios. É indubitavelmente mais fácil adquirir negócio pronto a iniciar o desenvolvimento de qualquer atividade, 'superando-se, inclusive, os custos que devem ser afrontados no início de uma empresa (tais como treinamento de pessoal, pesquisas, publicidade) e que podem já ter sido amortizados pela empresa adquirida. Nos últimos anos, a questão das aquisições de empresas concorrentes detentoras de patentes, aumentando o poder do comprador sobre a tecnologia de certos produtos, tem sido objeto de grande preocupação pelos efeitos destrutivos que pode trazer não apenas para a economia dos países, mas também pelas privações que podem ser impostas às populações dos países mais pobres, como analisamos no capítulo dedicado à posição dominante" FORGIONI, Paula A. *Os Fundamentos do Antitruste.* São Paulo: Ed. Revista dos Tribunais, 2010, p. 420.

[25] No Brasil há setores outros que lidam com o estratagema dos 'depósitos em avalanche' para servir de barreira à entrada de competidores. *Mutatis Mutandi*: "Ou seja, a criatividade, no caso, fica por conta

de alguma forma a processos e mecanismos de manufatura de vidro[26], dentre estas, muitas que sequer eram empregadas pela Hartford-Empire.

Diante deste cenário, as condutas da investigada foram submetidas ao Judiciário estadunidense por prática de violação à legislação de defesa da concorrência, sendo que, em 1945 (ou seja, mais de 05 anos após as inquirições), a Suprema Corte dirimiu o feito concluindo pela ocorrência de controle do mercado e determinando a obrigatoriedade de licenciamento[27], por preço razoável, a qualquer interessado na exploração das tecnologias patenteadas[28]. Pois, verificou-se que aquele agente, também com o auxílio de licenças cruzadas com outros integrantes do mercado, detinha[29] o domínio sobre 94% da produção de repositórios de vidro e ainda utilizava as patentes com o fim de desencorajar a inovação por terceiros e a utilização de tecnologias que não estivessem no padrão estabelecido[30].

Em continuidade, avança-se 70 anos, com a chegada, assim, do ano de 2009. O contexto também se desenvolve perante um ente fiscalizador do respeito aos ditames da concorrência. Neste caso, porém, trata-se da Comissão Europeia e seu objeto de investigação é voltado a mercado mais sensível que aquele atinente aos vitrais, o setor farmacêutico. Em específico, a apuração destinou a analisar o emprego de estratégias para dificultar ou impedir a entrada de medicamentos genéricos no mercado europeu[31]. Uma série de condutas foram examinadas, tal como acordos em ações judiciais, nos quais os produtores da versão genérica aceitavam (com ou sem pagamento pelo titular) retardar ('pay for delay') o lançamento do produto[32].

---

do desenvolvimento de estratégias conhecidas como "life cycle" management ou "evergreening", que consistem no prolongamento de tempo do privilégio mediante a obtenção de múltiplas patentes, com base em diferentes atributos de um mesmo produto, visando a impedir, p. ex. a entrada de genéricos no mercado". Tribunal Regional Federal da 2ª Região, 2ª Turma Especializada, Dês. Messod Azulay, AC 2005.51.01.507811-1, *DJ* 30.09.2009.

[26] "TESTIMONY OF F. GOODWIN SMITH, PRESIDENT, HARTFORDEMPIRE CO., HARTFORD, CONN.; AND A. T. SAFFORD, SECRETARY AND COUNSEL, HARTFORD-EMPIRE CO., HART-FORD, CONN – Mr. Cox. Can you tell us now how many patents of that kind the company owns today? Mr. Smith. Not exactly. I think we own possibly a little over 700. That can be checked. Mr. Cox. You have that figure. It is about 720. Mr. Smith. I am told it is 717" (TEMPORARY NATIONAL ECONOMIC COMMITTEE CONGRESS OF THE UNITED STATES. INVESTIGATION OF CONCENTRATION OF ECONOMIC POWER. Public Resolution No. 113. Part 2. UNITED STATES GOVERNMENT PRINTING OFFICE WASHINGTON, 1939).

[27] No Brasil, nos anos 90, o famoso caso de controle de concentração Colgate-Kolynos engendrou interessante decisão da Profa. Dra. da Faculdade de Economia da UERJ (Lucia Helena Salgado) sobre o licenciamento do signo Kolynos. Solução símile ocorreu no ato de concentração versando sobre uma série de produtos destinados ao mercado sexual (preservativos e lubrificantes íntimos) no tocante à mandatoriedade de cessão da marca K-Y, no ano de 2016.

[28] Hartford-Empire Co. v. United States, 323 US 386 – Supreme Court 1945, item 413-414.

[29] "Se o poder não pode ser confiado, indistintamente, a todos os membros do corpo social, ele deve, em qualquer hipótese, ser exercido em benefício de todos, e não apenas de alguns; muito menos em proveito exclusivo dos detentores do poder" COMPARATO, Fábio Konder. *O poder de controle na sociedade anônima*. São Paulo: Ed. Revista dos Tribunais, 1976, p. 48.

[30] Hartford-Empire Co. v. United States, 323 US 386 – Supreme Court 1945, item 400-401.

[31] Para um histórico completo acerca da investigação, premissas utilizadas, escopo examinado e resultados finais, vide os próprios sítios eletrônicos da Comissão: http://ec.europa.eu/competition/sectors/pharmaceuticals/inquiry/ http://ec.europa.eu/competition/sectors/pharmaceuticals/antitrust_en.html. Acesso em 14 abr. 2021.

[32] Após a investigação inicial, estes acordos passaram a ser monitorados anualmente pela Comissão Européia de Concorrência. O último publicado demonstrou que no período de 2016 houve 107 acordos, sendo

PROBLEMAS DE DIREITO CIVIL – *Homenagem aos 30 anos de cátedra do professor Gustavo Tepedino*

Dentre as práticas observadas, o que mais chamou atenção, foi o fato de que cada produto farmacêutico poderia chegar a ser compreendido por 100 patentes e eventuais pedidos[33]. Situação essa comumente denominada como de 'patent cluster' ou 'patent thicket' [34]-[35]. A utilização destas inúmeras patentes gravitacionais ao redor de uma mesma tecnologia ocorre da forma mais variada possível. Há, de um lado, não só o ajuizamento de ações de infração fundadas em título que cuidam de aspecto meramente acessório da tecnologia principal. Como também se tem, de outro, o patenteamento de avanços relativos a um medicamento, mas com a manutenção da comercialização apenas da geração anterior, até que findem os prazos de vigência das patentes relativas a este[36].

Ambos os eventos narrados têm como ponto em comum o emprego de patentes de forma diversa de sua exploração comercial, ou melhor, efetivo uso para a (re)produção de determinada tecnologia e produto. Verifica-se que tal fato não cuida de discussão hipotética. Por meio destas práticas, o agente econômico passa a ter maior instrumental para controlar a tecnologia pertinente, o que é uma hipótese clássica[37] de majoração potencialmente indevida de poderes do proprietário. O incremento no controle não é apenas material, mas também temporal, pois, o estabelecimento de uma cadeia de depósito de pedidos sucessivos fará com que, inevitavelmente, cada um tenha um período de vigência diverso, protraindo-se o domínio público.

Está-se diante de um fenômeno denominado de 'patent suppression'[38]. Cuida-se da não utilização de uma tecnologia patenteada e do possível emprego desta *apenas* para impedir que

---

que 17 envolveram eventual pagamento ao produtor do medicamento genérico e que, por este potencial anticompetitivo demandariam o aprofundamento nas investigações (EUROPEAN COMMISSION. Competition DG. 8th Report on the Monitoring of Patent Settlements. Published on 9 March 2018, p. 14. Disponível em <http://ec.europa.eu/competition/sectors/pharmaceuticals/inquiry/patent_settlements_report8_en.pdf>. Acesso em 14 abr. 2021).

[33] "The strategies observed include filing for a large number of patents in relation to a single medicine (so-called "patent clusters", up to nearly 100 product-specific patent families, which can lead to up to 1,300 patents and/or pending patent applications across the Member States), engaging in disputes with generic companies leading to nearly 700 cases of reported patent litigation" (EUROPEAN COMMISSION. Competition DG. Pharmaceutical Sector Inquiry. Final Report. Adoption Date: 8 July 2009, ponto 1558, p. 521).

[34] Esse fenômeno é compreendido como a realização de uma série de pedidos de patentes amplos e, eventualmente, de dúbio preenchimento dos requisitos de patenteabilidade, ao redor de uma tecnologia principal. Ver em: SHAPIRO, Carl. *Navigating the Patent Thicket*: Cross Licenses, Patent Pools, and Standard-Setting, mar./2001. Disponível em SSRN: <https://ssrn.com/abstract=273550>. Acesso em 13 dez. 2018.

[35] Em alerta ao cerceamento do domínio público, a doutrina ressalta que "Private ownership usually increases wealth, but too much ownership has the opposite effect: it wrecks markets, stops innovation, and costs lives" (HELLER, Michael. *The gridlock economy*: how too much ownership wrecks markets, stops innovation and costs lives. New York: Basic Books, 2008, p. 3).

[36] EUROPEAN COMMISSION. Competition DG. Pharmaceutical Sector Inquiry. Final Report. Adoption Date: 8 July 2009, pp. 183-198.

[37] MACHLUP, Fritz. *An economic review of the patent system*. Study of the subcommittee on patents, trademarks, and copyrights. Study n. 15. USA: UNITED STATES GOVERNMENT PRINTING OFFICE WASHINGTON, 1958, pp. 10-11; KATZ, Jorge M. Patentes de invención, Convenio de Paris y países de menor grado de desarrollo relativo. In *Ensayos sobre política tecnológica en américa latina*. ILOIS. Quito, Ecuador, 1974, p. 79.

[38] SANDERS, Kurt M. Patent nonuse and the role of public interest as a deterrent to technology suppression. *Harvard Journal of Law & Technology*. vol. 15, n. 2, 2002, p. 390-452; LANDES, William M..; POSNER,

Cap. 15 · REFLEXÕES SOBRE A ABRANGÊNCIA DO DIREITO DE EXCLUSÃO EM PATENTES | 249

terceiros tenham acesso ao mercado[39], desenvolvam novos produtos ou mesmo possam explorar determinado bem, cujo conteúdo principal estaria em domínio público. Ainda, em termos teóricos, costuma-se haver uma distinção daquela, com as "patentes defensivas". Em que pesem estejam no mesmo grupo, as patentes defensivas têm como característica principal a atuação como um muro, uma barreira, ao redor de uma tecnologia e, com isso, promovem o prolongamento do obstáculo ao acesso pelo concorrente[40].

A supressão por patentes tem falta de uso seu elemento central e pode ser exercida das mais variadas formas. Dentre as muitas possibilidades, pode-se indicar: a prática de litígio predatório[41], através do qual o competidor é envolto em um contexto belicoso (ações judiciais, notificações e análogos) com base na dita patente, tendo por fim dissuadi-lo; a recusa de licenciar, ainda que a tecnologia não esteja sendo utilizada; a aquisição de concorrente e, por conseguinte, de seu portfólio de bens intangíveis, geralmente com a finalidade de impedir que um novo produto adentre no mercado e prejudique um do adquirente que já se encontre estabilizado; ou mesmo a contratação de uma licença exclusiva, seguida de ausência de uso, como forma de controlar o desenrolar da tecnologia[42].

Esta questão, por oportuno, não se apresenta como nova, mesmo, no âmbito da Suprema Corte Estadunidense[43].

Richard A. *The Economic Structure of Intellectual Property Law*. Cambridge: The Belknap Press, 2003, pp. 321-323. Também denominada de "patent consolidation" em DUNFORD, Richard. The Suppression of Technology as a Strategy for Controlling Resource Dependence, 32 *Administrative Science Quarterly* (1987), pp. 515-517. Disponível em <http://www.bmartin.cc/dissent/documents/Dunford87.pdf>. Acesso em 14 abr. 2021; Para um escopo mais amplo: "Outiright suppression, however, is not the only or most prevalent kind of patent suppression. In addition, numerous, practices, resulting in the withholding of patents from the public, have become encrusted in our patent system. Among these are the non-use of alternative methods and products; the delay in adopting inventions because of resistance of various groups; the inability to use conjoint inventions because they are held by two or more persons who cannot arrange a cross- licensing agreement; the reluctance to discard costly equipment. In this broader sense, suppression of patents may be defined as the non-employment of inventions because of various social and economic factors" MORROW, Alexander. The Suppression of Patents. *The American Scholar*. vol. 14, n. 2 (Spring 1945), pp. 210-219, p. 210.

[39] Em crítica ao emprego da *lex mercatoria* e, assim, do irrefreado proceder dos agentes econômicos, a doutrina pátria ressalta que: "[o] mercado e a economia não escapam da vertente constitucional até porque foram, em 1988, refundados por esta Carta, no já mencionado *caput* do seu art. 170." (CASTRO, Carlos Alberto Farracha de; NALIN, Paulo. Economia, mercado e dignidade do sujeito. *Diálogos sobre direito civil*. Carmen Lucia Silveira Ramos et al. (orgs.). Rio de Janeiro: Lumen Juris, 2002, p. 117).

[40] LANDES, William M..; POSNER, Richard A. *The Economic Structure of Intellectual Property Law*. Cambridge: The Belknap Press, 2003, pp. 320-321.

[41] Para uma análise de uma hipótese de litígio predatório em propriedade intelectual reconhecida pelo CADE (caso ShopTour) vide BARBOSA, Pedro Marcos Nunes. Antitrust practice in Brazil throughout the lens of intellectual property. *Revista Eletrônica do Instituto Brasileiro de Propriedade Intelectual*, v. 14, nov/2016. Disponível em <http://ibpieuropa.org/?media_dl=745>. Acesso em 14 abr. 2021.

[42] SANDERS, Kurt M. Patent nonuse and the role of public interest as a deterrent to technology suppression. *Harvard Journal of Law & Technology*. vol. 15, n. 2, p. 390-452, 2002, p. 402, 404, 411 e 414; DUNFORD, Richard. The Suppression of Technology as a Strategy for Controlling Resource Dependence, 32 *Administrative Science Quarterly* (1987), p. 520. Disponível em <http://www.bmartin.cc/dissent/documents/Dunford87.pdf>. Acesso em 14 abr. 2021.

[43] Ressalta-se que a apresentação destas informações não tem o condão de fazer um estudo comparatista ou mesmo aprofundado sobre a temática sob a perspectiva norte-americana. Busca-se, apenas, retratar

Um dos primeiros precedentes sobre a matéria – se não o primeiro[44] –, foi Continental Paper Bag Co. v. Eastern Paper Bag Co.[45]. Nele se discutia se a ausência de exploração, de uma melhoria em uma máquina para manufatura de bolsas de papel, seria suficiente para impedir que o titular exercesse seus poderes de exclusão. Na hipótese, restou demonstrado que o titular não explorava a tecnologia voluntariamente porque já era proprietário de maquinário não adaptável à melhoria (ou que representaria alto custo promover a adaptação), assim como que o agente econômico recusou por repetidas vezes o licenciamento a terceiros[46]. No entanto, a Corte compreendeu que inexistiria reprovabilidade da conduta do titular, por não haver efeitos anticompetitivos. I.e., concluiu-se que a exclusão de terceiros seria da essência da propriedade industrial ("[...] é o privilégio de qualquer proprietário sobre sua propriedade de usá-la ou não, independentemente de questionamentos sobre motivações"[47]), especialmente porque não teria havido prejuízos na demanda ou aumento de preços.

Esse debate retornou à Suprema Corte estadunidense mais uma vez em Special Equipment Co. v. Coe[48]. Tratava-se de tentativa de patenteamento de uma combinação acessória de um mecanismo para o preparo de frutas. O pleito de exclusividade foi indeferido pelo United States Patent and Trademark Office (USPTO – autarquia estadunidense responsável pela concessão de patentes) e confirmado pela Corte de Apelação, pois se verificou que o pleiteante buscava utilizá-la como patente defensiva e, de fato, majorar a proteção sobre o elemento principal[49]. A Suprema Corte, no entanto, determinou o patenteamento, fundada no precedente anteriormente exposto. Ressalta-se que isso se deu por apertada maioria, tendo adentrado para a história[50] a advertência do Ministro Douglas de que "[...] a supressão de patentes havia se tornado lugar comum [... e que ...] patentes são multiplicadas para proteger o baronato ou império, não para colocar as novas descobertas ao uso da sociedade."[51]

---

o contexto de desenvolvimento das práticas de não uso de direitos de propriedade industrial; hipótese esta que é bem atendida com a apresentação de fatos já ocorridos.

[44] Apesar da relevância conferida pela doutrina, não está claro se se trata do primeiro apreciado pela Suprema Corte, Ver: SANDERS, Kurt M. Patent nonuse and the role of public interest as a deterrent to technology suppression. *Harvard Journal of Law & Technology*. vol. 15, n. 2, p. 390-452, 2002, p. 399; TURNER, Julie S. The Nonmanufacturing Patent Owner: Toward a Theory of Efficient Infringement, 86 *California Law Review*. 179 (1998), 179-210. Disponível em: http://scholarship.law. berkeley.edu/californialawreview/vol86/iss1/4. Acesso em 14 abr. 2021, p. 183; LI, Xian. CORREA, Carlos M. *Intelecctual Property Enforcment: international perspectives*. UK: Edward Elgar, 2009, p. 102.

[45] Continental Paper Bag Co. v. Eastern Paper Bag Co., 210 US 405 (1908).

[46] Continental Paper Bag Co. v. Eastern Paper Bag Co., 210 US 405 (1908), item 428.

[47] Tradução livre de "[...] as it is the privilege of any owner of property to use or not use it, without question of motive." (Continental Paper Bag Co. v. Eastern Paper Bag Co., 210 US 405 (1908), item 429). Recomenda-se a consulta a LEMLEY, Mark A.; WEISER, Phil. Should Property or Liability Rules Govern Information?. *Texas Law Review*, vol. 85, 2007, Disponível em <http://ssrn.com/abstract=977778>. Acesso em 14 abr. 2021.

[48] Special Equipment Co. v. Coe, 324 US 370 (1945).

[49] Special Equipment Co. v. Coe, 324 US 370 (1945) item 374.

[50] A advertência feita pelo Ministro Douglas é repetidamente relembrada em trabalhos sobre supressão de patentes. Ver: SAUNDERS, Kurt M.; LEVINE, Linda. Better, Faster, Cheaper – Later: What Happens When Technologies Are Suppressed. 11 Mich. *Telecomm. & Tech. L. Rev.* 23 (2004), p. 39.

[51] Special Equipment Co. v. Coe, 324 US 370 (1945) item 382.

A compreensão sobre o fenômeno da supressão de patentes nos EUA foi, no entanto, profundamente modificada[52], em 2006, com o julgamento do caso eBay Inc. v. Mercexchange[53], pela Suprema Corte. Naquele contexto, eBay e uma subsidiária foram contatadas pelo titular para o licenciamento de determinadas tecnologias, pois este era titular de uma série de patentes, inclusive sobre métodos para o incremento de comércio eletrônico[54]. Ocorre que as tratativas não teriam sido bem-sucedidas entre os contraentes, o que motivou o proprietário a ajuizar a respectiva ação de infração[55]. Verificada a infração, foi determinada a tutela inibitória em definitivo pela Corte de Apelação. Entretanto, ao ser apreciado pela Suprema Corte, ressaltou-se que a patente poderia ser inapta, naquele caso, a manifestar seus atributos excludentes. Pois, foi constatado que o titular não só apresentava uso insuficiente da tecnologia, como também não teria demonstrado efetiva intenção em licenciar[56]. Diante disso, ratificou-se que somente seria possível a concessão de tutelas inibitórias, mesmo as definitivas, ante o preenchimento de 04 critérios: demonstração de que o titular sofreu danos irreparáveis, comprovação de que a indenização seria insuficiente, verificação de que o titular se encontra em situação mais prejudicial do que o infrator e observância de que o interesse público não será afetado [57]- [58].

Neste contexto, pode-se perceber que a realidade fática é rica em exemplos que retratam o emprego da propriedade industrial, especificamente a de patentes, em contextos e direções diversas do, originalmente, moldado pelo ordenamento. Este cenário, como dito no início deste Capítulo, instiga a reflexão sobre a suficiência dos mecanismos de concretização das premissas teórico-funcionais da propriedade industrial, bem como acerca da possibilidade de mitigação do exercício da faculdade de exclusão, quando, por exemplo, ausente a exploração comercial *pelo titular* ou mesmo *por licenciados*.

3. A AFRONTA ÀS PREMISSAS TEÓRICO-FUNCIONAIS DA PROPRIEDADE INDUSTRIAL NO ÂMBITO PATENTÁRIO: A INSUFICIÊNCIA DOS MECANISMOS LEGAIS PARA A SUA CONCRETIZAÇÃO

É possível notar um aumento do potencial de infração às premissas da propriedade industrial, quando fenômenos apreciados por uma perspectiva tradicionalmente microscópica, tal como as

---

[52] LI, Xian. CORREA, Carlos M. *Intelecctual Property Enforcment*: international perspectives. UK: Edward Elgar, 2009, pp. 103 ss; CHAO, Bernard H.. *AFTER EBAY, INC. V. MERCEXCHANGE*: THE CHANGING LANDSCAPE FOR PATENT REMEDIES. MINN. J.L. SCI. & TECH, 9(2), 543-572 (2008), pp. 543-549.

[53] eBay Inc. v. Mercexchange, Ll, 547 US 388 (2006).

[54] Ressalta-se que o ordenamento brasileiro não permite o patenteamento de métodos comerciais, conforme artigo 10, III da LPI.

[55] eBay Inc. v. Mercexchange, Ll, 547 US 388 (2006), item 391.

[56] eBay Inc. v. Mercexchange, Ll, 547 US 388 (2006), item 393.

[57] eBay Inc. v. Mercexchange, Ll, 547 US 388 (2006), item 392.

[58] Apesar da modificação hermenêutica realizada pela Suprema Corte, informa-se que as Cortes inferiores continuam a interpretar o caso concreto de modo a conceder tutelas inibitórias, tanto provisórias, quanto definitivas. Isso foi constatado por pesquisa realizada por SEAMAN, Christopher B. e HOLTE, Ryan T., na qual analisou-se mais de 200 casos sobre propriedade industrial, julgados nos Estados Unidos após o precedente eBay Inc. v. Mercexchange. Ver: SEAMAN, Christopher B.; HOLTE, Ryan T. Patent *Injunctions on Appeal*: An Empirical Study of the Federal Circuit's Application of eBay, Wash. L. Rev., 92, 145 (2017).

demandas de responsabilidade civil[59], são compreendidos sob uma ótica contextual macro (Capítulo 2 – acima). Isto é, quando se inclui na análise de contrafação também os questionamentos sobre os efeitos decorrentes do não uso de bens de propriedade industrial. Reitera-se que a ausência de exploração da titularidade é contrária às premissas norteadoras da propriedade industrial (Capítulo 1 – acima) e, neste sentir, parece haver insuficiência dos instrumentos destinados a concretizá-las. Este fato torna ainda mais relevante a reflexão sobre a possibilidade de restrição ao direito de exclusão, na hipótese de inexistência de exploração comercial.

Inicialmente, observa-se que a ausência de uso de um direito de propriedade industrial – com maior intensidade para as patentes – rompe com duas fundamentais justificativas filosófico--econômicas para a proteção exclusiva, sendo elas o 'incentivo ao invento' (que também incluí o 'incentivo à inovação') e o 'incentivo à revelação'.

Em relação à primeira, a falta de exploração se apresenta como um rompimento na barganha estabelecida entre sociedade e agente econômico. Se, de um lado, o motivo para a tutela estava justamente no incremento do estado da técnica e, por conseguinte, no acesso pela comunidade a novos bens, de outra monta, o não emprego do título traduz frustração ao sinalagma[60] constitu-cional[61]. À coletividade restaria apenas continuar a cumprir sua parte, pois, os instrumentos de repressão à não utilização foram esvaziados por resultado de pressão internacional[62] e necessitam

---

[59] Sobre a necessidade de se compreender a responsabilidade civil sob uma perspectiva mais ampla, remete-se a Anderson Schreiber, ainda que o autor trate de proposta diversa: "Faz-se necessário repensar a responsabilidade civil como instituto que transcenda os limites asfixiantes da ação de reparação, historicamente individualista e polarizada entre o autor e o réu." (SCHREIBER, Anderson. A responsabilidade civil como política pública. *O direito e o tempo*: embates jurídicos e utopias contemporâneas. Gustavo Tepedino e Luiz Edson Fachin (coords.). Rio de Janeiro: Renovar, 2008, p. 751). Ressalta-se que Anderson Schreiber propugnava, naquela oportunidade, a construção de mecanismos mais amplos que tivessem a capacidade de coibir previamente a ocorrência dos danos ou ainda assegurar a indenização, caso viessem a ocorrer (como em seguros privados coletivos).

[60] TURNER, Julie S. *The Nonmanufacturing Patent Owner*: Toward a Theory of Efficient Infringement, 86 California Law Review. 179 (1998), 179-210. Disponível em: http://scholarship.law.berkeley.edu/califor-nialawreview/vol86/iss1/4. Acesso em 14 abr. 2021, pp. 193 e 203. Para uma revisitação das justificativas da barganha entre sociedade e o titular, ver: FELDMAN, Robin. *Rethinking patent law*. Cambridge: Harvard University Press, 2012, pp. 9-39.

[61] "É isso que 'os mercados' querem: famílias, empresas, estados, estão todos nas mãos do capital financeiro." (NUNES, António José Avelãs. *A crise atual do capitalismo*. São Paulo: RT, 2012, p. 96).

[62] Relata Susan Sell que, em verdade, este movimento de apropriação do debate internacional de proteção da propriedade intellectual por agentes privados perdura: "As in the process leading up to TRIPs, private actors have collaborated with OECD governments and various governmental and intergovernmental agencies to increase intellectual property rationing. The discourse animating this push for higher stan-dards of protection and enforcement echoes the 1980s focus on "competitiveness" but also has added a "security" narrative highlighting both national security ('terrorism') and "criminalization". This new framing has created new possibilities for mobilization. Introducing a security frame for IP has allowed these IP maximalists to enlist new actors, law enforcement agencies, in their cause. Law enforcement agencies have become eager recruits to the IP maximalists' network" (SELL, Susan. *Cat and mouse*: forum-shifting in the battle over intellectual property enforcement, p. 23. Disponível em: <http://www.ipgovernance.eu/conferences/2009APSAToronto/Sell_APSA2009_Cat_and_Mouse.pdf>. Acesso em: 14 abr. 2021).

Cap. 15 · REFLEXÕES SOBRE A ABRANGÊNCIA DO DIREITO DE EXCLUSÃO EM PATENTES | **253**

da conjugação de peculiaridades que podem não funcionar como medida de coibição da prática de carência de exploração – como será visto adiante.

Quanto à segunda justificativa, é possível verificar uma aparente ausência de afetação pela falta de uso. Entretanto, o esvaziamento também ocorre nesta hipótese. Apesar de haver a revelação do invento de modo formal por meio da publicação do pedido depositado, tem-se que a disseminação do conhecimento, a popularização de determinada tecnologia, o fomento a inspirações criativas por meio do efetivo acesso somente poderá ser plenamente concretizado com a exploração do título e comercialização dos bens [63]-[64].

Em complemento, tem-se que a falta de exploração se apresenta incompatível com a vocação[65] virtuosa da propriedade industrial e com os interesses constitucionalmente legitimados que circundam esta situação subjetiva. Isto se dá porque, em conjunto com as razões filosófico-econômicas para a sua tutela, os direitos de propriedade industrial são juridicamente caracterizados como exceção à regra geral de liberdade[66] e essencialmente voltados à concretização do interesse social e

---

[63] TURNER, Julie S. The Nonmanufacturing Patent Owner: Toward a Theory of Efficient Infringement, 86 *California Law Review.* 179 (1998), 179-210. Disponível em: http://scholarship.law.berkeley.edu/californialawreview/vol86/iss1/4. Acesso em 14 abr. 2021, p. 202. Para uma crítica a esta perspectiva de publicização, ver: BLAIR, Roger D.; COTTER, Thomas F. *Intellectual property*: economic and legal dimensions of rights and remedies. Cambridge: Cambridge University Press, 2005, p. 252. Sobre a necessidade de um novo sistema de propriedade industrial ser permeado por mecanismos que promovam maior publicidade, ver: GAL, Yaniv. Patent Law in the Antitrust Scope: Between Social Advancement and Competition Impingement, 11 J. *MARSHALL REV. INTELL. PROP. L.* 367 (2011), p. 370-413. Disponível em: https://repository.jmls.edu/cgi/viewcontent.cgi?article=1278&-context=ripl. Acesso em 14 abr. 2021, p. 412. Apenas a título ilustrativo, em explanação sobre a escola neo-schmpeteriana e a recomendação crítica para que a publicidade da informação seja comedida, ver: DREXL, Josef. *Research handbook on intellectual property and competition law.* UK: Edward Elgar, 2008, pp. 40-45.

[64] "Não obstante pareça óbvio que na medida em que o sistema de obtenção de uma patente, por exigir a revelação de detalhes sobre a invenção estaria cumprindo esta função [de disseminação de conhecimento], há quem entenda que a divulgação se dá de forma insatisfatória, prevalecendo apenas o aspecto negativo do sistema, que é a restrição do uso por terceiros [...]" (NUNES, Simone Lahorgue. *Direitos autoral e direito antitruste*. Rio de Janeiro: Elsevier, 2011, p. 113).

[65] "Surgem verdadeiras propriedades-função social, e não simplesmente propriedades. A propriedade continua a ser um direito subjetivo, porém com uma função social. Não consubstancia mais um direito subjetivo justificado exclusivamente pela sua origem, mas que remanesce na medida em que entendemos que seu fundamento é inseparável da consideração do seu uso. Trata-se, então, de um direito subjetivo com uma função necessariamente social (...) Deveras, esta – a propriedade dotada de função social – justifica-se, como vimos, pelos seus fins, seus serviços, sua função é justamente sua função que a legitima. Assim, se a partir deste ponto deixarmos fluir coerentemente o raciocínio, forçosamente concluiremos que a propriedade dotada de função social, que não esteja a cumpri-la, já não será mais objeto de proteção jurídica. Ou seja, já não haverá mais fundamento jurídico a atribuir direito de propriedade ao titular do bem (propriedade) que não está a cumprir sua função social. Em outros termos: já não há mais, no caso, bem que possa, juridicamente, ser objeto de direito de propriedade." GRAU, Eros Roberto. *A Ordem Econômica na Constituição de 1988*. São Paulo: Ed. Malheiros, 2010, p. 248-344.

[66] BARBOSA, Denis Borges; BARBOSA, Ana Beatriz Nunes; GRAU-KUNTZ, Karin. *A Propriedade Intelectual na Construção dos Tribunais Constitucionais.* Rio de Janeiro: Lumen Juris, 2009, p. 27.

do desenvolvimento tecnológico e econômico do País[67] – a despeito da existência de hermenêutica direcionada pela qualificação dos títulos sob a prevalência da perspectiva proprietária[68].

A carência de uso, aliada ao emprego do título em (e demais) atos tendentes a constituir um cenário de limitação da liberdade dos competidores. Aliás, tal pode ser visto como óbice ao desenvolvimento de novas tecnologias que, eventualmente, suplantassem a posição concorrencialmente privilegiada do proprietário. Não obstante, é até mesmo vislumbrada como hipótese contrária ao pressuposto de que a livre concorrência é calcada na multiplicidade de agentes econômicos organizados ao fornecimento de produtos e serviços[69], possivelmente atentatória ao bem-estar social[70] e à própria concorrência[71].

Por sinal, ainda que a inexistência de exploração não seja acompanhada de condutas específicas voltadas a minar a competição, acrescenta-se que esta também se encontra desamparada de merecimento de tutela[72-73], pois, reitere-se, a funcionalização da propriedade industrial não se restringe ao âmbito da concorrência, mas sim à cláusulas finalística do artigo 5º XXIX da CRFB e também a demais interesses de reconhecida preeminência, tal como fomento da cultura de inovação (artigos 218 e 219 da CRFB), acesso à saúde (artigos 6º e 196 da CRFB), o liberdade de expressão e acesso à cultura (artigos 5º, IX, 215 e 216 da CRFB) e maximização das opções de escolha pelo consumidor (artigo 170, V da CRFB)[74].

---

[67] BARBOSA, Denis Borges. *Usucapião de Patentes e Outros Estudos de Propriedade Industrial*. Rio de Janeiro: Ed. Lumen Juris, 2006, p. 242.

[68] Neste sentido, tem-se: BASSO, Maristela. *Propriedade intelectual e importação paralela*. São Paulo: Atlas, 2011, pp. 60-76. Para uma crítica a esta concepção, ver por todos: BARBOSA, Denis Borges. *Tratado de Propriedade Intelectual*. Tomo I. Rio de Janeiro: Lumen Juris, 2010, pp. 228-239.

[69] Acerca da multiplicidade de competidores como padrão concorrencial, ver: TAVARES, André Ramos. *Direito Constitucional Econômico*. 3ª Edição, Rio de Janeiro: Editora Método, 2011, p. 256.

[70] Sobre o monopólio como potencialmente transgressor do bem-estar social, ver: SILVA, Miguel Moura e. *Direito da concorrência*. Uma introdução Jurisprudencial. Coimbra: Almedina, 2008, p. 20.

[71] "[...] a busca do monopólio (*attempt to monopolize*) e a posição monopolística são potencialmente prejudiciais à concorrência, uma vez que, em geral, implicam processo que passará pelo aniquilamento dos competidores [...]" FORGIONI, Paula A. *Os Fundamentos do Antitruste*. São Paulo: Ed. Revista dos Tribunais, 2010, p. 249.

[72] Sobre a distinção entre atos lícitos e merecedores de tutela, ver: PERLINGIERI, Pietro. *O Direito Civil Na Legalidade Constitucional*. Rio de Janeiro: Renovar, 2008, p. 250.

[73] Rememora-se que também no âmbito de regulação internacional há o reconhecimento da necessidade de a propriedade industrial acomodar-se com os demais interesses circundantes ao aspecto proprietário. O próprio Acordo TRIPs, tratado que possui vocação precipuamente proprietária, prescreve no artigo 8(1) que os países signatários podem tomar medidas internas que tenham como finalidade a concretização do desenvolvimento tanto econômico quanto social. CORREA, Carlos Maria. interpreta que este dispositivo representa um norte para o balanceamento na implementação do regramento sobre propriedade intelectual (CORREA, Carlos M. *Intellectual property rights, the WTO and developing countries*: the TRIPs Agreement an policy options. Londres: Zed Books, 2000, pp. 6-7).

[74] Para a relação entre propriedade industrial e a Constituição, ver: ASCENSÃO, José de Oliveira. Direito fundamental de acesso à cultura e direito intelectual. In: SANTOS, Manoel J. Pereira dos (coord.). *Direito de autor e direitos fundamentais*. São Paulo: Saraiva, 2011; BARBOSA, Denis Borges. Bases *Constitucionais da propriedade intelectual*. Disponível em: <http://denisbarbosa.addr.com/arquivos/novidades/bases4.pdf>. Acesso em: 14 abr. 2021; GEIGER, Christophe. 'Constitucionalising' intellectual property law? The influence of fundamental rights on intellectual property in the European Union. In: *IIC – International Review of Intellectual Property and Competition Law*, v. 37, n. 4, 2006.

Cap. 15 · REFLEXÕES SOBRE A ABRANGÊNCIA DO DIREITO DE EXCLUSÃO EM PATENTES | **255**

Este cenário se agrava diante da constatação de insuficiência das ferramentas designadas para controlar aquela conduta – aqui representadas pela análise da privilegiabilidade pelo Instituto Nacional de Propriedade Industrial (INPI), a repressão às condutas anticompetitivas pelo Conselho Administrativo de Defesa Econômica (CADE), assim como os institutos do licenciamento compulsório e da caducidade.

A primeira apuração versa, em verdade, sobre uma etapa prévia de controle, na qual o INPI realiza exame material sobre a possibilidade de concessão da proteção[75]. A legislação estabelece uma série de requisitos, cujo preenchimento é obrigatório, para que haja a concessão de uma patente, marca ou qualquer outro direito de propriedade industrial. Neste sentir, busca-se impedir que não ocorra a proteção de tecnologias já inseridas no estado da técnica ou de sinais ausentes de suficiente distintividade ou mesmo capacidade de induzir o público consumidor a erro. Entretanto, o dado fático demonstra que a autarquia por vezes concede títulos que não atendem os critérios legais[76] (estando sua atuação mais correlacionada ao plano da validade). Há, por isso, o risco da ampliação de hipóteses de não uso, pois, a existência de multiplicidade destas propriedades costuma ser utilizada principalmente como barreira à entrada para competidores.

O segundo grupo, cuida, por sua vez, de instrumentos que seriam dedicados a dissuadir ou mesmo reprimir a inexistência de uso do título. Em princípio, verifica-se a possibilidade de atuação do CADE com vias a sancionar esta prática (estando sua atuação mais correlacionada ao plano da eficácia). No entanto, é de se ressaltar que o controle dos usos da propriedade industrial pelo CADE está sujeito ao âmbito concorrencial. Isto é, as práticas pertinentes a estes direitos serão relevantes apenas se ocasionarem as (ou atuarem como instrumento para as) hipóteses previstas nos incisos do artigo 36 da Lei n. 12.529/2011[77]. Desse modo, ratifica-se que a falta de exploração que não impacte na concorrência estará fora deste escopo de análise. Isso, por sinal, não é incomum, visto que a aferição das condutas é submetida ao filtro prévio, ou melhor, a uma válvula de escape[78], conhecida por mercado relevante.

Em termos simples, o mercado relevante pode ser traduzido como o menor mercado possível, ou seja, um cenário representado por um produto (ou grupo) e um espaço geográfico em que o agente econômico poderia submeter os consumidores a uma majoração pequena, porém

---

[75] Excetua-se para os desenhos industriais, os quais são concedidos automaticamente, conforme previsão do artigo 106 da LPI.

[76] Embora não haja uma compilação de dados demonstrativa desta conduta do INPI, tal fato pode ser empiricamente verificado diante da existência de inúmeras ações de nulidade de título de propriedade industrial, nas quais o INPI modifica sua decisão e concorda com o pedido – em geral ante a apresentação de novos documentos do estado da técnica. Vide, por exemplo: TRF2, 2a Turma, Des. Rel. Guilherme Couto de Castro, Autos de n. 0007683-67.1998.4.02.0000, julgamento em 27/02/2002, *DJ* 20/06/2002; TRF2, 1a Turma. Des. Rel. Liliane Roriz, Autos de n. 0536117- 27.2001.4.02.5101, julgamento em 16/11/2004, *DJ* 07/01/2005; TRF2, 1a Turma Especializada, Des. Rel. Abel Gomes, Autos de n. 811084-78.2009.4.02.5101, julgamento em 31/08/2012, *DJ* 13/09/2012; TRF2, 2a Turma Especializada, Des. Rel. França Neto, Autos de n. 0019773-39.2000.4.02.0000, julgamento em 22/03/2005, *DJ* 04/04/2005.

[77] FORGIONI, Paula A. Os Fundamentos do Antitruste. 7a ed. rev. atual. São Paulo: Ed. Revista dos Tribunais, 2014, p. 328. A autora, no entanto, reforça a necessidade de se compreender a propriedade industrial sob a perspectiva concorrencial (pp. 313-322). No mesmo sentido quanto o entrelaçamento entre propriedade industrial e inovação, vê-se: FRAZÃO, Ana. *Direito da concorrência*. Pressupostos e perspectivas. 1ª ed., 2a tiragem. São Paulo: Saraiva jur, 2017, pp. 58-63.

[78] FORGIONI, Paula A. *Os Fundamentos do Antitruste*. 7ª ed. rev. atual. São Paulo: Ed. Revista dos Tribunais, 2014, p. 214 ss.

relevante e não efêmera, de preços, sem que os consumidores alterassem deu padrão de aquisição (mudariam de produtos ou de região[79]) por conta disso[80]. Assim, caso haja o patenteamento de uma tecnologia, então incógnita pelo público, e sua consequente ausência de uso, vê-se que, a rigor, este ato não adentrará no escopo de escrutínio do CADE – *a priori*.

Ato contínuo, o contexto de ineficácia dos mecanismos de controle torna-se mais marcante por meio da análise atenta das figuras da caducidade e licença obrigatória, previstas da Lei de Propriedade Industrial. A princípio, nota-se que tais institutos são vocacionados a obstar o não uso da propriedade industrial. Pois, têm na ausência de exploração no Brasil a causa para, respectivamente, a extinção da marca ou patente (artigos 78, III e 142, III da LPI) e a concessão de licença a terceiro que tenha interesse e competência técnica e econômica para a utilização (artigo 68, §§ 1º e 2º da LPI).

Contudo, os requisitos, estabelecidos em Lei para a configuração daquelas consequências parecem não possuir compatibilidade com a própria finalidade dos instrumentos. A título de exemplificação, a extinção do título marcário por caducidade somente ocorrerá após ausência de uso por 05 anos seguidos, contados da concessão (ou a interrupção por outros 05 anos consecutivos, em período posterior), aliada à ausência de 'razões legítimas' (artigo 143, I, II e § 1º da LPI). No caso das patentes, a caducidade será constituída somente após 02 anos da concessão da primeira licença compulsória (artigo 80 da LPI) e se, novamente, a ausência de uso não for por 'motivos justificáveis' – noção essa compreendida como deveras ampla e sem ainda densificação[81]. Esse prazo, porém, é na prática de 05 anos, visto que a licença obrigatória por desuso poderá ser requerida apenas 03 anos depois da concessão (artigo 68, §5º da LPI).

Tais hiatos de tempo, por sinal, são majorados por circunstâncias da realidade concreta. A concessão do título não é necessária para que o agente possa explorar o bem. Ao contrário, a propriedade apenas garante-lhe um direito de exclusão. Assim, desde o depósito é possível que o futuro titular promova esforços no desenvolvimento comercial de sua tecnologia ou signo distintivo. Dito isto, verifica-se que os prazos para a caducidade são majorados em uma média de 01 e 10 anos para as marcas e patentes, respectivamente, pois, este costuma ser um lapso temporal possível no qual o INPI concede tais pedidos[82]. Acrescenta-se que, de fato, não é possível se cogitar da caducidade deste o depósito, pois sequer há título; entretanto, em termos práticos, o lapso

---

[79]   No âmbito europeu segue-se também este parâmetro, conforme um dos parâmetros a seguir apresentados: "Thus the Commission carries out an assessment of demand-side substitutability (i.e. of customers) and supply-side substitutability (i.e. of suppliers). In the first case, the question is whether customers for the product in question can switch readily to a similar product in response to a small but permanent price increase (between 5 % and 10 %)." Summaries of EU Legislation. Definition of relevant market. Disponível em <https://eur-lex.europa.eu/legal- content/EN/TXT/?uri=LEGISSUM%3Al26073> Acesso em 14 abr. 2021.

[80]   Trata-se de conteúdo retirado da interpretação autêntica da noção de mercado relevante vista em: CADE, Cartilha do CADE, mai/2016. Disponível em <http://www.cade.gov.br/acesso-a- informacao/publicacoes-institucionais/cartilha-do-cade.pdf>. Acesso em 14 abr. 2021.

[81]   LEY, Laura Lessa Gaudie. Direito de inventor: a licença compulsória em análise. In: AVANCINI, Helenara Braga; BARCELLOS, Milton Lucídio Leão (orgs.). *Perspectivas atuais do direito da propriedade intelectual*. Porto Alegre: EDIPUCRS, 2009, 185-186.

[82]   No ano de 2016, o INPI demorava 64 meses para examinar uma marca em que houvesse sido apresentada oposição. Em 2017, foram 48 meses e em 2018, 13 meses. Em relação às patentes, o exame alarga-se, por exemplo, por 13,13 anos para fármacos, 13.04 para telecomunicações e 12,41 para biofármacos. Ver: INPI. Relatório de atividades INPI 2018. Disponível em <http://www.inpi.gov.br/noticias/inpi-divulga--relatorio-de-atividades-de-2018-no-seu-aniversario>. Acesso em 14 abr. 2021, pp. 9 e 21.

Cap. 15 • REFLEXÕES SOBRE A ABRANGÊNCIA DO DIREITO DE EXCLUSÃO EM PATENTES | 257

temporal entre o momento em que o titular torna público o seu conhecimento do bem (com a consequente possibilidade de uso) e a possível caducidade é, em si, ampliado.

Por fim, relativamente à licença compulsória por falta de uso, apesar da relativa simplicidade dos requisitos (apenas o desuso por 03 anos contados da concessão), tem-se a observação doutrinária de que se trata de instrumento de relativa complexidade política, tendo sido concedido apenas uma vez no País[83].

Neste contexto e diante de todo o exposto, verifica-se que o questionamento das práticas de ausência de exploração dos títulos de propriedade industrial demanda reflexão acerca de seu impacto na eficácia do direito de exclusão, decorrente dos títulos de propriedade industrial[84].

CONCLUSÃO

A propriedade industrial, em especial a sobre patentes, é vocacionada à exploração comercial efetiva e imediata. Este dever é imanente à legitimação do próprio exercício da faculdade de exclusão[85]. Isto se dá diante do perfil complexo (poliédrico e dinâmico) da propriedade industrial, atinente à interação diuturna da titularidade com outros interesses constitucionalmente merecedores de tutela, assim como ante suas justificativas filosófico-normativas, que caracterizam a propriedade industrial como limitada e controlada, voltada à satisfação dos interesses da coletividade.

Entretanto, a realidade fática de cerca de 100 anos é permeada por dados empíricos que vão na contramão desta premissa teórico-funcional. Não é incomum o emprego de patentes e pedidos de patente exclusivamente voltado a suprimir os concorrentes, sem sua exploração comercial – seja pelo titular, seja por licenciamentos. De fato, infelizmente, há maior abundância

---

[83] Em um tom mais de relato, apresenta BARBOSA, Denis Borges – em nota de atualização à obra de CERQUEIRA, João da Gama – que o "relativo desuso do instrumento da licença compulsória por falta de uso durante a vigência dos Códigos de Propriedade Industrial de 1945, de 1967, e 1969 e de 1971 provavelmente resultou da eficiência comparativa do instituto da caducidade, em face da complexidade das licenças compulsórias. Apenas uma vez, em 1982, decretou-se e se levou a cabo uma licença compulsória por falta de uso, em face de uma patente da Monsanto Company (n. 7107076), relativa ao produto agroquímico comercializado pela marca ROUND UP" (CERQUEIRA, João da Gama. *Tratado da Propriedade Industrial*. Dos privilégios de invenção, dos modelos de utilidade e dos desenhos e modelos industriais, v. II, Tomo II, Atualizado por: Newton Silveira e Denis Borges Barbosa. Rio de Janeiro: Editora Lumen Juris, 2010, p. 194).

[84] "Em outras palavras: não há, no texto constitucional brasileiro, garantia à propriedade, mas tão-somente garantia à propriedade que cumpre a sua função social." (TEPEDINO, Gustavo; SCHREIBER, Anderson. A garantia da propriedade no direito brasileiro. In *Revista da Faculdade de Direito de Campos*, Ano VI, Nº 6 – Junho de 2005, p. 105).

[85] "[...] não se pode desconsiderar que a proteção jurídica da propriedade intelectual apresenta um custo social significativo. Dessa forma, como consequência da exclusividade, podem-se observar os seguintes efeitos adversos: (i) a sociedade experimenta uma perda de "peso morto" decorrente da criação de poder de mercado e cobrança de preços supracompetitivos na exploração exclusiva da propriedade intelectual; (ii) observa-se uma redução dos incentivos à inovação decorrentes desse poder de mercado; (iii) a sociedade arca com os custos oriundos da manutenção de um sistema capaz de conferir eficácia aos direitos de propriedade intelectual; (iv) existe uma perda associada à proibição de inovações produzidas a partir da inovação protegida pelo direito de propriedade intelectual; e (v) há um custo decorrente do desencorajamento de inovações próximas àquela protegida pela propriedade intelectual [...]" SAMPAIO, Patrícia Regina Pinheiro. *Direito da concorrência e obrigação de contratar*. Rio de Janeiro: Campus Jurídico, 2009, p. 174.

destas informações no âmbito internacional. Isto, porém, não parece ser fundamento para alívio quanto ao cenário pátrio, mas sim para maior desassossego, dada a possibilidade de se estar diante de uma *cortina de fumaça*.

Isto se acentua com a verificação de que os institutos, destinados a promover a utilização da propriedade industrial, não dão conta deste papel. A extinção da propriedade por caducidade ou o seu licenciamento compulsório são tradicionalmente de rara aplicação no ambiente dos importantes *bens de produção* e pautam-se em lapsos temporais que não são suficientes a coibir a *indolência* proprietária por um longo período de tempo. O reconhecimento deste fenômeno se faz, por sinal, no contexto internacional, quando a Suprema Corte estadunidense reviu os critérios para a concessão de tutelas inibitórias/cessação provisórias demandas de contrafação de patentes.

Neste sentir, há que se refletir sobre a abrangência do exercício da faculdade de exclusão, pelo proprietário de patente, quando este não promove a exploração comercial efetiva. O rompimento deste sinalagma com a coletividade tem o potencial de atrair consequências, tal como possível impedimento a obtenção de *liminares inibitórias* ou de *cessação* de condutas, as quais demanda ponderação, tendo por fim o atendimento ao elemento finalístico constitucional finalístico da propriedade industrial.

16

A (DES)NATURALIZAÇÃO DA PESSOA JURÍDICA E A EXPROPRIAÇÃO DA SUBJETIVIDADE

SERGIO MARCOS CARVALHO DE AVILA NEGRI

Sumário: 1. Introdução. 2. A naturalização da pessoa jurídica. 3. Pessoa jurídica e situações existenciais. 4. As razões da pessoa jurídica. 5. Da pessoa jurídica à pessoa eletrônica: novas tecnologias e velhas metáforas. Conclusão.

1. INTRODUÇÃO

Um dos tópicos essenciais do receituário propedêutico do Direito Privado diz respeito à atribuição de personalidade jurídica a determinados agrupamentos humanos, que passam, assim, a ostentar uma subjetividade jurídica própria, independente daquela que é reconhecida aos seus membros, isoladamente considerados. A partir de uma narrativa linear, comumente, afirma-se que a personificação promove o aparecimento de um centro autônomo de imputação, o que reforça, por sua vez, o código binário, característico do discurso jurídico, entre sujeitos e objetos.[1]

Para confirmar a existência da nova unidade de imputação de relações jurídicas, o discurso se concentra em elencar as consequências que resultam dessa personificação. O novo sujeito passa a ostentar nacionalidade e domicílio próprios. A atribuição de um nome, por sua vez, facilita a

---

[1] O processo de naturalização da pessoa jurídica foi investigado mais detidamente na tese orientada pelo professor Gustavo Tepedino e defendida em 2011. NEGRI, Sergio M. C. A. A (des) naturalização da pessoa jurídica: subjetividade, titularidade e atividade. Tese de Doutorado. UERJ. Rio de Janeiro, 2011. Os capítulos da tese foram publicados em formato de artigos em várias revistas de Direito e em capítulos de livro. NEGRI, Sergio Marcos Carvalho de Ávila. As razões da pessoa jurídica e a expropriação da subjetividade. *Civilistica.com*, Rio de Janeiro, ano 5, n. 2, 2016.

identificação da pessoa jurídica nas relações de que ela venha participar, garantindo-lhe uma atuação independente, inclusive quando está em juízo.

Com a atribuição de personalidade, destaca-se também a possibilidade de se reconhecer uma suposta vontade da pessoa jurídica, expressa por meio dos seus órgãos. O patrimônio da sociedade, enquanto sujeito autônomo, não pode ser confundido com o patrimônio dos sócios. Da separação patrimonial, resulta uma autonomia obrigacional.[2].

A variedade de efeitos que decorre desse mantra-pedagógico presente na criação do sujeito abstrato converge para um único objetivo: garantir que a pessoa jurídica tenha uma existência autônoma. Na maioria das vezes, com exceção dos já bastante citados abusos ou desvios da pessoa jurídica, o processo é descrito como se existissem apenas vantagens no reconhecimento desse novo centro autônomo.

Do ponto de vista da relação jurídica, não haveria nenhum problema em se reproduzir a lógica da tutela jurídica da pessoa humana na análise da pessoa jurídica. Existe, contudo, um risco nessa aproximação metafórica, nem sempre problematizado. A armadilha da equiparação é precisamente que ela tende a não demonstrar as diferenças e, nesse sentido, a mascará-las. Nesse ponto, a aproximação não problematizada pode conduzir ao processo denominado por Stefano Rodotà de "expropriação da subjetividade"[3]: sob o pretexto de proteção do sujeito abstrato, usurpam-se, no plano concreto, direitos humanos. Essa expropriação se manifesta com bastante intensidade no discurso da titularidade dos direitos fundamentais por sociedades e associações, na literatura do Direito Constitucional, e na análise dos direitos da personalidade da pessoa jurídica, no âmbito do Direito Privado. Não se nota, por vezes, no estudo desses temas uma preocupação da doutrina e da jurisprudência em analisar as particularidades presentes no processo de imputação de direitos e deveres à pessoa jurídica.

O presente trabalho, a partir de uma perspectiva de repersonalização do Direito Privado[4], procura investigar esse processo de expropriação da subjetividade, destacando principalmente as razões – e as ilusões – presentes no processo de personificação das sociedades, fundações e associações. Procura-se demonstrar também que o processo de naturalização da pessoa jurídica pode fornecer uma chave interessante para a análise crítica do processo atual de reconhecimento de novos atores jurídicos, com especial destaque para o debate da personalidade eletrônica dos sistemas de inteligência artificial (IA).

2. A NATURALIZAÇÃO DA PESSOA JURÍDICA

No mundo jurídico verbalizado, o termo "pessoa jurídica" refere-se a um centro autônomo de relações jurídicas. O destaque conferido ao centro subjetivo de imputação abstrato decorre, como adverte Francesco Alcaro, da transposição de uma ilusão: "o indivíduo-sujeito de direito com todos os seus atributos seria capaz de modelar todo o sistema jurídico".[5] A subjetividade

---

[2]   FERRARA, Francesco. *Teorie delle Persone Giuridiche*. 2 ed. Torino: Unione Tip-Editrice Torinese, 1923, p. 881.

[3]   RODOTÀ, Stefano. *La vita e le regole. Tra diritto e non diritto*. Milano: Fetrinelli Editore, 2007, p. 27.

[4]   No Brasil, a contribuição do professor Gustavo Tepedino foi decisiva para a construção de uma nova agenda para o Direito Civil em torno da repersonalização das relações privadas. TEPEDINO, Gustavo. A Tutela da Personalidade no Ordenamento Civil-constitucional Brasileiro. *Temas de Direito Civil*. 3. ed. Rio de Janeiro: Renovar, 2004.

[5]   ALCARO, F. *Riflessioni critice intorno alla soggettività giuridicha: significato di una evoluzione*. Milão: Giuffrè, 1976. p. 70.

transcendental, que marca o discurso filosófico da modernidade, foi transposta também para o Direito. No plano jurídico, processos de interação social, como a união de pessoas em torno de uma determinada iniciativa, passaram a ser retratados também pela interposição de uma subjetividade transcendental: a pessoa jurídica.

O discurso filosófico da modernidade não se estrutura apenas na subjetividade.[6] A racionalização que se cristaliza em torno da organização da empresa capitalista e do aparelho burocrático do Estado também se mostra como uma característica essencial daqueles "novos tempos", com a institucionalização de uma ação econômica e administrativa com respeito aos fins. O Direito também passa por um processo de racionalização, cuja ideia central estaria na diferenciação e institucionalização de sistemas sociais autônomos, pensados como máquinas, já que fundados em si mesmos e governados por uma razão procedimental própria. A consolidação deste Direito formal não se esgota na previsão externa da administração da justiça ou na separação de poderes, exigindo também um controle interno, previsível, consubstanciado na ideia de que se "calcula com conceitos", como na Matemática.

O termo "pessoa jurídica" se ajustava perfeitamente ao contexto de um Direito formal e controlável internamente por meio de conceitos abstratos. Mesmo atualmente, quando se constata que essa pretensão de uma máquina jurídica sempre foi ilusória e o Direito se revela incalculável, como apontou Natalino Irti[7], nota-se ainda que a pessoa jurídica conserva, em certa medida, sua inspiração original: o cálculo mediado por conceitos.

A ideia de que se calcula com a pessoa jurídica já indica uma questão importante que contribui com a sua própria naturalização: a pessoa jurídica se apresenta como uma estrutura de decisão, que permite a identificação de problemas e de soluções normativas utilizadas em casos anteriores. Nesse sentido, é importante perceber a função heurística do termo pessoa jurídica, isto é, um atalho mental que permite, com informações simplificadas, julgamentos rápidos. No lugar de se investigar a pessoa jurídica como uma estrutura normativa de decisão, atribui-se, frequentemente, ao termo uma função descritiva. Assim como há a ilusão de que todo nome corresponde a um objeto, a análise da pessoa jurídica sempre foi caracterizada pela tentativa de se determinar qual seria o substrato ontológico do instituto.

Perguntas do tipo "o que é uma pessoa jurídica?", "qual a sua essência ou natureza?", são frequentemente formuladas de forma a prejudicar a própria resposta. Subjacente às questões da natureza, da essência, desenvolve-se, mesmo que de forma velada, a ideia de que o termo "pessoa jurídica" teria como função principal descrever um ente real, à semelhança do ser humano. O próprio "termo pessoa jurídica", utilizado em um sentido metafórico, leva-nos a comparar reiteradamente os modos humanos de raciocínio e atuação com sociedades empresárias, fundações e associações. Da mesma forma que acontece com o debate atual da Inteligência Artificial, descrita como um sistema que emula características humanas, nem sempre é claro se essa linguagem é utilizada em sentido literal ou metafórico.

Nas mais variadas práticas discursivas que se valem do termo em questão, pode-se perceber a presença desse tipo de discurso, marcado pela naturalização da pessoa jurídica. Da mesma forma que o primeiro contato com a linguagem dificulta a compreensão do significado das palavras, o modo de aprendizado do termo pessoa jurídica contribui para criar a ilusão de que deve haver algum ente retratado por aquele nome.

---

[6] HABERMAS, Jürgen. *O Discurso Filosófico da Modernidade*. Tradução de Luiz Sergio Repa e Rodnei Nascimento. São Paulo: Martins Fontes, 2002.

[7] IRTI, Natalino. *Un Diritto Incalcolabile*. Torino: Giappichelli, 2018.

Essa naturalização é reforçada pelo princípio da distinção. Em face do reconhecimento de um novo centro autônomo de direitos e deveres, reforça-se o entendimento de que haveria um novo ente, que se tornaria titular exclusivo das situações jurídicas que lhe seriam imputadas.

Como já havia denunciado Francesco Galgano no Direito italiano, existem várias desvantagens no processo de atribuição de personalidade jurídica às sociedades, as quais não são, até hoje, devidamente mensuradas.[8] Galgano apontava que o termo "pessoa jurídica" era utilizado, tanto por tribunais como juristas, como se existisse um ente único a ser protegido por trás do rótulo da pessoa jurídica. Essa forma de abordagem gerava um grave problema: o tratamento unitário. Além de distorcer a função do instituto, mascarava a diversidade de fenômenos que se articulavam em torno daquele termo.

Não se pode pensar, entretanto, que o problema se concentra apenas no discurso acerca da titularidade dos direitos fundamentais ou da personalidade da pessoa jurídica. É importante lembrar que a naturalização pode comprometer a própria tutela do ser humano nas associações. Em 2003, a Lei 10.825 alterou o artigo 44 do Código Civil brasileiro, acrescentando, ao rol das chamadas pessoas jurídicas de direito privado, mais dois incisos que contemplavam as organizações religiosas e os partidos políticos. Com a alteração da classificação tradicional da matéria, observa-se, mesmo que de forma implícita, um certo equívoco em se supor que o rótulo de pessoa jurídica de direito privado possa garantir uma maior autonomia no exercício da liberdade de associação e da liberdade de crença. O deslocamento da liberdade de associação do grupo para o novo sujeito, em face da alteridade subjetiva, pode ofuscar o papel instrumental das associações de garantir o livre desenvolvimento da personalidade dos seus membros.

O discurso da pessoa jurídica também produz consequências na análise do fenômeno empresarial. A disciplina do patrimônio, do capital social, do financiamento e da imputação da responsabilidade nas sociedades é influenciada sobremaneira por essa ideia da criação de um novo sujeito, que não se confunde com os seus membros. Essa alteridade – na maioria das vezes naturalizada – agrava ainda mais o problema, na medida em que transpõe, para situações supra-individuais, todo um instrumental que tem como modelo o indivíduo, isoladamente considerado.

Da mesma forma, Ferro-Luzzi[9] demonstrou como a ideia de atividade, fundamental para a compreensão do termo empresa, foi absorvida de forma equivocada pela noção de uma subjetividade abstrata, o que, por sua vez, comprometeu a própria regulação do fenômeno empresarial por parte do Direito. Segundo o autor italiano, o conceito de atividade depende de uma nova gramática jurídica, que se mostre capaz de desvincular culturalmente a ação da figura do sujeito abstrato titular de direitos e deveres.

Deve-se notar que essa equiparação não se mostra restrita a determinado ordenamento, como o italiano ou o brasileiro. A Constituição estadunidense, em face da 14ª emenda, estabelece que nenhum Estado pode privar qualquer pessoa da vida, da liberdade e da propriedade, senão através do devido processo legal. Em várias decisões, ficou estabelecido que o termo

---

[8] GALGANO, Francesco. Il costo della persona giuridica. *Rivista delle società*, Milão: Giuffrè, 1968. p. 1-16.

[9] Em relação ao ordenamento italiano, FERRO-LUZZI, Paolo. Riflessioni sulla reforma: I: la società per azioni come organizzazione del financiamento di impresa. *Rivista del Diritto Commerciale e del Diritto Generale delle Obbligazioni*, n 7-8-9, 2005, p. 680.

"pessoa" presente no texto se refere tanto ao ser humano como a uma *corporation*, já que essa deve ser tratada como uma *"legal person"*. [10] No ano de 2014, em decisão controversa, a Suprema Corte dos EUA recorreu ao argumento de que uma sociedade empresária, *Hobby Lobby*, poderia invocar a liberdade religiosa para não colaborar com o pagamento de um plano de saúde que permitiria o acesso, por parte das funcionárias, a drogas voltadas para a contracepção de emergência, com elevadas doses de estrogênio, conhecidas popularmente como pílulas do dia seguinte.

A acomodação da liberdade religiosa de uma sociedade empresária com fins lucrativos esbarra, contudo, em um ponto importante: milhares de mulheres empregadas por *Hobby Lobby* poderiam não compartilhar a mesma crença dos principais acionistas da sociedade. Diante dessa situação, teria o tribunal optado pela tutela da posição jurídica dos controladores da sociedade em detrimento da autonomia privada das funcionárias? Para a Justice Ginsburg, voto vencido na ocasião do julgamento, não restava nenhuma dúvida: a opção pela extensão da liberdade religiosa para uma organização com fins lucrativos gerava um grave desequilíbrio no interior da empresa ao privilegiar a crença dos controladores em detrimento da tutela dos direitos das mulheres que trabalhavam na sociedade em questão.[11]

No debate sobre os direitos da personalidade da pessoa jurídica e no dano moral da pessoa jurídica no Brasil, nota-se uma aproximação, por vezes problemática, entre pessoa natural e pessoa jurídica. Essa equiparação pode, como será visto, negligenciar a diversidade de interesses que justificaram a personificação do ser humano em relação à personificação das sociedades, fundações e associações.

3. PESSOA JURÍDICA E SITUAÇÕES EXISTENCIAIS

A despeito do silêncio constitucional sobre a questão, doutrina, jurisprudência e mesmo a legislação infraconstitucional brasileira convergem, sem muita hesitação, para a assertiva de que pessoas jurídicas são, sim, titulares de direitos fundamentais. O artigo 52, do Código Civil brasileiro, estende à pessoa jurídica, no que for possível, a proteção dos direitos da personalidade. Na mesma linha coloca-se a Súmula 227 do STJ, que reconheceu a possibilidade de a pessoa jurídica sofrer dano moral, a partir do entendimento de que a honra, inicialmente vista como um atributo

---

[10] Em 1886, no caso *Santa Clara County v. Southern Pacific Railroad*, a Suprema Corte considerou que uma *corporation* deveria ser considerada uma pessoa para aplicação da 14º emenda. Ainda que utilizando outros argumentos, observa-se nos Estados Unidos, a presença do debate acerca da extensão de direitos fundamentais à pessoa jurídica. Outra decisão importante ocorreu no caso *First National Bank v. Bellotti*, 435 U.S. 765 (1978), referente à aplicação da primeira emenda. Na sua obra sobre a desconsideração, Serick já havia comentado o caso *Santa Clara County* SERICK, Rolf. *Apariencia y realidad en las sociedades mercantiles – El abuso de derecho por medio de la persona jurídica*. Realität juristischer Personen. Trad. José Puig Brutau. Barcelona: Ediciones Ariel, 1958. p. 229. Como destaca Bary Friedman, a decisão, estimulou o reconhecimento de que uma corporation poderia invocar vários direitos previstos na Constituição. FRIEDMAN, Barry. *The Will of The People. How Public Opinion Has Influenced the Supreme Court and Shaped the Meaning of the Constitution*. New York: Farrar, Straus and Giroux, 2009. p. 163.

[11] SCWARTZMAN, Micah; FLANDERES, Chad; ROBISON, Zoe. *The rise of corporate religious liberty*. New York: Oxford University Press, 2016.

do ser humano, envolveria um aspecto subjetivo e outro objetivo.[12] Como a honra objetiva estaria relacionada à reputação, seria também reconhecida às pessoas jurídicas.[13]

Na verdade, mais importante do que se afirmar em abstrato se a pessoa jurídica pode ou não ser titular desses direitos, é perceber como a naturalização do conceito de pessoa jurídica compromete o tratamento do tema, na medida em que desconsidera qual seria o real significado dessa suposta titularidade.

Quando se observa o desenvolvimento do tema, constata-se que o debate se concentra na simples análise da subjetividade jurídica. A atribuição de personalidade jurídica, ao promover o desenvolvimento de um novo sujeito, já justificaria, por si só, o reconhecimento dos direitos da personalidade.[14]

Como bem destacou os professores Gustavo Tepedino e Pietro Perlingieri, nota-se nessa operação um verdadeiro silogismo: se a pessoa jurídica pode ser considerada um sujeito para o Direito, assim como ocorre com a pessoa natural, então aquela deveria receber a mesma tutela desta.[15] Essa equiparação acaba, como já destacado, negligenciando a diversidade de interesses que justificaram a personificação do ser humano em relação à personificação das sociedades, fundações e associações.[16] Como resultado, compromete-se o sentido e a própria função das situações jurídicas subjetivas existenciais, que, com base nessa equiparação, passam a ter como ponto de referência não o ser humano, mas o sujeito titular de direitos e obrigações.[17]

---

[12] De acordo com o julgamento pelo STJ: "A honra objetiva pode ser ofendida pelo protesto indevido de título cambial. Cabível a ação de indenização, por dano moral, sofrido por pessoa jurídica, visto que a proteção dos atributos morais da personalidade não está reservada somente à pessoa física. Quando se trata de pessoa jurídica, o tema da ofensa à honra propõe uma distinção inicial: a honra subjetiva, inerente à pessoa física, que está no psiquismo de cada um e pode ser ofendida com atos que atinjam a sua dignidade, respeito próprio, auto-estima, etc., causadores de dor, humilhação, vexame; a honra objetiva, externa ao sujeito, que consiste no respeito, admiração, apreço, consideração que os outros dispensam à pessoa, enquanto que a difamação é ofensa à reputação que o ofendido goza no âmbito social onde vive. A pessoa jurídica, criação da ordem legal, não tem capacidade de sentir emoção e dor, estando por isso desprovida de honra subjetiva e imune à injúria. Pode padecer, porém, de ataque à honra objetiva, pois goza de uma reputação junto a terceiros, passível de ficar abalada por atos que afetam o seu bom nome no mundo civil ou comercial onde atual". BRASIL. Superior Tribunal de Justiça. REsp 60.033-2/MG. Relator: Ministro Ruy Rosado de Aguiar Júnior. Julgado em 08/08/1995.

[13] Segundo Ariana Fusaro, seria importante perceber que o direito à honra de uma associação encontra-se em um plano diferente do direito à honra de um indivíduo. FUSARO, Ariana. *I Diritti della Personalità dei soggetti collettivi.* Padova: CEDAM, 2002. p. 90.

[14] Por fim, são eles plenamente compatíveis com pessoas jurídicas, pois como entes dotados de personalidade pelo ordenamento positivo (art. 13, 18 e 20), fazem jus ao reconhecimento de atributos intrínsecos à sua essencialidade, como, por exemplo, os direitos ao nome, à marca, a símbolos e à honra". BITTAR, Carlos Alberto. *Os direitos da personalidade.* Rio de Janeiro: Forense Universitária, 1995. p. 13.

[15] PERLINGIERI, Pietro. *Il diritto civile nella legalità costituzionale – il sistema ítalo-comunitario delle fonti.* Napoli: Edizioni Scientifiche Italiane, 2006. p. 727.

[16] Andrea Zoppini afirma que a aplicação analógica de normas pensadas para a proteção da personalidade assume, no caso da pessoa jurídica, um critério essencialmente funcional. Os direitos da personalidade da pessoa jurídica não são voltados para a tutela da dignidade ou do livre desenvolvimento da personalidade, representado, na verdade, um sistema destinado a permitir a realização da atividade e do escopo da pessoa jurídica. ZOPPINI, Andrea. I diritti della personalità delle persone giuridiche (e dei gruppi organizzati). *Rivista di Diritto Civile,* 2002, parte I, p. 851.

[17] PERLINGIERI, Carolina. *Enti e diritti della persona.* Napoli: Edizioni Scientifiche Italiane, 2009, p. 29.

Cap. 16 · A (DES)NATURALIZAÇÃO DA PESSOA JURÍDICA E A EXPROPRIAÇÃO DA SUBJETIVIDADE | 265

A equiparação dos sujeitos acaba também por unificar indevidamente uma complexa diversidade de entes que se articulam sob o rótulo da pessoa jurídica. Da mesma forma que não se pode equiparar a personificação do ser humano com qualquer outro sujeito, deve-se notar que a pessoa jurídica não pode ser vista como um bloco unitário.[18]

No discurso acerca do reconhecimento dos direitos da personalidade da pessoa jurídica se constata, portanto, uma inversão: no lugar de se analisar a pertinência do conteúdo do direito em questão, por meio de uma valoração unitária, que leve em conta as particularidades de cada tipo de pessoa jurídica, procurou-se conferir um tratamento generalizante.[19] Não há como conferir uma resposta legítima à questão da extensão dos direito da personalidade à pessoa jurídica, se a própria pergunta já pressupõe que o termo pessoa jurídica se refere a um conjunto unitário.

O artigo 52 do Código Civil, ao estabelecer que "aplica-se às pessoas jurídicas, no que couber, a proteção dos direitos da personalidade", utiliza-se desse recurso que, no fundo, dificulta ainda mais a questão da admissibilidade do reconhecimento dos direitos e das liberdades fundamentais a sujeitos distintos do ser humano.[20] Mais uma vez, constata-se que os problemas que envolvem a titularidade da pessoa jurídica são formulados de forma equivocada. Ora, não se pode perguntar quais direitos podem ser estendidos sem antes precisar as particularidades presentes no processo de imputação à pessoa jurídica.

Ao contrário do que se observa com a pessoa natural, como já demonstrado, o mecanismo de imputação de direitos e deveres às sociedades, associações e fundações não se faz completo. Trata-se apenas da primeira fase de um processo, concretizado somente quando o direito em questão é confrontado com os indivíduos que, em face do contrato ou estatuto, encontram-se também como destinatários indiretos.

Na lição de Rodotà, o problema está na perspectiva da própria ideia de um sujeito abstrato que informa qualquer processo de atribuição de personalidade jurídica.[21] Essa construção permitiu ao discurso jurídico liberar formalmente a pessoa, desligando-a artificialmente de suas condições econômicas, sociais e da própria natureza. Como resposta ao desprezo pelo concreto, nota-se a tentativa de reconectar a pessoa, em sentido material, ao seu contexto, com a reinvenção da pessoa, agora situada socioambientalmente e encarnada corporalmente. Da

---

[18]   FUSARO, Ariana. *I Diritti della Personalità dei soggetti collettivi*. Padova:CEDAM,2002, p. 11.

[19]   Como adverte Carolina Perlingieri, o nome e a identidade não revelam qualquer aspecto da "personalidade do ente", sendo invocados para garantir, na prática, o exercício da atividade que lhe é correlata. Na tutela do nome da pessoa jurídica não se busca garantir a correta representação da pessoa nas relações sociais, mas apenas a proteção do livre desenvolvimento da função do ente em questão. Com efeito, há uma substancial diferença, em relação aos interesses tutelados, entre a função do nome da pessoa jurídica e daquele pertinente à pessoa natural. PERLINGIERI, Carolina. *Enti e diritti della persona*. Napoli: Edizioni Scientifiche Italiane, 2009.

[20]   Na lição do professor Gustavo Tepedino: "Ainda em referência ao tema em questão, destaca-se a cláusula geral contida no art. 52 do Código Civil, segundo a qual 'aplica-se às pessoas jurídicas, no que couber, a proteção dos direitos da personalidade'. Andou bem o legislador em não conferir à pessoa jurídica direitos informados por valores inerentes à pessoa humana. Limitou-se o dispositivo a permitir a aplicação, por empréstimo, da técnica da tutela da personalidade, e apenas no que couber, à proteção da pessoa jurídica. Esta, embora dotada de capacidade para o exercício de direitos, não contém os elementos justificadores (fundamento axiológico) da proteção à personalidade, concebidas como bem jurídico, objeto de situações existenciais." TEPEDINO, Gustavo. A Tutela da Personalidade no Ordenamento Civil-constitucional Brasileiro. *Temas de Direito Civil*. 3. ed. Rio de Janeiro: Renovar, 2004, p. 55.

[21]   RODOTÀ, Stefano. *Il diritto di avere diritto*. Roma: Editori Laterza, 2015.

PROBLEMAS DE DIREITO CIVIL – Homenagem aos 30 anos de cátedra do professor Gustavo Tepedino

mesma forma, para controlar a retórica antropomórfica, mostra-se importante compreender de forma mais explícita as razões – e as ilusões – presentes no processo de personificação das sociedades, fundações e associações.

4. AS RAZÕES DA PESSOA JURÍDICA

Os conceitos de personalidade e capacidade de direito são aplicados indistintamente à pessoa natural e à pessoa jurídica. Em face desse modelo de análise, as razões que determinaram a personificação do ser humano são negligenciadas, como se fosse possível equipará-las aos motivos presentes na atribuição de personalidade jurídica às sociedades, fundações e associações.

Para evitar essa confusão, pretende-se, sem eliminar a estrutura conceitual anterior, apresentar um novo modelo de classificação, pautado nas seguintes fases: razões da personificação, relações normativas e formas de uso.[22] De acordo com o modelo proposto, na utilização da noção de direito subjetivo, devem ser separados três planos: (a) justificação; (b) relação normativa e (c) realização ou exigibilidade. No plano da justificação, encontram-se as razões pelas quais os direitos são atribuídos. No plano das relações normativas, são definidos quais tipos de posições normativas os direitos garantem. Por fim, no âmbito da realização, têm-se os instrumentos mediante os quais os direitos são realizados ou se tornam exigíveis em situações concretas.[23]

A pessoa jurídica representa um atalho mental, um gatilho que facilita o acesso a um conjunto de situações complexas. Os atos praticados pelos sócios e administradores são unificados em torno da subjetividade abstrata, não havendo a necessidade de, em cada situação, referir-se a todo o conjunto de pessoas que se mostram contempladas pelo ordenamento particular da pessoa jurídica.

Como atalho mental, a personificação permite a alocação do patrimônio em centros autônomos, diferentes do complexo de relações jurídicas de cada sócio. A criação do novo sujeito facilita a compreensão da separação patrimonial em função de determinada finalidade. Cria-se, contudo, a ilusão de que a segregação patrimonial mostra-se dependente da subjetividade jurídica, como se a autonomia patrimonial somente pudesse ser explicada com a mediação da pessoa jurídica. Além da simplificação do complexo de relações e da alocação patrimonial de forma autônoma, o recurso à personificação também permite o acesso a um modelo de imputação particular de atos praticados por sócios e administradores e confere, ao mesmo tempo, estabilidade ao modelo de coordenação que se desenvolve no interior da pessoa jurídica.

Constata-se, em resumo, no caso da pessoa jurídica, a presença das seguintes razões: i) simplificação de situações jurídicas complexas com a constituição de um centro unitário de imputação; ii) a articulação patrimonial, na medida em que o reconhecimento do novo sujeito implica também a afirmação de uma estrutura patrimonial autônoma; iii) constituição de um sistema de imputação direta dos atos praticados pelos órgãos da pessoa jurídica; iv) estabilização do processo de coordenação de ações funcionalmente integradas, representado pela noção de organização.

Se, por um lado, essas razões justificam o próprio processo de personificação, ensejam, por outro, uma visão deturpada dos fenômenos retratados pelo termo pessoa jurídica, como se vê

---

[22] Essa forma de abordagem foi inspirada na proposta de Robert Alexy para a análise da noção de direito subjetivo. ALEXY, Robert. *Teoria dos Direitos Fundamentais*. Trad. Virgílio Afonso da Silva. São Paulo: Malheiros, 2008.

[23] NEGRI, Sergio Marcos Carvalho de Ávila. As razões da pessoa jurídica e a expropriação da subjetividade. *Civilistica*. Rio de Janeiro, ano 5, n. 2, 2016.

quando: (1) a visão unitária da pessoa jurídica, importante nas relações com terceiros, reverbera para o interior do sujeito personificado, comprometendo a apreciação das complexas situações que se articulam no interior das sociedades, fundações e associações; (2) a personificação passa a ser vista como o único instrumento capaz de garantir a destinação de um patrimônio a determinada finalidade; (3) a intermediação orgânica cria a ilusão de que o processo de imputação de direitos e deveres da pessoa jurídica representa um processo completo, à semelhança daquele previsto para a pessoa natural; (4) a organização passa a ser vista como monopólio da pessoa jurídica, quando, na verdade, a existência de uma estrutura para a coordenação das ações é uma característica inerente ao próprio fenômeno associativo.

No debate sobre a personalidade eletrônica, o processo de atribuição de personalidade jurídica às sociedades é apresentado como um modelo que justificaria o reconhecimento da subjetividade jurídica para robôs com inteligência artificial, como argumenta, por exemplo, Turner[24], que chega, inclusive, a sustentar que eventuais abusos, como a não responsabilização de programadores e engenheiros, poderiam ser combatidos por meio da desconsideração da personalidade jurídica. Esse tipo de argumento demonstra como a analogia com o direito societário e com as sociedades personificadas é mobilizada sem que, para tanto, sejam apontados os problemas gerados pela própria naturalização da pessoa jurídica.

5. DA PESSOA JURÍDICA À PESSOA ELETRÔNICA: NOVAS TECNOLOGIAS E VELHAS METÁFORAS

Traçar a relação entre Direito e novas tecnologias não é uma tarefa fácil e, geralmente, essa aproximação não ocorre de maneira simples.[25] Muitas vezes, essa ligação é viabilizada por meio do uso de metáforas, que servem de instrumento para a concretização de um efeito retórico, equiparando diretamente conceitos diferentes.[26]

A Resolução do Parlamento Europeu de 16 de fevereiro de 2017 estabeleceu que um robô será considerado inteligente quando possuir as seguintes características: a) existência de sensores capazes de permitir a troca de dados com o ambiente; b) capacidade de aprendizado com a experiência e interação com o meio; c) existência de um suporte material; d) capacidade de adaptação e e) ausência de vida na acepção biológica. Entre as recomendações sobre a constituição de um registro próprio, a formação de regimes de seguro e fundos de compensação, encontra-se a sugestão da criação de um estatuto jurídico de robôs para os artefatos mais complexos, os quais passariam a apresentar uma personalidade jurídica (eletrônica).[27]

---

[24] TURNER, Jacob. *Robot Rules* – Regulating Artificial Inteligence. Londres: Palgrave Macmillan, 2019.

[25] A relação entre IA e Direito Civil foi também desenvolvida por vários autores em: TEPEDINO, Gustavo; SILVA, Rodrigo da Guia. *O Direito Civil na era da inteligência artificial*. São Paulo: RT, 2020.

[26] RICHARDS, Neil M.; SMART, William D. *How Should the Law Think About Robots?* maio 2013. Disponível em: <https://ssrn.com/abstract=2263363> ou <http://dx.doi.org/10.2139/ssrn.2263363>. Acesso em: 28/10/2019. CALO, Ryan. Robotics and the lessons of cyberlaw. *California Law Review*, Berkeley, v. 103, n. 3, p. 513-563, jun. 2015. DONEDA, Danilo Cesar Maganhoto *et al*. Considerações iniciais sobre inteligência artificial, ética e autonomia pessoal. *Pensar – Revista de Ciências Jurídicas*, [s.l.], v. 23, n. 4, p. 1-17, 2018. Disponível em: <http://dx.doi.org/10.5020/2317-2150.2018.8257>. Acesso em: 28/10/2019.

[27] UNIÃO EUROPEIA. *Resolução do Parlamento Europeu*, de 16 de fevereiro de 2017, com recomendações à Comissão Direito Civil sobre Robótica. 2017. Disponível em: <http://www.europarl.europa.eu/doceo/document/TA-8-2017-0051_PT.html?redirect>. Acesso em: 28/10/2019.

O principal argumento para a defesa da personalidade eletrônica está associado a uma análise pragmática ou funcional da personalidade jurídica. Se a personalidade jurídica já está desvinculada do substrato humano, não haveria como negar a personalidade aos robôs com IA em razão da inexistência de qualquer característica humana nesses artefatos.[28]

Aqui se nota que o antropomorfismo não representa uma característica exclusiva da pessoa jurídica. A IA também foi historicamente conceituada em termos antropomórficos. Além de sempre se falar de máquinas que pensam e aprendem, o próprio nome (inteligência artificial) nos desafia a comparar reiteradamente os modos humanos de raciocínio com o comportamento dos algoritmos. Da mesma forma que acontece com a pessoa jurídica, nem sempre é claro se essa linguagem é utilizada em sentido literal ou metafórico.

A metáfora antropomórfica esconde aspectos funcionais da inteligência artificial, fazendo com que essa retórica, que mimetiza qualidades e atributos humanos, possa comprometer o enfrentamento dos complexos desafios éticos colocados pelas tecnologias emergentes. Na verdade, trata-se de um erro supor que esses algoritmos se confundem com a inteligência humana, haja vista que, embora eles superem a inteligência humana em certos aspectos, também falham em outros. Mesmo não se podendo criticar a simples inspiração em modelos humanos para o desenvolvimento da inteligência artificial, é importante tomar cuidado quando as diferenças são apagadas e começamos a pensar nas metáforas e analogias em seu sentido literal. Consequentemente, quando se pensa em qualquer tentativa de disciplinar ou regular a Robótica e a IA, mostra-se fundamental não confundir a existência de uma autonomia ou agência real com a sensação de autonomia ou agência. Infelizmente, a confusão entre a suposta agência dos artefatos com a sensação provocada pela tecnologia emergente conduz a uma naturalização da própria autonomia, como se todo robô com IA necessariamente estivesse, assim como acontece com o ser humano, tomando uma decisão de uma maneira específica e independente.

A criação de uma personalidade eletrônica pode acabar repetindo os mesmos problemas descritos na naturalização da pessoa jurídica. No lugar de se reconhecerem as particularidades das diferentes áreas de atuação de robôs com inteligência artificial, unificam-se essas diferentes relações em modelo jurídico único, pautado exclusivamente na figura de um sujeito abstrato. Esse é um erro frequente quando o Direito tenta se aproximar de novas tecnologias. No lugar da titularidade, os artefatos são, na verdade, determinados pelas destinações em concreto. Não comportando, assim, generalizações abstratas e reduções unitárias, indiferentes aos variados usos. Seria possível comparar os problemas ocasionados pela utilização da Robótica na Medicina com os usos de drones para fins militares e de segurança? Da mesma forma, a utilização de robôs sociais com pessoas vulneráveis suscitam problemas éticos específicos, que não podem ser comparados com a utilização da Robótica para o transporte de mercadorias e pessoas.

O modelo da sociedade empresária personificada também contribuiu com uma indevida compreensão da limitação da responsabilidade dos sócios ao ocultar a transferência desigual do risco empresarial para terceiros. Se por um lado existem credores que podem proteger os seus próprios interesses, renegociando o risco com a sociedade, como acontece com uma instituição financeira, há, por outro, credores que se mostram impossibilitados de fazê-lo, como se nota, por vezes, com vítimas de uma dano ambiental, como, por exemplo, os afetados pela mineração. A prevalência do modelo abstrato de subjetividade ensejou uma leitura unitária da própria autonomia patrimonial e, consequentemente, da limitação da responsabilidade, as quais se mostram indiferentes aos diversos créditos.

---

[28] PAGALLO, Ugo. Vital, Sophia, and Co. The Quest for the Legal Personhood of Robots. *Information 9*, 230, 2018, p. 18.

Se a personalidade eletrônica foi pensada em função dos problemas gerados pela necessidade de responsabilização pelos eventuais danos, deve-se recordar que há um descompasso entre o formato jurídico da sociedade personificada isolada e o protagonismo econômico da empresa plurissocietária. Trata-se de uma contradição interna do Direito, materializada na tensão paradoxal entre diversidade jurídica e unidade econômica. Para minimizar esse problema, o Direito foi buscar uma nova gramática, aproximando-se da figura de controle e direção, rompendo com o modelo de um sujeito abstrato como ponto central no processo de responsabilização.

A proposta de criação de uma personalidade eletrônica se insere também em um debate mais amplo: o reconhecimento de novas subjetividades e, consequentemente, novos atores jurídicos, como os rios, animais e a própria natureza. Nesse contexto de novas subjetividades, o que se deve fazer? Assim como é importante criticar a fusão dissimulada entre pessoa e pessoa jurídica, deve-se também separar pessoa humana e personalidade jurídica e reconhecer que a expansão de novos sujeitos se refere apenas à segunda, à subjetividade jurídica.

Embora controversa, a própria origem do termo personalidade jurídica, derivada do termo *persona*, é associada a uma metáfora, a máscara utilizada no teatro, permitindo ao ator a impostação da voz. Apesar dessa utilização remota, acredita-se, ainda hoje, na ilusória possibilidade de se proibirem as metáforas, mesmo aquelas já incorporadas no interior da gramática jurídica, como acontece com o próprio termo pessoa jurídica. Mesmo não havendo como eliminá-las, sempre será possível fiscalizar o seu uso normativo, isto é, a sua naturalização, denunciando, em situações específicas, os abusos relacionados à utilização das metáforas e analogias em sentido literal.[29]

Como bem respondeu Paul Ricouer ao tratar da "metáfora viva", não há outro caminho senão "recolocar as máscaras, mas sabendo que o fazemos".[30] A expropriação da subjetividade é arrastada por um movimento espontâneo, que sutilmente converte o "faz-de-conta" presente no paralelismo dos sujeitos abstratos em "fazer-crer". Compete ao Direito Civil, em uma perspectiva crítica, denunciar essa ligação não problematizada entre a metáfora usada e a equiparação dissimulada.

CONCLUSÃO

O termo pessoa jurídica, ao simplificar um complexo de relações jurídicas, contribui com a descrição do próprio fenômeno jurídico. O recurso à figura abstrata do sujeito titular de direitos e deveres promove, contudo, o ocultamento de interesses e personagens. O desprezo pelas particularidades presentes no processo de atribuição de personalidade jurídica às sociedades, associações e fundações pode, assim, comprometer a utilização desse importante atalho mental.

A fim de se evitar qualquer confusão na interpretação de posições normativas relacionadas ao termo pessoa jurídica, cumpre reconhecer que o modelo de imputação, nessa situação, revela-se de forma incompleta, uma vez que a referência ao sujeito abstrato não alcança, definitivamente, os verdadeiros destinatários da imputação. A revisão do processo de imputação e da própria

---

[29] Em 21 de abril de 2021, a Comissão Europeia apresentou a Proposta de Regulamento sobre a Inteligência Artificial, que busca estabelecer um quadro jurídico uniforme para o desenvolvimento, a comercialização e a utilização da inteligência artificial no âmbito da União Europeia. A atual proposta se afasta da criação de uma personalidade jurídica eletrônica. O texto está amparado em uma abordagem baseada no risco, que modula o conteúdo das normas de acordo com a intensidade dos riscos criados pelos sistemas de IA.

[30] RICOEUR, Paul. *A Metáfora Viva*. Trad. Dion Davi Macedo. São Paulo: Edições Loyola, 2005. p. 385.

noção de titularidade tem consequências também na interpretação das situações existenciais. A referência de um direito fundamental a uma pessoa jurídica somente adquire significado quando confrontada com as verdadeiras pessoas que, em função do contrato ou estatuto, apresentam-se como destinatários indiretos.

A discussão sobre os fundamentos ontológicos que separam pessoas e robôs tem se mostrado insuficiente para afastar a defesa da personalidade jurídica dos artefatos robóticos com inteligência artificial. Ora, se o Direito confere personalidade jurídica a patrimônios destinados a determinadas finalidades, como as fundações, não haveria dúvida de que a aptidão para adquirir direitos e deveres não representa uma exclusividade dos seres humanos. Nota-se, de fato, a prevalência de uma linha pragmática ou funcional da personalidade eletrônica, a qual, ao se afastar do debate filosófico centrado nas análises ontológicas, procura se pautar, principalmente, no modelo da sociedade limitada personificada. Essa mudança de enfoque, com robôs como pessoas jurídicas, apresenta também problemas, que, na maioria dos casos, são negligenciados até mesmo pelos críticos da personalidade eletrônica. Isso ocorre principalmente em função da incorreta compreensão das razões presentes no processo de personificação das sociedades e do próprio papel do termo "pessoa jurídica" na gramática do Direito.

17

O PRINCÍPIO DA CONSERVAÇÃO DO NEGÓCIO JURÍDICO NO TEMPERAMENTO DAS PATOLOGIAS NEGOCIAIS

VICTOR WILLCOX

Sumário: 1. A teoria tradicional das patologias negociais e sua releitura à luz da perspectiva civil constitucional. 2. O princípio da conservação do negócio jurídico: conteúdo jurídico e âmbitos de aplicação. 3. Fundamentos constitucionais do princípio da conservação: preservar o negócio em nome do interesse público ou privado? 4. Manifestações do princípio da conservação consagradas no ordenamento jurídico brasileiro. 5. A conservação dos negócios defeituosos na jurisprudência do Superior Tribunal de Justiça. 6. Considerações finais.

1. A TEORIA TRADICIONAL DAS PATOLOGIAS NEGOCIAIS E SUA RELEITURA À LUZ DA PERSPECTIVA CIVIL CONSTITUCIONAL

A teoria dos defeitos do negócio jurídico é um tema espinhoso na doutrina, advertindo Caio Mário da Silva Pereira que "a matéria é muito obscurecida, carece de boa exposição dogmática, e alimenta acentuada desarmonia entre os escritores, não somente no que se refere à fixação dos conceitos, como ainda no que diz respeito à terminologia, que é algo desencontrada e imprecisa"[1].

No Brasil, é tradicional a referência aos três planos do negócio jurídico: o da existência (presença dos elementos constitutivos do ato, tais como agente, objeto, forma e vontade), o da validade (conformidade dos elementos constitutivos do ato aos ditames do ordenamento jurídico) e o da eficácia (aptidão do ato à produção de efeitos práticos).

---

[1] PEREIRA, Caio Mário da Silva. *Instituições de direito civil*, vol. I. 18. ed. Rio de Janeiro: Forense, 1995, p. 402.

Tem-se atribuído a Pontes de Miranda[2] o desenvolvimento de tais estruturas jurídicas, as quais foram amplamente endossadas pela doutrina e pelos Tribunais brasileiros. Em clássico trabalho sobre o tema, Antônio Junqueira de Azevedo enalteceu a precisão de tais categorias, ponderando que, graças a elas, os defeitos negociais "surgirão e se imporão à mente com a mesma inexorabilidade das deduções matemáticas"[3].

Especificamente em relação à categoria da validade, é recorrente na doutrina brasileira a distinção das hipóteses de nulidade absoluta e relativa (esta última também chamada de anulabilidade). Tal diferenciação assenta primordialmente na natureza dos interesses protegidos em cada caso, se públicos ou privados[4] - dicotomia cada vez mais questionada.[5]

---

[2]   "Para que algo valha é preciso que exista. Não tem sentido falar-se de validade ou de invalidade a respeito do que não existe. A questão da existência é questão prévia. Somente depois de se afirmar que existe é possível pensar-se em validade ou em invalidade. Nem tudo que existe é suscetível de a seu respeito discutir-se se vale, ou se não vale. Não há de se afirmar nem de se negar que o nascimento, ou a morte, ou a avulsão, ou o pagamento valha. Não tem sentido. Tampouco, a respeito do que não existe: se não houve ato jurídico, não há nada que possa ser válido ou inválido" (PONTES DE MIRANDA, Francisco Cavalcanti. *Tratado de direito privado*, t. IV. São Paulo: Revista dos Tribunais, 2012, p. 6).

[3]   AZEVEDO, Antônio Junqueira de. *Negócio jurídico: existência, validade e eficácia*. 4ª ed. São Paulo: Saraiva, 2002, p. 25. O autor prossegue exemplificando: "Se, no plano da existência, faltar um dos elementos próprios a todos os negócios jurídicos (elementos gerais), não há negócio jurídico; poderá haver um ato jurídico em sentido restrito ou um fato jurídico, e é a isso que se chama 'negócio inexistente'. Se houver os elementos, mas, passando ao plano da validade, faltar um requisito neles exigido, o negócio existe, mas não é válido. Finalmente, se houver os elementos e se os requisitos estiverem preenchidos, mas faltar um fator de eficácia, o negócio existente, é válido, mas ineficaz (ineficácia em sentido restrito).
Não é lógico que se continue a colocar, ao lado do nulo e do anulável, o negócio dito inexistente, como se se tratasse de um *tertium genus* de invalidade. Não há uma gradação de invalidade entre o ato inexistente, o nulo e o anulável. Ao negócio inexistente opõe-se o negócio existente (este é que pode ser nulo, anulável, ou válido). A dicotomia 'negócio existente – negócio inexistente', de um lado, e a tricotomia 'negócio válido – negócio nulo – negócio anulável', de outro, estão em planos diferentes. Da mesma forma, o negócio ineficaz em sentido restrito também não é, ao lado do nulo e do anulável, um *tertium genus* (ou *quartum genus,* para os que admitem também a inexistência). Ao negócio ineficaz se opõe o negócio eficaz" (AZEVEDO, Antônio Junqueira de. *Negócio jurídico: existência, validade e eficácia*. 4ª ed. São Paulo: Saraiva, 2002, p. 63).

[4]   "A invalidade é gênero, no qual se distinguem duas espécies: a nulidade e a anulabilidade. Entre os vários critérios de distinção, o mais destacado é a causa de cada um: enquanto na invalidade há uma afronta mais grave, por conta de um motivo de interesse público, a anulabilidade resulta de uma desconformidade menos grave, tutelando-se um interesse particular (...). (...) Para a maioria da doutrina, a classificação entre nulidade absoluta e nulidade relativa, abandonada pelo CC1916, equivale à atual distinção entre nulidade e anulabilidade (...)" (BARBOZA, Heloisa Helena; MORAES, Maria Celina Bodin de; TEPEDINO, Gustavo. *Código Civil interpretado conforme a Constituição da República*, vol. I. Rio de Janeiro: Renovar, 2004, p. 309).

[5]   A flexibilização dos confins entre direito público e direito privado consiste em uma das premissas metodológicas do direito civil constitucional. Nesse sentido, vejam-se as ponderações de Perlingieri: "A unidade do fenômeno social e do ordenamento jurídico exige o estudo de cada instituto nos seus aspectos ditos privatísticos e publicistas. Resolve-se a rígida distinção entre direito privado e direito público na natureza privada ou pública, ora do sujeito titular dos interesses, ora dos próprios interesses. Todavia, se em uma sociedade com nítida distinção entre liberdade do privado e autoridade do Estado é possível distinguir a esfera do interesse dos particulares daquela do interesse público, em uma sociedade como a atual,

Cap. 17 • O PRINCÍPIO DA CONSERVAÇÃO DO NEGÓCIO JURÍDICO NO TEMPERAMENTO DAS PATOLOGIAS | 273

No que tange especificamente à nulidade dos negócios jurídicos, na doutrina italiana, Trabucchi ensina que a natureza de tal categoria jurídica é de sanção prevista pelo ordenamento jurídico devido ao valor negativo irremediável atribuído a determinada estrutura negocial, com o objetivo de proteger um interesse geral da coletividade (que transcende os interesses subjetivos das partes contratantes), no sentido de que o exercício da autonomia negocial seja correto, ordenado e razoável. [6]

Conquanto a teoria dos planos do negócio jurídico seja amplamente difundida na nossa cultura jurídica, a complexidade e o dinamismo da realidade social têm tornado cada vez mais árdua a tarefa de enquadrar as patologias negociais em um modelo estático preconcebido.[7] Ao enfrentar a proposição dos três planos, Gustavo Tepedino pondera:

> Solução tão engenhosa quanto artificial, já que a existência revela valoração fenomeno-lógica (existir ou não existir), enquanto o controle jurídico se mostra eminentemente deontológico (comportamento devido). Com o plano da existência, contudo, permitiu-se estabelecer o controle jurídico sumário de manifestações despidas de vontade, anteci-pando-se o desfazimento do negócio ao controle de validade, este a demandar cognição judicial demorada e profunda, já que destinado a privar de efeitos determinado negócio jurídico – a lei instaurada voluntariamente entre as partes.
>
> A análise do negócio em seus três planos desenha-se, assim, como solução de com-promisso entre a segurança que deve despertar o negócio jurídico (a justificar, por isso mesmo, a dificuldade anteposta para a declaração de sua nulidade mesmo na presença de vícios graves em seus elementos essenciais) e a inadmissibilidade de vínculos jurídicos assumidos na ausência da vontade do agente ou dos demais ele-mentos essenciais.[8]

Por essas razões, tem-se ponderado que as regras atinentes à inexistência, à nulidade e à anu-labilidade dos negócios jurídicos constituem "indicadores confiáveis desse juízo de merecimento de tutela dos atos negociais"[9], não eximindo o intérprete, contudo, de verificar as peculiaridades do

---

torna-se árdua, se não impossível, individuar um interesse privado que seja completamente autônomo, independente, isolado do interesse chamado público" (*O direito civil na legalidade constitucional*, trad. Maria Cristina de Cicco, Rio de Janeiro, Renovar, 2008, pp. 143-144).

[6] "(...) [L]a *categoria della nullità negoziale abbia la natura di sanzione ordinamentale, conseguente all'irremediabile disvalore assegnato a un invalido assetto negoziale, posta a tutela dell'interesse proprio dell'ordinamento giuridico perché l'esercizio dell'autonomia privata sia corretto, ordinato e ragionevole, è un interesse generale, superindividuale, che trascende l'interesse delle parti, ed è indisponibile (...)*" (TRA-BUCCHI, Alberto. *Istituzioni di diritto civile*. 47. ed. Padova: CEDAM, 2015, p. 162).

[7] A propósito, vejam-se as ponderações de Roppo sobre o sistema legal italiano de nulidades: "*In generale, le leggi di ultima generazione si segnalano per un impiego quanto mai esuberante e movimentato della nullità del contratto. Fioriscono nullità sempre nuove: sia nel senso di nullità che si ricollegano a fattispecie che si fatica a ricondurre alle tradizionali cause di nullità; sai nel senso di assoggettate a trattamenti assai divaricati dal generale regime codicistico del contratto nullo*" (ROPPO, Vincenzo. *Il contratto del duemila*. 3. ed. Torino: G. Giappichelli Editore, 2011, p. 11).

[8] TEPEDINO, Gustavo. *O papel da vontade na interpretação dos contratos*. In Revista Interdisciplinar de Direito Faculdade de Direito de Valença. v. 16, n. 1, pp.173-189, jan./jun. 2018.

[9] SOUZA, Eduardo Nunes de. Invalidade do negócio jurídico em uma perspectiva funcional. *In O Código Civil na perspectiva civil-constitucional: parte geral* (Coordenador: Gustavo Tepedino). Rio de Janeiro: Renovar, 2013.

274 | PROBLEMAS DE DIREITO CIVIL – *Homenagem aos 30 anos de cátedra do professor Gustavo Tepedino*

caso concreto que, eventualmente, tornem necessário o afastamento do regime legal e a preservação do ato – providência que demandaria um ônus argumentativo mais contundente.[10]

Com efeito, constata-se a insuficiência da técnica de subsunção para lidar com o problema. É importante que o intérprete, ao invés de se ater ao formalismo estrutural dos três planos do negócio jurídico, tente compatibilizar, à luz das peculiaridades de cada caso concreto, os interesses perseguidos pelas partes com o remédio que se pretende aplicar a determinada patologia negocial, consoante observa Perlingieri:

> Da contraposição nítida entre as figuras de nulidade e de anulabilidade passou-se, pouco a pouco, a atribuir importância às exceções: assim, a nulidade não é apenas absoluta, mas relativa; não é apenas total, mas parcial; determinam-se, além disso, razões para derrogar a disciplina da anulabilidade. Em definitivo, constata-se, realisticamente, que os interesses individuados, deduzidos do contrato ou a eles coligados, são diversos, de maneira que as patologias contratuais são obrigadas a se conformar a tais interesses. Os "remédios" devem ser adequados aos interesses, de modo que a prevalência da nulidade parcial, como expressão da prevalência do princípio de conservação dos efeitos, é aceitável toda vez que for melhor (para o ordenamento) que o contratante (vulnerável) obtenha, pelo menos em parte, o resultado. Errôneo, portanto, é sustentar, ainda hoje, que a nulidade, como regra, é absoluta.[11]

Em suma, a mitigação de eventual regra legal definidora dos defeitos do negócio jurídico pode ser a solução mais apropriada em vista das peculiaridades fáticas de determinado caso concreto. O ato inválido não está absolutamente fadado à retirada de seus efeitos do mundo jurídico.[12]

O ordenamento jurídico não fulmina, de forma peremptória e intransigente, as situações jurídicas subjetivas que lhe sejam em alguma medida desconformes.[13] Negócios jurídicos defeituosos podem, não obstante inquinados de algum vício, produzir efeitos merecedores de tutela, com

---

[10] SOUZA, Eduardo Nunes de. Invalidade do negócio jurídico em uma perspectiva funcional. *In O Código Civil na perspectiva civil-constitucional: parte geral* (Coordenador: Gustavo Tepedino). Rio de Janeiro: Renovar, 2013.

[11] PERLINGIERI, Pietro. *O direito civil na legalidade constitucional*, trad. Maria Cristina de Cicco, Rio de Janeiro, Renovar, 2008, pp. 373/375.

[12] "A ordem jurídica não é tabu que fulmine totalmente tudo que lhe não é conforme, mas, muito ao contrário, meio de garantir a consecução dos interesses do homem e da vida social; não é inimiga da modelação dos fins dos indivíduos – mas ordenadora e coordenadora da sua realização. Por isso, só nega proteção, ou vistas as coisas por outro lado, só sanciona, quando e até onde os valores ou interesses que presidem a tal coordenação ou ordenação o exigem. E a idéia domina toda a teoria dos negócios jurídicos" (CORREIA, Eduardo. A conversão dos negócios jurídicos ineficazes, *in Boletim da Faculdade de Direito de Coimbra*, vol. XXIV, 1948, p. 360).

[13] "A ordem jurídica é harmônica com os interesses individuais e do desenvolvimento econômico-social. Ela não fulmina completamente os atos que lhe são desconformes em qualquer extensão. A teoria dos negócios jurídicos, amplamente informada pelo princípio da conservação dos seus efeitos, estabelece que até mesmo as normas cogentes destinam-se a ordenar e coordenar a prática dos atos necessários ao convívio social, respeitados os negócios jurídicos realizados. Deve-se preferir a interpretação que evita a anulação completa do ato praticado, optando-se pela sua redução e recondução aos parâmetros da legalidade" (STJ, REsp 1.106.625/PR, Rel. Min. Sidnei Beneti, 3ª Turma, j. 16/08/2011).

Cap. 17 • O PRINCÍPIO DA CONSERVAÇÃO DO NEGÓCIO JURÍDICO NO TEMPERAMENTO DAS PATOLOGIAS | **275**

o beneplácito do ordenamento jurídico.[14, 15] Essa é a premissa central do que se costuma chamar de princípio da conservação do negócio jurídico, a ser analisado adiante.

2. O PRINCÍPIO DA CONSERVAÇÃO DO NEGÓCIO JURÍDICO: CONTEÚDO JURÍDICO E ÂMBITOS DE APLICAÇÃO

Como visto acima, a paralisação ou a desconstituição dos efeitos do negócio jurídico defeituoso nem sempre são desejadas pelo ordenamento. Ao seu revés, a atividade negocial deve, sempre que possível, ser salvaguardada. Sobre o princípio da conservação do negócio jurídico, é bastante difundida a lição de Antônio Junqueira de Azevedo:

> (...) tanto o legislador quanto o intérprete, o primeiro, na criação das normas jurídicas sobre os diversos negócios, e o segundo, na aplicação dessas normas, devem procurar conservar, em qualquer um dos três planos - existência, validade e eficácia -, o máximo possível do negócio realizado pelo agente. O princípio da conservação consiste, pois, em se procurar salvar tudo que é possível num negócio jurídico concreto, tanto no plano da existência, quanto da validade, quanto da eficácia.[16]

O princípio é amplamente reconhecido pela doutrina brasileira e estrangeira.[17] Hamid Charaf Bdine Jr. observa que, "sempre que os efeitos do negócio puderem ser preservados sem violar os valores fundamentais protegidos pela norma que reconhece a invalidade, será o caso de conservá-lo, em lugar de declarar sua nulidade ou anulá-lo"[18]. Para o autor, a decisão pela preservação deve almejar a "proteção de interesses sociais e públicos de maior relevância, evitando-se maiores danos a terceiros e às próprias partes"[19].

Raquel Campani Schmiedel reconhece a utilidade do princípio "seja na análise da suficiência ou não do suporte fático negocial, desde sua entrada no universo dos valores jurídicos (plano

---

[14] "O velho brocardo, segundo o qual o negócio nulo é plenamente destituído de eficácia jurídica – *quod nullum est, nullum producit effectum* – há muito deixou de traduzir a verdadeira realidade jurídica de tais negócios. A doutrina assinala que os negócios nulos podem produzir efeitos de direito. Observa-se, a esse respeito, que o negócio constitui um evento do passado que, enquanto tal, o Direito não pode ignorar ou destruir. O mais que pode é impedir que subsistam, ou se venham a produzir no futuro, certos efeitos desse acto. Mas, na sua realidade *histórica*, ele envolve algumas consequências que a ordem jurídica não pode esquecer" (FERNANDES, Luiz A. Carvalho. *A conversão dos negócios jurídicos civis*. Lisboa: Quid Juris, 1993. pp. 465-466).

[15] "[A] assertiva segundo a qual o negócio jurídico nulo é desprovido de qualquer efeito é um evidente exagero (...), não havendo empeço a que, em razão da própria natureza das coisas, outro efeito a ele possa ser atribuído, desde que não afronte lei imperativa" (STJ, REsp 1.273.955/RN, Rel. Min. Luis Felipe Salomão, 4ª Turma, j. 24/04/2014).

[16] AZEVEDO, Antônio Junqueira de. *Negócio jurídico: existência, validade e eficácia*. 4ª ed. São Paulo: Saraiva, 2002, p. 66.

[17] José de Oliveira Ascensão alude à existência de um "princípio geral do aproveitamento dos negócios jurídicos, que leva a, quanto possível, aproveitar os negócios, desde que o defeito de que enfermam possa ser superado" (ASCENSÃO, José de Oliveira. *Direito Civil*: Teoria Geral, vol. 2: Ações e Fatos Jurídicos. 3. ed. São Paulo: Saraiva, 2010, p. 348). A terminologia empregada pelo autor parece corresponder àquilo que se chama conservação do negócio jurídico.

[18] BDINE JR., Hamid Charaf. *Efeitos do Negócio Jurídico Nulo*. São Paulo: Saraiva, 2010, p. 113.

[19] BDINE JR., Hamid Charaf. *Efeitos do Negócio Jurídico Nulo*. São Paulo: Saraiva, 2010, p. 199.

de existência), seja na aferição de defeitos que lhe subtraiam a idoneidade para permanecer no âmbito jurídico (plano de validade), seja, ainda, na constatação de sua capacidade de gerar efeitos negociais (plano de eficácia)"[20].

De modo semelhante, João Alberto Schützer Del Nero destaca que "tal princípio – precipuamente axiológico e teleológico – se traduz, lógica e juridicamente, apenas e tão somente, na permissão, dirigida a certas pessoas, de atingir um determinado fim: a conservação, quanto possível, do valor jurídico de certos entes"[21].

Passa-se a examinar brevemente as referências ao princípio da conservação do negócio jurídico na doutrina italiana, em matéria de invalidades. Segundo Perlingieri, o princípio

> assume uma função, uma importância primária com relação ao passado: se o contrato deve visar à realização de um interesse merecedor de tutela e até essencial para uma parte, é evidente a inadequação da sanção de nulidade ou inexistência, bem como a oportunidade de se reagir com um instrumento técnico mais adequado, que representa, igualmente, uma escolha de valores.[22]

Grassetti ensina que "o princípio da conservação significa, em matéria contratual, a manutenção, e não a transformação nem tampouco a redução, da intenção prática perseguida"[23]. Para o autor, a *ratio* do princípio da conservação dos contratos consiste em que a intenção prática almejada pelas partes seja realizada no máximo grau possível, contanto que não vá de encontro a uma disposição legal proibitiva – o que também se aplicaria, analogamente, à preservação da vontade do disponente nas declarações de última vontade.[24]

Cariota Ferrara critica a posição de Franceschelli e Grassetti, segundo a qual o princípio da conservação implicaria a necessidade de extrair o máximo significado útil possível das declarações de vontade. Para aquele, a manutenção do pactuado se referiria à própria atividade negocial, e não à declaração de vontade em si: "a atividade negocial deve poder manter-se em vigor o máximo possível, com vistas à realização do escopo prático perseguido"[25]. O autor

---

[20] SCHMIEDEL, Raquel Campani. *Negócio jurídico*: nulidades e medidas sanatórias. 2. ed. São Paulo: Saraiva, 1985, p. 41.

[21] DEL NERO, João Alberto Schützer. *Conversão substancial do negócio jurídico*. Rio de Janeiro: Renovar, 2001, 449-450.

[22] Tradução livre do original: "*Il principio di conservazione del contratto assume una funzione, un'importanza primaria rispetto al passato; se il contratto deve tendere alla realizzazione di un interesse meritevole ed addirittura essenziale per una parte, è evidente l'inadeguatezza della sanzione di nullità o inesistenza, e l'opportunità di rispondere con uno strumento tecnico più adeguato; esso stesso rappresenta altresì una scelta di valori*" (PERLINGIERI, Pietro. *Il diritto dei contratti fra persona e mercato. Problemi del diritto civile*. Napoli: Edizioni Scientifiche Italiane, 2003, p. 466).

[23] Tradução livre do original: "(...) *il principio di conservazione significa, in materia contrattuale, mantenimento, non trasformazione e nemmeno riduzione, dell'intento pratico perseguito*" (GRASSETTI, Cesare. *L'interpretazione del negozio giuridico con particolare riguardo ai contratti*. Padova: CEDAM; 1983, p. 179).

[24] "(...) [L]a ratio *del principio di conservazione dei contratti si è che l'intento perseguito dai contraenti debba essere realizzato al massimo grado, sempre che non vada contro uma disposizione proibitiva di legge, e lo stesso deve dirsi per la realizzazione dell'intento del disponente, nella dichiarazione di ultima volontà*" (GRASSETTI, Cesare. *L'interpretazione del negozio giuridico con particolare riguardo ai contratti*. Padova: CEDAM; 1983, pp. 182-183).

[25] Tradução livre do original: "*Formulazione adeguatamente ampia può essere questa: 'l'attività negoziale deve potersi mantenere in vigore il più che possibile al fine della realizzazione dello scopo pratico perseguito'.*

Cap. 17 • O PRINCÍPIO DA CONSERVAÇÃO DO NEGÓCIO JURÍDICO NO TEMPERAMENTO DAS PATOLOGIAS | **277**

prossegue correlacionando o princípio da conservação ao brocardo *error communis facit ius* (o erro comum faz direito).[26]

Para Trabucchi, o fato de existirem negócios eficazes apesar de eventuais vicissitudes mostra como o direito almeja evitar, sempre que possível, que o negócio jurídico seja declarado nulo. Para o autor, há uma tendência legislativa, econômica e socialmente útil, de se buscar conservar a eficácia dos atos jurídicos.[27]

Cabe também destacar que, além da questão das patologias negociais, objeto deste estudo, o princípio da conservação também possui outra vertente relevante de aplicação: trata-se da possibilidade de revisão judicial das cláusulas acordadas entre as partes. Em tais hipóteses, prefere-se a intervenção exógena no contrato, a fim de preservá-lo, à aniquilação de seus efeitos. Sobre esse campo de aplicação, pondera Teresa Negreiros:

> O princípio da conservação é visto como uma emanação e uma exigência da ordem pública econômica e social, que não se limita a excluir determinados atos do mundo jurídico, como fazia a teoria clássica, mas, sendo intervencionista, defende a conformação desses atos aos seus objetivos e assegura a manutenção destes em novos termos. Esta doutrina é incompatível com a concepção clássica do princípio da autonomia da vontade, pois, à luz deste, a alteração de qualquer cláusula do contrato exigiria, necessariamente, uma nova manifestação de vontade. O princípio da conservação dos negócios jurídicos parte do pressuposto de que o interesse da parte lesada não se satisfaz com a supressão do contrato, mas com a introdução nele das adaptações que o tornem justo e equilibrado. Pondera-se que, se a solução fosse o desaparecimento do contrato, talvez o prejudicado nem tivesse argüido o defeito, por preferir um contrato injusto à inexistência de qualquer contrato.[28]

Recentemente, a Lei n. 13.874/19, chamada de Lei de Liberdade Econômica, parece ter-se inspirado no princípio da conservação ao estabelecer, no Código Civil, a excepcionalidade da revisão contratual e a necessidade de deferência para com a alocação de riscos estabelecida pelas partes nas relações paritárias (CC, arts. 421 e 421-A).

Così si intende che non la data dichiarazione di volontà, così com'è nata, deve valere; è l'attività negoziale in genere che non va sprecata; ciò, però, sempre che possa realizzarsi lo scopo perseguito" (CARIOTA FERRARA, Luigi. *Il negozio giuridico nel diritto privato italiano*. Napoli, Edizioni Scientifiche Italiane, 2011, p. 395).

[26] *"(...) Sembrerebbe potersi collegare col principio della conservazione la massima 'error communis facit ius', la quale porterebbe a una estensione di esso. Tale massima significa: l'errore comune, cioè l'errore scusabile della generalità di coloro che si trovano nelle stesse condizioni di chi ha posto in essere il negozio, circa la ragione dell'invalidità del medesimo, fa sì che da questa si deve prescindere e trattare il negozio come valido. La giustificazione di tale massima si ripone nella considerazione che il legislatore sancisce l'invalidità in vista della colpa dei dichiaranti. Poichè una tale considerazione è infondata, essendo l'esistenza di colpa solo in qualche caso presupposto dell'invalidità, crolla la massima in parola, che non può ritenersi in alcun modo consacrata come principio generale nel diritto nostro"* (CARIOTA FERRARA, Luigi. *Il negozio giuridico nel diritto privato italiano*. Napoli, Edizioni Scientifiche Italiane, 2011, p. 396).

[27] *"Il fatto che ci siano dei negozi efficaci nonostante la loro irregolarità ci mostra come il diritto cerca di evitare, per quanto è possibile, che il negozio concluso sai posto nel nulla. C'è uma tendenza legislativa, economicamente e socialmente utile, ala conservazione di eficácia degli atti giuridici"* (TRABUCCHI, Alberto. *Istituzioni di diritto civile*. 47. ed. Padova: CEDAM, 2015, p. 157).

[28] NEGREIROS, Teresa. *Teoria do contrato*: novos paradigmas. Rio de Janeiro: Renovar, 2002, p. 185.

O princípio da conservação do negócio jurídico também se aplica em larga escala à atividade hermenêutica.[29] Quando o contrato ou determinadas cláusulas suscitem dúvidas, comportando mais de uma interpretação, deve-se prestigiar aquela que lhes atribua mais efeitos.[30]

Essa vertente do princípio do *favor negotii* tem sido amplamente prestigiada nos ordenamentos estrangeiros. Os Códigos Civis italiano,[31] alemão,[32] francês,[33] espanhol[34] e argentino[35]

---

[29] Em sentido contrário, Francisco Paulo de Crescenzo Marino critica o emprego indiscriminado da conservação na atividade hermenêutica, propondo limites à invocação do princípio: "a regra da 'conservação hermenêutica' do negócio jurídico tem a sua atuação *circunscrita à fase complementar do processo interpretativo*. Com efeito, na etapa meramente recognitiva, voltada à busca do sentido efetivamente – isto é, *in concreto* – atribuído pelas partes à declaração negocial, o intérprete não deve se pautar pelo princípio da conservação.

Nesse sentido, pode-se qualificar a atuação da mencionada regra como subsidiária, pois ela pressupõe a insuficiência da fase interpretativa meramente recognitiva, isto é, subordina-se à impossibilidade de atribuir à declaração negocial sentido conforme ao entendimento concreto das partes (escopo da fase meramente recognitiva).

Em outras palavras, se a fase meramente recognitiva resulta na atribuição, a uma cláusula negocial, de sentido adequado do ponto de vista das regras que regem o referido momento, porém torne tal cláusula de certa forma inútil ou supérflua, não é possível infirmar tal resultado hermenêutico lançando mão da regra em exame.

(...)

Pode-se concluir, assim, que o papel do princípio da conservação definitivamente não se esgota na referida norma legislativa expressa, contida em alguns sistemas jurídicos estrangeiros. Ao contrário, o princípio da conservação do negócio jurídico é *um dos fundamentos da própria bipartição do processo interpretativo*, com o consequente reconhecimento de uma fase hermenêutica complementar, *destinada a prolongar e a aprofundar a interpretação*, de sorte a possibilitar ao intérprete a tentativa de corrigir e de esclarecer o conteúdo da declaração negocial (no caso de ambiguidades ou obscuridades), ou de revelar o conteúdo implícito do negócio jurídico (em se tratando de lacunas)" (MARINO, Francisco Paulo de Crescenzo. *Interpretação do negócio jurídico*. São Paulo: Saraiva: 2011. Edição Kindle, posições nos. 4.501/4.598).

[30] "(...) [C]uando sea dudoso si el contrato em su conjunto (o también ciertas de sus cláusulas individuales) deba surtir algún efecto o no producir ninguno, deberá entendérselo en el sentido en que pueda ser productor de algún efecto (y no en el sentido distinto, en que no podría tener ningún efecto)" (MESSINEO, Francesco. *Doctrina general del contrato*, tomo II. Buenos Aires: 1952, p. 115).

[31] "*Art. 1367. Conservazione del contratto. Nel dubbio, il contratto o le singole clausole devono interpretarsi nel senso in cui possono avere qualche effetto, anziché in quello secondo cui non ne avrebbero alcuno*". Ao comentar tal dispositivo legal, Roppo observa que "a lei prefere que o ato seja eficaz, ao invés de privado de efeitos". Tradução livre do original: "*La lege preferisce che il contratto sai efficace, anziché privo di effeti*" (ROPPO, Vincenzo. *Il contratto*. Milano: Giuffrè, 2001, p. 479).

[32] "*Section 139. Partial invalidity. If a part of a legal transaction is void, then the entire legal transaction is void, unless it is to be assumed that it would have been undertaken even without the void part. Section 140. Re-interpretation. If a void legal transaction fulfils the requirements of another legal transaction, then the latter is deemed to have been entered into, if it may be assumed that its validity would be intended if there were knowledge of the invalidity*".

[33] "*Article 1157: Lorsqu'une clause est susceptible de deux sens, on doit plutôt l'entendre dans celui avec lequel elle peut avoir quelque effet, que dans le sens avec lequel elle n'en pourrait produire aucun*".

[34] "*Artículo 1284. Si alguna cláusula de los contratos admitiere diversos sentidos, deberá entenderse en el más adecuado para que produzca efecto*".

[35] "*Artículo 1066. Principio de conservación. Si hay duda sobre la eficacia del contrato, o de alguna de sus cláusulas, debe interpretarse en el sentido de darles efecto. Si esto resulta de varias interpretaciones posibles, corresponde entenderlos con el alcance más adecuado al objeto del contrato*".

contêm previsões nesse sentido. Também os Princípios dos Contratos Comerciais Internacionais (UNIDROIT) preveem, em seu art. 4.5, que os termos do contrato devem ser interpretados de modo a viabilizar a produção dos efeitos almejados pelas partes, evitando-se que as cláusulas sejam privadas de eficácia.[36]

No ordenamento brasileiro, diferentemente, não há norma expressa que oriente, de forma geral, a conservação dos negócios jurídicos pela via hermenêutica. Há, todavia, alguns dispositivos pontuais que a sugerem.

Em matéria sucessória, o art. 1.899 do Código Civil dispõe que, "quando a cláusula testamentária for suscetível de interpretações diferentes, prevalecerá a que melhor assegure a observância da vontade do testador". Ao comentar dispositivo equivalente do Código Civil de 1916, relativo à interpretação dos testamentos, Pontes de Miranda asseverava a necessidade de

> salvamento das verbas testamentárias, quando, havendo dúvida, há duas ou mais soluções possíveis: uma que daria valor à disposição, outra que faria nula ou anulável, ou de qualquer maneira ineficaz ou inoperante. Basta que haja dúvida, para se decidir pela interpretação validante.[37]

O STJ já teve a oportunidade de chancelar a regra do *favor testamenti*, reconhecendo que, "na busca pela real vontade do testador, deve ser adotada a solução que confira maior *eficácia* e *utilidade* à cláusula escrita"[38].

Além disso, no âmbito do direito de família, é também comum a alusão à regra do *favor matrimonii*, estabelecida no art. 1.547 do Código Civil, o qual dispõe que, "na dúvida entre as provas favoráveis e contrárias, julgar-se-á pelo casamento, se os cônjuges, cujo casamento se impugna, viverem ou tiverem vivido na posse do estado de casados".

O princípio da conservação do negócio jurídico, portanto, milita em favor da produção de efeitos pelo ato, tanto quanto seja possível, seja pela via da interpretação, seja pela revisão (em vez da resolução), seja pela preservação de efeitos do negócio defeituoso (preferencialmente à declaração de nulidade ou anulação). Sobre as múltiplas facetas do princípio da conservação, observa Perlingieri:

> em tema de atos, de efeitos, de interpretação da norma, etc., tem numerosas implicações que culminam no reforço da existência e da relevância das situações subjetivas; indubitavelmente, a lei, de plano, também pode incidir sobre tal princípio, por conta de uma inspiração produtivista, preferindo a permanência a qualquer custo da situação subjetiva, a sua execução (ainda que diferida ou parcial), em detrimento da sua extinção ou da sua inação. Razões desse tipo, em uma linha de produção, seriam de todo legítimas, como legítima seria a enfatização do perfil oposto, que tendesse, agora com maior rigor, à escrupulosa atuação da situação subjetiva, à conservação exprimindo-se negativamente, mesmo que apenas em princípio, sobre todas as formas de dissolução do

---

[36] *"ARTICLE 4.5 (All terms to be given effect) Contract terms shall be interpreted so as to give effect to all the terms rather than to deprive some of them of effect. COMMENT It is to be expected that when drafting their contract parties do not use words to no purpose".*

[37] PONTES DE MIRANDA, Francisco Cavalcanti. *Tratado de direito privado*, t. IV, Borsoi, 3ª ed., 1970, e t. LVI, Borsoi, Rio de Janeiro, 2ª ed., 1968, pp. 380-381.

[38] STJ, REsp 1.532.544/RJ, Rel. Min. Marco Buzzi, 4ª Turma, j. 08/11/2016.

PROBLEMAS DE DIREITO CIVIL – *Homenagem aos 30 anos de cátedra do professor Gustavo Tepedino*

vínculo contratual, da anulação à resolução e à rescisão, atribuindo à situação subjetiva uma maior garantia existencial (...).[39]

Feitas essas considerações, cabe examinar, no ordenamento jurídico brasileiro, em que medida o princípio do *favor negotii* se reconduziria à axiologia constitucional.

3. FUNDAMENTOS CONSTITUCIONAIS DO PRINCÍPIO DA CONSERVAÇÃO: PRESERVAR O NEGÓCIO EM NOME DO INTERESSE PÚBLICO OU PRIVADO?

A dificuldade em se apontar, com precisão, qual o fundamento para a conservação dos negócios jurídicos – se individual ou coletivo – decorre da própria indissociabilidade entre interesses públicos e privados, que estão entrelaçados.

É que a promoção dos interesses dos cidadãos, individualmente considerados, atende, de forma mediata, ao próprio interesse público. Segundo Gustavo Binenbojm, "a proteção de um interesse privado constitucionalmente consagrado, ainda que parcialmente, pode representar, da mesma forma, a realização de um interesse público"[40]. De modo semelhante, vejam-se as ponderações de Humberto Ávila sobre a interrelação entre interesses públicos e privados:

> O interesse privado e o interesse público estão de tal forma instituídos pela Constituição brasileira que não podem ser separadamente descritos na análise da atividade estatal e de seus fins. Elementos privados estão incluídos nos próprios fins do Estado (p. ex. preâmbulo e direitos fundamentais). (...) Se eles – o interesse público e o privado – são conceitualmente inseparáveis, a prevalência de um sobre outro fica prejudicada, bem como a contradição entre ambos. (...) O interesse público e os interesses privados não estão principalmente em conflito, como pressupõe uma relação de prevalência.[41]

A simbiose entre interesse público e privado não poderia ser diferente em matéria contratual: como adverte Rodotà, os contratos, a um só tempo, satisfazem interesses privados, mas também públicos.[42]

---

[39] Tradução livre do original: "*Si pensi ad esempio al c.d. principio di conservazione che in tema di atti, di effetti, d'interpretazione della norma ecc., ha numerose implicazioni spesso risolventisi nel rafforzamento dell'esistenza e della rilevanza delle situazioni soggettive; orbene la legge di piano può indubbiamente incidere, per una diversa concezione produttivistica che la ispira, anche su tale principio preferendo alla permanenza a tutti i costi della situazione soggettiva, alla sua esecuzione pur se differita o parziale, l'estinzione di essa o la sua inattuazione. Ragioni di questo tipo in una produzione a catena sarebbero del tutto legittime, come legittima sarebbe l'accentuazione del profilo opposto che tendesse, ancora con maggiore rigore, alla scrupolosa attuazione della situazione soggettiva, alla sua conservazione esprimendosi negativamente, anche se in linea di solo principio, su tutte quelle forme di scioglimento del vincolo contrattuale, dall'annullamento alla risoluzione ed alla rescissione, sí da attribuire alla situazione soggettiva una maggiore garanzia esistenziale (...)*" (PERLINGIERI, Pietro. *Il diritto dei contratti fra persona e mercato. Problemi del diritto civile*. Napoli: Edizioni Scientifiche Italiane, 2003, pp. 44-45).

[40] BINENBOJM, Gustavo. *Da supremacia do interesse público ao dever de proporcionalidade*: um novo paradigma para o direito administrativo. Revista de Direito Administrativo. Rio de Janeiro, v. 239: jan./mar. 2005, p. 16.

[41] ÁVILA, Humberto. *Teoria dos princípios*: da definição à aplicação dos princípios jurídicos. 12. ed. São Paulo: Malheiros, 2011, pp. 13-14.

[42] "*In definitiva, al contratto in quanto tale non è attribuita alcuna diretta garanzia costituzionale: tuttavia, l'intervento pubblico è condizionato dall'uso dello strumento legislativo e dalla esistenza di una utilità sociale, secondo uma indicazione comune alle norme ricordate.*

Cap. 17 • O PRINCÍPIO DA CONSERVAÇÃO DO NEGÓCIO JURÍDICO NO TEMPERAMENTO DAS PATOLOGIAS 281

Em relação à conservação dos negócios jurídicos, pode-se apontar, como seu fundamento precípuo, a autonomia privada (CF, art. 5º, II), expressão da dignidade da pessoa humana (CF, art. 1º, III),[43] entendida como a garantia de autodeterminação dos indivíduos para que possam escolher os seus projetos de vida conforme as suas próprias concepções.[44]

No âmbito das relações privadas, esse poder de autodeterminação se expressa por meio da prerrogativa conferida pelo ordenamento às pessoas para regularem, por meio de suas próprias manifestações de vontade, os seus interesses e, assim, ingressarem em situações jurídicas patrimoniais e existenciais.[45]

Nessa perspectiva, a conservação do negócio jurídico prestigia os efeitos práticos que as partes almejaram por meio da concreta regulamentação de interesses. É possível, aqui, correlacionar a preservação do pactuado à boa-fé objetiva, cuja principal vertente, nas palavras de Ruy Rosado de Aguiar Jr., consiste na necessidade de "manutenção e conservação do vínculo, aperfeiçoado pelos princípios da confiança, da lealdade, da honestidade e da verdade"[46].[47]

(...)

(...) [U]na considerazione del contratto pure dal punto di vista della sua garanzia costituzionale (intesa come legittimità dei soli interventi rispetosi dei presupposti già ricordati) significa che norme come quella finora considerata concretano un intervento dello Stato nelle forme classiche della limitazione di situazioni dei privati o, se vi preferisce, della loro funzionalizzazione (nel senso che vengono adottate forme strumentali idonee a soddisfare a un tempo un interesse privato ed un interesse pubblico)" (RODOTÀ, Stefano. Le fonti di integrazione del contratto. Milão: Giuffrè, 1969, pp. 49-50).

[43] Segundo Menezes Cordeiro, a autonomia privada justifica-se em virtude de dois tipos distintos de fundamentos: "fundamentos éticos e políticos sociais: a autonomia privada não é uma opção livre do Direito civil; ela corresponde a exigências da dignidade humana e da liberdade geral de cada um; fundamentos econômico-sociais: a História mostra que, sob regimes alargados de autonomia, consegue-se um máximo de equilíbrio social e de eficiência económica" (CORDEIRO, António Menezes. Tratado de direito civil, vol. II. Parte geral: negócio jurídico. 4. ed. Coimbra: Almedina, 2018, p. 41).

[44] "A autonomia privada corresponde à faculdade do indivíduo de fazer e implementar escolhas concernentes à sua própria vida. Ela expressa a autodeterminação individual e resulta do reconhecimento do ser humano como um agente moral, capaz de decidir o que é bom ou ruim para si, e com o direito de seguir a sua decisão, desde que ela não viole direitos alheios.

(...)

O respeito à autonomia privada se baseia na ideia de que as pessoas têm o direito de formular os seus próprios planos de vida, os seus projetos existenciais, a partir das suas próprias compreensões sobre o que seja uma "vida boa" (SARMENTO, Daniel. Dignidade da pessoa humana: conteúdo, trajetórias e metodologia. 2. ed. Belo Horizonte: Fórum, 2019, pp. 140-143).

[45] Na definição de Perlingieri, a autonomia negocial é "il potere riconosciuto o attribuiuto dall'ordinamento al soggeto di diritto, privato o pubblico, di regolare com proprie manifestazioni di volontà interessi privati o pubblici, comunque non necessariamente propri" (PERLINGIERI, Pietro. Manuale di diritto civile. Napoli: Edizioni Scientifiche Italiane, 2005, p. 341).

[46] AGUIAR JÚNIOR, Ruy Rosado de. A boa-fé na relação de consumo. In: MARQUES, Claudia; MIRAGEM, Bruno (Org.). Direito do consumidor: fundamentos do direito do consumidor: princípios do direito do consumidor, microssistema de defesa do consumidor e sua aplicação. São Paulo: Revista dos Tribunais, 2011. v. 1. (Doutrinas essenciais), p. 387.

[47] Ao fazer referência especificamente ao instituto da conversão, Leonardo Mattietto o correlaciona ao princípio da boa-fé objetiva, "impedindo que se frustrem, ao menos parcialmente, os efeitos pretendidos com a atuação jurídico-negocial das partes" (MATTIETTO, Leonardo. Invalidade dos atos e negócios jurídicos, in A parte geral do novo Código Civil: estudos na perspectiva civil-constitucional, Coord. Gustavo Tepedino, 3ª ed., Rio de Janeiro).

Para José de Oliveira Ascensão, o princípio da conservação ou do aproveitamento consubstancia uma "homenagem à autonomia privada. Permite que, mesmo quando esta não pode ser na sua integralidade acolhida, à sua expressão se liguem efeitos que sejam quanto possível semelhantes aos pretendidos"[48].

Eduardo Nunes de Souza também extrai o princípio da conservação da própria autonomia negocial, destacando a necessidade de preservação, na medida do possível, dos interesses perseguidos pelas partes:

> (...) o princípio da conservação do negócio jurídico não propõe a preservação do ato como um valor em si mesmo – a rigor, o princípio é de conservação do conteúdo determinado pelas partes como expressão de sua autonomia negocial, vale dizer, da síntese de interesses e efeitos objetivamente tutelada. O negócio, isoladamente considerado, não passa de uma estrutura formal sobre a qual não incide qualquer valoração, tutela ou sanção jurídicas: como já se afirmou, são os efeitos que são valorados e, eventualmente, protegidos. Se um novo argumento for necessário em prol da tese, defendida no presente estudo, de que a invalidade corresponde a uma valoração dos efeitos e interesses negociais e não do próprio ato, o princípio da conservação parece fornecê-lo. Pela mesma lógica, apenas o defeito do negócio substancial, e não o acidental, permite à parte legitimada o remédio radical da anulação: gradua-se a consequência do vício conforme o impacto que causou efetivamente sobre o conteúdo da vontade e, em consequência, sobre o regulamento negocial.[49]

Por outro lado, é também possível, ainda que de forma secundária, defender a necessidade de preservação do pactuado sob a perspectiva da coletividade: a utilidade que os negócios jurídicos geram para a sociedade como um todo, em virtude da circulação de riquezas, militaria em favor da preservação de seus efeitos, sempre que possível.[50] Além disso, a invalidação de determinado contrato poderia ser prejudicial à rede de contratos interligados em uma sociedade complexa.[51]

---

[48] ASCENSÃO, José de Oliveira. *Direito Civil*: Teoria Geral, vol. 2: Ações e Fatos Jurídicos. 3. ed. São Paulo: Saraiva, 2010, p. 348.

[49] SOUZA, Eduardo Nunes de. *Teoria geral das invalidades do negócio: nulidade e anulabilidade no direito civil contemporâneo*. São Paulo: Almedina, 2017, pp. 330-331.

[50] "(...) [A] conversão substancial do negócio jurídico também decorre do reconhecimento do valor social da livre iniciativa. Os negócios jurídicos são úteis à sociedade, do que decorre, logicamente, a conveniência de preservar seus resultados, sempre que possível. (...) De fato, a conclusão de negócios em respeito aos ditames legais aproveita à sociedade como um todo, pois promove a colaboração em benefício das pessoas (...). Disso decorre a conveniência de resguardar seus efeitos, o que se dá por meio de diversas formas, como a tutela externa do crédito (...) A conversão substancial do negócio jurídico propõe-se ao mesmo objetivo e, como tal, também encontra abrigo no princípio da função social. Pode-se afirmar, por conseguinte, que a preservação dos efeitos dos negócios jurídicos tem um valor social, na medida de sua utilidade e, também uma função social, dado que seus efeitos fomentam a colaboração por meio da criação e circulação de riquezas" (ZANETTI, Cristiano de Sousa. *A conservação dos contratos nulos por defeito de forma*. São Paulo: Quartier Latin, 2013, pp. 63/64).

[51] "(...) o fundamento dessa restrição para o desfazimento do negócio jurídico está na assunção do fato de que, em uma sociedade complexa, os diferentes contratos firmados criam uma rede da qual resulta a total dependência entre os instrumentos, seja de forma direta ou indireta. Ou seja, assume-se como verdadeiro ser necessário o adimplemento de um contrato para que outro, que esteja de alguma forma vinculado a ele, também seja cumprido" (KLIEMANN, Ana Carolina. O princípio da manutenção do negócio jurídico: uma proposta de aplicação, *in Revista trimestral de direito civil*, v. 26 (abril/junho 2006). Rio de Janeiro: Padma, 2000).

Cap. 17 • O PRINCÍPIO DA CONSERVAÇÃO DO NEGÓCIO JURÍDICO NO TEMPERAMENTO DAS PATOLOGIAS | **283**

Ao reconhecer a admissibilidade de determinado negócio jurídico, o ordenamento implicitamente reconhece a sua utilidade social, em vista da atividade a ser realizada pelas partes, o que também corrobora a necessidade de sua conservação.

A manutenção do negócio também está umbilicalmente ligada aos princípios da livre iniciativa[52] e da valorização do trabalho humano[53] (CF, arts. 1º, IV, e 170, *caput*). Ao tutelar a confiança[54] depositada pelas partes na manutenção dos efeitos da atividade negocial, o princípio do *favor negotii*

Na doutrina estrangeira, tal concepção "social" do contrato é enfatizada por Judith Rochfeld: "*Le contrat demeure, bien entendu, l'instrument des échanges économiques. Qu'on pense à la vente, au contrat d'entreprise, au bail, tous ces accords de la vie courante existent et endossent cette fonction d'échange. Cependant, certaines figures contractuelles actuelles traduisent un dépassement de cette fonction d'échange en se faisant les instruments de l'organisation sociale. Par ailleurs, le champ des personnes concernées par l'influence du contrat a changé au sens où, alors que les parties se trouvaient traditionellement isolées de la société et tenues seules des prévisions contractuelles, nombre de tiers perçoivent aujourd'hui leur influence.*

Le contrat ne se limite pas à l'organisation d'un échange économique. Tout d'abord, les effets contractuels, qui n'étaient que peu considérés par un Code civil centré sur la formation de l'accord, se sont diversifiés. Plus exactement, leur approche en doctrine a évolué vers la reconnaissance du fait que, aux côtés de clauses organisant un échange économique et les obligations de chacun, on trouve d'autres effets qui emportent des conséquences d'une nature différente. Ensuite, plus largement, au-delà de ces effets diversifiés, on peut constater que certains contrats endossent des foncions qui dépassent l'organisation d'un échange économique, qu'il s'agisse de fonder une structure collective durable, de servir des politiques publiques ou de saisir des liens qui, autrefois, étaient considérés comme institutionnels et soumis aux prévisions de la loi. Le tout participe d'un mouvement notable de 'contractualisation' de la société" (ROCHFELD, Judith. *Les grandes notions du droit privé*. 1ª ed. Paris: Thémis, 2011, pp. 435-436).

52   "A livre-iniciativa é um dos princípios fundamentais do Estado brasileiro, nos termos do art. 1º, IV, bem como um princípio específico da ordem econômica, ao lado da valorização do trabalho humano (...), na linha do que prevê o art. 170, *caput*, ambos da Constituição. No plano das liberdades individuais, a livre-iniciativa assegura o livre exercício de trabalhos e profissões (art. 5º, XIII) e a liberdade de associação (art. 5º, XVII). Decorrem também do princípio da livre-iniciativa, ainda que contem, igualmente, com previsão constitucional expressa, (i) a propriedade privada (CF, arts. 5º, XXII e 170, II); (ii) a liberdade de empresa (parágrafo único do art. 170); (iii) a liberdade de lucro em um quadro de livre concorrência (art. 170, IV); e (iv) liberdade de contratar (CF, art. 5º, II).

A livre-iniciativa, porém, assim como acontece com os demais princípios, não é absoluta e precisará conviver com os demais fins constitucionais" (BARCELLOS, Ana Paula de. *Curso de direito constitucional*. 3. ed. Rio de Janeiro: Forense, 2020, p. 140).

53   "Ao lado da livre-iniciativa, o valor do trabalho humano integra o conjunto de princípios fundamentais do Estado brasileiro e os fundamentos da ordem econômica, nos termos dos arts. 1º, IV, e 170, *caput*, da Carta de 1988. Eles correspondem a decisões políticas fundamentais do constituinte originário e repercutem sobre toda a ação no âmbito do Estado, bem como sobre a interpretação das normas constitucionais e infraconstitucionais. A ordem econômica, em particular, e cada um de seus agentes – os da iniciativa privada e o próprio Estado – estão vinculados a esses dois bens: a valorização do trabalho, [e, *a fortiori*, de quem trabalha] e a livre-iniciativa de todos – que, afinal, também abriga a ideia de trabalho –, espécie do gênero liberdade humana.

Em outras palavras, o art. 1º, IV evidencia a importância do trabalho para a vida digna dos próprios trabalhadores – que graças a ele obtêm meios para o seu sustento -, bem como do mundo que o cerca, em menor ou maior escala (*e.g.*, respectivamente, sua família e o desenvolvimento socioeconômico local e nacional)" (BARCELLOS, Ana Paula de. *Curso de direito constitucional*. 3. ed. Rio de Janeiro: Forense, 2020, p. 144).

54   "A confiança, inserida no amplo movimento de solidarização do direito, vem justamente valorizar a dimensão social do exercício dos direitos, ou seja, o reflexo das condutas individuais sobre terceiros"

rec0nduz-se ao solidarismo constitucional (CF, art. 3º, I). Ademais, conquanto a manutenção do negócio jurídico se aplique mais comumente às relações patrimoniais, nada parece obstar a sua incidência no âmbito das situações jurídicas subjetivas extrapatrimoniais.[55]

Judith Martins-Costa observa que, em havendo convalidação, "que impõe ao intérprete buscar, tanto quanto possível, conservar o negócio quanto à sua existência, à sua validade e à sua eficácia, o fundamento está em reconhecer a *utilidade* do negócio jurídico"[56].

Em vista do exposto, é possível constatar que, uma vez constatado o merecimento de tutela de determinado jurídico, conquanto eivado de determinado vício, a sua preservação pode atender, a um só tempo, ao interesse privado das partes contratantes e a um interesse público reflexo, subjacente à necessidade de manutenção dos pactos firmados, úteis para a coletividade.

Como sintetiza Perlingieri, o princípio da conservação "encontra os seus confins (...) nos irrenunciáveis valores da liberdade, da solidariedade, da socialidade, inspirados, por sua vez, na criação de relações sociais mais justas e na defesa da dignidade da pessoa"[57].

4. MANIFESTAÇÕES DO PRINCÍPIO DA CONSERVAÇÃO CONSAGRADAS NO ORDENAMENTO JURÍDICO BRASILEIRO

No âmbito infraconstitucional, há diversas previsões legais que dão concretude ao princípio da conservação do negócio jurídico. O Decreto-Lei n. 4.657/42, também chamado de Lei de Introdução às Normas do Direito Brasileiro, dispõe o seguinte em seu art. 21, com a redação que lhe foi atribuída pela Lei n. 13.655/18:

> Art. 21. A decisão que, nas esferas administrativa, controladora ou judicial, decretar a invalidação de ato, contrato, ajuste, processo ou norma administrativa deverá indicar de modo expresso suas consequências jurídicas e administrativas.
>
> Parágrafo único. A decisão a que se refere o *caput* deste artigo deverá, quando for o caso, indicar as condições para que a regularização ocorra de modo proporcional e equânime e sem prejuízo aos interesses gerais, não se podendo impor aos sujeitos atingidos ônus ou perdas que, em função das peculiaridades do caso, sejam anormais ou excessivos.

Com efeito, o reconhecimento expresso da possibilidade de o intérprete modular os efeitos da decisão que decretar a invalidação de determinado ato jurídico – sem, necessariamente, se retornar ao *status quo ante* de forma peremptória - parece corroborar o princípio da conservação.

(SCHREIBER, Anderson. *A proibição do comportamento contraditório – tutela de confiança e* venire contra factum proprium. 2ª ed. Rio de Janeiro, Renovar, 2007, p. 93).

[55] Consoante observa Leonardo Mattietto, "não só no aspecto econômico, todavia, deve ser vista a conversão. O contrato não materializa apenas uma operação econômica" (Invalidade dos atos e negócios jurídicos, *in A parte geral do novo Código Civil: estudos na perspectiva civil-constitucional*, Coord. Gustavo Tepedino, 3ª ed., Rio de Janeiro).

[56] MARTINS-COSTA, Judith. *A boa-fé no direito privado: critérios para a sua aplicação*. 2. ed. São Paulo: Saraiva Educação, 2018, posições nos. 12.877-12.911.

[57] Tradução livre do original: "*Discorso questo che trova i suoi confini nell'attuale sistema giuridico, in quegli irrinunziabili valori della libertà, della solidarietà, della socialità ispirati a loro volta alla creazione di più equi rapporti sociali ed alla difesa della dignità della persona*" (PERLINGIERI, Pietro. *Il diritto dei contratti fra persona e mercato. Problemi del diritto civile*. Napoli: Edizioni Scientifiche Italiane, 2003, p. 45).

Cap. 17 · O PRINCÍPIO DA CONSERVAÇÃO DO NEGÓCIO JURÍDICO NO TEMPERAMENTO DAS PATOLOGIAS

Especificamente no Código Civil de 2002, é possível citar os seguintes exemplos: a) impossibilidade de se anular o negócio por erro quando o destinatário da manifestação de vontade se dispuser a executá-lo em conformidade com a real vontade do manifestante (CC, art. 144); b) impossibilidade de se anular o negócio por lesão "se for oferecido suplemento suficiente, ou se a parte favorecida concordar com a redução do proveito" (CC, art. 157, § 2º); [58] c) possibilidade de ratificação do negócio jurídico anulável (CC, art. 172); [59] d) limitação da defesa do devedor quando, voluntariamente, iniciar a execução do negócio jurídico anulável (CC, arts. 174 e 175); e) possibilidade de redução do negócio jurídico que seja apenas parcialmente inválido, desde que não haja prejuízo à parcela válida (CC, art. 184);[60] f) possibilidade de o adquirente reclamar abatimento no preço, em caso de vício redibitório (CC, art. 442); g) possibilidade de preservação do negócio jurídico em caso de evicção parcial, mediante indenização das perdas e danos (CC, art. 455); h) possibilidade de revisão judicial do contrato por onerosidade excessiva, em caráter preferencial à resolução (CC, art. 479).

Dentre as manifestações do princípio da conservação do negócio jurídico, merece especial destaque o instituto da conversão do negócio nulo, a qual consiste em instrumento sanatório das nulidades[61] por meio da alteração da qualificação categorial do negócio jurídico. Por meio da conversão, revalora-se o negócio defeituoso, reconhecendo-se a existência de um negócio jurídico hígido apto a substituí-lo.

Segundo Perlingieri, "a conversão não é senão um aspecto de um princípio mais geral, como é o da conservação dos negócios jurídicos"[62], motivo pelo qual o autor entende, inclusive, prescindível a sua previsão expressa no ordenamento positivo.

---

[58] Enunciado 149, aprovado na III Jornada de Direito Civil promovida pelo Conselho da Justiça Federal: "Art. 157: Em atenção ao princípio da conservação dos contratos, a verificação da lesão deverá conduzir, sempre que possível, à revisão judicial do negócio jurídico e não à sua anulação, sendo dever do magistrado incitar os contratantes a seguir as regras do art. 157, § 2º, do Código Civil de 2002".

[59] "A confirmação do negócio anulável consiste na manifestação consciente e livre de vontade do interessado, da parte de quem ele prejudica, que poderia pleitear a anulação do mesmo, com a intenção e o objetivo de superar o defeito que o macula, suprir a falha, purgar o vício que o mancha. A confirmação atua no plano da validade e não da eficácia. O negócio confirmado, embora anulável, já vinha produzindo efeitos, embora sujeitos à resolução, se adviesse a sentença de anulação. Com a confirmação, o negócio se alimpa, cura-se, posto a salvo de qualquer ataque ou impugnação. Na prática, consolidam-se os efeitos que já vinham sendo produzidos, e os efeitos posteriores produzir-se-ão sem mais nenhum risco ou embaraço" (VELOSO, Zeno. *Invalidade do negócio jurídico*: nulidade e anulabilidade. Belo Horizonte: Del Rey, 2002, pp. 237-238).

[60] "Mas a declaração da nulidade ou a decretação da anulação pode se referir a uma fração, a uma convenção determinada, a uma cláusula específica do negócio, e devem ser atendidos os princípios da conservação (*favor negotii*) e da separabilidade, aproveitando-se o que é bom, o que resta e não foi maculado. É o fenômeno da *redução*: decota-se a parte imprestável, e o negócio fica reduzido à parte válida. Isto, é claro, se for possível isolar e apartar, se for razoável, economicamente viável e justo segregar o que se apresenta inválido do restante" (VELOSO, Zeno. *Invalidade do negócio jurídico*: nulidade e anulabilidade. Belo Horizonte: Del Rey, 2002, pp. 90-91).

[61] "(...) trata-se, portanto, de uma *medida sanatória*, por meio da qual aproveitam-se os elementos materiais de um negócio nulo ou anulável, convertendo-o, juridicamente, e de acordo com a vontade das partes, em outro negócio válido e de fins lícitos" (GAGLIANO, Pablo Stolze; PAMPLONA FILHO, Rodolfo. *Novo curso de direito civil – parte geral*. São Paulo: Saraiva, v. 1, 2002, p. 414).

[62] PERLINGIERI, Pietro. *La pretesa conversione del negocio c. d. obbligatorio o ad effetti obbligatori (in tema di servitù a favore e a carico di edifício da costruire)*, in *Rivista giuridica dell'edilizia*, vol. II, 1964.

PROBLEMAS DE DIREITO CIVIL – *Homenagem aos 30 anos de cátedra do professor Gustavo Tepedino*

No ordenamento brasileiro, não havia, no Código Civil de 1916, previsão expressa quanto à conversão; não obstante, desde então o instituto já despertava a atenção da doutrina. Veja-se, a respeito, a lição de Pontes de Miranda, já àquela época:

> Pela conversão, o conteúdo do negócio, passando a outra forma, produz os mesmos resultados que se queriam. Não se quis o novo negócio: o que se dá é que os resultados queridos são os mesmos. (...) Todo querer é querer de resultado e de maneira: se o resultado é lícito, nada obsta a que se procure a forma, em que se possam meter os resultados queridos. Varia-se de forma, converte-se. O escopo econômico é o mesmo; mas não se consegue pelo modo que o disponente quis, e sim por outro que ele talvez não tenha querido. A vontade é a mesma, o *actus* varia. (...) Conversão é transformação do negócio jurídico nulo em outro que possa valer. (...) É preciso que o declarante tenha querido, ainda tácita ou eventualmente, o que se substituiu.[63]

De modo diverso, o Código Civil de 2002 expressamente dispôs a respeito, estabelecendo que, "se, porém, o negócio jurídico nulo contiver os requisitos de outro, subsistirá este quando o fim a que visavam as partes permitir supor que o teriam querido, se houvessem previsto a nulidade" (art. 170).

Em matéria de conversão, é recorrente a alusão a uma suposta "fungibilidade negocial"[64]. Sob esse ponto de vista, a conversão teria lugar nas hipóteses em que, "em relação ao escopo concreto perseguido, as duas soluções negociais podem ser, quanto aos resultados econômicos que as partes almejam produzir, fungíveis uma com a outra"[65]. A conversão, portanto, serve "para evitar que a atividade negocial deságue no nada"[66]. Por meio deste instituto, requalifica-se o negócio jurídico, com vistas a salvaguardar, naquilo que for possível, a finalidade originalmente almejada pelas partes contratantes.

De acordo com o disposto no art. 170 do Código Civil, a conversão do negócio nulo pressupõe o cumprimento de dois requisitos. O requisito objetivo condiciona a conversão a que o negócio jurídico substituto exista, seja válido e possa ser eficaz. Já o requisito subjetivo – e mais problemático – da conversão reside na aparente necessidade de averiguação de uma vontade subsidiária e hipotética das partes em relação ao negócio substituto.

Poder-se-ia depreender, da interpretação literal do art. 170 do Código Civil, a necessidade de se empreender uma averiguação da vontade psicológica das partes. Não é esta, todavia, a melhor interpretação, já que as razões subjetivas que levam as partes a celebrarem determinado negócio, em regra, não deveriam interessar ao ordenamento, salvo em hipóteses excepcionais (tal como na hipótese de nulidade estabelecida no art. 166, III, do Código Civil).

---

[63] PONTES DE MIRANDA, Francisco Cavalcanti. *Tratado de direito privado*, t. IV, Borsoi, 3ª ed., 1970, p. 375.

[64] DEL NERO, João Alberto Schützer. *Conversão substancial do negócio jurídico*. Rio de Janeiro: Renovar, 2001, p. 236.

[65] Tradução livre do original: "(...) *in relazione allo scopo concreto persguito, le due soluzioni negoziali possono essere, quanto ai risultati economici che alle parti premono, fungibili l'uno rispetto all'altra* (...)" (GANDOLFI, Giuseppe. *Il principio di conservazione dell'atto invalido: fra continenza 'sostanziale' e volontà 'ipotetica', in Scritti in onore di Angelo Falzea*, vol. II, t. 1, Giuffrè, Milano, 1991, p. 375).

[66] ZANETTI, Cristiano de Sousa. *A conservação dos contratos nulos por defeito de forma*. São Paulo: Quartier Latin, 2013, p. 61.

Cap. 17 • O PRINCÍPIO DA CONSERVAÇÃO DO NEGÓCIO JURÍDICO NO TEMPERAMENTO DAS PATOLOGIAS | **287**

Na verdade, a aparente alusão do art. 170 do Código Civil à vontade das partes parece decorrer de uma mera ficção do legislador. Nesse sentido, veja-se a reflexão proposta por Carlos Roberto Barbosa Moreira:

> Parece mais acertado, porém, ver nessa "vontade hipotética" mera ficção, pois as partes, em verdade, nenhuma vontade tinham de concluir qualquer outro negócio diferente daquele que, afinal, se mostrou nulo. A oração condicional "se houvessem previsto a nulidade" inequivocamente aponta no sentido de que, para haver conversão, as partes nem previram a nulidade, nem, com maior razão, tinham conhecimento dela. Por isso, tem-se procurado substituir o suposto requisito daquela "vontade hipotética" por um juízo puramente "objetivo", que possa, no caso concreto, afirmar que os novos efeitos, decorrentes do procedimento conversivo, são "idôneos a satisfazer os interesses das partes em tal medida a justificar a manutenção" do negócio. [67]

Para Cristiano Zanetti, a aplicação terá lugar quando a declaração de vontade comportar ao menos dois negócios jurídicos, permitindo que produza efeitos apenas o negócio hígido. Por outro lado, a conversão seria vedada "se o ingresso da declaração no mundo jurídico somente se puder dar de uma maneira, como ocorre, por exemplo, no caso de uma suposta locação que, por falta de aluguel, efetivamente consista em um comodato" [68].

De maneira semelhante ao art. 170 do Código Civil brasileiro, o art. 1.424 do Código Civil italiano dispõe que "o contrato nulo pode produzir os efeitos de um contrato diverso, do qual contenha os requisitos substanciais e formais, quando, considerando o objetivo perseguido pelas partes, se possa pressupor que elas o teriam desejado se tivessem sabido da nulidade"[69]. Ao enfrentar o pressuposto subjetivo da conversão no ordenamento italiano, Roppo afirma não se tratar de uma vontade efetivamente manifestada pelas partes, mas sim de uma vontade hipotética, conjectural, de modo que, para o autor,

> (...) a proposição não é entendida à letra; pelo menos não no sentido de obrigar o intérprete a indagações, ou melhor a conjecturas, de ordem psicológica. A norma é entendida e aplicada segundo critérios objectivos, com um juízo ancorado ao teor objectivo do regulamento contratual, ao sentido objectivo (e complexo) da operação económica correspondente; há lugar à conversão se os efeitos substitutivos não contrariam, mas antes são conformes à economia complexa da operação projectada pela autonomia privada.[70]

No Brasil, a doutrina tem proposto interpretação semelhante do requisito subjetivo da conversão, destacando a necessidade de o negócio substituto "preservar a finalidade prática que levou

---

[67]   BARBOSA MOREIRA, Carlos Roberto. Aspectos da conversão do negócio jurídico, *in Revista da Escola Nacional de Magistratura*, v. 2, n. 5, abr. 2008.

[68]   ZANETTI, Cristiano de Sousa. *A conservação dos contratos nulos por defeito de forma*. São Paulo: Quartier Latin, 2013, pp. 70/71.

[69]   Tradução livre do original: "*Art. 1424 Conversione del contratto nullo. Il contratto nullo può produrre gli effetti di un contratto diverso, del quale contenga i requisiti di sostanza e di forma, qualora, avuto riguardo allo scopo perseguito dalle parti, debba ritenersi che esse lo avrebbero voluto se avessero conosciuto la nullità (1367)*".

[70]   ROPPO, Enzo. *O contrato*, Coimbra: Almedina, 1988, p. 207.

à celebração do negócio projetado"[71]. Nesta linha, a compatibilidade entre os resultados práticos seria bastante para autorizar a *suposição* de que as partes teriam desejado o negócio substituto, se soubessem do vício que inquinaria o efetivamente celebrado.[72]

Assim, a solução mais apropriada para a interpretação do elemento subjetivo parece residir na avaliação da economia contratual, verificando-se se os efeitos produzidos por meio do negócio substituto são com ela compatíveis. De certa forma, a aplicação da conversão parece estar umbilicalmente ligada à aferição da causa negocial, merecendo destaque, no tema ora examinado, a acepção desenvolvida por Salvatore Pugliatti, no sentido de que a causa consistiria na síntese dos efeitos jurídicos essenciais do negócio jurídico.[73]

Nessa linha, a necessidade de averiguação dos efeitos práticos do negócio substituto parece ter sido incorporada pelo art. 145 do Anteprojeto do Código Europeu dos Contratos,

---

[71] ZANETTI, Cristiano de Sousa. *A conservação dos contratos nulos por defeito de forma*. São Paulo: Quartier Latin, 2013, p. 78.

[72] O autor prossegue afirmando que "[r]aciocinar de modo diferente privaria de efetividade a disciplina da conversão e, como consequência, recusaria aos princípios da conservação, da boa-fé e da função social do contrato o papel que lhes é reservado pelo sistema jurídico. No mais das vezes, o exame da vontade subjacente à declaração demonstraria que as partes sequer cogitaram do negócio substituto. Seu intento dirige-se à conclusão de apenas um negócio que, infelizmente, não produzirá os resultados pretendidos, por ser inválido ou ineficaz em sentido estrito. Salvo a presença de estipulação que previsse a substituição em caso de vício, cujo exemplo tradicional é a cláusula codicilar, seria muito difícil coligir elementos de prova suficientemente robustos para se supor que o negócio substituto teria sido querido, se a invalidade ou ineficácia tivesse sido prevista pelas partes. Tudo isso se deve ao excessivo apego do texto legal a uma concepção voluntarista do negócio jurídico, há muito criticada entre nós. Decididamente, afigura-se mais correto analisar a figura sob uma perspectiva social. Ao surgimento do negócio, não basta a vontade; é necessário o reconhecimento social de sua vinculatividade. A partir desse ângulo de observação, não é difícil notar porque o negócio substituto é o que entra no mundo do direito. Socialmente, os efeitos são mais importantes que o modelo negocial. São eles que justificam o caráter vinculante da declaração. Se a finalidade inicialmente pretendida puder ser preservada, ainda que em parte, tem lugar a conversão. Não se perde de vista a vontade. Apenas não se lhe atribui peso suficiente para privar o agente dos efeitos práticos que levaram à conclusão do negócio" (ZANETTI, Cristiano de Sousa. *A conservação dos contratos nulos por defeito de forma*. São Paulo: Quartier Latin, 2013, pp. 78/79).

[73] PUGLIATTI, Salvatore. *Diritto civile. Metodo – teoria – pratica*. Milano: Giuffrè, 1951. Tal acepção de causa é desenvolvida, na doutrina brasileira, por Maria Celina Bodin de Moraes: "Sugeriu-se, então, considerar um outro aspecto negocial – não mais os seus elementos característicos, mas os seus *efeitos*. Nesta perspectiva, sendo a causa elemento inderrogável do negócio, e considerando-se, por outro lado, que não pode existir negócio que, em abstrato, no seu esquema típico, seja desprovido de efeitos jurídicos, entendeu-se que todo e qualquer negócio tem uma causa e que esta é, precisamente, a síntese dos seus efeitos jurídicos essenciais.

Os efeitos jurídicos essenciais, em sua síntese, constituem no dizer desta doutrina a 'mínima unidade de efeitos' que o negócio está juridicamente apto a produzir. Assim compreendida a causa, porém, passou a ser necessário distinguir a eficácia prevista pelo *tipo* nos contratos nominados da *causa do contrato* propriamente dita – vale dizer, os efeitos previstos pelas partes em seu regulamento contratual –, que não necessariamente são coincidentes. Assim, por exemplo, a função típica da compra e venda se resolve na entrega da coisa *versus* o pagamento do preço. Nada mais. Se o vendedor assumir também a obrigação de prestar garantia, este será um efeito previsto no regulamento de interesses específico, mas o contrato continuará sendo de compra e venda, ainda que em ausência da previsão de garantia. O efeito jurídico 'garantia' não é, pois, essencial ao cumprimento da função (isto é, nesse caso também, do tipo) compra e venda" (*A causa do contrato*. Civilistica.com. Rio de Janeiro, a. 2, n. 4, out.-dez./2013. Disponível em: <http://civilistica.com/a-causa-do-contrato/>).

segundo o qual a conversão teria lugar nas hipóteses em que "o contrato nulo produz os efeitos de um contrato diferente e válido, no qual se possa verificar a presença dos mesmos elementos formais e substanciais e que permita realizar, de modo razoável, o mesmo objetivo perseguido pelas partes"[74].

Ademais, deve o intérprete verificar quais valores jurídicos (notadamente constitucionais) são perseguidos pela norma que prevê determinada formalidade e comina a nulidade dos atos que não a observarem. Desta forma, a manutenção da atividade negocial não será cabível caso produza "exatamente o efeito que o reclamo formal visava evitar"[75].

A doutrina aponta duas espécies de conversão, substancial e formal. A conversão propriamente dita, denominada substancial, operaria no plano da existência do negócio jurídico, requalificando-se a atividade negocial. Segundo Antônio Junqueira de Azevedo,

> a conversão substancial implica ou a falta do elemento categorial inderrogável ou a consideração de que ele inexiste (apesar de existir) a fim de que o negócio não seja dado como inválido ou ineficaz. Em qualquer caso, a conversão substancial é sempre um fenômeno de qualificação; ela acarreta nova qualificação categorial.[76]

A conversão formal, por outro lado, consiste na mudança da forma utilizada, com vistas a preservar o negócio. É o caso, por exemplo, da conversão de contrato celebrado por escritura pública viciada em contrato concluído por instrumento particular, hipótese expressamente prevista no Código Civil italiano.[77]

A rigor, não é propriamente uma modalidade de conversão, já que acarreta apenas a alteração da forma documental escolhida, preservando-se os efeitos projetados pelas partes. Nesse sentido, o art. 183 do Código Civil estabelece que "a invalidade do instrumento não induz a do negócio jurídico sempre que este puder provar-se por outro meio".

Conquanto o art. 170 do Código Civil se refira apenas ao negócio jurídico nulo, Cristiano Zanetti defende a possibilidade de alteração categorial de qualificação na hipótese de negócios jurídicos anuláveis ou meramente ineficazes.[78] Nos negócios anuláveis, poder-se-ia questionar se a possibilidade de ratificação do ato (CC, art. 172) não esvaziaria a utilidade da conversão.

Discute-se, ainda, se a conversão poderia ser aplicada pelo Judiciário de ofício. Tem-se entendido que a conversão se destina a "secundar os propósitos das partes e não a violentá-los"[79], motivo pelo qual, em princípio, dependeria de provocação das partes nesse sentido.

---

[74] Tradução livre do original: "(...) *le contrat nul produit les effets d'un contrat différent et valable, duquel existent les éléments de fond et de forme, qui permette de réaliser de façon raisonnable le but porsuivi par les parties*".

[75] ZANETTI, Cristiano de Sousa. *A conservação dos contratos nulos por defeito de forma*. São Paulo: Quartier Latin, 2013, p 245.

[76] AZEVEDO, Antônio Junqueira de. *Negócio jurídico: existência, validade e eficácia*. 4ª ed. São Paulo: Saraiva, p. 67.

[77] "Art. 2701 *Conversione dell'atto pubblico. Il documento formato da ufficiale pubblico incompetente o incapace ovvero senza l'osservanza delle formalità prescritte, se e stato sottoscritto dalle parti ha la stessa efficacia probatoria della scrittura privata*".

[78] ZANETTI, Cristiano de Sousa. *A conservação dos contratos nulos por defeito de forma*. São Paulo: Quartier Latin, 2013, p. 76.

[79] ZANETTI, Cristiano de Sousa. *A conservação dos contratos nulos por defeito de forma*. São Paulo: Quartier Latin, 2013, p. 84.

É possível citar os seguintes exemplos hipotéticos de aplicação do instituto: a) conversão de nota promissória nula (por não conter os requisitos formais) em confissão de dívida; b) conversão de declaração falsa de paternidade ou maternidade em legitimação adotiva; c) conversão de testamento nulo em codicilo; d) conversão de pacto antenupcial nulo em contrato de convivência; e) conversão de contrato de fornecimento, feito pelo pai, sem ordem judicial, sobre o fundo de comércio do filho (violando o disposto no art. 1.691 do Código Civil) em contrato de compra e venda de bens móveis, em relação às coisas já entregues; f) conversão de penhor nulo, em virtude de vício formal (CC, art. 1.431), em contrato de constituição de direito de retenção; e g) conversão de contrato de alienação de usufruto nulo (CC, art. 1.393) em instrumento de cessão do direito ao seu exercício.

Como visto, em diversas hipóteses, o ordenamento jurídico é expresso ao estabelecer que a preservação do negócio é preferível à sua desconstituição total ou parcial. A seguir, examinar-se-ão alguns casos em que o STJ já se deparou com questões relacionadas à suposta ausência de determinado requisito de validade e, não obstante isso, decidiu preservar, ao menos em parte, os seus efeitos do negócio jurídico.

5. A CONSERVAÇÃO DOS NEGÓCIOS DEFEITUOSOS NA JURISPRUDÊNCIA DO SUPERIOR TRIBUNAL DE JUSTIÇA

Percebe-se, na jurisprudência, que a preservação dos negócios jurídicos com defeitos formais tem sido comumente atrelada a outros remédios jurídicos. É recorrente a decisão pela conservação dos negócios jurídicos defeituosos por conta da boa-fé. O STJ já reconheceu, por exemplo, que a parte que deu causa a determinado vício formal do negócio jurídico não pode postular a invalidação desse mesmo instrumento, o que caracterizaria *venire contra factum proprium*. [80]

É igualmente comum que a decisão pela preservação dos efeitos do negócio defeituoso resulte de uma ponderação que penda em favor da proteção do terceiro de boa-fé, que confiou na celebração do instrumento. Prestigia-se, assim, a teoria da aparência. Tem-se entendido, por exemplo, que, nas hipóteses do art. 1.647 do Código Civil,81 a outorga uxória é condição imprescindível à

---

[80] "Direito civil. Recurso especial. Pactuação, por acordo de vontades, de distrato. Recalcitrância da devedora em assinar o instrumento contratual. Arguição de vício de forma pela parte que deu causa ao vício. Impossibilidade. Auferimento de vantagem ignorando a extinção do contrato. Descabimento. 1. É incontroverso que o imóvel não estava na posse da locatária e as partes pactuaram distrato, tendo sido redigido o instrumento, todavia a ré locadora se recusou a assiná-lo, não podendo suscitar depois a inobservância ao paralelismo das formas para a extinção contratual. É que os institutos ligados à boa-fé objetiva, notadamente a proibição do venire contra factum proprium, a supressio, a surrectio e o tu quoque, repelem atos que atentem contra a boa-fé objetiva. 2. Destarte, não pode a locadora alegar nulidade da avença (distrato), buscando manter o contrato rompido, e ainda obstar a devolução dos valores desembolsados pela locatária, ao argumento de que a lei exige forma para conferir validade à avença" (STJ, REsp 1.040.606/ES, Rel. Luis Felipe Salomão, 4ª Turma, j. 24/04/2012).

[81] "Art. 1.647. Ressalvado o disposto no art. 1.648, nenhum dos cônjuges pode, sem autorização do outro, exceto no regime da separação absoluta:

I – alienar ou gravar de ônus real os bens imóveis;

II – pleitear, como autor ou réu, acerca desses bens ou direitos;

III – prestar fiança ou aval;

IV – fazer doação, não sendo remuneratória, de bens comuns, ou dos que possam integrar futura meação".

Cap. 17 • O PRINCÍPIO DA CONSERVAÇÃO DO NEGÓCIO JURÍDICO NO TEMPERAMENTO DAS PATOLOGIAS | **291**

validade do negócio jurídico, ressalvada a tutela de interesses de terceiros de boa-fé que não tinham, nem poderiam ter ciência do vínculo. Em determinado caso peculiar de alienação fiduciária de imóvel em garantia prestada à revelia da outorga uxória que se impunha, o STJ adotou solução intermediária, consolidando a propriedade do imóvel em favor da credora, mas, ao mesmo tempo, resguardando a meação da convivente que não aquiescera à transação, concedendo-lhe direito a metade do produto da alienação do bem.[82]

Em igual sentido, a preservação de negócios com vícios formais também pode ser invocada com vistas a vedar o locupletamento de uma das partes (CC, art. 884), que se beneficiaria injustamente da invalidação do negócio e do retorno ao *status quo ante*.

No que tange à capacidade das partes, a preservação dos negócios jurídicos pode manifestar-se por meio da interpretação restritiva das hipóteses de incapacidade (CC, art. 4º). O STJ considera admissível apenas em circunstâncias excepcionais a chamada incapacidade *transitória*, apta a ensejar a privação temporária da capacidade de discernimento do sujeito.[83]

Em matéria de família, a jurisprudência do STJ tem admitido a produção de efeitos pela adoção realizada à revelia dos pressupostos legais – a chamada "adoção à brasileira":

---

[82] "Civil. Processual civil. Ação de nulidade de atos jurídicos. (...) União estável. Autorização convivencial. Bem imóvel adquirido na constância do vínculo e dado por um dos conviventes em garantia. Invalidade do negócio jurídico, salvo quando o terceiro de boa-fé não tiver ciência da união estável, caso em que será válido o negócio jurídico. Hipótese singular. Irrelevância de boa ou má-fé das partes ou terceiro. Exame na perspectiva da negligência do terceiro que, ciente da união estável, não exigiu a autorização convivencial, e do enriquecimento sem causa da convivente, que recebeu integralmente o imóvel dado em garantia por ocasião da partilha. Consolidação da propriedade do imóvel em favor da credora fiduciária, ressalvada a meação da convivente que não anuiu para com o negócio jurídico, a quem caberá metade do produto da alienação do bem. (...) 6- Em regra, é indispensável a autorização de ambos os conviventes quando se pretender alienar ou gravar de ônus real bens imóveis adquiridos na constância da união estável, sob pena de absoluta invalidade do negócio jurídico, ressalvada a hipótese do terceiro de boa-fé que não tinha, e nem tampouco poderia ter, ciência do vínculo mantido entre os conviventes, caso em que o negócio jurídico celebrado por um deles deverá ser considerado inteiramente válido, cabendo ao outro o ajuizamento de ação pretendendo perdas e danos. Precedentes da 3ª Turma. 7- Hipótese em que, todavia, não se cogita de boa ou de má-fé das partes ou do terceiro, mas, ao revés, de desídia e de negligência da credora fiduciária (que, ciente da união estável mantida após a entrada em vigor do art. 226, §3º, da Constituição Federal, e das Leis nº 8.971/1994 e 9.278/1996, não se acautelou e não exigiu a autorização convivencial) e de enriquecimento sem causa da ex-convivente do devedor fiduciante (que tinha ciência das tratativas havidas entre ele e a credora e que recebeu o imóvel, integralmente, por ocasião da dissolução da união estável e partilha de bens), impondo-se solução distinta, no sentido de consolidar integralmente a propriedade do imóvel em favor da credora, mas resguardar a meação da ex-convivente que não anuiu com o negócio jurídico, a quem caberá a metade do produto da alienação do bem" (STJ, REsp 1.663.440/RS, Rel. Min. Nancy Andrighi, 3ª Turma, j. 16/06/2020).

[83] "3. A internação em hospital para recuperação de acidente se enquadra na denominada incapacidade transitória, sem previsão expressa no CC/16, mas que encontrava amplo respaldo na doutrina e na jurisprudência e que contempla todas as situações em que houver privação temporária da capacidade de discernimento. O exame dessa incapacidade deve ser averiguado de forma casuística, levando-se sempre em conta que a regra é a capacidade; sendo a incapacidade exceção. 4. Não se pode falar na existência de erro apto a gerar a nulidade relativa do negócio jurídico se a declaração de vontade exarada pela parte não foi motivada por uma percepção equivocada da realidade e se não houve engano quanto a nenhum elemento essencial do negócio – natureza, objeto, substância ou pessoa" (STJ, REsp 809.565/RJ, Rel. Sidnei Beneti, Rel. para acórdão Min. Nancy Andrighi, 3ª Turma, j. 22/03/2011).

Conquanto a adoção à brasileira evidentemente não se revista de legalidade, a regra segundo a qual a adoção deve ser realizada em observância do cadastro nacional de adotantes deve ser sopesada com o princípio do melhor interesse do menor, admitindo-se em razão deste cânone, ainda que excepcionalmente, a concessão da guarda provisória a quem não respeita a regra de adoção.[84]

A relativização das regras legais aplicáveis à adoção, em tais hipóteses, justifica-se em vista da funcionalização da estrutura familiar, que deve sempre visar ao livre desenvolvimento da personalidade de seus membros e à promoção de sua dignidade, em consonância com o disposto no art. 227 da Constituição Federal.

O direito das sucessões também se tem mostrado um campo fértil para a relativização de eventuais defeitos formais dos testamentos, sempre em busca da preservação da vontade do testador. A conservação dos negócios jurídicos tem sido especialmente prestigiada em matéria sucessória, na medida em que os Tribunais têm buscado preservar, ao máximo, a vontade do testador, com base na regra do *favor testamenti*:

> Em matéria testamentária, a interpretação deve ser voltada no sentido da prevalência da manifestação de vontade do testador, orientando, inclusive, o magistrado quanto à aplicação do sistema de nulidades, que apenas não poderá ser mitigado, diante da existência de fato concreto, passível de ensejar dúvida acerca da própria faculdade que tem o testador de livremente dispor acerca de seus bens, o que não se faz presente nos autos.[85]

Em matéria sucessória, o STJ já entendeu que a renúncia à herança seria incompatível com a tentativa do renunciante de questionar a eventual nulidade de negócio jurídico envolvendo a herança.[86] Parece, inclusive, hipótese de *venire contra factum proprium*, levando a uma relativização da premissa de que a nulidade poderia ser decretada por provocação de qualquer pessoa (CC, art. 168).

---

[84]   STJ, HC 385.507/PR, Rel. Min. Nancy Andrighi, j. 27/02/2018, 3ª Turma.

[85]   STJ, REsp 753.261/SP, Rel. Min. Paulo de Tarso Sanseverino, 3ª Turma, j. 23/11/2010.

[86]   "Recurso especial. Sucessão. Renúncia à herança. Ato formal e solene. Escritura pública. Ato não sujeito à condição ou termo. Efeito da renúncia: renunciantes considerados como não existentes. 1. A qualidade de herdeiro legítimo ou testamentário não pode ser compulsoriamente imposta, garantindo-se ao titular da vocação hereditária o direito de abdicar ou declinar da herança por meio da renúncia expressa, preferindo conservar-se completamente estranho à sucessão. 2. Ao contrário da informalidade do ato de aceitação da herança, a renúncia exige forma expressa, cuja solenidade deve constar de instrumento público ou por termos nos autos (art. 1807), ocorrendo a sucessão como se o renunciante nunca tivesse existido, acrescendo-se sua porção hereditária à dos outros herdeiros da mesma classe. 3. A renúncia e a aceitação à herança são atos jurídicos puros não sujeitos a elementos acidentais. Essa a regra estabelecida no *caput* do art. 1808 do Código Civil, segundo o qual não se pode aceitar ou renunciar a herança em partes, sob condição (evento futuro incerto) ou termo (evento futuro e certo). 4. No caso dos autos, a renúncia operada pelos recorrentes realizou-se nos termos da legislação de regência, produzindo todos os seus efeitos: a) ocorreu após a abertura da sucessão, antes que os herdeiros aceitassem a herança, mesmo que presumidamente, nos termos do art. 1807, do CC/2002; b) observou-se a forma por escritura pública, c) por agentes capazes, havendo de se considerar que os efeitos advindos do ato se verificaram. 5. Nessa linha, perfeita a renúncia, considera-se como se nunca tivessem existido os renunciantes, não remanescendo nenhum direito sobre o bem objeto do negócio acusado de nulo, nem sobre bem algum do patrimônio" (STJ, REsp 1.433.650/GO, Rel. Min. Luis Felipe Salomão, 4ª Turma, j. 19/11/2019).

Cap. 17 • O PRINCÍPIO DA CONSERVAÇÃO DO NEGÓCIO JURÍDICO NO TEMPERAMENTO DAS PATOLOGIAS | **293**

O STJ também já reconheceu que a cessão de direitos hereditários sobre bem singular pode dar ensejo à transmissão da posse, legitimando a tutela possessória,[87] conquanto tal instrumento seja ineficaz até que futura e eventual partilha atribua o bem ao herdeiro cedente, nos termos do art. 1.793 do Código Civil.[88]

O STJ também já deixou de aplicar a regra do art. 496 do Código Civil, que estabelece a anulabilidade da venda de ascendente a descendente, a menos que os outros descendentes e o cônjuge tenham aquiescido.[89] No caso, a descendente fora reconhecida como tal por conta de ação de investigação de paternidade *post mortem* e a alienação feita por seu ascendente à época, obviamente, não havia contado com o seu consentimento. A Corte entendeu, por uma razão de segurança jurídica, que o negócio jurídico deveria permanecer hígido, pois o reconhecimento de paternidade *a posteriori* não poderia retroagir para invalidar o ato de disposição patrimonial já perfectibilizado.[90]

---

[87] "Recurso especial. Civil e Processual Civil. Embargos de terceiro. Cessão de direitos hereditários. Bem determinado. Nulidade. Ausência. Negócio jurídico válido. Eficácia condicionada que não impede a transmissão da posse. (...) 5. A cessão de direitos hereditários sobre bem singular, desde que celebrada por escritura pública e não envolva o direito de incapazes, não é negócio jurídico nulo, tampouco inválido, ficando apenas a sua eficácia condicionada a evento futuro e incerto, consubstanciado na efetiva atribuição do bem ao herdeiro cedente por ocasião da partilha. 6. Se o negócio não é nulo, mas tem apenas a sua eficácia suspensa, a cessão de direitos hereditários sobre bem singular viabiliza a transmissão da posse, que pode ser objeto de tutela específica na via dos embargos de terceiro" (STJ, REsp 1.809.548/SP, Rel. Min. Ricardo Villas Bôas Cueva, 3ª Turma, j. 19/05/2020).

[88] "Art. 1.793. O direito à sucessão aberta, bem como o quinhão de que disponha o co-herdeiro, pode ser objeto de cessão por escritura pública. (...) § 2º É ineficaz a cessão, pelo co-herdeiro, de seu direito hereditário sobre qualquer bem da herança considerado singularmente".

[89] "Art. 496. É anulável a venda de ascendente a descendente, salvo se os outros descendentes e o cônjuge do alienante expressamente houverem consentido".

[90] "RECURSO ESPECIAL. AÇÃO OBJETIVANDO A DECLARAÇÃO DE NULIDADE DA VENDA DE COTAS DE SOCIEDADE REALIZADA POR ASCENDENTE A DESCENDENTE SEM A ANUÊNCIA DE FILHA ASSIM RECONHECIDA POR FORÇA DE INVESTIGAÇÃO DE PATERNIDADE POST MORTEM. (...) 4. O STJ, ao interpretar a norma (inserta tanto no artigo 496 do Código Civil de 2002 quanto no artigo 1.132 do Código Civil de 1916), perfilhou o entendimento de que a alienação de bens de ascendente a descendente, sem o consentimento dos demais, é ato jurídico anulável, cujo reconhecimento reclama: (i) a iniciativa da parte interessada; (ii) a ocorrência do fato jurídico, qual seja, a venda inquinada de inválida; (iii) a existência de relação de ascendência e descendência entre vendedor e comprador; (iv) a falta de consentimento de outros descendentes; e (v) a comprovação de simulação com o objetivo de dissimular doação ou pagamento de preço inferior ao valor de mercado. Precedentes. 5. De outro lado, malgrado a sentença que reconhece a paternidade ostente cunho declaratório de efeito *ex tunc* (retro-operante), é certo que não poderá alcançar os efeitos passados das situações de direito definitivamente constituídas. Não terá, portanto, o condão de tornar inválido um negócio jurídico celebrado de forma hígida, dadas as circunstâncias fáticas existentes à época. Precedentes. 6. Na espécie, à época da concretização do negócio jurídico – alteração do contrato de sociedade empresária voltada à venda de cotas de ascendente a descendente –, a autora ainda não figurava como filha do *de cujus*, condição que somente veio a ser reconhecida no bojo de ação investigatória post mortem. Dadas tais circunstâncias, o seu consentimento (nos termos da norma disposta no artigo 1.132 do Código Civil de 1916 – atual artigo 496 do Código Civil de 2002) não era exigível nem passou a sê-lo em razão do posterior reconhecimento de seu estado de filiação. Na verdade, quando a autora obteve o reconhecimento de sua condição de filha, a transferência das cotas sociais já consubstanciava situação jurídica definitivamente constituída, geradora de direito subjetivo ao réu, cujos efeitos passados não podem ser alterados pela ulterior sentença declaratória de paternidade, devendo ser, assim, prestigiado o princípio constitucional da segurança jurídica" (STJ, REsp 1.356.431/DF, Rel. Min. Luis Felipe Salomão, j. 08/08/2017).

Ainda em matéria sucessória, o STJ já relativizou a regra do art. 1.876 do Código Civil, que estabelece a necessidade de assinatura de próprio punho como condição de validade do testamento particular.[91] Em tal caso, preservaram-se os efeitos de determinado testamento à míngua das formalidades legais impostas, pois, não obstante a ausência de assinatura de próprio punho (o instrumento fora lavrado a rogo e apenas com a aposição de impressão digital da testadora), não restavam dúvidas quanto ao seu pleno discernimento para celebrar o ato.[92]

O STJ também já relativizou determinada regra do Código Civil de 1916 que previa o reconhecimento de firma como condição indispensável à validade da procuração[93], uma vez que, conquanto a forma prevista em lei não tenha sido observada, o consentimento da parte pôde ser aferido por outro meio probatório.[94]

---

[91] "Art. 1.876. O testamento particular pode ser escrito de próprio punho ou mediante processo mecânico. (...) §2º Se elaborado por processo mecânico, não pode conter rasuras ou espaços em branco, devendo ser assinado pelo testador, depois de o ter lido na presença de pelo menos três testemunhas, que o subscreverão".

[92] "Civil e Processual Civil. Confirmação de testamento particular escrito por meio mecânico. (...) Sucessão testamentária. Ausência de assinatura de próprio punho do testador. Requisito de validade. Obrigatoriedade de observância, contudo, da real vontade do testador, ainda que expressada sem todas as formalidades legais. Distinção entre vícios sanáveis e vícios insanáveis que não soluciona a questão controvertida. Necessidade de exame da questão sob a ótica da existência de dúvida sobre a vontade real do testador. Interpretação histórico-evolutiva do conceito de assinatura. Sociedade moderna que se individualiza e se identifica de variados modos, todos distintos da assinatura tradicional. Assinatura de próprio punho que traz presunção *juris tantum* da vontade do testador, que, se ausente, deve ser cotejada com as demais provas. (...) 5- Conquanto a jurisprudência do Superior Tribunal de Justiça permita, sempre excepcionalmente, a relativização de apenas algumas das formalidades exigidas pelo Código Civil e somente em determinadas hipóteses, o critério segundo o qual se estipulam, previamente, quais vícios são sanáveis e quais vícios são insanáveis é nitidamente insuficiente, devendo a questão ser examinada sob diferente prisma, examinando-se se da ausência da formalidade exigida em lei efetivamente resulta alguma dúvida quanto a vontade do testador. 6- Em uma sociedade que é comprovadamente menos formalista, na qual as pessoas não mais se individualizam por sua assinatura de próprio punho, mas, sim, pelos seus tokens, chaves, logins e senhas, ID's, certificações digitais, reconhecimentos faciais, digitais e oculares e, até mesmo, pelos seus hábitos profissionais, de consumo e de vida captados a partir da reiterada e diária coleta de seus dados pessoais, e na qual se admite a celebração de negócios jurídicos complexos e vultosos até mesmo por redes sociais ou por meros cliques, o papel e a caneta esferográfica perdem diariamente o seu valor e a sua relevância, devendo ser examinados em conjunto com os demais elementos que permitam aferir ser aquela a real vontade do contratante. 7- A regra segundo a qual a assinatura de próprio punho é requisito de validade do testamento particular, pois, traz consigo a presunção de que aquela é a real vontade do testador, tratando-se, todavia, de uma presunção *juris tantum*, admitindo-se, ainda que excepcionalmente, a prova de que, se porventura ausente a assinatura nos moldes exigidos pela lei, ainda assim era aquela a real vontade do testador. 8- Hipótese em que, a despeito da ausência de assinatura de próprio punho do testador e do testamento ter sido lavrado a rogo e apenas com a aposição de sua impressão digital, não havia dúvida acerca da manifestação de última vontade da testadora que, embora sofrendo com limitações físicas, não possuía nenhuma restrição cognitiva" (STJ, REsp 1.633.254/MG, Rel. Min. Nancy Andrighi, 2ª Seção, j. 11/03/2020).

[93] "Art. 1.289. Todas as pessoas maiores ou emancipadas, no gozo dos direitos civis, são aptas para dar procuração mediante instrumento particular do próprio punho. (...) §4º O reconhecimento da letra e firma no instrumento particular é condição essencial à sua validade, em relação a terceiros".

[94] "CIVIL E PROCESSUAL CIVIL. DIREITO DE FAMÍLIA E SUCESSÓRIO NO CÓDIGO CIVIL DE 1916. OMISSÃO OU OBSCURIDADE NO JULGADO. INOCORRÊNCIA. FUNDAMENTAÇÃO SUCINTA, MAS SUFICIENTE. PROCURAÇÃO SEM OBSERVÂNCIA DE FORMALIDADE LEGAL. AUSÊNCIA DE RECONHECIMENTO DE FIRMA DA ASSINATURA. IRRELEVÂNCIA. AUTENTICIDADE

Cap. 17 • O PRINCÍPIO DA CONSERVAÇÃO DO NEGÓCIO JURÍDICO NO TEMPERAMENTO DAS PATOLOGIAS

Em matéria empresarial, o princípio da conservação pode manifestar-se por meio da flexibilização dos meios probatórios necessários à comprovação das sociedades de fato ou irregulares, constituídas à míngua dos requisitos formais aplicáveis. Embora o art. 987 do Código Civil exija a forma escrita para provar a existência de sociedade de fato,[95] o STJ já decidiu que "a exigência intransigente de prova exclusivamente documental da relação jurídica resulta no esvaziamento do instituto, prestigia o enriquecimento sem causa e deturpa o sistema jurídico brasileiro"[96]. A elasticidade conferida pelo STJ aos meios probatórios a serem empregados para preservar os efeitos da sociedade de fato parece decorrer de um sopesamento entre o fim colimado pelo legislador, por meio da formalidade imposta no art. 987 do Código Civil, e, de outro lado, princípios como a boa-fé objetiva e a vedação ao enriquecimento sem causa no exercício da atividade empresarial (CC, art. 884).

Em matéria de direitos reais, é também remansosa a tendência da jurisprudência do STJ no sentido de reconhecer a repercussão jurídica da promessa de compra e venda celebrada por instrumento particular e não registrada,[97] relativizando-se, com isso, as exigências formais do art. 108 do Código Civil, que estabelece a escritura pública como requisito de validade dos negócios jurídicos que versem sobre bens imóveis em determinadas hipóteses,[98] e do art. 1.245 do Código Civil, pelo qual a propriedade se transfere por meio do registro no Registro de Imóveis.[99] Ainda que a oponibilidade *erga omnes* do negócio translativo esteja condicionada à publicidade conferida pelo registro, reconhecem-se os efeitos obrigacionais, *inter partes*, de tal instrumento.[100]

COMPROVADA POR PROVA PERICIAL GRAFOTÉCNICA. CESSÃO DE QUOTAS DE SOCIEDADE EMPRESÁRIA ENTRE SÓCIOS CÔNJUGES CASADOS SOB O REGIME DA COMUNHÃO UNIVERSAL DE BENS. NULIDADE DA DOAÇÃO. COMUNICABILIDADE, COPROPRIEDADE E COMPOSSE INCOMPATÍVEIS COM A DOAÇÃO ENTRE OS CÔNJUGES. SUCESSÃO HEREDITÁRIA. ASCENDENTE VIVO AO TEMPO DO FALECIMENTO. ORDEM DA VOCAÇÃO HEREDITÁRIA. EXCLUSÃO DO CÔNJUGE, A QUEM SE RESERVA A MEAÇÃO. DEFERIMENTO DA OUTRA PARTE AO HERDEIRO. DISSÍDIO JURISPRUDENCIAL PREJUDICADO. (...) 4 – A procuração outorgada pelo mandante sem que tenha sido reconhecida a firma de sua assinatura não invalida, por si só, o mandato, especialmente se a dúvida eventualmente existente acerca da autenticidade do documento vier a ser dirimida por prova suficiente, como a perícia grafotécnica" (STJ, REsp 1.787.027/RS, Rel. Min. Nancy Andrighi, 3ª Turma, j. 04/02/2020).

[95] "Art. 987. Os sócios, nas relações entre si ou com terceiros, somente por escrito podem provar a existência da sociedade, mas os terceiros podem prová-la de qualquer modo".

[96] STJ, REsp 1.430.750/SP, Rel. Min. Nancy Andrighi, 3ª Turma, j. 21/08/2014. Ponderou a Relatora, em seu voto, que a regra do art. 987 do Código Civil "não visa resguardar inequidades ou privilegiar comportamentos desleais entre as partes que atuam, conjuntamente, à margem da regularidade, porém licitamente no desempenho da atividade empresarial".

[97] Enunciado nº 239 da Súmula do STJ: "O direito à adjudicação compulsória não se condiciona ao registro do compromisso de compra e venda no cartório de imóveis".

[98] "Art. 108. Não dispondo a lei em contrário, a escritura pública **é** essencial à validade dos negócios jurídicos que visem à constituição, transferência, modificação ou renúncia de direitos reais sobre imóveis de valor superior a trinta vezes o maior salário mínimo vigente no País".

[99] "Art. 1.245. Transfere-se entre vivos a propriedade mediante o registro do título translativo no Registro de Imóveis.

§ 1º Enquanto não se registrar o título translativo, o alienante continua a ser havido como dono do imóvel.

§ 2º Enquanto não se promover, por meio de ação própria, a decretação de invalidade do registro, e o respectivo cancelamento, o adquirente continua a ser havido como dono do imóvel".

[100] "DIREITO CIVIL. (...) COMPROMISSO DE COMPRA E VENDA NÃO REGISTRADO. NATUREZA JURÍDICA. EFEITOS. (...) AUSÊNCIA DO REGISTRO DO MEMORIAL DE INCORPORAÇÃO E

296 | PROBLEMAS DE DIREITO CIVIL – *Homenagem aos 30 anos de cátedra do professor Gustavo Tepedino*

Em determinado caso, o STJ já reconheceu os efeitos de determinado contrato de locação celebrado sem a participação de algum condômino (cotitular da propriedade do imóvel alugado), relativizando, na prática, a regra do art. 1.314 do Código Civil, a qual estabelece a necessidade de aquiescência dos demais condôminos para que a posse do imóvel seja dada a terceiro.[101] Apesar do vício, o fim almejado pela decisão parece ter sido a vedação do enriquecimento sem causa, a fim de reconhecer a exigibilidade dos débitos locatícios incorridos pelo inquilino.[102]

Também pode ser considerada uma manifestação do princípio da conservação a tendência à preservação das doações até o limite da parte disponível, nas hipóteses em que o doador, a despeito da norma do art. 549 do Código Civil,[103] tenha almejado doar mais do que esta parcela, invadindo a legítima dos herdeiros necessários. Nesses casos, a jurisprudência do STJ tem determinado que seja extirpada, do objeto da doação, a parcela que invadir a legítima, sem, por outro lado, comprometer a higidez da liberalidade em relação à parte disponível.[104]

DEMAIS DOCUMENTOS PREVISTOS NO ART. 32 DA LEI Nº 4.591/1964. ÔNUS DA INCORPORADORA. NULIDADE AFASTADA. (...) 4. A promessa de compra e venda gera efeitos obrigacionais adjetivados, que podem atingir terceiros, não dependendo, para sua eficácia e validade, de ser formalizada em instrumento público. Precedentes. 5. Mesmo que o promitente-vendedor não outorgue a escritura definitiva, não tem mais ele o poder de dispor do bem prometido em alienação. Está impossibilitado de oferecê-lo em garantia ou em dação em pagamento de dívida que assumiu ou de gravá-lo com quaisquer ônus, pois o direito atribuído ao promissário-comprador desfalca da esfera jurídica do vendedor a plenitude do domínio. 6. Como consequência da limitação do poder de disposição sobre o imóvel prometido, eventuais negócios conflitantes efetuados pelo promitente-vendedor tendo por objeto o imóvel prometido podem ser tidos por ineficazes em relação aos promissários-compradores, ainda que atinjam terceiros de boa-fé" (STJ, REsp 1.490.802/DF, Rel. Min. Moura Ribeiro, 3ª Turma, j. 17/04/2018).

[101] "Art. 1.314. Cada condômino pode usar da coisa conforme sua destinação, sobre ela exercer todos os direitos compatíveis com a indivisão, reivindicá-la de terceiro, defender a sua posse e alhear a respectiva parte ideal, ou gravá-la.
Parágrafo único. Nenhum dos condôminos pode alterar a destinação da coisa comum, nem dar posse, uso ou gozo dela a estranhos, sem o consenso dos outros".

[102] "7. Nos termos do art. 1.314 do Código Civil, admite-se que qualquer um dos condôminos reivindique a coisa de terceiro e defenda a sua posse. No entanto, para que seja alterada a destinação da coisa, ou para dar posse, é necessário o consenso dos condôminos. 8. Contudo, ainda que seja exigível a anuência da maioria absoluta dos coproprietários para dar posse da coisa comum a terceiros, eventual inexistência desse consentimento não enseja a nulidade do contrato de locação, tornando-o incapaz de produzir qualquer efeito jurídico. 9. No caso, não se verifica nenhum dos vícios capazes de ensejar a nulidade do negócio jurídico (arts. 166 e 167 do Código Civil). É incontroverso que o contrato foi celebrado em 15/6/2012, com transmissão da posse ao locatário, o qual, a partir dessa data, passou a ter a posse do imóvel, embora tenha deixado de pagar os aluguéis em setembro daquele ano. 10. Isentar o locatário de qualquer dever com o locador implicaria ofensa ao princípio da vedação do enriquecimento sem causa, consagrado no art. 884 do Código Civil" (STJ, REsp 1.861.062/SP, Rel. Min. Ricardo Villas Bôas Cueva, 3ª Turma, j. 15/12/2020).

[103] "Art. 549. Nula é também a doação quanto à parte que exceder à de que o doador, no momento da liberalidade, poderia dispor em testamento"

[104] "3. O negócio jurídico simulado pode ter sido realizado para não produzir qualquer efeito, isto é, a declaração de vontade emitida não se destina a resultado algum; nessa hipótese, visualiza-se a simulação absoluta. Diversamente, quando o negócio tem por escopo encobrir outro de natureza diversa, destinando-se apenas a ocultar a vontade real dos contraentes e, por conseguinte, a avença de fato almejada, há simulação relativa, também denominada de dissimulação. 3.1. De acordo com a sistemática adotada pelo novo Código Civil, notadamente no artigo 167, em se tratando de simulação relativa – quando o negócio jurídico pactuado tem por objetivo encobrir outro de natureza diversa -, subsistirá aquele

Cap. 17 • O PRINCÍPIO DA CONSERVAÇÃO DO NEGÓCIO JURÍDICO NO TEMPERAMENTO DAS PATOLOGIAS

O STJ também já teve a oportunidade de endossar a tendência dominante nos Tribunais Estaduais de conservação de contratos de franquia celebrados à revelia do cumprimento dos requisitos legais estabelecidos pela Lei n. 8.955/94, até então em vigor,[105] acerca da Circular de Oferta de Franquia. Tem-se entendido que, conquanto a lei estabelecesse a possibilidade de anulação do contrato de franquia celebrado sem a observância dos requisitos impostos quanto à circular, eventual inobservância de tais pressupostos não deve ensejar automaticamente a invalidação do instrumento e o retorno ao *status quo ante*, devendo-se analisar se o não fornecimento de informações essenciais pelo franqueador foi causa determinante da falta de êxito do negócio franqueado.[106]

Em matéria contratual, o princípio da conservação também se manifesta por meio da maior deferência, pela Corte, para com as escolhas legítimas feitas pelas partes no exercício de sua autodeterminação, no âmbito das relações paritárias. Em determinada controvérsia envolvendo o preço de aquisição da participação acionária de determinada sociedade anônima, por exemplo, o STJ entendeu que a oscilação do valor de mercado das ações, após a conclusão da operação societária, não é capaz de, por si só, viciá-la. No caso, consignou-se que, antes de concluir a operação, a compradora tivera pleno acesso às informações financeiras necessárias à aferição do valor de mercado das ações da companhia, de modo que a alegação de desequilíbrio no preço restaria superada.[107]

---

dissimulado se, em substância e forma, for válido. 3.2. No caso em tela, o magistrado singular, bem como a Corte de origem, ao entender preenchidos os requisitos de validade – forma e substância – em relação ao negócio dissimulado (doação), ainda que em parte, declarou a nulidade parcial do negócio jurídico celebrado entre a ré e a ex-cônjuge do autor. 3.3. O negócio jurídico dissimulado apenas representou ofensa à lei e prejuízo a terceiro (no caso, o recorrente) na parte em que excedeu o que a doadora, única detentora dos direitos sobre o bem imóvel objeto do negócio, poderia dispor (doação inoficiosa)" (STJ, REsp 1.102.938/SP, Rel. Min. Marco Buzzi, 4ª Turma, j. 10/03/2015).

[105] "Art. 4º A circular oferta de franquia deverá ser entregue ao candidato a franqueado no mínimo 10 (dez) dias antes da assinatura do contrato ou pré-contrato de franquia ou ainda do pagamento de qualquer tipo de taxa pelo franqueado ao franqueador ou a empresa ou pessoa ligada a este.

Parágrafo único. Na hipótese do não cumprimento do disposto no *caput* deste artigo, o franqueado poderá argüir a anulabilidade do contrato e exigir devolução de todas as quantias que já houver pago ao franqueador ou a terceiros por ele indicados, a título de taxa de filiação e royalties, devidamente corrigidas, pela variação da remuneração básica dos depósitos de poupança mais perdas e danos".

A Lei nº 13.966/19 contém previsão semelhante, facultando ao franqueado a arguição de "anulabilidade ou nulidade, conforme o caso" (art. 2º, § 2º).

[106] "CONTRATO DE FRANQUIA. ANULAÇÃO. DESCUMPRIMENTO DOS REQUISITOS ELENCADOS NO ART. 3º DA LEI N. 8.955/1994. (...) 3. O Tribunal de origem, com base nas provas carreadas aos autos, concluiu que o descumprimento por parte do franqueador da obrigação de entregar a circular de oferta de franquia – COF no prazo de dez dias, não foi a causa determinante para o insucesso do negócio jurídico, e que o descumprimento dessa formalidade não essencial não é passível de anular o contrato depois de passado quase dois anos de exploração da atividade empresarial, de forma que a revisão do julgado demandaria inegável necessidade de reexame de provas, providência inviável de ser adotada em recurso especial, ante o óbice da Súmula 7/STJ" (STJ, AgRg no AREsp 572.553/DF, Rel. Min. Luis Felipe Salomão, 4ª Turma, j. 12/02/2015).

[107] "RECURSO ESPECIAL. PROCESSUAL CIVIL E DIREITO SOCIETÁRIO. SOCIEDADE ANÔNIMA DE CAPITAL FECHADO. PARTICIPAÇÃO ACIONÁRIA. ALIENAÇÃO. VALOR DAS AÇÕES. CRITÉRIO DE CÁLCULO. VALOR DE NEGOCIAÇÃO PRIVADA. DOLO ACIDENTAL. PROVA. AUSÊNCIA. (...) 3. Na compra e venda de participação acionária em âmbito privado, o preço da ação equivale ao valor de negociação, que é aquele resultante do encontro de vontades entre comprador e vendedor. 4. O fato de a participação acionária valer mais ou menos, segundo a percepção mercadológica, que o valor livremente acordado entre comprador e vendedor não inquina de nulidade o negócio jurídico realizado.

Em matéria consumerista, é recorrente a alusão à conservação do negócio para revisão judicial de cláusulas abusivas, em caráter preferencial à resolução.[108] Ou seja, o princípio é invocado para corroborar uma prática já amplamente chancelada no ordenamento jurídico brasileiro, à luz do disposto no art. 51, IV, do CDC.[109] Contudo, a rigor, a redução equitativa de determinado encargo contratual reputado abusivo não deveria se confundir com o instrumento da redução a que alude o art. 184 do Código Civil.[110]

Em matéria de direito intertemporal, o STJ já reconheceu que, conquanto o ato nulo não convalesça pelo decurso do tempo (CC, art. 169), nem se torne automaticamente válido com a superveniência de nova lei que dispense determinado requisito de validade, as partes podem, uma vez tendo desaparecido o óbice legal à validade do ato, renová-lo, no exercício de sua autonomia, inclusive mediante a atribuição de efeitos retroativos.[111]

---

5. A negociação envolvendo a compra e venda de ações em caráter privado não pode estar contaminada por vícios capazes de anular, total ou parcialmente, o negócio jurídico celebrado. 6. Hipótese em que, após a realização de perícia técnica, não se constatou ter havido manipulação de balanços patrimoniais e demonstrações financeiras, simulação de situação de penúria ou ocultação de ativos, além de não se ter produzido prova acerca da alegada omissão intencional de dados relevantes capazes de viciar o negócio jurídico. 7. A simples colocação da empresa à venda por valor muito superior ao que havia sido pago na aquisição da participação acionária, sob diferentes condições de mercado, em data distinta e sem que a venda tenha se concretizado não serve para comprovar o alegado dolo acidental, tampouco que era aquele o verdadeiro valor de mercado" (STJ, REsp 1.898.122/MG, Rel. Min. Ricardo Villas Bôas Cueva, 3ª Turma, j. 16/03/2021).

[108] "(...) Constatada abusividade dos encargos pactuados na cláusula de comissão de permanência, deverá o juiz decotá-los, preservando, tanto quanto possível, a vontade das partes manifestada na celebração do contrato, em homenagem ao princípio da conservação dos negócios jurídicos consagrado nos artigos 139 e 140 do Código Civil alemão e reproduzido no artigo 170 do Código Civil brasileiro. A decretação de nulidade de cláusula contratual é medida excepcional, somente adotada se impossível o seu aproveitamento. (...)" (STJ, REsp 1.063.343/RS, Rel. Min. Nancy Andrighi, j. 12/08/2009, 2ª Seção).

[109] "Art. 51. São nulas de pleno direito, entre outras, as cláusulas contratuais relativas ao fornecimento de produtos e serviços que:

(...)

IV – estabeleçam obrigações consideradas iníquas, abusivas, que coloquem o consumidor em desvantagem exagerada, ou sejam incompatíveis com a boa-fé ou a eqüidade".

[110] "Nos termos do art. 184 do CC/02, a nulidade parcial do contrato não alcança a parte válida, desde que essa possa subsistir autonomamente. Haverá nulidade parcial sempre que o vício invalidante não atingir o núcleo do negócio jurídico. Ficando demonstrado que o negócio tem caráter unitário, que as partes só teriam celebrado se válido fosse em seu conjunto, sem possibilidade de divisão ou fracionamento, não se pode cogitar de redução, e a invalidade é total. O princípio da conservação do negócio jurídico não deve afetar sua causa ensejadora, interferindo na vontade das partes quanto à própria existência da transação. (...)" (STJ, REsp 981.750/MG, Rel. Min. Nancy Andrighi, j. 13/04/2010, 3ª Turma).

[111] "4. A validade do negócio jurídico sujeita-se à lei sob cuja égide foi ele celebrado. A lei posterior não invalida as relações de direito válidas nem avigora as inválidas definitivamente constituídas. Se o ato jurídico não atendeu às exigências legais da época de sua prática, não haverá convalescença na hipótese de norma posterior dispensar ou deixar de impor o descumprido requisito (...). 5. O negócio jurídico nulo não se convalesce com a passagem do tempo e nem é suscetível de confirmação pelas partes. Porém, isso não impede que, depois de removido o óbice que gerou a nulidade do negócio, as partes renovem o ato antes nulo, inclusive com efeitos retroativos, sem os vícios que antes inquinavam o contrato. Tal conclusão se extrai da mesma lógica de direito intertemporal segundo a principiologia do *tempus regit*

Cap. 17 • O PRINCÍPIO DA CONSERVAÇÃO DO NEGÓCIO JURÍDICO NO TEMPERAMENTO DAS PATOLOGIAS

Em todos os casos citados, o que se pode perceber é uma valoração, pela Corte, das circunstâncias concretas de cada caso, a fim de ponderar os eventuais prejuízos em virtude de eventual defeito do negócio jurídico e os demais valores e interesses envolvidos. A modulação dos efeitos dos atos defeituosos parece ser, pois, uma prática amplamente difundida na jurisprudência.

Na VI Jornada de Direito Civil promovida pelo Conselho da Justiça Federal, inclusive, aprovou-se o Enunciado n. 537, reconhecendo, em sintonia com os precedentes examinados, que "[a] previsão contida no art. 169 não impossibilita que, excepcionalmente, negócios jurídicos nulos produzam efeitos a serem preservados quando justificados por interesses merecedores de tutela".

Por fim, encontrou-se um precedente, aparentemente inédito, no qual o STJ parece ter adotado uma interpretação extensiva de determinado requisito de validade, considerando-o aplicável a hipóteses não expressamente contempladas na lei, com vistas a proteger valores caros ao ordenamento civil constitucional.

A discussão envolvia os requisitos de validade do contrato celebrado por analfabeto e o STJ entendeu que o art. 595 do Código Civil,[112] que exige a assinatura a rogo nos contratos de prestação de serviço, aplica-se não só a esta espécie de contrato, mas a todo e qualquer instrumento firmado por pessoa analfabeta:

> 3. A liberdade de contratar é assegurada ao analfabeto, bem como àquele que se encontre impossibilitado de ler e escrever.
>
> 4. Em regra, a forma de contratação, no direito brasileiro, é livre, não se exigindo a forma escrita para contratos de alienação de bens móveis, salvo quando expressamente exigido por lei.
>
> 5. O contrato de mútuo, do qual o contrato de empréstimo consignado é espécie, se perfaz mediante a efetiva transmissão da propriedade da coisa emprestada.
>
> (...)
>
> 8. Nas hipóteses em que o consumidor está impossibilitado de ler ou escrever, acentua-se a hipossuficiência natural do mercado de consumo, inviabilizando o efetivo acesso e conhecimento às cláusulas e obrigações pactuadas por escrito, de modo que a atuação de terceiro (a rogo ou por procuração pública) passa a ser fundamental para manifestação inequívoca do consentimento.
>
> 9. A incidência do art. 595 do CC/2002, na medida em que materializa o acesso à informação imprescindível ao exercício da liberdade de contratar por aqueles impossibilitados de ler e escrever, deve ter aplicação estendida a *todos os contratos em que se adote a forma escrita, ainda que esta não seja exigida por lei.*[113]

---

actum. É dizer, se é verdade que o direito futuro não convalida ato jurídico nulo praticado no passado, também é certo que o direito pretérito e já superado não invalida ato praticado no futuro, muito menos tem a força de impedir a prática de ato disciplinado por um novo cenário normativo. 6. Assim, não mais existindo o óbice legal que antes invalidava o ato, as partes contratantes podem renovar o negócio jurídico outrora nulo sem incorrer nos mesmos vícios e, em razão da autonomia da vontade, manifesta ou tácita, fazer retroagir os efeitos da renovação à origem da relação negocial" (STJ, REsp 1.273.955/ RN, Rel. Min. Luis Felipe Salomão, 4ª Turma, j. 24/04/2014).

[112] "Art. 595. No contrato de prestação de serviço, quando qualquer das partes não souber ler, nem escrever, o instrumento poderá ser assinado a rogo e subscrito por duas testemunhas".

[113] STJ, REsp 1.868.099/CE, Rel. Min. Marco Aurélio Bellizze, 3ª Turma, j. 15/12/2020.

A interpretação austera adotada pelo STJ – no sentido de impor um requisito de validade a hipóteses não expressamente contempladas na lei – parece justificável com vistas à aferição do discernimento das pessoas analfabetas, naturalmente mais vulneráveis, e à sua justa inclusão na sociedade e no mercado de consumo, em homenagem à promoção da igualdade substancial (CF, art. 3º, III e IV).

Da mesma forma como a subsunção de determinada situação jurídica subjetiva a determinada norma legal que comine determinado vício não é, por si só, bastante para privar o ato completamente dos efeitos perseguidos pelas partes, a recíproca também é verdadeira: o preenchimento dos requisitos formais de validade não conduz tampouco à conclusão automática de que o negócio é merecedor de tutela. Impõe-se ao intérprete, em toda e qualquer hipótese, a ponderação de todos os interesses e valores constitucionais em jogo, de modo a reconstruir o ordenamento jurídico do caso concreto.

6. CONSIDERAÇÕES FINAIS

Sem qualquer pretensão de exaurir o tema, este trabalho procurou examinar o princípio da conservação do negócio jurídico, como forma de salvaguarda dos negócios celebrados à revelia de algum requisito de validade. Como visto, desconstruiu-se a premissa de que negócios jurídicos defeituosos são vocacionados a não produzirem quaisquer efeitos. Na prática, tem-se constatado que, muitas vezes, a paralisação ou a desconstituição dos efeitos do negócio patológico pode ser mais nociva ao ordenamento como um todo do que a sua preservação.

A preservação dos contratos atende simultaneamente a interesses privados e públicos. Se, por um lado, o cumprimento dos contratos é útil à coletividade, notadamente por conta da circulação de riquezas, não se pode perder de vista que a conservação do negócio defeituoso tutela de forma precípua a própria autonomia privada das partes que, no exercício de sua autodeterminação, celebraram o ato na expectativa legítima de que a finalidade prática por elas almejada fosse efetivamente atingida.

É preciso examinar, casuisticamente, se o descumprimento de determinado requisito de validade viola algum valor caro ao ordenamento jurídico – notadamente algum princípio constitucional –, a ser eventualmente ponderado com todos os demais interesses em jogo, inclusive, se for o caso, de terceiros. Essa equação complexa, muitas vezes, pode tornar a conservação do negócio defeituoso a medida mais apropriada, como forma de aplicação do ordenamento jurídico como um todo ao caso concreto.

O problema das patologias negociais, mais uma vez, traz à tona o desafio de como usar as estruturas jurídicas para viabilizar o funcionamento legítimo da autonomia privada, como lembra Gustavo Tepedino:

> O que há de permanecer na consciência do profissional do direito é a capacidade de raciocinar criticamente, a partir dos problemas postos na realidade social. O nosso curso de direito civil terá valido a pena se, da argamassa de tantas categorias seculares, abstratas, técnicas e generalíssimas, engendradas para permitir, em última análise, o funcionamento da autonomia privada, permaneça, em suas mentes, a idéia de que as relações patrimoniais são um instrumento para a emancipação do homem e apenas um meio para tornar civilizado o convívio humano, jamais um fim em si mesmas. [114]

---

[114] TEPEDINO, Gustavo. Solidariedade e alteridade na superação do individualismo. *In*: TEPEDINO, Gustavo. *Temas de direito civil*. Tomo II. Rio de Janeiro: Renovar, 2006, pp. 442-448.

PARTE II
OBRIGAÇÕES E CONTRATOS

18

CLÁUSULA RESOLUTIVA EXPRESSA:
FUNÇÃO, ESTRUTURA E OPERATIVIDADE[1]

ALINE DE MIRANDA VALVERDE TERRA

Sumário: 1. Introdução. 2. Cláusula resolutiva expressa: função e estrutura. 3. Distinção de figuras afins. 3.1. Cláusula resolutiva expressa x condição resolutiva. 3.2. Cláusula resolutiva expressa x cláusula resolutiva tácita. 4. A operatividade da cláusula resolutiva expressa: resolução extrajudicial por declaração receptícia do credor. 5. Notas conclusivas.

1. INTRODUÇÃO

A relação obrigacional encerra indispensável fenômeno de colaboração econômica, constituída por vínculo transitório orientado à satisfação do concreto interesse das partes. Por vezes, todavia, alguma intercorrência impede o desfecho perseguido pelos sujeitos do negócio e não se realiza a prestação satisfativa, consubstanciada no comportamento do devedor que executa, a um só tempo, o dever principal de prestação e todos os demais deveres secundários e de conduta que se façam instrumentalmente necessários para a consecução do resultado útil programado. Diante dessa possibilidade, sempre presente em qualquer relação obrigacional, podem as partes prever instrumentos destinados a proteger o credor do indesejado desenlace contratual, dentre os quais a cláusula resolutiva expressa assume destacada relevância.

Fruto da autonomia privada, a cláusula resolutiva expressa permite ao credor se desvincular de relação jurídica disfuncionalizada, incapaz de cumprir o programa negocial traçado pelas partes, de forma célere, mediante simples declaração receptícia de vontade. Revela-se,

---

[1] Parte das ideias desenvolvidas neste artigo estão originalmente publicadas em Aline de Miranda Valverde Terra. *Cláusula resolutiva expressa*. Belo Horizonte: Fórum, 2017. A obra é fruto da tese de doutorado desenvolvida sob a orientação do Professor Gustavo Tepedino.

assim, aquela que é, sem sombra de dúvidas, sua extraordinária vantagem em comparação com sua congênere, a cláusula resolutiva tácita: a possibilidade de resolver a relação obrigacional extrajudicialmente, sem que tenha, o credor, que se socorrer do Poder Judiciário ou da Arbitragem.

No Brasil, a cláusula resolutiva expressa mereceu tratamento legislativo tímido, incompatível, certamente, com sua relevância no âmbito das relações contratuais, sobretudo aquelas paritárias. Há dois dispositivos no Código Civil dedicados ao tema, que, todavia, sequer o abordam com exclusividade: o art. 474, segundo o qual "a cláusula resolutiva expressa opera de pleno direito; a tácita depende de interpelação judicial"; e o art. 475, que determina que "a parte lesada pelo inadimplemento pode pedir a resolução do contrato, se não preferir exigir-lhe o cumprimento, cabendo, em qualquer dos casos, indenização por perdas e danos".

A economia legislativa, acompanhada de abordagem meramente estrutural da cláusula, tem suscitado diversas controvérsias, sobretudo no que tange ao seu precípuo efeito. É bem verdade que parte das impropriedades cometidas remonta às insuficiências e deficiências do regime anterior. O legislador de 1916 parece ter tratado da cláusula resolutiva expressa como se fora instituto equivalente à condição resolutiva, e a doutrina, àquela época, também a equiparava, sob diversos aspectos, à cláusula resolutiva tácita, negando-lhe regime jurídico próprio e criando embaraços à resolução extrajudicial. Nesse cenário, acabou-se por se lhe atribuir disciplina híbrida, resultante da combinação aleatória de regras atinentes à condição resolutiva e à cláusula resolutiva tácita, confundindo-se institutos com estruturas e funções diversas.

Afigura-se, assim, imprescindível reafirmar, à luz do Código Civil de 2002, a autonomia dogmática da cláusula resolutiva expressa, a fim de consolidar a desnecessidade de se acorrer ao Poder Judiciário ou à Arbitragem para que se proceda à resolução. Nessa direção, insta, em primeiro lugar, identificar sua função e estrutura para, na sequência, distingui-la brevemente da condição resolutiva e da cláusula resolutiva tácita. Esta última investigação se revela fundamental para ratificar o processamento extrajudicial da resolução, por ato exclusivo do credor.

2. CLÁUSULA RESOLUTIVA EXPRESSA: FUNÇÃO E ESTRUTURA

Produto da autonomia privada, a cláusula resolutiva expressa permite que o credor, diante da verificação do evento nela contemplado, opte entre exigir a execução do contrato pelo equivalente[2] ou resolvê-lo extrajudicialmente, desvinculando-se de relação jurídica incapaz de promover sua função econômico-individual.[3] Com efeito, a finalidade precípua da cláusula reside em viabilizar que o credor resolva *de pleno direito*, sem intervenção judicial ou arbitral, a relação contratual disfuncionalizada, liberando-se das obrigações assumidas e recuperando o que eventualmente já houver prestado.

---

[2] Sobre a execução pelo equivalente, seja consentido remeter a Aline de Miranda Valverde Terra. Execução pelo equivalente como alternativa à resolução: repercussões sobre a responsabilidade civil. *Revista Brasileira de Direito Civil – RBDCivil*, Belo Horizonte, v. 18, p. 49-73, out./dez. 2018.

[3] De acordo com Ferri, a função econômico-individual concebida como causa do contrato indica o valor e o alcance que as partes deram à operação econômica globalmente considerada. Conceber a causa como função econômico-individual importa em ressaltar que, se o negócio expressa uma regra privada, a causa é o elemento que conecta a operação econômica objetiva com os sujeitos da relação, a indicar como o concreto regulamento de interesses expressa objetivamente as finalidades subjetivas (Giovanni Battista Ferri. *Causa e tipo nella teoria del negozio giuridico*. Milano: Giuffré, 1966. p. 371-372).

Cuida-se, em verdade, de instrumento privilegiado de gestão de riscos contratuais, concedendo ao contratante não inadimplente "transferir o risco de sua insatisfação ao devedor".[4] De regra, afirma-se que a cláusula resolutiva expressa se destina a disciplinar apenas o inadimplemento absoluto.[5] Indiscutivelmente, o instituto permite às partes distribuir as perdas decorrentes do inadimplemento de obrigações contratuais de forma ímpar, facultando-lhes valorar a relevância de cada obrigação e estabelecer as consequências de sua inexecução, conforme o concreto regulamento de interesses. Como aponta Guido Alpa, "mesmo nesses casos, o problema a resolver é um problema de distribuição dos riscos".[6]

O inadimplemento absoluto encerra, portanto, específico risco contratual, a cuja gestão a cláusula resolutiva expressa serve magistralmente.[7] Restringi-la, contudo, à disciplina desse particular risco revela inaceitável misoneísmo. Embora, em sua origem, o instituto estivesse ligado a essa espécie de inadimplemento, sua percepção histórico-relativa impõe a ampliação de seus confins, a permitir a gestão de outros riscos que, uma vez implementados, impeçam a promoção da função econômico-individual do negócio.

Desse modo, faculta-se às partes, valendo-se da cláusula resolutiva expressa, redistribuir os riscos de caso fortuito ou de força maior,[8] ou de qualquer outro evento que incida diretamente sobre a relação, inviabilizando a atuação do programa contratual; para tanto, esses riscos, quando externos ao negócio, devem ser a ele internalizados. Ou então, podem também os contratantes manter a alocação do risco feita pelo legislador e alterar somente os efeitos de sua superveniência, a exemplo do que ocorre quando se incluem vícios redibitórios no suporte fático da cláusula; neste caso, o comprador poderá, uma vez constatado o vício oculto que torne a coisa imprópria ao uso a que se destina, resolver a relação obrigacional extrajudicialmente, sem necessidade de ajuizamento da ação redibitória.

Seja como for, fato é que a redação da cláusula deve observar o "requisito de especificidade",[9] entendido como a exigência de menção expressa à obrigação cujo inadimplemento poderá ensejar a resolução da relação obrigacional. A cláusula resolutiva expressa deve indicar pontualmente a(s) obrigação(ões) cujo descumprimento autorizará sua atuação, a refletir de maneira inequívoca a vontade dos contratantes de permitir a resolução extrajudicial naquela(s) hipótese(s) específica(s).

Nesse sentido, não basta à resolução extrajudicial que da cláusula resolutiva conste disposição consoante a qual "o contrato poderá ser resolvido por inadimplemento de qualquer obrigação

---

[4] María Luisa Palazón Garrido. El remedio resolutorio en la propuesta de modernización del derecho de obligaciones en España: un estudio desde el derecho privado europeo. In: Klaus Jochen Albiez Dohrmann, (Dir.); María Luisa Palazón Garrigo; Maria Del Mar Méndez Serrano (Coord.). *Derecho privado europeo y modernización del derecho contractual en España*. Barcelona: Atelier Libros Jurídicos, 2011. p. 425, tradução livre.

[5] Veja-se, por todos: José Carlos Brandão Proença. *A resolução do contrato no Direito Civil*: do enquadramento e do regime. Coimbra: Coimbra Editora, 2006. p. 76.

[6] Guido Alpa. *Manuale di diritto privato*. 8. ed. Padova: Cedam, 2013. p. 540, tradução livre.

[7] Para Ana Prata, "sempre que o incumprimento convencionalmente prefigurado não fosse, por lei, bastante para fundamentar a resolução do contrato, nem para constituir o devedor na obrigação de indemnizar, e essas sejam nos termos da cláusula, as suas consequências, estar-se-á perante um agravamento da responsabilidade do devedor" (Ana Prata. *Cláusulas de exclusão e limitação da responsabilidade contratual*. Coimbra: Almedina, 1985. p. 46).

[8] Do ponto de vista prático, a diferença doutrinária entre caso fortuito ou de força maior não se reveste de qualquer serventia, tendo em vista que em ambas as hipóteses a disciplina jurídica aplicável é a mesma, o que torna a distinção verdadeiramente bizantina.

[9] Vincenzo Roppo. *Il contratto*. 2. ed. Milano: Giuffrè, 2011. p. 905; tradução livre.

legal ou contratual", ou "em caso de descumprimento de qualquer obrigação contratual, a parte não inadimplente poderá resolver o contrato". Cláusula genérica e imprecisa, que não observa o requisito da especificidade, equivale a mera cláusula de estilo, incapaz de conduzir à resolução extrajudicial.[10]

Isso, porque a possibilidade de resolver extrajudicialmente a relação obrigacional decorre, justamente, do acordo prévio entre as partes acerca da relevância da obrigação no âmbito da economia do contrato. Nesse cenário, o devedor já sabe, de antemão, o que é essencial para o credor naquele contrato e que, uma vez descumprido, conduzirá ao inadimplemento absoluto. Se não há esse acordo *ex ante*, faz-se imperiosa a avaliação judicial ou arbitral[11] sobre a repercussão da inexecução no resultado útil programado a fim de verificar se há, efetivamente, inadimplemento absoluto ou se se trata de simples mora, que não autoriza o remédio resolutório.

Bem se nota, portanto, que a elaboração da cláusula resolutiva expressa pressupõe a avaliação pelas partes acerca da relevância das obrigações assumidas no contexto do escopo econômico do contrato, e a inclusão de alguma(s) delas na cláusula indica que o seu cumprimento se afigura indispensável para a realização do programa negocial. Por isso mesmo, as partes não são totalmente livres para incluir toda e qualquer obrigação no suporte fático da cláusula; a obrigação deve ser essencial,[12] vale dizer, imprescindível para a realização do resultado útil programado.

Note-se bem: não se está a afirmar que a obrigação deva ser *principal*, mas sim *essencial*, o que significa que mesmo obrigação secundária, ou até mesmo dever de conduta, pode constar da cláusula. Isso, porque a essencialidade não decorre da classificação da obrigação e nem se identifica abstratamente; trata-se de qualificação que se extrai da relevância da obrigação para a satisfação do interesse objetivo das partes no concreto regulamento negocial.

A necessidade de a obrigação se qualificar como essencial decorre do próprio regime da inexecução das obrigações, mais precisamente da vinculação da resolução ao inadimplemento absoluto. Posto o art. 475 do Código Civil não defina expressamente que espécie de inadimplemento autoriza a resolução, é possível extrai-la do parágrafo único do art. 395, que permite a extinção da relação "se a prestação, devido à mora, se tornar inútil ao credor". Ora, se só é possível resolver quando a prestação se torna inútil, enquanto houver simples mora – porque o recebimento da prestação ainda se afigura não apenas útil, mas também possível ao credor – não está autorizada a resolução.

Há de se considerar, ainda, que tampouco a qualificação da inexecução como mora ou inadimplemento absoluto encerra escolha arbitrária do credor; cuida-se de qualificação que decorre do fato objetivo de a prestação ter ou não se tornado inútil ou impossível de ser recebida.[13] E mesmo

---

[10]   Darcy Bessone. *Do contrato*. Rio de Janeiro: Forense, 1960. p. 325. Reconhece-se, todavia, que a jurisprudência nacional não se ocupa do requisito da especificidade e admite a validade de cláusulas genéricas, como o fez, por exemplo, o Tribunal de Justiça de Minas Gerais, que admitiu a resolução de contrato de distribuição do qual constou cláusula redigida nos seguintes termos: "Poderá em caso de inadimplemento de qualquer das cláusulas deste contrato, se não sanado em um prazo de 15 (quinze) dias do recebimento de notificação protocolada, rescindir o contrato, a parte prejudicada, fazendo jus a perdas e danos decorrentes do inadimplemento" (TJ/MG, 17ª CC, AC 1.0024.06.244840-2/002, Rel. Des. Márcia De Paoli Balbino, julg. 29.05.2009).

[11]   Marco Rossetti. *La risoluzione per inadempimento*. Milano: Giuffrè, 2012. p. 383.

[12]   De acordo com Trimarchi, "A cláusula resolutiva expressa deve se referir a obrigações e modalidade de adimplemento determinadas, às quais as partes atribuem caráter de essencialidade" (Pietro Trimarchi. *Il contratto*: inadempimento e rimedi. Milano: Giuffrè, 2010. p. 69, tradução livre).

[13]   Já observava Agostinho Alvim que o foco da análise deve estar, sobretudo, na impossibilidade de o credor receber a prestação, e não apenas na impossibilidade de o devedor prestar: "Com efeito, se

Cap. 18 · CLÁUSULA RESOLUTIVA EXPRESSA: FUNÇÃO, ESTRUTURA E OPERATIVIDADE | **307**

a definição de inutilidade da prestação também é passível de controle, já que não é o credor quem estabelece, unilateral e caprichosamente, o que é útil para si; embora a utilidade se revista de certo viés subjetivo, a exigir que seja apreciada em relação ao concreto credor da relação obrigacional e não em relação a um credor qualquer abstratamente considerado, a essa avaliação subjetiva somam-se dados objetivamente extraídos da específica relação jurídica.[14] Busca-se identificar, assim, a utilidade objetivada, aferida a partir da operação econômica em tela, isto é, a partir do que as partes dispuseram no comum regulamento de interesses, à luz de critérios como a boa-fé objetiva[15] e o interesse do sinalagma.[16]

Nesse cenário, considerando-se que a resolução é remédio extremo, só autorizado quando há inadimplemento absoluto, cuja configuração se subordinada à impossibilidade ou inutilidade da prestação para o credor, apenas devem constar da cláusula resolutiva expressa obrigações cujo descumprimento conduza a uma dessas consequências. É evidente, todavia, que as partes ostentam certa margem de liberdade ao avaliar as obrigações que se lhes afiguram essenciais. Afirmar que as partes não são totalmente livres para incluir toda e qualquer obrigação no suporte fático da cláusula quer significar que não se trata de escolha arbitrária. Liberdade não se confunde com arbitrariedade. Apenas o poder absoluto é arbitrário, e rejeita qualquer tipo de controle. A autonomia privada não é poder absoluto, como, a rigor, não o é qualquer situação jurídica subjetiva. Aqui, a autonomia privada deve ser exercida justamente em consonância com os interesses *concretos* e *objetivos* perseguidos pelas partes, identificados a partir do regulamento negocial.

---

admitirmos, como vulgarmente se diz, que o inadimplemento absoluto é a impossibilidade de ser cumprida a obrigação pelo devedor, veremos que esta fórmula é verdadeira para grande número de casos, mas não para todos. Assim, se o devedor deixou perecer a coisa certa que deveria entregar, a execução da obrigação tornou-se impossível para ele. Mas a fórmula deixa de ser exata, na hipótese de prestação de fato pessoal. Realmente, se o escultor não quer fazer a obra prometida, poder-se-á dizer que o cumprimento da obrigação se tornou impossível para ele, isto é, que o devedor está impossibilitado de cumprir, como no primeiro exemplo? É evidente que não está. Bastará que o queira fazer. O credor, esse sim é que está impedido de receber. Portanto, o inadimplemento absoluto é precisamente a impossibilidade de receber; e a mora, a persistência dessa possibilidade" (Agostinho Alvim. *Da Inexecução das Obrigações e suas Consequências*. 3 ed. Rio de Janeiro: Editora Jurídica e Universitária Ltda, 1965. p. 59).

[14] É também a lição de Ruy Rosado de Aguiar Junior: "Os dados a considerar, portanto, são de duas ordens: os elementos *objetivos*, fornecidos pela regulação contratual e extraídos da natureza da prestação, e o elemento *subjetivo*, que reside na necessidade existente no credor em receber uma prestação que atenda à carência por ele sentida, de acordo com a sua legítima expectativa" (Ruy Rosado Aguiar Júnior. *Extinção dos Contratos por Incumprimento do Devedor (resolução)*. Rio de Janeiro: Aide Editora, 1991. p. 133). Na mesma direção, confira-se Judith Martins-Costa. *Comentários ao novo Código Civil*: do inadimplemento das obrigações. Rio de Janeiro: Forense, 2004. v. 5, t. 2. p. 254.

[15] Emilio Betti. *Teoria generale delle obbligazioni*. Milão: Giuffrè, 1953. v. 1. p. 105.

[16] Nesse sentido, afirma Judith Martins-Costa, a *inutilidade* pode ser mensurada, objetivamente, "à vista de suas repercussões no *equilíbrio* entre as prestações; na *funcionalidade* do contrato, implicada no concreto *programa negocial*, que organiza os riscos e vantagens, os custos e os benefícios de cada parte; na *relação de proporcionalidade*; na própria *licitude*, considerada à vista da cláusula geral do art. 187" (Judith Martins-Costa. *Comentários ao novo Código Civil*: do inadimplemento das obrigações. Rio de Janeiro: Forense, 2004. v. 5, t. 2. p. 256, grifos no original). Na lição de Larenz, configura-se o inadimplemento absoluto quando a prestação resultar, enfim, economicamente distinta (Karl Larenz. *Derecho de obligaciones*. Tradução de Jaime Santos Briz. Madrid: Editorial Revista de Derecho Privado, 1958. t. 1. p. 303).

308 | PROBLEMAS DE DIREITO CIVIL – *Homenagem aos 30 anos de cátedra do professor Gustavo Tepedino*

A breve análise da função e da estrutura da cláusula resolutiva expressa permite distingui-la de outras figuras jurídicas, com as quais tem sido confundida desde a vigência do Código Civil de 1916: a condição resolutiva e a cláusula resolutiva tácita. A precisa distinção entre os institutos se mostra essencial para o correto manejo da cláusula e, sobretudo, para o reconhecimento de sua plena eficácia extrajudicial. É, portanto, a que se passa a seguir.

3. DISTINÇÃO DE FIGURAS AFINS

3.1 Cláusula resolutiva expressa x condição resolutiva

O Código Civil de 1916 inaugurou grande confusão entre a cláusula resolutiva expressa e a condição resolutiva, caracterizada como o evento futuro e incerto destinado a "resolver o regulamento de interesses convencionado, isto é, a fazê-lo cessar com a sua verificação".[17] A controvérsia já se inicia no tocante à efetiva distinção entre as figuras em razão da redação do artigo 119 do Código Civil de 1916, segundo o qual "se for resolutiva a condição, enquanto esta não se realizar, vigorará o ato jurídico, podendo exercer-se desde o momento deste o direito por ele estabelecido; mas, verificada a condição, para todos os efeitos, se extingue o direito a que ela se opõe", e de seu parágrafo único que dispunha que "a condição resolutiva da obrigação pode ser expressa, ou tácita; operando, no primeiro caso, de pleno direito, e por interpelação judicial, no segundo".

Clóvis Beviláqua, em comentário ao referido parágrafo único, asseverou que a *condição* resolutiva tácita está subentendida em todos os contratos sinalagmáticos, devendo ser "posta em relevo pela intervenção do poder judiciário, para que se não possa alegar surpresas. A resolutória expressa está no conhecimento do interessado, consta do título, em que se funda o seu direito, nenhuma dúvida pode suscitar. Dispensa a intervenção do poder judiciário, e opera por si, de pleno direito".[18]

Na mesma direção, Francisco dos Santos Amaral Neto parece equiparar os institutos ao afirmar que "[a] condição suspensiva tem de ser expressa. A resolutiva pode ser expressa ou tácita. No primeiro caso, opera de pleno direito; no segundo, por interpelação judicial, pois a parte reclamante pode optar entre o cumprimento e a resolução do contrato; a escolha da segunda hipótese se manifesta por interpelação. Tal regra é importante nos contratos bilaterais, cuja interdependência de obrigações fundamenta a resolução do contrato por inadimplemento. Presume-se a existência de condição resolutiva, pela qual o descumprimento da obrigação de uma parte autoriza a outra a pedir ao juiz o cumprimento ou a resolução do negócio jurídico".[19]

Outros autores, entretanto, já apontavam o equívoco do legislador de 1916, ratificando cuidar-se, a condição resolutiva e a cláusula resolutiva, de institutos diversos, a exemplo de

---

[17] Emilio Betti. *Teoria generale delle obbligazioni*. Milano: Giuffrè, 1953. v. 1. p. 94.

[18] Clóvis Beviláqua. *Código Civil dos Estados Unidos do Brasil comentado*. 12. ed. São Paulo: Livraria Francisco Alves, 1959. v. 1. p. 301. João Luiz Alves alinha-se nesse sentido, ao comentar o mesmo dispositivo do Código revogado: "Nos contratos bilaterais, há condição resolutiva tácita, quando uma das partes se recusa ou não pode cumprir a sua prestação, pelo que pode a outra pedir a resolução da própria obrigação (art. 1092)" (João Luiz Alves. *Código Civil da República dos Estados Unidos do Brasil*. 3. ed. Rio de Janeiro: Borsoi, 1957. v. 1. p. 207).

[19] Francisco dos Santos Amaral Neto. *Da irretroatividade da condição suspensiva no Direito Civil brasileiro*. Rio de Janeiro: Forense, 1984. p. 96-97.

Pontes de Miranda, segundo o qual "[n]ão há condição resolutiva na resolução do art. 1.092, parágrafo único, do Código Civil. Não há condição. Há atribuição legal de escolha, que tem o devedor: ou exige, forçadamente, a prestação, ou resolve o contrato (= exerce, contra o devedor, a pretensão à resolução ou à resilição). Não se pode afirmar que o direito legal de resolução ou de resilição por inadimplemento tenha provindo do uso da condição, donde a fase intermédia da condição tácita".[20]

A rigor, a confusão do Código de 1916 deita raízes na disciplina legal que lhe serviu de inspiração, o artigo 1.184 do Código Civil francês.[21] Como já observava Serpa Lopes ao discorrer a respeito da cláusula resolutiva, "essa espécie de condição" – que "não pode ser enquadrada dentro no conceito de condição propriamente dita, visto que a condição resolutória tácita é uma decorrência da lei e depende, para sua eficácia, de nova declaração" –, "corresponde exatamente ao preceito do art. 1.184 do Código Civil francês, que a subentende nos contratos sinalagmáticos, quando uma das duas partes não venha a satisfazer a sua obrigação, caso em que, não ficando o contrato resolvido de pleno direito, cabe ao credor ou forçar o devedor à execução da obrigação ou pedir a resolução do contrato, mediante perdas e danos".[22]

Apesar da viva controvérsia que reinava sob a égide do Código revogado, condição resolutiva e cláusula resolutiva se distinguem por diversos aspectos. Em primeiro lugar, a condição resolutiva decorre da vontade das partes, enquanto a cláusula resolutiva pode ser fruto da autonomia privada, quando expressa, ou resultar de disposição legal, quando tácita.

Sob o aspecto estrutural, a condição resolutiva constitui elemento acidental do negócio jurídico, uma vez que não integra o tipo abstrato do negócio, mas é aposta, no concreto regulamento de interesse, pela vontade das partes. A acidentalidade decorre, como aponta Cariota Ferrara, justamente, do "poder ser ou não ser":[23] não é a lei, mas as partes, no exercício da autonomia privada, que a fazem constar do contrato. E, uma vez incluída no ajuste, cessa a acidentalidade e transmuda-se a condição em elemento essencial do negócio celebrado. Significa, em verdade, que os elementos objetivamente acidentais são subjetivamente essenciais.[24] Daí o porquê de a inserção de condição resolutiva ilícita ou de fazer coisa ilícita conduzir à invalidade de todo o negócio (art.

---

[20]   Pontes de Miranda. *Tratado de Direito Privado*. 2. ed. Rio de Janeiro: Borsoi, 1959. t. 25. p. 338.

[21]   "Art. 1.184. A condição resolutiva está sempre subentendida nos contratos sinalagmáticos, para as hipóteses nas quais uma das partes não possa adimplir satisfatoriamente sua obrigação. Nesses casos, o contrato não será resolvido de pleno direito. A parte em prejuízo da qual a prestação não foi devidamente executada tem a opção de exigir da outra a execução da prestação no momento oportuno, ou exigir a resolução acrescida de perdas e danos. A resolução deve ser pleiteada judicialmente, e pode ser concedida ao réu uma dilação de prazo, conforme as circunstâncias" (tradução livre).

"Art. 1.183. A condição resolutiva é aquela que, uma vez implementada, opera a revogação da obrigação, e que restitui as coisas ao mesmo estado em que se encontrariam caso a obrigação não tivesse existido. Ela não suspende a execução da obrigação; ela somente obriga o credor a restituir aquilo que recebeu, nos casos em que o evento previsto pela condição se implementa" (tradução livre).

[22]   Miguel Maria de Serpa Lopes. *Curso de Direito Civil*. 8. ed. rev. e atual. Rio de Janeiro: Freitas Bastos, 1996. v. 1. p. 496.

[23]   Luigi Cariota Ferrara. *Il negozio giuridico nel Diritto privato italiano*. Napoli: Edizioni Scientifiche Italiane, 2011. p. 116, tradução livre.

[24]   Luigi Cariota Ferrara. *Il negozio giuridico nel Diritto Privato italiano*. Napoli: Edizioni Scientifiche Italiane, 2011. p. 116.

123, II, CC), e não apenas da condição resolutiva.[25] A condição não é, pois, disposição acessória do negócio principal, mas parte incindível de um único negócio jurídico.[26]

Por outro lado, a cláusula resolutiva expressa, esta sim, encerra disposição acessória do contrato: é inserida pela autonomia privada e conserva, durante todo o desenrolar da relação jurídica, a característica da acessoriedade; é disposição que opera no plano da eficácia e segue o princípio da gravitação jurídica, pelo que eventual vício da cláusula não afeta a existência ou validade do contrato.

No que tange ao suporte fático objetivo, a condição resolutiva requer que o evento seja futuro e incerto. No direito brasileiro, a futuridade é requisito indispensável à condição. No entanto, é possível que eventos passados ou presentes requeiram confirmação futura, hipótese em que esse fato futuro (*fato da confirmação*) pode ser qualificado como condição. Nesses casos, portanto, a *condição-fato* não corresponde ao fato passado ou presente, mas sim, ao *fato da confirmação* do evento passado ou presente.

Pense-se em contrato de promessa de compra e venda de terreno por incorporadora que deseja ali desenvolver projeto imobiliário. No entanto, a incorporadora ainda não conhece plenamente os custos do empreendimento, de modo que não está segura quanto à sua viabilidade econômica neste momento. A fim de não perder o negócio, a incorporadora celebra o contrato com a proprietária do imóvel e apõe cláusula pela qual se ficar constatado, após levantamento junto ao mercado, que o custo da obra será superior a certo valor, o contrato será resolvido. Veja-se que os custos da obra são presentes, mas dependem de confirmação, havendo incerteza quanto ao seu efetivo valor. Cuida-se, portanto, de verdadeira condição resolutiva.

Para tratar-se de condição, deve, ainda, o evento ser externo ao negócio e por isso não pode corresponder nem a elemento essencial do contrato, nem a momento típico do desenvolvimento do vínculo obrigacional.[27] O evento há de constituir fato estruturalmente autônomo, a operar externamente ao negócio,[28] não se relacionando diretamente à realização do programa

---

[25] No Direito português, destaca Menezes Cordeiro: "A condição aparece, em termos formais, como algo *autônomo*, isto é, como um *aditivo* introduzido num determinado conteúdo negocial. Mas tal deve-se, apenas, à limitação da linguagem humana, obrigada a recorrer a perífrases para traduzir algo que, afinal, tem natureza unitária. De resto, a condição está sujeita à mesma forma do contrato em que se insira. Não há, pois, uma vontade de certo efeito e, depois, nova vontade de o subordinar a determinado evento; há, antes uma vontade única, mas condicional. Resulta daí que todo o conteúdo do negócio condicionado fica, por igual, tocado pela condição, com claros reflexos no regime. E designadamente: a invalidade duma condição acarreta a invalidade de todo o negócio (*vitat et vitatur*)" (António Menezes Cordeiro. *Tratado de Direito Civil português*: parte geral. 3. ed. Coimbra: Almedina, 2005. t. 1. p. 718, grifos no original).

[26] De acordo com Francisco Amaral, "a condição não é acessória, mas elemento integrante do negócio" (Francisco Amaral. *Direito Civil*: introdução. 6. d. Rio de Janeiro: Renovar, 2006. p. 464).

[27] Como observa Lenzi, "o conceito de ser extrínseco coincide, portanto, e é explicativo, ao conceito de ser acidental, no sentido de um outro elemento que se insere no esquema normativo da *fattispecie* e contribui para a realização dos efeitos que os elementos essenciais não têm condição de realizar por si só, conforme o programa negocial" (Raffaele Lenzi. *Condizione, autonomia privata e funzione di autotutela*: l'adempimento dedotto in condizione. Milano: Giuffrè, 1996. p. 17, tradução livre). Na mesma direção, confira-se Emanuela Giacobbe. Gli elementi accidentali: la condizione. In: Nicolò Lipari; Pietro Rescigno (Dir.); Andrea Zoppini (Coord.). *Obbligazioni*: il contratto in genere. Milano: Giuffrè, 2009. v. 3, t. 2. p. 418.

[28] Sobre a condição resolutiva, afirma Falzea: "O evento, portanto, encontra no ato apenas seu pressuposto, mas a ele se contrapõe como *fattispecie* estruturalmente autônoma" (Angelo Falzea. *La condizione e gli elementi dell'atto giuridico*. Milano: Giuffrè, 1941, p. 245, tradução livre).

Cap. 18 • CLÁUSULA RESOLUTIVA EXPRESSA: FUNÇÃO, ESTRUTURA E OPERATIVIDADE | **311**

negocial.[29] E é por essa razão que o inadimplemento não constitui evento idôneo a figurar no contrato como condição resolutiva,[30] conforme afirma Santoro-Passarelli: "o inadimplemento não pode ser deduzido nem mesmo em condição resolutiva expressa, ou verdadeira, exatamente porque diz respeito ao funcionamento do negócio".[31]

A cláusula resolutiva expressa prevista no art. 474, ao contrário, contempla eventos já alocados pela lei entre as partes e cujos efeitos se busca alterar. Referidos eventos podem ser inerentes ao contrato – inexecuções de obrigações que conduzem ao inadimplemento absoluto e vício redibitório, por exemplo – ou podem ser a ele internalizados pela autonomia privada dos contratantes – como o caso fortuito. Neste último caso, mostra-se indispensável que específico risco tenha sido expressamente assumido por um dos contratantes e que a sua superveniência conduza à impossibilidade ou inutilidade da prestação, consoante o concreto regulamento de interesses

Constatada a ocorrência do suporte fático da cláusula resolutiva expressa ou implementada a condição resolutiva, resolve-se a relação jurídica. No primeiro caso, faz-se necessária, de regra, a declaração do credor dirigida à resolução.[32] Na segunda situação, prevalece no direito brasileiro o entendimento segundo o qual a resolução é sempre automática, independente da vontade ou mesmo do conhecimento das partes.[33] Tudo se passa de forma mais simples e célere do que ocorre na cláusula resolutiva expressa. De todo modo, em ambas as situações, a resolução conduz à ineficácia do negócio.

Tratando-se de cláusula resolutiva, o efeito restitutório da resolução impõe aos contratantes o retorno ao *status quo ante* – exigindo, inclusive, a devolução dos frutos eventualmente percebidos por ambas as partes, independentemente de quem tenha dado causa à resolução –, e tende a operar *inter partes*, salvo se ao terceiro atingido pelo negócio foi dado conhecer a existência e o conteúdo da cláusula.

---

[29] Serve a ilustrar o que se afirma o seguinte exemplo: o colecionador A, em penúria financeira, vende para seu amigo B todos os seus quadros. No entanto, sabendo que é um dos herdeiros contemplados no testamento de sua tia, já idosa, inclui no contrato cláusula segundo a qual se, nos dois anos seguintes, vier a receber a herança, o contrato se resolverá. Trata-se, indiscutivelmente, de evento futuro, incerto e externo à compra e venda que, por si só, não produziria qualquer efeito resolutivo sobre o contrato. A sua relevância para o negócio decorre, única e exclusivamente, do fato de as partes terem sujeitado o contrato a essa condição.

[30] Pietro Rescigno. Condizione (Dir. vig.). In: *Enciclopedia del Diritto*. Milano: Giuffrè. v. 8. p. 799. Em sentido contrário, admitindo, portanto, que as próprias partes qualifiquem o cumprimento de uma das obrigações que caracteriza determinado tipo contratual, como o pagamento do preço na compra e venda, como condição resolutiva: Francesco Galgano. *El negocio jurídico*. Tradução Francisco de P. Blasco Gascó e Lorenzo Prats Albentosa. Valencia: Tirant lo Blanch, 1992. p. 166.

[31] Francesco Santoro-Passarelli. *Dottrine generali del diritto civile*. 9. ed. Napoli: Casa Editrice Dott. Eugenio Jovene, 2012. p. 199, tradução livre.

[32] Sobre a possível automaticidade da resolução, confira-se Aline de Miranda Valverde Terra. *Cláusula resolutiva expressa*. Belo Horizonte: Fórum, 2017. p. 141 *et. seq.*

[33] Nessa direção, confira-se a lição de Carvalho Santos: "[...] é princípio incontestável, consequência da resolução de pleno direito, que verificado o implemento da condição resolutiva, não podem as partes renunciar à resolução, o que vale dizer que não lhes é lícito considerar ainda em vigor o contrato, que, em princípio, é havido como nunca tendo existido. De sorte que as partes só poderão restabelecer as relações de direito entre elas, por via de um nôvo contrato, sem nenhuma referência ao primeiro, que em hipótese alguma pode ser revigorado" (João Manoel de Carvalho Santos. *Código Civil brasileiro interpretado*. 10. ed. Rio de Janeiro: Livraria Freitas Bastos, 1963. v. 8. p. 397).

PROBLEMAS DE DIREITO CIVIL – *Homenagem aos 30 anos de cátedra do professor Gustavo Tepedino*

Por outro lado, por força da aplicação do artigo 128 do Código Civil, a retroatividade da condição resolutiva se restringe aos atos incompatíveis com a verificação do evento futuro e incerto. Sob a égide do Código Civil de 1916, Cunha Gonçalves já sustentava que se o possuidor de boa-fé não tem a obrigação de restituir os frutos, com muito mais razão não a tem o comprador sob condição resolutiva, que não possui coisa alheia, mas coisa própria. "Por isso", afirmava o autor, "a restituição é limitada só à cousa e ao seu preço, pois só êstes foram os objectos do contrato".[34] Logo, o implemento da condição resolutiva "não faz reverter as partes, em absoluto, à situação anterior como se o contrato nenhum efeito houvesse produzido, o que até seria impossível, porque até à realização do facto condicional, o comprador foi o verdadeiro proprietário da cousa; e esta situação tem de surtir, até êsse momento, todas as suas consequências, entre as quais a de lhe pertencerem os frutos".[35]

3.2 Cláusula resolutiva expressa x cláusula resolutiva tácita

À primeira vista, cláusula resolutiva expressa e cláusula resolutiva tácita aparentam ser institutos análogos, com a única diferença de a primeira resultar da autonomia privada e a segunda, da lei, que a insere no contrato de forma supletiva, diante do silêncio dos contratantes. Ledo engano. Em verdade, a distinção vai muito além da fonte da qual emanam, a ponto de ser possível identificar regimes jurídicos diversos.

Como já apontado, a cláusula resolutiva expressa encerra relevante mecanismo de alocação e disciplina dos riscos contratuais, não apenas aquele decorrente do inadimplemento absoluto, mas também do caso fortuito e até mesmo dos vícios redibitórios. A cláusula resolutiva tácita, por se entender subentendida nos contratos, sequer é cláusula: trata-se de regra legal, que não oferece às partes qualquer espaço para alocar outros riscos contratuais; na realidade, é ela mesma uma espécie de alocação estabelecida pela teoria legal do risco. Por essa razão, a avaliação sobre a relevância das obrigações assumidas pelo contratante no contexto do concreto regulamento de interesses é realizada *a posteriori*, depois, portanto, da inexecução pelo devedor, como destaca Valle Ferreira:

> [...] embora a compra e venda, contrato bilateral, possa sempre resolver-se por inadimplemento (Cód. Civil, art. 1.092, §), ninguém negaria ser o inadimplemento fato de tal modo complexo que a sua verificação tem de ser decidida em juízo, conforme tão bem acentuou VIVANTE [...]. Basta considerar que, sem a intervenção do juiz, seria impossível decidir pela resolução, nos casos de inexecução parcial. Somente por uma cláusula resolutiva expressa, contratada no ato da estipulação, poderiam as partes circunscrever o evento, isto é: combinar a resolução para o caso de inadimplemento de uma '*determinata obbligazione*', segundo a linguagem do nodo Código italiano (art. 1.456) [...]. Quando as partes querem indicar concretamente certas modalidades particulares, cuja observância consideram essencial à eficácia do contrato, não dispõem de outro meio mais completo e mais seguro que o pacto comissório expresso.[36]

---

[34] Luiz da Cunha Gonçalves. *Da compra e venda no Direito Comercial brasileiro*. 2. ed. mel. e atual. São Paulo: Max Limonad, 1950. p. 214.

[35] Luiz da Cunha Gonçalves. *Da compra e venda no Direito Comercial brasileiro*. 2. ed. mel. e atual. São Paulo: Max Limonad, 1950. p. 214. Essa também é a orientação de Caio Mário da Silva Pereira. *Instituições de Direito Civil*. 26. ed. Rio de Janeiro: Forense, 2013. v. 1. p. 475.

[36] José Gaenaert do Valle Ferreira. Resolução da compra e venda. *Revista Forense*, Rio de Janeiro, v. 139, p. 29-30, jan./fev. 1952.

Cap. 18 · CLÁUSULA RESOLUTIVA EXPRESSA: FUNÇÃO, ESTRUTURA E OPERATIVIDADE | **313**

Como cláusula acessória, a cláusula resolutiva expressa pode ser firmada no mesmo ato de celebração do negócio ou em momento posterior, por instrumento separado, aditando-se os termos originais da avença. A fixação posterior da cláusula pode se dar a qualquer tempo, desde que antes da verificação do suporte fático nela previsto. A cláusula resolutiva tácita, ao contrário, está presente desde a celebração do negócio, já que subentendida nos contratos bilaterais, conforme orientação tradicional majoritária da doutrina.

Do ponto de vista da operacionalidade, a mais relevante distinção reside no fato de a cláusula resolutiva expressa operar de pleno direito, vale dizer, independentemente de intervenção judicial ou arbitral, enquanto a tácita requer atuação do Poder Judiciário ou de Tribunal Arbitral: no primeiro caso, a resolução produz efeitos *de jure*; no segundo, verifica-se *officio judicis*, nos termos expressos do art. 474 do Código Civil. Trata-se de flagrante vantagem da primeira sobre a segunda, que permite às partes o exercício da autotutela nos termos convencionados, a oferecer solução mais rápida e segura para a perturbação ocorrida no contrato. Nessa senda, como reconhece Cunha Gonçalves, a intervenção do Poder Judiciário se revela "muito inconveniente e embaraçosa para a rápida circulação mercantil; pois que a rescisão dos contratos, no caso de inexecução por uma das partes, não deve ser entravada pelas chicanas e morosidades forenses".[37]

A despeito da expressa dicção do art. 474 do Código Civil, encontram-se decisões que exigem a manifestação do Poder Judiciário para que se opere a resolução, o que ocorre, sobretudo, no âmbito de promessa de compra e venda de bens imóveis. A exigência, todavia, não se justifica, como se passa a demonstrar.

4. A OPERATIVIDADE DA CLÁUSULA RESOLUTIVA EXPRESSA: RESOLUÇÃO EXTRAJUDICIAL POR DECLARAÇÃO RECEPTÍCIA DO CREDOR

O efeito precípuo da cláusula resolutiva expressa, que a torna infinitamente mais atrativa do que a cláusula resolutiva tácita, reside na resolução *extrajudicial* da relação obrigacional.[38] Evidentemente, como visto, a cláusula resolutiva expressa oferece outros benefícios às partes, a exemplo da possibilidade de estabelecerem, *ex ante*, as obrigações que se lhes afiguram essenciais

---

[37] Luiz da Cunha Gonçalves. *Da compra e venda no Direito Comercial brasileiro*. 2. ed. mel. e atual. São Paulo: Max Limonad, 1950. p. 215.

[38] No Direito português, Galvão Telles aponta as vantagens desse sistema: "seria injusto, em princípio, manter um dos pactuantes sujeito ao contrato depois de o outro o ter infringido, até o tribunal se pronunciar, o que pode ser demorado. E não ficam excluídas as vantagens da *fiscalização judicial*; se um dos contraentes se arroga o direito de resolver o contrato e com esse pretexto deixa de cumprir, mas não tem efectivamente aquele direito, o tribunal, a pedido da outra parte, declará-lo-á incurso em responsabilidade contratual" (Inocêncio Galvão Telles. *Direito das obrigações*. 7. ed. rev. e atual., Coimbra: Coimbra Editora, 1997. p. 461, grifos no original). Mosco se manifesta na mesma direção no Direito italiano: "Mas como o exercício dessa ação requer um tempo considerável, durante o qual a relação entre as partes litigantes permanece incerta, já que o êxito da controvérsia depende essencialmente do convencimento do magistrado acerca da gravidade do inadimplemento, e levando em conta que esse estado de incerteza pode acarretar um dano expressivo – a parte deve, por exemplo, manter a disponibilidade da mercadoria ou de outro bem objeto da prestação pactuada –, a lei permite que, em certos casos e observados certos pressupostos específicos, as delongas do processo de resolução possam ser superadas por meio da atribuição à parte insatisfeita de um particular poder privado de resolução, que enseja aquela que costuma-se chamar de 'resolução de direito'" (Luigi Mosco. *La risoluzione del contratto per inadempimento*. Napoli: Casa Editrice Dott. Eugenio Jovene, 1950. p. 145-146, tradução livre).

para a realização do escopo econômico perseguido, cuja inexecução configurará inadimplemento absoluto. No entanto, inegavelmente, a grande vantagem oferecida aos contratantes – e que no mais das vezes os leva a celebrá-la – é a possibilidade de resolver extrajudicialmente, sem delongas, sem surpresas, nos termos pactuados no contrato, a relação obrigacional.

A resolução extrajudicial vem, com efeito, ao encontro da necessidade, cada vez mais premente, de assegurar certeza e celeridade às relações contratuais. Cuida-se, em verdade, de mecanismo legítimo de autotutela privada dos interesses do credor, que o libera de se submeter à atuação judicial ou arbitral para obter resposta a respeito do rompimento do vínculo obrigacional. Trata-se, portanto, de remédio que favorece o tráfego jurídico e, consequentemente, a circulação de riquezas.

A cláusula resolutiva expressa permite, enfim, que o credor resolva, ele próprio, a relação obrigacional; e ele o faz por meio de declaração receptícia de vontade dirigida ao devedor. Note-se que a declaração pela qual o credor faz chegar ao devedor sua opção pela resolução não se confunde com a interpelação do devedor para constituição em mora. Referidas declarações são distintas, com suportes fáticos e funções que não se confundem: enquanto a declaração sobre a qual se discorre pressupõe o inadimplemento absoluto e tem por função resolver a relação obrigacional, a interpelação para constituição em mora requer a simples inobservância do modo, tempo ou lugar ajustados para a prestação, sem, todavia, impossibilitar ou tornar inútil o seu recebimento pelo credor, além de ter em mira inaugurar a mora do devedor.

Por certo, a interpelação para constituição em mora será necessária, antes da declaração dirigida à resolução, sobretudo quando não houver termo previamente ajustado para o cumprimento da prestação. Nesse caso, inclusive, pode o credor, naquela interpelação, já manifestar o seu propósito de resolver a relação, como lhe autoriza a cláusula resolutiva, caso o devedor não execute a obrigação constante da cláusula no prazo assinalado, dispensando-o de nova declaração.[39] Por outro lado, havendo termo contratualmente fixado, a mora é *ex re* e dispensa qualquer interpelação,[40] a autorizar a imediata declaração dirigida à resolução uma vez configurado o inadimplemento absoluto.

Algumas leis especiais, todavia, exigem a interpelação do devedor para a constituição em mora, inclusive em presença de termo de adimplemento, o que excepciona a disciplina geral. É o que se passa, por exemplo, no âmbito de promessa de compra e venda de imóveis loteados (Lei nº 6.766/1979)[41] e não loteados (Decreto-Lei nº 745/1969).[42] De todo modo, por se tratar

---

[39] Ruy Rosado de Aguiar Júnior. *Comentários ao novo Código Civil*: da extinção do contrato. Coordenação Sálvio de Figueiredo Teixeira. Rio de Janeiro: Forense, 2011. v. 6, t. 2. p. 381.

[40] É o que consta expressamente do art. 397 do Código Civil: "O inadimplemento de obrigação, positiva e líquida, no seu termo, constitui de pleno direito em mora o devedor. Parágrafo único. Não havendo termo, a mora se constitui mediante interpelação judicial ou extrajudicial".

[41] Lei nº 6.766/79, "Art. 32. Vencida e não paga a prestação, o contrato será considerado rescindido 30 dias depois de constituído em mora o devedor. §1º Para fins deste artigo o devedor adquirente será intimado, a requerimento do credor, pelo oficial do registro de imóveis, a satisfazer as prestações vencidas e as que se vencerem até a data do pagamento, os juros convencionados e as custas de intimação".

[42] Decreto-Lei nº 745/69, "Art. 1º Nos contratos a que se refere o art. 22 do Decreto-Lei nº 58, de 10 de dezembro de 1937, ainda que não tenham sido registrados junto ao Cartório de Registro de Imóveis competente, o inadimplemento absoluto do promissário comprador só se caracterizará se, interpelado por via judicial ou por intermédio de cartório de Registro de Títulos e Documentos, deixar de purgar a mora, no prazo de 15 (quinze) dias contados do recebimento da interpelação". De acordo com Darcy Bessone, "não explica o texto o fim a que se destina o prazo, mas subentende-se que foi estabelecido para a purgação da mora" (Darcy Bessone. *Da compra e venda, promessa, reserva de domínio e alienação fiduciária em garantia*. 4. ed. rev. e ampl. São Paulo: Saraiva, 1997. p. 191).

de exceção ao regime jurídico da mora, há que se restringir a necessidade de interpelação às hipóteses legalmente previstas.

Seja como for, o que importa sublinhar aqui é que não se confunde a declaração pela qual o credor manifesta sua vontade de resolver extrajudicialmente a relação obrigacional, com a notificação do devedor para constituição em mora. A constituição em mora pressupõe a mora, e concede ao devedor prazo para purgá-la; a declaração resolutiva, por sua vez, requer o inadimplemento absoluto e não abre ao devedor a possibilidade de cumprir a prestação, pois dá por resolvido o vínculo obrigacional.

Em sistemas em que a resolução se opera por mera declaração do credor, a secundarização do papel do juiz ou do árbitro na apreciação da cláusula pode ser atenuada por iniciativa do devedor.[43] Se inevitável o litígio, a intervenção judicial ou arbitral será meramente fiscalizadora da legitimidade do exercício da autonomia privada na elaboração da cláusula resolutiva e do efetivo preenchimento dos pressupostos autorizadores da resolução. De todo modo, a atuação do julgador será *a posteriori*[44] e, verificada a regularidade do exercício da autonomia privada e a presença dos pressupostos resolutivos, a sentença será meramente declaratória, a reconhecer, então, a resolução *ope voluntatis*.[45]

Os Tribunais, atentos à melhor técnica, têm cuidado, em boa parte, de prestigiar a autonomia privada, reconhecendo que, presente cláusula resolutiva expressa, a resolução se processa extrajudicialmente. Ratificaram, por exemplo, a resolução extrajudicial promovida pela cláusula resolutiva expressa: o Tribunal de Justiça do Rio de Janeiro, ao deliberar sobre contrato de empreitada para a reforma de piscina em condomínio edilício[46] e sobre contrato de mútuo;[47] o Tribunal de Justiça de São Paulo, ao apreciar contrato de locação de bem móvel;[48] o Tribunal de Justiça do Distrito Federal e dos Territórios, por ocasião da análise de contrato de concessão de direito real de uso;[49] e o Tribunal de Justiça do Paraná, ao examinar contrato de compra e venda de empresa alimentícia[50] bem como contrato de cessão de direito de ocupação de unidade habitacional hoteleira em sistema de tempo compartilhado.[51]

Há, porém, decisões que exigem a prévia manifestação judicial para que se opere a resolução mesmo diante de cláusula resolutiva expressa. Trata-se, em sua maioria, de ações cujo objeto é a reintegração de posse do bem objeto de promessas de compra e venda de imóveis. Ao que parece, outra deveria ser a solução. Embora se reconheça que semelhantes contratações envolvam, muitas vezes, especial interesse do promitente comprador – aquisição da casa própria –, revestindo-se de relevância social justificadora da intervenção protetiva do Estado, é preciso considerar que o Decreto-Lei nº 745/69 e a Lei nº 6.766/79 já flexibilizaram o rigor da disciplina do Código Civil ao exigir a notificação, judicial ou por meio do Cartório de Registro de Títulos e Documentos, para a constituição em mora do promitente comprador, mesmo que do contrato conste cláusula

---

[43] José Carlos Brandão Proença. *A resolução do contrato no Direito Civil*: do enquadramento e do regime. Coimbra: Coimbra Editora, 2006. p. 113.

[44] Darcy Bessone. *Do contrato*. Rio de Janeiro: Forense, 1960. p. 325.

[45] Ruy Rosado Aguiar Júnior. *Comentários ao novo Código Civil*: da extinção do contrato. Coordenação de Sálvio de Figueiredo Teixeira. Rio de Janeiro: Forense, 2011. v. 6, t. 2. p. 494.

[46] TJ/RJ, 13ª CC, AC 0071083-54.2012.8.19.0001, Rel. Des. Gabriel Zefiro, julg. 16.09.2014.

[47] TJ/RJ, 24ª CC, AC 0035062-45.2013.8.19.0001, Rel. Des. Sérgio Wajzenberg, julg. 27.04.2016.

[48] TJ/SP, 28ª CDPriv., AC 0021370-86.2009.8.26.0562, Rel. Des. Gilson Delgado Miranda, julg. 24.02.2015.

[49] TJ/DF, 4ª TC, AC 20110111863536, Rel. Des. Arnoldo Caminho de Assis, julg. 30.01.2013.

[50] TJ/PR, 7ª CC, AC 1.187.541-1, Rel. Des. Fábio Haick Dalla Vecchia, julg. 22.07.2014.

[51] TJ/PR, 12ª CC, AC 70066824764, Rel. Umberto Guaspari Sudbrack, julg. 30.08.2016.

resolutiva expressa, sem afastar, todavia, a resolução extrajudicial. Com efeito, a única peculiaridade que referidas leis impõem é a necessidade de notificação do promitente comprador, nada mais; após a notificação, tudo deve se passar consoante a disciplina da cláusula resolutiva expressa.

É preciso frisar que a exigência do ajuizamento da ação de reintegração de posse no âmbito de promessas de compra e venda não torna necessário que o credor também recorra ao Judiciário para obter a resolução do contrato, tanto mais no âmbito de relações paritárias: resolve-se o contrato extrajudicialmente e ajuíza-se a ação para a reintegração. Em definitivo, conquanto, não raro, se faça necessário recorrer ao Judiciário para que se produzam os efeitos materiais da resolução, isso não significa que a própria resolução tenha que se processar judicialmente. Cuida-se de problemas distintos, a serem resolvidos em esferas distintas.

Não se está a sustentar, em absoluto, a impossibilidade de atuação do Poder Judiciário ou de Tribunal Arbitral em resolução de compromisso de compra e venda do qual conste cláusula resolutiva expressa. Aliás, não é essa a consequência da pactuação da referida cláusula em qualquer circunstância. Propugna-se, tão somente, a aplicação da disciplina pertinente, de sorte a considerar resolvido o contrato depois de transcorrido, *in albis*, o prazo para a purga da mora. Se, no entanto, o promitente comprador não concordar com a resolução extrajudicial, caberá a ele o ajuizamento de ação a fim de submeter ao Judiciário ou à Arbitragem o acertamento da controvérsia, e não ao promitente comprador.[52]

Ante a resistência à efetividade da cláusula aposta em promessas de compra e venda, editou-se a Lei nº 13.097/2015, que alterou o artigo 1º do Decreto-Lei nº 745/69, cujo parágrafo único passou a reconhecer expressamente a possibilidade de resolução extrajudicial.[53] Embora se mostre auspicioso que decisões posteriores à alteração legislativa tenham reconhecido a plena eficácia da cláusula resolutiva expressa,[54] outras não o fizeram ao argumento de que a modificação promovida pela Lei nº 13.097 teria alcançado apenas as promessas referentes a imóveis *não loteados*, não já os incorporados (Lei nº 4.591/64) e tampouco os imóveis urbanos loteados (Lei nº 6.766/79).[55]

O entendimento, contudo, não colhe. Isso, porque a resolução extrajudicial facultada pela cláusula resolutiva expressa não foi *autorizada* pela referida alteração. A Lei nº 13.097/2015 apenas *ratificou* a regra geral constante do art. 474 do Código Civil, que só pode ser afastada por previsão legal específica. E não há, em relação a qualquer espécie de promessa de compra e venda, disposição que excepcione a regra. Ao contrário. A legislação especial parece mesmo apontar para a possibilidade de resolução extrajudicial.

No que tange aos imóveis incorporados, a Lei 4.591/64, no art. 63, estabelece que "é lícito estipular no contrato, sem prejuízo de outras sanções, que a falta de pagamento, por parte do adquirente ou contratante, de 3 prestações do preço da construção, quer estabelecidas inicialmente, quer alteradas ou criadas posteriormente, quando for o caso, depois de prévia notificação

---

[52] "O pacto resolutório expresso, segundo indicam o próprio nome e a leitura do art. 474, prescindiria de *intervenção judicial* para resolver o contrato, já que 'está no conhecimento do interessado'. O resultado prático dessa leitura é a *inversão da iniciativa judicial*: o devedor, discordando, é que deveria ter o ônus de demonstrar em juízo que não se verificaram os pressupostos para o exercício do direito de resolução" (Rebeca dos Santos Garcia. Cláusula resolutiva expressa: análise crítica de sua eficácia. *Revista de Direito Privado*, São Paulo, v. 56, p. 83, out./dez. 2013).

[53] "Art. 1º, parágrafo único. Nos contratos nos quais conste cláusula resolutiva expressa, a resolução por inadimplemento do promissário comprador se operará de pleno direito (art. 474 do Código Civil), desde que decorrido o prazo previsto na interpelação referida no *caput*, sem purga da mora."

[54] TJ/SP, 1ª CDPriv., AI 2079575-67.2016.8.26.0000, Rel. Des. Rui Cascaldi, julg. 06.07.2016.

[55] TJ/SP, 36ª CDPriv., AC 1121866-85.2019.8.26.0100, Rel. Des. Milton Carvalho, julg. 04.08.2020.

Cap. 18 • CLÁUSULA RESOLUTIVA EXPRESSA: FUNÇÃO, ESTRUTURA E OPERATIVIDADE | **317**

com o prazo de 10 dias para purgação da mora, *implique na rescisão do contrato, conforme nele se fixar*, ou que, *na falta de pagamento, pelo débito respondem os direitos à respectiva fração ideal de terreno e à parte construída adicionada, na forma abaixo estabelecida, se outra forma não fixar o contrato*" (grifou-se).[56] Note-se que o dispositivo autoriza a "rescisão [sic] do contrato, conforme nele se fixar", ou o leilão do imóvel. Ora, se a lei se refere à "rescisão [sic] do contrato, conforme nele se fixar", é porque o contrato pode prever forma de resolução que não a legal, ou seja, que não aquela decorrente da cláusula resolutiva tácita, o que indica a possibilidade de previsão de cláusula resolutiva expressa e, por consequência, de resolução extrajudicial.

Observem-se, ainda, os arts. 35-A e 67-A, introduzidos pela Lei 13.786/2018, a Lei dos Distratos Imobiliários. O primeiro estabelece que os contratos de promessa de compra e venda de unidades autônomas integrantes da incorporação imobiliária serão iniciados por quadro-resumo que, entre outras informações, deverá conter, nos termos do inciso VI, "as consequências do desfazimento do contrato, seja por meio de distrato, seja por meio de resolução contratual motivada por inadimplemento de obrigação do adquirente ou do incorporador, com destaque negritado para as penalidades aplicáveis e para os prazos para devolução de valores ao adquirente". O dispositivo, ao admitir o desfazimento do negócio por meio de distrato ou de resolução motivada por inadimplemento absoluto de obrigação do adquirente ou do incorporador, não faz qualquer restrição à forma de processamento da resolução. Exige-se apenas que as penalidades aplicáveis e os prazos para devolução de valores estejam negritados. Nesse cenário, além de não haver limitações à eficácia da cláusula resolutiva expressa, sequer se poderia exigir que lhe fosse dado o destaque negritado, já que a resolução extrajudicial não ostenta a natureza de penalidade ao inadimplemento.

O art. 67-A, por sua vez, trata das quantias a serem restituídas ao adquirente caso incorra em inadimplemento absoluto. Conforme já se observou em outra sede, a cláusula contratual que prevê a retenção de parcelas e a consequente restituição das demais ao promitente comprador se qualifica como "cláusula penal compensatória, cuja função é prefixar as perdas e danos. O intuito do legislador ao prever referidas porcentagens foi, inequivocamente, limitar a autonomia privada na fixação do montante da cláusula, impondo uma 'tarifação' da indenização devida em caso de desfazimento do contrato".[57] Semelhante previsão em nada impede ou embaraça a resolução extrajudicial. Em verdade, reforça-a, já que a cláusula contratual relativa à retenção dispensa o promitente vendedor de ir a juízo liquidar suas perdas e danos; tudo se passa extrajudicialmente: a resolução e a produção de seus respectivos efeitos indenizatório (retenção do percentual contratualmente previsto pelo promitente vendedor) e restitutório (restituição do que sobejar ao promitente comprador).[58]

Em relação aos imóveis loteados, tampouco se identifica na Lei 6.766/79 qualquer restrição à resolução extrajudicial. A rigor, bem analisados os seus dispositivos, a lei parece *incentivar* a resolução extrajudicial ao conferir ao credor instrumentos de tutela que independem da intervenção do Poder Judiciário ou de Tribunal Arbitral. O art. 32, por exemplo, determina que vencida e não paga a dívida, o contrato será considerado *resolvido* 30 (trinta) dias após a constituição em mora

---

[56] A Lei 4.864/65, no art. 1º, VI, ratifica que a resolução requer atraso mínimo de 3 meses.

[57] Aline de Miranda Valverde Terra; Roberta Mauro Medina Maia. Notas sobre a natureza e o regime jurídico da retenção de parcelas autorizada pela Lei dos Distratos. In: *Migalhas*. Migalhas de responsabilidade civil. Publicado em 17 set. 2020. Disponível em: https://migalhas.uol.com.br/coluna/migalhas-de-responsabilidade-civil/333431/notas-sobre-a-natureza-e-o-regime-juridico-da-retencao-de-parcelas-autorizada-pela-lei-dos-distratos. Acesso em 15.03.2021.

[58] Sobre o tema, seja consentido remeter a Aline de Miranda Valverde Terra. *Cláusula resolutiva expressa*. Belo Horizonte: Fórum, 2017, p. 204.

do devedor. Já o § 2º do art. 34, introduzido também pela Lei dos Distratos Imobiliários, prevê que "[n]o prazo de 60 (sessenta) dias, contado da constituição em mora, fica o loteador, na hipótese do *caput* deste artigo, obrigado a alienar o imóvel mediante leilão judicial ou *extrajudicial*, nos termos da Lei nº 9.514, de 20 de novembro de 1997" (destacou-se).[59] Não há, com efeito, qualquer previsão na Lei 6.766/79 que possa conduzir o intérprete a mitigar a eficácia da cláusula resolutiva expressa e vislumbrar a obrigatoriedade de a resolução se processar judicialmente.

Por fim, nem mesmo o Código de Defesa do Consumidor causa embaraço à resolução extrajudicial. O art. 53 se limita a impedir a retenção total das parcelas pagas pelo promitente vendedor, e passa ao largo de qualquer discussão sobre a operatividade da resolução, a remeter a questão, necessariamente, para o art. 474 do Código Civil. Da mesma forma, o art. 51, XI, que fulmina de nulidade cláusula que autorize "o fornecedor a cancelar o contrato unilateralmente, sem que igual direito seja conferido ao consumidor" tampouco cuida de resolução, vale dizer, de extinção do vínculo obrigacional em razão do inadimplemento absoluto do consumidor, mas sim de denúncia, ou seja, de extinção do vínculo obrigacional por força de declaração de vontade imotivada do fornecedor.

Uma última questão há de ser pontuada. Mesmo que a promessa de compra e venda esteja registrada no Registro de Imóveis, cuidando-se de contratos regidos pela Lei 6.766/79 (art. 32, § 3º) ou pelo Decreto-Lei nº 58/37 (art. 14, § 3º), resolvida extrajudicialmente a relação obrigacional, o registrador deve proceder ao cancelamento do registro mediante simples prova do inadimplemento, que se faz por meio da "certidão de não haver sido feito o pagamento em cartório", por força de expressa determinação legal. O procedimento é, portanto, administrativo.

Embora a Lei de Incorporação Imobiliária não preveja expressamente a possibilidade de os registradores cancelarem o registro da promessa de compra e venda uma vez resolvida a relação obrigacional, o que pode levá-los a oferecer alguma resistência a fazê-lo, é possível que as próprias partes lhes atribuam essa incumbência por meio de específica disposição contratual, em conformidade com o disposto no art. 63 da referida lei.

Com efeito, podem as partes prever cláusula resolutiva expressa segundo a qual o promitente vendedor poderá resolver de pleno direito a relação se o promitente comprador deixar de pagar 3 prestações do preço e, constituído em mora por meio de notificação por cartório, não a purgar perante o referido cartório no prazo de 10 dias. Pode, ainda, o contrato conferir poderes expressos para o registrador cancelar o registro da promessa se o pagamento não for realizado (o que é certificado pelo próprio cartório após o decurso do prazo concedido para a purgação da mora) e o contrato for resolvido, mediante requerimento do promitente vendedor. Nesse cenário, o registrador está absolutamente seguro quanto ao cancelamento, já que há prova inequívoca do inadimplemento bem como autorização expressa das partes para que ele o realize. Assim, tudo ocorre, também, administrativamente. A solução, em verdade, vai ao encontro da desjudicialização dos remédios conferidos ao promitente vendedor, cujo exemplo mais emblemático é o leilão extrajudicial, e se mostra consentânea com o procedimento adotado para as promessas de compra e venda de imóveis loteados e não loteados.

De todo modo, se a promessa de compra e venda não contiver referida cláusula, no pior cenário possível, o cancelamento do registro constituirá efeito material da resolução, para cuja efetivação o registrador pode acabar exigindo o pronunciamento judicial. Nesse caso, o promitente vendedor resolve a relação obrigacional por simples notificação ao promitente

---

[59] Art. 34, *caput*: "Em qualquer caso de rescisão por inadimplemento do adquirente, as benfeitorias necessárias ou úteis por ele levadas a efeito no imóvel deverão ser indenizadas, sendo de nenhum efeito qualquer disposição contratual em contrário."

comprador e, na sequência, ajuíza a ação a fim de que o juiz determine o cancelamento do registro. Todos os efeitos da resolução que independam de intervenção judicial se produzem desde a notificação resolutiva.

Em definitivo, a alteração promovida pela Lei nº 13.097/2015 não pretendeu restringir a possibilidade de resolução extrajudicial às promessas de compra e venda de imóveis não loteados, mas apenas confirmar a forma pela qual se opera a resolução diante de cláusula resolutiva expressa, qualquer que seja o imóvel objeto do contrato. Embora louvável o esforço da doutrina e da jurisprudência em tutelar o promitente comprador, sobretudo tendo em vista a relevância social de que se revestem as promessas de compra e venda, não se identifica, juridicamente, qualquer empecilho à plena eficácia da cláusula resolutiva expressa no âmbito dessas contratações. A resolução extrajudicial – que, a um só tempo, prestigia a autonomia privada e promove segurança jurídica – há de ser garantida, e outros instrumentos de tutela legalmente previstos devem ser utilizados para proteger a posição do adquirente.

5. NOTAS CONCLUSIVAS

O Código Civil de 2002 ratificou a autonomia dogmática da cláusula resolutiva expressa, distinguindo-a da condição resolutiva e da cláusula resolutiva tácita. A análise da sua função, estrutura e da forma pela qual se operam seus efeitos permite não apenas distanciá-la daquelas figuras, mas reconhecer sua importância ímpar na tutela dos interesses do credor no momento mais dramático da relação contratual: o inadimplemento absoluto.

Isso, porque, como se destacou, a cláusula resolutiva expressa permite ao credor se desvincular de relação jurídica estéril, incapaz de promover o resultado útil programado, de forma célere, mediante simples notificação ao devedor, extrajudicialmente. Todavia, a despeito da redação inequívoca do art. 474 do Código Civil, ainda se encontram vozes que subordinam a resolução à manifestação judicial ou arbitral, o que ocorre sobretudo quando se está diante de promessa de compra e venda de bem imóvel, o que descaracteriza a cláusula resolutiva expressa, equiparando-a, quanto ao seu principal efeito, à cláusula resolutiva tácita. Desvirtua-se a disciplina da cláusula, e impõe-se ao credor a penosa tarefa de socorrer-se do Poder Judiciário ou da Arbitragem para fazer valer seu direito quando, a rigor, quem deve fazê-lo é o devedor, se discordar da execução da cláusula. Fere-se a autonomia privada, apesar de inexistir qualquer justificativa técnica para tanto. Trata-se, em definitivo, de orientação prejudicial à celeridade e segurança jurídica.

A fim de superar esse imbróglio, alterou-se o artigo 1º do Decreto-Lei nº 745/69, que passou a mencionar expressamente que "nos contratos nos quais conste cláusula resolutiva expressa, a resolução por inadimplemento do promissário comprador se operará de pleno direito". Espera-se que a mudança legislativa – cujo escopo não foi restringir a possibilidade de resolução extrajudicial às promessas de compra e venda de imóveis não loteados, mas apenas reforçar a regra geral prevista no Código Civil –, contribua para interromper a questionável prática de judicializar o que é insindicável, preterindo a disciplina traçada pelas partes.

A presença da cláusula resolutiva expressa resulta de escolha prévia dos contratantes quanto aos mecanismos de tutela de que disporá o credor em caso de inadimplemento, a restringir a possibilidade de o juiz ou árbitro reavaliar essa escolha. Sempre será permitido ao julgador analisar a legitimidade e a legalidade da cláusula, mas é preciso cuidar para que, ao fazê-lo, não se substitua à vontade inicial das partes, alterando a disciplina contratual e, por vezes, o próprio equilíbrio do contrato, uma vez que a presença da cláusula resulta de complexa equação que envolve cuidadosa distribuição de riscos contratuais.

19

O ABUSO DE DIREITO POTESTATIVO NA LEGALIDADE CONSTITUCIONAL

CAMILA HELENA MELCHIOR BAPTISTA DE OLIVEIRA

Sumário: Introdução. 1. A evolução do abuso de direito e o controle funcional do exercício de direitos potestativos. 2. O adimplemento substancial como critério de aferição da resolução contratual abusiva. 3. O princípio da boa-fé objetiva sob outro espectro: a quebra de legítimas expectativas suscitadas na contraparte e o abuso de direito. Notas conclusivas.

INTRODUÇÃO

A doutrina clássica de J. M. de Carvalho Santos prenunciava que o critério do abuso de direito é social e teleológico, na medida em que, "se o homem pode abusar de direito, é porque êste direito não lhe confere irresponsabilidade, o que vale dizer que êle é simplesmente relativo, dado para um certo fim, do qual o titular não se pode afastar".[1] Sob a mesma premissa, o Prof. Pietro Perlingieri destaca que a "autonomia privada não é um valor em si e, sobretudo, não representa um princípio subtraído ao controle de sua correspondência e funcionalização ao sistema das normas constitucionais",[2] de modo que cabe ao intérprete avaliar se o exercício dos direitos (ou de qualquer outra situação jurídica subjetiva), em concreto, se dá em consonância com os valores existenciais que fundamentam a sua atribuição ao seu titular, notadamente à luz do princípio da dignidade da pessoa humana (art. 1º, III, Constituição Federal).

---

[1] J. M. Carvalho Santos, *Código Civil Brasileiro Interpretado principalmente do ponto de vista prático*: parte geral (arts. 114-179), vol. III, Rio de Janeiro: Livraria Freitas Bastos, 1963, p. 351.

[2] Pietro Perlingieri, *Perfis do direito civil*: introdução ao direito civil constitucional, Maria Cristina de Cicco (trad.), Rio de Janeiro, Renovar, 2007, 3. ed., p. 277.

De tal tarefa inadiável encarregou-se a *Corte d'Appello* di Roma in *riassunzione*, aplicando os princípios enunciados pela *Corte di Cassazione*, no âmbito do chamado Caso Renault, objeto da sentença de n.º 20106, proferida em 18 de setembro de 2009. Segundo noticiado, a *Corte di Cassazione* estabeleceu que, embora não caiba ao intérprete controlar a adequação de estratégias comerciais, os direitos a elas relacionados devem ser exercidos segundo os limites impostos pelo princípio da boa-fé objetiva e da teoria do abuso de direito, sofrendo controle funcional.[3]

Em cumprimento aos princípios estabelecidos pela Corte Suprema Italiana, a *Corte d'Appello di Roma* condenou a Renaul Italia Spa ao pagamento de € 2.000.000,00 (dois milhões de euros), por considerar ilegítima a resilição unilateral de quase duzentos *contratti di concessione di vendita*, efetuada pela Renault, não obstante o devido cumprimento do dever de pré-aviso, nos termos pactuados contratualmente. Isso porque, meses antes da referida resilição contratual, a Renault havia imposto meta mínima de vendas e novos investimentos às suas concessionárias (*v.g.* ampliação ou restauração de locais de venda, organização de *show rooms*, abertura de subconcessionárias, aumento da aquisição de peças de reposição, contratação de funcionários, publicidade, etc.), despertando nestas a legítima expectativa da continuidade da relação contratual.

O debate centra-se no âmbito das discussões acerca do exercício abusivo de direito, que se caracteriza pela "contrariedade ao substrato axiológico-normativo que constitui a razão da sua atribuição ao titular (art. 187 do Código Civil)".[4] Com efeito, na seara contratual, o controle funcional do exercício dos direitos dos contratantes perpassa pela proteção das legítimas expectativas suscitadas na contraparte, a fim de preservar a função contratual.

Nesse particular, o abuso de direito qualifica-se como instrumento de *controle interno de conformidade* de determinada situação jurídica subjetiva, verificando-se se esta é exercida em conformidade com a sua *função*. Por tal razão, diz-se que o abuso de direito promove "*lo spostamento dalla genérica libertà di azione verso la considerazione della finalità normativamente relevante (ratio), a cui deve essere indirizzato l'esercizio del diritto*".[5]

Dentre as espécies de situações jurídicas subjetivas que sofrem controle funcional estão os direitos potestativos. Afinal, se, de um lado, os direitos potestativos, quando estruturalmente e individualmente considerados, conferem ao seu titular a prerrogativa de unilateralmente constituir, modificar ou extinguir uma situação jurídica subjetiva, gerando efeitos na esfera jurídica de outrem; por outro lado, esses mesmos direitos devem ser exercidos de modo a realizar interesses jurídicos tutelados pelo ordenamento, em consonância com a axiologia constitucional. Ressalte-se, nesse particular, que inexistem direitos absolutos em nosso ordenamento jurídico que configurem, *per se*, um valor a ser preservado.

Convém, porém, destacar a arguta percepção do Prof. Gustavo Tepedino ao sinalizar que tal argumento não autoriza a "hiperbolização desse controle funcional, reduzindo o direito potestativo à atuação sujeita à sindicância crescente de motivação casuística, capaz de transformar a prerrogativa contratual, legitimamente conferida, em ato necessariamente motivado e com eficácia

---

[3] V. Mantelli Davini Avvocati Associati. Concessione di vendita – "il caso" Renault: il colosso francese condannato a 2 milioni per recesso illegittimo. In: *Mantelli Davini Avvocati Associati*. Disponível em: https://imantelli.eu/concessione-di-vendita-il-caso-renault-il-colosso-francese-condannato-a-2-milioni-per-recesso-illegittimo/. Acesso em: 7.5.2021.

[4] Gustavo Tepedino, Boa-fé objetiva e eficácia de contrato associativo sujeito a condições precedentes. In: Gustavo Tepedino (org.), *Opiniões doutrinárias*: Novos problemas de direito privado, vol. III, São Paulo: Thomson Reuters Brasil, 2021, p. 183.

[5] Davide Messinetti, Abuso del diritto. In: Angelo Falzea (direttore), *Enciclopedia del diritto*: Aggiornamento: Abuso – Tribunale, vol. II, Varese: Giuffrè Editore, 1998, p. 7.

PROBLEMAS DE DIREITO CIVIL – *Homenagem aos 30 anos de cátedra do professor Gustavo Tepedino*

condicionada".[6] Em decorrência, acrescenta o autor que a abusividade no exercício do direito potestativo afigura-se medida excepcional, sendo indispensável prestigiar as posições de vantagem estabelecidas pelo ordenamento jurídico ou pela autonomia privada, sob pena de indevida inversão da alocação de riscos pactuada no programa contratual e de banalização da figura do abuso de direito.

Nesse contexto, o presente estudo busca esclarecer os contornos do exercício legítimo dos direitos potestativos, que, segundo o entendimento majoritário sobre o tema, encontra barreiras notadamente na figura do adimplemento substancial e na hipótese em que o comportamento do seu titular desperta, na contraparte, a legítima expectativa quanto ao seu não exercício.

1. A EVOLUÇÃO DO ABUSO DE DIREITO E O CONTROLE FUNCIONAL DO EXERCÍCIO DE DIREITOS POTESTATIVOS

A concepção do abuso de direito assumiu contornos preliminares já no direito romano, quando se percebeu que o ato, ainda que praticado em conformidade com a lei, poderia contrariar a "própria finalidade, a própria função daquele direito como um todo".[7] A origem da expressão abuso do direito, no entanto, é atribuída à doutrina de Laurent ao retratar precedentes franceses do século XIX que, superando a lacuna do Código Napoleão, reconheciam irregularidades no exercício do direito por seu titular.[8]

---

[6]   Gustavo Tepedino, Editorial. In: *Revista Brasileira de Direito Civil – RBDCivil*, Belo Horizonte, vol. 25, jul-set./2020.

[7]   Gustavo Tepedino; Heloisa Helena Barboza; Maria Celina Bodin de Moraes, *Código Civil interpretado conforme a Constituição da República*, vol. 1, Rio de Janeiro: Renovar, 2014, 3. ed., p. 345. É importante destacar, porém, a lição de António Manuel da Rocha e Menezes Cordeiro no sentido de que, embora os romanos tenham buscado limitações ao princípio do *nullus videtur dolo facere, qui suo iure utitur*, por meio do desenvolvimento de institutos específicos (e.g. *aemulatio, exceptio doli* e regulação dos direitos de vizinhança) e de outras regras gerais que limitavam o exercício dos direitos subjetivos (como os brocardos *summum ius summa iniuria, non omne quod licet honestum est* e *malitiis non est indulgendum*), a teoria do abuso do direito não teve consagração geral no Direito Romano, na medida em que "seria dogmaticamente incorrecto e historicamente inexacto reconduzir os elementos parcelares existentes a uma teoria do abuso do direito" (António Manuel da Rocha e Menezes Cordeiro, *Da boa-fé no direito civil*, Coimbra: Almedina, 2001, 2ª reimpressão, pp. 672-677).

[8]   Ainda na doutrina de António Manuel da Rocha e Menezes Cordeiro, anota-se que as "primeiras decisões judiciais do que, mais tarde, na doutrina e na jurisprudência, viria a ser conhecido por abuso do direito, datam da fase inicial da vigência do Código Napoleão. Assim, em 1808, condenou-se o proprietário duma oficina que, no fabrico de chapéus, provocava evaporações desagradáveis para a vizinhança. Doze anos volvidos, era condenado o construtor de um forno que, por carência de precauções, prejudicava um vizinho. Em 1853, numa decisão universalmente conhecida, condenou-se o proprietário que construira uma falsa chaminé, para vedar o dia a uma janela do vizinho, com quem andava desavindo. Um ano depois, era a vez do proprietário que bombeava, para um rio, a água do próprio poço, com o fito de fazer baixar o nível do do vizinho. Em 1861, foi condenado o proprietário que, ao proceder a perfurações no seu prédio, provocou, por falta de cuidado, desabamentos no do vizinho. Seguir-se-iam, ainda, numerosas decisões similares, com relevo para a condenação, em 1913, confirmada pela Cassação, em 1915, por abuso do direito, do proprietário que erguera, no seu terreno, um dispositivo dotado de espigões de ferro, destinado a danificar os dirigíveis construídos pelo vizinho" (António Manuel da Rocha e Menezes Cordeiro, *Da boa-fé no direito civil*, Coimbra: Almedina, 2001, 2ª reimpressão, p. 671).

Cap. 19 • O ABUSO DE DIREITO POTESTATIVO NA LEGALIDADE CONSTITUCIONAL | 323

Não obstante tais antecedentes, a teoria ganhou maior relevo nas discussões doutrinárias e jurisprudenciais ocorridas a partir do século XX, que buscavam "justificar ou negar o ato abusivo, identificá-lo ou distingui-lo do ilícito".[9] Nesse contexto, surgiram diversas teorias negacionistas e afirmativistas, que desaguaram na construção do abuso do direito "no cerne do direito subjetivo, procurando identificá-lo como resultado de uma contradição com um dos elementos valorativos do próprio direito".[10] Sobre o ponto, destacaram-se os ensinamentos de Josserand, que caracterizou o abuso de direito como a violação ao seu espírito ou fim social.[11]

Ainda hoje, a definição dogmática do abuso de direito é objeto de embates teóricos acerca de seus limites e critérios de aferição nos diferentes sistemas jurídicos, sobretudo porque a teoria decorreu de construção jurisprudencial casuística, que seguiu caminhos diversos conforme a experiencia e as normas jurídicas de cada ordenamento.

No Brasil, em consonância com a lógica individualista e privatista do Código Civil de 1916, a doutrina clássica concebia o abuso de direito como espécie de ato ilícito, caracterizado pela violação meramente estrutural de previsão normativa expressa. Considerando que o art. 160, I, do CC/16,[12] previsto topograficamente no título de atos ilícitos, destacava que não constituíam ato ilícito aqueles praticados no exercício regular de um direito reconhecido, estabeleceu-se, por interpretação a *contrario sensu*, que constituíam ato ilícito aqueles praticados em desconformidade com o exercício regular do direito.[13]

Conforme ensina Judith Martins-Costa, embora o art. 160, I, do CC/16, indicasse concepção objetiva do abuso do direito, a jurisprudência "acolhia, diversamente, uma concepção subjetiva a *outrance*, exigindo-se intenção emulativa, 'malícia e culpa"[14]. Segundo tal entendimento, o abuso foi, por muitas décadas, associado à prática de atos emulativos, o que limitava a sua aplicação aos

---

[9]   Heloisa Carpena, O abuso do Direito no Código Civil de 2002: relativização de direitos na ótica civil--constitucional. In: Gustavo Tepedino (coord.), *A parte geral do novo Código Civil*: estudos na perspectiva civil-constitucional, Rio de Janeiro: Renovar, 2007, p. 402.

[10] Heloisa Carpena, O abuso do Direito no Código Civil de 2002: relativização de direitos na ótica civil--constitucional. In: Gustavo Tepedino (coord.), *A parte geral do novo Código Civil*: estudos na perspectiva civil-constitucional, Rio de Janeiro: Renovar, 2007, p. 403.

[11] Nessa esteira, anota Bruno Miragem que, para Louis Josserand, "aparecerá como critério seguro de identificação do abuso de direito, a presença ou não de um motivo legítimo a mover o exercício do direito subjetivo. Trata-se em seu dizer, na pedra angular da teoria do abuso do direito, sob a qual, graças a sua flexibilidade, a noção de abuso representa importante fator evolutivo da interpretação e aplicação do direito, afastando-se, assim, a necessidade da presença de qualquer elemento intencional ou culposo na ação do autor do ato qualificado abusivo" (Bruno Miragem, *Abuso do direito*: Ilicitude objetiva e limite ao exercício de prerrogativas jurídicas no Direito Privado, São Paulo: Editora Revista dos Tribunais, 2013, p. 92).

[12] Art. 160, I, do Código Civil de 1916: "Não constituem atos ilícitos: I. Os praticados em legítima defesa ou no exercício regular de um direito reconhecido".

[13] Na doutrina clássica: "Estatue o art. 160, I, que não constitue acto ilícito o praticado no exercício regular de um direito reconhecido. A *contrario sensu*, o praticado em exercício não regular de um direito, é ilícito. Eis ahi a condemnação do abuso do direito (...)" (Clovis Bevilaqua, *Código civil dos Estados Unidos do Brasil comentado por Clovis Bevilaqua*, Rio de Janeiro: Editora Rio, 1975, Ed. histórica, 6ª tiragem, p. 431).

[14] Judith Martins-Costa, Os avatares do abuso do direito e o rumo indicado pela boa-fé. In: Gustavo Tepedino (coord.), *Direito Civil Contemporâneo*: novos problemas à luz da legalidade constitucional, São Paulo: Editora Atlas S.A., 2008, p. 63.

324 | PROBLEMAS DE DIREITO CIVIL – *Homenagem aos 30 anos de cátedra do professor Gustavo Tepedino*

atos praticados com a intenção de causar danos a terceiros.[15] Tal cenário foi se alterando paulatinamente a partir das décadas de 50 a 70, quando os tribunais estaduais passaram a considerar a "finalidade econômica ou social do direito como baliza da licitude".[16]

Com o advento da Constituição Federal de 1988, que transferiu a centralidade anteriormente inerente ao Código Civil para a tábua axiológica constitucional, a teoria do abuso de direito ganhou maior destaque. O ordenamento jurídico, fundado no personalismo e no solidarismo, passou a exigir que o exercício de situações jurídicas patrimoniais seja funcionalizado à concretização de valores existenciais, à luz do princípio da dignidade da pessoa humana (art. 1º, III, Constituição Federal), por ser a pessoa em concreto o valor primário para o qual se voltam a livre iniciativa e as relações patrimoniais, o que repercutiu nos institutos tradicionais do direito privado, como a propriedade e os contratos.

Nesse contexto, a jurisprudência delineou a objetivação do conceito de abuso de direito, hoje prevalente, segundo a qual o abuso de direito consiste em mecanismo de controle funcional dos atos de autonomia privada, verificando-se, em concreto, se determinada situação jurídica subjetiva é exercida em conformidade com o substrato axiológico-normativo que a fundamenta.[17] Trata-se, pois, de verificar se os titulares de posições jurídicas as exercem de acordo com os valores e interesses que justificam a sua atribuição pelo ordenamento jurídico, concretizando a sua *função*.[18]

---

[15] Nessa esteira, ensina o Prof. Anderson Schreiber: "É bem verdade que, em sua origem, a aplicação do abuso do direito assumiu feições tímidas, como, de resto, ocorre com a imensa maioria dos institutos de gênese jurisprudencial, que carecem da legitimidade natural da fonte legislativa. Por muitas décadas, permaneceu ainda o abuso vinculado à noção de ato emulativo, isto é, aquele praticado com o exclusivo intuito de causar dano a outrem. Libertou-se gradativamente, mantendo, contudo, fortes vínculos com a construção voluntarista que enxergava o ato abusivo como um defeito na vontade do titular do direito subjetivo, defeito que chegou a ser atribuído, em conhecida construção, à divergência com a moral" (Anderson Schreiber, *Direito civil e constituição*, São Paulo: Atlas, 2013, p. 51).

[16] Judith Martins-Costa, Os avatares do abuso do direito e o rumo indicado pela boa-fé. In: Gustavo Tepedino (coord.), *Direito Civil Contemporâneo*: novos problemas à luz da legalidade constitucional, São Paulo: Editora Atlas S.A., 2008, p. 63. Destaca a autora o precedente STF, 1ª T., RE 24.545/MT, Rel. Min. Ribeiro da Costa, julg. 28.1.1954, que considerou abusiva a purga da mora em consonância com prerrogativa legal, na hipótese em que o locatário reiteradamente não efetuava o pagamento do aluguel. É ver-se: "A lei, permitindo a purga da mora, quando requerida no prazo para a contestação do pedido de despejo, nem por isso acoberta o abuso do direito, concretizado na conduta do locatário que, reiteradamente, protela o pagamento do aluguel. A emenda da mora e oportunidade que a lei do inquilinato arma em favor do locatário; atenda a uma premência econômica que deve ser rigorosamente justificada, sem abrir ensejo a um privilégio odioso, em detrimento do legítimo interesse do locador em auferir sua renda dentro do prazo contratual".

[17] V. Gustavo Tepedino, Boa-fé objetiva e eficácia de contrato associativo sujeito a condições precedentes. In: Gustavo Tepedino (org.), *Opiniões doutrinárias*: Novos problemas de direito privado, vol. III, São Paulo: Thomson Reuters Brasil, 2021, p. 183. Nas palavras de Heloísa Carpena: "Exercer legitimamente um direito não é apenas se ater à sua estrutura formal, mas sim cumprir o fundamento axiológico-normativo que constitui este mesmo direito, que justifica seu reconhecimento como tal pelo ordenamento e segundo o qual se irá aferir a validade do ato de exercício. A teoria do abuso do direito passa então a rever o próprio conceito de direito subjetivo, relativizando-o. O fundamento axiológico a que se refere constitui o limite do direito subjetivo, limite este perfeitamente determinável, tanto quanto aquele definido por sua estrutura formal" (Heloisa Carpena, *Abuso do direito nos contratos de consumo*, Rio de Janeiro: Renovar, 2001, p. 56).

[18] Nas lições do Prof. Eduardo Nunes de Souza: "A doutrina contemporânea associa, com efeito, o abuso do direito ao exercício disfuncional de determinada situação jurídica: age de forma abusiva o titular do

Como observado em outra sede,[19] sob tal viés, as situações jurídicas subjetivas passaram a ser compreendidas, em sua complexidade, como um feixe estrutural no qual podem coexistir direitos subjetivos, potestativos, deveres jurídicos, faculdades e ônus, todos direcionados a atender funcionalmente a determinado interesse que, em abstrato, o ordenamento jurídico considerou relevante para a concretização de valores constitucionais.[20] Afirma-se, assim, que, sob a perspectiva relacional, os direitos são acompanhados de deveres, cabendo ao titular da situação jurídica subjetiva complexa exercê-los em conformidade com o substrato axiológico que os fundamenta.[21]

Ressalte-se, nesse sentido, "a superação da própria concepção tradicional de direito subjetivo, entendido como o poder reconhecido pelo ordenamento ao sujeito para realização de interesse próprio, finalizado em si mesmo".[22] Com efeito, os atos de autonomia só merecem tutela do

---

direito que contraria as finalidades, valores e interesses pelos quais o ordenamento lhe reconhece aquela prerrogativa. Como se percebe, é a verificação em concreto desse exercício em contrariedade ao perfil funcional da situação jurídica que confere unidade ao conceito de abuso, ao mesmo tempo em que o autonomiza em relação à boa-fé, à função econômico-social e aos bons costumes" (Eduardo Nunes de Souza, Perspectivas de aplicação do abuso do direito às relações existenciais. In: Gustavo Tepedino; Ana Carolina Brochado Teixeira; Vitor Almeida (coords.), *O Direito Civil entre o sujeito e a pessoa*: estudos em homenagem ao Professor Stefano Rodotà, Belo Horizonte: Fórum, 2016, p. 62).

[19] Camila Helena Melchior Baptista de Oliveira; Renan Soares Cortazio, *Abuso de direito potestativo à luz do princípio da boa-fé objetiva*, no prelo.

[20] Assim orienta o Prof. Pietro Perlingieri: "Não se pode distinguir as situações subjetivas – a não ser em termos quantitativos – em ativas e passivas, já que aquelas ditas ativas compreendem também deveres e obrigações e aquelas ditas passivas contêm frequentemente alguns direitos e poderes. A relação não está na ligação entre direito subjetivo, de um lado, e dever ou obrigação do outro. É difícil imaginar direitos subjetivos que não se justificam no âmbito de situações mais complexas, das quais fazem parte também deveres, ônus, obrigações, isto é, posições que, analiticamente consideradas, podem ser definidas como passivas" (Pietro Perlingieri, *Perfis do direito civil*: introdução ao direito civil constitucional, Maria Cristina de Cicco (trad.), Rio de Janeiro, Renovar, 2007, 3. ed., p. 116). No mesmo sentido, assinala Thiago Rodovalho, ao destacar que "conquanto possamos imaginar situações jurídicas *simples* (gerando apenas direitos ou apenas deveres), a realidade é que, em verdade, a imensa maioria das situações jurídicas que vivenciamos será de situações jurídicas *complexas*, ou seja, que encerrarão aos titulares das posições jurídicas tanto direitos quanto deveres, ainda que haja predominância dum ou doutro em cada polo" (Thiago, Rodovalho, *Abuso de direito e direitos subjetivos*, São Paulo: Editora Revista dos Tribunais, 2011, p. 48).

[21] Nessa seara, o Prof. Francisco Viégas anota que "a noção de situação jurídica afigura-se mais consentânea com a leitura contemporânea do direito contratual – caracterizado pelo influxo solidarista – tendo em vista que compreende direitos (subjetivos, potestativos etc) cujo exercício vem acompanhado de deveres, afastando-se a vetusta concepção que admitia posições de poder absoluto do titular" (Francisco de Assis Viégas, *Denúncia contratual e dever de pré-aviso*, Belo Horizonte: Fórum, 2019, p. 106). No mesmo sentido, v. os ensinamentos do Prof. Eduardo Nunes de Souza: "A noção de situação jurídica complexa costuma ser invocada com frequência no estudo dos reflexos do solidarismo constitucional sobre a autonomia privada. De fato, a compreensão de que princípios como a função social passaram a conformar internamente os direitos individuais (superando-se a concepção liberal segundo a qual os direitos subjetivos apenas se limitavam excepcional e externamente pelo controle de legalidade) sublinhou a existência de deveres jurídicos mesmo no âmbito de situações jurídicas classicamente vistas como ativas, a justificar a referência à 'complexidade' de tais situações" (Eduardo Nunes de Souza, Situações jurídicas subjetivas: aspectos controversos. In: *Civilistica.com*, a.4, n. 1, 2015. Disponível em: <https://civilistica.emnuvens.com.br/redc/article/view/207>. Acesso em: 15.5.2021).

[22] Gustavo Tepedino, *Comentários ao novo Código Civil*: direito das coisas, vol. 14, São Paulo: Saraiva, 2011, pp. 242-243.

ordenamento enquanto concretizarem interesses dignos de proteção pelo ordenamento, a serem verificados por meio de controle valorativo à luz da legalidade constitucional.

Em consonância com as previsões da Constituição da República, o Código Civil de 2002 previu expressamente, em seu art. 187, critérios objetivos e autônomos para delimitar o exercício funcional dos direitos, quais sejam o fim econômico ou social, a boa-fé e os bons costumes.[23] Percebe-se, porém, na prática jurisprudencial, a aplicação atécnica de tais critérios, que são usualmente interpretados sem se considerar a independência entre os conceitos. Caso seja verificada a violação a tais critérios, sob análise objetivo-finalística, o ato praticado será ineficaz, acarretando comumente o desfazimento integral dos seus efeitos, cabendo, ainda, ao agente, indenizar os danos dele decorrentes,[24] se houver.[25]

Destaque-se, ainda, que, embora o legislador tenha utilizado a expressão "*ato ilícito*" e enquadrado topograficamente o art. 187 no Título III, do Código Civil, referente aos atos ilícitos, a melhor doutrina explica que, em razão da autonomia do abuso de direito, a expressão "*ato ilícito*" ali referida deve ser compreendida como *ato antijurídico*. Nessa esteira, considera-se o ato ilícito *stricto sensu* e o abuso de direito como espécies distintas do gênero *ato antijurídico*, sendo o primeiro consistente na violação estrutural a preceitos jurídicos e o segundo atinente à violação objetiva e axiológica no exercício da situação jurídica subjetiva.[26]

No que tange aos direitos potestativos, objeto do presente estudo, sabe-se que estes conferem ao seu titular, sob o viés estrutural e individualmente considerados, "o poder de interferir na esfera jurídica alheia, produzindo efeitos jurídicos independentemente da atuação da pessoa sobre cuja esfera jurídica tais efeitos recaiam".[27] Por outro lado, sendo os direitos potestativos espécie de

---

[23] Tais requisitos foram inspirados na redação do art. 334, do Código Civil Português, o qual destaca que: "É ilegítimo o exercício de um direito, quando o titular exceda manifestamente os limites impostos pela boa fé, pelos bons costumes ou pelo fim social ou económico desse direito".

[24] Nesse sentido, v. Enunciado n.º 37, da I Jornada de Direito Civil do Conselho da Justiça Federal: "A responsabilidade civil decorrente do abuso do direito independe de culpa e fundamenta-se somente no critério objetivo-finalístico".

[25] Sobre os efeitos do abuso de direito, v. a lição de António Manuel da Rocha Menezes Cordeiro: "O abuso do direito reside na disfuncionalidade de comportamentos jurídico-subjectivos por, embora consentâneos com normas jurídicas permissivas concretamente em causa, não confluírem no sistema em que estas se integrem. O abuso do direito, nas suas múltiplas manifestações, é um instituto puramente objectivo. Quer isto dizer que ele não depende de culpa do agente nem, sequer, de qualquer específico elemento subjectivo. Evidentemente: a presença ou a ausência de tais elementos poderão, depois, contribuir para a definição das consequências do abuso. (...) As consequências podem ser variadas: – a supressão do direito: é a hipótese comum, designadamente na suppressio; – a cessação do concreto exercício abusivo, mantendo-se, todavia, o direito; – um dever de restituir, em espécie ou em equivalente pecuniário; – um dever de indemnizar, quando se verifiquem os pressupostos de responsabilidade civil, com relevo para a culpa" (António Manuel da Rocha Menezes Cordeiro, Do abuso de direito: estado das questões perspectivas. In: *Revista da Ordem dos Advogados Portugueses*, vol. II, ano 65, set/2005. Disponível em <https://portal.oa.pt/publicacoes/revista/ano-2005/ano-65-vol-ii-set-2005/artigos-doutrinais/antonio-menezes-cordeiro-do-abuso-do-direito-estado-das-questoes-e-perspectivas-star/>. Acesso em: 16.5.2021).

[26] Sobre o ponto, cf. Gustavo Tepedino; Heloisa Helena Barboza; Maria Celina Bodin de Moraes, *Código Civil interpretado conforme a Constituição da República*, vol. 1, Rio de Janeiro: Renovar, 2014, 3. ed., p. 346.

[27] V. Gustavo Tepedino; Milena Donato Oliva, *Fundamentos do Direito Civil*: Teoria Geral do Direito Civil, vol. 1, Rio de Janeiro: Forense, 2020, p. 105.

Cap. 19 · O ABUSO DE DIREITO POTESTATIVO NA LEGALIDADE CONSTITUCIONAL | **327**

situações jurídicas subjetivas – ao lado do direito subjetivo, poder jurídico, faculdades, entre outras – [28] tem-se admitido, acertadamente, que estes também sofrem limitações impostas pela ordem constitucional, inclusive no que tange ao controle funcional do seu exercício.[29]

Supera-se, assim, a visão da doutrina tradicional que relacionava o abuso de direito ao controle exclusivo de direitos subjetivos.[30] Com efeito, sob a ótica da legalidade constitucional, "o não exercício e o exercício segundo modalidades diversas daquelas que derivam da função da situação subjetiva [qualquer delas] devem ser considerados abusos",[31] inclusive no que tange aos direitos potestativos.

No entanto, tal entendimento não autoriza a hiporbolização do controle funcional do exercício dos direitos potestativos, pois, como ressaltado pelo Prof. Gustavo Tepedino, "uma vez estabelecida a validade e o merecimento de tutela da posição contratual, somente excepcionalmente parece possível identificar a abusividade".[32] Afinal, ao aplicar a teoria do abuso de direito, o intérprete deve considerar que a própria natureza do direito potestativo exige que o seu titular não dependa da conduta de outrem ou de motivação para o exercício e eficácia de sua posição jurídica.

---

[28] V., por todos, Pietro Perlingieri, *Perfis do direito civil*: introdução ao direito civil constitucional, Maria Cristina de Cicco (trad.), Rio de Janeiro, Renovar, 2007, 3. ed., p. 123: "O chamado direito potestativo, dito também direito discricionário ou poder formativo, *representa uma situação subjetiva*, cujo exercício determina uma vicissitude de uma relação jurídica: o titular do chamado poder formativo pode unilateralmente constituir, modificar ou extinguir uma situação subjetiva, apesar de isso implicar uma interferência na esfera jurídica de outro sujeito, impossibilitado de evitar, em termos jurídicos, o exercício do poder" (grifou-se).

[29] Heloisa Carpena elucida a questão ao ressaltar que "o abuso, como categoria autônoma dos atos contrários ao direito, não se limita ao exercício de certo e determinado direito subjetivo, identificando-se igualmente em outras situações jurídicas·subjetivas. Quer se trate de liberdades, faculdades, direitos potestativos ou poderes, todos constituem vantagens, cuja configuração depende, em última análise, da estrutura qualificativa da norma jurídica. Logo, em relação a qualquer situação subjetiva será admitida a figura do abuso de direito, visto que nenhuma delas será jamais desprovida de fundamento axiológico" (Heloisa Carpena, O abuso do Direito no Código Civil de 2002: relativização de direitos na ótica civil--constitucional. In: Gustavo Tepedino (coord.), *A parte geral do novo Código Civil*: estudos na perspectiva civil-constitucional, Rio de Janeiro: Renovar, 2007, p. 417). No mesmo sentido, Vladimir Mucury Cardoso anota que: "A visão civil-constitucional do abuso do direito, tendo como critério definidor do ato abusivo a dissonância entre o exercício do direito e o valor que o ordenamento jurídico procura tutelar e proteger através da concessão da mesma faculdade, permite que a teoria se estenda para além dos contornos do direito subjetivo. Assim, pode-se vislumbrar exercício abusivo de outras categorias que não se inserem entre os direitos subjetivos, tais como os poderes jurídicos, os direitos potestativos, as simples faculdades, as liberdades e quaisquer outras prerrogativas individuais" (Vladimir Mucury Cardoso, Abuso do direito na perspectiva civil-constitucional. In: Maria Celina Bodin de Moraes (coord.), *Princípios do direito civil contemporâneo*, Rio de Janeiro: Renovar, 2006, pp. 89-90).

[30] Nesse sentido: "Mas, sôbre o que não pode haver dúvida é que todo direito subjetivo é reconhecido a uma pessoa para a realização de um certo fim socialmente útil, embora o interêsse juridicamente protegido seja individual, de sorte que se o titular de um direito desvia-o do fim que o justifica, comete um ato ilícito e torna-se responsável" (J. M. Carvalho Santos, *Código Civil Brasileiro Interpretado principalmente do ponto de vista prático*: parte geral (arts. 114-179), vol. III, Rio de Janeiro: Livraria Freitas Bastos, 1963, p. 341).

[31] Pietro Perlingieri, *Perfis do direito civil*: introdução ao direito civil constitucional, Maria Cristina de Cicco (trad.), Rio de Janeiro, Renovar, 2007, 3. ed., p. 122.

[32] Gustavo Tepedino, Editorial. In: *Revista Brasileira de Direito Civil – RBDCivil*, Belo Horizonte, vol. 25, jul-set./2020.

PROBLEMAS DE DIREITO CIVIL – *Homenagem aos 30 anos de cátedra do professor Gustavo Tepedino*

Dessa forma, ainda segundo o Prof. Gustavo Tepedino, os principais expoentes da teoria do abuso de direito potestativo (art. 187, Código Civil) referem-se à incidência da teoria do adimplemento substancial e à criação, na contraparte, de legítimas expectativas decorrentes de comportamento perpetrado no curso da relação contratual – ambas resultantes da função limitadora ou negativa imposta pelo princípio da boa-fé objetiva (art. 422, do Código Civil), que veda "o exercício *antifuncional* de posições contratuais, vale dizer, o exercício de direitos de modo contrário à função dele pretendida pelo ordenamento".[33] Sendo assim, é imprescindível ao estudo do abuso do direito potestativo compreender sobretudo os contornos das referidas hipóteses, amparadas pela prática jurisprudencial, como se passa a demonstrar.

2. O ADIMPLEMENTO SUBSTANCIAL COMO CRITÉRIO DE AFERIÇÃO DA RESOLUÇÃO CONTRATUAL ABUSIVA

Como se sabe, a releitura da disciplina do direito das obrigações suscitou, nas últimas décadas, tendência à superação da concepção estática do vínculo obrigacional, que apresentava a relação como o "modelo segundo o qual a pretensão do credor, titular do direito subjetivo de crédito, contrapõe-se ao dever atribuído ao devedor".[34] Com efeito, como já se ressaltou, à luz da axiologia constitucional, ganha relevo o conceito de relação obrigacional complexa, na qual coexistem, em cada um de seus polos, direitos e deveres recíprocos (dentre outras situações jurídicas subjetivas), voltados ao atingimento da finalidade econômica almejada pelas partes.

Nesse cenário de remodelagem que direciona funcionalmente a relação obrigacional à satisfação dos interesses legítimos dos contratantes, "não resta dúvida quanto à força transformadora do princípio da boa-fé objetiva, capaz de romper o formalismo e as injustiças albergadas pela dogmática tradicional",[35] atuando como "o elo entre o direito das obrigações (e contratos) e os valores e princípios constitucionais, notadamente o princípio constitucional da solidariedade".[36] Com fundamento no princípio da boa-fé objetiva, por exemplo, exige-se dos contratantes, para além da execução da prestação principal, o cumprimento de deveres anexos que se direcionam à consecução da finalidade contratual.

---

[33] Gustavo Tepedino, Prescrição do fundo de direito, *suppressio* e boa-fé objetiva. In: Gustavo Tepedino (coord.), *Opiniões doutrinárias*: novos problemas de direito privado, vol. III, São Paulo: Thomson Reuters Brasil, 2021, p. 79. Relembre-se, contudo, que, por mais que o ordenamento jurídico brasileiro estabeleça um ponto tangencial entre a boa-fé objetiva e o abuso de direito, não se pode afirmar que estes configuram figuras idênticas, considerando que a boa-fé também desempenha outras duas funções relevantes (a interpretativa do negócio jurídico e a criadora de deveres anexos) e, de outra parte, o abuso de direito é aferido, autonomamente, por meio de dois critérios axiológicos normativos adicionais, quais sejam o fim econômico ou social e os bons costumes. Nesse sentido, v. as lições de Anderson Schreiber: "Conclui-se, ao menos à luz do direito positivo brasileiro, que a boa-fé objetiva e abuso do direito são conceitos autônomos, figuras distintas, mas não mutuamente excludentes, círculos secantes que se combinam naquele campo dos comportamentos tornados inadmissíveis (abusivos) por violação ao critério da boa-fé" (Anderson Schreiber, *A proibição de comportamento contraditório*: tutela da confiança e *venire contra factum proprium*, São Paulo: Atlas, 2016, 4. ed., p. 78).

[34] V. Gustavo Tepedino; Anderson Schreiber, *Fundamentos do Direito Civil*: Obrigações, vol. 2, Rio de Janeiro: Forense, 2020, pp. 33-34.

[35] Gustavo Tepedino; Anderson Schreiber, *Fundamentos do Direito Civil*: Obrigações, vol. 2, Rio de Janeiro: Forense, 2020, p. 35.

[36] Gustavo Tepedino; Anderson Schreiber, *Fundamentos do Direito Civil*: Obrigações, vol. 2, Rio de Janeiro: Forense, 2020, p. 35.

Cap. 19 • O ABUSO DE DIREITO POTESTATIVO NA LEGALIDADE CONSTITUCIONAL 329

Tal sistemática, por sua vez, repercute de modo visceral na teoria do inadimplemento, que passa a ser compreendido como a "inexecução da *prestação satisfativa*, e não ao mero descumprimento da prestação",[37] à luz do interesse útil do credor. Em outras palavras, a inexecução da prestação principal ou dos deveres laterais de conduta impostos às partes pode acarretar o inadimplemento contratual, cuja qualificação restará atrelada ao critério do interesse útil do credor, em consonância com o programa contratual. Sendo assim, diante do inadimplemento do devedor, cabe ao credor verificar, com fundamento nos termos contratualmente pactuados, se há utilidade na manutenção do contrato para o alcance do escopo comum pretendido, hipótese em que se caracteriza o inadimplemento relativo. Por outro lado, o inadimplemento absoluto se verifica quando o descumprimento do devedor frusta o alcance da finalidade econômica do contrato, de modo que não mais se justifica a sua manutenção.

Embora o Código Civil permita a resolução contratual por inadimplemento à luz do interesse útil do credor, o legislador não estabeleceu critérios específicos para a sua aferição em concreto. Nessa esteira, a doutrina salienta que a referida análise deve se dar de forma objetiva, "visualizando-se todo o programa contratual *de fora*, e não apenas a partir da individual subjetividade do credor – o que poderia ensejar arbitrariedades e chancelar simples caprichos",[38] em desprestígio da função contratual.

Por conseguinte, caso se verifique que a resolução contratual se deu em contrariedade à função negocial, porquanto ainda era possível o alcance do interesse útil do credor, o exercício do direito à resolução será reputado abusivo (art. 187, Código Civil), não merecendo acolhida do ordenamento.[39] Afinal, embora se atribua ao direito à resolução a natureza de direito potestativo, de modo que o seu exercício ocorre a critério do credor e surte efeitos imediatos na esfera jurídica do devedor, não se pode ignorar, como se viu, que o exercício de qualquer situação jurídica subjetiva (e, portanto, dos direitos potestativos) se submete à legalidade constitucional, sofrendo controle funcional.

Nesse contexto, a teoria do adimplemento substancial pode configurar importante mecanismo de controle à resolução contratual abusiva, considerando que, partindo-se da análise do

---

[37] Aline de Miranda Valverde Terra; Gisela Sampaio da Cruz Guedes, Adimplemento substancial e tutela do interesse do credor: análise da decisão proferida no REsp 1.581.505. In: *Revista Brasileira de Direito Civil – RBDCivil*, Belo Horizonte, vol. 11, n. 01, jan-mar./2017. Prosseguem as autoras afirmando que abandona-se "em definitivo, a concepção estrutural do adimplemento, segundo a qual bastava a simples execução da prestação principal para que se considerasse o devedor adimplente, em favor de perspectiva funcional, a exigir, para a configuração do adimplemento, o cumprimento da prestação devida em concreto, que pressupõe, além da execução do comportamento dirigido à execução da prestação principal, a observância de todos os deveres de conduta impostos pela sistemática obrigacional que se façam instrumentalmente necessários ao efetivo atendimento do escopo econômico da relação, satisfazendo, assim, o interesse objetivo do credor".

[38] Gabriel Rocha Furtado, *Mora e inadimplemento substancial*, São Paulo: Atlas, 2014, p. 31. Nesse sentido, destaca-se o Enunciado 162, da III Jornada de Direito Civil do Conselho da Justiça Federal, o qual destaca que a inutilidade da prestação não pode ser aferida mediante o mero interesse subjetivo do credor: "Art. 395: A inutilidade da prestação que autoriza a recusa da prestação por parte do credor deverá ser aferida objetivamente, consoante o princípio da boa-fé e a manutenção do sinalagma, e não de acordo com o mero interesse subjetivo do credor".

[39] Assim anota a doutrina especializada: "(...) em uma leitura que englobe a noção de função negocial, entende-se que enquanto a prestação ainda for útil ao credor, por realizável o fim do contrato, o pleito de resolução da relação contratual com base no parágrafo único do art. 395 do Código Civil deve ser tido por abusivo, por exceder os limites impostos pela função negocial" (Gabriel Rocha Furtado, *Mora e inadimplemento substancial*, São Paulo: Atlas, 2014, p. 58).

cumprimento substancial das prestações pelo devedor, é possível verificar se há satisfação do credor com a manutenção da relação contratual, ainda que não tenha sido integralmente executado o que fora pactuado. O adimplemento substancial atua, assim, como limitador à análise do interesse útil do credor, garantindo-se à parte que adimpliu substancialmente o pactuado a manutenção do vínculo contratual, sob pena de a parte que pretende a resolução contratual incorrer em abuso de direito.[40]

Na doutrina[41] e na jurisprudência,[42] a doutrina do adimplemento substancial surge notadamente associada aos princípios da boa-fé objetiva (arts. 113 e 422, Código Civil) e da

---

[40] Saliente-se, porém, que a doutrina não é uníssona quanto à aplicação da teoria do abuso de direito na hipótese de adimplemento substancial. Mariana Ribeiro Siqueira sintetiza a divergência dogmática ao apontar que enquanto "para parte da doutrina, é sobre o direito de resolver o contrato em casos de inadimplemento que se aplica a teoria do adimplemento substancial, como instrumento valorativo e investigativo de seu merecimento de tutela, para a segunda corrente, tendo em vista que o instituto incide em hipóteses em que a prestação ainda é possível e útil para o credor, trata-se o adimplemento substancial de mora, o que, por sua vez, afastaria a aplicação dos remédios decorrentes do inadimplemento absoluto, como a resolução contratual. Em outras palavras: diante de inadimplemento que não abale o interesse útil do credor na satisfação da prestação, ainda que tardiamente, não nasce para a parte adimplente o direito de resolução do contrato, mas tão somente de ver-se indenizada pelo descumprimento. Por isso, não se poderia falar de utilização do princípio da boa-fé objetiva como instrumento de vedação do exercício abusivo do direito à resolução, visto que esse direito sequer teria nascido para o credor" (Mariana Ribeiro Siqueira, O adimplemento substancial e a vedação ao direito abusivo de resolução contratual em instrumentos dotados de cláusula resolutiva expressa. In: Gustavo Tepedino; Milena Donato Oliva (coords.), *Teoria geral do direito civil*: questões controvertidas, Belo Horizonte: Fórum, 2019, p. 318). Sobre a segunda corrente, v. por todos, Aline de Miranda Valverde Terra; Gisela Sampaio da Cruz Guedes, Adimplemento substancial e tutela do interesse do credor: análise da decisão proferida no REsp 1.581.505. In: *Revista Brasileira de Direito Civil – RBDCivil*, Belo Horizonte, vol. 11, n. 01, jan-mar./2017.

[41] Confira-se o ensinamento de Eduardo Luiz Bussata, *Resolução dos Contratos e Teoria do Adimplemento Substancial*, São Paulo: Saraiva, 2007, pp. 93-95. V. também Marcos Jorge Catalan, Reflexões sobre a teoria do adimplemento substancial e sua recepção pelo direito brasileiro. In: Giselda Maria Fernandes Novaes Hironaka (coord.), *A outra face do poder judiciário: decisões inovadoras e mudanças de paradigmas*, Belo Horizonte: Del Rey, 2007, p. 80: "Só se pode pensar na resolução do contrato quando o descumprimento é sério, lesivo aos interesses da parte não inadimplente. Tal descumprimento deve retirar o sinalagma funcional do contrato, afastando a sua função econômico-social. Contrariamente, fica vedado o exercício do direito potestativo à resolução quando o inadimplemento possui escassa importância. E aí é que entra em cena a teoria do adimplemento substancial ou do inadimplemento de escassa importância, exercendo justamente a função de vedação ao exercício de tal direito. (...) Pelo exposto, verifica-se que a teoria do adimplemento substancial funciona como limite ao direito formativo extintivo de resolver os contratos. Impede, assim, que um pequeno descumprimento causado por uma das partes seja considerado causa suficiente ao desfazimento do vínculo. Nessa medida mantém-se o contrato, com a sua carga de direitos e obrigações anteriormente estabelecida, remetendo a parte não inadimplente à via ressarcitória, uma vez que o inadimplemento de escassa importância permite a sobrevivência do vínculo, mas não afasta a responsabilidade do inadimplente".

[42] V., a título exemplificativo, STJ, 3ª T., REsp 1.636.692/RJ, Rel. Min. Paulo de Tarso Sanseverino, julg. 12.12.2017, publ. *DJ* 18.12.2017: "Discussão acerca da aplicação da chamada Teoria do Adimplemento Substancial, instituto que pode, eventualmente, restringir o direito do credor à resolução contratual previsto no artigo 475 do CC/02 (art. 1.092, § único, do CC/16), tendo por fundamento a função de controle do princípio da boa-fé objetiva. 2. 'O adimplemento substancial constitui um adimplemento tão próximo ao resultado final, que, tendo-se em vista a conduta das partes, exclui-se o direito de resolução, permitindo-se tão somente o pedido de indenização e/ou adimplemento, de vez que a primeira pretensão viria a ferir o princípio da boa-fé (objetiva)'".

conservação dos contratos,[43] estabelecendo-se que o vínculo contratual há de ser mantido nas hipóteses em que, ocorrido o inadimplemento do devedor, a prestação cumprida de modo parcial é suficiente para a satisfação do interesse almejado pelo credor, bem como é possível remediar o inadimplemento de forma a garantir o resultado útil a que se direciona o programa contratual. Privilegia-se, assim, a manutenção do contrato em detrimento da sua resolução, que prejudicaria excessivamente o devedor.

A dificuldade maior sobre o tema parece mesmo referir-se à ausência de critérios uniformes para a aferição do adimplemento substancial. Nesse particular, verifica-se, na jurisprudência, a inclinação para a aplicação do critério quantitativo, que tradicionalmente justificou a teoria do adimplemento substancial, comparando-se, em termos numéricos ou proporcionais, a prestação parcialmente cumprida pelo devedor com a inteira prestação contratualmente pactuada, a fim de verificar se houve descumprimento de *pequena importância* pelo devedor.[44] Nesse sentido, o Superior Tribunal de Justiça já afastou a incidência do adimplemento substancial por entender que "a devedora inadimpliu parcela relevante da contratação (cerca de um terço do total da dívida contraída)".[45] Em outra oportunidade, o Tribunal Superior entendeu que houve adimplemento substancial, pois o réu havia pagado 31 (trinta e uma) das 36 (trinta e seis) prestações pactuadas, correspondente a aproximadamente 86% (oitenta e seis por cento) da obrigação total pactuada, de modo que o descumprimento contratual era inapto a "ensejar a reintegração de posse pretendida e, consequentemente, a resolução do contrato de arrendamento mercantil, medidas desproporcionais diante do substancial adimplemento".[46]

A despeito da recorrente aplicação do critério quantitativo, é preciso investigar, de forma mais detida, se este se mostra adequado para avaliar a configuração do adimplemento substancial e, consequentemente, do exercício abusivo do direito à resolução contratual em tais hipóteses. Nesse sentido, o Prof. Gustavo Tepedino, em valiosa síntese, indica que o critério quantitativo é impreciso por duas razões. Em primeiro lugar, o "percentual do pagamento não necessariamente reflete a maior ou menor satisfação do credor, associada a circunstâncias fáticas diversas e ao conjunto de cláusulas contratuais".[47] Além disso, não se pode ignorar que, tal como já ressaltado, cabe ao intérprete avaliar o critério do interesse útil do credor à luz "do programa contratual tal qual pactuado, cuja obrigatoriedade se mostra fundamental

---

[43]   Sobre o princípio da conservação dos negócios jurídicos, v. Antônio Junqueira de Azevedo, *Negócio jurídico*: existência, validade e eficácia. São Paulo: Saraiva, 2002, pp. 66-67: "O princípio da conservação consiste, pois, em se procurar salvar tudo que é possível num negócio jurídico concreto, tanto no plano da existência, quanto da validade, quanto da eficácia. Seu fundamento prende-se à própria razão de ser do negócio jurídico; sendo este uma espécie de fato jurídico, de tipo peculiar, isto é, uma declaração de vontade (manifestação de vontade a que o ordenamento jurídico imputa os efeitos manifestados como queridos) é evidente que, para o sistema jurídico, a autonomia da vontade produzindo auto-regramentos de vontade, isto é, a declaração produzindo efeitos, representa algo de juridicamente útil. (...) O princípio da conservação, portanto, é a consequência necessária do fato de o ordenamento jurídico, ao admitir a categoria negócio jurídico, estar implicitamente reconhecendo a utilidade de cada negócio jurídico concreto". No mesmo sentido, v. Francisco Amaral, *Direito Civil*: Introdução, Rio de Janeiro: Renovar, 2003, p. 544.

[44]   Nesse sentido, a literalidade do Código Civil Italiano dispõe, em seu art. 1.455: "*Il contratto non si può risolvere se l'inadempimento di una delle parti ha scarsa importanza, avuto riguardo all'interesse dell'altra*".

[45]   STJ, 3ª T., REsp 1.636.692/RJ, Rel. Min. Paulo de Tarso Sanseverino, julg. 12.12.2017, publ. *DJ* 18.12.2017.

[46]   STJ, 4ª T., REsp 1.051.270/RS, Rel. Min. Luis Felipe Salomão, julg. 4.8.2011, publ. *DJ* 5.9.2011.

[47]   Gustavo Tepedino, Editorial. In: *Revista Brasileira de Direito Civil – RBDCivil*, Belo Horizonte, vol. 25, jul-set./2020.

para preservar a segurança jurídica, especialmente diante do abrangente conceito de mora estabelecido pelo codificador brasileiro",[48] nos termos do art. 394 do Código Civil. Mostra-se, pois, mais adequada, a aplicação do critério qualitativo para aferição do adimplemento substancial, de modo a obstar a resolução contratual excepcionalmente, quando, diante do inadimplemento, ainda é possível ao credor satisfazer o seu interesse útil por meio menos gravoso que a resolução.[49]

Em consonância com tal entendimento, decisões também proferidas pelo Superior Tribunal de Justiça alertam para a importância de se avaliar o adimplemento substancial com base no critério qualitativo. Assim destacou o Eminente Ministro Antônio Carlos Ferreira ao afirmar que devem ser considerados, em tal análise, "outros elementos que envolvem a contratação, em exame qualitativo que, ademais, não pode descurar dos interesses do credor, sob pena de afetar o equilíbrio contratual e inviabilizar a manutenção do negócio".[50]

Diante do exposto, conclui-se que o adimplemento substancial deve ser compreendido como medida excepcional, privilegiando-se o exercício do direito potestativo à resolução contratual (decorrente da posição de vantagem garantida ao credor pelo ordenamento) e a alocação de riscos legitimamente pactuada pelas partes. Partindo-se de tal premissa, cumpre investigar, sob o viés qualitativo e casuístico, se o interesse útil do credor (verificado à luz do inteiro programa contratual) ainda pode ser atingido com a manutenção do vínculo contratual, a despeito do descumprimento de determinada prestação pelo devedor. Em caso positivo, a resolução contratual constituiria meio excessivamente gravoso ao devedor, acarretando exercício abusivo do direito por parte do credor que a impõe.

3. O PRINCÍPIO DA BOA-FÉ OBJETIVA SOB OUTRO ESPECTRO: A QUEBRA DE LEGÍTIMAS EXPECTATIVAS SUSCITADAS NA CONTRAPARTE E O ABUSO DE DIREITO

Ainda sob a vertente da sua função restritiva do exercício abusivo de posições jurídicas, o princípio da boa-fé objetiva associa-se à proteção da confiança nas relações contratuais, exigindo-se

---

[48] Gustavo Tepedino, Editorial. In: *Revista Brasileira de Direito Civil – RBDCivil*, Belo Horizonte, vol. 25, jul-set./2020.

[49] Assim destaca a doutrina: "Com efeito, a importância do adimplemento substancial não está hoje tanto em impedir o exercício do direito extintivo do credor com base em um cumprimento que apenas formalmente pode ser tido como imperfeito – como revelam os casos mais pitorescos de não-pagamento da última prestação que povoam a jurisprudência do nosso Superior Tribunal de Justiça – mas em permitir o controle judicial de legitimidade no remédio invocado para o inadimplemento, especialmente por meio do balanceamento entre, de um lado, os efeitos do exercício da resolução (e outras medidas semelhantes) para o devedor e eventuais terceiros, e, de outro, os efeitos do seu não-exercício para o credor, que pode dispor de outros remédios muitas vezes menos gravosos para obter a adequada tutela do seu interesse" (Anderson Schreiber, A tríplice transformação do adimplemento: adimplemento substancial, adimplemento antecipado e outras figuras. In: *Revista Trimestral de Direito Civil*, vol. 32. out-dez./2007).

[50] STJ, 4ª T., REsp 1.581.505/SC, Rel. Min. Antonio Carlos Ferreira, julg. 18.8.2016, publ. *DJ* 28.9.2016. Destaca o acórdão que, para além da verificação se o pagamento é ínfimo em se considerando o total do negócio (o que aduz ao critério quantitativo), deve ser "possível a conservação da eficácia do negócio sem prejuízo ao direito do credor de pleitear a quantia devida pelos meios ordinários". No mesmo sentido, v. STJ, 4ª T., AgInt no AREsp 1.227.717/MG, Rel. Des. Convocado Lázaro Guimarães, julg. 24.4.2018, publ. *DJ* 3.5.2018: "Ressalvada a hipótese de evidente relevância do descumprimento contratual, o julgamento sobre a aplicação da chamada 'Teoria do Adimplemento Substancial' não se prende ao exclusivo exame do critério quantitativo, devendo ser considerados outros elementos que envolvem a contratação do negócio".

Cap. 19 • O ABUSO DE DIREITO POTESTATIVO NA LEGALIDADE CONSTITUCIONAL | 333

"antes de mais nada, o comprometimento dos contratantes para com as expectativas suscitadas pelo próprio comportamento, como modo de promover a função contratual".[51] Em outras palavras, protege-se a legítima expectativa do contratante que, a partir do comportamento reiterado da contraparte, confia que esta manterá a coerência com o seu comportamento anterior, com vistas ao alcance da finalidade econômica do contrato. Tal análise deve ser feita em concreto, à luz das circunstâncias fáticas que permitam "descobrir, por detrás de uma atuação *formalmente* adequada, a ilicitude [*lato sensu*], no exercício".[52]

Nessa seara, as figuras parcelares da boa-fé configuram verdadeiros "*topoi* argumentativos proveitosos"[53] à teoria da interpretação, por identificarem "padrões de conduta abusiva com caracteres distintivos próprios",[54] fornecendo, ao intérprete, critérios consistentes e uniformes para avaliar se o exercício de determinada situação jurídica subjetiva viola, em concreto, as legítimas expectativas suscitadas na contraparte, sendo, portanto, abusivo (art. 187, Código Civil).

Situam-se, dentre tais figuras, a vedação ao *venire contra factum proprium*, que exige, para sua configuração "(i) o fato próprio exercido por período de tempo relevante; (ii) o qual desperta a expectativa legítima na outra parte de que tal comportamento será mantido; e (iii) a prática de comportamento contrário àquele inicial".[55] Pretende-se, assim, "tutelar as legítimas expectativas daqueles que confiaram na preservação do comportamento inicial da parte, em razão de seu exercício por lapso temporal significativo, de modo que tal parte não pode contrariar o seu comportamento anterior".[56] Da mesma forma, ganha relevo a *suppressio*, que consiste na perda do direito quando o seu titular não o exerce de forma reiterada, por significativo lapso temporal, suscitando, por meio de seu comportamento, a percepção de renúncia ao direito e gerando benefícios àquele que confiou no seu não exercício;[57] e o *tu quoque*, segundo o qual é ilegítimo que o contratante

---

[51] Gustavo Tepedino, Prescrição do fundo de direito, *suppressio* e boa-fé objetiva. In: Gustavo Tepedino (org.), *Opiniões doutrinárias*: Novos problemas de direito privado, vol. III, São Paulo: Thomson Reuters Brasil, 2021, p. 79.

[52] Judith Martins-Costa, *A boa-fé no direito privado*: critérios para a sua aplicação, São Paulo: Saraiva Educação, 2018, 2ª ed., p. 670.

[53] Gustavo Tepedino, Formação progressiva dos contratos e responsabilidade pré-contratual: notas para uma sistematização. In: Giovana Valentiniano Beneti *et al.* (coords.), *Direito, cultura, método*: leituras da obra de Judith Martins-Costa, Rio de Janeiro: GZ Editora, 2019, pp. 586-604.

[54] Gustavo Tepedino, Formação progressiva dos contratos e responsabilidade pré-contratual: notas para uma sistematização. In: Giovana Valentiniano Beneti *et al.* (coords.), *Direito, cultura, método*: leituras da obra de Judith Martins-Costa, Rio de Janeiro: GZ Editora, 2019, p. 592.

[55] Gustavo Tepedino, Repercussões do inadimplemento do locatário pela alteração unilateral da destinação de imóvel alugado. In: Gustavo Tepedino (org.), *Opiniões doutrinárias*: Novos problemas de direito privado, vol. III, São Paulo: Thomson Reuters Brasil, 2021, pp. 423-424.

[56] Gustavo Tepedino, Repercussões do inadimplemento do locatário pela alteração unilateral da destinação de imóvel alugado. In: Gustavo Tepedino (org.), *Opiniões doutrinárias*: Novos problemas de direito privado, vol. III, São Paulo: Thomson Reuters Brasil, 2021, p. 423. V. também Anderson Schreiber, *A proibição de comportamento contraditório*: tutela da confiança e *venire contra factum proprium*, São Paulo: Atlas, 2016, 4ª ed., p. 101.

[57] Sobre o conceito da *suppressio*, v. Luciano de Camargo Penteado: "A razão desta supressão seria a de que teria o comportamento da parte gerado em outra a representação de que o direito não seria mais atuado. A tutela da confiança, desta forma, imporia a necessidade de vedação ao comportamento contraditório" (Luciano de Camargo Penteado, Figuras Parcelares da Boa-Fé Objetiva e *Venire Contra Factum Proprium*. In: *Revista de Direito Privado*. vol. 27. jul/2006, p. 252).

exija da contraparte a observância de norma legal ou contratual por ele previamente violada ou que, após tal violação, o contratante exerça a posição jurídica que lhe era assegurada.[58]

Como se vê dos requisitos acima expostos, o princípio da boa-fé objetiva veda a efetiva quebra de legítima expectativa suscitada em razão de comportamentos concretos da contraparte, o que não se confunde com a mera inércia do contratante dentro do prazo decadencial que, segundo ressalta o Prof. Gustavo Tepedino, configuraria simples impressão subjetiva.[59]

Nesse sentido, o Superior Tribunal de Justiça salientou, em recente julgado, que a não consumação do prazo decadencial ou prescricional "não afasta a incidência da suppressio, mas apenas impõe a demonstração concreta de uma legítima expectativa a ser tutelada a fim de dar ensejo a sua aplicação".[60] Na hipótese, se considerou ilegítimo o pedido de remuneração formulado por autor de vinhetas veiculadas pela Rádio Globo S.A., em razão do uso de suas obras, pois foi suscitada na Rádio Globo a legítima expectativa de que esta poderia se utilizar de tais obras de forma gratuita. Com efeito, o autor da obra não cobrou os seus direitos autorais por mais de 40 (quarenta) anos, período no qual conviveu amistosamente com a Rádio, participando inclusive de entrevistas sobre a produção das vinhetas, sem nada exigir. Assim, a mudança abrupta do comportamento do referido autor, em contrariedade às expectativas por ele geradas, acarreta a incidência da suppressio e, consequentemente, da teoria do abuso de direito.

No que se refere ao exercício de direitos potestativos, observou-se em outra sede[61] que o comportamento abusivo do titular que fere a confiança gerada na contraparte é comumente verificado no exercício dos direitos extintivos da relação contratual, que não podem constituir elementos arbitrários em detrimento da proteção das expectativas legitimamente despertadas quanto à continuidade da relação.[62]

Nesse particular, em julgado de relatoria do Min. Luis Felipe Salomão, destacou-se que, a despeito da existência de cláusula contratual que amparasse a resilição unilateral do contrato avaliado naquela oportunidade, o comportamento das recorridas ao exigirem "investimentos certos e determinados como condição para a realização da avença, somado ao excelente desempenho das

---

[58] Nas palavras de Antônio Menezes Cordeiro: "A fórmula *tu quoque* traduz, com generalidade, o aflorar de uma regra pela qual a pessoa que viole uma norma jurídica não poderia, sem abuso, exercer a situação jurídica que essa mesma norma lhe tivesse atribuído. Está em jogo um vector axiológico intuitivo, expresso em brocardos como *turpitudinem suam allegans non auditur* ou *equity must come with clean hands*. A sua aplicação requer a maior cautela. Fere as sensibilidades primárias, ética e jurídica, que uma pessoa possa desrespeitar um comando e, depois, vir exigir a outrem o seu acatamento" (António Manuel da Rocha e Menezes, *Da Boa Fé no Direito Civil*, Lisboa: Almedina, 2001, 2ª reimpressão, p. 837).

[59] Na síntese de Gustavo Tepedino: "(...) a expectativa somente poderá ser considerada hábil a conferir confiança quanto ao não exercício de direito formativo (que poderá alcançar, no limite, a supressio, ou seja, a renúncia da prerrogativa unilateral) quando acompanhada de atos concretos de reversão da expectativa legal ou contratual de que o direito poderia ser, a qualquer momento, livremente exercido" (Gustavo Tepedino, Editorial. In: *Revista Brasileira de Direito Civil – RBDCivil*, Belo Horizonte, vol. 25, jul-set./2020).

[60] STJ, 3ª T., REsp 1.643.203/RJ, Rel. Min. Marco Aurélio Bellizze, julg. 17.11.2020, publ. *DJ* 1.12.2020.

[61] Camila Helena Melchior Baptista de Oliveira; Renan Soares Cortazio, *Abuso de direito potestativo à luz do princípio da boa-fé objetiva*, no prelo.

[62] Anota a Professora Judith Martins-Costa que, em tais casos, "o outro sujeito da relação jurídica nada pode fazer para impedir o efeito extintivo: está irremediavelmente sujeito ao exercício do direito formativo e aos consequentes efeitos. Bem por isso, são reprimidas as condutas arbitrárias e caprichosas no exercício do direito de pôr fim à relação" (Judith Martins-Costa, *A boa-fé no direito privado*: critérios para a sua aplicação, São Paulo: Saraiva Educação, 2018, 2ª ed., p. 735).

obrigações pelas recorrentes",[63] gerou a legítima expectativa de que a referida disposição contratual não seria acionada naquele momento, de modo que a resilição se mostrava abusiva.

Também alhures a jurisprudência se ocupa da abusividade da resilição contratual que viola a proteção da confiança. É o caso do precedente da *Corte d'Appello di Roma* mencionado na introdução do presente estudo que, em aplicação aos princípios ventilados pela *Corte di Cassazione*, considerou ilegítima a resilição unilateral de quase duzentos *contratti di concessione di vendita* celebrados entre a Renault e as suas concessionárias, por ter a Renault previamente imposto metas mínimas de vendas e novos investimentos para ampliação do mercado, gerando a expectativa de que a relação contratual se prolongaria.

Ainda no que tange ao direito de resilição unilateral, destaca-se o teor do art. 473, parágrafo único, Código Civil,[64] segundo o qual a denúncia em contratos de prazo indeterminado há de ser precedida de pré-aviso razoável, para que o contratante possa amortizar os investimentos efetuados justamente em razão da confiança que detinha na manutenção do contrato, sob pena de configurar abuso de direito.

Embora a literalidade do art. 473, parágrafo único, Código Civil, condicione a produção dos efeitos da denúncia à amortização de investimentos consideráveis, dada a natureza do contrato, tem-se acertadamente entendido que o princípio da boa-fé não se restringe a essa hipótese, na medida em que o ordenamento busca preservar as legítimas expectativas suscitadas quanto à continuidade do vínculo, independentemente da existência de custos incorridos pelas partes.[65] Vale dizer: o exame de abusividade do direito à resilição prescinde da efetuação de vultuosos investimentos pela parte que possui a legítima expectativa na manutenção do vínculo contratual.

De mais a mais, a doutrina também destaca a possibilidade de se aferir a abusividade no exercício do direito à resolução por inadimplemento, em decorrência da proteção à confiança. Sobre o ponto, o Prof. Anderson Schreiber menciona, exemplificativamente, a hipótese em que o credor inicia negociações amigáveis para a restruturação da dívida a cargo do devedor, gerando expectativas legítimas quanto à continuidade da relação apesar dos valores inadimplidos, e, repentinamente, requer judicialmente a resolução do contrato e o pagamento da multa

---

[63] Lê-se no inteiro teor: "Estando claro, nos autos, que o comportamento das recorridas, consistente na exigência de investimentos certos e determinados como condição para a realização da avença, somado ao excelente desempenho das obrigações pelas recorrentes, gerou legítima expectativa de que a cláusula contratual que permitia a qualquer dos contratantes a resilição imotivada do contrato, mediante denúncia, não seria acionada naquele momento, configurado está o abuso do direito e a necessidade de recomposição de perdas e danos, calculadas por perito habilitado para tanto" (STJ, 4ª T., REsp 1.555.202/SP, Rel. Min. Luis Felipe Salomão, julg. 13.12.2016, publ. *DJ* 16.03.2017; grifou-se).

[64] Art. 473, parágrafo único, do Código Civil: "A resilição unilateral, nos casos em que a lei expressa ou implicitamente o permita, opera mediante denúncia notificada à outra parte. Parágrafo único. Se, porém, dada a natureza do contrato, uma das partes houver feito investimentos consideráveis para a sua execução, a denúncia unilateral só produzirá efeito depois de transcorrido prazo compatível com a natureza e o vulto dos investimentos".

[65] Nas palavras de Francisco Viégas: "Desse modo, reconhecendo-se o fundamento do dever de pré-aviso no princípio de boa-fé, forçoso admitir sua manifestação em outras hipóteses que não a do art. 473, parágrafo único, do Código Civil. *Sempre que verificada a legítima expectativa de continuidade da relação contratual – o que, a rigor, constitui a regra nas relações duradouras por tempo indeterminado – a denúncia deve vir acompanhada do aviso prévio, sob pena de desconformidade à boa-fé objetiva*" (Francisco de Assis Viégas, *Denúncia contratual e dever de pré-aviso*, Belo Horizonte: Fórum, 2019, pp. 135-136; grifou-se).

em valor previamente estipulado.[66] Diante desse cenário, o Professor salienta que o exercício do direito à resolução poderia ser considerado abusivo, pois o credor não considerou os interesses e expectativas legítimas gerados na outra parte, que empreendia tempo e esforços na tentativa de reestruturar o débito.

Por todo o exposto, pode-se concluir que haverá abuso de direito potestativo quando o seu exercício implicar violação à confiança despertada na contraparte que compõe a relação contratual, em detrimento do alcance da finalidade econômica do contrato. No entanto, assim como ocorre na aplicação da teoria do adimplemento substancial, é preciso haver cautela para que o abuso de direito não sirva como instrumento de ilegítima flexibilização das prerrogativas conferidas ao titular do direito potestativo que, como já destacado, deve ter suas posições de vantagem garantidas pelo ordenamento, se exercidas em conformidade com a sua função.

NOTAS CONCLUSIVAS

Conforme exposto no presente estudo, o abuso do direito é figura de construção jurisprudencial, que exige que os atos de autonomia privada sejam submetidos a controle funcional, verificando-se, em concreto, se determinada situação jurídica subjetiva é exercida em conformidade com o substrato-axiológico normativo que a fundamenta.

Os direitos potestativos – apesar de, estrutural e individualmente considerados, conferirem ao seu titular a prerrogativa contratual ou legal de constituir, modificar ou extinguir uma situação subjetiva, de forma unilateral – também sofrem limitações funcionais impostas pela ordem constitucional, eis que se caracterizam como espécie de situação jurídica subjetiva. Nesse contexto, o presente estudo buscou esclarecer os principais expoentes do exercício abusivo dos direitos potestativos.

Em primeiro lugar, destacou-se que a figura do adimplemento substancial atua como elemento limitador à análise do interesse útil do credor, garantindo-se a manutenção do vínculo contratual à parte que adimpliu substancialmente o pactuado. Nessa seara, deve-se investigar, sob o viés qualitativo e casuístico, se o interesse útil do credor (verificado à luz do inteiro programa contratual) ainda pode ser atingido com a manutenção do vínculo contratual, hipótese em que a resolução contratual constituiria meio excessivamente gravoso ao devedor, acarretando exercício abusivo do direito por parte do credor que a impõe.

Em segundo lugar, demonstrou-se que há abuso de direito potestativo quando o seu exercício implica violação à confiança despertada na contraparte que compõe a relação contratual, em detrimento do alcance da finalidade econômica do contrato. Sobre o ponto, revelam-se instrumentos relevantes à atividade do intérprete as figuras parcelares da boa-fé, como o *venire contra factum proprium*, a *suppressio* e o *tu quoque*.

Tais critérios mostram-se relevantes para evitar a hiperbolização do controle funcional de direitos potestativos, impedindo que se transforme a posição contratual de vantagem conferida legitimamente pelo ordenamento em ato com eficácia condicionada, acarretando indevida inversão da alocação de riscos pactuada no programa contratual, bem como banalização da figura do abuso de direito.

---

[66] Anderson Schreiber, *A proibição de comportamento contraditório*: tutela da confiança e *venire contra factum proprium*, São Paulo: Atlas, 2016, 4ª ed., pp. 58-59.

20

RESOLUÇÃO POR INADIMPLEMENTO EFICIENTE DO CONTRATO: INDENIZAÇÃO E LUCRO DA INTERVENÇÃO

DEBORAH PEREIRA PINTO DOS SANTOS

*The definition of injustice is no other than
the non-performance of Covenant.*

Thomas Hobbes, Leviathan

Sumário: Introdução: a intenção da parte ao inadimplir a prestação importa? 1. A escolha do credor pela resolução diante do inadimplemento absoluto. 2. A indenização pelo interesse contratual negativo do credor à luz da retroatividade da resolução. 3. Espaço para a aplicação do lucro da intervenção. Conclusão.

INTRODUÇÃO: A INTENÇÃO DA PARTE AO INADIMPLIR A PRESTAÇÃO IMPORTA?

Com a pergunta proposta, pretende-se examinar se, na perspectiva do devedor, haveria espaço para exercício de juízo de conveniência e oportunidade acerca da execução da obrigação contratual. Ou seja, se o contratante poderá decidir não cumprir a prestação – ainda que lhe seja possível atendê-la e mantida a utilidade para o credor –, por razões fundadas em análise de custo-benefício. Além disso, se tal conduta constituiria situação diferente da simples inexecução culposa do contrato, o que poderá justificar tratamento diverso pelo ordenamento jurídico.

A origem da discussão remonta à Análise Econômica do Direito (*Economic Analysis of Law*), desenvolvida a partir da segunda metade do Século XX por estudiosos da Escola do Direito e da Economia (*Law and Economics*), e que teve influência não só nos sistemas jurídicos da *common law*, como também nos da *civil law*. Cuida-se de movimento acadêmico originário de diversas universidades norte-americanas, cujo escopo é analisar institutos jurídicos na seara patrimonial – especialmente contrato, responsabilidade civil e propriedade – por meio de ferramentas teóricas da microeconomia.[1]

Para tal visão, o direito deve atuar, primordialmente, como sistema voltado à garantia de eficiência na distribuição de riquezas pelo mercado, de modo que contratos configuram mecanismos de trocas voluntárias, os quais têm a função de promover eficiência econômica nas relações privadas. Em termos econômicos, o intercâmbio de direitos e deveres no contrato produz *gains for trade*, uma vez que a parte voluntariamente negocia e recebe da outra o que considera justo, o que faz com que a relação obrigacional se desenvolva sem interferência externa e sem preocupação com justiça distributiva.[2] O conteúdo contratual – privadamente desenhado e mutuamente benéfico para os contratantes – não poderá ser alterado por ente externo, que não teria como torná-lo mais eficiente, o que se denomina de Eficiência de Pareto.[3]

Em relações paritárias, contratos funcionam como instrumentos para alocação de riscos e, quando não haja simultaneidade na troca de prestações, exercem *função de seguro*. A parte compromete-se ao atendimento da prestação no futuro, porém a situação econômica no momento do cumprimento da obrigação é incerta, e poderá ser diversa daquela inicialmente imaginada quando da formação da relação jurídica.[4] Pode-se generalizar e afirmar que, no caso da compra e venda, o contrato assegura o vendedor, em relação a mudanças no mercado que levem à queda do preço, e o comprador, em relação ao aumento do preço.

Foi nesse contexto que se desenvolveu a teoria da quebra eficiente do contrato. Denominada na origem de *efficient breach theory*, trata-se de teoria cujo escopo é autorizar a inexecução não só voluntária, mas também intencional da obrigação contratual pelo devedor, contanto que justificada na existência de *incentivo econômico*. Dito diversamente, se o ganho da parte com o inadimplemento da prestação contratual exceder o lucro esperado com o adimplemento, após contabilizados os custos com o pagamento de indenização substitutiva ou de multa fixada no contrato à parte prejudicada, não há razão econômica para se exigir o cumprimento do contratado. Para elucidar a teoria, apresentam-se duas situações em que o *custo de oportunidade* do inadimplemento será melhor do que a perspectiva econômica de execução do programa contratual.[5]

---

[1] Os primeiros trabalhos percursores do movimento da *Law and Economics* foram desenvolvidos pelo ganhador do prêmio Nobel da Economia, Ronald Hart Coase, bem como por Guido Calabresi e trataram, respectivamente, dos custos sociais e dos custos dos acidentes. Cf. COASE, R. Hart. The problem of social costs. In *Law and Economics*, v. 3, 1960. p. 1-41; e CALABRESI, Guido. *The Cost of Accidents*: a Legal and Economic Analysis. New Heaven: Yale University Press, 1970, *passim*. Sobre a influência nos sistemas jurídicos da *civil law*, ver GIAOUI, Frank S. *Indemnisation du préjudice économique*. Ruptures contractuelles en *common law* américaine, droit français et droit commercial international. Paris: L'Harmattan, 2019, *passim*. No direito brasileiro, foi pioneiro o trabalho desenvolvido por FARIA, Guiomar T. Estrella. *Interpretação econômica do Direito*. Porto Alegre: Livraria do Advogado, 1994, *passim*.

[2] POSNER, Richard A. *Economic Analysis of Law*. 9. ed. Chicago: Wolters Kluer, 2014. p. 95-102.

[3] SHAVELL, Steve. *Foundations of Economic Analysis of Law*. Cambridge: Harvard University Press. p. 293.

[4] POSNER, Richard A. *Economic Analysis of Law*. 9. ed. Chicago: Wolters Kluer, 2014. p. 111.

[5] BIRMINGHAM, Robert L. Breach of Contract, Damage Measures, and Economic Efficiency. In *Rutgers L. Rev.*, v. 24, 1970. p. 273-292. Apesar de o desenvolvimento da ideia do inadimplemento incentivado por razões econômicas ser atribuído a Robert Birmingham, a nomenclatura *theory of efficient breach* somente foi usada anos depois em trabalho acadêmico escrito por Charles Goetz e Robert Scott. Cf. GOETZ, Charles J.; SCOTT, Robert E. Liquidated Damages, Penalties and the Just Compensation Principle: Some Notes on an Enforcement Model and a Theory of Efficient Breach. In *Colum. L. Rev.*, v. 77, 1977. p. 554-594. Por sua vez, é apontado como primeiro caso paradigmático de *efficient breach*

Cap. 20 · RESOLUÇÃO POR INADIMPLEMENTO EFICIENTE DO CONTRATO

No primeiro cenário, imagine-se que, após realizado contrato de compra e venda de determinado bem, em que foi acordado o preço de 1000 moedas, porém antes da entrega do objeto ao comprador, há súbito aumento do custo de produção para o vendedor, que antes era de 600 moedas e dobrou para 1200 moedas. Em tal situação, não se deve esperar que o devedor gaste mais do que o preço (1000 moedas) para cumprir o contrato, ainda que lhe seja objetivamente possível. Assim, justifica-se, em termos de análise de custo e benefício, que a parte escolha não adimplir o contrato e, ao revés, arcar com a indenização substitutiva, fixada no valor equivalente à prestação, isto é, a parte limitará o prejuízo econômico ao valor de 1000 moedas.

Já no segundo cenário, tem-se que, após a realização de idêntico contrato, há o repentino aumento do valor do objeto no mercado, sendo que o vendedor recebe nova proposta de terceiro que aceita comprar o mesmo bem pelo preço de 5000 moedas. Na nova situação, que costuma ser denominada de compra e venda dupla, admite-se que devedor possa inadimplir o contrato primitivo (1000 moedas) e realizar novo contrato pelo preço de 5000 moedas. Para tanto, ele deverá pagar indenização substitutiva (no valor de 1000 moedas), ficando livre para aproveitar a oportunidade de obter lucro na operação econômica de 3400 moedas, que será composto pelo preço do novo contrato subtraída a indenização devida ao credor prejudicado e o custo de produção.

Em ambas as situações, o custo de oportunidade para o devedor adimplir o contrato induz que a escolha eficiente será não executar a obrigação contratual, ainda que lhe seja fática e juridicamente possível e mesmo que haja o interesse útil do credor no seu recebimento. Para os defensores da teoria o inadimplemento eficiente, o incumprimento intencional da prestação deve ser não só admitido, mas mesmo encorajado se o devedor puder lucrar (ou, ao menos, reduzir o prejuízo) com a inexecução da obrigação, desde que considerada, no cálculo de custos, a responsabilidade contratual para com o credor. Caso contrário, a manutenção de contratos ineficientes poderá impedir a alocação de recursos em outras atividades, que poderiam trazer maiores benefícios à livre circulação de riquezas, o que promoveria o aumento do bem-estar social.[6]

Dentre as diversas críticas opostas à teoria da quebra eficiente, foi apresentado argumento que, ao menos em análise apriorística, parecer fugir ao âmbito da dogmática jurídica, qual seja: se há dever moral em adimplir contratos, o que poderia justificar a fixação de indenização *superior* ao valor dos danos em caso de inadimplemento intencional, cuja finalidade é impedir o lucro do credor no contrato subsequente. Debate-se se a conduta do devedor que oportunisticamente descumpre a prestação representaria *risco moral*, no sentido de criar incentivos para a não efetividade de contratos, o que permitiria a fixação de danos punitivos à parte inadimplente.[7]

Para a primeira visão, em perspectiva utilitarista, o inadimplemento do contrato deve ser apartado de qualquer consideração de índole subjetiva: o risco moral constitui componente da alocação contratual de riscos, sendo que a possibilidade de incumprimento – intencional ou não – já foi precificada pelos contratantes. Se o contrato apresenta função de seguro, tanto a prestação como o equivalente pecuniário atendem igualmente ao interesse do credor, sendo consequência jurídica do inadimplemento contratual apenas o ressarcimento dos danos causados ao credor prejudicado.[8]

---

na jurisprudência norte-americana, cujo relator da opinião majoritária foi o juiz e professor de Direito e Economia Richard Posner: Lake River Corp. v. Carborundum Co., 769 F.2d 1284 (7th Cir. 1985).

[6] BIRMINGHAM, Robert L. Breach of Contract, Damage Measures, and Economic Efficiency. In *Rutgers L. Rev.*, v. 24, 1970. p. 292.

[7] Os riscos morais estão relacionados aos efeitos que eventos fora de nosso controle possuem nas ações e reações humanas. Cf. BAGCHI, Aditi, Managing Moral Risk: The Case of Contract. In *Colum. L. Rev.*, v. 111, 2011. p. 1888.

[8] POSNER, Richard A., Let Us Never Blame a Contract Breaker. In *Mich. L. Rev.*, v. 107, 2009. p. 1350.

340 | PROBLEMAS DE DIREITO CIVIL – Homenagem aos 30 anos de cátedra do professor Gustavo Tepedino

Para a segunda posição, o inadimplemento poderá ser imoral se a indenização substitutiva não for capaz de garantir a expectativa de cumprimento para o credor, isto é, se não for apta a promover o aumento do bem-estar social comparada à execução da obrigação contratual. Em não havendo pagamento de indenização suficiente para cobrir os danos de expectativa, o que poderá acontecer principalmente nos contratos incompletos, o devedor age de forma imoral. Isso, porque obtém benefício que supera o valor da barganha contratual, sem atender às expectativas do credor quanto ao programa do contrato.[9]

Por fim, para a terceira visão, o inadimplemento intencional constituirá risco moral, uma vez que gera danos não só ao credor da prestação, mas à sociedade como todo. O compromisso dos contratantes é com a execução da obrigação contratual, e não com a indenização substitutiva. A quebra eficiente do contrato, ainda que haja o pagamento do equivalente à prestação contratual em pecúnia, impede o credor de alcançar objetivos diversos, afetando projetos de vida inclusive em relação a terceiros, o que faz com que o instituto do contrato perca valor social.[10] Em síntese, o inadimplemento doloso será imoral por permitir a criação de cultura de comportamentos oportunistas.[11]

A par de adentrar em discussões filosóficas mais profundas, com o presente artigo se objetiva discutir a existência e a amplitude do dever jurídico de cumprir contratos. Adimplir a prestação contratual configura *dever jurídico* – e não meramente moral –, fundado nas normas constitucionais e infraconstitucionais do ordenamento. O programa contratual deve ser cumprido não só porque as partes querem, mas porque a lei assim determina, uma vez que o conteúdo, incluído o regramento acerca das consequências do inadimplemento, é formado por fonte autônoma e heterônoma.[12] Pela fonte heterônoma, especialmente em razão da incidência da boa-fé objetiva, aplicam-se às relações privadas deveres de lealdade e cooperação entre os contratantes, tendo em vista as expectativas legítimas quanto à finalidade econômica do contrato que estão voltadas ao atendimento do resultado útil programado.[13]

As regras de utilidade econômica (como a maximização ótima de recursos) – tão caras à economia – não podem ser analisadas isoladamente, sendo incapazes de explicar o regramento jurídico. As relações obrigacionais possuem eficácia criadora de vínculos jurídicos entre as partes, que se encontram conectadas pela *expectativa de confiança*.[14] Por tal confiança, espera-se manter o conteúdo pactuado durante a execução do programa do contrato, contanto que esteja em conformidade com o ordenamento e seja, por conseguinte, merecedor de tutela jurídica.

O inadimplemento intencional poderá ter consequências mais graves do que as que ficam visíveis em análise restrita àquela relação jurídica específica que foi inadimplida. Não se trata de avaliação subjetiva do motivo que levou ao devedor a descumprir o contrato, o qual pode ser irrelevante para o direito, mas da real finalidade econômica a que as partes visaram com a contratação. Se, por um lado, a responsabilidade contratual visa à reparação integral do dano e, portanto,

---

[9]   SHAVELL, Steven. *Is Breach of Contract Immoral?* In John M. Olin Center for Law, Economics, and Business. Discussion Paper n. 531, 2005. p. 26-27.

[10] BAGCHI, Aditi, Managing Moral Risk: The Case of Contract. In *Colum. L. Rev.*, v. 111, 2011. p. 1917-1924.

[11] SHIFFRIN, Seana, Could Breach of Contract Be Immoral. In *Mich. L. Rev.*, v. 107, 2009. p. 1552-1554.

[12] PERLINGIERI, Pietro. *O direito civil na legalidade constitucional*. Tradução de Maria Cristina de Cicco. Rio de Janeiro: Renovar, 2008. p. 368-369.

[13] RODOTÀ, Stefano. *Le fonti di integrazione del contratto*. Milano: Giuffrè, 1970. p. 23.

[14] MARTINS-COSTA, Judith. Contratos. Conceito e evolução. In LOTUFO, Renan e NANNI, Giovanni Ettore (coord.). *Teoria geral dos contratos*. São Paulo: Atlas, 2011. p. 55.

tem como *ratio* e *limite* o dano sofrido pelo credor em razão do inadimplemento; por outro lado, pode-se cogitar de caminho fora da seara da responsabilidade civil para retirar do patrimônio do devedor o lucro ilegitimamente obtido.

1. A ESCOLHA DO CREDOR PELA RESOLUÇÃO DIANTE DO INADIMPLEMENTO ABSOLUTO

O ordenamento jurídico abre diversos caminhos ao contratante prejudicado pelo inadimplemento da prestação contratual. No caso de inadimplemento relativo (mora), por ainda haver interesse no recebimento da prestação *in natura* e sendo viável a percepção, o credor poderá pleitear a execução específica pelo devedor ou a execução por terceiro, de forma a garantir o recebimento da obrigação contratual, além da indenização por danos de mora ou da cláusula penal moratória. Ressalte-se que o fato de o devedor intencionalmente inadimplir a prestação, em razão de incentivo econômico, não é capaz, ao menos sozinho, de alterar a situação jurídica do credor, desde que permaneça a utilidade econômica da prestação.[15]

Por sua vez, em havendo inadimplemento absoluto da prestação, entende-se que, de acordo com o artigo 475 do Código Civil, a parte terá à disposição, alternativamente, dois instrumentos de tutela do direito ao crédito.[16] Ela poderá optar entre a resolução da relação obrigacional ou sua manutenção somada à exigência da prestação contratual pelo equivalente pecuniário, sem prejuízo, qualquer que seja a decisão, do pedido de indenização de perdas e danos.[17] Como se verá, o caminho a ser seguido, em cada relação jurídica concreta, dependerá como seja mais interessante economicamente para a parte não inadimplente cumprir a prestação correspectiva ou ter a liberação ou a restituição, caso já a tenha cumprido, somada com a indenização pelo parâmetro do interesse positivo ou negativo, respectivamente.

A resolução constitui direito potestativo para quem o contrato perdeu a utilidade econômica, trazendo fim definitivo ao programa contratual.[18] Como causa de extinção da relação obrigacional, haverá o retorno ao *status quo ante* e, no seu lugar, a formação da relação de liquidação,[19] produzindo-se os seguintes efeitos: (i) a liberação das partes do cumprimento do dever de prestar

---

[15]   ALVIM, Agostinho. *Da Inexecução das obrigações*. 3. ed. Rio de Janeiro: EJUL, 1965. p. 59-60.

[16]   AGUIAR JR., Ruy Rosado de. *Comentários ao novo Código Civil*: da extinção do contrato, vol. VI, t. II, Rio de Janeiro: Forense, 2011, p. 436.

[17]   TERRA, Aline de Miranda Valverde. Execução pelo equivalente como alternativa à resolução: repercussões sobre a responsabilidade civil. In *Revista Brasileira de Direito Civil* – RBDCivil. Belo Horizonte; v.18, p. 54, out./dez. 2018. Na jurisprudência, cf. BRASIL. Superior Tribunal de Justiça. EREsp nº 1280825/RJ, da Segunda Seção. Rel. Ministra Nancy Andrighi. Julgado em 27/06/2018, *DJe* 02/08/2018. Em sentido contrário, entendendo que o art. 475 do Código Civil, ao trazer os remédios para o incumprimento culposo pelo devedor, trata da alternativa entre a resolução contratual e a insistência na execução específica, cf. SOUZA, Eduardo Nunes de. De volta à causa contratual: aplicações da função negocial nas invalidades e nas vicissitudes supervenientes do contrato. In: *Civilistica.com*. Rio de Janeiro, a. 8, n. 2, 2019. Disponível em: <http://civilistica.com/de-volta-a-causa-contratual/>. Acesso em 21.03.2021.

[18]   MIRANDA, Pontes de. *Tratado de Direito Privado*, t. XXXVIII. Direito das Obrigações. São Paulo: Editora Revista dos Tribunais, 2012. p. 456. Cf. na jurisprudência: BRASIL. Superior Tribunal de Justiça. REsp nº 1737992/RO, da Terceira Turma. Rel. Ministro Paulo de Tarso Sanseverino. Julgado em 20/08/2019, *DJe* 23/08/2019; BRASIL. Superior Tribunal de Justiça. REsp nº 1728372/DF, da Terceira Turma. Rel. Ministra Nancy Andrighi. Julgado em 19/03/2019, *DJe* 22/03/2019.

[19]   AGUIAR JÚNIOR, Ruy Rosado de. *Extinção dos contratos por incumprimento do devedor*. Rio de Janeiro: AIDE Editora, 2003. p. 259.

quanto às obrigações correspectivas, se ainda não adimplidas; (ii) o dever de ambas as partes de restituição do que foi prestado em razão da relação obrigacional ora extinta; e (iii) o dever da parte lesante de indenizar a parte prejudicada, de modo a recompor o patrimônio no estado que teria não fosse o contrato.[20]

Por sua vez, a execução pelo equivalente ou genérica representa demanda de cumprimento do contrato.[21] Ao eleger o caminho pela execução, a parte mantem a relação obrigacional, mas há a alteração do programa contratual, com a substituição de objeto pelo equivalente em pecúnia.[22] O credor fará jus à indenização e deverá ser colocado na posição de vantagem que estaria se houvesse o cumprimento voluntário da prestação.[23] Por conseguinte, fica evidenciada a diversidade de fórmulas para cálculo da indenização devida na resolução e na execução pelo equivalente, já que os institutos apresentam efeitos completamente diversos.

A resolução traz fim ao dever de prestar dos contratantes, recolocando-os no estado em que estariam, no momento presente, se nunca tivessem contratado, e apagando, *até o limite que a realidade permita*, as consequências do contrato no mundo jurídico e econômico. O tema da amplitude da retroatividade dos efeitos resolutivos tem enorme relevância prática, pois traz consequências na posição econômico-jurídica das partes, isto é, afetará a definição de todos os efeitos resolutivos: liberatório, restitutório e indenizatório.

A principal finalidade da resolução é desvincular as partes do cumprimento do programa contratual,[24] fazendo com que se liberem para procurar novas propostas negociais no mercado, caso assim desejem.[25] Inegavelmente, a liberação do cumprimento do objeto contratado constitui importante mecanismo a favor do interesse do credor e, aliada à garantia de restituição de tudo o que já tenha sido cumprido, representam as vantagens do mecanismo resolutório em comparação à execução pelo equivalente.[26]

Não obstante, a liberação não é de toda obrigação, mas apenas quanto ao atendimento das obrigações inter-relacionadas à finalidade econômica do contrato – *i.e.* deveres de prestação.[27] Em exemplo trivial, no contrato de compra e venda, estará o vendedor liberado da entrega da coisa e o comprador do pagamento do respectivo preço. A relação contratual não desaparece, mas subsiste

---

[20]   TERRA, Aline de Miranda Valverde. Execução pelo equivalente como alternativa à resolução: repercussões sobre a responsabilidade civil. In *Revista Brasileira de Direito Civil* – RBDCivil. Belo Horizonte; v.18, out./dez. 2018. p. 58.

[21]   STEINER, Renata C. *Reparação de Danos:* Interesse positivo e Interesse Negativo. São Paulo: Quartier latin, 2018. p. 345.

[22]   TERRA, Aline de Miranda Valverde. Execução pelo equivalente como alternativa à resolução: repercussões sobre a responsabilidade civil. In *Revista Brasileira de Direito Civil* – RBDCivil. Belo Horizonte; v.18, out./dez. 2018. p. 59.

[23]   TERRA, Aline de Miranda Valverde. Execução pelo equivalente como alternativa à resolução: repercussões sobre a responsabilidade civil. In *Revista Brasileira de Direito Civil* – RBDCivil. Belo Horizonte; v.18, out./dez. 2018. p. 71.

[24]   MALO VALENZUELA, Miguel Ángel. *Remedios frente al incumplimiento contractual.* Cizur Menor: Aranzadi, 2016. p. 162.

[25]   KLEINSCHMIDT, Jens. Introduction before Art. 9:301. In: JANSEN, Nils; ZIMMERMANN, Reinhard. *Commentaries on European Contract Laws.* Oxford: Oxford University Press, 2018. p. 1286.

[26]   STEINER, Renata C. *Reparação de Danos:* interesse positivo e interesse negativo. São Paulo: Quartier Latin, 2018. p. 374-375.

[27]   Sobre os diversos deveres de prestação, cf. MARTINS-COSTA, Judith. *A boa-fé no Direito Privado:* critérios para a sua aplicação. 2. ed. São Paulo: Saraiva, 2018. p. 240-241.

apoiada em outras obrigações.[28] O efeito liberatório não afetará outros deveres que tenham origem autônoma no contrato (*e.g.* cláusula penal compensatória), como também não fará desaparecer os deveres heterônomos de conduta, fundados na boa-fé objetiva, ainda que tais deveres possam ter o conteúdo alterado em razão da extinção dos deveres de prestação.[29]

Além do efeito liberatório, a resolução garante a restituição, permitindo a recuperação pelas partes do que tenham prestado no cumprimento do programa contratual. A *ratio* do efeito restitutório está no fato de que a resolução elimina a causa justificadora das obrigações, fazendo com que não mais exista justificativa (causa) para os contratantes manterem consigo o que receberam em razão da execução do contrato.[30] Contudo, nem sempre haverá a restituição de *tudo aquilo* realizado até a resolução, porquanto a retroatividade da resolução deverá ser apreciada na relação jurídica concreta, podendo ser necessária a preservação dos efeitos produzidos *antes* da configuração do inadimplemento absoluto.

Há situações, especificamente nos contratos de duração, em que a resolução poderá ocorrer sem restituição ou, ao menos, ela não será integral quando haja cumprimento parcial do objeto da prestação contratual que tenha sido capaz de atender ao interesse útil do credor. Do mesmo modo, poderá não ser possível a devolução da prestação *in natura*, uma vez que a restituição constitui dever obrigacional, cujos efeitos são *inter partes,* devendo ser feita pelo equivalente pecuniário quando haja a necessidade de proteção de terceiros de boa-fé ou quando tenha se tornado impossível a devolução da coisa recebida (*i. e.* em razão de destruição ou de deterioração).[31]

Ademais, é importante separar, na relação de liquidação, os efeitos restitutório e indenizatório, isto é, o dever de ambos os contratantes de restituir a prestação do dever apenas do devedor de indenizar as perdas e danos ao credor, o qual pressupõe o nexo de imputação da inexecução da obrigação contratual. A resolução tem como objetivo precípuo o retorno ao *status quo ante*, havendo a restituição das prestações efetuadas, sendo que a indenização, por sua vez, está relacionada à responsabilidade contratual da parte inadimplente e terá lugar quando haja efetivo dano para a parte prejudicada, o qual será seu limite.[32]

O dever de indenizar é atribuído ao devedor como consequência do dano causado pelo inadimplemento absoluto da prestação, que é pressuposto da resolução. Enfatize-se que é extinta apenas a obrigação de prestar das partes, mas se mantém hígida a obrigação de indenizar do devedor.[33] Desfeito retroativamente o programa contratual, todavia, não há como se defender pretensão ao seu cumprimento e, portanto, não são indenizáveis os benefícios esperados pelo credor da execução da prestação na vigência da relação obrigacional, que não subsiste, pois a parte está liberada do cumprimento da obrigação correspectiva.[34]

---

[28]   CORDEIRO, António Menezes. Tratado de direito civil IX: direito das obrigações: cumprimento e não cumprimento, transmissão, modificação e extinção. 3. ed. Coimbra: Almedina, 2017. p. 932.

[29]   TERRA, Aline Miranda Valverde de. *Cláusula Resolutiva Expressa.* Belo Horizonte: Fórum, 2017. p. 180.

[30]   TRIMARCHI, Pietro. *Il contratto*: inadempimento e rimedi. Milano: Giuffrè, 2010. p. 72.

[31]   TERRA, Aline de Miranda Valverde; GUEDES, Gisela Sampaio da Cruz. *Efeito indenizatório da resolução por inadimplemento.* In: TERRA, Aline de Miranda Valverde; GUEDES, Gisela Sampaio da Cruz (Coords.). Inexecução da Obrigações: pressupostos, evolução e remédios. Rio de Janeiro: Editora Processo, 2020. p. 398-399.

[32]   MALO VALENZUELA, Miguel Ángel. *Remedios frente al incumplimiento contractual.* Cizur Menor: Aranzadi, 2016. p. 164-165.

[33]   MEORO, Mario E. Clemente. *La resolución de los contratos por incumplimiento.* Valencia: Tirant lo Blanch, 1992. p. 225-226.

[34]   MARTINS-COSTA, Judith. O Árbitro e o Cálculo do Montante da Indenização. In: CARMONA, Carlos Alberto; LEMES, Selma Ferreira; MARTINS, Pedro Batista (Coords.). *20 Anos da Lei de Arbitragem*: Homenagem a Petrônio R. Muniz. 1. ed. São Paulo: Atlas, 2017. p. 625.

A retroatividade da resolução, ao menos como regra, atinge a relação obrigacional quanto às obrigações correspectivas atribuídas aos contratantes, mas não extingue a relação contratual, sobre a qual se fundamentam tanto o dever de restituir, como o de indenizar.[35] Nada obstante, tal afirmação não afasta – como se desenvolverá melhor em seguida – a influência que a retroatividade poderá exercer na definição do interesse do credor a ser indenizado na relação de liquidação, tendo em vista a escolha da parte pelo caminho do fim definitivo do programa contratual.

Em suma, os três efeitos da resolução – liberação, restituição e indenização – terão a definição no caso concreto.[36] Se a prestação contratual não chegou a ser cumprida, não haverá restituição, mas a liberação das partes do cumprimento futuro. Se a prestação, por ser economicamente divisível, foi parcialmente cumprida pelo devedor e satisfez, mesmo que não plenamente, o interesse útil do credor, também não haverá a restituição dessa parcela, com a liberação para a frente. Se, por sua vez, restituída a prestação, não existe dano para o credor a ser ressarcido pelo devedor, considerando, na recomposição patrimonial, a necessidade de recolocação da parte na posição econômico-jurídica em que teria no presente se não tivesse feito tal contrato, não haverá qualquer indenização.

2. A INDENIZAÇÃO PELO INTERESSE CONTRATUAL NEGATIVO DO CREDOR À LUZ DA RETROATIVIDADE DA RESOLUÇÃO

Especificamente no que tange à discussão em tela, o termo interesse serve para definir não só a existência da obrigação de indenizar, mas também a mensuração dos danos.[37] Com efeito, funciona o interesse como o *ponto de conexão*, permitindo que se criem balizas para a adequada ponderação de valores relevantes à definição da reparação patrimonial devida ao credor.[38]

Apesar da origem do *id quod interest* ser vista desde o direito romano, a adoção das expressões *interesse contratual negativo* e *interesse contratual positivo*, no contexto da responsabilidade contratual, é atribuída a trabalho sobre culpa *in contrahendo*, desenvolvido por Rudolf von Jhering, no final do Século XIX. De acordo com esse estudo, as expressões interesse positivo e interesse negativo representam a comparação entre a situação real do lesado e outra hipotética, em que ele se encontraria no momento atual se não fosse a ocorrência do dano, a qual deverá ser qualificada como positiva ou negativa tendo como parâmetro o contrato.[39]

Para tanto, diferenciam-se o *interesse na manutenção do contrato*, que consiste no equivalente em dinheiro ao benefício obtido com o cumprimento contratual; e o *interesse na não conclusão do contrato*, que se traduz no ressarcimento do dano causado devido à realização do contrato. Ao adotar as denominações interesse contratual positivo e interesse contratual negativo, conclui Jhering pela

---

[35] AGUIAR JÚNIOR, Ruy Rosado de. *Extinção dos contratos por incumprimento do devedor*. Rio de Janeiro: AIDE Editora, 2003. p. 48-49.

[36] TERRA, Aline de Miranda Valverde. *Cláusula Resolutiva Expressa*. Belo Horizonte: Fórum, 2017. p. 179.

[37] PINTO, Paulo Mota. *Interesse contratual negativo e interesse contratual positivo*. Coimbra: Coimbra Editora, 2008. v. 2. p. 842.

[38] PEREIRA. Fabio Queiroz. O ressarcimento do dano pré-contratual: interesse negativo e interesse positivo. São Paulo: Almedina, 2017. p. 64-65.

[39] JHERING, Rudolf Von. *Culpa in contrahendo ou indemnização em contratos nulos ou não chegados à perfeição*. Trad. e nota introdutória de Paulo Mota Pinto. Coimbra: Almedina, 2008. p. 12-13. É bem verdade que o trabalho de Jhering se baseou no estudo anterior sobre o *id quod interest* romano de MOMMSEN, Friedrich. Beitrage zum Obligationenrecht. Zur Lehre von dem Interesse. Braunschweig, C.U. Schmeschte und Sohn, 1855.

Cap. 20 · RESOLUÇÃO POR INADIMPLEMENTO EFICIENTE DO CONTRATO | 345

indenizabilidade do parâmetro negativo na situação de invalidade do contrato. Portanto, há danos relacionados à existência em si do contrato que não se confundem com outros danos derivados do incumprimento contratual.[40]

Passadas algumas décadas, Fuller e Perdue renovam a discussão acerca da definição do dano indenizável, já no contexto da inexecução contratual, que perpassa pela adoção dos parâmetros bastante similares às ideias do interesse positivo e do interesse negativo. De acordo com os autores, é conveniente distinguir os três objetivos principais que podem ser perseguidos na concessão da indenização na seara da responsabilidade contratual.

Pelo *primeiro*, a parte, que confiou na promessa feita pela outra parte, pode ter-lhe conferido em algum valor e, se o contratante não cumprir a sua promessa, poderá ser obrigado a devolver tal valor recebido. Objetiva-se a prevenção de ganho pelo inadimplente às custas do outro contratante, o que se denomina de interesse de restituição (*restitution interest*).

Já pelo *segundo*, a parte, confiando na promessa feita pela outra parte, mudou a sua posição patrimonial, incorrendo em custos ou abrindo mão de outras oportunidades negociais. Em consequência, concede-se indenização ao credor com a finalidade de desfazer o dano que sua confiança na promessa do devedor lhe causou, colocando-o em posição tão boa quanto a que tinha antes de a promessa ser feita, o que se define pelo interesse da confiança (*reliance interest*).

Por fim, pelo *terceiro*, sem insistir na confiança no prometido ou no enriquecimento de quem prometeu, procura-se garantir ao prejudicado o valor da expectativa que a promessa criou, fazendo com que a parte receba o equivalente em dinheiro da execução contratual. Dessa forma, visa-se a colocar o credor em posição tão boa quanto teria ocupado se o devedor tivesse cumprido sua promessa, o que se chama de interesse da expectativa (*expectation interest*).[41]

Apesar das possíveis críticas à construção elaborada por Jhering no âmbito da teoria das invalidades, é inegável a adaptabilidade dos conceitos de interesse positivo e interesse negativo à discussão acerca da indenizabilidade de danos advindos da inexecução da prestação contratual. Portanto, o par conceitual poderá ser aplicado à amplitude de situações maior do que fora inicialmente imaginado pelo autor alemão, referentes à indenizabilidade de todos os danos patrimoniais ao longo de *iter negocial*, incluindo as situações de não formação ou de formação progressiva da relação obrigacional (na chamada responsabilidade pré-contratual), de formação inválida ou imperfeita, como também do que se define como propriamente inadimplemento contratual.

Em termos práticos, na resolução por inadimplemento, todos os efeitos serão afetados pela morte retroativa da relação obrigacional, inclusive a definição da indenização devida à parte prejudicada: a retroeficácia da resolução terá consequências na identificação do *interesse contratual do credor* a ser tutelado pelo ordenamento. De origens diversas, a indenização vinculada ao prejuízo oriundo da conclusão de contrato nulo e àquela vinculada à resolução tendem ao mesmo objetivo, qual seja, a recolocação da vítima na situação que teria se o contrato aniquilado pela nulidade ou pela resolução não tivesse sido sequer celebrado.[42]

---

[40] JHERING, Rudolf Von. *Culpa in contrahendo ou indemnização em contratos nulos ou não chegados à perfeição*. Trad. e nota introdutória de Paulo Mota Pinto. Coimbra: Almedina, 2008. p. 12-14.

[41] FULLER, L. L.; PERDUE JR., William R.. The Reliance Interest in Contract Damages: 1. *Yale Law Journal*, v. 46, 1936, p. 52-54.

[42] Cf. GUELFUCCI-THIBIERGE, Catherine. *Nullité, Restitutions et Responsabilité*. Paris: Librairie Générale de Droit et de Jurisprudence, 1992. p. 120-121. PINNA, Andrea. *La mesure du préjudice contractuel*. Paris : LGDJ, 2007. p. 58. VINEY, Geneviève; JOURDAIN, Patrice; e CARVAL, Suzanne. *Traité de Droit Civil*. Les effets de la responsabilité. 4.ed. Paris: LGDJ, 2017. p. 435-436.

346 | PROBLEMAS DE DIREITO CIVIL – *Homenagem aos 30 anos de cátedra do professor Gustavo Tepedino*

Registre-se, ademais, que o sentido adotado no presente trabalho quanto às expressões interesse positivo e interesse negativo não permite qualquer confusão terminológica com as noções de danos emergentes e lucros cessantes. Ambas as parcelas, quais sejam, o que a parte perdeu, bem como aquilo que razoavelmente deixou de ganhar, poderão compor a indenização devida ao credor, contanto que feita a comprovação de dano efetivo, independentemente de ela ser verificada conforme o parâmetro contratual positivo ou negativo.[43]

Seja como for, é inegável que o tema da definição de qual o interesse a ser tutelado na resolução por inadimplemento desperta acirrada disputa doutrinária no direito brasileiro, havendo, inclusive, quem defenda a *alternatividade*, abrindo-se espaço de escolha ao credor.[44] A seguir, em apertada síntese, apresentam-se os principais argumentos adotados pelas duas correntes doutrinárias, de modo a se justificar a posição adotada, na busca por coerência sistêmica entre os efeitos resolutivos.

Em defesa do interesse contratual positivo, argumentam-se: (i) a existência de compatibilidade lógica entre a tutela do interesse positivo e a extinção do vínculo pela resolução, pois a retroatividade é ficção jurídica e não pode ser vista como absoluta ou irrestrita, além de se atingir ao efeito restitutório;[45] (ii) a rigidez do modelo da indenização pelo interesse negativo, que teria efeito apenas eliminatório do dano, enquanto a indenização pelo interesse positivo conceberia a resolução em função dos interesses concretos do lesado, permitindo melhor proteção do seu patrimônio;[46] e (iii) a existência de dificuldade prática na quantificação do interesse negativo, pois, frequentemente, os lucros cessantes (*i. e.* oportunidades alternativas) são de difícil prova para o credor.[47]

Por sua vez, há três ordens de argumentos pelos quais se entende pela tutela do interesse contratual negativo para a definição da indenização, quais sejam: (i) a ausência de compatibilidade entre a concessão da indenização pelo interesse positivo e a extinção do vínculo obrigacional retroativa pela resolução, que deve ter idêntico reflexo em todos os efeitos;[48] (ii) a proteção efetiva do patrimônio do credor pela indenização pelo interesse negativo, desde que seja informada pelo

---

[43] Cf. FISCHER, Hans Albrecht. *Los daños civiles y su reparación*. In: Biblioteca de la Revista de Derecho Privado. Serie B. Vol V. Madrid: Suarez, 1928. p. 99. FULLER, L. L.; PERDUE JR., William R.. The Reliance Interest in Contract Damages: 1. *Yale Law Journal*, v. 46, 1936, p. 55-56.

[44] AGUIAR JÚNIOR, Ruy Rosado de. *Extinção dos contratos por incumprimento do devedor*. Rio de Janeiro: AIDE Editora, 2003. p. 269.

[45] Cf. PINTO, Paulo Mota. Resolução e indenização por inadimplemento do contrato. In: *VI Jornada de Direito Civil*. Brasília: Conselho da Justiça Federal, Centro de Estudos Judiciários, 2013. p. 48-50. STEINER, Renata C. *Reparação de Danos*: interesse positivo e interesse negativo. São Paulo: Quartier Latin, 2018. p. 377-378. SILVA, Rodrigo da Guia. Interesse contratual positivo e interesse contratual negativo: influxos da distinção no âmbito da resolução do contrato por inadimplemento. In: *Revista IBERC*, v. 3, n. 1, 2020. p. 23-25.

[46] Cf. PROENÇA, José Carlos Brandão. *Lições de cumprimento e não cumprimento das obrigações*. 2ª ed. rev. e atual. Porto: Universidade Católica Editora Porto, 2017. p. 383-384. PINTO, Paulo Mota. *Interesse contratual negativo e interesse contratual positivo*. Coimbra: Coimbra Editora, 2008. v. 2. p. 1651.

[47] Cf. CORDEIRO, António Menezes. *Tratado de direito civil IX: direito das obrigações: cumprimento e não cumprimento, transmissão, modificação e extinção*. 3. ed. Coimbra: Almedina, 2017. p. 944. O argumento é extensamente desenvolvido por TRIMARCHI, Pietro. *Il contratto*: inadempimento e rimedi. Milano: Giuffrè, 2010. p. 83-92.

[48] Cf. ASSIS, Araken de. Dano positivo e dano negativo na dissolução do contrato. In: *Revista do Advogado*, n. 44, 1994, p. 20-23. p. 22. MARTINS-COSTA, Judith. O Árbitro e o Cálculo do Montante da Indenização. In: CARMONA, Carlos Alberto; LEMES, Selma Ferreira; MARTINS, Pedro Batista (Coords.). *20*

Cap. 20 • RESOLUÇÃO POR INADIMPLEMENTO EFICIENTE DO CONTRATO | 347

princípio da reparação integral, mas que não admita ânimo vingativo do credor ou intenção de punição do devedor;[49] (iii) o receio de dificuldade prática de quantificação dos lucros cessantes no interesse negativo, além de também existir na definição do interesse positivo, não pode prejudicar o direito à indenização do credor.[50]

Entende-se que, à luz do ordenamento brasileiro, melhor razão está com os autores que defendem a tutela do interesse negativo na definição do dano indenizável na resolução por inadimplemento. Isso porque, pelo prisma funcional, a identificação do dano deverá ser aquele sem o qual seja possível conduzir os contratantes ao *status quo ante*. Com efeito, objetiva-se reposicionar o credor na posição econômico-jurídica em que estaria, momento no presente, se o contrato nunca tivesse sequer existido, de modo a ressarcir o dano sofrido pela parte por confiado na manifestação de vontade da outra parte inadimplente e, assim, contratado inutilmente.

Daí, considerada a eficácia retroativa do remédio resolutivo, parece ser conclusão lógica e inevitável que o interesse da confiança (negativo) do credor seja o tutelado, e não aquele referente ao cumprimento do programa do contrato (positivo). Diversamente da situação em que a parte requer a execução da prestação contratual, ainda que pelo equivalente pecuniário, se optar pela resolução, haverá os efeitos liberatório, restitutório, além do indenizatório. Assim, entende-se que todos os efeitos devem estar orientados na mesma direção, com o escopo "de reposição do credor na situação patrimonial em que se encontraria, se não fosse a celebração do contrato resolvido".[51]

A título exemplificativo, menciona-se caso julgado pelo Tribunal de Justiça do Estado de São Paulo, em que, em contrato de prestação de serviços de informática, houve o inadimplemento absoluto pelo prestador do serviço, que não realizou a entrega do serviço conforme o cronograma previsto no contrato, determinando-se a restituição total dos valores pagos pelo tomador. No que tange à indenização, todavia, afastou-se a parcela referente "à diferença entre o orçamento do réu e o orçamento de um serviço de terceiro". Isso, porque tal parcela, referente ao chamado negócio de substituição, não corresponderia ao dano ressarcível na hipótese de extinção retroativa da relação obrigacional, "isto é, àquilo que a [parte] autora deixaria de perder, caso não houvesse celebrado o contrato com o réu (interesse contratual negativo)".[52]

A resolução conduz ao retorno dos contratantes ao *status quo ante*, mas não se trata de retorno estático e sim *dinâmico*, pelo qual deverá ser levado em conta o lapso temporal ocorrido entre a formação do contrato e o incumprimento definitivo da prestação.[53] A eficácia retroativa da resolução está vinculada à quebra da causa de atribuição entre as prestações recíprocas na relação

---

    Anos da Lei de Arbitragem: Homenagem a Petrônio R. Muniz. 1. ed. São Paulo: Atlas, 2017. p. 609-638. p. 625.

[49]   MARTINS-COSTA, Judith. O Árbitro e o Cálculo do Montante da Indenização. In: CARMONA, Carlos Alberto; LEMES, Selma Ferreira; MARTINS, Pedro Batista (Coords.). *20 Anos da Lei de Arbitragem*: Homenagem a Petrônio R. Muniz. 1. ed. São Paulo: Atlas, 2017. p. 609-638. p. 626.

[50]   ZANETTI, Cristiano de Sousa. A transformação da mora em inadimplemento absoluto. In: *Revista dos Tribunais*. Vol. 942, 2014. p. 136.

[51]   FARIA, Jorge Leite Areias Ribeiro de. *Direito das obrigações*, vol. 2, Coimbra: Almedina, 2001. p. 434-435.

[52]   Cf. São Paulo. Tribunal de Justiça. Apelação Cível nº 9120164-31.2006.8.26.0000, da Vigésima Câmara de Direito Privado. Rel. Des. Álvaro Torres Júnior. Julgado em 13/06/2011, *DJe* 28/07/2011.

[53]   TERRA, Aline de Miranda Valverde; GUEDES, Gisela Sampaio da Cruz. Resolução por inadimplemento: o retorno ao *status quo ante* e a coerente indenização pelo interesse negativo. *Civilistica.com*, v. 9, n. 1, maio 2020. p. 9.

obrigacional, uma vez que o atendimento do programa contratual se impossibilitou ou se tornou inútil ao credor por fato imputável ao devedor.

Pode ser que, diante da divisibilidade econômica da prestação, a quebra de reciprocidade não tenha se dado em relação a todo o objeto contratual, o que afastará a retroatividade da resolução na relação jurídica concreta. Em outras palavras, é necessário atentar para a utilidade ou não da prestação (ou da parte dela) que foi executada pelo devedor ao atendimento do interesse concreto do credor, ou seja, se houve o alcance – ainda que parcial – da finalidade econômica do contrato, tendo em vista o lapso temporal ocorrido desde o início da execução até o momento em que configurado o inadimplemento absoluto.

Especialmente nos contratos de duração, existem limites – inegavelmente de ordem pragmática – à retroeficácia da resolução, que poderá vir a ser apenas prospectiva. A irretroatividade da resolução terá consequências na definição das perdas e danos que devem ser reparadas pelo devedor, as quais passam a ter que levar em conta, em alguma medida, o interesse do credor no cumprimento da prestação contratual. A *ratio* para a tutela do interesse positivo é que houve, de fato, o atendimento da finalidade econômica do contrato, ainda que por certo lapso temporal (execução periódica) ou restrito a fração da obrigação correspectiva (execução continuada).[54]

Ressalte-se, contudo, que a adoção do parâmetro interesse no cumprimento não deverá ser feita de forma integral, o que necessariamente violaria o sinalagma contratual. Diversamente, deverá ficar limitado à parte do objeto do contrato que foi efetiva e utilmente executado e cuja eficácia está completamente exaurida. A ideia é que, diante da preservação dos efeitos produzidos na relação obrigacional até o momento do inadimplemento absoluto, a parte lesada tenha direto, em alguma medida, ao benefício econômico que almejava com o cumprimento da prestação contratual pelo devedor. Contudo, o credor não terá direito ao benefício que era esperado da *performance* do devedor por completo, uma vez que não realizou a totalidade da sua prestação e, portanto, não terá direito à contraprestação por inteiro.

Retoma-se a análise da situação da resolução por inadimplemento eficiente da prestação contratual. Conforme visto, a recusa do devedor em cumprir a prestação poderá ser *intencional*, no sentido de não ser justificada na impossibilidade de execução da prestação, mas na existência de incentivo fundado em análise de custo-benefício para a parte escolher não cumprir o acordado. Ao menos em tese, é possível imaginar que a reparação a título de responsabilidade contratual – em razão da resolução do contrato, pelo interesse negativo ou, com a execução pelo equivalente, pelo interesse positivo – não seja suficiente para retirar do patrimônio do devedor todo o lucro obtido por meio da conduta *oportunista*. A parte, ao descumprir intencionalmente a prestação, acaba por garantir a si própria lucro maior do que o preço negociado contratualmente, o qual foi conquistado à custa da intervenção no direito de crédito do outro contratante.

A responsabilidade civil não será a resposta adequada para qualquer ânimo de punição da parte devedora, pois não possui a função de infligir pena no agente causador da lesão, e sim tutelar o lesado quanto ao direito à reparação. Pelo *princípio da reparação integral*, a atenção do ordenamento deve ser voltada não para o agente, mas para a vítima do dano injusto. Pouco ou nada importa se a conduta do devedor inadimplente foi dolosa ou culposa: o dano a ser

---

[54] MARTINS-COSTA, Judith. O Árbitro e o Cálculo do Montante da Indenização. In: CARMONA, Carlos Alberto; LEMES, Selma Ferreira; MARTINS, Pedro Batista (Coords.). *20 Anos da Lei de Arbitragem*: Homenagem a Petrônio R. Muniz. 1. ed. São Paulo: Atlas, 2017. p. 626-629.

indenizado é o mesmo, não devendo ser feita diferenciação entre culpa e dolo na seara da responsabilidade contratual.[55]

Nesse sentido, a inexecução resultante de ato doloso do devedor tem idêntica consequência daquela resultante da mera culpa no que tange aos limites do dano indenizável.[56] Excepcionalmente, porém, será possível a redução do valor da indenização por equidade, em razão da baixa carga valorativa da culpa do agente que causou o dano de extensão desproporcional, tendo em vista o ônus excessivo que recairia sobre ele.[57] Como exceção ao princípio da reparação integral, a regra somente se justifica para *reduzir* (e não ampliar) a responsabilidade da parte causadora do dano e tem a lógica na convivência social, que traz consigo riscos de dano.[58]

3. ESPAÇO PARA A APLICAÇÃO DO LUCRO DA INTERVENÇÃO

Na fixação das perdas e danos em razão do inadimplemento contratual, não se deve permitir confusão entre o dano patrimonial sofrido pelo credor e o lucro obtido pelo devedor. Em outras palavras, o dano indenizável é *todo* o que (mas *apenas* o que) tenha sido *causado* pelo devedor ao patrimônio do credor em razão do incumprimento contratual. Contudo, em termos práticos, a questão não é tão simples. No sistema da *common law,*, há precedentes que reconhecem a fixação de danos chamados de restitucionais (*restitutionary damages*) ou de danos baseados nos ganhos (*gain based damages*).[59] Esses danos não se confundem com a restituição da prestação correspectiva ao credor prejudicado na resolução[60] e tendem a ser aplicados nas situações em que o credor não tenha sofrido perda patrimonial (ou que ela não tenha sido economicamente expressiva), porém o devedor obteve lucro relevante ao não cumprir a prestação, especialmente por ter atuado oportunisticamente no incumprimento.[61]

Já nos ordenamentos do sistema da *civil law*, há normas que estabelecem o critério do lucro do ofensor *não* para a mensurar das perdas e danos devidas ao credor lesado, mas sim como instrumento do direito restitutório, especificamente quando haja o incumprimento doloso da prestação contratual pelo devedor diante do aparecimento de melhor oferta no mercado.[62] Na situação antes mencionada, da compra e venda dupla, em que o vendedor deixa de cumprir

---

[55] TEPEDINO, Gustavo, BARBOZA, Heloisa Helena e MORAES, Maria Celina Bodin de. *Código Civil interpretado conforme a Constituição da República*, vol. II. Rio de Janeiro: Renovar, 2006. p. 859.

[56] MARTINS-COSTA, Judith. *Comentários ao novo Código Civil*: do inadimplemento das obrigações, vol. V, t. II. 2. ed. Rio de Janeiro: Forense, 2008. p. 497.

[57] Art. 944, parágrafo único do Código Civil.

[58] TEPEDINO, Gustavo, BARBOZA, Heloisa Helena e MORAES, Maria Celina Bodin de. *Código Civil interpretado conforme a Constituição da República*, vol. II. Rio de Janeiro: Renovar, 2006. p. 860.

[59] Cf. MARKOVITS, Daniel; SCHWARTZ, Alan. The Myth of Efficient Breach: New Defenses of The Expectation Interest. *Virginia Law Review*. V. 97, Nº. 8, 2011, p. 1939-2008. p. 1941-1942. GIGLIO, Francesco. *The Foundations of Restitution for Wrongs*. Oxford: Hart, 2007. p. 86-87.

[60] Portanto, não são o mesmo do que o *restitution interest*, ou seja, a restituição da prestação correspectiva. Cf. FULLER, L. L.; PERDUE JR., William R.. The Reliance Interest in Contract Damages: 1. *Yale Law Journal*, v. 46, 1936, p. 53-54.

[61] Cf. FARNSWORTH, Ward. *Restitution*: Civil Liability for Unjust Enrichment. Chicago: University of Chicago Press, 2014. p. 100-103, que analisa os dois principais leading cases no tema: *Wrotham Park Estate Co Ltd v Parkside Homes Ltd* [1974] 1 WLR 798 e *Attorney-General v Blake* [2001] 1 AC 268.

[62] KÖTZ, Hein. *European contract law*. 2. ed. Oxford: Oxford University Press, 2017. p. 270.

intencionalmente a prestação, não entregando a coisa objeto do contrato ao comprador, para entregá-la a terceiro, por ter apresentado proposta mais vantajosa, aplica-se a regra § do 285 do Código Civil alemão (BGB). Tal regra permite ao comprador do contrato primitivo obter, ao invés da indenização pelo inadimplemento, a restituição do lucro que o vendedor obteve na segunda transação econômica.[63]

Por sua vez, no direito brasileiro, em situação bastante excepcional, o lucro obtido pelo parte inadimplente poderá ser adotado como critério para a quantificação de perdas e danos. No campo da propriedade industrial, há a regra do artigo 210 da Lei n. 9.279 de 1996, segundo a qual os lucros cessantes devem ser mensurados pela opção que for mais favorável ao lesado, dentre elas está a possibilidade de adoção, como parâmetro da indenização, do ganho da parte lesante, isto é, "os benefícios que foram auferidos pelo autor da violação do direito".

A hipótese prevista na Lei de Propriedade Industrial é diversa da norma estabelecida para compra e venda dupla antes mencionada, oriunda do direito alemão, pois a regra do direito brasileiro prevê o lucro do ofensor – e não propriamente o dano do ofendido – como critério de *quantificação* da indenização. Com efeito, a norma brasileira vai de encontro ao papel do nexo causal como limitador do dano indenizável, pelo qual todo o dano causado à vítima, porém só o dano deverá ser ressarcido. Entende-se que não andou bem o legislador brasileiro, seja porque violada a função reparatória da responsabilidade civil, seja porque criada confusão entre o instituto e o direito restitutório (como se verá a seguir, o instituto do lucro da intervenção).

Repita-se, mais uma vez, que a responsabilidade contratual não configura resposta adequada para qualquer ânimo de punição da parte inadimplente. Por tal razão, apenas excepcionalmente, diante da existência de específica autorização legislativa, o lucro do devedor poderá funcionar como parâmetro para aferição dos lucros cessantes devidos ao credor prejudicado pelo inadimplemento, sob pena de completa *desvirtuação* da responsabilidade civil.[64]

Em outra direção, para parte da doutrina, a forma de tornar o inadimplemento do devedor não mais eficiente, retirando-se o proveito econômico ilegitimamente obtido, é por meio de instituto lucro da intervenção (que é denominado na *common law* de *disgorgement*).[65] Nesse sentido, o lucro da intervenção pode ser definido como o "lucro obtido por aquele que, sem autorização, interfere nos direitos ou bens jurídicos de outra pessoa e que decorre justamente da intervenção".[66] Se a responsabilidade civil não é apta a retirar o lucro ilegítimo do patrimônio do devedor, o lucro

---

[63] Código Civil alemão, "art. 285. (1) If the obligor, as a result of the circumstance by reason of which, under section 275 (1) to (3), he has no duty of performance, obtains reimbursement or a claim to reimbursement for the object owed, the obligee may demand return of what has been received in reimbursement or an assignment of the claim to reimbursement. (2) If the obligee may demand damages in lieu of performance, then, if he exercises the right stipulated in subsection (1) above, the damages are reduced by the value of the reimbursement or the claim to reimbursement he has obtained". Em doutrina, cf. ZIMMERMANN, Reinhard. *La indemnización de los daños contractuales*. Santiago: Ediciones Olejnik, 2019. p. 89-90.

[64] GUEDES, Gisela Sampaio da Cruz. *Lucros cessantes: do bom-senso ao postulado normativo da razoabilidade*. São Paulo: Editora Revista dos Tribunais, 2011. p. 212.

[65] Para Lionel Smith, a medida do valor a ser restituído ao credor não é o dano por ele sofrido, mas o ganho do devedor em razão de não ter executado a prestação. Cf. Lionel D. Smith, Disgorgement of the Profits of Breach of Contract: Property, Contract and Efficient Breach. In *Can. Bus. L.J.*, v. 24, 1994. p. 123.

[66] SAVI, Sergio. Responsabilidade civil e enriquecimento sem causa. São Paulo: Atlas: 2011. p. 7.

da intervenção é apontado como funcionalmente voltado a promover a exclusão do proveito econômico ilegítimo do patrimônio do interventor.[67]

Entende-se abstratamente admissível a aplicação do instituto do lucro da intervenção na situação de inadimplemento do contrato eficiente pelo devedor, o que, todavia, deverá ser compatibilizado com a responsabilidade contratual. Para tanto, identificam-se quatro pontos a ser analisados na situação jurídica concreta: (i) o lucro da intervenção não poderá funcionar como instrumento para a revisão da alocação de riscos do programa contratual, não podendo ser admitido como sucedâneo de lucros cessantes na quantificação da indenização; (ii) a existência de efetivo lucro para o devedor na segunda operação econômica, sem o qual não se justificará a aplicação do lucro da intervenção; (iii) a compatibilidade da incidência do lucro da intervenção frente a responsabilidade civil, tendo em vista a subsidiariedade do primeiro em face da segunda, o que significa que a fixação do lucro a ser restituído ao patrimônio do credor deverá levar em conta a indenização que a mesma parte tenha recebido do devedor; e (iv) a verificação, no caso concreto, da ponderação entre os interesses envolvidos, tendo em vista que o contrato é, ao menos em tese, ou melhor dizendo, em perspectiva estrutural, considerado como instrumento hábil para justificar o enriquecimento do devedor, porém a legitimidade e merecimento de tutela devem ser considerados também em perspectiva funcional, devendo ser confirmados na situação concreta.

Com o lucro da intervenção, não se busca a reparação do dano sofrido pela vítima, mas forçar o beneficiado a restituir o valor indevidamente locupletado, tendo em vista a ausência de causa a justificar o enriquecimento.[68] O instituto, fundado no direito restitutório, não deve permitir qualquer forma de *revisão* da alocação de riscos feita pelos contratantes no programa contratual. Não cabe alegar lucro da intervenção como forma escamoteada de lucros cessantes, de modo a criar super-compensação dos danos: enfatize-se que o ganho obtido pelo devedor na operação econômica não é critério para cálculo de lucros cessantes sofridos pelo credor. Em suma, o lucro da intervenção não pode funcionar como sucedâneo indireto da indenização, como instrumento reverso para alterar a alocação contratual de riscos e ampliar o ressarcimento para além do prejuízo sofrido pela parte em razão do inadimplemento.[69]

Ademais, em determinadas situações de inadimplemento eficiente, parecer não haver propriamente *lucro* pelo devedor que não cumpre a prestação do contrato. No primeiro exemplo antes mencionado, caso haja abrupto aumento de custo para o devedor executar a sua prestação, poderá lhe parecer melhor pagar a indenização substitutiva, ou a cláusula penal compensatória, do que cumprir o programa contratado. Nesse caso, não há que ser falar em lucro, muitas vezes nem existe o segundo contrato substitutivo do primeiro, restando afastada a aplicação do lucro da intervenção. Isso, porque não se verifica concretamente *o que* retirar do patrimônio do devedor. A parte, em análise de custo-benefício, deixou de cumprir o contrato exatamente visando à solução que lhe representasse o menor prejuízo econômico.

Além disso, pode ser que a reparação civil do dano, que acompanha a resolução ou a execução do equivalente, seja suficiente para retirar o lucro do patrimônio do devedor-interventor, o que afasta o cabimento da aplicação do lucro da intervenção, tendo em vista a sua subsidiariedade

---

[67] TERRA, Aline de Miranda Valverde. GUEDES, Gisela Sampaio da Cruz. Considerações acerca da exclusão do lucro ilícito do patrimônio do agente ofensor. In *Revista da Faculdade de Direito-RFD-UERJ*; Rio de Janeiro, n. 28, dez. 2015. p. 6.

[68] TEPEDINO, Gustavo, BARBOZA, Heloisa Helena e MORAES, Maria Celina Bodin de. *Código Civil interpretado conforme a Constituição da República*, vol. II. Rio de Janeiro: Renovar, 2006. p. 755.

[69] GUEDES, Gisela Sampaio da Cruz. *Lucros Cessantes*: do bom-senso ao postulado normativo da razoabilidade. São Paulo: Revista dos Tribunais: 2011, p. 198.

face à responsabilidade civil.[70] Na situação antes mencionada, pode ser que haja a valorização da prestação após a celebração do negócio e, por tal razão, o devedor fique tentado a buscar novo contrato mais vantajoso no mercado e, consequentemente, opte por deixar de cumprir o primeiro. Em tal cenário, a escolha pela execução pelo equivalente permite ao credor prejudicado obter o valor equivalente à prestação apurada no momento da execução (ou seja, com o valor aumentado pela valorização do bem), além da indenização pelos danos sofridos considerando o interesse no cumprimento (positivo) do credor, o que pode tornar a nova operação econômica muito menos ou nada lucrativa para o devedor.

Contudo, em alguns casos, os benefícios econômicos auferidos pela parte podem superar em muito os danos causados (*i. e.* celebração de novo contrato extremamente lucrativo acima do preço normal de mercado), fazendo com que a ação de responsabilidade civil não configure instrumento capaz de impedir o ajuizamento simultâneo da *actio in rem verso*. Ressalte-se, porém, que o valor do lucro a ser restituído ao credor prejudicado deverá levar em conta o montante a ser ressarcido ao mesmo contratante a título de responsabilidade contratual, sob pena de ser desconsiderada a proibição ao *bis in idem*.[71]

Por fim, a grande dificuldade teórica na aplicação do lucro da intervenção, para retirar do patrimônio do devedor o lucro obtido com a quebra eficiente do contrato, considerando o escopo de torná-la não mais economicamente lucrativa, é a ideia de que o contrato constitui *per se* título legítimo e hábil a justificar o enriquecimento dos contratantes. O contrato é o instrumento jurídico padrão para a formalização de operações econômicas, sendo *justa causa* para a circulação de riquezas entre patrimônios diversos. Em consequência, na situação da compra e venda dupla, o segundo contrato funcionaria como título justificador do incremento patrimonial que o devedor obteve em razão da operação, ainda que para cumpri-la a parte tenha inadimplido o primeiro contrato.[72]

A solução parece apontar para a necessidade de ponderação, no caso concreto, dos legítimos interesses envolvidos em cada operação econômica. Entende-se que não é possível resposta geral, abstrata e apriorística acerca da legitimidade e do merecimento de tutela de qualquer contrato, uma vez que configura ato voluntário fundado na autonomia privada. Não se trata de simples controle de licitude, embora seja sempre necessária a verificação da conformidade da avença às normas regulamentares expressamente relacionadas à matéria. Diversamente, o controle de mérito exercido pelo intérprete precisa ir mais longe e, nas palavras de Gustavo Tepedino, "verificar se a atividade econômica privada atende concretamente aos valores constitucionais, só merecendo tutela jurídica quando a resposta for positiva".[73]

Para se analisar se o devedor, ao descumprir o primeiro contrato e, sucessivamente, realizar o segundo bem mais lucrativo, possui título jurídico idôneo a justificar o enriquecimento obtido, é imprescindível o exame das vicissitudes relacionadas aos concretos interesses em jogo em cada operação econômica. A ponderação deve ser feita entre a "legitimidade da pretensão do titular do

---

[70]   Art. 886 do Código Civil.

[71]   TERRA, Aline de Miranda Valverde. GUEDES, Gisela Sampaio da Cruz. Considerações acerca da exclusão do lucro ilícito do patrimônio do agente ofensor. In *Revista da Faculdade de Direito-RFD-UERJ*; Rio de Janeiro, n. 28, dez. 2015. p. 9-10.

[72]   TERRA, Aline de Miranda Valverde. GUEDES, Gisela Sampaio da Cruz. Considerações acerca da exclusão do lucro ilícito do patrimônio do agente ofensor. In *Revista da Faculdade de Direito-RFD-UERJ*; Rio de Janeiro, n. 28, dez. 2015. p. 22.

[73]   TEPEDINO, Gustavo. As relações de consumo e a nova teoria contratual. In: *Temas de direito civil*. 4.ed. Rio de Janeiro: Renovar, 2008. t.1. p. 243.

direito à restituição do enriquecimento, de um lado, e, do outro lado, outro princípio que ampare a sua retenção pelo enriquecido, normalmente sua liberdade individual".[74] Só assim será possível concluir se o *oportunismo* da conduta do devedor será ou não merecedor de aval pelo ordenamento jurídico, de modo a se superar análise meramente estrutural do lucro da intervenção em prol de visão funcionalizada do instituto.[75]

Em tal análise de controle de merecimento de tutela, deve-se atentar que o contrato configura forma qualificada de *contato social*, que se caracteriza pela "aproximação social voluntária fundada na *fides* e na auto-vinculação, de modo que há responsabilidade pela confiança gerada no *alter* pela promessa implícita a cada contrato, no sentido de que a palavra dada será escrupulosamente observada".[76] Mesmo que contratos vinculem interesses divergentes e até opostos, não se pode afastar o dever de colaboração conforme os interesses veiculados na específica relação contratual.[77]

Portanto, é imprescindível a realização pelo intérprete de juízo de legitimidade e de merecimento de tutela para que se possa concluir sobre a (in)justiça do enriquecimento do interventor à luz da legalidade constitucional. Na análise de cada caso concreto, deve-se ter em conta que "a diversidade de setores ou ramos negociais não raramente afeta a concepção acerca da justiça do enriquecimento obtido a partir do inadimplemento contratual".[78] Em suma, é "preciso analisar o que o *efficient breach* significa no mercado", sendo essencial para tanto não só a interdisciplinaridade entre os campos do direito (Direito Civil e Direito Concorrencial, por exemplo), mas entre o direito e outros campos da ciência social como a economia.[79]

De fato, não há lucro propriamente ilícito ou mesmo ilegítimo se o contratante cumpriu a lei e as disposições contratuais relativas à penalidade pelo inadimplemento da prestação, tendo em vista a regular aplicação da disciplina da responsabilidade contratual. Ressalte-se que o ordenamento jurídico não só permite, mas também protege as situações legítimas de vantagem que

---

[74] KONDER, Carlos Nelson. Dificuldades de uma abordagem unitária do lucro da intervenção. In *Revista de Direito Civil Contemporâneo*, n. 4, v. 13, out./dez. 2017. p. 240-241.

[75] Nesse sentido, entendem Aline Terra e Gisela Sampaio Guedes que "há de se superar análise exclusivamente formal e estrutural da teoria do enriquecimento sem causa em favor de concepção funcional, que abarque não apenas as situações em que o enriquecimento não está calcado em título jurídico, mas também aquelas em que, posto haja título jurídico, ele se afigura ilegítimo, já que a sua constituição só foi possível em razão do deliberado inadimplemento contratual, que não encontra respaldo no direito brasileiro". Cf. TERRA, Aline de Miranda Valverde,; GUEDERS, Gisela Sampaio da Cruz. Revisitando o lucro da intervenção: novas reflexões para antigos problemas. In: *Revista Brasileira de Direito Civil – RBDCivil*, Belo Horizonete, Ahead of print, 2021.

[76] MARTINS-COSTA, Judith. *Comentários ao novo Código Civil*: do inadimplemento das obrigações, vol. V, t. II. 2. ed. Rio de Janeiro: Forense, 2008, p. 375.

[77] MARTINS-COSTA, Judith. *A boa-fé no direito privado*: critérios para a sua aplicação. 2. ed. São Paulo: Saraiva, 2018, p. 344-345.

[78] SILVA, Rodrigo da Guia. *Enriquecimento sem causa*: as obrigações restitutórias no direito civil. São Paulo: Revista dos Tribunais, 2018. p. 321. O autor apresenta os seguintes exemplos: o contrato de prestação de serviços de jogador de futebol, em cujo usos de mercado se tem como aceita a prática concorrencial de "troca de times e de patrocinadores", parece ser situação diversa do contrato para fornecimento de gêneros alimentícios para instituição de ensino, que presta serviço essencial para crianças e adolescentes.

[79] PELA, Juliana Krueger. Inadimplemento eficiente (*efficient breach*) nos contratos empresarias. In *Cadernos do Programa de Pós-Graduação em Direito PPGDir/UFRGS*, v. XI, n.2, 2016. p. 85.

sejam fruto da autonomia negocial, tendo em vista que cabe prioritariamente às partes definir a alocação de riscos no contrato.

Por exemplo, se a parte não analisou bem os riscos envolvidos em dada operação econômica e, simplesmente, negociou mal a cláusula penal compensatória, não poderá, posteriormente, pedir a intervenção externa no contrato somente por tal motivo a fim de obter maior valor de ressarcimento dos danos sofridos, por meio de alegação disfarçada de lucro da intervenção. Dito diversamente, "as partes, na prática concorrem – e o direito não veda, em relações paritárias, que concorram – entre si na aquisição e na manutenção de posições específicas prevalentes e de proteção, o que é da essência das relações negociais".[80]

Não obstante, em situações excepcionais, a conduta do devedor poderá não constituir prática negocial aceita, conforme os usos do mercado, como fonte criadora de efeitos socialmente benéficos. Mais do que isso, poderá ser considerada em desconformidade com os valores do ordenamento jurídico, sendo a autonomia privada expressão do valor social da livre iniciativa (artigo 1º, IV da Constituição da República) e da ordem econômica (artigo 170, CR). Nesse caso, o lucro obtido pela parte que, intencionalmente, descumpre o contrato, tendo em vista a intervenção oportunista nos interesses do credor originário, poderá ser considerado *ilegítimo*.

Se o terceiro – credor do novo contrato –, souber da conduta do devedor e, voluntariamente, agir em violação da boa-fé objetiva, ele poderá ser responsabilizado pela tutela externa do crédito.[81] Independentemente disso, porém, o credor do contrato originário poderá buscar a retirada do patrimônio do devedor de todo o lucro que obteve ilegitimamente no segundo contrato. O negócio jurídico deverá ser mantido – até em respeito à eventual boa-fé do novo credor – mas o lucro ilegítimo do devedor deverá ser restituído, por meio da aplicação do instituto do lucro da intervenção.

CONCLUSÃO

A decisão da parte de contratar configura situação de risco, pois, ao adentrar no contrato, ela não sabe o que poderá acontecer ao longo da execução, não tendo certeza de que a operação econômica lhe será efetivamente lucrativa. Para a Escola do Direito e da Economia, os contratantes criam espécie de seguro: as partes distribuem, entre si, os riscos que possam vir a prejudicar a execução do programa do contrato, tendo em vista a necessidade de atendimento da prestação contratual no futuro, o que é sempre incerto.

De acordo com a teoria da quebra eficiente do contrato, aceita-se o descumprimento intencional da prestação pelo devedor, contanto que justificado na existência de *incentivo econômico*: o ganho da parte com o inadimplemento do contrato excede o lucro esperado com o adimplemento (que poderá até ser prejuízo), considerando ainda o custo referente ao pagamento de indenização substitutiva ao credor. Dentre as críticas opostas à teoria, questiona-se se estaria o devedor obrigado a cumprir contratos ineficientes por razões morais. Debate-se se haveria e qual seria consequência

---

[80]   TEPEDINO, Gustado; SCHREIBER, Anderson. A boa-fé objetiva no Código de Defesa do Consumidor e no novo Código Civil. In TEPEDINO, Gustavo (coord). *Obrigações*: estudo na perspectiva civil-constitucional. Rio de Janeiro: Forense, 2005. p. 40.

[81]   MONTEIRO FILHO, Carlos Edison do Rêgo e BIANCHINI, Luiza Lourenço. Breves considerações sobre a responsabilidade civil do terceiro que viola o contrato (tutela externa do crédito). In TEPEDINO, Gustavo e FACHIN, Luiz Edson. *Diálogos sobre Direito Civil*, vol. III. Rio de Janeiro: Renovar, 2012. p. 453-471.

jurídica para o inadimplemento doloso pelo devedor, argumentando-se ser hipótese de aplicação de danos punitivos à parte inadimplente.

No presente trabalho, defende-se que adimplir contratos configura dever jurídico – e não meramente moral –, fundado não só na obrigatoriedade que caracteriza os negócios jurídicos como frutos da autonomia privada, mas também na legalidade constitucional. O contrato deve ser cumprido porque as partes o quiseram no momento de formação da relação jurídica, bem como porque a lei assim determina. Portanto, caso haja recusa intencional do devedor ao adimplemento da prestação contratual, se reconhece ao credor prejudicado diversos caminhos.

Em primeiro lugar, sendo caso de mora, persistente o interesse do credor no recebimento da prestação *in natura* e ainda viável a sua percepção, a parte poderá pleitear a execução específica ou por terceiro da obrigação, além das perdas e danos ou da cláusula penal moratória. Em segundo lugar, sendo hipótese de incumprimento definitivo do contrato, caberá à parte escolher entre a resolução da relação obrigacional, com o retorno ao *status quo ante* acompanhada da indenização pelo parâmetro do interesse negativo, ou a execução da prestação pelo equivalente, com direito ao ressarcimento do interesse positivo. Tais caminhos podem ser suficientes para que não mais seja economicamente vantajoso ao devedor o inadimplemento conforme análise de custo-benefício.

Contudo, em determinadas hipóteses, é possível que a reparação a título de responsabilidade contratual não seja suficiente para retirar do patrimônio do devedor o lucro alcançado ao inadimplir dolosamente o contrato. Enfatize-se que a responsabilidade civil não será a resposta adequada para qualquer ânimo de punição da parte devedora. Em tais casos, quando a conduta do devedor não constituir prática negocial aceita no mercado e não estiver em conformidade com os valores do ordenamento jurídico, o lucro da parte poderá ser considerado ilegítimo. O credor do contrato originário poderá buscar a retirada do patrimônio do devedor do lucro que obteve ilegitimamente no segundo contrato por meio do instituto do lucro da intervenção.

21

POTENCIALIDADES FUNCIONAIS DAS CLÁUSULAS DE NÃO INDENIZAR: RELEITURA DO REQUISITO TRADICIONAL DE VALIDADE REFERENTE AO DOLO E À CULPA GRAVE DO DEVEDOR

DIANA LOUREIRO PAIVA DE CASTRO

"O respeito às alocações de riscos nas relações patrimoniais privadas mostra-se imperativo, enaltecendo-se assim sua distinção em face da tutela a ser conferida às relações existenciais e à redução das vulnerabilidades".[1]

Gustavo Tepedino

Sumário: Introdução. 1. Potencialidades funcionais das cláusulas de não indenizar e necessidade de revisitação dos requisitos tradicionais de validade. 2. Análise crítica do requisito de validade referente ao dolo do devedor: definição do fundamento valorativo à luz dos ditames da boa-fé objetiva. 3. Validade das cláusulas de não indenizar referentes à culpa grave. 4. A necessária individuação de dolo específico do devedor à luz dos ditames da boa-fé objetiva. 5. Notas conclusivas.

INTRODUÇÃO

O objeto deste trabalho se refere à gestão de riscos contratuais pelas partes mediante a inserção de cláusula que exclui a reparação por perdas e danos decorrentes do inadimplemento (cláusula de exoneração) ou que fixa valor máximo de indenização (cláusula de limitação).

---

[1] Gustavo Tepedino, Autonomia privada e cláusulas limitativas de responsabilidade, Editorial. In: *Revista Brasileira de Direito Civil – RBDCivil*, v. 23, 2020, pp. 12-13.

Cap. 21 · POTENCIALIDADES FUNCIONAIS DAS CLÁUSULAS DE NÃO INDENIZAR

O tema das convenções limitativas e excludentes,[2] no ordenamento jurídico pátrio, não conta com normativa específica, identificando-se apenas proibições esparsas na legislação. Os tribunais, a seu turno, não assumiram postura ativa na construção da disciplina incidente. Como resultado, delineia-se quadro de incertezas na prática negocial. Diante da aludida omissão legislativa e jurisprudencial, assume a doutrina importante atribuição de elucidar os parâmetros de interpretação-aplicação desses ajustes.

Tradicionalmente, foram concebidos, em doutrina, como requisitos de validade das cláusulas de não indenizar: (i) o respeito à ordem pública; (ii) a não incidência da convenção sobre a obrigação principal do negócio jurídico e (iii) a impossibilidade de referência ao dolo e à culpa grave.[3] No entanto, tais pressupostos, como idealizados, acabam por constranger demasiadamente o espectro de incidência das cláusulas de não indenizar. Denota-se, assim, excessiva desconfiança em face de tais convenções, que resulta em desapreço à sua relevância para a gestão de riscos e previsibilidade na dinâmica negocial.

Nesse cenário, o presente trabalho se volta, especificamente, à análise do requisito de validade mais controvertido no direito brasileiro, com vistas a revisitá-lo em perspectiva de valorização das potencialidades funcionais dos pactos de não indenizar.[4] Trata-se do pressuposto referente ao dolo e à culpa grave, consoante o qual só seriam admitidas as convenções de não indenizar relativas à culpa leve.

O exame se desenvolverá segundo a teoria contemporânea da responsabilidade civil no ordenamento pátrio, alertando-se para os perigos da incorporação acrítica da experiência estrangeira. Considerando-se que, no sistema jurídico brasileiro, prevalece a irrelevância dos graus de culpa e, ainda, a inadmissibilidade de função punitiva da responsabilidade civil, analisar-se-á a necessidade de individuação de dolo *específico* do devedor à luz dos ditames da boa-fé objetiva.

1. POTENCIALIDADES FUNCIONAIS DAS CLÁUSULAS DE NÃO INDENIZAR E NECESSIDADE DE REVISITAÇÃO DOS REQUISITOS TRADICIONAIS DE VALIDADE

Na doutrina, o tema das cláusulas de não indenizar foi pouco explorado, submetido a papel coadjuvante perante ajustes que melhor tutelavam o direito do credor, como as cláusulas penais, sob perspectiva clássica da relação obrigacional como supremacia creditícia. O desenvolvimento doutrinário acerca das cláusulas de não indenizar se deu precipuamente por meio de amplo debate sobre o plano da invalidade, em cenário de desconfiança acerca de sua inserção na prática negocial.

Em outras palavras, as convenções de não indenizar foram tratadas pela antítese, pelo que não são (distinções estruturais em relação a figuras afins) e para o que não podem servir (requisitos tradicionais de validade). Consequentemente, construíram-se excessivas amarras ao princípio de

---

[2]   Neste trabalho, serão utilizados como sinônimos os vocábulos "cláusula", "convenção", "ajuste" e "pacto". Ademais, a expressão "cláusulas de não indenizar" será utilizada para se referir conjuntamente às cláusulas limitativas e excludentes do dever de indenizar.

[3]   Sobre o tema, cf. Letícia Marquez de Avelar, *A cláusula de não indenizar*: uma exceção do direito contratual à regra da responsabilidade civil, Curitiba: Juruá, 2012, pp. 165-227.

[4]   O presente trabalho se origina de dissertação de mestrado defendida, em 2018, no âmbito do Programa de Pós-Graduação *Stricto Sensu* da Faculdade de Direito da Universidade do Estado do Rio de Janeiro, intitulada "Potencialidades funcionais das cláusulas de não indenizar: releitura dos requisitos tradicionais de validade".

358 | PROBLEMAS DE DIREITO CIVIL – *Homenagem aos 30 anos de cátedra do professor Gustavo Tepedino*

licitude dos ajustes, que só poderão se referir, na enunciação clássica, a obrigações acessórias, para o inadimplemento por culpa leve e em hipóteses que não violem a ordem pública, a restringir demasiadamente sua aplicabilidade prática.

No entanto, como é cediço, a teoria da responsabilidade civil sofreu profundas mudanças com a promulgação da Constituição de 1988. Alçada a dignidade da pessoa humana a fundamento e a solidariedade social a objetivo da República, a responsabilidade civil, inicialmente atrelada à racionalidade de punição do ofensor, tendo como elemento basilar a culpa, passou a se orientar para o ressarcimento da vítima, muitas vezes sem que se cogitasse da imputabilidade ou sem que se investigasse a antijuridicidade do fato danoso. Tal tendência abriu ensanchas para o desenvolvimento da responsabilidade objetiva, usualmente fundamentada no risco da atividade, de teorias que expandem o conceito de nexo causal e da proliferação de situações jurídicas lesivas, aptas a deflagrar danos materiais e morais. Nesse contexto, a previsibilidade sobre os riscos assumidos pelas partes, no que toca ao dever de indenizar, ganha contornos de extrema relevância para a promoção do tráfego negocial.

As cláusulas de não indenizar, ao distribuírem os riscos atinentes à reparação por perdas e danos, exercem importante função de assegurar às partes a previsibilidade no que tange aos efeitos de eventual descumprimento, em relevante garantia de segurança jurídica. Além disso, considerando-se que risco e preço são fatores diretamente relacionados, a redução do primeiro gera, em consequência, a diminuição do segundo. Assim, as convenções, em sua função de gestão contratual de riscos, viabilizam operações econômicas que poderiam não ser exequíveis sem a sua inclusão, facilitam a contratação de seguros por prêmios menos custosos e permitem ao credor a obtenção de vantagem em contrapartida, não arcando este (ou arcando em menor extensão) com o impacto no preço causado pelo grau de assunção de riscos pelo devedor.[5] Nesse cenário, permite-se a ampliação do acesso a bens e serviços e o desenvolvimento da atividade no bojo do sistema econômico, com participação de novos agentes e incentivo à livre concorrência.[6]

Ademais, as possibilidades trazidas pelas cláusulas de não indenizar não se resumem, como classicamente se coloca, à responsabilidade contratual subjetiva, mas alcançam, ainda, a responsabilidade extracontratual, a responsabilidade objetiva e a responsabilidade pré-contratual, no ilimitado imaginário da autonomia privada. Com efeito, afigura-se lícita a limitação e a exoneração do dever de indenizar em sede de responsabilidade extracontratual, de que é exemplo a pactuação no bojo das relações de vizinhança. Na hipótese de responsabilidade objetiva, também há validade do ajuste de não indenizar, como na ilustração da previsão da cláusula no contrato de transporte. Do mesmo modo, em tema de responsabilidade pré-contratual, revela-se admissível a inserção de convenção em documento pré-negocial que distribua os riscos atinentes à ruptura das tratativas.[7] Nesse contexto, faz-se essencial a releitura dos requisitos tradicionais

---

[5] Registre-se que o desconto no preço constitui apenas um exemplo de vantagem que pode ser obtida em contrapartida ao ajuste de não indenizar. Nesse ponto, a análise de equilíbrio funcional da relação jurídica não pode se limitar ao cotejo entre coisa ou serviço, de um lado, e preço, de outro, mas deve se voltar para o estudo da relação jurídica como um todo, inclusive das coligações contratuais. Sobre o tema, cf. Carlos Edison do Rêgo Monteiro Filho, *Pacto comissório e pacto marciano no sistema brasileiro de garantias*, Rio de Janeiro: Editora Processo, 2017, pp. 236-237. V. tb. Luiz Octávio Villela de Viana Bandeira, *As cláusulas de não indenizar no direito brasileiro*, Coimbra: Almedina, 2016, p. 157.

[6] A respeito das vantagens decorrentes da estipulação de cláusula de não indenizar, cf. Boris Starck, *Droit civil*: obligations, Paris: Librairies Techniques, 1972, p. 634.

[7] O maior desenvolvimento a respeito do tema do cabimento das cláusulas de não indenizar nessas searas (responsabilidade extracontratual, responsabilidade objetiva e responsabilidade pré-contratual) foge aos

de validade das cláusulas de não indenizar em perspectiva de valorização das potencialidades funcionais de tais ajustes.

O pano de fundo de tal releitura se traduz na trajetória trifásica das cláusulas de não indenizar. No momento inicial, tais ajustes foram condenados à invalidade, sob o fundamento de necessidade de preservação do vínculo obrigacional.[8] Em seguida, identificou-se importante reação doutrinária à coibição das convenções, de modo a admitir sua validade.[9] Tal reação, no ordenamento jurídico brasileiro, ainda tímida, foi acompanhada de simultâneo processo de elaboração de requisitos tradicionais de validade dos ajustes. A licitude das convenções, assim, embora reconhecida, se afigurava demasiadamente constrangida: apenas se admitiam as cláusulas que não violassem a ordem pública, que se referissem a obrigações acessórias e ao inadimplemento por culpa leve, a impedir sua pactuação justamente para as hipóteses de maior utilidade prática.

A revisitação proposta no presente trabalho se insere, desta feita, no contexto de desenvolvimento de um terceiro momento da trajetória trifásica, no qual o modelo contemporâneo de contratação na sociedade tecnológica, em que se registra "majoração exponencial da álea suscitada pela transformação assustadoramente rápida e globalizada da economia"[10] e multiplicação das demandas indenizatórias, demanda o reconhecimento das potencialidades funcionais das cláusulas limitativas e excludentes do dever de reparar por perdas e danos, por meio de efetiva (e não retórica) afirmação de sua validade, retirando-se as amarras excessivas impostas pelos requisitos tradicionais de licitude, sem se descurar, todavia, da importância do controle funcional de tais ajustes.

Isso posto, passa-se a analisar, especificamente, o requisito de validade mais controvertido no direito brasileiro, que diz com o dolo e a culpa grave do devedor.

2. ANÁLISE CRÍTICA DO REQUISITO DE VALIDADE REFERENTE AO DOLO DO DEVEDOR: DEFINIÇÃO DO FUNDAMENTO VALORATIVO À LUZ DOS DITAMES DA BOA-FÉ OBJETIVA

Pressuposto tradicionalmente concebido para a validade das cláusulas de não indenizar diz respeito à impossibilidade de referência ao dolo. Dois principais fundamentos elencados para sustentar o requisito consistem em: (i) desnaturação da convenção em verdadeira condição puramente potestativa, que violaria a ordem pública e (ii) necessidade de punição à conduta do inadimplente. Segundo o primeiro argumento, admitir a fixação de cláusulas de não indenizar para descumprimento doloso significaria autorizar o devedor a cumprir o contrato se assim quisesse, configurando condição puramente potestativa, vedada pelo Código Civil em seu artigo 122. De acordo com o segundo argumento, dever-se-ia valorizar o papel punitivo da responsabilidade

---

limites deste trabalho. A propósito, seja consentido remeter a Diana Loureiro Paiva de Castro, Potencialidades funcionais das cláusulas de não indenizar: releitura dos requisitos tradicionais de validade, Dissertação defendida no âmbito do Programa de Pós-Graduação *Stricto Sensu* da Faculdade de Direito da Universidade do Estado do Rio de Janeiro, 2018.

[8] A respeito do tema, v. Ana Prata, *Cláusulas de exclusão e de limitação da responsabilidade contratual*, Coimbra: Almedina, 1985, pp. 453-668.

[9] António Pinto Monteiro, *Cláusulas limitativas e de exclusão de responsabilidade civil*, Coimbra: Almedina, 2003, pp. 245-255.

[10] Gustavo Tepedino, Prefácio. In: Paulo Greco Bandeira, *Contrato incompleto*, São Paulo: Atlas, 2015, p. xiii.

360 | PROBLEMAS DE DIREITO CIVIL – *Homenagem aos 30 anos de cátedra do professor Gustavo Tepedino*

contratual, de modo que o juízo de reprovabilidade sobre a conduta do devedor passasse a determinar a imposição da obrigação de reparar pecuniariamente o dano causado.[11]

O primeiro argumento, relativo às condições puramente potestativas, contudo, foi forjado para as cláusulas que limitam o objeto contratual, tornando-se inadequado diante da análise dos pactos de exoneração do dever de reparar por perdas e danos. Isso porque as convenções excludentes do dever de indenizar não afastam todos os efeitos do inadimplemento, permanecendo hígidos os direitos do credor à exata prestação devida, ao equivalente ao devido e à restituição do já cumprido, conforme o suporte fático incidente (mora ou inadimplemento absoluto). Dessa forma, o negócio jurídico não deixa de produzir efeitos.[12]

Ponha-se entre parênteses que, como é cediço, configurando-se a mora do devedor, abre-se ao credor a possibilidade de obter coercitivamente a exata prestação devida, bem como pleitear perdas e danos. Se presente, na relação, cláusula excludente do dever de indenizar, esta atuará apenas com relação ao segundo efeito (perdas e danos), permanecendo hígido o direito do credor à exata prestação devida.

De outro giro, nos casos de inadimplemento absoluto, afiguram-se cabíveis os instrumentos (i) da resolução contratual e (ii) da execução pelo equivalente,[13] sendo possível, em ambas as situações, o pleito indenizatório. Observe-se que, se pactuada cláusula excludente do dever de indenizar, apenas a reparação por perdas e danos sofrerá constrição, permanecendo hígido o direito do credor ao equivalente à prestação devida, na hipótese de execução pelo equivalente, bem como à restituição da prestação já cumprida, no caso de resolução contratual.

Assim, os pactos excludentes do dever de indenizar se distinguem das cláusulas limitativas do objeto contratual, as quais atuam (não já na fase patológica, mas) no momento fisiológico, de modo que o devedor não assume a obrigação.[14] Restam excluídos, por consequência, os direitos do credor à exata prestação devida, ao equivalente ao devido e à restituição do já cumprido, a denotar a necessidade de um controle funcional mais rigoroso.

A argumentação relativa à configuração de condição puramente potestativa também se torna contestável diante das cláusulas limitativas do dever de indenizar, que não privam o credor nem mesmo da reparação pecuniária, mas apenas fixam valor máximo de indenização. Portanto, ao descumprir a obrigação assumida, o devedor se submete às consequências do inadimplemento, que se referem não só aos direitos do credor à exata prestação devida, ao equivalente ao devido e à restituição do já cumprido, mas também à própria reparação por perdas e danos. A depender de sua extensão, ademais, o dano causado pode se afigurar inferior ao teto fixado na cláusula, devendo o inadimplente arcar com o valor integral da reparação. Por outro lado, se o dano for superior ao

---

[11] Ana Prata, Cláusulas de exclusão e limitação da responsabilidade contratual, Coimbra: Almedina, 1985, pp. 285-289.

[12] A respeito dos efeitos das cláusulas de não indenizar, seja consentido remeter a Diana Loureiro Paiva de Castro, Cláusulas limitativas e excludentes do dever de indenizar: espécies, efeitos e controle valorativo. In: Aline de Miranda Valverde Terra; Gisela Sampaio da Cruz Guedes (coords.), *Inexecução das obrigações*: pressupostos, evolução e remédios, v. 1, Rio de Janeiro: Editora Processo, 2020, pp. 349-352. Sobre o tema, v. tb. Fábio Henrique Peres, *Cláusulas contratuais excludentes e limitativas do dever de indenizar*, São Paulo: Quartier Latin, 2009, p. 171.

[13] Aline de Miranda Valverde Terra, *Cláusula resolutiva expressa*, Belo Horizonte: Fórum, 2017, p. 136.

[14] Seja consentido remeter a Diana Loureiro Paiva de Castro; Milena Donato Oliva, As cláusulas de não indenizar nas relações de consumo e nos contratos de adesão nas relações civis. In: *Revista de Direito do Consumidor* (Revista dos Tribunais Online), v. 129, 2020, p. 5.

limite estipulado pela convenção, ainda assim o *solvens* deverá indenizar o credor (mesmo que em valor restrito), não podendo se eximir de tal obrigação por exclusivo arbítrio.

O segundo fundamento acima aludido se orienta no sentido de que "a responsabilidade civil, ao lado da sua função reparadora, desempenha um papel punitivo".[15] Todavia, a função punitiva da responsabilidade civil não se amolda ao sistema jurídico brasileiro. De fato, o giro conceitual operado na teoria da responsabilidade civil resultou na alteração de perspectiva do ofensor para a vítima, abandonando-se por completo o escopo punitivo. Nesse sentido, o Código Civil, além de não contemplar qualquer autorização legal para a punição na responsabilidade civil, expressamente previu, em seu artigo 944, *caput*, que a indenização se mede pela extensão do dano.[16]

A importação do viés punitivo do direito penal para o direito civil, consequência da interpretação proposta, acaba por subverter a lógica da responsabilidade civil no sistema jurídico brasileiro, essencialmente reparatória.[17] Desconsidera-se, assim, a distinta natureza das responsabilidades civil e penal, havendo, no último caso, previsões legais típicas para a punição (princípio da legalidade), inexistentes na primeira.[18]

Se, no passado, os rumos do direito civil e do direito penal se cruzaram, o percurso histórico segregou a aferição de responsabilidade nesses dois campos de estudo. No direito das penas, prevaleceu a tipicidade das condutas, punindo-se o ofensor, em regra, apenas por dolo, a destacar a importância da distinção entre dolo eventual e culpa consciente. No direito civil, preponderou a atipicidade das condutas, reparando-se a vítima na medida do dano. Nessa direção, torna-se irrelevante o juízo de reprovação da conduta do ofensor, admitindo-se, inclusive, hipóteses de responsabilidade sem culpa. Em síntese, a importação do escopo punitivo do direito penal para o direito civil, embora possa parecer constituir panaceia para o deslinde das controvérsias, traduz verdadeiro placebo, cuja aplicação induz o intérprete à ilusão de descoberta da solução, enquanto os problemas de fundo permanecem.[19]

O fundamento para o requisito do dolo diz com os ditames da boa-fé objetiva. Como é cediço, no ordenamento brasileiro, a boa-fé exerce dupla função de: (a) interpretação dos negócios jurídicos e (b) criação de deveres anexos, gerando, como reverso da medalha, a vedação ao exercício abusivo de direitos. Desse modo, tal cláusula geral, que não se confunde com o estado de consciência tratado pela boa-fé subjetiva, impõe que os contratantes, em sua atuação, se pautem por um dever geral de colaboração, devendo ser preservado o escopo perseguido pelas partes, nos termos da matriz de riscos previamente delineada.[20]

---

[15] Ana Prata, Cláusulas de exclusão e limitação da responsabilidade contratual, Coimbra: Almedina, 1985, p. 287.

[16] Anderson Schreiber, *Novos paradigmas da responsabilidade civil*: da erosão dos filtros da reparação à diluição dos danos, Rio de Janeiro: Atlas, 2015, p. 212.

[17] Gustavo Tepedino; Anderson Schreiber, As penas privadas no direito brasileiro. In: Daniel Sarmento; Flavio Galdino (orgs.), *Direitos fundamentais*: estudos em homenagem ao Professor Ricardo Lobo Torres, Rio de Janeiro: Renovar, 2006, p. 500.

[18] Paula Greco Bandeira, Notas sobre o parágrafo único do artigo 944 do Código Civil. In: *Civilitica.com*, a. 1, n. 2, 2012, p. 12.

[19] As expressões são de Marco Capecchi, *Il nesso di causalità*: dalla *condicio sine qua non* alla responsabilità proporzionale, Padova: CEDAM, 2012, p. 48.

[20] Gustavo Tepedino; Anderson Schreiber, A boa-fé objetiva no código de defesa do consumidor e no novo código civil. In: Gustavo Tepedino (coord.), *Obrigações*: estudos na perspectiva civil-constitucional, Rio de Janeiro: Renovar, 2005, p. 37.

Caberá ao intérprete moldar o conteúdo da boa-fé objetiva às diversas situações concretas, sempre considerando a interpretação e a aplicação do direito como operação única, de forma que a violação ao princípio será "verificável apenas 'in concreto', examinando-se o fato sobre o qual o princípio incide, e daí induzindo o seu significado".[21] Trata-se, com efeito, de cláusula geral adequada à mobilidade e à abertura do sistema.[22]

3. VALIDADE DAS CLÁUSULAS DE NÃO INDENIZAR REFERENTES À CULPA GRAVE

Para além do dolo, parte da doutrina sustenta a invalidade das cláusulas de não indenizar referentes à culpa grave, com base nos seguintes fundamentos: (i) incidência das mesmas razões de vedação ao dolo (função punitiva e transformação da cláusula em condição puramente potestativa), de modo que haveria proscrição à culpa grave por si própria; (ii) relevância dos graus de culpa no direito brasileiro (com base no art. 944, parágrafo único, CC e no Enunciado 145 do STJ); (iii) equiparação essencial entre dolo e culpa grave, a admitir a analogia, segundo o brocardo romano *culpa lata dolo aequiparatur* e (iv) importação de previsões legislativas do direito estrangeiro que inadmitem as cláusulas de não indenizar relativas à culpa grave. Tais proposições, no entanto, encontram óbice no ordenamento jurídico brasileiro.[23]

O primeiro argumento, como visto, encontra entrave na inadequação da fundamentação, seja para o dolo, seja para a culpa grave, pois a limitação e a exoneração do dever de indenizar não privam o credor dos direitos à exata prestação devida, ao equivalente ao devido e à restituição do já cumprido, tampouco à reparação por perdas e danos até o teto estipulado no ajuste limitativo, de sorte que não se configura condição puramente potestativa. Ademais, não há, no ordenamento jurídico brasileiro, função punitiva da responsabilidade civil. Nesse sentido, o entrelaçamento entre a defesa da invalidade das cláusulas diante de culpa grave e a finalidade de punição ao ofensor é denunciado por Boris Starck, para quem a equiparação entre dolo e culpa grave, adágio que considera de todo contestável, traduz a imposição de uma sanção ao devedor, constituindo clara opção pelo caráter repressivo da responsabilidade civil.[24]

O segundo argumento, a seu turno, encontra óbice na prevalência da irrelevância dos graus de culpa (levíssima, leve e grave) no direito brasileiro. Nesse sentido, o artigo 944, *caput*, do Código

---

[21] Clóvis Couto e Silva, *A obrigação como processo,* São Paulo: José Bushatsky, 2006, p. 36.

[22] Claus-Wilhelm Canaris, *Pensamento sistemático e conceito de sistema na ciência do direito,* Lisboa: Fundação Calouste Gulbenkian, 1996, p. 282.

[23] No direito brasileiro, a equiparação entre dolo e culpa grave, em tema de requisitos de validade das cláusulas de não indenizar, é sustentada por Antonio Junqueira de Azevedo, Nulidade de cláusula limitativa de responsabilidade em caso de culpa grave. Caso de equiparação entre dolo e culpa grave. Configuração da culpa grave em caso de responsabilidade profissional, *Novos estudos e pareceres de direito privado,* São Paulo: Saraiva, 2009, pp. 427-441; Luiz Octávio Villela de Viana Bandeira, *As cláusulas de não indenizar no direito brasileiro,* Coimbra: Almedina, 2016, p. 165; Wanderley Fernandes, *Cláusulas de exoneração e de limitação de responsabilidade,* São Paulo: Saraiva, 2013, pp. 209-230. Por outro lado, propugnam a diferenciação de regimes, Gustavo Tepedino; Aline de Miranda Valverde Terra; Gisela Sampaio da Cruz Guedes, *Fundamentos de direito civil,* v. 4, Rio de Janeiro: Forense, 2020, pp. 283-285; José de Aguiar Dias, *Cláusula de não indenizar,* Rio de Janeiro: Forense, 1980, pp. 95-124; Fábio Henrique Peres, *Cláusulas contratuais excludentes e limitativas do dever de indenizar,* São Paulo: Quartier Latin, 2009, pp. 176-179; Vinicius Pereira, *Cláusula de não indenizar*: entre riscos e equilíbrio, Rio de Janeiro: Lumen Juris, 2015, pp. 50-53.

[24] Boris Starck, *Droit civil*: obligations, Paris: Librairies Techniques, 1972, pp. 636-637.

Civil, esclarece que a indenização é medida pela extensão do dano. Na síntese de Caio Mário da Silva Pereira, "nosso direito desprezou esta gradação da culpa, que não deve influir na determinação da responsabilidade civil" e que não encontra "apoio em boa parte da doutrina".[25]

O parágrafo único do artigo 944, por sua vez, não apresenta a vocação expansiva de tornar prevalente, no ordenamento pátrio, a relevância dos graus de culpa. Em primeiro lugar, sublinhe-se a existência de acirrado debate doutrinário acerca da interpretação do dispositivo, registrando-se importante posicionamento no sentido de considerar que o elemento analisado seria o nexo de causalidade, não já a culpa e suas gradações.[26]

Em segundo lugar, cabe observar que, de todo modo, se trata de regra expressa e de natureza excepcional, cuja aplicação é restringida, em doutrina, às hipóteses em que a ponderação dos interesses incidentes no caso concreto conclama a tutela do patrimônio mínimo do ofensor. Nesse sentido, sustenta-se que "o balanceamento da equidade deve levar em conta outros diversos fatores de ponderação", dentre os quais "o limite do patrimônio mínimo do ofensor e da vítima". Assim, "se o causador do dano for solvente e tiver capacidade para suportar o encargo da indenização sem recair em pobreza, a aplicação do parágrafo único do art. 944 é de ser, em princípio, afastada". Isso porque, nessa situação, "o pagamento da indenização à vítima não comprometeria a existência digna do ofensor" e "o princípio da restituição integral não permite a preponderância da tutela patrimonial do ofensor em detrimento da vítima". Em síntese, "a *ratio* do dispositivo deve ser tão-somente a de evitar reduzir o causador do dano a um estado de carência". [27]

De mais a mais, no direito brasileiro, a dessemelhança entre culpa e dolo é reconhecida pelo legislador que, em diversos momentos, distancia a disciplina da culpa da normativa do dolo. Veja-se, a título ilustrativo, o artigo 762 do Código Civil que, no contrato de seguro, considera nulo o contrato para garantia de risco oriundo de ato doloso. Aqui não se admite a equiparação à culpa grave, tendo o Código Civil de 2002 alterado a redação do artigo 1.436 do Código Civil de 1916 para excluir a menção a "atos ilícitos", afastando, consequentemente, a noção de culpa, ainda que grave.[28] Do mesmo modo, refere-se o Código Civil exclusivamente ao dolo e não à culpa no artigo 400, segundo o qual a mora do credor isenta o devedor da responsabilidade pela conservação da coisa, desde que este último não tenha agido com dolo, e no artigo 392, que determina, nos contratos benéficos, a responsabilidade do contratante beneficiado por simples culpa e daquele a quem o contrato não favorece por dolo.

Nesse último caso, excepcionalmente, a jurisprudência procede à equiparação entre dolo e culpa grave, por meio do Enunciado 145 da Súmula do STJ, para situação específica: "no transporte desinteressado, de simples cortesia, o transportador só será civilmente responsável por danos causados ao transportado quando incorrer em dolo ou culpa grave". Tal hipótese, contudo, não pode servir como argumento para, em raciocínio indutivo, defender-se a prevalência da relevância dos graus de culpa no direito brasileiro.

---

[25]   Caio Mário da Silva Pereira, *Responsabilidade civil,* Rio de Janeiro: Forense, 2018, p. 94.

[26]   Gustavo Tepedino; Aline de Miranda Valverde Terra; Gisela Sampaio da Cruz Guedes, *Fundamentos de direito civil,* v. 4, Rio de Janeiro: Forense, 2020, p. 111.

[27]   Carlos Edison do Rêgo Monteiro Filho, Artigo 944 do código civil: o problema da mitigação do princípio da reparação integral, *Revista de Direito da Procuradoria Geral do Estado do Rio de Janeiro,* v. 63, 2008, p. 84.

[28]   Gustavo Tepedino *et al, Código civil interpretado conforme a constituição da república,* v. II, Rio de Janeiro: Renovar, 2012, p. 571; Milena Donato Oliva; André Brandão Nery Costa, A excludente de cobertura de "culpa grave equiparável ao dolo" no seguro de responsabilidade civil profissional. In: Ilan Goldberg; Thiago Junqueira (coords.), *Temas atuais de direito dos seguros,* t. I, São Paulo: Revista dos Tribunais, 2020, p. 642.

364 | PROBLEMAS DE DIREITO CIVIL – *Homenagem aos 30 anos de cátedra do professor Gustavo Tepedino*

Isso porque a situação objeto de análise pelo Enunciado 145 da Súmula do STJ se afigura de todo diferente do caso da cláusula de não indenizar, não se admitindo a extensão de entendimento por ausência de similitude de *ratio*. Com efeito, no transporte desinteressado, estão em jogo danos pessoais à vítima, que, não logrando comprovar o dolo, restará completamente irressarcida. Desse modo, na ponderação dos interesses incidentes no caso concreto, pende no prato da balança o mais alto grau de restrição ao princípio da reparação integral (grau zero), sobretudo por se tratar de lesão à pessoa humana. A denotar a especificidade da situação, observe-se que, no transporte de pessoas, são vedadas as cláusulas excludentes, para lesão à pessoa e para lesão à coisa, independentemente da discussão a respeito do dolo ou da culpa grave (art. 734, CC).

Vale registrar, ainda, que a própria aplicação do artigo 392 do Código Civil às hipóteses de transporte gratuito tem sido objeto de crítica doutrinária e de afastamento, em virtude de gerar situação de desigualdade: na eventualidade de acidente, enquanto para o pedestre lesionado bastaria a comprovação de simples culpa, o passageiro teria que demonstrar o dolo do transportador.[29]

Com relação ao terceiro fundamento, este se baseia na importação do brocardo *culpa lata dolo aequiparatur*, de origem romana, argumentando-se no sentido da equiparação entre dolo e culpa grave. No entanto, cumpre observar que a culpa grave se diferencia substancialmente do dolo, em virtude da ausência de má-fé, a impedir a equivalência. Registre-se que, no próprio direito romano, de onde se extrai o brocardo *culpa lata dolo aequiparatur*, reconhecia-se a validade da convenção de não indenizar na hipótese de culpa grave.[30]

A distinção essencial entre dolo e culpa grave, que, como demonstrada, foi adotada pelo direito brasileiro, é sublinhada pela doutrina clássica e contemporânea.[31] Nessa toada, Louis Josserand, em combate ao adágio *culpa lata dolo aequiparatur*, sustenta que as noções são de todo diferentes e não podem ser conduzidas uma à outra senão em desafio a toda a psicologia e a toda a moral.[32]

No específico tratamento do tema das cláusulas de não indenizar, já em 1909 aduzia Albert Desmazières que a assimilação entre dolo e culpa grave se revela absolutamente ilógica e que a culpa grave não constitui razão suficiente para o agravamento da responsabilidade.[33] Yannick Gontier consigna, ainda, a existência de verdadeira diferença de natureza entre os conceitos, de modo que, enquanto o dolo se referiria à má-fé, a culpa grave atuaria na seara da boa-fé. Isso porque o dolo supõe o conhecimento da ilicitude, ao passo que, na culpa grave, há erro, negligência de elevado grau, mas sem intenção de prejudicar ou ciência do vício.[34] Antoine Antonini, por sua vez, adverte a respeito do entendimento de que não se pode cometer a monstruosidade de equiparar a culpa grave a um fato intencional, prejudicial, malicioso (dolo).[35]

De mais a mais, alerta José de Aguiar Dias que a alegação de violação à ordem pública no caso de convenções de não indenizar relativas à culpa grave não se sustenta diante das hipóteses

---

[29] Sergio Cavalieri Filho, *Programa de responsabilidade civil*, São Paulo: Malheiros, 2003, pp. 315-316.

[30] Conforme aduz José de Aguiar Dias, *Cláusula de não indenizar*, Rio de Janeiro: Forense, 1980, pp. 99-100. V. tb. Caio Mário da Silva Pereira, *Responsabilidade civil*, Rio de Janeiro: Forense, 2016, p. 396.

[31] Remeta-se à nota de rodapé nº 23 deste trabalho.

[32] Louis Josserand, *Cours de droit civil positif français*, t. II, Paris: Librairie du Recueil Sirey société anonyme, 1939, nº 612.

[33] Albert Desmazières, *Des clauses d'irresponsabilité dans le contrat de transport*: commentaire de la loi du 17 mars 1905, Poitiers: Imprimerie Blais et Roy, 1909, pp. 25-26.

[34] Yannick Gontier, *Plaidoyer pour une révision judiciaire des clauses limitatives de responsabilité*, Paris: s.n., 2005, pp. 210-212.

[35] Antoine Antonini, *Les clauses d'irresponsabilité dans le contrat de transport de marchandises*, Paris: Arthur Rousseau, 1907, p. 15.

Cap. 21 · POTENCIALIDADES FUNCIONAIS DAS CLÁUSULAS DE NÃO INDENIZAR | **365**

fáticas, em que restará nítido que a ordem pública não foi em nada atingida, situações em que os ferrenhos defensores da tese da invalidade não verão outra alternativa a não ser "um progressivo afrouxamento do critério na apreciação da culpa: não ousando aplicar a cláusula exoneratória à culpa grave, retirar-lhe-ão a gravidade e a cláusula será validada, para que todo o mundo fique contente e se salvem os princípios".[36]

O quarto argumento em favor da equiparação entre dolo e culpa grave diz com a importação de previsões legais nesse sentido no direito estrangeiro, como é o caso do ordenamento italiano, em que o artigo 1.229 dispõe: "é nulo qualquer pacto que exclua ou limite preventivamente a responsabilidade do devedor por dolo ou por culpa grave".[37]

Tal incorporação ao ordenamento pátrio, todavia, se revela acrítica. Não há como se pretender fundamentar solução para o direito brasileiro com base em dispositivos alienígenas, sob pena de se incorrer em atecnia.[38] O fato de o direito estrangeiro daquele país especificamente selecionado pelo intérprete como de sua preferência para estudo adotar determinada resposta à questão não constitui, por si só, razão suficiente para que haja a importação, devendo o hermeneuta buscar elucidação que se justifique na pluralidade de fontes normativas do ordenamento pátrio, que se revela aberto, heterogêneo e complexo, e cuja unidade é assegurada pela tábua axiológica constitucional.[39]

Com efeito, a transposição de regras legais a realidades díspares viola a necessária observância da historicidade e da relatividade do fenômeno jurídico. O intérprete, no exame do direito estrangeiro, deve partir de visão panorâmica do objeto de estudo, atentando para as diferenças fundamentais entre os sistemas e respeitando as particularidades locais.[40]

O ordenamento pátrio, no tema, possui peculiaridade inafastável, relativa à prevalência da irrelevância dos graus de culpa. A título ilustrativo de tal especificidade, o Projeto de Código de Obrigações de 1965, de autoria de Caio Mário da Silva Pereira, previa, em seu artigo 924, que "a cláusula de não indenizar somente prevalecerá se for bilateralmente ajustada, e não contrariar a lei expressa, a ordem pública e os bons costumes, e nem tiver por objeto eximir o agente dos efeitos do seu dolo", não se referindo, portanto, à culpa grave.[41]

Insista-se, uma vez mais, que, alertando-se para os perigos da importação acrítica da experiência estrangeira, observa-se que, no direito brasileiro, prevalece a irrelevância dos graus de culpa (grave, leve e levíssima), apresentando a responsabilidade civil função reparatória, não já punitiva, o que gera, como consequência, a impossibilidade de se sustentar a invalidade das cláusulas referentes à culpa grave.

Às críticas já formuladas, deve ser acrescentada proposição essencial para a releitura sugerida, que diz respeito à dificuldade de se conceituar a culpa leve no inadimplemento contratual, de sorte que considerar inválida a convenção de não indenizar referente à culpa grave representa, em verdade, fulminar a utilidade prática de tais ajustes, descurando-se de suas potencialidades

---

[36] José de Aguiar Dias, *Cláusula de não indenizar,* Rio de Janeiro: Forense, 1980, pp. 102-103.

[37] Tradução livre. No original: Art. 1.229. "È nullo qualsiasi patto che esclude o limita preventivamente la responsabilità del debitore per dolo o per colpa grave".

[38] Pietro Perlingieri, *O direito civil na legalidade constitucional,* Rio de Janeiro: Renovar, 2008, p. 83; Rodolfo Sacco, *Introdução ao direito comparado,* São Paulo: Revista dos Tribunais, 2001, pp. 41-84.

[39] Gustavo Tepedino, Normas constitucionais e direito civil na construção unitária do ordenamento. In: Gustavo Tepedino, *Temas de direito civil,* t. III, Rio de Janeiro: Renovar, 2006, p. 6.

[40] Carlos Edison do Rêgo Monteiro Filho, Reflexões metodológicas: a construção do observatório de jurisprudência no âmbito da pesquisa jurídica. In: *Revista Brasileira de Direito Civil – RBDCivil,* v. 9, 2016, p. 18.

[41] Caio Mário da Silva Pereira, *Responsabilidade civil,* Rio de Janeiro: Forense, 2016, p. 397.

funcionais. Nessa toada, Marcel Planiol e Georges Ripert, ao analisarem a jurisprudência francesa sobre o tema, denunciam que a distinção entre a culpa leve e a culpa grave é imprecisa e só pode ser feita pelo sentimento.[42]

A questão se agrava, ainda, quando se está diante de inadimplemento de profissionais, em que a expertise inerente ao exercício da função faz com que o inadimplemento acabe por ser considerado gravemente culposo, a impedir a pactuação dos ajustes. Com efeito, como resultado dos referidos posicionamentos, que exigem a inexistência de dolo ou culpa grave, a incidência das cláusulas de não indenizar se restringiria à culpa leve do devedor, a constranger demasiadamente sua aplicabilidade.

A função das convenções limitativas e excludentes do dever de reparar por perdas e danos consiste, justamente, em permitir a previsibilidade contra riscos futuros. O inadimplemento por culpa leve constitui figura de difícil apreensão na responsabilidade contratual.[43] *Tertium non datur*: ou bem não há inadimplemento imputável ao devedor, em virtude de inexistência de culpa na responsabilidade subjetiva, ou da existência de caso fortuito, força maior, fato de terceiro e fato da vítima, a interromper o nexo de causalidade,[44] ou bem há inadimplemento imputável ao devedor, independentemente do grau de culpa.

Há, ainda, a problemática de, com o requisito da culpa grave, se impossibilitar a pactuação de cláusula de não indenizar em sede de responsabilidade civil dos profissionais, na medida em que a expertise na prestação do serviço ou na entrega da coisa acaba por afastar a configuração de culpa leve. Imagine-se a celebração de contrato entre Escritório de Advocacia X e Empresa Y, em que o Escritório de Advocacia X prestará serviços advocatícios com relação a 400 processos da Empresa Y. No negócio, suponha-se que seja pactuada cláusula excludente do dever de indenizar pela perda de prazo em até duas ações judiciais. Caso se admitisse a culpa grave como requisito de validade, tal ajuste restaria impossibilitado por se referir a conduta caracterizada como gravemente culposa (perda de prazo por advogado). Retirar-se-ia, assim, da autonomia privada, importante instrumento de gestão de riscos negociais. Mesmo que teoricamente se considerasse que nem todo inadimplemento profissional é gravemente culposo, buscando-se individuar os graus de culpa, hipóteses fáticas como a exemplificada demonstram a impossibilidade prática de se proceder a tal diferenciação em graus.

A problemática é reportada por Philippe le Tourneau. Retomando a célebre frase de Pothier com relação aos artesãos, segundo a qual *spondet peritiam artis*, isto é, "que se garanta a perícia da arte", o autor relata a prática judicial de se equiparar culpa simples e culpa grave, em presença de profissionais, afigurando-se os magistrados mais inclinados a qualificar a culpa como grave na hipótese.[45]

Note-se que o princípio da boa-fé objetiva, que fundamenta o requisito em análise, não pode, em tema de cláusula de não indenizar, ser interpretado com rigidez que coloque em xeque a validade de tais ajustes. Deve-se aqui adotar cuidadosa interpretação do comando, uma vez que, se os contratantes, na gestão de riscos negociais, optam, livremente, por pactuar convenção

---

[42] Marcel Planiol; Georges Ripert, *Traité pratique de droit civil français*, t. VI, Paris: Librairie générale de droit et de jurisprudence, 1952, p. 547.

[43] Paula Greco Bandeira, Notas sobre o parágrafo único do artigo 944 do Código Civil, *Civilistica.com*, a. 1, n. 2, 2012, p. 20.

[44] Sobre o tema, v. Gustavo Tepedino, Notas sobre o nexo de causalidade. In: Gustavo Tepedino, *Temas de direito civil*, t. II, Rio de Janeiro: Renovar, 2006, p. 63.

[45] Philippe le Tourneau, *Droit de la responsabilité et des contrats. Régimes d'indemnisation*, Paris: Dalloz, 2014, p. 537.

relativa à culpa grave, a boa-fé objetiva deve se orientar no sentido da preservação da matriz de riscos delineada pelas partes. Em outras palavras, a partir da pactuação da cláusula de limitação ou de exoneração do dever de reparar por perdas e danos, o *standard* de conduta a ser exigido dos contratantes passa a ser diferenciado, moldado de acordo com os termos dos riscos equacionados, orientando-se as legítimas expectativas no sentido de cumprimento das convenções de não indenizar, dotadas de força obrigatória.

Há, em decorrência da negociação, o surgimento de posição de vantagem ao devedor, que deixa de arcar (parcial ou integralmente) com os riscos do inadimplemento referentes à reparação por perdas e danos, mediante contrapartida ao credor, que também assim é colocado em posição de vantagem, de sorte que a boa-fé objetiva não pode ser interpretada como vetor de punição ao devedor inadimplente ou de necessário aniquilamento da posição de vantagem do *solvens* como sanção a seu descumprimento. A consequência de tais apontamentos é a de que o acordo entre as partes em gerir os riscos contratuais mediante os ajustes de não indenizar deve ser preservado, por incidência da boa-fé objetiva, vedando-se apenas condutas que se traduzam em patente ilicitude ou abusividade, as quais, como se verá adiante, caracterizarão dolo específico.

Prestigia-se, nessa toada, a autonomia privada. A bem da verdade, se a gestão de riscos se orientou no sentido de incidência do ajuste mesmo diante de culpa grave, a conduta do credor de, posteriormente, verificado o inadimplemento, pretender nulificar a cláusula, imputando a reparação integral ao devedor, sob o fundamento de inadmissibilidade do pacto em face de culpa grave, é que traduz violação às legítimas expectativas despertadas, caracterizando comportamento contraditório vedado pelos ditames da boa-fé (*nemo potest venire contra factum proprium*).

Imagine-se, em exemplo inspirado no paradigmático caso *Chronopost*,[46] que haja a celebração de contrato de transporte de coisa entre expedidor e empresa especializada em entrega rápida e as partes optem, livremente, por ajustar convenção limitativa do dever de indenizar no caso de atraso na remessa, que estabelece como teto o montante de 7.500 unidades, mediante desconto ao credor no preço. Verificado o atraso, suponha-se que os danos causados ultrapassaram o valor máximo fixado no ajuste, na extensão de 10.000 unidades. Na espécie, não se admite que o expedidor pleiteie seu afastamento e a persecução da reparação integral sob o fundamento de que o descumprimento do prazo de entrega pela empresa especializada configura culpa grave, sob pena de total desapreço à equação de riscos livremente negociada pelas partes, deixando-se o cumprimento do contrato e de suas cláusulas ao alvedrio do credor. Trate-se de exemplo em que, uma vez mais, se demonstra a dificuldade de se diferenciar a culpa leve e a culpa grave no inadimplemento de profissionais.

Nessa esteira, aduz Pietro Barcellona que o princípio da boa-fé objetiva visa a assegurar a preservação do programa negocial, tomado como o conjunto de utilidades, vantagens e riscos que as partes delinearam na operação contratual. Busca-se, assim, evitar que os contratantes possam, com o próprio comportamento, pôr em discussão ou comprometer, em lugar de preservar, o regulamento de interesses acordado.[47] Corrobora o posicionamento adotado neste trabalho a recente inserção do artigo 421-A, II, no Código Civil, pela Lei de Liberdade Econômica (Lei federal nº 13.874/2019), segundo o qual "a alocação de riscos definida pelas partes deve ser respeitada e observada".

Isso posto, passa-se à análise da necessária individuação de dolo *específico* do devedor.

---

[46] Henri Capitant; François Terré; Yves Lequette, *Les grands arrêts de la jurisprudence civile*, t. 2, Paris: Dalloz, 2000, pp. 132-133.

[47] Pietro Barcellona, *Diritto privato e società moderna*, Napoli: Jovena, 1996, p. 360.

4. A NECESSÁRIA INDIVIDUAÇÃO DE DOLO ESPECÍFICO DO DEVEDOR À LUZ DOS DITAMES DA BOA-FÉ OBJETIVA

No direito civil brasileiro, para além da culpa grave, também o dolo se afigura irrelevante, de uma maneira geral, no inadimplemento contratual. Nessa direção, destaca-se a previsão do artigo 403 do Código Civil, segundo a qual "ainda que a inexecução resulte de dolo do devedor, as perdas e danos só incluem os prejuízos efetivos e os lucros cessantes por efeito dela direto e imediato, sem prejuízo do disposto na lei processual". Ademais, o artigo 394 do Código Civil dispõe que se considera "em mora o devedor que não efetuar o pagamento e o credor que não quiser recebê-lo no tempo, lugar e forma que a lei ou a convenção estabelecer". Vê-se, assim, que, tanto na configuração da mora do devedor quanto na liquidação de danos decorrentes do descumprimento, "o legislador não se preocupa com a intenção do devedor inadimplente". Os efeitos do descumprimento "independem da intenção do agente". A rigor, pouco importa "se o inadimplemento decorreu da má intenção do contratante ou de insuficiente gestão de sua equipe, subcontratado ou preposto". Nenhum desses fatos "reduzirá ou ampliará os efeitos jurídicos do inadimplemento".[48]

Desse modo, a inadequação na interpretação do requisito tradicional do dolo, em tema de cláusula de não indenizar, consiste em considerar que o controle valorativo deve se basear no exame da culpa *lato sensu* (dolo e culpa em sentido estrito) no inadimplemento contratual, em desapreço à prevalência de sua irrelevância no ordenamento jurídico pátrio.

Nesse cenário, o controle valorativo deve se voltar à investigação de *dolo específico* do devedor. O adjetivo "específico" se refere, aqui, ao giro necessário no estudo do tema, passando-se da análise da culpa *lato sensu* (dolo e culpa em sentido estrito) do devedor ao inadimplir para a aferição de patente conduta ilícita ou abusiva nos momentos de celebração e de efetivação da cláusula de não indenizar. O exame se centra, portanto, especificamente na pactuação e na incidência do ajuste, a justificar a terminologia.

A primeira concepção de dolo específico diz respeito ao momento de celebração da cláusula de não indenizar, consistindo no aproveitamento pelo devedor da assimetria informacional entre os contratantes. A conduta vedada, portanto, se refere à violação do dever de informação por parte do devedor que, ocultando do credor o real risco do negócio, maliciosamente o distribui em prejuízo aos interesses do *accipiens*, por meio de declaração falsa ou de omissão de dados relevantes, em descumprimento aos referidos ditames da boa-fé objetiva.

Imagine-se a celebração de contrato de cessão de ações com vistas à aquisição de sociedade anônima, em que as partes tenham estipulado cláusula que assegura ao cessionário a reparação de passivos e contingências até determinado teto, suponha-se, de 50 milhões de reais, informando o cedente, nas negociações, por meio de demonstrações financeiras, a inexistência de passivo superior a 55 milhões de reais. Após a pactuação do ajuste, todavia, o cessionário vem a tomar ciência da existência de passivo de 100 milhões de reais, em montante muito superior ao limite fixado na convenção, prévio à celebração do contrato e de conhecimento do cedente. Nesse caso, resta evidenciado o dolo específico do cedente em acordar ajuste de não indenizar em limite significativamente inferior à real extensão dos passivos, sem que tal fato tivesse sido comunicado à contraparte, valendo-se para tanto da assimetria informacional entre ambas. Note-se, ainda, que a informação prestada pelo cedente desperta confiança de sua veracidade, não se afigurando

---

[48] Gustavo Tepedino, Autonomia privada e cláusulas limitativas de responsabilidade, Editorial. In: *Revista Brasileira de Direito Civil – RBDCivil*, v. 23, 2020, p. 11.

válida a alegação por aquele que forneceu o dado falso de que a contraparte teria o dever de saber a inadequação de tais informações.[49]

Registre-se que a invalidade das cláusulas de não indenizar diante de dolo específico, em face dos ditames da boa-fé objetiva, pode ser também apreendida por outro prisma, com relação ao afastamento desses ajustes em face de riscos não levados em consideração na gestão negocial, à luz do princípio do equilíbrio contratual, tendo em vista que o risco foi previsto por um dos contratantes e maliciosamente ocultado do outro, que o desconhecia. De fato, apenas podem ser considerados geridos os riscos de que tinham conhecimento as partes na celebração do ajuste. Tratando-se de riscos desconhecidos, de outro giro, a convenção deve ser afastada.[50]

Além disso, terceiro fundamento de invalidade dos ajustes se refere à constatação de que, nas hipóteses aventadas, o motivo determinante da pactuação diz com a gestão de riscos efetuada nos estritos limites das informações prestadas pela contraparte. No exemplo formulado, parece evidente que a razão de previsão da cláusula tomou como base a inexistência de passivo superior a 55 milhões de reais. Como é cediço, os motivos se afiguram, em regra, irrelevantes no direito civil. Todavia, quando assumem a natureza determinante, a legislação lhes atribui relevância, como aptos a viciar a declaração de vontade por erro quando falsos (art. 140, CC) e a invalidar o pacto diante de dolo da contraparte (arts. 145, 147 e 171, II, CC). Assim, o motivo, quando determinante, passa a integrar o conteúdo negocial, gerando a invalidação da convenção caso se revele frustrado.[51]

A segunda apreensão do requisito do dolo específico se dá no momento de efetivação do ajuste. Trata-se de hipótese delimitada: a do contratante que, em conduta nitidamente contrária à ordem pública, se aproveita do manto da convenção de não indenizar para praticar patente ilícito, como na hipótese do depositário que põe fogo no armazém em que estavam os bens do depositante ou do transportador que furta para si as mercadorias que deveriam ter sido transportadas. De fato, nesta situação, a má-fé é evidente, de modo a justificar o afastamento da cláusula de não indenizar.

A esse respeito, ilustrativo exemplo pode ser extraído dos elementos do caso *Photo Production Ltd v Securicor Transport Ltd*, do direito inglês, em que a empresa *Securicor Transport Ltd* foi contratada para prover a segurança da fábrica da sociedade *Photo Production Ltd*, sendo prevista no contrato cláusula excludente do dever de indenizar e havendo, posteriormente, conduta de empregado da sociedade de segurança que ateou fogo no estabelecimento, a qual, nos termos sustentados neste trabalho, pode ser qualificada como dolo específico.[52]

---

[49]   Caitlin Sampaio Mulholland, As cláusulas de representação e garantia e a aplicação do princípio da boa--fé objetiva nos contratos paritários. In: César Augusto de Castro Fiuza; Otávio Luiz Rodrigues Júnior; Frederico da Costa Carvalho Neto (coords.), *Direito civil I*, João Pessoa: Conpedi, 2015, p. 105.

[50]   Paula Greco Bandeira, Os contratos incompletos e a *soft law*. In: *Revista dos Tribunais*, v. 966, 2016, p. 145.

[51]   Gustavo Tepedino, Prescrição da nulidade em instrumento de cessão de créditos. In: Gustavo Tepedino, *Soluções práticas de direito*, v. I, São Paulo: Revista dos Tribunais, 2012, p. 578.

[52]   Andrew Nicol; Rick Rawlings, Substantive fundamental breach burnt out: Photo Production v. Securicor, In: *The Modern Law Review*, v. 43, n. 5, 1980, pp. 567-568. O presente trabalho parte da compreensão de que o requisito de validade do dolo específico também deve se colocar no caso de responsabilidade do devedor por ato praticado por empregado, como no exemplo mencionado. Todavia, foge aos limites deste estudo o aprofundamento do debate sobre a interpretação do requisito do dolo quando referente a atos de terceiros. No ponto, seja consentido remeter a Diana Loureiro Paiva de Castro, Potencialidades funcionais das cláusulas de não indenizar: releitura dos requisitos tradicionais de validade, Dissertação

Veja-se, portanto, que, nesse particular, o controle empreendido pelo requisito do *dolo específico* não diz respeito ao exame da culpa *lato sensu* do devedor ao inadimplir (cuja irrelevância prevalece no direito brasileiro), mas à aferição da prática de patente ilícito no momento de efetivação da cláusula de não indenizar. Em outras palavras, o requisito não se refere ao inadimplemento culposo ou doloso (culpa *lato sensu*), mas à prática de notório ilícito, fazendo incidir a cláusula.

Inexistindo patente ilicitude ou abusividade (dolo específico), deverá ser respeitada a gestão de riscos acordada entre as partes, dotadas as cláusulas contratuais de força obrigatória. Insista-se, nesse particular, que a incidência da convenção limitativa ou excludente não importa no esvaziamento do escopo contratual, ainda permanecendo hígidos os direitos do credor à exata prestação devida, ao equivalente ao devido e à restituição do já cumprido, a depender do suporte fático incidente (mora ou inadimplemento absoluto), bem como à reparação por perdas e danos até o teto estipulado no ajuste limitativo.

Como visto, as exigências de boa-fé objetiva não significam, como certo romantismo poderia levar a crer, a obrigação de os contratantes priorizarem o interesse da contraparte antes de seu próprio ou sacrificarem posições de vantagem. Em verdade, a boa-fé se orienta no sentido de preservação do escopo perseguido pelas partes, nos termos da matriz de riscos previamente delineada, a qual inclui o ajuste de não indenizar.[53] Esse posicionamento é corroborado pela recente inserção do artigo 421-A, II, no Código Civil, pela Lei de Liberdade Econômica (Lei federal nº 13.874/2019), segundo o qual "a alocação de riscos definida pelas partes deve ser respeitada e observada".

Em síntese, a equação negocial deve ser preservada, por incidência dos ditames da boa-fé objetiva, vedando-se apenas condutas que se traduzam em patente ilicitude ou abusividade (dolo específico), em apreço ao necessário controle valorativo a que se submetem todas as figuras do ordenamento jurídico.

De mais a mais, o giro proposto, da análise do inadimplemento contratual para os momentos de pactuação e de efetivação do ajuste, permite a correta apreensão do requisito do dolo diante das potencialidades funcionais das cláusulas de não indenizar, que, como visto, podem ser pactuadas, para além da responsabilidade contratual subjetiva, na responsabilidade extracontratual, na responsabilidade objetiva e na responsabilidade pré-contratual, em que, ou bem não há que se falar em inadimplemento contratual, ou bem é dispensado o exame da culpa *lato sensu*.

5. NOTAS CONCLUSIVAS

O presente trabalho se situa em terceiro momento da trajetória trifásica das cláusulas de não indenizar. Se, inicialmente, os ajustes eram de todo proibidos, em razão do receio quanto à preservação do vínculo obrigacional, em seguida pacificou-se a validade dessas convenções, mas com subsequente construção de amarras que colocam em xeque o princípio de licitude dos pactos. Dentre os tradicionais requisitos de validade das cláusulas de não indenizar, destaca-se, como pressuposto mais controvertido no direito brasileiro, o referente ao dolo e à culpa grave, segundo o qual as cláusulas só poderiam ser estipuladas para o inadimplemento por culpa leve.

---

defendida no âmbito do Programa de Pós-Graduação *Stricto Sensu* da Faculdade de Direito da Universidade do Estado do Rio de Janeiro, 2018.

[53] Gustavo Tepedino; Anderson Schreiber, A boa-fé objetiva no código de defesa do consumidor e no novo código civil. In: TEPEDINO, Gustavo (coord.), *Obrigações*: estudos na perspectiva civil-constitucional, Rio de Janeiro: Renovar, 2005, pp. 40-41.

Nesse cenário, o estudo visou a justificar passo adiante no sentido de se reconhecer efetiva (e não retórica) validade das convenções de não indenizar, cujas potencialidades funcionais se referem à sua utilidade como instrumento de gestão de riscos, à luz da autonomia negocial, viabilizando atividades econômicas que poderiam não ser exequíveis sem a sua estipulação, facilitando a contratação de seguros por prêmios menos custosos, permitindo ao credor a obtenção de condições mais vantajosas de contratação e, fundamentalmente, assegurando às partes previsibilidade e segurança jurídica acerca dos efeitos do inadimplemento contratual.

Adotou-se como fundamento valorativo do requisito do dolo o princípio da boa-fé objetiva, que impõe que os contratantes, em sua atuação, se pautem por um dever geral de colaboração, devendo ser preservado o escopo perseguido pelas partes, nos termos da matriz de riscos previamente delineada. Sublinhou-se, no tema, a recente inserção do artigo 421-A, II, no Código Civil, pela Lei de Liberdade Econômica (Lei federal nº 13.874/2019), segundo o qual "a alocação de riscos definida pelas partes deve ser respeitada e observada".

De mais a mais, sustentou-se a validade dos ajustes de não indenizar referentes à culpa grave, vez que (i) o direito brasileiro não admite a função punitiva da responsabilidade civil; (ii) as cláusulas de não indenizar não se confundem com as condições puramente potestativas; (iii) prevalece, no direito brasileiro, a irrelevância dos graus de culpa (art. 944, CC); (iv) há, no ordenamento pátrio, o reconhecimento da distinção entre dolo e culpa (arts. 392, 400, 762, CC); (v) mesmo no direito romano, do qual se extrai o brocardo *culpa lata dolo aequiparatur*, as cláusulas de não indenizar se afiguravam válidas diante de culpa grave; (vi) a culpa grave se diferencia substancialmente do dolo, em virtude da ausência de má-fé; (vii) a importação de previsões legais do direito estrangeiro que vedam as cláusulas de não indenizar referentes à culpa grave se revela acrítica; (viii) a invalidade do ajuste referente à culpa grave geraria injustificada restrição à aplicabilidade prática das convenções de não indenizar e à autonomia das partes na gestão de riscos contratuais e (ix) se as partes, na alocação de riscos negociais, optam, livremente, por pactuar convenção de não indenizar referente à culpa grave, a boa-fé objetiva deve se orientar no sentido da preservação da matriz de riscos delineada pelos contratantes.

Além disso, dada a prevalência, no direito civil brasileiro, da irrelevância do exame da culpa *lato sensu* no inadimplemento contratual, propôs-se giro na apreensão do requisito do dolo, de modo a individuar seu verdadeiro conteúdo à luz dos ditames da boa-fé objetiva, desprendê-lo da culpa grave e permitir a sua incidência, para além da responsabilidade contratual subjetiva, nas searas da responsabilidade extracontratual, da responsabilidade objetiva e da responsabilidade pré-contratual, em apreço às potencialidades funcionais das cláusulas de não indenizar.

Conforme se argumentou, o dolo há de ser *específico*, cujo adjetivo diz com a referência do requisito à celebração ou à efetivação da cláusula de não indenizar. Desse modo, em um primeiro momento, relativo à pactuação do ajuste excludente ou limitativo, o dolo específico consiste na violação do dever de informação por parte do devedor que, valendo-se da assimetria informacional entre as partes, fornece dado falso ou omite o real risco do negócio. Já na efetivação da convenção, a conduta proscrita diz com o aproveitamento do véu de proteção da cláusula para a prática de notório ilícito, como no caso do depositário que ateia fogo nos bens do depositante ou do transportador que furta para si os bens objeto do contrato. Passa-se, assim, do exame da culpa *lato sensu* do devedor ao inadimplir para a aferição de patente ilicitude ou abusividade nos momentos de celebração e de efetivação da cláusula de não indenizar.

Fora dessas hipóteses de dolo específico, deve-se respeitar a gestão de riscos livremente negociada pelas partes, dotadas as cláusulas contratuais de força obrigatória e não cabendo ao intérprete socorrer a parte que, a seu ver, celebrou um mau negócio ou reescrever o contrato em termos que seriam, em sua percepção, mais vantajosos ao credor. Em definitivo, inexiste, no direito brasileiro, princípio de proteção ao negócio lucrativo.[54]

Na síntese de Gustavo Tepedino: "não se mostra justificável a redução da admissibilidade, em contratos paritários, da alocação de riscos que, expressão da autonomia privada, limita ou exonera o dever de indenizar em relações contratuais". Isso porque se deve "prestigiar a autonomia privada, como expressão do valor social da livre iniciativa (art. 1º, IV, CR) e da ordem econômica (art. 170, CR)". Nessa toada, "o respeito às alocações de riscos nas relações patrimoniais privadas mostra-se imperativo, enaltecendo-se assim sua distinção em face da tutela a ser conferida às relações existenciais e à redução das vulnerabilidades". Tal diferenciação se afigura "indispensável para que se evite a banalização do dirigismo contratual, promovendo-se, em contrapartida, a liberdade econômica e a harmonização dos diversos interesses merecedores de tutela na legalidade constitucional".[55]

---

[54] Paula Greco Bandeira, *Contrato incompleto,* São Paulo: Atlas, 2015, p. 15.

[55] Gustavo Tepedino, Autonomia privada e cláusulas limitativas de responsabilidade, Editorial. In: *Revista Brasileira de Direito Civil – RBDCivil,* v. 23, 2020, pp. 12-13.

22

A REVISÃO DO CONTRATO NO CÓDIGO CIVIL E NO CÓDIGO DE DEFESA DO CONSUMIDOR

FABIANA RODRIGUES BARLETTA

Sumário: Introdução. 1. Apontamentos acerca da lesão contratual . 1.1. A lesão no Código Civil de 2002. 1.2. A lesão no Código de Defesa do Consumidor de 1990. 2. Apontamentos acerca da excessiva onerosidade posterior à contratação. 2.1. A excessiva onerosidade posterior à contratação no Código Civil de 2002 e seu atrelamento à Teoria da Imprevisão. 2.2. A excessiva onerosidade posterior à contratação no Código de Defesa do Consumidor de 1990 e seu atrelamento à Teoria da Onerosidade Excessiva. 3. Nota sobre a revisão contratual no Código de Processo Civil de 2015. 4. A revisão contratual, a Lei da Liberdade Econômica de 2019 e a situação de pandemia do Coronavírus: a temática estudada na dissertação de Mestrado aplicada ao direito hodierno. Conclusão.

INTRODUÇÃO

A discussão a respeito da revisão dos contratos por excessiva onerosidade é, corriqueiramente, necessária e oportuna, pois a ocorrência da lesão ou de mudanças no cenário social e econômico podem gerar a necessidade de equalizar o contrato e reinstaurar o equilíbrio contratual num pacto excessivamente oneroso desde a origem, ou, que assim se torne, por motivos ulteriores à contratação, quando se prolonga no tempo. Esse foi o assunto de minha dissertação de mestrado desenvolvida no ano de 2001 na UERJ, sob a querida e atenta orientação do professor Gustavo Tepedino.

A revisão contratual por excessiva onerosidade pode ocorrer por dois motivos:

i. Por lesão, quando prestações excessivamente onerosas são levadas ao contrato no momento de sua formação por um dos contraentes; ii. por excessiva onerosidade posterior à contratação, quando as prestações se tornam excessivamente onerosas no curso do contrato por motivos posteriores, que não existiam ao tempo da pactuação.

O estudo da lesão remonta ao Direito Romano, onde esta foi pensada de maneira objetiva.[1]

Assim, bastava que se vendesse um objeto por menos da metade de seu valor e teria havido lesão, podendo o contrato ser resolvido em benefício da parte que sofrera a excessiva onerosidade.

Já o estudo da excessiva onerosidade posterior à contratação iniciou sua teorização na Idade Média e recebeu o nome de cláusula *rebus sic stantibus*, que significa: estando assim as coisas.[2] Mas só é possível entender o que significa a máxima *rebus sic stantibus*, isto é, estando assim as coisas, se atrelada ao brocardo romano *pacta sunt servanda*, ou seja, os contratos fazem lei entre as partes.[3]

A cláusula *rebus sic stantibus* consagra a relativização da regra *pacta sunt servanda*, pois os contratos só fazem lei entre as partes e as vinculam do modo que foram pactuados imperativamente,

---

[1] OSTI, Giuseppe. *Clausola rebus sic stantibus*. In: Novissimo Digesto Italiano. Torino: UTET, v. 3. 1957, p. 354, *verbis*: "Certo que nas fontes jurídicas romanas podiam-se encontrar afirmações particulares relativas a determinadas relações, suscetíveis de serem reconduzidas à cláusula, mas não um reconhecimento desta como princípio geral" [traduziu-se]; também FONSECA, Arnoldo Medeiros da. *Caso fortuito e teoria da imprevisão*. 3 ed. Rio de Janeiro: Revista Forense, 1958, p. 198, *verbis*: "A cláusula *rebus sic stantibus*, pela qual o vínculo obrigatório, em certa categoria de contratos, entendia-se subordinado à continuação daquele estado de fato existente ao tempo da sua formação, foi obra, como dissemos, dos juristas do direito canônico e da jurisprudência dos tribunais eclesiásticos, assim como dos pós-glosadores ou bartolistas. O direito romano não parece ter formulado nenhum princípio geral e constante a tal respeito."; também CORDEIRO, António Manuel da Rocha e Menezes. *Da boa fé no direito civil*. Coimbra: Almedina, 1997, p. 940, *verbis*: "A regra da eficácia jurídica das alterações das circunstâncias era desconhecida, como princípio, no Direito romano, não por se tratar de alterações desse tipo, mas por estar em jogo um princípio geral."; também MAIA, Paulo Carneiro. *Cláusula rebus sic stantibus*. In: Enciclopédia Saraiva de Direito. Coordenador: Limongi França. São Paulo. v. 15. 1977, p. 125, *verbis*: "... a formulação definitiva, em teor doutrinário nítido, adveio dos canonistas medievais, os quais conceberam a cláusula, subentendida nos contratos em que as partes contratantes se obrigassem ao cumprimento da avença desde que as mesmas condições econômicas da época da contratação se mantivessem íntegras e imutáveis"; também LINS, Jair *A cláusula 'rebus sic stantibus'*. In: Revista Forense. Belo Horizonte. v. XL. Janeiro/julho/1923, p. 512, *verbis*: "Eis porque os interpretes do direito romano – glosadores e post-glosadores – effectuaram a creação juridica, a que deram o nome '*latinamente brutto ma concettualmente energico*'de clausula *rebus sic stantibus*." Em sentido contrário, SIDOU, José Maria Othon. *Rebus sic stantibus*. In: Enciclopédia Saraiva de Direito. Coordenador: Limongi França. São Paulo. v. 63. 1977, p. 294, *verbis*: "Dissentimos, portanto, da opinião provecta dos doutrinadores que negam ter a cláusula tácita da imprevisão contratual suas origens no direito romano.";

[2] CORDEIRO, António Manuel da Rocha e Menezes. *Da boa fé no direito civil.*, p. 941-943, explica que, comentando a Glosa, Bártolo escreveu "...*et hoc est quod glossa vult hic dicere, vel quandiu matrimonium contrahi potest, debet intellegi* **rebus sic se habentibus**" [grifou-se]., ou seja, "...e isso é o que a Glosa quer ensinar aqui, quando o casamento pode ser contraído, a situação deve ser entendida permanecendo o mesmo estado de coisas." [traduziu-se].. Assim, segundo MENEZES CORDEIRO, teria havido o nascimento de um conceito novo: o da cláusula *rebus sic stantibus*, p. 942-943, *verbis*: "Em Bártolo, a situação é, já, diferente: a locução *rebus sic se habentibus* ganha vida própria."

[3] SILVA, Clóvis Veríssimo do Couto e. *A teoria da base do negócio jurídico no direito brasileiro*. In: Revista dos Tribunais. São Paulo. v. 655. Maio/1990, p. 8, *verbis*: "É certo que o princípio 'pacta sunt servanda' salienta, por um lado, a obrigatoriedade do contrato, a necessidade de serem cumpridas as obrigações que dele resultam, o que não merece menor reparo; por outro, indica, o que é e sempre foi inexato, a sua absoluta imodificabilidade, ainda quando as condições econômicas, no curso de sua vigência, se tenham alterado de modo essencial."

Cap. 22 · A REVISÃO DO CONTRATO NO CÓDIGO CIVIL E NO CÓDIGO DE DEFESA DO CONSUMIDOR | 375

caso as coisas se mantenham também da mesma maneira que estavam quando o contrato fora avençado, conservadas as suas bases.[4]

1. APONTAMENTOS ACERCA DA LESÃO CONTRATUAL

A lesão não era prevista no Código Civil de 1916. Vivia-se, nessa época, sob a égide de um Estado Liberal. No âmbito do contrato poder-se-ia falar em Liberalismo, no sentido de que todos eram livres para contratar ou não, e, se o pactuado fosse desproporcional para uma das partes, essa não haveria de resolver ou reequilibrar o contrato lesivo. Ao usar sua liberdade contratual os contraentes teriam, por consequência, que se responsabilizar pelo adimplemento do contrato, independentemente de ter avençado algo muito oneroso ou que se tornasse muito oneroso para si. Havia também excessiva valoração atribuída à vontade emitida pelos contratantes, fenômeno chamado voluntarismo.[5]

Ademais, compreendia-se que todos eram iguais perante a lei, como propugnava a igualdade formal, que colocava todas as situações numa mesma fôrma, como se pudessem ser todas iguais, encaixando-se no modelo.

Hoje é sabido que nem sempre a igualdade é encontrada quando se tenta colocar situações díspares na mesma fôrma, pois pessoas em premente necessidade, pessoas de pouco traquejo nos negócios (inexperientes), ou pessoas vulneráveis ao contratar, não possuem uma igualdade de fato, também chamada igualdade material, perante a contraparte.

Com o advento do Estado Social, o Direito tratou de expurgar os excessos do Liberalismo usando do dirigismo contratual para, ao afastar a *pacta sunt servanda*, proteger as pessoas em situação de excessiva onerosidade nos negócios celebrados, tirando-as da fôrma em que não cabiam as peculiaridades de suas situações.[6]

Nessa esteira de socialização dos institutos jurídicos de Direito Civil, a lesão, que não constava positivada no Código Civil de 1916, consta hoje estabelecida no Código Civil de

---

[4] COGLIOLO, Pietro. *La cosi detta clausola 'rebus sic stantibus' e la teoria dei pressuposti. In*: Scritti varii di diritto privato. 2 ed. Torino: UTET, 1910, p. 369, *verbis*: " Windscheid na obra citada teve o mérito de colocar em evidência a importância do *estado de fato* para a formação do consenso." [traduziu-se]; por FIÚZA, César. *Aplicação da cláusula rebus sic stantibus aos contratos aleatórios. In*: Revista de Informação Legislativa. Brasília. n. 34. outubro/dezembro/1999, p. 7; LARENZ, Karl. *Base del negocio juridico y cumplimiento de los contratos*. Tradução de: Carlos Fernandes Rodrigues. Madrid: Editorial Revista de Derecho Privado. [19--],s.d., p. 21-29, *passim*; WINDSCHEID, Bernardo. *Diritto delle Pandette*. Tradução italiana de: Carlo Fadda e Paolo Emílio Bensa. v. 1. Torino:[sn]. 1930, p. 332-333

[5] CORDEIRO, António Manuel da Rocha e Menezes. *Da boa fé no direito civil*. Coimbra: Almedina, 1997, p. 954.

[6] ROPPO, Enzo. *O contrato*. Tradução de: Ana Coimbra e M. Januário C. Gomes. Coimbra: Almedina. 1988, p. 41. NETO, Antonio José de Mattos. *A cláusula 'rebus sic stantibus' e a cláusula de escala móvel. In*: Revista de Direito Civil. São Paulo. n. 63. janeiro/março/1993, p. 89. SILVA, Clóvis Veríssimo do Couto e. *A teoria da base do negócio jurídico no direito brasileiro. In*: Revista dos Tribunais. São Paulo. v. 655. Maio/1990, p. 8, *verbis*: "É certo que o princípio 'pacta sunt servanda' salienta, por um lado, a obrigatoriedade do contrato, a necessidade de serem cumpridas as obrigações que dele resultam, o que não merece menor reparo; por outro, indica, o que é e sempre foi inexato, a sua absoluta imodificabilidade, ainda quando as condições econômicas, no curso de sua vigência, se tenham alterado de modo essencial."

376 | PROBLEMAS DE DIREITO CIVIL – *Homenagem aos 30 anos de cátedra do professor Gustavo Tepedino*

2002, como instrumento de que o Estado Social utiliza para interferir na economia contratual reinstaurando o equilíbrio.[7]

1.1   A lesão no Código Civil de 2002

A lesão, excessiva onerosidade que se dá na formação do contrato, está prevista no art. 157 do Código Civil brasileiro de 2002, que, diferentemente de suas origens romanas objetivas, consagrou-a em bases subjetivas. Portanto, subjetivamente, não basta haver o requisito da desproporcionalidade no valor das prestações contratuais para a lesão restar configurada, pois são justamente os aspectos subjetivos apostos ao instituto, a saber, a "premente necessidade" ou a "inexperiência", somada ao aspecto objetivo da "desproporcionalidade da prestação em face à contraprestação", que darão a situação lesiva.[8]

A lesão, na forma dos arts. 171, II e 157 do Código Civil, é também vício do consentimento, passível de gerar a anulabilidade do negócio jurídico na forma dos parágrafos 1º e 2º do segundo artigo citado.

Se A, pessoa natural, vendeu para B, também pessoa natural, que acabara de completar dezoito anos e se apresentava ainda inexperiente para realizar negócios jurídicos, um imóvel por valor desproporcional à qualidade desse objeto de valor inferior, no momento da formação do contrato, ocorreu lesão contratual numa relação entre iguais, prevista pelo Código Civil.

Se A, pessoa jurídica empresária, vendeu para B, também pessoa jurídica empresária, que passava por um momento de premente necessidade, um bem, por valor desproporcional à sua qualidade de valor inferior, no momento da contratação, ocorreu também lesão contratual numa relação entre iguais, prevista pelo Código Civil.

Quando as partes contratantes estão em situação de igualdade no âmbito contratual a situação da excessiva onerosidade que ocorre no momento da contratação é tratada como lesão pelo Código Civil.

Diz o artigo 171 do Código Civil: "Além dos casos expressamente declarados na lei, é anulável o negócio jurídico: por vício decorrente de [...] estado de perigo, lesão..." Se o negócio jurídico não for revisado ele pode ser anulado, deste modo.

Por sua vez dispõe o artigo 157 do Código Civil: "Ocorre a lesão quando uma pessoa, sob premente necessidade, ou por inexperiência, se obriga a prestação manifestamente desproporcional ao valor da prestação oposta".

A revisão do contrato se dará na forma do §2º desse mesmo artigo: "Não se decretará a anulação do negócio, se for oferecido suplemento suficiente, ou se a parte favorecida concordar com a redução do proveito."

---

[7]   BARLETTA, Fabiana Rodrigues. *Revisão contratual no Código Civil e no Código de Defesa do Consumidor.* 2 ed. Indaiatuba: Foco, 2020, p. 145-146.

[8]   BARLETTA, Fabiana Rodrigues. *Revisão contratual no Código Civil e no Código de Defesa do Consumidor.* 2 ed. Indaiatuba: Foco, 2020, p. 98- 102; SCHEREIBER, Anderson. *Equilíbrio contratual e dever de renegociar.* São Paulo: Saraiva Educação, 2018, p. 73; CARDOSO, Vladimir Mucury. *Revisão contratual e lesão: à luz do Código Civil de 2002 e da Constituição da República.* 1 ed. Rio de Janeiro: Renovar, 2008, p. 195, JÚNIOR, Humberto Theodoro. *Comentários ao Novo Código Civil: Dos Defeitos do Negócio Jurídico ao Final do Livro III.* Rio de Janeiro: Forense, 2003, p. 242-243. PEREIRA, Caio Mário da Silva. *Lesão nos Contratos.* 6 ed. Rio de Janeiro: Forense, 1999, p. 165; FRANTZ, Laura Coradini. Revisão dos Contratos. 1 ed. São Paulo: Saraiva, 2007, p. 164.

Muito parecido com a lesão é outro vício do consentimento, o estado de perigo, previsto no art. 156 do Código Civil e seu respectivo parágrafo que, todavia, com ela não se confunde. Na lesão há desproporção no valor de uma prestação obrigacional por causa da premente necessidade ou da inexperiência da vítima, caso do exemplo supramencionado. Já no estado de perigo há desproporção no valor de algo que não é uma prestação obrigacional, mas uma situação de grave dano conhecida pela outra parte, ou seja, exige-se dessa última o dolo de aproveitamento, o conhecimento da situação de grave dano de quem se sente em estado de perigo.

Dispõe o artigo 156 do Código Civil: "configura-se o estado de perigo quando alguém, premido da necessidade de salvar-se, ou a pessoa de sua família, de grave dano conhecido pela outra parte, assume obrigação excessivamente onerosa."

1.2 A lesão no Código de Defesa do Consumidor de 1990

No Código de Defesa do Consumidor a lesão também consta positivada, mas de forma diferente da prevista no Código Civil de 2002.[9]

Numa relação em que os sujeitos da relação jurídica são o fornecedor de produtos ou serviços e, de outra banda, o consumidor, parte vulnerável na acepção do referido Código, apenas esse último pode pedir revisão contratual, na forma do art. 6º, inciso V, 1ª parte, do Código de Defesa do Consumidor, pois, prevista como direito básico do consumidor, a lesão apresenta-se de maneira objetiva. Basta a ocorrência da desproporção no valor das prestações no momento da gênese do contrato para assegurar sua modificação em benefício do consumidor.[10]

Quando um contrato de consumo prevê cláusula abusiva em prejuízo do consumidor há, sem maiores discussões sobre a inexperiência ou premente necessidade deste, e, justamente, por conta de sua indiscutível vulnerabilidade no mercado de consumo, a figura da lesão.

Note-se, contudo, que o fornecedor não vulnerável também poderá alegar lesão em seu favor, mas deverá buscar subsídio no Código Civil, provando sua premente necessidade ou inexperiência.

A lesão consta positivada como pratica abusiva também no art. 39, inciso V, do Código de Defesa do Consumidor, quando este apregoa que é vedado ao fornecedor de produtos ou serviços, além de outras práticas, exigir do consumidor vantagem manifestamente excessiva.

E, pela terceira vez, a lesão é encontrada no art. 51, inciso IV, do Código de Defesa do Consumidor, como cláusula abusiva, que se estabelece sejam nulas de pleno direito, entre outras, as

---

[9] SILVA, Luís Renato Ferreira da. *Revisão dos contratos: do código civil ao código do consumidor*, Rio de Janeiro, Forense, 1998, p. 92, *verbis*: "No Brasil, em face do diploma dos consumidores, sustenta-se a possibilidade de revisão por incidência do art. 6º, V, que refere à revisão de cláusulas contratuais que estabeleçam prestações desproporcionais, o que não é outra coisa senão a figura da lesão."; também ALMEIDA, João Batista de Almeida. *A revisão dos contratos no código do consumidor*. In: Revista de direito do Consumidor. São Paulo. Revista dos Tribunais. v. 33. janeiro/março/2000, p. 145, *verbis*: "...O código de defesa do consumidor estabeleceu como direito básico do consumidor a modificação das cláusulas contratuais que estabeleçam prestações desproporcionais (art. 6º, V, 1ª parte), o que coincide com a noção de lesão."

[10] MARQUES, Cláudia Lima. *Contratos no Código de Defesa do Consumidor*. 7 ed. São Paulo; Revista dos Tribunais, 2014, p. 988: "... Efetivamente, o caráter de abusividade da cláusula é concomitante com a formação do contrato – logo, nenhuma ligação tem com as chamadas causas de revisão do contrato por atuação de fatos supervenientes (regime diferenciado no CDC, por força do art. 6º, V,). A identificação dessa abusividade, exercício de aplicação/subsunção da lei e de interpretação dos contratos como um todo e das práticas comerciais, é que pode ser posterior à formação do contrato."

cláusulas contratuais relativas ao fornecimento de produtos ou serviços que estabeleçam obrigações consideradas iníquas, abusivas, que coloquem o consumidor em vantagem exagerada, ou sejam incompatíveis com a boa-fé e com a equidade.

Evidente que o Código de Defesa do Consumidor protege o consumidor e não outros sujeitos de direito que não se enquadrem nos conceitos jurídicos de consumidor e sofram excessiva onerosidade no momento da contratação, pois ele estabelece desde logo, no referido art. 6º inciso V, a modificação do contrato em via de exceção à nulidade contratual como direito básico apenas do consumidor – ator social sempre vulnerável, o que não acontece no parágrafo 2º do art. 157 do Código Civil.[11]

Dispõe o artigo 6º do Código de Defesa do Consumidor em sua primeira parte que; "são direitos básicos do consumidor: [...] V – a modificação das cláusulas contratuais que estabeleçam prestações desproporcionais."

Se durante a pandemia do coronavírus, por exemplo, máscaras descartáveis que protegem o nariz e a boca, são vendidas ao consumidor por um valor muito mais oneroso que o habitual, esse contrato poderá sofrer revisão judicial desde que se prove a excessiva onerosidade do bem consumido.[12]

2. APONTAMENTOS ACERCA DA EXCESSIVA ONEROSIDADE POSTERIOR À CONTRATAÇÃO

2.1 A excessiva onerosidade posterior à contratação no Código Civil de 2002 e seu atrelamento à Teoria da Imprevisão

Outra hipótese de revisão contratual contida no Código Civil provém da onerosidade superveniente ao momento da contratação.

Apesar de o Código Civil de 1916 não ter positivado a Teoria da Imprevisão pelos mesmos motivos que não positivou a lesão, quais sejam, o excesso de valor atribuído à liberdade contratual atrelado ao voluntarismo,[13] o Código Civil de 2002, em harmonia com o princípio da socialidade, o fez.

Hodiernamente, em vez de se permitir a manutenção todo tipo de pacto, equilibrado ou não, como ocorria no Estado Liberal, há, de modo diverso, o qual se coaduna com o Estado Social, intervencionismo na seara contratual a fim de proteger partes que, posteriormente ao ajuste, se tornem incapazes de cumprir os negócios pactuados nos termos inicialmente firmados, pois vigora nos dias atuais, em contratos entre pessoas em situação de igualdade, a teoria da imprevisão, que foi regulamentada em artigos do Código Civil de 2002.

Partindo da concepção de que *pacta sunt servanda* – os pactos fazem lei entre as partes só pode prevalecer *rebus sic stantibus* – estando assim as coisas, atualmente, é concebido que, se as

---

[11] MARQUES, Cláudia Lima. *Contratos no Código de Defesa do Consumidor*, p. 1001 e 1002; "...O consumidor é livre para requerer ou a modificação da cláusula e a manutenção do vínculo, ou a rescisão do contrato com o fim do vínculo e concomitantemente decretação seja da nulidade, se abusiva, ou a modificação se excessivamente onerosa a cláusula."

[12] BARLETTA, Fabiana Rodrigues. Revisão Contratual no Código civil e no Código de Defesa do Consumidor. 2 ed. Indaiatuba: Foco, 2020, p. 104.

[13] BARLETTA, Fabiana Rodrigues. Revisão Contratual no Código civil e no Código de Defesa do Consumidor. 2 ed. Indaiatuba: Foco, 2020, p.149-154.

circunstâncias iniciais se modificaram, há razão para que o negócio jurídico seja resolvido ou revisado, de modo que se assegure, tanto quanto possível, o valor da prestação.[14]

Com base na Teoria da Imprevisão o Código Civil de 2002 dá ao contratante excessivamente onerado o direito de pedir a revisão da prestação excessivamente onerosa na forma do art. 317[15], que dispõe:

> "Quando, por motivos imprevisíveis, sobrevier desproporção manifesta entre o valor da prestação devida e o do momento de sua execução, poderá o juiz corrigi-lo, a pedido da parte, de modo que assegure, quanto possível, o valor real da prestação."

Outra possibilidade para a parte prejudicada pela onerosidade ulterior à contratação é pedir a resolução do contrato na forma do art. 478, que dispõe:

> "Nos contratos de execução continuada ou diferida, se a prestação de uma das partes se tornar excessivamente onerosa, com extrema vantagem para a outra, em virtude de acontecimentos extraordinários e imprevisíveis, poderá o devedor pedir a resolução do contrato."

Observe que o art. 479 do Código Civil dá à parte *não* prejudicada, ou seja, o réu na ação de resolução contratual, a possibilidade de se oferecer para modificar equitativamente as condições do contrato, promovendo a revisão. Dificilmente, a parte não prejudicada terá a atitude de requerer a revisão contratual. O referido art. 479 dispõe: "a resolução poderá ser evitada, oferecendo-se o réu a modificar equitativamente as condições do contrato."[16]

Convenha-se que é o art. 317 e não o art. 478, aquele que mais se coaduna com o princípio do equilíbrio contratual abraçado pelo vigente Código Civil, pois considera suficiente a imprevisibilidade dos motivos supervenientes que deem ensejo à desproporção da prestação no momento de sua execução, para que o juiz corrija o contrato a pedido da parte prejudicada, de modo a assegurar o valor real a ser pago.

Compreende-se mais: o art. 478 peca pelo excesso de requisitos para se pedir, frise-se, a *resolução contratual*, menos adequada ao princípio da conservação dos negócios jurídicos[17] do que a *revisão contratual*, impondo ainda ao prejudicado provar, além da excessiva onerosidade sofrida, a extrema vantagem auferida pela a outra parte, em virtude de acontecimentos não só imprevisíveis, mas também extraordinários. Com tamanhas exigências, a revisão contratual dificilmente ocorre se alicerçada no art. 478 do Código Civil.[18]

A título de exemplificar a necessária aplicação do art. 317 do Código Civil, coloca-se a seguinte situação.

---

[14] BARLETTA, Fabiana Rodrigues. Revisão Contratual no Código civil e no Código de Defesa do Consumidor. 2 ed. Indaiatuba: Foco, 2020, p. 1.

[15] BARLETTA, Fabiana Rodrigues. *Revisão Contratual no Código civil e no Código de Defesa do Consumidor.* 2 ed. Indaiatuba: Foco, 2020, p. 156 e 158, 159.

[16] BARLETTA, Fabiana Rodrigues. Revisão Contratual no Código Civil e no Código de Defesa do Consumidor. 2 ed. Indaiatuba: Foco, 2020, p. 159.

[17] BARLETTA, Fabiana Rodrigues. Revisão Contratual no Código Civil e no Código de Defesa do Consumidor. 2 ed. Indaiatuba: Foco, 2020. p.154-157.

[18] BARLETTA, Fabiana Rodrigues. *Revisão Contratual no Código Civil e no Código de Defesa do Consumidor.* 2 ed. Indaiatuba: Foco, 2020, p. 159.

380 | PROBLEMAS DE DIREITO CIVIL – *Homenagem aos 30 anos de cátedra do professor Gustavo Tepedino*

Imagine-se uma sociedade empresária construtora que tenha se comprometido a vender imóveis comerciais no valor de um milhão de reais cada, a serem pagos parceladamente pelos comerciantes durante a construção, cujo piso, colocado também durante a construção, seria de mármore importado. Todavia, ulteriormente ao pactuado, ocorreu mundialmente a pandemia do coronavírus, algo imprevisível, que culminou na dificuldade da importação e na elevação de preço do valor do mármore importado para a construtora. O valor de um milhão tornou-se incompatível com o real preço gasto na construção.

Caso fossem seguidos à risca os termos do contratado, apesar dessa alteração de valores imprevisível no momento da pactuação, a construtora poderia não ter lucro algum com o empreendimento e até mesmo sucumbir.

A construtora, então, poderia se dirigir ao Poder Judiciário ou ao juízo arbitral e pedir a modificação do conteúdo da sua prestação de construir imóveis com piso em mármore importado para a prestação de construir imóveis com piso em mármore nacional, em virtude da excessiva onerosidade ocorrida posteriormente ao ajuste. A revisão da prestação contratual que se tornou excessivamente onerosa é preferível para que não sejam frustradas as legítimas expectativas dos contraentes. A construtora poderia pedir também a resolução do contrato por excessiva onerosidade posterior ao ajuste, sempre com base na Teoria da Imprevisão, tal como regrada pelo art. 478 do Código Civil de 2002, que considera a prova da imprevisibilidade das circunstâncias posteriores ao ajuste necessária para que se proceda à modificação nas bases contratuais.

2.2 A excessiva onerosidade posterior à contratação no Código de Defesa do Consumidor de 1990 e seu atrelamento à Teoria da Onerosidade Excessiva

De modo diverso, para o consumidor, quando há onerosidade excessiva posterior à formação do contrato a prejudicá-lo, a lei dispensa a imprevisibilidade das circunstâncias ulteriores causadoras do desequilíbrio.

Problema fático dessa ordem no Brasil decorreu da extrema desvalorização do Real perante o Dólar em 1999. Bancos haviam feito do Dólar índice de correção de contratos de *leasing* de automóveis realizados por consumidores quando o valor desta moeda estava quase equiparado ao valor do Real. Tudo acertado entre as partes, o Real passou a valer muito menos que o Dólar no momento da execução do contrato, razão pela qual se tornou excessivamente oneroso para o consumidor continuar pagando as prestações reajustadas com base no valor da moeda americana.

Independentemente de tal situação poder ter sido prevista pelo consumidor ou não, coube a ele o direito de pedir a revisão contratual por excessiva onerosidade, na forma do art. 6º, inciso V, segunda parte do Código de Defesa do Consumidor e o Poder Judiciário interveio no conteúdo do contrato indicando outro índice de reajuste que não o onerasse em demasia. Posteriormente, contudo, o STJ alterou seu entendimento e, no julgamento do Resp. 472.594-SP, decidiu pela distribuição igualitária de ônus entre o fornecedor e o consumidor.[19]

Preceitua o art. 6º, V, 2ª parte do Código de Defesa do consumidor que: "são direitos básicos do consumidor: V – a modificação das cláusulas contratuais que estabeleçam prestações desproporcionais ou sua revisão (das cláusulas contratuais referidas na primeira parte do inciso) em razão de fatos supervenientes que as tornem excessivamente onerosas."

---

[19] MARQUES, Cláudia Lima. Contratos no Código de Defesa do Consumidor, p. 1000, 1001.

Cap. 22 • A REVISÃO DO CONTRATO NO CÓDIGO CIVIL E NO CÓDIGO DE DEFESA DO CONSUMIDOR

Exemplificativamente, na forma do Código de Defesa do Consumidor, pode ter tiver sido adquirido anteriormente à pandemia do coronavírus um produto ou um serviço por meio de um contrato duradouro. A prestação, que no momento da execução, por conta da circunstância e de seus reflexos na economia do contrato se torna excessivamente onerosa pela situação superveniente. Daí torna-se possível a revisão contratual a fim de se reinstaurar o equilíbrio contratual.

Acentue-se que o Código de Defesa do Consumidor não adotou a Teoria da Imprevisão e sim a Teoria da Onerosidade Excessiva, pois basta a configuração da excessiva onerosidade posterior à contratação para se conceder ao consumidor a revisão do contrato pela mudança nas circunstâncias da economia, não existentes no momento da confecção do contrato, independentemente da imprevisibilidade de tais mudanças.[20]

3. NOTA SOBRE A REVISÃO CONTRATUAL NO CÓDIGO DE PROCESSO CIVIL DE 2015

Porém, embora extremamente importante para reinstaurar o equilíbrio contratual perdido, a revisão contratual, conforme tratada, dá ares de dificultada pelo atual CPC. A disposição do art. 330 do CPC de discriminar na petição inicial, dentre as obrigações contratuais, aquelas que pretende controverter, além de quantificar o valor incontroverso do débito, sob pena de inépcia, na forma do art. 330, § 2°, parece ser uma tarefa muito árdua para o devedor que precisará, além do advogado, de um perito. Pode ser também impossível pagar o valor incontroverso na forma que dispõe o § 3° do Art. 330. Veja-se o disposto no Código de Processo Civil brasileiro.[21]

> Art. 330. A petição inicial será indeferida quando:
>
> § 2° Nas ações que tenham por objeto a revisão de obrigação decorrente de empréstimo, de financiamento ou de alienação de bens, o autor terá de, sob pena de inépcia, discriminar na petição inicial, dentre as obrigações contratuais, aquelas que pretende controverter, além de quantificar o valor incontroverso do débito.
>
> § 3° Na hipótese do § 2°, o valor incontroverso deverá continuar a ser pago no tempo e modo contratados.

---

[20] MARQUES, Cláudia Lima. *Contratos no Código de Defesa do Consumidor*, p. 999, verbis: "...O elemento autorizador da ação modificadora do Judiciário é o resultado objetivo da engenharia contratual, que agora apresenta a mencionada onerosidade *excessiva para o consumidor*, resultado de simples fato superveniente, fato que não necessita de ser extraordinário, irresistível, fato que podia ser previsto e não foi." [grifou-se]

[21] TARTUCE, Flávio. A Medida Provisória 881/2019 e as Alterações do Código Civil – Primeira Parte: desconsideração da personalidade jurídica e função social do contrato. *In*: flaviotartuce.jusbrasil.com. br. Acesso em 05.04.2020, sobre a revisão contratual nos contratos civis "Não obstante a exigência de requisitos tradicionais para aa sua incidência, constantes dos arts. 317e 478 da codificação, sabe-se que o Código de Processo Civil trouxe outros pressupostos para a revisão contratual, na linha do que vinha exigindo a jurisprudência do STJ, quais sejam a verossimilhança das alegações, a determinação das obrigações contratuais controversas e incontroversas e o depósito referente às últimas, sob pena de inépcia da petição inicial (art. 330, §§ 2° e 3°). Na minha leitura, a revisão contratual de um contrato civil já se situa há tempos no campo da excepcionalidade."

4. A REVISÃO CONTRATUAL, A LEI DA LIBERDADE ECONÔMICA DE 2019 E A SITUAÇÃO DE PANDEMIA DO CORONAVÍRUS: A TEMÁTICA ESTUDADA NA DISSERTAÇÃO DE MESTRADO APLICADA AO DIREITO HODIERNO

Em 2019 entrou em vigor a Lei da Liberdade Econômica. Essa Lei destoa do conteúdo principiológico com que foi construído o Código Civil de 2002 ao tratar da revisão contratual e não se coaduna Constituição da República, com as pretensões solidarísticas presentes nela. É que o Código Civil de 2002 foi cunhado sob os princípios da eticidade, da operabilidade e da socialidade. O princípio da socialidade relaciona-se com a função social dos institutos entre as partes contratantes, para que o contrato não seja meio de promover a chacina de um contraente sob o outro, mantendo o equilíbrio nas relações contratuais e também em relação à coletividade com seus objetivos de paz em sociedade. Nas palavras do catedrático professor Gustavo Tepedino, a função social do contrato também "importa na imposição aos contratantes de deveres extracontratuais, socialmente relevantes e tutelados constitucionalmente."

A Constituição da República em seu art. 3º, inciso I, objetiva uma sociedade livre, justa e solidária, consagrando o princípio da solidariedade social que repercute no direito contratual.

Antes do advento da Lei da Liberdade Econômica de 2019, Lei nº 13.874, de 2019 como se viu, o Código Civil possibilitava, sem maiores óbices, a utilização dos institutos jurídicos da lesão e da excessiva onerosidade posterior à contratação. Teoricamente, bastaria o convencimento do Judiciário ou do tribunal arbitral da ocorrência da desproporção das prestações no momento da formação do contrato por inexperiência ou premente necessidade; ou, da excessiva onerosidade posterior à contratação em virtude da imprevisibilidade dos motivos supervenientes que oneraram sobremaneira a prestação, para que os contratos pudessem ser revisados. E eles ainda podem e devem ser revisados para que sejam mantidos os objetivos sociais da República dos incisos II e III, de garantir o desenvolvimento nacional e de erradicar a pobreza e a marginalização e reduzir as desigualdades sociais e regionais.

Porém a Lei da Liberdade Econômica excepciona a revisão contratual. Dispõe o art. 421, *caput*, do Código Civil: "A liberdade contratual será exercida nos limites da função social do contrato. Parágrafo único. Nas relações contratuais privadas, prevalecerão o princípio da intervenção mínima e a excepcionalidade da revisão contratual."

Veja-se, portanto, que deve haver revisão contratual, embora em caráter excepcional, observada a função social do contrato. Significa dizer que a função social do contrato, que produz efeitos entre as partes contraentes deve ser ressaltada e, com isso, lembrado também o princípio do equilíbrio contratual recepcionado pelo Código Civil nas hipóteses de revisão dos contratos. Observada a função social do contrato nos efeitos produzidos pelo contrato na sociedade, cabe às partes contraentes, frise-se "deveres extracontratuais, socialmente relevantes e tutelados constitucionalmente."[22]. Entre esses deveres está a colaboração contratual solidária e de boa-fé objetiva. Repactuar resta necessário para que não ocorra o caos social.

Num momento de pandemia e isolamento, por exemplo, o descumprimento de um contrato por uma parte, pode gerar o descumprimento de outro contrato dessa referida parte com outra pessoa natural ou jurídica e assim por diante. Melhor será se as revisões contratuais levarem em conta as relações jurídicas de Direito Privado dos parceiros contratuais, para que os contratos

---

[22] TEPEDINO, Gustavo. Temas de Direito Civil. Tomo III. Rio de Janeiro: Renovar, 2009, p. 149.

Cap. 22 • A REVISÃO DO CONTRATO NO CÓDIGO CIVIL E NO CÓDIGO DE DEFESA DO CONSUMIDOR | **383**

possam ser preservados na medida em que forem equalizados, recuperando a estabilidade da economia no país em conformidade com as vicissitudes vividas.

Dispõe atualmente o emendado art. 421 do Código Civil:

> "Art. 421-A. Os contratos civis e empresariais presumem-se paritários e simétricos até a presença de elementos concretos que justifiquem o afastamento dessa presunção, ressalvados os regimes jurídicos previstos em leis especiais, garantido também que: I – as partes negociantes poderão estabelecer parâmetros objetivos para a interpretação das cláusulas negociais e de seus pressupostos de revisão ou de resolução. II – a alocação de riscos definida pelas partes deve ser respeitada e observada; e III – a revisão contratual somente ocorrerá de maneira excepcional e limitada."

Segundo o inciso art. 421 em sua letra A, existe uma presunção de os contratos serem paritários e simétricos. Porém, já mostra que essa presunção pode ser afastada na presença de elementos concretos que justifiquem o afastamento dessa presunção. Tome-se, assim, a pandemia do coronavírus. O inciso I considera que as partes negociantes podem estabelecer parâmetros objetivos e pressupostos para a revisão ou a resolução das cláusulas contratuais. Mas pode ser que as partes não tenham previsto essas hipóteses no contrato justamente por tais causas sobrevierem em virtude de caso fortuito ou força maior de dimensões avassaladoras. Quando o inciso II preceitua que a alocação de riscos definida pelas partes deve ser respeitada e observada, pensa-se que os riscos definidos devem considerar situações de normalidade na economia. Mesmo considerando que o inciso II se refere também aos fatos imprevisíveis na formação dos contratos não há previsão legal de não os revisar se as novas condições sinistras repercutirem em toda a economia e provoquem situação similar a uma guerra.

A cláusula *rebus sic stantibus* e a teoria da imprevisão, antigas e de origem medieval, foram soluções criadas para situações de guerra, ordinárias nesse período da história.

Finalmente, o inciso III, preconiza que a revisão contratual somente ocorrerá de maneira excepcional e limitada. Acredita-se que a limitação a que se refere o inciso seja a da própria função social do contrato, para que ele seja exequível e as partes alcancem suas expectativas. Dizer que só haverá revisão contratual maneira excepcional é mais um requisito que não afasta as disposições dos artigos 317, 478 e 479 do Código Civil. Porém se é permitido que haja revisão de maneira excepcional é o mesmo que dizer que, provada a excepcionalidade das circunstâncias ocorridas, pode haver revisão contratual.

Por fim, o Poder Judiciário e o juízo arbitral têm condições de interpretar a lei conforme o caso concreto colocado em sua apreciação. Apenas as circunstâncias concretas podem definir uma interpretação e um julgamento.

Na sequência, o art. 422 do Código Civil consagra o princípio da eticidade no momento da conclusão do contrato e no de sua execução. De boa-fé objetiva, que significa lealdade e consideração com parceiro contratual, há de ser observado também o princípio do equilíbrio contratual na interpretação dos casos que surgirem. A boa-fé objetiva é também uma ferramenta para o alcance do princípio do equilíbrio contratual. Assim dispõe o art. 422: "Os contratantes são obrigados a guardar, assim na conclusão do contrato, como em sua execução, os princípios de probidade e boa-fé."

No que toca às relações de consumo, a Lei da Liberdade Econômica não fez alterações na revisão contratual por lesão, também denominada cláusula contratual abusiva, disposta na formação do contrato e tratada de maneira objetiva pela existência de "prestações desproporcionais"; nem por excessiva onerosidade posterior à contratação, que, na lei que protege o vulnerável, independe da imprevisibilidade das circunstâncias supervenientes.

Sem maiores delongas continuam vigentes as duas hipóteses de revisão dos contratos do art. 6º, inciso V, do Código de Defesa do Consumidor.

CONCLUSÃO

O advento do Código de Defesa do Consumidor de 1990 e do Código Civil de 2002 interpretados à luz dos mandamentos constitucionais que objetivam uma sociedade solidária, na forma de seu art. 3º, inciso I, não se coaduna com a ideia de um contrato imutável quando ele já se apresenta de início, ou acaba por desandar em seu curso, deveras oneroso e desequilibrado.

Se os pactos continuam a obrigar as partes, os contornos dessa obrigação podem ser modificados em caso de excessiva onerosidade na sua formação ou em razão de circunstâncias supervenientes.

É que, se o princípio da autonomia privada e o da força obrigatória do contrato se mantêm presentes, inclusive o da liberdade contratual tenha sito recentemente exaltado, há, no Direito Contratual Contemporâneo, outros princípios que temperam os primeiros e propugnam a conservação do contrato e o equilíbrio nas relações obrigacionais. Tratam-se dos princípios da conservação do contrato, do equilíbrio contratual, da boa-fé objetiva e da função social do contrato.

Reviravoltas na economia envolvendo vários continentes em decorrência de eventos, como, por exemplo, uma crise sanitária, repercutem no ambiente contratual, que deve ser espaço de renegociação entre as partes, de boa-fé objetiva, que, aliás, é a regra de conduta entre os contratantes. Se não houver acordo entre as partes, a bem do equilíbrio contratual e da realização das justas expectativas dos contraentes com a revisão consensual do contrato, o Judiciário ou o tribunal arbitral possuem caminhos para revisá-lo.

De todo modo, o que parece certo é que, nesse cenário, estarão, pelas circunstâncias notórias que o acompanha, vários acordos com cláusulas contratuais abusivas, lesivas. E há no ordenamento jurídico brasileiro hipótese de revisão contratual por lesão objetiva Código de Defesa do Consumidor que requer apenas a prova da desproporcionalidade das prestações.

Segundo o Código Civil, podem ser utilizadas as hipóteses de revisão ou resolução contratual previstas a depender do caso concreto, apesar da a Lei da Liberdade Econômica de 2019 incidir na interpretação das relações jurídicas paritárias de Direito Civil, que não forem de consumo.

Especialmente em relação da matéria estudada com o momento vigente no Brasil, de colapso do coronavírus, caso fortuito ou de força maior que assolou o Brasil e o mundo, afirma-se que era totalmente imprevisto e imprevisível. Para as relações jurídicas paritárias, reguladas pelo Código Civil de 2002, pode ser aplicada a Teoria da Imprevisão, apesar de ter que se observar a Lei da Liberdade Econômica de 2019.

Nas relações de consumo duradouras, afetadas por fatores inesperados, será direito do consumidor buscar a revisão por excessiva onerosidade posterior à contratação independente de se provar a imprevisibilidade das circunstâncias posteriores. É que o Código de Defesa do Consumidor dispensa, em favor do consumidor, a imprevisibilidade do fato ulterior ao ajuste, bastando, para a revisão do contrato de consumo, a prova da excessiva onerosidade posterior à contratação em face do consumidor.

No Código de Defesa do Consumidor, em nenhuma hipótese, os intérpretes levarão em consideração a Lei da Liberdade Econômica, pois ela não incide sob as relações de consumo.

23

A PROTEÇÃO CONTRA CLÁUSULAS ABUSIVAS EM CONTRATOS INTEREMPRESARIAIS – ANÁLISE COMPARATIVA DO DIREITO BRASILEIRO À LUZ DO DIREITO FRANCÊS

> *Tous les hommes ne sont pas vulnérables de la même façon ;*
> *aussi faut-il connaître son point faible pour le protéger davantage[1].*

FERNANDA SABRINNI

Sumário: Introdução. 1. A importância do orientador. 2. A definição da vulnerabilidade. 3. A vulnerabilidade em contratos interempresariais. 4. A cláusula abusiva. 5. A particularidade do sistema francês na proteção contra o desequilíbrio significativo entre empresários. 6. O método adotado na tese de doutorado: primeiro inspiração e depois adaptação. 7. Considerações finais.

INTRODUÇÃO

A essência do direito é a justiça. Para alguns, tal afirmação é evidente por si só, e mesmo banal. Mas nunca é inútil voltar aos fundamentos do direito e aos conceitos que lhe são subjacentes. A compreensão da noção de Justiça permite-nos compreender a noção de Direito.

Esta é a ambição de Aristóteles quando, na *Éthique à Nicomaque*, desenvolve a noção de justiça individual: "Distinguimos assim dois significados da palavra injusto: o ilegal e o desigual [...] Mas o ilegal e o desigual não são idênticos; pelo contrário, opõem-se um ao outro tal como a parte se opõe ao todo (pois tudo o que é desigual é ilegal, enquanto que o que é ilegal não é necessariamente desigual). Daí resulta que os vários tipos de injustiça não são idênticos, mas sim diferentes uns dos outros, um desempenhando o papel da parte, o outro o papel do todo: a injustiça particular é

---

[1] Sénèque, De la colère, [3,10].

PROBLEMAS DE DIREITO CIVIL – *Homenagem aos 30 anos de cátedra do professor Gustavo Tepedino*

parte da injustiça integral, tal como a justiça particular é parte da justiça integral"[2]. Para corrigir os desequilíbrios e as relações injustas, é necessário compreender o conceito de vulnerabilidade antes de abordar a proteção contra as cláusulas abusivas em contratos interempresarias em uma perspectiva de direito comparado.

Uma tese não é jamais construída sozinha, várias são as influências e interferências positivas que nos acompanham e com certeza, o papel do orientador é imprescindível.

1. A IMPORTÂNCIA DO ORIENTADOR

Escrever um artigo em homenagem ao orientador não é a tarefa mais fácil. Antes de abordar o assunto da minha tese de doutorado, a primeira parte deste artigo deve ser dedicada à importância do orientador e sobretudo à sorte de ter como orientador o Professor Gustavo Tepedino.

O tema da minha tese de doutorado foi decidido em conjunto com meus orientadores: Professor Gustavo Tepedino e Professor Denis Mazeaud. Meu interesse pelo tema das cláusulas abusivas começou quando eu ainda estava no terceiro ano de faculdade, quando comecei meu estágio na Promotoria de Defesa do Consumidor em Uberlândia, sob a supervisão do Promotor de Justiça na Comarca de Uberlândia, Doutor Fernando Rodrigues Martins, que foi também meu orientador no mestrado. Tendo em vista as particularidades do sistema francês na proteção contra as cláusulas abusivas nos contratos empresariais, o interesse por escrever uma tese de direito comparado sobre o assunto foi imediato.

A relação orientador/doutorando, ou como conhecido na França *le couple directeur/ doctorant,* é marcada pela confiança recíproca. Sempre aberto ao diálogo e uma constante fonte de inspiração jurídica e literária, o Professor Tepedino sempre soube me acompanhar ao longo de todo o percurso da tese trazendo o equilíbrio necessário para a nossa relação: entre a liberdade, que é preciosa no campo da pesquisa, e o rigor acadêmico, essencial para o desenvolvimento de uma tese de doutorado. Nossas discussões e trocas sempre foram livres e abertas, frutíferas para semear problemas e gerar idéias. O papel do diretor pode às vezes sobrepor simplesmente à mera orientação da pesquisa, o Professor Tepedino sempre se preocupou com o aspecto humano, as dificuldades encontradas no caminho e sempre esteve ao meu lado para todas as questões ligadas direta ou indiretamente ao desenvolvimento de uma tese de doutorado em outro país. No momento mais difícil desta jornada, logo antes da defesa da minha tese que já tinha sido depositada, ele se mostrou indispensável para me ajudar a finalizar este percurso com coragem e serenidade. Um verdadeiro companheiro de jornada.

O apoio indispensável do Professor Tepedino sempre esteve presente apesar da distância entre o Rio de Janeiro e Paris. A vida de um doutorando em seu país de origem não é simples. O fato de estar em outro país não ajuda: outra cultura, outras burocracias, o isolamento para escrever a tese, para as pesquisas... o tema da vulnerabilidade se encaixa perfeitamente: o doutorando é também um sujeito vulnerável. Mas contar com dois orientadores excepcionais é indispensável para superar os obstáculos encontrados no longo caminho da tese.

---

[2] Aristote, Éthique à Nicomaque, V, IV, 2 /1130a, 14, (R. A. Gauthier et J. Y. Jolif, Trad.), Louvain-Paris, 1958, p. 195. No original : « Nous avons donc distingué deux sens du mot injuste : l'illégal et l'inégal [...] Mais l'illégal et l'inégal ne sont pas identiques ; ils s'opposent au contraire comme la partie s'oppose au tout (car tout ce qui inégal est illégal, tandis que ce qui est illégal n'est pas nécessairement inégal). Il en résulte que les divers types d'injuste et d'injustice ne sont pas identiques, mais qu'ils diffèrent bien plutôt entre eux, l'un jouant le rôle de la partie, l'autre le rôle de tout : l'injustice particulière est une partie de l'injustice intégrale, tout comme la justice particulière est une partie de la justice intégrale ».

Cap. 23 · A PROTEÇÃO CONTRA CLÁUSULAS ABUSIVAS EM CONTRATOS INTEREMPRESARIAIS – | 387

Deixo aqui registrada a minha eterna gratidão aos Professores Gustavo Tepedino e Denis Mazeaud. Mas falemos da vulnerabilidade no direito.

2. A DEFINIÇÃO DA VULNERABILIDADE

O termo "vulnerabilidade" vem do adjetivo latino *vulnerabilis*, que significa "aquele que pode ser ferido" ou "facilmente ferido", ele próprio derivado do verbo *vulnare*, "ferir", e do substantivo *vulnus*, "o ferido". A vulnerabilidade pode, portanto, ser entendida como sinônimo de fraqueza, de exposição a um risco, de lesão. Uma pessoa é vulnerável quando nem sempre está em condições de reagir a uma ameaça. Dois elementos essenciais, portanto, caracterizam a vulnerabilidade: a fraqueza e o risco.

O direito não pode permanecer insensível a esta condição de vulnerabilidade e deve corrigir as suas consequências. Assim, os vocábulos vulnerabilidade e fraqueza fazem parte de seu léxico, por exemplo: no direito penal, o artigo 313- 2, 4° do Código Penal francês estabelece como circunstância agravante do delito de fraude o fato de ser cometido em detrimento de uma pessoa cuja vulnerabilidade particular é aparente ou conhecida do autor. Na legislação brasileira, a antiga versão do artigo 225, parágrafo único do Código Penal, previa que o Ministério Público é competente para a ação penal pública, mesmo sem a autorização da vítima, se esta for menor de dezoito anos ou for uma pessoa vulnerável[3].

No final da ditadura militar no Brasil, no final dos anos 80, a Constituição Federal de 1988 propôs uma lista de direitos fundamentais, bem como o reconhecimento de novos sujeitos de direito. Estes sujeitos reivindicaram então suas próprias leis, leis especiais para a proteção da vulnerabilidade, tais como: o "Estatuto da Criança e do Adolescente", o "Estatuto do Idoso"... O direito brasileiro concretizou assim o princípio da igualdade na busca da igualdade material para aqueles que são considerados vulneráveis e fracos. A lei se tornou o instrumento apropriado para alcançar esta igualdade.

Assim, diz-se que as categorias de pessoas são "vulneráveis" por causa de sua idade, saúde, enfermidade ou gravidez. Não é diferente em matéria contratual, que faz referência ao "vulnerável": o empregado é assim considerado como a parte mais fraca em um contrato de trabalho; o segurado, em um contrato de seguro; ou o consumidor, em um contrato de consumo. A legislação de proteção do consumidor representou uma reviravolta na proteção do vulnerável[4], na medida em que é com ele que o arquétipo da "parte mais fraca" realmente nasce. É verdade que, mesmo antes da publicação do Código do Consumidor francês (*Code de la consommation*), os interesses dos consumidores eram levados em consideração, mas esta proteção era apenas indireta.

Os consumidores eram protegidos somente através da defesa dos interesses gerais que os incluíam, sem que houvesse uma proteção especificamente orientada para eles. Assim, o legislador

---

[3] Cabe ressaltar que o artigo 225 foi alterado, tornando o « estupro » e os outros delitos dos capítulos como crimes de ação penal pública incondicionada. Antes o estupro de mulher maior de 18 era de ação privada - salvo se pobre em que dependia de representação - e o estupro de vulnerável dependia de representação. Com a alteraçao do referido artigo todos os delitos sao de ação pública incondicionada.

[4] V. G. Berlioz, «Droit de la consommation et droit des contrats», JCP, 1919.I.2954 ; G. Rouhette, « Droit de la consommation et théorie générale du contrat », in Etudes Rodière, Paris, Dalloz, 1981, pp. 247 sq. ; J. Calais-Auloy, « L'influence du droit de la consommation sur le droit civil des contrats, RTD com., 1994, pp. 239 sq. ; D. Mazeaud, «L'attraction du droit de la consommation », RTD com., 1998, pp. 95 sq. ; Nathalie Sauphanor, L'influence du droit de la consommation sur le système juridique, Paris, LGDJ, 2000.

francês já havia refletido sobre a questão da saúde pública com a lei de 1º de agosto de 1905 sobre fraudes e falsificações (*loi du 1er août 1905 sur les fraudes et falsifications*), sobre a ameaça representada pelas grandes lojas ao comércio local com a lei de 27 de dezembro de 1973 sobre a orientação do comércio e do artesanato, conhecida como a "lei Royer" (*loi du 27 décembre 1973 d'orientation du commerce et de l'artisanat dite «loi Royer»*), ou com as práticas comerciais e competitivas, reprimindo a publicidade enganosa através desta mesma lei[5].

No direito brasileiro, este desejo de proteger a parte mais fraca de um contrato de consumo surgiu pela primeira vez na Constituição Federal (1988), no artigo 5º, alínea XXXII, que antecipa a necessidade de um direito do consumidor consagrado como um direito fundamental, em vista da proteção efetiva da parte mais fraca, o consumidor[6].

A Constituição Federal brasileira também ordenou que um Código de defesa do Consumidor fosse elaborado no prazo de 120 dias a contar da data da promulgação da Carta Magna[7]. O Código de Defesa do Consumidor no Brasil, nasceu assim influenciado por um movimento de proteção do consumidor vindo da França. Entretanto, enquanto a lei francesa optou por proteger a relação de consumo (*Code de la consommation*), a lei brasileira optou por proteger o consumidor (Codigo de Defesa do Consumidor)[8]. O direito brasileiro do consumidor reconhece a vulnerabilidade como um princípio, previsto em seu artigo 4, I: "A Política Nacional das Relações de Consumo tem por objetivo o atendimento das necessidades dos consumidores, o respeito à sua dignidade, saúde e segurança, a proteção de seus interesses econômicos, a melhoria da sua qualidade de vida, bem como a transparência e harmonia das relações de consumo, atendidos os seguintes princípios: I – reconhecimento da vulnerabilidade do consumidor no mercado de consumo".

A legislação brasileira protege, portanto, a parte mais fraca de forma bastante forte no direito do consumidor: presume-se a vulnerabilidade, ela pode ser técnica, legal, de fato e informativa[9]. Ela é técnica quando o consumidor não tem conhecimento específico dos produtos ou serviços, seja quanto às suas características ou utilidade; é legal (ou científica) quando o consumidor não tem conhecimento legal, contábil, econômico ou financeiro, por exemplo; é de fato (ou sócio-econômica) quando surge do fato de que o fornecedor tem poder econômico e, portanto, uma posição de superioridade; e finalmente, é informativa quando surge de uma vulnerabilidade técnica, mas deve ser tratada de forma independente, devido aos efeitos significativos da era digital na dinâmica das relações de consumo.

O acesso à informação no direito brasileiro foi de fato ampliado a ponto de se tornar decisivo nas decisões dos consumidores, protegendo-os assim da vulnerabilidade informacional. Nesse sentido, o consumidor toma e mantém controle sobre a qualidade das informações transmitidas pelos fornecedores (e não sobre a quantidade). Neste contexto – acesso à informação – o Código

---

[5] V. G. Taormina, Théorie et pratique du droit de la consommation, aspects généraux et contrats spéciaux, Aix-en-Provence, PUAM, 2004, pp. 15-16.

[6] C.-L. Marques, Contratos no código de defesa do consumidor, São Paulo, RT, 2011.; B. Miragem, Curso de direito do consumidor, 3e ed., São Paulo, RT, 6e ed., 2012.

[7] Art. 48 do Ato das Disposições Constitucionais Transitórias (ADCT): « O Congresso Nacional, dentro de cento e vinte dias da promulgação da Constituição, elaborará código de defesa do consumidor ».

[8] Lei nº 8.078 de 11 de setembro de 1990.

[9] G. Tepedino, Le droit brésilien d'hier, d'aujourd'hui et de demain. (A. Wald, C. Jauffret-Spinosi, dir.), Paris, Société de législation comparée, 2005, p. 439 ; C.-L. Marques, Contratos no código de defesa do consumidor, São Paulo, RT, 6e ed., 2011, pp. 321 sq. ; P.-V. Moraes, Código de defesa do consumidor: o princípio da vulnerabilidade no contrato, na publicidade e nas demais práticas comerciais, Porto Alegre, Síntese, 1999, pp. 161–174.

Cap. 23 • A PROTEÇÃO CONTRA CLÁUSULAS ABUSIVAS EM CONTRATOS INTEREMPRESARIAIS – **389**

de Defesa do Consumidor estabelece regras obrigatórias para a elaboração de contratos entre fornecedores de produtos ou serviços e o consumidor, e o dever de informar é previsto no artigo 6, inciso III: o consumidor tem direito a informações adequadas e claras, e o fornecedor tem a obrigação de fornecer informações sobre riscos à saúde e segurança dos consumidores; a oferta deve conter informações corretas, claras e precisas.

A fraqueza, no entanto, não poderia continuar sendo uma prerrogativa do consumidor. Como disse Anatole France: "As pessoas que não têm fraquezas são terríveis"[10].

3. A VULNERABILIDADE EM CONTRATOS INTEREMPRESARIAIS

Certamente, à primeira vista, parece um tanto estranho considerar a vulnerabilidade de um empresário; a expressão é até, para alguns, um puro oxímoro. Como um empresário pode ser a parte fraca em um contrato? É impossível se considerarmos a relação entre o consumidor, por um lado, e o empresário, por outro. Impossível, porque esta relação manifesta uma desigualdade de conhecimentos, habilidades e técnica em favor do empresário. Entretanto, esta não é a única relação que existe no sistema jurídico; os contratos entre empresários também existem. O mito da igualdade das partes contratantes, caro aos redatores do Código Civil francês de 1804 e do Código Civil brasileiro de 1916, ressurge. Deste ponto de vista, a parte mais fraca é apenas uma exceção, uma anomalia do direito confinada a alguns de seus ramos, como o direito do consumidor ou o direito do trabalho[11].

Deve-se reconhecer que esta visão é maniqueísta demais para ser defendida hoje; o empresário pode ser a parte fraca do contrato, ele pode ser "dominado" em um contrato por uma parte mais forte. O direito do consumidor francês prevê apenas vulnerabilidades estruturais e históricas: a vulnerabilidade é, portanto, evidente por si mesma. Seguindo esta lógica, o empresário não é uma parte fraca no sentido histórico; a vulnerabilidade não é inerente ao empresário, é intermitente – dependendo das condições da relação contratual – e recente – com o surgimento da sociedade contemporânea e a crescente complexidade dos contratos. Infelizmente, a terminologia 'empresário' parece ter sido construída por simples oposição à do consumidor, como se toda a análise repousasse sobre esta última. Em outras palavras, todos aqueles que não são consumidores se enquadram na categoria de "empresários". Esta categoria tornou-se assim muito heterogênea e contém categorias jurídicas com um poder desigual em nossa economia de mercado.

Seguno Antoine Missol, "hoje em dia, qualquer empresa de certo porte não é mais gerenciada por um indivíduo isolado; a pessoa que deseja contratar está, portanto, na maioria das vezes, na presença, não de um indivíduo particular com o qual pode negociar como igual, mas de uma empresa poderosa, que aproveita sua superioridade econômica para impor-lhe suas condições"[12].

---

[10] A. France, Le crime de Sylvestre Bonnard (1881), Paris, Gallimard, coll. « Folio », n° 2267, p. 181. No original : « les gens qui n'ont point de faiblesses sont terribles ».

[11] V. A. Lyon-Caen, « L'égalité et la loi en droit du travail », Droit social, 1990, n°5, p. 70 ; G. Couturier, « Les relations entre employeurs et salariés en droit français », in La protection de la partie faible dans les rapports contractuels, Comparaisons franco-belges, (J. Ghestin et M. Fontaine, dir.), Paris, LGDJ, 1996, n° 1, p. 143.

[12] A. Missol, L'assurance contrat d'adhésion et le problème de la protection de l'assuré, Thèse, Librairie Arthur Rousseau, 1934, p. 8. No original: « aujourd'hui, toute entreprise d'une certaine importance, n'est plus gérée par un individu isolé ; celui qui désire contracter se trouve donc le plus souvent en présence, non d'un particulier avec qui il peut traiter d'égal à égal, mais d'une société puissante, qui profite de sa supériorité économique pour lui imposer ses conditions ».

Quem pode negar a desigualdade econômica que muitas vezes marca a relação entre fornecedor e distribuidor? Entre franqueador e franqueado? O último, infelizmente, pode se encontrar dependente do primeiro. Como disse Rousseau, "o ser humano é fraco quando é dependente"[13].

A legislação francesa e a brasileira demoraram a levar em conta esta desigualdade entre os empresários e a admitir os vulneráveis "up to date"[14]. Segundo Josserand, este atraso pode ser justificado por dois fatores: "1° Os vulneráveis protegidos pela lei contemporânea nem sempre são aqueles que teriam sido protegidos no passado; 2° As medidas de proteção usadas nem sempre são aquelas que foram usadas no passado"[15].

Diversas áreas do direito se comprometeram a buscar uma solução para a proteção destes "novos vulneráveis". Assim, o direito da concorrência, especialmente no direito francês, inspirado no direito do consumidor, está começando a enviar sinais de um movimento mais protetor para os empresários. No direito francês, o uso dos conceitos de causa e boa fé, ambos derivados do direito comum, é um exemplo da influência deste último sobre o direito do consumidor contra o "desequilíbrio significativo".

Em um contrato entre empresários, a jurisprudência francesa optou assim pela aplicação de um instrumento de proteção do direito comum – a causa – a fim de sancionar, sob certas condições, a presença de uma cláusula de responsabilidade pela aplicação da sanção prevista pelo direito do consumidor, ou seja, a cláusula considerada não escrita[16]. No direito brasileiro, os juízes já aplicaram o direito do consumidor por analogia para a proteção dos empresários em um contrato entre empresários.

Estes exemplos revelam uma modalidade particular de proteção do empresário vulnerável: "Mas a concepção moderna do protetorado dos vulneráveis é profundamente diferente da antiga: geralmente, se não sempre, não é a pessoa do protegido que se torna a origem das medidas de proteção que têm um impacto completamente diferente; é a parte contrária que é alcançada e cuja atividade é paralisada e condicionada; é a parte mais forte que é controlada para que não explore injustamente o mais fraco; a desvantagem é para ele, não para sua vítima designada. Os procedimentos empregados desta forma e com este objetivo em vista são muito numerosos e variados: alguns são preventivos enquanto outros são punitivos"[17]. Em outras palavras, não é uma questão de infantilizar o empresário, mas de tomar consciência dos abusos dos quais ele ou ela pode ser vítima.

---

[13]   J.-J. Rousseau, Discours sur l'origine et les fondements de l'inégalité parmi les hommes, Paris, éd. Aubier Montaigne, 1973, p. 84. No original: « l'être humain est faible quand il est dépendant ».

[14]   L. Josserand, Évolutions et Actualités, Conférences de Droit civil, La protection des faibles par le droit, Paris, Sirey, 1936, p. 167.

[15]   L. Josserand, op. cit. p. 161. No original: « 1° Les faibles que protège le droit contemporain ne sont pas toujours ceux que l'on protégerait autrefois ; 2° Les mesures de protection auxquelles on a recours ne sont pas toujours celles qui étaient utilisées jadis ».

[16]   Exemplo em diferentes decisões da Cour de cassation : Cass., com., 22 oct. 1996, arrêt dit Chronopost, n° 93-18.632 ; Bull. civ. IV, n° 261 ; D. 1997, obs. D. Mazeaud, RTD civ., 1997, 418 ; L. Leveneur, Défrénois, 1997, p. 333 ; M. Fabre-Magnan, 4025, n° 177 ; J. PChazal, « Théorie de la cause et justice contractuelle : à propos de l'arrêt Chronopost (Com. 22 oct. 1996) », JCP 1998, I, 152 ; Cass., com., 29 juin 2010, arrêt dit Faurecia II, n° 09-11.841 ; Bull. civ. IV, n° 115 ; D. 2010. 1832, note D. Mazeaud ; RDC 2010. 1220, obs. Y.-M. Laithier ; ibid. 1253, obs. O. Deshayes.

[17]   L. Josserand, op. cit. p. 171. No original : « Mais la conception moderne du protectorat des faibles est profondément différente de l'ancienne : généralement, sinon toujours, ce n'est pas la personne du protégé qui devient le siège de mesures protectrices qui ont une incidence tout autre ; c'est la partie adverse que l'on atteint et dont on paralyse, dont on conditionne l'activité ; c'est le plus fort que l'on maîtrise afin qu'il n'exploite pas injustement le plus faible ; le handicap est pour lui, non pour sa victime désignée.

4.   A CLÁUSULA ABUSIVA

A cláusula abusiva é, sem dúvida, a ilustração tipica deste fenômeno. Segundo o Professor Denis Mazeaud, este conceito é "independente da qualidade da parte contratante à qual ela foi imposta[18]". Tal declaração já correspondia à definição inicial de uma cláusula abusiva dada pela Lei Scrivener de 10 de janeiro de 1978 no direito francês: o antigo artigo L.132-1 do *Code de la consommation* sancionava cláusulas que "parecem ser impostas a não profissionais ou consumidores por um abuso do poder econômico da outra parte e conferem a esta última uma vantagem excessiva". Este artigo utilizava assim dois critérios: a causa, ou seja, um abuso de poder econômico por parte do fornecedor, e o efeito, ou seja, uma vantagem excessiva. O critério do efeito é neutro, mas o critério da causa pode ser perfeitamente alheio à relação consumidor-fornecedor: uma vez aceita a idéia de uma possível fraqueza por parte do fornecedor, o abuso do poder econômico é concebível em uma relação entre empresários.

A Lei de 1 de fevereiro de 1995, transpondo uma diretiva européia de 5 de abril de 1993, revogou o critério da causa e manteve apenas o do efeito, ao mesmo tempo em que modificou um pouco sua terminologia: substituiu a "vantagem manifestamente excessiva" pelo "desequilíbrio significativo". Portanto, é esta última, e não a qualidade das partes, que por si só deve orientar o juiz em sua busca de justiça contratual. Como assinala a Professora Catherine Thibierge-Guelfucci, uma cláusula abusiva afeta o equilíbrio do contrato e prejudica a justiça contratual, independentemente do *status* das partes e do tipo de contrato que a contém. A simples presença da cláusula atesta a impossibilidade de defesa por parte do co-contratante que a ela está sujeito, seja ele um particular como seu co-contratante ou um empresário da mesma especialidade que a dele. Em aplicação do princípio do equilíbrio contratual, seria o desequilíbrio objetivo que guiaria a ação do juiz e não a especulação sobre as competências subjetivas das partes[19].

5.   A PARTICULARIDADE DO SISTEMA FRANCÊS NA PROTEÇÃO CONTRA O DESEQUILÍBRIO SIGNIFICATIVO ENTRE EMPRESÁRIOS

O Código Comercial francês adotou o standard do desequilíbrio significativo e pela primeira vez consagrou uma verdadeira proteção para os empresários contra cláusulas abusivas no artigo L. 442-6, I, 2°, agora artigo L. 442-1 com as modificações introduzidas pela lei n° 2020-1525 de 7 de dezembro de 2020: "I. – Engage la responsabilité de son auteur et l'oblige à réparer le préjudice causé le fait, dans le cadre de la négociation commerciale, de la conclusion ou de l'exécution d'un contrat, par toute personne exerçant des activités de production, de distribution ou de services : 2° De soumettre ou de tenter de soumettre l'autre partie à des obligations créant un déséquilibre significatif dans les droits et obligations des parties".

O artigo L. 442-6 não foi criado pela lei de 2008 sobre a modernização da economia[20], mas esta última modificou profundamente a proteção oferecida aos empresários. De fato, a redação

---

Les procédés employés dans cette voie et en vue de ce but sont fort nombreux et très variés : les uns sont préventifs tandis que d'autres sont sanctionnateurs ».

[18]   D. Mazeaud, D. 1995. Somm. 81. Ver também : Les clauses abusives entre professionnels, (C. Jamin et D. Mazeaud, dir.), Paris, Economica, 1998.

[19]   C. Thibierge-Guelfucci, « Libres propos sur la transformation du droit des contrats », RTD Civ., 1997, p. 357.

[20]   Loi n° 2008-776 du 4 août 2008 de modernisation de l'économie.

392 PROBLEMAS DE DIREITO CIVIL – *Homenagem aos 30 anos de cátedra do professor Gustavo Tepedino*

anterior do dispositivo permitia a sanção do abuso em uma "relação de dependência", mas sem se referir ao desequilíbrio significativo. No entanto, essa proteção quase nunca foi aplicada pelos juízes.

A proteção, portanto, era puramente teórica. A nova redação resultante do Decreto nº 2016-131, de 10 de fevereiro de 2016, que reformou o direito dos contratos, o regime geral e a prova das obrigações, permite que o desequilíbrio significativo transcenda finalmente a qualidade das partes e assim ganhe seu lugar no direito comum dos contratos.

O novo artigo 1171 do *Code civil*, recentemente alterado pela Lei nº 2018-287 de 20 de abril de 2018 que ratifica o decreto de 10 de fevereiro de 2016, agora prevê que "em um contrato de adesão, qualquer cláusula não negociável, determinada antecipadamente por uma das partes, que crie um desequilíbrio significativo entre os direitos e obrigações das partes do contrato, será considerada como não escrita. A avaliação do desequilíbrio significativo não diz respeito ao objeto principal do contrato ou à adequação do preço ao serviço"[21].

A entrada em vigor deste artigo tão esperado, sofreu com os atrasos na reforma do direito das obrigações que começou em 2005 com o Projeto Catala. De fato, durante muitos anos a reforma foi criticada pelos partidários de uma concepção clássica do direito contratual direcionada aos partidários de uma atualização mais inovadora do *Code Napoléon*. Deve-se notar que a luta contra desequilíbrios significativos não é específica da França, e muito menos uma inovação; por exemplo, um ano antes da lei *Scrivener* de 1978, o direito alemão introduziu a proteção contra cláusulas não negociadas que criam um desequilíbrio significativo entre os direitos e obrigações das partes[22].

O direito brasileiro não protege da mesma forma o empresário vulnerável, embora o Código Civil de 2002 abra novas perspectivas em favor da proteção da parte contratante, independentemente de sua qualificação, prevendo, no artigo 423, a proteção contra cláusulas ambíguas ou contraditórias. Este artigo dispõe que "Quando houver no contrato de adesão cláusulas ambíguas ou contraditórias, dever-se-á adotar a interpretação mais favorável ao aderente".

Esta cláusula, "ambígua" ou "contraditória" no direito brasileiro, "abusiva" quando responsável pela criação de um desequilíbrio significativo no direito francês, é frequentemente – mas não necessariamente – inserida no contexto de contratos de adesão. No entanto, permanece uma dificuldade na legislação francesa e brasileira para definir o contrato de adesão. Esta noção, que é o resultado de transformações econômicas e sociais, é percebida ou definida de forma diferente dependendo do sistema jurídico. Segundo Ripert, "o único ato de vontade do aderente consiste em colocar-se em uma situação na qual as regras da outra parte serão aplicadas. [...] É uma piada de mau gosto dizer ao aderente: mas foi você que quis..."[23].

---

[21] Article 1171 *Code civil* : « Dans un contrat d'adhésion, toute clause non négociable, déterminée à l'avance par l'une des parties, qui crée un déséquilibre significatif entre les droits et obligations des parties au contrat est réputée non écrite. L'appréciation du déséquilibre significatif ne porte ni sur l'objet principal du contrat ni sur l'adéquation du prix à la prestation ».

[22] V. C. Signat, « Le dispositif de protection contre les clauses abusives : regards croisés franco-allemands », RID comp., 2016, p. 863. Le droit allemand n'est pas le seul exemple de cette préoccupation contemporaine de la protection des professionnels ; F-X. Licari, « Quelques réflexions et propositions au sujet des clauses "déraisonnables" ou "abusives" dans les contrats conclus entre professionnels, à la lueur du droit comparé et des propositions savantes », in Mélanges P. Le Tourneau, Paris, Dalloz, 2008, p. 655. Ainsi, le droit italien prévoit une réglementation des pratiques restrictives de concurrence, mais dans son code civil. Au RoyaumeUni, et aux États-Unis, le droit s'intéresse aux relations producteur-distributeur uniquement lorsque la concurrence s'en trouve affectée : L. Idot, « L'empiètement du droit de la concurrence sur le droit du contrat », RDC, n° 3, 2004, p. 882, pt. 2.

[23] G. Ripert, La règle morale dans les obligations civiles, Paris, LGDJ, 4e éd., 1949, p. 99 : « le seul acte de volonté de l'adhérent consiste à se placer dans une situation telle que la loi de l'autre partie s'appliquera. [...] C'est une mauvaise plaisanterie de lui dire : tu as voulu ... ».

Cap. 23 · A PROTEÇÃO CONTRA CLÁUSULAS ABUSIVAS EM CONTRATOS INTEREMPRESARIAIS –

Esta dificuldade decorre do fato de que "nossa sociedade se tornou uma verdadeira teia de vínculos contratuais estreitamente unidos, cuja criação está ligada ao desenvolvimento das relações econômicas e sociais. O mundo dos contratos tornou-se assim um universo tão rico, tão diverso e tão abundante que inclui uma variedade quase infinita – e ainda assim sempre em expansão – de instituições particulares"[24]. No contexto deste fenômeno de multiplicação de contratos, os contratos de adesão surgiram como uma nova categoria legal que abrange tanto a inferioridade de uma parte contratante em relação a outra como a necessidade de proteger a parte mais fraca. Esta categoria, que ainda não está definida no Código Civil brasileiro[25], está agora consagrada no Código Civil francês no artigo 1110 e, apesar da relutância de alguns autores[26], está assim incluída na classificação do direito contratual comum.

Embora a legislação francesa esteja à frente da legislação brasileira no que diz respeito à proteção dos empresários contra cláusulas abusivas, os dois sistemas merecem uma análise comparativa[27]. Cada um destes sistemas jurídicos é dotado de uma inegável originalidade ligada à sua história e à passagem do tempo: "o direito encontra seu próprio ambiente na história, pois é essencialmente a duração, a memória, a ligação de gerações entre si, o enraizamento do futuro no passado, e mesmo quando é revolucionário, gostará de redescobrir títulos antigos que séculos de opressão não foram capazes de apagar"[28].

Mas redescobrir não significa necessariamente retomar o que já foi posto em prática; redescobrir também significa usar o que outros consideram adequado, e tal é a atração que um sistema legal pode exercer sobre outro que se inspira nele. Este é o objeto do direito comparado[29]. O direito comparado não apenas identifica os pontos em comum ou as diferenças entre as leis de dois países. Os pontos comuns sugerem um movimento idêntico que deve ser destacado, explicado e analisado, enquanto as diferenças podem destacar soluções distintas para um único problema. Neste último caso, torna-se possível para um sistema jurídico combater os defeitos específicos de

---

[24] L.R.F. Germain, « Les origines helléniques de la notion de contrat », in Études offertes à Pierre Kayser, Tome I, Aix-en-Provence, PUAM, 1979, p. 471. (pp. 471-481). Versão original : « notre société est devenue, en effet, un véritable tissu de liens contractuels, à la trame serrée, dont la création est liée au développement des relations économiques et sociales. Le monde des contrats est ainsi devenu un univers si riche, si divers et si foisonnant qu'il comprend une variété quasi infinie – et cependant toujours en expansion – d'institutions particulières ».

[25] A definição do contrato de adesão encontra-se no artigo 54 do Codigo de defesa do consimidor.

[26] V. G.-M. Dereux, « De la nature juridique des contrats d'adhésion », Revue trimestrielle de droit civil, Paris, Recueil Sirey, 1910, pp. 503-541 : « ce qu'on appelle "contrats d'adhésion ", ce ne sont même pas des contrat », p. 505

[27] J. Carbonnier, « L'apport du droit comparé à la sociologie juridique », in Livre du centenaire de la société de législation comparé I, Paris, LGDJ, 1969, p.75 ; R. David, « La place actuelle du droit comparé en France dans l'enseignement et la recherche », in ibid., p. 51 ; F. Rigaux, « Le droit comparé comme science appliquée », R..I.D.C., 1978, pp. 73sq. ; R. David et C. Jauffret-Spinosi, Les grands systèmes de droit contemporains, Paris, Dalloz, 11e éd., 2002 ; R. David, Traité élémentaire de droit civil comparé, Paris, LGD, 1950, 222-6.

[28] J. Carbonnier, Droit civil, Paris, PUF 1955, n. 8, t. 1, p. 28. No original : « le droit trouve dans l'histoire son milieu propre car il est essentiellement : durée, mémoire, rattachement des générations les unes aux autres, enracinement de l'avenir dans le passé et même quand il est révolutionnaire, il aimera se redécouvrir des titres anciens que des siècles d'oppression n'avaient pu effacer ».

[29] V. M. Ancel, « Les grandes étapes de la recherche comparative au XXe siècle », in Studi in Memoria di Andrea Torrente, 1968, 21 ; P. Legrand, « Questions à Rodolpho Sacco », R.I.D.C., 1995, pp. 971sq.. ; F. Rigaux, « Le droit comparé comme science appliquée », R..I.D.C., 1978, pp. 73sq.

PROBLEMAS DE DIREITO CIVIL – *Homenagem aos 30 anos de cátedra do professor Gustavo Tepedino*

sua legislação, analisando como outros sistemas lidam com a mesma questão. O direito comparado torna-se então uma fonte de propostas e inspiração mútua.

O direito brasileiro se inspirou, entre outros, do *Code Napoléon* : "[...] graças ao *Code civil*, a cultura francesa se tornou quase cultura mundial; o pensamento jurídico francês se tornou patrimônio da humanidade; conservemos devotamente esse patrimônio sagrado e não coloquemos nossas mãos sobre um monumento que, se desabasse, seria perdido não só pela França, mas por todos os povos que, durante um século e um quarto, viveram sob seu abrigo. Tenhamos respeito e gratidão pelas glórias do passado, especialmente quando, como acontece aqui, elas ainda são nossas glórias de hoje"[30].

É nesta perspectiva que o direito brasileiro foi inspirado pelo direito francês: "A França, seja diretamente, através de atos concretos, ou indiretamente através de seus intelectuais, exerceu uma enorme influência no direito brasileiro, ou seja, no direito como lei e nas doutrinas jurídicas"[31]. Mas o direito francês não se contenta com outras legislações inspiradoras, ele também busca inspirações na legislação estrangeira. Este fenômeno não é novo: o Primeiro Cônsul já havia criado um *Bureau* de Legislação Estrangeira no ano X. No entanto, "Napoleão estava rompendo sob Bonaparte e o *Code civil* então em fase de gestação extraía destas fontes estrangeiras apenas em doses homeopáticas"[32].

A globalização sinaliza uma renovação da influência dos sistemas jurídicos, desde que nunca se esqueça de adaptar o que se deseja importar. Como afirmou um autor, "a necessidade de modificar a lei estrangeira adotada, às vezes parece ser uma consequência inevitável das diferenças na estrutura política ou na organização administrativa e judicial que separam o país de origem e o país de recepção da lei estrangeira em questão"[33].

A questão da proteção dos profissionais contra cláusulas abusivas terá que seguir esta regra: primeiro a inspiração, depois a adaptação.

---

[30] L. Josserand, Évolutions et Actualités, Conférences de Droit civil. 1. Le code civil français et ses destinées, Paris, Sirey, 1936, p. 28 (pp. 9-28). No original : « [...] grâce au Code civil, la culture française est devenue la culture quasi mondiale ; la pensée juridique française est devenue le patrimoine de l'humanité ; conservons pieusement cet héritage sacré et ne portons pas les mains sur un monument qui, s'il venait à s'effondrer, manquerait non seulement à la France, mais à tous les peuples qui depuis un siècle et quart, vivaient sous son abri : ayons le respect et la gratitude des gloires d'autrefois, surtout lorsque, comme il advient ici, elles sont encore nos gloires d'aujourd'hui ». Quanto ao direito brasileiro, segundo René David : « Décrire l'esprit du droit brésilien est aussi difficile que de parler de la civilisation brésilienne. Tant de composantes entrent en jeu dans tels concepts, une telle part d'intuition et de sentiment est nécessaire pour embrasser de telle questions, qu'un étranger, n'ayant eu avec le Brésil qu'un contact bref et inévitablement superficiel, doit hésiter à s'engager dans une telle étude. L'effort cependant doit être tenté, ne serait-ce que pour provoquer une discussion et donner une base à d'utiles critiques. Je l'accomplirai, dominé par ces sentiments d'estime et d'affection que tous ceux qui ont été au Brésil éprouvent pour ce grand pays et pour le peuple brésilien ». (R. David, « Le droit brésilien jusqu'en 1950 », in Le droit brésilien hier, aujourd'hui et demain, (C. Jauffret-Spinosi et A. Wald Dir.), Paris, Société de législation comparé, 2005, p. 159).

[31] A.-J, de Azevedo, « L'influence du droit français sur le droit brésilien », in ibid., p. 461.

[32] E. Agostini, « La circulation des modèles juridiques », in Revue Internationale de Droit Comparé, vol. 42 n° 2, avril-juin 1990, p. 465. (pp. 461-467). No original : « Napoléon perçait sous Bonaparte et le Code civil alors en gestation ne puisa à cette source qu'à dose homéopathique ».

[33] I. Zajtay, « La réception globale des droits étrangers », in Études de droit contemporain, Paris, Editions de l'Épargne, p. 37. No original : « la nécessité de modifier le droit étranger adopté apparaît parfois comme une conséquence inévitable des divergences de structure politique ou d'organisation administrative et judiciaire qui séparent le pays d'origine et le pays de réception du droit étranger en question ».

6. O MÉTODO ADOTADO NA TESE DE DOUTORADO: PRIMEIRO INSPIRAÇÃO E DEPOIS ADAPTAÇÃO

A inspiração é necessária, pois é essencial encontrar soluções para a inadequação dos instrumentos a fim de sancionar desequilíbrios significativos. A legislação brasileira carece de proteção específica para os empresários contra cláusulas abusivas e se contenta, às vezes, em aplicar por analogia o que já existe no direito do consumidor. Esta aplicação é certamente uma forma indireta de proteger o empresário, mas nem por isso deixa de criar inúmeras dificuldades: além da inconsistência que essa ideia traz – o direito do consumidor protege o empresário – esta abordagem depende essencialmente da boa vontade do juiz e assim coloca o empresário em uma situação de insegurança jurídica. O desequilíbrio significativo, como padrão, pressupõe um lugar predominante do juiz na interpretação de tal conceito; portanto, é central reduzir o risco de insegurança intrínseco ao desequilíbrio significativo. Esta abordagem também distorce a relação consumidor-fornecedor e o direito do consumidor de forma mais geral.

Por outro lado, a lei francesa oferece hoje uma pluralidade de proteções legislativas contra desequilíbrios significativos, a tal ponto que a doutrina se pergunta se o escopo de aplicação de cada código e de cada lei está devidamente delimitado. A relação entre o direito comum e o direito especial deve sem dúvida ser reconsiderada a fim de garantir uma proteção eficaz e eficiente do empresário. A inadequação da proteção na legislação brasileira, por um lado, e a falta de delimitação do âmbito de aplicação da legislação francesa, por outro, aguardam uma resposta. A dispersão de regimes, a multiplicação de atores e as sanções exigem uma reconstrução do regime de proteção. Mas esta reconstrução deve ir além das justaposições, a fim de restaurar uma certa coerência à legislação.

A eficácia da proteção dos profissionais contra cláusulas abusivas exige uma revisão da delimitação dos sistemas de proteção existentes na legislação francesa e brasileira. Esta delimitação requer uma definição precisa do campo de intervenção de cada código na proteção dos empresários contra cláusulas abusivas, e a introdução, se necessário, de novos métodos de proteção. Uma comparação entre os sistemas brasileiro e francês permite destacar os pontos fortes e fracos de cada um dos regimes de proteção, a fim de fornecer uma melhor contribuição para tais propostas. Desta forma, será possível considerar a abolição de certas sanções consideradas ineficazes, criando novas categorias legais ou mesmo importando certas estruturas institucionais de um país para o outro. No final, e de modo mais geral, trata-se de defender a inspiração mútua de dois sistemas jurídicos, preservando a coerência e a especificidade de cada um deles, num espírito de reciprocidade entre os dois países.

Neste caminho para a proteção transversal, intercalado por vislumbres das leis francesa e brasileira de proteção contra cláusulas abusivas, é necessário, portanto, demonstrar a necessidade de ir além do direito do consumidor, que há muito tempo tem concentrado a atenção do legislador. O empresário deve ser reconhecido como a parte mais fraca quando uma desigualdade é identificada face ao parceiro contratual, que é economicamente mais poderoso. A legitimidade desta proteção deve ser, portanto, o ponto de partida para a análise comparativa das cláusulas abusivas. Se pudermos fugir da noção óbvia de que o consumidor é uma parte fraca, podemos reconhecer que ele não é a única parte fraca. A partir de então, o direito do consumidor não será mais que um reflexo de uma questão que vai além: a proteção da parte mais fraca contra cláusulas abusivas. É essencial que esta questão seja eliminada do prisma do direito do consumidor. Este ramo do Direito é apenas uma ilustração que não deve obscurecer, como a "árvore que esconde a floresta", as outras manifestações de desigualdade. Como disse Josserand, "os fracos se propuseram a conquistar o direito"[34]; a proteção dos empresários contra cláusulas abusivas faz parte desta jornada, da batalha que já está sendo travada diante dos tribunais e que merece toda atenção da doutrina.

7. CONSIDERAÇÕES FINAIS

A reforma do direito das obrigações na França introduziu, portanto, um artigo prevendo uma proteção geral contra desequilíbrios significativos. No entanto, este artigo não tem o poder de revogar as disposições anteriores previstas no *Code de la consommation* (artigo L. 212-1) e no *Code de commerce* (artigo L. 442-I). Estes três códigos coexistem, portanto, no que diz respeito à proteção contra desequilíbrios significativos.

O Brasil e a França têm razões e justificativas diferentes para a proteção da vulnerabilidade e contra os "desequilíbrios significativos". O direito brasileiro, às vezes demasiado social, pode encontrar um equilíbrio com o direito francês, às vezes demasiado liberal. Ambos estão em processo de mudança. O direito francês está buscando uma solidariedade que a lei brasileira vem desenvolvendo desde os anos 90, enquanto o direito brasileiro ainda tenta determinar os limites deste movimento, que as vezes é tratado sem nenhuma consistência real.

Neste sentido, uma referência recíproca entre o direito francês e o direito brasileiro nos permitiu propor melhorias institucionais e materiais para cada sistema jurídico. Dentre elas pode-se citar uma revisão das definições – contratos de adesão – e distinções – o contrato de consumo como subgênero do contrato de adesão – o que permitiria desenvolver um regime global para contratos de adesão baseado nas regras específicas do contrato de consumo e finalmente, a introdução de uma disposição específica para proteger os empresários contra cláusulas abusivas na legislação brasileira.

Para viajar através deste tema, tivemos que "como diz Husserl, negar ao mundo nossa 'cumplicidade', desorientar-nos, colocar-nos a todo momento, como o famoso personagem de Albert Camus, na pele de um Étranger, – o que, da mesma forma, acaba tornando o mundo à nossa frente estranho"[35].

---

[34] L. Josserand. « Évolutions et actualités », in Conférences de droit civil, Paris, Sirey, 1936, p. 160. No original : « les faibles sont partis à la conquête du droit ».

[35] P. Amselek, « L'étonnement devant le droit », Archives de philosophie du droit, n° 13, Sur les notions du contrat, Paris, Sirey, 1968, p. 167, (pp. 163-183).

24

O ARTIGO 473, PARÁGRAFO ÚNICO, DO CÓDIGO CIVIL E A CHAMADA SUSPENSÃO DA EFICÁCIA DA DENÚNCIA SOB A PERSPECTIVA DO *GIUSTO RIMEDIO*

FRANCISCO DE ASSIS VIÉGAS

Sumário: Introdução. I. A chamada suspensão da eficácia da denúncia: incongruências e inconvenientes na prorrogação compulsória de contratos de tempo indeterminado. II. A perspectiva do *giusto rimedio* e sua importância na estruturação do dever de pré-aviso: a faculdade alternativa de pagamento do valor correspondente ao cumprimento do contrato. Notas conclusivas.

INTRODUÇÃO

O Código Civil de 2002 inovou em relação à codificação anterior ao disciplinar em capítulo próprio – no âmbito da disciplina da parte geral dos contratos – a "extinção do contrato", tendo o legislador optado por regulamentar sob tal rubrica sete diferentes figuras jurídicas do direito contratual, divididas em quatro seções.[1] A denúncia contratual, tal como regulamentada no art. 473 do Código Civil, se qualifica efetivamente como direito potestativo extintivo, diversamente

---

[1] Na seção I, denominada "Do Distrato", regulamenta-se o distrato propriamente dito (art. 472) e a resilição unilateral (art. 473); na seção II, volta-se o Código à regulamentação da cláusula resolutiva expressa (art. 474) e da resolução do contrato por inadimplemento absoluto (art. 475); na seção III, são previstas a exceção de contrato não cumprido (art. 476) e a denominada exceção de inseguridade (art. 477); e na seção IV, três artigos tratam da resolução por onerosidade excessiva (arts. 478-480).

PROBLEMAS DE DIREITO CIVIL – *Homenagem aos 30 anos de cátedra do professor Gustavo Tepedino*

de outras figuras contempladas no aludido capítulo do Código Civil, compreendida como espécie do gênero *resilição unilateral*.[2]

O termo *resilição*, por sua vez, foi expressamente adotado pelo Código Civil no *caput* do artigo 473, sob os influxos do direito francês,[3] em que a *résiliation* se encontra presente entre os modos de dissolução do contrato[4] e suscita, a exemplo do que se verifica no sistema brasileiro, controvérsias sobre o significado exato do termo, sobretudo no que diz respeito à sua autonomia conceitual em relação à resolução,[5] podendo-se aludir, tanto lá,[6] como aqui,[7] a duas posições bem definidas. Examinando-se o tema em perspectiva funcional,[8] verifica-se que a resilição "consiste na extinção do vínculo contratual por simples manifestação de vontade de um ou ambos os contratantes", encontrando seu fundamento "não no inadimplemento ou em qualquer outro evento objetivo, dispensando mesmo motivação que transcenda a mera vontade das partes".[9]

---

[2]   Sobre o tema, permita-se remeter a: Francisco Viégas, *Denúncia contratual e dever de pré-aviso*, Belo Horizonte: Fórum, 2019, pp. 21-52.

[3]   A influência da dogmática francesa na matéria é especialmente notada, entre outros, por: Orlando Gomes, *Contratos*, Rio de Janeiro: Forense, 2007, p. 221; Rodrigo Xavier Leonardo, A denúncia e a resilição: críticas e propostas hermenêuticas ao art. 473 do CC/2002 brasileiro. In: *Revista de Direito Civil Contemporâneo*, vol. 7, 2016, p. 106.

[4]   Segundo De Page, "resilir deriva do latim *resilire*, que significa 'voltar atrás', 'retroceder os passos', 'se retirar de…'". No original: "Résilier (résilir, dans la forme ancienne) dérive du latin resilire, qui signifie 'sauter en arrière', 'revenir sur ses pas', 'se départir de…'" (Henri de Page, *Traité élémentaire de droit civil belge*, t. II, Bruxelles: Émile Bruylant, 1948, p. 683). Do ponto de vista gramatical, observa-se, entre os franceses, que o verbo resilir exigia inclusive a preposição: "resilir de…" ou "se resilir de…" (Thomas Genicon, *La résolution du contrat pour inexécution*, Paris: LGDJ, 2007, p. 19, nota de rodapé n. 30).

[5]   Com efeito, reconhece-se, já no idioma original, corrente *confusão de palavras*, criticando-se o *Code* pelas opções terminológicas na matéria. Segundo Thomas Genicon, "on rappelle régulièrement – et en s'appuyant sur l'étymologie – qu'à proprement parler la résiliation renvoie à l'hypothèse dans laquelle une partie, usant de la faculté qui lui est offerte de mettre fin au contrat, décide de s'en départir" (Thomas Genicon, *La résolution du contrat pour inexécution*, cit., p. 19). Tradução livre: "lembramos regularmente – e com base na etimologia – que a rigor a resilição se refere à hipótese na qual uma parte, utilizando-se da faculdade que lhe é oferecida de pôr fim ao contrato, decide se retirar".

[6]   Sobre os dois sentidos usualmente atribuídos ao termo no direito francês, v.: Christina Corgas-Bernard, *La résiliation unilatérale du contrat à durée déterminée*, Aix-en-Provence: Presses Universitaires d'Aix--Marseille, 2006, p. 16.

[7]   Na experiência brasileira, nota-se, em especial, a influência do antagonismo das posições de Orlando Gomes e de Pontes de Miranda sobre o tema. Propõe Orlando Gomes, amplamente apoiado na doutrina francesa: "reserva-se (…) o vocábulo resilição para a dissolução do contrato por simples declaração de vontade de uma ou das duas partes contratantes" (Orlando Gomes, Contratos, cit., p. 221.). Pontes de Miranda, por sua vez, sustenta que "há dois conceitos de resolução, um deles é o de resolução lato sensu e abrange a resolução com eficácia *ex tunc* e a resolução com eficácia *ex nunc*, mais propriamente chamada 'resilição'" (Francisco Cavalcanti Pontes de Miranda, *Tratado de direito privado*, t. XXXVIII, São Paulo: Revista dos Tribunais, 2012, p. 455).

[8]   Para um aprofundamento da análise funcional da resilição, v. Francisco Viégas, *Denúncia contratual e dever de pré-aviso*, cit., pp. 21-78.

[9]   Gustavo Tepedino, Validade e efeitos da resilição unilateral dos contratos. In: *Soluções Práticas de Direito*, vol. II, São Paulo: Revista dos Tribunais, 2012, p. 573. Na mesma direção, v.: Luiz Edson Fachin, Responsabilidade civil contratual e a interpretação da cláusula de não indenizar. In: *Soluções Práticas de Direito*, vol. I, São Paulo: Revista dos Tribunais, 2012, p. 301-319; Judith Martins-Costa, O caso dos produtos Tostines: uma atuação do princípio da boa-fé na resilição de contratos duradouros e na caracterização

Nessa direção, observada a norma contida no art. 473 do Código Civil, compreende-se a denúncia como espécie de resilição unilateral com incidência no âmbito dos contratos celebrados por tempo indeterminado, a despeito de, em sua acepção tradicional, remeter simplesmente à noção de comunicação, interpelação ou aviso.[10]

O exercício da denúncia contratual, como se sabe, não é absoluto e imune a controle funcional quanto à sua abusividade e merecimento de tutela, submetendo-se a limitações temporais, isto é, que têm como objetivo limitar o exercício do direito à extinção dos contratos por tempo indeterminado a partir da modulação dos efeitos patrimoniais da dissolução contratual, que, conforme o caso, deverão ser postergados para assegurar a tutela das legítimas expectativas da parte que recebe a denúncia, dito denunciatário, seja em relação à expectativa de duração mínima do contrato compatível com o seu escopo econômico, considerando sua natureza e os investimentos realizados pelas partes (*prazo estabilizador*),[11] seja quanto à expectativa de minorar ou evitar os prejuízos que decorreriam de uma ruptura brusca do contrato por tempo indeterminado, permitindo ao denunciatário se *organizar* para o término da relação contratual (prazo de pré-aviso em sentido estrito).[12]

Observadas tais premissas quanto à demarcação conceitual da denúncia e à configuração do controle funcional que incide sobre seu exercício por meio de limitações temporais, buscar-se-á examinar adiante se o dever de pré-aviso efetivamente impõe ao denunciante a preservação integral

---

da suppressio. In: Ana Frazão; Gustavo Tepedino (coord.), *O Superior Tribunal de Justiça e a reconstrução do direito privado*, São Paulo: Revista dos Tribunais, 2011, p. 530; Otavio Luiz Rodrigues Junior, *Revisão judicial dos contratos*: autonomia da vontade e teoria da imprevisão, São Paulo: Atlas, 2002, p. 76; Álvaro Villaça Azevedo, Contratos: disposições gerais, princípios e extinção. In: Antonio Junqueira de Azevedo; Heleno Taveira Tôrres; Paolo Carbone (coord.), *Princípios do novo Código Civil brasileiro e outros temas*: homenagem a Tullio Ascarelli, São Paulo: Quartier Latin, 2010, p. 72; Humberto Theodoro Júnior, Apontamentos sobre a responsabilidade civil na denúncia dos contratos de distribuição, franquia e concessão comercial. In: *Revista dos Tribunais*, vol. 790, 2001, p. 21; Tércio Sampaio Ferraz Júnior, Resilição unilateral de relações comerciais de prazo indeterminado e a lei de defesa da concorrência. In: *Revista Tributária e de Finanças Públicas*, vol. 4, 1993, p. 274; Francisco Eduardo Loureiro, Extinção dos Contratos. In: Renan Lotufo; Giovanni Ettore Nanni (coord.), *Teoria geral dos contratos*, São Paulo: Atlas, 2011, p. 609-640.

[10] Veja-se, a propósito, o emprego do termo nos arts. 446, 614, § 2º, e 754, parágrafo único, do CC. Na doutrina, v. Ebert Chamoun, *Instituições de direito romano*, Rio de Janeiro: Forense, 1951, p. 316.

[11] Na lição de Francisco Pereira Coelho, o denominado *prazo estabilizador* "visa marcar o momento *a partir do qual o contrato pode ser denunciado* (ou a partir do qual se pode pôr termo ao contrato mediante a sua não renovação ou a oposição à sua renovação), prazo esse que representará assim um *limite mínimo à duração do contrato*" (Francisco Pereira Coelho, Cessação dos contratos duradouros: regime específico e contrato de agência. In: *Actas do Colóquio Distribuição Comercial nos 30 anos da Lei do Contrato de Agência*, Coimbra: Instituto Jurídico, 2017, p. 232). Embora o autor se refira ao direito português, a concepção se coaduna perfeitamente ao prazo estabilizador previsto, por exemplo, no art. 720 do Código Civil brasileiro.

[12] Na lição de Ruy Rosado de Aguiar Júnior, o "tempo do pré-aviso" deve "conceder ao notificado um período razoável para que se efetive a extinção do contrato, durante o qual serão ultimados os contratos pendentes, colocado o estoque, resolvidas as questões trabalhistas, fiscais e administrativas etc." (Ruy Rosado de Aguiar Júnior. *Comentários ao novo Código Civil*, vol. VI, t. II, Rio de Janeiro: Forense, 2011, p. 365). V., na mesma direção: Paulo Rogério Bonini, Resilição contratual – Relações civis-empresariais – Interpretação do art. 473, parágrafo único, CC – Consequências do exercício da resilição unilateral – Indenização x prolongamento do contrato. In: *Cadernos Jurídicos*, São Paulo, ano 16, n. 39, jan.-mar./2015, p. 192.

do contrato, com todos os direitos e obrigações nele estabelecidos, pelo período considerado razoável após a denúncia ou se, ao contrário, o denunciante teria, em regra, a possibilidade de cumprir o dever de pré-aviso mediante o pagamento ao denunciatário do valor correspondente à receita que decorreria do contrato durante o prazo de pré-aviso, cessando-se imediatamente o cumprimento das prestações.

Tal questão se mostra especialmente controvertida na experiência brasileira em virtude da redação do parágrafo único do art. 473 do Código Civil, nos termos do qual "a denúncia unilateral *só produzirá efeito* depois de transcorrido prazo compatível com a natureza e o vulto dos investimentos", a indicar, em sua literalidade, a suspensão da eficácia da denúncia pelo decurso do prazo razoável.

I. A CHAMADA SUSPENSÃO DA EFICÁCIA DA DENÚNCIA: INCONGRUÊNCIAS E INCONVENIENTES NA PRORROGAÇÃO COMPULSÓRIA DE CONTRATOS DE TEMPO INDETERMINADO

Partindo da interpretação literal do art. 473, parágrafo único, do Código Civil, boa parte da doutrina brasileira sustenta que o dever de pré-aviso impõe ao denunciante, necessariamente, a obrigação de cumprir integralmente o contrato durante o período razoável de pré-aviso. Afirma-se, nessa direção, que esta norma promoveria o "congelamento eficacial" da denúncia, de modo a "manter a relação jurídica, até mesmo contra a vontade de um dos contratantes, para preservar um 'prazo compatível com a natureza e o vulto dos investimentos'".[13]

Nessa perspectiva, costuma-se contrapor a prorrogação compulsória do contrato à solução indenizatória, inclinando-se favoravelmente à primeira em virtude da preferência pela execução específica das obrigações. Assim, sob o argumento de que "o legislador optou pela execução específica (concessão de prazo razoável para a recuperação dos investimentos), ao invés da solução em perdas e danos",[14] afasta-se a possibilidade de a parte que denuncia o contrato desincumbir-se de sua obrigação mediante o pagamento do valor correspondente ao prazo de pré-aviso.

Tal linha de raciocínio se encontra associada, a rigor, à percepção exclusivamente patológica da resilição e do dever de pré-aviso, isto é, à compreensão do dever de pré-aviso como consequência da denúncia abusiva, situação em que haveria de ser privilegiada a posição da parte lesada pela ruptura brusca e inesperada da relação contratual, a quem seria assegurada a prerrogativa de prorrogar compulsoriamente a vigência contratual pelo prazo razoável de pré-aviso.

No entanto, o dever de pré-aviso é inerente à denúncia, ainda que não tenham sido realizados *investimentos consideráveis*, tendo em vista que a simples vocação dos contratos de prazo indeterminado para a duração prolongada do contrato, associada à incerteza quanto ao seu término, demanda a tutela das legítimas expectativas da parte que recebe a denúncia, ao menos para que, como destacado acima, possa se *organizar* para o término da relação contratual. Assim, o dever de pré-aviso integra a estrutura complexa da denúncia como situação jurídica subjetiva destinada

---

[13] Rodrigo Xavier Leonardo, A denúncia e a resilição: críticas e propostas hermenêuticas ao art. 473 do CC/2002 brasileiro. In: *Revista de Direito Civil Contemporâneo*, São Paulo, v. 3, n. 7, p. 95-117, abr./jun., 2016, p. 111. Na mesma direção, v.: Paulo Dóron Rehder de Araujo, *Prorrogação compulsória de contratos a prazo*: pressupostos para sua ocorrência, Tese (Doutorado em Direito) – Faculdade de Direito, Universidade de São Paulo, 2011, p. 386.

[14] Nelson Nery Junior, Denúncia unilateral e imotivada de contrato de prestação de serviços médico-hospitalares. In: *Soluções Práticas de Direito*, vol. II, São Paulo: Revista dos Tribunais, 2012, p. 537.

a tutelar o interesse da contraparte, evitando a ruptura brusca da relação contratual por tempo indeterminado e permitindo o redirecionamento das atividades antes dirigidas à execução do contrato em vias de extinção.[15]

A denúncia, como visto, consiste em *direito* atribuído às partes do contrato por tempo indeterminado, de modo que a análise das possibilidades de cumprimento do dever de pré-aviso precede qualquer discussão acerca da execução específica ou da responsabilidade civil, vez que ambas configuram pretensões deflagradas, em regra, com o ilícito *lato sensu*. Por configurar prerrogativa contratual lícita, a denúncia – e, junto a ela, a obrigação de conceder aviso prévio – não se situa, a princípio, no campo patológico da relação contratual duradoura,[16] não cabendo, ao menos no primeiro momento, o raciocínio pautado na contraposição entre execução específica e perdas e danos. O dever de pré-aviso se configura, portanto, como dever anexo que compõe a situação jurídica subjetiva complexa[17] da denúncia, integrando a relação contratual por tempo indeterminado. A obrigação de conceder prazo razoável antes da extinção definitiva da relação contratual antecede, nessa medida, qualquer descumprimento contratual, permitindo inquirir – sem adentrar a contraposição entre perdas e danos e execução específica – as possibilidades de cumprimento do dever de pré-aviso que melhor atendam à sua função.

Nessa leitura do dever de pré-aviso, importa destacar, de plano, os inconvenientes que podem se apresentar na hipótese de prorrogação compulsória do contrato denunciado. Em primeiro lugar, a maior parte dos contratos suscetíveis de denúncia, por natureza, possui o êxito de sua execução intrinsecamente vinculado à cooperação e à confiança entre as partes. Com efeito, reconhece-se que, "embora atue o princípio da boa-fé em quaisquer contratos, nas relações duradouras, que implicam atividade de colaboração em alto grau, como nos contratos de distribuição, a sua eficácia é mais intensa".[18] Como explica Judith Martins-Costa:

> (...) a necessária "relação de parceria" num contrato destinado a estender-se por longos anos em vista de interesses comuns; o fato de o sucesso de um contraente ao vender (os produtos distribuídos) importar no sucesso do outro (o distribuidor dos produtos); a confiabilidade na exatidão ao prestar; o prestígio implicado na imagem empresarial, apto a beneficiar ambas as partes etc., são fatores que se coligam e acrescem a intensidade da atuação do princípio.[19]

Tal constatação permite questionar a viabilidade da manutenção coercitiva do contrato dessa natureza após a denúncia, eis que, diante da pulverização da confiança imprescindível à persecução

---

[15]   Francisco Viégas, Denúncia contratual e dever de pré-aviso, cit., pp. 97-142.

[16]   Tanto é assim que, "concedido aviso prévio em prazo razoável, não haveria ilicitude no rompimento unilateral do contrato de distribuição celebrado sem prazo determinado" (Paula Forgioni, *Contrato de distribuição*, São Paulo: Revista dos Tribunais, 2014, p. 300).

[17]   Na lição de Gustavo Tepedino, a situação jurídica subjetiva complexa se contrapõe à concepção tradicional do direito subjetivo, na medida em que é "composta de direito/dever, e por meio da qual se realizam os interesses individual e coletivo, de modo a concretizar, assim, a função da solidariedade constitucional" (Gustavo Tepedino, *Comentários ao Código Civil*: direito das coisas, vol. 14, São Paulo: Saraiva, 2011, p. 242-243).

[18]   Judith Martins-Costa, O caso dos produtos Tostines: uma atuação do princípio da boa-fé na resilição de contratos duradouros e na caracterização da suppressio. In: Ana Frazão; Gustavo Tepedino (coord.). *O Superior Tribunal de Justiça e a reconstrução do direito privado*, São Paulo: Revista dos Tribunais, 2011, p. 534.

[19]   Judith Martins-Costa, O caso dos produtos Tostines, cit., p. 534.

do programa contratual, mostra-se tormentosa a prospectiva de cumprimento forçado do contrato após a denúncia. Tal preocupação já se encontra presente, em matéria de resilição contratual, na regulamentação de alguns contratos típicos, em relação aos quais se admite que a prorrogação compulsória seria incompatível com a natureza da relação de confiança inerente ao escopo contratual. Nessa direção, Caio Mário da Silva Pereira adverte que "não é a qualquer tipo de contrato que essa regra do parágrafo único do art. 473 tem incidência", tendo em vista que "certos contratos, como o mandato, admitem por sua natureza a resilição unilateral incondicional, porque tem fundamento na relação de confiança entre as partes. Nessas hipóteses deve restar ao prejudicado apenas obter indenização pelos danos sofridos, sem a possibilidade de extensão compulsória da vigência do contrato".[20] Em relação a *certos contratos*, portanto, considera-se "inviável a extensão do contrato pela perda da confiança traduzida pela notificação de resilição", porque "seria inadmissível que em contratos dessa espécie fosse aquele que não confia no outro obrigado a continuar vinculado contratualmente".[21]

Embora tal construção se restrinja normalmente aos contratos unilaterais, como o mandato e o comodato, a hipercomplexidade social que se reflete nas relações contratuais contemporâneas recomenda cotejar a *ratio* que orienta a doutrina na conformação do remédio previsto no art. 473, parágrafo único, do Código Civil com os denominados *contratos de colaboração*, os quais comumente constituem o suporte fático de incidência da denúncia.[22] Nesses contratos, a cooperação e a confiança no comportamento da outra parte representam condições para o sucesso da atividade contratual, aludindo-se mesmo a uma espécie de *affectio contractus*,[23] a ressaltar a indispensabilidade da relação de confiança na execução contratual. Os contratos de colaboração têm se tornado cada vez mais importantes nas atividades empresariais, refletindo a dinamicidade da teoria contratual, vez que "a viabilização jurídica da associação entre agentes econômicos é agora também realizada de novas maneiras, despregadas das fórmulas tradicionais oferecidas pelo ordenamento jurídico para acomodar interesses em empreendimentos comuns".[24] Tais contratos, observa Paula Forgioni, se situam no entremeio dos contratos de intercâmbio – nos quais o incremento da vantagem econômica de uma parte leva à diminuição do proveito da outra – e dos contratos de sociedade.[25]

Característico dos contratos de colaboração, portanto, é o fato de que os riscos das partes são interdependentes, com efetivo alinhamento dos interesses, de modo que a performance de uma das partes impacta necessariamente na performance da outra. Em definitivo, são contratos que "pressupõem esforços conjugados",[26] cuja estabilidade depende, em última análise, da confiança

---

[20] Caio Mário da Silva Pereira, *Instituições de direito civil*, vol. III, Rio de Janeiro: Forense, 2016, p. 133.

[21] Paulo Rogério Bonini, Resilição contratual – Relações civis-empresariais – Interpretação do art. 473, parágrafo único, CC – Consequências do exercício da resilição unilateral – Indenização x prolongamento do contrato. In: *Cadernos Jurídicos*, São Paulo, ano 16, n. 39, jan.-mar./2015, p. 195.

[22] Isso porque os contratos de colaboração, ou contratos colaborativos, "tendem a se estender no tempo; seu aspecto associativo faz com que a relação deles decorrente não se destine ao esgotamento imediato, como ocorre nos contratos de intercâmbio. Costumam, assim, ser celebrados por prazo indeterminado" (Paula Forgioni, *Contratos empresariais*: teoria geral e aplicação. São Paulo: Revista dos Tribunais, 2016, p. 194).

[23] Anderson Schreiber remete ao texto de Jacques Mestre (L'évolution du contrat en droit privé français. In: Jean Carbonnier et al., *L'évolution contemporaine du Droit des Contrats – Journées René Savatier*, Paris: Presses Universitaires de France, 1986, p. 51) em que este alude à expressão *affectio contractus* (Anderson Schreiber, *Equilíbrio contratual e dever de renegociar*, São Paulo: Saraiva, 2018, p. 295).

[24] Paula Forgioni, *Contratos empresariais*, cit., p. 191.

[25] Paula Forgioni, *Contratos empresariais*, cit., p. 178.

[26] Paula Forgioni, *Contratos empresariais*, cit., p. 191.

entre as partes. Desse modo, o raciocínio desenvolvido pela doutrina para afastar a prorrogação compulsória em relação a certos contratos se revela útil também no âmbito dos contratos de colaboração. Afinal, uma vez realizada a denúncia, o principal incentivo comportamental à atuação colaborativa se dissipa, tendo em vista que o denunciatário não mais possui a expectativa de continuidade da relação e dos ganhos dela advindos, o que antes impulsionava seu comportamento colaborativo. Assim, fica comprometida a confiança essencial ao seguimento do negócio, acentuando-se, com a iminência da extinção da relação contratual, o risco moral (*moral hazard*)[27] presente em boa parte desses contratos.

Ilustrativamente, o agente ou distribuidor que recebe a denúncia do contrato terá, em regra, menos incentivos para empenhar esforços na execução contratual. Incrementam-se, ao reverso, os riscos de que, antecipando a extinção do contrato, o agente ou distribuidor se dedique menos, de modo a reduzir seu custo com a promoção dos interesses de um fornecedor que em breve deixará de ser seu parceiro comercial. Durante o período de cumprimento forçado estará em risco, ainda, a imagem do fornecedor ou de sua marca, que podem ser negativamente afetadas pela desídia *natural* do agente ou distribuidor após o recebimento da denúncia ou, em cenário mais pessimista, pela atuação deliberada do agente ou distribuidor insatisfeito com a denúncia contratual. Da mesma forma, invertendo-se a situação, o agente ou distribuidor que denuncia o contrato poderá se colocar em situação desvantajosa durante o período de pré-aviso, sendo obrigado a manter sua estrutura – com os respectivos custos – à disposição de um fornecedor que poderá, por exemplo, redirecionar seus produtos para outro parceiro na mesma região, deixando o agente ou distribuidor com o volume mínimo de bens avençado no contrato.[28]

Os exemplos, embora delineados no contexto de contrato de distribuição, a ele não se restringem. A rigor, não é difícil vislumbrar casos em que a manutenção do contrato após a notificação da denúncia revela-se temerária para o denunciante, que acaba assumindo posição vulnerável diante da parte que, a par do fim iminente da relação contratual – e frequentemente insatisfeita com o exercício do direito à denúncia –, pode adotar todo tipo de expediente desleal visando a obtenção de vantagens pessoais, e em prejuízo do denunciante, antes que o contrato chegue a seu termo final.

Poder-se-ia imaginar, ainda, diversas relações contratuais cujo objeto, sendo extremamente sensível à parte que denuncia o contrato, torna inviável o prosseguimento após a denúncia, independentemente de sua configuração como contrato empresarial de colaboração. Assim, por exemplo, a prorrogação compulsória de contrato de prestação de serviço de segurança para empresa que explora rede de varejo em área de risco. Nessa hipótese, revela-se compreensível que o comerciante apenas informe à prestadora de serviços que irá interromper o contrato no momento em que já houver ajustado com outra empresa a prestação do serviço de segurança, tornando-se absolutamente disfuncional a exigência de prorrogação do contrato. Pense-se, ainda, no escritório de contabilidade que mantém contrato com empresa prestadora de serviços de assistência técnica,

---

[27] O denominado risco moral (*moral hazard*) encontra-se associado à assimetria de informações entre duas partes que se relacionam por meio de um contrato, notadamente quanto às possibilidades limitadas (ou inexistentes) de avaliação ou verificação do nível de esforço da contraparte. Dessa sorte, tendo em vista que não há meios efetivos de controlar a atividade da parceira comercial, configura-se o risco moral quando a parte com mais informações sobre suas ações tem a tendência ou incentivos a se comportar de forma inapropriada em relação àquele que possui menos informação. Para uma análise da questão sob o viés econômico, v. Sanford J. Grossman; Oliver D. Hart, An Analysis of the Principal-Agent Problem. In: *Econometrica*, vol. 51, n. 1, jan./1983, p. 7-45. Disponível em: http://classes.maxwell.syr.edu/ecn611/grossmanhart83.pdf. Acesso: 15.1.2018.

[28] Sobre o tema, v. Fernando Ferreira Pinto, *Contratos de distribuição*: da tutela do distribuidor integrado em face da cessação do vínculo, Lisboa: Universidade Católica Portuguesa, 2013, p. 523-525.

informática e segurança da informação. A denúncia pelo escritório quebra o elo de confiança entre as partes e torna inviável a manutenção do serviço. Conclusão diversa, no sentido de promover a prorrogação compulsória do contrato, teria como consequência impor ao escritório ônus desproporcional, incompatível com aquilo que é, afinal, o exercício de seu direito de denunciar o contrato.

Depreende-se de tais reflexões que a mesma *ratio* que leva a doutrina a afirmar a impossibilidade da prorrogação compulsória após a denúncia de contratos cuja execução depende da relação de confiança entre as partes encontra-se presente em boa parte dos contratos duradouros passíveis de denúncia, nos quais a perda da confiança pode revelar-se igualmente decisiva, inviabilizando a manutenção do contrato.[29] Tal conclusão, por sua vez, não nega efetividade à obrigação de conceder pré-aviso, antes evidenciando a necessidade de adequar o remédio previsto no art. 473, parágrafo único, ao suporte fático sobre o qual incide, harmonizando-o com a tutela dos interesses a que se visa tutelar com a norma.

A inviabilidade de manutenção do contrato denunciado não significa, portanto, ausência de proteção da parte que recebe a denúncia. Torna-se necessário investigar alternativas à prorrogação compulsória que preservem a efetividade do dever de pré-aviso como remédio destinado a tutelar o interesse no cumprimento do contrato após a denúncia por período razoável. O remédio adequado deverá, nessa perspectiva, garantir o interesse da parte que recebe a denúncia, sem, todavia, impor excessivo ônus ao titular do direito que requer legitimamente sua desvinculação da relação contratual. A manutenção coercitiva do contrato poderá traduzir-se, em muitos casos, exatamente nesse ônus desproporcional que se deve evitar impor ao denunciante, configurando solução disfuncional que, sob o pretexto de garantir a proteção de quem recebe a denúncia, acaba por desguarnecer a posição da parte que denuncia o contrato, reprimindo, em última análise, o exercício da prerrogativa que lhe é garantida pela ordem jurídica. Cumpre, desse modo, lançar mão de perspectiva diversa, que permita ao intérprete desprender-se do remédio extraído da literalidade do art. 473, parágrafo único, para buscar o instrumento de tutela mais adequado aos interesses merecedores de tutela na situação de denúncia contratual.

II. A PERSPECTIVA DO *GIUSTO RIMEDIO* E SUA IMPORTÂNCIA NA ESTRUTURAÇÃO DO DEVER DE PRÉ-AVISO: A FACULDADE ALTERNATIVA DE PAGAMENTO DO VALOR CORRESPONDENTE AO CUMPRIMENTO DO CONTRATO

A afirmação de que a prorrogação compulsória do contrato denunciado se afigura inadequada à tutela dos interesses merecedores de tutela em inúmeras hipóteses demanda a inquirição de soluções interpretativas que garantam efetividade ao dever de pré-aviso extraído do art. 473, parágrafo único, do Código Civil. A literalidade do artigo, com a previsão de que a denúncia *só produzirá efeito* após o decurso do prazo razoável, não obsta a formulação de soluções alternativas

---

[29] Parte da doutrina, reconhecendo o problema, apresenta soluções que, embora não permitam outros meios de cumprimento do dever de pré-aviso que não a prorrogação do contrato, parecem combinar o pré-aviso com outras obrigações, de modo a diminuir a duração pela qual o contrato deverá ser compulsoriamente prorrogado. Nessa direção, v. Luiz Daniel Rodrigues Haj Mussi, *Abuso de dependência econômica nos contratos interpresariais de distribuição*, Dissertação (Mestrado em Direito) – Faculdade de Direito da Universidade de São Paulo, 2007, p. 151-152; Ruy Rosado de Aguiar Júnior, *Comentários ao novo Código Civil*, vol. VI, t. II, cit., p. 366; Gustavo Haical, Apontamentos sobre o direito formativo extintivo de denúncia no contrato de agência. In: Judith Martins-Costa, *Modelos de direito privado*, São Paulo: Marcial Pons, 2014, p. 308.

que, preservando o escopo da norma, apresentem maior adequação à dinâmica dos contratos suscetíveis de denúncia. Nesse contexto, revela-se interessante o recurso à noção, presente na dogmática italiana, de *giusto rimedio*, por meio da qual busca-se ressaltar a importância de conceber – na esteira do raciocínio já vigente em matéria processual – as situações jurídicas subjetivas como instrumentos para a realização de interesses merecedores de tutela e, portanto, instrumentais a estes.

Nessa direção, remete-se à concepção de Pietro Perlingieri, para quem "*il rimedio è soltanto uno strumento e non rappresenta un valore. L'intero sistema rimediale va dunque ripensato in prospettiva funzionale, alla luce dei princípi di proporzionalità ed effettività, dei criteri di adeguatezza e ragionevolezza*",[30] tendo em vista que "*non è l'interesse a strutturarsi attorno al rimedio, ma il rimedio a trovare modulazione in funzione degli interessi considerati dalla fattispecie concreta*".[31] Propõe-se, nessa direção, a flexibilidade do sistema remedial, funcionalmente repensado à luz da adequação do instrumento predisposto pelo legislador ao interesse concretamente tutelado.[32]

Na experiência brasileira, Anderson Schreiber observa que esta *nova perspectiva de exame dos institutos jurídicos* constitui "corolário da funcionalização" das normas e institutos do direito civil, tendo em vista que a "valorização do fim a ser concretizado, em oposição à tradicional abordagem limitada à estrutura, estimula uma maior preocupação com os mecanismos de realização prática da função".[33] Em síntese, trata-se de "visão moderna que reconhece maior flexibilidade ao intérprete na definição do instrumento a ser empregado na consecução do propósito concreto pretendido pela ordem jurídica".[34] A *perspectiva remedial* assume importante papel no cenário de ocaso do raciocínio silogístico e de insuficiência da técnica regulamentar,[35] permitindo ao intérprete identificar, diante do amplo quadro de situações não imaginadas pelo legislador, o instrumento que melhor se adequa à tutela do interesse merecedor de tutela, sem apego a uma já superada *taxatividade dos remédios*.[36]

Ampliam-se, por exemplo, as possibilidades de avaliação do rol de remédios outorgados ao credor lesado pelo inadimplemento;[37] confere-se maior flexibilidade na definição da resolução ou revisão como remédio adequado à tutela dos interesses da parte prejudicada com o desequilíbrio contratual superveniente;[38] e, de modo geral, permite-se ao intérprete articular os remédios previstos na lei em função do interesse juridicamente tutelado. Não se trata, contudo, de escolha discricionária do remédio considerado adequado, sendo imprescindível garantir a efetividade do

---

[30] Pietro Perlingieri, Il 'giusto rimedio' nel diritto civile. In: *Il giusto processo civile*, vol. 6, 2011, p. 3. Tradução livre: "o remédio é apenas um instrumento e não representa um valor. Todo o sistema remedial é, portanto, repensado em perspectiva funcional, à luz dos princípios de proporcionalidade e efetividade, dos critérios de adequação e razoabilidade".

[31] Pietro Perlingieri, Il 'giusto rimedio' nel diritto civile, cit., p. 4. Tradução livre: "não é o interesse a se estruturar em torno do remédio, mas o remédio a encontrar modulação em função dos interesses considerados na *fattispecie* concreta".

[32] Enzo V. Roppo, *Il contratto*, Milano: Giuffrè, 2001, p. 1.037-1.038.

[33] Anderson Schreiber, Equilíbrio contratual e dever de renegociar, cit., p. 245.

[34] Anderson Schreiber, Equilíbrio contratual e dever de renegociar, cit., p. 250.

[35] Giovanni Perlingieri, *Profili applicativi della ragionevolezza nel diritto civile*, Collana: Cultura giuridica e rapporti civili, 14, Napoli: Edizioni Scientifiche Italiane, 2015, p. 88.

[36] Pietro Perlingieri, Riflessioni finali sul danno risarcibile. In: Giovanni di Giandomenico (coord.), *Il danno risarcibile per lesione di interessi legitimi*, Napoli: Edizioni Scientifiche Italiane, 2004, p. 288.

[37] Gustavo Tepedino; Anderson Schreiber, *Código Civil comentado*, vol. IV, São Paulo: Atlas, 2008, p. 345-346.

[38] Anderson Schreiber, Equilíbrio contratual e dever de renegociar, cit., p. 250.

instrumento utilizado para a promoção do interesse a que a ordem jurídica oferece tutela,[39] ponderadas as consequências de cada possível solução à luz das peculiaridades do caso analisado.[40] Com efeito, "somente após ter individuado os interesses em jogo e verificado seu merecimento de tutela é possível investigar o remédio adequado",[41] valorizando "a efetiva concretização dos fins da ordem jurídica, ainda que por mais de uma via, cumulativa ou alternativamente colocadas à disposição do intérprete".[42]

Vale observar, ainda, que a perspectiva remedial não se restringe ao momento patológico da relação contratual, sendo possível vislumbrar remédios contratuais cuja função consiste em proteger o interesse merecedor de tutela antes de sua lesão.[43] O dever de pré-aviso, como se sabe, tem por função proteger o interesse da parte que recebe a denúncia, de modo que o cumprimento do pré-aviso pelo denunciante evita a lesão a este interesse. Pode-se falar, portanto, em obrigação funcionalmente orientada à tutela dos interesses da parte que recebe a denúncia, permitindo-lhe preparar-se para o fim da relação contratual de duração indefinida. No entanto, como já observado, o remédio disposto no art. 473, parágrafo único, do Código Civil, ao determinar a suspensão da eficácia da denúncia – ou, por outras palavras, a prorrogação compulsória do contrato – revela-se, no mais das vezes, inadequado às relações contratuais duradouras em que o elemento fiduciário desempenha papel essencial.

Nessa medida, o recurso à noção de *giusto rimedio* permite projetar solução mais congruente com a função do dever de pré-aviso e com as peculiaridades das relações contratuais sobre as quais incide esta obrigação. De uma parte, faz-se imprescindível assegurar que o remédio preserve o interesse da parte a quem visa tutelar, tal seja, a parte que recebe a denúncia. Assim, seja qual for o modo de cumprimento do dever de pré-aviso, deve-se garantir ao denunciatário o tempo necessário para redirecionar suas atividades, por exemplo buscando novo contrato semelhante ao extinto ou liquidando, com condições favoráveis, os bens antes afetados à atividade contratual. Por outro lado, o remédio não deve ser tal que a gravidade de seus efeitos para o denunciante torne impossível (ou extremamente arriscado) o seu cumprimento. O *giusto rimedio* deve, a um só tempo, ser capaz de tutelar adequadamente a posição de quem recebe a denúncia, com efeitos menos gravosos ao denunciante do que seriam os decorrentes da prorrogação compulsória da relação contratual a despeito de sua inutilidade e disfuncionalidade.[44]

No que se refere ao primeiro aspecto, o que se exige é que o dever de pré-aviso "preserve a adequada tutela do prejudicado",[45] o que se pode assegurar mediante o recebimento, pela

---

[39]   Pietro Perlingieri, *O direito civil na legalidade constitucional*, Rio de Janeiro: Renovar, 2008, p. 113-114.

[40]   Pietro Perlingieri, Il 'giusto rimedio' nel diritto civile, cit., pp. 5-8.

[41]   Pietro Perlingieri, Il 'giusto rimedio' nel diritto civile, cit., p. 4. Segundo Enzo Roppo, "na base das normas que dispõem remédios contratuais há uma ponderação comparativa de valores e interesses" (Enzo Roppo. *Il contratto*, cit., p. 726). No original: "alla base delle norme che dispongono rimedi contrattuali cè una ponderazione comparativa di valori e interessi".

[42]   Anderson Schreiber, Equilíbrio contratual e dever de renegociar, cit., p. 245-246.

[43]   Pietro Perlingieri, Il 'giusto rimedio' nel diritto civile, cit., p. 4.

[44]   Tal o raciocínio desenvolvido por Anderson Schreiber no âmbito dos possíveis remédios do credor diante do inadimplemento. Segundo o autor, deve-se "perquirir, em cada caso concreto, a existência de outros remédios capazes de atender ao interesse do credor (e.g., perdas e danos), com efeitos menos gravosos ao devedor – e a eventuais terceiros afetados pela relação obrigacional – que a resolução do vínculo" (Anderson Schreiber. A tríplice transformação do adimplemento. In: *Direito Civil e Constituição*. São Paulo: Atlas, 2013, p. 112).

[45]   Rodrigo Xavier Leonardo, A denúncia e a resilição: críticas e propostas hermenêuticas ao art. 473 do CC/2002 brasileiro, cit., p. 111. Vale notar que este autor, embora afirme a necessidade de suspender a

parte que recebe a denúncia, do valor a que faria jus durante o cumprimento do contrato pelo período de pré-aviso. Quanto ao segundo fator – do ônus imposto ao denunciante –, esta solução também evita os inconvenientes da prorrogação compulsória do contrato após a denúncia e a quebra da confiança que esta pode suscitar. Com efeito, não há, a princípio, qualquer prejuízo ao interesse tutelado pelo art. 473, parágrafo único, com o recebimento pelo denunciatário do valor correspondente ao cumprimento do contrato pelo período, ao passo que a adoção deste remédio afasta os severos problemas que a manutenção coercitiva do contrato denunciado pode suscitar para o denunciante.

O pagamento do valor correspondente ao cumprimento do contrato por prazo razoável garante ao destinatário da denúncia a mesma vantagem que decorreria da prorrogação da relação contratual. Recebendo a denúncia acompanhada da quantia que iria auferir pela execução do contrato por prazo razoável, o denunciatário poderá igualmente preparar-se para o encerramento da relação contratual. A rigor, obtendo o valor que lhe caberia pela execução do contrato, sem, contudo, executá-lo, o denunciatário poderá em alguns casos gozar de melhores oportunidades de redirecionamento de seus bens e atividades, tendo em vista que não precisará despender esforços no cumprimento das obrigações do contrato extinto. Efetivamente, enquanto o remédio que retira a eficácia da denúncia pressupõe o cumprimento integral do contrato pelo período de pré-aviso, a solução que permite ao denunciante pagar o valor equivalente ao cumprimento libera o denunciatário de suas incumbências contratuais, conferindo-lhe, no mínimo, mais tempo para adotar as medidas preparatórias à extinção do contrato, o que, ao fim e ao cabo, promove exatamente a função a que se destina o prazo razoável vinculado à denúncia.

Tal raciocínio se encontra presente em parte da doutrina brasileira que, apesar da literalidade do art. 473, parágrafo único, do Código Civil, se posiciona favoravelmente à possibilidade de pagamento do valor equivalente ao cumprimento do contrato, considerando a disfuncionalidade do remédio da prorrogação compulsória. Em regra, contudo, costuma-se associar o pagamento do valor do cumprimento do contrato à inobservância do dever de pré-aviso, ao passo que a interpretação ora desenvolvida concebe o pagamento como uma possibilidade de cumprimento da obrigação de aviso prévio, a qual se revela inclusive mais consentânea com a função do dever de pré-aviso que a prorrogação compulsória. De todo modo, afigura-se sintomática a afirmação, em doutrina, de que o descumprimento do pré-aviso pelo denunciante não impede a extinção do contrato, convertendo-se em perdas e danos. Sustenta-se, nessa linha, que "o fim da exigência [de pré-aviso] é prevenir as consequências da ruptura brusca do contrato, mas o aviso prévio não é requisito necessário à validade da resilição, que será eficaz ainda que não tenha sido dado".[46] Isso significa que, "embora válida, a denúncia desacompanhada de aviso prévio sujeita o denunciante ao pagamento de indenização dos prejuízos que a outra parte sofre".[47] Na mesma direção, afirma-se que "a falta de adequado aviso prévio não implica ineficácia da denúncia. A parte prejudicada não poderá, com fulcro apenas nessa razão, postular a continuidade do contrato. Terá pretensão, sim, a ser indenizada pelos prejuízos emergentes e lucros cessantes gerados pela brusca extinção do liame contratual".[48]

---

eficácia da denúncia, reconhece, em última análise, que a "*adequada* tutela do prejudicado" é o vetor que orienta a definição do remédio.

[46] Orlando Gomes, *Contratos*, cit., p. 224.

[47] Orlando Gomes, *Contratos*, cit., p. 224.

[48] Leonardo Sperb de Paola. Sobre a denúncia dos contratos de distribuição, concessão comercial e franquia. In: *Revista Forense*, Rio de Janeiro, v. 94, n. 343, p. 115-148, jul-set./1998, p. 142. V., ainda, Humberto Theodoro Júnior; Adriana Mandim Theodoro De Mello, *Comentários ao Código Civil brasileiro*, vol. VI, Rio de Janeiro: Forense, 2009, p. 1.031. No direito comparado, v. Luis Diez-Picazo, *Fundamentos*

Afigura-se ainda mais significativo o fato de o ordenamento jurídico brasileiro estabelecer, em relação a contratos passíveis de denúncia, a possibilidade de o denunciante se desincumbir do cumprimento do contrato pelo período de pré-aviso mediante o pagamento do valor correspondente. Assim, por exemplo, a Lei nº. 4.886/1965, que regulamenta a representação comercial autônoma, estabelece que a denúncia "obriga o denunciante, salvo outra garantia prevista no contrato, à concessão de pré-aviso, com antecedência mínima de trinta dias, *ou ao pagamento de importância igual a um terço (1/3) das comissões auferidas pelo representante, nos três meses anteriores*" (art. 34). Do mesmo modo, o art. 720 do Código Civil denota a possibilidade de pagamento do *valor* do pré-aviso ao estatuir, no parágrafo único, que, "no caso de divergência entre as partes, *o juiz decidirá da razoabilidade do prazo e do valor devido*". Importa mencionar, ainda, que na regulamentação do contrato de trabalho, nada obstante o caráter protetivo da CLT, admite-se que as partes – tanto o empregador, como o empregado – cumpram a obrigação de conceder o aviso prévio com o pagamento dos salários correspondentes ao tempo de cumprimento do contrato.[49] Conforme observa a doutrina especializada, permite-se ao empregador que "pague antecipadamente os correspondentes salários e dispense a prestação dos serviços".[50]

Como se percebe, a proposta interpretativa quanto à possibilidade de cumprimento do dever de pré-aviso por meio do pagamento do valor correspondente ao que perceberia o destinatário da denúncia com a execução do contrato possui amparo em normas que integram o ordenamento jurídico brasileiro, a indicar que, do ponto de vista sistemático, tal remédio se mostra adequado à função do pré-aviso, sem afrontar a *ratio* do art. 473, parágrafo único, do Código Civil, o que é corroborado também ao se analisar a jurisprudência brasileira.

Nessa direção, em interessante acórdão prolatado no Tribunal de Justiça do Estado do Rio Grande do Sul, examinou-se denúncia de "contrato de parceria avícola, mantido há quase uma década, mediante notificação de ínfimos quinze dias que sequer foram cumpridos". No caso, embora o contrato estabelecesse a possibilidade de denúncia contratual com pré-aviso de 15 (quinze) dias, a Corte afirmou que "o aviso prévio deveria ter sido ainda maior, considerando que os autores, pequenos produtores rurais, dedicaram-se por quase uma década à concretização da atividade-fim da empresa ré, mega potência no setor (antiga Sadia S/A, atual BRF S/A), efetivaram investimentos de grande monta, contraíram dívidas para melhorar o trabalho, e se viram, de dia para o outro, sem a atividade que lhes sustentava". O aspecto que ora se pretende destacar, contudo, diz respeito ao modo pelo qual o prazo razoável de pré-aviso poderia ter sido

---

del derecho civil patrimonial, vol. II, Madrid: Civitas, 1996, p. 907; Fernando de Paula Batista Mello, *Notas sobre o contrato de agência*: elementos essenciais, divergências doutrinárias e causas de cessação do vínculo contratual, Coimbra: Instituto Jurídico da Faculdade de Direito de Coimbra, 2014, p. 49; Fernando Ferreira Pinto, *Contratos de distribuição: da tutela do distribuidor integrado em face da cessação do vínculo*, Lisboa: Universidade Católica Portuguesa, 2013, p. 509.

[49] CLT, art. 487: "(…) § 1º. A falta do aviso prévio por parte do empregador dá ao empregado o direito aos salários correspondentes ao prazo do aviso, garantida sempre a integração desse período no seu tempo de serviço. § 2º. A falta de aviso prévio por parte do empregado dá ao empregador o direito de descontar os salários correspondentes ao prazo respectivo".

[50] Arnaldo Süssekind, *Direito constitucional do trabalho*, Rio de Janeiro: Renovar, 2004, p. 159. No mesmo sentido, v. Pedro Paulo Teixeira Manus, *Direito do trabalho*, São Paulo: Atlas, 2003, p. 166. Na experiência portuguesa, Pedro Romano Martinez destaca que, embora o empregador não possa, em regra, denunciar o contrato de trabalho, o empregado, ao exercer a denúncia, pode permanecer vinculado às obrigações contratuais durante o pré-aviso ou "pagar ao empregador uma indenização pelos prejuízos causados, que não será inferior ao valor total da retribuição base e das diuturnidades correspondentes ao período de antecedência em falta" (Pedro Romano Martinez, *Da cessação do contrato*, Coimbra: Almedina, 2015, p. 417-418).

cumprido pelo denunciante. Tendo o tribunal fixado como razoável o prazo de 6 (seis) meses, fez questão de assinalar que, para cumprir o dever anexo de conceder pré-aviso, "a partir da notificação, deve a parceira proprietária manter a entrega das aves ao parceiro produtor no prazo indicado *ou pagar indenização equivalente, tomando-se por base, pois, a média da remuneração nos últimos 6 meses*".[51]

Tal remédio atende perfeitamente ao interesse do denunciatário, assegurando-lhe o tempo necessário à preparação para o fim da relação contratual, sem, contudo, impingir ao denunciante obrigação incompatível com a natureza do negócio. Portanto, considerando que, como observado, o pagamento do valor correspondente ao cumprimento do contrato constituirá em alguns casos remédio mais adequado que a execução contratual pelo período que sucede a denúncia, deve-se garantir ao denunciante a faculdade de liberar-se do vínculo contratual denunciado com o pagamento do valor correspondente ao que receberia a contraparte pelo cumprimento do contrato, não já apenas com a prorrogação da relação contratual cuja execução se tornou inviável.[52]

A opção de efetuar o pagamento do valor correspondente ao cumprimento, já se destacou, ao mesmo tempo em que assegura a tutela dos interesses da parte que recebe a denúncia, visa a proteger a posição do denunciante, que poderia assumir risco desproporcional ao ser compelido a manter o contrato cuja extinção tinha o direito de promover. Considerando este aspecto, cumpre reconhecer que a opção pela prorrogação do contrato ou pelo pagamento do equivalente deve ser franqueada (não ao denunciatário, que terá seus interesses igualmente resguardados em ambos os casos, mas) ao denunciante, ao qual deve ser concedida a faculdade de substituir a prorrogação do contrato durante o prazo razoável pelo pagamento do valor correspondente, configurando-se o dever de pré-aviso como obrigação com faculdade alternativa (ou faculdade de substituição).

Como explica Ricardo Cesar Pereira Lira, "a finalidade da obrigação com prestação facultativa é facilitar ao devedor o cumprimento da obrigação, já que o devedor tem o poder de substituição, pagando com outra prestação, em lugar da devida".[53] Por isso que "a faculdade de substituição da prestação devida por outra é exclusiva do devedor, fixada apenas no seu interesse. Apenas uma

---

[51] TJ/RS, 17ª C.C. Ap. Civ. 70073432734. Rel. Des. Liége Puricelli Pires, julg. 29.6.2017. Como, no caso, a parte denunciante não cumpriu qualquer das prestações, a Corte concluiu: "como não houve a observância do prazo referido, deverá a ré indenizar o autor, pagando o equivalente à média dos últimos 6 meses por igual período, valor a ser apurado em liquidação de sentença".

[52] Há quem afirme, porém, que a opção entre a prorrogação do contrato e o pagamento do valor equivalente caberia (não ao denunciante, mas) ao denunciatário. A título ilustrativo, v. Paulo Rogério Bonini, *Resilição contratual*, cit., p. 196; Nelson Nery Junior, Denúncia unilateral e imotivada de contrato de prestação de serviços médico-hospitalares. In: *Soluções Práticas de Direito*, vol. II, São Paulo: Revista dos Tribunais, 2012, p. 544. Tal proposta, não obstante tenha o mérito de reconhecer hipóteses em que seria disfuncional a prorrogação do contrato após a denúncia, acaba por permitir ao denunciatário forçar a execução do contrato mesmo diante da oferta do denunciante de pagar o valor correspondente ao cumprimento do contrato. Admite, desse modo, que o denunciatário ressentido com a extinção do contrato desvirtue a função do pré-aviso – que afinal seria atendida com o recebimento do valor oferecido pelo denunciante –, imponha a prorrogação da relação contratual com o propósito de vulnerar a posição do denunciante.

[53] Ricardo Cesar Pereira Lira, *Obrigação alternativa e obrigação acompanhada de prestação facultativa*, Rio de Janeiro: Faculdade de Direito da UERJ, 1970, p. 102. Observa o autor que, nesta espécie de obrigação, o devedor "se reserva o poder de liberar-se, entregando, ao invés da prestação devida, uma prestação diferente, que está, desde logo, determinada, ou é, pelo menos, determinável" (*Obrigação alternativa e obrigação acompanhada de prestação facultativa*, cit., p. 101). Como esclarece Clovis Bevilaqua, a prestação suplementar vem adjunta à prestação devida "somente para facilitar o devedor a desobrigar-se, na suposição de lhe ser mais conveniente a prestação suplementar, o que nem sempre acontecerá" (Clovis Bevilaqua., *Direito das obrigações*, Salvador: Livraria Magalhães, 1896, p. 100).

prestação é devida ao credor. A outra surge da faculdade conferida ao devedor",[54] de modo que este, "obrigado a uma coisa ou a um fato, pode, se lhe apraz, substituir por outro".[55] Aplicando o raciocínio à obrigação de conceder aviso prévio, pretende-se facilitar ao denunciante o cumprimento do pré-aviso, favorecendo, consequentemente, o exercício do direito à resilição que lhe é concedido pelo ordenamento jurídico. Embora comumente decorram da autonomia privada, as obrigações com faculdade alternativa podem resultar da lei.[56] A doutrina exemplificava, à luz do Código de 1916, com a obrigação do usufrutuário de restituir bens consumíveis, na qual lhe era facultado, contudo, pagar o valor dos bens "pelo preço corrente ao tempo da restituição".[57] Não há, portanto, óbice à configuração da obrigação de pagamento do valor correspondente à execução do contrato pelo período de pré-aviso como faculdade que integra a estrutura do dever de pré-aviso, ainda que não tenha sido expressamente prevista pelas partes.

Com efeito, ainda que as partes nada estabeleçam quanto ao direito à denúncia, sabe-se que este integra as relações contratuais por tempo indeterminado, assim como o dever de pré-aviso. Logo, a ausência de regulamentação pelas partes não afasta as conclusões alcançadas quanto às possibilidades de cumprimento do pré-aviso. Com maior razão, sendo a hipótese especificamente regulamentada pelas partes, que vinculam a denúncia ao pagamento de certo valor, deve-se privilegiar o ajuste que compõe a distribuição de riscos do programa contratual.[58]

É esta, aliás, a dinâmica presente no âmbito da multa penitencial, na qual, como já observado, convenciona-se o valor que deverá ser pago caso uma das partes opte por exercer seu direito à resilição do contrato.[59] Esclarece Massimo Bianca que, "para o exercício do poder de denúncia (ou de revogação) pode ser prevista uma prestação, a cargo do denunciante, dita multa penitencial. Em tal caso a revogação tem efeito apenas após a execução da prestação prevista", sendo certo, ainda, que "a multa penitencial não representa uma cláusula penal vez que o ato de denúncia não constitui nem pressupõe um inadimplemento do denunciante, o qual exercita um direito seu. A

---

[54] Gustavo Tepedino; Anderson Schreiber, *Código Civil comentado*, vol. IV, cit., p. 86. V., ainda: Giorgio Giorgi, *Teoria delle obbligazioni nel diritto moderno italiano*, vol. IV, Firenze: Fratelli Cammelli, 1904, p. 535-536; Bernhard Windscheid, *Diritto delle pandette*, trad. Carlo Fadda e Paolo Emilio Bensa, vol. II, p. I, Torino: Unione tipografico-editrice, 1904, p. 19; G. Baudry-Lacantinerie, *Trattato teórico-pratico di diritto civile*, vol. II: delle obbligazione, trad. P. Bondante; G. Pacchioni; A. Sraffa (a cura di), Milano: Francesco Vallardi, 1915, p. 216.

[55] Orosimbo Nonato, *Curso de Obrigações*, vol. I, Rio de Janeiro: Forense, 1959, p. 329. Explica o autor que a prestação facultativa "se junta para facilidade de pagamento – *non est in obligatione, sed adiectu tantum solutionis gratia*" (*Curso de Obrigações*, vol. I, cit., p. 329).

[56] Ricardo Cesar Pereira Lira, Obrigação alternativa e obrigação acompanhada de prestação facultativa, cit., p. 103.

[57] O artigo 726, sem correspondência na codificação atual, previa em seu *caput* que "as coisas que se consomem pelo uso caem para logo no domínio do usufrutuário, ficando, porém, este obrigado a restituir, findo o usufruto, o equivalente em gênero, qualidade e quantidade, ou, não sendo possível, o seu valor, pelo preço corrente ao tempo da restituição". Segundo Pontes de Miranda, este seria um exemplo de *facultas alternativa* originada da lei (Francisco Cavalcanti Pontes de Miranda, *Tratado de direito privado*, t. XXII, São Paulo: Revista dos Tribunais, 2012, p. 142).

[58] Sobre o papel da autonomia privada na regulamentação do dever de pré-aviso, v. Francisco Viégas, *Denúncia contratual e dever de pré-aviso*, cit., pp. 155-164.

[59] Nessa perspectiva, Cesare Massimo Bianca afirma que a denúncia deve respeitar o pré-aviso, "salvo quando especificamente prevista uma diversa consequência (ex: pagamento de uma indenização)" (Cesare Massimo Bianca, *Diritto civile*, vol. III, Milano: Giuffrè, 1987, p. 705). No original: "salvo che sia specificamente prevista una diversa conseguenza (es.: pagamento di un indennizzo)".

multa penitencial é, a rigor, o preço da denúncia".[60] Se, por outro lado, as partes estipulam (não o pagamento de determinada quantia, mas) apenas o prazo de pré-aviso a ser observado na hipótese de denúncia, há que se interpretar o regulamento contratual, mas, a princípio, não haveria empecilho ao cumprimento da cláusula contratual mediante o pagamento do valor correspondente ao interesse da contraparte no cumprimento.

O raciocínio desenvolvido em relação ao cumprimento do prazo razoável de pré-aviso revela-se igualmente válido, como não poderia deixar de ser, no âmbito do denominado prazo estabilizador, o qual, como visto, vincula o exercício da denúncia ao decurso de prazo mínimo de execução do contrato de duração (*contratto di durata*)[61] por tempo indeterminado. Isso porque, também aqui, havendo *contrato colaborativo*, a denúncia extemporânea rompe a relação de confiança essencial à execução regular do programa contratual, sendo de duvidosa utilidade, sob o prisma funcional, o remédio da manutenção coercitiva do contrato.[62] Nesta hipótese, contudo, o prazo mínimo de duração do contrato – considerando sobretudo a causa contratual e os investimentos realizados para sua execução – pode ser assaz extenso e, conforme o caso, poderia obrigar o denunciante a desembolsar quantia significativa. Nada obstante, se a denúncia foi realizada antes do tempo mínimo pelo qual deveria ter sido executado o contrato, frustrando a legítima expectativa da contraparte, torna-se efetivamente necessário tutelar os interesses da parte que confiava na execução do contrato, apenas possibilitando a denúncia caso haja o pagamento do valor a que faria jus a outra parte com o cumprimento do contrato pelo período devido, ainda que tal valor assuma proporções extraordinárias. Tal conclusão, além de garantir efetividade ao princípio da boa-fé objetiva, representa desestímulo a que qualquer das partes denuncie o contrato antes de transcorrido o prazo estabilizador, tendo em vista que o *preço* de tal denúncia poderá representar custo altíssimo. Desencoraja-se assim a denúncia antes do transcurso do prazo mínimo necessário ao atingimento do escopo econômico do contrato, preservando a coerência sistemática do direito à resilição e do dever de observância do prazo razoável.

No que tange ao cálculo do valor devido pelo denunciante que opta por exercer a faculdade de substituição da obrigação de manter o contrato pelo período de pré-aviso, o valor a ser pago deve abarcar a integralidade da quantia que o denunciatário receberia com a execução do contrato. À parte que recebe a denúncia caberá, assim, a receita que teria sido proporcionada pelo contrato durante período razoável após a denúncia. A advertência assume relevância na medida em que certos contratos demandam, por sua complexidade, despesas significativas para a execução regular das prestações ajustadas. Tais despesas nem sempre podem ser imediatamente descontinuadas pela parte que recebe a denúncia, a qual pode ter custos vinculados à execução do contrato mesmo após a sua extinção. A título ilustrativo, o fornecedor de produtos têxteis que mantém, por mais de duas décadas, contrato com grande empresa do ramo de vestuário feminino, fornecendo-lhe os tecidos

---

[60] Cesare Massimo Bianca, *Diritto civile*, vol. III, Milano: Giuffrè, 1987, p. 706. No original: "Per l'esercizio del potere di recesso (o di revoca) può essere prevista una prestazione, a carico del recedente, detta multa penitenziale. In tal caso la revoca ha effetto solo a seguito dell'esecuzione della prestazione prevista. La multa penitenziale non rappresenta una penale in quanto l'atto di recesso non costituisce né presuppone un inadempimento di recedente, il quale esercita un suo diritto. La multa penitenziale è piuttosto il prezzo del recesso". V., ainda, Alberto Trabucchi, *Istituzioni di diritto civile*, Milano: Cedam, 2013, p. 837; Henri De Page. *Traité* élémentaire *de droit civil belge*, t. IV, Bruxelles: Émile Bruylant, 1943, p. 283. No direito brasileiro, v. Jorge Cesa Ferreira da Silva, Inadimplemento das obrigações. In: Miguel Reale; Judith Martins-Costa (coord.), *Coleção biblioteca de direito civil*: estudos em homenagem ao professor Miguel Reale, São Paulo: Revista dos Tribunais, 2007, p. 312.

[61] Giorgio Oppo, I contratti di durata, Rivista del diritto commerciale e del diritto generale delle obbligazioni, parte prima, vol. 41, Milano, 1943, pp. 156-157.

[62] Nessa direção, v. Paulo Rogério Bonini. *Resilição contratual*, cit., p. 195.

412 | PROBLEMAS DE DIREITO CIVIL – *Homenagem aos 30 anos de cátedra do professor Gustavo Tepedino*

utilizados na fabricação das roupas, certamente possui contratos por meio dos quais organiza sua atividade contratual de modo a cumprir as obrigações assumidas perante a empresa que fabrica as peças de roupa. Assim, para a execução do contrato denunciado, o fornecedor aluga um galpão para armazenar os tecidos a serem enviados à empresa contratante. Além disso, o fornecedor possui custo mensal para o pagamento de empresa responsável pela vigilância do local, situado – como a maioria dos galpões na região – em área de risco da cidade. Possui, ainda, funcionários que se dedicam exclusivamente à conta da empresa denunciante. Neste exemplo, afigura-se evidente que o pagamento correspondente ao cumprimento do contrato deve contemplar a receita, não já o lucro, proveniente do contrato.

Caso se sustente que o denunciante deve pagar apenas o lucro que o denunciatário teria com o cumprimento do contrato por, digamos, três meses, frustrar-se-ia a função do pré-aviso, tendo em vista que o valor recebido não lhe permitirá arcar com os custos que ainda possui em virtude do contrato denunciado e, ainda assim, manter a situação econômica que lhe proporcionava aquele contrato por tempo suficiente ao redirecionamento de suas atividades. Imagine-se, por exemplo, que as despesas que realizava para o cumprimento do contrato eram de R$ 200.000,00 (duzentos mil reais) mensais e o contrato lhe garantia, em média, R$ 350.000,00 (trezentos e cinquenta mil reais) por mês. O lucro mensal, portanto, é de R$ 150.000,00 (cento e cinquenta mil reais), enquanto a receita é de R$ 350.000,00 (trezentos e cinquenta mil reais). Note-se que, se o fornecedor não conseguir se liberar, no primeiro momento, das despesas vinculadas à execução do contrato denunciado, o simples pagamento do lucro sequer lhe permitirá arcar com os custos que possuía para atender os interesses da parte denunciante. O pagamento desse valor, portanto, não assegura à parte que recebe a denúncia situação semelhante à que obteria se o contrato fosse integralmente executado pelo prazo de pré-aviso. Faz-se necessário, portanto, que o valor devido pelo denunciante que opta por pagar o pré-aviso leve em consideração (não o lucro, mas) a receita a que faria jus o denunciatário pelo período razoável subsequente à denúncia.

Nessa direção, o Tribunal de Justiça do Estado de São Paulo, examinando a denúncia de contrato de distribuição de produtos alimentícios, fixou o racional de cálculo do valor correspondente ao pré-aviso de 30 (trinta) dias, considerado razoável à luz das circunstâncias do caso. Segundo a Corte, "a projeção de vendas é um critério objetivo e adequado à mensuração do montante que as autoras deixaram de ganhar no período em referência", destacando-se, ainda, que "no laudo técnico, o Sr. Perito levou em consideração, corretamente, o faturamento que deixou de existir a partir da resilição do contrato, visto que as autoras contavam exatamente com esse faturamento, até então existente, para fazerem frente a seus custos operacionais e, afinal, obter seu lucro".[63]

Também no TJSP, determinou-se que o prazo razoável para a denúncia de contrato de prestação de serviços que vigeu por 3 (três) anos seria de 30 (trinta) dias, determinando-se que o valor ser pago deveria "corresponder à sexta parte do faturamento nos últimos seis meses de vigência do contrato entre as partes, isto é, deve corresponder ao faturamento de 30 dias, calculado pela média dos últimos seis meses".[64] Em sentido semelhante, o Tribunal de Justiça do Estado de

---

[63] TJ/SP, 24ª CDPriv. Ap. Cív. 0004116-06.1997.8.26.0309. Rel. Des. Walter Barone, julg. 11.5.2017.

[64] TJ/SP, 34ª CDPriv. Ap. Cív. 9196959-15.2005.8.26.0000. Rel. Des. Cristina Zucchi, julg. 21.11.2011. No TJSP, vale mencionar também acórdão que, fixando o prazo de pré-aviso em 30 (trinta) dias, determinou que os valores devidos pelo denunciante seriam "correspondentes à remuneração média de um mês de prestação de serviço, sendo certo que resultou incontrovertido nos autos que a renda mensal média auferida pelo autor com a prestação do serviço à ré alcançava a quantia de R$ 2.250,00" (TJ/SP, 19ª CDPriv. Ap. Cív. 0066900-42.2012.8.26.0002. Rel. Des. João Camillo de Almeida Prado Costa, julg. 27.7.2015). Em outro acórdão sobre o tema, o TJSP fixou que a quantia devida "deve ser estabelecida no equivalente a vinte vezes (20) a remuneração média dos últimos doze meses, o que corresponde, a grosso modo, a

Pernambuco, embora tenha denominado a parcela em questão como "indenização por lucros cessantes", utilizou o critério correto para determinar o valor devido a título de correspondente da obrigação de conceder prazo razoável. Conforme determinou o tribunal, o valor "deve ser apurado com base na média do faturamento mensal percebido, ou seja, R$ 9.257,76 (nove mil, duzentos e cinquenta e sete reais e setenta e seis centavos), perfazendo o total de R$ 18.515,52 (dezoito mil, quinhentos e quinze reais e cinquenta e dois centavos)", tendo em vista que o prazo considerado razoável foi de 60 (sessenta) dias.[65]

Em alguns casos, isso pode significar alguma vantagem para o denunciatário que, em vez de se manter vinculado ao contrato – com os direitos e obrigações que dele decorrem –, passa apenas a receber o valor a que teria direito caso o contrato fosse executado. Com efeito, fosse a hipótese de responsabilidade civil, deveriam ser considerados – para o cálculo do valor correspondente ao prazo razoável de cumprimento do contrato – as possíveis vantagens que o denunciatário obteve em virtude da opção do denunciante pela extinção do contrato com o pagamento do pré-aviso.[66] No entanto, como já destacado, a hipótese antecede qualquer dano injusto, configurando-se propriamente como cumprimento da obrigação de conceder pré-aviso no âmbito do exercício do direito à denúncia contratual.[67] A vantagem econômica de que possivelmente se aproveitará, na hipótese de pagamento do valor correspondente ao pré-aviso, a parte que recebe a denúncia não representa problema na dinâmica da denúncia e do aviso prévio, seja porque se preserva a função do pré-aviso, não colocando em risco a posição do denunciatário, seja porque, configurando-se tal hipótese como faculdade atribuída ao denunciante, este sempre poderá, caso prefira, manter integralmente o contrato.

Para calcular a receita a ser considerada no âmbito do pagamento do pré-aviso, mostra-se útil recorrer ao critério estabelecido no já mencionado art. 34 da Lei nº. 4.886/1965, que alude à média das remunerações obtidas nos últimos três meses de cumprimento do contrato. Vale observar que a média dos valores recebidos anteriormente configura, em regra, critério seguro, por permitir a diluição dos riscos nos contratos em que há grande variação do valor percebido mensalmente. A título meramente ilustrativo, a legislação portuguesa sobre agência e distribuição comercial estabelece, na mesma direção, que a quantia devida pelo pré-aviso deve ser "calculada com base na remuneração média mensal auferida no decurso do ano precedente, multiplicada pelo tempo em falta", ou, "se o contrato durar há menos de um ano", com base na "remuneração média mensal auferida na vigência do contrato" (Decreto-Lei nº 178/86, art. 29.º, 2). A solução, contudo, pode demandar adaptações de acordo com as características específicas do contrato denunciado. Assim, se em contrato vigente por 10 (dez) anos o valor recebido nos meses de novembro, dezembro e janeiro sempre foi muito superior à média dos demais meses do ano, e contrato foi denunciado em outubro de seu décimo primeiro ano de execução, deve-se tomar por base para a fixação

---

1/12 da remuneração auferida nos duzentos e quarenta meses de duração da parceria. Essa indenização será apurada mediante meros cálculos. As remunerações a serem tomadas como referência para a fixação da média experimentarão correção monetária desde as datas dos respectivos pagamentos" (TJ/SP, 19ª CDPriv. Ap. Cív. 0109819-53.2006.8.26.0100. Rel. Des. Mario de Oliveira, julg. 6.6.2016).

[65] TJ/PE, 2ª C.C. Ap. Cív. 2597904. Rel. Des. Cândido José da Fonte Saraiva de Moraes, julg. 12.11.2013. O caso chegou ao Superior Tribunal de Justiça, que, porém, sequer conheceu do recurso (STJ, 3ª T., AgRg no AREsp 569.413/PE, Rel. Min. Paulo de Tarso Sanseverino, julg. 16.3.2017).

[66] Trata-se da denominada *compensatio lucri cum damno*. Sobre o tema, v. Gisela Sampaio da Cruz Guedes, *Lucros cessantes*: do bom-senso ao postulado normativo da razoabilidade, São Paulo: Revista dos Tribunais, 2011, p. 302-317.

[67] Para uma análise dos efeitos do descumprimento do dever de pré-aviso, v. Francisco Viégas, *Denúncia contratual e dever de pré-aviso*, cit., pp. 230-246.

do valor devido a título de pré-aviso a receita obtida nos últimos anos de execução do contrato naquele período específico em que o contrato seria cumprido, não já a média dos últimos meses. Tal adaptação se faz necessária sempre que constatada a variação sazonal dos valores recebidos em virtude do contrato denunciado.

NOTAS CONCLUSIVAS

O tema da denúncia contratual suscita questões de elevado interesse prático, sobretudo diante da difusão dos contratos (típicos e atípicos) de duração indeterminada e dos ajustes contratuais em que se estabelece o direito à denúncia. Como se procurou demonstrar, o controle funcional da denúncia contratual opera mediante restrições temporais ao exercício deste direito, abrangendo, além da restrição temporal consubstanciada no dever de pré-aviso *stricto sensu*, o dever de respeitar o prazo mínimo de duração do contrato, o denominado prazo estabilizador.

A partir da estrutura do dever de pré-aviso, determinada por sua função de controle de merecimento de tutela da denúncia contratual, problematizou-se a questão da chamada suspensão da eficácia da denúncia, enfatizando-se as dificuldades práticas inerentes à prorrogação compulsória das relações contratuais passíveis de denúncia. Viu-se que a mesma *ratio* que conduz a doutrina a afirmar a impossibilidade da prorrogação compulsória após a denúncia de contratos cuja execução depende da relação de confiança entre as partes se encontra presente em boa parte dos contratos de duração indeterminada, nos quais a perda da confiança pode se revelar igualmente decisiva, inviabilizando a manutenção do contrato. Procurou-se demonstrar, nessa perspectiva, que tal dificuldade não deve impedir o controle funcional da denúncia, demandando apenas a construção de remédios que, preservando a função do art. 473, parágrafo único, do Código Civil, sejam adequados ao suporte fático sobre o qual incide a norma.

Cogitou-se, assim, de alternativas à prorrogação compulsória que preservem a efetividade do dever de pré-aviso como remédio destinado a tutelar o interesse no cumprimento do contrato após a denúncia por período razoável. Valendo-se da noção de *giusto rimedio*, propõe-se que a obrigação de o denunciante observar o prazo razoável se configure, do ponto de vista estrutural, como obrigação com faculdade alternativa, a permitir à parte que exerce o direito à denúncia optar entre (i) manter o contrato, com todos os direitos e obrigações dele decorrentes, e (ii) interromper o contrato, efetuando, porém, o pagamento das prestações a que faria jus a parte denunciada durante o prazo razoável. Tal configuração do dever de pré-aviso evita que o denunciante seja invariavelmente compelido a prorrogar o contrato após a denúncia, sem descurar da proteção aos interesses do denunciatário, constituindo, portanto, o *giusto rimedio* para prevenir o exercício abusivo da denúncia contratual.[68]

---

[68] Esta configuração do dever de pré-aviso permite tutelar adequadamente os interesses contrapostos na hipótese de denúncia contratual, garantindo efetividade ao princípio da boa-fé objetiva sem negar a legitimidade do exercício do direito de denúncia. Registra-se, contudo, que na hipótese em que o controle funcional da denúncia se fundamenta (não na boa-fé, mas) na função social, a prorrogação compulsória do contrato será o remédio necessário sempre que se estiver diante de contratos cuja execução esteja diretamente vinculada a interesses existenciais ou coletivos. Isso porque, em tais casos, a simples composição dos interesses patrimoniais dos contratantes não será suficiente para que se considere merecedora de tutela a denúncia contratual, tendo em vista que a cessação abrupta da execução contratual poderia ocasionar lesão a outros interesses dignos de tutela jurídica subjacentes ao contrato. Sobre o tema, v. Francisco Viégas, *Denúncia contratual e dever de pré-aviso*, cit., pp. 246-257.

25

O CÓDIGO DO CONSUMIDOR E AS CLÁUSULAS PENAIS

José Roberto de Castro Neves

Em 1998, eu era um jovem professor de Direito Civil, que, três anos antes, havia concluído o mestrado, dando ênfase à filosofia do Direito. Desejava seguir estudando e concluir o Doutorado na Universidade do Estado do Rio de Janeiro, onde me graduei. Talvez a falta de experiência explique o que vou dizer: naquela época, queria elaborar uma tese de doutorado revolucionária, que "abalasse" os pilares do Direito Civil. Não me faltavam ideias. Via imperfeições em toda parte.

O Código de Defesa do Consumidor, a Lei nº 8.078, de 11.9.1990, entrou em vigor em março de 1991. Foi, como se sabe, uma lei muito bem recepcionada pela sociedade, que ansiava por um regramento mais digno e eficaz aos consumidores. Como se diz, "uma lei que pegou". Publicou-se, imediatamente após a sua edição, uma quantidade cavalar de trabalhos sobre o Código do Consumidor e a jurisprudência, também rapidamente, passou a oferecer sua posição. Muitos defendiam que o Direito do Consumidor havia criado um "microcosmo" – definição, permita-se o registro, que jamais me seduziu.

A Lei nº 8.078 recebeu, por força do artigo 48 das Disposições Transitórias da Constituição Federal, um nome, antes mesmo de ela ser formulada. Isso porque o constituinte determinou a sua elaboração, fixando o prazo exíguo de apenas seis meses para a sua conclusão, e deu-lhe um título: Código de Defesa do Consumidor.

Essa nomenclatura sempre me soou equivocada. Afinal, embora reconheça que o consumidor possa sofrer por sua eventual posição mais frágil em relação ao fornecedor ou ao prestador do serviço, não parece correto que a lei já carregue, no seu nome, uma posição de tamanha parcialidade, indicando que protege uma das partes antes mesmo de conhecer a situação concreta.

Veja-se, por exemplo, que não temos um "Código de Defesa do Trabalhador", embora o Direito do Trabalho reconheça a situação de vulnerabilidade do empregado em relação ao empregador. Essa qualificação apontada pelo Poder Constituinte tinha um sabor de populismo. Ademais, em outros ordenamentos jurídicos, nos quais também se sentia proveito em regulamentar as relações de consumo, não se havia batizado a lei com essa orientação clara de "defesa". Ora, como se sabe, o freguês nem sempre tem razão.

As primeiras publicações sobre a Lei do Consumidor viam, com razão, o advento da regra como uma conquista social. Ao mesmo tempo, pregava-se a força suprema dessas normas, inclusive porque o artigo 1º da Lei estabelecia que a norma possuía natureza de "ordem pública e interesse social".

Na prática, questionar qualquer abrandamento ou "modulação" da aplicação do Código do Consumidor era visto – ainda hoje segue assim por muitos – como um tabu, uma heresia. O Consumidor merecia proteção absoluta e ponto-final.

Essa "defesa" se justificava pelo estado de hipossuficiência do consumidor, pelos abusos aos quais ele, pela natureza da relação, estava submetido.

Contudo, minha atuação como advogado e professor universitário me levaram a vivenciar e refletir sobre situações nas quais o consumidor não era a parte mais frágil da relação. Ao revés, essa hipossuficiência, por vezes, sequer existia. Como, então, justificar a "defesa" ao consumidor nesses casos? A nossa lei ignorava essas hipóteses, que não representavam situações excepcionais.

Na Alemanha, para citar um caso, a proteção se faz ao aderente de um contrato de adesão, situação, de fato, muito comum no âmbito de uma relação de consumo. Nesses casos, a vontade do aderente encontra-se, por óbvio, limitada, pois não possui qualquer ingerência sobre o conteúdo do contrato. Aqui, a Lei nº 8.078/90 protege o consumidor, sem, ao menos na regra, considerar a absoluta heterogeneidade do conceito de consumidor e universo díspar de situações.

A falta de apreciação do caso concreto – da relação específica de hipossuficiência entre as partes – poderia acarretar uma aplicação deturpada do propósito da Lei. Afinal, a defesa de uma parte, no Código do Consumidor, tem uma *ratio*. E se essa *ratio* não estiver lá?

Inicialmente, pensei em estudar, na minha tese de doutorado, as cláusulas de não indenizar nas relações de consumo. Há, como se sabe, diversos tipos de cláusulas de não-indenizar,[1] desde a estipulação na qual se renuncia por completo ao direito, até a que exclui certa situação do dever de indenizar.

As mais radicais das estipulações que modificam o risco do negócio são aquelas que eximem, por completo, o dever de reparar da parte por eventual inadimplemento.

"A cláusula de irresponsabilidade, de seu lado, importa a supressão de qualquer reparação" afirma José de Aguiar Dias no seu conhecido trabalho sobre o tema[2]. Com efeito, nesse tipo de ajuste, o devedor se exime por completo do dever de arcar com os prejuízos decorrentes do inadimplemento[3].

Evidentemente, a cláusula de não-indenizar – como todas as que ajustam uma alteração das regras gerais de reparação dos danos – se funda no princípio da autonomia da vontade. Logo, ela

---

[1]   "Poderá afirmar-se, com Garcia Amigo, que a variedade que estas cláusulas podem assumir é 'quase infinita'. Na verdade, nas palavras deste autor, 'o engenho dos empresários mostra a sua exuberante fantasia, criando uma riqueza extraordinária de cláusulas contratuais, com o fim último de fazer recair sobre os credores, clientes, os prejuízos que a lei, através da responsabilidade contratual, põe a seu cargo', pelo que, conclui, pretender uma classificação completa de todas essas cláusulas seria *um empeño inalcanzable*." (Antônio Pinto Monteiro, *Cláusulas Limitativas e de Exclusão de Responsabilidade Civil*, Coimbra: Almedina, 1985, p. 103).

[2]   José de Aguiar Dias, *Cláusula de não-indenizar*, 4ª ed., Rio de Janeiro: Forense, 1980, p. 22.

[3]   Ver: Alberto do Amaral Júnior, *A invalidade das cláusulas limitativas de responsabilidade nos contratos de transporte aéreo, in* Revista de Direito do Consumidor, v. 26, São Paulo: Revista dos Tribunais, 1998, p. 9.

Cap. 25 • O CÓDIGO DO CONSUMIDOR E AS CLÁUSULAS PENAIS | **417**

só será admissível nos casos nos quais essa autonomia possa verificar-se de modo amplo, ou seja, quando não houver limitações de ordem pública. Há, ainda, quem sustente que apenas se admite esse tipo de disposição se a parte que ficar desprovida de indenização receber alguma vantagem com o ajuste que lhe é danoso[4].

O entendimento dominante, há muito, é no sentido de que as cláusulas de não-indenizar, como representam enorme limitação a uma das partes, devem ser repelidas se constantes de contratos de adesão, nos quais a parte aderente – e sofredora dos ônus da estipulação – não pôde discutir os termos do que foi ajustado[5].

Além disso, mesmo admitindo que a cláusula de não-indenizar não ofereça, no caso específico, qualquer afronta ao interesse público, a sua incidência não se dará se, na ocorrência do inadimplemento, houve dolo ou culpa grave do devedor. Afinal, não fosse assim, "seria estabelecer a impunidade da má-fé de antemão"[6].

Acresce, ainda, que a cláusula de não-indenizar, segundo entendimento doutrinário e jurisprudencial dominante, não poderá ajustar a exclusão de responsabilidade relativa aos elementos substanciais do contrato. Com efeito, não faz sentido que se ajuste uma obrigação e, ao mesmo tempo, se estipule a possibilidade de se eximir dela. Essa a *ratio* da Súmula 161 do Supremo Tribunal Federal que não admite a cláusula de não-indenizar nos contratos de transporte[7-8].

Estabeleceu-se, pela conjugação de todos os fundamentos acima elencados, uma sólida orientação de se não admitir as cláusulas de não-indenizar nas relações de consumo.[9-10]

---

[4] "No âmbito do direito comum, a doutrina sustenta que a cláusula de não indenizar somente se aperfeiçoará se contar com o consentimento das partes, devendo ainda corresponder a uma vantagem paralela a ser obtida pelo outro contratante. O exemplo normalmente lembrado é o do transporte, em que a cláusula de não indenização somente teria eficácia se se correspondesse a uma redução da tarifa em favor de quem despachou a mercadoria." (Alberto do Amaral Júnior, *O Código de Defesa do Consumidor e as Cláusulas de Limitação da Responsabilidade nos Contratos de Transporte Aéreo Nacional e Internacional, in* Revista dos Tribunais, v. 759, São Paulo: Revista dos Tribunais, 1999, p. 69).

[5] Assim: Álvaro Luiz Damásio Galhanone, *A cláusula de não-indenizar, in* Revista dos Tribunais, v. 565, São Paulo: Revista dos Tribunais, 1982.

[6] Sergio Cavalieri Filho, *Programa de Responsabilidade Civil*, 2ª ed., São Paulo: Malheiros, 2000, p. 392.

[7] Nesse mesmo sentido, para citar outro exemplo, os acórdãos citados por Sergio Cavalieri Filho (*Programa de Responsabilidade Civil*, 2ª ed., São Paulo: Malheiros, 2000, p. 394), que declararam nula a cláusula de não indenizar de aluguel de cofre bancário, porque se entendeu que se tratava de obrigação essencial.

[8] Eis os termos da Súmula: "Em contrato de transporte, é inoperante a cláusula de não indenizar." Sobre outros aspectos dessa Súmula, leia-se Roberto Rosas, *Direito Sumular*, 11ª ed., São Paulo, Malheiros, 2002, p. 75-80.

[9] "Não há dúvida de que as cláusulas de não indenização trazem prejuízos aos consumidores. Quando não provocam a completa imunidade do fornecedor, impõem drástica limitação do dever de indenizar ou a transferência desse dever a terceiros. Tais cláusulas privam a obrigação de qualquer sanção jurídica, fator que a transforma em obrigação moral, destituída de garantia. Desaparece a faculdade de o credor exigir que o devedor cumpra a obrigação. Atentam contra o princípio da força obrigatória dos contratos porque não há risco a suportar quando o fornecedor exclui a obrigação que sobreviria como resultado de um fato a ele imputável." (Alberto do Amaral Júnior, *A invalidade das cláusulas limitativas de responsabilidade nos contratos de transporte aéreo, in* Revista de Direito do Consumidor, v. 26, São Paulo: Revista dos Tribunais, 1998, p. 10)

[10] Em função do artigo 25 da Lei do Consumidor, Guilherme Couto de Castro defende a vedação dessas cláusulas nas relações de consumo: "Deve ser referida a possibilidade, algumas vezes presente, de acordo prévio afastando o ressarcimento, isto é, a chamada cláusula de não indenizar. Como regra, é ela proibida

418 | PROBLEMAS DE DIREITO CIVIL – *Homenagem aos 30 anos de cátedra do professor Gustavo Tepedino*

Discuti o tema com meu orientador, o Professor Gustavo Tepedino, já naquela época uma referência em Direito Civil – e, mais ainda, arauto de um Direito Civil arejado, liberto, sintonizado com os valores da sociedade. Guardo, até hoje, as anotações dessas luminosas conversas, na sala dele na Universidade.

Orientado, na melhor acepção dessa palavra, pelo Professor Tepedino, concluí a dificuldade de defender uma tese claramente contrária à lei. Decidi, então, que meu trabalho examinaria as cláusulas penais nas relações de consumo, notadamente quando, pelo ajuste contratual, o montante da indenização resultasse num valor menor do que o do dano efetivamente experimentado pelo consumidor. Seria a cláusula penal, ainda assim, lícita?

A apreciação era um convite ao exame do verdadeiro propósito da defesa do consumidor.

Em 1998, ainda vigia o Código de 1916, antes de as cláusulas penais receberem as importantes alterações com a nova Lei Civil de 2002. A cláusula penal recebeu consideráveis e salutares alterações com o Código de 2002, como a expressa referência a sua capacidade de servir apenas como um mínimo de indenização, além de impor ao julgador o dever (e não mais apenas uma opção) de diminuí-la, na forma do artigo 413[11,] quando se revelar excessiva. Registre-se, ainda, que o instituto – que antes era examinado entre as modalidades das obrigações – foi acertadamente colocado sob o título do "inadimplemento das obrigações".

A cláusula penal, ou pena convencional, é um tipo comum de estipulação contratual por meio da qual as partes fixam, de antemão, o valor que uma delas pagará à outra em decorrência do inadimplemento total ou parcial da obrigação[12-13] Admite-se, dessa forma, que as partes, no momento da celebração de um contrato, estipulem o valor da indenização que será devida no caso de inadimplemento culposo, parcial ou total.

---

nas relações de consumo (arts. 24 e 25 da Lei nº 8.078/90), e, mesmo fora da área do consumidor, inválida será a avença se descaracterizar obrigação básica do próprio contrato, quebrando seu equilíbrio legal." (*A responsabilidade civil objetiva no direito brasileiro*, 2ª ed., Rio de Janeiro, Forense, 1997, p. 26)

[11] "Art. 413. A penalidade deve ser reduzida eqüitativamente pelo juiz se a obrigação principal tiver sido cumprida em parte, ou se o montante da penalidade for manifestamente excessivo, tendo-se em vista a natureza e a finalidade do negócio".

[12] "Diz-se cláusula penal a convenção através da qual as partes fixam o montante da indemnização a satisfazer em caso de eventual inexecução do contrato. Trata-se, como sabemos, de uma liquidação convencional antecipada dos prejuízos, tomando o termo liquidação no sentido técnico já nosso conhecido de determinação do montante de uma obrigação de quantitativo incerto. a liquidação da indemnização é feita, aqui, a *fortait*, visto não se saber ainda qual o valor real dos prejuízos nem mesmo se eles virão a produzir-se." (Inocêncio Galvão Telles, *Direito das Obrigações*, 3ª ed. refundida, Coimbra: Almedina, 1979, p. 350-351).

[13] "Estabelecendo paralelo entre cláusula penal e perdas e danos, escudada nas lições de Washington de Barros Monteiro, alude Maria Helena Diniz (*Curso de Direito Civil Brasileiro, Teoria Geral das Obrigações*, Ed. Saraiva, São Paulo, 1988, 4ª ed., 2º vol., p. 341) a que 'na pena convencional o *quantum* já está antecipadamente fixado pelas contratantes, e nas perdas e danos o juiz é que fixará seu montante, após regular a liquidação ou comprovação.'

No caso, como visto, entendo que não existe simples multa, mas uma prévia fixação pelas partes das perdas e danos, de natureza patrimonial e moral, englobadamente. (...)

Resta nítido, portanto, ao meu ver, o sentido de que a 'multa' ali expressada, como valor global, refere-se ao montante das perdas e danos, pré-visualizadas pelas partes em caso de um descumprimento, total ou parcial, pela Demandada, da obrigação de não copiar etiquetas da Demandante, 'com a intenção de imitação." (Álvaro Villaça Azevedo, Multa Contratual, in Revista de Direito Civil, v. 59, São Paulo: Revista dos Tribunais, 1992, p. 136-137).

A cláusula penal possui uma natureza complexa[14]. Essa complexidade vem desde o nascimento do instituto, muito antigo, cujas origens remontam ao Direito Romano, onde era denominada *stipulatio poenae*.

De fato, são duas coisas distintas, embora possam conviver: uma situação consiste no ajuste, pelas partes, de uma pena para o caso de inadimplemento, independentemente dos danos eventualmente suportados. Outra, diferente, é o prévio ajuste do que será devido em decorrência dos danos que advierem do inadimplemento. Na primeira, há uma natureza de sanção, de pena, enquanto na segunda de pré-avaliação das perdas e danos.

Assim, pode-se distinguir a cláusula penal pura, por meio da qual é fixada uma sanção para a hipótese de inadimplemento, da cláusula penal não pura, na qual as partes ajustam a ressarcibilidade do futuro e eventual dano decorrente da falha no cumprimento da obrigação.

A cláusula penal consagrada no Código Civil tem uma natureza, ao menos potencial, de punição. Muitos doutrinadores veem a cláusula penal como dotada de uma natureza mista[15], funcionando, ao mesmo tempo, como sanção e estipulação prévia de indenização[16]-[17]-[18].

---

[14] Consoante reconhece Antônio Chaves, em trabalho específico sobre o tema, "É escassa a bibliografia especializada sobre o tema." (*Cláusula Penal*, *in* Revista de Direito Civil nº 77, São Paulo: Revista dos Tribunais, 1996, p. 18).

[15] "Per una diversa classificazione cfr. nella dottrina spagnola Pena, *Tratado de derecho civil español*, I. t. IV, Madrid, 1951, p. 79, secondo cui la clausola penale perseguirebbe diverse funzioni e precisamente: a) funcion liquidadora del dano; b) funcion estrictamente penal; c) funcion coercitiva o de garantia." (Annibale Marini, *La Clausola Penale*, Napoli: Jovene Editore, 1984, p. 2).

[16] "La clause pénale a ce double caractère d'être une sanction et d'être une estimation anticipée des commages-intérêts.» (René Demogue, *Traité des Obligation en Général*, Tome VI, Paris: Librairie Arthur Rousseau, 1931, p. 515)

[17] "Significa isto que os partidários desta orientação, considerando a cláusula penal como pena privada, não recusam, 'in limite', a *dupla função* da pena. Por outras palavras: admitem que a cláusula penal possa ser estipulada *também* com finalidade reparatória, a qual relevará após a violação do contrato, mas sem que isso implique uma alteração da sua natureza, que será a de uma pena privada.

Eis, de modo sucinto, o essencial da concepção da cláusula penal como pena privada, a qual, na actualidade, foi sustentada por TRIMARCHI, por MAGAZZÚ e por MOSCATI, em Itália; por COSACK/MITTEIS e por STAUDINGER/KADUK, na RFA; por REICHEL, na Áustria; e por CRÊMIEUX, em França. É esta, por outro lado, a natureza que a cláusula penal possui no direito soviético e, em geral, em países de economia socialista, pelo que concerne aos contratos de execução do plano." (Antônio Joaquim de Matos Pinto Monteiro, *Cláusula Penal e Indemnização*, Coimbra: Almedina, 1990, p. 328-329)

[18] "Os pressupostos de que parte esta doutrina são óbvios e o seu espírito de conciliação é sedutor, o que explicará o elevado número de adeptos que tem reunido à volta de si. Acolhendo a tese da dupla função da cláusula penal, entende-se que isso implica, em coerência, atribuir-lhe uma natureza mista, composta por dois elementos – sanção/pena e indenização -, não podendo reduzir-se a qualificação jurídica da figura a consideração isolada de um ou do outro. É que só assim conseguirá explicar-se que a pena seja devida ainda que, na circunstância concreta, não haja danos ressarcíveis; que a redução opere apenas em casos extremos e não seja estritamente pautada por critérios de índole indemnizatória; e que o credor esteja legitimado a exigir uma soma intencionalmente acima daquela que resultaria da reparação do dano efectivo, a qual poderá acrescer, havendo acordo nesse sentido, ao cumprimento da obrigação principal ou à indeminização pelo não cumprimento." (Antônio Pinto Monteiro, *Cláusula Penal e Indemnização*, Coimbra: Almedina, 1990, p. 338-339).

O argumento mais substancial apresentado por aqueles que compreendem a cláusula penal também como punição reside no fato de que o montante ajustado na cláusula é devido mesmo que não tenha havido qualquer dano, como informa o artigo 416 do Código de 2002,[19] repetindo o conceito do artigo 927 do Código de Bevilacqua.

Na França também se discute a natureza da cláusula penal[20], embora a doutrina especializada reconheça que o Código Napoleão foi o grande divulgador da tese indenizatória[21]. O Código Francês, assim como a legislação de muitos outros países, admitiu duas figuras distintas: a clause de *dommages-intérêts* (artigo 1552) e a *clause pénale* (artigos 1226 a 1233). A primeira funciona como forma de pré-avaliar o dano[22] e a segunda, além de estipular os danos de antemão, serve, ainda, como meio de pressão ao devedor, pois contém uma multa.

No direito italiano, depara-se com a mesma situação: encontra-se a *clausola penale* e a *liquidazione convenzionale del danno*. Esta última não teria a finalidade também de coação, mas apenas a de pré-avaliar o eventual dano da parte lesada, ou seja, não havendo dano, não se fala em indenização[23]. Igualmente na Alemanha há a cláusula que efetua a prévia avaliação das perdas e danos (*Schadensersatzpauschalierung*) e a que estipula uma multa (*Vertragsstrafe*). No sistema da *common law*, distingue-se a *penalty clause*, de natureza sancionatória, da *liquidated damages clause*, cujo nome é autoexplicativo.

Essa dupla identidade dificulta um entendimento unívoco, entre nós, acerca da natureza da cláusula penal. Ademais, a cláusula penal adotada pelo Código Civil brasileiro, tanto no de 1916 como no de 2002, embora seja tratada como forma de pré-avaliação das perdas e danos, diz que o valor é devido independentemente da prova de dano, como acima salientado.

A doutrina dominante, entre nós, entende haver duas finalidades principais da pena convencional. A primeira função consiste em pré-avaliar as perdas e danos de um contrato, a fim de facilitar a sua liquidação[24-25.] A segunda reside em garantir o cumprimento das obrigações, uma

---

[19] "Art. 416. Para exigir a pena convencional, não é necessário que o credor alegue prejuízo".

[20] Ver: Denis Mazeaud, *La Notion de Clause Pénale*, Tomo 223, Paris: Librairie Générale de Droit et de Jurisprudence, 1992, p. 317-318 e 320-321.

[21] Ver: Antônio Joaquim de Matos Pinto Monteiro, *Cláusula Penal e Indemnização*, Coimbra: Almedina, 1990, p. 321-322.

[22] Ver: René Demogue, *Traité des Obligation en Général*, Tome VI, Paris: Librairie Arthur Rousseau, 1931, p. 480.

[23] Ver: Aída Kemelmajer de Carlucci, *La Cláusula Penal*, Buenos Aires: Depalma, 1981, p. 8).

[24] Orlando Gomes sustenta que o efeito principal é o de pré-avaliação dos danos: "Sua *função* é pré-liquidar danos. Insiste-se em considerá-la meio de constranger o devedor a cumprir a obrigação, por sua força intimidativa, mas esse efeito da cláusula penal é acidental. A melhor prova de que não atua essencialmente como arma coercitiva é que, por vezes, sua função é diminuir o montante da indenização que seria devida numa liquidação de perdas e danos conforme as regras comuns que a presidem." (*Obrigações*, Rio de Janeiro: Forense, 1996, p. 159)

[25] Galvão Telles vê apenas como indenização: "Cláusula penal será, literalmente, a cláusula onde se estabelece uma *pena*. Esta mesma palavra é aliás empregada na lei (arts. 811º e 812º). E também ela e outras semelhantes, como penalidade e multa, aparecem com freqüência nos contratos.

Mas não estamos na presença de uma verdadeira *pena*, sem embargo das designações utilizadas.

A pena representa um *castigo*, ou seja um mal infligido ao infractor, diverso da simples reparação do próprio mal que este causou. Ora a cláusula penal não possui essa natureza, pois o seu fim é reparar os prejuízos sofridos pelo credor.

Cap. 25 · O CÓDIGO DO CONSUMIDOR E AS CLÁUSULAS PENAIS | 421

vez que a estipulação da pena convencional estimula o adimplemento do pacto. Washington de Barros Monteiro resume as duas faces da cláusula: intimidação e ressarcimento[26-27-28].

O valor ajustado na cláusula pode referir-se à total inadimplência do contrato, ou apenas ao inadimplemento parcial, dizendo respeito, respectivamente, às cláusulas penais compensatórias e moratórias, respectivamente. Em ambas as hipóteses, haverá a fixação, "à forfait", da quantia devida em caso de inadimplemento. Com isso, facilita-se o ressarcimento. Ao invés de o credor lesado pelo descumprimento contratual aguardar a apuração judicial da amplitude de seu dano – ficando impelido a demonstrar seu prejuízo, num processo muitas vezes longo e custoso –, ele pode, desde logo, reclamar o montante apontado na cláusula[29-30].

A cláusula penal, na prática, pode servir tanto para diminuir o efetivo valor do ressarcimento quanto para aumentá-lo. Isso porque, por vezes, a prévia fixação do montante da indenização pode representar vantagem ao credor, o que ocorrerá se o dano sofrido pelo inadimplemento

---

A pena propriamente dita é cumulável com a indemnização. A cláusula penal não é, visto que se confunde com ela, cujo montante antecipadamente fixa. Como sabemos, se alguém comete um ilícito que tem a natureza de infracção criminal ou disciplinar e que ao mesmo tempo gera responsabilidade civil, fica sujeito a uma pena e a uma indemnização. Mas, se se trata de uma pena no sentido impróprio da palavra, como objecto da chamada cláusula penal, já não se torna possível submeter o responsável a ela e, ainda, a uma indemnização, calculada nos termos gerais, visto que semelhante 'pena' não representa mais do que a indemnização convencionalmente fixada *a priori*." (*Direito das Obrigações*, 4ª ed., Coimbra: Coimbra Editora, 1982, p. 351-352)

[26] Washington de Barros Monteiro, *Curso de Direito Civil, Direito das Obrigações*, 19ª ed., São Paulo: Saraiva, 1984, p. 201 e, no mesmo sentido, Roberto de Ruggiero, *Instituições de Direito Civil*, v. III, trad. da 6ª edição italiana, São Paulo: Livraria Acadêmica, 1943, p. 129.

[27] "A cláusula penal tem *dupla função*: a) atua como meio de coerção (*intimidação*), para compelir o devedor a cumprir a obrigação e, assim, não ter de pagá-la; e ainda b) como prefixação das perdas e danos (*ressarcimento*) devidos em razão do inadimplemento do contrato (Carlos Roberto Gonçalves, *Direito das Obrigações (Parte Geral)*, v. 5, São Paulo: Saraiva, 1999, p. 42).

[28] Limongi França, em seu exaustivo trabalho *Teoria e Prática da Cláusula Penal*, sustenta haver três e não apenas duas funções da cláusula penal: "Tríplice natureza da cláusula penal. (...) É reforço, porque efetivamente assume o caráter de garantia da obrigação principal.

É pré-avaliação dos danos porque o seu pagamento é compulsório, independentemente de prova do prejuízo da inexecução ou da execução inadequada. E ainda mesmo que não haja prejuízo, o pagamento não deixa de ser devido.

E, finalmente, é pena, na acepção lata do termo (mas nem por isso menos técnica), porque significa uma punição, infligida àquele que transgride a ordem contratual e, via de conseqüência, a própria ordem jurídica." (*Teoria e Prática da Cláusula Penal*, São Paulo: Saraiva, 1988, p. 157).

[29] Isso faz com que essa função de simplificação da apuração do dano seja um dos maiores atrativos da estipulação: "§9. *Función de simplificación probatória* – Para algunso autores la función preeminente de la cláusula penal reside en la simplificación probatoria; es decir, el acreedor puede exigir el cumplimiento de la cláusula penal sin probar el daño y no se debe si el deudor prueba que no se ha producido perjuizio alguno. De este modo no es sino un pacto relativo a la carga de la prueba del daño." (Aída Kemelmajer de Carlucci, *La Cláusula Penal*, Buenos Aires, Depalma, 1981, p. 13).

[30] "La causola penale blocca il risarcimento nel limite dell'ammontare convenuto: essa introduce nel risarcimento un *forfait* che è operativo non solo a favore ma anche a carico del creditore. A favore, in quanto l'ammontare convenuto è dovuto al creditore a prescindere da qualsiasi prova circa il *quantum* del danno subito; a carico, in quanto il creditore non è ammesso a provare di aver subito un danno maggiore." (Adriano de Cupis, *Il Danno – Teoria Generale della Responsabilità Civile*, v. 1, Milão: Dott. A. Giuffrè Editore, 1979, p. 526)

422 | PROBLEMAS DE DIREITO CIVIL – *Homenagem aos 30 anos de cátedra do professor Gustavo Tepedino*

for menor do que o *quantum* recebido em decorrência da cláusula penal (o credor, aliás, sequer precisa comprovar que sofreu qualquer dano para fazer valer a cláusula, como assegura o artigo 416 do Código, abrindo exceção à regra do artigo 404).

O Direito nacional adotou o conceito de que a cláusula pode limitar o valor da indenização. O novo Código Civil, no parágrafo único do artigo 416, traz regra específica sobre o ponto, sanando qualquer incerteza que a antiga redação da lei civil poderia suscitar:

> "Art. 416. (...) Parágrafo único. Ainda que o prejuízo exceda ao previsto na cláusula penal, não pode o credor exigir indenização suplementar se assim não foi convencionado. Se o tiver sido, a pena vale como mínimo de indenização, competindo ao credor provar o prejuízo excedente."[31]

O Código Civil de 2002, assim, extinguiu uma possível discussão, indicando que a cláusula penal funciona para fixar o valor da indenização[32]. A hipótese de se estabelecer cláusula que sirva apenas como limite mínimo de reparação não representará, tecnicamente, uma cláusula penal propriamente dita, mas disposição que apenas beneficia o credor, que já garante alguma indenização, podendo majorá-la se demonstrar que seu dano foi superior ao *quantum* referido contratualmente.

Dependendo da situação concreta, a cláusula penal servirá como limitadora do direito de requerer uma plena indenização pelo inadimplemento do devedor, até mesmo porque o credor, como se viu, salvo estipulação em contrário, terá a reparação limitada ao valor ajustado na cláusula, sendo-lhe, como se expôs, vedado optar por apurar a indenização pela avaliação das efetivas perdas e danos[33].

Verificada essa situação no âmbito de uma relação de consumo, ela deveria ser protegida pelo ordenamento jurídico?

Como se relatou, há interesse explícito e declarado de proteger o consumidor na relação de consumo. Esse amparo se dá das mais variadas formas. Na demanda de uma conduta leal das partes, a exigir que as informações acerca do produto ou do serviço sejam claras e acessíveis, repudiando

---

[31] Eis a norma do Código Civil Português:

"Artigo 811

(Funcionamento da cláusula penal)

1. O credor não pode exigir cumulativamente com base no contrato, o cumprimento coercivo da obrigação principal e o pagamento da cláusula penal, salvo se esta tiver sido estabelecida para o atraso da prestação; é nula qualquer estipulação em contrário.

2. O estabelecimento da cláusula penal obsta a que o credor exija indenização pelo dano excedente, salvo se outra for a convenção das partes.

3. O credor não pode em caso algum exigir uma indenização que exceda o valor do prejuízo resultante do incumprimento da obrigação principal." (redação do Dec. Lei 262/83)

[32] "E o credor não poderá exigir indenização suplementar, a pretexto de o prejuízo exceder a cláusula penal (CC, art. 416, parágrafo único), salvo se isso for convencionado, pois ela resulta de avença prévia, decorrente da vontade das partes, que a fixaram para reparar dano eventual oriundo de inadimplemento; deve-se, portanto, supô-la justa, valendo então como mínimo da indenização, competindo ao credor provar o prejuízo excedente." (Maria Helena Diniz, *Curso de Direito Civil Brasileiro – Teoria Geral das Obrigações*, v. 2, 16ª ed., São Paulo: Saraiva, 2002, p. 386)

[33] Vale ler, sobre o tema, lúcido parecer de Álvaro Villaça de Azevedo, intitulado *Multa Contratual*, publicado na Revista de Direito Civil nº 59, São Paulo: Revista dos Tribunais, 1992.

Cap. 25 • O CÓDIGO DO CONSUMIDOR E AS CLÁUSULAS PENAIS | **423**

a publicidade enganosa, garantindo que a interpretação das cláusulas de um contrato seja sempre feita de modo favorável ao consumidor (artigo 47 da Lei) e no reconhecimento de que as cláusulas abusivas serão declaradas nulas, para citar alguns exemplos.

As práticas reputadas como abusivas são referidas no artigo 39 e as cláusulas consideradas abusivas estão arroladas nos incisos do artigo 51 da Lei do Consumidor. Dentre as cláusulas abusivas mencionadas na norma, o inciso IV do mencionado artigo 51 deve ser tratado à parte. Afinal, trata-se de uma cláusula aberta, genérica, verdadeiro curinga, apto a combater qualquer disposição iníqua que prejudique o consumidor. Os demais incisos cuidam de hipóteses mais restritas.

De forma resumida, pode-se dizer que há dois tipos de vedação referidas nos incisos do artigo 51: as cláusulas que pretendem impedir que o fornecedor ou prestador de serviço obtenha alguma vantagem indevida do consumidor e, ainda, aquelas que obstam o afastamento – ou mesmo a diminuição – das garantias dadas ao consumidor pelo próprio Código.

O conceito, então, é o de que "[p]ara proteger o equilíbrio contratual, a equidade de distribuição de direitos e deveres contratuais, serão as cláusulas abusivas afastadas por normas imperativas."[34]. Averiguada a incidência da referida norma do artigo 51 e seus incisos, a estipulação contratual abusiva é fulminada: não encontrará aceitação no ordenamento; não terá qualquer validade.

Não há dúvidas de que a finalidade da cláusula penal de estimular o adimplemento encontra-se em sintonia, não apenas do Código do Consumidor, mas de todo o ordenamento jurídico. Diante disso, esse propósito da cláusula penal, que reforça o cumprimento das obrigações, está em harmonia com os objetivos da política de consumo.

No que se refere à facilitação da aferição das perdas e danos, em muitos casos isso será vantajoso ao consumidor, pois tornará mais rápida a reparação. Pode ocorrer, como se registrou, que esse valor pré-fixado seja prejudicial ao consumidor que, se adotadas as regras normais de averiguação das perdas, teria direito a uma indenização maior.

Com efeito, qualquer estipulação contratual que fixe previamente o valor da indenização a ser paga pelo fornecedor ou prestador de serviços em uma relação de consumo poderá, ao menos em tese, representar uma restrição ao consumidor, pois não se saberá, de antemão, quais serão os seus danos, o que só se terá condições de averiguar no momento em que eles ocorrerem.

Esclareça-se, por oportuno, que o Código do Consumidor admite, ao menos implicitamente, acordos que restrinjam direitos do consumidor. Veja-se que o §4º do artigo 54 requer que as cláusulas relativas às limitações a direitos do consumidor sejam "redigidas em destaque". Claro, assim, que essas cláusulas podem existir, sendo papel do intérprete esclarecer o âmbito dessas limitações.

A Lei nº 8.078/90 examina algumas situações de cláusulas penais moratórias estabelecidas em favor do fornecedor, no §1º do artigo 52 e no artigo 53. O artigo 52 da Lei do Consumidor trata do fornecimento de produtos e serviços nos quais haja outorga de crédito ou financiamento ao consumidor. O artigo 52, § 1º, veda multa moratória, a ser paga pelo consumidor nesses casos de fornecimento de produtos e serviços, que ultrapasse a dois por cento do valor da prestação.

Já a norma do artigo 53 é específica. Cuida dos casos de vendas financiadas e vai proibir estipulações que "estabeleçam a perda total das prestações pagas em benefício do credor" se houver rescisão do contrato.

---

[34] Cláudia Lima Marques, *Contratos no Código de Defesa do Consumidor*, 3ª ed., São Paulo: Revista dos Tribunais, 1999, p. 390.

424 PROBLEMAS DE DIREITO CIVIL – *Homenagem aos 30 anos de cátedra do professor Gustavo Tepedino*

Com relação às cláusulas penais, não existe regra específica na Lei do Consumidor, embora uma série de dispositivos tratem indiretamente da questão. O Código do Consumidor examina o direito ao ressarcimento pelo consumidor em decorrência do inadimplemento contratual nos (a) artigo 51, I, primeira parte; (b) artigo 51, I, segunda parte; (c) artigo 51, IV; e (d) artigo 25 combinado com o artigo 18, II. A análise dessas regras legais revela-se fundamental para aferir a validade das cláusulas penais ajustadas em favor do consumidor.

O artigo 51, I, comina de nulidade os dispositivos contratuais que "impossibilitem, exonerem ou atenuem a responsabilidade do fornecedor por vícios de qualquer natureza dos produtos e serviços ou impliquem em renúncia ou disposição de direitos". Na segunda parte do mesmo dispositivo, garante-se que: "[n]as relações de consumo entre o fornecedor e o consumidor-pessoa jurídica, a indenização poderá ser limitada, em situações justificáveis."

Ou seja, a segunda parte do inciso I do artigo 51 abre, expressamente, a possibilidade de restrição de direitos do consumidor (vincula isso a sua condição de pessoa jurídica e a situação ser "justificável"). Dessa forma, se houver justificável cláusula penal que restrinja direitos do consumidor pessoa jurídica, essa convenção é lícita. A questão, assim, colocada de forma objetiva consiste em identificar as "situações justificáveis"[35].

Pode-se interpretar, a *contrario sensu*, que, diante dessa regra, apenas se admite a limitação da indenização nas relações de consumo se o consumidor for pessoa jurídica e, mesmo assim, em hipóteses nas quais isso fosse justificável. Sendo o consumidor pessoa física, estariam proscritas as restrições do montante de indenização.

Ainda pode ser relacionada, como aplicável, a cláusula geral do inciso IV do artigo 51, que veda quaisquer estipulações contratuais "consideradas iníquas, abusivas, que coloquem o consumidor em desvantagem exagerada, ou sejam incompatíveis com a boa-fé ou a equidade".

Referida norma, claramente, quer impedir o exagero, o excesso que prejudique a parte presumidamente mais fraca. De outro lado, inexistindo a "desvantagem exagerada" afasta-se a abusividade. Assim, fundamental analisar a situação, o contexto, para, apenas depois, avaliar se elas geram uma "desvantagem exagerada" a indicar uma natureza abusiva e, logo, se cumpre reconhecer a nulidade da estipulação. Mesmo com relação aos consumidores pessoas físicas, cumpre ao intérprete analisar o contexto, a situação na qual está inserida a disposição contratual, para aferir se há abusividade, tendo sempre presente a *ratio* da norma.

Por fim, deve-se ainda citar o artigo 53 do Código do Consumidor, que considera nula a cláusula de decaimento, isto é, não admite, nos contratos de compra e venda por prestações, a perda total das parcelas já pagas em favor do credor na hipótese de inadimplemento.

O artigo 25 é ainda mais objetivo, pois, além de conter a mesma noção do artigo 51, I, ele indica a impossibilidade de redução das obrigações de indenizar previstas nas seções da Lei do Consumidor relativas às responsabilidades pelo vício e pelo fato do produto. Diz a norma que "é

---

[35] "A avaliação, a critério do juiz, da viabilidade ou não de se diminuir o *quantum* indenizatório, diante do caso concreto, deverá estar, ineludivelmente, intimamente ligada ao fato de que, sendo o consumidor pessoa jurídica, a hipossuficiência que normalmente caracteriza este pólo da relação de consumo, pode não ser tão evidente, conforme o caso concreto, como nas relações de consumo em que o consumidor é pessoa física." (Arruda Alvim, *Código do Consumidor Comentado*, São Paulo: Revista dos Tribunais, 1991, p. 114).

Cap. 25 • O CÓDIGO DO CONSUMIDOR E AS CLÁUSULAS PENAIS | **425**

vedada a estipulação contratual de cláusula que impossibilite, exonere ou atenue a obrigação de indenizar prevista nesta e nas seções anteriores"[36-37].

O artigo 18, § 1º, II, menciona expressamente o montante da indenização nas hipóteses de o vício do produto não ser sanado em 30 dias: a restituição corrigida monetariamente da quantia paga, além das perdas e danos. O artigo, pelo menos em uma primeira leitura, parece já estipular como deverá ser aferida a indenização do consumidor e, com base no artigo 25, atenuar essa disposição seria vedado.

Estariam, diante disso, vedadas as cláusulas penais que beneficiem o fornecedor ou ao prestador do serviço nas relações de consumo? É o que examinaremos a seguir.

---

[36] Eis o comentário de Alberto do Amaral Júnior acerca do dispositivo do artigo 25 do Código do Consumidor: "A proibição legal pretendeu rejeitar a inclusão de cláusulas de não indenizar nos contratos para o consumo. Deve-se distinguir a estipulação das cláusulas que impossibilitem das que exonerem e atenuem a responsabilidade do fornecedor. No primeiro caso, estão as cláusulas que impossibilitam física e juridicamente a responsabilidade do fornecedor pelos produtos e serviços. Já no segundo acham-se as cláusulas que excluam ou apenas limite a responsabilidade do fornecedor." (...)
A previsão do art. 25 a este respeito não suscita qualquer dúvida. De forma análoga ao que ocorre em relação à Seção I, é terminantemente vedada a exoneração total ou parcial da responsabilidade nessa matéria. Como se não bastasse, as normas do Código de Defesa do Consumidor têm caráter de ordem pública, não podendo ser modificadas por convenção entre as partes." (Alberto do Amaral Júnior, ᴬ invalidade das cláusulas limitativas de responsabilidade nos contratos de transporte aéreo, in Revista de Direito do Consumidor, v. 26, São Paulo: Revista dos Tribunais, 1998, p. 11-12). Ver também: Augusto Zenun, Comentários ao Código do Consumidor, Rio de Janeiro: Forense, 1992, p. 49.

[37] "A vedação das cláusulas limitativas – Em sede de responsabilidade civil do fornecedor, está absolutamente proibida qualquer 'cláusula que impossibilite, exonere ou atenue a obrigação de indenizar'. Não importa a origem do dever de indenizar (vício de qualidade por insegurança, vício de qualidade por inadequação ou vício de quantidade). De se notar que o verbo 'indenizar', neste contexto, deve ser entendido de forma ampla, no sentido de 'reparar', pois as alternativas dos arts. 18, 19 e 20, por exemplo, não são propriamente de indenização, mas sim de reparação. Aliás, é este o sentido da proibição do art. 51, I (fala-se em 'responsabilidade' em vez de 'obrigação de indenizar').
A vedação inclui não só a exoneração absoluta como também a atenuação (fixação de limites ou tetos), assim como toda cláusula que impossibilite o cumprimento do dever de indenizar. Este último caso permite ampla atividade interpretativa do juiz. Tal proibição deve ser entendida como maculando de ilícita qualquer cláusula que dificulte, material ou juridicamente, o exercício do direito à reparação." (Antônio Herman de Vasconcellos, *Comentários ao Código de Proteção do Consumidor*, São Paulo: Saraiva, 1991, p. 126).
"O Art. 51, inciso I, estabelece a nulidade das cláusulas que impossibilitem, exonerem ou atenuem a responsabilidade por vícios de qualquer natureza dos produtos ou serviços, ou impliquem a renúncia ou a disposição de direitos. Determina, ainda, que nas relações de consumo entre o fornecedor e o consumidor-pessoa jurídica a indenização poderá ser limitada, em situações justificáveis.
O objetivo deste inciso foi proibir a inclusão de cláusulas de não indenizar nos contratos concernentes às relações de consumo. Na hipótese prevista pelo art. 51, inciso I, deve-se distinguir a estipulação de cláusulas que impossibilitem das que exonerem ou atenuem a responsabilidade do fornecedor. No primeiro caso, encontram-se as cláusulas que impossibilitam física ou juridicamente a responsabilização do fornecedor pelos vícios do produto ou serviço. Já no segundo, estão compreendidas as cláusulas que excluam ou apenas limite a responsabilidade do fornecedor." (Alberto do Amaral, Comentários ao Código de Proteção do Consumidor, São Paulo: Saraiva, 1991, p. 195).

O Velho Testamento já preconizava: "nem por ser alguém pobre poderá ter compaixão tratando-se de justiça." (Êxodo, cap. XXIII, 1.3). Não há dúvida de que uma finalidade da Lei nº 8.078/90 consiste em proteger o consumidor. Entretanto, essa afirmativa deve ser lida em consonância com os valores constitucionais, em sintonia com os objetivos últimos do ordenamento jurídico. A lei protege o consumidor porque, dessa forma, ela resguarda a dignidade da pessoa humana (pois, na grande maioria das vezes, o consumidor é pessoa natural) e porque, assim, alcança uma sociedade justa e solidária.

Pode-se dizer, ainda, que há interesse na proteção dos direitos do consumidor porque assim se estimula o bom comércio, a circulação de riquezas, a produção de bens e a prestação de serviços de boa qualidade, interesses também referidos no artigo 170 da Constituição Federal. Há interesse econômico nacional de que o país promova uma relação de consumo justa.

Pergunta-se: será que esses valores, esses objetivos finais da norma, estão sempre em jogo? Será que a proteção ao consumidor, em qualquer hipótese, pode afastar um ajuste livremente pactuado entre as partes? A resposta seguramente é a de que a proteção ao consumidor não deve ser cega, cumprindo-se averiguar os valores envolvidos na relação jurídica, o que, forçosamente, irá requerer uma análise da situação fática.

Forçoso concluir que, nas hipóteses em que nenhum dos valores esteja sendo ameaçado – nas quais não haja afronta à dignidade da pessoa humana e o negócio seja equânime, razoável, sem afetar o equilíbrio econômico das prestações pactuadas –, a defesa obcecada do consumidor pode importar injustiça e desviar-se dos reais interesses da norma[38]. Afinal, os objetivos últimos do Código do Consumidor não podem destoar daqueles que norteiam o ordenamento, até mesmo para não transformar a Lei do Consumidor na viva ruptura do artigo 5º da Constituição Federal, criando uma desigualdade onde ela não necessariamente existe.

Em sintonia com a melhor interpretação e aplicação das regras jurídicas, vale pesquisar os valores que alimentam e animam verdadeiramente a norma. Já se salientou quais os valores expostos como molas mestras da nossa lei consumerista: a proteção ao consumidor, a boa-fé, a equidade e a garantia da ordem econômica.

Por esse ângulo, cumpre ainda reconhecer que a defesa do consumidor – ao menos uma proteção violenta – apenas se justifica se, diante da situação concreta, esses valores forem ameaçados. Compreende-se a necessidade social de amparo ao consumidor. Entretanto, essa proteção dirige-se a uma infinidade de sujeitos e relações, o que torna necessário analisar, em cada caso, qual o verdadeiro valor protegido. O conceito de consumidor é extensíssimo (o superlativo é propositado e pertinente). As relações enquadráveis como de consumo também são infinitas. Naturalmente, nem sempre estarão em jogo os mesmos valores sociais.

Busca-se, não se perca de vista, o equilíbrio. Antes de amparar qualquer das partes, quer-se garantir uma conduta adequada das partes de um contrato, o equilíbrio das relações (evitando vantagens desmesuradas), pois assim se atingirá a uma sociedade solidária.

No que se refere à legalidade das cláusulas que, de alguma forma, limitem o máximo do valor da indenização devida pelo fornecedor em contratos de consumo, não haverá dúvida em reconhecer sua licitude se ela estipular um ressarcimento ao consumidor maior do ele teria direito

---

[38] "O dirigismo contratual não se dá em qualquer situação, mas apenas nas relações jurídicas consideradas como merecedoras de controle estatal para que seja mantido o desejado equilíbrio entre as partes contratantes." (Nelson Nery Junior, *Código brasileiro de Defesa do Consumidor: comentado pelos autores do anteprojeto*, 5ª ed., Rio de Janeiro: Forense Universitária, 1997, p. 348).

Cap. 25 · O CÓDIGO DO CONSUMIDOR E AS CLÁUSULAS PENAIS | 427

se o seu dano fosse aferido da forma convencional, por meio da aplicação das regras ordinárias de reparação do prejuízo[39].

Daí conclui-se que a cláusula penal não é vedada de forma absoluta pela Lei do Consumidor[40]. Na verdade, na maioria dos casos, como se trata de uma pré-avaliação das perdas e danos, apenas depois de verificado o inadimplemento poder-se-á apontar se o montante da indenização nela contemplada foi superior ou inferior ao prejuízo experimentado. Logo, a princípio, a disposição não deve ser taxada de nula.

Questão interessante reside em saber se a cláusula penal será respeitada se ajustar, como valor a ser recebido pelo consumidor em caso de inadimplemento do fornecedor, quantia inferior a que perceberia se os danos fossem aferidos na forma tradicional e, com isso, prejudicasse o consumidor.

No que se refere à limitação da indenização para o consumidor pessoa jurídica, é a própria Lei (artigo 51, I) que determina a apuração de situação justificável, a fim de permitir a incidência de cláusula penal compensatória que restrinja o direito à indenização. A lei, contudo, não diz o que se entende por "justificável", cabendo ao intérprete de norma indicar a extensão da regra.

Após um exame inicial, consistente em saber se a cláusula de prévia estipulação do montante da indenização importa alguma forma de limitação de direitos e vantagens do consumidor, cumpre avaliar se a limitação se justifica.

Procurei examinar, na tese de Doutorado, orientada pelo Professor Gustavo Tepedino e defendida no começo de janeiro de 2003, critérios que servissem de norte para essa pesquisa. Segundo a tese, a validade e eficácia da cláusula penal compensatória estipulada nas relações de consumo, que resultem em limitação ao direito do consumidor de obter reparação equivalente ao dano experimentado, deve ser apreciada a partir das seguintes perspectivas:

(a) a vontade qualificada das partes: isto é, se, principalmente, o consumidor teve como expressar seus interesses. A vontade segue tendo posição singular no negócio jurídico, devendo o ordenamento, quando possível, preservá-la. Cumpre verificar se o consumidor tinha conhecimento da estipulação da cláusula e de suas consequências;

(b) o interesse envolvido na relação: consumidor não é uma classe homogênea. O enfoque na avaliação da incidência e grau de aplicação das regras protetivas da legislação consumerista deve recair sobre a análise do bem jurídico ameaçado, dos valores em jogo – se interesses superiores, como o da dignidade da pessoa humana, ou meramente patrimoniais. Pela pesquisa dos valores em questão fica possível indicar se a autonomia privada pode suplantar a disposição legal que, a princípio, veda a restrição do ressarcimento pela falha no cumprimento da obrigação;

(c) a efetiva desigualdade material das partes: afere-se a disparidade técnica, jurídica e econômica entre consumidor e fornecedor, pois, afinal, essencialmente, a norma quer proteger o consumidor diante de sua presumível posição de fragilidade, que acaba por possibilitar abusos. Se não houver a considerável desigualdade material entre os contratantes, deixa de existir *ratio* que justifica a tutela de uma das partes;

---

[39] "Não estão vedadas as cláusulas penais, mas devem ser estipuladas de modo a não implicarem exoneração ou limitação do dever de o fornecedor indenizar." (Ada Pelegrini Grinover, *Código Brasileiro de Defesa do Consumidor*, 5ª ed., Rio de Janeiro: Forense Universitária, 1997, p. 345)

[40] A nulidade da cláusula penal não é referida nas listas de cláusulas consideradas abusivas nas Portarias 3 e 4 da Secretaria do Direito Econômico do Ministério da Justiça de 13.3.98 e 22.3.99, respectivamente.

428 | PROBLEMAS DE DIREITO CIVIL – *Homenagem aos 30 anos de cátedra do professor Gustavo Tepedino*

(d) o equilíbrio econômico da prestação: a cláusula penal compensatória pode espelhar uma prévia estipulação do efetivo dano a que o consumidor teria direito de ser ressarcido no caso de inadimplemento. Pode, ainda, o valor da indenização fixada na cláusula penal prever indenização inferior ao razoável, mas isso decorrer de outras circunstâncias justificáveis do contrato (como uma vantagem do consumidor com o preço do negócio). Nesses casos, a tendência deve ser a de respeitar a estipulação. Na verdade, a declaração de nulidade dessas cláusulas pode gerar um revés: o abuso do consumidor, que terá benefício desmesurado com a declaração de nulidade da estipulação; e, por fim,

(e) a boa-fé objetiva: privilegia-se a conduta leal e honesta. A atitude transparente do fornecedor, que, com relação à cláusula penal, ofereceu ao consumidor todas as explicações acerca dos efeitos da estipulação, servindo, também, como indicador de que a cláusula deve ser aceita.

A avaliação desses conceitos, confrontados com a situação específica sob exame, funciona como um indicador da validade das convenções contratuais que, eventualmente, limitem direitos do consumidor a uma plena reparação.

Em 1998, quando apresentei o projeto da tese de doutorado – desenvolvida nos quatro anos seguintes com a ajuda do atento e culto orientador –, até a sua defesa, havia vivo propósito de promover uma leitura mais arejada das normas do Código do Consumidor, atentando-se, principalmente, para a sua essência, a sua razão de ser, e, ao mesmo tempo, interagindo com o ordenamento jurídico do qual ele faz parte, buscando oferecer conceitos mais objetivos a nortear a atividade do intérprete.

Hoje, quase vinte anos depois da defesa da tese de doutorado, vejo que, mais importante do que a o resultado do trabalho e o título, tudo valeu pelo caminho percorrido. Talvez a lição possa ser resumida assim: conhecer o Direito é importantíssimo, mas refletir sobre o Direito é fundamental.

26

NOTAS SOBRE O CONTEÚDO DO SINALAGMA E SEUS REFLEXOS NA APLICAÇÃO DA EXCEÇÃO DE CONTRATO NÃO CUMPRIDO

LAÍS CAVALCANTI

Sumário: 1. Introdução. 2. Fundamentos da exceção de contrato não cumprido. 3. Delineamentos acerca do conteúdo do sinalagma. 4. Aspectos relevantes do sinalagma para a exceção de contrato não cumprido. 5. Considerações finais.

1. INTRODUÇÃO

A exceção de contrato não cumprido, prevista no art. 476 do Código Civil, é identificada como remédio para tutela do sinalagma do contrato.[1] Sua invocação ocorre em situação na qual uma das partes deixa de adimplir obrigação assumida no âmbito de contrato bilateral, isentando a contraparte de ter de fornecer a contraprestação enquanto perdurar o inadimplemento.[2] Tem-se, assim, o inadimplemento justificante – aquele que lastreia a aplicação da exceção – e o inadimplemento justificado – aquele respaldado juridicamente pela exceção de contrato não cumprido[3]

---

[1] "Nos contratos bilaterais, nenhum dos contratantes pode, antes de cumprida a sua obrigação, exigir a do outro. Nessa hipótese, tem direito a invocar a exceção de contrato não cumprido. O fundamento desse direito é intuitivo. Visto que a essência dos contratos bilaterais é o sinalagma, isto é, a dependência recíproca das obrigações, nada mais consequente que cada qual das partes se recuse a executar o acordo, opondo a *exceptio non adimpleti contractus*. Se não cumpre a obrigação contraída, dado lhe não é exigir do outro contraente que cumpra a sua" (Orlando Gomes, *Contratos*, Rio de Janeiro: Forense, 2000. p. 91).

[2] Francisco Clementino de San Tiago Dantas, *Programa de direito civil*, Rio de Janeiro: Editora Rio, 1978, v. 2, p. 190.

[3] Vincenzo Roppo, *Il contratto*, Milano: Giuffré, 2001, p. 986.

Nesse sentido, a *exceptio* representa mecanismo de autotutela contratual, previsto com a cara função de resguardar o sinalagma diante da situação patológica do inadimplemento, garantindo a manutenção da eficácia do instrumento e colocando-se como alternativa à drástica solução da resolução contratual.[4]

Os limites de sua incidência, portanto, guardam estreita relação com a abrangência do vínculo sinalagmático, figura que até os dias atuais revela-se de intrincada definição. Mostra-se essencial, para a rigorosa aplicação da exceção de contrato não cumprido, conhecer o que compõe o sinalagma contratual – para identificar quando aplicar a *exceptio* – e revisitar seus fundamentos jurídicos – para compreender por que aplicá-la. Essa análise é especialmente útil em razão dos novos influxos decorrentes da interpretação constitucional do direito civil, que remodelam as percepções tradicionais de diversos institutos jurídicos.[5]

No presente trabalho, buscaremos levantar reflexões no intuito de contribuir para a definição das questões ora delineadas, sem a pretensão de exaurir, nesse breve estudo, os complexos assuntos em análise.[6]

2. FUNDAMENTOS DA EXCEÇÃO DE CONTRATO NÃO CUMPRIDO

Diversos fundamentos já foram suscitados para justificar a *exceptio,* sendo os principais a teoria da causa, o equilíbrio das prestações, a vedação ao enriquecimento sem causa e o princípio da equidade. Serpa Lopes, na obra mais relevante sobre o tema escrita no Brasil,[7] defende a conjugação de mais de um desses fundamentos.

(i) Teoria da causa

O fundamento da teoria da causa pressupõe ser determinada obrigação assumida por uma parte em virtude da contraprestação a ela correspondente, residindo nessa relação a finalidade

---

[4] Nesse sentido: "Nos casos em que persiste o seu interesse em receber a prestação, o ordenamento oferece a possibilidade de somente suspender os efeitos do negócio, resguardando-se, por um lado, do prejuízo decorrente de eventual falta de reciprocidade prestacional, mas, por outro lado, evitando temporariamente a solução mais drástica de ruptura definitiva do vínculo" (Gustavo Tepedino; Carlos Nelson Konder; Paula Greco Bandeira, *Fundamentos do Direito Civil*: contratos, Rio de Janeiro: Forense, 2020, pp. 157-158).

[5] "Com a promulgação da Constituição da República de 1988, o direito civil encontra-se renovado e funcionalizado à tábua axiológica nela consagrada, que informa todos os institutos de direito privado (...) A dignidade humana, alçada a vértice do ordenamento jurídico, demanda hermenêutica que atente para a proteção da pessoa em sua concreta vulnerabilidade, o que não pode ser ofuscado pela aplicação de dogmática formalista, descasada com o projeto constitucional. O direito civil, dessa forma, não mais é visto como o estatuto das relações patrimoniais, vez que as situações existenciais ganham posição de proeminência e devem ser prioritariamente tuteladas. E as situações patrimoniais, a seu turno, afiguram-se intrinsecamente remodeladas e devem observar os ditames da igualdade substancial e da solidariedade social" (Milena Donato Oliva; Pablo Rentería, Autonomia privada e direitos reais: redimensionamento dos princípios da taxatividade e da tipicidade no direito brasileiro, civilistica.com, v. 5, n. 2, p. 1-19, 29 dez. 2016, p. 2, acesso em: 25.4.2021)

[6] Parte das reflexões contidas no presente texto foi também desenvolvida no seguinte trabalho: Jeniffer Gomes, Laís Cavalcanti, Exceção de contrato não cumprido: características, requisitos e efeitos. In: Gustavo Tepedino, Rodrigo da Guia Silva (Coord.), *Relações patrimoniais*: contratos, titularidades e responsabilidade civil, no prelo.

[7] Miguel Maria de Serpa Lopes, *Exceções substanciais*: exceção de contrato não cumprido (*exceptio non adimpleti contractus*), Rio de Janeiro: Freitas Bastos, 1959.

Cap. 26 • NOTAS SOBRE O CONTEÚDO DO SINALAGMA E SEUS REFLEXOS | **431**

associativa dos contratantes. Para essa teoria, a causa dos contratos é representada não pelos motivos dos contratantes, mas pela finalidade do pacto.[8] Uma obrigação é entendida como a causa da outra, de modo que sem uma das prestações deixaria de haver a causa da contraprestação. Nesse sentido, a exceção de contrato não cumprido seria decorrência necessária do próprio ajuste.[9]

Em elaboração aprofundada, sugeriu-se que a exceção se justificaria não apenas pela obrigação a que se vinculou a parte, mas ao fim jurídico objetivado pelo pacto, que pressupõe a prestação prometida e a obrigação contraída.[10]

Tomando-se a causa do contrato como mínima unidade de efeitos essenciais do contrato[11] – sem qualquer pretensão de esgotar o tema de complexidade notória – e sendo o sinalagma identificado como o nexo funcional entre prestações – como se verá mais detalhadamente no item 3 *infra* –, é possível, a partir da causa, apreender a correlação entre as obrigações e, assim, identificar aquelas que são correspectivas (ou não).[12] De outro giro, a pesquisa acerca da interdependência dos polos prestacionais lança luz sobre os efeitos essenciais de determinado instrumento. Nessa direção, o sinalagma serve como importante elemento para identificar a causa do contrato[13] e, em outro sentido, a causa concreta tem o condão de servir como ponto de referência para a determinação do sinalagma.[14]

---

[8] Miguel Maria de Serpa Lopes, *Exceções substanciais*: exceção de contrato não cumprido *(exceptio non adimpleti contractus)*, Rio de Janeiro: Freitas Bastos, 1959, p. 163.

[9] Rafael Villar Gagliardi, *Exceção de contrato não cumprido,* São Paulo: Saraiva, 2012, pp. 38-39.

[10] Henri Capitant, *De la causa de las obligaciones*, Pamplona: Analecta, 2005, p. 264.

[11] Maria Celina Bodin de Moraes, A causa do contrato, *Civilística.com*. Rio de Janeiro, a. 2, n. 1, out.-dez./2013. Sobre o tema, na doutrina brasileira, v. Carlos Nelson Konder, Causa do contrato x função social do contrato: estudo comparativo sobre o controle da autonomia negocial. *Revista Trimestral de Direito Civil*, v. 43, p. 33-75, 2010. E na doutrina italiana, v. Salvatore Pugliatti, *Nuovi aspetti del problema della causa dei negozi giuridici. Diritto civile*. Milano: Giuffrè, 1951 e Emilio Betti, Causa del negozio giuridico. *Novíssimo digesto italiano*. Turim: UTET, 1957, v. 3.

[12] Rodrigo Lima e Silva de Freitas, O locus de atuação da exceção de contrato não cumprido no ordenamento jurídico brasileiro, Dissertação, UERJ, 2019, p. 60.

[13] "[O]s conceitos [causa e sinalagma] se relacionam pelo fato de que os efeitos obrigacionais naturalmente se destacam na economia de qualquer contrato. A correspectividade entre as prestações contratuais representa, pois, elemento relevante para compreender e determinar quais são tais efeitos essenciais, sobretudo quando as obrigações em intercâmbio forem indispensáveis para a moldura contratual. Daí porque já se disse que o nexo de interdependência entre as obrigações coloca-se 'como elemento indicador da função do contrato, na medida em que aponta entre quais prestações corre o nexo de sinalagmaticidade, permitindo, desta forma, que se identifiquem os efeitos essenciais em cada tipo'" (Vitor Butruce, *A exceção de contrato não cumprido no Direito Civil brasileiro contemporâneo*: funções, pressupostos e limites de um "direito a não cumprir", Dissertação, UERJ, 2009, p. 96). Nesse sentido, confira-se: "A interdependência funcional, também chamada nexo de correspectividade, entre os efeitos essenciais serve, de modo especial, a determinar a função negocial. De fato, observa-se que o nexo de sinalagmaticidade, isto é, o particular coligamento jurídico entre os efeitos do contrato, indica o nexo funcional existente entre os recíprocos interesses dos contraentes" (Maria Celina Bodin de Moraes, O procedimento de qualificação dos contratos e a dupla configuração do mútuo no direito civil brasileiro, *Revista Forense*, v. 309, jan.-mar./1990, p. 41).

[14] Rodrigo da Guia Silva, Novas perspectivas da exceção de contrato não cumprido: repercussões da boa-fé objetiva sobre o sinalagma contratual, *Revista de Direito Privado*, v. 78, jun./2017, p. 58. Veja-se também: "A causa é aí a realização da prestação prometida pela contraparte, daí que a inexecução de uma das prestações impeça o credor de alcançar o fim que se propunha, pelo que pode ele suspender ou rescindir o contrato, baseado no seguinte raciocínio, bem simples: o fim em vista do qual me obriguei

PROBLEMAS DE DIREITO CIVIL – *Homenagem aos 30 anos de cátedra do professor Gustavo Tepedino*

Nessa esteira, a doutrina já identificou a causa contratual concreta como a razão de ser das prestações a cargo dos contratantes, de modo que o vínculo de correspectividade consistiria na análise qualitativa da relevância de determinadas prestações para a promoção da causa de determinado contrato.[15]

(ii) Equilíbrio das prestações

O fundamento do equilíbrio foi desenvolvido a partir da ideia de que as obrigações principais de um pacto se correspondem como equivalente jurídico. A violação de uma das prestações que se contrapõe à outra romperia o equilíbrio e justificaria, assim, a aplicação da exceção de contrato não cumprido.[16]

Entende-se haver entre as obrigações essenciais de um contrato bilateral espécie de equilíbrio moldado pela vontade das partes, o qual, se for afetado pelo descumprimento de uma das obrigações contrapostas, representa ruptura de fato. Com efeito, os autores responsáveis pela elaboração da teoria assim enunciam: "o contrato sinalagmático implica por sua natureza um equilíbrio de direito e um de fato entre as duas obrigações essenciais. A Teoria da causa assegura o equilíbrio de direito sobre o terreno da formação. A resolução sanciona o equilíbrio de fato no terreno da execução".[17]

Tal equivalência das prestações que compõe o equilíbrio do instrumento é comumente entendida pelos vieses objetivo e subjetivo. Sob o aspecto objetivo, entende-se correspondência econômica das prestações, isto é, expressão pecuniária análoga. Esse aspecto, contudo, foi objeto de críticas por desconsiderar o valor atribuído pelas partes às prestações no âmbito do ajuste pactuado, superando a mera expressão econômica da obrigação. O aspecto subjetivo justamente considera a equivalência volitiva das prestações, a partir da vontade das partes, que entabularam

---

não pode ser alcançado; por conseguinte, a minha obrigação encontra-se desprovida de causa e posso assim considerar-me desonerado" (José João Abrantes, *A excepção de não cumprimento do contrato*, Coimbra: Almedina, 1955, p. 160).

[15] Rodrigo da Guia Silva, Novas perspectivas da exceção de contrato não cumprido: repercussões da boa--fé objetiva sobre o sinalagma contratual, *Revista de Direito Privado*, v. 78, jun./2017, p. 58. Confira-se também: "Considerando-se, portanto, que o liame de correspectividade refere-se ao vínculo entre as prestações a cargo dos contratantes, será sob a análise relacional, no bojo da concreta relação de interesses, que se logrará delimitar seu âmbito de incidência e, em conseguinte, à possibilidade de utilização da exceção de contrato não cumprido (...) para os fins de manejo da *exceptio*, deve-se averiguar se a prestação descumprida assume relevância tal apta a abalar a mínima unidade de efeitos do contrato e se se mostra possível que os efeitos da recusa da contraprestação por parte do excipiente alcance foros de equivalência com aqueles evidenciados pelo incumprimento do excepto, a repercutir, no mesmo grau, sobre o escopo negocial" (Rodrigo Lima e Silva de Freitas, *O locus de atuação da exceção de contrato não cumprido no ordenamento jurídico brasileiro*, Dissertação, UERJ, 2019, pp. 62-63).

[16] Rafael Villar Gagliardi, *Exceção de contrato não cumprido*, São Paulo: Saraiva, 2012, pp. 39-40. V. tb.: "Realmente, no contrato bilateral, as obrigações são equivalentes uma da outra, de forma que a parte que exige a prestação da outra, sem ter cumprido a sua, desnatura o caráter da obrigação da qual reclama o pagamento, pois a encara como se fosse isolada, não levando em conta a equivalência" (J.M. de Carvalho Santos, *Código Civil Brasileiro Interpretado*, 3ª ed., Rio de Janeiro: Livraria Editora Freitas Bastos, 1945, v. 15, p. 237).

[17] Maurice Picard e André Prudhomme, De la résolution judiciaire pour inexécution des obligations, In: *Revue Trimestrielle de Droit Civil*, Paris: Sirey, t. 11, 1912, pp. 69 *apud* Miguel Maria de Serpa Lopes, *Exceções substanciais*: exceção de contrato não cumprido (*exceptio non adimpleti contractus*), Rio de Janeiro: Freitas Bastos, 1959, p. 178.

as obrigações por elas entendidas como correspectivas.[18] Prestações de expressões pecuniárias diversas não violariam, *per se,* o equilíbrio do contrato.[19]

Tal apreensão da atribuição de equilíbrio ao contrato pelas partes representa tutela de sua autonomia privada ao resguardar a liberdade de os contratantes valorarem seus bens, direitos e interesses.[20] É necessário, no entanto, tomar nota dos influxos que o princípio do equilíbrio contratual recebeu a partir de sua nova avaliação segundo o balanceamento entre a livre iniciativa – que fundamenta a autonomia contratual – e a solidariedade. A origem exclusivamente voluntarista do equilíbrio, nesse sentido, teria de se conformar ao exame do merecimento de tutela do ajuste em concreto, de acordo com os valores do ordenamento.[21]

Nessa direção, destaca-se que o equilíbrio figuraria como parâmetro para a valoração da legitimidade da avença, associando-se à noção de justiça contratual. O equilíbrio, nesse contexto, é percebido em sua acepção substancial no lugar da acepção formal, a qual decorre da equivalência entre prestações que se presume em um contrato formado por livre manifestação de vontade.[22]

Eventual disparidade entre as prestações de um contrato, assim, para não macular o equilíbrio do instrumento, deveria contar com legítima razão material.[23] Não se trata, contudo, de

---

[18] Karl Larenz, *Derecho de obligaciones*, Madrid: Revista de Derecho Privado, 1958, t. 1, p. 267; Cesare Massimo Bianca, *Diritto Civile*: il contratto, Milano: Giuffrè, 2000, v. 3, pp. 489-490. De modo semelhante, Vitor Butruce afirma que: "(...) prepondera na correspectividade certa equivalência entre as obrigações – não sendo necessário, frise-se, que elas sejam economicamente equivalentes, sob o ponto de vista quantitativo; conforme pontua KARL LARENZ, 'basta que cada parte veja na prestação da outra uma compensação suficiente à sua própria prestação" (Vitor Butruce, *A exceção de contrato não cumprido no direito civil brasileiro contemporâneo*: funções, pressupostos e limites de um 'direito a não cumprir', Dissertação, UERJ, 2009, p. 88).

[19] Rafael Villar Gagliardi, *Exceção de contrato não cumprido,* São Paulo: Saraiva, 2012, pp. 44-47.

[20] "(...) vale recordar a antiga opinião segundo a qual, ao fim desconstruir o contrato a título oneroso, não é suficiente que dele derivem vantagens para ambas as partes, mas sim é necessário que entre estes haja uma relação de equivalência intangível. O equilíbrio contratual, porém, sempre para a referida opinião, poderia se formar em um ponto sensivelmente longe daquele normal, que corresponde a uma igualdade objetiva de valores entre as vantagens e os sacrifícios respectivos das partes. É, portanto, absolutamente necessário distinguir a avaliação econômica da prestação, dos interesses, às vezes não patrimoniais, que caracterizam o contrato" (Pietro Perlingieri, *O Direito Civil na Legalidade Constitucional,* Rio de Janeiro: Renovar, 2008, p. 402); "(...) não é a aritmética que define o estatuto jurídico do contrato, senão a vontade mesa dos contratantes. Porque transparentes motivos ou obscuras razões quiseram contratar nas condições indicadas, é matéria de sua livre determinação. Fizeram-no interpretando as respectivas conveniências ou até – por que não? – cedendo um capricho de suas mentes" (João Baptista Villela, Equilíbrio do contrato: os números e a vontade. In: Gustavo Tepedino; Luiz Edson Fachin (Org). *Coleção doutrinas essenciais*: obrigações e contratos, São Paulo: Revista dos Tribunais, 2011, v. 3, p. 780).

[21] Aline de Miranda Valverde Terra; Carlos Nelson Konder; Gisela Sampaio da Cruz Guedes, Boa-fé, função social e equilíbrio contratual: reflexões a partir de alguns dados empíricos. In: Aline de Miranda Valverde Terra; Carlos Nelson Konder; Gisela Sampaio da Cruz Guedes (Coord), *Princípios contratuais aplicados:* boa-fé, função social e equilíbrio contratual à luz da jurisprudência, Indaiatuba-SP: Editora Foco, 2019, pp. 15-16.

[22] Rodrigo da Guia Silva, Equilíbrio e vulnerabilidade nos contratos: marchas e contramarchas do dirigismo contratual, Civilistica.com, v. 9, n. 3, p. 1-35, 25 dez. 2020, p. 12; Carlos Edison do Rêgo Monteiro Filho, Fernanda Paes Leme Rito, Fontes e evolução do princípio do equilíbrio contratual, *Pensar*, vol. 21, n. 2, p. 389-410, mai.-ago./2016, p. 401.

[23] "Uma ordem jurídica comprometida com uma autonomia privada que não seja um valor em si mesma (...) não pode se contentar com a mera ausência de vício ou falha da vontade. Tal ausência por si só

entendimento segundo o qual o equilíbrio deve ser entendido em sua acepção objetiva – isto é, equivalência quantitativa das prestações –, mas sim de tutela que evite sacrifício econômico desproporcional do contratante.[24] O núcleo desse princípio, nesse esteira, consistiria em um "controle de proporcionalidade de caráter interno e objetivo (econômico) do contrato".[25]

Pondera a doutrina a necessidade de intervenção judicial pautada na tutela da proporcionalidade "quando algum fator concreto vinculado às pessoas envolvidas assim demandar",[26] em atenção às vulnerabilidades contratuais. Nesse sentido, defendeu-se não ser a proporcionalidade entre prestações um valor *per se* agasalhado pelo ordenamento.[27] O recurso ao princípio do equilíbrio do contrato objetivaria a conclamação da regularidade do conteúdo do contrato à tábua axiológica constitucional, garantindo a legitimidade do exercício da liberdade contratual e das posições contratuais.[28]

(iii) Vedação ao enriquecimento sem causa

A vedação ao enriquecimento sem causa foi identificada como fundamento da *exceptio* no sentido de que a autorização para o excipiente não cumprir com a sua parte da avença residiria no aspecto de o inadimplemento da contraparte extinguir a fonte justificadora do enriquecimento do seu beneficiário. Sua elaboração como fundamento da *exceptio* buscou recusar a teoria da causa, sob a justificativa de que a conexidade entre as prestações não justificaria, dogmaticamente, o inadimplemento justificado do excepto. O efetivo fundamento jurídico, defende-se, residiria na falta de "justificação estática do enriquecimento produzido no patrimônio de um dos contraentes".[29]

A causa do enriquecimento, nessa leitura, foi identificada sob dois aspectos: mecânica e estática. A causa mecânica seria o meio jurídico que justifica a transferência patrimonial e a estática seria afeta à existência do contraenriquecimento ou enriquecimento comutativo, que lastreia em definitivo tal transferência.[30] Enquanto na causa mecânica se sobressaem as questões relativas à validade do negócio, na causa estática eventual desarranjo seria endereçado – não exclusivamente – pela exceção.

---

    não torna merecedor de tutela o concreto exercício de autonomia privada, tanto mais se resulta em um contrato objetivamente desequilibrado. Há que se perquirir a razão material que torna aquele contrato, ainda assim, merecedor de proteção à luz do ordenamento jurídico (e.g., prática legítima de uma liberalidade, assunção legítima de risco)" (Anderson Schreiber, *Equilíbrio contratual e dever de renegociar*, São Paulo: Saraiva Educação, 2018, p. 64).

[24]   Anderson Schreiber, *Equilíbrio contratual e dever de renegociar*, São Paulo: Saraiva Educação, 2018, p. 58.

[25]   Anderson Schreiber, *Equilíbrio contratual e dever de renegociar*, São Paulo: Saraiva Educação, 2018, p. 59.

[26]   Rodrigo da Guia Silva, Equilíbrio e vulnerabilidade nos contratos: marchas e contramarchas do dirigismo contratual, Civilistica.com, v. 9, n. 3, p. 1-35, 25 dez. 2020, p. 21.

[27]   "A necessária correlação – a que já se pôde fazer menção – entre a intervenção corretiva e a tutela das vulnerabilidades revela que, em realidade, a proporcionalidade econômico-financeira entre as prestações não é um valor agasalhado per se pelo ordenamento – o que desaconselha, portanto, a enunciação de um princípio cujo conteúdo se resuma a tal medida que não constitui um valor jurídico propriamente dito" (Rodrigo da Guia Silva, Equilíbrio e vulnerabilidade nos contratos: marchas e contramarchas do dirigismo contratual, Civilistica.com, v. 9, n. 3, p. 1-35, 25 dez. 2020, p. 28).

[28]   Rodrigo da Guia Silva, Equilíbrio e vulnerabilidade nos contratos: marchas e contramarchas do dirigismo contratual, Civilistica.com, v. 9, n. 3, p. 1-35, 25 dez. 2020, p. 29.

[29]   Miguel Maria de Serpa Lopes, *Exceções substanciais*: exceção de contrato não cumprido (*exceptio non adimpleti contractus*), Rio de Janeiro: Freitas Bastos, 1959, p. 171.

[30]   Rafael Villar Gagliardi, *Exceção de contrato não cumprido,* São Paulo: Saraiva, 2012, p. 40.

Cap. 26 · NOTAS SOBRE O CONTEÚDO DO SINALAGMA E SEUS REFLEXOS | 435

Apesar da proximidade que se poderia visualizar em relação à teoria da causa,[31] a diferença seria o enfoque na fonte juridicamente legítima da atribuição patrimonial no lugar do óbice ao fim buscado pelas partes naquele ajuste.[32]

(iv) Equidade

O fundamento da equidade, a seu turno, é invocado em razão da justiça promovida ao se desautorizar que o contratante inadimplente exija a prestação que originariamente lhe seria devida.[33] Sua apreensão deve ser deduzida em relação ao ordenamento jurídico e não ao arbítrio de determinados indivíduos.[34]

Pondera a doutrina, no entanto, que a equidade estaria na base de qualquer exceção, não podendo figurar como fundamento exclusivo da exceção de contrato não cumprido.[35] Anota-se, ainda, que o recurso exclusivo à noção de equidade não seria suficiente para justificar a exceção, por poder, a rigor, basear soluções opostas para um mesmo problema jurídico.[36]

Com efeito, embora haja o reconhecimento de que a noção de equidade permeia a figura da exceção de contrato não cumprido, surgindo intuitivamente como motivação para resguardar o contratante prejudicado pelo inadimplemento da contraparte, a doutrina defende a necessidade de parâmetros mais específicos que reduzam o grau de abstração desse fundamento.[37]

---

[31] Rafael Villar Gagliardi, *Exceção de contrato não cumprido,* São Paulo: Saraiva, 2012, p. 40.

[32] Vitor Butruce, *A exceção de contrato não cumprido no Direito Civil brasileiro contemporâneo:* funções, pressupostos e limites de um "direito a não cumprir", Dissertação, UERJ. 2009, p. 35.

[33] "Querem alguns tratadistas que se trata de uma medida de equidade, que se impor, por isso mesmo, sem necessidade de maiores explicações (...) Que autoridade tem uma parte para exigir da outra respeito e execução do contrato, se foi ela quem primeiro lhe violou as disposições?" (J.M. de Carvalho Santos, *Código Civil Brasileiro Interpretado,* 3ª ed., Rio de Janeiro: Livraria Editora Freitas Bastos, 1945, v. 15, p. 237). V. tb: Cristiano Chaves de Farias; Nelson Rosenvald, *Curso de direito civil,* 5ª ed. São Paulo: Atlas, 2015, v. 4, pp. 573-574.

[34] "Equidade e razoabilidade só podem ser deduzidas em relação ao ordenamento. A contraposição entre uma equidade não jurídica e uma jurídica pressupõe uma concepção formalista do ordenamento, o qual, ao contrário, não é separável da cultura definida extrajudicial. Toda equidade, e a própria história ensina, tem sua noção e seu papel em um determinado sistema jurídica entendido como experiencia na sua totalidade (...) Se equidade não significa arbítrio do juiz, todos os valores do ordenamento devem ser considerados parâmetros que concorrem à sua determinação. Isto não significa que dessa forma a equidade se torne integrativa ou corretiva. A equidade e a razoabilidade, às vezes, representam a própria razão justificadora da norma escrita, especialmente se lida à luz da Constituição e das normas hierarquicamente superiores. (...) A equidade frequentemente é a síntese de vários princípios normativos, ela representa de qualquer forma uma ponderação de valores, que tem função de instrumento de proporção e de razoabilidade (...) Se a equidade no nosso sistema não pode ser arbitrária e, portanto, lesiva ao princípio fundamental da igualdade, não se pode excluir que de uma série de juízos equitativos motivados não se possam extrair critérios gerais sobe os quais exprimir um valoração de conformidade com o ordenamento na sua unidade" (Pietro Perlingieri, *O Direito Civil na Legalidade Constitucional,* Rio de Janeiro: Renovar, 2008, pp. 223-228).

[35] Rafael Villar Gagliardi, *Exceção de contrato não cumprido,* São Paulo: Saraiva, 2012, p. 38.

[36] René Cassin, De l'exception tirée de l'inexécution dans les rapports synallagmatiques (exceptio non adimpleti contractus) et des ses relations avec le droit de rétention, la compensation et la résolution. Paris: Sirey, 1914, p. 423.

[37] "Note-se, aliás, que a ideia de equilíbrio não se sobrepõe simplesmente à ideia de equidade, mas é combinada com ela para torná-la mais precisa e mais ampla" (René Cassin, De l'exception tirée de l'inexécution

PROBLEMAS DE DIREITO CIVIL – *Homenagem aos 30 anos de cátedra do professor Gustavo Tepedino*

(v) A posição de Serpa Lopes

Serpa Lopes, em obra seminal sobre a exceção de contrato não cumprido, defende que o fundamento da *exceptio* decorreria da noção de equivalência das prestações em conjunto com a vedação ao enriquecimento indevido da parte inadimplente.[38]

A equivalência, para o autor, deve contemplar não apenas a igualdade econômica das prestações, como também a vontade das partes ao contratarem determinadas prestações como equivalentes. Assim, defende-se "a equivalência querida das prestações constitui a própria causa da obrigação".[39]

Apesar da importante conclusão, o autor entende ainda ser necessário investigar a relevância da própria equivalência, itinerário pelo qual se reconhece como fundamento da exceção de contrato não cumprido também a vedação ao enriquecimento sem causa. Essa figura, entende o autor, está na base da própria razão pela qual as pessoas se vinculam contratualmente: a obtenção de vantagem, instrumentalizada pela transferência patrimonial, que impulsiona as trocas em sociedade.[40]

3. DELINEAMENTOS ACERCA DO CONTEÚDO DO SINALAGMA

O sinalagma identifica a existência de nexo de reciprocidade entre obrigações relacionadas: uma obrigação é a razão de ser da outra.[41] Para a sinalagmaticidade estar configurada, cada uma das partes tem de ser, ao mesmo tempo, credora e devedora.[42] Sua verificação, portanto, perpassa a análise da correspectividade entre a obrigação imposta ao excipiente, e aquela inadimplida, que

---

dans les rapports synallagmatiques (exceptio non adimpleti contractus) et des ses relations avec le droit de rétention, la compensation et la résolution. Paris: Sirey, 1914, p. 424, tradução livre do original). V. tb.: Vitor Butruce, *A exceção de contrato não cumprido no Direito Civil brasileiro contemporâneo*: funções, pressupostos e limites de um "direito a não cumprir", Dissertação, UERJ, 2009, p. 36.

[38] Miguel Maria de Serpa Lopes, *Exceções substanciais*: exceção de contrato não cumprido *(exceptio non adimpleti contractus)*, Rio de Janeiro: Freitas Bastos, 1959, pp. 187-192.

[39] Miguel Maria de Serpa Lopes, *Exceções substanciais*: exceção de contrato não cumprido *(exceptio non adimpleti contractus)*, Rio de Janeiro: Freitas Bastos, 1959, p. 188.

[40] "Contrata-se por quê e para quê? Em sua grande maioria, o contrato é feito de prestação e contra-prestação. Quando alguém se obriga visa substancialmente à obtenção de uma vantagem. Só assim o equilíbrio patrimonial de cada um pode ser mantido: um enriquecimento por outro enriquecimento (...) Por conseguinte, a noção de equivalência é uma noção normal, natural, pressuposto lógico de todo o Direito contratual (...) a noção de equivalência, de par geminadamente com a de enriquecimento sem causa, estão ambas formando a consequência natural, lógica e jurídica, de que o não podermos bastar a nós mesmos força-nos, na grande maioria dos casos, a estabelecemos pactos, mediante prestação e contra-prestação (...) O contrato funciona como um meio de se poder obter os elementos necessários à vida. Êle envolve obrigações; essas obrigações determinariam um desequilíbrio patrimonial se não fossem acompanhadas de direitos correlativos tendentes a assegurar o interesse contraposto do obrigado (...) Por conseguinte, o fundamento por força do qual se justifica a exc. n. ad. cont. consiste num direito lógico, natural, que assegura isto que é elemento básico da própria vida: o equilíbrio patrimonial" (Miguel Maria de Serpa Lopes, *Exceções substanciais*: exceção de contrato não cumprido *(exceptio non adimpleti contractus)*, Rio de Janeiro: Freitas Bastos, 1959, pp. 190-192).

[41] Cesare Massimo Bianca, *Diritto Civile*: il contratto, Milano: Giuffrè, 1998, v. 3, pp. 462-463.

[42] Miguel Maria de Serpa Lopes, *Exceções substanciais*: exceção de contrato não cumprido *(exceptio non adimpleti contractus)*, Rio de Janeiro: Freitas Bastos, 1959, p. 234.

cabia ao excepto. Em apreensão mais sofisticada da matéria, defende-se que essa análise da correspectividade deve ser realizada à luz da concretização do programa contratual.[43]

Conforme descreve Serpa Lopes, a doutrina divide-se em relação à determinação do elemento caracterizador do sinalagma. Para os adeptos das teorias objetivas, sinalagmáticos seriam os instrumentos a título oneroso, embora nem todos os contratos onerosos sejam sinalagmáticos. Seu traço distintivo residiria na relação de troca equivalente tal como estabelecida pelos contratantes.[44] As teorias subjetivas, a seu turno, prestigiam a finalidade do pacto instrumentalizada pelas partes por meio das obrigações conexas pelas quais se vinculam.[45] Os principais aspectos das teorias subjetivas, segundo o autor, seriam (a) a distinção entre a causa e o motivo, sendo no contrato sinalagmático a causa determinadora da vontade das partes de obter a execução da prestação prometida em troca; (b) a distinção entre obrigações principais e acessórias; (c) a conexidade entre prestações, fundada na vontade das partes, que possuiria efeitos circunscritos às relações contratuais; (d) a consideração das obrigações visadas pelas partes no momento do acordo de vontades, que seriam as únicas a servirem de fim às obrigações contratadas.[46]

Para René Cassin,[47] seria legítima a recusa provisória à execução da prestação desde que as obrigações recíprocas encontrem o seu fundamento comum em um vínculo de conexidade "intelectual, jurídico, natural ou querido especialmente pela lei ou pelas partes".[48] Para o autor, o sinalagma residiria, então, em dois pressupostos: comunidade de origem e reciprocidade.[49] A vontade, como ressalta Serpa Lopes, não seria considerada como elemento que integra a sinalagmaticidade, a não ser que essa vontade reúna obrigações nascidas em relações jurídicas distintas.[50]

---

[43] "No contrato sinalagmático existe assim um nexo final entre as duas prestações principais do contrato, derivada da estipulação comum do fim de troca das prestações, nexo esse que se designa precisamente por sinalagma e que constitui uma específica estrutura final imanente ao contrato, que integra o seu conteúdo, e ao qual a lei atribui o conteúdo normativo específico que referimos" (Luís Manuel Teles de Menezes Leitão, *Direito das obrigações*, 8ª ed., Coimbra: Almedina, 2009, v. 1, p. 205).

[44] Miguel Maria de Serpa Lopes, *Exceções substanciais*: exceção de contrato não cumprido *(exceptio non adimpleti contractus)*, Rio de Janeiro: Freitas Bastos, 1959, p. 235.

[45] "A teoria subjetiva encontra em CAPITANT o seu principal defensor. A ideia de causa, na obra de CAPITANT, é calcada na causa finalista e não nos motivos do contrato. A causa, na sua concepção, é, num contrato sinalagmático, a vontade de obter a execução da prestação prometida em troca" (Miguel Maria de Serpa Lopes, *Exceções substanciais*: exceção de contrato não cumprido *(exceptio non adimpleti contractus)*, Rio de Janeiro: Freitas Bastos, 1959, p. 236).

[46] Miguel Maria de Serpa Lopes, *Exceções substanciais*: exceção de contrato não cumprido *(exceptio non adimpleti contractus)*, Rio de Janeiro: Freitas Bastos, 1959, p. 237. Destaca-se que o autor inclui nesse rol "ser a conexidade um fenômeno contratual", o que entendemos estar contemplado no aspecto (c) da listagem.

[47] A tese de doutorado de René Cassin defendida em 1914 perante banca composta por Henri Capitant consiste em uma das obras mais relevantes sobre o tema. Cf-se: René Cassin, De l'exception tirée de l'inexécution dans les rapports synallagmatiques (exceptio non adimpleti contractus) et des ses relations avec le droit de rétention, la compensation et la résolution. Paris: Sirey, 1914.

[48] René Cassin, De l'exception tirée de l'inexécution dans les rapports synallagmatiques (exceptio non adimpleti contractus) et des ses relations avec le droit de rétention, la compensation et la résolution. Paris: Sirey, 1914, p. 445, tradução livre do original.

[49] René Cassin, De l'exception tirée de l'inexécution dans les rapports synallagmatiques (exceptio non adimpleti contractus) et des ses relations avec le droit de rétention, la compensation et la résolution. Paris: Sirey, 1914, p. 469.

[50] René Cassin, De l'exception tirée de l'inexécution dans les rapports synallagmatiques (exceptio non adimpleti contractus) et des ses relations avec le droit de rétention, la compensation et la résolution.

De outro giro, Esmein adota o ponto de vista causal.[51] Os contratos sinalagmáticos seriam marcados pela obrigação de uma das partes ter por causa a obrigação do outro. O fundamento da conexidade das prestações, assim, seria a causa do contrato. A vontade teria valor apenas no sentido de determinar o objeto das obrigações, mas sem ser o elemento volitivo o definidor do sinalagma. Fosse assim, as únicas obrigações a serem consideradas seriam aquelas surgidas no momento da formação do contrato. E, no entanto, para o autor, é a execução da obrigação – e não simplesmente sua existência – que proporciona o fim almejado.[52]

Na doutrina nacional, já se definiu o sinalagma como relação imanente que conecta as prestações correspectivas de um contrato, plasmando, assim, o programa contratual.[53] Com efeito, para além da correspectividade entabulada pelas partes ao estabelecerem suas obrigações, o sinalagma também se comunica com o fim almejado por aquele pacto.

Nessa linha de ideias, o sinalagma exsurge como vetor informativo do programa contratual em sua completude, desvencilhando-se, assim, de sua limitação inserida na correspectividade exclusivamente desenhada pelas partes no momento de celebração do instrumento.

Nessa direção, acerca da apreensão do sinalagma no curso da relação contratual, já se indicou haver o sinalagma genético, tomado no momento da constituição das obrigações contrapostas, isto é, aquele incialmente concebido pelas partes, e o sinalagma funcional, observado no curso da relação contratual e ao longo da execução do contrato, quando o cumprimento de uma obrigação figura como pressuposto do exercício da obrigação contraposta.[54] A doutrina adverte serem o sinalagma genético e funcional dois aspectos de um mesmo vínculo, sendo a classificação necessária para percepção do caráter dinâmico do sinalagma, que deve ser analisado a partir da interdependência das relações ao longo da execução contratual, não se limitando à análise do momento de sua celebração.[55]

Recorre-se à classificação do sinalagma funcional e genético, usualmente, na análise acerca da aplicação da exceção de contrato não cumprido nos contratos bilaterais imperfeitos, aqueles em que a obrigação principal está a cargo de apenas um dos contratantes, mas que, em

---

Paris: Sirey, 1914, p. 471. V. tb.: Miguel Maria de Serpa Lopes, *Exceções substanciais*: exceção de contrato não cumprido *(exceptio non adimpleti contractus)*, Rio de Janeiro: Freitas Bastos, 1959, p. 239.

[51] Paul Esmein, *Obligations*, In: Marcel Planiol, Georges Ripert, *Traité Pratique de droit civil français*, t. VI, 2ª ed., Paris: Librarie Générale de droit et de jurisprudence, 1952 *apud* Miguel Maria de Serpa Lopes, *Exceções substanciais*: exceção de contrato não cumprido *(exceptio non adimpleti contractus)*, Rio de Janeiro: Freitas Bastos, 1959, p. 240.

[52] Miguel Maria de Serpa Lopes, *Exceções substanciais*: exceção de contrato não cumprido *(exceptio non adimpleti contractus)*, Rio de Janeiro: Freitas Bastos, 1959, pp. 240-241.

[53] "O sinalagma dos contratos bilaterais é uma espécie de estrutura imanente ao contrato que liga prestação e contraprestação; ele estabelece um 'programa' para as partes, que é tanto mais evidente quanto mais prolongada no tempo for sua execução. Cada parte assume, no contrato, determinados riscos – riscos contrapostos e projetados no futuro" (Antônio Junqueira de Azevedo, *Interpretação do contrato pelo exame da vontade contratual*, Revista Forense, vol. 352, jul.-set./2000, p. 281).

[54] "exercidas em paralelo (visto que a execução de cada uma delas constitui, na intenção dos contraentes, o pressuposto lógico do cumprimento da outra)" (João de Matos Antunes Varela, *Das obrigações em geral*, vol. 1, 10. ed., Coimbra: Almedina, 2000, p. 397). V. tb.: Miguel Maria de Serpa Lopes, *Exceções substanciais*: exceção de contrato não cumprido *(exceptio non adimpleti contractus)*, Rio de Janeiro: Freitas Bastos, 1959, p. 247.

[55] Vitor Butruce, *A exceção de contrato não cumprido no Direito Civil brasileiro contemporâneo*: funções, pressupostos e limites de um "direito a não cumprir", Dissertação, UERJ, 2009, p.93; Inocêncio Galvão Telles, Direito das Obrigações, 7ª ed., Coimbra: Coimbra Editora, 1997, p. 96.

Cap. 26 · NOTAS SOBRE O CONTEÚDO DO SINALAGMA E SEUS REFLEXOS | **439**

situações específicas, pode-se vincular dever para parte que, a princípio, não seria obrigada pela prestação principal.[56]

Na doutrina portuguesa, já se enunciou o que seria a principal querela em relação ao conteúdo do sinalagma: em um sentido, defende-se haver limitação no contrato sinalagmático no sentido de uma prestação ser apenas devida em troca da contraprestação e, em outro sentido, não haver restrição ínsita à prestação, sendo a particularidade do contrato sinalagmático a "estrutura final imanente ao instrumento, constituída pelo acordo quanto ao fim de troca".[57]

Anota-se que, apesar da expressão adotada – "estrutura final" – à luz da atenção dedicada pela escola civil-constitucional à função das figuras jurídicas[58] – que, a um só tempo, se contrapõe e se conjuga com o conceito de estrutura–,[59] a denominação da teoria segundo "estrutura final" não se revela, a nosso ver, a mais adequada. Além da ressalva dogmática, a própria definição de que o contrato sinalagmático decorre do "acordo quanto ao fim da troca" já ilustra que, muito além da estrutura, importa a função objetivada pelas partes com aquele ajuste.

Retomando a análise da anunciada querela, afirma-se que a efetiva diferença das duas correntes residiria no fato de a chamada "estrutura final" colher fórmula menos direta de dependência das prestações. Diz-se menos direta em razão da tese de a estrutura final pressupor uma relação de interdependência entre as declarações que formam o negócio, de modo que o fim se torna, pelo acordo das partes, parte integrante do conteúdo negocial. Essa vertente, nesse sentido, aceitaria redução do sinalagma ao problema do fim da vinculação. Pondera a doutrina que, apesar da correção acerca do fim da troca captado por essa vertente, não se poderia ignorar estar o sinalagma vinculado à prestação de algo em troca de outra coisa, no sentido de substituição. Essa teoria pecaria, portanto, por adotar fórmula vaga que não imprime conteúdo específico ao sinalagma.[60]

---

[56] Caio Mário da Silva Pereira, Instituições de direito civil, 19ª ed., Rio de Janeiro: Forense, 2015, v. 3, p. 60.

[57] Maria de Lurdes Pereira, Pedro Múrias, Sobre o conceito e a extensão do sinalagma. In: António Menezes Cordeiro, Pedro Pias de Vasconcelos e Paula Costa e Silva (Org.), Estudos em honra do Professor Doutor José de Oliveira Ascensão, Coimbra: Almedina, 2008, v. 1, pp. 409-410.

[58] "(...) a doutrina mais moderna, reconhecendo a insuficiência da análise exclusivamente estrutural, destaca que a disciplina da relação obrigacional deve partir prioritariamente da investigação das finalidades que as partes perseguem como o cumprimento da obrigação" (Carlos Nelson Konder; Pablo Renteria, *A funcionalização das relações obrigacionais: interesse do credor e patrimonialdiade da prestação*. In: Gustavo Tepedino, Luiz Edson Fachin (Org.), Diálogos sobre Direito Civil, Rio de Janeiro: Renovar, 2008, v. 2, p. 266). V. tb.: ": (...) a prioridade agora deve ser do exame da função dos institutos – o chamado 'perfil funcional'. O olhar do jurista passa a compreender as repercussões da aplicação de uma norma, os interesses jurídicos em jogo, os fins que ela visa atingir, a *ratio* que a alimenta" (Carlos Nelson Konder, Para além da 'principialização' da função social do contrato. Revista Brasileira de Direito Civil, v. 13, p. 39-59, 2017, p. 41)

[59] Carlos Nelson Konder, Para além da 'principialização' da função social do contrato. Revista Brasileira de Direito Civil, v. 13, p. 39-59, 2017, p. 40.

[60] "As fórmulas de finalidade são excessivamente vagas, com pouco conteúdo, pois se é certo que expressam algo mais do que o recíproco conhecimento de ambas as partes acerca da finalidade subjectiva com que foram assumidas as respectivas vinculações, acabam por não dizer em que consistem precisamente esse acordo ou estrutura imanentes ao contrato. O vício da tese da estrutura final não está em o sinalagma nada ter que ver com o fim da vinculação, mas em escolher uma fórmula algo indeterminada e pouco intensa, não cumprindo cabalmente a função de permitir a fundamentação de certas soluções legais" (Maria de Lurdes Pereira, Pedro Múrias, Sobre o conceito e a extensão do sinalagma. In: António Menezes Cordeiro, Pedro Pias de Vasconcelos e Paula Costa e Silva (Org.), Estudos em honra do Professor Doutor José de Oliveira Ascensão, Coimbra: Almedina, 2008, v. 1, pp. 411-412).

440 | PROBLEMAS DE DIREITO CIVIL – *Homenagem aos 30 anos de cátedra do professor Gustavo Tepedino*

A seu turno, a ideia de limitação imanente da vinculação não endereça o fato de o sinalagma pressupor a relação de finalidade entre as duas atribuições: "cada parte vincula-se *para que* a vinculação da outra se concretize".[61] Exemplifica-se situação em que duas empresas membros de consórcio participante de um concurso se comprometem a realizar apresentação conjunta perante o avaliador do concurso, estipulando-se que, "dada a conveniência de dar uma imagem de unidade, cada uma das partes obriga-se a fazer a apresentação estritamente na medida em que a outra parte também a fizer, e ficará desobrigada em caso de incumprimento pela outra parte, sem prejuízo da responsabilidade a que haja lugar". Nesse caso, apesar das vinculações estarem imanentemente limitadas pelo cumprimento da outra parte, conforme teor da cláusula, não se trata de instrumento sinalagmático pela ausência da finalidade. Com efeito, nenhuma das partes presta para obter a prestação da outra parte, mas sim para obtenção de um terceiro efeito, eventual vitória no concurso, de modo que não seria um contrato de troca.[62]

Apesar da aparente divergência das teses, a resposta residiria em uma leitura conjunta de seus principais aspectos. Embora a tese da chamada estrutura final não esgote o conteúdo do sinalagma, de fato há de se reconhecer que ele se integra ao fim recíproco de obter a prestação. A tese da limitação imanente, a seu turno, estaria incompleta por não abarcar a finalidade que reside entre as atribuições de parte a parte, mas faria contribuição relevante ao destacar a reciprocidade dos deveres dos contratantes. Conclui-se: "a verdade é que a estipulação sinalagmática reúne os elementos de finalidade e de dupla dependência".[63]

Exsurgem, assim, três elementos do sinalagma: (i) cada parte vincula-se perante a outra parte, surgindo, desse vínculo, direito ao recebimento da prestação; (ii) cada parte vincula-se *se* e *só se* a outra prestação se concretizar e (iii) cada uma das prestações é estabelecida *para que* a oura se concretize.[64]

---

[61] Maria de Lurdes Pereira, Pedro Múrias, Sobre o conceito e a extensão do sinalagma. In: António Menezes Cordeiro, Pedro Pias de Vasconcelos e Paula Costa e Silva (Org.), Estudos em honra do Professor Doutor José de Oliveira Ascensão, Coimbra: Almedina, 2008, v. 1, p. 413.

[62] Maria de Lurdes Pereira, Pedro Múrias, Sobre o conceito e a extensão do sinalagma. In: António Menezes Cordeiro, Pedro Pias de Vasconcelos e Paula Costa e Silva (Org.), Estudos em honra do Professor Doutor José de Oliveira Ascensão, Coimbra: Almedina, 2008, v. 1, pp. 413-414.

[63] Maria de Lurdes Pereira, Pedro Múrias, Sobre o conceito e a extensão do sinalagma. In: António Menezes Cordeiro, Pedro Pias de Vasconcelos e Paula Costa e Silva (Org.), Estudos em honra do Professor Doutor José de Oliveira Ascensão, Coimbra: Almedina, 2008, v.1, p. 411. Os autores fazem, no entanto, duas ressalvas no que tange à ideia de limitação. Adverte-se, em primeiro lugar, que a limitação defendida consiste na limitação da vinculação, não já na limitação da prestação, apesar da possível confusão entre ambas. Exemplifica-se que, em matéria de impossibilidade da prestação, a ideia de limitação imanente da prestação significaria que, ao não ser realizada uma das prestações, o dever de contraprestar estaria extinto automaticamente. E se a contraprestação já tivesse sido efetuada, haveria direito à restituição da prestação com fundamento na repetição do indébito. Tal sistemática, para os autores, não representaria solução jurídica adequada para todas as hipóteses. Com efeito, há situações em que a contraprestação deveria subsistir, apesar de não ser possível obter a prestação originalmente pactuada, como em casos de compensação e confusão. A segunda ressalva consistiria no fato de a limitação em questão não se confundir com a teoria do sinalagma como dupla condição. A uma porque essa não captura a referência ao fim do ajuste. A duas porque o sinalagma não tem de ocorrer entre atribuições futuras e incertas, sendo distinto o regime jurídico das condições e o do sinalagma.

[64] Maria de Lurdes Pereira, Pedro Múrias, Sobre o conceito e a extensão do sinalagma. In: António Menezes Cordeiro, Pedro Pias de Vasconcelos e Paula Costa e Silva (Org.), Estudos em honra do Professor Doutor José de Oliveira Ascensão, Coimbra: Almedina, 2008, v.1, p. 414.

Importante registrar o esclarecimento feito pelos autores de não se visualizar no sinalagma um fim do negócio no seu todo. A finalidade seria aquela que decorre da atribuição recíproca das partes, não do próprio negócio. Afirma-se que o sinalagma "dá unidade e autonomia, dá sentido *de conjunto* à relação atributiva (...) Contudo, não dá uma finalidade *ao conjunto* nem ao negócio, o que seria um passo a mais". Assim, apesar de o sinalagma criar o conjunto, ele não possuiria correspondência que transcenda esse conjunto e sua lógica interna.[65]

(i) Sinalagma e o equilíbrio contratual

O aspecto da correspectividade do sinalagma já foi, ademais, vinculado ao equilíbrio contratual,[66] havendo indicação acerca da sobreposição das figuras do sinalagma e do equilíbrio contratual.[67] Nessa direção, entende-se que a tutela do equilíbrio contratual pode ser percebida como ferramenta para a preservação do sinalagma, o que possui íntima relação com a repartição de riscos efetuada pelos contratantes.[68]

Esclarece a doutrina que a equivalência em questão não se confunde com o aspecto objetivo do equilíbrio contratual anteriormente analisado, mas sim consiste no equilíbrio normativo, que supera a equivalência objetiva das prestações e abarca a atribuição de valor que aquele ajuste representa para as partes envolvidas.[69]

---

[65] Maria de Lurdes Pereira, Pedro Múrias, Sobre o conceito e a extensão do sinalagma. In: António Menezes Cordeiro, Pedro Pias de Vasconcelos e Paula Costa e Silva (Org.), Estudos em honra do Professor Doutor José de Oliveira Ascensão, Coimbra: Almedina, 2008, v.1, p. 425.

[66] "A exceção desempenha a função de manter essa característica da bilateralidade e assegura o equilíbrio da relação contratual durante a sua fase executiva, impedindo a desigualdade que decorreria se houvesse o constrangimento forçado de uma das partes a cumprir, sem que houvesse o cumprimento da que deveria prestar antes ou simultaneamente, e com isso garante o respeito aos princípios que regem o direito contratual" (Ruy Rosado de Aguiar Jr., In: Sálvio de Figueiredo Teixeira (Coord.), *Comentários ao novo código civil*: da extinção do contrato. Rio de Janeiro: Forense, 2011, v. 6, t. 2, p. 749).

[67] "O princípio do equilíbrio econômico do contrato, ou do sinalagma, por seu turno, leva à admissão, especialmente, de duas figuras, a lesão e a excessiva onerosidade" (Antônio Junqueira de Azevedo, Os princípios do atual direito contratual e a desregulamentação do mercado. Direito de exclusividade nas relações contratuais de fornecimento. Função social do contrato e responsabilidade aquiliana do terceiro que contribui para inadimplemento contratual, In: Estudos e Pareceres de Direito Privado, São Paulo: Saraiva, 2004, p. 141).

[68] "Do ponto de vista técnico, pode-se enunciar o equilíbrio contratual como princípio que objetiva garantir a equivalência entre as prestações assumidas pelos contratantes, preservando a correspectividade ou o sinalagma pactuado no decorrer da inteira execução do contrato, de modo a satisfazer os interesses pretendidos por ambos os contratantes com o negócio. A equivalência não quer significar correspondência objetiva de valores, mas a correspecitvidade entre as prestações e que satisfaz os interesses concretos das partes contratantes. Por outras palavras, o princípio do equilibro contratual tem por escopo preservar equação econômica entre as prestações, estabelecida pela autonomia privada a partir dos mecanismos de alocação de riscos. O respeito à repartição de riscos efetua pelos contratantes, em uma palavra, preserva o equilíbrio contratual, desde que essa alocação de riscos observe os demais valores e princípios que integram o sistema jurídico – complexo e unitário" (Paulo Greco Bandeira, *Contrato incompleto*, São Paulo: Atlas, 2016, pp. 174-175).

[69] "(...) impossibilidade de se subordinar a validade de um contrato sinalagmático a essa equivalência objetiva do valor das prestações, pois que, muitas vezes as próprias partes ignoram, em face de a circunstância dos elementos subjetivos, psicológicos ou pessoais não serem suscetíveis de ter um valor econômico (...) Se cada uma das partes considera o objeto recebido igual em valor ao por ele oferecido, a lei da equivalência está satisfeita. Assim, a equivalência toma um aspecto subjetivo, pessoal. Esta reside na ideia de

Nesse sentido, em estudo dedicado à análise do conceito e da extensão do sinalagma, a doutrina se embrenhou em investigação (a) para apurar se os contratos bilaterais são permeados por uma justiça material que se manifeste como princípio da equivalência[70] e interfira no conteúdo do instrumento; (b) da ligação específica entre tal equivalência e os contratos sinalagmáticos e (c) para verificar se a equivalência compõe o sinalagma.[71]

No que tange à primeira questão, defende-se já estar assentada a necessidade de controle de conteúdo que represente concretização de valores caros ao ordenamento, o que se alinha ao pensamento da escola do direito civil-constitucional.[72] À luz das ponderações anteriormente realizadas sobre a relevância axiológica do equilíbrio do contrato para o ordenamento, parece ser possível afirmar que a equivalência é relevante parâmetro no controle do merecimento de tutela do ajuste.

Sobre a segunda indagação, a doutrina antes referida indica resposta negativa. Isso porque a equivalência não seria característica específica dos contratos sinalagmáticos, mas comum aos contratos onerosos e já invocada até mesmo no âmbito de relações gratuitas. Além disso, nos remédios sinalagmáticos, como a *exceptio,* os conceitos de interdependência das prestações teriam papel mais relevante do que propriamente a equivalência.[73]

Defende-se, nessa esteira, que o sinalagma não pressupõe a equivalência das prestações: "acontece, por vezes as partes chegarem a um preço porque acordaram que esse *é o valor* do outro objecto do contrato (...) mas este é um acordo contingente *junto* ao sinalagma, não um elemento da própria estipulação sinalagmática. Prova disso é que o acordo contrário pode coexistir com um sinalagma puro. Não há nada de contraditório em dizer-se: bem sei que vale mais, mas estou

---

identidade ou de igualdade que cada parte faz no momento da conclusão do contrato. Então as partes podem considerar como equivalentes objetos cujo valor econômico é desigual" (Miguel Maria de Serpa Lopes, *Exceções substanciais*: exceção de contrato não cumprido (*exceptio non adimpleti contractus*), Rio de Janeiro: Freitas Bastos, 1959, p. 188). Nesse sentido, José João Abrantes afirma que "(...) no inteiro da economia contratual, a obrigação de cada um dos contratantes funciona como *contrapartida* ou como *contrapeso* da outra. A obrigação de cada um dos contratantes aparece como *equivalente* da assumida pelo outro: as prestações trocadas têm igual valor, de tal modo que um e outro (dos contratantes) recebem pela sua própria prestação o valor correspondente da contraprestação contrária. O vínculo sinalagmático produz-se, aliás, independentemente de entre essas obrigações haver ou não uma equivalência real, isto é, uma absoluta igualdade de valor objetivo" (José João Abrantes, *A excepção de não cumprimento do contrato,* Coimbra: Almedina, 1955, pp. 36-37).

[70] Destaca-se que os autores se referem a equivalência na qualidade de "igualdade de valor entre atribuições", o que, a nosso ver, pode ser relacionado às reflexões sobre equilíbrio contratual.

[71] Maria de Lurdes Pereira, Pedro Múrias, Sobre o conceito e a extensão do sinalagma. In: António Menezes Cordeiro, Pedro Pias de Vasconcelos e Paula Costa e Silva (Org.), Estudos em honra do Professor Doutor José de Oliveira Ascensão, Coimbra: Almedina, 2008, v.1, p. 419.

[72] "A escolha é, assim, entre deter-se no controle de não ilicitude ou efetuar o controle de valor (...) quando a liberdade negocial e contratual têm justificação não em si, mas em outros princípios e valores do sistema, quando o próprio sistema não é mais apenas Estado de Direito, mas Estado Social de Direito, caracterizado por princípios fortes como a solidariedade e o personalismo, a escolha não pode deixar de ser axiologicamente conforme o ordenamento. O ato negocial é valido não tanto porque desejado, mas se, e apenas se, destinado a realizar, segundo um ordenamento fundado no personalismo e no solidarismo, um interesse merecedor de tutela" (Pietro Perlingieri, *O Direito Civil na Legalidade Constitucional*, Rio de Janeiro: Renovar, 2008, p. 371).

[73] Maria de Lurdes Pereira, Pedro Múrias, Sobre o conceito e a extensão do sinalagma. In: António Menezes Cordeiro, Pedro Pias de Vasconcelos e Paula Costa e Silva (Org.), Estudos em honra do Professor Doutor José de Oliveira Ascensão, Coimbra: Almedina, 2008, v.1, pp. 420-421.

disposto a pagar isto".[74] Esse exemplo evidencia a equiparação dos autores entre a noção de equivalência e o aspecto objetivo do equilíbrio contratual.

Nessa direção, também apontam os autores ser negativa a resposta para a terceira questão. Exemplifica-se ser comum para a parte ter custos próprios associados à sua prestação – como custos fiscais – e, de outro turno, esperar o contratante obter vantagens com aquele contrato estranhas à outra parte. Assim, "sobra muito pouco como equivalência *entre prestações* e o que se perde e o que se ganha não corresponde àquilo que se presta e recebe nem tem de ser conhecimento partilhado, e muito menos conteúdo das estipulações das partes".[75] Assim, conclui-se no citado estudo que, embora seja possível identificar em diversos tipos contratuais a intenção normativa de equivalência, esta não seria específica dos contratos sinalagmáticos, nem possuiriam ligação juridicamente determinante.[76]

As respostas sugeridas, como se destacou, parecem decorrer da aproximação da noção de equivalência, para os autores, e de equilíbrio das prestações sob o viés objetivo. Tomando-se a equivalência no sentido de correspectividade, alinhada ao aspecto subjetivo do equilíbrio contratual, como analisado, parte da doutrina afirma haver relação direta entre tal equivalência e o conteúdo do sinalagma. Como se vê, ainda não há posição definitiva sobre a vinculação das figuras, sendo sua análise, por isso mesmo, necessária.

4. ASPECTOS RELEVANTES DO SINALAGMA PARA A EXCEÇÃO DE CONTRATO NÃO CUMPRIDO

Tratando-se a exceção de defesa com relevante impacto na execução do instrumento, já que confere ao demandado direito de não cumprir obrigação prevista contratualmente enquanto o demandante não prestar a obrigação correspectiva, torna-se imprescindível a investigação acerca do sinalagma existente entre as duas obrigações contrapostas, isto é, se as prestações em questão correspondem a dívidas correspectivas, de mesma relevância para a concretização do fim do contrato.[77]

---

[74] Maria de Lurdes Pereira, Pedro Múrias, Sobre o conceito e a extensão do sinalagma. In: António Menezes Cordeiro, Pedro Pias de Vasconcelos e Paula Costa e Silva (Org.), Estudos em honra do Professor Doutor José de Oliveira Ascensão, Coimbra: Almedina, 2008, v.1, pp. 421-422.

[75] Maria de Lurdes Pereira, Pedro Múrias, Sobre o conceito e a extensão do sinalagma. In: António Menezes Cordeiro, Pedro Pias de Vasconcelos e Paula Costa e Silva (Org.), Estudos em honra do Professor Doutor José de Oliveira Ascensão, Coimbra: Almedina, 2008, v.1, p. 422. Prosseguem os autores " 'Para mais, estas estipulações são imunes a todo o estado subjetivo que não chegue ao texto negocial nem gere invalidade, de modo que o sinalagma pode concorrer com quaisquer intenções e motivos".

[76] Maria de Lurdes Pereira, Pedro Múrias, Sobre o conceito e a extensão do sinalagma. In: António Menezes Cordeiro, Pedro Pias de Vasconcelos e Paula Costa e Silva (Org.), Estudos em honra do Professor Doutor José de Oliveira Ascensão, Coimbra: Almedina, 2008, v.1, p. 422.

[77] "A exceção *non adimpleti contractus* é uma prova de que as obrigações não são independentes; que cada uma das partes subordinou os encargos que assumiu às vantagens que estipulou a seu favor, verdadeiras dívidas conexas, das quais uma é o equivalente da outra" (Manoel Inácio Carvalho de Mendonça, *Doutrina e prática das obrigações,* Rio de Janeiro: Francisco Alves, 1911, v.2, p. 134); De modo semelhante, afirma Rodrigo da Guia: "O sinalagma se expande e passa a consistir, desse modo, na interdependência entre os polos prestacionais (ou conjuntos de prestações atribuídas a cada centro de interesse) que assumam a mesma relevância (em sentido mais propriamente qualitativo do que quantitativo) para a promoção do resultado útil do contrato" (Rodrigo da Guia Silva, Novas perspectivas

444 | PROBLEMAS DE DIREITO CIVIL – *Homenagem aos 30 anos de cátedra do professor Gustavo Tepedino*

Sem essa análise no caso concreto, corre-se o risco de se autorizar a aplicação da exceção no caso de obrigações não sinalagmáticas e, com isso, desvirtuar a função da figura. Assim, faz-se necessário distinguir situações em que, mesmo diante do inadimplemento de uma das partes no âmbito de contrato bilateral, não se verifique efetivo sinalagma em relação à obrigação do demandado, o que afastaria a incidência da *exceptio*.

(i) sinalagma e obrigações complexas

A investigação em concreto sobre o sinalagma é especialmente relevante considerando a concepção da obrigação presente nas relações jurídicas complexas. Tradicionalmente, a obrigação era examinada sob a perspectiva voluntarista, definida, então, a partir de sua análise estrutural, sendo seus elementos caracterizadores as partes contratantes e o objeto da prestação. Considerada um fim em si mesma, a obrigação era tutelada para atingir a satisfação do credor. A análise da obrigação sob seu viés funcional, contudo, voltou-se à finalidade perseguida pelo negócio jurídico, a qual deve ser tida como merecedora de tutela à luz dos valores centrais do ordenamento.[78]

Sob esse viés, a compreensão da "relação jurídica como uma totalidade, realmente orgânica, veio do conceito do vínculo como uma ordem de cooperação, formadora de uma unidade que não se esgota na soma dos elementos que a compõem".[79] Assim, a partir dos influxos da boa-fé no conceito tradicional de obrigação, superou-se a ideia de obrigação como mera contraposição entre direito subjetivo *versus* dever jurídico.[80]

Os deveres anexos passam a integrar o objeto da obrigação, que não é mais concebida como prestação que se encerra em seu objeto principal.[81] Conjugam-se, assim, diversas situações jurídicas, todas merecedoras de tutela, que compõem a obrigação. Nesse sentido é que se afirma que as

---

da exceção de contrato não cumprido: repercussões da boa-fé objetiva sobre o sinalagma contratual, *Revista de Direito Privado*. v.78, jun./2017, p. 66).

[78] "A relação obrigacional somente pode ser corretamente compreendida quando examinada sob seu perfil estrutural e sob o funcional. A doutrina tradicional, dentro de uma perspectiva voluntarista, definia a tutela da obrigação a partir de uma análise estritamente estrutural, ou seja, mediante a identificação dos sujeitos (quem) e daquilo que se prometeu (o quê). Neste contexto, a análise da função jurídica teria uma importância secundária, surgindo pontualmente naquelas hipóteses em que a lei expressamente chamasse o intérprete a considerar o interesse do credor, como, por exemplo, na apreciação da legitimidade do pagamento realizado por terceiro ou da possibilidade de o devedor purgar a mora, realizando a prestação depois de vencida a dívida" (Carlos Nelson Konder; Pablo Renteira, A funcionalização das relações obrigacionais: interesse do credor e patrimonialidade da prestação, In: Gustavo Tepedino; Luiz Edson Fachin (Org.), Diálogos sobre Direito Civil, Rio de Janeiro: Renovar, 2008, v. 2, pp. 265-266).

[79] Clóvis V. Couto e Silva, *A obrigação como processo*, São Paulo: Bushatsky, 1976, p. 8.

[80] "Dentro dessa ordem de cooperação, credor e devedor não ocupam mais posições antagônicas, dialética e polêmicas. Transformando o 'status' em que se encontravam, tradicionalmente, devedor e credor, abriu-se espaço ao tratamento da relação obrigacional como um todo (...) mesmo adimplido o dever principal, ainda assim pode a relação jurídica perdurar como fundamento da aquisição (dever de garantia), ou em razão de outro dever secundário independente" (Clóvis V. Couto e Silva, *A obrigação como processo*, São Paulo: Bushatsky, 1976, p. 8).

[81] "(...) numa compreensão globalizante da situação jurídica creditícia, apontam-se, ao lado dos deveres de prestação – tanto deveres principais de prestação, como deveres secundários –, os deveres laterais («Nebenpflichten»), além de direitos potestativos, sujeições, ónus jurídicos, expectativas jurídicas etc. Todos os referidos elementos se coligam em atenção a uma identidade de fim e constituem o conteúdo de uma relação de caráter unitário e funcional: a relação obrigacional complexa, ainda designada relação obrigacional em sentido amplo ou, nos contratos, relação contratual" (Mário Júlio de Almeida Costa,

obrigações se tornam objetivamente complexas, o que pode ter impacto direto na compreensão do sinalagma estabelecido no âmbito de uma relação contratual, que passa a ter apreensão mais ampla, abarcando condutas, que, a princípio, não comporiam o objeto principal da prestação.[82]

Perde o sentido, portanto, cogitar aprioristicamente de obrigações principais e acessórias, bem como entender que o sinalagma recai somente sobre as obrigações supostamente principais. Assim, ainda que adimplida a obrigação alegadamente principal, se o contratante descumpre deveres laterais que, concretamente, possuam função relevante a ponto de integrarem a própria obrigação principal, pode-se estar diante de situação que impacte o sinalagma do contrato.[83]

O que se defende não é a recusa das barreiras entre obrigações principais e acessórias para o alargamento da caracterização do sinalagma. Tal interpretação esvaziaria o conteúdo do sinalagma que nos empenhamos em delinear e vulgarizaria a invocação da exceção de contrato não cumprido, figurando como indesejável justificativa para o contratante que quer se furtar ilegitimamente de prestar o pactuado. Ao revés, se conclama efetiva análise das obrigações correspectivas que formem o núcleo duro do negócio jurídico entabulado, evitando-se leitura simplista na qual, por exemplo, a partir da verificação do tipo contratual em questão – como a compra e venda –, se determine de antemão serem as obrigações que compõem o sinalagma a entrega do objeto e o pagamento do preço, sem atentar para outros aspectos daquele específico ajuste que importem na agregação de outras obrigações ao sinalagma.

A verificação da essencialidade de determinada prestação, portanto, apenas se faz em concreto, de acordo com o resultado útil objetivado pelas partes de dado instrumento. Um dever tido como lateral pode eventualmente vir a compor o sinalagma da relação e atrair, desde que verificados todos os demais requisitos necessários, a aplicação da exceção de contrato não cumprido.[84]

(ii) sinalagma e bilateralidade do contrato

O art. 476 do Código Civil enuncia a aplicação da exceção de contrato não cumprido nos "contratos bilaterais". As noções tradicionais definem contratos bilaterais como instrumentos que impõem às partes obrigações recíprocas. Entende-se que a bilateralidade a que alude o dispositivo

---

Direito das obrigações, 10 ed, Coimbra: Almedina, 2006, p. 74). No mesmo sentido, v. José João Abrantes, *A excepção de não cumprimento do contrato*, Coimbra: Almedina, 1955, p. 38.

[82] "[A] incidência de deveres anexos – que são variados e variáveis de acordo com a relação em particular – torna qualquer obrigação objetivamente complexa, no sentido de que seu objeto passa a ser composto por inúmeros deveres (de cooperação, de informação, de sigilo) que se somam à prestação principal para compor o rico tecido de qualquer relação obrigacional" (Gustavo Tepedino; Anderson Schreiber, Direito das obrigações, In: Álvaro Villaça Azevedo (Coord.), *Código Civil comentado*, São Paulo: Atlas, 2008, v. 4, p. 20).

[83] "O reconhecimento, portanto, de uma função ao objeto da obrigação, aliado à incidência da boa-fé obje-tiva e ao imperativo da confiança negocial, impacta na noção de bilateralidade, ampliando o sinalagma contratual (...) Tal entendimento permite sustentar que uma renovada concepção de correspectividade, ao mesmo tempo em que considera fundamental o nexo de interdependência, funcionalidade, sinalagma-ticidade ou de causalidade entre as prestações principais, acaba por 'equiparar' a estas outras prestações e deveres necessários à consecução do resultado útil, autorizando, portanto, uma aplicação bem mais ampla das exceções de contrato não cumprido e de outros remédios sinalagmáticos" (Raquel Bellini de Oliveira Salles, *A autotutela pelo inadimplemento nas relações contratuais*, Tese de doutoramento, UERJ, 2011, pp. 106 e 109).

[84] Nesse sentido, v. Rodrigo da Guia Silva, Novas perspectivas da exceção de contrato não cumprido: repercussões da boa-fé objetiva sobre o sinalagma contratual, *Revista de Direito Privado*, v. 78, jun./2017, pp. 64-65.

não se relaciona com a formação do contrato – já que todo contrato é negócio jurídico bilateral – mas tem justamente relação com o caráter sinalagmático das prestações.[85] A seu turno, os contratos unilaterais são identificados como aqueles nos quais não há "obrigações principais mediadas por nexo de interdependência".[86]

Nessa esteira, nem todas as prestações guardam relação de correspectividade, ainda que decorrentes de contrato bilateral. Ou seja, a mera circunstância de constar determinada obrigação de um contrato bilateral não representa necessariamente seu caráter sinalagmático que, como já visto, precisa ser verificado em concreto.[87] Assim, a alusão a contrato bilateral, por si só, não se mostra suficiente para endereçar o requisito do sinalagma.[88]

De mais a mais, a característica de ser o contrato bilateral consiste em aspecto centrado na análise estrutural, que não abarca, portanto, os novos influxos da boa-fé nas obrigações. A interpretação do dispositivo deve prestigiar, de outro giro, o liame de reciprocidade entre as obrigações contrapostas, de modo que o recurso à exceção de contrato não cumprido sirva como remédio para tutela do sinalagma do contrato.[89] Com efeito, a análise a ser feita acerca da interdependência das prestações em análise – em que uma é causa da outra – não tem cunho quantitativo, mas qualitativo.[90]

---

[85] "[O] contrato bilateral pode ser definido como aquele em que ambas as partes contraem obrigações e ao menos alguns dos deveres recíprocos de prestação estão vinculados entre si, de modo que a prestação representa, de acordo com a vontade de ambas aas partes a contraprestação, a compensação pela outra" (Ruy Rosado de Aguiar Jr, *Extinção dos contratos por incumprimento do devedor*: resolução, 2 ed, São Paulo: Aide, 2004, p. 81); "Convém registrar, todavia, que a noção de bilateralidade contratual não deve ser vista de modo puramente estrutural. Significa dizer que, para caracterizar o contrato bilateral, não bastam obrigações de um lado e de outro, mas é preciso que tais obrigações sejam genuinamente recíprocas, afigurando-se funcionalmente interdependentes. A obrigação de uma das partes deve ser a própria *razão de ser* da obrigação da outra" (Anderson Schreiber, *Manual de direito civil contemporâneo*. 2 ed. São Paulo: Saraiva, 2019, p. 436). V. tb: Martinho Garcez Neto, *Obrigações e contratos*: doutrina e prática, Rio de Janeiro: Borsoi, 1969, pp. 113 e 118.

[86] Rafael Villar Gagliardi, *Exceção de contrato não cumprido*, São Paulo: Saraiva, 2012, p. 67.

[87] "[O] efetivo requisito para oposição da *exceptio non adimpleti contractus* é a existência do vínculo de correspectividade entre determinadas obrigações, e não a classificação do contrato como bilateral. É evidente, não se nega, que uma coisa potencialmente levará à outra" (Vitor Butruce, *A exceção de contrato não cumprido no Direito Civil brasileiro contemporâneo*: funções, pressupostos e limites de um "direito a não cumprir", Dissertação, UERJ, 2009, pp. 83 e 96).

[88] "(...) nem todas as dívidas e obrigações que se originam dos contratos bilaterais são dívidas e obrigações bilaterais, em sentido estrito, isto é, em relação de reciprocidade. A contraprestação do locatário é o aluguel; porém não há sinalagma no dever de devolução do bem locado, ao cessar a locação, nem na dívida do locatário por indenização de danos à coisa, ou na dívida do locador por despesas feitas pelo locatário. A bilateralidade – prestação, contraprestação – faz ser bilateral o contrato; mas o ser bilateral o contrato não implica que todas as dívidas e obrigações que dele se irradiam sejam bilaterais" (Francisco Cavalcanti Pontes de Miranda, *Tratado de direito privado*. São Paulo: Bookseller, 2003, t. 26, pp. 127-128).

[89] "Convém registrar, todavia, que a noção de bilateralidade contratual não deve ser vista de modo puramente estrutural. Significa dizer que, para caracterizar o contrato bilateral, não bastam obrigações de um lado e de outro, mas é preciso que tais obrigações sejam genuinamente recíprocas, afigurando-se funcionalmente interdependentes. A obrigação de uma das partes deve ser a própria *razão de ser* da obrigação da outra" (Anderson Schreiber, *Manual de direito civil contemporâneo*. 2 ed. São Paulo: Saraiva, 2019, p. 436).

[90] "[N]ão é mister, para que seja bilateral o contrato, a equivalência segundo critério objetivo das prestações; o que importa é que cada um tenha a prestação do outro figurante como equivalente à sua" (Francisco Cavalcanti Pontes de Miranda, *Tratado de direito privado*, São Paulo: Bookseller, 2003, t. 26, p. 127).

5. CONSIDERAÇÕES FINAIS

No presente trabalho, procuramos analisar questões fundantes da figura da exceção de contrato não cumprido, no intuito de investigar os limites e função da figura para o nosso ordenamento jurídico. Para tanto, destacamos os principais fundamentos levantados pela doutrina para a *exceptio* e suscitamos reflexões sobre o conteúdo do sinalagma, considerando se tratar a exceção de contrato não cumprido de figura voltada à sua manutenção. Por fim, analisamos aspectos relevantes do sinalagma para a aplicação prática da exceção de contrato não cumprido.

Sendo a exceção remédio para a tutela do sinalagma, não há como se avançar na pesquisa dessa figura sem antes compreender o papel do sinalagma para o direito contratual. É interessante, ainda, avaliar em que medida se relacionam os fundamentos identificados pela exceção com o conteúdo do sinalagma.

Sem a pretensão de esgotar todos os meandros das complexas discussões levantadas, apurou-se que as figuras da causa do contrato e do equilíbrio contratual permeiam tanto o fundamento jurídico da exceção quanto o conteúdo delineado para o sinalagma, sem que se possa afirmar, no entanto, ser o vínculo sinalagmático – e, por consequência, a função da exceção – reduzível a um ou outro conceito.

As análises ganham ainda profundidade ao se compatibilizar a aplicação das figuras aos influxos decorrentes da interpretação constitucional do direito civil, em especial do direito contratual, a partir de uma análise sistemática das normas jurídicas, conformadas aos valores alçados a vértice do ordenamento. O merecimento de tutela, nesse sentido, surge como controle valorativo do conteúdo de avenças contratuais, antes circunscritas ao âmbito da autonomia negocial. Trata-se de verdadeira renovação do direito civil, que se inicia justamente na ressignificação de figuras tradicionais, como o sinalagma.

Seu contemporâneo estudo, com efeito, é dotado de especial relevância para o direito civil atual, tendo-se com este breve trabalho procurado contribuir para aplicação mais técnica da exceção de contrato não cumprido e, assim, para o aperfeiçoamento do tráfego jurídico.

27

O CONTRATO COMO MECANISMO DE ALOCAÇÃO DE RISCOS CONTRATUAIS: O EXEMPLO DA CLÁUSULA DE RESPONSABILIDADE PELO FORTUITO

PAULA GRECO BANDEIRA

Sumário: 1. O contrato como mecanismo de alocação de riscos: observância dos princípios da autonomia privada, obrigatoriedade dos pactos e equilíbrio contratual. 2. Formas de alocação de riscos nos contratos: gestão positiva e gestão negativa. 3. A assunção de responsabilidade pelo fortuito como exemplo de gestão positiva de riscos. 4. Conclusão.

1. O CONTRATO COMO MECANISMO DE ALOCAÇÃO DE RISCOS: OBSERVÂNCIA DOS PRINCÍPIOS DA AUTONOMIA PRIVADA, OBRIGATORIEDADE DOS PACTOS E EQUILÍBRIO CONTRATUAL

Na contemporaneidade, vivencia-se a *Era do Risco*, no âmbito da qual o contrato desponta como o instrumento jurídico posto à disposição da autonomia privada para disciplinar os riscos econômicos previsíveis relativos às operações negociais que se protraem no tempo. Tais riscos econômicos previsíveis, que se materializam em ganhos ou perdas econômicas, repercutem sobre as prestações contratuais e, por isso mesmo, hão de ser geridos pelo contrato, que irá alocar esses riscos aos contratantes.

Contratar é *se arriscar*: não há contrato sem risco. Ao contratar, as partes, precisamente em razão da incerteza quanto ao implemento do risco, desconhecem o resultado econômico final do negócio, não sabem se irão lucrar ou perder economicamente; se o negócio é bom ou ruim.

O risco se mostra presente, portanto, em qualquer espécie negocial, seja aleatória – assim qualificada pela identificação da álea jurídica como elemento integrante de sua causa, embora também sofra a influência da álea normal –, seja comutativa – caracterizada exclusivamente pela álea normal –, sendo, portanto, objeto de gestão pelos contratantes.[1] Daí a indagação recorrente, na linguagem vulgar, diante de determinado contrato, de *qual é o risco do negócio* assumido pelas partes.

Em matéria de risco negocial, avulta, assim, em importância, a repartição de riscos efetuada pela autonomia privada no concreto regulamento de interesses, a qual poderá decorrer, como se verá, da gestão positiva ou negativa da álea normal.

O contrato consiste, portanto, em mecanismo do qual se vale a autonomia privada para a gestão dos riscos econômicos pertinentes a determinada operação que almeja concretizar. Com efeito, os negócios jurídicos levados a cabo pelos particulares, notadamente os contratos empresariais, têm por finalidade repartir os riscos de determinada operação econômica entre os contratantes, de modo a fixar as respectivas responsabilidades.[2]

Por outras palavras, o concreto regulamento de interesses atribui ao contratante a responsabilidade pelas consequências deflagradas pelo implemento de determinado fato superveniente previsível, cuja ocorrência, no momento da contratação, era incerta (*rectius*, risco). A verificação do risco repercutirá, assim, na esfera jurídica dos contratantes, desencadeando as responsabilidades definidas no contrato, com impacto na relação contratual e na economia das partes.

A Lei das Liberdades Econômicas, Lei n.º 13.874, de 20 de setembro de 2019, introduziu no Código Civil o art. 421-A, o qual, em seu inciso II,[3] destaca a importância de se respeitar a alocação de riscos definida pelos contratantes em relações paritárias, com simetria informacional, por expressar a finalidade econômica perseguida pelas partes com a ultimação do negócio.[4] Em uma palavra, a observância à alocação de riscos estabelecida pelos contratantes encontra-se em consonância com os princípios da autonomia privada, do equilíbrio econômico e da obrigatoriedade dos pactos.[5] Admite-se, em caráter excepcional, a revisão do contrato, com alteração da repartição

---

[1]   Sobre a qualificação dos contratos aleatórios a partir da álea jurídica, cfr. Paula Greco Bandeira, *Contratos Aleatórios no Direito Brasileiro,* Rio de Janeiro: Renovar, 2009, *passim.*

[2]   Tais relações contratuais se caracterizam pela simetria entre as partes. Nesse sentido, o Enunciado nº 21 da I Jornada de Direito Comercial do Conselho da Justiça Federal (CJF) estabelece que "nos contratos empresariais, o dirigismo contratual deve ser mitigado, tendo em vista a simetria natural das relações empresariais".

[3]   "Art. 421-A. Os contratos civis e empresariais presumem-se paritários e simétricos até a presença de elementos concretos que justifiquem o afastamento dessa presunção, ressalvados os regimes jurídicos previstos em leis especiais, garantido também que: (...) II – a alocação de riscos definida pelas partes deve ser respeitada e observada".

[4]   Como adverte Paulo Lôbo: "As partes têm liberdade de fixar a repartição de riscos (a norma alude a "alocação") entre elas, que, em princípio, deve ser observada pelo intérprete. Todavia, essa repartição não pode redundar em desequilíbrio desarrazoado das prestações, violando o princípio da equivalência material entre as partes, fazendo despontar o abuso do poder negocial dominante e afastando a presunção legal da paridade, nesse ponto" (Paulo Lôbo, *Direito Civil:* Contratos, 7. ed, São Paulo: Saraiva, 2021; *e-book*). Sobre o ponto, v. tb. João Ricardo Brandão Aguirre, Reflexões Acerca da Função Social do Contrato e da Autonomia Privada, Após a Declaração dos Direitos de Liberdade Econômica. *Revista Brasileira de Direito Contratual,* n. 2, jan./mar., 2020.

[5]   Gustavo Tepedino; Paula Greco Bandeira; Carlos Nelson, *Fundamentos de Direito Civil:* contratos, 2. ed., Rio de Janeiro: Forense, 2021; *e-book.*

de riscos originária (art. 421-A, III,[6] Código Civil), desde que atendidos os pressupostos legais estabelecidos pelos arts. 478 e ss.[7]

De fato, a partir da alocação de riscos estabelecida pelas partes, define-se o sinalagma contratual, isto é, a comutatividade ou correspectividade entre as prestações, a qual revela a racionalidade econômica do negócio. A equação econômica subjacente ao contrato traduz o seu equilíbrio intrínseco, desejado pelos contratantes, o qual, por isso mesmo, há de ser perseguido em respeito aos princípios do equilíbrio contratual,[8] da autonomia privada e da obrigatoriedade dos pactos.

Ressalte-se que o conceito de risco contratual se relaciona diretamente com o de equilíbrio, tendo em conta que as partes estabelecem negocialmente a repartição dos riscos como forma de definir o equilíbrio do ajuste.[9] Ao se perquirir a alocação de riscos estabelecida pelos contratantes, segundo a vontade declarada, o intérprete deverá atentar para a função prático-social ou para a causa do concreto negócio.[10] Neste particular, deverá observar se se está diante de contrato

---

[6]   "Art. 421-A. Os contratos civis e empresariais presumem-se paritários e simétricos até a presença de elementos concretos que justifiquem o afastamento dessa presunção, ressalvados os regimes jurídicos previstos em leis especiais, garantido também que: (...) III – a revisão contratual somente ocorrerá de maneira excepcional e limitada".

[7]   Sobre a importância de se respeitar a alocação de riscos, cfr. interessante precedente que, a despeito do cenário de pandemia da COVID-19, determinou a observância do conteúdo pactuado em contrato de compra e venda de energia celebrado no Ambiente de Contratação Livre: "Agravo de Instrumento. Tutela cautelar requerida em caráter antecedente. Decisão agravada que defere liminar para que a Agravante efetuasse a cobrança da metade do valor mínimo das faturas de consumo de energia elétrica até que perdurasse o fechamento do shopping, ora Agravado, em decorrência da pandemia (COVID-19). Reforma. *Contrato de aquisição de energia elétrica firmado entre as partes no "Ambiente de Contratação Livre (ACL)", no qual as pessoas jurídicas contratantes se encontram em igualdade de condições, não se tratando de um contrato de adesão, regulado pelas normas do Direito do Consumidor. Contrato financeiro que leva ao aderente os riscos da contratação e variação do preço da energia no mercado (Preço de Liquidação de Diferenças – PLD), conforme tenha sobras ou déficits em dado momento, não sendo razoável afastar cláusula contratual livremente pactuada e desconsiderar, por completo, a alocação de riscos previstas no instrumento.* Provimento do recurso" (TJRJ, Ag Inst 0033074-45.2020.8.19.0000, Rel. Des. Luciano Saboia Rinaldi de Carvalho, 7ª CC, julg. 20.10.2020; grifou-se). V. tb. TJSP, Ap. Cív. 1006216-86.2015.8.26.0566, Rel. Des. Cesar Ciampolini, 1ª C. D. Priv, julg. 04.10.2017.

[8]   A ideia de equilíbrio contratual se aproxima da noção de sinalagma funcional a que a doutrina faz referência. Como explica Massimo Bianca a respeito do conceito de sinalagma funcional: "A correspectividade entre as prestações significa que a prestação de uma parte encontra remuneração na prestação da outra. (...) A correspectividade comporta normalmente a interdependência entre as prestações. A interdependência exprime, em geral, o condicionamento de uma prestação a outra. Ao propósito, é feita uma distinção entre sinalagma genético e sinalagma funcional. (...) O sinalagma funcional indica a interdependência entre as prestações na execução do contrato, no sentido de que uma parte pode se recusar a cumprir a prestação se a outra parte não cumpre a sua própria (exceção de contrato não cumprido: art. 1460 cc) e pode ser liberada se a contraprestação se torna impossível por causa não imputável às partes (1453 s cc)" (*Diritto civile*: il contratto, Milano: Giuffrè, 1987, v. 3, p. 488; tradução livre).

[9]   Mario Bessone, *Adempimento e rischio contrattuale*, Milano: Giuffrè, 1969, p. 2 e ss.

[10]   Veja-se na página clássica de Pietro Perlingieri: "A função da relação é o regulamento, o ordenamento do caso concreto – Em toda noção jurídica encontra-se uma estrutura e uma função. Dá-se o mesmo com a relação jurídica. Esta, no perfil funcional, não é nada mais que um regulamento, isto é, a disciplina de opostos centros de interesses relacionados, de maneira que estes tenham uma composição ou harmonização (*contemperamento*). A relação é disciplina, regulamento dos interesses vistos na sua síntese: é a normativa que constitui a harmonização (*contemperamento*) das situações subjetivas. Ela apresenta-se

Cap. 27 · O CONTRATO COMO MECANISMO DE ALOCAÇÃO DE RISCOS CONTRATUAIS | 451

típico ou atípico. Cada tipo contratual possui critérios de repartição do risco previamente estabelecidos em lei. Entretanto, as partes poderão modelar a alocação de riscos do negócio, inserindo na sua causa alocação de riscos específica e incomum a certa espécie negocial, a dar vida a negócios atípicos.

Ao lado da causa ou função prático-social do negócio, o intérprete, para fins de identificação da alocação de riscos e das respectivas responsabilidades, há de considerar a qualidade das partes, investigando-se a atividade normalmente praticada pelos contratantes à luz dos usos negociais, que se agregam ao regulamento de interesses.[11] À título de ilustração, considera-se justo imputar maior risco ao empresário do que a indivíduo que não seja *expert* em determinado setor.[12] Ou, ainda, imputar a responsabilidade ao contratante pelo risco inerente à atividade econômica por ele regularmente desenvolvida. Deve-se, de outra parte, observar se há cláusula limitativa ou de excludente de responsabilidade, bem como identificar o sistema de responsabilidades que decorrem da interpretação sistemática e teleológica das cláusulas contratuais.[13]

---

como o ordenamento do caso concreto; não é casual, de fato, a definição de ordenamento como sistema de relações. A relação é, no seu perfil funcional, um conjunto de cláusulas, preceitos, prerrogativas, atribuições, isto é, um regulamento. O aspecto normativo conflui naquele funcional. A obrigação pecuniária caracteriza-se por ter como conteúdo a prestação de uma quantia em dinheiro; ela, no seu aspecto estrutural, é relacionamento – expresso em termos de contraposição – entre a situação creditória e aquela debitória. Esta relação, porém, é neutra, não exprime ainda o porquê da sua existência a função prático-social à qual responde. Falta o aspecto causativo da obrigação pecuniária, o seu regramento, a disciplina que a caracteriza. Se se limitasse ao aspecto estrutural, isso é, à relação entre as situações, não seria possível individuar efetivamente a disciplina, a função daquela obrigação. Ela assume uma disciplina segundo a sua causa, a qual é expressão da sua disciplina: o aspecto funcional e aquele causativo exprimem a mesma exigência, isto é, individuar e completar uma relação entre situações subjetivas. O credor, segundo seja a causa uma ou outra, tem, ou não, determinados poderes, obrigações: poderá agir para a resolução (art. 1.453 ss. Cód. Civ.), poderá defender-se excepcionando a inadimplência da outra parte (art. 1.460 Cód. Civ.)" (*Perfis do Direito Civil,* 3. ed, Rio de Janeiro: Renovar, 2002, pp. 116-117).

[11] Os usos negociais consistem em fonte de integração dos contratos. Sobre o ponto, cfr. Judith Martins-Costa: "As características até aqui enunciadas justificam o peculiar e muito complexo papel dos usos do comércio ('usos do tráfico'), expressão ora empregada latamente, bem como das práticas das partes na atividade empresarial. Para além de serem criadores de formas contratuais e de modos de comportamento e comunicação empresarial, os usos são considerados, no plano propriamente hermenêutico, fonte de heterointegração normativa" (*A Boa-fé no Direito Privado*: critérios para a sua aplicação, São Paulo: Marcial Pons, 2015, pp. 288-289). Veja-se, também, a síntese de Paula Forgioni: "A consciência de que o tráfego mercantil necessita de regras claras e previsíveis, adequadas à realidade, informa a compreensão de Ascarelli sobre os contratos comerciais. É a *práxis* dos comerciantes, a incessante busca da satisfação jurídica de suas necessidades econômicas, que dá origem aos contratos. A prática reiterada de acordos com a mesma função econômica leva à segurança e à previsibilidade em relação ao comportamento da outra parte, porque cria um padrão de mercado que passa a ser a conduta esperada do mercador (legítima expectativa). A possibilidade de previsão do comportamento gera calculabilidade e, consequentemente, maior grau de segurança sobre o futuro. A estabilidade (possibilidade de previsão) leva ao azeitamento do fluxo de relações de mercado" (Tullio Ascarelli e os Contratos de Distribuição. In: *Princípios do Novo Código Civil Brasileiro e outros temas*: homenagem a Tullio Ascarelli, São Paulo: Quartier Latin, 2010, pp. 524-531).

[12] Mario Bessone, Adempimento e rischio contrattuale, cit., p. 39.

[13] Sobre o tema, v. Guido Alpa, Rischio. In: *Enciclopedia del diritto*, Milano: Giuffrè, 1989, v. 40, p. 1158, em que o autor passa em revista critérios que devem orientar o juiz na repartição dos riscos, dentre os quais o exame da qualidade das partes; da prestação (fungível, infungível etc.); e da função econômica do negócio.

A alocação dos riscos econômicos há de ser identificada, portanto, no caso concreto, de acordo com o específico regulamento de interesses. Deste modo, mostra-se possível alargar a responsabilidade dos contratantes, imputando-lhes risco maior do que aquele comumente assumido em determinado tipo contratual; ou, ainda, diminuir o seu espectro. Imagine-se, por exemplo, contrato de empreitada, em que as partes atribuam ao empreiteiro a responsabilidade pelas chuvas abundantes que atrasem o cronograma da obra, ainda, que, normalmente, as chuvas configurem fortuito ou força maior, capazes em tese de afastar a responsabilização do devedor.

Em relações paritárias, em que não há assimetria de informações, a equação econômica estabelecida pelos contratantes por meio da alocação de riscos há de ser observada em toda a vida contratual, em consonância com os princípios da autonomia privada e da obrigatoriedade dos pactos. Afinal, a repartição dos riscos traduzirá a finalidade almejada pelos contratantes com o concreto negócio, os quais buscam satisfazer os seus interesses por meio daquela específica alocação de riscos.

A alocação de riscos no contrato revela, repita-se ainda uma vez, o equilíbrio econômico do negócio perseguido pelos contratantes e mediante o qual as partes visam concretizar seus objetivos econômicos. Tal repartição de riscos insere-se, assim, na causa concreta do contrato, isto é, nos efeitos essenciais que o negócio pretende realizar, ou, em outras palavras, na sua *função econômico-individual* ou *função prático-social*, que exprime a racionalidade desejada pelos contratantes, seus interesses perseguidos *in concreto,* com base nos quais se interpreta e se qualifica o negócio, em procedimento único e incindível. Como observou Francesco Camilletti, o equilíbrio contratual se expressa não em termos objetivos de valores, mas corresponde à finalidade almejada pelos contratantes ou ao interesse que pretendem realizar com o sinalagma ou a correspectividade entre as prestações.[14]

Impõe-se ao intérprete, portanto, averiguar a finalidade do sinalagma ou da correspectividade *in concreto,* que tem por escopo satisfazer aos interesses dos contratantes. A alocação de riscos – insista-se – insere-se na causa do negócio, isto é, nos efeitos essenciais perseguidos pelos contratantes com vistas ao atendimento de seus objetivos. Em definitivo, há de se prestigiar a repartição dos riscos estabelecida pela vontade negocial, que traduz o equilíbrio do negócio, impedindo-se que o intérprete refaça a valoração do risco já efetuada pela autonomia privada.

2. FORMAS DE ALOCAÇÃO DE RISCOS NOS CONTRATOS: GESTÃO POSITIVA E GESTÃO NEGATIVA

No ordenamento jurídico brasileiro, existem duas formas de gestão de riscos nos contratos: a gestão positiva e a gestão negativa. Evidentemente, os riscos que constituirão objeto de gestão pelos particulares hão de ser previsíveis, de modo a que se possa atribuir a um ou outro

---

[14] Como elucida o autor: "em linha teórica e geral, pode-se continuar a sustentar a subsistência, em nosso ordenamento, de um princípio que tende a se desinteressar pelo equilíbrio contratual compreendido como correspondência de valores (objetivos) entre as prestações trocadas, tal sendo a consequência lógica do reconhecimento da autonomia privada como instrumento para a atuação da liberdade de iniciativa econômica. (...) o legislador, portanto, se absteve de considerar a validade do contrato com base em valorações quantitativas do sinalagma, tendo, ao revés, deslocado a própria valoração sobre a função teleológica da correspectividade, que é aquela destinada a satisfazer os interesses de ambas as partes, às quais apenas compete estabelecer quais valores econômicos atribuir às prestações que satisfazem aos seus interesses" (Profili del problema dell'equilibrio contrattuale. In: *Collana diritto privato. Università Degli Studi di Milano.* Dipartamento Giuridico-Politico: sezione di diritto privato, Milano: Giuffrè, 2004, v. 1, p. 44; tradução livre).

contratante os efeitos de sua verificação. Ao ser repartido entre os contratantes, o risco previsível passa a integrar a álea normal do contrato, compreendida como o risco externo ao negócio, o qual, embora não integre a sua causa, mantém com ela *relação de pertinência,* por representar o risco econômico previsível assumido pelos contratantes ao escolher determinado tipo ou arranjo contratual. A definição da álea normal irá se operar no concreto regulamento de interesses, mostrando-se possível que determinado evento previsível não se insira na álea normal e, portanto, não figure como fato previsto, objeto de gestão pelas partes. Por outro lado, as partes poderão alargar a álea normal, incluindo na gestão do risco eventos previsíveis que ordinariamente não sejam associados a determinada espécie negocial (e que, portanto, no comum dos casos, seriam considerados fatos extraordinários).

Deste modo, as partes, ao distribuírem os riscos econômicos previsíveis a partir das cláusulas contratuais, procedem à *gestão positiva da álea normal.* Aludida alocação de riscos, que será identificada a partir da vontade declarada[15] pelos contratantes, estabelece o equilíbrio econômico do negócio. Tal equação econômica, que fundamenta o sinalagma ou a correspectividade entre as prestações, há de ser observada no curso da relação contratual, em observância aos princípios da obrigatoriedade dos pactos e do equilíbrio dos contratos.

Ao lado da gestão positiva da álea normal, os contratantes poderão optar por gerir negativamente os riscos econômicos previsíveis. Surge, então, a figura do contrato incompleto, o qual consiste, em linhas gerais, em *negócio jurídico que adota a técnica de gestão negativa da álea normal.* Com efeito, no contrato incompleto, as partes, deliberadamente, optam por deixar em branco determinados elementos da relação contratual, como forma de gestão do risco econômico superveniente, os quais serão determinados, em momento futuro, pela atuação de uma ou ambas as partes, de terceiro ou mediante fatores externos, segundo o procedimento contratualmente previsto para a integração da lacuna. Cuida-se de não alocação voluntária do risco econômico, em que as partes deixam em branco determinado elemento do negócio jurídico (lacuna voluntária), o qual seria diretamente afetado pelo implemento do risco. Após a concretização do risco, as partes distribuirão os ganhos e as perdas econômicas, por meio da integração das lacunas, segundo o procedimento previsto originariamente no contrato.[16] O modo de alocação de riscos empregado pelos contratantes será identificado a partir da interpretação da vontade declarada das partes, que poderá ser expressa ou implícita, extraída da interpretação sistemática e teleológica das cláusulas contratuais.

Assim sendo, existem, no ordenamento jurídico brasileiro, duas formas voluntárias de gerir a álea normal dos contratos: (i) a *gestão positiva*, por meio da alocação de riscos econômicos previsíveis segundo as cláusulas contratuais; e (ii) a *gestão negativa*, por meio do contrato incompleto, no qual, voluntariamente, as partes não alocam *ex ante* o risco econômico superveniente, de natureza previsível, cujas perdas e ganhos econômicos serão distribuídos, portanto, posteriormente, diante da verificação de determinado evento, mediante o preenchimento da lacuna contratual, de acordo com os critérios definidos *ex ante.*

---

[15] Sobre a teoria da declaração, originada no Séc. XX e em pleno vigor na teoria contratual contemporânea, assinala v. Vincenzo Roppo: "no contrato, é importante não apenas a *efetiva vontade individual*, em como se forma na esfera psíquica do sujeito, mas também a *sua projeção social externa,* e, em particular, o modo pelo qual a vontade das partes é percebida pela contraparte. Esta percepção é determinada essencialmente pelo modo como a vontade, objetivamente, vem manifestada externamente; por isso o teor objetivo da declaração de vontade" (Il contrato. In: Giovanni Iudica; Paolo Zatti (Org.), *Trattato di diritto privato,* Milano: Giuffrè, 2001, pp. 38-39; tradução livre).

[16] Sobre o tema, seja consentido remeter a Paula Greco Bandeira, *Contrato incompleto,* Rio de Janeiro: Atlas, 2015, *passim.*

454 | PROBLEMAS DE DIREITO CIVIL – *Homenagem aos 30 anos de cátedra do professor Gustavo Tepedino*

Nessa direção, o contrato incompleto, por permitir a gestão *ex post* dos riscos de superveniências, atende aos imperativos da segurança jurídica e da flexibilidade, podendo figurar, no caso concreto, como opção que melhor realiza os interesses das partes.

Por outro lado, os riscos que fujam à esfera de previsibilidade dos contratantes no caso concreto consistirão em riscos econômicos imprevisíveis, razão pela qual não poderão constituir objeto de gestão pelas partes (não alocação involuntária do risco). Nessa hipótese, presentes os demais pressupostos, aplicar-se-á a teoria da excessiva onerosidade prevista nos arts. 478 e ss. do Código Civil, sempre em caráter excepcional. Em consequência, o risco previsível, que se insere na álea normal do contrato, terá sido, necessariamente, gerido pelos contratantes, por meio de gestão positiva ou negativa, o que será identificado a partir do exame das cláusulas contratuais e da causa *in concreto*.

3. A ASSUNÇÃO DE RESPONSABILIDADE PELO FORTUITO COMO EXEMPLO DE GESTÃO POSITIVA DE RISCOS

Dentre as possíveis formas de gestão positiva dos riscos, situa-se a cláusula que atribui ao devedor a responsabilidade pelo fortuito ou força maior. Como se sabe, no direito obrigacional brasileiro, o devedor não responde pelo fortuito ou força maior, salvo se estiver em mora, e não conseguir demonstrar que o dano sobreviria mesmo que adimplisse regularmente sua prestação, em consonância com o princípio da *perpetuatio obligationis*[17] (art. 399,[18] Código Civil).

Assim, caberá ao intérprete determinar, no âmbito da alocação de riscos estabelecida pelos contratantes, quem responderá pelos prejuízos resultantes da força maior, uma vez que os eventos de força maior, caracterizados pela necessariedade e inevitabilidade, repercutem diretamente na execução dos contratos.

Do ponto de vista técnico, entende-se por fortuito o fato necessário e inevitável, externo aos contratantes, que torna impossível o cumprimento da prestação pelo devedor na forma acordada. Segundo o disposto no parágrafo único do art. 393, Código Civil, o fortuito "verifica-se no fato necessário, cujos efeitos não era possível evitar ou impedir".

Da leitura do dispositivo, depreende-se que o legislador pátrio adotou conceito objetivo de caso fortuito, afastando-se da concepção subjetiva, a qual simplesmente igualava a força maior à ausência de culpa. Assim, para que determinado fato seja qualificado como caso fortuito ou força maior, há de se verificar não apenas a ausência de culpa do devedor na deflagração do fato como

---

[17] Sobre o ponto, assinala Orlando Gomes: "A outra consequência importante da *mora* é a *perpetuatio obligationis*. Diz-se que a obrigação se perpetua para significar-se que o devedor em mora responde, nesse período, pelo *caso fortuito*. Se na pendência da *mora* se destruir, sem culpa sua, a coisa que se obrigou a entregar ou restituir, fica obrigado ao pagamento da correspondente indenização. Esse dever de indenizar justifica-se em razão de ter havido da parte do devedor *inexecução culposa* e descansa na presunção de que, se houvesse cumprido a obrigação a tempo, a coisa não teria sido destruída, ou, em termos gerais, a prestação não se tornaria impossível" (*Obrigações,* 16. ed., Rio de Janeiro: Forense, 2004, p. 203). V. tb. Caio Mário da Silva Pereira, *Instituições de Direito Civil,* 29. ed., Rio de Janeiro: Forense, 2017, v. 2, p. 302: "Outro efeito da *mora debendi* é a denominada *perpetuatio obligationis*, em virtude de que responde o devedor moroso pela impossibilidade da prestação (Código Civil de 1916, art. 957/ Código Civil de 2002, art. 399), ainda que tal impossibilidade decorra de caso fortuito ou de força maior".

[18] "Art. 399. O devedor em mora responde pela impossibilidade da prestação, embora essa impossibilidade resulte de caso fortuito ou de força maior, se estes ocorrerem durante o atraso; salvo se provar isenção de culpa, ou que o dano sobreviria ainda quando a obrigação fosse oportunamente desempenhada".

Cap. 27 • O CONTRATO COMO MECANISMO DE ALOCAÇÃO DE RISCOS CONTRATUAIS | 455

também a inevitabilidade do acontecimento, traduzida na impossibilidade de o devedor superá-lo.[19] A impossibilidade aqui há de ser compreendida tanto em seu sentido literal quanto no sentido de exigir do devedor, para o cumprimento da obrigação, sacrifício insuportável, fora do comum, que impossibilite efetivamente o adimplemento no prazo e modo estipulados.[20]

Exige-se, deste modo, para a qualificação de determinado fato, na concreta relação contratual, como caso fortuito ou de força maior, o atendimento a dois requisitos, a saber: (i) não imputabilidade do acontecimento ao devedor; e (ii) impossibilidade de o devedor resistir ao evento extraordinário (*rectius*, inevitabilidade do evento). Observe-se que a imprevisibilidade do evento não consiste, necessariamente, em requisito caracterizador do caso fortuito.[21] Isso porque mesmo eventos previsíveis têm o condão, por vezes, de atingir a relação obrigacional de tal maneira que se tornam irresistíveis ao devedor, impossibilitando-o de adimplir sua obrigação. Por outro lado, casos há em que eventos imprevisíveis podem ser contornados pelo devedor, a afastar a inevitabilidade essencial à caracterização do caso fortuito.[22] De todo modo, ainda que, em tese, se exclua a imprevisibilidade como requisito para a caracterização do fortuito, frequentemente o evento, por ser imprevisível, se afigura, em concreto, inevitável ao devedor, a configurar o caso fortuito.[23]

---

[19] Na lição de Arnoldo Medeiros da Fonseca: "Da própria noção do caso fortuito decorrem os dois elementos indispensáveis à sua caracterização: um interno, de ordem objetiva: a inevitabilidade, ou impossibilidade de impedir ou resistir ao acontecimento, objetivamente considerado, tendo em vista as possibilidades humanas, atendidas em toda sua generalidade, sem nenhuma consideração pelas condições pessoais do indivíduo cuja responsabilidade está em causa: outro externo, de ordem subjetiva: a ausência de culpa" (*Caso fortuito e teoria da imprevisão*, Rio de Janeiro: Forense, 1943, p. 143).

[20] Exemplifica Agostinho Alvim: "Suponha-se que alguém, obrigado a despachar grande quantidade de mercadorias, vê-se diante de uma greve de ferroviários. Se lhe for possível enviar as mercadorias por estrada de rodagem, a isso está obrigado, ainda que o ônus seja maior, ou muito maior. Todavia, se não houver serviço regular por estrada de rodagem, não está ele obrigado a adquirir caminhões, ou a fretá--los de particulares a qualquer preço. Não resta dúvida que, em casos assim, poder-se-ia dizer que não se caracterizou a impossibilidade de cumprimento, tomada a palavra ao pé da letra. Mas, a diligência a que está obrigado o devedor, se, por um lado, impõe-lhe a obrigação de suportar maior ônus do que o esperado, não lhe impõe, todavia, a obrigação de arruinar-se. (...) Em tal caso, o devedor não incorre em mora. Mas, a exoneração só se dá quando a dificuldade assume o aspecto de impossibilidade, como no caso que figuramos, ou outros semelhantes, que exigiriam do devedor uma previdência fora do comum, ou sacrifícios insuportáveis" (*Da inexecução das obrigações e suas conseqüências*, São Paulo: Saraiva, 1972, pp. 328 e 329).

[21] Sobre o ponto, observou-se: "A definição afasta também a tese de que a imprevisibilidade é requisito do caso fortuito ou de força maior. Em nosso direito civil, não importa se o evento poderia ter sido ou mesmo se foi previsto pelo devedor, em que pese alguma insistência dos tribunais em perquirir a imprevisibilidade dos fortuitos. Se o evento era inevitável, e implicou no inadimplemento, há caso fortuito ou força maior, e o devedor não responde por perdas e danos, pela simples razão de que o prejuízo deriva de causa alheia à sua conduta. Trata-se, portanto, de fato estranho à cadeia causal, apto a romper o liame de causalidade inicial entre a atividade do agente e o dano" (Anderson Schreiber; Gustavo Tepedino, *Fundamentos do direito civil*: obrigações, 2. ed., Rio de Janeiro: Forense, 2021, v. 2, p. 383).

[22] Afirma-se, em doutrina: "mesmo previsível o evento, se surgiu como força indomável e inarredável, e obstou ao cumprimento da obrigação, o devedor não responde pelo prejuízo. Às vezes a imprevisibilidade determina a inevitabilidade, e, então, compõe a etiologia desta. O que não há é mister de ser destacado como elemento de sua constituição" (Caio Mário da Silva Pereira, *Instituições de direito civil*, cit., v. 2, p. 385).

[23] Nessa direção, observa Arnoldo Medeiros da Fonseca, *Caso fortuito e teoria da imprevisão*, cit., p. 146: "Todavia, apesar disso, não nos convencemos da necessidade desse novo elemento [imprevisibilidade]

A inimputabilidade do evento ao devedor, cujos efeitos se revelam necessários e irresistíveis, justifica a regra de sua irresponsabilidade pelo fortuito.[24] Entretanto, as partes, no livre exercício de sua autonomia privada, poderão alocar os riscos decorrentes do fortuito e da força maior ao devedor, como forma de concretização de seus interesses, de sorte a afastar a regra geral. Nessa esteira, o próprio art. 393, *caput*, Código Civil, enuncia essa possibilidade, ao dispor que "o devedor não responde pelos prejuízos resultantes de caso fortuito ou força maior, *se expressamente não se houver por eles responsabilizado*".

Por ampliar significativamente a responsabilidade do devedor, o dispositivo exige que a alocação dos riscos pelo fortuito seja efetuada "expressamente", vale dizer, de modo inequívoco, o que poderá decorrer da literalidade da cláusula ou da interpretação sistemática e teleológica das disposições contratuais,[25] efetuada à luz do comportamento dos contratantes.

Além disso, as partes deverão detalhar quais eventos são por elas considerados fortuito no concreto regulamento negocial para fins de majoração da responsabilidade do devedor. Não se admitem, nessa direção, cláusulas genéricas, que atribuam ao devedor a responsabilidade por qualquer evento de fortuito ou força maior.[26] Cuidando-se de gestão positiva de risco, os riscos do fortuito alocados ao devedor afiguram-se previsíveis aos contratantes, devendo constituir fato previsto no negócio, com os contornos bem delimitados, para que se possa imputá-lo ao devedor. Em contrapartida, os eventos de fortuito que não tenham sido enumerados pelas partes; ou, ainda, os eventos imprevisíveis, não poderão ser imputados ao devedor. Como observado pelo Professor Gustavo Tepedino:

---

para caracterização do fortuito, porque, ou o acontecimento, pela sua imprevisibilidade, se tornou irre-sistível, aparecendo aquela como simples razão da inevitabilidade, que permanece como único requisito; ou o obrigado poderia resistir ao acontecimento, embora, imprevisto, e estará em culpa se não o fizer. A necessidade da ausência de culpa é, assim, uma condição que exclui a possibilidade de haver caso fortuito quando se trate de acontecimento imprevisto, ao qual possa o devedor resistir. E a inevitabilidade, em tais condições, fica sendo o único requisito objetivo que subsiste, quer decorra da própria imprevisibilidade do evento, quer de modo irresistível pelo qual este se manifeste".

[24] "É regra pacífica a de que o devedor não responde pelos prejuízos resultantes do caso fortuito, ou força maior. Justifica-se plenamente o princípio. Desde que não lhe é imputável a causa do ina-dimplemento, justo não seria obrigá-lo a pagar perdas e danos, pois esse dever é, no fundo, uma sanção aplicada a quem se conduz culposamente" (Orlando Gomes. *Contratos*. 26. ed. Rio de Janeiro: Forense, 2009, p. 213).

[25] Sobre o ponto, assinala-se: "Nesse cenário, a cláusula resolutiva expressa participa decisivamente da gestão do risco da superveniência do caso fortuito, disciplinando os efeitos dele decorrentes: apenas mediante sua aposição no contrato, a relação obrigacional poderá ser resolvida extrajudicialmente, não de forma automática, mas mediante declaração do credor. Indispensável, para tanto, a concomi-tância da assunção do risco e da atribuição, ao credor, do direito potestativo de proceder à resolução extrajudicial da relação obrigacional. Essas duas declarações podem mesmo constar da cláusula resolutiva; impreterível, contudo, que constem, de fato, expressas do contrato" (Aline de Miranda Valverde Terra; Paula Greco Bandeira, A cláusula resolutiva expressa e o contrato incompleto como instrumento de gestão de risco nos contratos. In: *Revista Brasileira de Direito Civil – RBDCivil*, v. 6, out./dez., 2015, p. 18).

[26] "É certo, todavia, que tal assunção de risco deverá ser sempre cercada de informação e transparência, além de suficiente delimitação do risco, sendo de se rechaçar cláusulas genéricas e amplas que trans-ferem ao devedor todo e qualquer risco relativo ao objeto do contrato, sem que se permita inferir da contratação a consciência de ambas as partes acerca da distribuição dos riscos no contrato e da sua respectiva contrapartida" (Gustavo Tepedino; Anderson Schreiber. *Fundamentos do Direito Civil*: obrigações. cit., 2021).

Cap. 27 • O CONTRATO COMO MECANISMO DE ALOCAÇÃO DE RISCOS CONTRATUAIS

"Homenageia-se a autonomia privada, reconhecendo a norma legal a possibilidade de a solução adotada como regra não ser a que melhor se coaduna com os interesses concretos envolvidos em determinado negócio. Mesmo assim, só se considerarão assumidos pelo devedor os riscos previsíveis na época da celebração do contrato. Se a inexecução se der por causa imprevisível àquele tempo, a transferência dos riscos não se implementará".[27]

A título ilustrativo, tem-se a hipótese de negócio jurídico em que as partes expressamente determinaram a manutenção da obrigação do devedor na superveniência de eventual roubo ou furto, tipicamente considerados caso fortuito ou de força maior. Diante da expressa alocação de risco do fortuito ao devedor, por partes paritárias e informadas, o Tribunal de Justiça de São Paulo confirmou a validade da cláusula, *ex vi* do art. 393 do Código Civil:

"Apelação. Prestação de serviço de recebimento de valores financeiros e atendimento comercial. Ré que deixou de repassar valores arrecadados em razão de assalto. Força maior. Previsão no contrato de que a ocorrência de tal fato não desobriga a prestadora de serviço do repasse de valores. Recurso improvido. O contrato firmado entre as partes contém cláusula expressa no sentido da subsistência da responsabilidade da ré pelos valores, mesmo em caso de furto e roubo. E tal contratação não tem nada de irregular, pois o próprio art. 393 do CC estabelece que o devedor não responde pelos prejuízos resultantes de caso fortuito ou força maior, se expressamente não se houver por eles responsabilizado. As condições da contratação devem ser averiguadas no momento de sua realização, sendo certo que a ré tinha conhecimento das regras da negociação, bem como das cláusulas contratuais incidentes. (...)".[28]

Em outra hipótese examinada pelo Tribunal de Justiça de São Paulo, discutia-se a responsabilidade pelo fortuito em contrato de compra e venda futura de safra de soja. No instrumento contratual, as partes estipularam que o vendedor – devedor da prestação de entrega da safra – se responsabilizaria por todos os riscos decorrentes de caso fortuito ou de força maior até o momento da entrega. Assim, a superveniente seca na região, que afetou sua produção, não foi considerada excludente da responsabilidade do vendedor, considerado inadimplente. A despeito da generalidade da cláusula, entendeu-se pela sua validade, na medida em que a seca se insere na álea normal desse tipo de negócio, sendo certo que o produtor agrícola detinha experiência não apenas na produção de soja, como em sua negociação:

"Compra e venda futura de safra de soja. Ação revisional de contrato. Inadimplemento contratual em decorrência de seca na região. Vendedor que expressamente assumiu responsabilidade pelos prejuízos decorrentes de força maior ou caso fortuito. Abusividade não configurada. Álea esperada no ramo da agropecuária. Multa pactuada para a hipótese de inadimplemento. Redução devida. (...) nos termos do artigo 393 do Código Civil, o devedor apenas não responde pelos prejuízos resultantes de caso fortuito ou força maior se não houver se responsabilizado expressamente por eles, o que, contudo, ocorreu no caso dos autos, na medida em que os contratos celebrados pelas partes dispõem que: "Esta compra e venda é ajustada em caráter irrevogável e irretratável e considera-se, desde já, perfeita e acabada, correndo por conta do Vendedor todos os riscos decorrentes

---

[27] Gustavo Tepedino et al. *Código Civil interpretado conforme a Constituição da República*. 2. ed. Rio de Janeiro: Renovar, 2014, v. 1, p. 712.

[28] TJSP, Ap. Cív. 4016258-29.2013.8.26.0562, 31ª C. D. Priv., Rel. Des. Adilson de Araujo, julg. 5.4.2016.

de casos fortuitos e/ou de força maior, até a efetiva entrega do produto à Compradora" (cláusula 7ª, "b", fls. 26 e 36/37). Veja-se que não há qualquer abusividade em tal previsão, uma vez que o ramo agropecuário está sujeito à ocorrência de intempéries e pragas, de modo que tais eventos configuram o risco esperado da atividade do apelante e devem ser por ele suportados. Realmente, o apelante é produtor agrícola e detém experiência não apenas na produção de soja, como em sua negociação (tanto assim que a lista de fls. 69/70 comprova a regularidade das transações entre as partes), a demonstrar que tinha perfeita compreensão dos termos do ajuste pactuado".[29]

Trata-se, portanto, a cláusula de responsabilidade pelo fortuito de modo de gestão positiva da álea normal, a traduzir mecanismo legítimo de repartição de riscos empregado pela autonomia privada em atendimento aos seus interesses *in concreto*.

4. CONCLUSÃO

O contrato, como se viu, traduz mecanismo do qual se vale a autonomia privada para a gestão dos riscos econômicos pertinentes a determinada operação que almejam concretizar. As partes, ao contratarem, efetuam certa alocação de riscos, que define o sinalagma contratual, identificado *in concreto* a partir da interpretação da vontade declarada. Aludida repartição de riscos há de ser observada no decorrer da inteira execução contratual, como corolário do princípio da obrigatoriedade dos pactos e do equilíbrio econômico dos contratos, o qual encontra fundamento constitucional no valor social da livre-iniciativa.

O respeito ao equilíbrio, portanto, não se esgota na análise estrutural da correspondência objetiva de valores entre as prestações assumidas pelos contratantes, mas, ao revés, conduz ao atendimento da finalidade contratual (*rectius*, função ou causa) perseguida pelas partes. Em relações sem assimetria informativa, as partes têm por escopo satisfazer os seus interesses por meio de determinada alocação de riscos, a partir de hígida manifestação de vontade, que deverá ser observada, independentemente de o negócio se revelar vantajoso economicamente para apenas um dos contratantes. Afinal, como já se observou, não existe, no ordenamento jurídico brasileiro, o princípio de proteção ao negócio lucrativo.[30] Prejuízos econômicos fazem parte do jogo. Nessa esteira, a Lei das Liberdades Econômicas prestigiou a autonomia privada, determinando a observância da alocação de riscos efetivada pelos contratantes, a qual poderá ser alterada apenas em caráter excepcional, e desde que atendidos aos pressupostos legais. Perdas econômicas dissociadas dos requisitos que configuram a excessiva onerosidade não ensejam a revisão do contrato.

No ordenamento jurídico brasileiro, a alocação de riscos (*rectius*, álea normal) voluntária pode assumir duas formas: (i) a *gestão positiva*, por meio da alocação de riscos econômicos previsíveis, segundo o concreto regulamento negocial; e (ii) a *gestão negativa*, por meio do contrato incompleto, no qual, voluntariamente, as partes não alocam *ex ante* o risco econômico superveniente, de natureza previsível, cujas perdas e ganhos econômicos serão distribuídos, portanto, posteriormente,

---

[29] TJSP, Ap. Cív.1036450-23.2017.8.26.0100, 32ª C. D. Priv., Rel. Des. Maria Cláudia Bedotti, julg. 6.2.2020.

[30] Paula Greco Bandeira, *Contrato incompleto*, cit., p. 15: "Pode-se afirmar, nessa esteira, que, no direito brasileiro, não existe princípio de proteção ao negócio lucrativo, que pudesse salvaguardar o contratante do mau negócio. A parte que geriu mal o risco deverá arcar com as consequências daí decorrentes, não podendo se eximir de cumprir o contrato, tampouco sendo-lhe autorizado requerer a revisão ou a resolução do negócio, exceto nas hipóteses permitidas por lei".

diante da verificação de determinado evento, mediante o preenchimento da lacuna contratual, de acordo com os critérios definidos *ex ante*.

No âmbito da gestão positiva de riscos, destaca-se a cláusula que atribui a responsabilidade pelo fortuito ao devedor, afastando a regra do direito obrigacional brasileiro que consagra a sua irresponsabilidade pelo evento de fortuito ou força maior. A alocação dos riscos pelo fortuito ao devedor requer disposição contratual específica, que delimite expressamente quais os eventos são compreendidos como fortuito pelas partes para fins daquela concreta relação negocial. Em contrapartida, o devedor estará liberado de responsabilidade por fatos alheios à sua atuação, de natureza imprevisível, ou por aqueles que, posto que previsíveis, não foram inseridos na alocação de riscos como fato previsto pelos contratantes.

Em face de tais considerações, há de se privilegiar a função perseguida pelos contratantes com o negócio, que justifica determinada repartição de riscos, incluindo a alocação ao devedor da responsabilidade pelo fortuito, em detrimento da estrutura das prestações assumidas pelas partes, estimulando-se, assim, o exercício das atividades econômicas privadas lícitas e merecedoras de tutela.

28

A BOA-FÉ QUALIFICADA
NOS CONTRATOS DE SEGURO

Priscila Mathias Fichtner

Sumário: 1. Introdução. 2. A boa-fé e suas vertentes no contrato de seguro e o dever de informação. 2.1 Dever de informação do segurado na conclusão do contrato. 2.2 Dever de informação exigível do segurador e corretores de seguro. 3. Novas tecnologias, obtenção de dados e seguro. 4. Notas conclusivas.

1. INTRODUÇÃO

A boa-fé qualificada nos contratos de seguro encerra mandamentos relacionados a normas de conduta que obrigam a ponderação por cada uma das partes acerca dos interesses legítimos da outra parte e de terceiros, bem como que proíbem com rigidez o agir de má-fé.

No que tange à criação de normas de conduta, a boa-fé também incide de forma particular nesse tipo contratual e lhe é inerente, especialmente porque o dever de informação, muito embora conceituado como anexo, conforma as principais obrigações dos contratos de seguro.

A revolução tecnológica vivenciada nos últimos anos atuou com intensidade nunca antes vista sobre a *informação*, que foi por muitos conceituada como o "novo petróleo" deste século. Tal situação impacta diretamente nos deveres laterais das partes nos contratos de seguro e respectiva distribuição do ônus do importante dever de informar. Seguindo a máxima de que todo poder traz na sua contraface uma responsabilidade, a disponibilidade de maiores recursos tecnológicos aptos a obter, captar e processar informações acessíveis gera deveres para quem os possui.

Como já assinalado em tese de doutoramento, de orientação do ilustríssimo Professor *Gustavo Tepedino*, ora homenageado, a evolução histórica do contrato de seguro demonstra com absoluta clareza, desde a origem do instituto, a especial relevância da tutela da confiança depositada nas informações prestadas pelas partes e nas garantias sobre elas estruturadas. Talvez nenhum outro instituto jurídico tenha desenvolvido, há tanto tempo e com tal intensidade, uma simbiose tão profunda com o institu o da boa-fé como o contrato de seguro.

O próprio escopo inicial do seguro, de proporcionar a garantia, solidarizando os riscos entre diversas pessoas, vincula-se diretamente à matriz ética, de onde deriva o princípio da boa-fé.

Essa vinculação direta e indissociável do seguro com a boa-fé no mundo atual, dominado pela revolução tecnológica, afeta sobremaneira os deveres de investigação e informação acerca do risco, matéria-prima do contrato de seguro. Atualmente diversas discussões são travadas em âmbito mundial acerca da necessidade de estabelecimento de limites ao uso da tecnologia, a fim de distinguir situações regulares daquelas abusivas e invasivas, que tenham potencial de atingir direitos da personalidade e direitos fundamentais.

A interação com esse novo universo, criado pelo mundo digital, traz uma série de benefícios para o contrato de seguro, tais como uma maior agilidade e oferta, democratização, ampliação de riscos seguráveis, com desenvolvimento dos chamados microsseguros, maior assertividade no dimensionamento do risco, dentre tantos outros. Importante verificar, assim, a incidência do princípio da boa-fé qualificada nessa nova realidade que invadiu, sem pedir licença, os contratos de seguro.

Vale aqui lembrar que, em paralelo aos diversos benefícios acima destacados, muitas são as críticas à utilização das novas tecnologias nos contratos em geral e no seguro em particular. Elas estão vinculadas especialmente à possibilidade de, quando utilizadas sem um critério razoável, apresentar potencial discriminatório e até inibidor de comportamentos, o que poderia atingir a privacidade e o desenvolvimento da personalidade do (candidato a) segurado. Tais questões são graves e sérias e o que se pretende analisar no presente artigo é a possibilidade de o princípio da boa-fé qualificada, ainda, funcionar como recurso e baliza para solução de acomodação dessas novas situações nos contratos de seguro. Tudo isso porque, como já defendido antes, nos contratos de seguro, estruturados nas informações das partes, sejam elas prestadas, buscadas ou investigadas, a boa-fé incide de forma especial.

Como restará destacado no próximo item, inicialmente verificava-se no contrato de seguro um desequilíbrio informativo com vantagem para o segurado, sendo a boa-fé princípio informador e necessário à estruturação das obrigações principais e funcionalidades do seguro (*infra*, 2). Nesse contexto, será explorado que o princípio da boa-fé integra um conjunto normativo que tutela a confiança das informações prestadas pelas partes. A análise abrangerá a atuação da boa-fé no momento inicial de tratativas e conclusão do contrato, delimitando-se as obrigações do segurado nesse momento (*infra*, 2.1), sem perder de vista as obrigações informativas do segurador vinculadas às coberturas, exclusões e direcionamento dos dados necessários à correta mensuração do risco (*infra*, 2.2). Posteriormente, analisaremos se a utilização das novas tecnologias nos contratos de seguro é capaz de alterar a balança informativa inicial, de modo que o segurador que passe a ter acesso a dados do segurado, inclusive dos seus padrões comportamentais, tenha um poder maior de análise do risco a ser assegurado e deveres de diligência e proteção correspectivos (*infra*, 3). Considerando que o avanço tecnológico é um caminho sem volta, indaga-se, na sequência desse mesmo item, quais são os limites que o princípio da boa-fé, na sua forma qualificada e enquanto criador de deveres anexos vinculados à tutela da confiança, pode estabelecer no âmbito do contrato de seguro para que os valores que tutelam nosso ordenamento sejam observados. Por fim, serão aduzidas algumas notas conclusivas sobre o tema (*infra*, 4).

2. A BOA-FÉ E SUAS VERTENTES NO CONTRATO DE SEGURO E O DEVER DE INFORMAÇÃO

A preocupação em garantir que o contrato de seguro seja executado segundo os ditames da boa-fé está explícita na legislação pátria, desde a edição do antigo Código Civil de 1916 (art.

1.443), que, de forma precursora, continha a boa-fé como valor autônomo criador de normas de condutas. Nessa época, lembre-se, não se discutia na doutrina pátria a criação de deveres acessórios ou anexos advindos da boa-fé, mas reconhecia-se a importância do dever de informação e da boa-fé, vinculando-os, especificamente ao contrato de seguro.

Nos últimos vinte anos e com maior força após a vigência do atual código civil, os limites e alcance da boa-fé expandiram-se no sistema contratual em geral. O aumento da aplicação e alcance da boa-fé objetiva decorreu da nova era de eticização do Direito Civil, com a flagrante necessidade de "purificar" as relações sociais, de modo a coibir práticas manifestamente contrárias à ética e ao bem proceder, sem a necessidade de se indagar acerca da intenção volitiva do sujeito.

Assim, conquanto a face subjetiva da boa-fé tenha perdido força e campo de atuação pela resposta mais ágil e firme da boa-fé objetiva, é fato notório que o seguro é contrato cuja funcionalidade repele de maneira diferenciada a informação equivocada das condutas de má-fé, independentemente da forma de manifestação do dolo.

Justamente nessa linha, Bruno Miragem e Luiza Petersen advertem que a jurisprudência pátria tem apresentado na análise de problemas jurídicos envolvendo o contrato de seguro soluções vinculadas aos princípios éticos e não ao tipo ou classificação do dolo:

> "Não raro, o debate concentra-se mais nos princípios éticos e morais que presidem os contratos – como a boa-fé (art. 422 do CC) e os bons costumes (art. 187 do CC), os quais estão no fundamento da vedação à cobertura do ato doloso – do que propriamente no tipo de dolo, se genérico ou específico"[1].

Nesse contexto, no seguro, os elementos essenciais da boa-fé estão conjugados de forma colorida. Isso porque, os deveres de informação, cooperação, proteção e lealdade, diretamente derivados do princípio da boa-fé objetiva constituem a base para a estruturação do seguro. Estão eles vinculados, de forma indissociável, às obrigações principais envolvendo o dimensionando o risco da garantia a ser prestada e, após esse dimensionamento, o cálculo do prêmio a ser pago pelo segurado.

Segundo Luis Poças, a representação do risco feita pelo segurado é fundamental, pois é a partir dessa declaração *"que o segurador decide se o risco é segurável, se pretende assumi-lo contratualmente e, em caso afirmativo, em que condições"*[2].

A prática crescente de individualização do risco no mercado segurador, com investigação acerca de dados comportamentais do segurado, potencializa os efeitos da informação prestada ou buscada. Nesse sentido, as declarações do segurado continuam a ter grande relevância para a delimitação da extensão da garantia, para a quantificação correta do prêmio e o equilíbrio do contrato perante o próprio grupo segurado. Vale notar, é verdade, que a utilização de novas tecnologias permite uma maior apuração do risco baseada em informação buscada e investigada diretamente pelo segurador. Logo, independentemente da parte que detiver o poder informativo, é certo que o dever de prestar a informação correta, honesta e adequada à estruturação do seguro continua a desempenhar papel muito relevante nesse tipo contratual.

---

[1] MIRAGEM, Bruno e PETERSEN, Luiza. Alteração do risco no contrato de seguro e critérios para sua qualificação: agravamento e diminuição relevante do risco. *Temas atuais de Direito dos Seguros, Tomo I*. GOLDBERG, Ilan; JUNQUEIRA, Thiago (coord.). 1. ed. São Paulo: Thomson Reuters Brasil, 2020, pp. 464-496.

[2] POÇAS, Luis. O Dever de Declaração Inicial do Risco no Contrato de Seguro. Coimbra: Almedina, 2013, p. 109.

Cap. 28 · A BOA-FÉ QUALIFICADA NOS CONTRATOS DE SEGURO

Da parte do segurador, deve restar claro, seja perante o segurado, seja junto aos órgãos fiscalizadores, quais são os fatos relevantes que possam influir no equilíbrio e dimensionamento do contrato de seguro. Desse modo, é importante que o segurador preste esclarecimentos prévios e claros sobre as coberturas e hipóteses de exclusão de garantia nas apólices, bem como de comunique sobre qualquer circunstância que possa gerar efeitos positivos ou negativos ao segurado, ao contratar determinado seguro. Logo, ao estabelecer um preço fixo para comercializar certo tipo contratual, poderá o segurador adotar critérios de descontos ou de acréscimos a depender da influência que os dados do segurado possam ter sobre o risco a ser garantido, desde que tal técnica não enseje política discriminatória. Essa análise dos limites do exercício regular e abusivo do direito deve pautar sempre a atuação empresarial do segurador.

Os deveres de cooperação e proteção das partes, derivados da boa-fé, são recorrentes nesse tipo contratual. Na ocorrência de um sinistro, por exemplo, o segurado tem o dever de tomar todas as medidas necessárias e que lhe possam ser exigidas, a fim de minimizar eventuais prejuízos ocorridos. Da mesma forma o segurador tem o dever de utilizar dos meios que possui para regular o sinistro, da forma mais célere possível, evitando danos maiores ao segurado. Deverá, ainda, valer-se dos dados estruturais fornecidos pelo segurado, não para limitar o alcance do contrato, mas para garantir a sua funcionalidade, preservação e, sempre que possível a manutenção do equilíbrio inicial.

A vinculação entre o dever de informar ou, ainda, de usar de dados informativos aparece antes e permanece durante e após a formalização do contrato de seguro, de modo a auxiliar na exata delimitação do risco e equilíbrio das prestações principais[3].

Note-se, entretanto, que a boa-fé deve ser entendida como uma via de mão-dupla, razão pela qual a proteção ao segurado, normalmente dispensada pela sua vulnerabilidade econômica e, mais recentemente, tecnológica, não pode contrariar as normas éticas de conduta criadas pelos deveres anexos. Daí a necessária distinção entre o princípio da boa-fé, enquanto fonte de normas de conduta, e o princípio da proteção da parte vulnerável[4], incidente em relações não paritárias, como as de consumo.

2.1 Dever de informação do segurado na conclusão do contrato

No contrato de seguro típico, exige-se do segurado a prestação de toda e qualquer informação relevante para a formação do contrato de seguro (dever de *disclosure*). Paralelamente, impõe-se que as circunstâncias e informações prestadas pelo segurado sejam verdadeiras, ou, pelo menos, que

---

[3] Tanto é assim que na hipótese de existir considerável diminuição da álea durante a execução do contrato, pode o segurado pedir a revisão do prêmio ou a sua resolução (art. 770 do Código Civil). Em sentido contrário, configurando-se agravamento do risco, sem culpa do segurado, o segurador poderá optar por resolver o contrato, restituindo parcialmente o prêmio pago (art. 769 do Código Civil) ou repactuá-lo com cobrança da diferença de prêmio devida. Constata-se, pois, que a boa-fé também é parâmetro a ser utilizado para definir-se a gradação do inadimplemento do dever de informação e a solução a ser aplicada.

[4] Sobre o assunto, vale destacar importante ponderação: a boa-fé objetiva ganhou, na jurisprudência brasileira, um papel, por assim dizer, reequilibrador de relações não-paritárias, que nada tem com o conceito de boa-fé em si, mas que era fundamento do Código de Defesa do Consumidor em que a cláusula geral de boa-fé vinha inserida. Era natural, portanto, que os Tribunais, desconhecedores dos contornos dogmáticos da noção de boa-fé objetiva, atribuíssem ao instituto finalidade e função que tecnicamente não eram suas, mas do código consumerista (TEPEDINO, Gustavo; SCHREIBER, Anderson. A Boa-fé Objetiva no CDC e no NCC. *Obrigações*: Estudos na Perspectiva Civil-Constitucional. TEPEDINO, Gustavo (Coord.). Rio de Janeiro: Renovar, 2005. p. 33).

ele efetivamente assim as entenda ao afirmá-las (veda-se a apresentação de fatos falsos – chamada também de *misrepresentation*). Aplicam-se, pois, os conceitos de *misrepresentation* e *disclosure* provenientes do direito anglo-saxão, os quais se alinham à função social do contrato.

Por *misrepresentation* entende-se o posicionamento de quem, sabendo, transmite informação falsa. Trata-se tipicamente da hipótese de deturpação, de fraude, na qual a pessoa, mesmo ciente da falsidade do que afirma, assim age em benefício próprio ou de terceiros. Nessa modalidade, inclui-se, ainda, aquele que, quando deveria, deixou de ter o cuidado de investigar sobre a veracidade ou a falsidade de circunstâncias que afirmara (hipótese de negligência)[5].

O dever de *disclosure*[6] do segurado, por outro lado, traduz-se na necessidade de prestação não só de dados verdadeiros[7], como ainda de todas as informações e circunstâncias sobre os fatos que possam interferir no contrato de seguro. É a representação do dever de lealdade, solidariedade e cooperação no sentido de "abrir" para o segurador todos os fatos que lhe forem indagados ou, ainda, que o segurado, considerado homem comum, entender como razoavelmente importantes para a estruturação do contrato. Ou seja, fatos sobre os quais o segurado, se estivesse na posição do segurador, teria o interesse de saber para a conclusão do contrato de seguro, independentemente de ser questionado.

Esse posicionamento foi adotado pela legislação pátria, na redação do art. 766 do CCB: "se o segurado, por si ou pelo seu representante, fizer declarações inexatas (hipótese de *misrepresentation*) ou omitir circunstâncias que possam influir na aceitação da proposta ou na taxa do prêmio (hipótese de *non-disclosure*), perderá o direito à garantia, além de ficar obrigado ao prêmio vencido". A perda da garantia, todavia, fica condicionada à existência de má-fé por parte do segurado, pois "se a inexatidão ou omissão nas declarações não resultar de má-fé do segurado, o segurador terá o direito a resolver o contrato, ou a cobrar, mesmo após o sinistro, a diferença do prêmio"[8]. Inexistindo má-fé e desequilíbrio contratual substancial, o contrato de seguro poderá

---

[5]   "A proposer is guilty of fraudulent misrepresentation if he knowingly makes a statement that is false, without belief in it truth or recklessly as to whether it is true or false" (BIRDS, John; HIRD, Norma J. *Birds' Modern Insurance Law*. 5th ed. London: Sweet & Max, 2001. p. 96).

[6]   O dever de "*disclosure*" se aplica a toda e quaisquer circunstâncias que possa afetar no julgamento do segurador sobre a realização ou não do contrato de seguro. No direito inglês, se o fato, pelas circunstâncias, deveria ter sido informado pelo segurado e este assim não procedeu, o segurador pode recusar-se a cobrir certos tipos de danos: "*Because a contract of insurance is one of the utmost good faith, an insured is under an obligation when entering into the contract not only to refrain from making statements of fact which may affect the judgment of the insurer when deciding whether or not to enter into the contract and upon terms. Damages are not recoverable for non-disclosure*" (GOLDREIN, Iain. MERKIN, Robert. *Insurance Disputes*. 2nd ed. London: LLP, 2003. p. 73).

[7]   Eva Sónia Moreira da Silva salienta que a existência de um dever de informação já pressupõe que essa informação seja realizada com verdade: "Realmente, apenas faz sentido existir um dever de informação quando exista um dever de informar com a verdade. Se um dos futuros contraentes está obrigado a informar o outro de determinado facto, necessariamente terá de o fazer com exactidão e verdade, sob pena de descaracterizar o dever de informação. Pode, deste modo, dizer-se que o dever de informação implica o dever de verdade" (DA SILVA, Eva Sónia Moreira. *Da Responsabilidade Pré-Contratual por Violação dos Deveres de Informação*. Coimbra: Almedina, 2003. p. 71).

[8]   Art. 766, parágrafo único do Código Civil. A Circular da SUSEP 621/ 2021 praticamente transcreve no *caput* do seu art.50 a redação do art. 766 do Código Civil Brasileiro, mas traz no seu parágrafo único soluções diversas para a hipótese de a inexatidão ou a omissão nas declarações não resultar de má-fé do segurado, de modo a preservar a funcionalidade do seguro, realizando cortes em três momentos distintos, a saber: " I – na hipótese de não ocorrência de sinistro: a) cancelar o seguro, podendo reter do prêmio

ser mantido incólume, até mesmo pela função social que exerce. O Superior Tribunal de Justiça (STJ) recentemente decidiu que sem má-fé do segurado, a omissão de doença preexistente não impede cobertura do seguro prestamista[9].

A revelação de fatos relevantes engloba as informações que o segurado *sabia* e, ainda, aquelas que ele *deveria saber*[10], pela posição privilegiada que se encontra diante da informação. Na seara do contrato de seguro empresarial, bem adverte Flávio Tartuce:

> [...] a empresa segurada deve sempre prestar as informações relevantes que sabia e aquelas que deveria saber como influenciadoras do prêmio e do comportamento da seguradora quando da contratação, tendo em vista a sua comum posição privilegiada e de domínio dos dados relativos à sua estrutura segurada.[11]

A abertura das informações importantes à conclusão do negócio deve seguir a lógica de se colocar no lugar do outro, com a indagação acerca dos fatos e dados que mereceriam ser expostos ou investigados caso o segurado se encontrasse na posição do segurador. Aqui os deveres de informação e cooperação estão fortemente vinculados.

Já em relação às declarações inverídicas, falseadas, irrelevante se torna a investigação acerca do tipo de dolo informativo, se específico ou genérico, a sua simples presença é incompatível com o contrato de seguro. Todavia, para que seja efetivamente perdida a garantia que se pretende, requisito necessário é a imputabilidade do ato ao segurado, de modo que se as informações deliberadamente equivocadas forem prestadas por terceiros que não sejam seus mandatários, não poderá o segurado sofrer a perda da garantia. Daí a importância da isenção e imparcialidade, por exemplo, do corretor de seguros, agente que deve realizar a intermediação e aconselhamento do segurado, sempre com transparência, retidão e diligência.

---

originalmente pactuado a parcela proporcional ao tempo decorrido; ou b) mediante acordo entre as partes, permitir a continuidade do seguro, podendo cobrar a diferença de prêmio cabível e/ou restringir termos e condições da cobertura contratada. II – na hipótese de ocorrência de sinistro sem indenização integral: a) após o pagamento da indenização, cancelar o seguro, podendo reter do prêmio originalmente pactuado a parcela calculada proporcionalmente ao tempo decorrido, acrescido da diferença cabível; ou b) permitir a continuidade do seguro, podendo cobrar a diferença de prêmio cabível ou deduzi-la do valor a ser indenizado, e/ou restringir termos e condições da cobertura contratada. III – na hipótese de ocorrência de sinistro com indenização integral: após o pagamento da indenização, cancelar o seguro, podendo deduzir do valor a ser indenizado a diferença de prêmio cabível)" .

[9]   STJ, 3ª T., *REsp: 1.753.222/RS*, Rel. Min. Paulo de Tarso Sanseverino, julg. 23.03.2021, publ. *DJe* 25.03.2021. Nesse caso o STJ manteve a cobertura de seguro prestamista negado pela seguradora ao identificar, em sindicância interna, que o segurado que não declarou doença pré-existente (miocardiopatia dilatada) no momento da contratação e veio a falecer três meses após a celebração do contrato. A decisão aplicou ao caso a Súmula 609 do STJ: "*A recusa de cobertura securitária, sob a alegação de doença preexistente, é ilícita se não houve a exigência de exames médicos prévios à contratação ou a demonstração de má-fé do segurado.*"

[10] VILELA, João Baptista adverte que: "Saber ou o dever saber são juridicamente uma única e mesma coisa. Máxima de antiga extração já estabelecia: *paria sunt scire, vel scire debere.*" (Apontamentos sobre a cláusula "ou deveria saber". *Revista Trimestral de Direito Civil*, Rio de Janeiro, v. 38, pp. 161-178, out./dez.2007).

[11] TARTUCE, Flávio. Do contrato de seguro empresarial e algumas de suas polêmicas: natureza jurídica, boa-fé e agravamento do risco. *Temas atuais de Direito dos Seguros: Tomo I.* GOLDBERG, Ilan; JUNQUEIRA, Thiago (coord.). 1. ed. São Paulo: Thomson Reuters Brasil, 2020, p. 530-554.

O dever de informação, por conformar o contrato de seguro, está presente nos mais diversos sistemas jurídicos. No direito anglo-saxão, o *"Insurance Act 2015"* realiza distinção entre os contratos de seguro de consumo e os de seguro típico. Para esse último, o segurado deve apresentar o risco de uma forma justa ao segurador, ali qualificada como o dever de *disclosure,* ou seja, de apresentação das informações relevantes de forma razoavelmente clara e acessível a um segurador prudente. Exige-se, ainda, que a representação material do fato seja correta e baseada na boa-fé. Nessa mesma linha, o segurado deverá divulgar todas as circunstâncias materiais importantes ao dimensionamento do risco que ele conheça ou deveria saber, ou, ainda, indicar desconhecimento e a necessidade de o segurador realizar investigações complementares com o objetivo de conhecer desses dados que possam influir no risco. Caso seja indicada a necessidade de investigação complementar e a seguradora delibere por não a realizar, presumir-se-á que a seguradora já sabia ou, ao menos deveria saber dos riscos ou, ainda, que renunciou ao direito de investigar o que lhe foi indicado.

De todo modo, o direito anglo-saxão exige uma postura proativa, transparente e investigativa das partes em relação à busca das informações que devem ser prestadas, impondo a obrigação de informar sobre assuntos dos quais o segurado ou segurador suspeitavam ou, ainda, que teriam chegado aos seus conhecimentos, se ambos não tivessem deliberadamente se omitido de confirmá-los, investigá-los ou indagá-los.

A legislação francesa também não descuida do dever de informar, mas exige que o segurador apresente um questionário, de modo a direcionar o segurado acerca das informações necessárias para a individuação do objeto do contrato e dimensionamento do risco. Assim, o art. L.113-2 do *Code des Assurances* estabelece obrigação ao segurado de responder fielmente ao questionário encaminhado pelo segurador, a fim de poder delimitar o risco[12], e de declarar no curso do contrato as circunstâncias novas que possam gerar eventual agravamento do risco (art. L.113-2[13]).

Como já adiantado, o dever de informar estrutura as obrigações principais do contrato de seguro, agregando-se ao núcleo da relação obrigacional. Essa íntima vinculação é da essência do

---

[12]   A jurisprudência francesa, considerando que o questionário de perguntas para dimensionamento do risco normalmente é elaborado pelo segurador, inverteu tendência anterior, de modo que, atualmente, cumpre à seguradora demonstrar eventual desconformidade entre a realidade e as declarações do segurado, o que não libera este do dever de prestar corretamente as informações: "613. Evolução. (...) Durante muito tempo a jurisprudência considerou que cabia ao futuro segurado responder com precisão às questões que lhe fossem colocadas. (...) Estas exigências, ou mais precisamente sua utilização pelo segurador para se negar a considerar um sinistro sobre o pretexto de uma falsa declaração de risco (...) eram mal compreendidas pelo segurado comum. 614. O direito positivo. (...) Atualmente a lei inverteu o ônus da prova. Cabe ao segurador provar que o segurado omitiu informações necessárias à correta apreciação do risco. Para tanto, ele deve demonstrar que todas as questões necessárias foram formuladas de maneira clara e precisa. Caso contrário, ele [o segurador] não pode se beneficiar de uma resposta evasiva, fluída ou incompleta da parte do segurado, como indica o artigo L. 112-3 alínea 2 [*Code des Assurance*]. O segurado deve responder com exatidão às perguntas que lhe são feitas. Mas não se espera que ele vá além desta exigência" (BEAUCHARD, Jean et al. *Traitè de Droit des Assurances.* Paris: 2002, LGDJ. t. 3, pp. 468-469 – tradução livre).

[13]   O Art. L. 113-2 do *Code des Assurances* dispõe sobre a obrigação do segurado na prestação de informações exatas e corretas, quando diretamente questionado pela seguradora em formulário de subscrição de risco e, ainda, sobre toda e qualquer circunstância que sejam suscetíveis de análise para o dimensionamento do risco a ser assumido pela seguradora. O mesmo artigo impõe ao segurado obrigação de informar acerca do agravamento do risco ou acerca do surgimento de novos riscos, que possam alterar o dimensionamento inicial, bem como a obrigação de dar o aviso de sinistro de forma imediata, tal como previsto no contrato, estabelecendo prazos de caducidade, com exceção de caso fortuito e força maior.

seguro e pode ser verificada tanto no sistema de origem romano-germânica quanto no anglo-saxão. O dever de informar vem sofrendo paulatinamente alterações vinculadas ao poder de obtenção e análise dos dados, seja para encontrar uma solução mais ágil decorrente da massificação dos contratos de consumo, seja pela aplicação de novas tecnologia a esse tipo contratual.

De todo modo, importante que as informações iniciais fixem o risco e estabeleçam as bases e o equilíbrio do pactuado no contrato de seguro, a fim de possibilitar a análise e verificação dos seus elementos principais e a sua aptidão formal para o cumprimento da sua função social. Não é por outra razão que o art. 759 do Código Civil condiciona a emissão da apólice de seguro à apresentação de proposta escrita contendo declaração dos elementos essenciais do interesse a ser garantido e do risco. A exigência se justifica por diversos motivos: (i) para a verificação da legitimidade do interesse; (ii) como prova dos parâmetros adotados nas tratativas, no dimensionamento do risco e garantia contratada e, ainda, (iii) como parâmetro inicial do equilíbrio do contrato. Esse último item importa, inclusive para o grupo de segurados, cujos aportes irão garantir o interesse individualmente considerado.

Questão que merece atenção é o preenchimento de questionário por terceiros. Se mandatário do segurado, este segundo responderá pelas informações ali inseridas. Caso seja representante do segurador, deverá esclarecer previamente acerca dos dados solicitados e adequados a análise de risco e repassar ao segurador com fidedignidade todos os elementos informativos fornecidos pelo segurado. Nessa última hipótese, eventual erro na prestação de informações devidas poderá vincular-se à falha na prestação de serviços não imputável ao segurado.[14] Importante, assim, verificar as hipóteses de imputabilidade do dever de informar ao segurado para fins de delimitação dos efeitos do seu inadimplemento.

As informações prestadas pelo segurado, é bom lembrar, sempre gozam da presunção de veracidade e boa-fé.

Em determinados tipos de seguro, entretanto, o segurador tem o poder-dever de vistoriar o bem segurado, a fim de obter informações técnicas, provavelmente desconhecidas do segurado, que sejam relevantes à análise do risco, sob pena de assumir as consequências do descumprimento do dever de vistoria, quando este se fazia necessário[15].

Acentue-se, todavia, que, por maior que seja a capacidade técnica de investigação, jamais será admitido ao segurado prestar informações falsas ou deixar de esclarecer e informar fatos importantes para o contrato de seguro. Os deveres de informação, lealdade e cooperação, derivados da boa-fé acompanharão o contrato de seguro durante toda a sua execução e, mesmo na fase pós-contratual. A boa-fé norteará todos os atos do segurado, seja para informar alteração de risco, minimizar perdas, recuperar salvados, enfim, praticar todo e qualquer ato de modo a tutelar as legítimas expectativas do outro contratante.

---

[14] Em julgado recente do Tribunal de Justiça do Rio de Janeiro foi reconhecida a falha na prestação de serviços de corretora de seguros e seguradora que deixaram de disponibilizar ao segurado o formulário necessário, por ocasião da renovação de seguro e negaram indevidamente cobertura por divergência de informações atuais daquelas prestadas no formulário do primeiro contrato. No caso em analise a falha do dever de informação não pode ser imputado ao segurado. (TJ-RJ, 12ª C.C. Ap. Cív.: 0102375-25.2010.8.19.0002. Rel. Des. Mario Guimarães Neto, julg. 14.01.2014, publ. 10.04.2014).

[15] Em outro julgado, o Tribunal de Justiça do Estado do Rio de Janeiro afastou negativa de cobertura pela seguradora a bens que se encontravam em área externa anexa a instalações industriais de um laboratório e manteve o dever de indenizar decorrente de furto de bens existentes em área segurada, sob o argumento de que constituía dever do segurador realizar vistorias prévias no local. (TJ-RJ, 18ª C.C. Ap. Cív.: 0080808-91.2017.8.19.0001. Rel. Des(a). Margaret de Olivaes Valle dos Santos, julg. 04.12.2019).

2.2 Dever de informação exigível do segurador e corretores de seguro

O segurador está, tanto quanto o segurado, obrigado a prestar informações fidedignas sobre o que é do seu conhecimento, isto é, informação detalhada sobre todas as garantias e, principalmente, sobre as exclusões ou limitações de cobertura existentes no contrato de seguro, bem como sobre o prazo de vigência do contrato[16] (termo *a quo* e *ad quem*).

O direito de bem informar é exigido com maior rigor quando diretamente relacionar-se com os elementos principais do contrato: risco e garantia. Pela condição empresária do segurador, deverá ele, sempre que possível, direcionar a informação necessária à correta avaliação do risco a ser segurado[17]. Ademais, em relação aos seguros de consumo, o dever de informar clara e previamente o conteúdo do contrato, sem criar obstáculos que dificultem a sua compreensão, sob pena de desobrigar o segurado/consumidor é reforçado pelo teor do art. 46 do CDC[18].

Outrossim, deverá o segurador prestar informações assertivas, evitando o eventual tumulto gerado por informações sem relevância. A quantidade excessiva de informações pode dificultar a apreciação qualitativa do que efetivamente importa ao segurado. Isso ocorre quando não são filtradas ao segurado as informações que efetivamente lhe interessam, sendo-lhe apresentada apólice com letras minúsculas e diversas vias. Nesses casos, o excesso de informação pode implicar justamente na informação inadequada, não funcionalizada, incapaz de alcançar – como deveria – o seu destinatário final:

A ideia de racionalidade limitada (*bounded rationality*) reconhece que os indivíduos não estão aptos a receber, armazenar e processar um grande volume de informações. Diante de decisões complexas, eles tendem a simplificar o problema e reduzir alternativas. Este conceito é de fundamental importância para a regulação dos contratos de consumo. As transações de consumo que importam em maiores quantias e valores, como, por exemplo, a compra de um carro ou a

---

[16] A falta de envio ou entrega da apólice pelo segurador pode gerar, inclusive, dano moral ao segurado, em virtude de falha na prestação de serviço. Assim decidiu recentemente o Tribunal de Justiça do Rio de Janeiro, ao condenar determinada seguradora ao pagamento de indenização por dano moral a segurado que teve indenização negada por roubo de veículo em virtude de a apólice de seguro já estar vencida, sem que a seguradora o tenha avisado sobre o término, nem encaminhado, quando da celebração a apólice com as condições pactuadas. (TJ-RJ, 20ª C.C. Ap. Cív.: 0052833-65.2015.8.19.0001. Rel. Des(a). Mônica de Faria Sardas, julg. 26.11.2020, publ. 10.04.2014).

[17] "La necesidad de informar lleva implícito otro deber que es igualmente importante y que se concreta en el deber de estar informado. En definitiva, 'para informar hay que estar informado'. De esta forma se despierta necesariamente la conciencia informativa tanto del que comercializa como la del propio consumidor. Con el cumplimiento del deber de informar se nivela la situación real de las partes a la hora de contratar; se fomenta la competencia leal; se evita el ejercicio abusivo del derecho a contratar; se preserva una mayor justicia distributiva en la interrelación de intereses y finalmente logra una mayor seguridad y solidariedad social". (CASTILLA, Gustavo Ordoqui. Deber de informacion em la Ley 17.189, de 20 de setiembre de 1999. *Revista de Direito do Consumidor*, São Paulo, v. 9, n. 34, p. 45-78, abr./jun. 2000. p. 77).

[18] Art. 46. "Os contratos que regulam as relações de consumo não obrigarão os consumidores, se não lhes for dada a oportunidade de tomar conhecimento prévio de seu conteúdo, ou se os respectivos instrumentos forem redigidos de modo a dificultar a compreensão de seu sentido e alcance". Sobre o tema, vale a leitura JUNQUEIRA, Thiago. Dilemas contemporâneos: os seguros privados e a cobertura das pandemias. *Revista Jurídica de Seguros*, Rio de Janeiro, Vol. 12, maio 2020. pp. 82-85, bem como a consulta aos seguintes julgados: STJ, 4ª Turma, REsp n. 550501/SP, Min. Rel. Hélio Barbosa, p. 21, maio 2007; STJ, 4ª Turma, REsp n. 1106827/SP, Min. Rel. Marco Buzzi, pub. 23 out. 2012; e STJ, 4ª Turma, REsp n. 814060/RJ, Min. Rel. Luis Felipe Salomão, p. 13 abr. 2010.

contratação de um plano de saúde ou previdência privada, muitas vezes envolvem relações que se estendem por um longo período. Ademais elas costumam ter natureza complexa, visto que envolvem compromissos de crédito, contratos de serviço, garantias, assistência técnica prolongada etc. é improvável que os consumidores ao tempo que firmam um contrato estejam aptos a prever, a planejar todas as possíveis contingências futuras. Conforme já apontado anteriormente, esta impossibilidade de planejar o futuro é uma característica geral nos contratos contemporâneos, em especial dos contratos relacionais de consumo. *Nestes casos é necessário assegurar que a informação esteja disponível quando o problema ocorrer para ajudar as partes a ajustar, resolver a situação.* Isto sublinha a importância do dever de informar "pós-contratual" que permite o desempenho da renegociação relacional[19] [destacou-se].

A jurisprudência também enfatiza a necessidade de prestação de adequadas e suficientes informações ao consumidor, evitando-se propagandas enganosas ou a utilização de outros ardis ou artifícios que possam induzi-lo a erro[20].

O segurador guarda então o desafio de atender ao dever de informar qualitativa e quantitativamente bem o segurado acerca do produto/ seguro disponibilizado.

Sobre o assunto, Judith Martins-Costa adverte que o segurador tem duplo dever de informação: (i) o dever de transmitir a informação e (ii) o dever de fazer com que essa informação seja bem compreendida pelo segurado:

> A empresa seguradora é, em razão da sua posição contratual, devedora de uma obrigação de informação que se desdobra numa obrigação de resultado (transmitir a informação) e numa obrigação de meios (no que concerne à compreensão da informação pelo

---

[19] MACEDO JUNIOR, Ronaldo Porto. Direito a informação nos contratos relacionais de consumo. *Revista de Direito do Consumidor*, São Paulo, v. 9, n. 35, p. 113-122, jul./set. 2000. p. 117. Na mesma linha: "O dever de informar é corolário do princípio da boa-fé. A este dever do fornecedor corresponde, na mesma via, o direto do consumidor ser informado, com vistas à melhoria do mercado de consumo. É importante frisar que não é qualquer informação prestada que serve para ilidir a responsabilidade do fornecedor, o grau de exigência e detalhamento da lei é de tal monta que erigiu como direito básico do consumidor, entre outros, a informação adequada e clara sobre os diferentes produtos e serviços, com especificação correta de quantidade, características, composição, qualidade e preço, bem como sobre os riscos que apresentem (art. 6º, III, CDC)" (ALBUQUERQUE, Fabiola Santos. O dever de informar nas relações de consumo. *Revista Trimestral de Direito Civil*, Rio de Janeiro, v. 2, n. 5, p. 83-100, jan./mar. 2001. p. 91). Também se ressalta a necessidade de que a informação seja alcançada por uma pessoa de entendimento mediano: "Entendemos que la información debe ser además "clara" o sea, comprensible, con posibilidades de ser entendida por una persona de conocimientos medios. Se destaca que la información debe promocionarse en el idioma del país de la negociación, o sea, que en nuestro medio la información debería darse en idioma español . En lo posible, como ya se dijera, la terminología a emplear debe ser simple" (CASTILLA, Gustavo Ordoqui. Deber de informacion em la Ley 17.189, de 20 de setiembre de 1999. *Revista de Direito do Consumidor*, São Paulo, v. 9, n. 34, p. 45-78, abr./jun. 2000. p. 61).

[20] "PROCESSUAL CIVIL. CONTRATOS. AGRAVO INTERNO NO RECURSO ESPECIAL. SEGURO EM GRUPO. CLÁUSULAS LIMITATIVAS. AUSÊNCIA DE INFORMAÇÃO ADEQUADA. DEVER DE INFORMAÇÃO DA SEGURADORA. DECISÃO MANTIDA. 1. A seguradora tem a obrigação de esclarecer previamente o consumidor e o estipulante (seguro em grupo) sobre os produtos que oferece e os que existem no mercado, prestando informações claras a respeito do tipo de cobertura contratada e as suas consequências, de modo a não induzi-los a erro. (AgInt no AREsp 1.428.250/RJ, Relator Ministro Luis Felipe Salomão, 4ª Turma, julgado em 24/6/2019, *DJe* 27/6/2019). 2. Agravo interno a que se nega provimento". (STJ, 4ª T., AgInt no REsp: 1.822.031/SC, Rel. Min. Antonio Carlos Ferreira, julg. 29.10.2019, publ. *DJ* 05.11.2019).

segurado, assim devendo ser compreendida não só a legibilidade das cláusulas, mas, por igual a sua compreensibilidade). Essa obrigação contém, como conteúdo básico, a informação sobre as cláusulas do contrato, sua extensão e garantias e alcança inclusive o período pré-contratual, quando é formado o consentimento: o segurador deve, portanto antes da conclusão do contrato, oferecer ao segurado todas as informações necessárias para que o mesmo conheça as características essenciais do seguro a ser concretamente prestado, sob pena de estar incorrendo em ilicitude pré-contratual ou contratual, conforme o caso[21].

Solução interessante é a apresentada pelo art. L.112-2 do *Code des Assurances*, que obriga o segurador a fornecer, antes da conclusão do contrato, uma ficha de informação sobre os valores dos prêmios, as garantias e exclusões respectivas. Isso permite que o potencial contratante possa comparar as condições oferecidas entre diversos seguradores[22]. Existindo interesse na contratação, o segurador deverá remeter um exemplar do projeto do contrato de seguro a ser firmado[23] com detalhes mais assertivos e minuciosos sobre coberturas e cláusulas excludentes de garantia, bem como sobre as obrigações do segurado. Dessa forma, a legislação francesa atende ao binômio da qualidade e quantidade de informação, necessário ao segurado consumidor.

A informação a ser prestada pelo segurador deve, portanto, atender aos requisitos de *adequação, suficiência e veracidade*, de modo a evitar eventuais vícios de informação[24].

Em reforço às circunstâncias acima está o fato de a grande maioria dos contratos de seguro inserir-se na modalidade de contratos de consumo e adesão. Nessa condição, as apólices são definidas e pré-aprovadas, o que potencializa não apenas o dever de informar do segurador, como obriga o destaque especial para cláusulas que impliquem restrição ou limitação de direitos[25]. Em relação a essas últimas, não basta apenas destacá-las, mas utilizá-las sem alterar a funcionalidade do contrato, ou seja, garantir o seu exercício regular como necessário ao controle do risco e do equilíbrio do contrato, sem desnaturá-lo. Sobre esse último aspecto, *Gustavo Tepedino* e *Paula Greco Bandeira* advertem acerca da possibilidade de serem afastadas as cláusulas excludentes

---

[21] MARTINS-COSTA, Judith. A boa-fé e o seguro no novo código civil brasileiro (virtualidades da boa-fé como regra e como cláusula geral). *III Fórum de Direito do Seguro "Jose Sollero Filho"* (anais). São Paulo: Max Limonad, 2003. p. 57.

[22] "*L'objectif de la fiche d'information. Au-delà de cette acorie terminologique – qui, em droit dês assurances, n'est pás rare – l'objectif est de permettre une saine concurrence entre lês assureurs et de favoriser lês comparaisons de leurs cocontractants potentiels*" (BEAUCHARD, Jean et al. *Traitè de Droit des Assurances*. Paris: 2002, LGDJ. t. 3, p. 463).

[23] Sobre o projeto de contrato, esclarece-se o dever de o segurador detalhar as principais cláusulas do contrato, a fim de que o segurado possa estudá-lo e decidir ou não pela sua contratação. Esse nível de detalhamento de informações não é exigido da ficha de informação. Trata-se, pois, do alinhamento da sistemática informação qualitativa X informação quantitativa. (BEAUCHARD, Jean et al., op. cit. p. 465).

[24] Lucíola Nerilo esclarece que: "O vício de informação manifesta-se quando o dever de informar não observa os requisitos de adequação, suficiência e veracidade. Vale salientar que esses requisitos são todos interligados e cumulativo" (NERILO, Lucíola. A Responsabilidade Civil pelo Descumprimento da Cláusula Geral de Boa-fé nos Contratos. *Revista dos Tribunais*, São Paulo, ano 96, v. 866, p. 67-98, dez. 2007. p. 81).

[25] Atualmente a jurisprudência tem ampliado o dever de destaque das cláusulas limitadoras de direito, já conhecido e consolidado no art. 54 do CDC, quando tratar-se de destinatário hipervulnerável, em clara dinâmica inclusiva, com afastamento de práticas indiretamente discriminatórias. Sobre o assunto: STJ, 4ª T., REsp 1.349.188/RJ, Rel. Min. Luis Felipe Salomão, julg. 10.05.2016, publ. *DJ* 22.06.2016.

da garantia contratada, quando a sua execução afetar substancialmente os efeitos essenciais do contrato de seguro, destacando que as *"cláusulas de limitação da álea assumida, em tese legítimas, poderão ser afastadas no concreto regulamento de interesses sempre que comprometam a finalidade dos contratos de seguro"*[26].

As características essenciais do contrato de seguro devem ser observadas, preservadas e ponderadas concomitantemente à necessidade de proteção do consumidor. Assim, de um lado veda-se a utilização abusiva de cláusulas limitadoras e de outro cuida-se para que a proteção excessiva do consumidor não desnature o instituto, impondo-se ajustes[27] e acomodações ao caso concreto, de modo a garantir a funcionalidade do seguro.

Na comercialização de certas modalidades de seguro não basta o esclarecimento simples sobre o objeto do seguro, os agentes investidos nessa função, em regra corretores de seguros, têm o dever de aconselhar, de forma isenta, diligente e leal[28], o segurado. Tal trabalho envolve a apresentação mais detalhada dos diversos tipos de cobertura praticadas no mercado e investigativa, no sentido de verificar qual delas melhor se adequa ao interesse do segurado/consumidor[29].

---

[26] TEPEDINO, Gustavo; BANDEIRA, Paula Greco. A força maior nos contratos de seguro. In: GOLDBERG, Ilan; JUNQUEIRA, Thiago. Temas atuais de Direito dos Seguros, Tomo II. São Paulo: Thomson Reuters Brasil, 2020, pp. 74-92.

[27] Antônio Carlos Vasconcelos Nóbrega chama a atenção de que alguns dispositivos do Código de Defesa do Consumidor merecem ser ponderados com a natureza do contrato de seguro e cita, como exemplo, a inaplicabilidade para esse tipo contratual do art. 39, II do CDC que considera abusiva a recusa do fornecedor em atender demandas do consumidor quando dispõem de produtos em estoque: "É inarredável que, em determinadas situações e sob determinadas circunstâncias, é lícito à seguradora, após a análise da proposta encaminhada pelo consumidor, recusar o risco proposto, sem que tal procedimento caracterize a prática prefigurada no art. 39, inciso II do Código de Defesa do Consumidor. A justificativa, para tanto, baseia-se na especificidade do contrato de seguro, já que é notório que no momento da aceitação do risco diversos fatores técnicos deverão ser considerados, tais como a reserva de capital da empresa seguradora e os aspectos regulatórios vigentes no mercado" (NÓBREGA, Antonio Carlos Vasconcelos. As influências do Código de Defesa do Consumidor no Contrato de Seguro. *Em Debate 6*: Contrato, dano ambiental, risco. TEIXEIRA, Antonio Carlos (Coord.). Rio de Janeiro: Funenseg, 2006. p. 111). Sobre o tema, confira-se o art. 2º da Circular SUSEP 251/2004. "A sociedade seguradora terá o prazo de 15 (quinze) dias para manifestar-se sobre a proposta, contados a partir da data de seu recebimento, seja para seguros novos ou renovações, bem como para alterações que impliquem modificação do risco. (...) § 4º Ficará a critério da sociedade seguradora a decisão de informar ou não, por escrito, ao proponente, ao seu representante legal ou corretor de seguros, sobre a aceitação da proposta, devendo, no entanto, obrigatoriamente, proceder à comunicação formal, no caso de sua não aceitação, justificando a recusa".

[28] Nesse sentido, dispõe o art. 3º da Resolução CNSP nº 382/2020: "Os entes supervisionados e os intermediários devem conduzir suas atividades e operações ao longo do ciclo de vida do produto, no âmbito de suas respectivas competências, observando princípios de ética, responsabilidade, transparência, diligência, lealdade, probidade, honestidade, boa-fé objetiva, livre iniciativa e livre concorrência, promovendo o tratamento adequado do cliente e o fortalecimento da confiança no sistema de seguros privados".

[29] Claudia Lima Marques distingue bem os deveres de esclarecimento e de aconselhamento: "O dever de esclarecimento (*Aufklarungspflicht*, em alemão e *obligation de renseignements*, em francês) obriga o fornecedor do serviço (por exemplo, de seguro-saúde e de assistência médica a informar sobre os riscos do serviço do atendimento ou não em caso de emergência, exclusões da responsabilidade contratual, modificações contratualmente possíveis etc.), sobre a forma de utilização (necessidade de autorizações, de exames prévios, de opiniões de médicos do grupo, do tempo total de internação por ano etc.) e a qualidade dos serviços (hospitais conveniados, médicos ligados ao grupo etc.). [...]. Já o

O dever de aconselhamento[30] é mais forte que o de simples esclarecimento, eis que importa investigar as necessidades do consumidor para oferecer-lhe o serviço adequado e ajustado aos seus interesses. O dever de informar e aconselhar em seguros coletivos de grupo é exigível, ainda, do estipulante[31].

Ressalte-se, por oportuno, que quando o bem segurado requerer uma avaliação técnica, o segurador deve, sempre que possível e economicamente viável, realizar vistorias, exames e solicitar documentação que entender necessária, a fim de poder com maior assertividade realizar a avaliação devida do risco.

A utilização das novas tecnologias, notadamente a inteligência artificial e internet das coisas, nos contratos de seguro tem provocado uma assimetria informativa, representada pelo poder de obter, armazenar e processar dados pelos seguradores, até mesmo desconhecidos pelos segurados. Diante dessa nova realidade, houve questionamentos acerca da permanência da força motor da boa-fé qualificada nesse tipo contratual[32]. A transformação digital pode alterar a velocidade de celebração e execução dos contratos e a concentração do poder da informação, com deslocamento subjetivo – em determinados casos – do próprio dever de informar, exigível de ambas as partes. A eventual modificação das obrigações não altera, entretanto, o dever de cooperação e utilização dessa nova realidade para fins de garantir a funcionalidade do seguro, com preservação dos seus elementos essenciais.

A boa-fé tem como característica a plasticidade de criar tantos deveres anexos quantos forem necessários à garantia da funcionalidade dos institutos. A sua capacidade adaptativa incide, pois, sobre os fatos presentes e futuros.

---

dever de aconselhamento (*Beratungspflicht*, em alemão e *obligation de conseil*, em francês) é um dever mais forte e só existe nas relações entre um profissional, especialista, e um não especialista. Cumprir ou não o dever de aconselhamento significa fornecer aquelas informações necessárias para que o consumidor possa escolher entre vários caminhos a seguir (por exemplo: diferentes tipos de plano, diferentes tipos de carências, diferentes exclusões, etc.)" (MARQUES, Cláudia Lima. *Contratos no Código de Defesa do Consumidor*: o novo regime das relações contratuais. 4. ed. São Paulo: RT, 2002, pp. 192-194).

[30] A doutrina portuguesa distingue dentro do dever de aconselhamento em dever de conselho e dever de recomendação: "Como já deixamos antever, quando existe um conselho, normalmente, existirá a transmissão de uma informação, acrescida pelo transmitente da comunicação do seu próprio juízo de valor sobre os factos ou dados comunicados. Assim, ao aconselhar, exorta-se o destinatário a agir de determinada forma ou a abster-se de agir. (...) A recomendação é algo de semelhante. Difere do conselho apenas no grau de intensidade: será uma exortação menos forte. Talvez possamos considerar que se trata de uma forma particular de conselho. Em todo caso, pretende, tal como o conselho, influenciar a actuação futura do seu destinário". (DA SILVA, Eva Sónia Moreira. *Da Responsabilidade Pré-Contratual por Violação dos Deveres de Informação*. Coimbra: Almedina, 2003, p. 68).

[31] "(...) no contrato de seguro coletivo em grupo cabe exclusivamente ao estipulante, e não à seguradora, o dever de fornecer ao segurado (seu representado) ampla e prévia informação a respeito dos contornos contratuais, no que se inserem, em especial, as cláusulas restritivas" (STJ, 3ª T., REsp. 1.825.716-SC. Rel. Min. Marco Aurélio Bellizze, julg: 27.10.2020).

[32] Angélica Carlini questiona: "Em tempos de utilização intensiva de inteligência artificial a prevalecer o pensamento de diminuição da força da boa-fé objetiva como elemento fundamental do contrato, seu papel se tornaria secundário ou até inexistente?" e responde: "Parece precipitado julgar que a boa-fé objetiva seja elemento desidratado de relevância nos contratos de seguro. (CARLINI, Angelica. Inteligência Artificial e Seguros. *Temas atuais de Direito dos Seguros – Tomo I*. GOLDBERG, Ilan; JUNQUEIRA, Thiago (coord.). 1.ed. São Paulo: Thomson Reuters Brasil, 2020. pp.166-185).

Cap. 28 · A BOA-FÉ QUALIFICADA NOS CONTRATOS DE SEGURO

3. NOVAS TECNOLOGIAS, OBTENÇÃO DE DADOS E SEGURO

A aplicação das novas tecnologias ao tradicional setor de seguros pode alterar a forma de cálculo do risco, que antes era fundado em probabilidades e estudos atuariais, para um método mais ágil, com a mensuração do risco real, individualizado e *on time*.

A disrupção no setor de seguros guarda íntima relação com o fenômeno da Internet das Coisas (Internet of Things-IoT)[33]. Essa nova realidade é conhecida como a Segunda Parte da Revolução Tecnológica Digital, resultado da utilização de uma tecnologia imersiva e integrada conectando objetos entre si ou com pessoas para fins de transmitir informações que posteriormente são tratadas e combinadas em sistemas interligados. A transmissão dessas informações em tempo real permite o seu tratamento imediato, com base em modelos preditivos previamente definidos. Torna-se possível monitorar, medir e perceber o movimento das ações humanas, inclusive dos segurados, gerando um volume imenso de dados sobre hábitos de vida e de consumo, de modo a permitir um desenho mais acurado do perfil do segurado e do risco a ser assumido pelo segurador.

De fato, no âmbito do contrato de seguros, a possibilidade de gerar e combinar grande volume de dados com variabilidade das informações e velocidade de transmissão não só garante uma avaliação de risco mais precisa, como poderá gerar uma concentração informativa, de quantidade e qualidade, nas mãos do segurador. Não se discutem os vários benefícios que podem advir com a utilização das novas tecnologias, mas o acúmulo do poder de informação gera como resposta a necessidade de imposição de limites e regras para a sua utilização correta e funcional.

A obtenção de informações relevantes em tempo real tem valiosa utilização no setor, notadamente na área de prevenção de sinistros, permitindo que danos sejam evitados ou sejam reduzidos de forma relevante. Assim, por exemplo, no monitoramento de intempéries, tais como furacões, os alertas sobre riscos têm permitido que embarcações desviem suas rotas e medidas sejam tomadas em terra permitindo evacuações, com a preservação de vidas humanas e bens materiais relevantes.

O monitoramento é mais facilmente implementado nos seguros de consumo, que geram uma grande quantidade de dados necessários à mensuração do risco, previamente conhecidos pelo segurador. Nem todo contrato de seguro, entretanto, comportará monitoramento. Em certos tipos de seguros empresariais, haverá fortes restrições e impedimentos à aplicação de tecnologia de monitoramento. Angelica Carlini chama a atenção de que:

> [...] nos seguros empresariais – multirrisco, riscos nomeados ou operacionais -, aspectos técnicos da operação do segurado, muitas vezes, são tão específicos e complexos, que não existe interface possível com a inteligência artificial por se tratar de atividade que gera poucos dados compartilhados.
>
> Analisemos, por exemplo, os dados da indústria farmacêutica ou da produção de produtos estéticos, nos quais o cuidado com preservação de fórmulas é rigoroso e o mapeamento

---

[33] Segundo Helder Frias "A IoT consiste numa rede ou sistema de equipamentos que servem uma finalidade específica, sendo dotados de sensores eletrônicos/informáticos inter-relacionados, que possuem um identificador único, e que podem comunicar com humanos (*man to machine* ou M2H) e/ou entre equipamentos (*machine to machine* ou M2M) através da rede, mediante a transmissão de informação". (FRIAS, Helder. A Internet de Coisas (IoT) e o mercado segurador. *In: FinTech Portugal – Desafios da Tecnologia financeira*. CORDEIRO, Antonio Menezes; OLIVEIRA, Ana Perestrelo de (coord.). Coimbra: Almedina, 2017).

de dados é rigorosamente controlado para não oferecer elementos para a concorrência. Sem fluxo considerável de dados, a inteligência artificial nada poderá fazer e, nesse caso, a contratação de seguro continuará dependendo exclusivamente das informações fornecidas diretamente pelo proponente ao segurador [...][34].

A inteligência artificial terá, assim, maior influência nos seguros estruturados em dados de larga escala acessíveis e disponíveis. Encontrará barreiras de aplicação em relação aos dados protegidos, seja em decorrência das vicissitudes do negócio ou da essência do contrato. Tome-se, por exemplo, os seguros D&O (*Directors and Officers Liability Insurance*), de responsabilidade civil dos administradores, cujo risco é amplo e dependerá da análise do caso concreto, a envolver o funcionamento da sociedade, os riscos tomados, a limitação de poderes e deveres assumidos do gestor/ administrador[35]. Assim, dados sigilosos ou que imponham uma análise e interpretação conjuntural dependerão da informação de quem conheça a dinâmica negocial e tenha acesso à informação protegida, no caso o segurado ou mesmo terceiro.

A aplicação direta da tecnologia mais avançada permite, ainda, o monitoramento pessoal, através de *wereables devices* ("tecnologias vestíveis"), os quais têm a potencialidade de fortemente influenciar nos comportamentos humanos, notadamente de risco. O segurado, sabedor da "vigilância" instaurada com o seu consentimento, certamente tomará mais cuidados para representar um risco menor, com o correspectivo benefício financeiro. Assim, poderá adotar uma direção defensiva, mais cautelosa, aumentar cuidados com a saúde. Isso porque, atualmente algumas seguradoras oferecem redução nos prêmios de seguros de vida em grupo para empresas cujos trabalhadores utilizem *wereables* que monitorem níveis de atividades e ritmos cardíacos, tais como relógios que meçam a frequência cardíaca, monitorem a pressão e funcionem como localizador através do sistema GPS. Os benefícios, entretanto, possuem um potencial invasivo grande. Não é por outra razão que Thiago Junqueira pondera a existência de uma face reversa negativa na criação artificial de bons comportamentos, inibindo os indivíduos a se desenvolverem livremente: *"Além do 'efeito inibitório', que representa uma feição negativa – a pessoa deixaria de fazer algo que normalmente faria –, o livre desenvolvimento da personalidade poderia ser estremecido ainda por um efeito proativo, ou seja, a pessoa passaria a fazer algo visando moldar a sua persona a um determinado padrão que julga ser o valorizado por decisões algorítimicas"*[36].

Vista a questão sob outro enfoque, Ernesto Tzirulnik e Vitor Boaventura destacam a possibilidade dos mecanismos de prevenção do sinistro alterarem a dinâmica de funcionamento dos contratos de seguro, bem como as relações entre segurados e seguradores, aproximando-se da função atualmente exercida pelos seguros de garantia de execução dos contratos, denominados nos Estados Unidos de *performance bonds: "Nesses contratos, o segurador atua fortemente pautado*

---

[34] CARLINI, Angelica. Inteligência Artificial e Seguros. *Temas atuais de Direito dos Seguros – Tomo I*. GOLDBERG, Ilan; JUNQUEIRA, Thiago (coord.). 1. Ed. São Paulo: Thomson Reuters Brasil, 2020, p. 177-178.

[35] Ilan Goldberg salienta a necessidade de observância "do processo de tomada de decisão em si" pelo administrador, de modo a verificar se o ato de gestão foi "precedido de informação, reflexão e interesse na sociedade (em vez de interesse pessoal, particular do administrador)"e acrescenta em relação ao ato de gestão do conselho de administração que "a conduta de cada de cada conselheiro deverá ser examinada individualmente". (GOLDBERG, Ilan, O contrato de seguro D&O, 1ª edição. São Paulo: Thomson Reuters, 2019, p. 522-523).

[36] JUNQUEIRA, Thiago. Tratamento de dados pessoais e discriminação algorítmica nos seguros. São Paulo: Thomson Reuters, 2020, p. 215.

pelo binômio previsão/prevenção, sendo o segurado verdadeiro instrumento de governança contratual e gestão dos riscos inerentes ao contrato cuja execução é o objeto da garantia"[37].

Como os fatos por vezes atropelam o direito, é importante, uma vez constatado o uso das novas tecnologias, regulamentá-lo e adequá-lo, impondo-se limites ao monitoramento, considerando-se especialmente que o nosso ordenamento jurídico é fundado no princípio da dignidade da pessoa humana. Assim, certamente caminharemos para uma fase de regulamentação e conformação, mas jamais de estreitamento da boa-fé no contrato de seguro. Isso porque, ainda que o dever de informação possa em determinadas situações ser deslocado entre as partes contratantes, ele continuará a estruturar o risco, elemento essencial do seguro. E mais: o dever de cooperação e de tutela da legítima expectativa da outra parte contratante, também derivados da boa-fé, persistem. Tais deveres, inclusive, limitarão o livre exercício de modernos métodos de quantificação do risco, a fim de que não sejam utilizados de forma abusiva para fins discriminatórios. Alguns passos importantes para a ativação do sistema de freios necessários já foram dados pela LGPD[38], existindo um caminho de implementação a ser seguido, com base nos princípios vetores e norteadores do nosso sistema jurídico, preservando a dignidade da pessoa humana em todos os seus aspectos, inclusive, sob a ótica da sua autonomia pessoal e no livre desenvolvimento da sua personalidade[39].

Grande cautela deve ser adotada com a combinação do uso da *big data* com os seguros. A *big data* cria um mundo paralelo fértil à pesquisa das mais amplas e variadas informações[40],

---

[37] TZIRULNIK, Ernesto; BOAVENTURA, Vitor. Uma indústria em transformação: o Seguro e a inteligência artificial. *In: Inteligência Artificial e Direito:* Ética, Regulação e Responsabilidade. MULHOLLAND, Caitlin; FRAZÃO, Ana (coord.). São Paulo: Revista dos Tribunais, 2019, p. 532 (p. 532-540).

[38] JUNQUEIRA, Thiago. (Op. Cit. pp. 217 e 239). Para o autor: "Na prática, porém, se não forem contidos os abusos e tomadas medidas preventivas, é bem provável que a balança penda justamente em desfavor daqueles que, em virtude de questões históricas, estão em posição vulnerável na sociedade. O risco de ampliação da discriminação racial, nessa esteira, é exemplar. Variados casos de racismo algorítmico já foram relatados e o seu enfrentamento demonstra-se especialmente desafiador quando a decisão automatizada não possui como *input* um dado diretamente relacionado a raça ou a um proxy óbvio, mas ainda assim gera impactos desproporcionais aos negros. À medida que mecanismos e/ou softwares que utilizam inteligência artificial se tornem mais inteligentes e o 'Big Data se torne ainda maior, a discriminação por associação representará um desafio cada vez mais fundamental para muitos regimes de antidiscriminação'. Tudo isso a recomendar uma abordagem específica do problema". Após apresentar correta preocupação, o autor destaca a importância de utilização apropriada da LGPD como instrumento de combate à discriminação direta ou indireta: "(...) a ligação entre privacidade e discriminação, mais especificamente como a LGPD oferecerá instrumentos de preservação e, aparentemente, poderá criar obstáculos ao combate à discriminação".

[39] DONEDA, Danilo; MENDES, Laura Schertel; SOUZA, Carlos Affonso Pereira de; ANDRADE, Norberto Nuno Gomes de. Considerações iniciais sobre inteligência artificial, ética e autonomia pessoal. . *In: Autonomia Privada, Liberdade Existencial e Direitos Fundamentais.* TEPEDINO, Gustavo; MENEZES, Joyceane Bezerra de (coord.). Belo Horizonte: Fórum, 2019. p. 97-98.

[40] Essa mudança de eixo é bem comentada por Bredan McGurk: "Now insurers may not even need to ask the question: a Facebook profile picture might provide the answer; so too purchasing information (where some retailers provide information on individual purchases); or repeated Google searches for 'smoker's cough' might give the game away; other information gleaned from insured's browsing history might equally provide the answer"(...) . E prossegue com algumas pertinentes preocupações: "This levelling-up information of the information imbalance between insured and insurer raises two set of issues in insurance law: (i) to what extent might insurers more precisely tailor the scope cover; and (ii) what impact does this have on the duty of good faith disclosure?". (McGurk, Brendan. *Data Profiling and Insurance Law.* Oxford: Hart, 2019, pp. 2-4).

476 | PROBLEMAS DE DIREITO CIVIL – *Homenagem aos 30 anos de cátedra do professor Gustavo Tepedino*

apresentando como grande desafio peneirar a informação certa, interpretá-la corretamente e utilizá-la eficaz e legitimamente.

A *big data* se caracteriza pela enorme quantidade de dados estruturados e não estruturados que são gerados a cada segundo no ambiente virtual. Esse volume de informação tem características próprias vinculadas ao ambiente da internet denominadas de 5 Vs: Volume, Variedade, Velocidade, Valor e Veracidade[41], adicionando uma perspectiva dinâmica e contínua de atualização da informação, mas com a adoção de certa cautela e necessidade de averiguação da confiabilidade das informações ali postadas. Segundo *Paula Ribeiro Alves*, "atualmente, autonomizaram-se mais duas características num rol de sete, a Variabilidade e a Visualização, considerando que a informação se altera ao longo do tempo e é necessário ter em conta essa variação e considerando que é importante mostrar os resultados das análises de modos cada vez mais interessantes, apelativos e interativos[42]".

A combinação e tratamento de tais informações permite traçar com maior precisão o perfil do consumidor, através do que poderá ser a ele oferecido um seguro mais adequado às suas necessidades específicas, além de possibilitar a realização de uma avaliação de risco mais adequada e precificação do seguro mais exata. Abre-se espaço para o fortalecimento de meios de controle da própria função do contrato de seguro, com novas possibilidades para o afastamento de fraudes, depurando o próprio mercado segurador de vícios milenarmente combatidos.

Ponto merecedor de atenção é a necessidade de ciência e consentimento do titular dos dados para o legitimar o tratamento e combinação dos dados obtidos via novas tecnologias pelo segurador[43]. Um aspecto interessante da realidade atual, é o de que a geração dos *millenials* tem menor resistência em ceder dados e informações pessoais com a finalidade de obter um melhor serviço a menor preço. O fenômeno da disposição voluntária de dados pessoais que podem ser utilizados na sequência para uma gama enorme de fins, não previstos, consciente ou inconscientemente, pelo

---

[41] Nesse sentido, Paula Ribeiro Alves dispõe: "no início, foram identificados o Volume, a Variedade e a Velocidade, significando que estamos perante uma quantidade enorme de informação, estruturada e não estruturada, proveniente de várias fontes e que, para ser interessante, tem de ser trabalhada muito rapidamente. Depois juntaram-se a Veracidade e o Valor, quando se começou a perceber que muita da informação que estava *online* não era verdadeira e havia que fazer uma triagem e quando começou a ficar evidente o valor da *big data*. Quem consegue criar melhores algoritmos e minerar melhor os dados passa a ter uma mercadoria para vender. Essa informação vai permitir orientar publicidade, aliciar potenciais clientes, avaliar o risco, gerir com mais eficácia e responder a muitas questões". ("Os desafios digitais no mercado segurador". *In*: *FinTech Portugal – Desafios da Tecnologia financeira*. CORDEIRO, Antonio Menezes; OLIVEIRA, Ana Perestrelo de (coord.). Coimbra: Almedina, 2017).

[42] ALVES, Paula Ribeiro. Os desafios digitais no mercado segurador". . *In*: *FinTech Portugal – Desafios da Tecnologia financeira*. CORDEIRO, Antonio Menezes; OLIVEIRA, Ana Perestrelo de (coord.). Coimbra: Almedina, 2017).

[43] TEPEDINO, Gustavo; TEFFÉ, Chiara Spadaccini. Consentimento e Proteção de Dados na LGPD. *In*: Lei Geral de Proteção de Dados Pessoais e suas Repercussões no Direito Brasileiro. FRAZÃO, Ana; TEPEDINO, Gustavo; OLIVA, Milena Donato (coord.). 2ª ed. São Paulo: Thomson Reuters Brasil, 2020, p- 281-318.. Para os autores: "O maior cuidado com o consentimento do titular mostra-se de grande relevância no cenário tecnológico atual, no qual se verifica a coleta em massa de dados pessoais, a mercantilização desses bens por parte de uma série de sujeitos e situações de pouca transparência e informação no que tange ao tratamento de dados pessoais de usuários de serviços online. Nesse sentido, defende-se que a interpretação do consentimento deverá ser realizada de forma cuidadosa, não podendo o agente estender a autorização concedida para o tratamento dos dados para outros meios além daqueles pactuados, para momento posterior, para fim ou contexto diverso ou, ainda, para pessoas distintas daquelas informadas ao titular".(pp. 292-293)

consumidor, gerou a necessidade de instituir políticas e normas de proteção de dados. Seguindo passos já adotados em outros países[44], foi editada, no Brasil, a Lei 13.709/2018, Lei Geral de Proteção de Dados Pessoais (LGPD), estruturada sobre os princípios da boa-fé, finalidade, adequação, livre acesso, qualidade de dados, transparência, segurança, prevenção, não-discriminação, responsabilização e prestação de contas.

Em termos práticos, a lei acaba por estipular algumas obrigações específicas para o segurador, tais quais: (a) transparência da política de subscrição e precificação (art.18); (b) direito de o segurado obter informações sobre o tratamento de seus dados pessoais (art. 9, I); (c) possibilidade de o segurado solicitar a revisão de decisões decorrentes de tratamento automatizado de dados pessoais que afetem seus interesses, inclusive o seu perfil pessoal (art. 20); (d) dever de informar ao segurado sobre a possibilidade de compartilhamento de seus dados com parceiros comerciais (art.18); (e) instituição de um responsável pela proteção de dados (*encarregado*) e imposição de sanções severas em caso de descumprimento; (f) criação de uma Autoridade Nacional de Proteção de Dados, que deverá fiscalizar o tratamento e poderá solicitar relatório de impacto à proteção de dados pessoais, inclusive sensíveis, dentre outros requisitos não menos importantes.

O aumento do poder de acessar e tratar informações, obtidas através da *big data*, de terceiros ou do próprio segurado, pelo segurador reforça outros deveres advindos da boa-fé, tais como o de transparência, lealdade e cooperação para o alcance da finalidade do seguro.

E ainda em relação aos microsseguros ou seguros instantâneos, a sua imediatidade e curta duração não afasta, nem esgaça a boa-fé qualificada inerente a esse tipo contratual. A adoção de sistemas que autorizem uma alteração do ônus da prova, com base no poder-dever da informação representam, em verdade, vetores de facilitação à comercialização, utilização e benefícios dessa modalidade de "*fast-seguro*", em resposta à atual sociedade de risco e de massa.

4. NOTAS CONCLUSIVAS

O seguro é um contrato fundado, sobretudo, na confiança das informações, sejam elas derivadas da palavra das partes, sejam da apreensão de dados com utilização de tecnologia. As informações são essenciais para a estruturação e desenvolvimento desse tipo contratual. A tutela da confiança gera efeitos, ainda, para os terceiros envolvidos neste tipo contratual: grupo segurado e outros beneficiários diretos e indiretos. Ainda que exista forte aproximação de características financeiras aos seguros, estes tipos contratuais geram indiretamente elos de solidariedade, pela divisão por muitos dos prejuízos sofridos por pouco, daí o incremento da importância decorrente da tutela da confiança e da boa-fé.

O impacto que o seguro pode gerar para terceiros, seja o grupo segurado ou outros que contam com a validade do contrato de seguro, é muito grande. Para o grupo segurado, importante a preservação de solvabilidade do fundo, estruturada no correto dimensionamento do risco. O interesse de terceiros na validade do seguro assumiu tamanha importância, ante mesmo a possibilidade de criar poupanças populares, que se transfigurou em interesse social.

Por esse motivo, foi criada toda uma estrutura de regulamentação e fiscalização da atuação das instituições e companhias que atuam no ramo de seguros. A importância da garantia e manutenção da boa-fé nos contratos de seguro está na base de um sistema econômico confiável. Verifica-se, dessa forma, que o seguro exerce função de garantia necessária ao desenvolvimento da atividade

---

[44] A União Europeia instituiu em 2016 o Regulamento Geral de Proteção de Dados (RGPD) (EU) 2016/679 com disposições bem semelhantes às adotadas pelo nosso direito pátrio.

produtiva, comercial e empresarial no mundo atual. A sua validade interessa a todos de modo geral, o que agiganta o dever de boa-fé nesse tipo contratual, nela todo estruturado.

O seguro despido da boa-fé é uma fraude e, nessa condição, deixa de ser merecedor de tutela pelo ordenamento jurídico. A boa-fé torna-se qualificada pelo conjunto de características desse tipo contratual, desde a estruturação das suas obrigações principais nos deveres anexos da boa-fé, passando pela execução baseada em forte cooperação mútua das partes e a atenção máxima à tutela da confiança do outro, aliado à sua índole comunitária[45] e a possibilidade de atingir direitos de terceiros e estabilizar relações negociais.

Na estruturação do seguro, o dever de informação sequer pode ser classificado como dever acessório, eis que as informações prestadas tanto pelo segurado quanto pelo segurador constituem a base nuclear para a identificação do interesse segurável, para o dimensionamento do risco e requisito da própria formação e validade do contrato. Os deveres de cuidado, proteção, lealdade e cooperação também são essenciais para a dinâmica do seguro e preservação dos interesses do fundo, a exemplo de adoção de cuidados para não aumentar o risco, a de minimizar os prejuízos decorrentes do sinistro e o dever de e liquidar o dano da forma mais célere possível, dentre outros.

As características clássicas do seguro, entretanto, devem ser conciliadas com outras decorrentes de novas formas mais ágeis de contratação. Nesse aspecto, atualmente grande parte dos contratos de seguro constituem contratos de consumo e são celebrados na modalidade de adesão, com clausulados pré-aprovados. O seu regramento deverá, assim, conformar as obrigações essenciais desse tipo contratual às derivadas do diploma consumerista, criando-se deveres de informação que impõem destaque de cláusulas limitativas de direitos, esclarecimentos sobre a cobertura e até mesmo aconselhamento, na fase de comercialização do contrato e diversos cuidados de proteção ao consumidor, com preservação da funcionalidade do contrato de seguro.

Mesmo com tantas alterações e adaptações, a base do dever de prestar informações verídicas, suficientes e necessárias à correta compreensão do risco e verificação dos elementos principais do seguro permanece.

As alterações decorrentes de novas estruturas contratuais, do aumento de dados e informações e das dinâmicas relacionais geram a necessidade de ajustes, de modo a manter o equilíbrio do binômio poder-dever da informação. Assim, quem detém o poder de obter, gerar e tratar a informação terá o dever de prestá-la de forma correta, adequada e suficiente ao entendimento da outra parte.

Nos contratos de consumo e adesão, a solicitação inicial das informações deve partir do segurador, que terá o poder de dizer quais são os dados relevantes para o dimensionamento do risco. Isso não significa que o segurado, sabedor de informação importante para esse mister, possa deixar de fazê-lo. Ao contrário. Tem a obrigação de prestar as informações relevantes que sabia ou mesmo deveria saber. Isso porque, também em decorrência da boa-fé objetiva as partes possuem o dever de cooperar lealmente com a outra para que o contrato atinja a sua finalidade. A condição

---

[45] Judith Martins-Costa discorre com propriedade essa maior intensidade da boa-fé nos contratos de índole comunitária: "Também ocorre – conquanto em outra escala – nos contratos cuja racionalidade e funcionalidade econômico-social não são compreensíveis em termos atomísticos, nem de contratos interindividuais mas, tão-somente, perspectivando-se a convergência de *interesses de uma inteira comunidade*. Assim, por exemplo os contratos de seguro ou os que visam assegurar a previdência privada, ou os de consórcio para a aquisição de bens. Nesses casos, a boa-fé, como emanação do dever de consideração aos interesses *comuns*, poderá assegurar a prevalência desses interesses aos interesses individuais dos consorciados, funcionando, então, articuladamente ao princípio da função social dos contratos". MARTINS-COSTA, Judith. Os campos normativos da boa-fé objetiva: as três perspectivas do direito Privado Brasileiro. *Revista Forense*, Rio de Janeiro, v. 101, n. 382, p. 119-143, nov./dez. 2005, p. 130).

técnica e tecnológica avantajada do segurador não pode, assim, ser utilizada como salvo conduto para omissões injustificadas por parte do segurado. Por outro lado, não poderá ser utilizada pelo segurador para ultrapassar limites e violar direito à privacidade e ao livre desenvolvimento do segurado, nem muito menos para albergar condutas discriminatórias.

Considerando que não há como deter os avanços, nem congelar a história, a revolução tecnológica se instaurou na sociedade em geral, com ampla aplicação ao setor de seguros, até mesmo pelos benefícios que pode proporcionar, tais como: inclusão de seguros *"taylor made"*, customizados para a exata medida da necessidade do segurado, a fim de que ele só pague pelo que efetivamente utilizar. Acrescente-se a facilitação na contratação e comparação dos seguros disponíveis em plataformas inteligentes, diminuição do valor médio do prêmio, com cálculo mais eficiente e assertivo do risco, acesso a seguradores e seguros de praças diversas, monitoramento real do risco, aumento da possibilidade de prevenção do sinistro, agilização na regulação do sinistro, possibilidade de ampliação dos riscos seguráveis, com inclusão social, ampliação dos microsseguros e uma série de facilitadores atualmente imagináveis e outros tantos que estarão por vir.

Paralelamente, importante impor limites na utilização das novas tecnologias para evitar abusos, que já sã objeto de estudos e ponderação por parte da doutrina acerca da possibilidade de invasão à privacidade, de discriminação algorítmica, da possibilidade de manipulação dos dados dos consumidores e instituição de política não transparente com prêmios crescentes, concentração de mercado em poucos seguradores, possibilidade de vazamento de dados dos segurados, dentre outros. A LGPD já trouxe uma boa resposta normativa em relação à questão da utilização, armazenamento, processamento e descarte dos dados, mas não é suficiente como anteparo de todos os potenciais aspectos negativos citados.

Nesse contexto, a boa-fé desempenhará papel central nesse caminhar para uma "modernização" do contrato de seguro, garantindo a permanência da sua essência e função e afastando a utilização abusiva das novas tecnologias. Vale aqui lembrar que além de criar deveres jurídicos laterais ou anexos e servir de fio condutor para a correta interpretação e integração de normas jurídicas, a boa-fé objetiva tem como uma de suas funções impor limites ao exercício de direitos. Logo, será fundamental para temperar a correta utilização e compatibilização da realidade digital e novas tecnologias com a essência do contrato de seguro, garantindo a sua funcionalização na prática.

29

DO ENRIQUECIMENTO SEM CAUSA AO ENRIQUECIMENTO INJUSTO

RODRIGO DA GUIA SILVA

Sumário: 1. Introdução: a disciplina do enriquecimento sem causa entre cláusula geral e previsões especiais da obrigação de restituir. 2. Causas de justificação do enriquecimento. 3. Giro conceitual do enriquecimento sem causa ao enriquecimento injusto. 4. Notas iniciais sobre a problemática do *enriquecimento forçado*. 5. Conclusão.

1. INTRODUÇÃO: A DISCIPLINA DO ENRIQUECIMENTO SEM CAUSA ENTRE CLÁUSULA GERAL E PREVISÕES ESPECIAIS DA OBRIGAÇÃO DE RESTITUIR

A[1] vedação ao enriquecimento sem causa experimentou emblemática elevação de *status* pelo Código Civil de 2002 em comparação com o seu predecessor de 1916. Outrora relegada ao papel

---

[1] O presente estudo, em homenagem aos trinta anos de cátedra do Prof. Gustavo Tepedino na Faculdade de Direito da Universidade do Estado do Rio de Janeiro (UERJ), corresponde, com pontuais atualizações, ao item 2.3 da dissertação intitulada "A qualificação funcional da pretensão restitutória à luz da vedação ao enriquecimento sem causa", que defendi em dezembro de 2017 junto ao Programa de Pós-Graduação *Stricto Sensu* em Direito da UERJ. O trabalho, posteriormente publicado em versão comercial pela Editora Revista dos Tribunais / Thomson Reuters Brasil ("Enriquecimento sem causa: as obrigações restitutórias no direito civil", 2018), carrega em todas as linhas a decisiva influência que o Professor Tepedino exerce na minha formação acadêmica, profissional e pessoal. Tendo desfrutado do privilégio de ser seu orientando na graduação, no mestrado e, atualmente, no doutorado, devo ao Professor Tepedino a renovação diuturna, desde as primeiras aulas na graduação, do fascínio pelo estudo do direito civil, fascínio presente nas sucessivas gerações de alunos e pesquisadores que, assim como eu, têm a oportunidade de vivenciar as suas lições. Por isso – e por tanto mais –, agradeço aos coordenadores pelo honroso convite

de princípio geral de direito, extraído de uma vasta pluralidade de normas tendentes a reprimir a obtenção de vantagens injustificadas à custa de patrimônios alheios, a vedação ao enriquecimento sem causa veio a ser expressamente positivada pelo Capítulo IV ("Do Enriquecimento sem Causa) do Título VII ("Dos Atos Unilaterais") do Livro dedicado pelo Código Civil de 2002 ao Direito das Obrigações.[2]

No âmbito do contexto normativo instaurado pelo Código Civil de 2002, assume particular destaque a previsão, constante do art. 884 do Código Civil, segundo a qual "[A]quele que, sem justa causa, se enriquecer à custa de outrem, será obrigado a restituir o indevidamente auferido, feita a atualização dos valores monetários". Tal opção do codificador de 2002 consubstancia, em síntese essencial, a consagração de uma autêntica *cláusula geral do dever de restituir* no direito brasileiro, com a pluralidade ínsita à textura aberta dessas normas, em oposição à técnica legislativa regulamentar.[3]

O particular destaque conferido por este estudo à técnica da *cláusula geral* faz-se necessário em razão da proeminência – sem exclusividade, por certo – dessa técnica legislativa na seara restitutória.[4] A análise do diploma codificado revela, contudo, que a disciplina do enriquecimento sem causa no direito civil brasileiro não se resume ao mencionado Capítulo que o Código Civil lhe dispensou com menção expressa, uma vez que também em outras previsões esparsas na legislação manifestam-se obrigações de restituição do enriquecimento injustificado.

Advirta-se, por oportuno, que tal ordem de compreensão da matéria deve seus fundamentos à assunção de uma premissa metodológica central para o presente estudo, qual seja: o reconhecimento da imprescindibilidade da qualificação funcional das obrigações no direito civil, com particular destaque para a análise funcional das obrigações vinculadas à vedação ao enriquecimento sem causa. A percepção das similitudes e distinções funcionais entre as diferentes espécies de obrigações

---

para participar desta obra coletiva que, movida pelo propósito de promover a mais justa homenagem ao Professor Tepedino pelos seus trinta anos de cátedra, finda por realizar uma necessária homenagem à própria história da Faculdade de Direito da UERJ.

[2] Para uma análise do desenvolvimento histórico da vedação ao enriquecimento sem causa no direito brasileiro, a partir de uma comparação entre os diplomas de 1916 e de 2002, seja consentido remeter a SILVA, Rodrigo da Guia. *Enriquecimento sem causa*: as obrigações restitutórias no direito civil. São Paulo: Thomson Reuters Brasil, 2018, item 1.1.

[3] Permita-se remeter a SILVA, Rodrigo da Guia. Cláusula geral de restituição do enriquecimento sem causa. *Revista de Direito Privado*, vol. 103, jan.-fev./2020, *passim*.

[4] A destacar a opção do Código Civil de 2002 pela coexistência de uma cláusula geral com previsões específicas do dever de restituição, em inovação relativamente ao seu predecessor de 1916, v. MICHELON JR., Cláudio. *Direito restituitório*: enriquecimento sem causa, pagamento indevido, gestão de negócios. São Paulo: Revista dos Tribunais, 2007, p. 34-35. Identificava-se a utilização da técnica legislativa da cláusula geral no âmbito do enriquecimento sem causa já por ocasião da análise do Projeto de Código Civil, como se extrai de GONDINHO, André Osorio. Codificação e cláusulas gerais. *Revista Trimestral de Direito Civil*, vol. 2, abr.-jun./2000, p. 21 No mesmo sentido, a identificar a positivação da vedação ao enriquecimento na forma de cláusula geral ("*clausola generale*") pelo *Codice civile* italiano de 1942, v. GIORGIANNI, Michaela. L'arricchimento senza causa nel diritto italiano e tedesco: una regola e due sistemi a confronto. *Rivista del Diritto Commerciale e del Diritto Generale delle Obbligazioni*, a. CIII, I, 2005, p. 505. Em sentido semelhante, a identificar a coexistência de uma *norma geral* ("*norma generale*") do enriquecimento sem causa com previsões legais específicas do instituto no âmbito do direito italiano, v. TRIMARCHI, Pietro. Sulla struttura e sulla funzione della responsabilità per arricchimento senza causa. *Rivista di Diritto Civile*, a. VIII, n. 3, mai.-jun./1962, p. 227-230; DONATELLI, Remo. Vecchie e nuove "categorie" comprese nel "genere" dell'arricchimento senza causa. *Giuriusprudenza di Merito*, I, 1995, p. 542.

482 | PROBLEMAS DE DIREITO CIVIL – *Homenagem aos 30 anos de cátedra do professor Gustavo Tepedino*

permite a aplicação da normativa mais diretamente relacionada à específica obrigação com a qual se depara o intérprete, de modo a se atingir concretamente a satisfação dos interesses merecedores de tutela que estejam em jogo em cada hipótese.[5] De fato, em matéria obrigacional, o interesse do credor[6] – a ser tutelado de acordo com o respectivo regime jurídico – parece passível de recondução, a depender de cada hipótese fática, à realização das expectativas nascidas de compromissos assumidos, à reparação dos danos causados ou à reversão de transferências patrimoniais injustificadas.[7]

Substancialmente, a análise funcional das categorias de obrigações tratadas pelo direito brasileiro parece tornar possível a sua sistematização em torno de três principais regimes (negocial, reparatório e restitutório), vinculados à fonte de cada obrigação – negócio jurídico, dano injusto e enriquecimento sem causa.[8] Há que se reconhecer, assim, uma *tripartição funcional das obrigações*, podendo-se apartar as funções *executória* (de um negócio legitimamente celebrado), *reparatória* (de um dano injustamente causado) e *restitutória* (de um enriquecimento injustamente auferido).[9]

O esforço de sistematização ora empreendido permite concluir que a identificação do regime jurídico regente de certa relação obrigacional (sem prejuízo, por certo, à consideração do ordenamento jurídico como todo unitário aplicável a cada caso concreto) depende da vinculação

---

[5] A destacar a relevância do estudo das fontes das obrigações para a definição do regime jurídico aplicável, v. BARASSI, Lodovico. *La teoria generale delle obbligazioni*. Volume II. 2. ed. Milano: Giuffrè, 1964, p. 1.

[6] Faz-se menção às figuras do *credor* e do *devedor* em razão da consagração do seu uso na práxis nacional, sem qualquer prejuízo à premissa metodológica de que toda relação jurídica (inclusive a obrigacional) consiste, do ponto de vista subjetivo, em uma ligação entre centros de interesse (nesse sentido, v., por todos, PERLINGIERI, Pietro. *O direito civil na legalidade constitucional*. Trad. Maria Cristina De Cicco. Rio de Janeiro: Renovar, 2008, p. 734 e ss.), e igualmente sem prejuízo à premissa metodológica de que a complexidade da relação obrigacional aponta para a multiplicidade de situações jurídicas subjetivas ativas e passivas atreladas a cada um dos centros de interesse (nesse sentido, v., por todos, LARENZ, Karl. *Derecho de obligaciones*. Tomo I. Trad. Jaime Santos Briz. Madrid: Editorial Revista de Derecho Privado, 1958, p. 37). Para uma análise mais detida dos influxos dessas premissas metodológicas na compreensão do fenômeno obrigacional, ver SILVA, Rodrigo da Guia. Novas perspectivas da exceção de contrato não cumprido: repercussões da boa-fé objetiva sobre o sinalagma contratual. *Revista de Direito Privado*, a. 18, v. 78, jun./2017, p. 48 e ss.

[7] Nesse sentido, v. NORONHA, Fernando. *Direito das obrigações*. 4. ed. São Paulo: Saraiva, 2013, p. 440.

[8] V., entre outros, ESPÍNOLA, Eduardo. *Garantia e extinção das obrigações*: obrigações solidárias e indivisíveis. Atual. Francisco José Galvão Bruno. Campinas: Bookseller, 2005, p. 75-77. Para uma análise crítica das proposições teóricas que tratam o enriquecimento sem causa como fonte da obrigação, v. TEPEDINO, Gustavo; SCHREIBER, Anderson. *Código Civil comentado*. Volume IV, São Paulo: Atlas, 2008, p. 27.

[9] Fernando Noronha assevera: "Falar na diversidade de funções que desempenham as obrigações que acabamos de caracterizar como autônomas, é o mesmo que nos reportarmos à diversidade de interesses que são prosseguidos em cada uma delas. Assim, a tripartição entre obrigações negociais, de responsabilidade civil e de enriquecimento sem causa constitui a divisão fundamental das obrigações, do ponto de vista dos interesses tutelados" (NORONHA, Fernando. *Direito das obrigações*, cit., p. 439). Na mesma linha de sentido, v. MIRAGEM, Bruno. Pretensão de repetição de indébito do consumidor e sua inserção nas categorias gerais do direito privado: comentário à Súmula 322 do STJ. *Revista de Direito do Consumidor*, vol. 79, jul.-set./2011, p. 385-402. Registre-se que, naturalmente, um negócio jurídico pode prever obrigações de restituir – mais usualmente referidas como obrigações de *restituir (ou devolver) coisa certa*. A restituição relevante ao presente estudo, diversamente, é aquela funcionalmente direcionada não à promoção de um interesse contratualmente ajustado, mas sim à recomposição de um patrimônio injustificadamente beneficiado.

funcional da específica hipótese de obrigação aos regimes fundamentais consagrados pelo direito brasileiro – os regimes negocial, reparatório e restitutório. Desse modo, afigura-se de suma importância na presente matéria a investigação da função desempenhada por cada específica obrigação. A partir de tais premissas, pode-se perceber que as possibilidades de vinculação de uma obrigação à vedação ao enriquecimento sem causa não se resumem às hipóteses diretamente decorrentes da referida cláusula geral.[10] Em realidade, como se depreende do estudo contemporâneo das fontes das obrigações, a vedação ao enriquecimento sem causa traduz uma das três grandes categorias de regimes jurídicos obrigacionais e, como tal, manifesta-se nas mais diversas searas do direito civil, não se limitando à mencionada cláusula geral contida no art. 884 do Código Civil.[11]

O cotejo com a responsabilidade civil facilita a compreensão da sistemática concebida pelo legislador para o enriquecimento sem causa. Não há grande dúvida de que as cláusulas gerais contidas no *caput* e no parágrafo único do art. 927 (responsabilidade civil subjetiva e objetiva, respectivamente) convivem com previsões específicas do dever de indenizar, sem que se retire destas últimas a qualificação de obrigação indenizatória pelo simples fato de não decorrerem diretamente das aludidas cláusulas gerais.[12] Basta pensar, ilustrativamente, nas diversas disposições legislativas específicas que preveem o surgimento do dever de pagar perdas e danos, muito embora esse dever já se pudesse configurar, em tese, simplesmente a partir da incidência das cláusulas gerais (v., entre outros, os arts. 12, 146, 148, 149, 154, 155, 234, 236, 239, 247, 248, 251, 254 e 255, 389, 395 e 402 do Código Civil).[13]

Parece consideravelmente assentado, nesse ponto, que as referidas hipóteses se encontram plenamente vinculadas ao regime da responsabilidade civil, do qual se extraem os requisitos gerais para a deflagração do dever de indenizar. De outra parte, parece igualmente assentado que esses requisitos gerais da deflagração do dever de indenizar podem ser especificados ou até mesmo afastados diante de escolhas expressas do legislador contidas nas disposições legais específicas. Ilustrativamente: não parece haver dúvida em doutrina acerca da natureza indenizatória das hipóteses da chamada responsabilidade indireta prevista especificamente pelos arts. 932 e 933, embora tais hipóteses não decorram diretamente da cláusula geral consagrada pelo parágrafo único do

---

[10] Para um relato de semelhante experiência, na experiência estrangeira, a propósito da positivação do enriquecimento sem causa pela técnica de cláusula geral, v., no direito português, LEITÃO, Luís Manuel Teles de Menezes. *O enriquecimento sem causa no direito civil*: estudo dogmático sobre a viabilidade da configuração unitária do instituto, face à contraposição entre as diferentes categorias de enriquecimento sem causa. Lisboa: Centro de Estudos Fiscais, 1996, p. 32 e ss.; e, no direito italiano, BENEDETTI, Enzo. L'arricchimento senza causa. *Rivista Trimestrale di Diritto e Procedura Civile*. Milano: Giuffrè, n. 4, dez./1959, p. 1.653.

[11] Ao propósito, seja consentido remeter a SILVA, Rodrigo da Guia. Fontes das obrigações e regimes jurídicos obrigacionais gerais: em busca do papel da vedação ao enriquecimento sem causa no direito civil contemporâneo. *Revista da Faculdade de Direito da UERJ*, n. 36, dez./2019, *passim*.

[12] A propósito do sistema dualista de responsabilidade civil consagrado no direito brasileiro, v., por todos, TEPEDINO, Gustavo. A evolução da responsabilidade civil no direito brasileiro e suas controvérsias na atividade estatal. *Temas de direito civil*. 4. ed. Rio de Janeiro: Renovar, 2008, p. 205; e SCHREIBER, Anderson. *Novos paradigmas da responsabilidade civil*: da erosão dos filtros da reparação à diluição dos danos. 6. ed. São Paulo: Atlas, 2015, p. 19 e ss.

[13] A identificar a natureza indenizatória da pretensão ao pagamento de perdas e danos, v., por todos, ALVIM, Agostinho. *Da inexecução das obrigações e suas consequências*. 3. ed. Rio de Janeiro: Editora Jurídica e Universitária, 1965, p. 169 e ss.; e GOMES, Orlando. *Obrigações*. 4. ed. Rio de Janeiro: Forense, 1976, p. 188-190; e SANTOS, J. M. de Carvalho. *Código Civil brasileiro interpretado principalmente do ponto de vista prático*. Volume XV. 11. ed. Rio de Janeiro: Freitas Bastos, 1986, p. 262.

art. 927.[14] Por outro lado, pode-se considerar que a regra contida no art. 937 (dano decorrente de ruína de edifício) estabelece um parâmetro específico para a valoração da conduta do agente (necessidade manifesta de reparos) que restringe e particulariza a análise subjacente ao requisito geral de culpa da cláusula geral de responsabilidade civil subjetiva (art. 927, *caput*).[15]

Semelhante linha de raciocínio há de ser adotada em matéria de enriquecimento sem causa.[16] Não deve causar surpresa, nessa direção, a percepção de que a disposição deliberadamente genérica do art. 884 do Código Civil convive com previsões específicas de obrigações restitutórias – como aquelas constantes, dentre muitos outros, dos arts. 182, 234, 236, 239 e 279 do mesmo diploma.[17] Nesse contexto, afigura-se relevante reconhecer a opção do legislador pátrio pela positivação de uma cláusula geral do dever de restituir simultaneamente com previsões específicas de restituição. Constata-se, assim, que, na contramão de possíveis modelos teóricos que restrinjam a restituição a previsões legais específicas, o direito brasileiro estabelece, a um só tempo, tanto o regime básico das obrigações restituitórias (passível de modificações diante de previsão legal específica) quanto a possibilidade de deflagração do dever de restituir independentemente de qualquer previsão legal específica.

De posse de tais considerações, apresenta particular relevo o estudo dos pressupostos para a configuração da cláusula geral do dever de restituir, pressupostos esses que podem ser sinteticamente classificados em *positivos* e *negativos*. Pressupostos ou requisitos *positivos* são aqueles que concorrem para a própria configuração da referida cláusula geral – *enriquecimento, obtenção à custa de outrem* e *ausência de justa causa*. Por outro lado, pressuposto ou requisito negativo é aquele que, ao invés de concorrer para a configuração da cláusula geral do dever de restituir, atua no sentido de obstar-lhe a eficácia – trata-se da regra da subsidiariedade.[18] Em razão da busca pela

---

[14] Para uma análise pormenorizada acerca da responsabilidade indireta no direito brasileiro, v., por todos, PEREIRA, Caio Mário da Silva. *Responsabilidade civil*. 11. ed. Atual. Gustavo Tepedino. Rio de Janeiro: Forense, 2016, p. 119; DIAS, José de Aguiar. *Da responsabilidade civil*. 12. ed. Atual. Rui Berford Dias. Rio de Janeiro: Lumen Juris, 2012, p. 629 e ss.; e TERRA, Aline de Miranda Valverde; TEPEDINO, Gustavo. A evolução da responsabilidade civil por fato de terceiro na experiência brasileira. *Revista de Direito da Responsabilidade*, a. 1, 2019, *passim*.

[15] Vislumbra-se, em doutrina, a consagração, pelo artigo 937, de uma hipótese de responsabilidade civil subjetiva com culpa presumida (TEPEDINO, Gustavo; BARBOZA, Heloisa Helena; MORAES, Maria Celina Bodin de et alii. *Código Civil interpretado conforme a Constituição da República*. Volume II. 2. ed. Rio de Janeiro: Renovar, 2012, p. 850). Em sentido diverso, identifica-se no artigo 937 a consagração de uma hipótese de responsabilidade civil objetiva (BRITO, Rodrigo Toscano de. Responsabilidade civil por ruína de prédios. In: RODRIGUES JUNIOR, Otavio Luiz; MAMEDE, Gladston; ROCHA, Maria Vital da (Coords.). *Responsabilidade civil contemporânea*: em homenagem a Sílvio de Salvo Venosa. São Paulo: Atlas, 2011, p. 218). Ao que mais diretamente importa para o presente estudo, nota-se que se reconhece, à margem de qualquer controvérsia, a natureza reparatória da obrigação em comento independentemente da incidência direta ou não das cláusulas gerais contidas no artigo 927 do Código Civil.

[16] A destacar a similitude entre a responsabilidade civil e a vedação ao enriquecimento sem causa também na experiência italiana no tocante à presença de uma cláusula geral, v. FRANZONI, Massimo. *Trattato della responsabilità civile*. Volume II – Il danno risarcibile. 2. ed. Milano: Giuffrè, 2010, p. 768.

[17] Semelhante fenômeno é identificado, na experiência portuguesa, por LEITÃO, Luís Manuel Teles de Menezes. *O enriquecimento sem causa no direito civil*, cit., p. 36-37.

[18] De fato, a subsidiariedade parece ostentar, no contexto contemporâneo, a qualidade de pressuposto negativo de incidência da cláusula geral do dever de restituir, de modo a se assegurar o respeito à disciplina própria dispensada pelo legislador ordinário a hipóteses específicas de restituição. À atuação da cláusula geral do dever de restituir não basta, portanto, a demonstração dos requisitos ou pressupostos positivos tradicionalmente elencados – enriquecimento, obtenção à custa de outrem e

mais precisa delimitação temática, sem se descuidar da extensão própria desta sede, optou-se, no presente estudo, por pautar a análise diretamente no pressuposto positivo relativo à *ausência de justa causa*, a cuja análise individualizada ora se procede.

2. CAUSAS DE JUSTIFICAÇÃO DO ENRIQUECIMENTO

O requisito da ausência de justa causa, já apontado como o "eixo cardinal da teoria do enriquecimento",[19] desempenha a importante missão de restringir a atenção do intérprete, em matéria restitutória, às vantagens patrimoniais *injustificadas*.[20] Promove-se, assim, em última instância, a coerência interna do ordenamento jurídico, que restaria ameaçada caso se admitisse o surgimento de pretensões restitutórias tendentes a desfazer transferências ou atribuições patrimoniais regularmente amparadas em título jurídico idôneo.

A investigação acerca do requisito de *ausência de justa causa* consiste, fundamentalmente, em uma análise de *justificação* do enriquecimento auferido por uma pessoa com base em patrimônio alheio.[21] Não se afigura despropositado rememorar que a mera obtenção de vantagem patrimonial a partir de bens ou direitos alheios não traduz, *ipso facto*, um problema idôneo a suscitar a atuação dos mecanismos restitutórios. A se entender diversamente, tenderia ao colapso, por exemplo, a inteira sistemática dos contratos, cujo escopo central consiste precipuamente na imposição (e concomitante justificação) de obrigações e direitos a cada um dos agentes em legítimo exercício de autonomia privada.

---

ausência de justa causa –, afigurando-se igualmente relevante o respeito à regra da subsidiariedade. Tais observações em nada afetam, por outro lado, a qualificação da obrigação restitutória à luz da vedação ao enriquecimento sem causa. Seja decorrente de uma previsão legal específica, seja decorrente da cláusula geral do artigo 884 do Código Civil, a obrigação se vinculará ao regime geral da vedação ao enriquecimento sem causa quando ostentar a função restitutória que distingue esta das demais fontes das obrigações no direito civil. Em outros termos, não se justificam posicionamentos doutrinários que buscam desvincular obrigações de cunho claramente restitutório em relação à sua fonte (a vedação ao enriquecimento sem causa), simplesmente invocando o argumento da subsidiariedade. Para um desenvolvimento da compreensão da subsidiariedade como pressuposto negativo de configuração do dever de restituir, seja consentido remeter a SILVA, Rodrigo da Guia. *Enriquecimento sem causa*, cit., item 2.4.

[19] LAGOS, Rafael Núñez. *El enriquecimiento sin causa en el derecho español*. Madrid: Reus, 1934, p. 5. Tradução livre do original: "*eje cardinal de la teoría del enriquecimiento*".

[20] "O enriquecimento deve ser injustificado: sem o requisito da ausência de justa causa seria impossível delimitar os casos em que se tem a faculdade de recorrer à ação, qualquer um poderia alegar um direito a se reapropriar de utilidades não mais suas porque privado delas em razão de negócios regulares, ou por espírito de liberalidade, ou porque perdidas por força de disposições legais" (ALBANESE, Antonio. *Ingiustizia del profitto e arricchimento senza causa*. Padova: CEDAM, 2005, p. 199. Tradução livre). A propósito da dificuldade conceitual ínsita à matéria, já se afirmou: "A ausência de causa justificativa é seguramente o conceito mais indeterminado no âmbito do enriquecimento sem causa" (LEITÃO, Luís Manuel Teles de Menezes. *O enriquecimento sem causa no direito civil*, cit., p. 891).

[21] "A causa, neste contexto, remete para a existência de uma justificação, justificação esta que, normalmente, se deve procurar fora dos quadros do 'enriquecimento sem causa' como fonte autônoma de obrigações" (GOMES, Júlio Manuel Vieira. *O conceito de enriquecimento, o enriquecimento forçado e os vários paradigmas do enriquecimento sem causa*. Porto: Universidade Católica Portuguesa, 1998, p. 469). Em sentido semelhante, afirma-se: "A causa é aqui a razão jurídica que explica o enriquecimento" (CABRILLAC, Rémy. *Droit des obligations*. 12. ed. Paris: Dalloz, 2016, p. 206. Tradução livre).

Perquirir a *ausência de justa causa* do enriquecimento obtido à custa de outrem significa, em suma, investigar a existência de uma causa justificadora (ou título de justificação) dessa vantagem patrimonial.[22] Compreende-se, assim, a inter-relação dos três requisitos da cláusula geral do dever de restituir: a vantagem patrimonial (*enriquecimento*) somente é relevante para fins restitutórios se houver sido obtida a partir de patrimônio alheio (*obtenção à custa de outrem*) sem uma legítima justificativa (*ausência de justa causa*). *A contrario sensu*, se a vantagem patrimonial houver sido obtida a partir do próprio patrimônio do enriquecido ou a partir de caso fortuito, ou ainda se a vantagem obtida à custa de patrimônio alheio desfrutar de justificativa legítima, impor-se-á idêntica conclusão: a não deflagração do dever de restituir.

Avançando-se, então, na análise do alcance do requisito de *ausência de justa causa* para fins de configuração da cláusula geral contida no art. 884 do Código Civil, afigura-se relevante a advertência preliminar no sentido de que a disciplina particular da vedação ao enriquecimento sem causa não tem por vocação definir abstrata e previamente as causas legítimas de atribuição patrimonial.[23] A esse mister destinam-se setores e comandos normativos os mais diversos no ordenamento jurídico, aos quais o direito restitutório certamente não tem pretensão de se sobrepor. Não incumbe ao regramento do enriquecimento sem causa, por exemplo, definir a abusividade de cláusulas insertas em contratos de consumo, mas sim disciplinar os efeitos da ausência superveniente da causa de atribuição patrimonial (*in casu*, por força do reconhecimento judicial da invalidade dessas cláusulas).[24]

Por tais razões, usualmente se associa a noção de *justa causa* à ideia de *justo título*, no sentido de título jurídico idôneo, em tese, à transmissão da vantagem patrimonial.[25] O desenvolvimento

---

[22] Para um desenvolvimento do conceito tradicional de *ausência de justa causa*, v., por todos, FRANCISCO, Caramuru Afonso. O enriquecimento sem causa nos contratos. In: BITTAR, Carlos Alberto (Coord.). *Contornos atuais da teoria dos contratos*. São Paulo: Revista dos Tribunais, 1993, p. 90; SILVA, Theodósio Pires Pereira da. Ação de *in rem verso*. *Revista Forense*, vol. 289, jan.-mar./1985, p. 435; e JORGE, Aimite. Inflation in Enrichment Claims: Reflections on the Brazilian Civil Code. *Journal of Civil Law Studies*, vol. 6, 2013, p. 558.

[23] "Na verdade, a existência ou inexistência de uma justificação aceite pelo ordenamento jurídico, para um determinado enriquecimento, é uma questão prévia cuja solução não se pode, em regra, encontrar no âmbito desta figura. Daí que a afirmação de um dever de restituir, fundado no enriquecimento sem causa, dependa da resposta que noutro 'lugar' do ordenamento se encontra para a referida justificação: tentar sistematizar ou sequer catalogar, exaustivamente, as várias 'causas' é tarefa que se nos afigura vã, já que a referência à causa do enriquecimento remete o intérprete para a totalidade da ordem jurídica, designadamente, para as modalidades de aquisição derivada e originária da propriedade, para o regime dos vícios e da falta de vontade, para o âmbito da autonomia privada e para um grande leque de respostas legais ditadas por considerações de política legislativa" (GOMES, Júlio Manuel Vieira. *O conceito de enriquecimento, o enriquecimento forçado e os vários paradigmas do enriquecimento sem causa*, cit., p. 469-471).

[24] Para uma análise da possível correlação entre invalidade negocial e vedação ao enriquecimento sem causa, v. SOUZA, Eduardo Nunes de. *Teoria geral das invalidades do negócio jurídico*: nulidade e anulabilidade no direito civil contemporâneo. São Paulo: Almedina, 2017, p. 346-347.

[25] "(...) abrindo mão de um exame mais apurado e rigoroso do conceito jurídico de causa, pode-se aplicar, sem excessivo rigor, a idéia de um título jurídico idôneo a justificar aquele enriquecimento" (KONDER, Carlos Nelson. Enriquecimento sem causa e pagamento indevido. In: TEPEDINO, Gustavo (Coord.). *Obrigações*: estudos na perspectiva civil-constitucional. Rio de Janeiro: Renovar, 2005, p. 390). No mesmo sentido, v. NANNI, Giovanni Ettore. *Enriquecimento sem causa*. 2. ed. São Paulo: Saraiva, 2010, p. 268. No mesmo sentido, v. BEVILÁQUA, Clóvis. *Direito das obrigações*. 3. ed. Rio de Janeiro: Freitas Bastos, 1931, p. 115-116; e AMERICANO, Jorge. *Ensaio sobre o enriquecimento sem causa* (dos institutos em que

histórico da matéria levou à enunciação de duas grandes categorias de títulos jurídicos aptos a legitimar a atribuição patrimonial: a *lei* e o *negócio jurídico*.[26] Afirma-se, desse modo, que toda vantagem patrimonial legitimamente obtida a partir de patrimônio alheio encontraria amparo, ou bem na lei, ou bem em negócio jurídico.[27] A ilustrar a primeira categoria, poder-se-ia pensar no direito do proprietário-reivindicante às benfeitorias úteis realizadas pelo possuidor de má-fé, de modo a se vislumbrar no art. 1.220 do Código Civil a consagração de uma causa legal de justificação do enriquecimento obtido pelo proprietário à custa do possuidor.[28] De outra parte, a ilustrar a segunda categoria, bastaria pensar-se na transferência de propriedade sobre certa coisa operada com fundamento em contrato de compra e venda regularmente celebrado e adimplido.[29]

---

se manifesta a condemnação do locupletamento injustificado). São Paulo: Academica, 1933, p. 105. A noção de *justo título* assume conotação própria – conquanto não absolutamente distinta – na qualidade de requisito da usucapião ordinária: "Com a locução justo título, o que se designa, por conseguinte, é o ato jurídico cujo fim, abstratamente considerado, é habilitar alguém a adquirir a propriedade de uma coisa. Todo negócio jurídico apto a transferir o domínio considera-se justo título" (GOMES, Orlando. *Direitos reais*. 18. ed. Atual. Humberto Theodoro Júnior. Rio de Janeiro: Forense, 2001, p. 169).

[26] "Julgamos, no entanto, mais adequada, neste aspecto, a perspectiva adotada no espaço europeu-continental; neste, é frequente referir-se que a causa de um enriquecimento pode consistir, designadamente, num negócio jurídico ou na lei, não faltando quem indique outras causas possíveis, tais como uma sentença ou decisão judicial ou os próprios usos" (GOMES, Júlio Manuel Vieira. *O conceito de enriquecimento, o enriquecimento forçado e os vários paradigmas do enriquecimento sem causa*, cit., p. 471). No mesmo sentido, v. FENGHI, Francesco. Sulla sussidiarietà dell'azione generale di arricchimento senza causa. *Rivista del Diritto Commerciale e del Diritto Generale delle Obbligazioni*, 1962, n. 5-6, p. 125; BUDISHTÉANO, D. *De l'enrichissement sans cause*. Paris: Ernest Sagot, 1920, p. 165; e MOSOIU, Marcel. *De l'enrichissement injuste*: étude de droit comparé. Paris: Édouard Duchemin, 1932, p. 241-255.

[27] Em sentido semelhante, v., na doutrina francesa, CABRILLAC, Rémy. *Droit des obligations*, cit., p. 206-207. Chega-se a sustentar que, ao lado da lei e do negócio jurídico, também a decisão judicial poderia traduzir causa justificadora do enriquecimento (nesse sentido, v., entre outros, TERRÉ, François; SIMLER, Philippe; LEQUETTE, Yves. *Droit civil*: les obligations. 11. ed. Paris: Dalloz, 2013, p. 1.115-1.118). Parece mais adequado, contudo, reconhecer que a enunciação à decisão judicial como possível causa justificadora do enriquecimento decorre de referência metonímica à *justa causa* reconhecida pela decisão e que, originariamente, fundamenta a manutenção do enriquecimento.

[28] Exemplo semelhante é relatado, à luz da experiência portuguesa, por GOMES, Júlio Manuel Vieira. *O conceito de enriquecimento, o enriquecimento forçado e os vários paradigmas do enriquecimento sem causa*, cit., p. 474-475.

[29] No tocante à enunciação do negócio jurídico como possível justa causa de atribuições patrimoniais obtidas a partir de patrimônio alheio, impõe-se uma advertência acerca da noção de *causa*. Com efeito, não é incomum que a menção à (justa) *causa* do enriquecimento gere confusão com a *causa* do negócio jurídico. Em matéria de direito restitutório, todavia, a noção relevante é a de *causa* como título jurídico justificador de certa atribuição patrimonial. Nesse sentido, afirma-se: "(...) pode-se dizer que a causa a que alude o art. 884 do Código Civil é distinta da causa do negócio jurídico. O conceito de causa utilizado no âmbito do enriquecimento sem causa é o de 'causa de atribuição patrimonial'" (SAVI, Sérgio. *Responsabilidade civil e enriquecimento sem causa*: o lucro da intervenção. São Paulo: Atlas, 2012, p. 61). Para o desenvolvimento mais detido dessa advertência, remete-se a GOMES, Júlio Manuel Vieira. *O conceito de enriquecimento, o enriquecimento forçado e os vários paradigmas do enriquecimento sem causa*, cit., p. 486; MICHELON JR., Cláudio. *Direito restituitório*, cit., p. 214; e KATAOKA, Eduardo Takemi. *Vedação ao enriquecimento sem causa como princípio*: sobre o sistema jurídico e os princípios a propósito da vedação ao enriquecimento sem causa. Dissertação de mestrado. Faculdade de Direito da Universidade do Estado do Rio de Janeiro. Rio de Janeiro, 2000, p. 102 e ss. Para o aprofundamento das controvérsias referentes à relevância da análise causal no âmbito do estudo dos negócios jurídicos à luz

Neste ponto do raciocínio, a menção conjunta à *lei* e ao *negócio jurídico* como possíveis causas justificadoras do enriquecimento obtido à custa de outrem poderia parecer contraditória com a premissa anteriormente firmada acerca da tripartição fundamental das obrigações – a identificar os regimes negocial, reparatório e restitutório. Tal dúvida poderia ser ilustrada pelos seguintes questionamentos. Em primeiro lugar: em nome de um suposto paralelismo das fontes das obrigações, dever-se-ia falar em enriquecimento sem justa causa na hipótese em que uma pessoa recebe certo valor a título de indenização ou de restituição (portanto, sem vinculação imediata à lei ou a um negócio jurídico)? Em segundo lugar: se a lei é fonte mediata de todas as obrigações, por que no presente ponto da matéria vem mencionada ao lado do negócio jurídico sem a companhia das demais fontes de obrigações?

A simplicidade dos questionamentos pretende revelar que a cogitada contradição afigura-se meramente aparente, pelas razões que se passa a expor. No que tange à percepção de certa quantia a título de indenização, resulta inadequado referir-se a eventual *enriquecimento*, uma vez que a imposição da obrigação reparatória tem por escopo precisamente restaurar o patrimônio da vítima à situação em que estaria caso não houvesse ocorrido o dano – ou, na hipótese de dano extrapatrimonial, atribuir à vítima compensação pelo dano injusto).[30] Já no que tange à percepção de certa quantia a título de restituição, embora possa haver autêntico *enriquecimento* (em razão do incremento patrimonial), resulta inadequado falar em *obtenção à custa de outrem*, uma vez que a imposição da obrigação restitutória tem como pressuposto indispensável a vinculação do primeiro enriquecimento (aquele que foi restituído) ao patrimônio da pessoa beneficiária da restituição. Em outras palavras: o beneficiário da obrigação restitutória não aufere *enriquecimento à custa de outrem*, limitando-se, em realidade, a auferir o enriquecimento que outrem auferira à custa do seu patrimônio.

Percebe-se, desse modo, que, quando o enriquecimento (no sentido de atribuição patrimonial) for proveniente da satisfação de uma obrigação em sentido estrito, somente se cogitará, no âmbito do direito restitutório, da fonte negocial. Como visto, a fonte indenizatória restará excluída em razão da inadequação de se falar em enriquecimento por parte da vítima que recebe regularmente a indenização, ao passo que a fonte restitutória restará excluída em razão de o beneficiário da obrigação restitutória não auferir enriquecimento à custa de outrem. Conclui-se, em suma, em resposta ao primeiro questionamento, que por razões lógicas não faz sentido referir-se às fontes indenizatória e restitutória como possíveis *justas causas* de enriquecimento – seja por não haver *enriquecimento*, seja por faltar-lhe o requisito da *obtenção à custa de outrem*.

Passa-se, então, à cogitação do segundo questionamento supramencionado. Como se sabe, a enunciação das *justas causas* do enriquecimento obtido à custa de outrem completa-se com a referência à *lei*. Desse modo, quando a vantagem patrimonial não for proveniente da satisfação de

---

do direito brasileiro, v., por todos, MORAES, Maria Celina Bodin de. O procedimento de qualificação dos contratos e a dupla configuração do mútuo no direito civil brasileiro. *Revista Forense*, vol. 309, mar./1990, *passim*; KONDER, Carlos Nelson. Causa do contrato x função social do contrato: estudo comparativo sobre o controle da autonomia negocial. *Revista Trimestral de Direito Civil*, vol. 43, jul.-set./2010, *passim*; e SOUZA, Eduardo Nunes de. Função negocial e função social do contrato: subsídios para um estudo comparativo. *Revista de Direito Privado*, vol. 54, abr./2013, *passim*.

[30] Deve-se evitar, portanto, a formulação, encontradiça na práxis forense, sobre a suposta configuração de "enriquecimento" pela parte contemplada pelo reconhecimento de certa pretensão indenizatória. O cerne da discussão parece remontar, no mais das vezes, à justa fixação do *quantum* indenizatório à luz do princípio da reparação integral do dano (art. 944 do Código Civil), sem que se deva cogitar de enriquecimento sem causa na hipótese em que a referida verba reparatória encontra fundamento direto em decisão judicial validamente proferida.

uma obrigação em sentido estrito, dever-se-á perquirir se a referida atribuição encontra amparo na lei. Em caso afirmativo, o enriquecimento obtido à custa de outrem será reputado *com causa* – a obstar a deflagração do dever de restituir. Em caso negativo, se o enriquecimento obtido à custa de outrem não encontrar amparo nem na lei nem em negócio jurídico, será reputado *sem causa* – e será, portanto, restituível.

Como se percebe, a referência à lei ao lado do negócio jurídico traduz postura adequada e compatível com a premissa acerca da tripartição dos regimes obrigacionais. Trata-se tão somente de reconhecer que, por um lado, toda obrigação em sentido estrito decorre de uma das três grandes fontes anteriormente indicadas (que representam sua origem e também sua disciplina jurídica), mas, por outro lado, nem toda atribuição patrimonial obtida à custa de outrem decorre do cumprimento de uma obrigação. Em suma, não se deve confundir o estudo amplo das *fontes das obrigações* – relevante para a deflagração das obrigações e para a identificação do seu regime jurídico geral – com o estudo, circunscrito à seara restitutória, das *causas de justificação* – relevante para a configuração do enriquecimento sem causa a ser eventualmente objeto de restituição.

3. GIRO CONCEITUAL DO ENRIQUECIMENTO SEM CAUSA AO ENRIQUECIMENTO INJUSTO

A referência à lei e ao negócio jurídico como possíveis causas justificadoras da atribuição do enriquecimento obtido à custa de outrem parece merecer, à luz do desenvolvimento contemporâneo da metodologia civil-constitucional, uma releitura capaz de ampliar o seu conteúdo.[31] Com efeito, a assunção de premissas metodológicas como a incidência direta dos princípios constitucionais às relações privadas, a instrumentalização das situações patrimoniais às existenciais, a insuficiência do método meramente subsuntivo,[32] a concepção ampla de legalidade constitucional[33] e, por fim, a consideração de todo o ordenamento jurídico para a individualização da normativa do caso concreto,[34] reclama a ressignificação da noção da lei e do negócio jurídico como causas justificadoras do enriquecimento.

---

[31] A partir de semelhante ordem de preocupação, sustenta-se: "(...) o enriquecimento sem causa dispensa a caracterização de fato ilícito, ou antijurídico, bastando que seja reprovável, pelos princípios do sistema. A esta reprovação se dá o nome de inexistência de causa – causa justificativa, causa legítima. À causa não se prestam definições estáticas, uma vez que o seu conceito resulta da dinâmica do ordenamento, dos seus princípios. A inexistência de causa é, portanto, o que determina a ilegitimidade ou a injustiça substancial do enriquecimento" (NEGREIROS, Teresa. Enriquecimento sem causa: aspectos de sua aplicação no Brasil como um princípio geral de direito. *Revista da Ordem dos Advogados*, Lisboa, v. 55, n. 3, dez./1995, p. 806-807).

[32] V., por todos, SOUZA, Eduardo Nunes de. Merecimento de tutela: a nova fronteira da legalidade no direito civil. *Revista de Direito Privado*, vol. 58, abr./2014, p. 80-81.

[33] Assim conclui Pietro Perlingieri, em lição de todo extensível ao direito brasileiro: "A noção de legalidade é essencial ao sistema. No nosso ordenamento, o juiz é vinculado à norma, não à letra da lei. A dificuldade está em individuar a normativa do caso concreto. O juiz deve considerar todas as possíveis circunstâncias de fato que caracterizam o caso – a situação, também econômica, dos sujeitos, a formação cultural deles, o ambiente no qual atuam – e procurar julgar, dando-lhe a resposta que o ordenamento, visto em uma perspectiva unitária, oferece" (PERLINGIERI, Pietro. *O direito civil na legalidade constitucional*, cit., p. 254).

[34] Tais premissas desfrutaram, na doutrina brasileira, de desenvolvimento originário em TEPEDINO, Gustavo. Premissas metodológicas para a constitucionalização do direito civil, cit., *passim*; e MORAES, Maria Celina Bodin de. A caminho de um direito civil-constitucional, cit., *passim*.

PROBLEMAS DE DIREITO CIVIL – *Homenagem aos 30 anos de cátedra do professor Gustavo Tepedino*

À luz desse contexto metodológico, a identificação da existência ou da ausência de justa causa do enriquecimento obtido à custa de outrem não se pode restringir à investigação sobre uma específica previsão legal ou sobre um específico negócio jurídico que, por si só, supostamente justificaria, em tese, a atribuição patrimonial. Deve-se, ao revés, perquirir no inteiro ordenamento jurídico, em sua unidade e complexidade, a resposta acerca da existência ou não de justificação para a específica situação de enriquecimento tomada para consideração.[35] Trata-se, ao fim e ao cabo, de investigar – sem desprezo à ponderação abstratamente realizada pelo legislador e consagrada na eventual previsão legal específica ou mesmo na admissibilidade, *a priori,* de certo negócio jurídico – a conformidade do enriquecimento obtido à custa de outrem com a tábua axiológica constitucional.[36] Incorpora-se, assim, também à seara restitutória, o juízo de merecimento de tutela, verdadeiro corolário da linha metodológica de constitucionalização do direito civil.[37]

Não se trata de objetivo propriamente inédito na doutrina do direito civil. A presente proposta consiste, em realidade, na promoção, no âmbito do enriquecimento sem causa, de itinerário similar àquele trilhado na seara da responsabilidade civil, pautado na preocupação – particularmente cara à metodologia civil-constitucional – em se implementar a análise funcional dos institutos e se promover a sua funcionalização aos valores fundamentais tutelados pelo ordenamento jurídico. A partir de tais premissas metodológicas, o foco da discussão, em matéria de responsabilidade civil, deslocou-se do descumprimento estrutural da lei (ou, em outra formulação, do direito subjetivo) e passou a incidir sobre a violação dos valores tutelados pelo ordenamento, verificando-se, no

---

[35] Semelhante conclusão é cogitada pela doutrina portuguesa: "Ressalvadas certas situações limite em que podem estar em jogo a função social da propriedade privada e o interesse da comunidade, constitucionalmente tutelado, numa utilização produtiva dos bens, parece-nos preferível que o titular do direito receba um lucro que não seria capaz de ou não estaria disposto a obter, do que tolerar que o interventor lucre com a prática de um fato ilícito, mormente quando culposo" (GOMES, Júlio Manuel Vieira. *O conceito de enriquecimento, o enriquecimento forçado e os vários paradigmas do enriquecimento sem causa,* cit., p. 185). Em sentido similar, afirma-se: "(...) reputa-se que o enriquecimento carece de causa, quando o direito o não aprova ou consente, porque não existe uma relação ou um facto que, de acordo com os princípios do sistema jurídico, justifique a deslocação patrimonial" (COSTA, Mário Júlio de Almeida. *Direito das obrigações.* 10. ed. Coimbra: Almedina, 2006, p. 500). Em sentido tendencialmente contrário, afirma-se: "(...) quem utiliza bens alheios deve – salva a hipótese de atribuição gratuita – pagar por eles ao titular do direito o correspondente às utilidades usufruídas, independentemente da maior ou menor utilidade social da sua intervenção" (CAMPOS, Diogo José Paredes Leite de. Enriquecimento sem causa e responsabilidade civil. *Revista da Ordem dos Advogados,* a. 42, 1982, p. 45).

[36] Busca-se, assim, concretizar na seara do enriquecimento sem causa o imperativo geral da metodologia civil-constitucional: "Superado o dogma da subsunção e a concepção da interpretação como operação puramente formal, impõe-se uma hermenêutica com fins aplicativos, voltada à máxima realização dos valores constitucionais em vista das peculiaridades do caso concreto" (SCHREIBER, Anderson; KONDER, Carlos Nelson. Uma agenda para o direito civil-constitucional. *Revista Brasileira de Direito Civil,* vol. 10, out.-dez./2016, p. 13).

[37] Ao propósito do juízo de merecimento de tutela, Pietro Perlingieri sintetiza: "Considerando que os valores constitucionais impõem plena concretização, compreende-se totalmente a necessidade, aqui manifestada, de não limitar a valoração do ato ao mero juízo de licitude e requerer também um juízo de valor; não basta, portanto, negativamente, a não invasão de um limite de tutela, mas é necessário, positivamente, que o fato possa ser representado como realização prática da ordem jurídica de valores, como desenvolvimento coerente de premissas sistemáticas colocadas na Carta Constitucional. O juízo de valor do ato deve ser expresso à luz dos princípios fundamentais do ordenamento e dos valores que o caracterizam. Nem todo ato lícito é merecedor de tutela" (PERLINGIERI, Pietro. *O direito civil na legalidade constitucional,* cit., p. 650). Ainda sobre a configuração contemporânea do juízo de merecimento de tutela, v., na doutrina brasileira, SOUZA, Eduardo Nunes de. Merecimento de tutela, cit., *passim.*

caso concreto, se o bem jurídico lesionado será considerado merecedor de tutela e permitirá o surgimento do dever de indenizar.[38] Tal percurso teórico permitiu à civilística pugnar, na célebre expressão de Orlando Gomes, pelo "giro conceitual do ato ilícito para o dano injusto".[39]

O mencionado "giro conceitual" – diretamente influenciado pelo desenvolvimento da civilística italiana a partir do art. 2.043 do *Codice civile*[40] – consistiu, portanto, no que mais diretamente importa ao presente estudo, na consideração de que a tutela dispensada pelo ordenamento aos valores e situações jurídicas subjetivas as mais diversas haveria de repercutir na deflagração do dever de indenizar independentemente da verificação ou não da estrutura rígida do direito subjetivo.[41] Expandiram-se, assim, os horizontes da noção de *dano indenizável*, de modo a se assegurar a incidência da responsabilidade civil em prol de todos os valores e interesses violados que viessem a ser reputados concretamente merecedores de tutela.[42] A categoria do *dano injusto* foi concebida, então, para traduzir a necessidade de reconhecimento da tutela reparatória às lesões das mais variadas situações jurídicas subjetivas, rejeitando-se a antiga limitação às lesões perpetradas contra direitos subjetivos – objeto fulcral de atenção no paradigma do ato ilícito.[43]

---

[38] Assim se pôde sustentar em TEPEDINO, Gustavo; SILVA, Rodrigo da Guia. Novos bens jurídicos, novos danos ressarcíveis: análise dos danos decorrentes da privação do uso. *Revista de Direito do Consumidor*, a. 29, n. 129, maio-jun./2020, p. 140 e ss.

[39] GOMES, Orlando. Tendências modernas na teoria da responsabilidade civil. In: FRANCESCO, José Roberto Pacheco di (Org.). *Estudos em homenagem ao Professor Silvio Rodrigues*. São Paulo: Saraiva, 1989, p. 293. O autor assim resume: "Uma reconstrução da teoria da responsabilidade civil e a revisão das normas que a institucionalizam começaram com a mudança de perspectiva que permite detectar outros danos ressarcíveis que não apenas aqueles que resultam da prática de um ato ilícito. Substitui-se, em síntese, a noção de ato ilícito pela de dano injusto" (Ibid., p. 294).

[40] *In verbis*: "*Art. 2043. Risarcimento per fatto illecito. Qualunque fatto doloso o colposo, che cagiona ad altri un danno ingiusto, obbliga colui che ha commesso il fatto a risarcire il danno (...)*". Em tradução livre: "Art. 2.043. Ressarcimento por fato ilícito. Qualquer fato doloso ou culposo que provocar um dano injusto [*danno ingiusto*] a terceiros obriga aquele que praticou o fato a ressarcir o dano". Para um relato do desenvolvimento atribuído pela civilística italiana à noção de *dano injusto* ("*danno ingiusto*"), v., por todos, VISINTINI, Giovanna. *Trattato breve della responsabilità civile*. 3. ed. Padova: CEDAM, 2005, p. 421 e ss.; TRIMARCHI, Pietro. *Istituzioni di diritto privato*. 19. ed, Milano: Giuffrè, 2011, p. 110 e ss.; e MONATERI, Pier Giuseppe; GIANTI, Davide; CINELLI, Luca Siliquini. Danno e risarcimento. In: MONATERI, Pier Giuseppe (Coord.). *Trattato sulla responsabilità civile*. Torino: G. Giappichelli, 2013, p. 25 e ss.

[41] Precisamente nesse sentido, identifica-se o dano injusto como aquele "(...) derivante da lesão de uma situação subjetiva tutelada pelo ordenamento jurídico" (PERLINGIERI, Pietro. La responsabilità civile tra indennizzo e risarcimento. *Rassegna di diritto civile*, vol. 4, 2004, p. 1.027. Tradução livre). Sintetiza-se, na doutrina brasileira: "O dano será injusto quando, ainda que decorrente de conduta lícita, afetando aspecto fundamental da dignidade humana, não for razoável, ponderados os interesses contrapostos, que a vítima dele permaneça irressarcida" (MORAES, Maria Celina Bodin de. *Danos à pessoa humana*: uma leitura civil-constitucional dos danos morais. Rio de Janeiro: Renovar, 2009, p. 179). No mesmo sentido, v., ainda, por todos, SOUZA, Eduardo Nunes de. Merecimento de tutela, cit., p. 100-102.

[42] Ao propósito, v., por todos, SCHREIBER, Anderson. *Novos paradigmas da responsabilidade civil*, cit., p. 163-164.

[43] A propósito da conceituação de dano injusto, pertinente a lição de Orlando Gomes: "Que será dano injusto? Na definição de Tucci, tantas vezes citado, dano injusto é a alteração *in concreto* de qualquer bem jurídico do qual o sujeito é titular" (GOMES, Orlando. Tendências modernas na teoria da responsabilidade civil, cit., p. 295). Na sequência, o autor esclarece o conceito necessariamente amplo de *bem jurídico*: "Para se ter uma noção bem clara do dano injusto, é preciso definir o significado da expressão

492 | PROBLEMAS DE DIREITO CIVIL – *Homenagem aos 30 anos de cátedra do professor Gustavo Tepedino*

Adotadas todas as cautelas imprescindíveis a um raciocínio comparativo, talvez o atual panorama metodológico reclame, em matéria de direito restitutório, a promoção – à semelhança do verificado em sede de responsabilidade civil – de um *giro conceitual do enriquecimento sem causa ao enriquecimento injusto*. Desse modo, sem abandono da noção tradicional de *justo título* – que há de seguir como relevante indício da ponderação realizada em abstrato pelo legislador e que se reflete ou bem na previsão legal específica da restituição ou na legitimidade, *a priori*, de certo negócio jurídico à transmissão patrimonial –[44] impor-se-ia o complemento da investigação sobre a deflagração do dever de restituir mediante a consideração da inteira tábua axiológica constitucional, com destaque para os valores mais diretamente relevantes em cada hipótese fática.[45] Promover-se-ia, assim, com especial destaque, a premissa metodológica segundo a qual a concretização das cláusulas gerais – *in casu*, aquela referente ao dever de restituir –[46] depende inexoravelmente da sua funcionalização à principiologia constitucional,[47]

---

bem jurídico. Entende-se como tal, não só os direitos subjetivos, mas também: a) os direitos da personalidade; b) certos direitos de família; c) direitos de crédito; e d) interesses legítimos" (Ibid., p. 296). E arremata: "O aumento do número de danos ressarcíveis em virtude desse giro conceitual do ato ilícito para o dano injusto (...) dilata a esfera da responsabilidade civil e espicha o manto da sua incidência" (Ibid., p. 296).

[44] Como leciona Ana Paula de Barcellos, o legislador prevê em abstrato ou preventivamente "(...) apenas situações-tipo de conflito (imaginadas e/ou colhidas da experiência) tanto no que diz respeito aos enunciados envolvidos, como no que toca aos aspectos de fato. Tudo isso sem que se esteja diante de um caso real. A partir das conclusões dessa ponderação preventiva, é possível formular parâmetros específicos para orientação do aplicador quando ele esteja diante dos casos concretos. Evidentemente, o aplicador estará livre para refazer a ponderação, considerando agora os elementos da hipótese real, toda vez que esses parâmetros não se mostrarem perfeitamente adequados. De toda sorte, caberá ao intérprete o ônus argumentativo de demonstrar por que o caso por ele examinado é substancialmente distinto das situações-tipo empregadas na ponderação preventiva" (BARCELLOS, Ana Paula de. *Ponderação, racionalidade e atividade jurisdicional.* Rio de Janeiro: Renovar, 2005, p. 154-155).

[45] Vale destacar que não se trata, por evidente, de perquirir a *justiça* em termos equitativos ou mesmo metajurídicos, mas sim no sentido de compatibilidade, com a tábua axiológica constitucional, da concreta situação de obtenção de vantagem patrimonial à custa de patrimônio alheio. Compreende-se, nesses termos, a advertência de Júlio Gomes: "(...) enriquecimento sem causa não é sinônimo de enriquecimento injusto, mas de enriquecimento que carece de justificação num determinado sistema jurídico. (...) o enriquecimento carece de causa quando, de acordo com o ordenamento, não se impõe a sua restituição. Assim, quando a lei nega o direito à restituição, o enriquecimento, em rigor, tem uma causa – a própria lei (...)" (GOMES, Júlio Manuel Vieira. *O conceito de enriquecimento, o enriquecimento forçado e os vários paradigmas do enriquecimento sem causa*, cit., p. 422). Em sentido semelhante, v. CORDEIRO, António Menezes. *Tratado de direito civil português.* Volume II. Tomo III. Coimbra: Almedina, 2010, p. 237. A presente proposta afasta-se, com efeito, de proposições que visualizam no requisito de *ausência de justa causa* um suposto comando ao juiz para perquirir valores fora dos confins do ordenamento positivo (nesse sentido v., por exemplo, ALBANESE, Antonio. *Ingiustizia del profitto e arricchimento senza causa*, cit., p. 42).

[46] Semelhante percepção é alcançada, na doutrina italiana, por TRABUCCHI, Alberto. *Istituzioni di diritto civile.* 46. ed. *A cura di* Giuseppe Trabucchi. Padova: CEDAM, 2013, p. 64.

[47] "Torna-se imprescindível, por isso mesmo, que o intérprete promova a conexão axiológica entre o corpo codificado e a Constituição da República, que define os valores e os princípios fundantes da ordem pública. Desta forma dá-se um sentido uniforme às cláusulas gerais, à luz da principiologia constitucional, que assumiu o papel de reunificação do direito privado, diante da pluralidade de fontes normativas e da progressiva perda da centralidade interpretativa do Código Civil de 1916" (TEPEDINO, Gustavo. Crise

Cap. 29 · DO ENRIQUECIMENTO SEM CAUSA AO ENRIQUECIMENTO INJUSTO | 493

afastando-se o arbítrio que poderia decorrer da aplicação das cláusulas gerais de modo alheio ao sistema que lhes confere legitimidade.[48]

Advirta-se, por oportuno, que a imposição metodológica de consideração global do ordenamento para a compreensão da (in)justiça do enriquecimento não se restringe às pretensões restitutórias diretamente decorrentes da cláusula geral do art. 884 do Código Civil. Com efeito, o referido processo de funcionalização, imprescindível para a compreensão contemporânea da cláusula geral do dever de restituir, não pode ser afastado no âmbito das hipóteses em que o legislador dispensa disciplina específica para pretensões restitutórias (vinculadas, como estão, à fonte obrigacional do enriquecimento sem causa).[49] Deve-se reconhecer, em suma, que toda pretensão de restituição do enriquecimento sem causa depende da investigação da injustiça do enriquecimento, tanto por força da ressignificação do requisito de ausência de justa causa de que trata o art. 884 do Código Civil, quanto por incidência de idêntico processo de funcionalização das restituições especificamente previstas em lei à tábua axiológica constitucional.

Imagine-se, em exemplo meramente introdutório do raciocínio, que uma família sem moradia venha a invadir terreno rural sabidamente pertencente a investidor que jamais lhe conferiu destinação concreta diversa da mera especulação imobiliária, em possível violação ao comando contido no art. 186 da Constituição Federal.[50] O fato de a família conhecer, desde o início, o obstáculo à aquisição da coisa faz reputar-se de má-fé a posse (*rectius*: o possuidor), nos termos do art. 1.201 do Código Civil.[51] Alguns anos após a ocupação do terreno pela família (sem preenchimento dos requisitos para a aquisição da propriedade por usucapião), o proprietário obtém êxito em ação reivindicatória e, ato contínuo, pleiteia, com base no art. 1.216 do diploma codificado, a restituição de todos os frutos naturais colhidos durante o período de exercício da posse de má-fé, restando demonstrado que a família sequer realizou despesas operacionais para colher tais frutos.

A referida pretensão do proprietário ostenta nítida função de restituição do suposto enriquecimento sem causa (como também se deveria admitir, por exemplo, em relação às possíveis

---

de fontes normativas e técnica legislativa na Parte Geral do Código Civil de 2002. In: *O Código Civil na perspectiva civil-constitucional*: Parte Geral. Rio de Janeiro: Renovar, 2013, p. 5-6).

[48] "A vagueza da referência contida na cláusula geral é superada com o reenvio não à consciência ou à valoração social, mas ao complexo dos princípios que fundam o ordenamento jurídico, única garantia de pluralismo e de democraticidade" (PERLINGIERI, Pietro. *Manuale di diritto civile*. 7. ed. Napoli: Edizioni Scientifiche Italiane, 2014, p. 21. Tradução livre).

[49] A evidenciar a necessidade de diálogo contínuo entre cláusula geral e previsões específicas de restituição, afirma-se, no âmbito do direito italiano: "A norma geral beneficia, então, a interpretação das normas específicas. E, de outra parte, estas últimas são necessárias à interpretação da norma geral" (TRIMARCHI, Pietro. Sulla struttura e sulla funzione della responsabilità per arricchimento senza causa, cit., p. 229. Tradução livre).

[50] A destacar a imprescindibilidade de se levarem em consideração, para a conformação da noção de função social da propriedade, os "valores existenciais e interesses sociais relevantes, ainda que estranhos à literalidade dos artigos 182 e 186 da lei fundamental", v. SCHREIBER, Anderson. Função social da propriedade na prática jurisprudencial brasileira. *Revista Trimestral de Direito Civil*, a. 2, vol. 6, abr.--jun./2001, p. 167. Para uma análise da especificação de parâmetros para avaliação do cumprimento à função social pelo artigo 186 da Constituição Federal, v., ainda, GONÇALVES, Marcos Alberto Rocha. *A posse como direito autônomo*: teoria e prática no direito civil brasileiro. Rio de Janeiro: Renovar, 2015, p. 131 e ss.

[51] Ao propósito da noção de posse de má-fé, v., por todos, GAMA, Guilherme Calmon da. *Direitos reais*. São Paulo: Atlas, 2011, p. 117.

pretensões de reembolso de benfeitorias),[52] a reclamar do intérprete, à luz das considerações previamente delineadas, a consideração da inteira tábua axiológica constitucional a fim de se concluir pela *justiça* ou *injustiça* do enriquecimento auferido pela família. Sem pretensão de resolução definitiva do exemplo – posto que sucinta e abstratamente apresentado –, poder-se-ia cogitar, ao menos em tese, que a prevalência da situação possessória cumpridora da função social sobre a situação proprietária desrespeitadora da função social[53] conduzisse, a depender das circunstâncias do caso concreto, à conclusão no sentido da *justiça* do enriquecimento auferido pela família, a despeito da ausência de justa causa, no sentido mais tradicional do termo.

Vale frisar que o raciocínio ora proposto não pretende esvaziar de importância a disciplina dispensada pelo legislador ordinário a hipóteses específicas de restituição do enriquecimento sem causa, como se ao intérprete-operador do direito fosse facultado superar a disciplina legal com base no seu particular senso de "justiça".[54] Muito ao revés, trata-se tão somente de ressaltar, à luz da metodologia civil-constitucional, que a investigação da *ausência de justa causa* não se pode perfazer sem a consideração da inteira tábua axiológica constitucional em toda a sua complexidade.[55] Assim

---

[52] Digno de nota, a esse respeito, o julgado em que o Superior Tribunal de Justiça reconheceu a submissão da pretensão de reembolso das benfeitorias ao prazo prescricional trienal previsto pelo art. 206, § 3º, IV, do Código Civil, "tendo em vista tratar-se de pretensão de ressarcimento de enriquecimento sem causa" (STJ, REsp 1.791.837/DF, Rel. Min. Nancy Andrighi, julg. 17.11.2020).

[53] "(...) eventual controvérsia entre a posse e a propriedade não pode ser dirimida *a priori*. Diante de tal confronto, assistirá razão ao titular que demonstrar atender à função imposta ao exercício de sua respectiva titularidade, nos termos constitucionais: a função social da propriedade, segundo o conteúdo definido pelo art. 5º, XXIII, da Constituição da República, e a função social da posse, verificada a partir da correspondência do exercício possessório aos interesses jurídicos constitucionalmente tutelados, no âmbito das garantias fundamentais, como trabalho, moradia e saúde, todos expressões da dignidade da pessoa humana" (TEPEDINO, Gustavo. In: AZEVEDO, Antônio Junqueira de. *Comentários ao Código Civil*. Volume 14. São Paulo: Saraiva, 2011, p. 58-59). No mesmo sentido, v. MONTEIRO FILHO, Carlos Edison do Rêgo. *Problemas de campo e cidade no ordenamento jurídico brasileiro em tema de usucapião*. Rio de Janeiro: Freitas Bastos, 2015, p. 337; e TORRES, Marcos Alcino de Azevedo. *A propriedade e a posse* – um confronto em torno da função social. 2. ed. Rio de Janeiro: Lumen Juris, 2008, *passim*. Idêntica conclusão, a título ilustrativo do juízo de merecimento de tutela, é alcançada por SOUZA, Eduardo Nunes de. Merecimento de tutela, cit., p. 99-100. Subjaz à presente conclusão o reconhecimento de que tende a ser a posse – por seu aspecto essencialmente dinâmico – a manifestação mais autêntica do cumprimento da função social da propriedade, como esclarece FACHIN, Luiz Edson. *A função social da posse e a propriedade contemporânea*: uma perspectiva da usucapião imobiliária rural. Porto Alegre: Sérgio Antonio Fabris, 1988, p. 9.

[54] A conformação técnica da noção de *enriquecimento injusto* afasta, portanto, as críticas que se direcionam à invocação da disciplina do enriquecimento sem causa para a superação arbitrária das regras legais, como identificado por Fernando Noronha: "Uma outra expressão que já teve voga foi a de 'enriquecimento injusto'", mas que também não é muito adequada, por estar ligada a um entendimento antigo, que considerava o enriquecimento sem causa remédio excepcional, admissível apenas em situações-limite de injustiça" (NORONHA, Fernando. Enriquecimento sem causa. *Revista de Direito Civil, Imobiliário, Agrário e Empresarial*, vol. 56, abr.-jun./1991, item 2).

[55] Em semelhante linha de sentido, afirma-se: "(...) reputa-se que o enriquecimento carece de causa, quando o direito o não aprova ou consente, porque não existe uma relação ou um facto que, de acordo com os princípios do sistema jurídico, justifique a deslocação patrimonial" (COSTA, Mário Júlio de Almeida. *Direito das obrigações*, cit., p. 500). Em sentido semelhante, afirma-se: "O enriquecimento é injusto porque, segundo a ordenação substancial dos bens aprovada pelo Direito, ele deve pertencer a outro" (VARELA, João de Matos Antunes. *Das obrigações em geral*. Volume I. 10. ed. Coimbra: Almedina, 2010, p. 487). No mesmo sentido, v. COELHO, Francisco Manuel de Brito

como em matéria de responsabilidade civil sustenta-se a necessidade de um juízo ponderativo em sequência à análise estrutural da lesão a bem jurídico, em matéria de enriquecimento sem causa a ausência de *justo título* no sentido tradicional pode ser um indício da *injustiça* (no sentido de *não merecimento de tutela*) do enriquecimento.[56] Ressignifica-se, assim, a noção de *justa causa* do enriquecimento, constante da cláusula geral do art. 884 do Código Civil, para integrar ao seu conteúdo a legalidade constitucional, em percurso teórico idêntico àquele que permite promover a funcionalização à tábua axiológica constitucional das pretensões restitutórias decorrentes de previsões legais específicas.

4. NOTAS INICIAIS SOBRE A PROBLEMÁTICA DO *ENRIQUECIMENTO FORÇADO*

Sem embargo da consideração dos valores mais diretamente relacionados a cada caso concreto – e.g., a função social da posse no âmbito de conflitos possessórios –, a ressignificação da *ausência de justa causa* à luz da legalidade constitucional parece aconselhar que se destine especial atenção aos valores constitucionais da liberdade de iniciativa e da liberdade contratual[57] nas hipóteses reunidas sob a alcunha de *enriquecimento forçado* (ou *enriquecimento imposto*).[58] Trata-se de situações nas quais o enriquecido efetivamente aufere vantagem patrimonial à custa de patrimônio alheio sem que, contudo, tenha manifestado esse propósito – ou mesmo que a ele tenha se oposto expressamente.[59]

Pereira. Dissolução da união de facto e enriquecimento sem causa. *Revista de Legislação e de Jurisprudência*, a. 145, n. 3395, nov.-dez./2015, p. 118.

[56] "A obrigação de restituir impõe-se, portanto, pelo fato de nem sempre a causa formal de certas situações constituir justificação bastante para todas as modificações substanciais que a elas se encontram adstritas. A obrigação de restituir e a correspondente pretensão à restituição constituem assim uma forma de compensação instituída pela lei para certas situações que, embora formalmente conformes aos seus preceitos, conduzem a resultados (de injusto enriquecimento) substancialmente reprovados pelo direito" (VARELA, João de Matos Antunes. *Das obrigações em geral*. Volume I, cit., p. 476-477).

[57] Como se sabe, a Constituição Federal de 1988 alçou a livre iniciativa ao *status* de fundamento da República (artigo 1º, inciso IV) e da ordem econômica (artigo 170, *caput*). Ao propósito, v., por todos, BARROSO, Luís Roberto. *Constituição da República Federativa do Brasil anotada*. 2. ed. São Paulo: Saraiva, 1999, p. 7 e 366.

[58] Para um desenvolvimento da problemática atinente ao enriquecimento forçado ou imposto, v., na doutrina brasileira, NANNI, Giovanni Ettore. *Enriquecimento sem causa*, cit., p. 307 e ss.; e, na doutrina portuguesa, MARTINEZ, Pedro Romano. *Direito das obrigações*. 3. ed. Lisboa: AAFDL, 2011, p. 74. Para uma análise comparativa da problemática no contexto europeu, v. GALLO, Paolo. Unjust Enrichment: A Comparative Analysis. *The American Journal of Comparative Law*, vol. 40, 1992, p. 452-455.

[59] Afirma-se, em doutrina, que o fato gerador do *enriquecimento forçado* pode remontar à atuação da pessoa que pleiteia a restituição (por vezes referida como o sujeito "empobrecido", com a necessária advertência acerca da prescindibilidade de empobrecimento para a configuração do enriquecimento sem causa), de um caso fortuito, de um terceiro ou da própria pessoa enriquecida (notadamente em hipótese de erro): "Este enriquecimento forçado ou, como outros o designam, indesejado, surge frequentemente em situações em que o 'enriquecido' não desencadeia ou até não participa no processo que conduziu ao enriquecimento o qual se ficou antes a dever à iniciativa do 'empobrecido'; no entanto, a questão suscita-se também em casos em que o enriquecimento resulta de um fato natural ou de terceiro, não podendo, sequer, pôr-se de parte a hipótese de o enriquecimento resultar de um ato do próprio enriquecido. Este último caso pode parecer insólito ou contraditório, já que a característica deste enriquecimento forçado é a sua ocorrência, independentemente da vontade do enriquecido; contudo, basta pensar na hipótese

Tal possibilidade fática de obtenção de vantagem por razão alheia à vontade do enriquecido não traduz, propriamente, um fenômeno estranho à realidade social. Assim sucede, por exemplo, com a pessoa que recebe pagamento indevido em razão de equívoco do devedor quanto à identificação do verdadeiro credor (hipótese usualmente referida por *indébito subjetivo*).[60] Pense-se, ainda, na vasta gama de situações do cotidiano em que alguém vem a ser "beneficiado" por serviço jamais contratado, como pode suceder, por exemplo, com consumidores que recebem serviços não solicitados ou com o motorista que vê os vidros do seu veículo serem lavados sem que o tenha solicitado.[61] Diante de tais situações, indagar-se-ia o intérprete: a pessoa contemplada por pagamento indevido tem o dever de restituir o montante indevidamente recebido? E mais: em nome da vedação ao enriquecimento sem causa, seria correto impor ao consumidor e ao motorista um dever de restituição das vantagens patrimoniais auferidas, ainda que os respectivos serviços tenham sido desempenhados à revelia das pessoas por eles "beneficiadas"?

Como se percebe, a peculiaridade das hipóteses reunidas sob a alcunha de *enriquecimento forçado* parece residir não na mera obtenção de vantagem a partir de conduta alheia ao enriquecido, mas sim na alteração compulsória da destinação que o enriquecido conferia ou poderia conferir ao seu patrimônio.[62] Tal ingerência sobre a prerrogativa do enriquecido de determinar a destinação dos seus próprios bens e direitos coloca-se fundamentalmente nas hipóteses de impossibilidade da restituição *in natura*. Com efeito, a restituição da exata prestação em que

---

de o agente ter utilizado um bem alheio na convicção errônea de que o mesmo era próprio e ser, depois, surpreendido com a exigência do pagamento de um valor pela referida utilização, para compreender que, também aqui, o 'enriquecido' poderia nunca estar disposto a utilizar tal bem se soubesse que teria que pagar pela sua utilização, não tendo, por isso, poupado quaisquer despesas" (GOMES, Júlio Manuel Vieira. *O conceito de enriquecimento, o enriquecimento forçado e os vários paradigmas do enriquecimento sem causa*, cit., p. 313).

[60] No que tange ao consolidado reconhecimento das duas possíveis modalidades de pagamento indevido – o indébito objetivo e o indébito subjetivo, v., por todos, na doutrina brasileira, KONDER, Carlos Nelson. Enriquecimento sem causa e pagamento indevido, cit., p. 395; na doutrina portuguesa, GOMES, Júlio Manuel Vieira. *O conceito de enriquecimento, o enriquecimento forçado e os vários paradigmas do enriquecimento sem causa*, cit., p. 511-512; e, na doutrina francesa, CABRILLAC, Rémy. *Droit des obligations*, cit., p. 199; FABRE-MAGNAN, Muriel. *Droit des obligations*. Tomo 2. 3. ed. Paris: PUF, 2013, p. 490; e DEFRENOIS-SOULEAU, Isabelle. La répétition de l'indu objectif. Pour une application sans erreur de l'article 1376 du code civil. *Revue Trimestrielle de Droit Civil*, abr.-jun./1989, p. 265.

[61] "É, na realidade, fácil compreender a necessidade de tutelar um sujeito contra obrigações que lhe são impostas independentemente da sua vontade: se alguém, sem que eu o solicite, lave os vidros do meu carro ou me transporte a bagagem para o hotel, terei eu que lhe pagar por isso? Parece-nos que a primeira resposta, num sistema que se baseie na liberdade contratual, não pode deixar de ser uma resposta negativa – como um juiz inglês afirmou, numa frase que ficou célebre, se alguém me engraxar os sapatos que é que eu posso fazer se não voltar a calçá-los?" (GOMES, Júlio Manuel Vieira. *O conceito de enriquecimento, o enriquecimento forçado e os vários paradigmas do enriquecimento sem causa*, cit., p. 323-324).

[62] "A restituição de um enriquecimento injustificado interfere, aqui, com o princípio básico da liberdade contratual, sob a forma da liberdade de contratar e de não contratar, com o princípio de que cada qual dispõe, segundo a sua vontade, da afetação dos seus recursos" (GOMES, Júlio Manuel Vieira. *O conceito de enriquecimento, o enriquecimento forçado e os vários paradigmas do enriquecimento sem causa*, cit., p. 311). Para uma análise crítica da problemática referente ao enriquecimento imposto, v. GALLO, Paolo. Arricchimento senza causa e quasi contratti, cit., p. 86 e ss.

Cap. 29 · DO ENRIQUECIMENTO SEM CAUSA AO ENRIQUECIMENTO INJUSTO | **497**

consistiu o enriquecimento tende a não suscitar maiores controvérsias, por traduzir a atuação por excelência do mecanismo restitutório.[63]

Diante da impossibilidade da restituição *in natura*, diversamente, nota-se que a imposição da restituição do equivalente afronta muito mais diretamente a prerrogativa de destinação patrimonial conferida ao titular pelo ordenamento, uma vez que não restaria ao enriquecido alternativa que não o pagamento do valor correspondente à vantagem (compulsoriamente) obtida.[64] Impor a restituição do equivalente pode findar por gerar resultados similares àqueles que decorreriam de uma autêntica imposição da obrigatoriedade de contratar, o que justifica, por si só, a devida cautela no enfrentamento da problemática.[65] Afinal, se, por um lado, tende a não haver maiores dúvidas quanto à imposição da obrigação restitutória à pessoa contemplada por pagamento indevido, conforme positivado pelo art. 876 do Código Civil, por outro lado, afigura-se de todo questionável (para se dizer o mínimo) a imposição de similar obrigação restitutória ao consumidor ou ao motorista contemplados por serviços jamais contratados.

Ainda ilustrar tal problemática, pode-se refletir acerca da disciplina das benfeitorias e das acessões. Exemplificativamente, como se sabe, a imposição, ao proprietário, da obrigação de restituir as benfeitorias realizadas pelo possuidor de boa-fé ou de má-fé (com a diversidade de regimes dos arts. 1.219 e 1.220, respectivamente), tal como a imposição da obrigação de restituir o valor da construção ou plantação ao semeador, plantador ou edificador de boa-fé (art. 1.255, *caput*), não depende da investigação da vontade do proprietário de incrementar o valor da sua propriedade.[66] Em outras palavras, o legislador estabelece a irrelevância da intenção ou da aprovação do proprietário acerca da vantagem incorporada ao seu patrimônio por conduta alheia.[67] Trata-se, portanto, na denominação referida, de hipótese fática de *enriquecimento forçado*, uma vez que o proprietário aufere involuntariamente certa vantagem patrimonial e, por conseguinte, se lhe impõe a obrigação de restituir tal vantagem.

---

[63] A restituição *in natura* desfruta, com efeito, de primazia face à restituição do equivalente, como se analisou em SILVA, Rodrigo da Guia. *Enriquecimento sem causa*, cit., item 2.1.

[64] "Esse enriquecimento pode comportar uma mera modificação quantitativa no patrimônio do enriquecido (...). O enriquecimento pode, porém, ter por objeto também uma reparação ou a benfeitoria de um bem do enriquecido, e nestes casos é obviamente impossível uma restituição *in natura*. O *accipiens* deverá, porém, indenizar o sujeito que realizou aquelas obras, nos limites do art. 2.041 do *Codice civile*: no seu patrimônio entrou uma coisa (reparação ou benfeitoria) e dele sairá uma diversa (uma soma de dinheiro). E isso sem que ele tenha jamais solicitado ou desejado a reparação ou a benfeitoria e ainda que fosse certo que nunca realizaria as despesas úteis para aqueles fins" (ALBANESE, Antonio. *Ingiustizia del profitto e arricchimento senza causa*, cit., p. 264-265. Tradução livre).

[65] Para um esforço de contenção do enriquecimento forçado no âmbito do direito italiano, v. ALBANESE, Antonio. *Ingiustizia del profitto e arricchimento senza causa*, cit., p. 264 e ss.

[66] Vale registrar, a propósito, certa tendência doutrinária de reconhecer, quando não uma similitude funcional, ao menos uma dificuldade de diferenciação entre as benfeitorias e as acessões. Nesse sentido, afirma-se, no âmbito da experiência portuguesa: "(...) no âmbito do nosso Código Civil, é, desde logo, incerta a delimitação entre aquelas situações em que estamos perante benfeitorias e aqueloutras em que se verifica um caso de acessão" (GOMES, Júlio Manuel Vieira. *O conceito de enriquecimento, o enriquecimento forçado e os vários paradigmas do enriquecimento sem causa*, cit., p. 329). Para a identificação de que a disciplina das acessões busca reprimir o enriquecimento sem causa, v. TEPEDINO, Gustavo. In: AZEVEDO, Antônio Junqueira de (Coord.). *Comentários ao Código Civil*. Volume 14, cit., p. 401 e ss.

[67] Em sentido crítico, indaga-se: "Mas pode ser constrangido o enriquecido, em todo caso, a suportar uma modificação qualitativa do próprio patrimônio por ele não desejada nem passível de previsão?" (ALBANESE, Antonio. *Ingiustizia del profitto e arricchimento senza causa*, cit., p. 265. Tradução livre).

Nota-se, nessas e em outras situações similares (como, por exemplo, em hipóteses fáticas de gestão de negócios),[68] independentemente de recondução ou não à cláusula geral do dever de restituir, um acentuado risco de preterição excessiva dos valores constitucionais da liberdade de iniciativa e da liberdade contratual exclusivamente em razão da existência de previsão legal a impor expressamente a restituição.[69] Incumbe ao intérprete, então, em concretização da premissa metodológica em comento, partir do pressuposto de que a deflagração do dever de restituir em

---

[68] De fato, a problemática do *enriquecimento forçado* se manifesta, com similar relevância, também na disciplina da gestão de negócios, sobretudo na hipótese em que a gestão, embora contrária à vontade presumível do dono, seja reputada útil nos termos do artigo 869 do Código Civil. A partir de semelhante preocupação, afirma-se, na doutrina portuguesa: "A questão do enriquecimento forçado coloca-se, logo, na gestão de negócios; dir-se-á, em contrário, que o gestor deve agir em conformidade com a vontade e o interesse do dono do negócio para que a sua gestão seja útil e ele tenha o direito de ser ressarcido das despesas que realizou (independentemente do seu resultado final) e que esta conformidade com a vontade do *dominus* impede que surja o problema do enriquecimento forçado. Uma análise mais cuidadosa mostra, todavia, que também aqui o dono do negócio pode vir a ter que pagar por despesas que não correspondem à sua vontade real (e que, até, não se traduzem, necessariamente, por um incremento final do seu patrimônio, mesmo sob a forma do valor objetivo ou de mercado). Efetivamente, a utilidade da gestão é, em primeiro lugar, aferida, atendendo, em regra, à vontade presumida do dono do negócio tal como ela era cognoscível para o gestor e, em segundo lugar, a utilidade decisiva é a utilidade inicial da gestão: se, por exemplo, a sementeira realizada pelo gestor é destruída posteriormente por caso fortuito, o *dominus* continua obrigado a indenizar o gestor" (GOMES, Júlio Manuel Vieira. *O conceito de enriquecimento, o enriquecimento forçado e os vários paradigmas do enriquecimento sem causa*, cit., p. 323). Vale registrar que o entendimento acerca da averiguação da utilidade das despesas (não já da gestão em si) com base no momento da sua realização está consagrado, igualmente, no direito brasileiro. Esclarece-se, assim, a previsão do artigo 869, §1º, do Código Civil: "É importante ressaltar que não se pode exigir que as circunstâncias permaneçam sempre inalteráveis, de modo a não comprometer os resultados obtidos com a gestão. Se elas se alteram e os resultados se perdem, ainda assim as despesas poderão ser consideradas úteis ou necessárias se assim tiverem se apresentado no momento em que foram feitas" (TEPEDINO, Gustavo; BARBOZA, Heloisa Helena; MORAES, Maria Celina Bodin de *et alii*. *Código Civil interpretado conforme a Constituição da República*. Volume II, cit., p. 726). Para uma análise mais detida da configuração do enriquecimento forçado na disciplina da gestão de negócios no âmbito da experiência portuguesa, v. BASTOS, Filipe Brito. O enriquecimento forçado no regime da gestão de negócios e a tutela do enriquecido de boa fé. *O direito*, a. 143, n. I, 2011, *passim*.

[69] Pertinente, a propósito, a lição de Carlos Nelson Konder ao propor uma releitura do requisito da cláusula geral de *ausência de justa causa* a partir de interpretação teleológico-sistemática: "A causa aqui referida não se confunde com a causa do contrato ou do negócio, nem com o nexo causal da responsabilidade. Seria, para Pietro Perlingieri, um título jurídico idôneo a justificar aquele enriquecimento. Assim, sua avaliação nos encaminha a uma ponderação entre a legitimidade da pretensão do titular do direito à restituição do enriquecimento, de um lado, e, de outro lado, outro princípio que ampare a sua retenção pelo enriquecido, normalmente sua liberdade individual. Assim, por exemplo, o Superior Tribunal de Justiça superou entendimento até então sumulado no âmbito do Tribunal de Justiça do Rio de Janeiro relativo aos gastos com segurança de condomínios de fato, ou mesmo associações de moradores. A despeito de a instalação de uma guarita com segurança beneficiar todos os moradores daquela rua, gerando-lhes, assim, um enriquecimento, a liberdade dos moradores que não quiserem se associar nem contribuir para o rateio de gastos prevaleceu no entendimento dos Ministros. Nesse caso, portanto, não haveria ausência de causa para o enriquecimento, já que há um fato jurídico idôneo a justificar esse enriquecimento, que seria a liberdade de associação" (KONDER, Carlos Nelson. Dificuldades de uma abordagem unitária do lucro da intervenção. *Revista de direito civil contemporâneo*, vol. 13, out.-dez./2017, item 4).

hipótese de *enriquecimento forçado* – como, aliás, na generalidade das hipóteses de enriquecimento obtido à custa de outrem – não pode prescindir de uma atenta ponderação dos diversos valores integrantes da tábua axiológica constitucional que, no caso concreto, venham a concorrer para a conformação da *(in)justiça* do enriquecimento.[70]

Nesse contexto, parece possível afirmar que, quando não houver previsão legal a determinar a deflagração do dever de restituir para certa hipótese fática de enriquecimento forçado, tendencialmente concluir-se-á pela ausência de tal obrigação restitutória a cargo da pessoa enriquecida, em homenagem aos princípios consagradores da liberdade individual. A resposta tende a variar quando houver previsão legal a determinar a imposição do dever de restituir: afinal, a deferência à ponderação realizada em abstrato pelo legislador ordinário tende a conduzir, na generalidade das hipóteses, à legitimidade da previsão legal determinadora da restituição. Não se trata, contudo, de regra absoluta, uma vez que nenhuma escolha do legislador ordinário escapa ao controle de conformidade com a inteira disciplina constitucional, devendo-se perquirir, diante do caso concreto, se a restituição do enriquecimento forçado traduz ou não um sacrifício excessivo à autonomia privada (nas manifestações da liberdade de iniciativa e da liberdade de contratar), hipótese em que deverá ser repelida a pretensão restitutória.[71]

5. CONCLUSÃO

As precedentes considerações almejaram, a partir da análise de um dos seus pressupostos fundamentais, evidenciar o papel desempenhado pelo art. 884 do Código Civil na conformação do instituto do enriquecimento sem causa. Buscou-se destacar, nesse sentido, que o referido dispositivo legal consagra autêntica cláusula geral do dever de restituir, a qual assume papel central – embora não exclusivo – na conformação dogmática da vedação ao enriquecimento sem causa no direito brasileiro. Com efeito, da análise da legislação se depreende a opção do legislador nacional pela compatibilização da técnica legislativa das cláusulas gerais com aquela regulamentar, o que se manifesta pela possibilidade de a obrigação restitutória encontrar fundamento imediato no mencionado art. 884 ou em previsão legal específica, sem prejuízo, em qualquer caso, à identificação do perfil funcional restitutório apto a atrair a incidência do regime obrigacional geral da vedação ao enriquecimento sem causa.

Uma vez reconhecido o papel da cláusula geral do dever de restituir no sistema nacional, procedeu-se a uma investigação específica sobre um dos pressupostos para a sua configuração. Partiu-se, assim, da premissa segundo a qual os requisitos enunciados pelo *caput* do art. 884 – enriquecimento, obtenção à custa de outrem, ausência de justa causa – e pelo art. 886 – subsidiariedade – assumem, respectivamente, a qualidade de pressupostos positivos e negativo de configuração da cláusula geral do dever de restituir. Em atenção à delimitação temática eleita para esta sede (a não comportar análise mais detida dos demais pressupostos da cláusula geral do dever de restituir), buscou-se analisar a configuração contemporânea do pressuposto da *ausência de justa causa*.

Aventou-se, ao propósito, a possibilidade de reconhecimento de um novo paradigma de *injustiça* do enriquecimento à luz da legalidade constitucional. Com efeito, a funcionalização do

---

[70] A destacar a excepcionalidade da restituição do enriquecimento forçado, v. GALLO, Paolo. Arricchimento senza causa e quasi contratti (i rimedi restitutori). 2. ed. In: SACCO, Rodolfo (*a cura di*). *Trattato di diritto civile*. Torino: UTET, 2008, p. 89 e ss.

[71] Em sentido semelhante, v. GOMES, Júlio Manuel Vieira. *O conceito de enriquecimento, o enriquecimento forçado e os vários paradigmas do enriquecimento sem causa*, cit., p. 323 e ss.

pressuposto de ausência de justa causa à tábua axiológica constitucional tornou possível cogitar, à semelhança do fenômeno verificado na doutrina da responsabilidade civil (em que se enunciou o giro conceitual do ato ilícito para o dano injusto), de uma mudança paradigmática do enriquecimento sem justa causa (no sentido estrito e formal de título jurídico idôneo) ao enriquecimento injusto. A ausência de título jurídico idôneo passa a ser vista, assim, como indício da injustiça – e subsequente restituibilidade – do enriquecimento, sem que se possa prescindir, em qualquer caso, da ponderação de todos os demais valores relevantes no caso concreto. Buscou-se, então, exemplificar-se o raciocínio propugnado com base na análise da problemática do enriquecimento forçado (ou imposto), a permitir o reconhecimento da redobrada importância das reflexões relativas à análise de (in)justiça do enriquecimento.

Espera-se, ao fim, que o presente estudo contribua, ainda que indiretamente, para a renovação das reflexões que possam vir a propiciar o desenvolvimento da doutrina do enriquecimento sem causa no direito civil brasileiro. À vista de tal desiderato, afigura-se essencial a compreensão dos pressupostos para a atuação da cláusula geral do dever de restituir, notadamente em razão do destaque conferido pelo legislador nacional a essa técnica legislativa no âmbito da disciplina do enriquecimento sem causa. Aperfeiçoando-se o estudo do instituto do enriquecimento sem causa, oxalá possa aperfeiçoar-se a própria missão fundamental de promoção da justiça na repartição dos bens.

30

DIREITO A NÃO CUMPRIR: NOTAS SOBRE O PERFIL FUNCIONAL DA EXCEÇÃO DE CONTRATO NÃO CUMPRIDO

VITOR BUTRUCE

Sumário: Introdução. 1. As linhas gerais da exceção de contrato não cumprido. 2. Uma mudança de enfoque: do fundamento para a funcionalização da *exceptio*. 3. As potencialidades interpretativas do art. 476 do Código Civil. 4. O manejo do art. 476 do Código Civil pela práxis das disputas: a utilidade da *exceptio*. 4.1 Defesa do réu diante da pretensão ao cumprimento de obrigação contratual. 4.2 Defesa do réu na ação de resolução contratual por inadimplemento. 4.3 A utilidade do reconhecimento de um direito a não cumprir. 5. A natureza jurídica da exceção de inadimplemento. 6. O perfil funcional da exceção de contrato não cumprido. 7. Conclusão.

INTRODUÇÃO

"Nos contratos bilaterais, nenhum dos contratantes, antes de cumprida a sua obrigação, pode exigir o implemento da do outro". Atribui-se a essa breve passagem constante do art. 476 do Código Civil o fundamento legal da exceção de contrato não cumprido no direito brasileiro. Trata-se de instituto basilar em matéria contratual, diariamente testado pelos agentes econômicos e submetido ao crivo dos julgadores, mas com entendimento e aplicação distantes da simplicidade daqueles termos.

O tema foi objeto de estudo clássico de Miguel Maria de Serpa Lopes, publicado em 1959, sob influência da tese monumental de René Cassin, publicada em 1914[1]. Após um silêncio quase

---

[1] Faz-se referência à obra *Exceções substanciais*: exceção de contrato não cumprido (*exceptio non adimpleti contractus*), Rio de Janeiro: Freitas Bastos, 1959, fruto de dissertação elaborada por Miguel Maria

PROBLEMAS DE DIREITO CIVIL – *Homenagem aos 30 anos de cátedra do professor Gustavo Tepedino*

cinquentenário, a *exceptio non adimpleti contractus* voltou a ser objeto de reflexões monográficas no Brasil em anos recentes, mediante estudos que se destacam por avaliar os impactos de transformações havidas no direito contratual sobre aspectos estruturais que a caracterizam – notadamente as novas feições dos conceitos de vínculo sinalagmático e inadimplemento.

A dissertação defendida pelo autor em 2009 se insere nesse contexto[2], e a orientação do Prof. Gustavo Tepedino se faz notar, sobretudo, em dois aspectos metodológicos centrais. O primeiro consiste na adoção do dado normativo como ponto de partida e de chegada do percurso de estudo, inserido na unidade sistemática do ordenamento – isto é, superando o método subsuntivo e *reconstituindo o texto legislado a partir das suas possibilidades interpretativas e da realidade sobre a qual incide, buscando dele extrair sua máxima eficácia social*[3]. Além disso, para além do renovado exame dos pressupostos e efeitos do mecanismo, buscou-se agregar a análise do *perfil funcional* da exceção de inadimplemento, em linha com a funcionalização dos institutos que marca a metodologia jurídica contemporânea, e que perpassa a obra do homenageado[4].

Este trabalho, portanto, pretende jogar luz sobre os efeitos práticos que têm sido buscados no manejo da *exceptio* nas disputas contratuais e identificar sua função precípua – aquela que a

---

de Serpa Lopes, à época desembargador no Rio de Janeiro, para concurso à cadeira de Direito Civil da antiga Faculdade Nacional de Direito, candidatura que perdeu objeto após sua nomeação para a cátedra da matéria na então Faculdade de Direito de Niterói. Já o trabalho de René Cassin consiste na tese de Doutorado defendida na Universidade de Paris, publicada sob o título *De l'exception tirée de l'inexécution dans les rapports synallagmatiques* (exceptio non adimpleti contractus) *et des ses relations avec le droit de rétention, la compensation et la résolution*, Paris: Sirey, 1914.

[2] Refere-se à dissertação de Mestrado em Direito Civil apresentada pelo autor perante a Faculdade de Direito da UERJ sob o título *A exceção de contrato não cumprido no Direito Civil brasileiro contemporâneo*: funções, pressupostos e limites de um "direito a não cumprir". O presente trabalho sintetiza as ideias desenvolvidas no Capítulo 1 da dissertação, concentrado em identificar o perfil funcional da *exceptio*.

[3] Trata-se de uma síntese de aspectos caros à obra de Gustavo Tepedino, e que se extraem de diferentes fases de sua produção acadêmica. A título exemplificativo, cf. Contornos constitucionais da propriedade privada. In: *Temas de direito civil*, Rio de Janeiro: Renovar, 1999, p. 285 (texto original de 1991); Crise de fontes normativas e técnica legislativa na Parte Geral do Código Civil de 2002. In: Gustavo Tepedino (coord.), *A Parte Geral do novo Código Civil*: estudos na perspectiva civil-constitucional, Rio de Janeiro: Renovar, 2003, p. XV; e Normas constitucionais e o Direito Civil na construção unitária do ordenamento. In: *Temas de direito civil*, t. III, Rio de Janeiro: Renovar, 2009, pp. 7-12. A adoção do dado normativo como ponto de partida e chegada também resulta da influência marcante de Pietro Perlingieri sobre o homenageado, em especial das lições do jurista italiano sobre o papel da interpretação. A respeito, cf. Pietro Perlingieri, *Perfis do direito civil*: introdução ao Direito Civil Constitucional, 2. ed., Rio de Janeiro: Forense, 2002, pp. 57-87, de onde se extrai a contundente expressão: "ao intérprete não é consentido saltar ou deliberadamente ignorar o texto" (p. 67). O autor deste trabalho também recebeu os influxos dessa diretriz metodológica a partir do diálogo acadêmico e profissional com Bruno Lewicki – que, por sua vez, registra o impacto das diretrizes de Gustavo Tepedino em relato curioso (cf. Bruno Lewicki, Metodologia do direito civil constitucional: futuros possíveis e armadilhas. In: *Revista Brasileira de Direito Civil*, vol. 1, jul.-set./2014, p. 291).

[4] A valorização do perfil funcional dos institutos consiste em premissa metodológica com apoio nos estudos seminais de Norberto Bobbio, sobretudo naqueles reunidos em *Da estrutura à função*: novos estudos de teoria do direito, Barueri: Manole, 2007, e na influência de Pietro Perlingieri (cf., por exemplo, *Perfis do direito civil*: introdução ao Direito Civil Constitucional, cit., pp. 116-117). Uma boa síntese de sua marca na obra de Gustavo Tepedino está em Esboço de uma classificação funcional dos atos jurídicos. In: *Revista Brasileira de Direito Civil*, vol. 1, jul.-set./2014, pp. 8-38.

Cap. 30 · DIREITO A NÃO CUMPRIR | **503**

distingue de outros mecanismos e que deve orientar sua aplicação concreta, servindo de baliza para compreender seus pressupostos e limitar seus efeitos, além de suplantar no plano metodológico o papel que por vezes se atribui ao debate sobre seu fundamento.

1. AS LINHAS GERAIS DA EXCEÇÃO DE CONTRATO NÃO CUMPRIDO

A lógica da exceção de contrato não cumprido consiste em atribuir ao contratante fiel a faculdade de recusar-se a cumprir sua obrigação, enquanto a contraparte não cumprir ou não assegurar o cumprimento da obrigação correspectiva que lhe cabe. Essas obrigações devem representar uma a razão de ser da outra, conforme a intenção contratual – tal como na compra e venda, em que o vendedor só aceita obrigar-se a transferir propriedade porque o comprador se obriga a pagar o preço. Ajustado que cada contratante só está obrigado a cumprir *se* e *enquanto* a contraparte também o fizer, não parece razoável permitir que a parte inadimplente possa pleitear o cumprimento alheio sem executar o que lhe cabe, ou sem colocar sua prestação ao dispor da contraparte.

Daí porque, perante o exercício em juízo da *pretensão* ao cumprimento, o réu pode defender-se mediante o oferecimento de uma *exceção*, no sentido de que o requerente não cumpriu o contrato de forma anterior. É basicamente esse o conceito que Caio Mário da Silva Pereira oferece ao instituto, para quem a exceção de contrato não cumprido consiste na "defesa oponível pelo contratante demandado, contra o co-contratante inadimplente [...] segundo a qual o demandado recusa a sua prestação, sob o fundamento de não ter aquele que reclama dado cumprimento à que lhe cabe"[5].

Seus pressupostos de aplicação decorrem dessa dinâmica. As partes devem estar ligadas por obrigações interdependentes, vinculadas por um nexo de correspectividade, a que se atribui a denominação *sinalagma* ou *vínculo sinalagmático*. Ao menos uma dessas obrigações deve ter sido *descumprida* para que a contraparte, demandada, possa arguir a *exceptio*. E, em regra, aquele que a opõe (o *excipiente*) não deve estar obrigado a cumprir antes de quem lhe sofre os efeitos (o *excepto*) – isto é, ou o excepto deve cumprir antes e não o faz, ou ambos devem cumprir simultaneamente.

A *exceptio* obedece a uma lógica inerente aos sistemas econômico e jurídico contemporâneos. Parece mesmo "intuitivo", na expressão de Orlando Gomes[6], que cada parte só esteja obrigada a cumprir enquanto a contraparte também o estiver. Mas as coisas nem sempre foram assim. A história que cerca o mecanismo demonstra que o que hoje parece intuitivo é fruto de uma paulatina evolução do raciocínio jurídico[7].

---

[5] Caio Mário da Silva Pereira, *Instituições de direito civil*, vol. 3, 11. ed., Rio de Janeiro: Forense, 2003, p. 159. Outros autores descrevem o mecanismo em palavras semelhantes; por todos, cf. João Manuel de Carvalho Santos, *Código Civil brasileiro interpretado*, vol. 15, 12. ed., Rio de Janeiro: Freitas Bastos, 1989, p. 238; Miguel Maria de Serpa Lopes, *Exceções substanciais*: exceção de contrato não cumprido (*exceptio non adimpleti contractus*), cit., p. 135; e Silvio Rodrigues, *Direito civil*, vol. 3, 27. ed., São Paulo: Saraiva, 2000, p. 75.

[6] Orlando Gomes, *Contratos*, 26. ed., Rio de Janeiro: Forense, 2007, p. 109.

[7] As curiosidades sobre a *exceptio non adimpleti contractus* começam pela sua história. É que, apesar da conhecida alcunha latina, o instituto não parece ter raízes fincadas no direito romano – ao menos segundo opinião de respeitável parcela dos autores que se dedicaram a estudar o desenvolvimento dos remédios sinalagmáticos. Pode-se sintetizar que os canonistas foram os responsáveis pelo surgimento de sua dinâmica e relevância, a partir das ideias de equidade e boa-fé, com seus corolários do respeito à palavra dada e da execução simultânea das obrigações, ao passo que os comentadores da Idade Média extraíram de escritos romanos alguns dos materiais necessários à elaboração estrutural da *exceptio*. Sobre

A ausência de previsão expressa da *exceptio* em algumas codificações oitocentistas, como na França e na Itália, estimulou a doutrina civilista do século XIX e das primeiras décadas do século XX a buscar um *fundamento* para o mecanismo, algo que justificasse sua existência e orientasse sua aplicação. A bibliografia especializada costuma desde então dedicar páginas substanciais ao assunto, e mesmo em ordenamentos que têm regras destinadas à *exceptio*, como o brasileiro, o argentino e o português, consagrou-se o confronto entre diferentes teorias com a pretensão de fundamentá-la: as principais delas são as chamadas *teoria da causa, teoria da conexão entre os enriquecimentos*, a *teoria da equidade* e a *teoria do equilíbrio das prestações*[8].

Dados os limites deste trabalho, seria inconveniente, e até mesmo desnecessário, passar em revista cada uma dessas teorias. Numa visão panorâmica, pode-se dizer que todas deixaram contribuições úteis para a compreensão da *exceptio*[9]. No entanto, essas teorias pouco oferecem para solucionar os *problemas* decorrentes da exceção de inadimplemento (pressupostos, efeitos, limites, atuação processual etc.) – até porque parece improvável que qualquer instituto possa ter fundamento único. Mesmo uma singela cláusula contratual redigida em fase de negociações costuma atender a mais de um propósito e ter mais de uma razão de ser. E sequer teorias sincréticas seriam capazes de apontar definitivamente os destinos da *exceptio*, estando limitadas, no máximo, a "formar uma série de indícios, mas não uma demonstração precisa e categórica"[10] a respeito.

Assim, deixado de lado o natural interesse histórico da discussão, deve-se questionar até que ponto se verifica no Brasil o *interesse prático* em identificar um fundamento para a *exceptio*, tendo em vista a existência de regras capazes de lhe atribuir suas principais características, efeitos e limites. Em acréscimo, deve-se questionar se o procedimento adequado para solucionar as dúvidas relativas à sua aplicação, no atual estágio da metodologia jurídica, deve ser a busca de seu fundamento.

---

seu histórico, cf. René Cassin, *De l'exception tirée de l'inexécution dans les rapports synallagmatiques* (exceptio non adimpleti contractus) *et des ses relations avec le droit de rétention, la compensation et la résolution*, cit., pp. 1-137, e Miguel Maria de Serpa Lopes, *Exceções substanciais*: exceção de contrato não cumprido (*exceptio non adimpleti contractus*), cit., pp. 136-149.

[8] Para um estudo aprofundado sobre essas e outras teorias acerca dos fundamentos da exceção de inadimplemento, cf., em língua portuguesa, Miguel Maria de Serpa Lopes, *Exceções substanciais*: exceção de contrato não cumprido (*exceptio non adimpleti contractus*), cit., pp. 162-192; e José João Abrantes, *A excepção de não cumprimento do contrato no direito civil português*: conceito e fundamento, Coimbra: Almedina, 1986, pp. 179-212. Recomenda-se ainda a consulta a fontes francesas e italianas, dados os motivos descritos no texto, pelo que se indicam: René Cassin, *De l'exception tirée de l'inexécution dans les rapports synallagmatiques* (exceptio non adimpleti contractus) *et des ses relations avec le droit de rétention, la compensation et la résolution*, cit., pp. 421-428; Jean-François Pillebout, *Recherches sur l'exception d'inexécution*, Paris: LGDJ, 1971, pp. 181-200; toda a primeira parte da tese de Catherine Malecki, *L'exception d'inexécution*, Paris: LGDJ, 1999, com destaque para as pp. 21-56; e Ettore Favara, *L'exceptio non adimpleti contractus*, Napoli: Lorenzo Barcan, 1939, pp. 54-65. O direito espanhol também enfrenta lacuna legislativa sobre *exceptio*, de modo a ser recomendável a consulta a María Cruz Moreno, *La exceptio non adimpleti contractus*, Valencia: Tirant Lo Blanch, 2004, pp. 20-34. Cumpre registrar que a reforma promovida ao Código Civil francês mediante a *Ordonnance 2016-131* tende a reposicionar o tema, uma vez que o novo art. 1.219 passou a prever o mecanismo.

[9] A teoria da causa, por exemplo, é valiosa ao ressaltar a circunstância de que cada prestação é tida como razão de ser da respectiva contraprestação, conforme a vontade das partes, rumo ao atendimento das finalidades pactuadas. A tese da equivalência das prestações segue caminho próximo, também privilegiando o programa contratual. O mesmo pode ser dito sobre a teoria da equidade: além de consentânea com as raízes canônicas da *exceptio*, é mesmo contrário ao sentimento de justiça admitir que uma parte possa exigir o cumprimento da obrigação sem cumprir o que lhe cabe.

[10] Ettore Favara, *L'exceptio non adimpleti contractus*, cit., p. 64.

2. UMA MUDANÇA DE ENFOQUE: DO FUNDAMENTO PARA A FUNCIONALIZAÇÃO DA *EXCEPTIO*

Como se adiantou, a discussão sobre os fundamentos da *exceptio* foi estimulada por uma razão histórica: ela não fora contemplada expressamente em alguns códigos oitocentistas. Vê-se, pois, que a discussão aparentemente teórica sobre os fundamentos da *exceptio* visava, em última análise, a uma consequência prática: dar lastro jurídico para sua aplicação.

Por isso, a relevância desse debate é consideravelmente menor diante de um ordenamento que tem regras específicas destinadas a legitimar a recusa ao cumprimento perante a inadimplência da contraparte, como é o caso do art. 476 do Código Civil, complementado por outras regras capazes de guiar sua aplicação concreta[11]. Vai-se além: a busca pelos fundamentos da *exceptio* não só parece pouco frutífera como, a rigor, consiste em procedimento metodologicamente criticável para os fins que se lhe costuma atribuir.

A bem dizer, atribuir ao *fundamento* de um instituto a capacidade exclusiva de explicar e resolver os seus problemas é característica típica de um pensamento que nega a natural historicidade dos fenômenos jurídicos, por acreditar que seus elementos fundantes permanecem com idêntica influência e relevância ao longo do tempo. Essa perspectiva ainda despreza a relevância do aspecto funcional dos mecanismos, privilegiando raciocínios estruturais por vezes excessivamente abstratos. Diante do atual cenário da metodologia jurídica, a busca pelos fundamentos da *exceptio* deve se substituir pela identificação das *funções* que ela é capaz de desempenhar. Utilizando a linguagem da lei, o esforço deve se dirigir à identificação do seu "fim econômico ou social", principal critério balizador dos limites impostos ao exercício de posições jurídicas (CC, art. 187).

Deve-se, portanto, identificar as *funções* que o instituto tem a cumprir, em vez de especular sobre seus fundamentos ou tentar extrair seu regime exclusivamente da sua mera estrutura jurídica. No Brasil, mais do que perguntar *o que dá lastro* ao mecanismo, deve-se perguntar *para que ele serve*. Até porque, a bem dizer, o fundamento jurídico primordial da *exceptio non adimpleti contractus* no Direito brasileiro não parece ser a causa, o equilíbrio entre as prestações, a vedação ao enriquecimento injustificado ou a equidade: seu fundamento *legal* é o art. 476 do Código Civil.

É o que se pretende efetuar doravante: identificar em tese as possibilidades interpretativas do dispositivo legal[12] e, na sequência, analisar algumas de suas aplicações concretas pelos tribunais, o que serve de norte para traçar a natureza jurídica e o perfil funcional da *exceptio* nos moldes amplos que a lei brasileira lhe atribui.

---

[11] Não se quer com isso dizer que, apenas porque há artigos de lei dedicados ao assunto, o estudo dos fundamentos do instituto seja irrelevante. A busca pelos fundamentos pode auxiliar na compreensão das disposições legais pertinentes, por exemplo, mediante o método de interpretação histórica. O que se questiona é se esse método é o mais adequado para *solucionar os problemas jurídicos* decorrentes da exceção de contrato não cumprido, notadamente para guiar sua aplicação concreta. Tome-se como parâmetro a dúvida sobre a aptidão de o oferecimento de garantias pelo excepto obstar os efeitos da *exceptio*: em que ajuda a constatação de que seu fundamento seria a equidade, a causa, o equilíbrio ou a conexão entre enriquecimentos? E mais: como definir o fundamento da *exceptio* senão olhando para o passado, remontando às suas origens canônicas e medievais? Por isso, prefere-se dar primazia ao perfil funcional da exceção de inadimplemento – algo concreto, que se extrai do texto, de suas possibilidades interpretativas e de sua aplicação pelos tribunais – em detrimento de uma especulação retrospectiva.

[12] Como ensina Judith Martins-Costa, "devemos tentar recolher da estrutura dos textos legais o que a letra não diz diretamente, a sua voz possível, para assim iniciar a responsável construção da sua dogmática" (Notas sobre o princípio da função social do contrato. In: *Revista Literária de Direito*, São Paulo: Jurídica Brasileira, nº 37, ago.-set./2004, p. 17).

3. AS POTENCIALIDADES INTERPRETATIVAS DO ART. 476 DO CÓDIGO CIVIL

A principal leitura que se faz do art. 476 é a de servir de base para que o réu, demandado pelo autor inadimplente, possa recusar o cumprimento de sua obrigação enquanto o demandante não cumprir ou não oferecer a que lhe cabe anterior ou simultaneamente.

Os estudiosos brasileiros que se dedicaram ao tema costumam, em grande parte, identificar a exceção de inadimplemento como "um meio de defesa processual"[13], uma "defesa oponível pelo contratante demandado, contra o co-contratante inadimplente"[14], uma "exceção em que uma parte demandada pela execução do contrato pode excluir a ação invocando o fato de não ter a outra também satisfeito a prestação"[15], que *pressupõe, assim, a ação* de uma das partes contratantes *demandando* o seu crédito"[16]. E é praticamente unânime a afirmação de que esse mecanismo é fruto do atual art. 476 do Código Civil (antigo art. 1.092, primeira parte do Código Civil de 1916). Essa seria, por assim dizer, a *exceptio non adimpleti contractus* por excelência, a utilidade prática do instituto mais próxima de suas origens, sua tradição e sua nomenclatura.

No entanto, a redação codificada pode oferecer ao intérprete mais do que uma matéria de defesa perante um pedido de cumprimento, pois o art. 476 não diz, de maneira restritiva, que *o réu pode opor exceção se o autor não tiver cumprido a obrigação que lhe cabe anterior ou simultaneamente*. Em vez disso, o texto apenas estabelece que *nenhum dos contratantes, antes de cumprida a sua obrigação, pode exigir o implemento da do outro*; o artigo estabelece uma negativa, mas não determina uma consequência jurídica única e precisa[17].

Assim, diante do dado normativo, o contratante fiel pode tomar iniciativas que podem lhe ser mais convenientes, conforme as circunstâncias, em caso de inexecução, em vez de limitar-se, como sugere boa parte dos autores brasileiros, a "a) permanecer inativo, alegando a *exceptio non adimpleti contractus*; b) pedir a rescisão contratual com perdas e danos, se lesado pelo inadimplemento culposo do contrato; ou c) exigir o cumprimento contratual"[18]. Pode, por exemplo, ir a juízo buscar a declaração de que não está obrigado a cumprir enquanto a contraparte não o fizer, elidindo os efeitos da *mora debitoris* sem que lhe seja exigido o depósito de sua prestação, o que pode instigar o inadimplente a cumprir.

---

[13] Silvio Rodrigues, *Direito civil*, vol. 3, cit., p. 75.

[14] Caio Mário da Silva Pereira, *Instituições de direito civil*, vol. 3, cit., p. 159.

[15] Manoel Ignácio Carvalho de Mendonça, *Doutrina e prática das obrigações*, vol. 2, 2. ed., Rio de Janeiro: Francisco Alves, 1911, p. 333.

[16] Miguel Maria de Serpa Lopes, *Curso de direito civil*, vol. 3, 6. ed., Rio de Janeiro: Freitas Bastos, 1996, p. 166.

[17] Não se quer com isso dizer que o art. 476 seja desprovido de consequência. Como se pode ver nos parágrafos a seguir, mesmo uma interpretação literal do texto permite extraírem-se efeitos jurídicos distintos, como a inexigibilidade da prestação pelo inadimplente ou a legitimidade do não-cumprimento pelo excipiente. Essas consequências apenas não são exclusivas, e tampouco estão flagrantemente determinadas pela redação codificada – que é bastante diversa, por exemplo, do § 322 do BGB, segundo o qual "[s]e uma parte ajuizar ação para o cumprimento de prestação devida por um contrato bilateral, o exercício do direito que lhe corresponde de negar a prestação até a execução da contraprestação *só terá o efeito a que a outra parte deva ser condenada ao cumprimento simultâneo*" (tradução livre do autor, a partir da tradução do BGB para o espanhol editada sob o título *Código Civil Alemán y Ley de Introducción al Código Civil*, dirigida por Albert Lamarca Marquès, Madrid: Marcial Pons, 2008, p. 103).

[18] Maria Helena Diniz, *Código Civil anotado*, 3. ed., São Paulo: Saraiva, 1997, p. 766.

Afinal, se o art. 476 fixa que o inadimplente não pode "exigir o implemento da [obrigação] do outro", significa, por imperativo lógico, que o contratante fiel está legitimado a recusar o cumprimento, em juízo ou fora dele. Ou seja, se o inadimplente não pode exigir o cumprimento da obrigação do contratante fiel, então este último não está obrigado a cumprir enquanto perdurar a inadimplência alheia. E se o contratante fiel não pode ser cobrado durante esse período, então ele tem uma espécie de *direito a não cumprir*, cujo reconhecimento pode lhe ser útil[19].

Visualize-se a seguinte – e corriqueira – hipótese: vendedor e comprador discutem sobre o pagamento de prestação pecuniária final que, conforme os termos contratuais, deve ser efetuado após a entrega de um apartamento em condições plenas de habitabilidade. O vendedor está convencido de que o bem atende aos requisitos contratuais, enquanto o comprador entende que o imóvel não se encontra em estado satisfatório para habitação. Tome-se como pressuposto que a interpretação dos fatos e do contrato favoreça a defesa do comprador – ou seja, a unidade não se encontra conforme os padrões exigidos e decorre das cláusulas contratuais que a prestação discutida somente pode ser cobrada após a perfeita entrega do bem.

A aplicação do art. 476 do Código Civil em litígios dessa natureza permite extrair as seguintes conclusões: (a) se "nenhum dos contratantes, antes de cumprida sua obrigação, pode exigir o implemento da do outro", então o vendedor não está autorizado a exigir do comprador a prestação pecuniária, pois não cumpriu antes sua obrigação (entregar o imóvel em perfeito estado); (b) se a prestação pecuniária não pode ser exigida do comprador, então este não está obrigado a pagá-la; (c) se o comprador não está obrigado a pagar a prestação, então não lhe pode ser imputado qualquer inadimplemento; (d) se um inadimplemento não lhe pode ser imputado, então o comprador está legitimado a não cumprir a obrigação; (e) se o comprador está legitimado a não cumprir a obrigação, então ele tem *direito a não cumprir*, circunstância que lhe pode ser reconhecida em juízo.

Por isso, em última análise, o principal resultado decorrente do art. 476 é *legitimar a postura do contratante fiel de não cumprir sua obrigação enquanto não lhe seja exigível fazê-lo* – seja porque deve prestar em segundo lugar, conforme a dinâmica do contrato, ou porque sua prestação somente se torna exigível mediante o oferecimento da contraprestação. Em termos mais instigantes, disso decorre um *direito a não cumprir* em favor do contratante fiel.

Essa constatação, tal como a expressão que a sintetiza, está longe de representar uma novidade. San Tiago Dantas há muito já dizia que, como "uma das prestações é a causa do interesse da outra, não se tem que negar o *direito de não cumprir* a prestação, diante do inadimplemento de uma das partes"[20], enquanto Carvalho Santos, ao mencionar a oponibilidade da *exceptio* pelo contratante fiel, afirma cuidar-se do "meio legal de fazer valer aquele seu *direito de não cumprir* a sua obrigação sem que, primeiro ou contemporaneamente, seja cumprida a do que quer exigi-la"[21]. Já Fernando Pessoa Jorge, em tópico sob título sugestivo ("Direito de não cumprir um dever"), é categórico ao mencionar "casos em que, por razões de diversa ordem, *a lei autoriza o sujeito de*

---

[19] Como anota Arno Schilling, "sopesando as suas conveniências, será, muitas vezes, mais vantajoso para [o contratante] recusar a execução, que lhe compete, até que a contraparte execute a obrigação dela; com isso, contornará os incômodos da propositura de uma ação judicial, os riscos de uma eventual inexecução definitiva e da insolvência do adversário. A exceção de inexecução é o instrumento técnico-jurídico que responde a esses interesses do contratante" (A exceção de inexecução de contrato bilateral. In: *Revista Forense*, Rio de Janeiro: Forense, nº 156, nov.-dez./1954, p. 498).

[20] Francisco Clementino de San Tiago Dantas, *Programa de direito civil*, vol. 2, Rio de Janeiro: Editora Rio, 1978, p. 190.

[21] João Manuel de Carvalho Santos, *Código Civil brasileiro interpretado*, vol. 15, cit., p. 238.

508 | PROBLEMAS DE DIREITO CIVIL – *Homenagem aos 30 anos de cátedra do professor Gustavo Tepedino*

um dever a não o cumprir", dando destaque à *exceptio non adimpleti contractus* entre as "situações mais importantes, em que a lei autoriza o devedor a não cumprir"[22].

Também a jurisprudência faz uso constante dessa ideia. Apenas para ilustrar com exemplos eloquentes, tem-se em repertório paulista (nitidamente influenciado pela opinião de Carvalho Santos) que a *exceptio* representa "meio jurídico de [fazer] valer o *direito de não cumprir* a obrigação"[23]; em acórdãos catarinenses lê-se que, "até que a outra parte cumpra com as obrigações que lhe cabem", o contratante adquire "o condicional *direito de não cumprir* com sua obrigação"[24]. E o acervo do STJ conhece passagens na linha de que, "ocorrendo o descumprimento da obrigação de uma das partes, *pode a outra deixar de cumprir sua parte na obrigação*, porque, em tese, poderá não receber o que lhe seria devido"[25], sendo esse um "*direito subjetivo* alicerçado no art. 476 do CC/02 (art. 1.092 do CC/16), o qual possibilita a uma das partes [...] *o não cumprimento lícito e temporário* de sua obrigação"[26].

4. O MANEJO DO ART. 476 DO CÓDIGO CIVIL PELA PRÁXIS DAS DISPUTAS: A UTILIDADE DA *EXCEPTIO*

Reconhecida a existência desse direito a não cumprir, o próximo passo deve ser identificar alguns papéis que o art. 476 do Código Civil é capaz de desempenhar. A jurisprudência brasileira tem-lhe reconhecido diversas aplicações concretas, sendo a mais comum dar lastro a uma defesa do demandado em ação direcionada ao cumprimento. Essa é, como já se disse, a *exceptio non adimpleti contractus* por excelência, sua manifestação mais evidente, aquela que se extrai mais facilmente da redação do art. 476. Deve ser, portanto, o ponto de partida.

4.1 Defesa do réu diante da pretensão ao cumprimento de obrigação contratual

O raciocínio que legitima o manejo de uma *exceção* a partir do art. 476 decorre, como se disse, da literalidade do dispositivo: *o contratante que não cumpre sua obrigação não pode exigir o implemento da obrigação do outro*. Logo, se o exigir, sua pretensão pode encontrar obstáculos: o demandado pode defender-se sob a alegação de que apenas não cumpriu porque o demandante ainda não o tinha feito, e que, por esse motivo, não pode ser forçado a adimplir sem que antes lhe seja assegurado o cumprimento da obrigação correspectiva[27]. O instituto é diariamente aplicado nesses moldes, notadamente em ações relativas a promessas de compra e venda, permutas, empreitadas ou prestações de serviços.

---

[22] Fernando Pessoa Jorge, *Ensaio sobre os pressupostos da responsabilidade civil*, Coimbra: Almedina, 1999, pp. 262-263, grifos do original.

[23] TJ/SP, 25ª C.D.P., Ap. Rev. nº 903264-0/6, Rel. Des. Antônio Benedito Ribeiro Pinto, v. u., j. 24.10.2006. Em sentido semelhante, cf. TJ/SP, 23ª Câmara "D" de Direito Privado, Ap. Cív. nº 1.016.468-0, Rel. Des. Alexandre Dartanhan de Mello Guerra, v. u., j. 22.5.2009; e TJ/SP, 3ª C.D.P., Ap. Cív. com Revisão nº 647.640-4/3-00, Rel. Des. Beretta da Silveira, v. u., j. 9.6.2009.

[24] Por todos, cf. TJ/SC, 3ª C.D.C., Ap. Cív. nº 2007.036230-3, Rel. Des. Henry Petry Junior, v. u., j. 19.12.2008.

[25] STJ, 3ª T., REsp nº 1.220.251/MA, Rel. Min. Ricardo Villas Bôas Cueva, v. u., j. 6.3.2012.

[26] STJ, 3ª T., REsp nº 1.331.115/RJ, Rel. Min. Nancy Andrighi, v. m., j. 19.11.2013.

[27] Como resume San Tiago Dantas, "a exceção se opera com toda a simplicidade nos termos desta resposta: cumpra primeiro sua obrigação, pois enquanto não for cumprida não serei obrigado a cumprir a minha" (*Programa de direito civil*, vol. 2, cit., p. 189).

Cap. 30 · DIREITO A NÃO CUMPRIR | **509**

No Recurso Especial nº 1.193.739, por exemplo, Basic Engenharia Ltda. pretendeu a condenação de Luciana Maria de Araújo Garcia ao pagamento de saldo do preço relativo a promessa de compra e venda de uma unidade imobiliária. A adquirente invocou problemas no imóvel, como a impossibilidade de utilizar a vaga de garagem adquirida, a existência de dívidas *propter rem* sobre a unidade, além de seu arresto em execução hipotecária movida contra a autora, o que foi confirmado pelas instâncias de origem. Nesse cenário, a 3ª Turma do STJ registrou que "o descumprimento parcial na entrega da unidade imobiliária, assim como o receio concreto de que o promitente vendedor não transferirá o imóvel ao promitente comprador, impõe a aplicação do instituto da exceção do contrato não cumprido"[28], acolhendo a defesa suscitada pela ré.

Essa atuação da *exceptio* é tradicionalmente apresentada como a oposição de uma *exceção substancial*, o que denota sua potencialidade defensiva e sua ligação com a dinâmica processual. De acordo com doutrina autorizada, "chama-se exceção, *stricto sensu*, à defesa consistente na alegação, pelo réu, de fato ou de direito seu que torna ineficaz a pretensão do autor"[29]. Do conceito geral de exceção distinguem-se as *exceções processuais*, que atacam o processo ou a admissibilidade da ação (como a exceção de incompetência ou suspeição), das *exceções substanciais*, em que a defesa dirige-se em face de matéria de mérito.

Quanto aos efeitos, as *exceções dilatórias* são aquelas nas quais não se tranca definitivamente a possibilidade de uma nova ação, mas apenas se estende o curso do processo ou da pretensão, enquanto as *exceções peremptórias* visam a extinguir a relação processual[30]. Costuma-se dizer que a *exceptio non adimpleti contractus* consiste em uma exceção substancial dilatória porque, em seu papel clássico, "*paralisa a ação do autor*"[31] (efeito dilatório), por meio da *alegação de que este não cumpriu a obrigação devida anterior ou simultaneamente* (matéria de mérito).

Por isso, é comum encontrar-se entre estudiosos a afirmação de que o excipiente não refuta o pedido do demandante ao alegar a *exceptio non adimpleti contractus* no processo de conhecimento; ao invés, reconhece a existência da obrigação, mas suscita uma causa impeditiva da sua exigibilidade, que fica diferida até o momento em que o excepto cumprir sua obrigação. Por consequência, sugere-se que, ao reconhecer a legitimidade da *exceptio*, o juiz deve acolher os pedidos

---

[28] STJ, 3ª T., REsp nº 1.193.739/SP, Rel. Min. Massami Uyeda, v. u., j. 3.5.2012.

[29] José Carlos Barbosa Moreira, Reconvenção. In: *Direito processual civil*: ensaios e pareceres, Rio de Janeiro: Borsoi, 1971, p. 113.

[30] Sobre o assunto, cf. William Santos Ferreira, Exceção de contrato não cumprido, defesas de mérito direta e indireta, reconvenção e os princípios da concentração e eventualidade – Compatibilizações materiais e processuais. In: Araken de Assis *et al.* (coord.), *Direito civil e processo*: estudos em homenagem ao Professor Arruda Alvim, São Paulo: Revista dos Tribunais, 2007, p. 547.

[31] Silvio Rodrigues, *Direito civil*, vol. 3, cit., p. 75; no mesmo sentido, cf. Orlando Gomes, *Contratos*, cit., p. 110; e Humberto Theodoro Júnior, Exceção de contrato não cumprido – Aspectos materiais e processuais, In: *Revista Jurídica*, Porto Alegre: Síntese, nº 189, jul. 1993, p. 15. As consequências da exceção de inadimplemento são distintas daquelas exceções tidas como peremptórias. Na exceção de compensação, por exemplo, a pretensão sofre as consequências de uma causa que lhe atinge a exigibilidade perpetuamente, extinguindo o crédito. Por sua vez, a exceção de inadimplemento atinge a exigibilidade da prestação devida ao demandante, mas por causa temporária (que é o incumprimento de obrigação cujo adimplemento ainda é possível) e por período efêmero (já que a suspensão se encerra com o cumprimento da obrigação pelo excepto). Logo, a *exceptio* encobre temporariamente a eficácia da pretensão do autor, mas não a fulmina.

PROBLEMAS DE DIREITO CIVIL – *Homenagem aos 30 anos de cátedra do professor Gustavo Tepedino*

formulados pelo autor, mediante sentença condenatória cuja execução se submete aos ditames do CPC, arts. 787 e 798, I, d[32].

Essa questão não é desconhecida da jurisprudência. Há precedentes em disputas relativas a operações imobiliárias em que o pedido cominatório da parte compradora é julgado procedente, mas a *exceptio* é acolhida pelo tribunal, condenando a vendedora "a efetuar a entrega das chaves, *após o pagamento das parcelas devidas pela autora*"[33]. Mas esse entendimento não tem sido prestigiado por parte considerável dos tribunais brasileiros, já tendo sido inclusive afastado por decisões do STJ indicando a *improcedência do pedido* como resultado do acolhimento da *exceptio*[34].

---

[32]   É o que diz Pontes de Miranda, para quem "não se pré-exclui o julgamento da procedência da demanda; apenas se condena o demandado a prestar simultaneamente, ao receber a contraprestação" (*Tratado de direito privado*, t. 26, Campinas: Bookseller, 2002, p. 134), acompanhado por Ruy Rosado de Aguiar Júnior (*Extinção dos contratos por incumprimento do devedor*: resolução, 2. ed., Rio de Janeiro: AIDE, 2003, pp. 222-223), Humberto Theodoro Júnior (Exceção de contrato não cumprido – Aspectos materiais e processuais, cit., p. 17), Alcides Mendonça Lima (*Comentários ao Código de Processo Civil*, vol. 6, t. 1, Rio de Janeiro: Forense, 1974, pp. 268-269) e Miguel Maria de Serpa Lopes (*Exceções substanciais*: exceção de contrato não cumprido (*exceptio non adimpleti contractus*), cit., pp. 161-162), seguindo o padrão do § 322 do BGB: "§ 322. Condenação à prestação simultânea. (1) Se uma parte ajuizar ação para o cumprimento de prestação devida por um contrato bilateral, o exercício do direito que lhe corresponde de negar a prestação até a execução da contraprestação só terá o efeito a que a outra parte deva ser condenada ao cumprimento simultâneo" (tradução livre do autor, a partir da tradução do BGB para o espanhol editada sob o título *Código Civil Alemán y Ley de Introducción al Código Civil*, dirigida por Albert Lamarca Marquès, cit., p. 103). Para uma análise da dinâmica da *exceptio* sob a ótica processual, opinando pela condenação condicional do excipiente, cf. Rafael Alexandria de Oliveira, *Aspectos processuais da exceção de contrato não cumprido*, Salvador: Juspodivm, 2012, pp. 317-326.

[33]   TJ/RJ, 8ª C.C., Ap. Cív. nº 2002.001.24931, Rel. Des. Helena Bekhor, v. u., j. 25.03.2003.

[34]   O Recurso Especial nº 673.773, julgado pela 3ª Turma, ilustra bem essa divergência. Cuidava-se de ação movida por Maurício Schaffer e cônjuge visando, em resumo, à condenação de Telmo Barreto e cônjuge a cumprir acordo pelo qual estes seriam responsáveis pelos ônus decorrentes de ações trabalhistas relativas a período em que administraram empreendimento transferido aos autores; os réus defenderam-se sob a alegação de que só estariam obrigados a adimplir se os demandantes, de sua parte, cumprissem obrigação de transferir determinado maquinário, como previsto em instrumento de distrato. Em sentença mantida após apelação, julgou-se procedente o pedido, cuja eficácia ficaria suspensa "até o adimplemento da obrigação de entregar coisa certa". Segundo a relatora, Min. Nancy Andrighi, a *exceptio* fora "arguida meramente como matéria de defesa, de onde se extrai que os efeitos daí decorrentes [...] se limitam a suspender a eficácia do distrato", devendo-se "reduzir, portanto, a incidência da exceção de contrato não cumprido à mera defesa dilatória". Já em voto-vista que se tornou vencedor, o Min. Ari Pargendler reconheceu a "dificuldade [...] de saber qual o efeito processual da procedência da *exceptio non adimpleti contractus*", mas alinhou-se ao entendimento de que, em casos tais, a defesa opera como fato impeditivo do direito do autor, devendo-se julgar improcedente o pedido, afirmando que "[a] prestação inexigível não pode ser tutelada judicialmente" (REsp nº 673.773/RN, Rel. Min. Nancy Andrighi, Rel. para o acórdão Min. Ari Pargendler, v. m., j. 15.3.2007). O acórdão recebeu a seguinte ementa: "Civil e Processo Civil. *Exceptio non adimpleti contractus*. Efeito processual. A exceção de contrato não cumprido constitui defesa indireta de mérito (exceção substancial); quando acolhida, implica a improcedência do pedido, porque é uma das espécies de fato impeditivo do direito do autor, oponível como preliminar de mérito na contestação (CPC, art. 326). Recurso especial conhecido e provido". Poucos meses depois, a 3ª Turma do STJ se viu diante de hipótese semelhante, e novamente prevaleceu a orientação do Min. Ari Pargendler, com voto-vencido da Min. Nancy Andrighi (REsp nº 869.354/RS, Rel. Min. Humberto Gomes de Barros, Rel. para o acórdão Min. Ari Pargendler, v. m., j. 14.6.2007).

O manejo da *exceptio* também costuma ser utilizado para hipóteses em que a execução do contrato ocorre de modo insatisfatório, mas não há interesse do excipiente em pleitear o acréscimo, a substituição ou a correção do adimplemento, sendo-lhe suficiente negar o seu dever de cumprir em razão da inexecução alheia[35].

Assim, independentemente da eficácia processual do seu acolhimento, o art. 476 do Código Civil permite ao contratante fiel defender-se em juízo contra uma cobrança ilegítima, assegurando-lhe recusar sua prestação enquanto não lhe é oferecido o cumprimento da obrigação correspectiva, e reconhecendo a legitimidade de sua conduta de não prestar diante da inexecução alheia.

4.2 Defesa do réu na ação de resolução contratual por inadimplemento

O disposto no art. 476 do Código Civil também pode servir como defesa do réu na ação de resolução por inadimplemento – seja para assegurar a manutenção do contrato ou para afastar os efeitos de uma inadimplência que lhe seja supostamente imputável[36].

Sabe-se que a resolução por inadimplemento, conforme lição de doutrina autorizada, tem entre seus pressupostos a existência do sinalagma e a verificação de incumprimento definitivo[37]. Além disso, o credor não pode estar inadimplente ao demandar a resolução[38]. Três defesas básicas há, portanto, para o réu de uma demanda resolutória: negar a correspectividade; negar ter havido incumprimento definitivo; ou demonstrar que o demandante encontrava-se inadimplente ao ajuizar a ação. O art. 476 do Código Civil pode auxiliar a construir a segunda defesa, pois, com base nele, os efeitos do inadimplemento não podem ser imputados a quem tem direito a não cumprir.

Na ação de resolução, o contratante fiel pode defender-se tendo em mira dois objetivos: a manutenção do contrato, se ainda possível, ou sua extinção. Se quiser a manutenção do contrato, defende-se sob o argumento de que não há inadimplemento definitivo de sua parte, pois está

---

[35] Foi essa a lógica que presidiu o julgamento da disputa em que Therezinha Fonseca Araújo, ao mover ação de cobrança, alegara ter realizado serviços de reparos e decoração no apartamento da ré, sem, contudo, receber a remuneração pactuada. Iraci Santana de Freitas defendeu-se provando falhas na execução dos serviços, que lhe teriam causado prejuízos, com o que a câmara julgadora entendeu não se poder "obrigar a ré a efetuar o pagamento por um serviço que não foi devidamente prestado" (TJ/RJ, 5ª C.C., Ap. Cív. nº 2007.001.38763, Rel. Des. Antonio Saldanha Palheiro, v. u., j. 31.7.2007). Não havia interesse da tomadora do serviço em obter o melhoramento das obras realizadas, bastando-lhe ser reconhecida a legitimidade da recusa ao pagamento, conduzindo à improcedência do pedido.

[36] Na jurisprudência do STJ, já se afirmou sobre o art. 476: "a exceção de contrato não cumprido – *exceptio non adimpleti contractus* – prevista no referido dispositivo legal é uma faculdade que pode ser exercida pelo excipiente tanto como justificação da inexecução do contrato, o que é tradicionalmente mais conhecido, como também para impedir a invocação pelo outro contratante do direito de resolução do contrato" (STJ, 3ª T., REsp nº 1.615.977/DF, Rel. Min. Marco Aurélio Bellizze, v. u., j. 27.9.2016). Esse potencial já havia sido indicado por Rafael Villar Gagliardi: "Finalmente, a exceção de contrato não cumprido pode ser considerada matéria de defesa na ação de resolução eventualmente proposta por um contratante, em face do outro. Nestas circunstâncias, terá caráter de defesa de mérito: o réu alegará a legitimidade do não cumprimento à vista do inadimplemento prévio do autor, para refutar a alegação de culpa na extinção prematura do contrato" (*A exceção de contrato não cumprido*, São Paulo: Saraiva, 2010, pp. 58-59).

[37] Veja-se, a propósito, Araken de Assis, *Resolução do contrato por inadimplemento*, 4. ed., São Paulo: Saraiva, 2004, p. 31 e pp. 96 e ss.; e Ruy Rosado de Aguiar Júnior, *Extinção dos contratos por incumprimento do devedor*: resolução, cit., pp. 77 e ss.

[38] Ruy Rosado de Aguiar Júnior, *Extinção dos contratos por incumprimento do devedor*: resolução, cit., p. 166.

512 | PROBLEMAS DE DIREITO CIVIL – *Homenagem aos 30 anos de cátedra do professor Gustavo Tepedino*

legitimado a não cumprir enquanto perdurar o descumprimento alheio, pelo que o pedido resolutório deve ser negado[39]. Já se preferir a extinção contratual com retorno ao estado anterior[40], o excipiente precisa reconvir ou ajuizar nova ação, para obter provimento que lhe atribua os efeitos derivados do descumprimento do excepto, como o pagamento de juros, a incidência de cláusula penal ou o ressarcimento de prejuízos[41].

Como se vê, há em comum nas duas alternativas o interesse jurídico de o contratante fiel atribuir ao autor-inadimplente a configuração de um descumprimento e demonstrar que ele, réu, não inadimpliu o contrato – afinal, sua obrigação não era simplesmente *prestar*, mas *prestar mediante contraprestação*.

Ao desempenhar esses papéis, o exercício do direito a não cumprir foge das características típicas de uma exceção substancial dilatória. Isso porque, alegando o inadimplemento prévio do demandante, o excipiente não quer encobrir temporariamente a pretensão deduzida; em vez disso, nega a própria existência do direito invocado, pois o inadimplemento do demandante o impede de exigir a resolução do contrato. Logo, quando o contratante fiel faz uso de seu direito a não cumprir para afastar um pedido resolutório, sua defesa não serve como exceção dilatória; trata-se, como preferem os processualistas, de uma *objeção*[42]. Prevalecendo seus argumentos, deve haver a improcedência dos pedidos autorais[43].

4.3   A utilidade do reconhecimento de um direito a não cumprir

A possibilidade de ajuizarem-se ações atípicas, diante da complexidade dos negócios contemporâneos e da criatividade dos agentes econômicos, permite que se ampliem as alternativas

---

[39]   Foi o que se viu no julgamento do Recurso Especial nº 34.307 pela 3ª Turma do STJ. O pedido resolutório foi apresentado por Retentores Bloque Indústria e Comércio Ltda. perante Laércio Vicentini Gasparini e cônjuge, visando à extinção de compra e venda de imóvel por inadimplência pecuniária e consequente reintegração de posse. A defesa dos réus se baseava na "falta de cumprimento pela autora de suas obrigações, assim [como a falta da] apresentação de documentos, incluído o Certificado de Quitação do IAPAS, necessário para a lavratura da escritura definitiva", circunstância de fato reconhecida em juízo como inexecução. O pedido foi julgado improcedente "como decorrência da *exceptio non adimpleti contractus*", e os réus mantiveram-se na posse do bem (STJ, 3ª T., REsp nº 34.307/SP, Rel. Min. Carlos Alberto Menezes Direito, v. u., j. 12.8.1996). Em sentido semelhante, cf. STJ, 4ª T., REsp nº 2.330/SC, Rel. Min. Barros Monteiro, v. u., j. 8.5.1990.

[40]   Note-se que, se o excipiente não tiver interesse (ou necessidade) em obter a volta ao estado anterior, não é preciso ajuizar ação resolutória ou reconvenção.

[41]   Dá-se como exemplo o julgamento da Apelação Cível nº 2002.001.13085 pela 8ª Câmara Cível do TJ/RJ, também envolvendo questões imobiliárias, na qual Planhab Empreendimentos e Participações Ltda. pleiteou a resolução de contrato firmado com Denise Lima Barbosa Roeyer tendo em vista o inadimplemento por esta de suas prestações pecuniárias. A ré não só contestou o pedido, sob o fundamento de que a demandante não estava cumprindo obrigações contratadas, como ofereceu reconvenção, baseada nesses mesmos inadimplementos, visando à resolução do contrato em seu favor, à devolução corrigida dos valores pagos e ao ressarcimento dos prejuízos sofridos. Os fatos deduzidos pela ré-reconvinte foram tidos como inexecução da autora-reconvinda, e o tribunal procedeu à extinção em favor da demandada, valendo destacar a seguinte passagem: "a *exceptio non adimpleti contractus* foi o instrumento útil que a apelada utilizou para frear a aventura jurídica do apelante" (TJ/RJ, 8ª C.C., Ap. Cív. nº 2002.001.13085, Rel. Des. Ferdinaldo Nascimento, v. u., j. 29.10.2002).

[42]   Ruy Rosado de Aguiar Júnior, *Extinção dos contratos por incumprimento do devedor*: resolução, cit., p. 172. No mesmo sentido, Araken de Assis, *Do direito das obrigações*, in Arruda Alvim e Thereza Alvim (coord.), *Comentários ao Código Civil brasileiro*, vol. 5, Rio de Janeiro: Forense, 2007, p. 680.

[43]   Nesse sentido, cf. Rafael Villar Gagliardi, *A exceção de contrato não cumprido*, cit., p. 204.

de atuação do contratante fiel perante o inadimplemento da contraparte baseadas no art. 476 do Código Civil. Se identificada a existência de um direito a não cumprir – ou seja, admitindo-se que o contratante pode legitimamente suspender o oferecimento de sua prestação diante da inexecução alheia –, então o reconhecimento dessa legitimidade lhe pode ser satisfatório. Como já afirmou Gustavo Tepedino, "não parece infundada a propositura de ação [...] para a oposição da *exceptio non adimpleti contractus*"[44].

Significa dizer, por outras palavras, que o reconhecimento de um direito a não cumprir (inclusive em juízo, caso se entenda conveniente) pode atender aos interesses eventuais do contratante fiel e, conforme as circunstâncias, ser mais *efetivo* do que a resolução do contrato, a execução específica da obrigação ou a mera reparação dos danos. Na linha do que sugere René Cassin, privar o inadimplente "de seu direito de reclamar a execução concomitante ou mesmo prévia de seu adversário" significa "levantar o meio mais eficaz, o mais lícito, de conseguir o resultado procurado"[45]. Em determinados casos, pode ser mais útil ter a simples declaração de que não se está obrigado a cumprir, em vez de pleitear a execução pela contraparte.

Foi o que ocorreu em julgamento conduzido pela 2ª Câmara do 2º Tribunal de Alçada Cível de São Paulo. Pelo que consta dos autos, Takano Editora Gráfica Ltda., mediante contrato de compra e venda com reserva de domínio, havia adquirido de GS Press Inc. uma máquina gráfica de impressão digital – equipamento destinado à sua atividade-fim. A máquina passou a apresentar defeitos logo após a conclusão do negócio, impedindo a adquirente de utilizá-la para atender sua clientela. Como a assistência técnica de responsabilidade da ré não estava sendo capaz de encontrar solução para os defeitos, a adquirente entendeu irrazoável continuar pagando as prestações relativas a um bem inativo por falha imputável ao alienante. Diante desse panorama, a Takano obteve o provimento de liminar destinada a ver reconhecido seu direito de suspender o pagamento das prestações "até a recolocação e efetivo funcionamento do equipamento"[46].

Essa alternativa também é utilizada na prática forense para evitar ou mitigar os efeitos de protesto cambial indevido – estratégia processual que o STJ já teve a oportunidade de legitimar. No litígio que deu origem ao Recurso Especial nº 142.939, por exemplo, Jacqueline Alves Farah Sarti pleiteou a sustação de protesto e o reconhecimento da inexigibilidade de notas promissórias emitidas no contexto de promessa de compra e venda de estabelecimento comercial que adquirira de Sônia Mandruca. Em seu voto, o Min. Carlos Alberto Menezes Direito sintetizou haver no caso "uma ação com apoio no art. 1.092 do Código Civil, ou seja, exceção de contrato não cumprido"[47], e legitimou os pedidos autorais ao reconhecer o inadimplemento da promitente vendedora.

---

[44] Gustavo Tepedino, A teoria da imprevisão e os contratos de financiamento firmados à época do chamado Plano Cruzado. In: *Revista Forense*, Rio de Janeiro: Forense, vol. 301, mai./1988, p. 83.

[45] René Cassin, *De l'exception tirée de l'inexécution dans les rapports synallagmatiques* (exceptio non adimpleti contractus) *et des ses relations avec le droit de rétention, la compensation et la résolution*, cit., p. 427.

[46] O acórdão foi assim ementado: "Reserva de domínio. Compra e venda. Medida cautelar inominada. Equipamento com defeito. Prejuízo do comprador. Ocorrência. Suspensão do pagamento das prestações. 'Fumus boni iuris' e 'Periculum in mora'. Presença. Cabimento. É cabível a concessão de medida liminar para suspender o pagamento das prestações de contrato de compra e venda com reserva de domínio, com base no princípio *exceptio non adimpleti contractus*, uma vez que o bem não funciona e se encontra inativo, causando prejuízos ao comprador, sem que tenha sido adotada qualquer providência de assistência técnica por parte do vendedor" (2º Tribunal de Alçada Cível de São Paulo, 2ª Câmara, Ag. Inst. nº 800.379-00/7, Rel. Juiz Andreatta Rizzo, v. u., j. 11.8.2003).

[47] A ementa é significativa para o que se pretende demonstrar: "Contrato de compra e venda de estabelecimento comercial. Art. 1092 do Código Civil. 1. Tratando de promessa de compra e venda de estabelecimento comercial, a falta de cumprimento da obrigação de uma das partes dá ensejo à prestação

514 | PROBLEMAS DE DIREITO CIVIL – *Homenagem aos 30 anos de cátedra do professor Gustavo Tepedino*

Vê-se, pois, que o reconhecimento desse direito a não cumprir pode atender a diversos propósitos. Imagine-se, em caso como o do equipamento gráfico, que fosse incômodo ao fornecedor deixar de receber as prestações pecuniárias, diante da necessidade de fazer frente a dívidas a vencer. Ciente dessa circunstância, pode ser mais prático ao comprador recusar o pagamento do que pleitear em juízo a substituição ou reparo da máquina, em razão dos custos e das dificuldades inerentes às tutelas executivas. A tão só suspensão dos pagamentos pode ser suficiente para induzir o fornecedor a tomar as providências necessárias ao conserto ou à troca do equipamento[48].

Ademais, o exercício do direito a não cumprir pode representar alternativa menos custosa ao contratante fiel para ver-se livre das consequências da mora, em comparação ao depósito judicial, de modo a impedir eventuais protestos indevidos ou afastar o risco de tornar-se devedor de juros, multas contratuais e assim por diante. Se esse direito legitima a postura do contratante de não cumprir sua obrigação, então sua existência por si só elide os efeitos da *mora debitoris*, fazendo com que o depósito da prestação se torne uma *faculdade* a seu dispor, e não um dever jurídico, a que somente se submete por cautela ou se quiser obter a condenação da contraparte a prestar[49].

Registre-se, por oportuno, que esse direito de recusar o cumprimento independe de reconhecimento judicial. A suspensão da exigibilidade da obrigação do contratante fiel dá-se de pleno direito, tão somente a partir do inadimplemento alheio.

Essa estratégia foi adotada em litígio envolvendo a construção de uma usina produtora de álcool, encomendada pela Destilaria Alexandre Balbo Ltda. à empreiteira Zanini S.A.

---

jurisdicional para tornar inexigível a obrigação da outra, sem que tal decisão signifique violação aos arts. 128 e 460 do Código de Processo Civil, ficando claro que a decisão reflete o momento processual, não sendo, portanto, condicional. 2. Recurso especial não conhecido" (STJ, 3ª T., REsp nº 142.939/SP, Rel. Min. Carlos Alberto Menezes Direito, v. u., j. 20.08.1998).

[48] Trata-se de uma estratégia negocial: uma "defesa ativa", por assim dizer. Como anota Catherine Malecki, "[a] exceção é uma arma defensiva e, como tal, participa da batalha defensiva. No entanto, é largamente admitido que a defesa é superior ao ataque. Não há defesa puramente passiva e o defensor é mais forte porque ele pode atrasar a seu critério o embate, e mesmo atacar de surpresa" (*L'exception d'inexécution*, cit., p. 297).

[49] Esse raciocínio pode ser extraído do julgamento do Recurso Especial nº 5.213, relatado pelo Min. Sálvio de Figueiredo Teixeira. Segundo os autos, W. Prestadora de Serviços ajuizou ação de execução de título extrajudicial perante Telecomunicações do Pará S/A – Telepará, considerando ter esta inadimplido determinada obrigação contratual, tornando-se responsável pelo pagamento de juros de mora e demais despesas decorrentes da inexecução. Enquanto a executada alegava inadimplência anterior da exequente, esta última suscitava que, "apresentada a fatura à [Telepará], só teria ela dois caminhos: a) saldar o compromisso; b) consignar em juízo o montante equivalente". Demonstrou-se nas instâncias ordinárias que a exequente somente cumpriu a parte que lhe cabia no contrato após a propositura da ação. "Via de consequência", disse o relator, "não estava a [Telepará] obrigada, até então, a satisfazer sua obrigação, pelo que não se poderia imputar-lhe as sanções da mora ou mesmo exigir-lhe comportamento diverso, consignando em Juízo a sua parte". O acórdão unânime recebeu ementa que reconhece expressamente a legitimidade da recusa ao cumprimento: "Direito civil. Contrato bilateral. Considerações doutrinárias. Incidência do art. 1.092, CC. Recurso conhecido e parcialmente provido. Nos contratos sinalagmáticos, em que incidente a *exceptio non adimpleti contractus*, permitido é ao contratante retardar o adimplemento da sua obrigação enquanto o outro não satisfaz a sua" (STJ, 4ª T., Recurso Especial nº 5.213/PA, Rel. Min. Sálvio de Figueiredo Teixeira, v. u., j. 20.11.1990). O voto-vista do Min. Barros Monteiro chegou à mesma conclusão, apontando que a aplicação da *exceptio* ao caso "exonera [a devedora] das consequências da mora": "[s]aliente-se, ademais, que a consignação do principal em juízo constituía uma simples faculdade da devedora e não um encargo seu".

Cap. 30 · DIREITO A NÃO CUMPRIR | **515**

Empreendimentos Pesados, e que contou em lados opostos com a opinião jurídica de Silvio Rodrigues[50] e Miguel Reale[51]. Insatisfeita com supostos defeitos, atrasos e insuficiências das obras, a Destilaria Balbino suspendeu o pagamento de parcelas do preço. Diante dessa recusa, a Zanini ingressou em juízo pleiteando o pagamento das parcelas faltantes e a indenização pelos danos causados pela suspensão; a destilaria, em sua resposta, alegou a *exceptio non adimpleti contractus* e ofereceu reconvenção, para que lhe fossem ressarcidos os custos necessários para dar cabo à construção. Consultado pela Destilaria Balbino sobre a legitimidade de seu procedimento, Silvio Rodrigues afirma que a *exceptio* é uma "prerrogativa concedida à contratante pontual de sobrestar a entrega de sua prestação quando o outro contratante, ao cumprir a prestação que lhe incumbe, o faz de maneira defeituosa"[52]. E mesmo Miguel Reale, em parecer solicitado pela Zanini, admite que o mecanismo consagra uma "faculdade de suspender, temporariamente, *por sua iniciativa e critério*, o adimplemento de uma obrigação"[53]. Instalada a disputa em 1986, Destilaria Balbo e Zanini concluíram acordo em fevereiro de 2002, pelo qual, em resumo, a Zanini comprometeu-se a pagar considerável soma em dinheiro à Destilaria Balbo[54]. A estratégia da destilaria parece ter sido bem-sucedida, pois evitou o desembolso de quantias que não foram consideradas devidas, tornando-se credora ao cabo da disputa[55].

---

[50] O parecer foi divulgado nas pp. 35-48 do vol. 7 de seu *Direito civil aplicado*, sob a ementa Contrato de empreitada (...). Usina produtora de álcool (...). Contratos bilaterais (...). Perdas e danos, publicado em 1996 pela Editora Saraiva.

[51] Miguel Reale, A boa-fé na execução dos contratos. In: *Questões de direito privado*, São Paulo: Saraiva, 1997, pp. 22-32.

[52] Silvio Rodrigues, Contrato de empreitada (...). Usina produtora de álcool (...). Contratos bilaterais (...). Perdas e danos, cit., p. 44.

[53] Miguel Reale, A boa-fé na execução dos contratos, cit., p. 24. A tese da Zanini se concentrava em descaracterizar sua inadimplência e atribuir limites substanciais à oposição da *exceptio*, por ser supostamente desproporcional no caso concreto. Em voto vencido durante julgamento de apelação, mas prevalecente após julgarem-se embargos infringentes, afirmou-se o seguinte: "Com toda razão, portanto, a [Destilaria Balbino], ora apelada, ao fazer uso de seu direito de retenção das últimas parcelas. Queria ela obrigar a apelante a cumprir com sua parte na avença, quer terminando o que começou, quer consertando ou realizando as modificações necessárias para que a destilaria produzisse a quantidade de álcool combinada. Contudo, ao invés de assim proceder, veio a [Zanini], embora sem razão, tentar buscar no Judiciário direito que não tem. (...) Ao lançar mão, a [Destilaria Balbino], da *exceptio non adimpleti contractus* para defender-se, nada mais fez que *se utilizar de um direito* não só previsto pelo art. 1.092, como do que emerge da cláusula 9ª do contrato, que a previa expressamente" (Silvio Rodrigues, Contrato de empreitada (...). Usina produtora de álcool (...). Contratos bilaterais (...). Perdas e danos, cit., p. 41).

[54] Vide relatório do Processo nº 583.00.2007.110430-6, da 23ª Vara Cível da Comarca de São Paulo; os autos do litígio entre a destilaria e a empreiteira se encontram registrados sob o nº 583.00.1986.517394-9, e tramitaram perante a 6ª Vara Cível da Comarca de São Paulo.

[55] É importante ressaltar, todavia, que essa estratégia já foi rejeitada por precedentes brasileiros. Em julgamento de apelação cível, a 6ª Câmara Cível do TJ/RJ entendeu que "a alegação de que o imóvel apresentava defeitos ocultos e por isso só percebidos após a aquisição e durante seu uso regular, de modo a justificar a exceção de contrato não cumprido, não autoriza a suspensão do pagamento dessas prestações, cabendo aos adquirentes promover as medidas que entendessem cabíveis para resguardo de seus direitos, seja pleiteando reparação dos danos porventura sofridos ou até mesmo eventualmente a redução do preço, ou ainda buscando eles próprios a rescisão do contrato em questão se assim entendessem correto, observada, conforme o caso, a necessidade de se consignar o valor de cada prestação que vencesse" (TJ/RJ, 6ª C.C., Ap. Cív. nº 2001.001.12385, Rel. Des. Ricardo Bustamante, v. u., j. 2.10.2001; do mesmo tribunal, cf. TJ/RJ, 7ª C.C., Ap. Cív. nº 2005.001.46075, Rel. Des. Helda Lima Meirelles, v. u., j. 15.12.2005). Também a 2ª Câmara de Direito Privado do TJ/SP já chegou a conclusão semelhante: "Em suma, os apelantes não

É natural que, por questões de cautela, o contratante fiel pode ir a juízo pleitear a declaração desse direito, como se dá nas hipóteses em que se busca a inexigibilidade de títulos cambiais ou em medidas de urgência prévias a ações resolutórias – quando o demandante, já não tendo mais interesse na contraprestação, quer se assegurar de que não pode ser considerado moroso enquanto pleiteia a extinção contratual[56]. Esse reconhecimento não é indispensável, entretanto; o provimento judicial sobre a legitimidade da recusa não tem eficácia constitutiva, mas declaratória.

Foi o que entendeu a 3ª Turma do STJ no Recurso Especial nº 1.331.115, ao considerar que, diante do art. 476 do Código Civil, é juridicamente possível ao contratante fiel "obter preceito que *declare a exceção do contrato não cumprido*, autorizando-lhe a não cumprir a sua prestação até que o outro contratante demonstre sua adimplência", postura "por meio da qual, preventivamente, se evita possível litígio quanto ao tempo e modo do cumprimento"[57].

Cumpre atentar para o fato de que a legitimidade da recusa ao cumprimento tem como um de seus requisitos o inadimplemento pela contraparte; não consiste, portanto, no mecanismo adequado para impedir a produção dos efeitos da mora no ajuizamento de ações revisionais. Afinal, em linha com a Súmula nº 380 do STJ, "a simples propositura da ação de revisão de contrato não inibe a caracterização da mora do autor". Ou seja, o tão só fato de ajuizar-se ação revisional não é suficiente para que liberar o devedor de pagar suas prestações. Isso não significa que o devedor não possa ser beneficiado por alguma medida que lhe reconheça o direito de não cumprir enquanto discute a revisão contratual, com base inclusive no poder geral de cautela, assim como a súmula não impede que o devedor seja eximido da obrigação desde período anterior à prolação da sentença (esta, aliás, é a opção seguida pelo art. 478 do Código Civil). Todavia, não é o art. 476 do Código Civil que legitima essa espécie de direito a não cumprir, mas instrumentos jurídicos diversos[58].

---

poderiam ter suspendido os pagamentos a pretexto da falta de cumprimento a contento das obrigações pela construtora. Destarte, a sentença foi arguta ao observar que os apelantes também estavam em mora, pois suspenderam o pagamento das parcelas sem autorização judicial ou medidas equivalentes" (TJ/SP, 2ª C.D.P., Ap. Cív. com Revisão nº 299.447-4/1-00, Rel. Des. Boris Kauffmann, v. u., j. 2.6.2009).

[56] Essa postura cautelosa é recomendável naqueles casos em que a prova da inexecução não é robusta o suficiente para o contratante fiel afastar o risco de ser considerado inadimplente numa ação movida pela contraparte. Foi o que ocorreu no litígio que deu origem ao Agravo Regimental no Agravo de Instrumento nº 355.288/SP, julgado pela 3ª Turma do STJ em 22.3.2001, em votação unânime, sob relatoria da Min. Nancy Andrighi. A construtora Zarif Canton Engenharia Ltda. entendeu-se no direito de recusar a entrega de unidade habitacional a José Carlos Milanesi de Castro sob o pretexto de que o preço não havia sido integralmente pago, valendo ressaltar que o montante era objeto de discussão. As instâncias ordinárias entenderam que o comprador havia pago o preço na íntegra, de modo que a recusa unilateral pela construtora foi considerada ilegítima, e, por consequência, esta foi condenada a ressarcir os prejuízos causados pela sua mora.

[57] STJ, 3ª T., REsp nº 1.331.115/RJ, Rel. Min. Nancy Andrighi, v. m., j. 19.11.2013. Cumpre ressaltar, todavia, que a Turma entendeu não haver prova dos requisitos da *exceptio* no caso concreto, julgando o pedido improcedente.

[58] Veja-se, a propósito, precedente do STJ relativo a revisão de contrato administrativo em que se suscitou o seguinte: "[p]revendo a lei a possibilidade de suspensão do cumprimento do contrato pela verificação da *exceptio non adimpleti contractus* imputável à administração, *a fortiori*, implica admitir sustar-se o 'início da execução' quando desde logo verificável a incidência da 'imprevisão' ocorrente no interregno em que a administração postergou o começo dos trabalhos" (STJ, 1ª T., ROMS nº 15.154/PE, Rel. Min. Luiz Fux, v. u., j. 19.11.2002). O uso do argumento *a fortiori* indica que, na prática, a base para a suspensão contratual não foi a exceção de inadimplemento; o instituto serviu como recurso argumentativo para reforçar uma inexigibilidade decorrente *da imprevisão*, e não de um inadimplemento.

Cap. 30 · DIREITO A NÃO CUMPRIR | 517

Ainda assim, pode-se pensar, em última análise, no recurso à *exceptio* perante hipóteses em que contraparte tem o *dever* de renegociar o contrato e se nega a fazê-lo, diante da existência de mecanismos como as cláusulas de *hardship*, por exemplo. Não parece absurdo cogitar-se o inadimplemento de uma obrigação contratual de renegociar, por assim dizer, ou mesmo a inobservância de um dever de cooperação decorrente de boa-fé, capaz de ensejar a invocação da *exceptio* – tudo a depender da verificação do grau de relevância dessa obrigação no programa contratual e do seu papel perante o vínculo sinalagmático.

5. A NATUREZA JURÍDICA DA EXCEÇÃO DE INADIMPLEMENTO

A partir do que se relatou, pode-se concluir que, apesar da alcunha atribuída ao instituto, o art. 476 do Código Civil não dá margem apenas para uma exceção a ser alegada no processo, mas consagra um efetivo *direito*, que pode ser exercido de diversas maneiras. Logo, a natureza do mecanismo, analisado em sua globalidade, não é a de uma mera defesa dilatória, mas a de um *direito potestativo*[59].

Isso porque a recusa legítima ao cumprimento consiste em um *poder jurídico* atribuído ao excipiente, que, atendidos certos pressupostos, pode se abster de adimplir[60]. Decorre de uma declaração negocial de seu titular, apta a *modificar* a relação jurídica entre este e o excepto, paralisando a eficácia de sua obrigação (e, logicamente, do crédito correspectivo). Não é um direito subjetivo contraposto ao dever jurídico de cumprir a obrigação, mas uma *situação jurídica autônoma* que *decorre do inadimplemento*, tal como o direito (também potestativo) à resolução contratual[61]. O

---

[59] Atribui-se à pandectística alemã do final do século XIX o desenvolvimento do conceito dos direitos potestativos como categoria de situação jurídica diversa dos direitos subjetivos até então conhecidos. Percebeu-se a margem para reconhecer-se uma categoria de situação jurídica cuja tutela não envolve a condenação do réu a cumprir um dever, mas tão somente a proteção daquele direito de que o autor é titular, e que lhe representa uma espécie de poder juridicamente prestigiado. É de hábito atribuir-se a Giuseppe Chiovenda a designação dessa categoria como *direitos potestativos* (*Instituições de Direito Processual Civil*, v. I, 2. ed., Campinas: Bookseller, 2000, pp. 30-33), consistentes, assim, em poderes conferidos ao seu titular para criar, modificar ou extinguir relação jurídica unilateralmente, "segundo o seu livre-arbítrio" (António Menezes Cordeiro, *Tratado de Direito Civil português*, v. I, t. 1, Coimbra: Almedina, 1999, p. 128), indo, inclusive, a ponto de interferir na esfera jurídica alheia. Isto é: os efeitos jurídicos pretendidos pelo titular "inelutavelmente se impõem à contraparte" (Carlos Alberto da Mota Pinto, *Teoria geral do Direito Civil*. 3. ed. Coimbra: Coimbra, 1991, p. 174), a quem somente resta o *estado de sujeição* a essa declaração unilateral. Sob o ponto de vista estrutural, portanto, a moldura dos direitos potestativos serve bem para enquadrar o exercício de posições contratuais nas quais se pretende atribuir a agente econômico poder que independa da vontade e do comportamento da contraparte. Os exemplos são vários: o direito de o mandante revogar o mandato; o direito de escolha nas obrigações alternativas e nas obrigações de dar coisa incerta; o direito de dissolver a sociedade por prazo indeterminado; o direito de dar vida a um contrato mediante aceitação da oferta; e, no que diz respeito a este trabalho, o direito de o contratante acionar os remédios pertinentes nos casos permitidos em lei ou na convenção – como a compensação, a retenção e a *exceptio non adimpleti contractus* (a relação é de Agnelo Amorim Filho, As ações constitutivas e os direitos potestativos. In: Teresa Arruda Alvim Wambier; Luiz Rodrigues Wambier (org.). *Doutrinas essenciais de Processo Civil*, São Paulo, v. 2, 2011, versão eletrônica, p. 5).

[60] Giovanni Persico também aponta a natureza potestativa da *exceptio* (*L'eccezione di inadempimento*, Milano: Giuffrè, 1955, p. 13).

[61] Ruy Rosado de Aguiar Júnior, *Extinção dos contratos por incumprimento do devedor*: resolução, cit., pp. 21-53.

exercício desse direito representa, pois, uma *faculdade*[62] ao alvedrio do seu titular[63], independente da vontade da contraparte; esta apenas se sujeita às consequências daquela atuação[64].

É, ainda, um direito potestativo que independe de reconhecimento judicial. O tão-inadimplemento, como fato jurídico, é suficiente para disparar os efeitos do mecanismo estudado, como anota Darcy Bessone, para quem sua aplicação "não requer qualquer ato prévio, podendo ser invocado, pois, sem prévia autorização judicial ou constituição em mora"[65]. O eventual reconhecimento em juízo da legitimidade da recusa há de ter eficácia declaratória, de modo que o direito em si pode ser exercido extrajudicialmente[66]. Nos dizeres de Miguel Reale, trata-se de "uma faculdade que equivale a um *ato de auto-exoneração temporária da obrigação de pagar ou de dar algo*"[67].

Esse exercício do direito a não cumprir pode se dar de diversas formas. A principal, como se mostrou acima, é mediante o oferecimento de uma exceção material pelo réu no processo. Nesse sentido, como mecanismo processual de defesa do demandado, a *exceptio non adimpleti contractus* está para o *direito a não cumprir* assim como a *pretensão ao cumprimento* está para o *direito subjetivo de crédito*; representa uma forma de atuação daquele direito, mas não a única[68]. O mecanismo é capaz de lastrear uma exceção dilatória perante a pretensão ao cumprimento, uma defesa direta de mérito na ação de resolução e mesmo uma "defesa ativa" do devedor ante

---

[62] Não se confunda a *faculdade* com o *direito* em si. A faculdade, diz Orlando Gomes, consiste no "poder de agir, compreendido no direito" (*Introdução ao direito civil*, 15. ed., Rio de Janeiro: Forense, 2000, p. 120). O não-exercício da faculdade não ataca a essência do direito, que, em regra, permanece eficaz; ela é, por assim dizer, o modo pelo qual o direito pode se manifestar. Daí porque dizer que o excipiente, titular do *direito a não cumprir*, tem a faculdade de fazê-lo ou não, podendo optar por buscar a execução específica da obrigação ou mesmo pleitear a resolução do contrato (outra faculdade decorrente de um direito potestativo).

[63] É essa natureza *potestativa*, e não a natureza de *exceção dilatória*, pois, que deve justificar a tendência de negar-se ao juiz a possibilidade de reconhecer *ex officio* a exceção de inadimplemento. Sobre o reconhecimento de ofício da *exceptio*, cf. William Santos Ferreira, Exceção de contrato não cumprido, defesas de mérito direta e indireta, reconvenção e os princípios da concentração e eventualidade – Compatibilizações materiais e processuais, cit., pp. 548-552.

[64] Pode-se objetar que a natureza potestativa da recusa ao adimplemento seria excluída pela possibilidade de o inadimplente cumprir e, com isso, impedir o contratante fiel de exercê-la. No entanto, ao neutralizar o direito à *exceptio*, o adimplemento pelo devedor acaba por alcançar o interesse último do contratante fiel: obter a prestação correspectiva.

[65] Darcy Bessone, *Do contrato*: teoria geral, São Paulo: Saraiva, 1997, p. 200.

[66] Boa parte dos estudiosos que se dedicaram ao tema consideram a *exceptio* um instrumento de autotutela (por todos, cf. Raquel Bellini Salles, *Autotutela nas relações contratuais*, Rio de Janeiro: Editora Processo, 2019, p. 163). Giovanni Persico, em sentido diverso, considera que o instituto não tem essa natureza, pois, apesar de seu exercício alterar a eficácia de uma relação jurídica, não se opera qualquer invasão na esfera jurídica alheia, tampouco se viola direito de outrem, diferentemente de instrumentos como o desforço imediato ou a legítima defesa da posse (*L'eccezione d'inadempimento*, cit., p. 33-35).

[67] Miguel Reale, A boa-fé na execução dos contratos, cit., p. 25, grifos do original.

[68] Diante dessa conclusão, talvez o rigor terminológico recomendasse abandonar a alcunha "*exceção de inadimplemento*" (e seus sinônimos) ao instituto que se analisa – o que não parece necessário. Como se viu, a tradição jurídica brasileira e de outros países da família romano-germânica incorporou a lógica da *exceptio non adimpleti contractus* ao seu raciocínio sem limitá-la aos confins de uma exceção substancial dilatória. Por isso, não parece haver problemas em continuar a referir-se ao mecanismo como tal, ainda que não se queira fazer referência apenas a uma *exceptio* em sentido estrito.

o incumprimento alheio, além de outras potencialidades descobertas pelas necessidades do tráfego negocial[69].

6. O PERFIL FUNCIONAL DA EXCEÇÃO DE CONTRATO NÃO CUMPRIDO

O exame sobre as potencialidades do art. 476 do Código Civil e a natureza da exceção de inadimplemento representa um passo decisivo para definir-se a *função precípua* do instituto – isto é, aquela função que se manifesta em qualquer hipótese de sua incidência e que, portanto, molda suas principais características e serve de baliza para a solução de seus problemas aplicativos.

Como ensina Pietro Perlingieri, determinado fato jurídico por vezes "se exaure na produção de um único efeito, outras vezes produz uma multiplicidade de efeitos. Nestes casos, é necessário determinar se os efeitos têm a mesma relevância na qualificação do fato, ou se entre eles distinguem-se aqueles que determinam a função prático-jurídica (efeitos essenciais) daquele fato dos outros efeitos que não a determinam (efeitos não essenciais)"[70].

À luz das potencialidades da regra e do repertório jurisprudencial, é legítimo inferir que a função precípua da exceção de contrato não cumprido é a de *tutelar o contratante fiel na sua posição jurídica de devedor, permitindo-lhe recusar o cumprimento enquanto não lhe é assegurado o atendimento de seus interesses contratuais, mediante o adimplemento correspectivo, e, por consequência, afastando-lhe os efeitos de um inadimplemento imputável*. Constitui-se, como diz Biagio Grasso, "em um instrumento oferecido à defesa do devedor"[71]. Para chegar a essa conclusão, é preciso compreender quais são as funções que o mecanismo pode desempenhar.

Costuma-se atribuir à *exceptio* as funções de *defender a posição jurídica do devedor*, de *colaborar para o cumprimento integral do contrato*, de servir como *mecanismo de pressão à contraparte inadimplente*, de atuar como uma *garantia indireta do crédito* do contratante fiel e, por fim, de manter o *equilíbrio da relação contratual*. Os exemplos analisados acima mostram que, de fato, a *exceptio* pode desempenhar todos esses papéis, cabendo ao jurista depurar, de todas essas manifestações, qual é primordial, que sempre está presente e, justamente por isso, deve ser tomada em conta para a correta compreensão do mecanismo.

Quando a exceção de contrato não cumprido se manifesta em seu papel clássico, o de defesa do demandado perante a pretensão ao cumprimento, o excipiente invoca o direito de não cumprir uma obrigação enquanto o demandante não cumprir ou não oferecer a que lhe cabe anterior ou simultaneamente; defende-se dizendo: *eu não posso ser condenado a cumprir enquanto você não cumprir ou não oferecer o que lhe cabe*. Presentes seus pressupostos, a *exceptio* legitima o comportamento do demandado, que não sofre os efeitos da inadimplência (não é condenado a prestar, senão mediante contraprestação; não está sujeito às consequências da mora etc.). Em casos tais,

---

[69]   Pede-se vênia para remeter o leitor a Vitor Butruce, *O design da ruptura dos contratos empresariais de prazo determinado*, Tese (Doutorado em Direito Comercial), USP, sob a orientação do Prof. Rodrigo Octávio Broglia Mendes, São Paulo, 2019, pp. 213-228, em que se analisam estruturas adotadas pela práxis, inclusive inspiradas na *exceptio*, para moldar estratégias para enfrentar problemas relativos ao desempenho insatisfatório de operações complexas.

[70]   Pietro Perlingieri, *O Direito Civil na legalidade constitucional*, Rio de Janeiro: Renovar, 2008, pp. 659-660.

[71]   Biagio Grasso, *Eccezione d'inadempimento e risoluzione del contratto*: profili generali, Camerino: Jovene, 1973, p. 93. O autor conclui: "O devedor de uma relação correspectiva tem a possibilidade de promover uma incisão sobre *aquela porção da relação em que figura como titular da situação passiva*, na presença de certos pressupostos".

sobressai a capacidade de o mecanismo assegurar ao contratante fiel seu *direito de não ser condenado a prestar sem que ao menos lhe seja oferecida a correspectiva prestação, bem como a consequência de não lhe serem imputados os consectários da inadimplência temporária ou definitiva*[72].

Ao lado dessa função defensiva, é comum que o manejo da *exceptio* sirva ao contratante fiel como ferramenta capaz de auxiliá-lo a buscar a *execução integral do contrato*. Isso porque o excipiente pode tanto demandar o inadimplente a prestar aquilo que deve, mediante reconvenção ou ação própria, como pode aguardar ser executado, com o que o exequente fica obrigado a provar que "adimpliu a contraprestação que lhe corresponde ou que lhe assegura o cumprimento" (CPC, art. 798, I, d)[73]. Assim, conclui Francesco Messineo, "a parte inadimplente, tendo interesse na prestação alheia, se sentirá estimulada pelo próprio interesse a adimplir"[74].

Essa constatação estimulou alguns juristas a caracterizar a exceção de inadimplemento como um "bom meio de coerção"[75]. Giovanni Persico sugere ter a *exceptio* uma função de "meio indiretamente coercitivo", também definida como uma "coação psicológica"[76]. José João Abrantes afirma servir o mecanismo "como forma de compelir o devedor a executar", pois, se o credor reclamar a prestação sem estar ele próprio disposto a prestar, a *exceptio* pode ser oposta "como *meio de pressão* destinado a compeli-lo à execução simultânea"[77]. A ideia é compartilhada por João Calvão da Silva, para quem a exceção de inexecução constitui "sobretudo um meio de pressão sobre o devedor em mora, na medida em que este tenha interesse ou necessidade da prestação de coisa ou serviço que o credor lhe deva, pois, neste caso, o devedor será incitado a cumprir a sua própria prestação"[78].

---

[72]   Essa função é destacada por Araken de Assis, ao descrever a exceção de inexecução como "importante mecanismo de defesa do obrigado de boa-fé contra os riscos de realizar uma atribuição patrimonial sem receber a contrapartida à qual ela se encontra associada nos termos do programa contratual. (...) É uma faculdade atribuída pela lei à parte que lhe autoriza abster-se do adimplemento" (*Do direito das obrigações*, cit., pp. 656-657).

[73]   Como exemplifica Rafael Villar Gagliardi, "considerando o inadimplemento do comprador, o vendedor pode adotar duas condutas, uma ativa, em que exige judicialmente a contraprestação; outra reativa, em que aguarda uma eventual investida do comprador que exigir a entrega da coisa e então opõe a exceção analisada, condicionando, assim, a entrega da prestação ao cumprimento da contraprestação" (*A exceção de contrato não cumprido*, cit., p. 36).

[74]   Francesco Messineo, *Dottrina generale del contratto*, 3. ed., Milano: Giuffrè, 1948, p. 535. Essa percepção também se extrai do repertório do STJ: "a *exceptio non adimpleti contractus* está para os contratantes como uma maneira de assegurar o cumprimento recíproco das obrigações assumidas", uma vez que, "comprovada a dificuldade do outro contratante em adimplir a sua obrigação, poderá ser recusada a prestação que lhe cabe, até que se preste garantia de que o sinalagma será cumprido" (STJ, 3ª T., REsp nº 1.193.739/SP, Rel. Min. Massami Uyeda, v. u., j. 3.5.2012).

[75]   José do Valle Ferreira, Resolução dos contratos. In: *Revista dos Tribunais*, vol. 403, São Paulo: Revista dos Tribunais, mai./1969, p. 10.

[76]   Giovanni Persico, *L'eccezione di inadempimento*, cit., 1955, p. 8. O termo "coação psicológica" é atribuído a Gioachino Scaduto e Enrico Enrietti.

[77]   José João Abrantes, *A exceção de não cumprimento do contrato no direito civil português*: conceito e fundamento, cit., p. 208. A ideia de "meio de pressão" é compartilhada por Pedro Romano Martinez e Pedro Fuzeta da Ponte, *Garantias de cumprimento*, 5. ed., Coimbra: Almedina, 2006, p. 252.

[78]   João Calvão da Silva, *Cumprimento e sanção pecuniária compulsória*, 4. ed., Coimbra: Almedina, 2002, p. 337. O professor de Coimbra exemplifica: imagine-se caso em que "a prestação do *excipiens* já está em execução e é indivisível, hipótese em que a suspensão da realização da prestação (porque, por exemplo, o devedor não paga as prestações precedentemente já realizadas) se revelará, em regra, de grande eficácia constritiva e determinará o devedor a cumprir suas obrigações".

Aduz-se também que, aliada a essa função coercitiva, a *exceptio* pode indiretamente comportar um papel de garantia ao cumprimento das obrigações. De fato, nos contratos em que há o intercâmbio de prestações, as partes naturalmente lidam a todo momento com o risco da inadimplência alheia, de que algo venha a comprometer temporária ou definitivamente o cumprimento da obrigação pela contraparte. Se houver descumprimento definitivo, a lei atribui à parte prejudicada o direito de resolver o negócio, podendo pleitear o equivalente à prestação intentada ou obter a restituição do que já houver prestado, além de ressarcir-se dos prejuízos decorrente do inadimplemento (CC, art. 475). Todavia, por questões práticas, muitas vezes é difícil obter-se em juízo a restituição daquilo que já se prestou.

Há casos em que a recuperação da prestação transferida pode tornar-se mesmo impossível, quando, por exemplo, o ato de prestar tiver consistido numa obrigação de fazer ou na transferência de coisa infungível consumida. Nenhuma garantia, pessoal ou real, é capaz de evitar a impossibilidade de uma prestação ser restituída. E mesmo quando a prestação a restituir-se seja dinheiro ou uma coisa fungível, nenhuma garantia, por mais sólida que seja, pode fornecer ao credor "a mesma segurança que tem ao *abster-se de cumprir*: basta pensar, entre outras eventualidades, na existência de créditos privilegiados ou no perecimento ou deterioração dos bens dados em garantia"[79]. Dito de outra forma: a melhor forma de se mitigar o risco de um crédito é, quando possível, não liberar os recursos pertinentes[80].

Agrega-se à *exceptio* ainda uma função de "conservar o equilíbrio da contratação, permitindo que uma parte só possa ser obrigada a cumprir aquilo que se encontra obrigada se a outra cumprir a sua obrigação"[81]. Essa característica chegou a ser apontada em precedente da jurisprudência italiana citado por Judith Martins-Costa, a partir de compilação levada a cabo por Luca Nanni, no qual se lê que a exceção de inadimplemento visa a manter "o equilíbrio substancial e funcional entre as obrigações correspectivas"[82].

Embora se reconheça que a exceção de inadimplemento pode cumprir mais de um papel na dinâmica contratual, é nítido que as aplicações do mecanismo são impregnadas de um aspecto

---

[79] Maria de Lurdes Pereira e Pedro Múrias, Os direitos de retenção e o sentido da excepção de não cumprimento. In: *Revista de Direito e de Estudos Sociais*, Coimbra: Almedina, ano XLIX, n⁰ˢ 1-4, jan.-dez./2008, p. 207.

[80] Afirma-se, então, que a *exceptio* seria uma "garantia indireta" ao cumprimento, seja por pressionar a contraparte a prestar, por tirar o crédito ostentado pelo contratante fiel do concurso de credores ou, ao fim, por evitar a perda do valor da prestação que permanece no patrimônio do excipiente. Segundo Paulo R. Roque A. Khouri, "em todas as situações que a exceção é chamada a funcionar, mesmo quando haja prazos diferentes para o cumprimento da obrigação, vê-se que ela age protegendo o patrimônio do contratante fiel, evitando que ele efetive o sacrifício patrimonial contido na prestação que lhe compete", de modo que "se o que se busca com a garantia é a recuperação do crédito concedido, não se concebe como negar uma função de garantia que protege o credor contra o risco de perder o próprio crédito" (A exceção do contrato não cumprido e a sua relação com a garantia das obrigações no direito brasileiro. In: *Revista da AJURIS*, Porto Alegre: AJURIS, nº 94, jun. 2004, pp. 304-305 e p. 310). Essa função de garantia é também destacada por João Calvão da Silva, para quem "[é] preferível para o credor não cumprir a sua obrigação [...] a estar a cumprir e a sofrer as consequências da impotência económica do devedor inadimplente. Daí que, vista no plano de garantia (indirecta e negativa), a função da *exceptio* pode ser relevante, evitando ao *excipiens* a perda do valor de sua prestação" (*Cumprimento e sanção pecuniária compulsória*, Rio de Janeiro: Renovar, 2005, pp. 336-337).

[81] Rodrigo Toscano de Britto, *Equivalência material dos contratos civis, empresariais e de consumo*, São Paulo: Saraiva, 2007, p. 144.

[82] Judith Martins-Costa, *A boa-fé no direito privado*, São Paulo: Revista dos Tribunais, 1999, p. 419.

eminentemente *defensivo*. E a essência dessas manifestações tem como objeto a posição jurídica do contratante fiel como *devedor*. Isto é: ainda que cada parte seja simultaneamente credora e devedora uma da outra nos contratos sinalagmáticos, a *exceptio* se destina a proteger a situação subjetiva passiva à qual o excipiente se submete.

Portanto, os efeitos práticos que a *exceptio* pode exercer em benefício da obtenção do crédito pelo contratante, sua situação subjetiva ativa, são consequências paralelas, secundárias ou indiretas ao âmago do instituto. Sua função precípua consiste em *legitimar a recusa do contratante em cumprir uma obrigação* e, com isso, *impedir que ele sofra os efeitos de um suposto descumprimento dessa mesma obrigação*, única consequência comum em qualquer hipótese de manejo do instituto. Explica-se melhor.

Quando a *exceptio* é utilizada como mecanismo de defesa do contratante injustamente demandado, essa oposição não é capaz, *por si só*, de fazer com que o demandante efetivamente cumpra sua obrigação. É bem verdade que o demandante pode vir a cumprir espontaneamente – e, aliás, deve fazê-lo se tiver interesse em executar o demandado, como exige o CPC (art. 798, I, d). Mas, conforme as circunstâncias, pode ser mais conveniente ao demandante permanecer em litígio, hipótese em que a *exceptio é* incapaz de levar ao cumprimento integral do contrato. Além disso, há casos em que o inadimplente está decidido a não cumprir obrigação personalíssima, quando a *exceptio* tem apenas o efeito de impedir o excipiente de cumprir algo sem perspectiva de receber a contraprestação, sendo incapaz de convencer o excepto a cumprir seu dever.

Se, em vez de apenas excepcionar, o demandado também reconvém pleiteando o cumprimento, isso indica seu interesse em obter a contraprestação, e aí a *exceptio* integra uma atuação global visando ao adimplemento; diz o demandado: *eu não posso ser condenado a cumprir enquanto você não cumprir ou não oferecer o que lhe cabe* [exceção]; *aliás, eu quero que você cumpra agora o que me deve* [reconvenção]. Atingido o resultado, não é a *exceptio* o instrumento decisivo, e sim o pedido reconvencional, que independe da *exceptio* e pode ser deduzido antes mesmo de o demandante-inadimplente ajuizar sua ação[83].

Na mesma linha, se a reconvenção tem como objetivo a resolução do contrato em favor do contratante fiel, a *exceptio* serve para evitar que o demandado-reconvinte seja considerado inadimplente, mas é incapaz de conduzir ao cumprimento integral do contrato – até porque, se o demandado pretende a resolução, o cumprimento já não é mais do seu interesse.

O mesmo pode ser dito quando o demandado se defende numa ação resolutória com base no art. 476. O efeito que o direito de recusar o cumprimento lhe empresta nesses casos é o de evitar as consequências de um inadimplemento imputável, já que, se a contraparte não cumpre o que devia anterior ou simultaneamente, o demandado não pode sofrer os efeitos da inadimplência, pois está legitimado a não cumprir. Não há aí qualquer eficácia coativa. Apenas se assegura a posição jurídica passiva do contratante.

Ainda quando a *exceptio* é manejada numa estratégia de defesa ativa, a eficácia buscada, a rigor, é novamente a de assegurar ao contratante o seu direito de não cumprir, afastando-lhe os efeitos de uma inadimplência que não lhe pode ser imputada. Se o reconhecimento de seu direito a não cumprir fizer com que a contraparte cumpra o que lhe cabe, a estratégia como um todo terá sido bem-sucedida, mas não em função exclusivamente da *exceptio*, e sim de uma conjunção de fatores, alguns dos quais possivelmente extrajurídicos. E o manejo da *exceptio* dessa maneira ativa também não é sempre capaz de levar ao cumprimento, pelas mesmas razões enunciadas acima.

---

[83] Em suma, tomando de empréstimo a metáfora tantas vezes utilizada pelos processualistas, a *exceptio é* o escudo e a reconvenção representa o contragolpe; e não é o escudo que derruba o adversário, mas o contragolpe.

Cap. 30 · DIREITO A NÃO CUMPRIR | 523

Logo, muito embora a experiência mostre que a *exceptio* pode servir como meio de pressão do devedor e conduzir ao cumprimento integral do contrato, essas não chegam a ser funções precípuas e inafastáveis do instituto, mas repercussões eventuais e acessórias de sua aplicação prática[84].

Também a função de garantia é secundária na *exceptio*. Como esclarecem Pedro Romano Martinez e Pedro Fuzeta da Ponte, "não se pode olvidar que, indirectamente, por via da pressão exercida, este instituto *pode ser* um meio de o credor garantir o cumprimento de uma prestação", mas "não assegura o cumprimento por parte do devedor inadimplente, nem aumenta ou confere qualquer privilégio em relação ao património do devedor"[85]. O tão só fato de cogitar-se sua função de garantia *indireta* demonstra que esse aspecto não lhe é da essência.

É de se questionar, por fim, se a *exceptio* tem como finalidade primordial garantir equilíbrio entre os contratantes. A lógica do mecanismo é inegavelmente permeada por um sentimento de equilíbrio, por assim dizer, dinâmico ou funcional. É *também* para atender a fins de equilíbrio que se permite ao excipiente recusar o cumprimento se o excepto estiver inadimplente; seria pouco equânime permitir a um contratante exigir as vantagens de um negócio sem lhe sofrer os ônus. No entanto, a fluidez da ideia de equilíbrio parece pouco frutífera para tê-la como função primordial a ser exercida por um mecanismo de efeitos tão concretos como a exceção de inadimplemento. Aqui, mais uma vez, repete-se a constatação de que o efeito prático do mecanismo não pode ser confundido com a função essencial que o move, o fim típico que ele busca atingir[86].

---

[84] Maria de Lurdes Pereira e Pedro Múrias assim sintetizam: "[à] *exceptio* não subjaz senão o desígnio de assegurar que cada uma das partes não seja constrangida a cumprir a sua prestação fora dos termos em que se encontra obrigada. Uma coisa, repita-se, é o seu efeito prático normal. Outra, bem diversa, a finalidade que visa satisfazer e que cunha o seu regime" (Os direitos de retenção e o sentido da excepção de não cumprimento, cit., p. 233). No mesmo sentido, cf. Biagio Grasso, *Eccezione d'inadempimento e risoluzione del contratto: profili generali*, cit., pp. 82-83.

[85] Pedro Romano Martinez e Pedro Fuzeta da Ponte, *Garantias de cumprimento*, cit., p. 252.

[86] Compreende-se, de todo modo, a atribuição dessa finalidade equilibradora à *exceptio* – especialmente quando se pensa que sua elaboração, de cunho canônico, tinha nítidos contornos de justiça contratual. Todavia, de lá para cá, o Direito Privado passou a conhecer instrumentos especificamente destinados ao equilíbrio contratual, como a resolução por onerosidade excessiva, a revisão por alteração de circunstâncias, a proteção ao contratante hipossuficiente, o regime das cláusulas abusivas, e mesmo a boa-fé tem sido instrumento apto a atender a esses fins. Já a exceção de contrato não cumprido, que tem norma específica a lhe servir de base, e que pretende atender a casos em que uma obrigação correspectiva é fruto de inadimplemento, não deve ser vista como mais um mecanismo destinado a esse desiderato – o que não só confunde o seu campo de aplicação como, principalmente, atrapalha o desenvolvimento teórico daqueles outros mecanismos. Deve-se evitar a utilização de conceitos indeterminados para a solução de problemas que mecanismos específicos são capazes de resolver – como parece ser o caso da exceção de inadimplemento. Nesse sentido, após considerar que a *exceptio* poderia ter como fundamento a proteção à confiança do excipiente, ao lado de outros mecanismos igualmente protetivos da confiança, Anderson Schreiber ressalva: "nas hipóteses em que se prevê de forma expressa a vedação ao comportamento contraditório (v.g., artigos 175, 476 e 491), a impossibilidade de vir contra os próprios atos não deriva aí – ao menos não diretamente – de um princípio segundo o qual *nemo potest venire contra factum proprium*, mas das regras específicas ditadas pelo Código Civil. Não se deve, tampouco nestes casos, proceder a investigações acerca da existência ou não de confiança legítima, porque ela foi presumida, incorporando-se positivamente no texto legal a solução que pareceu ao legislador mais adequada" (*A proibição de comportamento contraditório*: tutela da confiança e *venire contra factum proprium*, Rio de Janeiro: Renovar, 2005, p. 94).

Além disso, alguns exemplos podem mostrar hipóteses em que a *exceptio* tende a ser aceitável, embora não tenha por fim produzir propriamente um equilíbrio na relação contratual. Pense-se na alegação da *exceptio* diante do exemplo corriqueiro da compra e venda a crédito, em que se coligam o contrato de aquisição de um bem com um contrato de financiamento à aquisição: o comprador pode suspender o pagamento das prestações de seu financiamento se houver descumprimento pelo vendedor (por exemplo, a existência de defeito no produto transferido, ou o inadimplemento de deveres relacionados à assistência técnica), e essa suspensão naturalmente afetaria a posição jurídica do agente financiador. Se este, por sua vez, não estiver coberto por alguma espécie de seguro ou outro mecanismo capaz de mitigar esse risco, acaba sendo prejudicado por um fato que não lhe é imputável. Não parece haver aí exatamente o resguardo de um equilíbrio da relação; nem por isso, todavia, o mecanismo deve ser afastado, porque, ainda assim, está cumprindo sua função precípua, que é a de assegurar a posição jurídica do contratante fiel (no caso, o adquirente da mercadoria) na sua condição de devedor.

Dito por outras palavras, a *exceptio* não representa precipuamente um meio de pressão, embora, na prática, possa ter essa aptidão em uma série de ocasiões; não tem a função primordial de servir como proteção ao crédito do excipiente, tampouco como garantia, apesar de servir como tal em vários casos; não constitui por excelência um mecanismo de tutela do equilíbrio entre os contratantes, nada obstante seja capaz de exercer esse papel em muitas circunstâncias; tampouco é por si só suficiente para assegurar o cumprimento integral do contrato[87].

A função típica da exceção de inadimplemento – aquela que está presente em todas as suas manifestações e que, por isso, lhe molda as características – é a de *defender a posição jurídica do contratante fiel na qualidade de devedor, à luz do regime contratualmente estabelecido, impedindo que seja forçado a cumprir enquanto não lhe é assegurado o atendimento concreto de seus interesses contratuais mediante o adimplemento da obrigação correspectiva, de modo a legitimar a sua recusa a prestar e, por consequência, afastar os efeitos de um suposto inadimplemento imputável*[88].

Recorrendo-se novamente à síntese de Biagio Grasso, vê-se que "seu efeito típico e qualificante consiste somente em afastar o dever de adimplir a própria obrigação"[89]. Trata-se, pois, de um mecanismo de *defesa de um devedor não-inadimplente*, consubstanciando, como diz Miguel Reale, "o propósito do excipiente de preservar um direito próprio, até que seja cumprida pelo outro contraente a prestação, cuja falta ou defeito arguir"[90].

---

[87] Biagio Grasso é preciso ao comentar a necessidade de identificar-se a função essencial do instituto: "[s]e é verdadeiro, de fato, que a função concretamente perseguida por um instituto seja procurada tendo em conta o efeito essencial por ele produzido, é evidente que tudo aquilo que pode acontecer após a oposição da exceção, inclusive o adimplemento tardio, não pode ser enquadrado no âmbito funcional do instituto, não fazendo parte da mínima unidade de efeitos por ele produzida" (*Eccezione d'inadempimento e risoluzione del contratto*: profili generali, cit., p. 83, nota de rodapé 124).

[88] Essa conclusão se aproxima do registro de Peter Westermann ao § 320 do BGB: "[a] lei fala claramente de um direito de recusa da prestação, que o devedor pode exercer. Com isto, visa dar-lhe na mão *uma garantia de não ter de cumprir sua própria obrigação para depois, de sua parte, ter de esperar pela contraprestação*" (*Direito das obrigações*: parte geral, Porto Alegre: Sérgio Antônio Fabris, 1983, p. 50). Em sentido semelhante, cf. Maria de Lurdes Pereira, *Conceito de prestação e destino da contraprestação*, Coimbra: Almedina, 2001, pp. 138-139.

[89] Biagio Grasso, *Eccezione d'inadempimento e risoluzione del contratto*: profili generali, cit., pp. 83-84.

[90] Miguel Reale, A boa-fé na execução dos contratos, cit., p. 25.

7. CONCLUSÃO

O art. 476 do Código Civil, que serve de base à *exceptio non adimpleti contractus*, atribui ao contratante fiel, nos contratos sinalagmáticos, a faculdade de recusar o cumprimento de uma obrigação quando a contraparte, por sua vez, não cumpre a que lhe incumbe anterior ou simultaneamente. Esse instrumento de defesa pode ser utilizado de diversas maneiras, sendo a mais recorrente, e justamente por isso a mais estudada, aquela em que o demandado oferece uma exceção substancial dilatória em juízo.

O percurso sintetizado neste texto permite verificar que a redação codificada oferece mais do que uma matéria de defesa perante um pedido de cumprimento, e que a prática das disputas contratuais adota diferentes estratégias baseadas no mecanismo, muitas vezes prestigiadas no teste da realidade contenciosa. Nesse contexto, o jurista não deve estar limitado a uma leitura histórica do dispositivo, extraindo-lhe exclusivamente uma defesa processual, mas, ao contrário, deve procurar "lhe conferir a máxima eficácia social", na expressão de Gustavo Tepedino[91]. E a identificação dessa eficácia, sobretudo com os olhos postos nas lides concretas, é o que permite moldar o perfil funcional do instituto.

Assim, à luz das potencialidades da regra e do repertório jurisprudencial, conclui-se que a função precípua da exceção de contrato não cumprido é a de *tutelar o contratante fiel na sua posição jurídica de devedor, permitindo-lhe recusar o cumprimento enquanto não lhe for assegurado o atendimento de seus interesses contratuais, mediante o adimplemento correspectivo, e, por consequência, afastando-lhe os efeitos de um inadimplemento imputável.*

Essa constatação deve ser a lente para solução dos problemas concretos acerca do instituto – a partir do que se enxerga um caminho para aprofundar-se o estudo dogmático da *exceptio*[92]. Ou seja, em atendimento ao art. 187 do Código Civil, esse é o seu "fim econômico ou social", critério a balizar uma série de conflitos que podem surgir sobre sua aplicação e seus efeitos, especialmente a incidência de conceitos indeterminados nos litígios relacionados ao seu manejo, a exemplo dos casos de oposição contrária à boa-fé ou do seu exercício disfuncional.

---

[91] Gustavo Tepedino, Crise de fontes normativas e técnica legislativa na Parte Geral do Código Civil de 2002, cit., p. XV.

[92] Foi essa a direção percorrida pelo autor nos capítulos 2, 3 e 4 da sua dissertação, que cuidam dos pressupostos, dos efeitos e dos limites da *exceptio* à luz do perfil funcional identificado. Pede-se vênia para remeter o leitor a Vitor Butruce, *A exceção de contrato não cumprido no Direito Civil brasileiro contemporâneo*: funções, pressupostos e limites de um "direito a não cumprir", cit., em especial às pp. 179-223.

31

AS CLÁUSULAS PENAIS NO DIREITO BRASILEIRO: CRITÉRIOS DISTINTIVOS ENTRE CLÁUSULAS PENAIS MORATÓRIA E COMPENSATÓRIA[1]

VIVIANNE DA SILVEIRA ABILIO

Sumário: 1. Introdução. 2. As modalidades de cláusula penal no direito brasileiro. 3. Critérios de distinção entre as modalidades de cláusula penal. 3.1 O valor da cláusula penal em comparação ao da obrigação principal. 3.2 A cláusula penal atrelada ao (des)cumprimento de obrigação específica. 3.3 A cláusula de descumprimento de "quaisquer das obrigações". 3.4 Critérios relativos à espécie de obrigação e ao tipo contratual. 3.5 As consequências do pagamento da cláusula penal. 3.6 A presença de cláusula resolutiva expressa ou termo essencial. 3.7 Critérios relativos à forma de incidência da cláusula penal. 3.8 Outros elementos: regras gerais de interpretação. 4. Notas conclusivas.

1. INTRODUÇÃO

A renovação metodológica pela qual atravessa o Direito Civil representou,[2] no âmbito do direito das obrigações, a superação da avaliação estática do vínculo obrigacional – centrada apenas

---

[1] O texto reflete adaptação da obra *Cláusulas Penais Moratória e Compensatória: critérios de distinção* (Editora Fórum, 2019), decorrente de Dissertação de Mestrado defendida no âmbito do Programa de Pós-Graduação em Direito Civil da Universidade Estadual do Rio de Janeiro, em que tive a honra de ser orientada pelo Professor Gustavo Tepedino. Não há palavras para expressar o privilégio de compor a presente obra em sua homenagem – o que me permite registrar, uma vez mais, minhas profundas admiração e gratidão.

Agradeço, ainda, à Danielle Tavares Peçanha e à Francisca Maria de Medeiros Marques pelo imprescindível auxílio na elaboração da primeira versão da presente adaptação.

[2] Sobre o tema, v., entre outros: Pietro Perlingieri, A doutrina do Direito Civil na Legalidade Constitucional. In: Gustavo Tepedino (org.). *Direito Civil Contemporâneo*: novos problemas à luz da legalidade constitucional, São Paulo: Atlas, 2008, p. 1.

nos momentos de constituição (especialmente para fins tipológicos) e do adimplemento pelo devedor (focado exclusivamente no desempenho da prestação principal nos exatos tempo e forma convencionados) –, que deu lugar à visão dinâmica e funcional da relação.[3]

Sob a influência dos princípios constitucionais, notadamente o da solidariedade (CRFB, art. 3º, I), de que é expressão a boa-fé objetiva, acentuou-se a importância da cooperação entre as partes para a consecução da finalidade pretendida com o ajuste, atribuindo-se aos centros de interesses envolvidos direitos e deveres a ela relacionados (não já apenas no momento do adimplemento e da constituição, mas) ao longo de todo o processo obrigacional.[4] Nesse viés, supera-se a concepção da obrigação como vínculo de integral subordinação do devedor à arbitrariedade do credor.[5] Assim, muito embora a relação obrigacional funcionalize-se ao atendimento do interesse do credor, este se extrai das circunstâncias objetivas postas no negócio, a se considerar, ainda, os interesses do devedor merecedores de tutela no caso concreto,[6] bem como impor ao próprio credor deveres de cooperação.[7]

Inspirado nas alterações mencionadas, o presente trabalho procura investigar o papel da cláusula penal a partir de sua inserção na lógica obrigacional – metodologia que busca identificar a cláusula penal como elemento capaz de contribuir para o alcance da finalidade da relação obrigacional. A previsão de cláusula penal pode se mostrar significativa, assim, na identificação de escolhas efetuadas pelas partes e evidenciar até mesmo a maior relevância atribuída em concreto a determinadas prestações.[8]

---

[3] Nesse sentido, Pietro Perlingieri, *O Direito Civil na Legalidade Constitucional,* Rio de Janeiro: Renovar, 2008, p. 902-903.

[4] "Como efeito da apreensão da totalidade concreta da relação obrigacional, percebe-se ser a mesma um *vínculo dinâmico* – porque passa a englobar, num permanente fluir, todas as vicissitudes, 'casos' e problemas que a ela possam ser reconduzidas – que se movimenta processualmente, posto criado e desenvolvido à vista de uma finalidade, desenvolvendo-se em fases distintas, a do nascimento do vínculo, do seu desenvolvimento e adimplemento" (Judith Martins-Costa, *A Boa-Fé no Direito Privado,* São Paulo: Revista dos Tribunais, 2000, 1ª ed., 2ª tiragem, p. 394).

[5] "A obrigação não se identifica no direito ou nos direitos do credor; ela configura-se cada vez mais como uma relação de cooperação. Isto implica uma mudança radical de perspectiva e de leitura da disciplina das obrigações: esta última não deve ser considerada o estatuto do credor". (Pietro Perlingieri, *O Direito Civil na Legalidade Constitucional,* cit., p. 912-913).

[6] Na síntese de Pietro Perlingieri: "A obrigação não se identifica no direito ou nos direitos do credor; ela configura-se cada vez mais como uma relação de cooperação. Isto implica uma mudança radical de perspectiva e de leitura da disciplina das obrigações: esta última não deve ser considerada o estatuto do credor; a cooperação substitui a subordinação e o credor se torna titular de obrigações genéricas ou específicas de cooperação ao adimplemento do devedor" (*O Direito Civil na Legalidade Constitucional,* cit., p. 912-913).

[7] "Urge, deste modo, revisitar o critério distintivo entre o inadimplemento absoluto e o inadimplemento relativo para compreender de forma mais equitativa a usual fórmula do *interesse do credor.* A doutrina tradicional afirma que, nesta matéria, 'o interesse do devedor acha-se subordinado ao do credor'. Todavia, cumpre reconhecer que o adimplemento dirige-se não à satisfação arbitrária do credor, mas ao atendimento da função sócio-econômica, identificada com a própria causa do ajuste estabelecido entre ambas as partes." (Anderson Schreiber, A Tríplice Transformação do Adimplemento: adimplemento substancial, inadimplemento antecipado e outras figuras. In: *Revista Trimestral de Direito Civil - RTDC,* vol. 32, out/dez, 2007, p.15). E remata: "Se o comportamento do devedor alcança aqueles efeitos essenciais que, pretendidos concretamente pelas partes com a celebração do negócio, mostram-se merecedores de tutela jurídica, tem-se o adimplemento da obrigação, independentemente da satisfação psicológica ou não do credor".

[8] Em sentido semelhante, veja-se citação de Andrea Zoppini: "Si tratta, pertanto, di un patto che, in astratto, non aggiunge nulla, né modifica la struttura o la funzione del regolamento di interessi cui accede, ma

PROBLEMAS DE DIREITO CIVIL

Em tal concepção, há que se estremar as distintas modalidades – cláusula penal compensatória e cláusula penal moratória – em decorrência de sua vinculação a momentos com lógicas diversas – inadimplemento absoluto e mora – à luz da manutenção do interesse na prestação. Nesse cenário, a verificação da função desempenhada em concreto pela cláusula penal, apurada de acordo com o seu papel no programa obrigacional, consiste em metodologia capaz de auxiliar o intérprete a qualificar a previsão contratual, identificando, assim, a disciplina adequada à hipótese.

2. AS MODALIDADES DE CLÁUSULA PENAL NO DIREITO BRASILEIRO

O não cumprimento[9] da obrigação pode representar o perecimento do interesse do credor na obrigação ou implicar apenas abalo no vínculo, incapaz de soterrar as expectativas das partes. No primeiro caso, verifica-se o inadimplemento absoluto; no segundo, o inadimplemento relativo ou mora.[10] O que singulariza a mora em relação ao inadimplemento absoluto consiste no fato de que, no primeiro caso, a irregularidade no cumprimento pode "ainda ser corrigida de forma a atender ao interesse dos envolvidos",[11] isto é, embora haja descumprimento, a irregularidade no cumprimento convive com a finalidade que justifica a obrigação.[12]

Como anteriormente mencionado, o conceito de adimplemento (e, por consequência, de inadimplemento) transformou-se para contemplar a verificação da finalidade delineada pelas partes com a obrigação, vale dizer, o atendimento aos "efeitos essenciais do negócio jurídico concretamente celebrado pelas partes".[13] A análise do cumprimento supera, assim, o simples desempenho da prestação principal (estruturalmente considerada), devendo ser analisada

---

che nell'analisi della fattispecie concreta assume particolare importanza in vista dei motivi che hanno spinto le parti all'accordo negoziale e dei fini alla realizzazione dei quali la penale è connessa" (Andrea Zoppini, *La Pena Contrattuale*, Milão: Giuffrè, 1991, p. 100).

[9] Na definição de Antunes Varela: "O não cumprimento é, neste sentido, a situação objectiva de não realização da prestação debitória e de insatisfação do interesse do credor, independentemente da causa de onde a falta procede" (Antunes Varela, *Das obrigações em Geral*, vol. II. Coimbra: Almedina, 1995, p. 60).

[10] Ressalte-se que se está a tratar apenas das hipóteses de descumprimento imputáveis ao devedor, muito embora como leciona Lacerda de Almeida: "O não cumprimento da obrigação ou o seu cumprimento de modo incompleto e irregular assim como pode provir de circunstância alheia à vontade do devedor, pode também ter por causa fato ou omissão que lhe seja imputável. No primeiro caso, desonera-o legitimo impedimento, o qual pode ser ocasionado pelo próprio credor ou por caso fortuito ou força maior; o credor acarreta naturalmente com o prejuízo." (Francisco de Paula Lacerda de Almeida, *Obrigações*, Rio de Janeiro: Revista dos Tribunais, 1916, 2ª ed., p. 158).

[11] Gustavo Tepedino; Anderson Schreiber, *Código Civil Comentado*, vol. IV: direito das obrigações, São Paulo: Atlas, 2008, p. 357.

[12] Trata-se do paradigma que opõe inadimplemento (absoluto) e mora, na clássica lição de Agostinho Alvim: "Dá-se o inadimplemento absoluto quando a obrigação não foi cumprida, nem poderá sê-lo, como no caso de perecimento do objeto, por culpa do devedor. Mais precisamente: quando não mais subsiste para o credor a possibilidade de receber. Haverá mora no caso em que a obrigação não tenha sido cumprida no lugar, no tempo ou na forma convencionados, subsistindo, em todo o caso, a possibilidade de cumprimento" (Agostinho Alvim, *Da Inexecução das Obrigações e suas Consequências*, São Paulo: Saraiva, 1980, 3ª ed., p. 7)

[13] Anderson Schreiber, *A Tríplice Transformação do adimplemento*, cit., p. 15. No já citado estudo, o Autor aduz a três distintas transformações: temporal, conceitual e consequencial (*Ibidem*, p. 10).

no caso concreto a influência de deveres considerados acessórios em abstrato na função da relação obrigacional.[14]

A utilidade da prestação, por conseguinte, passa a ser identificada à luz do concreto regulamento de interesses contemplado pelas partes,[15] em investigação que, como salienta a doutrina, deve considerar a função da relação obrigacional.[16]

Mora e inadimplemento absoluto distinguem-se, como não poderia deixar de ser, também quanto às suas consequências.[17] Decorre da mora a assunção, pelo inadimplente, dos riscos relativos ao perecimento do objeto da obrigação (*perpetuatio obligationis*), bem como o dever de indenizar os danos decorrentes do cumprimento impontual. A relação persiste, devendo ser prestado o objeto da obrigação, "já que a prestação, embora não cumprida *tal como devida*, ainda *poderá ser cumprida*."[18] Apenas a hipótese de inadimplemento absoluto faculta a extinção do ajuste,[19] caso em que há incompatibilidade com o cumprimento específico,[20] que se trata de instrumento para

---

[14] Nas palavras de Aline de Miranda Valverde Terra, deve-se avaliar a *prestação devida* em todas as suas peculiaridades: A partir da concepção funcionalizada da relação obrigacional, alarga-se a noção de seu objeto, que deixa de ser entendido como a prestação principal, para ser concebido como a *prestação devida,* constituída não apenas pelo dever primário de prestação, mas também pelo dever secundário de prestação, bem como pelos deveres de conduta impostos pela boa-fé objetiva. (...) A consequência de tal violação – mora ou inadimplemento absoluto – depende de sua repercussão na prestação devida, vale dizer, depende da possibilidade de o credor ainda receber a prestação (isto é, se ainda é possível para o devedor prestá-la e para o credor recebê-la com utilidade). Aline de Miranda Valverde Terra, *Inadimplemento Anterior ao Termo*, Rio de Janeiro: Renovar, 2009, p. 218.

[15] Veja-se, em doutrina: "a aferição da utilidade da prestação há de ser feita com base em critérios objetivos, visualizando-se todo o programa contratual de fora, e não apenas a partir da individual subjetividade do credor – o que poderia ensejar arbitrariedades e chancelar simples caprichos –, sob pena de se sufragar e recair em vetusta orientação voluntarista" (Gabriel Rocha Furtado, *Mora e Inadimplemento Substancial*, São Paulo: Atlas, 2014, p. 31).

[16] "Inversamente, porém, pode ocorrer que o credor já não mais tenha interesse, pois a prestação já não lhe é mais útil, o que é avaliado *in concreto*, tendo em conta a ponderação entre fatores objetivos (como a função e o fim econômico-social da prestação, àquilo que ela normalmente visa satisfazer conforme o *id quod plerumque accidit*), e fatores relativos aos sujeitos (como a conduta das partes no curso da relação e o impacto do não-cumprimento na relação, tendo em vista a legítima expectativa do credor, etc.)" (Judith Martins-Costa, *Comentários ao Novo Código Civil*: do inadimplemento das obrigações, vol. V, t. 2, Rio de Janeiro: Forense, 2003, p. 219).

[17] Como salienta a doutrina, a importância da apuração (mora x inadimplemento) se reflete quanto ao regime jurídico: "Sob a designação genérica de *não cumprimento*, que encabeça, ao lado do *cumprimento*, um dos capítulos mais importantes do Livro das Obrigações, cabem, assim, situações muito diferentes, que importa distinguir e classificar, visto não ser o mesmo o regime jurídico que lhes compete" (Antunes Varela, *Das obrigações em Geral*, vol. II, cit., p. 60).

[18] Judith Martins-Costa, *Comentários ao Novo Código Civil*, cit., p. 218, grifos no original.

[19] "A extinção da obrigação compreende-se, pois desaparecendo o interesse do credor cessa a razão de ser da obrigação que, sabemo-lo já, deve corresponder a um interesse do credor". (João Calvão da Silva, *Cumprimento e Sanção Pecuniária Compulsória*, Coimbra: Faculdade de Direito da Universidade de Coimbra. 1997, p. 64). Nas palavras de Washington de Barros Monteiro, no caso de inadimplemento absoluto "a sorte está lançada, sendo impossível refazer uma situação que já se cristalizou ou se consumou definitivamente" (Washington de Barros Monteiro, *Curso de Direito Civil*, vol. 4, São Paulo: Saraiva, 2007, p. 327).

[20] "Se o interesse do credor no cumprimento permanece na actualidade, apesar da falta de cumprimento pontual do devedor, a sanção mais perfeita e ideal é fazer seguir o atraso no cumprimento ou o provisório

530 | PROBLEMAS DE DIREITO CIVIL – Homenagem aos 30 anos de cátedra do professor Gustavo Tepedino

"realização pela força (pela força organizada ao serviço de direito, evidentemente)" da "própria prestação devida".[21] A "opção" do credor pela execução específica pressupõe, desse modo, estar o devedor apenas em mora.[22] Na hipótese de inadimplemento absoluto, permite-se ao credor a restituição ao *status quo ante*, para além do direito de indenização pelos prejuízos decorrentes do descumprimento definitivo (que abrangem "a reposição do seu patrimônio no estado em que se encontraria, se o contrato não tivesse sido celebrado"[23]).

Tais conceitos são essenciais para o estudo da cláusula penal, que possui sua exigibilidade vinculada ao descumprimento obrigacional. A partir da distinção entre inadimplemento absoluto e mora, a cláusula penal pode ser compensatória ou moratória.[24] No primeiro caso, ocorre o

---

incumprimento de cumprimento – cumprimento retardado, decerto, mas que evitou o incumprimento definitivo. Isto pressupõe a possibilidade e a utilidade para o credor do cumprimento, ainda que tardio, *não podendo o credor pedir o cumprimento coactivo retardado quando haja incumprimento definitivo, ou por impossibilidade superveniente da prestação, ou pelo desaparecimento do interesse do credor no cumprimento retardado.*" (João Calvão da Silva, *Cumprimento e Sanção Pecuniária Compulsória*, cit., p. 141-143, grifou-se). Em sentido semelhante, veja-se Araken de Assis: "Sendo assim, carece de sentido ensejar ao devedor emenda do seu atraso – objetivo precípuo da interpelação –, se, por suposto, o retardamento tornou o cumprimento impossível". (Araken de Assis, *Resolução do Contrato por Inadimplemento*, São Paulo: Revista dos Tribunais. 2004, 4ª ed. p. 105).

[21] Fernando Pessoa Jorge, *Direito das Obrigações*. Lisboa: Associação Acadêmica da Faculdade de Direito de Lisboa, 1975/1976, p. 407.

[22] "Al riguardo, allorché il creditore esercita la cosiddetta azione per l'adempimento (v., ad esempio, art. 1453 c.c.), egli sicuramente manifesta l'intenzione di ottenere la prestazione dovuta (...). Di conseguenza – diversamente da quanto si trova talora affermato in dottrina – il debitore non può considerarsi inadempiente definitivamente ma solo in retardo" (Michele Giorgianni, Inadempimento (Diritto Privato). In: *Enciclopedia del Diritto*, vol. XX, Varese: Giuffrè, 1970p. 872).

[23] Antunes Varela, *Das obrigações em Geral*, vol. II, cit., p. 108.

Sobre a discussão a respeito da inclusão de interesses positivos no âmbito da resolução e seu óbice no princípio da vedação ao enriquecimento sem causa, v. Gisela Sampaio da Cruz Guedes, Lucros Cessantes – do bom-senso ao postulado normativo da razoabilidade, São Paulo: Revista dos Tribunais, 2011p. 133 a 142. Tais prejuízos são compostos tanto por danos emergentes quanto por lucros cessantes, como explica Mario Julio de Almeida Costa, Direito das Obrigações, São Paulo: Almedina, 9ª ed., p. 978.

[24] A distinção é bastante difundida em doutrina, como entre diversos outros: Henri De Page, *Traité Élémentaire de Droit Civil Belge*, vol. III: Les Obligations (seconde partie), Bruxelas: Émileou Bruylant, 1950, p. 152; e Andrea Torrente; Piero Schlesinger, *Manuale di Diritto Privato*. Milão: Giuffrè, 1985, 12ª ed., p. 540; Vincenzo Roppo, *Il Contrato*, Giuffré, p. 995; Guilherme Calmon Nogueira da Gama, Direito Civil: obrigações. São Paulo: Atlas, 2008, p. 393. V. tb Nelson Rosenvald, *Cláusula Penal*: a pena privada nas relações negociais, Rio de Janeiro: Lumen Iuris, 2007, em diversas passagens, como se observa ao dissertar sobre a cláusula penal para o descumprimento de uma cláusula especial: "a pena para o descumprimento de uma cláusula especial pode revestir caráter de essencialidade no contrato, a ponto de seu descumprimento frustrar completamente as legítimas expectativas de confiança do credor. Nesses casos, mesmo que no perfil estrutural da obrigação aquela cláusula não se confunda com a obrigação principal, a cláusula penal será compensatória em razão da destruição da finalidade do negócio jurídico" (p. 64).

Em jurisprudência, veja-se trecho do voto do Ministro Luis Felipe Salomão, ao apreciar a controvérsia a respeito de cláusula penal fixada em função do atraso nos contratos de incorporação imobiliária: N"esse passo, é consabido que a cláusula penal constitui pacto secundário acessório - uma condição - por meio do qual as partes determinam previamente uma multa (geralmente em pecúnia), consubstanciando indenização para o caso de inadimplemento absoluto ou de cláusula especial, hipótese em que se denomina cláusula penal compensatória. Ou mesmo, como no presente caso, a cláusula penal pode ser estabelecida

perecimento do interesse útil do credor no cumprimento da obrigação,[25] que persiste na segunda hipótese, ainda havendo utilidade no recebimento da prestação.[26]

Essa diversidade de funções (e, por consequência, seus específicos regimes jurídicos) reflete-se, como não poderia deixar de ser, nas modalidades de cláusula penal. A cláusula penal moratória, prevista para o caso de inadimplemento relativo e, portanto, para um descumprimento que não soterra o interesse do credor na prestação, é cumulável com o cumprimento da prestação principal. A seu turno, a cláusula penal compensatória, prevista para hipóteses em que não subsiste tal interesse não pode, em sua configuração legal, ser prestada em conjunto com a obrigação a que se vincula, impossibilitando o cumprimento coativo.[27]

A exigibilidade da prestação ajustada a título de cláusula penal libera o credor de efetuar a comprovação ou mesmo alegar a existência de danos em função do inadimplemento.[28] A impossibilidade de cumulação com a prestação principal[29] e os limites estabelecidos para a fixação de seu

---

para prefixação de indenização por inadimplemento relativo (quando se mostrar útil o adimplemento, ainda que tardio; isto é, defeituoso), recebendo, assim, a denominação de cláusula penal moratória" (STJ, REsp 1.498.484, 2ª S., Rel. Min. Luis Felipe Salomão, julg. 22.5.2019).

[25] Em exame do regime jurídico da cláusula penal compensatória no Código Civil e sua aplicação nas relações de consumo quando estipulada a multa a favor do consumidor, cotejando a função exercida pelo instituto com o direito básico do consumidor à reparação integral, permita-se remeter à Milena Donato Oliva; Vivianne da Silveira Abílio, A cláusula penal compensatória estipulada em benefício do consumidor e o direito básico à reparação integral. In: *Revista de Direito do Consumidor*, vol. 105, 2016, p. 273-294. Em termos gerais, conclui-se que, naquelas relações, "embora seja possível a pactuação de cláusula penal compensatória a ser exigida pelo consumidor para o caso de inadimplemento absoluto do fornecedor, em obediência ao princípio da reparação integral do consumidor, que traduz norma imperativa (art. 1º, CDC), deve-se garantir ao consumidor demonstrar seus reais prejuízos e perseguir sua reparação integral, valendo a cláusula penal como indenização mínima."

[26] Gustavo Tepedino; Anderson Schreiber, *Código Civil Comentado*, vol. IV, cit., p. 360. Em obra mais recente: "Diz-se compensatória a cláusula penal fixada para a hipótese de inadimplemento absoluto da obrigação. Diz-se moratória a cláusula penal fixada para a hipótese de inadimplemento relativo da obrigação" (Gustavo Tepedino; Anderson Schreiber, *Fundamentos do Direito Civil*: Obrigações, Rio de Janeiro: Forense, 2020, p 389). Ver, ainda: "É da estrutura da divisão das espécies em exame a consequente impossibilidade da exigência da multa moratória no caso de inadimplemento absoluto, uma vez que aquela somente tem lugar na hipótese de inadimplemento relativo (mora) e também o oposto, do contrário estar-se-ia violando expressa disposição legal e contratual (...)" (Marcelo Benacchio, *Cláusula Penal*: revisão crítica à luz do Código Civil de 2002, São Paulo: Atlas, 2008).

[27] Na lição de autorizada doutrina: "A cláusula penal pode representar uma indemnização *moratória* ou uma indemnização *compensatória*, consoante se destina a ser aplicada em caso de *mora* ou em caso de *inexecução definitiva*. A importância da distinção está em que a cláusula moratória é *cumulável* com a execução específica do contrato, ao passo que a cláusula compensatória não o é" (Inocêncio Galvão Teles, *Manual de Direito das Obrigações*, t. I, Coimbra: Coimbra, 1965, p. 237).

[28] V., por todos, Tito Fulgêncio, *Manual do Código Civil Brasileiro*: das modalidades das obrigações, vol. X, Rio de Janeiro: Jacintho Ribeiro dos Santos, 1926, 439-440.

[29] Em sua configuração legal, a cumulação entre a exigibilidade da obrigação e, ao mesmo tempo, da cláusula penal compensatória é claramente afastada: o raciocínio baseia-se no fato de que a cobrança simultânea de ambas resultaria em injustificada duplicidade. Obrigação principal e cláusula penal compensatória excluem-se mutuamente, na medida em que essa última apenas pode ser exigida quando não mais houver justificativa para a execução da primeira (ou, em outros termos, esgotada a utilidade da prestação convencionada). Como se destacou em doutrina: "O impedimento do cúmulo da obrigação com a pena é outra manifesta refutação. Diferentemente de outros direitos, como o austríaco, que permite

532 | PROBLEMAS DE DIREITO CIVIL – *Homenagem aos 30 anos de cátedra do professor Gustavo Tepedino*

valor[30] dificultam a atribuição de função punitiva[31] à cláusula penal compensatória – que assume, em sua configuração legal, "mecanismo estabelecido pelo direito para proteger o contratante contra os riscos do inadimplemento".[32] Com efeito, fixando de antemão os valores que lhe serão atribuídos ou imputados por ocasião do descumprimento definitivo (imputável), credor e devedor, além de evitarem longas discussões judiciais e da incerteza a elas inerentes,[33] garantem maior dinamismo à extinção contratual.[34] Trata-se de forma de antecipar as consequências de eventual inadimplemento danoso, para que cada uma das partes, a partir desse ajuste, possa gerenciar com segurança sua posição, utilizando-se até mesmo de expedientes de gestão desse risco exteriores ao próprio pacto.

A seu turno, a cobrança da prestação consubstanciada na cláusula penal moratória afigura-se, em essência, cumulável com a própria obrigação avençada, a autorizar, em tese, o agravamento da

---

essa união do desempenho obrigacional com a penalidade, o Brasil veda-o taxativamente, à exceção da cláusula moratória" (Otavio Luiz Rodrigues Junior, *Função, Natureza e Modificação da Cláusula Penal no Direito Brasileiro*. Tese de doutorado apresentada à Faculdade de Direito da Universidade do Estado de São Paulo, 2006p. 247). Cuida-se de perspectiva compatível com as regras estabelecidas pelo direito brasileiro, nas quais se expressa em diversos dispositivos a tentativa de proteger também o devedor de ajustes que desequilibrem a obrigação, como a imperatividade da redução da cláusula penal manifesta-mente excessiva (sobre o caráter de *favor debitoris* da aludida norma, veja-se Gustavo Tepedino, Efeitos da Crise Econômica na Execução dos Contratos. In: *Temas de Direito Civil*, t. 1, Rio de Janeiro: Forense, 2008, p. 107 e ss.).

[30] Consagradas no art. 412 do Código Civil, segundo o qual não se mostra possível o estabelecimento de multa superior ao da obrigação principal; bem como no art. 413, que estabelece critérios de redução judicial imperativa. Veja-se, em doutrina: "Ademais, o valor estipulado pelas partes para o eventual ressarcimento pode ser reduzido pelo juiz, em algumas situações, e não se permite que exceda o da obrigação principal. Com essas restrições e outras já introduzidas em lei, a *cláusula penal* amortece o efeito de intimidação que a maioria lhe atribui" (Orlando Gomes, *Obrigações*, Rio de Janeiro: Forense, 2007, 17ª ed.,p. 190); e "Un tercer sistema legislativo es el que señala un limite legal al monto de la pena, al cual debe la misma reducirse en caso que hubiera sido excedido por las partes. Tal lo que establece la legislación brasileña, cuyo Art. 920 del Código Civil prescribe: 'El valor de la conminación impuesta en la cláusula penal no puede exceder el de la obligación principal'. (...) Este precepto es bien lógico en la ley brasileña que, al fijar un limite equivalente a la pena con el valor de la obligación principal, assigna una funcción claramente compensatória a la cláusula penal" (Guillermo Diaz, *La Imutabilidad de la Clausula Penal*, Buenos Aires: El Ateneo, 1936, p. 62-63).

[31] Sobre o ponto, seja consentido remeter à obra *Cláusulas Penais Moratória e Compensatória: critérios de distinção*, Belo Horizonte: Fórum, 2019, em que se procurou demonstrar que a defesa de uma função coercitiva/punitiva da cláusula penal pressupõe o agravamento da situação do devedor.

[32] Gustavo Tepedino, *Efeitos da Crise Econômica na Execução dos Contratos*, cit., p. 105. Observe-se que, em jurirsprudência, é possível constatar perspectiva semelhante: "É por meio dessa pena que se assegura o acordo firmado entre as partes, ao sabor do comércio jurídico, dos riscos da inobservância, ou melhor, do descumprimento daquilo que foi inicialmente pactuado, mostrando-se como meio alternativo de solução de conflitos privados". (STJ, 4ª T., REsp 1.346.171, Rel. Min. Luis Felipe Salomão, julg. 11.10.2016).

[33] "A resposta já está escrita, e melhor escreveu-a Giorgi: o fundamento da penal está na vontade das partes, que quiseram por este modo liberar-se dos riscos, das delongas e das despesas de provas e de liquidações nem sempre fáceis, e reforçar o vínculo obrigatório". (Tito Fulgêncio, *Manual do Código Civil Brasileiro*, cit., p. 439).

[34] "A cláusula penal é de grande utilidade, e daí a enorme frequência do seu emprego. Ela, com efeito, *dispensa a prova da existência de prejuizos e de seu montante;* todas as dificuldades e incertezas inerentes a essa prova ficam afastadas. Obtém-se assim uma importante vantagem de segurança e simplicidade" (Inocêncio Galvão Teles, *Manual de Direito das Obrigações*, cit., p. 236, grifos no original).

situação do devedor.[35] Diante dos efeitos centrais da cláusula penal moratória – cumulatividade com a obrigação principal, a representar o surgimento de responsabilidade adicional ao devedor, ainda que em face da limitação prevista no art. 412 do Código Civil;[36] e, principalmente, por se tornar exigível enquanto ainda existente interesse na obrigação principal – tal instituto pode assumir relevante papel coercitivo. Todavia, não se pode afastar que da própria mora podem surgir danos passíveis de ressarcimento,[37] daí porque a cláusula penal moratória pode se referir ao ressarcimento de danos, quando, por exemplo, se consubstancia em prestação a ser oferecida por terceiros ou a prestação seja evidentemente destinada a suprir os prejuízos decorrentes da mora, como é, ao fim e ao cabo, a hipótese de multa estabelecida nos contratos de promessa de compra e venda de bens em construção.[38] Por outro lado, podem as partes prever vertente puramente coercitiva nos casos em que sua estipulação revela a intenção de impor sanções ao devedor moroso para estimulá-lo a efetuar a prestação, como nos casos em que os percentuais ajustados se afiguram móveis e crescentes, ou se provisiona multa diária.[39] A admissão de cláusula puramente punitiva,

---

[35] "Temos, assim, a *multa moratória,* também chamada compulsória, e a que de início tivemos oportunidade de aludir. Como na hipótese da letra b, a mora não autoriza o devedor a denunciar a obrigação principal; por esta continua a responder, bem como pela multa convencionada para o atraso. (...) Dada a circunstância apontada, que possibilita a cumulação das prestações, não costuma ser elevada a multa moratória" (Washington de Barros Monteiro, *Curso de Direito Civil,* cit., p. 345); "se a disposição contratual tiver o propósito de desencorajar a mora, ou de assegurar o cumprimento de uma cláusula da avença, portanto, cláusula moratória, permite a lei se ajunte o pedido de multa ao da prestação principal" (Silvio Rodrigues, *Direito Civil:* parte geral das obrigações, vol. II, São Paulo: Saraiva, 2006, 30ª ed., p. 271). Há que se ressaltar, contudo, que são diversos os limites estabelecidos pela legislação específica ao valor da cláusula penal moratória, como é o caso do CDC (art. 52, § 2º).

[36] Sobre a aplicabilidade do limite às moratórias, v., entre outros Christiano Cassetari, *Multa contratual:* Teoria e prática da cláusula penal, São Paulo: RT, 2013, p. 79-80; e Judith Martins-Costa, *Comentários ao Novo Código Civil,* cit., p. 673-674 e 679.

[37] "A indemnização de perdas e danos pode ser, porém, distinguida em *compensatória e moratória.* Chama-se *compensatória* ou *supletiva* a indemnização que substitui a prestação que não foi feita e corresponde à inexecução *definitiva.* (...) Esta indemnização, por isso, não pode ser acumulada, evidentemente, com a execução ou prestação tardia; pois, de contrário, o credor receberia duas prestações em vez de uma. Indemnização *moratória* é aquela que tem por fim reparar, somente o prejuízo havido com o atraso do cumprimento do contrato; e, por isso, poderá ser acumulada com a execução tardia." (Luiz Cunha Gonçalves, *Tratado de Direito Privado,* vol. IV, t. 2, São Paulo: Max Limonad, 1955, 2ª ed., p. 712-713).

[38] É a conclusão a que chegou o STJ, 2ª S., REsp 1.498.484, Rel. Min. Luis Felipe Salomão, julg. 22.5.2019.

[39] É possível identificar casos em que a previsão de multa diária em contrato foi considerada cláusula penal moratória. A título exemplificativo, veja-se: "Apelação Cível. Embargos à execução. Cláusula penal estabelecendo multa diária por atraso no cumprimento de acordo homologado pelo juízo, no qual o município se comprometeu a iniciar as obras de pavimentação e drenagem no mês de outubro de 2008, estabelecendo, no caso de atraso - no início, ou no término das obras. Multa Diária De R$ 50,00 (cinquenta reais). A efetiva conclusão da obra se deu em 25/05/2010, ou seja, com 831 dias de atraso, os quais, somados ao atraso de 34 dias para o início da obra, alcançou o total de 865 dias-multa" (TJRJ, 18ª CC., Ap. Cív. 0000557-07.2011.8.19.0063, Rel. Des. Helena Candida Lisboa Gaede, julg. 1.11.2013).

Em tais hipóteses, a penal moratória acaba por se assemelhar funcionalmente às astreintes. Não se soterra, com isso, as evidentes distinções entre os institutos. Como é cediço, cuida-se as astreintes de expediente processual aplicado em juízo para compelir o devedor de obrigação de fazer ou não fazer a executar sua obrigação. Veja-se: "A *astreinte* é um meio de constrangimento indireto criado pela jurisprudência francesa nos primórdios do séx. XIX, sem o apoio de texto legal. Consiste em o juiz fazer acompanhar a

PROBLEMAS DE DIREITO CIVIL – *Homenagem aos 30 anos de cátedra do professor Gustavo Tepedino*

a caracterizar verdadeira pena privada, encontra excepcional legitimidade por sua relação com a tutela do adimplemento: vislumbra-se que a imposição de coerção dessa natureza se mostra capaz de garantir o interesse do credor no cumprimento da obrigação (que ainda lhe é útil).[40]

Deve se destacar, ainda, entendimento segundo o qual as expressões "compensatória" e "moratória" não estariam vinculadas às espécies de inadimplemento anteriormente descritas. A cláusula penal moratória estaria no âmbito do critério da extensão: a cláusula penal específica (ou moratória) apresenta-se como contraponto à cláusula penal ampla (para o descumprimento total da obrigação),[41] não já à cláusula penal compensatória.[42] Essa, por sua vez, caracteriza-se por sua função de compensação de danos, subdividindo-se em cláusula penal cumulativa (art. 411) ou alternativa (ou substitutiva – art. 410), integral ou parcial.[43]

---

condenação principal do devedor no cumprimento da obrigação – especialmente da obrigação de *facere* ou de *non facere* – de uma "pena" pecuniária (*astreinte*) por cada período de tempo (dia, semana, mês) de atraso no cumprimento daquela ou por cada violação futura de obrigação negativa" (João Calvão Silva, Cumprimento e Sanção Pecuniária Compulsória, cit., p. 375).

A similitude de funções, contudo, mostra-se ainda mais estreita ao se verificar que se atribui às astreintes a função, ainda que subsidiária, de indenização do credor: "(...) entendida a razão histórica e o motivo de ser das *astreintes* perante o ordenamento jurídico brasileiro, pode-se concluir que o instituto possui o objetivo de atuar em vários sentidos, os quais assim se decompõem: a) ressarcir o credor, autor da demanda, pelo tempo em que se encontra privado do bem da vida; b) coagir, indiretamente, o devedor a cumprir a prestação que a ele incumbe, punindo-o em caso de manter-se na inércia; c) servir como incremento às ordens judiciais que reconhecem a mora do réu e determinam o adimplemento da obrigação, seja ao final do processo (sentença), seja durante o seu transcuro (tutela antecipatória)." (STJ, 4ª T., REsp 949.509, Rel. Min. Luis Felipe Salomão, Rel. para Acórdão Min. Marco Buzzi, julg. 8.5.2012, publ. *DJ* 16.4.2013).

[40] Sobre a avaliação dos interesses na teoria das penas privadas, seja consentido remeter ao primeiro capítulo do livro *Cláusulas Penais Moratória e Compensatória: critérios de distinção*.

[41] "A confusão de critério se depara em virtude do fato de a cláusula *compensatória* ser uma das espécies de cláusula *quanto à função*, contrapondo-se à punitiva, e não à moratória, enquanto esta, a moratória, é uma categoria das cláusulas quanto à extensão, variedade que é de cláusula específica (ou restrita), contrapondo-se à cláusula ampla ou genérica , e não compensatória." (Rubens Limongi França, *Teoria e Prática da Cláusula Penal*, São Paulo: Saraiva, 1998p. 135).

[42] Afirma, ainda, haver um terceiro tipo, referente a certas consequências da inexecução (*Ibidem*, p. 133).

[43] Em similar perspectiva, Jorge Cesa Ferreira da Silva: "Essa distinção lembra a classificação usual das hipóteses de inadimplemento (absoluto e mora), mas com elas não se confunde. As cláusulas penais compensatórias não dizem respeito exclusivamente ao inadimplemento absoluto e as moratórias não compreendem exclusivamente a mora. O elemento essencial da distinção encontra-se na consequência jurídica: as cláusulas penas compensatórias são satisfativas, ou seja, substituem a execução do dever originalmente prevista (art. 410); já as cláusulas penais moratórias são cumulativas, vale dizer, não substituem a prestação e, por isso, podem ser exigidas juntamente com ela (art. 411)" (SILVA. Jorge Cesa Ferreira da Silva, *Inadimplemento das Obrigações* – comentários aos arts. 389 a 420 do Código Civil, São Paulo: Revista dos Tribunais, 2007, p. 254-255). Nessa mesma direção, Carlos Alberto Ferriani: "É compensatória porque no lugar da obrigação individuada que não foi cumprida, é devida a pena particularmente indicada. Esse tipo de inexecução não é mora, mas também não pode ser inadimplemento absoluto. Nada impede que se tenha pactuado uma cláusula penal específica para aquela obrigação. A pena infligida será então para compensar. Em suma: o que se quer dizer é que a cláusula penal compensatória não supõe necessariamente o inadimplemento absoluto; refere-se à inexecução total ou de alguma cláusula; já a cláusula penal moratória supõe inadimplemento mora." (Carlos Alberto Ferriani, Da cláusula penal. In: Revista *de Direito Bancário e do Mercado de Capitais,* ano 15, vol. 55, São Paulo: Revista dos Tribunais, jan-mar, 2012, p. 148).

Nada obstante a robustez de tais ponderações, o distinto regime jurídico parece, contudo, se justificar em decorrência da função desempenhada por cada uma das modalidades.[44] Daí porque, muito embora o legislador refira-se a cumprimento completo (no art. 409) e total (art. 410) da obrigação, opõe tais expressões à mora[45] e, ainda, destaca a cláusula penal afeita a "cláusula específica" (que, a rigor, pode caracterizar mora ou inadimplemento absoluto). Afinal, identificar se o inadimplemento total ou parcial caracteriza ou não simples mora apenas se afigura relevante ao avaliar o impacto desse descumprimento no atendimento ao interesse do credor, na medida em que, por exemplo, o inadimplemento total pode representar simples mora. Em outras palavras, a tipificação das cláusulas penais no direito brasileiro parece evidenciar que as consequências estruturais remetem a essa função.[46]

A despeito das discussões a respeito dessas categorias, dúvidas não há de que se verificam dois diversos regimes na disciplina legal da cláusula penal:[47] enquanto o art. 411 do Código Civil prevê a exigibilidade da cláusula penal (moratória), em conjunto com o cumprimento da obrigação

---

[44] Em raciocínio semelhante, veja-se Calvão da Silva: "Daí que o legislador tivesse vedado imperativamente o cúmulo do cumprimento e da cláusula penal, com a ressalva da cláusula penal moratória. Isto é, o credor não pode cumular o cumprimento e a cláusula penal compensatória (regra imperativa), podendo, contudo, se assim o desejar, cumular o cumprimento retardado com a cláusula penal moratória (...)" (João Calvão da Silva, *Cumprimento e Sanção Pecuniária Compulsória*, cit. p. 255).

[45] A oposição é feita no âmbito do próprio artigo 409 e, ainda, nos distintos regimes previstos nos arts. 410 e 411.

[46] Conforme destaca Orlando Gomes: "Convenciona-se [a cláusula penal], tendo em vista: a) a inexecução do *contrato*; b) a infração de uma de suas cláusulas; c) a simples mora. Variam as soluções conforme o fima a que se propõe, na intenção comum das partes. (...) A distinção de tratamento legal explica-se pela função básica da cláusula penal. É compreensível a *cumulação* no caso de inadimplemento de obrigação constante de cláusula especial; por isso que, *subsistindo o contrato*, não há prejuízo total. Do mesmo modo na hipótese de mora, dado que o devedor continua responsável pela dívida." (Orlando Gomes, *Obrigações,* cit., p. 191, grifou-se em negrito). Também é a orientação seguida por Benacchio, ao abordar a questão relativa à cláusula fixada em segurança "especial de outra cláusula determinada": "diante da importância que adquire, na dogmática obrigacional contemporânea, o princípio da confiança, podem ser frequentes as hipóteses em que o descumprimento de uma obrigação secundária, anexa ou instrumental, efetivamente frustre as legítimas expectativas do credor e distorça ou desvie a objetiva finalidade *do contrato*, conduzindo à imprestabilidade da prestação eventualmente (mal) feita. Nesses casos, não nos parece haver dúvidas que a infração, ainda que não atingindo a totalidade da prestação, conduza ao caráter compensatório da cláusula penal" (Benacchio, Marcelo. *Cláusula Penal,* Cit., p. 381, grifou-se).

[47] Como pontua António Pinto Monteiro, a distinção convive com a tese de que a cláusula penal possui diversas espécies (cláusula penal "stricto sensu"; cláusula de liquidação prévia do dano e a cláusula penal puramente compulsória), justamente em decorrência dos distintos efeitos a serem produzidos: "Aponta-se , tradicionalmente, a cláusula penal compensatória e a cláusula penal moratória como modalidades da figura. O sentido usual desta distinção é o seguinte: a primeira estabelece a indemnização a que o credor terá direito pelo não cumprimento da obrigação principal; a segunda visa apenas a reparação do dano da mora" (António Pinto Monteiro, *Cláusula Penal e Indemnização,* Coimbra: Almedina, 1999, p. 281). E conclui, em nota de rodapé: "Esta distinção, nos termos por que tradicionalmente feita, evidencia um claro alinhamento pela tese indemnizatória, que reduz a cláusula penal a uma indemnização predeterminada. Vale, por isso, na nossa perspectiva, para a cláusula penal que é acordada a título de fixação prévia da indemnização, espécie a que se reporta o nº 1 do art. 810º. Todavia, a rejeição da perspectiva tradicional não implica o abandono dessa distinção, a qual continua a ter lugar, uma vez que a prestação a que o credor tem direito – a pena –, ainda que estipulada a título compulsivo-sancionatório, pode, consoante o acordo das partes, substituir a prestação inicialmente devida, ou visar, tão-só, o pontual cumprimento,

descumprida, a previsão do art. 410 (para a cláusula penal compensatória) revela sua incompatibilidade com o cumprimento coativo da prestação principal – sendo essencial buscar critérios que possam auxiliar o intérprete a identificar (a partir da avaliação da avença e da modalidade de cláusula penal prevista pelas partes) qual o regime incidente.

3. CRITÉRIOS DE DISTINÇÃO ENTRE AS MODALIDADES DE CLÁUSULA PENAL

A importância da distinção entre cláusula penal compensatória e cláusula penal moratória[48] afigura-se proporcional às incertezas e dificuldades na identificação, em concreto, da modalidade eleita pelas partes.

Para que se possa proceder a tal tarefa, deve-se privilegiar a identificação em concreto da cláusula penal à luz de sua inserção na lógica obrigacional, bem como da avaliação do papel conferido pelas partes à previsão. A revisão do método interpretativo, portanto, mostra-se essencial para conferir maior segurança na identificação da modalidade da cláusula penal, evitando-se critérios abstratos. A perspectiva coincide com a radical alteração do processo hermenêutico no âmbito do direito civil: outrora dominado pela análise calcada na subsunção, afirma-se, a partir da renovação metodológica que reconhece o caráter unitário do ordenamento, com a consequente inserção do direito civil na legalidade constitucional,[49] que cabe ao intérprete investigar a função em concreto assumida por determinado instituto para, então, definir o regime jurídico aplicável, mediante procedimento unitário em que interpretação do fato e qualificação da disciplina do caso concreto consistam em aspectos do mesmo procedimento, não já momentos estanques e sucessivos.

A doutrina procurou enumerar circunstâncias que, uma vez previstas pelas partes, implicariam a escolha por uma das modalidades de cláusula penal. Deve-se avaliar se esses subsídios e, principalmente, a forma com que são aplicados atendem à necessidade de traduzir a função da cláusula penal no ajuste obrigacional. Examinam-se, ainda, outras circunstâncias além das tradicionalmente enumeradas, que podem auxiliar o intérprete a identificar a modalidade de cláusula penal avençada.

3.1 O valor da cláusula penal em comparação ao da obrigação principal

O recurso à avaliação do valor da cláusula penal em face da expressão econômica do contrato afigura-se uma das formas mais comumente indicadas em doutrina como capaz de permitir ao intérprete identificar a modalidade de cláusula penal prevista no contrato. De acordo com essa forma de avaliação, caso a pena mostre-se superior – independentemente de ser vedado no direito

---

pelo que, em caso de mora, acrescerá à execução específica ou à indemnização a que houver lugar pelo não cumprimento definitivo" (*Ibidem*, p. 281, nota de rodapé n. 571).

[48] A relevância da distinção é destacada por Serpa Lopes: "Reveste-se de importância o problema, pois, consoante a cláusula seja compensatória ou moratória, as consequências variam profundamente" (Miguel Maria de Serpa Lopes, *Curso de Direito Civil*: obrigações em geral, vol. II, Rio de Janeiro: Freitas Bastos, 1966p. 175).

[49] Sobre tais premissas metodológicas, confira-se, entre outros: Pietro Perlingieri, *O Direito Civil na Legalidade Constitucional*, cit., em especial as págs 217–221; e Gustavo Tepedino, Normas Constitucionais e Direito Civil na Construção Unitária do Ordenamento. In: Gustavo Tepedino, *Temas de Direito Civil*, tomo 3, Rio de Janeiro: Forense, 2009, p. 3-20.

brasileiro tal caso (a questão se limita à qualificação) – ou próxima ao montante da obrigação principal, cuida-se de cláusula penal compensatória; de outra parte, na hipótese de o valor ser de pouca monta, estar-se-ia diante de cláusula moratória.[50]

A *ratio* de tal concepção consiste na suposição de que os danos decorrentes do inadimplemento relativo se mostram, em regra, inferiores aos derivados do descumprimento definitivo da obrigação, a justificar que a cláusula penal fixada em valor significativamente menor que o montante da obrigação principal seja moratória, enquanto àquela que se aproxima desse valor, configure multa compensatória.[51]

Conquanto relevante, a apuração em abstrato à luz de tal critério pode resultar em incongruências com a previsão das partes e subverteria o próprio processo qualificativo. A cláusula penal pode representar ajuste relacionado à gestão privada dos riscos relativos ao inadimplemento, não havendo óbices para que – pressupondo-se paridade das partes – uma delas assuma risco mais elevado, seja prevendo cláusula penal moratória mais robusta, seja estabelecendo penal compensatória mais amena, o que pode até mesmo ser consequência de condições contratuais mais favoráveis. A conclusão não é distinta no que tange à cláusula penal que assume uma função exclusivamente coercitiva, na qual sequer remotamente há vinculação com os danos decorrentes da mora e é possível que eventual caráter cumulativo (como ocorre na fixação de multa de patamar diário), possa resultar no alcance de patamares próximos ao valor da obrigação principal.

A perspectiva crítica a respeito do critério do valor, contudo, não afasta sua utilidade para o intérprete. Como já se salientou em doutrina, trata-se de instrumento que pode servir de auxílio,[52] em conjunto com outros elementos, ou como último recurso, em casos nos quais inexistam outros para definir o papel da cláusula penal na sistemática contratual.

3.2 A cláusula penal atrelada ao (des)cumprimento de obrigação específica

Discute-se se, diante das previsões contidas nos arts. 409 e 411 do Código Civil – cláusula penal relativa à inexecução de "alguma cláusula especial" e para a "segurança especial de outra cláusula determinada", respectivamente – se há terceiro gênero de cláusula penal, não abarcado nem pela multa compensatória, nem pela moratória.

Trata-se de conceito vinculado ao por vezes denominado "adimplemento ruim", existindo posição doutrinária no sentido de se tratar de cláusula penal moratória[53] – baseada na impossibilidade

---

[50] É o que explana Carvalho Santos: "[n]o confronto desses valores é fácil deduzir se a cláusula penal foi estipulada em razão da inexecução ou da mora do devedor. De fato, quando a pena, cujo montante é igual, por maioria de razão, quando superior ao valor do principal, terá quase sempre sido estipulada em razão da inexecução; se a taxa é mínima em relação à obrigação principal, certamente tê-lo-á sido em razão da simples mora do credor" (J.M. Carvalho Santos, *Código Civil Brasileiro Interpretado*, vol. XI, Rio de Janeiro: Freitas Bastos, 1964, 9ª ed., p. 315).

[51] Aludido critério é amplamente adotado também em jurisprudência. A título exemplificativo, veja-se: TJMG, 14ª C.C., Ap. Cív. 1.0702.10.053218-4/001, Rel. Des. Rogério Medeiros, julg. 5.9.2013, publ. *DJ* 13.9.2013.

[52] O papel auxiliar da avaliação a partir do valor da obrigação é salientado em doutrina: "Auxilia na identificação o valor previsto para a multa: caso se aproxime do valor global da prestação, a pena será compensatória; se corresponder apenas a uma parte desse montante, será moratória" (Jorge Cesa Ferreira da Silva, *Inadimplemento das Obrigações – comentários aos arts. 389 a 420 do Código Civil*, cit., p. 257).

[53] Miguel Maria de Serpa Lopes, *Curso de Direito Civil*, cit., p. 175. V. também Rubens Limongi França, *Cláusula Penal*. In: *Enciclopédia Saraiva de Direito*, São Paulo: Saraiva, 1977, p. 118.

do descumprimento de cláusula específica ensejar o inadimplemento absoluto do ajuste.[54] Trata-se de questão vinculada em especial à extensão do conceito de mora no direito brasileiro e à pertinência da importação da denominada teoria da violação positiva do contrato.[55] Contudo, como já se pontuou em doutrina, a concepção ampla de mora no direito brasileiro torna despiciendo o recurso a tal teoria.[56]

Nesse cenário, a cláusula penal vinculada à obrigação específica tampouco consiste em terceira espécie: diante do conceito de adimplemento segundo o qual mais do que oferecer a prestação principal, deve-se atender ao programa obrigacional em todas as suas circunstâncias, cláusulas que estabeleçam deveres específicos compõem o próprio objeto obrigacional. Em sendo essenciais para o atendimento ao interesse do credor, sua inobservância caracteriza inadimplemento absoluto; tratando-se de descumprimento remediável, verifica-se a simples mora. Portanto, a previsão do pagamento de cláusula penal em virtude do descumprimento de cláusula específica de um contrato deve ser contextualizada a partir do papel do aludido dever no cenário obrigacional.

3.3 A cláusula de descumprimento de "quaisquer das obrigações"

Afirma-se que a previsão de exigibilidade da cláusula penal como decorrência do genérico descumprimento de qualquer uma das cláusulas da avença poderia configurar tanto multa compensatória, como moratória, a depender da obrigação que seja descumprida no caso concreto e seu impacto no programa obrigacional.[57]

Não parece adequado, contudo, à luz da função exercida por cada modalidade de cláusula penal, atribuir à genérica cláusula dessa espécie natureza potencialmente dúplice: entender que a mesma cláusula pode incidir para hipóteses funcionalmente diversas, implicaria, a rigor, a desconsideração da diversidade de função, além de vincular sua natureza a evento posterior.

Aludida cláusula também não se adequa, em regra, à função desempenhada pela cláusula penal compensatória.[58] A constatação de que as cláusulas penais relativas ao inadimplemento

---

[54] J.M. Carvalho Santos, *Código Civil Brasileiro Interpretado*, cit., p. 332; Manoel Ignácio Carvalho de Mendonça, *Doutrina e Prática das Obrigações*, t. I, Rio de Janeiro: Freitas Bastos, 1938, 3ª ed., p. 352.

[55] "A norma [art. 409 do Código Civil] explicita a intenção das partes de estipularem pena capaz de impedir o cumprimento defeituoso da prestação ou para a violação positiva do contrato" (Nelson Rosenvald, *Cláusula Penal*: a pena privada nas relações negociais, cit., p. 61).

[56] Por todos, v. Gustavo Tepedino; Anderson Schreiber, Fundamentos do Direito Civil: obrigações, cit., p. 327.

[57] Nesse sentido, Confira-se: TJSP, 30ª CDPriv., Ap. Cív. 0070273-78.2012.8.26.0100, Re. Des. Maria Lúcia Pizzotti, julg. 8.6.2016.

[58] Raciocínio semelhante foi empregado por Eduardo Espínola: "(...) a pena convencional, como foi estipulada, não podia ser oferecida pelos locadores para reaverem o prédio, porque não se destinava manifestamente a compensar as perdas e danos resultantes da rescisão antecipada do contrato, mas simplesmente a reforçar o vínculo obrigatório, a compelir cada uma das partes ao cumprimento das diversas cláusulas pelo receio de incorrer na penalidade. Convencionaram as partes que a infração de qualquer cláusula ou condição do contrato determinaria a obrigação de pagar uma multa ou pena convencional de quatro contos de réis. Foi aí estipulada, sem a menor dúvida, uma cláusula penal de caráter cominatório. De acordo com o critério adotado pelo Còdigo Civil, o que em tal cláusula se observa é que a pena foi estabelecida para o caso de infração de qualquer condição ou cláusula do contrato, e não para o caso de inadimplemento total. Se o desrespeito de qualquer das cláusulas do contrato, se a inobservância de qualquer de suas modalidades, é suficiente para que incorra o infrator na pena convencionada,

Cap. 31 • AS CLÁUSULAS PENAIS NO DIREITO BRASILEIRO | 539

de quaisquer das cláusulas do contrato consubstanciam cláusulas penais moratórias, contudo, não pode desconsiderar eventuais circunstâncias que, no caso concreto, aproximem a previsão da modalidade compensatória. É o que ocorre, por exemplo, em cláusula penal submetida à apreciação do Tribunal de Justiça do Estado de São Paulo, em que expressamente estabeleceram as partes que a multa incidiria caso houvesse qualquer inadimplemento "capaz de ensejar o desfazimento do negócio", a evidenciar sua natureza compensatória (v. item 2.1),[59] bem como na hipótese em que as partes especificarem determinadas obrigações no âmbito da aludida cláusula ou, ainda, se extraia do ajuste a incompatibilidade de qualquer desvio com o atendimento ao programa obrigacional.

3.4 Critérios relativos à espécie de obrigação e ao tipo contratual

Características relativas ao tipo de obrigação, ou mesmo à espécie contratual adotada pelas partes também são empregadas como circunstâncias capazes de identificar a modalidade de cláusula penal eleita pelas partes.

Afirma-se, por um lado, que as obrigações de não fazer se afiguram incompatíveis com a previsão de cláusula penal moratória,[60] entendimento vinculado à posição segundo a qual tal tipo obrigacional não comporta descumprimento relativo.[61]

Há que se considerar, contudo, que não se pode afastar totalmente a possibilidade de permanência do interesse do credor na retomada da situação omissiva. Ou seja, as obrigações de não fazer, assim como as demais espécies, não se mostram ontologicamente avessas ao incumprimento

---

fora absurdo pretender que semelhante pena pudesse representar a compensação de todas as perdas e danos resultantes do inadimplemento total". Eduardo Espínola, *Questões Jurídicas e Pareceres*, São Paulo: Nacional, p. 262, onde conclui, portanto, pela pertinência da alegação do consulente no sentido de que "a pena convencional em questão foi estipulada para assegurar o cumprimento do contrato e não para dissolvê-lo" (p. 263). Em jurisprudência também é possível encontrar entendimento que atribui a essas cláusulas caráter moratório, como no caso apreciado pelo TJSP, em que se aplicou, em contrato de cessão de imagem, multa moratória cumulada com a obrigação de pagar a contraprestação devida. A cláusula apreciada continha a seguinte redação: "Foi prevista, também, multa equivalente a 20% sobre o valor da cláusula 4ª, em caso de inadimplemento de qualquer das cláusulas" (TJSP, 1ª CDPriv., Ap. Cív. 0106026-67.2010.8.26.0100, Rel. Des. Alcides Leopoldo e Silva Júnior, julg. 24.4.2012, publ. *DJ* 27.4.2012). O entendimento também foi consagrado em clássico precedente do STF: "Inexecução de contrato de promessa de compra e venda. Perdas e danos. Cláusula penal. Estabelecida para o descumprimento de qualquer cláusula contratual, a multa é moratória. Será compensatória, quando estipulada para o caso de total inadimplemento do contrato. - aplicação do art. 64 do código de processo civil de 1939. Recurso extraordinário conhecido e provido" (STF, 1ª T., RE 64.726, Rel. Min. Eloy da Rocha, julg. 8.4.1975, publ. *DJ* 18.2.1977).

[59] Eis a cláusula em questão: "7.1. O não cumprimento de quaisquer das cláusulas pactuadas que ensejar o desfazimento do presente negócio, implica na multa igual a 10% (dez por cento) sobre o valor total da transação, a ser paga pela parte infratora à parte inocente, sem prejuízo das perdas e danos a apurar-se em procedimento próprio" (TJSP, 9ª CDPriv., Ap. Cív. 0001133-76.2010.8.26.0374, Rel. Des. Alexandre Lazzarini, julg. 19.11.2013, publ. *DJ* 22.11.2013).

[60] João Franzen de Lima, *Curso de Direito Civil Brasileiro*: vol. II, Rio de Janeiro: Forense, 1961, 2ª ed., p. 111.

[61] Afirma-se que se "a prestação for negativa, haverá falta de cumprimento, e não simples mora, sempre que a obrigação seja violada" (Antunes Varela, *Das obrigações em Geral*, vol. II, cit., p. 113), o que se justificaria pela impossibilidade de se desfazer o ato que se praticou (e em relação ao qual se deveria abster) (Miguel Maria de Serpa Lopes, *Curso de Direito Civil*, cit., p. 70).

relativo: permanecendo o interesse do credor em exigir a abstenção, não há que se falar em inadimplemento absoluto, mas em simples mora.[62]

Assim, é necessário avaliar, nas obrigações negativas, (i) se se trata de obrigação de não fazer cujo desfazimento do ato praticado pelo devedor ou o retorno para a situação omissiva atende à finalidade do ajuste;[63] e (ii) se a cláusula penal a ela vinculada refere-se à mora ou ao inadimplemento absoluto, a partir da avaliação sobre sua essencialidade para o interesse do credor na continuidade da obrigação.

Defende-se, por outro lado, que, caso a obrigação em que está inserida a cláusula penal se caracterize como obrigação de dar (a abranger entregar e restituir), a cláusula penal a ela atinente será, em regra, moratória.[64]

Ratio similar – vinculada à possibilidade ou não de execução específica da obrigação – é utilizada para construir que haverá contratos em que a cláusula penal sempre se cumula com a obrigação principal, de modo que se estaria diante de multa moratória.[65] Contudo, o cabimento (em abstrato) de execução específica tampouco se mostra um critério seguro para a aferição da modalidade de cláusula penal eleita pelas partes. O destaque conferido às obrigações de dar – que admitiriam em regra cláusula penal moratória e apenas excepcionalmente compensatória – parece vinculado à compreensão de que as obrigações de fazer não comportariam execução coativa, o que já não se justifica, encontrando-se resposta adequada no ordenamento para o cumprimento forçado das obrigações de fazer, fungíveis ou não. Ademais, conquanto contemplem as obrigações possibilidade de execução específica, essa pode ter sido afastada pelas partes, de modo que a obrigação, ainda que possível, pode não mais suprir o interesse do credor.

Assim, estabelecer regra genérica segundo a qual a cláusula penal será necessariamente moratória de acordo com a modalidade de obrigação, por se entender que o interesse do credor na obrigação é perene, não traduz a miríade de possibilidades decorrentes das situações concretas. Por outro lado, a natureza do ajuste em que se insere a cláusula penal pode se revelar importante para sua qualificação a partir da identificação de prestações essenciais para a finalidade do contrato e da vinculação da multa a tais obrigações.

---

[62] Nessa direção, Francisco Cavalcanti Pontes de Miranda, *Tratado de Direito Privado*: direito das obrigações, t. XXII, São Paulo: Revista dos Tribunais, 2012, p. 193-194.

[63] Com razão Silvio Rodrigues salienta que há obrigações negativas cuja prática do ato vedado implica a impossibilidade de desfazimento: "Por vezes, a obrigação de não fazer foi descumprida e não há mais como desfazer os efeitos funestos do ato praticado, cuja abstenção havia sido prometida. O devedor prometera não publicar notícia que prejudicaria a venda de determinado produto. Descumpriu a avença e deu publicidade ao anúncio temido. É impossível desfazer o efeito lesivo, oriundo do descumprimento da obrigação. Assim, só remanesce ao credor a possibilidade de obter perdas e danos." (*Direito Civil*, cit., p. 43) Deve-se apurar apenas se, mesmo após o descumprimento, interessa ao credor que se retorne à situação de omissão.

[64] "A pena que acompanha a *obligatio dandi* em qualquer das suas modalidades (dar, entregar, restituir) é, normalmente, moratória, pois que em regra cabe execução específica ou cominação de entregar, mesmo que o devedor o não queira fazer, e, então, a penal visa a punir o retardamento na entrega". (Caio Mario da Silva Pereira, *Instituições de Direito Civil*: teoria geral das obrigações, vol. II, Rio de Janeiro: Forense, 2014, 26ª ed., p. 155). O Autor reconhece, em seguida, que poderá ser compensatória "se houver perecimento culposo do objeto ou recusa de cumprir insuprível judicialmente, porque, então, não se pune o atraso, mas compensa-se o dano sofrido pelo credor, em razão de não receber a coisa devida". Também compartilha do mesmo entendimento Guilherme Calmon Nogueira da Gama, *Direito Civil*, cit., p. 394.

[65] Cuida-se de posição adotada por J.M. Carvalho Santos, *Código Civil Brasileiro Interpretado*, cit., p. 328.

3.5 As consequências do pagamento da cláusula penal

A referência à consequência para o liame obrigacional do pagamento da cláusula penal pode se mostrar relevante para apurar sua natureza: caso sua cobrança se vincule à resolução contratual, resta evidente a intenção das partes de correlacionar o descumprimento que autoriza a cobrança da pena à inutilidade da prestação; por outro lado, mantendo-se a cobrança da obrigação pactuada junto ao pagamento da multa, compreende-se que o inadimplemento a ela referente não foi capaz de expurgar o alcance dos interesses perseguidos com a avença. Nessa toada, aduzindo as partes expressamente à possibilidade de resolução ou sendo possível extrair que a cobrança da cláusula penal pressupõe a extinção do ajuste, verifica-se cláusula penal compensatória.[66]

Também a referência à restituição de parcelas porventura já adimplidas auxilia na atribuição da natureza compensatória da cláusula penal, já que a restituição ao *status quo ante* consiste em pressuposto da extinção do vínculo contratual.[67] Por outro lado, ao ressaltarem as partes a cumulação da cobrança da multa com a possibilidade de execução do ajuste, expressam que o inadimplemento a ela vinculado não se afigura capaz de afastar o interesse na prestação, a consagrar a natureza moratória da cláusula penal.[68] Igual conclusão se encontra caso a referência à possibilidade de cobrança da pena atrele-se ao simples atraso no desempenho da prestação.[69]

A localização em que inserta a cláusula penal pelas partes também pode contribuir para essa identificação, como nos casos em que prevista junto às hipóteses de resolução ou junto à prestação principal.[70]

3.6 A presença de cláusula resolutiva expressa ou termo essencial

Por vezes as partes estabelecem que determinadas circunstâncias ou a observância de um lapso temporal específico se mostram essenciais para seu interesse na avença, extraindo-se daí expressa ou implicitamente o direito de extinguir o vínculo. A cláusula resolutiva expressa e o termo essencial consistem em instrumentos por meio dos quais tais manifestações podem ser expressadas.

---

[66] "Na dúvida, e em se tornando difícil apreender-se o sentido da declaração das partes, especialmente quando se diz que a infração de qualquer das cláusulas dá ensejo à resolução do contrato, deve prevalecer a função compensatória ou de prefixação da indenização" (Paulo Luiz Netto Lôbo, *Teoria Geral das Obrigações*, São Paulo: Saraiva, 2005, p. 307). Em jurisprudência, confira-se: STJ, 4ª T., AgRg no REsp 1.179.783, Rel. Min. Luis Felipe Salomão, julg. 19.4.2016.

[67] Nesse sentido, TJMG, 14ª C.C., Ap. Cív. 1.0024.10.195294-3/001, Rel. Des. Estevão Lucchesi, julg. 4.4.2013 e STJ, 3ª T., REsp 39.961, Rel. Min. Waldemar Zveiter, julg. 9.5.2000, publ. *DJ* 26.6.2000.

[68] É o caso da hipótese submetida ao TJDF (1ª T. Cível, Ap. Cív. 1376888820078070001, Rel. Des. Flavio Rostirola, julg. 15.10.2009, julg. 3.11.2009). Estabeleceu o Tribunal: "Frise-se, por oportuno, que a cláusula penal em referência é, sim, moratória, na medida em que a prestação de pagar quantia não se tornou inútil para o credor por causa da *mora debendi*".

[69] STJ, Ag. 1.340.778, Rel. Des. Vasco Della Giustina, publ. *DJ* 6.4.2011. Interpretação funcional parece ter inspirado o julgamento monocrático do REsp 1.133.052, que considerou compensatória cláusula penal que estaria atrelada ao prolongamento do atraso. Confira-se: STJ, Dec. Monocrática, REsp 1.133.052, Rel. Min. Humberto Martins, publ. *DJ* 11.6.2010.

[70] O critério já foi empregado em precedente do TJSP, confira-se: TJSP, 12ª CDPriv., Ap. Cív. 1014259-23.2013.8.26.0100, Rel. Des. Tasso Duarte de Melo, julg. 9.3.2016.

Define-se cláusula resolutiva como expressão do poder de resolver[71] o contrato na hipótese de não cumprimento da prestação correspectiva,[72] vinculando-se, assim, à verificação do inadimplemento absoluto da obrigação.[73] Ao contrário da cláusula resolutiva tácita, a cláusula resolutiva expressa prescinde de intervenção judicial para operar a extinção da relação contratual,[74] que ocorreria de forma automática[75] a partir da não realização da prestação no tempo e/ou forma adequadas,[76] conforme convencionado pelas partes.[77]

Assim sendo, a cláusula resolutiva expressa diferencia-se da cláusula resolutiva tácita em termos funcionais, assumindo papel de delimitação, pelas partes, do interesse nas prestações avençadas.[78] Justifica-se, assim – na medida em que o direito potestativo de resolver o contrato origina-se da não realização do programa contratualmente estabelecido –, a prescindibilidade da intervenção judicial, nos termos do art. 474 do Código Civil, posto que as partes estabeleceram expressamente o conteúdo contratual e as consequências do descumprimento.[79]

Nesse cenário, a presença de cláusula resolutiva expressa auxilia na identificação da modalidade de cláusula penal eleita pelas partes. Tratando-se de circunstância prevista como essencial ao programa obrigacional a ponto de ensejar a formação do direito de dissolução do vínculo,

---

[71] Sobre a classificação do direito de resolução decorrente das cláusulas resolutivas como direito potestativo, v. Guido Alpa, *Corso di Diritto Contrattuale*, Padova: CEDAM, 2006, p. 154.

[72] Nas palavras de Araken de Assis, a cláusula resolutiva "outorga ao contratante lesado pelo inadimplemento o direito de pedir ao órgão judiciário o desfazimento do contrato" (Araken de Assis, *Comentários ao Código Civil Brasileiro*, vol. V, Rio de Janeiro: Forense, 2007, p. 599).

[73] Para um estudo pormenorizado do instituto, veja-se Aline de Miranda Valverde Terra, *Cláusula Resolutiva Expressa*, Belo Horizonte: Fórum, 2017, em que se destaca, inclusive, outras potencialidades para a cláusula resolutiva expressa para além do inadimplemento absoluto.

[74] É o que se extrai do artigo 474 do Código Civil, *in verbis*: "A cláusula resolutiva expressa opera de pleno direito; a tácita depende de interpelação judicial".

[75] "A resolução opera-se de pleno direito, se se trata duma condição resolutiva expressa, atuando *ipso jure* por efeito único da lei." (J.I. Carvalho Santos, *Código Civil Interpretado*, vol. III, Rio de Janeiro: Freitas Bastos, 1864, 9ª ed., p. 66 e 71).

[76] Guido Alpa, *Corso di Diritto Contrattuale*, cit., p. 154. V. também: Orlando Gomes, *Contratos*, Rio de Janeiro: Forense, 2007, 26ª ed., p. 209.

[77] Nas palavras de Caio Mário da Silva Pereira: "Deixando o contratante de cumprir a obrigação na forma e no tempo ajustado, resolve-se o contrato automaticamente, sem necessidade de interpelação do faltoso." (*Instituições de Direito Civil*, cit., p. 157-158).

[78] V. a já citada obra de Aline de Miranda Valverde Terra, *Cláusula Resolutiva Expressa*, cit., especialmente as pp. 74-75, onde se lê: "A elaboração da cláusula resolutiva expressa pressupõe a avaliação das partes sobre a relevância das obrigações assumidas no contexto do escopo econômico do contrato; a inclusão da obrigação no suporte fático indicará que o seu cumprimento é indispensável para a consecução do resultado útil programado e, por conseguinte, para a realização do programa negocial. Significa, em definitivo, que os contratantes, de comum acordo, reconhecem que a sua inexecução fere, irremediavelmente, o interesse do credor na prestação."

[79] Conclusão semelhante vislumbra-se em Gabriel Rocha Furtado, *Mora e Inadimplemento Substancial*, cit., p. 104: "Essa verificação da gravidade de determinado inadimplemento mostra-se, em princípio, mais simples diante da existência de cláusula resolutiva expressa. Isso porque nesse caso os contratantes já terão previamente estipulado a essencialidade de certa obrigação, a ponto de seu descumprimento permitir inferir o desaparecimento da inteira utilidade que a relação contratual teria para o credor".

Cap. 31 · AS CLÁUSULAS PENAIS NO DIREITO BRASILEIRO | 543

eventual multa contratual que possa acompanhar tais disposições caracteriza-se como cláusula penal compensatória.[80]

Função similar à da cláusula resolutiva expressa é exercida pelo termo essencial,[81] compreendido como ajuste em que "a prestação deve ser efectuada até a data estipulada pelas partes (termo próprio) ou até um certo momento, tendo em conta a natureza do negócio e/ou a lei (termo impróprio). Ultrapassada essa data – termo essencial, próprio ou impróprio – o não cumprimento é equiparado à impossibilidade da prestação".[82]

Efeito similar pode decorrer também da inserção de circunstâncias especiais às quais se vinculariam o interesse na prestação, como o recebimento da prestação de um serviço com vistas a concorrer em eventual licitação: embora não haja propriamente um termo certo fixado, poder-se-ia extrair vinculação à utilidade da prestação. Havendo a previsão expressa de tal circunstância, eventual cláusula penal incidente após o decurso do prazo fixado como essencial pelas partes afigura-se compensatória.

3.7 Critérios relativos à forma de incidência da cláusula penal

Aspectos relativos à forma de incidência da cláusula penal previstos pelas partes também podem auxiliar o intérprete na identificação da modalidade prevista no ajuste. Como, por um lado, a cláusula penal moratória convive com a exigibilidade da prestação, ao contrário da cláusula penal compensatória, torna-se possível identificar a modalidade a partir da quantidade de vezes que a cláusula penal pode incidir. Dito de outro modo, a cláusula penal compensatória, diante da função que exerce, possui incidência única;[83] já a multa convencional decorrente da mora é capaz de incidir múltiplas vezes.[84]

---

[80] Foi o que decidiu o Superior Tribunal de Justiça em caso no qual havia cláusula penal, em contrato de promessa de compra e venda, atrelada à resolução de pleno direito do ajuste. (STJ, 3ª T., REsp 198.671, Rel. Min. Eduardo Ribeiro, julg. 6.6.2000, publ. *DJ* 21.8.2000).

[81] A doutrina aproxima de tal forma os institutos da cláusula resolutiva expressa e do termo essencial que se defende, inclusive, sua total identificação. Veja-se Orlando Gomes: "Equivale ao pacto comissório expresso a presença de termo para o cumprimento da obrigação, principalmente na subespécie de termo essencial" (Orlando Gomes, *Contratos*, cit., p. 209). V. tb. Vicenzo Roppo, *Il Contrato*, cit., p. 970 e Francesco Donato, Clausola Risolutiva. In: *Enciclopedia del Diritto*, vol. VII, Milão: Giuffrè, 1960, p. 200.

[82] Carlos Alberto da Mota Pinto, *Teoria Geral do Direito Civil*, Coimbra, 1999, 3ª ed., p. 576. Entende-se que o termo essencial também atribui ao contratante prejudicado pelo inadimplemento o direito potestativo de resolução do vínculo. V., por todos, Ruy Rosado de Aguiar Junior, *Comentários ao Código Civil*, vol. VI, t. 2, Rio de Janeiro: Forense, 2011.

[83] TJRJ, 3ª C.C., Ap. Cív. 0029862-20.2010.8.19.0209, Rel. Des. Renata Cotta, julg. 10.7.2013.

[84] Cláusula que previa o pagamento de multa diária por atraso foi analisada pelo Supremo Tribunal de Justiça de Portugal, que identificou a dualidade de funções que pode assumir a cláusula penal moratória a partir da configuração dada pelas partes. Asseverou-se que "a cláusula contratual, pela qual a empresa de televisão se obrigou ao pagamento de uma multa por cada dia de atraso no pagamento das prestações, tem a finalidade de compulsão do cumprimento pontual do contrato, que não a de fixação de indemnização, nos termos do artigo 810º, n. I, do Código Civil. (...) É evidente que uma sanção de 1%, por cada dia de atraso, não representa, para a B..., uma antecipação ou fixação do montante de prejuízos sofridos por tal atraso, mas, sim, uma maneira de compelir a A... a apresentar os programas com a indispensável pontualidade. Se mais conviesse à B... receber as multas, do que a apresentação dos programas, dando

544 | PROBLEMAS DE DIREITO CIVIL – *Homenagem aos 30 anos de cátedra do professor Gustavo Tepedino*

A variação do valor da cláusula penal ao longo da execução – nos casos de contratos de execução continuada ou diferida – também pode servir de auxílio para a identificação da modalidade prevista pelas partes a partir das funções que podem ser desempenhadas por cada espécie de cláusula penal. Nesse sentido, à cláusula penal cujo valor se eleva ao longo da relação contratual a despeito de parcela da avença já ter sido cumprida caracteriza-se pelo teor coercitivo, seria possível atribuir natureza moratória.[85]

A seu turno, a cláusula penal que se torna menos expressiva, na medida em que o termo contratual se aproxima e que a obrigação vai sendo cumprida, qualifica-se como compensatória, traduzindo juízo de adequação entre os valores estabelecidos para o inadimplemento absoluto e a parcela já cumprida da prestação.[86]

3.8 Outros elementos: regras gerais de interpretação

Além das circunstâncias descritas nos itens anteriores, a doutrina procura enumerar critérios que auxiliariam o intérprete, especialmente em casos nos quais as partes estabeleceram previsão genérica, em que a redação da cláusula lhe confere pouca direção.

Assim, destaca-se que, na avaliação da modalidade de cláusula penal, deve-se verificar, em primeiro lugar, se as partes declararam "explicitamente sua intenção".[87] Muito embora a declaração das partes seja de extrema relevância, há que se verificar sua compatibilidade com o sistema obrigacional, apurando-se a manifestação à luz das características do ajuste, bem como, se for o caso, elementos exteriores a sua manifestação.

às multas uma função indenizatória, mais beneficiava com um retardamento sem limite temporal, não clausulando o prazo convencionado ou dilatado nos termos do n.º 2" (*Supremo Tribunal de Justiça - Empreitada. Objecto-produção de filmes. Resolução do contrato e seus efeitos*. In: Revista da Ordem dos Advogados de Portugal, ano 45, vol. I, 1985, disponível em: http://www.oa.pt/Publicacoes/revista/default. aspx?idc=30777&idsc=2691&volumeID=56204&anoID=56203).

Em parecer relativo ao caso objeto do julgado, Antunes Varela destrinchou o regime da aludida cláusula, considerando-a cláusula penal (embora *sui generis*): "constituem verdadeiras cláusulas cominatórias. São cláusulas que formulam uma cominação ou sanção contra a mora da Rádio Televisão Portuguesa e, em termos paralelos, contra a mora da FILM-FORM. Prevendo uma multa percentual variável, crescente, de 1% de determinado valor, por cada dia de atraso, elas visam manifestamente estimular o contraente faltoso pôr termo à mora. (...) Esta multa, dado o carácter cominatório da cláusula, nada tem que ver, em princípio, com o valor dos danos sofridos pela credora com o facto do não-cumprimento. Trata-se, por conseguinte, duma sanção perfeitamente acumulável com a indemnização do dano realmente sofrido pela credora em virtude do facto do não-cumprimento definitivo, visto que, não se destinando de modo nenhum a prefixar o valor dos prejuízos sofridos por uma ou outra das partes a multa visava apenas estimular a prontidão ou rapidez do cumprimento, ou, pelo menos, conseguir que ele se atrasasse o menos possível." (Antunes Varela, Parecer. In: Revista da Ordem dos Advogados de Portugal, ano 45, vol. I, 1985, p. 185, disponível em http://www.oa.pt/Publicacoes/revista/default.aspx?idc=30777&ids-c=2691&volumeID=56204&anoID=56203).

[85] Nesse sentido, TJSP, 35ª CDPriv., Ap. Cív. 1017591-96.2015.8.26.0562, Rel. Des. Gilberto Leme, julg. 20.3.2017.

[86] Nessa direção, veja-se: TJSP, 28ª CDPriv., Ap. Cív. 9186313722007826, julg. 23.8.2011, publ. *DJ* 25.8.2011.

[87] Nessa direção, Tito Fulgêncio, para quem apenas caso não tenham "as partes declarado explicitamente a sua intenção" (Tito Fulgêncio, *Manual do Código Civil Brasileiro*, cit., p. 387), deve-se recorrer aos demais critérios por ele enumerados.

Menciona-se também o estabelecimento de regra geral na qual se deveria "subentender a cláusula penal, salvo estipulação em contrário, como pactuada em regra para o caso de inexecução",[88] isto é, de natureza compensatória. Afigura-se discutível, entretanto, a compatibilidade de regra dessa monta no atual ordenamento pátrio: a resolução contratual é considerada medida excepcional, compreendida como legítima apenas quando verificado, em termos objetivos, o perecimento do interesse do credor na obrigação. De todo modo, a fixação de regra dessa estirpe poderia levar a radical distorção do ajuste, estabelecendo-se cláusula penal para fator não previsto pelas partes.

Importante critério de que o intérprete pode se valer para qualificar a cláusula penal refere-se ao comportamento das partes: assim, por exemplo, caso determinada prestação tenha sido realizada sucessivas vezes pelo devedor em atraso e o credor jamais manifestou sua intenção de tomar o contrato por resolvido, compreende-se que, em princípio, se estaria diante de cláusula penal moratória.

Outro critério verificado ao se analisar os julgados relativos ao tema refere-se à previsão de honorários advocatícios atrelados à cláusula penal. O Tribunal de Justiça do Rio Grande do Sul considerou que, por incluir a multa analisada em contrato de mútuo referência a honorários e custas judiciais, haveria condão ressarcitório típico de cláusula penal compensatória, oposta à natureza punitiva da cláusula penal moratória.[89] Todavia, muito embora a multa moratória possa assumir feição punitiva, tal não se pode pressupor, sendo necessário verificar, no caso concreto, se convencionada para suprir os danos decorrentes do descumprimento relativo. De mais a mais, a previsão de honorários advocatícios e custas judiciais não pode ser tomada como circunstância, em abstrato, capaz de caracterizar a modalidade da cláusula penal na medida em que o recurso à medida judicial pode se dar também para forçar a execução do ajuste.

4. NOTAS CONCLUSIVAS

Conforme se examinou, no âmbito do direito contratual, o procedimento de qualificação da cláusula penal deve ser efetivado à luz da apuração da causa atribuída ao negócio pelas partes. Ao invés de se buscar identificar no caso concreto certos elementos abstratos (extraídos da interpretação da norma) e, então subsumir o fato à categoria previamente estabelecida por lei (ainda que seja necessário desconsiderar certas peculiaridades da hipótese ou interpretá-las de modo a forçar o enquadramento legal), atribui-se ao intérprete o importante papel de analisar os efeitos perseguidos pelas partes e qualificar os institutos a partir de sua função em concreto. Para cada ordem de interesses deve ser individuada, sem preconcepções, a normativa a ser aplicada, mediante autônomo e unitário procedimento de interpretação e de qualificação do fato causativo, dos seus efeitos, respeitando as peculiaridades e os interesses e valores envolvidos. Aludido procedimento deve ser implementado sem que se recorra a alargamentos interpretativos buscando conformar o fato à norma abstrata, em prejuízo da síntese dos efeitos perseguidos pelas partes. Tal apuração apenas pode ser realizada a partir da interpretação em concreto do ajuste, identificando a razão justificadora da própria relação obrigacional.

A construção de critérios que permitam ao intérprete identificar a modalidade de cláusula penal pactuada pelas partes, por conseguinte, deve ter em vista aludido processo hermenêutico de busca da finalidade em concreto da multa convencionada. Cuida-se de evitar o emprego de abstrações generalizadoras, cuja aplicação, por partir de dados preconcebidos, desconsidera o papel atribuído à penal na disciplina obrigacional, e intentar extrair a intenção das partes, apoiando-se em indícios que traduzam tal finalidade.

---

[88]   Miguel Maria de Serpa Lopes, *Curso de Direito Civil*, cit., p. 175.

[89]   TJRS, 5º Grupo de CC, Embargos Infringentes 70017740325, julg 18.5.2007, publ *DJ* 27.6.2007.

PARTE III
RESPONSABILIDADE CIVIL

32

A RESPONSABILIDADE CIVIL DO ESTADO POR ATOS OMISSIVOS: DA CULPA AO CONCEITO OBJETIVO DE ILICITUDE

ALESSANDRA TUFVESSON

Sumário: 1. Ao Mestre Gustavo Tepedino. 2. Delimitação do tema. 3. Pressupostos da responsabilidade civil objetiva do Estado por atos omissivos. 4. Evolução jurisprudencial recente. 5. Conclusão: da culpa ao conceito objetivo de ilicitude.

1. AO MESTRE GUSTAVO TEPEDINO

Lembro-me da primeira aula de Direito Civil na Faculdade de Direito da Universidade do Estado do Rio de Janeiro – UERJ, ministrada pelo Professor Gustavo Tepedino. Nossa Turma, do 1º semestre de 1996, era especial. Nela, encontrei alguns de meus maiores amigos, e dela são egressos ilustres profissionais do Direito, dentre Professores, Advogados, Diretores Jurídicos, Defensores, Procuradores, Magistrados, a revelar o mérito de um corpo docente estelar.

O Professor Gustavo Tepedino, com brilho nos olhos, e de forma simples e carinhosa, introduziu-nos ao fascinante mundo do Direito Civil. Ao nosso lado, guiou-nos por toda a graduação, e, muito naturalmente, foi aclamado Patrono da turma. Rapidamente, o Direito Civil tornou-se a minha disciplina preferida – e que, para mim, sempre terá a voz do Professor Tepedino. Tive o privilégio, ainda, de ser sua pesquisadora na graduação e sua orientanda no Mestrado – e dele receber valiosas dicas literárias, sejam jurídicas, com destaque para a obra do Professor Caio Mário da Silva Pereira, sejam não jurídicas, como a de Mario Vargas Llosa.

Aos poucos, como sua aluna, e, posteriormente, como Juíza de Direito, pude compreender a marcante contribuição do Professor Tepedino para o Direito Civil brasileiro, notadamente por sua releitura à luz da Constituição Federal. Ao longo desse processo, tornei-me legatária das suas lições – que, em diversas ocasiões, estão refletidas na minha compreensão do Direito e na minha atividade de julgadora.

2. DELIMITAÇÃO DO TEMA

No exercício da Magistratura, ainda no começo da minha carreira, fui levada à atuação em Varas de Fazenda Pública e, por consequência, ao gosto pelo Direito Público. Pouco depois, já orientanda, no Mestrado em Direito Civil da UERJ, do Professor Tepedino, foi natural a escolha do tema *responsabilidade da Administração Pública por atos omissivos de seus agentes* – ponto de convergência dos Direitos Público e Civil.

Em dissertação, defendi o entendimento de que a responsabilidade civil da Administração Pública teria caráter objetivo, inclusive por atos omissivos de seus agentes, bastando, para tanto, a demonstração do nexo causal e do dano *injusto*[1] – tendo por pressuposto (a) a caracterização da omissão como relevância causal, i.e., a omissão em violação a norma preceptiva anterior, buscando, assim, afastar a evocação do elemento subjetivo, e (b) a rejeição ao aspecto puramente sancionatório do conceito de responsabilidade[2].

Até 2010, período de finalização de minha dissertação de mestrado, imperava relevante controvérsia sobre a natureza da responsabilidade da Administração Pública e sobre o estabelecimento da causalidade quando analisada a questão sob o aspecto de atos omissivos de agentes públicos.

Na última década, entretanto, por meio de determinantes contribuições dos Tribunais Superiores, a discussão foi mais bem aclarada e, atualmente, a natureza objetiva da responsabilidade da Administração Pública, nas hipóteses de omissão de seus agentes, tem seu campo de incidência mais alargado.

A jurisprudência do Supremo Tribunal Federal possuía maior número de julgados asseverando a responsabilidade da Administração Pública por atos omissivos, concentrando-se na configuração da casualidade apenas. Diferentemente, no âmbito Superior Tribunal de Justiça, prevalecia o entendimento, conforme a doutrina do Professor Celso Antonio Bandeira de Mello, de que a responsabilidade dos agentes da Administração Pública por atos omissivos é

---

[1] Trata-se do que se convencionou chamar de "injustiça do dano", expressão com origem no art. 2.043 do Código Civil italiano, cláusula geral que fundamenta o sistema aberto de responsabilidade civil, baseado na atipicidade das hipóteses de dano. A partir dessa mudança de perspectiva, a discussão em torno da reparação civil centra-se não mais no descumprimento estrutural da lei (direito subjetivo), mas, sim, na violação dos valores e interesses tutelados pelo ordenamento, de modo a se verificar, concretamente, se o interesse lesionado será considerado merecedor de tutela e permitirá o surgimento do dever de indenizar (GUEDES, Gisela Sampaio da Cruz; TEPEDINO, Gustavo; TERRA, Aline de Miranda Valverde. Fundamentos do Direito Civil, vol. 4 – Responsabilidade Civil. 2 ed. Rio de Janeiro: Forense, 2021, p.68).

[2] "Na atualidade, o afastamento da função sancionatória da responsabilidade civil se torna ainda mais contundente à luz da Constituição da República de 1988 que, além de ratificar sua função reparatória, consolida o papel central da reparação civil na proteção à vítima ao prever, em seu art. 1º, III, a dignidade da pessoa humana como fundamento da República Federativa do Brasil, e consagrar, no art. 3º, I, o princípio da solidariedade social. Desloca-se, em definitivo, o foco da responsabilidade civil do agente causador do dano para a vítima, revelando que seu escopo fundamental não é a repressão de condutas negligentes, mas a reparação de danos" (GUEDES, Gisela Sampaio da Cruz; TEPEDINO, Gustavo; TERRA, Aline de Miranda Valverde. *Fundamentos do Direito Civil*, Vol. 4 – *Responsabilidade Civil*. 2 ed. Rio de Janeiro: Forense, 2021, p. 29).

Cap. 32 • A RESPONSABILIDADE CIVIL DO ESTADO POR ATOS OMISSIVOS | 551

subjetiva[3]. Por sua vez, perante o Tribunal de Justiça do Estado do Rio de Janeiro, prevalecia a posição doutrinária do Professor (e ex-Desembargador) Sergio Cavalieri, segundo a qual "*o art. 37, § 6º, da Constituição, não se refere apenas a atividade comissiva do Estado; pelo contrário, a ação a que alude engloba tanto a conduta comissiva como omissiva. O texto constitucional não estabelece nenhuma distinção entre conduta comissiva e omissiva, pelo que não cabe ao intérprete estabelecer. (...) Por outro lado, o ato ilícito, na moderna sistemática da responsabilidade civil, não mais se apresenta sempre com o elemento subjetivo (culpa), tal como definido no art. 186 do Código Civil. Há, também, o ato ilícito em sentido lato, que se traduz na mera contrariedade entre a conduta e o dever jurídico imposto pela norma, sem qualquer referência ao elemento subjetivo ou psicológico, e que serve de fundamento para toda a responsabilidade objetiva, conforme ressaltamos nos itens 2.3 e 2.5. Sendo assim, o Estado pratica ato ilícito não só por comissão (quando faz o que não devia fazer), v.g., na troca de tiros da polícia com traficantes acaba atingindo um cidadão que passava pelo local, como também por omissão – quando deixa de fazer o que tinha o dever de fazer. (...) Em contrapartida, a* **omissão genérica** *tem lugar nas hipóteses em que não se pode exigir do Estado uma atuação específica; quando a Administração tem apenas o dever legal de agir em razão, por exemplo, do seu poder de polícia (ou de fiscalização), e por sua omissão concorre para o resultado. Em síntese, na omissão específica o dano provém diretamente de uma omissão do Poder Público; na omissão genérica, o comportamento omissivo do Estado só dá ensejo à responsabilidade subjetiva quando for concausa do dano juntamente com a força maior (fatos da natureza), fato de terceiro ou da própria vítima*"[4].

Em meio à aludida divergência jurisprudencial e doutrinária, importante a ressalva de que o Professor Tepedino, há muito, já defendia a inconstitucionalidade de interpretações restritivas do art. 37, §6º, da Constituição da República[5].

---

[3] "Em síntese: se o Estado, devendo agir, por imposição legal, não agiu ou o fez deficientemente, comportando-se abaixo dos padrões legais que normalmente deveriam caracterizá-lo, responde por esta incúria, negligência ou deficiência, que traduzem um ilícito ensejador do dano não evitado quando, de direito, devia sê-lo. Também não o socorre eventual incúria em ajustar-se aos padrões devidos. Reversamente, descabe responsabilizá-lo se, inobstante atuação compatível com as possibilidades de um serviço normalmente organizado e eficiente, não lhe foi possível impedir o evento danoso gerado por força (humana ou material) alheia. Compreende-se que a solução indicada deva ser a acolhida. De fato, na hipótese cogitada o Estado não é o autor do dano. Em rigor, não se pode dizer que o causou. Sua omissão ou deficiência haveria sido condição do dano, e não causa. Causa é o fator que positivamente gera um resultado. Condição é o evento que não ocorreu, mas que, se houvera ocorrido, teria impedido o resultado.

É razoável e impositivo que o Estado responda objetivamente pelos danos que causou. Mas só é razoável e impositivo que responda pelos danos que não causou quando estiver de direito obrigado a impedi-los" (MELLO, Celso Antônio Bandeira de. Curso de Direito Administrativo. 32 ed. São Paulo: Malheiros, 2015, p. 1.043-1.044).

[4] CAVALIERI FILHO, Sergio. Programa de responsabilidade civil. 14 ed. São Paulo: Atlas, 2020, SP.

[5] "Uma vez introduzida no ordenamento positivo a responsabilidade objetiva, para cuja configuração se exige a presença de apenas três elementos, quais sejam: a atividade deflagradora do dano, o dano e o nexo causal entre este e a referida atividade, há de se perquirir as causas de exclusão da responsabilidade – de modo a evitar o que se constituiria na chamada teoria do risco integral – em consonância com cada fonte normativa, tendo-se presentes três premissas metodológicas: a) a incompatibilidade da técnica da responsabilidade objetiva com a pesquisa da culpa, mesmo que presumida, devendo o operador, para tanto, romper com a lógica subjetiva tão arraigada em nossa tradição cultural; b) a necessidade de se compreender as causas de exclusão de responsabilidade, previstas nas fontes normativas de maneira casuística, como elemento de desconstituição do nexo causal – entre a atividade

PROBLEMAS DE DIREITO CIVIL – *Homenagem aos 30 anos de cátedra do professor Gustavo Tepedino*

Neste artigo, apresento os pressupostos da responsabilidade civil objetiva do Estado por atos omissivos, seguida da análise da evolução jurisprudencial, na última década, no âmbito do Supremo Tribunal Federal e do Superior Tribunal de Justiça. Finalmente, concluo pela constatação da evolução histórica do instituto, da culpa ao conceito objetivo de ilicitude.

3. PRESSUPOSTOS DA RESPONSABILIDADE CIVIL OBJETIVA DO ESTADO POR ATOS OMISSIVOS

Conquanto não se vislumbre um norte evolutivo linear da responsabilidade da Administração Pública por atos omissivos, pode-se afirmar, ainda assim, que ela tem seguido o natural caminho da responsabilidade civil como um todo. Com efeito, se o Século XX representou um longo e progressivo caminhar em direção à objetivação da responsabilidade civil (partindo-se de um modelo centrado na culpa para um modelo de culpa residual), o mesmo ocorre, com relativo atraso, no sistema específico tratado no artigo.

Nesse sentido, a natureza objetiva da responsabilidade da Administração Pública por atos omissivos deve ser analisada à luz dos seguintes pressupostos:

(A) A interpretação literal e sistemática do art. 37, § 6°, da Constituição da República[6] – O constituinte originário anteviu as duas formas de comportamento antijurídicos da

---

e o dano – não já da culpa do agente, que não esta em jogo; c) a solução dos conflitos em matéria de responsabilidade civil deve atender aos aludidos princípios constitucionais da solidariedade social e da justiça distributiva, que informam todo o sistema, impedindo que se reproduza, de maneira acrítica, a técnica individualista para os novos modelos de reparação." (TEPEDINO, Gustavo. Premissas metodológicas para a constitucionalização do direito civil. In Temas de Direito Civil. 3ª ed. Rio de Janeiro: Renovar, 2004, pp. 213-214).

[6] PEREIRA, Caio Mário da Silva. *Instituições de Direito Civil*: Introdução ao Direito Civil. Teoria Geral de Direito Civil. 21ª edição. Rio de Janeiro: Forense, 2006, vol. I, pp. 192-194: *I – Interpretação literal*: "Chama-se interpretação *gramatical ou literal* a que se realiza pela análise filológica do texto, a pesquisa do sentido pela observação da linguagem. O intérprete precisa a significação dos vocábulos, a sua colocação na frase, o uso de partículas e cláusulas, o emprego de expressões sinônimas. E, do estudo gramatical da forma como o legislador se expressou, extrai o pensamento, esclarece o texto, explica a lei, para torná-la aplicável. Já que o comando estatal se revela pela palavra, é do seu emprego, da sua utilização, que o intérprete se vale, num primeiro grau do entendimento hermenêutico, para definir o seu conteúdo. (...) No momento de interpretar a norma, deve-se levar em consideração aquele uso comum. (...)" *II – Interpretação sistemática*: "Denomina-se *interpretação sistemática* a que leva o investigador ainda mais longe, evidenciando a subordinação da norma a um conjunto de disposições de maior generalização, do qual não pode ou não deve ser dissociada. Aqui, o esforço hermenêutico impõe a fixação de princípios amplos, norteadores do sistema a que o interpretado pertence, e o seu entendimento em função dele. A interpretação sistemática é também um processo lógico, que opera em mais vasto campo de ação. Parte o intérprete do pressuposto de que uma lei não existe isolada, e por isso mesmo não pode ser entendida isoladamente. Na sua boa compreensão devem-se extrair de um complexo legislativo, em cujo ápice está a Constituição da República, as ideias gerais inspiradoras do ordenamento em conjunto, ou de uma província jurídica inteira, e à sua luz pesquisar o conteúdo daquela disposição. Deve o intérprete investigar qual a tendência dominante nas várias normas existentes sobre matérias correlatas e adotá-la como premissa implícita daquela que é objeto de suas perquirições. Num dado momento histórico o legislador abandona a orientação tradicional do sistema jurídico, como, por exemplo, o princípio da autonomia da vontade, e se inclina para a ideia intervencionista na economia contratual, ou pende

Cap. 32 • A RESPONSABILIDADE CIVIL DO ESTADO POR ATOS OMISSIVOS | 553

Administração Pública, ação e omissão, pelo descumprimento, respectivamente, de norma anterior de índole proibitiva ou preceptiva, e os incluiu a ambos naquele artigo, o que se infere da expressão *"causarem"*. Portanto, não há lacuna a suprir, e a exclusão dos atos omissivos do âmbito de incidência da norma contraria a sua própria *ratio*.

Não é dado ao intérprete restringir onde o legislador não restringiu[7] – ou, em melhor doutrina, "não é dado ao intérprete restringir onde o legislador não restringiu, sobretudo em se tratando do legislador constituinte – *ubi lex non distinguit nec nos distinguere debemus*. A Constituição Federal, portanto, ao introduzir a responsabilidade objetiva para os atos da Administração Pública, altera inteiramente a dogmática nesse campo, também fundada em outros princípios axiológicos e normativos (dentre os quais se destacam o da isonomia e o da justiça distributiva). Dessa forma, não ostenta validade qualquer construção ou dispositivo de cunho subjetivista, que se mostra, assim, revogado ou, de forma técnica, não recepcionado pelo sistema constitucional." [8,9]

(B) A afirmação do fundamento axiológico da ideia de responsabilidade – A restrição da interpretação do art. 37, §6º, da Constituição da República, na forma da afirmação da subjetividade da responsabilidade da Administração Pública por atos omissivos, é opção inconstitucional, que ignora diretriz fundante do Estado Democrático de Direito, indicada no art. 3º, inc. I, da Constituição – o princípio da solidariedade. Os princípios da igualdade e da justiça distributiva também devem ser mencionados para esclarecimento dos fundamentos do instituto, porque permitem a afirmação da teoria do risco como fundamento da responsabilidade do Estado e consequente supressão da necessidade de verificação de elemento subjetivo para a sua caracterização, a que se arraiga a doutrina para solução dos danos causados por atos omissivos[10].

(C) A correta noção do conceito normativo de omissão – O conceito de omissão deve ser compreendido na sua acepção normativa, e não como conceito naturalístico, reconhecendo-se, assim, a necessidade de existência de norma preceptiva anterior que determine a realização da ação esperada pelo agente. Apenas nesse caso poderá ser afirmada a configuração da omissão juridicamente relevante. Sem que haja descumprimento de obrigação legal anterior, o agente não realizará comportamento antijurídico, e sua conduta deixará de ser valorada pelo Direito.

---

para a votação de diplomas de natureza protecionista do contratante mais fraco, concretizando esta orientação em várias leis; a interpretação sistemática isola o princípio informativo para aplicá-lo no entendimento de uma lei cujo conteúdo exija fixação.".

[7] Tepedino, Gustavo. *A Evolução da Responsabilidade Civil no Direito Brasileiro e suas controvérsias na Atividade Estatal. In* Temas de Direito Civil II. 2ª edição. Rio de Janeiro: Renovar, 2001, p. 191.

[8] GUEDES, Gisela Sampaio da Cruz; TEPEDINO, Gustavo; TERRA, Aline de Miranda Valverde. Fundamentos do Direito Civil, vol. 4 – Responsabilidade Civil. 2 ed. Rio de Janeiro: Forense, 2021, p. 312.

[9] "De mais a mais, a dicção do art. 43 acima transcrito, que suprimiu a referência, prevista no art. 15 do Código anterior ao procedimento 'de modo contrário ao direito', parece deixar clara a opção legislativa pela responsabilidade objetiva em toda e qualquer atividade estatal, e deveria servir para sepultar definitivamente a responsabilidade subjetiva nos atos praticados pela administração pública, sejam eles comissivos sejam omissivos" (GUEDES, Gisela Sampaio da Cruz; TEPEDINO, Gustavo; TERRA, Aline de Miranda Valverde. Fundamentos do Direito Civil, vol. 4 – Responsabilidade Civil. 2 ed. Rio de Janeiro: Forense, 2021, p. 314).

[10] TEPEDINO, Gustavo. *A Evolução da Responsabilidade Civil no Direito Brasileiro e suas controvérsias na Atividade Estatal. In* Temas de Direito Civil II. 2ª edição. Rio de Janeiro: Renovar, 2001, p. 187.

Segundo Rafael Carvalho Rezende Oliveira, "[é] *preciso distinguir omissão natural e a omissão normativa. Enquanto a primeira relaciona-se com a ausência de movimento ou comportamento físico, sem a produção de qualquer resultado (da inércia nada surge), a omissão normativa, por sua vez, pressupõe o descumprimento de um dever jurídico, gerando, com isso, consequências jurídicas, inclusive a responsabilidade civil. Dessa forma, a responsabilidade por omissão estatal revela o descumprimento do dever jurídico de impedir a ocorrência de danos*", desde que, prossegue o autor, "*demonstradas a previsibilidade e a evitabilidade do dano, notadamente pela aplicação da teoria da causalidade direta e imediata*[11] *quanto ao nexo de causalidade (art. 403 do CC)*"[12].

Em outras palavras, para a compreensão da afirmação da responsabilidade da Administração Pública por atos omissivos, é relevante destacar que o conceito normativo de omissão deve ser verificado de forma objetiva, e não mais confundido com o conceito de culpa. Isso porque o conceito de ilicitude compreende, em verdade, dois aspectos, um de natureza objetiva, a antijuridicidade – relacionada, apenas, à violação de uma determinada obrigação legal –, e outro, de natureza subjetiva, a culpabilidade, relacionado à possibilidade de o agente, diante das circunstâncias fáticas postas, evitar a ocorrência do resultado lesivo. Esse elemento não foi referido na norma do art. 37, § 6º, da Constituição da República, e nem em qualquer outra de que se possa inferir regulamentação diversa e especial para as hipóteses de atos omissivos praticados pela Administração Pública. Portanto, não se devem confundir esses dois aspectos do conceito de ilicitude, bastando, ao reconhecimento da configuração da omissão relevante para a causação de determinada lesão, que se tenha descumprido dever legal anterior, proibitivo ou preceptivo, nada importando o aspecto da culpabilidade, a possibilidade de agir de forma diversa – desde que, evidentemente, esteja caracterizado o nexo causal. Não importa, frise-se, a razão pela qual se manteve inerte o agente causador do dano injusto. Basta que o tenha feito, quando obrigado a agir de forma positiva por comando normativo anterior, e que esta inação seja idônea ao estabelecimento da causalidade na conformação do dano injusto.

Significa dizer que, percebida de forma isolada, fora de um contexto de regulamentação, a omissão não se mostra capaz de causar dano, mas, posta em um contexto jurídico em que todo fato social tem relevância jurídica – a omissão é causa da ocorrência de dano, quando dele estiver próxima logicamente, permitindo-se afirmar que a atuação desejada da Administração Pública seria idônea a evitar o dano injusto causado.

Aplica-se a teoria do dano direto e imediato para delimitação da responsabilidade da Administração Pública, tomando-se por empréstimo a regra contida no art. 403 do Código Civil. Assim, "*suposto certo dano, considera-se causa dele a que lhe é próxima ou remota, mas, com relação a esta última, é mister que ela se ligue ao dano, diretamente. Ela é causa necessária desse dano, porque a*

---

[11]   "Erros à parte, não se pode negar que, na realidade atual, existem casos em que a resistência judicial a uma aplicação técnica da casualidade direta e imediata (ainda que com o temperamento trazido pela subteoria da necessariedade causal) exprime a percepção por nossas cortes de alguma insuficiência das teorias tradicionais da causalidade, construídas todas a partir de uma perspectiva de responsabilidade individual fundada na culpa do agente (responsabilidade subjetiva) e, por isso mesmo, desatentas às transformações da responsabilidade civil contemporânea, guiadas pela necessidade de gerir riscos sociais e prevenir danos. É nesse sentido que um número cada vez maior de construções teóricas pontuais tem vindo amenizar os rigores da aplicação das teorias tradicionais da causalidade. Ainda que de modo pouco sistemático e, portanto, tecnicamente criticável, tais construções vêm evidenciando verdadeiros buracos negros decorrentes da aplicação da concepção jurídica tradicional do nexo de causalidade aos desafios impostos por uma sociedade de riscos." (SCHREIBER, Anderson. Desafios da Causalidade na Responsabilidade Civil Brasileira. In: Carta Forense, 8 fev. 2019, s/p.)

[12]   Oliveira, Rafael Carvalho Rezende. Curso de Direito Administrativo (p. 753). Método. Edição do Kindle.

Cap. 32 • A RESPONSABILIDADE CIVIL DO ESTADO POR ATOS OMISSIVOS | **555**

ela ele se filia necessariamente; é causa exclusiva, porque opera por si, dispensadas outras causas. Assim é indenizável todo o dano que se filia a uma causa ainda que remota, desde que ela lhe seja causa necessária, por não existir outra que explique o mesmo dano"[13], também quando se tratar de comportamento omissivo. Entender de outra forma é manifestar apego à doutrina da causalidade natural, já superada, e de resultado criticado pela doutrina quando se tratava de hipótese análoga, da teoria da equivalência dos antecedentes.

(D) A afirmação da relevância causal da omissão – Mostra-se inaceitável adotar um conceito puramente naturalístico de causa, baseado no raciocínio de que a omissão nunca pode ser causa exatamente porque é o "não ser", o nada, seria forma transversa de burla ao mandamento constitucional. O direito é ciência normativa[14]. A omissão é, portanto, inidônea a causar diretamente o dano, e não apenas uma condição de sua ocorrência. A distinção não mais subsiste, a causalidade é ditada pelo ordenamento jurídico, e não mais aferida de forma naturalística.

(E) O Estado não é segurador universal, admitindo-se, consequentemente, a oposição de excludentes de sua responsabilidade. O fundamento da responsabilidade em questão não será a teoria do risco integral, mas a teoria do risco administrativo, afirmando-se, desta forma, a possibilidade de oposição das excludentes de causalidade. Assim, a teoria do risco administrativo não torna a Administração Pública responsável pela atividade de terceiros ou da própria vítima, ou mesmo por fenômenos da natureza estranhos à atividade administrativa própria. Nesse prisma, permite-se o afastamento de sua responsabilidade desde que configuradas excludentes do nexo de causalidade, bastando, para isso, a demonstração de imprevisibilidade ou de inevitabilidade da causa, outra, de que decorrerá o dano de forma direta. Assim, não se pode afirmar que o reconhecimento da responsabilidade objetiva do Estado por atos omissivos equivaleria à sua "panresponsabilização".

Como exemplo, cite-se a hipótese das enchentes, fenômenos da natureza que, em condições ordinárias, podem ser evitadas, bastando, para isso, o correto funcionamento do serviço público de escoamento de águas – e cuja inobservância, consequentemente, gera a responsabilidade objetiva da Administração Pública. Imperativo, contudo, que se permita à Administração Pública comprovar a imprevisibilidade do evento danoso, de sua excepcionalidade, observados os parâmetros ordinários da ciência, adotados para uma determinada área[15]. Restam, em semelhante cenário,

---

[13]   ALVIM, Agostinho apud CRUZ, Gisela Sampaio, p. 103.

[14]   SILVA, Wilson Melo da. *Responsabilidade Sem Culpa e Socialização do Risco*. Bernardo Álvares: Belo Horizonte, 1974. Sobre o aspecto normativo do direito, caracterizador de sua relevância jurídica, define o autor Direito como a ciência do julgamento de valor, cujo objeto é assegurar respeito a certos valores; é a ciência do dever-ser e se norteia por princípios de uma lógica bem diversa daquela peculiar ao puro reino do 'ser' onde impera o princípio da causalidade.

[15]   Sobre a ausência de responsabilidade do Estado por fenômenos da natureza imprevisíveis, ver TEPEDINO, Gustavo. *A Evolução da Responsabilidade Civil no Direito Brasileiro e suas controvérsias na Atividade Estatal. In* Temas de Direito Civil II. 2ª edição. Rio de Janeiro: Renovar, 2001, p. 187-192. Segue transcrito trecho da explanação do doutrinador sobre o assunto: "Tome-se, como exemplo, a hipótese em que se configuram danos a particulares decorrentes de enchentes de vias públicas, tragicamente corriqueiras nos centros urbanos brasileiros. Inúmeras vezes, tem-se manifestado o Judiciário no sentido da necessidade de comprovar o mau funcionamento dos serviços públicos de escoamento de águas – limpeza de galerias, contenção de encostas, etc. – para que se imponha a condenação da municipalidade. Se, ao revés, o operador adotasse a teoria do risco administrativo, nos termos da

conciliadas a adoção da teoria do risco administrativo e a admissão de exceções de defesa pela Administração Pública, a demonstrar-se, eventualmente, a não configuração do nexo causal em concreto, ou de sua interrupção.

Outro exemplo da interrupção do nexo causal da responsabilidade objetiva do Estado consiste em fato de terceiro, causada por ação humana, concorrendo para causação do dano injusto. Nessa hipótese, concorrem duas condutas – a primeira, de caráter omissivo, pelo Estado, e outra, superveniente, de caráter comissivo, por um terceiro, devendo-se investigar a idoneidade deste último para a configuração do nexo causal. Nestes casos, o melhor entendimento doutrinário e jurisprudencial é aquele que exige, do fato de terceiro, que também seja imprevisível, tal qual o são as excludentes da força maior e do caso fortuito. Diversamente, a superveniência de fato previsível de terceiro não terá por consequência o afastamento da responsabilidade da Administração Pública.

A doutrina não tem dificuldade em aceitar a obrigação de atuação do Estado, em diversos setores, apenas considerando-a genérica, no mais das vezes. Na verdade, todavia, a obrigação é considerada genérica na medida em que não faz discriminação – e o Estado está obrigado a prestações impessoais, porque é regido pelos princípios da legalidade e impessoalidade. Até o advento do dano, a obrigação contida na norma preceptiva é genérica no sentido de que é dirigida a todos os cidadãos, sem qualquer distinção[16], devendo o Estado cumprir suas obrigações em face de todos eles, e isso não quer dizer que seja segurador universal de todos os danos advindos. A individualização necessária ao reconhecimento de que exsurge sua responsabilidade dá-se no momento da ocorrência do dano, isto é, no caso concreto. Não se pode afirmar, portanto, que há esfera de razoabilidade em sede de inobservância de norma cogente, eis que há muito superada a fase em que normas constitucionais não eram consideradas mais que meras proposições políticas para a Administração Pública.

---

previsão constitucional, a construção não determinaria uma atribuição ilimitada de responsabilidade a cargo do Poder Público. Caberia ao julgador, no exame do caso concreto, verificar se a enchente, por sua intensidade, caracterizaria força maior, capaz de excluir o nexo causal entre a ação preventiva do município e os eventos danosos".

[16] "O direito positivo brasileiro consagra a teoria do risco administrativo. O art. 37, § 6º, da Constituição de 5 de outubro de 1988, repetindo a política legislativa adotada nas disposições constitucionais anteriores, estabelece o princípio da responsabilidade do Estado pelos danos que os seus agentes causem a terceiros. A pessoa jurídica de direito público responde sempre, uma vez que se estabeleça o nexo de causalidade entre o ato da Administração e o prejuízo sofrido. Não há que cogitar se houve ou não culpa, para concluir pelo dever de reparação. A culpa ou dolo do agente somente é de se determinar para estabelecer a ação de in rem verso, da Administração contra o agente. Quer dizer: o Estado responde sempre perante a vítima, independentemente da culpa do servidor. Este, entretanto, responde perante o Estado, em se provando que procedeu culposa ou dolosamente. Não importa que o funcionário seja ou não graduado. O Estado responde pelo ato de qualquer servidor. (...) Também se debate vivamente acerca da responsabilidade pelos atos omissivos do Estado. Alegou-se que por estes deveria responder a Administração com base na teoria subjetiva. Entretanto, a Constituição não estabeleceu qualquer restrição ao âmbito de abrangência do art. 37, § 6º, tampouco o art. 43 do Código Civil, daí decorrendo a natureza objetiva da responsabilidade estatal por omissão. Atualmente, ainda, a jurisprudência do Supremo Tribunal Federal firmou o entendimento no sentido de que 'as pessoas jurídicas de direito público respondem objetivamente pelos danos que causarem a terceiros, com fundamento no art. 37, § 6º, da Constituição Federal, tanto por atos comissivos quanto por atos omissivos, desde que demonstrado o nexo causal entre o dano e a omissão do Poder Público'" (PEREIRA, Caio Mário da Silva. *Responsabilidade Civil*. 12 ed. Ver. Atualizada por TEPEDINO, Gustavo. Rio de Janeiro: Forense, 2018, p. 170-171).

Neste cenário, importa destacar que a responsabilidade civil deve ser considerada como instrumento de diluição dos danos, na medida em que se concentre não somente sobre um indivíduo, mas sobre este em sua relação com a coletividade ou com o público. A efetivação da diluição do ônus reparatório por toda a coletividade, ou entre grupos de agentes potencialmente lesivos, possibilita que a vítima seja integralmente reparada, evitando-se uma situação de injustiça. A solidariedade social implica realizar a justiça distributiva, que somente se opera mediante comportamentos proativos do Estado.

4. EVOLUÇÃO JURISPRUDENCIAL RECENTE

O **Supremo Tribunal Federal**, há muito, ostenta entendimento pela natureza objetiva da responsabilidade da Administração Pública por atos omissivos de seus agentes. Por exemplo, no julgamento do Recurso Extraordinário n. 130.764/PR[17], a Corte Constitucional tratou da responsabilidade civil do Estado do Paraná por danos sofridos pelo dono de uma joalheria assaltada por uma quadrilha integrada por apenado que, poucos dias antes, fugira de penitenciária estadual. A questão foi resolvida, de forma técnica, pela aplicação restritiva da teoria do dano direto e imediato, que trata do nexo causal, decidindo-se, com razão, que a evasão do fugitivo da penitenciária estadual não fora a causa direta e necessária do evento danoso, consideradas as peculiaridades do caso concreto – como, por exemplo, o tempo decorrido entre a evasão e a prática do crime e a formação da quadrilha para a prática do crime, com o envolvimento de outras pessoas no assalto à joalheria, sem que se pudesse afirmar a imprescindibilidade da participação do fugitivo para a consumação do aludido ilícito[18].

Sobre o tema, forjou-se a Tese de Repercussão Geral 362 do STF – segundo o qual "[n]os *termos do artigo 37, § 6º, da Constituição Federal, não se caracteriza a responsabilidade civil objetiva do Estado por danos decorrentes de crime praticado por pessoa foragida do sistema prisional, quando não demonstrado o nexo causal direto entre o momento da fuga e a conduta praticada*" –, com o mérito indelével de, a *contrario sensu*, declarar a natureza objetiva da responsabilidade civil do Estado. Consolida-se essa tese também nas hipóteses de danos decorrentes de atos omissivos[19], acolhendo-se a escolha constitucional pela solidariedade social, que prefere a indenização da vítima[20] à pesquisa do elemento subjetivo do agente causador do dano. De outro lado, corrobora--se a evidente relevância da investigação da causalidade no caso concreto para determinação da

---

[17] CALIXTO, Marcelo Junqueira. *A culpa na responsabilidade civil: estrutura e função*. Renovar: 2008, p. 231.

[18] STF, 1ª Turma, RE 130.764/PR, Rel. Min. Moreira Alves, j. 12.05.1992, *DJ* 07.08.1992.

[19] "Também se debate vivamente acerca da responsabilidade pelos atos omissivos do Estado. Alegou-se que por estes deveria responder a Administração com base na teoria subjetiva. Entretanto, a Constituição não estabeleceu qualquer restrição ao âmbito de abrangência do art. 37, § 6º, tampouco o art. 43 do Código Civil, daí decorrendo a natureza objetiva da responsabilidade estatal por omissão" (PEREIRA, Caio Mário da Silva. Responsabilidade civil. 12 ed. rev, atual. e ampl. Rio de Janeiro: Forense, 2018, p. 171).

[20] Pouco a pouco, separa-se a responsabilidade civil da criminal. A ideia de responsabilidade civil deixa, gradativamente, de se vincular à punição do agente ofensor, e passa a se relacionar ao princípio elementar de que o dano injusto, assim entendida a lesão a interesse jurídico merecedor de tutela, deve ser reparado, consagrando a função precípua que se passou a atribuir ao instituto: a reparação patrimonial do dano sofrido. (GUEDES, Gisela Sampaio da Cruz; TEPEDINO, Gustavo; TERRA, Aline de Miranda Valverde. Fundamentos do Direito Civil, vol. 4 – Responsabilidade Civil. 2 ed. Rio de Janeiro: Forense, 2021, p. 28).

responsabilidade objetiva da Administração Pública, como sói acontecer em todas as hipóteses de responsabilidade civil.

Inobstante, sobreveio importante controvérsia no âmbito da Tese de Repercussão Geral n° 366 do STF[21], em que se discutia a existência de responsabilidade civil do Estado por danos decorrentes de omissão do dever de fiscalizar comércio de fogos de artifício. Nesse julgamento, o Ministro Luiz Fux salientou que a responsabilidade municipal está em permitir que atividade de alta periculosidade se realizasse em área próxima a residências, afirmando que a vítima, inserida em sociedade justa e solidária, deve ser a primeira preocupação na ação indenizatória. Ele foi acompanhado pela Ministra Carmen Lúcia e pelo Ministro Celso de Mello, e este, em seu voto, destacou a ausência de causa excludente da responsabilidade estatal. A Min. Carmem Lúcia chegou a mencionar, em trecho importante de sua manifestação, que "*a não ser o Professor Celso Antônio Bandeira de Melo, que ainda persiste em fazer a exigência doutrinária da diferença entre os requisitos para a configuração da responsabilidade do Estado no caso de omissão, para o que ele acha necessário a exigência de culpa, a doutrina se consolidou no sentido exatamente da desnecessidade de se distinguir entre os casos de omissão ou cometimento de práticas*". Em divergência, o Ministro Alexandre de Moraes negou provimento ao recurso, seguido pelos Ministros Roberto Barroso[22], Ricardo Lewandowski, Gilmar Mendes e Marco Aurélio. As divergências tiveram causas distintas, mas, para os fins deste artigo, importa que o Ministro Marco Aurélio defendeu que, no caso de danos decorrentes de conduta omissiva da Administração Pública, será subjetiva a responsabilidade civil, afirmando que "a responsabilidade do Estado é objetiva, considerado ato comissivo. A partir do momento em que se tem ato omissivo, a responsabilidade é subjetiva. Mas, no caso, não é preciso sequer adentrar o campo da responsabilidade do Estado, se objetiva ou subjetiva, porque, enfrentadas as premissas do acórdão formalizado pelo Tribunal de Justiça de São Paulo, simplesmente não há a responsabilidade".

De toda forma, ao final deste julgamento, foi fixada a seguinte tese de Repercussão Geral segundo a qual "*[p]ara que fique caracterizada a responsabilidade civil do Estado por danos decorrentes do comércio de fogos de artifício, é necessário que exista a violação de um dever jurídico específico de agir, que ocorrerá quando for concedida a licença para funcionamento sem as cautelas legais ou quando for de conhecimento do poder público eventuais irregularidades praticadas pelo particular*".

O **Superior Tribunal de Justiça**, por sua vez, possui jurisprudência expressiva no sentido de que a responsabilidade civil da Administração Pública por atos omissivos pressupõe a caracterização do elemento subjetivo culpa, ainda que anônima – na forma da doutrina de Celso Antonio Bandeira de Melo[23].

---

[21] Forjou-se a tese "para que fique caracterizada a responsabilidade civil do Estado por danos decorrentes do comércio de fogos de artifício, é necessário que exista a violação de um dever jurídico específico de agir, que ocorrerá quando for concedida a licença para funcionamento sem as cautelas legais ou quando for de conhecimento do poder público eventuais irregularidades praticadas pelo particular" .

[22] O ministro Roberto Barroso pontuou que a discordância é sobre o nexo de causalidade. A omissão específica no comércio de fogos de artifício ocorrerá quando for concedida a licença para funcionamento sem as cautelas legais ou forem de conhecimento do poder público eventuais irregularidades praticadas pelo particular. O simples requerimento de licença de instalação ou o recolhimento da taxa de funcionamento não são suficientes para caracterizar o dever específico de agir.

[23] "Em síntese: se o Estado, devendo agir, por imposição legal, não agiu ou o fez deficientemente, comportando-se abaixo dos padrões legais que normalmente deveriam caracterizá-lo, responde por esta incúria, negligência ou deficiência, que traduzem um ilícito ensejador do dano não evitado quando, de direito, devia sê-lo. Também não o socorre eventual incúria em ajustar-se aos padrões devidos.

Cap. 32 • A RESPONSABILIDADE CIVIL DO ESTADO POR ATOS OMISSIVOS | 559

Por exemplo, no julgamento do Recurso Especial nº 418.713/SP[24], o Estado de São Paulo foi responsabilizado por acidente ocorrido com menor de quatorze (14) anos, deixando-a tetraplégica ao saltar de cabeça em ribeirão de pouca profundidade e cheio de pedras, localizado no Balneário Rio das Águas Claras, Pindamonhangaba. A menor ingressara no balneário mediante pagamento de ingresso, e não havia salva-vidas nem sinalização no local. Afirmou o Ministro Relator que, "*no campo da responsabilidade civil do Estado, a regra é a responsabilidade objetiva, cujo corolário é a teoria do risco administrativo, segundo a qual está o Poder Público obrigado a reparar o dano por ele causado a outrem por meio de uma ação lícita ou ilícita de seus agentes. Bastará, nesta hipótese, comprovar a ocorrência do prejuízo e o nexo causal entre a conduta e o dano, para que assista ao lesionado o sucedâneo indenizatório. Por outro lado, se o prejuízo adveio de uma omissão do Estado, ou seja, pelo não funcionamento do serviço, ou de seu funcionamento tardio, deficiente ou insuficiente, invoca-se a teoria da responsabilidade subjetiva*" [25, 26, 27].

Reversamente, descabe responsabilizá-lo se, inobstante atuação compatível com as possibilidades de um serviço normalmente organizado e eficiente, não lhe foi possível impedir o evento danoso gerado por força (humana ou material) alheia. Compreende-se que a solução indicada deva ser a acolhida. De fato, na hipótese cogitada o Estado não é o autor do dano. Em rigor, não se pode dizer que o causou. Sua omissão ou deficiência haveria sido condição do dano, e não causa. Causa é o fator que positivamente gera um resultado. Condição é o evento que não ocorreu, mas que, se houvera ocorrido, teria impedido o resultado. É razoável e impositivo que o Estado responda objetivamente pelos danos que causou. Mas só é razoável e impositivo que responda pelos danos que não causou quando estiver de direito obrigado a impedi-los." MELLO, Celso Antônio Bandeira de. Curso de Direito Administrativo. 32 ed. São Paulo: Malheiros, 2015, (p. 1042-1043)

[24] STJ. Segunda Turma. REsp 418.713/SP. Rel. Min. Franciulli Netto. J. 20.05.2003. *DJ* 08.09.2003.

[25] No julgamento do REsp 997900/AM, o Ministro Castro Meira, em decisão monocrática, não conheceu do recurso e manteve o acórdão originado do E. TJAM, afirmando que "Está mais que patente a comprovação da relação de causalidade entre os danos sofridos pelo infante e a conduta omissiva do apelante. A exclusão da responsabilidade do Estado somente será admitida em duas hipóteses, sendo que nenhuma delas, logicamente, está presente no caso em tela; a primeira quando a dano sofrido por terceiro seja decorrente de um evento imprevisível e irresistível, ocasionado por força externa ao Estado e, o segundo, quando a vítima der causa ao evento danoso. Mas, em qualquer dos casos, compete ao Estado comprovar a existência de uma das causas de exclusão de sua responsabilidade, eis que não houve, de forma alguma, um caso fortuito ou força maior e, menos ainda, culpa da vítima na ocorrência do dano que se busca reparar." Verifica-se, do julgado, entretanto, referências à ilicitude da conduta do réu, atrelada ao conceito de omissão, referência aparentemente dirigida ao sentido objetivo da expressão, destaco uma delas: "Há, destarte, ilicitude na conduta omissa do agente público, como muito bem demonstrado pelo Graduado Órgão Ministerial, considerando que a Carta Magna, em seu art. 227, determina ser dever do Estado assegurar à criança, com absoluta prioridade, o direito à saúde, devendo salvaguardá-la de qualquer forma de negligência que possa vir a lhe causar ou agravar danos." (STJ. 2ª Turma. Recurso Especial n. 997900/AM. Relator Ministro Castro Meira. j. 11.12.07. *DJ* 18.12.07).

[26] O Superior Tribunal de Justiça, de forma majoritária, atribui a natureza subjetiva a responsabilidade civil do Estado quando diante das omissões destacadas (omissão do dever de fiscalização de obra pública, inação policial ou falha na segurança pública e omissão que resulta em dano multitudinário), demandando o exame do dolo ou da culpa atribuída ao serviço estatal genericamente, além do nexo de causalidade entre a ação omissiva atribuída ao poder público e o dano causado a terceiro; para então configurar a responsabilidade. São exemplos os seguintes julgados: REsp 1068506/RS, REsp 135542/MS, REsp 471606/SP, REsp 858.511/DF.

[27] De mencionar também o julgamento do Recurso Especial nº 602.102/RS, em que se sagrara vencedor o voto que reclamava a presença do elemento subjetivo culpa para a configuração da responsabilidade

Mais recentemente, o Superior Tribunal de Justiça afirmou, no julgamento do REsp n.º 1.869.046/SP, que, "*segundo a jurisprudência do STJ, são elementos caracterizadores da responsabilidade do Estado por omissão: o comportamento omissivo, o dano, o nexo de causalidade e a culpa do serviço público, esta implicando rompimento de dever específico. Depende, portanto, da ocorrência de ato omissivo ilícito, consistente na ausência do cumprimento de deveres estatais legalmente estabelecidos*" – como publicado no Informativo de Jurisprudência n.º 674.

No caso específico, o Estado de São Paulo foi condenado ao pagamento de danos materiais e morais à família de advogado morto dentro do Fórum de São José dos Campos, vítima de disparo de arma de fogo efetuado por réu em processo criminal, em que o falecido atuava como patrono da parte autora. Para o Superior Tribunal de Justiça, "*a regra geral do ordenamento brasileiro é de responsabilidade civil objetiva por ato comissivo do Estado e de responsabilidade subjetiva por comportamento omissivo. Contudo, em situações excepcionais de risco anormal da atividade habitualmente desenvolvida, a responsabilização estatal na omissão também se faz independentemente de culpa. 4. Aplica-se igualmente ao Estado a prescrição do art. 927, parágrafo único, do Código Civil, de responsabilidade civil objetiva por atividade naturalmente perigosa, irrelevante seja a conduta comissiva ou omissiva. O vocábulo 'atividade' deve ser interpretado de modo a incluir o comportamento em si e bens associados ou nele envolvidos. Tanto o Estado como os fornecedores privados devem cumprir com o dever de segurança, ínsito a qualquer produto ou serviço prestado. Entre as atividades de risco "por sua natureza" incluem-se as desenvolvidas em edifícios públicos, estatais ou não (p. ex., instituição prisional, manicômio, delegacia de polícia e fórum), com circulação de pessoas notoriamente investigadas ou condenadas por crimes, e aquelas outras em que o risco anormal se evidencia por contar o local com vigilância especial ou, ainda, com sistema de controle de entrada e de detecção de metal por meio de revista eletrônica ou pessoal*". A rigor, o que a Corte classifica como "*situações excepcionais de risco anormal da atividade habitualmente desenvolvida*" refere-se à configuração da causalidade, porque a responsabilidade objetiva da Administração Pública não se confunde com qualquer forma de responsabilidade integral dos entes federativos.

Diversamente, tratando demanda indenizatória relativa à "pessoa sob o domínio de agente de segurança pública", no âmbito de demanda indenizatória proposta contra o Estado de Minas Gerais em razão de morte violenta – ocorrida no contexto de operação policial – do filho da autora da ação[28], o Superior Tribunal de Justiça delineou de outra forma os contornos

---

da administração pública. Tratou-se, na hipótese, da responsabilidade do Estado do Rio Grande do Sul pela morte de determinado sujeito que, internado num hospital psiquiátrico, conseguiu escalar o muro do hospital, libertando-se da custódia, e cometer suicídio logo depois. Afirmou, a Ministra Relatora Eliana Calmon, que "se há ação causadora de dano, não há dúvida de que temos a responsabilidade objetiva, ou seja, a vítima de uma ação estatal deve ser objetivamente ressarcida, muito embora, no exame do nexo de causalidade, seja necessária, muitas vezes, incursão no aspecto subjetivo do preposto estatal. Outras vezes, é preciso analisar o elemento subjetivo para que comprove o Estado culpa da vítima, o que afasta a sua responsabilidade. A questão muda de ângulo, quando se está diante de danos causados por omissão, ou seja, quando houve falta do agir por parte de quem tinha o dever legal de agir e não agiu, ou agiu tardia ou ineficientemente", corroborando a tese do entendimento restritivo do Superior Tribunal de Justiça no que toca o reconhecimento da responsabilidade da Administração Pública por atos omissivos, em que pese a vontade constitucional expressa na clausula do art. 37, § 6°, da Carta.

[28] Agravo em Recurso Especial n° 1.717.869/MG, Relator o Ministro Herman Benjamin, 2ª Turma, j. 20.10.2020.

Cap. 32 • A RESPONSABILIDADE CIVIL DO ESTADO POR ATOS OMISSIVOS | 561

da responsabilidade da Administração Pública por atos omissivos, afirmando estarem em questão os seguintes aspectos: "*a) se aplicável padrão objetivo ou subjetivo no caso de conduta estatal omissiva contra pessoa sob o domínio de agente de segurança pública; b) se ato ilícito de terceiro, nessas circunstâncias, rompe o nexo de causalidade entre o dever de segurança especial da Administração e eventuais danos à vida, à integridade e à dignidade da vítima*". Afirmou, entretanto, que "[n]o Brasil, *a regra geral de responsabilização civil do Estado varia conforme se trate de ação ou omissão. Na conduta comissiva, o ente público responde objetivamente; na omissiva, subjetivamente. Justifica-se a responsabilidade subjetiva sob o argumento de que nem toda omissão estatal dispara, automaticamente, dever de indenizar. Do contrário seria o Estado transformado em organismo segurador universal de todos contra tudo*", e, ao final, que "*independentemente de a conduta constituir ação ou omissão, o Estado responde de maneira objetiva por danos à dignidade e à integridade de pessoa sob custódia ou submissão ao aparelho de segurança*". Ao assim decidir, o Superior Tribunal de Justiça resolveu a questão de forma lapidar, afirmando – com referência a julgado anterior – que "*não há necessidade de se inquirir sobre a existência de meios, pela Administração Pública, para evitar o ocorrido e, muito menos, se indagar sobre a negligência na custódia dos encarcerados (REsp 1.671.569/SP, Rel. Ministro Herman Benjamin, Segunda Turma, DJe 30.6.2017)*". Este caso, entretanto, trata matéria em que historicamente repudiada a culpa, mesmo no contexto da responsabilidade por atos omissivos, possivelmente por referir-se a custódia de encarcerados.

Como exposto, a jurisprudência ainda titubeia no reconhecimento da responsabilidade objetiva da Administração Pública por atos omissivos, ora porque, em certos casos, mostra-se complexa a configuração da causalidade, ora porque os julgadores se mostram apegados ao elemento subjetivo da responsabilidade, em seu conceito tradicional.

Impera, portanto, certa confusão entre os conceitos objetivo e subjetivo de ilicitude, a impedir o melhor desenvolvimento do tema.

6. CONCLUSÃO: DA CULPA AO CONCEITO OBJETIVO DE ILICITUDE

O legislador constituinte, antevendo a inevitável ocorrência de danos injustos decorrentes de atos omissivos e comissivos por agentes do Estado, optou, inequivocamente, pela proteção da vítima inocente (i.e., que não concorreu para o ato danoso), afastando dessa discussão o elemento subjetivo da culpa, tão resistente, entretanto.[29] Segundo a doutrina mais moderna, essa opção

---

[29] José Fernando de Castro Farias (1998, p. 137), citando Duguit, observa que "é questão de saber qual é o patrimônio que deve suportar definitivamente o risco inerente à atividade do grupo considerado. Nasce, então, uma responsabilidade objetiva e não mais uma responsabilidade subjetiva. Não se trata de saber se existe a responsabilidade, não se trata de procurar se uma falta ou uma negligência foi cometida, mas somente qual é o grupo que deve finalmente arcar com encargo do risco. Não há outra prova a fazer além daquela do prejuízo causado; e, esta prova feita, a responsabilidade ocorre de certa forma automaticamente (...). Compreende-se facilmente como a criação dessa espécie de responsabilidade é conseqüência da socialização do direito". E o Autor, ele próprio, afirma que "Eis que a lógica do risco representa uma reviravolta epistemológica. A teoria objetiva da responsabilidade civil é uma teoria social que segue a lógica de solidariedade, no sentido da socialização do direito e da superação do conflito entre a coletividade e o indivíduo".

legislativa funda-se no princípio da repartição dos encargos sociais e no princípio da solidariedade social, que devem ser considerados conjuntamente.[30, 31]

A consagração desses princípios opera, dessa forma, verdadeira releitura do conceito de responsabilidade civil, ou sua readequação à luz da função ditada pelos novos valores sociais, funcionalizando-o à reparação da vítima – passando-se de um sistema centrado na culpa para um outro, mais moderno e compatível com a Constituição Federal, agora centrado no conceito objetivo de ilicitude.

Tão relevantes são as mudanças operadas pela Constituição Federal de 1988, que se pode mesmo falar em substituição da responsabilidade individual por uma responsabilidade social, seguida de perto pela expansão do dano ressarcível, alterações que trazem como consequência a ampla distribuição dos custos dos danos injustos causados entre seus potenciais responsáveis.

*　　*　　*　　*　　*

A temática discutida neste artigo, há muito e de maneira precursora, fora lançada pelo Professor Tepedino, conforme anteriormente mencionado. Seu olhar generoso sobre os institutos tem inspirado seguidas gerações de alunos, neles suscitando novas possibilidades interpretativas – e com sso atribuindo maior significado ao objeto de seus estudos e, consequentemente, aos seus ofícios.

---

[30]　SCHREIBER, Anderson. *A Responsabilidade Civil como Política Pública*. In: Gustavo Tepedino; Luiz Edson Fachin. (Org.). *O Direito e o Tempo: Embates Jurídicos e Utopias Contemporâneas Estudos em Homenagem ao Professor Ricardo Pereira Lira*. 1ª ed. Rio de Janeiro: Renovar, 2008, v. 1, p. 743-755: "[E] sta autêntica revolução jurisprudencial, que tende a adequar o instituto originariamente individualista da responsabilidade civil à axiologia constitucional, perseguindo a nobre finalidade de alcançar um resultado mais justo no caso concreto, traz, por características inerentes à estrutura individualista das ações de reparação, o risco de se concluir com outra injustiça: a atribuição de todo o ônus reparatório a um único réu, que tem com o incidente uma relação não causal, mas meramente casual, gerando séria crise de legitimidade para todo o sistema da responsabilidade civil." (no caso do Estado ônus será da sociedade como um todo)"

A nova axiologia solidarista exige, para muito além disso, que se implementem instrumentos aptos a distribuir entre o maior número possível de agentes envolvidos na atividade lesiva o ônus das reparações derivadas dos danos puramente acidentais. Requer, ainda, que se distribua entre todos estes agentes o custo da implementação de medidas que possam mesmo evitar ou diminuir a quantidade de danos produzidos. É neste sentido que se fala hoje, por exemplo, do princípio da precaução, voltado à eliminação prévia (anterior a produção do dano) dos riscos de lesão, por meio de normas específicas, de natureza administrativa e regulatória, que imponham tal dever aos agentes econômicos de maior potencial lesivo, sob uma fiscalização eficiente por parte do Poder Público. Insere-se, nesta linha, a atuação disciplinar dos órgãos fiscalizadores, como o CADE e o Banco Central, e cresce em importância o papel normativo das agências reguladoras, que, sem a lentidão habitual do processo legislativo e com o conhecimento técnico especializado, se mostra apto à emissão de regras de conduta capazes de efetivamente reduzir os riscos de cada atividade. Em setores os mais diversos, os administradores têm se preocupado crescentemente com o chamado risk management, a revelar outra saudável alteração de foco: dos danos para os riscos. Nesta mesma direção, a autonomia privada começa a recorrer, com cada vez maior frequência, a seguros de responsabilidade civil contemplados pelo Código Civil de 2002 (art. 787)".

[31]　"Las cosas no se producen siempre tan simplemente, sin embargo, y ello porque en materia de responsabilidad civil, a diferencia de lo que ocurre en el ámbito penal, el objetivo último que se persigue no es tanto el de identificar a una persona como autora del hecho lesivo, sino el de localizar un patrimonio con cargo al cual podrá hacerse efectiva la reparación del daño causado" (ENTERRÍA, Eduardo García de; FERNANDÉZ, Tomás-Ramon, 2006, p. 390).

33

DE VOLTA À REPARAÇÃO DO DANO MORAL: 30 ANOS DE TRAJETÓRIA ENTRE AVANÇOS E RETROCESSOS

CARLOS EDISON DO RÊGO MONTEIRO FILHO

Sumário: 1. Breves notas sobre uma história (ainda) recente. 2. Conceito de dano moral: delimitação em concreto à luz da teoria dos efeitos da lesão. 2.1 O debate entre as teorias subjetivas e objetivas no Brasil e a necessidade de sua superação. 2.2 Subsídios da experiência estrangeira para as necessárias delimitações conceituais. 3. O problema da reparabilidade na responsabilidade civil contratual.

1. BREVES NOTAS SOBRE UMA HISTÓRIA (AINDA) RECENTE

A reparabilidade do dano extrapatrimonial revelou-se, senão o maior, um dos maiores desafios da teoria da responsabilidade civil no Brasil desde as últimas décadas do século XX. O tema enfrentou renhida trajetória até que os tribunais brasileiros consolidassem posição favorável à compensação, em direcionamento que se insere no mais amplo contexto de luta pelo reconhecimento de tutela das situações existenciais atreladas ao princípio da dignidade da pessoa humana e da jornada rumo à concretização do princípio da reparação integral.

Estimulado por nosso homenageado na presente obra, Professor Gustavo Tepedino, orientador de meus cursos de mestrado e doutorado, dediquei-me à pesquisa de hipóteses de reparação do dano moral tanto na dissertação, como na tese, enfocando, respectivamente, a perda de ente querido e o descumprimento contratual.

Assim, como identifiquei e melhor desenvolvi na dissertação, data de 1966 o *leading case* do Supremo Tribunal Federal na matéria, a proclamar a possibilidade de compensação de danos extrapatrimoniais no sistema jurídico brasileiro, muito embora a fundamentação do julgado ainda permitisse entrever certo apego à ótica patrimonialista.[1] Compreendia-se, à época, ser contrário à moral e ao Direito qualquer pagamento compensatório em decorrência de danos extrapatrimoniais por se entender que, nesses casos, haveria precificação da dor (*pretium doloris*), e, ao espírito da década de 1960, repugnava a ideia de obtenção de dinheiro a título de compensação de sofrimento humano. Afirmava-se, então: *a dor não tem preço.*

Decorre daí que, impregnados pela influência da objeção, até a promulgação da Constituição de 1988, os tribunais brasileiros hesitavam bastante e, em muitos casos, sob a rubrica de dano moral, ressarciam danos patrimoniais duvidosos, travestidos ora de danos emergentes ora de lucros cessantes, e não propriamente os efeitos não patrimoniais da lesão. Na morte de filhos, como no exemplo do julgado inaugural mencionado *supra*, a liquidação da verba de reparação do dano moral era calculada com base nos gastos que os pais tiveram até então com a criança, e na expectativa de que, no futuro, ela lhes pudesse conferir algum tipo de renda, mesmo que não exercesse ainda qualquer trabalho remunerado. Exatamente por conta dessa quantificação oblíqua, mais próxima dos mecanismos de indenização das duas espécies de danos patrimoniais, respectivamente, surgiu o falso problema da acumulação das verbas ressarcitórias por danos morais e por danos materiais sofridos em razão de um mesmo fato. E muitos foram os acórdãos do próprio STF que, ao longo das décadas de 1970 e 80, diante da comprovação da existência de danos patrimoniais, deixaram sem compensação danos extrapatrimoniais.

A temática apenas encontrou rumo certo a partir da Constituição de 1988, que desarmou as resistências à reparabilidade do dano extrapatrimonial[2] ao prevê-la expressamente nos incisos V e X do artigo 5º.[3]

Pacificada a admissibilidade da compensação do dano extrapatrimonial,[4] muitas novas questões assumiram lugar de destaque nos debates, destacando-se para o desenvolvimento deste

---

[1] MONTEIRO FILHO, Carlos Edison do Rêgo. *Elementos de responsabilidade civil por dano moral*. Rio de Janeiro: Renovar, 2000. MONTEIRO FILHO, Carlos Edison do Rêgo. *Responsabilidade contratual e extracontratual*: contrastes e convergências no direito civil contemporâneo. Rio de Janeiro: Processo, 2016. No caso (RE 59.940 – SP, RTJ 39/38-44), os pais pleiteavam indenização pela morte de dois filhos menores causada, culposamente, por uma empresa de ônibus. Os votos do Min. Rel. Aliomar Baleeiro e do Min. Pedro Chaves ressaltaram, na fundamentação, a possibilidade de ressarcimento dos danos morais na hipótese. Apesar disso, percebe-se que o valor da indenização foi arbitrado a partir de uma visão patrimonialista da lesão. É o que se extrai do seguinte trecho do voto do relator: "O homem normal, que constitui família, não obedece apenas ao impulso fisiológico do sexo, mas busca satisfações espirituais e psicológicas, que o lar e os filhos proporcionam ao longo da vida e até pela impressão de que se perpetua neles. (...) Se o responsável pelo homicídio lhes frustra a expectativa futura e a satisfação atual, deve reparação, ainda que seja a indenização de tudo quanto despenderam para um fim lícito malogrado pelo dolo ou culpa do ofensor. Perderam, no mínimo, tudo quanto investiram na criação e educação dos filhos, e que se converteu em pura frustração pela culpa do réu. O patrimônio não são apenas coisas concretas, mas o acervo de todos os direitos que o titular dele pode exercitar".

[2] "A Constituição Federal de 1988 veio a pôr uma pá de cal na resistência à reparação do dano moral". (PEREIRA, Caio Mário da Silva. *Responsabilidade Civil*. 11ª ed. rev. Atualizado por Gustavo Tepedino. Rio de Janeiro: Forense, 1998, p. 79).

[3] "Art. 5º Todos são iguais perante a lei, sem distinção de qualquer natureza, garantindo-se aos brasileiros e aos estrangeiros residentes no País a inviolabilidade do direito à vida, à liberdade, à igualdade, à segurança e à propriedade, nos termos seguintes: V – é assegurado o direito de resposta, proporcional ao agravo, além da indenização por dano material, moral ou à imagem; X – são invioláveis a intimidade, a vida privada, a honra e a imagem das pessoas, assegurado o direito a indenização pelo dano material ou moral decorrente de sua violação;"

[4] Como exemplo do reconhecimento da importante função que a compensação pecuniária tem em casos de violação severa a interesses associados à dignidade da pessoa, mencione-se o caso do rompimento da

estudo (i) o conceito de dano extrapatrimonial, por meio do qual se busca delimitar as hipóteses de reparação; e (ii) o reconhecimento de danos extrapatrimoniais decorrentes de descumprimento contratual. Retorno, assim, com satisfação, em sede de homenagem ao Professor Tepedino, a temas centrais das pesquisas que empreendi, sob sua segura orientação, no Programa de Pós-graduação em Direito da UERJ desde o já longínquo ano de 1992.

2 CONCEITO DE DANO MORAL: DELIMITAÇÃO EM CONCRETO À LUZ DA TEORIA DOS EFEITOS DA LESÃO

2.1 O debate entre as teorias subjetivas e objetivas no Brasil e a necessidade de sua superação

Grande parte da doutrina e dos tribunais tem adotado posicionamento que associa, de certo modo, dano moral a sentimentos como dor, vexame e humilhação, sofridos pela vítima como resultado de ato praticado pelo ofensor. Aguiar Dias, em fórmula consagrada, apoiada em Minozzi, descreve o dano moral como "a dor, o espanto, a emoção, a vergonha, a injúria física ou moral, em geral uma dolorosa sensação experimentada pela pessoa, atribuída à palavra dor o mais largo significado". Percebe-se que o método de identificação empregado pelo autor para definir a espécie recorre às consequências produzidas na pessoa da vítima.[5] Por isso mesmo, convencionou-se denominar de subjetiva essa posição, que passou a atrair objeções cujo foco residia na dificuldade prática de comprovação de sentimentos: como se fará a prova em juízo das pretensões deduzidas em cada ação de responsabilidade civil? E, na esteira, quem efetivamente sofreu dano moral e merecerá reparação: as pessoas incapazes de compreender a real significação de certas situações lesivas e suas respectivas consequências, seja por sua idade ou por qualquer razão de ausência de discernimento, não poderiam pleitear reparação? Além disso, destaca-se o problema do dano extrapatrimonial da pessoa jurídica.[6]

---

barragem de Brumadinho, em Minas Gerais. Na primeira sentença em ação individual movida contra a Vale S.A., o Poder Judiciário mineiro determinou que a mineradora indenize em R$ 11,875 milhões os familiares de dois irmãos e de uma mulher grávida falecidos na tragédia. (TJMG, 2ª Vara Cível, Criminal e de Execuções Penais da Comarca de Brumadinho, Processo n. 5000580-65.2019.8.13.0090, Juiz Rodrigo Heleno Chaves, julg. 18.09.2019).

[5] Sobre a perspectiva subjetiva, v., por todos, AGUIAR DIAS, José de. *Da responsabilidade civil.* 11ª ed. Atualizado por Rui Berford Dias. Rio de Janeiro: Renovar, p. 993, que citando Minozzi, qualifica o dano moral como "a dor, o espanto, a emoção, a vergonha, a injúria física ou moral, em geral uma dolorosa sensação experimentada pela pessoa, atribuída à palavra dor o mais largo significado". Na jurisprudência, destaca-se acórdão caricato do TJRJ a respeito de publicação não autorizada, por jornal popular, de fotos íntimas de famosa atriz, no qual os julgadores concluíram pela improcedência do pedido de compensação por danos extrapatrimoniais ao argumento de que "o uso inconsentido da imagem não acarretou para a pessoa fotografada dor, tristeza, magoa, sofrimento, vexame, humilhação, tendo-lhe proporcionado, ao revés, alegria, jubilo, contentamento, satisfação, exultação e felicidade". (TJRJ, 2º Grupo de Câmaras Cíveis, Emb. Infringentes n. 0011236-18.1998.8.19.0000, Rel. Des. Wilson Marques, julg. 29.09.1999).

[6] Outras questões assemelhadas também ganharam dimensão na jurisprudência nos últimos tempos, a exemplo do reconhecimento, pelo Superior Tribunal de Justiça, da impossibilidade de os condomínios edilícios sofrerem danos morais em razão de sua natureza de ente despersonalizado que não possui honra objetiva. (STJ, 3ª T., REsp 1.736.593, Relª. Minª. Nancy Andrighi, julg. 11.02.2020).

Na esteira de tais reflexões, desenvolveram-se também, na doutrina brasileira, teorias ditas objetivas de conceituação do dano. As várias espécies desse gênero convergem no sentido de reconhecerem a extrapatrimonialidade do dano na natureza do bem jurídico atingido pela conduta lesiva, isto é, compreendem como extrapatrimonial não já o resultado suportado pela pessoa ofendida, mas o dano provocado a um bem jurídico específico de natureza extrapatrimonial. Divergem entre si, no entanto, quanto à identificação desse bem jurídico, a sobressaírem três diferentes subteorias.

A primeira delas entende como dano extrapatrimonial violação ao *patrimônio moral* da vítima, instituto que se oporia ao patrimônio material e que seria atingido, em listagem meramente exemplificativa, por violação "à honra, ao decoro, à paz interior de cada qual, às crenças íntimas, aos sentimentos afetivos de qualquer espécie, à liberdade, à vida, à integridade corporal".[7] Bastaria, portanto, a prova da violação a algum desses bens jurídicos tutelados para *ipso facto* caracterizar a lesão, merecedora, por seu turno, da pronta resposta do direito, por meio dos mecanismos reparatórios disponíveis.

A segunda subteoria compreende o dano extrapatrimonial como lesão a um dos direitos da personalidade. Trata-se, portanto, de concepção um pouco mais restrita, se comparada à subteoria da violação ao patrimônio moral. Segundo seus fautores, "não há outras hipóteses de danos morais além das violações aos direitos da personalidade", de modo que "*fora dos direitos da personalidade são apenas cogitáveis os danos materiais*".[8]

Finalmente, a terceira subteoria da corrente objetiva identifica o dano moral na violação à dignidade da pessoa humana. Conforme explica Maria Celina Bodin de Moraes, "constitui dano moral a lesão a qualquer dos aspectos componentes da dignidade humana – dignidade esta que se encontra fundada em quatro substratos e, portanto, corporificada no conjunto dos princípios da igualdade, da integridade psicofísica, da liberdade e da solidariedade".[9] Trata-se, portanto, de concepção ainda mais restritiva dos danos extrapatrimoniais, pois apenas aquelas lesões que atingem o ser humano em sua dignidade seriam reparáveis. Em sentido bastante semelhante, Sérgio Cavalieri Filho procura definir dano moral como lesão ao que denomina direito subjetivo à dignidade humana.[10]

No final do ano de 2020, acórdão de relatoria do Ministro Luis Felipe Salomão, para além de observar que "o direito à compensação de dano moral, conforme a expressa disposição do art. 12 do CC, exsurge de condutas que ofendam direitos da personalidade", afirmou, em firme posicionamento contrário ao que denominou de sentido natural da expressão dano moral: "não se pode tomar o dano moral em seu sentido natural, e não jurídico, associando-o a qualquer prejuízo incalculável, como figura receptora de todos os anseios, dotada de uma vastidão tecnicamente insustentável, e mais comumente correlacionando-o à dor, ao aborrecimento, sofrimento e à frustração". Na sequência, arremata o raciocínio da seguinte maneira: "essas circunstâncias todas não correspondem ao seu sentido jurídico, a par de essa configuração ter o nefasto efeito de torná-lo sujeito ao subjetivismo de cada um".[11]

---

[7]   SILVA, Wilson Melo da. *O dano moral e sua reparação*. 3. ed. Rio de Janeiro: Forense, 1999. p. 2.

[8]   LÔBO, Paulo Luiz Neto. Danos morais e direitos da personalidade. In: *Revista Trimestral de Direito Civil – RTD*,. vol. 6, abr.-jun. 2001. pp. 95-96.

[9]   BODIN DE MORAES, Maria Celina. *Danos à pessoa humana*: uma leitura civil-constitucional dos danos morais. 1ª ed. Rio de Janeiro: Renovar, 2003, p. 327.

[10]   "Temos hoje o que pode ser chamado de direito subjetivo constitucional à dignidade. (...) Em sentido estrito dano moral é violação do direito à dignidade". (CAVALIERI FILHO, Sergio. *Programa de Responsabilidade Civil*, 11 ed. São Paulo: Atlas, 2014, p. 106).

[11]   STJ, 4ª T., REsp 1.406.245/SP, Rel. Min. Luis Felipe Salomão, julg. 24.11.2020.

Conforme delineado, constata-se que, no Brasil, o debate que contrapõe as linhas objetivas e subjetivas persiste na ordem do dia, trazendo consigo a permanente e angustiante tentativa de construção da linha demarcatória que separa o dano moral reparável do tal mero aborrecimento cotidiano. Embora não cheguem a ser antagônicas, as fórmulas empregadas pelas teorias mostram-se bem distintas. Dizer *dano=lesão* **é bem diferente de** afirmar *dano=efeito da lesão*. E, como a lesão pode suscitar variados efeitos, **é a partir deles que a teoria dos efeitos da lesão, em linha de superação da dicotomia apontada,** parece conduzir a uma definição mais segura e técnica do que seja o dano extrapatrimonial e de suas hipóteses reparatórias, sem imiscuir-se nos meandros da subjetividade da pesquisa da dor e demais sentimentos correlacionados a ela.

Em perspectiva crítica, não é difícil constatar que a lesão a direito da personalidade, ao patrimônio moral ou mesmo **à dignidade humana pode gerar também efeitos patrimoniais,**[12] como se sabe, na forma de danos emergentes e lucros cessantes, donde não se poder tomá-la como sinônima, síntese ou núcleo de definição de dano moral e de delimitação de seu arco reparatório, em que pese o respeito e a admiração por seus precursores e adeptos.[13]

2.2 Subsídios da experiência estrangeira para as necessárias delimitações conceituais

Na experiência estrangeira, em congruência com a teoria dos efeitos da lesão, tem-se constatado a pertinência de se realizar distinção entre dano e lesão, e qualificar aquele como consequência desta. Nesse sentido, na Itália, a partir de estudo desenvolvido por Gino Gorla, contrapõe-se o denominado *danno evento* a *danno conseguenza*.[14] Nessa linha, explica Miquel-Martin Casals, considera-se dano-evento a *lesão* a interesse lícito, enquanto o dano-consequência associa-se a *efeitos produzidos pela lesão* ao interesse jurídico protegido, que se repartiriam na *summa divisio* entre as consequências que se dão no patrimônio ou aquelas que são extrapatrimoniais – esses, os danos.[15]

---

[12] Nesse sentido, vale mencionar o Enunciado 624 da Súmula do STJ, que, acerca da reparação de perseguidos políticos durante o regime militar no Brasil, esclarece serem cumuláveis a compensação por dano moral e a indenização patrimonial: "É possível cumular a indenização do dano moral com a reparação econômica da Lei n. 10.559/2002 (Lei da Anistia Política)". Em sentido análogo, veja-se também o Enunciado 642 estabelece: "São imprescritíveis as ações indenizatórias por danos morais e materiais decorrentes de atos de perseguição política com violação de direitos fundamentais ocorridos durante o regime militar".

[13] Sobre o tema, MONTEIRO FILHO, Carlos Edison do Rêgo. O conceito de dano moral e as relações de trabalho. In: *Rumos contemporâneos do direito civil*: estudos em perspectiva civil-constitucional. Belo Horizonte: Fórum, 2017, pp. 85-100.

[14] GORLA, Gino. Sulla cosiddetta causalità giuridica: 'fatto dannoso e conseguenze', in *Rivista del diritto. commerciale*, 1951, I, p. 405 ss.

[15] Miguel-Martin Casals esclarece que: "La idea de daño ressarcible en el sentido italiano de danno evento, y que daria respuesta a la pregunta de cuando hay daño jurídicamente relevante, se encuentra presente tanto en los PETL como el DCFR. De um modo parecido, se propone ahora introducir de manera explícita el concepto de daño como 'lesión de um interés lícito'. (...) Esta idea se contrapone a la de danno conseguenza, que daria respuesta a qué tipo de consecuencias ha producido la lesión al interés jurídico protegido, y partiria de la summa divisio de si las consecuencias se han dado en el patrimonio o si son extrapatrimonialies". (CASALS, Miquel-Martin. La modernización del derecho de la responsabilidad extracontratual. In: *Cuestiones actuales en materia de responsabilidad civil*: XV Jornada de la Asociación de Profesores de Derecho Civil. Murcia: Universidad de Murcia, Servicio de Publicaciones, 2011, p. 41).

Pietro Sirena, em recente trabalho sobre o conceito de dano no direito italiano e francês da responsabilidade civil, e na esteira da consagrada dualidade dano-evento/dano-consequência, faz alusão à elaboração conceitual de dois tipos de nexo de causalidade, aos moldes do que se verifica no direito alemão: um, de sentido natural (ou de fato), associado à própria etiologia do ato ilícito e disciplinado pelo art. 2.043 do Código Civil Italiano; outro, jurídico (ou de direito), relativo aos efeitos do dano-evento sobre a pessoa do ofendido e regido pelo art. 1.223 do mesmo diploma. Nas palavras do autor, "se não for provado pelo autor [o primeiro nexo causal], o juiz verificará que nenhum fato ilícito ocorreu e, portanto, indeferirá o pedido de indenização; quando, em vez disso, for provado, o autor também terá o ônus de provar que o dano-consequência que alega é uma consequência do dano-evento causado pelo réu".[16]

No direito espanhol, faz-se distinção entre os conceitos de *daño* e de *perjuicio*, muito bem ilustrada no artigo 2:101 dos Princípios de Direito Europeu da Responsabilidade Civil, que, na versão espanhola, possui a seguinte dicção: "*el daño requiere un perjuicio material o inmaterial a un interés jurídicamente protegido*". Também, no direito argentino, Matilde Zavala de González ensina que "*cuando el Derecho se ocupa de reparar, no es relevante el exclusivo mal que entraña la lesión, intrínsecamente considerada, sino las concretas consecuencias – económicas o espirituales – que aquélla infiere a la víctima*".[17]

Em sentido análogo, o professor francês Jean-Sebastién Borghetti arremata: "o dano se define como uma lesão a uma pessoa, a uma coisa ou a uma situação. O prejuízo consiste, por sua parte, nas consequências dessa lesão para o demandante". E, em seguida, conclui: "essas consequências podem ser patrimoniais – diminuição do valor do patrimônio, lucros cessantes, entre outros – ou extrapatrimoniais – sofrimento psíquico ou moral, essencialmente". [18]

No direito francês, aliás, o projeto reforma da responsabilidade civil,[19] proposto em 2017, parece corroborar a tendência de distinção entre os conceitos de dano-evento e dano-consequência. A nova redação conferida ao artigo 1.235 do *Code Civil* pelo projeto, se aprovada, exigirá como pressuposto ao surgimento do dever de indenizar um prejuízo certo (*préjudice certain*) decorrente

---

[16] Pietro Sirena anota que "la distinzione tra danno-evento e danno-conseguenza ha indotto il diritto italiano a elaborare concettualmente due tipi di nesso causale, cosí come avviene nel diritto tedesco. Affinché il fatto imputato al danneggiante sia illecito, esso deve anzitutto aver cagionato un danno ingiusto. Questo primo nesso causale, che si considera disciplinato dall'art. 2043 c.c., è perciò definito come «di fatto» (o «naturale»). Ove esso non sia provato dall'attore, il giudice accerterà che non si è verificato alcun fatto illecito e respingerà pertanto la domanda risarcitoria; ove esso sia invece provato, l'attore avrà altresí l'onere di provare che il dannoconseguenza che lamenta costituisce una conseguenza del danno-evento cagionato dal convenuto. Questo secondo nesso causale, che si considera disciplinato dall'art. 1223 c.c., è definito come «giuridico»". (SIRENA, Pietro. Il concetto di 'danno' nel diritto italiano e francese della responsabilità civile. In: *Rassegna di diritto civile*, 2019, n. 2, pp. 547-548).

[17] GONZÁLEZ, Matilde Zavala de. *Resarcimiento del daño moral*. Buenos Aires: Astrea, 2009, p. 10.

[18] No original: "el daño se define como una lesión a una persona, a una cosa o a una situación. El perjuicio consiste, por su parte, en las consecuencias de esta lesión para el demandante. Estas consecuencias pueden ser patrimoniales –disminución del valor del patrimonio, pérdida de ingresos, entre otros– o extra-patrimoniales –sufrimiento psíquico o moral, essencialmente". (BORGHETTI, Jean-Sebastién. Los intereses tutelables y la dimensión de los perjuicios reparables en el derecho francés de la responsabilidad civil extracontractual. In: *Themis*: Revista de Derecho, n. 66, 2015, p. 289). Para análise detalhada do tema, v. BASTOS, Daniel Deggau; SILVA, Rafael Peteffi da. A busca pela autonomia do dano pela perda do tempo e a crítica ao *compensation for injury as such*. In: civilistica.com, a. 9, n. 2, 2020, pp. 6-11.

[19] O projeto de reforma da responsabilidade civil no direito francês pode ser conferido a seguir: http://www.justice.gouv.fr/publication/Projet_de_reforme_de_la_responsabilite_civile_13032017.pdf

de um dano (*dommage*), que, ainda de acordo com o dispositivo, consiste na lesão a um interesse lícito (*lésion d'un intérêt licite*).[20]

Trata-se de redação bastante distinta daquela prevista no atual artigo 1.240 do *Code Civil*, que cuida da matéria e indica apenas a necessidade da existência de um dano (*dommage*) provocado por ato culposo (*faute*) do agente.[21] Essa alteração, de acordo com Pietro Sirena, não redundaria em mera modificação terminológica, mas estabelece requisito adicional à responsabilização civil, de modo que a existência do dano, por si só, seria insuficiente para deflagrar a reparação, a exigir-se que dele decorra um prejuízo.[22]

Essa percepção teórica acerca da necessária distinção entre lesão e dano pode ser mais bem compreendida quando da análise da *lesão ao tempo*, considerado este como novo bem jurídico autonomamente tutelado e acerca do qual muito se diverge quanto à natureza dos danos decorrentes de sua violação. Para alguns, tratar-se-ia de categoria autônoma relativamente aos danos material e moral.[23] Outros sustentam que a perda de tempo seria, na verdade, espécie de dano extrapatrimonial.[24]

A perda de tempo, contudo, **não** configura *tertium genus* de dano, ao lado do material e do moral, nem tampouco espécie, ou hipótese de dano extrapatrimonial. Na esteira do que, em outra sede, já se disse por ocasião do estudo do chamado dano estético,[25] e do que se afirmou acima, a caracterização do dano decorre do efeito que ele produz na vítima, e não da natureza do interesse juridicamente tutelado. Ou seja, sua qualificação variará conforme os reflexos em concreto da lesão ao novo interesse juridicamente protegido, os quais podem ser de duas ordens: patrimonial ou extrapatrimonial.[26]

---

[20] Confira-se a nova redação do artigo 1.235 proposta no projeto de reforma da responsabilidade civil francês: "*Est réparable tout préjudice certain résultant d'un dommage et consistant en la lésion d'un intérêt licite, patrimonial ou extrapatrimonial*".

[21] Veja-se a redação atual do artigo 1.240 do Code Civil: "Tout fait quelconque de l'homme, qui cause à autrui un dommage, oblige celui par la faute duquel il est arrivé à le réparer".

[22] "In questo modo, il Projet de réforme non si propone di introdurre un mutamento meramente terminologico (dal risarcimento del dommage a quello del préjudice), né un passaggio neutrale da un concetto ad un altro. Piuttosto, esso si propone di stabilire un requisito ulteriore della responsabilità civile stricto sensu (ossia, del risarcimento del danno), il quale si aggiungerebbe a quelli già previsti dal Code civil oggi in vigore. Infatti, il dommage verrebbe a contrapporsi concettualmente al préjudice, il quale lo seguirebbe logicamente (se non anche cronologicamente); in altri termini, il dommage non sarebbe più risarcibile di per sé, ma solamente in quanto sia logicamente (se non anche cronologicamente) seguito da un préjudice". (SIRENA, Pietro. Il concetto di 'danno' nel diritto italiano e francese della responsabilità civile. In: *Rassegna di diritto civile*, 2019, n. 2, pp. 545-546).

[23] MAIA, Maurilio Casas. O dano temporal indenizável e o mero dissabor cronológico no mercado de consumo: quando o tempo é mais que dinheiro – é dignidade e liberdade. In: *Revista de Direito do Consumidor*, v. 92, 2014, p. 162.

[24] DESSAUNE, Marcos. *Desvio produtivo do consumidor*: o prejuízo do tempo desperdiçado. São Paulo: Revista dos Tribunais, 2011, p. 134.

[25] Confira-se: "Do mesmo modo, a lesão estética não é uma terceira espécie de dano, autônoma em relação aos danos morais e materiais. Deve-se entender por tal a lesão aos bens jurídicos integridade física e imagem, as quais podem gerar efeitos patrimoniais (dano patrimonial), ou efeitos extrapatrimoniais (dano moral)" (MONTEIRO FILHO, Carlos Edison do Rêgo. *Elementos de responsabilidade civil por dano moral*. Rio de Janeiro: Renovar, 2000, p. 49-62).

Ver, em sentido semelhante, FERREYRA, Roberto Vázquez. Daño a la estética de la persona. In: Thémis – Revista de Derecho, n. 19, 1991, pp. 61-66.

[26] MONTEIRO FILHO, Carlos Edison do Rêgo. Lesão ao tempo: configuração e reparação nas relações de consumo. In: Revista da Ajuris, v. 43, n. 141, 2016, p. 106.

Neste sentido, caso se verifique que a vítima, em razão da perda do seu tempo livre (i.e, devido à lesão ao bem jurídico tempo) sofreu uma efetiva diminuição patrimonial (dano emergente) ou uma concreta privação do que poderia ganhar (lucros cessantes), configurado estará o dano material. Se, sob outro aspecto, a lesão gerar efeitos extrapatrimoniais objetivamente apreciáveis, estar-se-á diante de um dano moral.[27] Sob essa perspectiva, portanto, que considera o *dano como efeito da lesão*, mostram-se insuficientes a criação de categoria autônoma sob a alcunha de "dano temporal" ou análogos e a afirmação que o restringe a dano moral. No exemplo genérico da injustificada perda do tempo na fila de agência bancária, é bem crível que, para além da questão extrapatrimonial, decorram do inesperado atraso efeitos de ordem patrimonial na vítima, como a perda de compromissos profissionais e, em última análise, do tempo produtivo que se esvai na longa espera (exemplos do representante comercial e do taxista parados).

Nessa esteira, o que se leva em conta são os efeitos concretos, que se projetam na pessoa da vítima da lesão sofrida, e não esta abstratamente considerada. Não fosse assim, todas as situações em que a lesão atinge bens e interesses jurídicos para além da pessoa ofendida exigiriam uma elasticidade capaz de comprometer os conceitos de personalidade, patrimônio moral e dignidade humana, revelando-se a insuficiência da abordagem puramente objetiva.[28]

---

[27] O professor argentino Sergio Sebastián Barocelli, em consonância com o aqui se defende, indica que a perda de tempo útil pode gerar efeitos patrimoniais (danos emergentes e lucros cessantes) e morais. O Autor, indica, ainda, que a perda de tempo útil implica uma lesão ao que ele chama de "direito ao tratamento digno". Confira-se: "En primer término, la pérdida de tiempo puede vislumbrase en un daño emergente: un daño a la salud o integridad física ante la tardanza en la atención sanitaria, la pérdida de un servicio de transporte (aéreo, terrestre, marítimo etc.). Dichos caso creemos que no genera demasiada dificultad, por lo que no profundizaremos al respecto. Pero también en los supuestos que analizamos en este trabajo (defectos de producto, deficiencias em la prestación de servicios etc.) pueden generar gastos que configuran un daño emergente: llamadas telefónicas, procuración de copias para denuncias y reclamaciones, traslado y viáticos, entre otros, que merecen ser compensados. (...) En segundo término, la pérdida de tiempo puede encuadrarse en un supuesto de lucro cesante. Tiempo que, por ser escaso, el consumidor le resta a sus actividades económicas, caso que implicaría un lucro cesante (actividad laboral, productiva, profesional etc.) o, en sentido más técnico, al desarrollo de actividades esenciales para la vida (descanso, ocio, vida familiar y de relación) o de su personalidad (actividades educativas, culturales, deportivas, espirituales, recreativas etc.) (...) La pérdida de tiempo implica también un desgaste moral y un trastorno espiritual para el consumidor, quien debe desatender sus para enfrascarse en una lucha en al que está casi siempre en clara desigualdad de condiciones frente al proveedor, en razón de la debilidad y vulnerabilidad estructural en que se sitúan los consumidores en las relaciones de consumo. (...) En el ámbito del derecho del consumidor, de conformidad con las previsiones de los artículo 42 de la Constitución Nacional y 8 bis de la LDC, constituye un supuesto particular indemnizable el incumplimiento del derecho al trato digno y equitativo por parte de los proveedores de bienes y servicios" (BAROCELLI, Sergio Sebastián. Cuantificación de daños al consumidor por tiempo perdido. *Revista de Direito do Consumidor*, v. 90, 2013, p. 119).

[28] "la lesión a um mismo bien puede afectar intereses patrimoniales y espirituales. Por eso un mismo hecho puede generar daños morales y patrimoniales. En este sentido afirma Zannoni que 'aunque el interés jurídico está referido a un poder de actuar hacia el objeto de satisfacción, sucede que a través de bienes patrimoniales el sujeto puede satisfacer también um interés no patrimonial, o sea, un poder de actuar hacia bienes no patrimoniales, y viceversa, a través de bienes no patrimoniales el sujeto puede satisfacer además un interés patrimonial, es decir un poder de actuar hacia bienes patrimoniales. La salud de alguien, por ejemplo, permite trabajar, obtener ingresos económicos'". (FERREYRA, Roberto Vázquez. Daño a la estética de la persona. In: *Themis – Revista de Derecho*, n. 19, 1991, p. 63).

De fato, o extravio de bagagem, de bens materiais com valor de afeição (fotografias, anel de casamento, heranças familiares, obras de arte), a perda ou maus tratos de animal doméstico de estimação, a morte ou a lesão de pessoa querida, a destruição de material genético, todas essas situações são reconduzíveis à ideia de produção de um efeito extrapatrimonial antijurídico na pessoa atingida, resultante da atenta consideração dos fatores de ponderação envolvidos. Assim também os chamados novos danos – mais propriamente, novas situações lesivas, como visto – decorrentes das novas tecnologias conspiram a favor das teses subjetivas, pois incompatíveis com a rigidez dos tipos preconcebidos.

Em todos os casos, a rigor, reconhecer o efeito extrapatrimonial tutelado juridicamente na pessoa do ofendido é tarefa do aplicador/intérprete, independentemente de qualquer *comprovação de dor* por parte da vítima. Nessa direção, já proclamou o STF que a constatação do dano moral se dá por meio do reconhecimento de um "mal evidente".[29]

A vítima, tendo o ônus da prova ou beneficiando-se de sua inversão, bem como o ofensor, deverão contribuir para a elucidação dos fatos que propiciaram ou não a ocorrência da lesão. Os fatos hão de ser muito bem demonstrados e, uma vez assentado o suporte probatório sobre o qual repousa a questão em exame, o reconhecimento do efeito danoso extrapatrimonial opera-se *in re ipsa*.[30]

À luz da teoria dos efeitos da lesão, o efeito extrapatrimonial tutelado que define o dano moral deve-se apresentar nos moldes do *mal evidente* mencionado na decisão da corte suprema, vale dizer: o efeito é objetivamente apreciável, perceptível de fora para dentro e não o inverso – este, o palco das controvertidas noções de subjetividade e dor.

E, além disso, na tortuosa tarefa de discernir entre as situações concretas que mereçam ressarcimento e as que não configuram juridicamente dano moral,[31] o Judiciário, ou o árbitro, chamado a dirimir a questão, mais do que se ater a identificar a lesão em abstrato, irá sopesar todos os fatores

---

[29] No voto vista do Min. Francisco Rezek, quando do julgamento do RE 172.720-9, RJ (STF, 2.ª T., j. 06.02.1996).

[30] Em julgamento que versava sobre a prática de *mobbing*, o TST deu provimento a recurso de revista majorando a indenização de R$6.000,00 para R$30.000,00, ressaltando que: "não há como se exigir do autor a comprovação da exata repercussão que as humilhações sofridas no trabalho tiveram em sua vida familiar e social e em sua autoimagem e autoestima, uma vez que se trata de *in re ipsa*, ou seja, prova-se apenas a conduta ilícita do ofensor, daí se presumindo abalo emocional suportado pela vítima". TST, RR 2743900-70.2008.5.09.0011, 8.ª T., rel. Min. Dora Maria da Costa, *DEJT* 10.02.2012.

No mesmo sentido, mas apontando para conclusão diversa, confira-se a ementa do seguinte julgado: "Indenização por danos morais. Assédio moral. Restrição ao uso do banheiro. Não comprovação. Não evidenciada a restrição do uso do banheiro por motivo de produtividade, nem eventual constrangimento do empregado quando necessitou utilizá-lo fora das pausas autorizadas pela NR-17 da Portaria 9 do MTE, para os empregados de teleatendimento, não há que se falar em afronta aos arts. 1.º, III e IV, 5.º, V e X, e 170, *caput*, da CF, 186, 187 e 927 do CC. Sem a demonstração de efetiva afronta ao princípio da dignidade da pessoa humana não se configura o assédio moral apto para ensejar a responsabilização da reclamada por danos morais. Recurso de revista não conhecido" TST, AI RR 25.2006.5.18.0141, 6.ª T., rel. Min. Aloysio Corrêa da Veiga, DEJT 06.07.2012.

[31] Monteiro Filho, Carlos Edison do Rêgo. *Elementos de responsabilidade civil por dano moral*. Rio de Janeiro: Renovar, 2000, p. 29: "(...) está-se a estudar o dano moral na acepção técnico-jurídica da expressão, que se não confunde com o sentido vulgar dos vocábulos, podendo-se afirmar que *não são todas as dores morais que ensejam sanção da ordem jurídica, mas apenas aquelas especialmente qualificadas pela norma, aquelas que interessam ao direito* — que no dizer de Miguel Reale seriam aquelas alcançadas pela projeção do feixe luminoso do jurídico nos fatos sociais" [destacou-se].

PROBLEMAS DE DIREITO CIVIL – *Homenagem aos 30 anos de cátedra do professor Gustavo Tepedino*

objetivos e subjetivos envolvidos no caso em análise para identificar, em perspectiva funcional, eventual efeito extrapatrimonial reparável.[32] Assim, respectivamente, e em síntese conclusiva, não deverá descuidar da *gravidade da lesão* (relevância jurídica do bem ou interesse tutelado, extensão, intensidade e duração do dano, dentre outros)[33] e da *conduta das partes* (boa-fé, condições pessoais das partes, histórico da relação etc.) para individuar a normativa adequada.

Nesse procedimento dinâmico e atento à função do instituto, não deve, por outro ângulo, deixar-se aprisionar por categorias rígidas, de natureza estrutural, reveladas nos entendimentos que excluem aprioristicamente a possibilidade de dano extrapatrimonial proveniente de relações familiares ou contratuais.

3   O PROBLEMA DA REPARABILIDADE NA RESPONSABILIDADE CIVIL CONTRATUAL

A possibilidade de decorrerem, do descumprimento contratual, danos extrapatrimoniais reparáveis tem sido igualmente foco de debates entre estudiosos e operadores da responsabilidade civil. Curioso notar que, inicialmente, a doutrina apontava firme na direção da reparabilidade,[34] ao passo que a jurisprudência predominante se consolidava em ter como regra o não reconhecimento.[35]

Hoje, parece não se sustentar a noção de que o contrato se constituiria em um gueto normativo, à moda liberal oitocentista, imune à incidência dos comandos constitucionais pertinentes à espécie. Como se a patrimonialidade típica dos negócios jurídicos pudesse limitar os efeitos do inadimplemento a seus próprios e exclusivos mecanismos reparatórios, sob o pálio do argumento de se evitar a industrialização dos danos morais, receio que embasou posição refratária da jurisprudência.

---

[32]   MONTEIRO FILHO, Carlos Edison do Rêgo. *Elementos de responsabilidade civil por dano moral.* Rio de Janeiro: Renovar, 2000.

[33]   O Código Civil de Portugal nomeadamente exige o requisito da gravidade da lesão no dispositivo que cuida da cláusula geral dos danos não patrimoniais, como se depreende do teor do art. 496.º, a seguir transcrito: "Art. 496.º – Danos não patrimoniais – 1. Na fixação da indemnização deve atender-se aos danos não patrimoniais que, pela sua gravidade, mereçam a tutela do direito".

[34]   Vejam-se, a título de exemplo, as posições que se extraem da doutrina, na síntese incisiva de Youssef Sahid Cahali: "No direito brasileiro, não obstante a ausência de disposição legal explícita, a doutrina é uniforme no sentido da admissibilidade de reparação do dano moral tanto originário de obrigação contratual quanto decorrente de culpa aquiliana, uma vez assente a indenizabilidade do dano moral, não há fazer-se distinção entre dano moral derivado de fato ilícito absoluto e dano moral que resulta de fato ilícito relativo; o direito à reparação pode projetar-se por áreas as mais diversas das sociais, abrangendo pessoas envolvidas ou não por um liame jurídico de natureza contratual: assim, tanto pode haver dano moral nas relações entre devedor e credor quanto entre o caluniador e o caluniado, que em nenhuma relação jurídica se acha, individualmente, com o ofensor". (CAHALI, Yussef Sahid. Dano moral. 2ª ed. São Paulo: Revista dos Tribunais, 1998, p. 462).

[35]   "CIVIL E PROCESSUAL CIVIL. NEGATIVA DE PRESTAÇÃO JURISDICIONAL. INOCORRÊNCIA. SEGURO-VIAGEM. DANOS MORAIS. DESCUMPRIMENTO CONTRATUAL. INOCORRÊNCIA EM REGRA. SITUAÇÃO EXCEPCIONAL NÃO CARACTERIZADA. RECURSO DESACOLHIDO. I – Como anotado em precedente (REsp 202.504-SP, *DJ* 1.10.2001), 'o inadimplemento do contrato, por si só, pode acarretar danos materiais e indenização por perdas e danos, mas, em regra, não dá margem ao dano moral, que pressupõe ofensa anormal à personalidade. Embora a inobservância das cláusulas contratuais por uma das partes possa trazer desconforto ao outro contratante – e normalmente o traz – trata-se, em princípio, do desconforto a que todos podem estar sujeitos, pela própria vida em sociedade'". (STJ, 4ª T., REsp 338.162/MG, Rel. Min. Sálvio De Figueiredo Teixeira, julg. 20.11.2001).

Para se evitar esse risco, no entanto, não tem lugar o afastamento, *tout court*, da reparabilidade do dano extrapatrimonial em casos de descumprimento contratual, o que provocaria grave violação ao princípio da reparação integral.[36] Cumpre, nesse sentido, que se identifiquem critérios sólidos para definição, no caso concreto, daqueles inadimplementos hábeis a ensejar a reparação por danos extrapatrimoniais, que, por certo, não são todos.

O presente item buscará, assim, apresentar tais critérios a partir do conceito de dano moral elaborado e retratado acima, evidenciando que os temas se entrelaçam em seus fundamentos. A análise detida dos argumentos elaborados por aqueles que defendiam a impossibilidade de compensação por danos extrapatrimoniais em decorrência de inadimplemento contratual demonstra que esse entendimento se fundamentava na suposta ausência de gravidade do ilícito contratual, incapaz de deflagrar a tutela privilegiada da dignidade da pessoa humana.[37]

Observa-se, no entanto, que a tese da irreparabilidade de danos extrapatrimoniais decorrentes de inadimplemento jamais foi encarada como absoluta, vez que, em situações contratuais concretas nas quais se vislumbrava gravidade suficiente a ensejar reparação por dano extrapatrimonial, a jurisprudência mostrava-se plenamente apta a repará-lo de pronto, sem qualquer óbice – conquanto se justificasse sempre a decisão como caso de exceção à regra geral. Exemplo dessa compreensão depreende-se do Enunciado 75 da Súmula do Tribunal de Justiça do Estado do Rio de Janeiro, revogada em 2018, e cuja redação indicava expressamente a excepcionalidade da reparação de danos extrapatrimoniais decorrente de ilícito contratual, admitindo-a em casos graves, ao indicar que "o simples descumprimento de dever legal ou contratual, por caracterizar mero aborrecimento, em princípio não configura dano moral, salvo se da infração advém circunstância que atenta contra a dignidade da parte".

Aqui, percebe-se que o problema se desprende da ontologia contratual e se reporta, na verdade, à gravidade do dano. Resta explicitamente admitida a hipótese de que o inadimplemento não mereça a designação de "simples", e, então, caberia a reparação do dano moral contratual.

O que deve distinguir a reparabilidade da irreparabilidade não é a natureza contratual da obrigação descumprida, mas sim a constatação da lesão e dos efeitos danosos no ofendido.[38] A esse respeito, Edgar Santos Júnior, referindo-se à experiência portuguesa, aduz: "A identidade de natureza

---

[36] O princípio da reparação integral constitui "verdadeiro princípio constitucional, dotado de dois perfis: o existencial e o patrimonial". No perfil existencial, o artigo 5º da Constituição, em seus incisos V e X, consagra a plena compensação dos danos morais e repudia qualquer atentado à integridade da dignidade humana, "forjando assim cláusula geral de tutela que embasa o mecanismo sancionatório a assegurar, em sua totalidade, a compensação dos danos extrapatrimoniais". "Noutro giro, a perspectiva patrimonial da reparação integral parece fundamentar-se no direito de propriedade (art. 5º, XXII). A indenização, sob a perspectiva da reparação integral, consiste em expediente pelo qual a vítima procura reaver o patrimônio que efetivamente perdeu ou deixou de lucrar, na exata medida da extensão do dano sofrido". (MONTEIRO FILHO, Carlos Edison do Rêgo. Limites ao princípio da reparação integral no direito brasileiro. In: *civilistica.com*, a. 7, n. 1, 2018, p. 3).

[37] Nesse sentido, v., por todos, CAVALIERI FILHO, Sergio. *Programa de Responsabilidade Civil*. 11ª ed. São Paulo: Atlas, 2014, p. 112: "Outra conclusão que se tira desse novo enfoque constitucional é a de que mero inadimplemento contratual, mora ou prejuízo econômico não configuram, por si sós, dano moral, porque não agridem a dignidade humana. Os aborrecimentos deles decorrentes ficam subsumidos pelo dano material, salvo se os efeitos do inadimplemento contratual, por sua natureza ou gravidade, exorbitarem o aborrecimento normalmente de uma perda patrimonial e também repercutirem na esfera da dignidade da vítima, quando, então, configurarão o dano moral".

[38] SANTOS JÚNIOR, Edgar. *Da responsabilidade civil de terceiro por lesão do direito de crédito*. Coimbra: Almedina, 2003, p. 210.

574 | PROBLEMAS DE DIREITO CIVIL – *Homenagem aos 30 anos de cátedra do professor Gustavo Tepedino*

entre a responsabilidade contratual e a aquiliana também não é posta em causa pela questão da indenização dos danos morais. Para além de a jurisprudência de uma boa parte da doutrina admitirem o ressarcimento de danos morais no domínio da ressarcibilidade contratual (...), o fato de a questão se colocar mais frequentemente no domínio da responsabilidade aquiliana – basta atentar que a tutela dos direitos da personalidade ocorre, em regra ou fundamentalmente, no âmbito desta – não significa qualquer negação do princípio: os danos morais, conquanto existam, são danos e, como tal, só há que aplicar o princípio de que todo o dano – qualquer que seja a sua natureza – deve ser reparado".

Atualmente, especialmente com a ascensão da doutrina civil-constitucional,[39] como se tem visto, perderam vigor algumas grandes distinções teóricas consagradas na dogmática clássica, como a que contrapunha o direito público ao direito privado, e a que estremava os direitos reais dos direitos de crédito. [40] Ressalta-se, uma vez mais, a opção deliberada do constituinte em favor da tutela privilegiada dos valores extrapatrimoniais. Caindo por terra as demais, justifica-se agora a criação da linha divisória entre duas grandes categorias de situações jurídicas: patrimoniais e extrapatrimoniais. Percebe-se, então, o papel de relevo outorgado pela Constituição ao campo da extrapatrimonialidade.[41]

Conclui-se, assim, que o dano moral pode derivar de qualquer das espécies de lesões aludidas – contratual ou extracontratual –, nada obstando, igualmente, que o dever de reparar advenha da responsabilidade sem ou com culpa. Não se sustenta concepção estruturalista em que se impusesse o dever de reparar danos extrapatrimoniais em todos os casos de descumprimento da obrigação contratada, como se todas as situações de inadimplência se fizessem acompanhar necessariamente do respectivo efeito existencial. Por outro lado, inegável a impossibilidade técnica em se excluir previamente tal ou qual tipo contratual por incompatibilidade apriorística com os danos extrapatrimoniais.

A definição, não existe outro caminho, há de ser pronunciada funcionalmente e em cada caso. É na busca dos pressupostos do dever de reparar que reside a pedra de toque apta a identificar

---

[39] Sobre o tema, v. TEPEDINO, Gustavo. Premissas metodológicas para a constitucionalização do direito civil. In: *Temas de direito civil*. Rio de Janeiro: Renovar, 2004.

[40] "As situações subjetivas patrimoniais podem ser objeto de uma abordagem unitária, embora não tenha sido elaborada, interpretativamente, uma normativa comum que lhe sirva de referência. Essa normativa comum não se pode identificar exclusivamente com o direito das obrigações ou com aquele das relações reais, mas deve ser concebida como a síntese da disciplina de todas as relações patrimoniais. Nesta perspectiva, por exemplo, reputa-se que que a operatividade da vedação a atos emulativos (...) não se limite ao âmbito da propriedade ou mesmo das relações reais, mas se refira a todas as situações subjetivas patrimoniais; e que as cláusulas gerais de lealdade e de diligência (...) não se apliquem apenas às situações creditórias, mas tenham relevância geral. É a compatibilidade do interesse particular (consubstanciado na situação concreta) com cada uma das disposições normativas que determina a exata individuação da disciplina aplicável, e não a apriorística e abstrata possibilidade de recondução da situação concreta a uma ou outra das duas categorias tradicionais de natureza patrimonial". (PERLINGIERI, Pietro. *O direito civil na legalidade constitucional*. Trad. Maria Cristina de Cicco. Rio de Janeiro: Renovar, 2008, pp. 892-893).

[41] "A interposição dos princípios constitucionais nas vicissitudes das situações jurídicas subjetivas está a significar uma alteração valorativa do próprio conceito de ordem pública, tendo na dignidade da pessoa humana o valor maior, posto ao ápice do ordenamento. Se a proteção aos valores existenciais configura momento culminante da nova ordem pública instaurada pela Constituição, não poderá haver situação jurídica subjetiva que não esteja comprometida com a realização do programa constitucional". TEPEDINO, Gustavo. Normas constitucionais e relações de Direito Civil na experiência brasileira. In: *Temas de direito civil*, t. II. Rio de Janeiro: Renovar, 2006, p. 42).

em cada caso prático os contornos de verificação do dano extrapatrimonial. Não se tendo como impor solução generalizada, no campo das abstrações, impõe-se a pesquisa em concreto da existência do dano extrapatrimonial juridicamente qualificado, resultante de ponderação da tutela dos interesses contrapostos, além do nexo de causalidade e da culpa ou dolo (quando exigidos), para se deflagrar o mecanismo reparatório.

Assim, inevitável no tema alguma subjetividade,[42] capaz de distinguir, v.g., a insegurança ocasionada pelo comportamento duvidoso da parte contrária (na formação do vínculo), a ansiedade no aguardar do cumprimento do dever que custa a se verificar (na execução do contrato), ou a frustração, por fim, com o inadimplemento absoluto (na resolução do ajuste) que não configura dano moral, daquelas situações nas quais essas mesmas hipóteses, à luz de outras circunstâncias porém, revelam-se caracterizadoras do dano. Parece que, sem dúvida, ao elenco dos pressupostos consagrados (dano, nexo e, eventualmente, culpa ou dolo), deve-se acrescer o requisito, posto não expresso no ordenamento, da *concretude* da lesão.

Avançando-se um pouco mais no raciocínio, com o fito de auxiliar o intérprete ao deslinde das situações que se lhe desafiam solução, mostra-se importante também, à caracterização da concretude, a perquirição da *natureza dos valores* perseguidos ou presentes no contexto em que a avença se desenvolveu. Se em jogo a saúde (ou a própria vida) humana, como em tema de responsabilidade médica, identifica-se de pronto fortíssimo indício de concretude do dano. No mesmo sentido, dentre outros, o bem-estar almejado com viagem de férias, para lembrar a hipótese consagrada no direito italiano (*vacanze rovinate*), oportunidade lúdica, muitas vezes única na vida de certas pessoas, potencializa hipóteses de reparação.

Exemplo emblemático também se identifica nos contratos de trabalho. Quando ocorre, por parte do empregador, abuso de sua posição hierárquica, frequentemente se verificarão efeitos lesivos a interesses como a liberdade e a honra do empregado, intimamente ligados à sua dignidade. Nessa direção, o Tribunal Regional do Trabalho da 15ª Região, condenou a empregadora a pagar R$ 180.000,00 a título de reparação por danos extrapatrimoniais a empregada que teve pulso amarrado como forma de retaliação por ter saído mais cedo do trabalho.[43]

Nessa direção, alguns tipos contratuais que, por sua própria natureza, envolvem com mais intensidade interesses existenciais do contratante, como a contratação de plano de saúde, por exemplo, parecem mais propensos a gerar efeitos lesivos extrapatrimoniais na pessoa da vítima em caso de descumprimento. Desse modo, o Superior Tribunal de Justiça possui entendimento consolidado no sentido de que "a recusa indevida/injustificada, pela operadora de plano de saúde, em autorizar a cobertura financeira de tratamento médico, a que esteja legal ou contratualmente obrigada, enseja reparação a título de dano moral, por agravar a situação de aflição psicológica e de angústia no espírito do beneficiário".[44]

Isso não significa, por outro lado, que não seja identificável dano extrapatrimonial decorrente de contrato cujos interesses envolvidos sejam preponderantemente patrimoniais. Como já esclarecido, não se mostra condizente com o princípio da reparação integral afastar, aprioristicamente, a reparação de eventuais danos extrapatrimoniais em razão do objeto do contrato, devendo-se sempre perquirir a existência do dano à luz do caso concreto.

---

[42] A expressão é proveniente da lição do professor Luiz Edson Fachin: "Parece inafastável alguma subjetividade inerente ao conceito de vida digna. Mesmo assim, é ineliminável a existência de uma esfera de integração a cargo do aplicador, considerando-se, ademais, as peculiaridades do caso concreto". (FACHIN, Luiz Edson. *Estatuto jurídico do patrimônio mínimo*. Rio de Janeiro: Renovar, 2001, pp. 304-305).

[43] TRT 15, 7ª C., Recurso Ordinário n. 0010344-27.2016.5.15.0102, Relª. Desª. Luciane Storel, julg. 12.05.2020.

[44] STJ, 4ª T., AgInt no AREsp 1544942/SP, Rel. Min. Antonio Carlos Ferreira, julg. 22.06.2020.

PROBLEMAS DE DIREITO CIVIL – *Homenagem aos 30 anos de cátedra do professor Gustavo Tepedino*

O estado de *irreversibilidade* do fato provocado pelo evento danoso torna-se outra circunstância que impende seja sopesada quando do discrímen da existência concreta do dano (v.g., os casos da festa de 15 anos ou do fotógrafo das bodas de prata, figurados na casuística). O Tribunal de Justiça do Estado de São Paulo julgou caso caricato a respeito de contrato celebrado para prestação de serviço de buffet em festa de casamento, que, segundo restou comprovado, apresentou diversos problemas: comida insuficiente para atender a todos os convidados, atraso na montagem do bar e cerveja que acabou por duas vezes no decorrer da festa, sendo reposta por marca diversa e em temperatura acima da adequada. Diante disso desse contexto fático, o tribunal paulista manteve o valor de R$ 20.000,00 arbitrado pela primeira instância para compensação de danos extrapatrimoniais sofridos pelos noivos e asseverou que "o vício na prestação do serviço em situações irreversíveis, como se dá ordinariamente nas festas de casamento, incute no consumidor um sentimento de injustiça decorrente da frustração de não ver cumprido o que fora antes contratado".[45]

E, por fim, a *deliberada conduta dirigida em sentido contrário à boa-fé* não pode remanescer sem consequências jurídicas. Casos há em que o contratante se obriga a determinada prestação, induz a outra parte a confiar na palavra dada, no compromisso assumido, e age, rigorosamente, no sentido contrário ao pactuado. A atitude de intencionalmente descumprir a obrigação assumida (dolo) parece preencher por si só o requisito de concretude característico da existência do dano extrapatrimonial, a desafiar o mecanismo sancionatório. Demais disso, há um interesse social no cumprimento dos negócios, em prol da segurança das relações sociais e jurídicas. De fato, há que se reconhecer nesta sede a eficácia de um caráter preventivo como único meio de se evitar a má-fé do contratante, para além de restar impune, ainda lhe traga eventuais benefícios. Conforme alerta Pietro Perlingieri sobre atual debate acerca do papel do perfil subjetivo no sistema da responsabilidade civil:

> Elemento este não excluído por quem, identificando o fundamento da responsabilidade civil no princípio solidarístico, propugnou 'o deslocamento da atenção do autor do dano para a vítima' e atribuiu ao ressarcimento o papel de remédio para o dano, não de sanção para a ilicitude. Na realidade, à solidariedade de adapta não apenas o conteúdo do direito do lesado ao ressarcimento do dano sofrido, mas também o dever de comportamento do agente. [46]

A esse respeito, vale mencionar interessante caso também julgado pelo Tribunal de Justiça do Estado de São Paulo envolvendo a prática de pirâmide financeira. No acórdão, referido tribunal, além de declarar nulo o negócio celebrado pelas partes, condenou a ré a compensar danos morais sofridos pela autora, que "foi vítima de engodo, de sistema de captação de verba para sustentar um negócio praticamente inexistente, caindo na artimanha da ré para lhe fornecer quantia que jamais veria novamente". Por fim, a decisão ainda consignou a necessidade de

---

[45] TJSP, 36ª C. Dir. Priv., Rel. Des. Pedro Baccarat, Apelação nº 1020771-46.2017.8.26.0564, julg. 28.06.2018: "Ação indenizatória fundada em contrato de prestação de serviço sem festa de casamento. Defeito do serviço de 'buffet' comprovado. Vício relacionado à interrupção injustificada no fornecimento de comida e bebida. Dano moral configurado. Indenização bem arbitrada em R$ 20.000,00. Recurso desprovido".

[46] PERLINGIERI, Pietro. *O direito civil na legalidade constitucional*. Trad. Maria Cristina de Cicco. Rio de Janeiro: Renovar, 2008, pp. 153-154.

No direito brasileiro, a respeito da função preventiva da responsabilidade civil, v. VENTURI, Thaís. Responsabilidade civil preventiva: a proteção contra a violação dos direitos e a tutela inibitória material. 1ª ed. São Paulo: Malheiros, 2014; e ROSENVALD, Nelson. As funções da responsabilidade civil, 3ª ed. São Paulo: Saraiva, 2017.

Cap. 33 • DE VOLTA À REPARAÇÃO DO DANO MORAL | **577**

a condenação ser capaz de "impingir à ré o dever de observar os deveres de boa-fé e lealdade na atuação no mercado".[47]

Outro interessante caso acerca da conduta contrária à boa-fé negocial como fundamento para a reparação de dano moral foi analisado pelo Tribunal de Justiça do Rio Grande do Sul, que anulou acordo judicial celebrado em demanda de dissolução parcial de sociedade empresária e apuração de haveres por dolo. Segundo consta do acórdão, o sócio que estava se retirando e que detinha 28,05% do capital social da sociedade, após ser informado acerca das dificuldades financeiras da empresa, aceitou receber R$3.132.500,00 por sua parte. Dois dias após a celebração do acordo, no entanto, a sociedade foi vendida por grupo estrangeiro pelo valor de US$14.080.000,00. Ainda de acordo com o acórdão, a negociação da venda da sociedade ao grupo estrangeiro "se deu no anonimato, justamente para causar prejuízo e induzir em erro o autor, de modo a impingir-lhe extremo prejuízo financeiro e, ao contrário, concentrar vantagem estratosférica aos sócios remanescentes" e, então, concluiu-se que não se estava diante de senso de negociação e lucro decorrente de lícita atividade comercial, mas sim de negociações nebulosas com o escopo voltado a causar prejuízo ao autor, na condição de sócio dissidente, pessoa de idade avançada e estado de saúde bastante desgastado.

Desse modo, restaram demonstrados "a má-fé e o dolo direto e acidental na conclusão do negócio extremamente favorável a uma das partes e intenso e programado prejuízo à outra que sequer sabia da negociação que se travava com terceiro", o que corroborou o reconhecimento da ocorrência de dano moral no caso em questão.[48]Assim, pode-se concluir que a concretude do dano extrapatrimonial no campo dos contratos afere-se geralmente por este tríplice fundamento: natureza dos valores em jogo, irreversibilidade do fato danoso e conduta contrária à boa-fé. Eis o substrato em que se apoia o requisito de caracterização do dano moral contratual. Resultando da síntese conclusiva da ponderação dos interesses concretamente considerados no descumprimento do contrato, a perquirição dos três fatores ora retratados constitui parâmetro determinante do dever de reparar.

---

[47] TJSP, 30ª C. Dir. Priv., Relª. Desª. Maria Lúcia Pizzotti, Apelação nº 1020808-58.2014.8.26.0506, julg. 05.10.2016: "RESTITUIÇÃO DE QUANTIAS SISTEMA DE PIRÂMIDE NEGÓCIO NULO PARTES QUE DEVEM SER DEVOLVIDAS AO ESTADO ANTERIOR AÇÃO COLETIVA DANO MORAL 1 Perfeitamente possível o ajuizamento de ação individual na pendência de ação coletiva, tratando-se de instituto que visa a beneficiar o prejudicado e não para causar maior obstáculo ao seu acesso à justiça. Releva notar que o microssistema de tutela de direitos difusos e coletivos é formado por mais de um Diploma, inclusive pelo CDC, o que não necessariamente implica em reconhecimento de relação de consumo. Afastada, assim, a tese de falta de interesse de agir por parte do autor da ação; 2 Evidente a pratica de pirâmide-financeira. A parte é incentivada a ingressar em um programa tendo que contribuir com determinada quantia ao ingresso e, ao trazer novos membros para o grupo, recebe uma parte da contribuição de cada um destes. Verdadeiro sistema de captação de dinheiro; 3 – Autor que foi vítima de engodo, de sistema de captação de verba para sustentar um negócio praticamente inexistente, caindo na artimanha da ré para lhe fornecer quantia que jamais veria novamente. Sabido que a fixação do dano moral deve levar em conta as funções ressarcitória e punitiva da indenização. Na função ressarcitória, olha-se para a vítima, para a gravidade objetiva do dano que ela sofreu. Dano moral configurado; 4 É o caso de fixar o dano moral em quantia equivalente a R$ 10.000,00, quantia suficiente para reparar os danos causados e impingir à ré o dever de observar os deveres de boa-fé e lealdade na atuação no mercado. RECURSO DO AUTOR PROVIDO, reconhecendo o dano moral. RECURSO DA RÉ IMPROVIDO".

[48] TJRS, 6ª C.C., Apelação 0262029-34.2019.8.21.7000, Rel. Des. Niwton Carpes da Silva, julg. 10.12.2019.

34

DESAFIOS NA REPARAÇÃO DOS LUCROS CESSANTES: A IMPORTÂNCIA DA CONCRETIZAÇÃO DA RAZOABILIDADE NA QUANTIFICAÇÃO DO DANO

GISELA SAMPAIO DA CRUZ GUEDES

Sumário: 1. Introdução. 2. A razoabilidade como *topos* normativo a ser concretizado. 3. Desafios e pontos de atenção na reparação dos lucros cessantes. 3.1 O julgador deve investigar o que normalmente acontece. 3.2 O julgador deve observar o aspecto individual do caso concreto. 3.3 O julgador deve analisar a correspondência entre o critério de diferenciação escolhido e a medida adotada. 3.4 O julgador deve avaliar o suporte empírico existente. 3.5 O julgador deve descontar eventuais despesas operacionais e outros gastos que o lesado teria em condições normais. 3.6 O julgador deve avaliar eventuais benefícios trazidos pelo evento danoso. 3.7 O julgador deve estabelecer qual é o termo inicial dos lucros cessantes. 3.8 O julgador deve estabelecer qual é o termo final dos lucros cessantes. 3.8 O julgador deve verificar se os lucros cessantes podem ser cumulados com outras verbas. 4. Conclusão.

1. INTRODUÇÃO

A experiência ensina – afirma Díez-Picazo – que algumas demandas por indenização são exageradas e desmedidas por buscarem seu fundamento no que Dernburg havia denominado de "sonhos de ganância".[1] Na prática, o que se vê é que os mais exorbitantes (ou menos razoáveis) pedidos de indenização têm precisamente o seu fundamento neste conceito imaginário de lucro frustrado. Não é à toa que a expressão "dano hipotético" quase sempre se refere a lucro cessante; afinal, é esta a faceta do dano patrimonial que mais se deixa dominar pela forte soma de incerteza que resulta de se operar com situações hipotéticas.

---

[1]   Luis Díez-Picazo, *Derecho de daños*, Madrid: Civitas, 2000, p. 323.

Ao Direito, que não se interessa por sonhos, "(...) compete distinguir cuidadosamente estas 'miragens de lucro', como lhes chama Dernburg, da verdadeira ideia de dano", como já alertava Hans Albrecht Fischer.[2] A experiência demonstra que o iter reconstrutivo da ressarcibilidade de qualquer lucro cessante é um processo cheio de dificuldades, que esbarra na frieza racionalista – de resto, indispensável – dos critérios de repartição do ônus de prova. Especialmente quando a experiência pretérita da vítima não demonstra a existência anterior de lucros semelhantes, é expressivo o número de decisões que negam a reparação dos lucros cessantes mesmo quando esta faceta do dano patrimonial é claramente devida, porque o julgador se sente aí sem um parâmetro seguro que possa servir de base para a sua decisão.

A própria expressão "lucros cessantes" conduz a esta conclusão equivocada, porque passa a ideia de um ganho constante ou habitual (reiterado, portanto) que fora interrompido, quando, em realidade, há inúmeras hipóteses de lucros cessantes, já consagradas pela própria jurisprudência, em que o lesado não recebia tais proveitos antes do evento danoso.

Por outro lado, a jurisprudência também está repleta de casos em que os lucros cessantes foram arbitrados com base em presunções injustificadas, sem que nenhuma circunstância no caso concreto indicasse, efetivamente, que o "lesado" havia deixado de lucrar. Com base na premissa de que nesta esfera não é possível se exigir uma prova cabal do prejuízo, algumas decisões desviam-se para este extremo oposto, adotando presunções que fogem por completo da realidade. Também aqui o princípio da reparação integral é sacrificado – afinal, fere-se tal princípio não apenas quando a indenização fica aquém do dano, mas também, igualmente, quando vai além deste.

As dificuldades não param por aí, evidenciando-se, sobremaneira, quando se trata de avaliar a extensão dos lucros cessantes indenizáveis. Na reparação dos lucros cessantes, chega-se, por vezes, a situações extremas, de autêntica aleatoriedade. Os problemas são, a bem da verdade, de diversas ordens. Não apenas porque algumas realidades dignas de ressarcimento – como, por exemplo, a chamada perda de uma chance – são de problemática inclusão neste campo dos danos patrimoniais, mas, sobretudo, porque, dependendo da natureza da lesão, há certos pontos de interseção entre os critérios utilizados pelo Direito Civil e aqueles próprios de outros ramos do direito – como o Direito do Trabalho, por exemplo – que ainda estão em busca de sedimentação.

Todo esse "desassossego intelectual" que gira em torno da reparação desta faceta do dano patrimonial é fruto também da própria definição legal de lucros cessantes, constante do art. 402 do Código Civil, que é fonte permanente de equívocos, por se tratar de uma concepção aberta, carente de concretização. O que se vê, na prática, é que, na ausência de outros parâmetros, a referência ao advérbio "razoavelmente" vem sendo interpretada como uma autorização legal para o julgador determinar, com base no seu único e exclusivo bom senso, se esta faceta do dano patrimonial é devida, para, assim, em caso positivo, fixar o quantum indenizatório, mais uma vez com fundamento no bom senso.

O postulado normativo da razoabilidade, entretanto, não é sinônimo de bom senso. No Brasil, como nosso estimado professor homenageado já teve a oportunidade de esclarecer: "invoca-se, de modo acrítico, a razoabilidade como parâmetro final das decisões, bem como sua equivalência aos mais diversos conceitos".[3]

---

[2]   Hans Albrecht Fischer, *A reparação dos danos no direito civil*, tradução de António de Arruda Ferrer Correia, São Paulo: Saraiva, 1938, pp. 49-50.

[3]   Gustavo Tepedino, "A razoabilidade na experiência brasileira", In: Gustavo Tepedino, Ana Carolina Brochado Teixeira e Vitor Almeida (coord.), *Da dogmática à efetividade do direito civil*, 2. ed. Belo Horizonte: Fórum, 2019, p. 30.

O termo é vago, sem dúvida, mas o ordenamento jurídico brasileiro está repleto de enunciados marcados por essa vagueza semântica, o que, em se tratando de lucro cessante, não deve ser visto como uma imprecisão, mas antes como a solução para os problemas que esta faceta do dano patrimonial encontra na prática. A razoabilidade não é enrijecida, mas dinâmica e apta a moldar-se segundo as circunstâncias do caso concreto; tal qual a boa-fé, estabelece o critério para a valorização judicial do comportamento, e não a solução prévia. Enfim, precisa ser o quanto antes concretizada, senão corre o risco, já aventado por Gustavo Tepedino, "de apresentar-se como reforço hermenêutico ocioso ou, pior, revelador de valoração subjetiva do magistrado, à moda de antiga anedota que considerava que os grandes conflitos acabam sendo decididos pelo magistrado experiente, de acordo com o *jeitão* da controvérsia".[4]

2. A RAZOABILIDADE COMO *TOPOS* NORMATIVO A SER CONCRETIZADO

Na fase atual da responsabilidade civil, para se evitar ou, pelo menos, se minimizar a chamada "loteria forense", os "decisionismos" e as "decisões salomônicas", importa valorizar a argumentação jurídica e ampliar o controle social sobre a fundamentação das decisões. A razoabilidade tem aí, então, um importante papel: embora não estabeleça soluções prévias, com fórmulas matemáticas bem definidas, funciona, na reparação dos lucros cessantes, como uma espécie de guia para o julgador, que deve socorrer-se do postulado como forma de garantir uma decisão mais criteriosa e fundamentada. A mera referência à razoabilidade não supre a ausência de fundamentação, já que o postulado não pode ser utilizado como um *topos* sem arcabouço, nem fundamento normativo.

A razoabilidade, que é considerada um princípio constitucional implícito, na reparação dos lucros cessantes aproxima-se mais de um "standard", de uma diretiva ou, para usar uma expressão já aventada na doutrina, de um postulado normativo-aplicativo, a indicar que se trata de uma metanorma que deve estruturar e estabelecer os critérios de aplicação de outras normas. A solução encontrada pelo legislador brasileiro, ao prever como parâmetro da indenização dos lucros cessantes a razoabilidade, além de propiciar maior abertura ao sistema, garantindo sua mobilidade, erige a dimensão normativa dos princípios também dentro da perspectiva do controle da atuação judicial.

Como esclarece Agostinho Alvim, o advérbio "razoavelmente" constante do atual art. 402 do Código Civil "não significa que se pagará aquilo que for razoável (ideia quantitativa) e sim que se pagará se se puder, razoavelmente, admitir que houve lucro cessante (ideia que se prende à existência mesma do prejuízo)".[5] O art. 402 do Código Civil contém, ao seu ver, "(...) uma restrição, que serve para nortear o juiz acerca da prova do prejuízo em sua existência, e não [apenas] em sua quantidade".[6]

Sendo assim, faz-se necessário que o postulado da razoabilidade seja concretizado. Daí que para se compreender a razoabilidade, o melhor critério é o que busca ressaltar as suas funcionalidades. No feixe de significados da razoabilidade, destacam-se os três mais ligados às funções que o postulado desempenha na reparação dos lucros cessantes: razoabilidade como *equidade*, razoabilidade como *congruência* e razoabilidade como *equivalência*. A partir destas três noções abertas, a razoabilidade pode ser traduzida em comandos mais específicos que têm por finalidade orientar o julgador de forma um pouco mais objetiva.

---

[4]   Gustavo Tepedino, "A razoabilidade na experiência brasileira", cit., 30.

[5]   Agostinho Alvim, *Da inexecução das obrigações e suas consequências*, 2. ed., São Paulo: Saraiva, 1955, p. 206.

[6]   Agostinho Alvim, *Da inexecução das obrigações e suas consequências*, cit., p. 206.

A razoabilidade como equidade exige a relação da norma geral com as particularidades do caso concreto, seja a apontar sob qual perspectiva a norma deve ser aplicada, seja a indicar em quais hipóteses o caso individual, em virtude de suas circunstâncias especiais, deixa de se enquadrar no modelo geral dos casos daquela espécie. A razoabilidade como congruência impõe a vinculação das normas jurídicas com o mundo ao qual elas fazem referência, quer demandando uma relação de congruência entre a medida adotada e o fim que ela pretende atingir, quer reclamando que se observe o suporte empírico existente. Já a razoabilidade como equivalência ordena a relação de correspondência entre duas grandezas, quais sejam, o dano e a indenização, equilibrando-as. É esta vertente que irá auxiliar o nexo causal na sua função de delimitar a extensão do dano, aparando as arestas que devem realmente ficar de fora da indenização.

Na prática, essas três vertentes da razoabilidade – *equidade, congruência* e *equivalência* (proporcionalidade) – se complementam. A partir delas é possível extrair uma espécie de "guia" para orientar o julgador no momento de fixar a indenização devida a título de lucros cessantes. Os "pontos de atenção", referidos neste artigo, nada mais são do que uma tentativa de dar mais concretude à razoabilidade, que, evidentemente, sempre poderá ser revista e incrementada, observando o momento histórico.

3. DESAFIOS E PONTOS DE ATENÇÃO NA REPARAÇÃO DOS LUCROS CESSANTES

3.1. O julgador deve investigar o que normalmente acontece

Na reparação dos lucros cessantes, o julgador nunca terá a *certeza* de que o lucro seria alcançado não fosse o evento danoso, mas deve supor "que o lesado teria obtido um lucro que qualquer pessoa teria feito empregando uma diligência média (que o lesado teria vendido as mercadorias ao preço do mercado, arrendado a casa nas condições normais naquela terra e naquele momento, etc.)".[7] Para a configuração dos lucros cessantes, embora não baste a simples possibilidade de realização de lucro, também não é indispensável a absoluta certeza de que estes teriam se verificado sem a interferência do evento danoso. Presume-se o que normalmente acontece, porque "[a] *certeza* dos lucros cessantes, bem como dos prejuízos futuros, baseia-se, pois, na evolução normal (e, portanto, provável) dos acontecimentos".[8]

Afirma a doutrina que existe manifestamente lucro frustrado quando, por exemplo, para alcançar tal lucro, o prejudicado não tivesse de exercer qualquer atividade. Nessa linha, tome-se a seguinte situação hipotética, formulada por Hans Fischer: "[V]alendo-se de ardis fraudulentos, 'X' consegue que 'A', pouco antes de morrer, revogue o testamento em que instituía 'B' seu herdeiro universal. Trata-se dum caso nítido de *lucrum cessans*, visto que, sem a fraude, 'B' teria adquirido a herança *ipso jure*, como dispõe o código civil".[9] Outro exemplo, extraído do direito contratual, é o do vendedor que, em virtude de impossibilidade superveniente de que ele mesmo é culpado, não transmite ao comprador a casa de habitação vendida, a qual aumenta consideravelmente de valor

---

[7] Francisco Manuel Pereira Coelho, *O problema da causa virtual na responsabilidade civil*, Coimbra: Almedina, 1998, Coimbra: Almedina, 1998, p. 84, nota 45.

[8] Fernando de Sandy Lopes Pessoa Jorge, *Ensaio sobre os pressupostos da responsabilidade civil*, cit., pp. 386-387. No mesmo sentido, observa Jaime Santos Briz: "*Como dice el § 252, p. 2, del Código alemán, ha de tratarse de una ganancia frustrada que, con cierta probabilidad, fuera de esperar según el curso normal (ulterior) de las cosas o de las circunstancias del caso concreto*" (*La responsabilidad civil*: derecho sustantivo y derecho procesal, cit., p. 251).

[9] Hans Albrecht Fischer, *A reparação dos danos no direito civil*, cit., pp. 51-52.

PROBLEMAS DE DIREITO CIVIL – *Homenagem aos 30 anos de cátedra do professor Gustavo Tepedino*

em consequência de ser incluída no traçado de novas ruas. Em ambas as hipóteses, não há dúvida de que são devidos os lucros cessantes, já que advêm do curso ordinário dos acontecimentos, sem qualquer interferência do prejudicado.[10]

Estão também compreendidos neste conceito os casos em que a realização do lucro teria decorrido de uma simples aceitação ou, então, do cumprimento de uma condição potestativa a cargo do lesado. Isto porque não há motivo para supor – a menos que efetivamente se prove – que o prejudicado não teria aproveitado tão fácil ocasião.[11] Já nas situações em que, com a atividade do lesado, se teria de combinar a vontade de um terceiro, a determinação do lucro cessante torna-se mais complicada. Quando a participação de terceiro se acha garantida contratualmente, costuma-se contar com ela como se conta com um fato certo.[12] Quando tal participação, independentemente da existência dos referidos contratos, seja realizável de maneira fácil, a mesma solução costuma ser aplicada.[13]

Com um passo adiante, pode-se dizer que também se deve incluir na categoria do lucro cessante as aquisições das quais o ofendido teria se beneficiado só com a observância da diligência comum. No curso normal, deve ser relacionado o desenvolvimento do mínimo de diligência exigível que no comércio, por exemplo, se observa no homem médio. Ao se avançar um pouco mais, bem se vê que não basta, para destruir a referida presunção, mostrar que o prejudicado não é pessoa particularmente diligente, tendo já faltado em outras ocasiões – ao causador do dano cabe provar que aquele alegado benefício não se teria efetuado. E esta regra não vale só a favor, mas também contra quem pleiteia a indenização: não deve admitir-se a probabilidade de lucros resultantes de atos que normalmente acarretam prejuízos e que, portanto, toda pessoa inteligente tenderia a evitar.[14]

---

[10] Pereira Coelho chega até mesmo a se referir a duas modalidades de lucro cessante: (i) lucro cessante verificado por si só e (ii) lucro cessante que depende do comportamento do lesado (*O problema da causa virtual na responsabilidade civil*, cit., p. 83, nota 44).

[11] É o que afirma Jaime Santos Briz, *La responsabilidad civil*: derecho sustantivo y derecho procesal, cit., pp. 252-253.

[12] Essa foi também a conclusão a que chegou o Tribunal de Justiça do Estado do Rio Grande do Sul, ao examinar um caso em que, para se configurar os lucros cessantes, a atividade do lesado teria de ser combinada com a vontade de um terceiro, já manifestada em contrato. Tratava-se de um contrato de transporte em que a transportadora, no curso da condução, deixara tombar um dos equipamentos que compunha sua carga, com perda total. Como prova dos lucros cessantes que sofreu, a contratante trouxe aos autos do processo o contrato de locação do tal equipamento – contrato por prazo determinado –, que comprovava que receberia a título de aluguel quinze mil reais por mês, durante doze meses, o que perfazia o total de cento e oitenta mil reais. (TJ/RS, 11ª CC, AC 70017845173, Rel. Des. Bayard Ney de Freitas Barcellos, j. 13.06.2007, v.u., publ. 29.06.2007).

[13] Suponha-se, por exemplo, que o locatário, a quem fora concedido o direito de sublocar, já celebrou contrato de sublocação. Nestas condições, poderá o inquilino exigir que o locador, que se negou culposamente a pô-lo na posse do imóvel alugado, lhe abone a título de indenização o equivalente à diferença entre as rendas estipuladas no contrato de sublocação e as que ele próprio devia satisfazer. E, na visão de Hans Fischer, se o locatário tiver alugado o imóvel comprovadamente com o intuito de sublocar, "(...) terá mesmo direito a incluir no cômputo dos danos a provável renda normal do prédio a sublocar se, não tendo ainda encontrado arrendatário nem fechado contrato de sublocação no momento de sobrevir o facto danoso, se tratar, todavia, do arrendamento duma casa situada perto da estação de caminho de ferro em época de intenso tráfico de passageiros, ou numa praia da moda durante a temporada de banhos" (Hans Albrecht Fischer, *A reparação dos danos no direito civil*, cit., pp. 55-57). Isto porque, em ambas as situações, seria legítimo presumir que a sublocação seria, de fato, realizada.

[14] Hans Albrecht Fischer, *A reparação dos danos no direito civil*, cit., pp. 51-52.

Cap. 34 · DESAFIOS NA REPARAÇÃO DOS LUCROS CESSANTES | 583

Outro ponto importante – em se tratando, por exemplo, de mercadorias de fácil comercialização, como são os títulos negociáveis na Bolsa de Valores – é a questão de se averiguar se o lesado queria de fato desfazer-se dessas mercadorias e, na hipótese afirmativa, se teria podido vender na oportunidade mais favorável do mercado. É razoável computar na indenização o preço máximo de valorização na Bolsa? A realização da venda logo na mais favorável conjuntura, ainda que possível, não é provável. Estes possíveis lucros, que exigem o aproveitamento da melhor oportunidade, o momento mais conveniente etc., sequer podem admitir-se quando o prejudicado seja um comerciante dedicado por profissão a realizar negócios dessa índole, tanto mais se o prejudicado se tratar de um homem comum do comércio. Fora destes casos, sempre que a realização do lucro não apareça como provável consequência de um negócio já perfeito, o credor da indenização deverá provar que dispunha de um contratante ou que, de fato, poderia encontrá-lo – aqui já é tênue a fronteira entre os lucros cessantes e a chamada perda de uma chance –, sob pena de se chegar a decisões muito pouco plausíveis e mesmo injustas que é, justamente, o que se pretende evitar por meio da aplicação do postulado da razoabilidade.

De resto, para investigar o que normalmente acontece, o julgador não deve perder de vista a experiência pretérita do lesado, quer dizer, o que habitualmente ocorria em sua atividade, seus planos de ações e de negócios, as declarações de imposto de renda dos anos anteriores etc. Para que os lucros cessantes sejam considerados devidos, contudo, não é absolutamente necessário que o lesado comprove sua experiência pretérita lucrativa. Quer dizer: a experiência pretérita do lesado é importante e deve ser considerada, mas isto não significa que lucro cessante é apenas aquilo que o lesado já vinha auferindo e deixou de perceber por conta do evento danoso.

O adjetivo "cessante", que compõe a expressão, pode conduzir a esta conclusão equivocada, mas a jurisprudência está repleta de hipóteses em que os lucros cessantes foram legitimamente presumidos, mesmo sem o lesado ter demonstrado que já percebia aqueles rendimentos anteriormente. Basta lembrar dos casos de promessa de compra e venda de imóvel ainda em construção, em que o incorporador atrasa a entrega da unidade imobiliária. O lesado não precisa provar que todos os seus outros imóveis estão alugados para fazer jus aos lucros cessantes. Nessas situações, o critério eleito pela jurisprudência é o da comparação de mercado: fixa-se a indenização com base no valor locatício dos imóveis que se revestem das mesmas características naquela localidade.

Sem dúvida, em determinadas hipóteses, quando o lesado comprova a renda auferida no passado, torna-se muito mais fácil para o julgador determinar o *quantum* devido a título de lucros cessantes. Dependendo do caso, a experiência pretérita pode mesmo ser fundamental, principalmente quando não houver outro critério para se chegar ao que o lesado razoavelmente deixou de ganhar. A falta de experiência pretérita levou a 3ª Turma do Superior Tribunal de Justiça ("STJ") a negar – com razão – os lucros cessantes num caso de uma empresa que não tinha chegado a funcionar.[15]

Assim como a experiência pretérita, os orçamentos empresariais anuais e quaisquer outras projeções desse tipo também podem ajudar na indicação do que o lesado ganharia se não fosse

---

[15] STJ, 3ª T., REsp. 253068/SP, Rel. Min. Ari Pargendler, j. 17.12.2002, v.u., *DJ* 04.08.2003, p. 290. Neste caso, a comparação com outra empresa do ramo não parecia mesmo legítima, porque, como bem ponderou o relator, o Min. Ari Pargendler: "Ninguém pode prever se um empreendimento no âmbito da indústria, comércio ou serviços será lucrativo. (...) O lucro pode, sim, ser visualizado sempre que autorizado por fatos antecedentes [ou por outras provas], nunca por suposições". No caso concreto, o lesado teria, então, que ter acostado aos autos todos os contratos já negociados para quando a empresa começasse a operar, para que, pelo menos em perícia, se pudesse chegar a alguma conclusão mais precisa. O fato é que, sem tais demonstrações, não era mesmo razoável presumir que a empresa geraria lucros logo de início, porque não é isso o que normalmente acontece.

584 PROBLEMAS DE DIREITO CIVIL – *Homenagem aos 30 anos de cátedra do professor Gustavo Tepedino*

o evento danoso. Da mesma forma, em alguns casos, a própria comparação de mercado, com recurso aos sindicatos de classe, pode ajudar nesta busca.[16] Como se vê, o importante é investigar o que normalmente acontece, tomando por base o que a experiência demonstra, mas sem deixar de atentar para as medidas e providências adotadas pelo lesado, bem como para a comparação de mercado. Qualquer alegação que fuja do que normalmente acontece deve ser comprovada, porque o postulado da razoabilidade, na sua vertente equidade, indica que não se deve presumir o extraordinário.

3.2 O julgador deve observar o aspecto individual do caso concreto

Para além do que normalmente acontece, como anota Pereira Coelho,[17] fica aberta ao lesado a possibilidade de provar, em face das circunstâncias especiais do caso concreto, aqueles pressupostos do lucro cuja verificação não possa ter-se como *normal*, no sentido apontado. A

---

[16] A comparação de mercado é um critério útil para a apuração dos lucros cessantes, mas o julgador precisa ficar atento, porque nem sempre a comparação sugerida pelo lesado é, de fato, adequada. Basta pensar no caso julgado pelo STJ envolvendo o Shopping Eldorado Pamplona (STJ, 3ª T., REsp. 1.750.233/SP, Rel. Min. Nancy Andrighi, j. 05.02.2019, v.u.). A sociedade Optical Sunglasses Ltda. ("Sunglasses"), na qualidade de locatária, havia firmado contrato de locação de loja de uso comercial com Verparinvest S.A. ("Verparinvest"), locadora e dona do empreendimento consistente no Shopping Eldorado Pamplona. Como o shopping sequer chegou a ser construído, o contrato de locação foi descumprido pela Verparinvest. A Sunglasses, então, ingressou em juízo pleiteando a resolução do contrato cumulada com perdas e danos. A rigor, nesse caso, as perdas e danos que poderiam ser cumuladas com o pedido de resolução deveriam ter por objetivo recompor tão somente o interesse negativo do credor. No entanto, o juiz de 1ª instância entendeu que a Sunglasses fazia jus ao que ela deixou de ganhar com aquele específico negócio descumprido, por não ter podido abrir uma loja no shopping. Na liquidação de sentença por arbitramento, o juiz de 1ª instância homologou laudo pericial baseado em balanços contábeis de outra loja de mesma marca comercial, estabelecida em shopping de outra região da cidade de São Paulo, para chegar ao valor da indenização. Afirmou-se, na ocasião, que "o cálculo dos lucros cessantes foi baseado em dados objetivos de outra loja da Recorrente/Exequente, aberta em outro Shopping da mesma cidade, e na mesma época em que ocorreria a inauguração do Shopping Eldorado Pamplona, projetando para 5 (cinco) anos, período de duração do Contrato (...) e, por isso, não se justifica a aplicação da teoria da perda da chance". Em 2ª instância, o TJ/SP reformou a decisão, reconhecendo a "incontornável falta de parâmetros de faturamento próprio que pudesse servir de esteio para a quantificação do lucro que deixara de ter em razão do inadimplemento do agravante", mas, aplicando a teoria da perda da chance, "entendeu ser razoável fixar a indenização em 50% do valor apurado no laudo pericial". Ambas as partes ficaram insatisfeitas com a decisão e recorreram para o STJ. A 3ª Turma do STJ entendeu, a nosso ver com razão, que, "se a atividade empresarial sequer teve início, não há elementos suficientes para que se afira a razoável probabilidade de que os lucros reclamados pela OPTICAL SUNGLASSES LTDA de fato ocorreriam, sobretudo porque sofrem interferência de diversos outros fatores externos, citados, inclusive, no acórdão recorrido, como localização, perfil do consumidor na região, acessibilidade e, fundamentalmente, a administração da unidade de negócio". De fato, ainda que a apuração dos lucros cessantes tenha sido feita tomando como parâmetro outra loja da mesma rede, essa comparação era totalmente descabida, porque se tratava de loja de shopping localizado em outra região, com outro público alvo e em empreendimento já consolidado. Isso sem falar no fato de que, nesse caso, a Sunglasses estava pleiteando os lucros cessantes que integravam o seu interesse positivo, quando o certo seria, cumulativamente com o pedido de resolução, ela pleitear apenas o seu interesse negativo (e os lucros cessantes que eventualmente fizessem parte do interesse negativo).

[17] Francisco Manuel Pereira Coelho, *O problema da causa virtual na responsabilidade civil*, cit., p. 84, nota 45.

razoabilidade impõe também, portanto, o apreço do aspecto individual do caso. Dependendo da conjuntura, das especificidades do caso concreto, a reparação dos lucros cessantes não pode guiar-se pelo parâmetro do que normalmente acontece. Esta advertência leva à conclusão de que a razoabilidade serve de instrumento metodológico para demonstrar que a observação do curso normal dos fatos é necessária, mas, por si só, não é suficiente.

Com efeito, pode acontecer de o lesado não se conformar com o lucro verossímil segundo o curso normal das coisas. E, de fato, se as circunstâncias especiais do caso e, particularmente, as medidas e providências adotadas pelo lesado lhe permitam esperar lucros maiores, "nada lhe estorva o exigir a indemnização deles".[18] Tomar como critério as especificidades do caso concreto está, em realidade, até mais de acordo com o espírito da reparação do que atender ao curso normal das coisas. No fundo, o critério aplicável é único, servindo a distinção entre "o curso normal das coisas" e as "especiais circunstâncias concretas" apenas para assinalar o peso da prova, já que esta é mais fácil quando se invoca o decorrer habitual dos negócios.

No que tange aos fatos controvertidos, o ônus da alegação e da prova recai sobre os ombros do autor que, ao invocar "o curso normal das coisas", desloca a obrigação para o réu.[19] Assim é que, em nenhum caso de avaliação de lucros cessantes, o julgador deve afastar-se do aspecto individual.[20] Da mesma forma, também quando se toma exclusivamente por guia a situação pessoal do prejudicado, não se chega a qualquer conclusão segura a respeito dos lucros efetivamente frustrados, se de todo se prescindir dos ensinamentos gerais que a experiência oferece.

Então, quando se considera, na jurisprudência, a idade de sessenta e cinco anos como a expectativa de vida produtiva média do brasileiro,[21] está a se pensar no comum dos casos, mas não na hipótese, por exemplo, de o dano atingir um agente desportivo de alta competição. Quando a prática desportiva tem caráter profissional, quaisquer lesões corporais sofridas pelo praticante são, seguramente, causa de lucros cessantes significativos, mais fáceis de determinar se o agente desportivo trabalhar por conta de outrem, recebendo uma remuneração certa, do que se for autônomo. As especificidades desses contratos, de um lado, e a aleatoriedade da evolução das carreiras desportivas, de outro, colocam o julgador diante de um verdadeiro quebra-cabeça em matéria de determinação de lucros cessantes. Seja como for, o fato é que, quando o atleta se vê impossibilitado de continuar a exercer a sua atividade, não se deve presumir que ele competiria até os sessenta e cinco anos. A presunção cede, então, lugar para as especificidades do caso concreto.

---

[18] Hans Albrecht Fischer, *A reparação dos danos no direito civil*, cit., pp. 57-58.

[19] É o que explica, por outras palavras, Hans Fischer: "Se eu afirmo haver-se-me tornado impossível um lucro que teria podido alcançar empregando uma diligência média se não fosse o facto danoso, ao indemnizante pertencerá mostrar que é destituída de valor esta alegação do provável, do verossímil. Em contrapartida, se declaro possuir extraordinárias faculdades e ter sofrido, portanto, uma perda maior do que aquela que pudesse resultar duma conduta normalmente diligente, o ônus da prova recairá sobre mim" (Hans Albrecht Fischer, *A reparação dos danos no direito civil*, cit., p. 58).

[20] É por isso que merecem críticas as decisões que, na falta da experiência pretérita, simplesmente tomam por base o salário mínimo para fixação dos lucros cessantes: TJ/RJ, 18ª CC, AC 2006.001.56265, Rel. Des. Cássia Medeiros, j. 06.02.2007, v.u., publ. 22.05.2007.

[21] Na reparação dos lucros cessantes, é muito importante estabelecer um limite temporal, porque não se pode presumir, a menos que as circunstâncias concretas do caso assim o demonstrem, que a fonte de renda que se estancou seria eterna. Quando se trata, por exemplo, de lucro cessante decorrente de lesão corporal, parece lógico que se leve em consideração apenas o período provável de vida laboral do lesado. Nesse sentido: João António Álvaro Dias, *Dano corporal*: quadro epistemológico e aspectos ressarcitórios, reimpressão da 1ª ed., Coimbra: Almedina, 2004, p. 134.

PROBLEMAS DE DIREITO CIVIL – *Homenagem aos 30 anos de cátedra do professor Gustavo Tepedino*

Outro exemplo, desta vez extraído da jurisprudência, é o da pensão devida ao filho de quem foi vítima de acidente fatal que, no geral, tem como termo final a data em que o menor completa vinte e quatro anos de idade, porque, no Brasil, é nesta altura que, normalmente, os jovens se tornam independentes economicamente.[22] Já se reconheceu, entretanto, que, "[s]e, por deficiência congênita ou adquirida, seja impossível ao credor de tal pensão adquirir independência, é possível adiar-se o termo final. É que nesses casos a coisa julgada opera *rebus sic stantibus*".[23] Neste julgado, a presunção, aplicável à generalidade dos casos, não foi considerada aplicável a um caso individual, em razão de sua especificidade.[24]

A razoabilidade, na sua vertente equidade, não pode levar a operações arbitrárias no afã de distinguir o aspecto individual do caso. O postulado da razoabilidade deve incidir na reparação dos lucros cessantes sempre, mas deve incidir para que a reparação seja personalizada, fortemente individualizada, superando-se qualquer critério rígido e mecânico de avaliação em contraste com o princípio que postula tratamentos diferentes em presença de condições desiguais.

3.3 O julgador deve analisar a correspondência entre o critério de diferenciação escolhido e a medida adotada

Identificado o que normalmente acontece, deve-se distinguir "quais os *critérios ou medidas materiais* com base nos quais avaliamos se determinados pressupostos de facto devem ser tratados de forma essencialmente igual ou essencialmente desigual".[25] Diante de um critério distintivo válido, o passo seguinte seria, então, o de verificar se tal critério é compatível com a medida que se quer adotar, seja para aumentar a indenização, seja para diminuí-la.

Nesta seara, o julgador deverá se perguntar, ao observar as particularidades do caso concreto, se existe uma razão material suficiente para fixar uma indenização a título de lucros cessantes maior ou menor do que a que arbitraria no comum dos casos daquela espécie, isto é, se existe, de fato, um motivo pertinente, a justificar uma indenização que não atenda apenas ao curso normal das coisas, mas, sim, ao caso concreto em todas as suas especificidades. Há de ser uma razão objetiva,

---

[22] STJ, 1ª T., REsp. 603984/MT, Rel. Min. Francisco Falcão, j. 05.10.2004, v.u., *DJ* 16.11.2004, p. 193.

[23] STJ, 1ª T., REsp. 202868/RJ, Rel. Min. Humberto Gomes de Barros, j. 20.03.2001, v.u., *DJ* 13.08.2001, p. 54. No julgamento da Apelação Cível n.º 70016722241, o Tribunal de Justiça do Estado do Rio Grande do Sul examinou o caso de um furto de mercadorias ocorrido no interior de um "shopping center". O lesado pleiteava da administração do empreendimento, a título de lucros cessantes, tudo aquilo que deixaria de receber com a venda de tais mercadorias. Neste caso, como se vê, a configuração do lucro dependia da vontade de terceiros – e não apenas da conduta do próprio prejudicado –, os eventuais compradores das mercadorias. Mesmo sem o lesado ter provado que venderia toda a mercadoria, os lucros cessantes foram considerados devidos, porque era "presumível que a ocorrência do sinistro tenha acarretado a diminuição do faturamento, pois privados os autores de mercadorias em época de grande movimentação" (TJ/RS, 15ª CC, AC 70016722241, Rel. Des. Paulo Roberto Felix, j. 11.07.2007, v.u. – trecho do voto do relator). Foi levada em conta, portanto, uma situação particular do caso concreto: o furto ocorreu no final de ano, em época de grande movimentação.

[24] As presunções não são aplicáveis somente porque as condições previstas em sua hipótese são satisfeitas; são aplicáveis se suas condições forem satisfeitas e sua aplicação não for excluída pela razão motivadora da própria regra ou, como anota Humberto Ávila, "pela existência de um princípio que institua uma razão contrária" (Humberto Ávila, *Teoria dos princípios*: da definição à aplicação dos princípios jurídicos, 5. ed., São Paulo: Malheiros, 2006, p. 142).

[25] José Joaquim Gomes Canotilho, *Direito constitucional e teoria da Constituição*, Coimbra: Almedina, 1993, p. 1.277.

Cap. 34 · DESAFIOS NA REPARAÇÃO DOS LUCROS CESSANTES | 587

bem fundamentada no corpo da decisão. Do contrário, a reparação dos lucros cessantes se transformaria num puro subjetivismo, condenável em matéria de reparação de danos não patrimoniais, tanto mais em se tratando de danos patrimoniais.

Nessa ordem de ideias, é razoável supor que um vendedor de sorvetes, por exemplo, lucre mais no verão do que no inverno. O critério distintivo aqui, que fará o vendedor de sorvetes ganhar mais a título de indenização do que a sua média anual de lucros, é o fator clima,[26] assim como também se pode presumir que um lojista de um shopping vende mais no período natalino.[27] Se, em

---

[26] No julgamento da Apelação Cível n.º 20060510035116, realizado pelo Tribunal de Justiça do Distrito Federal (TJ/DF, 1ª TR/JEC, AC 20060510035116, Rel. Des. Ana Cantarino, j. 27.03.2007, v.m., DJU 16.05.2007 p. 115), discutiu-se uma situação parecida em que um vendedor autônomo de sorvetes pleiteava lucros cessantes por ter ficado vinte e seis dias impossibilitado de exercer sua atividade profissional. Com base na prova produzida pelo vendedor, o juiz de 1ª instância fixou na sentença a média diária de venda de duzentos e vinte e três sorvetes, multiplicando-a por vinte e seis para chegar ao valor da indenização. O vendedor recorreu, alegando que esse período de vinte seis dias compreendia alguns dias festivos em que, provavelmente, suas vendas aumentariam, ultrapassando sua média anual. O vendedor pleiteou, então, a majoração da média para quinhentos sorvetes por dia, porque essa era, a seu ver, sua média de vendas em dias festivos. Não fez, contudo, qualquer prova nesse sentido, o que levou o seu recurso a ser julgado improcedente. É importante notar que, ao contrário da afirmação da relatora, lucro cessante não é "o ganho que certamente auferiria" o lesado, mas, sim, o ganho que o lesado provavelmente auferiria dentro dos padrões da razoabilidade. Exatamente por isso, também não é necessário "precisar a quantidade de vendas" que seriam realizadas não fosse o evento danoso, contentando-se o direito com uma estimativa que seja razoável. Nesse caso, a razoabilidade como congruência indica que, em se tratando de venda de sorvetes, o fator "dias festivos" deveria, sim, ter sido levado em conta para a reparação dos lucros cessantes, porque configura um critério distintivo que está em conformidade com o acréscimo da indenização. A pergunta que se põe é: no geral, é razoável supor que se vende mais sorvetes em dias festivos do que em dias normais? A experiência demonstra que a resposta a ser dada aqui deve ser a positiva e, se é assim, então é porque o critério distintivo é válido para o efeito de aumentar a indenização para além da média diária do vendedor.

Sem dúvida, porém, cabia ao vendedor de sorvetes (i) apontar as festividades locais, indicando, exatamente, quais teriam sido os dias comemorativos (ao invés de, simplesmente, alegar de forma genérica que o período de vinte e seis dias compreendia dias festivos) e (ii) fornecer parâmetros para que o juiz pudesse aumentar a média de venda em consideração aos dias festivos, o que parece não ter sido feito no caso concreto. Feita a indicação dos dias, porém, ainda que o vendedor de sorvetes não indicasse os parâmetros, o julgador já poderia aí ter considerado que, nos dias festivos, a venda seria minimamente superior à média diária, recorrendo, assim, a um suporte empírico existente: vende-se mais sorvetes em dias de festa, quando a cidade está cheia de turistas, do que em dias normais. É a probabilidade atuando aí a favor do vendedor.

[27] Em 2004, no julgamento da Apelação Cível n.º 70009399569, o Tribunal de Justiça do Estado do Rio Grande do Sul examinou o caso de uma sociedade que, pouco antes do Natal, teve seu nome comercial incluído indevidamente em "cadastros de negativação de crédito", quando já efetuado o pagamento da parcela vencida (TJ/RS, 5ª CC, AC 70009399569, Rel. Des. Antônio Vinícius Amaro da Silveira, j. 11.11.2004, v.u.). O pedido de dano moral foi julgado procedente, mas não o de lucros cessantes. A 5ª Câmara Cível daquele tribunal considerou que "[a] possibilidade de vendas em época natalina não presume o lucro, pois nada garante que as mercadorias adquiridas serão revendidas na sua integralidade, tratando-se a pretensão de dano hipotético, o qual não autoriza a condenação da apelante". De fato, nada garante que os produtos seriam integralmente vendidos, mas a pergunta que se deve fazer não é essa. Em primeiro lugar, o que se deve perquirir é se é razoável supor que a sociedade realmente adquiriria mais produtos nessa época e, em caso positivo, qual seria o percentual de produtos comprados a mais. Há de se exigir aqui uma prova mínima: por exemplo, a prova de que, nos anos anteriores, a empresa comprara 20% a

PROBLEMAS DE DIREITO CIVIL – *Homenagem aos 30 anos de cátedra do professor Gustavo Tepedino*

vez disso, fosse levado em conta o sexo do sorveteiro ou do vendedor, por exemplo, o acréscimo na indenização não seria razoável, porque o critério distintivo "sexo" não tem influência na venda de sorvetes, nem na venda de produtos natalinos.

Em conclusão, pode-se dizer que toda vez que o caso concreto apresentar um fundamento material que o diferencie do normal dos casos daquela espécie, a razoabilidade como equidade andará de mãos dadas com a vertente da congruência. Esta terá a função de exercer o controle daquela, seja a favor da pretensão do lesado ou não. Tem-se aqui, então, bem delimitada uma das funções da razoabilidade como congruência, mas esta não é, porém, a sua única função. Exige a razoabilidade nesta segunda vertente, do mesmo modo, que o julgador se preocupe com a consistência interna e externa da sua decisão, como será visto a seguir.

3.4 O julgador deve avaliar o suporte empírico existente

Na reparação dos lucros cessantes, a razoabilidade exige também certa coerência lógica por parte do julgador, não só no sentido de consistência interna da decisão, mas também no de consistência externa, obrigando-o a levar em conta todo o suporte empírico existente.[28] Não que o julgador não deva agir com coerência sempre, longe disso. No entanto, quando se trata de reparar esta faceta do dano patrimonial, é preciso ter um cuidado especial com este dever de coerência já que se trabalha com presunções.

No plano da consistência interna, será importante que o julgador tenha atenção para não incorrer, induzido pelas partes, em eventuais contradições no raciocínio que venha a trilhar. Não teria sentido, por exemplo, a decisão que fixasse, a título de lucro cessante, o montante que o lesado, por conta do inadimplemento das outra parte, deixou de ganhar com o negócio novo, cumulado com o que deixou de auferir com o empreendimento antigo, colocado a parte

---

mais de produtos no mês de dezembro ou, então, a proposta de compra que, recentemente, fizera ao seu fornecedor, a demonstrar que a sociedade pretendia, de fato, investir na venda de produtos natalinos. Do contrário, o terreno não seria o dos lucros cessantes, mas, na melhor das hipóteses, o da perda de uma chance – supondo que o lesado conseguisse demonstrar a seriedade da chance perdida. Ultrapassada esta fase, quer dizer, feita esta prova – imagine-se, por exemplo, que a sociedade juntou nos autos do processo a proposta que enviara ao seu fornecedor de produtos natalinos, comprovando que pretendia comprar mais dez mil produtos para reforçar seu comércio no Natal –, parece razoável supor que as vendas aumentariam, ainda que nem todos os produtos fossem vendidos. Aí não se estaria mais no terreno da perda de uma chance, mas, sim, na seara dos lucros cessantes. Isto porque não era apenas possível que parte dos produtos fosse vendida; era, de fato, provável. No geral, a experiência demonstra que as vendas desse tipo de loja aumentam no Natal. Então, o segundo passo dessa investigação seria o de saber o quanto é razoável se esperar de aumento nesta época. Mais uma vez, cabe ao lesado fazer uma prova mínima, que possa orientar o magistrado, mas de modo algum deve exigir-se a "prova inequívoca da frustração daquilo que era razoavelmente esperado", simplesmente porque os lucros cessantes não comportam este tipo de prova. A razoabilidade não autoriza o julgador a trabalhar com o melhor dos cenários – todas as mercadorias serão vendidas –, tampouco com o pior deles – nenhuma mercadoria será vendida –, e também não significa que o julgador deverá, necessariamente, adotar o meio termo – e, assim, supor, sem qualquer critério, que metade das mercadorias será vendida. Nem sempre o meio termo será a solução mais razoável e adequada. Para chegar a uma decisão razoável – nem sempre também haverá apenas uma única decisão razoável –, o julgador deverá investigar as circunstâncias do caso concreto, bem como as providências tomadas pelo lesado.

[28] Humberto Ávila, "Conteúdo, limites e intensidade dos controles de razoabilidade, de proporcionalidade e de excessividade das leis", *Revista de Direito Administrativo*, n.º 236, pp. 369-384, Rio de Janeiro: Renovar, abr.-jun./2004, p. 371.

Cap. 34 · DESAFIOS NA REPARAÇÃO DOS LUCROS CESSANTES | 589

justamente para que ele pudesse investir no novo. Do contrário, o julgador chegaria a uma cifra absurda, resultante da soma do lucro cessante compreendido no interesse positivo com o lucro cessante que compõe o interesse negativo.

Já no plano da consistência externa, o julgador deverá ficar atento ao suporte empírico existente, que servirá de pano de fundo da sua decisão, bem como às suas condições externas de aplicação. Este cuidado é necessário, porque, como os lucros cessantes são terreno fértil para as presunções, há sempre o risco de se perder contato com a realidade.[29]

Ao apreciar a Apelação Cível n.º 2006.001.24175,[30] a 18ª Câmara Cível do Tribunal de Justiça do Estado do Rio de Janeiro analisou o caso de uma pessoa física que sofreu a perda irreversível da visão de um dos olhos por conta da utilização de um colírio contaminado, recomendado no pós-operatório de uma cirurgia de catarata. Por ter ficado cego do olho direito, o lesado pleiteou, além de danos morais, lucros cessantes, alegando que, embora aposentado, trabalhava como taxista antes da cirurgia. O pedido de danos morais foi corretamente deferido, mas o tribunal chamou a atenção para o "[d]escabimento da indenização pleiteada a título de lucros cessantes, pois, não obstante haja notícia nos autos de que, embora aposentado o autor trabalhava como taxista antes da cirurgia, o certo é que, como é do conhecimento geral, uma pessoa que sofre de catarata não tem condições de dirigir e se o faz põe em risco sua própria segurança e de terceiros". Coerentemente com o suporte empírico existente, o julgador negou a indenização por lucros cessantes, mantendo a consistência interna e externa de sua decisão.

Outro exemplo de decisão que procurou manter a consistência interna e externa foi a proferida no julgamento do Recurso Especial n.º 307523/SP,[31] em que o STJ, ao discutir o lucro que o titular de uma máquina obteria se esta não tivesse parado de funcionar, entendeu por bem que "[a] limitação do cálculo dos lucros cessantes ao tempo de vida útil da máquina a ser consertada não viola a coisa julgada que deferia lucros cessantes sem essa restrição. Peculiaridade da situação dos autos, em que a reparação do dano poderia chegar a valores exagerados, e ainda porque a reposição de novo e moderno equipamento propiciará à autora a obtenção dos lucros de que antes fora privada". A limitação do cálculo ao tempo de vida útil, no caso, parece acertada, uma vez que não faria sentido considerar que a máquina funcionaria para sempre, já que até mesmo os bens de longa duração têm um período de vida útil.

3.5 O julgador deve descontar eventuais despesas operacionais e outros gastos que o lesado teria em condições normais

Não é preciso dizer muito para explicar que, no cálculo dos lucros cessantes, o julgador deve considerar eventuais despesas operacionais, bem como outros gastos que o lesado teria em condições normais. Tal assertiva é perfeitamente justificável e decorre, a bem da verdade, do próprio conceito de lucro (faturamento menos despesa).[32] Tome-se aqui o exemplo acadêmico

---

[29] Thomas da Rosa de Bustamante, "A razoabilidade na dogmática jurídica contemporânea: em busca de um mapa semântico", *Revista Trimestral de Direito Civil* – RTDC, n.º 22, pp. 137-161, Rio de Janeiro: Padma, abr.-jun./2005, p. 149.

[30] TJ/RJ, 18ª CC, AC 2006.001.24175, Rel. Des. Cássia Medeiros, j. 29.08.2006, v.u., *DJ* 06.09.2006.

[31] STJ, 4ª T., REsp. 307523/SP, Rel. Min. Ruy Rosado de Aguiar, j. 25.09.2001, v.u., *DJ* 07.10.2002, p. 262.

[32] A despeito disso, até é possível admitir-se que a indenização, em casos excepcionais, possa ser calculada com base no que o lesado deixou de faturar (e não, propriamente, no que ele deixou de lucrar). Tome-se o exemplo de um empresário cuja operação já estava super dimensionada para permitir um crescimento que não chegou a ocorrer em razão do evento danoso. Nesse exemplo hipotético, é possível que o

590 | PROBLEMAS DE DIREITO CIVIL – *Homenagem aos 30 anos de cátedra do professor Gustavo Tepedino*

mais elementar de lucros cessantes, referente ao motorista de táxi que teve seu veículo abalroado. Em razão do acidente, o motorista pleiteia lucros cessantes, porque ficou com seu veículo fora de circulação por dez dias. No cálculo desta indenização, o raciocínio intuitivo do juiz será o de investigar qual é a média diária de rendimentos que se pode esperar de um motorista de táxi, o que poderá fazer recorrendo à experiência pretérita daquele próprio motorista ou mesmo a um sindicato de taxistas.

Obtido este valor, no que será auxiliado pelo lesado – ao menos, é isso que se espera –, supondo não existir nenhum dado fundamental que diferencie este caso concreto do comum dos casos dessa espécie, o próximo passo seria multiplicá-lo por dez, já que foi este o número de dias que o veículo ficou sem funcionar. Poder-se-ia pensar, então, que, com esta simples operação de multiplicação, estaria encerrado o problema. Não é bem assim.

Se a investigação do magistrado ficasse adstrita ao valor que o motorista receberia de seus clientes, sem considerar as despesas que ele teria tido com as corridas – por exemplo, os gastos com combustível –, a verdade é que o lesado ficaria numa situação melhor do que a que estaria se não fosse o evento danoso. É por isso que a investigação do julgador não pode parar por aí, considerando que a indenização deve ser, tanto quanto o possível, correspondente ao dano, em homenagem ao princípio da reparação integral que, na reparação dos lucros cessantes, é guiado pelo postulado da razoabilidade.

O ideal é que, no momento de se proceder ao desconto, o juiz leve em consideração algum critério objetivo para apurar o percentual a ser subtraído, como, por exemplo, as informações constantes dos livros contábeis do lesado, no caso de pessoa jurídica, ou até mesmo a declaração de imposto de renda, na hipótese de a vítima se tratar de uma pessoa física. A partir dessas informações – ou melhor, da comparação dessas informações com o valor pleiteado – será possível estimar, com algum critério, as despesas que o lesado teria não fosse o evento danoso. O importante é que este percentual não seja arbitrado apenas com base no bom senso do julgador.

3.6 O julgador deve avaliar eventuais benefícios trazidos pelo evento danoso

No cálculo dos lucros cessantes, não basta levar em consideração as despesas operacionais poupadas pelo lesado, sendo de todo necessário avaliar também se o evento danoso, paralelamente ao dano, lhe trouxe algum outro tipo de benefício. Neste caso, o que se recomenda é que o magistrado desconte do valor da indenização os benefícios trazidos pelo evento danoso, porque "[s]*i las ventajas no se compensasen con los daños, el resarcimiento desorbitaría su función equilibradora de los intereses perjudicados, dado que una vez producido el daño, el perjudicado quedada restituido a una situación mejor que la que con anterioridad tenía*".[33] Então, por exemplo, se uma pessoa retarda, negligentemente, a venda de uns títulos que lhe foram confiados, mas, nesse meio tempo, o título também se valoriza, o magistrado deverá subtrair dos lucros cessantes devidos o ganho com a valorização. Do contrário, o proprietário do título ficaria em situação melhor do que a que estaria se não restasse configurada a mora.

Trata-se do "princípio jurídico"[34] ou comando que se convencionou chamar de *compensatio lucri cum damno* ou "compensação de vantagens", que, ao ver de Hans Fischer, deriva do próprio

---

faturamento não seja um critério ruim, se ficar demonstrado que, não fosse o evento danoso, a vítima teria aumentado seu faturamento, sem aumentar significativamente as suas despesas operacionais.

[33] Adriano de Cupis, *El daño*: teoria general de la responsabilidad civil [1954], 2. ed., tradução de Angel Martínez Sarrión, Barcelona: Bosch, 1975, p. 328.

[34] Este "princípio" está elencado sob a epígrafe "compensação de benefícios" entre os "Princípios de Direito Europeu da Responsabilidade Civil", no art. 10:103, segundo o qual "[n]a fixação do montante

conceito de dano, sem necessidade de preceito positivo especial,[35] e deve ser aplicado *ipso jure*, tão logo se comprove a existência de benefícios autônomos, desde que preenchidos certos requisitos. Decorre, pois, do próprio princípio da reparação integral e, no caso dos lucros cessantes, também da ideia de razoabilidade, traduzida na noção de equivalência. Ao contrário da compensação prevista no Código Civil (arts. 368-380),[36] como forma de extinção das obrigações, a *compensatio lucri cum damno* nunca poderá deixar qualquer resíduo a favor do réu;[37] o máximo que pode acontecer é ficar o direito do autor reduzido a zero,[38] se o julgador não conseguir apurar a existência de um prejuízo.[39]

Não é, entretanto, qualquer benefício que enseja a *compensatio lucri cum damno*. Para que se possa proceder à imputação dos benefícios no cômputo dos danos, é necessário que aqueles se mantenham numa relação de causa e efeito com o fato que origina a reparação ou, por outras palavras, que a vantagem e o prejuízo provenham do mesmo fato do qual emana a responsabilidade civil. Assim é que, se o título em que se baseia a vantagem é completamente independente do fato gerador do dano, é porque falta unidade de origem, requisito indispensável para que o benefício obtido possa ser subtraído da indenização.[40] O caso mais simples é aquele em que o dano e o benefício provêm diretamente da mesma causa, sendo ambos consequência direta e imediata do evento danoso,[41] mas a solução já não é tão fácil assim quando a cadeia causal que liga o dano e o benefício ao fato que origina a obrigação de indenizar se torna mais longa.

Constitui questão de particular melindre – autêntica *vaexata questio* – o problema de se saber se são ou não cumuláveis, no caso dos danos patrimoniais advindos de lesões corporais, a indenização devida a título de reparação civil e as quantias ou prestações recebidas a qualquer

---

da indemnização serão tomados em conta os benefícios que o lesado obteve com o evento danoso, salvo se tal se revelar incompatível com a finalidade do referido benefício".

[35] Hans Albrecht Fischer, *A reparação dos danos no direito civil*, cit., p. 193. No Brasil, Orlando Gomes já entendia que "[a] *compensatio lucri cum damno*, que poderia ser invocada quando o prejuízo traz, ao mesmo tempo, uma utilidade, é admitida nos termos da doutrina da causação adequada, isto é, quando houver conexão natural entre a vantagem obtida e o fato danoso" (*Obrigações*, 15. ed., atualizado por Humberto Theodoro Júnior, Rio de Janeiro: Forense, 2002, pp. 51-52).

[36] Segundo Luis Díez-Picazo, na *compensatio lucri cum damno*, "(...) *no se trata de establecer una compensación en sentido técnico del crédito indemnizatorio con otro crédito del obligado a indemnizar. Se trata de una pura imputación o consideración de los efectos ventajosos en el momento de llevarse a cabo la valoración del daño, por lo cual puede llamarse imputación de beneficios o computación de beneficios*" (*Derecho de daños*, cit., p. 319).

[37] Cf. J. W. Hedemann, *Tratado de derecho civil*: derecho de obligaciones [1938], v. 3, tradução de Jaime Santos Briz da última edição alemã, Madrid: Editorial Revista de Derecho Privado, 1958, p. 129.

[38] Nesse sentido, esclarece Inocêncio Galvão Telles que "(...) nem haverá lugar a indemnização se, como pode conceber-se, os ganhos igualarem ou superarem os prejuízos" (*Direito das obrigações*, 4. ed., Coimbra: Coimbra Editora, 1982, p. 309).

[39] Se é assim, "[o] que tudo concorre a mostrar é que a compensação de benefícios nada tem de comum com a verdadeira compensação" (Hans Albrecht Fischer, *A reparação dos danos no direito civil*, cit., pp. 200-201).

[40] Jaime Santos Briz, *La responsabilidad civil*: derecho sustantivo y derecho procesal, cit., p. 238.

[41] É certo, porém, que não se pode incluir no mesmo bojo aqueles restos que são, em realidade, fruto da deterioração do objeto atingido pelo evento danoso e que não têm qualquer valor, porque não se pode falar aí, propriamente, em vantagem a ser compensada – os destroços, em princípio, não constituem qualquer vantagem, salvo se tiver ocorrido a especificação do objeto. Quer dizer: caso os restos do objeto lesado formem uma nova figura, com valor patrimonial, poderá o ofensor pleitear que o julgador desconte da indenização o valor da coisa nova, desde que esta tenha entrado no patrimônio do lesado (Hans Albrecht Fischer, *A reparação dos danos no direito civil*, cit., p. 211).

PROBLEMAS DE DIREITO CIVIL – *Homenagem aos 30 anos de cátedra do professor Gustavo Tepedino*

outro título – por exemplo, indenizações pagas por força de seguros de danos próprios. Em face da necessidade de tanto o dano quanto a vantagem serem consequência direta e imediata do mesmo fato, tem-se entendido – e esta é a posição majoritária na doutrina brasileira[42] e estrangeira[43] – que a *compensatio lucri cum damno* não tem lugar nesses casos. Exatamente pela falta de identidade de causa, caberá a vítima decidir contra quem exercerá sua pretensão, se contra o causador do dano ou contra a seguradora. Apesar disso, mais recentemente, a doutrina tem alertado para "a necessidade de posicionamento crítico em relação a esse entendimento, ao menos no que toca às possibilidades de ação regressiva, como na hipótese estampada no art. 120 da Lei n. 8.213/91. Isso porque se não houver a compensação, haverá um duplo pagamento do ofendido, que suplantará o valor do dano experimentado".[44]

3.7 O julgador deve estabelecer qual é o termo inicial dos lucros cessantes

No mais das vezes, o termo inicial do qual deve partir o cálculo dos lucros cessantes coincide com a data em que ocorre o evento danoso, quer se trate de responsabilidade contratual, quer se trate de responsabilidade extracontratual. No entanto, dependendo do caso concreto, é possível que o marco temporal, que define a fluência dos lucros cessantes, esteja descolado da data em que ocorre a lesão ao interesse juridicamente tutelado. O julgador deve, portanto, ficar atento para que, no cálculo dos lucros cessantes seja considerado o período correto.

No julgamento do Recurso Especial 839.123/RJ,[45] a Terceira Turma do STJ examinou o caso de um incêndio ocorrido numa loja de departamento. Na ocasião, a loja tentou valer-se do seguro contratado, mas a seguradora recusou, injustificadamente, o pagamento. A Terceira Turma entendeu que, diante da recusa injustificada, a loja de departamento fazia jus a lucros cessantes, mas o termo inicial não coincidia com a data do inadimplemento, quer dizer, com a data em que a seguradora descumpriu o contrato de seguro, recusando-se a pagar a indenização. Os lucros cessantes foram considerados devidos "a partir do momento em que a empresa estaria apta a reiniciar suas atividades se não houvesse o descumprimento contratual por parte da seguradora".[46]

Segundo a Terceira Turma, a liquidação deveria ser feita por arbitramento, verificando "a real extensão dos lucros cessantes, ponderando-se, inclusive, questões fáticas, como a do tempo

---

[42] Nesse sentido, cf. a opinião de José de Aguiar Dias, *Da responsabilidade civil*, 12. ed., atualização de Rui Berford Dias, Rio de Janeiro: Renovar, 2006, p. 1.051, para quem "[a] razão é simples. Tais pensões, benefícios ou indenizações de seguro são correspectivos de prestações da vítima. Não é lícito ao responsável beneficiar-se da previdência da vítima, que não teve essa intenção, isto é, ressarcir o dano à custa do prejudicado ou daquele que o representa". Para Martinho Garcez Neto, a *compensatio lucri cum damno* não pode ser aplicada para o ofensor recusar-se a pagar a indenização devida, tendo em vista que a vítima já recebera do seguro, dos institutos de previdência social, etc. uma soma em dinheiro a fim de cobrir os danos, já que as causas jurídicas são diversas (*Prática da responsabilidade civil*, 3. ed., São Paulo: Saraiva, 1975, p. 85 e ss.). É o que também entende Teresa Ancona Lopez, *O dano estético*: responsabilidade civil, 2. ed., São Paulo: RT, 1999, p. 122. Nesse mesmo sentido: TJ/RJ, 18ª CC, AP 0033510-20.2010.8.19.0205, Des. Eduardo da Rosa da Fonseca Passos, j. 16.09.2020, v.u., *DJ* 17.09.2020.

[43] Veja-se, por todos, Jaime Santos Briz, *La responsabilidad civil*: derecho sustantivo y derecho procesal, cit., p. 236).

[44] Rafael Peteffi da Silva; Fernando Vieira Luiz, "A *compensatio lucri cum damno*: contornos essenciais do instituto e a necessidade de sua revisão nos casos de benefícios previdenciários", *Revista de Direito Civil Contemporâneo*, v. 13, pp. 281-312, out.-dez./2017, p. 296.

[45] STJ, 3ª T., REsp 839.123/RJ, Rel. Min. Sidnei Beneti, j. 15.09.2009, v.u., *DJ* 15.12.2009.

[46] STJ, 3ª T., REsp 839.123/RJ, Rel. Min. Sidnei Beneti, j. 15.09.2009, v.u., *DJ* 15.12.2009 – trecho do voto do relator.

necessário à reconstrução do imóvel e necessário ao reinício de suas atividades, estimativa de lucro, com o abatimento de custos e acertamento de verbas". A Terceira Turma reformou acertadamente a decisão de segunda instância, considerando "indevida a abrangência dos lucros cessantes, que não poderiam compreender o período em que a loja estava sendo reconstruída".[47] No arbitramento, determinou que fosse examinado "o que 'razoavelmente' a segurada deixou de ganhar ante o fato do retardamento do recebimento do dinheiro do seguro e, consequentemente, do retardamento da recolocação do prédio em uso – devendo, nessa ocasião, descontar-se tempo de reconstrução, com o uso do dinheiro da indenização, para recolocação em uso".[48]

Mais recentemente, no Tribunal de Justiça do Estado de São Paulo, a 30ª Câmara de Direito Privado também teve oportunidade de examinar caso interessante em que se discutiu essa questão do termo inicial.[49] O caso girava em torno de um contrato de locação no curso do qual o imóvel foi interditado pela CETESB por contaminação. No acórdão embargado, o termo inicial de cálculo dos lucros cessantes havia sido fixado na data de interdição do imóvel pela CETESB, no ano de 2007. No entanto, nessa época, o imóvel ainda estava ocupado pela locatária, que não havia encerrado suas atividades no local, tanto que foi ajuizada ação de despejo para desocupação do imóvel.

Diante disso, entendeu-se que "não deve mesmo ser compreendido no período para cálculo dos lucros cessantes o período em que o imóvel ainda estava ocupado pela locatária, sob pena de *bis in idem* e enriquecimento sem causa. Como consequência, o termo inicial do lucro cessante deve corresponder à data da efetiva desocupação do imóvel pela locatária, o que ocorreu em 28 de maio de 2013".[50] O termo inicial, inicialmente fixado em 2007, foi então alterado para 28 de maio de 2013, porque, com razão, se entendeu que "a partir de sua desocupação é que os locadores poderiam ter alugado novamente o imóvel para terceiros, mas não puderam, em decorrência da já constatada contaminação".[51]

Esses dois casos servem para ilustrar a importância de se fixar corretamente o termo inicial dos lucros cessantes. Como os lucros cessantes são terreno fértil para as presunções, há sempre o risco de se perder contato com a realidade,[52] então o julgador precisa ficar muito atento, especialmente em relação aos marcos temporais – não só para fixar o termo inicial dos lucros cessantes, mas também para fixar o seu termo final.

3.8   O julgador deve estabelecer qual é o termo final dos lucros cessantes

O termo final costuma ser muito debatido, tanto mais naqueles casos em que o lesado é uma pessoa jurídica que teve as suas atividades encerradas ou fortemente prejudicadas em razão do evento danoso. Quando se trata de uma pessoa natural, não raras vezes os tribunais, sensibilizados com a situação da vítima, arbitram os lucros cessantes sem considerar os marcos temporais adequados.

---

[47]   STJ, 3ª T., REsp 839.123/RJ, Rel. Min. Sidnei Beneti, j. 15.09.2009, v.u., *DJ* 15.12.2009 – trecho do voto do relator.

[48]   STJ, 3ª T., REsp 839.123/RJ, Rel. Min. Sidnei Beneti, j. 15.09.2009, v.u., *DJ* 15.12.2009 – trecho do voto do relator.

[49]   TJ/SP, 30ª CDPriv., EDcl Cível 1021490-02.2016.8.26.0002; Rel. Maria Lúcia Pizzotti, j. 12.12.2018, v.u., *DJ* 13.12.2018.

[50]   TJ/SP, 30ª CDPriv., EDcl Cível 1021490-02.2016.8.26.0002; Rel. Maria Lúcia Pizzotti, j. 12.12.2018, v.u., *DJ* 13.12.2018 – trecho do voto do relator.

[51]   TJ/SP, 30ª CDPriv., EDcl Cível 1021490-02.2016.8.26.0002; Rel. Maria Lúcia Pizzotti, j. 12.12.2018, v.u., *DJ* 13.12.2018 – trecho do voto do relator.

[52]   Thomas da Rosa de Bustamante, "A razoabilidade na dogmática jurídica contemporânea: em busca de um mapa semântico", cit., p. 149.

PROBLEMAS DE DIREITO CIVIL – *Homenagem aos 30 anos de cátedra do professor Gustavo Tepedino*

Tome-se, por exemplo, o caso de pescadores que tiveram sua atividade laboral prejudicada em razão de vazamentos de óleo ocorridos num determinado rio. Não se pode pretender que todos os pescadores façam jus à idêntica indenização, até porque nem todos auferiam a mesma renda antes do acidente. O que, a bem da verdade, chama a atenção é que algumas decisões tomam como intervalo temporal em que são devidos os lucros cessantes cerca de quatro ou cinco meses, enquanto outras chegam até a considerar dez anos.[53] Ainda que se diga que, dependendo do impacto ambiental, uma determinada área pode demorar muito mais tempo para recuperar-se, o fato é que o pescador pode adaptar-se a outras regiões.

Sem dúvida, o pescador tem direito a uma indenização que corresponda, pelo menos, ao que ele ganharia no período em que se adapta à nova situação, até para que ele possa investigar qual será a sua próxima área de atuação. Não é razoável, porém, conferir-lhe o período de dez anos se o suporte empírico existente demonstra que a área será recuperada em menos tempo ou que, muito antes disso, o pescador estará adaptado em outra região.[54] O importante é não perder de vista as condições externas de aplicação da decisão. Quanto tempo leva para a área afetada se recuperar? De quanto tempo aquele específico pescador precisa para se adaptar à nova realidade? São questões que o julgador deve apreciar no momento de fixar o termo final dos lucros cessantes.

A preocupação com o termo final já veio à tona em inúmeros julgados. No julgamento do Recurso Especial 1.553.790/PE,[55] por exemplo, a Terceira Turma do STJ analisou uma liquidação de sentença que havia condenado determinada instituição financeira ao pagamento de lucros cessantes em virtude de inscrições indevidas do nome de uma sociedade em cadastros de inadimplentes, o que, segundo alegava a vítima, havia contribuído para o encerramento de suas atividades. A controvérsia cingia-se a examinar se era possível, à luz do caso concreto e do postulado normativo da razoabilidade, projetar os lucros cessantes para período posterior ao fim da empresa, prolongando-se o termo final em que os lucros cessantes seriam devidos para a data do seu efetivo pagamento.

Em 1ª instância, a instituição financeira havia sido condenada ao pagamento de danos emergentes e de lucros cessantes a partir dos primeiros "efeitos do ato ilícito (resultados negativos da empresa)", que ocorreram em janeiro de 1992, até o efetivo pagamento da indenização, mesmo tendo a sociedade encerrado suas atividades em junho de 1996 por outro motivo. A decisão foi mantida em segunda instância, mas no julgamento do recurso pela Terceira Turma do STJ entendeu-se que "o postulado da razoabilidade, extraído do art. 402 do Código Civil, impõe a consideração da regular performance da empresa para os fins de análise da extensão dos lucros cessantes, porém a necessária observação da experiência pretérita, por si só, não é suficiente para ensejar a reparação dos lucros cessantes, especialmente considerando-se as peculiaridades da presente demanda em que o ato ilícito foi somente um dos diversos fatores que levaram o negócio à falência".[56]

---

[53] Gisela Sampaio da Cruz Costa Guedes, *Lucros Cessantes*: do bom senso ao postulado normativo da razoabilidade, São Paulo: RT, 2011, p. 295 e seguintes.

[54] Com base neste raciocínio, a 1ª Câmara Cível do Tribunal de Justiça do Estado do Rio de Janeiro, no julgamento da Apelação Cível n.º 2006.001.25026, assim decidiu: "Embora não tenha o autor comprovado seu ganho médio, é certo que a própria PETROBRAS, nas indenizações que concedeu, o avaliou em R$ 750,00, valor que se deve neste caso adotar. Lucro cessante que deve ser avaliado pelo período máximo de seis meses, pois período superior de cessação da atividade seria mera hipótese, tanto mais que o pescador pode atuar em outras regiões marítimas, totalizando a condenação ao pagamento do dano material a quantia de R$ 4.500,00" (TJ/RJ, 1ª CC, AC 2006.001.25026, Rel. Des. Maria Augusta Vaz, j. 25.07.2006, v.u., *DJ* 28.07.2006).

[55] STJ, 3ª T., Resp. n.º 1.553.790/PE, Rel. Min. Ricardo Villas Bôas Cuevas, j. 25.10.2016, v.u., *DJ* 09.11.2016.

[56] STJ, 3ª T., Resp. n.º 1.553.790/PE, Rel. Min. Ricardo Villas Bôas Cuevas, j. 25.10.2016, v.u., *DJ* 09.11.2016 – trecho do voto do relator.

Cap. 34 · DESAFIOS NA REPARAÇÃO DOS LUCROS CESSANTES | 595

Em casos como esse, em que a falência não é um efeito necessário do evento danoso, não há como se estender o termo final dos lucros cessantes para além da data em que as atividades empresariais foram encerradas. Do contrário, o julgador estaria indo de encontro ao comando do art. 403 do Código Civil, segundo o qual, "ainda que a inexecução resulte de dolo do devedor, as perdas e danos só incluem os prejuízos efetivos e os lucros cessantes por efeito dela direto e imediato, sem prejuízo do disposto na lei processual".[57] No Direito brasileiro, não se indeniza toda e qualquer consequência do evento danoso, mas apenas aquelas que estiverem ligadas ao evento por uma cadeia causal ininterrupta.

A reparação de danos patrimoniais tem por finalidade fazer com que o lesado não fique numa situação melhor, nem pior, do que aquela que estaria se não fosse o evento danoso. Esse é o comando do princípio da reparação integral, que estaria sendo descumprido tanto se a indenização ficasse aquém do dano, como se ultrapassasse o seu valor. Também é por isso que, no cálculo da indenização, devem computar-se não apenas as despesas operacionais e os tributos, mas também outros gastos que o prejudicado teria em situação regular.

Outro caso interessante julgado pelo STJ foi o Recurso Especial n.º 1.110.417.[58] O referido recurso foi interposto pela sociedade Esso Brasileira de Petróleo ("Esso") que havia sido condenada a indenizar a Bacabal Júnior Ltda. ("Bacabal") pelos danos emergentes e lucros cessantes decorrentes de incêndio iniciado por um caminhão tanque, dirigido por preposto da Esso, que destruiu toda a instalação de um posto de gasolina, de propriedade da Bacabal. O acidente ocorreu em 17.05.1992 e, pelo que se infere do inteiro teor do acórdão, o posto ficou em obra por dez meses.

Apesar disso, o laudo pericial levou em consideração para a fixação dos lucros cessantes o período de dez anos, compreendido entre a data do acidente e a data de realização da própria perícia, partindo da premissa equivocada de que "o posto nunca tinha retomado as suas atividades, situação esta comprovada com a certidão dos órgãos fazendários".[59] O laudo pericial, homologado pelo magistrado, ainda registrava que, "não tendo a mesma funcionado durante todo esse período não há que se falar em dedução de tributos ou despesas fixas, que como bem ressaltou o magistrado, sequer foram consideradas no cálculo pericial".[60]

Inconformada com a decisão que homologou o laudo pericial, a Esso interpôs agravo de instrumento, mas a decisão foi mantida sob o fundamento de que, "ao realizar a homologação dos cálculos, o juiz considerou provado que a empresa agravada restou inativa desde a época do incêndio até os dias atuais". Assim que foi proferida a decisão de 2ª instância, a Esso interpôs, então, recurso especial contra a decisão proferida no agravo.

Nas razões do recurso especial, a Esso reiterou que a inatividade decorrente do incêndio durou apenas os meses necessários para as obras de reconstrução. Ressaltou, ainda, que era incontroverso nos autos "que a recorrida vendeu o terreno onde situado o empreendimento a outra empresa há mais de 11 anos, sendo este o motivo pelo qual não consta o registro de prosseguimento de suas atividades nos órgãos fazendários".

No julgamento, a Quarta Turma do STJ decidiu, por unanimidade, acolher as razões do recurso, observando que "a circunstância de a empresa ter optado por vender o imóvel onde

---

[57] STJ, 3ª T., Resp. n.º 1.553.790/PE, Rel. Min. Ricardo Villas Bôas Cuevas, j. 25.10.2016, v.u., *DJ* 09.11.2016 – voto do relator.

[58] STJ, 4ª T., REsp. 1.110.417/MA, Rel. Ministra Maria Isabel Gallotti, j. 07.04.2011, v.u., *DJ* 28.04.2011.

[59] STJ, 4ª T., REsp. 1.110.417/MA, Rel. Ministra Maria Isabel Gallotti, j. 07.04.2011, v.u., *DJ* 28.04.2011 – trecho do relatório.

[60] STJ, 4ª T., REsp. 1.110.417/MA, Rel. Ministra Maria Isabel Gallotti, j. 07.04.2011, v.u., *DJ* 28.04.2011 – trecho do relatório.

funcionava o empreendimento, deixando de dedicar-se àquela atividade econômica, não justifica a extensão do período de cálculo dos lucros cessantes até a data da perícia".[61] Em seu voto, a relatora, Min. Maria Isabel Gallotti, deu provimento ao recurso especial "para anular a decisão homologatória dos cálculos, determinando o retorno dos autos à origem, para que seja realizada nova perícia, com a delimitação dos lucros cessantes ao período de tempo necessário para a reconstrução do posto, devendo ser considerado para cálculo dos lucros cessantes apenas o lucro líquido".[62]

O caso é interessante para ilustrar a importância de o julgador prestar atenção na necessidade de se estabelecer um termo final para os lucros cessantes. Nem sempre esse termo final será uma data determinada, pois há situações em que os lucros cessantes são devidos por um período indeterminado. Tome-se o exemplo da vítima que sofre uma lesão corporal e fica incapacitada de trabalhar para o resto de sua vida. Nesses casos, quando assumem a forma de pensão, os lucros cessantes podem ser devidos por um período indeterminado (nesse exemplo, o restante da vida da vítima), mas, mesmo nessas hipóteses, o julgador precisa delimitar os lucros cessantes, apontando na sua decisão o acontecimento que marcará o fim da obrigação de pagar a pensão.

Nesse caso, os lucros cessantes só poderiam ser calculados considerando o tempo necessário para reparar a destruição causada pelo incêndio, período em que as instalações não puderam ser utilizadas em função da obra necessária para que voltassem a funcionar. Se a Bacabal (recorrida) optou por não mais continuar na mencionada atividade econômica, alienando o imóvel onde estava situado o posto de gasolina para terceiros, tal opção não pode, evidentemente, perpetuar o pagamento de lucros cessantes decorrentes da atividade já não mais exercida. Estender os lucros cessantes para além do período devido é ir de encontro ao princípio da reparação integral. Em relação aos valores que extrapolarem esse marco temporal, não há relação de causalidade que suporte a indenização. São, antes, danos hipotéticos que não merecem abrigo no nosso sistema.

O termo final dos lucros cessantes também costuma ser muito discutido nos casos de descumprimento de promessa de compra e venda de imóvel em construção. De modo geral, entende-se que, quando há o descumprimento do prazo para a entrega do imóvel, incluído o período de tolerância, o promitente comprador faz jus a lucros cessantes, a ensejar o pagamento de indenização, na forma de aluguel mensal, com base no valor locatício de imóvel semelhante, com termo final na data da disponibilização da posse direta ao adquirente da unidade autônoma.[63] Nesses casos, portanto, o termo final dos lucros cessantes deve coincidir com a data em que a unidade ficou disponível para o promitente comprador.[64] Há acórdãos que usam como marco temporal a data do "habite-se", mas é preciso avaliar, no caso concreto, se a incorporadora, já na data do "habite-se", ofereceu as chaves ao promitente comprador, colocando a unidade à sua disposição.

No entanto, se o empreendimento imobiliário sequer chegou a ficar pronto e, diante disso, o promitente comprador perdeu o seu interesse na prestação, a solução é diferente. A hipótese já não é mais de inadimplemento relativo (mora), mas, sim, de inadimplemento absoluto, diante do qual o remédio cabível seria a resolução do contrato. Se o promitente comprador ingressa em juízo a fim de resolver o contrato, ele também fará jus a lucros cessantes, mas nesse caso o termo final dos lucros cessantes deve ser a data em que o contrato é efetivamente resolvido, com decisão

---

[61] STJ, 4ª T., REsp. 1.110.417/MA, Rel. Ministra Maria Isabel Gallotti, j. 07.04.2011, v.u., *DJ* 28.04.2011 – trecho do voto da relatora.

[62] STJ, 4ª T., REsp. 1.110.417/MA, Rel. Ministra Maria Isabel Gallotti, j. 07.04.2011, v.u., *DJ* 28.04.2011 – trecho do voto da relatora.

[63] Nesse sentido: STJ, 2ª Seção, REsp 1729593/SP, Rel. Min. Marco Aurélio Bellizze, j. 25.09.2019, v.u., *DJ* 27.09.2019.

[64] TJ/SP, 7ª CDPriv., EDcl 1009087-04.2017.8.26.0604, Min. Mary Grün, j. 03.03.2021, v.u., *DJ* 03.03.2021.

transitada em julgado.[65] O atraso prolongado também pode provocar a perda do interesse útil do credor pela prestação (ainda que o empreendimento fique pronto em algum momento), caso em que o promitente comprador poderá exercer o seu direito potestativo de resolver o contrato. Nessa hipótese, a data a ser considerada como termo final dos lucros cessantes não poderá ser a do habite-se, mas, sim, a data em que o contrato é resolvido.[66]

Essa matéria sofreu significativas alterações com o advento da Lei n.º 13.786, de 27 de dezembro de 2018 – a chamada "Lei dos Distratos". Conforme estabelece o art. 43-A da Lei n.º 4.591/64, introduzido pela Lei dos Distratos, "a entrega do imóvel em até 180 (cento e oitenta) dias corridos da data estipulada contratualmente como data prevista para conclusão do empreendimento, desde que expressamente pactuado, de forma clara e destacada, não dará causa à resolução do contrato por parte do adquirente nem ensejará o pagamento de qualquer penalidade pelo incorporador". Se esse prazo for ultrapassado, o comprador poderá pedir a resolução do contrato e terá a integralidade dos valores pagos restituídos, corrigidos, em até sessenta dias a partir da data do distrato, tal como determina o §1º do referido dispositivo. Caso o comprador não deseje extinguir o contrato, a incorporadora terá de pagar uma multa de 1% do valor do contrato para cada mês de atraso, nos termos do §2º desse mesmo dispositivo.[67]

Do lado da incorporadora, quando é o promitente comprador que não deseja mais levar a cabo o contrato, a grande inovação ficou por conta da multa introduzida no art. 67-A da Lei n.º 4.591/64. A redação do art. 67-A, porém, não prima pela boa técnica e, exatamente por isso, já foi alvo de duras críticas. Além de equiparar o "distrato" ao remédio da "resolução",[68] figuras que não se confundem, ainda cria uma "multa convencional" cuja natureza jurídica é difícil de ser definida.[69]

---

[65] Divergindo ligeiramente dessa ideia, por considerar como termo final a data em que a decisão de segunda instância foi proferida, veja-se a seguinte decisão: "1. O cumprimento de sentença cinge-se aos estritos parâmetros do título executivo, não havendo como dele se extrair pontos que não foram decididos na formação do título. Na hipótese, o acórdão objeto da execução se limitou a estabelecer como termo final dos lucros cessantes o momento em que houve a resolução contratual. No ponto, ressoa claro que, ao contrário do apregoado pela parte agravante, não ficou decidido que o termo final dos lucros cessantes deveria corresponder à data do ajuizamento da ação. Logo, pretensa decisão nesse sentido ensejaria violação à coisa julgada. 2. Diante desse cenário, o termo final dos lucros cessantes, à luz das peculiaridades do caso concreto, deve ser a data em que o reportado acórdão em segunda instância foi prolatado, porquanto traduz termo razoável para essa finalidade, haja vista que é nesse momento processual que a decisão que resolveu o contrato se torna passível de execução provisória" (TJ/DFT, 2ª CC, AI 0721697-40.2018.8.07.0000, Rel.ª Simone Rodrigues Bellomo, j. 21.06.2019, v.u., *DJ* 24.07.2019).

[66] TJ/SP, 2ª CDPriv., AC 1012966-56.2016.8.26.0506, Rel. Marcia Dalla Déa Barone, j. 19.07.2019, v.u., *DJ* 19.07.2019.

[67] Diversas críticas são dirigidas a esse dispositivo, cf.: Joseane Suzart Lopes da Silva, Os contratos imobiliários diante da Lei Federal 13.786/2018 e a fundamental proteção da parte vulnerável: os consumidores. *Revista de Direito do Consumidor*, v. 122, pp. 267-305, São Paulo: Revista dos Tribunais, mar.-abr./2019, p. 279).

[68] A rigor, "a hipótese não parece ser de resolução por inadimplemento, distrato ou resolução excessiva onerosidade. Diversamente, se, na esteira da jurisprudência consolidada antes mesmo da Lei 13.786/2018, garante-se ao adquirente o direito de dissolver o contrato por simples manifestação unilateral de vontade, trata-se de resilição contratual" (Francisco de Assis Viégas; João Quinelato de Queiroz, Notas sobre a extinção unilateral das promessas de compra e venda de unidades imobiliárias por consumidores à luz da Lei 13.786/2018. *Revista de Direito Privado*, v. 101, pp. 203-231. São Paulo: Revista dos Tribunais, set.-out./2019, p. 209).

[69] Nesse sentido: "Trata-se de figura que por vezes é referida como espécie de cláusula penal, outras vezes é identificada como hipótese de arras, em razão de envolver a perda de quantia já transferida. De qualquer

598 | PROBLEMAS DE DIREITO CIVIL – *Homenagem aos 30 anos de cátedra do professor Gustavo Tepedino*

Para além de todos esses casos, a questão do termo final já foi discutida em inúmeras outras situações. Os casos aqui citados servem apenas para ilustrar a importância de o julgador ficar sempre atento aos marcos temporais dos lucros cessantes. Tão importante quanto determinar o seu marco inicial, é delimitar a sua extensão, indicando na decisão qual será o termo final dos lucros cessantes para efeitos do cálculo da indenização.

3.8   O julgador deve verificar se os lucros cessantes podem ser cumulados com outras verbas

Os lucros cessantes suscitam, ainda, tantas outras controvérsias que estão longe de serem pacificadas e muitas vezes os "pontos de atenção" a serem observados tangenciam mais de um instituto. A possibilidade de se cumular os lucros cessantes com outras verbas é discussão que passa pela investigação da própria função de alguns institutos, como a da cláusula penal e a dos juros moratórios, por exemplo. Outras vezes o problema se põe simplesmente por conta de uma dificuldade de se definir qual é o interesse lesado que precisa ser recomposto – não raro, nas demandas indenizatórias se tenta cumular, por exemplo, o lucro cessante que compõe o chamado interesse positivo do credor com aquele que forma o seu interesse negativo.

O objetivo deste último tópico é apenas o de registrar que, na reparação dos lucros cessante, o julgador deve sempre verificar se faz sentido cumulá-los com outras verbas e, para ilustrar a importância deste "ponto de atenção", são exatamente esses três exemplos aventados que serão tratados a seguir: (i) cláusula penal; (ii) juros de mora e (iii) interesse positivo e interesse negativo do credor.

De inegável utilidade prática, a cláusula penal, no nosso sistema, cumpre múltiplas funções. A doutrina ora alude à sua função ressarcitória ou de pré-fixação das perdas e danos, ora à sua função sancionadora, havendo mesmo quem atribua ao instituto uma função garantista da dívida, referindo-se a uma acepção mais ampla do termo "garantia". De modo a confrontá-la com os lucros cessantes, faz-se referência às promessas de compra e venda de imóveis na planta: quando há atraso por parte das incorporadoras, é comum o promitente ingressar em juízo a fim de pleitear indenização correspondente aos valores que deixou de auferir em razão do atraso na entrega do imóvel. A indenização devida a título de lucros cessantes costuma ser arbitrada levando-se em consideração o método da comparação de mercado: estima-se o valor locatício dos imóveis situados na mesma localidade, que se revestem de características semelhantes e, com base nessa investigação, calcula-se o valor da indenização.

Nesses casos, quando o contrato prevê uma cláusula penal moratória a favor do adquirente, o STJ tem entendido que "a cláusula penal moratória tem a finalidade de indenizar pelo adimplemento tardio da obrigação e, em regra, estabelecida em valor equivalente ao locativo, afasta-se sua cumulação com lucros cessantes".[70] Esse entendimento acabou sendo firmado pela Segunda Seção

---

forma, a referida cláusula tem sido objeto de controle jurisprudencial desde antes do advento do CDC, com a aplicação, direta ou por analogia, da redução equitativa da sanção manifestamente excessiva" (Carlos Nelson Konder, Arras e cláusula penal nos contratos imobiliários. *Revista dos Tribunais.*, v. 5, pp. 83-104. São Paulo: Revista dos Tribunais, mai.-jun./2014, p. 92). Na jurisprudência, tanto há acórdãos que a identificam como cláusula penal (STJ, 3.ª T., REsp. 88.788/SP, Rel. Min. Nilson Naves, j. 17.11.1998, v.u., *DJ* 01.03.1999, p. 304), quanto como arras (STJ, 3.ª T., REsp 223118/MG, Rel. Min. Nancy Andrighi, j. 19.11.2001, v.u., *DJ* 08.04.2002, p. 208).

[70]   STJ, 2ª Seção, REsp. 1.498/DF, Rel. Min. Luis Felipe Salomão, j. 22.05.2019, v.u., *DJe* 25.06.2019). Mais recentemente: STJ, 4ª Turma, AgInt no REsp 1771929/SE, Rel. Min. Luis Felipe Salomão, j. 23.11.2020, v.u., *DJ* 02.12.2020.

na sistemática dos recursos repetitivos, dando origem ao Tema 970.[71] Nessa linha, conclui-se, portanto, que "é necessário facultar ao recorrente a possibilidade de escolha entre as duas modalidades (lucros cessantes ou cláusula penal)".[72]

Já em se tratando da cláusula penal compensatória, cujo suporte fático de incidência é o inadimplemento absoluto da obrigação, a cumulação, a rigor, até é permitida, desde que (i) o prejuízo do promitente exceda ao previsto na cláusula e (ii) as partes tenham convencionado a possibilidade de o credor exigir indenização suplementar, nos termos do art. 416, parágrafo único, do Código Civil. A diferença se justifica porque a cláusula penal moratória já costuma ser estabelecida, nesses casos, tomando como base o valor locatício do bem, que é o mesmo critério normalmente utilizado para se fixar os lucros cessantes nesses casos.

Outra figura jurídica merecedora de especial atenção, por apresentar pontos de interseção com o estudo dos lucros cessantes, são os juros moratórios. Os juros constituem, como anota a doutrina, "(...) o preço pelo uso do capital, isto é, a expressão econômica da utilização do dinheiro e, por isso mesmo, são considerados frutos civis".[73] Com relação à finalidade do dever acessório, subdividem-se os juros em duas espécies diversas, quais sejam: (i) os juros compensatórios, geralmente derivados da autonomia da vontade, que consistem na remuneração ou preço do capital, e (ii) os juros moratórios, que representam a indenização pelo retardo no cumprimento de obrigação pecuniária.

No inadimplemento de uma prestação pecuniária, além da desvalorização da moeda – que corresponde ao dano emergente, reparado por meio da correção monetária –, o credor sofre um dano por não ter à sua disposição o dinheiro no momento oportuno. Esta parcela da indenização, que o legislador, no art. 404 do Código Civil, decidiu reparar por meio dos juros de mora, na prática representa nada menos do que os lucros cessantes devidos pelo atraso no cumprimento da prestação.

Os juros de mora são devidos, neste caso, a título de lucros cessantes decorrentes da indisponibilidade do montante. Não é por outro motivo que aduz Fernando Noronha: "(...) em caso de inadimplemento de uma obrigação pecuniária, (...) o dano relativo ao valor que o lesado deixou de ganhar enquanto esteve impedido de usar esse dinheiro, (...) é lucro cessante (e que corresponde ao juro de mora: cf. arts. 406 e 407)".[74] Partindo da constatação de que os juros de mora previstos pelo legislador, como parte das perdas e danos devidas pelo descumprimento de obrigação pecuniária, consistem em lucros cessantes previamente estimados, é possível concluir que, em regra, não será possível cumular, em pleito judicial, os juros moratórios com os lucros cessantes, sob pena de *bis in idem* em prejuízo do devedor.

Definido, então, que os juros de mora previstos no art. 404 do Código Civil assumem natureza de lucros cessantes, não se pode deixar de observar, contudo, que se trata mesmo de "uma compensação geral pelos lucros frustrados".[75] Por isso, casos haverá em que o pagamento de tais juros será insuficiente para reparar integralmente a vítima do dano, por aquilo que ela deixou de ganhar em razão do retardo no cumprimento da obrigação. Em tais situações, que envolvem uma análise mais aprofundada dos fatos, deve ser aceita, então – em nome do princípio da reparação

---

[71] STJ, Segunda Seção, REsp. 1.635.428/SC, Rel. Min. Luis Felipe Salomão, j. 22.05.2019, v.u., *DJ* 25.06.2019.

[72] STJ, 3ª Turma, AgInt nos EDcl no REsp 1871054/SP, Rel. Min. Marco Aurélio Bellizze, j. 28.09.2020, v.u., *DJ* 01.10.2020.

[73] Gustavo Tepedino, Heloísa Helena Barboza, Maria Celina Bodin de Moraes et. al. (coord.), *Código Civil interpretado conforme a Constituição da República*, v. 1, Rio de Janeiro: Renovar, 2004, p. 734.

[74] Fernando Noronha, *Direito das obrigações*, v. 1, São Paulo: Saraiva, 2003, p. 568.

[75] Hans Albrecht Fischer, *A reparação dos danos no direito civil*, tradução de António de Arruda Ferrer Correia, São Paulo: Saraiva, 1938, p. 48.

600 | PROBLEMAS DE DIREITO CIVIL – *Homenagem aos 30 anos de cátedra do professor Gustavo Tepedino*

integral –, a cumulação dos juros moratórios com os lucros cessantes, no montante que esta parcela exceder aqueles.

Como, porém, a indenização superará o montante pré-fixado pelo legislador, exigir-se-á da vítima a comprovação cabal de que, com a soma monetária não recebida tempestivamente, os benefícios frustrados superariam os juros de mora, com o que restará justificada a concessão de indenização suplementar, pela diferença. Seria preciso demonstrar, por exemplo, que o dinheiro não recebido seria utilizado para aportar recursos em determinado investimento financeiro que rendeu somas monetárias bem superiores aos juros de mora. É justamente o que dispõe o parágrafo único do citado art. 404: "Provado que os juros da mora não cobrem o prejuízo, e não havendo pena convencional, pode o juiz conceder ao credor indenização suplementar".

Por fim, não se pode deixar de mencionar que o parágrafo único do art. 404 do Código Civil representou inegável avanço na seara da responsabilidade civil decorrente do descumprimento de obrigação pecuniária, na medida em que abriu à vítima a possibilidade de, comprovando que os benefícios frustrados pelo inadimplemento superaram os juros moratórios, ser indenizada em montante suplementar, consagrando, uma vez mais, o princípio da reparação integral do dano.[76]

Por fim, o terceiro e último exemplo é o do interesse positivo e negativo do credor. As facetas do dano patrimonial (lucros cessantes e danos emergentes) não se confundem com os conceitos de interesse positivo[77] e negativo[78]: não só de lucro cessante é composto o interesse positivo, assim como o interesse negativo não se resume a danos emergentes. Por mais exageradas e criativas que sejam as demandas indenizatórias, não se admite a cumulação do interesse positivo com o negativo.[79] Daí se conclui que também não é possível cumular o lucro cessante do interesse positivo com o lucro cessante que eventualmente compõe o interesse negativo. Seria contraditório, de fato, admitir que uma condenação buscasse, ao mesmo tempo, conduzir a vítima a duas situações claramente diferentes e opostas, quais sejam, aquela em que estaria se o contrato não tivesse sido firmado e aquela em que estaria se tivesse ocorrido o cumprimento regular dele.[80]

---

[76] Diz-se, por isso mesmo, que "(...) a maior inovação do Código, nesta matéria, consiste na possibilidade de o juiz conceder ao credor indenização suplementar, desde que provado que os juros de mora não cobrem o prejuízo. (...) Trata-se de concreção do princípio da reparação integral" (Judith Martins-Costa, "Do inadimplemento das obrigações (arts. 389 a 420)", cit., p. 372).

[77] Como se sabe, a reparação pelo "interesse positivo" destina-se a colocar o credor, prejudicado pelo inadimplemento, na exata situação em que se haveria de encontrar caso o contrato tivesse sido regularmente cumprido pelo devedor, tal como negociado pelas partes.

[78] O interesse negativo, por sua vez, diz respeito ao dano suportado pelo credor por ter depositado confiança na seriedade das tratativas negociais, na validade da declaração de vontade ou em outra circunstância que represente um dano sofrido pela celebração do contrato. A tutela do interesse negativo justifica, então, que a reparação conduza o credor à situação em que estaria caso não houvesse confiado ou se vinculado à relação contratual.

[79] Como explica Paulo Mota Pinto: "A incompatibilidade entre ressarcimentos com as medidas de indenização em causa é, aliás, biunívoca, isto é, tanto se verifica quando seja examinada na ótica do pedido de uma indenização correspondente ao interesse positivo como quando se reclamou o ressarcimento pelo interesse negativo" (*Interesse contratual negativo e interesse contratual positivo*, v. 2. Coimbra: Coimbra Editora, 2008, p. 1007).

[80] Nesse sentido: "Não pode, sem contradição (performativa e teleológica), reclamar-se ao mesmo tempo uma reparação correspondente ao interesse negativo e ao interesse positivo. O lesado nunca poderia ter estado simultaneamente nessas duas situações (...). Trata-se, pois, de situações hipotéticas (e de medidas do dano) inconciliáveis" (Paulo Mota Pinto, *Interesse contratual negativo e interesse contratual positivo*, v. 2, cit., p. 1003-1004).

Portanto, o principal fundamento da vedação à cumulatividade revela-se na própria configuração das duas situações patrimoniais hipotéticas relevantes para o juízo de comparação. Apresenta-se como um fundamento lógico, "na medida em que ao lesado não é possível pretender seguir simultaneamente duas vias, do que teria acontecido sem o contrato, ou sem a criação de confiança, e com os efeitos do contrato, ou a correspondência à confiança".[81] De fato, afrontaria a ordem lógica do sistema calcular a indenização com base em duas situações patrimoniais hipotéticas excludentes.

A esse fundamento principal pode-se somar outros dois: um relativo à vedação do enriquecimento sem causa e outro relacionado à função reparatória desempenhada pela responsabilidade civil. Como primeiro fundamento complementar, menciona-se a vedação ao enriquecimento sem causa, tendo em vista que a impossibilidade de se cumular a indenização do interesse negativo com o do interesse positivo "depende, assim, também do princípio de que a prestação ressarcitória não deve deixar o lesado em melhor situação do que aquela em que teria estado se não se tivesse verificado o evento que obriga à reparação – isto é, do discutido princípio da 'proibição do enriquecimento' do lesado, que exprime uma das faces da função compensatória e um limite da ideia de justiça corretiva".[82]

Já no que diz respeito à função da responsabilidade civil, partindo-se da correta noção de que a responsabilidade civil, no sistema jurídico brasileiro, desempenha essencialmente uma função reparatória, e não punitiva,[83] tem-se que uma indenização fundada, cumulativamente, no interesse positivo e no negativo, extrapolaria o propósito de tão somente conduzir a vítima a uma específica situação hipotética marcada pela ausência do dano.

4. CONCLUSÃO

Em se tratando de lucro cessante, a apreciação do dano quase sempre resultará aproximada, e nunca estará livre da apreciação subjetiva do julgador, a quem caberá ponderar todas as circunstâncias especiais do caso concreto. Apesar disso, a aplicação da razoabilidade tem inúmeras vantagens em relação ao bom senso: serve não apenas de guia para o julgador na busca da reparação integral, como também o auxilia na tarefa de fundamentação das decisões, imprescindível na atuação do intérprete. Como Gustavo Tepedino já ressaltou, "o desenvolvimento da razoabilidade como técnica hermenêutica permite que se afaste a subsunção, impondo-se a consideração das circunstâncias concretas na formulação da norma interpretada, sempre de acordo com os valores do ordenamento".[84]

Pondera-se que, a importância que tem, para a responsabilidade civil, a identificação das circunstâncias do caso concreto já demonstra, por si só, que a solução para os lucros cessantes não está em equações matemáticas pré-concebidas, mas, sim, num parâmetro aberto que possa adequar-se à realidade de cada vítima. Na reparação dos lucros cessantes, esse parâmetro é a razoabilidade, cuja definição dependerá sempre de diversos fatores e influências externas, que devem servir de referência ao julgador na análise do caso concreto.

---

[81] Paulo Mota Pinto, *Interesse contratual negativo e interesse contratual positivo*, v. 2, cit., p. 1004-1005.

[82] Paulo Mota Pinto, *Interesse contratual negativo e interesse contratual positivo*, v. 2, cit., p. 1005.

[83] Maria Celina Bodin de Moraes, "A constitucionalização do direito civil e seus efeitos sobre a responsabilidade civil". In: *Na medida da pessoa humana*: estudos de direito civil-constitucional. Rio de Janeiro: Renovar, 2010, p. 331.

[84] Gustavo Tepedino, "A razoabilidade na experiência brasileira", cit., p. 39.

35

CONSUMO, RESPONSABILIDADE E VULNERABILIDADE NA INTERNET

GUILHERME MAGALHÃES MARTINS

Este artigo aborda a vulnerabilidade da pessoa humana na Internet, acentuada pela exposição dos usuários nas redes sociais virtuais, trazendo novos e consideráveis danos, cujos aspectos teóricos e dogmáticos serão enfrentados.

O direito privado deve necessariamente reconhecer a fraqueza de certos grupos da sociedade, que se apresenta como ponto de encontro entre a função individual, que tradicionalmente lhe é reconhecida, e sua função social, afirmada no direito solidário privado que emerge da Constituição.[1]

Surgida nos debates sobre saúde pública, a vulnerabilidade é hoje usada no Direito Civil nas suas mais variadas vertentes, do Direito de Família ao Direito do Consumidor, exprimindo os esforços de satisfação dos imperativos da solidariedade social e respeito à dignidade humana. Trata-se de um mecanismo reequilibrador do ordenamento em situações de desigualdade ou assimetria entre os envolvidos.[2]

Uma das grandes desigualdades sociais acentuada pela tecnologia reside na circunstância de somente uma das partes dispor da informação, ao passo que a outra se encontre desinformada ou não tenha meios que lhe permitam conhecer a realidade, em face de dados insuficientes ou falhos apresentados pelo fornecedor.[3]

---

[1] MARQUES, Claudia Lima; MIRAGEM, Bruno. *O novo direito privado e a proteção dos vulneráveis.* São Paulo: Revista dos Tribunais, 2012. p. 15.

[2] KONDER, Carlos Nelson. Vulnerabilidade patrimonial e vulnerabilidade existencial: por um sistema diferenciador. *Revista de Direito do Consumidor.* São Paulo, maio/jun. 2015. p. 102.

[3] STIGLITZ, Ruben. Aspectos modernos do contrato e da responsabilidade civil. Tradução Cláudia Lima Marques. *Revista de Direito do Consumidor.* São Paulo, v.13, janeiro / março 1995, p. 08.

Cap. 35 • CONSUMO, RESPONSABILIDADE E VULNERABILIDADE NA INTERNET | **603**

A vulnerabilidade dos usuários na Internet é aguçada pela volatilidade, risco e insegurança do meio telemático[4], tornando as ofensas à dignidade da pessoa humana mais graves e frequentes.

Nas palavras de Erik Jayme,

> No que concerne às novas tecnologias, a comunicação, facilitada pelas redes globais, determina uma maior vulnerabilidade daqueles que se comunicam. Cada um de nós, ao utilizar pacificamente seu computador, já recebeu o choque de perceber que uma força desconhecida e exterior invadia o seu próprio programa, e o fato de não conhecer o seu adversário preocupa ainda mais. Os juristas combatem as práticas fraudulentas através dos instrumentos clássicos da responsabilidade civil delitual, enquanto os malfeitores escapam a todos os controles e se protegem em um espaço virtual[5]

Nos últimos vinte anos, a Internet sofreu grande transformação. Com a vertiginosa queda de corporações ligadas à tecnologia da informação, as chamadas *"companies dot-com"* tiveram de modificar radicalmente seu modelo de gestão corporativa para superar a crise de confiança dos investidores em relação à rentabilidade dos serviços oferecidos.

> Trata-se da eclosão do movimento denominado *web 2.0*, a segunda versão da *world wide web*, que em tese refundou a própria rede mundial de computadores ao transformá-la em uma espécie de plataforma movida pelo usuário, que insere "voluntariamente" o conteúdo maciço que hoje circula na Internet.[6] Dentre as mudanças mais significativas, deve ser destacada a substituição da remuneração da publicidade dos provedores de conteúdo, informação e hospedagem não mais pelo número de acesso às páginas (*page views*), mas por clique em cada *hyperlink* (*cost per click*) reativando os investimentos nos *sites*. Conforme já destacado na doutrina,

---

[4] A expressão *telemática* consiste num neologismo que expressa a associação entre as tecnologias de telecomunicações e informática, sendo a sua autoria atribuída a Simon Nora e Alain Minc, autores do estudo *Rapport sur l'informatisation de la societé* (janeiro de 1978), encomendado pelo Presidente da República da França, objetivando valorar as diretrizes do setor, desde então considerado essencial à sobrevivência econômica do país. GRÉNIER, Jean-Guy. *Dictionnaire d'informatique et d'internet*. Paris: Maison du Dictionnaire, 2000, p.633. Segundo previu em 1987 o professor Mario LOSANO, que nos idos de 1970 instituíra o primeiro curso de Informática Jurídica na Universidade de Milão, ao referir-se à telemática, *"os canais de transmissão de informações se encontram interconectados, de modo que o cabo telefônico, a televisão e o satélite se convertem em instrumentos para a comunicação entre computadores(...) As modernas centrais telefônicas, por exemplo, têm um parentesco muito mais próximo com a informática do que com as tradicionais estruturas eletromecânicas da telefonia"*. *Curso de informatica juridica*. Madrid: Tecnos, 1987 (tradução nossa).

[5] O direito internacional privado do novo milênio: a proteção da pessoa humana face à globalização. *Cadernos do Programa de Pós-Graduação em Direito da UFRGS*. Tradução de Cláudia Lima Marques. Porto Alegre, v.1., n o. i, p.135, mar. 2003.

[6] Segundo Tim O´Reilly,, precursor da expressão, a *Web 2.0* seria ilustrada como um grande sistema solar, em que os serviços prestados são difusos, por meio de técnicas que incentivem condutas positivas dos próprios usuários. É o caso de veículos como a *Wikipedia*, uma enciclopédia colaborativa, em que os usuários inserem seu conteúdo. São muitos os exemplos: blogues, redes sociais, troca de arquivos *P2P* e outros. Cf. O'RELLY. Tim. O que é Web 2.0? Padrões de design e modelos de negócios para a nova geração de software. Publicado em http://www.oreilly.com/. Tradução: Miriam Medeiros. Revisão técnica: Julio Preuss. Novembro 2006 Disponível em: http://www.cipedya.com/web/FileDownload. aspx?IDFile=102010. Acesso em: 22. jan. 2021.

Não pode ser esquecido que o valor comercial de um *site* depende, em proporção direta, de sua popularidade, ou seja, do número de usuários que o visitam. Quanto mais elevado for esse número, mais valorizado será o espaço publicitário ali oferecido e, por consequência, maiores serão os lucros destinados ao titular do *site*.[7]

Recentemente houve uma discussão entre o governo da Austrália e as grandes redes sociais, sobre a remuneração de conteúdo a empresas jornalísticas por parte das grandes plataformas, provavelmente antecipando debates a serem travados em escala mundial. A lei australiana cria mecanismos de acordo, através de um mediador, no sentido de que plataformas digitais remunerem a mídia e editoras locais, de modo que Google e Facebook, por exemplo, compartilhem com as editoras a receita publicitária gerada em relação à veiculação de conteúdo jornalístico em suas plataformas. Ficou vencido o argumento, prevalente até então, de que os serviços digitais geram tráfego para esses conteúdos produzidos por profissionais, por isso não haveria necessidade de remuneração.[8]

Outra característica marcante da atual sociedade de massa é a oferta pelos prestadores ditos *gratuitos*, normalmente baseada na remuneração indireta, igualmente a atrair a incidência das normas do Código de Defesa do Consumidor.

Longe de ser uma realidade restrita a regiões ou países determinados, as práticas perpassam os costumes e penetram a cultura de cada sociedade ao passo que mais pessoas passam a utilizar-se da rede.

Por seu turno, cada vez mais informações são levadas à *net*, tornando-se acessíveis por milhões de usuários em qualquer parte do globo, inclusive dados que trazem consigo aspectos intrinsecamente ligados à personalidade dos indivíduos. Nome, sobrenome, endereço, opções religiosas, afetivas e tantas outras são objeto de uma exposição fomentada e enaltecida social e culturalmente.[9] Em certos casos, para Cass Sunstein, a ignorância realmente é uma bênção, e as

---

[7]   MARTINS, Guilherme Magalhães. *Responsabilidade civil por acidente de consumo na Internet*. 3.ed. São Paulo: Revista dos Tribunais, 2020. p. 72.

[8]   FIGUEIREDO, Janaína. Austrália abre debate global sobre big techs e remuneração de conteúdo. Isto está apenas começando, diz especialista. *Jornal O Globo*. Disponível em: https://oglobo.globo.com/economia/australia-abre-debate-global-sobre-big-techs-remuneracao-de-conteudo-isso-esta-apenas-comecando--diz-especialista-24934604. Acesso em: 21.03.2021.

[9]   Para Marcel Leonardi, "A escala e os tipos de informação disponíveis aumentam exponencialmente com a utilização de tecnologia. É importante recordar que, como a informação é coletada em forma eletrônica, torna-se extremamente simples copiá-la e distribui-la, podendo ser trocada entre indivíduos, companhias e países ao redor de todo o mundo.

A distribuição da informação pode ocorrer com ou sem o conhecimento da pessoa a quem pertencem os dados, e de forma intencional ou não. Há uma distribuição não intencional quando os registros exibidos contêm mais informações do que as que foram solicitadas ou, ainda, quando tais dados são furtados. Muitas vezes, determinadas "fichas cadastrais" contêm mais dados do que o necessário ou solicitado pelo utilizador.

Como se tudo isto não bastasse, há que se destacar o perigo que representam as informações errôneas. Ser considerado inadimplente quando não se deve nada a ninguém ou ser rejeitado em uma vaga de emprego sem justificativa aparente são apenas alguns dos exemplos dos danos que dados incorretos, desatualizados ou propositadamente errados podem causar(...)Os efeitos de um pequeno erro podem ser ampliados de forma assustadora. Quando a informação é gravada em um computador, há pouco incentivo para se livrar dela, de forma que certos registros podem permanecer à disposição por um longo período de tempo. Ao contrário da informação mantida em papel, dados armazenados em um

Cap. 35 · CONSUMO, RESPONSABILIDADE E VULNERABILIDADE NA INTERNET | 605

pessoas ficam numa situação mais confortável caso desinformadas[10], o que deve ser sopesado com um contraponto ao poderio dos "impérios das comunicações" e do próprio Estado, através de órgãos como as Autoridades de Proteção de Dados Pessoais. O excesso de informação não é necessariamente positivo: quanto mais informações são adicionadas à memória digital, as lembranças destas acabam confundindo a tomada de decisão humana, sobrecarregando o sujeito com informações de que seria melhor ter esquecido.[11]

No cerne das redes sociais está o intercâmbio de informações pessoais. Os usuários ficam felizes por revelarem detalhes íntimos de suas vidas pessoais, fornecendo informações precisas, compartilhando fotografias e vivenciando o fetichismo e exibicionismo de uma sociedade confessional.[12]

Formam-se gigantescos bancos de dados de caráter pessoal a serviço de entidades de caráter privado, cujos interesses econômicos são prementes. O Regulamento Geral Europeu sobre Dados Pessoais, em seu artigo 4º., 1, assim os define:

> 1) «Dados pessoais», informação relativa a uma pessoa singular identificada ou identificável («titular dos dados»); é considerada identificável uma pessoa singular que possa ser identificada, direta ou indiretamente, em especial por referência a um identificador, como por exemplo um nome, um número de identificação, dados de localização, identificadores por via eletrónica ou a um ou mais elementos específicos da identidade física, fisiológica, genética, mental, económica, cultural ou social dessa pessoa singular;

Os dados pessoais têm sido utilizados por governos e grandes *players* econômicos para a criação de um *one-way mirror*, possibilitando que tais agentes saibam tudo dos cidadãos, enquanto estes nada sabem dos primeiros. Isso acontece por meio de um monitoramento e vigília constantes sobre cada passo da vida das pessoas, levando a um capitalismo de vigilância, cuja principal consequência é a constituição de uma sociedade também de vigilância.[13]

As redes sociais virtuais traduzem, portanto, uma nova modalidade de banco de dados, afora as implicações decorrentes da liberdade de expressão dos seus usuários, que deve encontrar justificativa e razão de ser nos princípios constitucionais da dignidade da pessoa humana(art. 1º., III,CR) e da solidariedade social (art. 3º., I, CR).

Perquirindo inicialmente "como alguém se torna o que é", Paula Sibilia enfatiza a profundidade das mudanças introduzidas pela popularização das redes sociais virtuais. Cuida-se de uma

---

computador ocupam muito pouco espaço e são fáceis de manter e de transferir, e como tal podem perdurar indefinidamente". LEONARDI, Marcel. Responsabilidade civil pela violação do sigilo e privacidade na Internet. In: SILVA, Regina Beatriz Tavares da; SANTOS, Manoel J. Pereira dos (coord.). *Responsabilidade civil na Internet e nos demais meios de comunicação*. São Paulo: Saraiva, 2007. p. 339-340.

[10] SUNSTEIN, Cass. *Too much information;* understanding what you don't want to know. Massachusetts: the MIT Press, 2020. p. 3.

[11] MAYER-SCHÖNBERGER, Viktor. *Delete, ;* the virtue of forgetting in the Digital age. New Jersey: Princeton University Press, 2009. p. 164.

[12] BAUMAN, Zygmunt. *Vida para o consumo*. Transformação das pessoas em mercadorias. Tradução de Carlos Alberto Medeiros. Rio de Janeiro: Zahar, 2008. p. 08.

[13] PASQUALE, Frank. *The black box society;* the secret algorithms that control money and information. Cambridge: Harvard University Press, 2015. p. 09.

nova subjetividade, de uma nova forma de expressão do *eu*, de uma nova formação e delimitação da personalidade do indivíduo:

> Um sinal desses tempos foi antecipado pela revista Time, que encenou seu costumeiro ritual de escolha da personalidade do ano no final de 2006. Nesta edição, criou-se uma notícia que foi ecoada pelos meios de comunicação de todo o planeta, e logo esquecida no turbilhão de dados inócuos que a cada dia são produzidos e descartados. A revista americana vem repetindo esta cerimônia há quase um século, com o intuito de apontar as pessoas que mais afetaram o noticiário e nossas vidas, para o bem e o mal, incorporando o que foi importante no ano. Ninguém menos do que Hitler foi eleito em 1938, o aiatolá Khomeini em 1979 e George W. Bush em 2004. Quem foi eleito a personalidade do ano em 2006, de acordo com o veredito da TIME? VOCÊ. Sim, você. Ou melhor, não apenas você, mas também eu e todos nós. Ou, mais precisamente ainda, cada um de nós: as pessoas "comuns". Um espelho brilhava na capa da publicação e convidava seus leitores a nele se contemplarem, como Narcisos satisfeitos de verem suas "personalidades" cintilando no mais alto pódio da mídia(...)A rede mundial de computadores se tornou um grande laboratório, um terreno propício para se experimentar e criar novas subjetividades: (...). Como quer que seja, não há dúvidas de que esses reluzentes espaços da Web 2.0 são interessantes, nem que seja porque se apresentam como cenários bem adequados para montar um espetáculo cada vez mais estridente: o show do eu (...) [14]

Com efeito, na atual sociedade de consumidores, a pessoa é induzida a tratar a si mesma como mercadoria. O fetichismo da mercadoria é substituído pelo da subjetividade.[15] A espetacularização da subjetividade em nossa sociedade impulsiona os indivíduos a gerirem a si mesmos como marcas, "um produto dos mais requeridos, [...], que é preciso colocar em circulação, comprar, vender, descartar e recriar seguindo os voláteis ritmos da moda."[16] O objetivo das redes sociais, apenas tomando o Facebook como exemplificação, é converter cada pessoa em célula de sua base de dados, para poder sobrecarregá-la de informação. Sua política é acumular a maior quantidade possível dessa informação para vendê-la ao melhor licitante. Somos o produto. Não há banalidade, nas palavras da autora Marta Peirano, a não ser a banalidade da comodidade do mal.[17]

As redes chamadas virtuais traduzem, nos dias de hoje, a sociedade do espetáculo, retratada em 1967 por Guy Debord, filósofo e agitador social cuja obra inspirou fortemente os acontecimentos ocorridos em maio de 1968 na França:

---

[14] SIBILIA, Paula. *O show do Eu*; A intimidade como espetáculo. Rio de Janeiro: Nova Fronteira, 2008. p. 27. Nas palavras da autora, Ibid., p.08, uma característica da sociedade contemporânea é a hipertrofia do eu, enaltecendo o desejo de ser diferente e querer sempre mais:"Hoje, a megalomania e a excentricidade não mais parecem desfrutar da qualificação de doenças mentais ou desvios patológicos, como outrora ocorreu".

[15] "A 'subjetividade' numa sociedade de consumidores, assim como a 'mercadoria' numa sociedade de produtores é (para usar o oportuno conceito de Bruno Latour) um *fatishe* – um produto profundamente humano elevado à categoria de autoridade sobre-humana mediante o esquecimento ou a condenação à irrelevância de suas origens demasiado humanas, juntamente com o conjunto de ações humanas que levaram ao seu aparecimento e que foram condição *sine qua non* para que isso ocorresse." BAUMAN, Zygmunt. *op. cit.* p. 23.

[16] SIBILIA, Paula. *op. cit.* p. 275.

[17] PEIRANO, Marta. *El enemigo conosce el sistema.*Barcelona: Penguin Random House Grupo Editorial, 2019. p. 16.

Toda a vida das sociedades nas quais reinam as modernas condições de produção se apresenta como uma imensa acumulação de *espetáculos*. Tudo o que era vivido diretamente tornou-se uma representação (...)

O espetáculo não é um conjunto de imagens, mas uma relação social entre pessoas, mediada por imagens (...)

Considerado em sua totalidade, o espetáculo é ao mesmo tempo o resultado e o projeto do modo de produção existente. Não é um suplemento do mundo real, uma decoração que lhe é acrescentada. É o âmago do irrealismo da sociedade real. Sob todas as suas formas particulares – informação ou propaganda, publicidade ou consumo direto de divertimentos – o espetáculo constitui o *modelo* atual da vida dominante na sociedade. É a afirmação onipresente da escolha *já feita* na produção, e o consumo que decorre dessa escolha" (g.n.).[18]

Somente não se pode falar em uma nova realidade ou em um *pseudomundo* à parte[19], pois, nas palavras de Lawrence Lessig, "o ciberespaço não é, é claro, um lugar. Você não vai a lugar nenhum quando vai ali"[20]. Trata-se de uma manifestação do mundo real onde se desenvolvem novas situações subjetivas existenciais, em grande parte estimuladas pelo meio de comunicação. Do contrário, o ordenamento jurídico não se aplicaria às relações ali travadas.[21]

Tendo em vista a maior desigualdade fática entre os envolvidos, em virtude da especificidade e vulnerabilidade que decorre do meio, deve ser intensificada a proteção do direito fundamental à defesa do consumidor, através dos direitos básicos consagrados no artigo 6º da Lei nº. 8.078/90, em especial a vida, a saúde, a segurança (inciso I), a educação (inciso II), a informação (inciso III) e a efetiva prevenção e reparação de danos morais e materiais, individuais, coletivos e difusos (inciso VI).

O Direito não pode se furtar a esses novos fatos. No âmbito da Organização das Nações Unidas, por meio da Resolução 39/248, de 16 de abril de 1985, proclamou-se a natureza do direito do consumidor como de direito humano de nova geração, visando à proteção daquele que se encontra

---

[18] DEBORD, Guy. A sociedade do espetáculo. Tradução de Estela dos Santos Abreu. Rio de Janeiro: Contraponto, 1997. p. 13-15.

[19] Essa é a visão de Guy Debord, op. cit., p.13: "as imagens que se destacaram de cada aspecto da vida fundem-se num fluxo comum, no qual a unidade dessa mesma vida já não pode ser restabelecida. A realidade considerada *parcialmente* apresenta-se em sua própria unidade geral como um pseudomundo à parte, objeto de mera contemplação. A especialização das imagens do mundo se realiza no mundo da imagem autonomizada, na qual o mentiroso mentiu para si mesmo. O espetáculo em geral, como inversão concreta da vida, é o movimento autônomo do não-vivo".

[20] *Code and other laws of cyberspace*. New York: Basic Books, 1999. p. 10 e seg.

[21] Especificamente com relação ao aplicativo *second life,* cujos usuários desenvolvem atividades por meio de personagens ("avatares"), sustenta Sérgio Iglesias Nunes de Souza, sugerindo a criação de um tribunal virtual no próprio ambiente: "se adotamos a referência origem de que o *Second Life* será um mundo totalmente paralelo e autônomo, teremos, inevitavelmente, que aceitar uma nova estrutura normativa(...) Do outro lado, apesar da autonomia existente, podemos enfocar o *Second Life* como uma extensão da atividade humana concretizada nas relações cibernéticas interativas. Desse modo, a interatividade do direito seria plena, apesar de autônoma. Por exemplo, o personagem criado "avatar" é nada mais do que uma extensão e uma forma de expressão da conduta e personalidade humana, mas jamais será pessoa para o direito(...)A regulação jurídica deverá ser como uma extensão da atividade humana, sob pena de se perder de vista o centro de importância dos seus interesses: o ser humano"Cf. SOUZA, Sérgio Iglesias Nunes de. *Lesão nos contratos eletrônicos na sociedade da informação.* São Paulo: Saraiva, 2009. p. 338-339.

em posição débil em qualquer relação jurídica. Isto porque o fornecedor necessariamente ocupa a posição de detentor não só dos meios de produção, mas das informações atinentes ao objeto do contrato. Por conseguinte, busca-se a efetividade da igualdade por meio de normas de ordem pública, promocionais de uma igualdade substancial entre as partes.[22]

No Brasil, a chamada proteção afirmativa do consumidor foi constitucionalmente elevada à categoria de direito e garantia fundamental (art. 5º, XXXVI, CRFB) além de princípio da ordem econômica e financeira (art. 170, V, CRFB), cabendo àquelas duas normas definir o lugar do consumidor no sistema constitucional brasileiro.[23]

O direito fundamental de defesa do consumidor, assim, guarda suas raízes na própria cláusula geral de tutela da pessoa, o princípio da dignidade da pessoa humana (art. 1º, III CRFB), cujos efeitos irradiam-se por todo o ordenamento civil constitucional brasileiro.[24]

Este projeto busca acordar as peculiaridades da vulnerabilidade nesta nova forma de relação de consumo, que consigo traz uma premente necessidade de compreensão plena e global do fenômeno em que está inserida para a adequação da tutela das pertinentes relações jurídicas. O tema está intimamente ligado à eclosão e desenvolvimento da Internet e os desafios por ela apresentados ao Direito.

Aplica-se à internet, em matéria de responsabilidade pelos danos ocorridos por meio das redes sociais virtuais, a seguinte indagação: o direito do consumidor aplica-se apenas ao meio físico através do qual a informação é veiculada, ou regula ainda o conteúdo informacional?[25]

Cabe ao jurista acompanhar a revolução tecnológica, num momento de transição, em que a regulação jurídica deve fazer frente a novas relações sociais, seja para confirmar ou rever suas premissas dogmáticas, seja adaptando as normas já existentes, seja na proposta de um novo modelo normativo, do que se extrai a relevância social e científica do tema proposto.

Surge, ao lado do espaço físico, o espaço dito cibernético, cuja arquitetura é marcada pela maleabilidade, possibilitando-se aos seus agentes a possibilidade de interagir,[26] o que se soma a uma nova ideia de tempo, a partir da noção de simultaneidade, além da superação da distância, sob o ponto de vista espacial.

O Decreto 10.748, de 16.07.2021, instituiu a Rede Federal de Gestão de Incidentes Cibernéticos, que, conforme o respectivo artigo 2º, tem por finalidade aprimorar e manter a coordenação entre órgãos e entidades da administração pública federal direta, autárquica e fundacional para prevenção, tratamento e resposta a incidentes cibernéticos, de modo a elevar o nível de resiliência

---

[22] MARQUES, Claudia Lima; BENJAMIN, Antônio Herman V.; BESSA, Leonardo Roscoe. *Manual de direito do consumidor.* 2.ed. São Paulo: Revista dos Tribunais, 2009. p. 26.

[23] MARTINS, Guilherme Magalhães. A defesa do consumidor como direito fundamental na ordem constitucional. In: MARTINS, Guilherme Magalhães. *Temas de Direito do Consumidor.* Rio de Janeiro: Lumen Juris, 2010. p. 01.

[24] "O cidadão-consumidor, ou melhor, a pessoa-consumidor, se projeta na dimensão constitucional, de modo que, na hipótese de conflito entre o respectivo direito fundamental – sobretudo quando traduzido nas situações jurídicas existenciais – e as exigências de mercado livre, sua primazia se mostra fora de discussão." MARTINS, Guilherme Magalhães. A defesa do consumidor como direito fundamental na ordem constitucional. *in* MARTINS, Guilherme Magalhães (coord.). *Temas de Direito do Consumidor.* Rio de Janeiro: Lumen Juris, 2010. p. 6.

[25] WILHELMSSON, Thomas. The consumer´s right to knowledge and the press. In: _____; TUOMINEN, Salla; TUOMOLA, Heli. *Consumer law in the information society.* Hague: Kluwer, 2001. p. 368.

[26] LORENZETTI, Ricardo Luis. Informática, cyberlaw y e-commerce. *Revista de Direito do Consumidor.* São Paulo, v.36, outubro/novembro 2000, p. 11.

em segurança cibernética de seus ativos de informação. O incidente cibernético é definido no artigo 4º, V, a "ocorrência que comprometa, real ou potencialmente, a disponibilidade, a integridade, a confidencialidade ou a autenticidade de sistema de informação ou das informações processadas, armazenadas ou transmitidas por esse sistema, que poderá também ser caracterizada pela tentativa de exploração de vulnerabilidade de sistema de informação que constitua violação de norma, política de segurança, procedimento de segurança ou política de uso".

Desponta, ao lado da revolução tecnológica, uma nova economia, baseada na globalização e na desmaterialização parcial da riqueza, tendo em vista a possibilidade de cortar custos substanciais e aumentar lucros empresariais, dando uma nova escala à atividade negocial, alcançando um número cada vez maior de consumidores.[27]

Nesse quadro, onde a informática funciona como catalisadora das mudanças estruturais, desempenhando papel tão importante quanto foi o da eletricidade e o da máquina a vapor no século passado[28], acentua-se o fundamento da responsabilidade civil nas relações de consumo, ou seja, o risco, tendo em vista uso frequente de técnicas agressivas de contratação.[29]

A internet, nesse quadro, atua como mais um mecanismo a ser observado na construção, manutenção e aprimoramento das instituições, num contexto democrático.

A cibercultura, observa Pierre Lévy, mantém a universalidade ao mesmo tempo em que dissolve a totalidade corresponde ao "momento em que nossa espécie, pela globalização econômica, pelo adensamento das redes de comunicação e de transporte, tende a formar uma única comunidade mundial, ainda que essa comunidade seja – e tanto – desigual e conflitante".[30]

Quando se fala nessa nova soberania, em face das redes sociais na Internet, mais do que a globalização em si, o problema reside no direito fundamental à liberdade de expressão, e suas possíveis colisões com a dignidade da pessoa humana, a repercutir na concretização do princípio democrático.

A insuficiência de uma regulação, em se tratando de relações de consumo cuja insegurança e risco avultam, diante de um meio eletrônico reconhecidamente passível de violação, através de uma rede aberta, como a Internet[31], agrava o quadro da vulnerabilidade do usuário-consumidor, tido como a mais frágil das partes envolvidas, diante do que não pode ser recusada aplicação às normas da lei nº 8.078/90, erigidas ao *status* de garantia constitucional e princípio geral da ordem econômica, respectivamente, na forma dos arts. 5º, XXXII e 170, V, da Constituição da República.

Práticas como o *geopricing*, o *geoblocking* e o *profiling* apenas reforçam a conduta agressiva dos fornecedores na Internet, marcada pelo uso de algoritmos marcados pela opacidade e ausência de transparência, contrariando o princípio da não discriminação, assegurado pela Lei Geral de

---

[27] WALD, Arnoldo. Um novo direito para a nova economia : os contratos eletrônicos e o Código Civil. In: GRECO, Marco Aurélio & MARTINS, Ives Gandra da Silva. *Direito e internet ; relações jurídicas na sociedade informatizada*. São Paulo : Revista dos Tribunais, 2001, p. 09-11.

[28] WALD, Arnoldo. *Op. cit.*, p. 14.

[29] STIGLITZ, Gabriel. *Protección jurídica del consumidor*. Buenos Aires : Depalma, 1990, p. 23.

[30] LÉVY, Pierre. *Cibercultura*. Tradução de Carlos Irineu da Costa. São Paulo: Editora 34, 1999. p. 249.

[31] Em contraposição às redes ditas *fechadas,* como as VAN(*Value-Added Networks)*, baseadas na tecnologia do EDI (*Electronic Data Interchange*), nas quais são celebrados negócios de longo prazo entre empresas reciprocamente conhecidas entre si, após toda uma fase de negociação, havendo uma maior estabilidade em ditas relações negociais, ao contrário do que ocorre na Internet, onde contratos são freqüentemente realizados sem a figura das negociações preliminares.

PROBLEMAS DE DIREITO CIVIL – *Homenagem aos 30 anos de cátedra do professor Gustavo Tepedino*

Proteção de Dados Pessoais (Lei 13.709/18), assim como a neutralidade da rede, consagrada pelo artigo 9º pelo Marco Civil da Internet.

A regulação existente, pautada sob a ótica patrimonialista da indústria do entretenimento, somente agrava a situação.

O Marco Civil da Internet, Lei 12.965, de 23 de abril de 2014, visa definir os direitos e responsabilidades dos cidadãos, empresas e governo na *web*, tendo a sua minuta de anteprojeto sido inicialmente submetida à discussão pública, consoante os valores democráticos e participativos que sempre marcaram o desenvolvimento da Internet, sobretudo a partir dos anos 70.

Apresentado à população como uma "Constituição da Internet"[32], o Marco Civil enuncia como tríplice vertente a preservação da neutralidade da Rede, a privacidade e a liberdade de expressão. A Lei 12.965/2014 estabelece um regime de tutela da liberdade de expressão fundado na dinâmica da Primeira Emenda à Constituição dos Estados Unidos da América, conferindo-lhe proteção superior àquela dada a outros direitos da personalidade.

No entanto, colisões entre a liberdade de expressão e o direito à honra dos usuários são, em geral, *hard cases*, de modo que o Marco Civil, ao veladamente separar direitos da personalidade em grupos distintos, e, na prática, neutralizar a honra, a vida privada e direitos da criança e do adolescente, cria demarcações irrazoáveis e incompatíveis com as possibilidades democráticas do mundo contemporâneo.

Por um lado, o Marco Civil traz como um de seus pilares a neutralidade, prevista como princípio da disciplina do uso da Internet no Brasil no art. 3º, IV e também contemplada no artigo 9º: "o responsável pela transmissão, comutação ou roteamento tem o dever de tratar de forma isonômica quaisquer pacotes de dados, sem distinção por conteúdo, origem e destino, serviço, terminal ou aplicação".[33]

A neutralidade é um dos pontos mais salutares da nova lei, assegurando a isonomia nas relações de consumo que têm por objeto a transmissão de dados eletrônicos, embora suas exceções fiquem sujeitas a regulamentação pelo Executivo.

---

[32] Vale transcrever a observação crítica de Lenio Streck: " (...) A nova lei está sendo apelidada de ´Constituição da Internet´ ou ainda ´Carta dos Direitos do Século XXI´. Estaríamos, então, diante do *cyberconstitucionalismo?* Esta situação é minimamente questionável numa realidade de baixa constitucionalidade como a brasileira.

Ironicamente, como se pode notar, a famigerada ´era dos princípios´, que propiciou o surgimento de leis com características sociais-diretivas, encontra – mormente todas as críticas – um imaginário jurídico ainda fortemente dependente da metodologia tradicional, que sob o pretexto de ´interpretar´conforme a Constituição, costuma criar princípios como se fossem tweets. Ou seja, não adianta falar em princípios se, depois, com eles e a despeito deles, o intérprete os interpreta como quer. Princípios não são ornamentos. E tampouco são álibis teóricos.

Noutro aspecto, no que diz respeito à interpretação, o art. 6º do Marco Civil apresenta uma espécie de manual de utilização que entendo dispensável, seja pelo caráter tautológico ou por aquilo que não declara e que é necessário nessa tarefa, e que nem por isso são vinculantes". STRECK, Lenio. Apontamentos hermenêuticos sobre o Marco Civil regulatório da Internet. In: LEITE, George Salomão; LEMOS, Ronaldo(coord.). *Marco Civil da Internet*. São Paulo: Atlas, 2014. p. 334.

[33] Segundo informação retirada do *site* do relator do Projeto de Lei nº 2.126/2011, Deputado Alessandro Molon, "a neutralidade tecnológica assegura que tudo o que trafega pela Internet seja tratado da mesma maneira. Sem ela, seu provedor de conexão pode escolher pelo usuário o que acessar, priorizando a velocidade de acesso a determinados *sites* com quem tenha algum acordo comercial ou que sejam do interesse da empresa, em detrimento de outros". Fonte: <http://www.molon1313.com.br/convergencia--digital-teles-vencem-e-marco-civil-da-internet-trava-na-camara/>. Acesso em: 10 mar. 2021.

Cap. 35 • CONSUMO, RESPONSABILIDADE E VULNERABILIDADE NA INTERNET | **611**

A iniciativa do Marco Civil acompanha a tendência atual da União Europeia, tendo em vista a recente aprovação, pelo Parlamento Europeu, de um conjunto de reformas na legislação sobre telecomunicações, definindo e protegendo a neutralidade.[34]

Caso autorizado o fim da neutralidade, o usuário que consumisse mais banda (ou seja, mais informação), assistindo a um vídeo, por exemplo, poderia ser cobrado a mais por isso. Embora a neutralidade seja consagrada como um princípio, suas exceções ficam sujeitas a regulamentação pelo Executivo.[35]

A privacidade é outro pilar do Marco Civil, contemplada como direito fundamental no art. 7º, I, que contempla "a inviolabilidade da intimidade e da vida privada, assegurado o direito à sua proteção e à indenização pelo dano material ou moral decorrente da sua violação".

De maneira positiva, o Marco Civil prevê a preservação da autodeterminação informativa dos usuários, contemplada nos arts. 8º e 10 e seguintes.[36]

Percebe-se que a lei que disciplina o uso da Internet no Brasil é pródiga em dispositivos que tutelam especificamente a privacidade dos usuários, ainda que desnecessários em face do art. 5º, X, da Constituição da República, que já assegura o direito fundamental à intimidade e vida privada.

É comum ainda hoje ver a Internet como um espaço de liberdade absoluta, irrestrita. Mas essa não é uma visão desejável ou possível:

> As configurações da Internet, como ensina a doutrina, são maleáveis. Não comportam, portanto, somente o grito libertário que não conhece limites. Não demandam a neutralização de tudo que se ponha no caminho de usuários de liberdade infinita. A Internet será a imagem precisa das sociedades que queremos ser. Remove, sim, ditadores, e deve fazê-lo. Mas não pode, no caminho da democracia, extinguir-lhe a razão de ser – o igual valor, a dignidade de cada um dos integrantes do povo."

> Embora baseado na prevalência dada à liberdade de expressão pela Primeira Emenda da Constituição dos Estados Unidos da América, o Marco Civil entra em choque até mesmo com o atual contorno da Internet nos EUA, onde atualmente se discute a aprovação de regras de proteção de dados pessoais introduzidas pelo governo Obama.

---

[34] EUROPEAN Parliament passes strong net neutrality law, along with major roaming reforms. Disponível em: <http://gigaom.com/2014/04/03/european-parliament-passes-strong-net-neutrality-law-along-with-major-roaming-reforms/>. Acesso em: 10 mar. 2021.

[35] Conforme o artigo 9º, parágrafo primeiro do substitutivo do Projeto de Lei nº 2.126/2011 aprovado no plenário da Câmara dos Deputados, "a discriminação ou degradação de tráfego será regulamentada nos termos das atribuições privativas do Presidente da República previstas no inciso IV do art. 84 da Constituição Federal, para a fiel execução desta Lei, ouvidos o Comitê Gestor da Internet e a Agência Nacional de Telecomunicações, e somente poderá decorrer de: I – requisitos técnicos indispensáveis à prestação adequada dos serviços e aplicações; II – e a priorização a serviços de emergência".

[36] O artigo 8º assim estabelece:
"Art. 8º A garantia do direito à privacidade e à liberdade de expressão nas comunicações é condição para o pleno exercício do direito de acesso à Internet. Parágrafo único. São nulas de pleno direito as cláusulas contratuais que violem o disposto no *caput*, como aquelas que:
I – impliquem ofensa à inviolabilidade e ao sigilo das comunicações privadas pela Internet;
II – em contrato de adesão, não ofereçam como alternativa ao contratante a adoção do foro brasileiro em controvérsias decorrentes de serviços prestados no Brasil".

Para promover a liberdade de expressão, o Marco Civil busca neutralizar qualquer papel que os intermediários do conhecimento e informação em circulação na Internet possam desempenhar na preservação de direitos. A premissa fundamental é a de que os intermediários – como o Youtube e o Facebook – não devem ter qualquer dever de velar pela razoabilidade e responsabilidade dos seus usuários, pois isso violaria a liberdade de expressão.[37]

O Marco Civil abrange alguns pontos polêmicos, em especial o seu art. 19, que prevê que o provedor de aplicações da Internet somente poderá ser responsabilizado civilmente[38] por danos decorrentes de conteúdo gerado por terceiros se, após ordem judicial específica, não tomar as providências para, no âmbito e nos limites técnicos do seu serviço e dentro do prazo assinalado, tornar indisponível o conteúdo apontado como infringente.[39]

Tal dispositivo, em sede de repercussão geral, Tema 987, tem sua constitucionalidade questionada perante o Supremo Tribunal Federal, encontrando-se o feito atualmente sem pauta para julgamento.

Em plena era dos meios alternativos de solução de conflitos, como a mediação e a arbitragem, o Marco Civil judicializa questões que já se encontravam resolvidas através de outros instrumentos mais ágeis, como os termos de ajustamento de conduta (TAC's).[40]

---

[37]   THOMPSON, Marcelo. Marco civil ou demarcação de direitos? Democracia, razoabilidade e as fendas da Internet no Brasil. *Revista de Direito Administrativo*. Rio de Janeiro: Fórum, v. 261, p. 203, set./dez. 2012.

[38]   O artigo 19, *caput*, choca-se inclusive com o artigo 5º, VI do Projeto de Lei do Senado nº 281/12, que atualiza o Código de Defesa do Consumidor em matéria de comércio eletrônico, prevendo, dentre os instrumentos da Política Nacional das Relações de Consumo, o conhecimento de ofício pelo Poder Judiciário, no âmbito do processo em curso, *e pela Administração Pública*, de violação a normas de defesa do consumidor.

[39]   De maneira ociosa, o artigo 19 traz ainda regras processuais e de competência nos parágrafos terceiro e quarto.

"Parágrafo terceiro – As causas que versem sobre ressarcimento por danos decorrentes de conteúdos disponibilizados na Internet relacionados à honra, à reputação ou a direitos da personalidade bem como sobre a indisponibilização desses conteúdos por provedores de aplicações de Internet poderão ser apresentadas perante os juizados especiais.

Parágrafo quarto – O Juiz, inclusive no procedimento previsto no parágrafo terceiro, poderá antecipar, total ou parcialmente, os efeitos da tutela pretendida no pedido inicial, existindo prova inequívoca do fato e considerado o interesse da coletividade na disponibilização do conteúdo na Internet, desde que presentes os requisitos da verossimilhança da alegação do autor e de fundado receio de dano irreparável ou de difícil reparação".

[40]   A redação original do artigo 20 do anteprojeto do Marco Civil era a seguinte, consagrando a notificação administrativa do provedor:

"Art. 20. O provedor de serviço de Internet somente poderá ser responsabilizado por danos decorrentes de conteúdo gerado por terceiros se for notificado pelo ofendido e não tomar as providências para, no âmbito de seu serviço e dentro de prazo razoável, tornar indisponível o conteúdo apontado como infringente.

Parágrafo primeiro – os provedores de serviços de Internet devem oferecer de forma ostensiva ao menos um canal eletrônico dedicado ao recebimento de notificações e contranotificações.

Parágrafo segundo – é facultado ao provedor de serviços Internet criar mecanismo automatizado para atender aos procedimentos dispostos nesta Seção".

Cap. 35 · CONSUMO, RESPONSABILIDADE E VULNERABILIDADE NA INTERNET | **613**

Tal dispositivo obstaculiza ou ao menos dificulta, de fato, a eficácia de termos de ajustamento de conduta firmados entre os principais provedores, como a Google, e o Ministério Público Federal e os Ministérios Públicos de diversos Estados, como Rio de Janeiro e São Paulo, possibilitando o livre acesso às informações acerca dos usuários para fins de persecução criminal.[41]

Ao optar pela via judicial, a Lei n<u>o</u> 12.965/14 impõe mais um ônus à vítima, que agora precisa provocar o Judiciário para requerer a retirada do conteúdo ofensivo, além de provocar o aumento da extensão do dano, uma vez que o mesmo ficará mais tempo disponível na rede.

A norma em questão, hoje seguida religiosamente no Superior Tribunal de Justiça, sepultou conquistas alcançadas de maneira gradual na jurisprudência, em detrimento do interesse público, especialmente em matéria de responsabilização dos provedores, onde se visualizam hoje os maiores problemas decorrentes dos vícios e acidentes de consumo nas redes sociais virtuais, sobretudo haja vista a abrangência da norma do art. 17 da Lei nº 8.078/90, que equipara aos consumidores todas as vítimas do evento ("*bystanders*").

Espelhando uma ótica patrimonialista, o legislador demonstra preocupação apenas com as infrações a direitos autorais ou direitos conexos, que, na forma do art. 19, parágrafo segundo, tem o requisito da ordem judicial condicionado a previsão legal específica.

Nesse ponto, o Marco Civil, paradoxalmente, consagra a prevalência das situações patrimoniais sobre as existenciais, caso em que a responsabilidade do provedor em face das vítimas depende

---

[41] Não é por outro motivo que o Conselho Nacional dos Procuradores-Gerais do Ministério Público dos Estados e da União (CNPG) aprovou, por unanimidade, no dia 20.5.2010, uma nota técnica questionando os artigos 14, 16, 20 e 22 do anteprojeto do Marco Civil da Internet, pelo fato de os aludidos dispositivos dificultarem a repressão aos crimes praticados por meio da Internet, em particular os perpetrados contra crianças e adolescentes, contribuindo para a impunidade.

O artigo 14 do anteprojeto prevê a preservação, por apenas seis meses, dos dados cadastrais e de conexão dos usuários. Tal prazo contraria um termo de mútua cooperação firmado perante autoridades do poder público, inclusive dos Ministérios Públicos Federal e Estadual, juntamente com empresas concessionárias de telecomunicações e instituições da sociedade civil, que, considerando o tempo médio necessário à apuração desse tipo de ilícitos, estabeleceu um prazo de três anos para a manutenção daquelas informações.

Segundo a nota do CNPG, a redução do prazo "redundará, além de inegável retrocesso, em estímulo à impunidade, eis que impossibilitada será, na maioria dos casos concretos, a produção de prova material necessária à individualização da conduta delitiva".

O CNPG questiona ainda o artigo 16, III, do anteprojeto, que assim estabelece – "Art. 16 – A guarda de registros de acesso a serviços de Internet dependerá de autorização expressa do usuário e deverá obedecer ao que segue, sem prejuízo às demais normas e diretrizes relativas à proteção de dados pessoais:

III – os dados que permitam a identificação do usuário somente poderão ser disponibilizados de maneira vinculada aos registros de acesso a serviços de Internet mediante ordem judicial" (g.n.). Consoante a aludida nota, isso restringe o acesso a "dados que, conforme a tradição do ordenamento jurídico brasileiro, sempre independeram da instância judicial".

Por fim, o art. 22 estabelece que "ao tornar indisponível o acesso ao conteúdo, caberá ao provedor do serviço informar o fato ao usuário responsável pela publicação, comunicando-lhe o teor da notificação de remoção e fixando prazo razoável para a eliminação definitiva do conteúdo". Tal dispositivo, ainda segundo a nota do CNPG, contradiz o artigo 20 do Código de Processo Penal: "a autoridade assegurará no inquérito o sigilo necessário à elucidação do fato ou exigido pelo interesse da sociedade". Conclui a nota técnica que "a compra e venda pela Internet de imagens de violência sexual praticada contra crianças movimenta mundialmente cerca de US$ 3 bilhões, segundo estimativa do FBI. Apenas no site de relacionamentos Orkut, os especialistas estimam a ocorrência de 700 crimes desse tipo por mês, ou seja, 23 por dia, quase um por hora".

de uma prévia notificação judicial, o que não se aplica, portanto, ao titular do direito autoral. Conferir aos interesses da indústria cultural, em função da titularidade dos direitos patrimoniais do autor (*copyright*) em face das vítimas de danos sofridos através das ferramentas de comunicação da Internet, como as redes sociais, significa inverter os valores fundamentais contidos na tábua axiológica da Constituição da República.

Portanto, o artigo 19, parágrafo segundo do Marco Civil é eivado de inconstitucionalidade material, por afrontar e reduzir em sua dimensão a dignidade da pessoa humana, eleita como princípio fundamental da República Federativa do Brasil no art. 1º, IV da Constituição da República, em nome da exaltação de uma liberdade de expressão que não pode ser absoluta.

O objetivo da norma parece ser paralisar ou ao menos enfraquecer as demandas envolvendo conteúdos ofensivos na Internet, já submetidas ao Poder Judiciário, que ficaria agora de mãos atadas para responsabilizar o provedor de uma rede social, caso ausente o requisito da prévia notificação também judicial.

Criar uma nova condição de procedibilidade imposta a empresas conhecidas nacionalmente pelo descumprimento de ordens judiciais sob o sofisma de que o Poder Judiciário seria o único competente para promover tais notificações significa inviabilizar, na prática, a reparação dos danos à pessoa humana, reduzindo a efetividade do princípio constitucional da dignidade, eleito como fundamento da República Federativa do Brasil(artigo 1º., III, Constituição da República).

A mão que afaga é a mesma que apedreja, já disse o poeta. O aparente elogio pode ser a pior ofensa ou diminuição.

Termina por enfraquecer o Judiciário a visão daqueles que buscam aparentemente enaltecê-lo, enquanto o melhor fórum para se debater a liberdade de expressão, ao passo que caberia apenas aos próprios provedores Internet, e mais ninguém, decidir onde, quando e se exercerão seu poder de polícia autorizado pelas condições gerais de contratação.

O juízo de valor sobre a legitimidade ou não da conduta já incumbe ao Judiciário, em homenagem ao princípio da separação dos poderes. O que promove o artigo 19 do Marco Civil, sem precedentes no direito brasileiro, é a necessidade de uma dupla apreciação pelo Judiciário, que deverá previamente notificar o provedor Internet.

Toda a responsabilidade, portanto, termina transferida aos usuários, confrontados com bilionárias organizações empresariais.

Embora o Poder Judiciário seja certamente o mais preparado e constitucionalmente vocacionado a conhecer tais conflitos de interesses, a exigência da ordem judicial como condição de procedibilidade da responsabilidade civil por conteúdos postados por terceiros esvazia ainda o livre acesso à Justiça (artigo 5º, XXXV da Constituição da República)[42].

A única alternativa seria a criação de um Juizado Especial ou órgão semelhante apenas direcionado a notificações judiciais de tal natureza, o que implicaria despesas públicas e sobrecarregaria ainda mais a estrutura do Judiciário. Seria a arquitetura de um sistema de responsabilidade civil pronto para não desempenhar o seu papel?

Enquanto a ordem judicial não vem, se propagam, com a velocidade da Internet, ofensas decorrentes das *fake news* e do discurso do ódio, por motivos políticos, religiosos, sociais, étnicos ou de orientação sexual, ou contra crianças e adolescentes, dentre outros, sob o argumento de que detê-las seria promover a censura.

---

[42] Artigo 5º, XXXV – a lei não excluirá da apreciação do Poder Judiciário lesão ou ameaça a direito.

Cap. 35 • CONSUMO, RESPONSABILIDADE E VULNERABILIDADE NA INTERNET | **615**

A inconstitucionalidade por excesso de poder legislativo se revela pela violação ao princípio da proporcionalidade ou contraditoriedade, incongruência e irrazoabilidade entre meios e fins, aponta a doutrina constitucionalista.[43]

As obrigações de fazer e não fazer, cuja implementação independe de dolo ou culpa, pelo artigo 497, parágrafo único do Código de Processo Civil, merecem reforço em sua efetividade, considerando a importante função desempenhada pela precaução na responsabilidade civil.

Não se pode negar que o provedor Internet é um integrante fundamental da comunicação ali realizada, e atribuir força de excludente da responsabilidade civil ao fato de terceiro, como fez o artigo 19 do Marco Civil da Internet, mais do que impedir que determinados danos caiam em determinado local, significa assegurar impunidade, face à assimetria do meio, dominado por robôs e algoritmos.

Embora fortemente inspirado na prevalência dada à liberdade de expressão pela Primeira Emenda da Constituição dos Estados Unidos da América, o Marco Civil entra em choque até mesmo com o atual contorno da Internet nos EUA, onde, após o episódio *Cambridge Analytica,* se discute sobre uma nova legislação de proteção de dados pessoais.

Numa outra tentativa de minimizar o efeito danoso do art. 19, o substitutivo do Marco Civil aprovado pela Câmara dos Deputados em 25 de março de 2014 inseriu o art. 21 da Lei nº 12.965/2014, voltado à veiculação de imagens, vídeos ou outros materiais contendo cenas de nudez ou sexo, caso em que o provedor responde subsidiariamente[44] em caso de inação face à notificação extrajudicial.[45]

O clamor público causado pelo uso agressivo da pornografia nas redes sociais, em situações como o denominado *cyber revenge,* certamente inspirou a introdução do art. 21, mas o critério da ordem judicial traduz um grave retrocesso em face do direito de não ser vítima de danos, nas situações não abrangidas por aquele dispositivo.

As únicas hipóteses de danos à dignidade humana que ficariam fora da exigência de ordem judicial seriam aquelas de divulgação, sem a autorização de seus participantes, de vídeos de nudez ou atos sexuais de caráter privado, caso em que o provedor de aplicações ou de conteúdo seria responsabilizado pelo simples descumprimento de ordem administrativa, conforme o artigo 21 do Marco Civil.[46]

---

[43]   MENDES, Gilmar Ferreira; BRANCO, Paulo Gustavo Gonet. *Curso de Direito Constitucional.* 12.ed. São Paulo: Saraiva, 2017. p. 1127-1128.

[44]   Tal solução atenta contra o artigo 7º, parágrafo único da Lei nº 8.078/90, que prevê a responsabilidade solidária de todos os integrantes da cadeia de prestação de produtos e serviços.

[45]   Art. 21 O provedor de aplicações de Internet que disponibilize conteúdo gerado por terceiros será responsabilizado subsidiariamente pela violação da intimidade decorrente da divulgação, sem autorização de seus participantes, de imagens, vídeos ou outros materiais contendo cenas de nudez ou de atos sexuais de caráter privado quando, após o recebimento de notificação pelo participante ou seu representante legal, deixar de promover, de forma diligente, no âmbito e nos limites técnicos do seu serviço, a indisponibilização desse conteúdo.

Parágrafo único. A notificação prevista no *caput* deverá conter, sob pena de nulidade, elementos que permitam a identificação específica do material apontado como violador da intimidade do participante e a verificação da legitimidade para apresentação do pedido.

[46]   O próprio artigo 21 tem sofrido fortes críticas da doutrina, pelo fato de prever a responsabilidade apenas subsidiária do provedor pelos danos decorrentes de conteúdos pornográficos ou de nudez desautorizada, em desarmonia com o sistema do ordenamento jurídico brasileiro, seja a partir da norma do artigo 942 do Código Civil, seja em face do artigo 7º, parágrafo único do Código de Defesa do Consumidor, que

Isso significa, portanto, ao menos dois pesos e duas medidas. Fora a inovação trazida pela Lei Geral de Proteção de Dados Pessoais, Lei 13.709/2018, que, com indiscutível avanço, enuncia como regra, em seus artigos 42 e seguintes, a responsabilidade objetiva dos controladores e operadores que, em razão do tratamento de dados pessoais, causarem a outrem dano patrimonial, moral, individual ou coletivo, em violação àquela legislação.

Se o provedor de aplicações Internet atua ao mesmo tempo como dirigente de um banco de dados, o que ocorrerá em não poucas hipóteses, responderá sempre por fato próprio, independentemente de requisitos como fato de terceiro e ordem judicial.

Cabe escolher entre os valores fundamentais do Estado democrático de Direito: proteger um determinado setor da economia ou a sociedade como um todo, a partir das manifestações da dignidade da pessoa humana na sociedade da informação? Resta a esperança, a sorte está lançada.

É verdade que a regulação, tanto por parte do Marco Civil, que traz diversos pontos positivos, como da Lei Geral de Proteção de Dados e do Código de Defesa do Consumidor, opta por uma regulamentação mais principiológica, baseada no uso das cláusulas gerais,[47] o que se mostra necessário, face à rapidez da evolução tecnológica.

A natureza transnacional da Internet, propiciando-lhe a rápida transmissão de um grande volume de informações, inclusive simultaneamente, para vários destinos, na superação do conceito de fronteiras nacionais[48], bem como da ideia de *tempo diferido*, substituída pela noção de *tempo real*,[49] agrava a vulnerabilidade dos usuários.

Mais do que isso, os conceitos e categorias tradicionais da responsabilidade civil não foram idealizados para um ambiente aberto, caracterizado pela participação de múltiplos sujeitos e organizações frequentemente amparados pelo anonimato. Logo, deve ser abandonada a visão individualista baseada na presença de uma vítima concreta e de um responsável passível de identificação.[50]

---

contemplam o princípio da solidariedade. GODOY, Cláudio Bueno de. Uma análise crítica da responsabilidade civil dos provedores na Lei 12.965/14(Marco Civil da Internet). IN: DE LUCCA, Newton; SIMÃO FILHO, Adalberto; LIMA, Cíntia Rosa Pereira de. *Direito & Internet III;* Marco Civil da Internet. Tomo II. São Paulo: Quartier Latin, 2015. p. 317.

[47] Acerca das cláusulas gerais, pontua Karl Engisch que "graças à sua generalidade, elas tornam possível sujeitar um mais vasto grupo de situações, de modo ilacunar e com possibilidade de ajustamento, a uma consequência jurídica. O casuísmo está sempre exposto ao risco de apenas fragmentar e 'provisoriamente' dominar a matéria jurídica. Este risco é evitado pela utilização das cláusulas gerais.

Em contrapartida, outros riscos terão de ser aceites". ENGISCH, Karl. Introdução ao pensamento jurídico. 8. ed. Tradução de J. Baptista Machado. Lisboa: Calouste Gulbenkiam, 2001. p. 233-234.

[48] EDWARDS, Lilian. Defamation and the Internet. In : EDWARDS, Lilian & WAELDE, Charlotte (coord.) *Law & the Internet ; regulation cyberspace.* Oxford : Hart, 1997, p. 183.

[49] FARIA, José Eduardo. Informação e democracia na economia globalizada. In :SILVA JÚNIOR, Ronaldo Lemos da & WAISBERG, Ivo. *Comércio Eletrônico.* São Paulo : Revista dos Tribunais, 2001, p.18. Nas palavras do autor, *"O tempo diferido é o tempo dos fusos horários, das etapas lógicas e sucessivas. Já o tempo real é o tempo das comunicações virtuais e instantâneas – portanto, um tempo incompatível com a relação presente, passado e futuro".*

[50] MIGUEL ASENSIO, Pedro Alberto. *Derecho Privado de Internet.* Madrid : Civitas, 2001, p. 492-493.

36

DESAFIOS DA CLÁUSULA GERAL DE RISCO NA RESPONSABILIDADE CIVIL OBJETIVA

João Quinelato de Queiroz

Sumário: Nota preliminar de agradecimento. Introdução. 1. Fundamentos ético-jurídicos para a responsabilidade civil objetiva. 2. Teorias do risco e possíveis critérios para fixação da atividade arriscada. 3. O risco onipresente: o porquê da não assunção da responsabilidade objetiva como regra geral. 4. Algumas das cláusulas gerais de responsabilidade objetiva em ordenamentos jurídicos estrangeiros. 5. Conclusões Finais.

NOTA PRELIMINAR DE AGRADECIMENTO

Diz-se que todo jovem, para ser bem sucedido profissional e pessoalmente, precisa de uma inspiração e um líder. Professor Gustavo Tepedino é, para todos seus alunos, uma inspiração acadêmica, por ser o maior expoente do Direito Civil Constitucional no Brasil e ter importado de Camerino, na Itália, lições essenciais para uma nova e definitiva forma de pensar o direito civil no Brasil. A vastidão e densidade da produção acadêmica do Professor Tepedino fala por si.

É, sobretudo, inspiração pessoal, de ilimitada generosidade com todos seus alunos e incomparável profundidade, seriedade (e pontualidade!) com que se dedica aos projetos pessoais de seus orientandos.

Sou pessoalmente grato ao Professor Tepedino por todas as oportunidades que me concedeu, pelos ensinamentos civilísticos ou não e por todos os conselhos recebidos – muitos deles entre um café e outro nos corredores da UERJ. Professor Tepedino influenciou gerações de civilistas, formou professores de todo o Brasil e mudou a vida de muitos deles pelas portas que abriu e abre ao longo da trajetória acadêmica – e eu sou um desses privilegiados. Obrigado, Professor.

INTRODUÇÃO

O Código Civil de 2002, por meio do art. 927, parágrafo único, introduziu a cláusula geral de responsabilidade objetiva para as atividades de risco, relegando à doutrina e à jurisprudência a tarefa de determinar quais atividades são arriscadas a ponto de ensejarem a aplicação do regime de responsabilidade civil objetiva. Inspirada no art. 935 do anteprojeto do Código de Obrigações de 1963, de autoria do Professor Caio Mario da Silva Pereira[1], a redação, em si, "não se mostra rigorosa, uma vez que toda e qualquer atividade em si pode implicar 'riscos para o direito de outrem'".[2] Cuida-se de redação fluida que deixa ao arbítrio do julgador a determinação do risco em certas atividades e que, ao fim ao cabo, permitirá a objetivação da responsabilidade civil além daquelas hipóteses fixadas em lei.

A importância de determinação do risco assume especial relevo no contexto de expansão atual e acelerada de atividades arriscadas. Enquanto os séculos XVIII e XIX presenciaram os desafios típicos da industrialização decorrente das Revoluções Industriais, a virada do século XX-XXI testemunha a introdução da inteligência artificial,[3] coleta de dados pessoais,[4] reconhecimento facial, carros autônomos e variadas outras formas de emprego de novas formas de produção arriscadas. Louis Josserand, em conferência pronunciada na Faculdade de Direito de Lisboa em 1936 acerca da evolução da responsabilidade civil, alarmava que "o século do caminho de ferro, do automóvel, do avião, da grande indústria e do maquinismo, o século dos transportes e da mecanização universal, não será precisamente o século da segurança material".[5] Passados quase um século da conferência de Josserand, os desafios se renovam, sob a mesma premissa: a responsabilidade civil deve adaptar-se ante os avanços tecnológicos.

Se era com certa certeza que no curso do processo de industrialização se afirmava a presença marcante do risco e a insuficiência da regra da culpa ante a complexidade probatória desse sistema, modernamente é com absoluta clareza que se vislumbra a urgente necessidade de determinar critérios objetivos de determinação do risco apto a deflagrar a objetivação da responsabilidade pela cláusula geral insculpida no art. 927, parágrafo único do Código Civil de 2002.

Simultaneamente ao entusiasmo diante das novas tecnologias e das facilidades que dela advém, cresce o mal-estar social sobre o sentimento de incerteza sobre o risco, sendo a única resposta possível a expansão dos mecanismos de segurança jurídica da vítima, em especial os instrumentos ressarcitórios e inibitórios da responsabilidade civil.[6] Afinal, a aplicação generalizada do risco a

---

[1] A redação do dispositivo era a seguinte: "Aquele que cria um perigo, em razão de sua atividade ou profissão, pela natureza delas, ou dos meios empregados, está sujeito à reparação do dano que causar, salvo se provar que adotou todas as medidas idôneas a evitá-lo".

[2] BODIN DE MORAES, Maria Celina. *Risco, solidariedade e responsabilidade objetiva. In* Revista Trimestral de Direito Civil, v. 854, ano 95, dez-2006, p. 15.

[3] Acerca do tema, vide: TEPEDINO, Gustavo; SILVA, Rodrigo da Guia. Desafios da inteligência artificial em matéria de responsabilidade civil. *Revista Brasileira de Direito Civil – RBDCivil*, Belo Horizonte, v. 21, p. 61-86, jul./set. 2019.

[4] Seja permitido referir-se a BODIN DE MORAES, Maria Celina; QUINELATO DE QUEIROZ, João. Autodeterminação informativa e responsabilização proativa. In: *Proteção de dados pessoais: Privacidade versus avanço tecnológico*. Cadernos Adenauer. Rio de Janeiro, ano XX, n. 3, 2019, p. 113-135.

[5] JOSSERAND, Louis. Evolução da Responsabilidade Civil. *In Revista Forense*, vol. LXXXVI, 1941, p. 549.

[6] "Ao paradigma da sociedade de risco é aposto o dilema da responsabilidade e, sendo assim, as discussões acerca do risco e da responsabilidade por seus efeitos passam a ser políticas. Isto porque, o mal-estar social passou a repousar sobre o sentimento da incerteza em relação ao risco e, nesse contexto, a resposta jurídica tinha de ser segurança". (RITO, Fernanda Paes Leme Peyneau. Dilemas de uma sociedade de

Cap. 36 · DESAFIOS DA CLÁUSULA GERAL DE RISCO NA RESPONSABILIDADE CIVIL OBJETIVA | **619**

toda e qualquer atividade em tempos de novas tecnologias, pela suposta onipresença do risco, levaria ao abandono definitivo da culpa na responsabilidade civil – tendência com a qual se deve ter cautela à luz do modelo de responsabilidade civil subjetiva (ao menos ainda) presente nos arts. 186 e 927 *caput* do Código Civil Brasileiro.[7]

O objetivo do presente estudo será, sem a intenção de esgotamento ou completude, *(i)* resgatar os fundamentos ético-jurídicos que justificaram a introdução do regime objetivo de responsabilidade civil, *(ii)* revisitar as teorias que tradicionalmente inspiraram a delimitação do risco, sistematizando alguns dos critérios já desenvolvidos na doutrina para determinação do risco na responsabilidade civil objetiva; e *(iii)* analisar, sem pretensões comparatistas, algumas das cláusulas gerais de responsabilidade objetiva em ordenamentos jurídicos estrangeiros. Não se pretende nesse estudo, assumidamente e em razão da complexidade da matéria, inovar em relação ao que a doutrina até aqui construiu para cumprir a tarefa árdua – mas inescapável – de apontar critérios precisos de delimitação do risco em tempos de renovadas tecnologias, pretendendo-se, tão e somente, sistematizar o atual estado da arte.

1. FUNDAMENTOS ÉTICO-JURÍDICOS PARA A RESPONSABILIDADE CIVIL OBJETIVA

Com a vertiginosa introdução de atividades de risco na sociedade moderna, os eventos danosos progressivamente perdem sua característica extraordinária para passarem a ser mais frequentes.[8] A culpa transveste-se de empecilho à indenização da vítima em diversas hipóteses, onerando-a em uma prova dificultosa e por vezes insuperável, assistindo-se, pois, ao fenômeno da paulatina objetivação da responsabilização civil. Josserand aponta que o ônus probatório da culpa representaria, ao lesado, ônus singularmente pesado, verdadeiro *handicap* para aquele sobre cujos ombros caía.[9] O surgimento da teoria do risco, explica o Professor Caio Mário da Silva Pereira,

---

      risco: a causa dos danos e a reparação integral da vítima. *In Diálogos sobre direito civil* – volume III. TEPEDINO, Gustavo; FACHIN, Luiz Edson (orgs). Rio de Janeiro: Renovar, 2012, p. 49).

[7]   Reconhecendo a importância da culpa na responsabilidade civil brasileira, sem descuidar-se da relevante objetivação da responsabilidade pela inserção da cláusula geral de responsabilidade civil objetiva no art. 927, parágrafo único do CC/02, Gustavo Tepedino defende a existência do sistema dualista da responsabilidade civil, para quem a configuração do sistema dualista "compreendida pela jurisprudência, ainda passa desapercebida pela doutrina dominante, vinculada à vetusta participação do direito entre público e privado", do modo que "ao direito civil seria atribuída a dogmática da responsabilidade aquiliana, deferindo-se ao domínio do direito público a responsabilidade objetiva, ou seja, o dever de reparação fundado em previsões legais específicas." (TEPEDINO, Gustavo. A evolução da responsabilidade civil no direito brasileiro e suas controvérsias na atividade estatal. *Temas do direito civil*. Rio de Janeiro: Renovar, 2004, p. 195).

[8]   "O evento danoso deixa, pois, de ser considerado uma fatalidade e passa a ser tido como um fenômeno 'normal', estatisticamente calculável. De fato, é na organização coletiva – e devido mesmo a esta organização – que, com regularidade, como demonstram as estatísticas, danos ocorrem para os indivíduos: nenhuma causa, nem transcendente nem pessoal, pode disso dar conta." (BODIN DE MORAES, Maria Celina. *Risco, solidariedade e responsabilidade objetiva. In* Revista Trimestral de Direito Civil, v. 854, ano 95, dez-2006, p. 17).

[9]   "Como um operário, que se feriu durante o seu trabalho, pode demonstrar a culpa do patrão? Como o pedestre, colhido por um automóvel, num lugar solitário, à noite, na ausência de testemunhas, pode provar – supondo-se que tenha sobrevivido ao acidente – que o carro não estava iluminado ou que corria a uma velocidade excessiva? Como o viajante que, no curso de um trajeto efetuado em estrada de ferro, cai sobre a via, pode provar que os empregados tinham negligenciado no fechamento da porta, logo depois

inspira-se em razões de ordem prática e social, sendo a teoria da culpa insuficiente para garantir a indenização em certas hipóteses por impor à vítima a prova da culpa do causador, passando a questionar-se um elemento da responsabilidade que até então parecia intangível – a culpa.[10]

Na virada do século XIX ao XX, encontrará o intérprete um direito civil menos obcecado aos tradicionais filtros da responsabilidade civil e mais orientado à assegurar a indenização da vítima, fundado no modelo solidarista, de modo que "a evolução econômica e social tornara claro que a tradicional responsabilidade subjetiva era insuficiente, qualitativa e quantitativamente, para tutelar diversas espécies de relações jurídicas da sociedade industrializada".[11]

Na busca do fundamento ético-jurídico para a introdução do regime objetivo no ordenamento jurídico italiano, observa Adriano De Cupis que a eliminação da culpa poderá advir de uma razão de equidade, na seguinte medida: toda a sociedade aproveita os progressos da modernização e, assim, as vantagens que toda coletividade gozará para desfrutar de tais avanços são a medida para se compensar a distribuição social dos riscos. Vejamos:

> "La ragione di equità, atta a svincolare la responsabilità dalla colpa, va così intesa: l'intera società, e determinati soggetti in particolare, si avvantaggiano dei progressi meccanici e industriali che contrassegnano l'odierna civiltà; d'altra parte, questi progressi, se arrecano dei vantaggi, che quegli che particolarmente gode dei vantaggi risponda dei danni anche a prescindere dalla colpa: in realtà, i vantaggi che egli gode cono atti a supplire, all'effetto della responsabilità, l'esistenza della colpa. In sostanza, la solidarietà sociale esige che ad un regime di particolare vantaggio si accompagni un regime di più rigorosa responsabilità: ovverosia, una condizione di accentuato vantaggio non può scompagnarsi da una condizione di *rischio* per lo speciale pericolo corrispondente al vantaggio."[12]

Não raramente atribui-se uma razão de ordem econômica para a introdução do regime de responsabilidade civil objetiva, calcado na lógica de distribuição de custos e lucros, mesmo diante de um sistema de securitização, conforme sugere Pietro Trimarchi:

> "La responsabilità oggettiva per il rischio di impresa svolge una funzione economica tale de giustificarla anche di fronte a una grande diffusione della previdenza individuale, o di

---

da partida da última estação? Impor à vítima ou aos seus herdeiros demonstrações dessa natureza equivale, de fato, a recusar-lhes qualquer indenização. (...) A teoria tradicional da responsabilidade repousava manifestamente em bases muito estreitas; cada vez mais se mostrava insuficiente e perempta; fazia-se sentir imperiosamente a necessidade de alargar os fundamentos em que repousava o velho edifício de antanho que não correspondia mais às necessidades dos novos tempos e se tornava inhabitável " (JOSSERAND, Louis. Evolução da Responsabilidade Civil. *In Revista Forense*, vol. LXXXVI, 1941, p. 551).

10 PEREIRA, Caio Mario da Silva. *Responsabilidade civil.* 9ª ed. Rio de Janeiro: Forense, 1999, p. 24.

11 BODIN DE MORAES, Maria Celina. *Risco, solidariedade e responsabilidade objetiva.* op. cit., p. 18.

12 CUPIS, Adriano de. *Il danno*: teoria general dela responsabilità civile, Vol. I. Milão: Dott A. Giufrrè Editore, 1979, 147. Em tradução livre: "A razão da equidade, capaz de liberar a responsabilidade da culpa, deve ser entendida da seguinte forma: toda a sociedade, e certos assuntos em particular, aproveitam o progresso mecânico e industrial que marca a civilização atual; por outro lado, esses avanços, se trazem vantagens, são aqueles que, em particular, gozam dos benefícios, mesmo que sejam responsáveis por danos: na realidade, as vantagens de que ele desfruta são adequados para compensar, pelo efeito da responsabilidade, existência de culpa. Em essência, a solidariedade social exige que um regime de vantagem particular seja acompanhado por um regime de responsabilidade mais rigorosa: ou seja, uma condição de vantagem acentuada não pode ser separada de uma condição de risco devido ao perigo especial correspondente à vantagem".

fronte a un sistema onnicomprensivo di previdenza sociale che ugualmente garantisse la assicurazione di qualsiasi danno. Tale funzione si connette con la teoria economica della distribuzione di costi e profitti, quale condizione determinante le scelte nella produzione."[13]

Acerca da análise econômica como possível fundamento para imputação objetiva, tem-se sua origem no critério do *Learned Hand rule*, formulado nos Estados Unidos pelo juiz Learned Hand, a partir do caso *United States vs Carroll Towing Co.* em 1947. Cuida-se de fórmula matemática ou probabilística para determinar se o chamado *duty of care* foi violado.[14] Na hipótese, julgava-se um dano decorrente de uma barcaça mal protegida que se afastava de um píer e causava danos a vários outros barcos, concluindo-se que o dever de cuidado havia sido violado a partir de um método matemático. O método é questionável a partir da seguinte premissa: "se, porventura, for patrimonialmente mais vantajoso indemnizar do que prevenir o dano, é o primeiro comportamento que o sujeito deve adotar, por mais censurável que ele se revele".[15]

À luz dos avanços tecnológicos, pode-se dizer que a responsabilidade civil objetiva, portanto, caminhou a ponto de assumir igual importância ao regime subjetivo, sustentando-se, em nome da solidariedade social, a existência de um modelo dualista de responsabilidade civil conforme leciona o Professor Gustavo Tepedino, no qual regimes objetivo e subjetivo gozam de semelhante relevância.[16] Esse movimento corresponde a uma mudança sócio-cultural que reflete a passagem do modelo individualista-liberal de responsabilidade – típico do Código de 1916 – para o chamado solidarista – ideal do Código de 2002.[17]

É do princípio da solidariedade social insculpido no art. 3º, I, da Carta da República, pois, que se extrairá o principal fundamento ético e jurídico da responsabilidade civil objetiva,[18] – não

---

[13] Em tradução livre: "A responsabilidade objetiva pelo risco comercial desempenha uma função econômica que a justifica mesmo diante de uma difusão generalizada da seguridade social individual ou diante de um sistema abrangente de seguridade social que garanta igualmente o seguro de qualquer dano. Essa função se conecta à teoria econômica da distribuição de custos e lucros, como condição determinante para as escolhas na produção." (TRIMARCHI, Pietro. *Rischio e responsabilità oggetiva*. Milano: A. Giuffrè, 1961, p. 34).

[14] Eis o chamado *Learned Hand test*: "Since there are occasions when every vessel will break from her moorings, and since, if she does, she becomes a menace to those about her; the owner's duty, as in other similar situations, to provide against resulting injuries is a function of three variables: (1) The probability that she will break away; (2) the gravity of the resulting injury, if she does; (3) the burden of adequate precautions. Possibly it serves to bring this notion into relief to state it in algebraic terms: if the probability be called P; the injury, L; and the burden, B; liability depends upon whether B is less than L multiplied by P: i.e., whether B < PL." (Estados Unidos, *United States et al. v. Carroll Towing Co., Inc., et al.* January 9 1947159 F.2d 169).

[15] GONZÁLEZ, José Alberto Rodríguez Lorenzo. *Direito da Responsabilidade Civil*. Lisboa: Quid Juris, 2017, p. 410.

[16] TEPEDINO, Gustavo. A evolução da responsabilidade no direito brasileiro e suas controvérsias na atividade estatal *op. cit*, p. 196.

[17] BODIN DE MORAES, Maria Celina. *Risco, solidariedade e responsabilidade objetiva. op cit*, p. 19.

[18] "Ao contrário da sociedade formada por indivíduos em si mesmos considerados, a comunidade de pessoas constrói-se a partir de relações de solidariedade e de responsabilidade mútuas, não só de direitos, mas também de deveres sociais. Tal concepção solidarista (ou socializada) do direito civil depende de alguns institutos fundamentais, que servem justamente a atuá-la. O abuso do direito, a função social do contrato e da propriedade, a boa-fé e a responsabilidade objetiva são expressões da exigência constitucional de solidariedade social nas relações intersubjetivas." (BODIN DE MORAES, Maria Celina. *Risco, solidariedade e responsabilidade objetiva*. op. cit, p. 35).

622 | PROBLEMAS DE DIREITO CIVIL – *Homenagem aos 30 anos de cátedra do professor Gustavo Tepedino*

obstante a existência daqueles que veem na análise econômica do direito ou na própria moral o fundamento para o regime que prescinde da culpa.[19]

É a partir da assunção do princípio da solidariedade social[20] como guia orientativo do sistema civilístico que hipóteses anteriormente tratadas como hipóteses de *culpa presumida* no Código Civil de 1916 passaram a ser tratadas pelo *regime objetivo* no Código Civil de 2002. Na síntese de Maria Celina Bodin de Moraes, "em decorrência do princípio constitucional da solidariedade social, pois, distribuem-se e socializam-se as perdas e estendem-se o mais amplamente possível as garantias à integridade psicofísica e material de cada pessoa humana."[21]

2. TEORIAS DO RISCO E POSSÍVEIS CRITÉRIOS PARA FIXAÇÃO DA ATIVIDADE ARRISCADA

Se por um lado é cediço é que a introdução da imputação objetiva teve por escopo ampliar as hipóteses de indenização da vítima quando a culpa lhes lançava sobre os ombros um ônus indenizatório demasiadamente oneroso, por vezes inviabilizando a satisfação da função indenizatória da responsabilidade, por outro o desafio de aplicação da cláusula geral, à luz da imprecisão do que seria atividade de risco, permanece inquietando a doutrina. Com vistas a explicar o que o legislador não explicou, a dogmática passa a apresentar teorias através das quais se poderia – ou se pode – determinar o que seria o risco a que alude o 927, parágrafo único do Código Civil.

Nesse rol, enuncia-se a '*teoria do risco da atividade*', segundo a qual "alguém incorre na obrigação de indenizar, independente de culpa, sempre que sejam produzidos danos no decurso de atividades determinadas".[22] É o que leciona Josserand:

> "Não é cometer uma falta fazer uma companhia ferroviária transitarem seus trens nos trilhos: ela obteve para êsse fim uma concessão dos poderes públicos e realiza um serviço público: não obstante, se as trepidações dos trens comprometerem a solidez das casas marginais, se o fumo das locomotivas enegrece uma lavanderia estabelecida precedentemente perto da via férrea, se as fagulhas das locomotivas ateiam fogo às florestas e às plantações, não será de tôda justiça conceder uma reparação às vítimas desses prejuízos? *Qui case les verres les paye;* quem cria um risco deve suportar a efetivação dele. Assim o

---

[19] De todos os campos do direito civil, "aquele em que mais claramente se percebe o notável incremento das exigências da solidariedade é o da responsabilidade civil". (BODIN DE MORAES, Maria Celina. O princípio da solidariedade. A.C. Alves Pereira e C.R.D. de Albuquerque Mello (coords). *Estudos em homenagem a Carlos Alberto Menezes Direito*. Rio de Janeiro: Renovar, 2003, p. 527.

[20] "Com efeito, os princípios da solidariedade social e da justiça distributiva (...) não podem deixar de moldar os novos contornos da responsabilidade civil. Do ponto de vista legislativo e interpretativo, retiram da esfera meramente individual e subjetiva o dever de repartição dos riscos da atividade econômica e da autonomia privada, cada vez mais exacerbados na era da tecnologia. Impõem, como linha de tendência, a intensificação dos critérios objetivos de reparação e de desenvolvimento de novos mecanismos de seguro social." (TEPEDINO, Gustavo. A evolução da responsabilidade civil no direito brasileiro e suas controvérsias na atividade estatal, op. cit, p. 204).

[21] BODIN DE MORAES, Maria Celina. *Risco, solidariedade e responsabilidade objetiva. In* Revista Trimestral de Direito Civil, v. 854, ano 95, dez-2006, p. 18.

[22] BODIN DE MORAES, Maria Celina. *Risco, solidariedade e responsabilidade objetiva. In* Revista Trimestral de Direito Civil, v. 854, ano 95, dez-2006, p. 15.

Cap. 36 · DESAFIOS DA CLÁUSULA GERAL DE RISCO NA RESPONSABILIDADE CIVIL OBJETIVA | 623

ponto de vista objetivo toma o ligar do ponto de vista subjetivo, e o risco toma o lugar da culpa, essa espécie de pecado jurídico."[23]

Josserrand aproxima-se em larga medida da teoria desenvolvida por M. Saleilles, em 1987, em seu estudo *"Les Accidentes du Travail et la Responsabilit's Civille"*,[24] interpretando o então art. 1.384 do Código Civil Francês de 1804,[25] correspondente ao atual art. 1242.[26] Josserrand, sem destronar completamente a responsabilidade subjetiva, entendeu pela preponderância da noção de risco desde que não afaste a de culpa – o que Serpa Lopes curiosamente denominou, ao observar Josserand, de "sistema eclético".[27] A teoria posteriormente encontrou eco na legislação francesa, com a imposição da responsabilidade do patrão pelos atos do empregado (1898), a responsabilidade de danos causados a terceiros em consequência de manuseio de substâncias tóxicas (1921); a responsabilidade objetiva do Estado pelos danos cometidos por força armada (1914); a responsabilidade do navegador aéreo pelos danos causados às pessoas na superfície (1924). Ao comentar a obra de Sailelles, oberva o Professor Caio Mário da Silva Pereira:

> "Argumentando com preceitos que originalmente teriam em vista a responsabilidade fundada na culpa, [Saleilles] desenvolve uma teoria em face da qual o dever de ressarcimento independe de culpa. O âmago de sua profissão de fé objetivista desponta quando diz que 'a teoria objetivista é uma teoria social que considera o homem como fazendo parte de uma coletividade e que o trata como uma atividade em confronto com as individualidades que o cercam".[28]

Acrescente-se a esse rol, também, a ***teoria do risco-proveito***,[29] estudo que determina a atração do risco à atividade sempre que esta gerar lucros ou benefícios econômicos, com arrimo na expressão 'normalmente desenvolvida' que se extrai do comando legal do art. 927, parágrafo único. Assim entende o jurista italiano Pietro Trimarchi:

> Il principio della responsabilità per colpa si rivela dunque insufficiente a risolvere il problema dei danni causati nell'esercizio delle industrie. Non potendosi evitare tali danni, si volle almeno garantirne il risarcimento e sembrò giusto realizzare tale risultato tenendo

---

[23] JOSSERAND, Louis. Evolução da Responsabilidade Civil. *In Revista Forense,* vol. LXXXVI, 1941, p. 557.

[24] SAILELLES, Raymond. *Les Accidentes du Travail et la Responsabilit's Civille:* essai d'une theorie objective de la responsabilite délïgtuelle. Paris: librairie nouvelle de droit et de jurisprudence, 1897, *passim.*

[25] "Art. 1384. – On est responsable non seulement du dommage que l'on cause par son propre fait, mais encore de celui qui est causé par le fait des personnes dont on doit répondre, ou des choses que l'on a sous sa garde." Em tradução livre: "Art. 1384. – Somos responsáveis não apenas pelos danos que causamos por nosso próprio ato, mas também pelo que é causado pelo ato das pessoas pelas quais devemos responder, ou pelas coisas que temos sob nossos cuidados.

[26] O art. 1242 segue a mesma redação do antigo art. 1384.

[27] LOPES, Miguel Maria de Serpa. *Curso de Direito Civil,* vol. V, 5ª edição. Rio de Janeiro: Freitas Bastos, 1962, p. 200-201.

[28] PEREIRA, Caio Mario da Silva. *Responsabilidade civil.* 9ª ed. Rio de Janeiro: Forense, 1999, p. 22.

[29] "O fundamento da responsabilidade não reside agora na prática de um acto culposo, mas sim na criação ou contrôle de um risco, ou, talvez com mais rigor, de uma fonte de riscos ou de potenciais danos, aluado ao princípio de justiça distributiva segundo o qual *quem tira o lucro ou em todo o caso beneficia de uma certa coisa ou atividade que constitui para terceiros uma fonte potencial de prejuízos, ou da actuação de outras pessoas que estão sob a sua direccçao, deve suportar os correspondentes encargos."*(MONTEIRO, Jorge Sinde. *Estudos sobre a responsabilidade civil.* Coimbra: 1983, p. 10)

responsabile l'imprenditore. Poiché l'imprenditore – si disse – *allo scopo di conseguire un profitto* crea o mantiene in vita l'impresa, egli deve anche assumersi la responsabilità dei danni ad essa attinenti.[30]

Serpa Lopes, definindo a teoria do risco-proveito, destaca ser essa corrente fruto do princípio *ubi emolumentum ibi ônus*, isto é, nada mais justo seria do que "aquele que obtém o proveito de uma empresa, o patrão, se onerar com a obrigação de indenizar os que forem vítimas de acidentes durante o trabalho", principalmente pela possibilidade de "o patrão, ao celebrar o contrato de trabalho, pode já incluir nas suas estimativas a provável responsabilidade por qualquer acidente que o seu operário possa sofrer durante as horas de serviço."[31]

Contribui para a definição de risco, ainda, a '***teoria do risco criado***', determinando que independente ou não do lucro, o desenvolvedor da atividade que exponha terceiro a risco responderá pelos danos dela decorrentes, conforme magistério do professor italiano Guido Alpa:

> "La teoria del 'rischio-profitto' che vale ad accollare all'impresa quel carico di danni che l'applicazione delle regole tradizionali lascerebbe in capo alle vittime, viene sostituita dalla teoria del 'rischio-creato'. Più amplia e comprensiva della precedente, la teoria del rischio-creato consente di applicare criteri di responsabilità oggettiva anche nei casi in cui, non essendovi esercizio di attività imprenditoriali, non si potrebbe operare il collegamento 'rischio-profitto-responsabilità.[32]

Observa Serpa Lopes que a teoria do risco criado tem amplitude maior que a teoria do risco-proveito, já que ela "compreende a reparação de todos os fatos prejudiciais decorrentes de uma atividade exercida em proveito do causador do dano."[33] A justeza de se atribuir-lhe os ônus dos danos adviria, em verdade, das vantagens de sua atividade – não especificando aqui o autor vantagem como lucro, necessariamente – que decorreriam do próprio fato de agir do homem que exerce atividade específica. Para Savatier, assim, a teoria do risco criado "é aquela que obriga a reparar os danos produzidos, mesmo sem culpa, por uma atividade que se exerce em seu interesse e sob sua autoridade."[34]

---

[30] Em tradução livre: "O princípio da responsabilidade por culpa, portanto, mostra-se insuficiente para resolver o problema de danos causados na operação das indústrias. Não sendo possível evitar tais danos, queríamos pelo menos garantir uma compensação e parecia certo alcançar esse resultado, mantendo o empreendedor responsável. Como o empresário – ele disse a si mesmo – para obter lucro cria ou mantém a empresa viva, ele também deve assumir a responsabilidade pelos danos a ela relacionados." (TRIMARCHI, Pietro. *Rischio e responsabilità oggetiva*. Milano: A. Giuffrè, 1961, p. 13)

[31] LOPES, Miguel Maria de Serpa. *Curso de Direito Civil*, vol. V, 5ª edição. Rio de Janeiro: Freitas Bastos, 1962, p. 200.

[32] Em tradução livre: "A teoria do 'risco-proveito', segundo a qual deve suportar o ônus dos danos que a aplicação das regras tradicionais deixaria às vítimas, é substituída pela teoria do "risco-criado". Mais extensa e abrangente do que a anterior, a teoria do risco criado permite a aplicação da responsabilidade objetiva mesmo nos casos em que não há atividade comercial e o vínculo 'risco-lucro-responsabilidade' não pôde ser feito." (ALPA, Guido. *Responsabilità civile e danno*. Itália: il Mulio, p. 71).

[33] LOPES, Miguel Maria de Serpa. *Curso de Direito Civil*, vol. V, 5ª edição. Rio de Janeiro: Freitas Bastos, 1962, p. 200.

[34] SAVATIER, Renè. *Traitè de la responsabilité civile em droit français*. Paris: Librarie Générale de Droit, 1951, v. 1, p. 349.

Defende o professor Caio Mário da Silva Pereira que o art. 927, parágrafo único do Código Civil adotou a referida teoria, afirmando o professor que "das modalidades de risco, eu me inclino pela subespécie que deu origem à teoria do *risco criado*", justificando, ainda, que ao elaborar o Projeto do Código de Obrigações de 1965, orientou-se, de fato, pela teoria do risco criado.[35]

Parte da doutrina fundamenta o risco, ainda, na **teoria do risco integral**, segundo a qual basta a existência de um dano para configurar a responsabilidade civil, de modo que pela sua simples existência infere-se o dever de reparar. Indiferente será, também, o nexo causal, mantendo-se o dever de indenizar, curiosamente, inclusive nas hipóteses de caso fortuito ou força maior, ficando tal teoria tradicionalmente atrelada às atividades nucleares e danos ambientais,[36] sendo cediço que sua aplicação é excepcional.

Por derradeiro, a **teoria do risco excepcional** – ou teoria do risco anormal, risco exacerbado ou grave – defende que somente os riscos anormais seriam aqueles aptos a atrair o regime objetivo. Cuida-se de teoria que pouco auxilia o intérprete na medida que "anormal" e "normal" continua a deixar o intérprete a mercê de parâmetros precisos. Observa Agostinho Alvim que a análise pela 'normalidade' seria "deslizar para o terreno do ilícito, do abuso do direito: atividade irregular, que causa dano a terceiro. Estaremos, então, no campo da culpa, porque a anormalidade do procedimento é uma forma de culpa."[37]

Aponte-se, por derradeiro, a chamada **teoria do risco de desenvolvimento**, segundo a qual se defende a responsabilidade do empreendedor em relação aos "riscos não cognoscíveis pelo mais avançado estado da ciência e da técnica no momento da introdução do produto no mercado de consumo e que só vêm a ser descobertos após um período de uso do produto, em decorrência do avanço dos estudos científicos."[38]

A despeito da teoria do risco do desenvolvimento, deve-se trazer a lume o art. 931 do Código Civil Brasileiro, que aparenta advogar uma responsabilidade objetiva ao fornecedor sem trazer o instituto do defeito, próprio das relações consumeristas, e nem mesmo excludentes de responsabilidade, as quais também estão contempladas no Código do Consumidor, razão pela qual é preciso "compatibilizar o disposto no art. 931 do Código Civil com a sistemática implementada em nosso país pela lei 8.078/90" já que "a interpretação literal da norma constante do diploma civil poderia levar ao absurdo de impor uma responsabilidade civil integral ao fornecedor".[39]

As referidas teorias, contudo, não encerraram a árdua tarefa do exegeta de determinar o que seria o risco apto a atrair a responsabilidade a partir das noções de 'atividade normalmente desenvolvida' e 'por sua natureza'.[40] Critica-se a possível aplicação indiscriminada da

---

[35] PEREIRA, Caio Mario da Silva. *Responsabilidade civil.* 9ª ed. Rio de Janeiro: Forense, 1990, p. 304.

[36] RODRIGUES JUNIOR, Otavio Luiz; *et alli. Responsabilidade Civil Contemporânea.* São Paulo: Atlas, 2011, p. 90.

[37] ALVIM, Agostinho. *Da inexecução das obrigações e suas consequências.* São Paulo: Saraiva, 1980, p. 308.

[38] CALIXTO, Marcelo Junqueira. *O art. 931 do Código Civil de 2002 e os riscos do desenvolvimento.* In *Revista Trimestral de Direito Civil,* vol. 20, Out/Dez 2004, p. 75. Para o autor, é possível a afirmação da responsabilidade do fornecedor na hipótese de riscos do desenvolvimento, seja porque o Código de Defesa do Consumidor consagrou o regime objetivo, seja porque o produto deva ser considerado defeituoso na hipótese de riscos do desenvolvimento.

[39] CALIXTO, Marcelo Junqueira. *O art. 931 do Código Civil de 2002 e os riscos do desenvolvimento.* In *Revista Trimestral de Direito Civil,* vol. 20, Out/Dez 2004, p. 92-93.

[40] Merece destaque o enunciado 38 da I Jornada de Direito Civil, ao enunciar critério ainda mais restritivo aduzindo que "atividade normalmente desenvolvida pelo autor do dano deve gerar, para ensejar

cláusula geral de responsabilidade civil objetiva pelo crescimento exponencial de riscos sociais, sugerindo-se o critério – igualmente impreciso e generalista, ao nosso ver – da 'normalidade' ou 'anormalidade'.[41]

As referidas teorias parecem não fornecer critérios suficientemente precisos na determinação do que é o risco a que se refere o art. 927, parágrafo único do Código Civil Brasileiro. O uso de critérios gerais – como normalidade, anormalidade, organizado e lucrativo – não parecem ser, ainda, as ferramentas ideais para auxiliar o julgador em tempos de *big data, nanochips* e tratamento de dados pessoais.

Ainda no afã de extrair o sentido e alcance da cláusula geral do art. 927, parágrafo único, é preciso definir o que é "atividade normalmente desenvolvida", tarefa já enfrentada pela doutrina nacional. *Atividade* será "uma série contínua e coordenada de atos e não se confunde com um ato único ou com atos isolados, que permanecem sob o âmbito de incidência da culpa".[42] Para Otavio Luiz Rodrigues Junior, "a atividade da qual nos fala o art. 927, parágrafo único, do Código Civil, diz mais respeito ao agente do dano, ao caráter organizado, que ao fato em si.[43] A organização, assim, aparenta ser um dos critérios relevantes para a atração do regime objetivo.

Indagação reside em saber se a *atividade* deverá ser lucrativa ou não para que pudesse atrair o risco. É nesse caminho que parcela da doutrina brasileira vem dando sentido e alcance para duas correntes fundamentais do risco: a *subjetiva* e a *objetiva*. Para a primeira, toda e qualquer responsabilidade – inclusive a objetiva – implica sempre na noção de culpa que atrairá sanção ao autor da conduta danosa. Já para os defensores da segunda, a culpa supostamente inerente à conduta é dispensável, fundando-se o regime objetivo em uma obrigação geral de segurança.

A doutrina desenvolve, ainda, 3 (três) outros possíveis critérios para explicar o risco: *(i) ser a atividade administrativamente regulada; (ii) o prêmio do seguro ser* especialmente alto e por derradeiro *(iii) estatisticamente* ocorrer grande número de danos naquela atividade.[44]

Passo adiante é preciso determinar o que são *atividades perigosas*. Defende-se que será perigosa a atividade que "do ponto de vista estatístico causa danos quantitativamente numerosos e quantitativamente graves".[45]

---

a reparação independente de culpa, 'um ônus maior a pessoa determinada que aos demais membros da coletividade".

[41] Otávio Luiz Rodrigues Junior, criticando a eventual aplicação generalizada do art. 927, parágrafo único do Código Civil para toda e qualquer atividade, aduz que "há riscos socialmente aceitáveis e não parece justo impor regra fixa que aloque os custos relativos a esses riscos exclusivamente na conta de um grupo social". Alega, ainda, que deve-se fazer um juízo de normalidade acerca do risco, pela via judicial, cuja existência daria ensejo ao dever de reparar. (RODRIGUES JUNIOR, Otavio Luiz; *et alli*. *Responsabilidade Civil Contemporânea*. São Paulo: Atlas, 2011, p. 93).

[42] BODIN DE MORAES, Maria Celina. *Risco, solidariedade e responsabilidade objetiva. In* Revista Trimestral de Direito Civil, v. 854, ano 95, dez-2006, p. 27.

[43] RODRIGUES JUNIOR, Otavio Luiz; *et alli*. *Responsabilidade Civil Contemporânea*. São Paulo: Atlas, 2011, p. 89.

[44] Nesse sentido: BODIN DE MORAES, Maria Celina. Risco, solidariedade e responsabilidade objetiva. *In* BODIN DE MORAES, Maria Celina. *Na medida da pessoa humana*: estudos de direito civil-constitucional. Renovar: Rio de Janeiro, 2010, p. 408. No mesmo sentido: TEPEDINO, Gustavo; BARBOZA, Heloisa Helena; BODIN DE MORAES, Maria Celina. *Código Civil Interpretado conforme a Constituição da República,* Vol. II. Rio de Janeiro: Renovar, 2006, p. 808

[45] BODIN DE MORAES, Maria Celina. *Risco, solidariedade e responsabilidade objetiva. In* Revista Trimestral de Direito Civil, v. 854, ano 95, dez-2006, p. 28.

Quanto à *ilicitude* da conduta, parcela da doutrina indicará que se cuida de requisito indiferente ao dever de indenizar, isto é, não se exigiria que a atividade fosse ilícita, de modo que atividades licitamente organizadas poderão ensejar a responsabilização objetiva.[46] É a exata reflexão de Agostinho Alvim: "não é na ilicitude da atividade (indústria, transporte) que se acha o fundamento da responsabilidade e sim, no risco da atividade mesmo. E a muitos repugna ver nisso o fundamento da responsabilidade."[47] É com certa cautela, ao nosso ver, que se deve interpretar o art. 931 do Código Civil ao se dissociar a ilicitude da conduta do dever de indenizar. A ilicitude nos parece, ainda, elemento inelimínável do dever de indenizar. Isto porque o empresário que licitamente organizar sua atividade empresarial, que até mesmo violar um *interesse* de outrem, responderia por danos decorrentes de sua atividade lícita.

3. O RISCO ONIPRESENTE: O PORQUÊ DA NÃO ASSUNÇÃO DA RESPONSABILIDADE OBJETIVA COMO REGRA GERAL

Conforme já se extraiu do enunciado normativo genérico e abstrato do art. 927, parágrafo único do Código Civil, poderia o jurista desavisado, em uma forma simplista e sem perquirir a diferenciação do que se poderia chamar de risco 'justo' e 'injusto', aduzir que toda e qualquer atividade que gerar risco para outrem atrairá o regime objetivo para fins de responsabilização do autor do dano. Essa afirmativa, contudo, além de reducionista seria *contra legem*, *vis a vis* a regra da culpa ainda presente no Código Civil. Em outras palavras, não se pode concluir pela mera existência de risco apto a atrair a imputação objetiva sem uma profícua investigação, inescapavelmente casuística, acerca da relevância ou não do grau de risco de certa atividade. Alvino Lima reconhece que a codificação brasileira garantiu lugar privilegiado à culpa no sistema de responsabilidade civil, mas "nem por isso deixou de abrir exceção ao princípio, admitindo casos de responsabilidade sem culpa."[48]

À despeito da culpa enquanto regra no sistema de responsabilidade civil brasileiro, enunciou Alvino Lima em seu paradigmático estudo que "a teoria da culpa vem consagrada como princípio fundamental, em todas as legislações vigentes", alertando, contudo, que "estava, todavia, reservada à teoria clássica da culpa o mais intenso dos ataques doutrinários que talvez se tenha registrado na evolução de um instituto jurídico. As necessidades prementes da vida, o surgir dos casos concretos, cuja solução não era prevista em lei, ou não era satisfatoriamente amparada, levaram a jurisprudência a ampliar o conceito de culpa e acolher, embora excepcionalmente, as conclusões das novas tendências doutrinárias [a objetivação]".[49]

Já o Professor Caio Mário da Silva Pereira defende que "a teoria do risco não penetrou em nosso direito positivo senão em incidências específicas",[50] ponderando, ainda, que o Código Civil trouxe dispositivos que revelam "entendimento coordenado com a teoria do risco". E assim arremata:

> "Quando fui incumbido de elaborar um anteprojeto de código de obrigações, que promovesse a unificação do direito obrigacional em nosso país, nele introduzi o princípio objetivista, sem repetir a teoria da culpa, antes com ela convivendo. (...). Com efeito, a ideia

---

[46] RODRIGUES JUNIOR, Otavio Luiz; *et alli*. *Responsabilidade Civil Contemporânea*. São Paulo: Atlas, 2011, p. 89.

[47] ALVIM, Agostinho. *Da inexecução das obrigações e suas consequências*. São Paulo: Saraiva, 1980, p. 307.

[48] LIMA, Alvino. *Culpa e Risco*. 1ª ed. São Paulo: Editora RT, 1963, p. 176.

[49] LIMA, Alvino. *Culpa e Risco*. 1ª ed. São Paulo: Editora RT, 1963, pp. 42 e 43.

[50] PEREIRA, Caio Mario da Silva. *Responsabilidade civil*. 9ª ed. Rio de Janeiro: Forense, 1999, p. 29.

628 | PROBLEMAS DE DIREITO CIVIL – *Homenagem aos 30 anos de cátedra do professor Gustavo Tepedino*

cristã de culpa moral domina, no curso de vinte séculos, todo o direito da responsabilidade, *e não se trata de abandoná-la*. O que convém é *também* abraçar a teoria do risco".[51]

A evolução do regime de responsabilidade tradicional, calcado na culpa, para o modelo objetivo, seria caminho inevitável à luz de novos danos, em renovadas formas de apresentação, que desafiavam a prova da ilicitude da conduta danosa – e, consequentemente, desafiavam o esquema tradicional da regra culposa –, conforme sintetiza Rodotà:

> Il sistema tradizionale della responsabilità civile non ha mai preteso di assicurare un risarcimento in tutte le ipotese in cui si verifica un danno: a fondamento di esso, anzi, operava il presupposto della risarcibilità dei soli danni provocati dal comportamento volontario di un soggetto (le previsioni diversamente fondate erano intese come mera accezione). I nuovi casi di danneggiamento, dal canto loro, si rivelavano molto spesso irriducibili a questo schema, sì che rispetto ad essi si presentavano come possibili gli atteggiamenti seguenti: o mantenere fermo l'antico principio, escludendo ogni risarcimento (osservando, magari, che non sarà mai possibile eliminare uno scarto tra danno economico e danno giuridico); o tentare l'applicazione dello stesso principio, attraverso finzioni od adattamenti di alto genere; o cercare di far rientrate le nuove ipotesi in una delle previsioni già considerate eccezionali; *o tentare la costruzione di un diverso schema, formalmente rispettoso delle caratteristiche proprie alle nuove situazioni e capace, quindi, di disciplinarle in maniera più compiuta*.[52]

A indagação reside acerca do que não seria arriscado em tempos atuais. Vive-se na égide da difusão de atividades tecnológicas que permeiam as mais comezinhas atividades diárias do indivíduo: o carro que dirige sozinho até o local do trabalho, o robô que opera o paciente à distância, o reconhecimento facial que reconhece a entrada e saída do trabalhador, o GPS que automaticamente reconhece o destino do motorista, casas técnicas de reprodução assistida que permitem a escolha de embriões viáveis a partir de investigação de seus DNA's – movimentos esses que desafiam a culpa a todo tempo, na visão atualíssima de Álvaro Villaça de Azevedo[53] e Agostinho Alvim.[54]

---

[51] PEREIRA, Caio Mario da Silva. *Responsabilidade civil*. 9ª ed. Rio de Janeiro: Forense, 1999, p. 22.

[52] RODOTÀ, Stefano. *Il problema della Responsabilità Civile*. Milão: Dott. A. Guifrè Ediore, 1964, p. 18-19. Em tradução livre: "O sistema tradicional de responsabilidade civil nunca reivindicou garantir compensação em todos os casos em que se ocorrer dano: com base nele, de fato, foi assumido que apenas os danos causados pelo comportamento voluntário de uma pessoa poderiam ser compensados (as previsões de outra maneira fundada, eles foram concebidos como mero significado). Os novos casos de danos, por sua vez, provaram ser muitas vezes irredutíveis a esse esquema, de modo que as seguintes atitudes pareciam possíveis com relação a eles: o manter o antigo princípio firme, excluindo qualquer compensação (observando, talvez, que nunca será possível eliminar uma lacuna entre dano econômico e dano legal); o tentar aplicar o mesmo princípio, através de ficções ou adaptações de alta qualidade; o tentar incluir as novas hipóteses em uma das previsões já consideradas excepcionais; o tentar construir um esquema diferente, formalmente respeitoso das características próprias de novas situações e, portanto, capaz de regulá-las de maneira mais completa".

[53] "A crescente tecnização da vida moderna vai levando o homem a uma vivência quase maquinal, de onde promana, em grau cada vez maior, a brutalidade, que estorva a subjetividade, mesmo nos condicionamentos jurídicos." (AZEVEDO, Álvaro Villaça. *Curso de direito civil: teoria geral das obrigações*. 4ª ed. São Paulo: Editora Revista dos Tribunais, 1987, p. 250).

[54] "A teoria da culpa de um modo geral, tem se mostrado vulnerável aos ataques de seus adversários, que a reputam insuficiente para a solução dos casos que nascem do comércio jurídico moderno. Há algum

Cap. 36 · DESAFIOS DA CLÁUSULA GERAL DE RISCO NA RESPONSABILIDADE CIVIL OBJETIVA | 629

Vive-se muito além das revoluções industriais, que levaram cerca de 20 ou 30 anos para marcarem definitivamente a história da humanidade. Vive-se um fenômeno inédito e revolucionário: a tecnologia, de mês em mês – e não de século em século – inova assustadoramente e transforma radicalmente o modo de viver-se em sociedade. É nesse contexto que a culpa, para os objetivistas, paulatinamente vai assumindo papel de quase coadjuvante antes às suas dificuldades probatórias, como já enunciava Serpa Lopes:

> "A ideia da culpa, como fundamento da responsabilidade civil, sofreu, porém, e ainda atualmente sofre uma oposição severa dos objetivistas, isto é, daqueles que querem uma responsabilidade civil fundada em bases exclusivamente objetivistas, com a completa avulsão de qualquer base subjetivista."[55]

É dizer que a vida trivial do homem – o homem *in concreto* e não o *bônus pater famílias*[56] – é marcada por atividades cujo conhecimento técnico mínimo lhe escapa, de modo que a prova da culpa de eventuais condutas danosas, i.e., a prova da negligência do tratador de dados pessoais, a imprudência do desenvolvedor dos sistemas de inteligência artificial ou a imperícia dos fabricantes de carros autônomos escapará certamente vítima de eventos danosà. E é nesse contexto de risco onipresente que o intérprete poderá (mas não deverá) ceder à tentação simplista e reducionista de aplicação do regime objetivo à luz da afirmação genérica de existência de risco da atividade. A dificuldade de prova da culpa nos novos desafios que se põem à responsabilidade civil, contudo, não poderá servir de atalho para o abandono definitivo da culpa porque simplesmente assim não determinou o legislador. Ao revés: os desafios devem servir de estímulo para determinação pretoriana ou doutrinária de critérios objetivos e claros de quais características deverá o risco ser revestido a ponto de atrair-se o regime objetivo na responsabilização de novos danos.

Na lição de Serpa Lopes, "a estreiteza da cobertura oferecida pela culpa, sem poder trazer a solução para certos casos ou fatos, excluídos de seu alcance, como o dano resultante do acidente de trabalho"[57] foi causa preponderante para o movimento de oposição à culpa. É nesse contexto, portanto, de erupção de uma nova ordem de mecanismos de tecnologia, que paralelamente à facilitação do dia a dia do homem, ao encurtamento de distâncias e à otimização de atividades triviais diárias, que potencialmente se poderá assistir a uma eclosão de novos danos. E, quando for o jurista chamado a indicar quem responde pelos danos dos novos tempos e sob qual regime, poderão lhe faltar respostas à luz do enunciado pouco preciso da cláusula geral de responsabilidade civil objetiva.

Poderia se cogitar da superação definitiva do regime subjetivo da responsabilidade civil em razão da predominância, na prática, das atividades perigosas pelas atividades de não-risco? Mesmo superando – a insuperável – falta de critérios de definição do *risco*, a resposta é logicamente

---

tempo que se vem observando que, em face dessa teoria, e tendo-se em vista principalmente as industrias e transportes, a vítima, na maioria dos casos, sentia-se desamparada". (ALVIM, Agostinho. *Da inexecução das obrigações e suas consequências*. São Paulo: Saraiva, 1980, p. 306).

[55] LOPES, Miguel Maria de Serpa. *Curso de Direito Civil*, vol. V, 5ª edição. Rio de Janeiro: Freitas Bastos, 1962, p. 200.

[56] A respeito da crítica do *bonus pater famílias* assim leciona Luiz Edson Fachin: "O sujeito de direito e as pessoas são captados por uma abstração do mais elevado grau. O sujeito *in concreto, o homem comum da vida, não integra esta concepção, e o Direito imagina um sujeito in abstrato* e cria aquilo que a doutrina clássica designou de 'biografia do sujeito jurídico'". (FACHIN, Luiz Edson. *Teoria crítica do Direito Civil*. Rio de Janeiro: Renovar, 2000, p. 55).

[57] LOPES, Miguel Maria de Serpa. *Curso de Direito Civil*, vol. V, 5ª edição. Rio de Janeiro: Freitas Bastos, 1962, p. 200.

630 | PROBLEMAS DE DIREITO CIVIL – *Homenagem aos 30 anos de cátedra do professor Gustavo Tepedino*

negativa, *vis-à-vis* a clara dicção ao art. 927 *caput* do Código Civil.[58] É preciso ter em mente que a superação da culpa – e, por vezes, a flexibilização da causalidade – podem ser antibiótico perigosos em prol da tutela da vítima e causarem, na verdade, o dever de indenizar de maneira injusta, seja para atividades que não sejam dotadas do grau de risco suficiente para atrair o regime objetivo ou seja atribuindo o dever de indenizar a quem não verdadeiramente deu causa ao ilícito.[59]

4. ALGUMAS DAS CLÁUSULAS GERAIS DE RESPONSABILIDADE OBJETIVA EM ORDENAMENTOS JURÍDICOS ESTRANGEIROS

A adoção do sistema de responsabilidade civil objetiva foi fenômeno que alcançou variados ordenamentos jurídicos, inspirados pela mesma causa: a dificuldade probatória da culpa e a barreira de sua prova por vezes intransponível. Sem pretensão comparatista, e com vistas a tentar encontrar critérios em comum de determinação do risco entre esses ordenamentos, passa-se a analisar de que forma a responsabilidade civil objetiva vigora na Inglaterra, França, Portugal e Itália.

Matthew Dyson, professor da Faculdade de Direito da Universidade de Oxford, ao analisar o que seria o risco na *tort law*,[60] o definiu como aquele que "represents the uncertainty or possibility of future negative outcomes facing a decision-maker." Explica, ainda, que "the relative frequency with which an event occurs within a specified class of events is relevant to claims about risk".[61]

Na Europa, referencia-se aos Princípios de Direito Europeu de Responsabilidade Civil, especialmente em seu art. 5:101, que sugere o estabelecimento da imputação objetiva a partir de critérios pré-definidos.[62]

---

[58] "A evolução social fez com que a tradicional responsabilidade subjetiva, informada pela teoria da culpa e por um princípio de imputabilidade moral, se mostrasse insuficiente para a tutela das relações jurídicas na sociedade de massa. Na nova realidade social, a reparação da vítima não poderia depender da prova quase impossível que identificasse quem, de fato, agiu de forma negligente." (TEPEDINO, Gustavo; BARBOZA, Heloisa Helena; BODIN DE MORAES, Maria Celina. *Código Civil Interpretado conforme a Constituição da República,* Vol. II. Rio de Janeiro: Renovar, 2006, p. 805).

[59] "Se o próprio desenvolvimento social traz consigo a ampliação dos riscos, não sendo, pois, possível afastá-los, ainda que se possa minimizá-los, resta a imperiosa necessidade de se discutir seriamente como enfrenta-los, sob pena de sermos obrigados a conviver com a dúvida atinente ao *o que é mais juto (ou injusto), o desamparo da vítima ou a responsabilização daquele que não deu, efetivamente, causa ao dano?*" (RITO, Fernanda Paes Leme Peyneau. Dilemas de uma sociedade de risco: a causa dos danos e a reparação integral da vítima. *In Diálogos sobre direito civil –* volume III. TEPEDINO, Gustavo; FACHIN, Luiz Edson (orgs). Rio de Janeiro: Renovar, 2012, p. 64).

[60] Acerca da possível similitude entre a chamada *tort law* e a disciplina da responsabilidade civil ou direito dos danos no Brasil e outros países, optou-se conscientemente, nesse item, pelo uso dos termos como sinônimos. Vida a útil explicação do Professor de Oxford: "French and Spanish law tend to refer structurally to this area describing it as *responsabilité delictuelle* or *extra-contractuelle* (France) or *responsabilidad civil* or *extracontractual* or, slightly more recently, *derecho de daños,* the law relating to harm or loss (Spain). Swedish law also focuses on the outcome, compensation or damages, though translated as 'tort': thus, the *skadestand* of 1972 is often known as the Tort Liability Act. The Dutch talk of 'liability law' as the closest translation of *aansprakelijkheid,* though the Dutch Civil Vode refers more generally in its tort provision to *onrechtmatige daad,* unlawful act(s)." (DYSON, Matthew. *Regulating risk through private law.* Cambridge: Insersentia, 2018, p. 5). Nesse sentido: *Chatterton v. Gerson* [1981] QB 432, pp 442-443; *Sidaway v. Bethlem Royal Hospital* [1985] AC 871, 883.

[61] DYSON, Matthew. *Regulating risk through private law.* Cambridge: Insersentia, 2018, p. 3.

[62] "Capítulo 5 – Responsabilidade objectiva – Art. 5:101. Actividades anormalmente perigosas (1) Aquele que exercer uma actividade anormalmente perigosa é responsável, independentemente de culpa, pelos

No *Direito Inglês,* especificamente, Dyson explica que apesar do risco ser um conceito que implicitamente seja aplicado por diversos atores do sistema jurídico e por ser ele um conceito abstrato, não se cuida de uma categoria estrutural na *tort law* inglesa. Dessa forma, "there is no general duty in English private law not to impose risks or to alleviate risks. Nor there is a duty to not impose unreasonable risks of harm."[63] De outro giro, há o dever de indenizar caso uma conduta de *unreasonable care* cause danos ao outrem,[64] mormente nas hipóteses em que o autor do dano é negligente ao informar o lesado dos riscos que esse encontrará em certa atividade arriscada.[65]

As hipóteses de *strict liability* – responsabilidade independente de culpa – só se justificariam na presença de risco excepcional ou anormal, considerando que o direito inglês não tem uma cláusula geral de responsabilidade pelos riscos criados. O único precedente relevante de *strict liability*, explica Dyson, é *Rylands v. Fletcher* (1866)[66], cuja repercussão nos tribunais é tímida. Na hipótese, Rylands contratou empreiteiros para construir um reservatório e, durante a execução, os empreiteiros descobriram uma série de antigos depósitos de carvão cheios indevidamente de detritos. Em 11 de dezembro de 1860, logo após ser preenchido pela primeira vez, o reservatório de Rylands explodiu e inundou uma mina vizinha, administrada por Fletcher, firmando-se a regra segundo a qual "a pessoa que, para seus próprios propósitos, traz suas terras, recolhe e mantém ali qualquer coisa que possa causar danos, deve mantê-la sob seu risco e, se não o fizer, é *prima facie* responsável por todos o dano". Desenvolveu-se, ainda, a denominada responsabilidade indireta

---

danos resultantes do risco típico dessa actividade. (2) Uma actividade é considerada anormalmente perigosa quando: *a.* cria um risco previsível e bastante significativo de dano, mesmo com observância do cuidado devido, e *b.* não é objeto de uso comum. (3) O risco de dano pode ser considerado significativo tendo em consideração a gravidade ou a probabilidade do dano. (4) Este artigo não recebe aplicação com respeito a uma actividade especificamente sujeita ao regime da responsabilidade objectiva por uma outra disposição destes Princípios, da legislação nacional ou de uma Convenção Internacional."

[63] Em tradução livre: "Não há obrigação geral no direito privado inglês de não impor riscos ou aliviá-los. Também não há o dever de não impor riscos irrazoáveis de danos." (DYSON, Matthew. *Regulating risk through private law*. Cambridge: Insersentia, 2018, p. 25).

[64] "Judges routinely speak of defendants breaching their duty of reasonable care (an entailment of which might be not to impose certain risks), though they have not caused actionable harm (for instance, where causation is not established)." Em tradução livre: "Os juízes costumam falar de réus que violam seu dever de cuidados razoáveis (cuja implicação pode não impor certos riscos), embora não tenham causado danos acionáveis (por exemplo, quando a causa não está estabelecida)". (DYSON, Matthew. *Regulating risk through private law*. Cambridge: Insersentia, 2018, p. 26).

[65] "In some situations, a person is negligent if he fails to warn of risks which another will encounter. One of the most obvious examples of this is medical treatment. (...). On the one hand, a doctor's negligent failure to provide, for instance, information about a risk attached to a certain procedure is not actionable, independently of the materialization of that risk during procedure. On the other hand, the courts have introduced legal rules which imply that doctor has a genuine legal duty to inform the patient that is breached independently of the harm which materializes". Em tradução livre: "Em algumas situações, uma pessoa é negligente se não avisar sobre os riscos que outra pessoa encontrará. Um dos exemplos mais óbvios disso é o tratamento médico. (...) Por um lado, a falha negligente de um médico em fornecer, por exemplo, informações sobre um risco associado a um determinado procedimento não é acionável, independentemente da materialização desse risco durante o procedimento. Por outro lado, os tribunais introduziram regras legais que implicam que o médico tem um dever legal genuíno de informar o paciente que foi violado independentemente do dano que se materializa". (DYSON, Matthew. *Regulating risk through private law*. Cambridge: Insersentia, 2018, p. 29-30).

[66] Rylands v Fletcher [1868] UKHL 1 (17 July 1868).

dos patrões pelos atos do empregado,[67] independente de qualquer culpa do patrão, no precedente *Various Claimantes v. The Catholic Child Welfare Society* (2013).

Na Itália, constitui o art. 2.043 do Código Civil uma provável cláusula geral de responsabilidade civil, segundo a qual *"Qualunque fatto doloso o colposo che cagiona ad altri un danno ingiusto, obbliga colui che ha commesso il fatto a risarcire il danno",*[68] calcada no modelo culposo, conforme leciona Mario Barcellona:

> La regolazione della responsabilità si disse, perciò, affidata ad una clausola generale, quando la norma deputata a risolvere i conflitti aquiliani si limiti – come si dice avvenga nel caso dell'art. 2.043 – a prevedere un 'fatto', ossia la causazione di un danno, e faccia dipendere il risarcimento di chi ne ha subito le conseguenze pregiudizievoli dalla qualificabilità di tale 'fatto' come 'ingiusto', ossia da una sua valutazione alla stregua del 'valore' dell''ingiustizia' e della solidarietà sociale, nonché dalla sua riferibilità ad un soggetto diverso dalla vittima sulla base di un criterio di collegamento variabile quale la colpa o il rischio.[69]

Acerca da introdução do regime objetivo no ordenamento italiano, pontua Pietro Trimarchi que "nessuna responsabilità senza colpe era il principio generalmente accettato nella literatura giuridica del secolo scorzo: le regole che attuavano un principio diverso o venivano, a mezzo di funzioni, ricondotte in qualche modo all'idea di colpa, oppure venivano considerate come resti non vitali del diritto primitivo."[70] A redação do art. 2.050 do Código Civil Italiano, portanto, abre exceção ao regime subjetivo italiano e introduz uma cláusula geral de responsabilidade pelas

---

[67] "The appeal to creation of risk as a justification of vicarious liability seems to be an appeal to fairness. The idea is that, given that the employer's activity inherently carries certain risks, and given that the employer's activity inherently carries certain risks, and given that the employer benefits from the imposition of those risks (or the activity which produces them), it is fair that the employer bears the costs when the risks materialise. The particular difficulty is in showing what risks are in fact associated with the employer's business." Em tradução livre: "O apelo à criação de risco como justificativa de responsabilidade indireta parece ser um apelo à justiça. A idéia é que, considerando que a atividade do empregador carrega inerentemente certos riscos e que a atividade do empregador carrega inerentemente certos riscos, e dado que o empregador se beneficia da imposição desses riscos (ou da atividade que os produz), é justo que o empregador arque com os custos quando os riscos se concretizarem. A dificuldade particular é mostrar quais riscos estão de fato associados aos negócios do empregador." (DYSON, Matthew. *Regulating risk through private law*. Cambridge: Insersentia, 2018, p. 40).

[68] Em tradução livre: "Qualquer ato doloso ou culposo que cause dano injusto a outras pessoas obriga a pessoa que cometeu o fato a compensar o dano."

[69] Em tradução livre: "O regulamento de responsabilidade foi dito, portanto, confiado a uma cláusula geral, quando a regra designada para resolver os conflitos de responsabilidade aquiliana é limitada – como se diz no caso do art. 2.043 – prever um 'fato', isto é, a causa do dano, e tornar a compensação daqueles que sofreram as consequências prejudiciais dependentes da qualificabilidade de tal 'fato' como 'injusto', ou seja, na sua avaliação como 'o valor da "injustiça" e da solidariedade social, bem como a sua referência a um sujeito que não seja a vítima com base em um critério de conexão variável, como culpa ou risco." (BARCELLONA, Mario. *Trattato della Responsabilità Civile*. Torino: UTET Giuridica, 2011, p. 42).

[70] Em tradução livre: "Nenhuma responsabilidade isenta de culpa era o princípio geralmente aceito na literatura jurídica do século passado. As regras que implementavam um princípio diferente ou eram, através de funções, de alguma forma, traçadas de volta à ideia de culpa, ou eram consideradas restos inviáveis da lei." (TRIMARCHI, Pietro. *Rischio e responsabilità oggetiva*. Milano: A. Giuffrè, 1961, p. 11).

atividades perigosas[71] que, em linhas gerais, no magistério de Mario Barcellona, substituiu o paradigma de nenhuma responsabilidade sem culpa pela responsabilidade civil objetiva da empresa fundada na teoria do risco.[72] A cláusula geral de responsabilidade civil objetiva italiana assim vem sendo comentada pela doutrina especializada:

> "Nella maggior parte dei casi il soggetto passivo è un imprenditore, giacché l'esercizio di attività pericolosa comporta normalmente una predisposizione di messi e una certa continuità nel suo esercizio che presuppongono l'esistenza di un'organizzazione imprenditoriale, che non à tuttavia necessaria".[73]

À medida que a cláusula geral passou a ser analisada pela jurisprudência, o que se observou foi uma interpretação restritiva e rigorosa da parte final do artigo 2.050 ("*se non prova di avere adottato tutte le misure idonee a evitare il danno*"), trecho esse que admitiria a ausência de responsabilidade por ausência de culpa e que passou a ser interpretado pela jurisprudência como somente o caso fortuito apto a excluir o dever de indenizar.[74]

Já em Portugal, cogita-se da existência da cláusula geral de responsabilidade civil objetiva constante no art. 493.2 do Código Civil Português.[75] No ordenamento luso, a objetivação da responsabilidade civil terá o mesmo condão da brasileira: excluir a culpa do dever de indenizar.[76] O

---

[71] "Art. 2050. Responsabilità per l'esercizio di attività pericolose. Chiunque cagiona danno ad altri nello svolgimento di una attività pericolosa, per sua natura o per la natura dei mezzi adoperati, è tenuto al risarcimento, se non prova di avere adottato tutte le misure idonee a evitare il danno.". Em tradução livre: "Responsabilidade pela realização de atividades perigosas. Qualquer pessoa que cause dano a terceiros na realização de uma atividade perigosa, por sua natureza ou pela natureza dos meios utilizados, deverá pagar uma indenização, se não provar que adotou todas as medidas adequadas para evitar o dano".

[72] "La svolta, introdotta già dal divorzio tra illecito e responsabilità (ossia tra la dogmatica dell'illecito – con la conseguente ristrutturazione della fattispecie dell'art. 2043 nei termini che si sono prima descritti – e le condizione di descrizione della responsabilità), viene sviluppata in due direzioni. Nella prima direzione al paradigma unitario fondato sul principio 'nessuna responsabilità senza colpa' si sostituisce un paradigma dicotomico, che limite l'operatività della responsabilità soggettiva, ossia fondata sulla colpa, all'ambito delle 'attività biologiche', chioè al campo delle attività individuali proprie della vita quotidiana, e sottopone, invece, le attività d'impresa, e cioè sull'idea che l'imprenditore sai responsabile verso i terzi danneggiati dalle sue attività produttive e/o commerciali in forza del rischio che queste introducono nella società senza che sia necessario riscontrare in concreto uma sua colpa nella causazione dello specifico danno." (BARCELLONA, Mario. *Trattato della Responsabilità Civile*. Torino: UTET Giuridica, 2011, p. 37).

[73] CIAN, Giorgio; TRABUCCHI, Alberto. *Commentario breve al Codice* Civile. Wolters Kluwer, 2018, p. 2.249.

[74] ALPA, Guido. *Responsabilità Civile e danno*. Bologna: Il Mulino, 1991, p. 319-320. No mesmo sentido: "Scholars and judges have been inclined to craft rules that make liable those who create a risk for others. In effect, Italian law applies a rule of thumb imposing liability when a person is involved in an activity imposing risk on others and damage actually occurs." (COGGIOLA, Nadia; GARCELLA TEDESCHI, Bianca. Risk and Italian Private Law. In DYSON, Matthew. *Regulating risk through private law*. Cambridge: Insersentia, 2018, p. 115).

[75] "Art. 493. 2. Danos causados por coisas, animais ou actividades. Quem causar danos a outrem no exercício de uma actividade, perigosa por sua própria natureza ou pela natureza dos meios utilizados, é obrigado a repará-los, excepto se mostrar que empregou todas as providências exigidas pelas circunstâncias com o fim de os prevenir."

[76] "Na responsabilidade objetiva do que verdadeiramente se trata é de decidir acerca da existência de alguma razão ou fundamento para operar a *transferência* (de uma esfera jurídica para outra) de riscos e, quando

634 | PROBLEMAS DE DIREITO CIVIL – *Homenagem aos 30 anos de cátedra do professor Gustavo Tepedino*

Código Português enuncia hipóteses específicas de responsabilidade civil objetiva que se fundam na teoria do risco, tais como *(i)* a responsabilidade do motorista pelo acidente de veículo (art. 503 e 506); *(ii)* danos causados por instalações de energia eléctrica ou gás (art. 509).[77]

Além dos casos específicos, o art. 493.2, como já se disse, aparenta consistir em uma cláusula geral de responsabilidade objetiva fundada no risco. O risco apto a atrair a responsabilidade objetiva, diz a doutrina lusa, será aquele risco que "está (ou não) dentro do domínio dos riscos de atuação atribuíveis quem controla a respetiva fonte de produção. (...)" já que "a possibilidade de a responsabilização objetiva abarcar todas as consequências de qualquer atuação humana não é sequer racional".[78] A doutrina aponta, contudo, que se deve ter parcimônia na aplicação do regime objetivo à medida que a presunção de imputabilidade do dano a certa conduta pode representar ampliação excessiva do juízo de causalidade:

> "A responsabilização sem culpa deve procurar conciliar, com equilíbrio, os interesses daqueles que criam perigos de dano sobre as esferas jurídicas de terceiros, pro causa da sua atuação lícita, com os interesses desses últimos. Não é aceitável que se sacrifiquem os bens dos titulares afetados, mas também não se pode alargar excessivamente o âmbito da obrigação de indemnizar instituída contra os lesantes sob pena de uma série de atividades ficarem absolutamente inviabilizadas."[79]

Ao lado das hipóteses do código civil, expande-se na legislação ordinária portuguesa a responsabilidade objetiva em outras modalidades – como a responsabilidade do estado de demais entidades públicas,[80] por danos ambientais.[81]

---

eles se hajam concretizado, das consequentes perdas. (...). Todos os casos de responsabilidade objetiva se demarcam, portanto, por neles se prescindir da demonstração dos requisitos da culpa e da ilicitude." (GONZÁLEZ, José Alberto Rodríguez Lorenzo. *Direito da Responsabilidade Civil*. Lisboa: Quid Juris, 2017, p. 404).

[77] "Para efeitos do disposto nos arts. 503º, 506º e 509º do Cód. Civil é irrelevante saber se ela [a conduta] se apresenta dominável: a pessoa a quem a respetiva autoria se imputar responde pelos riscos próprios ligados à utilização de veículos de circulação terrestre ou à condução de gás ou de eletricidade, independentemente de a ação/inação que lhe serve de fundamento ser humanamente controlável. Se *v.g.* A, condutor de um automóvel, é picado na língua por uma abelha e, por conta disso (pela dor e pela atrapalhação), se despista provocando a morte de um transeunte, não deixa de ser responsável pelo correspondente dano nos termos do artigo 503º, nº 1, do Código Civil." (GONZÁLEZ, José Alberto Rodríguez Lorenzo. *Direito da Responsabilidade Civil*. Lisboa: Quid Juris, 2017, p. 405).

[78] GONZÁLEZ, José Alberto Rodríguez Lorenzo. *Direito da Responsabilidade Civil*. Lisboa: Quid Juris, 2017, p. 406.

[79] GONZÁLEZ, José Alberto Rodríguez Lorenzo. *Direito da Responsabilidade Civil*. Lisboa: Quid Juris, 2017, p. 408.

[80] "Lei nº 67/2007, art. 11º, nº 1: O Estado e as demais pessoas colectivas de direito público respondem pelos danos decorrentes de actividades, coisas ou serviços administrativos especialmente perigosos, salvo quando, nos termos gerais, se prove que houve força maior ou concorrência de culpa do lesado, podendo o tribunal, neste último caso, tendo em conta todas as circunstâncias, reduzir ou excluir a indemnização.". Nesse sentido, vide GOMES, Carlos Amado. Nota breve sobre a tendência de objectivação da responsabilidade civil extracontratual das entidades públicas no regime aprovado pela Lei 67/2007, de 31 de Dezembro. CEJ, Ebook, 2014. Disponível em < http://www.cej.mj.pt/cej/recursos/ebooks/civil/Responsabilidade_Civil_Estado.pdf >. Acessado em 15 de janeiro de 2020.

[81] Art. 7º do Decreto-Lei 147/2008: "capítulo II. Responsabilidade civil. Artigo 7.º. Responsabilidade objectiva Quem, em virtude do exercício de uma actividade económica enumerada no anexo III ao presente

Cap. 36 · DESAFIOS DA CLÁUSULA GERAL DE RISCO NA RESPONSABILIDADE CIVIL OBJETIVA | 635

Já na França, foi a partir dos estudos de Saleilles que se originou o debate acerca do risco na responsabilidade civil – *'theorie du risque'* – fundada no então art. 1384.1 do Código Civil Francês e, ainda, em razões de equidade e justiça, conforme acima pontuado ao tratar da teoria do risco-proveito. Planiol, por seu tuno, discordava e entendia que a responsabilidade sem culpa poderia ser uma grande injustiça social, propondo, na verdade, a redefinição da culpa – o que não convenceu muitos teóricos franceses.[82] A teoria do risco no direito dos danos na França confirmou-se ao longo das décadas, seja pela instituição de diversas modalidades de seguros obrigatórios, seja pela confirmação jurisprudencial atribuindo a responsabilidade objetiva a diversos agentes de atividades perigosas.[83] A responsabilidade objetiva assume papel relevante na tradição Francesa por força do atual art. 1242,[84] sem que o modelo subjetivo continue a assumir o papel de protagonismo local:

> "The important role played by liability for risk in French accident liability law should not however be thought to signify that the creation of risk is the dominant basis for liability and compensation. Fault liability continues to play a significant role in French civil liability law."[85]

A análise desses mecanismos permite a conclusão parcial no sentido de que o recurso a cláusulas gerais de responsabilidade objetiva baseada no risco é recorrente, sem, contudo, encontrar-se sistematizado na maioria dos sistemas critérios claros acerca do que pode ou não ser considerado risco injusto apto a atrair a imputação objetiva.

5. CONCLUSÕES FINAIS

Trazendo mais dúvidas que esclarecimentos e levantando mais problemas do que os solucionando, o presente artigo procurou traçar um panorama acerca do risco na responsabilidade

---

decreto -lei, que dele faz parte integrante, ofender direitos ou interesses alheios por via da lesão de um qualquer componente ambiental é obrigado a reparar os danos resultantes dessa ofensa, independentemente da existência de culpa ou dolo".

[82] "Planiol considered that liability without fault was unjust and resembled convicting an innocent person in criminal law. He instead proposed redefining fault in order to make it fit with contemporary needs. His proposals, however, failed to convince – fault would have become an artifice and such an approach would confuse punishment and compensation."(WESTER-OUISSE, Véronique; TAVOR, Simon; Fairgrieve, Duncan. Risk and French Private Law. In DYSON, Matthew. *Regulating risk through private law.* Cambridge: Insersentia, 2018, p. 59).

[83] Vide, ilustrativamente, o caso *Jand'heur* (Ch. Réunies, 13 févr. 1930, GAJC nº 193, DP 1930, 1,57, disponível em https://www.legifrance.gouv.fr/affichJuriJudi.do?oldAction=rechJuriJudi&idTexte=JURITEXT 000006952821. Acesso em 16 de jan de 2020.

[84] "Art. 1242. – On est responsable non seulement du dommage que l'on cause par son propre fait, mais encore de celui qui est causé par le fait des personnes dont on doit répondre, ou des choses que l'on a sous sa garde." Em tradução livre: "Art. 1242. – Somos responsáveis não apenas pelos danos que causamos por nosso próprio ato, mas também pelo que é causado pelo ato das pessoas pelas quais devemos responder, ou pelas coisas que temos sob nossos cuidados." Nesse sentido: "The person 'in control' of a thing which is behaving abnormally or is moving at the moment the accident occurs will be strictly liable for the resulting harm under 1242 of the Civil Code." (WESTER-OUISSE, Véronique; TAVOR, Simon; Fairgrieve, Duncan. Risk and French Private Law. In DYSON, Matthew. *Regulating risk through private law.* Cambridge: Insersentia, 2018, p. 62).

[85] WESTER-OUISSE, Véronique; TAVOR, Simon; Fairgrieve, Duncan. Risk and French Private Law. In DYSON, Matthew. *Regulating risk through private law.* Cambridge: Insersentia, 2018, p. 77.

civil e de que maneira a doutrina o definiu aqui e alhures. Sem a pretensão comparatista, a breve análise de ordenamentos estrangeiros teve por objetivo extrair de cada um dos regimes possíveis novos critérios de determinação do risco.

Assistiu-se a uma reviravolta decisiva no campo da responsabilidade civil nas recentes décadas, a partir do reconhecimento da efetividade do princípio da solidariedade social sobre o dever de indenizar, exigindo a releitura crítica dos requisitos da responsabilidade civil, em especial, a culpa, culminando no conhecido fenômeno de "erosão dos filtros da responsabilidade civil".[86] Objetiva-se assegurar a indenização ao lesado e, por essa razão, se explicaria o fenômeno da erosão dos filtros da responsabilidade civil, que na visão de parcela da doutrina, não representaria uma "subversão acéfala da dogmática tradicional [mas, em verdade] a erosão dos filtros da responsabilidade civil explica-se, em larga medida, por uma sensibilidade crescente dos tribunais à necessidade de assegurar alguma reparação às vítimas de um dano".[87] Esse movimento, somado à expansão de atividades de risco e à inovação legislativa da cláusula geral de risco insculpida no art. 927, parágrafo único do CC/02, culminou com a objetivação da responsabilidade civil em numerosas hipóteses. É como elucidava Josserand em 1941, ao reconhecer que "não é dizer que a velha teoria da culpa aquiliana esteja condenada, mas que sua insuficiência é certa e se acusa cada vez mais", de modo que "a responsabilidade moderna comporta dois polos, o polo objetivo, onde reiva o risco criado e o polo subjetivo onde triunfa a culpa; e é em tôrno dêsses dois polos que gira a vasta teoria da responsabilidade."[88]

Os riscos nas atividades, porém, não ficaram estanques no tempo e nem diminuíram a marcha. Ao revés: se multiplicam em novas atividades – inteligência artificial, coleta de dados pessoais, *machine learning,* reconhecimento facial – cujos elementos técnicos fogem ao cidadão trivial. Serpa Lopes já anunciava em 1962 a preocupação central que recairia sobre a responsabilidade civil em tempos de desenvolvimento acelerado: *"como assegurar com a maior amplitude a indenização das vítimas cada vez mais numerosas de uma época em que a máquina atinge aos seus limites máximos?"*[89]

O risco expandiu-se e junto com ele chega a indagação: há atividade não arriscada em tempos de revolução digital? E não havendo, pode-se admitir a perda generalizada da culpa em toda e qualquer atividade de risco mesmo na presença da dicção literal do art. 927 e 186 do Código Civil Brasileiro? A resposta parece-nos negativa, à medida que "a responsabilidade civil objetiva não veio substituir ou eliminar a responsabilidade fundada na culpa".[90] Passo adiante é determinar critérios certeiros do que é o risco em um mundo de riscos diuturnos.

---

[86] A erosão dos filtros da responsabilidade civil, explica o Professor Anderson Schreiber, "quer significar a relativa perda da importância da prova da culpa e da prova do nexo causal na dinâmica contemporânea das ações de responsabilização." (SCHREIBER, Anderson. Novas tendências de responsabilidade civil brasileira. *In Revista Trimestral de Direito Civil,* v. 22, abr/jun 2005. Rio de Janeiro: Padma, 2000, p. 47).

[87] SCHREIBER, Anderson. Novas tendências de responsabilidade civil brasileira. *In Revista Trimestral de Direito Civil,* v. 22, abr/jun 2005. Rio de Janeiro: Padma, 2000, p. 56.

[88] JOSSERAND, Louis. Evolução da Responsabilidade Civil. *In Revista Forense,* vol. LXXXVI, 1941, p. 559.

[89] LOPES, Miguel Maria de Serpa. *Curso de Direito Civil,* vol. V, 5ª edição. Rio de Janeiro: Freitas Bastos, 1962, p. 204.

[90] TEPEDINO, Gustavo; BARBOZA, Heloisa Helena; BODIN DE MORAES, Maria Celina. *Código Civil Interpretado conforme a Constituição da República,* Vol. II. Rio de Janeiro: Renovar, 2006, p. 806.

37

A RESPONSABILIDADE CIVIL DO PODER PÚBLICO POR OMISSÃO E OS EFEITOS DA DECISÃO PROFERIDA PELO STF NO RECURSO EXTRAORDINÁRIO 608.880/MT

MARCELO JUNQUEIRA CALIXTO

Sumário: Introdução. 1. A persistência da culpa como fundamento da responsabilidade civil na hipótese de omissão. 2. O controverso reconhecimento do nexo causal entre a omissão estatal e o dano sofrido pela vítima. 3. Uma possível solução. Necessária (re)interpretação da teoria do dano direto e imediato para a hipótese de omissão estatal. Conclusão.

INTRODUÇÃO

Um dos temas que sempre provocou acesas controvérsias entre os autores que se dedicam ao estudo da Responsabilidade Civil do Poder Público é o da *natureza jurídica* que esta deve ter na hipótese de *omissão*. Discute-se, de fato, acerca do papel da *culpa* para a deflagração desta responsabilidade, sendo recorrente, portanto, a afirmação de sua natureza *subjetiva*. Mas, ainda que subjetiva, é corrente o entendimento de que não se trataria de uma *culpa* imputável a um agente específico e sim de uma "culpa do serviço", a qual deve ser reconhecida em *três* situações, a saber: a) o "serviço não funcionou" ou b) o "serviço funcionou mal" ou, por fim, c) o serviço funcionou "tardiamente"[1].

Uma outra forma de apresentar o problema, mas também conservando a culpa como fundamento da responsabilidade, é a divisão da *omissão* do Poder Público em omissão *genérica* e omissão *específica*. A *culpa*, a rigor, só seria um fundamento da responsabilidade na

---

[1] Esta visão é ainda muito recorrente na doutrina administrativista, podendo ser recordado o pensamento de Celso Antônio Bandeira de MELLO, *Curso de Direito Administrativo*, 10ª edição, São Paulo, Malheiros, 1998, pp. 641-642.

638 | PROBLEMAS DE DIREITO CIVIL – *Homenagem aos 30 anos de cátedra do professor Gustavo Tepedino*

chamada omissão *genérica*, uma vez que, na omissão *específica*, já seria admitida uma responsabilidade civil *objetiva*, dispensando a vítima da prova, nem sempre fácil, da culpa ou do dolo do agente público[2].

As duas visões, de todo modo, parecem buscar uma *finalidade comum*, a saber, evitar uma espécie de "panresponsabilização" do Poder Público, isto é, uma forma de *desonerar* a própria sociedade do pesado ônus de uma responsabilidade civil recorrente, em especial em momentos de escassez de recursos públicos. Contudo, é inquestionável que estas construções doutrinárias, sob qualquer uma das espécies de que se revista, padece de uma grande dificuldade de *fundamentação*, uma vez que o legislador *constituinte*, em verdade, não parece ter consentido com a natureza *subjetiva* da responsabilidade do Poder Público, tendo, ao contrário, consagrado uma *regra comum*, seja a responsabilidade civil decorrente de ato *comissivo* ou mesmo de ato *omissivo*[3]. A regra, de fato, encontra-se estampada no art. 37, § 6º, da Constituição da República de 1988, o qual afirma:

> Art. 37. A administração pública direta e indireta de qualquer dos Poderes da União, dos Estados, do Distrito Federal e dos Municípios obedecerá aos princípios de legalidade, impessoalidade, moralidade, publicidade e eficiência e, também, ao seguinte: (...);
>
> § 6º As pessoas jurídicas de direito público e as de direito privado prestadoras de serviços públicos responderão pelos danos que seus agentes, nessa qualidade, causarem a terceiros, assegurado o direito de regresso contra o responsável nos casos de dolo ou culpa.

---

[2] Este entendimento foi pioneiramente defendido por Guilherme Couto de CASTRO, *A Responsabilidade Civil Objetiva no Direito Brasileiro*, 3ª edição, Rio de Janeiro, Forense, 2005, pp. 60-63.

No mesmo sentido pode ser vista a obra de Sérgio CAVALIERI FILHO, Programa de Responsabilidade Civil, 6ª edição, São Paulo, Malheiros, 2006, pp. 277-278.

[3] São precisas, nesse sentido, as palavras do grande homenageado nesta obra que, após apresentar a doutrina *subjetiva* aplicável aos atos *omissivos*, afirma: "O argumento impressiona por sua argúcia, mas não colhe. Não é dado ao intérprete restringir onde o legislador não restringiu, sobretudo em se tratando do legislador constituinte – *ubi lex non distinguit nec non distinguere debemus*. A Constituição Federal, ao introduzir a responsabilidade objetiva para os atos da administração pública, altera inteiramente a dogmática da responsabilidade neste campo, com base em outros princípios axiológicos e normativos (dentre os quais se destacam o da isonomia e o da justiça distributiva), perdendo imediatamente base de validade qualquer construção ou dispositivo subjetivista, que se torna, assim, revogado ou, mais tecnicamente, não recepcionado pelo sistema constitucional. Nem se objete que tal entendimento levaria ao absurdo, configurando-se uma espécie de *panresponsabilização* do Estado diante de todos os danos sofridos pelos cidadãos, o que oneraria excessivamente o erário e suscitaria uma ruptura no sistema da responsabilidade civil. A rigor, a teoria da responsabilidade objetiva do Estado comporta causas excludentes, que atuam, como acima já aludido, sobre o nexo causal entre o fato danoso (a ação administrativa) e o dano, de tal sorte a mitigar a responsabilização, sem que, para isso, seja preciso violar o texto constitucional e recorrer à responsabilidade aquiliana" (original grifado; Gustavo TEPEDINO, A Evolução da Responsabilidade Civil no Direito Brasileiro e suas Controvérsias na Atividade Estatal", in *Temas de Direito Civil*, tomo I, 3ª edição, Rio de Janeiro, Renovar, 2004, pp. 210-211).

Em sentido semelhante pode ser recordado o pensamento de Carlos Edison do Rêgo MONTEIRO FILHO, "Problemas de responsabilidade civil do Estado", in Revista Trimestral de Direito Civil, vol. 11, Rio de Janeiro, PADMA, jul./set. de 2002, p. 52.

1. A PERSISTÊNCIA DA CULPA COMO FUNDAMENTO DA RESPONSABILIDADE CIVIL NA HIPÓTESE DE OMISSÃO

Nada obstante a clareza do dispositivo constitucional, certo é, como visto, que a doutrina, sobretudo a de natureza *administrativa*, insiste na manutenção da *culpa* como fundamento da responsabilidade civil na hipótese de *omissão*. E a explicação passa por uma sutileza da redação da norma constitucional. De fato, argumenta-se que a citada regra fala em "causarem", expressão que deve ser entendida, necessariamente, como *ação* do agente público. Isso porque, na hipótese de omissão, *não* seria o agente público o *causador* do dano, o qual será o resultado de uma conduta de *terceiro*, tendo o agente público, no máximo, *permitido* que o dano ocorresse como fruto de sua *omissão*[4].

Trata-se de uma construção assaz criativa e que termina por desconsiderar o fato de que a palavra *conduta* é, em verdade, um *gênero*, o qual tem, como *espécies*, tanto a ação (conduta comissiva), quanto a omissão (conduta omissiva). Nesse sentido, basta recordar o disposto no art. 186 do Código Civil que, ao conceituar o *ato ilícito*, afirma que este se revela por meio de "uma *ação* ou *omissão* voluntária, imprudência ou negligência"[5]. Assim, não haveria espaço para a sutileza interpretativa apontada, mas é igualmente certo que referida construção doutrinária ganhou imenso espaço na jurisprudência brasileira, inclusive aquela do *Superior Tribunal de Justiça* (STJ).

Basta lembrar, desse Tribunal, a recente decisão proferida pela Segunda Turma no julgamento do Recurso Especial 1.869.046/SP[6]. Em seu voto, o Ministro Relator afirma o seguinte:

> A regra geral do ordenamento brasileiro é de responsabilidade civil objetiva por ato comissivo do Estado e de responsabilidade subjetiva por comportamento omissivo. Contudo, em situações excepcionais de risco anormal da atividade habitualmente desenvolvida, a responsabilização estatal na omissão também se faz independentemente de culpa. (...).

---

[4] Nesse sentido, além da doutrina, já citada, de Celso Antônio Bandeira de MELLO, pode ser recordada a visão de Maria Sylvia Zanella DI PIETRO, *Direito Administrativo*, 29ª edição, Rio de Janeiro, Forense, 2016, p. 801.

[5] Recorde-se o dispositivo: "Art. 186. Aquele que, por ação ou omissão voluntária, negligência ou imprudência, violar direito e causar dano a outrem, ainda que exclusivamente moral, comete ato ilícito".

[6] STJ, Segunda Turma, Recurso Especial 1.869.046/SP, Rel. Min. Herman Benjamin, julgado em 09.06.2020. Afirma a ementa, no que aqui interessa: "(...) 3. A regra geral do ordenamento brasileiro é de responsabilidade civil objetiva por ato comissivo do Estado e de responsabilidade subjetiva por comportamento omissivo. Contudo, em situações excepcionais de risco anormal da atividade habitualmente desenvolvida, a responsabilização estatal na omissão também se faz independentemente de culpa. 4. Aplica-se igualmente ao Estado a prescrição do art. 927, parágrafo único, do Código Civil, de responsabilidade civil objetiva por atividade naturalmente perigosa, irrelevante seja a conduta comissiva ou omissiva. O vocábulo "atividade" deve ser interpretado de modo a incluir o comportamento em si e bens associados ou nele envolvidos. Tanto o Estado como os fornecedores privados devem cumprir com o dever de segurança, ínsito a qualquer produto ou serviço prestado. Entre as atividades de risco "por sua natureza" incluem-se as desenvolvidas em edifícios públicos, estatais ou não (p. ex., instituição prisional, manicômio, delegacia de polícia e fórum), com circulação de pessoas notoriamente investigadas ou condenadas por crimes, e aquelas outras em que o risco anormal se evidencia por contar o local com vigilância especial ou, ainda, com sistema de controle de entrada e de detecção de metal por meio de revista eletrônica ou pessoal".

Segundo a jurisprudência do STJ, são elementos caracterizadores da responsabilidade do Estado por omissão: o comportamento omissivo, o dano, o nexo de causalidade e a culpa do serviço público, esta implicando rompimento de dever específico. Depende, portanto, da ocorrência de ato omissivo ilícito, consistente na ausência do cumprimento de deveres estatais legalmente estabelecidos.

As excludentes de responsabilidade afastam a obrigação de indenizar apenas nos casos em que o Estado tenha tomado medidas possíveis e razoáveis para impedir o dano causado. Logo, se evitar o dano é possível ao ente público, e ele não o faz, fica caracterizado o descumprimento de obrigação legal. Assim, deve-se configurar o *dano evitável*, no caso concreto, a fim de permitir a responsabilização estatal. Com efeito, caso o homicídio narrado tivesse ocorrido em virtude de disparos de arma de fogo em via pública, afastar-se-ia a responsabilidade do Estado, pois decorrente de ato de terceiro, apto a configurar excludente (original grifado).

Este entendimento, longe de ser isolado, acaba, em verdade, refletindo a jurisprudência *dominante* no STJ segundo a qual a responsabilidade civil do Poder Público só teria a natureza *objetiva* na hipótese de conduta *comissiva*. Oportuno observar, porém, que este mesmo julgado pode vir a configurar uma mudança de paradigma, uma vez que, nada obstante a *reiteração* de que a responsabilidade civil, na hipótese de omissão, teria a natureza subjetiva, certo é que, no caso concreto, a Segunda Turma, acompanhando o voto do Ministro Relator, invocou o disposto no parágrafo único do art. 927 do Código Civil, o qual, como sabido, tem a natureza de "cláusula geral de responsabilidade civil *objetiva*"[7]. De fato, embora de forma um tanto *confusa*, afirma o Ministro Relator em seu voto:

> Presentes, pois, a culpa (embora desnecessária, à luz do art. 927, parágrafo único, do Código Civil) e o nexo causal, elementos aptos a determinar a responsabilização do poder público no caso concreto. Se não fosse por sua conduta omissiva, tendo deixado de agir com o cuidado necessário a garantir a segurança, no Fórum, dos funcionários e das partes, o evento danoso não teria ocorrido. É certo ainda que a exigência de atuação nesse sentido não está, nas circunstâncias em que se deram os fatos, de forma alguma, acima do razoável. Por tudo isso, deve ser reformado o acórdão recorrido, com restauração integral da sentença.

Percebe-se, assim, uma possível tendência de *objetivação* da responsabilidade civil, mesmo na hipótese de *omissão* do Poder Público o que, como visto, se mostra em plena consonância com a norma constitucional (art. 37, § 6º). Admitida a responsabilidade *objetiva* para qualquer espécie de atividade estatal, é inegável que a questão central passa a ser o reconhecimento do *nexo causal* entre a *omissão* e o *dano* verificado. É justamente o tema da *causalidade* que domina os votos proferidos pelos Ministros do Supremo Tribunal Federal por ocasião do julgamento do Recurso Extraordinário 608.880/MT, o qual gerou o *Tema 362* da repercussão geral[8].

---

[7] Dispõe o art. 927 do Código Civil: "Art. 927. Aquele que, por ato ilícito (arts. 186 e 187), causar dano a outrem, fica obrigado a repará-lo. Parágrafo único. Haverá obrigação de reparar o dano, independentemente de culpa, nos casos especificados em lei, ou quando a atividade normalmente desenvolvida pelo autor do dano implicar, por sua natureza, risco para os direitos de outrem".

[8] STF, Plenário, Recurso Extraordinário 608.880/MT, Rel. Min. Marco Aurélio, Redator do Acórdão Min. Alexandre de Moraes, julgado em 08.09.2020. A ementa do julgado é a seguinte: "CONSTITUCIONAL E ADMINISTRATIVO. RESPONSABILIDADE CIVIL DO ESTADO. ART. 37, § 6º, DACONSTITUIÇÃO.

Cap. 37 · A RESPONSABILIDADE CIVIL DO PODER PÚBLICO POR OMISSÃO · 641

2. O CONTROVERSO RECONHECIMENTO DO NEXO CAUSAL ENTRE A OMISSÃO ESTATAL E O DANO SOFRIDO PELA VÍTIMA

O caso posto a desate pelo Plenário do Supremo Tribunal Federal referia-se a um latrocínio cometido por um cidadão que, detentor de extensa folha de antecedentes criminais, cumpria pena privativa de liberdade, em regime *fechado*, em uma penitenciária estadual, até conseguir empreender fuga. Segundo se depreende dos autos, a fuga ocorreu em 10 de novembro de 1999 e, em 28 de fevereiro de 2000, o evadido, juntamente com outros criminosos "encapuzados e armados", invadiram a residência e efetuaram disparos contra a vítima, de quarenta e cinco anos de idade, a fim de poder subtrair "valor em espécie e talão de cheques". Consta que após o fato, isto é, em 09 de março de 2000, o autor do crime foi novamente capturado pela polícia.

A ação de reparação foi movida pela viúva e filhos da vítima, os quais reclamavam, em face do Estado do Mato Grosso, a reparação dos danos materiais e morais decorrentes da perda do ente querido. O ente público foi condenado nas duas instâncias ordinárias, tendo o TJMT elaborado a seguinte ementa:

> RECURSO DE APELAÇÃO – INDENIZAÇÃO POR DANOS MORAIS E MATE-RIAIS – LATROCÍNIO –RESPONSABILIDADE OBJETIVA DO ESTADO – MORTE PERPETRADA POR PRESO SOB SUA CUSTÓDIA –AUSÊNCIA DE VIGILÂNCIA – REQUISITOS DEMONSTRADOS – EXCESSO DE CONDENAÇÃO –AUSÊNCIA DE PROVA – HONORÁRIOS ADVOCATÍCIOS – MANUTENÇÃO – OBEDIÊNCIA AO ARTIGO 20, PARÁGRAFO 4º, DO CÓDIGO DE PROCESSO CIVIL – SENTENÇA MANTIDA – RECURSO IMPROVIDO. Em regra geral, a responsabilidade civil do Estado é objetiva, bastando para a sua configuração a comprovação do dano, do fato

PESSOA CONDENADA CRIMINALMENTE, FORAGIDA DO SISTEMA PRISIONAL. DANO CAU-SADO A TERCEIROS. INEXISTÊNCIA DE NEXO CAUSAL ENTRE O ATO DA FUGA E A CONDUTA DANOSA. AUSÊNCIA DE DEVER DE INDENIZAR DO ESTADO. PROVIMENTO DO RECURSO EXTRAORDINÁRIO.1. A responsabilidade civil das pessoas jurídicas de direito público e das pessoas jurídicas de direito privado prestadoras de serviço público baseia-se no risco administrativo, sendo objetiva, exige os seguintes requisitos: ocorrência do dano; ação ou omissão administrativa; existência de nexo causal entre o dano e a ação ou omissão administrativa e ausência de causa excludente da responsabilidade estatal. 2. A jurisprudência desta CORTE, inclusive, entende ser objetiva a responsabilidade civil decorrente de omissão, seja das pessoas jurídicas de direito público ou das pessoas jurídicas de direito privado prestadoras de serviço público. 3. Entretanto, o princípio da responsabilidade objetiva não se reveste de caráter absoluto, eis que admite o abrandamento e, até mesmo, a exclusão da própria responsabilidade civil do Estado, nas hipóteses excepcionais configuradoras de situações liberatórias como o caso fortuito e a força maior ou evidências de ocorrência de culpa atribuível à própria vítima. 4. A fuga de presidiário e o cometimento de crime, sem qualquer relação lógica com sua evasão, extirpa o elemento normativo, segundo o qual a responsabilidade civil só se estabelece em relação aos efeitos diretos e imediatos causados pela conduta do agente. Nesse cenário, em que não há causalidade direta para fins de atribuição de responsabilidade civil extracontratual do Poder Público, não se apresentam os requisitos necessários para a imputação da responsabilidade objetiva prevista na Constituição Fede-ral – em especial, como já citado, por ausência do nexo causal. 5. Recurso Extraordinário a que se dá provimento para julgar improcedentes os pedidos iniciais.

Tema 362, fixada a seguinte tese de repercussão geral: "Nos termos do artigo 37, § 6º, da Constituição Federal, não se caracteriza a responsabilidade civil objetiva do Estado por danos decorrentes de crime praticado por pessoa foragida do sistema prisional, quando não demonstrado o nexo causal direto entre o momento da fuga e a conduta praticada".

PROBLEMAS DE DIREITO CIVIL – *Homenagem aos 30 anos de cátedra do professor Gustavo Tepedino*

administrativo e do nexo de causalidade entre eles, não afastando a objetividade a responsabilidade decorrente de omissão in vigilando. Estando incontroverso nos autos que certo detento descumpriu as regras do regime semiaberto de cumprimento de pena, tendo fugido e delinquido, demonstrados o dano, bem como o fato administrativo e o nexo de causalidade, referindo-se à conduta omissiva do Estado que deixou de exercer vigilância de preso sob sua custódia, o que impõe a sua condenação ao pagamento de indenização por danos morais, materiais e pensão. A condenação por danos morais se baseia na resposta ao agravo sofrido pela parte requerente, em face da dor, vergonha, sofrimento, tristeza e etc., constituída de forma injusta por outrem, porém, a quantia arbitrada, deve ser justa, na tentativa de se reparar o dano e não trazer um enriquecimento ao autor da ação.

Pela ementa transcrita percebe-se, embora de forma pouca clara, a afirmação da responsabilidade civil *objetiva* do Poder Público, tendo havido equívoco, porém, quanto ao regime prisional em que se encontrava o foragido, uma vez que, como já afirmado, este cumpria pena em regime *fechado* e não semiaberto.

Passando à análise da decisão proferida pelo STF, deve ser destacado, em primeiro lugar, o tempo decorrido entre o reconhecimento da repercussão geral, por meio de decisão publicada em 18 de setembro de 2013, e o efetivo julgamento do mérito, o que somente ocorreu em 08 de setembro de 2020[9]. De todo modo, em seu voto, o Ministro Relator (Marco Aurélio), após destacar a "extensa folha penal" do autor do latrocínio, afirma que a responsabilidade civil do ente público é inquestionável no presente caso, em especial pelo evidente nexo causal entre a omissão do Estado e o crime praticado. Colhe-se de seu voto a seguinte passagem:

> Salta aos olhos o nexo de causalidade. Havendo empreendido fuga, veio o detento a incidir em nova prática criminosa, resultando, do assalto, do roubo implementado, a morte de cidadão chefe de família. Tem-se a responsabilidade estatal tal como a reconheceram o Juízo e o Tribunal de Justiça do Estado de Mato Grosso. Este sustenta óptica impossível de conceber-se como respaldada na ordem jurídica – a existência de ato de terceiro.
>
> Sim, o Estado não praticou o crime de roubo seguido de morte. Falhou, em ato de serviço. Claudicou no que lhe incumbia manter preso o agente, sendo impensável contexto a ensejar fuga. Eis a origem da responsabilidade. Salta aos olhos o nexo de causalidade.
>
> A causa remota do dano, indireta, está na omissão do Estado, no que lhe cabe a manutenção da custódia de preso a cumprir pena em regime fechado. Não se trata de saída do presídio, considerado o regime semiaberto, quando, então, inexistente seria o nexo de causalidade, levando-se em conta a postura estatal e o crime.

O último parágrafo transcrito chama a atenção por dois aspectos: a) o julgador parece considerar que a omissão do Estado foi, em verdade, uma causa *remota*, *indireta* do dano; b) o Ministro Relator entende que a existência do nexo causal entre a omissão estatal e o dano verificado depende do regime prisional em que se encontrava o evadido da prisão.

---

[9] Eis a ementa da decisão proferida quando do reconhecimento da *repercussão geral* da questão (Tema 362): "RESPONSABILIDADE CIVIL DO ESTADO – DANO DECORRENTE DE CRIME PRATICADO POR PRESO FORAGIDO. Possui repercussão geral a controvérsia acerca da responsabilidade civil do Estado em face de dano decorrente de crime praticado por preso foragido, haja vista a omissão no dever de vigilância por parte doente federativo".

Se bem compreendido o primeiro aspecto, seria possível afirmar um abandono do consagrado entendimento do próprio STF no sentido de que o direito brasileiro reconheceria a "teoria do dano direto e imediato" como aquela consagrada pelo revogado art. 1.060 do Código Civil de 1916, hoje estampada no art. 403 do vigente diploma normativo[10].

O segundo aspecto, a saber, a natureza do *regime prisional* no momento da fuga, realmente se mostrou relevante para o julgador, o qual, inclusive, propôs o seguinte enunciado para fins de repercussão geral: "O Estado responde por danos materiais e morais, ante a ocorrência de roubo seguido de morte, quando o agente criminoso *vinha cumprindo pena em regime fechado*, tendo empreendido fuga, considerado o local em que custodiado" (grifou-se).

Esta circunstância foi também destacada pelo Ministro Edson Fachin, o segundo a votar, tendo o mesmo, citando entendimento de Marçal Justen Filho, feito distinção entre "danos que decorrem diretamente de uma infração a dever jurídico", – o que caracterizaria um ilícito omissivo *próprio* –, e danos decorrentes da não adoção de cautelas necessárias para evitar a sua ocorrência, o que caracterizaria um ilícito omissivo *impróprio*. Tal visão teria o mérito de garantir uma *unidade interpretativa* para o citado art. 37, § 6º, uma vez que "a reprovabilidade diante da omissão imprópria é idêntica àquela que se coloca, tanto nos casos de responsabilidade por ação, quanto nos casos de responsabilidade por omissão própria".

A seguir, o Ministro Edson Fachin passa a analisar esta distinção à luz do *regime prisional* em que determinado autor do dano se encontrava antes de empreender fuga, salientando que, caso fosse um regime *aberto* ou *semiaberto*, seria configurada uma omissão *imprópria*, cabendo "à parte que alega o dano procurar demonstrar que o Estado deixou de adotar as medidas cabíveis dele razoavelmente expectáveis. Exemplificativamente, ter-se-ia a necessidade de se demonstrar a inexistência ou o aparelhamento inadequado dos órgãos de segurança pública, a ausência de número adequado de agentes penitenciários etc.". Tal raciocínio se justifica como forma de evitar que o Estado possa se transformar "em verdadeiro segurador universal, ignorando as premências, dificuldades e limitações da concretude".

Diferentemente ocorre, segundo o mesmo julgador, na hipótese em que o evadido cumpria pena em regime *fechado*, pois, neste caso, seria possível afirmar a ocorrência de uma omissão *própria* do Poder Público. A consequência seria transferir para o *ente público* o *ônus de provar* a *inexistência* do nexo causal entre a sua omissão e o dano verificado. Merece transcrição a seguinte passagem do voto:

> No presente caso, porém, trata-se de nítida hipótese de omissão própria, tendo em vista que o Estado ao chamar para si a persecução penal e, por conseguinte, a aplicação da pena privativa de liberdade a ser cumprida em regime fechado, não apenas se atribui a importante responsabilidade de efetivamente resguardar a plenitude da dignidade do condenado que se encontra sob sua tutela, mas igualmente a responsabilidade específica de mantê-lo segregado do convívio social. Diante disso, somente é possível afastar a responsabilidade civil objetiva do Estado diante de omissão própria em face do dever de manter segregado em regime fechado nas hipóteses em que o Poder Público efetivamente comprove a inexistência de nexo de causalidade entre a sua omissão específica e o resultado danoso perfectibilizado no mundo fático decorrente da fuga que o antecede.

---

[10] Recorde-se o dispositivo: "Art. 403. Ainda que a inexecução resulte de dolo do devedor, as perdas e danos só incluem os prejuízos efetivos e os lucros cessantes por efeito dela direto e imediato, sem prejuízo do disposto na lei processual".

644 PROBLEMAS DE DIREITO CIVIL – *Homenagem aos 30 anos de cátedra do professor Gustavo Tepedino*

Por fim, o mesmo Ministro refuta a tese manejada pelo ente público no sentido de que, como o crime foi praticado *três meses* após a fuga, estaria afastado o nexo casual entre a omissão estatal e resultado danoso, sendo este, portanto, um *fato de terceiro*. O voto proferido esclarece que tal *lapso temporal* "não é hábil, por si só, para afastar a incidência da responsabilidade. Isso porque o Estado não demonstrou o porque seu dever, próprio e específico, de manter a segregação do preso que cumpre pena em regime fechado, teria resultado de fato de terceiro". E conclui:

> Não se desincumbiu o Estado, ao menos diante do acertamento fático que prevaleceu no acórdão recorrido, do ônus de demonstrar a excepcionalidade da fuga do autor do crime que, ao fim e ao cabo, acabou por vitimar o senhor Vilson Lebtag, parente dos Recorridos. Ou seja, não demonstrou que, não obstante tenha adotado todas as medidas cabíveis e dele razoavelmente expectáveis para evitar a fuga do autor do crime, não tenham elas sido suficientes por razões absolutamente extraordinárias e alheias ao seu agir. Dessa forma, há que prevalecer a compreensão de que houve uma falha estatal de seu dever próprio e específico de manter condenado devidamente custodiado[11].

Os dois votos aqui recordados, ambos reconhecendo o *nexo causal* entre a omissão estatal e o dano verificado, restaram, porém, *vencidos*, tendo prevalecido a divergência inaugurada pelo Ministro Alexandre de Moraes[12]. O "Redator do Acórdão" inicia seu voto reconhecendo que, conforme precedentes do próprio STF, a responsabilidade civil estatal, mesmo na hipótese de *omissão*, tem natureza *objetiva*. Contudo, cita, a seguir, autores de direito administrativo que expressamente utilizam como argumento para afastar a responsabilidade civil estatal a não verificação do "elemento culposo" ou da "culpa do serviço". Somente um pouco mais à frente é que o mesmo Ministro retoma o fundamento da responsabilidade *objetiva*, afirmando, que, se "não há causalidade direta para fins de atribuição de responsabilidade civil extracontratual do Poder Público, não se apresentam os requisitos necessários para a imputação da responsabilidade objetiva prevista na Constituição Federal, em especial, como já citado, por ausência do 'nexo causal', como exige o SUPREMO TRIBUNAL FEDERAL".

E, para demonstrar a ausência de "causalidade direta", o Ministro Alexandre de Moraes fundamenta o seu voto no consagrado precedente de 1992, qual seja, o Recurso Extraordinário 130.764/PR da relatoria do Ministro Moreira Alves. Após transcrever a ementa desse último julgado, o Ministro Relator assevera que "(i) o intervalo entre fato administrativo e o fato típico (critério cronológico) e (ii) o surgimento de causas supervenientes independentes (v.g., formação de quadrilha), que deram origem a novo nexo causal, contribuíram para suprimir a relação de causa (evasão do apenado do sistema penal) e efeito (fato criminoso)".

---

[11] Coerentemente com essa conclusão, propõe o Ministro Edson Fachin a seguinte tese para fins de repercussão geral: "O Estado pode ser objetivamente responsabilizado por dano decorrente de crime praticado por preso foragido que cumpria pena em regime fechado (art. 5º, XLVI, a, primeira parte, CRFB; art. 32, I, CP) por inobservância do seu dever específico de manter o condenado devidamente segregado do convívio social, dever esse cujo não atendimento constitui ilícito omissivo próprio, admitindo-se a comprovação pelo Poder Público de causa excludente do nexo de causalidade entre a sua omissão e o dano sofrido pela vítima, exonerando-o, nessa hipótese, do dever de reparação".

[12] Em verdade, foram também vencidas as Ministras Cármen Lúcia e Rosa Weber. Acompanharam a vitoriosa divergência inaugurada pelo Ministro Alexandre de Moraes os Ministros Dias Toffoli, Gilmar Mendes, Ricardo Lewandowski, Luiz Fux, Roberto Barroso. Não participou do julgamento o Ministro Celso de Mello. Contudo, só foram publicados os votos analisados no presente estudo.

Cap. 37 • A RESPONSABILIDADE CIVIL DO PODER PÚBLICO POR OMISSÃO | 645

Por fim, após citar mais alguns precedentes das Turmas do STF, – dentre os quais o já citado Recurso Extraordinário 130.764/PR –, o Ministro Alexandre de Moraes conclui que não haveria nexo causal entre a "omissão genérica" do Estado e o crime cometido por evadido da prisão (resultado danoso). Contudo, parece ser determinante para esse raciocínio o *tempo decorrido* entre a fuga e o dano, uma vez que, no entender do mesmo Ministro, se o dano ocorrer "com a fuga em curso" ou "em razão dela", seria verificada uma "omissão específica" do ente público, atraindo para este a responsabilidade civil pelo dano verificado. Merece transcrição, nesse sentido, a seguinte passagem do voto vencedor:

> Por fim, ressalte-se que a presença da indicação de suposta omissão genérica – conforme verificado na consolidada jurisprudência do STF acima citada – afasta a aplicação, para a presente hipótese, de precedente da CORTE, onde "o crime foi cometido com a fuga em curso ou em razão dela", que se convolaria em omissão específica, como na hipótese versada nos autos do RE 136.247 (Rel. Min. SEPÚL-VEDA PERTENCE, *DJ* de18/8/2000), em que preso escoltado pela Polícia Militar do Estado do Rio de Janeiro conseguiu empreender fuga e imediatamente tirou a vida do sogro, "ocorrendo uma sequência lógica e imediata entre um fato e outro, um imediato relacionamento entre esses acontecimentos", sendo deferida indenização à viúva e filhos menores da vítima.

A reforçar a importância assumida pela *passagem do tempo* entre a omissão estatal e o dano verificado pode ser recordada a *tese* ao final consagrada para fins de repercussão geral (Tema 362), *verbis*:

> Nos termos do artigo 37 §6º da Constituição Federal, não se caracteriza a responsabilidade civil objetiva do Estado por danos decorrentes de crime praticado por pessoa foragida do sistema prisional, quando não demonstrado o nexo causal direto entre o *momento da fuga* e a conduta praticada (grifou-se).

3. UMA POSSÍVEL SOLUÇÃO. NECESSÁRIA (RE)INTERPRETAÇÃO DA TEORIA DO DANO DIRETO E IMEDIATO PARA A HIPÓTESE DE OMISSÃO ESTATAL

Tal entendimento, porém, não parece ser o melhor, uma vez que submete a apreciação do nexo causal a um critério eminentemente (talvez se possa dizer, *exclusivamente*) cronológico. De fato, ainda que se possa sustentar que o direito brasileiro tenha adotado a teoria da causa *direta* e *imediata*, certo é que são admitidas algumas situações de danos *indiretos* reparáveis, o que, por si só, enfraquece o argumento da *imediatidade* do dano ressarcível[13].

---

[13] A questão foi, mais uma vez, muito bem esclarecida pelo professor Gustavo TEPEDINO que, em obra recente ("Nexo de causalidade e o dano indireto no direito brasileiro", in *Da Estrutura à Função da Responsabilidade Civil*, organizada por Fernanda Ivo Pires, Indaiatuba, Foco, 2021, p. 238), recordou que a expressão "causalidade direta e imediata" deve ser evitada, dando-se preferência a uma "subteoria" desta, denominada de "causalidade *necessária*". De fato, com arrimo na doutrina de Agostinho Alvim, e após recordar situações de *dano indireto* reparáveis, tais como aquela do art. 948, inciso II, do Código Civil, afirma o professor: "Segundo a subteoria da necessariedade da causa, 'suposto certo dano, considera-se causa dele a que lhe é próxima ou remota, mas, com relação a esta

PROBLEMAS DE DIREITO CIVIL – *Homenagem aos 30 anos de cátedra do professor Gustavo Tepedino*

Assim, tornar reparáveis pelo Poder Público somente os danos que tenham ocorrido no *momento da fuga* é, quase sempre, afastar a possibilidade de reparação da vítima de crimes cometidos por evadidos da prisão, fato, infelizmente, não tão excepcional na realidade brasileira.

Dessa forma, devem ser buscados *outros critérios* que possam, ao mesmo tempo, evitar que o Poder Público se transforme em um *segurador universal*, mas que também sejam capazes de abranger situações de danos *evitáveis* pelo ente estatal. Nesse sentido, um bom norte para o intérprete foi apresentado pelo Ministro Edson Fachin em seu voto vencido, tendo o mesmo, como visto, diferenciado a omissão *imprópria*, – hipótese em que a *vítima* deve "demonstrar que o Estado deixou de adotar as medidas cabíveis dele razoavelmente expectáveis" –, e a omissão *própria*, quando o ônus da prova é transferido para o *ente público*, devendo este demonstrar "a inexistência de nexo de causalidade entre a sua omissão específica e o resultado danoso".

Assim posta a questão, deve ser observado que a apontada classificação da omissão em *própria* e *imprópria* não está ligada, unicamente, ao *regime prisional* em que se encontrava o evadido, mas pode resultar de outros fatores, tais como uma *reiterada omissão* estatal em cumprir a legislação em vigor. Tal situação não se mostra inédita, mas pode ser colhida em um precedente do mesmo Supremo Tribunal Federal.

Trata-se do que foi decidido pela Segunda Turma no julgamento do Recurso Extraordinário 409.203/RS[14]. No caso, determinado cidadão que havia sido condenado por crime de furto cumpria a pena em regime *aberto*. Ocorre que, após ser considerado *foragido* por sete vezes – visto que não realizara o "recolhimento noturno" determinado pelo Código Penal[15] – o cidadão ingressou em uma casa por volta das quatro horas da madrugada e, portando arma de fogo, exigiu que as duas moradoras (mãe e filha) lhe entregassem dinheiro. Com a negativa, o foragido terminou por praticar o crime de estupro da filha, que contava, à época dos fatos, com 12 anos de idade. Ela e sua mãe ingressaram com uma ação de reparação de *danos morais* em face do Estado do Rio Grande do Sul, tendo o pedido sido julgado procedente em primeira instância, mantida a condenação do ente público em sede de reexame necessário.

última, é mister que ela se ligue ao dano diretamente. Ela é causa necessária desse dano, porque ele a ela se filia necessariamente; é causa única, porque opera por si, dispensadas outras causas. Assim, é indenizável todo o dano que se filia a uma causa, ainda que remota, desde que ela lhe seja causa necessária, por não existir outra que explique o mesmo dano'. Atribui-se a certa causa o dever de reparar se (e somente se) o evento danoso é dela efeito necessário. Vale dizer, se o resultado danoso resultou necessariamente do comportamento ou atividade que, assim, é considerado seu deflagrador causal. O dever de reparar, em última análise, surge exatamente quando o evento danoso é efeito necessário de certa causa".

[14] STF, Segunda Turma, Recurso Extraordinário 409.203/RS, Rel. Min. Carlos Velloso, Relator para o Acórdão Min. Joaquim Barbosa, julgado em 07.03.2006, em cuja ementa se lê: "(...). Impõe-se a responsabilização do Estado quando um condenado submetido a regime prisional aberto pratica, em sete ocasiões, falta grave de evasão, sem que as autoridades responsáveis pela execução da pena lhe apliquem a medida de regressão do regime prisional aplicável à espécie. Tal omissão do Estado constituiu, na espécie, o fator determinante que propiciou ao infrator a oportunidade para praticar o crime de estupro contra menor de 12 anos de idade, justamente no período em que deveria estar recolhido à prisão. Está configurado o nexo de causalidade, uma vez que se a lei de execução penal tivesse sido corretamente aplicada, o condenado dificilmente teria continuado a cumprir a pena nas mesmas condições (regime aberto), e, por conseguinte, não teria tido a oportunidade de evadir-se pela oitava vez e cometer o bárbaro crime de estupro. Recurso extraordinário desprovido".

[15] Recorde-se, nesse sentido, o disposto no art. 36, § 1º, do Código Penal: "Art. 36. (...). § 1º – O condenado deverá, fora do estabelecimento e sem vigilância, trabalhar, frequentar curso ou exercer outra atividade autorizada, permanecendo recolhido durante o período noturno e nos dias de folga".

Cap. 37 • A RESPONSABILIDADE CIVIL DO PODER PÚBLICO POR OMISSÃO | **647**

No julgamento levado a cabo pelo STF, o Ministro Relator (Carlos Velloso) cita precedentes do próprio Tribunal nos quais foi afastada a responsabilidade estatal, seja por força da não verificação da chamada *culpa do serviço*, seja por força da não verificação do *nexo causal*, em especial nos casos em que se afirmou que referida responsabilidade, mesmo na hipótese de omissão estatal, tem natureza *objetiva*. Dentre os últimos precedentes, mais uma vez é recordado o multicitado Recurso Extraordinário 130.764/PR. E conclui, aparentemente confundindo a visão *subjetiva* ("falha do serviço") e a concepção *objetiva*, fundada na ausência de nexo de causalidade:

> Não há dúvida que, no caso, houve falha do serviço, a **faute du service** dos franceses. Esta, todavia, não prescinde da demonstração do nexo de causalidade. É dizer, no caso, deveria estar demonstrado o nexo de causalidade entre a fuga do apenado e o lamentável fato ocorrido, certo que há de ser observada a teoria, quanto ao nexo de causalidade, do dano direto e imediato.
>
> Não há possibilidade, portanto, da adoção, no caso sob julgamento, da falha do serviço (original grifado).

Esta visão, porém, resta vencida, uma vez que a maioria dos julgadores acaba acompanhando a divergência aberta pelo Ministro Joaquim Barbosa, Relator para o Acórdão. Em seu voto, este Ministro afirma não desconhecer o fato de que o autor do crime estava cumprindo pena em regime *aberto*, diferentemente do que se verificou no *leading case* originário do Paraná. Assim, o destaque é dado ao fato de o meliante ter continuado a cumprir a pena em regime *aberto*, sem que fosse, portanto, corretamente aplicada a legislação em vigor, especialmente o dispositivo que determina a *regressão* de regime prisional para aquele que pratica novo crime ou comete *falta grave*[16]. Afirma, de fato, o julgador:

> Ora, o nexo de causalidade, no caso, parece-me patente. Se a lei de execução penal houvesse sido aplicada com um mínimo de rigor, o condenado dificilmente teria continuado a cumprir a pena nas mesmas condições que originariamente lhe foram impostos. Por via de consequência, não teria tido a oportunidade de evadir-se pela oitava vez e cometer o bárbaro crime que cometeu, num horário em que deveria estar recolhido ao presídio.
>
> O nexo causal, a meu ver, está presente no caso.
>
> Por outro lado, não vislumbro, neste, semelhanças com outros casos em que a jurisprudência da Corte afasta a responsabilidade do Estado em razão de ato omissivo. Na maioria dos casos em que é afastada a responsabilidade estatal, há sempre um

---

[16] Sobre a "regressão de regime" deve ser inicialmente recordado o disposto no art. 33, § 2º, do Código Penal: "Art. 33. (...). § 2º – As penas privativas de liberdade deverão ser executadas em forma progressiva, segundo o mérito do condenado, observados os seguintes critérios e ressalvadas as hipóteses de transferência a regime mais rigoroso: (...)".
Especificamente quanto ao tema dispõe o art. 118 da "Lei de Execução Penal" (Lei 7.210/1984): "Art. 118. A execução da pena privativa de liberdade ficará sujeita à forma regressiva, com a transferência para qualquer dos regimes mais rigorosos, quando o condenado: I – praticar fato definido como crime doloso ou falta grave; II – sofrer condenação, por crime anterior, cuja pena, somada ao restante da pena em execução, torne incabível o regime (artigo 111). § 1º O condenado será transferido do regime aberto se, além das hipóteses referidas nos incisos anteriores, frustrar os fins da execução ou não pagar, podendo, a multa cumulativamente imposta. § 2º Nas hipóteses do inciso I e do parágrafo anterior, deverá ser ouvido previamente o condenado".

elemento sutil a descaracterizar a causalidade direta: ora o elemento tempo, ora a circunstância de ter sido o crime praticado por condenado fugitivo em parceria com outros delinquentes fugitivos.

A existência do *nexo causal* entre a reiterada omissão estatal (não regressão de regime) e o crime praticado também é apontada pela Ministra Ellen Grace, a qual, inclusive, reconhece a "imediatidade" entre o ato omissivo e o trágico desfecho verificado, *verbis*:

> Verifico no caso a imediatidade da conexão entre o ato omissivo dos agentes estatais e o grave episódio danoso que vitimou a pequena Jaqueline. O agressor cumpria pena em regime semiaberto (*sic*) por delito de furto. Já computava sete episódios de fuga quando, no dia 03.04.2001 (fls. 73), novamente deixou de recolher-se à noite ao estabelecimento prisional. Somente por inação dos agentes estatais, ainda não se havia procedido a regressão de regime em decorrência das fugas sucessivas, o que veio afinal a ocorrer, após a tragédia que afligiu a família e, em especial, a menor de 12 anos.

> Por isso, com vênia do eminente relator, não considero que o caso corresponda ao paradigma fixado no RE 130.764, no qual diversas concausas, além da *faute du service*, se conjugaram para produzir o evento danoso. Aqui, se os agentes do poder público houvessem antecipadamente cumprido com suas atribuições, o apenado deveria estar encarcerado na noite em que agrediu mãe e filha. A omissão se coloca, portanto, como causa material suficiente a permitir que o evento danoso ocorresse. Assim, o dever de indenizar exsurge de forma inafastável.

Por fim, o último voto publicado foi o do Ministro Celso de Mello que, após citar autores e precedentes favoráveis à responsabilidade civil *objetiva* do Poder Público, seja na hipótese de ação, seja na de omissão, afirma que:

> **As circunstâncias** do presente caso – *apoiadas* em pressupostos fáticos *soberana-mente* reconhecidos pelo Tribunal de Justiça local (...) – **evidenciam** que o nexo de causalidade material **restou plenamente configurado** *em face do comportamento omissivo* em que incidiu o Poder Público, *que se absteve* de promover a fiscalização do cumprimento da pena pelo autor do fato, *que já havia fugido em 7 (sete) oportu-nidades.* **Essa omissão** do Estado do Rio Grande do Sul *foi causa direta* **do evento danoso.** *Diante das inúmeras fugas* do condenado, a autoridade competente *tinha o dever de ser mais vigilante e de promover* a regressão do sentenciado em referência no regime de cumprimento da pena. *Se* o Estado assim houvesse agido, *procedendo* com diligência *em face* dos incidentes *anteriormente* registrados, o apenado em questão *teria sido submetido* a regime penal *mais* gravoso, *o que o teria impedido* de praticar os delitos gravíssimos que veio a cometer.

> *A omissão* do Poder Público local, *além* de profundamente censurável, *revelou-se* causa suficiente à eclosão dos eventos delituosos perpetrados por referido sentenciado, *do que resultou* – ante a falha evidente do Estado no cumprimento de sua obrigação de fiscalizar – *a prática* de violência pessoal, *inclusive* estupro, *contra* as moradoras de uma residência **em que este mesmo sentenciado veio**, criminosamente, a ingressar **durante** a fuga que empreendeu (original grifado).

O que se depreende dos dois últimos votos, portanto, é o reconhecimento de que a omissão estatal pode sim ser considerada uma "causa direta e imediata" do dano infligido a um particular por um "fugitivo" do sistema penitenciário. Trata-se, em suma, de uma *releitura* do disposto no art.

Cap. 37 • A RESPONSABILIDADE CIVIL DO PODER PÚBLICO POR OMISSÃO | 649

1.060 do revogado diploma civil, norma praticamente repetida no vigente art. 403[17]. A formulação teórica, em verdade, não mudou, mas parece haver sim um *legítimo espaço interpretativo* para que, em razão de elementos fáticos distintos, se chegue a uma conclusão diversa daquela estabelecida no tão citado (e vetusto) precedente (Recurso Extraordinário 130.764/PR)[18].

Nesse sentido, repita-se, parece ser possível afirmar que o *decurso do tempo* entre, por exemplo, a fuga do apenado (fruto da omissão estatal) e o dano por este praticado *não* deve ser visto como um critério *decisivo*, cumprindo recordar aqui o afirmado por Gustavo Tepedino, Aline de Miranda Valverde Terra e Gisela Sampaio da Cruz Guedes:

> Não é, portanto, a distância temporal entre o dano e a conduta do agente que rompe o nexo causal, mas, sim, a interferência de outra cadeia causal independente. A interrupção do nexo de causalidade pode ocorrer por fato exclusivo de terceiro, da própria vítima ou por um evento de caso fortuito ou de força maior. Assim, os desdobramentos do evento danoso que, temporalmente, estão distantes da conduta do agente são também passíveis de ressarcimento, contanto que sejam consequência direta e imediata de um ato ilícito ou de uma atividade perigosa objetivamente considerada, isto é, contanto que estejam ligados à conduta do agente por uma cadeia causal que não tenha sofrido qualquer interrupção. Em regra, conforme salienta Agostinho Alvim, os danos remotos não são indenizáveis, porque quase sempre deixam de ser efeito necessário, em decorrência do aparecimento de concausas, mas, se isso não ocorrer, eles devem ser indenizados. Para a análise do nexo de causalidade, não é, pois, a *distância temporal* que importa, mas antes a *distância lógica* que separa o dano da conduta do agente (grifou-se)[19].

Lamenta-se, dessa forma, que a *tese jurídica* recentemente formulada pelo STF ao julgar o Recurso Extraordinário 608.880/MT tenha expressamente feito referência ao *momento da fuga*

---

[17] Recorde-se o dispositivo: "Art. 403. Ainda que a inexecução resulte de dolo do devedor, as perdas e danos só incluem os prejuízos efetivos e os lucros cessantes por efeito dela direto e imediato, sem prejuízo do disposto na lei processual".

[18] Foi o que também se verificou no Agravo Regimental no Recurso Extraordinário 573.595/RS (Segunda Turma, Rel. Min. Eros Grau, julgado em 24.06.2008), em cuja ementa se lê: "(...). 1. A negligência estatal na vigilância do criminoso, a inércia das autoridades policiais diante da terceira fuga e o curto espaço de tempo que se seguiu antes do crime são suficientes para caracterizar o nexo de causalidade. 2. Ato omissivo do Estado que enseja a responsabilidade objetiva nos termos do art. 37, § 6º, da Constituição do Brasil". No caso, consta dos autos que, após o decurso de 25 dias da terceira fuga do meliante, este veio a cometer o crime de latrocínio. Assim, foi reconhecido o nexo causal entre a reiterada omissão estatal e o dano verificado.

[19] Gustavo TEPEDINO, Aline de Miranda Valverde TERRA, Gisela Sampaio da Cruz GUEDES, *Fundamentos do Direito Civil*, vol. 4, Rio de Janeiro, Forense, 2020, pp. 90-91.
Afirma, igualmente, o professor Gustavo TEPEDINO ("Nexo de causalidade e o dano indireto no direito brasileiro", cit., p. 243), com sua clareza habitual: "Com isso, reitera-se, em boa hora, a necessidade de análise criteriosa do nexo causal, independentemente da imputação subjetiva ou objetiva do dever de reparar. Nessa perspectiva, convém repisar, não é a distância temporal entre o dano e a conduta do agente que rompe o nexo de causalidade, mas a interferência de outra cadeia causal independente. A interrupção do nexo pode decorrer de fato exclusivo de terceiro, da própria vítima ou por evento de caso fortuito ou de força maior. Assim, os desdobramentos do evento danoso que, temporalmente, estão distantes da conduta do agente são também passíveis de ressarcimento, desde que sejam consequência direta e imediata do ato ilícito ou da atividade perigosa objetivamente considerada, isto é, contanto que estejam ligados à conduta do agente por cadeia causal que não tenha sofrido qualquer interrupção".

650 | PROBLEMAS DE DIREITO CIVIL – *Homenagem aos 30 anos de cátedra do professor Gustavo Tepedino*

como um critério *temporal* relevante para a afirmação da responsabilidade civil estatal por danos causados por evadidos da prisão. Trata-se, por certo, de uma visão extremamente *restritiva* do que se pode entender por causalidade *direta e imediata* (ou *interrupção do nexo causal*), bastando verificar os critérios adotados nos votos vencidos de referido julgamento, – bem como nos votos vencedores proferidos no julgamento do Recurso Extraordinário 409.203/RS –, para que se constate, como dito, uma legítima *margem interpretativa* da norma constitucional (art. 37, § 6º), *sem* que se possa afirmar que a reparação devida tenha contemplado alguma espécie de dano *indireto ou remoto*.

CONCLUSÃO

Pode-se, então, concluir esta breve reflexão reconhecendo que, nada obstante o afirmado na tese jurídica relativa à responsabilidade civil estatal decorrente de danos causados por evadidos da prisão (Tema 362 da Repercussão Geral), deve continuar a ser reconhecida em favor do julgador uma boa margem de discricionariedade.

A própria afirmação teórica da *causalidade direta e imediata* (ou da *interrupção do nexo causal*), ainda que sob a forma da *subteoria da necessariedade*, já confere ao intérprete esta *liberdade*, a qual *não* deve ser limitada pelo receio de uma *panresponsabilização* estatal, ou pela transformação do ente público em um *segurador universal*, receio que não se justifica uma vez que são admitidas, como visto, as excludentes do nexo causal. Trata-se, em suma, de encontrar a *justa prudência* na análise da situação *fática* posta a debate, obedecidos, em todos os casos, os ditames e valores constitucionalmente consagrados.

38

A RESPONSABILIDADE CIVIL DO ADVOGADO SOB A PERSPECTIVA CIVIL-CONSTITUCIONAL

THAITA CAMPOS TREVIZAN

Sumário: Da relação jurídica entre advogado e cliente. A atividade advocatícia no Código de Defesa do Consumidor. Classificação das obrigações do advogado. Hipóteses frequentes de responsabilização e novas tendências.

Recebi o convite para participar dessa coletânea em homenagem aos trinta anos de Cátedra do nosso maestro soberano do Direito Civil, Professor Gustavo Tepedino e logo me recordei do dia em que após uma aula de docência noturna na UERJ, durante o mestrado, peguei um carona com ele e durante o trajeto ele retirou um bloquinho do bolso e de uma forma genuína falou: "Querida, lembrei da sua dúvida quanto ao tema da dissertação e anotei uma ideia. Pensei que temos tantos trabalhos sobre a responsabilidade civil do profissional liberal, mas a maioria da área médica e me perguntei porque não escrevemos sobre a nossa atividade jurídica por excelência, a advocacia? O que acha do tema da responsabilidade civil do advogado?"

Eu não titubeei e na hora acatei a sugestão não só porque acredito piamente na riqueza da temática e na escassez de doutrina especializada no assunto, mas porque me senti tão importante por ser objeto de lembrança do meu ídolo do direito civil, que destinou parte seu tempo para pensar em um tema para uma jovem aluna, que no auge dos vinte e quatro anos somente sabia que queria escrever sobre Responsabilidade Civil. Pois bem; a ideia do bloquinho virou tema, que virou livro, resumido neste artigo.

Pensarmos sobre a possibilidade de responsabilização dos advogados possui evidente interesse prático em razão direta da importância social atribuída à atividade da advocacia, sendo, paralelamente, campo fértil para a análise das recentes transformações passadas pela Responsabilidade Civil brasileira tradicional, baseada em alicerces de tradição liberal-individualista, para uma nova Responsabilidade Civil, comprometida com os valores da solidariedade social e dignidade da pessoa humana, consagrados na Constituição da República de 1988.

Pode-se dizer que após o advento da Carta Magna de 1988, angariou-se ao teor semântico de atuação ética deste profissional o caráter político-social. Assim, como verdadeiro agente político, o advogado deve promover não só uma atuação transparente, como também tem o dever de buscar um bom resultado social, ultrapassando os anseios estritamente particulares das demandas, na medida em que seu exercício assume caráter de função essencial à administração da justiça através do art.133 do texto constitucional[1].

Concomitante a esse processo de alteração dos reflexos sociais da conduta do advogado, observou-se uma crescente aceleração quantitativa e qualitativa das demandas de serviços advocatícios em uma sociedade plural, multifacetada, e marcada pelo contínuo incremento dos interesses merecedores de tutela, não só em razão das múltiplas diferenças valorativas que carrega, mas também em função dos avanços tecnológicos que a imprimem, o que implica em um aumento do número de conflitos e, consequentemente, do número de erros cometidos por advogados no exercício da profissão.

Se os aspectos sociais do assunto parecem bem delineados, o mesmo não se pode afirmar em relação ao equacionamento do tema por parte da doutrina e da jurisprudência. Além das mutações fáticas e legislativas introduzidas pelo Código Civil de 2002, as alterações promovidas no arcabouço axiológico-normativo do nosso ordenamento com o advento da Constituição de 1988 também não podem ser esquecidas nessa tentativa de reanálise funcionalizada das bases normativas da responsabilidade civil do advogado.

No tocante à responsabilização por erros cometidos por profissionais liberais, o nosso ordenamento jurídico acolhe a concepção subjetiva da responsabilidade, uma vez que exige a comprovação de atitude culposa para a configuração do dever de indenizar. No entanto, essa concepção tradicional não permaneceu imune às alterações sofridas pela teoria geral da responsabilidade civil, sendo essa evolução sentida, precipuamente, no conceito atualmente conferido à culpa – que foi gradativamente evoluindo da ideia de culpa estrito *sensu* para a concepção de culpa presumida.

Nessa toada, a própria noção de culpa profissional é modificada, assumindo contornos mais objetivos e uma concepção normativa. Com efeito, é mitigada a própria dicotomia tradicional entre responsabilidade civil objetiva e subjetiva, que insiste em permear os trabalhos e debates sobre a responsabilização do advogado.

Outra tendência da responsabilidade civil contemporânea que também deve ser considerada no tocante à responsabilização do advogado é a recente e ainda incipiente, diga-se de passagem, mitigação da classificação entre as obrigações de meio e de resultado. Sob uma concepção tradicional e amplamente adotada pela doutrina e jurisprudência, a diferenciação das obrigações entre aquelas de meios e de resultados enseja distintos tratamentos em matéria de responsabilidade.

Isso porque, em relação ao profissional que assume uma obrigação de meios, cultiva-se o entendimento de que a ele só deve ser imputada a obrigação de indenizar o cliente se agiu com culpa. No entanto, se assumiu uma obrigação de resultados, pode ser responsabilizado objetivamente, caso não o tenha alcançado.

Na área causídica, por exemplo, diz-se que o advogado que atua na seara contenciosa assume obrigações de meios, somente sendo responsabilizado quando comprovadamente tiver agido com

---

[1] "Ao lado da indispensável fidelidade ao cliente, há de ir diretamente ao encontro do interesse coletivo. (....) Desse modo, a partir da CF/88, não mais se pode pensar em advocacia como atividade profissional liberal independente, livre, voltada exclusivamente para a satisfação e o arbítrio ilimitado de seu agente, como se pudesse dissociar-se de sua função social obrigatória...". É a opinião de Jurandir Sebastião in *A responsabilidade civil do Advogado e o ônus da prova*. Revista Jurídica: órgão nacional de doutrina, jurisprudência, legislação e crítica judiciária. Ano 55, nº 351, janeiro de 2007, pp. 22/23.

Cap. 38 • A RESPONSABILIDADE CIVIL DO ADVOGADO SOB A PERSPECTIVA CIVIL-CONSTITUCIONAL | 653

culpa, enquanto o advogado consultivo, que presta consultorias e emite pareceres, assume obrigações de resultados, sendo objetivamente responsabilizado caso não preste o serviço nos termos previamente ajustados.

Incitando a atenção dos estudiosos do direito para a necessidade de analisar funcionalmente essa diferenciação, pondera Gustavo Tepedino a respeito da

> tendência mais atual do direito das obrigações, a temperar a distinção entre obrigações de meio e de resultado. Afinal, diga-se entre parênteses, o princípio da boa-fé objetiva, aplicado ao direito das obrigações, iluminado pelos princípios da dignidade da pessoa humana e da solidariedade social, consagrados na Constituição Federal, congrega credor e devedor nos deveres de cumprir (e de facilitar) o cumprimento das obrigações. Se assim é, ao resultado esperado pelo credor, mesmo nas chamadas obrigações de meio, não pode ser alheio o devedor. E, de outro lado, o insucesso na obtenção do fim proposto, nas chamadas obrigações de resultado, não pode acarretar a responsabilidade *tout court*, desconsiderando-se o denodo do devedor e os fatores supervenientes que, não raro, fazem gerar um desequilíbrio objetivo entre as prestações, tornando excessivamente oneroso o seu cumprimento pelo devedor[2].

Enquanto a doutrina tradicional defende que de maneira geral o advogado assume obrigações de meios, pois não pode se comprometer a ganhar a demanda, sob uma concepção abstrata do direito de ação, para aqueles que contratam serviços advocatícios, talvez essa percepção não seja tão simples, inclusive, por falta de informação. Não é a toa que o dever de informar e o consentimento informado também merecem nossa atenção.

Por isso, questiona-se a funcionalidade dessa dicotomia, ao se identificar a finalidade como um dos elementos ínsitos à obrigação. Isso porque, quem contrata um advogado não busca a excelência dos meios empregados, mas o resultado, no grau mais alto de probabilidade. "Quanto mais renomado o advogado, mais provável é o resultado, no senso comum do cliente. Repita-se: mais provável e não necessariamente favorável"[3].

DA RELAÇÃO JURÍDICA ENTRE ADVOGADO E CLIENTE

Em passagem clássica de sua obra, o célebre processualista Piero Calamandrei não se enganou ao dizer que o advogado consegue ser como um artista, ou seja, um intérprete sensível da verdade narrada pelo seu cliente[4]. E, de fato, percebemos que o advogado atua cotidianamente como um verdadeiro psicólogo de seus clientes, motivo pelo qual a relação estabelecida entre ambos, por vezes, adquire um caráter complexo.

---

[2] TEPEDINO, Gustavo. A responsabilidade médica na experiência brasileira contemporânea. In: *Temas de Direito Civil*, tomo II. Rio de Janeiro: Renovar, 2006, p. 89.

[3] LÔBO, Paulo Luiz Netto. Responsabilidade civil do advogado. Revista de Direito Privado. São Paulo, n. 10, abr./jun. 2002, p. 218.

[4] O advogado, tal como o artista, pode ter o dom de descobrir e revelar os mais inesperados e os mais secretos aspectos da verdade. Pode, por isso, dar aos profanos – que não têm idêntica faculdade – a impressão de que os fatos que relata com amorosa fidelidade são de sua invenção. Mas o advogado não altera a verdade se consegue tirar dela aqueles elementos mais característicos, que escapam ao vulgo. Não é justo acusá-lo de trair a verdade quando, pelo contrário, consegue ser como o artista, o intérprete sensível. CALAMANDREI, Piero. Eles os juízes vistos por nós, os advogados. Lisboa: Livraria Clássica, 1940, p. 98.

É claro que também existem aqueles que conseguem um amplo distanciamento, suficiente para impedir seu envolvimento pessoal com a causa, até mesmo em razão da matéria tratada, já que um advogado tributarista dificilmente se envolverá emocionalmente com a causa, tal qual um advogado de direito de família. Na verdade, os tipos de relações são múltiplos e diretamente proporcionais aos diferentes profissionais que podem ser encontrados no mercado.

Muito embora seja pacífica a caracterização da atividade do advogado como privada, a função social que lhe foi atribuída pela Constituição Federal é fator precursor de algumas dúvidas. Nesse sentido, o Estatuto da Ordem dos Advogados do Brasil estabeleceu em seu artigo 2º que "no seu ministério privado, o advogado presta serviço público e exerce função social". Trata-se, portanto, de uma atividade privada, que se sujeita às particularidades do interesse público.

Com efeito, não pode o advogado ser reduzido à figura do mandatário de direito privado, pois além de ser um representante dos interesses das partes – diga-se de passagem, um representante necessário – também age no interesse público de realização da justiça, finalidade última de todo processo litigioso[5].

Claro que a advocacia de caráter público, exercida pelos profissionais que fazem parte de instituições como as Defensorias Públicas, Procuradorias federais, estaduais e municipais e também das autarquias, angariou forte sentido à função social da advocacia[6]. No entanto, foge ao âmbito da temática proposta pelo presente trabalho por duas razões principais: primeiro porque inexiste relação contratual entre a Defensoria Pública e a pessoa por ela assistida e, segundo, porque a relação entre a Administração direta e indireta da União, dos Estados e dos Municípios e os advogados das instituições que as defendem em juízo se estabelece por força estatutária.

Com efeito, eventual prejuízo causado aos jurisdicionados e à própria administração pública em razão da má-atuação dos membros dessas instituições deve ser analisado sob o manto da Responsabilidade Civil do Estado.

Já o reconhecimento do caráter contratual da relação que se estabelece entre o advogado privado e seus clientes é quase unânime[7]. Isso porque, normalmente, o profissional vincula-se juridicamente e com certa anterioridade em virtude de um contrato, sendo a responsabilidade, aí então, decorrente do não cumprimento das obrigações nascidas a partir desse liame contratual.

De toda sorte, porém, também se reconhece o dever de indenizar a partir de relações extracontratuais, uma vez que o ordenamento jurídico pátrio possibilita a responsabilização por qualquer ato antijurídico perpetrado[8], seja ilícito ou abusivo. Basta pensar, por exemplo, nos casos

---

[5] Nessa direção, Fábio Konder Comparato assevera que "O *munus público* da advocacia marcado pelo monopólio do *ius postulandi* privado em todas as instâncias, com raras exceções, bem demonstra que a atividade judicial do advogado não visa – apenas ou primariamente – à satisfação de interesses privados, mas à realização da justiça"(COMPARATO, Fábio Konder. A função do advogado na administração da justiça. In Revista dos Tribunais, nº694, Agosto de 1993, p. 45).

[6] Não vamos discutir aqui se a atividade da Defensoria Pública caracteriza ou não advocacia pública, a despeito da Emenda Constitucional nº 80, que conferir autonomia administrativa à Defensoria Pública, e tampouco a manifestação do STFno sentido de que a atividade do defensor público não configura advocacia pública.

[7] Em Roma, as profissões liberais, dada a nobreza de que se achavam impregnadas, tidas como *res inestimabilis*, estavam fora do comércio e não podiam ser objeto de contrato. Sob o ponto de vista histórico é uma posição interessante, por demonstrar o valor atribuído ao advogado romano, mas que em nada influencia o claro e pacífico entendimento hodierno de que é contratual a relação entre o advogado e seus clientes. Cf. in VASSILIEFF, Sílvia. Responsabilidade Civil do Advogado. Belo Horizonte: Del Rey, 2006, p. 37.

[8] A simples leitura dos artigos 186, 187 e 927 do Código Civil de 2002 possibilita esse entendimento.

em que a parte lesada por ato do advogado é a parte adversária de seu constituinte ou até mesmo terceiros, interessados ou não.

O reconhecimento do caráter contratual da relação entre o advogado e seus clientes, contudo, não impediu que se continuasse a invocar dispositivos relativos à responsabilidade aquiliana para apreciar a responsabilidade dos profissionais liberais, através de uma indisfarçável influência do Código Napoleônico[9].

Atribui-se à mencionada atitude ao fato de o profissional gozar de certa independência na execução dos contratos. Assim, alega-se que quando ele faz mal uso de tal liberdade desponta a responsabilidade aquiliana. Dessa forma, ao lado da responsabilidade contratual, existiria também a responsabilidade extracontratual, decorrente, portanto, do abuso dessa liberdade de atuação que é assegurada ao profissional em nome de sua independência técnico-funcional.

Ou seja, a existência de obrigações legais paralelas ao contrato daria ensejo a obrigações de características *sui generis*, cujo não cumprimento atrairia a responsabilidade aquiliana, independentemente da contratual[10]. Tal pensamento teria influenciado, ainda, a ideia de se impor aos profissionais liberais tão somente o dever de agir com prudência, diligência e perícia, noção essa que restara consubstanciada a partir da distinção entre as obrigações de meio e resultado.

No que concerne ao tipo contratual apto a regulamentar a relação entre advogado e o cliente, a despeito da legislação que hoje rege a matéria, as dúvidas giram em torno da figura jurídica utilizada para regulamentar a atuação dos procuradores em juízo, conhecida como mandato judicial, pois, ao mesmo tempo em que possui características ínsitas ao contrato de mandato, em outros aspectos se aproxima do contrato de prestação de serviços.

No entanto, percebe-se que as divergências podem ser atribuídas ao olhar eminentemente estrutural que se tem conferido ao tema, na medida em que a indispensabilidade da representação judicial em juízo – instrumentalizada a partir da procuração *ad juditia* – tem sido confundida com a figura contratual que venha a regulamentar a relação profissional pactuada entre o advogado e o cliente, no intuito de estabelecer o valor e as condições de pagamento, assim como o objeto e o tempo do contrato. Saliente-se que esse contrato pode ser escrito ou verbal[11], diferentemente da procuração judicial, cujas particularidades são estabelecidas pelo Código de Processo Civil[12].

---

[9]   Não é a toa que se continua a invocar o art. 186 do Código Civil para justificar a responsabilização dos advogados. Ou seja, somente diante dos casos em que age com imprudência, com negligência ou com imperícia, se reconhece o dever do profissional de indenizar seu cliente por sua má-atuação.

[10]   Cf. in REPRESAS, Felix Alberto Trigo. Responsabilidad Civil del Abogado, p. 125 e 126. Vale deixar claro que esta contenda será melhor explicitada no próximo capítulo, oportunidade em que discorreremos sobre as classificações em matéria de responsabilidade. Por ora, nos ateremos à natureza jurídica da relação estabelecida entre os advogados e os clientes.

[11]   Vale ressaltar que os honorários devem ser estabelecidos por escrito, sob pena de cometimento de infração disciplinar disposta no artigo 36, II do Código de Ética e Disciplina. Aliás, o contrato verbal não poderá ser alvo de análise pelo Tribunal de Ética e Disciplina (TED) da OAB, cuja competência se restringe às relações estabelecidas através de contrato escrito. Nesse sentido, o seguinte julgado do TED da OAB/ES: INCOMPETENCIA DO TED/OAB. CONTRATO VERBAL. O TED/OAB não possui competência para dirimir conflito entre cliente e advogado sobre o pagamento de honorários advocatícios não escritos. Tal atribuição é exclusiva do Poder Judiciário. A celebração por escrito de contrato de honorários advocatícios consiste em medida imposta pelo Código de Ética e Disciplina e ausência deste implica em infração disciplinar. Procedência parcial da representação com a aplicação da pena de censura nos termos do art. 36, II do EAOAB. DECISÃO UNÂNIME (PROCESSO 93.650-06, 2º Turma, relatora Dra. Juliana Paes Andrade, julgado em 31/07/2007).

[12]   Vide artigos 103 a 107 e 287 do Código de Processo Civil.

Assim, diante do caso concreto, é possível identificar dois negócios jurídicos a serem estabelecidos pelo advogado e seus respectivos clientes. O primeiro, de caráter indispensável e de características formais estabelecidas em lei, representado pela figura da procuração judicial – também conhecida como mandato judicial. E o segundo, de caráter facultativo, sem forma e tipo contratual previamente exigidos em lei, cuja função é estabelecer as condições de serviço e de pagamento e eventuais cláusulas especiais. Na prática, no entanto, muitas vezes os dois negócios jurídicos são englobados por um só tipo contratual, o que tem dado azo às aludidas dissonâncias doutrinárias.

Nesse sentido, a fim de evitar as confusões e a criação de falsas divergências, acreditamos que a atitude mais sensata é a identificação da normativa aplicável diante do caso concreto, na melhor perspectiva civil constitucional de interpretar.

Em outras palavras, sendo a representação ainda considerada por muitos como instituto ínsito ao contrato de mandato, é fácil perceber porque a doutrina insiste em classificá-lo como o tipo adequado a reger a relação advogado-cliente, muito embora a representação seja uma técnica de atuação que pode estar presente em qualquer relação contratual. Ademais, é pelo mesmo motivo que se confunde a procuração judicial também denominada de mandato judicial, instrumento da representação, com o contrato de mandato que pode vir a regular a relação entre o advogado e o constituinte[13].

Além da indispensabilidade da representação, é imperioso mencionar outro elemento da relação advogado-cliente que permanece imune aos variáveis tipos contratuais. Seria a causa dessa relação consubstanciada na confiança que deve marcar a relação entre o constituinte e o seu patrono[14]. E tal fidúcia é traduzida pelas seguintes palavras de Gustavo Tepedino[15],

> No mandato judicial, assim como no ordinário ou extrajudicial, o elemento fiduciário compõe a causa contratual. Com efeito, a escolha do mandatário para atuar em juízo emerge de qualidades intelectuais que o mandante reconhece no procurador, já que quando se escolhe um advogado, tem-se em vista sua cultura, experiência, habilidade, reputação, etc.

---

[13]   A despeito do legislador não ter assumido expressamente a autonomia da representação frente ao contrato de mandato, ele deixou inúmeros indícios dessa independência, inclusive a partir da aceitação da interposição como técnica de atuação jurídica, vislumbrada a partir dos contratos de comissão, agência e corretagem, em que não há representação, mas tão somente atuação em nome próprio do corretor, do agente e do comissário. Cf., in SCHREIBER, Anderson. A representação no Código Civil. A parte geral do novo Código Civil. Estudos na perspectiva civil-constitucional. Gustavo Tepedino (coordenador). Rio de Janeiro: Renovar, 2002, p. 243.

[14]   Um estudo aprofundado acerca da causa dos negócios jurídicos, poderia nos levar a concluir que na relação advogado-cliente a causa sempre assumirá caráter dúplice em razão da própria dualidade que caracteriza o exercício da profissão, conforme já mencionado. Assim, se sob uma perspectiva bettiana a causa da relação advogado-cliente se identifica com a função social de administração da justiça, estabelecida pela própria Constituição Federal, sob um viés pugliattiano, a causa concreta identifica-se, sobretudo, com a confiança que o cliente deve depositar em seu patrono, confiança essa formalizada através da procuração judicial, premissa indispensável ao exercício da advocacia. Cf. in TREVIZAN, Thaita Campos. A responsabilidade Civil do advogado sob a perspectiva civil constitucional. Vitória/ES: Edufes, 2013, p. 53/54.

[15]   TEPEDINO, Gustavo. Comentários ao novo código civil, v.X: das várias espécies de contrato, do mandato, da comissão, da agência e distribuição, da corretagem, do transporte/Gustavo Tepedino; coordenador: Sálvio de Figueiredo Teixeira. – Rio de Janeiro: Forense, 2008, p. 197.

Cap. 38 • A RESPONSABILIDADE CIVIL DO ADVOGADO SOB A PERSPECTIVA CIVIL-CONSTITUCIONAL | **657**

Tem-se, portanto, na fidúcia, um requisito invariável. Nessa toada, preceitua o Código de Ética como deveres do advogado: I – preservar, em sua conduta, a honra, a nobreza e a dignidade da profissão, zelando pelo seu caráter de essencialidade e indispensabilidade; II – atuar com destemor, independência, honestidade, decoro, veracidade, lealdade, dignidade e boa-fé; III – velar por sua reputação pessoal e profissional; IV – empenhar-se, permanentemente, em seu aperfeiçoamento pessoal e profissional; V – contribuir para o aprimoramento das instituições, do Direito e das leis; VI – estimular a conciliação entre os litigantes, prevenindo, sempre que possível, a instauração de litígios; VII – aconselhar o cliente a não ingressar em aventura judicial; VIII – abster-se de: a) utilizar de influência indevida, em seu benefício ou do cliente; b) patrocinar interesses ligados a outras atividades estranhas à advocacia, em que também atue; c) vincular o seu nome a empreendimentos de cunho manifestamente duvidoso; d) emprestar concurso aos que atentem contra a ética, a moral, a honestidade e a dignidade da pessoa humana; e) entender-se diretamente com a parte adversa que tenha patrono constituído, sem o assentimento deste. IX – pugnar pela solução dos problemas da cidadania e pela efetivação dos seus direitos individuais, coletivos e difusos, no âmbito da comunidade[16].

Além das imposições de conduta explícitas, outras decorrem dos princípios éticos aplicáveis às profissões forenses de uma maneira geral. Tais princípios são objetos do estudo do que se convencionou chamar de Deontologia Forense, Deontologia Jurídica ou Deontologia das Profissões Jurídicas e dentre eles podemos citar: o princípio da conduta ilibada, da dignidade e do decoro profissional, da incompatibilidade, do coleguismo, da correção profissional, da diligência, do desinteresse, da confiança, da fidelidade, da independência profissional, da reserva, da lealdade e da verdade[17].

Os preceitos éticos do advogado, por fim, são sabiamente resumidos por Renato Nalini[18]:

> Na lealdade para com o constituinte. Por essa lealdade o advogado há de se inteirar da causa, conferir-lhe o melhor tratamento técnico, empenhar-se para fazer jus à confiança do cliente, representando-o da melhor maneira técnica e estratégica, sem prejudicar a sua independência, recordando-se de que ao advogado o cliente não dá ordens. Profissionais liberais há que, quando vinculados contratualmente a uma obrigação de resultado, podem receber ordens de quem os contratou. Já os advogados, subordinados a uma obrigação de meios, não recebem ordens. Estão eticamente sujeitos a desenvolver o melhor de si na boa representação dos clientes, procurando a justiça em primeiro lugar, o interesse do constituinte em seguida, mas nada podendo promoter quanto ao resultado de sua lide.

Na atuação contenciosa, justamente por não poder garantir ao cliente o resultado da lide, tem o advogado o dever precípuo de informá-lo acerca dos riscos da demanda, aludindo às estratégias

---

[16] Art. 2º, parágrafo único do Código de Ética e Disciplina da OAB. A título de curiosidade, em consulta na data do dia 22/02/2021 à OAB/ES, verificou-se que em uma amostragem de 14,46% dos processos em curso no ano de 2021 (ou seja, 409 dos 1.445 processos em andamento), os incisos mais violados do art.34, que estabelece em mais de vinte incisos as infrações disciplinares, e que deram ensejo às representações por clientes insatisfeitos foram: IX – prejudicar, por culpa grave, interesse confiado ao seu patrocínio (45 processos); XI – abandonar a causa (70 processos); XX – locupletar-se (...) à custa do cliente ou da parte adversa, por si ou interposta pessoa (31 processos); XXI – recusar-se (...) a prestar contas [...] (51 processos); XXII – reter, abusivamente, ou extraviar autos recebidos com vista ou em confiança (70 processos); e XXV – manter conduta incompatível com a advocacia (75 processos).

[17] Cf. in NALINI, José Renato. Ética geral e profissional. São Paulo: RT, 1999, p. 172-190.

[18] NALINI, José Renato. Ética geral e profissional. São Paulo: RT, 1999, p. 224.

processuais passíveis de serem adotadas, bem como os possíveis caminhos que o feito pode seguir. Essa concepção do dever de informar, no entanto, é fruto do avanço do conhecimento e da ampliação e diversificação das fontes de acesso ao mesmo. Nesse contexto, também despontam valores fundamentais como a autonomia privada, também chamada de autonomia negocial ou liberdade jurídica, tão preconizada pelo direito privado contemporâneo[19].

Diante desse cenário, portanto, cabe entender que o constituinte deve receber a informação adequada do profissional, de modo a decidir inteligentemente sobre o curso da ação que pretende conferir ao seu caso. Nesse sentido, a aplicabilidade do conceito de consentimento informado, amplamente estudado em matéria de relações entre profissionais de saúde e seus pacientes, não resulta alheio aos vínculos estabelecidos entre os advogados e seus clientes, importando a revisão dos alcances de certos deveres tradicionais.

Na verdade, o direito à informação está no elenco dos direitos básicos do consumidor: "informação adequada e clara sobre os diferentes produtos e serviços, com especificação correta de quantidade, características, composição, qualidade, tributos incidentes e preço, bem como sobre os riscos que apresentem" (art. 6º, III, do CDC). A informação tem por finalidade dotar o cliente de elementos objetivos de realidade que lhe permitam dar, ou não, o consentimento. É o chamado consentimento informado, considerado, hoje, pedra angular no relacionamento do advogado com o seu cliente.

Se o direito à informação é direito básico do consumidor[20], em contrapartida, o dever de informar[21] é também um dos principais deveres do prestador de serviços. Dever, este, corolário do princípio da boa-fé objetiva, que se traduz na cooperação, na lealdade, na transparência, na correção, na probidade e na confiança que devem existir nas relações advogado-cliente. A informação deve ser completa, verdadeira e adequada, pois somente esta permite o consentimento informado.

O dever de informar dos profissionais liberais, por conseguinte, relaciona-se, sobretudo, aos conhecimentos técnicos que eles possuem e à confiança que os clientes neles depositam. A falta de informação, por via de consequência, agrava a situação de deficiência técnica do consumidor leigo, restringindo seu campo de autonomia.

---

[19] Podemos observar que nossa doutrina por vezes utiliza de forma aleatória as expressões "autonomia privada", "autonomia da vontade" e" liberdade contratual". No entanto, precisar esses conceitos é tarefa indispensável ao intérprete sob a ótica civil-constitucional, na medida em que a diferenciação dos termos absolutos com que a autonomia era encarada sob a ótica voluntarista-contratual faz-se premente diante da análise funcional das situações existenciais. Cf. in BARBOZA, Heloisa Helena. Reflexões sobre a autonomia negocial in "O direito e o tempo". Gustavo Tepedino (Org.). Rio de Janeiro: Renovar, 2008, p. 408. Sobre o tema, valorosas ponderações são feitas por Rose Melo Vencelau Meireles: "Autonomia privada significa autoregulamentação de interesses, patrimoniais e não patrimoniais. Trata-se de um princípio que confere juridicidade àquilo que for definido pelo titular para o regramento de seus interesses, por meio das vicissitudes jurídicas relacionadas às situações subjetivas respectivas. Importante ressaltar que esse autoregramento somente alça juridicidade porque assim reconhecido no mundo jurídico, não simplesmente porque emana da vontade". (in, MEIRELES, Rose Melo Vencelau, in Autonomia Privada e Dignidade Humana. Rio de Janeiro:Renovar, 2009, p. 74 e ss).

[20] O direito de informação (art. 6º, III, do CDC) está diretamente ligado ao reconhecimento da vulnerabilidade do consumidor e da necessidade de garantir sua efetiva liberdade de contratar, cuja importância está disposta pelo próprio texto constitucional, em seu artigo 5º, incisos XIV, XXXIII, LXXII.

[21] Além disso, o dever de informar está disposto pelo CDC em diversas passagens: i) art. 4º, IV, 8º, e 9º; ii) regras informativas da responsabilidade civil (art. 12, 14); iii) regras vinculativas da informação como integrantes do contrato (art. 30, 31, 36, 37 e 38); iv) regra assecuratória do princípio da cognoscibilidade (art. 46).

Cap. 38 • A RESPONSABILIDADE CIVIL DO ADVOGADO SOB A PERSPECTIVA CIVIL-CONSTITUCIONAL | 659

E é justamente na autonomia que se fundamenta a ideia de consentimento informado, cuja origem decorre da observância aos parâmetros éticos na pesquisa com seres humanos, ditados não só pelo Código de Nuremberg (1947), mas também pela Declaração Universal dos Direitos Humanos (1948), pelos Códigos Deontológicos e de Ética Médica, pelas Diretrizes Internacionais propostas para a Pesquisa Biomédica em Seres Humanos (1985) e pela Convenção Europeia dos Direitos do Homem e da Biomedicina. No direito brasileiro, por sua vez, o consentimento informado é previsto expressamente na Resolução CNS nº 196/96 e 251/97, e em outras resoluções específicas, que também contemplam as orientações de caráter internacional.

É consenso que todas essas premissas em relação ao consentimento informado foram desenvolvidas dentro da perspectiva da área médica[22]. No entanto, é possível e até louvável trazer esses postulados para a relação advogado-cliente. Sobre a aplicabilidade desse conceito, nesse sentido, se manifesta Sandra M. Wierzba[23]:

> A noção exposta resulta perfeitamente aplicável às relações entre advogados e clientes e é lógico que assim seja, pois o titular do direito será quem vai sofrer as consequências e suporto dos gastos derivados do tramite imposto a sua causa. O consentimento informado compreende então dois aspectos e supõe a imposição ao profissional de dois deveres: a) por um lado, o profissional deve obter o consentimento do interesado para levar adiante uma estratégia. b) por outro, o advogado deve revelar informação adequada ao seu cliente de maneira tal que lhe permita participar inteligentemente da tomada de decisão sobre a ação proposta.

Nessa direção, como consequência direta e imediata do consentimento informado, tem-se a possibilidade do cliente rechaçar a proposta e/ou estratégia do advogado. Mas o quê e até quanto deve informar o advogado?

Considera-se razoável aferir que o cliente tem o direito a receber informações claras e suficientes sobre a natureza e os objetivos da ação proposta para a defesa de seu direito; sobre os riscos mais importantes e frequentes, dentre os quais a possibilidade de perder o feito e o dever de pagamento das custas e honorários de sucumbência – cujo risco restou sopesado pelo advento do CPC de 2015, que elevou sobremaneira a importância conferida ao valor da causa no que tange à fixação das verbas sucumbenciais –, bem como a possibilidade de sofrer a execução de seus bens; sobre os benefícios esperados e as estratégias alternativas. A exteriorização do consentimento será verbal, em geral, não obstante, para efeito de provas, seja mais conveniente contar com uma declaração por escrito acerca da anuência através de um termo[24].

---

[22] O conceito de consentimento informado, concebido inicialmente dentro do contexto da prestação de serviços médicos, foi entendido como uma declaração de vontade efetuada por um paciente, que logo depois de receber as informações suficientes quanto ao procedimento ou intervenção cirúrgica que lhe fora proposto como tratamento adequado, decide prestar sua conformidade e submeter-se a tal procedimento ou intervenção. Na França, principalmente, essa obrigação foi objeto de regulamentação detalhada pela lei de 4 de março de 2002, relativa ao direito dos enfermos e à qualidade do sistema de saúde (VINEY, Geneviève. As tendências atuais do direito da responsabilidade civil. In "Direito Civil Contemporâneo. TEPEDINO, Gustavo. Org. São Paulo: Atlas, 2008, p. 49).

[23] WIERZBA, Sandra M. Responsabilidad Civil del Abogado. Buenos Aires: Hammurabi, 2006, p. 43.

[24] WIERZBA, Sandra M. Responsabilidad Civil del Abogado. Buenos Aires: Hammurabi, 2006, p. 46. A autora complementa, asseverando que ainda que a legislação específica que rege a atividade advocatícia não estabeleça uma forma rígida para a exteriorização do consentimento informado, pode resultar apropriada sua verificação por escrito, por tratar-se de uma profissão caracterizada por uma formalidade. No

Ao dissertar sobre a responsabilidade civil do médico, Gustavo Tepedino elencou em três categorias os deveres desse profissional, quais sejam: i) dever de fornecer ampla informação quanto ao diagnóstico e ao prognóstico; ii) o emprego de todas as técnicas disponíveis para a recuperação do paciente, aprovadas pela comunidade científica e legalmente permitidas; iii) a tutela do melhor interesse do enfermo em favor de sua dignidade e integridade física e psíquica[25].

Em uma clara analogia ao elenco de deveres supramencionados, podemos também agrupar em três categorias os deveres dos advogados: a) o dever de fornecer ampla informação quanto às possibilidades de êxito ou não da demanda, bem como acerca dos caminhos a serem seguidos – sejam eles contenciosos ou não; b) o emprego de todas as técnicas possíveis para o êxito da demanda, desde que consoantes à legislação e à jurisprudência dominante, tendo como norte o menor ônus possível ao cliente, tanto em perspectiva de duração razoável do processo quanto de gastos econômicos com custas, preparos e honorários sucumbenciais; c) a tutela do melhor interesse do cliente, tendo em vista seu direito material e sua dignidade em quaisquer de seus quatro substratos (liberdade, integridade psicofísica, igualdade e solidariedade).

Diante do exposto, vê-se que o dever de informar e o consentimento informado são categorias jurídicas intrinsecamente ligadas. Com efeito, descumprindo o advogado o dever de informação e, com isso, causando um prejuízo efetivo ao seu cliente, é perfeitamente possível a configuração do dever de indenizar na medida em que violado um *standard* comportamental. Isso porque a obrigação de informar está diretamente relacionada à finalidade do serviço advocatício, de modo que seu descumprimento configura um inadimplemento obrigacional.

A ATIVIDADE ADVOCATÍCIA NO CÓDIGO DE DEFESA DO CONSUMIDOR

A despeito da aplicabilidade do Código de Defesa do Consumidor à relação advogado-cliente ser admitida por boa parte da doutrina e da jurisprudência, o tema não passa imune às divergências doutrinárias e jurisprudenciais.

Para Paulo Luiz Netto Lôbo, ao profissional liberal se aplicam todas as regras e princípios incidentes à relação de consumo, exceto quanto a não ser responsabilizado sem ficar caracterizada sua culpa, afastando-se a responsabilidade objetiva que prevalece contra os demais prestadores de serviço. Conclui, ainda, que em relação ao advogado, aplica-se a teoria da culpa presumida[26]. Em

---

original: "La nocion expuesta resulta perfectamente aplicable a las relaciones entre abogados y clientes, y es lógico que así sea, pues el titular del derecho será quien sufra las conseqüências y soporte los gastos derivados del trámite impuesto a su causa. El consentimiento informado comprende entonces dos aspectos y supone la imposición al profesional de dos deberes: a) Por un lado, el profesional debe obtener el consentimiento del interesado para llevar adelante una estrategia. b) Por otro, el abogado debe revelar información adecuada a su cliente de manera tal que le permita a este participar inteligentemente en la toma de decisión sobre la acción propuesta".

[25] TEPEDINO, Gustavo. A responsabilidade médica na experiência brasileira contemporânea. In: Revista Trimestral de Direito Civil. Rio de Janeiro: Palma. Ano 01, v. 02, 2000, p. 46-47.

[26] LOBO, Paulo Luiz Neto. Responsabilidade civil do advogado. *Revista de Direito Privado*. São Paulo, n. 10, abr./jun. 2002, p.212. Segundo o autor, a responsabilidade culposa *tout court* dos profissionais liberais é incompatível com o sistema de proteção do consumidor, sendo a culpa presumida a hipótese que melhor se encaixa ao caso, na medida em que constitui um avanço na tendência evolutiva que aponta para a necessidade de não deixar o dano sem reparação.

Cap. 38 · A RESPONSABILIDADE CIVIL DO ADVOGADO SOB A PERSPECTIVA CIVIL-CONSTITUCIONAL | **661**

suma: o afastamento de tal atividade do âmbito de abrangência da responsabilidade objetiva não implica a não incidência do CDC[27]. Tratam-se, pois, de assuntos diversos.

Diferentemente, Justino Magno de Araújo entende que a responsabilidade do advogado não deve ser interpretada nos estritos limites do §4º do art. 14, impondo-se levar em consideração também a teoria objetiva, de acordo com o espírito que rege as relações de consumo, sob pena de comprometimento do princípio de proteção ao consumidor, estabelecido no art. 170, V da Constituição Federal[28].

Por sua vez, de maneira mais enfática, Roberto Senise Lisboa defende que se houver dano patrimonial ou econômico ao cliente, a responsabilidade do profissional liberal será objetiva, por força do art. 20 do CDC, que em nenhum momento cogita do elemento subjetivo da responsabilidade[29].

Já para Rui Stocco, o § 4º do art. 14 do CDC constitui uma regra de exceção, excluindo do campo de abrangência desta legislação a prestação de serviço dos profissionais liberais ao dispor que "a responsabilidade pessoal dos profissionais liberais será apurada mediante a verificação de culpa". Para o autor, reiterou-se, assim, a responsabilidade por culpa desses profissionais, reforçando a incidência do Código Civil e a delimitação de tal responsabilidade ao âmbito do Estatuto da Advocacia. De acordo com suas próprias palavras, portanto,[30]

> Se o princípio adotado pelo CDC é o da responsabilidade objetiva, ao estabelecer a responsabilidade subjetiva dos profissionais liberais, afastou-os, como exceção, do seu âmbito de abrangência, reconhecendo que estes profissionais são regidos por estatuto

---

[27] Nesse sentido, 11960266 – RECURSO ESPECIAL. Responsabilidade civil do advogado. Profissional liberal. Aplicação do Código de Defesa do Consumidor, art. 14, §4º. Inversão do ônus da prova. Desídia do advogado. Perda de uma chance. Revisão. Revisão da conclusão do acórdão recorrido. Impossibilidade. Súmula 07/STJ. Recurso Especial a que se nega seguimento. (STJ; REsp 1.252.187; Proc. 2011/0099022-7; SC; Terceira Turma; Rel. Min. Paulo de Tarso Sanseverino; *DJe* 18/03/2014).

[28] ARAÚJO, Justino Magno. Aspectos da responsabilidade civil do advogado. *Revista Jurídica*: doutrina, legislação, jurisprudência, v.53, n.337, nov., 2005, p.47. No entanto, o autor é contraditório ao dizer que, pela impossibilidade de se separar completamente a obrigação de meio da de resultado, a melhor interpretação do §4º do art.14 do CDC depende do conteúdo da obrigação. Nessa direção, assevera que caso a obrigação seja de resultado, a prova será do advogado, a partir da adoção da ideia de culpa presumida. Sendo a obrigação de meio, ao cliente caberá demonstrar a culpa do causídico. Vislumbra-se, que apesar de criticar a dicotomia estabelecida entre as obrigações do meio e resultado, o autor a adota a fim de aferir a atribuição do ônus da prova.

[29] LISBOA, Roberto Senise. Responsabilidade Civil nas relações de consumo 2ª Ed., São Paulo: Revista dos Tribunais, 2006, p.252. Vejamos o que dispõe o art. 20 do CDC *in verbis*: Art. 20. O fornecedor de serviços responde pelos vícios de qualidade que os tornem impróprios ao consumo ou lhes diminuam o valor, assim como por aqueles decorrentes da disparidade com as indicações constantes da oferta ou mensagem publicitária, podendo o consumidor exigir, alternativamente e à sua escolha: I – a reexecução dos serviços, sem custo adicional e quando cabível; II – a restituição imediata da quantia paga, monetariamente atualizada, sem prejuízo de eventuais perdas e danos; III – o abatimento proporcional do preço. § 1º A reexecução dos serviços poderá ser confiada a terceiros devidamente capacitados, por conta e risco do fornecedor. § 2º São impróprios os serviços que se mostrem inadequados para os fins que razoavelmente deles se esperam, bem como aqueles que não atendam as normas regulamentares de prestabilidade.

[30] STOCCO, Rui. Responsabilidade civil do advogado à luz das recentes alterações legislativas. Responsabilidade Civil(Grandes Temas da atualidade, v.6). Coord. Eduardo de Oliveira Leite, Álvaro Augusto Cestari e outros. Rio de Janeiro: Forense,2006, p. 521.

próprio, como ocorre com os advogados, na consideração de que a lei que estabeleça disposições gerais (CDC) não revoga a lei especial, ou seja, a lei específica que regulamenta determinadas profissões liberais (LICC, ART2º, §2º). Consequentemente, não há que se falar em presunção de culpa do advogado, nem, portanto, em inversão do ônus da prova...

No mesmo sentido, não podemos deixar de mencionar paradigmático julgado do Superior Tribunal de Justiça, proferido no final do ano de 2003, de relatoria do ministro César Asfor Rocha, que excluiu a atividade dos advogados do âmbito de incidência do CDC, e que depois fora reafirmado em 2005 pelo Min. Aldir Passarinho Júnior[31]. Em tal ocasião frisou-se que:

> Não há relação de consumo nos serviços prestados por advogados, seja por incidência de norma específica, no caso a Lei nº 8.906/94, seja por não ser atividade fornecida no mercado de consumo. As prerrogativas e obrigações impostas aos advogados – como, v. g., a necessidade de manter sua independência em qualquer circunstância e a vedação à captação de causas ou à utilização de agenciador (arts. 31/ § 1º e 34/III e IV, da Lei nº 8.906/94) – evidenciam natureza incompatível com a atividade de consumo (Resp. 532.377, rel. Min. Cesar Asfor Rocha, 4ªT., j. 21/08/2003, DJ13/10/03).

Com a devida vênia, ousamos discordar deste último posicionamento, pois entendemos que à luz do nosso Código de Defesa do Consumidor o advogado é um fornecedor de serviços e seu cliente um consumidor, na medida em que a legislação não exclui a atividade da advocacia de seu contexto, dispondo claramente em seus artigos 2º e 3º quem são os personagens dessa relação de consumo. A despeito do interesse público que rege a realização da justiça, finalidade última do processo litigioso, existe uma prestação de serviços, de caráter privado, entre o advogado e o cliente. Portanto, além das normas de direito civil e de legislação específica que lhe são aplicáveis, hoje o advogado também responde nos termos do CDC.

Por isso, os argumentos utilizados pela mencionada decisão não nos convencem. A existência de legislação específica no que concerne à atividade advocatícia não é causa de inibição da força normativa do CDC, o que inclusive já fora afirmado por essa mesma corte em relação aos contratos de incorporação[32]. Ademais, é consenso que a legislação consumerista estabeleceu um corte horizontal no sistema jurídico, de modo a abranger todas as relações de consumo.

Na verdade, a exceção concedida aos profissionais liberais pelo CDC, no tocante à atividade do advogado, a par da função social que possui, se explica pela independência que caracteriza seu exercício. Liberdade essa garantida em prol do próprio cliente. Deixar de levar em consideração essas particularidades na apuração das faltas desses profissionais, seria reduzi-los a subproduto das relações de consumo[33]. Assim, a opção legislativa pela responsabilidade subjetiva desses profissionais foi acertada e se dá diretamente em razão natureza *intuitu personae* dos serviços advocatícios, que se fundamentam, sobretudo, na confiança pessoal do cliente em seu advogado. Nessa direção, outra particularidade acentuada por Silvia Vassilieff e que não pode ser esquecida.[34]

---

[31] REsp.539.077, de 26/04/2005.

[32] "O contrato de incorporação, no que ele tem de específico é regido pela lei que lhe é própria (Lei 4.591/64), mas sobre ele também incide o Código de Defesa do consumidor, que introduziu no sistema civil princípios gerais que realçam a justiça contratual, a equivalência das prestações, e o princípio da boa-fé objetiva" (STJ, Resp. 80. 036, Rel. Min. Ruy Rosado de Aguiar, 4ª T.).

[33] Nesse sentido, DIAS, Sérgio Novais. Responsabilidade civil do advogado na perda de uma chance. São Paulo: Ltr, 1999, p. 25.

[34] VASSILIEFF, Sílvia. Responsabilidade Civil do Advogado. Belo Horizonte: Del Rey, 2006, p. 46.

Cap. 38 · A RESPONSABILIDADE CIVIL DO ADVOGADO SOB A PERSPECTIVA CIVIL-CONSTITUCIONAL | **663**

É que o contrato entre o advogado e o seu cliente não é de natureza consumerista, não é contrato de adesão, mas contrato privado, negociado individualmente, no qual se vislumbra a igualdade das partes contratantes. Essa característica não é suficiente para afastar a aplicação do CDC, pois a determinação de sua aplicação aos profissionais liberais é explícita no texto desse mesmo código, mas fortalece a justificação da responsabilidade ser subjetiva....

Ou seja, ainda que não se trate de um contrato de adesão, mas de um contrato privado, negociado individualmente diante do caso concreto, não há motivos para defendermos o afastamento da legislação consumerista diante da ausência de incompatibilidade entre as normas do CDC e do Estatuto da Advocacia (Lei nº 8.906/94). Por conseguinte, não deve prevalecer o argumento de que lei posterior especial revoga lei anterior geral, e nesse sentido a presunção de que as normas do CDC no tocante à responsabilidade do profissional liberal teriam sido revogadas pelo Estatuto da OAB.

Tampouco prevalece o argumento de não aplicabilidade do CDC por não ser a relação advogado-cliente relação de consumo, pois assim o é por determinação de norma de ordem pública. Deve-se ter em mente que a incidência do CDC sobre as relações entre os advogados e seus clientes advém de determinação própria. Inadmissível, porém, é a adoção irrefletida dessa imposição pelo intérprete, seja de maneira subsuntiva ou impensada, sem atinar-se para as peculiaridades do caso concreto.

Justamente em virtude do caráter excepcional da responsabilização subjetiva desses profissionais, é que os instrumentos de facilitação de defesa do consumidor dispostos pelo CDC – tais como a prescrição quinquenal, a inversão do ônus da prova e as punições administrativas – devem ser aplicados de maneira funcional[35] em uma atitude sistemática de consonância, sobretudo, com o tipo de relação que se desenha na hipótese concreta e com as disposições previstas pelo Estatuto da OAB, pelo Código de Ética e Disciplina dos advogados, pelo Código Civil e pela Constituição Federal[36].

---

[35] A análise funcional é uma das características marcantes e inovadoras do método civil-constitucional de interpretação, na medida em que leva em consideração não só a eficácia do ato ou negócio jurídico – também chamado de ponto de chegada – mas também analisa, preliminarmente, o ponto de partida, ou seja, o estado inicial dos interesses consolidados nas situações subjetivas preexistentes ao fato. Isso porque, condições iniciais dos interesses e resultado a atingir (efeitos a produzir) são inseparáveis. A função do fato se realiza de modo diverso conforme a situação preexistente: se ela muda, muda também o percurso (o regulamento de interesses) a ser seguido para alcançar o resultado. Tudo isso se explica porque uma mesma função pode se realizar mediante uma pluralidade de estruturas. A variabilidade da estrutura negocial depende da função e das relações sobre as quais o ato incide. Cf in PERLINGIERI, Pietro. O direito civil e a legalidade constitucional. Rio de Janeiro, Renovar: 2008, p.643-644. "Todo fato juridicamente relevante e, em particular, todo fato humano voluntário, todo ato de iniciativa privada tem uma função, a qual ou é predeterminada pelo ordenamento nos esquemas típicos, ou é modelada pela iniciativa dos sujeitos. A função, portanto, é a síntese causal do fato, a sua profunda e complexa razão justificadora: ela refere-se não somente à vontade dos sujeitos que o realizam, mas ao fato em si, enquanto social e juridicamente relevante" (PERLINGIERI, Pietro. Perfis do direito civil: introdução ao direito civil constitucional, Rio de Janeiro: Renovar, 1999, 2ª ed., p. 96).

[36] Paulo Luiz Netto Lôbo, por exemplo, ao estabelecer que a responsabilidade do advogado encaixa-se perfeitamente à hipótese de culpa presumida, entende que a inversão do ônus da prova seria consequência direta, independente, inclusive, do livre convencimento do magistrado, sob pena de comprometimento da própria efetividade do sistema consumerista. Felipe Braga Neto, de maneira divergente, aduz que existem imensas vantagens em se aplicar o CDC às atividades exercidas pelos profissionais liberais e, nesse sentido, invoca, além da possibilidade de inversão do ônus da prova, nos termos do art.6º, VIII

PROBLEMAS DE DIREITO CIVIL – *Homenagem aos 30 anos de cátedra do professor Gustavo Tepedino*

Com efeito, a inversão do ônus da prova pode ser aplicada, desde que o seja mediante decisão fundamentada do magistrado e desde que os requisitos legais sejam preenchidos casuisticamente, devendo a hipossuficiência ou a verossimilhança das alegações serem identificadas pelo intérprete consoante às particularidades do exercício da profissão e da relação jurídica estabelecida entre o advogado e seu constituinte.

Outra vantagem em se aplicar o CDC é a possibilidade de se aplicar a prescrição quinquenal disposta do artigo 27 do CDC[37]. Contudo, constata-se que, em nome da prescrição, o próprio STJ já afastou a aplicabilidade do CDC em julgado relatado pela ministra Nancy Andrighi, tendo em vista as particularidades apresentadas pelo caso. Em espécie, um cidadão buscou os serviços de um advogado trabalhista, fornecendo-lhe todos os documentos necessários para ingressar com a ação, tendo comparecido várias vezes ao escritório do advogado que, no entanto, quedou-se inerte. Diante disso, ingressou com ação de danos morais e materiais contra o causídico, que contra-argumentou dizendo que a pretensão do cliente já estava prescrita nos termos do art. 27 do CDC. O STJ entendeu tratar-se, a rigor, de inadimplemento contratual, aplicando o prazo do prescricional de vinte anos, previsto no Código Civil de 1916[38].

Trata-se de questão complicada e digna de parêntesis, pois enquanto o CDC estabelece que prescreve em cinco anos a pretensão à reparação dos danos causados por fato do produto ou do serviço, o artigo 206, §3º, inciso V, do Código Civil, dispõe o prazo de três anos para tanto.

Como dissemos acima, de regra, aplica-se o CDC à relação advogado-cliente, de maneira que o prazo quinquenal previsto em seu artigo 27 goza de aplicabilidade. No entanto, a divergência jurisprudencial é enorme, não só quanto ao caso ora examinado, pois de uma maneira geral discute-se se a pretensão de indenização pelos danos decorrentes de inadimplemento contratual decorrentes de uma relação de consumo estaria sujeita ao prazo disposto no CDC ou seria regulada por aquele estabelecido pelo Código Civil.

---

do CDC – ou seja, nas hipóteses em que alegações dos consumidores sejam verossímeis ou nos casos em que estes são identificados como hipossuficientes –, a viabilidade de o consumidor propor a ação em seu domicílio (art. 101, I, do CDC) e a possibilidade de se aplicar a prescrição quinquenal disposta do artigo 27 do CDC.

Contudo, constata-se que, em nome da prescrição, o próprio STJ já afastou a aplicabilidade do CDC em julgado relatado pela ministra Nancy Andrighi, tendo em vista as particularidades apresentadas pelo caso. Em espécie, um cidadão buscou os serviços de um advogado trabalhista, fornecendo-lhe todos os documentos necessários para ingressar com a ação, tendo comparecido várias vezes ao escritório do advogado que, no entanto, quedou-se inerte. Diante disso, ingressou com ação de danos morais e materiais contra o causídico, que contra-argumentou dizendo que a pretensão do cliente já estava prescrita nos termos do art. 27 do CDC. O STJ entendeu tratar-se, a rigor, de inadimplemento contratual, aplicando o prazo do prescricional de vinte anos, previsto no Código Civil de 1916.

[37] Vale dizer que o STJ já decidiu em prol da aplicabilidade do art. 27 em hipótese de responsabilidade civil de profissional liberal, argumentando que "o fato de se exigir comprovação da culpa para poder responsabilizar o profissional liberal pelos serviços prestados de forma inadequada, não é motivo suficiente para afastar a regra de prescrição estabelecida no artigo 27 da legislação consumerista, que é especial em relação às normas contidas no Código Civil. Recurso especial não conhecido" (STJ, REsp. 731.078, Rel. Min. Castro Filho, j.13/12/05, *DJ* 13/12/06).

[38] Civil e consumidor. Recurso especial. Ação reparatória. Contrato de prestação de serviços advocatícios. Inexecução contratual. Prazo prescricional. A ação para reparação de danos relativos à inexecução de contrato de prestação de serviços advocatícios se sujeita ao prazo prescricional previsto no art. 177 do CC16 (art. 205 do CC02), e não aquele previsto no art. 27 do CDC. Recurso especial não conhecido. (STJ, Resp. 633.174, Rel. Min. Nancy Andrighi, 3ª T., j. 02/12/04, *DJ*. 21/03/05).

CLASSIFICAÇÃO DAS OBRIGAÇÕES DO ADVOGADO

Didaticamente podemos identificar três correntes de pensamento. A primeira seria formada por aqueles autores que na esteira de classificação tradicional defendem que as atividades dos advogados são obrigações de meios e que por isso não se lhes pode imputar qualquer responsabilidade pelo insucesso da demanda[39]. Trata-se de posição amplamente adotada pela jurisprudência, que é praticamente unânime: irrelevante é o resultado obtido, desde que o profissional tenha demonstrado diligência. Esta seria suficiente para o afastamento ou exclusão da responsabilidade[40].

A segunda corrente critica a classificação tradicional, salientando que a prestação de serviços advocatícios assume caráter de resultado sob diversos argumentos. Nesse sentido, para Paulo Luiz Neto Lobo, "quem procura um advogado não quer a excelência dos meios empregados por ele, mas sim o resultado, no mais alto grau de probabilidade, não se podendo, nessa toada, confundir o resultado provável com o necessariamente favorável". [41]

A terceira corrente é basicamente uma síntese das outras já mencionadas, pois admite como regra que as atividades do advogado são obrigações de meio, mas que, em certos casos, podem assumir caracteres de obrigações de resultado, na esteira do que a jurisprudência tem reconhecido

---

[39] Nessa direção, Carlos Roberto Gonçalves afirma que "a responsabilidade do advogado se assemelha à do médico, pois não assume ele a obrigação de sair vitorioso na causa. São obrigações de meio as decorrentes do exercício da advocacia e não de resultado. Suas obrigações contratuais, de modo geral, consistem em defender as partes em juízo e dar-lhes conceitos profissionais. O que lhes cumpre é representar o cliente em juízo, defendendo da melhor forma possível os interesses que esse lhe confiou. Se as obrigações de meio são executadas proficientemente, não se lhes pode imputar nenhuma responsabilidade pelo insucesso da causa". (in, GONÇALVES, Carlos Roberto. Responsabilidade civil. São Paulo: Saraiva, 2003, p.382). No mesmo sentido, LOPES, Miguel Maria de Serpa. Curso de Direito Civil, vol. IV, 5 ed.. Rio de Janeiro: Forense, 1999, p.261 e Rui Stocco (in Grandes Temas da Atualidade, v.6. Responsabilidade Civil/ org.: Eduardo de Oliveira Leite. Rio de Janeiro: Forense, 2006, p. 519).

[40] "As obrigações de advogado consistem em defender a parte em juízo e dar-lhe conselhos profissionais. A responsabilidade do advogado, na área litigiosa, é de uma obrigação de meio. Nesse diapasão, assemelha-se à responsabilidade do médico em geral, conforme estudamos. O advogado está obrigado a usar de sua diligência e capacidade profissional na defesa da causa, mas não se obriga pelo resultado, que sempre é falível e sujeito às vicissitudes intrínsecas ao processo" (VENOSA, Sílvio de Salvo, Direito Civil: Responsabilidade Civil, vol. IV, São Paulo: Atlas, 2005, 5ª ed., p. 244). Veja-se ainda: "A aceitação da causa não gera obrigação de resultado, porém obrigação de meios. Não pode o advogado responder pela perda da causa, uma vez que toda lide tem seu próprio destino – *lites habent sua sidera*, salvo se houver negligência do mandatário" (Caio Mário da Silva Pereira, Responsabilidade civil, Rio de Janeiro: Forense, 1999, 9ª ed., p. 164). E ainda Ênio Santarelli Zuliani, Responsabilidade civil do advogado, in Revista Forense, vol. 374, jul.-ago. 2004, p. 80; Carlos Roberto Gonçalves, Respon-sabilidade civil, São Paulo: Saraiva, 2006, p. 98.

[41] Segundo o autor, é irrelevante que a obrigação de profissional liberal se classifique como de meios ou resultado. Pretendeu-se que, na obrigação de meios, a responsabilidade dependeria de demonstração antecipada de culpa; na obrigação de resultados, a inversão do ônus da prova seria obrigatória. Não há qualquer fundamento para tal discriminação, além de prejudicar o consumidor que estaria com ônus adicional de demonstrar ser de resultado a obrigação profissional. Tal exigência, em hipóteses estreitas, constitui o que a doutrina denomina de prova diabólica. A sobrevivência da dicotomia, por outro lado, é flagrantemente incompatível com o princípio constitucional de defesa do consumidor, alçado a condicionante de qualquer atividade econômica, em que se insere a prestação de serviços dos profissionais liberais. Cf. in LÔBO, Paulo Luiz Netto. Responsabilidade Civil do Advogado. In Revista de Informação Legislativa a.37, n.146, abr/jun 2000, p. 182.

em relação à atividade do médico, por excelência considerada atividade de meios, uma vez que esse profissional não pode garantir a cura do paciente, mas que em certas ocasiões é identificada como obrigação de resultado, como é o caso das cirurgias estéticas[42].

No entanto, mais do que simplesmente classificar as atividades, é imperioso avaliar a utilidade desse procedimento científico de maneira funcional e nesse viés pondera Gustavo Tepedino a respeito da

> tendência mais atual do direito das obrigações, a temperar a distinção entre obrigações de meio e de resultado. Afinal, diga-se entre parênteses, o princípio da boa-fé objetiva, aplicado ao direito das obrigações, iluminado pelos princípios da dignidade da pessoa humana e da solidariedade social, consagrados na Constituição Federal, congrega credor e devedor nos deveres de cumprir (e de facilitar o cumprimento) das obrigações. Se assim é, ao resultado esperado pelo credor, mesmo nas chamadas obrigações de meio, não pode ser alheio o devedor. E, de outro lado, o insucesso na obtenção do fim proposto, nas chamadas obrigações de resultado, não pode acarretar a responsabilidade tout court, desconsiderando-se o denodo do devedor e os fatores supervenientes que, não raro, fazem gerar um desequilíbrio objetivo entre as prestações, tornando excessivamente oneroso o seu cumprimento pelo devedor.

É preciso antes mensurar o alcance do inadimplemento diante do caso concreto, pois o devedor não deve ser responsabilizado só porque não produziu o resultado, mas, sobretudo, se tornou impossível sua obtenção. Nesse sentido, bem esclarece Gisela Sampaio da Cruz para quem a obrigação de resultado não desnatura a característica da responsabilidade ser subjetiva, mas tão somente implica na inversão do ônus da prova da culpa. Para a autora trata-se de responsabilidade subjetiva com culpa presumida[43].

---

[42] Como indicado acima, a decorrência lógica dessa identificação é a presunção da culpa a partir do inadimplemento da obrigação. Arnaldo Rizzardo bem resume esse entendimento ao dizer que Não se trata de obrigação de resultado, exceto em situações singelas, ou em intervenções e postulações que não demandam controvérsias, discussões, divergências, recursos, preponderâncias de correntes doutrinárias ou teses, dissídios na jurisprudência. Assim, quando se busca um pedido de jurisdição voluntária, nas previsões do art.1.112 do Código de Processo Civil, como emancipações, sub-rogações, alienações, etc; nas aberturas de testamento; no encaminhamento de arrolamentos; no pedido de levantamento de valores depositados em um banco, sendo os herdeiros todos maiores. Não há, em tais procedimentos, maiores dificuldades, e muito menos grandes discussões, bastando a correta formalização da petição. Cf in RIZZARDO, Arnaldo. Responsabilidade civil: lei 10.406, de 10.01.2002. Rio de Janeiro: Forense: 2005, p.347. No mesmo sentido, Paulo Nader (Cf. in NADER, Paulo. Responsabilidade Civil de juízes, promotores de justiça e advogados. In Revista da Escola Nacional da Magistratura. Ano III, nº5, maio de 2008, p.63-63); Justino Magno Araújo (Cf. in ARAÚJO, Justino Magno. Aspectos da responsabilidade civil do advogado. Revista Jurídica: doutrina, legislação, jurisprudência, v.53, n.337, p.37-52, nov., 2005, p.41-43.); Nelson Nery Junior (Cf. in Os princípios gerais do Código Brasileiro de Defesa do Consumidor, em Revista de Direito do Consumidor 3. São Paulo: Ed. Revista dos Tribunais, set-dez de 1992, p.75); Simone Hegele Bolson (Cf. in BOLSON, Simone Hegele. A responsabilidade civil do advogado à luz do Código de defesa do consumidor e do Estatuto da advocacia. Revista do curso de direito da Universidade Federal de Uberlândia, v.32, n.1/2, p.83-106, dez., 2003, p. 101-103.)

[43] DA CRUZ, Gisela Sampaio. Obrigações alternativas e com faculdade alternativa. Obrigações de meio e de resultado. In Obrigações: Estudos na perspectiva civil-constitucional./ Coord. Gustavo Tepedino. Rio de Janeiro: Renovar, 2005, p. 177.

Cap. 38 • A RESPONSABILIDADE CIVIL DO ADVOGADO SOB A PERSPECTIVA CIVIL-CONSTITUCIONAL | **667**

Com isso, fala-se na perda da importância da referida classificação, conforme valiosos esclarecimentos de Pablo Rentería[44]:

> Diante do exposto, pode concluir-se que a tese segundo a qual a classificação entre obrigações de meios e de resultado seria relevante para determinar o regime – subjetivo ou objetivo – de responsabilidade do devedor perdeu, na prática, a sua relevância. Nas obrigações de resultado, o devedor pode ser instado, conforme o caso, a responder subjetiva ou objetivamente pelos danos decorrentes do descumprimento, admitindo-se, na primeira hipótese, que se exima do dever de indenizar mediante prova da ausência de culpa de sua parte. (...) Tudo isto evidencia que a qualificação da obrigação como sendo de resultado não é decisiva para a determinação do regime de responsabilidade aplicável à espécie. Os exemplos do médico e do cirurgião plástico em particular demonstram que não é suficiente, para esse propósito, qualificar a obrigação como sendo de resultado ou de meios, revelando-se prioritário atender, caso exista, à específica regulamentação da atividade desenvolvida pelo devedor.

Em suma: a utilidade da classificação, embora menor do que antes parecia ser, permanece, portanto, somente no intuito de promover a caracterização do inadimplemento, variável conforme a natureza obrigacional[45].

HIPÓTESES FREQUENTES DE RESPONSABILIZAÇÃO E NOVAS TENDÊNCIAS

Sob uma perspectiva prática das hipóteses frequentes de responsabilização do advogado, merece destaque a responsabilidade pela perda de uma chance, que abarca inúmeras hipóteses nas quais, geralmente, o patrocinador da causa falha, por omissão ou por qualquer outra forma análoga, deixando o direito de seu constituinte sem resposta jurisdicional.

Assim, em tais casos, o cliente deixa de ver apreciado seu interesse em razão da inépcia, desídia ou da falta de técnica de seu advogado, ocasiões nas quais a grande pergunta a ser feita para saber se o advogado deve ou não ser responsabilizado pela perda de uma chance é a seguinte: com base na doutrina, nos entendimentos jurisprudenciais e nas súmulas, se a questão tivesse sido apreciada pelo poder judiciário, o cliente teria obtido êxito em sua demanda[46]?

---

[44] RENTÉRIA, Pablo. A distinção entre obrigações de resultado e de meios no direito brasileiro, São Paulo: Editora Método, no prelo, Capitulo 3, nota de rodapé 40.

[45] Esta é, aliás, a utilidade que se lhe reconhece atualmente no direito francês (como visto no primeiro capítulo) e no direito italiano, conforme assinala o professor de Roma Guido Alpa: "Nella nostra dot-trina e giurisprudenza la distinzione esprime piuttosto un criterio di classificazione delle prestazioni. Tale distinzione non rileva ai fini dell'applicazione della disciplina generale delle obbligazioni e della responsabilità contrattuale ma ai fini dell'identificazione della prestazione dovuta" (Tratatto di diritto civile, cit., p. 72). V. também Alberto Trabucchi, Istituzioni di diritto civile, cit., p. 480.

[46] Para o Ministro Paulo de Tarson Sanseverino em julgado famoso sobre o tema, "Na teoria da perda da chance, o que se indeniza não é o bem da vida perseguido na ação onde ocorreu o descumprimento contratual, pois que não se pode avaliar, no plano da certeza, se aquela ação teria sucesso acaso aplicada toda a diligência do causídico no deslinde da causa. O que se indeniza é precisamente a perda da chance de ver as teses apreciadas pelo Poder Judiciário, é a frustração desta possibilidade". Conferir em STJ; REsp 1.252.187; Proc. 2011/0099022-7; SC; Terceira Turma; Rel. Min. Paulo de Tarso Sanseverino; *DJe* 18/03/2014.

PROBLEMAS DE DIREITO CIVIL – *Homenagem aos 30 anos de cátedra do professor Gustavo Tepedino*

Embora a frustração do cliente de não ter sua demanda apreciada por uma falha técnica de seu advogado cause sempre um dano de natureza moral, também é plenamente reconhecível o prejuízo material que eventualmente possa decorrer deste erro, a depender da natureza do interesse tutelado.

Com efeito, o fato de o prejuízo não corresponder necessariamente ao valor do bem da vida que era objeto da demanda jurídica não apreciada, não lhe retira o seu aspecto patrimonial. Ou seja, a necessidade de avaliar a extensão do dano casuisticamente e o seu arbitramento não fazem com que o dano mude de natureza jurídica. Nesse sentido, a natureza da chance perdida é importante na individualização do caso e por isso não se mostra oportuna a generalização segundo a qual todos os danos decorrentes da perda de uma chance possuem caráter moral.

No que tange à fixação do *quantum debeatur* em tais casos, percebe-se que exercem grande influência a natureza do prejuízo e a possibilidade de êxito, pois se a vítima juntar provas contundentes acerca da possibilidade de êxito econômico ou material, o arbitramento de um valor indenizatório mais alto é mais provável.

Vale dizer que não enseja responsabilização automática o fato de o advogado ter perdido o prazo para contestar ou interpor recurso. A chance da parte de se sagrar vitoriosa tem quer real e comprovada. Nesse sentido, julgado recente de relatoria do Min. Luiz Felipe Salomão:

> 84836664 – AGRAVO INTERNO NO AGRAVO EM RECURSO ESPECIAL. PERDA DE PRAZO POR ADVOGADO. TEORIA DA PERDA DE UMA CHANCE. DANOS MORAIS. REEXAME DE PROVAS. SÚMULA N. 7/STJ. AGRAVO NÃO PROVIDO. 1. Nos casos "de responsabilidade de profissionais da advocacia por condutas apontadas como negligentes, e diante do aspecto relativo à incerteza da vantagem não experimentada, as demandas que invocam a teoria da perda de uma chance devem ser solucionadas a partir de detida análise acerca das reais possibilidades de êxito do postulante, eventualmente perdidas em razão da desídia do causídico". Assim, **"o fato de o advogado ter perdido o prazo para contestar ou interpor recurso (...) não enseja sua automática responsabilização civil com base na teoria da perda de uma chance, fazendo-se absolutamente necessária a ponderação acerca da probabilidade – que se supõe real – que a parte teria de se sagrar vitoriosa ou de ter a sua pretensão atendida"** (**RESP 993.936/RJ,** Rel. Ministro LUIS FELIPE SALOMÃO, QUARTA TURMA, julgado em 27/3/2012, *DJe* 23/4/2012). 2. Não cabe, em Recurso Especial, reexaminar matéria fático-probatória (Súmula n. 7/STJ). 3. Agravo interno a que se nega provimento. (STJ; AgInt-AREsp 1.492.872; Proc. 2019/0117898-9; PR; Quarta Turma; Relª Min. Maria Isabel Gallotti; Julg. 10/03/2020; *DJe* 16/03/2020).

Ainda sob o viés mais pragmático, outra hipótese de destaque é a crescente tendência doutrinária e jurisprudencial no sentido de admitir a responsabilização solidária do advogado pelos atos abusivos praticados com dolo ou culpa na via jurisdicional, já que a lei brasileira – tanto o Código de Processo Civil de 1973, quando o Código de Processo Civil de 2015 – não incluíram a figura do advogado como um dos sujeitos capazes de serem condenados nos casos de litigância de má-fé.

Simultaneamente, constatou-se que o simples controle extrajudicial pelo Tribunal de Ética e Disciplina da OAB não é suficiente no propósito de prevenir e reprimir de forma eficaz a atuação temerária na advocacia, o que reforçou a referida tendência doutrinária por duas razões: pela busca em prol do desenvolvimento regular e célere do devido processo legal e também em virtude da importância atualmente conferida à prevenção e precaução de danos, posto que, a partir da atribuição de responsabilidade aos advogados desidiosos, são evitadas demandas indenizatórias propostas por clientes que se julguem prejudicados pela má atuação de seus patronos.

Na esteira das novas tendências da responsabilização civil, o profissional liberal sentiu a necessidade de resguardar-se através dos seguros profissionais, uma vez que passou a ser alto o risco de seu patrimônio ser arruinado diante da necessidade imperiosa de indenizar a vítima em virtude de eventuais prejuízos sofridos por falhas de seus serviços. Assim, além de garantir a indenização por dívida do segurado, o contrato de seguro possui uma função social, pois assegura a reparação da vítima.

Identificou-se neste tipo de seguro a melhor ferramenta para proteger o patrimônio do segurado, pois além de poder ser utilizado para reparar prejuízos a terceiros, pode garantir que essa reparação seja feita da forma mais eficiente possível. Ou seja, se por um lado, quem foi prejudicado merece ter seu dano reparado da melhor forma possível, quem causou um dano de forma involuntária não pode ver seu patrimônio diminuído por um fato que não era de sua vontade acontecer.

Diante do exposto, concluiu-se que a contratação de seguros de responsabilidade civil é uma forte tendência de um futuro não longínquo e sua adesão por profissionais liberais como os advogados – a despeito de o regime de responsabilidade ser subjetivo – vem demonstrar, concretamente, um processo de objetivação do dever de indenizar, que passa a ser suportado pelas seguradoras.

Depois de tantas constatações, digressões e avaliações, a única certeza restante é a necessidade imperiosa de que o debate deve continuar, não só porque inúmeras questões ainda suscitam dúvidas, mas também porque as novas tendências da responsabilidade civil e do processo contemporâneos reclamam por um novo olhar.

> De outra parte, sob o aspecto social, espera-se que o presente estudo desperte a atenção dos advogados acerca dos cuidados e diligências que devem permear suas atividades, não só a fim de evitar prejuízos decorrentes de eventuais demandas indenizatórias propostas por clientes insatisfeitos, bem como de prevenir a ocorrência de danos a esses clientes, mas também no intuito de preservar, com o devido prestígio, a função social que a constituição lhes impôs: a administração da justiça. Afinal, nos dizeres do grande causídico Ruy Barbosa "os advogados *não devem correr da responsabilidade senão quando sua consciência a repelir[47]*".

---

[47] Em passagem de sua obra, Ruy Barbosa ponderou: "[...] nós juristas, nós os advogados, não somos os instrumentos mercenários dos interesses das partes. Temos uma alta magistratura, tão elevada quanto aos que vestem as togas, presidindo os tribunais; somos os auxiliares naturais e legais da justiça; e, pela minha parte, sempre que diante de mim se levanta uma consulta, se formula um caso jurídico, eu o encaro sempre como se fosse um magistrado a quem se propusesse resolver o direito litigiado entre partes. Por isso, não corro da responsabilidade senão quando a minha consciência a repele", in BARBOSA, Ruy. Obras completas – Volume 40, Parte 4, páginas 21-22, Ruy Barbosa – Ministério da Educação e Saúde, 1942. Disponível em: https://citacoes.in/citacoes/120371-ruy-barbosa.

PARTE IV
DIREITOS REAIS

39

POR QUE A HIPOTECA NÃO É UM VERDADEIRO DIREITO REAL?

ALEXANDRE FREITAS CÂMARA

Não é possível começar este texto sem dizer que ele é a forma que encontrei de homenagear meu Professor de Direito Civil, Gustavo Tepedino. Ingressei na Faculdade de Direito da Universidade do Estado do Rio de Janeiro (UERJ) em 1987. Nos três primeiros semestres do curso, tive três diferentes professores de Direito Civil, e nenhum deles – por razões diferentes, e que não precisam ser aqui mencionadas – continuou à frente da minha turma. No quarto período, porém, recebemos um novo professor, o jovem civilista Gustavo José Mendes Tepedino. A sincronia foi imediata. Tepedino não só se deu ao trabalho de fazer uma revisão de tudo que já tínhamos estudado até ali, mas lecionou, com proficiência ímpar, Direito das Obrigações, Direitos Reais, Direito de Família e Direito das Sucessões. E entre o segundo semestre de 1988 (exatamente quando da promulgação da Constituição da República) e o segundo semestre de 1991, tivemos dois encontros semanais, nos quais a minha turma viu nascer o Direito Civil Constitucional brasileiro e a Escola de Direito Civil da UERJ. Certamente não foi por acaso que ele foi escolhido o patrono da turma, que para nossa alegria se chama Turma Professor Gustavo Tepedino. E no grupo de Whatsapp em que estão reunidos muitos dos alunos daquela turma, há um único professor que participa das nossas conversas: o nosso patrono.

Gustavo Tepedino é, desde aquela época, um exemplo de professor. Seguro, profundo, didático, não tinha receio de dividir com seus alunos angústias, dúvidas e perplexidades. Lembro de algumas vezes em que alguém fazia uma pergunta e ele dizia que pesquisaria para trazer uma resposta na aula seguinte. E isso só fazia aqueles jovens estudantes terem ainda mais admiração por ele.

Pois desde 1988, quando o conheci, até hoje, nutro por ele imenso carinho, profunda admiração e grande respeito. E não foi surpresa ver o sucesso por ele alcançado como jurista, professor, escritor e advogado (além da sua breve passagem pelo Ministério Público Federal). Afinal, Tepedino é um gigante.

De todos os temas que Tepedino lecionou para a minha turma, penso que nenhum me encantou tanto quanto os Direitos Reais. E sei que esta é, também, uma área que o encanta, bastando lembrar sua tese de livre-docência (sobre o usufruto legal do cônjuge viúvo), assim como sua tese de cátedra (sobre a multipropriedade imobiliária) para ver que os Direitos Reais estão sempre presentes em suas pesquisas. Por isso a escolha de um tema ligado aos Direitos Reais para este ensaio.

Processualista que sou, porém, olho para os temas jurídicos de uma forma diferente da do homenageado. E por isso mesmo, consciente de que fui um aluno provocador (e ele talvez se lembre das perguntas que eu fazia durante a aula, sempre tentando saciar minha imensa curiosidade com os fenômenos do Direito), apresento aqui um ensaio que procura ser provocador.

O objetivo deste estudo é sustentar uma ideia que certamente não é presente na doutrina do Direito Civil: a de que a hipoteca não é um direito real. E isso se fará a partir de uma leitura do instituto que se realiza a partir de premissas construídas a partir do Direito Processual Civil, a área de estudos a que precipuamente me dediquei ao longo de todos esses anos.

Esta finalidade é desenvolvida a partir de um clássico trabalho doutrinário produzido por Francesco Carnelutti em 1927.[1] Ali se apresentaram ideias que mais tarde foram desenvolvidas pelo mesmo autor em texto dedicado a examinar a natureza jurídica da hipoteca.[2]

Neste último ensaio, Carnelutti apresenta uma polêmica que não chegou à doutrina civilista brasileira acerca da natureza da hipoteca, negando ser ela um direito real. Pois aqui se pretende verificar se a hipoteca é mesmo um direito real, e se o fato de ela estar elencada no rol do art. 1.225 do Código Civil é suficiente para lhe atribuir tal natureza.

Para tudo isso, porém, impende começar buscando determinar o conceito de direito real.

Não existe consenso a respeito do conceito de direito real. Na doutrina italiana, por exemplo, encontra-se quem defina o direito real como "o direito de extrair de uma coisa sua utilidade econômica legalmente garantida ou alguma parte dela".[3] No Brasil já se definiu o direito real como o "poder jurídico da pessoa sobre a coisa, oponível a terceiros".[4]

Gustavo Tepedino, ao tratar do tema, afirma que direitos reais são aqueles que "têm por objeto imediato uma coisa, com a qual estabelece seu titular um liame estreito, direto, sem intermediário", constituindo-se assim uma situação jurídica de "caráter absoluto, criando um dever jurídico negativo, prevalecente contra todos – *erga omnes* –, que deverão respeitar o exercício do direito, abstendo-se de qualquer ingerência".[5] E Serpa Lopes, com apoio em M.I. Carvalho de Mendonça, diz que "[o] direito real é um poder que a sociedade reconhece no titular sobre uma coisa do mundo externo".[6]

---

[1]   Trata-se do ensaio produzido por Carnelutti para a coletânea de estudos em homenagem a Giuseppe Chiovenda por ocasião de seu 25º aniversário de magistério. O título original do ensaio é *Diritto e processo nella teoria delle obbligazioni*. Consultou-se a tradução espanhola: Francesco Carnelutti. *Derecho y proceso en la teoría de las obligaciones*. In: Francesco Carnelutti. *Estudios de Derecho Procesal*, vol. 1. Trad. esp. de Santiago Sentís Melendo. Buenos Aires: EJEA, 1952, p. 371 e seguintes.

[2]   Francesco Carnelutti. Naturaleza Jurídica de la Hipoteca. In: Francesco Carnelutti. *Estudios de Derecho Procesal*, vol. 1. Trad. esp. de Santiago Sentís Melendo. Buenos Aires: EJEA, 1952, p. 627 e seguintes.

[3]   Pietro Trimarchi. *Istituzioni di Diritto Privato*. Milão: Giuffrè, 19ª ed., 2011, p. 92 (tradução livre).

[4]   Darcy Bessone. *Direitos Reais*. São Paulo: Saraiva, 1988, p. 4.

[5]   Gustavo Tepedino. Multipropriedade Imobiliária. São Paulo: Saraiva, 1993, p. 58.

[6]   Miguel Maria de Serpa Lopes. Curso de Direito Civil, vol. 6. Rio de Janeiro: Freitas Bastos, 2ª ed., 1957, p. 27.

Muitas outras definições diferentes poderiam ser apresentadas, mas não é este o objetivo central deste estudo. O que se pode ter como certo – e suficiente para os fins aqui buscados – é reconhecer no direito real um direito subjetivo que permite ao seu titular exercer poder sobre uma coisa (isto é, sobre um bem corpóreo dotado de valor econômico).

Os direitos reais têm, segundo entendimento que se pode qualificar como pacífico, dois elementos: um interno, que é o senhorio ou poder sobre a coisa; outro externo, que é o absolutismo, o qual o torna oponível *erga omnes*.[7] E do absolutismo dos direitos reais resulta, como característica inafastável, a sequela, ou seja, a possibilidade de que o titular do direito real o persiga em poder de terceiros com que se encontre.[8]

Toda a dogmática dos direitos reais foi desenvolvida a partir da propriedade, o mais amplo direito que uma pessoa pode ter sobre uma coisa.[9] Pois é exatamente por isso que a propriedade costuma ser tratada como um direito real "absoluto" (ainda que essa terminologia não seja de elevada precisão técnica), enquanto os demais direitos reais, construídos a partir da propriedade, e que são direitos sobre coisa alheia, sejam tratados como direitos reais "limitados".[10]

É inegável que entre os direitos reais limitados a lei civil indica a hipoteca que (assim como o penhor e a anticrese, que também são chamados de "direitos reais de garantia") aparece no rol do art. 1.225 do Código Civil, ocupando seu inciso IX. Impende, porém, demonstrar que estar no rol contido nesse dispositivo não é suficiente para fazer com que um determinado fenômeno jurídico seja um direito real.

Pois aqui vale registrar, até para que se possa seguir adiante neste trabalho, que não é estranho à dogmática do Direito a ideia de que pode existir um rol taxativo em que algo é inserido "por engano", sem que daí resulte uma necessidade de que a doutrina mude sua percepção acerca da natureza jurídica do fenômeno. Bom exemplo disso se tem com a taxatividade dos recursos em matéria processual e a natureza do *habeas corpus*.

Como sabido, em matéria processual fala-se de uma regra da taxatividade dos recursos.[11] Ocorre que o Código de Processo Penal inclui no rol dos recursos o habeas corpus (CPP, Livro III – Das Nulidades e dos Recursos em Geral –, Título II – Dos Recursos em Geral –, Capítulo X – Do Habeas Corpus e seu Processo). A doutrina especializada, porém, é pacífica ao afirmar que o habeas corpus não é um recurso, mas uma demanda autônoma de impugnação.[12]

---

[7] Bessone. *Direitos Reais, op. cit.*, p. 7.

[8] Cristiano Chaves de Farias; Nelson Rosenvald. *Curso de Direito Civil*, vol. 5. São Paulo: Atlas, 11ª ed., 2015, p. 14.

[9] Esta é uma ideia que encontra sua origem no Direito Romano, onde a propriedade podia ser vista como "o senhorio mais gerai do indivíduo sobre a coisa" (Pietro Bonfante. *Diritto Romano*. Florença: Fratelli Cammelli, 1900, pág. 252, livremente traduzido). Não se quer, evidentemente, sustentar aqui que a propriedade seja um direito absoluto nos dias de hoje. Ela evidentemente se subordina a uma série de limitações legítimas (como, por exemplo, a imposição constitucional de observância de sua função social). Daí não se retira, todavia, o fato de que, mesmo limitada, a propriedade é *o mais amplo direito que uma pessoa pode ter sobre uma coisa.*

[10] Assim, expressamente, Farias e Rosenvald. *Curso de Direito Civil*, vol. 5, *op. cit.*, p. 25.

[11] Leonardo Greco, *Princípios de uma teoria geral dos recursos*, Revista Eletrônica de Direito Processual, vol. V. Rio de Janeiro: UERJ, pág. 25. Também em matéria processual penal se reconhece a existência da regra (equivocadamente chamada de princípio) da taxatividade dos recursos. Por todos, Ada Pellegrini Grinover; Antonio Magalhães Gomes Filho; Antonio Scarance Fernandes. *Recursos no Processo Penal*. São Paulo: RT, 1996, p. 36.

[12] Seria absolutamente desnecessário alongar as citações sobre o ponto. Por todos, Grinover, Gomes Filho, Fernandes, *Recursos no Processo Penal, op. cit.*, pág. 30, onde se afirma textualmente que o CPP "erroneamente rotul[ou] o habeas corpus e a revisão criminal como recursos".

676 | PROBLEMAS DE DIREITO CIVIL – *Homenagem aos 30 anos de cátedra do professor Gustavo Tepedino*

Perceba-se, pois, que o reconhecimento de uma regra de taxatividade, com a enumeração em *numerus clausus*, por lei, dos fenômenos que se submetem a determinado regime jurídico, não pode levar o intérprete a aceitar que basta a inclusão, pela lei, de algum fenômeno naquele rol taxativo para que sua natureza jurídica estivesse irremediavelmente fixada. Para que se aceite que certo fenômeno integra verdadeiramente um rol taxativo, *numerus clausus*, impende não só que tal fenômeno esteja de algum modo incluído no rol legal, mas também que guarde as características comuns a todos os fenômenos que realmente o integram. Assim, e para manter o mesmo exemplo, o habeas corpus não pode ser considerado verdadeiramente um recurso pela simples razão de que seu ajuizamento faz surgir um novo processo, distinto daquele em que proferida a decisão por ele impugnada, quando é certo que recursos, por definição, impugnam decisões judiciais *no mesmo processo* em que tais decisões tenham sido proferidas.

Pois o mesmo raciocínio deve ser transportado para os direitos reais. Existe, é certo, um rol exaustivo de direitos reais, o que corresponde à regra da taxatividade. Daí não pode resultar, porém, o raciocínio simplista de considerar que o mero fato de algo integrar a lista contida no texto do art. 1.225 do Código Civil é, por si só, suficiente para se estar diante de um verdadeiro direito real.

Não fosse assim, aliás, e sequer haveria algum sentido em que a doutrina se preocupasse em fixar um conceito de direito real. Bastaria dizer algo como "direito real é aquilo que a lei diz que é direito real" e tudo estaria resolvido.

O que se pretende demonstrar, então, é que para se estar diante de um verdadeiro direito real não basta que ele tenha recebido da lei essa natureza. É preciso, também, que o fenômeno que a lei diz ser um direito real se enquadre no conceito de direito real, preenchendo todas as características essenciais que uma determinada posição jurídica de vantagem deve ter para que seja verdadeiramente considerada um direito real.

Para isso, necessário recordar que o direito real é um direito subjetivo que permite ao seu titular exercer poder físico sobre a coisa. Além disso, é preciso ter em mente que, quando não se trata da propriedade, o mais amplo de todos os direitos reais, estar-se-á diante de um direito real sobre coisa alheia, que é necessariamente um direito real limitado.

Ocorre – e isso é fundamental para a compreensão do que aqui vai ser sustentado – que os direitos reais limitados não são apenas limitados. Eles são, também, *limitadores* (da propriedade).

Deve-se recordar, então, que a propriedade é o senhorio mais geral que um indivíduo tem sobre a coisa.[13] Não se extraia dessa afirmação, evidentemente, e com perdão pela insistência, que a propriedade seria um direito absoluto ou ilimitado. Mas é certo que não existe direito sobre uma coisa que seja tão amplo quanto é a propriedade.

Pois é exatamente por isso que os outros direitos reais são conhecidos como direitos reais limitados. É que eles são *menos amplos* do que a propriedade e, pois, são *limitados*.[14] Mas o modo como eles são constituídos leva a considerar que, como já dito, além de limitados eles são, também, *limitadores*.

Explique-se melhor este ponto. A propriedade atribui ao seu titular três distintos poderes sobre a coisa: o poder de usar, o de fruir e o de dispor do bem (Código Civil, art. 1.228). Para que se constitua um direito real limitado, o que se faz é destacar, no todo ou em parte, um ou algum desses poderes, atribuindo-o(s) a outra pessoa. Há aí, pois, um *desmembramento* da propriedade,

---

[13]   Pietro Bonfante. *Istituzioni di Diritto Romano,* Florença: Fratelli Cammelli, 1900, p. 252.

[14]   Neste sentido, expressamente, com apoio nas lições de Tupinambá Miguel Castro do Nascimento, manifestam-se Cristiano Chaves de Farias e Nelson Rosenvald, Curso de Direito Civil (em cooperação com FARIAS, Cristiano Chaves de), vol. 5. São Paulo: Atlas, 11ª ed., 2015, p. 658.

Cap. 39 · POR QUE A HIPOTECA NÃO É UM VERDADEIRO DIREITO REAL? | **677**

atribuindo-se a pessoa diversa do proprietário um direito real sobre coisa alheia, a que corresponde uma limitação da propriedade.[15]

Tenha-se claro que não basta limitar o exercício do direito de propriedade para que se constitua um direito real sobre coisa alheia. Pense-se, por exemplo, nas limitações impostas ao exercício, pelo proprietário, de sua faculdade de construir no imóvel, como se tem, por exemplo, no art. 1.300 do Código Civil (que proíbe construção que despeje águas diretamente sobre imóvel vizinho), ou no art. 1.301 do mesmo Código (que proíbe a construção de janelas, eirados, terraços ou varandas a menos de metro e meio do terreno vizinho). Essas limitações à propriedade não constituem direitos reais pois não atribuem a ninguém aquilo que "retiram" do proprietário.

Passam-se as coisas diferentemente, porém, com os *direitos reais limitados*. Quando se pensa no usufruto, por exemplo, tem-se que a propriedade é despida dos poderes de usar e fruir (daí, aliás, falar-se em "nua-propriedade"), os quais são atribuídos a pessoa distinta do proprietário, o usufrutuário.

Do mesmo modo, no direito real de uso se retira do proprietário o poder de usar a coisa, atribuindo-se tal poder a um terceiro, o usuário. Já no direito real de habitação se retira do proprietário apenas parcialmente o poder de usar o bem, atribuindo-se tal poder, apenas para exercício do direito à moradia, a um terceiro.

Percebe-se, então, que para a constituição de um direito real sobre coisa alheia faz-se necessário limitar a propriedade, retirando-se do proprietário, no todo ou em parte, um ou alguns dos três poderes inerentes a esse direito mais amplo, atribuindo-se a outrem aquilo que do proprietário se retirou.

Deste modo, com a constituição do direito real limitado (ou sobre coisa alheia), o proprietário continua a ter o direito de exercer poder sobre a coisa, mas também o titular do direito real limitado será titular de um direito de exercer poder sobre a (mesma) coisa. Pense-se, por exemplo, na servidão de passagem. O proprietário continua a ter o poder de usar (limitado pelo poder do titular do prédio dominante de usar o prédio serviente para por ele passar), além de poder fruir e dispor do imóvel. Do mesmo modo, no caso de usufruto, o proprietário continua a ser titular do poder de disposição do bem, embora não possa usar a coisa, nem obter frutos dela.

Pois se são corretas estas ideias, então a afirmação de que a hipoteca seria um direito real dependeria de submeter esse instituto jurídico a um "teste", a fim de verificar se essas características estão ou não presentes. E, adiante-se desde logo essa conclusão, será possível verificar que a hipoteca não preenche tais características.

Relembre-se, então, que o direito real já foi definido como um "poder que a sociedade reconhece no titular sobre uma coisa do mundo externo".[16] Ou, como dito em passagem anterior deste estudo, define-se o direito real como um *direito subjetivo que permite ao seu titular exercer poder sobre uma coisa*. Ocorre que a hipoteca *não permite* ao seu titular, o credor hipotecário, exercer qualquer poder sobre a coisa.

Em primeiro lugar, e este é ponto que sequer exige demonstração, instituída hipoteca sobre um imóvel, continua a ser do proprietário a titularidade dos poderes de usar e fruir da coisa hipotecada. Mas, além disso, o proprietário mantém consigo também o poder de alienar a coisa

---

[15] Assim, em linhas gerais, Francesco Carnelutti, *Naturaleza Jurídica de la Hipoteca*, In: Francesco Carnelutti. Estudios de Derecho Procesal, vol. 1. Trad. esp. de Santiago Sentís Melendo. Buenos Aires: EJEA, 1952, p. 630.

[16] Miguel Maria de Serpa Lopes. *Curso de Direito Civil*, vol. 6, Rio de Janeiro: Freitas Bastos, 2ª ed., 1957, p. 27.

hipotecada. Aliás, é muito claro sobre o ponto o art. 1.475 do Código Civil, segundo o qual "[é] nula a cláusula que proíbe ao proprietário alienar imóvel hipotecado".

O que se percebe, portanto, é que mesmo instituída uma hipoteca sobre um imóvel, continua o proprietário do bem a poder dele usar, fruir e dispor. O credor hipotecário, por sua vez, *não pode usar, não pode fruir, nem pode dispor do bem*. Resulta daí uma inevitável pergunta: que direito real é esse que não permite ao seu titular nem usar, nem fruir, nem dispor da coisa?

Mais ainda, e para confirmar tudo que aqui se disse, o art. 1.428 do Código Civil comina de nulidade a cláusula que autorize o credor hipotecário a ficar com a coisa hipotecada no caso de não se pagar a dívida por ela garantida na data do vencimento. Trata-se, aqui, do que se chama de *vedação do pacto comissório*.[17]

É certo que, nos termos do parágrafo único do mesmo art. 1.428, pode o devedor, após o vencimento da dívida, dar a coisa hipotecada em pagamento. O que se tem aí, porém, é uma dação em pagamento como outra qualquer, que também seria admissível no caso de não haver hipoteca e estar-se diante de um credor quirografário.

Ora, se o credor hipotecário, titular do que se tem ao longo dos séculos dito ser um direito real, não pode usar, não pode fruir, não pode dispor, e nem pode exigir ficar com a coisa, então se teria aí um esdrúxulo direito real cujo titular é proibido pela lei civil de exercer qualquer poder sobre o bem. Pois se assim é, então a hipoteca não é – não pode ser – um direito real. Insista-se no ponto: a hipoteca não gera qualquer desdobramento da propriedade que transfira para o credor hipotecário qualquer dos poderes inerentes ao domínio.[18] E se não há esse desdobramento limitador da propriedade, não se pode falar em um verdadeiro direito real.

Evidentemente, não pode este trabalho limitar-se a dizer que a hipoteca não é um direito real. Impõe-se, demonstrada a falsidade da ideia que há tanto tempo circula na doutrina civilista, apontar sua real natureza. E é isso que se passa a fazer.

Pois aqui é preciso estabelecer algumas ideias básicas. E a primeira delas resulta da conhecida distinção entre dívida (*Schuld*) e responsabilidade (*Haftung*), que leva àquilo que se tem chamado de "teoria dualista da obrigação".

Acontece que, como se buscará demonstrar, a distinção entre dívida e responsabilidade não leva, propriamente, a uma concepção dualista *da obrigação*. Na verdade, a distinção entre dívida e responsabilidade leva a que se tenha de considerar que o conceito de obrigação corresponde ao conceito de dívida (*Schuld*), e que a responsabilidade é fenômeno estranho ao conceito de obrigação, e que sequer integra o Direito Civil, sendo na verdade um tema de Direito Processual. Veja-se, pois, que o intuito provocador deste estudo vai além do estrito campo dos Direitos Reais.

Sobre o ponto aqui abordado, vale a pena transcrever passagem de Dinamarco:

> "Na teoria da *Schuld und Haftung*, nascida na Alemanha no último quartel do século [XIX] com a obra romanística de Brinz (*Lehrbuch der Pandekten*, II, § 206, págs. 1-2), a responsabilidade apresenta-se como o **momento real da obrigação** e significa o dever do obrigado de permitir a satisfação do credor à custa do seu patrimônio; o débito teria natureza personalíssima, caracterizando-se como o dever de fazer uma prestação; e a obrigação seria a resultante dessas duas componentes (débito e responsabilidade): v. Rocco (Alf.), *Il fallimento*, n. 12. Essa teoria, que contou com diversos seguidores também

---

[17] Vinculando o art. 1.428 do Código Civil à vedação do pacto comissório, confira-se Mayara de Lima Reis. *O Pacto Comissório no Direito Romano*. Dissertação de mestrado. São Paulo: USP, 2014, p. 111.

[18] Mais uma vez, Carnelutti, *Naturaleza Jurídica de la Hipoteca*, *op. cit.*, p. 630.

Cap. 39 · POR QUE A HIPOTECA NÃO É UM VERDADEIRO DIREITO REAL? | 679

na Itália, teve o mérito de chamar a atenção para o fenômeno da responsabilidade, mas cometeu o erro (muito natural, aliás, nos tempos em que não se tinha ainda nítida visão dos limites entre direito processual e direito substancial) de delineá-la como um instituto de direito privado, integrado no conceito de obrigação. Foi grande contribuição de Carnelutti à ciência jurídica a caracterização publicista do instituto (cfr. Liebman, *Processo de Execução*, n. 35[)], nos termos aceitos e indicados no texto; cfr. Carnelutti (*Diritto e processo nella teoria delle obbligazioni*, n. 19, [e] *Lezioni*, V, n. 440, esp. págs. 82-83), Liebman (ib.), Alberto dos Reis (Processo de Execução, ns. 7-8, págs. 8-12), Buzaid (*Concurso de Credores*, ns. 4-12, págs. 15-24), Theodoro Jr. (*Processo de Execução*, págs. 155-157)".[19]

Em outras palavras, o que se vai aqui sustentar é que o conceito de obrigação, de Direito Material, é formado unicamente pelo fenômeno conhecido como débito ou dívida (*Schuld*), e que a responsabilidade (*Haftung*) é tema de Direito Processual Civil, integrando o Direito Público (seja a obrigação de Direito Privado ou Público, como se dá no caso das obrigações tributárias).

Impõe-se, aqui, recordar que obrigação é uma relação, ou um vínculo, que liga um sujeito a outro para a execução de uma dada prestação.[20] E, ademais disso, não se pode jamais perder de vista que *o pagamento extingue a obrigação.*[21]

Ora, se assim é, então o conceito de obrigação não depende da responsabilidade para se sustentar.

De outro lado, caso não haja o adimplemento da obrigação, surge algo novo, a responsabilidade (ou, como diz o Código de Processo Civil, a *responsabilidade patrimonial*). Consiste esta na *sujeitabilidade de um patrimônio para assegurar os meios que serão empregados na satisfação do direito do credor.*[22]

A responsabilidade patrimonial não opera no campo do Direito Material, mas no do Direito Processual. E isso se afirma porquanto a responsabilidade patrimonial não se configura como elemento integrante da relação jurídica que vincula o credor ao devedor (ou seja, da relação obrigacional), mas permite que o Estado, no exercício da atividade jurisdicional, pratique atos de agressão patrimonial destinados a apreender e expropriar bens do titular de um patrimônio (que pode ou não ser o próprio devedor, já que existem casos, como o do fiador, em que a responsabilidade incide sobre alguém que não é devedor), a fim de empregá-los na satisfação do direito do credor.

Ora, se a responsabilidade patrimonial consiste na possibilidade de sujeição de um patrimônio, mediante atividade estatal, para o fim de viabilizar a satisfação de um direito subjetivo, então definitivamente não se está, aí, no campo da relação obrigacional, mas diante da regulamentação do modo como, no processo, será exercida a atividade jurisdicional.[23] Trata-se, pois, de fenômeno de Direito Processual Civil.

---

[19] Cândido Rangel Dinamarco. *Impenhorabilidade de vencimentos e descontos feitos pela Administração. In: Justitia*, São Paulo, 45 (122), 1983, p. 84-85, nota de rodapé n. 5.

[20] Francesco Galgano. *Tratatto di Diritto Civile*, vol. 2. Pádua: CEDAM, 2ª ed., 2010, p. 5.

[21] Afinal, como ensinam Torrente e Schlesinger, "típico fato extintivo da relação obrigacional é o adimplemento" (Andrea Torrente; Piero Schlesinger. *Manuale di Diritto Privato*, Milão: Giuffrè, 20ª ed., 2011, § 213, p. 402).

[22] No mesmo sentido, definindo a responsabilidade patrimonial como "situação meramente potencial, caracterizada pela sujeitabilidade do patrimônio de alguém às medidas executivas destinadas à atuação da vontade concreta do direito material", Cândido Rangel Dinamarco. *Execução Civil*. São Paulo: Malheiros, 5ª ed., 1997, p. 244).

[23] Equivoca-se José Fernando Simão ao tratar do tema, ao afirmar que "a responsabilidade é prerrogativa conferida ao credor de tomar bens do devedor para a satisfação da dívida" (José Fernando Simão. *A Teoria*

680 | PROBLEMAS DE DIREITO CIVIL – *Homenagem aos 30 anos de cátedra do professor Gustavo Tepedino*

Sobre o ponto, é insuperável o ensinamento de Carnelutti:

> "[Se] se faz corresponder a responsabilidade, como um estado passivo, ao estado ativo que é o direito do credor, é aqui que tende a refundir-se com a obrigação; com efeito, o reverso do direito do credor é a obrigação do devedor; um estado de sujeição no lugar de uma obrigação como lado passivo da relação jurídica, e portanto como termo correlativo do direito, é, a meu modo de ver, inadmissível; de todo modo, menos se pode pensar ainda que ao direito do credor correspondam por sua vez a obrigação e uma sujeição do devedor[.]
>
> [Basta] esclarecer quem é o titular do poder a quem está sujeito o responsável. Este poder pertence ao Estado. Com efeito, o Estado é, e não o credor, quem tem o poder de proceder à execução; o credor não tem mais que um direito ante quem deve proceder a ela. Daí que a chamada expectativa de satisfação (se a satisfação distinta da prestação se obtém por meio da execução) se refira ao Estado, não ao devedor; não passa de ser, definitivamente, mais que um reflexo, ou melhor, uma duplicação, da ação executiva. Por isso a responsabilidade é uma sujeição *ao Estado, não ao credor*; ao credor o devedor *deve*, ao Estado *está sujeito*; ao direito daquele corresponde a obrigação; ao poder deste corresponde um *status subiectionis*, que nada tem a ver com a obrigação. Enquanto se trata do cumprimento, devedor e credor estão em contato; quando se passa ao terreno da execução, se interrompe o contato pela interferência do Estado; por conseguinte, expectativa e sujeição não são nesta fase entre as duas partes, mas entre cada uma delas e o Estado.
>
> Agora sim se restabelece a distância entre débito e responsabilidade. Tal distância, por cujo meio passa o limite entre direito privado e direito público; com efeito, se a responsabilidade é sujeição ao poder do Estado, nos achamos no terreno do direito público. Mais concretamente, o limite entre o direito material e o direito processual; com efeito, se a execução é, como creio, uma estrita função processual, também a sujeição correlativa do devedor será uma sujeição processual. Precisamente a noção da responsabilidade em geral pertence à teoria geral do direito, e se ramifica logo em algumas de suas partes, e acaso em todas elas; assim, há uma responsabilidade civil, uma responsabilidade penal e, para não dizer mais, uma responsabilidade processual, entendida como *sujeição às sanções que se atuam mediante o processo civil*".[24]

O reconhecimento de que a responsabilidade patrimonial não é tema de Direito Civil, mas de Direito Processual, tem uma série de consequências relevantes. Assim é que, por exemplo, o fenômeno da solidariedade passiva teria de ser totalmente repensado, já que se manifesta no plano da responsabilidade, e não no campo estrito da relação obrigacional.[25] Outra consequência do

---

Dualista do Vínculo Obrigacional e sua Aplicação ao Direito Civil Brasileiro. Revista Jurídica ESMP-SP, vol. 3, 2013, pág. 169). Afinal, não pode o credor tomar bens do devedor, sob pena de cometer o crime de exercício arbitrário das próprias razões (Código Penal, art. 345). Quem tem a prerrogativa de tomar bens do titular do patrimônio sujeito à atividade executiva é o Estado, no exercício da função jurisdicional. Ademais, não é necessariamente do devedor que serão tomados bens, já que a responsabilidade patrimonial pode incidir sobre quem não é devedor.

[24] Carnelutti. *Derecho y Proceso en la Teoría de las Obligaciones, In*: Francesco Carnelutti. Estudios de Derecho Procesal, vol. 1. Trad. esp. de Santiago Sentís Melendo. Buenos Aires: EJEA, 1952, p. 483-484 (livremente traduzido).

[25] Neste ponto, correto o raciocínio de José Fernando Simão (embora sem chegar à conclusão aqui adotada, de que a solidariedade passiva, por ser fenômeno que se manifesta no campo da responsabilidade, integra

Cap. 39 · POR QUE A HIPOTECA NÃO É UM VERDADEIRO DIREITO REAL? **681**

que aqui se diz é que o conceito de obrigação natural, muito tradicional na doutrina do Direito Civil, se revela absolutamente desnecessário. Afinal, a "obrigação natural" é uma obrigação como outra qualquer. O que não existe, nesses casos, é responsabilidade e, portanto, eventuais diferenças estarão no plano processual.

Pois tudo isso é dito para se poder, agora, afirmar que a hipoteca não é fenômeno que se manifeste no campo da obrigação (*Schuld*), mas no da responsabilidade patrimonial (*Haftung*) e, portanto, sequer é um instituto de Direito Civil. E são alguns os pontos que permitem a sustentação dessa afirmação.

Em primeiro lugar, é preciso ter em mente que a hipoteca só tem função prática se e quando o devedor não cumpre a prestação devida na forma ajustada. Dito de outro modo, se o devedor efetuar o pagamento da prestação devida nos termos ajustados, a obrigação se extinguirá, e de nada terá servido a hipoteca. Caso o devedor não efetue o pagamento, então, será o caso de "excutir a hipoteca" (Código Civil, art. 1.422), ou seja, de promover a execução forçada do seu crédito. Não é por outra razão, aliás, que o Código de Processo Civil expressamente afirma a eficácia executiva dos créditos garantidos por hipoteca (CPC, art. 784, V).

Vale aqui recordar outra importante afirmação de Carnelutti:

> "[O] fato é que se uma dívida hipotecária pode ser satisfeita sem expropriação, e ainda que (o que me parece extremamente duvidoso) esse acontecimento ofereça maior probabilidade que se a dívida fosse quirografária, isso não quer dizer, de modo algum, que a hipoteca engendre outro direito do credor junto ao direito de crédito, mas apenas que o medo da ação hipotecária, mais enérgica e segura que a simples ação executiva, determina mais provavelmente o cumprimento, enquanto elimina melhor as possibilidades de escapar delas. [Trata-se], em uma palavra, da eficácia psicológica do vínculo processual".[26]

Assim sendo, apenas no caso de não haver pagamento da dívida é que se cogitará de alguma utilidade prática da hipoteca. E aí surge o segundo ponto de sustentação do que vem aqui sendo afirmado: é que o credor hipotecário, quando vai a juízo para "excutir a hipoteca", não vai buscar fazer valer seu "direito real de hipoteca". O direito material para o qual busca ele tutela processual é o direito de crédito.[27] Dito de outro modo: o credor vai a juízo no exercício do seu *direito de ação* para fazer valer seu *direito de crédito*. A hipoteca nem é o direito de ação, nem é o direito de crédito, mas o meio que viabilizará que o Estado, por força de uma convenção celebrada pelas partes, apreenda e exproprie o bem que será empregado na satisfação do direito de crédito do

---

a área de atuação do Direito Processual Civil). Confira-se: "Em se tratando de solidariedade passiva, cada devedor responde pelo todo (*Haftung*), mas só deve parte da dívida (*Schuld*). Assim, determina o artigo 275 do Código Civil que o credor tem direito a exigir e receber de um ou de alguns dos devedores, parcial ou totalmente, a dívida comum; se o pagamento tiver sido parcial, todos os demais devedores continuam obrigados solidariamente pelo resto. Agora, o que acontece se um dos devedores pagar a dívida toda? [Como] ele responde pelo todo (*Haftung*), mas só deve uma fração da dívida (*Schuld*), terá direito de cobrar dos codevedores as suas quotas na dívida". (Simão. *A Teoria Dualista do Vínculo Obrigacional e sua Aplicação ao Direito Civil Brasileiro, op. cit.*, pág. 179-180). Ora, se o codevedor solidário só é devedor de sua fração da dívida, mas responde pela prestação inteira, então a solidariedade não é fenômeno que se manifeste no campo da obrigação (*Schuld*), mas no da responsabilidade (*Haftung*).

[26] Carnelutti, *Naturaleza Jurídica de la Hipoteca, op. cit.*, p. 635.

[27] Como ensina Dinamarco, "[a] execução hipotecária não se destina à entrega de coisa. Como qualquer execução *por quantia certa* (ninguém nega que o seja), ela tem o objetivo de propiciar ao exequente o *dinheiro* de que ele se diz credor (Dinamarco. *Execução Civil, op. cit.*, p. 225).

demandante. Este, porém, é titular tão somente de duas posições jurídicas de vantagem: o direito de crédito (no plano substancial) e o direito de ação (no plano processual). Dizer que a hipoteca gera para o credor um outro direito (o direito real de hipoteca) é, nas célebres palavras, de Carnelutti, *a quinta roda do carro*.[28]

A hipoteca, portanto, é, tão somente, o meio pelo qual o credor buscará, através da atividade jurisdicional do Estado, a satisfação do seu crédito. E por isso é necessário tentar-se compreender a hipoteca a partir dos conceitos e dos fenômenos de Direito Processual.

Para isso é preciso, em primeiro lugar, distinguir o negócio jurídico que institui a hipoteca da hipoteca propriamente dita.[29] O Código Civil, aliás, emprega, em seus arts. 1.424 e 1.485, a expressão *contrato de hipoteca* para se referir a esse negócio jurídico instituidor da hipoteca.

Pois o "contrato de hipoteca" é, na verdade, um *negócio processual*. Como ensina Antonio do Passo Cabral, "[n]egócio jurídico processual é o ato que produz ou pode produzir efeitos no processo escolhidos em função da vontade do sujeito que o pratica. São, em geral, declarações de vontade unilaterais ou plurilaterais admitidas pelo ordenamento jurídico como capazes de constituir, modificar e extinguir situações processuais, ou alterar o procedimento".[30] O "contrato de hipoteca" é, como claramente se vê, um negócio jurídico processual destinado a produzir o efeito a que se refere o art. 835, § 3º, do CPC, ou seja, estabelecer, por convenção das partes, que em eventual execução forçada que se venha a instaurar em razão do não cumprimento espontâneo da prestação devida, a penhora recairá sobre a coisa previamente escolhida de comum acordo pelas próprias partes.[31]

Pois por força desse negócio jurídico processual é que surge a hipoteca, que nada mais é do que uma *antecipação convencional de penhora*. Dito de outro modo, a hipoteca é uma pré-penhora convencionalmente ajustada, que permite que, no caso de não ser efetuado o pagamento espontâneo da obrigação vencida, e vindo a ser instaurado o procedimento executivo em juízo, a penhora incida obrigatoriamente sobre o bem previamente escolhido de comum acordo pelas partes, além de retroagir seus efeitos até a data da constituição da hipoteca.

Isso explica, perfeitamente, o direito de preferência gerado pela hipoteca. É que, como se verifica pela leitura do disposto no art. 797 do CPC, o exequente adquire, pela penhora, direito de preferência sobre os bens penhorados. Em outros termos, significa isso dizer que no caso de incidirem diversas penhoras sobre o mesmo bem, aquele que tiver obtido a primeira penhora terá preferência sobre os exequentes que obtiveram as penhoras seguintes (e o que obteve a segunda penhora sobre os posteriores, e assim sucessivamente), nos exatos termos do parágrafo único do mesmo art. 797. Consequência disso é que, havendo diversos credores do mesmo executado, uma vez feita a expropriação do bem penhorado, os pagamentos serão realizados respeitando-se a ordem de preferência existente entre eles (CPC, art. 908).

A penhora, então, gera para o exequente um direito de preferência. Mas se existia uma hipoteca, que é uma antecipação convencional da penhora, retroagem os efeitos da penhora, como dito, até a data da constituição da hipoteca. Assim sendo, se o credor A obteve a penhora de determinado imóvel antes do credor B, mas este último era credor hipotecário (enquanto aquele primeiro era credor quirografário), então o credor hipotecário receberá primeiro simplesmente pelo fato de que sua penhora retroagirá seus efeitos até a data da constituição da hipoteca.

---

[28]   Carnelutti, *Naturaleza Jurídica de la Hipoteca, op. cit.*, p. 648.

[29]   Também faz essa distinção Carnelutti, *Naturaleza Jurídica de la Hipoteca, op. cit.*, p. 651, distinguindo o ato com que se constitui a hipoteca da situação jurídica por esse ato constituída.

[30]   Antonio do Passo Cabral. *Convenções Processuais*. Salvador: JusPodivm, 2016, p. 48-49.

[31]   Nessa mesma linha, Fredie Didier Júnior; Antonio do Passo Cabral. *Negócios Jurídicos Processuais Atípicos e Execução*. Revista de Processo, vol. 275. São Paulo: RT, 2018, versão eletrônica, p. 6.

A compreensão da hipoteca como antecipação convencional da penhora também permite explicar, com precisão, a ideia de que a hipoteca seria dotada de sequela, ou seja, da possibilidade de vir o bem a ser perseguido ainda que saindo do patrimônio de seu titular. É que a alienação de bem penhorado constitui fraude à execução (CPC, art. 792, III), de modo que é ela ineficaz perante o exequente (CPC, art. 792, § 1º). Pois se assim é, então o credor hipotecário poderá ver seu crédito satisfeito mediante a expropriação do bem hipotecado, mesmo que este venha a ser alienado, já que a antecipação dos efeitos da penhora torna essa alienação inoponível a ele, de modo que o bem hipotecado, não obstante alienado, continua a responder pela satisfação do crédito a que foi originariamente – e por convenção das partes – vinculado.

Fica demonstrado, assim, que a hipoteca não é um direito real, tratando-se a atribuição ao fenômeno dessa natureza uma *falsificação* tanto do conceito de hipoteca como do de direito real. Daí a razão pela qual se afirma neste estudo que a hipoteca é um *falso direito real*.

Com isso, fica a homenagem e a provocação de uma reflexão. Afinal, mesmo os velhos conceitos sempre precisam ser repensados. E antigas conclusões só devem ser aceitas se, diante das novas reflexões, continuarem a se justificar.

40

O PRINCÍPIO DA TIPICIDADE DOS DIREITOS REAIS

ANDRÉ GONDINHO

Sumário: 1. Introdução. 2. Tipicidade e *Numerus Clausus*. 3. Autonomia da Vontade e Direitos Reais. 4. Exemplos de atuação da Autonomia da Vontade na modelação de Direitos Reais. 4.1. Servidões. 4.2 O Condomínio Horizontal e a Convenção de Condomínio. 4.3 A Multipropriedade imobiliária. 5. As obrigações *propter rem* na modelação do tipo aberto. 6. Critérios de legitimidade e conclusões.

1. INTRODUÇÃO

Há pouco mais de duas décadas, o autor deste artigo concluía o seu Mestrado em Direito Civil pelo Programa de Pós-Graduação em Direito da Universidade do Estado do Rio de Janeiro sob a orientação acadêmica do Professor Doutor Gustavo José Mendes Tepedino.

A dissertação apresentada[1], que teve por objetivo apurar a rigidez dogmática do princípio da tipicidade dos direitos reais frente ao princípio da autonomia da vontade, teve como fonte inspiradora e expressamente confessada[2] a monografia do Professor Gustavo Tepedino sobre a Multipropriedade Imobiliária[3].

---

[1] André Pinto da Rocha Osório Gondinho, Direitos Reais e Autonomia da Vontade (O Princípio da Tipicidade dos Direitos Reais), Rio de Janeiro: Renovar, 2001.

[2] Neste sentido, vide parte do agradecimento do Autor ao Professor Gustavo Tepedino, em André Pinto da Rocha Osorio Gondinho, obra citada, sem numeração de página: "Incialmente, cumpre-me agradecer ao amigo e professor Gustavo Tepedino pela disposição com que me orientou na elaboração dessa dissertação, lendo suas várias versões preliminares, apontando-me lacunas e aconselhando-me a realização de estudos específicos, como o que se segue sobre o direito real espanhol. Ao querido mestre, agradeço a ajuda, apoio e dedicação. Isso tudo sem esquecer que a presente dissertação nasceu da leitura inspirada de sua monografia sobre a Multipropriedade Imobiliária".

[3] Gustavo Tepedino, A Multipropriedade Imobiliária, São Paulo: Saraiva, 1993.

Cap. 40 · O PRINCÍPIO DA TIPICIDADE DOS DIREITOS REAIS | **685**

Dessa forma, passados 20 anos da publicação daquele trabalho, faz-se aqui uma justa homenagem ao Professor Gustavo Tepedino revisitando este tema tão pouco estudado, seja naquele passado já distante, seja no presente que se vive, acerca dos contornos dogmáticos do princípio da tipicidade dos direitos reais e capacidade de a autonomia privada da vontade moldar situações reais, ou com eficácia real, merecedoras de tutela jurídica.

2. TIPICIDADE E *NUMERUS CLAUSUS*

Incialmente, para melhor compreensão da matéria objeto do presente estudo, é importante que se conceitue e diferencie aquilo que se entende por tipicidade e *numerus clausus* dos direitos reais, pois, embora normalmente sejam tratados e considerados de forma conexa, não representam a mesma realidade jurídica[4].

A tipicidade decorre da escolha pelo ordenamento jurídico de determinados modelos – tipos – para descrever e atribuir consequências a determinadas situações jurídicas. Neste particular, compete ao ordenamento jurídico, mais do que nominar ou indicar[5], detalhar certos conteúdos de comportamentos ou situações que são compreendidas como relevantes a merecer tutela jurídica e, portanto, merecerem ser tipificadas para que todas as condutas ou situações semelhantes possam ser enquadradas no mesmo conjunto de efeitos[6] (faculdades, ônus, encargos, direitos, obrigações, etc.) provenientes daquele tipo.

A tipicidade representa, dessa forma, a escolha racional pela ordem jurídica de algumas situações que são consideradas relevantes para a disciplina da vida coletiva, dentre diversas outras de menor relevância social e que, por isso, não merecem a previsão por meio de modelos legais – tipos. Com a tipicidade, se atrai o mesmo regime legal para todas as situações que possam ser enquadradas no modelo típico e, com isso, se estabelece uniformidade e previsibilidade ao sistema jurídico.

A tipicidade, como bem esclarece Oliveira Ascensão[7,] está presente em diversos ramos do Direito, além do Direito das Coisas, a exemplo do Direito Penal, da tipicidade das sociedades comerciais, das modalidades de vícios de consentimento, dos regimes matrimoniais, dos tipos contratuais normatizados, dentre outras modelagens jurídicas de enquadramento normativo. Para todas essas hipóteses de normatização, como complementa Oliveira Ascensão[8]:

> "*a norma não se contentou com previsões ou determinações gerais, com conceitos portanto que abrangessem indiscriminadamente todas as situações. Foi mais longe, modelou tipos:*

---

[4]   "*Embora seja forçoso reconhecer que os dois princípios – tipicidade e numerus clausus – andam juntos, dessa assertiva não pode derivar a conclusão de que se trata de figuras idênticas*". Bruno Dantas, Tipicidade dos direitos reais, Revista jurídica da presidência, v. 20, n. 121, p. 447, 2018.

[5]   "*Quando se contrapõem contratos nominados ou inominados, não cremos que se queira dizer o mesmo que quando se contrapõem contratos típicos e atípicos. No primeiro caso, toma-se como critério a existência de um nomen juris dado por lei.(...) Mas quando se diz que um contrato é típico tem-se em vista geralmente a mais importante consequência de semelhante situação – a existência de um regime legal que será aplicado ao caso concreto se se considerar integrado naquela previsão*". José Oliveira Ascensão, A Tipicidade dos Direitos Reais, Lisboa: Petrony, 1968, p. 47.

[6]   "*A lei deve ser capaz de englobar um vasto número de situações fáticas distintas e complexas, de modo a descrevê-las e ordená-las de forma tal que os fatos considerados semelhantes possam receber o mesmo tratamento jurídico*". Bruno Dantas, obra citada, p. 443.

[7]   José Oliveira Ascensão, obra citada, 1968, p. 19.

[8]   José Oliveira Ascensão, obra citada, p. 56.

e os tipos determinam-se por referências a um conceito que concretizam. Também o tipo jurídico, como todo tipo, é lago de mais concreto que o conceito. A tipicidade jurídica contrapõe-se, pois, à consagração pela norma de uma figura genérica ou de um conceito, sem quaisquer especificações".

Portanto, verifica-se que a tipicidade corresponde também a uma decisão e técnica legislativa. Decisão, pois o legislador escolhe dentre inúmeras condutas humanas ou situações sociais aquelas que merecerem ser tipificadas. E técnica, porque o legislador, uma vez feita a escolha, descreve e atribui os efeitos legais correspondentes para a verificação e enquadramento no tipo, disciplinando o feixe de consequências dele decorrente.

Diferentemente da tipicidade, que está diretamente ligada ao método de construção normativa, o princípio do *numerus clausus* corresponde a uma proibição para a autonomia da vontade estabelecer situações jurídicas distintas daquelas que estão previstas no ordenamento, de modo que tal princípio corresponde a uma *"reserva legal"* para que, nas situações jurídicas submetidas a este princípio, apenas as hipóteses definidas em norma jurídica sejam válidas.

Portanto, quando se traz tais conceitos para o campo dos Direitos das Coisas, observa-se que a tipicidade significa que o ordenamento jurídico estabelece os contornos estruturais dos direitos reais mediante os tipos, enquanto o princípio do *numerus clausus* significa que não é permitida a existência de direitos reais além daqueles que são admitidos pelos referidos tipos legais. Neste sentido, é a opinião já exarada pelo Autor deste artigo em anterior análise do presente tema:

> *"Em poucas palavras, podemos dizer que o princípio do numerus clausus se refere à impossibilidade de criação, pela autonomia da vontade, de outras categorias de direitos reais que não as estabelecidas em lei, ou, ainda, que os direitos reais não podem resultar da convenção entre sujeitos jurídicos. Por outro lado, o princípio da tipicidade dos direitos reais significa, em síntese apertada, que o estabelecimento destes direitos não pode contrariar o conteúdo estrutural dos poderes conferidos, pelo ordenamento, ao titular da situação jurídica de direito real. Esta necessidade de respeito à estruturação dos poderes conferidos ao titular decorre do conteúdo típico dos direitos reais previstos em lei."*[9]

O sistema de *numerus clausus*, portanto, difere daquele de *numerus apertus*, onde a enumeração de tipos é meramente exemplificativa, permitindo-se a autonomia da vontade criar situações atípicas que podem ser merecedoras de tutela pelo ordenamento jurídico sempre que respeite os seus valores fundamentais.

No Direito brasileiro, em que pesem antigos pronunciamentos doutrinários e jurisprudenciais[10], mostra-se indene de questionamento a incidência do princípio do *numerus clausus* dos direitos reais, com fundamento no artigo 1.225 do Código Civil brasileiro, o qual estabelece, como direitos reais, além de outros previstos em legislação extravagante, a propriedade, a superfície, as servidões, o usufruto, o uso, a habitação, o direito do promitente comprador do imóvel, o penhor, a hipoteca, a anticrese, a concessão de uso especial para fins de moradia, a concessão de direito real de uso e a laje.

---

[9]   André Pinto da Rocha Osorio Gondinho, obra citada, p. 38. No mesmo sentido é o magistério de Gustavo Tepedino, obra citada, p. 82: *"O princípio do numerus clausus se refere à exclusividade de competência do legislador para a criação de direitos reais, os quais, por sua vez, possuem conteúdo típico, daí resultando o segundo princípio, corolário do primeiro, o da tipicidade dos direitos reais, segundo o qual o estabelecimento de direitos reais não pode contrariar a estruturação dos poderes atribuídos ao respectivo titular".*

[10] André Pinto da Rocha Osorio Gondinho, obra citada, pp. 30 a 32.

Tal afirmação, contudo, não significa que a autonomia da vontade não tenha incidência na seara dos direitos reais, mas, sim, que é preciso definir os espaços reservados à autonomia privada nas relações jurídicas de natureza real, fixando seus limites e possibilidades, o que será tratado no capítulo seguinte.

3. AUTONOMIA DA VONTADE E DIREITOS REAIS

Como analisado nos parágrafos acima, a tipicidade dos direitos reais significa que cabe ao ordenamento jurídico detalhar os contornos do conteúdo estrutural dos poderes conferidos ao titular da situação jurídica de direito real. Em outras palavras, a definição do modelo – tipo – pelo ordenamento, com seu consequente regime legal, impõe que o mesmo estabeleça as características da situação jurídica de direito real.

Assim, tem-se, em um primeiro plano, que o princípio da tipicidade dos direitos reais, com a definição dos tipos, atribui a um só tempo as características de conformação para cada direito real, bem como o seu regime legal.

O ponto central aqui é que nem toda definição tipológica é igualmente descritiva, isso porque há tipos mais **fechados**, quando há um aprofundamento na descrição do seu conteúdo estrutural, e tipos mais **abertos**, quando há a descrição essencial de uma situação[11], mas sem maior descrição legislativa.

Neste sentido, veja-se, uma vez mais, a manifestação já exarada pelo Autor deste artigo sobre tema:

> *"A tipologia, seja qual for a sua modalidade, tem sempre em vista a produção de dado efeito prático. É para o alcance desse efeito, ou seja, para a obtenção de determinado resultado na dinâmica da vida social que se recorre à tipificação, pois, como acima mencionado, tipificar é criar estatutos jurídicos, isto é, disciplinar o modo jurídico. Para tanto, o legislador procura encerrar, na descrição do tipo (estatuto), todos os elementos relevantes para a produção do almejado efeito prático, mas não precisa encerrar nela tudo o que é passível de ser descrito. Quando assim acontece, o tipo representará um quadro ou descrição fundamental que não exclui outros elementos juridicamente relevantes que lhe sejam exteriores. O fato ou a situação em causa pode ter, pois, um conteúdo extratípico, e por isso dizemos que o tipo é aberto. Em outras palavras, **o tipo aberto consiste na descrição essencial de uma situação a qual é outorgada um regime legal, mas sem impedir que outros elementos não previstos na descrição legislativa venham a integrar aquele estatuto jurídico, conquanto respeitem os limites fundamentais ali fixados**"[12] (grifado no original).*

Essa diferenciação, portanto, entre tipos abertos e fechados será essencial para que se compreenda o papel da autonomia da vontade frente ao princípio da tipicidade dos direitos reais.

---

[11]   Conforme José de Oliveira Ascensão, ora citada, pp. 63: *"O legislador tem de encerrar na descrição típica todos os elementos relevantes para a produção do efeito prático que se prossegue com a tipificação, mas não precisa encerrar nela tudo o que é necessário para a produção do efeito jurídico. Quando assim acontecer, o tipo representará um quadro ou descrição fundamental, que não exclui outros elementos juridicamente relevantes que lhe sejam exteriores"*.

[12]   André Pinto da Rocha Osorio Gondinho, obra citada, pp. 85 e 86.

688 | PROBLEMAS DE DIREITO CIVIL – *Homenagem aos 30 anos de cátedra do professor Gustavo Tepedino*

Isso porque, no que tange aos tipos abertos, dada a ausência de descrição normativa minuciosa do seu conteúdo, é possível que a autonomia privada venha a **modelar** o mesmo[13], sem que isso signifique violação ao princípio da tipicidade, uma vez que os limites do tipo e seus contornos estruturais devem sempre ser respeitados. Trata-se, portanto, de hipótese de **modelação do tipo aberto**[14] e não de criação de direito real atípico, o que seria algo proibido pelo princípio do *numerus clausus*[15].

Sobre a possibilidade de modelação dos direitos reais pela autonomia da vontade, nos espaços reservados pelos tipos abertos, veja-se o esclarecedor magistério de Gustavo Tepedino:

> *"Tais relevos distintivos permitem que se pesquise o campo de atuação deixado pelo legislador à autonomia privada, no âmbito dos tipos estabelecidos por lei. Vale dizer, ao lado das regras imperativas, que definem o conteúdo de cada tipo real, convivem preceitos dispositivos, atribuídos à autonomia privada, e sorte a moldar o seu interesse à situação jurídica pretendida. Assim, se é inegável que a constituição de um novo direito real sobre coisa alheia, ou de uma forma proprietária com características exóticas, depende do legislador, que, por sua vez, deve ater-se aos limites de utilidade social definidos pela Constituição, certo é que no âmbito do conteúdo de cada tipo real há um vasto território por onde atua a autonomia privada e que carece de controle quanto aos limites (de ordem pública) permitidos para essa atuação".*

Exemplos disso se verificam, de modo claro, nas servidões[16] (art. 1.378 do Código Civil) e no usufruto (art. 1.390 do Código Civil), onde embora haja a previsão legal destes direitos reais pelo ordenamento, em observância ao princípio do *numerus clausus*, bem como definição pela lei de seus respectivos contornos estruturais, em atenção ao princípio da tipicidade, é possível moldar o seu conteúdo[17] para atender às particularidades dos interesses das partes que mereçam tutela por parte do ordenamento.

---

[13] Neste sentido, Umberto Paulini, Perspectiva e prospecção: novos contornos assumidos pelo fenômeno da tipicidade dos direitos reais na contemporaneidade, p. 46: *"Este é o ponto central das relações entre direitos reais e autonomia da vontade, pois o conteúdo das situações reais, pelo menos nas suas linhas mestras, tem obrigatoriamente de estar fixado na lei. Contudo, muito embora não se possa variar o elenco legal daqueles direitos é absolutamente lícito, quanto a alguns deles, introduzir no respectivo conteúdo uma certa variabilidade".*

[14] Umberto Paulini, obra citada, p. 57: *"Até o presente momento deste estudo, observou-se que os tipos de direito real são tipos abertos, pois abrangem um conteúdo acidental ou complementar, não previsto originalmente na norma jurídica, por meio do qual a autonomia da vontade pode exprimir-se na modelação da situação real".*

[15] Umberto Paulini, obra citada, p. 46: *"Respeitando-se o modelo legal, há ainda um amplo campo para a fixação pelas partes de aspectos juridicamente relevantes. O que confirma que o caráter aberto do tipo não é incompatível com a vigência de um numerus clausus: este exige que se respeitem as formas estabelecidas por lei, mas não exclui que nos quadros de uma forma legal, se estabeleçam, por meio da autonomia privada, o afastamento de regras supletivas".*

[16] André Pinto da Rocha Osorio Gondinho, obra citada, pp. 98 e 99: *"Tendo-se em vista que o direito real de servidão permite a utilização pelo proprietário do prédio dominante de utilidades do prédio serviente (conteúdo do tipo real de servidão) e que a variedade das utilidades que pode ser extraída de um prédio em favor de outro é muitíssimo ampla, é fácil compreender e admitir que, diariamente, são registrados em cartórios títulos constitutivos de servidões que, sem desrespeitar o tipo legal da servidão, fixam regras particulares e originais, fruto da intervenção da autonomia privada".*

[17] José Dias Marques, Direitos Reais, Lisboa, 1960, p. 23: *"A tipicidade dos direitos reais apenas se refere ao seu número e não, necessariamente, ao seu conteúdo. Ou seja que, embora se não possa variar o elenco*

Cap. 40 • O PRINCÍPIO DA TIPICIDADE DOS DIREITOS REAIS | 689

No item seguinte, para melhor compreensão da matéria, será analisado alguns outros exemplos de modelação dos direitos reais pelo exercício da autonomia da vontade.

4. EXEMPLOS DE ATUAÇÃO DA AUTONOMIA DA VONTADE NA MODELAÇÃO DE DIREITOS REAIS

4.1. Servidões

Como já mencionado no final do capítulo anterior, a autonomia da vontade encontra amplo campo de atuação na modelação do direito real de servidão. Isso ocorre, essencialmente, porque a lei não estabelece uma lista exaustiva de servidões, mas apenas descreve, na forma do artigo 1.378 do Código Civil, o contorno estrutural do tipo pelo qual instituiu que *"a servidão proporciona utilidade para o prédio dominante, e grava o prédio serviente, que pertence a diverso dono, e constitui-se mediante declaração expressa dos proprietários, ou por testamento, e subsequente registro no Cartório de Registro de Imóveis".*

Dessa forma, cabe aos particulares, respeitados os limites objetivos do tipo[18], isto é, o seu contorno estrutural, estabelecer a utilidade proporcionada pelo prédio serviente para o prédio dominante. Este marco essencial demonstra que qualquer utilidade, que seja legítima e atenda a critérios funcionais de validação perante o ordenamento jurídico, poderá ser estabelecida e levada a registro imobiliário, o que significa reconhecer que o objeto poderá ser o mais variado possível[19].

Neste particular aspecto, veja-se que a Lei de Registros Imobiliários[20], em seu artigo 167, inciso I, n.º 6, estabeleceu o registro das *"servidões em geral"*, bem como a lição de Serpa Lopes:

> *"(...) e, assim, surgiram muitas servidões. apesar dos romanos serem partidários de um numerus clausus, quer dizer, um número taxativamente fixado pelas fontes, ao contrário do que sucede no nosso direito moderno, em que não se enumeram as servidões. A liberdade de inventar servidões ficará assegurada aos interessados, desde que elas se criem ajustadas aos princípios gerais (...). Mas, então, em vez de um número taxativo de servidões, hoje se tem um número ilimitado, o que não impede que haja algumas servidões mais típicas, mais frequentes, tal como sucede na taxinomia dos contratos. (...) O número de servidões é teoricamente infinito (...)".[21]*

---

legal daqueles direitos é, no entanto, lícito, quanto a alguns deles, introduzir no respectivo conteúdo uma certa variabilidade. Assim sucede, por exemplo, com o usufruto (art. 2.201 do Código Civil) e as servidões (art. 2.267 do Código Civil)".

[18] Umberto Paulini, obra citada, p. 49: *"Todavia, em que pese o amplo campo de atuação da autonomia da vontade na seara das servidões, deve-se assinalar que a modelação deste direito real não pode significar a criação de uma situação jurídica real atípica, isto é, que desfigure os limites do tipo legal da servidão, como seria, à guisa de ilustração, a constituição de uma servidão pessoal".*

[19] Umberto Paulini, obra citada, p. 48: *"Portanto, o direito atual consagra uma grande variabilidade de formas para as servidões, em contraposição ao antigo direito romano, no qual sua limitação decorria da tipicidade das ações (actio), não se podendo constituir genericamente, mas tão somente dentro daquelas modalidades previstas em lei (iten actus, via e aquaeductus)."*

[20] Lei n.º 6.015, de 31 de dezembro de 1973.

[21] Serpa Lopes, Programa de Direito Civil III, Direito das Coisas, Editora Rio, 1979, p. 319 a 321.

Na mesma linha de pensamento, é o magistério de Orlando Gomes[22]: "*o conteúdo econômico das servidões dá lugar a grande variedade de formas, que a doutrina tem procurado classificar (....) enumeração completa seria impossível.*"[23]

Portanto, dado o caráter convencional de seu conteúdo, as servidões encontram amplo espaço para modelação de seu tipo pela atuação, desde que, como dito, isso não signifique a alteração de seu contorno estrutural, com a constituição de uma situação real atípica, e/ou a violação de sua função jurídica, seja pela ausência de utilidade ao prédio dominante, seja pela eliminação do conteúdo mínimo do direito de propriedade do prédio serviente, seja ainda pela violação dos interesses sociais que legitimam o direito real de servidão[24]. Estes são limites impostos à atuação da autonomia da vontade na modelação do tipo aberto da servidão real, como já exposto por este Autor no passado:

> "*Assim é que, de um ponto de vista geral, as servidões, devem corresponder às razões de necessidade e utilidade que impõem a existência de todos os direitos limitativos da proprie-dade. Em análise mais particular, pode-se dizer que o critério de legitimidade da modelação do direito real de servidão origina-se do sopesamento entre as situações verificadas nos prédios serviente e dominante. Nesse sentido, a servidão deve corresponder de um lado, à necessidade social de se obter o maior rendimento dos bens dominantes, e, de outra parte, à indiscutível conveniência de se evitar a destruição do conteúdo mínimo do direito de propriedade do prédio serviente, mantendo-se, destarte, as faculdades do domínio à medida que possibilitem a normalidade do tráfego jurídico*"[25]

4.2   O Condomínio Horizontal e a Convenção de Condomínio.

O condomínio horizontal, denominado edilício pelo Código Civil de 2002, representa, por assim dizer, uma composição entre a titularidade de uma propriedade singular ou exclusiva sobre a denominada unidade autônoma e a titularidade de uma propriedade plural ou comum sobre as denominadas partes comuns da construção imobiliária[26].

Essa singularidade decorrente da vida em comunidade pela vizinhança próxima das unida-des autônomas somada com a comunhão de direitos sobre as partes comuns exige a imposição de regras de convivência cogentes a disciplinar a vida social e utilização dos espaços plurais, sob pena da verificação constante de controvérsias e disputas entre os vizinhos em transgressão a paz comum e ao exercício funcional da propriedade singular e coletiva[27].

---

[22]   Orlando Gomes. Direitos Reais, Rio de Janeiro, Forense, 2004, p. 288.

[23]   Para uma enumeração meramente exemplificativa de 19 tipos de servidões vide André Pinto da Rocha Osorio Gondinho, obra citada, pp. 100 a 102.

[24]   Umberto Paulini, obra citada, p. 49: "*Logo, além do respeito aos critérios objetivos, isto é, elementos estru-turais da servidão, deverão ser obedecidos certos parâmetros com o intuito de: (i) evitar a destruição do conteúdo mínimo do direito de propriedade do prédio serviente; (ii) assegurar a observância do binômio necessidade-utilidade do prédio dominante, bem como atendimento aos interesses sociais que autorizam a instituição das servidões em geral*".

[25]   André Pinto da Rocha Osorio Gondinho, obra citada, p. 104.

[26]   Vide neste sentido os artigos 1º e 3º da Lei 4.591/64, bem como artigo 1.331 do Código Civil: Pode haver, em edificações, partes que são propriedade exclusiva, e partes que são propriedade comum dos condôminos.

[27]   Caio Mario da Silva Pereira, A propriedade horizontal, novo regime de condomínio, artigo publicado na Revista Forense n.º 185, pp. 67: "*Os problemas decorrentes da vizinhança próxima, a necessidade de se*

Cap. 40 • O PRINCÍPIO DA TIPICIDADE DOS DIREITOS REAIS | **691**

Bem por isso, a lei exige, como requisito do condomínio edilício, o estabelecimento de um estatuto disciplinar das relações jurídicas entre condomínios, por meio da denominada convenção de condomínio, a teor dos artigos 9º da Lei 4.591/64 e 1.333 e 1.334 do Código Civil.

Neste particular, é verificável de plano a incidência do princípio da autonomia da vontade na elaboração e instituição da convenção do condomínio edilício, o que, por via de consequência acabará por modelar a própria configuração do direito de propriedade seja com relação à unidade autônoma seja em relação às partes comuns. Veja-se, a mero título exemplificativo, que cabe à convenção de condomínio estabelecer, a teor dos artigos 1.332, III, e 1.334 do Código Civil, o fim a que se destinam as unidades imobiliárias, assim como, na forma do 9º, § 3º, b e c, da Lei 4.591/64, o destino das diferentes partes e o modo de usar as coisas e os serviços comuns.

Ademais disso, o caráter real e não meramente pessoal da modelação do tipo de propriedade do condomínio edilício decorrente da convenção condominial se estabelece legalmente com o registro da referida convenção, a qual passa a ter eficácia *erga omnes* perante os proprietários, possuidores e terceiros, na forma do 9º, § 2º, da Lei 4.591/64 e 1.333, parágrafo único, do Código Civil.

A modelação do direito real de propriedade em condomínio edilício pela convenção de condomínio pode, como de praxe ocorre, restringir o exercício do referido direito de propriedade, sem que isso, a *priori*, signifique qualquer invalidade ou ofensa ao princípio da tipicidade ou do *numerus clausus*[28]. Neste sentido, é o magistério de Gustavo Tepedino[29]:

> *"A validade das normas estatuídas pela convenção não é ameaçada pelo fato de interferirem na unidade autônoma, sendo frequente na propriedade horizontal tal interferência, ora manifestada na proibição de certas destinações econômicas, ora na exclusão de animais domésticos, ora proibindo-se o aluguel de cômodos ou da garagem de uso exclusivo a estranhos, todas cláusulas corriqueiras".*

Isso não significa dizer, por certo, que a autonomia da vontade é inteiramente livre para modelar direito real de propriedade em condomínio edilício, pois, como já ressalvado, a modelação do tipo aberto não pode contrariar os limites estruturais e funcionais do tipo. Isso significa dizer que as cláusulas da convenção de condomínio não devem vedar o uso regular da propriedade para além do seu conteúdo mínimo e devem ter sempre por critério de legitimidade o bem estar e a segurança da comunidade condominial. Normas que violem estes parâmetros, seja porque esvaziem de modo excessivo o conteúdo do direito de propriedade[30], seja porque não se justificam em prol da convivência condominial pacífica e segura, não devem ser acolhidas.

---

regulamentar o comportamento dos que se utilizam dos apartamentos e usam as partes comuns, o resguardo do patrimônio coletivo, a imprescindibilidade de se coibir a conduta desrespeitosa aos direitos recíprocos dos coproprietários, a desconformidade de padrões de educação destes, a conveniência de se estabelecer um regime harmônico de relações que elimine ou reduza ao mínimo as zonas de atritos, implicam na instituição de um estatuto disciplinar das relações internas dos condôminos, ou regulamento do condomínio, ou convenção de condomínio".

[28] André Pinto da Rocha Osorio Gondinho, obra citada, pp. 117 a 118: *"A finalidade desta parte da dissertação, como antes informado, é tão somente demonstrar que a autonomia da vontade, malgrado a existência dos princípios do numerus clausus e da tipicidade, pode, com base nos parâmetros jurídicos acima delineados e levando-se em consideração a margem de liberdade deferida pelo legislador, aprovar normas de seu interesse (artigo 9º, § 3º, da Lei 4.591/64), com eficácia própria das situações jurídicas de direito real".*

[29] Gustavo Tepedino, obra citada, p. 117.

[30] André Pinto da Rocha Osorio Gondinho, obra citada, p. 118: *"Assim sendo, parece-nos correto concluir que nada há a obstar a atuação da autonomia da vontade nesse particular aspecto da elaboração de um estatuto jurídico com eficácia real, o que, indiretamente, representa também a própria modelação do direito*

4.3 A Multipropriedade imobiliária

A multipropriedade imobiliária, como já mencionado, foi objeto de monografia específica escrita pelo Professor Gustavo Tepedino, no qual se analisou esta particular espécie de propriedade que se estabelece pela inserção do aspecto temporal de uso no âmbito da copropriedade imobiliária.

Inicialmente, sobre o aspecto da copropriedade, a multipropriedade apenas divide o imóvel em um regime de frações ideais, que pouco ou nada difere do regime condominial propriamente dito. Todavia, em conjunto com o sistema de frações ideias, é estabelecido um estatuto para disciplinar o regime deveres e direitos de cada multiproprietário em relação ao exercício da propriedade, bem como para a administração em si do empreendimento.

Com relação ao item essencial do uso pelos coproprietários, a multipropriedade imobiliária se distingue pela atribuição de um período de uso exclusivo para cada um dos coproprietários, de modo que, durante o seu respectivo período, cada coproprietário poderá usar o imóvel exclusivamente. Portanto, trata-se, em resumo, de uma propriedade cujo exercício é limitado por um período temporal, razão pela qual este modelo de propriedade é conhecido em Portugal como direito real de habitação periódica e de *time-sharing* na experiência anglo-saxônica. Gustavo Tepedino assim definiu a multipropriedade imobiliária:

> *"relação jurídica de aproveitamento econômico de uma coisa móvel ou imóvel, repartida em unidades fixas de tempo, de modo que diversos titulares possam, cada qual a seu turno, utilizar-se da coisa com exclusividade e de maneira perpétua."*[31]

Embora a multipropriedade imobiliária esteja hoje tipificada pelos artigos 1.358-B a 1.358-N do Código Civil, é fato que a possibilidade de modelação da copropriedade pela autonomia da vontade, mediante a inserção do elemento tempo na dinâmica de fracionamento do bem e disciplina do seu uso e gozo, era de muito reconhecida pela doutrina e pela jurisprudência, como faz prova o acórdão do STJ prolatado nos autos do REsp 1.546.165-SP, de relatoria do Min. João Otávio de Noronha, julgado em 24.06.2016, portanto, antes da introdução da tipificação legal da multipropriedade imobiliária pela Lei nº 13.777, de 2018, que introduziu os referidos artigos 1.358-B a 1.358-N no Código Civil:

> *Processual civil e civil. Recurso especial. Embargos de terceiro. Multipropriedade imobiliária (time-sharing). Natureza jurídica de direito real. Unidades fixas de tempo. Uso exclusivo e perpétuo durante certo período anual. Parte ideal do multiproprietário. Penhora. Insubsistência. Recurso especial conhecido e provido.*
>
> *1. O sistema time-sharing ou multipropriedade imobiliária, conforme ensina Gustavo Tepedino, é uma espécie de condomínio relativo a locais de lazer no qual se divide o aproveitamento econômico de bem imóvel (casa, chalé, apartamento) entre os cotitulares em unidades fixas de tempo, assegurando-se a cada um o uso exclusivo e perpétuo durante certo período do ano.*
>
> *2. Extremamente acobertada por princípios que encerram os direitos reais, a multipropriedade imobiliária, nada obstante ter feição obrigacional aferida por muitos, detém*

---

real do proprietário da unidade autônoma, desde que não sejam violadas normas de ordem pública ou aniquilado o conteúdo mínimo do direito real em real".

[31] Gustavo Tepedino, obra citada, São Paulo: Saraiva, 1993. No mesmo é a atual tipificação artigo 1.358-C do Código Civil brasileiro: "Multipropriedade é o regime de condomínio em que cada um dos proprietários de um mesmo imóvel é titular de uma fração de tempo, à qual corresponde a faculdade de uso e gozo, com exclusividade, da totalidade do imóvel, a ser exercida pelos proprietários de forma alternada".

forte liame com o instituto da propriedade, se não for sua própria expressão, como já vem proclamando a doutrina contemporânea, inclusive num contexto de não se reprimir a autonomia da vontade nem a liberdade contratual diante da preponderância da tipicidade dos direitos reais e do sistema de numerus clausus.

3. No contexto do Código Civil de 2002, não há óbice a se dotar o instituto da multipropriedade imobiliária de caráter real, especialmente sob a ótica da taxatividade e imutabilidade dos direitos reais inscritos no art. 1.225.

4. O vigente diploma, seguindo os ditames do estatuto civil anterior, não traz nenhuma vedação nem faz referência à inviabilidade de consagrar novos direitos reais. Além disso, com os atributos dos direitos reais se harmoniza o novel instituto, que, circunscrito a um vínculo jurídico de aproveitamento econômico e de imediata aderência ao imóvel, detém as faculdades de uso, gozo e disposição sobre fração ideal do bem, ainda que objeto de compartilhamento pelos multiproprietários de espaço e turnos fixos de tempo.

5. A multipropriedade imobiliária, mesmo não efetivamente codificada, possui natureza jurídica de direito real, harmonizando-se, portanto, com os institutos constantes do rol previsto no art. 1.225 do Código Civil; e o multiproprietário, no caso de penhora do imóvel objeto de compartilhamento espaço-temporal (time-sharing), tem, nos embargos de terceiro, o instrumento judicial protetivo de sua fração ideal do bem objeto de constrição.

6. É insubsistente a penhora sobre a integralidade do imóvel submetido ao regime de multipropriedade na hipótese em que a parte embargante é titular de fração ideal por conta de cessão de direitos em que figurou como cessionária.

7. Recurso especial conhecido e provido.

Vê-se, portanto, a essencial contribuição da autonomia da vontade para o reconhecimento e posterior tipificação desta espécie de propriedade condominial.

5. AS OBRIGAÇÕES *PROPTER REM* NA MODELAÇÃO DO TIPO ABERTO

No item anterior se observou, mediante alguns exemplos, que à autonomia da vontade é lícita a modelação dos tipos abertos de direitos reais, sempre que a modelação respeitar os contornos estruturais do tipo e atender critérios funcionais de legitimidade, os quais serão tratados ao final deste estudo.

Antes disso, far-se-á neste capítulo a análise do papel das obrigações *propter rem* na modelação do tipo aberto dos direitos reais.

A doutrina, em geral, conceitua a obrigação *propter rem* como aquela que *"recai sobre uma pessoa, por força de determinado direito real. Só existe em razão da situação jurídica do obrigado, de titular do domínio ou de detentor de determinada coisa"*[32]. Este conceito é trabalhado por Sílvio Venosa, que enumera três características presentes nas obrigações *propter rem*:

1. Trata-se de relação obrigacional que se caracteriza por sua vinculação à coisa. Não pode existir, por conseguinte, fora das relações de direito real.

2. O nascimento, transmissão e extinção da obrigação propter rem seguem o direito real, com uma vinculação de acessoriedade.

---

[32] Carlos Roberto Gonçalves, Direito civil brasileiro, volume 2: teoria geral das obrigações. 8. ed. São Paulo: Saraiva, 2011, p. 28.

3. A obrigação dita real forma, de certo modo, parte do conteúdo do direito real, e sua eficácia perante os sucessores singulares do devedor confere estabilidade ao conteúdo do direito[33].

A noção de "obrigação vinculada à coisa" é reforçada por Orlando Gomes, para quem o titular do direito real, por esta condição, é obrigado a satisfazer determinada prestação. Do ponto de vista subjetivo, portanto, o devedor da prestação é o titular da relação jurídica de direito real.[34]

A vinculação da obrigação *propter rem* ao sujeito titular de um direito real impõe a incidência dos princípios do *numerus clausus* e da tipicidade para a instituição destas obrigações. Isso significa dizer que não se pode criar obrigações *propter rem* que não possuam previsão legal e sejam tipificadas pelo ordenamento jurídico.

Nada obstante, na seara das obrigações, é preciso distinguir as obrigações meramente legais, como, por exemplo, a obrigação do proprietário do prédio confinante em concorrer com as despesas de construção do muro divisório, daquelas em que há autorização normativa para o estabelecimento voluntário de obrigações desta natureza, hipótese na qual haverá a modelação do conteúdo e exercício do direito real em questão, como se viu acima a respeito das obrigações decorrentes da convenção de um condomínio edilício[35].

Neste particular, como já tivemos oportunidade de expor, reside a importância das obrigações *propter rem* para a análise da matéria em foco, pois é por meio da constituição deste tipo de relação jurídica que será modificado, em grande parte, o conteúdo do direito real em específico. Mais do que isso, como se vê nas relações de vizinhança que são objeto de disciplina por meio das convenções de condomínio edilícios, "a obrigação *propter rem* é um meio técnico importante para a resolução de conflitos de interesse, entre titulares de direitos reais correlacionados, e para a intervenção da autonomia da vontade na seara da realidade[36]".

6. CRITÉRIOS DE LEGITIMIDADE E CONCLUSÕES

Conforme o que se expôs nas análises acima, a autonomia da vontade não pode, pelo princípio do *numerus clausus* dos direitos reais, estabelecer novas hipóteses não previstas em lei de direitos reais, que sejam diferentes e venham a se agregar ao rol de direitos reais normatizado pelo ordenamento jurídico. Em outras palavras, a única fonte legítima para a constituição dos tipos de direitos reais é a lei.

De outra parte, viu-se também que, pelo princípio da tipicidade dos direitos reais, é defeso à autonomia da vontade alterar os contornos estruturais dos tipos de direitos reais previstos pela lei, estabelecendo formas exóticas de direitos reais, o que constituiria situações atípicas por via indireta. No entanto, malgrado estes dois limites, a autonomia da vontade poderá agir no interior de cada

---

[33] Sílvio de Salvo Venosa, Direito Civil: teoria geral das obrigações e teoria geral dos contratos. 12. ed. São Paulo: Atlas, 2012, p. 41.

[34] Orlando Gomes, obra citada, p. 24.

[35] André Pinto da Rocha Osorio Gondinho, obra citada, pp. 123-124.

[36] Andre Pinto da Rocha Osorio Gondinho, obra citada, p. 133. Na mesma linha de entendimentos, Oliveira Ascensão, obra citada, p. 155: "E a mesma conclusão deve afinal estender-se a todos os outros tipos de relação jurídica propter rem, seja qual for a categoria do conflito a que se reportem. As hipóteses admitidas por lei são só de relação real, ou seja, de situações propter rem funcionalmente dirigidas a resolver o conflito de direitos reais, portanto, a outorgar formas de aproveitamento da coisa. A mera relação jurídica propter rem negocial é só uma categoria doutrinária que a lei nunca previu e à qual a autonomia privada não pode dar vida".

tipo aberto pela modelação de seu conteúdo, sempre que tal modelação atender aos critérios de reconhecimento funcional por parte do sistema jurídico, notadamente em seu controle de valores.

Cabe-nos, assim e por derradeiro, estabelecer mais detidamente quais seriam os critérios de reconhecimento funcional para fins de legitimidade da intervenção da autonomia da vontade na modulação dos direitos reais.

Neste particular, é certo que a modulação do tipo aberto de direito real, por autuação da autonomia da vontade, deve respeitar, ao mesmo tempo, interesses de coletivos, de terceiros e dos próprios interesses dos titulares da situação jurídica de direito real[37].

No entanto, a proteção destes interesses não deve ficar ao sabor de meras restrições pontuais, além daquelas limitações já indicadas no âmbito dos princípios do *numerus clausus* e da tipicidade dos direitos reais. É preciso que se estabeleça um critério de legitimidade que possa atender aos valores constitucionais que informam e disciplinam a autonomia privada e a propriedade[38], notadamente o princípio constitucional da função social da propriedade:

> *"O movimento de constitucionalização de institutos de direito civil é, hoje, uma das questões mais discutidas na ciência jurídica. Nessa concepção metodológica, é impossível a estruturação do direito de propriedade afastado de seus caracteres constitucionais. A partir de tal premissa, verifica-se, por congruência lógica, que os princípios da função social da propriedade e o do numerus clausus, bem como seu corolário natural, a tipicidade, estariam por nortear a estrutura do direito de propriedade, donde deve-se concluir pela compatibilidade entre todos. Acrescente-se ainda que, considerando-se o tipo real um tipo aberto, passível de modelação pela autonomia da vontade, a função social da propriedade deverá ser respeitada quando da atuação da vontade privada".*[39]

Assim é que, para ser passível de tutela jurídica e reconhecimento de sua legitimidade, a intervenção da autonomia da vontade nas relações jurídicas reais, respeitados os limites estruturais dos tipos abertos previstos pelo ordenamento conforme o princípio do *numerus clausus*, deverá funcionalizar o respectivo direito real, quer seja pela potencialização das vantagens econômicas do bem em foco, quer seja pelo respeito aos valores existenciais previstos na Constituição Federal.

Em outras palavras, a modelação dos tipos abertos de direitos reais deve ser compatível com os limites estruturais do tipo, com as normas de ordem pública estabelecidas pela legislação e também com os princípios constitucionais da função social da propriedade e da atividade econômica, de modo a atender aos valores existenciais da pessoa humana como paradigma necessário e indispensável para a sua tutela jurídica e validade.

Portanto, uma vez que tais parâmetros sejam respeitados, é possível concluir que a existência dos princípios do *numerus clausus* e da tipicidade não significa o afastamento da autonomia da vontade no âmbito das relações jurídica de direito real.

---

[37] José Oliveira Ascensão, obra citada, p. 329.

[38] Andre Pinto da Rocha Osorio Gondinho, obra citada, p. 138: "Assim é que o controle de legitimidade ora em foco deve abranger a tutela constitucional da inciativa privada e da propriedade, de modo que a intervenção da autonomia privada no âmbito da modelação de situações jurídicas reais se submeta aos princípios constitucionais, fazendo incidir, nas relações privadas de direito real, os valores existenciais e sociais situados no vértice do ordenamento".

[39] Idem, pp. 138-139. No mesmo sentido, ao tratar da multipropriedade imobiliária, é o pensamento de Gustavo Tepedino que reforça a compatibilização do conteúdo da situação jurídica real, modelada pela autonomia da vontade, com a tutela constitucional dos valores da função social da propriedade, conforme obra citada, p. 118.

41

A PROTEÇÃO FUNCIONAL DA POSSE DOS BENS PÚBLICOS: ESTUDO DA AUTONOMIA DA POSSE FRENTE À PROPRIEDADE

BARBARA ALMEIDA DE ARAUJO

Sumário: 1. Introdução. 2. A posse no sistema jurídico brasileiro. 3. A dignidade da pessoa humana como fundamento específico da tutela possessória. 4. A posse dos bens públicos. 5. A autonomia entre a posse e a propriedade. 6. A concessão de uso para fins de moradia. 7. Considerações finais.

1. INTRODUÇÃO

A dissertação "A Proteção Funcional da Posse dos Bens Públicos", orientada pelo Professor Gustavo Tepedino, no âmbito do Programa de Pós-Graduação em Direito da Universidade do Estado do Rio de Janeiro, e defendida no ano de 2004, teve como objetivo central o tema da posse dos bens públicos. O trabalho procurou demonstrar não existir óbice legal para conferir-se tutela possessória ao particular, mesmo em se tratando de bem público.

Tradicionalmente, afirma-se que o sistema jurídico brasileiro filiou-se à corrente objetiva da posse, defendida por Rudolf von Ihering, que definiu a posse a partir do direito de propriedade: significa aparência de domínio. Será possuidor, portanto, aquele que exerce de fato os poderes correspondentes ao direito de propriedade[1].

Essa adoção da tese objetiva, entretanto, não foi integral. Ihering conceituou a proteção possessória na tutela do proprietário. Por essa razão, afirmou ser a posse a tutela avançada do

---

[1] Rudolf von Ihering, "Teoria simplificada da posse" *in* Alcides Tomasetti Jr. (org.), *Clássicos do direito brasileiro*, v. 6, São Paulo: Saraiva, 1986, p. 105.

domínio. Procurou-se defender, no trabalho, entretanto, existir uma autonomia crescente entre posse e propriedade. De fato, a posse não se justifica mais pela titularidade do domínio, mas pelo exercício de sua função social. Nesse sentido, identifica-se a função social da posse com o atendimento de determinados valores constitucionais, como a utilização racional e produtiva dos bens, o direito à moradia, o direito ao trabalho, a proteção ao meio ambiente, os quais são efeitos do fundamento básico da tutela da dignidade da pessoa humana, protegida constitucionalmente.

Como se sabe, a propriedade pública possui um regime jurídico diferenciado, e por ter sido sempre norteada por alguns dogmas como da supremacia do interesse da Administração e da estrita legalidade, a ocupação de um bem público foi usualmente excluída da disciplina possessória pela doutrina tradicional.

O trabalho procurou questionar essa exclusão, pois não existe, no Código Civil, qualquer dispositivo que impeça a caracterização da posse, em se tratando de bens públicos. Desse modo, se existir o poder de fato sobre bens públicos, será manifesta a posse. Nesse caso, torna-se necessária a previsão de uma hipótese legal de detenção, para ser descaracterizado o exercício possessório. Por esse motivo, questionou-se o alcance conferido ao artigo 520, III do Código Civil de 1916[2], salientando que o atual Código Civil não adotou dispositivo semelhante.

Por conseguinte, o estudo defendeu que a posse, tal como formulada pelo Código Civil e funcionalizada a partir dos valores constitucionais, deve ser aplicada a todos os bens jurídicos, não sendo admitida a sua exclusão por critérios ligados à titularidade, os quais, em última análise, deveriam ser aplicados ao direito de propriedade. Assim, explicou-se a existência, por exemplo, do instituto da concessão de uso para fins de moradia, que consubstancia a proteção funcional da posse de bens públicos pelo particular.

Por fim, o trabalho analisou o tema dos efeitos possessórios. Observou-se a consequência prática da caracterização da posse. A concessão dos frutos e as indenizações pelas benfeitorias foram examinadas. Ressaltou-se, ainda, a necessidade de revisão da disciplina dos remédios possessórios, de modo que a melhor posse fosse determinada com base em critérios ligados aos direitos fundamentais. A melhor posse, dessa maneira, não deveria ser aquela proveniente de um justo título, e, sim, a que funcionalizasse determinado bem, pelo exercício do direito à moradia, ao trabalho, à preservação do meio ambiente, dentre outros valores constitucionais.

2. A POSSE NO SISTEMA JURÍDICO BRASILEIRO

A posse, no ordenamento jurídico brasileiro, é conceituada a partir da noção de possuidor, ou seja, o Código Civil inicia a disciplina da posse estabelecendo que será considerado possuidor aquele que exerce de fato, um dos poderes inerentes à propriedade. Essa noção, que estava prevista no artigo 485 da Lei de 1916, foi decisiva para grande parte de a doutrina sustentar que o direito brasileiro havia adotado a teoria objetiva[3]. No Código Civil atual, não existe uma

---

[2]   Assim, determinava o dispositivo legal de 1916: "Art. 520. Perde-se a posse das coisas: III- Pela perda, ou destruição delas, ou por serem postas fora do comércio".

[3]   Clovis Bevilaqua, *Direito das coisas*, v. 1, 5. ed. Rio de Janeiro: Forense, 1961, pp. 29-30; *Código Civil dos Estados Unidos do Brasil*, edição histórica, Rio de Janeiro: Editora Rio, 1973, p. 968. Vale lembrar, entretanto, que antes da promulgação do Código Civil, alguns autores sustentavam a aplicação da teoria subjetiva no ordenamento jurídico brasileiro. Segundo Lafayette Rodrigues Pereira, "a posse como se deduz de sua noção, consta de dois elementos: um material (*corpus*) – a detenção física da coisa; outro moral (*animus*) – a intenção de ter a coisa como própria" (*Direito das coisas*. Campinas: Russel, 2003, p. 40). O autor afirma a respeito do elemento subjetivo que "o possuidor não reconhece sobre a coisa direito

alteração substancial da definição de possuidor[4]. Certamente, não se pode negar que, nesse conceito de posse, há uma ideia de aparência de propriedade, característica da tese de Ihering. Não se deve esquecer, entretanto, que existem casos de conservação da posse somente com o *animus* do possuidor, como o previsto no artigo 1.224[5], que se harmonizam com o sistema proposto pela teoria subjetiva[6].

Ressalte-se também que não há, no nosso ordenamento jurídico, uma sujeição da posse ao direito de propriedade tal como formulada pela doutrina objetiva. De fato, se para a definição da posse, o conceito de propriedade faz-se necessário, para a sua fundamentação e desenvolvimento estrutural, os dois elementos distanciam-se. Na verdade, a posse, diante do sistema civil-constitucional, ganha uma estrutura renovada fruto de uma lenta evolução doutrinária e jurisprudencial.

Por esse motivo, não é mais possível confinar a posse dentro de uma proteção à propriedade[7]. Assim, pode-se afirmar que "a posse existe no mundo fático por si só, independentemente da propriedade ou outro direito real, merecendo ser tutelada juridicamente pela função social e econômica que representa"[8].

O possuidor, independentemente de título de domínio, pode defender diretamente a sua posse contra o esbulhador[9]; recuperá-la por meio de uma ação própria[10] e tem direitos aos frutos percebidos, ainda que seja reivindicada a coisa pelo titular do direito real, tratando-se de posse de boa-fé[11]. Além disso, a posse pode ser transmitida por ato *inter vivos* e *causa mortis*[12].

---

superior ao seu. A intenção, em que está o possuidor de ter a coisa própria, exclui necessariamente o reconhecimento do direito de terceiro. *É diversa a posição do simples detentor, como do locatário, o qual reconhece o direito do proprietário*" (Op. cit., p. 41, grifei).

[4]   Na verdade, a única diferença mais significativa entre as duas noções de posse é a não previsão pelo Código Civil de 2002 das expressões propriedade e domínio, como existia na lei de 1916. De fato, as expressões já eram tidas como sinônimas no ordenamento jurídico anterior, daí a não necessidade de menção de ambas.

[5]   Nos termos da Lei: "Código Civil. Art.1.224. Só se considera perdida a posse para quem não presenciou o esbulho, quando, tendo notícia dele, se abstém de retorna a coisa, ou tentando recuperá-la, é violentamente repelido".

[6]   A teoria subjetiva da posse tem como um dos seus principais expoentes Friederich Karl von Savigny,que publicou, em 1803, seu famoso livro *Das Recht des Besitzes*, um estudo da posse no direito romano. Para traçar o conceito de posse, Savigny sustenta que este instituto, tal como estudado no direito romano, era composto de dois elementos diversos e independentes: o *corpus* e o *animus*. O *corpus* seria caracterizado pelo elemento material, a detenção material da coisa. Por sua vez, o *animus* seria o elemento intencional, subjetivo, ou seja, a vontade do possuidor. Essa vontade, entretanto, deverá ser qualificada de acordo com a teoria subjetiva. Em outras palavras, o *animus domini* caracteriza a posse. De acordo com esse entendimento, torna-se necessário que o possuidor tenha a vontade de deter a coisa para si com a intenção de ser proprietário, de exercer o direito real de propriedade. (Friederich Karl von Savigny, *Possession*, § § 20 e 40 apud MAnuel Rodrigues, *A posse: estudo do direito civil português*, 4. ed., Coimbra: Almedina, 1996, p. 74).

[7]   Luiz Edson Fachin, *A função social da posse e a propriedade contemporânea*: uma perspectiva da usucapião imobiliária rural. Porto Alegre: Sergio Antonio Fabris, 1988, p. 13.

[8]   Joel Dias Figueira Júnior, *Posse e ações possessórias*, v. 2, Curitiba: Juruá, 1994, p. 150-151.

[9]   Art. 1.210 do Código Civil.

[10]   Arts. 554 a 568 do Código de Processo Civil.

[11]   Art. 1.214 do Código Civil.

[12]   Arts 1.206 e 1.207 do Código Civil.

Desse modo, embora não esteja prevista no rol dos direitos reais, não há como se negar que a posse se consubstancia em um direito, disciplinada em um capítulo inteiro do Código. Nesse sentido, mesmo sendo a posse definida como a aparência de domínio, também é objeto de uma extensiva disciplina por parte do legislador, passando a ser construída como verdadeira situação subjetiva, dotada de um valor próprio, dissociada da titularidade do bem.

A posse poderá ser protegida até mesmo contra o domínio. A faculdade de invocar os remédios possessórios decorre imediatamente da posse, ou seja, não importa a que título o indivíduo exerça o poder de fato sobre a coisa: pelo simples fato do exercício de um dos poderes inerentes à propriedade ou outro direito real, ser-lhe-á concedida tutela jurídica, ainda que sua posse seja injusta e de má-fé[13]. No Direito Romano, os interditos surgiram como medida administrativa, buscando com isso alcançar a equidade[14], concedendo-se a proteção possessória desde que ficasse provado o exercício de um dos poderes inerentes ao domínio, sem a necessidade de prova do título de propriedade.

A respeito da independência entre a via possessória e a petitória, por exemplo, existe a vedação da exceção de domínio nas ações possessórias[15]. A regra não permite qualquer alegação do direito de propriedade ou de direito real no decorrer de uma ação possessória. O Código de Processo Civil proíbe igualmente o ajuizamento de ações de reconhecimento de domínio no curso de uma ação possessória[16]. Não se pode negar, contudo, que somente com o desenvolvimento da noção de autonomia entre as esferas possessória e petitória foi possível a eliminação da exceção de domínio. E este caminho foi longo[17].

Logo, o atual sistema processual já apresenta os interditos possessórios como instrumentos de proteção da posse. Resta lembrar que, na época da elaboração da teoria objetiva, ou mesmo da entrada em vigor do Código Civil de 1916, não existiam meios processuais mais eficazes para a satisfação da pretensão do autor, então proprietário. Com o desenvolvimento de institutos como a tutela antecipada e as ações cautelares, a via petitória passa a ser o meio capaz de ser discutida matéria relacionada a direito de propriedade ou outro direito real.

---

[13] Lafayette Rodrigues Pereira, *Direito das coisas*, cit., p. 42.

[14] Ebert Chamoun, *Direito civil: 4° ano. Rio de Janeiro: Aurora, 1955*, p. 36.

[15] Art. 1.210, § 2° do Código Civil.

[16] Art. 557 do Código de Processo Civil.

[17] O Código Civil de 1916, por exemplo, determinava que não era obstáculo à manutenção ou reintegração na posse, a alegação de domínio, ou de outro direito sobre a coisa, muito embora se afirmava que a posse não seria julgada em favor de não pertencesse, evidentemente, o domínio. Esse dispositivo já era fonte de críticas, com a entrada em vigor do Código de Processo Civil, foi considerado por alguns autores como revogado. De fato, a lei processual de 1973 determinava que a posse seria julgada em favor daquele quem evidentemente pertencesse o domínio (art. 923). Com a alteração desse dispositivo, alegou-se que a exceção de domínio havia sido abolida em nosso sistema (Renan Lotufo, "Da exceção de domínio no direito possessório brasileiro", *in* Yussef Said Cahali (coord.), *Posse e propriedade*. São Paulo: Saraiva, 1987, p. 706). Ressalte-se, ainda, a edição da Súmula 487 pelo Supremo Tribunal Federal que determinava que "será deferida a posse a quem, evidentemente, tiver o domínio, se com base neste for ela disputada". Mesmo assim, interpretou-se a súmula no sentido de que ela somente se referia às ações petitórias, ou seja, àquelas que discutiam a posse com base em algum direito real. Nas ações possessórias propriamente ditas, vedada estava a alegação de domínio (Humberto Theodoro Júnior, *Curso de direito processual civil*, vol. III, *Procedimentos Especiais*, 27. ed., Rio de Janeiro, Forense, 2001, p. 129).

3. A DIGNIDADE DA PESSOA HUMANA COMO FUNDAMENTO ESPECÍFICO DA TUTELA POSSESSÓRIA

O fundamento da posse desloca-se, nesse sentido, da tutela do domínio para a realização de determinados valores constitucionais como a função social dos bens, caracterizada pelo direito à moradia, ao trabalho, à utilização produtiva e racional da terra, e à proteção ao meio-ambiente, valores que remetem, em última instância à cláusula geral de tutela da dignidade da pessoa humana.

De fato, o fundamento da proteção possessória revela-se mais nitidamente se observarmos a tábua axiológica do texto constitucional. A posse foi apenas em parte construída para atender aos direitos do proprietário, já que desde o início mostrou-se divorciada do domínio[18]. Uma prova disso é que a exceção de domínio sempre foi objeto de críticas por parte da doutrina e da jurisprudência. Ao mesmo tempo, a usucapião constitucional demonstrou nítida finalidade de possibilitar a aquisição da propriedade para aquele que trabalhasse no bem imóvel e/ou fizesse dele sua moradia (usucapião especial constitucional urbano e rural), independentemente de justo título, ou seja, de qualquer ligação a suposto direito real.

A função social da posse, ao contrário da propriedade, não está prevista expressamente no texto constitucional, tampouco no Código Civil. Contudo, será justificada a partir dos valores constitucionais que visa atender:

> "Como situação jurídica subjetiva, a posse só se justifica em razão dos interesses que o possuidor visa a proteger. A posse é intrinsecamente instrumental a tais interesses, que se constituem em sua função social, dispensando-se o legislador constituinte de previsão expressa que, neste sentido, representaria verdadeiro truísmo. Já a propriedade, sendo o direito subjetivo patrimonial e individualista por excelência, tendencialmente pleno, com amplas faculdades deferidas pelo Código Civil, que não lhe impõe restrições, exige do ordenamento constitucional uma tomada de posição política, limitando-a internamente, mediante a função social. Por outro lado, toda atividade econômica privada, tanto na titularidade dominical, quanto no exercício de quaisquer direitos patrimoniais, encontra-se vinculada aos princípios fundamentais da República, inscritos no Título I da Constituição Federal, que têm como fundamentos, dentre outros, na dicção do art. 1º, a cidadania, a dignidade da pessoa humana e o valor social do trabalho e da livre iniciativa"[19].

Caberá, portanto, para ser determinada a função social da posse, a verificação da concretização dos valores constitucionais, direitos fundamentais tais como o direito ao trabalho, à moradia, ao convívio familiar, ligados à promoção da dignidade da pessoa humana. A função social da posse não passa, nesse sentido, pela análise da titularidade do domínio:

> "Tais postulados, recorrentes, de resto, nos princípios gerais da atividade econômica, de que trata o art. 170 da Constituição, permeiam e funcionalizam a posse, como exercício de

---

[18] Nas precisas palavras de Clovis Beviláqua: "O Código Civil brasileiro adotou o pensamento de Ihering quanto ao conceito de posse como visibilidade de propriedade, ainda que sua proteção possa favorecer a quem não é proprietário, nem exerce algum direito real; ou segundo se lê no *Besitzwille*, a posse 'é a relação de fato estabelecida entre a pessoa e a coisa pelo fim de sua utilização econômica'" (*Direito das coisas*, cit., p. 29-30).

[19] Gustavo Tepedino e Anderson Schreiber, "Função social da propriedade e legalidade constitucional", cit., p. 56. Sobre o tema, ver Ana Rita Vieira de Albuquerque, *Da função social da posse e sua consequência frente à situação proprietária*, Rio de Janeiro: Lumen Juris, 2002, *passim*.

Cap. 41 · A PROTEÇÃO FUNCIONAL DA POSSE DOS BENS PÚBLICOS

direitos patrimoniais, ao valor social da atividade desenvolvida, tutelada exclusivamente e na medida em que promove a cidadania e a dignidade da pessoa humana. A posse, portanto, como exercício do direito de propriedade, justifica-se pelo desempenho de sua função social. Como expressão de atividade privada, exercida independentemente e em face do domínio alheio, justifica-se pela função social da livre iniciativa de seu titular, de acordo com os interesses de que é portador – habitação, trabalho, educação de seus filhos, formação da família -, que deverão estar comprometidos, indissociavelmente, com a tutela da dignidade da pessoa humana"[20].

4. A POSSE DOS BENS PÚBLICOS

De uma maneira geral, o objeto da posse tem sido limitado aos chamados bens que estão inseridos no comércio jurídico privado. Dessa forma, não poderiam ser objeto de posse, os bens insuscetíveis de apropriação e os legalmente inalienáveis. Assim, o fundamento desta regra estaria na teoria proposta por Ihering, que sustentava que a posse deveria estar limitada aos bens que pudessem ser objeto de propriedade. Conceituando a posse como proteção da propriedade, Ihering defende que "onde a propriedade não é possível, objetivamente ou subjetivamente, a posse também não o é".[21]

No Direito Brasileiro, a tese da impossibilidade do exercício da posse sobre bens públicos tem sido acolhida por diversos autores[22]. Apontava-se como base legal, o artigo 520, III do Código Civil de 1916[23]. O dispositivo determinava a perda da posse pelo fato de as coisas terem sido colocadas fora do comércio. Logo, os bens fora do comércio não podem ser objeto de posse[24]. Ora, o artigo 69 do Código de 1916 determinava que os bens fora do comércio eram os insuscetíveis de apropriação e os legalmente inalienáveis. O artigo 67 prescrevia, por sua vez, que bens públicos somente perderiam a inalienabilidade quando a lei assim determinasse[25]. A Constituição também,

---

[20] Gustavo Tepedino e Anderson Schreiber, "Função social da propriedade e legalidade constitucional", cit., pp. 56-57.

[21] Rudolf von Ihering, "A teoria simplificada da posse", cit., p. 81.

[22] Assim, afirmou-se que "o poder de fato que o particular exerça sobre os bens do Estado não se eleva dentro do sistema da lei brasileira, à categoria da posse: falta-lhe, porém, o elemento negativo a que se refere Ihering e que degrada a relação exterior a simples detenção" (Orozimbo Nonato, apud José Carlos Moreira Alves, *Posse*: estudo dogmático, v. 2. Tomo I. Rio de Janeiro: Forense, 1990, p.167). Antes da vigência do Código Civil, Lafayette Rodrigues Pereira já sustentava também que as coisas fora do comércio, tais como "ruas, praças públicas, portos, templos, cemitérios" não poderiam ser objeto de posse, eis que não seriam suscetíveis de apropriação (*Direito das coisas*, cit., p. 46).

[23] O professor José Carlos Moreira Alves explica que este dispositivo não estava na redação inicial do projeto de Clóvis Beviláqua. Logo, foi introduzido conjuntamente a outros artigos relacionados à teoria subjetiva, tendo como base o artigo 482°, 3°, do Código Civil português de 1867 (*Posse: estudo dogmático*, cit., p. 160).

[24] Orlando Gomes, *Direitos reais*, 19. ed. Rio de Janeiro: Forense, 2004, p. 44. Segundo San Tiago Dantas, "a lei retira a comercialidade da coisa e, então, pouco importa que alguém a detenha e se comporte em relação à coisa como dono. Esta exteriorização do domínio é juridicamente impossível e não gera, portanto, o *ius possessionis*" (*Programa de direito civil*: direito das coisas, v. 3. Rio de Janeiro: Editora Rio, 1979, p. 69).

[25] José Carlos Moreira Alves explica que a doutrina diverge a respeito do sentido da expressão "insuscetíveis de apropriação": "Divergem os autores sobre a extensão que se deve atribuir às expressões 'as

ao vedar expressamente a aquisição da propriedade de bens públicos pelo usucapião, estaria criando um óbice ao exercício da posse[26]. Portanto, nessa linha de raciocínio, o poder de fato sobre um bem público não caracterizaria posse, mas mera detenção.

Washington de Barros Monteiro estabelece uma distinção entre possuidor e posseiro. O primeiro caso estaria no âmbito do direito privado, enquanto na segunda hipótese, haveria aplicação do direito público[27]. Sustenta-se, assim, que somente nos casos dos instrumentos jurídicos de direito administrativo para utilização dos bens públicos, como nos casos de autorização, permissão e concessão, haveria a posse do particular[28].

Em sentido semelhante, Tito Fulgêncio exclui a caracterização da posse dos bens de uso comum e de uso especial, além dos naturalmente inexauríveis, como o ar, a luz, dentre outros. Mas o autor também entende que os bens dominicais seriam inalienáveis, pois o artigo 67 do Código Civil de 1916 não teria feito qualquer distinção. Não haveria, portanto, possibilidade de posse ou usucapião[29].

---

insusceptíveis de apropriação' (alguns entendem que elas dizem respeito às coisas inexauríveis, como o ar, a luz, o oceano, bem como as coisas públicas de uso comum; outros, que elas se referem apenas às inexauríveis ou à cuja apropriação se tornou impossível, por se encontrarem em lugar inacessível) e as 'legalmente inalienáveis' (alguns julgam que nelas se enquadram todas as inalienáveis por lei, por disposição de última vontade ou pela vontade das partes; outros sustentam que são somente as que, por lei, se têm como inalienáveis, mas divergem se apenas as coisas públicas de uso comum o seriam por depender a inalienabilidade delas de sua própria natureza, ou seriam todas assim qualificadas pela lei) " (*Posse*: estudo dogmático, cit., p. 166).

[26] Nesse sentido, decisão do Supremo Tribunal Federal : "Terras devolutas. Prescrição. O bem do Estado é inintegrável no patrimônio do particular, pela prescrição aquisitiva, ou pelo usucapião. *O poder do particular não é posse, mas detenção*. A Lei imperial número 601, de 1850, já proibia a aquisição de terras devolutas, por outro título que não fosse de compra e venda, exceção de terras situadas nos limites do Império, em uma zona de dez léguas, e que podiam ser objeto de doação" (STF, RE 7241, Rel. Min. Orozimbo Nonato, j. 16.11.1949, RF 143/102, grifei)

[27] Washington de Barros Monteiro, "A defesa possessória do patrimônio imobiliário do Estado", *Revista da Procuradoria Geral do Estado de São Paulo*. São Paulo: PGE-SP, n.º 12/433-444 pp., jun. 1978, pp. 442-444. O autor prossegue com a sua distinção: "Como mencionei anteriormente, posseiro é aquele que ocupa terras públicas. Em regra, sua ocupação é anterior ao processo discriminatório. O nome dele figura no levantamento prévio do perímetro discriminando. Ele se encontra no imóvel não em virtude de esbulho possessório ou de intrusão indevida, mas, em virtude de ocupação primária para ali morar e auferir o sustento com o produto de seu trabalho. Nem se acha em sua intenção criar uma posse para depois cedê-la a outrem. Igualmente não pensa na formação de um latifúndio. Esse ocupante ou posseiro tem direito de legitimar sua posse e obter, ulteriormente, um título de propriedade, outorgado pelo Estado.Mas, se o interessado lá se encontra à última hora, se a sua ocupação resulta de ato espoliativo ou de usurpação, se ele apenas tem em mira ceder oportunamente sua posse, se intenta apenas constituir um latifúndio, já não lhe assiste tal direito. Nenhuma regalia pode ter aquele que se conduz com insinceridade e dobrez. A legitimação da posse representa mero ato de liberalidade que o Estado concede, ou não, segundo o seu critério ou a política adotada. Mas, uma vez concedido o título de propriedade, equivale este, em seus efeitos, ao direito de propriedade obtido pelos meios previstos no direito civil" (op. cit., pp. 442-444).

[28] Eduardo Espínola, *Posse, propriedade, compropriedade, direitos autorais*, cit., p. 81. Astolpho Rezende também sustenta que nos casos de concessão ou autorização de bens públicos, o particular também tem a posse do bem público (*A posse e a sua proteção*, 2. ed. São Paulo: Lejus, 2000, p. 150).

[29] Tito Fulgêncio, *Da posse e das ações possessórias*: teoria e prática. v. 1. 9. ed. Rio de Janeiro: Forense, 1999, p. 57.

Cap. 41 · A PROTEÇÃO FUNCIONAL DA POSSE DOS BENS PÚBLICOS | 703

O autor, todavia, assim como Eduardo Espínola, admite a posse nas hipóteses de concessão por parte do Poder Público para a realização de um serviço público[30].

Em outras palavras, a autorização do Poder Público seria necessária para a descaracterização da detenção. As ações possessórias intentadas pelo particular, portanto, titular do uso privativo, somente poderiam ser propostas em face de terceiros e, não, em face do Poder Público, quando este, legitimamente, por motivos de interesse público, desejasse extinguir o uso privativo[31].

Alguns autores sustentam, inclusive, que o particular não poderia ajuizar os interditos possessórios, mesmo em face de terceiros, pois o Código Civil determina que os atos de mera permissão ou tolerância não induzem em posse[32].

A posição da jurisprudência sempre foi no sentido de excluir a posse em se tratando de bens públicos ocupados por particulares, sem autorização estatal. Assim, decidiu-se que "os bens públicos são insuscetíveis de posse ou apropriação, logo os seus ocupantes são meros detentores e não se podem valer da proteção possessória, máxime quando não possuem atos administrativos que os autorize a permanecer no imóvel"[33].

Registre-se que, atualmente, a compreensão da matéria pelos Tribunais não foi modificada. O Superior Tribunal de Justiça pacificou entendimento no sentido de que "a posse, pelo Estado, sobre bens públicos, notadamente quando se trata de bens dominicais, dá-se independentemente da demonstração do poder de fato sobre a coisa"[34].

Sustenta-se, assim, que a posse do Estado decorre do próprio domínio, pois "exigir do poder público o exercício de poder de fato sobre a coisa, especialmente nos casos em que a posse está relacionada a grandes extensões de terra destinadas à reforma agrária, inviabiliza a referida política pública"[35].

Tal posicionamento, contudo, acaba por mitigar, quando se trata de discussão envolvendo bens públicos, a aplicação da regra da vedação da exceção de domínio nas ações possessórias, prevista no art. 1.210, § 2° do Código Civil e no artigo 557 do atual Código de Processo Civil, correspondente ao artigo 923 da Lei de 1973. A própria autonomia da posse frente à propriedade na visão dos Tribunais, no tema dos bens públicos, permanece comprometida.

5. A AUTONOMIA ENTRE A POSSE E A PROPRIEDADE

A impossibilidade do exercício da posse sobre bens públicos, sem a devida autorização por parte do Poder Público, tem sido defendida em razão da regra da perda da posse pelo fato de as coisas terem sido colocadas fora do comércio (art. 520, III, Código Civil de 1916). A adoção da

---

[30] Tito Fulgêncio, op. cit., p. 57-58.

[31] Maria Sylvia Zanella di Pietro, *Direito Administrativo*, 11. ed. São Paulo: Atlas, 1999, p. 553.

[32] Maria Sylvia Zanella di Pietro, op. cit., p. 553.

[33] TJRS, 6ª Câm. Cív., AC 198025587, Rel. Des. Fernando Braf Henning Júnior, j. 14.05.1998. No mesmo sentido: TJRS, 20ª Câm. Cív., AC 70000051904, Rel. Des. Rubem Duarte, j. 13.06.2001 e STJ, REsp. 146367/DF, 4ª Turma, Relator: Ministro Barros Monteiro, j. 14.12.2004.

[34] STJ, REsp 780401 / DF, 3ª Turma, Relatora: Ministra Nancy Andrighi, Data de julgamento: 03.09.2009, *DJe* 21.09.2009.

[35] STJ, EREsp. 1296991, Corte Especial, Relator: Ministro Herman Benjamin, Data do Julgamento: 19.09.2018, *DJe* 27.02.2019;.No mesmo sentido, ver, ainda, STJ, AgInt no REsp 1820051/PA, 1ª Turma, Relator: Ministro Napoleão Nunes Maia, j. 11.11.2020, *DJe* 17.11.2020.; STJ, EREsp. 1134446, Corte Especial, Relator: Ministro Benedito Gonçalves, j. 21.03.2018, *DJe* 04.04.2018.

704 | PROBLEMAS DE DIREITO CIVIL – *Homenagem aos 30 anos de cátedra do professor Gustavo Tepedino*

teoria objetiva, que exige para a caracterização da posse, a possibilidade do exercício do direito de propriedade, excluiria a posse nos casos de bens públicos, por serem estes inalienáveis por natureza. Haveria somente detenção.

Esse entendimento reflete, contudo, a opção por se justificar o instituto da posse na proteção avançada do domínio; logo, não sendo possível a aquisição da propriedade, não seria tampouco razoável o exercício da posse.

Todavia não são todos os bens públicos considerados como fora do comércio, mas apenas os de uso comum (praças, ruas, estradas) e os de uso especial (aqueles afetados para determinada finalidade). Os bens dominicais, enquanto permanecem no patrimônio do Estado, desafetados a uma finalidade específica, não podem ser classificados como fora do comércio. Por essa razão, assevera-se que somente alguns bens públicos, especialmente os de uso comum do povo, enquanto não forem desafetados, serão inalienáveis, e, por esse motivo, insuscetíveis de posse[36].

Ainda que seja seguida fielmente a teoria objetiva proposta por Ihering, que vincula a posse como instrumento de proteção de propriedade, noção esta não adotada por nosso ordenamento, mesmo assim, a posse não chega a ser descaracterizada em se tratando de bens públicos.

De acordo com Ihering, o conceito de *corpus* está relacionado à aparência de propriedade. Ao excluir a posse nos casos em que não fosse possível o exercício do direito de propriedade, o autor não estava excluindo, certamente, seguindo os requisitos estruturais de sua tese, os bens públicos. Na verdade, existe propriedade desses bens por parte do Estado, ainda que este domínio público esteja caracterizado por algumas características especiais, o que não é nada impensável diante da multiplicidade de estatutos proprietários existentes atualmente. Portanto, se não é negada a posse do bem público pela Administração e até mesmo pelo particular, que tem uma autorização por parte do Poder Público, parece não fazer muito sentido, não ser caracterizada a posse daquele que tem o poder de fato sobre a coisa pública, sem a permissão estatal. A posse manifesta-se como situação fática que gera efeitos jurídicos, independentemente da vontade do titular do direito de propriedade. Ainda que tenha uma origem ilícita, a posse será resguarda pelo Direito, com a finalidade de se evitar a insegurança, a "justiça privada" praticada pelo proprietário[37].

Nesse caso, pode-se até falar em uma posse injusta, viciada em sua origem nos moldes do Código Civil que exige uma titularidade, mas não se pode deixar de falar de posse. Acrescente-se que a posse constitui uma regra e não uma exceção. Os casos de detenção estão previstos expressamente em lei. Assim, no Código Civil, existem as hipóteses de detenção no caso do servidor da posse[38] e também nos atos de mera permissão e tolerância, e de violência e clandestinidade,

---

[36] Tupinambá Miguel Castro do Nascimento, *Posse e propriedade*, 3. ed. Porto Alegre: Livraria do Advogado, 2003, p. 200. Nesse sentido, afirma o autor que "os bens públicos dominicais, pertencentes às pessoas jurídicas de direito público interno, e os bens de uso especial, estes se desafetados, podem ser objeto de posse. A razão é lógica. A partir da desafetação, são bens alienáveis e, via de consequência, podem ser possuídos. A regra vem do artigo 1.196 do novo Código Civil é básica. Se o ordenamento jurídico brasileiro fez o bem passível de propriedade, o ser objeto de posse é consequência natural" (Tupinambá Miguel Castro do Nascimento, *Posse e propriedade*, cit., p. 200).

[37] Esse fundamento da tutela possessória é sustentado, dentre outros, por Savigny, que entende a posse como proteção à pessoa do possuidor contra qualquer tipo de agressão. Deve-se observar, contudo, que a posse, mesmo em se tratando de uma proteção à pessoa, não está ligada necessariamente à vedação à violência, mas à promoção do ser humano, transformando-se, portanto, a posse, como instrumento para concretização de diversos direitos fundamentais.

[38] Art. 1.198 do Código Civil.

Cap. 41 • A PROTEÇÃO FUNCIONAL DA POSSE DOS BENS PÚBLICOS | **705**

enquanto durar esses estados[39]. Não existe, entretanto, em matéria de posse de bens públicos, qualquer menção específica a respeito de uma suposta detenção no Código Civil.

Lenine Nequete explica que as coisas fora do comércio, incluindo os bens públicos, não podem ser desconsideradas para efeitos de posse. Segundo o autor, somente aqueles bens que não podem ser apreendidos seriam insuscetíveis de posse. como "as *res communes omnium*, de que falava o direito romano, isto é, a luz, o ar, a água corrente, o mar e, segundo alguns jurisconsultos, o leito dêste"[40]. Prossegue o autor e afirma que as coisas públicas admitem posse, ainda que não relacionado ao direito de propriedade[41].

Na verdade, se existe autonomia entre o direito de propriedade e o instituto da posse, deve ser repensada a assertiva de que não existirá relação possessória quando não houver possibilidade de aquisição do domínio. A posse estrutura-se como o exercício de fato de um dos poderes inerentes ao domínio, mas dele se desloca para buscar fundamento próprio, qual seja a promoção da dignidade da pessoa humana, princípio basilar da República previsto no texto constitucional e unificador dos direitos fundamentais.

A respeito da posse dos bens inalienáveis, José Carlos Moreira Alves explica que não existe uma vinculação direta entre este artigo 69 e o artigo 520, III:

> "Qualquer que seja, porém, o sentido que se dê a esse art. 69 o certo é que, não havendo o inciso III, *in fine*, do art. 520 do Código Civil feito remissão a ele, nada impede que em atenção à natureza da posse em nosso sistema jurídico, se interprete a alusão, contida no segundo, às coisas que foram postas fora do comércio de modo mais restrito do que o que se possa atribuir ao primeiro. [...] Basta atentar, aliás, para o fato de que, se o art. 520, III, *in fine*, se refere às coisas postas fora do comércio, isso implica dizer – o que é restritivo – que não está aludindo às que são, por sua natureza, inexauríveis. Por outro lado, se não há dúvida alguma de que há perda da posse quando a coisa vai para lugar inacessível, por tornar-se inapropriável, também parece exato que não há qualquer razão para entender-se que as coisas particulares inalienáveis por força da lei ou de ato jurídico não sejam susceptíveis de posse. Não terá posse plena o seu proprietário? Quem as recebe em locação não será seu possuidor direto devidamente protegido pelas ações possessórias, o que não aconteceria se considerado mero detentor? Inalienabilidade dessa ordem visa, apenas, a proteger o titular do direito de propriedade contra a possibilidade de perdê-la, e não à exclusão de tais coisas do âmbito da posse 'ad interdicta'"[42].

Pontes de Miranda explica o sentido da inalienabilidade para fins de suscetibilidade da posse:

> "A extracomercialização atinge todas as pessoas. Mas seria erro crer-se em que há coextensão absoluta entre posse e extracomercialidade segundo o art. 69 ('São coisas fora do comércio as insuscetíveis de apropriação, e as legalmente inalienáveis'). Quanto

---

[39]   Art. 1.208 do Código Civil.

[40]   Lenine Nequete, *Da prescrição aquisitiva*: usucapião, , 2. ed., Porto Alegre: Sulina, 1970, pp. 127-128.

[41]   Lenine Nequete, *Da prescrição aquisiva*, cit., pp. 127-128.

[42]   José Carlos Moreira Alves, *Posse*: estudo dogmático, cit., pp. 166-167. Nesse sentido, o autor sustenta que os bens por natureza insusceptíveis de apropriação no seu conjunto, tais como o ar, a água, o oceano, não podem constituir objeto de posse. Entretanto, porção desses bens poderá ser possuída. As coisas inalienáveis pela lei, decorrendo esta inalienabilidade da autonomia da vontade, poderão, sem maior dúvida, caracterizar posse.(op. cit., p. 173).

aos bens de propriedade do Estado (art. 66, III), o Estado tem a posse sobre eles, como tem posse sobre os bens do art. 66, II, e pode haver sobre eles posse não –própria por outrem. Tal, por exemplo, o do locatário do bem do Estado (art. 66, III). Foi porque tais bens são suscetíveis de posse que o Estado, para se forrar à usucapião, teve de obter lei especial".[43]

Joel Dias Figueira Júnior também afirma não existir razão satisfatória para ser inadmitida a posse de bens públicos, pois não há, no Código Civil, regra legal que impeça o exercício do poder de fato sobre eles[44].O professor Osmundo Wanderley da Nóbrega, que escreveu sua tese para professor catedrático da Universidade Federal de Santa Catarina sobre a posse de bens públicos, sustenta que:

> "Como sabemos, as coisas que estão fora do comércio podem ser objeto de concessão ou permissão de uso especial de particular. Ora, perante o nosso direito, possuidor não é apenas quem dispõe da coisa como dono, ou como se fosse titular de um direito real, mas sim todo aquele que pode usá-la, fruí-la ou dela dispor de fato. Destarte, nada impede se admita a posse de particular sobre bens fora do comércio, não como dono, mas como concessionário ou permissionário de uso especial, desde que esse uso seja compatível com a destinação da coisa e a situação de fato contenha os elementos exteriores da posse".[45]

De acordo com Roberto Mattoso Camara Filho, a tese da insuscetibilidade da posse dos bens públicos, baseada na vedação à prescrição aquisitiva não parece adequada, uma vez a posse poderá ser exercida, independentemente da usucapião e mesmo sobre bens fora do comércio:

> "O direito positivo pode instituir casos de posse em que não haja virtualidade da usucapião e sobre bens públicos, como aconteceu com o determinado pelo art. 171 da nossa Constituição Federal de 1967, o qual regulou a matéria da posse sobre terras públicas sob condição da obtenção de produtividade da terra pelo posseiro. O direito positivo pode instituir caso de posse sujeita à revogação unilateral do Poder Público, como se verificou na Lei n.°6.383, de 7 de dezembro de 1976, que regulou o citado art. 171 da Carta Constitucional de 1967, através seu art. 31"[46].

O autor lembra ainda que, pela posse limitar-se ao poder fático sobre a coisa, podendo ser temporário esse poder e se relacionar a apenas uma das faculdades inerentes ao domínio, não há violação ao direito de propriedade da Administração Pública, tratando-se de concessão de uso

---

[43]   Pontes de Miranda, *Tratado de direito privado*, tomo X, Rio de Janeiro: Editor Borsói, 1955, p. 267.

[44]   Joel Dias Figueira Júnior, *Posse e ações possessórias*, cit., p. 159. O professor Osmundo Wanderley da Nóbrega: "Quanto à posse não-própria, *alieno nomine*, temos que distinguir. Em face do concedente, cabe indagar a *causa possessionis*. Se decorre de concessão válida, que atribua direito subjetivo ao concessionário, enquanto não for revogada, na forma da lei terá este posse justa oponível à própria administração. Na hipótese, contrária, poderá esta exigir, quando lhe aprouver, a desocupação do bem público, sob pena de imediato despejo" (*Posse dos bens públicos, apud* José Carlos Moreira Alves, *Posse*: estudo dogmático, cit., p. 173).

[45]   Osmundo Wanderley da Nóbrega, *Posse de bens públicos, apud* Joel Dias Figueira Júnior, *Posse e ações possessórias*, cit., p. 157.

[46]   Roberto Mattoso Câmara Filho, *Posse e ações possessórias*, Rio de Janeiro: Forense, 1998, p. 289.

privativo de um bem público a um particular, especialmente se esta concessão estiver relacionada à realização de determinado interesse público[47].

Registre-se também que a regra a respeito das modalidades de perda da posse como o fato de a coisa ter sido posta fora do comércio, não é repetida no atual Código Civil, que apenas determina uma fórmula geral da perda da posse (art. 1.223)[48]. A eliminação do dispositivo decorreu do aperfeiçoamento do sistema possessório empreendido pelo legislador de 2002, em busca da autonomia da posse, como ocorreu com a exceção de domínio, que está definitivamente vedada pelo atual Código Civil no artigo 1.210, § 2º.

Em relação à proibição de aquisição dos bens públicos por prescrição aquisitiva prevista na Constituição Federal, entendemos que isso não poderá significar a descaracterização dos bens públicos como objeto da posse. O que texto constitucional não permite é a aquisição da propriedade, mas não a proteção possessória por meio das ações possessórias.

Subsiste, portanto, a necessidade de se diferenciar a posse, que gera como efeito a proteção por meio dos interditos (*ad interdicta*), e a situação possessória que será modalidade de aquisição da propriedade (*possessio ad usucapionem*). Caso contrário, o ordenamento jurídico não poderia proteger a posse do possuidor direto, pois não tendo *animus domini*, nunca irá adquirir o domínio da coisa pela usucapião. Mesmo assim, o Código Civil estabelece a tutela jurídica, inclusive em face do possuidor indireto.

6. A CONCESSÃO DE USO PARA FINS DE MORADIA

O instituto da concessão de uso especial para fins de moradia confirma a tese da suscetibilidade da posse dos bens públicos pelo particular, mesmo sem autorização do Poder Público.

A concessão de uso para fins de moradia encontrava-se prevista no Projeto de Lei que originou o Estatuto da Cidade, a Lei nº 10.257, de 2001, que tem por objetivo regulamentar os artigos 182 e 183 da Constituição Federal. O instituto, entretanto, foi então objeto de veto por parte do Presidente da República.

Em seguida, foi novamente prevista pela Medida Provisória n. 2.220, de 04 de setembro de 2001. Nos termos do artigo 1º da Medida Provisória, aquele que, até 30 de junho de 2001, possuísse como seu, por cinco anos, ininterruptamente e sem oposição, até duzentos e cinquenta metros quadrados de imóvel público situado em área urbana, utilizando-o para sua moradia ou de sua família, tem o direito à concessão de uso especial para fins de moradia em relação ao bem objeto da posse, desde que não seja proprietário ou concessionário, a qualquer título, de outro imóvel urbano ou rural.

Ao lado da modalidade individual, está prevista a concessão coletiva no artigo 2º da mesma Medida Provisória, instituto importante em comunidades mais carentes, onde a tarefa de delimitação precisa da posse de cada pessoa é mais difícil.

A matéria foi novamente objeto de tratamento legislativo pela Lei nº 11.481, de 2007, que alterou a Lei nº 9.636, de 1996, para acrescentar o artigo 22-A, que dispõe sobre a concessão de uso para fins de moradia.

---

[47] Roberto Mattoso Câmara Filho, ob. cit., p. 289.

[48] O artigo 1.223 assim dispõe: "Perde-se a posse quando cessa, embora contra a vontade do possuidor, o poder sobre o bem, ao qual se refere o art. 1.196".

De acordo com este texto legal, a concessão de uso especial para fins de moradia aplica-se às áreas de propriedade da União, inclusive aos terrenos de marinha e acrescidos, e será conferida aos possuidores ou ocupantes que preencham os requisitos legais estabelecidos na Medida Provisória nº 2.220, de 2001. A Lei também excluiu da concessão de uso para fins de moradia os imóveis funcionais. Mas a Lei nº 11.481, de 2007, incluiu a concessão de uso para fins de moradia no rol dos direitos reais do artigo 1.225 do Código Civil.

Posteriormente, a Medida Provisória nº 2.220, de 2001, foi modificada pela Medida Provisória nº 759, de 2016, convertida na Lei nº 13.465, de 2017, que estendeu o direito para aquele que utilizasse o imóvel público para sua moradia ou de sua família até 22 de dezembro de 2016.

Registre-se, então, que a posse do bem público é requisito indispensável para a concessão do uso especial para fins de moradia. Não há qualquer menção a respeito de uma suposta *detenção* de bens públicos. A norma jurídica refere-se, inclusive, a institutos específicos da posse, como, por exemplo, a acessão prevista nos artigos 1.206 e 1.207 do Código Civil.

Não somente é admitida, portanto, a posse sobre bens públicos, como se determina que, no caso desta perdurar por cinco anos, preenchidos os demais requisitos, o possuidor adquirirá direito subjetivo ao uso do bem público, ou seja, prevê um efeito jurídico à posse. Esse efeito jurídico será garantido, mesmo não significando a aquisição da propriedade, tendo em vista a vedação constitucional à aquisição da propriedade pública por usucapião. Como se sabe, os efeitos da posse não se restringem à aquisição da propriedade, incluindo a possibilidade de ajuizamento das ações possessória e a aquisição de frutos.

Nota-se, portanto, que o legislador assegurou efeitos a essa posse, em razão do exercício de direito fundamental à moradia, que promove a dignidade humana.

A Medida Provisória não exigiu uma prévia autorização por parte do Poder Público para a caracterização da posse sobre bens públicos. Parte-se de uma realidade fática: a aparência de propriedade exercida por aquele possuidor individual ou daquela comunidade. A posse, então, está caracterizada pelo exercício efetivo de um dos poderes inerentes ao domínio, ainda que, a propriedade nunca venha a ser adquirida. Por ser a posse protegida como instituto autônomo, pela concretização de direitos fundamentais (moradia, trabalho, saúde, formação da família, dentre outros), ligados à promoção da dignidade da pessoa humana; torna-se indiferente o fato de a relação possessória gerar ou não o domínio.

A respeito da possibilidade do exercício da posse sobre bens de uso comum ou especial, independentemente de autorização por parte do Poder Público[49,] a norma admite que este direito subjetivo poderá ser exercido em outro local. O Poder Público deverá assegurar, então, o exercício da concessão de uso para fins de moradia em outro local se for mais conveniente ou oportuno. Não houve descaracterização da posse, e nem poderia, porque existe poder fático, inerente ao direito de propriedade, sobre o imóvel público. Na verdade, a norma acabou por estabelecer uma espécie de ponderação de valores em matéria possessória. Ao mesmo tempo que valora a posse como instrumento do direito fundamental à moradia, vislumbra a possibilidade desse direito colidir com outros interesses (e direitos) constitucionais como a urbanização ordenada, a segurança, o meio ambiente, o transporte de pessoas dentre outros, direitos fundamentais difusos, pertencentes à coletividade.

O dispositivo não resgata o dogma da supremacia do interesse público sobre o particular, até por não se tratar o caso de embate entre o interesse específico e único da Administração Pública e o do particular. A essência do conflito relaciona-se ao fato de que o princípio da dignidade da

---

[49] Art. 5º da Medida Provisória nº 2.220, de 2001.

pessoa humana, entendido como fundamento específico da proteção possessória, mesmo tendo por objetivo a tutela do indivíduo na sua acepção de promoção de sua personalidade, também tem uma dimensão coletiva relevante no princípio da solidariedade. Isso significa dizer que não se pode admitir, atualmente, uma posse que não signifique expressão da liberdade, da promoção do indivíduo, mas também que respeite ao princípio da solidariedade. Por esse motivo, poderá ser mais legítimo consitucionalmente, sem violar o princípio da dignidade da pessoa humana, a transferência de um grupo de possuidores, ainda que tenham o direito subjetivo à concessão de uso especial, para uma outra área pública, e não aquela ocupada anteriormente, se estiver em jogo outro interesse constitucional relevante, tal como a preservação do meio ambiente ou a segurança pública. Vale dizer, ainda, que o direito de moradia não será sacrificado totalmente, pois será exercido em outro local. Portanto, efetua-se uma ponderação de direitos fundamentais. Tratando-se de princípios constitucionais, ambos consubstanciados na cláusula da dignidade da pessoa humana, não existe hierarquia entre eles, logo, não seria possível a completa exclusão de um princípio em detrimento do outro.

Por conseguinte, o instituto da concessão de uso aparece com múltiplas funções na busca pela urbanização mais humana das cidades. Em primeiro lugar, possibilita-se a segurança indispensável ao exercício do direito à moradia. Ao mesmo tempo, regulariza-se a situação fundiária de determinado possuidor ou de determinada comunidade. Por fim, abre-se campo para um processo de investimento público em obras de infraestrutura, saneamento básico, permitindo-se, enfim, a urbanização daquela área, muitas vezes degradada por uma ocupação desordenada[50].

7. CONSIDERAÇÕES FINAIS

Conclui-se que, atualmente, não pode ser negada a tutela possessória, mesmo em se tratando de bens públicos. Em primeiro lugar, mesmo na propriedade pública, submetida a regime jurídico especial, é possível o exercício fático dos poderes inerentes ao domínio pelo particular, caracterizando-se, assim, a posse.

Além disso, em nosso sistema, a posse estrutura-se como regra e as exceções estão expressamente previstas no Código Civil, como os casos do servidor da posse ou dos atos de violência ou clandestinidade. Não há qualquer dispositivo expresso no Código Civil que exclua a posse dos bens públicos.

O artigo 520, III do Código Civil de 1916, que serviu, no passado, como argumento para a tese da insuscetibilidade de posse dos bens públicos não foi repetido pelo Código Civil atual, opção do legislador pela independência da posse frente à propriedade.

Observa-se, ainda, que a legislação especial vem reconhecendo expressamente a posse, e não a detenção sobre bens públicos. A Medida Provisória nº 2.220, de 2001, regulamentando o Estatuto da Cidade, prevê o direito à concessão de uso especial para fins de moradia, em razão da posse contínua por cinco anos, de imóvel público urbano. As alterações legislativas na matéria, realizadas pela Lei nº 11.481, de 2007 e pela Lei nº 13.465, de 2017, confirmaram a vigência e importância do instituto. A jurisprudência, contudo, em descompasso com a vontade do texto constitucional e do legislador, restringe a autonomia da posse em relação à propriedade, ao limitar o alcance da vedação da exceção de domínio nas ações possessórias, prevista no art. 1.210, § 2º do Código Civil e no artigo 557 do atual Código de Processo Civil, nas ações envolvendo bens públicos.

---

[50] Vanêsca Buzelato Prestes, "A concessão especial para fins de moradia na Constituição Federal e no Estatuto da Cidade. Uma exegese da MP nº 2.220 de 04 de setembro de 2001", *in Fórum de Direito Urbano e Ambiental*, n.º 9/841-853, Belo Horizonte: FDUA, mai-jun./2003, p. 853.

Ressalte-se, ainda, que em razão da vinculação da Administração Pública aos direitos fundamentais, não mais se contrapõe o interesse particular ao interesse público. O interesse particular poderá, efetivamente, representar um valor tutelado constitucionalmente, não existindo razão, para se afirmar, categoricamente, que deverá ser preterido em relação ao interesse da Administração Pública. Ao mesmo tempo, o administrador vincula-se à normativa constitucional, e, não somente, às leis ordinárias. Vale dizer, portanto, que a propriedade pública se sujeita, em primeiro lugar, ao princípio constitucional da função social da propriedade, para, em seguida, subordinar-se às regras previstas nas leis ordinárias.

Como a discussão possessória em relação aos bens públicos poderá, em muitas ocasiões, gerar conflito entre valores, constitucionalmente tutelados, o intérprete deverá utilizar-se da técnica da ponderação. Esse procedimento mostra-se adequado à solução de litígios possessórios, mesmo envolvendo particulares. Assim, a posse surge como instrumento para o exercício de diversos direitos fundamentais, e, não somente, do direito de propriedade. Por isso, os critérios para a concessão possessória passam a ser revistos, não sendo aplicados somente os parâmetros ligados à titularidade de um bem.

42

AS GARANTIAS MOBILIÁRIAS NO SISTEMA JURÍDICO BRASILEIRO: UMA PROPOSTA DE MODERNIZAÇÃO

DANIELA TREJOS VARGAS

Sumário: Harmonização e codificação do direito privado em um contexto transnacional. A função econômica das garantias reais. O sistema brasileiro de garantias reais e seus problemas. Revisitando os princípios da tipicidade e da publicidade. Conclusão e *aggiornamento*.

Este artigo traz um resumo da tese defendida em 22 de março de 2004 no Programa de Pós-Graduação em Direito Civil da Universidade do Estado do Rio de Janeiro, tendo como orientador o professor Gustavo Tepedino. Integraram a banca de defesa, como membros externos, os professores João Grandino Rodas (USP) e Vera Maria Jacob de Fradera (UFRGS), e como membros internos as professoras Heloisa Helena Barbosa e Marilda Rosado de Sá Ribeiro.

Propor um projeto de tese para falar de direitos reais limitados em um momento em que os temas mais debatidos na Escola de Direito Civil Constitucional da UERJ não diziam respeito às relações patrimoniais e sim às relações existenciais fugiu do padrão do PPGD daquela época. E, mais ainda, unindo dois assuntos aparentemente antagônicos: os direitos reais e o direito internacional privado, disciplinas que naquela ocasião a autora lecionava concomitantemente na graduação da PUC-Rio. Essa proposta somente se tornou possível com o apoio do orientador e dos seus textos sobre o tema, a começar pela sua tese de cátedra posteriormente publicada sob o título *Multipropriedade Imobiliária*, de 1993, onde encontrei a semente para pensar em uma nova forma de utilização dos bens, trazendo essa reflexão para os bens móveis, em um contexto de garantias reais. Outros textos do orientador a respeito do Código Civil de 2002 serviram como ancora para o desenvolvimento de partes importantes da tese e, por esse motivo, destacados neste trabalho.

A releitura da tese para a elaboração deste artigo trouxe reflexões interessantes a respeito das críticas e observações feitas à época, e da atual situação envolvendo os sistemas de garantias reais no Brasil depois de quase vinte anos da entrada em vigor do Código Civil de 2002. Ao final, juntamente com a conclusão, trazemos um breve *aggiornamento* dos pontos da tese para refletir evoluções legislativas posteriores à conclusão da tese.

HARMONIZAÇÃO E CODIFICAÇÃO DO DIREITO PRIVADO EM UM CONTEXTO TRANSNACIONAL

O processo de globalização abriu as fronteiras não apenas do comércio internacional, mas também, trouxe, como consequência, novas questões que precisam de uma resposta por parte dos sistemas jurídicos. Cada vez mais os temas jurídicos são de interesse comum de todos os povos.

Muito embora seja prematuro falar-se numa internacionalização do direito civil como regra[1], é inegável que as fontes normativas internacionais são cada vez mais numerosas. A internacionalização do Direito Privado, inicialmente restrita a áreas ligadas ao comércio internacional[2], pouco a pouco foi alcançando outras áreas de grande interesse para um número cada vez maior de pessoas. A internacionalização do direito de família no tocante à tutela dos menores se constata com a maciça ratificação de convenções sobre adoção internacional, restituição de menores e cobrança internacional de alimentos, entre outras, sendo a Convenção Sobre os Direitos da Criança de 1989[3] de aplicação quase universal. Outros campos do Direito Civil também tem-se aberto para a internacionalização, em especial no tocante aos contratos internacionais.

A onda harmonizadora ganhou força na década de 1990, sendo o tema das garantias tratado concomitantemente por diversos organismos multilaterais, tanto regionais, como a OEA e o Banco Europeu de Reconstrução e Desenvolvimento (EBRD), como de âmbito universal, como o UNIDROIT e a Conferência da Haia de Direito Internacional Privado. Em novembro de 2001, foi concluída na Cidade do Cabo a Convenção da UNIDROIT que criou uma garantia mobiliária internacional sobre equipamentos móveis (*Convention on International Interest in Mobile Equipment*, e seu Protocolo Adicional para aeronaves). No âmbito da UNCITRAL, o tema específico das garantias mobiliárias havia voltado à agenda da Organização com a criação em junho de 2002 de um Grupo de Trabalho para preparar um projeto de Guia Legislativa sobre Garantias Mobiliárias, cujo intuito era servir de parâmetro para a uniformização das legislações domésticas. Em especial, chamou nossa atenção a discussão sobre garantias reais mobiliárias iniciada no âmbito da Organização dos Estados Americanos (OEA) em 1998, e que culminou com a aprovação de uma Lei-Modelo sobre Garantias Mobiliárias em fevereiro de 2002. Esta proposta da OEA aparece como a mais moderna e a mais concreta iniciativa dentre as que tem se sucedido em diversos foros internacionais desde o início da década de 70 do século XX para harmonizar a legislação aplicável às garantias reais em contratos, tema especialmente importante no caso de contratos financeiros internacionais de grande vulto.

A justificativa para essas iniciativas nos foros internacionais decorre das dificuldades encontradas por devedores e credores, em contratos internacionais de financiamento, de adequar as garantias existentes nos sistemas domésticos a uma nova realidade da concessão de crédito tanto a pessoas físicas como jurídicas, onde se procura mais a garantia de liquidez do que a garantia de insolvência, e onde se escolhem garantias de execução mais fácil e menos onerosa para o credor.

As propostas vindas de foros internacionais tanto regionais como universais[4] sugerem a inclusão nas legislações nacionais de uma garantia real mobiliária sem desapossamento, cujo objeto

---

[1] A esse respeito, Carmen Lucia Silveira Ramos, A constitucionalização do direito privado e a sociedade sem fronteiras. In: Luiz Edson Fachin (org.), *Repensando Fundamentos do Direito Civil Brasileiro Contemporâneo*, Rio de Janeiro: Ed. Renovar, 1998, pp. 17 a 26.

[2] A título de exemplo, as Convenções sobre transporte marítimo, conhecimentos de embarque, e sobre títulos de crédito.

[3] Publicada no Diário Oficial da União de 22.11.90, Decreto de promulgação 99.710/90.

[4] No plano universal, a Guia Legislativa da UNCITRAL, em fase de preparação; no plano regional, a Lei Modelo aprovada na CIDIP VI, e a Guia Legislativa do Banco Europeu de Reconstrução e Desenvolvimento (EBRD).

Cap. 42 • AS GARANTIAS MOBILIÁRIAS NO SISTEMA JURÍDICO BRASILEIRO | 713

poderia abranger qualquer bem tangível ou intangível, presente ou futuro. Todos os trabalhos de uniformização tomam por base o modelo norte-americano do *security interest*, garantia mobiliária de caráter unitário, oriunda da revisão feita em 1972 do artigo 9º. do Código Comercial Uniforme dos Estados Unidos (*Uniform Commercial Code – UCC*). Até a data da reforma do UCC, o sistema norte-americano de garantias mobiliárias guardava semelhanças com o existente no Brasil: previa uma pluralidade de garantias provenientes do Common Law clássico, e cuja utilização dependia da natureza do bem sobre o qual incidia.

A iniciativa da UNCITRAL, que data dos anos 70´s do século XX – coincidindo desta forma com a modificação legislativa nos Estados Unidos do Código Comercial Uniforme em seu artigo 9o – demonstra que não somente nos Estados Unidos mas também em outros países, inclusive países europeus e outros de tradição romano-germânica, se sentiu a necessidade de modernizar as garantias mobiliárias. Um importante trabalho foi feito, no âmbito da modernização do sistema de garantias, pelo grupo de trabalho criado dentro do Banco Europeu de Reconstrução e Desenvolvimento. Estas sugestões de modificação do ordenamento interno acabaram por frutificar em uma reforma legislativa feita na Eslováquia, que entrou em vigor em 1º de janeiro de 2003. A experiência da Eslováquia é paradigmática, pelo fato de ser um país de tradição civilista, e que logrou modernizar seu sistema de garantias harmonizando os novos conceitos com os princípios de um sistema romano-germânico.

Na tese, foi feita uma análise do sistema brasileiro de garantias mobiliárias, de forma a demonstrar a viabilidade de se adotar um projeto modernizador inspirado em projetos de harmonização oriundos de foros internacionais, como a Conferência Interamericana de Direito Internacional Privado – CIDIP.

A recepção de institutos jurídicos originários de outro país depende de sua prévia compatibilidade com o sistema jurídico no qual será recepcionado. Em entrevista à Revista Trimestral de Direito Civil, Pietro Perlingieri se refere ao fenômeno da recepção, em sede de direito comparado, alertando para os cuidados que devem ser tomados na integração de institutos oriundos de outros sistemas:

> "Em suma, o direito é o conjunto da cultura de um país. Necessita, portanto, de intercâmbio, mas também de uma recusa consciente de toda forma de recepção mecânica de soluções adotadas em outros lugares. É necessário que sejam adequadamente sublinhadas as peculiaridades, as circunstâncias subjetivas dos problemas e das soluções. Com o tempo, semelhanças e diferenças entre ordenamentos se justificam cada vez mais e quando as afinidades, fruto de técnicas e valores, tendem a prevalecer em uma mesma tradição, a homogeneidade que daí surge representa um fertilíssimo *humus* para a solução de novas questões."[5]

Ao ser perguntado sobre o impacto da globalização no direito civil e nas necessidades do mercado, Perlingieri salienta a importância que hoje tem a harmonização legislativa:

> "O mercado busca suas regras não apenas nas leis nacionais ou estatais ou no recurso à autodisciplina. Adverte-se a exigência de criar regras comuns em condições de governar a globalização."[6]

---

[5] PERLINGIERI, Pietro, entrevista à RTDC, volume 6 abri/jun 2001 p. 292.

[6] PERLINGIERI, Pietro, entrevista à RTDC, volume 6 abr/jun 2001 p. 296.

No final da referida entrevista, Perlingieri ressalta que "um ordenamento se caracteriza em primeiro lugar pelos princípios gerais que enuncia, pelos valores que exprime, pela adequação das estruturas que oferece para a sua atuação."[7]

A Constituição brasileira de 1988 inclui a propriedade privada entre os direitos individuais no seu art. 5º, XXII e entre os princípios gerais da ordem econômica no artigo 170, II. Superando, no entanto, uma concepção puramente individualista da propriedade, estabeleceu que a propriedade deverá ter uma função social. "O conceito é relativamente difuso, mas abriga ideias centrais como o aproveitamento racional, a utilização adequada dos recursos naturais, a preservação do meio ambiente, o bem-estar da comunidade."[8]

No entanto, o atendimento à finalidade social não esgota as potencialidades da propriedade. A propriedade possui também finalidades econômicas essenciais para que cumpra sua função social, e que precisam ser atendidas para que sejam atingidos os objetivos fundamentais do Estado brasileiro conforme prevê o artigo 3º. da Constituição da República: garantir o desenvolvimento nacional, erradicar a pobreza e a marginalização, reduzir as desigualdades sociais e regionais e promover o bem de todos.

Uma das formas de utilização da propriedade diz respeito à sua utilização como garantia de financiamentos. O direito de dar em garantia é exclusivo daquele que tem o poder de disposição sobre o bem: "Só aquele que pode alienar poderá empenhar, hipotecar ou dar em anticrese" diz o art. 1.420 do Código Civil. Da mesma forma que o proprietário pode dispor livremente de seus bens, usando-os em proveito próprio, recebendo seus frutos, desfazendo-se deles por venda onerosa ou por doação, e até abandonando-os, pode dispor de seus bens oferecendo-os em garantia de obrigações próprias ou de terceiros. É uma forma de exercício do *ius disponendi*, uma das formas de utilização da propriedade privada.

A propriedade privada deverá conformar-se com as limitações impostas em prol do bem comum. Ao mesmo tempo, como princípio setorial da ordem econômica, a consagração constitucional do respeito à propriedade privada limita a ação do Estado, que só poderá restringir o direito de propriedade nas hipóteses específicas previstas na Constituição.[9]

No âmbito das garantias reais, o sistema jurídico brasileiro impõe limitações à utilização de algumas categorias de bens como garantias reais, limitações estas decorrentes de uma estrutura demasiadamente rígida de caracterização do objeto sobre o qual podem incidir os penhores sem desapossamento[10]. Essa limitação do *ius disponendi* sobre certas categorias de bens privados, ou seja, sobre o direito de propriedade privada sobre esses bens, não atende a quaisquer interesses extraproprietários. Ao contrário, essa limitação é prejudicial aos interesses da coletividade, que anseia por mais crédito e a juros mais baixos para poder fomentar o desenvolvimento econômico do país em proveito de todos os brasileiros.

Este estatuto proprietário demasiadamente rígido da legislação brasileira sobre garantias mobiliárias, mesmo após sucessivas tentativas de modernização, não se harmoniza com os princípios da livre iniciativa e da liberdade de contratar, tal qual expostos na Constituição brasileira de 1988. Mais ainda, é um obstáculo ao próprio objetivo do exercício do direito de propriedade em sua função social: a utilização dos bens em prol do bem-estar da coletividade.

---

[7] PERLINGIERI, Pietro, entrevista à RTDC, volume 6 abr/jun 2001 p. 297.

[8] Luis Roberto Barroso, A Ordem Econômica Constitucional e os Limites à Atuação Estatal no Controle de Preços. In: *Temas de Direito Constitucional, Tomo II*, Rio de Janeiro: Editora Renovar, 2003, p. 57.

[9] Ibidem.

[10] Veja-se, a título de exemplo, o fato do artigo 1.447 do CC 2002 enumerar os bens que podem ser objeto de penhor mercantil.

Neste sentido, nos alinhamos à posição de Gustavo Tepedino[11] de que se pode aceitar como verdadeira, também no ordenamento positivo brasileiro, a constatação de A. Ianelli de que:

> "é constitucionalmente ilegítimo não apenas o estatuto proprietário que concede ao titular poderes supérfluos ou contraproducentes em face do interesse (constitucionalmente) perseguido, como também o estatuto que deixa de conceder ao proprietário os poderes necessários para a persecução do mesmo".[12]

A FUNÇÃO ECONÔMICA DAS GARANTIAS REAIS

A escassez e o custo elevado do crédito no Brasil no final do século XX eram resultado direto do alto risco de crédito e da dificuldade encontrada na execução dos empréstimos comerciais e empréstimos pessoais de uma forma ágil e rápida. Em 1999, o Banco Central do Brasil estimou que um terço do custo do crédito comercial se devia à dificuldade do credor de receber os empréstimos e de executar as garantias oferecidas nos empréstimos[13].

A ausência de um sistema eficiente de financiamentos com garantias reais mobiliárias na América Latina e no Caribe tem um custo macroeconômico muito alto. Os precários sistemas de registro das garantias na América Latina tem sido apontados como um dos elementos que contribuem para a pouca segurança jurídica das garantias mobiliárias.

Para dar garantia suplementar ao credor, muitos ordenamentos se socorreram do instituto do depósito para intimidar o devedor a entregar o bem dado em garantia, equiparando o outorgante de garantia não-possessória a depositário e, portanto, sujeito a prisão civil. A proibição da prisão civil por dívida, embora prevista no Pacto de San José da Costa Rica e incorporada ao ordenamento brasileiro desde 1992, não encontrou eco no Código Civil de 2002. Somente em 2009, após firmada tese pela prevalência do tratado tanto no STF quanto no STJ[14], o tema foi pacificado pela Súmula Vinculante n. 25 do STF: "É ilícita a prisão civil de depositário infiel, qualquer que seja a modalidade de depósito".

Na década de 90 do século XX, as empresas brasileiras começaram a captar recursos no mercado internacional, mediante a colocação de títulos garantidos por créditos futuros de exportação, garantia essa que – se não dá ao credor a mesma segurança jurídica em caso de insolvência – dá a esse credor o que mais lhe interessa: a garantia de liquidez no recebimento contra o devedor solvente.[15] As hipotecas sobre bens imóveis não deixaram de ser utilizadas em operações financeiras clássicas, mas raramente aparecem como única garantia da operação, tendo hoje um papel de garantia complementar nas grandes operações de financiamento.

---

[11] Gustavo Tepedino, Contornos constitucionais da propriedade privada. In: *Temas de Direito Civil*, Rio de Janeiro: Ed. Renovar, 1999, p. 291.

[12] Ibidem.

[13] Boris Kozolchyk, Making Commercial Credit Available in the Americas. Meeting of OAS-CIDIP-VI Drafting Committee on Secured Transactions. *Arizona Journal of International and Comparative Law*, volume 18 n.2, 2001, p. 324.

[14] A natureza supralegal do Pacto de San José e outros tratados de direitos humanos, fixada no RE 466.343 em 2006, foi confirmada no STJ por meio do REsp 914.253 em 2009.

[15] Uma excelente análise jurídicas das operações pode ser encontrada em SCHWARCZ, Steven L, "The Alchemy of Asset Securitization", *Stanford Journal of Law, Business and Finance*, Volume 1 nr. 1 Fall 1994.

Entre 1993 e 1997, os primeiros quatro anos em que as operações financeiras para captação de recursos por meio das chamadas "securitizações de recebíveis de exportação" foram regulamentadas pelo Banco Central do Brasil, foram contabilizados aproximadamente US$ 3,5 bilhões em operações de empresas brasileiras, dos mercados varejista, imobiliário e principalmente empresas exportadoras que possuem receita em moeda estrangeira.[16]

Os contratos internacionais de financiamento podem se valer de técnicas de direito internacional privado para determinar a lei aplicável ao contrato, seja pelo reconhecimento da autonomia da vontade das partes de indicar a lei aplicável em uma cláusula contratual, seja por aplicação das regras de conexão existentes nas codificações. No entanto, essa autonomia para escolher a lei aplicável ao contrato não se estende às garantias reais acessórias desses contratos, porque o aperfeiçoamento das garantias será feito sempre de acordo com a lei do local de situação dos bens (*lex rei sitae*).

As garantias estão, dessa forma, submetidas de forma inexorável às legislações nacionais envolvidas. Em contratos internacionais, isto pode significar – valendo-se da técnica do fracionamento do contrato ou *dépeçage*[17] – a aplicação no mesmo contrato, por exemplo, das leis de Cingapura, de estados federados dos Estados Unidos (Nova York e Delaware), das Ilhas Cayman, Chile, Canadá e Brasil, a depender do tipo de garantia outorgada.

Os contratos financeiros internacionais que possuam garantias sobre bens móveis situados no Brasil, ou garantias instituídas sobre créditos detidos por pessoas físicas ou jurídicas domiciliadas no Brasil, forçosamente precisam observar os ditames do direito brasileiro para que essas garantias sejam consideradas garantias reais devidamente aperfeiçoadas, e, por conseguinte, dotadas de oponibilidade perante terceiros.

Algumas estruturas de garantias mobiliárias que se tornaram padrão nos contratos financeiros internacionais, tanto sobre bens e equipamentos como sobre créditos a receber, sempre esbarraram num ponto nodal: a incerteza sobre a natureza da garantia sobre bem futuro, e a consequente dúvida sobre o momento a partir do qual as garantias, devidamente aperfeiçoadas, seriam oponíveis *erga omnes* e confeririam preferência em caso de uma falência.

As legislações latino-americanas sempre exigiram que o devedor tivesse o domínio sobre o bem dado em garantia, desta forma impedindo que fossem feitos empréstimos com garantias sobre bens de aquisição futura, tais como estoques e créditos a receber[18]. Esta realidade começou a modificar-se a partir da aprovação da Lei Mexicana de 23 de maio de 2000 sobre Transações Garantidas, e do Código Civil brasileiro de 2002, especificamente o seu artigo 1.420, § 1º.

No direito brasileiro, tem-se entendido que o objeto da garantia, qualquer que seja, precisa ser um direito ou um bem previamente existente: "Só aquele que pode alienar poderá empenhar", diz o artigo 1.420 do Código Civil. Desta forma, garantias constituídas sobre créditos futuros a

---

[16] Somente as operações de cinco empresas exportadoras – Açominas, Alcoa, Aracruz Celulosae, CSN e CST – corresponderam a uma captação de 1 bilhão e 370 milhões de dólares lastreados em recebíveis de exportação, conforme dados fornecidos pelos Bancos Chase Manhattan e BankBoston. Ver Mihailo Milan Zlatkovic, Securitizações de Recebíveis de Exportação no Mercado Globalizado. In: *Negociações Internacionais e a Globalização*, Lígia Maura Costa e Celso Claudio de Hildebrand e Grissi (orgs.), São Paulo: LTR – Fundação Getúlio Vargas, 1999, p. 109-110.

[17] A metodologia do *dépeçage* , como técnica de aplicação de lei, permite que o contrato internacional seja regido em seu fundo ou substância por mais de um sistema jurídico. Ver a esse respeito Nadia de Araujo, *Direito Internacional Privado. Teoria e Prática Brasileira*. 9ª ed. São Paulo: Revista dos Tribunais, 2020 pp 397-399.

[18] Ibidem p. 325.

serem recebidos (os "recebíveis", anglicismo proveniente dos *accounts receivable*) não perfazem os requisitos para serem consideradas garantias reais adequadamente aperfeiçoadas, e por conseguinte oponíveis *erga omnes*, dotadas de preferência e sequela. O penhor sobre créditos futuros, ainda que irrevogável e irretratável, é qualificado como promessa de penhor, a ser aperfeiçoado no momento em que o crédito for efetivamente recebido pelo devedor, passando a integrar seu patrimônio. A propriedade superveniente torna eficaz a garantia, retroagindo à data do registro (art. 1.420, § 1º). No entanto, uma frustração nessa aquisição deixa o credor com um crédito quirografário, sem proteção contra uma insolvência do devedor.

Uma forma de elidir as incertezas jurídicas que podem advir da aplicação do direito brasileiro ao aperfeiçoamento da garantia é a estruturação da operação em uma jurisdição estrangeira que assegure a prioridade do crédito. As operações e a garantia mobiliária ficam, desta forma, sendo regidas por um direito estrangeiro. Ainda assim, a incerteza sobre a possibilidade de habilitar esse crédito com garantia real em uma eventual falência da empresa com sede no Brasil leva a um aumento do custo do financiamento para a empresa tomadora dos recursos, o chamado "custo Brasil".[19]

Diversos autores já alertaram para a necessidade de uma modernização da estrutura das garantias mobiliárias clássicas, para que as mesmas venham a cumprir seu papel dentro da economia moderna: permitir o acesso ao crédito, e não somente no mercado internacional, mas principalmente o acesso ao crédito no mercado doméstico. Continua atualíssimo o comentário feito por Caio Mário da Silva Pereira na introdução ao capítulo da Alienação Fiduciária de suas Instituições de Direito Civil:

> "O direito brasileiro tem experimentado novos instrumentos de garantia, uma vez que a complexidade da vida moderna não se satisfaz com aqueles de cunho tradicional. O penhor e a hipoteca revelam-se demasiadamente rígidos para acompanharem a velocidade crescente do tráfico jurídico. O primeiro, exigindo a efetiva *traditio* (salvo algumas exceções) da coisa apenhada, não satisfaz às exigências da vida mercantil. A segunda, limitada aos bens imóveis, navios e aeronaves, tem o seu campo de incidência estreito demais. E da anticrese não há falar, dado o desuso em que incorre em nosso direito, como em fase da tendência moderna à sua supressão como direito real."[20]

No Código Civil de 1916 encontrávamos elencados à minúcia o objeto dos chamados penhores especiais, à época efetivamente uma exceção. Com o passar do tempo, e a consagração das garantias sem desapossamento como a regra para todas as garantias, o penhor comum passou, na prática, a ser a exceção. No entanto, essa evolução não se refletiu na atualização legislativa proposta pelo Código Civil de 2002.

A introdução da Alienação Fiduciária em Garantia na década de 1960 foi de grande importância para o desenvolvimento do mercado de crédito ao consumidor no Brasil. Desde então, pouco se fez para atualizar o sistema brasileiro de garantias, cuja última novidade foi a extensão da alienação fiduciária para os imóveis em 1997. O Código Civil de 2002 manteve praticamente inalterada a estrutura de garantias do Código Civil de 1916, com as clássicas figuras já criticadas por Caio Mário no trecho citado acima: um sistema de garantias mobiliárias que já não refletia a realidade das transações jurídicas, tratando como exceção os penhores especiais sem desapossamento.

---

[19] No período de elaboração da tese, entre 2002 e 2004, a taxa-básica SELIC oscilou entre 16 e 19% ao ano, mas a taxa média dos empréstimos bancários para empresas e pessoas físicas superava 180% ao ano.

[20] Caio Mário da Silva Pereira, Instituições de Direito Civil, volume IV, 17a edição, p. 271.

O SISTEMA BRASILEIRO DE GARANTIAS REAIS E SEUS PROBLEMAS

Podemos elencar como principais problemas do atual sistema brasileiro dois pontos que dizem respeito aos pontos cardeais das garantias reais: a tipicidade e a publicidade.

Por um lado, o excessivo rigor na interpretação do princípio da tipicidade leva ao engessamento da garantia pela tipificação legal do seu objeto. Por outro lado, observamos uma falta de rigor na aplicação do princípio da publicidade das garantias, refletido na existência de um sistema local e pulverizado de registros, que não assegura uma efetiva publicidade das garantias em relação a terceiros.

Com base na análise dos princípios norteadores das garantias reais, é possível demonstrar que a adoção de um novo sistema de garantias mobiliárias no Brasil, seguindo os moldes propostos pelos diferentes organismos internacionais, é perfeitamente viável, adequando-se aos princípios que regem as garantias reais sobre bens móveis corpóreos e incorpóreos no ordenamento brasileiro.

Nesta análise dos princípios, nos propusemos a demonstrar que os princípios da tipicidade e da especialidade podem, e inclusive devem, ser interpretados de maneira funcional, ou seja, a interpretação dos citados princípios deve procurar atender à função exercida pelos direitos reais de garantia dentro do ordenamento jurídico: serem instrumentos de facilitação de crédito para o devedor e de maior segurança para o credor. Uma interpretação demasiadamente restritiva desses princípios acaba cerceando a utilização das garantias reais mobiliárias dentro do sistema jurídico brasileiro.

Em seguida, fizemos um estudo do atual sistema brasileiro de garantias mobiliárias, mostrando suas raízes romanísticas e a evolução das garantias mobiliárias que levou ao desuso do penhor comum em favor dos penhores especiais sem desapossamento e à introdução da garantia fiduciária em nosso ordenamento jurídico[21].

O sistema norte-americano de garantias sobre bens móveis era muito similar ao sistema de tradição romanista, até a reforma em 1972 do *Uniform Commercial Code*, que trouxe o conceito da garantia unificada denominada *security interest*, e que tem servido de paradigma para reformas legislativas em diversos países. Nesta análise de direito comparado foram identificados os pontos nos quais o sistema norte-americano introduziu inovações positivas em sede de garantias mobiliárias, inovações estas que podem ser recepcionadas nas legislações de países de tradição romanística.

Na tese, foram analisadas as propostas de harmonização no plano internacional, concentrando nossos estudos na Lei-Modelo sobre Garantias Mobiliárias aprovada na Sexta Conferencia Interamericana de Direito Internacional Privado/CIDIP VI (Lei-Modelo), realizada em fevereiro de 2002. Os pontos de reforma sugeridos pela Lei-Modelo interamericana coincidem com as propostas oriundas de dois organismos internacionais de grande importância: o Guia Legislativo da UNCITRAL e a Lei-Modelo preparada pelo Banco Europeu de Reconstrução e Desenvolvimento.

Verificamos em nossa análise que alguns pontos da Lei-Modelo que *prima facie* apareceriam como incompatíveis com nosso sistema, ou de difícil implementação, na verdade já encontram previsão no ordenamento jurídico brasileiro. É o caso, especificamente, do um sistema célere de execução extrajudicial de garantias, utilizado na Alienação Fiduciária em Garantia do DL 911/69

---

[21] Embora tecnicamente não seja uma garantia real, entendida esta como direito real limitado sobre coisa alheia, funcionalmente se assemelha às garantias reais. Darcy Bessone qualifica a propriedade fiduciária como uma garantia dominical, que tem por base não um direito real limitado mas sim a propriedade, embora resolúvel. Ver Darcy Bessone, *Direitos Reais,* 2ª. ed., São Paulo: Ed. Saraiva, 1996, p. 317-318.

Cap. 42 • AS GARANTIAS MOBILIÁRIAS NO SISTEMA JURÍDICO BRASILEIRO | 719

e recepcionado pelo Código Civil de 2002. É o caso também do registro unificado dos gravames de alienação fiduciária no sistema nacional de registro de propriedade de veículos automotores (RENAVAM). Para a introdução de uma garantia unitária, não é necessário excluir do sistema as garantias clássicas que se encontram em vigor. As garantias podem coexistir, deixando ao arbítrio das partes a escolha da mais adequada ao negócio que pretendem realizar. Esta solução já existe na legislação pátria. Um bem móvel pode ser dado em penhor ou alienação fiduciária. Com relação aos imóveis, a clássica hipoteca não foi substituída, mas passou a coexistir, a partir de 1997, com a alienação fiduciária de imóveis.

REVISITANDO OS PRINCÍPIOS DA TIPICIDADE E DA PUBLICIDADE

A tipicidade no Direito das Coisas, representada pelo *numerus clausus*, tem sido visto pela doutrina clássica como o marco divisório entre o Direito das Coisas e o Direito das Obrigações [22].

Na verdade, a tipicidade não é exclusiva dos direitos reais, mas sim, na opinião de Serpa Lopes, inerente ao Direito Civil como um todo.[23] No Direito de Família a tipicidade está presente, ao regular as relações entre os cônjuges tanto de ordem pessoal quanto de ordem patrimonial; no Direito das Sucessões, ao regular a sucessão legítima e a testamentária. Apenas no Direito das Obrigações é que encontramos uma modificação nesse quadro de tipicidade, coexistindo ao lado dos princípios e dos contratos típicos a autonomia da vontade na formação de contratos atípicos.

Podemos dizer que no ramo do Direito das Coisas o princípio da tipicidade goza de maior força. Os atributos dos direitos reais só são conferidos àqueles tipos legais expressamente previstos pelo legislador, não havendo autonomia das partes contratantes para dotar um determinado direito de oponibilidade *erga omnes*, preferência e sequela.

Na mesma linha de Gustavo Tepedino, sentimos necessidade também de ser realçado "o significado que assume, no ordenamento brasileiro, a tipicidade dos direitos reais"[24], para em seguida prosseguir na análise do alcance da tipicidade em sede de garantias reais mobiliárias.

A doutrina clássica não tinha por hábito distinguir tipicidade e *numerus clausus*, sendo os dois termos utilizados seguidamente como sinônimos, como o faz Serpa Lopes e também autores portugueses como Carlos Alberto da Mota Pinto. Mais modernamente, tem sido constatado que estes dois termos não são sinônimos, existindo uma distinção entre tipicidade e *numerus clausus*.

Para Tepedino, *numerus clausus* e tipicidade não são sinônimos, a despeito de serem utilizados como tal por alguns doutrinadores clássicos:

> "Ambos os princípios, tratados indiferentemente pela civilística brasileira, embora se apresentem aparentemente coincidentes, diferenciam-se na medida em que o primeiro diz respeito à fonte do direito real e o segundo à modalidade do seu exercício."[25]

O princípio do *numerus clausus* se refere à competência do legislador para a criação de direitos reais, ou seja, à fonte dos direitos reais, excluindo desta forma a autonomia privada para criação

---

[22]   Miguel Maria de Serpa Lopes, p. 34.

[23]   Miguel Maria de Serpa Lopes, *Curso de Direito Civil* volume VI , 4ª ed. rev.e at. São Paulo: Ed. Freitas Bastos, 1996, p. 35.

[24]   TEPEDINO, Gustavo, *Multipropriedade Imobiliária,* Editora Saraiva, 1993, p. 82.

[25]   Ibidem.

de direitos reais pelos particulares; já o princípio da tipicidade, corolário do *numerus clausus*, estabelece o conteúdo estrutural do direito real previsto pelo legislador, onde se inclui também a modalidade do seu exercício[26].

O *numerus clausus* exclui a competência das partes de criar direitos com natureza real, não havendo autonomia privada para atribuição, por força de disposição contratual, de uma eficácia real a um direito que não conste do rol dos direitos reais. O legislador tem total autonomia para conferir ou retirar a natureza real de um direito. Assim é que a renda constituída sobre imóveis, que possuía natureza real no CC 1916 (art. 674, VI), passou a ter natureza meramente contratual no CC 2002, inserida que está agora entre os contratos tipificados[27].

Já o princípio da tipicidade, como visto acima, incide sobre o conteúdo e sobre o exercício do direito ao qual o legislador atribuiu natureza real.

A doutrina moderna, por sua vez, ao fazer a distinção entre *numerus clausus* e tipicidade, também distingue os efeitos do primeiro e do segundo: enquanto que a adoção do *numerus clausus* exclui a autonomia da vontade das partes de criar direitos reais não previstos pelo legislador, o princípio da tipicidade não exclui de plano a autonomia privada quanto ao conteúdo desse direito real criado pelo legislador. No entender de Gustavo Tepedino, "ao lado de regras imperativas, que definem o conteúdo de cada tipo real, convivem preceitos dispositivos, atribuídos à autonomia privada, de sorte a moldar seu interesse à situação jurídica real pretendida"[28]. Conclui Tepedino que "no âmbito do conteúdo de cada tipo real há um vasto território por onde atua a autonomia privada e que carece de controle quanto aos limites (de ordem pública) permitidos para esta atuação."[29]

No tocante às garantias reais, o princípio da tipicidade tem sido interpretado como abrangendo não só o *tipo* legal – penhor, hipoteca, anticrese, e propriedade fiduciária – mas também o *objeto* sobre o qual pode recair a garantia. Temos assim que, no caso da hipoteca, o objeto há necessariamente de ser um bem imóvel; no caso do penhor, um bem móvel; no caso dos penhores especiais, aqueles bens especialmente previstos pelo legislador; no caso da garantia fiduciária, certos bens móveis[30] e também os imóveis, conforme regulamentação em lei própria.

Em especial no tocante às garantias reais mobiliárias, não parece razoável que o princípio da tipicidade seja interpretado de forma tão restrita, a ponto de limitar a autonomia das partes contratantes na determinação do objeto da garantia.

Em primeiro lugar, porque a categoria de bens móveis está em permanente expansão. Um exemplo da criação de novas categorias de bens nos é trazido pelo legislador de 2002, que qualificou entre os bens móveis "as energias que tenham valor econômico" (art. 83). A cada momento vemos surgir novos bens que passam a ser suscetíveis valoração econômica, e, por conseguinte passíveis de outorga em garantia. Ao lado de investimentos tradicionais, temos as criptomoedas e os créditos de carbono. As novas tecnologias só fazem crescer a categoria dos bens intangíveis de alto valor econômico, em especial na área dos direitos de propriedade intelectual e industrial. Estes bens, que integram o patrimônio dos seus detentores, possuem valor econômico e são suscetíveis de alienação; perfazem, por conseguinte, os requisitos necessários para serem em tese objeto de uma garantia.

---

[26] GONDINHO, André, *Direitos reais e autonomia da vontade*, p. 16.

[27] CC 2002, Título VI – Das Várias Espécies de Contratos, Capítulo XVI, Da Constituição de Renda, arts. 803 a 813.

[28] Gustavo Tepedino, *Multipropriedade Imobiliária*, p. 83.

[29] Ibidem.

[30] O CC 2002 veio limitar a propriedade fiduciária a bens móveis infungíveis, criando uma restrição que não existia na sistemática anterior da Lei 4.728, art. 66, com a redação do DL 911/69.

Cap. 42 · AS GARANTIAS MOBILIÁRIAS NO SISTEMA JURÍDICO BRASILEIRO | 721

Em segundo lugar, devemos ver o oferecimento da garantia como exercício do *ius disponendi* do devedor sobre seu patrimônio. Restringir o objeto das garantias aos bens especificados pelo legislador importaria numa restrição imposta ao devedor sobre a livre disposição do seu patrimônio. Se o credor concorda em aceitar a garantia, é porque a seu juízo os bens ou direitos oferecidos pelo devedor se revestem de conteúdo econômico suficiente para satisfazer seu crédito. Essa interpretação do princípio da tipicidade, limitativa da utilização das garantias, acaba por restringir de forma totalmente desnecessária a liberdade de iniciativa dos credores e devedores, princípio garantido constitucionalmente e que deve perpassar todas as esferas do ordenamento jurídico.

O princípio da livre iniciativa encontra-se consagrado na Constituição Federal de 1988, não apenas como um dos princípios da ordem econômica (art. 170) mas como um dos valores sociais fundamentais do próprio Estado democrático brasileiro (art. 1º., IV).

A existência do princípio de iniciativa privada na atividade econômica é requerida pela dignidade da pessoa humana e pelo livre desenvolvimento da personalidade[31]. É em face disso que encontramos na nossa Constituição brasileira de 1988, como fundamentos do Estado social e democrático de direito a dignidade da pessoa humana e a valorização social do trabalho e da livre iniciativa (art. 1º. III e IV). Um sistema jurídico que não assegura de modo efetivo o respeito aos "valores sociais do trabalho e da livre iniciativa" não estará assegurando de forma efetiva a dignidade da pessoa humana.

Segundo Gustavo Tepedino, uma leitura atenta do Código Civil de 2002 na perspectiva civil-constitucional significa atribuir, não apenas às cláusulas gerais do Código, mas a todo o corpo codificado, um significado coerente com a tábua de valores do nosso ordenamento jurídico.[32] Torna-se assim tarefa do intérprete dos preceitos civis construir uma interpretação valorativa dos princípios norteadores das garantias reais, em especial o princípio da tipicidade, à luz do princípio constitucional da livre iniciativa como pressuposto de existência da dignidade da pessoa humana. Esta nova interpretação do princípio da tipicidade não pode levar a outro resultado senão o de abandonar a aplicação rígida do princípio da tipicidade ao objeto da garantia, assegurando desta forma ao potencial devedor o pleno exercício do seu direito de propriedade e à sociedade em geral o exercício da livre iniciativa.

Com a entrada em vigor do Código Civil de 2002, alguns problemas com relação a garantias mobiliárias foram resolvidos, mas outros persistiram.

O Código Civil de 2002 trouxe solução para dois dos grandes problemas do sistema brasileiro de garantias: a ausência de regulamentação específica do penhor de direitos, e a validade da garantia sobre bem que ainda não pertence ao outorgante da garantia: a chamada garantia sobre bem futuro. Por outro lado, ao incorporar a alienação fiduciária ao Código Civil, limitou seu escopo aos bens móveis infungíveis. Vemos que o legislador mantém uma interpretação restritiva do princípio da tipicidade, abrangendo não só o tipo legal, mas também o objeto da garantia.

Um dos eixos centrais de uma modernização do sistema de garantias é a existência de um sistema de registros que confira efetiva publicidade aos gravames. Um sistema inadequado de registros acaba por comprometer a publicidade da garantia, e, por conseguinte, sua oponibilidade em relação a terceiros.

A consagração do registro como elemento constitutivo das garantias mobiliárias sem desapossamento pelo Código Civil de 2002 torna ainda mais premente a busca de uma solução para um dos principais problemas do sistema brasileiro de garantias: a frágil publicidade conferida às garantias sem desapossamento pelo sistema de registros públicos no Brasil.

---

[31]   Artigo 10 da Constituição Espanhola.

[32]   Gustavo Tepedino, Crise de fontes normativas e técnica legislativa na Parte Geral do Código Civil de 2002. *Revista Forense,* volume 364, dezembro 2002, p. 123.

A publicidade de certas garantias, fundamental para a segurança jurídica das relações sociais, não encontra adequado suporte no atual sistema de registros brasileiro, sendo em alguns casos a publicidade da garantia um requisito cumprido apenas formalmente.[33] Se o princípio da publicidade fosse objeto de uma interpretação restritiva como a que é feita com relação à tipicidade, teríamos que deixar de conferir natureza real a muitas garantias.

O sistema brasileiro de registros de garantias se socorre dos Registros de Imóveis para dar publicidade aos gravames sobre bens imóveis por acessão, como é o caso da maioria dos penhores especiais, agrícola ou pecuário, industrial ou mercantil.

A constituição da garantia não-possessória pelo registro – e, mais importante, a sua publicidade -- deixa de ter a mesma segurança jurídica quando se passa para a esfera dos penhores registrados em Títulos e Documentos, como o penhor de direitos.[34]

Esse registro, no entanto, não cumpre seu papel de dar publicidade a terceiros das garantias instituídas, pois não existe um sistema de emissão de certidão que indique as garantias outorgadas por um determinado devedor, nem tampouco aponta os ônus existentes sobre bens móveis determinados. Esses registros no Brasil estão longe de assegurar uma efetiva publicidade às garantias, comprometendo desta forma o atendimento a um requisito essencial para a oponibilidade *erga omnes* dessas garantias.

Some-se a essa lacuna o fato dos registros no Brasil serem estaduais e de não haver, por ora, uma base de dados ou sistema nacional de gravames, exceção feita aos sistemas geridos pela B3, restritos ao sistema financeiro nacional, que permita uma consulta unificada.

Alguns casos concretos envolvendo a formalização de garantias no Brasil denotam a desnecessária complexidade do nosso atual sistema e sua inadequação com o atual sistema financeiro internacional. Um caso emblemático diz respeito às garantias outorgadas nos empréstimos tomados para o financiamento da construção do gasoduto Bolívia-Brasil. Uma das garantias tinha como objeto o próprio equipamento do oleoduto – ou seja, os tubos metálicos instalados sob a terra. A primeira dúvida suscitada dizia respeito à sua qualificação como penhor ou como hipoteca, esta segunda hipótese devido à sua semelhança com uma estrada de ferro, sobre a qual se admite hipoteca. Tendo sido abandonada a hipótese de hipoteca devido à ausência de tipificação legal para a hipoteca especial sobre oleodutos, a solução foi efetuar um penhor industrial sobre os equipamentos. Esse penhor exige que se faça o registro à margem das matrículas dos imóveis. Desta forma, para que a garantia atendesse a todos os requisitos de validade do direito brasileiro, exigiu o credor que fosse feito o registro do penhor nos Cartórios de Registro de Imóveis de todas as comarcas por onde passa o oleoduto, desde a fronteira com a Bolívia até seu destino final em São Paulo.[35]

Independentemente da adoção da Lei-Modelo Interamericana sobre garantias mobiliárias pelo Brasil, uma unificação e simplificação dos sistemas de registros de garantias daria maior segurança às transações no Brasil e diminuiria em muito os custos com o aperfeiçoamento da garantia, que são arcados pelo devedor.

---

[33] Trataremos deste tema nos parágrafos seguintes, ao abordar os registros de garantias.

[34] Art. 1.452. Constitui-se o penhor de direito mediante instrumento público ou particular, registrado no Registro de Títulos e Documentos.

[35] Fonte: entrevista com advogado do escritório Veirano Advogados. Tentou-se ainda, ao amparo de um parecer, utilizar por analogia o sistema previsto para Hipoteca de Via Férrea, que exige tão-somente o registro na estação inicial da respectiva linha. Os credores, no entanto, preferiram a solução mais conservadora, e de forma a aperfeiçoar essa garantia do empréstimo, foi necessário efetuar o registro do penhor em todos os Cartórios de Registro de Imóveis das cercas de 200 comarcas por onde passa o gasoduto.

Para que as garantias tenham efetiva publicidade, e para que seja simplificado o sistema de registro dessas mesmas garantias, a Lei-Modelo preconiza a criação de um sistema nacional de registros de garantias. Vimos que esse registro não precisa ser necessariamente de âmbito nacional federal, podendo ser de âmbito estadual, desde que os registros estejam unificados em uma única base nacional. O que importa é substituir o atual sistema de registros estaduais múltiplos por um sistema de registros que contemple um único registro para as garantias.

O sistema de registro e publicidade que mais se assemelha ao padrão sugerido pela Lei-Modelo é o registro dos gravames sobre veículos automotores. O denominado "Sistema Nacional de Gravames sobre Veículos Automotores – SNG" foi desenvolvido por iniciativa da Federação Nacional de Seguros- FENASEG junto com uma empresa privada de nome MEGADATA, sob supervisão do Departamento Nacional de Trânsito – DENATRAN nos termos da Portaria 124/01 do CONTRAN[36]. Os Departamentos de Trânsito estaduais (DETRANs) firmam convênios com a empresa gerenciadora do sistema, que se encarrega de dar publicidade aos gravames e fazer a integração entre as bases de dados de todos os DETRANs conveniados. O SNG é um sistema de base eletrônica, como sugere a Lei-Modelo interamericana, de operação rápida, simples, e de baixo custo.[37] No momento presente, o Sistema Nacional de Gravames – SNG é operado pela B3, dentro da oferta de serviços de gestão de garantias para entidades financiadoras de veículos (bancos, financeiras, empresas de leasing e administradoras de consórcios)[38].

Ao mesmo tempo que a reforma prevê a inclusão de algumas inovações no sistema brasileiro de garantias mobiliárias, a modernização do sistema importará também na necessidade de rever algumas situações esdrúxulas do sistema brasileiro. Uma delas é a ficção jurídica das hipotecas especiais sobre bens que são eminentemente móveis – navios e aeronaves – para se beneficiar de um sistema mais robusto de publicidade existente para esses bens por força da existência de um sistema próprio de registro de propriedade.

As operações de crédito com garantias reais são operações funcionalmente econômicas, e econômico também é o seu conteúdo. Parece-nos, no entanto, que o que efetivamente tem ocorrido no Brasil é ainda uma pouca percepção de que o sistema econômico e o sistema jurídico se interpenetram, e que há entraves de cunho jurídico e não apenas econômico para certas reformas desejadas no Estado e na economia, como é exatamente o caso da expansão do crédito e da redução das taxas de juros reais.

Um exemplo bem-sucedido a ser copiado é o da garantia fiduciária. É uma garantia fácil de ser aperfeiçoada, e que conta com um sistema mais simples de execução. Essa agilidade na execução se traduz em menor risco para o credor e juros mais baixos para o devedor, e por isso tornou-se a garantia por excelência das operações de crédito direto ao consumidor para aquisição de bens duráveis.

Inicialmente introduzida no âmbito do sistema financeiro nacional, nos termos do artigo 66-B da Lei 4.728 de 1965 e do Decreto-Lei 911/69, para servir de garantia em operações de crédito direto ao consumidor, a chamada alienação fiduciária em garantia foi ganhando espaço. Em 1997, seu uso foi sido estendido aos bens imóveis, em financiamentos imobiliários.

---

[36]   Estas restrições financeiras não se limitam às garantias reais, incluindo também os gravames de reserva de domínio e *leasing*.

[37]   Em 2004, o custo da inclusão do gravame pelos agentes financeiros era de R$19,86, e a baixa das inclusões realizadas pelo próprio agente feitas de forma gratuita. A cartilha do SNG ficava disponível em uma página internet, atualmente desativada, no endereço www.gravames.com.br.

[38]   http://www.b3.com.br/pt_br/produtos-e-servicos/gestao-de-garantias/sng/sng/. Acesso: 30.04.2021.

O Código Civil de 2002 incorporou a propriedade fiduciária como espécie de propriedade resolúvel, estendendo seu uso para qualquer operação, embora tenha restringido objeto sobre o qual poderia ser constituída a garantia: apenas bens móveis infungíveis, nos termos do artigo 1.361.

Essa restrição levou a questionamentos sobre uma limitação do uso da garantia fiduciária, levando à necessidade, novamente, de tratar de forma diferenciada as operações realizadas no âmbito do sistema financeiro e mercado de capitais. Aproveitando a Lei 10.931/2004, que dispõe sobre o patrimônio de afetação de incorporações imobiliárias, o legislador aproveitou para alterar, mais uma vez, a regulamentação da alienação fiduciária em garantia e esclarecer que a regulamentação especial conviveria com o Código Civil. O artigo 1.368-A do Código Civil, incluído pela Lei 10.931 de 2004, deixa claro que as espécies de garantia fiduciária regidas por lei especial não estão submetidas aos dispositivos do Código Civil que forem incompatíveis. Assim, garantias sobre bens fungíveis convivem com o sistema do Código Civil de 2002. Trata-se de uma forma de inovar sem estender, em um primeiro momento, procedimentos concebidos para um determinado segmento das operações de crédito.

CONCLUSÃO E *AGGIORNAMENTO*

As necessidades das modernas operações de crédito demandam um sistema igualmente moderno de garantias, especialmente as garantias reais, que devem cumprir uma dupla função: servir não apenas como garantia contra insolvência, mas também de garantia de liquidez. É como garantia de liquidez que a garantia real atua para diminuir o risco de crédito, e por sua vez fomentar o crescimento do mercado interno de crédito. Um sistema eficiente de garantias não pode mais tomar por base as garantias sobre os bens de raiz, como a garantia hipotecária, precisando evoluir para um sistema eficiente de garantias mobiliárias não possessórias para conseguir democratizar o acesso ao crédito e romper com a excessiva valorização dos vínculos proprietários imobiliários.

Exceção feita à garantia fiduciária, que já existia em legislação especial e foi recepcionada, o Código Civil de 2002 não refletiu a onda de modernização das garantias reais que correu o mundo a partir da década de 1970 do século XX. Os instrumentos que traz – penhores especiais, mas limitados pela tipificação do objeto da garantia– já existiam em grande essência no ordenamento brasileiro anterior. Ao votar o projeto de Código Civil, não houve, no tocante às garantias, interesse em incorporar evoluções legislativas que vinham ocorrendo em outros países e nos organismos internacionais de harmonização legislativa, em especial na última década do século XX. Para que essa evolução ocorra, o legislador precisa tomar consciência do papel que as garantias reais desempenham na economia moderna, e conjugar esforços para implementar as reformas que se fazem necessárias.

No Brasil, algumas importantes reformas tomaram por base Leis-Modelo provenientes de foros internacionais. Podemos destacar a modernização do sistema de títulos de crédito na primeira metade do século XX, com a recepção das Leis-Modelo de Genebra sobre títulos de crédito e sobre cheques. Outra importante reforma do sistema jurídico brasileiro veio com a regulamentação interna sobre arbitragem, inspirada na Lei-Modelo da UNCITRAL, seguida da ratificação da Convenção de Nova York sobre laudos arbitrais estrangeiros.

Tomando esses exemplos, a modernização do sistema brasileiro de garantias mobiliárias poderia ter por base a proposta da Lei-Modelo interamericana, de recepção da garantia unitária, sem que isso significasse abrir mão das garantias clássicas que sempre existiram em nosso sistema jurídico. O mercado se encarregará de utilizar a garantia que for mais vantajosa, como vimos acontecer com a garantia fiduciária.

A criação de sistemas de registro de garantias em plataformas eletrônicas de abrangência nacional é uma tendência. O Sistema Nacional de Gravames – SNG, criado com o apoio da

FENASEG para o segmento de veículos, acabou sendo adquirido pela Bolsa – B3, e serviu de modelo para a criação de outros sistemas unificados de registro e gestão de garantias no âmbito do sistema financeiro.

A Lei 12.810 de 15 de maio de 2013 atribuiu ao Banco Central e à Comissão de Valores Mobiliários a competência para autorizar, supervisionar, e estabelecer as condições para o exercício da atividade de depósito centralizado de ativos financeiros e de valores mobiliários. A partir de 2017, foi determinado que a constituição de gravames e ônus sobre ativos financeiros e valores mobiliários, inclusive para fins de publicidade e eficácia perante terceiros, passaria a ser feita nas entidades registradoras ou nos depositários centrais em que esses ativos financeiros e valores mobiliários estivessem registrados ou depositados.[39]

Na qualidade de Entidade Registradora e Central Depositária, a B3 gerencia os sistemas de constituição dos gravames e garantias sobre ativos financeiros registrados e depositados, valores mobiliários e derivativos de balcão em duas plataformas: o Sistema de Onus e Gravames (SOG) e a Novo Mercado-Registro de Contrato de Garantia (NoMe). No SOG podem ser registrados: cessão, alienação fiduciárias, penhor e usufruto de títulos listados. A plataforma NoMe registra a cessão, alienação fiduciária e penhor de títulos de Balcão depositados e registrados.[40]

Merece destaque o § 2º do artigo 26 da Lei 12.810, atualizada pela Lei 13.476, permitindo que a constituição de ônus e gravames possa ser realizada "de forma individualizada ou universal, por meio de mecanismos de identificação e agrupamento definidos pelas entidades registradoras ou pelos depositários centrais de ativos financeiros e valores mobiliários". Ainda que se trate de uma legislação específica para o mercado financeiro e de capitais, é prenúncio de um afastamento da rigidez encontrada em outras garantias, graças à efetividade do acesso à informação e publicidade dos gravames resultante de um sistema unificado de registros.

Podemos concluir que muitas das aparentes inovações trazidas pela Lei-Modelo Interamericana de 2002 já foram introduzidas no ordenamento jurídico brasileiro pelas múltiplas legislações especiais sobre garantias editadas nas últimas décadas. Em muitos pontos, bastaria aproveitar os mecanismos já existentes, e estendê-los às garantias em geral.

A reforma legislativa a ser implementada poderia tomar dois caminhos distintos: ou por meio da reforma do Código Civil, ou por meio da instituição de uma nova garantia, regulada por lei especial.

A regulamentação por lei especial tem sido classicamente o primeiro passo dado nas reformas legislativas no Brasil, como ocorreu com a garantia fiduciária sobre bens móveis em 1965, estendida posteriormente aos imóveis em 1997 e somente em 2002 incorporada ao Código Civil. Com o amadurecimento dos institutos, e sua aceitação como parte integrante do sistema, é que se chega à sua inclusão dentro do corpo normativo codificado.

As alterações recentes no sistema de garantias no âmbito do sistema financeiro nacional, ainda vistas como excepcionalidade, apontam para uma flexibilização de exigências antes intransponíveis. O funcionamento exitoso dos sistemas unificados de registros de gravames gerenciados pela B3 – SNG, SOG e NoMe – abre um caminho que pode ser seguido para as garantias em geral, visto que a tecnologia hoje permite essa integração de bases de dados. Da mesma forma que ocorreu com a garantia fiduciária, esperamos que possamos em breve ver essas excepcionalidades se tornarem a regra geral.

---

[39] A Lei 13.476, de 2017, alterou o artigo 26 da Lei 12.810, de 2013.

[40] http://www.b3.com.br/pt_br/produtos-e-servicos/gestao-de-garantias/onus-e-gravames/onus-e-gravames/, Acesso: 13.05.2021.

43

SITUAÇÕES DE FATO: CONDOMÍNIO DE ÁGUAS

Danielle Machado Soares

Sumário: 1. Considerações gerais. 2. Princípio da autonomia privada e a origem dos condomínios de água. 3. A impropriedade jurídica da denominação. 4. Evolução histórica, valor econômico, natureza jurídica e conceito. 5. "Associação irregular em condomínio" x associação civil: liberdade constitucional. 6. Impossibilidade de aplicação do CDC nos condomínios de água por não se tratar de relação de consumo. 7. A obrigatoriedade do rateio das despesas pelos condôminos de fato sob a visão dos tribunais. 8. Conclusões.

1. CONSIDERAÇÕES GERAIS

Segundo a doutrina, os fatos são todos os acontecimentos (humanos ou artificiais) capazes de influenciar na órbita do direito por criar, modificar ou extinguir relações jurídicas. Nesse sentido, as situações de fato são um conjunto de condições análogas às situações de direito, pois existem no mundo real, mas carecem de previsão legal, contudo produzem efeitos jurídicos.

À primeira vista, pode parecer equivoco ou até mesmo absurdo aos olhos do operador do Direito se afirmar a possibilidade de se ter uma situação de fato sob a forma de "Condomínio de Águas", e que essa forma produza efeitos jurídicos, tendo em vista que no nosso sistema pátrio, os direitos reais são regidos pelo princípio *do numerus clausus*[1].

---

[1] Princípio da Taxatividade ou *numerus clausus*: São direitos reais somente os elencados na lei. O art. 1.225 enumera 12, mas também outros são instituídos de forma esparsa, como o direito de retenção, o pacto de retrovenda e a alienação fiduciária. Impera nesse campo a ideia de que o proprietário da coisa somente pode constituir os direitos reais especificados na lei. Não está este autorizado a criar novos direitos reais. Quem os cria é o legislador e ninguém mais. Por isso, são considerados absolutos e, portanto, devem ser respeitados por todos.

Cap. 43 • SITUAÇÕES DE FATO: CONDOMÍNIO DE ÁGUAS

Mas o que ocorre na realidade é um distanciamento entre a situação fática e a norma imposta, ou seja, de um lado, nos deparamos com as necessidades atuais do homem e de outro, uma construção jurídica ultrapassada, que não abre espaço e nem encampa alguns novos fenômenos provenientes das mutações sociais. Entretanto, negar a realidade com base na formalidade legal não resolve as questões existentes, ao contrário, apenas acentua o problema.

Nossa proposta, nesse modesto trabalho, ao pesquisar sobre os denominados "condomínios de água" tem por escopo, levantar questões que vem se revelando nas duas últimas décadas com certa frequência, já que a água é um bem necessário, e, com isso, tentar encontrar uma solução sem ferir o ordenamento, apenas adaptando o que existe de concreto à nova realidade que se faz presente.

É sabido por todos, que as disputas atinentes à água não são novas, mas bastante antigas, devido à necessidade vital do ser humano. Entretanto, esta situação articular, caracterizada sob a forma de "condomínio" para rateio de despesas de captação, abastecimento e manutenção de rede hídrica privada é nova e representa uma das facetas do tema. Em outras palavras, queremos dizer que, a partir de uma situação real que é a ausência do abastecimento ou o abastecimento precário de água, devido à omissão total ou parcial do poder público, faz surgir uma situação concreta no mundo dos fatos, que é criação dos "condomínios de águas". Essa construção articulada pelo privado enseja uma nova modalidade de direito real, derivada de situação análoga típica, cujo fundamento encontra-se no Código Civil, no capítulo em que trata dos condomínios em geral.

Este assunto é atual e de grande importância. Por isso a pesquisa realizada não se encontra esgotada, ao contrário. Este trabalho apenas indica uma nova tendência, que vem sendo absorvida e sacramentada pelo nosso sistema jurídico positivo.

É preciso destacar que o direito a água não é uma questão secundária, mas um direito fundamental, que envolve o princípio basilar de toda a estrutura humana: a vida. Tanto assim que, por mais atual que nossa vertente problemática possa parecer, é a história que vai nos revelar que o homem, levado pelo seu instinto básico de sobrevivência, é capaz de romper obstáculos de qualquer ordem para obter o precioso líquido, pois é a sua vida e a sua dignidade que estão em jogo. Este fato, porém, não é um dado obtido meramente nos livros de história. É também uma realidade que vigora em nossa sociedade atual, e pode ser percebida em muitos lugares bem próximos a nós.

Escolhemos como foco de nossos estudos a cidade de Petrópolis, situada na Região Serrana do Estado do Rio de Janeiro, por ser não apenas beneficiada pelo Rio Piabanha, como também ser presenteada por várias nascentes de água mineral, localizadas em pontos distintos da Cidade.

Contudo, o destino é irônico. Apesar da abundância natural do precioso líquido, a Cidade ainda apresenta pontos caóticos, onde a distribuição por parte do poder público não alcança ou é precária.

As políticas governamentais locais foram omissas quanto às questões ligadas ao desmatamento de encostas, no sentido de permitir construções irregulares[2] ou clandestinas[3], ao invés

---

[2] Bezerra, Maria Wilsam Rodrigues. Ocupações Irregulares de Vias e Áreas Públicas. *Escola da Magistratura do Estado do Rio de Janeiro – EMERJ*, 2009, p. 7 e 8. É sabido que o direito de construção é ínsito ao direito de propriedade, mas, para o seu exercício, é necessário o particular, além, obviamente de possuir o domínio da área onde pretende edificar, conforme estabelecido no art. 1.299 e seguintes do Código Civil, requerer uma licença junto à administração pública, a qual consiste num "ato administrativo constitutivo-formal, possibilitando àquele em favor de quem é expedida, o direito de levar a cabo a construção, nos termos em que lhe foi deferida" (FIGUEIREDO, Lúcia Valle. Disciplina urbanística da propriedade. 2. ed. São Paulo: Malheiros, 2005, p. 128). As irregularidades ocorrem tanto por inexistência do título de propriedade, sendo a casa, o prédio ou qualquer outro tipo de edificação realizado em área pública e sem a atuação preventiva de autorização da municipalidade, quanto pela construção erguida sem a devida obtenção da licença, ou extrapolando os termos do projeto aprovado, ainda que em terreno próprio.

[3] SCHMITT, Janine Bertuol. *Loteamento ilegal, irregular ou clandestino.* Disponível em: https://janinebertuol.jusbrasil.com.br/artigos/751261790/loteamento-ilegal-irregular-ou-clandestino. Em contrapartida

de implantar um projeto urbanístico adequado à região. Associado a esse fato, incide a falta de educação ambiental de forma mais incisiva, em todos os segmentos da sociedade, o que contribui para agravamento da situação, devido à poluição provocada por esgotos residenciais e fabris que são lançados nos rios sem que haja tratamento precedente em todos os pontos, vindo a afetar a qualidade da água que se consome. Outro fator igualmente importante é a questão da distribuição da água, que é atributo exclusivo do poder público. Quando este abre brechas na rede de distribuição, deixando vários pontos da cidade à deriva, a comunidade local desfavorecida, finda por articular uma maneira de solucionar seu problema de abastecimento de água. Se no local onde há a falha do serviço público existir fonte ou poço próximo a comunidade, esta cria sua própria rede de distribuição hídrica privada, e a batiza de Condomínio de Águas.

Todavia, o que deveria ser solução para a falta do abastecimento de água, acaba por se tornar um problema maior ainda, que envolve tanto o setor público, quanto o privado. Esses fatores somados tornam essa Cidade um laboratório para os nossos estudos e espelho para outras regiões que possuam características semelhantes.

Analisando-se detalhadamente a doutrina e a legislação clássica, pode-se perceber que ambas são muito claras no que diz respeito à impossibilidade da criação de direitos reais atípicos, consequentemente, criando um conflito entre o fato social e norma, e desse modo, desencadeando várias questões de ordem jurídica, em razão do abismo existente entre o direito imposto e a realidade social, o que naturalmente, precisa ser superado.

Esse abismo se evidencia a partir da violação de um direito natural positivado, que é o direito à água[4], podendo parecer banal, num primeiro momento, mas ao contrário, é bastante complexo e controvertido devidos aos seus desdobramentos.

A complexidade se dá em virtude de dois fatores fundamentais: o primeiro, pelo número variado de pessoas que estão envolvidas no processo de gestão, sobretudo no que toca à captação e distribuição da água. E o segundo, em razão da dominialidade da água instituída pelo próprio ordenamento jurídico, que, anteriormente, poderia pertencer tanto ao particular, quanto ao público, e que, atualmente, somente pode pertencer ao setor público.

Os sujeitos envolvidos no processo de captação e distribuição de água, de fato, são três, mas apenas um deles está legitimado pelo direito à realização e prestação do serviço. São eles: as pessoas jurídicas de direito público, consubstanciando-se na própria Administração Pública, através de suas concessionárias e subconcessionárias, que constituem os verdadeiros fornecedores, por determinação legal para gerir os recursos hídricos; as pessoas jurídicas de direito privado, especificamente as cooperativas de abastecimento de água, cuja existência é bastante comum no meio rural, devido à falta do abastecimento público; por fim, uma terceira categoria, que é formada pelos próprios destinatários do serviço público de abastecimento no meio urbano, que são os usuários da água. Estas duas últimas categorias só atuam quando existe a omissão total ou parcial

---

aos loteamentos legais, temos os loteamentos ilegais (gênero) do qual são espécies o loteamento irregular e o loteamento clandestino. Em breves palavras, o loteamento é irregular quando foi inicialmente aprovado pela Prefeitura, mas não foi inscrito no Registro de Imóveis ou foi executado em desconformidade com o plano e as plantas aprovadas. Já o loteamento clandestino é aquele que o Poder Público não tem nenhum conhecimento oficial dele, nunca foi apresentado qualquer projeto, planta ou aprovado pela Prefeitura Municipal.

[4] A água é um elemento essencial para a manutenção da vida e dos ecossistemas do planeta. A falta dessa tem um forte impacto na vida como um todo, afetando a saúde e o desenvolvimento. A Proposta de Emenda à Constituição (PEC) 4/2018, insere o acesso à água potável no rol de direitos e garantias fundamentais da nossa Constituição.

do poder público nessa função. É de se ressaltar, que não obstante o envolvimento dos sujeitos acima destacados, o domínio da água foi conferido ao poder público por força do artigo 1º, I da Lei de Recursos Hídricos de 1997, por ser este um dos elementos integrantes do meio ambiente, consequentemente, um bem de uso comum do povo.

Quando a norma jurídica, que atribui competência de gestão hídrica ao poder público é ignorada por parte deste, será a sociedade quem arcará com os efeitos dessa omissão, tais como a falta ou a falha do serviço de abastecimento de água. Essa atitude omissiva do poder público inevitavelmente dará origem a contendas envolvendo tanto os destinatários do serviço em relação ao poder público, quanto aos destinatários do serviço entre si.

A lacuna aberta pelo poder público em razão da falta ou falha do serviço de distribuição de água, levará a comunidade carente do recurso hídrico a articular uma forma de capitar e distribuir a água entre os moradores da localidade, criando dessa forma uma rede de distribuição hídrica própria, resgatando o instituto da autotutela[5/6]. Esse grupo organizado decorrente dessa omissão do poder público se intitulará "condôminos" e como em toda relação condominial típica, se desentenderam no tocante ao rateio de despesas para a manutenção do sistema e em relação a sua forma de administração, o que levará a necessidade de intervenção do Estado-Juiz.

Entretanto, um fato curioso deve ser destacado. Na tentativa de se buscar a solução dos conflitos através do Poder Judiciário, em alguns casos, foi possível se constatar que ao invés de se obter soluções para as demandas, estas se acirravam mais, em virtude de determinadas decisões fundamentadas na teoria clássica do Direito de Águas, com base no Código de Águas – Decreto 24.643 de 1934, que ainda vem sendo aplicado, de modo isolado, por uns poucos, apesar da sua revogação em razão Lei de Recursos Hídricos[7]. Se aplicar o Decreto 24.643/34, construído e centrado em princípios próprios de outro contexto histórico-social é o mesmo que se fazer uso de um remédio com o prazo de validade expirado para a cura de uma doença. A visão clássica não consegue solucionar esse novo perfil de litigio, posto que seu modelo não alcança o novo

---

[5] A doutrina majoritária destaca 4 (quatro) formas de composição de litígios, quais sejam, a jurisdição, a autotutela, a arbitragem e a auto composição. Quanto à autotutela, pode-se caracterizá-la pela imposição de vontade por uma das partes. Caracteriza-se, especialmente pelo uso desforço próprio na satisfação da pretensão. Para o doutrinador Petrônio Calmon, a autotutela é a solução de conflitos, em que ocorre a imposição do sacrifício do interesse de uma das partes pela outra, sendo conduzida por determinados meios, tais, quais, (i) a ameaça e o (ii) o uso da força.

[6] BOBBIO, Norberto. *A Era dos Direitos*. Campus, Brasília, 1995, p. 31. "Quando os direitos do homem eram considerados unicamente como direitos naturais, a única defesa possível contra a sua violação pelo estado era um direito igualmente natural, o chamado direito de resistência. Mais tarde, nas Constituições que reconhecem a proteção jurídica de alguns desses direitos, o direito natural de resistência transformou-se no direito positivo de promover uma ação judicial contra os próprios órgãos do Estado".

[7] Lei nº 9.433, de 8 de janeiro de 1997. Art. 1º A Política Nacional de Recursos Hídricos baseia-se nos seguintes fundamentos: I – a água é um bem de domínio público; II – a água é um recurso natural limitado, dotado de valor econômico; III – em situações de escassez, o uso prioritário dos recursos hídricos é o consumo humano e a dessedentação de animais; IV – a gestão dos recursos hídricos deve sempre proporcionar o uso múltiplo das águas; V – a bacia hidrográfica é a unidade territorial para implementação da Política Nacional de Recursos Hídricos e atuação do Sistema Nacional de Gerenciamento de Recursos Hídricos; VI – a gestão dos recursos hídricos deve ser descentralizada e contar com a participação do Poder Público, dos usuários e das comunidades.

A Lei das Águas conta com o Sistema Nacional de Gerenciamento de Recursos Hídricos (SINGREH), que tem como principal função realizar a gestão dos usos do recurso de forma democrática e participativa.

momento social, o novo fenômeno provocado por diversos fatores, dentre os quais se destacam: a explosão demográfica, a falta de interesse e de recurso do poder público; a limitação de recurso do poder público; a limitação do recurso natural por fatores físico-químicos; os desmatamentos descontrolados; a educação ambiental precária; a poluição, etc.

O somatório desses fatores associados ao perfil dos litígios faz com que o estudo sobre essa espécie atípica de manifestação condominial revista-se de cuidados especiais, pois, além das questões sociais e políticas que revestem o tema, existe, também, a questão jurídica, que deverá ser analisada com bastante cautela, sob pena de se assassinar o Direito, eis que, o Direito se dinamiza na medida em que ocorrem as transformações sociais.

A título de exemplo, temos a própria expressão que dá nome ao tema: "Condomínios de Água", que apesar de não ser a mais adequada, devido à sua impropriedade jurídica para denominar o fenômeno, é por nós aqui utilizada por ter sido extraída do jargão popular e assim fielmente mantida.

O que se pretende estabelecer é que essas questões não podem ser decididas apenas com a letra fria da lei, sobretudo, se esta não acompanhou a evolução social. E sim, através de análise criteriosa dos fatos em si, que norteiam a questão. Assim, quanto ao tema em análise, alguns pontos merecem atenção especial, principalmente os que dão origem os "condomínios de água", a sua estruturação, sua gestão, e sua semelhança aos condomínios horizontais. Para isto é preciso tentar obter respostas paras as discussões mais frequentes, que se apresenta, em torno desse assunto, que são:

1 – Qual o fato gerador dos condomínios de água?

2 – Pode juridicamente existir essa figura?

3 – Como é composta esta espécie de relação?

4 – Será que um ¨condômino¨ pode desligar-se do condomínio que ele próprio ajudou a constituir em razão de suas necessidades básicas, quando estas se alterarem?

5 – Se a propriedade participante dessa espécie associativa for alienada, o novo adquirente é obrigado a respeitá-la ou pode desassociar-se?

6 – Em caso de não pagamento do rateio das despesas, poderá ocorrer o corte no fornecimento da água pelo "condomínio" instituído?

7 – É possível se captar água de uma propriedade particular, mesmo contra a vontade de seu proprietário?

8 – É possível se captar água de um bem de uso comum do povo sem autorização e fiscalização do poder público?

9 – A relação existente entre os particulares por força da autonomia privada pode se enquadrar numa relação de consumo?

10 – Pode haver o corte na distribuição da água, por falta de pagamento do ¨condômino¨ beneficiado?

11 – Esse beneficiamento pode ocorrer indiretamente?

12 – Deve predominar o princípio social de que o interesse coletivo se sobrepõe ao individual?

13 – Pode um indivíduo não participante do "condomínio" requerer sua integração para poder receber água?

2. PRINCÍPIO DA AUTONOMIA PRIVADA E A ORIGEM DOS CONDOMÍNIOS DE ÁGUA

A evolução que se percebe a partir do Séc. XX na esfera jurídica é a atuação mais incisiva do Estado no domínio das relações privadas. Essa atuação pode se dar de várias formas: seja através da fiscalização, através da intervenção na ordem econômica, ou da garantia de direitos, não importa. O fato é que quanto mais o Estado intervém, mais diminui a esfera da autonomia individual, para se buscar o interesse social. Segundo Pietro Barcellona[8] numa visão otimista do liberalismo econômico, a própria liberdade é função social e o exercício incondicionado dos poderes satisfaz a tutela do interesse enquanto técnica ideal para assegurar a harmonia dos interesses particulares e fundi-los no interesse geral, que daí resulta automaticamente realizado. Consequentemente, a autonomia privada[9], concebida nos moldes das revoluções liberais, pouco a pouco vai assumindo uma nova postura em razão da vontade geral. O princípio, apesar de ligado diretamente aos conceitos de sujeito de direito e ao da propriedade individual, mantém suas características, só que agora, numa concepção não mais individualista, e sim, numa visão social. A realização e o bem-estar individual devem-se enquadrar ao coletivo em razão do perfil estabelecido pelo Estado Provedor.

Partindo-se do raciocínio acima estabelecido, podemos afirmar que os condomínios de água são fruto da autonomia privada fundidos no interesse de dada coletividade. Sua origem pode ser determinada através de dois modos distintos:

1º – pela vontade do loteador, quando da necessidade de enquadrar o seu loteamento aos moldes determinados pela lei, no qual necessita fazer a indicação da fonte de capitação de água que abastecerá os lotes que compões o empreendimento, tais como: nascentes, fontes, veios d'água ou similares que poderão estar situados em lote que ficará reservado para atender ao próprio loteamento ou em lote que será alienado a terceiros. Tanto numa situação quanto noutra, o loteador deverá introduzir um gravame (ônus real)[10] no registro imobiliário desses lotes servientes, o que gerara obrigação *propter rem* para o lote gravado.

2º – por vontade dos particulares de certas localidades carecedoras do abastecimento público de água. Para essa segunda hipótese a carência do abastecimento poderá se revelar sob dois aspectos: ou pela ausência total de água nas propriedades ou pela quantidade insuficiente de água para o consumo pessoal dos habitantes daquela região. A solução encontrada se evidencia no somatório de várias vontades autônomas em torno de um interesse comum. O vínculo sinalagmático evidenciado gerará direito e obrigação para todos os que usufruírem direta ou indiretamente do bem.

Por conclusão, temos que em ambas as modalidades apresentadas como origem para os "condomínios de água", a autonomia privada se faz presente como fonte geradora dessa categoria atípica de direitos reais. Apesar de não estar enquadrada dentro do sistema clássico, esta nova forma manifestação condominial se materializada por força das obrigações assumidas por aqueles que a aderiram, expressamente ou tacitamente, através do artifício criado para suprir lacunas e usufruir do bem. O condomínio instituído por vontade dos particulares, sobre um bem de uso comum do povo só existe em razão da omissão do Poder Público no que toca a algumas de suas atribuições

---

[8]   BARCELLONA, Pietro. *Diritto Privato e processo econômico*. Nápole, 1977.

[9]   PRATA, Ana. *A Tutela Constitucional da Autonomia Privada*, Almedina, Coimbra, 1982.

[10]   MESQUITA, Manuel Henrique. *Obrigações reais e Ônus Real*, Coleção teses, Almedina, Coimbra, 2000.

PROBLEMAS DE DIREITO CIVIL – Homenagem aos 30 anos de cátedra do professor Gustavo Tepedino

fundamentais, e, portanto, existe a obrigação dos que dele participam direta ou indiretamente de contribuírem para o rateio de despesa quanto à manutenção e à conservação da rede de abastecimento, até que o Poder Público a assuma de fato e de Direito.

3. A IMPROPRIEDADE JURÍDICA DA DENOMINAÇÃO

A nova realidade que vem se projetando nos últimos anos no que diz respeito à captação e distribuição de águas por particulares recebe as seguintes denominações dentro do jargão popular: "condomínio de águas" ou "associação em condomínio". Não obstante a impropriedade jurídica das expressões, utilizá-la-emos, mesmo assim, por achá-las as mais adequadas no momento para caracterizar a situação.

A impropriedade das expressões reside na impossibilidade de se estabelecer um condomínio de águas, por dois motivos fundamentais: o primeiro por força da determinação contida na Lei de Recursos Hídricos que estabelece ser a água um bem de domínio público, em especial de uso comum do povo, e o nosso sistema não permitir a possibilidade de particulares serem donos de bens públicos sem a devida desafetação; o segundo motivo, ocorre em virtude de o nosso sistema jurídico clássico não permitir que a autonomia privada crie direitos reais, eis que se rege pelo princípio da tipicidade dos direitos reais e do *numerus clausus*. Consequentemente, como poderia a vontade dos particulares ser geradora de um condomínio ou uma associação que verse sobre um bem público?

Independente deficiência técnica da terminologia, por se tratar de situação de fato e da nomenclatura já vim sendo largamente utilizada pela jurisprudência, o melhor é fazer a sua adequação.

A palavra "condomínio" é uma expressão proveniente dos direitos reais e significa o domínio que é exercido por duas ou mais pessoas sobre determinada coisa, em caráter privado. O nosso sistema jurídico tradicional se funda nos princípios consagrados pelo liberalismo francês, provenientes da Revolução Francesa, que conferiu através do Código de Napoleão o caráter absoluto à propriedade, consagrando-a como "sagrada e inviolável", acolhendo o princípio do *numerus clausus* para tais direitos. Em outras só existe dizer que só existem direitos reais se determinados por lei, caso contrário, são inadmissíveis. As consequências do posicionamento adotado por este sistema é o confronto que se instala frente à nova realidade, vindo a ocasionar uma lacuna no direito, desencadeando na ocorrência das chamadas situações de fato, que nada mais são do que situações análogas às de Direito, mas que carecem de certos elementos fundamentais, e por isso regem-se pela teoria da aparência.[11,12]

A expressão "associação" pura é simples também utilizada para nomear essa espécie de situação de fato do mesmo modo que o "condomínio de águas" é igualmente inadequada, pois está relacionada a entidades com personalidade jurídica, cuja finalidade é a obtenção de resultados altruísticos, científicos, artísticos, beneficentes, religiosos etc., que não é o caso, eis que as situações

---

[11] Teoria da aparência é o nome que se dá ao procedimento de se reconhecer como verdadeira uma situação que apenas parece real. O reconhecimento dos efeitos jurídicos das situações aparentes surge com o intuito de garantir a boa-fé, a honestidade e a credibilidade dos negócios jurídicos.

[12] NICODEMUS, Erika Cassandra de Nicodemos. *Teoria da Aparência*. Disponível em: http://www.conteudojuridico.com.br/consulta/Artigos/36500/a-teoria-da-aparencia: "a teoria da aparência vem se desenvolvendo desde a idade média e, atualmente, pela sua aplicação, é possível conferir consequências de direito a situações de fato que, normalmente, estariam desprovidas de existência, validade ou eficácia jurídica. Muitas teorias existem para justificar a incidência da teoria da aparência ainda que não haja previsão legal específica para sua aplicação em determinado caso concreto".

de fato[13] são desprovidas de personalidade de personalidade jurídica, conforme dispõem os artigos 44, I c/c 53 e seguintes CCB. Contudo se a expressão a ser utilizada for "associação irregular", que é bem abrangente, então seria tecnicamente adequado conforme preceitua artigo 75, XI do CPC/2015.

Logo, conclui-se que os condomínios de água, por pertencerem à categoria das situações de fato, não podem ser analisados à luz da doutrina clássica, tendo em vista ser o sistema tradicional insuficiente para alcançar as novas manifestações da sociedade. Por outro lado, negá-los, seria uma afronta ao próprio dinamismo do Direito. Assim, resolvemos encarar o fenômeno e estudá-lo sob o enfoque da incidência da autonomia privada como criadora de novos direitos reais, por mais absurdo possa parecer aos olhos dos conservadores do pensamento clássico, mantendo-se a expressão popularmente utilizada, por mais inadequada que seja.

4. EVOLUÇÃO HISTÓRICA, VALOR ECONÔMICO, NATUREZA JURÍDICA E CONCEITO

Para que se tenha um melhor entendimento do direito de águas é necessário que se busque na história soluções e modelos de captação e distribuição de águas que foram adotados por nossos antepassados, tendo em vista a importância dessa experiência para uma adequada compreensão do sistema jurídico atual, eis que é a água a fonte da evolução e do progresso da humanidade.

A pesquisa histórica feita para este estudo se deu a partir de duas reflexões básicas: a necessidade humana de sobrevivência e a confusão entre utilização e propriedade da água. Nesse aspecto, alguns dados interessantes merecem serem destacados, como por exemplo, o modo como os antigos dominaram a técnica e legislaram a respeito dessas questões.

Na antiguidade, as grandes civilizações[14] cresceram e se desenvolveram em torno e graças às águas. Elas aprenderam a dominar o início e o volume das chuvas, armazenando suas águas e distribuindo-a sobre as terras agrícolas. Entretanto, a apreensão tecnológica, ainda que primária, se comparada aos dias atuais, não era suficiente. Elas precisavam estabelecer, juntamente com esta apreensão, o seu reconhecimento através de uma legislação rigorosa que versasse sobre a propriedade das águas para os trabalhos de irrigação que eram indispensáveis à economia do Estado. Para satisfazer as necessidades da agricultura, a título de exemplo, o Estado Egípcio, no IV° milênio a.C. criou uma importante norma visando à regulamentação das águas do Nilo[15]. A fiscalização

---

[13] SOARES, Danielle Machado. *Condomínio de Fato*. Rio de Janeiro: Renovar, 1999: "O Direito existe para resolver casos concretos, logo possui aptidão particular para aderir à realidade".

[14] Com o decorrer do tempo, as necessidades humanas e o crescimento da população passaram a exigir quantidades cada vez maiores de água e facilidade de acesso às fontes existentes. Ao mesmo tempo, eram procuradas novas fontes de suprimento, inclusive no subsolo. Na América, os incas e mesmo as civilizações mais antigas já construíam numerosos sistemas de canalização de águas para irrigação, principalmente nas terras áridas da costa do Peru. Os egípcios dominavam técnicas sofisticadas de irrigação do solo na agricultura e métodos de armazenamento de líquido, pois dependiam das enchentes do Rio Nilo. As construções destinadas ao transporte de água, chamadas de aquedutos, eram grandiosas, principalmente entre os romanos. Essas obras abasteciam dezenas de termas (ou banhos públicos), muito apreciadas pela população da época. Além disso, os aquedutos supriam as cidades com a água dos lagos em fontes artificiais. Os romanos também se destacaram na construção de redes de esgotos e de canalizações para escoamento das águas de chuvas na cidade. Por volta do ano 300 d.C., existiam em Roma mais de 300 banhos públicos. Consumiam-se cerca de 3 milhões de litros de água por dia. Disponível em: https://www.coladaweb.com/historia/a-agua-na-historia-do-homem.

[15] DEGROSSE. A. *Tout l'eau du monde*, Du May, 1990, p. 45.

do equilibro das relações hídricas do Estado Egípcio, se personalizava na figura do Faraó. Esta é a primeira fonte de apropriação pública dentro do direito de águas.

Na Mesopotâmia, devido à escassez da água, estabeleceu-se uma regulamentação de uso idêntico à egípcia. Esta norma encontra-se presente no Código de Hamurabi. Em época romana o direito de águas não é tão claro. Alguns autores romanistas deduziram de certas leis que os rios pertenciam aos ribeirinhos, enquanto as Institutas declaravam que as águas de chuvas eram públicas e a água corrente era coisa comum. Essas divergências alimentam as interpretações modernas radicalmente diferentes.[16]

Já no período feudal, todos os rios foram submetidos à jurisdição dos senhores feudais. Podemos concluir que este fato se transformou, na maioria dos casos, num verdadeiro direito de propriedade. Entretanto, alguns doutrinadores divergem sobre a questão, pois seus entendimentos versam no sentido de que estes senhores feudais se equiparavam aos ribeirinhos do direito romano. Porém por ser o direito feudal confuso e diversificado dentro de certas regiões ou de comunidades rurais, se conservou um direito sobre os rios.

Na França de 1566, com expedição o Édito de Moulins, houve a consagração do domínio real inalienável sobre as águas, complementada alguns anos após, pela determinação de 1669 que estabeleceu o seguinte:

> *"Declaron la propriété de tous le fleuves et rivières portant bateaux de leurs fonds, artífice et ouvrage de main dans notre royaume et terre de notre obéissance, faire partie du domaine de la couronne sauf les droits de pêche, molin, bac et autres usages que les particuliers peuvent avoir par titre et possession valable auxquels ils sont maintenus[17]".*

As questões sobre a dominialidade da água provocaram no final do século XIX, na Europa, um importante debate doutrinário sobre o tema. Quatro soluções foram propostas:

1 – A submissão ao domínio público;

2 – A submissão à propriedade privada: leito e águas;

3 – Propriedade dos ribeirinhos sobre o leito, as águas classificadas como coisas comuns;

4 – Classificação do leito e das águas como coisas comuns.[18]

Podemos observar nesta pequena passagem histórica, que desde os primórdios da humanidade já se revelava uma ligeira preocupação com relação ao aspecto econômico da água e a sua dominialidade. Atualmente é certo que a riqueza de uma nação encontra-se em seus recursos hídricos, em razão de seu valor econômico atribuído. A noção de valor deve ser entendida a partir de um estudo realizado em todas as correntes econômicas. É preciso que se examinem as diferentes definições, para que se possa extrair o sentido do valor econômico que a água possui. Aqui neste pequeno estudo, não nos cabe apresentar detalhadamente cada definição de cada pensador, como por exemplo, Adam Smith, Condillac, Turgot, Jeremy Benthan, Karl Marx, entre outros, mas apenas reproduzir a conclusão que chegamos.

Assim, a partir das definições apresentadas pelas diversas correntes econômicas de pensamento, fica evidente que dois institutos essenciais dominam essas definições, pouco importando

---

[16] LE MOAL. Les droits sur l'eau, *Rev. Dr. Rur.* nº 218, decembre 1993, p. 450.

[17] DALLOZ, M.D. *Repertoire de legislation XIX*, Dalloz, 1853, p. 313.

[18] LE MOAL. Ob. cit.

se pertence à escola clássica ou marxista ou neoclássica, entre outras. O que se percebe em todas elas é a presença das expressões "utilidade" e "raridade". Logo, percebe-se que o poder atrativo da água é extremamente importante, independentemente da variação de valores atribuídos em razão dos gostos ou das necessidades de cada indivíduo. O certo é: a água é útil para todos nós. Além disso, atualmente o valor econômico e o domínio público estão reconhecidos na maioria das legislações sobre água dos diversos países. A título de exemplo, citamos a França, que através da Lei nº 92-3 de 03 de janeiro de 1992 foi a primeira a reconhecer a água como valor econômico e uma unidade jurídica, em razão do uso múltiplo que ela permite, e porque se encontra esparramada por toda a superfície do país. Este reconhecimento corresponde a uma unidade de gestão dessa água, o que significa que as medidas de proteção devem ser aplicadas para as águas superficiais, subterrâneas, do mar, dentro dos limites do seu Estado, por se tratar de "Patrimônio Comum da Nação"[19].

O Brasil, em 1997, seguindo o modelo Europeu, estabeleceu a Política de Recursos Hídricos, através da Lei 9.433, de 8 de janeiro de 1997, cujo artigo 1º, I determina que:

"Art. 1º A Política Nacional de Recursos Hídricos baseia-se nos seguintes fundamentos:

I – a água é um bem de domínio público.

II – a água é um recurso natural limitado, dotado de valor econômico."

Este diploma legal veio reconhecer o aspecto econômico[20] da água, bem como sua importância dentro do contesto atual, retirando-lhe o caráter privado e conferindo-lhe a dominialidade pública, no que toca tanto a sua propriedade quanto a sua gestão, fazendo com que o Decreto 24.643 de 1934 não mais possa ser aplicado em razão de seus acentuados contrastes com a atual legislação. Partindo-se da premissa de que a água pertence ao domínio público e sua gestão é um atributo do Poder Público, logo toda água situada dentro de um terreno particular não pertence ao seu dono, mais ao Ente Público, eis que este representa o povo; consequentemente, podemos concluir que:

1º – nenhuma pessoa pode negar água para outra alegando ser de sua propriedade;

2º – o fornecimento de água deve ser realizado pelo Poder Público, já que a ele coube gestão por determinação legal;

3º – caso não seja fornecida a água pelo ente público, este pode ser responsabilizado civilmente por omissão por força do artigo 37 § 6º da Constituição Federal;

4º – a omissão do Poder Público quanto ao abastecimento da água gera para o particular o direito natural de resistir a esta omissão, por meio de artifícios que o possibilite obter a água, eis que esta representa a vida;

---

[19] GAONAC'H, Arnaud. *La Nature Juridique de L'éou*, Editions Johanet, Paris, 1999, p. 41.

[20] FREITAS, Vladimir Passos de. Água – Aspectos Jurídicos e Ambientais. São Paulo: Ícone, 1993. "A água como visto passou a ser um bem de domínio público é um recurso natural limitado, dotado de valor econômico nos termos do artigo 1º, incs. I e II da Lei 9.433 de 1997. Isso significa que o usuário deve pagar para utilizá-la. Atualmente, o que se paga é a prestação dos serviços de captação de água e seu tratamento. As águas superficiais pertencem à União quando os rios e os lagos banharem mais de um Estado ou são internacionais. As demais são do domínio dos Estados Membros. Isso significa que não há águas particulares nem municipais. Cabe à União e aos Estados conceder a outorga de direitos de uso de recursos hídricos, nos termos do art. 11 e ss. da Lei 9.433, de 08.01.1997. A outorga não implica alienação das águas, mais simples direito de uso."

5º – a omissão do poder público no fornecimento de água legitima a existência dos "condomínios de água" que poderão realizar sua captação, seja em propriedade pública ou em propriedade privada, haja vista a natureza da sua dominialidade, desde que, tomadas as devidas precauções como estudos hídricos e geológicos da região onde será extraída a água a ser utilizada pela comunidade.

Com base nos aspectos acimas destacados, é possível verificar que a Lei 9.433 de 08.01.97 apresenta um novo sistema político-jurídico, no que diz respeito aos Recursos Hídricos, se comparado ao Código de Águas de 1934[21], que apesar de estar em vigor, sofreu sérias transformações em razão da nova dominialidade e da valoração econômica que lhe foram atribuídos, além do encargo de fato e de direito de realizar uma gestão hídrica eficaz. Entretanto, o que ocorre no mundo real nem sempre corresponde à letra da lei, motivo pelo qual, em certas situações, como a da água, é preciso que se estabeleça uma solução para que os sujeitos de direito não sejam prejudicados.

A certeza da água pertencer ao domínio público e a certeza da propriedade pública ser composta de coisas insuscetíveis de apropriação por particulares, salvo as desafetadas, é dogma jurídico. Porém, se o Poder Público, que é o titular do dever jurídico de realizar a gestão eficaz do abastecimento hídrico, se omite de fazê-lo adequadamente, permitindo que determinados pontos da região sob sua administração fique desprovido do fornecimento de água ou que tenham um abastecimento precário, decorrente dessa má gestão, a consequência será que os sujeitos que vivem nessas localidades "esquecidas" vão se articular para encontrar um modo suprir essa omissão. Nesse sentido, a superioridade da dominialidade pública para proteger e gerir os recursos hídricos torna-se apenas teórica em função da gestão ineficiente. Portanto, seria incoerente por parte do Poder Público coibir a existência dos artifícios criados pelos particulares (os "condomínios de água"), tendo em vista que não conseguem cumprir sua obrigação para com eles.

Assim entendemos que os condomínios de água se constituem em espécie do gênero condomínios de fato[22], com natureza jurídica de "associação irregular", que surgiram no cenário social com o escopo de suprir a lacuna deixada pela Administração Pública no que diz respeito a sua atribuição de fornecimento de água para os particulares. Estes, por sua vez, como não recebem a água ou a recebem de modo precário, desejosos de obtê-la para manter suas necessidades básicas de sobrevivência e bem estar, se associam em condomínio, com a finalidade de poderem, mediante rateio de despesas, realizar a captação e a distribuição de água entre os associados da região carente.

Os condomínios de água, por serem situações de fato, mas com aparência de direito, devem ser regidos pela teoria da aparência[23], pois possuem semelhanças aos condomínios edilícios (horizontais)[24], quanto ao aspecto da sua composição e administração. Razão pela qual, nos faz crer que esta modalidade condominial atípica possui a mesma natureza jurídica desses condomínios

---

[21] Código de Águas – Decreto nº 24.643, de 10 de julho de 1934.

[22] SOARES, Danielle Machado. Ob. Cit.

[23] VENOSA, Silvio de Salvo. *Direitos Reais*. São Paulo: Atlas, 2001, p. 35. "Sem a credibilidade da sociedade nos estados de aparência, inviável seria a convivência. A cada instante defrontamos com situações aparentes que tomamos como verdadeiras e corretas. ... Sempre que o estado de aparência for juridicamente relevante, existirão normas ou princípios gerais de direito a resguardá-lo. Não é, no entanto, a aparência superficial que deve ser protegida, mas aquela exteriorizada com relevância social e consequentemente jurídica.

[24] Tepedino, Gustavo José Mendes. Aspectos Atuais da Multipropriedade Imobiliária. In: AZEVEDO Fabio de Oliveira; MELO, Marco Aurelio Bezerra de (org.). *Direito Imobiliário*, p. 517, condomínio edilício, de acordo com o qual, tanto na atual redação do código civil quanto na revogada Lei 4.591/64, para se instituir o condomínio edilício, basta a individualização e discriminação das unidades autônomas.

regidos pelo Código Civil de 2002 em seus artigos 1.331 a 1.358, o que implicaria a duplicidade de direitos, ou seja, por um lado a propriedade comum sobre todos os utensílios utilizados na captação e distribuição da água, que foram adquiridos com o esforço comum dos associados, e por outro, uma relação obrigacional atípica, que estabelece um vínculo para o rateio de despesas para que se possa realizar a gestão do bem público que beneficiará a todos os participantes.

Mas ai vem à questão: a natureza jurídica dos condomínios de água é de entre despersonalizado ou de associação irregular? No nosso entender, ambas, pois possui características de condomínio edifício, que é um ente despersonalizado e ao mesmo tempo características de associação irregular. Logo, sua natureza é hibrida.

5. "ASSOCIAÇÃO IRREGULAR EM CONDOMÍNIO" × ASSOCIAÇÃO CIVIL: LIBERDADE CONSTITUCIONAL.

Uma das importantes indagações que são feitas acerca dos condomínios de águas ou das associações irregulares em condomínio, como se preferir, é a possibilidade de ser invocada a liberdade associativa prevista no artigo 5º, XX da Constituição Federal de 1988 que assim determina:

> Art. 5º (...)
>
> XX – ninguém poderá ser compelido a associar-se ou permanecer associado.

Ocorre que o dispositivo constitucional acima destacado, que trata da liberdade associativa, não cabe ser aplicado a esse perfil de situação de fato, em razão desta possuir a aparência de um condomínio edilício e não de uma associação de direito. A acepção da palavra associação utilizada dentro do contesto das situações de fato, está relacionada a um conglomerado de pessoas que partilham do mesmo problema e juntas buscam suprir a lacuna do abastecimento de agua provocada pela omissão do poder público.

Nesse sentido, as associações a que se refere à norma fundamental, são as reguladas pelo Código Civil, que dispõe sobre entidades providas de personalidade jurídica, ou seja, atributo próprio das pessoas, não apenas como um valor, mas, sobretudo, como um direito, eis que sua existência legal como pessoa jurídica se dá a partir da inscrição de seu estatuto social no registro peculiar. Ressalte-se que as associações têm sua vida e suas atividades inteiramente situadas no direito civil[25], e possuem interesses diversos, cuja finalidade não é lucrativa, mas de natureza patrimonial. Sua regulamentação é bastante antiga e data de 1893, a partir da edição da Lei 173, que veio normatizar as associações fundadas em fins religiosos, morais, científicos, artísticos, políticos ou de simples recreio, invocando em seu apoio o artigo 72, § 3º, da Constituição Federal de 1891.[26]

Todas as pessoas jurídicas necessariamente possuem personalidade e seu objetivo é previsto por lei. Já nas situações de fato, opera-se o contrário, pois tem existência no mundo real, mas não existem para o mundo jurídico, logo não possuem personalidade. Podem até ser registradas e obter um CNPJ para fins administrativos, mas o registro não lhe confere personalidade jurídica, própria das situações de direito, apenas atribui eficácia real a uma norma originada pela autonomia privada. Logo, podemos concluir que a liberdade associativa contida na Constituição Federal não pode ser

---

Nos termos do artigo 1332 do CC, "institui-se o condomínio edilício por atos *inter vivos* ou testamento registrado no Cartório de Registro de Imóveis, devendo constar daquele ato ...".

25 PEREIRA, Caio Mário da Silva. *Instituições de Direito Civil*. Rio de Janeiro: Rio de Janeiro, 1998. Vol. I.

26 RODRIGUES, Silvio. *Direito Civil*. São Paulo: Saraiva, 1997. Vol. I.

invocada por aqueles que participam direta ou indiretamente dessa espécie de situação de fato, eis que as associações, neste caso, não possuem as finalidades próprias das associações reguladas por lei, pois não têm personalidade jurídica, mas apenas existem como forma de suprirem as brechas abertas pelo Poder Público quanto ao abastecimento da água, razão pela qual devem seus participantes dividirem os ônus provenientes dos benefícios que dela extraíram.

Não seria critério de justiça se beneficiar àquele que alega o direito de liberdade associativa, já que este possui o direito de usufruir do serviço de modo direto ou indireto, mesmo que não tenha interesse, em detrimento de outros que contribuem para rateio das despesas de captação e distribuição da água. A final, no Estado Social, o interesse coletivo deve se sobrepor ao interesse individual.

Ressalte-se, mais uma vez, que a expressão associação irregular, apesar de inserida no texto legal, é impropriada para esta modalidade especifica, devido as suas características de condomínio edilício. O sujeito participante deverá ratear as despesas com os seus pares para que todos da comunidade possam se beneficiar do serviço privado, que tem custos operacionais e trabalhistas.

6. IMPOSSIBILIDADE DE APLICAÇÃO DO CDC NOS CONDOMÍNIOS DE ÁGUA POR NÃO SE TRATAR DE RELAÇÃO DE CONSUMO.

Outro ponto extremamente importante é o que diz respeito à aplicação ou não do CDC – Código de Defesa do Consumidor[27] e a suspensão do fornecimento de um bem essencial como a água. Afinal, pode ocorrer o corte do fornecimento da água por falta de pagamento das cotas de rateio de despesas?

A pergunta deve ser analisada sob dois prismas. O primeiro sobre o foco da relação de consumo estabelecida entre o poder público e o particular, por ser este o destinatário final do serviço. E o segundo, sob a ótica da relação formada pela reunião de sujeitos proprietários de uma rede hídrica privada de distribuição de água e que rateiam despesas de sua manutenção e abastecimento.

Note-se que se trata de duas situações distintas, com sujeitos formadores da relação também distintos.

No que diz respeito ao primeiro cenário, ou seja, a relação de consumo formada pelo poder público (fornecedor) e o particular (consumidor), não resta dúvidas a aplicação do CDC. Com o advento do Código de Defesa do Consumidor foram introduzidas várias inovações no direito contratual, com o escopo de proteger a parte mais vulnerável e hipossuficiente da relação, que é o consumidor. Para tanto, a lei enquadrou dentro da sua Política o poder público como

---

[27] Com o advento do Código de Defesa do Consumidor no nosso ordenamento jurídico, as expectativas dos consumidores nacionais que buscavam paridade no tratamento entre os dois polos da relação de consumo, para dirimir as práticas abusivas foram atendidas. Contudo, o referido diploma consumerista não faz alusão ao que seriam os serviços públicos essenciais. Ou seja, não há qualquer definição legal e, portanto, a norma que protege o consumidor de abusos decorrentes de serviços essenciais não existe. Porém, em que pese o silêncio da norma consumerista, a Lei 7.783 de 28 de junho de 1989, vulgarmente conhecida como "Lei de Greve", em seu art. 11, parágrafo único, aduz que "são necessidades inadiáveis, da comunidade aquelas que, não atendidas, coloquem em perigo iminente a sobrevivência, a saúde ou a segurança da população". Assim, por analogia, entendemos que serviços essenciais são precisamente aquelas atividades imprescindíveis à satisfação das necessidades inadiáveis da comunidade e nesse sentido, a água como um bem vital é essencial.

Cap. 43 · SITUAÇÕES DE FATO: CONDOMÍNIO DE ÁGUAS | **739**

fornecedor de serviços, através de seu artigo 3º, que estabelece ser o fornecedor é toda pessoa física ou jurídica, pública ou privada.

Mas a lei não parou por aí, ela não só enquadrou a pessoa jurídica de direito público como fornecedora de serviços, como também determinou a adequada e eficaz prestação dos serviços públicos[28] em geral, como um direito básico do consumidor (art. 6º, X), além de introduzir o princípio da continuidade dos serviços públicos essenciais através de seu artigo 22[29], o que configurou verdadeira revolução, eis que esse princípio elevado à categoria de norma jurídica determina a impossibilidade do corte dos serviços essenciais, independente do seu motivo. Contudo, a norma foi omissa quanto à definição de serviços essenciais. Para suprir essa lacuna da lei, utiliza-se a Lei 7.783 de 28 de junho de 1989, vulgarmente conhecida como "Lei de Greve", que no seu art. 11, parágrafo único, aduz que "são necessidades inadiáveis, da comunidade aquelas que, não atendidas, coloquem em perigo iminente a sobrevivência, a saúde ou a segurança da população". Como a água é um elemento essencial para a vida e o direito a vida é protegido constitucionalmente pelo *caput* do artigo 5º[30], além de outras normas de foro internacional[31], não resta dúvidas o seu caráter essencial.

Na hipótese do fundamento para a interrupção do serviço for provocado pela falta de pagamento por parte do consumidor, o poder público tem a alternativa de buscar o seu crédito pelas vias próprias, ou seja, através das ações de cobrança, sem, contudo, interromper o fornecimento do bem vital. O que não deve prevalecer na prática, nestas hipóteses, é a dupla punição para o consumidor inadimplente, que além ter que pagar a multa e os juros de mora, ainda sofre a corte do da prestação do serviço essencial.

Conclui-se, portanto, que a relação jurídica estabelecida entre o poder público e os particulares, no que toca à questão do fornecimento de água, é uma relação de consumo, cujo fundamento é o contrato de adesão para prestação de serviço essencial, regida pela Lei nº 8.078, de 11 de setembro de 1990 (CDC) e que por força do seu artigo 22 não pode ter seu fornecimento interrompido. Entretanto o fornecedor do serviço público essencial pode propor ação de cobrança com as devidas correções e multa pertinentes.

Já a hipótese dos condomínios de água, por se tratar de uma relação jurídica diferenciada, estabelecida sobre três pilares distintos (omissão do poder público, necessidade do bem e aparência de direito) não deve ser enquadrado como relação de consumo, posto que não existe a figura do fornecedor de serviço. O que existe são sujeitos vinculados pela autonomia privada em função da carência de um bem vital e que sozinhas, não poderiam suportar o ônus de custeio de um sistema de abastecimento por ser esse muito elevado, motivo pelo qual concordam expressamente ou

---

[28] CÓDIGO BRASILEIRO DO CONSUMIDOR. Comentado pelos autores do anteprojeto. Rio de Janeiro: Forense Universitária, 1995, p. 140. "É sempre muito complicado investigar a natureza dos serviços públicos, para tentar surpreender, neste ou naquele, o traço da sua essencialidade. Com efeito, cotejados pelo seu aspecto multifacetários, os serviços de comunicação telefônica, de fornecimento de energia elétrica, água, coleta de lixo domiciliar, todos passam por uma gradação de essencialidade, que exacerba quando estão em causa os serviços públicos difusos relativos a segurança, saúde e educação."

[29] Código de Defesa do Consumidor, "Art. 22. Os órgãos públicos, por si ou suas empresas, concessionárias, permissionárias ou sob qualquer outra forma de empreendimento, são obrigados a fornecer serviços adequados, eficientes, seguros e quanto aos essenciais, contínuos".

[30] Constituição Federal de 1988 – "Art. 5º Todos são iguais perante a lei, sem distinção de qualquer natureza, garantindo-se aos brasileiros e aos estrangeiros residentes no País a inviolabilidade do direito à vida, à liberdade, à igualdade, à segurança e à propriedade, nos termos seguintes:"

[31] Pacto de Direitos Econômicos, Sociais e Culturais (1966), Conferência das Nações Unidas sobre a Água de 1977, Resolução 64/292 da Assembleia Geral das Nações Unidas (2010), 4º Princípio da Conferência de Dublin (1992).

740 | PROBLEMAS DE DIREITO CIVIL – *Homenagem aos 30 anos de cátedra do professor Gustavo Tepedino*

tacitamente em somarem seus esforços em benefício do coletivo, para ter acesso ao bem essencial que é a água. Todos os sujeitos dessa relação são ao mesmo tempo destinatários da água e fornecedores de si, só entre eles não existe subordinação, e sim, igualdade.

A materialização dessa relação se dá através do rateio de despesas entre todos os beneficiados, proveniente da construção do sistema de abastecimento hídrico, bem como da sua conservação, manutenção e distribuição. Nessa operação se incluí: energia elétrica utilizada, material de limpeza e de tratamento, teste de pureza da água, reposição de peças, encargos trabalhistas, etc. Nesse contexto, atuam como verdadeiro condomínio edilício, só que incidente sobre um bem de uso comum do povo, que é a água. Portanto, se um condômino deixar de contribuir para o sistema, os demais terão que suportar as despesas, e se houver a paralisação por falta de verba, todos serão prejudicados. Assim, para melhor administrar a rede de abastecimento privada, os condôminos de fato elegem um Sindico que agirá como gestor.

Em relação à questão da interrupção do abastecimento, por se tratar de um bem vital, deve-se aplicar o princípio da continuidade do abastecimento, podendo, no caso da falta de pagamento, se propor uma ação de cobrança, utilizando-se como analogia as normas do condomínio edilício e atribuir natureza *propter rem* a propriedade que se serve da água. Não seria correto com os demais suportar o ônus do condômino faltoso pois, desse modo, se estaria contribuindo para o locupletando sem causa do inadimplente[32], em desfavor do todo, o que provocaria um desequilíbrio da ordem jurídica firmada. Afinal, como já dito, o interesse coletivo deve se sobrepor ao individual.

7.   A OBRIGATORIEDADE DO RATEIO DAS DESPESAS PELOS CONDÔMINOS DE FATO SOB A VISÃO DOS TRIBUNAIS

Como os nossos Tribunais tem enfrentado essa questão do rateio das despesas do condomínio que não possuem mais o interesse de se manter associado, eis que se trata apenas de uma situação de fato?

Este ponto nos revela a repercussão que a omissão do Poder Público produz na esfera interna dos próprios associados. Existem duas correntes que se posicionam sobre o assunto. A primeira defende a ideia da não obrigatoriedade do rateio, e para tanto, utiliza-se do argumento da liberdade associativa prevista na Constituição Federal, ou até mesmo a da carência de ação em razão da inexistência de condomínio. Já a segunda corrente, ao contrário, defende a posição da sua obrigatoriedade e assenta sua justificativa no princípio do locupletamento sem causa.

Nosso modesto entendimento coincide com a corrente que defende a obrigatoriedade do rateio. A construção do condomínio de águas é resultante de um somatório de esforços, devido ao alto custo de implementação, manutenção e distribuição da rede hídrica privada. As pessoas que

---

[32]   SANGA, Dalmo Ávila. *O enriquecimento sem causa do consumidor no âmbito das relações de consumo.* Disponível em: dalmoavila.jusbrasil.com.br/artigos/803007955/o-enriquecimento-sem-causa-do-con-sumidor-no-ambito-das-relacoes-de-consumo#footnote, 2016: "No que pese existir previsão legal expressa que proíbe o enriquecimento sem causa, o mesmo não pode ser considerado uma regra, pois, ao contrário dos princípios, as regras são autoexplicativas, ou seja, basta à realização de simples leitura para se entender e indicar todos os atos capazes de se enquadrar naquele dispositivo. O dispositivo acima citado traz um regramento de cunho nitidamente principiológico, que veda o enriquecimento de um à custa do outro, sem causa justificada. Não há, pois, como entender pela simples leitura do dispositivo a que, especificamente, ele se relaciona, uma vez que seu regramento é subjetivo, só explicável com sua efetiva aplicação ao caso concreto. O princípio da vedação do enriquecimento ilícito é a base da regra que há hoje no ordenamento jurídico pátrio".

Cap. 43 · SITUAÇÕES DE FATO: CONDOMÍNIO DE ÁGUAS | **741**

dela participam vinculam-se expressamente ou tacitamente em razão dos benefícios que vão auferir, e uma vez instituído o condomínio, até que o Poder Público assuma a rede, existem despesas com o seu funcionamento, que normalmente atingem valores elevados para que umas poucas proprie-dades possam suportá-las sozinhas, enquanto outras usufruem apenas das vantagens, ainda que indiretamente. Logo, se houve uma adesão voluntária por parte dos titulares de uma determinada propriedade particular para obterem o fornecimento de água, automaticamente, esta propriedade estará obrigada a ratear as despesas de sua criação, se for o caso, e a de manutenção e conservação, pois o sistema não pode parar de funcionar, sob pena de prejudicar toda a comunidade participante. A nosso ver, não se trata de liberdade associativa, mas de uma autêntica obrigação *propter rem.*[33.]

E aqueles que adquirirem a propriedade sem ter participado da criação do sistema hídrico, tornam-se vinculados a ele, independentemente de terem expressado sua vontade, pois terão a faculdade de auferir das suas vantagens, do contrário estariam se enriquecendo à custa dos demais.

Ressalte-se que o sistema hídrico não pode parar de funcionar, pois envolve um bem vital que é a água e também, toda uma comunidade carente desse bem. Além do que, como já dito em várias ocasiões, o interesse público deve sempre prevalecer sobre o individual. Se o titular da propriedade participante não desejar fazer uso de seu direito subjetivo, isso não lhe retira a obri-gatoriedade de ajudar a mantê-lo, eis que, sua faculdade continuará a existir, o sistema continuará a sua disposição, podendo no momento que quiser vir a fazer uso novamente.

A compra de um imóvel em "condomínio de fato" implica a obrigação de responder pelas despesas comuns. O não-pagamento das contribuições significa locupletamento sem causa para o titular da propriedade, pois sua aceitação à situação está implícita na ora de adquirir o bem.

8. CONCLUSÕES

Os condomínios de água compõem a realidade de algumas regiões da nossa sociedade atual. Têm existência no mundo dos fatos, por mais absurdo que possa parecer aos olhos da técnica jurí-dica. Negá-los não resolveria os problemas da coletividade carente que necessita desse artifício para suas necessidades vitais, além de traduzir-se numa dupla punição a essa coletividade, qual seja, a falta do abastecimento público de água e o impedimento de articulação de uma forma alternativa de abastecimento conjunto privativo, mesmo que a custo elevado.

Se não existir o abastecimento público de água em determinada região, o Estado-Juiz não deve negar ou proibir a existência dessa espécie de artifício, que busca suprir a lacuna deixada pelo poder público, pois do contrário, estaria caminhando contra o direito e contra a Justiça, pois estaria negando ao cidadão um direito vital e fundamental que é o direito de água.

Assim, só existem duas soluções para se tentar acabar com o problema. A primeira, de cunho político e a segunda, de cunho jurídico. Ou o poder público acaba definitivamente com o problema do abastecimento de água e investe no abastecimento, estendendo sua rede hídrica a cada ponto da região, para que todos possam usufruir de seus serviços. Ou, diante deste fato, encontramos um paliativo, que seria a segunda solução, de cunho jurídico, que se traduz no reconhecimento, por parte da jurisprudência, de uma situação de fato que é extremamente relevante para o Direito, pois se relaciona diretamente com princípios de primeira grandeza, insculpidos na nossa Carta Magna, que são os direitos à vida e à dignidade da pessoa humana. Enquanto isto não ocorrer, os condomínios de água continuarão existindo, e os problemas deles decorrentes, também. Esta segunda opção é uma das formas do direito acompanhar a dinâmica social, sob pena de sua estag-nação e desequilíbrio, cujos efeitos poderiam ser irreversíveis. Afinal, quem pode viver sem água?

---

[33] MESQUITA, Manoel Henrique. *Obrigações reais e ônus reais.* Lisboa: Almedina, 2000.

44

CONDOMÍNIO EDILÍCIO ENTRE FORMALISMO E FUNÇÃO: NOVAS ESTRUTURAS E MERECIMENTO DE TUTELA

Fábio de Oliveira Azevedo

Sumário: I. Introdução. II. Direitos reais e autonomia privada: tipicidade e taxatividade. III. Condomínio edilício: alguns aspectos. IV. Critérios para a verificação de merecimento de tutela da convenção de condomínio. V. Algumas novas estruturas e conclusões.

I. INTRODUÇÃO

Este artigo, escrito honrosamente para homenagear um dos maiores civilistas brasileiros, reflete o delineamento de algumas elucubrações – o título da dissertação foi intencionalmente repetido para designar este artigo – expostas em dissertação de mestrado apresentada no ano de 2015 como requisito para a obtenção do título de Mestre em Direito Civil, no Programa de Pós--Graduação em Direito *Stricto Sensu* da Universidade do Estado do Rio de Janeiro.

O privilégio de ter sido orientado pelo Prof. Gustavo Tepedino ocupa espaço destacado na biografia de todos os seus discípulos, que lhe prestam coletiva, merecida e comovida reverência com este livro. É muito possível, aliás, que somente futuras gerações tenham isenção e entendimento suficientes para compreender, ao menos em toda a sua extensão, a importância e o papel da metodologia civil-constitucional na promoção das transformações sofridas pelo Direito Civil nos Séculos XX e XXI.

Este trabalho busca refletir sobre alguns aspectos que envolvem o surgimento de novas estruturas condominiais edilícias, sobretudo a partir das mutações sociais e econômicas ocorridas na história recente. Tal exame impõe-se pela necessidade de o direito oferecer resposta precisa, em termos de qualificação e disciplina jurídica, sobretudo ao criativo segmento empresarial da construção civil e aos desafios que ofereceu aos juristas a partir de múltiplas necessidades habitacionais e econômicas que precisam e devem ser atendidas e tuteladas.

Cap. 44 · CONDOMÍNIO EDILÍCIO ENTRE FORMALISMO E FUNÇÃO | 743

Destacam-se quatro estruturas principais que inspiraram essa investigação: i) condomínio de único dono; ii) *mixed-use development*; iii) condo-hotel; iv) condomínio de lote urbano. São meras e não exaustivas ilustrações, pois a criatividade não encontra limites. Tais criações, em 2015, época em que a dissertação foi escrita, eram expressões legítimas da autonomia privada constitucional. Anos depois do trabalho publicado, atestando essa realidade e os desafios propostos, o legislador e a CVM resolveram reconhecer e disciplinar alguns de seus aspectos[1].

Não se pretende neste artigo, individualmente, analisar cada uma dessas estruturas, não apenas pelas limitações naturais de um artigo, mas, igualmente, porque os pressupostos são até mais relevantes do que a análise casuística, já que, repita-se, a criatividade não tem limites. Na conclusão deste trabalho, porém, haverá referências aos seus aspectos e problemas essenciais. Serão indicados os pressupostos para reconhecê-las como expressões da livre iniciativa que a Constituição assegura como fundamento republicano, assim como serão apontados alguns critérios para identificar quando e como tais manifestações encontrarão acolhida no ordenamento jurídico.

De início, o merecimento de tutela desse conteúdo pressupõe um diálogo possível entre a autonomia privada e os direitos reais, pois pensamos que o condomínio edilício ilustra nova modalidade de direito real, estrutural e funcionalmente autônoma em relação à propriedade comum. Muito embora seja disciplinado, por opção do Código Civil, topograficamente dentro da propriedade (art. 1.331). A partir desta premissa, apontam-se os elementos essenciais e acidentais do condomínio edilício e respectivos critérios para a convenção de condomínio e as deliberações de assembleia merecerem tutela pelo ordenamento jurídico durante o processo de qualificação em perspectiva civil-constitucional. Com isso, abre-se uma direção para reconhecer caminhos possíveis de solução para as inovações que o mercado e seu ímpeto inovador continuar a conceber, desafiando juristas e julgadores.

Observa-se que a manualística brasileira pouco reflete sobre o significado, limites e critérios para o exercício da liberdade conferida expressamente pelo desprezado artigo 1.334[2] do CC, enunciado que fixa rol de exigências impositivas que a convenção de condomínio precisa conter. Mas, logo em seguida, refere-se expressamente à autonomia privada, quando cria a faculdade de inserir na convenção outras cláusulas "que os interessados houverem por bem observar".

Extraem-se, de forma provisória, três conclusões iniciais desse dispositivo: i) o direito real condominial edilício tem o seu conteúdo disciplinado parcialmente pela autonomia privada,

---

[1] O *condomínio de lotes urbanos,* a partir da Lei 13.465/17, passou a ser disciplinado especificamente e sepultou o debate incandescente sobre já possuir, ou não, fundamento legal no ordenamento jurídico. Hoje o tema ocupa uma seção (IV) dentro do Capítulo VII do Livro III da Parte Especial do Código Civil, ou seja, o condomínio de lotes urbanos é tratado como modalidade de condomínio edilício no art. 1358-A. No caso do *condo-hotel,* a Comissão de Valores Imobiliários (CVM), no ano de 2018, editou a instrução 602 e disciplinou, embora no âmbito do direito regulatório, o funcionamento dessa estrutura. Destaca-se, igualmente, a disciplina da *multipropriedade imobiliária,* que também em 2018 passou a ocupar o art. 1358-B/U, do Código Civil.

[2] Art. 1.334. Além das cláusulas referidas no art. 1.332 e das que os interessados houverem por bem estipular, a convenção determinará:

I – a quota proporcional e o modo de pagamento das contribuições dos condôminos para atender às despesas ordinárias e extraordinárias do condomínio;

II – sua forma de administração;

III – a competência das assembléias, forma de sua convocação e quorum exigido para as deliberações;

IV – as sanções a que estão sujeitos os condôminos, ou possuidores;

V – o regimento interno.

criando novos bens jurídicos[3], a partir dos interesses existenciais e patrimoniais que forem verificados no caso concreto; iii) a oponibilidade *erga omnes* da convenção, incidindo até mesmo para adquirentes que não manifestaram vontade de criá-la, também decorre do próprio conteúdo do direito real que a convenção molda. Dito de outro modo, não é apenas a convenção que é oponível erga omnes, mas sim o direito real condominial edilício[4], a justificar o registro imobiliário (arts. 1.332 e 1.333, parágrafo único, e 1.245 do CC); iii) a legislação não fixa os critérios de verificação do merecimento de tutela do objeto criado.

A preocupação já era verificada em Pietro Perlingieri, para quem "muitos estatutos privados, especialmente em tema de condomínio e de multipropriedade, aguardam um reexame completo, em termos seja de validade, seja de merecimento de tutela (*meritevolezza*)[5]".

Exige-se observar que a convenção de condomínio, o regimento interno e as deliberações de assembleia materializam o exercício constitucional da autonomia privada, sendo todos qualificáveis como negócios jurídicos, submetendo-se aos pressupostos de existência (*v.g.*: podendo ser inexistentes), requisitos de validade (*v.g.*: podendo ser nulas ou anuláveis) e fatores de eficácia (*v.g.*: podendo ser ineficazes absoluta ou relativamente) dos negócios jurídicos em geral, sujeitando-se, ademais, a outros parâmetros de aferição do merecimento de tutela a partir da legalidade civil-constitucional.

Dito de outro modo, primeiro é preciso saber o que é ou não condomínio edilício, para em seguida verificar o merecimento de tutela do seu objeto. Fixam-se a partir daí dois eixos centrais: i) verificar se novas criações imobiliárias devem ser qualificadas como condomínios edilícios a partir da identificação dos seus elementos essenciais, para então submeterem-se à disciplina jurídica subsequente; ii) identificar os critérios para verificar o merecimento de tutela do objeto criado pela convenção de condomínio no exercício constitucional da autonomia privada.

II. DIREITOS REAIS E AUTONOMIA PRIVADA: TIPICIDADE E TAXATIVIDADE

Existe um falso óbice à criação de estruturas condominiais novas, a exigir reflexão sobre a existência de espaços de liberdade para moldar o conteúdo de novas estruturas de direitos reais, em especial da propriedade e do condomínio edilício, com a necessidade de identificar critérios de controle.

---

[3] O art. 202 do Código Civil de Portugal define coisa do seguinte modo: "diz-se coisa tudo aquilo que pode ser objecto de relações jurídicas". Para outra posição, os bens jurídicos são as coisas que podem ser objeto das relações jurídicas. "Com a evolução científica e tecnológica, novas coisas passam a ser incluídas no mundo jurídico, em número impressionante, tornando-se objetos de situações subjetivas" (TEPEDINO, Gustavo. Temas de Direito Civil, Tomo II. Rio de Janeiro: Renovar, 2006, p. 138).

[4] Em sentido contrário ao do texto, diversas teorias doutrinárias tentam explicar tal eficácia: i) servidão; ii) obrigação *propter rem*; iii) natureza estatutária. Caio Mario da Silva Pereira defende que a convenção é um "ato-regra", do qual extraem-se direitos estatutários ou corporativos que são fontes formais do direito. Lembra o Professor: "seu fundamento contratualista, outrora admitido, hoje perdeu terreno, porque sua força coercitiva ultrapassa as pessoas que assinaram o instrumento de sua constituição, para abraçar qualquer indivíduo que, por ingressar no agrupamento ou penetrar na esfera jurídica de irradiação das normas particulares, recebe os seus efeitos em caráter permanente ou temporário" (PEREIRA, Caio Mário da Silva. Condomínio e Incorporações. Rio de Janeiro: Forense, 2014, p. 99).

[5] PERLINGIERI, Pietro. O Direito Civil na Legalidade Constitucional. Rio de Janeiro: Renovar, 2008, p. 951.

Para isso faz-se obrigatório buscar o significado do *numerus clausus,* fixando sua relação e sua distinção dos princípios da tipicidade, taxatividade e publicidade próprios dos direitos reais.

Na experiência brasileira, relembra-se que Clóvis Beviláqua listou a existência de dez direitos reais no projeto do qual resultou o art. 674 do CC/16, dispositivo que foi objeto de emenda supressiva do advérbio "somente". Com a extração, criou-se a impressão de que outros direitos reais poderiam ser criados, afastando-se do *numerus clausus.*

Essa foi a mesma lógica do art. 1.225 do CC/02, ao prever rol com doze direitos reais, sem incluir o advérbio somente. E assim postergou-se o debate em torno da adoção do *numerus clausus* dos direitos reais, sobrevivendo a polêmica para saber se tal rol é taxativo, e (não sendo), se existe a necessidade de previsão legal para criar direitos reais.

Tal *numerus clausus* configura-se opção legislativa limitadora da criação de novas categorias jurídicas, não sendo restrito aos direitos reais, embora neste sistema possa adotar dois significados diferentes[6]: *taxatividade de figuras típicas* (reserva legal para criar direitos subjetivos, ligada à fonte do direito) e *tipicidade propriamente dita* (sob o ângulo do conteúdo, estabelece a estrutura típica, ligada ao exercício do direito).

Estabelece-se majoritariamente, na doutrina[7] brasileira, a orientação pela qual a criação de direitos reais precisa ser antecedida de previsão legal para cada tipo de direito real. Neste sentido, *numerus clausus* e tipicidade dos direitos reais tornar-se-iam expressões empregadas com o mesmo significado, sem que tal assertiva aponte a taxatividade do rol do art. 1.225 do Código Civil, e sim a necessidade de previsão legal, codificada ou não, autorizando a criação de cada direito real.

Para ilustrar-se o caráter não exaustivo do art. 1.225 do CC/02, basta lembrar que o direito do promitente comprador ainda é regulado pelo Decreto-Lei 58-37 e pela Lei 6.766/79, cujos campos de aplicação são diferentes dos arts. 1.417 e 1418 do CC/02. E que a propriedade fiduciária de bem imóvel é disciplinada pela Lei 9.514/97 (arts. 22 ao 33), cuja vigência o legislador do CC/02 tomou o cuidado de ressalvar de modo expresso (art. 1.368-A).

Não existe, no Brasil, uma única regra no Código Civil condicionando a criação de direitos reais à previsão legal, ao contrário do que fazem de maneira expressa os Códigos Civis da Argentina (art. 2502: *"los derechos reales sólo pueden ser creados por la ley"*) e Portugal (art. 1306º – *Numerus Clausus:* 1. Não é permitida a constituição, com carácter real, de restrições ao direito de propriedade ou de figuras parcelares deste direito senão nos casos previstos na lei; toda a restrição resultante de negócio jurídico, que não esteja nestas condições, tem natureza obrigacional).

Justifica-se a existência da taxatividade para os direitos reais, porque a qualificação de real cria para um direito possibilita a interferência na esfera jurídica alheia, pela exigência de comportamento negativo através da abstenção ou tolerância[8]. E a violação do princípio da intangibilidade das esferas individuais justificaria a necessidade de previsão legal para o direito real, promovendo-se a estabilidade das relações sociais, de modo a permitir que a sociedade saiba previamente em quais casos deverá abster-se e tolerar. Daí o corolário princípio da publicidade, de modo a permitir a todos que sejam conhecidas as relações de direito real que devem ser respeitadas.

---

[6] Sobre o tema, confira-se Gustavo Tepedino (TEPEDINO, Gustavo. Temas de Direito Civil. Tomo III. Rio de Janeiro: Renovar, 2009, p. 143).

[7] Por todos, confira-se a lição de Orlando Gomes: "os direitos reais distinguem-se pelas características seguintes: tipicidade, elasticidade, publicidade, especialidade, isto é, são criação exclusiva do legislador". (GOMES, Orlando. Direitos Reais, Rio de Janeiro: Forense, 2004, p. 16).

[8] TEPEDINO, Gustavo. Temas de Direito Civil. Tomo III. Rio de Janeiro: Renovar, 2009, p. 140.

Com efeito, o art. 1.225 do CC/02 limita-se a descrever alguns direitos reais, mas em momento algum exclui a possibilidade de criação de outros e muito menos exige previsão legal para tanto. Tal artigo simplesmente não consegue responder a indagação sobre ter sido, ou não, adotado o *numerus clausus* no Brasil. Todavia, o art. 1.227 do CC/02 prevê a necessidade de registro imobiliário do título aquisitivo para criar-se direito real imobiliário por ato entre vivos, com a ressalva em relação aos casos expressos previstos pelo Código.

Dito de outro modo, há casos em que o direito real surge sem a necessidade de registro imobiliário do título aquisitivo, ou, ainda, sem a necessidade de título. Tais ressalvas mostram-se relevantes, porque os direitos reais nascem de fatos jurídicos em geral e não apenas de negócios jurídicos. Nas hipóteses em que não existe título, o direito real de propriedade decorre do próprio acontecimento. São muitos os exemplos: a) usucapião; b) sucessão; c) casamento; d) aquisição por comunidades quilombolas (art. 68 ADCT).

Nestes casos acima o direito real não exige o registro público para surgir, e, por consequência, para ser oponível *erga omnes*[9]. São, portanto, exceções, que só reforçam a existência de regra geral registral em relação aos direitos reais. Essas ressalvas, em que pese necessárias, ameaçam a segurança jurídica ao impor uma abstenção coletiva em relação ao direito real, embora, nestes casos, sua existência não possa ser provada pelo fólio imobiliário.

Devem-se distinguir, em relação a tais exceções, os papéis desempenhados pelo Código Civil e pelo Sistema de Registro Público. Apesar de o Código Civil admitir expressamente a dispensa do registro em situações excepcionais aquisitivas de direitos reais (ex. usucapião), tal opção não se reflete no sistema registral, cujo registro é obrigatório para certos fins.

Nota-se que o registro público possui três espécies diferentes de eficácia; i) declaratória; ii) constitutiva; iii) comprobatória. Nas hipóteses em que o art. 1.227 do CC/02 dispensa o registro para criar o direito real (ex. usucapião e sucessão), a legislação registral, sem desmentir o CC/02, exige o registro para atribuir eficácia declaratória à propriedade adquirida. Neste sentido, o art. 167, I, prevê o registro da sentença declaratória de usucapião ("28") e dos formais de partilha ("25").

Em suma, o art. 1.227 do CC/02 contém, a um só tempo, regra e exceção: i) regra (primeira parte do artigo): o registro imobiliário do título aquisitivo é obrigatório para criar direitos reais, pois através dele confere-se publicidade a tais direitos e produz-se oponibilidade *erga omnes*; ii) exceção (segunda parte do artigo): existem direitos reais que são criados sem o registro imobiliário. Neste caso, o legislador não prevê ou proíbe o registro, mas estabelece que a criação do direito real prescinde da sua realização, de modo que o registro, se houver, não será constitutivo do direito real.

Do exposto, extrai-se que o Código Civil não adotou de forma expressa o *numerus clausus*. Pelo contrário, admite-se no art. 1.227 do CC a criação de direitos reais imobiliários sem registro, nos casos expressos previstos pelo próprio Código Civil, sem sequer haver vedação para a previsão de outras leis atribuindo qualificação de real para certas e determinadas relações jurídicas.

Percebe-se, no entanto, estreita e coligada relação entre intangibilidade das esferas individuais e o registro público, como instrumentos de materialização do *numerus clausus*. Afinal, o art. 1.227 do CC/02 estabelece como regra o registro imobiliário de eficácia constitutiva.

Apesar da omissão do Código Civil, parece-nos que o *numerus clausus* encontra-se previsto expressamente no sistema brasileiro, especificamente no art. 172 da Lei 6.015/73.

---

[9]   Em sentido contrário, CENEVIVA, Walter. Lei dos Registros Públicos Comentada. São Paulo: Saraiva, 2005, p. 378.

Este dispositivo prevê que no "registro de imóveis" serão feitos os registros e averbações de "títulos e atos constitutivos, declaratórios, translativos e extintivos de *direitos reais sobre imóveis reconhecidos em lei*".

Extraem-se logo duas conclusões possíveis desse art. 172 da Lei 6.015/73: i) não apenas negócios jurídicos, mas os fatos jurídicos em geral estão sujeitos ao registro e averbação, na mesma linha, respectivamente, da primeira e segunda parte do art. 1.227 do Código Civil (ex. usucapião e sucessão); ii) para o fim de "validade em relação a terceiros" e de "transferência" só podem ser registradas e averbadas as constituições, modificações, transferências e extinção dos *direitos reais previstos em lei*.

Trata-se, pois, de expressa previsão legal do sistema do *numerus clausus* no Brasil, aplicável para os direitos reais imobiliários. São duas hipóteses: i) direitos reais que surgem pelo registro do título; ii) direitos reais que surgem de fatos jurídicos não negociais. Em ambos os casos torna-se necessário haver previsão legal para uma situação jurídica ser qualificada como real. A distinção recai apenas sobre a função do registro imobiliário, que é constitutivo no primeiro caso (cria o direito real) e declaratório no segundo (não cria, apenas declara o direito real, embora o registro seja fator de eficácia e condição para o titular poder transferir o direito).

Percebe-se a dificuldade de interpretar o artigo 172 da Lei 6.015/73, considerando-se que sua literalidade remete ao paradoxo de condicionar a eficácia *erga omnes,* elemento essencial dos direitos reais, ao prévio registro imobiliário. Tal debate torna-se justificado em países como França, Portugal e Itália, onde a própria relação obrigacional transfere a propriedade, sendo o registro mero fator de eficácia em relação a terceiros. Mas o debate fica sem propósito no Brasil, onde o ato jurídico não transfere a propriedade sem o prévio registro imobiliário, por força do art. 1.245 do Código Civil. Veja-se a redação do referido art. 172: "no Registro de Imóveis serão feitos, nos termos desta Lei, o *registro* e a averbação dos *títulos* ou *atos constitutivos, declaratórios, translativos* e *extintos de direitos reais sobre imóveis reconhecidos em lei,* "inter vivos" ou "mortis causa" quer para sua constituição, transferência e extinção, quer para sua *validade em relação a terceiros,* quer para a sua *disponibilidade.*

Ao menos dá maneira como está redigido, extrai-se em abstrato a incoerente possibilidade de direitos reais não terem eficácia em relação a terceiros, como se tal eficácia fosse elemento acessório e não essencial para a estrutura dos direitos reais. A parte final deste art. 172 da Lei 6.015/73 estabelece que o registro é obrigatório para sua *"validade em relação a terceiros",* e sua *"disponibilidade"*[10]. Todavia, o próprio dispositivo incongruentemente afirma, na sua parte inicial, que o registro pode ter fim meramente declaratório (ex. usucapião). Ora, se o direito real é declarado pelo registro, só então surgiria sua eficácia em relação a terceiros? A contrario senso, poderia haver direito real com eficácia *inter partes*?

Salta aos olhos a ausência de técnica. Ao dizer, de forma indiscriminada, que a "validade" (*rectius*: eficácia) dos direitos reais em relação a terceiros depende de registro, a parte final do artigo, ao contrário da inicial, não distingue a aquisição por negócio jurídico – em que o registro é constitutivo do direito real – de outras formas aquisitivas nas quais o registro é meramente declaratório de um direito real preexistente. Se a aquisição decorre do título registrado, o registro não dará eficácia a terceiros, como diz o artigo, mas constituirá um direito real, este sim dotado estruturalmente de eficácia *erga omnes.*

---

[10] É o caso de Walter Ceneviva: "Nem todos os direitos reais carecem do registro para sua constituição, transferência ou extinção. A validade em relação a terceiros e a garantia de indisponibilidade sempre dependem do assentamento na repartição imobiliária" (CENEVIVA, Walter. Lei dos Registros Públicos Comentada. São Paulo: Saraiva, 2005, p. 378).

748 | PROBLEMAS DE DIREITO CIVIL – *Homenagem aos 30 anos de cátedra do professor Gustavo Tepedino*

Além disso, não é a análise da validade, mas sim a verificação da eficácia de um ato que pode receber a rubrica de "eficaz" ou "ineficaz" em relação a terceiros. O exame da validade e eficácia é estrutural dos negócios jurídicos, e não de qualquer fato jurídico, o que leva à conclusão de que o dispositivo não quis se referir a qualquer fato aquisitivo – usucapião, casamento, sucessão – e sim aos atos de natureza negocial – compra e venda, doação, permuta. Estes, então, dependeriam do registro para produzir eficácia em relação a terceiros, isto é, para constituir o direito real que, por natureza, é oponível *erga omnes*.

A literalidade conduziria a discrepâncias. O direito real forma uma relação jurídica que estabelece um vínculo entre a situação jurídica do titular e toda coletividade, que deve respeitar o direito real, admitindo-se como ultrapassadas as teorias personalistas. Tal característica, que enxerga um sujeito passivo universal na relação real, conduz a uma segunda, consistente na oponibilidade *erga omnes*, própria dos direitos absolutos.

Pense-se na forma aquisitiva pela usucapião. Tanto a Constituição Federal (arts. 183 e 192) como o Código Civil (arts. 1.238 a 1.240) dizem que pelo preenchimento dos requisitos da usucapião o possuidor *adquire* o direito real de propriedade. A sentença judicial, que viesse a ser proferida em ação de usucapião, se limitaria a declarar a existência da propriedade, como estabelece o art. 1.238 do Código Civil, sustenta a doutrina majoritária e há muito decidem Supremo Tribunal Federal[11] e Superior Tribunal de Justiça[12].

Tal natureza declaratória permite que o proprietário proteja-se contra qualquer pessoa, inclusive podendo judicialmente invocar o seu direito real de propriedade como defesa nas ações judiciais em que for réu, ou, na qualidade de autor, ajuizar ações petitórias – seria o caso da dita ação publiciana – com o escopo de demonstrar a sua propriedade e obter a consequente tutela do *ius possidendi*.

E assim deve ser interpretado o art. 172 da Lei 6.015/73, conforme a totalidade e racionalidade do sistema jurídico. A parte inicial do artigo refere-se às funções do registro com menção a *títulos* ou *atos constitutivos* e três espécies de eficácias (*declaratória, translativa* ou *constitutiva* de *direito real*). Já a parte final do artigo refere-se a dois efeitos do referido registro: i) eficácia em relação a terceiros; ii) disponibilidade do bem.

---

[11] Súmula 237 do STF: "o usucapião pode ser argüido em defesa".

[12] No STJ, confira-se o seguinte acórdão (REsp 118360/SP – 3ª Turma – 16/12/2010 – Relator Ministro Vasco Della Giustina (Desembargador Convocado do TJ/RS): Ementa: Civil e processual civil. Julgamento *extra petita*. Inocorrência. Ação reivindicatória. Título de propriedade. Sentença de usucapião. Natureza jurídica (declaratória). Forma de aquisição originária. Finalidade do registro no cartório de imóveis. Publicidade e direito de dispor do usucapiente. Recurso desprovido. 3. A sentença proferida no processo de usucapião (art. 941 do CPC) possui natureza meramente declaratória (e não constitutiva), pois apenas reconhece, com oponibilidade erga omnes, um direito já existente com a posse ad usucapionem, exalando, por isso mesmo, efeitos ex tunc. O efeito retroativo da sentença se dá desde a consumação da prescrição aquisitiva. 4. O registro da sentença de usucapião no cartório extrajudicial não é essencial para a consolidação da propriedade imobiliária, porquanto, ao contrário do que ocorre com as aquisições derivadas de imóveis, o ato registral, em tais casos, não possui caráter constitutivo. Assim, a sentença oriunda do processo de usucapião é tão somente título para registro (arts. 945 do CPC; 550 do CC/1916; 1.241, parágrafo único, do CC/2002) – e não título constitutivo do direito do usucapiente, buscando este, com a demanda, atribuir segurança jurídica e efeitos de coisa julgada com a declaração formal de sua condição. 5. O registro da usucapião no cartório de imóveis serve não para constituir, mas para dar publicidade à aquisição originária (alertando terceiros), bem como para permitir o exercício do ius disponendi (direito de dispor), além de regularizar o próprio registro cartorial.

Cap. 44 · CONDOMÍNIO EDILÍCIO ENTRE FORMALISMO E FUNÇÃO | 749

A primeira hipótese desta parte final (eficácia *erga omnes*) aplica-se aos casos em que o direito real surja pelo registro imobiliário (registro constitutivo, referido pela primeira parte do artigo), caso em que realmente a eficácia (e não a validade) em relação a terceiros começara a ser produzida a partir do registro.

A segunda hipótese desta parte final (disponibilidade) aplica-se aos casos de registro para fim declaratório (registro declaratório, referido pela primeira parte do artigo), de modo a reconhecer-se a preexistência do direito real, embora a ausência de publicidade impeça excepcionalmente a sua alienação, mas não sua eficácia em relação a terceiros, que é própria dos direitos reais, assegurando-se, no mais, a concreção dos princípios registrais da publicidade e continuidade.

E torna-se possível, por fim, extrair as seguintes conclusões do ora exposto: i) o sistema do *numerus clausus* representa um critério de política legislativa e não é exclusivo dos direitos reais; ii) o sistema do *numerus clausus* subdivide-se em taxatividade (exigência de reserva legal para qualificar um direito como real) e tipicidade (autonomia para moldar a estrutura do direito real); iii) o rol do art. 1.225 do CC não é taxativo dos direitos reais, até porque o raciocínio contrário impediria a evolução social e econômica e autolimitaria o legislador para impedi-lo de criar novos direitos reais (ex. propriedade fiduciária da Lei 9.514/97), embora o *numerus clausus* tenha sido previsto expressamente pela regra do art. 172 da lei 6.015/73; iv) a constituição de direitos reais ocorre pelo registro do título aquisitivo (regra: arts. 1.245 e 1.227 do CC) ou por fatos jurídicos não negociais (exceção: parte final do art. 1.277 do CC); v) a interpretação civil-constitucional do art. 172 da Lei 6.015/73 precisa prestigiar a coerência sistemática do ordenamento jurídico, direcionando-se para duas conclusões: a) se a aquisição do direito real decorrer de título translativo, o registro imobiliário é obrigatório para a constituição do direito (art. 1.245 do Código Civil), e, por consequência, para operar sua eficácia em relação a terceiros; b) se a aquisição decorrer de fato jurídico não negocial, a alienação desse direito real obrigatoriamente dependerá do registro, embora sua eficácia em relação a terceiros dispense o registro, por ser própria dos direitos reais.

III. CONDOMÍNIO EDILÍCIO: ALGUNS ASPECTOS

Apresenta-se o condomínio edilício[13] como um espaço onde coexistem simbioticamente partes exclusivas (propriedade comum) e partes comuns (condomínio), cuja reunião é responsável por estrutura autônoma e revigorante do direito de propriedade, consequência das necessidades habitacionais nas sociedades industriais e consequente êxodo rural ocorrido a partir do século XIX[14] no Brasil.

---

[13] Discute-se a posição do direito romano sobre a propriedade horizontal, e até mesmo se a civilização pré-romana dos caldeus, no segundo milênio antes de cristo, representa a origem histórica do instituto. Embora não fosse desconhecida dos romanos a superposição das habitações, não havia o reconhecimento da estrutura assemelhada a atual. A esse respeito lembra Caio Mario que "com justeza pode-se, pois, dizer que o direito romano desconhecia, no sentido de que se lhe opunha, a ideia de divisão dos prédios por planos horizontais" (PEREIRA, Caio Mário da Silva. Condomínio e Incorporações. Rio de Janeiro: Forense, 2014, p. 36). Tal assertiva justifica-se pela tradição *"aedificium solo cedit et ius soli sequitur"*. Para uma abordagem histórica do condomínio edilício, confiram-se as obras de João Batista Lopes (LOPES, João Batista. Condomínio. São Paulo: Revista dos Tribunais, 1997, p. 21-25) e Caio Mario da Silva Pereira (PEREIRA, Caio Mário da Silva. *Condomínio e Incorporações*. Rio de Janeiro: Forense, 2014, p. 33-40).

[14] LIMA, Frederico Henrique Viegas de. *Condomínio em Edificações*. São Paulo: Saraiva, 2010, p. 57.

PROBLEMAS DE DIREITO CIVIL – *Homenagem aos 30 anos de cátedra do professor Gustavo Tepedino*

Esta sucinta explicação para o processo de verticalização das construções denuncia a diferença de propósitos em relação ao ocorrido na Europa durante o período do pós-guerra, onde o condomínio edilício tornou-se instrumento para a reconstrução das cidades[15].

Destaca-se nessa mistura simbiótica a criação de novo e autônomo direito real, diverso da propriedade exclusiva e do condomínio tradicional, promovendo-se esse espaço de coexistência entre os diversos interesses envolvidos e que desenvolve-se por meio de dois órgãos principais: i) sindico; ii) assembleia de condomínio.

Os limites para o atuar dessa comunhão decorrem de múltiplas fontes: i) CR; ii) legislação ordinária; iii) convenção de condomínio; iv) regimento interno; v) deliberações de assembleias. De modo que cada condômino submete-se às determinações dos órgãos condominiais, por sua vez submetidos aos parâmetros e limites gerais impostos ao exercício da autonomia privada.

Vê-se que essa pluralidade de fontes normativas disciplinadoras da vida condominial exige redefinir-se a hierarquia de cada qual, de modo que o ápice seja ocupado pela Constituição, e, assim, realize-se a reconstrução dos nexos que ligam essas múltiplas fontes a partir da unidade axiológica constitucional[16].

Esse percurso revela que a coexistência entre os condôminos e a harmonização dos diversos interesses nesses espaços com fim residencial, empresarial ou misto guardam profundas e naturais semelhanças com as estruturas dos estados republicanos, de direito e democráticos e reproduzem parte dos seus desafios, podendo guiar-se, por analogia, por muitos dos seus parâmetros.

Basta pensar na democracia participativa e representativa, que se traduz no condomínio edilício pelas deliberações das assembleias (democracia participativa) e eleição do síndico (democracia representativa). E na autolimitação própria do Estado Republicano e de Direito, impondo-se aos órgãos do condomínio o respeito a CR, legislação e sobretudo à convenção de condomínio que haja sido criada legitimamente pelo "estado condominial".

É o caso do princípio democrático, que impede a opressão da minoria pela maioria quantitativa. De acordo com o art. 1.352, *p.u.*, do CC, os votos nas deliberações de assembleias "serão proporcionais às frações ideais" se não houver "disposição diversa da convenção", ou seja, o incorporador imobiliário ou os proprietários de diversas unidades podem, sozinhos, criar e alterar a convenção e deliberar em assembleias.

É o caso do dever que o condômino tem de "dar às suas partes a mesma destinação que tem a edificação", proibição esta que recai sobre a área exclusiva, ilustrando bem a distinção entre propriedade exclusiva e parte exclusiva da propriedade condominial edilícia. Neste caso, fica a assembleia obrigada a respeitar a finalidade estabelecida por ocasião da instituição do condomínio, só podendo ser alterado esse fim se ocorrer deliberação unânime dos condôminos.

Destaca-se nessa breve origem histórica a demonstração da função do condomínio edilício em sua origem, que recaiu sobre a crise habitacional decorrente do crescimento populacional nas cidades, de modo que as edificações eram erguidas com o fim de tornarem-se especialmente moradias e salas comerciais, promovidas por um incipiente mercado imobiliário[17] que enxergou

---

[15] LIMA, Frederico Henrique Viegas de. *Condomínio em Edificações*. São Paulo: Saraiva, 2010.

[16] TEPEDINO, Gustavo (Coord.). *A Parte Geral do Novo Código Civil*: Estudos na perspectiva civil-constitucional. Rio de Janeiro: Renovar, 2003, p. XX e ss.

[17] O fim do século XIX e início do século XX marcam o surgimento do mercado imobiliário. No fim do século XIX os cortiços e estalagens eram precárias habitações coletivas utilizadas por trabalhadores. Até então as habitações eram unifamiliares (ex.: palácios, palacetes, fazendas, chácaras, casa grande) e não multifamiliares. A concentração urbana torna-se efeito da industrialização, tornando os cortiços

Cap. 44 · CONDOMÍNIO EDILÍCIO ENTRE FORMALISMO E FUNÇÃO | 751

oportunidade a partir das dificuldades criadas por essa crise da habitação. Bem diferente, portanto, da perspectiva contemporânea, que criativamente enxerga funções novas e variadas para a estrutura do condômino, moldando funcionalmente o seu conteúdo e reclamando critérios para a verificação do merecimento de tutela.

Durante o processo de codificação o tema não foi incluído nos principais códigos civis, como o *BGB*[18] e o *Code Civil*[19], omissão que acabou por refletir-se no modelo brasileiro[20]. Na França, a convivência entre os coproprietários horizontais era resolvida pelo direito de vizinhança.

No Brasil, durante o limiar do século XX, surgiu o Decreto 5.481, de 15 de junho de 1928[21], dispondo sobre a "a alienação parcial dos edifícios", onde se previu a figura dos edifícios com mais de cinco andares formado por apartamentos autônomos destinados à residência ou a escritórios, caracterizando propriedades autônomas e individualizadas no registro público para serem alienadas.

Em 1943 e 1948, respectivamente, tal legislação passou a admitir edifícios de três e dois pavimentos. Neste momento já era concebida a figura da parte comum, tornada inalienável e indivisível, coexistindo simbioticamente com as propriedades exclusivas e assim caracterizando o elemento essencial e o traço distintivo desse novo modelo de condomínio.

IV. CRITÉRIOS PARA A VERIFICAÇÃO DE MERECIMENTO DE TUTELA DA CONVENÇÃO DE CONDOMÍNIO

A constituição do condomínio ocorre com a aprovação da convenção de condomínio (art. 1.333 do CC), observada a necessidade de ser subscrita "pelos titulares de, no mínimo, dois terços das frações ideais". Sendo aprovada pelo quórum mínimo exigido, "torna-se, desde logo, obrigatória para os titulares de direitos sobre as unidades, ou para quantos sobre elas tenham posse ou detenção".

Dessa forma, "na vida da propriedade horizontal não basta o ato de sua criação."[22] A criação ocorre pela instituição do condomínio, com a qual ele passa a existir juridicamente. Mostra-se

---

boas fontes de renda para os proprietários. Problemas de saúde pública, especialmente epidemias provocadas pelas péssimas condições de higiene dessas habitações coletivas, levaram a extinção e proibição dos cortiços pelo poder público. Surgem as primeiras posturas municipais. A criação de vilas e outras construções com melhores estruturas de higiene são incentivadas no início do Século XX. Emerge um pujante mercado imobiliário, que visualiza oportunidade a partir dessas necessidades de habitação de qualidade. Aparecem os bairros valorizados, em geral próximos dos centros comerciais. E também surgem as primeiras favelas e os subúrbios. As construções multifamiliares crescem. Até que nas primeiras décadas do século XX ocorre à verticalização e o surgimento das propriedades horizontais através de arranhas-céu compostos por unidades autônomas. Após a segunda guerra o capitalismo é adotado pela maioria dos países ocidentais como modelo econômico. E a partir daí o mercado imobiliário passa exercer um papel de destaque na econômica da maioria dos países do mundo. Sobre o tema, recomenda-se a leitura da obra "Modernidade e Moradia – Habitação Coletiva no Rio de Janeiro nos Séculos XIX e XX" (VAZ, Lilian Fessler. *Modernidade e Moradia* – Habitação Coletiva do Rio de Janeiro nos Séculos XIX e XX. Rio de Janeiro: Letras, 2002).

[18] LIMA, Frederico Henrique Viegas de. *Condomínio em Edificações*. São Paulo: Saraiva, 2010, p. 64.

[19] LIMA, Frederico Henrique Viegas de. *Condomínio em Edificações*. São Paulo: Saraiva, 2010.

[20] LIMA, Frederico Henrique Viegas de. *Condomínio em Edificações*. São Paulo: Saraiva, 2010, p. 62.

[21] Modificado Decreto-lei 5.234, de 08/02/1943, e Lei 285 de 05/06/1948.

[22] PEREIRA, Caio Mário da Silva. *Condomínio e Incorporações*. Rio de Janeiro: Forense, 2014, p. 93.

752 | PROBLEMAS DE DIREITO CIVIL – *Homenagem aos 30 anos de cátedra do professor Gustavo Tepedino*

necessário, igualmente, que essa simbiose entre partes exclusivas e partes comuns seja regulamentada na perspectiva da convivência no mesmo espaço dos mais variados interesses existenciais e patrimoniais, exercidos pelas mais diferentes pessoas.

Afinal, são "pessoas com graus vários de educação e civilidade, concepção de vida, gostos e temperamentos diferentes, além de uma vizinhança muito próxima. Por isso ficamos diante de uma área de respeitável turbulência[23]".

A legislação, com sabedoria, possibilitou a criação de um ato jurídico que atribuiu aos próprios condôminos a autoria na hora de formular as regras de convivência, o conteúdo de interesses que "houverem por bem estipular", na redação do art. 1.334 do CC[24].

Também estabeleceu uma pauta mínima que deve constar no conteúdo convencional, além de fixar algumas regras com as quais a convenção precisa conformar-se. Essa iniciativa antecipa que o principal desafio em relação à convenção não é de forma ou conteúdo, e sim de limites e critérios para que o exercício da autonomia privada possa merecer tutela pelo ordenamento jurídico.

A qualificação da convenção de condomínio é assunto polêmico entre os doutrinadores. As posições – além dos diversos autores que não se posicionaram expressamente sobre o problema ao comentar o art. 1.333 do CC[25] – podem ser sintetizadas pelas seguintes linhas de pensamento: i) contrato[26]; ii) ato regra.[27]

Para a posição contratualista, a convenção é um negócio jurídico bilateral ou plurilateral que concede um amplo espaço de autonomia para regulamentar os efeitos desejados pelos seus agentes, desde que sejam autorizados pelo ordenamento jurídico. O negócio bilateral, desse modo, seria reduzido à categoria do contrato.

---

[23]   PEREIRA, Caio Mário da Silva. *Condomínio e Incorporações*. Rio de Janeiro: Forense, 2014, p. 409.

[24]   "Art. 1.334. Além das cláusulas referidas no art. 1.332 e das que os interessados *houverem por bem estipular*, a convenção determinará: I – a quota proporcional e o modo de pagamento das contribuições dos condôminos para atender às despesas ordinárias e extraordinárias do condomínio; II – sua forma de administração; III – a competência das assembléias, forma de sua convocação e quórum exigido para as deliberações; IV – as sanções a que estão sujeitos os condôminos, ou possuidores; V – o regimento interno".

[25]   Ver VIANA, Marco Aurélio S. *Comentário ao Novo Código Civil. Dos Direitos Reais*. Rio de Janeiro: Forense, 2004, p. 408, Vol. XVI; e WALD, Arnoldo. *Curso de Direito Civil Brasileiro. Direito das Coisas*. São Paulo: Saraiva, 2002, p. 141.

[26]   É a posição firme de Serpa Lopes: "Indubitavelmente estamos diante de uma relação contratual" (LOPES, Miguel Maria de Serpa. *Curso de Direito Civil*. Rio de Janeiro: Livraria Freitas Bastos, 1960, Vol. VI). No mesmo sentido, GOMES, Orlando. *Direitos Reais*. Rio de Janeiro: Forense, 2004, p. 260; RIZZARDO, Arnaldo. *Direito das Coisas*. Rio de Janeiro: Forense, 2006, p. 630.

[27]   PEREIRA, Caio Mário da Silva. *Condomínio e Incorporações*. Rio de Janeiro: Forense, 2014, p. 99; TEPEDINO, Gustavo; BARBOZA, Heloisa Helena; MORAES, Maria Celina Bodin de. *Código Civil Interpretado Conforme a Constituição da República*. Rio de Janeiro: Renovar, 2011, Vol. III, p. 685; LOPES, João Batista. *Condomínio*. São Paulo: Revista dos Tribunais, 1997, p. 69; GONÇALVES, Carlos Roberto. *Direito Civil Brasileiro*. São Paulo: Saraiva, 2008, Vol. V, p. 376; BRITO, Rodrigo Azevedo Toscano de. *Incorporação imobiliária à luz do CDC*. São Paulo: Saraiva, 2002, p. 169; DINIZ, Maria Helena. *Curso de Direito Civil Brasileiro – Direito das Coisas*. São Paulo: Saraiva, 2009, p. 232; FARIAS, Cristiano Chaves de; ROSENVALD, Nelson. *Direitos Reais*. Rio de Janeiro: Lumen Juris, 2006, p. 517. Nesse sentido também é a posição adotada pelo Superior Tribunal de Justiça (REsp 1169865/DF, 4ª Turma, Rel. Ministro Luis Felipe Salomão, Julgado em 13/08/2013): "2. Com efeito, para propiciar a vida em comum, cabe aos condôminos observar as disposições contidas na *convenção de condomínio, que tem clara natureza estatutária*".

Cap. 44 · CONDOMÍNIO EDILÍCIO ENTRE FORMALISMO E FUNÇÃO | 753

Para a posição que considera um ato-regra, os atos jurídicos se expressariam através de quatro modos: i) ato-regra (e o subsequente ato constitutivo de um direito estatutário, institucional ou corporativo que dele emana); ii) ato subjetivo; iii) ato-condição; iv) ato jurisdicional. E a convenção se enquadraria no primeiro, por ser "manifestação de vontade dotada de força obrigatória e apta a pautar um comportamento individual. No primeiro plano do ato regra está a lei, como expressão volitiva do grupo social".

Essa posição dominante repete, sistematicamente, a definição da convenção como ato regra, sem se preocupar em definir estrutural e funcionalmente os contornos da própria categoria "ato regra", do qual ela seria expressão. Torna-se mais útil, ao invés de simplesmente criar um título, traçar os qualificadores elementos estruturais e funcionais.

Os acontecimentos da vida condominial podem e devem ser disciplinados pela convenção de condomínio e pelas deliberações das assembleias em diversos aspectos, tal como autorizam, respectivamente, os artigos 1.334 e 1.352 do CC. Parte-se da premissa de que são negócios jurídicos cujos conteúdos merecerão tutela pelo ordenamento quando respeitada a legalidade civil-constitucional.

Podem ser fixadas algumas premissas metodológicas, úteis para as deliberações por meio de convenções de condomínios e assembleias condominiais, para guiar as soluções de conflitos condominiais: a) as regras da convenção de condomínio e deliberações de assembleias são expressões da autonomia privada, tal como autorizado pelo ordenamento jurídico, gerando uma presunção relativa de legitimidade do conteúdo criado. Com isso, respeita-se a estabilidade das relações jurídicas, de modo que caberá a parte interessada impugná-la e afastá-la em juízo, desincumbindo-se do ônus argumentativo de identificar, apontar e comprovar a desconformidade com limites impostos pela ordem jurídica; b) as decisões que restrinjam a faculdade de usar áreas exclusivas precisam ser justificadas; c) as regras da convenção e as deliberações das assembleias precisam ser interpretadas da mesmo forma que os negócios jurídicos em geral, isto é, ter o seu sentido e alcance revelados, observadas as regras hermenêuticas contidas nos artigos 112 e 113 do CC; d) sempre a partir do caso concreto, cabe à administração do condomínio verificar o sentido e o alcance da regra estabelecida, individuando a natureza existencial ou patrimonial do interesse e ponderando-os quando necessário.

Efetivamente, a Constituição da República, o Código Civil e diversas leis extravagantes impõem limites para a criação do conteúdo proprietário, de modo que cláusulas da convenção de condomínio e deliberações das assembleias devem ser nulificadas por decisão judicial (art. 166, II, CC) quando, imotivadamente, afrontarem essas limitações.

Desse modo, incidiria diretamente a CR para nulificar (art. 166, II, CC) a cláusula da convenção de condomínio ou decisão da assembleia que impusesse limitação preconceituosa ao uso da unidade ou das áreas comuns, como seria o caso de restrição em virtude de situação social (ex. empregado), religiosa ou por orientação sexual, contrárias à pluralidade que caracteriza o ser humano e consequentemente espelha a sociedade plural, fraterna e solidária que o legislador constituinte deseja.

Por outro lado, afrontaria o CC a deliberação que desrespeitasse o quórum fixado para certas matérias, como 2/3: (i) aplicação da multa do art. 1.336, § 2º, CC; ii) realização de benfeitoria voluptuária pelo art. 1.341, I, CC; iii) obras de acréscimo a partes comuns; iv) alteração da convenção, pelo art. 1.351 do CC; 3/4: (i) sanção ao condômino antissocial pelo art. 1.337 do CC); maioria: (i) benfeitorias úteis pelo art. 1.341, II, CC; ii) deliberações em primeira convocação pelo art. 1.353 do CC); unanimidade: (i) construção de outro pavimento ou edifício pelo art. 1.343 do CC; ii) mudança da destinação do edifício ou da unidade pelo art. 151 do CC.

De modo geral, a própria convenção de condomínio tem liberdade para estabelecer quóruns para específicas matérias, sendo a regra geral, todavia, a de que em segunda convocação as matérias podem ser decidias pelo quórum da maioria simples (art. 1.353 do CC).

V. ALGUMAS NOVAS ESTRUTURAS E CONCLUSÕES

Extrai-se do percurso trilhado por este trabalho que a oposição, adotada pela manualística clássica, entre autonomia privada e os direitos reais, tem atuado como óbice injustificado – e muitas vezes intransponível no setor registral – para a concreção do valor da autonomia expressa pela livre iniciativa privada (art. 1º, IV, CF) e dignidade da pessoa humana (art. 1º, III, CF).

Impõe-se então, na esteira do título atribuído para este trabalho, que o condomínio edilício avance do formalismo em direção à sua função. E, assim, busque os efeitos caracterizadores do instituto, a síntese dos seus efeitos essenciais, de forma que a função concreta sirva para a interpretação e qualificação de novos fatos jurídicos, em contraposição a proposta lógica-formal positivista.

Só após qualificar um fato jurídico como "condomínio edilício", passa-se à segunda etapa, qual seja verificar se o exercício da autonomia privada revela-se, ou não, merecedor de proteção, em especial quanto ao merecimento de tutela das convenções de condomínio e das assembleias ordinárias e extraordinárias.

Basta observar que um olhar rígido e subsuntivo sobre o esquema legislativo adotado pelo art. 1.331 do CC, ao referir-se, no plural, a "condôminos", transmitiria a falsa impressão de que a cotitutaridade é elemento definidor do condomínio edilício, quando, na realidade, as situações subjetivas podem não ter titular, ou, então, serem unissubjetivas, quando terão um único titular.

Como bem alertado por *Salvatore Pugliatti,* o direito precisa tutelar os múltiplos interesses possíveis na utilização da coisa objeto do direito de propriedade, em todas as oportunidades que ela oferece, prestigiando-se a criatividade que é própria da atividade econômica e as mudanças decorrentes das necessidades sociais de cada período histórico.

É o caso do condomínio edilício, surgido das modificações sociais e econômicas no fim do sec. XIX, que só depois o direito viria a atestar como realidade merecedora de proteção para então discipliná-la.

Da mesma forma com que ocorreu durante seu surgimento, novas necessidades sociais e econômicas passaram a exigir alterações na estrutura do condomínio edilício para possibilitar o cumprimento de novas funções, a justificar o merecimento de tutela do conteúdo criado.

Dito de outro modo, o condomínio edilício surge historicamente como transformação arquitetônica fruto das necessidades habitacionais e da ocupação racional das áreas urbanas, traduzindo-se em pequenos edifícios compostos por apartamentos e salas comerciais.

Os desafios eram poucos naquele momento, limitando-se à compreensão dessa estrutura composta por um misto das tradicionais e conhecidas propriedades exclusiva e comuns.

Ocorre que na contemporaneidade multiplicam-se os interesses referidos por *Pugliatti,* como ocorre nos condomínios sem construção, formados por lotes de terreno, sem edificação, ou seja, potencialmente edilícios. E também nos condomínios formados por único dono, onde existe multiplicidade de propriedades exclusivas, mas falta multiplicidade de proprietários, já que as unidades são todas pertencentes a dono exclusivo.

Os condomínios residenciais são formados por blocos de construções, cada qual exigindo um novo olhar sobre a maneira de administração, especialmente pelos interesses de cada prédio serem muitas vezes conflitantes com o de outros, impondo-se administração própria com síndicos diversos e convenções de condomínio e manifestações de vontade assembleares que expressarão sofisticado e minucioso exercício da autonomia privada, a justificar a existência de critérios para verificar a legalidade civil-constitucional do conteúdo criado.

Nesse itinerário, é possível extrair e listar algumas conclusões:

1. O condomínio edilício deve ser reconhecido como nova estrutura proprietária (propriedade especial, *sui generis* ou simplesmente condominial edilícia). Embora possua elementos essenciais da propriedade comum e até da copropriedade geral (sem coexistência de partes exclusivas e comuns), como as faculdades de usar, fruir, dispor e reaver (unidades autônomas), acresce-se a copropriedade (áreas comuns) dentro da mesma estrutura físico-jurídica, a justificar a realização de função diversa (harmonização de interesses individuais e comuns com complexa e detalhada disciplina), conferindo autonomia estrutural (proprietária) e disciplina jurídica própria. Ao contrário do modelo proprietário clássico e até do condomínio tradicional, caracteriza-se pela coexistência simbiótica de partes exclusivas (semelhante ao direito de propriedade tradicional) e partes comuns (semelhante ao condomínio tradicional). Cumpre uma função distinta da propriedade tradicional, justificando disciplina jurídica própria, sobretudo com a existência de amplo espaço para atuar a autonomia privada, tal como autorizado expressamente pelo art. 1.334 do CC.

2. A pluralidade de estruturas proprietárias determinadas a partir da função que desempenham, com consequente disciplina jurídica e verificação de merecimento de tutela, para além da dogmática, encontra fundamento na legislação brasileira, como é o caso da função social da propriedade (art. 5º, XXIII, CF) e o conceito de indivisibilidade, ambos dependendo da função desempenhada pela coisa no caso concreto.

3. É inteiramente viável o diálogo entre autonomia privada e direitos reais. Verifica-se que o *numerus clausus*, que possui base legal no art. 167 da Lei 6.015/73, distingue-se por dois conteúdos: i) taxatividade (reserva legal, ligada a fonte, como efeito da oponibilidade *erga omnes* do direito) e tipicidade (conteúdo, ligado ao exercício). Desse modo, o condomínio edilício é previsto taxativamente como direito real (art. 1.331 do CC), mas o tipo pode ser moldado pela autonomia privada (art. 1.334 do CC). O registro imobiliário pode ser constitutivo de direitos reais (indispensável para sua eficácia *erga omnes*, como ocorre com a compra e venda) ou simplesmente declaratório (indispensável para a disponibilidade, mas não para a eficácia *erga omnes*). Destaca-se o papel do notário e registrador como ator na verificação do merecimento de tutela de novos conteúdos condominiais edilícios.

4. O direito real condominial edilício recai sobre uma coisa imóvel (suporte físico de incidência do direito e que será individuado no registro imobiliário). Tal elemento não se confunde com a coisa objeto do domínio, ligado ao conteúdo do direito real, ligado a um interesse merecedor de proteção de tutela no caso concreto. Se bem jurídico é a coisa que pode ser objeto de relação jurídica, é preciso reconhecer que as modificações sociais, econômicas e tecnológicas permitem que novas coisas possam ser objeto de situações subjetivas, de modo a ser investigado, na dinâmica da atividade econômica, o merecimento de tutela de novos modos de aproveitamento econômico dos bens que modificarão o conteúdo dos direitos reais previsto em lei, como ocorre no condomínio edilício.

5. O condomínio no Brasil evoluiu em três momentos diferentes: i) condomínio geral do CC/16 (sec. XIX e XX); ii) condomínio edilício (sec. XX); iii) novas estruturas condominiais. Historicamente a expressão recai sobre a existência de mais de uma titularidade sobre o mesmo domínio. Tais estágios mostram que as regras sobre o condomínio geral voluntário tornam-se gerais e são aplicáveis ao condomínio edilício, especificamente em relação às áreas comuns objeto da comunhão. Mas a expressão é atualmente insuficiente para explicar a categoria, pois a cotitularidade é elemento acessório e não essencial para sua qualificação.

PROBLEMAS DE DIREITO CIVIL – *Homenagem aos 30 anos de cátedra do professor Gustavo Tepedino*

6. As convenções de condomínio e as deliberações de assembleias possuem estrutura e função negocial. Impõe-se identificar critérios para verificar o merecimento de tutela do conteúdo condominial, tal como: i) tais conteúdos são expressões constitucionais da autonomia privada; ii) as restrições ao direito de propriedade exclusivo e comum precisam ser justificadas por algum interesse merecedor de proteção e especialmente atender a um fim socialmente útil (art. 3º, I, CF); iii) as regras da convenção e das assembleias precisam ser interpretadas em conformidade com a boa-fé objetiva (art. 113 do CC) e respeitar as situações de confiança legítima criadas pelo exercício ou não exercício de situações jurídicas (art. 187 da CR); iv) na aplicação da regra a administração do condomínio deve identificar o interesse existencial ou patrimonial envolvido no caso concreto e ponderá-los com outros interesses em colisão; v) tais regras sujeitam-se aos pressupostos de existência, aos requisitos de validade e aos fatores de eficácia dos negócios jurídicos em geral; vi) a Constituição da República atua diretamente nas relações condominiais privadas e pode justificar ou nulificar a regra criada ou prática adotada, tal como as discriminatórias de minorias; vii) as regras criadas devem respeitar os limites estabelecidos pelo CC e legislação extravagante, sendo aquelas predominantemente imperativas; viii) as regras criadas precisam adequar-se a convenção de condomínio e o regimento interno; ix) prevalece o interesse comum sobre o individual; x) presume-se relativamente a legitimidade da regra criada por deliberação do condomínio, por ser expressão do valor constitucional da autonomia privada.

9. Justifica-se o condomínio edilício de único dono pelos inúmeros interesses legítimos que envolve essa realidade. Para tanto, nota-se que a relação jurídica não é necessariamente relação entre sujeitos, podendo haver relações unissubjetivas e até mesmo relações sem sujeitos previamente definidos. Embora o art. 1.331 do CC se refira a "condôminos" ao descrever o condomínio edilício, a multiplicidade necessária será de propriedades exclusivas e não de proprietários, ou seja, multiplicidade de unidades, cada qual formando uma propriedade exclusiva, somadas as áreas comuns, embora tudo pertencente a proprietário único. De modo que a pluralidade de sujeitos não é elemento essencial e sim acessório do condomínio edilício. Na legislação, vê-se que o art. 23, § 3º, da Lei 8.245/91, assim como a incorporação imobiliária disciplinada pela Lei 4.591/64, preveem expressamente a existência de condomínios de único dono.

10. Outra realidade condominial edilícia desenvolvida pela criatividade propiciada pela livre iniciativa e as necessidades envolvendo a mobilidade urbana recai sobre o *mixed-use developmente*. Esta realidade é um gênero formado por duas estruturas diferentes: i) *building mixed-use* (edifício de uso misto); ii) *complex mixed-use* (complexo multiuso). Pela primeira, em uma mesma construção são distribuídas atividades diversas pelos andares, como *home, corporate, business, stores* e hoteleiro. Já na segunda estrutura surgem diversas construções, como edifícios residenciais, empresariais e hotéis, ressaltando a importância da autonomia privada para moldar esses novos formatos condominiais, pois a estrutura do condomínio edilício passa a ser utilizada para desenvolver novas funções.

11. O condomínio de hotel, ou condo-hotel, mostra-se mais uma realidade própria das transformações sociais e econômicas, impondo-se o cumprimento de nova função econômica para o condomínio edilício empresarial. Trata-se de opção de investimento coletivo, caracterizado pela criação de um fundo empresarial autônomo formado pelo *pool* de unidades funcionalizadas para a realização dessa função. Mais do que a simples propriedade individual da unidades, o investidor deseja obter o direito de receber os frutos civis decorrentes do conjunto de bens corpóreos e incorpóreos decorrente da operação econômica gerida por profissional com *expertise* no segmento hoteleiro. Em

suma, a propriedade da unidade é funcionalizada para o desenvolvimento de uma operação econômica complexa, de modo que o direito real de propriedade torna-se somente um dos elementos essenciais dessa estrutura, ao qual se soma o fundo empresarial que propiciará o retorno do investimento. De modo que cada cláusula estabelecida pelo exercício da autonomia privada no complexo de negócios jurídicos coligados para tal função precisa ter o merecimento de tutela verificado necessariamente a partir desse perfil funcional.

12. No condomínio de lotes urbanos verifica-se a coexistência de partes exclusivas (terrenos não edificados) e comuns (vias de circulação internas). Destaca-se o caráter meramente essencial da edificação, ou seja, os elementos essenciais estão presentes e não se faz necessário o elemento histórico – e acessório – da construção. Tal realidade, até a recente alteração do CC, não era reconhecida pela prática registral, que exercia subsuntivamente um controle de legalidade do título submetido ao registro imobiliário, considerando como óbice intransponível a ausência de edificação referida pelo art. 1.333 do CC. Na realidade, o processo de loteamento do solo urbano é complexo e exige o cumprimento de rigorosas providências previstas pela Lei 6.766/79. Assim, muitos adquirentes de pequenos lotes urbanos desejam construir condomínios de casas, mas não tem condições de submeterem-se aos rigores da Lei 6.766/79. Acabam adotando a prática ilegal do loteamento irregular ou clandestino, com a venda de frações ideias para formar um condomínio voluntário, sem realizar a doação para o poder público das ruas internas. Tal realidade seria facilmente solucionada se fosse instituído e constituído, via convenção de condomínio, um condomínio edilício destinado à edificação, mesmo que esta inexistisse no momento da criação.

Estrutura e função são elementos de qualquer noção jurídica. O direito não pode tornar-se avesso às mudanças e tampouco deixar de observá-las e qualificá-las. Se assim não for, corre-se o risco da revolta dos fatos contra o interprete. A estrutura condominial edilícia tem cumprido novas funções, impondo-se verificar quais são os elementos essenciais e acidentais do condomínio edilício para então qualificar essas novas realidades. O debate em torno dos direitos reais poderem moldar a estrutura dos direitos reais relega ao ostracismo a tarefa seguinte, relevantíssima, de verificar se o exercício da autonomia privada na criação do conteúdo condominial merece a tutela do ordenamento jurídico, acompanhando assim as transformações sociais e econômicas.

45

A COLIGAÇÃO DE DIREITOS REAIS NOS CONDOMÍNIOS HOTELEIROS

GABRIEL ROCHA FURTADO

Sumário: 1. Introdução. 2. A coligação de Direitos Reais. 3. A coligação de Direitos Reais nos condomínios hoteleiros. 4. A convenção de condomínio e a boa-fé objetiva. 5. Conclusão.

1. INTRODUÇÃO

O regime jurídico da propriedade, no direito civil-constitucional contemporâneo, está moldado preponderantemente de maneira a assegurar ao maior número de pessoas o acesso aos bens e direitos essenciais, sempre com vista à concretização dos valores e ao alcance dos objetivos previstos na Constituição da República. Assim, a propriedade não pode ser compreendida – e nesses casos não merecerá tutela – como direito solipsista a que somente ao seu titular deve tributo. Ao contrário, é condição para que seja mantido e garantido determinado direito de propriedade que este seja exercido de modo solidário, com intensa preocupação com os interesses sociais que estão em sua base. A propriedade, portanto, deve servir de mecanismo de acesso, ao maior número de pessoas, aos bens e direitos essenciais que lhe são corolários; jamais como um fim fechado em si mesmo.[1]

---

[1] Já em 1956 dizia Eduardo Espínola que "o pressuposto de confiança recíproca e boa-fé (*Treu und Glaube*), que se integra no moderno conceito de obrigação, encontra correspondência na função social, implícita no direito de propriedade, no sentido de consideração à solidariedade social, compreendendo os direitos do proprietário e os deveres que lhe são impostos pela política legislativa. É afirmação corrente que a solidariedade social, embora tenha (...) a sua expressão sintética no Estado, é, no que diz respeito à disciplina do direito de propriedade, uma satisfação equitativa e equilibrada de interesses individuais e de interesses globais da coletividade, 'interesses que se devem harmonizar no regime da propriedade privada'" (*Posse – Propriedade, Compropriedade ou condomínio, Direitos autorais*, Rio de Janeiro: Conquista,

Isso tem ocasionado também o surgimento de novas formas parcelares de aproveitamento dos bens, consubstanciadas em direitos reais como o direito de superfície, a concessão de uso especial para fins de moradia e a concessão de direito real de uso, que não eram previstos pelo Código Civil de 1916. Adicionalmente, não apenas foi ampliado o rol das espécies de direitos reais previstas pelo Código Civil de 2002, como também se tem questionado a própria taxatividade dos tipos elencados em seu art. 1.225.[2]

Nesse contexto, para além da ampliação dos possíveis tipos legais de direitos reais, intensificaram-se também os casos em que uma pluralidade desses direitos é constituída sobre um mesmo bem, por vezes ainda conjugados com direitos obrigacionais. Esse cenário é fruto da complexificação das relações socioeconômicas, e efeito da necessidade de diversificar as formas de aproveitamento de um bem – a mitigar, assim, a profunda concentração de riqueza e de acesso a bens da vida ainda reinante no Brasil.[3]

Vale ressaltar que tal movimento, de derivações e parcelamentos das faculdades ligadas à propriedade, não é recente. Na esfera obrigacional, o direito já conhecia o desdobramento da posse sobre os bens com efeitos obrigacionais, autorizando-se contratualmente o uso dos bens por não proprietários, como comodatários, mutuários, locatários etc. De modo semelhante, no âmbito do direito das coisas, são tradicionais na legislação os chamados direitos reais limitados – situações jurídicas que para a sua própria constituição pressupõem o despojamento temporário de alguma das faculdades do domínio em prol da criação de direitos como, exemplificativamente, o usufruto, o uso e a habitação.

Se tais figuras não representam qualquer inovação no direito civil, o imperativo de se aumentarem as possibilidades de aproveitamento dos bens tem ensejado, por outro lado, que cada vez mais esses direitos obrigacionais e reais derivados da propriedade precisam conviver, não apenas com o domínio que lhes deu origem, mas também entre si, ou seja, com outros direitos constituídos sobre o mesmo bem.[4] Esse entrelaçamento de situações jurídicas tem lançado novos desafios ao direito civil, que tanto não deve desconsiderar as inovações e modificações da vida social como não pode ficar à deriva. Há, sim, de marcar posição, dando tratamento e sistematicidade jurídica a essas novas realidades, especialmente – no que é aqui mais sensível ao presente estudo – ao fenômeno da coligação jurídica.

1956, p. 161). Antes, já preceituava a Constituição de Weimar de 1919: "Art. 153: A propriedade impõe obrigações. Seu uso deve estar a serviço do mais alto interesse comum".

[2] Gabriel Rocha Furtado, O direito comum das situações jurídicas patrimoniais, *Revista Pensar*, Fortaleza, vol. 25, n. 3, jul.-set. 2020.

[3] A lição é de Caio Mário da Silva Pereira: "Esta, aliás, é a província do direito privado mais sensível às influências de evolução social. Em todos os tempos, à medida que a pesquisa histórica os ilumina, avulta a peculiaridade do assenhoreamento dos bens terrenos, como índice dos fenômenos sociopolíticos" (*Instituições de direito civil*: direito reais, 20. ed., Rio de Janeiro: Forense, 2009, vol. IV, p. 7).

[4] Embora a noção de aproveitamento remeta a um critério essencialmente econômico, não se trata de uma diretriz insensível a outros valores; ao contrário, conforme lembra Enrico Caterini a respeito do direito italiano, "*la disciplina dei rapporti reali è una disciplina che interagisce con l'istituzione del mercato, ma non soltanto, poiché rappresenta in alcuni casi un punto di confluenza fra le relazioni patrimoniali e quelle non patrimoniale, tutte riconducibili al quadro costituzionale che prefigura una 'società mista', un 'equilibrio tra individualismo e società'*" (*Il principio di legalità nei rapporti reali*, Napoli: Edizione Scientifiche Italiane, 1998, p. 220). Em tradução livre: "(...) a disciplina das relações reais é uma disciplina que interage com a criação do mercado, mas não só, uma vez que representa em alguns casos um ponto de confluência entre as relações patrimoniais e aquelas não patrimoniais, tudo atribuível ao quadro constitucional que prefigura uma 'sociedade mista', um 'equilíbrio entre individualismo e sociedade'".

2. A COLIGAÇÃO DE DIREITOS REAIS

O estudo do fenômeno da coligação jurídica está intimamente relacionado a uma metodologia que propõe a análise e a qualificação dos institutos jurídicos prevalentemente a partir de suas funções econômicas, e não a partir, ou definitivamente por conta, de seus aspectos estruturais. Isto é, os institutos jurídicos civis se prestam a algo em concreto, e não a uma vazia taxiologia. Sendo assim, ao civilista é colocado o desafio de, quando defrontado com problemas fáticos da vida social, perquirir os fins econômicos concretamente perseguidos pelas pessoas envolvidas nas relações jurídicas estudadas. Isso para que, bem definidos aqueles fins, seja-lhe possível qualificar juridicamente tais relações e todos os negócios jurídicos com elas envolvidos.[5]

A qualificação jurídica a partir de uma análise funcional torna possível a verificação de ocorrência de uma função unitária a ligar diversos negócios jurídicos estruturalmente autônomos. Vale dizer, há um propósito em comum a variadas situações jurídicas, que só pode ser alcançado uma vez que os fins econômico-sociais dessas situações sejam singularmente realizados. A esse fenômeno, apresentado em termos simplificados, a doutrina dá o nome de *coligação jurídica*.

A doutrina começou por pesquisar o fenômeno da coligação no âmbito das relações contratuais. Todavia, a prática empresarial e em especial algumas modalidades de empreendimentos imobiliários, como os condomínios hoteleiros, tem mostrado que também é possível a sua ocorrência no âmbito de relações jurídico-reais. Esse novo campo demanda atenção da doutrina, para que um fenômeno social existente não fique à margem de um tratamento sistemático consonante com o ordenamento jurídico vigente, e que possa trazer segurança a todas as partes envolvidas nas relações reais coligadas.

Há circunstâncias fáticas em que um mesmo bem é ponto de referência objetiva de uma pluralidade de situações jurídicas. Nestas, fala-se da existência de correlação de relações jurídicas por identidade de referência objetiva.[6] Não há nada novo nessa observação. Há, sim, quando se verificam modelos negociam que funcionalizam distintas situações jurídicas reais a um fim econômico em comum. Trata-se de fenômeno jurídico que se poderia denominar de *coligação de direitos reais*, e não mais de simples correlação.

---

[5] Cf. Carlos Nelson Konder, Causa do contrato x função social do contrato: estudo comparativo sobre o controle da autonomia negocial, *Revista Trimestral de Direito Civil*, Rio de Janeiro: Padma, v. 43, jul./set. 2010; e Carlos Nelson Konder, Qualificação e coligação contratual, *Revista Forense*, Rio de Janeiro: Forense, vol. 406, ano 105, nov./dez. 2009, p. 55-86.

[6] A expressão é de Pietro Perlingieri, para quem estará configurada "quando uma pluralidade de relações tem como ponto de referência objetiva o mesmo bem" (*Perfis do direito civil*: introdução ao direito civil constitucional, Trad. Maria Cristina de Cicco, 3. ed., rev. e ampl., Rio de Janeiro: Renovar, 2002, p. 148). Ilustra, ainda: "Imagine-se um bem que seja dado em nua propriedade a um sujeito, em usufruto a um outro e que o usufrutuário alugue o bem a um terceiro. As disciplinas de cada relação deverão ser harmonizadas para individuar quais poderes de gozo, de disposição, de utilização, de controle tenham, e em qual circunstância concreta, os respectivos titulares das situações subjetivas" (Ibidem). Em outra passagem, complementa: "A relação real não se identifica com a res, ela se justifica em um âmbito mais complexo e concreto que é a ligação entre situações. Um bem pode ser contextualmente ponto de referência de várias situações de conteúdo diverso: propriedade (...), usufruto (...), superfície (...) e uma pluralidade de situações da mesma natureza. Os direitos reais ditos limitados têm origem quase sempre em uma situação real preexistente. O titular do direito de superfície pode conceder um usufruto sobre o próprio direito, o usufrutuário pode contrair hipoteca (...) sobre o direito de usufruto, e assim por diante" (*O direito civil na legalidade constitucional*, Trad. Maria Cristina De Cicco, Rio de Janeiro: Renovar, 2008, p. 922).

A expressão é prevista na doutrina italiana por Pietro Perlingieri, cuja lição preliminar se torna basilar para a compreensão do conceito: "tais situações subjetivas se entrelaçam ao ponto que uma se torna causa justificativa do nascimento da outra, a qual por sua vez é estritamente ligada à vida do direito ou da situação que permitiu a sua constituição".[7]

De maneira semelhante ao que ocorre nas já há algum tempo estudadas no direito contratual,[8] também nas coligações de situações reais há um nexo funcional ligando direitos reais estruturalmente autônomos, como, por exemplo, quanto à funcionalização de direitos de propriedade em espécie de condomínios hoteleiros denominada empresarialmente de condo-hotel. Isto porque unidades habitacionais estruturalmente autônomas, com matrículas próprias, servem a uma função econômica única, que é a própria razão de existir de tais empreendimentos imobiliários.

Assim, é plenamente possível que o exercício de tais direitos reais possa implicar uma sobreposição das prerrogativas dadas aos seus titulares, aos quais podem ser outorgados, de modo modulável, os mais variados poderes de uso, fruição ou disposição – com eficácia real ou obrigacional. Ilustrativamente, pode-se cogitar das implicações recíprocas no exercício desses poderes na cadeira de relações jurídico-reais.

Isso acarreta uma influência mútua entre tais situações reais e uma necessidade de hierarquização ou criação de uma ordem de preferência para seus exercícios, a fim de que sejam harmonizadas pretensões possivelmente colidentes entre seus titulares. Trata-se, assim, de uma exceção ao – ou mitigação do – tradicional princípio da oponibilidade *erga omnes* dos direitos reais, visto que, diante de uma coligação nas relações internas entre seus titulares, será necessário que os exercícios mais merecedores de tutela sejam oponíveis aos demais, que lhes cederão espaço na medida da impossibilidade de seu exercício concomitante.

Para essa espécie de problema o direito civil tradicional propõe poucas soluções. De fato, a disciplina legal dos direitos reais prevê, na maior parte dos casos, regras para regular a relação entre um direito real e o domínio que o constituiu, ou entre direitos reais estruturalmente dependentes, como o subpenhor.[9] Todavia, o ordenamento jurídico não prevê soluções depuradas e consolidadas

---

[7]   Idem.

[8]   A respeito da coligação contratual, afirma Carlos Nelson Konder: "Esta função ulterior, esta finalidade global, é que impõe ao aplicador não se restringir ao exame singularizado dos contratos, mas ser capaz de enxergar o todo, perceber o regulamento de interesses em sua totalidade plurinegocial. É ela que pode viabilizar que um negócio aparentemente perfeito possa sofrer as consequências das vicissitudes de um outro negócio – aparentemente independente. É ela que pode autorizar que alguém que não tenha sido parte de um contrato possa interpelar seu devedor nos termos daquele contrato por conta de ser parte de um outro contrato. Em razão disso, a função ulterior do conjunto de negócios é determinante na qualificação de cada negócio" (*Contratos conexos*: grupos de contratos, redes contratuais e contratos coligados, Rio de Janeiro: Renovar, 2006, p. 181-182). Complementarmente, diz Francisco Paulo De Crescenzo Marino: "A teoria da coligação contratual representa, nesse contexto, uma tentativa de adaptação dos modelos contratuais e das técnicas interpretativas existentes à realidade das modernas e complexas operações econômicas. A validade desta teoria, bem como a sua aplicação consciente, pressupõem, consequentemente, tomada de posição frente ao valor dos modelos jurídicos e ao modo de compatibilizá-los à realidade econômica" (*Contratos coligados no direito brasileiro*, São Paulo: Saraiva, 2009, p. 4).

[9]   Quanto ao segundo penhor, leciona Darcy Bessone: "O devedor A estabelece, sucessivamente, um penhor em favor de B e outro em favor de C. Essa situação encontra grave dificuldade prática, consistente na atribuição da posse da coisa a duas pessoas, simultaneamente. A posse é essencial à constituição do penhor e à sua conservação. Tal dificuldade tem levado alguns juristas à conclusão da inviabilidade do segundo penhor. Outros entendem que essa dificuldade pode ser contornada, através

PROBLEMAS DE DIREITO CIVIL – *Homenagem aos 30 anos de cátedra do professor Gustavo Tepedino*

para potenciais conflitos entre direitos reais coligados. Circunstâncias exatamente estas que têm potencialidade de gerar problemas mais complexos.

Portanto, tem-se por situações reais coligadas aquelas que, muito embora sejam estruturalmente independentes umas das outras, servem conjuntamente a um propósito econômico-individual em comum. Fazendo isso com que em sua dinâmica a aplicação do direito deva ser unitária.

O reconhecimento da existência do fenômeno jurídico da coligação entre situações reais tem imensas potencialidades para o direito civil. Isto porque abre espaço para novos estudos e tratamentos jurídicos de titularidades e modelos negociais já existentes, bem como o de outros que venham a ser desenvolvidos. Em especial, neste último caso, por conta da segurança jurídica trazida pela sistematização de critérios valorativos para a aferição do merecimento de tutela de exercícios de situações jurídicas reais coligadas.[10]

O estudo da coligação de direitos reais tem duas dimensões: uma interna, que se presta a investigar os efeitos que o exercício de direitos reais estruturalmente distintos mas funcionalmente vinculados podem ter uns em relação aos outros; e uma externa, que se presta a estudar a eficácia desta coligação perante terceiros que venham a se tornar titulares de situações jurídicas coligadas após as suas unitárias funcionalizações.

O desafio, a fim de maximizar as potencialidades socioeconômicas da coligação real e de não tolher a inventividade empresarial, é o de acertar o difícil equilíbrio entre a expansão da autonomia privada – que repercute na criação de novas modalidades de aproveitamento dos bens – e a promoção dos valores maiores do ordenamento jurídico brasileiros, previstos na Constituição da República.

Com essa mentalidade, passa-se à análise de um concreto modelo de empreendimento imobiliário em que se pode encontrar sofisticada modulação negocial do conteúdo de direitos de propriedade que os direciona à realização de um propósito comum, de investimento. Fala-se dos condomínios hoteleiros – também conhecidos, especialmente entre investidores, como condo-hotéis.

---

da atribuição, consentida pelos credores, da posse a terceiro, estranho às duas relações pignoratícias, e constituído depositário da coisa apenhada. Admitindo o segundo penhor, a preferência do segundo credor pignoratício surge depois de atendido o primeiro crédito garantido" (*Direitos reais*, São Paulo: Saraiva, 1988, p. 385-386). Quanto ao subpenhor, "a situação é diferente. A constitui o penhor em favor de B, e B o constitui em favor de C. Aqui, A é estranho à relação entre B e C. O problema da posse apresenta-se de novo, porque B perderia a posse em favor de C e o penhor, constituído em seu favor, extinguir-se-ia, prejudicando o constituído em proveito de C. A atribuição da posse *a terceiro* também poderia ser utilizada no caso. Àqueles que não admitem tal solução, pode oferecer-se esta outra: B constitui o penhor em favor de C, porém não lhe dá, propriamente, a coisa em garantia, mas, sim, o *seu direito real*, decorrente do penhor convencionado com A. Visto assim o subpenhor, a coisa torna-se objeto mediato da relação pignoratícia, da qual é objeto imediato o direito real de que se tornou titular em face de A. (...) Cumpre observar (...) que C, quando contrata o penhor com B, fica com o seu direito subordinado ao que acontecer entre A e B, pois sabe que existe o penhor entre os dois sujeitos" (Idem, p. 386-387).

[10] Sobre a importância da regulação dos interesses patrimoniais, diz Joseph William Singer: "*Property rights do not exist without a legal framework. No regulation, no property. Property can exist only if we have relatively clear rules about who owns what. That means we need rules to allocate and define property rights*" (*No freedom without regulation*: the hidden lesson of the subprime crisis, New Haven: Yale University Press, 2015, p. 95). Tradução livre: "Direitos patrimoniais não existem sem arcabouço legal. Sem regulação, sem titularidade. Titularidade só pode existir se nós tivermos regras relativamente claras sobre quem tem o que. Isso significa que nós precisamos de regras para alocar e definir direitos patrimoniais".

3. A COLIGAÇÃO DE DIREITOS REAIS NOS CONDOMÍNIOS HOTELEIROS

A legislação por vezes não consegue acompanhar a velocidade das relações socioeconômicas da vida civil. Isto tem ocorrido – não apenas, mas especialmente – nas relações jurídicas reais.[11] Exemplo atual e bastante ilustrativo disto são os ditos condo-hotéis, uma modalidade de empreendimento imobiliário em forma muito peculiar de condomínio hoteleiro. Essa variante é fruto direto do exercício engenhoso da autonomia privada no âmbito das situações jurídicas reais. Têm forma de condomínio edilício, funcionam como hotéis e se destinam a ter finalidade de investimento aos proprietários de suas unidades habitacionais (estruturalmente) autônomas.

Embora não haja um regramento genérico que preveja um procedimento único, na modulação que mais interessa ao presente estudo (doravante denominada apenas de condo-hotel), o seu processo de constituição começa como uma incorporação imobiliária comum, em que os interessados em geral contratam a aquisição de uma unidade habitacional do condomínio especial – que terá matrícula própria no registro de imóveis. Ocorre que, diferentemente dos corriqueiros condomínios de apartamentos residenciais ou de salas comerciais, o adquirente celebra concomitantemente alguns contratos coligados – com prazos determinados – em que se obriga a, principalmente, (i) transferir a um mesmo operador, por todos contratada, a administração do serviço hoteleiro (hospedagens, restaurantes, eventos etc.), que geralmente explora marca comercial bastante conhecida no mercado, e (ii) não usar ou fruir diretamente da sua unidade que, em concreto, será um quarto de hotel. Ou seja, ainda que seja o proprietário da unidade habitacional, haverá de pagar diária como qualquer outro hóspede, mesmo que venha a habitar a sua própria unidade.[12]

Costumeiramente, há a constituição de uma sociedade em conta de participação na qual o operador hoteleiro figura como sócio ostensivo, e todos os demais condôminos como sócios participantes.[13] A empresa desenvolvida por essa sociedade se torna responsável pela exploração econômica de todo o empreendimento, maximizando os ganhos coletivos por conta de sua expertise, e pela distribuição dos proventos entre todos os sócios, na proporção que lhes couber. Geralmente, é proporcional à fração ideal das suas unidades em relação ao total do empreendimento – e nisso se distingue sensivelmente de outros modelos, como os *flats*, em que o proprietário tem aproveitamento econômico apenas sobre a própria unidade, e não direito a

---

[11] "(...) a proliferação de criativos negócios atípicos, inseridos em relações jurídicas reais, desafia os esquemas jurídicos do passado. Condomínios com dimensões espetaculares, *shopping centers* cada vez mais sofisticados, multipropriedade imobiliárias, condomínios de fato que se consolidam nos espaços públicos urbanos, servidões com conteúdo altamente diversificado, tais empreendimentos, dentre outros, associam, sem cerimônia, figuras e conceitos que não se encaixam confortavelmente no perfil característico dos chamados direitos reais ou pessoas e que, implementados à margem de qualquer disciplina legal específica, reclamam soluções interpretativas por parte dos operadores jurídicos" (Gustavo Tepedino, Prefácio, In: André Osório Gondinho, *Direitos reais e autonomia da vontade*: o princípio da tipicidade dos direitos reais. Rio de Janeiro: Renovar, 2001).

[12] Eventualmente, os contratos podem prever algumas poucas diárias anuais gratuitas para os proprietários das respectivas unidades habitacionais. Ver mais em: Comissão de Valores Mobiliários, *8º Boletim de Proteção do Consumidor/Investidor CVM/Senacon*: o investimento em condo-hotéis. Brasília: Ministério da Justiça, 2017, p. 6.

[13] Código Civil, arts. 991 a 996.

um *pro rata* entre todas as unidades, globalmente consideradas.[14] A seu respeito, expõem Milena Donato Oliva e Pablo Renteria:

> (...) a prática negocial brasileira tem revelado a notável versatilidade da propriedade horizontal, podendo-se mencionar, a título ilustrativo, o chamado "condohotel", denominação empregada para designar o edifício hoteleiro cuja construção é financiada por meio da incorporação imobiliária. Os adquirentes, em contrapartida aos valores investidos, fazem jus à remuneração baseada no resultado da exploração do hotel, segundo os termos do contrato celebrado com a administradora hoteleira. Insere-se, na convenção de condomínio, cláusula que obriga todos os condôminos, atuais e futuros, ao cumprimento do negócio de administração, que, desse modo, dota-se da estabilidade necessária à manutenção, ao longo do prazo contratual, de todas as unidades autônomas dentro do empreendimento hoteleiro.[15]

O diferencial desse modelo de empreendimento é a modelagem negocial que prevê que os rendimentos a serem distribuídos aos proprietários das unidades habitacionais do hotel advêm da apuração em fundo único das receitas auferidas com as hospedagens de todos os quartos (eventualmente também com a exploração empresarial de restaurantes e locação de espaços comuns para eventos). O apurado global é subtraído pelos gastos com o custeio do hotel (folha de pagamento, fornecedores, tributos etc.) e pela taxa de administração cobrada pelo operador hoteleiro que presta o serviço de administração do empreendimento. O saldo remanescente, então, é dividido entre os proprietários das unidades habitacionais autônomas, na proporção de suas frações sobre o total do condomínio hoteleiro.

Há, assim, diluição dos riscos entre todos os proprietários. Isso porque, sendo a atividade de exploração hoteleira superavitária, haverá a distribuição de proventos a todos os proprietários na mesma regra de proporção, ainda àqueles cujas unidades (quartos) não tenham hospedado qualquer hóspede. Vale dizer, há a possibilidade de se auferir receita ainda que a unidade habitacional, individualmente, não tenha sido utilizada. O mesmo não ocorre nos modelos de empreendimento em que há a formação de um *pool* de locação no balcão da hospedaria, como *flats* e apart-hotéis – que inclusive permitem que o proprietário use o seu quarto quando lhe aprouver sem a necessidade de pagar pela hospedagem.[16]

---

[14] Comissão de Valores Mobiliários, *8º Boletim de Proteção do Consumidor/Investidor CVM/Senacon*, cit., p. 6.

[15] Milena Donato Oliva; Pablo Rentería, Autonomia privada e direitos reais: redimensionamento dos princípios da taxatividade e da tipicidade no direito brasileiro, *Civilistica.com.*, Rio de Janeiro, a. 5, n. 2, 2016. Disponível em: http://civilistica.com/autonomia-privada-e-direitos-reais/. Acesso em: 6 fev. 2017, p. 9.

[16] "Chegamos à terceira geração de flats. A primeira, surgida entre o final da década de 1970 e o início da década de 1980, oferecia um produto para atender tanto ao morador quanto ao hóspede, com apartamentos de cerca de 50 metros quadrados de área útil e serviços hoteleiros. Os conflitos de interesses entre moradores e investidores no *pool* de locação mostraram que este produto híbrido deveria ser aperfeiçoado. A segunda geração ocorreu em meados da década de 1990 e durou até o início dos anos 2000, com projetos para segmentos específicos. Para os moradores, surge o residencial com serviços para investidores, o flat 100% no *pool* de locação, com apartamentos de dimensões menores (em torno de 30 metros quadrados de área útil), corrigindo-se, desta forma, um dos principais problemas conceituais ocorridos nos flats de primeira geração. Contudo, as dificuldades de obtenção de financiamento para a construção de hotéis e a grande demanda no País induziram ao surgimento da terceira geração de flats,

Os condo-hotéis, portanto, têm uma clara função econômica unitária, de investimento coletivo dos proprietários das unidades habitacionais. Estes não desejam – e, por força contratual, não podem – as utilizar como moradia, ou colocá-las para locação diretamente. A utilidade econômica que desejam extrair é o retorno sobre o patrimônio investido; isto é, uma rentabilidade sobre a quantia investida para a aquisição de um bem imóvel. Mais: desejam coligar-se entre si a fim de diluir os riscos do investimento. Há uma função unitária a coligar todos os direitos de propriedade das unidades habitacionais do condomínio hoteleiro, o que justifica as limitações nas faculdades de exercício daqueles direitos de propriedade, uma vez que há um interesse coletivo maior a afetar transversalmente todos os imóveis pertencentes ao condomínio hoteleiro. Logo, percebe-se que os proprietários são, sobretudo, investidores.

Esse modelo de empreendimento também serve às empresas cujo negócio principal é a exploração hoteleira. A venda pulverizada a investidores individuais das unidades habitacionais que comporão o condo-hotel faz com que aquelas não precisem imobilizar enormes quantias de capital próprio na construção de novos hotéis, ou a captar capital junto às instituições financeiras nos altos patamares das taxas de juros historicamente praticadas no Brasil. Sendo assim, é necessária a oferta pública dos compromissos de compra e venda desses ativos, a fim de atrair investidores. Na síntese conceitual feita pela Comissão de Valores Mobiliários (CVM),

> condo-hotel é uma modalidade de exploração da atividade econômica hoteleira. Na prática é um hotel em que a propriedade é compartilhada por um condomínio de investidores, que financiam conjuntamente o projeto e são remunerados, na proporção que couber a cada um, pelos resultados operacionais do empreendimento administrado por um operador hoteleiro. Nesse conceito, há dois pontos de vista que podem ser explorados. Sob a perspectiva dos empreendedores, de quem planeja e de quem irá administrar o hotel, um condo-hotel é uma modalidade de financiamento do projeto. Quem constrói e administra o hotel tem o objetivo de ser remunerado pelos seus serviços, mas precisa encontrar alguém para financiá-lo. Nesse sentido, os condo-hotéis surgem como uma alternativa para viabilizar o projeto. Por outro lado, sob a ótica de quem financia o empreendimento, os condo-hotéis são uma modalidade de investimento. Isso porque (...) a propriedade dos condo-hotéis em geral é restrita a fins econômicos. Portanto, quem decide aplicar seu dinheiro nesse tipo de projeto imobiliário o faz com o objetivo principal de rentabilizar o seu dinheiro.[17]

A ocorrência dessas ofertas públicas atraiu a atenção da CVM – entidade autárquica em regime especial, vinculada ao Ministério da Fazenda, criada pela Lei Federal 6.385/1976 com o objetivo de fiscalizar, normatizar, disciplinar e desenvolver o mercado de valores mobiliários no Brasil.[18] Como valores mobiliários foram qualificados os contratos que coligada e conjuntamente compõem a oferta de compra e venda de unidades habitacionais em condo-hotéis na formação antes descrita, denominados no mercado financeiro de contratos de investimento coletivo ("CICs

---

obedecendo ao modelo adorado na segunda. Agora, porém, com as denominações de condo-hotéis para os empreendimentos hoteleiros e de apart-hotéis para os residenciais com serviços hoteleiros" (Sindicato das Empresas de Compra, Venda, Locação e Administração de Imóveis Residenciais e Comerciais de São Paulo. *Manual de melhores práticas para hotéis de investidores imobiliários pulverizados*, São Paulo: Secovi-SP, 2012, p. 5).

[17] *8º Boletim de Proteção do Consumidor/Investidor CVM/Senacon*, cit., p. 2.

[18] Mais informações disponíveis em http://www.cvm.gov.br. Acesso em: 15 nov. 2017.

hoteleiros") em condo-hotéis.[19] O fundamento legal está previsto no art. 2º, IX, da Lei Federal 6.385/1976, incluído pela Lei Federal 10.303/2001.[20]

Pois bem, havendo uma função unitária de investimento, e sendo levado em conta que a concretização dessa função demanda que os exercícios de todos os direitos de propriedade de um determinado condo-hotel sejam consonantes, ordinariamente há a previsão de cláusula na convenção de condomínio a obrigar proprietários atuais ou futuros a respeitar os contratos firmados que limitam o exercício das faculdades dos seus direitos de propriedade e transferem a exploração econômica dos bens à administradora hoteleira contratada.[21] Assim, evita-se (i) que algum titular eventualmente pleiteie as resoluções desses contratos para que passe diretamente a usar ou fruir do bem imóvel,[22] ou (ii) que terceiro adquira de modo derivado uma unidade habitacional e, por não ter firmado aqueles contratos de investimento coletivo, considere-se desobrigado ao cumprimento das obrigações essenciais ao desenvolvimento do condo-hotel.[23-24]

---

[19] Para diversa posição a respeito da melhor qualificação jurídica do objeto, cf. Marcelo Fernandez Trindade, *Oferta ao público de unidades autônomas de empreendimento imobiliário. Não caracterização como emissão ou oferta pública de valores mobiliários*. In: *Revista Brasileira de Direito Civil – RBDCivil*, Belo Horizonte, vol. 11, p. 117-142, jan./mar. 2017. Parecer.

[20] Lei Federal 6.385/1976, art. 2º: "São valores mobiliários sujeitos ao regime desta Lei: (...) IX – quando ofertados publicamente, quaisquer outros títulos ou contratos de investimento coletivo, que gerem direito de participação, de parceria ou de remuneração, inclusive resultante de prestação de serviços, cujos rendimentos advêm do esforço do empreendedor ou de terceiros". Cf. Paulo Ferreira Dias da Silva, *A evolução da CVM e do conceito de valor mobiliário*. Disponível em http://www.cvm.gov.br/export/sites/cvm/menu/acesso_informacao/serieshistoricas/trabalhos_academicos/anexos/A-evolucao-da-CVM-e--do-conceito-de-VM-Paulo-Ferreira-Dias-da-Silva.pdf. Acesso em: 15 nov. 2017.

[21] "A convenção de condomínio é negócio jurídico plurilateral. Tem esta natureza porque se destina a compor um regramento conjunto, disciplinando uma série de interesses" (Luciano de Camargo Penteado, *Direito das coisas*, 3. ed., São Paulo: Revista dos Tribunais, 2014, p. 478). Sobre a sua imposição na incorporação imobiliária, afirma Luiz Edson Fachin: "(...) o arquivamento da minuta da futura convenção de condomínio é condição necessária à alienação das unidades autônomas. A incorporadora que pretende levar a efeito o empreendimento deve formular a minuta de convenção e arquivá-la. Ao fazê-lo, estará atendendo a requisitos necessários ao registro da incorporação, junto ao Cartório de Registro de Imóveis. Celebrados os contratos de compromisso de compra e venda referentes às futuras unidades autônomas, deverão os promitentes compradores aprovar a minuta (...) e registrá-la em definitivo, uma vez que, se assim não procederem, a celebração dos contratos definitivos de compra e venda – com a efetiva alienação das unidades de titularidade individual – mostrar-se-ia inviável: seria possível somente alienáeo de frações ideais" (*Comentários ao código civil*: parte especial: direito das coisas (arts. 1.277 a 1.368), Antônio Junqueira de Azevedo (coord.), São Paulo: Saraiva, 2003, vol. 15, p. 234).

[22] "A convenção de condomínio aprovada, ainda que sem registro, é eficaz para regular as relações entre os condôminos" (Súmula 260, Segunda Seção, j. 28.11.2001, *DJ* 06.02.2002, p. 189).

[23] Código Civil, art. 1.333: "A convenção que constitui o condomínio edilício deve ser subscrita pelos titulares de, no mínimo, dois terços das frações ideais e torna-se, desde logo, obrigatória para os titulares de direito sobre as unidades, ou para quantos sobre elas tenham posse ou detenção. Parágrafo único. Para ser oponível contra terceiros, a convenção do condomínio deverá ser registrada no Cartório de Registro de Imóveis".

[24] Lei Federal 4.591/1964, art. 9º, § 2º: "Considera-se aprovada, e obrigatória para os proprietários de unidades, promitentes compradores, cessionários e promitentes cessionários, atuais e futuros, como para qualquer ocupante, a Convenção que reúna as assinaturas de titulares de direitos que representem, no mínimo, 2/3 das frações ideais que compõem o condomínio".

As duas hipóteses criariam fissuras que poderiam inviabilizar a concretização da função econômica unitária, justificativa do empreendimento imobiliário. Essa só pode ser realizada pelo harmônico exercício dos direitos de propriedade das unidades habitacionais envolvidas, com as limitações contratualmente impostas aos seus proprietários. Daí se poder falar na coligação (funcional) daquelas situações jurídicas reais. Vale dizer: há coligação de direitos reais nos condomínios hoteleiros juridicamente estruturados na forma de condo-hotéis. Estruturação essa que é resultado da modulação negocial dos conteúdos dos direitos de propriedade relacionados às suas unidades habitacionais, que são estruturalmente autônomas umas das outras, mas funcionalmente coligadas entre si. Isso está de acordo com o regime jurídico das situações jurídicas patrimoniais, e justifica um tratamento jurídico específico, a fim de preservar a função econômica unitária, de investimento, que é a causa do empreendimento por contratação coletiva.[25]

Partindo-se da constatação de que existe a referida coligação entre situações jurídicas reais de suas unidades habitacionais autônomas, é de se avaliar quais são os problemas fático-jurídicos que por conta dela, e a ela, podem surgir, ainda que em tese. Também é papel da doutrina antecipá-los e, sempre que possível, propor vias jurídicas preventivas ou remediadoras. A fim de alcançar melhor sistematização, esses problemas devem ser enquadrados em duas dimensões.

A primeira, interna, atinente aos efeitos do exercício de uma determinada situação jurídica real em relação a outras àquela coligadas. No caso, refere-se ao estudo da dinâmica da coligação real em processo de alcance da função que lhe é a razão de existir, e de que modo comportamentos de titulares podem se afastar da harmonia desejada para melhor realização do seu fim econômico-individual. Trata-se de investigar a relatividade interna das situações reais coligadas, umas com as outras.

A segunda, externa, voltada à perquirição dos efeitos jurídicos gerados por essa coligação em relação a terceiros, especialmente os que venham eventual e posteriormente se tornar titulares de situações já coligadas. A grande questão nesse aspecto é o exame do modo pelo qual a coligação real repercute na realidade que lhe é exterior. Mas, principalmente, das consequências jurídicas geradas quando da eventual titularidade por um (até então) terceiro de uma situação real em momento posterior ao encetamento da coligação. Há de se buscar mecanismos que permitam a manutenção da estabilidade nesse caso, no desiderato de que a função unitária das diversas situações reais seja preservada.

Os condo-hotéis são exatamente produto de engenharia financeiro-jurídica para satisfazer uma necessidade social em um cenário de dificuldades econômicas no contexto brasileiro. Explica-se: devido ao aumento da demanda por quartos para hospedagem nos grandes centros urbanos do Brasil, motivada principalmente por dois grandes eventos recentes (a Copa do Mundo de futebol e os Jogos Olímpicos),[26] e ao elevado custo do dinheiro em nosso país, as grandes incorporadoras e rede hoteleiras enxergaram a oportunidade de intensificar a oferta desse modelo de empreendimento imobiliário.[27]

---

[25] Utiliza-se causa, aqui, no sentido dado por Salvatore Pugliatti, como sendo a "função jurídica do negócio, expressa pela síntese de seus efeitos jurídicos essenciais" (Carlos Nelson Konder, Causa do contrato x função social do contrato: estudo comparativo sobre o controle da autonomia negocial, cit., p. 47).

[26] Comissão de Valores Mobiliários, *8º Boletim de Proteção do Consumidor/Investidor CVM/Senacon*, caus, p. 1.

[27] "(...) la proprietà è um fenômeno economico, prima che giuridico. (...) Anche il contratto, come la proprietà, è um fenômeno economico, prima che giuridico" (Francesco Carnelutti, *Come nasce il diritto*, Torino: RAI, 1954, p. 11-12). Tradução livre: "(...) a propriedade é um fenômeno econômico, antes que jurídico. (...) Também o contrato, como a propriedade, é um fenômeno econômico, antes que jurídico".

Ocorre que para garantir a consecução de sua função econômica – que, diga-se mais uma vez, é unitária a todas as unidades habitacionais que o compõem –, faz-se necessária a celebração conjunta de um complexo contratual que limita substancialmente o exercício dos direitos de uso e fruto pelo proprietário. Isso para que, transferindo-se a uma administradora hoteleira a extração dessas utilidades das unidades habitacionais componentes do condo-hotel, possam os almejados efeitos essenciais de investimento ser alcançados sem intercorrências.

Ou seja: limita-se a esfera de atuação individual de cada um dos proprietários a fim de que todos, coletivamente, maximizem os seus ganhos com a concomitante redução dos riscos econômicos envolvidos. Daí se poder falar que as relações jurídicas reais travadas internamente entre titulares de propriedades sejam complexas. No caso, há a mitigação da oponibilidade das situações reais relativamente a outras a elas coligadas, justificada por conta da função econômica unitária. Por conta disso haveria a possibilidade, em tese, de serem movidas pretensões (*e.g.*, possessórias, mandatórias ou indenizatórias)[28] recíprocas entre investidores titulares de unidade habitacionais autônomas integrantes de um mesmo condo-hotel a fim de que a finalidade econômica unitária seja garantida. Não apenas a administradora do hotel teria tal legitimidade, mas também os demais proprietários, reciprocamente interessados.

Externamente, os efeitos jurídicos das situações reais nos condo-hotéis não difere daqueles verificáveis nos condomínios edilícios, pode-se dizer, ordinários. Estão incluídos, especialmente, os poderes dos proprietários de reivindicar a titularidade do bem, e a defesa da posse. Mais problemática é a questão da externalidade dos efeitos jurídicos das situações obrigacionais criadas pelos contratos de investimento coletivo. Isto é, pelos contratos dos quais exsurge a coligação real. Como visto, vincular terceiros, que porventura venham a adquirir unidades habitacionais em condo-hotéis já em funcionamento, às obrigações que dão sustentação ao modelo de investimento coletivo é essencial para a higidez do empreendimento. Impõe-se, assim, a necessidade de se dotar aquelas obrigações de eficácia real.

Referindo-se a um outro quadro fático, mas em propósito similar ao buscado nos condo-hotéis quanto à atribuição de eficácia real às obrigações, afirma Gustavo Tepedino: "tais obrigações (...) inserem-se na órbita dos acordos de vontade que, frutos da autonomia privada, ganham eficácia real, assemelhando-se, em seus efeitos, às obrigações *propter rem* ou aos deveres jurídicos decorrentes dos direitos reais".[29] Embora a definição conceitual de obrigação com eficácia real – bem como, embora distintas, de obrigação *propter rem*[30] e ônus reais[31] – por vezes seja confusa na doutrina civilista,[32] adota-se aqui o entendimento de que obrigações com eficácia real são aquelas que podem

---

[28] Imagine-se uma situação hipotética em que um titular de uma unidade habitacional em um condo-hotel passe a usá-la diretamente como moradia temporária, sem pagar hospedagem. Ou, em outro cenário, que desconfigure o padrão mobiliário e visual do quarto.

[29] Autonomia privada e obrigações reais, *Relações obrigacionais e contratos*, Coleção soluções práticas de direito: pareceres, São Paulo: Revista dos Tribunais, 2012, vol. II, p. 51.

[30] Cf. Milena Donato Oliva, Apontamentos acerca das obrigações *propter rem*, *Revista de Direito da Cidade*, vol. 09, n. 2. ISSN 2317-7721, 2017, p. 581-602. Disponível em: http://www.e-publicacoes.uerj.br/index.php/rdc/article/view/27440. Acesso em: 4 jan. 2018. Ver também: Lina Bigliazzi Geri, *Oneri reali e obbligazioni* propter rem, Milano: Giuffrè, 1984, p. 1-41; Maurício Bunazar, *Obrigação* propter rem: aspectos teóricos e práticos, São Paulo: Atlas, 2014, p. 43-78.

[31] Manuel Henrique mesquita, *Obrigações reais e ónus reais*, Coimbra: Almedina, 1990, p. 397-471.

[32] "Há quem entenda que esta figura jurídica, dada a sua estrutura creditória, não tem qualquer cabimento na categoria conceitual do *ius in re*, tratando-se pura e simplesmente de uma *obrigação* que se encontra

ser opostas a terceiros não contratantes por conta da publicidade que lhes é dada, ensejando ao interessado direcionar àqueles as pretensões jurídicas cabíveis, sempre que sua esfera de interesses merecedores de tutela for violada, ou estiver na iminência de sê-lo.[33]

No caso dos condo-hotéis, o reforço da eficácia das obrigações essenciais ao bom funcionamento do empreendimento tem sido feito por meio de cláusulas constantes nas convenções dos condomínios que prevejam as obrigações de todos os condôminos, atuais e futuros, de respeitar a estrita destinação hoteleira do condomínio, bem como a exclusividade da operadora hoteleira contratada para explorar empresarialmente todas as unidades habitacionais e demais ambientes comerciais. O propósito, já anunciado, é o de evitar que terceiros, que venham a suceder antigos proprietários de unidades habitacionais,[34] possam alegar desconhecimento daquelas obrigações e, assim, pleitear suas liberações – o que geraria ruídos capazes de frustrar a concretização da função econômica unitária, de investimento coletivo.

4. A CONVENÇÃO DE CONDOMÍNIO E A BOA-FÉ OBJETIVA

Como dito, há a prática de se prever nas convenções de condomínio dos condo-hotéis cláusulas que previnam comportamentos contrários ao propósito coletivo de investimento, seja por atuais condôminos ou por terceiros que venham supervenientemente a se tornar proprietários de unidades habitacionais.[35] Admite-se a formatação dos condo-hotéis com a modulação dos poderes dos proprietários, tratando-se, pois, de exercício legítimo da autonomia privada.

Um dos mais relevantes papéis do Direito é o de minimizar as incertezas sociais, de modo a internalizar em seus mecanismos os riscos da vida social. Daí a importância dos registros públicos e de sua função de possibilitar a todos ter acesso aos seus assentos, a fim de que, assim, tomem ciência dos conteúdos jurídicos de diversas situações jurídicas que lhes possam interessar direta ou indiretamente. No caso, de situações jurídicas patrimoniais.

Os condo-hotéis são uma realidade consolidada no Brasil. Cabe ao jurista – do consultor ao magistrado, passando pelo registrador público – ter a sensibilidade para reconhecer, no direito vigente, a existência e adequação de mecanismos que permitam a redução das inseguranças jurídicas àqueles relacionadas. Nesse sentido, é válida, eficaz e adequada a previsão na convenção de condomínio das obrigações que dão sustentação à função de investimento que unifica e coliga as propriedades.

---

coligada ou conexa, em relação de acessoriedade, com um direito real. Em posição diametralmente oposta, há quem propugne que se trata de uma figura de natureza real (um direito real *in faciendo*). E outros autores veem nas obrigações reais uma figura jurídica híbrida, um misto de relação creditória e de relação real" (*Idem*, p. 31-32).

[33] STJ, REsp 1.554.437/SP, Rel. Min. João Otávio de Noronha, Terceira Turma, j. 02.06.2016, *DJe* 07.06.2016; e STJ, REsp 1.216.009/RS, Rel. Min. Nancy Andrighi, Terceira Turma, j. 14.06.2011, *DJe* 27.06.2011.

[34] "A sucessão, como situação jurídica de caráter geral, consiste na subentrada de uma pessoa para o lugar de uma outra, na posição de sujeito activo ou passivo de relações jurídicas. Não é a substituição genérica de um sujeito precedente por um novo que caracteriza a sucessão, mas sim a permanente identidade da posição jurídica: identidade, por via da qual a relação, ao passar ao sucesso, se mantém, nos seus elementos objectivos, tal como era constituída no tempo do predecessor" (Emilio Betti, *Teoria geral do negócio jurídico*, Coimbra: Coimbra Editora, 1969, t. I, p. 63-64).

[35] Vide Código Civil, art. 1.332, III.

É válida pois há autorização para tanto no Código Civil,[36] na lei das incorporações imobiliárias[37] e na lei dos registros públicos.[38] A ausência de regramentos legais específicos a essa modalidade de empreendimento imobiliário, não pode ser tida por empecilho à proteção jurídica dos interesses patrimoniais envolvidos. Não é outra a inteligência que orientou a construção do Enunciado nº 89 da I Jornada de Direito Civil, do Conselho da Justiça Federal: "o disposto nos arts. 1.331 a 1.358 do novo Código Civil aplica-se, no que couber, aos condomínios assemelhados, tais como loteamentos fechados, multipropriedade imobiliária e clubes de campo".

É eficaz pois a ninguém será autorizado se eximir do cumprimento daquelas obrigações alegando que não as conhecia e/ou não as firmou. Isso porque o conhecimento é presumido em havendo a sua escrituração junto ao registro do imóvel, e porque a convenção de condomínio obriga igualmente os condôminos contemporâneos à sua formação e os futuros.

É adequada pois garante a preservação da função econômica unitária que dá causa à contratação de investimento coletivo da qual tem origem o condo-hotel. Serve de instrumento apto a autorizar outros condôminos, ou mesmo a administradora hoteleira, a exigir de atuais ou futuros proprietários o adimplemento daquelas obrigações – ou pleito de responsabilização civil –, no desiderato de que a coletividade de condôminos tenha preservados os seus interesses patrimoniais de retorno sobre o investimento.[39]

Logo, a possibilidade de se dar eficácia real a obrigações firmadas entre titulares de direitos reais coligados têm por efeito maximizar o aproveito econômico e social dos bens, ao ensejar o exercício criativo da autonomia privada, desde que respeitados os valores do ordenamento jurídico. No condo-hotel, a pluralidade de titulares de direitos de propriedade sobre unidades autônomas deve respeitar a função unitária do empreendimento, não podendo dela desviar-se. Há, por conta da já explicitada unidade funcional, uma coligação de situações jurídicas reais, uma vez que todas têm uma função econômica em comum: a realização de investimento coletivo. Se todo instituto jurídico se presta à promoção de certos valores e interesses, é de se avaliar diante do caso concreto a melhor forma de ser aquela função econômica coletiva alcançada.

Ademais, há um olhar que se faz imperioso sobre a contratação de investimento coletivo em condo-hotel: o do direito civil-constitucional, que reconhece a força normativa da Constituição e exige que as relações privadas – inclusive as contratuais, por evidência – promovam os maiores valores do ordenamento, especificamente no caso a solidariedade constitucional. O dever constitucional de solidariedade se revela, nas relações patrimoniais, através do princípio da boa-fé objetiva, em especial pela imposição dos deveres de cooperação, informação e lealdade – extremamente importantes para a concretização da função unitária de investimento. A respeito da aplicabilidade do princípio da boa-fé objetiva às situações jurídicas reais, diz Eduardo Nunes de Souza:

> A aplicação desse princípio, normalmente restrita ao direito obrigacional, nestes casos demonstra como o controle valorativo do exercício dos direitos reais não se esgota na

---

[36] Código Civil, arts. 1.334: "Além das cláusulas referidas no art. 1.332 *e das que os interessados houverem por bem estipular* (...)".

[37] Lei Federal 4.591/1964, art. 9º, § 3º: "*Além de outras normas aprovadas pelos interessados*, a Convenção deverá conter: (...)".

[38] Lei Federal 6.015/1973, art. 167, I, (17); art. 178, III.

[39] Uma vez que não há no contrato de investimento coletivo restrição ao poder de disposição do bem imóvel por parte do proprietário, este pode aliená-lo a terceiro sem a necessária anuência dos demais condôminos, ou do operador hoteleiro. Por isso, não se trataria de mecanismo de cessão de posição contratual. A esse respeito, cf. Ivana Pedreira Coelho, Cessão da posição contratual: estrutura e função, *Revista Brasileira de Direito Civil*, v. 5, p. 26-71, 2015. Disponível em: https://rbdcivil.ibdcivil.org.br/rbdc/article/view/89. Acesso em: 18 out. 2017.

disciplina prevista pelo tipo legal, exigindo uma análise funcional do merecimento de tutela desse exercício como espaço de autonomia privada que representa–característica comum, aliás, a todo o direito civil patrimonial. Nesse sentido, aplicam-se as tradicionais funções da boa-fé objetiva (hermenêutica, restritiva do exercício disfuncional de direitos e criadora de deveres positivos) também em matéria de direitos reais, tendência que se consolida na jurisprudência brasileira.[40]

Da boa-fé se extrai o dever de informação. No caso, a previsão da coligação de situações jurídicas reais nas convenções de condomínio dos condo-hotéis se presta a esse fim. Todavia, conforme se pode perceber pela leitura das convenções ilustrativamente juntadas ao final do presente estudo, embora haja a menção da contratação de operação hoteleira para a instituição de condo-hotel, os contratos de investimento coletivo que geram a coligação não constam nos registros imobiliários.

Transfere-se, assim, aos proprietários o dever de informar terceiros que venham eventualmente a adquirir as propriedades – ou outras situações reais – das unidades habitacionais, funcionalizadas à operação unitária do condo-hotel, dos teores daqueles contratos. No modelo atual, os registros imobiliários permitem aos terceiros apenas tomar ciência da existência desses contratos e da função econômica unitária do condo-hotel, mas não do conteúdo daqueles contratos. A função unitária do empreendimento hoteleiro, que gera a coligação de situações jurídicas reais, deve ser preservada. Daí a importância de se dar eficácia real às suas obrigações.

Dessa forma, embora a menção da função econômica unitária de investimento coletivo nas convenções de condomínio traga alguma informação à coletividade eventualmente interessada na assunção de posição de titularidade de um imóvel ligado ao empreendimento, entende-se que melhor seria que os próprios contratos de investimento coletivo constassem integralmente nos registros imobiliários. Assim, automaticamente haveria a informação a terceiros das obrigações firmadas pelos titulares das unidades habitacionais, sendo presumível a ciência da substância da regulação contratual do aproveitamento econômico desses bens imóveis.[41] Isso pode ser feito através do livro nº 3 (registro auxiliar) dos registros de imóveis,[42] conforme autorização legal dada pelo art. 178, VII, da Lei dos Registros Públicos.[43]

Ao se dessa forma proceder, maximiza-se o acesso a todas as informações relevantes ao modelo de exploração econômica dos condo-hotéis, permitindo-se que todos os proprietários, atuais e futuros, tenham perfeita ciência das modulações do aproveitamento econômico dos bens imóveis envoltos, contratualmente firmadas. Conforme Aquila Villella, *"l'applicazione*

---

[40] Autonomia privada e boa-fé objetiva em direitos reais, *Revista Brasileira de Direito Civil*, Rio de Janeiro: Instituto Brasileiro de Direito Civil, vol. 4, abr./jun. 2015, p. 79-80.

[41] Em sentido semelhante, Marcelo Rodrigues: "Os adquirentes das unidades aderem tacitamente ao regulamento condominial no momento da transferência do domínio do andar ou unidade autônoma. Salutar que se inclua na escritura de alienação as obrigações decorrentes do regulamento, convenção ou título, a fim de que não se voltem contra o alienante os demais coproprietários do prédio e o comprador" (*Tratado de registros públicos e direito notarial*, 2. ed. ampl., atual. e rev. São Paulo: Atlas, 2016, p. 381-382).

[42] Lei Federal 6.015/1973, art. 177: "O Livro nº 3 – Registro Auxiliar – será destinado ao registro dos atos que, sendo atribuídos ao Registro de Imóveis por disposição legal, não digam respeito diretamente a imóvel matriculado".

[43] Lei Federal 6.015/1973, art. 178: "Registrar-se-ão no Livro nº 3 – Registro Auxiliar: VII – os títulos que, a requerimento do interessado, forem registrados no seu inteiro teor, sem prejuízo do ato, praticado no Livro nº 2".

772 | PROBLEMAS DE DIREITO CIVIL – *Homenagem aos 30 anos de cátedra do professor Gustavo Tepedino*

del meccanismo della trascrizione a situazioni meramente obbligatorie è espressione dell'esigenza di rafforzarne la tutela".[44]

Por isso mesmo, esse mecanismo de publicidade – inteiramente conforme a legislação vigente – tem o condão de possibilitar melhor verificação do exercício, da propriedade e dos contratos de investimento coletivo, conforme suas funções sociais, bem como a exigência de comportamentos conforme a boa-fé objetiva tanto dos atuais proprietários quanto de terceiros que venham a titularizar situações jurídicas reais coligadas por conta da função econômica unitária de todo o empreendimento hoteleiro.[45]

Sendo assim, é perene a rútila lição, grandiosa em sua simplicidade, de Pietro Perlingieri sobre os exercícios de situações jurídicas reais que se tocam, como sói ocorrer nas coligações reais dos condomínios hoteleiros estruturados em forma de condo-hotéis: "*in tale ipotesi si possono indicare talune linee generali: l'esercizio individuale della facoltà di godimento deve preservare il godimento altrui, l'atto di disposizione di uno non deve recare pregiudizio agli altri, ecc.".*[46]

Assim, encerra-se com a conclusão final de que existe nos condo-hotéis uma função econômica unitária a coligar todas as propriedades de unidades habitacionais pertencentes ao condomínio edilício, que faz com que os poderes usualmente conferidos aos proprietários sejam mitigados a fim de que a finalidade de investimento coletivo seja alcançada e preservada a longo prazo. Para tanto, faz-se necessário que tais mitigações também vinculem terceiros que eventualmente venham a se tornar proprietários de situações jurídicas reais jungidas à coligação – o que se pode fazer por meio do registro dos contratos de investimento coletivo no registro imobiliário, para além das menções ao fim hoteleiro comum que comumente têm sido feitas nas convenções de condomínio.[47]

5. CONCLUSÃO

Frutos da atuação da autonomia privada, também no campo das titularidades, são as novas modalidades de aproveitamento econômico dos bens jurídicos, como o são os condomínios hoteleiros denominados de condo-hotéis. Esse tipo condominial tem estrutura de condomínio edilício, mas função de investimento coletivo, surgindo daí uma coligação de direitos reais. Isso

---

[44] *Per un diritto comune delle situazioni patrimoniali*, Napoli: ESI, 2000, p. 262. Tradução livre: "a aplicação do mecanismo de transcrição a situações meramente obrigatórias é uma expressão da necessidade de fortalecer sua proteção".

[45] Lei Federal 4.591/1964, art. 10: "É defeso a qualquer condômino: (...) III – destinar a unidade a utilização diversa de finalidade do prédio, ou usá-la de forma nociva ou perigosa ao sossêgo, à salubridade e à segurança dos demais condôminos". Sobre o abuso do direito em condomínios edilícios, cf. André Abelha Dutra, *Abuso do direito no condomínio edilício*, Porto Alegre: Sergio Antonio Fabris, 2013, p. 17-50.

[46] *Manuale di diritto civile*, 4ª edizione ampiamente riveduta ed aggiornata, Napoli: ESI, 2005, p. 88. Tradução livre: "Nesta hipótese, algumas linhas gerais podem ser indicadas: o exercício individual do direito de gozo deve preservar o gozo de outros, o ato de disposição de um não deve prejudicar outros, etc.".

[47] "Se a situação publicizada for verdadeira – isto é, for coincidente com a realidade jurídica, porque a situação jurídica publicizada realmente existe, é válida e eficaz, de modo a não haver nenhuma imperfeição registral no que toca tanto ao processo de registro quanto ao título que serviu de causa ao registro –, dar-se-á a atuação plena do instituto da publicidade, tornando o direito publicizado oponível contra terceiros, e invocável pelos terceiros" (Leonardo Brandelli, *Registro de imóveis*: eficácia material, Rio de Janeiro: Forense, 2016, p. 274).

porque, muito embora formalmente seja um condomínio edilício, com unidades habitacionais de propriedade exclusiva e com registro imobiliário autônomo, exerce uma função econômica específica e comum a todas essas propriedades exclusivas; uma função unitária de investimento coletivo, como dito. Nesta modalidade, os investidores adquirem as propriedades de unidades habitacionais independentes, e concomitantemente celebram alguns contratos coligados de investimento coletivo, pelos quais se obrigam a não usar ou fruir diretamente o bem adquirido. Há o pacto de que a exploração empresarial daquelas unidades será feita exclusivamente por um operador com expertise em administração hoteleira, geralmente sob a bandeira de conhecida rede de hotéis.

Para tanto, há em regra a constituição de uma sociedade em conta de participação na qual o operador hoteleiro figura como sócio ostensivo, e todos os demais condôminos como sócios participantes. A empresa desenvolvida por essa sociedade se torna responsável pela exploração econômica de todo o empreendimento – maximizando os ganhos coletivos por conta de sua experiência no ramo hoteleiro –, e pela distribuição dos proventos entre todos os sócios, na proporção que lhes couber, calculada, geralmente, em relação à representatividade da fração ideal da unidade habitacional titularizada em relação ao total do empreendimento.

Há, assim, uma diluição nos riscos do investimento, já que os proprietários não recebem proventos derivados estritamente da exploração hoteleira de sua unidade habitacional, mas um *pro rata* do todo. Existem, pois, interesses cruzados que imbricam os direitos de propriedade de todas as unidades habitacionais de um mesmo condo-hotel, residindo aí a função econômico unitária a coligá-los. Essa coligação é fundamental para a higidez do empreendimento, de modo que às obrigações contratualmente firmadas pelos investidores deve, também, ser dada eficácia real, a fim de garantir que terceiros que venham a adquirir de forma derivada permaneçam vinculados àquela peculiar função unitária de investimento.

Assim, sendo legais as intervenções feitas pela autonomia privada que modulam o conteúdo das situações jurídicas reais e as maneiras de aproveitamento econômico dos bens, e em as havendo nos condo-hotéis no intuito de criar a funcionalização dos autônomos direitos de propriedade a um propósito econômico em comum, é preciso que se utilizem mecanismos que tragam segurança jurídica ao empreendimento. Isso a fim de, especialmente, assegurar a concretização da função econômica unitária que gera a coligação daquelas situações jurídicas reais pertencentes a um mesmo condomínio hoteleiro. Esses mecanismos são, sobretudo, os que visam a dar publicidade aos contratos de investimento coletivo.

Desse modo, não apenas se dá substrato jurídico para a aferição de tutela dos exercícios, pelos atuais proprietários, das situações jurídicas reais coligadas, mas, talvez mais importante, para vincular os eventuais futuros proprietários àquela função econômica unitária que dá causa aos condo-hotéis. Consegue-se isso levando os contratos de investimento coletivo, que geram a coligação real, para escrituração junto aos registros imobiliários, dando-lhes, pois, eficácia real. Há autorização para tanto na legislação brasileira vigente, seja na lei das incorporações imobiliárias, na lei dos registros públicos, ou na codificação civil.

Tendo em conta a discussão neste estudo feita, conclui-se que é existente, válido e eficaz no direito civil brasileiro o fenômeno da coligação real, ocasionado pela possibilidade de situações jurídicas reais estruturalmente autônomas serem convencionalmente direcionadas à realização de uma função econômica unitária, que só pode ser concretizada pelo norteamento e pelo exercício harmônico do conjunto daquelas situações jurídicas. Esse fenômeno de coligação se verifica nos empreendimentos imobiliários denominados no Brasil de condo-hotéis, cuja função econômica unitária é a de investimento coletivo. Há, finalmente, mecanismos jurídicos já previstos na legislação posta para a proteção dos interesses patrimoniais envolvidos nesses condomínios hoteleiros, pela preservação da função geradora da coligação dos direitos reais a eles relacionados.

46

DIREITO REAL E
RELAÇÃO DE COOPERAÇÃO[1]

PABLO RENTERIA

Sumário: 1. Introdução. 2. Crítica ao poder imediato sobre a coisa como característica uniforme dos direitos reais. 3. Direitos pessoais de gozo. 4. Superação da doutrina clássica e o direito real em perspectiva relacional. 5. A importância da cooperação no âmbito dos direitos reais. 6. Aplicação das normas do direito das obrigações no âmbito dos direitos reais.

1. INTRODUÇÃO

Ainda se mostra corrente, na doutrina brasileira, o entendimento tradicional segundo o qual o direito real confere ao titular um poder imediato sobre a coisa. Tal ideia deita suas raízes na chamada teoria realista ou clássica, que é oriunda do jusnaturalismo do século XVII.[2] De acordo com essa corrente de pensamento, o poder (*potestas*) do indivíduo sobre as coisas traduz predicado da personalidade humana, constituindo extensão natural da liberdade individual.[3]

---

[1] Este artigo foi escrito em homenagem aos trinta anos de cátedra do Professor Gustavo Tepedino, a quem presto os meus sinceros agradecimentos pela generosidade dos seus ensinamentos. As ideias aqui desenvolvidas encontram-se aprofundadas na tese de doutorado orientada pelo Professor Gustavo Tepedino na Faculdade de Direito da Universidade do Estado do Rio de Janeiro (UERJ), a qual foi publicada, com ajustes, sob o título *Penhor e Autonomia Privada* (São Paulo: Atlas, 2016).

[2] Cf. Giovanni Pugliese, Diritti reali, *Enciclopedia del Diritto*, Milano: Giuffrè, 1964, vol. XII, p. 764; e António Menezes Cordeiro, *Direitos reais*, Lisboa: Lex, 1979, reimpressão de 1993, p. 224.

[3] V. Marco Comporti, *Contributo allo studio del diritto reale*, Milano: Giuffrè, 1977, p. 10-11.

Cap. 46 • DIREITO REAL E RELAÇÃO DE COOPERAÇÃO | **775**

A formulação mais bem acabada da teoria clássica é atribuída à Escola Histórica Alemã,[4] que, reivindicando para si a tradição romanista,[5] propõe a construção do direito privado a partir do dogma da autonomia individual e do primado do direito subjetivo.[6] Nessa esteira, o direito real constituiria espécie de direito subjetivo que vincularia o sujeito à coisa, a qual se submeteria ao poder imediato (*rectius*, à vontade) daquele.[7]

Sobressai em tal concepção a ênfase ao conteúdo do direito como elemento específico do direito real. O direito real se caracterizaria por atribuir ao titular poder imediato sobre a res, ao passo que o direito pessoal consubstanciaria o poder sobre o ato do devedor.[8] Ainda que a prestação tenha por objeto uma coisa – *e.g.*, a obrigação de entregar determinado bem – o credor não seria titular de direito real, já que dependeria, fundamentalmente, da cooperação do devedor para satisfazer o seu crédito. No direito real, ao reverso, a coisa basta à pessoa. Por isso que, enquanto no direito pessoal a relação jurídica se instaura entre sujeitos, no real, o vínculo liga o sujeito à coisa.[9]

Dessa forma, a distinção entre os direitos *pessoais* e *reais* residiria na *estrutura* e, por conseguinte, no *modo de exercício*.[10] Todo direito real se exerceria diretamente sobre a coisa, sem interposição de outro sujeito, ao passo que a realização do direito pessoal dependeria fundamentalmente do comportamento de alguém – o devedor. A distinção expressaria, assim, a diversa configuração dos direitos subjetivos: enquanto no direito pessoal a satisfação do interesse do titular supõe o cumprimento do dever jurídico assumido por outrem, no direito real, aquela resulta do agir do próprio titular diretamente sobre a coisa.

Tal concepção, contudo, não resiste ao exame mais cuidadoso dos diferentes direitos subjetivos admitidos na ordem jurídica vigente. Por tomar como paradigma o direito de propriedade, historicamente considerado o direito real por excelência, tal opinião não leva em devida conta a estrutura

---

[4] Sobre essa corrente de pensamento, que se desenvolveu na primeira metade do século XIX, veja-se António Manuel Hespanha, *Panorama histórico da cultura jurídica europeia*, Lisboa: Publicações Europa-América, 1997, p. 181-185. V. ainda Franz Wieacker, *História do direito privado moderno*, Lisboa: Fundação Calouste Gulbenkian, 1980, p. 397-491.

[5] Embora a distinção *actio in rem* e *actio in personam* fosse conhecida do direito romano, é incerto que os juristas romanos tenham formulado conceito unitário de *direito real*. Cf. Marcel Planiol; Georges Ripert, *Traité Pratique de Droit Civil Français – Les Biens*, 2. ed., Paris: LGDJ, 1952, tomo 3, p. 41.

[6] V. António Manuel Hespanha, *Panorama histórico da cultura jurídica europeia*, cit., p. 187-188.

[7] V. Marco Comporti, *Contributo allo studio del diritto reale*, cit., p. 12.

[8] Na doutrina brasileira, no sentido exposto no texto, veja-se a lição de Lafayette Rodrigues Pereira: "O *direito real* é o que afeta a coisa direta e imediatamente, sob todos ou sob certos respeitos, e a segue em poder de quem quer que a detenha. (...) Os *direitos pessoais* (*obrigações*) têm por objeto imediato, não coisas corpóreas, senão atos ou prestações de pessoas determinadas" (*Direito das coisas*, Rio de Janeiro: Editora Rio, edição histórica, 1977, vol. I, p. 21-23, grifos no original).

[9] Assim ensinava o jurista francês Charles Demolombe acerca da distinção entre direitos reais e pessoais: "*En deux mots, votre droit est-il tel, que vous n'ayez entre vous et la chose, qui en est l'objet, aucun intermédiaire, et qu'il existe indépendamment de toute obligation spéciale d'une personne envers vous ? Ce droit est réel. Votre droit, au contraire, est-il tel, que vous ne puissiez pas vous porter directement*, recta via*, sur la chose elle-même, et qu'il faille vous adresser à une personne spécialement obligée envers vous à raison de cette chose ? Ce droit est personnel*" (*Cours de Code Napoléon*, vol. IX, *Traité de la Distinction des Biens*, 4. ed., Paris: Auguste Durand & L. Hachette et Cie, 1870, tomo I, p. 340-341).

[10] "Voltam-se os autores modernos para a *estrutura interna* do direito real, salientando que o poder de utilização da coisa, sem intermediário, é o que caracteriza os direitos reais. Considerado, na sua devida importância, o *aspecto interno* dos direitos reais, o critério mais adequado para distingui-los dos direitos pessoais é o do *modo do seu exercício*" (Orlando Gomes, *Direitos reais*, Rio de Janeiro: Forense, 2008, p. 15).

PROBLEMAS DE DIREITO CIVIL – *Homenagem aos 30 anos de cátedra do professor Gustavo Tepedino*

típica de certos direitos reais na coisa alheia, bem como aquela de determinados direitos que, apesar de serem reputados *pessoais*, atribuem ao titular um verdadeiro poder imediato sobre a coisa.

Essa constatação permite descortinar a importância da cooperação no âmbito dos direitos reais, a qual, ainda hoje, é ofuscada pela reprodução acrítica das ideias oriundas da teoria clássica. Dessa forma, abrem-se novos horizontes para a aplicação de normas do direito das obrigações em matéria de direitos reais, notadamente da boa-fé objetiva.

2. CRÍTICA AO PODER IMEDIATO SOBRE A COISA COMO CARACTERÍSTICA UNIFORME DOS DIREITOS REAIS

A observação de que nem todo direito real atribui poder imediato sobre a coisa não é inovadora. Em 1940, em monografia dedicada ao tema, o jurista Michele Giorgianni sustentou que, no direito italiano, "as relações compreendidas na categoria dos direitos reais não têm conteúdo unitário. Além daquelas que têm como conteúdo um poder imediato sobre a coisa, (...) há aquelas que, ao reverso, apresentam conteúdo diverso, nas quais os instrumentos para a satisfação do interesse do titular são diferentes".[11]

A lição do professor italiano mostra-se plenamente aplicável ao direito brasileiro, como se verifica, a seguir, nos exemplos dos direito reais de servidão negativa, de hipoteca e de penhor.

Como se sabe, as *servidões negativas* "impõem ao senhor ou possuidor do prédio serviente o dever de abster-se da prática de determinado ato de utilização".[12] Diversamente das *positivas*, as *negativas* não conferem ao prédio dominante o aproveitamento do prédio serviente.[13] Ao reverso, têm por efeito restringir o uso que o dono ou possuidor do prédio serviente pode fazer do próprio imóvel, impedindo determinadas atividades, como a construção acima do nível do solo (*non aedificandi*) ou acima de certa altura (*altius non tollendi*). Por isso que impõem ao prédio serviente dever de *abstenção*.[14]

Como se vê, as servidões negativas não autorizam o prédio dominante a exercer qualquer poder imediato sobre o prédio serviente. Ao reverso, a satisfação do interesse do dono ou possuidor do prédio dominante em não se erguer no prédio vizinho construção que lhe prejudique a vista, a ventilação ou a iluminação solar depende fundamentalmente do cumprimento do dever de *abstenção* a cargo do titular do prédio serviente.

Em outras palavras, o interesse do titular do prédio dominante se satisfaz, nas servidões negativas, em virtude da cooperação do vizinho, e não já em razão de suposto poder imediato

---

[11] Michele Giorgianni, *Contributo alla teoria dei diritti di godimento su cosa altrui*, Milano: Giuffrè, 1940, p. 149, tradução livre.

[12] Orlando Gomes, *Direitos reais*, cit., p. 322.

[13] Assim, de acordo com António Menezes Cordeiro: "As servidões são classificadas em *positivas* ou *negativas*, consoante o seu conteúdo permita ao titular do prédio dominante *praticar atos sobre o prédio serviente* ou *beneficiar da obrigação de não praticar atos por parte do titular do prédio serviente*" (*Direitos reais*, cit., p. 727, grifos no original).

[14] "Nas servidões negativas, o dono do prédio serviente, em vez de ter de tolerar, tem de se abster de algo (*non facere*). São as principais a servidão *altius non tollendi*, a *stillicidii non admittendi*, a *ne prospectu officiatur* e a *ne lumini officiatur*. (...) Se a servidão consiste em *non facere*, em vez de *pati*, o proprietário do prédio serviente deve omissão. Se a servidão não existisse, o proprietário do prédio serviente poderia fazer o que, existindo a servidão, se lhe proíbe" (Pontes de Miranda, *Tratado de direito privado*: parte especial, São Paulo: Revista dos Tribunais, 2012, t. 18, p. 346-347).

Cap. 46 · DIREITO REAL E RELAÇÃO DE COOPERAÇÃO | **777**

sobre o imóvel vizinho. Nesse tocante, portanto, a servidão *negativa* aproxima-se da obrigação de não fazer, em que o direito do credor se realiza mediante o adimplemento do débito.[15]

De forma semelhante, o direito real de hipoteca não atribui ao credor hipotecário poder imediato sobre o imóvel dado em garantia. Isto porque a *excussão* do bem hipotecado, isto é, a sua venda forçada, depende necessariamente da intervenção de terceiro, normalmente do Judiciário.[16] Vale dizer, a satisfação do interesse creditório, consistente na quitação da dívida, não decorre do agir do credor sobre o imóvel hipotecado.

Procurou-se preservar a doutrina clássica com o argumento de que o direito de *excussão* da hipoteca traduziria espécie de poder imediato sobre o imóvel, já que seria dado ao credor dispor juridicamente do bem, por meio da excussão, independentemente da cooperação do proprietário.[17] A ideia, contudo, não procede nos dias atuais, ainda que pudesse ser válida para o direito romano.[18] A qualquer credor se reconhece o *direito subjetivo público* de exigir do Judiciário a tutela do seu direito. A penhora do imóvel hipotecado e a sua posterior alienação judicial são, contudo, atos estatais ordenados pelo juiz. Em outras palavras, a agressão do bem hipotecado é um poder do Estado, e não já do credor.[19]

Além disso, fosse a hipoteca direito real por atribuir ao credor o poder de vender o bem sem a colaboração do devedor, haveria de se admitir, do mesmo modo, o caráter real do direito de todo credor quirografário de agredir o patrimônio do devedor para satisfazer o seu crédito.[20] No entanto, essa tese não é aceitável. Mais correto é o entendimento segundo o qual a excussão do

---

[15] Cf. Michele Giorgianni, *Contributo alla teoria dei diritti di godimento su cosa altrui*, cit., p. 150. V., na mesma direção, Marco Comporti, *Contributo allo studio del diritto reale*, cit., p. 99.

[16] Além da excussão na forma do Código de Processo Civil, o direito pátrio admite, na forma prevista no Decreto-Lei n. 70/1966, a execução extrajudicial, por meio de *agente fiduciário*, das hipotecas convencionadas em garantia de financiamentos imobiliários vinculados ao Sistema Financeiro da Habitação (SFH).

[17] V. Alberto Montel, Garanzia (Diritti Reali di), *Novissimo Digesto Italiano*, 3. ed., Torino: UTET, 1957, vol. VII, p. 747. Cf., na doutrina brasileira, Mário Neves Baptista, *Penhor de Créditos*, Dissertação (Concurso à Cátedra de Direito Civil) – Faculdade de Direito, Universidade de Recife, Recife, 1947, p. 22 e 43-44.

[18] No direito romano, não se reconhecia aos credores o direito de promover a venda separada de determinado bem do devedor, visto que as vias de execução então admitidas recaíam necessariamente sobre o conjunto de bens do devedor. Desenvolveu-se, no entanto, a prática de estipular nos contratos constitutivos de penhor e de hipoteca (que à época praticamente se confundiam em único instituto – *interpignus et hypothecam tantum nominis sonus differt*) o direito de venda do bem, em caso de inadimplemento do devedor (*pactum de distrahendi*). Por isso se diz que, no direito romano, a fonte do direito de venda do bem é a própria garantia real. Cf. Ebert Chamoun, *Instituições de direito romano*, 4. ed., Rio de Janeiro: Forense, 1962, p. 283-286.

[19] Cf. Michele Giorgianni, *Contributo alla teoria dei diritti di godimento su cosa altrui*, cit., p. 151-152 e Marco Comporti, *Contributo allo studio del diritto reale*, cit., p. 98-99. Sublinhe-se que, no sistema do Decreto-Lei n. 70/1966, a execução extrajudicial da hipoteca realiza-se por meio do *agente fiduciário* nomeado pelas partes (art. 30, § 2º), o qual fica incumbido de promover a notificação do devedor para que purgue a mora (art. 31) e, caso isso não aconteça, de promover o público leilão do imóvel (art. 32).

[20] Na doutrina pátria, destaca Mário Neves Baptista que o poder de venda não é característica dos direitos reais de garantia, pois "se assim fosse, nenhuma diferença existiria entre eles e os direitos de obrigação, vez que a todo credor, mesmo ao simples credor quirografário, sendo o seu crédito exigível, se permite apreender os bens do devedor, por via de execução judicial, fazendo-os vender, para sua própria satisfação" (*Penhor de créditos*, cit., p. 36).

778 | PROBLEMAS DE DIREITO CIVIL – *Homenagem aos 30 anos de cátedra do professor Gustavo Tepedino*

imóvel não se inclui entre os efeitos da hipoteca, decorrendo, antes disso, da relação processual de execução por quantia certa movida pelo credor.[21]

Dentre os efeitos que efetivamente decorrem da hipoteca, compreendem-se a sequela e a preferência. O primeiro autoriza a excussão do imóvel, ainda que este se encontre no patrimônio de terceiro que o tenha adquirido do constituinte da garantia. O segundo efeito assegura ao credor hipotecário, na eventualidade de se formar concurso de credores sobre o imóvel, prioridade para se pagar com o preço obtido com a venda da coisa, antes dos demais credores. No entanto, nada disso traduz poder imediato sobre a coisa e, por conseguinte, se presta a corroborar a teoria clássica do direito real.

Também não há no penhor poder imediato sobre a coisa empenhada, cabendo, aqui, as mesmas observações que foram feitas em relação à hipoteca. Não altera tal conclusão o fato de a lei exigir para a constituição do penhor comum a entrega da coisa ao credor pignoratício, uma vez que o exercício possessório não tem a finalidade de realizar o direito do credor.[22]

A sua função consiste, principalmente, em dar publicidade à garantia então constituída e *acautelar* o credor, que fica autorizado a reter a coisa enquanto a dívida não for quitada. No entanto, o direito de retenção não é instrumento de realização do crédito, servindo, antes disso, para pressionar o devedor, desejoso de recuperar a sua coisa, a cumprir o débito. Ou seja, o exercício de tal faculdade não conduz, por si só, à satisfação do crédito, sendo, a rigor, instrumento hábil a compelir o devedor a realizar a prestação devida.[23]

O que efetivamente realiza o direito do credor em caso de inadimplemento é o recebimento da quantia devida em virtude da alienação do bem ou da apropriação do bem.[24] No entanto, como já aludido, a execução não traduz o exercício pelo credor de poder imediato sobre a coisa, nem mesmo na hipótese de venda amigável, uma vez que, neste caso, ela é realizada em nome do proprietário do bem, com base nos poderes outorgados por este último.[25] Vale dizer, portanto, que o credor não dispõe da coisa em nome próprio, mas em nome do dono, agindo como seu representante.

Para preservar o esquema conceitual da teoria clássica, criaram-se diversas construções doutrinárias. De uma parte, argumentou-se que, assim como os direitos reais de fruição, os de garantia acarretariam o desmembramento do domínio, de modo que teriam por conteúdo parte dos elementos que compõem o senhorio. Sustentou-se, nessa direção, que a constituição da hipoteca ou do penhor destacaria, em favor do respectivo titular, o poder de disposição.[26]

No entanto, tal opinião foi duramente combatida. Apontou-se, inicialmente, para o equívoco de perspectiva que considera os direitos reais limitados, quer de fruição, quer de garantia, como

---

[21]   Cf. Enrico Tullio Liebman, *Processo de execução*, São Paulo: Saraiva, 1980, p. 32-37.

[22]   Cf. Domenico Rubino, La responsabilità patrimoniale – Il pegno, *Trattato di Diritto Civile Italiano sotto la Direzione di Filippo Vassalli*, 2. ed., Torino: UTET, 1952, vol. XIV, t. 1, p. 186. Na doutrina pátria, cf. Mário Neves Baptista, *Penhor de créditos*, cit., p. 21.

[23]   Cf. Gustavo Tepedino, Das várias espécies de contrato: do mandato, da comissão, da agência e distribuição, da corretagem, do transporte, In: Sálvio de Figueiredo Teixeira (coord.), *Comentários ao novo Código Civil*, Rio de Janeiro: Forense, 2008, vol. 10, p. 260.

[24]   Como se verifica no caso de execução do penhor por meio do pacto marciano ou da adjudicação. Sobre o tema seja consentido remeter a Pablo Renteria, *Penhor e autonomia privada*, cit., p. 157 e seguintes.

[25]   De acordo com o art. 1.433, IV, do Código Civil, o "credor pignoratício tem direito (...) a promover a execução judicial, ou a venda amigável, se lhe permitir expressamente o contrato, ou lhe autorizar o devedor mediante procuração". Cf. sobre o ponto Caio Mário da Silva Pereira, *Instituições de direito civil*, Rio de Janeiro: Forense, 2012, vol. IV, p. 292.

[26]   Vejam-se em Mário Neves Baptista, *Penhor de créditos*, cit., p. 22-23, as diversas referências, nessa direção, à doutrina alemã.

propriedades imperfeitas ou *fragmentadas* resultantes do desmembramento da propriedade. Obje-tou-se que a propriedade não consubstancia soma de poderes que se fraciona para dar espaço a outros tantos direitos. Traduz, ao revés, direito unitário e dotado de elasticidade, cujo conteúdo se limita em razão da concorrência de outros direitos reais sobre o mesmo bem.[27]

Além disso, na base dessa ordem de ideias está a concepção da propriedade como modelo paradigmático de direito real, a partir do qual a formação dos demais seria explicada. No entanto, essa visão reducionista se choca com a tendência atual em favor do reconhecimento da autono-mia estrutural e funcional dos direitos reais na coisa alheia, que devem ser disciplinados não já à imagem da propriedade, mas a partir da identificação da concreta função que desempenham.[28]

De mais a mais, a tese que identifica, no conteúdo do direito real de garantia, a transferência da faculdade de disposição não resiste ao fato de o credor hipotecário não adquirir a possibilidade de dispor do bem, que é conservada pelo proprietário.[29] Aliás, nesse sentido, o art. 1.475 do Código Civil reputa "nula a cláusula que proíbe ao proprietário alienar imóvel hipotecado".

Procurou-se, de outra parte, sustentar que os direitos de penhor e hipoteca atribuem ao titular poder imediato sobre *o valor da coisa* – considerado como elemento do domínio – já que a lei lhe assegura, em caso de inadimplemento, a faculdade de satisfazer o seu direito de crédito, independentemente da colaboração do devedor, com o *preço* apurado com a venda forçada do bem.[30] Observou-se, no entanto, que essa concepção não difere substancialmente da tese tradicional que identifica no direito real de penhor *o poder de expropriação do bem empenhado*,[31] sendo-lhe dirigidas, portanto, as mesmas críticas.

Vale dizer, portanto, que a venda da coisa, em execução da garantia, não se faz em virtude do poder imediato do credor, resultando, ao reverso, da intervenção de terceiro – como ocorre na hipoteca – ou da relação de representação mantida com o proprietário – como se verifica na venda amigável do penhor. Contra o chamado *direito ao valor da coisa*, objetou-se, ainda, que o *valor* não pode ser objeto de garantia, uma vez que não consubstancia, em si mesmo, *bem jurídico* sobre o qual incide a relação jurídica de garantia, mas apenas a valoração (interpretação) econô-mica desse bem.[32]

Em definitivo, o exame dos exemplos da servidão negativa, da hipoteca e do penhor demonstra que os direitos reais, ao contrário do que se afirma comumente na doutrina, não

---

[27]   Cf. Orlando Gomes, *Direitos reais*, cit., p. 27-28. V. nesse mesmo sentido, na doutrina italiana, Alberto Montel, *Garanzia (Diritti Reali di)*, cit., p. 745; Leonardo Coviello, *Ipoteche*, 2. ed., Roma: Foro Italiano, 1936, p. 17 e seguintes.

[28]   Cf. sobre o ponto Marco Comporti, *Contributo allo studio del diritto reale*, cit., p. 208 e seguintes, espe-cialmente p. 212-213.

[29]   V. Pontes de Miranda, *Tratado de direito privado*: parte especial, São Paulo: Revista dos Tribunais, 2012, t. 20, p. 80.

[30]   Na doutrina italiana, confira-se, nessa direção, Giampietro Chironi, *Trattato dei privilegi, delle ipoteche e del pegno*, Torino: Bocca, 1917, vol. I, p. 25 e seguintes. V. também as referências mencionadas em Domenico Rubino, *La responsabilità patrimoniale – Il pegno*, cit., p. 183. Na doutrina pátria, veja-se Pontes de Miranda, *Tratado de direito privado*: parte especial, t. 20, cit., p. 77-80.

[31]   V. tal crítica em Domenico Rubino, *La responsabilità patrimoniale*, cit., p. 183. V. ainda Alberto Montel, *Garanzia (Diritti Reali di)*, cit., p. 745; e Gino Gorla, *Le Garanzie Reali delle Obbligazioni*: parte generale, Milano: Giuffrè, 1935, p. 83-84.

[32]   Cf. Leonardo Coviello, *Ipoteche*, cit., p. 17 e seguintes; Gino Gorla, *Le Garanzie Reali delle Obbligazioni*: parte generale, cit., p. 83-84; Michele Giorgianni, *Contributo alla teoria dei diritti di godimento su cosa altrui*, cit., p. 154. V. também Mário Neves Baptista, *Penhor de créditos*, cit., p. 36-39.

780 | PROBLEMAS DE DIREITO CIVIL – *Homenagem aos 30 anos de cátedra do professor Gustavo Tepedino*

apresentam conteúdo uniforme, já que nem sempre se identifica nesses direitos poder imediato sobre a coisa.

Verifica-se, ao contrário, a heterogeneidade estrutural desses direitos. Alguns deles, como o usufruto e a servidão positiva, realizam o interesse do titular mediante o exercício de poder imediato sobre a coisa, sem a intervenção de outrem. Outros, em contrapartida, satisfazem o interesse do titular por meios diversos, dentre os quais a pretensão ao cumprimento de obrigação de não fazer (como na servidão negativa) ou a garantia real (como nos direitos reais de penhor e de hipoteca).

3. DIREITOS PESSOAIS DE GOZO

A crítica acima exposta à teoria realista se completa com o estudo dos direitos pessoais de gozo,[33] cujos principais exemplos são os contratos de locação e de comodato. Ao contrário do ensinamento tradicional difundido na doutrina, tais direitos, apesar de não serem considerados reais, atribuem ao respectivo titular poder imediato sobre a coisa emprestada.[34]

A locação, de acordo com a definição comumente adotada, proporciona "a alguém o uso e o gozo temporários de uma coisa restituível, em troca de retribuição pecuniária".[35] O modo pelo qual o locatário exerce seu direito sobre a coisa não difere daquele do usufrutuário. Em ambas as situações, o titular do direito (pessoal ou real) tem a posse direta da coisa, usando e fruindo dela com autonomia, isto é, sem estar vinculado ao cumprimento de ordens emanadas do proprietário. As diferenças que podem ser identificadas entre o regime do usufruto e o da locação, no que concerne aos modos de constituição,[36] à duração[37] e ao objeto,[38] entre outros aspectos, não afastam a conclusão de que ambos asseguram ao titular a utilização autônoma do bem.[39]

---

[33] Por *direitos pessoais de gozo* são aqui designados os direitos que não são definidos pelo legislador como reais e que conferem ao titular poderes de uso ou fruição sobre coisa alheia. V. sobre essa terminologia, José Andrade Mesquita, *Direitos pessoais de gozo*, Coimbra: Almedina, 1999, p. 9-25.

[34] Na doutrina italiana, tal observação crítica é formulada, entre outros, por Mario Allara: "*Inoltre non si riesce a vedere perché venga meno la relazione di immediatezza tra la cosa e il titolare del diritto soggettivo nell'ipotesi di rapporto obbligatorio la cui prestazione consiste nel non esplicare una data ingerenza su di una cosa*" (*Le Nozioni Fondamentali del Diritto Civile*, Torino: Giappichelli, 1953, vol. I, p. 368).

[35] De acordo com o art. 565 do Código Civil, "na locação de coisas, uma das partes se obriga a ceder à outra, por tempo determinado ou não, o uso e gozo de coisa não fungível, mediante certa retribuição". Cf. Caio Mário da Silva Pereira, *Instituições de direito civil*, 17. ed., Rio de Janeiro: Forense, 2013, vol. III, p. 235; Orlando Gomes, *Contratos*, Rio de Janeiro: Forense, 2007, p. 332.

[36] Ao contrário da locação, o usufruto pode ser constituído mediante usucapião (Código Civil, art. 1.391).

[37] Admite-se o usufruto vitalício irrevogável ao passo que a locação sujeita ao termo incerto do falecimento do locatário pode ser extinta por denúncia de uma das partes. Além disso, o usufruto traduz direito intransmissível (art. 1.393) ao passo que a locação pode ser transferida por ato entre vivos ou *mortis causa*. Sobre o ponto, ver Caio Mário da Silva Pereira, *Instituições de direito civil*, vol. III, cit., p. 236.

[38] Cumpre ressaltar que o usufruto se revela, nesse particular, extremamente dúctil, uma vez que pode recair sobre um patrimônio, ou parte deste (Código Civil, art. 1.390 e art. 1.392, § 3º), sobre bens fungíveis e consumíveis (art. 1.392, § 1º, e art. 1.397) e ainda sobre incorpóreos (art. 1.395), embora, a rigor, a natureza consumível do bem tenha por efeito desfigurar o usufruto. Acerca do *usufruto impróprio*, confira-se Silvio Rodrigues, *Direito civil*: direito das coisas, 28. ed., São Paulo: Saraiva, 2003, vol. 5, p. 306. A locação, por sua vez, tem por objeto apenas coisas não fungíveis (art. 565). V. Caio Mário da Silva Pereira, *Instituições de direito civil*, vol. III, cit., p. 240.

[39] Nessa direção: "Para além de toda esta teia de obrigações que se inscrevem no regime da locação, o locatário tem direito a fruir *autonomamente*, através da sua atividade, e não através de uma prestação

Diversas são as construções teóricas que, rejeitando a aproximação entre os dois direitos, buscam justificar a natureza pessoal da locação, demonstrando que a utilização do bem pelo locatário resulta do cumprimento da obrigação assumida pelo senhorio.

Em primeiro lugar, haja vista o caráter contínuo dessa utilização, sugeriu-se a existência de uma prestação obrigacional também contínua, que o locador *quotidie et singulis momentis adempie*.[40] Para alguns, tal prestação teria conteúdo positivo, consistente em prestar, por uma série ininterrupta de atos, o aproveitamento da coisa ao locatário. No entanto, tal opinião, que prosperou no direito italiano a partir da interpretação literal de dispositivo do vetusto Código Civil de 1865,[41] não encontra base normativa no direito pátrio, uma vez que entre os deveres do locador não se inclui a obrigação de fazer o locatário utilizar a coisa.

Com efeito, de acordo com a disciplina do tipo contratual estabelecida nos artigos 565 a 578 do Código Civil,[42] as obrigações essenciais do senhorio são a entrega da coisa alugada ao locatário e a garantia, durante todo o tempo do contrato, do uso pacífico da coisa,[43] sendo que nenhuma das duas traduz dever positivo de cumprimento continuado por toda a duração da relação contratual.

A primeira constitui obrigação de fazer que se consome logo no início da vigência do contrato.[44] A de garantia, por sua vez, envolve diversas prestações, tal qual a abstenção da prática de ato que perturbe a posse do locatário,[45] bem como a responsabilidade pelas turbações de terceiros e pelos vícios da coisa (anteriores à locação),[46] mas não compreende qualquer obrigação positiva permanente.

Ante a inviabilidade da tese do débito positivo continuado, sustentou-se, em direção diversa, que a obrigação do locador que estaria na base do direito do inquilino teria natureza negativa, consistindo na *tolerância* da utilização da sua coisa por outrem. Dessa maneira, ao longo de toda a locação, o senhorio cumpriria o dever de permitir o uso e o gozo do bem pelo locatário.

---

do locador, as utilidades que a coisa possa proporcionar-lhe, dentro do fim para o qual o contrato foi celebrado" (José Andrade Mesquita, *Direitos pessoais de gozo*, cit., p. 32).

[40] Confiram-se as referências mencionadas por Michele Giorgianni a diversos juristas alemães e italianos do século XIX e do início do século XX, que, de acordo com o autor, representavam a doutrina majoritária à sua época (*Contributo alla teoria dei diritti di godimento su cosa altrui*, cit., p. 110, nota 1).

[41] Cuida-se do art. 1.569, que mencionava o dever de o locador fazer a outra parte tirar proveito da coisa: "*la locazione delle cose è un contratto, col quale una delle parti contraenti si obbliga di far godere l'altra di una cosa per un determinato tempo, e mediante un determinato prezzo che questa si obbliga di pagarle*". Para a crítica à interpretação literal desse dispositivo, ver Michele Giorgianni, *Contributo alla teoria dei diritti di godimento su cosa altrui*, cit., p. 112 e seguintes.

[42] V. ainda Lei n. 8.245/1991 sobre a locação de imóveis urbanos.

[43] Código Civil, art. 566: "O locador é obrigado: I – a entregar ao locatário a coisa alugada, com suas pertenças, em estado de servir ao uso a que se destina, e a mantê-la nesse estado, pelo tempo do contrato, salvo cláusula expressa em contrário; II – a garantir-lhe, durante o tempo do contrato, o uso pacífico da coisa". O preceito, como se vê, menciona a obrigação de manter a coisa em estado de servir à sua destinação. Como ensina Orlando Gomes, tal obrigação não tem conteúdo positivo permanente, implicando, antes disso, o dever de fazer os reparos necessários à conservação da coisa (*Contratos*, cit., p. 339). Ou seja, cuida-se de obrigação positiva que se manifesta eventual e pontualmente durante a relação contratual.

[44] Cf. Gustavo Tepedino, Heloisa Helena Barboza e Maria Celina Bodin de Moraes et alii, *Código Civil interpretado conforme a Constituição da República*, Rio de Janeiro: Renovar, 2006, vol. II, p. 256.

[45] Além de lhe ser vedado esbulhar ou turbar a posse do locatário, o locador deve se abster da prática de atos jurídicos que possam comprometer o uso pacífico da coisa, como, no exemplo referido por Orlando Gomes, a concessão de servidão que onere o bem locado (*Contratos*, cit., p. 339).

[46] V. sobre o ponto Caio Mário da Silva Pereira, *Instituições de direito civil*, vol. III, cit., p. 249-252.

No entanto, como observa Michele Giorgianni, não se pode conceber a utilização da coisa como o resultado do adimplemento por outrem de obrigação negativa.[47] Afinal, sendo decorrente de *atividade* do inquilino (*e.g.*, que mora ou tem seu escritório no bem alugado), o aproveitamento econômico do bem não pode ser concebido como efeito direto da *omissão* do senhorio. Para explicar o aproveitamento, seria necessário admitir, além dessa omissão, o *agir* do próprio interessado, o que corresponde precisamente ao exercício pelo inquilino do poder imediato sobre a coisa.

Dito diversamente, embora seja verdade, como visto acima, que o locador tenha a obrigação de garantir o uso pacífico da coisa alugada, devendo, nessa direção, abster-se de perturbar a posse do inquilino, não há correspondência – como aconteceria em uma relação obrigacional – entre o cumprimento dessa obrigação negativa e a realização do direito do locatário, consistente na utilização do bem.[48]

Há quem sustente, ainda, que a locação tem natureza pessoal, visto que "o locatário, para exercer o seu direito, precisa que o locador lhe proporcione o uso da coisa".[49] Ou seja, o direito do inquilino não seria real porque dependeria da permissão do senhorio. No entanto, o argumento não se mostra decisivo, pois também a constituição do usufruto ou da servidão por meio da celebração de negócio jurídico requer o consentimento do proprietário da coisa.[50] Além disso, sendo ato inaugural da relação jurídica, a autorização não justifica, na forma de uma prestação obrigacional, a utilização do bem pelo locatário por todo o prazo da locação.[51]

Em suma, cumpre reconhecer a insuficiência das construções teóricas que, com vistas a justificar a natureza pessoal da locação, sustentam que a utilização da coisa pelo locatário traduz o resultado do adimplemento de obrigação assumida pelo senhorio. Verifica-se, ao reverso, que, em decorrência do adimplemento (instantâneo) da obrigação de entregar a coisa, o locatário torna-se possuidor direto, exercendo poder imediato que satisfaz o seu interesse ao aproveitamento econômico da coisa (moradia, exercício da atividade profissional etc.).[52] A mesma conclusão pode ser alcançada a respeito do comodato, haja vista sua similitude estrutural com a locação.[53]

Em definitivo, à luz das considerações acima, pode-se afirmar que não se mostra afinada com o sistema jurídico atual a tese que conceitua o direito real em razão da atribuição ao titular de poder imediato sobre a coisa. Há tipos reais que não apresentam esse atributo, como se observa na servidão negativa, na hipoteca e no penhor, assim como há direitos reconhecidamente pessoais, como a locação e o comodato, que, ao reverso, ostentam tal qualidade. Verifica-se, desse modo,

---

[47] Michele Giorgianni, *Contributo alla teoria dei diritti di godimento su cosa altrui*, cit., p. 122 e seguintes.

[48] V. Marco Comporti, *Contributo allo studio del diritto reale*, cit., p. 95-96.

[49] Orlando Gomes, *Contratos*, cit., p. 334. Vale transcrever a passagem integralmente: "(...) a característica decisiva do direito real é seu exercício sem intermediário, e o locatário, para exercer o seu direito, precisa que o locador lhe proporcione o uso da coisa. Esse direito não é *in re*, mas *ad rem*. Trata-se pois, de um direito de *natureza pessoal*".

[50] V. Marco Comporti, *Contributo allo studio del diritto reale*, cit., p. 96-97.

[51] Cf. Michele Giorgianni, *Contributo alla teoria dei diritti di godimento su cosa altrui*, cit., p. 127.

[52] V. Michele Giorgianni, *Contributo alla teoria dei diritti di godimento su cosa altrui*, cit., p. 117; e Marco Comporti, *Contributo allo studio del diritto reale*, cit., p. 98.

[53] Como esclarece Caio Mário da Silva Pereira: "Em ambos os contratos, locação e empréstimo, há utilização da coisa alheia. No empréstimo de uso ou comodato, a aproximação é maior, em razão da não fungibilidade da coisa, e obrigação de restituir sem diminuição da substância. A linha de diferenciação é, no entanto, precisa: no comodato é essencial a gratuidade; na locação, a remuneração" (*Instituições de direito civil*, vol. III, cit., p. 237).

que a atribuição de poder imediato sobre a coisa não é característica comum nem específica dos direitos reais, sendo incapaz, portanto, de qualificá-los.

4. SUPERAÇÃO DA DOUTRINA CLÁSSICA E O DIREITO REAL EM PERSPECTIVA RELACIONAL

Do ponto de vista histórico, a concepção do direito real como poder imediato sobre a coisa resulta da enorme importância reconhecida à propriedade, que representava, na primeira metade do século XIX, o principal instrumento jurídico de controle da riqueza social.[54] Refletindo tal realidade, as principais codificações desse período resgataram o *dominium* romano para consagrar o *poder absoluto e exclusivo* do proprietário sobre a coisa como direito fundamental das relações privadas.[55]

No entanto, a partir da segunda metade do século XIX, tal panorama começa a mudar, deflagrando importante processo de revisão dos institutos jurídicos.[56] Em particular, criticou-se a perspectiva que justifica a proteção jurídica conferida ao ato de autonomia com base na suposta força jurígena da vontade humana, defendendo-se, em vez disso, que todo ato de autonomia é tutelado na medida (e apenas na medida) em que se orienta à realização de interesses socialmente relevantes.[57]

Tais críticas alcançam o seu extremo no final do século XIX e nas primeiras décadas do século XX com as correntes de pensamento próximas ao positivismo sociológico, que afirmam a priori-dade da realidade social sobre as abstrações jurídicas – como a do homem livre e autônomo – e o primado dos deveres decorrentes dos laços de solidariedade social sobre os direitos subjetivos. Nessa perspectiva, defende-se que tais direitos são reconhecidos aos indivíduos para que possam desempenhar o seu papel na sociedade, desincumbindo-se, assim, do dever de contribuir para o bem-estar do grupo social. A propriedade, direito individualista por excelência, torna-se *função social*, protegida pela ordem jurídica em razão da sua relevância para o funcionamento da ordem econômica do Estado.

Tal preocupação prolongou-se por todo o século XX, refletindo-se na legislação de intervenção no domínio econômico e, após a Segunda Guerra Mundial, nas constituições nacionais que adotaram o modelo do Estado Social de Direito.[58] Nesse contexto, a promulgação da Constituição da República de 1988 e o consequente advento de ordem jurídica compro-metida com a promoção da dignidade da pessoa humana representam o ocaso definitivo de todas as teses extremadas, que ora exacerbam ora negam a importância da autonomia privada no ordenamento jurídico.

---

[54] V. Marco Comporti, *Contributo allo studio del diritto reale*, cit., p. 80-81.

[55] Como destaca Eroulths Cortiano Junior: "(...) a nova forma de organização social, baseada na racio-nalidade econômica, faz com que a propriedade privada passe a ocupar não somente o lugar de centro da ordem social, mas que a ordem social passe a girar em torno da propriedade privada" (*O discurso jurídico da propriedade e suas rupturas*: uma análise do ensino do direito de propriedade, Rio de Janeiro: Renovar, 2002, p. 96-110).

[56] V. António Manuel Hespanha, *Panorama histórico da cultura jurídica europeia*, cit., p. 196. Veja-se tam-bém Franz Wieacker, *História do direito privado moderno*, cit., p. 512, o qual destaca, no âmago desse movimento, a reação à ruptura provocada pelo racionalismo entre o estudo do direito e a realidade social.

[57] Cf. António Manuel Hespanha, *Panorama histórico da cultura jurídica europeia*, cit., p. 197-198.

[58] Sobre esse percurso evolutivo e seus impactos na dogmática civilista brasileira, confira-se Gustavo Tepedino, Premissas metodológicas para a constitucionalização do direito civil, *Temas de direito civil*, 4. ed., Rio de Janeiro: Renovar, 2008, p. 2-8.

784 | PROBLEMAS DE DIREITO CIVIL – *Homenagem aos 30 anos de cátedra do professor Gustavo Tepedino*

Em vista do texto constitucional, não são aceitáveis as concepções tradicionais que consideram a autonomia e, por extensão, a propriedade como valores em si mesmos, quando, em verdade, traduzem instrumentos que devem ser tutelados pelo ordenamento desde que persigam a realização de interesses que, à luz dos valores constitucionais, sejam dignos de proteção.[59]

De igual forma, mostram-se inadmissíveis as opiniões que, levando às últimas consequências o argumento anti-individualista, sobrepõem o utilitarismo à autonomia privada, instrumentalizando a pessoa humana ao serviço de interesses coletivos supostamente superiores. Tal visão encontra-se na contramão do direito pátrio, que, ao consagrar a dignidade da pessoa humana como valor supremo, assegura ao indivíduo os espaços de liberdade indispensáveis ao pleno desenvolvimento de sua personalidade.[60]

Daí a afirmação, no direito contemporâneo, de uma renovada concepção das relações privadas, que, se afastando das visões unilaterais acima reproduzidas, reconhece a pluralidade dos fundamentos axiológicos da autonomia privada.[61] Todo direito subjetivo, por expressar tanto a liberdade individual como a solidariedade social, é reconhecido pela ordem jurídica para a tutela de interesses não apenas do titular, mas também da coletividade. Todos esses interesses participam da sua essência, contribuindo para a identificação de sua *função social* e dando origem a uma *situação subjetiva complexa*, que é composta tanto por poderes quanto por deveres, obrigações e ônus.[62]

Dessas observações decorre que não se mostra consentânea com a ordem vigente a teoria realista que, reduzindo os direitos reais à relação de subordinação da coisa à vontade do titular, nega a relevância dos interesses de terceiros para a qualificação desses direitos. Em vez disso, cumpre disciplinar o exercício dos direitos reais em perspectiva *relacional*, tendo em conta os diversos centros de interesses presentes no caso concreto.[63]

---

[59] Cf. Pietro Perlingieri, *Perfis do direito civil*: introdução ao direito civil constitucional, Rio de Janeiro: Renovar, 2002, p. 121.

[60] Na doutrina pátria, referindo-se especificamente ao papel constitucional da propriedade privada, Gustavo Tepedino exalta que se pode "aceitar como verdadeira, também no ordenamento positivo brasileiro, a conclusão de que é constitucionalmente ilegítimo não apenas o estatuto proprietário que concede ao titular poderes supérfluos ou contraproducentes em face do interesse (constitucionalmente) perseguido, como também o estatuto que deixa de conceder ao proprietário os poderes necessários para a persecução do mesmo interesse" (Contornos constitucionais da propriedade privada, *Temas de direito civil*, 4. ed., Rio de Janeiro: Renovar, 2008, p. 348-349).

[61] "Os atos de autonomia têm, portanto, fundamentos diversificados; porém encontram um denominador comum na necessidade de serem dirigidos à realização de interesses e funções que merecem tutela e que são socialmente úteis. E na utilidade social existe sempre a exigência de que atos e atividade não contrastem com a segurança, a liberdade e a dignidade humana" (Pietro Perlingieri, *Perfis do direito civil*, cit., p. 18-19).

[62] No direito pátrio, nenhum direito subjetivo expressa tais transformações de maneira mais veemente do que a propriedade, cuja função social encontra-se consagrada no texto constitucional (art. 5º, XIII) e no Código Civil (art. 1.228, § 1º). V. Gustavo Tepedino, *Contornos constitucionais da propriedade privada*, cit., especialmente p. 334 e seguintes.

[63] Nas palavras de Pietro Perlingieri: "Esta perspectiva, definida como relacional, atende a uma visão moderna do ordenamento jurídico vigente que encontra fundamento nos princípios constitucionais. A concepção individualista tem raízes em ideologias de matriz oitocentista que colocavam a vontade do sujeito no centro do ordenamento. Com o advento de concepções realistas e sociais o indivíduo passa a ser representado em contínua relação ou contraposição, mas sempre em coligação, com outros centros de interesses. Em uma visão conforme aos princípios de solidariedade social, o conceito de relação representa a superação da tendência que exaure a construção dos institutos civilísticos em termos exclusivos de

Cap. 46 · DIREITO REAL E RELAÇÃO DE COOPERAÇÃO 785

5. A IMPORTÂNCIA DA COOPERAÇÃO NO ÂMBITO DOS DIREITOS REAIS

Em vista do exposto anteriormente, deve ser afastada a opinião que restringe o fenômeno da cooperação social ao âmbito das relações pessoais, por entender que somente nesse domínio os sujeitos se encontram ligados por recíprocos direitos e deveres. Em razão da já destacada *complexidade* das situações subjetivas patrimoniais, verifica-se, ao reverso, que também o titular do direito real tem deveres em relação a terceiros. A propósito, no que tange ao direito de propriedade, já se observou que, sendo o seu exercício orientado à realização de interesses não só do proprietário, mas também da coletividade, o seu conteúdo é composto, ao mesmo tempo, por situação obrigacional e pelo poder sobre a coisa.[64]

No âmbito dos direitos reais na coisa alheia, em que se verifica a presença de dois centros de interesses bem definidos – o dono da coisa gravada e o titular do direito real limitado – identifica-se, de maneira ainda mais evidente, conjunto de direitos e deveres recíprocos que integra e qualifica o direito real constituído pelas partes.[65] Chega-se a afirmar, nessa esteira, que os *ius in re aliena* apresentam "relatividade, que retira boa parte de verdade da afirmação segundo a qual a presença de um intermediário não é necessária nos direitos reais".[66]

Mencionem-se, nesse sentido, os deveres que devem pautar a conduta tanto do dono do prédio serviente como do dono do prédio dominante ao longo da relação de servidão predial. Assim, para além das obrigações estabelecidas no título constitutivo, o dono do prédio serviente não pode "embaraçar de modo algum o exercício legítimo da servidão".[67] O dono do prédio dominante, por sua vez, deve evitar, "quanto possível, agravar o encargo ao prédio serviente".[68] Além disso, no que tange especificamente às servidões negativas, já se mencionou que a realização do direito do prédio dominante depende, essencialmente, do comportamento do titular do prédio serviente, ao qual se atribui a obrigação de se abster de praticar determinado ato.

Do mesmo modo, no usufruto, já se observou que o respeito à preservação da substância da coisa, que constitui um dos traços característicos do tipo real, se justifica, precisamente, no legítimo interesse do proprietário em recuperar o domínio pleno, uma vez findo o usufruto.[69] Vale dizer, portanto, que o interesse do proprietário se realiza por meio do cumprimento do dever imposto ao usufrutuário, a denotar, assim, a relevância da colaboração no conteúdo do usufruto.[70]

---

atribuição de direitos. O ordenamento não é somente um conjunto de normas, mas também um sistema de relações: o ordenamento, no seu aspecto dinâmico, não é nada mais que o nascimento, a realização, a modificação e a extinção de relações jurídicas, isto é, o conjunto das suas vicissitudes" (*O direito civil na legalidade constitucional*, Rio de Janeiro: Renovar, 2008, p. 728-729).

[64] V. Pietro Perlingieri, *Introduzione alla problematica della "proprietà"*, Napoli: ESI, 2011, p. 116-117.

[65] V. Pietro Rescigno, Proprietà, diritto reale e credito, *Jus – Rivista di Scienze Giuridiche*, 1965, p. 472 e seguintes.

[66] Fadda e Bensa *apud* Vincenzo Arangio-Ruiz, Ius in re aliena, In: Vittorio Sciaoloja, *Dizionario Pratico del Diritto Privato*, Milano: Dottor Francesco Vallardi, 1934, p. 121, tradução livre.

[67] Código Civil, art. 1.383.

[68] Código Civil, art. 1.385.

[69] V., nesse sentido, Gustavo Tepedino, *Usufruto legal do cônjuge viúvo*, 2. ed., Rio de Janeiro: Forense, 1991, p. 25.

[70] "As relações que existem entre a nua-propriedade e o usufruto são recíprocas. A relevância do usufruto não se exaure na oposição de terceiros. Nos arts. 981-1000 Cód. Civ. [italiano] se encontra uma série de direitos e de deveres que o usufrutuário tem perante o nu-proprietário, e este em relação ao primeiro, que permitem ao usufrutuário a realização do seu próprio interesse: a fruição do bem e a

786 | PROBLEMAS DE DIREITO CIVIL – *Homenagem aos 30 anos de cátedra do professor Gustavo Tepedino*

Em suma, tais exemplos evidenciam que o fenômeno da cooperação social – isto é, a satisfação do interesse de um sujeito graças ao comportamento adotado por outrem – não se restringe ao campo dos direitos pessoais, sendo igualmente importante no âmbito dos direitos reais e, em particular, dos direitos reais na coisa alheia.

6. APLICAÇÃO DAS NORMAS DO DIREITO DAS OBRIGAÇÕES NO ÂMBITO DOS DIREITOS REAIS

Se a cooperação social é fenômeno de relevo nos direitos reais na coisa alheia, há de se admitir, por conseguinte, a aplicação das normas do direito das obrigações às relações jurídicas reais naquilo que forem pertinentes para a disciplina do dever de colaboração entre os diversos centros de interesses envolvidos. Em outros ordenamentos, como o alemão e o italiano, tal tema já foi intensamente debatido, registrando-se a prevalência da opinião favorável a tal aplicação.[71]

Nesse diapasão, cumpre destacar, em particular, o amplo espectro de incidência da boa-fé objetiva nas relações contratuais constitutivas de direitos reais sobre a coisa alheia, que, "enquanto expressão do princípio da solidariedade, traduz parâmetro de valoração do exercício de qualquer situação subjetiva patrimonial".[72]

Afinal, todos os exemplos já mencionados de cooperação social, em que se impõe um dever de colaboração entre o dono da coisa gravada e o titular do direito real limitado, consubstanciam verdadeiras hipóteses de aplicação do princípio da boa-fé para fins de limitação do exercício de direitos reais.[73]

Nesse sentido, a boa-fé exige que o proprietário e o titular do direito real limitado adotem comportamentos adequados aos parâmetros de lealdade, honestidade e colaboração com vistas a alcançarem os fins perseguidos com a concreta relação jurídica. Em outras palavras, os sujeitos devem agir de maneira a satisfazer os seus interesses comuns, que se encontram objetivamente contemplados no negócio constitutivo do direito real limitado.[74]

Nessa esteira, a boa-fé objetiva serve de critério axiológico-normativo à configuração do exercício irregular ou abusivo de poderes e faculdades por uma parte – o proprietário ou o titular do direito real menor – frente à outra. Disso decorre a proibição não apenas dos atos emulativos, que visam a agravar a posição do outro sujeito sem proporcionar utilidade ao titular, mas também

---

apropriação dos frutos que o bem é capaz de produzir. Na relação de usufruto estão presentes deveres específicos, comportamentos tais que tornam impossível a compreensão destas situações na perspectiva tão somente do dever genérico" (Pietro Perlingieri, *O direito civil na legalidade constitucional*, cit., p. 898).

[71] Cf. Pietro Rescigno, *Proprietà, diritto reale e credito*, cit., p. 480.

[72] Aquila Villella, *Per un Diritto Comune delle Situazioni Patrimoniali*, Napoli: ESI, 2000, p. 86, tradução livre.

[73] A função da boa-fé objetiva no que tange à limitação ao exercício dos direitos subjetivos encontra-se consagrada no artigo 187 do Código Civil: "Também comete ato ilícito o titular de um direito que, ao exercê-lo, excede manifestamente os limites impostos pelo seu fim econômico ou social, pela boa-fé ou pelos bons costumes". A inserção de tal dispositivo na Parte Geral do Código corrobora a sua função transversal e integradora, que alcança inclusive as relações constitutivas de direitos reais na coisa alheia. Nada obstante, neste trabalho, refere-se à boa-fé como norma do direito das obrigações por ser esse o seu campo usual de incidência.

[74] Cf. Aquila Villella, *Per un Diritto Comune delle Situazioni Patrimoniali*, cit., p. 86-87.

do exercício que, apesar de orientado à realização do interesse individual do titular, não seja conforme às finalidades do acordo constitutivo do direito real.

No direito pátrio vigente, apesar do silêncio da doutrina dominante sobre o tema, pode-se identificar, em diversas situações, a aplicação do princípio da boa-fé para fins de limitação do exercício de direitos reais na coisa alheia. Assim, em matéria de servidão predial, ainda que o referido princípio não seja expressamente invocado pela doutrina, o dever de mútua colaboração entre o prédio serviente e o prédio dominante resulta dos dispositivos já aludidos, que prescrevem ao primeiro que se abstenha de qualquer ato que possa "embaraçar de modo algum o exercício legítimo da servidão" e ao segundo que evite "quanto possível, agravar o encargo ao prédio serviente".[75]

Desse modo, independentemente do que dispuser o título constitutivo, o dono do prédio serviente não pode "fazer inovações que diminuam ou prejudiquem o uso da servidão ou o tornem mais incômodo, tendo-se em vista o seu objeto e a sua natureza, ou, para usarmos da expressão legal, o seu uso legítimo".[76]

Por sua vez, o dono do prédio dominante é obrigado a "exercer seu direito da maneira menos prejudicial ao prédio serviente, devendo respeitar os interesses do proprietário deste enquanto eles se conciliem com seu direito".[77] Assim, por exemplo, na servidão de trânsito, a passagem do vizinho em horas impróprias pode caracterizar o exercício abusivo do direito.[78]

Outra ilustração da incidência da boa-fé objetiva no campo dos direitos reais limitados diz respeito ao célebre caso da ENCOL S/A, importante empresa do ramo de incorporação imobiliária que, no final do século XX, entrou em colapso financeiro, deixando inacabados diversos empreendimentos imobiliários.[79] Dentre outros problemas ocasionados, a construtora deixou de quitar os financiamentos vinculados ao Sistema Financeiro Habitacional (SFH) contraídos junto a instituições financeiras que, dessa forma, procuraram executar as hipotecas constituídas, em seu favor, sobre as unidades imobiliárias comercializadas pela construtora. No entanto, quando da excussão, tais unidades já tinham sido prometidas à venda a terceiros que, em muitos casos,

---

[75]   Código Civil, arts. 1.383 e 1.385.

[76]   José Manuel de Carvalho Santos, *Código Civil brasileiro interpretado, principalmente do ponto de vista prático*, Rio de Janeiro: Freitas Bastos, 1982, vol. IX, p. 212.

[77]   José Manuel de Carvalho Santos, *Código civil brasileiro interpretado*, cit., p. 229. A doutrina ressalta, a propósito, que a servidão deve ser exercida *civiliter*. Vale dizer: "Deve, aquele que exerce uma servidão, ser moderado e adequado nos seus atos de exercício, de modo que reduza ao mínimo possível, dentre de suas conveniências normais, o ônus que impõe ao prédio serviente" (San Tiago Dantas, *Programa de direito civil*: direito das coisas, Rio de Janeiro: Editora Rio, p. 333).

[78]   Dídimo da Veiga, *Servidões reais*, apud José Manuel de Carvalho Santos, *Código Civil brasileiro interpretado*, cit., p. 235. Veja-se, ainda, a seguinte decisão do Tribunal de Alçada do Estado de Minas Gerais: "A servidão é uma restrição que se impõe ao pleno exercício da propriedade, devendo ser utilizada nos estritos limites para os quais foi constituída. Se, na servidão de trânsito, se permitiu a passagem de pedestres, não pode ser utilizada para automóveis e muito menos pode o beneficiário arrancar cercas ou deixar abertas partes móveis destas, sob pena de configurar abuso de direito, que deve ser coibido pela ordem jurídica" (TAMG, 2ª C.C., Ap. Cív. 0218275-6, Rel. Des. Caetano Levi Lopes, j. 25.06.1996).

[79]   A ENCOL, cuja falência foi decretada em março de 1999, deixou como legado 710 obras pelo Brasil, 23 mil funcionários desempregados e 42 mil clientes sem dinheiro e sem os imóveis que haviam comprado. Deixou ainda dívidas que, em maio de 2013, somavam aproximadamente um bilhão de reais. V. em http://g1.globo.com/goias/noticia/2013/05/relatorio-final-da-massa-falida-da-encol-e-entregue-justica-em-goias.html. Acesso em: 18 abr. 2021.

PROBLEMAS DE DIREITO CIVIL – *Homenagem aos 30 anos de cátedra do professor Gustavo Tepedino*

ali residiam há tempo.[80] Tal situação gerou grande quantidade de litígios opondo as instituições financeiras aos promitentes compradores das unidades imobiliárias.

Valendo-se da jurisprudência até então dominante sobre o tema,[81] as instituições alegaram que, sendo direito real dotado de sequela, a hipoteca, instituída antes da promessa de compra e venda, é oponível ao adquirente que, nesse caso, sequer estaria de boa-fé, haja vista a inscrição da hipoteca no Cartório de Registro de Imóveis. No entanto, prevaleceu o entendimento oposto, consolidado pelo Enunciado n. 308 da Súmula da Jurisprudência Predominante do STJ: "A hipoteca firmada entre a construtora e o agente financeiro, anterior ou posterior à celebração da promessa de compra e venda, não tem eficácia perante os adquirentes do imóvel".[82]

Entre outros argumentos que sustentam tal posição,[83] destaca-se a percepção de que a eficácia da hipoteca perante o adquirente colocaria este último em posição de manifesta

---

[80] Como esclarece Roberta Mauro Medina Maia, "o terceiro adquirente da unidade autônoma hipotecada se via impossibilitado de obter a transcrição do bem em seu nome porque, mesmo após a quitação do preço da sua unidade junto à incorporadora, a hipoteca continuava a onerar o imóvel, nas hipóteses em que o contrato de financiamento da obra firmado entre o agente financeiro e a incorporadora não se encontrava adimplido" (*Teoria geral dos direitos reais*, São Paulo: Revista dos Tribunais, 2013, p. 100).

[81] Veja-se, nesse sentido, o seguinte acórdão do STJ: "I – Se a credora hipotecária não participou da avença, nem liberou os agravantes do vínculo hipotecário, sendo este real e não pessoal, qualquer negócio entre a Incorporadora e os promitentes compradores é inoponível à ora agravada e exequente que, titular do direito de sequela, pode exercer o seu direito de excutir o bem objeto da hipoteca para pagamento do seu crédito. II – O contrato de mútuo e hipoteca previa a transferência do referido débito hipotecário proporcionalmente aos adquirentes das unidades imobiliárias bem como, a responsabilidade da construtora pela liquidação do débito. Sendo esta disposição, tinham conhecimento do risco do negócio" (STJ, 3ª T., AgRg. no Ag. 161.052/SP, Rel. Min. Waldemar Zveiter, j. 15.10.1998, *DJ* 07.12.1998).

[82] Como se vê, aludido Enunciado da Súmula também estabelece a ineficácia da hipoteca firmada após a celebração do compromisso de venda do imóvel. Nesse caso, tendo o bem sido prometido ao adquirente, não estaria a incorporadora legitimada a dispor dele novamente, gravando-o com a hipoteca. Nem se poderia, nessas circunstâncias, invocar o princípio da tutela do terceiro de boa-fé para proteger o direito de garantia da instituição financeira, uma vez que esta saberia ou deveria saber que o imóvel, que foi hipotecado, fora, antes disso, comercializado pela incorporadora. V. nesse sentido STJ, 4ª T., REsp 329.968/DF, Rel. Min. Sávio de Figueiredo Teixeira, j. 09.10.2001, *DJ* 04.02.2002. A hipoteca posterior ao compromisso é ineficaz ainda que tenha sido constituída pela incorporadora em virtude de poderes outorgados pelo promitente comprador por meio de cláusula mandato inserida no ajuste contratual. Cuidando-se de relação de consumo, tal cláusula reputa-se abusiva e, por conseguinte, nula. Cf. nessa direção, por todos, o seguinte acórdão: STJ, 3ª T., REsp 296.453/RS, Rel. Min. Carlos Alberto Menezes Direito, j. 05.06.2001, *DJ* 03.09.2001.

[83] Outro argumento importante, que fundamentou a posição do STJ, apoia-se na especificidade do regime jurídico dos financiamentos imobiliários realizados no âmbito do Sistema Financeiro Habitacional, nos termos da Lei n. 4.864/1965. Segundo o raciocínio, a hipoteca constituída sobre o terreno destinado à incorporação seria eficaz apenas enquanto o domínio pertencer ao incorporador. Uma vez comercializada a unidade imobiliária, a garantia em favor da instituição financeira passaria a incidir, nos termos da referida lei, sobre os créditos oriundos das promessas de compra e venda. Veja-se, nessa direção, o seguinte acórdão: "O promissário comprador de unidade habitacional pelo S.F.H. somente é responsável pelo pagamento integral da dívida relativa ao imóvel que adquiriu, não podendo sofrer constrição patrimonial em razão do inadimplemento da empresa construtora perante o financiador do empreendimento, *posto que, após celebrada a promessa de compra e venda, a garantia passa a incidir*

desvantagem perante as outras partes envolvidas – a instituição financeira e a incorporadora promitente vendedora.[84]

Isto porque, na hipótese de inadimplemento da incorporadora junto ao agente financeiro, o promitente comprador seria sacrificado, perdendo o seu imóvel em favor da satisfação do crédito da instituição financeira, ainda que tenha quitado integralmente as prestações assumidas no compromisso de compra e venda. Ou seja, a parte vulnerável, que adere aos contratos elaborados unilateralmente pelas demais partes, se tornaria responsável pelo pagamento não apenas da sua dívida, mas também da dívida da incorporadora perante o financiador, assumindo inteiramente o risco financeiro do empreendimento.[85]

Ressaltou-se, ainda, a fim de demonstrar a ausência de proporcionalidade no arranjo contratual, que o agravamento da responsabilidade do promitente comprador, que decorre da instituição da hipoteca, não tinha por contrapartida a redução do preço do imóvel, que, ao reverso, era fixado contratualmente em seu valor cheio.[86] Ou seja, o promitente suportava o ônus real sem obter, em troca, vantagem alguma.

Daí decorre, portanto, o caráter manifestamente contrário à boa-fé objetiva da excussão da hipoteca nessas circunstâncias, que, privilegiando excessivamente a posição da instituição financeira, não leva em devida consideração o legítimo interesse do promitente comprador em manter o imóvel pelo qual pagou a integralidade do preço devido.[87] Tal situação configuraria, nas palavras do Ministro Relator Ruy Rosado de Aguiar:

---

sobre os direitos decorrentes do respectivo contrato individualizado, nos termos do art. 22 da Lei n. 4.864/65" (STJ, 2ª Seção, Emb. Divergência no REsp 187.940/SP, Rel. Min. Antônio de Pádua Ribeiro, j. 22.09.2004, *DJ* 29.11.2004).

[84] Como já se observou na doutrina, a atividade de incorporação traduz verdadeira "rede contratual", que se compõe de diversas relações contratuais, notadamente as promessas de compra e venda firmadas entre a incorporadora e os terceiros adquirentes e os contratos de financiamento das obras. No caso de a construção do condomínio ser encomendada pela incorporadora a uma construtora, verifica-se também a celebração de contrato de empreitada. V. sobre o tema Rodrigo Xavier Leonardo, *Redes contratuais no mercado habitacional*, São Paulo: Revista dos Tribunais, 2003, *passim*. Cf. ainda Carlos Nelson Konder, *Contratos conexos*, Rio de Janeiro: Renovar, 2006, *passim* e, em especial, p. 73.

[85] Tal raciocínio é desenvolvido em diversas decisões do STJ (notadamente STJ, 4ª T., REsp 187.940/SP, Rel. Min. Ruy Rosado de Aguiar, j. 18.02.1999, *DJ* 21.06.1999). V. ainda STJ, 2ª Seção, Emb. Divergência no REsp 415.667/SP, Rel. Min. Castro Filho, j. 26.05.2004, *DJ* 21.06.2004, que pacificou o entendimento da Corte sobre o tema e no qual são mencionados diversos precedentes.

[86] De acordo com o voto proferido pelo Ministro Relator Ruy Rosado de Aguiar no acórdão relativo ao REsp 187.940/SP: "No comum dos negócios, a existência de hipoteca sobre o bem objeto do contrato de promessa de compra e venda é fator determinante da fixação e abatimento do preço de venda, pois o adquirente sabe que a presença do direito real lhe acarreta a responsabilidade pelo pagamento da dívida. Não é assim no negócio imobiliário de aquisição da casa própria de edificação financiada por instituição de crédito imobiliário, pois que nesta o valor da dívida garantida pela hipoteca não é abatido do valor do bem, que é vendido pelo seu valor real, sendo o seu preço pago normalmente mediante a obtenção de um financiamento concedido ao adquirente final, este sim garantido com hipoteca pela qual o adquirente se responsabilizou, pois essa é a sua dívida" (STJ, 4ª T., REsp 187.940/SP, Rel. Min. Ruy Rosado de Aguiar, j. 18.02.1999, *DJ* 21.06.1999).

[87] Mencione-se, novamente, o voto proferido pelo Ministro Relator Ruy Rosado de Aguiar no acórdão relativo ao REsp. 187.940-SP, do qual consta: "O princípio da boa-fé objetiva impõe ao financiador de edificação de unidades destinadas à venda aprecatar-se para receber o seu crédito da sua devedora ou sobre os pagamentos a ela efetuados pelos terceiros adquirentes. O que se não lhe permite é assumir a cômoda posição de negligência na defesa dos seus interesses, sabendo que os imóveis estão sendo

PROBLEMAS DE DIREITO CIVIL – *Homenagem aos 30 anos de cátedra do professor Gustavo Tepedino*

(...) abuso de direito em favor do financiador que deixa de lado os mecanismos que a lei lhe alcançou, para instituir sobre o imóvel – que possivelmente nem existia ao tempo do seu contrato, e que estava destinado a ser transferido a terceiro, – uma garantia hipotecária pela dívida da sua devedora, mas que produziria necessariamente efeitos sobre o terceiro.[88]

Em suma, à luz das considerações acima desenvolvidas, conclui-se que, sendo os direitos reais na coisa alheia situações subjetivas complexas em cujo conteúdo se identificam, entre outros elementos, deveres de cooperação, justifica-se que a disciplina legalmente delineada para os respectivos tipos reais seja integrada pelas normas de direito obrigacional, em particular pelo princípio da boa-fé objetiva, naquilo que forem pertinentes.

---

negociados e pagos por terceiros, sem tomar nenhuma medida capaz de satisfazer os seus interesses, para que tais pagamentos lhe sejam feitos e de impedir que o terceiro sofra a perda das prestações e do imóvel. O fato de constar do registro a hipoteca da unidade edificada em favor do agente financiador da construtora não tem o efeito que se lhe procura atribuir, para atingir também o terceiro adquirente, pois que ninguém que tenha adquirido imóvel neste país, financiado pelo SFH, assumiu a responsabilidade de pagar a sua dívida e mais a dívida da construtora perante o seu financiador. Isso seria contra a natureza da coisa, colocando os milhares de adquirentes de imóveis, cujos projetos foram financiados pelo sistema, em situação absolutamente desfavorável (...)" (STJ, 4ª T., REsp 187.940/SP, Rel. Min. Ruy Rosado de Aguiar, j. 18.02.1999, *DJ* 21.06.1999).

[88] Trecho extraído do voto do Ministro Relator Ruy Rosado de Aguiar no acórdão relativo ao REsp 187.940-SP (STJ, 4ª T., REsp 187.940/SP, Rel. Min. Ruy Rosado de Aguiar, j. 18.02.1999, *DJ* 21.06.1999).

47

OPONIBILIDADE *ERGA OMNES* E BOA-FÉ SUBJETIVA: REFLEXÕES SOBRE A USUCAPIÃO TABULAR E O ART. 54 DA LEI 13.097/2015

ROBERTA MAURO MEDINA MAIA

Sumário: Introdução. 1. A oponibilidade dos direitos reais. 2. A boa-fé subjetiva como limite imposto à oponibilidade *erga omnes*. 3. A inoponibilidade em ação: a usucapião tabular e o art. 54 da Lei 13.097/2015. 4. Conclusão.

INTRODUÇÃO

O presente artigo se destina à análise da oponibilidade *erga omnes* como o traço mais característico dos direitos reais, passível de justificar a sua descrição como vínculos jurídicos absolutos, e sua desmistificação, por não se tratar, na verdade, de conceito passível de envolver a irradiação dos efeitos dos direitos reais perante terceiros independentemente das circunstâncias concretas.

Assim, no primeiro tópico será esmiuçado o conceito de oponibilidade, expondo-se a diferença entre a inviolabilidade e a exigibilidade dos direitos subjetivos, enquanto o segundo se destina a demonstrar que a boa-fé subjetiva é um limite imposto pelo ordenamento jurídico à irradiação da eficácia real perante terceiros. No intuito de ilustrar hipóteses de inoponibilidade concreta de direitos reais, o último tópico será destinado à análise da usucapião tabular, prevista no art. 214, § 5º, da Lei de Registros Públicos, bem como do disposto no art. 54 da Lei 13.097/2015.

1. A OPONIBILIDADE DOS DIREITOS REAIS

No passado, antes que a funcionalização dos institutos de direito privado conduzida pela Constituição Federal de 1988 os tornasse instrumentos de promoção de valores ali eleitos como prioritários, propriedade e contrato já foram tratados como representantes de categorias completamente antagônicas. Assim, quando a distinção mais importante ainda não era a que aparta as relações patrimoniais daquelas de caráter extrapatrimonial, Augusto Teixeira de Freitas afirmou que sob a distinção feita entre direitos reais e obrigacionais "repousaria todo o sistema de direito civil"[1].

Nesse aspecto, a diferença relativa à sua oponibilidade perante terceiros era o ponto central da divisão feita entre direitos reais e direitos de crédito[2]. Enquanto os primeiros seriam oponíveis *erga omnes*, vinculando toda a coletividade à obrigação passiva universal (ou dever geral de abstenção)[3], os direitos de crédito só vinculariam o devedor, não sendo, portanto, oponíveis perante terceiros. De tal diferença partia a teoria personalista, segundo a qual os direitos reais seriam caracterizados pela relação existente entre o titular da coisa e todos os demais membros da coletividade, que estariam obrigadas à abstenção de qualquer ingerência sobre ela[4].

Essa relação jurídica – então definida como absoluta – garantiria, portanto, ao titular do direito real a exclusão de toda a massa de sujeitos de qualquer ingerência sobre o seu objeto, daí ser chamada de obrigação passiva universal[5]. Assim, a ideia de que os direitos reais seriam absolutos decorreria da oponibilidade *erga omnes* a eles atribuída[6] – a qual, segundo a teoria personalista, justificaria o surgimento da relação jurídica entre o titular do direito real e o restante da coletividade –, enquanto os direitos de crédito seriam definidos como relativos justamente porque não produziriam efeitos perante terceiros.

Na lição de José Duclos, a oponibilidade poderia ser entendida como a qualidade reconhecida a um elemento da ordem jurídica por meio da qual ele irá irradiar seus efeitos fora de seu círculo de atuação direta. Trata-se, portanto, "de uma técnica, cuja finalidade consiste em conectar o elemento oposto ao meio jurídico geral"[7]. Ainda com base nos ensinamentos do autor, a oponibilidade terá um objeto (que pode ser um fato, ato, direito ou, de modo mais genérico, uma situação), um sujeito ativo (aquele que opõe o objeto) e um sujeito passivo (aquele em face de quem se opõe o objeto)[8].

A relatividade, por sua vez, deve a sua evolução, como um dos princípios tradicionais da teoria contratual e consectário lógico da autonomia da vontade[9], ao art. 1.165 do Código Civil Francês, segundo o qual os contratos só produzem efeitos perante as partes contratantes, sem prejudicar ou beneficiar terceiros, salvo por força das exceções previstas na lei[10]. Desse modo, mesmo nos países

---

[1] FREITAS, Augusto Teixeira de. *Consolidação das leis civis*. Brasília: Senado Federal, Conselho Editorial, 2003, vol. I, p. LXII.

[2] ROUBIER, Paul. *Droits subjectifs et situations juridiques*. Paris: Dalloz, 1963, p. 264.

[3] FABRE-MAGNAN, Muriel. Proprieté, patrimoine et lien social. *Revue Trimestrielle de Droit Civil*, n. 3, jun./set. 1997, p. 584.

[4] GOMES, Orlando. Significado ideológico do conceito de direito real. In: GOMES, Orlando. (org.). *Escritos Menores*. São Paulo: Saraiva, 1981, p. 54.

[5] ASCENSÃO, José de Oliveira. *As relações jurídicas reais*. Lisboa: Livraria Morais Editora, 1962, p. 16.

[6] É importante ressaltar que as expressões "caráter absoluto" e "oponibilidade *erga omnes*" são tratadas como sinônimos. Nesse sentido, v., exemplificativamente, COMPORTI, Marco. *Contributo allo studio del diritto reale*. Milano: Giuffrè, 1977, p. 24.

[7] DUCLOS, José. *L'Opposabilité, (essai d'une théorie génerale)*. Paris: LGDJ, 1984, p. 22.

[8] Idem, ibidem.

[9] MULHOLLAND, Caitlin. O princípio da relatividade dos efeitos contratuais. In: MORAIS, Maria Celina Bodin de (coord.). *Princípios do direito civil contemporâneo*. Rio de Janeiro: Renovar, 2006, p. 258.

[10] A redação original do dispositivo é a seguinte: "Les conventions n'ont d'effet qu'entre les parties contractantes; elles ne nuisent point au tiers, et elles ne lui profitent que dans le cas prévu par l'article 1121". O art. 1.121 versa sobre a estipulação em favor de terceiro.

Cap. 47 • OPONIBILIDADE *ERGA OMNES* E BOA-FÉ SUBJETIVA | 793

onde esta não encontra previsão expressa na lei – como é o caso do Brasil –, diz-se que a relatividade "se supõe intrínseca à lógica contratual, concebida sob o prisma da autonomia da vontade"[11]. Esse relacionamento de caráter "lógico" justifica-se porque, partindo da ótica voluntarista tão em voga quando do advento do *Code*, uma pessoa só poderia obrigar-se por força da manifestação de sua vontade, razão pela qual ninguém mais no mundo, com exceção do legislador, teria o direito de forçar o consentimento de alguém[12].

Com base em tais considerações, é possível vislumbrar o vínculo existente entre a relatividade das obrigações e a força obrigatória do contrato: a vontade dos contratantes só é capaz de impor a força obrigatória do contrato a eles mesmos, sendo esta "uma regra elementar de bom senso, além de proteção necessária aos sujeitos de direito"[13]. Em outras palavras, salvo as exceções admitidas em lei, não seria possível, *e.g.*, exigir de um terceiro o cumprimento de obrigação que não foi por ele assumida, já que apenas as partes poderiam submeter-se à força obrigatória do contrato.

Sendo apenas essa a consequência imposta pela máxima *res inter alios acta aliis nec nocere nec prodesse potest*, não é difícil perceber a confusão feita pela teoria personalista entre oponibilidade e obrigação em sentido técnico. Assim, quando distinguia os direitos reais com base em sua oponibilidade absoluta, afirmando, ainda, que os direitos de crédito só seriam oponíveis em face do devedor, a teoria personalista misturava aspectos jurídicos diversos: enquanto a irradiação *erga omnes* do direito real refletia a relação entre o seu titular e terceiros – sendo este o seu aspecto externo, ligado à oponibilidade do direito –, a relatividade das obrigações diz respeito ao aspecto interno desse tipo de vínculo, ligado às relações existentes entre credor e devedor[14].

Ao discorrer sobre o tema, Phillipe Delmas Saint-Hilaire afirmou que os personalistas, por acreditarem que o respeito aos direitos reais se impunha a todos em virtude da obrigação passiva universal, enquanto o direito de crédito só importaria ao devedor, incorriam em enorme equívoco, por basearem a distinção no sujeito passivo – ora o mundo inteiro, ora somente o devedor[15].

Na concepção desse jurista, a "oponibilidade relativa" do direito de crédito representaria apenas os seus aspectos internos (efeitos diretos), constituídos pelo vínculo existente entre credor e devedor, enquanto a "oponibilidade absoluta" dos direitos reais explicava apenas os seus aspectos externos[16] (efeitos indiretos). Como se vê, além de comparar aspectos que não eram passíveis de comparação, a teoria personalista não apenas não explicava o que seriam os aspectos internos do direito real – ligados à relação existente entre o titular e a coisa, cuja possibilidade era veementemente negada pelos partidários desta teoria –, como a eficácia relativa por eles atribuída aos contratos conduzia à estapafúrdia conclusão de que terceiros não estariam de modo algum obrigados a respeitar tais vínculos.

Ora, se "o princípio da relatividade dos contratos nada mais significa – e não é pouco – que os específicos direitos e deveres decorrentes do contrato apenas beneficiam e vinculam os contratantes, ou, talvez melhor, as partes"[17], isso em nada impede a oponibilidade dos direitos resultantes do

---

[11] NEGREIROS, Teresa. *Teoria do contrato*: novos paradigmas. 2. ed. Rio de Janeiro: Renovar, 2006, p. 213.

[12] CALASTRENG, Simone. *La relativité des conventions*. Étude de l'article 1165 du Code Civil. Paris: Sirey, 1939, p. 12.

[13] LARROUMET, apud GHESTIN, Jacques. Introduction. In: GUESTIN, Jacques; FONTAINE, Marcel. *Les effets du contrat à l'égard des tiers*: comparaisons franco-belges. Paris: L.G.D.J., 1992, p. 6.

[14] SAINT-HILAIRE, Phillipe Delmas. *Le tiers a l'acte juridique*. Paris: L.G.D.J., 2000, p. 250.

[15] Id., o.l.u.c.

[16] Ibid., o.l.u.c.

[17] SANTOS JÚNIOR, E. *Da responsabilidade civil de terceiro por lesão do direito de crédito*. Coimbra: Almedina, 2007, p. 469.

794 | PROBLEMAS DE DIREITO CIVIL – *Homenagem aos 30 anos de cátedra do professor Gustavo Tepedino*

pacto[18]. Com efeito, se a relatividade destina-se apenas a limitar a irradiação da força obrigatória dos contratos aos efeitos diretos do vínculo contratual – ou seja, aos específicos direitos e deveres assumidos pelas partes –, a mesma não é capaz de evitar, de modo algum, a irradiação indireta dos efeitos do contrato no meio jurídico em geral.

Desse modo, é possível afirmar que só o efeito direto pretendido pelos contratantes é relativo, enquanto "o efeito indireto, característica da oponibilidade, escapa dessa relatividade"[19]. Na lição de Marcel Fontaine, o efeito direto (ou interno) corresponderia à vinculação das partes à força obrigatória do contrato, ao passo que o efeito externo (ou indireto) de qualquer vínculo corresponderia à repercussão da existência do mesmo no meio social, sendo esta uma realidade passível de ser conhecida por terceiros[20].

Ao contrário do que pensava a doutrina personalista, relatividade e oponibilidade não são noções opostas, mas complementares e, além disso, ambas se farão presentes tanto nos vínculos obrigacionais quanto nos reais. Assim, se analisarmos, por exemplo, um direito real como a superfície onerosa[21], é certo que, ao lado da obrigação passiva universal imposta pelo vínculo em face da coletividade – capaz de refletir a eficácia externa ou efeito indireto da superfície constituída pelas partes –, teríamos a inequívoca relatividade de deveres que só poderiam ser exigidos em face do superficiário e de ninguém mais. A título exemplificativo, o pagamento devido por este ao concedente em virtude da superfície, bem como a obrigação de arcar com os encargos e tributos que incidirem sobre a coisa só podem, por óbvio, ser exigidos do superficiário[22], não recaindo de modo algum sobre pessoas estranhas a tal pacto[23].

Com isso, é possível notar a pertinência das considerações feitas acerca do tema por Paul Roubier, para quem a teoria personalista confundia exigibilidade – ligada à força obrigatória do contrato e, consequentemente, à relatividade das obrigações – e inviolabilidade: na lição do autor, a obrigação passiva universal, que representaria o dever geral de respeito ao direito real alheio, não constituiria uma dívida propriamente dita, nem se inscreveria no passivo de qualquer patrimônio[24]. Na verdade, a obrigação passiva universal seria apenas um dever jurídico, ao qual só corresponderia uma específica sanção se e quando fosse violado. Se não há exigibilidade – característica básica das relações obrigacionais – na obrigação passiva universal, esta não seria propriamente uma obrigação, mas apenas um dever jurídico, ligado à inviolabilidade não apenas dos direitos reais, mas de qualquer direito subjetivo[25].

---

[18] Id., o.l.u.c.

[19] DUCLOS, José. *L'opposabilité*, cit., p. 52.

[20] FONTAINE, Marcel. Les effets "internes" et les effets "externes" des contrats. In: GUESTIN, Jacques; FONTAINE, Marcel. *Les effets du contrat à l'égard des tiers – Comparaisons Franco-Belges*. Paris: L.G.D.J, 1992, p. 40.

[21] No caso do direito brasileiro, o art. 1.370 do Código Civil determina que "a concessão da superfície será gratuita ou onerosa; se onerosa, estipularão as partes se o pagamento será feito de uma só vez, ou parceladamente".

[22] O art. 1.371 dispõe que "o superficiário responderá pelos encargos e tributos que incidirem sobre o imóvel".

[23] De igual modo, podemos citar, no caso das servidões, a possibilidade de o dono do prédio serviente exigir do dono do prédio dominante que realize todas as obras necessárias à conservação e uso da servidão, se assim dispuser o seu título constitutivo (nesse sentido, v. arts. 1.380 e 1.381 do Código Civil). Também será relativo o dever a cargo do usufrutuário de, antes de assumir o usufruto, inventariar à sua custa os bens que receber, determinando o estado em que se encontram e prestando caução, caso a mesma seja exigida pelo nu-proprietário (v. art. 1.400).

[24] ROUBIER, Paul. *Droits Subjectifs et situations juridiques*. Paris: Dalloz, 1963, p. 250-251.

[25] Idem, p. 251.

Desse modo, se é possível admitir a relatividade de obrigações decorrentes de vínculos jurídicos reais como a superfície, o usufruto, o condomínio e tantos outros, é também forçoso reconhecer que se a obrigação passiva universal nada mais é que um dever jurídico de inviolabilidade, a impedir terceiros de invadirem a esfera jurídica alheia, ela não seria uma peculiaridade dos direitos reais, estendendo-se, na verdade, a todos os direitos subjetivos, inclusive aos direitos de crédito[26].

Em outras palavras, ainda que teoricamente não seja possível, por força da relatividade das obrigações, exigir de um terceiro a execução de um contrato, isso não significa que o mesmo possa facilitar deliberadamente a sua inexecução pelo devedor[27]. A esse respeito, conforme já demonstra José Duclos, "a oponibilidade é necessária à existência dos direitos subjetivos, pois, sem o dever atribuído a cada um de respeitar as prerrogativas de seus semelhantes, essas não teriam absolutamente nenhum valor"[28].

2. A BOA-FÉ SUBJETIVA COMO LIMITE IMPOSTO À OPONIBILIDADE *ERGA OMNES*

Com base nas ideias antes expostas, é forçoso admitir que a oponibilidade *erga omnes* e a obrigação passiva universal, seu consectário lógico, não representam uma peculiaridade dos direitos reais, mas são conceitos inerentes àquele de direito subjetivo[29] ou, se assim se preferir, constituem mecanismo indispensável de proteção, pelo ordenamento jurídico, dos bens ou faculdades que atribui aos indivíduos. Nesse sentido, é possível perceber que a oponibilidade *erga omnes* é indispensável à existência e à proteção dos direitos de um modo geral, pois, se não se impusesse a cada um o dever de respeitar as prerrogativas de seus semelhantes, tais direitos restariam sem qualquer valor[30].

Esse entendimento se justifica com base na crença de que a oponibilidade dos direitos subjetivos se explicitaria pela conjugação dos conceitos de inviolabilidade e exigibilidade, expostos por autores como Paul Roubier[31] e Jean Dabin. Na lição desse último, a inviolabilidade envolve a ideia de que não há direito subjetivo sem a obrigação correspondente de respeitá-lo[32]. Assim, a obrigação passiva universal nada mais seria que o dever geral de respeitar os direitos alheios, representando uma "abstenção pura": não atentar, voluntária ou involuntariamente, contra tais direitos[33].

O conceito inviolabilidade explica, por exemplo, a razão pela qual, em tese, mesmo os membros de uma comunidade ribeirinha existente às margens do Amazonas deveriam respeitar o vínculo existente entre uma bicicleta que circula no Rio de Janeiro e o seu proprietário, muito embora sequer saibam da existência desse bem: para que o direito exista e mereça ser tutelado, basta admitir-se a possibilidade de alguém vir a violá-lo, mesmo quando tal possibilidade pareça remota.

A exigibilidade só entrará em ação quando e se o direito vier a ser violado ou ameaçado, o que se mostra possível em virtude da simples existência de outros (alteridade)[34]. É reflexo, portanto, da

---

[26] COMPORTI, Marco. *Contributo*, cit., p. 38.

[27] WEILL, Alex. *La relativité des conventions en droit privé français*. Paris: Dalloz, 1939, p. 416.

[28] DUCLOS, José. *L'opposabilité*, cit., p. 163.

[29] Idem, p. 157.

[30] Ibidem, p. 163.

[31] ROUBIER, Paul. *Droits Subjectifs*, cit., p. 251.

[32] DABIN, Jean. *El derecho*, cit., p. 119.

[33] Idem, ibidem.

[34] Idem, p. 120.

faculdade conferida ao titular do direito de impedir a sua violação, reivindicando ou defendendo aquilo que lhe pertence ou corresponde[35]. E é por força do que é exigível de terceiros relativamente aos direitos reais alheios que a publicidade é, para o ordenamento jurídico brasileiro, requisito prévio de sua constituição ou transmissão, conforme se extrai dos arts. 1.226 e 1.227 do Código Civil.

Todavia, em que pese a oponibilidade dos direitos reais seja, aqui, decorrente da publicização prévia de tais vínculos, imposta por lei[36], não é possível afirmar, como já se fez no passado[37], que os mesmos seriam direitos absolutos. Como será evidenciado a seguir, a irradiação de sua eficácia *erga omnes* poderá esbarrar, eventualmente, no limite imposto por lei à oponibilidade em prol da segurança jurídica: a boa-fé subjetiva.

Na verdade, o conceito de oponibilidade deve ser utilizado, concretamente, para definir a imposição, perante terceiros, de um direito alheio, em hipóteses nas quais os interesses desses com ele conflitem. O pressuposto para que isso ocorra deve ser a ciência, efetiva ou reputada[38], que tem o terceiro acerca da existência de tal direito. No intuito de facilitar a compreensão do que aqui se afirma, imaginemos um sujeito que se depare com uma bicicleta presa por uma corrente a uma árvore. Suponhamos que ele ache a bicicleta ótima e queira tê-la para si. Há, no entanto, um sinal – a corrente – que exterioriza a existência de um vínculo entre a bicicleta e uma outra pessoa.

É esse "sinal exterior" que aciona a oponibilidade, despertando naquele sujeito a consciência acerca de um óbice que o impede de tomar aquele bem para si: sobre a bicicleta, recaem direitos alheios que devem prevalecer, em detrimento de seus interesses sobre o referido bem. Em virtude disso, deflagra-se a oponibilidade dos direitos do titular da bicicleta relativamente às eventuais pretensões de terceiros. A hipótese seria diversa se, por exemplo, a bicicleta encontrada estivesse em um depósito de lixo, visivelmente abandonada. No último caso, diante das circunstâncias, não seria razoável exigir-se do terceiro qualquer presunção acerca da existência de óbice que o impedisse de tomar tal objeto para si, e, por isso, ele o adquire e se torna seu proprietário por meio da ocupação[39].

E é justamente em virtude da razoabilidade da conduta do adquirente nesse último caso que o ordenamento jurídico protege as expectativas por ele criadas quando as circunstâncias fáticas previamente descritas não correspondiam com a verdade: e se a bicicleta tivesse sido roubada de seu real titular e em seguida abandonada pelo bandido em fuga no depósito de lixo?

Se a oponibilidade concreta – irradiação da eficácia de um direito sobre a esfera jurídica alheia – depende de um conhecimento prévio ou mesmo da mera cognoscibilidade de terceiros

---

[35] Ibidem, p. 119.

[36] O art. 1.226 do Código Civil dispõe que os direitos reais sobre bens móveis não se adquirem ou se transferem senão por meio da tradição, o que evidencia que tal vínculo jurídico somente se perfaz quando, a partir do início do exercício da posse, o mesmo será externado à coletividade. O art. 1.227, por sua vez, prevê que os direitos reais sobre imóveis constituídos não se adquirem ou se transferem senão por meio do registro, ressalvadas as outras hipóteses previstas em lei, tais como a usucapião ou a sucessão *causa mortis*. Portanto, somente quando o sistema registral já informa a terceiros a existência do vínculo, a constituição ou transmissão do direito real estará consumada.

[37] A esse respeito, bem como a outras passagens do presente artigo, v. MAIA, Roberta Mauro Medina. *Teoria geral dos direitos reais*. São Paulo: Revista dos Tribunais, 2013, p. 54-55.

[38] Quando aqui se fala em ciência ou conhecimento reputado, quer-se dizer que o terceiro sabe ou deveria saber da existência do direito a ele oposto. A ciência ou conhecimento efetivo exige a prova, a cargo do titular do direito oposto, de que o terceiro sabia efetivamente de sua existência.

[39] Nos termos do art. 1.263, "quem se assenhorear de coisa sem dono para logo lhe adquire a propriedade, não sendo essa ocupação defesa por lei".

acerca de determinadas circunstâncias, tal irradiação de direitos em sua esfera jurídica não ocorrerá quando o estado de ignorância em relação às mesmas for desculpável. Sendo a oponibilidade a regra geral, aquele que adota conduta capaz de violar direitos alheios estando de má-fé – ou seja, estando consciente ou tendo ao menos a impressão de que os direitos de terceiros podem servir de óbice à sua conduta – deverá submeter-se à imposição do direito alheio na sua esfera jurídica, pois aplica-se, aos que atuam de má-fé, o regime geral da oponibilidade.

Em contrapartida, se tal violação ao direito alheio se deu em virtude da ignorância desculpável acerca de determinadas circunstâncias, aquele que o violou encontra-se de boa-fé, definida por António Menezes Cordeiro "como uma situação especial, que o Direito acarinha"[40]. A proteção conferida, portanto, pela boa-fé subjetiva àqueles que, inconscientemente, violam direitos alheios, dá-se por meio de sua inoponibilidade perante estas pessoas.

Trata-se de um estado de ignorância desculpável, o que torna a boa-fé subjetiva sempre incompatível com a presença de dolo ou culpa. Desse modo, segundo José Luis de los Mozos, tal estado de ignorância deve sempre consistir "na ausência de espírito lesivo", ou em um comportamento que esteja radicado na certeza de não se estar realizando uma injustiça[41].

Além disso, para que se possa avaliar a legitimidade de tal estado, de modo a atrair, para ele, a proteção conferida pelo Direito, é fundamental ter em mente que a boa-fé subjetiva deve se basear na ignorância da verdade, e em virtude da qual irá surgir uma crença ou confiança em relação a determinadas circunstâncias. Por tais motivos, o surgimento desta crença irá sempre se basear em um erro, no qual incorre o terceiro. Ao enfrentar o tema, José Luis de los Mozos explica que este será um erro próprio, pautado na ignorância absoluta acerca de um defeito ou vício, a ser sanado pela aplicação da boa-fé subjetiva[42].

E para que essa ignorância absoluta seja legítima, diz-se que o erro no qual se pauta deve ser invencível e escusável, pois qualquer pessoa, diante das mesmas circunstâncias, incorreria em igual equívoco. Na lição de Maurício Mota, "a conduta do agente e as circunstâncias do negócio deverão em conjunto ser aferidas objetivamente para se determinar se se trata ou não de erro escusável"[43], devendo ser este o erro em que incidiria "qualquer pessoa prudente nas mesmas condições"[44]. Além de ser a escusabilidade do erro um requisito indispensável à manifestação da boa-fé subjetiva[45], esta dependerá ainda da invencibilidade do mesmo: ou seja, tal erro é necessário, sendo incontornável e insuperável para qualquer um[46].

---

[40]   CORDEIRO, António Manuel da Rocha e Menezes. *Da boa-fé no direito civil*. Coimbra: Almedina, 2007, p. 482.

[41]   DE LOS MOZOS, José Luis. *El principio de la buena fe* – Sus aplicaciones prácticas em el Derecho Civil Español. Barcelona: Bosch, 1965, p. 63.

[42]   DE LOS MOZOS, José Luis. Op. cit., p. 72-73.

[43]   MOTA, Mauricio Jorge Pereira da. A teoria da aparência jurídica. In: TEPEDINO, Gustavo; FACHIN, Luiz Edson. *O direito e o tempo*: embates jurídicos e utopias contemporâneas – Estudos em homenagem ao Professor Ricardo Pereira Lira. Rio de Janeiro: Renovar, 2008, p. 232.

[44]   Idem, p. 232-233.

[45]   MENEZES CORDEIRO, António Manuel da Rocha e. *Da boa fé*, cit., p. 426.

[46]   Nesse sentido, v. as considerações de MOTA, Mauricio Jorge Pereira da. Op. cit., p. 235. Na lição de Octávio de Moreira Guimarães, a invencibilidade do erro serviria de justificativa à sua desculpabilidade, sendo o erro invencível equivalente, segundo o autor, a um erro comum: "erra escusadamente quem erra impelido por uma exteriorização em que todos os demais errariam" (GUIMARÃES, Octavio Moreira. *Da boa-fé no direito civil brasileiro*. 2. ed. São Paulo: Saraiva, 1953, p. 47). A menção ao erro comum decorre da importância que já foi atribuída, sobretudo pela doutrina francesa, ao princípio *error communis facit*

O resultado da identificação de um erro como escusável e invencível é o nascimento de direitos que refletiriam a intenção do ordenamento de "perdoar o caráter viciante, ou, mais propriamente, prestigiar a conduta de quem legitimamente desconhece estar violando direitos"[47]. Tais direitos irão surgir graças ao "efeito sanante" atribuído ao erro[48] que, nessas condições, ao invés de servir de justificativa para anulação do ato praticado em virtude da caracterização de vício do consentimento[49], poderá validá-lo, por ser testemunha da "vontade de não praticar uma ação contrária ao direito alheio"[50]. Exemplificativamente, podem ser citados como consequências do efeito sanante conferido ao erro escusável e invencível o direito aos frutos percebidos por quem possui bem alheio estando de boa-fé[51] e a validação do pagamento feito a um credor putativo[52].

Vale indagar quais motivos levariam o legislador a conferir tamanha proteção ao terceiro de boa-fé, impedindo que os direitos por ele violados sejam a ele oponíveis. A resposta a essa pergunta conduziria a uma conclusão inequívoca: em que pese a disseminação secular do termo "oponibilidade *erga omnes*", a aplicação prática do verdadeiro conceito de oponibilidade é incompatível com qualquer caráter absoluto. Não há como admitir a irradiação ampla, abstrata, irrestrita e ilimitada de direitos na esfera jurídica de qualquer pessoa existente na face da Terra, sem que se vislumbre a possibilidade de alguém, incorrendo em um erro que não poderia de modo algum ser superado, assumir como seus direitos que na verdade são alheios.

Desse modo, o legislador protege a boa-fé subjetiva em prol de dois valores caríssimos ao sistema de direito privado patrimonial: a segurança jurídica e a confiança legítima. Assim é porque se a oponibilidade só se manifesta quando há conhecimento prévio acerca do direito alheio, ou, ao menos, a possibilidade de conhecê-lo, caberá a cada ordenamento jurídico determinar quais são os sistemas de publicidade destinados a garantir tal possibilidade de conhecimento. Como é muito difícil vislumbrar um sistema de publicidade infalível, ou seja, que não dê margem a nenhum tipo de erro escusável, a proteção conferida aos que atuam de boa-fé decorre da necessidade de admitir que os sistemas jurídicos, por vezes, apresentam "pontos cegos", verdadeiras falhas nos mecanismos de publicização de determinados direitos.

---

ius, hoje mitigado em virtude da dificuldade prática de se encontrar um erro que seja compartilhado, "se não pela totalidade, ao menos pela generalidade das pessoas" desprezando-se, com base neste critério, as peculiaridades de cada caso (KONDER, Carlos Nelson. A proteção pela aparência como princípio. In: BODIN DE MORAES, Maria Celina (coord.). *Princípios do direito civil contemporâneo*. Rio de Janeiro: Renovar, 2006, p. 123).

[47] BIRENBAUM, Gustavo Benjamin. *Teoria da aparência*. Porto Alegre: Sergio Antonio Fabris, 2012, p. 64.

[48] Idem, p. 65.

[49] Segundo o art. 138 do Código Civil de 2002, "são anuláveis os negócios jurídicos, quando as declarações de vontade emanarem de erro substancial que poderia ser percebido por pessoa de diligência normal, em face das circunstâncias do negócio". O art. 139 diz que o erro será substancial quando: interessar à natureza do negócio, ao objeto principal da declaração, ou a alguma das qualidades a ele essenciais (inciso I); concernir à identidade ou à qualidade essencial da pessoa a quem se refira a declaração de vontade, desde que tenha influído nesta de modo relevante (inciso II); sendo erro de direito e não implicando recusa à aplicação da lei, for o motivo único ou principal do negócio jurídico (inciso III).

[50] GUIMARÃES, Octávio Moreira. *Da boa-fé*, cit., p. 47.

[51] Segundo o art. 1.214 do CCB, "o possuidor de boa-fé tem direito, enquanto ela durar, aos frutos percebidos".

[52] O art. 309 do CCB determina que "o pagamento feito de boa-fé ao credor putativo é válido, ainda provado depois que não era credor".

Se a irradiação da oponibilidade dependerá sempre da eficiência dos mecanismos de publicidade dispostos pelo legislador, não nos parece razoável falar em oponibilidade absoluta ou *erga omnes*, pois o reconhecimento da boa-fé subjetiva como o seu limite demonstra que a irradiação de direitos na esfera jurídica alheia pode ceder em virtude da necessidade de priorizar valores essenciais ao pleno funcionamento do tráfego jurídico dos direitos patrimoniais[53]. A proteção da boa-fé subjetiva é, portanto, instrumento indispensável à correção de distorções dos mecanismos de publicidade dispostos pelo próprio sistema, bem como a forma que encontrou o legislador de admitir a falibilidade dos mesmos.

No que tange à segurança jurídica, é notório o seu constante confronto com o valor justiça, muito embora ambos possam, por vezes, caminhar juntos[54]. O reconhecimento da boa-fé subjetiva como um estado de ignorância merecedor de tutela, capaz de impedir a oponibilidade de um direito na esfera jurídica do terceiro de boa-fé, é reflexo de hipóteses nas quais o valor justiça deve ser sacrificado em prol do valor segurança jurídica[55]. Tal sacrifício se justifica em virtude da necessidade de garantir que o tráfego jurídico seja seguro sem deixar de ser expedito. A intenção do legislador é, portanto, evitar "uma incômoda, trabalhosa, ou mesmo impossível verificação preventiva da realidade, garantindo a agilidade e praticidade necessárias ao comércio jurídico cotidiano"[56]. Por tais motivos, diz-se que o fundamento da tutela garantida

---

[53] Em obra frequentemente citada pela doutrina espanhola, Luís-Felipe Rágel-Sánchez explica que por meio da inoponibilidade será garantida a uma pessoa, chamada de terceiro por ser estranha a uma atuação jurídica determinada, a possibilidade de "não respeitar os efeitos indiretos que o ato alheio produz, quando não tenha tido possibilidades de tomar conhecimento da referida realidade", ainda que a aquisição de direitos pelo terceiro, sendo incompatível com os efeitos do ato jurídico alheio, não tenha sido anterior ao mesmo (RÁGEL SÁNCHEZ, Luis Felipe. *Proteccion del tercero frente a la actuacion jurídica ajena*: La inoponibilidad. Valencia: Tirant lo Blanch, 1994, p. 126-127). É importante observar que, na concepção do autor, a boa-fé subjetiva não seria a única causa de inoponibilidade, já que, em virtude da irretroatividade das leis, também se poderá chegar ao mesmo resultado (Idem, p. 109).

[54] Nesse sentido, v. as considerações de BIRENBAUM, Gustavo Benjamin. *Teoria da aparência*. Porto Alegre: Sergio Antonio Fabris, 2012, p. 14. Sobre o tema, é importante fazer menção também às considerações de José de Oliveira Ascensão: "O drama está em que a justiça e a segurança, embora caminhem normalmente a par, podem em certos casos ter exigências não coincidentes. Pode falar-se de uma repetida confrontação de dois valores, cabendo à Política resolver em cada caso. Com frequência será necessário sacrificar a justiça por amor da segurança, ou sacrificar a segurança por amor da justiça, ou sacrificar ambas parcialmente.

Estes sacrifícios são inevitáveis. Se se prosseguir cegamente a justiça, sem atender à segurança, a instabilidade da vida social anulará as vantagens idealmente obtidas. Se pelo contrário se prosseguir a segurança sem atender à justiça caminhar-se-á para formas de opressão ou de embotamento que tornam a ordem social daí resultante uma carapaça da força. Deve-se atender na solução ao hierarquicamente superior da justiça, mas nem um nem outro valor podem ser ignorados" (O direito – introdução e teoria geral. 13. ed. Coimbra: Almedina, 2005, p. 200).

[55] E é exatamente por ser "injusto" sacrificar o direito de alguém em prol da validação da situação aparente na qual confiou o terceiro que um dos requisitos para que os atos praticados por, *e.g.*, um proprietário aparente sejam validados é que o bem tenha sido dele adquirido por ato oneroso. As hipóteses que justificam a proteção da confiança despertada pela aparência agridem o tradicional princípio de que ninguém pode transferir mais direitos do que têm (*nemo plus jus transferre*), daí a aplicação excepcional da teoria da aparência na presença de critérios como as circunstâncias unívocas que contribuem para a ocorrência de um erro escusável e invencível, sendo exigida também a onerosidade do ato (a esse respeito, v. GOMES, Orlando. *Direitos reais*. 20. ed. Rio de Janeiro: Forense, 2010, p. 262).

[56] KONDER, Carlos Nelson. A proteção pela aparência como princípio, cit., p. 115.

áqueles, que, de boa-fé, confiam em uma situação aparente está na necessidade "de se conferir segurança às operações jurídicas, amparando-se, ao mesmo tempo, os interesses legítimos dos que corretamente procedem"[57].

Ainda a respeito desse princípio, tão caro a qualquer ordenamento jurídico, é notório o seu constante confronto com o valor justiça, muito embora ambos possam, por vezes, caminhar juntos[58]. O reconhecimento da boa-fé subjetiva como um estado de ignorância merecedor de tutela, capaz de impedir a oponibilidade de um direito na esfera jurídica do terceiro de boa-fé, é reflexo de hipóteses nas quais o valor justiça deve ser sacrificado em prol do valor segurança jurídica[59]. Tal sacrifício se justifica em virtude da necessidade de garantir que o tráfego jurídico seja seguro sem deixar de ser expedito.

A intenção do legislador é, portanto, evitar "uma incômoda, trabalhosa, ou mesmo impossível verificação preventiva da realidade, garantindo a agilidade e praticidade necessárias ao comércio jurídico cotidiano"[60]. Por tais motivos, diz-se que o fundamento da tutela garantida àqueles, que, de boa-fé, confiam em uma situação aparente está na necessidade "de se conferir segurança às operações jurídicas, amparando-se, ao mesmo tempo, os interesses legítimos dos que corretamente procedem"[61].

Tal segurança restaria ameaçada se não se protegesse a confiança de terceiros que, pautando-se em erro escusável e invencível, tomaram por verdadeira uma situação que era apenas aparente. Essa confiança é despertada, justamente, por sinais exteriores, associados aos mecanismos de publicidade dispostos pelo ordenamento jurídico, tais como o sistema registral e a posse.

Na lição de António Menezes Cordeiro, "a confiança constitui, por excelência, uma ponte entre as boas fés objectiva e subjectiva, devendo assentar entre ambas"[62]. Além de terem na tutela

---

[57]   MOTA, Maurício Jorge Pereira da. A teoria, cit., p. 266.

[58]   Nesse sentido, v. as considerações de BIRENBAUM, Gustavo Benjamin. *A titularidade aparente*, cit., p. 14. Sobre o tema, é importante fazer menção também às considerações de José de Oliveira Ascensão: "O drama está em que a justiça e a segurança, embora caminhem normalmente a par, podem em certos casos ter exigências não coincidentes. Pode falar-se de uma repetida confrontação de dois valores, cabendo à Política resolver em cada caso. Com frequência será necessário sacrificar a justiça por amor da segurança, ou sacrificar a segurança por amor da justiça, ou sacrificar ambas parcialmente.

Estes sacrifícios são inevitáveis. Se se prosseguir cegamente a justiça, sem atender à segurança, a instabilidade da vida social anulará as vantagens idealmente obtidas. Se pelo contrário se prosseguir a segurança sem atender à justiça caminhar-se-á para formas de opressão ou de embotamento que tornam a ordem social daí resultante uma carapaça da força. Deve-se atender na solução ao hierarquicamente superior da justiça, mas nem um nem outro valor podem ser ignorados" (O direito – introdução e teoria geral. 13. ed. Coimbra: Almedina, 2005, p. 200).

[59]   E é exatamente por ser "injusto" sacrificar o direito de alguém em prol da validação da situação aparente na qual confiou o terceiro que um dos requisitos para que os atos praticados por, *e.g.*, um proprietário aparente sejam validados é que o bem tenha sido dele adquirido por ato oneroso. As hipóteses que justificam a proteção da confiança despertada pela aparência agridem o tradicional princípio de que ninguém pode transferir mais direitos do que têm (*nemo plus jus transfere*), daí a aplicação excepcional da teoria da aparência na presença de critérios como as circunstâncias unívocas que contribuem para a ocorrência de um erro escusável e invencível, sendo exigida também a onerosidade do ato (nesse sentido, v. GOMES, Orlando. *Direitos reais*, cit., p. 263).

[60]   KONDER, Carlos Nelson. A proteção pela aparência como princípio, cit., p. 115.

[61]   MOTA, Maurício Jorge Pereira da. A teoria, cit., p. 266.

[62]   MENEZES CORDEIRO, António Manuel da Rocha e. *Da boa-fé*, cit., p. 1238.

da confiança um ponto comum[63], diz-se, ainda, que haveria uma interação constante entre a boa-fé subjetiva e a boa-fé objetiva, conforme é possível extrair da lição de Gustavo Birenbaum:

> De fato, a partir do momento em que se exige um atuar cuidadoso por parte de quem invoca a boa-fé subjetiva, sem dúvida, se está também a exigir desse agente o cumprimento de um dever de atuar conforme à boa-fé objetiva, entendida esta como um *standard* de conduta leal, honesta e cuidadosa.[64]

Partindo desse e de outros pontos de convergência – como a solidariedade social –, autores do porte de Stefano Rodotà já questionaram a relevância da distinção entre boa-fé subjetiva e objetiva, sobretudo por ambas serem desdobramentos do dever de *alterum non laedere*[65]. De toda sorte, é importante observar que tanto a boa-fé subjetiva quanto a objetiva atuam como instrumentos de proteção da confiança legítima de terceiros, conferindo segurança às operações jurídicas e amparando os interesses legítimos daqueles que corretamente procederam[66]. Na esfera de atuação da boa-fé subjetiva, há quem diga que a proteção da confiança é o gênero e a proteção da aparência é a espécie[67]. De modo semelhante, na seara da boa-fé objetiva, a "espécie" mais significativa de proteção da confiança seria a proibição de comportamento contraditório (*nemo potest venire contra factum proprium*)[68].

Diante de tais considerações, não é possível tratar direitos reais como vínculos absolutos, oponíveis perante terceiros de maneira indiscriminada em qualquer circunstância. Como se verá, a consequência atribuída pelo ordenamento jurídico brasileiro às hipóteses nas quais a boa-fé subjetiva restará caracterizada será a inoponibilidade do direito real lesado ao terceiro adquirente de boa-fé.

---

[63] Com base na narrativa de Maurício Mota, os autores alemães definem a boa-fé subjetiva como *guter Glauben* (boa crença), sendo "a boa-fé objetiva referida por *Treu und Glauben* (lealdade e crença)" (op. cit., p. 238).

[64] BIRENBAUM, Gustavo Benjamin. *A titularidade aparente*, cit., p. 74.

[65] RODOTÀ, Stefano. *Le fonti di integrazione del contratto*. Milano: Giuffrè, 2004, p. 146-148: ao concluir esta passagem de sua obra, o autor afirma que a distinção feita entre o dever de agir corretamente, ligado à boa-fé objetiva, e a boa-fé subjetiva conservaria "um valor meramente descritivo". Apesar disso, ainda que, por vezes, a diferença até possa parecer sutil, ela não deixa de existir. Com base nas considerações feitas por Rodolfo Sacco, é possível perceber que a boa-fé objetiva estaria ligada àquilo que o autor chama de "boa-fé como norma", ou seja, um dever jurídico de agir corretamente, enquanto a boa-fé subjetiva seria a crença íntima de se estar agindo corretamente, em conformidade com tal dever jurídico e sem prejudicar terceiros (nesse sentido, v. *La buona fede*, cit., p. 6). Outros autores definem a boa-fé subjetiva como fonte de deveres negativos, que se baseiam na máxima *alterum non laedere*, enquanto a boa-fé objetiva seria fonte de deveres positivos, além de servir de critério interpretativo de contratos. Partindo de tais premissas – por ele atribuídas a Emilio Betti –, José Luis de los Mozos sustenta que boa-fé subjetiva e objetiva teriam o seguinte traço comum: ambas serviriam como mecanismos de qualificação de comportamentos corretos e adequados (*El principio*, cit., p. 41).

[66] MOTA, Maurício Jorge Pereira da. A teoria, cit. p. 277.

[67] Id., o.l.u.c.

[68] Na lição de Anderson Schreiber, a tutela da confiança é "o fundamento contemporâneo do *nemo potest venire contra factum proprium*" (SCHREIBER, Anderson. *A proibição de comportamento contraditório – Tutela da confiança e venire contra factum proprium*. Rio de Janeiro: Renovar, 2002, p. 95-96).

3. A INOPONIBILIDADE EM AÇÃO: A USUCAPIÃO TABULAR E O ART. 54 DA LEI 13.097/2015

No intuito de melhor ilustrar a proteção da boa-fé subjetiva como limite imposto à oponibilidade, é importante tecer, agora, algumas considerações a respeito do sistema registral brasileiro. Enquanto o sistema francês, com o advento do *Code*, rompeu com a tradição romanística ao adotar o princípio do consensualismo, segundo o qual bastaria a manifestação volitiva disposta no contrato para que se operasse a transferência do direito de propriedade, o legislador brasileiro se manteve, nesse pormenor, fiel às Ordenações Filipinas[69] que, por sua vez, reproduziam as orientações do Direito Romano.

Na França, conforme já lecionou Clóvis Paulo da Rocha, a propriedade seria então transferida apenas pelo consenso, como efeito da obrigação assumida contratualmente: a transcrição teria mero efeito de publicidade para aqueles "que tivessem adquirido algum direito sobre o imóvel e o houvessem conservado"[70]. Com isso, no sistema originalmente adotado pelo *Code*, a publicidade não seria condição indispensável ao nascimento do vínculo jurídico real, mas apenas de sua oponibilidade perante terceiros, pois enquanto não houvesse publicidade, todos os efeitos do contrato – inclusive a transmissão da propriedade, só seriam eficazes entre as partes[71].

No Brasil, ao contrário, a tradição e o registro serão sempre indispensáveis à constituição ou transmissão de um direito real por meio de negócio translativo da propriedade. A impossibilidade de se conceber um direito real que prescinda de atos que tornam público o seu nascimento ou a sua transferência justifica-se no fato de ter o legislador brasileiro optado por inadmitir vínculos jurídicos reais que não fossem oponíveis *erga omnes*[72].

Assim, a especificamente em relação aos bens imóveis, enquanto o art. 1.227 do Código Civil dispõe que os mesmos não se adquirem ou se transferem senão por meio do registro, ressalvando-se a usucapião e a sucessão *causa mortis*, o art. 1.245 dispõe que "Transfere-se entre vivos a propriedade mediante o registro do título translativo no Registro de Imóveis". O § 1º do referido dispositivo determina que, enquanto o título translativo não for registrado, o alienante continuará a ser havido como proprietário.

Além da diretriz romanística, o legislador brasileiro, na lição de Caio Mário da Silva Pereira, também assimilou a contribuição germânica, mas de modo adaptado, pois não dispúnhamos, à época de Beviláqua, de um sistema de cadastramento como o alemão[73]. Limitou-se, portanto, "o nosso direito a instituir um sistema de registro aproximado do germânico: a técnica germânica da aquisição do domínio pelo registro, mas sem os efeitos todos"[74].

Na Alemanha, a tradição e o registro são igualmente imprescindíveis. Há, no entanto, uma peculiaridade relativa à transmissão de bens imóveis, conforme se extrai da observação de Caio Mario da Silva Pereira, acima transcrita: segundo Karl Larenz, celebra-se um acordo real, cuja eficácia é totalmente independente do contrato de compra e venda que lhe serve de

---

[69] GOMES, Orlando. Venda real e venda obrigacional. In: GOMES, Orlando (org.). *Novos temas de direito civil*. Rio de Janeiro: Forense, 1983, p. 114.

[70] ROCHA, Clóvis Paulo da. *Eficácia da transcrição*. Rio de Janeiro: Imprenta, 1958, p. 101.

[71] GUARNERI, Attilio. *Diritti realli e diritti di credito*: valore attuale di una distinzione. Padova: Cedam, 1979, p. 51.

[72] Nesse sentido, seja-nos consentido remeter a MAIA, Roberta Mauro Medina. *Teoria*, cit., p. 127.

[73] PEREIRA, Caio Mario da Silva. *Instituições de direito civil*. 18. ed. Rio de Janeiro: Forense, 2003, vol. IV, p. 104-105.

[74] Idem, p. 105.

base. Tal acordo terá como único efeito a transmissão da propriedade. Também chamado de "transferência formal" (*Auflassung*), esse acordo tornará o comprador proprietário do bem, exigindo forma legal específica (disposta nos §§ 873 e 925 do BGB) e devendo ser levado a registro[75]. Ainda na lição do autor, a validade dessa transmissão formal não depende de ser ou não eficaz o contrato de compra e venda ou qualquer outro que tenha justificado a transferência. A mesma baseia-se somente no contrato real, que se une a um ato executivo real – a tradição, no caso dos móveis e a transcrição, no caso dos imóveis –, cujo objetivo é a "finalidade de tornar visível externamente (para terceiros) a transferência da propriedade (princípio da publicidade)"[76].

Conforme anteriormente exposto[77], em todos os ordenamentos jurídicos os legisladores tentam equilibrar-se entre os dois pilares de uma mesma balança: a segurança jurídica e a justiça. No caso do sistema alemão, a balança pende mais para o valor segurança jurídica, pois, dada a independência antes exposta entre o contrato e o registro, dito negócio "formal", a nulidade do primeiro não afetará o segundo. Consequentemente, a transcrição firma presunção absoluta da propriedade em favor do proprietário: "Garante-se, dessa forma, o grau máximo de segurança jurídica e estabilidade do domínio, a partir de elevado rigor formal, que se fundamenta na existência de livros fundiários onde se encontram cadastradas todas as titularidades"[78].

Na Alemanha, portanto, o direito do proprietário não pode ser contestado porque a presunção legal não admite prova em contrário. Como nesse sistema abstrai-se da causa da transferência, a nulidade do negócio jurídico que a ensejou não contamina o registro. Diversamente, o sistema adotado no Brasil garante presunção relativa de propriedade, deixando margem maior à promoção do valor justiça, por meio da proteção conferida à boa-fé subjetiva. Assim, a pessoa que teve o imóvel transcrito em seu nome será considerada proprietária contanto que não se prove o contrário, nos termos do parágrafo segundo do art. 1.245: "Enquanto não se promover, por meio de ação própria, a decretação de invalidade do registro, e o respectivo cancelamento, o adquirente continua a ser havido como dono do imóvel".

Muito embora a presunção assegurada ao proprietário pelo sistema registral brasileiro não seja *iure et de iure*, a finalidade precípua dos registros imobiliários, aqui, também é conferir segurança jurídica à propriedade dos bens imóveis, ainda que não de modo absoluto. Daí a necessidade de se atribuir certeza e publicidade à situação jurídica de tais bens, com o exame prévio da legalidade dos títulos apresentados[79]. Quem adquire bem imóvel confiando na veracidade do seu teor age de boa-fé e pode tornar-se proprietário do bem adquirido, ainda que a alienação tenha sido a *non domino*. Assim, os direitos do terceiro adquirente são resguardados em homenagem ao seu estado de ignorância desculpável e como imperativo da necessidade de preservar a segurança das transações que constituem o comércio jurídico.

Porém, ao contrário do sistema alemão, no sistema brasileiro, o negócio que deu causa à transferência há de ser válido para que a transcrição opere seus efeitos. Assim, embora o negócio

---

[75] LARENZ, Karl. *Derecho de Obligaciones*. Trad. Jaime Santos Briz. Madrid: Editorial Revista de Derecho Privado, 1958, vol. I, t. II, p. 19-20.

[76] Idem, p. 20.

[77] V., em especial, a nota n. 54.

[78] TEPEDINO, Gustavo; MONTEIRO FILHO, Carlos Edison do Rego; RENTERÍA, Pablo. *Fundamentos do direito civil*: direito das coisas. Rio de Janeiro: Forense, 2020, vol. 5, p. 115.

[79] RODRIGUES, Patrícia Valeska Bigas; SILVEIRA, Amanda Aparecida Gil Freitas. Os títulos judiciais no novo Código de Processo Civil e o seu ingresso no Registro de Imóveis. In: DIP, Ricardo (coord.). *O Direito Registral e o novo Código de Processo Civil*. Rio de Janeiro: Forense, 2016, p. 5.

por si só não baste para transferir a propriedade – conforme proposto originalmente pelo Código Civil francês –, a sua nulidade contamina a transcrição que nele se funda. Sobre tal peculiaridade do sistema registral brasileiro, vale transcrever a lição de Caio Mario da Silva Pereira:

> É, então, um *ato jurídico causal*, porque está sempre vinculado ao título translatício originário, e somente opera a transferência da propriedade dentro das forças, e sob condição da validade formal e material do título. Seu pressuposto fático será, portanto, um *título hábil* a operar a transferência, cabendo ao Oficial do Registro a função de proceder a um exame sumário, a levantar perante o juiz as dúvidas que tiver, seja quanto à capacidade das partes ou a qualquer requisito formal, seja quanto ao direito do transmitente ou outro elemento que lhe pareça faltar para que esse direito se repute escorreito[80].

No ordenamento jurídico brasileiro, transcrição "significa trasladação, palavra por palavra, do documento para o livro do oficial, enquanto inscrição denota resumo do negócio jurídico. Daí a existência do chamado sistema de transcrição e do sistema de inscrição, sendo este adotado no ordenamento brasileiro como regra geral"[81]. A aquisição da propriedade imobiliária por meio da transcrição verifica-se no momento em que o título translativo é registrado. O registro processa-se do seguinte modo: depois de protocolado o título translativo e estando o imóvel matriculado, procede-se o registro nos 30 dias subsequentes à prenotação, assentando o oficial, no livro 2[82]: a data, o nome, domicílio e nacionalidade do transmitente e do adquirente, o título de transmissão, sua forma, procedência e caracterização e o valor do contrato.

Prenotação é a apresentação do título ou seu protocolo perante o oficial registrador. É ato que viabiliza o exercício da qualificação registrária, definida como a atividade exercida exclusivamente pelo registrador, com independência e autonomia funcional, consistindo "na análise da aptidão de ingresso de um determinado título no registro imobiliário"[83]. Quando o registrador qualifica positivamente o título, ou seja, conclui pela possibilidade de efetivar seu registro, além de atribuir presunção de veracidade às informações que passarão a constar dos assentamentos registrais[84], permite a retroatividade dos efeitos do registro à data da prenotação, nos termos do art. 1.246 do Código Civil[85]. Para tanto, o art. 182 da Lei 6.015/1973 (Lei de Registros Públicos) determina que todos os títulos tomarão, no Protocolo, o número de ordem que lhes competir em razão da sequência rigorosa de sua apresentação.

Tais dispositivos legais são relevantes por força do princípio da anterioridade registral, que confere melhor direito àquele que registrou o direito em primeiro lugar. Portanto, a lei dispõe que, diante da qualificação positiva do título, conduzida pelo registrador, a efetivação de seu registro fará com que os efeitos dela retroajam à data do protocolo (prenotação), como se desde então já houvesse sido efetivada.

---

[80] PEREIRA, Caio Mário da Silva. *Instituições*, vol. IV, p. 105.

[81] TEPEDINO, Gustavo; MONTEIRO FILHO, Carlos Edison do Rego; RENTERÍA, Pablo. *Fundamentos*, cit., p. 357.

[82] V. Lei 6.015/1973, art. 227: "Todo imóvel objeto de título a ser registrado deve estar matriculado no Livro n. 2 – Registro Geral – obedecido o disposto no art. 176". O art. 176 destina o Livro 2 à matrícula.

[83] RODRIGUES, Patrícia Valeska Bigas; SILVEIRA, Amanda Aparecida Gil Freitas. Os títulos judiciais, cit., p. 5.

[84] Idem, p. 6.

[85] "O registro é eficaz desde o momento em que se apresentar o título ao oficial do registro, e este o prenotar no protocolo".

Todavia, segundo o art. 205 da Lei de Registros Públicos (Lei 6.015/1973), cessarão automaticamente os efeitos da prenotação se, decorridos 30 (trinta) dias do seu lançamento no Protocolo, o título não tiver sido registrado por omissão do interessado em atender às exigências legais. Conforme visto anteriormente, a finalidade da prenotação é permitir ao registrador que avalie previamente a legalidade formal e material do título. Quando todos os requisitos não forem observados de imediato, dentro do prazo de 30 dias o registrador poderá formular exigências a serem atendidas pelo requerente para que sane eventual omissão ou incongruência, como, por exemplo, a apresentação de seu pacto antenupcial. Se essas não forem oportunamente sanadas, a prenotação restará sem efeitos.

Durante o período de avaliação prévia da legalidade do título, o registrador pode, ainda, suscitar a chamada dúvida registral, descrita por Eduardo Sócrates Castanheira Sarmento como objeção fundamentada do serventuário à prática de ato que lhe foi solicitado por interessados, "na esfera de sua serventia, costumeira na atividade dos notários, oficiais de protesto, de distribuição, e do registro público em geral, especialmente em matéria de registro imobiliário, quase todas da esfera de competência das Varas de Registros Públicos, nas comarcas das capitais"[86]. Assim, quando o registrador está convencido da impossibilidade de efetuar o registro, dada, por exemplo, a flagrante ilegalidade ou inadequação do título apresentado, ele suscitará a Dúvida Registral, procedimento de jurisdição voluntária a ser dirimido pelo juiz da Vara de Registros Públicos. Caso seja julgada procedente a dúvida, o juízo determinará a não efetivação do registro. Se, ao contrário, for a mesma julgada improcedente, determinará ao registrador que efetive o ato.

Será a eventual negativa do registro, por falta de atendimento a todos os requisitos formais para tanto, que fará surgir o justo título. Afirma-se que esse seria o título hábil em tese à transferência do domínio por ostentar, aparentemente, todos os requisitos indispensáveis à efetivação do registro. Há, todavia, um "vício intrínseco que impede a transferência do direito, como na alienação a *non domino*"[87].

Diante da fé pública de que são dotados os atos praticados pelos registradores, um registro defeituoso não deve subsistir, pois o objetivo a ser perseguido por tais atos de publicização e catalogação de informações será sempre conferir segurança jurídica ao tráfego jurídico dos direitos patrimoniais. A inexatidão pode decorrer dos fatos, como no caso de descrição incompleta do imóvel, ou da própria situação jurídica, como na hipótese de aquisição a *non domino*.

Consequentemente, se o teor do registro não exprimir a verdade, o prejudicado pode reclamar a sua retificação. Caso seja impugnado o pedido, o juiz remeterá o interessado às vias ordinárias, pois aí se instaurará procedimento de jurisdição contenciosa, e não voluntária. Não se trata, portanto, de cancelamento, mas de correção de equívoco constante do registro previamente feito (exemplificativamente, descrição equivocada do número ou do logradouro público onde se situa o imóvel).

Quando, no entanto, o registro for nulo de pleno direito, tem-se por inválido independentemente de ação direta (anulação). Porém, conforme disposto no art. 1.245, § 2º, do CC/2002, enquanto não se promover por meio de ação própria a decretação de invalidade, o adquirente continua a ser havido como proprietário. O registro pode, portanto, ser cancelado. O cancelamento faz-se por decisão judicial ou "mediante requerimento das partes, se capazes, que tenham

---

[86] SARMENTO, Eduardo Sócrates Castanheira. *A dúvida na nova Lei de Registros Públicos*. Rio de Janeiro: Editora Rio, 1977, p. 11.

[87] TEPEDINO, Gustavo. *Comentários ao Código Civil*: direito das coisas. In: JUNQUEIRA DE AZEVEDO, Antonio (coord.). São Paulo: Saraiva, 2011, vol. 14, p. 342.

PROBLEMAS DE DIREITO CIVIL – *Homenagem aos 30 anos de cátedra do professor Gustavo Tepedino*

participado do ato registrado ou do terceiro interessado (LPR, art. 150)"[88]. Contudo, antes disso, produz todos os efeitos legais, ainda que por qualquer outro meio pudesse se provar que o título estaria desfeito, anulado, extinto ou rescindido[89].

A respeito do tema, diz o art. 1.247 do Código Civil que se o teor do registro não exprimir a verdade, poderá o interessado reclamar que se retifique ou anule. A polêmica maior gira em torno do parágrafo único do referido dispositivo legal, que expõe o terceiro adquirente de boa-fé a risco, dispondo o seguinte: "Cancelado o registro, poderá o proprietário reivindicar o imóvel, independentemente da boa-fé ou do título do terceiro adquirente". Assim, muito embora o art. 1.245, § 1º, determine que esse será havido como dono do imóvel enquanto não se promover, por meio de ação própria, a decretação de invalidade do registro, o art. 1.247, parágrafo único, parece ignorar solenemente a boa-fé de quem se fiou nas informações constantes do registro.

Na verdade, a opção legislativa aqui manifestada foi contraditória com outro dispositivo do Código, por ser a proteção do adquirente de boa-fé, ao lado da vedação ao enriquecimento sem causa, o norte principiológico do Livro de Direito das Coisas: observe-se que o art. 1.228 afirma, ao final, que o proprietário poderá reivindicar a coisa de quem injustamente a possua ou detenha, sendo bastante árdua a tarefa de qualificar como injusta – eivada de vícios – a posse exercida por um adquirente de boa-fé. Assim, ainda que se cancelasse o registro efetuado em favor do terceiro adquirente de boa-fé, a ausência de vícios na posse por ele exercida dificultaria a procedência da Ação Reivindicatória – efeito decorrente do cancelamento de registro, nos termos propostos pelo art. 1.247, parágrafo único.

A contradição revela um conflito sistemático do ordenamento jurídico brasileiro – embora não apenas dele – que é bastante antigo. Em obra publicada bem antes do advento do Código Civil de 2002, Afrânio de Carvalho observava que a opção de sanear eventuais vícios precedentes por meio das informações já carreadas ao sistema registral refletiria a intenção legislativa de considerar a proteção ao terceiro de boa-fé como exceção à regra da tutela dos direitos subjetivos[90]. Conforme observado pelo autor, conciliar o interesse do real titular da propriedade relativamente à segurança de seu direito ao do adquirente de boa-fé, o qual não quer ver suas expectativas frustradas por motivos que ignora, seria um impasse difícil de resolver[91].

Diante do problema, o legislador brasileiro se viu forçado a corrigir o equívoco contido no art. 1.247, parágrafo único, em duas oportunidades distintas. A primeira delas, introduzida em nosso ordenamento jurídico pela Lei 10.931/2004, alterou a Lei de Registros Públicos (Lei 6.015/1973) para que a tutela conferida ao adquirente de boa-fé pudesse ser reforçada.

Como a questão envolvia um conflito difícil de dirimir – de um lado, o verdadeiro proprietário e, de outro, aquele que incorreu em erro escusável e invencível, em virtude de equívocos constantes de assentamentos registrais –, o legislador parece ter feito uso da posse como critério de desempate. Desse modo, a Lei 10.931/2004 introduziu um quinto parágrafo ao art. 214 da Lei de Registros Públicos (Lei 6.015/1973), determinando que a nulidade do registro não será decretada se atingir terceiro de boa-fé que já tiver preenchido as condições de usucapião do imóvel[92].

---

[88] Idem, p. 374.

[89] GOMES, Orlando. *Direitos reais*, cit., p. 164.

[90] CARVALHO, Afranio de. *Registro de Imóveis*: comentários ao sistema de registro em face da Lei n. 6.015, de 1973. 3. ed. Rio de Janeiro: Forense, 1982, p. 193.

[91] Idem, ibidem.

[92] O *caput* do referido diploma legal determina que "As nulidades de pleno direito do registro, uma vez provadas, invalidam-no, independentemente de ação direta".

Essa disposição legal consagrou a usucapião tabular, que se consumará por meio da vigência indiscutida de inscrição imobiliária durante o tempo necessário à consumação de prescrição aquisitiva em favor do adquirente de boa-fé. Com isso, muito embora o art. 1.247, *caput*, do CC/2002 autorize o verdadeiro titular do direito a impugnar a contradição entre a verdade dos fatos e as informações constantes do registro, se o mesmo deixar de fazê-lo durante certo lapso temporal, "seu silêncio fará triunfar o registro imobiliário: o titular perde o seu direito por calar-lo; a aparência se converte em realidade"[93]. Em tais hipóteses, a dita "usucapião tabular", arguida como matéria de defesa em ação de cancelamento de registro, impedirá a sua procedência, mantendo intactos os assentamentos registrais por meio dela questionados.

A respeito do tema, Afrânio de Carvalho explicava tratar-se de hipótese de convalidação da inscrição imobiliária pela superveniência da propriedade, pois, muito embora fosse nulo o registro, o exercício prolongado da posse mansa e pacífica pelo adquirente conduziu à aquisição do direito de propriedade por meio da usucapião[94]. Tal convalidação pode ocorrer, ainda, com a sucessão *causa mortis*, "quando ao verdadeiro proprietário sucede o ou o transmitente, que passa a reunir então na sua pessoa as duas qualidades opostas de responsável pela evicção e de eventual reivindicante, ou ao invés disso, o mesmo proprietário aparente"[95].

No primeiro caso, tem-se, portanto, hipótese de usucapião arguida como matéria de defesa (STF, S. 237) que, uma vez reconhecida entre as partes, no bojo de Ação de Cancelamento de Registro, impedirá a sua procedência, mantendo íntegro o registro efetivado em favor do terceiro adquirente de boa-fé. A esse respeito, é importante observar que a hipótese descrita no art. 1.242, parágrafo único, não pode ser definida como usucapião tabular, ao contrário da situação descrita no art. 214, § 5º, da Lei de Registros Públicos.

Nesse último caso, não se faz necessária a propositura de ação de usucapião que declare o direito de propriedade do adquirente, que já é o proprietário por força da inscrição constante do registro de imóveis. Por restar consumada a usucapião, essa serve de óbice intransponível à Ação de Cancelamento de Registro, convalidando a inscrição que se visava cancelar. O parágrafo único do art. 1.242 do Código Civil, por sua vez, não envolve hipótese de usucapião arguida como matéria de defesa, dita virtual ou tabular, mas sim da redução do prazo de prescrição aquisitiva para apenas cinco anos quando o registro do terceiro adquirente de boa-fé chegou a ser efetivamente cancelado[96].

Não restará desonerado, portanto, do ajuizamento de ação de usucapião, no intuito de declarar a constituição de seu direito de propriedade após o decurso de cinco anos de exercício de posse mansa e pacífica, no local onde constituiu sua moradia e de sua família. Feitas tais considerações, é possível concluir, também, que o adquirente de boa-fé só poderá recorrer ao disposto no art. 214, § 5º, da Lei de Registros Públicos se houver exercido a posse do imóvel por dez anos ininterruptos, respeitando, assim, o prazo disposto no art. 1.242, *caput*, do Código Civil, que versa sobre

---

[93] WOLFF, Martin; RAIZER, Ludwig. *Derecho de cosas*. 3. ed. Trad. Blás Perez González e José Alguer. Barcelona: Bosch, 1971, vol. 1, p. 313-314.

[94] CARVALHO, Afranio de. *Registro de Imóveis*, cit., p. 206.

[95] Idem, p. 207.

[96] De modo contrário a tal entendimento, o Superior Tribunal de Justiça já conferiu interpretação mais abrangente à expressão "usucapião tabular", como se extrai do julgado a seguir mencionado: "Se, após dez anos a partir do bloqueio de matrícula, o INSS não requer a declaração de nulidade da compra e venda, não executa o crédito previdenciário que mantém perante o devedor do imóvel, não requer o reconhecimento de fraude à execução, não penhora o bem controvertido, enfim, não toma providência alguma, é possível reconhecer, ao menos em *status assertionis*, a ocorrência de usucapião tabular, de modo que o indeferimento da petição inicial da ação que a requer é providência exagerada" (STJ, 3ª Turma, REsp 1.133.451/SP, Rel. Min. Nancy Andrighi, *DJe* 18.04.2012).

a usucapião ordinária – a qual exige justo título e boa-fé. Não poderá contar com a redução de prazo contemplada pelo parágrafo único desse dispositivo do Código Civil porque sua a incidência pressupõe o prévio cancelamento do registro, justamente o que a aplicação do art. 214, § 5º, da LRP irá impedir. O réu na Ação de Cancelamento de Registro só poderia contar com prazo de prescrição aquisitiva de apenas cinco anos e argui-la como matéria de defesa caso preenchesse os requisitos indispensáveis à usucapião especial urbana ou rural[97].

Relativamente à usucapião tabular, é forçoso, no entanto, observar que a causa da inoponibilidade do direito do reivindicante perante o do adquirente não será, por si só, a boa-fé desse último, mas sim a convalidação da inscrição imobiliária passível de ser anulada por meio da aquisição do direito de propriedade por usucapião. Com efeito, a prova de que, no ordenamento jurídico brasileiro, a boa-fé subjetiva é o limite no qual esbarra a oponibilidade *erga omnes*, tornando remota a aplicação do art. 1.247, parágrafo único, decorre de providência adotada pelo legislador mais de dez anos após a menção à usucapião tabular pela Lei de Registros Públicos (Lei 6.015/1973). Assim, no intuito de expor efetiva hipótese de inoponibilidade de um direito real perante terceiro adquirente de boa-fé, vale transcrever o disposto no art. 54, I, da Lei 13.097/2015, bem como no parágrafo único do mesmo dispositivo legal:

> Art. 54. Os negócios jurídicos que tenham por fim constituir, transferir ou modificar direitos reais sobre imóveis são eficazes em relação a atos jurídicos precedentes, nas hipóteses em que não tenham sido registradas ou averbadas na matrícula as seguintes informações:
>
> I – Registro de citação de ações reais ou pessoais reipersecutórias;
>
> (...)
>
> Parágrafo único. Não poderão ser opostas situações jurídicas não constantes da matrícula no Registro de Imóveis, inclusive para fins de evicção, ao terceiro de boa-fé que adquirir ou receber em garantia direitos reais sobre o imóvel, ressalvados o disposto nos arts. 129 e 130 da Lei n. 11.101, de 9 de fevereiro de 2005, e as hipóteses de aquisição e extinção da propriedade que independam de registro de título de imóvel.

Aqui se evidencia, portanto, a preocupação do legislador em reforçar a proteção destinada ao adquirente de boa-fé, na medida em que torna eficazes os atos por ele praticados mesmo em relação a atos jurídicos precedentes quando não constava dos assentamentos registrais qualquer referência à citação do alienante em ações que pudessem acarretar a evicção[98]. O parágrafo único, por sua vez, corresponde a exemplo concreto de inoponibilidade de direitos alheios – de caráter real

---

[97] Segundo o art. 183 da Constituição Federal, "Aquele que possuir como sua área urbana de até duzentos e cinquenta metros quadrados, por cinco anos, ininterruptamente e sem oposição, utilizando-a para sua moradia ou de sua família, adquirir-lhe-á o domínio, desde que não seja proprietário de outro imóvel urbano ou rural". O art. 191 da Constituição Federal confere benefício idêntico a quem, não sendo proprietário urbano ou rural possuir como seu por cinco anos ininterruptos, sem oposição de ninguém, área de terra em zona rural não superior a cinquenta hectares, tornando-a produtiva por seu trabalho ou de sua família, tendo nela a sua moradia. Como se vê, as duas hipóteses dispensam justo título e boa-fé, sendo, portanto, identificadas como espécies de usucapião extraordinária. Ainda assim, quando o adquirente, réu na Ação de Cancelamento de Registro, estivesse de boa-fé e se enquadrasse em qualquer uma das duas hipóteses, poderia arguir a usucapião como matéria de defesa após exercer a posse do imóvel nessas condições durante apenas cinco anos.

[98] A hipótese poderia se caracterizar, por exemplo, quando duas matrículas distintas descrevessem o mesmo imóvel.

ou não –, determinando não serem oponíveis ao terceiro de boa-fé situações jurídicas precedentes que não constavam da matrícula do imóvel.

Andou bem o legislador ao introduzir tais dispositivos legais em nosso ordenamento jurídico, pois a figura do adquirente de boa-fé surge justamente em virtude da ignorância acerca de informações que deveriam constar do Registro Imobiliário. Esvazia-se, com isso, o parágrafo único do art. 1.247 do Código Civil, que terá sua aplicação restrita às hipóteses nas quais a certidão de ônus reais do imóvel apontava a existência de ações reais ou pessoais reipersecutórias, o que descaracterizará, em termos práticos, a boa-fé de eventuais adquirentes. Resta comprovado, assim, que os direitos reais não são efetivamente absolutos, pois a boa-fé subjetiva segue sendo um limite concreto à irradiação de sua oponibilidade, como a análise sistemática do Livro de Direito das Coisas já seria capaz de demonstrar.

4. CONCLUSÃO

De modo sintético, conforme anteriormente demonstrado, a oponibilidade em termos concretos deve representar a imposição, perante terceiros, de um direito alheio, nas hipóteses em que os interesses deles conflitem com os ostentados por seu titular. O pressuposto para que tal fenômeno ocorra será sempre a ciência, efetiva ou reputada, que tem o terceiro acerca da existência do direito alheio.

O conceito obrigação passiva universal, atrelado à oponibilidade *erga omnes* e que respaldaria a ideia de irradiação absoluta e irrestrita de direitos reais sobre a esfera jurídica de terceiros, representa, na verdade, um dever geral de inviolabilidade, similar ao dever de *alterum non laedere*, vinculado a todos os direitos subjetivos.

Sendo o conhecimento ou ao menos a cognoscibilidade acerca do direito alheio o pressuposto de aplicação prático do conceito de oponibilidade, é possível perceber que não haveria propriamente irradiação *erga omnes* da mesma, já que sempre terá como limite a boa-fé subjetiva de terceiros, ou seja, a ignorância desculpável acerca de obstáculos que impediriam a aquisição de um direito.

Por fim, foi possível perceber que a usucapião tabular reflete mecanismo de proteção do terceiro adquirente de boa-fé por meio da convalidação de seu direito de propriedade, impedindo o cancelamento do registro efetuado em seu favor. Já o art. 54, parágrafo único, da Lei 13.097/2015 ilustra exemplo concreto de inoponibilidade respaldada na boa-fé subjetiva, demonstrando ser falha a ideia de irradiação absoluta da eficácia real.

PARTE V
FAMÍLIA E SUCESSÕES

48

A FUNÇÃO PROMOCIONAL
DO TESTAMENTO

Ana Luiza Maia Nevares

A generosidade talvez bastasse, se fôssemos suficientemente generosos.
Mas, o somos tão pouco, tão raramente, tão pequenamente...
Só precisamos de solidariedade porque carecemos de generosidade,
e é por isso que precisamos tanto de solidariedade!
(André Comte-Sponville, *Apresentação da Filosofia*)

Sumário: 1. Uma contextualização necessária. 2. Releitura da sucessão testamentária à luz da legalidade constitucional. 3. A função promocional do testamento.

1. UMA CONTEXTUALIZAÇÃO NECESSÁRIA

Diversas foram as mudanças que ocorreram no Direito Civil Brasileiro, principalmente a partir da incidência direta dos valores constitucionais nas relações privadas. Com efeito, ao estabelecer como fundamento da República a dignidade da pessoa humana (CRFB/88, art. 1º, III), o constituinte optou por superar o individualismo, isto é, a concepção abstrata do homem, estabelecida numa perspectiva de igualdade formal em relação aos demais indivíduos da sociedade e de plena liberdade, visto aquele com primazia frente à sociedade e ao Estado[1], passando a eleger a pessoa, na sua dimensão humana, como centro da tutela do ordenamento jurídico.

---

[1] Maria Celina Bodin de Moraes, Constituição e direito civil: tendências, *Direito, Estado e Sociedade*, n. 15, ago./set. 1999, p. 101.

814 | PROBLEMAS DE DIREITO CIVIL – *Homenagem aos 30 anos de cátedra do professor Gustavo Tepedino*

O sujeito de direito, portanto, não pode ser concebido como uma categoria neutra e abstrata. Nas palavras de Vincenzo Scalisi, a pessoa que a Constituição eleva a valor de vértice do ordenamento jurídico não é mais o codificado sujeito de direito, formal e abstrato, apreciável somente em termos patrimoniais e mais propriamente econômico-produtivos, mas sim o sujeito histórico-real, considerado não só na multiplicidade de suas explicações e manifestações ativas, como também em suas variadas e diversas necessidades, interesses, exigências, qualidades individuais, condições econômicas, posições sociais e, como tal, devendo ser considerado como portador de valores essenciais (dignidade, segurança, igualdade, liberdade) e de fundamentais espaços de promoção e desenvolvimento da pessoa (saúde, trabalho, educação)[2].

Mais ainda: a pessoa não pode ser concebida como um valor pré-social, a prescindir das relações que estabelece com os demais, pois, tal concepção, inspirando-se numa visão individualista, não conforme o sistema constitucional, acentua o isolamento do homem e de seus problemas, afastando-o da sociedade na qual vive[3].

À luz do individualismo, o sistema de Direito Privado era definido como "o conjunto das relações jurídicas no qual cada indivíduo exerce a própria vida dando-lhe um especial caráter"[4]. Consagrava-se, portanto, a ingerência mínima do Estado nas relações sociais: sendo os homens livres e iguais, não havia necessidade de o Estado intervir nas suas relações econômicas; o indivíduo era concebido com plena capacidade para regular os seus próprios interesses, sendo atribuído exclusivamente a ele o bom êxito ou o fracasso em sua atuação social e a soma das buscas individuais levaria ao sucesso de todos. Nesse ambiente, consoante a expressão de Solari, "o direito de ser homem contém o direito que ninguém me impeça de ser homem, mas não o direito a que alguém me ajude a conservar a minha humanidade"[5].

Ao contrário, a Constituição da República Federativa do Brasil preconiza a construção de uma sociedade livre, justa e solidária (CRFB/88, art. 3º, I), com fundamento na dignidade da pessoa humana. De fato, partindo da premissa de que somente se pode pensar o indivíduo inserido na sociedade, isto é, como parte de um tecido social mais ou menos coeso em que a interdependência é a regra[6], ser solidário significa defender os interesses do outro porque tais interesses são – direta ou indiretamente – os do defensor também: agindo pelo outro, a pessoa também age por si, porque todos têm os mesmos inimigos ou os mesmos interesses, ou porque estão expostos aos mesmos perigos ou mesmos ataques[7].

A solidariedade, no caso brasileiro, está voltada para a concretização da dignidade da pessoa humana (CRFB/88, art. 1º, III), permeada pelos objetivos constitucionais de erradicar a pobreza e a marginalização, de reduzir as desigualdades sociais e regionais (CRFB/88, art. 3º, III) e de promoção do bem de todos, sem preconceitos de raça, sexo, cor, idade e quaisquer outras formas de

---

[2]   Vincenzo Scalisi, Persona umana e successioni, itinerari di un confronto ancora aperto, *La civilistica Italiana dagli anni'50 ad oggi tra crisi dogmatica e riforme legislative*, Padova: Cedam, 1991, p. 140. Ainda publicado em *Rivista Trimestrale di Diritto e Procedura Civile*, 1989, p. 387-420.

[3]   Pietro Perlingieri, *Il Diritto Civile nella legalità costituzionale*, 2. ed., Napoli: ESI, 1991, p. 170.

[4]   Michele Giorgianni, O direito privado e as suas atuais fronteiras, *Revista dos Tribunais*, vol. 747, jan. 1998, p. 40.

[5]   A expressão de Solari é invocada por Michele Giorgianni, O direito privado e as suas atuais fronteiras, cit., p. 39.

[6]   Maria Celina Bodin de Moraes, O princípio da solidariedade, In: Manoel Messias Peixinho; Isabella Franco Guerra; Firly Nascimento Filho (orgs.), *Os princípios da Constituição de 1988*, Rio de Janeiro: Lumen Juris, 2001, p. 170-171.

[7]   André Comte-Sponville, *Apresentação da Filosofia*, São Paulo: Martins Fontes, 2002, p. 32.

Cap. 48 · A FUNÇÃO PROMOCIONAL DO TESTAMENTO | **815**

discriminação (CRFB/88, art. 3º, IV). O princípio constitucional da solidariedade "identifica-se, assim, com o conjunto de instrumentos voltados para garantir existência digna, comum a todos, em uma sociedade que se desenvolve como livre e justa, sem excluídos ou marginalizados"[8].

Nessa perspectiva, a disciplina das relações jurídicas privadas deve estar atenta às pessoas que as integram, ao modo pelo qual interagem naquelas relações, bem como à repercussão de seus efeitos nas esferas de terceiros. O desafio é "restabelecer o primado da pessoa humana em cada elaboração dogmática, em cada interpretação e aplicação normativas"[9] do Direito Civil.

Por conseguinte, uma releitura do Direito Civil, a partir de seus principais institutos, torna-se imperiosa. O contrato, a propriedade, a empresa, a família, a responsabilidade civil e a sucessão *causa mortis* devem estar permeados pela tensão constante entre a liberdade e a solidariedade, para que seja concretizada a dignidade da pessoa humana em cada uma das relações que tais institutos estabelecem. É preciso reconhecer que muitos resultados já foram alcançados na disciplina dos contratos, da família e da propriedade.

Quanto à sucessão *causa mortis*, uma garantia fundamental no ordenamento jurídico brasileiro (CRFB, art. 5º, XXX), poucas mudanças foram registradas, na esteira do que ocorreu em relação aos demais institutos do Direito Civil. Realmente, não se visualiza na sucessão *causa mortis* o objetivo de promoção da pessoa humana, já que o pressuposto da vocação hereditária legal está, em regra, assentado na circunstância de o chamado à sucessão pertencer àquela comunidade familiar[10]. Segundo Vincenzo Scalisi, a pessoa humana, na sua real e concreta dimensão, resta fora do horizonte normativo da vocação legal. Ao Direito Sucessório, portanto, parece ser relegada uma função meramente patrimonial, parecendo estar referido ramo do Direito estranho a qualquer ideia de promoção e desenvolvimento da pessoa humana[11].

O testamento parece ser um dos poucos atos de autonomia privada a permanecer estranho ao processo de funcionalização e socialização por que atravessaram todas as tradicionais e fundamentais categorias do Direito Privado, como o contrato e a propriedade[12]. Por essas razões, constata-se que "o Direito das Sucessões é, como o Direito das Coisas e ao contrário do Direito das Obrigações, do Direito Comercial e do Direito Penal, por exemplo – um ramo relativamente abandonado da ciência jurídica"[13], explicando José de Oliveira Ascensão que os motivos para o referido desinteresse doutrinário se devem, por um lado, ao fato de que "há um maior dinamismo social, que traz à ribalta outros ramos. Por outro, há uma considerável estabilidade do Direito das Sucessões, que retira aos estudos que se lhe dedicam a nota da atualidade, fora dos períodos de alteração legislativa"[14]. Diante disso, é como se o fenômeno sucessório estivesse alheio a toda evolução do Direito Civil. O testador permanece o bom e velho indivíduo burguês, sem ter seus atos questionados pelos valores introduzidos no ordenamento jurídico pela Constituição de 1988.

No entanto, em respeito à hierarquia das fontes e à unidade do ordenamento jurídico, não existem espaços imunes aos reflexos da incidência direta dos princípios constitucionais, em especial o da dignidade da pessoa humana. A sucessão hereditária, portanto, também deve estar permeada pela exigência de promoção e desenvolvimento da pessoa. No Direito das Sucessões, há um importante espaço da autonomia privada, traduzido nos testamentos (e codicilos), que deve

---

[8]   Maria Celina Bodin de Moraes, O princípio da solidariedade, cit., p. 176.

[9]   Maria Celina Bodin de Moraes, Constituição e direito civil: tendências, cit., p. 107.

[10]   Vincenzo Scalisi, Persona umana e successioni, itinerari di un confronto ancora aperto, cit., p. 158.

[11]   Vincenzo Scalisi, ob. cit., p. 158.

[12]   Vincenzo Scalisi, ob. cit., p. 147.

[13]   José de Oliveira Ascensão, *Direito civil*: sucessões, 4. ed., Coimbra: Coimbra Editora, 1989, p. 21.

[14]   José de Oliveira Ascensão, Entrevista à *Revista Trimestral de Direito Civil – RTDC*, vol. 23, p. 302-303.

PROBLEMAS DE DIREITO CIVIL – *Homenagem aos 30 anos de cátedra do professor Gustavo Tepedino*

ser investigado sob a ótica da já citada dialética entre a solidariedade e a liberdade, em atenção aos ditames constitucionais.

Além disso, estando a sucessão hereditária assentada na propriedade e na família[15], as mudanças por que passaram os dois últimos institutos repercutem diretamente na dinâmica da primeira, tornando inevitável a necessidade de revisão do fenômeno sucessório, que deve atender a uma propriedade funcionalizada e complexa nos seus variados conteúdos e a uma família que tem como centro de tutela a pessoa de cada um de seus membros.

Desse modo, percebe-se que o Direito Sucessório apresenta um terreno fértil para reflexões, ainda precisando ser semeado. Nas palavras de Vincenzo Scalisi, para que a vitalidade e a coerência sejam restituídas a esta área do Direito Civil:

> *(...) è necessario sottrarla a quella posizione neutra in cui è stata confinata dalla tradizione e recuperarla a una esigenza positiva, che, esaltando i valori della persona umana, assicuri una destinazione dei beni in funzione di ricambio nella titolarità e di utilità sociale, dell'instaurazione di più equi rapporti sociali, della tutela di persone economicamente più deboli, una trasmissione dei beni che, in altre parole, si ponga a sostegno della dignità, sicurezza e solidarietà umana[16].*

2. RELEITURA DA SUCESSÃO TESTAMENTÁRIA À LUZ DA LEGALIDADE CONSTITUCIONAL

Encontram-se muitas resistências à releitura da sucessão testamentária à luz da Legalidade Constitucional, ao argumento de que o Direito das Sucessões não se coadunaria com uma disciplina voltada às exigências de tutela da pessoa. Realmente, parece imperar no Direito das Sucessões uma certa neutralidade, decorrente, em especial, do princípio da unidade da sucessão (CC, art. 1.791, *caput*), ou seja, para o estabelecimento da devolução da herança não se consideram a natureza dos bens transmitidos e as qualidades dos sucessores, estando a distribuição da herança sujeita a uma disciplina única e o pressuposto da vocação hereditária simplesmente assentado na circunstância de o sucessor legal pertencer à família do *de cujus*. Neste cenário, o testamento é o negócio no qual há a projeção máxima da liberdade individual, voltado especialmente para a esfera patrimonial.

No entanto, a partir de uma análise das transformações sofridas pelos elementos que informam a sucessão hereditária, a saber, a propriedade e a família, bem como a partir da verificação da atual concepção da autonomia privada, tutelada no ordenamento jurídico brasileiro a partir do que representa de socialmente útil, em virtude da necessária observância do dever de solidariedade, percebe-se que as críticas dirigidas à funcionalização da sucessão hereditária aos valores constitucionais não colhem.

---

[15] Arthur Vasco Itabaiana de Oliveira, *Tratado de direito das sucessões*, 4. ed., São Paulo: Max Limonad, 1952, vol. I, p. 49.

[16] Vincenzo Scalisi, Persona umana e successioni, itinerari di un confronto ancora aperto, cit., p. 160-161. Tradução livre: é necessário tirá-la daquela posição neutra na qual foi confinada pela tradição e recuperá-la a uma exigência positiva, que, exaltando os valores da pessoa humana, assegure uma destinação dos bens em função de troca na titularidade e de utilidade social, de instauração de uma melhor equiparação das relações sociais, de tutela das pessoas economicamente mais fracas, uma transmissão de bens que, em outras palavras, seja estabelecida como base da dignidade, segurança e solidariedade humana.

A partir da tendência que se denomina *despatrimonialização* do Direito Civil, verifica-se a necessidade de uma avaliação qualitativamente diversa das situações jurídicas de cunho patrimonial, para que nelas seja encontrada a exigência de tutela da pessoa. Nesta perspectiva, diante de um fenômeno tipicamente patrimonial, mas que também repercute na esfera existencial dos envolvidos, o que se busca é uma análise qualitativamente diversa do momento econômico da sucessão, ou seja, da transmissão das situações jurídicas patrimoniais do finado para seus sucessores, para evidenciar de que forma deverão restar realizados os objetivos constitucionais de tutela à dignidade da pessoa humana. Isso significa dizer que a atenção deve estar voltada não para a transmissão da herança em si e para as suas regras técnicas e neutras, que respondem a uma lógica patrimonial, mas para as *pessoas* envolvidas no fenômeno sucessório, ou seja, para os sucessores e para o autor da herança e testador.

Nesta direção, importante constatar a eficácia múltipla do testamento, já que este serve a diversos objetivos do autor da herança, possuindo uma função regulamentar e programática de seus interesses, *patrimoniais ou não*, para o período posterior à sua morte. Isso significa dizer que poderão estar contidos no ato de última vontade interesses qualificados do testador, ou seja, interesses existenciais, o que dá conta do fato de a autonomia privada ser exercida não só na esfera patrimonial do agente, mas também naquela existencial, tendo, por conseguinte, fundamentos diversificados, na medida em que repercute na seara patrimonial ou existencial do agente.

O denominador comum das expressões da autonomia privada está na necessidade de realização de interesses e de funções que merecem tutela e que são socialmente úteis diante dos ditames constitucionais. De fato, não há qualquer espaço da autonomia privada imune ao exame do merecimento de tutela diante dos valores constitucionais. Sendo assim, abre-se um amplo campo de análise do testamento, como instrumento da autonomia privada, para que nele seja encontrado um espaço de promoção e desenvolvimento da pessoa e da solidariedade social, como quer o projeto constitucional.

Assim, quanto à esfera patrimonial, diante de uma propriedade múltipla, que deve atender a uma função social para ser tutelada, bem como diante da proteção da família voltada para a pessoa de cada de seus membros, constata-se que o fenômeno sucessório deve considerar a natureza dos bens transmitidos e as qualidades pessoais dos sucessores, numa necessária revisão do princípio da unidade da sucessão. De fato, sendo o Direito das Sucessões um instrumento de alocação de bens, é preciso diferenciar os bens transmitidos com base no conjunto de interesses a que os mesmos se referem, de forma a garantir o cumprimento da função social na transmissão *causa mortis*, em clara atenção à dignidade da pessoa humana.

No campo da sucessão testamentária, portanto, é possível identificar casos nos quais haverá uma contraposição relevante entre os interesses dos sucessores e aqueles contidos no testamento, quando as disposições testamentárias não atenderem a vínculos específicos dos primeiros em relações a certos bens existentes na herança. Trata-se da verificação de um conflito entre a autonomia privada testamentária, expressão da livre iniciativa e da liberdade (CRFB, art. 1º, IV, art. 5º, *caput*, art. 170), e direitos fundamentais calcados na dignidade da pessoa humana (CRFB, art. 1º, III), quando o bem objeto da disposição testamentária serve ou é indispensável/relevante à moradia ou ao exercício profissional do sucessor.

Para solucionar tal conflito, deve-se recorrer ao método da ponderação de interesses. Desse modo se o vínculo que une o sucessor ao bem tiver relevância social, ou seja, tiver relação direta com a concretização de uma vida digna, a balança propenderá para a limitação ao exercício da liberdade testamentária qualitativa quanto ao referido bem, preferindo-se sua atribuição *in natura* ao aludido sucessor.

O tema relativo à vinculação de certos sucessores a determinados bens da herança foi objeto da tese de doutorado de François Xavier Testu em 1983, apresentada no programa de doutorado da

PROBLEMAS DE DIREITO CIVIL – *Homenagem aos 30 anos de cátedra do professor Gustavo Tepedino*

Universite de Paris X – Nanterre, intitulada *L'influence de la destination de biens sur leur transmission successorale: essai sur la fonction du droit des successions et des liberalites*. Na análise empreendida, o autor alerta que na perspectiva da sucessão de uma pessoa por outra, os bens existentes no acervo hereditário não têm todos o mesmo interesse, assinalando:

> *Lorsque mon auteur meurt et que "j´hérite" de ses biens, je deviens à mon tour titulaire d´un droit de proprieté sur sa voiture, sur sa villa ou bord de la mer, sur ses meubles meublants, sur sa réserve de pièces d'or: tout cela ne prête guère à conséquence pour l'ordre social. (...)*
>
> *Si, toutefois, le local d'habitation que j'utilise en fait en se trouve parmi les biens successoraux, il importe que je le recueille, moi et non un autre conpartageant. Cela est important pour moi-même: il ne faut pas que la mort de mon auteur, le propriétaire, remette en cause un état de fait qui définit une partie importante de ma vie extérieure sociale. (...)*
>
> *On peut dire en effet que l'ordre social d'une certaine manière concerné par le mantien de ma situation d'utilisateur du longement d'habitation. Non pas que la question soit directement et par elle-même d'importance sociale. Mas si, à la suite d'un décès, toutes les situations préétablies par lesquelles une personne jouissait d'un bien du défunt sont remises en cause alors que ce bien était déterminant pour le mode d'existence de la personne en société, c'est la stabilité sociale qui va se trouver ruiné[17].*

O referido autor exemplifica a questão com outros bens cujas características condicionam fortemente ou determinam a vida social dos indivíduos, a saber, todos os bens e direitos constitutivos de uma empresa comercial, industrial ou artesanal ou uma exploração agrícola, o local profissional, o material necessário ao exercício de uma profissão liberal, aduzindo que para ditos bens a devolução sucessória não deve ser realizada ao acaso, mas de maneira racional[18].

François Xavier Testu ressalta que é a destinação dos bens que estabelece a sua importância na perspectiva sucessória qualitativa, pois, o que importa "*c'est le choix que le propriétaire du bien fait d'une destination très particulière (commerciale, industrielle, agricole, professionnelle, d'habitation,*

---

[17] F. X. Testu, *L'influence de la destination de biens sur leus transmission successorale: essai sur la fonction du droit des successions et des liberalites*, Tese de Doutorado, Paris: Universite Paris X – Nanterre, 1983, mimeo, p. 1-3. Tradução livre: Quando meu predecessor morre e "herdo" seus bens, me torno por outro lado titular de um direito de propriedade sobre seu veículo, sobre sua casa de campo ou casa de praia, sobre seus móveis de uso, sobre sua reserva de moedas de ouro: tudo isso não traz consequências para a ordem social. (...)

Se, no entanto, o local de habitação que utilizo de fato encontrar-se entre os bens da sucessão, importa que eu o recolha, eu e não um outro coerdeiro. Isto é importante para mim mesmo: a morte do meu predecessor, o proprietário, não deve induzir a reconsideração de um estado de fato que define uma parte importante da minha vida externa social. (...)

Pode-se dizer realmente que a ordem social é de certa forma concebida pela manutenção da minha situação de usuário da moradia. Não que a questão seja diretamente e por ela mesma de importância social. Mas se, após um falecimento, todas as situações preestabelecidas segundo as quais uma pessoa gozava de um bem do falecido forem reconsideradas, enquanto este bem era determinante para o modo de existência da pessoa em sociedade, é a estabilidade social que vai ser arruinada.

[18] F. X. Testu, *L'influence de la destination de biens sur leus transmission successorale: essai sur la fonction du droit des successions et des liberalites*, cit., p. 3.

...) et, précisément, le fait qu'il assigne au bien telle destination susceptible de déterminer le mode de vie d'autres personnes qui vont lui survivre"[19].

Assim, na perspectiva sucessória qualitativa, em alguns casos, a preocupação quanto ao valor pecuniário do bem é suplantada por aquela relativa à destinação que ao bem é atribuída. Nesta direção, conclui o autor citado quanto à sucessão hereditária desses bens:

> *(...) il s'agit de l'attribuition en nature des biens importants – ceux qui, à raison de la destination decidée par le propriétaire, définissent à leur échelle un certain état social. Le sucesseur convenable pour de tels biens est celui dont la désignation permet d'assurer la continuité la plus exacte: soit qu'il fût lui-même, en fait, utilisateur du bien avant le décès, soit que investi comme utilisateur du bien à la place du de cujus, il remplace celui-ci d'une façon parfaite*[20].

Na hipótese de herdeiros necessários, a referida relevância social será identificada não só pelo fato de o herdeiro já utilizar o bem ao abrir-se a sucessão, como, ainda, quando este reunir as qualidades necessárias a dar o melhor destino àquele bem. Já quanto aos herdeiros legais facultativos, a referida limitação à liberdade testamentária poderá estar presente quando o sucessor já utilizava o bem no momento da abertura da sucessão para a sua moradia e/ou exercício profissional, pois, nestes casos, o autor da herança, durante a sua vida, foi o responsável pelo nascimento do vínculo entre o herdeiro e o bem integrante do acervo hereditário, tornando relevante a expectativa quanto ao recebimento de tal bem, por força da transmissão *causa mortis*.

Note-se que o resultado acima indicado não significa violação ao princípio da igualdade formal quantitativa quanto esta estiver que estar presente no estabelecimento da partilha. Por conseguinte, se o bem objeto da atribuição preferencial *in natura* exceder a cota do herdeiro que o recebe, deverá este repor em dinheiro o excesso, sendo certo que os demais herdeiros terão uma garantia quanto ao recebimento da aludida torna, a partir da hipoteca legal, quando se tratar de adjudicação de imóvel.

Ainda no campo patrimonial, é possível encontrar limites à autonomia privada testamentária diante de disposições testamentárias que estejam em dissonância com objetivos constitucionais, como condições e encargos que violem a liberdade civil, política ou religiosa dos beneficiados e disposições testamentárias que expressamente estabeleçam uma discriminação quanto aos sucessores designados pautada em parâmetros vedados pela Constituição mesmo que se esteja diante da quota disponível.

Outras vezes, não haverá ilicitude propriamente dita da disposição testamentária, mas sim não merecimento de tutela de tal disposição diante dos referidos objetivos constitucionais, em virtude do dever de solidariedade, imposto quanto ao exercício da autonomia privada. Para

---

[19] F. X. Testu, *L'influence de la destination de biens sur leus transmission successorale: essai sur la fonction du droit des successions et des liberalites*, cit., p. 78. Tradução livre: é a escolha que o proprietário do bem faz de uma destinação bem particular (comercial, industrial, agrícola, profissional, para habitação...) e, precisamente, o fato de que tal destinação é suscetível de determinar o modo de vida de outras pessoas que irão lhe sobreviver.

[20] F. X. Testu, *L'influence de la destination de biens sur leus transmission successorale: essai sur la fonction du droit des successions et des liberalites*, ob. cit., p. 660. Tradução livre: trata-se da atribuição em espécie dos bens importantes – os que, por causa da destinação decidida pelo proprietário, definem a seu modo um certo estado social. O sucessor conveniente para tais bens é aquele cuja designação permite assegurar a continuidade mais exata: quer fosse ele próprio, de fato, usuário do bem antes do falecimento, quer investido como usuário do bem no lugar do *de cujus*, ele substitui este de forma perfeita.

PROBLEMAS DE DIREITO CIVIL – *Homenagem aos 30 anos de cátedra do professor Gustavo Tepedino*

ilustrar a problemática, analisa-se disposição testamentária que determinou, logo após a abertura da sucessão, o encerramento de atividades das escolas pertencentes à empresa da qual fazia parte a testadora, respeitado o ano letivo e dentro de um limite mínimo de tempo permitido pela legislação pertinente. Tratava-se de tradicionais colégios da Zona Sul do Rio de Janeiro, onde estudavam mais de 2.000 alunos, empregando diversos profissionais da educação, além de outros indispensáveis ao exercício de dita atividade.

Indaga-se, portanto: os sucessores a quem couberam as quotas da sociedade que representava ditas escolas poderiam não observar a disposição testamentária acima indicada, dando prosseguimento às atividades escolares dos referidos colégios?

O conflito, portanto, estaria instaurado entre a autonomia privada da testadora e o interesse dos sucessores em realizar o objetivo da busca pelo pleno emprego (CRFB/88, art. 180, VIII), ao serem preservadas as relações trabalhistas constituídas, e do fomento da educação, com base no disposto no art. 205 da Constituição da República Federativa do Brasil, que enuncia que a educação (direito de todos e dever do Estado e da família) será promovida e incentivada com a colaboração da sociedade, com base em diversos princípios, dentre eles o de valorização dos profissionais do ensino (CRFB/88, art. 206, V).

Não cabe aqui o argumento de que se em vida poderia a testadora encerrar as atividades escolares de sua empresa, também poderia estabelecer tal imposição pela via do testamento. Isso porque a morte enseja a transmissão dos bens de uma pessoa para seus sucessores e estes últimos passarão a ser os titulares de tais direitos, o que significa dizer que as disposições testamentárias repercutirão diretamente na esfera de suas vidas.

Por conseguinte, os interesses daqueles que recolhem os bens da herança também devem contar na verificação da execução do ato de última vontade, não podendo o testador empreender uma tal influência na transmissão de seus bens a ponto de contrariar interesses dos sucessores – agora proprietários dos bens – que sejam merecedores de tutela.

E ainda que assim não fosse, ou seja, ainda que seja privilegiado o momento anterior da transmissão *causa mortis*, ou seja, quando o testador ainda era o proprietário formal dos bens, não se pode olvidar que, como bem aduz Stefano Rodotà, a função social da propriedade impõe a consideração de interesses de sujeitos que, embora não formalmente proprietários, são habilitados a intervir na fase das decisões, fazendo valer interesses diversos daqueles do proprietário formal[21].

Como pondera Maria de Nazareth Lobato Guimarães, o direito sucessório é regulamentação de interesses e relações dos vivos[22], sendo imprescindível que os destinatários diretos de ditas normas tenham os seus interesses ponderados nos conflitos que envolvam a vontade do testador. Novamente, encontra-se a tensão entre a liberdade e a solidariedade, sendo necessário identificar a solução que melhor realiza o princípio da dignidade da pessoa humana.

No caso citado, os interesses são múltiplos, não sendo apenas aqueles dos sucessores de realizar os valores constitucionais assinalados acima. De fato, também devem ser sopesados os interesses daqueles que serão diretamente beneficiados com dita realização, a saber, os diversos alunos do colégio e os seus empregados.

Sem dúvida, no caso ora exemplificado, a solução que parece melhor realizar a dignidade da pessoa humana é aquela que restringe a autonomia privada do testador, privilegiando a solidariedade, de forma a prevalecer os objetivos constitucionais do pleno emprego e do fomento da

---

[21] Stefano Rodotà, *Repertorio do fine secolo*, Roma-Bari: Editori Laterza, 1999, p. 156.

[22] Maria de Nazareth Lobato Guimarães, Testamento e autonomia, *Revista de Direito e de Estudos Sociais*, 1971, p. 4.

educação, que é dever da sociedade como um todo, com base na valorização dos profissionais do ensino. Isso significa dizer que a disposição testamentária que determina o encerramento de atividades escolares, embora possa ser considerada lícita, poderá não ser merecedora de tutela, pois, não demonstra realizar qualquer valor positivo no ordenamento jurídico.

O juízo de valor do ato é um limite à autonomia privada, como bem delineado por Pietro Perlingieri[23]. Desse modo, a autonomia privada não pode ser exercida contrariamente à solidariedade. Trata-se da concepção social do exercício da autonomia, também registrada por Denis Franco Silva, uma vez que esta "refere-se a um exercício intersubjetivo, que se impõe na medida em que o processo de individualização somente ocorre a partir da convivência com o outro"[24].

Nesse aspecto, o dever do testador é ainda mais significativo, uma vez que as disposições testamentárias terão incidência na esfera alheia, quando outras pessoas (*rectius*, os herdeiros e os legatários) serão os proprietários dos bens da herança. Novamente, vale citar o registro de Maria de Nazareth Lobato Guimarães, que assevera ser o testamento um instrumento de autonomia "mas ao serviço de uma realidade que o ultrapassa"[25].

Uma escola em pleno funcionamento determina o modo de vida de várias pessoas e, por isso, a sucessão do bem que a compreende deve observar o critério do sucessor mais adequado, não podendo o testador pura e simplesmente determinar o seu fechamento, prejudicando alunos, professores, funcionários, e os próprios sucessores, que pretendam dar seguimento à atividade empreendida.

3. A FUNÇÃO PROMOCIONAL DO TESTAMENTO

Diante do que foi exposto, as disposições testamentárias de cunho patrimonial realizarão valores positivos na esfera patrimonial quando o testador estabelecer a divisão de seu patrimônio observando o conjunto de interesses subjacente aos bens que o compõem, ainda que se possa invocar uma violação à igualdade qualitativa entre os quinhões dos herdeiros necessários, que uma vez traduzida em desigualdade quantitativa será solucionada pela torna em dinheiro e pelo instituto da hipoteca legal quando cabível.

Mas não é só no campo patrimonial que se deve perquirir o merecimento de tutela das disposições testamentárias. De fato, em relação aos efeitos *post mortem* das situações jurídicas existenciais, verifica-se que não ocorre quanto a estas uma verdadeira transmissão. Os sucessores do finado ou as pessoas designadas pelo legislador para a tutela da personalidade de uma pessoa falecida adquirem *iure proprio* um *poder-dever*, que deve ser exercido por força da solidariedade familiar em benefício e no interesse da pessoa falecida para a defesa de sua personalidade, sem que haja, propriamente, uma *obrigatoriedade* em relação ao referido exercício. Por conseguinte, para tornar possível ou mais provável a aludida defesa, investe-se no referido poder-dever uma pluralidade de sujeitos, que detém, ainda, um *poder de controle* quanto à atuação dos demais, tal como se identifica no parágrafo único do art. 12 do Código Civil.

Não obstante tal constatação, poderá o testador estabelecer determinações específicas quanto aos seus interesses existenciais, sendo preciso, portanto, investigar no ordenamento jurídico

---

[23] Pietro Perlingieri, *Perfis de direito civil*: introdução ao direito civil constitucional, trad. Maria Cristina de Cicco, 3. ed., Rio de Janeiro: Renovar, 1997, p. 279.

[24] Denis Franco Silva, O princípio da autonomia privada, In: Maria Celina Bodin de Moraes (coord.), *Princípios do direito civil contemporâneo*, Rio de Janeiro: Renovar, 2006, p. 150.

[25] Maria de Nazareth Lobato Guimarães, Testamento e autonomia, cit., p. 4.

mecanismos hábeis ao cumprimento de disposições de cunho existencial do testador, de forma a realizar a sua dignidade. Para tanto, é preciso que o testador ofereça ou crie instrumentos que auxiliem a atuação de ditos mecanismos.

Uma das formas que o testador dispõe para garantir o cumprimento de determinações testamentárias relativas à sua esfera existencial é a partir da nomeação de um testamenteiro, que é remunerado pelo seu trabalho, devendo o testador prever no programa testamentário instrumentos que viabilizem a atuação do indicado ao referido cargo. Outra possibilidade, em virtude, inclusive, de ser a função do testamenteiro temporária, é a nomeação de certos sucessores onerados com encargos específicos em relação a determinações quanto à esfera existencial do testador, além, é claro, da alternativa do autor da herança de designar uma pessoa a quem conferirá a prerrogativa de dispor e explorar atributos de sua personalidade, como imagem, voz, vida privada, obras, dentre outros, podendo, ainda, criar uma fundação com a finalidade de ser protegido o legado cultural, científico ou moral deixado.

Nesta análise, não se pode perder de vista a necessidade de toda e qualquer manifestação da autonomia privada ser submetida ao juízo de merecimento de tutela diante da tábua axiológica prevista na Constituição. Isso significa dizer que, ainda que estejamos diante do exercício de prerrogativas inerentes à pessoa humana, ditas disposições testamentárias encontrarão limites em aspectos inerentes à dignidade dos sucessores, bem como em interesses sociais relevantes cabalmente comprovados.

Nessa direção, diante da sucessão testamentária, na qual é exercida a liberdade e a livre iniciativa, direitos fundamentais do indivíduo, não se pode perder de vista a solidariedade social. Trata-se de tensão entre a liberdade e a solidariedade, devendo-se ponderar os interesses em jogo para atingir o resultado que melhor alcançará a dignidade da pessoa humana. Dessa maneira, o testamento realizará, no ordenamento jurídico, uma função positiva.

Será o caso concreto a fornecer os elementos condicionantes para a resolução da tensão acima indicada, sendo certo que é possível indicar os seguintes parâmetros: na esfera patrimonial, quando se estiver diante de um vínculo relevante entre o sucessor e determinado bem integrante da herança, a balança propenderá para a solidariedade, a partir de uma restrição da liberdade do testador, salvo se este último, ao estabelecer a divisão de seu patrimônio, observar dito dever de solidariedade; já na esfera existencial, por estar em jogo o exercício de aspectos inerentes à personalidade do testador, a balança tenderá para a liberdade, privilegiando-se as escolhas do agente.

Sem dúvida, a avaliação do merecimento de tutela dos atos privados segundo os valores constitucionais está em perfeita consonância com o que se denomina de função promocional do ordenamento jurídico[26], na medida em que este se vale de técnicas de encorajamento, destinadas não apenas a tutelar, mas, também, a provocar o exercício dos atos conforme os ditames constitucionais.

Nos ordenamentos promocionais, como acentua Norberto Bobbio, interessam sobretudo *"i comportamenti socialmente desiderati, onde il suo fine è di provocarne il compimento anche nei confronti dei recalcitranti"*[27]. Com efeito, na busca pela promoção dos atos socialmente desejados, que realizam valores constitucionais, não poderão permanecer ilesos aqueles que se colocam no lugar oposto, ou seja, que sejam contrários aos princípios fundamentais do ordenamento jurídico, ainda que possam ser considerados lícitos.

---

[26] Norberto Bobbio, Sulla funzione promozionale del diritto, *Rivista Trimestrale di Diritto e Procedura Civile*, 1969, p. 1.323.

[27] Norberto Bobbio, Sulla funzione promozionale del diritto, cit., p. 1.325. Tradução livre: os comportamentos socialmente desejados, onde o seu fim é provocar o cumprimento também em relação aos recalcitrantes.

49

NACIONALIDADE BRASILEIRA E ADOÇÃO INTERNACIONAL

André R. C. Fontes

Vivemos numa época de acontecimentos históricos, sem paralelo, na longa e complexa trajetória humana. São fatos que muitas vezes não se inscrevem como um mero registro histórico de datas, mas, sim, descortinados, classificados e compreendidos ao longo de grandes mudanças e revoluções. A intrincada transformação empreendida pelos povos, suas conquistas e afirmações, em um mundo menos maleável quanto às demarcações territoriais, um mundo que reconhece o caráter precursor da formação dos Estados nacionais, mas apregoa uma nova fórmula no pensamento histórico: a da *afirmação* dos Estados nacionais. Assim o demonstra a rivalidade dos Estados, destinada a mudar e a transformar, em seu favor, a correlação de forças no concerto internacional, e que segue na busca de melhores posições e na obtenção de novos êxitos de desenvolvimento econômico e progresso social.

Para definirmos mais concretamente a essência dessa disputa, temos que reconhecer que toda riqueza, todo espírito de fidelidade, toda exclusividade de valores espirituais e culturais de um povo contribuem para a formação do elemento substancial das nações. Aumenta de modo gigantesco a infinita complexidade e a grande diversidade dos processos sociais os desníveis das experiências dos últimos decênios. Na atividade histórica dos homens para a transformação e resultado de sua sociedade, citamos o esforço da nação japonesa na retomada da economia do país aos níveis anteriores à Segunda Grande Guerra, apenas nove anos depois do fim do conflito. E a conquista do segundo lugar, entre as economias do mundo em 1968, apenas vinte e três anos depois da sua derrocada, classificação somente superada em 2010, pela República Popular da China. O Japão, saído de uma guerra com todo o seu parque industrial destruído, na qual duas de suas importantes cidades sofreram bombardeio nuclear, um país marcado por tantas atrocidades contra os povos do extremo oriente, desperta como um dos países mais civilizados do nosso tempo. Mas nem mesmo maremotos, ondas gigantes e o acidente nuclear, que sofreu em tempos recentes, retirou do seu povo o ânimo de vencer desafios, ou os conduziu a se desviarem do empenho sem trégua na luta contra suas próprias adversidades.

Um quadro geral de acontecimentos se sucedem na distribuição dessas ideias. Podemos fazer uma sintética e sumária enumeração de outros povos que a realidade dos conflitos não dissipou, diante da forte determinação e ideias inseparáveis, infinitamente perpetuadas em cada indivíduo, em cada membro da nação. A autodeterminação das nações ressoa como força ingente em todo o mundo. O transcurso dos anos nos mostra esse fenômeno, desde a confederação e a posterior federação multilinguística inventada pelos suíços, até a recente independência do Timor-Leste. Aos exemplos aduzidos, na autêntica história dos povos, outros se sobressaem, como a reunificação do Iêmem, da Alemanha e do Vietnã, a superação dos regionalismos para a formação do Estado italiano, a luta por sua própria identidade travada pelos portugueses na Península Ibérica, dos irlandeses por sua almejada nacionalidade, do povo de Israel para retomar suas raízes históricas e religiosas na formação e construção seu próprio país, e, agora, dos palestinos pela criação e reconhecimento internacional do seu Estado.

O caráter objetivamente comum se torna reflexo da estrutura e atividade de todo um povo, e permite lograr as ideias de unidade, de nacionalidade, de cultura, em uma pluralidade de manifestações, muitas vezes complexas e aparentemente insuperáveis. Países da linha de frente nesses notáveis atributos de aglutinação, norteados pela reunião dos iguais, encontram-se reduzidos no âmbito mais inicial, num sentido que poderia ser bem exemplificado na singular formação da nação brasileira.

Dificuldades teóricas sempre existiram para tornar preciso o significado daquilo que denominamos *nação*. Constitui uma tarefa árdua, que somente poderá ser levada a cabo se dermos a devida ênfase à condição do *nacional* e à sua maior expressão: a nacionalidade. Para afastarmos alguns obstáculos propostos pelos estudiosos do direito da nacionalidade, rejeitaremos a noção de *parte integrante* do Estado para o nacional e a de uma *pertença* do Estado para a nacionalidade. Essa orientação, tão divulgada na literatura, nega ao nacional o caráter de *sujeito de direito* e reduz a nacionalidade a um mero poder estatal. É na qualidade de sujeito de direito de uma *relação jurídica* com o Estado, destinado a integrar necessariamente uma sociedade, que concebemos a nacionalidade. A compreensão da nacionalidade a partir do sujeito, reconhecendo suas qualidades pessoais e individuais, é indispensável para não desconhecermos a dignidade do ser humano, não negarmos a realidade do viver pessoal e não macularmos a concepção de pessoa natural.

A nacionalidade, no direito brasileiro, e na maior parte do direito estrangeiro, é definida de uma maneira formal e abstrata. Uma disciplina constitucional, e também legal, determina, de modo preciso, quem é brasileiro. O direito brasileiro não admite a aquisição da nacionalidade *por artem et ex voluntate* de uma autoridade, e está, por isso, longe de ser comparado aos países que alçam o mérito pessoal à condição de causa de atribuição de nacionalidade. São exemplos, com maior ou menor exigência de satisfação de algum requisito, a emissão de *carta de natureza* do direito espanhol, nos casos em que concorram circunstâncias excepcionais, relacionadas ao agraciado, ou *rescriptum Principis*, do direito monegasco. Essas formas de aquisição de nacionalidade dependem do ato de uma única autoridade, e se justificam pelos notórios serviços prestados ao povo, ao país, à cultura ou ao Estado que outorga a honraria. É o caso do escritor Vargas Llosa, tornado espanhol pelo rei Juan Carlos, por sua contribuição para o prestígio da língua castelhana. Nenhum poeta, nenhum canto patriótico, recusaria dignidade ao ato real, que goza de absoluto respeito do povo espanhol e é reverenciado por todos os outros.

A nacionalidade brasileira se adquire originalmente:

(a) Jure soli: por nascimento no território brasileiro, independente da nacionalidade dos pais.

(b) Jure sanguinis: por sua filiação de um genitor brasileiro.

A natureza jurídica da nacionalidade, ainda hoje tratada e definida por não poucos juristas, apoia-se, ainda, em nossos tempos, na milenar divisão dicotômica do direito: a saber se é a nacionalidade um vínculo de direito público ou de direito privado. Os partidários da primeira teoria insistem na ideia da submissão ao Estado, que é conteúdo no conceito de nacionalidade e sobre o fato de que é o Estado, e ele somente, que determina soberanamente as condições de acesso ao estatuto de nacional. Os que se vinculam à ideia do direito privado reportam-se à ideia da esfera privada do indivíduo, tanto que é dessa forma tratada no Código Civil, como é o caso espanhol. E o emergir de novas tendências que marcam a evolução legislativa mais recente mostra uma série de reformas sobre matrimônio e filiação, assuntos verdadeiramente de direito civil, mas que, na ordem social e política espanholas, em uma sequência clara da organização social e estrutura econômica daquele país, continuam a influenciar e determinar a sorte da nacionalidade.

O interesse da discussão aparece, sobretudo, quando avança para um plano que poderíamos chamar de *contencioso*. E, nessas condições, duas características parecem ser fundamentais: (a) o primado essencial do aspecto estatal, e (b) a indiscutível sujeição do indivíduo ao regime do Estado a que pertence. Vista tradicionalmente como uma situação de pertença de uma pessoa natural a um determinado Estado, a nacionalidade encontra-se sujeita à controvérsia, tanto nas instituições existentes, como nas noções fundamentais que se acham em causa. A despeito de nos preocupar a importância do sujeito nas suas relações com o Estado, e não apenas de sujeito resultante de uma expressão do Estado, as questões que tornam mais relevantes as teorias que fazem a nacionalidade parte integrante do direito público ou do privado aparecem mais acuradas e seguem na ruptura de significados porque passam diante da *summa divisio*. A importância relativa dada à questão da natureza jurídica da nacionalidade aos diferentes pontos tratados neste texto requer uma explicação: a natureza pública ou privada da nacionalidade servirá como instrumento de análise do ponto de vista e da tendência corrente atual, ao menos em nosso país, de tratá-la como direito público, pois aventamos a opinião de que ela nos permitirá uma solução uniforme para a nacionalidade brasileira.

A sociedade, os diferentes aspectos de sua organização e atividade, a disciplina do desenvolvimento pessoal do seu povo, seu objeto de estudo em muitas ciências têm uma importância especial para o direito público. Mas, em todos os envolvimentos de ideias que pairam e que exercem larga influência sobre a nacionalidade, não se aspira a suprimir uma única ideia fundamental: a de que desde o momento em que nascemos, definimos nossa nacionalidade. Esse traço mais característico da nacionalidade é a sua base conceitual, ou seja, o estado de nacional é determinado por ocasião do nascimento. A atenção para os integrantes da nação, como algo independente do Estado, que se amolda, que se modela segundo os rumos traçados pela sociedade brasileira e por cada indivíduo que a compõe.

Esse veredito da gente brasileira poderia levar, em uma rápida avaliação, a uma conclusão, no mínimo, precipitada: a de retirar a dignidade e nobreza da nacionalidade adquirida. Não queremos perder o ânimo que conduziu a elaboração deste texto. Grandes brasileiros existem, por nacionalidade originária ou adquirida. Em todos os países existem grandes homens que escolheram o lugar onde viver e a bandeira a jurar. Um mergulho na história do país mostrará como esses brasileiros contribuíram para a formação do povo. Sob outro ângulo, então, tratamos da relação da nacionalidade com o nascimento. Para atenuar as contingências de seu sofrimento é que nos propomos a um estudo, o estudo das crianças brasileiras adotadas por estrangeiros.

Um pensamento clássico conduzia a adoção para um caminho, para o que seria uma das vertentes de interesse das duas esferas em questão, a do adotante e do adotado. Era uma verdadeira orientação que empurrava a distinção entre a essência dos interesses de modo a correlacioná-la à capacidade reprodutiva do adotante. Essa desigualdade engendrou o raciocínio de que a adoção seria uma forma de se criar uma relação supletiva de filiação, determinada por força de lei, que seria análoga à filiação sanguínea. Essa última correspondia à necessidade e à conveniência de dar àqueles, aos quais a natureza privou de filhos, um modo de suprir a sua falta, substituindo um vínculo de sangue por um vínculo jurídico. *Adoptio imitatur naturam*, diriam os antigos práticos.

Posto que, como mostram as premissas acima mencionadas, a antiga tradição tendia a conferir a uma pessoa, que não tinha filhos ou que deles fosse privada, uma vasta gama de perspectivas, uma série de proposições mais recentes fornecem como guia a ideia de que a adoção hoje é vista, sobretudo, como forma de realização de um verdadeiro e próprio direito da criança de ter uma família. Essa segunda visão, orientada para os interesses da própria criança, requer uma compreensão de uma consciência social, que não pode ser confundida ou identificada com concepções apenas aceitas e difundidas nos tribunais. O significado da adoção não se determina pela racionalidade interna de um direito da criança, mas, acima de tudo, pela própria vida e bem-estar do menor. E para a busca dessa importantíssima aspiração, de transformação objetiva, deve ser enunciada: a de que o fim primário e ativo da adoção é o da busca de uma família às crianças que dela sejam privadas ou que não se apresentem idôneas.

Uma das soluções do problema fundamental da busca de uma família é a adoção internacional. Ela ocorre em duas hipóteses: a adoção, no Brasil, de crianças estrangeiras ou de crianças brasileiras, adotadas por estrangeiros. Cada uma desenvolve uma etapa própria e progressiva no multifacetário conteúdo da adoção internacional. A qualidade de adquirir uma outra nacionalidade é uma delas. E é a segunda espécie de adoção, a de crianças brasileira e a sua nacionalidade de origem brasileira é a que provoca controvérsias.

Os métodos de adoção revelam-se com farta amplitude em numerosos escritos de estudiosos. Ocupam um lugar notável nessas obras o trabalho das formas de ruptura dos vínculos sanguíneos, a fim de extrair o máximo proveito, com complexos elementos que edificam a adoção internacional. Cumprir toda a exigência específica, satisfazer os objetivos legais e enquadrá-los em seus fins. Sem negar a importância e a utilização da técnica e prática do processo de ruptura com a família consanguínea, entendemos que a adoção não põe termo aos vínculos constitucionais da criança com seu país de origem, com sua nacionalidade.

A assimilação à família da adoção, o idioma, a cultura, e as leis brasileiras sobre a cessação dos vínculos da criança com a sua família original em nada se assemelham ao ponto de vista constitucional, nos confins de sua nacionalidade. As vantagens que traz a adoção para a criança consistem em lhe atribuir direitos, e pressupõe sempre o seu bem-estar, o seu interesse primordial. Nisto está a diferença fundamental entre a adoção internacional e a adoção realizada no território nacional. A negação legal de sua origem familiar, seus vínculos familiares, o regime civil de suas relações não permitem conjecturas a respeito de sua nacionalidade brasileira. As leis que disciplinam a mudança do nome e dos laços de parentesco sanguíneo podem mostrar quão profunda e complexa é a adoção, e incentivar um estudo farto de opiniões. Devemos frisar que, como reviravolta no sistema de adoção, a adoção de uma criança brasileira *per se* não causa nenhum efeito na sua nacionalidade, a despeito de outra que ela adquirir e tornar-se, eventualmente, binacional. Certamente, um efeito secundário da adoção internacional é a de aceder à nacionalidade dos adotantes, mas ela não implica perda da nacionalidade originária da criança.

Nenhum brasileiro de origem pode ser privado de sua nacionalidade. A nacionalidade originária é direito fundamental de todo brasileiro. A ideia de perda da nacionalidade brasileira somente cede diante do desejo de não mais ser brasileiro, por expressa renúncia, declarada perante juiz federal, após a instauração do correspondente procedimento e homologação publicada da decisão que a reconhece. A renúncia é regra implícita com um direito fundamental interno, embora se constitua externamente um direito fundamental de renunciar perante a imposição constitucional de nacionalidade. E essa vontade não pode ser colhida do brasileiro até completar 18 anos.

A aquisição derivada da nacionalidade se dá mediante naturalização por estrangeiro ou apátrida. A criança brasileira adotada poderá ter mais de uma nacionalidade, por efeito da adoção estrangeira, mas a verdade é que o direito interno brasileiro da nacionalidade não é limitado pelo direito internacional, e por nenhuma legislação estrangeira. A natureza jurídica constitucional da nacionalidade brasileira afasta a ideia de que as vicissitudes da adoção impliquem perda da nacionalidade brasileira, seja direta, seja indireta, por causa da adoção internacional. E se as regras da adoção sobre parentesco e nome disciplinam a situação jurídica da criança, elas não alteram suas relações com o Estado brasileiro. A nacionalidade brasileira se distingue dos estatutos estrangeiros de nacionalidade, e o caráter da maior parte das regras sobre nacionalidade resulta na condição da criança como binacional ou plurinacional, pois dois ou mais Estados poderão atribuir-lhe suas respectivas nacionalidades.

Por uma questão de ordem prática, há uma certa tendência de se reconhecer uma única nacionalidade, *ativa* ou *preponderante,* nas pessoas com duas ou mais nacionalidades. E, normalmente, é aquela com que projeta a personalidade, seja porque se expressa melhor na língua *mater,* seja pelo seu meio social, seja pelos negócios, simplesmente por assim se declarar, ou porque dela brotam os mais profundos sentimentos de nacional. É o caso, *verbi gratia,* do brasileiro (*jure soli*), que é também austríaco (*jure sanguinis*), tem domicílio em Treze Tílias, no Estado de Santa Catarina, e seja produtor agrícola no Brasil e no Paraguai. Não obstante sua nacionalidade austríaca, sua cultura e seus negócios são brasileiros, e como brasileiro é reconhecido no Paraguai, que na maioria das vezes sequer toma conhecimento da segunda nacionalidade. Terá franqueado o acesso ao território paraguaio sem necessidade de passaporte, por usufruir de um dos benefícios mais evidentes do Tratado de Assunção: usar a carteira de identidade, expedida pelo Estado de Santa Catarina, com a qual circula pelo território do brasileiro. Desse modo, se durante o trajeto de retorno ao Brasil venha ele a ser interceptado pela Polícia Nacional do Paraguai, pela prática de alguma infração de trânsito, ainda que venha revelar sua outra nacionalidade, a brasileira será tida como a nacionalidade ativa ou principal.

Na luta que decorre hoje no mundo, frequentemente se reproduzem, se bem que de forma muito específica, as controvérsias mais comezinhas na prática jurídica. Por isso é atual o estudo dessas batalhas que acompanham o nascimento e o desenvolvimento das crianças adotadas. Sabemos muito bem que repercutem, danosamente, alguns aspectos da nacionalidade por conta da adoção, especialmente quanto ao sentimento, à cultura e ao idioma. A condição de nacional se torna cada vez mais, na sua manifestação, uma expressão de cultura, de modo que a nacionalidade e a cultura nacional passam a ser um binômio dos mais fluidos que conhecemos. Perde-se e adquire-se nacionalidade como nunca ocorreu, mas a exigência da integração cultural é cada vez mais presente. Precisamente esse processo manifesta como tendência dos países que mais se abrem à imigração, à possibilidade de permitir a nacionalidade adquirida, e essa afirmação talvez seja sintoma do declínio do Estado na formação de uma nacionalidade, e uma indicação crescente da cultura nacional como expressão política primeira na luta pela integração dos povos em todo o mundo. É o primeiro capítulo da nova nacionalidade, mas que nunca contraria o espírito de que toda criança tem uma nacionalidade e dela não pode ser privada. Se tem sido demasiadamente descurada a nacionalidade da criança brasileira adotada por estrangeiro, pareceu-nos necessário inverter a balança.

50

PRISÃO CIVIL DO DEVEDOR DE ALIMENTOS ANTE O ADIMPLEMENTO SUBSTANCIAL

CELSO QUINTELLA ALEIXO

Sumário: 1. Introdução à problemática. 2. Conceito de adimplemento substancial e a necessidade de seu alargamento. 3. Fundamentos que justificam a adoção da teoria nas relações jurídicas de alimentos. 4. Requisitos e aplicação da doutrina do adimplemento substancial aos casos de prisão do alimentante. 4.1 Boa-fé. 4.2 Utilidade ao interesse do credor. 4.2.1 Necessidade da prisão em face do que foi adimplido e dos meios alternativos. 5. Aspectos processuais. Cabimento de *habeas corpus*. 6. Considerações finais. Redefinição do conceito.

1. INTRODUÇÃO À PROBLEMÁTICA

Apesar da falta de positivação específica no direito brasileiro, a doutrina do adimplemento substancial, vem, já há tempos, amplamente sendo objeto de reconhecimento pela doutrina e jurisprudência nacionais. Criação mais que bicentenária da jurisprudência do *common law*, a *substantial performance* foi também, aos poucos, sendo acolhida por doutrina e judiciário dos países da *civil law*, mas sempre no âmbito do direito contratual, para se negar a uma parte o direito de resolução quando a prestação da outra tiver sido descumprida em apenas uma fração de menor importância. Posteriormente, algumas nações passaram a acolher essa solução expressamente em suas legislações, como a Itália, em seu Código Civil, de 1942, que preceitua no artigo 1.455 que "o contrato não pode ser resolvido se a inexecução de uma das partes tiver mínima importância, levando em consideração o interesse da outra parte". Andou muito bem o legislador italiano, indo ao ponto nevrálgico do tema. De fato é exatamente a satisfação funcional do interesse da outra parte, apesar de uma pequena falha, que permite evitar a resolução do negócio, que, conforme complementa a doutrina, deve ser barrada

Cap. 50 • PRISÃO CIVIL DO DEVEDOR DE ALIMENTOS ANTE O ADIMPLEMENTO SUBSTANCIAL

quando tal medida for contrária aos deveres de lealdade e correção que devem informar o comportamento dos contratantes[1].

Contudo, mais recentemente, vem ganhando espaço uma discussão sobre o cabimento da teoria também nas obrigações de alimentos, para se evitar a prisão do devedor ante um descumprimento ínfimo. A primeira notícia que se tem do lançamento dessa ideia, embora ainda de maneira incipiente, sem maiores fundamentações e critérios, foi feita por ANDEIRSON BARBOSA, em pequeno artigo[2]. O mesmo autor posteriormente desenvolveu novamente o tema de forma mais longa[3], defendendo mesmo entendimento, com fundamento na boa-fé e no abuso de direito. Ainda em sede doutrinária, RAFAEL CALMON conclui, pelos mesmos fundamentos, pela desnecessidade da prisão diante de um mínimo descumprimento, em que a quantia já paga seja suficiente para assegurar as necessidades e sobrevivência com dignidade dos alimentandos, especialmente se maiores e capazes, bem como quando existirem meios mais adequados à solução do problema[4].

A questão não demorou muito para chegar aos tribunais. Em uma primeira ocasião o Superior Tribunal de Justiça, julgando recurso em *habeas corpus*, embora não fazendo menção expressa ao adimplemento substancial, reconheceu o pagamento de boa parte do débito, e, fundamentado nos princípios da dignidade humana e da menor onerosidade da execução, determinou, à unanimidade, a soltura do paciente[5].

---

[1] Giovanni Francesco Basini. *Risoluzione del Contratto e Sanzione Dell'Inadempiente.* Milani: Giufrée, 2001, p. 209.

[2] Andeirson da Matta Barbosa. *A teoria do adimplemento substancial e a prisão civil do devedor de alimentos. MPMG Jurídico,* Belo Horizonte, v. 5, n. 20, p. 35-36, 2010.

[3] Andeirson da Matta Barbosa. *A aplicação da teoria do adimplemento substancial e da teoria dos jogos no cumprimento de obrigação alimentar. De Jure: Revista Jurídica do Ministério Público de Minas Gerais,* Belo Horizonte, v. 15, n. 26, p. 149-168, 2016.

[4] Rafael Calmon. A prisão civil em perspectiva comparatista: e o que podemos aprender com isso. *Revista IBDFAM: Família e Sucessões,* Belo Horizonte: IBDFAM, n. 27, maio/jun. 2018, p. 77.

[5] "Civil. Processual civil. Recurso em *habeas corpus.* Prisão por dívida de alimentos. Binômio necessidade e possibilidade. Questão não examinável em *habeas corpus.* Pagamento parcial da dívida. Relevância na hipótese e no contexto fático. Credora maior e com atividade profissional remunerada. Devedor idoso e com restrições severas de saúde. Ponderação de valores. Máxima efetividade da tutela jurisdicional, menor onerosidade da execução e dignidade da pessoa humana. 1- O propósito recursal é definir se deve ser suspenso o decreto prisional do devedor diante das alegações de inobservância do binômio necessidade/possibilidade, existência de depósito ou de constrição de parcela considerável da dívida, de que a credora atingiu a maioridade e passou a exercer atividade profissional remunerada e de que o devedor é idoso e portador de doenças incompatíveis com a reclusão em estabelecimento carcerário. 2- A inobservância do binômio necessidade/possibilidade na fixação, revisão ou exoneração de alimentos é matéria incognoscível na estreita via do *habeas corpus.* Precedentes. 3- A disponibilização ao credor, de forma voluntária ou mediante constrição judicial de valores, de parcela significativa da dívida, embora insuficiente, por si só, para impedir o decreto prisional, pode ser levada em consideração na formação do convencimento judicial em conjunto com outros elementos eventualmente existentes. 4- Na hipótese, o fato de a credora ter atingido a maioridade civil e exercer atividade profissional, bem como o fato de o devedor ser idoso e possuir problemas de saúde incompatíveis com o recolhimento em estabelecimento carcerário, recomenda que o restante da dívida seja executado sem a possibilidade de uso da prisão civil como técnica coercitiva, em virtude da indispensável ponderação entre a efetividade da tutela e a menor onerosidade da execução, somada à dignidade da pessoa humana sob a ótica da credora e também do devedor. 5- Recurso em *habeas corpus* conhecido e provido" (STJ, 3ª T., RHC 91.642/MG 2017/0291632-1, Rel. Min. Nancy Andrighi, j. 06.03.2018, *DJ* 09.03.2018).

Curiosamente, a mesma turma julgadora do STJ, e com os mesmos Ministros, entendeu expressamente que a doutrina do adimplemento substancial não tem aplicação nas obrigações de alimentos[6]. Tal fato só demonstra a complexidade do tema, e o nível de importância que a matéria de fato a ser apresentada no caso concreto tem para o deslinde das questões que forem surgindo.

Contudo, dentro do próprio STJ, há vozes discordantes. A quarta turma, ao enfrentar a problemática, embora também não tenha reconhecido a aptidão do adimplemento substancial para evitar a prisão do devedor, não o fez de forma unânime. O próprio Ministro relator, LUIS FELIPE SALOMÃO, em cuidadoso voto, aplicou a teoria, seguindo o Ministério Público, que

---

[6] "Processual civil. *Habeas corpus*. Execução de **alimentos**. Prisão civil. *Writ* utilizado como sucedâneo de recurso ordinário. Não cabimento. Aferição da possibilidade de concessão da ordem de ofício. Comprovada deficiência na instrução da ação constitucional. Impossibilidade de aferição de eventual constrangimento suportado pelo paciente. Na via estreita do *habeas corpus*, que não comporta dilação probatória, a prova do constrangimento ilegal sofrido deve ser pré-constituída. Precedentes. Alegada ausência de urgência no recebimento dos **alimentos**. Tema não debatido na origem. Impossibilidade de seu exame pelo STJ, sob pena de indevida supressão de instância. Precedentes. Pagamento **substancial** de débito alimentar que não elide o decreto de prisão. Teoria do **adimplemento substancial** que não se aplica na seara da obrigação alimentar. Precedentes. Impossibilidade de aferição na via estreita do writ sobre a correção ou não dos cálculos do contador. Necessidade de dilação probatória. Pagamento parcial da dívida que não afasta a regularidade do decreto prisional. Incidência da Súmula nº 309 do STJ. Inadimplemento parcial da obrigação alimentar constatado. Incidência da Súmula nº 309 do STJ. *Habeas corpus* denegado. 1. Não é admissível a utilização de *habeas corpus* como sucedâneo ou substitutivo de recurso ordinário cabível. Precedentes. 2. A deficiência da instrução do writ impossibilita aferir eventual constrangimento ilegal suportado pelo paciente, em especial no que se refere as alegações de que ele não é devedor contumaz de alimentos, de que cumpre rigorosamente sua obrigação alimentar, de que o crédito executado é pretérito e não possui caráter emergencial, de que o inadimplemento não é voluntário e, principalmente, de que o decreto de prisão é ilegal porque a alimentada aufere outras rendas. 3. Na linha da jurisprudência desta eg. Corte Superior, na via estreita do *habeas corpus*, que não admite dilação probatória, o constrangimento ilegal suportado deve ser comprovado de plano, devendo o interessado demonstrar, de maneira inequívoca, por meio de documentos que evidenciem a sua existência, o que não ocorre no caso em análise. Precedentes. 4. A ausência de debate pelo Tribunal de Justiça de São Paulo sobre a alegação de que os alimentos perderam seu caráter de urgência impossibilita o exame da matéria pelo STJ, sob pena de indevida supressão de instância. Precedentes. 5. A jurisprudência desta Corte já proclamou que não incide nas controvérsias relacionadas a obrigação alimentar a Teoria do **Adimplemento Substancial**, de aplicação estrita no Direito das Obrigações e que o pagamento parcial da verba alimentar também não afasta a possibilidade de prisão civil. 6. Na via estreita do *habeas corpus*, de conhecida cognição sumária, não é possível aferir se os cálculos retificados apresentados pelo Contador Judicial estão corretos, pois demandaria dilação probatória. Não se verifica flagrante ilegalidade ou teratologia no acórdão impugnado que entendeu que os valores estavam corretos. 7. O decreto de prisão proveniente da execução de alimentos na qual se visa o recebimento integral de até três parcelas anteriores ao ajuizamento da ação e das que se vencerem no seu curso não é ilegal. Inteligência da Súmula nº 309 do STJ e precedentes. 8. A inexistência de ilegalidade flagrante ou de coação no direito de locomoção do paciente impede a concessão da ordem de ofício. 9. *habeas corpus* denegado.

Acórdão. Vistos, relatados e discutidos os autos em que são partes as acima indicadas, acordam os Senhores Ministros da Terceira Turma do Superior Tribunal de Justiça, por unanimidade, em denegar a ordem de *habeas corpus*, nos termos do voto do Sr. Ministro Relator. Os Srs. Ministros Nancy Andrighi, Ricardo Villas Bôas Cueva e Marco Aurélio Bellizze votaram com o Sr. Ministro Relator. Ausente, justificadamente, o Sr. Ministro Paulo de Tarso" (STJ, 3ª T., HC 536.544/SP, *habeas corpus* 2019/0293964-4, Rel. Min. Moura Ribeiro, j. 20.02.2020, *DJ* 26.02.2020).

em seu parecer se manifestou favoravelmente à soltura, fundamentado no princípio da boa-fé e no desvirtuamento da prisão civil, diante do pagamento de 95% do valor da dívida. Ressalvando que se tratava de situação realmente excepcional, e amparado ainda em boa doutrina, o relator fez menção ao princípio da dignidade humana, da boa-fé e do abuso de direito, além dos princípios diretores do Código Civil – operabilidade, socialidade e eticidade. Inobstante a boa fundamentação do voto, que foi acompanhado pelo Desembargador convocado LÁZARO GUIMARÃES, a tese vencedora foi a oposta[7], seguindo o entendimento que ora predomina naquela corte superior.

Ao examinar o julgado, autorizada a doutrina[8] manifesta sua discordância quanto ao decidido pela maioria, e sua esperança de que seja modificada a orientação jurisprudencial, lembrando ainda que a prisão civil deve ser a última medida a ser tomada.

---

[7] *"Habeas corpus*. Direito de família. Teoria do adimplemento substancial. Não incidência. Débito alimentar incontroverso. Súmula n. 309/STJ. Prisão civil. Legitimidade. Pagamento parcial da dívida. Revogação do decreto prisional. Não cabimento. Irrelevância do débito. Exame na via estreita do *writ*. Impossibilidade. 1. A Teoria do Adimplemento Substancial, de aplicação estrita no âmbito do direito contratual, somente nas hipóteses em que a parcela inadimplida revela-se de escassa importância, não tem incidência nos vínculos jurídicos familiares, revelando-se inadequada para solver controvérsias relacionadas a obrigações de natureza alimentar. 2. O pagamento parcial da obrigação alimentar não afasta a possibilidade da prisão civil. Precedentes. 3. O sistema jurídico tem mecanismos por meio dos quais o devedor pode justificar o eventual inadimplemento parcial da obrigação (CPC/2015, art. 528) e, outrossim, pleitear a revisão do valor da prestação alimentar (L. 5.478/1968, art. 15; CC/2002, art. 1.699). 4. A ação de *habeas corpus* não é a seara adequada para aferir a relevância do débito alimentar parcialmente adimplido, o que só pode ser realizado a partir de uma profunda incursão em elementos de prova, ou ainda demandando dilação probatória, procedimentos incompatíveis com a via estreita do remédio constitucional. 5. Ordem denegada.

Acórdão: Prosseguindo no julgamento, após o voto-vista do Ministro Antonio Carlos Ferreira denegando a ordem, divergindo do relator, a Quarta Turma, por maioria, denegou a ordem de *habeas corpus*, nos termos do voto divergente do Ministro Antonio Carlos Ferreira, que lavrará o acórdão. Votaram vencidos os Srs. Ministros Luis Felipe Salomão e Lázaro Guimarães (Desembargador convocado do TRF 5ª Região). Votaram com o Sr. Ministro Antonio Carlos Ferreira (Presidente) os Srs. Ministros Maria Isabel Gallotti e Marco Buzzi.

Informações Complementares à Ementa: (Voto vencido) (Min. Luis Felipe Salomão) É possível, no âmbito do Direito de Família, a incidência da Teoria do Adimplemento Substancial, para revogar a prisão civil decretada em razão do descumprimento de obrigação alimentar, na hipótese em que realizado o pagamento da quase integralidade do débito. Isso porque o reconhecimento da 'substancial performance' não significa, por óbvio, a extinção do vínculo obrigacional, pois o executado continuará com o dever do pagamento integral da dívida alimentar, afastando-se tão somente a técnica executiva da prisão civil do devedor, já que, como sabido, se trata de medida de índole coercitiva e não punitiva. Afasta-se, desta feita, o eventual exercício abusivo do direito pelo credor – a restrição da liberdade individual do devedor de alimentos, diante do descumprimento de uma ínfima parcela pelo executado, quando ainda existirem outros meios mais adequados e eficiente para pôr fim à contenda. Assim, impede-se o uso desequilibrado do direito – com a coerção pessoal – em prol da dignidade humana do alimentante que, de boa-fé, demonstra seu intento de saldar a obrigação, dando concretude ao finalismo ético buscado pelo ordenamento jurídico, impedindo o cerceamento da liberdade em razão de dívida insignificante" (STJ, 4ª T., HC 439.973/MG, *habeas corpus* 2018/0053668-7, Rel. Min. Luis Felipe Salomão, Rel. p/ acórdão Min. Antonio Carlos Ferreira, j. 16.08.2018, *DJ* 04.09.2018).

[8] Flávio Tartuce. *Direito civil*: direito de família. 14. ed. São Paulo: Atlas, 2019, vol. 5, p. 39.

Todavia, assim como na jurisprudência, em doutrina, entre os que já se debruçaram sobre o tema, a questão também não é pacífica[9]. Um dos argumentos contrários é de que o valor da pensão alimentícia pode ser alterado, em caso de modificação na situação fática que altere o binômio necessidade-possibilidade, sendo guiado, portanto, pela clausula *rebus sic stantibus*. Esta crítica não procede, pois aplicar o adimplemento substancial às questões alimentares é tão somente possibilitar, em casos excepcionais, a soltura do devedor. Não se trata aqui de rever o valor da pensão, medida essa que poderia ser até pior para o alimentando. Seus créditos, pretéritos e futuros, inclusive o sobre o qual se discute a prisão, continuam intocados.

Outro argumento utilizado é citar o art. 528 do Código de Processo Civil, para afirmar que[10] "o sistema jurídico brasileiro tem mecanismos por meios dos quais o devedor pode justificar o eventual inadimplemento parcial da obrigação" para afastar a decretação de sua prisão. Aqui há, no máximo, uma contradição aparente, uma vez que é justamente por conta desse dispositivo que o alimentante pode alegar o adimplemento substancial, da mesma forma que poderia tentar se defender se o inadimplemento fosse total. Vale aqui o raciocínio de quem pode o mais pode o menos.

Por fim, invoca-se ainda[11] que "os alimentos guardam consigo a presunção de que o valor econômico neles contido traduz um mínimo existencial para o credor". Dessa forma, se o *quantum* da pensão alimentícia é "fixado tendo em vista as necessidades do alimentando, a ausência de um pequeno percentual poderia depreciar a própria sobrevivência do credor". Igualmente a afirmação não parece se sustentar. Primeiro porque o valor da pensão não é fixado apenas levando em consideração a necessidade de quem os recebe, mas também a possibilidade de quem os presta. Segundo porque nem toda pensão é fixada no mínimo existencial, não sendo raros valores que o superam em muito, especialmente dependendo da possibilidade do alimentante. Terceiro porque dita presunção é relativa e qualquer presunção relativa pode ceder diante de prova em contrário. E quarto, novamente, o que se propõe não é contestar o valor devido e se o mesmo representa um mínimo existencial, mas simplesmente apreciar a necessidade e razoabilidade da prisão ante um quase cumprimento que proporcionou efetiva utilidade ao credor. São exatamente essas as questões que devem ser sindicáveis pelo juiz ao examinar a decretação da prisão do devedor.

2. CONCEITO DE ADIMPLEMENTO SUBSTANCIAL E A NECESSIDADE DE SEU ALARGAMENTO

Antes que seja respondida de forma mais precisa a indagação a respeito o cabimento da *substantial performance* nas obrigações alimentares, é necessário que se analise em mais pormenores o conceito do instituto e a possibilidade de seu alargamento, com vistas à sua adequação a novas situações no campo do direito civil. Pela forma com que até hoje a doutrina examinou a teoria, não se afigura correto o seu mero transplante para qualquer outro ramo do direito civil, pois quando se fala no instituto, se está relacionando-o à resolução contratual.

Em outra ocasião, já se teve a oportunidade de conceituar o adimplemento substancial como o comportamento de boa-fé do devedor, essencialmente próximo do efetivamente devido,

---

[9] Ellen Catarina Mattias Sartori; Luiz Nunes Pegoraro. A não incidência da teoria do adimplemento substancial em relação à obrigação de natureza alimentar. *Revista Jurídica Cesumar*. Disponível em: https://periodicos.unicesumar.edu.br/index.php/revjuridica/article/view/8422/6422. Acesso em: 17 mar. 2020.

[10] Idem.

[11] Idem.

que impede a resolução do contrato, por ser idôneo a apresentar resultado funcionalmente muito semelhante ao acordado[12].

A utilização do termo adimplemento substancial sempre quer indicar algo a menos que a exata prestação a que está adstrito o devedor[13]. É esta exata conduta a que constitui o pagamento, ou adimplemento. Em muito conhecida definição, embora não isenta de críticas, CLÓVIS DO COUTO E SILVA conceitua o adimplemento substancial como "um adimplemento tão próximo ao resultado final, que, tendo-se em vista a conduta das partes, exclui-se o direito de resolução, permitindo tão somente o pedido de indenização"[14].

Com efeito, conforme o delineamento estabelecido pelo direito anglo-americano, se a conduta realizada pelo devedor, apesar de apresentar um desvio em relação ao estipulado pelas partes, proporcionar ao credor os benefícios importantes e essencialmente pretendidos, a resolução do negócio não é autorizada[15]. O raciocínio é que a parte credora, nesses casos, aufere do contrato fundamentalmente o mesmo benefício que teria com seu cumprimento literal[16]. A ação de dar, fazer ou não fazer algo é praticada de forma incompleta pelo devedor, mas guarda tanta semelhança quantitativa ou, especialmente, qualitativa com o que deveria efetivamente ter sido realizado, que proporciona ao credor benefícios suficientes para tornar injustificada uma pretensão de dissolução do vínculo com base no inadimplemento[17]. Muito importante ressaltar que a dívida, em sua parte faltante, permanece inalterada. Ela não se extingue ou é desconsiderada pelo ordenamento jurídico, conforme observado[18]:

> Isso não significa que a dívida seja extinta pela prática de um ato diverso do pagamento. A exigência de submissão aos termos do contrato, embora continue existindo, não acarreta o desfazimento da relação obrigacional se o eventual desvio na execução da prestação não chega a causar prejuízos sérios o suficiente para a frustração do programa contratual, que impeçam a obtenção dos benefícios que razoavelmente podem ser esperados do negócio. O credor não perde o direito de perseguir a parte faltante ou de diminuir sua contraprestação, na medida da perda que suportou pela falta da parte descumprida. Ele apenas não pode lançar mão da resolução contratual, devendo se socorrer de outros meios para ser compensado, pois o vínculo obrigacional não pode ser desatado tão somente pela pequena falta do devedor. Para um descumprimento menor, uma consequência menor, proporcional ao que o desvio realmente desfalcou do negócio.

Percebe-se, assim, que a noção até hoje trazida é insuficiente para sua aplicação como limite à medida mais gravosa que pode ser aplicada ao alimentante, que é a prisão. Primeiramente, neste

---

[12] Celso Quintella Aleixo. *Adimplemento substancial e resolução dos contratos*. Rio de Janeiro, 2005. Dissertação (Mestrado em Direito Civil) – Universidade do Estado do Rio de Janeiro, Rio de Janeiro, 2005. [Orientador: Prof. Dr. Gustavo Tepedino], p. 39.

[13] Arthur Corbin. *Corbin on contracts*. Atual. por Catherine Mc Cauliff. Charlottesville: Lexis Law Publishing, 1999, p. 339.

[14] Clóvis do Couto e Silva. O princípio da boa-fé no direito brasileiro e português. In: Veda Jacob de Fradera (org.). *O direito privado brasileiro na visão de Clóvis do Couto e Silva*, p. 45.

[15] Celso Quintella Aleixo, *Adimplemento substancial e resolução dos contratos*, cit., p. 35.

[16] Corpus Juris Secundum – A Contemporary Statement of American Law as Derived from Reported Cases and Legislation, Vol. 17B. St. Paul: West Group, 1999, p. 279.

[17] Celso Quintella Aleixo, *Adimplemento substancial e resolução dos contratos*, cit., p. 36.

[18] Idem, p. 41.

campo, se está lidando com valores jurídicos de maior relevância, tanto do lado do credor, sua subsistência, decorrente do princípio constitucional da dignidade, quanto do lado do devedor, sua liberdade, igualmente princípio constitucional. Segundo, não há um contrato que possa ser ou não resolvido, mas sim uma prisão a ser decretada por causa de uma obrigação descumprida. O que se propõe é, em determinados casos, a imposição de um outro limite ao direito do credor, de natureza completamente distinta. E terceiro, as opções que se abrem para que se respeite o direito do credor também são diferentes.

Dessa forma, para que a resposta a essa proposição seja positiva, como se defende, em casos excepcionais, é imprescindível o exame da fundamentação que autoriza a aplicação da teoria, bem como das particularidades que envolvem sua adoção a uma relação jurídica diversa.

3. FUNDAMENTOS QUE JUSTIFICAM A ADOÇÃO DA TEORIA NAS RELAÇÕES JURÍDICAS DE ALIMENTOS

No que se refere a resolução dos contratos, já está amplamente assentada a possibilidade, dentro do ordenamento jurídico, de que seja negada ante o adimplemento substancial. Utiliza-se, inclusive de fundamentação constitucional, apontando-se que o princípio da solidariedade social conduz a uma valoração da continuidade do interesse do credor no adimplemento como um "critério fundamental para o juízo sobre a resolubilidade de relação"[19]. A natural abstração dos princípios constitucionais leva o legislador a estabelecer cláusulas gerais que desempenhem um papel importante na sua concretização. Como afirma PERLINGIERI, "legislar por cláusulas gerais quer dizer deixar ao juiz, ao intérprete, sempre maior possibilidade de adaptar à norma às situações de fato"[20]. Nesta adaptação, os olhos do aplicador do direito devem estar voltados para o disposto principiologicamente na Constituição da República, mais especificamente aqui, à solidariedade social e à liberdade.

Ainda na mesma corrente de raciocínio, é possível então dizer que controlar o exercício do direito do credor de pedir a prisão do devedor, à luz dos mencionados princípios e cláusulas gerais, é interpretar as normas que regem a matéria de acordo com a Constituição. O direito do alimentando, assim como qualquer outro, não escapa da tábua axiológica da carta magna.

O princípio da boa-fé, como desdobramento da solidariedade social, aí toma lugar e se estende para além das fronteiras da teoria das obrigações. A boa-fé, constitui, conforme assevera KARL LARENZ, "o limite mais importante do exercício lícito de um direito"[21], o que leva, apesar de sua gênese contratual, a doutrina a não hesitar em afirmar que ela se aplica também às relações de família[22], evidentemente com as adaptações que se fizerem necessárias, na medida das circunstâncias morais e afetivas dos laços que se criarem em tais relações. Impõe-se, assim, às partes, um comando para que ajam no exercício de suas obrigações e direitos, não somente seguindo seu

---

[19] Giuseppe Mirabelli. *Commentario ao Codice Civile – Libro IV – Dei Contratti in Generale.* Torino: UTET, 1961, p. 475.

[20] Pietro Perlingieri. *O direito civil na legalidade constitucional.* Trad. Maria Cristina de Cicco. Rio de Janeiro: Renovar, 2008, p. 237.

[21] Karl Larenz. *Derecho civil* – parte general. Trad. Miguel Izquierdo. Madrid: EDERSA, 1978, p. 299-300.

[22] Anderson Schreiber. O princípio da boa-fé objetiva no direito de família. In: Maria Celina Bodin de Moraes. *Princípios do direito civil contemporâneo.* Rio de Janeiro: Renovar, 2006, p. 437 e ss.; Flávio Tartuce. *Direito civil* – direito de família. 14. ed. São Paulo: Atlas, 2019, vol. 5, p. 32.

Cap. 50 · PRISÃO CIVIL DO DEVEDOR DE ALIMENTOS ANTE O ADIMPLEMENTO SUBSTANCIAL | **835**

sentido literal, mas também ao espírito da relação correspondente[23], a fim de que nenhuma delas seja injusta ou excessivamente penalizada.

Da mesma maneira que os contratantes devem agir um para com o outro de modo leal, honesto e cooperativo, alimentante e alimentando precisam igualmente observar tais comportamentos, no sentido da consecução dos objetivos da relação jurídica da qual decorre a obrigação alimentar. Ao antagonismo decorrente da posição ocupada pelos dois sujeitos da relação jurídica deve prevalecer uma ideologia de cooperação, em que ambos participam para a subsistência do alimentando. Nesta relação alimentícia o propósito almejado é promover a subsistência, e o desenvolvimento do alimentando, nos limites da possibilidade do devedor.

Intimamente relacionado com uma das funções do princípio da boa-fé (função limitadora do exercício de direitos) é a cláusula geral do abuso do direito, que também tem sede constitucional e aplica-se, portanto, igualmente, a todos os ramos do direito[24]. Especificamente, seu fundamento se encontra também no princípio da solidariedade, previsto no primeiro inciso do artigo 3º da Constituição da República, assim como se apara também no preâmbulo desta, que enumera a justiça como um dos valores fundamentais do Estado, sendo a ideia de abuso intimamente ligada à de equidade e justiça[25]. Com isso, um credor que aja de forma ardilosa (falta de boa-fé subjetiva) ou de forma intolerante, pode ver limitado seu direito se a forma de exercê-lo apenar desnecessariamente ou desproporcionalmente o devedor. A proporcionalidade determina que o exercício de um direito deve ser feito do modo menos gravoso para a outra parte. Nunca se pode esquecer que o direito subjetivo exercitado ao seu extremo leva à injustiça, contrariando a própria finalidade justificadora de sua existência, conforme a expressão latina *summum jus, summa injuria*.

É importante observar que, apesar de nas relações jurídicas de alimentos a parte hipossuficiente ser o alimentando, isso de forma alguma o dispensa de se comportar de acordo com a boa-fé, nem o impede de abusar de seu direito. A tutela especial que, em certos casos, são merecedores os hipossuficientes, não implica em que os direitos conferidos se afastem da lente constitucional.

Assim, é possível afirmar que a doutrina supracitada está correta quando defende ser possível a aplicação do adimplemento substancial para impedir a prisão do devedor de alimentos, existindo fundamentos no ordenamento fundamentos que lhe amparam.

4. REQUISITOS E APLICAÇÃO DA DOUTRINA DO ADIMPLEMENTO SUBSTANCIAL AOS CASOS DE PRISÃO DO ALIMENTANTE

Da mesma forma que no campo dos contratos, dois são os requisitos[26] para que se possa aplicar a doutrina: boa-fé objetiva do devedor e utilidade do que foi prestado em relação ao interesse do credor. Tais requisitos, no entanto, precisam ser verificados pelo julgador levando-se em consideração as particularidades do crédito alimentício e do direito de família.

---

[23] Nesse sentido: Karl Larenz. *Derecho justo – fundamentos de ética jurídica*. Trad. Luís Díez-Picazo. Madrid: Civitas, 1993, p. 148.

[24] BRASIL. CJF/STJ, Enunciado 414 da V Jornada de Direito Civil.

[25] Celso Quintella Aleixo. *Adimplemento substancial e resolução dos contratos*, cit., p. 83.

[26] Para um exame mais detalhado dos requisitos, no âmbito contratual, cons. Celso Quintella Aleixo. *Adimplemento substancial e resolução dos contratos*, cit., p. 92 e ss.

836 | PROBLEMAS DE DIREITO CIVIL – *Homenagem aos 30 anos de cátedra do professor Gustavo Tepedino*

4.1   Boa-fé

Além de ser um fundamento, a boa-fé é também um requisito. A doutrina do adimplemento substancial não pode ser aplicada quando o alimentante intencionalmente descumpre sua obrigação. A boa-fé, em seu sentido subjetivo, é indispensável para que se possa sequer considerar a hipótese de soltura daquele que faltou com os deveres alimentares – *equity must come with clean hands*. Se a age parte de forma torpe não pode ser socorrida pelo direito. Sua má-fé, contudo, deve ser provada, eis que não se presume.

Mas não é só. A boa-fé objetiva, como princípio que fundamenta o adimplemento substancial, deve se fazer presente igualmente como requisito. É preciso que, em que pese o relativamente desimportante descumprimento, se identifique no comportamento do devedor um agir que seja cooperativo e leal no sentido da obtenção da finalidade dos alimentos, qual seja, a subsistência e, se for o possível, o desenvolvimento do alimentado.

Por outro lado, o mesmo comportamento deve ser exigido do devedor que exerce a faculdade de pedir a prisão do devedor, pois quem *non servanti fidem non est fides servanda* – quem não age de boa-fé não pode ser por ela atendido. Aqui está se tratando da única hipótese no direito que permite a prisão por dívida. Esta exceção à regra de que o corpo do devedor não responde por suas dívidas deve, como todas as exceções, ser interpretada e aplicada de modo estrito. Ao sinal de que o exercício do direito do alimentando esteja sendo feito de modo que ultrapasse os parâmetros que o justificam, deve o estado-juiz conter o excesso.

4.2   Utilidade ao interesse do credor

Aqui reside o ponto fundamental e mais problemático de toda a teoria. Falar em adimplemento substancial é falar em interesse do credor e na utilidade do que foi prestado. É em torno desse aspecto que as maiores dificuldades surgem para o operador do direito ao apreciar um caso concreto. E, uma vez que a medida da importância do inadimplemento é elástica[27], sua determinação não pode ser de antemão estabelecida pela lei ou pela doutrina, mas sim extraída das circunstâncias que o caso analisado estiver envolvido.

Não se trata de exame do binômio necessidade-possibilidade, da mesma maneira que no direito dos contratos não se nega a ou concede a resolução avaliando-se outras questões. Não se presta, obviamente, o adimplemento substancial como revisão de alimentos. O valor da pensão a ser paga permanece o mesmo. Se o devedor o considera excessivo tem que se valer da via própria para discutir a questão, na qual serão apreciados os argumentos e provas apresentados por ambas as partes e, se for o caso, o juiz fará as alterações necessárias para o futuro.

Assim, ao examinar a prisão e a substancialidade dos alimentos, o julgador não deve ingressar no mérito do binômio ou muito menos no acerto da sentença que fixou os alimentos, mas tão somente apreciar se a obrigação fixada foi substancialmente cumprida a ponto de desautorizar a prisão do devedor. Destarte, para efeitos da aceitação do adimplemento substancial como óbice à prisão, o ponto de referência deve se transferir do binômio necessidade-possibilidade, para o da razoabilidade do encarceramento diante da parte do débito que ainda permanecer não paga, e, assim, diante do que do interesse do credor for satisfeito.

Só que a análise simplesmente quantitativa, em que se aprecia apenas o quanto da prestação foi executado em comparação com o devido é em verdade insuficiente. Pode, contudo, ser

---

[27]   MIRABELLI, Giuseppe. *Commentario ao Codice Civile – Libro IV – Dei Contratti in Generale*. Torino: UTET, 1961, p. 476.

bastante útil como um ponto de partida de um raciocínio que necessariamente deverá chegar ao atendimento do interesse do credor, cuja verificação é eminentemente qualitativa, pois somente números não o traduzem.

A doutrina vem manifestando criticamente preocupação com a efetiva qualidade do adimplemento, ante a insuficiência do critério quantitativo, pelo qual se afere apenas a quantidade, em termos percentuais, do que restou inadimplido, mencionando, inclusive, manifestações jurisprudenciais sobre o tema, conforme lição abaixo[28]:

> Por outro lado, com base no mesmo critério percentual – e às vezes no mesmo percentual em si – as cortes brasileiras têm negado a aplicação da teoria ao argumento de que "o adimplemento de apenas 55% do total as prestações assumidas pelo promitente comprador não autoriza o reconhecimento da execução substancial do contrato", ou que "o pagamento de 43% contraindica a hipótese de adimplemento substancial", ou ainda que "a teoria do adimplemento substancial do contrato tem vez quando, como o próprio nome alude, a execução do contrato abrange a quase totalidade das parcelas ajustadas, o que, por certo, não é o caso do pagamento de apenas 70%".

> Pior que a incongruência entre decisões proferidas em situações fáticas semelhantes – notadamente quando há o cumprimento quantitativo de 60 a 70% do contrato –, o que espanta é a ausência de uma análise qualitativa, imprescindível para se saber se o cumprimento não integral ou imperfeito alcançou ou não a função que seria desempenhada pelo negócio jurídico em concreto. Em outras palavras, urge reconhecer que não há um parâmetro numérico fixo que possa servir de divisor de águas entre o adimplemento substancial ou o inadimplemento *tout court*, passando a aferição de substancialidade por outros fatores que escapam ao mero cálculo percentual.

Eventualmente, em casos extremos, em que a diferença entre o prestado e o devido for realmente pequena ou realmente grande, a identificação do atendimento ao interesse do credor fica evidentemente facilitada[29]. Quanto mais próxima numericamente, em termos percentuais, do devido, mais provável é que o interesse do credor, cuja satisfação é a finalidade da obrigação, tenha sido satisfeito em substância pela prestação. E mais provável que a situação seja remediada por outra maneira menos drástica que a prisão.

O débito que autoriza a prisão do devedor, nos termos do § 7º do artigo 528 do CPC, é aquele que compreende até as três prestações anteriores ao ajuizamento da execução e as que se vencerem no curso do processo executivo. Qualquer débito anterior não autoriza a prisão, por se entender perdido o caráter de subsistência da obrigação alimentar. Assim é sobre esse valor, sobre esse conteúdo, que deve ser apreciada a existência de adimplemento substancial.

Estabelecido isso, é preciso identificar, no caso concreto, o valor que compõe a verba e qual parte dele é suficiente para atender o interesse do credor a ponto de inibir a prisão do executado.

---

[28] Anderson Schreiber. *Direito Civil e Constituição*. São Paulo: Atlas, 2013, p. 112.

[29] Vale aqui recordar a lição de Arthur Corbin: "In either form, this ratio is far from being a conclusive factor; and no attempt will be made here to name an arithmetical ratio that separates the substantial from the less than substantial. It will only be said that the higher this ratio, the more likely it is that the performance will be held to be less than 'substantial performance'; and this is not because the 'value' itself is so important, but rather because of the other factors that underlie 'value' and determine what that value is in terms of money and other commodities". Arthur Corbin. *Corbin on contracts*. Atual. por Catherine Mc Cauliff. Charlottesville: Lexis Law Publishing, 1999, p. 344.

PROBLEMAS DE DIREITO CIVIL – *Homenagem aos 30 anos de cátedra do professor Gustavo Tepedino*

Sendo os alimentos, em seu sentido jurídico, os bens necessários à satisfação a subsistência material e imaterial do indivíduo, se dividem em naturais e civis, conforme a lição de CAHALI[30]:

> Quando se pretendem identificar como alimentos aquilo que é estritamente necessário para a manutenção da vida de uma pessoa, compreendendo tão somente a alimentação, a cura, o vestuário, a habitação, nos limites do *necessarium vitae*, diz-se que são *alimentos naturais*; todavia, se abrangentes de outras necessidades intelectuais e morais, inclusive recreação do beneficiário, compreendendo assim, o *necessarium personae* e fixados segundo a qualidade do alimentando e os deveres da pessoa obrigada, diz-se que são *alimentos civis*.

A primeira conclusão que se extrai, por óbvio, é que não se pode entender como satisfatória uma prestação inexata que não compreenda o estritamente necessário para a manutenção da vida do credor alimentando, e que não possa ser de outra forma obtido.

O *quantum* dos alimentos devidos é fixado tomando por base as necessidades do alimentando e as possibilidades do alimentante. Assim, se estabelece uma razão entre o que o alimentante pode pagar em face do que outro necessita para sua sobrevivência, sendo vedados os alimentos parasitários. Apesar de, ao menos em princípio e em tese, o que compõe a verba alimentar ser considerado essencial, eventualmente, por conta de uma maior capacidade financeira do devedor, para o cálculo da pensão a quantia vai sendo majorada, no intuito de proporcionar à outra parte a aquisição de bens que lhe deem padrão de vida superior, em proporção ao do alimentante. Nesses casos, o valor fixado pode ocasionalmente ser maior ou até bem maior do que o que, juridicamente e socialmente, pode ser considerado "mínimo existencial".

O objeto da prestação de alimentos é composto dos bens necessários ao alimentando ou o valor pecuniário correspondente aos mesmos. Destarte, caberá então perquirir se o inadimplemento parcial privou efetivamente o devedor de bens essenciais, afetando sua dignidade[31]. No campo do direito contratual, o paradigma da essencialidade dos bens já foi estudado como fator relevante a ser considerado para avaliação da substancialidade do adimplemento[32]. Idêntico raciocínio pode, atentando-se às especificidades cabíveis, ser feito com relação às obrigações de alimentos, assim como ao direito privado em geral. De acordo com o *paradigma da essencialidade* o regime e os efeitos jurídicos de determinada relação serão diferenciáveis, conforme a utilidade que o bem objeto da mesma relação tenha para a satisfação das necessidades existenciais do sujeito de direito. Ou seja, ao analisar uma hipótese concreta é necessário que se observe o grau de utilidade que o bem jurídico apresenta para a satisfação das necessidades do ser humano, e se sua falta justifica a privação da liberdade do devedor, com o objetivo de tentar lhe impelir ao "cumprimento total", que é o verdadeiro adimplemento.

---

[30] Youssef Said Cahali. *Dos alimentos*. 3. ed. São Paulo: Revista dos Tribunais, 1999, p. 19.

[31] A identificação daquilo que é essencial é uma árdua tarefa para o aplicador do direito, que deve fazer uma busca no direito positivo, para encontrar algo que lhe sirva ao menos como parâmetro, uma vez que a própria expressão "dignidade humana" é um conceito aberto, equívoco e variável no tempo e espaço, sujeito aos arbítrios do intérprete e às circunstâncias do caso concreto. Ajudam ao menos em uma primeira orientação, por exemplo, o artigo 833 do Código de Processo Civil de 2015, e a própria Constituição da República, quando, no art. 7º, IV, estatui, embora de maneira totalmente desvinculada do que ocorre na realidade nacional, que o salário mínimo, deve ser capaz de atender às necessidades vitais **básicas do** trabalhador e de sua família, como moradia, alimentação, educação, saúde, lazer, vestuário, higiene, transporte e previdência social.

[32] Celso Quintella Aleixo. *Adimplemento substancial e resolução dos contratos*, cit., p. 112 e ss.

Ao examinar esse paradigma, TERESA NEGREIROS[33] parte da classificação estabelecida pelo Código Civil para as benfeitorias, que são divididas em necessárias, úteis e voluptuárias, para também classificar os bens em essenciais, úteis e supérfluos, de acordo com o tipo de proveito proporcionado ao ser humano. De acordo com a autora, a utilidade proporcionada pelo bem está vinculada à sua destinação, ou seja, ao uso que dele faz a pessoa na situação concreta, e não apenas às suas características extrínsecas. É possível concluir, assim, que a essencialidade dos bens componentes do objeto da prestação alimentar está igualmente de forma direta ligada ao interesse do credor e à sua satisfação. Se a parte descumprida não afetar o atendimento das necessidades identificadas como realmente essenciais em determinada situação, prejudicando concretamente o credor, a dignidade humana não estará sendo atingida de modo a justificar a privação da liberdade.

No outro extremo, mas no mesmo diapasão, é possível afirmar também que, quando a parte descumprida corresponder apenas e simplesmente à manutenção de um padrão social, o direito à liberdade do devedor executado deve prevalecer, pois não se consegue, racionalmente, imaginar alguém ser encarcerado por não manter o "padrão social" de outrem. Entender o contrário significa uma subversão de valores e princípios constitucionais, e considerar a problemática com viés eminentemente punitivo. O crédito deve, então, ser satisfeito pelas vias executivas normais.

Neste ponto aqueles devedores que são menos favorecidos economicamente podem, na prática, em muitos casos acabar não tendo acatada a alegação de adimplemento substancial, pois a pensão paga, ao menos em teoria, é muito mais enxuta, abrangendo de fato o estritamente essencial. Isso em nada invalida a argumentação desenvolvida, por uma simples razão: o devedor menos afortunado igualmente continua tendo a via da alegação direta, em que pese seu inadimplemento parcial privar o credor de bens essenciais, de que há a mera impossibilidade absoluta de pagar (art. 581, CPC). Se essa alegação é possível em casos de inexecução total, razão não há para o caso de inexecução parcial. Mais ainda, esse argumento é inclusive muito mais difícil de ser comprovado por alimentantes mais abastados.

Convém, por fim, observar que se o alimentante executa sua prestação de forma um pouco diferente da devida, mas que atende aos interesses do credor, igualmente será considerado o adimplemento, como por exemplo prestar *in natura* algo correspondente ao que deveria prestar em dinheiro. Apesar de haver uma violação ao princípio da exatidão do pagamento, há a satisfação plena do credor, evidentemente não cabendo prisão, já que, excepcionalmente, em sede de alimentos, pode haver esse tipo de compensação, para que não haja enriquecimento ilícito do beneficiário.

4.2.1 *Necessidade da prisão em face do que foi adimplido e dos meios alternativos*

A faculdade de pedir a prisão não é conferida como um meio de punição, ou vingança, ao inadimplente. Sua real função é como um meio de coerção, que com grande frequência se mostra eficaz para que seu titular veja a satisfação do crédito. Por ela se constrange o devedor ao cumprimento, sob pena de ser cerceado em um direito fundamental, a liberdade.

A experiência nas lides de direito de família pode atestar que a prisão é uma possibilidade de fato muito eficiente para compelir aquele que não paga os alimentos devidos a fazê-lo, sendo meio útil e importante para a realização prática dos direitos do alimentado. Neste ponto é possível até mesmo afirmar que é uma tradução da operabilidade, que é um dos princípios diretores do Código Civil, especialmente em seu escopo da concretização dos valores constitucionais. Não se pode olvidar, contudo, que é imprescindível a ponderação como os outros princípios norteadores do código, nomeadamente eticidade e socialidade.

---

[33] Sobre o tema, cons.: Teresa Negreiros. *Teoria do contrato* – novos paradigmas. Rio de Janeiro: Renovar, 2001, p. 379-506.

PROBLEMAS DE DIREITO CIVIL – *Homenagem aos 30 anos de cátedra do professor Gustavo Tepedino*

Paradoxalmente, como muito se afirma, no intuito de forçar o devedor a pagar, muitas vezes se lhe retiram os meios para que o faça, privando-o da liberdade, e, consequentemente, da possibilidade de trabalhar e produzir. Esse ponto de vista, embora seja verdadeiro, não pode por si só justificar a soltura do alimentante em casos de descumprimento. Contudo, nas hipóteses em que realmente se configure um descumprimento pequeno, a situação passa a se apresentar de forma diferente, favorecendo a que se conceda a liberdade, ante a boa-fé que deve guiar o comportamento de ambas as partes de uma relação jurídica.

Outro aspecto importante é que o judiciário deve atuar como também como mediador de conflitos e não ser usado para agravar os já existentes. Em última análise, conforme reconhece a doutrina, o pagamento dos alimentos visa a pacificação social[34]. Manter o devedor preso quando parte bastante importante da prestação já foi cumprida pode apenas agravar controvérsias e desarmonias dentro da família, o que certamente não atende o melhor interesse do menor (se o alimentado for menor), nem de ninguém mais. O uso exagerado e rigoroso demais dos meios judiciais para resolver questões que por vezes sequer têm como real causa problemas jurídicos pode acabar por trazer mais danos do que soluções. E o maior prejudicado, por certo, é o próprio alimentando, pelos problemas psicológicos, familiares e sociais que podem ser gerados pela prisão do executado.

Pior ainda, em alimentos devidos aos filhos, quando um genitor, muitas vezes movido por sentimentos negativos e reprováveis, usa o direito do menor, na qualidade de seu representante legal, para "acertar contas" de problemas passados com o outro genitor. E manobra ações judiciais que, ao fim e ao cabo, acabam somente por gerar tumulto, mágoas e distanciamento. Esse é um alerta que vale para qualquer questão de direito de família.

É preciso então que se avalie de fato, e no caso concreto, o quanto a prisão é necessária à consecução dos objetivos dos alimentos. Ou seja, o quanto a coerção estabelecida por ela tem força, na situação apresentada, para levar o devedor ao adimplemento do remanescente da dívida e o quanto isso vai ser realmente útil ao alimentando. Ainda cabe cogitar, nesse mesmo desiderato, a aplicação e a eficácia de medidas diversas da prisão que tenham igual ou até maior resultado prático, o que leva novamente a se pensar em operabilidade, com menores efeitos colaterais. Se já é imperioso que se utilize esse raciocínio em qualquer situação de decreto prisional, mais ainda é o mesmo válido quando pouco falte para o "adimplemento total", mesmo porque, teoricamente, é mais fácil cumprir uma parte pequena de uma dívida do que toda ela. É dever do judiciário, ao tirar com uma mão a via coercitiva da prisão, ao menos dar algo com a outra ao credor exequente.

O próprio legislador já prevê alguns meios de proteção do direito do alimentado, que, por óbvio, são aplicáveis tanto à inexecução total quanto à inexecução parcial da dívida. O código de processo, em seu artigo 528, estabelece a possibilidade de protesto da decisão judicial, que é um meio coercitivo para compelir ao pagamento, ante as restrições que pode causar ao executado para atos da vida privada. Com o protesto, o alimentante pode ainda ver seu nome inscrito nos órgãos de proteção ao crédito.

A jurisprudência, por sua vez[35], admite a penhora de créditos do FGTS – Fundo de Garantia por Tempo de Serviço, apesar da inexistência de previsão expressa na lei que o regula (Lei

---

[34] Flávio Tartuce. *Direito civil* – direito de família, vol. 5, cit., p. 576.

[35] "Recurso especial. Ação de execução de débito alimentar. Penhora de numerário constante no Fundo de Garantia por Tempo de Serviço (FGTS) em nome do trabalhador/alimentante. Competência das turmas da segunda seção. Verificação. Hipóteses de levantamento do FGTS. Rol legal exemplificativo. Precedentes. Subsistência do alimentando. Levantamento do FGTS. Possibilidade. Precedentes. Recurso

Cap. 50 · PRISÃO CIVIL DO DEVEDOR DE ALIMENTOS ANTE O ADIMPLEMENTO SUBSTANCIAL | 841

8.036/1990), para a quitação de dívidas alimentícias. Em julgamento no STJ, considerou-se que as hipóteses previstas para levantamento das verbas do FGTS seriam exemplificativas, e não taxativas. De fato, ao menos para efeitos do que aqui se discute, se o direito a alimentos autoriza até que parte do próprio salário do devedor seja compulsoriamente descontada e paga todo mês diretamente ao credor, nada mais razoável que permitir o levantamento que uma quantia que existe para a proteção do trabalhador em caso de desemprego ou outras necessidades previstas, para a satisfação do seu credor de alimentos.

A doutrina ainda lembra a possibilidade de penhora online de ativos do devedor. Com efeito, se o que se quer é a satisfação do crédito, e não o encarceramento, nada mais eficiente do que ir direto ao ponto e buscá-la no patrimônio do executado, caso possível.

E, em que pese as características peculiares da obrigação alimentar, que demandam urgência no seu cumprimento, se o devedor apresentar propostas efetivas do pagamento da parte faltante, oferecendo garantias idôneas, que assegurem a satisfação do crédito, em tempo razoável, e de forma que atenda ao interesse do exequente, sempre de acordo com as circunstâncias do caso concreto, a prisão pode ser impedida[36]. O que se busca, afinal de contas, é a satisfação do credor, e não a prisão.

Se essas medidas alternativas já são admitidas nos casos em que se deixa totalmente de adimplir a obrigação, maior ainda é a possibilidade de sua utilização nas situações em que parte substancial foi cumprida, e de que se considere suficientemente atendido o devedor a ponto de evitar a prisão.

5. ASPECTOS PROCESSUAIS. CABIMENTO DE *HABEAS CORPUS*

Uma vez concluído pela aplicação do adimplemento substancial aos casos de prisão civil, é preciso se examinar a possibilidade do uso do *Writ* de *habeas corpus* para se obter a concessão da liberdade do devedor com lastro nesse argumento. Este ponto é outro óbice invocado frequentemente pela jurisprudência.

O ponto central é que a ação de *habeas corpus* é de cognição sumária, e não exauriente. O julgador não faz um exame aprofundado das provas que lhe são trazidas. Daí o STJ já ter chegado até mesmo a formular[37] em suas *Teses* que "o *habeas corpus* é ação de rito célere, não se prestando a analisar alegações relativas à absolvição ou que demandam o revolvimento de provas".

---

especial provido. I – A questão jurídica consistente na admissão ou não de penhora de numerário constante do FGTS para quitação de débito, no caso, alimentar, por decorrer da relação jurídica originária afeta à competência desta c. Turma (obrigação alimentar), deve, de igual forma ser conhecida e julgada por qualquer dos órgãos fracionários da Segunda Seção desta a. Corte; II – Da análise das hipóteses previstas no artigo 20 da Lei n. 8.036/90, é possível aferir seu caráter exemplificativo, na medida em que não se afigura razoável compreender que o rol legal abarque todas as situações fáticas, com a mesma razão de ser, qual seja, a proteção do trabalhador e de seus dependentes em determinadas e urgentes circunstâncias da vida que demandem maior apoio financeiro; III – Irretorquível o entendimento de que a prestação dos alimentos, por envolver a própria subsistência dos dependentes do trabalhador, deve ser necessariamente atendida, ainda que, para tanto, proceda-se ao levantamento do FGTS do trabalhador; IV – Recurso Especial provido" (STJ, 3ª T., REsp 1.083.061/RS, Rel. Min. Massami Uyeda, j. 02.03.2010, *DJ* 07.04.2010).

[36] Em sentido semelhante, em se tratando de obrigações contratuais: Ruy Rosado de Aguiar. *Extinção dos contratos por incumprimento do devedor*. 2. ed. Rio de Janeiro: Aide, 2004, p. 131.

[37] Brasil. STJ, Jurisprudência em Teses, n. 36, Tese 5. Brasília, 2015.

Com relação à matéria objeto de provas, o primeiro aspecto que deve ser observado, é que, como já visto, quando se avalia adimplemento substancial não se está apreciando o binômio necessidade-possibilidade, problemática que de fato escapa da seara do HC. A revogação da prisão por tal motivo não implica em qualquer revisão dos alimentos, nem consideração da justiça e acerto valor fixado, mas simplesmente em apreciar se o pagamento, finalisticamente considerado, é suficiente para justificar a privação da liberdade ambulatorial. Dessa forma não é o caso de se dizer que é aplicável uma outra tese do STJ[38], de que a via mandamental do *habeas corpus* não é "adequada para o exame aprofundado de provas a fim de averiguar a condição econômica do devedor, a necessidade do credor e o eventual excesso do valor dos alimentos".

A dificuldade prática que existe é o devedor-paciente conseguir fazer, no âmbito estreito do *habeas corpus*, a prova da substancialidade do adimplemento, que permita ao juiz, sem uma indagação probatória rebuscada, e sem o desenvolvimento de raciocínio mais elaborado sobre os elementos apresentados, concluir pela ilegalidade da prisão e pelo cabimento do remédio heroico. Essa dificuldade prática, todavia, não é, em determinadas situações, intransponível, nem constitui na exigência de "prova diabólica".

Se o devedor trouxer ao processo os suficientes elementos de convicção da substancialidade do adimplemento, que possibilitem ao julgador uma conclusão direta sobre o alegado e provado, não há como se levantar este óbice a utilização do HC para a concessão de sua liberdade. A ele cabe o ônus de apresentar as provas pré-constituídas e robustas que sustentam suas alegações, já que o rito célere deste tipo de ação não permitirá produzi-las em momento posterior. Mais ainda, nessa via mandamental não haverá oportunidade de contraditório com o credor exequente, o que reforça a indispensabilidade da clareza e plenitude da prova ostentada.

O entendimento clássico de que via estreita do *habeas corpus* é cabível apenas para o exame formal da legalidade da prisão deve ser, e vem sendo[39], em determinadas situações extremas, mitigado. Trata-se aqui de uma garantia constitucional de liberdade, assim, não há razão para restringir sua aplicação por formalidades que, se de fato na maioria dos casos, são relevantes para obstar o uso do *writ*, na específica situação dos autos não se fizerem presentes. Não é por outro motivo que o próprio STJ igualmente determinou a soltura de paciente que pagou parcela considerável da dívida, em já citado acórdão[40].

Outro ponto: se a decisão judicial que fixou os alimentos, para estabelecer o *quantum* da prestação, tiver se se baseado, como muito se vê na prática forense, em meras presunções de necessidade do alimentando, um pouco mais fácil será o caminho do devedor para apresentar provas pré-constituídas de seu direito à liberdade, pois ninguém pode ser ou permanecer preso com base em presunções, se apresentar provas vigorosas que indiquem o contrário. O mesmo raciocínio vale para a discussão diretamente na sede da execução de alimentos.

---

[38] Brasil. STJ, Jurisprudência em Teses, n. 36, Tese 7. Brasília, 2015.

[39] "Constitucional. *Habeas corpus*. Prisão civil. Pensão alimentícia. Decisão.

I – O *habeas corpus* não é via própria para se examinar se o alimentando tem ou não condições de arcar com o valor da pensão alimentícia. Todavia, o julgador não pode desconhecer a realidade de quem está com mais de setenta e cinco anos de idade, com os bens arrestados, estando pendente de apreciação o recurso vindicando a diminuição do valor da pensão, que ele vem pagando em quantia menor do que a fixada inicialmente, além de haver doado o apartamento para a filha.

II – A decisão que decretou a prisão do paciente não demonstra a necessidade da medida extrema.

III – Pedido conhecido como substitutivo do recurso ordinário, deferindo-se o writ" (STJ, 5ª T, HC 2.939/RJ, Rel. Min. Jesus Costa Lima, j. 05.12.1994, *DJ* 19.12.1994).

[40] STJ, 3ª T., RHC 91.642/MG 2017/0291632-1, cit.

Cap. 50 • PRISÃO CIVIL DO DEVEDOR DE ALIMENTOS ANTE O ADIMPLEMENTO SUBSTANCIAL | **843**

Vale lembrar que, independentemente do cabimento do HC, e do resultado obtido na ação de *habeas corpus*, o executado também pode, com maiores chances de êxito, invocar e produzir provas da substancialidade do adimplemento em sua defesa nos autos do cumprimento de sentença de alimentos. Neste procedimento, da mesma maneira que pode fazer prova de sua impossibilidade em pagar o débito (art. 528, §§ 1º e 2º, do CPC), ele pode alegar o adimplemento substancial, juntando os elementos probatórios do atingimento dos fins da pensão alimentícia em ponto suficiente para que não exista justificativa para o decreto prisional. A ele cabe, novamente, esse ônus da prova. Não acolhidas suas alegações pelo juízo de primeira instância, pode manejar o recurso de agravo ao tribunal, com pedido de concessão de efeito suspensivo, para que a questão seja lá apreciada.

Um outro aspecto processual a se considerar é que, uma vez que o juiz está diante de princípios de ordem pública – boa-fé e liberdade – lhe é permitido ainda, independentemente de invocação expressa do interessado, reconhecer de ofício o adimplemento substancial e negar a prisão, se as provas dos autos forem suficientes para tanto.

6. CONSIDERAÇÕES FINAIS. REDEFINIÇÃO DO CONCEITO

Por todo o exposto, é possível perceber, assim, que desloca-se o adimplemento substancial da seara do direito dos contratos para especificamente a teoria geral das obrigações. Nessa linha é necessário então readequar o conceito, para afirmar que o adimplemento substancial é o comportamento de boa-fé do devedor, essencialmente e funcionalmente muito próximo do efetivamente devido, que limita alguns direitos do credor, em casos de abuso de direito.

A hesitação da jurisprudência em aplicar a teoria à relações de alimentos, em contraposição a uma maior harmonia da doutrina, tem um a explicação até bastante simples e justificada: a extrema dificuldade de, no caso concreto, se apreciar a substancialidade do adimplemento da dívida alimentar[41]. Cabe, assim, aos teóricos estabelecer novas bases que orientem o judiciário nos casos que forem submetidos à sua apreciação, pois há, no ordenamento, espaço para tanto.

Normalmente, no campo da resolução contratual, esta já é uma questão difícil e extremamente ligada às circunstâncias do caso concreto, pois, como sabiamente já se observou, "as questões concernentes ao adimplemento substancial são normalmente questões de fato"[42]. No direito a alimentos a problemática só piora, tanto por questões fáticas quanto por questões jurídicas. Tendo-se em conta a relevância do bem discutido, que visa a subsistência do credor, em contraposição à liberdade do devedor, mais cautela ainda deve haver na aplicação da teoria, de modo que recomenda-se ao judiciário e aos aplicadores do direito, muito cuidado na sua aplicação.

Nesse sentido, convém relembrar[43]:

> É preciso, no entanto, que muita cautela seja utilizada na aplicação da teoria, sob pena de seu descrédito, a fim de que não seja vista como uma conivência do sistema jurídico com a inadimplência. Os fundamentos que permitem sua aplicação devem ser observados cuidadosamente e aplicados com rigor científico. (...)

---

[41] E a própria doutrina tem uma maior dificuldade de analisar os julgados de uma forma mais minuciosa, uma vez que as ações de alimentos correm em segredo de justiça, o que impede o acesso a tudo que foi discutido e toda a prova que foi produzida no processo.

[42] Joseph M. Perillo, *Calamari and Perillo on Contracts*, Eagan: Thomson West, 2004, p. 434.

[43] Celso Quintella Aleixo, *Adimplemento substancial e resolução dos contratos*, cit., p. 11.

No direito civil, há que se ter o cuidado de não confundir solidariedade social e boa-fé com conivência da ordem jurídica para com o ilícito, que pode fazer com que o direito, além de não cumprir seu papel de pacificação social, acabe por fomentar a desordem.

De fato, por tudo que foi visto, a aplicação da teoria do adimplemento substancial aos casos de prisão do devedor de alimentos, constitui medida excepcional. Se no próprio campo do direito contratual tal teoria não pode ser vista como regra em casos de "adimplementos" incompletos, e aplicada sem a observância de rigorosos critérios, sob pena de seu desvirtuamento e descrédito, mais ainda isso se faz importante da relação jurídica alimentar, pela maior relevância dos valores constitucionais e sociais envolvidos, em ambos os lados da relação. Dívidas devem ser pagas, e o direito jamais deve se utilizar de pretextos para impedir o destino natural da obrigação, especialmente da obrigação alimentar. Essa teoria deve, ao revés, apenas limitar-se à uma função regulatória e moderadora, para coibir abusos e injustiças que violem valores e garantias constitucionais.

51

O BEM DE FAMÍLIA EM PERSPECTIVA FUNCIONAL: (IM)PENHORABILIDADE DO IMÓVEL LUXUOSO[1]

DANIELLE TAVARES PEÇANHA

Sumário: 1. Introdução. 2. Considerações gerais e disciplina do bem de família. 3. Exame funcional do instituto: garantias e princípios aplicáveis ao bem de família. 3.1 Dignidade da pessoa humana. 3.2 Direito fundamental à moradia. 3.3 Patrimônio mínimo. 4. Perspectiva prática de aplicação: o bem de família luxuoso. 5. Conclusão.

1. INTRODUÇÃO

O direito à moradia possui simetria direta com o direito de *ser* e vem despertando olhares atentos de estudiosos, remontando a tempos longínquos a preocupação com sua efetiva proteção. Pontes de Miranda, em suas lições, já afirmava que, fundado historicamente na pessoa, à guisa da liberdade de ir, ficar e vir, a moradia sempre se voltou à salvaguarda da porção espacial necessária ao desenvolvimento adequado dos indivíduos. O homem, à luz de suas fragilidades naturais, é "ente sem defesas de casco, ou de pelos espessos, ou de epiderme resistente"[2] e, por isso, precisa (mais ainda que quaisquer outros animais) de espaço que lhe sirva de proteção.

Constatou-se com o tempo que a não habitação, ou habitação nas ruas, importa na negativa da condição de pessoa, mesmo porque, além de representar-lhe segurança e refúgio das intempéries

---

[1] Texto elaborado em homenagem ao querido Professor Gustavo Tepedino, cuja atuação modelar na academia e na advocacia inspira e norteia as diversas gerações de estudiosos do direito, notadamente aqueles que se dedicam ao estudo de um Direito Civil renovado e comprometido com a pessoa concreta.

[2] Pontes de Miranda, *Comentários à Constituição de 1967: com a Emenda n. 1 de 1969*, 3. ed., Rio de Janeiro: Forense, 1987, t. V, p. 183.

PROBLEMAS DE DIREITO CIVIL – *Homenagem aos 30 anos de cátedra do professor Gustavo Tepedino*

da vida, figura como espaço que serve ao homem como referência da sua própria identidade,[3] razão pela qual os sistemas jurídicos têm identificado na moradia uma das necessidades primárias do ser humano e se dedicado à normatização da matéria.

Especialmente à luz do entendimento segundo o qual o homem deve ser considerado o fim último do direito, tem-se na Constituição Federal de 1988 registros de que a dignidade da pessoa humana é fundamento da República,[4] e daí decorre amplo leque de direitos com os quais se compromete o ordenamento, nomeadamente o direito à vida, à moradia e a condições mínimas para que se possa desenvolver adequadamente no seio social.

No tocante à proteção jurídica da dignidade, importa também a salvaguarda de substrato material razoavelmente necessário, sendo a habitação supedâneo ao desenvolvimento da personalidade humana. Volta-se então à criação e ao desenvolvimento de instrumentos destinados a garantir a efetiva tutela do direito à moradia, como decorrência direta da dignidade; assim como antigos institutos passam por imprescindível releitura, em cotejo aos fundamentos constitucionais. Nesse contexto se situa a teoria do bem de família, que representa importante passo em prol da efetivação dos direitos fundamentais. Sob a égide da Constituição de 1988, a Lei 8.009/1990 delineou nova impenhorabilidade ao bem de família, de pleno direito, passando o bem de família a existir sob duas modalidades: a convencional, prevista no Código Civil; e a legal, por incidência da Lei 8.009/1990.

Interpretado contemporaneamente de forma ampliativa, não são poucas, contudo, as controvérsias em torno do tema, como ocorre com o chamado bem de família suntuoso. Embora haja quem sustente tratar-se de matéria insuscetível a mudanças, estudiosos vêm levantando intensas discussões acerca dos limites impostos pela lei, entendendo-se que a impenhorabilidade, se interpretada de maneira cega e absoluta, pode acabar gerando anacronismos funcionais, discrepantes à lógica complexa do ordenamento. Levanta-se, assim, hodierna preocupação com sua real função e as consequências práticas que daí advém, com fins de garantir-lhe interpretação conforme a Constituição da República.

Nesse cenário, busca-se identificar criticamente os pilares que alicerçam a matéria, para que se passe à análise de questões concretas, notadamente àquela atinente ao bem de família luxuoso, com o devido embasamento nos ditames constitucionais. Examina-se, então, o reconhecidamente espinhoso "bem de família suntuoso", assíduo na prática dos tribunais brasileiros, propondo-se o uso de importantes técnicas de interpretação, como a razoabilidade, para que se possa chegar à melhor solução possível, averiguando-se o merecimento de tutela das situações concretas.

2. CONSIDERAÇÕES GERAIS E DISCIPLINA DO BEM DE FAMÍLIA

Importante conquista das codificações modernas, o princípio da responsabilidade patrimonial em sede obrigacional sujeita os bens do devedor às consequências do inadimplemento.[5]

---

[3] Sobre o tema, v. Anderson Schreiber, Direito à moradia como fundamento para a impenhorabilidade do imóvel residencial do devedor solteiro, In: Anderson Schreiber, *Direito Civil e Constituição*, São Paulo: Atlas, 2013, p. 283.

[4] CR/1988: "Art. 1º A República Federativa do Brasil, formada pela união indissolúvel dos Estados e Municípios e do Distrito Federal, constitui-se em Estado Democrático de Direito e tem como fundamentos: (...) III – a dignidade da pessoa humana".

[5] Rosalice Fidalgo Pinheiro; Katya Isaguirre, O direito à moradia e o STF: um estudo de caso acerca da impenhorabilidade do bem de família do fiador, In: Gustavo Tepedino; Luiz Edson Fachin (orgs.), *Diálogos sobre direito civil*, Rio de Janeiro: Renovar, 2007, vol. II, p. 131.

Com fins de proteção ao interesse privado do particular que possui crédito a receber, a responsabilidade patrimonial garante, através da intervenção do Estado, a possibilidade de execução dos bens do devedor para satisfação da prestação devida. Para tanto, é possível a constrição judicial do patrimônio do devedor, que pode vir a ter penhorados tantos bens seus quanto seja necessário, apreendendo-os efetivamente e destinando-os aos fins da execução para expropriação futura.[6]

Não poderá a penhora, contudo, ser levada a cabo em todas as situações, tendo o legislador pátrio estabelecido certas exceções, concretizadas nas hipóteses de *impenhorabilidade*. Certos bens, diante do que representam para seu proprietário, e em conformidade com os interesses do credor, são intocáveis, por exemplo, por servirem de moradia ao devedor e sua família. Tais circunstâncias são identificadas na grafia do art. 789 do Código de Processo Civil,[7] e, a despeito da omissão redacional do art. 391 do Código Civil,[8] em diversas passagens do diploma civil nota-se a incidência da regra da impenhorabilidade, como no bem de família voluntário (art. 1.711 e seguintes). Além do Código Civil e do Código de Processo Civil, também leis esparsas podem estabelecer hipóteses de impenhorabilidade, como é o caso da Lei 8.009/1990, que regulamenta o bem da família legal.

Álvaro Villaça de Azevedo afirma que o bem de família é "meio de garantir um asilo à família, tornando-se o imóvel onde a mesma se instala, domicílio impenhorável e inalienável, enquanto forem vivos os cônjuges e até que os filhos completem sua maioridade".[9] Na lição de Gustavo Tepedino, por sua vez, fica sublinhada a expansão do conceito de bem de família, associado à "proteção do direito à moradia e da dignidade humana, a prescindir de modelos preestabelecidos de convivência familiar", de modo a alcançar, em praticamente todas as hipóteses, o imóvel residencial.[10]

Inseridos em contextos diversos, é possível notar as inúmeras transformações pelas quais passou – e vem passando – o instituto. Ainda assim, se tem identificado estreita relação entre o bem de família, embora com enfoques diferentes ao longo do tempo, e a proteção da família e o acesso à moradia, sem desprestigiar o giro conceitual pelo qual passaram suas premissas conceituais.

Seus primeiros registros decorrem de entendimento segundo o qual o ser humano, em vivência social que lhe é característica natural, dependeria da célula familiar para desenvolver-se, formando desde cedo seu espírito próprio com apreensão de preceitos morais. A família funcionaria como base de proteção ampla e profícua, sendo missão primordial do Estado preservá-la, na maior medida possível.[11] Pioneiro, o *homestead*, nascido na República do Texas em 1839, estabeleceu pela primeira vez a proteção da pequena propriedade em termos de impenhorabilidade.

---

[6] Acerca do procedimento de penhora, leciona Humberto Theodoro Júnior: "É, em síntese, o primeiro ato executivo e coativo do processo de execução por quantia certa. Com esse ato inicial de expropriação, a responsabilidade patrimonial, que era genérica, até então, sofre um processo de individualização, mediante apreensão física, direta ou indireta, de uma parte determinada e específica do patrimônio do devedor" (Humberto Theodoro Júnior, *Curso de direito processual civil*, 48. ed., Rio de Janeiro: Forense, 2013, vol. II, p. 279).

[7] CPC/2015: "Art. 789. O devedor responde com todos os seus bens presentes e futuros para o cumprimento de suas obrigações, salvo as restrições estabelecidas em lei".

[8] CC/2002: "Art. 391. Pelo inadimplemento das obrigações respondem todos os bens do devedor".

[9] Álvaro Villaça de Azevedo, *Bem de família: com comentários à Lei 8.009/90*, 3. ed., São Paulo: Revista dos Tribunais, 1996, p. 93. Vale destacar a importância do traço pioneiro desempenhado pelas reflexões propostas pelo autor no desenvolvimento da matéria em cenário brasileiro, antes mesmo de ser editada a Lei 8.009/1990.

[10] Gustavo Tepedino, Bem de família e direito à moradia no Superior Tribunal de Justiça, *Revista Trimestral de Direito Civil*, vol. 36, 2008, p. iii-iv.

[11] Álvaro Villaça de Azevedo, *Direito de família*: curso de direito civil, São Paulo: Atlas, 2013, p. 343-345.

848 | PROBLEMAS DE DIREITO CIVIL – *Homenagem aos 30 anos de cátedra do professor Gustavo Tepedino*

De lá para cá, diversos foram os diplomas dedicados ao tema, sendo o Código Civil de 1916 o precursor da matéria no sistema brasileiro, encontrando assento legal em seus artigos 70 a 73, localizados na Parte Geral. Ocorre que tal diploma se restringia à proteção de bem imóvel, não garantindo tal agasalho a todas as famílias indiscriminadamente. Restringia-se aos que, cumprindo os requisitos legais, optassem voluntária e expressamente por gravar com cláusula de inalienabilidade o bem, encargo gravoso à preservação do bem essencial ao seu desenvolvimento da pessoa.

Não tardou a eclodir anseio de proteção mais efetiva e democrática, de modo que, em resposta, a Lei 8.009/1990 nasceu estabelecendo as hipóteses do bem de família legal, móvel e imóvel. Afirmou-se então o compromisso do Estado para com a defesa da família, como se afirmou à época, hoje entendida em todas as suas acepções possíveis. Com isso, ficam estabelecidas as diretrizes basilares referentes ao imóvel residencial, urbano ou rural, próprio do casal ou da entidade familiar, e certos móveis que compõem a residência, agora também impenhoráveis por determinação legal.

Por outro lado, o Código Civil de 2002 dispôs sobre a matéria em seus arts. 1.711 a 1.722, no Livro de Direito de Família. Trata-se de bem de família voluntário, nascido da iniciativa privada, em perfeita coexistência com o modelo inaugurado pela Lei de 1990, a qual, conforme entendimento consolidado da jurisprudência, é aplicável às penhoras realizadas mesmo antes de sua vigência.[12] Estabelece-se então dual sistema: de um lado, a Lei 8.009/1990 institui o bem de família legal, pela simples residência; e, de outro lado, o Código Civil, com menor abrangência prática, mantém a tradição privada em privilégio à vontade do proprietário do bem.

Implementado o novo bem de família, através da Lei 8.009/1990 estabeleceu-se modelo umbilicalmente diverso daquele praticado anteriormente. Sua constituição passa a ser imediata e *ex lege*, desde que a situação concreta decorra das hipóteses legais. Nesta direção, já o art. 1º e seu parágrafo único[13] estabelecem alguns dos parâmetros à luz dos quais será possível averiguar em que hipóteses há que se falar na incidência da regra da impenhorabilidade.

Trata-se de norma de ordem pública, cuja garantia pode ser alegada a qualquer momento no processo, e não necessariamente em embargos do devedor, de modo que o debate acerca da impenhorabilidade do bem não se sujeita à preclusão.[14] Além de não fazer coisa julgada material, poderá, inclusive, ser conhecida de ofício pelo juiz no silêncio das partes, exigindo-se naturalmente que estas sejam ouvidas em contraditório, e ficando, de modo geral, a cargo do devedor o ônus da prova de que se trata de bem de família.[15]

Gozando de mais de um imóvel, apenas um poderá ser considerado bem de família legal, qual seja, aquele utilizado pela família como moradia permanente, reforçando a ideia de unicidade do bem de família (art. 5º, *caput*, da Lei 8.009/1990). Se, por outro lado, a entidade familiar gozar de vários imóveis como residência, a impenhorabilidade recairá sobre aquele de menor valor, salvo se houver registro de bem de família voluntário, em respeito aos interesses

---

[12] O entendimento foi assentado no Enunciado nº 205 da Súmula do Superior Tribunal de Justiça, segundo o qual: "A Lei 8.009/90 aplica-se a penhora realizada antes de sua vigência".

[13] Lei 8.009/1990: "Art. 1º O imóvel residencial próprio do casal, ou da entidade familiar, é impenhorável e não responderá por qualquer tipo de dívida civil, comercial, fiscal, previdenciária ou de outra natureza, contraída pelos cônjuges ou pelos pais ou filhos que sejam seus proprietários e nele residam, salvo nas hipóteses previstas nesta lei. Parágrafo único. A impenhorabilidade compreende o imóvel sobre o qual se assentam a construção, as plantações, as benfeitorias de qualquer natureza e todos os equipamentos, inclusive os de uso profissional, ou móveis que guarnecem a casa, desde que quitados".

[14] Sobre o tema, destaque-se os seguintes precedentes, dentre outros: STJ, 3ª T., AgRg no AREsp 595.374/SP, Rel. Min. João Otávio de Noronha, j. 02.08.2015, *DJe* 01.09.2015; e STJ, 4ª T., AgInt no REsp 1.698.204/RJ, Rel. Min. Raul Araújo, j. 01.06.2020, *DJ* 15.06.2020.

[15] Luiz Edson Fachin, *Estatuto jurídico do patrimônio mínimo*, Rio de Janeiro: Renovar, 2001, p. 158-159.

dos credores.[16] Consigne-se ainda que o diploma não estabeleceu expressamente limite de valor ao bem de família legal, razão pela qual tem sido o "bem de família suntuoso" objeto de intensa discussão nos Tribunais e na literatura jurídica.

No que concerne ao objeto no qual recai a proteção da Lei 8.009/1990, caminham bem doutrina e jurisprudência, interpretando-a de maneira ampliativa com fins de garantir efetiva tutela da pessoa. Já afirmou o Superior Tribunal de Justiça que a regra da impenhorabilidade é aplicável às hipóteses em que, embora o bem não seja habitado pela família, figure indiretamente como garantia de acesso à moradia. Cita-se o caso em que o imóvel único de propriedade da família é locado a terceiro e os frutos civis são destinados ao aluguel do bem onde eles de fato residem;[17] assim como a hipótese de imóvel desocupado por razões alheias à vontade do proprietário devedor.[18]

Embora o dispositivo aduza, em sentido literal, ao imóvel do "casal ou da entidade familiar", acertadamente têm andado doutrina e jurisprudência, em reconhecimento das funções do instituto. Subjetivamente, confere-se guarida a todos os integrantes das entidades familiares que habitam o imóvel, e não apenas ao titular do domínio.[19] Seja qual for o fundamento desta ampliação – pelo alargamento do conceito de família, por equiparação extensiva aos novos arranjos, por possibilidade potencial de constituição de família futura, ou por uma proposta de atribuição de nova função ao instituto –,[20] certo é que avançou-se no sentido de garantir que a impenhorabilidade alcance o maior número possível de pessoas, em prol da concretização máxima da tábua axiológica constitucional.

Evolução tal se consubstanciou em extensão da salvaguarda, de modo a alcançar os bens que sirvam de lar a avós e seus netos,[21] a irmãos que vivam sob o mesmo teto,[22] bem como à situação de ex-cônjuges separados judicialmente[23] ou viúvos. Mais que isso, já se chegou à importante con-

---

[16] Washington de Barros Monteiro enxerga nessa hipótese uma utilidade prática da instituição voluntária do bem de família, nos moldes do Código Civil, de modo que se garanta legitimamente ao proprietário a opção de eleição daquele bem de maior valor como bem que será considerado impenhorável (*Curso de direito civil*, 38. ed., São Paulo: Saraiva, 2007, vol. 2, p. 417-418).

[17] O Enunciado 486 da Súmula do STJ consagra a hipótese do bem locado, veja-se: "É impenhorável o único imóvel residencial do devedor que esteja locado a terceiros, desde que a renda obtida com a locação seja revertida para a subsistência ou a moradia da sua família". Nessa direção, também cfr.: STJ, 4ª T., AgInt no AREsp 1.607.647/MG, Rel. Min. Marco Buzzi, j. 20.04.2020, *DJ* 27.04.2020.

[18] Em interessante caso que envolvia a não habitação no imóvel decorrente de absoluta ausência de condições para a moradia, decidiu a Corte que não se pode afastar a impenhorabilidade, vez que o devedor não teve qualquer opção de permanecer em seu imóvel único. Nesse sentido, e diante dos danos decorrentes de transbordamento de águas da rede de águas pluviais, entendeu-se que não poderia o devedor sofrer os efeitos de uma possível penhora (STJ, 4ª T., REsp 825.660/SP, Rel. Min. João Otávio de Noronha, j. 01.12.2009, *DJe* 14.12.2009). Também à poupança cuja destinação esteja afetada à aquisição do bem de família já se prolongou a proteção: STJ, 2ª T., REsp 1.616.475, Rel. Min. Herman Benjamin, j. 15.09.2016, *DJ* 11.10.2016.

[19] STJ, 4ª T., EDcl no REsp 1.084.059/SP, Rel. Min. Maria Isabel Gallotti, j. 11.04.2013, *DJe* 23.04.2013; e STJ, 6ª T., REsp 971.926/SP, Rel. Min. Og Fernandes, j. 02.02.2010, *DJe* 22.02.2010.

[20] Anderson Schreiber, Direito à moradia como fundamento para a impenhorabilidade do imóvel residencial do devedor solteiro, In: Anderson Schreiber, *Direito Civil e Constituição*, cit., p. 291.

[21] A respeito do tema, já restou consignado que estaria protegido pela Lei 8.009/1990 o imóvel que serve de residência para a mãe e avó do proprietário executado, o qual, por sua vez, morava com sua família em outro imóvel alugado (STJ, 3ª T., REsp 186.210/PR, Rel. Min. Ari Pargendler, j. 20.09.2001, *DJ* 15.10.2001).

[22] STJ, 4ª T., REsp 159.851/SP, Rel. Min. Ruy Rosado de Aguiar, j. 19.03.1998, *DJ* 22.06.1998.

[23] STJ, 4ª T., REsp 218.377/ES, Rel. Min. Barros Monteiro, j. 20.06.2000, *DJ* 11.09.2000. À época, afirmou-se que, com a separação judicial, "cada ex-cônjuge constitui uma nova entidade familiar, passando a ser sujeito da proteção jurídica prevista na Lei nº 8.009/90".

PROBLEMAS DE DIREITO CIVIL – *Homenagem aos 30 anos de cátedra do professor Gustavo Tepedino*

clusão de que deve também ser protegido o imóvel habitado por devedor solteiro, dispensando-se nesse caso qualquer traço de consanguinidade ou afinidade, conforme se extrai do Enunciado 364 da Súmula do Superior Tribunal de Justiça.[24]

Ainda no âmbito do bem de família legal, alude-se, sem adentrar nas minúcias de cada uma das hipóteses, às exceções consagradas pelo art. 3º da Lei 8.009/1990,[25] com as alterações promovidas pela Lei 13.144/2015, cujo rol levanta discussões delicadíssimas e de profunda aplicabilidade prática.[26] O próprio legislador previu na Lei 8.009/1990 hipóteses em que se permite a realização da medida de constrição judicial do imóvel. Merecem nota as antigas polêmicas que emergem da hipótese do crédito hipotecário (art. 3º, V) –, em que se tem afirmado ser necessária interpretação restritiva, somente abrangendo os bens que sirvam de garantia em dívidas em benefício direto da família –, e do espinhoso crédito de fiança locatícia (art. 3º, VII) – disposição considerada constitucional pelo Supremo Tribunal Federal,[27] embora ainda muito criticada em sede doutrinária.

A construção jurisprudencial e os aportes decorrentes dos debates doutrinários colocam-se como importante ferramenta no enfrentamento destas questões, manifestando-se através de alargamento progressivo do âmbito de aplicação da Lei 8.009/1990. Por um lado, tal ampliação gradativa do espectro de incidência da lei tem o mérito de visar a aplicação direta dos direitos fundamentais às relações privadas. A dilatação, todavia, tem impulsionado esforço de diversos estudiosos no sentido de promover o resgate das bases do instituto, com oportuna preocupação com sua real função e as consequências práticas que daí advém.[28]

3. EXAME FUNCIONAL DO INSTITUTO: GARANTIAS E PRINCÍPIOS APLICÁVEIS AO BEM DE FAMÍLIA

O antigo bem de família, arraigado às instituições tradicionais, perde espaço frente às múltiplas relações afetivas que se podem formar entre as pessoas; às demandas de tratamento isonômico

---

[24] Enunciado 364: "O conceito de impenhorabilidade de bem de família abrange também o imóvel pertencente a pessoas solteiras, separadas e viúvas".

[25] Lei 8.009/1990: "Art. 3º A impenhorabilidade é oponível em qualquer processo de execução civil, fiscal, previdenciária, trabalhista ou de outra natureza, salvo se movido: II – pelo titular do crédito decorrente do financiamento destinado à construção ou à aquisição do imóvel, no limite dos créditos e acréscimos constituídos em função do respectivo contrato; III – pelo credor da pensão alimentícia, resguardados os direitos, sobre o bem, do seu coproprietário que, com o devedor, integre união estável ou conjugal, observadas as hipóteses em que ambos responderão pela dívida; IV – para cobrança de impostos, predial ou territorial, taxas e contribuições devidas em função do imóvel familiar; V – para execução de hipoteca sobre o imóvel oferecido como garantia real pelo casal ou pela entidade familiar; VI – por ter sido adquirido com produto de crime ou para execução de sentença penal condenatória a ressarcimento, indenização ou perdimento de bens. VII – por obrigação decorrente de fiança concedida em contrato de locação".

[26] Destaque-se, a título de exemplo, a recente decisão proferida pela 3ª Turma do STJ no sentido de não ser possível a penhora de imóvel residencial familiar oferecido como caução imobiliária em contratos de locação, aludindo-se à taxatividade das hipóteses de exceções à lei (STJ, 3ª T., REsp 1.873.203, Rel. Min. Nancy Andrighi, j. 24.11.2020, *DJ* 01.12.2020).

[27] STF, Tribunal Pleno, RE 407.688/SP, Rel. Min. Cezar Peluso, j. 08.02.2006.

[28] São nesse sentido as valiosas lições de Pietro Perlingieri: "Na identificação da função dever-se-á considerar os princípios e valores do ordenamento que a cada vez permitem proceder à valoração do fato. Ao valorar o fato, o jurista identifica a função, isto é, constrói a síntese global dos interesses sobre os quais o fato incide" (*O direito na legalidade constitucional*, Rio de Janeiro: Renovar, 2008, p. 642).

entre os privados; aos múltiplos perfis das relações econômicas; às exigências necessárias ao cumprimento da propriedade privada, entendida não mais como um direito absoluto; e diante da complexidade do sistema jurídico, com vasta gama de fontes e direitos.

Cumpre mencionar a relevância teórica e prática que a metodologia civil constitucional simboliza, em especial também, à disciplina do bem de família. Situa-se a Constituição da República no ápice do ordenamento jurídico, sendo elementar que todas as normas inferiores não a contrariem, além de que sejam interpretadas e aplicadas com base nela, maximizando a eficácia dos princípios, cuja força normativa é reconhecida. Adjetiva-se o direito civil e seus institutos, tendo em mira prioritariamente valores não patrimoniais, em especial, a tutela da dignidade da pessoa humana.[29]

Tal evolução conceitual implica o necessário afastamento daquele direito civil de outrora, fiel ao método da subsunção, o qual não mais traduz o objeto de investigação dos civilistas contemporâneos. Impõe-se, ao revés, atento estudo dos objetivos dos institutos em cotejo, sem que se apegue cegamente a seus elementos estruturais.[30] Desta sorte, a função dos institutos, atentando-se à principiologia constitucional, deve servir como parâmetro interpretativo das múltiplas situações fáticas que se colocam ao operador do direito diuturnamente. Um mesmo instituto, cuja estrutura esteja vastamente consignada em sede legal, poderá assumir valor diferente daqueles que o caracterizavam em sua origem.[31] Dentro da nova ordem constitucional, é possível que figuras que assumiram tradicionalmente função de certo tipo adquiram nova roupagem funcional.

Não será diferente com relação ao bem de família. Tradicionalmente, a figura se voltou à proteção salutar da entidade familiar como instituição, que funcionaria como unidade de produção e reprodução de valores variados. Tal interpretação decorre de ideia segundo a qual existiria uma coesão formal ínsita ao conceito de família, justificando, por vezes, o sacrifício individual em prol da preservação da instituição que representaria a célula *mater* da sociedade.

Todavia, à luz das alterações axiológicas introduzidas nas relações familiares pela atual Constituição, impediu-se "que se pudesse admitir a superposição de qualquer estrutura institucional à tutela de seus integrantes, mesmo em se tratando de instituições com status constitucional".[32] Deixa a família de ter valor intrínseco, e passa a ser valorada de forma instrumental, merecedora de proteção apenas na medida em que sirva ao desenvolvimento da personalidade de seus integrantes. A chamada família-instrumento é lugar no qual seus membros encontram espaço para se desenvolverem como pessoas,[33] sem significar o afrouxamento de sua proteção pelo ordenamento jurídico.

Não mais parece razoável supor que a proteção da entidade familiar seja a função elementar – ou exclusiva – desempenhada por figura de tamanha relevância, como é o bem de família. Afinal,

---

[29] Gustavo Tepedino, Premissas metodológicas para a constitucionalização do direito civil, *Temas de direito civil*, 4. ed., Rio de Janeiro: Renovar, 2008, p. 22, de cujas lições se pode extrair que "trata-se, em uma palavra, de estabelecer novos parâmetros para a definição de ordem pública, relendo o direito civil à luz da Constituição, de maneira a privilegiar, insista-se ainda uma vez, os valores não patrimoniais e, em particular, a dignidade da pessoa humana, o desenvolvimento da sua personalidade, os direitos sociais e a justiça distributiva, para cujo atendimento deve se voltar a iniciativa econômica privada e as situações jurídicas patrimoniais".

[30] Assiste-se cada vez maior destaque à "função promocional do direito", conforme difundido por Norberto Bobbio (*Da estrutura à função*: novos estudos de teoria do direito, São Paulo: Manole, 2007, p. 53-113).

[31] Pietro Perlingieri, La personalità umana nell' ordinamento giuridico, *La persone e i suoi diritti*: problemi del diritto civile, Napoli: Edizioni Scientifiche Italiane, 2005, p. 8.

[32] Gustavo Tepedino, A disciplina civil-constitucional das relações familiares, *Temas de direito civil*, cit., p. 422.

[33] Rose Melo Vencelau Meireles, Em busca da nova família: uma família sem modelo, *Civilística.com*, a. 1, n. 1, 2012, p. 1-13. .

852 | PROBLEMAS DE DIREITO CIVIL – *Homenagem aos 30 anos de cátedra do professor Gustavo Tepedino*

aceitar a proteção da família como sua função substancial e específica significaria, por exemplo, excluir o devedor solteiro de sua pauta protetiva. Se no momento de seu surgimento, autorizava-se a proteção do bem família com base puramente na preservação da célula *mater* da sociedade, tal interpretação não mais é suficiente a fundamentar sua tutela pelo ordenamento jurídico.

A família será digna de proteção, possuindo inclusive *status* constitucional, a ser valorada, contudo, de maneira instrumental, tutelada na medida em que se constitua em núcleo intermediário de autonomia existencial e desenvolvimento da personalidade de seus integrantes. Por isso, filia-se àquela compreensão segundo a qual há que se identificar nova função ao instituto, à lume da tábua axiológica posta pela normativa constitucional. Desse modo, esforça-se na busca pelo objetivo da norma, para fins de determinar no caso concreto o merecimento (ou não) de proteção.

3.1 Dignidade da pessoa humana

Para que se possa compreender a função que o bem de família exerce no ordenamento brasileiro, faz-se necessário, em primeiro plano, assimilar que se trata de instituto intrinsecamente voltado à proteção da dignidade da pessoa humana e, como corolário seu, do direito à moradia. Em qualquer de suas manifestações, deverá existir comprometimento com ambos os preceitos, consagrados, respectivamente, no art. 1º, III, da CF/1988 e no art. 6º da CF/1988. A Constituição da República elevou os valores existenciais ao ápice de tutela do ordenamento, elegendo a dignidade da pessoa humana como fundamento basilar e alicerce que sustenta a República e a ordem democrática.

Não obstante as críticas quanto à superutilização do princípio da dignidade da pessoa humana,[34] que exige cada vez mais empenho dos intérpretes e operadores do direito em afastar seu emprego de maneira oca e superficial, não se pode esvaziar a relevância que o aludido princípio desempenha no sistema pátrio, funcionando como verdadeiro divisor de águas. Assim, caberá aos estudiosos envidar todos os esforços possíveis para compreender e aplicar de maneira não banalizada, mas em consonância com o que preconiza o ordenamento.[35]

A dignidade da pessoa humana, de matriz kantiana, aponta para o imperativo categórico, de ordem moral, que considera a humanidade, ínsita ao homem racional, um fim em si mesma. Destarte, aventuraram-se importantes estudiosos na difícil tarefa de conceituação da dignidade da pessoa humana, chegando-se a afirmar que se trata de "reduto intangível de cada indivíduo e, neste sentido, a última fronteira contra quaisquer ingerências externas".[36] A dignidade da pessoa humana, assim, traduz aquilo que se tem denominado de "princípio máximo" ou "princípio dos princípios" e sua inclusão no rol de fundamentos da República representa renovação ímpar também no Direito Privado.

Viu-se no homem o fim básico do Direito, como espécie de tronco fundamental, sendo a dignidade da pessoa humana qualidade inata e intrínseca a ele. Configura, portanto, afronta ao

---

[34] Giovanni Ettore Nanni, As situações jurídicas exclusivas do ser humano: entre a superutilização do princípio da dignidade da pessoa humana e a coisificação do ser humano, In: Giovanni Ettore Nanni, *Direito civil e arbitragem*, São Paulo: Atlas, 2014, p. 141.

[35] Luís Roberto Barroso, *A dignidade da pessoa humana no direito constitucional contemporâneo*: a construção de um conceito jurídico à luz da jurisprudência mundial, Belo Horizonte: Fórum, 2014, p. 60.

[36] Ingo Wolfgang Sarlet, *A eficácia dos direitos fundamentais*, 5. ed., Porto Alegre: Livraria do Advogado, 2005, p. 124. Explica o autor, em sequência, que isso não significa a impossibilidade de que se estabeleçam restrições aos direitos e garantias fundamentais, mas apenas que as restrições a eles não devem ultrapassar um limite intangível imposto pela dignidade da pessoa humana.

princípio ora em análise "tudo aquilo que puder reduzir a pessoa (o sujeito de direitos) à condição de objeto". Significa dizer que toda e qualquer relação jurídica, seja pública ou privada, patrimonial ou existencial, sempre terá como norte a proteção da pessoa humana, sob os consectários de liberdade, solidariedade, igualdade e integridade psicofísica.[37] Instrumentalizar o valor em prol de qualquer instituição, ainda que com *status* constitucional, representa, pois, grave violação. Tal preceito encerra ainda a garantia dos meios materiais razoavelmente necessários para o pleno desenvolvimento da personalidade humana, sob pena de se converter em fórmula vazia, caso não sejam assegurados os meios necessários para seu pleno exercício. Dentre esses meios, ao lado das garantias existenciais, ganha especial destaque a moradia.

3.2 Direito fundamental à moradia

Da dignidade da pessoa humana, reconduz-se à garantia de acesso à moradia, cuja existência e reconhecimento estão intimamente ligados ao valor próprio que identifica o ser humano como tal. Conforme se verificou, a proteção jurídica à dignidade humana abrange não somente aspectos existenciais, mas também inclui a garantia de meios materiais necessários ao pleno desenvolvimento do sujeito, ganhando destaque habitação que, nas palavras de Anderson Schreiber, "é requisito inerente à formação e ao desenvolvimento da personalidade humana".[38]

Representando, em espectro social de abrangência, muito mais que o direito de propriedade e gozando de âmbito de proteção e objeto próprio, o direito à moradia[39] marca a necessária intervenção estatal em favor das partes mais fracas nas relações sociais. A despeito da discussão sobre a atuação ativa do Estado para garantir sua efetivação, em aspecto prestacional, cuida-se de acréscimo trazido pela Emenda 26, de 2000, no rol dos direitos fundamentais sociais. Por outro lado, o direito à moradia assume também aspecto defensivo, segundo o qual protege-se a moradia do homem contra interferência pública ou particular, impondo-se dever geral e negativo de abstinência. Trata-se de direito voltado à necessidade primária de asilo, própria do homem, que repercute em diversos institutos, como no direito real de habitação decorrente da morte de um dos cônjuges ou companheiros ou, especialmente, no bem de família.[40]

O bem de família estaria calcado, portanto, na ideia de imunização da morada do indivíduo (ou da família), ampliando-se, com a Lei 8.009/1990, seu grau de proteção para além do imóvel habitado por ele. Da inclusão das plantações, das benfeitorias e de equipamentos, prevista no

---

[37] Maria Celina Bodin de Moraes, *Na medida da pessoa humana*: estudos de direito civil-constitucional, Rio de Janeiro: Renovar, 2010, p. 85. Em sua análise, a Professora afirma que o substrato material da dignidade pode ser desdobrado em quatro postulados, quais sejam: "i) o sujeito moral (ético) reconhece a existência dos outros como sujeitos iguais a ele; ii) merecedores do mesmo respeito à integridade psicofísica de que é titular; iii) é dotado de vontade livre, de autodeterminação; iv) é parte do grupo social, em relação ao qual tem a garantia de não vir a ser marginalizado".

[38] Anderson Schreiber, Direito à moradia como fundamento para a impenhorabilidade do imóvel residencial do devedor solteiro, In: Anderson Schreiber, *Direito Civil e Constituição*, cit., p. 285.

[39] "O direito à moradia vai muito além do direito de propriedade, pois só pequena parcela da população é proprietária de imóveis, como também não tem condição financeira para adquiri-las. A grande maioria dos cidadãos vive em imóveis alugados, quando tem o privilégio de poder pagar aluguel. Grande contingente vive em favelas. A esses não proprietários é que, em geral, destina-se a proteção do direito à moradia, que deve ser sanado pelo Estado, à medida do possível, assegurando esse direito com o tempo" (Álvaro Villaça de Azevedo, *Direito de família: curso de direito civil*, cit., p. 376).

[40] Rômolo Russo Júnior, *Direito à moradia: um direito social*. Tese de Doutorado – Pontifícia Universidade Católica de São Paulo, 2006, p. 58.

PROBLEMAS DE DIREITO CIVIL – *Homenagem aos 30 anos de cátedra do professor Gustavo Tepedino*

parágrafo único do art. 1º do diploma legal, fica cristalina a associação necessária entre a moradia e a elementar dignidade da pessoa humana, protegidos contra quaisquer execuções que se lhe movam. Com efeito, sem um espaço adequado voltado à sua própria proteção e de sua família contra as intempéries do dia a dia, no qual concretizam-se também direitos como intimidade e privacidade, seguramente a pessoa não terá assegurada sua dignidade e, ocasionalmente, sequer o direito à vida.

Em que pese a Constituição da República tenha sido omissa quanto ao conteúdo do direito à moradia, assiste-se uma tendência internacional no sentido de, em respeito às exigências postas pela Organização Mundial de Saúde, garantir-se "completo bem-estar físico, mental e social, já que uma vida com dignidade em hipótese alguma poderá ser menos do que uma vida com saúde, à evidência não restrita a mera existência e sobrevivência física".[41] Nesse sentido, a Comissão da ONU para Direitos Econômicos, Sociais e Culturais criou uma lista de elementos básicos a serem atendidos em termos de direito à moradia, que pode servir de inspiração em âmbito nacional.[42]

As diretrizes aludidas devem ser interpretadas não com o propósito de garantir unicamente uma espécie de "teto sobre a cabeça", mas sim num contexto harmonizado com a realidade brasileira e as diversas regiões e suas particularidades. A tarefa não é fácil, todavia, impõe-se aos Poderes o compromisso com um desenho concreto destes padrões. De outra mão, estabelece-se seus limites e matizes, com fins de se evitar sua distorção em situações concretas.

Ser e habitar, nesse sentido, estão visceralmente ligados, representando este último não um espaço delimitado a ser ocupado fisicamente, mas um direito de morar com condições adequadas e condignas. Ademais, trazendo consequências práticas ainda mais balizadas e parâmetros mínimos indispensáveis a uma vida saudável, ganha destaque o estudo da tutela do patrimônio mínimo, com fins últimos de garantia da dignidade da pessoa humana.

3.3 Patrimônio mínimo

A dignidade traduz-se em princípio estruturante, constitutivo e indicativo dos preceitos diretivos básicos da ordem constitucional[43] e dele deriva a necessidade de que se proteja um mínimo concreto de garantia existencial das pessoas. Fundamental, portanto, que se reconheça que toda pessoa natural deve ter protegido um patrimônio mínimo, a ser "mensurado consoante parâmetros elementares de uma vida digna e do qual não pode ser expropriada ou desapossada",[44] garantia que lhe é inata e independe de previsão legal instituindo expressamente o princípio. Trata-se de garantir o que se consignou chamar de mínimo existencial, isto é, "condições materiais básicas

---

[41] Ingo Wolfgang Sarlet, O direito fundamental à moradia na Constituição: algumas anotações a respeito de seu contexto, conteúdo e possível eficácia, *Arquivos de direitos humanos*, cit., p. 158.

[42] Resumidamente, elencou-se os seguintes preceitos: a) segurança jurídica para a posse; b) disponibilidade de serviços, materiais, equipamentos e infraestrutura para a garantia da saúde, segurança, conforto e nutrição dos titulares do direito; c) acessibilidade, de modo que as despesas com a manutenção da moradia não comprometam a satisfação de outras necessidades básicas; d) habitalidade, assegurando a segurança física aos seus ocupantes; e) facilidade de acesso, especialmente para portadores de deficiências; f) localização que permita acesso ao emprego, serviços de saúde, educação e outros serviços sociais; g) respeito pela construção da identidade e diversidade cultural da população da localidade. Tais elementos se pode extrair do parágrafo 8º do Comentário-Geral nº 4, acerca de um direito à moradia adequado, editado pela Comissão da ONU para Direitos Econômicos, Sociais e Culturais.

[43] Luiz Edson Fachin, *Estatuto jurídico do patrimônio mínimo*, cit., p. 193.

[44] Luiz Edson Fachin, *Estatuto jurídico do patrimônio mínimo*, cit., p. 1.

para que a dignidade humana não seja princípio meramente formal, possibilitando-se a todos oportunidades reais de exercício de seus direitos fundamentais".[45]

Embora não se encontre grafado explicitamente, uma leitura sistemática do Código Civil segundo a Constituição Federal permite que se depreenda a ideia do patrimônio mínimo, à luz da dignidade da pessoa humana, do direito à vida e das condições mínimas para uma existência digna. Ademais, há dispositivos do Código Civil que propiciam sua percepção clara. É o que se extrai, por exemplo, do art. 548,[46] em que se veda a doação de todos os bens sem que haja reserva de parte suficiente à garantia da subsistência do doador, bem como em agasalho cristalino na Lei 8.009/1990.[47]

Em verdade, a teoria do patrimônio mínimo busca ampliar a noção de propriedade, funcionalizando-a e humanizando-a, para fins de democratizar o conceito, colocando-se a pessoa à frente do patrimônio.[48] O conceito de patrimônio mínimo deve abranger mais que o mero substrato material de existência: não se trata apenas de um patrimônio mínimo econômico, mas sim jurídico, que abrange também, a título de exemplo, os direitos da personalidade. É preciso levar em consideração todas as relações desenvolvidas pelo sujeito em determinado lugar, visando a sua realização enquanto pessoa humana e cuja dignidade que lhe é ínsita deve ser protegida. Ante a possibilidade de exclusão de certos ativos do ataque dos credores, acrescente-se a necessária valoração judicial, a ser concretamente realizada.

Ilustrativamente, o Superior Tribunal de Justiça já chegou a conclusões em sentidos diferentes quanto à possibilidade de penhora de certo instrumento musical, em análise concreta da titularidade exercida sobre ele.[49] Considerou a Terceira Turma, na apreciação do REsp 207.762, que não se verificou suntuosidade para fins de exclusão da proteção advinda do bem de família legal sobre o instrumento, uma vez que ele seria indispensável ao estudo e futuro das filhas da titular do bem.[50] De outra parte, a mesma Turma considerou, no julgamento do REsp 198.370,[51] configurada a hipótese de exceção à impenhorabilidade, prevista no art. 2º da Lei 8.009/1990, para fins de declarar possível a penhora sobre o piano. Isso porque, no caso, não havia indicações de que o instrumento seria utilizado como meio de aprendizagem, como atividade profissional, nem seria ele bem de valor sentimental.

---

[45] Milena Donato Oliva; Pablo Renteria, Patrimônio de afetação e patrimônio mínimo, In: Marcos Ehrhardt Júnior; Eroulths Cortiano Junior, *Transformações no direito nos 30 anos da Constituição*: estudos em homenagem a Luiz Edson Fachin, Belo Horizonte: Fórum, 2019, .

[46] CC/2002: "Art. 548. É nula a doação de todos os bens sem reserva de parte, ou renda suficiente para a subsistência do doador".

[47] Conquanto os conceitos estejam intimamente associados, e possam se sobrepor em determinadas situações, sendo possível afirmar que o bem de família é uma forma de garantir um patrimônio mínimo, deve-se estar atento para não se baralhá-los. Sustenta Luiz Edson Fachin que esta última garantia, objeto de estudo do autor, pode se realizar de outras maneiras, que não necessariamente na figura do bem de família (Luiz Edson Fachin, Bem de família e o patrimônio mínimo, In: Rodrigo da Cunha Pereira (org.), *Tratado de direito das famílias*, cit., p.). Outrossim, a origem, as minúcias teóricas e o caminho percorrido pelo bem de família não permitem afirmar identidade com a teoria do patrimônio mínimo.

[48] Luiz Edson Fachin, Bem de família e o patrimônio mínimo, In: Rodrigo da Cunha Pereira (org.), *Tratado de direito das famílias*, Belo Horizonte: IBDFAM, 2016, p. 696.

[49] Estabelece o *caput* do art. 2º da Lei 8.009/1990 que "Excluem-se da impenhorabilidade os veículos de transporte, obras de arte e adornos suntuosos".

[50] STJ, 3ª T., REsp 207.762/SP, Rel. Min. Waldemar Zveiter, j. 27.03.2000, *DJ* 05.06.2000.

[51] STJ, 3ª T., REsp 198.370/MG, Rel. Min. Waldemar Zveiter, j. 16.11.2000, *DJ* 05.02.2001.

PROBLEMAS DE DIREITO CIVIL – *Homenagem aos 30 anos de cátedra do professor Gustavo Tepedino*

Ademais, a existência do patrimônio mínimo se relaciona à busca por uma sociedade mais solidária e justa, em caráter democrático. Nessa ótica, a proteção do patrimônio mínimo é fundamental não apenas para cada indivíduo isoladamente considerado, mas também para o Estado e para a construção de uma nova realidade social. A defesa do "mínimo", na lição de Luiz Edson Fachin, não quantificaria, e sim qualificaria o objeto, promovendo, em alguma medida, a solidariedade.[52] A proteção patrimonial consubstanciada na Lei 8.009/1990 se justifica enquanto necessária para assegurar esse mínimo existencial, que, repita-se, não se confunde com um mínimo para sobreviver apenas, mas também não parece visar garantir a manutenção de alto padrão de vida a seus titulares.[53]

Ainda que diante da dificuldade prática concernente à delimitação do 'mínimo' a ser garantido, uma vez que não o tenha feito o legislador, mais alinhada à garantia estatuída na Lei 8.009/1990 parece estar a ideia de um patrimônio mínimo que pressupõe a impossibilidade de a pessoa ser desprovida de bens que lhe proporcionem, minimamente, uma vida digna, ainda que para tal seja necessário sobrepor tal interesse a direitos legítimos creditícios.

4. PERSPECTIVA PRÁTICA DE APLICAÇÃO: O BEM DE FAMÍLIA LUXUOSO

Remonta a tempos longínquos a delicada discussão acerca da possibilidade (ou não) de penhora de imóvel de alto valor econômico qualificado como bem de família no direito brasileiro. Desde sua introdução no ordenamento pátrio, ainda em sua modalidade voluntária, discutia-se a respeito da viabilidade de instituição de um bem de família de elevado valor, uma vez que o Código de 1916, contrariando exemplos estrangeiros, não estipulou limite de valor.

Legislações posteriores ao diploma de 1916 chegaram a fixar valor máximo ao imóvel a ser definido como bem de família, como ocorreu com o Decreto-lei 3.200/1941, e, posteriormente, a Lei 5.653/1971, que associou o montante ao maior salário-mínimo vigente no País. Todavia, desde o advento da Lei 6.742/1979, o bem de família voluntário não apresenta limitação objetiva de valor, ainda que o Código de 2002, no art. 1.711 tenha estabelecido que o valor do bem de família voluntário não pode ultrapassar um terço do seu patrimônio existente ao tempo da instituição.[54] A Lei 8.009/1990 também não fixou limite de valor para a impenhorabilidade do bem de família legal, razão pela qual sofreu, à época, críticas de parte da doutrina.[55]

---

[52] "A existência possível de um patrimônio mínimo concretiza, de algum modo, a expiação da desigualdade, e ajusta, ao menos em parte, a lógica do Direito à razoabilidade da vida daqueles que, no mundo do ter, menos têm e mais necessitam. (...) Tal mínimo é valor e não metrificação, conceito aberto cuja presença não viola a ideia de sistema jurídico axiológico. O mínimo não é menos nem é ínfimo. É um conceito apto à construção do razoável e do justo ao caso concreto, aberto, plural e poroso ao mundo contemporâneo" (Luiz Edson Fachin, *Estatuto jurídico do patrimônio mínimo*, cit., p. 299 e 301).

[53] Paulo Franco Lustosa, De volta ao bem de família luxuoso: comentários sobre o julgamento do Recurso Especial nº 1.351.571/SP, *Revista Brasileira de Direito Civil*, vol. 10, out./dez. 2016, p. 144.

[54] Paulo Franco Lustosa, De volta ao bem de família luxuoso: comentários sobre o julgamento do Recurso Especial nº 1.351.571/SP, *Revista Brasileira de Direito Civil*, cit., p. 142.

[55] Em 2006, o Presidente da República chegou a vetar o Projeto de Lei 51/2006, que pretendia tornar possível a penhora do imóvel de valor superior a 1.000 salários mínimos. A mesma tentativa de instituir valor limitativo restou fracassada por ocasião da tramitação no Congresso Nacional do Projeto de Lei 8.046/2010, que posteriormente se transformou no atual Código de Processo Civil.

Os tribunais foram, então, instados a discutir a possibilidade de penhora de imóvel considerado de alto valor, de modo que a Justiça do Trabalho e alguns tribunais estaduais já se mostraram favoráveis à permissão de penhora de imóvel suntuoso. O Tribunal Regional do Trabalho da 2ª Região, ilustrativamente, afirmou, em primeiro grau, ser possível realizar a penhora do imóvel avaliado em R$ 6.000.000,00 (seis milhões de reais), para quitar dívida de R$ 41.123,50 (quarenta e um mil cento e vinte três reais e cinquenta centavos).[56] Embora comprovado nos autos que o imóvel era o único do devedor, bem como a inexistência de má-fé, afirmou-se que a penhora, neste caso, além de viabilizar o pagamento da dívida, possibilitaria ao devedor, com o valor remanescente, a obtenção de outro imóvel equivalente ou ligeiramente menos suntuoso que o constrito.

Todavia, decisões como essa acabavam sendo reformadas ao chegarem em instâncias mais altas, principalmente sob o argumento de que não há na Lei 8.009/1990, ao lado das exceções estabelecidas, qualquer limitação de valor para que o imóvel seja qualificado como de família, não sendo o fato de ele ser luxuoso suficiente para afastar a regra da impenhorabilidade.[57] O Superior Tribunal de Justiça analisou a questão no REsp 1.351.571/SP,[58] consolidando o entendimento,[59] a despeito de existirem decisões recorrentes da Corte autorizando a penhora parcial (e não total), nos casos em que seja possível o seu desmembramento sem comprometer o bem.[60]

Na ocasião, propôs o Ministro Luis Felipe Salomão releitura do tema do bem de família de alto padrão. Na situação em tela, a dívida formava um montante de R$ 70.000,00 (setenta mil reais) à época da execução, e o imóvel foi avaliado entre R$ 470.000,00 (quatrocentos e setenta mil reais) e R$ 1.200.000,00 (um milhão e duzentos mil reais). O Ministro reconheceu que o Superior Tribunal de Justiça apresenta interpretação literal e restrita da Lei 8.009/1990, observando ter chegado, contudo, o momento de se aplicar uma visão mais alinhada com a evolução da sociedade brasileira.

Arriscando ao lecionar pelo afastamento da absoluta impenhorabilidade, a permitir penhora do imóvel de elevado valor, evidencia o Relator que a negativa da constrição no caso em tela feriria o princípio da razoabilidade, vez que não há que se considerar razoável no caso concreto a intangibilidade do patrimônio que exceda o necessário a uma vida digna, em detrimento da pretensão do credor em haver seu crédito satisfeito. Informa, ainda, que os objetivos da lei do bem de família, quais sejam, a dignidade humana e o direito à moradia, não seriam prejudicados, caso fosse realizada a constrição judicial, já que o devedor poderia perfeitamente continuar residindo

---

[56] TRT-2, 4ª T., Agr. de Pet. 01549005819885020008, Rel. Des. Ricardo Artur Costa e Trigueiros, j. 18.03.2014, *DJ* 28.03.2014.

[57] Em doutrina, afirma-se que "as particularizações ou exceções à regra geral da inexcutibilidade do bem de família obrigatório constituem *numerus clausus*, ou normas de interpretação restrita. Não admitem, por essa razão, nenhuma ampliação ou exegese extensiva. (...) Não fosse assim, comprometer-se-iam os objetivos sociais a que este conceito jurídico visa" (Ricardo Arcoverde Credie, *Bem de família*: teoria e prática, 3. ed., São Paulo: Saraiva, 2010, p. 78).

[58] STJ, 4ª T., REsp 1.351.571/SP, Rel. Min. Luis Felipe Salomão, j. 27.09.2016, *DJe* 11.11.2016.

[59] Na mesma direção, remeta-se aos seguintes julgados: STJ, 3ª T., REsp 1.726.733/SP, Rel. Min. Marco Aurélio Bellizze, j. 13.10.2020, *DJ* 16.10.2020; STJ, 3ª T., AgInt no AREsp 907.573/SP, Rel. Min. Marco Aurélio Bellizze, j. 20.09.2016, *DJ* 30.09.2016; STJ, 3ª T., REsp 1.440.786/SP, Rel. Min. Nancy Andrighi, j. 27.05.2014, *DJe* 27.06.2014.

[60] As decisões restam consubstanciadas no Informativo 455, publicado em 2010 (STJ, 3ª T., REsp 1.178.469/SP, Rel. Min. Massami Uyeda, j. 18.11.2010, *DJe* 10.12.2010), em que se afirmou: "É possível a penhora de parte do imóvel, caracterizado como bem de família, quando for possível o desmembramento sem sua descaracterização". V. também: STJ, 1ª T., AgInt no REsp 1.456.845, Rel. Min. Gurgel de Faria, j. 13.09.2016 e STJ, 4ª T., AgInt no REsp 1.520.498/SP, Rel. Min. Lázaro Guimarães (Des. Convocado do TRF da 5ª Região), j. 27.02.2018, *DJ* 02.03.2018.

ainda de maneira digna em imóvel, inclusive, de padrão superior ao médio, com o valor remanescente. Resguardar-se-ia, no caso em debate, tanto a satisfação do crédito do exequente, quanto a dignidade do executado.

Em que pese o esforço argumentativo do Ministro, este restou vencido pelos votos dos outros três ministros atuantes no referido caso. Em suma, os argumentos informam que não é possível promover a penhora total do único imóvel residencial do devedor, vez que a lei não prevê qualquer ressalva em razão do valor econômico do bem e questões afetas a luxo. Alude-se também à indiscutível subjetividade que se encontra presente nos conceitos de "luxo", "suntuosidade", "grandiosidade", destacando não existir, portanto, parâmetro legal ou margem de valoração. O Ministro Raul Araújo afirmou que tal interpretação representaria sair de uma "situação de parâmetro legal seguro e objetivo para um âmbito de subjetividade e de grande insegurança". Do mesmo modo, o Ministro Marco Buzzi alude à necessidade de "salvaguardar e elastecer" o direito à impenhorabilidade no atual momento evolutivo da sociedade brasileira, de modo que se deveria ampliar o conceito, e não o restringir.

A doutrina tem se posicionado, trazendo à baila argumentos em ambas as direções. Há quem afirme ter acertado o legislador ao não atribuir qualquer limite de padrão ao bem de família, sob pena de "incidir em indesejável casuísmo arbitrário, passível, até mesmo, de ofensa ao princípio da isonomia".[61] Chama-se também a atenção para as dificuldades práticas que surgem da tentativa de limitação do montante fixo para o imóvel protegido pelo manto da impenhorabilidade.[62] O risco da insegurança jurídica, dada a subjetividade ínsita ao conceito de suntuosidade, em especial nas diversas partes do Brasil, embasa numerosos argumentos refratários à penhora do imóvel de alto valor.

Por outro lado, entendendo assistir razão à divergência suscitada pelo Ministro Luis Felipe Salomão, Diego Brainer reconhece a dificuldade no tratamento do tema, centrado em sua operacionalização, ou seja, "nos parâmetros de definição sobre o que, afinal, consubstanciaria imóvel de valor vultoso" e nas diversas zonas cinzentas que daí emergem. De todo modo, afirma o autor haver também certas zonas de certezas das quais o magistrado não deve se abster.[63] A ausência de previsão legal expressa, desse modo, não poderia configurar obstáculo intransponível à incidência direta dos vetores constitucionais.[64]

---

[61] Marcione Pereira dos Santos, *Bem de família*: voluntário e legal, São Paulo: Saraiva, 2003, p. 200.

[62] Flávio Tartuce, Penhora do bem de família de alto valor: impossibilidade, *Jornal Carta Forense*. Edição de janeiro de 2017. Debate com André Barros. Disponível em: http://genjuridico.com.br/2017/01/09/bem-de-familia-de-alto-valor/. Acesso em: 27 fev. 2021.

[63] Diego Brainer, Bens jurídicos em perspectiva funcional: uma análise do Código Civil, do bem de família e dos bens comuns, In: Gustavo Tepedino; Milena Donato Oliva (orgs.), *Teoria geral do direito civil*: questões controvertidas, cit., p. 138-139.

[64] Em sede jurisprudencial, veja-se: "Ao legislador é impossível prever todas as vicissitudes da vida em sociedade. Daí a necessidade, a princípio, de se elaborar normas de forma ampla, genérica, abrangente, permitindo ao magistrado, intérprete da norma, aplicá-la ao caso concreto, casuisticamente. E é justamente isso o que ocorre no caso concreto. A letra da lei, geral, ampla, estabelece que o bem de família é impenhorável. Sua intenção é assegurar o efetivo exercício do direito à moradia digna. Mas aos olhos do aplicador da lei, a hipótese dos autos revela exceção; o magistrado se dá conta de que a aplicação fria da lei ao caso concreto resulta em injustiça; e não é isso o que busca o aplicador do direito, nem é isso o que espera o jurisdicionado, mas, sim, a normatização justa do caso concreto *in omnibus quidem, maxime tamen, in jure, aequitas spectanda sit* (em todas as coisas, mas principalmente em Direito, deve-se ter em vista a equidade)" (TJSP, 12ª Câm. de Dir. Priv., AI 2011061-57.2019.8.26.0000, Rel. Des. Sandra Galhardo Esteves, j. 22.05.2019, *DJ* 23.05.2019).

Indo além, afirmam Guilherme Calmon e Thaís Marçal que é, na verdade, adequada a ausência de previsão legal do bem luxuoso, já que somente em cada caso concreto será possível aferir qual é o padrão médio, tomando como premissa a realidade brasileira e diante da aplicação direta dos princípios constitucionais.[65] A razão de ser da possibilidade de penhora de bens imóveis de alto valor residiria na aplicação direta de valores da Constituição.[66] Chega-se a afirmar que a solução gira em torno da consideração atenta da função exercida pelo instituto, de modo que a lei que visa proteger não de forma isolada um direito à moradia ou determinado padrão de vida, mas sim assegurar guarida a um patrimônio mínimo como instrumento a viabilizar a realização da dignidade da pessoa humana, diante da qual se justifica tal proteção patrimonial. Ainda que a penhora possa gerar perturbação momentânea, ante a necessidade de mudança de domicílio do devedor e de sua família, tal incômodo decorre da necessidade de preservação do patrimônio mínimo.

De igual modo, considerar tratar-se de regra absoluta poderia representar sacrifício irrazoável aos interesses legítimos de credores, sem que houvesse fundamento axiológico capaz de justificar a recusa de tutela jurídica àqueles direitos.[67] Afinal, não se deve olvidar a função desempenhada pelo patrimônio, qual seja, servir de garantia aos credores. O sacrifício dos interesses dos credores somente será legítimo, no caso concreto, se observado o fundamento axiológico-normativo do instituto.[68]

Ainda, registra-se na literatura que, ainda que não haja limitação expressa do valor do imóvel, há na própria lei, ao lado das exceções, certas disposições restritivas que acabam demonstrando postura de proteção de um patrimônio mínimo. É o caso ao artigo 5º, parágrafo único, que

---

[65] Guilherme Calmon Nogueira da Gama; Thaís Boia Marçal, Penhorabilidade do bem de família 'luxuoso' na perspectiva civil-constitucional, *Revista Síntese Direito de Família*, vol. 15, n. 84, jun./jul. 2014, p. 30-45. p. 41.

[66] "A proteção patrimonial da Lei nº 8.009/90 só se justifica enquanto necessária para assegurar o mínimo existencial– e não a manutenção do padrão de vida – do devedor e de sua família, sejam eles pobres ou ricos. Com a impenhorabilidade, visa-se tão somente a que a execução não leve o executado a uma situação incompatível com a dignidade da vida humana, e não a permitir padrões de vida luxuosos" (Paulo Franco Lustosa, De volta ao bem de família luxuoso: comentários sobre o julgamento do Recurso Especial nº 1.351.571/SP, *Revista Brasileira de Direito Civil*, cit., p. 141-152.). Também nessa direção: Cristiano Chaves de Farias, A excepcional possibilidade de penhora de bem imóvel de elevado valor à luz da dignidade da pessoa humana (uma proposta de nova compreensão da matéria), In: Cristiano Chaves de Farias, *Escritos de direito e processo das famílias*: novidades e polêmicas, Salvador: JusPodivm, 2013, p. 238.

[67] "É natural que com o cumprimento da obrigação creditícia ocorra uma diminuição no padrão de vida do executado; o que não se pode permitir é que por meio dessas proteções legais o devedor mantenha o mesmo elevado padrão de vida, restringindo por consequência o direito fundamental que tem o credor de efetivar o seu crédito. Desta forma, não parece adequado deixar o credor passar por privações e necessidades no seu sustento e no da sua família, enquanto o devedor se mantém confortavelmente instalado em sua luxuosa residência que, pela lei, é considerada bem de família, sendo absolutamente impenhorável" (Adriane Medianeira Toaldo; Bibiana Lorenzoni Sauthier, Penhorabilidade do bem de família suntuoso: garantia do direito à moradia x satisfação do direito do credor, *Revista Síntese, Direito de Família*, cit., p. 19).

[68] "Com isso, interesses merecedores de tutela do credor – por vezes de natureza existencial, já que não se pode perder de vista que o crédito é instrumento para a promoção do desenvolvimento da pessoa humana – poderiam acabar negligenciados pelo ordenamento jurídico, pela simples ausência de autorização legal expressa de penhora do imóvel luxuoso" (Paulo Franco Lustosa, De volta ao bem de família luxuoso: comentários sobre o julgamento do Recurso Especial nº 1.351.571/SP, *Revista Brasileira de Direito Civil*, cit., p. 147).

estabelece que, sendo vários os imóveis usados como residência da família, a impenhorabilidade recai sobre o de menor valor, salvo se outro tiver sido registrado como bem de família voluntário e, nesse ponto, o Código Civil limita o valor do bem à terça parte do patrimônio líquido da pessoa, conforme já evidenciado.

Quanto a tais disposições restritivas, o § 2º do art. 4º da Lei 8.009/1990[69] dispõe que a impenhorabilidade restringir-se-á à sede de moradia, com os respectivos bens móveis, e, no caso de pequenas propriedades rurais, à área limitada como tal. Portanto, o fato de não ter o legislador estabelecido expressamente um teto ao imóvel urbano não poderia significar que tal direito seria absoluto, devendo ele, a bem da verdade, se vincular aos seus fins específicos.[70]

Cuida-se de discussão espinhosa, sendo basilar levar em conta a exata função que o bem de família desempenha, bem como interpretar a lei em harmonia com todo o ordenamento jurídico. Os fundamentos por trás do instituto apresentarão essencial papel na construção da formulação segundo a qual é possível admitir-se, em determinados casos, a penhora de bem de família considerado luxuoso, prestigiando-se o aspecto funcional em detrimento da leitura fria da estrutura definida na Lei 8.009/1990. Dessa maneira, reafirmando-se os vetores principiológicos elencados na Constituição da República, sem que isso importe devastar a regra da impenhorabilidade, busca-se promover leitura funcional em que o sacrifício de interesses do credor somente será legítimo, no caso concreto, quando observados certos parâmetros axiológico-normativos.[71]

Ultrapassada a exposição de argumentos apontados, é possível identificar algumas correntes: aquela agasalhada pela tese consagrada pelo STJ, que afirma não ser possível a penhora do bem de família suntuoso, ante a ausência de previsão expressa na lei e diante da insegurança jurídica que daí resultaria; há também aqueles que, embora reconhecendo falha na inércia do legislador na tarefa de definir o teto legal, afirmam ser possível que o magistrado limite, enquanto a lei não o faz, a impenhorabilidade em situações absurdas;[72] por fim, há autores que consideram que a ausência de previsão legal, em verdade, é vantajosa e apenas deslocou para o juiz a missão de identificar, casuisticamente, os parâmetros elementares de uma vida digna.[73]

---

[69] Lei 8.009/1990: "Art. 4º Não se beneficiará do disposto nesta lei aquele que, sabendo-se insolvente, adquire de má-fé imóvel mais valioso para transferir a residência familiar, desfazendo-se ou não da moradia antiga. (...) § 2º Quando a residência familiar constituir-se em imóvel rural, a impenhorabilidade restringir-se-á à sede de moradia, com os respectivos bens móveis, e, nos casos do art. 5º, inciso XXVI, da Constituição, à área limitada como pequena propriedade rural".

[70] André Borges de Carvalho Barros, Penhora do bem de família de alto valor: possibilidade, *Carta Forense*, jan. 2017. Disponível em: http://www.cartaforense.com.br/conteudo/artigos/penhora-do-bem-de-familia-de-alto-valor-possibilidade/17218. Acesso em: 10 fev. 2021.

[71] Paulo Franco Lustosa, De volta ao bem de família luxuoso: comentários sobre o julgamento do Recurso Especial nº 1.351.571/SP, *Revista Brasileira de Direito Civil*, cit., p. 147.

[72] André Borges de Carvalho Barros, Penhora do bem de família de alto valor: possibilidade, *Jornal Carta Forense*. Edição de janeiro de 2017. Debate com André Barros. Disponível em: http://genjuridico.com.br/2017/01/09/bem-de-familia-de-alto-valor/. Acesso em: 25 jun. 2019.

[73] Paulo Franco Lustosa, De volta ao bem de família luxuoso: comentários sobre o julgamento do Recurso Especial nº 1.351.571/SP, *Revista Brasileira de Direito Civil*, cit., p. 149. Guilherme Calmon e Thaís Boia já afirmaram que: "Somente em cada caso concreto será possível inferir qual é o padrão médio de cada pessoa, de modo a reconhecer se os seus bens são, ou não, de padrão médio, tendo como norte o princípio da proporcionalidade, sendo certo que a determinação de qualquer critério predeterminado de valoração revela-se incompatível com a realidade brasileira, que possui como traço marcante a diversidade social de cada pessoa" (Guilherme Calmon Nogueira da Gama; Thaís Boia Marçal, *Penhorabilidade do bem de família 'luxuoso' na perspectiva civil-constitucional*, cit., p. 41).

De acordo com essa última opção, alude-se à unidade lógica e sistemática, em que se imbricam a teoria da interpretação e o ordenamento jurídico na sua unidade, garantida pela Constituição. Nas palavras de Pietro Perlingieri, "não se pretende confinar as leis especiais fora do sistema: a interpretação sistemática postula valorações que se inspiram nos valores que são o fundamento do ordenamento".[74] Desse modo, ainda que lei especial (ou, aqui, a Lei 8.009/1990) não traga todas as minúcias que podem surgir no caso concreto, e é natural que assim seja, se deverá levar em conta a complexidade do ordenamento e pluralidade de fontes, à luz da unidade desempenhada pelos princípios e garantias constitucionais, para, em ato contínuo e ininterrupto, realizá-la verdadeiramente como normas nos casos concretos.

O fato de o legislador não ter previsto expressamente um teto para que se identifique quais imóveis devem e quais não devem estar protegidos pela impenhorabilidade traz em si a vantagem de propiciar, na casuística, os parâmetros elementares de uma vida digna, tomando em análise variáveis relevantes, como as de tempo e espaço, especialmente em um país de dimensões enormes e marcado por contrastes socioeconômicos. Consentânea com o aspecto funcional da norma, tal solução permite tomar por base todas as peculiaridades do caso para que se chegue à melhor solução possível.

Não se pode olvidar que tal expediente corre o risco de gerar certa insegurança jurídica, ao lançar à avaliação dos juízes a noção do que vem a ser excessivamente luxuoso. Todavia, não pode tal receio ser suficiente para afastar a aplicação da função do bem de família, levando em conta o anseio de uma interpretação lógico-sistemática da matéria. Por certo, compreendendo-se o ordenamento como um todo unitário, exige-se do intérprete papel criativo e comprometido na individuação da normativa aplicável.[75]

Por outro lado, a noção segundo a qual a lei especial apenas se realizará efetivamente no caso concreto, traz consigo a exigência de que o juiz proceda a uma fundamentação adequada das decisões que autorizem a penhora, com fulcro na exigência do art. 93, IX, da Constituição da República.[76] O magistrado deverá demonstrar argumentativamente, portanto, na situação concreta, que o saldo remanescente entregue ao devedor sob cláusula de impenhorabilidade é suficiente para fazer frente às necessidades comuns e inerentes a um médio objetivo padrão de vida digna, não podendo julgar conforme sua consciência, estando ele vinculado à ordem jurídica como um todo, cujos valores e fins e devem ser assumidos expressamente por ele e desenvolvidos em debate democrático.

Nessa esteira, deverão ser levados em conta parâmetros objetivos que permitam mitigar o risco da suposta insegurança e promover a observância estrita aos fundamentos do bem de família, garantindo tutela jurídica adequada e efetiva à situação jurídica do credor. Nesse contexto, apresentará papel de destaque a doutrina, a quem incumbirá a tarefa de estabelecer e desenvolver critérios precisos e congruentes, aptos a amparar o intérprete na identificação do patrimônio mínimo a ser resguardado no caso concreto.

---

[74] Pietro Perlingieri, *O direito na legalidade constitucional*, cit., p. 628. Há também em sede processual argumentos nessa direção: "Nada impede que, com base no princípio da proporcionalidade, o juiz determine a penhora de uma mansão milionária, que serve de sede familiar, decretando a inconstitucionalidade da restrição no caso concreto" (Fredie Didier; Leonardo José Carneiro da Cunha; Paula Sarno Braga, *Curso de direito processual civil. Execução*, Salvador: JusPodivm, 2013, vol. 5, p. 588).

[75] Pietro Perlingieri, *O direito civil na legalidade constitucional*, Rio de Janeiro: Renovar, 2008, p. 130.

[76] CR: "Art. 93: Lei complementar, de iniciativa do Supremo Tribunal Federal, disporá sobre o Estatuto da Magistratura, observados os seguintes princípios: (...) IX: todos os julgamentos dos órgãos do Poder Judiciário serão públicos, e fundamentadas todas as decisões, sob pena de nulidade, (...)".

PROBLEMAS DE DIREITO CIVIL – *Homenagem aos 30 anos de cátedra do professor Gustavo Tepedino*

Naturalmente, parte-se da análise de aspecto quantitativo. Houve quem propusesse a estipulação de parâmetro multiplicador fixo, como 1.000 salários mínimos vigentes no país, a exemplo do que constava no Projeto de Lei 11.382/2006, que alterou o CPC/1973, cuja disposição limitativa foi vetada.[77] Nesse sentido, alegou-se que esse valor, embora rejeitado em âmbito legislativo, seria adequado à média da experiência brasileira em termos de moradia digna e, ultrapassada essa quantia, estaria garantida a compra de confortável imóvel para que o devedor e sua família pudessem residir com a devida dignidade e respeito. Tal critério, contudo, não é consensual, já que ocasiona o engessamento legislativo de questão que deve ser decidida à luz das peculiaridades do caso concreto, utilizando-se técnicas como a razoabilidade e a proporcionalidade.[78]

De modo geral, concordam aqueles que defendem ser possível a penhora integral do imóvel considerado luxuoso, que o produto da expropriação a ser entregue ao executado, em regime de impenhorabilidade, deve ser suficiente a lhe proporcionar a aquisição de outro imóvel para residência de modo digno. Além disso, em doutrina, já se propôs que se leve em conta o número de integrantes da família residentes no imóvel.[79] Assim, a análise acerca da suntuosidade do imóvel para fins de penhora deveria observar que o discutido luxo será inversamente proporcional ao número de pessoas que neste bem obtém a realização de seu direito à moradia. Ou seja, servindo de moradia a várias pessoas, tal variante haverá de ser sopesada pelo intérprete na análise do que vem a ser luxuoso.

Ademais, em sede jurisprudencial já se estabeleceu a necessidade de prévia avaliação do bem. Na ocasião, perquiria-se a possibilidade de penhora e alienação de certo imóvel considerado bem de família, fundando-se em suposto alto padrão. O Tribunal de Justiça de São Paulo entendeu que, conquanto a constrição judicial não represente violação à dignidade do devedor (uma vez que se reserve do montante arrecadado parte para que ele possa adquirir novo imóvel, em que possa viver com condições dignas), no caso concreto, não seria possível considerá-lo suntuoso, visto que se desconhecia com precisão o valor do imóvel, já que não fora submetido à avaliação.[80]

---

[77] À época, com o salário mínimo aprovado em R$ 545,00 (quinhentos e quarenta a cinto reais), e embasados no artigo (vetado) do Projeto de Lei 11.382/2006 que assim estabelecia, alegou-se que o valor proveniente deste cálculo, R$ 545.000,00 (quinhentos e quarenta e cinco mil reais) seria mais que suficiente a cumprir os objetivos da lei do bem de família (Marcos Andrade e Diego Garcia, A penhorabilidade do bem de família luxuoso, *Migalhas*. Disponível em: https://www.migalhas.com.br/dePeso/16,MI147764,-11049-A+penhorabilidade+do+bem+de+familia+luxuoso. Acesso em: 13 fev. 2021). O parágrafo único do art. 649 da citada Lei, objeto de veto do então Presidente da República, dispunha que "Também pode ser penhorado o imóvel considerado bem de família, se de valor superior a 1000 (mil) salários mínimos, caso em que, apurado o valor em dinheiro, a quantia até aquele limite será entregue ao executado, sob cláusula de impenhorabilidade".

[78] Nesse sentido: "A análise do que é ou não luxuoso deve recair na análise casuística do magistrado, que, atentando para as situações do caso concreto, sempre pautado pelo princípio da proporcionalidade, logrará o alcance a sua determinação, concretizando os valores da justiça social" (Guilherme Calmon Nogueira da Gama; Thaís Boia Marçal, *Penhorabilidade do bem de família 'luxuoso' na perspectiva civil-constitucional*, cit., p. 42).

[79] Paulo Franco Lustosa, De volta ao bem de família luxuoso: comentários sobre o julgamento do Recurso Especial nº 1.351.571/SP, p. 147, *Revista Brasileira de Direito Civil*, cit., p. 150.

[80] O Relator chegou a considerar razoável, em linha de princípio, que se qualifique como luxuoso determinado bem que, uma vez submetido à avaliação judicial, apresente "preço igual ou superior a R$ 5.000.000,00 (cinco milhões de reais), hipótese em que seria passível de penhora e alienação, com reserva de valor à devedora", tomando como parâmetro o valor dos imóveis de luxo nas grandes capitais brasileiras. Aduziu que, na situação fática, uma vez avaliado o bem e constatado que seu valor é igual ou excede esse limite, não poderia ser alienado por preço abaixo de 80% do valor da avaliação, bem como deveria ser

Saindo da análise acerca do objeto que serve de residência ao devedor e sua família, há também quem afirme que, para fins de afastar a regra da impenhorabilidade, importante será averiguar se há vulnerabilidade do credor,[81] bem como avaliar se seu interesse estaria ligado diretamente à sua subsistência.[82] Nessa direção, afirma-se que somente em hipóteses em que há deslocamento do fundamento axiológico (proteção da dignidade da pessoa humana) do devedor para o credor, que seria possível afastar a proteção do bem de família de elevado valor. Parte da doutrina, contudo, afasta tal critério, alegando que a verificação deveria centrar-se na preservação do aspecto funcional do instituto, não sendo necessário observar aspectos subjetivos do credor. Em determinadas situações, proteger certo imóvel de elevadíssimo padrão contra a penhora, desvirtua sua função naquela parcela do bem da qual o devedor não precisa para viver com dignidade, bastando tal constatação para que seja possível proceder à penhora.[83]

---

reservado à devedora um terço do valor da avaliação para que pudesse adquirir outra moradia. (TJSP, 12ª Câm. de Dir. Priv., AI 2007341-87.2016.8.26.0000, Rel. Des. Castro Figliolia, j. 09.11.2016, publ. 18.11.2016). Interessante, ainda, a constatação a que já chegou o Tribunal de Justiça do Rio Grande do Sul, em caso que envolvia a análise acerca da alegação de suntuosidade de imóvel considerado bem de família para fins de permitir a penhora. À época, afirmou-se que a prova de que certo imóvel apresenta elevado consumo de energia (R$ 2.517,87, na ocasião) não tem o condão de certificar, sozinho, que se trata imóvel suntuoso (TJRS, 12ª C.C., Ap. Cív. 70058259433, Rel. Des. Mário Crespo Brum, j. 13.03.2014, *DJ* 07.04.2014).

[81] Pontua Diego Brainer que, a despeito das dificuldades de operacionalização do tema, existem certas "zonas de certezas para as quais o juiz não deve se omitir, notadamente, como já explicitado, quando se trata de credor vulnerável". Nesses casos, não se poderia perder de vista a possível vulnerabilidade do credor, e da existência de um interesse diretamente ligado à sua subsistência (Diego Brainer, Bens jurídicos em perspectiva funcional: uma análise do Código Civil, do bem de família e dos bens comuns, p. 139. In: Gustavo Tepedino; Milena Donato Oliva (orgs.), *Teoria geral do direito civil*: questões controvertidas, cit., p. 121-152). Tais circunstâncias também já foram utilizadas em jurisprudência para fins de fundamentar a autorização de penhora parcial de verba salarial, mesmo diante da regra do art. 649, IV do CPC/73, que dita sua impenhorabilidade. O Recurso Especial manteve a decisão do tribunal estadual que decidiu ser possível a penhora de 30% de seu salário do devedor para o pagamento de uma dívida de natureza não alimentar, já que se fosse alimentícia já haveria exceção legal que garantiria ser possível a penhora. Entendeu-se que: "o principal entrave quanto à penhora de verba salarial é que a vedação consta expressamente em lei e a única exceção seria a prestação alimentícia. Entende-se, então, que apenas a aproximação funcional da exceção prevista em lei permitia a penhora em questão, quer-se dizer, a imprescindibilidade do recebimento do crédito para fins de subsistência" (STJ, 3ª T., REsp 1.547.561/ SP, Rel. Min. Nancy Andrighi, j. 09.05.2017, *DJe* 16.05.2017).

[82] Confira: "Não é demais dizer que é somente na hipótese de deslocamento do fundamento axiológico (proteção da dignidade da pessoa humana) da propriedade para o crédito, do devedor para o credor, que entendemos possível afastar a proteção do bem de família de elevado valor. Em hipóteses em que o crédito não tem lastro na dignidade da pessoa humana e em direitos existenciais (credor abastado, crédito de dívidas fiscais, bancárias etc.) ou em que o bem de família tem valor moderado tal medida é inconstitucional" (André Borges de Carvalho Barros, Penhora do Bem de Família de alto valor: possibilidade, *Carta Forense*, jan. 2017. Disponível em: http://www.cartaforense.com. br/conteudo/artigos/penhora-do-bem-de-familia-de-alto-valor-possibilidade/17218. Acesso em: 10 jul. 2019).

[83] "Para tanto, não se faz necessário perquirir a má-fé do devedor, tampouco levar em conta a natureza e a relevância dos interesses dos credores no caso concreto para confrontá-los com os daquele, bastando prestigiar o aspecto funcional do bem de família em detrimento da sua estrutura definida em lei" (Paulo Franco Lustosa, De volta ao bem de família luxuoso: comentários sobre o julgamento do Recurso Especial nº 1.351.571/SP, *Revista Brasileira de Direito Civil*, Rio de Janeiro, cit., p. 144-145).

PROBLEMAS DE DIREITO CIVIL – *Homenagem aos 30 anos de cátedra do professor Gustavo Tepedino*

Outro aspecto levantado diz respeito à ausência de caráter irrisório da dívida. Quer dizer, não seria adequado permitir que haja penhora em casos em que o crédito a ser satisfeito seja insignificante ou mesmo desprezível. Isso porque a possibilidade de afastar a garantia da impenhorabilidade nas circunstâncias mencionadas deve ocorrer em situações muito peculiares, em que o direito ao crédito pode estar mais próximo do cumprimento do comando constitucional de proteção da dignidade da pessoa humana.[84]

É por este motivo que deve o intérprete atentar-se para os mais diversos pormenores e particularidades de cada situação, para afastar o risco de atingir direta ou indiretamente a dignidade do devedor. A título de exemplo, imagine-se imóvel, considerado bem de família pelo regime da Lei 8.009/1990, cuja localização se mostra indispensável ao tratamento médico de certo devedor enfermo, em virtude da reduzida distância ao hospital em que vem se tratando contra doença gravíssima que o assola. Permitir a penhora do bem, ainda que considerado suntuoso (em razão justamente da localidade onde se situa), poderia ocasionar o desamparo ilegítimo do indivíduo, bem como o comprometimento da tutela de uma vida digna.

Destaque-se que os critérios desenvolvidos devem somar-se a auxiliar na busca pela decisão que melhor realize o ordenamento no caso concreto. Também os princípios do contraditório e ampla defesa, amparados no devido processo legal, deverão ser respeitados em todas os seus pormenores, a fim de que se garanta ao devedor, na discussão acerca da penhorabilidade de seu único bem, todas as chances de influenciar ativamente a decisão do magistrado.

As discussões travadas ilustram bem o desafio da aplicação consciente da razoabilidade, que figura como espécie de "balizador do exame de legitimidade dos interesses em confronto", para fins de concretizar essa nova segurança jurídica.[85] A técnica hermenêutica apresenta ímpar relevância no âmbito do bem de família luxuoso, ante a necessária justificação argumentativa das decisões proferidas pelo magistrado, com atenção às circunstâncias do caso concreto e não meramente de modo vazio e formal.

Distancia-se, então, da utilização meramente formal da razoabilidade, como apoio dogmático às impressões subjetivas do juiz, impondo-se, por outro lado, a fixação de parâmetros objetivos de aplicação, com base em sua autonomia conceitual e nos valores que compõem o ordenamento. Trata-se de individuar a solução no momento aplicativo, com base em legalidade vinculada não somente à letra da lei, mas à lógica complexa do sistema. Admitir-se a possibilidade de penhora em casos que envolvam bens considerados suntuosos não significa, portanto, que todos os casos em que se possa verificar tal circunstância ensejam, só por esse fator, o afastamento da proteção desenhada pela Lei 8.009/90. Convém insistir, a verificação excepcional dessa conclusão depende do balanceamento de todas as circunstâncias fáticas.

5. CONCLUSÃO

A impenhorabilidade do bem de família, em especial sob a égide da Lei nº 8.009/90, representa avanço evolutivo de ímpar relevância, voltado à proteção de caráter social ao devedor e à sua família, no sentido mais amplo possível. Alinhado ao princípio da solidariedade, o caminho percorrido pelo instituto resultou interpretação abrangente, não podendo mais ser entendido como restrito às famílias constituídas nos moldes do modelo tradicional, patriarcal e rígido.

---

[84] André Borges de Carvalho Barros, *Penhora do bem de família de alto valor*, cit.

[85] Gustavo Tepedino, A razoabilidade na experiência brasileira, In: Gustavo Tepedino; Ana Carolina Brochado Teixeira; Vitor Almeida (coords.), *Da dogmática à efetividade do direito civil: Anais do Congresso Internacional de Direito Civil Constitucional – IV Congresso do IBDCivil*, cit., p. 39.

Não se deve, contudo, perder de vista os fins aos quais se destina o objeto de estudo, sob pena de tornar o instituto vazio e disfuncional, legitimando, por vezes, conclusões anacrônicas e em dessintonia com o ordenamento, naturalmente complexo que é. À luz da tábua axiológica extraída da Constituição, que caracteriza a identidade cultural da sociedade e garante a unidade do sistema, se entrevê a necessidade de promoção da dignidade da pessoa humana, e como corolários seus, do direito à moradia, e a um patrimônio mínimo capaz de promover o adequado desenvolvimento de sua personalidade. Tal feixe axiológico deverá ser levado em consideração para que, ao esbarrar com a casuística cada vez mais complexa, se tenha coragem para aplicar diretamente os ditames constitucionais, resistindo à sedutora técnica da subsunção.

Nesse contexto, a temática do bem de família de elevado valor traz em si dificuldades de demarcação prática do instituto e da consideração de que não se lhe deve conferir caráter absoluto. Coloca-se em debate o risco de se agasalhar sob a regra da impenhorabilidade não um mínimo, mas sim um patrimônio máximo, o que pode importar em sacrifício aos interesses do credor sem o devido suporte na teoria do patrimônio mínimo, no direito à moradia, e na dignidade da pessoa humana.

Ganham espaço tentativas gradativas por parte da doutrina de estabelecer parâmetros e critérios aptos a garantir que o bem de família passe por verdadeira revisão à luz de suas reais premissas principiológicas, em detrimento de ginásticas normativas que acabam furtando o debate da análise central em torno de seus vetores axiológicos. Trata-se de defesa da aplicação direta das normas constitucionais aos casos concretos, amplamente professada, não devendo a lei servir de suporte para que o magistrado deixe de aprofundar o exame da controvérsia e de fundamentar adequadamente a decisão, sujeita a controle social.

De todo modo, a despeito das contribuições significativas tanto da doutrina quanto da jurisprudência, no sentido de ser possível a penhora do bem de família que se encontre em circunstâncias de suntuosidade, é recomendável que se evite a utilização de fórmulas genéricas na determinação da superação da impenhorabilidade. A regra indica garantia muito cara à sociedade e tal apreciação requer máxima cautela e atenção, em comprometimento com a efetivação dos direitos fundamentais, sob pena de se comprometer ou dizimar importantíssimo instituto jurídico.

Para tanto, coloca-se à disposição do magistrado, ao lado de tantos critérios que se devem somar quando da análise do caso concreto, o recurso da razoabilidade, não como categoria vazia e formal de apoio dogmático às suas impressões subjetivas, mas como verdadeiro balizador do exame de legitimidade dos vários interesses contrapostos, tendo como norte a tábua axiológica extraída do ordenamento. Constrói-se, assim, a solução do caso concreto aliada à necessidade de preservação da unidade axiológica do sistema, condensadora da nova segurança jurídica, mitigando-se a com fundamentação adequada, a subjetividade intrínseca à noção do que seria excessivamente luxuoso.

52

TUTELA DA PESSOA HUMANA E MANIPULAÇÃO EMBRIONÁRIA NA FERTILIZAÇÃO *IN VITRO*

GABRIELA TABET DE ALMEIDA

Sumário: Introdução. Contextualização. Tutela da pessoa humana e manipulação embrionária na fertilização *in vitro*. Extratos de uma dissertação. Outros tempos. Novos horizontes. Conclusão.

INTRODUÇÃO. CONTEXTUALIZAÇÃO

O ano era 2005. A ciência, em sua constante evolução, avançava nas práticas biomédicas. No Brasil, a Lei n. 11.105, de 24 de março de 2005, a (ainda) atual Lei de Biossegurança acabara de ser promulgada. Estava recém-inaugurada a discussão sobre a possibilidade de interrupção de gravidez de feto anencéfalo com o início do julgamento no Supremo Tribunal Federal da Arguição de Descumprimento de Preceito Fundamental – ADPF n. 54-8 Distrito Federal[1] e com a tramitação na Câmara dos Deputados do Projeto de Lei n. 4.403, de 2004, sobre o mesmo tema.

No ramo do Biodireito, o interesse multidisciplinar cativou-nos a ponto de nos lançar em pesquisas sobre as técnicas biomédicas e genéticas disponíveis e em utilização em vários países. Buscou-se, então, uma esquematização teórica a fim de embasar possíveis ponderações valorativas acerca da compatibilidade com o ordenamento jurídico brasileiro do uso de determinadas técnicas na reprodução medicamente assistida, resultando na dissertação final de Mestrado em Direito Civil da Universidade do Estado do Rio de Janeiro sob o título "Tutela da pessoa humana e manipulação embrionária na fertilização *in vitro*".

---

[1] A ADPF somente teve seu julgamento concluído em 2012. STF, Tribunal Pleno, ADPF 54/DF, Rel. Min. Marco Aurélio, j. 12.04.2012, *DJ* 30.04.2013.

Início de 2021. O robô explorador (rover) Perseverance, veículo espacial da Nasa, é o terceiro a atingir Marte em uma semana, depois das missões da China e dos Emirados Árabes Unidos. Aqui na Terra, permanecemos em estado de emergência em saúde pública de importância internacional, conforme definição da Organização Mundial da Saúde – OMS, há mais de um ano, em razão do Sars-coV-2. Se, por um lado, os possíveis efeitos colaterais das vacinas lançam olhares sobre testes e genética, por outro, a escassez de suas doses reporta-nos à denominada "Cultura dos Limites" propugnada por Daniel Callahan[2]. Sem embargo dos novos desafios, o supramencionado projeto de lei sobre interrupção da gravidez do feto anencéfalo continua em tramitação na Câmara dos Deputados.

"O tempo não para e o círculo não é redondo"[3].

Escrever sobre conhecimento científico, intersecção ética e Direito em tempos de opaco negacionismo parece um risco. Um risco incalculável. Talvez, por isso mesmo, mais do que nunca, o tema devesse ser mencionado.

Importante, contudo, não iludir o leitor sobre uma revitalização das questões aprofundadas no trabalho original, concluído em 2005 e, desde então, não revisitado. Muito ao contrário. Alerta-se, portanto, que não se promoverá informação sobre o estado recente da ciência, mais precisamente das técnicas médicas existentes e possíveis de serem utilizadas em reprodução assistida no mundo. Igualmente, não se atualizará a normativa ou a doutrina, pátria ou alienígena, disponível para se aferir se as conclusões obtidas permanecem inalteradas. Essa missão, para ser executada com seriedade e como bem apreendido das lições do Professor Gustavo Tepedino, não caberia em tão curtas linhas.

---

[2] Sobre o tema, v. Daniel Callahan. Porre dei limiti: problemi etici e antropologici. *L'Arco di Giano: Riv Med Human*, 1994; 4:75-86. V., também, Norman Daniels, Health-care needs and distributive justice. In: Norman Daniels (ed.). *Justice and justification*: reflective equilibrium in theory and practice. New York: Cambridge University Press, 1996, p. 179-207. Sobre a problemática da exportação de critérios entre distintas esferas (onde a questão econômica, ou seja, o dinheiro, poderia ser tido como critério lícito para partilha de bens supérfluos), v. Michael Walzer. *Esferas da Justiça. Uma defesa do pluralismo e da igualdade*. Trad. Jussara Simões. São Paulo: Martins Fontes, 2003. Já Ronald Dworkin, dedica um capítulo de sua obra ao tema "A justiça e o alto custo da saúde", em que desenvolve uma crítica ao que denomina de "princípio do resgate" (*rescue principle*), segundo o qual, se a vida e a saúde são os bens mais importantes, todos os demais devem ser sacrificados em favor desses dois bens, devendo-se distribuir assistência médica com equidade ainda que em uma sociedade na qual as riquezas sejam extremamente desiguais. O princípio não forneceria uma resposta aceitável à pergunta de quanto a sociedade deve gastar com assistência médica, pois afirmaria que se deve gastar tudo o que se puder, até que não fosse "mais possível pagar nenhuma melhora de saúde ou na expectativa de vida". Sinaliza, assim, Dworkin com o "princípio do seguro prudente ideal" que equilibraria o valor estimado do tratamento médico com outros bens e riscos, sendo os recursos divididos entre a saúde e outras necessidades sociais, tais como educação e formação profissional, devendo os necessários racionamentos expressar não só os cálculos técnicos de custo-benefício, mas também a noção de prioridade das pessoas. Cf. Ronald Dworkin. *A virtude soberana*: a teoria e prática da igualdade. Trad. Jussara Simões. São Paulo: Martins Fontes, 2005.

[3] Livre tradução para a citação "*Time never dies the circle is not round*", extraída do filme Antes da Chuva (*Before the rain*), França, 1994, do diretor macedônio Milcho Manchevski. Para uma análise acadêmica, v. Olgária Chain Féres. *Antes da chuva: metamorfoses do círculo*, ISSN 1678-5177. Disponível em: http://dx.doi.org/10.1590/0103-6564A20150001. Acesso em: 9 mar. 2021.

TUTELA DA PESSOA HUMANA E MANIPULAÇÃO EMBRIONÁRIA NA FERTILIZAÇÃO *IN VITRO*. EXTRATOS DE UMA DISSERTAÇÃO[4]

Tutela da pessoa humana e manipulação embrionária na fertilização *in vitro* foi o resultado de estudo que teve por objetivo a análise da compatibilidade com o ordenamento jurídico de algumas técnicas de manipulação de embriões correlatas à reprodução medicamente assistida. Destarte, para a análise da constitucionalidade das técnicas inerentes às práticas médicas objeto do trabalho, propôs-se um estudo do conteúdo jurídico-normativo da dignidade da pessoa humana, sob o paradigma do Biodireito, por meio da abordagem de princípios constitucionais e/ou infra-constitucionais, estes decorrentes dos primeiros.

De partida, afastou-se qualquer pretensão de se analisar tais questões sob o prisma da religiosidade. Efetivamente, a dimensão religiosa como um todo, suas perspectivas e controvérsias passaram ao largo do estudo, por se entender que não é na religiosidade que se poderia pautar qualquer percepção inclusiva sobre questões de interesse extra individual, que ultrapassam a esfera privada de cada pessoa. Para se afastar qualquer trato de cunho religioso que se possa pretender lançar sobre o tema, serviu-se de argumentos éticos, mais propriamente da "ética laica" ou da "ética da reflexão autônoma"[5].

Ademais, a Constituição da República, mais do que garantir dentre os direitos individuais fundamentais a inviolabilidade da liberdade de crença e de consciência (CR, art. 5º, VI) – portanto também de agnosticismo, ateísmo, ceticismo ou qualquer descrença –, impõe aos Entes Federativos um distanciamento e uma independência de concepções religiosas (CR, art. 19, I). O princípio constitucional da laicidade do Estado brasileiro implica, assim, em uma "radical hostilidade constitucional para com a coerção e discriminação em matéria religiosa, ao mesmo tempo em que afirma o princípio da igual dignidade e liberdade de todos os cidadãos"[6]. As possíveis distintas posturas das pessoas, incluídas atitudes de respaldo ou repúdio, perante credos e ideologias, nada mais representam do que o pluralismo de nossa sociedade, uma das características constitutivas, expressivas e desejáveis das democracias contemporâneas[7].

---

[4]   Assim como o texto, as referências e citações desta seção são aquelas constantes do trabalho original.

[5]   A ética da reflexão autônoma, defendida por Marco Segre, preconiza que a ética surge como algo que emerge de dentro de cada ser humano, sem apriorismos, havendo a hierarquização de valores por uma pessoa da forma mais autônoma possível, onde a pessoalidade e a individualidade implicam em uma introspecção que faz cada um pensar na sua própria solução para os conflitos. Assim, segundo Marco Segre, "para pensarmos em ética, devemos tê-la como rigorosamente subjetiva", a fim de que cada subjetividade, cada indivíduo, possa estabelecer, se assim desejar – o que caracteriza a autonomia –, sua escala hierárquica de valores. Cf. Marco Segre. Aspectos éticos e filosóficos da clonagem. *Cienc. Cult.*, vol. 56, n. 3, p. 42-44, jul.-sep. 2004. Disponível em: http://cienciaecultura.bvs.br/scielo.php?script=sci_arttext&pid=S0009-67252004000300020&lng=en&nrm=isso. Acesso em: 16. abr. 2005.

[6]   Sobre laicidade, v. a obra expressiva de Jónatas Eduardo Mendes Machado. *A liberdade religiosa numa comunidade constitucional inclusiva*. Coimbra: Coimbra Editora, 1996. Para uma visão crítica do que o autor denomina de "quatro tentativas de moral laica" e questionamento da ética religiosa como uma solução, v. Norberto Bobbio. Prós e contras de uma ética laica. *Norberto Bobbio*: o filósofo e a política: antologia. Trad. César Benjamim e Vera Ribeiro. Rio de Janeiro: Contraponto, 2003. p. 179-191. O artigo consiste em uma adaptação do texto da conferência proferida em Bolonha, para os *Martedi* do convento de Santo Domingo, em 18 de outubro de 1983.

[7]   Sobre pluralismo, v. Gisele Cittadino. *Pluralismo, direito e justiça distributiva*. 3. ed. Rio de Janeiro: Lumen Juris, 2004.

Cap. 52 • TUTELA DA PESSOA HUMANA E MANIPULAÇÃO EMBRIONÁRIA NA FERTILIZAÇÃO *IN VITRO* | 869

Neste contexto, as questões teóricas e práticas inerentes à manipulação de material genético de origem biológico-humana, especificamente a realização de testes genéticos para diagnóstico pré-implantatório, de terapia gênica e de seleção de embriões na fertilização *in vitro* receberam abordagem jurídica, mais precisamente sob o prisma civil-constitucional, a fim de se aferir suas implicações na tutela da pessoa humana. Tal abordagem jurídica em muito se socorreu de aportes científicos interdisciplinares, tais como filosóficos, sociológicos, médicos, biológicos e bioéticos, sem que se perdesse de vista que seu objetivo consistia em analisar a compatibilidade daquelas práticas biomédicas com as normas constitucionais.

Já se afirmou que "o direito (no sentido de o conjunto das leis de um Estado-nação) é um açodado histórico da moral social, não representando senão um *minimum* ético"[8]. Contudo, segundo Roberto Andorno, apesar de o problema de se fixar os limites entre a ética e o direito ter sido sempre um dos mais árduos da filosofia, o direito deve estar principalmente destinado a garantir a dignidade da pessoa humana, determinando as bases para assegurar o respeito à pessoa, cabendo-lhe fixar o *minimum ethicum* da sociedade, os princípios basilares sem os quais uma vida digna em sociedade se torna impossível. Assim, salienta que a expressão *minimum ethicum* procura pôr em evidência que o direito não é um sistema fechado, asséptico aos valores; ao contrário, encontra seu fundamento último na ética e, em particular, no principal princípio da razão prática, que determina fazer o bem e evitar o mal. Nestes termos, conclui Roberto Andorno que o direito não é uma ordem amoral, pois aspira fazer justiça ao homem[9]. Neste mesmo sentido, Carlos María Romeo Casabona afirma que "a Filosofia, a Ética e o Direito giram em torno do núcleo essencial do mundo conceitual dos valores, dos ideais humanos e da racionalidade de que ele necessita como suporte irrenunciável"[10].

Destarte, mesmo sob um enfoque predominantemente jurídico, a busca pretendida de se oferecer ao princípio constitucional da dignidade da pessoa humana um conteúdo que favoreça a análise, aplicação e solução das questões inerentes ao Biodireito, não permite que se renuncie a estes diversos subsídios. Madel Therezinha Luz já preconizara, em estudo pioneiro, que "o *campo das disciplinas biossociais nasceu dessa tríade*", referindo-se às "irmãs disciplinares" Sociologia e Medicina, bem como ao Direito[11].

O desenvolvimento científico e tecnológico, principalmente os avanços nas ciências biológicas e médicas, experimentado pela sociedade a partir do século passado, fez alargar a concepção

---

[8] Georges Ripert. *Les forces créatrices du droit*. Paris: Librairie Générale de Droit et de Jurisprudence, 1955, p. 171, apud Reinaldo Pereira e Silva. A inumanidade da clonagem humana. In: Eduardo de Oliveira Leite (coord.). *Grandes temas da atualidade*: bioética e biodireito. Rio de Janeiro: Forense, 2004, p. 311-335.

[9] Roberto Andorno. *Bioética y dignidad de la persona*. Madrid: Tecnos, 1998.

[10] Carlos María Romeo Casabona. Genética e direito. In: Carlos María Romeo Casabona (org.). *Biotecnologia, direito e bioética*: perspectivas em direito comparado. Belo Horizonte: Del Rey e PUC Minas, 2002. p. 23-47. Sobre direito e moral, v, entre tantos outros, Jürgen Habermas. *Direito e democracia entre faticidade e validade*. Trad. Flávio Beno Siebeneichler. Rio de Janeiro: Tempo Brasileiro, 1997; Herbert Lionel Adolphous Hart. *O conceito de direito*. 2. ed. Lisboa: Fundação Calouste Gulbenkian, 1994; Eusebio Fernandez. *Teoria de la justicia y derechos humanos*. Madrid: Editorial Debate, 1984.

[11] Sobre a correlação entre estas Ciências, v. Madel Therezinha Luz. *Natural, racional, social*: razão médica e racionalidade científica moderna. 2. ed. São Paulo: Hucitec, 2004, em cuja obra a autora firma sua posição da Medicina como ciência do social ou ciência social, fazendo correlação com a Sociologia nos âmbitos macro, esta, e micro, aquela. Sobre esta temática, não se deve deixar de mencionar, ainda, a obra de Boaventura de Sousa Santos. *Um discurso sobre as ciências*. 2. ed. São Paulo: Cortez, 2004; e *O discurso e o poder*: ensaio sobre a sociologia da retórica jurídica. Porto Alegre: Sergio Antonio Fabris Editor, 1988.

sobre a Bioética, cujo significado passou a designar os problemas éticos gerados por aqueles avanços[12]. O Dicionário Enciclopédico de Teoria e de Sociologia do Direito[13] conceitua Bioética como "o ramo da filosofia moral que estuda as dimensões morais e sociais das técnicas resultantes do avanço do conhecimento nas ciências biológicas", esclarecendo Heloisa Helena Barboza[14] que "talvez [seja] esse o maior mérito da Bioética: sistematizar (ou ao menos tentar) o tratamento de questões diversas, mas que devem guardar entre si, necessariamente, princípios e fins comuns". A Bioética apresenta-se, portanto, como resultado do procedimento metodológico que constitui a multidisciplinariedade que vem se sedimentando nas ciências biomédicas.

Neste contexto, ao Biodireito atribui-se a tarefa de regulamentar, reunindo doutrina, legislação e jurisprudência próprias, a conduta humana em face dos avanços da biotecnologia e da biomedicina, visando à harmonização entre o progresso científico e a necessidade de que este se realize com observância de valores inerentes à dignidade humana[15].

Partindo-se do marco teórico da constitucionalização do direito civil e da consagração do personalismo como paradigma constitucional, a tutela da pessoa humana não mais está restrita à defesa generalizada de direitos da personalidade ou à defesa de um direito geral da personalidade. Seu atributo da elasticidade faz com que transborde quaisquer aspectos limitadores, alcançando uma integral promoção da pessoa humana e propugnando por sua tutela frente a possíveis novas situações sequer reguladas ou imaginadas pelo direito.

Para se abordar a questão de embriões fertilizados *in vitro* à vista da tutela da pessoa humana, considerou-se tratar-se o embrião de vida humana, analisando-se a ideia básica que se extrai do entendimento médico-científico diferenciador acerca da sua transferência ou não ao útero[16], para, ao final, justificar a adoção da premissa de que é possível que um embrião selecionado e transferido ao útero com o intuito de se levar a gravidez a termo se torne uma pessoa, merecendo, portanto, proteção jurídica da ordem constitucional[17]. Portanto, a utilização de técnicas que viabilizem a escolha

---

[12]   Manuel Atienza. Juridificar la bioética. In: Rodolfo Vázquez (coord.). *Bioética y derecho*. México: Itam, 1999.

[13]   Sob direção de André-Jean Arnaud, Rio de Janeiro: Renovar, 1999.

[14]   Heloisa Helena Barboza. Princípios do biodireito. In: Heloisa Helena Barboza; Vicente de Paulo Barretto; Jussara M. L. de Meirelles (orgs.). *Novos temas de biodireito e bioética*. Rio de Janeiro: Renovar, 2003, p. 53.

[15]   Carlos María Romeo Casabona. Genética e direito. Op. cit., p. 26. O "Dicionário Enciclopédico de Teoria e de Sociologia do Direito", sob direção de André-Jean Arnaud, conceitua o Biodireito como "o ramo do Direito que trata da teoria, da legislação e da jurisprudência relativas às normas reguladoras da conduta humana face aos avanços da biologia, da biotecnologia e da medicina". Sobre as relações entre Bioética e Direito, v. também, Carlos María Romeo Casabona. *El derecho y la bioética ante los límites de la vida humana*. Madrid: Editorial Centro de Estudios Ramón Areces, 1994. p. 8 e ss. Heloisa Helena Barboza, Princípios do Biodireito. Op. cit., p. 58. Judith Martins-Costa. Bioética e dignidade da pessoa humana: rumo à construção do biodireito. *Revista Trimestral de Direito Civil*, Rio de Janeiro: Padma, v. 3, p. 59-78, jul.-set. 2000. p. 64.

[16]   Cf. Konrad HOCHEDLINGER, Ph.D.; Rudolf JAENISCH, M.D. Nuclear Transplantation, Embryonic Stem Cells, and the Potential for Cell Therapy. *The New England Journal of Medicine*, v. 349, n. 3, p. 275-286, July 17, 2003. Disponível em: http://content.nejm.org/cgi/content/short/349/3/275. Acesso em: 14 nov. 2003.

[17]   Para tanto, foram analisadas diferentes correntes de pensamento, em especial as noções imbricadas nas obras de Roberto Andorno. *Bioética y dignidad de la persona*. Op. cit.; Hanna Arendt. *A condição humana*. Trad. Roberto Raposo. 10. ed. Rio de Janeiro: Forense Universitária, 2004; Vicente de Paulo Barreto. A ideia de pessoa humana: os limites da bioética. In: Heloisa Helena Barboza; Vicente de Paulo

Cap. 52 · TUTELA DA PESSOA HUMANA E MANIPULAÇÃO EMBRIONÁRIA NA FERTILIZAÇÃO *IN VITRO* | 871

do embrião a ser implantado – desde a realização de testes genéticos que conferem diagnóstico pré-implantatório, de terapia gênica, até a seleção propriamente dita – interfere e tem intrínseca ligação com a futura pessoa humana que pode dele vir a se desenvolver e nascer, devendo-se aferir a compatibilidade da hetero intervenção em cada situação específica.

Sem olvidar que os princípios constitucionais não suportam enumeração taxativa exatamente por serem o principal canal de comunicação entre o sistema de valores e o sistema jurídico, servindo como atenuantes de tensões normativas e desempenhando os papéis de condensar valores, dar unidade ao sistema e condicionar a atividade do intérprete[18], discorreu-se, sob o enfoque do Biodireito, acerca da possibilidade de se conferir ao princípio da dignidade da pessoa humana um substrato material, por meio dos (sub)princípios jurídicos da integridade psicofísica (com análise sobre a integridade do patrimônio genético e o princípio da precaução), da liberdade (e o direito de procriar), da igualdade (abordando o direito à diferença e o princípio bioético da justiça) e da solidariedade[19], cabendo, em apertadíssima síntese, pontuar:

Barretto; Jussara M. L. de Meirelles (orgs.). Op. cit. p. 219-257; Maria Claudia Crespo Brauner. *Direito, sexualidade e reprodução humana*: conquistas médicas e o debate bioético. Rio de Janeiro: Renovar, 2003; Ronald Dworkin. *A virtude soberana*: a teoria e prática da igualdade. Op. cit.; Umberto Eco; Carlo Maria Martini. *Em que crêem os que não crêem?* Trad. Eliana Aguiar. Rio de Janeiro: Record, 1999; Hugo Tristan Engelhardt Jr. *Fundamentos da Bioética*. São Paulo: Edições Loyola, 1998; Jürgen Habermas. *El futuro de la naturaleza humana. Hacia una eugenesia liberal?* Traducción de R. S. Carbó. Barcelona: Paidós, 2002; João Carlos Gonçalves Loureiro. O direito à identidade genética do ser humano. In: *Portugal-Brasil Ano 2000*, Studia Iuridica 40, Colloquía 2, Boletim da Faculdade de Direito, Universidade de Coimbra, 1999, p. 263-389; Maurizio Mori. *A moralidade do aborto*. Trad. Fermin Roland Schramm. Brasília: Ed. UNB, 1997; Paulo Mota Pinto. O direito ao livre desenvolvimento da personalidade. In: *Portugal-Brasil Ano 2000*, Studia Iuridica 40, Colloquia 2, Boletim da Faculdade de Direito, Universidade de Coimbra, 1999, p. 149-246; Encarna Roca I Trías. Direitos de reprodução e eugenia. In: Carlos María Romeo Casabona (org.). *Biotecnologia, Direito e Bioética*: perspectivas em direito comparado. Op. cit. p. 100-126; Carmen Lúcia Antunes Rocha. Vida digna: direito, ética e ciência. In: Carmen Lúcia Antunes Rocha (coord.). *O direito à vida digna*. Belo Horizonte: Fórum, 2004; Peter Singer. *Ética prática*. Tradução de Jeferson Luiz Camargo. 3. ed. São Paulo: Martins Fontes, 2002. Igualmente, foram estudadas decisões de diversas cortes constitucionais já instadas a se manifestar acerca da extensão do grau de proteção ao embrião, privilegiando-se menção às dos Estados Unidos da América, Itália, Alemanha, França, Áustria, Portugal e Canadá, nas quais se verificaram debates relevantes na busca de um equilíbrio e que foram prolatadas em países que consagram a preponderância dos direitos fundamentais no respectivo ordenamento jurídico.

[18] Luís Roberto Barroso. Fundamentos teóricos e filosóficos do novo direito constitucional brasileiro (pós-modernidade, teoria crítica e pós-positivismo). In: Luís Roberto Barroso (org.). *A nova interpretação constitucional*: ponderação, direitos fundamentais e relações privadas. Rio de Janeiro: Renovar, 2003, p. 1-48.

[19] Adotou-se, expressamente, a doutrina de Maria Celina Bodin de Moraes que, visando ao alcance de uma expressão jurídica da dignidade humana por meio do desdobramento em quatro postulados do substrato material da dignidade a partir da construção kantiana, identificou os quatro (sub)princípios como corolários de cada um. Dos postulados filosóficos: i) o sujeito moral (ético) reconhece a existência dos outros como sujeitos iguais a ele; ii) merecedores do mesmo respeito à integridade psicofísica de que é titular; iii) é dotado de vontade livre, de autodeterminação; iv) é parte do grupo social, em relação ao qual tem a garantia de não vir a ser marginalizado, emergiram os princípios jurídicos da igualdade, da integridade física e moral, da liberdade e da solidariedade, como decomposição do princípio absoluto da dignidade humana. Para o estudo, a adoção dos quatro princípios jurídicos como orientadores da expressão normativa do conteúdo material da dignidade da pessoa humana mostrou-se de extrema importância, pois permitiu, através da análise da repercussão em postulados jurídicos dos valores envolvidos, que se examinasse se se estaria tutelando

872 | PROBLEMAS DE DIREITO CIVIL – *Homenagem aos 30 anos de cátedra do professor Gustavo Tepedino*

Do princípio da integridade física e moral ou princípio da integridade psicofísica depreendem-se os direitos à vida e à saúde e, destacadamente, o princípio da precaução. Em seu cerne estão contidas as tutelas da identidade genética[20] enquanto substrato da identidade pessoal, bem como do patrimônio genético pessoal, garantidor de uma constituição genética própria e aleatória[21].

Do seu consectário direito à vida, emana a garantia ao amplo direito à saúde, "por ser esta condição inexorável do desenvolvimento da pessoa"[22], que abrange um estado de completo bem-estar físico-mental e social e não apenas a ausência de doença ou enfermidade, conforme a ampla definição adotada pela OMS[23].

Sem embargo de constituir expressão do princípio da integridade psicofísica e caracterizar uma vertente do direito à vida, ao direito à saúde é atribuído destaque próprio pelo nosso texto constitucional, que o reconhece como Direito Social dentre os Direitos Fundamentais e preconiza ser a saúde "direito de todos e dever do Estado, garantindo mediante políticas sociais e econômicas que visem à redução do risco de doença e de outros agravos e ao acesso universal e igualitário às ações e serviços para sua promoção, proteção e recuperação" (CR, art. 196).

Em verdade, o direito à saúde não pode ser aferido somente como uma função estanque, pois possui indiscutíveis dimensões positiva e negativa, que atuam, concomitantemente e sem se excluírem, para sua efetivação. Seu aspecto positivo envolve ações prestacionais pelo Estado, impondo-lhe deveres comissivos, tais como adoção de medidas preventivas ou paliativas ao combate e ao tratamento de doenças, fornecimento de tratamento médico adequado e medicamentos à população, e formulação e implementação de quaisquer políticas públicas almejando a promoção da saúde das pessoas. Já sua dimensão negativa importa em um aspecto defensivo, impedindo que condutas dos Poderes Públicos ou de terceiros violem ou ofereçam ameaça de lesão à saúde do

---

    e promovendo a pessoa humana por meio da realização das práticas biomédicas. Cf. Maria Celina Bodin de Moraes. *Danos à pessoa humana*: uma leitura civil-constitucional dos danos morais. Rio de Janeiro: Renovar, 2003. p. 81-117.

[20] Buscou-se inferir conteúdo à ambiguidade essencial que a expressão identidade genética carrega, diferenciando-se identidade genética, enquanto mesma constituição genética, de identidade pessoal, como direito à diferença e direito à integridade dessa diferença. Cf. João Carlos Gonçalves Loureiro. O direito à identidade genética do ser humano. In: *Portugal-Brasil Ano 2000*. Op. cit.; Paulo Otero. *Personalidade e identidade pessoal e genética do ser humano*: um perfil constitucional da bioética. Coimbra: Almedina, 1999.

[21] Sobre os desdobramentos acerca do patrimônio genético ser caracterizado como pessoal ou da humanidade, pode-se resumir, basicamente, afirmando-se que, com relação à sua estruturação, a identidade genética do ser humano apresenta uma dupla articulação, a primeira corresponderia à identidade personalíssima do indivíduo (com suas características genéticas singulares e individuais), já a segunda se relacionaria com a identidade genética do ser humano enquanto espécie, alçando o genoma humano à condição de patrimônio comum da humanidade, concretizando-se com o respeito da identidade da espécie. Cf. João Carlos Gonçalves Loureiro. O direito à identidade genética do ser humano. In: *Portugal-Brasil Ano 2000*. Op. cit.; Elton Dias Xavier. A identidade genética do ser humano como um biodireito fundamental e sua fundamentação na dignidade do ser humano. In: Eduardo de Oliveira Leite (coord.). *Grandes temas da atualidade*: bioética e biodireito. Rio de Janeiro: Forense, 2004, p. 41-69.

[22] Aline Albuquerque Sant'anna. *A nova genética e a tutela penal da integridade física*. Rio de Janeiro: Lumen Juris, 2001.

[23] Preâmbulo do Ato Fundador da Organização Mundial da Saúde, assinado por 61 Estados, dentre os quais o Brasil.

titular do direito, seja esta física ou mental, incumbindo àqueles um dever de abstenção quanto à prática de atos obstaculizadores do cabal exercício desse direito fundamental[24].

O princípio da precaução, proclamado em todos os setores de risco quando não haja conhecimento da relação causal entre determinada tecnologia e possíveis danos, demonstra-se de aplicação imprescindível também às práticas biomédicas, seja com relação ao sujeito mesmo de uma intervenção, seja em face das gerações futuras. A situação de incerteza acerca do risco configura a distinção entre a prevenção – ou prevenção do perigo, que visa a evitar a ocorrência de fatos aptos a produzir determinados resultados, desconhecidos quanto à manifestação no caso concreto (risco atual) – e a precaução – quando a incerteza recai sobre a própria potencialidade de perigo, tratando-se de um cuidado antes do cuidado (risco potencial)[25].

Cumpre ressaltar a característica de provisoriedade ou reversibilidade do princípio da precaução, justamente por atuar sobre uma esfera de incerteza científica. Ou seja, a partir do momento em que não mais sejam ignorados os possíveis efeitos de determinada prática e se encontrem superados os seus riscos, as medidas de precaução devem ser eventualmente reversíveis.

O princípio da liberdade impõe o mais amplo respeito à privacidade e à autonomia do paciente[26], dele decorrendo inúmeros aspectos práticos, como o livre consentimento informado, a exigir que seja sempre prestada a devida informação, respeitado o direito a não saber quando manifestado pela pessoa, e que sejam observados a voluntariedade à submissão às intervenções médicas e o sigilo dos dados obtidos[27]. Por outro prisma, a livre disposição ou propriedade sobre

---

[24]   Sobre o tema da exigibilidade de ações prestacionais do Estado ligadas à saúde, v. Ingo Wolfgang Sarlet. Algumas considerações em torno da eficácia e efetividade do direito à saúde na Constituição de 1988. *Revista do Interesse Público*, n. 12, 2001, p. 137-191; e Ana Paula de Barcellos, *A eficácia jurídica dos princípios constitucionais. O princípio da dignidade da pessoa humana*, Rio de Janeiro: Renovar, 2002. p. 272-289.

[25]   Sobre distinção entre a prevenção e a precaução, v. Roberto Andorno. El principio de precaución: un nuevo standard jurídico para la era tecnológica. *La Ley*, Buenos Aires, 2002; João Carlos Gonçalves Loureiro. O direito à identidade genética do ser humano. In: *Portugal-Brasil Ano 2000*. Op. cit. Sobre sociedade de risco, v. Ulrich Beck. *La sociedad del riesgo. Hacia una nueva modernidad*. Traducción Jorge Navarro, Daniel Jiménez e Maria Rosa Borrás. Barcelona: Paidós, 1998.

[26]   O princípio bioético da autonomia ou do respeito às pessoas por suas opiniões e escolhas, segundo valores e crenças pessoais, aponta para o dever de respeitar a autodeterminação do paciente e apresenta-se como corolário lógico da liberdade.

[27]   Neste contexto, salienta-se a consolidada definição de Stefano Rodotà para o direito à privacidade como o direito de manter o controle sobre as próprias informações e de determinar o modo de construção da própria esfera privada. Sobre o tema, cf. a obra de Stefano Rodotà. *Tecnologie e diritti*. Bologna: Il Mulino, 1995, em especial os três primeiros capítulos "La privacy tra individuo e collettività" (p. 19-39), "Protezione dei dati e circolazione dele informazioni" (p. 41-100) e "Privacy e costruzione della sfera privata" (p. 101-122). Registre-se que o direito individual à autodeterminação sobre a informação pessoal, inerente à liberdade e à privacidade de cada pessoa, surge como um dos objetos e dos efeitos e resultados não só dos testes genéticos realizados, merecendo proteção efetiva e justificativa a qualquer restrição em benefício de outros interesses, como também de inúmeras práticas que envolvam a obtenção de dados pessoais do paciente. Destarte, o consentimento informado, expressão da autodeterminação do paciente e consequência do direito à informação, e seu contraponto, o direito a não saber, aliam-se a um rigoroso sigilo sobre a informação e sua não utilização em prejuízo da privacidade, da igualdade e da solidariedade. Sobre o tema, v. Carlos María Romeo Casabona. *El Derecho y la Bioética ante los límites de la vida humana*. Op. cit. Genética e Direito. In: Carlos María Romeo Casabona (org.). *Biotecnologia, Direito e Bioética*: perspectivas em direito comparado. Op. cit.; João Carlos Gonçalves Loureiro. O direito à identidade genética do ser humano. In: *Portugal-Brasil Ano 2000*. Op. cit.

o próprio corpo ou partes dele contrapõe-se ao princípio da não patrimonialização do corpo humano, incluído o genoma.

O direito à procriação, que engloba a utilização de técnicas de reprodução humana medicamente assistida, embora corolário do princípio constitucional da liberdade, não se apresenta como um direito absoluto, e sim como um direito humano básico *prima facie*[28], devendo ser justificada qualquer restrição ao seu exercício.

Não obstante o entendimento de que a existência de um direito humano fundamental à procriação esteja intrinsecamente correlato à autonomia e à liberdade de escolha pelo indivíduo dos meios para planejar sua vida reprodutiva, garantindo-se-lhe o livre exercício dos direitos sexuais e reprodutivos, de forma a lhe assegurar a elaboração de um projeto parental apto à manutenção de seu bem-estar e propiciar condições à parentalidade responsável[29], não se pode olvidar que, no âmbito da reprodução medicamente assistida, está-se diante de possíveis hetero intervenções, em cujo espaço não se verificam situações em que a vontade do paciente (no caso, do ente a ser gerado) é livre e conscientemente manifestada[30].

---

[28] Em conferência proferida em 7 de abril de 2005, na II Jornada de Bioética, da Sociedade de Bioética do Estado do Rio de Janeiro, intitulada *A liberdade de procriar e não procriar*, Maurizio Mori esclareceu que o direito à procriação ou à reprodução consiste em direito humano básico *prima facie*, pois, embora não seja absoluto, sua limitação deve ser justificada. Isto porque, segundo o pioneiro bioeticista italiano, pode-se partir de um princípio básico, ainda que de senso comum, de que a reprodução desejada é interessante tanto para quem pretende se reproduzir, quanto para aquele que irá nascer. Já o direito de não reprodução caracterizaria o conteúdo negativo da liberdade inerente ao plano de vida de cada um – sendo, também, um direito *prima facie* –, pois a opção por não ter um filho estaria abrangida pelo controle da própria fertilidade, operando-se contra a transmissão da vida. Além disso, segundo ainda Maurizio Mori, embora o direito humano de se reproduzir, hoje, exija a cooperação voluntária, consentida, de, ao menos, duas pessoas, há, em verdade, uma assimetria básica entre o direito da mulher, sobre quem recai com maior força o ônus reprodutivo, já que a maior parte do processo ocorre dentro do seu corpo, e o do homem. A mulher, sob este ponto de vista, é soberana acerca da liberdade reprodutiva, tanto no sentido positivo, quanto no negativo, não cabendo ao homem impor-lhe sua vontade.

[29] Cf. Maria Claudia Crespo Brauner. *Direito, sexualidade e reprodução humana*: conquistas médicas e o debate bioético. Op. cit. p. 13-16.

[30] Maria Claudia Crespo Brauner sustenta que cabe ao Estado criar uma política sobre os direitos reprodutivos humanos que respeite os direitos fundamentais de modo a oferecer informação e disponibilizar o acesso a métodos tanto conceptivos – possibilitando o exercício do direito personalíssimo, indisponível e inalienável a ter filhos – como contraceptivos – viabilizando a programação dos nascimentos e, assim, a separação do ato sexual por prazer, daquele que visa a um projeto parental, garantindo-se o direito a não gerar – mais eficientes e menos nocivos à saúde, estimulando, quanto aos últimos, a adoção de métodos contraceptivos que sejam reversíveis a fim de se garantir condições de se preservar a saúde sexual e reprodutiva. Esclarece, ainda, que a incorporação dos direitos sexuais e reprodutivos ao elenco de direitos humanos assegura também "o recurso a toda descoberta científica que possa vir a garantir o tratamento de patologias ligadas à função reprodutiva", desde que seja seguro e não cause riscos a seus usuários, mas que, ao lado desta garantia de acesso ao projeto parental, legitimadora das intervenções que tenham o objetivo de assegurar o restabelecimento das funções reprodutivas ou de oferecer alternativas a fim de que se alcance o nascimento de filhos desejados, "quer-se evitar as práticas eugênicas, a escolha dos caracteres da criança, sem motivo relevante". O direito de gerar, portanto, não se apresenta absoluto. Nas palavras da autora, "o direito ao filho não pode ser um argumento que abra as portas a todas as possibilidades de reproduzir artificialmente", sendo necessário que se proceda a uma ponderação sobre os interesses que estão envolvidos e os riscos decorrentes de cada tipo de intervenção, podendo, exemplificativamente nas hipóteses relacionadas à realização de diagnóstico genético pré-implantatório, ser permitida se visar à saúde e ao desenvolvimento de uma gravidez com sucesso ou proibida se se

Cap. 52 • TUTELA DA PESSOA HUMANA E MANIPULAÇÃO EMBRIONÁRIA NA FERTILIZAÇÃO *IN VITRO* | **875**

Quanto ao princípio da igualdade, apresentam-se nele compreendidas as noções de igualdade formal, igualdade substancial e direito à diferença ou reconhecimento de diversidade[31]. Nesta seara, assentam-se o respeito à biodiversidade[32], analisada a concepção do genoma humano como patrimônio genético da humanidade[33], e a proibição de qualquer forma de discriminação face às informações genéticas pessoais ou a políticas de saúde pública[34].

O princípio da solidariedade que, do ponto de vista jurídico, visa a alcançar a igual dignidade social[35] constitui hodierna feição das práticas de cuidado e de proteção, imbuído de amplo caráter humanista e aplicações práticas na área biomédica[36].

---

destinar à escolha de "características estéticas ou étnicas, tendo em vista os riscos de eugenia positiva". V. Maria Claudia Crespo Brauner. Direito, sexualidade e reprodução humana: conquistas médicas e o debate bioético. Op. cit. p. 16-18 e 50-52.

[31] Cf. Maria Celina Bodin de Moraes. O conceito de dignidade humana: substrato axiológico e conteúdo normativo. In: SARLET, Ingo Wolfgang (org.). *Constituição, direitos fundamentais e direito privado*. Porto Alegre: Livraria do Advogado, 2003, p. 105-147.

[32] Como salienta Paulo Otero, a diversidade inerente a cada pessoa humana e, por consequência, à própria humanidade como um todo, expressa-se "no respeito pela biodiversidade: não obstante a natureza humana ser sempre a mesma, a verdade é que ela se realiza de forma exclusiva em cada ser humano, integrando o núcleo da respectiva dignidade o respeito pelo caráter único e diverso dos seus elementos genéticos". V. Paulo Otero. *Personalidade e identidade pessoal e genética do ser humano*: um perfil constitucional da bioética. Op. cit. p. 65.

[33] Conforme consignado acima, em geral, a doutrina busca harmonizar estes dois aspectos, assinalando que, não obstante o patrimônio genético seja pessoal, à luz das noções de identidade genética e identidade pessoal, merece tutela diferenciada em razão da natureza mesma da pessoa humana, que o qualifica como patrimônio da humanidade. Já no que concerne ao patrimônio genético próprio ou desconhecido, decorreria da ideia de garantia da biodiversidade, garantindo-se a manutenção da natureza essencialmente aleatória da composição dos genes de cada pessoa, vedando-se uma predeterminação quanto ao seu patrimônio genético, exigindo-se que ele seja constituído sem interferência de terceiros. Fala-se, assim, em direito ao acaso ou à contingência genética.

[34] Cabe, neste aspecto, reportar ao princípio bioético da justiça, que significa a imparcialidade na distribuição equitativa à população dos riscos e dos benefícios, incluindo a alocação dos recursos públicos destinados à saúde. Evitam-se, assim, discriminações nas políticas de saúde pública, não se admitindo que uma pessoa seja tratada de maneira distinta de outra, salvo haja entre ambas alguma diferença relevante. Do princípio bioético em questão transparece, inequivocamente, o princípio da igualdade.

[35] Embora sem o intuito de obstaculizar a questão de fundo inerente à concepção kantiana do "imperativo categórico", propugnou-se que não mais se pode considerar a pessoa humana sob o ponto de vista estritamente individualizado, uma pessoa absolutamente autônoma e abstraída de todo o contexto social, entendendo-se que, para a aplicação da concepção, deve-se proceder a uma sua releitura e contextualização à vista dos demais valores que informam a sociedade e decorrem mesmo de seu desenvolvimento. Do desdobramento do postulado filosófico de Kant de que o sujeito moral (ético) é parte do grupo social, emerge a aplicabilidade do princípio da solidariedade também em uma acepção que garanta a este sujeito que cada um dos demais, individualmente, e a coletividade, como um todo, ajam positivamente em seu favor, quando sua situação assim reivindicar. Enuncia-se, assim, que "o princípio constitucional da solidariedade identifica-se com o conjunto de instrumentos voltados para garantir uma existência digna, comum a todos, em uma sociedade que se desenvolva como livre e justa, sem excluídos ou marginalizados". Cf. Maria Celina Bodin de Moraes. O princípio da solidariedade. In: Manoel Messias Peixinho; Isabella Franco Guerra; Firly Nascimento Filho (orgs.). *Os princípios da Constituição de 1988*. Rio de Janeiro: Lumen Juris, 2001, p. 167-190.

[36] Tendo em vista que para a expressão do princípio da solidariedade é inerente o estabelecimento de um horizonte intersubjetivo, no qual pode-se fazer necessário um elevado nível de receptividade entre

876 | PROBLEMAS DE DIREITO CIVIL – *Homenagem aos 30 anos de cátedra do professor Gustavo Tepedino*

Reconheceu-se, portanto, frente à abertura do sistema jurídico, a importância dos princípios constitucionais para análise jurídica das questões propostas. Em uma ordem pluralista, contudo, não é raro que ocorra no caso concreto a incidência, aparente ou real, de postulados normativos colidentes entre si, impondo-se o exame da prioridade a ser dada aos princípios em colisão.

Havendo tal colisão também no âmbito do Biodireito, passa-se ao necessário juízo de ponderação axiológica argumentativa, cabendo ao operador do direito acenar para os valores que devem preponderar, verificando se estes autorizam ou não as intervenções[37]. Especificamente quanto à verificação da efetiva tutela da pessoa humana na apuração da compatibilidade da prática de manipulações embrionárias com a orientação constitucional, pode ocorrer a necessidade de ponderação entre os quatro subprincípios jurídicos – da igualdade, da integridade psicofísica, da liberdade e da solidariedade – uma vez que o princípio da dignidade da pessoa

---

as pessoas e, principalmente, de uma pessoa por parte de outra, vislumbra-se de grande importância a menção, dentre os diversos referenciais bioéticos, aos que norteiam a "Bioética da proteção". Para tanto, recorre-se aos ensinamentos de Fermin Roland Schramm: "A bioética da proteção é uma ética aplicada que se refere às práticas humanas que podem ter efeitos significativos irreversíveis sobre os seres vivos e, em particular, sobre indivíduos e populações humanas, considerados em seus contextos bioecológicos, tecnocientíficos e socioculturais, tendo em vista os conflitos de interesses e de valores que emergem de tais práticas e que, para poder dar conta de tais conflitos, (a) se ocupa de descrevê-los e compreendê-los da maneira mais racional e imparcial possível; (b) se preocupa em resolvê-los, propondo as ferramentas que podem ser consideradas, por qualquer agente moral racional e razoável, mais adequados para proscrever os comportamentos incorretos e prescrever aqueles considerados corretos; e (c) que, graças à correta articulação entre (a) e (b), fornece os meios capazes de proteger suficientemente os envolvidos em tais conflitos, garantindo cada projeto de vida compatível com os demais". V. Fermin Roland Schramm. Bioética da proteção: justificativas e finalidades. In: *Primeira Conferência Estadual de Ciência, Tecnologia e Inovação em Saúde*, Rio de Janeiro, 2004. Rodrigo Siqueira-Batista menciona a importância da motivação para que se atue na dimensão do cuidado e da proteção, devendo-se acolher a angústia alheia por meio de um "não julgamento do outro, mas, sim, e tão somente, sua aceitação, o amparo de sua condição de vivente, caracterizando o movimento de recebê-lo sem preconceitos e com profunda responsabilidade", ou seja, sem a adoção de um posicionamento paternalista – pelo qual se decidiria, deliberadamente, sobre o que é melhor para o outro –, movido por sentimento de pena ou comiseração, e sim com "o deslocamento do 'eu' em direção ao 'outro', a partir de uma deferência incondicional à inserção deste último no mundo". A compaixão, nestes termos, implica em sensibilidade quanto aos sentimentos de outra pessoa sem que se leve em conta conceitos próprios. V. Rodrigo Siqueira-Batista. Eutanásia e compaixão. *Revista Brasileira de Cancerologia*, 2004; 50(4): 334-340. Neste artigo, em interessante síntese, o autor analisa as perspectivas cristã e budista da compaixão, e ampara seu entendimento em argumentos colhidos em Arthur Schopenhauer, David Brandon, Leloup, Dalai Lama, Leonardo Boff e Sandra Caponi. Já Sandra Caponi, em importante estudo que vai da lógica da compaixão, trabalhada sob as análises de Frederic Nietzsche e Hanna Arendt, à lógica utilitarista, pela ótica de Jeremy Bentham e John Stuart Mill, busca solucionar a problematização dos conflitos decorrentes do "poder pastoral" e inerentes ao "saber médico", expostos por Michel Foucault, entendendo ser preciso pensar as práticas e políticas assistenciais, bem como as modalidades diferenciadas de intervenção sobre a saúde das pessoas e das coletividades, a partir da solidariedade, do respeito e do mútuo reconhecimento. V. Sandra Caponi. *Da compaixão à solidariedade*: uma genealogia da assistência médica. 1ª reimpressão. Rio de Janeiro: FIOCRUZ, 2000, 2004.

[37] Gustavo Tepedino. Clonagem: pessoa e família nas relações do direito civil. *Revista CEJ*, Brasília: Conselho da Justiça Federal, Centro de Estudos Judiciários, ano VI, n. 16, p. 57-59, mar. 2002.

Cap. 52 · TUTELA DA PESSOA HUMANA E MANIPULAÇÃO EMBRIONÁRIA NA FERTILIZAÇÃO *IN VITRO* | 877

humana, por se tratar de consectário jurídico-normativo do ser humano como valor unitário máximo[38], não suportaria ponderação[39].

Já sob o enfoque das técnicas de reprodução humana medicamente assistida, o estudo apresentou algumas conclusões à luz do estado das práticas então mais recentes[40]:

---

[38] Sob esta perspectiva, como qualidade intrínseca da pessoa humana – elemento que qualifica o ser humano como tal e dele não pode ser destacado –, a dignidade da pessoa humana constitui dado prévio que existe independentemente de ser reconhecida pelo Direito e da medida que este a reconhece. Destaca, ainda, Ingo Wolfgang Sarlet que a dignidade, como expressão da própria condição humana, que existe em cada ser humano como algo que lhe é inerente, pode e deve ser reconhecida e protegida pela norma que, contudo, não a cria, concede ou retira, não se podendo cogitar da possibilidade de uma determinada pessoa ser titular de uma pretensão a que lhe seja concedida a dignidade, mas sim de um direito ao respeito e à promoção da dignidade. Não se olvida, todavia, como esclarece o autor, que o Direito poderá exercer, como tem exercido, papel crucial na sua proteção e promoção. Cf. Ingo Wolfgang Sarlet. Algumas notas em torno da relação entre o princípio da dignidade da pessoa humana e os direitos fundamentais na ordem constitucional brasileira. In: George Salomão Leite (org.). *Dos princípios constitucionais. Considerações em torno das normas principiológicas da Constituição.* São Paulo: Malheiros, 2003. p. 198-236. Nesta seara, afirma José Afonso da Silva que "a dignidade humana não é uma criação constitucional, pois ela é um desses conceitos *a priori*, um dado preexistente a toda experiência especulativa, tal como a própria pessoa humana. A constituição, reconhecendo a sua existência e a sua eminência, transforma-a num valor supremo da ordem jurídica, quando a declara como um dos fundamentos da República Federativa do Brasil constituída em Estado Democrático de Direito". Cf. José Afonso da Silva. Poder constituinte e poder popular, 2000, p. 146, *apud* Ana Paula de Barcellos. *A eficácia jurídica dos princípios constitucionais. O princípio da dignidade da pessoa humana.* Rio de Janeiro: Renovar, 2002. p. 110, n. 174. Ou seja, a pessoa humana – e, consequentemente, sua dignidade –, como entidade pré-jurídica, é para o Direito um *prius*, algo que o Direito já encontra, sendo o seu reconhecimento não apenas exigência lógica, mas postulado axiológico de atribuição e defesa da personalidade de todos os homens. Cf. Paulo Otero. *Personalidade e identidade pessoal e genética do ser humano*: um perfil constitucional da bioética. Op. cit. p. 33. Paulo Mota Pinto. O direito ao livre desenvolvimento da personalidade. In: *Portugal-Brasil Ano 2000.* Op. cit. p. 165. Nesse sentido, João Carlos Gonçalves Loureiro afirma que a dignidade é uma nota intrínseca, fundada na autonomia ética do ser-se pessoa, sendo uma categoria axiológica que pressupõe um reconhecimento originário do valor absoluto de cada ser humano. Cf. João Carlos Gonçalves Loureiro. O direito à identidade genética do ser humano. Op. cit. p. 279-280. Por outro turno, Rafael Garcia Rodrigues sinaliza que a "compreensão que a noção de pessoa constitui uma noção pré-normativa, que é recepcionada pelo ordenamento encerra em si um certo jusnaturalismo", sendo tal compreensão criticada por Pietro Perlingieri ao sustentar que "a centralidade e a primazia da existência humana frente todas as demais situações tuteladas pelo Direito tem fundamento na própria norma positiva". V. Rafael Garcia Rodrigues. A pessoa e o ser humano no novo Código Civil. In: Gustavo Tepedino (coord.). *A parte geral do novo Código Civil*: estudos na perspectiva civil-constitucional. Rio de Janeiro: Renovar, 2002, p. 1-34. n. 76.

[39] Cf. Maria Celina Bodin de Moraes. *Danos à pessoa humana*: uma leitura civil-constitucional dos danos morais. Op. cit. p. 85. Para entendimento em sentido contrário, v. Ricardo Lobo Torres. A legitimação dos direitos humanos e os princípios da ponderação e da razoabilidade. In: Ricardo Lobo Torres (org.). *Legitimação dos direitos humanos.* Rio de Janeiro: Renovar, 2002, p. 402 e 434-435.

[40] Importante registrar que buscou-se analisar as técnicas biomédicas com fulcro nas, então, mais recentes pesquisas e estudos científicos publicados, como: BURKE, Wylie. Genomics as a Probe for Disease Biology. *The New England Journal of Medicine*, v. 349, n. 10, p. 969-974, September 4, 2003. Disponível em: http://content.nejm.org/cgi/content/full/349/10/969. Acesso em: 22 jul. 2004; Ellen Wright Clayton. Ethical, Legal, and Social Implications of Genomic Medicine. *The New England Journal of Medicine*, v.

878 | PROBLEMAS DE DIREITO CIVIL – *Homenagem aos 30 anos de cátedra do professor Gustavo Tepedino*

A realização de teste genético e obtenção do respectivo diagnóstico pré-implantatório do embrião no útero materno apresentou-se acorde com os postulados do ordenamento jurídico brasileiro quando intencionado um fim terapêutico, por apresentar vantagens sobre exames mais invasivos e menos informativos[41].

Por outro turno, a técnica de terapia gênica somente se mostrou aceitável quando realizada em células somáticas, devendo ser afastada sua prática em células germinais ou em embriões

---

349, n. 6, p. 562-569, August 7, 2003. Disponível em: http://content.nejm.org/cgi/content/full/349/6/562. Acesso em: 22 jul. 2004. Code of Practice for the Use of Human Stem Cell Lines. Steering Committee for the UK Stem Cell Bank and for the use of Stem Cell Lines, Medical Research Council, London, March 2004. Disponível em: http://www.mrc.ac.uk/prn/index/public-interest/public-consultation/public-stem-cell-consultation.htm. Acesso em: 21 jul. 2004; COWAN, Chad A. et al. Derivation of Embryonic Stem-Cell Lines from Human Blastocysts. *The New England Journal of Medicine*, v. 350, n. 13, p. 1353-1356, March 25, 2004. Disponível em: http://content.nejm.org/cgi/content/full/350/13/1353. Acesso em: 28 jul. 2004; John Gearhart. New Human Embryonic Stem-Cell Lines – More Is Better. *The New England Journal of Medicine*, v. 350, n. 13, p. 1275-1276, March 25, 2004. Disponível em: http://content.nejm.org/cgi/content/full/350/13/1275. Acesso em: 28 jul. 2004; Konrad Hochedlinger; Rudolf Jaenisch. Nuclear Transplantation, Embryonic Stem Cells, and the Potential for Cell Therapy. *The New England Journal of Medicine*, v. 349, n. 3, p. 275-286, July 17, 2003. Disponível em: http://content.nejm.org/cgi/content/short/349/3/275. Acesso em: 14 nov. 2003. Human ES cell research plans approved by institucional review board. Riken Center for Developmental Biology, Kobe, Japan, October 17, 2003. Disponível em: http://www.cdb.riken.jp/en/04_news/articles/031017_human_es_cell.html. Acesso em: 29 jul. 2004. Woo Suk Hwang et al. Evidence of a Pluripotent Human Embryonic Stem Cell Line Derived from a Cloned Blastocyst. *Science*, paper published online 12 February 2004; 10.1126/science.1094515. Disponível em: http://www.sciencexpress.org. Acesso em: 13 fev. 2004. Muin J. Khoury et. al. Population Screening in the Age of Genomic Medicine. *The New England Journal of Medicine*, v. 348, n. 1, p. 50-58, January 2, 2003. Disponível em: http://content.nejm.org/cgi/content/full/348/1/50. Acesso em: 22 jul. 2004; Martin Korbling; Zeev Estrov. Adult Stem Cells for Tissue Repair – A New Therapeutic Concept? *The New England Journal of Medicine*, v. 349, n. 6, p. 570-582, August 7, 2003. Disponível em: http://content.nejm.org/cgi/content/short/349/6/570. Acesso em: 14 nov. 2003; Paul R. Mchugh. Zygote and 'Clonote' – The Ethical Use of Embryonic Stem Cells. *The New England Journal of Medicine*, v. 351, n. 3, p. 209-211, July 15, 2004. Disponível em: http://content.nejm.org/cgi/content/full/351/3/209. Acesso em: 28 jul. 2004; National Institutes of Health (NIH), Maryland, United States of America. Stem Cell Information, April 30, 2004. Disponível em: http://stemcells.nih.gov/policy/pendingLegis.asp. Acesso em: 21 jul. 2004; Elizabeth G. Phimister; Jeffrey M. Drazen. Two Fillips for Human Embryonic Stem Cells. *The New England Journal of Medicine*, Editorial, v. 350, n. 13, p. 1351-1352, March 25, 2004. Disponível em: http://content.nejm.org/cgi/content/full/350/13/1351. Acesso em: 28 jul. 2004; Louis M. Staudt. Molecular Diagnosis of the Hematologic Cancers. *The New England Journal of Medicine*, v. 348, n. 18, p. 1777-1785, May 1, 2003. Disponível em: http://content.nejm.org/cgi/content/full/348/18/1777. Acesso em: 22 jul. 2004; Ronda Wendler. Will Stem Cells Restore Life to Failing Hearts? Newly Approved Study Seeks Answer. *Texas Medical Center News*, Texas Heart Institute, Texas, United States of America, April 2004. Disponível em: http://www.texasheartinstitute.org/stem5-04.html. Acesso em: 6 jul. 2004; David E. Winickoff; Richard N. Winickoff. The Charitable Trus as a Model for Genomic Biobanks. *The New England Journal of Medicine*, v. 349, n. 12, p. 1180-1184, September 18, 2003. Disponível em: http://content.nejm.org/cgi/content/full/349/12/1180. Acesso em: 22 jul. 2004.

[41] Uma das aplicações práticas mais importantes do Projeto Genoma Humano, conforme Mayana Zatz, é o desenvolvimento de testes genéticos para diagnóstico e prevenção, uma vez que o diagnóstico molecular de doenças genéticas substitui a realização de exames muitas vezes invasivos e pouco informativos, cf. Mayana Zatz. Genética e Ética. *Revista CEJ*, Conselho da Justiça Federal, Centro de Estudos Judiciários, Brasília, n. 16, p. 23-25, mar. 2002, ano VI.

Cap. 52 • TUTELA DA PESSOA HUMANA E MANIPULAÇÃO EMBRIONÁRIA NA FERTILIZAÇÃO *IN VITRO* | 879

fertilizados *in vitro* com fulcro no princípio da precaução, por serem desconhecidos seus possíveis efeitos sobre a futura descendência.

A diferenciação da motivação e finalidade da seleção do embrião fertilizado *in vitro* que se pretende seja implantado mostrou-se relevante para que se pudesse aferir a compatibilidade da prática com os valores consagrados nos princípios constitucionais, distinguindo-se três principais hipóteses de aplicação[42].

Na seleção que visa à promoção da integridade psicofísica da futura prole, evitando-se a transmissão de grave doença hereditária, não se verificou colisão entre o interesse de quem se submete à fertilização *in vitro* e aquele do filho a ser gerado. Uma vez que se promovia a integridade psicofísica da futura pessoa humana que poderia vir a nascer do embrião selecionado, não se vislumbrou motivo que justificasse restrição à liberdade da pessoa que buscasse a técnica para viabilizar seu direito reprodutivo.

À mesma conclusão se chegou na seleção de embrião geneticamente compatível com outro filho de quem recorre à técnica. Esta seleção, que se denominou de terapêutica solidária, visa, além de garantir que a futura prole esteja livre de grave doença de que seja portador um descendente já nascido, a promover a saúde desta pessoa atual que será beneficiada com o transplante de células-tronco que serão extraídas do cordão umbilical.

Entendeu-se, por fim, que a seleção visando à determinação do sexo (prática da sexagem) ou de quaisquer outros atributos ou caracteres fenótipos que se deseje ver presente na futura prole é incompatível com a promoção da dignidade da pessoa humana que irá nascer. Concluiu-se que há, nessa hipótese, argumentos mais do que plausíveis para se justificar a restrição à autonomia privada de quem busca assistência médica para a realização de seu direito de procriar para o fim de se predeterminar as características do futuro filho.

---

[42] Buscou-se identificar e analisar a aceitabilidade do fim em atender a promoção da pessoa humana e sua dignidade para se apurar se o meio é indicado para alcançá-lo, pois não seria um instrumento que deveria ser condenado e sim a finalidade para a qual é ele utilizado. Pretendeu-se, assim, afastar eventual arguição de postura utilitarista, uma vez que não se defende uma perspectiva da tecnociência no sentido de a ciência estar posta a serviço de finalidades puramente objetivas, ao contrário, o pressuposto personalista – a premissa antropológica adotada – demonstra não se ter pautado em um "monopensamento de viés utilitarista" que se expressa, segundo Reinaldo Pereira e Silva, mediante "a desqualificação de toda divergência como obscurantista, buscando a legitimidade de suas premissas em argumentos pseudocientíficos", e recorre "não à força da razão (*forza della ragione*), mas às razões da força (*ragioni della forza*)". Cf. Reinaldo Pereira e Silva. A inumanidade da clonagem humana. In: Eduardo de Oliveira Leite (coord.). *Grandes temas da atualidade*: bioética e biodireito. Op. cit. Para uma visão panorâmica do movimento utilitário no campo filosófico, de seus mais expressivos pensadores e das mudanças decorrentes, v. Bertrand Russel. *História do pensamento ocidental*: a aventura dos pré-socráticos a Wittgenstein. Tradução de Laura Alves e Aurélio Rebello. 5. ed. Rio de Janeiro: Ediouro, 2001. p. 375-410. Aquela mesma distinção faz-se imprescindível para que não se caia na falácia do argumento conhecido por *slippery slope* ou "ladeira escorregadia", que se utiliza de um possível risco moral decorrente da aceitação de um determinado caso, que poderia levar, pela mesma linha de raciocínio, a uma hipotética imposição de aceitação de outros. Ocorre que, quando não se está em questão hipóteses que realmente se fundamentam em um mesmo pressuposto, a "síndrome da ladeira escorregadia" apresenta uma contradição em termos ao deixar entrever que a questão de fundo, concreta, que se está analisando é plenamente aceitável, porém, holisticamente, não deveria sê-lo porque poderia levar a, em outro distinto caso, se admitir determinada circunstância indesejada.

OUTROS TEMPOS. NOVOS HORIZONTES

Revisitar o tema do estudo quase duas décadas depois imporia uma cognição ampla e completa, seja para apurar o estado atual das técnicas biomédicas, seja para revitalizar o momento social e o painel jurídico-normativo e aprofundar diversos aportes éticos e filosóficos.

Em verdade, as conclusões do trabalho quanto à inadmissibilidade de seleção de embriões visando à escolha do sexo ou de atributos fenótipos da futura prole, mesmo sem a contemporaneidade das técnicas em uso, continuam parecendo insuperáveis à autora do estudo.

Não obstante, as demais possibilidades de seleção embrionária suscitariam, hoje, inúmeras outras abordagens. A título ilustrativo, pontuam-se alguns desses aspectos.

Do ponto de vista pragmático, para análise mesmo da aplicabilidade do princípio da precaução ao caso concreto, seria inafastável perquirir acerca do estágio de avanço das pesquisas biomédicas, à vista da característica de provisoriedade ou reversibilidade daquele princípio.

Para ficarmos apenas em um exemplo que impacta também na análise de aceitabilidade de algumas outras técnicas utilizadas em fertilização *in vitro*, citemos o aperfeiçoamento das práticas de vitrificação de oócitos. Com efeito, existem duas propostas básicas aplicadas à criopreservação de oócitos humanos: o congelamento lento controlado (*controlled slow freezing*), que era favorecido nos primeiros protocolos, e o resfriamento ultrarrápido por vitrificação (*oocyte vitrification*), agora bem estabelecido e que vem se mostrando a melhor técnica de preservação de células e tecidos[43]. A opção pela vitrificação de oócitos – em possível detrimento da criopreservação de embriões – permitiria não apenas prolongar a vida fértil da doadora (seja pela flexibilização do momento de se reproduzir, por opção pessoal, seja favorecendo o resgate da capacidade reprodutiva após tratamentos que pudessem interferir na fertilidade) como, também, arrefecer discussões acerca dos denominados embriões excedentários[44].

Ademais, não se poderia deixar de mencionar o atual conceito de Epigenética, consagrando estudos acerca da possibilidade do meio ambiente e de comportamentos modularem a expressão dos genes[45]. Envolvendo o estudo de uma imensa diversidade de fenômenos biológicos – abrangendo conceitos de desenvolvimento e diferenciação celular, metabolismo, doenças, variabilidade fenotípica, herdabilidade, metabolismo, entre outros – a epigenética descreve uma complexidade de eventos moleculares que ocorrem no DNA mas que não afetam a sequência de DNA em si, seria o "fator não genético" a influenciar quais genes permanecerão ativos, impactando na fisiologia e no comportamento de um organismo[46].

Neste contexto, a eventual escolha de um embrião, por si só, não isentaria o papel ambiental, seja da gestação, da vida intrauterina, da saúde da própria gestante, das intercorrências

---

[43]   Benedetta Iussig, Roberta Maggiulli, Gemma Fabozzi, Sara Bertelle, Alberto Vaiarelli, Danilo Cimadomo, Filippo M. Ubaldi, Laura Rienzi. A brief history of oocyte cryopreservation: Arguments and facts. *Acta Obstetricia et Gynecologica Scandinavica*. First published: 10 February 2019. Disponível em: https://doi. org/10.1111/aogs.13569. Aceso em: 20 mar. 2021; Catrin E. Argyle, Joyce C. Harper, Melanie C. Davies. Oocyte cryopreservation: where are we now? *Human Reproduction Update*, v. 22, Issue 4, jul.-aug. 2016, p. 440-449. Disponível em: https://doi.org/10.1093/humupd/dmw007. Acesso em: 20 mar. 2021.

[44]   Cf. Kalline Carvalho Gonçalves Eler. Os direitos reprodutivos no contexto da fertilização *in vitro* e o problema dos embriões excedentários. *Revista Brasileira de Bioética*, 14, p. 1-14. 2018. Disponível em: https://doi.org/10.26512/rbb.v14i0.9382. Acesso em: 20 mar. 2021.

[45]   V., sobre o tema, Richard C. Francis. *Epigenética: como a ciência está revolucionando o que sabemos sobre hereditariedade*. Zahar, 2015.

[46]   Bruna Mascaro. Epigenética: relação entre estilo de vida, meio ambiente e desenvolvimento. *Revista NewsLab*, São Paulo, ano 27, ed. 160, jun.-jul. 2020. p. 72.

do parto e mesmo dos primeiros anos de vida que são fatores que influenciam, fortemente, na epigenética.

Por outro turno, falar em liberdade para procriar, reprodução medicamente assistida e, objetivamente, fertilização *in vitro* na atualidade traria a inafastável abordagem de questões de gênero, de relacionamentos não convencionais e da utilização das técnicas de reprodução para além da infertilidade, seja por pessoa visando à estruturação de família monoparental (independentemente do gênero) ou por casais não identificados pelo heterossexualismo.

Embora haja vozes que defendam o uso das técnicas de reprodução assistida tão somente no caso de infertilidade, entende-se que não se poderia deixar de analisar as questões de acessibilidade à reprodução medicamente assistida sem, no mínimo, discutir acerca das reflexões levantadas por Paul B. Preciado.

Nas instigantes palavras de Preciado, "a batalha atual pela extensão da RMA aos corpos não heterossexuais é uma guerra política e econômica pela despatologização de nossos corpos, pelo controle de nossos materiais reprodutivos: nossos úteros, nossos óvulos, nosso esperma – definitivamente, nossas cadeias de DNA". Assim, a utilização de técnicas de reprodução medicamente assistida permitiria uma correção histórica de reafirmação de que minorias sexuais (homossexuais, transexuais ou assexuais), enquanto segmento social e politicamente oprimido, também deveriam ser minorias reprodutivas, uma vez que pagavam a dissidência sexual e reprodutiva com o silêncio genético. Eram apagados não apenas da história social, mas também da história genética[47].

Outro enfoque sociológico também não passaria ao largo da discussão sobre terapias gênicas e seleção embrionária terapêutica, a fim de favorecer o nascimento de pessoas livres de doença genética familiar. Embora permitida pela atual normativa do Conselho Federal de Medicina[48], a temática encontra-se imbrincada de inúmeras repercussões que merecem profundo estudo que, hodiernamente, extrapolariam, parece-nos, uma abordagem jurídica acerca da colisão de interesses entre o direito de procriar de quem procura a técnica, corolário do princípio da liberdade, e o direito à integridade física de quem nascerá.

A própria normativa constitucional modificou-se com a adesão pelo Brasil à Convenção Internacional sobre os Direitos das Pessoas com Deficiência e seu Protocolo Facultativo, por força do Decreto nº 6.949, de 25 de agosto de 2009, cujos impactos foram postergados até a edição da Lei nº 13.146, de 06 de julho de 2015, que instituiu a Lei Brasileira de Inclusão da Pessoa com Deficiência – também denominada de Estatuto da Pessoa com Deficiência (EPD).

---

[47] Paul B Preciado. *Um apartamento em Urano: crônicas da travessia*. Tradução Eliana Aguiar. Rio de Janeiro: Zahar, 2020. Em especial o artigo "Reprodução politicamente assistida e heterossexualismo de Estado", p. 74-82. Neste aspecto, a atual normativa do Conselho Federal de Medicina ampliou a possibilidade de utilização das técnicas de reprodução medicamente assistida "às famílias monoparentais, aos casais não unidos pelo matrimônio e aos do mesmo sexo", garantindo-lhes "a igualdade de direitos relativos aos casais e famílias tradicionais para dispor das técnicas de reprodução assistida com o papel de auxiliar no processo de procriação" (Cf. exposição de motivos da Resolução CFM n. 2.294/2021, por meio da qual se adota "normas éticas para a utilização das técnicas de reprodução assistida – sempre em defesa do aperfeiçoamento das práticas e da observância aos princípios éticos e bioéticos que ajudam a trazer maior segurança e eficácia a tratamentos e procedimentos médicos, tornando-se o dispositivo deontológico a ser seguido pelos médicos brasileiros (...)").

[48] A Resolução CFM n. 2.294/2021 prevê, nos princípios gerais, que "as técnicas de RA não podem ser aplicadas com a intenção de selecionar o sexo (presença ou ausência de cromossomo Y) ou qualquer outra característica biológica do futuro filho, exceto para evitar doenças no possível descendente", bem como, ao tratar do diagnóstico genético pré-implantacional de embriões, que "as técnicas de RA podem ser aplicadas à seleção de embriões submetidos a diagnóstico de alterações genéticas causadoras de doenças".

882 | PROBLEMAS DE DIREITO CIVIL – *Homenagem aos 30 anos de cátedra do professor Gustavo Tepedino*

O atual cenário constitucional consagra perspectiva inédita, com a superação do modelo médico pelo modelo social da deficiência, importando em reconhecimento e inclusão. Heloisa Helena Barboza e Vitor de Azevedo Almeida Junior explicam que, segundo Romeu Kazumi Sassaki, "o pano de fundo do processo de inclusão é o Modelo Social da Deficiência", que requer se entenda a questão da deficiência por outra ótica. De acordo com o autor, "para incluir todas as pessoas, a sociedade deve ser modificada a partir do entendimento de que ela é que precisa ser capaz de atender às necessidades de seus membros"[49].

Sob a perspectiva dos movimentos e organizações surgidos no sentido de afirmar a dignidade das pessoas com deficiência[50] e seu direito a uma vida inclusiva não se pode olvidar que a própria noção de terapia e tratamento já não mais está contida no mesmo espaço de outrora. A diferenciação entre as noções de identidade horizontal e identidade vertical, bem como as situações que visam corrigir anomalias que podem levar à erradicação de diversas identidades de culturas não podem ser ignoradas, como se infere da imprescindível obra de Andrew Solomon[51], para quem "o excepcional é ubíquo; ser inteiramente típico é o estado raro e solitário".

Neste contexto, há quem sustente a revelação de "um conflito ético: pode a sociedade acatar normas que regulamentam descartes de embriões e fetos por serem portadores de determinadas características genéticas, sendo que ela mesma regulamenta e incentiva a inclusão social de pessoas com essas características?"[52].

---

[49] Segundo Heloisa Helena Barboza e Vitor de Azevedo Almeida Junior, o primeiro efeito da adoção do modelo social "consiste em promover a inversão da perspectiva na apreciação da deficiência, que deixa de ser uma questão unilateral, do indivíduo, para ser pensada, desenvolvida e trabalhada como relação bilateral, na qual a sociedade torna-se efetivamente protagonista, com deveres jurídicos a cumprir. Na linha da CDPD, fica claro ser a deficiência resultante da interação entre um impedimento pessoal e uma barreira existente na sociedade, como se constata do art. 2º, da Lei 13.146/2015". Já o segundo efeito, "verifica-se na configuração da citada relação bilateral de interação como se vê ao longo do texto legal, de que são exemplos os arts. 1º e 3º. O EPD tem o objetivo expresso de assegurar e promover, em condições de igualdade, o exercício dos direitos e das liberdades fundamentais por pessoa com deficiência, visando à sua inclusão social e cidadania. Constitui, portanto, o instrumento principal de efetivação do modelo social, ao convocar instituições públicas e privadas para o processo de inclusão. Do mesmo modo são chamados todos os setores da sociedade, de modo coletivo ou individual. É o que se constata das definições ali estabelecidas para fins de aplicação do EPD, que delineiam os contornos da interação exigida, especialmente considerando como barreiras qualquer entrave, obstáculo, atitude ou comportamento que limite ou impeça a participação social da pessoa, bem como o gozo, a fruição e o exercício de seus direitos à acessibilidade, à liberdade de movimento e de expressão, à comunicação, ao acesso à informação, à compreensão, à circulação com segurança (art. 3º, IV). A relação é meramente exemplificativa, cabendo destacar, dentre a classificação constante do referido dispositivo legal, a referência a 'barreiras atitudinais', entendidas como atitudes ou comportamentos que impeçam ou prejudiquem a participação social da pessoa com deficiência em igualdade de condições e oportunidades com as demais pessoas (art. 3º, IV, e)". Sobre o tema, v. Heloisa Helena Barboza; Vitor de Azevedo Almeida Junior. Reconhecimento e inclusão das pessoas com deficiência. *Revista Brasileira de Direito Civil – RBDCivil*, Belo Horizonte, vol. 13, p. 17-37, jul.-set. 2017.

[50] A anterior expressão "pessoas portadoras de deficiência" foi substituída por "pessoas com deficiência" a refletir que a condição faz parte da própria pessoa, não sendo esta "portadora".

[51] Andrew Solomon. *Longe da árvore*: pais, filhos e a busca da identidade. Tradução de Donaldson M. Garschagen, Luiz A. de Araújo, Pedro Maia Soares. São Paulo: Companhia das Letras, 2013.

[52] Mário Antônio Sanches; Daiane Priscila Simão Silva; Houda Izabela de Oliveira. Relação entre a dignidade da pessoa com deficiência e o valor de embriões humanos. *Revista de Direito Sanitário*, [S. l.], v. 20, n. 2, p. 134-154, 2020. Disponível em: https://www.revistas.usp.br/rdisan/article/view/169659. Acesso em:

CONCLUSÃO

Mencionar o tema da dissertação, hoje, relembra à sua autora que, talvez, o maior mérito do trabalho finalizado há 15 anos tenha sido reconhecer a importância da intersecção disciplinar e a necessidade de abertura e recepção pelo Direito de questões que permanecem tão inovadoras e que não se engessam em si.

Como afirmado pelas ilustres Professoras Heloisa Helena Barboza e Maria de Fátima Freire de Sá, naquela manhã de 23 de agosto de 2005, durante a defesa perante a Banca Examinadora, a coragem para abordar temática tão complexa, por si só, mereceria reconhecimento.

O incentivo a esta coragem devo ao querido Professor Gustavo Tepedino. Grandes Mestres são assim, nos orientam sem nos limar a essência.

O reconhecimento desse mérito e, também, por enxergar que a temática não se encerra em si, muito menos em determinados tempo e lugar, levam à segura afirmativa de que o estudo realizado, hoje, seria um ponto de partida, não um fim.

Um navio no porto a permitir explorar e alcançar outros mares.

Até porque, o tempo não para e o círculo não é redondo.

---

13 mar. 2021. Segundo os autores, "Os movimentos em prol das pessoas com deficiência já alcançaram muitos avanços legislativos e políticos nas últimas décadas, contudo ainda têm muito a enfrentar em relação ao modelo médico ou determinista de deficiência, construído e reforçado socialmente apontando a deficiência como um problema a ser eliminado. O ápice desse discurso se dá na legitimidade conferida aos testes genéticos como forma de superação do problema das deficiências através da eliminação do próprio 'deficiente'".

53

GAMETAS E EMBRIÕES HUMANOS NO LIMBO DO ESQUECIMENTO

JULIANE FERNANDES QUEIROZ

Sumário: A biotecnologia de criopreservação de material genético humano. Bancos de células e tecidos germinativos humanos. Criopreservação de sêmen. Criopreservação de óvulos. Criopreservação de embriões. A relação jurídica advinda da criopreservação de material genético humano. Sistema de controle de células germinativas e embriões humanos criopreservados. O problema do abandono de gametas e embriões criopreservados.

O cenário biocientífico em reprodução humana se expande cada vez mais e em maior intensidade: de um lado impulsionado pelos novos contextos sociais em que as pessoas tem exercitado o pleno atendimento às suas necessidades de procriação, conforme as técnicas médicas vão sendo colocadas à disposição e, por outro lado, as implicações éticas que envolvem a contextualização da realidade fática em reprodução, com o gerenciamento da dignidade da pessoa humana, estabelecido como ponto de partida invocado para uma análise acurada, profunda e racional da utilização de gametas e embriões humanos na reprodução assistida.

A BIOTECNOLOGIA DE CRIOPRESERVAÇÃO DE MATERIAL GENÉTICO HUMANO

A criobiologia, ramo da ciência dedicado ao estudo dos processos de congelamento de células e tecidos vivos em baixas temperaturas, desenvolveu, nas últimas décadas, inovadores e eficientes métodos complementares nos tratamentos em reprodução humana assistida. Neste campo de atuação a Criopreservação de gametas e embriões humanos nos Bancos de Células e Tecidos Germinativos (BCTGs) é uma realidade da nova era da biotecnologia de Reprodução Humana Assistida – RHA.

A história do desenvolvimento desta ciência do congelamento em reprodução humana reporta-se a 1776, quando Lazzaro Spallanzani desenvolveu o primeiro projeto de congelamento de gametas, utilizando a neve para congelar espermatozoides humanos.

Cap. 53 · GAMETAS E EMBRIÕES HUMANOS NO LIMBO DO ESQUECIMENTO

Porém, somente em 1949, pesquisadores obtiveram o congelamento com uma mistura de gases líquidos e descobriram que o esperma pode ficar congelado em glicerol – um eficaz crioprotetor – para a sua devida utilização em meses ou anos posteriores. Em 1952, as experiências levaram ao primeiro bezerro gerado por esperma congelado. E, já em 1953, tem-se notícia do uso de esperma congelado para inseminação artificial humana.

A possibilidade de os espermatozoides humanos se manterem vivos, durante anos e com capacidade fecundante, constitui uma realidade desde 1953, quando Bunge e Sherman conseguiram as primeiras gestações com sêmen congelado a -70ºC (neve carbônica) numa mistura prévia com glicerol a 10%[1].

A criopreservação, portanto, se afirmou como como técnica complementar da reprodução humana assistida, em que consiste no congelamento tanto de material genético, espermatozoides e óvulos, quanto em embriões, oriundos da fusão dos gametas humanos.

O programa de crioconservação é indicado: a) para armazenagem de material a ser utilizado em mais de uma tentativa para obtenção de uma gravidez; b) nos casos em que a evolução natural da doença do casal estabelecer a possibilidade de o indivíduo ficar sem gametas; c) nos casos em que não terá a possibilidade de realizar outro tratamento, tais como: menopausa precoce, oligoastenospermia severa e demais causas iatrogênicas.

Ademais, a fecundação *in vitro* envolve as técnicas de congelamento e descongelamento do sêmen, óvulos e embriões, possibilitando a ampliação do tratamento para contornar a infertilidade, aumentando ou melhorando as condições para se obter a gravidez desejada pela pessoa.

BANCOS DE CÉLULAS E TECIDOS GERMINATIVOS HUMANOS

Os bancos de material genético e de embriões, designados pela sigla BCTG são os veículos utilizados para a criopreservação dos espermatozoides, dos óvulos e dos embriões que servirão para a reprodução humana realizada por meio das técnicas de procriação medicamente assistida. Funcionam, portanto, como um armazém de matéria destinada ao auxílio da realização das várias técnicas de reprodução, quando a intervenção médica se faz necessária na fecundação.

Geralmente, quando se reporta a conceito de banco de material genético, coliga-se ele a ideia da fecundação assistida com intervenção de um doador, a denominada RHA heteróloga. No entanto, os bancos assumem outra função, também de intensa importância: a de autoconservação, ou seja, a criopreservação dos próprios gametas por aqueles que recorrem ao tratamento em fase posterior da vida. Aliás, o primeiro banco de material genético foi criado exatamente visando à armazenagem de sêmen dos soldados que se dirigiam para a guerra e que, temerosos de por lá falecerem, quiseram preservar seus espermatozoides para uso futuro.

A utilização de serviços do banco de sêmen e de óvulos para conservação dos gametas próprios traz em si menores problemas éticos tendo em vista que não envolve doação de gametas de terceiros, porém, certamente, invocam problemas de outras ordens, uma vez que se tratam de novas situações de fato, geradoras de efeitos jurídicos ainda não bem solucionados pelas sociedades.

---

[1] REMOHI, J. et al. *Manual prático de reprodução humana*. Madri: McGraw Hill/Interamericana da Espana, 1999. p. 94.

PROBLEMAS DE DIREITO CIVIL – *Homenagem aos 30 anos de cátedra do professor Gustavo Tepedino*

A procriação humana assistida *in vitro* comporta a fecundação múltipla de embriões. Tal fato, aliado à atual tendência de se transferir, no ciclo, um número menor de embriões para se evitar a gravidez múltipla, faz com que surjam os embriões excedentários ou supranumerários, os quais são congelados para uso futuro. Esta é a outra vertente de utilização dos serviços do BCTG, com efeitos jurídicos também específicos e com muitas questões a serem enfrentadas pelo sistema valorativo das sociedades.

CRIOPRESERVAÇÃO DE SÊMEN

Os gametas masculinos, espermatozoides, são produzidos nos testículos e, através da ejaculação, os mesmos são expelidos do corpo do homem. O sêmen é o ejaculado composto pelos espermatozoides, pelo muco das vesículas seminais e pelo líquido seroso proveniente das próstatas, sendo seu volume total, em cada ejaculação, de cerca de três mililitros, contendo aproximadamente 500 milhões de espermatozoides.

A criopreservação de espermatozoides humanos é uma importante técnica complementar da RHA para garantir a função biológica e capacidade de fertilização de homens que detenham variados riscos da fertilidade masculina, a saber: a) pacientes que serão submetidos a tratamentos de quimio ou radioterapia; b) que serão submetidos a cirurgias que possam comprometer a fertilidade, por ex. extração de testículo; c) portadores de doenças degenerativas, como a esclerose múltipla; d) pessoas que desempenham profissões insalubres para a fertilidade, por ex. radiação; e) que irão realizar a vasectomia; f) para ausências temporárias ou definitivas, baixa frequência sexual e disfunção erétil, dentre outros casos mais específicos.

A obtenção dos espermatozoides para o congelamento é feita por masturbação, por punção epididimária ou por eletroejaculação, dependendo da situação do paciente. "Usando técnicas contemporâneas (por exemplo, colocando preparações glicerinadas de espermatozoides na temperatura do nitrogênio líquido [-196ºC], é possível armazenar espermatozoides durante anos sem que percam seu poder normal de fertilização"[2].

O sêmen coletado é misturado a esse meio de substâncias crioprotetoras, em proporções iguais, e, após, acondicionado em finíssimos tubos capilares, as palhetas plásticas. O congelamento é progressivo, as palhetas são inseridas vagarosamente no botijão de nitrogênio líquido, e ficarão armazenadas à temperatura de 196ºC negativos, até que seu titular requeira sua retirada.

O líquido seminal é diluído com o crioprotetor, para que este proteja as características de motilidade e de morfologia dos espermatozoides. As principais técnicas de criopreservação seminal são congelamento lento, congelamento rápido e vitrificação, cada qual com métodos procedimentais próprios para atendimento às necessidades específicas do paciente.

Com a criopreservação terapêutica, que detém técnicas bastante sofisticadas de congelamento e descongelamento do sêmen, possibilita-se o acesso a tais indivíduos à procriação. As amostras seminais podem ser criopreservadas para tratamento de inseminação intrauterina (IIU), fertilização in vitro (FIV) e injeção intracitoplasmática do espermatozoide (ICSI) e estudos científicos demonstram que não existem diferenças estatísticas na taxa de fertilização utilizando sêmen a fresco ou sêmen criopreservado[3].

---

[2]   CARLSON, Bruce M. *Embriologia humana e biologia do desenvolvimento*. Rio de Janeiro: Guanabara Koogan, 1996. p. 104.

[3]   MOLINA, Erica et al. Criopreservação de Sêmen. *Reprodução assistida* – técnicas de laboratório. Porto Alegre: AGE, 2017. p. 195.

Cap. 53 • GAMETAS E EMBRIÕES HUMANOS NO LIMBO DO ESQUECIMENTO **887**

O descongelamento do sêmen ocorre à temperatura ambiente ou em banho-maria, a 38ºC, e segue um protocolo que leva em conta a velocidade com a qual foi congelado. Uma vez descongelado, o material genético será capacitado e, só assim, estará apto para o uso em qualquer técnica de reprodução humana medicamente assistida.

Uma outra técnica de congelamento de material genético masculino, desenvolvida principalmente para pacientes oncológicos, é a Criopreservação de tecido testicular, que consiste na preservação do próprio tecido do testículo e não dos espermatozoides, contemplando as células precursoras de espermatozoides.

> Segundo dados estatísticos são estimados mais de 12.600 novos casos de câncer infantojuvenil no Brasil por ano. Dessas crianças cerca de 70% são curadas quando diagnosticadas precocemente e tratadas em centros específicos e apresentam boa qualidade de vida após tratamento adequado. Devido a essa crescente incidência de casos de câncer e à alta taxa de cura dos pacientes, o desenvolvimento de um protocolo bem estabelecido para a preservação da fertilidade desses jovens se faz necessário. (...) Nesses casos, o congelamento de linhagens celulares precursoras de espermatozoides, que, por meio de posterior cultivo e transplante, possam continuar seu desenvolvimento e diferenciação, produzindo espermatozoides viáveis para utilização com o auxílio de técnicas de reprodução assistida[4].

O que se denota diante da realidade científica é o fato de que a criopreservação de sêmen e de tecido testicular são técnicas imprescindíveis para a plena efetivação da reprodução humana assistida para um procedimento exitoso em situações decorrentes da infertilidade masculina.

CRIOPRESERVAÇÃO DE ÓVULOS

A criopreservação do material genético humano feminino, procedimento que vem sendo desenvolvido desde meados da década de 1980, não possui uma técnica tão simples quanto àquela do masculino, devido a diversos fatores inerentes às características estruturais do ovócito humano.

O congelamento de ovócitos ou óvulos data do ano de 1986 e, desde então, tornou-se desafio aos cientistas em reprodução humana lograr taxas de sobrevivência mais expressivas com o aprimoramento das melhores técnicas de congelamento e descongelamento de oócitos, que permitam a consecução da procriação diante de fatores de infertilidade feminina.

Congelar óvulos é mais difícil do que congelar espermatozoides e embriões, pelo fato de terem os oócitos uma estrutura peculiar de célula única e bem grande e de serem muito sensíveis às baixas temperaturas, o que torna de maior dificuldade o processo de desidratação e, via de consequência, uma menor taxa de sobrevivência, se comparado à criopreservação de espermatozoides e de embriões[5].

> A crioconservação dos gametas femininos apresenta muitas dificuldades, por causa das peculiaridades biológicas do ovócito, uma das maiores células de todo o organismo, muito rica em água, com uma baixa relação superfície-volume e em uma fase particularmente delicada do processo meiótico. Os biólogos sempre temeram que o congelamento pudesse

---

[4]   PROVENZA, Rodrigo et al. *Criopreservação de tecido testicular*. Porto Alegre: AGE, 2017. p. 202.

[5]   AZAMBUJA, Ricardo Marques et al. *Criopreservação de oócitos*. Porto Alegre, AGE, 2017. p. 158.

PROBLEMAS DE DIREITO CIVIL – *Homenagem aos 30 anos de cátedra do professor Gustavo Tepedino*

impedir a separação normal das cromátides no momento da fertilização, determinando uma alteração no número dos cromossomas (aneuploidia), após a expulsão do segundo glóbulo polar. (...) Os pesquisadores também encontraram alguma dificuldade no momento da fertilização com uso de ovócitos congelados, provavelmente, em consequência de modificações da zona pelúcida[6].

A crioconservação de óvulos envolve uma preparação de doze dias de duração, anterior ao ciclo ovulatório, o que se faz por meio da indução medicamentosa à hiperovulação, a fim de que seja possível a produção de vários óvulos, com desenvolvimento de folículos e seu amadurecimento, até que seja o momento adequado para a aspiração folicular.

O objetivo da estimulação da ovulação é recolher o maior número de óvulos em ambos os ovários e evitar a reabsorção dos folículos que acompanham o folículo dominante. Isso permite dispor de um maior número de óvulos que, retirados do ovário, podem ser congelados ou fecundados[7].

A etapa de extração de óvulos do interior do folículo é um procedimento ambulatorial, com anestesia local ou geral, realizado mediante a punção do ovário com uma agulha guiada por visualização ecográfica ao interior dos folículos, que tem por objetivo extrair os óvulos para serem utilizados em fertilização *in vitro*[8].

Feita a extração, os óvulos deverão ser preparados para a mistura no líquido criopro-tetor e posterior congelamento, variando a técnica de congelamento lento ou de vitrificação, de acordo com a opção de procedimentos, equipamentos e de materiais disponíveis para tal procedimento.

A criopreservação de oócitos requer um rigoroso controle técnico, tendo em vista a influência de vários fatores capazes de afetar a viabilidade do material genético. O óvulo permanece inalte-rado, congelado a uma temperatura de -198°C, dentro de um tanque de nitrogênio líquido, sem limite de prazo para descongelamento e utilização e, assim como ocorre com o sêmen, pode ser mantido em criopreservação, sem que haja perda da capacidade geracional.

Existe, na atualidade, uma procura cada vez mais intensa pela técnica de criopreservação de óvulos, impulsionada pela necessidade de mulheres jovens em preservar a sua fertilidade para a procriação em momentos posteriores da sua vida, além de outras aplicações na seara de doação de oócitos.

A primeira publicação científica relatando o nascimento de uma criança oriunda de óvu-los congelados ocorreu em 1986, pelo protocolo de congelamento lento. Embora a técnica de criopreservação de oócitos esteja ainda em processo de aprimoramento, deixou de ser considerada experimental em 2013 pela ASRM – Sociedade Americana de Medicina Reprodutiva. Ademais, já existe um número mundial considerável de crianças nascidas de tal método, que demonstram, satisfatoriamente, a sua utilização clínica em reprodução humana assistida. No Brasil, o primeiro

---

[6]   FLAMIGNI, Carlo. *La procreazione assistita*. Bologna: Il Mulino, 2002. p. 84.

[7]   ALVARENGA, Raquel de Lima Leite Soares. Considerações sobre o congelamento de embriões. In: QUEIROZ, Juliane Fernandes; CASABONA, Carlos María Romeo (coords.). *Biotecnologia e suas impli-cações ético-jurídicas*. Belo Horizonte: Del Rey, 2005. p. 233.

[8]   ALVARENGA, Raquel de Lima Leite Soares. Considerações sobre o congelamento de embriões. In: QUEIROZ, Juliane Fernandes; CASABONA, Carlos María Romeo (coords.). *Biotecnologia e suas impli-cações ético-jurídicas*. Belo Horizonte: Del Rey, 2005. p. 234.

nascimento a partir de oócitos criopreservados pelo método lento foi registrado no Rio Grande do Sul, em 2002, e pelo método de vitrificação em 2001, em São Paulo[9].

Para a criopreservação de material genético feminino existe, também, a técnica de congelamento do tecido ovariano, desenvolvida em 1996, e que ainda se encontra em fase de estudos e aprimoramentos.

O objetivo desse método consiste em preservar oócitos dentro dos folículos pré-antrais presentes no córtex ovariano. Uma vez removido, o tecido ovariano que contém vários folículos é criopreservado e pode potencialmente ser usado mais tarde para restaurar a fertilidade de duas maneiras principais: (1) o transplante do tecido descongelado de volta à paciente ou (2) o isolamento de folículos do tecido descongelado para o crescimento *in vitro*, e a fertilização[10].

Tal técnica é essencialmente indicada a mulheres jovens, pré-púberes ou em idade reprodutiva, que devem se submeter ao tratamento oncológico de quimio ou radioterapia ou para tratar de doenças autoimunes e que desejam preserva a sua fertilidade. Após o término da terapia e controle da doença, o tecido ovárico pode ser reimplantado em algum local do corpo bem vascularizado (no interior do abdômen, por exemplo, ou na gordura subcutânea), de modo que possa preservar a sua atividade funcional; outra alternativa é a de que seja cultivado *in vitro* para obtenção de ovócitos maturados, utilizáveis na procriação medicamente assistida.

Nos últimos anos, no Brasil, muitas mulheres têm solicitado o congelamento de seus óvulos e de tecido ovariano por vários problemas que poderiam ocasionar a destruição do seu patrimônio folicular, tais como exaurimento ovárico prematuro ou tratamentos cirúrgicos e quimio-radioterápicos.

Deste modo, a criopreservação de óvulos se afirma como procedimento complementar em reprodução humana assistida, viável no atendimento às necessidades emergentes de mulheres que visam resguardar a sua capacidade reprodutiva.

CRIOPRESERVAÇÃO DE EMBRIÕES

A criopreservação dos embriões supranumerários permitiu aos pacientes que utilizam a fertilização *in vitro*, a obtenção de uma gravidez com mais de uma transferência embrionária, menos dispendiosa e menos estressante, sem ter que se submeter tantas vezes aos tratamentos vicinais, tais como a hiperestimulação ovária controlada ou a punção ovocitária e espermática.

As pesquisas iniciais acerca do congelamento de embriões datam de 1972, quando foi obtida a primeira gravidez com embrião de rato. Em seguida, em 1973, ocorreu o primeiro bezerro gerado com o uso de um embrião congelado. O estudo da técnica foi estendido a várias outras espécies de mamíferos, culminando em 1984, com a primeira criança nascida a partir de embrião congelado, na Austrália.

Desde então, o procedimento de criopreservação de embriões tornou-se uma técnica integrada à procriação medicamente assistida. Porém, o congelamento de embriões não é um procedimento isolado, acontecendo como consequência da aplicação de tais técnicas, como opção aos casais que recorrem a elas.

---

[9] AZAMBUJA, Ricardo Marques et al. *Criopreservação de oócitos*. Porto Alegre, AGE, 2017. p. 159.

[10] RODRIGUES, Jhenifer. *Criopreservação de tecido ovariano*: atualidades e perspectivas. Porto Alegre: AGE, 2017. p. 189.

A fertilização *in vitro* com transferência embrionária tem por objetivo que

> (...) os espermatozoides fecundem os óvulos fora do corpo da mulher, quando não há possibilidade de realização deste processo em seu lugar natural, a trompa de Falópio. Este procedimento é realizado em laboratório, mantendo óvulos e espermatozoides em uma placa de Petri com meio de cultivo (líquido que simula o fluido tubário) e sob o controle de condições ambientais como temperatura, umidade, concentração de oxigênio, gás carbônico, entre outras[11].

Utilizando-se a referida técnica, cada óvulo é incubado em um mesmo meio de cultivo junto com, aproximadamente, cem mil espermatozoides. No momento em que um destes espermatozoides consegue penetrar a zona pelúcida, o óvulo reage e ativa uma camada celular para bloquear a entrada de outros espermatozoides. Este é o início do processo de fecundação que termina com a dissolução dos pronúcleos. Os embriões, então, iniciam a sua formação, 25 a 26 horas após a fertilização ovocitária (estágio de duas células).

A fecundação ovocitária *in vitro* não admite uma proporção 100%, ou seja, três ovócitos não resultarão em três embriões, necessariamente, mas varia de 30 a 70%, dependendo da idade da mulher, da qualidade dos espermatozoides (espermatozoides provenientes do ejaculado normal, provenientes do ejaculado com patologia de quantidade, de motilidade e de morfologia, provenientes do testículo ou do epidídimo nos casos de azoospermia de déficit de produção ou de ausência ou obstrução das vias seminais) e também da qualidade dos ovócitos. Configura-se, assim, que existem limites naturais à formação de embriões.

Na sequência da técnica, o embrião é cultivado *in vitro*, utilizando-se meio de cultura apropriado às suas necessidades nutricionais, até que o desenvolvimento embrionário atinja a sua capacidade máxima que permitam a sua implantação ou o seu congelamento.

> O desenvolvimento do embrião humano tem início com a fertilização do oócito pelo espermatozoide. Após o processo de fertilização ocorre a formação do zigoto, que sofre repetidas divisões mitóticas até alcançar o estágio de blastocisto. Esta fase é fundamental para o processo de implantação e estabelecimento de uma gestação[12].

A procriação assistida *in vitro* comporta a fecundação múltipla de embriões. Tal fato, aliado à atual tendência de se transferir, no ciclo, um número cada vez menor de embriões para se evitar a gravidez múltipla, faz com que surjam os embriões excedentários ou supranumerários, os quais são congelados para uso futuro.

Os dois métodos que têm sido utilizados, atualmente, na criopreservação de embriões são o congelamento lento e a vitrificação, mas o sucesso do procedimento depende de vários outros fatores, tais como a qualidade do laboratório de FIV, por exemplo.

Os embriões podem ser congelados em vários estágios de desenvolvimento, desde Zigoto (dia 1), no estágio de clivado (dia 2 ou 3) ou no estágio de blastocisto (dia 5 ou 6). Estudos demonstram que a criopreservação embrionária em cada estágio apresenta vantagens e desvantagens, que devem ser ponderadas para determinar qual o momento escolhido para se congelar. Porém,

---

[11] ALVARENGA, Raquel de Lima Leite Soares. Considerações sobre o congelamento de embriões. In: QUEIROZ, Juliane Fernandes; CASABONA, Carlos María Romeo (coords.). *Biotecnologia e suas implicações ético-jurídicas.* Belo Horizonte: Del Rey, 2005. p. 232.

[12] MIZRAHI, Françoise. *Cultivo a blastocisto.* Porto Alegre: AGE, 2017. p. 86.

não existe a fixação de um padrão de estágio ótimo para congelamento, em que as clínicas tem dado preferência para o congelamento em estágios mais avançados de desenvolvimento devido a possibilidade de melhor avaliação morfológica dos embriões.

A técnica de congelamento de embriões se ocupa, primeiramente, em alcançar um equilíbrio gradativo entre o embrião e o líquido crioprotetor, a fim de minimizar os efeitos tóxicos, o que é feito em temperatura ambiente. Em seguida, os embriões são acondicionados em ampolas, identificados e colocados em um *freezer* biológico, para resfriamento a 40ºC negativos. Após este resfriamento inicial, os recipientes são mergulhados em um botijão de nitrogênio líquido, no qual ficam crioconservados à temperatura de -196ºC.

Os embriões criopreservados devem ser de boa qualidade (do tipo A ou B, de acordo com tabela de escala biológica), porque esses, seguramente, serão vitais e retomarão o seu desenvolvimento após o descongelamento, para ser implantados no útero para que ocorra a gestação.

Em síntese, a criopreservação de embriões é prática difundida na aplicação das técnicas de reprodução humana assistida que, se de um lado auxiliam no afastamento de procedimentos invasivos, causadores de prejuízos ao casal, por outro, conduzem a várias questões psicológicas e discussões éticas que se referem ao início e à proteção da vida do novo ser apenas concebido.

Geralmente, os embriões são crioconservados na própria clínica de tratamento em que são utilizadas as técnicas de RHA, assumindo a mesma forma de uso pertinentes aos de gametas, qual seja, a de congelamento de material próprio para uso futuro. No entanto, os bancos de embriões, são vistos de maneira diferenciada aos bancos de material genético, dada a especificidade jurídica do embrião em relação aos gametas humanos.

Assim, os genitores (detentores dos gametas masculino e feminino que deram origem ao embrião) são titulares do direito de se manifestarem quanto ao destino de tais embriões, a qualquer momento enquanto perdurar o estágio de congelamento dos mesmos.

Em outras palavras, os embriões excedentários da técnica de procriação assistida *in vitro* podem ser implantados em outra tentativa sucessiva, quando a primeira não logra sucesso, podem ser implantados para uma outra gravidez, ainda que a primeira logrou sucesso, ou poderão, segundo a vontade dos seus titulares, serem repassados para um outro casal com problemas de infertilidade ou mesmo serem entregues para pesquisa, conforme o artigo 5º da Lei de Biossegurança nº 11.105/2005.

O que difere a atividade de criopreservação dos bancos de material genético e os de embriões é a natureza jurídica de uns e de outros: enquanto o gameta humano não ultrapassa a condição de coisa passível de apropriação, os embriões abrem espaço a uma discussão ético-filosófica e jurídica a respeito deste argumento.

A despeito de tais controvérsias, os bancos de material genético e de embriões configuram realidade, que é posta diuturnamente em confronto com o amparo legal que se deve observar diante de tais relações jurídicas.

A RELAÇÃO JURÍDICA ADVINDA DA CRIOPRESERVAÇÃO DE MATERIAL GENÉTICO HUMANO

A atividade do BCTG de criopreservação de gametas e embriões faz-se através da formalização de uma relação jurídica contratual. Uma relação jurídica é um vínculo criado entre duas ou mais pessoas, que se denominam contratantes, os quais manifestam sua vontade, a fim de estabelecerem direitos e obrigações recíprocos, interligados aos interesses que os motivaram a contratar.

PROBLEMAS DE DIREITO CIVIL – *Homenagem aos 30 anos de cátedra do professor Gustavo Tepedino*

Quando um contrato é firmado as pessoas assumem um compromisso e passam também a ser titulares de um direito reconhecido pela lei. Assim, contratante e contratado devem cumprir as suas obrigações previstas, para que possam exigir os direitos conferidos pela relação jurídica contratual.

Desta forma, juridicamente considerado, a atividade do BCTG na criopreservação de gametas e embriões humanos refere-se a uma relação jurídica contratual firmada entre os titulares do material genético/embrião, tratando-se de um contrato de Prestação de Serviços. A sua definição jurídica vem especificada no Código Civil Brasileiro designando-o como instrumento através do qual uma pessoa se obriga a prestar um serviço à outra, em troca de determinada remuneração, executando-os com independência técnica.

A licitude contratual advém do fato que o objeto deste contrato recai sobre uma prestação de serviços de criopreservação e armazenamento de material genético. Nenhuma transação está sendo realizada com partes ou produtos do corpo humano, os quais não sairão, em momento algum, da titularidade dos detentores genéticos da amostra congelada.

Este contrato é dito sinalagmático, dada a reciprocidade das obrigações determinadas para as partes contratantes. A obrigação de pagar a remuneração – taxa periódica cobrada pelo BCTG, corresponde ao direito de exigir a realização da atividade de manutenção do gameta ou embrião crioconservado. Do mesmo modo, o direito de receber a remuneração corresponde à obrigação de prestar o serviço, exercendo a atividade de guarda e manutenção específica, determinada no contrato.

Neste sentido, como qualquer outro contrato de prestação de serviços, a contraprestação traduz requisito necessário para a sua configuração. Em tais casos, o titular do gameta/embrião deverá pagar taxas periódicas para manter o congelamento e armazenagem do material que deixou sob a custódia do banco, como remuneração por tal atividade que está sendo prestada.

De outro lado contratual, o banco como instituição médico-científica, por sua vez, atuando como depositário do material genético, assume o encargo de zelar pelo mesmo, aos moldes da melhor tecnologia que esteja ao seu alcance. "A obrigação do depositário é a de guardar as células reprodutoras nas melhores condições científicas disponíveis, assecuratórias da manutenção de sua funcionalidade"[13].

No momento da extinção do contrato por devido cumprimento obrigacional, mediante a solicitação de entrega do material feita pelo titular, o banco, *incontinenti*, precisa promover a devolução do material genético, que deverá ocorrer nos ditames previstos no contrato e segundo as normas jurídicas de responsabilidade pela coisa depositada, com relação ao depositário.

Assim, a devolução é específica, uma vez que se trata de bem infungível. O material genético depositado deve ser entregue ao seu titular em perfeito estado de conservação e utilização, havendo a responsabilidade jurídica do banco caso ocorra a perda ou destruição do material genético.

Sempre que ocorre um descumprimento de obrigações previstas no contrato firmado entre as partes, isto gera um desequilíbrio entre os contratantes e recai na possibilidade de extinção contratual por inadimplemento, gerador de uma possível responsabilidade jurídica.

Em suma, as relações jurídicas travadas por força das atividades desenvolvidas pelo BCTG serão pautadas no cumprimento obrigacional das partes, obrigações essas definidas e reguladas a partir de contratos particulares estabelecidos entre os contratantes, em conformidade com os interesses devidamente manifestados na criopreservação de gametas e embriões em reprodução humana assistida.

---

[13] FERRAZ, Sérgio. *Manipulações biológicas e princípios constitucionais*: uma introdução. Porto Alegre: Sergio Antonio Fabris, 1991. p. 53.

SISTEMA DE CONTROLE DE CÉLULAS GERMINATIVAS E EMBRIÕES HUMANOS CRIOPRESERVADOS

A criopreservação de gametas e embriões humanos prescreve uma relação jurídica de prestação de serviços e depósito, em que não se pode prescindir da qualidade especial do seu objeto imediato, como produto do corpo humano – sêmen e óvulos, e como potencialidade de ser humano, no caso do embrião. O material genético humano carrega em si a especificidade orientada para a proteção da privacidade do indivíduo, dentro dos direitos de personalidade, para a disposição dos produtos de seu próprio corpo e mais intensa ainda, quando se trata dos embriões que já carregam código genético próprio.

A utilização das tecnologias reprodutivas no Brasil, remontam a década de 1980 e, neste início não houve a preocupação de se contabilizar dados ou organizar instrumentos de controle para se aferir a quantidade de gametas criopreservados e de embriões que estavam sendo criados e congelados para utilização em reprodução assistida.

Os países de um modo geral e em diferentes épocas começaram a manifestar preocupações acerca de tais materiais genéticos que estavam sendo congelados e passaram a elaborar legislações internas para um efetivo controle de tais atos procedimentais dos bancos de criopreservação.

Nos EUA, um survey publicado em 2003 suscitou preocupações acerca do número de embriões congelados nas clínicas de reprodução assistida, que dimensionava-se em torno de cerca de 400 mil embriões congelados. Estimativas apontavam à época que o Reino Unido teria 52 mil embriões congelados, enquanto a Espanha contaria com 40 mil embriões. À época veiculou-se a existência de 150 mil embriões em estado de congelamento para a reprodução assistida[14]. No entanto, não se contava no Brasil, com números oficiais, diante da ausência de norma reguladora e de um órgão governamental que cuidasse da conferência de tais dados.

Em 2005, com a promulgação da Lei de Biossegurança nº 11.105, ainda em vigor, e com a criação do Conselho Nacional de Biossegurança – CNBS inicia-se o processo de instauração de órgãos que fossem encarregados de unificar os dados pertinentes às técnicas de reprodução humana assistida realizados no Brasil.

A ANVISA (Agência Nacional de Vigilância Sanitária), em reunião realizada em 6 de maio de 2008, considerando a Portaria nº 2.526/2005 que dispôs sobre a informação de dados necessários à identificação de embriões humanos produzidos por fertilização in vitro e atribuiu a competência à ANVISA para elaborar e manter o cadastro dos embriões produzidos por fertilização in vitro e não utilizados no respectivo procedimento, determina a criação do SisEmbrio – Sistema Nacional de Produção de embriões.

A criação desse sistema, em 2008, é um marco da história da reprodução humana brasileira, no primeiro esforço estatal empreendido para implementar um controle de embriões produzidos no país, que até então não eram gerenciados ou obedeciam regras de funcionamento, pela inexistência de legislação federal aplicável à utilização das técnicas de RHA.

O SisEmbrio foi operacionalizado pela Resolução da Diretoria Colegiada da ANVISA, RDC nº 29, de 12 de maio de 2008, em seu terceiro artigo:

Art. 3º Instituir o Sistema Nacional de Produção de Embriões – SisEmbrio.

---

[14] ALLEBRANT, Débora. Negociando o destino dos embriões humanos produzidos na reprodução assistida. *Revista Interseções*, Fortaleza, vol. 20, n. 1, jun. 2018.

A partir de então, os bancos de células e tecidos germinativos passaram a ter a obrigatoriedade de enviar informações acerca dos embriões que estavam sendo produzidos em fertilização in vitro, dentro do território nacional.

> Art. 1º Instituir procedimentos relativos ao Cadastramento Nacional dos Bancos de Células e Tecidos Germinativos (BCTG) e Informação da Produção dos Embriões Humanos produzidos por técnicas de fertilização in vitro e não utilizados no respectivo procedimento.
>
> Art. 2º Determinar que o envio de informações sobre a produção de embriões humanos produzidos por técnicas de fertilização *in vitro* deva ser realizado pelos BCTG.

Já em 2008 o SisEmbrio realizou a publicação de seu primeiro relatório anual contabilizando os embriões produzidos e congelados nos bancos, que perfaziam a quantidade de 25.120 embriões disponíveis para pesquisa e outros 20.062 embriões não disponíveis para a pesquisa. No entanto, a adesão dos bancos ao comando de fornecimento de dados para o SisEmbrio foi bastante aquém do desejado, visto que dos 120 BCTG existentes à época no país, apenas 50 enviaram seus dados para a composição do relatório.

Nos anos seguintes, a situação de envio de dados foi melhorando paulatinamente, com um reconhecimento vagaroso da necessidade e obrigatoriedade de cumprimento das informações solicitadas, por parte dos BCTGs, apesar da previsão de que a falta de fornecimento dos dados acarretaria infração sanitária, sujeitas as penalidades previstas em lei.

Somente a partir do 9º Relatório, gerado no ano base de 2015, parece ter ocorrido uma adesão maior dos bancos de todo o país remetendo as informações necessárias para o pleno funcionamento e análise de dados, ao SisEmbrio.

Tendo sido atualizado as diretrizes do SisEmbrio pela RDC nº 23/2011, contempla este sistema, os seguintes objetivos:

> 1. Conhecer o número de embriões humanos produzidos pelas técnicas de fertilização in vitro que estão criopreservados (congelados) nos Bancos de Células e Tecidos Germinativos-BCTGs, mais conhecidos como clínicas de reprodução humana assistida;
>
> 2. Atualizar as informações sobre embriões doados para pesquisas com células-tronco embrionárias, conforme demanda da Lei 11.105/2005 (Lei de Biossegurança) e Decreto 5.591/2005;
>
> 3. Divulgar informações relacionadas à produção de células e tecidos germinativos (oócitos e embriões) no Brasil, como: número de ciclos de fertilização in vitro realizados, número de oócitos produzidos, número de oócitos inseminados, número de oócitos com 2 pronúcleos, número de embriões clivados, número de embriões transferidos, bem como o número de embriões descartados por ausência de viabilidade;
>
> 4. Divulgar os indicadores de qualidade dos bancos, para promover a melhoria contínua do controle de qualidade dos bancos, auxiliar os inspetores sanitários a avaliar/inspecionar os BCTGs, bem como possibilitar o acesso à população aos indicadores de qualidade dos serviços.

Segundo dados do 13º Relatório do SisEmbrio – ano base 2019, foram congelados 100.380 embriões, conforme as informações enviadas por 161, dos 183 BCTGs cadastrados nesta época no território brasileiro.

Os índices anteriores demonstram, ainda, que houve um aumento de 13% no número de embriões congelados comparado ao ano de 2018 (congelamento de 88.776 embriões) o que, por sua vez denota que estamos diante de uma realidade crescente de embriões excedentários (aqueles sobrantes, não transferidos a fresco, congelados para uso futuro do casal).

O relatório ainda revela que destes 100.380 embriões, 1.403 foram doados para pesquisa clínica com células-tronco embrionárias, por termo de consentimento livre e esclarecido devidamente assinado pelos titulares.

Em linhas de conclusão do Relatório a ANVISA informa que "em 2019 foram realizados 44.705 novos ciclos de fertilização in vitro, resultando no crescimento de 1.607 ciclos em relação ao ano anterior"[15].

É importante salientar que toda a política de controle e acompanhamento de dados dos BCTGs são exclusivamente direcionados aos embriões congelados e o destino de entrega para a pesquisa. Não se tem na legislação brasileira aplicada qualquer menção ao controle de material genético – sêmen e óvulos que estão criopreservados nos BCTGs para fins estatísticos na reprodução humana assistida.

O PROBLEMA DO ABANDONO DE GAMETAS E EMBRIÕES CRIOPRESERVADOS

Um novo cenário social se molda na área da Reprodução Humana Assistida, que é o abandono de gametas e embriões que se encontram congelados nos reservatórios de nitrogênio líquido. Dados assustadores revelam que milhares destes embriões passaram para uma condição de orfandade, visto que os seus genitores assumem postura de desconsiderar a responsabilidade de que são detentores como titulares do gameta ou do embrião.

Tais abandonos ocorrem por motivos variados, que vão desde casais que já tiveram filhos nas primeiras tentativas de FIV (às vezes gêmeos, trigêmeos e quadrigêmeos) e que não desejam mais filhos; de casais que estão em processo de divórcio e não mais pretendem ter filhos devido à dissolução daquela família; de casos em que ocorreu o falecimento de um dos genitores e o sobrevivente não deseja ter filhos post mortem; até de casos em que os genitores perderam completamente o interesse em ter os filhos. Em todas as hipóteses elencadas pode-se aferir que tais embriões esquecidos, por um motivo ou outro, já não mais fazem parte de um projeto parental de filiação.

De outro lado, estão os BCTGs que reiteradamente têm se manifestado sobre o agravamento da situação, com o aumento de embriões abandonados, fato este já evidenciado na exposição de motivos quando da publicação da Resolução CFM nº 2.013, em maio de 2013:

> O Conselho Federal de Medicina produziu uma resolução orientadora dos médicos quanto às condutas a serem adotadas diante dos problemas decorrentes da prática da reprodução assistida. (...) Uma insistente e reiterada solicitação das clínicas de fertilidade de todo o país foi a abordagem sobre o descarte de embriões congelados, alguns até com mais de 20 (vinte) anos, em abandono e entulhando os serviços. A comissão revisora observou que a Lei de Biossegurança (Lei nº 11.105/05), em seu artigo 5º, inciso II, já autorizava o descarte de embriões congelados há 3 (três) anos, contados a partir da data

---

[15] ANVISA. 13º Relatório de produção de embriões SisEmbrio – ano base 2019. Disponível em: https://www.gov.br/anvisa/pt-br/centraisdeconteudo/publicacoes/sangue-tecidos-celulas-e-orgaos/relatorios--de-producao-de-embrioes-sisembrio. Acesso em: 15 abr. 2021.

do congelamento, para uso em pesquisas sobre células tronco. A proposta é ampliar o prazo para 5 (cinco) anos, e não só para pesquisas sobre células-tronco[16].

A expressão utilizada para tais embriões demonstra o quão indesejável se torna esse acúmulo embrionário para as clínicas que os mantém congelados: embriões até com mais de vinte anos "em abandono e entulhando os serviços".

Os motivos ensejadores da deserção de embriões são hipóteses fáticas, mas que não justificam o abandono, pois os genitores simplesmente desaparecem sem deixar contato, esquivando-se da obrigação de conferir destino aos gametas e embriões, para que não restem indefinidamente congelados, no limbo do esquecimento.

Avaliando a questão apenas pelo viés jurídico denota-se uma quebra de contrato, com descumprimento da obrigação por parte do contratante tomador do serviço, que deixa de quitar as taxas para a devida manutenção da criopreservação.

Nas relações contratuais o inadimplemento torna possível a resolução do contrato por inexecução voluntária, sendo passível, inclusive que o contratante inadimplente tenha que arcar com o pagamento de cláusula penal, quando prevista previamente no instrumento contratual.

Porém, na prática, revela-se difícil operacionalizar o término deste contrato, pois o descarte dos embriões implica, necessariamente na coleta de autorização específica emitida pelos titulares. Estando gametas e embriões ainda sob a custódia do BCTG e se os titulares não emitiram o consentimento para o descarte dos mesmos torna-se impraticável a resolução do contrato de prestação de serviço.

Acrescente-se, ainda, a tal fato de emissão de autorização de descarte de embriões, o que foi estabelecido na recém publicada Resolução CFM nº 2.294, de maio de 2021: "os embriões criopreservados e abandonados por três anos ou mais poderão ser descartados, mediante autorização judicial". Neste tocante, descortina-se uma incipiente solução para tais questões de descarte que redundará em uma judicialização desnecessária e onerando excessivamente os contratantes com custas de processos judiciais que poderiam ser dispensados.

Enfim, são situações como estas que nos levam a relembrar que o Direito existe para conciliar os conflitos criados na nossa realidade social e que as novas relações jurídicas formadas diante das novas técnicas de RHA têm que ser resguardadas a partir de valores morais estabelecidos previamente em um conjunto de regras de conduta. Aliás, de que valem as técnicas se não tivermos a ética comportamental em nossos relacionamentos sociais? O abandono de gametas e embriões é um dos aspectos da RHA que deve ser reavaliado pela sociedade, e espera-se que brote o equilíbrio entre o poder e a sedução da biotecnologia e a consciência das pessoas, em prol do bem comum entre seres humanos.

---

[16] Resolução CFM nº 2013/13. Exposição de motivos.

54

REFLEXÕES PREAMBULARES SOBRE AS CONJUGALIDADES CONTEMPORÂNEAS: ESTADO, LAICIDADE E LIBERDADE

MARCOS ALVES DA SILVA

*Toda luta por reconhecimento começa
por uma experiência de desrespeito.*
(Axel Honneth)

Sumário: Introdução. I. A laicidade do Estado e suas imbricações com a concepção jurídica da conjugalidade. II. Liberdade e autodeterminação existencial e a(s) conjugalidade(s). Conclusão.

INTRODUÇÃO

Sobre a sexualidade e a reprodução humanas sempre foram exercidos controles sociais e interditos. Vozes importantes, inclusive, sustentaram que as interdições em relação à sexualidade constituiriam o fator fundante das sociedades e culturas. Evidentemente, hipóteses e teorias não podem ser convertidas em dogmas. Na modernidade ocidental, o controle e regulação do exercício da sexualidade e da reprodução passaram das mãos da Igreja às do Estado. As codificações civis colheram do Direito Canônico detalhada regulamentação do casamento. O modelo do casamento, com as formalidades canônicas relativas aos impedimentos, nulidades, publicidade, legitimidade da filiação, bastardia etc., prestou-se como uma luva ao modelo liberal burguês fundado na propriedade privada. As noções jurídicas de família e de casamento são inseparáveis no conjunto arquitetônico das codificações oitocentistas. A família fundada no casamento é tomada como a instituição que tem, em si, função primordial na cumulação, perpetuação e transmissão da propriedade.

No transcurso do século XX para o século XXI, muitos fatores contribuíram para a dissociação entre casamento civil e família. Na legislação e no imaginário jurídico esses conceitos eram absolutamente imbricados e inseparáveis. O rompimento ganhou expressão jurídica no Brasil com a Constituição da República de 1988. A funcionalização[1] da família está diretamente vinculada à noção da multiplicidade de suas expressões ou formas de constituição. O princípio da pluralidade das entidades familiares viabilizou o reconhecimento jurídico da família sem casamento civil. A nova orientação constitucional de 1988 constitui mudança paradigmática de tal ordem que continua reverberando até o presente. O sentido e o alcance da virada operada pelo art. 226 da Constituição ainda estão sendo percebidos. O problema é que o discurso jurídico, ainda que inconscientemente, assenta-se no velho paradigma, colocando embargos ao novo.

Não há dúvida de que o princípio da pluralidade das entidades familiares ganhou expressão e concretude jurídica com os desafios trazidos para o trato da conjugalidade que não tem mais a expressão singular do passado. Atualmente é possível falar em conjugalidades, tantas foram as questões trazidas à discussão primeiramente pela própria noção de união estável, depois pelas uniões civis homoafetivas, pelas conjugalidades simultâneas e, ainda pelas uniões poliafetivas. Estas uniões não matrimonializadas acabaram constituindo-se *locus* privilegiado para problematizar a concepção jurídica contemporânea de conjugalidade, de família e do papel do Estado, especialmente em sua atuação reguladora e judicante em relação a essa matéria.

A temática tornou-se central no debate público. E tem estado presente de forma constante e persistente na pauta do Supremo Tribunal Federal e também do Conselho Nacional de Justiça. Necessário lembrar, por exemplo, que o STF declarou a inconstitucionalidade do art. 1.790 do Código Civil, exatamente porque desprestigiava a união estável em matéria de direito sucessório do companheiro.[2] O Supremo Tribunal Federal para não declarar inconstitucional o art. 1.723 do Código Civil determinou a sua interpretação conforme a Constituição, para reconhecer a mesma dignidade e os mesmos e idênticos efeitos e consequências para a união estável homoafetiva, como da letra da lei decorria reconhecimento à união estável entre um homem e uma mulher.[3] Por outro lado, foi o Conselho Nacional de Justiça que pôs fim à discussão sobre a possibilidade ou não do casamento homoafetivo no sistema jurídico brasileiro, estipulando que os Cartórios não poderiam negar habilitação para o casamento entre pessoas do mesmo sexo.[4] Também, o Conselho Nacional de Justiça determinou aos tabeliães e notários que não mais fizessem escrituras públicas de união estável poliafetiva.[5] Em relação às famílias simultâneas ou conjugalidades simultâneas o Supremo Tribunal Federal está julgando dois Recursos Extraordinários[6] com efeito de repercussão geral, com teses, sobre a questão do reconhecimento ou não de direitos.

---

[1] Entre os autores pioneiros do Direito Civil Constitucionalizado, com especial destaque, sublinhava o professor Gustavo Tepedino: "a família, embora tenha ampliado, coma a Carta de 1988, o seu prestígio constitucional, deixa de ter valor intrínseco, como instituição capaz de merecer tutela jurídica pelo simples fato de existir, passando a ser valorada de maneira instrumental, tutelada na medida em que – e somente na exata medida em que – se constitua em um núcleo intermediário de desenvolvimento da personalidade dos filhos e de promoção da dignidade de seus integrantes" (TEPEDINO, Gustavo. *Temas de direito civil*. 2. ed. Rio de Janeiro: Renovar, 2001).

[2] RE 646.721, j. 10.05.2017.

[3] ADI 4.277/DF e ADPF 138-1/800, j. 04.05.2011.

[4] Resolução nº 175/2013 do Conselho Nacional de Justiça (CNJ), 14 de maio de 2013.

[5] Acórdão no Pedido de Providências nº 0001459-08.2016.2.00.0000, j. 29.06.2018.

[6] *Leading Case*: RE 883.168, Rel. Min. Luiz Fux, Tema 526: "Possibilidade de concubinato de longa duração gerar efeitos previdenciários" – Acordão pendente de publicação até a data da finalização deste artigo.

Não há dúvida, portanto, que a conjugalidade ocupa cada vez mais lugar privilegiado no debate jurídico contemporâneo. E vê-se claramente que as questões mais candentes se situam no campo da intervenção regulatória e/ou judicante do Estado em relação à matéria.

Em razão de tal constatação, tem-se que a questão que impulsiona e põe em andamento a reflexão que aqui se propõe pode ser assim formulada: considerando o princípio da laicidade do Estado e o princípio da liberdade, que constituem o fundamento e o sentido do princípio da pluralidade das entidades familiares, consagrado no art. 226 da Constituição da República, quais são os limites e possibilidades de reconhecimento jurídico da conjugalidade em suas múltiplas expressões?

No enfrentamento preliminar desta questão, na fronteira que este texto permite, cumpre, ter como referência inicial a própria laicidade do Estado, para considerar suas reverberações no campo da conjugalidade, para num segundo momento tomar em consideração o princípio da liberdade como fundamento jurídico das novas formas de ser e de se fazer famílias.

I. A LAICIDADE DO ESTADO E SUAS IMBRICAÇÕES COM A CONCEPÇÃO JURÍDICA DA CONJUGALIDADE

Constitui pressuposto e condição para o Estado Democrático de Direito que ele seja laico. Em relação a tal afirmação se poderia levantar a objeção de que existem algumas monarquias constitucionais que são exemplos de democracia e, nestes casos, os Estados são confessionais. Tem-se, por exemplo, a Inglaterra. A rainha é a chefe da Igreja Anglicana e as concepções da religião obrigam os monarcas. A experiência se repete em alguns Estados nos quais a monarquia é confessional católica. Todavia, essa confessionalidade do Estado, quando, de fato, democrático, tem implicações exclusivas para os monarcas e não para o povo. Desta forma, o Estado pode ser confessional, mas laico à medida que não impõe os dogmas da religião confessada por quaisquer mecanismos de coesão, aos cidadãos que são livres para conduzirem suas vidas, famílias e negócios da forma que lhes aprouverem.

É imprescindível, portanto, distinguir: teocracias, Estado confessional e Estado laico.[7] Os modelos teocráticos negam qualquer separação entre a esfera política e a religiosa. Há neles uma identificação da sociedade, isto é, do conjunto dos cidadãos com a comunidade de crentes, e em decorrência disso, a presunção de que a lei religiosa vigora com força de lei civil. Como exemplo são sempre lembrados alguns estados islâmicos. Mas não se pode esquecer que no Ocidente os projetos de cristandade tinham como pressuposto a ascendência do "poder espiritual" da Igreja sobre o denominado "poder temporal". Presunção, claro, de que o poder da Igreja advém diretamente do divino. Infere-se, portanto, sua superioridade e prevalência. Não se pode olvidar os chamados estados cristãos. O Ocidente é herdeiro da longa tradição que se estabeleceu pelo tratado de Augsburgo sob o Sacro Império Romano-Germânico de Carlos V, pelo qual a paz foi estabelecida mediante a aceitação do brocardo: *"cujus regio, ejus religio"* (os súditos seguem a fé do soberano). O século XVI dividiu a Europa em reinos católicos, luteranos e reformados (calvinistas). A ligação entre Estado e religião não pode ser menosprezada.

Conquanto, contemporaneamente, os Estados, no Ocidente, não possam, formalmente, ser classificados como Estados teocráticos, porque, de fato, em razão de suas constituições,

---

Leading Case: RE 1.045.273, Rel. Min. Alexandre de Moraes – Tema 529: "Possibilidade de reconhecimento jurídico de união estável e de relação homoafetiva concomitantes, com o consequente rateio de pensão por morte". Ainda pendente de julgamento.

[7] Sobre o tema ver: MIRANDA, Jorge. Estado, liberdade religiosa e laicidade. *Observatório da Jurisdição Constitucional*, ano 7, n. 1, jan./jun. 2014. p. 1-22.

não o são, observa-se, atualmente, a ascensão ao poder de governos com características ou nuanças que flertam de maneira muito marcante com o modelo teocrático. Logo, ainda que o Estado se proclame laico, na prática, por força das ações e postura dos governantes, vêm-se aplicadas às políticas públicas ações que passam longe de serem fundadas em uma racionalidade típica de um Estado laico e plural, antes espelham justificativas e bases de natureza estritamente religiosa, confessional.

O que está em jogo não é, pois, a formal declaração constitucional de que o Estado é laico, mas, sim, e efetivamente, o substrato ideológico que informa a construção normativa e judicante do Estado, substrato esse que não é explicitado na maioria das vezes, mas reside de forma subjacente tanto na legislação quanto nas decisões judiciais. Parece ser bem possível o Estado ser laico formalmente e subliminarmente teocrático. Alguns governos como os de Donald Trump[8] e de Jair Messias Bolsonaro[9] prestam-se a escancarar a constatação. São caricatos. Todavia, a *teocracia de governo* existe de forma mais sutil e imperceptível em Estados modernos laicos.

A sutileza da *microfísica* do "poder espiritual" não pode ser desprezada, sob pena de não se dar o devido valor, eficácia e alcance ao princípio da laicidade do Estado. É evidente que as religiões e a religiosidade integram a dimensão cultural de uma dada sociedade e de consequência a expressão jurídica da regulação social e a aplicação normativa por qualquer Estado não pode ser concebida como isenta, neutra e incólume às visões de mundo da própria sociedade. Tal pretensão seria falsa e irreal. Não há como o Direito fugir à sua historicidade e contingência temporal e espacial.

Neste ponto, tenso e paradoxal, é que a ideia de laicidade do Estado encontra intersecção necessária com o conceito de democracia e liberdade. Ainda que não haja possibilidade de construção de uma ordem jurídica absolutamente isenta de concepções religiosas – pois, em alguma medida e de certa forma estarão sempre presentes, mesmo que de maneira reflexa e indireta, porque do contrário se negaria os condicionamentos históricos e culturais, fazendo-se abstração igualmente indesejada do Direito como pura normatividade – tais concepções religiosas não podem ser limitadoras e constrangedoras das liberdades existenciais e coexistenciais em um Estado que se quer efetivamente democrático.

Esta é a questão fulcral do debate contemporâneo sobre a regulação das conjugalidades no Brasil. Parece, no entanto, faltar clareza ao trato da matéria. Exatamente porque em seu enfrentamento, especialmente o Supremo Tribunal Federal, mas também os demais Tribunais estão a atuar sob a pressão do moralismo imperante do momento. Para o tratamento adequado da temática seria necessário encarar face a face o problema e não o deixar subjacente como tem ocorrido. No caso das conjugalidades simultâneas, os Tribunais têm se esforçado em afirmar que a questão tem natureza previdenciária e não diz respeito ao Direito de Família. Evidente que não é assim, uma companheira supérstite somente teria direito a dividir pensão por morte com a viúva sobrevivente de um dado morto se, e somente se, for reconhecido que com ele a companheira mantinha relação qualificável, juridicamente, como união estável. Logo, no fundo, o que está em questão é matéria

---

[8] Foi notório como o governo Trump guiou-se e foi apoiado em suas políticas e postura por milícias do movimento denominado *supremacia branca*, que tem fortes vínculos com fundamentalismo evangélico estadunidense. O mesmo se pode dizer do QAnon, movimento conspiracionista de extrema direita. As teorias destes grupos se mesclam com visão dos fundamentalistas norte-americanos e são por eles retroalimentadas.

[9] O apoio que Jair Bolsonaro recebeu dos setores conservadores e fundamentalista evangélico tanto para eleger-se quanto para governar é patente e não demanda maior demonstração. Além de nomear vários ministros de Estado evangélicos, até para indicação de ministros ao Supremo Tribunal Federal o Presidente disse que indicaria alguém "terrivelmente evangélico" para o cargo. Para além da retórica de palanque, na implementação de políticas públicas, as concepções religiosas confessionais têm sido decisivas.

de Direito de Família e não de Direito Previdenciário. Só reflexamente o fato teria repercussão no campo previdenciário.

A dificuldade está, portanto, em enfrentar diretamente o tema referente às multifacetadas manifestações da conjugalidade contemporânea. Se o Estado brasileiro é laico, se as normas atinentes à regulação do Direito de Família não podem estar acorrentadas a qualquer confessionalidade religiosa e à sua concepção de matrimônio, a pergunta que remanesce é: por que razão lógica e jurídica o Estado pode recusar reconhecimento e prestação à tutela jurídica a uma conjugalidade conformada à margem de outra? Esta questão pode ser enfrentada de diversas maneiras, o que não se admite é que na resposta prevaleça um dogma religioso ainda que de forma oculta ou sub-reptícia, como por exemplo, a afirmação de que a monogamia é um princípio vetor e estruturante da sociedade brasileira. Este discurso precisa ser desbastado em seu verniz para possibilitar a percepção da dominação masculina secular e hedionda sobre o corpo e a vida da mulher indígena, negra e também sobre as "socialmente desqualificadas" que ele encobre.[10] No espaço desta reflexão não é possível dar o adequado tratamento a este aspecto fundamental e obrigatório para uma mais completa análise do problema.

Afirmar que o Estado é laico implica dizer que nenhum dogma religioso pode ser assumido como estatal. O respeito à diversidade e pluralidade típicas do regime democrático impede que o Estado assuma como regra fundante de seu próprio estatuto, isto é, de sua constituição um dogma religioso que possa implicar o cerceamento das liberdades existenciais e, de consequência, coexistenciais. O princípio da laicidade do Estado tem como objetivo precípuo a construção de uma espacialidade social onde caibam todos. A pluralidade é o corolário necessário e inevitável daquele princípio. Trata-se do reconhecimento constitucional das diferenças e da possibilidade do convívio pacífico e respeitoso entre os seres humanos. O princípio da laicidade do Estado é, em verdade, o eficaz antídoto contra o totalitarismo, pois este, em sua expressão máxima, implica a invasão do Estado, o "Grande Irmão" de George Orwell, no mais recôndito da privacidade e intimidade das pessoas.

Laicidade do Estado e liberdade são temas, portanto, imbricados e inseparáveis. Esta percepção deve estar pressuposta na base de qualquer análise que se queira séria sobre a(s) conjugalidade(s) contemporânea(s), sob pena do discurso jurídico veiculado pela doutrina ou jurisprudência se prestar a ocultar a questão de fundo. A distinção estrita entre Direito Público e Direito Privado está superada há muito tempo. A democracia não diz respeito tão somente à praça pública, ao domínio público, ela tem reverberações importantes e cruciais para além da porta da sala e dos muros que demarcam a intimidade familiar.

A repercussão do princípio da laicidade do Estado no campo do Direito das Famílias, com todas suas implicações precisa, com urgência, ser melhor percebida e considerada.

II. LIBERDADE E AUTODETERMINAÇÃO EXISTENCIAL E A(S) CONJUGALIDADE(S)

O princípio da laicidade do Estado não tem apenas uma dimensão negativa, no sentido de vedar ao Estado assumir qualquer dogma religioso como razão de Estado ou como norma a ser

---

[10] Sobre uma tentativa de desvelamento, tem-se como uma possível referência: SILVA, Marcos Alves da. *Da monogamia*: sua superação como princípio estruturante do direito de família. Curitiba: Juruá, 2013. O livro resulta da tese de doutorado do autor, defendida no Programa de Pós-Graduação em Direito da Universidade do Estado do Rio de Janeiro – UERJ, sob a orientação do Professor Doutor Gustavo Tepedino.

imposta a todos os jurisdicionados, não importando suas convicções filosóficas, religiosas, morais, etc. Em seu aspecto positivo, tal princípio implica a afirmação da maximização da liberdade em relação à autodeterminação existencial e coexistencial.

As revoluções burguesas postularam a separação entre Estado e Igreja. Há passos dados pela humanidade dos quais não deveria retroceder. São definitivamente fundamentais para o bem comum e para o processo civilizatório. Esta ideia é tão viva, especialmente em relação aos direitos humanos, que no campo hermenêutico,[11] afirma-se o *in dubio pro libertate*. A laicidade do Estado não implica a mera separação formal e estrutural do que foi chamado poder espiritual e poder temporal. Não se trata de simples superação, no Ocidente, do projeto de cristandade. Cuida-se antes da exponenciação da liberdade ou das liberdades existenciais.

Necessário, aqui, diferenciar *liberdade existencial* da *liberdade* no sentido empregado nas codificações civis oitocentistas. A liberdade apregoada nos códigos civis estava diretamente vinculada ao exercício da autonomia privada, na celebração dos negócios jurídicos, portanto, estritamente conectada à ideia do trânsito jurídico das titularidades, sobretudo da propriedade. A ênfase, portanto, da concepção civilista tradicional da liberdade tem a ver diretamente com as relações obrigacionais e com a propriedade, as quais constituem o fundamento de todo aquele sistema. Já a liberdade em sua dimensão existencial diz respeito ao direito fundamental e constitutivo da condição humana, da autodeterminação, da construção de sentidos.[12]

Esta liberdade positiva deve ser merecedora de especial tutela. Como ensina Carlos Eduardo Pianovski Ruzyk, trata-se de "proteção da liberdade vivida como autodeterminação, como decisão da própria pessoa sobre os rumos do seu agir e do trajeto de sua história pessoal, é corolário do reconhecimento da pessoa em sua dignidade, sem que, para tanto, seja necessário recorrer a abstrações que desloquem o lugar do 'eu mesmo' (self) para uma senda alheia à própria pessoa. (...) a liberdade positiva não depende da afirmação de algum lugar racional de verdade sobre um agir moral de sentido universal – ou imposto pela comunidade –, que defina o que é o agir 'verdadeiramente livre'. Não depende, ainda, de uma concepção unitária acerca do que é um padrão de 'vida boa', que poderia colonizar a liberdade individual por um discurso perfeccionista".[13]

Não sendo o ser humano uma ilha, essa liberdade tem dimensões coexistenciais. Nesta direção, Ruzyk faz interessante inferência do art. 216, inciso II,[14] da Constituição da República:

---

[11] Por exemplo, o art. 29 da Convenção Americana sobre Direitos Humanos estabeleceu as seguintes normas de interpretação: "Nenhuma disposição desta Convenção pode ser interpretada no sentido de: (a) permitir a qualquer dos Estados Partes, grupo ou pessoa, suprimir o gozo e exercício dos direitos e liberdades reconhecidos na Convenção ou limitá-los em maior medida do que a nela prevista; (b) limitar o gozo e exercício de qualquer direito ou liberdade que possam ser reconhecidos de acordo com as leis de qualquer dos Estados Partes ou de acordo com outra convenção em que seja parte um dos referidos Estados; (c) excluir outros direitos e garantias que são inerentes ao ser humano ou que decorrem da forma democrática representativa de governo; e (d) excluir ou limitar o efeito que possam produzir a Declaração Americana dos Direitos e Deveres do Homem e outros atos internacionais da mesma natureza".

[12] Sobre a matéria ver: RUZYK, Carlos Eduardo Pianoviski. *Institutos fundamentais do direito civil e liberdade(s)*: repensando a dimensão funcional do contrato, da propriedade e da família. Rio de Janeiro: GZ, 2011. E ainda: MULTEDO, Renata Vilela. *Liberdade e família*: limites para a intervenção do estado nas relações conjugais e parentais. Rio de Janeiro: Processo, 2017. E também: NAMUR, Samir; NAMUR, Samir. *Autonomia privada para a constituição da família*. Rio de Janeiro: Lumen Juris, 2014.

[13] RUZYK, Carlos Eduardo Pianoviski. *Institutos fundamentais do direito civil e liberdade(s)*: repensando a dimensão funcional do contrato, da propriedade e da família. Rio de Janeiro: GZ, 2011. p. 27.

[14] CF, art. 216, II: "*Constituem patrimônio cultural brasileiro os bens de natureza* material e *imaterial*, tomados individualmente ou em conjunto, portadores de referência à identidade, à ação, à memória

"Quando se reconhece, por exemplo, com status constitucional, a relevância de modos de 'criar, fazer e viver', está-se a afirmar que também as formas de pertencimento exercidas por 'grupos formadores da sociedade brasileira', e que integram a constituição de suas identidades coletivas – e da identidade, sobretudo, de cada uma das pessoas que forma esse coletivo – devem ser apreendidas e chanceladas pelo Direito, na normatividade que decorre dessa liberdade coexistencial vivida, na autodeterminação que se verifica nesses modos de viver. Trata-se de liberdade positiva".[15]

Em relação à conjugalidade, por constituir um projeto de vida em comum, é necessário fazer referência à liberdade coexistencial. A consagração dessa liberdade deu-se, em termos de Direito positivado, com o estabelecimento do art. 226 da Constituição da República como uma cláusula geral de inclusão. Sublinhou Paulo Lôbo, em seu clássico texto, "Entidades familiares constitucionalizadas: para além do *numerus clausus*": "No *caput* do art. 226 operou-se a mais radical transformação, no tocante ao âmbito de vigência da tutela constitucional à família. Não há qualquer referência a determinado tipo de família, como ocorreu com as constituições brasileiras anteriores. Ao suprimir a locução 'constituída pelo casamento' (art. 175 da Constituição de 1967-69), sem substituí-la por qualquer outra, pôs sob a tutela constitucional 'a família', ou seja, qualquer família. A cláusula de exclusão desapareceu".[16]

O *caput* do art. 226 da Constituição, como bem assentado por Paulo Lôbo, constitui cláusula de inclusão, de maneira que não existe hierarquia entre os diversos tipos de família e nem tampouco é possível ao Direito limitar os modelos de entidades familiares. O novo paradigma estabelecido pela Constituição não permite recorte apriorístico e discriminatório do que é ou não família. O princípio da pluralidade das entidades familiares está em perfeita consonância e constitui em verdadeiro anteparo à própria liberdade coexistência de ser e de se fazer família pelas mais variadas e distintas formas. A tipicidade constitui obstáculo concreto à efetiva liberdade. A diversidade cultural e dos próprios indivíduos não permite redução da família em geral e da conjugalidade em particular a modelos legais prefixados. O estabelecimento de cláusulas de exclusão *a priori* – como era o caso das Constituições anteriores à de 1988, que admitiam como família juridicamente tutelável tão somente aquela formada do casamento – afronta claramente a liberdade existencial.

O velho paradigma da concepção monolítica da família matrimonializada parece, todavia, subsistir no imaginário jurídico com ares de cogência, mormente quando consideradas decisões recentes do Supremo Tribunal Federal e do Conselho Nacional de Justiça.

Para este exercício de reflexão sobre a(s) conjugalidade(s) contemporânea(s) toma-se como referência para considerações o acórdão do Conselho Nacional de Justiça proferido no Pedido de Providência nº 0001459-08.2016.2.00.0000, formulado pela Associação de Direito de Família e das Sucessões – ADFAS em desfavor do 3º Tabelião de Notas e Protesto de Letras e Títulos de São Vicente (SP) e do Tabelião de Notas e de Protesto de Letras e Títulos da Comarca de Tupã (SP). O pedido da ADEFAS era no sentido de que o Conselho Nacional de Justiça proibisse a lavratura de escrituras sobre "uniões poliafetivas", e que em razão de tal decisão expedisse os respectivos provimentos, instruções e recomendações a todos os serviços notariais do Brasil. A tal Pedido de Providência o CNJ deu provimento, por maioria de votos (7 a 5), em acórdão prolatado em 26 de junho de 2018.

---

dos *diferentes grupos formadores da sociedade brasileira*, nos quais se incluem: (...) *II – os modos de criar, fazer e viver*".

[15] Op. cit., p. 37.

[16] LÔBO, Paulo Luiz Netto. Entidades familiares constitucionalizadas: para além do *numerus clausus*. In: PEREIRA, Rodrigo da Cunha (coord.). *Família e cidadania* – o novo CCB e a *vacatio legis*. Belo Horizonte: Del Rey, 2002. p. 94.

904 | PROBLEMAS DE DIREITO CIVIL – *Homenagem aos 30 anos de cátedra do professor Gustavo Tepedino*

Tal Decisão se presta bem como "estudo de caso" para o enfrentamento da questão problema que constitui a mola propulsora desta reflexão especialmente no que concerne à liberdade, e é passível de críticas a partir de diversas perspectivas.

Primeiramente, era imprescindível que aquele Conselho tivesse em conta que a união estável não é constituída por um ato cartorial como o casamento. A união estável é, primeira e fundamentalmente, um fato. Preenchidos os requisitos legais caracterizados do fato jurídico, o Ordenamento pátrio imputa efeitos à conjugalidade não matrimonializada. Essa compreensão revela-se como necessária e inafastável da simples leitura do art. 1.723 do Código Civil. O pacto de união estável, ou contrato de convivência, previsto como mera faculdade, no art. 1.725 do Código Civil, nada mais é que uma declaração de auto reconhecimento da união estável pelos partícipes daquela relação, que podem ou não regulamentar os efeitos patrimoniais que desejam ver emergir da referida relação.

O pacto de união estável pode, inclusive, ser feito por escrito particular. Trata-se de um contrato formal porque a Lei exige que seja escrito. Mas a escritura pública é dispensável. Por outro lado, é possível existir um pacto de união estável celebrado por meio de escritura pública e tal união não existir, por não preencher os elementos legais para sua configuração. Ao contrário do casamento que, uma vez celebrado, em regra, produz imediatamente todos seus efeitos.

Vê-se, pois, que o primeiro passo fundamental é distinguir a união estável do casamento. A união estável, no sistema jurídico brasileiro, é um instituto autóctone. Não deve ser reduzida a um simulacro ou arremedo de matrimônio, como se fora um casamento menor ou de patamar inferior.

Esta distinção já há muitos anos foi bem assentada pelo professor Gustavo Tepedino. Esclarecedoras foram e seguem sendo suas ponderações:

> Aí está o cerne da questão: os efeitos jurídicos que decorrem do ato solene consubstanciado pelo casamento, cujo substrato axiológico vincula-se ao estado civil e à segurança que as relações sociais reclamam, não podem se aplicar à união estável por diversidade de *ratio*. À união estável, como entidade familiar, aplicam-se, em contraponto, todos os efeitos jurídicos próprios da família, não diferenciando o constituinte, para efeitos de proteção do Estado (e, portanto, para todos os efeitos legais, sendo certo que as normas jurídicas são emanação do poder estatal), a entidade familiar constituída pelo casamento daquela constituída pela conduta espontânea e continuada dos companheiros, não fundada no matrimónio.
>
> Trata-se de identificar a *ratio* das normas que se pretende interpretar. Quando informadas por princípios relativos à solenidade do casamento, não há que se estendê-las às entidades familiares extramatrimoniais. Quando informadas por princípios próprios da convivência familiar, vinculada à solidariedade dos seus componentes, aí, sim, indubitavelmente, a não aplicação de tais regras contraria o ditame constitucional.[17]

Não existe um ato de celebração da união estável como há para o matrimônio. Considerada a regulação da matéria no Código Civil brasileiro, esta confusão é inadmissível. Aqueles que vivem em união estável podem celebrar contrato de convivência ou simplesmente fazer declaração pela qual reconhecem que constituem uma família em razão da convivência pública, contínua e duradoura por eles estabelecida com esse objetivo. O contrato ou a declaração, todavia, não são atos constitutivos da união estável. "Cartorializar" a união estável revela-se, portanto, como um equívoco gritante, pois, contraria a natureza jurídica que lhe conferiu a Constituição da República e o Código Civil.

---

17 TEPEDINO, Gustavo. *Temas de direito civil*. 2. ed. Rio de Janeiro: Renovar, 2001. p. 341.

Este é um primeiro ponto. A escritura pública que contém declaração de união estável entre três ou mais pessoas não tem o condão de constituir tal união estável poliamorosa. Trata-se de declaração que goza de fé pública quanto ao conteúdo ali declarado, mas não quanto à qualificação e eficácia jurídica de tal declaração, como ocorre no casamento.

Fixada a premissa em relação à natureza jurídica da união estável no Ordenamento jurídico brasileiro, um segundo aspecto a ser considerado é o direito de liberdade de expressão e o direito de todo e qualquer cidadão se valer dos serviços notariais para registrar suas declarações em documento que tem fé pública, objetivando assegurar certeza às declarações consignadas em assento público.

A liberdade de expressão é, sem qualquer sombra de dúvida, um direito fundamental. Está inscrito no inciso IV do art. 5º da Constituição da República, nos seguintes termos: "IV – é livre a manifestação do pensamento, sendo vedado o anonimato". Ora, se a Constituição da República assegura a livre manifestação do pensamento, que razões podem ser invocadas para proibir que pessoas registrem em escrito particular ou público, evidentemente, com a identificação da autoria, o que pensam de si próprias e da relação entre elas estabelecida? Vedar que pessoas façam declaração conjunta reconhecendo que vivem em união estável por certo constitui gravíssima afronta a um direito fundamental, garantidor e estruturante do próprio Estado democrático de direito.

De que argumento se poderia lançar mão para proibir as serventias extrajudiciais de lavrarem declarações de união estável entre três ou mais pessoas? A única possibilidade que se pode vislumbrar seria a evocação da "moral e dos bons costumes". Poderia, por exemplo, ser evocada leitura por analogia do art. 115 da Lei de Registros Públicos, que dispõe: "Não poderão ser registrados os atos constitutivos de pessoas jurídicas, quando o seu objeto ou circunstâncias relevantes indiquem destino ou atividades ilícitos ou contrários, nocivos ou perigosos ao bem público, à segurança do Estado e da coletividade, à ordem pública ou social, à moral e aos bons costumes".

Primeiramente, necessário sublinhar que, no caso das escrituras públicas de união estável poliafetiva, não se trata de constituição de coisa alguma. A escritura pública não constitui a união poliafetiva. Da escritura consta apenas e tão somente a declaração de reconhecimento de um fato pelos declarantes. Em segundo lugar, não é possível admitir que tal declaração ofenda à ordem pública, à moral ou aos bons costumes. A declaração, em si, não pode ser considerada ofensiva. Pode alguém, conservador e puritano, até considerar o fato declarado ofensivo à moral e aos bons costumes, mas, jamais a declaração da existência e reconhecimento de tal fato. A declaração, portanto, em si mesma, é isenta.

Evidentemente, num sistema democrático, é inimaginável que pessoas sejam sancionadas pelo fato de viverem uma conjugalidade a três. O direito à intimidade e à forma de estabelecer família não constituem questão na qual o Estado possa imiscuir-se. Trata-se este, também, de um direito fundamental consagrado no inciso X do art. 5º da Constituição da República: "são invioláveis a intimidade, a vida privada, a honra e a imagem das pessoas...". O Código Civil, por seu turno, consagra e aplica essa mesma norma constitucional ao âmbito da família no seu art. 1.513: "É defeso a qualquer pessoa, de direito público ou privado, interferir na comunhão de vida instituída pela família".

Por outro lado, é necessário não esquecer que a declaração de união estável entre dois homens é considerada por boa parte da população brasileira uma aberração e, também, gritante ofensa aos bons costumes, todavia, o Supremo Tribunal Federal considerou tal união uma família como qualquer outra (ADI 4.227 e ADPF 132) e o próprio Conselho Nacional de Justiça, por meio da Resolução nº 175/2014, estabeleceu que as serventias extrajudiciais não podem se negar a realização da habilitação e celebração de casamento entre pessoas do mesmo sexo. Se assim está regulamentado o casamento homoafetivo, considerado ofensivo à moral e aos bons costumes por segmento expressivo da população, poderá, agora, "a moral ou bons costumes" ser evocada para vedar a feitura de escritura pública declaratória de união estável poliafetiva? Tal critério parece pernicioso e discriminatório.

Cada pessoa, cada família, cada grupo religioso ou associativo pode e deve reger-se pelos princípios morais que julgarem adequados, mas não tem o direito de fazer de tais princípios normas estatais impositivas a todos os jurisdicionados de um Estado que se declara laico, democrático e plural.

Logo, se três ou mais pessoas reconhecem e desejam declarar que vivem em união poliafetiva têm elas efetivamente tal direito. Todavia, se de tal declaração vão decorrer os mesmos efeitos que, atualmente, são reconhecidos às declarações de união estável entre um homem e uma mulher ou às declarações de união entre duas pessoas do mesmo sexo, esta é outra questão.

O enorme equívoco da Decisão do Conselho Nacional de Justiça proferida no Pedido de Providências nº 0001459-08.2016.2.00.0000 é o de que a lavratura de escritura pública de união poliafetiva teria o condão e o efeito, por si, de constituir a união estável poliafetiva. É fundamental distinguir entre a natureza jurídica da união estável e do casamento e é, também, imprescindível reconhecer o direito à liberdade de expressão e o direito dos cidadãos de acesso ao registro público de manifestação de seu pensamento, mormente quando tal declaração diga respeito à sua autocompreensão e ao reconhecimento de suas relações de coexistência e de afetividade. Vedar estes direitos implica inegável grave violação a direitos fundamentais consagrados na Constituição da República.

A proibição de lavraturas de escritura pública de união poliafetiva endereçadas às serventias extrajudiciais, resultante da Decisão do CNJ, está contribuindo para o recrudescimento de moralismo autoritário, uma vez que assumido pelo próprio Estado. O ato de proibição além de contrariar normas constitucionais expressas, se consubstanciaria em um juízo de valor feito pelo Estado em relação à vida íntima dos cidadãos. Tal ato é comum em Estados teocráticos, nos quais dogmas religiosos são transformados em normas estatais ou em Estados totalitários, nos quais as liberdades individuais são submetidas e aniquiladas em homenagem a um projeto manejado e controlado pelo poder hegemônico, poder esse que não se limita ao espaço público, mas adentra a casa, a vida, a privacidade e a intimidade das pessoas.

O que foi denominado pela melhor doutrina em Direito das Famílias como *reserva da intimidade* deve ser levado em alta consideração. A democracia não pode estar restrita ao espaço público, à praça. O espírito e o sentido da democracia devem espraiar-se à casa e à intimidade, para assegurar a liberdade fundamental, isto é, a liberdade existencial e coexistencial. Não existe democracia sem pluralidade. Construir um País democrático implica a edificação de uma espacialidade onde caibam todos,[18] com seus predicados, matizes, idiossincrasias, modos de ser etc.

Apenas a título de exemplo, é possível considerar os casos, não raros, de famílias árabes constituídas fora do Brasil e que, depois, fixam residência no território brasileiro. Pelo fato de o homem ter mais de uma mulher, esse núcleo não será reconhecido como família? Parece evidente que se trata de uma família e como tal deve ser juridicamente considerada. Se assim é, porque somente

---

[18] Em recente entrevista ao ConJur, o professor Gustavo Tepedino manifestou-se nesta direção: "Por exemplo, o poliamor. Eu fui participar de um debate com a tabeliã Fernanda Leitão, que havia feito aquela polêmica escritura da família de três mulheres, e o Eduardo Jardim, o jornalista que fez aquela série Amores Livres. Foi muito rica essa discussão. Aí a gente vê como, curiosamente, pessoas que têm um modo de vida bastante diferente daquele que é o modo de vida planejado pelo codificador buscam muitas vezes o casamento. O que de alguma maneira nos faz pensar que cada um se organiza como quer organizar. E cabe ao legislador oferecer o maior possível número de modelos para que cada um seja feliz" (TEPEDINO, Gustavo. Em nome da liberdade individual, Direito Civil pré-88 deu salvo-conduto a abusos. *Revista Consultor Jurídico*, 17 de março de 2019. Disponível em: https://www.conjur.com.br/2019-mar-17/entrevista-gustavo-tepedino-advogado-professor-uerj. Acesso em: 15 mar. 2021).

Cap. 54 • REFLEXÕES PREAMBULARES SOBRE AS CONJUGALIDADES CONTEMPORÂNEAS | 907

ao distante, ao estrangeiro, ao "exótico" deve ser assegurado o direito de ser diferente? O Brasil é continental, somos múltiplos e diferentes. Por que não tem cada qual o direito de constituir sua família da forma como melhor entender? O que ocorre é que o tema ainda está envolto por forte tabu e um amontoado de preconceitos. Estes, todavia, não podem prevalecer sob pena de se fazer letra morta normas constitucionais que asseguram o Estado democrático de direito.

Fato é que há um dogma subjacente ou mesmo oculto na linguagem e no imaginário jurídico que nega existência jurídica a esse modo de ser família. Ela existirá enquanto fato social, mas, não ingressará no mundo do Direito por um discrímen. Qual a razão? O dogma da monogamia se impõe como obstáculo, da mesma sorte que os filhos espúrios não alçavam ao *status* jurídico de filhos legítimos, nem os casais homossexuais podiam constituir união estável e muito menos casarem-se. Todos estavam postos em um lugar de *não direito*, por força de dogmas revestidos de uma capa de juridicidade.

Se o Estado é laico, um dogma, ainda que adotado por segmento hegemônico da população, não pode converte-se em estatuto de exclusão, manejado pelo Estado, com força suficiente para colocar famílias socialmente existentes no campo da invisibilidade jurídica.

Certo é que o reconhecimento de direitos elementares, como o de constituir família, só tem se verificado como resultado de lutas pela superação de experiências de desrespeito e discriminação. Com as uniões poliafetivas, com certeza, não será diferente.

CONCLUSÃO

Estado, laicidade e liberdade. As perspectivas, neste momento, não são alentadoras. Vive-se não só no Brasil, mas no mundo, o refluxo das forças sociais e políticas que impulsionaram a reabertura democrática, ideais de liberdade, justiça social e pluralismo cultural.

O campo do Direito das Famílias, como não está numa redoma, sofre os influxos conjunturais deste tempo marcado por maior autoritarismo e, sobretudo, por um moralismo obscurantista. Os que ascenderam ao poder valeram-se e instrumentalizaram-se desta onda de conservadorismo extremado, de negação da racionalidade e de ataque sistemático à ciência e à academia.

Imantado de jargões típicos da linguagem religiosa, o discurso de ódio e de intolerância ganhou palco e difusão nunca antes experimentados em razão do uso que se tem feito das redes sociais, via Internet. A possibilidade da superação deste momento pela tentativa de estabelecimento de diálogos diretos parece absolutamente nula. A paciência histórica está sendo desafiada ao seu limite. Retrocessos iminentes se prenunciaram. Talvez não ocorram de forma tão drástica, posto ser difícil a razão aderir ao erro total.

A reflexão aqui proposta, fica, pois, assentada como um marco de resistência neste momento conjuntural difícil e complexo, pois como sustenta o filósofo alemão contemporâneo Axel Honneth, citado na epígrafe deste artigo, tanto os indivíduos como os agrupamentos sociais, incluindo as famílias, somente conformam sua identidade quando reconhecidos intersubjetivamente. Tal reconhecimento se dá nas relações com o próximo (amor), na prática institucional (justiça/direito) e na convivência em comunidade (solidariedade).[19] Tem-se, pois, o Direito, também, como espaço de luta, fundamentalmente de luta por reconhecimento. Com esse objetivo e intuito é que se apresenta a presente reflexão preambular sobre a(s) conjugalidade(s) contemporânea(s) no marco de um Estado laico e democrático.

---

[19] HONNETH, Axel. *Luta por reconhecimento*: a gramática moral dos conflitos sociais. 2. ed. São Paulo: Editora 34, 2009, p. 214.

55

FUNDAMENTO DA TUTELA POSSESSÓRIA E O PAPEL DO PRINCÍPIO DA FUNÇÃO SOCIAL DA POSSE NO CONTEXTO DA AUTONOMIA DA POSSE FRENTE À PROPRIEDADE[1]

MARCUS EDUARDO DE CARVALHO DANTAS

Sumário: Introdução. 1. A impossibilidade da usucapião de bens públicos não interfere no reconhecimento da posse não autorizada de um particular sobre eles. 2. A conexão entre posse e propriedade enquanto "manifestação exterior de vida" e o fundamento da tutela possessória. 3. O problema da função social da posse como fundamento da tutela possessória. 4. O lugar do princípio da função social da posse. Conclusão.

INTRODUÇÃO

De acordo com o parágrafo segundo do artigo 1.210 do Código Civil, "Não obsta à manutenção ou reintegração na posse a alegação de propriedade, ou de outro direito sobre a coisa", ou seja, o fato de alguém ter direito sobre a coisa não é relevante na decisão de um conflito possessório. Apesar da clareza do texto, as consequências do reconhecimento da autonomia da posse frente à propriedade ainda são objeto de controvérsias das mais variadas.

---

[1] Algumas das reflexões aqui apresentadas foram embrionariamente desenvolvidas no âmbito da minha pesquisa de pós-doutorado realizada na UERJ no período de 2012/13. Tive a felicidade de trabalhar sob orientação do professor Gustavo Tepedino e desfrutar da imensidão de sua generosidade e grandeza intelectual. São características que, aliadas à curiosidade e apreço pela liberdade de pensamento, tornam as homenagens aos seus 30 anos de cátedra um gesto fundamental para expressar a importância do seu nome no âmbito da formação acadêmica dos que tiveram a sorte de serem seus alunos e alunas.

Cap. 55 • FUNDAMENTO DA TUTELA POSSESSÓRIA E O PAPEL DO PRINCÍPIO DA FUNÇÃO SOCIAL | **909**

O presente estudo nasce da intenção de investigar duas delas: a primeira, sobre como é possível que a posse seja autônoma com relação a propriedade – com a consequência de ser ela mesma o próprio fundamento de sua tutela – e, ao mesmo tempo, ser reconhecida a partir do "exercício, pleno ou não, de algum dos poderes inerentes à propriedade", como explica o artigo 1.196 do Código Civil.

A segunda é sobre o princípio da função social da posse. De maneira geral, a doutrina especializada considera que este princípio tem existência autônoma e pode ser uma importante via de materialização de direitos fundamentais como a moradia, trabalho, subsistência etc. Ele serviria como critério de aferição da legitimidade do exercício da posse, de modo a viabilizar o ganho de causa em favor do possuidor, frente ao proprietário desidioso. O problema dessa leitura é que o ordenamento jurídico vigente não exige a prova do cumprimento da função social da posse como requisito para ajuizamento de uma ação possessória e tampouco prevê a possibilidade do princípio ser utilizado como fundamento único de uma decisão de um conflito que, numa análise puramente estrutural, seria vencido pelo autor. O resultado disso é a pouca efetividade do princípio e a dificuldade na delimitação do seu papel específico.

Diante do exposto, as teses defendidas nesse trabalho são as seguintes: em primeiro lugar, é inegável que a posse e a propriedade sejam realidades autônomas, no sentido de que não é necessária qualquer referência a um título para o reconhecimento da posse ou ajuizamento de uma ação para sua proteção. Ao mesmo tempo, porém, – e este é o ponto que precisa ser enfatizado – a posse é virtualmente dependente de uma certa ideia de propriedade para que seja reconhecida como tal. Só sabemos o que é a posse em função daquilo que se tem estabelecido acerca da propriedade. Nesse sentido, há uma linha de conexão entre posse e propriedade que remete à materialidade do "comportamento típico" por meio do qual ambos ganham forma concreta. Essa dimensão social que é intrínseca ao conceito de posse – mas também ao de propriedade – tem, porém, um sentido distinto daquele por meio do qual a doutrina costuma apontar.

De maneira geral, quando os especialistas defendem a existência de uma "dimensão social" própria da posse, isso significa a presença de uma relação direta com as "necessidades básicas" da pessoa humana. Moradia, acesso ao trabalho e a alimentação – por meio da agricultura de subsistência – materializam uma dimensão produtiva sobre um imóvel que não estava sendo adequadamente utilizado ou fruído. Em tais condições, a posse seria um fenômeno muito ligado à chamada "questão social" que assola de forma tão violenta e profunda a realidade da vida no Brasil. A legitimidade do fenômeno possessório estaria na dependência do reconhecimento do quanto ela cumpre a chamada função social[2].

É um tema que merece uma reflexão maior. A tese que será defendida aqui é a de que essa "dimensão social" própria da posse é a mesma que informa o conceito de propriedade, sendo essencialmente histórica e culturalmente variável. Se o possuidor é aquele que, de fato, exerce os poderes que são típicos do direito de propriedade, esse exercício remete a um determinado tipo de uso e fruição dos bens disponíveis que muda ao longo do tempo e de lugar para lugar, às vezes

---

[2]   Nesse sentido: "A função social da posse situa-se em plano distinto, pois preliminarmente, a função social é mais evidente na posse e muito menos evidente na propriedade, que mesmo sem uso, pode se manter como tal. A função social da propriedade corresponde a limitações fixadas no interesse público e tem por finalidade instituir um conceito dinâmico de propriedade em substituição ao conceito estático, representando uma projeção da reação anti-individualista. O fundamento da função social da propriedade é eliminar da propriedade privada o que há de eliminável. O fundamento da função social da posse revela o imprescindível, uma expressão natural da necessidade". Luiz Edson Fachin, *A função social da posse e a propriedade contemporânea (uma perspectiva da usucapião imobiliária rural)*. Porto Alegre: Sergio Antonio Fabris, 1988, p. 19-20.

até dentro da mesma sociedade. Nesse sentido, a posse teria uma dimensão social que lhe é constitutiva e que diz respeito ao modo como uma dada sociedade organizou os seus modos de uso e fruição dos bens à disposição das suas formas de apropriação. A dimensão social que informa a posse como um todo é decorrente do fato de que ela é aferida por meio de um comportamento socialmente reconhecido, não estando restrita às questões relativas à moradia, trabalho etc.

A investigação acerca dos termos do princípio da função social da posse, por sua vez, precisa ser desenvolvida a partir do fato de que a ausência de um dispositivo que defina o conteúdo do princípio prejudica a sua efetividade, incentivando um uso retórico, quando ele aparece como referência auxiliar e dispensável em uma decisão que de qualquer maneira teria aquele resultado. Em tais condições, a busca pela compreensão do lugar próprio de atuação do princípio passa pela delimitação mais clara do seu conteúdo e da sua função: dar maior peso a posse que estruturalmente seria qualificada como injusta, mas que, ao materializar direitos fundamentais, deve ser privilegiada pelo magistrado.

O percurso do trabalho é o seguinte: em primeiro lugar, será examinado o caso da negativa de reconhecimento da posse não autorizada de bens públicos por particulares. O objetivo é demonstrar que quando a autonomia da posse diante da propriedade é levada a sério, ela produz efeitos socialmente relevantes e frequentemente ignorados.

Na sequência, será feita uma avaliação de como Ihering encarava o tema da relação entre posse e propriedade, dado que o autor é referência constante no âmbito das decisões que negam a possibilidade de reconhecimento de posse não autorizada de particulares sobre bens públicos, em função de uma pretensa hierarquia entre os dois conceitos.

Será possível verificar, porém, que o autor alemão não negava propriamente a autonomia entre os dois institutos, o que ampliará a complexidade com a qual o tema deve ser investigado. Nesse sentido, tendo em vista que a relevância da propriedade está diretamente ligada à materialização do seu conteúdo econômico, a "manifestação exterior da vida" pode ser encarada como um ponto de contado no qual posse e propriedade em grande medida se confundem. O problema é que como a posse é aferida por meio do "comportamento proprietário", é difícil imaginar como ela poderia ser o próprio fundamento de sua proteção.

Ao final, será necessário investigar em que termos a posse que cumpre a chamada "função social" – por materializar direitos fundamentais relativos à moradia, trabalho, subsistência etc., – pode ser considerada mais forte no âmbito de um conflito possessório. A ideia é que uma maior precisão na delimitação do conteúdo do princípio pode torna-lo mais efetivo, ainda que muitos obstáculos ainda precisem ser superados.

1. A IMPOSSIBILIDADE DA USUCAPIÃO DE BENS PÚBLICOS NÃO INTERFERE NO RECONHECIMENTO DA POSSE NÃO AUTORIZADA DE UM PARTICULAR SOBRE ELES

A afirmação de que posse e propriedade são institutos autônomos não deveria ser polêmica. Isso porque o Código Civil, entre os artigos 1.196 e 1.224, estabelece uma disciplina específica para a posse e define de modo claro a necessidade de que a sua tutela não seja contaminada com qualquer discussão acerca dos títulos, a chamada proibição da exceção de domínio[3].

---

[3] O parágrafo segundo do artigo 1.210 do Código Civil esclarece que "Não obsta à manutenção ou reintegração na posse a alegação de propriedade, ou de outro direito sobre a coisa", ou seja, o fato do autor ou do réu serem eventualmente titulares de algum direito sobre a coisa não é, ou não deve ser,

Cap. 55 · FUNDAMENTO DA TUTELA POSSESSÓRIA E O PAPEL DO PRINCÍPIO DA FUNÇÃO SOCIAL 911

Nesse sentido, se posse e propriedade são conceitos distintos e não vinculados hierarquicamente, o fato de um determinado bem não poder ser adquirido pela via da usucapião não deveria ser impeditivo para o reconhecimento da eventual posse sobre ele. No entanto, em 2018, o Superior Tribunal de Justiça editou a Súmula 619, na qual se lê que "A ocupação indevida de bem público configura mera detenção, de natureza precária, insuscetível de retenção ou indenização por acessões e benfeitorias". O que isso significa?

Existem algumas teses no âmbito do tribunal que sustentam essa leitura. Uma delas, com forte acento no âmbito do direito administrativo, parte do princípio de que um eventual reconhecimento da posse não autorizada de um particular sobre um bem público equivaleria "(...) a reconhecer, por via transversa, a posse privada do bem coletivo, o que não se harmoniza com os princípios da indisponibilidade do patrimônio público e da supremacia do interesse público"[4]. Nessa linha, ficamos sabendo, por exemplo, que o Estado é titular de um "superdireito de propriedade"[5], de modo que a ocupação não autorizada de um bem público "(...) repele atributos de posse nova, velha ou de boa-fé", sendo, portanto "(...) inútil requerer ou produzir prova de ocupação de longa data, visto que o tempo em nada influencia ou altera o regime dessa categoria de coisas"[6].

Outra tese muito frequente é diretamente inspirada no pensamento de Ihering de que "onde não há propriedade não pode haver posse"[7], e é isso que está por trás da ideia de que "(...) o particular jamais exerce poderes de propriedade (art. 1.196 do CC) sobre imóvel público, impassível de usucapião (art. 183, § 3º, da CF). Não poderá, portanto, ser considerado possuidor dessas áreas, senão mero detentor"[8]. Trata-se, porém, de uma argumentação circular, marcada pela falácia do *petitio principii*, quando a premissa está na conclusão: é por tomar como um dado a inexistência de posse sobre bens públicos que se torna impossível considerar que o particular possa exercer poderes de propriedade, inviabilizando, portanto, o seu reconhecimento como possuidor dessas áreas.

---

algo considerado relevante na decisão de um conflito possessório. A chamada proibição da exceção de domínio indica mais especificamente que o réu em uma ação de reintegração de posse, não pode se defender – opor exceção – alegando ser o proprietário da coisa cuja posse é disputada. A hipótese vislumbrada aqui seria a de um proprietário, ou algum titular de direito sobre a coisa, que pretendesse retomar o bem de sua titularidade que se encontra legitimamente nas mãos de outrem, como um caso de locação com o contrato regular ainda em vigor, ou quando o titular, pela sua própria força, decide retomar o bem das mãos de outrem, em um momento temporal muito após a ocorrência do esbulho (CC, art. 1.210, § 1º), quando não é efetivamente possível identificar com clareza que ele, autor, exerce posse sobre a coisa.

4   STJ, 1ª T., REsp 1.183.266/PR, Rel. Min. Teori Albino Zavaski, j. 10.05.2011, *DJ* 18.05.2011.

5   Segundo o Ministro Hermam Benjamim, "(...) o legislador com o objetivo primordial de salvaguardar interesses maiores da coletividade do hoje e do amanhã, encarregou-se de instituir um superdireito de propriedade do Estado, conferindo-lhe qualidades e prerrogativas peculiares" (STJ, 2ª T., REsp 1.755.340/RJ, Rel. Min. Herman Benjamin, j. 10.03.2020, *DJ* 05.10.2020).

6   STJ, 2ª T., REsp 1.755.340/RJ, Rel. Min. Herman Benjamin, j. 10.03.2020, *DJ* 05.10.2020.

7   Rudolf von Ihering. *Fundamento dos interditos possessórios*. São Paulo: Edipro, 2007, p. 133.

8   STJ, 2ª T., REsp 945.055/DF, Rel. Min. Herman Benjamin, j. 02.06.2009, *DJ* 20.08.2009. Nesse mesmo sentido, "A adoção do conceito objetivo de Ihering, contudo, simplifica a solução do problema: haverá posse sempre que exercidos os poderes inerentes à propriedade, desde que não haja exclusão expressa da proteção desse estado pelo ordenamento jurídico. (...) A jurisprudência dessa Corte é pacífica quanto ao entendimento de que a ocupação irregular de bem público dominical não caracteriza posse, mas mera detenção, hipótese que afasta o reconhecimento de direitos em favor do particular com base em alegada boa-fé". STJ, 3ª T., REsp 1.582.176/MG, Rel. Min. Nancy Andrighi, j. 20.09.2016, *DJ* 30.09.2016.

PROBLEMAS DE DIREITO CIVIL – *Homenagem aos 30 anos de cátedra do professor Gustavo Tepedino*

Mas o que nem sempre fica claro é que essa leitura tradicional da tese de Ihering, mais do que simplesmente subordinar a posse à propriedade, na verdade reduz à posse a sua versão *ad usucapionem*[9].

De fato, quando os tribunais resistem ao reconhecimento da posse não autorizada de um bem, alegando que sobre ele não são possíveis atos de propriedade por conta de sua natureza pública, o Judiciário está agindo como se a posse "boa para usucapir" fosse a única forma de manifestação da posse, mas isso está errado.

A uma, porque a ninguém deve escapar o fato de que existe a posse *ad interdicta*, na qual ela é exercida sem o objetivo de se alcançar à propriedade; a duas, porque, ainda que seja difícil enxergar uma posse *ad interdicta* não titulada, não é necessário chegar a tanto, pois, como o próprio STJ já reconheceu, "(...) muitas vezes o possuidor nem sabe que o bem é público"[10], ou seja, o particular, "age como dono" do bem, independentemente de sua natureza pública. E aí é que está: o exercício "de fato" de poderes característicos da propriedade não é exatamente a condição *sine qua non* da posse?

Não deveria ser possível confundir o "exercício dos poderes típicos de proprietário" com o "exercício dos poderes necessários para se apropriar do bem", e quando se fala em posse *ad usucapionem*, fala-se daquela que é exercida com a intenção de dono, mas o resultado final de um eventual pedido de usucapião não muda nada na sua caracterização. Ou seja, o fato de alguém exercer posse com "ânimo de dono" não lhe garante a apropriação do bem em hipótese alguma, mesmo entre particulares. E mesmo aquele que não conseguiu usucapir, seja por que motivo for, pode ter exercido a posse *ad usucapionem* durante todo o tempo pretensamente suficiente para usucapir. A viabilidade da usucapião, portanto, não é um pré-requisito para o reconhecimento da posse *ad usucapionem*. É o modo como o indivíduo efetivamente lida com a coisa é que vai indicar ou não a existência desse tipo posse.

Essa afirmação poderia ser considerada errada porque ela não estaria levando em consideração o problema da detenção[11]. Segundo o próprio Ihering, o que diferencia a posse da detenção não é o modo como os personagens envolvidos se comportam perante a coisa: possuidor e detentor agem da mesma maneira em relação ao bem[12]. É a existência ou não de um impedimento legal que surja como bloqueio ao reconhecimento da posse é que vai gerar a detenção, também considerada uma "posse degradada" pela própria lei.

---

[9] Gustavo Tepedino. *Comentários ao Código Civil:* direito das coisas (art. 1196-1276). In: Antonio Junqueira de Azevedo (coord.). *Comentários ao Código Civil.* São Paulo: Saraiva, 2011, vol. 14, p. 122.

[10] Nesse sentido, "O fato de as terras públicas não serem passíveis de aquisição por usucapião não altera esse quadro. Com frequência, o invasor nem sequer conhece essa característica do imóvel. Sua intenção, como pontuado, é ter a terra para si, embora o obstáculo jurídico instransponível". STJ, 3ª T., REsp 1.484.304/DF, Rel. Min. Moura Ribeiro, j. 10.03.2016, *DJ* 15.03.2016.

[11] O problema da detenção é um tema que ainda merece uma reflexão maior. Isso porque no REsp 945.055/DF, Rel. Min. Herman Benjamin, e no REsp 1.484.304/DF, Rel. Min. Moura Ribeiro, os julgadores trabalham com conceitos diferentes de detenção. No primeiro, tem-se a ideia da detenção como "posse degradada", ou seja, a posse que, diante de um impeditivo legal, passa a ser vista como detenção. Já na segunda decisão a detenção é aquela do artigo 1.198 do Código Civil, onde fica marcada a questão da subordinação entre o possuidor e o fâmulo da posse. A chamada "posse degradada", frequentemente relacionada com as hipóteses do artigo 1.208 do Código Civil, tem como seu fio condutor a instabilidade da qual se revestem as situações ali descritas. Sobre os termos nos quais a detenção pode ser encarada, ver, por todos, José Carlos Moreira Alves. A detenção no direito civil brasileiro (conceito e casos). In: Yussef Said Cahali (coord.). *Posse e propriedade:* doutrina e jurisprudência. São Paulo: Saraiva, 1987, p. 1-38.

[12] Rudolf von Ihering. *La voluntad em la posesión.* Madrid: Reus, 2003, p. 59.

Cap. 55 · FUNDAMENTO DA TUTELA POSSESSÓRIA E O PAPEL DO PRINCÍPIO DA FUNÇÃO SOCIAL | **913**

E aqui temos um dado relevante: não existe nenhum dispositivo legal que impeça o reconhecimento da posse não autorizada de um particular sobre um bem público, seja ele de que natureza for[13]. O que existe é a proibição constitucional da usucapião, mas, como indicado, o fato de alguém não poder usucapir um determinado bem não deveria ser empecilho para o reconhecimento da posse sobre ele, simplesmente pelo fato de que posse e propriedade são realidades distintas[14].

Ademais, se no plano do direito administrativo não há como argumentar contra um "superdireito de propriedade", é preciso também reconhecer que "with a great power there must also come great responsability"[15], como, por exemplo, a de se reconhecer que é a própria legislação, no art. 1º da MP 2.220/2001[16], que prevê a existência de uma posse não autorizada de um particular sobre um bem público.

Ela é uma condição *sine qua non* para a concessão de uso especial para fins de moradia, a chamada CUEM, instituto plenamente em vigor, ainda que de baixíssima aplicabilidade[17]. Ou seja: além de não haver nenhuma norma proibindo o reconhecimento da posse sobre um bem público – o que a alçaria a condição de detenção pela visão de Ihering – há, na verdade, uma norma que prevê a posse não autorizada de um bem público como requisito para a concessão de um direito. Nesse sentido, o bloqueio ao pedido de reconhecimento da posse não autorizada de um particular

---

[13] Nesse sentido, a argumentação desenvolvida no REsp 1.310.458/DF e no REsp 1.582.176/MG, fica ainda mais curiosa, porque no primeiro, o Ministro Herman Benjamin diz que "(...) a ocupação, uso ou aproveitamento irregulares de bem público repelem atributos de posse nova, velha ou de boa-fé, dado ecoarem apenas detenção precaríssima, decorrência da afronta nua e crua a numerosas normas constitucionais". STJ, 2ª T., Resp 1.310.458/DF, Rel. Min. Herman Benjamin, j. 11.04.2013, *DJ* 09.05.2013. No segundo, a Ministra Nancy Andrighi indica que "haverá posse sempre que exercidos os poderes inerentes à propriedade, desde que não haja exclusão expressa da proteção desse estado pelo ordenamento jurídico", como se fosse essa a razão da impossibilidade de reconhecimento de posse não autorizada de um particular sobre um bem público. STJ, 3ª T., REsp 1.582.176/MG, Rel. Min. Nancy Andrighi, j. 20.09.2016, *DJ* 30.09.2016. Em nenhum dos dois julgados há qualquer dispositivo citado que expressamente proíba esse tipo de posse. O motivo é simples: tal dispositivo simplesmente não existe.

[14] Nesse sentido, "Em relação à proibição de aquisição dos bens públicos pela prescrição aquisitiva prevista na Constituição Federal, entendemos que isso não poderá significar, a descaracterização dos bens públicos como objeto da posse. Na verdade, o que o texto constitucional não permite é a aquisição da propriedade; portanto, se o Estado resolve ajuizar uma ação possessória, poderá não ter sucesso, considerando-se outros elementos, como a função social dos bens e a boa-fé, critérios definidores da melhor posse, nem sempre baseados em titularidade, confirmada pela autonomia das situações possessórias e proprietária". Bárbara Almeida Araújo. *A posse dos bens públicos*. Rio de Janeiro: Forense, 2010, p. 115.

[15] Frase aparece como uma reflexão genérica no final da primeira história em quadrinhos do personagem "Homem Aranha", de Stan Lee, publicada pela primeira vez em 1962, na revista *Amazing Fantasy*, nº 15. Nas adaptações cinematográficas da história, a fala aparece com maior constância atribuída a Benjamin Parker, o "uncle Ben", tio do protagonista Peter Parker. *Amazing Fantasy*, nº 15, 1962. Disponível em: https://viewcomics.me/amazing-fantasy-1962/issue-15/14. Acesso em: 2 mar. 2020.

[16] "Art. 1º Aquele que, até 22 de dezembro de 2016, possuiu como seu, por cinco anos, ininterruptamente e sem oposição, até duzentos e cinquenta metros quadrados de imóvel público situado em área com características e finalidade urbanas, e que o utilize para sua moradia ou de sua família, tem o direito à concessão de uso especial para fins de moradia em relação ao bem objeto de posse, desde que não seja proprietário ou concessionário, a qualquer título, de outro imóvel urbano ou rural".

[17] Segundo Thiago Marrara, a desqualificação da posse e a oposição à posse são dois dos fatores decisivos para a baixa eficácia da CUEM. Nesse sentido, Thiago Marrara. Concessão de uso especial para fins de moradia (CUEM): o que mudou em seu regime jurídico desde a Constituição de 1988 até a Lei nº 13.465 de 2017? *Revista de Direito da Cidade*, vol. 11, nº 1, p. 310.

sobre bem público simplesmente pela citação da existência de um suposto "superdireito de propriedade" estatal, não é suficiente. É preciso lidar com o problema, explicando o motivo pelo qual a legislação exige, para concessão de um direito, um requisito que, no entender dos Ministros, simplesmente não existe[18].

Na jurisprudência do STJ, chega-se ao ponto em que se entende que a posse necessária para concessão da CUEM precisa ser autorizada pelo Estado: "(...) tem-se caso de ocupação de imóvel público, a qual, dada a sua irregularidade, não pode ser reconhecida como posse, mas mera detenção"[19]. Há um óbvio contrassenso na exigência de uma posse autorizada como requisito para concessão, pois o que a CUEM faz é exatamente autorizar a manutenção da posse do particular. O argumento aqui, novamente, é circular: "para a concessão de uso" – que nada mais é que uma autorização para a manutenção da posse – "é preciso fazer prova de uma posse autorizada pelo Estado", ou seja, para obtenção de uma posse autorizada, é preciso ter uma posse autorizada. Do ponto de vista lógico, isso não faz sentido nenhum.

2. A CONEXÃO ENTRE POSSE E PROPRIEDADE ENQUANTO "MANIFESTAÇÃO EXTERIOR DE VIDA" E O FUNDAMENTO DA TUTELA POSSESSÓRIA

Como indicado, Ihering é o autor responsável pela interpretação que mais fortemente sustenta a tese fixada na súmula do STJ e que é constantemente repetida em diversas decisões daquele tribunal. Em inúmeras oportunidades os julgadores apresentam variações mais ou menos explícitas de um raciocínio clássico:

---

[18] Necessário ainda reconhecer que também o poder público está obrigado a exercer a sua titularidade em conformidade com o princípio da função social da propriedade. Boa parte dos casos de posse não autorizada de bens públicos por particulares é também de imóveis públicos abandonados. Nesse sentido: "(...) a verdade, todavia, é que a propriedade pública é, por definição, voltada não ao interesse social, mas ao interesse público, e o reconhecimento de sua função social impõe uma verificação de conformidade entre estes dois interesses, cuja importância não pode passar despercebida ao intérprete". Gustavo Tepedino; Anderson Schreiber. A garantia da propriedade no direito brasileiro. *Revista da Faculdade de Direito de Campos*, ano VI, n. 6, jun. 2005, p. 112.

[19] STJ, 2ª T., REsp 863.939/RJ, Rel. Min. Eliana Calmon, j. 04.11.2008, *DJ* 24.11.2008. Também nesse sentido, no REsp 1.310.458/DF, há uma discussão sobre se os autores teriam direito a hipótese prevista na Lei Complementar 733/06 do Distrito Federal, que institui o Plano Diretor Local da Região Administrativa do Guará. Ali foi previsto a criação dos "Projetos Especiais da Rede Estrutural Ambiental" que, para sua implementação, exigia a remoção de pessoas que se encontravam na região, prevendo, no § 3º do art. 15 que ficaria "assegurada aos ocupantes de áreas integrantes do PEA 3 que comprovarem a posse contínua de mais de 10 anos a transferência para áreas rurais do Distrito Federal ou para lotes habitacionais de interesse social da Política Habitacional do Distrito Federal". Mas, segundo o voto de Herman Benjamin, "Se os autores não têm posse sobre o imóvel, não tem o direito de serem transferidos para áreas rurais do Distrito Federal ou para lotes habitacionais". Como o requisito para a transferência é a comprovação da posse do bem público, assim como na CUEM (ainda que com prazo menor), fica estabelecido como pressuposto lógico que a posse não autorizada de um bem público pelo particular existe. Ninguém nunca terá posse não autorizada de um bem público se os tribunais entendem que não existe posse de bem público. A legislação, portanto, estaria exigindo um requisito que é impossível de ser cumprido. Está aí um exemplo claro das razões pelas quais o instituto não tem tido muita eficácia. STJ, 2ª T., REsp 1.310.458/DF, Rel. Min. Herman Benjamin, j. 11.04.2013, *DJ* 09.05.2013.

Cap. 55 · FUNDAMENTO DA TUTELA POSSESSÓRIA E O PAPEL DO PRINCÍPIO DA FUNÇÃO SOCIAL | **915**

"(...) não se pode ser proprietário de filhos e nem de pessoas livres, e onde a propriedade não é possível, a posse tampouco o é. Por quê? Porque a posse não é o poder físico, apenas a exterioridade da propriedade"[20].

Mas o mesmo autor que colocava a propriedade como condição de possibilidade da posse – e que também considerava que a posse só era protegida como uma forma de facilitar a tutela da propriedade[21] –, curiosamente não ignorava a autonomia da posse frente à propriedade:

Se para ser protegido como possuidor basta demonstrar sua posse, esta proteção apro-veita-se do mesmo jeito ao proprietário, e ao não proprietário. A proteção possessória, estabelecida para o proprietário, beneficia desse modo a uma pessoa para quem não a tem instituído. (...) Para evitar tal consequência, seria preciso abrir a porta para a questão de direito, devendo com isto ocorrer no procedimento possessório. O caráter essencial deste é que a questão de direito seja anulada para as partes. Nenhuma delas têm a neces-sidade, para obter a facilidade da prova estabelecida em atenção ao proprietário, de alegar ou provar seu direito. (...) Assim, o demandado não pode objetar do demandante que é proprietário ou que tem um direito de obrigação sobre a coisa, e o demandante não pode suprir as lacunas da prova de sua posse pela alegação de seu direito de propriedade. Nesse sentido, mas só nesse sentido, é que os juristas romanos dizem: a propriedade e a posse não têm nada em comum e não podem ser confundidas[22].

Ou seja, Ihering considerava que a posse era autônoma com relação a propriedade ao mesmo tempo em que ressaltava que as duas realidades estavam profundamente imbricadas em sua dimensão material, a ponto de ser necessário reconhecer que "a pouca diferença que se vê entre a propriedade e a posse, enquanto manifestação exterior da vida"[23].

Assim, sua afirmação de que "as coisas sobre as quais um direito de propriedade não é possível não podem ser objeto de posse no seu sentido jurídico"[24] precisa ser interpretada dentro dessa complexidade do quadro revelado por ele: posse e propriedade são realidades autônomas, mas profundamente conectadas. É nessa linha que a viabilidade da posse está subordinada à propriedade, ao mesmo tempo em que "para nascer a propriedade, deve manifestar-se em toda a sua realidade; esta realidade é, precisamente, a posse, a qual é indispensável para a realização do fim da propriedade"[25].

A devida compreensão dessa relação passa pelo reconhecimento de que a propriedade não tem uma relevância em si mesma. Ela é importante a partir do momento em que seu titular é alguém autorizado a usar e obter frutos produzidos pela coisa, de forma exclusiva. O proprietário é aquele que, dentro dos marcos legais, tem a prerrogativa de decidir sobre a melhor forma de gerenciar o bem sobre o qual exerce o seu direito. A concretização da decisão sobre o que fazer

---

[20] Daqui já inferimos o seguinte: a propriedade dos bens dominicais é juridicamente concebível, porque o Estado tem esses bens em seu patrimônio sem qualquer vinculação à prestação de serviços públicos, podendo, assim, dispor deles quando for o caso. E sendo a propriedade particular desses bens algo juridicamente possível, a posse, consequentemente, também é. O que não é juridicamente possível é apenas uma das formas de aquisição da propriedade desses bens pelos particulares, que é a hipótese da usucapião, constitucionalmente interditada no parágrafo 3º do artigo 183 da Constituição Federal.

[21] Rudolf von Ihering. *Teoria simplificada da posse*. São Paulo: Pilares, 2005, p. 36.

[22] Rudolf von Ihering. *Teoria simplificada da posse*. São Paulo: Pilares, 2005, p. 37.

[23] Rudolf von Ihering. *Teoria simplificada da posse*. São Paulo: Pilares, 2005, p. 7.

[24] Rudolf von Ihering. *Teoria simplificada da posse*. São Paulo: Pilares, 2005, p. 27.

[25] Rudolf von Ihering. *Teoria simplificada da posse*. São Paulo: Pilares, 2005, p. 17.

PROBLEMAS DE DIREITO CIVIL – *Homenagem aos 30 anos de cátedra do professor Gustavo Tepedino*

com o bem é precisamente a posse. É nesse sentido que Ihering falava que a propriedade sem a posse era como "um tesouro sem chave para abri-lo, uma árvore frutífera sem a escada necessária para colher seus frutos"[26]. É a posse essa escada para colheita dos frutos, a via por meio da qual a propriedade ganha uma realidade concreta.

Quando falamos do uso e fruição de um bem, nós estamos nos referindo ao modo efetivo por meio do qual a pessoa se relaciona com a coisa e com o espaço social no qual ela está inserida. Se essa pessoa é titular de um direito de propriedade, a materialização desse direito é a posse exercida pelo proprietário[27].

É tentador considerar que a posse é, na verdade, superior à propriedade, dado que é nessa dimensão material que o direito efetivamente ganha corpo, eis que "(...) sendo um princípio da propriedade independente da posse, não poderá, igualmente, nascer sem a posse"[28]. Em uma visão, por assim dizer, "naturalista" do problema, a posse, ou melhor, o apossamento, seria a primeira via de conexão entre uma pessoa e a coisa, hipótese historicamente consagrada na imagem do trabalho rural daquele que ara e semeia a terra. Mas, a partir do momento em que um ordenamento jurídico se impõe de maneira institucionalizada, a propriedade surge como ferramenta de controle sobre como os bens serão utilizados e explorados em um determinado território.

É nesse sentido que a relação entre posse e propriedade, de certa maneira, se inverte: daquela situação inicial na qual a posse "vinha primeiro", a propriedade passa a ser o filtro por meio do qual se avalia a existência ou não da posse, em um sentido juridicamente válido[29]. Daí que as formas de interação – uso, fruição, organização do espaço social – juridicamente cabíveis, passam a ser apenas aquelas socialmente admitidas como características de uma ideia – histórica e sociologicamente limitada – daquilo que o proprietário faz com os bens que titulariza. É por aí que poderemos refletir até que ponto o fundamento da tutela possessória pode estar ancorado na própria posse e não na propriedade.

É muito comum que no momento da caracterização daquilo que seria o proprietário, a doutrina especializada recorra em seus livros e artigos a exemplos como: o proprietário de uma casa que quer construir em seu terreno; o dono de um automóvel; o proprietário que teve a visão de

---

[26] Rudolf von Ihering. *Teoria simplificada da posse*. São Paulo: Pilares, 2005, p. 9.

[27] Essa conexão fica clara na fala de Tepedino, quando da referência à função social da propriedade: "Acompanhada do título dominical, a função social da posse coincide e é absorvida pela função social atribuída, *a priori*, ao direito de propriedade, levada a cabo, evidentemente, pelo exercício do próprio direito, garantido constitucionalmente no art. 5°, XXIII, do Texto Maior". Gustavo Tepedino. *Comentários ao Código Civil*: direito das coisas (art. 1196-1276). In: Antonio Junqueira de Azevedo (coord.). *Comentários ao Código Civil*. São Paulo: Saraiva, 2011, vol. 14, p. 57.

[28] Rudolf von Ihering. *Teoria simplificada da posse*. São Paulo: Pilares, 2005, p. 17.

[29] Obviamente que esse processo não ocorre sem conflitos e está marcado no DNA dos conflitos de terra no Brasil. Nesse sentido, nos fins do século XVIII, "A Coroa visava reordenar o seu território e operava no sentido de delimitar o poder senhorial, impondo limites e consagrando regras para a permanência do morgadio, por exemplo. Ao mesmo tempo, procurava dar respostas aos conflitos de terra então presentes, como no alvará de 14 de junho de 1784, cujo objetivo era atualizar os limites das propriedades e explorações a confirmar os títulos de posse. Além disso, as ações prudentes da administração, ora reconhecendo o direito de uso comum, ora salvaguardando os interesses dos senhores, eram partes de uma conjuntura onde cabia ao rei produzir e reproduzir a harmonia entre os vassalos e componentes da mesma sociedade, pautada no direito. Mas as inúmeras interpretações sobre o direito à terra traziam a nu o que era preciso ocultar: direitos em confronto produziam injustiças". Márcia Maria Menendes Motta. O direito em disputa: posse e propriedade em fins do século XVIII. *Direito à terra no Brasil*: a gestação do conflito (1795-1824). 2. ed. São Paulo: Alameda, p. 56-57.

Cap. 55 • FUNDAMENTO DA TUTELA POSSESSÓRIA E O PAPEL DO PRINCÍPIO DA FUNÇÃO SOCIAL | 917

sua varanda bloqueada pela construção vizinha etc. O objetivo em tais referências é construir uma ideia do que é ser proprietário, do papel social que se espera dele: alguém que utiliza um terreno para construção de uma casa, alguém que compra e dirige um carro, alguém que eventualmente planta em seu próprio terreno, alguém que celebra um contrato de locação etc. Há uma espécie de "sociologia" da propriedade aqui, a partir de uma certa ideia sobre como esse personagem, o proprietário, se comporta perante a natureza, perante o modo como os espaços sociais vão se organizando, perante a coisa sobre a qual ele exerce, com muitas aspas, a sua "soberania".

Essa sociologia da propriedade é a mesma da posse. É essa a "manifestação exterior da vida" na qual posse e propriedade se encontram. Quando Ihering se utiliza de exemplos para clarificar a sua ideia de posse, ele o faz por inúmeros tipos de comportamento que estão diretamente vinculados à sociedade da época, seus costumes, suas tradições, e são identificados "visualmente"[30] pela forma como as pessoas se relacionam com as coisas. Ao mesmo tempo em que fala dos materiais de construção deixados diante do terreno, ele também fala do pescador e do caçador na floresta[31]. Todos eles são também comportamentos típicos de proprietário. Alguém que encontre um animal capturado em uma armadilha na floresta, sabe que aquele animal tem um "dono" porque as condições materiais nas quais ele foi encontrado são representativas do modo como o proprietário normalmente se comporta naquela sociedade. E um comportamento é uma forma de expressão social. Nesse sentido é que é possível falar de uma dimensão "material" que une posse e propriedade: uma forma concreta por meio da qual as possibilidades de apropriação ou apossamento podem ser reconhecidas.

É esta a razão pela qual há tanta dificuldade em conseguir enxergar como uma pessoa pode ser considerada possuidora de um bem de uso comum ou especial[32]. Como é possível entender

---

[30] Essa dimensão "visual" é determinante na caracterização da posse. Expressões como "agir como proprietário", "publicidade da posse", "visibilidade do domínio" etc., estão chamando a atenção para a dimensão social intrínseca aos conceitos. O que nem sempre fica claro é que essa dimensão visual da posse aponta para um certo tipo de comportamento, aquele uso da coisa que é socialmente estabelecido como normal. A necessidade de "agir normalmente" para com o bem é conhecida mesmo em fóruns não especializados, e decorre da ideia de propriedade socialmente construída. Nesse sentido, "Nada de ficar se escondendo, disse ele. Agir como se a casa não fosse deles só serviria para alertar os vizinhos para o fato de que eram invasores. Tinham de agir em plena luz do dia, ficar de cabeça erguida e fingir que eram os donos legítimos da casa, que haviam comprado da prefeitura por uma bagatela, quase de graça, (...) porque assim tinha poupado a prefeitura do trabalho de demolir o imóvel. (...) Era uma história plausível e as pessoas aceitaram. Logo depois que eles se mudaram, (...) houve uma ligeira onda de curiosidade a respeito dos movimentos deles, mas passou rápido e agora o quarteirão pequeno e escassamente povoado estava adaptado à presença deles. Ninguém prestava atenção, ninguém se importava com eles. A velha casa dos Donohue afinal tinha sido vendida, o sol continuava a nascer e a se pôr, a vida prossegue como se nada tivesse acontecido". Paul Auster. *Sunset Park*. São Paulo: Companhia das Letras, 2010, p. 84.

[31] Rudolf von Ihering. *Teoria simplificada da posse*. São Paulo: Pilares, 2005, p. 68-72.

[32] O mesmo STJ que se nega a reconhecer a posse não autorizada de um particular sobre um bem público é o tribunal que entendeu, já em 2018, que "Diferentemente do que ocorre com a situação de fato existente sobre bens públicos dominicais – sobre os quais o exercício de determinados poderes ocorre a pretexto de mera detenção – é possível a posse de particulares sobre bens públicos de uso comum" (AgInt no REsp 1.463.669/DF). O voto da Ministra Nancy Andrighi: "(...) o ordenamento jurídico excluiu a possibilidade de proteção possessória à situação de fato exercida por particulares sobre bens públicos dominicais, classificando o exercício dessa situação de fato como mera detenção (...) Essa proposição, não obstante, não se estende à situação de fato exercida por particulares sobre bens públicos de uso comum do povo". STJ, 3ª T., AgInt. no REsp 1.463.669/DF, Rel. Nancy Andrighi, j. 12.11.2018, publ. 13.11.2018. Não há, porém, qualquer indicação de dispositivo legal no ordenamento que diga nenhuma das duas coisas. Ademais, há que se reconhecer que é difícil entender porque um particular pode ser

que alguém possa ter um comportamento típico de proprietário se o bem sobre o qual ela exerce tais poderes é uma praça? Uma rua? A referência a impossibilidade da apropriação aqui é em um sentido material[33]: mesmo o leigo sabe que nenhum particular pode ser proprietário de uma praça, de uma rua ou uma repartição pública. A coisa é, ela mesma, inconfundível com um bem sobre o qual a propriedade possa incidir. Os espaços sociais não foram delimitados dessa maneira em lugar algum.

Em tais condições, a negativa de tutela da posse de uma rua estaria fundada não na ausência de título, mas no fato de que a tomada da praça pelo particular não é um "comportamento típico" que possa ser reconhecido como manifestação daquilo que a propriedade define como juridicamente possível. O comportamento proprietário passa a ser uma espécie de "condição de possibilidade" para o reconhecimento da posse em um sentido jurídico, mas não porque a posse é inferior à propriedade – como se o possuidor não pudesse vencer o proprietário em uma disputa em torno da posse do bem; como se a posse não tivesse uma disciplina autônoma no ordenamento; como se a tutela da posse dependesse da apresentação de um título –, mas sim porque a sua própria caracterização, "aquele que tem de fato o exercício dos poderes característicos da propriedade"[34], depende de uma ideia acerca daquilo que o proprietário pode ou não fazer.

A propriedade passa a ser a lente por meio da qual a posse pode ser identificada, o filtro que delimita aquilo que cabe ou não dentro da moldura na qual se reconhece um "comportamento típico de um proprietário". A posse precisa estar identificada com esse comportamento simbólico para ser efetivamente reconhecida.

É possível então voltar ao pensamento de Ihering para reconhecer que a posse é autônoma frente à propriedade porque pode ser reconhecida sem necessidade de qualquer referência a um eventual título, bastando a verificação de quem efetivamente tem o controle sobre o uso e a fruição do bem. Ao mesmo tempo, porém, a posse é dependente (ou "subordinada") da propriedade no sentido de que somente através de uma ideia de propriedade e daquilo que o proprietário pode fazer é possível reconhecê-la[35], eis que as formas de uso e fruição legítimas existentes em nossa sociedade estão delimitadas pela ideia de propriedade que vigora entre nós. Se, do ponto de vista

---

considerado possuidor de uma praça e não de um terreno vazio, sendo que ambos são de propriedade do Estado. Tendo em vista a ideia da posse como exteriorização da propriedade, a possibilidade de um comportamento proprietário é muito maior sobre um bem dominical do que sobre um bem de uso especial ou comum, onde a ninguém escapará o fato de que o particular não é, nem será, proprietário de uma praça, por exemplo, ou de um prédio público onde funcionou ou funciona uma repartição estatal.

[33] Também nessa linha, povos ribeirinhos, povos indígenas etc. tem dificuldade de conseguir o reconhecimento judicial de sua posse ou propriedade justamente porque eles não se relacionam com a terra por meio da mesma "lógica da exclusão" que permeia a propriedade. Por este motivo, a doutrina vê a necessidade de criação e defesa de uma variedade de "posses", como a chamada "posse agroecológica", que respondem por uma lógica diferente da chamada "posse civil". José Heder Benatti. *Posse agroecológica e manejo florestal, à luz da Lei 9.985/00*. Curitiba: Juruá, 2008, p. 56.

[34] Segundo o artigo 1.196 do Código Civil, "Considera-se possuidor todo aquele que tem de fato o exercício, pleno ou não, de algum dos poderes inerentes à propriedade".

[35] Isso não significa que o reconhecimento da posse sobre bens públicos de uso comum ou especial seja algo errado. Significa apenas que nesses casos, o conceito de propriedade utilizado como referência para a caracterização da posse teria seu conteúdo amplificado. O proprietário seria apenas aquele que tem o poder de usar e obter os frutos produzidos pela coisa. Seja de que modo for, aquele que tem o controle efetivo sobre o bem poderia ser reconhecido como proprietário ou possuidor dele. Aí nós poderíamos reconhecer a possibilidade de uma posse sobre bens públicos de uso comum: a pessoa que está transitando pela rua não está fazendo uso dela? Ela não está, de fato, exercendo os poderes que um proprietário normalmente tem, que é fazer uso do bem sobre o qual o seu direito incide?

Cap. 55 · FUNDAMENTO DA TUTELA POSSESSÓRIA E O PAPEL DO PRINCÍPIO DA FUNÇÃO SOCIAL

concreto, dessa dimensão sociológica da "manifestação exterior de vida", posse e propriedade se confundem, é fato que a "moldura proprietária" dá o tom daquilo que é juridicamente possível no que diz respeito à forma como as pessoas se relacionam com as coisas. A propriedade acaba sendo encarada como o filtro por meio do qual a relação entre as pessoas e as coisas são mediadas[36]. Assim, ao que parece, a razão de ser da proteção da posse é a relevância social da materialização das formas de uso e fruição originariamente postas à disposição do proprietário, e delimitadas pela ideia de propriedade[37].

De fato, não havendo possibilidade de uso e fruição que esteja disponível apenas ao possuidor e não ao proprietário, pode a posse ser ela mesma o fundamento da sua proteção? E ainda: se nem toda posse legítima e legalmente prevista tem relação direta com a moradia, trabalho, dignidade humana etc., seria a função social exercida pela posse a razão de ser de sua proteção pelo ordenamento?

3. O PROBLEMA DA FUNÇÃO SOCIAL DA POSSE COMO FUNDAMENTO DA TUTELA POSSESSÓRIA

A literatura especializada tem se esforçado em chamar a atenção para a necessidade de uma diferenciação qualitativa de determinados tipos de manifestação da posse, as que consagram direitos fundamentais como moradia, trabalho etc. Essa ampliação da análise do fenômeno possessório,

---

A questão da qualificação jurídica das ocupações das escolas públicas para fins de protesto ocorridas no Brasil a partir do ano de 2015, também pode ser lida nesse contexto. Ao terem o controle sobre quem entra e quem sai, por exemplo, os estudantes não estão exercendo prerrogativas de proprietário? Nesse sentido, não seriam, de fato, possuidores desses imóveis? O conceito aqui é alargado porque a propriedade e, consequentemente a posse, não decorrem de um "comportamento típico", em sentido material, de um papel social que se imagina ser o do proprietário privado. O possuidor passa a ser apenas aquele que concretamente materializa prerrogativas que o ordenamento põe à disposição do proprietário.

Nesses termos, o tipo de bem sobre o qual é possível reconhecer a posse também não tem a mesma relevância. Se, de fato, uma pessoa tem o controle sobre o uso e a fruição de um determinado bem, seja qual for a sua constituição material (uma praça, uma rua, uma escola), ela poderia ser considerada possuidora. Aliás, alguém só pode ser considerado possuidor de uma rua se o conceito de posse estiver sendo empregado não no sentido da efetivação daquilo que o proprietário privado pode fazer, pois a ninguém escapa o fato de que não se pode ser "dono" de uma praça, mas no sentido do exercício, de fato, de prerrogativas que são típicas da propriedade, mas em um sentido "desmaterializado".

[36] Dogmaticamente, portanto, não há razão para negativa do reconhecimento da posse não autorizada de um particular sobre um bem público dominical, no qual, como o próprio STJ já reconheceu, "(...) muitas vezes o possuidor nem sabe que o bem é público", porque, ao contrário do que ocorre no caso dos bens de uso comum e especial, os bens dominicais comportam perfeitamente um comportamento considerado "(...) aspecto normal da relação do proprietário com a coisa", tal qual as palavras de Ihering (*Teoria simplificada da posse*. São Paulo: Pilares, 2005, p. 65).

[37] Essa não é uma defesa da propriedade em detrimento da posse, mas uma constatação do modo como os conceitos estão estruturados no nosso sistema jurídico. Como já indicado, as dificuldades no processo de reconhecimento e legitimação da posse agroecológica, por exemplo, estão diretamente relacionadas à limitação da ideia de propriedade e, consequentemente, da "moldura proprietária" dentro da qual a posse pode ser reconhecida. O aspecto "comum" dessas formas de relacionamento com a terra característicos dos povos da floresta impede a sua captação pelos marcos da propriedade. Nesse sentido, "(...) se o comum tiver de ser instituído, ele só poderá sê-lo como inapropriável – em hipótese alguma como objeto de um direito de propriedade". Pierre Dardot; Christian Laval. O direito de propriedade e o inapropriável. *Comum*: ensaio sobre a revolução do século XXI. São Paulo: Boitempo, 2017, p. 245.

920 | PROBLEMAS DE DIREITO CIVIL – *Homenagem aos 30 anos de cátedra do professor Gustavo Tepedino*

superando a dimensão meramente estrutural que tradicionalmente envolve o tema, abriria espaço para avalição da legitimidade e dos limites dos poderes possessórios, "(...) isto é, a justificativa desses poderes em razão das exigências suscitadas, na concreta utilização dos bens jurídicos, por outros tutelados pelo ordenamento". Nesse sentido:

> (...) os princípios constitucionais da dignidade da pessoa humana, da solidariedade social e da igualdade, informadores da normativa referente à moradia e ao trabalho, servem de referência axiológica a justificar a disciplina dos interditos possessórios e da usucapião de bens imóveis, e encerram o fundamento para a tutela possessória na ordem civil-constitucional[38].

O possuidor, tal qual o proprietário, também teria de cumprir os "deveres indispensáveis ao atendimento da função social da posse", mas tais deveres não poderiam ser delimitados de antemão, dado o caráter meramente fático do qual a posse se reveste.

Surgem então duas hipóteses: quando a posse se caracteriza como materialização de um direito de propriedade e quando ela se apresenta sem qualquer titulação da qual seja a expressão concreta. No primeiro caso:

> Acompanhada do título dominical, a função social da posse coincide e é absorvida pela função social atribuída, *a priori*, ao direito de propriedade, levada a cabo, evidentemente, pelo exercício do próprio direito, garantido constitucionalmente no art. 5º, XXIII, do Texto Maior[39].

No segundo caso:

> (...) quando, contudo, quando desacompanhada de título dominical que estipule previamente os seus contornos, mostra-se essencialmente dúctil e define-se *a posteriori*, dependendo da compatibilidade da utilização atribuída à coisa, no caso concreto, com situações jurídicas constitucionalmente merecedores da tutela. Em outras palavras, apartada da propriedade, a tutela possessória depende do direcionamento do exercício possessório a valores protegidos pelo ordenamento, que a legitimem e justifiquem sua proteção legal, inclusive contra o *verus dominus*[40].

O fundamento da tutela possessória aqui seria a função social da posse, compreendida como materialização desse conjunto de valores constitucionalmente albergados e que serviriam de "(...) critério interpretativo para a solução de conflitos de interesse entre as situações jurídicas proprietárias e as situações jurídicas possessórias"[41].

É fato que a posse, assim como a propriedade, só pode ser objeto de tutela na medida em que materializa valores que são protegidos pelo ordenamento. A grande dificuldade é

---

[38] Gustavo Tepedino. *Comentários ao Código Civil*: direito das coisas (art. 1196-1276). In: Antonio Junqueira de Azevedo (coord.). *Comentários ao Código Civil*. São Paulo: Saraiva, 2011, vol. 14, p. 57.

[39] Gustavo Tepedino. *Comentários ao Código Civil*: direito das coisas (art. 1196-1276). In: Antonio Junqueira de Azevedo (coord.). *Comentários ao Código Civil*. São Paulo: Saraiva, 2011, vol. 14. p. 57.

[40] Gustavo Tepedino. *Comentários ao Código Civil*: direito das coisas (art. 1196-1276). In: Antonio Junqueira de Azevedo (coord.). *Comentários ao Código Civil*. São Paulo: Saraiva, 2011, vol. 14. p. 57.

[41] Gustavo Tepedino. *Comentários ao Código Civil*: direito das coisas (art. 1196-1276). In: Antonio Junqueira de Azevedo (coord.). *Comentários ao Código Civil*. São Paulo: Saraiva, 2011, vol. 14. p. 57.

conseguir delimitar quais são esses valores, tendo em vista que o sistema jurídico protege uma variedade deles[42].

Ademais, ao que parece, há espaço para se pensar numa diferenciação importante entre a função social que posse e propriedade desempenham em sociedade e a função social da posse e da propriedade como conjunto de deveres especificamente exigidos por meio da norma, através do qual o legislador pretende concretizar uma lista de valores considerados especialmente relevantes.

Isso porque, uma coisa é dizer que a propriedade sobre um bem imóvel tem a função de proporcionar para o seu beneficiário a materialização do direito à moradia, uma renda por intermédio de uma eventual locação, riqueza por meio do lucro eventualmente gerado com a venda etc. Todas essas formas de utilização concretizam valores que são protegidos pelo ordenamento. São as funções que a propriedade sobre um bem imóvel pode desempenhar[43], e a autonomia privada inerente ao direito subjetivo existente na hipótese garante uma margem de decisão acerca de como se dará o gerenciamento desse uso e fruição, dentro dos marcos definidos pelo legislador[44]. Aqui, tanto no caso da propriedade, quanto no caso da posse, os modos de utilização e fruição legítimas à disposição das pessoas não podem ser definidos previamente. Não há como o legislador delimitar abstratamente todas as formas criativas de manifestação da autonomia privada nesse campo[45].

Outra coisa é falar de função social da propriedade como princípio constitucional que estabelece um conjunto de deveres que o proprietário precisa cumprir para que o exercício do seu

---

[42] Nesse sentido, a necessidade de cumprimento da função social não pode ser vista como algo que extingue a autonomia privada: "Não se quer dizer com isto que o domínio deve atender exclusivamente ao interesse social. Tampouco se pretende excluir do direito subjetivo sua vocação individualista, voltada para o atendimento das necessidades do seu titular. Cuida-se, ao revés, de dotar o direito subjetivo de uma capacidade expansiva, de modo a que, contemporaneamente à satisfação das necessidades do proprietário, possa atender a interesses não proprietários, estes legitimadores do domínio, segundo a ordem pública definida pela Constituição". Gustavo Tepedino; Anderson Schreiber. O papel do Poder Judiciário na efetivação da função social da propriedade. In: Juvelino José Strozake (org.). *Questões agrárias* – julgados comentados e pareceres. São Paulo: Método, 2002, p. 121.

[43] Em objeção principalmente ao não uso dos bens, León Duguit expressamente indicava que: "Todo indivíduo tiene la obligaciónde cumplir en la sociedad una certa función por lo mismo que pose ela riqueza, puede realizar un certo trabajo que sólo él puede realizar. Sólo él puede aumentar la riqueza general haciendo valer el capital que posee. Está, pues, obligado socialmente a realizar esta tarea, o no será protegido socialmente más que si cumple y en la medida que la cumpla. La propriedade no es pues, ele derecho subjetivo del proprietário; es la función social del tenedor de la riqueza". León Duguit. *Las transformaciones del derecho público y privado*. Granada: Editorial Comares, 2007, p. 215.

[44] Leonardo Martins. Direito fundamental à propriedade e tratamento constitucional do instituto da propriedade privada. *Revista Brasileira de Estudos Constitucionais – RBEC*, Belo Horizonte, ano 1, nº 1, 2007, p. 7.

[45] Ressaltando o dinamismo da autonomia privada no âmbito da atividade econômica, Gustavo Tepedino esclarece que "(...) ao lado das regras imperativas, que definem a existência e o conteúdo de cada tipo real, coexistem preceitos dispositivos, atribuídos à autonomia privada, que permitem moldar o interesse dos titulares à situação jurídica real pretendida. Assim, se é inegável que a constituição de um novo direito real sobre coisa alheia ou de uma forma proprietária com características exóticas depende do legislador (...) certo é que, no âmbito do conteúdo de cada tipo real, há um vasto território em que atua a autonomia privada e que carece de controle quanto aos limites (de ordem pública) permitidos para essa atuação". Gustavo Tepedino. *Comentários ao Código Civil*: direito das coisas (art. 1196-1276). In: Antonio Junqueira de Azevedo (coord.). *Comentários ao Código Civil*. São Paulo: Saraiva, 2011, vol. 14, p. 58. A lição que fica é a da dinâmica das relações econômicas é intensa e pródiga em novidades no desenvolvimento das formas de uso e fruição dos bens disponíveis à apropriação.

direito seja considerado legítimo. A situação aqui é diferente: o legislador separa determinados usos e posturas antecipadamente definidos como especialmente relevantes para o todo social, de modo a garantir a obrigatoriedade do seu cumprimento[46].

No caso da posse, essa estipulação prévia é impossível, justamente porque, sendo uma realidade fática, independente de título ou registro, as formas de uso e exploração só podem ser concretamente avaliadas em seu merecimento de tutela[47] em uma situação efetiva de conflito, quando essa posse estiver sendo judicialmente disputada, e as pessoas envolvidas, identificadas.

Exatamente por esse motivo é que é possível dizer, sem erro, que não há no nosso ordenamento qualquer dispositivo normativo que defina claramente um conjunto específico de formas de manifestação da posse obrigatórias a título de cumprimento da função social da posse, tal qual é possível verificar no caso da propriedade. Isso obviamente não significa que o ordenamento não eleja determinadas formas de manifestação possessória como mais relevantes do que outras, e o caso da usucapião é especialmente ilustrativo desse ponto.

No artigo 1.238 do Código Civil[48], o legislador prevê a hipótese da chamada "usucapião extraordinária", e ali fica claro que o possuidor *ad usucapionem* não precisa provar qualquer tipo de qualificação especial para que a sua posse gere os efeitos estipulados. A título de exemplo, o possuidor pode se milionário, o imóvel a ser usucapido pode ser imenso, pode estar sendo utilizado para uma atividade frívola (um terreno abandonado que ele utiliza para estacionar sua Ferrari ou para simplesmente jogar futebol com os amigos etc.). Nada disso vai impedir que essa posse, uma vez provada, seja protegida e prevaleça sobre a propriedade caso o possuidor já tenha o prazo necessário para usucapir.

Em diversos outros artigos, sem dúvida, o legislador faz uma consideração especial acerca da posse que materializa valores especialmente queridos pela norma constitucional. É o caso do próprio parágrafo único do mesmo artigo 1.238 do Código Civil, onde temos a oportunidade de verificar que, se o possuidor utilizar o imóvel como "moradia habitual, ou nele realizado obras

---

[46] Isso fica especialmente claro no artigo 186 da Constituição, onde se lê que a função social estará sendo cumprida "(...) quando a propriedade rural atende, simultaneamente, segundo critérios e graus de exigência estabelecidos em lei, aos seguintes requisitos: I – aproveitamento racional e adequado; II – utilização adequada dos recursos naturais disponíveis e preservação do meio ambiente; III – observância das disposições que regulam as relações de trabalho; IV – exploração que favoreça o bem-estar dos proprietários e dos trabalhadores".

[47] Segundo Eduardo Nunes de Souza, o merecimento de tutela pode ser encarado em seu sentido amplo e em seu sentido estrito, "(...) o merecimento de tutela em sentido amplo é a natural consequência da conformidade (estrutural e funcional) de certo ato ao direito. Por vezes, porém, atos particulares que não apresentam fundamento para sua supressão podem sujeitar-se a outra espécie de valoração, baseada em seu potencial de promover valores do ordenamento. Esse julgamento, o merecimento de tutela aqui proposto em sentido estrito, não classifica os atos como ilegítimos ou legítimos (ainda que, ao final, um dos atos venha a ser reprimido), mas procura identificar qual deles deve merecer tutela privilegiada em face do outro no caso concreto". Eduardo Nunes de Souza. Merecimento de tutela: a nova fronteira da legalidade no direito civil. In: Carlos Eduardo Guerra de Moraes; Ricardo Lodi Ribeiro (coord.); Carlos Edison do Rêgo Monteiro Filho; Gisela Sampaio Cruz Guedes; Rose Melo Vencelau Meireles (org.). *Direito UERJ – 80 anos*: direito civil. Rio de Janeiro: Freitas Bastos, 2015, vol. 2, p. 103.

[48] "Art. 1.238. Aquele que, por quinze anos, sem interrupção, nem oposição, possuir como seu um imóvel, adquire-lhe a propriedade, independentemente de título e boa-fé; podendo requerer ao juiz que assim o declare por sentença, a qual servirá de título para o registro no Cartório de Registro de Imóveis.

Parágrafo único. O prazo estabelecido neste artigo reduzir-se-á a dez anos se o possuidor houver estabelecido no imóvel a sua moradia habitual, ou nele realizado obras ou serviços de caráter produtivo".

ou serviços de caráter produtivo", será beneficiado com um prazo menor para usucapir. Nas hipóteses do chamado "usucapião especial", urbano (CC, art. 1.239) ou rural (CC, art. 1.240), fica ainda mais clara a intenção de privilegiar determinadas formas de uso e fruição, diretamente relacionados com valores constitucionalmente protegidos, como é o caso da moradia, trabalho, dignidade humana etc.

Nesse sentido, a consideração da função social da posse – entendida como conjunto de formas de manifestação da posse especialmente desejadas pelo legislador – como a razão pela qual a posse é protegida no sistema jurídico nacional, esbarra em uma espécie de contradição: como considerar como fundamento da tutela da posse como um todo, um conteúdo que representa um recorte dos valores especialmente relevantes pelo ordenamento, dado que existem manifestações possessórias protegidas pelo ordenamento mas não diretamente relacionadas com moradia, trabalho e dignidade humana?[49] O fundamento é o alicerce sobre o qual o sistema de tutela da posse foi erguido, de modo que ele deve servir de base tanto para justificar tanto a proteção da posse especialmente qualificada quanto para a posse que, sem relação imediata com direitos fundamentais, nem por isso deixa de ser uma manifestação legítima do fenômeno possessório.

Em tais condições, o fundamento da tutela possessória parece ser, na verdade, a relevância social do conjunto de formas de uso e fruição materializadas através da posse e enraizadas na ideia de propriedade. Se nem toda forma legítima de manifestação da posse está diretamente ligada ao direito à moradia, ao trabalho, à dignidade humana, então esses valores não podem servir como fundamento da tutela da posse como um todo. Ao mesmo tempo, se não há nenhuma forma de apossamento que também não possa ser encarada como expressão da propriedade, não há como a posse figurar, ela mesma, como o fundamento da sua proteção. Isso, porém, não significa que o princípio não pode ter um papel importante a desempenhar. Mas que papel é esse?

4. O LUGAR DO PRINCÍPIO DA FUNÇÃO SOCIAL DA POSSE

O princípio da função social da posse dispõe de um *status* peculiar no nosso país. Na doutrina ele ainda é pouco estudado, o que se comprova pela quantidade pequena de autores especializados que tratam do assunto[50], mas na jurisprudência o princípio já tem uma presença muito mais intensa[51].

---

[49] Em lição também aplicável ao tema da função social da posse, Anderson Schreiber ressalta que "Os valores existenciais tutelados pelo princípio da função social esbarram ocasionalmente com outros valores, que lhe são contrapostos. A técnica de ponderação de valores antagônicos deve evitar a supressão de um valor em favor de outro". Anderson Schreiber. Função social da propriedade na prática jurisprudencial brasileira. *Revista Trimestral de Direito Civil*, Rio de Janeiro: Padma, v. 6, abr.-jun. 2001, p. 160.

[50] Em um universo de 28 manuais de direitos reais disponíveis no mercado brasileiro, apenas em 5 deles o tema da função social da posse é objeto de alguma reflexão. Nesse sentido, Marcus Eduardo de Carvalho Dantas. Dogmática "opinativa": o exemplo da função social da propriedade. *Revista Direito GV*, São Paulo, vol. 13, nº 3, set.-dez. 2017, p. 782. Disponível em: https://www.scielo.br/pdf/rdgv/v13n3/1808-2432-rdgv-13-03-0769.pdf. Acesso em: 20 mar. 2020.

[51] A título de exemplo, uma pesquisa com os termos "usucapião" e "função social" resulta em 169 acórdãos entre os anos de 2003 e 2021.O uso exclusivo da expressão "função social da posse" aparece em 101 acórdãos. No STJ, o mesmo par de termos aponta a existência de 10 acórdãos e 615 decisões monocráticas com o uso conjunto das expressões. Já o uso exclusivo da expressão "função social da posse" no STJ aparece em 4 acórdãos e em 152 decisões monocráticas, estando por lá fixada a tese de que "o cumprimento da função social da posse deve ser cotejado junto a outros critérios e elementos legais, a teor dos artigos 927, do Código de Processo Civil e 1201, parágrafo único, do Código Civil". STJ, 4ª T., REsp 1.148.631/DF, Rel. Min. Luis Felipe Salomão, j. 15.08.2013, publ. 04.04.2014.

Este cenário indica, de um lado, a carência de estudos que contribuam para o desenvolvimento e consolidação da massa crítica necessária a devida compreensão dos termos e papéis que o princípio pode ser chamado a desempenhar em um país como o nosso, bizarramente carente de condições básicas de vida para a maioria da população. De outro lado, a falta de uma delimitação clara e imperativa do princípio favorece um uso expansionista da noção de função social da posse, maximizando o conteúdo do princípio até um ponto em que passa a ser difícil conseguir compreender se existe efetivamente uma diferença entre "posse" e "posse com função social"[52], entre a função que o instituto da posse exerce em sociedade e a função social da posse como conjunto específico de valores que a constituição pretende ver materializados por intermédio da posse.

De fato, a grande maioria dos casos de conflitos possessórios gira em torno da disputa pela posse de imóveis, razão pela qual a discussão frequentemente envereda pelo direito à moradia. O problema é que o exercício da moradia, como materialização do princípio da função social da posse, nunca aparece sozinho como elemento decisivo para a resolução do caso. Frequentemente ele vem acompanhado da falta de prova da posse pelo autor[53]; pelo prazo extenso do exercício da posse pelo réu, já a garantir-lhe o direito à usucapir o bem[54] etc. Isso sugere um uso meramente retórico do princípio, ou seja, os casos nos quais se faz referência ao princípio teriam exatamente a mesma solução se ele não fosse lembrado.

Quando um juiz decide um caso de usucapião especial urbano dizendo que o usucapiente deve ser reconhecido como novo proprietário porque sua posse cumpre e a "função social" e o antigo proprietário não cumpria a "função social", os termos dessa decisão apenas resumem o entendimento de que o usucapiente cumpriu os requisitos exigidos pelo artigo 1.240 do Código Civil. Nessa mesma linha, quando se decide um caso de acessão indicando que "(...) impõe-se a aplicação do art. 1.255, parágrafo único, do CC/02, por analogia, na esteira do princípio da vedação do enriquecimento ilícito e da função social da posse"[55], a referência é dispensável. Ou seja, o resultado da decisão seria o mesmo ainda que o princípio da função social não tivesse sido citado, até porque o artigo utilizado não faz qualquer menção a ele. Isso mostra que a referência ao princípio é desnecessária, pois não tem uma função concreta no resultado final.

Por todos esses motivos, parece importante conseguir identificar o espaço dogmático específico dentro do qual o princípio da função social da posse poderia ser verdadeiramente produtivo, ou seja, a referência a ele poderia ser determinante para o desfecho do caso, servindo de apoio a uma decisão que, sem esse fundamento, teria outro fim.

Há uma referência clara desse papel peculiar desempenhado pelo princípio na fala de Gustavo Tepedino:

> (...) eventual controvérsia entre a posse e a propriedade não pode ser dirimida *a priori*. Diante de tal confronto, assistirá razão ao titular que demonstrar atender à função imposta ao exercício de sua respectiva titularidade, nos termos constitucionais: a função social

---

[52] Já na Ap. Cív. 0020366-02.2018.8.19.0042 fica indicado que "(...) improcedente o pedido dos ora apelantes, sob o fundamento de que (...) os réus exerciam mero direito de passagem na área, sem de fato usufruir da posse propriamente dita, aquela que necessita de algum ganho econômico para que seja prestigiada a função social da posse". TJ/RJ, 6ª C.C., Ap. Cív. 0020366-02.2018.8.19.0042, Rel. Des. Inês da Trindade Chaves de Melo, j. 11.11.2020, *DJ* 18.11.2020.

[53] TJ/RJ, 15ª C.C., Ap. Cív. 0041132-30.2008.8.19.0203, Rel. Des. Horácio dos Santos Ribeiro Neto, j. 02.03.2021, *DJ* 05.03.2021.

[54] TJ/RJ, 22ª C.C., Ap. Cív. 0410153-05.2012.8.19.0001, Rel. Des. Marcelo Lima Buhatem, j. 04.08.2020, *DJ* 07.08.2020.

[55] TJ/RJ, 6ª C.C., Ap. Cív. 2009.001.05235, Rel. Des. Roberto de Abreu e Silva, j. 28.04.2009, *DJ* 11.05.2009.

Cap. 55 · FUNDAMENTO DA TUTELA POSSESSÓRIA E O PAPEL DO PRINCÍPIO DA FUNÇÃO SOCIAL

da propriedade, segundo o conteúdo definido pelo art. 5º, XXIII, da Constituição da República, e a função social da posse, verificada a partir da correspondência do exercício possessório aos interesses jurídicos constitucionalmente tutelados, no âmbito das garantias fundamentais, como trabalho, moradia e saúde, todos expressões da dignidade da pessoa humana[56].

Esse é o ponto: o princípio da função social da posse só seria verdadeiramente operativo se, em um conflito possessório, fosse capaz de transformar uma posse inicialmente qualificada como injusta em uma posse justa, em função da materialização dos valores constitucionalmente desejados pelo sistema. Explica-se: se a posse é do tipo "não autorizada", isso significa que, de algum modo, ela é uma posse injusta[57]. Em tais condições, o possuidor legítimo poderá ajuizar uma ação de reintegração e, se o réu ainda não tiver o prazo necessário para usucapir, ele, o autor, será reintegrado, independentemente do tipo de posse que o réu exerce. Isso significa que, atualmente, o fato de alguém estar exercendo a posse para fins de moradia ou materializando qualquer outro princípio caro à dignidade da pessoa humana, não é suficiente para garantir a vitória em um conflito possessório. A análise tem sido objetiva: se a posse do autor foi comprovada e não há o tempo da usucapião, a reintegração será concedida, independentemente de qualquer consideração específica dos valores que vão materializados através dela. As razões são diversas e fundamentalmente ligadas à aspectos formais da disputa possessória.

Alguns exemplos podem ser citados. Em um determinado caso, o magistrado considerou que, não havendo referência expressa a função social da posse, a função social existente seria apenas a da propriedade, e tratar do tema em um conflito possessório implicaria numa violação da exceção de domínio[58]. Noutro julgado o magistrado entendeu que como apenas a função social da propriedade existe como princípio autônomo e a consequência final da sua violação é a perda da propriedade, a avaliação quanto ao cumprimento ou não do princípio só pode ser feita em um processo de desapropriação[59]. Esses são apenas alguns exemplos das dificuldades existentes em torno da atribuição de um papel autônomo ao princípio da função social da posse[60].

A construção desse papel específico para o princípio da função social da posse também precisa se organizar diante da provisoriedade dos seus resultados. Isso porque, mesmo que um juiz decida dar ganho de causa ao possuidor que, sem prazo necessário para usucapir, esteja exercendo a função social da posse – entendida aqui em seu perfil minimalista, o da posse que materializa alguns dos

---

[56] Gustavo Tepedino. *Comentários ao Código Civil*: direito das coisas (art. 1196-1276). In: Antonio Junqueira de Azevedo (coord.). *Comentários ao Código Civil*. São Paulo: Saraiva, 2011, vol. 14, p. 58.

[57] De maneira geral, a doutrina vem adotando uma leitura maximalista dos vícios da posse, considerando que o elenco de vícios objetivos, indicado no artigo 1.200 do Código Civil, é apenas exemplificativo. Para uma discussão acerca das consequências dessa leitura no âmbito da usucapião: Marcus Eduardo de Carvalho Dantas. Toda posse *ad usucapionem* é uma posse injusta. *Civilística*, a. 5, n. 1, 2016. Disponível em: https://civilistica.com/toda-posse-ad-usucapionem-e-uma-posse-injusta/. Acesso em: 20 mar. 2020.

[58] TRF-1, A.I. 2006.01.00.0179879/MG, Rel. Des. João Batista Moreira, j. 21.06.2006, *DJ* 09.06.2006.

[59] TRF-1, 4ª T., A.C. 2005.38.00.035559-5/MG, Rel. Des. Hamilton Queiroz, j. 18.04.2006, *DJ* 16.05.2006.

[60] Nesse sentido, no artigo Função social na tutela possessória em conflitos fundiários, publicado em 2013, foi possível elaborar um retrato de como o TRF-1 compreendia o papel do princípio da função social da posse no âmbito dos conflitos possessórios. Em verdade, em diversas decisões, a função social aparecia como fundamento da decisão dos conflitos em torno da posse, mas para justificar a "melhor posse" do autor proprietário. Marcus Eduardo de Carvalho Dantas. Função social na tutela possessória em conflitos fundiários. *Revista Direito GV*, São Paulo, n. 09, vol. 02, jul.-dez. 2013, p. 481-482. Disponível em: https://www.scielo.br/pdf/rdgv/v9n2/a04v9n2.pdf. Acesso em: 22 mar. 2020.

926 | PROBLEMAS DE DIREITO CIVIL – *Homenagem aos 30 anos de cátedra do professor Gustavo Tepedino*

direitos fundamentais relacionados à moradia, trabalho, subsistência etc. – ante ao proprietário desidioso no cumprimento do seu dever constitucional, não há nada que impeça esse mesmo proprietário de buscar a retomada do seu imóvel pela via petitória. Ou seja, mesmo que o princípio da função social da posse seja considerado em sua especificidade como elemento capaz de servir de fundamento para que uma posse à primeira vista injusta, seja considerada como uma "melhor posse" ante àquela exercida pelo autor da reintegratória, seus resultados seriam provisórios[61].

Além disso, há que se ter em mente que o artigo 561 do Código de Processo Civil, reproduzindo a redação do 927 do diploma revogado, não exige prova do cumprimento da função social para que o autor possa ajuizar uma ação de reintegração. Ainda que essa exigência possa ser dogmaticamente construída, o fato é que a ausência de uma previsão expressa também tem sido utilizada como razão da negativa do debate acerca do tema no âmbito dos conflitos possessórios.

Não há dúvida de que a doutrina especializada tem se empenhado em criar as condições necessárias para a devida consideração do princípio. Também já foram tentadas modificações legislativas no intuito de viabilizar uma compreensão mais clara dos seus termos, ainda que sem sucesso[62]. O fato concreto, porém, é que o princípio da função social da posse ainda tem um longo caminho a percorrer antes de se apresentar como mecanismo efetivo de transformação da realidade social brasileira[63].

CONCLUSÃO

Diante do exposto, é possível reconhecer que a autonomia da posse frente à propriedade é, por um lado, inegável, bastando para tanto a verificação da disciplina específica que o legislador dedica à posse. Por outro lado, porém, o reconhecimento dessa autonomia não significa uma desqualificação da conexão que existe entre as duas realidades enquanto "manifestação exterior

---

[61] Segundo Marcos Alcino de Azevedo Torres, a posse com função social deve ser entendida como uma exceção de direito material, "encobrindo" o direito de propriedade daquele que a descumpre, modificando a sua eficácia. A consequência de tal raciocínio seria a seguinte: "(...) o encobrimento do direito de propriedade perdura enquanto os possuidores estiverem cumprindo com a função social do bem objeto da posse, e isso impede ao titular do domínio desfuncionalizado sua retomada se, porém, o tempo de posse qualificada perdurar por tempo hábil para a usucapião, o encobrimento será definitivo, pela conversão da posse em propriedade, considerando a natureza declaratória da sentença que reconhece a usucapião". Marcos Alcino Azevedo Torres. *A propriedade e a posse: um confronto em torno da função social.* Rio de Janeiro: Lumen Juris, 2008, p. 425.

[62] A versão inicial do projeto do novo Código de Processo Civil continha a previsão da exigência de prova do cumprimento da função social para o deferimento da reintegração liminar em casos de conflito possessório de natureza coletiva, mas tal exigência não prosperou no texto levado a votação e, ao final, aprovado como o Código de Processo Civil em vigor. Nesse sentido, Marcus Eduardo de Carvalho Dantas. Função social na tutela possessória em conflitos fundiários. *Revista Direito GV*, São Paulo, n. 09, vol. 02, jul.-dez. 2013, nota 26. Disponível em: https://www.scielo.br/pdf/rdgv/v9n2/a04v9n2.pdf. Acesso em: 22 mar. 2020.

[63] Nem mesmo no caso da usucapião o fundamento pode ser a função social da posse. Para tal constatação, basta a verificação de que o ordenamento também protege a posse que não é exercida com fins de moradia etc., como se vê no caso da hipótese prevista no artigo 1.238 do Código Civil. O que se pode extrair da análise desse artigo e dos subsequentes, é que o legislador considera que a função social da posse é um mecanismo de qualificação e diferenciação da posse frente a posse, por assim dizer, comum. A função social, nesse caso, é uma qualidade que a posse pode ou não apresentar.

Cap. 55 · FUNDAMENTO DA TUTELA POSSESSÓRIA E O PAPEL DO PRINCÍPIO DA FUNÇÃO SOCIAL | **927**

de vida", para utilizar novamente a expressão de Ihering. Se isso é assim, a posse não pode ser ela mesma o fundamento de sua tutela, pois o reconhecimento de um comportamento como "possessório" é feito com base naquilo que se espera ser o comportamento do proprietário.

Essa conexão demanda, ainda, um esforço de delimitação dos termos nos quais o princípio da função social da posse pode ser encarado como uma realidade autônoma e com um papel definido no âmbito do ordenamento em vigor. No momento atual dos desenvolvimentos doutrinários, o princípio não tem sido capaz de ser a razão determinante das decisões nas quais frequentemente é invocado.

Ao que tudo indica, esse papel específico do princípio seria o de transformar uma posse formalmente qualificada como injusta em uma posse justa, viabilizando o ganho de causa em favor do réu que tivesse materializado uma posse para moradia, trabalho etc. Essa leitura, porém, esbarra tanto na resistência dos tribunais ao debate, nos termos nos quais ele vem sendo proposto, quanto na ausência de uma previsão legislativa que trate a função social como um requisito a ser cumprido pelo autor da ação de reintegração. Como consequência, a realidade nos mostra que, apesar dos esforços dos especialistas, o princípio da função social da posse tem hoje uma baixa eficácia e pouca capacidade de transformação real das assimetrias sociais daqueles que vivem o "drama da vida na carne"[64] do Brasil.

---

[64] Joyce Carol Oates. *O boxe*. Lisboa: Edições 70, 1987, p. 108.

56

A CAMINHO DA NORMATIVA DAS SITUAÇÕES JURÍDICAS EXISTENCIAIS

ROSE MELO VENCELAU MEIRELES

Ninguém é sujeito da autonomia de ninguém.

(Paulo Freire)

Sumário: Introdução. 1. Entre o ter e o ser. 2. Princípio da gratuidade. 3. Princípio do consentimento qualificado. 4. Princípio da confiança. 5. Princípio da autorresponsabilidade. 6. Conclusão.

INTRODUÇÃO

As situações existenciais podem ser exercidas por meio de um ato de autonomia privada, ainda que este ato importe em limitação a aspectos da personalidade, pois a dita indisponibilidade das situações existenciais não é absoluta e pode significar, inclusive, garantia ao livre desenvolvimento da pessoa.

Com relação a esses atos, põe-se o problema da sua disciplina jurídica, pois apesar de configurarem-se como negócios jurídicos, dificultosa é a aplicação das normas a eles concernentes previstas na Parte Geral do Código Civil devido à herança patrimonialista que as permeiam.

Ademais, as situações existenciais e, por consequência, os atos de autonomia existencial, são tão heterogêneos que a submissão a um regime único não é possível. Algumas das situações existenciais têm normativa própria à qual se submetem, tais como o casamento, a união estável, a filiação, os transplantes, o direito de autor etc. Contudo, multiplica-se a atuação da autorregulamentação de interesses existenciais independentemente de previsão legal, da qual não dependem para terem

Cap. 56 • A CAMINHO DA NORMATIVA DAS SITUAÇÕES JURÍDICAS EXISTENCIAIS

relevância. Na verdade, já foi superada a concepção de um ordenamento jurídico completo, sendo cada vez mais importantes os princípios para a solução de casos concretos[1].

A pesquisa a respeito do papel da vontade nas situações existências e sua tutela qualitativa diversa das situações patrimoniais foi objeto da tese de Doutorado defendida e aprovada com nota máxima no Programa de Pós-Graduação em Direito da Faculdade de Direito da Universidade do Estado do Rio de Janeiro, sob a orientação do Professor Gustavo Tepedino[2]. No desenvolvimento da pesquisa, verificou-se que alguns princípios tocam de modo comum as situações existenciais, conferindo-lhes a almejada tutela qualitativamente diversa. São eles: o princípio da gratuidade do ato, o princípio do consentimento qualificado, o princípio da confiança e o princípio da autor-responsabilidade.

Assim, retomando o tema do doutoramento, o presente trabalho procura situar o leitor na discussão a partir da distinção entre as categorias do ser e do ter, para então percorrer o caminho da normativa da autonomia privada nas situações existenciais com esses princípios. É o início do caminho.

1. ENTRE O TER E O SER

O estudo do direito civil parece ter se voltado para o ter, enquanto que o ser ficou esquecido como categoria jurídica. O Código Civil de 1916 pouco trata da tutela da pessoa quando não estão envolvidos interesses patrimoniais. Muito se versa a respeito do contratante, do proprietário, do regime de bens do casamento, do herdeiro; mas pouca atenção se dá à pessoa, às situações jurídicas subjetivas que não tenham conteúdo patrimonial.

O vértice do ordenamento jurídico brasileiro, todavia, não está no ter, mas no ser, quando se tem como valor máximo a tutela da pessoa humana, expresso no art. 1º, III, da Constituição da

---

[1] De acordo com Norberto BOBBIO, "Por 'completude' entende-se a propriedade pela qual um ordenamento jurídico tem uma norma para regular qualquer caso". O mesmo autor afirma que "Os princípios gerais são apenas, a meu ver, as normas mais gerais. A palavra princípio leva a engano, tanto que é velha questão entre os juristas se os princípios gerais são normas. Para mim não há dúvida: os princípios gerais são normas como todas as outras". E conclui: "A primeira condição para que se possa falar em lacuna é a de que o caso não esteja regulado: o caso não está regulado quando não existe nenhuma norma expressa, nem específica, nem geral, nem generalíssima, que diga respeito a ele, quer dizer, quando, além da falta de uma norma específica que lhe diga respeito, também o princípio geral, dentro do qual poderia entrar, não é expresso" (*Teoria do ordenamento jurídico*. 10. ed. Brasília: UNB, 1999, p. 115, 158, 160). Ainda, assim, na falta de princípio geral expresso, permite-se completar o ordenamento jurídico com os princípios gerais não expressos. Claus-Wilhelm CANARIS, depois de definir o sistema como uma ordem teleológica de princípios gerais de Direito, afirma que quanto à abertura do sistema, encontram-se, na literatura, utilizações linguísticas diversas. "Numa delas, a oposição entre sistema aberto e fechado é identificada com a diferença entre uma ordem jurídica construída casuisticamente e apoiada na jurisprudência e uma ordem dominada pela ideia de codificação; nesse sentido, o sistema do Direito alemão actual deve-se considerar, pela sua estrutura, sem dúvida como fechado [como o brasileiro]. Na outra, entende-se por abertura a incompletude, a capacidade de evolução e a modificabilidade do sistema; neste sentido, o sistema da nossa ordem jurídica hodierna pode caracterizar-se como aberto" [o mesmo para o caso brasileiro] (*Pensamento sistemático e conceito de sistema na ciência do direito*. 2. ed. Lisboa: Fundação Calouste Gulbenkian, 1996, p. 103-104).

[2] A tese foi publicada com o título *Autonomia privada e dignidade humana*. Rio de Janeiro: Renovar, 2009.

República, que Gustavo Tepedino denomina de "verdadeira cláusula geral de tutela e promoção da pessoa humana"[3].

O vigente Código Civil não está alheio a esta ponderação. Na Parte Geral, por exemplo, embora ainda considere a personalidade como um atributo jurídico no seu art. 2º, há um capítulo destinado aos chamados direitos da personalidade. Direitos estes que, mesmo sendo ditos da personalidade, são da pessoa humana, independentemente do início ou fim da personalidade civil – da vida ou da morte. Ao tratar, portanto, dos direitos da personalidade, o Código Civil de 2002 considera a personalidade também como um valor. E é esse valor que está na essência das situações jurídicas subjetivas existenciais.

Ocorre que as noções de pessoa, personalidade e relação jurídica têm sido desenvolvidas na perspectiva dos interesses meramente patrimoniais. A pessoa é o sujeito de direitos (subjetivos), é quem tem personalidade, é quem pode polarizar uma relação jurídica, seja como titular de direito subjetivo, seja como obrigado a um dever jurídico. No entanto, não se deve reduzir a pessoa ao mesmo nível das coisas ou fatos, a mero elemento da relação jurídica *tout court*. Cabe, então, dar um passo à frente: se é a pessoa o centro da ordem jurídica, a mesma só é tutelada enquanto tem? Seria incoerente a resposta afirmativa.

Segundo Orlando de Carvalho:

> (...) é manifesto que a eliminação do tradicional livro Das Pessoas, com que se abriam os sistemas jurídicos latinos, em favor de uma "parte geral" em que as pessoas se reduzem a um mero elemento da relação jurídica civil, concorre para uma reificação ou desumanização do jurídico cujas sequelas, como a última história nos mostra, dificilmente tranquilizam qualquer boa consciência[4].

Cuida-se da repersonalização ou despatrimonialização do direito civil que seria, na lição de Perlingieri, "... uma tendência normativa-cultural" em que "... se evidencia que no ordenamento se operou uma opção, que lentamente, se vai concretizando, entre personalismo (superação do individualismo) e patrimonialismo (superação da patrimonialidade fim a si mesma, do produtivismo, antes, e do consumismo, depois, como valores)"[5].

Não se trata de marginalizar a tutela das situações jurídicas patrimoniais, e, sim, de afirmar a importância de situações jurídicas existenciais, mas de maneira qualitativamente diversa. Nessa direção, verifica-se que, apesar da heterogeneidade das situações existenciais, há certos princípios que convergem no seu regramento, como a gratuidade, o consentimento qualificado, a confiança e a autorresponsabilidade, a seguir objeto de exposição.

2. PRINCÍPIO DA GRATUIDADE

Como corolário da extrapatrimonialidade das situações existenciais, extrai-se o princípio da gratuidade. De acordo com esse princípio, os negócios jurídicos de cunho existencial são

---

[3] TEPEDINO, Gustavo. A tutela da personalidade no ordenamento civil-constitucional brasileiro. In: TEPEDINO, Gustavo. *Temas de direito civil*. 3. ed. Rio de Janeiro: Renovar, 2004, p. 50.

[4] CARVALHO, Orlando de. *Teoria geral do negócio jurídico*, policopiado. Coimbra: Centelha, 1981, p. 60.

[5] PERLINGIERI, Pietro. *Perfis do direito civil*. Rio de Janeiro: Renovar, 1997, p. 33.

Cap. 56 · A CAMINHO DA NORMATIVA DAS SITUAÇÕES JURÍDICAS EXISTENCIAIS | **931**

necessariamente gratuitos, ou seja, não geram benefício ou vantagem para o disponente[6]. Diz-se assim que a pessoa humana não se sujeita à mercantilização[7].

O exercício dinâmico da situação existencial pode se estruturar a partir de uma declaração de vontade ou de duas declarações de vontade coincidentes. Desse modo, quanto ao número de partes, o negócio jurídico existencial pode ser unilateral ou bilateral[8]. Geralmente, será unilateral quando o declarante dispuser a respeito da sua situação existencial para repercutir somente sobre si mesmo, para o que só é necessária a sua declaração de vontade[9]. E será bilateral quando da declaração de vontade advir efeitos jurídicos sobre ambos os disponentes, sendo necessário declarações coincidentes[10].

O que move o titular de uma situação existencial dispor sobre ela é a busca do desenvolvimento da sua própria personalidade ou fins altruísticos, se o ato visa a beneficiar outrem. Exemplo da primeira hipótese seria a prática de um ato médico em prol da sua saúde; exemplo da segunda seria a disposição do próprio corpo em benefício da saúde alheia, como no transplante de medula

---

[6] Para Orlando GOMES, "Uma vez que, nos negócios patrimoniais, uma das partes ou as duas procuram obter determinada vantagem, seja um enriquecimento, seja a utilização temporária de um bem, torna-se necessário saber qual a causa de atribuição patrimonial. Como essa causa admite variação, tais negócios se distinguem em: a) negócios a título oneroso; e b) negócios a título gratuito" (*Introdução ao direito civil*. 19. ed. Rio de Janeiro: Forense, 2007, p. 273). Segundo Caio Mário da Silva PEREIRA, "O negócio jurídico a *título gratuito* traz benefício ou enriquecimento patrimonial para uma parte, à custa da diminuição do patrimônio da outra parte, sem que exista correspectivo dado ou prometido" (*Instituições de direito civil*. 20. ed. Rio de Janeiro: Forense, 2004, ,p. 497). Como se verifica, essa classificação em negócios gratuito ou onerosos diz respeito à causa de atribuição patrimonial dos negócios patrimoniais, por isso, sua utilização não pode ser feita sem esta ressalva. Se uma classificação fosse necessária, consoante, inclusive, foi feito no Capítulo 2, seria a de negócios existenciais e patrimoniais, de modo que a referência a negócios gratuitos somente foi feita porque se está a analisar a gratuidade que é inerente dos negócios existenciais.

[7] KONDER, Carlos Nelson O consentimento no biodireito. Os casos dos transexuais e dos wannabes. *Revista Trimestral de Direito Civil*, vol. 15, jul./set. 2003, p. 56.

[8] Bem resume Caio Mário da Silva PEREIRA: "'É negócio jurídico unilateral o que se perfaz com uma só declaração de vontade (testamento, codicilo), enquanto bilateral se diz aquele para cuja constituição é necessária a existência de duas declarações de vontade coincidentes. No negócio jurídico unilateral, uma parte como tal, e mediante a formulação de uma declaração de vontade, realiza o fato jurídico gerador de efeitos. Ao revés, o negócio jurídico bilateral pressupõe duas declarações de vontade e não uma e requer a sua coincidência sobre o objeto. Não basta, sendo bilateral, que duas pessoas, conjunta ou separadamente, manifestem sua vontade, porque até aí inexiste negócio jurídico" (*Instituições de direito civil*, vol. I, cit., p. 496). Vale, ainda, a observação de Orlando GOMES: "Os qualificativos unilateral e bilateral empregam-se para diferenciar os negócios jurídicos, assim na formação, como nos efeitos. Sob o ponto de vista da formação, o negócio jurídico unilateral é o que decorre fundamentalmente da declaração da vontade de uma só pessoa, e bilateral o que se constitui mediante concurso de vontades" (*Contratos*. 2. ed. Rio de Janeiro: Forense, 2002, p. 71). É sob o prisma da formação que se diz que o negócio existencial pode ser unilateral ou bilateral.

[9] Não se exclui que de um negócio unilateral um terceiro venha a ser beneficiado, como pode ocorrer por via do testamento no qual se dispõe sobre o destino do corpo para depois da morte.

[10] O ato pode, ainda, ser plurilateral, por exemplo, no caso da adoção que depende da concordância dos pais biológicos, adotivos e do adotante e, até, depender, como também nesta hipótese, de manifestação judicial.

óssea. Desse modo, não há um mote econômico na prática de atos de autonomia existenciais[11]. A discussão em torno de um princípio da gratuidade nos negócios jurídicos existenciais releva, sobretudo, nos casos em que o disponente sofre voluntariamente uma limitação na sua situação existencial para beneficiar aspectos também existenciais alheios.

Com efeito, no ordenamento jurídico brasileiro, o princípio da gratuidade é expresso em várias hipóteses, geralmente vinculadas aos atos de disposição do próprio corpo. Na Constituição Federal, *e.g.*, o art. 199, § 4º, determina que:

> A lei disporá sobre as condições e os requisitos que facilitem a remoção de órgãos, tecidos ou substâncias humanas, para fins de transplante, pesquisa e tratamento, bem como a coleta, processamento e transfusão de sangue e seus derivados, *sendo vedado todo tipo de comercialização.* (grifou-se)

Assim, a Constituição da República, priorizando a promoção da saúde, instituiu a proibição ao comércio de órgãos tecidos ou substâncias humanas, para fins de transplante, pesquisa e tratamento, bem como a coleta, processamento e transfusão de sangue e seus derivados. Com isto também estabeleceu a gratuidade do ato nesta seara.

No Código Civil, a gratuidade do ato está presente na disposição do próprio corpo, no todo ou em parte, cuja validade é subordinada ao objetivo a que se presta, o qual, nos termos do art. 14, deve ser científico ou altruístico.

Também na Lei nº 9.434/1997, que dispõe sobre a remoção de órgãos, tecidos e partes do corpo humano para fins de transplante e tratamento, o princípio da gratuidade foi previsto, em consonância com a Constituição Federal, no art. 9º, segundo o qual:

> É permitida à pessoa juridicamente capaz dispor *gratuitamente* de tecidos, órgãos e partes do próprio corpo vivo, para fins terapêuticos ou para transplantes em cônjuge ou parentes consanguíneos até o quarto grau, inclusive, na forma do § 4º deste artigo, ou em qualquer pessoa, mediante autorização judicial, dispensada esta em relação à medula óssea. (grifou-se)

E nos parágrafos do mesmo art. 9º refere-se a *doação*, termo inadequado se se refutar a natureza contratual do ato, mas adequado em face da gratuidade que lhe é inerente.

Na Resolução nº 2.294/2021 do Conselho Federal de Medicina, que versa sobre a reprodução humana assistida, o princípio da gratuidade é mencionado no item IV.1, de acordo com o qual a doação de gametas ou embriões jamais terá caráter lucrativo ou comercial e no item VII.2, segundo o qual a doação temporária do útero não terá caráter lucrativo ou comercial.

Com esses dispositivos, percebe-se uma preocupação em não mercantilizar o corpo humano. Rejeita-se a instituição de um mercado de carne humana, submetido às regras de mercado, à especulação, ao balanço entre a oferta e a procura.

---

[11] A divisão entre situações existenciais e patrimoniais nem sempre é absoluta, pois algumas situações existenciais também podem ter expressão pecuniária, conforme visto no item 1.3, e, consequentemente, não serão regidas pelo princípio da gratuidade. Carlos Alberto BITTAR exemplifica: "Com a separação, certas partes do corpo podem ingressar no comércio jurídico, como coisas suscetíveis de valoração, inclusive sob contratos onerosos (como os cabelos, as unhas), com fins econômicos (elaboração de aparatos, ou adornos, ou outros)" (*Os direitos da personalidade.* 4. ed. Rio de Janeiro: Forense Universitária, 2000, p. 84).

Cap. 56 · A CAMINHO DA NORMATIVA DAS SITUAÇÕES JURÍDICAS EXISTENCIAIS | 933

O que justifica a gratuidade dos atos de conteúdo puramente existencial é, sobretudo, a garantia da sua espontaneidade. Um eventual motor econômico se resolveria de fato em um fator de pressão sobre a vontade do disponente e de coerção indireta da sua liberdade de autodeterminar-se em ordem da própria integridade[12]. Ausente a gratuidade, não haveria a garantia de consentimento livre, pois a pessoa que dispõe de sua situação subjetiva existencial pode estar movida por interesse econômico, enquanto que a pessoa que é referencial objetivo de tutela nas situações existenciais é valor e não um bem que possa ser apropriado.

O ordenamento jurídico brasileiro tem contornos personalistas e solidaristas, uma vez que dentre seus princípios fundamentais tem-se a dignidade da pessoa humana no art. 1º, III, da Constituição Federal e a solidariedade social, no art. 3º, I, também da Constituição Federal. Disto resulta que o ordenamento constitucional refuta a concepção do corpo como um recurso coletivo ou individual, qualificando-o como atributo da personalidade. E sendo atributo da personalidade, o corpo é valor, não bem suscetível de apropriação econômica[13]. Desse modo, o que dota de merecimento de tutela a disposição do próprio corpo é a intenção altruística, de caridade, de solidariedade, se não for para o desenvolvimento da própria personalidade.

A gratuidade do ato, de fato, é fundamental nas situações existenciais porque elas são completamente alheias à lógica do comércio e, portanto, absolutamente incompatíveis com o esquema da bilateralidade e correspectividade.

Os contratos, acordos de vontade com conteúdo patrimonial, são qualificados como bilaterais quando há prestações recíprocas para as partes[14]. Além da reciprocidade, o ordenamento jurídico brasileiro atribui outras características aos contratos bilaterais, isto é, que as recíprocas prestações sejam principais e correspectivas[15]. De acordo com Maria Celina Bodin de Moraes, o conceito de correspectividade se refere ao nexo que liga indissoluvelmente as prestações contratuais de modo que cada uma é a causa da outra, de modo que o negócio poderá ser qualificado como de prestações correspectivas se for possível a resolução por inadimplemento contratual[16]. Sendo assim, a lógica da correspectividade é totalmente estranha aos negócios existenciais bilaterais, pois nestes o disponente se vincula à prática de um ato para a realização da personalidade e não devido à existência de um nexo de causalidade com uma contraprestação. Consequentemente, o disponente não tem como causa da sua disposição uma prestação pecuniária da pessoa que com o seu ato irá se beneficiar. Segundo Laura di Bona, "La presenza di una causa solidaristica postula l'assenza sia dell'onerosità sia della reciprocità delle atribuizione"[17].

---

[12]   BONA, Laura di. *I negozi giuridici a contenuti non patrimoniale*. Napoli: ESI, 2000, p. 208.

[13]   Gianni BALDINI afirma, nesse sentido, que "la disposizione a fini di lucro di parti del corpo, di principio è da considerare atto lesivo della dignità dell'individuo potenzialmente in grado di condizionare la libertà di autodeterminazione della persona che potrebbe essere indotta a compiere l'atto da un bisogno econômico" (Ricognizione dei profili problematici in tema di fecondazione artificiale post mortem. *Rassegna di Diritto Civile*, vol. 04, 1995, nota 10, p. 732-733). (Tradução livre: "a disposição com objetivo de lucro de partes do corpo, em princípio, deve ser considerada ato lesivo à dignidade do indivíduo potencialmente em grau de condicionar a liberdade de autodeterminação da pessoa que poderia ser induzida a praticar o ato por uma necessidade econômica").

[14]   De acordo com Orlando GOMES, "Nos contratos bilaterais as duas partes ocupam, simultaneamente, a dupla posição de credor e devedor. Cada qual tem direitos e obrigações. À obrigação de uma corresponde o direito de outra" (*Contratos*. 2. ed. Rio de Janeiro: Forense, 2002, p. 71-72).

[15]   MORAES, Maria Celina Bodin de. A causa dos contratos. *Revista Trimestral de Direito Civil*, vol. 21, jan./mar. 2005, p. 111.

[16]   MORAES, Maria Celina Bodin de. A causa dos contratos, cit., p. 113-114.

[17]   BONA, Laura di. I negozi giuridici, cit., p. 213.

A correspectividade deve ser refutada por duas razões principais. Em primeiro lugar, em virtude da solidariedade, pois para ser lícita, a disposição não patrimonial deve encontrar justificação apenas na função solidarística que lhe qualifica, excluindo qualquer coligamento funcional recíproco com eventuais contraprestações. Em segundo lugar, a presença de um vínculo sinalagmático entre o ato de disposição do corpo e qualquer outra prestação, mesmo economicamente irrelevante, acabaria por coagir ou condicionar a liberdade de decisão do disponente, prejudicando, assim, o essencial requisito da espontaneidade do consentimento[18].

3. PRINCÍPIO DO CONSENTIMENTO QUALIFICADO

Nos atos de autonomia existenciais, os efeitos recaem sobre aspectos essenciais da pessoa humana, muitas vezes gerando limitações ao exercício das situações existenciais. A limitação, devido à natureza do interesse envolvido, não pode ser imposta[19] porque implicaria em violação a direitos humanos já que as situações existenciais mormente são expressões privadas dos mesmos[20].

Orlando de Carvalho classifica o consentimento em: i) consentimento vinculante; ii) consentimento autorizante e iii) consentimento tolerante. O consentimento seria vinculante quando origina um compromisso jurídico autêntico, designadamente um contrato. O consentimento autorizante constitui um compromisso jurídico *sui generis*, que atribui a outrem um poder de agressão. O consentimento tolerante não atribui um poder de agressão, mas justifica implicitamente a mesma[21].

A classificação é útil na medida em que o consentimento pode limitar o exercício das situações existenciais, mas nem sempre da mesma forma, pois pode ter gradações desde a mera tolerância até um ato vinculativo. E tal gradação pode repercutir na aplicação da teoria das incapacidades nos negócios jurídicos existenciais[22].

Assim, o princípio do consentimento qualificado atribui à vontade interna do declarante uma relevância que nas situações patrimoniais não tem. Usa-se o termo *qualificado* para caracterizar o consentimento a fim de evidenciar a maior importância dada à vontade subjetiva do

---

[18] BONA, Laura di. I negozi giuridici, cit., p. 214-215.

[19] Observe que o art. 60, § 4º, IV, da Constituição da Republica proíbe, inclusive, emenda constitucional que viole os direitos e garantias individuais. Para além das restrições previstas na própria Constituição, vide NOVAIS, Jorge Reis. *As restrições aos direitos fundamentais não expressamente autorizadas pela Constituição*. Coimbra: Coimbra Editora, 2003.

[20] Neste aspecto, importa a observação de Gustavo TEPEDINO: "os rígidos compartimentos do direito público e do direito privado nem sempre mostram-se suficientes para a tutela da personalidade que, as mais das vezes, exige proteção a só tempo do Estado e das sociedades intermediárias – família, empresa, associações – como ocorre, com frequência, nas matérias atinentes à família, à inseminação artificial e à procriação assistida, ao transexualismo, aos negócios jurídicos relacionados com a informática, às relações de trabalho em condições degradantes, e assim por diante" (A tutela da personalidade, cit., p. 38). Na esteira de João Carlos S. G. LOUREIRO, "diremos que direitos de personalidade são direitos fundamentais, embora nem todos os direitos fundamentais sejam direitos de personalidade, mas são-no apenas aqueles que se referem à pessoa humana" (*Transplantações*: um olhar constitucional. Coimbra: Coimbra Editora, 1995, p. 13).

[21] CARVALHO, Orlando de. *Teoria geral do direito civil*. Coimbra: Centelha, 1981, p. 91.

[22] Segundo Orlando de CARVALHO, "de um modo geral, não está sujeito, enquanto consentimento tolerante, aos princípios que regem a capacidade em matéria de negócios jurídicos, devendo dá-lo ao próprio menor, desde que tenha suficiente maturidade para a avaliação das respectivas consequências" (*Teoria geral do direito civil*, cit., p. 91).

declarante. A vontade qualificada é expressa[23], espontânea, pessoal, atual e esclarecida[24]. Diante disso, se a formação do consentimento depender de informações prestadas por outrem, o dever de informação assume grande relevo.

Como corolário do princípio do consentimento qualificado, tem-se as especialmente as seguintes consequências para o regimento das situações jurídicas subjetivas existenciais: i) a vontade interna deve prevalecer sobre a declarada; ii) a manifestação de vontade é pessoal; iii) a manifestação de vontade é revogável.

As situações existenciais não estão sujeitas às objetivas exigências de mercado que muitas vezes geram a preterição da subjetividade da vontade. Assim, a vontade real do agente é a única hábil para promover efeitos dignos de tutela jurídica. A boa-fé e a confiança de outrem, ainda que beneficiário das disposições existenciais, não é suficiente para que seja desconsiderada a vontade interior do disponente. Exemplo do que se afirma é o do reconhecimento de filho que, embora irrevogável, pode ser desconstituído com a prova do erro, nos termos do art. 1.604 do Código Civil. Em outras palavras, se o reconhecimento foi feito com base na ignorância a respeito da inexistência de vínculo biológico entre o perfilhante e o perfilhado, pode o registro ser desconstituído[25].

O que justifica a subjetividade, isto é, a prevalência da vontade real sobre a declarada é a inerência personalíssima entre o titular e o interesse envolvido nas situações existenciais, de maneira que as consequências do ato de autonomia atingem a pessoa do disponente.

Também por estas razões, o ato de vontade existencial, via de regra, somente pode ser emitido pelo próprio titular da situação subjetiva. Exige-se que o titular da situação existencial pessoalmente consinta com a ingerência na sua personalidade. Algumas vezes, excepciona-se a pessoalidade se o titular da situação existencial não puder exprimir a sua vontade e seja para seu benefício, por exemplo, em submissão a procedimento cirúrgico de emergência.

A pessoalidade fica comprometida quando estiver em jogo uma situação existencial cujo titular seja civilmente incapaz, principalmente, se for uma pessoa absolutamente incapaz. Isto porque o exercício das situações subjetivas pelo incapaz é feito por intermédio da assistência ou da representação, meios de suprimento da incapacidade, e não diretamente. Contudo, a pessoalidade requer uma declaração pessoal de vontade.

Em defesa da autonomia existencial da pessoa civilmente incapaz, veja-se que a Constituição da República tem como valor preponderante a tutela da pessoa humana, a qual poderia ficar comprometida se a incapacidade fosse entendida como um obstáculo ao livre desenvolvimento da personalidade. Consequentemente, nas situações existenciais também a incapacidade deve ser compreendida como um instituto protetivo, porém, nesse caso, este fim se alcança com o respeito

---

[23] A aplicação da regra do art. 111 do Código Civil que dá ao silêncio o mesmo efeito da concordância deve ser cuidadosa, pois está-se diante de casos que geralmente impõem a declaração expressa de vontade.

[24] Carlos Nelson KONDER conceitua o consentimento livre e esclarecido, no âmbito da relação médico-paciente, que ajuda a firmar uma compreensão da sua completude: "a anuência, livre de vícios, do paciente, após explicação completa e pormenorizada sobre a intervenção médica, incluindo sua natureza, objetivos, métodos, duração, justificativa, possíveis males, riscos e benefícios, métodos alternativos existentes e nível de confidencialidade em qualquer momento; tendo o profissional a obrigação de informa-lo em linguagem adequada (não técnica) para que ele a compreenda" (O consentimento no biodireito, cit., p. 61).

[25] Assim, se defende que, "Se é o pai registral que impugna o registro, outra é a hipótese quando o ato de reconhecimento é eivado de vicio de vontade. Não se aplica aqui o princípio que proíbe o *venire contra factum proprium*, pois a conduta contraditória só se caracteriza se o comportamento do pai registral não sofre vicio da vontade" (VENCELAU, Rose Melo. *O elo perdido da filiação*. Rio de Janeiro: Renovar, 2003, p. 207). E, consequentemente, pode o perfilhante anular o ato de reconhecimento.

da participação do incapaz, sempre que presente o discernimento. Afinal, a capacidade de entender, de escolher e de querer são expressões da gradual evolução da pessoa que, enquanto titular de direitos fundamentais, por definição, intransferíveis, deve ser colocada em posição de exerce-los paralelamente à sua efetiva idoneidade, não se justificando a presença de obstáculos de direito ou de fato que lhe impeça o exercício[26].

A revogabilidade decorre do princípio do consentimento qualificado, sobretudo, quando da disposição resulte limitação ao exercício de *direito da personalidade*, pois somente a limitação *voluntária* é admissível. Permite-se que o disponente se arrependa da declaração de vontade que expressou e a revogue, até o momento anterior ao da execução material do ato[27-28].

Observa-se que nos atos de autonomia existenciais que têm uma normativa aplicável, a possibilidade de revogação é uma característica significativa[29], especialmente, comparando-se com as relações contratuais, nas quais vigora o princípio da obrigatoriedade[30].

Diversamente, em algumas disposições cujos efeitos repercutem na esfera jurídica alheia, por exemplo, no reconhecimento de filho e na adoção, a lei determina a irrevogabilidade. Assim, o art. 1.610 do Código Civil dispõe que "O reconhecimento não pode ser revogado, nem mesmo quando feito em testamento" e o § 1º do art. 39 da Lei nº 8.069/90, segundo o qual "A adoção é medida excepcional e irrevogável".

Cabe ressaltar que como consequência desse princípio, na falta de uma previsão normativa a respeito, pela natureza existencial do ato, a regra geral é a revogabilidade. Mas, uma vez que o titular de uma situação existencial tenha empenhado sua vontade para dispor dessa situação em benefício de pessoa determinada, há que se questionar se esse ato está sujeito à execução forçada, como nas obrigações de fazer.

Costuma-se afirmar que as situações existenciais não são coercíveis e, portanto, seria inviável a sua execução forçada. A esse respeito, Paulo da Mota Pinto entende que "Uma execução específica da limitação convencional atentaria contra os mais elementares direitos da pessoa"[31]. Ocorre que a atitude a que estaria obrigada a realizar por meio da execução forçada se vincula diretamente a aspectos da personalidade, o que implica na sua incoercibilidade.

---

[26] BONA, Laura di. *I negozi giuridici*, cit., p. 79.

[27] Nem sempre a realização do ato extingue a relação que pode ser de duração continuada, por exemplo, na experimentação científica, de modo que nestes casos a revogação pode ocorrer a qualquer tempo.

[28] Para Laura di BONA, nos atos de disposição do próprio corpo a execução do ato é elemento de aperfeiçoamento do mesmo e de adimplemento da *prestação* (promessa) (*I negozi giuridici*, cit., p. 127).

[29] No ordenamento jurídico brasileiro, a revogabilidade é prevista expressamente para os atos de disposição do próprio corpo, no todo ou em parte, para depois da morte, no parágrafo único do art. 14 do Código Civil. Do mesmo modo, mais especificamente, a disposição de tecidos, órgãos e partes do corpo tratamento, poderá ser revogada pelo disponente ou pelos responsáveis legais a qualquer momento antes de sua concretização, nos termos do § 5º do art. 9º da Lei nº 9.434/1997.

[30] Ensina Caio Mário da Silva PEREIRA: "O contrato obriga os contratantes. Lícito não lhes é arrependerem-se; lícito não é revogá-lo senão por consentimento mútuo; lícito não é ao juiz altera-lo ainda que a pretexto de tornar as condições mais humanas para os contratantes. Com uma ressalva de uma amenização ou relatividade de regra, que será adiante desenvolvida, o princípio da força obrigatória do contrato significa, em essência, a irreversibilidade da palavra empenhada" (*Instituições de direito civil*. 12. ed. Rio de Janeiro: Forense, 2007, p. 14).

[31] PINTO, Paulo da Mota. Notas sobre o livre desenvolvimento da personalidade e os direitos da personalidade no direito português. In: SARLET, Ingo Wolfgang (org.). *A Constituição concretizada*. Porto Alegre: Livraria do Advogado, 2000, p. 82.

Cap. 56 · A CAMINHO DA NORMATIVA DAS SITUAÇÕES JURÍDICAS EXISTENCIAIS

A coercibilidade implicaria na possibilidade material e jurídica de se obter uma prestação igual ou equivalente àquela a que o sujeito se obrigou na relação. Nas situações existenciais, porém, a natureza personalíssima da situação é totalmente incompatível com a coercibilidade, bem como com a execução por terceiro, às expensas de quem havia se vinculado ao ato.

4. PRINCÍPIO DA CONFIANÇA

Desde que as consequências da revogação do ato recaiam tão somente sobre a esfera jurídica do declarante, de fato, não há fundamento para que lhe negue a possibilidade de revogação ou lhe seja imposta alguma sanção. Contudo, o ato de revogação pode atingir a esfera jurídica alheia, o que leva ao questionamento acerca da existência de algum tipo de tutela pela confiança.

Segundo Menezes Cordeiro:

> A confiança exprime a situação em que uma pessoa adere, em termos de atividade ou de crença, a certas representações, passadas, presentes ou futuras, que tenha por efectivas. O princípio da confiança explicitaria o reconhecimento dessa situação e a sua tutela[32].

Nas palavras de Pietro Perlingieri, a tutela da confiança *"si configura quando un soggetto ha confiadato nel contegno della controparte e tale stato di fiducia si fonda su circustanza oggettive e ragionevoli"*[33].

Nessa perspectiva, o princípio da confiança se apresenta como o cuidado com o outro, diante da fidúcia na declaração de vontade da contraparte. Para Manuel Frada, "cabe a qualquer ordem jurídica a missão indeclinável de garantir a confiança dos sujeitos, porque ela constitui um pressuposto fundamental de qualquer coexistência ou cooperação pacíficas, isto é, da paz jurídica"[34]. A confiança, sem dúvida, é tutelada no ordenamento jurídico brasileiro de várias formas.

De acordo com Menezes Cordeiro, "a confiança, fora das normas particulares a tanto dirigidas, é protegida quando, da sua preterição, resulte atentado ao dever de actuar de boa-fé ou se concretize um 'abuso de direito'"[35]. Nesse sentido, pode-se afirmar que no Direito brasileiro a confiança é tutelada, por exemplo, no pagamento de boa-fé feito a credor putativo (CC, art. 309), no direito aos frutos percebidos pelo possuidor de boa-fé (CC, art. 1.214), no pagamento de legado feito por herdeiro aparente (CC, art. 1.828). Além da existência de normas referentes a situações específicas, tem-se a boa-fé dita objetiva clausulada no art. 422 do Código Civil, bem como o abuso de direito previsto no art. 187 do Código Civil. Em termos gerais, portanto, pode-se afirmar que o princípio da confiança tem guarida no Direito brasileiro, uma vez que o mesmo se materializa nas expressões subjetiva e objetiva da boa-fé[36].

---

[32] CORDEIRO, Antônio Manuel da Rocha e Menezes. *Da boa-fé no direito civil*. Coimbra: Almedina, 1997, p. 1.234.

[33] PERLINGIERI, Pietro. *Manuale di diritto civile*. 2. ed. Napoli: Edizioni Scientifiche Italiane, 2000, p. 357. (Tradução livre: "se configura quando um sujeito confiou no comportamento da contraparte e tal estado de confiança se funda em circunstâncias objetivas razoáveis").

[34] FRADA, Manuel Antônio de Castro Portugal Carneiro da. *Teoria da confiança e responsabilidade civil*. Coimbra: Almedina, 2003, p. 19.

[35] MENEZES CORDEIRO, Antônio Manuel da Rocha e. *Da boa-fé no direito civil*, cit., p. 1.247-1.248.

[36] "Nas suas manifestações subjetiva e objetiva, a boa-fé está ligada à confiança: a primeira dá, desta, o momento essencial; a segunda, confere-lhe base juspositiva necessária quando, para tanto, falte uma

Ademais, a tutela da confiança é expressão direta da solidariedade, a qual representa um valor primário no ordenamento jurídico brasileiro, objetivo fundamental da República capitulado no art. 3º, I, da Constituição Federal, relevante em todas as relações[37]. Desse modo, consoante afirma Anderson Schireiber, "A confiança, inserida no amplo movimento de solidarização do direito, vem justamente valorizar a dimensão social do exercício dos direitos, ou seja, o reflexo das condutas individuais perante terceiros"[38].

Dessa forma, com a tutela da confiança dá-se relevância tanto ou mais para os efeitos das condutas que para a sua fonte. A vontade individual pode ser a principal fonte de efeitos obrigacionais, mas em uma concepção civil-constitucional, outros valores, tais como o da solidariedade social também repercutem sobre os interesses envolvidos, de modo que podem vir a produzir efeitos jurídicos independentemente da vontade do declarante. A tutela da vontade do declarante, neste aspecto, seria limitada a favor do seu destinatário que tenha colocado sua confiança na declaração.

O fundamento da tutela da confiança mais apontado pela doutrina é a exigência de garantir a segurança e a estabilidade no comércio jurídico, a qual seria realizada com a prevalência, para fins de interpretação e de existência do ato negocial, daquilo que foi declarado pelo disponente ou que se pode deduzir do seu comportamento[39].

A distinção das situações existenciais em face das patrimoniais quanto ao fundamento acima, permeia a importância que se dá a cada uma à vontade real e à vontade declarada. Diferentemente das situações existenciais, nas situações patrimoniais tende a prevalecer a declaração ou o comportamento do agente, fonte de confiança para a outra parte ou para terceiros. Já as situações existenciais têm um compromisso com o próprio disponente e com a sua vontade real. Como consequência, a tutela da confiança é própria do âmbito das situações patrimoniais. Em doutrina, diverge-se a respeito da aplicação do princípio da confiança em relações não patrimoniais, ora a contra[40], ora a favor[41].

Defende-se a operatividade do princípio da confiança nos negócios jurídicos de conteúdo não patrimonial que tenham seu fundamento constitucional na solidariedade, como

---

disposição legal específica. Ambas, por fim, carreiam as razões sistemáticas que se realizam na confiança e justificam, explicando, a sua dignidade jurídica e cuja projeção transcende o campo civil" (CORDEIRO, Antônio Manuel da Rocha e Menezes. *Da boa-fé no direito civil*, cit., p. 1.250).

[37] Nesse sentido, Anderson SCHREIBER entende que "a tutela da confiança revela-se, em um plano axiológico-normativo, não apenas como principal integrante do conteúdo da boa-fé objetiva, mas também como forte expressão da solidariedade social, e importante instrumento de reação ao voluntarismo e ao liberalismo ainda arraigado no direito privado como um todo" (*A proibição de comportamento contraditório*. Rio de Janeiro: Renovar, 2005, p. 89-90). Também Laura di BONA aduz que "il principio dell'affidamento, unitamente a quello di correttezza (buona fede) è diretta espressione del dovere di solidarietà" (Tradução livre: "o princípio da confiança, juntamente com aquele da retidão (boa-fé) é direta expressão do dever de solidariedade") (*I negozi giuridici*, cit., p. 190).

[38] SCHREIBER, Anderson. *A proibição de comportamento contraditório*, cit., p. 88.

[39] PERLINGIERI, Pietro. *Manuale di diritto civile*, cit., p. 358.

[40] PERLINGIERI, Pietro. *Manuale di diritto civile*, cit., p. 457.

[41] BONA, Laura di. *I negozi giuridici*, cit., p. 190. (Tradução livre: "Parece decisiva, neste sentido, a consideração que o princípio da confiança, unido àquele de probidade (boa-fé), é direta expressão do dever de solidariedade (art. 2 const.), a qual representa um valor primário no nosso ordenamento, relevante em qualquer relação, independentemente do caráter patrimonial (ou não) do relativo conteúdo").

Cap. 56 · A CAMINHO DA NORMATIVA DAS SITUAÇÕES JURÍDICAS EXISTENCIAIS

os atos de disposição do corpo benéficos da saúde de um sujeito diverso do disponente ou os acordos entre cônjuges que se concretizem na solidariedade familiar, desde que presentes os seguintes requisitos: i) o ato dispositivo seja dirigido a um sujeito determinado; ii) a bilateralidade do ato[42].

Para assegurar a dignidade de uma pessoa, pode-se limitar a dignidade de outra que a tinha autolimitado e se arrependeu, com fundamento no princípio da confiança? A resposta afirmativa imporia a instrumentalização da pessoa para realizar a dignidade de outra, o que contradiz a própria dignidade humana. Se há um consenso em torno da dignidade humana, este gira em torno da concepção kantiana que coloca a pessoa sempre como fim, nunca como meio. Com efeito, a revogabilidade impede que a pessoa ocupe a posição de mero instrumento para o desenvolvimento da personalidade alheia. Desse modo, a proteção positiva da confiança não se mostra compatível com os atos de autonomia existenciais.

Ainda há, porém, a proteção negativa da confiança, como fonte de responsabilidade civil. Contudo, definir que a revogação da disposição de vontade de cunho existencial que gerou expectativas no destinatário do ato lhe confere direito a indenização seria como estabelecer um preço pelo arrependimento, eis que o sujeito que viesse a se arrepender da declaração anteriormente feita, teria que indenizar a pessoa que se beneficiaria com tal ato. Isto, porém, não é uma garantia e sim coação indireta ao disponente. O disponente simplesmente poderia deixar de revogar o ato por saber que estaria sujeito a pagar uma indenização.

Revogar o ato de autonomia existencial é ato lícito e, como tal, não gera o dever de indenizar. Isto porém não impede que possa ser configurado abuso de direito no caso concreto, tornando o dano indenizável. Como exemplo, imagine-se que o disponente de rim que revoga tal disposição frustra que seja destinado ao beneficiário do ato rim recebido no hospital porque, embora sendo o primeiro na lista dos necessitados de transplantes, passa adiante a vez, pois já acordado com o Fulano a transplantação. Outro exemplo pode ser dado a partir da reprodução humana assistida, na qual um casal se vale da fecundação *in vitro*, prevenindo futura esterilidade ocasionada por uso de certos medicamentos que, de fato, ocorre. No entanto, passado o tratamento médico, o casal se separa e o homem revoga a autorização para uso do embrião, impedindo a única chance se a mulher ser mãe biológica[43]. Em comum, ambos os exemplos têm que a disposição existencial mudou o estado das coisas de tal forma que, após a revogação, é impossível voltar ao *status quo ante*. Por isso, é mais que a quebra de uma expectativa.

Com efeito, o caso concreto definirá se é possível uma tutela negativa da confiança, com a ponderação dos valores envolvidos, desde que não se trate de mera punição pela revogação do ato. Não se pode desprover totalmente de responsabilidade aquele que dispôs com consentimento qualificado[44] só porque lhe é garantido o direito ao arrependimento.

---

[42] BONA, Laura di. *I negozi giuridici*, cit., p. 191. Vale ressaltar que a bilateralidade aqui referida diz respeito à estrutura do ato, ou seja, que se forme com o encontro da vontade de dois sujeitos, ou, embora se aperfeiçoe com apenas a declaração do disponente, tenha um *relevo bilateral*, a exemplo da promessa de matrimônio.

[43] Roxana BORGES considera que "A retratação não impede, entretanto, a imputação de responsabilidade por danos, o que, na verdade, tem mais a ver com o plano das consequências do ato do que com sua impossibilidade" (*Disponibilidade dos direitos da personalidade e da autonomia privada*. São Paulo: Saraiva, p. 173). Não é tão simples tal tomada de decisão, pois, como se viu, a possibilidade de um pedido de reparação por danos pode funcionar como coação indireta, o que não é desejável.

[44] Sobre o consentimento qualificado, vide subitem 3.3.2.

5. PRINCÍPIO DA AUTORRESPONSABILIDADE

A autorresponsabilidade ou responsabilidade sobre si mesmo tem como pressuposto que a consequência do ato não recaia sobre interesse alheio ou da coletividade. Desse modo, a autorresponsabilidade funda-se na relação entre o comportamento e o interesse tutelado, de maneira que opera apenas quando se tratar de próprios interesses[45].

Pugliatti afirma que a liberdade e a autorresponsabilidade são termos correlativos, podendo-se falar em autorresponsabilidade privada, correlativo à liberdade de querer[46]. De fato, se é dado à pessoa poder de autodeterminação, é correlato a este a assunção das consequências que dos comportamentos assumidos para realização dos seus interesses resultem. No mesmo sentido, afirma Emilio Betti que "*Il negozio è un atto umano d'importanza sociale, e quindi frutto di libertà, di cosciente iniziativa. E un atto alle cui conseguenze, anche onerose, l'autore deve sottostate nel mondo sociale, e quindi, fonte di autoresponsabilità*"[47].

Diante disso, há que se questionar se a prática de um ato de autonomia existencial que eventualmente cause dano ao disponente é passível de responsabilização do terceiro que com ele colabore ou se estar-se-ia diante do princípio da autorresponsabilidade.

A disposição a respeito de situações jurídicas subjetivas existenciais é admitida nos limites da legalidade constitucional, ainda que isto possa implicar em autolesão. É a dignidade da pessoa humana o fio condutor da análise do merecimento de tutela do ato de disposição.

Algumas circunstâncias podem configurar verdadeiros *hard cases*, porque a autonomia da pessoa pode se chocar com outro princípio conformador da dignidade humana do disponente. Ainda assim, o caso concreto pode indicar que a tutela da autonomia privada é a melhor forma de garantir o livre desenvolvimento da personalidade.

Hipótese paradigma é a negativa a se submeter a tratamento médico. Ao julgamento de terceiro, talvez até da maioria da sociedade, a recusa pode parecer absurda e desumana. Contudo, a dignidade humana se satisfaz também com o respeito das minorias, da diferença. Desse modo, é possível que a recusa a tratamento médico esteja pautada em valores existenciais do paciente, os quais merecem amparo pela ordem jurídica.

Ocorre que, não raro, a concretização da autonomia da pessoa depende da cooperação de outrem que irá materializar a vontade do disponente. No caso da recusa a tratamento médico, na maioria das vezes, é o médico a quem compete esta tarefa. Mas ao cooperar com a determinação do paciente, consequências graves podem advir, inclusive, a morte do disponente. Com isto, o medo de uma responsabilização civil ou penal[48] muitas vezes leva os médicos a desconsiderarem

---

[45]   PUGLIATTI, Salvatore. Autoresponsabilità. *Enciclopedia del Diritto*, IV. Milano: Giuffrè, 2000, p. 454.

[46]   Ibidem, p. 455.

[47]   BETTI, Emilio. *Teoria generale del negozio giuridico*. Torino: Torinese, 1952, p. 164.

[48]   Não é este o campo apropriado para a discussão acerca da despenalização, mas se entende que este também é um passo importante na efetivação da autonomia privada, em muitos casos. Outro caminho consiste na aplicação do princípio da adequação social segundo o qual não integra o tipo penal os comportamentos normalmente permitidos, a exemplo do ferimento causado por um pontapé em um jogo de futebol (TOLEDO, Francisco de Assis. *Princípios básicos de direito penal*. 3. ed. São Paulo: Saraiva, 1994, p. 133-134). Talvez recusar um tratamento médico, se submeter a violações a integridade física e até a eutanásia etc. se tornem tão aceitos pela sociedade que não mais possam ser enquadrados no tipo penal.

Cap. 56 • A CAMINHO DA NORMATIVA DAS SITUAÇÕES JURÍDICAS EXISTENCIAIS | 941

a vontade do paciente e a solicitarem uma ordem judicial que lhes permita intervir na integridade do paciente mesmo sem sua autorização[49].

Entretanto, se o médico ou quem tenha colaborado com a pessoa para não tratar da sua doença, conforme suas convicções religiosas ou culturais, não deveria ser responsabilizado pelas consequências da recusa. Se o ato dispositivo é digno de tutela jurídica, por estar pautado nos valores que garantem o livre desenvolvimento da pessoa humana, mesmo que acarrete limitação do exercício da situação ou até autolesão, o declarante estará no âmbito do exercício da situação. Sendo assim, trata-se de causa de eliminação do ilícito civil.

Desse modo, a autorresponsabilidade está presente na hipótese de lesão causada com o consentimento do ofendido[50], o que é considerado pela doutrina uma excludente da ilicitude[51]. Embora o efeito do ato se dirija contra o seu autor, este está a ele vinculado[52]. Além disso, na lesão a aspecto existencial querida pelo disponente, está-se diante de efeito contra o seu autor, mas, também a seu favor, tendo em vista que assim dispõe como forma de desenvolvimento da sua personalidade.

Segundo Pugliatti, impropriamente se refere à compensação das culpas, diante da responsabilidade pelo ilícito do causador do dano e da (auto) responsabilidade da vítima, pois *"quest'ultima viene assunta come causa paralizzatrice, in tutto o in parte, degli effetti dell'illecito, e quindi influisce sulla risarcibilità del danno o sulla misura del risarcimento"*[53]. Nesse sentido, Antunes Varela aduz que "Também o consentimento do lesado pode constituir uma causa de exclusão de ilicitude. Tratando-se de direitos disponíveis (como o são por exemplo os direitos sobre a coisa), a aquiescência prévia do seu titular à prática de atos de terceiro, que constituiriam violação do direito, sem tal autorização, torna o ato lícito"[54].

Vê-se que a disponibilidade da situação jurídica existencial é imprescindível para a afirmação da autorresponsabilidade e, consequentemente, exclusão da ilicitude. Em razão disso, Antunes Varela afirma que a autorização não torna o ato lícito se cuida de bens indisponíveis, como a vida e a saúde. "A eutanásia, por exemplo, constitui ato ilícito, mesmo se consentida pelo enfermo"[55]. Isto não afasta a aplicação do princípio da autorresponsabilidade nas situações jurídicas subjetivas existenciais, pois também elas podem ser exercidas a partir de um poder de disposição. A afirmativa de Antunes Varela, portanto, não pode ser tomada de forma absoluta. O mesmo autor, inclusive, aceita esta causa excludente da ilicitude quando o ato atinge a integridade física da pessoa, na prática de esportes[56].

---

[49] Cabe ressaltar que não há necessidade de se obter uma ordem judicial para a colaboração com o disponente, sendo a autorização da lesão argumento a ser utilizado em eventual ação indenizatória posteriormente proposta para se invocar a licitude do ato.

[50] Segundo Antunes VARELA, "O consentimento do lesado consiste na aquiescência do titular do direito à prática do ato que, sem ela, constituiria uma violação desse direito ou uma ofensa da norma tuteladora do respectivo interesse" (*Das obrigações em geral*. 7. ed. Coimbra: Almedina, 1991, p. 552-553).

[51] V. PUGLIATTI, Salvatore. Autoresponsabilità, cit., p. 459.

[52] Nas palavras de Emilio BETTI, "L'effetto dell'atto si dirige anche contro il suo autore, che ne resta vincolato e come impregionato" (*Teoria generale del negozio giuridico*, cit., p. 164) (Tradução livre: "O efeito do ato se dirige também contra o seu autor que está a ele vinculado e também aprisionado").

[53] PUGLIATTI, Salvatore. Autoresponsabilità, cit., p. 459 (Tradução livre: "Esta última é assumida como causa paralisante, no todo ou em parte dos efeitos do ilícito, e assim influi sobre a ressarcibilidade do dano ou sobre a medida do ressarcimento").

[54] VARELA, Antunes. *Direito das obrigações*. Rio de Janeiro: Forense, 1977, p. 218.

[55] VARELA, Antunes. *Direito das obrigações*, cit., p. 218.

[56] VARELA, Antunes. *Das obrigações em geral*, vol. I, cit., p. 554.

É claro que decisão como esta deve partir de uma vontade qualificada, tal como visto anteriormente segundo o princípio do consentimento, de modo que a mesma seja livre e esclarecida, e, preferencialmente, devidamente documentada com a descrição da conduta que deseja ser tomada. No caso da recusa a tratamento médico, por exemplo, com o detalhamento do tratamento e dos riscos da sua administração e da recusa, para que o colaborador, tenha prova bastante de que agiu de acordo com a autodeterminação do doente. A forma escrita neste caso é apenas *ad probationem*, por isso dispensável quando a autolesão é consequência comum na prática de alguma atividade esportiva.

Por um lado, são muitas as implicações que poderiam surtir de um princípio geral da autorresponsabilidade, as quais escapam os limites desta tese. Por outro, não se poderia deixar de invocá-lo, na medida em que pode estar nele a garantia de atendimento da manifestação de vontade da pessoa, mesmo que tal lhe venha causar dano, pois dano injusto lhe adviria com o desrespeito da sua autodeterminação.

Assim, é de extrema importância o princípio da autorresponsabilidade para garantir que realmente será cumprida a vontade do disponente por quem tem a incumbência de executa-la. Do contrário, sempre haverá a sombra de responsabilidade civil, prejudicando a efetiva tutela positiva da situação existencial.

6. CONCLUSÃO

Ainda são muitos os desafios para a adequada regulação das situações jurídicas existenciais. Uma primeira conclusão fundamental, que parece ter alcançando quase que unanimidade doutrinária, é a necessária construção de uma normativa qualitativamente diversa para a autonomia existencial. O diverso fundamento, centrado na dignidade da pessoa humana, não já na liberdade econômica, corresponde a um coerente sistema de proteção.

Os princípios, na medida em que formulam normas abertas, propensas a maior adequação ao momento atual e ao caso concreto, constituem fonte de regulação importante. Nesse sentido, alguns princípios de destacam por estarem presentes na maior sorte de hipóteses que se possa pensar acerca da autonomia existencial: i) gratuidade; ii) consentimento qualificado; iii) confiança; iv) autorresponsabilidade.

A gratuidade mostra-se fundamental como garantia da própria autonomia, pois a submissão de situações existenciais a um preço, colocaria em xeque o valor da própria declaração de vontade. O consentimento qualificado assegura que a autonomia seja exercida de modo livre, baseada em informações consistentes, que possam ser esteio da declaração volitiva. A confiança, embora apareça com menor frequência, assegura que não sejam realizadas declarações de vontade sem seriedade, a ensejar revogações abusivas de disposições existenciais. E a autorresponsabilidade permite que o agente colaborativo do disponente não seja responsabilizado civilmente por atuar ao encontro da declaração de vontade, pelo que somente o próprio disponente é responsável. Na confluência desses princípios, sem desprezar outros que possam advir, encontra-se o início do caminho para a normativa das situações jurídicas existenciais.

Desde que a tese foi escrita, muitos temas surgiram no âmbito das situações existenciais, a exemplo da inteligência artificial, proteção de dados, herança digital, etc. Com tantas novas circunstâncias de fato, o caminho dos princípios ainda soa como o mais adequado, a oxigenar o ordenamento jurídico sempre que necessário, sem deixar de colocar a pessoa humana no centro da discussão.

57

DESCONSTRUINDO O DISCURSO JURÍDICO DO CASAMENTO: ANTES E AINDA

SAMIR NAMUR

Sumário: 1. Introdução.2. Como desconstruir o discurso jurídico do casamento em 2008?. 2.1 Casamento e união estável. 2.2 Dissolução do casamento. 2.3 Uniões homoafetivas. 2.4 Famílias simultâneas. 3. O discurso jurídico do casamento e o direito de família em 2021. 3.1 União estável e sucessão. 3.2 Famílias simultâneas. 4. Conclusão.

1. INTRODUÇÃO

"A desconstrução da preponderância do discurso jurídico do casamento no direito de família" foi dissertação de mestrado, defendida em abril de 2008, no âmbito do Programa de Pós-graduação em Direito da Universidade do Estado do Rio de Janeiro (UERJ)[1]. Obteve nota máxima e voto de louvor em banca composta pelos professores doutores Gustavo Tepedino, Luiz Edson Fachin e Heloisa Helena Barboza. A sua construção, todavia, iniciou antes, em meados de 2005.

Cursava o quinto ano da faculdade de direito na Universidade Federal do Paraná, com grande predileção pelo direito civil, consequência dos cinco anos de aula com o Professor Luiz Edson Fachin. Em meio as aulas de direito de família, dois encontros entre os alunos e professores de direito civil da UFPR e UERJ, foram fundamentais para consolidar essa escolha: pelo direito civil e de família. Os trabalhos apresentados sobre a eficácia da obrigação alimentar e sobre a desconsideração da culpa pelo fim do casamento foram, também, o começo da pesquisa que se consolidou na dissertação. A partir disso, as falas de diversos professores, mestrandos e doutorandos foram o

---

[1] Posteriormente, foi publicada pela Editora Renovar: Samir Namur. *A desconstrução da preponderância do discurso jurídico do casamento no direito de família*. Rio de Janeiro: Renovar, 2009.

944 | PROBLEMAS DE DIREITO CIVIL – *Homenagem aos 30 anos de cátedra do professor Gustavo Tepedino*

fio condutor para toda uma linha de produção acadêmica, sob a liderança dos professores Fachin e Tepedino. Suas obras, à época, influenciaram toda essa geração[2], que atualmente se constitui em doutrina jurídica amplamente aceita.

O contexto político e social dessa época era bastante favorável às necessárias transformações do direito de família, ainda bastante retrógrado, mesmo após a Constituição de 1988. O já velho Código Civil de 2002 havia consagrado o casamento como modelo de família e, portanto, superior à união estável. Além disso, era ainda longo o caminho a percorrer para que às uniões homoafetivas fossem reconhecidos efeitos jurídicos.

Tratou-se de momento chave para o reconhecimento e consagração da chamada "família eudemonista". Funcionalizada à dignidade dos seus membros e não mais à reprodução de valores culturais, éticos, religiosos e econômicos, como refletida por toda a evolução da legislação (infraconstitucional) do casamento, primeiro apenas religioso, depois civil, e da lei do divórcio, com diversos empecilhos legais. A família teve, portanto, hierarquia (masculina e paterna), religião (católica) e função econômica de proteção patrimonial. Tais características valiam para a constituição da família e para a filiação, mesmo com a Constituição consagrando a igualdade entre as formas familiares[3]. Embora não pareça, a defesa da autonomia, dignidade e proteção dos membros da família, em detrimento de valores extrínsecos, é mas antiga do que se imagina[4]; é que foi, paulatinamente, ganhando corpo ao longo dos anos e força considerável nesses meados da primeira década do século XXI.

Essa foi a base da dissertação, a defesa de um aspecto de privatização da família ou mesmo um espaço de autonomia privada protegida e garantida pelo direito (nos moldes do que Rodotà havia nomeado de "espaços de não direito"[5]). Nessa medida, o afeto ganhou valor jurídico e passou a ser protegido pelo ordenamento, como expressão de uma escolha que reflete os anseios, realizações, aspirações e felicidade do indivíduo.

Ao passo que era claro esse contexto de transformação do direito de família, todo o direito civil, especialmente a corrente do assim denominado "Direito Civil-Constitucional" defendia uma viragem metodológica, em muito decorrente dos ensinamentos de Pietro Perlingieri[6]. Esses, igualmente, influenciaram decisivamente a dissertaçao, principalmente quanto à distinçáo entre as situações jurídicas sibjetivas patrimoniais e existenciais, haja vista que permitiram a defesa de um direito de família não mais entendido dentro da lógica do direito subjetivo x dever jurídico, bem como funcionalizado à dignidade e escolha dos membros da família. Outro aspecto essencial foi a lição quanto à característica de complexidade do ordenamento jurídico, isto é, legislações de épocas diferentes, incompatíveis com as relações sobre que incidem no presente. Um descompasso que é de ordem lógica (por exemplo, uma legislação de direito de família que aborda apenas o

---

[2]   Dentre elas, destaca-se: Luiz Edson Fachin. *Direito de família*: elementos críticos à luz do novo Código Civil brasileiro. 2. ed. Rio de Janeiro: Renovar, 2003; Luiz Edson Fachin. Família. *Dicionário de Filosofia do Direito*. Rio de Janeiro: Renovar, 2008, p. 503-517; Luiz Edson Fachin. *Teoria crítica do direito civil*. Rio de Janeiro: Renovar, 2000; Gustavo Tepedino. *Temas de direito civil*. Rio de Janeiro: Renovar, 2001; Gustavo Tepedino. *Temas de direito civil*. Rio de Janeiro: Renovar, 2006.

[3]   Gustavo Tepedino; Ana Carolina Brochado Teixeira. *Fundamentos do direito civil*: direito de família. 2. ed. Rio de Janeiro: Forense, 2021, p. 2-11.

[4]   João Baptista Villela. *Liberdade e família*. Belo Horizonte: Revista da Faculdade de Direito da UFMG, 1980.

[5]   Stefano Rodotà. *La vita e le regole: tra diritto e non diritto*. 3. ed. Milano: Feltrinelli, 2006.

[6]   Pietro Perlingieri. *Perfis de direito civil*. 2. ed. Rio de Janeiro: Renovar, 2002.

casamento) ou axiológica (por que desalinhada com os princípios e valores do sistema jurídico, como ocorre com o Código Civil e a Constituição – na axiologia atual, cabe definir o código como regulador da liberdade e da cidadania, protetor da liberdade de expressão, consequência da hierarquia constitucional[7]).

Não obstante, importante frisar que toda a pesquisa foi direcionada para as relações de constituição da família entre pessoas iguais e capazes, excluido-se, principalmente, as relações de filiação. Uma seara em que é forçoso reforçar todo o aspecto fundamental que adquire a manifestação de vontade para formar família, devendo ser protegida, compreendida e estimulada, jamais punida legal ou judicialmente, como consequência de um juízo moral, eventual censura ou arbitrariedade quanto ao "gosto" daqueke que escolhe como formar o seu núcleo familiar. Os objetos da dissertação foram, por conseguinte, as controvérsias sociais e jurídicas em torno do casamento e sua dissolução, união estável, relações homoafetivas e simultâneas. Esses, inclusive, foram os temas específicos abordados à época.

2. COMO DESCONSTRUIR O DISCURSO JURÍDICO DO CASAMENTO EM 2008?

Da junção de pressupostos teóricos e análise de aspectos práticos da regulação da constituição da família, surgiu a proposta daquilo que se chamou de descontrução da preponderância do discurso jurídico do casamento. De um lado, a análise do arcabouço histórico da legislação não só do direito de família, mas de todo o direito privado, que teve como ápice a codificação oitocentista, centrada na necessidade de segurança jurídica patrimonial.

Desse modo, o casamento do século XIX, modelo único de constituição da família e aceito como tal por conta da autoridade religiosa, é também adotado pela legislação civil, porém com um itnerário formal e registral a ser cumprido. Se os ritos do casamento religioso foram criados com base nos costumes pagãos na Antiguidade[8], também é o casamento civil "criado" a partir da sua modalidade religiosa/católica, com o propósito de que a adesão social fosse automática e garantida a segurança jurídica para a formação da família, haja vista que essa era a única forma de atribuição de efeitos jurídicos.

Nasce, portanto, uma família exclusivamente matrimonializada, que se consolida juridicamente por todo o século XX. Não só na legislação, mas também na doutrina e, principalmente, na jurisprudência. Mesmo com diversas outras formações familiares, o direito de família brasileiro era marcado pelo reconhecimento apenas do casamento civil e pela dificuldade de realização do divórcio. Essa temática, em todos os seus relevantes aspectos práticos, estava na ordem do dia em 2008: defender a igualdade entre casamento e união estável; propor um modelo objetivado de dissolução da família, especialmente do casamento; fundamentar e também defender a família formada por pessoas do mesmo sexo e em situações de simultaneidade. Certas construções podem parecer óbvias atualmente, na medida em que foram pacificadas, porém demandaram longa produção e firme posicionamento de toda uma doutrina progressista. Nessa esfera é que se colocou a dissertação orientada pelo Professor Gustavo Tepedino.

---

[7]   Luiz Edson Fachin. Direito fundamental e expressão religiosa: entre a liberdade, o preconceito e a sanção. In: Gustavo Tepedino; Joyceane Bezerra de Menezes. *Autonomia privada, liberdade existencial e direitos fundamentais*. Belo Horizonte: Fórum, 2019, p. 300.

[8]   Diogo Leite de Campos. *A invenção do direito matrimonial*. Coimbra: Almedina, 1995.

2.1 Casamento e união estável

Em tese, a Constituição de 1988 consagrou a igualdade entre as formas de constituição da família e, portanto, a inexistência de hierarquia entre casamento e união estável. Na prática, foi longo o transcurso legislativo e jurisprudencial para que isso se concretizasse. Em 2008, ainda existiam pontos importantes de discriminação: a impossibilidade de utilização de sobrenome comum e, principalmente, o direito sucessório.

No primeiro caso, em que pese o sobrenome comum fosse providência de segurança jurídica formal do direito civil burguês oitocentista e, ainda, consagrasse a superioridade masculina (pois, tradicionalmente, refletiu a adoção pela esposa do sobrenome do marido), defendeu-se a equiparação com o casamento, uma vez que é direito da personaldiade, portanto aspecto existencial da convivência familiar. O direito sucessório, por sua vez, era a consequência mais relevante, tema mais debatido e julgado com relação à união estável. Por força do princípio constitucional da igualdade entre as formas de constituição da família, defendeu-se a equiparação, pacificada apenas recentemente, como se verá.

Sempre que a comparação entre casamento e união estável surgia, fundamental era o argumento difundido pelo Professor Gustavo Tepedino, que foi amparo para toda a doutrina[9]. Ele consistia em diferenciar as naturezas jurídicas das duas formas de constituição da família (o casamento formal e a união estável informal), mas igualá-las como situações existenciais, caracterizadas pela convivência familiar e solidariedade entre seus componentes. Assim sendo, a formalidade do casamento atrai regras que lhe são próprias e não se estendem à união estável (tais como aspectos registrais, autorização para prática de certos atos jurídicos, emancipação do cônjuge menor), ao passo que a sucessão, informada por uma lógica de solidariedade decorrente da convivência familiar, deve ser equiparada.

2.2 Dissolução do casamento

À época da defesa da dissertação, ainda era presente forte debate em torno dos mecanismos para o divórcio. Um casamento indissolúvel era bastante compatível com a prevalência dos interesses religiosos e morais assentados ao longo do século XX em nosso direito. Por isso, apenas tardiamente, em 1977, é que a dissolução do casamento foi permitida, pela chamada Lei do Divórcio (6.515/1977). Mesmo assim, dentro de um contexto de resistência de setores conservadores, o que resultou em um modelo jurídico de divórcio com uma série de requisitos legais, na contramão da objetivação, que coincidiria com o mero consentimento dos cônjuges para terminarem o casamento.

Manteve-se o desquite (procedimento em que o casamento ainda não se dissolvia, mas que permitia a resolução judicial de questões como divisão de bens, alimentos, guarda dos filhos, etc.), porém com outro nome: a separação judicial. E, nela, uma série de prazos e requisitos, sendo o principal a necessidade de aferição da culpa pelo fim do casamento: o legislador apenas admitia o fim do casamento dentro de hipóteses legais correspondentes a certas condutas condenáveis ou descumprimentos dos chamados deveres conjugais. Na prática, o processo judicial de separação virava verdadeira tortura, pois a intimidade da família acabava exposta, com o objetivo de provar a culpa do outro.

No início do século XXI, doutrina e jurisprudência caminhavam para um consenso em que o procedimento de separação judicial não servia mais para averiguar um culpado pelo fim do casamento, imputando eventual sanção. Esse movimento, todavia, foi enfraquecido com a

---

[9] Gustavo Tepedino. Novas formas de entidades familiares: efeitos do casamento e da família não fundada no matrimônio. *Temas de direito civil*. 2. ed. Rio de Janeiro: Renovar, 2001, p. 340.

promulgação do Código Civil de 2002, que repetiu todos os dispositivos do Código de 1916 acerca da culpa, reforçando os argumentos daqueles que ainda a defendiam. Por isso, até 2010, quando a Emenda Constitucional 66 definiu a objetivação do fim do casamento pelo divórcio, sem outros requisitos, essa temática era importante. Socialmente, no entanto, ela permanece crucial. Em tempos de pandemia, o número de famílias que se dissolve aumentou e foi importante que o país já tivesse regulamentado um mecanismo mais simplificado para o divórcio[10].

2.3 Uniões homoafetivas

A heterossexualidade sempre foi requisito automático para a formação jurídica da família no direito ocidental. No Brasil, o modelo legal de casamento e união estável sempre foi composto por homem e mulher. Todas as legislações, incluindo constituições e os códigos civis, repetiram essa regra, mesmo à revelia da realidade, em que casais de pessoas do mesmo sexo convivem com intuito de formar família. Permaneciam à margem do direito e, portanto, sem a produção dos efeitos jurídicos próprios da família (regime de bens, sucessão, alimentos etc.).

Esse foi tema que, à luz de argumentos sociológicos, precisava ser enfrentado em 2008, diante do objeto da dissertação, que era desconstruir um direito de família calcado no casamento heterossexual. Para um direito de família regulado por uma condificação que era, basicamente, a mesma do início do século XX, em uma sociedade ainda muito pautada por valores católicos[11] e um judiciário eminentemente conservador, reconhecer a homoafetividade era, ainda, tarefa complexa.

No entanto, os obstáculos de ordem moral foram maiores que os de ordem jurídica. Isso porque uma Constituição da República que reconhece a dignidade humana como seu valor central e, no âmbito da família, acarreta princípios de liberdade para constituí-la, de pluralidade e igualdade entre as suas formas, de solidariedade entre os seus membros e que institui o afeto como bem jurídico a ser protegido, naturalmente se direciona para o reconhecimento de famílias formadas por pessoas do mesmo sexo. Essa foi a defesa em 2008, coincidente com o que apontava toda a doutrina, tendo essas barreiras sociais sido rompidas nos anos seguintes, com o STF reconhecendo por meio de ADI e ADPF a extensão dos efeitos da união estável para os casais homoafetivos (em 2011 – ADI 4.277 e ADPF 132) e o CNJ determinado que os registros civis do país passassem a celebrar casamentos entre pessoas do mesmo sexo (em 2013 – por meio da Resolução 175). A ausência de mudança legislativa, ainda que desnecessária na prática, apenas confirmou que não havia um problema jurídico complexo a ser resolvido, mas mera discriminação de muitos segmentos da sociedade.

Em que pese a celebração de casamento homoafetivo possa, simbolicamente, parecer uma contradição, pois o casamento foi justamente o modelo jurídico e religioso que desde sempre consagrou essa discriminação, as estatísticas mostram que a linha de argumentação defendida pela doutrina progressista e pela dissertação à época estavam corretas. Os números de casamentos entre pessoas do mesmo sexo é cada vez maior e, inclusive, é preocupação de muitos casais no

---

[10] "Número de divórcios aumenta em casais cariocas durante a pandemia, aponta levantamento". Disponível em: https://diariodorio.com/numero-de-divorcios-aumenta-entre-casais-cariocas-durante-apande-miaponta-levantamento/?fbclid=IwAR26IMj4m7c7jFHi7HXkswtArg_l_YEFMKeDPQx4ReVmCwjjI-20MeYMlVGc. Acesso em: 16 mar. 2021.

[11] O conflito entre o casamento religioso e civil permanece atual e atrapalha constantemente o reconhecimento das famílias formadas por pessoas do mesmo sexo, como demonstra a notícia a seguir: "Com aval do papa, Vaticano proíbe bênção a união gay e chama homossexualidade de pecado". Disponível em: https://www1.folha.uol.com.br/mundo/2021/03/com-aval-do-papa-francisco-vaticano-proibe-ben-cao-a-casamento-homossexual.shtml. Acesso em: 15 mar. 2021.

PROBLEMAS DE DIREITO CIVIL – *Homenagem aos 30 anos de cátedra do professor Gustavo Tepedino*

contexto sociopolítico pós-2018, em que a pauta conservadora de costumes pode gerar retrocessos jurídicos no Congresso, haja vista que um discurso de ódio e preconcebito com as minorias acabou ganhando força[12].

2.4 Famílias simultâneas

Não há dúvida, era a temática mais polêmica em 2008, o que permanece nos tempos atuais. De discussão ainda incipiente no início do século XXI a tema extremamente relevante na doutrina e jurisprudência de hoje, o que mostra sua grande relevância.

Sempre que a temática envolve as situações de simultaneidade familiar, contrapõem-se princípios jurídicos de dignidade humana, liberdade e igualdade para constituir família, proteção jurídica do afeto, boa-fé e monogamia. Importante frisar que o objeto dessa análise consiste naquelas formações familiares compostas por núcleos de conjugalidade distintos e estáveis (comumente, de um homem que constitui duas famílias em duas residências). O Código Civil de 2002, no artigo 1.727[13], vedou a produção de efeitos jurídicos para a família simultânea, uma vez que, havendo impedimentos matrimoniais (nesse caso, um casamento já existente), a relação estável ("não eventual") não caracteriza união estável, mas sim mero concubinato. Desse modo, à segunda família, simultânea, não se aplicariam as regras sobre regime de bens, alimentos, sucessão etc, além da importante e comum repercussão na esfera previdenciária.

Ainda que um tanto difícil, nesse campo o que se defendia era um olhar objetivo, sem julgamentos, para as escolhas das pessoas e formações familiares delas decorrentes. Se o direito de família brasileiro é informado por princípios de dignidade humana, igualdade entre as formas familiares e liberdade para constituir família, é corolário que se reconheça juridicidade às famílias simultâenas, para, na prática, garantir divisão dos bens comuns, herança, pensão alimentícia e previdenciária. Na contramão, surgiram diversas construções jurídicas, com argumentos para que a simultaneidade não fosse reconhecida, prevalecendo a literalidade do artigo 1.727 do Código Civil. Um princípio jurídico implícito da monogamia tem sido a mais comum e até a exigência de boa-fé consutma surgir, como necessidade de que a componente da segunda família desconheça a existência da primeira.

A abordagem desses temas, já em 2008, antecipava questões que hoje são amplamente debatidas e julgadas em todas as esferas do Poder Judiciário. Moral e direito se confundem, com o Estado pretendendo regulamentar a manifestação do afeto e a escolha familiar dos indivíduos, mesmo que isso acarrete negar-lhes direitos elementares, muitas vezes conectados à própria sobrevivência.

3. O DISCURSO JURÍDICO DO CASAMENTO E O DIREITO DE FAMÍLIA EM 2021

Como já apontado, da época da dissertação para a atualidade, é marcante a evolução e modificação no tratamento dos temas, principalmente pela jurisprudência, o que compõe um discurso jurídico diferente sobre o casamento e o direito de família. É maior a quantidade de julgados, inclusive com repercussão geral no STF, o que demonstra a importância temática para

---

[12] "Norma do CNJ que permite casamento civil homoafetivo completa 7 anos". Disponível em: https://www.anoreg.org.br/site/2020/05/14/norma-do-cnj-que-permite-casamento-civil-homoafetivo-completa-7-anos/. Acesso em: 11 mar. 2021.

[13] Art. 1.727. As relações não eventuais entre o homem e a mulher, impedidos de casar, constituem concubinato.

Cap. 57 · DESCONSTRUINDO O DISCURSO JURÍDICO DO CASAMENTO: ANTES E AINDA | 949

a sociedade. Tendo sido extensa a pesquisa jurisprudencial em 2008, cabe demonstrar em que pontos houve avanço ou retrocesso.

As questões ligadas ao divórcio (culpa e procedimento de separação) e às famílias homoafetivas, atingiram um consenso de forma mais tranquila, como já explicitado. Por isso, na sequência, a abordagem será daquilo que ainda gera mais polêmica, especificamente a sucessão da união estável e o tratamento das famílias simultâneas.

3.1 União estável e sucessão

Atualmente, é possível afirmar um consenso de que a inexistência de hierarquia entre as entidades familiares é reconhecida pela Constituição e implica a igualdade de direitos existenciais e patrimoniais, em tudo que for compatível com as suas diferentes naturezas (casamento e união estável). Coerente com esse entendimento, passa o companheiro também à categoria de herdeiro necessário (mesmo que não expressamente mencionado pelo artigo 1.845[14] do Código Civil e, principalmente, passa a ter o seu direito sucessório equiparado ao do cônjuge[15]).

O Código Civil de 2002, inicialmente, consagrou a conhecida distinção na vocação hereditária de cônjuges e companheiros, respectivamente pelos artigos 1.829[16] e 1.790[17]. Após longo transcurso de desigualdades em casos concretos e também longos debates doutrinários e jurisprudenciais, hoje se aplica o entendimento, inserido em repercussão geral do STF, corolário da incidência da Constituição nas relações privadas (princípio da igualdade entre as formas de constituição da família), de que é apenas o artigo 1.829 que regula ambas situações[18].

---

[14] Art. 1.845. São herdeiros necessários os descendentes, os ascendentes e o cônjuge.

[15] Heloisa Helena Barboza. O novo regime sucessório dos companheiros: primeiras reflexões. In: Gustavo Tepedino; Joyceane Bezerra de Menezes. *Autonomia privada, liberdade existencial e direitos fundamentais.* Belo Horizonte: Fórum, 2019, p. 508-511.

[16] Artigo 1829. A sucessão legítima defere-se na seguinte ordem: I – aos descendentes, em concorrência com o cônjuge sobrevivente, salvo se casado este com o falecido no regime da comunhão universal, ou no da separação obrigatória de bens (art. 1.640, parágrafo único); ou se, no regime da comunhão parcial, o autor da herança não houver deixado bens particulares; II – aos ascendentes, em concorrência com o cônjuge; III – ao cônjuge sobrevivente; IV – aos colaterais.

[17] Art. 1.790. A companheira ou o companheiro participará da sucessão do outro, quanto aos bens adquiridos onerosamente na vigência da união estável, nas condições seguintes:

I – se concorrer com filhos comuns, terá direito a uma quota equivalente à que por lei for atribuída ao filho;

II – se concorrer com descendentes só do autor da herança, tocar-lhe-á a metade do que couber a cada um daqueles;

III – se concorrer com outros parentes sucessíveis, terá direito a um terço da herança;

IV – não havendo parentes sucessíveis, terá direito à totalidade da herança.

[18] "Direito constitucional e civil. Recurso extraordinário. Repercussão geral. Aplicação do artigo 1.790 do Código Civil à sucessão em união estável homoafetiva. Inconstitucionalidade da distinção de regime sucessório entre cônjuges e companheiros. 1. A Constituição brasileira contempla diferentes formas de família legítima, além da que resulta do casamento. Nesse rol incluem-se as famílias formadas mediante união estável, hetero ou homoafetivas. O STF já reconheceu a "inexistência de hierarquia ou diferença de qualidade jurídica entre as duas formas de constituição de um novo e autonomizado núcleo doméstico", aplicando-se a união estável entre pessoas do mesmo sexo as mesmas regras e mesas consequências da união estável heteroafetiva (ADI 4277 e ADPF 132, Rel. Min. Ayres Britto, j. 05.05.2011) 2. Não é legítimo desequiparar, para fins sucessórios, os cônjuges e os companheiros, isto é, a família formada pelo casamento e a formada por união estável. Tal hierarquização entre entidades familiares é incompatível

950 | PROBLEMAS DE DIREITO CIVIL – *Homenagem aos 30 anos de cátedra do professor Gustavo Tepedino*

A mesma linha interpretativa é válida para concluir pela inclusão do companheiro no rol dos herdeiros necessários. Mesmo tratamento do cônjuge, seja por que a ele se aplica o artigo 1.829, sempre herdando em concorrência com descendentes e ascendentes ou pela atribuição direta do artigo 1.845. Por isso, não pode mais o companheiro ser excluído da sucessão por mera manifestação de vontade do autor da herança.

3.2 Famílias simultâneas

Como afirmado, é o ponto mais intrincado no âmbito das relações de conjugalidade. Se o direito de família conseguiu romper as barreiras da heterossexualidade, da indissolubilidade do casamento e da discriminação quanto à união estável, ainda não rompeu a da monogamia. Em que pese os argumentos jurídicos e a interpretação constitucional à luz dos princípios da dignidade, solidariedade, igualdade e pluralidade das famílias sejam os mesmos, não há avanço quanto às famílias simultâneas. Em verdade, indentifica-se retrocesso jurídico, acompanhando e avanço político da chamada pauta de costumes.

Em 2008, ainda era tema pouco abordado. Atualmente, é mais aceito pela doutrina, com defesa da descaraterização de um princípio jurídico implícito da monogamia, que estaria na contramão de um direito de família "mínimo" e privatizado[19]. No entanto, não foi o que restou consolidado pela recente jurisprudência do STF. Nas instâncias inferiroes (e mesmo nas superiroes) foram muitas as decisões divergentes ao longo dos últimos vinte anos. Inclusive, os *leading cases* julgados pelo STF, por apertada maioria, demonstram, em sentido macro, essa divergência, que, infelizmente, se consolidou para negar juridicidade às situações de simultaneidade[20-21].

---

com a Constituição de 1988. Assim sendo, o art. 1790 do Código Civil, ao revogar as Leis nº 8.971/1994 e nº 9.278/1996 e discriminar a companheira (ou o companheiro), dando-lhe direitos sucessórios bem inferiores aos conferidos à esposa (ou ao marido), entra em contraste com os princípios da igualdade, da dignidade humana, da proporcionalidade como vedação à proteção deficiente e da vedação do retrocesso. 3. Com a finalidade de preservar a segurança jurídica, o entendimento ora firmado é aplicável apenas aos inventários judiciais em que não tenha havido trânsito em julgado da sentença de partilha e às partilhas extrajudiciais em que ainda não haja escritura pública. 4. Provimento do recurso extraordinário. Afirmação, em repercussão geral, da seguinte tese: 'No sistema constitucional vigente, é inconstitucional a distinção de regimes sucessórios entre cônjuges e companheiros, devendo ser aplicado, em ambos os casos, o regime estabelecido no art. 1.829 do CC/2002'" (STF, Tribunal Pleno, REsp 646.721, Rel. Min. Marco Aurélio Mello, j. 10.05.2017, *DJ* 11.09.2017).

[19] Gustavo Tepedino; Ana Carolina Brochado Teixeira. *Fundamentos do direito civil*: direito de família. 2. ed. Rio de Janeiro: Forense, 2021, p. 27-28.

[20] STF, Tribunal Pleno, REsp 1.287.143, Rel. Min. Dias Toffoli, j. 21.10.2020, *DJ* 23.10.2020. "Apelação cível. Direito de família. União estável paralela ao casamento. Reconhecimento. Impendimento matrimonial. Art. 1.521, VI, do Código Civil. Sentença reformada. I. Para o reconhecimento da união estável não basta, apenas, a comprovação da convivência pública e notória, com o intuito de constituição de família, é imprescindível inexistir impedimentos matrimoniais (Art. 1.521, VI, DO CC). II. No direito pátrio, a monogamia constitui princípio basilar para o reconhecimento matrimonial, não podendo ser declarada a união estável quando a pessoa for casada e mantiver vida conjugal com a esposa, sem que estejam separados de fato ou juridicamente ou quando viver maritalmente com outra pessoa, pois os efeitos matrimoniais alcançam a união estável". Sustenta a recorrente, nas razões do apelo extremo, violação do artigo 226 da Constituição Federal. Decido. A irresignação não merece prosperar, haja vista que a discussão acerca do reconhecimento de união estável ocorrida concomitantemente com o casamento.

[21] STF, Tribunal Pleno, REsp 1.045.273, Rel. Min. Alexandre de Moraes, j. 18.12.2020, ainda não publicado. Decisão: O Tribunal, por maioria, apreciando o Tema 529 da repercussão geral, negou provimento ao

Estender os impedimentos matrimoniais e o dever de fidelidade para rejeitar efeitos jurídicos (civis e previdenciários) às uniões estáveis concomitantes a outra união estável ou casamento anteriores é, simplesmente, fechar os olhos para os fatos. É negar que os núcleos familiares se formam mesmo à revelia do discurso jurídico, ou seja, daquilo que pretensamente definem doutrinadores, juízes e ministros. Na prática, o mais cruel é perceber que o juízo de valor acerca da família alheia acaba subjugando o reconhecimento de direito básicos, tais como dividir bens, ter pensão alimentícia, previdenciária, herança etc.

O direito civil clássico enxergava e enquadrava todas as relações jurídicas na lógica binária do direito subjetivo e do dever jurídico. Própria das relações patrimoniais, em que à existência de um direito reconhecido pela lei ou por contrato, se contrapõe a prerrogativa de obrigar a outra parte a exercê-lo ou sofrer as sanções legais. Não é necessário um raciocínio jurídico muito complexo para perceber que essa dinâmica não encaixa adequadamente para tratar de afeto, sexualidade e, em última análise, da manifestação de vontade para formar uma família (mesmo nas famílias monogâmicas, não existe mecanismo jurídico efetivo para a cobrança de um dever jurídico de fidelidade, quanto menos nas situações de poligamia).

Por isso, a posição do direito deveria ser a de menor invasão possível dessa esfera, apenas para facilitar e não dificultar o exercício dessa liberdade para formar família. Todavia, à medida que um certo conservadorismo avança, observa-se que o discurso jurídico de um direito de família ainda permanece parcialmente matrimonializado, manifestando-se também de outras formas, além da legislação, doutrina e decisões judiciais. Por mais de uma década, os núcleos familiares em situação de simultaneidade puderam livremente celebrar, nos cartórios de registro civil do país, escrituras que reconheciam formalmente as suas relações. Ainda que o reconhecimento judicial fosse bastante hesitante, certamente se tratava de um caminho para uma mínima segurança jurídica e atribuição de direitos, que em 2018 foi proibida pelo Conselho Nacional de Justiça[22].

Na recente jurisprudência consolidada do STF, mesmo parte da posição que não prevaleceu, favorável às famílias simultâneas, procurou-se relativizar a livre escolha para formar família, exgindo-se boa-fé, refletida no desconhecimento da outra relação anterior e simultânea[23]. Vale dizer, a segunda família seria merecedora de efeitos jurídicos apenas caso o seu integrante não soubesse da existência da outra família anterior. Uma vez mais, essa exigência de probidade, lealdade, comportamentos próprios de relações contratuais, aparece na dinâmica das relações familiares, confirmando como é realmente tarefa complexa romper totalmente com as amarras do direito civil clássico e da família matrimonializada[24].

---

recurso extraordinário, nos termos do voto do Relator, vencidos os Ministros Edson Fachin, Roberto Barroso, Rosa Weber, Cármen Lúcia e Marco Aurélio. Em seguida, foi fixada a seguinte tese: "A preexistência de casamento ou de união estável de um dos conviventes, ressalvada a exceção do artigo 1.723, § 1º, do Código Civil, impede o reconhecimento de novo vínculo referente ao mesmo período, inclusive para fins previdenciários, em virtude da consagração do dever de fidelidade e da monogamia pelo ordenamento jurídico-constitucional brasileiro".

[22] "Cartórios são proibidos de fazer escrituras públicas de relações poliafetivas". Disponível em: https://www.cnj.jus.br/cartorios-sao-proibidos-de-fazer-escrituras-publicas-de-relacoes-poliafetivas/. Acesso em: 17 mar. 2021.

[23] "STF rejeita reconhecimento de duas uniões estáveis simultâneas". Disponível em: https://portal.stf.jus.br/noticias/verNoticiaDetalhe.asp?idConteudo=457637&ori=1.

[24] Samir Namur; Vinicius Klein. A boa-fé objetiva e as relações familiares. In: Gustavo Tepedino; Luiz Edson Fachin. *Diálogos sobre direito civil*. Rio de Janeiro: Renovar, 2012, vol. III, p. 355-372.

4. CONCLUSÃO

O Progama de Pós-Graduação da UERJ, aliada à orientação do Professor Gustavo Tepedino, colocou a dissertação de mestrado aqui relembrada na vanguarda da doutrina do direito de família da época. Os temas selecionados e as conclusões propostas anteciparam transformações e debates dos tempos atuais. Mais que o pesquisador, isso valida e enaltece a pesquisa que é feita no âmbito da pós-graduação em direito, que ganha corpo na medida em que se torna voz dentro de um coro acadêmico, mas também doutrinário e judicial. O objetivo principal é deixar de ser vanguarda e se tornar, minimamente, consenso.

Com essa proposta foi que a dissertação avançou e serviu de base para uma tese de doutorado, no mesmo programa. Intitulada "Autonomia Privada para a Constituição da Família", ela buscou defender uma teoria que solucionasse essas e outras controvérsias jurídicas das relações de conjugalidade[25].

No plano teórico e sociológico, as conclusões, ainda que mais aprofundadas, foram semelhantes: família e direito como instituições culturais em descompasso; a existência de um poder, na sociedade (pelo direito e fora dele), que condiciona a formação da família pelo mecanismo convencional do casamento, ainda que a sexualidade e o afeto sem manifestem de formas plurais.

No plano constitucional, a identificação, aplicação e interpretação do direito privado e de família por meio dos princípios da dignidade humana, liberdade e igualdade para constituir família. Decorrência disso, propôs-se a existência de verdadeira cláusula jurídica de "não-direito", que é justamente esse espaço de autonomia privada para o indivíduo constituir família, no qual o legislador não interfere, mas apenas reconhece e regulamenta essa liberdade, surgindo um "direito de família mínimo", privatizado, que não mais é matéria de interesse público.

Especificamente sobre a regulamentação do direito de família, foram realizadas quatro proposições, que efetivamente transformariam o modelo jurídico que existe atualmente. Em 2012 e mesmo hoje, ainda são polêmicas. Porém, o simples fato de, nessas searas, não ter ocorrido avanço considerável, demonstra a sua atualidade e pertinência como conclusão deste artigo.

Em primeiro lugar, a defesa da infungibilidade dos modelos de família. Se até a Constituição de 1988, o nosso direito admitia apenas uma forma de constituição da família (o casamento), no tocante às relações de conjugalidade, apenas uma outra forma passou a ser admitida: a união estável, em claro movimento, até hoje resistente, de preservação da monogamia. Todavia, a conclusão pela existência de um espaço de autonomia em que o legislador não interfere, apenas reconhece, implica a chancela jurídica para família não monogâmicas, uma vez que não cabe ao direito (e sim aos indivíduos) dizer o que é ou não família. Além disso, outras formas familiares também são possíveis, como as formadas por vínculos estáveis de solidariedade, sem a necessidade de relação sexual ou de conjugalidade.

Em verdade, caminhou-se para a defesa de que o direito de família também não pode invadir a intimidade para impor deveres de conduta aos integrantes da família em relações de igualdade. Por evidente que não se está a admitir qualquer chancela para nenhuma espécie de violência doméstica (ocupações do direito penal) ou mesmo abusos no exercício da autoridade parental (que tem enfoque jurídico completamente distinto, haja vista a aplicação sobre uma relação desigual, entre mãe/pai e filho).

---

[25] Orientada pela Professora Heloisa Helena Barboza e defendida em dezembro de 2012, também foi posteriormente publicada: Samir Namur. *Autonomia privada para a constituição da família*. Rio de Janeiro: Lumen Juris, 2014.

Esse espaço conjugal de intimidade remete àquilo que o direito civil clássico chamou de "deveres conjugais", principalmente um dever de fidelidade. Essa a segunda conslusão importante: no âmbito das relações de família, quem decide como será a vida íntima (com ou sem fidelidade, com ou sem monogamia, com ou sem relações sexuais) são as próprias pessoas, cabendo ao direito meramente reconhecer esse espaço de decisão. Do ponto de vista prático, não cabe, portanto, sanção decorrente da lei (via responsabildiade civil ou mesmo na dissolução da família) para supostos descumprimentos desses deveres, tal como na infelidade conjugal, salvo pactuação contratual específica.

Esses dois temas, formas familiares e intimidade na família, ainda são relativamente recorrentes na doutrina e relativamente frequentes na jurisprudência. As outras duas proposições para o direito de família são bastante incomuns e, há que se reconhecer, polêmicas. No entanto, configuram corolário dos postulados antes expostos e solucionam todas as principais controvérsias jurídicas.

Uma delas, passa pelo reconhecimento do afeto como ato de manifestação de vontade na esfera existencial. É, portanto, a constituição da família aquilo que a doutrina denomina de situação jurídica subjetiva existencial. Assim, caberia ao direito de família a regulação dos aspectos nessa esfera existencial (requisitos para constituir família, situações para atribuição da sucessão, alimentos, filiação, adoção, entre outros), devendo a regulação da esfera patrimonial deslocar-se para o direito patrimonial, principalmente contratual. Identifica-se a regulação dos chamados regimes de bens como anacrônica, criadas para a sociedade do final do século XIX e, consequentemente, em descompasso com a realidade do século XIX. Dessa forma, não caberia ao direito de família instituir modelos de regulação patrimonial de uma família e, mais ainda, um regime supletivo legal (comuhão parcial) que impõe um condomínio legal sobre parcela considerável do patrimônio. Esse "não direito de família" reconheceria apenas que não há qualquer suposição ou imposição de comunicação patrimonial decorrente da manifestação do afeto e da intenção de constituir família (semelhante ao regime atual de separação de bens) e aqueles que preferirem comunicar os patrimônios podem se valer dos contratos e de todo o direito das obrigações. Não seria mais a família uma espécie de *locus* privilegiado condominial, em que a comunicação de bens é a regra e não exceção e, sim, o inverso: a separação dos bens passaria a ser a regra e a sua comunicação a exceção, nos moldes em que os contratantes/familiares escolherem.

Por fim, essa proposta caminha para as suas mais radicais consequências, projetando um direito de família em que a proteção jurídica do afeto é o valor supremo e que não mais suporta a predefinição de modelos jurídicos de família. O afeto, como consequência da dignidade humana, não pode ser aprisionado em algumas regras do Código Civil , sob o título de casamento ou união estável. Trata-se do oposto: reconhecer juridicamente que há família quando há a intenção de constituí-la, estabelecer singelas regras gerais (idade e necessidade de discernimento, por exemplo), como em uma moldura e, dentro dela, deixar livre para os indivíduos pactuerem as próprias regras para os seus afetos, inclusive como nominá-los. Não mais haveria casamento ou união estável no direito, mas simplesmente a família.

PARTE VI
SOCIETÁRIO

58

REFLEXÕES SOBRE
O CONTRATO DE ADESÃO

Antonella Marques Consentino

Sumário: 1. Introdução. 2. Evolução dos contratos de adesão. 2.1 O fenômeno da padronização dos contratos. 2.2 Contratos de adesão na legislação brasileira. 2.3 Distinção entre o aderente e o consumidor. 2.4 Incidência do código de defesa do consumidor. 2.4.1 Consumidores por equiparação. 2.4.2 A vulnerabilidade. 2.4.3 Tipos de vulnerabilidade. 2.5 Incidência do Código Civil. 3. Conclusão.

1. INTRODUÇÃO

O objeto deste estudo – contrato de adesão – é tema atual e de grande relevância, tendo em vista a proliferação das relações massificadas e, por conseguinte, dos contratos de adesão.[1] Com efeito, o fenômeno da padronização dos contratos, iniciado com a Revolução Industrial, continua ganhando cada vez mais espaço.[2]

---

[1] Como bem observou nosso homenageado Professor GUSTAVO TEPEDINO, "a difusão dos contratos de adesão coincide com a massificação da produção e do consumo" (TEPEDINO, Gustavo et al. *O Código Civil interpretado conforme a Constituição da República*. Rio de Janeiro: Renovar, 2006, , p. 24).

[2] Como bem observa ENZO ROPPO, "o emprego de contratos standard simplifica e acelera de modo radical os processos de conclusão dos negócios, determinando – através da consequente economia de tempo, de meios e de atividade – a redução daqueles 'custos de contratação', que as técnicas de negociação individual (...) contribuiriam, ao invés, para aumentar". Mais do que isso, "os contratos standard funcionam como factores de racionalização da gestão empresarial num sentido ainda mais relevante, que concerne à exigência de prever e calcular antecipadamente (com a maior aproximação) todos os elementos susceptíveis de figurar – quantificados – como activo ou passivo no balanço da empresa" (ROPPO, Enzo. *O contrato*. Coimbra: Livraria Almedina, 1988, p. 316).

A despeito da relevância do tema, notamos que grande parte dos estudos específicos sobre contratos de adesão havia sido elaborada sob a égide do Código Civil de 1916, que nada dispunha sobre os contratos de adesão. A partir de 1990, os estudos sobre o tema ganharam o enfoque da proteção ao consumidor, tendo em vista que o conceito de contrato de adesão foi expressamente inserido no Código de Defesa do Consumidor (Lei nº 8.078/1990).

Havia, portanto, uma lacuna legislativa – relativa aos contratos de adesão entre pessoas que não se enquadram na definição de "consumidores" – que só foi sanada em 2003, com o advento do Código Civil.

O Código Civil vigente não estabeleceu a definição ou conceito dos contratos de adesão, porém tratou do tema em seus artigos 423 e 424.[3]

Com este novo tratamento legislativo, abriu-se a oportunidade para a renovação dos estudos sobre o assunto. Buscamos, então, a releitura dos contratos de adesão sob a ótica do Código Civil, distinguindo-a do tratamento conferido pelo Código do Consumidor, pois, como bem observado na III Jornada de Direito Civil, "o contrato de adesão, mencionado nos arts. 423 e 424 do novo Código Civil, não se confunde com o contrato de consumo".[4]

Com o advento do Código Civil, a proteção antes conferida somente aos consumidores foi estendida a todos os aderentes, consumidores ou não, através de princípios como o da boa-fé objetiva, do equilíbrio econômico do contrato e da interpretação mais favorável ao aderente, parte mais vulnerável da relação contratual.[5]

Por isso, considero válido o reexame dos contratos de adesão, a fim de delimitar o campo de aplicação do Código Civil e do Código de Defesa do Consumidor, o que permitirá estabelecer os princípios e regras aplicáveis em sua interpretação.

2. EVOLUÇÃO DOS CONTRATOS DE ADESÃO

2.1 O fenômeno da padronização dos contratos

Foi SALEILLES, ao estudar a declaração de vontade no Código Civil alemão no século passado, quem cunhou a expressão "contrato de adesão",[6] observando ORLANDO GOMES que o jurista francês teria sido o primeiro a atribuí-la à "prática de predeterminar o esquema do contrato mediante cláusulas uniformes elaboradas por uma das partes, não restando à outra senão a alternativa de aceitá-la *in totum*", após o que vários trabalhos se seguiram sobre o tema.[7]

---

[3] "Art. 423. Quando houver no contrato de adesão cláusulas ambíguas ou contraditórias, dever-se-á adotar a interpretação mais favorável ao aderente. Art. 424. Nos contratos de adesão, são nulas as cláusulas que estipulem a renúncia antecipada do aderente a direito resultante da natureza do negócio".

[4] Enunciado 171 da III Jornada de Direito Civil: Jornadas de Direito Civil – Conselho da Justiça Federal (cjf.jus.br).

[5] Estes princípios foram reforçados pela Lei nº 13.874, de 20.09.2019, que instituiu a Declaração de Direitos da Liberdade Econômica, inclusive alterando dispositivos do Código Civil. A Lei da Liberdade Econômica alterou, por exemplo, o art. 113, do Código Civil, estabelecendo que o negócio jurídico deve ser interpretado no sentido que "for mais benéfico à parte que não redigiu o dispositivo, se identificável".

[6] SALEILLES, Raymond. *De La Déclaration de Volonté*. Paris: Librairie Générale de Droit & de Jurisprudence, 1929, p. 229 e ss.

[7] GOMES, Orlando. *Contratos*. 20. ed. Rio de Janeiro: Forense, 2000, p. 109.

Cap. 58 · REFLEXÕES SOBRE O CONTRATO DE ADESÃO | 959

O fenômeno da padronização – ou "estandardização", como prefere JACQUES GHESTIN – corresponde à utilização, cada vez mais frequente, de modelos de contratos ou cláusulas gerais nas relações privadas, muitas vezes através do chamado contrato de adesão.[8]

O fator determinante para a crescente padronização dos contratos foi a Revolução Industrial, que deu início à "produção em massa".[9] Com efeito, pode-se dizer que o contrato individualmente negociado era um reflexo da produção artesanal, da mesma forma que os contratos padronizados são a "contraface" da produção em massa.[10]

2.2 Contratos de adesão na legislação brasileira

Como já ressaltamos na introdução, em nosso ordenamento jurídico, o Código Civil de 1916 nada dispunha sobre os contratos de adesão.

A necessidade de proteção à parte mais frágil das relações de consumo começou a ser reconhecida, timidamente, durante a década de 1970, com a criação do Sistema Estadual de Proteção ao Consumidor pelo Estado de São Paulo (Decreto nº 7.890/1976) e da Fundação de Proteção e Defesa do Consumidor pelo Governo do Estado de São Paulo (PROCON-SP).[11]

Na década seguinte, esta proteção à parte mais frágil da relação de consumo se estendeu por todo o território nacional, com a promulgação da Constituição Federal de 1988, na qual restou assegurada a "defesa do consumidor" como garantia fundamental (CF, art. 5º, XXXII) e como princípio da ordem econômica (CF, art. 170, V).[12]

---

[8] GHESTIN, Jacques. *Traité de Droit Civil* – Le Contrat: Formation. 2. ed. Paris: Librairie Générale de Droit et de Jurisprudence, 1988, t. II, p. 52.

[9] "Em termos jurídicos, esse processo de distribuição em larga escala desdobra-se na celebração impessoal e massificada de inúmeros contratos padronizados, quer entre os integrantes da cadeia de fornecimento quer entre estes e o público consumidor. Nesse contexto, não é difícil compreender que os contratos oriundos das relações de consumo reclamam uma formação instantânea, por vezes automática mesmo, visto não haver tempo nem espaço para se discutir com cada consumidor as condições dos negócios. Daí o proliferar, neste setor da economia, das categorias do contrato de adesão e das condições gerais dos contratos" (ANDRADE, Roberto Braga de. Reflexões sobre as tratativas nos contratos paritários de conteúdo complexo. In: TEPEDINO, Gustavo; FACHIN, Luiz Edson (org.). *Obrigações e contratos*. São Paulo: RT, 2011, p. 260-261).

[10] "A produção em massa contrapõe-se (...) à produção artesanal, em que o produto era encomendado, o fabricante conhecia o consumidor, os seus gostos e preferências, colocando à sua disposição um produto individualizado. O contrato negociado acompanhava, no plano jurídico, essa realidade que lhe era subjacente. Com o advento da Revolução Industrial e a produção em massa, alteram-se os dados da questão, passando o fabricante (...) a produzir mercadorias em série, para uma massa indeterminada de consumidores. (...) Esta nova realidade não podia deixar de gerar novas formas de contratação, sendo os contratos padronizados uma contraface da produção em massa, na expressiva construção de Llewlyn" (UBALDINO MIRANDA, Custódio da Piedade. *Contrato de adesão*. São Paulo: Ed. Atlas, 2002, p. 16).

[11] Disponível em: http://www.procon.sp.gov.br.

[12] Nas palavras de MARCELO JUNQUEIRA CALIXTO, "(...) a consagração da *defesa* do consumidor como um dos pilares fundamentais do sistema jurídico nacional, representa o reconhecimento, pelo constituinte, de que o consumidor é efetivamente a parte vulnerável no mercado de consumo. Só há de ser protegido quem efetivamente se encontra em posição de desvantagem perante a outra parte. Se os contratantes estão em igualdade de condições ao celebrar o acordo, a autonomia da vontade das partes é capaz de assegurar a efetiva proteção, mas se a situação fática não é esta e, ao contrário, de reconhecida

Foi com o advento da Lei n° 8.078/1990 que a proteção ao consumidor ganhou maior efetividade.[13] O Código de Defesa do Consumidor introduziu, em nossa legislação, o conceito de contrato de adesão, antes encontrado somente na doutrina:

> Art. 54. Contrato de adesão é aquele cujas cláusulas tenham sido aprovadas pela autoridade competente ou estabelecidas unilateralmente pelo fornecedor de produtos ou serviços, sem que o consumidor possa discutir ou modificar substancialmente seu conteúdo.

2.3 Distinção entre o aderente e o consumidor

Atualmente, o conceito de contrato de adesão se encontra legalmente definido somente no art. 54 do Código de Defesa do Consumidor, tendo em vista que o Código Civil vigente não trouxe nova definição ou conceito de contrato de adesão. Note-se, porém, que os contratos de adesão nem sempre são ajustados entre um fornecedor e um consumidor, *stricto sensu*.

Não raro, encontramos hipóteses de contratos de adesão em que a parte aderente não se enquadra na definição legal de "consumidor", o que, a rigor, deveria afastar a aplicação das normas do Código de Defesa do Consumidor.[14] Todavia, algumas decisões judiciais continuam se baseando no arcabouço jurídico do Código de Defesa do Consumidor, em absoluto desprezo à teoria finalista, que prevaleceu no e. Superior Tribunal de Justiça,[15] no que se denominou, então, de "finalismo aprofundado" ou "mitigado".[16]

Verifica-se, portanto, confusão entre os conceitos de "consumidor" e "aderente", o que, em última análise, resulta numa ampliação do campo de aplicação do Código de Defesa do Consumidor. Por isso, procuramos, neste estudo, delimitar o campo de aplicação do Código de Defesa do Consumidor e do Código Civil.

---

desigualdade, necessário que o Estado atue tratando desigualmente os desiguais como forma de possibilitar um harmônico desenvolvimento de ambos, sem a exploração do mais fraco pelo mais forte" (Op. cit., p. 319).

[13] A positivação do contrato de adesão no Código de Defesa do Consumidor veio em boa hora, pois, como bem observou PAULA CASTELLO MIGUEL, "na sociedade de consumo, o consumidor deixou a posição de relativo equilíbrio em relação ao fornecedor de produtos e serviços, para ocupar uma posição de vulnerabilidade. O consumidor perde seu poder de barganha diante das grandes empresas fornecedoras, que acabam por ditar as condições nas relações de consumo" (MIGUEL, Paula Castello. *Contratos entre empresas*. São Paulo: RT, 2006, p. 61).

[14] Confiram-se, a este respeito, os julgados relativos a contratos bancários, nos quais foi aplicada a Súmula 297 do STJ como, por exemplo, as Apelações Cíveis n° 70045985769 e 70045847597, Rel. Des. Lúcia de Fátima Cerveira, 2ª Câmara Especial Cível do TJRS, j. 30.11.2011, *DJ* 01.12.2011, em contraposição ao entendimento adotado pelo STJ, que afasta a aplicação do Código de Defesa do Consumidor nos contratos de mútuo bancário quando o crédito é destinado ao capital de giro da empresa. Neste sentido, v. AgRg nos EDcl no REsp 936.997/ES, Rel. Min. Hélio Quaglia Barbosa, 4ª Turma do STJ, j. 20.11.2007, *DJ* 03.12.2007, p. 329; e AgRg no Ag 900.563/PR, Rel. Min. Luis Felipe Salomão, 4ª Turma do STJ, j. 20.04.2010, *DJe* 03.05.2010.

[15] Confira-se o inteiro teor do REsp 476.428/SC, Rel. Min. Nancy Andrighi, 3ª Turma do STJ, j. 19.04.2005, *DJ* 09.05.2005, p. 390. Vale conferir, ainda, o REsp 541.867/BA, Rel. Min. Antônio de Pádua Ribeiro, Rel. p/ acórdão Min. Barros Monteiro, 2ª Seção do STJ, j. 10.11.2004, *DJ* 16.05.2005, p. 227.

[16] Por todos, cf. MARQUES, Claudia Lima et al. *Comentários ao Código de Defesa do Consumidor*. 3. ed. rev., ampl. e atual. São Paulo: RT, 2010, p. 107.

O conceito de contrato de adesão estabelecido no art. 54 do CDC, é notadamente *objetivo*, pois não há referência à figura do consumidor ou à sua vulnerabilidade,[17] nem tampouco à figura do fornecedor ou ao seu potencial econômico. Assim, a qualificação de um contrato como contrato de adesão se baseia, mais propriamente, na relação que se estabelece entre os contratantes, isto é, nos mecanismos de contratação, do que na figura dos contratantes.

Logo, embora o contrato de adesão geralmente se insira numa relação de consumo,[18] é importante observarmos que *nem todos os aderentes são consumidores*.[19]

Como já ressaltamos, "o contrato de adesão (...) não se confunde com o contrato de consumo".[20] Com efeito, "pode ocorrer que entre simples particulares, onde nenhuma das partes é exatamente profissional do produto ou do serviço que presta, um dos sujeitos de direito sucumba aos interesses do outro que lhe apresenta um contrato a ser aderido, por razões de superioridade econômica ou técnica (embora esta hipótese possa ser mais rara)".[21]

Em outras palavras, o problema da imposição da vontade do estipulante, propiciando abusos, "não se esgota na proteção ao consumidor", podendo ocorrer em relações contratuais supostamente paritárias, como, por exemplo, entre sociedades empresárias.[22] Nestas hipóteses, ante a omissão do Código Civil de 1916, a mais abalizada doutrina defendeu a aplicação de certas regras do Código de Defesa do Consumidor aos contratos de adesão, ainda que não se tratasse de relação de consumo.[23]

Ampliou-se, assim, o âmbito de incidência do Código de Defesa do Consumidor, através da norma permissiva do art. 29, que equipara aos consumidores "todas as pessoas determináveis ou não, expostas às práticas nele previstas". Parte da doutrina chegou a sustentar que o referido dispositivo ampliaria a tal ponto o campo de incidência do CDC, que possibilitaria sua aplicação "*à teoria contratual inteira*".[24]

---

[17] Com efeito, "o conceito de contrato de adesão não está expressamente associado à vulnerabilidade real, concreta, ou presumida de uma das partes da relação jurídica. O conceito presente no artigo 54 do Código de Defesa do Consumidor só faz alusão à figura do consumidor porque inserido numa lei especial cuja proteção e defesa se destinam a tal sujeito de direitos considerado vulnerável (art.4º, I, da Lei 8.078/90)" (MORAIS, Fabíola Vianna. A disciplina dos contratos de adesão no Código Civil brasileiro. *Lawinter Review*, New York, vol. I, Issue 2, April 2010, p. 323).

[18] A observação é de TERESA NEGREIROS, op. cit., p. 360.

[19] Neste sentido, v. REsp 1.084.291/RS, Rel. Min. Massami Uyeda, 3ª Turma do STJ, j. 05.05.2009, *DJe* 04.08.2009. Ainda sobre o conceito de consumidor, vale à pena conferir o interessante debate instaurado na 2ª Seção do STJ, por ocasião do julgamento do Conflito de Competência nº 41.056/SP, Rel. Min. Aldir Passarinho Junior, Rel. p/ acórdão Min. Nancy Andrighi, j. 23.06.2004, *DJ* 20.09.2004, p. 181.

[20] Cf. Enunciado 171 da III Jornada de Direito Civil. Disponível em: http://www.cjf.jus.br/revista/enunciados/enunciados.htm.

[21] MORAIS, Fabíola Vianna. Op. cit., p. 323.

[22] MONTEIRO, António Pinto. Op. cit., p. 9. O autor é citado, ainda, por TEPEDINO, BARBOZA & MORAES (*O Código Civil interpretado conforme a Constituição da República*. Rio de Janeiro: Renovar, 2006, p. 27).

[23] NOVAIS, Aline Arquette Leite. *A teoria contratual e o Código de Defesa do Consumidor*. São Paulo: RT, 2001, p. 152-153; MOREIRA, Carlos Roberto Barbosa. Cláusulas abusivas nas relações entre não consumidores. *Anais da XVII Conferência Nacional dos Advogados "Justiça: Realidade e Utopia"*, Brasília, 2000, vol. 1, p. 973-985; MARINS, James. Proteção contratual do CDC a contratos interempresariais, inclusive bancários. *Revista de Direito do Consumidor*, vol. 18, abr.-jun. 1996, p. 94-104.

[24] Por todos, cf. NOVAIS, Aline Arquette Leite. Op. cit., p. 152.

962 | PROBLEMAS DE DIREITO CIVIL – *Homenagem aos 30 anos de cátedra do professor Gustavo Tepedino*

A redação do art. 29 indica que o referido dispositivo se destina a proteger qualquer pessoa, *determinável ou não*, das práticas comerciais abusivas previstas naquela legislação especial.[25]

Indica, ainda, que a equiparação nele prevista ocorre para os fins dos Capítulos V e VI, abrangendo, portanto, a *oferta*, a *publicidade*, as *práticas e cláusulas abusivas*, a *cobrança de dívidas, bancos de dados e cadastros de consumidores*, bem como os *contratos de adesão* [arts. 29 a 54 do CDC].

Isso não significa, contudo, que a legislação consumerista se aplica, necessariamente, a todo e qualquer contrato de adesão. Por mais de uma década, a lei consumerista permaneceu como a única fonte normativa que expressamente tratava dos contratos de adesão,[26] bem como de outros temas relevantes, como a boa-fé objetiva, o que, de certa forma, justificou a sua aplicação extensiva,[27] a despeito das constantes preocupações da doutrina de que uma aplicação demasiadamente extensiva pudesse levar ao seu enfraquecimento.[28]

Com o advento do novo Código Civil em 2003, houve relevante alteração neste cenário, pois, com a expressa previsão dos contratos de adesão no novo Código Civil, ainda que em apenas dois dispositivos (artigos 423 e 424), restou superado o verdadeiro motivo que levava à aplicação extensiva do Código de Defesa do Consumidor: o anacronismo do Código Civil anterior, fundado sob a ótica individualista do século XVIII.[29]

---

[25] É o que, inclusive, transparece dos comentários de um dos autores do Anteprojeto do Código de Defesa do Consumidor: "alguns dos fenômenos de mercado regrados pelo Código poderiam, se tal fosse a opção do legislador, ser objeto de leis específicas, aliás, como é normal na Europa e nos Estados Unidos. Teríamos, então, uma lei de controle da publicidade, outra para a regulação das cláusulas contratuais abusivas, outra para a responsabilidade civil pelos acidentes de consumo, uma outra para os crimes de consumo e assim sucessivamente" (BENJAMIN, Antônio Herman de Vasconcellos e. *Código de Defesa do Consumidor comentado pelos autores do anteprojeto*. 7. ed. rev. e ampl. Rio de Janeiro: Forense Universitária, 2001, p. 227).

[26] A questão não passou despercebida aos olhos de ANTÓNIO PINTO MONTEIRO, que destacou que similar extensão não foi aprovada na União Europeia, de modo que a Diretiva 93/13/CEE, que trata de cláusulas abusivas, limita-se, em seu âmbito de aplicação, aos "contratos de adesão entre profissionais e consumidores" (Contratos de adesão. *Anais da XVII Conferência Nacional dos Advogados "Justiça: Realidade e Utopia"*, vol. 1, Brasília, 2000, p. 965-972).

[27] "A demora na atualização do Código Civil fez com que o Código de Defesa do Consumidor, de uma certa forma, viesse preencher a vasta lacuna que, no campo do direito privado brasileiro, a doutrina e a jurisprudência percebiam há muito tempo. Na impossibilidade de encontrar, no velho Código Civil, base para o desenvolvimento teórico do que há de mais apto apara transformar o sistema fechado em sistema aberto – por exemplo, a referência expressa a cláusulas gerais, como a da boa-fé, e a princípios jurídicos, como o de exigência de igualdade real nos negócios jurídicos –, *é no Código de Defesa do Consumidor que se pode encontrar um* ersatz do Código Civil que não veio ou, no mínimo, um ponto de apoio para alavancar a atualização, eis que tudo que ocorre num microssistema, como o do consumidor, deve repercutir, dependendo do esforço do 'estamento jurídico', em todo o ordenamento" (AZEVEDO, Antônio Junqueira de. Responsabilidade pré-contratual no Código de Defesa do Consumidor: estudo comparativo com a responsabilidade pré-contratual no direito comum. *Revista de Direito do Consumidor*, São Paulo, vol. 18, abr.-jun. 1996, p. 23).

[28] MARQUES, Claudia Lima. *A nova crise do contrato*. São Paulo: RT, 2007, p. 53-54.

[29] À mesma constatação chegou GUILHERME CALMON NOGUEIRA DA GAMA: "No período anterior ao advento do Código Civil de 2002, afirmou-se, por exemplo, que: '*Assim, com maior razão devem ser reconhecidos como aplicáveis os princípios e regras do Código de Defesa do Consumidor aos contratos de locação de espaço físico situado no interior da construção do shopping center, (...)'*. Tal orientação, no entanto, deve ser reformulada devido ao ingresso dos artigos 423 e 424, ambos do Código Civil de 2002,

Com efeito, a nova sistemática introduzida pelo Código Civil vigente trouxe, para as relações privadas, a preocupação solidarista da Constituição de 1988.[30] Embora não tenha inicialmente correspondido às melhores expectativas da doutrina,[31] é inegável que o Código Civil, promulgado sob a égide da Constituição Federal de 1988, ao menos produziu louvável avanço principiológico, permitindo que os juristas novamente encontrem, em seu texto, novas soluções para antigos problemas, dispensando a necessidade de referência à legislação especial consumerista.

Assim, tornou-se desnecessário o *esforço hermenêutico* empreendido por JAMES MARINS, buscando a ampliação do alcance do CDC, de modo a abranger relações interempresariais.[32] Afinal, como assevera CLAUDIA LIMA MARQUES, o Código Civil de 2002 *"é um Código para as relações entre iguais, relações entre civis e relações entre empresários"*, que "respeita as leis especiais não incorporadas (veja art. 2043 do CC/2002), preserva algumas leis sobre atividades comerciais (...), e os microcódigos ou microssistemas (como o Código de Defesa do Consumidor), que continuam em vigor com seu campo de aplicação especial e tutelar intacto (...)".[33]

Atualmente, cabe ao Código Civil disciplinar "as relações jurídicas entre empresários e entre particulares que não preencham as condições elencadas pela lei de proteção ao consumidor, ou seja, em que num dos polos do contrato não esteja presente um 'destinatário final vulnerável' (consumidor) frente a um fornecedor, porque em princípio o Código Civil visa a regular relações entre iguais".[34]

Todavia, a questão não apresenta fácil solução.[35]

A despeito do advento do Código Civil, jurisprudência e doutrina continuaram defendendo a aplicação extensiva do Código de Defesa do Consumidor, em hipóteses em que o aderente não se encaixa na definição legal de consumidor.[36]

---

tratando dos contratos de adesão no âmbito das relações civis (não consumeristas)" (Direito pós-moderno e contratos de shopping center. *Temas de direito civil-empresarial*, op. cit., p. 82).

[30] Cf. TERESA NEGREIROS, op. cit., p. 108 e ss., *passim*.

[31] Refiro-me às inúmeras críticas registradas pela doutrina ao novo Código Civil. Por todos, cf. TEPEDINO, Gustavo. O novo Código Civil: duro golpe na recente experiência constitucional brasileira. *Revista Trimestral de Direito Civil*, vol. 7, ano 2, jul.-set. 2001.

[32] A expressão é de JAMES MARINS, op. cit., p. 94.

[33] MARQUES, op. cit., p. 60.

[34] Nestes casos, "(...) especialmente nas relações jurídicas estabelecidas entre empresários, nem sempre um deles será destinatário final de um produto ou serviço, ao contrário, na maioria das vezes é ainda intermediário (transformador) do bem (ou ainda o vai utilizar definitivamente em seu próprio negócio e assim auferir mais lucro). No entanto, esta realidade não impede necessariamente que este empresário destinatário (ainda que não final) se encontre numa posição de subordinação à outra parte que indique a sua vulnerabilidade diante dos fatos. As normas presentes nomeadamente nos artigos 423 e 424 do Código Civil acabam por reconhecer que entre formalmente iguais pode haver desigualdade material" (MORAIS, op. cit., p. 322-323).

[35] A propósito, confira-se CEZAR, Fernanda Moreira. O empresário e o direito do consumidor: algumas considerações acerca do conceito de consumidor e sobre o risco de desenvolvimento. In: ALVES, Alexandre Ferreira Assumpção; GAMA, Guilherme Calmon Nogueira da (org.). *Temas de direito civil-empresarial*. Rio de Janeiro: Renovar, 2008, p. 269.

[36] É natural que a jurisprudência não apresente um entendimento linear, até mesmo porque busca, casuisticamente, a justiça no caso concreto. Apenas como exemplo, podemos citar os seguintes julgados do STJ: (i) considerando aplicável o CDC à relação estabelecida entre *shopping center* e companhia estadual de água e esgoto: STJ, 1ª Seção, EREsp 1.155.827/SP, Rel. Min. Humberto Martins, j. 22.06.2011, *DJe* 30.06.2011; (ii) considerando aplicável o CDC em contrato bancário estabelecido em relação entre

964 | PROBLEMAS DE DIREITO CIVIL – *Homenagem aos 30 anos de cátedra do professor Gustavo Tepedino*

Justamente por isso, consideramos necessária a reflexão sobre a disciplina jurídica dos contratos de adesão no cenário atual, delimitando-se o campo de aplicação do Código Civil e do Código de Defesa do Consumidor, bem como a interface entre estes dois sistemas, no que tange aos contratos de adesão.

2.4   Incidência do Código de Defesa do Consumidor

Como já destacamos, consumidor ou não, o aderente há de ser protegido, haja vista a imposição das cláusulas pelo estipulante (cf. arts. 423 e 424 do Código Civil). Não obstante, faz-se necessária a delimitação do campo de aplicação do Código de Defesa do Consumidor e do Código Civil, no âmbito dos contratos de adesão.

Não há dúvidas de que, caso se enquadre na definição de consumidor, o aderente fará jus à proteção especial, assegurada pelo arcabouço jurídico do Código de Defesa do Consumidor. Afinal, "o CDC é um sistema, um todo construído, um código organizado de identificação do sujeito beneficiado. (...) O CDC brasileiro concentra-se justamente no sujeito de direitos, visa proteger *este sujeito*, sistematiza suas normas a partir desta ideia básica de proteção de apenas um sujeito 'diferente' da sociedade de consumo: o consumidor. (...) É um Código especial para 'desiguais', para 'diferentes' em relações mistas, entre um consumidor e um fornecedor. É *Código* (todo construído sistemático) de *Proteção* (ideia básica instrumental e organizadora do sistema de normas oriundas de várias disciplinas necessárias ao reequilíbrio e efetivação desta defesa e tutela especial) do *Consumidor!*".[37]

Porém, como já ressaltamos, *nem todo aderente é consumidor*. A importância desta distinção reside no fato de que "(...) a Lei 8078/90 visa a proteger o *consumidor*. A tutela recai sobre este sujeito de direito. Trata-se, portanto, de um *regime especial*, cuja razão de ser está no fato de se considerar o consumidor desigual numa dada relação jurídica, justificando a ab-rogação do sistema geral, a dizer, do Código Civil, no que lhe for incompatível".[38]

CLAUDIA LIMA MARQUES ensina, com bastante propriedade, que, "para identificarmos quais são os contratos submetidos às novas normas do Código é necessário ter uma visão clara do campo de aplicação desta lei, tanto *ratione personae*, definindo quem será considerado *consumidor* e quem são os *fornecedores* de bens e serviços, quanto *ratione materiae*, incluindo ou excluindo contratos especiais, como os contratos de trabalho, os contratos administrativos, ou as técnicas especiais de contratação, aqui referidas como os contratos de adesão e as condições gerais dos contratos, sejam contratos cativos de longa duração ou contratos a distância do comércio eletrônico".[39]

---

instituição financeira e indústria de produtos alimentícios: STJ, 4ª T., REsp 1.114.049/PE, Rel. Min. Luis Felipe Salomão, j. 07.04.2011, *DJe* 29.04.2011; (iii) em sentido contrário, considerando inaplicável o CDC em contrato bancário estabelecido em relação entre instituição financeira e empresa de equipamentos cirúrgicos: STJ, 3ª T., RMS 27.512/BA, Rel. Min. Nancy Andrighi, j. 20.08.2009, *DJe* 23.09.2009; (iv) considerando inaplicável o CDC a contrato de seguro saúde estabelecido entre seguradora e corretora de câmbio: STJ, 3ª T. REsp 1.102.848/SP, Rel. Min. Nancy Andrighi, Rel. p/ acórdão Min. Massami Uyeda, j. 03.08.2010, *DJe* 25.10.2010.

[37]   MARQUES, Claudia Lima et al. *Comentários ao Código de Defesa do Consumidor*. 4. ed. São Paulo: Revista dos Tribunais, 2003, p. 624.

[38]   MORAIS, op. cit., p. 320-321.

[39]   MARQUES, Claudia Lima. *Contratos no Código de Defesa do Consumidor*. 5. ed. São Paulo: Revista dos Tribunais, 2006, p. 302.

Seguindo este raciocínio, percebe-se que o ponto de partida para delimitarmos o campo de aplicação do Código de Defesa do Consumidor consiste, justamente, na identificação da pessoa do consumidor. Trata-se, como se sabe, de questão controversa: doutrina e jurisprudência debateram, vigorosamente, acerca da melhor interpretação para o art. 2º do Código de Defesa do Consumidor,[40] sobretudo quanto à noção de "destinatário final", expressão utilizada no referido dispositivo legal.

O debate se torna ainda mais acirrado no que se refere à pessoa jurídica, pois, muito embora o *caput* do art. 2º expressamente admita a possibilidade de ser qualificada como consumidora,[41] na prática, há enorme controvérsia quanto à aplicação do Código de Defesa do Consumidor em proteção às pessoas jurídicas.[42]

Dividiram-se os estudiosos do tema em dois grandes grupos: a corrente maximalista (ou objetiva) e a corrente finalista (ou subjetiva), sendo esta última a que, flexibilizada com "temperamentos", vem prevalecendo na doutrina e na jurisprudência.

Para os **maximalistas**, o art. 2º deve ser interpretado extensivamente,[43] o que significa que consumidor será todo aquele que adquirir o produto ou serviço para si mesmo, desde que não atue como intermediário e que o bem ou serviço não sejam reintroduzidos no mercado.[44]

Já os **finalistas** entendem que o art. 2º deve ser interpretado restritivamente, "sustentando que o objetivo da lei é tutelar de maneira especial um grupo da sociedade que é mais vulnerável",[45]

---

[40]   Lei nº 8.078/1990: "Art. 2º Consumidor é toda pessoa física ou jurídica que adquire ou utiliza produto ou serviço como destinatário final".

[41]   "(...) o art. 2º, *caput*, do Código de Defesa do Consumidor é claro ao prever a possibilidade de a pessoa jurídica ser consumidora (...)", e que "(...) várias são as decisões apontando para a possibilidade de a pessoa jurídica ser destinatária final, mesmo se tratando de pessoa jurídica de direito público" (TARTUCE, Flávio. *Função social dos contratos*: do Código de Defesa do Consumidor ao Código Civil de 2002. São Paulo: Método, 2007. p. 111).

[42]   "A lei foi clara ao admitir que a pessoa jurídica seja consumidora, estendendo a ela a sua proteção. No entanto, observe-se que, referindo distinta e especificamente à pessoa física e à pessoa jurídica como consumidores, o legislador sem dúvida pretendeu estabelecer um tratamento diferenciado para cada qual. Precisamente neste ponto surge a polêmica, em torno da questão da pessoa jurídica consumidora, a qual dividiu a doutrina em duas correntes – maximalistas e finalistas – e ainda hoje, decorridos mais de 10 anos de aplicação do CDC, atormenta os intérpretes" (CARPENA, Heloisa. *O consumidor no direito da concorrência*. Rio de Janeiro: Renovar, 2005, p. 176).

[43]   Para esta corrente, "O CDC seria (...) um Código para a sociedade de consumo, que institui normas e princípios para todos os agentes do mercado, os quais podem assumir os papéis ora de fornecedores, ora de consumidores. A definição do art. 2º deve ser interpretada o mais extensamente possível (...) para que as normas do CDC possam ser aplicadas a um número cada vez maior de relações no mercado. Consideram que a definição do art. 2º é puramente objetiva, não importando se a pessoa física ou jurídica tem ou não fim de lucro quando adquire um produto ou utiliza um serviço (...)" (MARQUES, BENJAMIN & MIRAGEM. *Comentários ao Código de Defesa do Consumidor*. 3. ed. rev., atual. e ampl. São Paulo: Revista dos Tribunais, 2010, p. 106).

[44]   Como bem resumiu HELOISA CARPENA, "Para os maximalistas, consumidor é quem adquire produto ou serviço cujo ciclo econômico se esgota com ele. Para que esteja caracterizada a relação de consumo, basta que o bem não seja renegociado e reintroduzido no mercado, ou o serviço não constitua etapa do fornecimento de outro serviço ou produto. Segundo os autores que se filiam a esta corrente, o CDC é o novo regulamento do mercado, portanto há que se interpretar extensivamente a definição contida no art. 2º" (Op. cit., p. 177).

[45]   HELOISA CARPENA, op. cit., p. 177.

de modo que consumidor será apenas aquele que atua de forma "não profissional", adquirindo o bem ou serviço para uso próprio ou de sua família.[46]

Em 2005, o STJ unificou o entendimento das turmas de Direito Privado e adotou a teoria finalista. Em um litígio envolvendo um estabelecimento comercial e uma administradora de cartão de crédito, o STJ afastou a aplicação do Código de Defesa do Consumidor.[47] Sob a ótica daquela Corte, o Código de Defesa do Consumidor poderia ser aplicado às empresas, *desde que uma delas se qualificasse como consumidora*, isto é, adquirisse o produto ou serviço em benefício próprio, e não no fomento de suas atividades.[48]

2.4.1 Consumidores por equiparação

A controvérsia, porém, não se limitou ao conceito de consumidor previsto no art. 2º, tendo em vista que o Código de Defesa do Consumidor prevê hipóteses de aplicação de suas normas aos chamados "consumidores por equiparação", estendendo-lhes sua proteção especial. Com efeito, o parágrafo único do art. 2º equipara ao consumidor "a coletividade de pessoas, ainda que indetermináveis, que haja intervindo nas relações de consumo"; o art. 17 equipara ao consumidor "todas as vítimas do evento"; e o art. 29 equipara aos consumidores "todas as pessoas, determináveis ou não, expostas às práticas comerciais nele previstas".[49]

Como ensina CLAUDIA LIMA MARQUES, "o ponto de partida desta extensão do campo de aplicação do CDC é a observação de que muitas pessoas, mesmo não sendo consumidores *stricto sensu*, podem ser atingidas ou prejudicadas pelas atividades dos fornecedores no mercado. Estas pessoas, grupos e mesmo profissionais podem intervir nas relações de consumo de outra forma, a ocupar uma posição de vulnerabilidade. Mesmo não preenchendo as características de um consumidor *stricto sensu*, a posição preponderante (Matchposition) do fornecedor e a posição de vulnerabilidade destas pessoas sensibilizaram o legislador e, agora, os aplicadores da lei".[50]

---

[46] Esta corrente "(...) restringe a figura do consumidor àquele que adquire (utiliza) um produto para uso próprio e de sua família; consumidor seria o não profissional, pois o fim do CDC é tutelar de maneira especial um grupo da sociedade que é mais vulnerável". Isso porque, "(...) restringindo o campo de aplicação do CDC àqueles que necessitam de proteção, ficará assegurado um nível mais alto de proteção para estes, pois a jurisprudência será construída sobre casos em que o consumidor era realmente a parte mais fraca da relação de consumo e não sobre casos em que profissionais-consumidores reclamam mais benesses do que o direito comercial já concede". MARQUES, BENJAMIN & MIRAGEM. *Comentários ao Código de Defesa do Consumidor*. 3. ed. rev., atual. e ampl. São Paulo: Revista dos Tribunais, 2010, p. 106.

[47] STJ, 2ª Seção, REsp 541.867/BA, Rel. Min. Antônio de Pádua Ribeiro, Rel. p/ acórdão Min. Barros Monteiro, j. 10.11.2004, *DJ* 16.05.2005, p. 227.

[48] Este foi o entendimento da 3ª Turma do STJ: "(...) o que qualifica uma pessoa jurídica como consumidora é a aquisição ou utilização de produtos ou serviços em benefício próprio; isto é, para satisfação de suas necessidades pessoais, sem ter o interesse de repassá-los a terceiros, nem empregá-los na geração de outros bens ou serviços. Se a pessoa jurídica contrata o seguro visando a proteção contra roubo e furto do patrimônio próprio dela e não o dos clientes que se utilizam dos seus serviços, ela é considerada consumidora nos termos do art. 2.º do CDC" (STJ, 3ª Turma, REsp 733.560, Rel. Min. Nancy Andrighi, j. 11.04.2006, *DJU* 02.05.2006, p. 315).

[49] "Art. 29. Para os fins deste Capítulo e do seguinte, equiparam-se aos consumidores todas as pessoas determináveis ou não, expostas às práticas nele previstas".

[50] A autora explica, ainda, que, a pessoa jurídica não se beneficia da presunção de vulnerabilidade, como ocorre com a pessoa física, "(...) mas pode prová-la, sempre que destinatário final-econômico

Na verdade, após a adoção da teoria finalista pelo Superior Tribunal de Justiça, multiplica-ram-se os casos fundados na regra do art. 29 do Código de Defesa do Consumidor, que passou a ser aplicado com maior frequência, de forma a acomodar os casos concretos, suavizando-se, assim, a teoria finalista.

De acordo com o referido artigo, "toda e qualquer pessoa, determinável ou não, exposta a ofertas, publicidade, práticas comerciais ou cláusulas contratuais tidas como abusivas poderá arguir o Código de Defesa do Consumidor na defesa de seus direitos".[51]

Constatou-se, então, uma evolução da teoria finalista "para uma posição mais branda", pois o STJ passou a dar uma interpretação teleológica ao art. 2º, de modo a reconhecer a vul-nerabilidade de pequenas empresas ou profissionais, concedendo-lhes, por analogia, a proteção do especial do Código de Defesa do Consumidor.[52] Percebe-se esta evolução na jurisprudência do STJ, por exemplo, quando verificamos que, no julgamento do REsp 541.867/BA, pela 2ª Seção, a questão da vulnerabilidade foi lembrada somente em voto-vista do Ministro JORGE SCARTEZZINI.[53]

Posteriormente, o STJ passou a dar mais destaque à situação de vulnerabilidade da parte,[54] como se vê do julgamento do REsp 861.711/RS, em que a 3ª Turma buscou a "ampliação do conceito básico de consumidor (art. 2º) para outras situações contratuais, com fundamento no art. 29 do CDC, quando caracterizada a condição de vulnerabilidade do contratante".[55]

---

do produto ou serviço. No caso de extensão do campo de aplicação do CDC em relação ao art. 29, a vulnerabilidade continua sendo elemento essencial – superado, apenas, foi o critério da destinação final. Mesmo não sendo destinatário final (fático ou econômico) do produto ou serviço, pode o agente econômico ou profissional liberal vir a ser beneficiado pelas normas tutelares do CDC como consumidor-equiparado. Isso porque, concentrado talvez nesta vulnerabilidade fática, instituiu o legislador brasileiro três normas de extensão do campo de aplicação pessoal do CDC, três disposições legais conceituando os agentes que considera equiparados a consumidores (arts. 2º, parágrafo único, 17 e 29)" (MARQUES, Claudia Lima. *Contratos no Código de Defesa do Consumidor*. 5. ed. São Paulo: Revista dos Tribunais, 2006, p. 354-356).

[51] GOMES, Rogério Zuel. A responsabilidade civil do Estado e o atual posicionamento do STF. Alterna-tiva viável: incidência do art. 17 do CDC. *Revista de Direito do Consumidor*, vol. 72, out.-dez. 2009, p. 172.

[52] Por todos, cf. MARQUES, BENJAMIN & MIRAGEM, op. cit., p. 106.

[53] REsp 541.867/BA, Rel. Min. Antônio de Pádua Ribeiro, Rel. p/ acórdão Min. Barros Monteiro, Segunda Seção, j. 10.11.2004, *DJ* 16.05.2005, p. 227.

[54] Neste sentido, confiram-se: STJ, 4ª Turma, AREsp 1.712.612/PR, Rel. Min. Luis Felipe Salomão, j. 07.12.2020, *DJe* 10.12.2020; REsp 1.798.967/SP, Rel. Min. Nancy Andrighi, 3ª Turma, j. 06.10.2020, *DJe* 10.12.2020; REsp 1.010.834/GO, Rel. Min. Nancy Andrighi, 3ª Turma, j. 03.08.10, *DJe* 13.10.2010, *RSTJ* vol. 220, p. 395; STJ, REsp 661.145, 4ª Turma, Rel. Min. Jorge Scartezzini, j. 22.02.2005, *DJU* 28.03.2005, p. 286; STJ, REsp 476.428, 3ª Turma, Rel. Min. Nancy Andrighi, j. 19.04.2005, *DJU* 09.05.2005, p. 390.

[55] "*É possível a incidência do Código de Defesa do Consumidor na hipótese em que uma pequena empresa individual contratou com uma multinacional o aluguel de máquinas fotocopiadoras para desenvolver sua atividade comercial, porque, embora a pequena empresa não seja tecnicamente a destinatária final do produto ou serviço, apresenta-se em situação de vulnerabilidade em relação à outra, não havendo, assim, violação ao art. 2º do CDC, por força do disposto no art. 29 do mesmo diploma legal*" (REsp 861.711/RS, Rel. Min. Paulo de Tarso Sanseverino, 3ª Turma, j. 14.04.2011, *DJe* 17.05.2011).

2.4.2 A vulnerabilidade

Como se viu acima, doutrina[56] e jurisprudência[57] convergiram para a adoção do que denominam uma forma "mais branda" da teoria finalista. A "flexibilização" do conceito subjetivo de consumidor atenderia ao "objetivo maior" da lei especial, pois estende a diversos contratantes vulneráveis a proteção do Código de Defesa do Consumidor.[58]

Para BRUNO MIRAGEM, "a coerência interna do sistema de proteção do consumidor funda-se no princípio da vulnerabilidade, que justifica o elevado nível de proteção jurídica como medida de reequilíbrio, por intermédio do Direito, de uma relação de desigualdade fática".[59]

GUSTAVO TEPEDINO ressalta que "(...) o constituinte brasileiro tutela funcionalmente o consumidor, com vistas à redução de sua situação de particular vulnerabilidade. 'A proteção jurídica do consumidor, nesta perspectiva, não pode ser estudada senão como um momento particular existencial de uma tutela mais ampla: a da personalidade'. (...) Tais observações encontram-se confortadas por inúmeras, sucessivas e recentes manifestações do STJ, que incorporam em seu repertório conceitos hauridos do CDC, como vulnerabilidade e abusividade, que servem de critérios hermenêuticos para a solução de conflitos em favor de pequenos empresários, comerciantes e agricultores, em face da concreta situação de desvantagem em que se encontravam na relação contratual, considerando-os consumidores (...)".[60]

Portanto, doutrina e jurisprudência concordam que a vulnerabilidade, prevista no art. 4º, I, do CDC, constitui fator importante para delimitarmos a aplicação da legislação consumerista.[61] A questão mais tormentosa, porém, está no relevo que se pode atribuir à situação de vulnerabilidade: parte da doutrina sustenta, por exemplo, que "*o reconhecimento da vulnerabilidade do consumidor,*

---

[56] A constatação é de CLAUDIA LIMA MARQUES: "Note-se que, de uma posição inicial mais forte, influenciada pela doutrina francesa e belga, como veremos, os finalistas evoluíram para uma posição mais branda, se bem que sempre teleológica, aceitando a possibilidade de o Judiciário, reconhecendo a vulnerabilidade de uma pequena empresa ou profissional, que adquiriu, por exemplo, um produto fora de seu campo de especialidade, interpretar, interpretar o art. 2º de acordo com o *fim da norma*, isto é, proteção ao mais fraco na relação de consumo, e conceder a aplicação das normas especiais do CDC analogicamente também a estes profissionais" (*Contratos no Código de Defesa do Consumidor*. 5. ed. São Paulo: Revista dos Tribunais, 2006, p. 304).

[57] Neste sentido: "(...) O produtor agrícola que compra sementes para plantio pode ser considerado consumidor diante do abrandamento na interpretação finalista em virtude em virtude de sua vulnerabilidade técnica, jurídica ou econômica. (...)" (STJ, AgRg no REsp 1.200.156/RS, Rel. Min. Sidnei Beneti, 3ª Turma, j. 28.09.2010, *DJe* 14.10.2010).

[58] "(...) o art. 4º do Código do Consumidor é uma norma-objetivo, porque define os fins da política nacional das relações de consumo, quer dizer, ela define resultados a serem alcançados. (...) Assim, todas as normas de organização e conduta, contidas no Código do Consumidor, devem ser interpretadas teleologicamente, finalisticamente, não por opção do intérprete, mas porque essa é uma imposição do próprio Código. (...)" (GRAU, Eros Roberto. Interpretando o Código de Defesa do Consumidor: algumas notas. *Revista de Direito do Consumidor*, São Paulo: Revista dos Tribunais, vol. 5, 1993, p. 188).

[59] MIRAGEM, Bruno. Mercado, direito e sociedade de informação: desafios atuais do direito do consumidor no Brasil. In: MARTINS, Guilherme (org.). *Temas de direito do consumidor*. Rio de Janeiro: Lumen Juris, 2010.

[60] TEPEDINO, Gustavo. Código de Defesa do Consumidor, Código Civil e complexidade do ordenamento. In: TEPEDINO & FACHIN (org.). *Obrigações e contratos*. São Paulo: Revista dos Tribunais, 2011, p. 1.342.

[61] "O que delimita o âmbito de aplicação da própria lei é a ideia de vulnerabilidade, que é o cerne do conceito de consumidor, e princípio que orienta seguramente a interpretação da expressão destinatário final" (HELOISA CARPENA, op. cit., p. 180).

Cap. 58 · REFLEXÕES SOBRE O CONTRATO DE ADESÃO | **969**

afirmado pelo próprio CDC (art. 4º, I), deveria ser um requisito comum para que o intérprete afastasse eventual relação jurídica do âmbito do Código Civil e aplicasse a legislação protetiva".[62]

Esse mesmo raciocínio foi empregado para as relações contratuais de adesão ajustadas entre empresas, definindo-se, a partir do critério da vulnerabilidade – não raro, apenas com base nele –, a aplicação do Código Civil e do Código de Defesa do Consumidor.[63] Com o passar dos anos, a exemplo do que ocorreu com a jurisprudência, a doutrina também destacou a vulnerabilidade como fator relevante para a delimitação do campo de aplicação do Código Civil e do Código de Defesa do Consumidor.[64]

Neste diapasão, PAULA CASTELLO MIGUEL defendeu a aplicação extensiva do Código de Defesa do Consumidor *aos contratos interempresariais entre desiguais*.[65] A autora observa que "vulnerável é o mais fraco, aquele que não tem a mesma força, o mesmo poder, aquele que está subjugado a outrem", de modo que, "não havendo manifestação de vontade efetivamente livre do contratante aderente na elaboração do conteúdo do contrato, resta clara sua posição de vulnerabilidade, uma vez que não teve espaço para defender seus interesses".[66] Diante disso, sugere que o empresário tenha uma atitude proativa, de forma a não explorar a vulnerabilidade do outro contratante.[67]

O Superior Tribunal de Justiça considerou aplicável o Código de Defesa do Consumidor em relações pactuadas entre duas sociedades empresárias, em que uma delas é considerada vulnerável em relação à outra, ainda que a "sociedade-consumidora" não seja destinatária final dos produtos ou serviços.[68]

---

[62]   CALIXTO, Marcelo. Ainda o conceito de consumidor: breves considerações a partir de dois julgados do Supremo Tribunal Federal. In: MARTINS, Guilherme (org.). *Temas de direito do consumidor*. Rio de Janeiro: Lumen Juris, 2010.

[63]   "(...) embora não relacione o conceito de contrato de adesão à vulnerabilidade (do consumidor), é assente na doutrina e na jurisprudência (inclusive do Superior Tribunal de Justiça que estende, conforme anteriormente ressaltado, a proteção para 'empresários vulneráveis num dado caso concreto') que no conceito de consumidor que a Lei 8.078/90 pretende tutelar está ínsita a ideia da vulnerabilidade. (...)" (FABIOLA MORAIS, op. cit., p. 320-321).

[64]   GUSTAVO TEPEDINO afirma que o "(...) o critério de vulnerabilidade, norteador da atuação do STJ, mais uma vez deverá servir para estabelecer os limites de incidência de ambos os diplomas. As normas do Código Civil destinam-se a regula relações estabelecidas entre contratantes paritários, voltando-se as normas do Código de Defesa do Consumidor para a disciplina dos contratos de consumo e das práticas comerciais entre partes desigualmente situadas. Nem se diga que (...) a mera inclusão de dois artigos, no Código Civil, acerca dos contratos de adesão (arts. 423 e 424, CC/2002) teria o condão de bloquear o acesso pelos aderentes vulneráveis às normas do CDC que lhe são franqueadas pelo art. 29 do próprio CDC" (TEPEDINO, Gustavo. Código de Defesa do Consumidor, Código Civil e complexidade do ordenamento. In: TEPEDINO & FACHIN (org.). *Obrigações e contratos*. São Paulo: Revista dos Tribunais, 2011, p. 1.343).

[65]   "(...) considerando que os contratos interempresariais entre desiguais caracterizam-se pela existência de contratante vulnerável, que necessita de proteção, deseja-se estender as regras do diploma legal destinado às relações de consumo aos contratos interempresariais entre desiguais" (MIGUEL, Paula Castello. *Contratos entre empresas*. São Paulo: Revista dos Tribunais, 2006, p. 161).

[66]   MIGUEL, op. cit., p. 129 e 140.

[67]   "(...) ao se identificar os contratos em que se presume que há vulnerabilidade de uma das partes, será permitido que o empresário mais forte (...) anteveja os efeitos daquele contrato e adapte-se àquele tipo de contratação. Espera-se, inclusive, que o próprio empresário antecipe-se firmando um contrato que não explore a vulnerabilidade do outro contratante (...)" (Idem, p. 138).

[68]   Confiram-se alguns exemplos em que o STJ considerou aplicável o Código de Defesa do Consumidor, diante da vulnerabilidade da parte aderente, muito embora se tratasse de consumidor intermediário:

970 | PROBLEMAS DE DIREITO CIVIL – *Homenagem aos 30 anos de cátedra do professor Gustavo Tepedino*

Sem embargo das abalizadas opiniões em contrário, parece-nos que a vulnerabilidade não pode ser o único parâmetro para definir o campo de aplicação do Código de Defesa do Consumidor, em detrimento do Código Civil, como, aliás, também já afirmou o Superior Tribunal de Justiça.[69]

2.4.3 Tipos de vulnerabilidade

Cumpre-nos analisar, ainda, a qual tipo de vulnerabilidade se refere o Código de Defesa do Consumidor, em seu art. 4º, I, que justificaria a aplicação da legislação especial. A questão é relevante, pois, como se viu acima, muito embora não conste expressamente do conceito de consumidor, a vulnerabilidade tem sido utilizada como o principal critério para aplicação das regras do Código de Defesa do Consumidor.[70]

A vulnerabilidade tem sido objeto de constantes debates, pois os mais variados critérios têm sido utilizados para caracterizar o contratante vulnerável. Cumpre reconhecer, porém, que nem toda vulnerabilidade – considerada a palavra em sua acepção mais ampla – corresponde àquela prevista no art. 4º, I, do Código de Defesa do Consumidor, justificando a aplicação dessa lei especial.

Para HELOISA CARPENA, vulnerável é "aquele que se encontra em posição de inferioridade, passível de sofrer ameaça ou violação de seus direitos".[71] Em geral, a doutrina aponta três tipos de vulnerabilidade: *técnica, fática e jurídica*.[72] CLAUDIA LIMA MARQUES se refere, ainda, à vulnerabilidade *informacional*, reconhecendo, porém, que esta não deixa de ser mero desdobramento da vulnerabilidade técnica.[73]

A *vulnerabilidade técnica* é aquela relacionada ao desconhecimento, pelo consumidor, quanto às especificidades do produto ou serviço, dos seus meios de produção ou da prestação do serviço, ou quanto aos riscos que o produto ou serviço possa causar.

A *vulnerabilidade fática (ou socioeconômica)* se verifica quando o fornecedor ocupa uma *posição de monopólio fático ou jurídico*,[74] de modo que o seu poderio econômico impõe a sua

---

AgRg no Ag 1.316.667/RO, Rel. Min. Vasco Della Giustina (Desembargador convocado do TJ/RS), 3ª Turma, j. 15.02.2011, *DJe* 11.03.2011; AgRg no REsp 1.200.156/RS, Rel. Min. Sidnei Beneti, 3ª Turma, j. 28.09.2010, *DJe* 14.10.2010; REsp 1.010.834/GO, Rel. Min. Nancy Andrighi, 3ª Turma, j. 03.08.2010, *DJe* 13.10.2010.

[69] É o que se constata, por exemplo, das decisões proferidas em hipóteses de contratos de franquia e representação comercial. Confira-se o REsp 930.875/MT, Rel. Min. Sidnei Beneti, 3ª Turma, j. 14.06.2011, *DJe* 17.06.2011; e REsp 1.087.471/MT, Rel. Min. Sidnei Beneti, 3ª Turma, j. 14.06.2011, *DJe* 17.06.2011. Veja-se, ainda, o REsp 1.580.446/RJ, Rel. Min. Luis Felipe Salomão, 4ª Turma, j. 23.02.2021, *DJe* 25.03.2021.

[70] "Dentre os princípios expressamente elencados na lei de proteção, merece destaque o da vulnerabilidade, o qual ilumina o conceito de consumidor e assim define o âmbito de aplicação das normas do Código. A ideia de vulnerabilidade é o cerne do conceito de consumidor. No entanto, como visto, a noção não está expressa no conceito legal, contido no art. 2º do CDC, deixando o legislador à obra da doutrina e da jurisprudência a sua construção" (HELOISA CARPENA, op. cit., p. 182).

[71] HELOISA CARPENA, op. cit., p. 182.

[72] Para o estudo detalhado do tema, confira-se a lição de CLAUDIA LIMA MARQUES (*Contratos no Código de Defesa do Consumidor*. 5. ed. São Paulo: Revista dos Tribunais, 2006, p. 320-321). V. também HELOISA CARPENA, op. cit., p. 186.

[73] CLAUDIA LIMA MARQUES, op. cit., p. 329.

[74] "Pode-se afirmar com segurança que o consumidor de serviços essenciais, especialmente quando prestados em regime de monopólio, é sempre vulnerável, mesmo que se trate de empresa de grande porte. A imprescindibilidade de tais serviços, por si só, já é suficiente ao reconhecimento da vulnerabilidade de forma genérica, sendo este um bom exemplo de seu aspecto fático ou econômico" (HELOISA CARPENA, op. cit., p. 198).

Cap. 58 • REFLEXÕES SOBRE O CONTRATO DE ADESÃO | **971**

superioridade aos demais contratantes,[75] seja pela posição monopolista, por sua especialidade, pela redução da oferta, dentre outros.[76] Para PERLINGIERI, a "vulnerabilidade econômica de uma parte, um usuário qualquer ou empresário satélite, a coligada posição dominante e o seu abuso, frequentemente se deduzem da aceitação de condições desequilibradas que são, já em si, se não uma prova segura, pelo menos um indício sério de vulnerabilidade contratual. Disto deriva a necessidade de se reconstruir a noção de parte do contrato não em termos gerais e abstratos, mas sublinhando as peculiaridades de fato e de direito, subjetivas e objetivas, que em concreto caracterizam 'aquele' contratante, sem chegar a criar categorias contratuais que tenham fundamento em tais peculiaridades".[77]

A *vulnerabilidade jurídica* (também chamada *contábil ou científica*) está ligada à ignorância do consumidor quanto aos termos jurídicos, contábeis, econômicos, ou mesmo científicos empregados no contrato, ou mesmo quanto à impossibilidade de verificação pelo consumidor de determinadas informações através de perícia contábil.[78] CLAUDIA LIMA MARQUES observa que este tipo de vulnerabilidade é presumido para o consumidor "pessoa física, não profissional", valendo para os "profissionais e pessoas jurídicas" a "presunção em contrário".[79]

O STJ utiliza a noção de *vulnerabilidade jurídica, contábil ou científica* em diversos julgados,[80] porém raramente procede à distinção prática entre os tipos de vulnerabilidade.

Não localizamos precedente que utilize a vulnerabilidade jurídica, contábil ou científica como parâmetro exclusivo para justificar a aplicação do Código de Defesa do Consumidor, sem qualquer menção à vulnerabilidade técnica ou à hipossuficiência.[81]

Daí a conclusão de MARCELO CALIXTO, de que a jurisprudência do STJ adota a vulnerabilidade com base no aspecto econômico,[82] talvez por ser o critério mais facilmente observável, para fins de aplicação do Código de Defesa do Consumidor.[83]

---

[75] A respeito, confira-se o acórdão proferido no julgamento do REsp 1.010.834/GO, Rel. Min. Nancy Andrighi, 3ª Turma do STJ, j. 03.08.2010, *DJe* 13.10.2010, que reconheceu a vulnerabilidade econômica de pessoa física que adquiriu máquina de bordar, utilizada em suas atividades comerciais, diante da fabricante da máquina.

[76] CLAUDIA LIMA MARQUES, op. cit., p. 355.

[77] PERLINGIERI, Pietro. *O direito civil na legalidade constitucional*. Rio de Janeiro: Renovar, 2008, p. 375.

[78] CALIXTO, Marcelo Junqueira. O princípio da vulnerabilidade do consumidor. In: MORAES, Maria Celina Bodin de (org.). *Princípios do direito civil contemporâneo*. Rio de Janeiro: Renovar, 2006, p. 324.

[79] MARQUES, Claudia Lima. *Contratos no Código de Defesa do Consumidor*. 5. ed. São Paulo: Revista dos Tribunais, 2006, p. 322.

[80] Neste sentido, apenas como exemplo, confira-se o acórdão proferido nos seguintes julgados: AgRg no Ag 1.316.667/RO, Rel. Min. Vasco Della Giustina (Desembargador convocado do TJ/RS), 3ª Turma, j. 15.02.2011, *DJe* 11.03.2011; AgRg no REsp 1.200.156/RS, Rel. Min. Sidnei Beneti, 3ª Turma, j. 28.09.2010, *DJe* 14.10.2010; REsp 1.010.834/GO, Rel. Min. Nancy Andrighi, 3ª Turma, j. 03.08.2010, *DJe* 13.10.2010.

[81] Afastando a aplicação do CDC, confira-se o EREsp 1.358.231/SP, Rel. Ministra Nancy Andrighi, 3ª Turma, j. 28.05.2013, *DJe* 17.06.2013.

[82] Neste sentido, "(...) A jurisprudência desta Corte Superior reconhece a possibilidade de declaração da nulidade da cláusula de eleição de foro estipulada em contrato de adesão, desde que configurada a vulnerabilidade ou a hipossuficiência do aderente ou o prejuízo no acesso à justiça. Incidência, à hipótese, da Súmula 83/STJ" (AgInt no AREsp 1.522.991/SC, Rel. Min. Marco Aurélio Bellizze, 3ª Turma, j. 10.02.2020, *DJe* 13.02.2020).

[83] A observação é de MARCELO CALIXTO (Ainda o conceito de consumidor: breves considerações a partir de dois julgados do Supremo Tribunal Federal. In: MARTINS, Guilherme (org.). *Temas de direito do consumidor*. Rio de Janeiro: Lumen Juris, 2010, p. 366-367.

Cumpre observar, ainda, que, frequentemente, alude-se à *hipossuficiência* ao invés de *vulnerabilidade*. Com efeito, alguns autores não veem diferença ontológica entre estes termos,[84] tendo em vista que a hipossuficiência estaria assumindo outras formas, que não apenas a econômica, sendo possível encontrar vários julgados reconhecendo a *hipossuficiência técnica* e utilizando os dois termos como sinônimos.[85]

Todavia, os significados de vulnerabilidade e hipossuficiência são bastante distintos. Como bem observou FLÁVIO TARTUCE, "(...) o conceito de vulnerabilidade é diverso do de hipossuficiência. Todo consumidor é sempre vulnerável, característica intrínseca à própria condição de destinatário final do produto ou serviço, mas nem sempre será hipossuficiente. Seguindo essa linha de raciocínio, *o elemento subjetivo da relação obrigacional de consumo somente assumirá a condição de consumidor quando exposto* às práticas previstas no art. 3º da Lei 8.078/1990, preceito legal que conceitua o fornecedor de produtos e o prestador de serviços".[86]

Na verdade, parte da doutrina considera a *hipossuficiência* como um *"plus* em relação à vulnerabilidade", pois a *vulnerabilidade* seria uma qualidade intrínseca a todos os consumidores, enquanto a *hipossuficiência* representaria o agravamento dessa qualidade intrínseca, em razão de uma condição individual de carência cultural, material, ou ambas, o que "legitima alguns tratamentos diferenciados no interior do próprio Código, como, por exemplo, a previsão de inversão do ônus da prova (art. 6º, VIII)".[87]

2.5 Incidência do Código Civil

Como se viu no capítulo anterior, doutrina e jurisprudência admitiram a aplicação extensiva do Código de Defesa do Consumidor, a fim de proteger o contratante vulnerável, ainda que este não se enquadre, tecnicamente, no conceito finalista de consumidor.[88] Deste entendimento, outrora justificável, precisamos agora discordar. A despeito da vocação expansionista do Código de Defesa do Consumidor, não se pode negar que aquela lei especial foi promulgada para a *tutela dos consumidores*, e não dos vulneráveis em geral.

Portanto, reafirmamos a constatação de que todo consumidor é vulnerável, porém *nem todo vulnerável é consumidor*.

---

[84] Esta seria a opinião de ALBERTO PASQUALOTTO, referida por MARCELO JUNQUEIRA CALIXTO, op. cit., p. 325-327.

[85] "Não é necessária a produção de prova testemunhal para demonstrar a nulidade da cláusula eleição de foro em contrato celebrado entre empresa agroindustrial e instituição financeira na hipótese em que a empresa alega que o contrato é de adesão e se encontra em situação de inferioridade intelectiva e técnica em relação ao banco, pois a condição de hipossuficiência, segundo a teoria finalista, pode ser constatada pela análise dos aspectos subjetivos vinculados à própria atividade econômica desenvolvida pela parte contratante, na qualidade de consumidor final do produto ou serviço, sendo prescindível a oitiva de testemunhas nesse sentido" (AgRg no Ag 1.300.084/RS, Rel. Min. Massami Uyeda, 3ª Turma, j. 24.05.2011, *DJe* 07.06.2011).

[86] O autor afirma, corretamente, que, "(...) para reconhecer a vulnerabilidade, pouco importa a situação política, social, econômica ou financeira da pessoa, bastando a condição de consumidor, enquadramento que depende da análise dos arts. 2º e 3º da Lei 8.078/1990, para daí decorrerem todos os benefícios legislativos, na melhor concepção do Código Consumerista". Ressalta, por fim, que "(...) entender que a situação da pessoa física ou jurídica poderá influir na vulnerabilidade é confundir o princípio da vulnerabilidade com o da hipossuficiência (...)" (TARTUCE, op. cit., p. 110).

[87] Por todos, confira-se a lição de BENJAMIN, Antonio Herman de Vasconcellos. *Código Brasileiro de Defesa do Consumidor comentado pelos autores do Anteprojeto*. 7. ed. Rio de Janeiro: Forense Universitária, 2001, p. 325.

[88] Para uma bem elaborada síntese da discussão e sua aplicação prática, confira-se o REsp 476.428/SC, Rel. Min. Nancy Andrighi, 3ª Turma, j. 19.04.2005, *DJ* 09.05.2005, p. 390.

Note-se, ainda, que todo aderente é vulnerável, mas *nem todo aderente é consumidor*.

Logo se vê que não se pode mais utilizar a justificativa de outrora para a extensão da aplicação do Código de Defesa dos Consumidores a vulneráveis não consumidores. Com o advento do novo Código Civil, restou superado o principal motivo que justificava a aplicação extensiva da legislação consumerista.[89] Nem se pretende, tampouco, fazer tábula rasa do disposto no art. 29, porém devemos limitar sua aplicação às pessoas efetivamente expostas às práticas previstas no Código de Defesa do Consumidor, evitando, assim, que aquele dispositivo seja utilizado para toda e qualquer hipótese de contratante vulnerável.

Voltando ao ponto central deste estudo, embora a maioria dos contratos se aperfeiçoe por adesão, nem todos representam relações de consumo, a justificar a aplicação do Código de Defesa do Consumidor,[90] sobretudo quando sua aplicação traria resultados similares à aplicação do Código Civil.

Por isso, sem embargo das prodigiosas opiniões em contrário,[91] nos contratos de adesão que não configurem relações de consumo, devem ser aplicados, primordialmente, os dispositivos do Código Civil, a despeito da vulnerabilidade do aderente.

Por óbvio, o desequilíbrio nas relações entre profissionais pode justificar tutela especial.[92] Entretanto, esta tutela especial pode ser obtida através da aplicação direta das regras e princípios estabelecidos no Código Civil e na Constituição Federal.[93]

Com efeito, eventual vulnerabilidade do aderente, quando não consumidor, pode ser sopesada através da correta aplicação dos dispositivos do Código Civil, quais sejam: a regra de interpretação

---

[89] Esta parece ter sido a justificativa de CARLOS ROBERTO BARBOSA MOREIRA, para sustentar a aplicação extensiva dos capítulos VI e VI do Código de Defesa do Consumidor: "No direito brasileiro, onde a insuficiência das vetustas codificações civil e comercial é, nesse terreno, inquestionável, o remédio já está pronto e plenamente acessível. A correta interpretação e aplicação do art. 29 do Código de Defesa do Consumidor ensejam a tutela de qualquer contratante contra as práticas contratuais vedadas em seu Capítulo VI, o qual se converteu, por força dessa norma de extensão, em direito contratual comum (...)" (Idem, p. 983).

[90] A propósito: "A simples contratação por adesão entre empresários não é suficiente para, presumidamente, transformar toda atividade empresarial em ato de consumo, embora haja eventuais semelhanças. A contratação por adesão deve ser vista apenas como um indício de vulnerabilidade, nunca uma presunção, sob pena de se banalizar o sistema de proteção dos verdadeiramente fracos presentes no Código de Defesa do Consumidor e, além disso, tratar-se injustamente iguais como desiguais" (FERNANDA MOREIRA CEZAR, op. cit., p. 278).

[91] Por todos, cf. PAULA CASTELLO MIGUEL, op. cit., p. 161-162.

[92] "O novo direito dos contratos procura evitar este desequilíbrio, procura a equidade contratual. Mas existiria desequilíbrio em um contrato firmado entre dois profissionais? Como regra geral, presume-se que não há desequilíbrio, ou que ele não é tão grave a ponto de merecer uma tutela especial, não concedida pelo direito civil renovado (pelo direito das obrigações do CC/2002). (...) Mas por vezes o profissional é um pequeno comerciante, dono de bar, mercearia, que não pode impor suas condições contratuais para o fornecedor de bebidas, ou que não compreende perfeitamente bem as remissões feitas a outras leis no texto do contrato, ou que, mesmo sendo um advogado, assina o contrato abusivo do único fornecedor legal de computadores, pois confia que nada ocorrerá de errado. Nestes três casos, pode haver uma exceção à regra geral: o profissional pode também ser 'vulnerável', ser 'mais fraco' para se proteger do desequilíbrio contratual imposto" (MARQUES, BENJAMIN & MIRAGEM, op. cit., p. 108).

[93] "As constituições contemporâneas e o legislador especial utilizam-se de cláusulas gerais convencidos que estão da sua própria incapacidade, em face da velocidade com que evolui o mundo tecnológico, para regular todas as inúmeras e multifacetadas situações nas quais o sujeito de direito se insere. Cláusulas gerais equivalem a normas jurídicas aplicáveis direta e imediatamente nos casos concretos, não sendo apenas cláusulas de intenção" (TEPEDINO, Gustavo. Premissas metodológicas para a constitucionalização do direito civil. *Temas de direito civil*. 3. ed. Rio de Janeiro: Renovar, 2004, p. 19).

974 | PROBLEMAS DE DIREITO CIVIL – *Homenagem aos 30 anos de cátedra do professor Gustavo Tepedino*

mais favorável ao aderente (art. 423), a nulidade das cláusulas que estipulam renúncia antecipada do aderente a direito resultando da natureza do negócio (art. 424); a interpretação conforme a boa-fé, no sentido que for mais benéfico à parte que não redigiu o dispositivo (art. 113, § 1º, inc. IV); a regra que considera ato ilícito o abuso do direito (art. 187); a limitação do exercício da liberdade com base na função social do contrato (art. 421); o dever dos contratantes de atuação conforme os ditames da boa-fé objetiva (art. 422); a proibição de onerosidade excessiva (art. 478), dentre outros.

Podemos, *excepcionalmente*, conceber a aplicação de dispositivos do Código de Defesa do Consumidor, em contratos de adesão que não encerram relação de consumo, por analogia, desde que tal aplicação se revele como único método hermenêutico viável para consecução dos princípios e valores consagrados na Constituição Federal.[94]

Recorremos, então, à lição de GUSTAVO TEPEDINO: "O Código Civil de 2002 passou a disciplinar os contratos de adesão, reconhecendo no aderente um contratante merecedor de uma tutela especial (arts. 423 e 424). Contudo, a definição de 'contrato de adesão' permanece sendo a constante do CDC (art. 54). Os argumentos acima no sentido da possibilidade de, *sob certas circunstâncias*, aplicar *analogicamente* o CDC a contratos de adesão que não sejam relações de consumo sobreviveram ao advento do Código Civil. A disciplina do CDC, mais pormenorizada e sistemática, poderá ser invocada para o efeito de suprir as deficiências do Código Civil na tutela do aderente em condição de inferioridade".[95]

Em suma, deve-se reduzir a dimensão que se tem dado à equiparação prevista no art. 29 do Código de Defesa do Consumidor. A vulnerabilidade não pode ser o único fator para justificar a aplicação do Código de Defesa do Consumidor, pois o vulnerável pode ser protegido também pelos princípios gerais estabelecidos no Código Civil, em consonância com os demais valores estabelecidos na Constituição Federal, tábua axiológica de todo o ordenamento jurídico.[96]

3. CONCLUSÃO

O fenômeno da padronização dos contratos chamou a atenção dos juristas do início do século passado, muito antes que os governos e legisladores compreendessem e efetivamente adotassem medidas para assegurar uma ampla proteção à pessoa do aderente, usualmente consumidor, parte

---

[94] "O desafio do jurista de hoje consiste precisamente na harmonização das fontes normativas, a partir dos valores e princípios constitucionais. O Código Civil de 2002 deve contribuir para tal esforço hermenêutico – que em última análise significa a abertura do sistema – não devendo o intérprete deixar-se levar por eventual sedução de nele imaginar um microclima de conceitos e liberdades patrimoniais descomprometidas com a legalidade constitucional. Portanto, as relações jurídicas de direito privado devem ser interpretadas à luz da Constituição, seja em obediência às escolhas político-jurídicas do constituinte, seja em favor da proteção da dignidade, princípio capaz de conformar um novo conceito de ordem pública, fundado na solidariedade social e na plena realização da pessoa humana" (TEPEDINO, Gustavo. Normas constitucionais e direito civil na construção unitária do ordenamento. In: NETO & SARMENTO. *A constitucionalização do direito*: fundamentos teóricos e aplicações específicas. Rio de Janeiro: Lumen Juris, 2007, p. 320.

[95] TEPEDINO, Gustavo. A relação de consumo e a nova teoria contratual. *Temas de direito civil*. 3. ed. Rio de Janeiro: Renovar, 2004, p. 233.

[96] "Trata-se, em uma palavra, de estabelecer novos parâmetros para a definição de ordem pública, relendo o direito civil à luz da Constituição, de maneira a privilegiar, insista-se ainda uma vez, os valores não patrimoniais e, em particular, a dignidade da pessoa humana, o desenvolvimento da sua personalidade, os direitos sociais e a justiça distributiva, para cujo atendimento deve se voltar a iniciativa econômica privada e as situações jurídicas patrimoniais" (TEPEDINO, Gustavo. Premissas metodológicas para a constitucionalização do direito civil. *Temas de direito civil*. 3. ed. Rio de Janeiro: Renovar, 2004, p. 22).

mais fraca da relação contratual e fragilizado em relação às empresas. Atualmente, os contratos de adesão são mais frequentes e numerosos que os contratos individuais, refletindo a impessoalidade do mercado.

Em nosso ordenamento jurídico, o contrato de adesão ganhou tratamento legislativo somente com a promulgação do Código de Defesa do Consumidor em 1990. Com efeito, o Código Civil de 1916 não trazia qualquer referência aos contratos de adesão. Foi através do Código de Defesa do Consumidor que o legislador preencheu esta lacuna, positivando a classificação que, até então, era apenas doutrinária.

O conceito de contrato de adesão se encontra estabelecido no art. 54 do Código de Defesa do Consumidor, que classifica como de adesão o contrato cujas cláusulas tenham sido aprovadas pela autoridade competente ou estabelecidas unilateralmente pelo fornecedor de produtos ou serviços, sem que o consumidor possa discutir ou modificar substancialmente o seu conteúdo. Suas características mais marcantes, portanto, são a *predisposição*, a *unilateralidade* e a *rigidez*.

O Código Civil vigente tratou dos contratos de adesão em apenas dois de seus dispositivos: no art. 423, o legislador estabeleceu a regra de interpretação mais favorável ao aderente; e no art. 424, procurou coibir os abusos usualmente cometidos por estipulantes.

Portanto, a exemplo do que ocorre em outros países, em nosso ordenamento jurídico os contratos de adesão devem ser interpretados favoravelmente ao aderente (cf. art. 423 do Código Civil, e art. 47 do CDC). A regra da interpretação mais favorável ao aderente visa compensar a ausência de tratativas e a vulnerabilidade intrínseca da parte aderente.

É preciso delimitar o campo de aplicação do Código Civil e do Código de Defesa do Consumidor às relações contratuais. Muito embora os contratos de adesão em geral reflitam relações de consumo, observamos que *nem todo aderente é consumidor* e vice-versa.

Há contratos de adesão em que o aderente não se enquadra na definição de consumidor (art. 2º, *caput*, do CDC), eis que não pode ser considerado "destinatário final de produtos e serviços", ou mesmo porque "visa o uso profissional". Por isso, a princípio, deve-se aplicar o sistema protetivo do Código de Defesa do Consumidor *apenas* aos contratos de adesão quando estes envolverem o consumidor como destinatário final (art. 2º, *caput*, do CDC) ou por equiparação (arts. 2º, parágrafo único, 17 e 29 do CDC).

Não obstante, o art. 29 do CDC deve ser interpretado restritivamente, de modo que sua aplicação deve se limitar às hipóteses em que houver efetiva exposição às práticas previstas no Código de Defesa do Consumidor, para os fins dos Capítulos V e VI do CDC.

A interpretação abrangente do art. 29 do CDC já não tem mais a mesma justificativa de outrora, eis que a nova sistemática introduzida pelo Código Civil trouxe para as relações privadas a ótica solidarista da Constituição de 1988, tornando desnecessário o esforço hermenêutico de ampliação do alcance do CDC, de modo a abranger, por exemplo, relações interempresariais.

Apenas excepcionalmente podemos conceber a aplicação de dispositivos do Código de Defesa do Consumidor, por analogia, em contratos de adesão que não encerram relação de consumo, desde que tal aplicação se revele como único método hermenêutico viável para consecução dos princípios e valores consagrados na Constituição Federal.

Portanto, os contratos de adesão entre não consumidores são regulados, primordialmente, pelas regras do Código Civil, a despeito da vulnerabilidade do aderente, a qual deverá ser levada em consideração, podendo, de qualquer forma, ser tutelada através dos mecanismos previstos no próprio Código Civil, tais como os princípios da boa-fé objetiva, do equilíbrio das prestações contratuais e do abuso de direito.

Em suma, nos contratos de adesão que não encerram relações de consumo, eventuais conflitos deverão ser solucionados com base nas regras do Código Civil, em consonância com a tábua axiológica estabelecida na Constituição Federal.

59

DIREITO SOCIETÁRIO NA CONSTITUIÇÃO

Mauricio Moreira Menezes

Sumário: Introdução. 1. O contrato de sociedade na visão clássica. 2. A teoria do contrato plurilateral no sistema brasileiro. 3. Reexame do contrato de sociedade: premissas. 4. A *affectio societatis* na perspectiva constitucional. 5. Os princípios contratuais no contrato de sociedade. 5.1 A boa-fé objetiva. 5.2 A função socioeconômica do contrato de sociedade. 5.3 O equilíbrio contratual nas relações societárias. Conclusões.

INTRODUÇÃO

Um livro de homenagens encerra certas peculiaridades. Permite que os coautores revelem, ainda que moderadamente, seu testemunho a respeito do homenageado, com impressões ofertadas em primeira pessoa.

É o que passo a fazer nestas linhas iniciais.

Conheci o Professor Gustavo Tepedino quando eu cursava a graduação em Direito na UERJ (1993-1998). Embora fosse o Diretor da Faculdade, não tive o privilégio de ter sido seu aluno àquela época.

Quando iniciei minha atividade docente, em 1999, como professor substituto de Direito Comercial da UERJ, o então Diretor Gustavo recebeu-me calorosamente e incentivou-me a seguir adiante na carreira acadêmica. Inspirando-me em suas lições, ingressei no mestrado em 2002 e solicitei ao Professor Gustavo que me orientasse. Para minha alegria, fui novamente acolhido por sua personalidade generosa e cuidadosa.

A dissertação de mestrado foi defendida em 04.02.2004, dia anterior ao termo final do prazo para inscrição no concurso público para provimento do cargo de professor assistente da UERJ, do qual participei e logrei aprovação, em primeiro lugar. Foi uma luta conseguir antecipar a defesa da dissertação. Não teria conseguido se não fosse o inestimável apoio do Professor Gustavo, que me ajudou a superar entraves burocráticos e organizou, com diligência, os trabalhos da banca examinadora. Sou muitíssimo grato a nosso homenageado, por mais essa colaboração.

O escopo de minha pesquisa de mestrado foi provocar a releitura do Direito Societário sob a perspectiva civil-constitucional, de tal modo a examinar seus problemas à luz de princípios constitucionais.

Nessa linha, foram eleitos temas comuns aos diversos regimes de sociedades, com a finalidade de inserir o contrato de sociedade em contexto ético que contribuísse para a distribuição de justiça durante a execução do contrato e em sua fase pós-contratual.

Resumidamente, tratou-se de estudo voltado para o Direito Contratual, por meio do exame do papel da autonomia da vontade na esfera do direito societário: qual seria seu fundamento e qual a razão para limitá-la e condicioná-la a valores homenageados pelo ordenamento jurídico.

Este artigo tem por objetivo de pontuar os principais elementos e informações que foram trazidos à baila por meio da referida pesquisa.

1. O CONTRATO DE SOCIEDADE NA VISÃO CLÁSSICA

O individualismo e o primado da vontade fizeram com que o princípio contratual se expandisse nas mais variadas esferas da vida humana, influenciando não apenas o pensamento jurídico, mas sobretudo o pensamento filosófico, político e econômico.

No curso do século XIX, o contrato invadia os diversos ramos do Direito, proporcionando os fundamentos jurídicos exigidos pelo crescente capitalismo industrial. Natural, portanto, que o fenômeno associativo ganhasse contornos contratuais e que as sociedades, instrumentos para a maximização dos lucros, viessem pautadas em modelo contratualista.

Na França, os comentadores do "Code" analisavam a sociedade como uma espécie contratual. Esta orientação era adotada por Raymond Theodore Troplong, para quem tal contrato era sinalagmático, comutativo e consensual[1].

Por meio dele, cada uma das partes se obrigava a uma entrada comum, em vista de um benefício a partilhar. Dissentindo do caráter puramente comutativo do contrato de sociedade, Jean-Marie Pardessus o via como uma categoria de natureza acessória, prestando-se à realização de outras operações comerciais. Essa noção de acessoriedade pode ser hoje substituída pela ideia de instrumentalidade, que será adiante desenvolvida, na seção nº 3, deste trabalho[2].

Naquele contexto, Edmond Thaller destacava-se ao salientar que, no contrato de sociedade, os contratantes criavam entre si um interesse comum e não propriamente um interesse contrário. A sociedade não provocaria, de fato, o antagonismo que se reconhecia existir nas demais espécies contratuais, como, por exemplo, em uma compra e venda, em que o comprador procurava o preço mais baixo possível e o vendedor o mais elevado, porquanto, na sociedade, o resultado mais vantajoso do contrato era a um só tempo mais proveitoso para todos os contraentes.

Por essa razão, entre os sócios predominaria a confraternização. Ainda que houvesse conflitos quanto à repartição do lucro ou quanto ao teor de determinadas cláusulas acessórias, todos sabiam que o sucesso da sociedade dependia do conjunto de acordos e disso resultaria, como elemento da sociedade, um vínculo de simpatia que a diferenciava das demais espécies contratuais. Por conseguinte, Thaller teve o mérito de excluir o contrato de sociedade do rol dos contratos bilaterais[3].

---

[1]   TROPLONG, Raymond Theodore. *Le Droit Civil Expliqué, Commentaire du Titre IX du Livre III du Code Civil*: Du Contrat de Société Civile et Commercial. Paris: Charles Hingray, 1843, p. 7.

[2]   PARDESSUS, Jean-Marie. *Cours de Droit Commercial*. Paris: Henri Plon, 1857, p. 1.

[3]   THALLER, Edmond. *Traité Élémentaire de Droit Commercial*. Paris: A. Rousseau, 1898, p. 114.

Na Itália, o célebre Cesare Vivante, aprofundando a pesquisa científica acerca do fenômeno associativo, sustentava que o contrato de sociedade – cujo instrumento originário intitulava ato constitutivo e cujas alterações nomeava como contratos adesivos – não produzia uma troca de valores, nem sua comunhão. Diferentemente, por ele se realizava uma entrega de bens à nova pessoa que se criava, com a finalidade de proporcionar aos sócios um resultado obtido a partir da exploração do fundo social. No momento em que concluíam o ato constitutivo, os sócios estavam um frente ao outro, como em todo contrato comutativo e bilateral, enquanto que, após sua celebração, aqueles se encontravam um ao lado do outro, visto que seus interesses (antes opostos) se fundiam em um interesse comum, de modo que o contrato de sociedade conduzia à transformação de interesses individuais e divididos em um só interesse coletivo[4].

O problema da comutatividade no contrato de sociedade dava origem a larga controvérsia na doutrina clássica. A questão referia-se à análise da extensão da contraposição de interesses entre sócios *vis-à-vis* o conceito de *affectio societatis*, o qual se pautava em uma vontade de colaboração ativa ou, segundo Paul Pic, vontade de cooperar, direta ou indiretamente, na obra comum[5].

Sobre a matéria, o jurista argentino Horacio P. Fargosi dissentiu de Vivante para sustentar, em tese de doutoramento, que aqueles que contratam uma sociedade teriam, tal como ocorre nos contratos bilaterais, interesses egoísticos e contrapostos inclusive durante a vida da sociedade, muito embora tais interesses permanecessem adormecidos[6].

As prerrogativas individuais dos sócios decorriam da importância conferida aos direitos subjetivos e, particularmente, à autonomia da vontade. A liberdade contratual em matéria societária correspondia ao gravíssimo poder de dissolver a sociedade imotivadamente, ao arrepio dos interesses dos demais sócios e daqueles direta ou indiretamente relacionados com a sociedade, enquanto entidade realizadora de uma atividade econômica.

Em estudo sobre o panorama do contrato de sociedade no Direito francês, lecionou Hernani Estrella que a vontade, oportuna e regularmente manifestada, conduzia à dissolução da sociedade de pleno direito. Essa prerrogativa limitava-se, desde o *Ancien Regime*, aos contratos celebrados por prazo indeterminado. Os fundamentos dessa regra consubstanciavam-se, por um lado, no caráter transitório da comunhão de bens, e, por outro, na dificuldade de se permitir a subsistência do vínculo associativo quando abalada a estima recíproca entre sócios, elemento subjetivo e substancial do contrato[7].

O contrato de sociedade, sob as leis oitocentistas, ficou subordinado àqueles ideais que inspiraram a Revolução de 1789 e que se propunham a tutelar, de forma absoluta, irrestrita e incondicional, a autonomia da vontade e a liberdade contratual: a vontade determinava tanto a formação do vínculo, quanto justificava sua ruptura por ato unilateral de qualquer dos associados.

No Brasil, o enfoque não era diferente. Antes que se inaugurassem as discussões para a aprovação de um Código Comercial para o Império, Jose da Silva Lisboa, o Visconde de Cairu, considerado o primeiro comercialista brasileiro, tratou das sociedades em seus "Principios de Direito Mercantil e Leis de Marinha", distinguindo-as do simples consórcio ou mera comunhão,

---

[4]   VIVANTE, Cesare. *Trattato di Diritto Commerciale*. Milão: Dottor Francesco Vallardi, 1928, p. 25-26.

[5]   PIC, Paul. *Des Sociétés Commerciales*. Paris: Rousseau & Cie., 1940, p. 81-82.

[6]   FARGOSI, Horacio P. *La Affectio Societatis*. Buenos Aires: Valério Abeledo, 1953, p. 79.

[7]   ESTRELLA, Hernani. *Apuração dos Haveres de Sócio*. Rio de Janeiro: José Konfino, 1960, p. 35.

com fundamento na vontade manifestada de modo explícito, que externaria os laços de amizade e boa-fé entre os sócios, "que se deviam considerar mutuamente como irmãos"[8].

O primeiro diploma brasileiro a dispor, sistematicamente, sobre o contrato de sociedade foi o Código Comercial. Sua elaboração foi inicialmente encarregada a Jose da Silva Lisboa, por decisão da Real Junta de Comércio, Agricultura, Fábricas e Navegação, e posteriormente entregue, pela Regência, a uma comissão de comerciantes presidida primeiramente por Antônio Paulino Limpo de Abreu e, segundamente, por José Clemente Pereira, tendo sido o projeto enviado ao Legislativo em 1834 e finalmente aprovado em 1850 (Lei nº 556, de 25 de junho), após longo debate e morosa tramitação[9].

O Código Comercial trouxe significativas modificações relativamente ao Direito anterior[10], imprimindo ao contrato de sociedade elevada plasticidade, em homenagem à autonomia da vontade. Assim, segundo os registros de Hernani Estrella, o Código Comercial concedeu ampla liberdade aos contraentes, preservando-lhes a faculdade de bem definir seus direitos e obrigações[11], ainda que sem prescindir da noção de *intuitus personae*, colhida da experiência legislativa anterior[12].

Contudo, o diploma, a par de não positivar o conceito de sociedade (apenas fixado décadas mais tarde, pelo art. 1.363, do Código Civil de 1916), não era claro no que refere à posição do sócio em face do patrimônio social. Não havia o reconhecimento explícito da autonomia patrimonial da sociedade, muito embora diversos de seus dispositivos tenham servido de base para o desenvolvimento dessa teoria, valendo mencionar, nessa linha, os arts. 292, 323, 327 e 350.

José Xavier Carvalho de Mendonça pode ser citado como um dos autores que melhor explicou a questão da autonomia patrimonial da sociedade, antes mesmo do advento do Código Civil de 1916. Nesse sentido, sustentava o jurista que o patrimônio social não pertencia aos sócios, de modo que estes não tinham direito a parcela de seus bens, mas sim a um quinhão, cujo valor seria determinável após o pagamento do passivo da sociedade. O mérito de sua doutrina se deve ao fato de sua construção ser anterior ao reconhecimento pela lei – particularmente pelos arts. 16 e 20 do Código Civil de 1916 – da personalidade jurídica de todas as sociedades, que, assim, se tornaram inconfundíveis com a pessoa de seus membros[13].

---

[8]   LISBOA, Jose da Silva. *Principios de Direito Mercantil e Leis de Marinha*. Dos Contractos Mercantis. Lisboa: Impressão Régia, 1811, p. 51.

[9]   Há divergência quanto ao efetivo ano durante o qual o Projeto de Código Comercial foi encaminhado para apreciação pelo Legislativo. Enquanto Rubens Requião indica o ano de 1834 (REQUIÃO, Rubens. *Curso de Direito Comercial*. 23. ed. São Paulo: Saraiva, 2003, ,p. 16), Lamy Filho e Bulhões Pedreira anotam que o mencionado envio teria se dado em 1833 (LAMY FILHO, Alfredo; PEDREIRA, Bulhões. *A Lei das S.A.* Rio de Janeiro: Renovar, 1995, p. 106).

[10] No período que precedeu a promulgação do Código Comercial, observava-se o que dispunham as normas portuguesas sobre o contrato de sociedade, as quais eram aplicadas no Brasil logo após a proclamação da independência, por força da Lei de 20 de outubro de 1823.

[11] Essa amplitude pode ser verificada a partir da leitura do art. 302, nº 7, daquele Código, cláusula geral que franqueava ao particular regular, em larga medida, os direitos e obrigações dos sócios entre si e para com terceiro.

[12] ESTRELLA, Hernani. Op. cit., p. 39.

[13] MENDONÇA, José Xavier Carvalho de. *Tratado de Direito Comercial Brasileiro*. Campinas: Bookseller, 2001, ,p. 95-96. Em nota, Carvalho de Mendonça menciona os nomes de Teixeira de Freitas, Carlos de Carvalho e Clóvis Beviláqua como defensores da personalidade jurídica das sociedades comerciais e, em contrapartida, lista, dentre os opositores, Lacerda de Almeida e Frederico Steidel. Vale observar que, no "Esboço do Código Civil" de Teixeira de Freitas, o art. 278 inseria as sociedades civis e comerciais entre

PROBLEMAS DE DIREITO CIVIL – *Homenagem aos 30 anos de cátedra do professor Gustavo Tepedino*

O autor, entretanto, ainda via no contrato de sociedade o caráter de bilateralidade, afirmando que, desde o momento de sua celebração, o contrato obrigava reciprocamente as partes e estas para com a sociedade, de modo que, se um dos sócios não cumprisse as obrigações contraídas, seria permitido a qualquer outro sócio requerer a dissolução judicial da sociedade[14].

Sem dúvida, o dispositivo do Código Comercial que mais salientava sua vertente individualista corresponde ao art. 335, nº 5, que trouxe para o sistema brasileiro a prerrogativa do sócio de promover unilateralmente e imotivadamente a dissolução da sociedade celebrada por prazo indeterminado.

Não obstante o alinhamento do Código de 1850 e da doutrina à concepção individualista do Direito Contratual, os Tribunais tendiam a flexibilizar a prerrogativa de dissolução da sociedade por vontade unilateral de um dos sócios, de tal sorte a preservar o exercício da atividade econômica. Nesse sentido, Antônio Bento de Faria, ex-Ministro do Supremo Tribunal Federal, citou julgado do ano de 1898, proferido pela então "Câmara Cível da Côrte de Appelação do Districto Federal", nos seguintes termos:

> A retirada de um sócio da sociedade em nome collectivo, desde que permaneça o contracto entre os demais sócios, produz o effeito de modificar-se a razão social (art. 8º do Dec. 916, de 1890), mas não determina a dissolução de sociedade[15].

De igual modo, a doutrina, no curso da primeira metade do Século XX, passou a manifestar certa restrição quanto ao alcance da regra disposta no art. 335, nº 5, do Código Comercial de 1850. O próprio Bento de Faria, ao comentar o mencionado dispositivo, sustentou que sua aplicação não poderia se dar de modo absoluto, "mas antes de accordo com a intelligencia que lhe emprestam as legislações dos povos cultos, afim de evitar a ruína do patrimônio social em prejuízo de todos".

Neste particular, o magistrado ensinou que a vontade do sócio na dissolução da sociedade, para que produzisse efeitos, deveria satisfazer determinados requisitos, nomeadamente os seguintes: (i) que o sócio notificasse a sua denúncia a todos os outros sócios; (ii) que a renúncia fosse feita de boa-fé; e (iii) que não fosse intempestiva.

O requisito da boa-fé circunscrevia-se à boa-fé subjetiva. Logo, considerava-se de má-fé a denúncia que externasse o escopo do sócio denunciante de apropriar-se com exclusividade dos benefícios que os sócios se propunham colher em comum. Por outro lado, tinha-se por denúncia intempestiva aquela realizada quando a situação da sociedade não correspondia à normalidade (*quando as cousas não estiverem no estado integral*) ou quando a sociedade pudesse ser prejudicada com a dissolução nesse momento. Em outros termos, a inoportunidade da denúncia correspondia ao eventual período de incertezas materiais quanto à condução e resultado dos negócios sociais.

O exercício do direito disposto no aludido art. 335, nº 5, dependia, assim, do exame de uma questão de fato, que deveria ser demonstrada por quem a suscitasse. Provada a má-fé, entendia-se

---

as pessoas privadas de existência ideal, reservando a denominação de pessoas jurídicas para as pessoas públicas de existência ideal, como o povo, o Estado, as Províncias, os Municípios e a Igreja Católica.

[14] Registre-se que o jurista já identificava na sociedade um traço característico (*affectio societatis*) que a distinguia das demais categorias contratuais: "Da noção que aí fica, apura-se desde logo, esta singularidade: os sócios cooperam para o escopo comum, e, em lugar dos interesses antagônicos ou opostos, que se observam nos outros contratos, na sociedade, todos os sócios se esforçam para o mesmo resultado, no qual estão empenhados" (Ibidem, p. 20).

[15] FARIA, Antônio Bento de. *Código Commercial Brasileiro*. 4. ed. Rio de Janeiro: Jacintho Ribeiro dos Santos, 1929, p. 453.

Cap. 59 · DIREITO SOCIETÁRIO NA CONSTITUIÇÃO | 981

que os demais sócios tinham o direito de excluir desde logo o sócio denunciante. De outra feita, na hipótese de intempestividade, a sociedade poderia continuar a operar, não obstante a denúncia, até o levantamento do "primeiro balanço ordinário" (hoje correspondente ao balanço patrimonial levantado ao final de um exercício social), ou, alternativamente, até a conclusão do negócio pendente[16].

Mais tarde, o contrato de sociedade foi definido, no art. 1.363 do Código Civil de 1916, como um acordo de vontade, pautado na *affectio societatis*, ainda que não fosse de sua essência o escopo lucrativo.

Debruçando-se sobre o contrato de sociedade no Código Civil, Eduardo Espínola afirmou que o conceito previsto no art. 1.363 aproximava-se da definição contida no art. 530, do Código de Obrigações suíço, no qual o primeiro se inspirara. Salientou Espínola que a doutrina fazia distinção entre as sociedades civis e as associações, sendo a primeira de fins lucrativos e a segunda para designar entidades cuja atividade estivesse ligada a fins "morais ou religiosos"[17].

Em posição diversa, Clóvis Beviláqua sustentou, expressamente, que os "fins comuns", mencionados no referido art. 1.363, não precisavam ser lucrativos, pois "na largueza do princípio adotado pelo Código Civil há contrato tanto nas sociedades civis comuns quanto nas corporações religiosas, nas irmandades e nas sociedades literárias, científicas, recreativas ou beneficentes"[18].

De todo modo, as sociedades civis eram vistas pela doutrina, a exemplo do que ocorrera com as sociedades comerciais, como consensuais, bilaterais e onerosas.

As transformações sociais dos últimos decênios do século XIX e início do século XX, voltando-se contra os malefícios causados pelo individualismo e pelo exercício ilimitado da autonomia da vontade, colocaram sob revisão as estruturas jurídicas fundadas no contrato.

Seguindo caminho equivalente, o Direito Societário foi revisitado em consequência do fenômeno da socialização do Direito, embora sem abandonar a influência do contratualismo, como analisado detidamente, nas linhas que se seguem.

2. A TEORIA DO CONTRATO PLURILATERAL NO SISTEMA BRASILEIRO

Desenganadamente, o sistema brasileiro adotou, na disciplina das sociedades, a Teoria do Contrato Plurilateral, tal como ofertada pelo gênio de Tullio Ascarelli[19].

Nessa linha, o Código Civil dispõe, no art. 981, que "Celebram contrato de sociedade as pessoas que reciprocamente se obrigam a contribuir, com bens ou serviços, para o exercício de atividade econômica e a partilha, entre si, dos resultados".

---

[16] Ibidem, p. 459. Observe-se que a doutrina de Carvalho de Mendonça, antes citada, admitia a denúncia intempestiva.

[17] ESPÍNOLA, Eduardo. *Contratos Nominados no Direito Civil Brasileiro*. Rio de Janeiro: Conquista, 1956, p. 374. Registrou Espínola que, na França, a Lei de 1º de julho de 1901, já fazia específica distinção entre associações e sociedades, à vista de sua finalidade.

[18] BEVILÁQUA, Clóvis. *Código Civil dos Estados Unidos do Brasil*. Rio de Janeiro: Livraria Francisco Alves, 1943, p. 484.

[19] A teoria encontra-se didaticamente exposta na obra "Problemas das sociedades anônimas e direito comparado" (ASCARELLI, Tullio. *Problemas das sociedades anônimas e direito comparado*. 2. ed. São Paulo: Saraiva, 1969, p. 235-312). Em consideração aos limites deste artigo, foi excluída a extensa referência ao conteúdo do referido livro, que veio a ser detalhadamente comentado na dissertação deste autor.

PROBLEMAS DE DIREITO CIVIL – *Homenagem aos 30 anos de cátedra do professor Gustavo Tepedino*

O professor Sylvio Marcondes enfrentou diretamente a controvérsia acerca da natureza da sociedade, aderindo expressamente à teoria preconizada por Ascarelli. Por força de seu caráter de plurilateralidade, o contrato de sociedade – diferentemente do que dispunha o Código Civil de 1916 – não veio disposto no Título VI ("Das Várias Espécies de Contrato") do Código de 2002, estando regulado ao lado do empresário e ostentando obrigatoriamente finalidade econômica. Leia-se adiante a posição do redator do Anteprojeto:

> No Projeto de Código Civil, a associação e as sociedades têm um tratamento diverso, inclusive pela natureza jurídica dos respectivos institutos. A associação é ato de união, definido no art. 51 do Projeto (...) Ao passo que a sociedade é contrato, cuja natureza parece hoje bem assentada na doutrina de Ascarelli: um contrato plurilateral, dadas as relações dos sócios, reciprocamente, entre si, dos sócios com a sociedade, da sociedade com terceiros e dos sócios com terceiros. E nesta qualificação de contrato plurilateral que o Projeto define a sociedade, no seu art. 1.018 (...) A sociedade, por sua complexidade, não poderia, em código unificado, estar ao lado de outros contratos, como acontece no atual Código Civil. Tanto no Código suíço, como no Código italiano, que são códigos unificados, a sociedade é objeto de um título em separado, porque, embora os contratos sejam normalmente onerosos, o de sociedade não é apenas oneroso, não tem apenas o *intuitus pecuniae*, mas inclui um intuitus personae muito acentuado, dadas as relações dos sócios e da sua confiança recíproca, desde a mais profunda – no caso das sociedades em nome coletivo – até a da própria sociedade anônima, onde não se ignora e não se desdenha saber quem são os grandes acionistas ou os grandes responsáveis. É a *affectio societatis*, uma peculiaridade subjetiva deste contrato, que o distingue dos demais[20].

Não se pode deixar de reconhecer a coerência da feliz elaboração de Ascarelli, cabal para responder a todo gênero de críticas com respeito à estrutura do contrato de sociedade, tanto no seu plano interno, quanto com relação às atividades conduzidas pela sociedade frente a terceiro, facilmente explicáveis pelo conteúdo de organização dessa categoria contratual.

Todavia, Ascarelli, atentando para os princípios contratuais acolhidos pela doutrina clássica, formulou sua teoria em franca homenagem à Teoria da Vontade. Em razão da alta relevância histórica de suas lições, cumpre transcrever trecho de trabalho publicado em 1947, em que o autor discorre sobre a Teoria Contratual:

> Talvez nenhum princípio jurídico pareça tão natural à nossa mentalidade atual, como aquele de que, o contrato, assenta no consentimento das partes; de que já do consentimento decorre, respeitados alguns requisitos de caráter geral, o *vinculum juris*, e de que as partes podem divergir dos esquemas contratuais legalmente traçados: a liberdade contratual é o princípio fundamental do direito privado moderno. Coerentemente, a mentalidade moderna desconfia do formalismo; procura encontrar a vontade das partes independentemente de palavras ou fórmulas sacramentais (...) Liberdade contratual é sinônimo de liberdade de iniciativa e de escolha: o contrato é instrumento jurídico desta liberdade; a disciplina jurídica dos contratos visa, de um lado, conciliar esta liberdade com o respeito das exigências de caráter geral, e, de outro lado, regular os contrastantes interesses das partes, tutelando equitativamente ambas elas no que concerne à expressão e liberdade de seu consentimento.[21]

---

[20] MARCONDES, Sylvio. *Questões de Direito Mercantil*. São Paulo: Saraiva, 1977, p. 13-14.

[21] ASCARELLI, Tullio. *Panorama do Direito Comercial*. São Paulo: Editora Saraiva, 1947, p. 55.

Pelo que se vê das linhas acima reproduzidas, impõe-se a realização de nova leitura acerca da estrutura e função do contrato plurilateral de sociedade, adequando-o aos paradigmas contratuais contemporâneos e ao conteúdo axiológico dos princípios ordenadores do sistema jurídico brasileiro.

Como se verá, a objetivação da vontade no contrato de sociedade se obtém pela valorização da confiança em face da liberdade contratual. Por outro lado, a proteção de terceiros em face da sociedade fundamenta-se em sua função socioeconômica, que convive harmonicamente com a função socioeconômica da empresa, esta com efeitos bem mais abrangentes, porquanto se volta para a comunidade, influenciada pelo desenvolvimento da atividade econômica.

Essa releitura sugere uma particular reflexão que, na verdade, lhe é preliminar e corresponde a breve ensaio jus-filosófico: o que se pretende com a busca de novos modelos contratuais? Como deve ser valorada a atividade econômica e, por conseguinte, os instrumentos jurídicos que a formalizam?

3. REEXAME DO CONTRATO DE SOCIEDADE: PREMISSAS

Segundo a notável teoria de Ascarelli, o contrato plurilateral de sociedade serve como instrumento por meio do qual um grupo de pessoas conventiona direitos e obrigações recíprocas, fixa o escopo de sua comunhão, bem como determina normas sobre sua organização e sobre deveres futuros que deverão ser oportunamente cumpridos, dado o caráter de trato continuado desse contrato.

Esse mecanismo vem servindo há anos para a formalização dos interesses daqueles que se propõem a estar em sociedade.

No entanto, a realidade das relações jurídicas patrimoniais e a mudança de seus paradigmas interpretativos determinam a ampla revisão dessa categoria contratual, com vistas a sobrepor antigas concepções individualistas pela visão humanista do Direito e a fazer prevalecer a substância dessas relações relativamente à forma da estrutura jurídica. Em outros termos, a evolução do Direito instiga o reexame do contrato plurilateral, a fim de aproximá-lo dos valores e dos princípios eleitos pela Constituição Federal como norteadores do sistema e da atividade econômica.

A primeira constatação é a respeito da instrumentalidade da sociedade, que, por conta disso, deve ser funcionalizada para a realização dos interesses dos sócios (sob ponto de vista interno) e daqueles com quem ela interage (sob ponto de vista externo), desde que tais interesses sejam tutelados pelo ordenamento. Qualquer sociedade tem como sócios, diretos ou indiretos, pessoas naturais, que devem ser vistas como destinatárias finais da organização societária, ao lado de outras pessoas que, embora não sócias, sejam, de alguma forma, influenciadas pela execução do contrato, à vista de sua função socioeconômica. O interesse da sociedade só se legitima quando visa à satisfação dos interesses da pessoa, como bem ressaltou Pietro Perlingieri, ao sustentar que a associação "é merecedora de tutela enquanto for idônea para consentir a formação e desenvolvimento dos seus associados que, quando alcançam o escopo associativo realizam a si mesmos".[22]

Sendo a sociedade (ou veículo societário) mero instrumento para a realização de um empreendimento econômico, o jurista deve se voltar para analisar os aspectos substanciais do fenômeno associativo, que muitas vezes não se limita às cláusulas e condições formalmente convencionadas no contrato ou estatuto social, mas se encontram refletidas em diversos outros instrumentos, como acordos parassociais, correspondências, estudos de viabilidade rubricados pelos interessados e,

---

[22] PERLINGIERI, Pietro. *Perfis do Direito Civil*: Introdução ao Direito Civil Constitucional. Tradução por Maria Cristina De Cicco. Rio de Janeiro: Renovar, 1997, p. 300.

ainda, em fatos concretos que, embora sejam relevantes, não chegaram à ser reduzidos a escrito, dado o dinamismo próprio da vida econômica.

Uma conclusão das linhas acima articuladas corresponde à afirmativa de que não é o tipo societário que deve exaurir as soluções jurídicas aplicáveis em face de um conflito de interesses.

Logo, tal conflito deve ser examinado à luz dos princípios de Direito Societário, ordenados segundo os princípios constitucionais, tendo em vista as circunstâncias materiais nas quais se insere a sociedade. Nesse sentido, o exame substancial do contrato associativo pode indicar uma complexa estrutura organizacional formada a partir de uma sociedade limitada ou, ao contrário, uma modesta sociedade familiar constituída sob a forma de sociedade anônima. Por isso, em certos casos, poder-se-á verificar que a *affectio societatis* presente em uma sociedade limitada é muito menos intensa que aquela presente em uma sociedade anônima. A *affectio societatis* – como se verá – pode variar em uma mesma sociedade e independe do *intuitus personae* e do *intuitus pecuniae*. Aliás, essa possibilidade vem, a cada dia, atraindo a atenção de estudiosos e pesquisadores e conduzindo, inclusive, à admissão de exclusão de sócio na sociedade anônima, por justa causa, o que, há anos atrás, não poderia ser validamente explicado pela ciência jurídica.

Outro ponto importantíssimo é a premissa de que cada sócio assume determinado papel no contrato plurilateral, embora muita vez esse personagem não tenha seu script delineado no instrumento contratual. Há casos em que tal contrato – elaborado segundo formulários padronizados e sem o concurso de advogado – não reflete, por exemplo, a realidade do sócio minoritário de uma sociedade prestadora de serviços profissionais, cujo sucesso se deve exatamente às qualidades intelectivas desse minoritário, o qual, entretanto, pode ser excluído pela maioria e ter seus ganhos subtraídos, até que se prove o contrário.

Por consequência, o indivíduo, ao ingressar em uma sociedade, contrai deveres e obrigações que correspondem, em sentido amplo, à colaboração que deve prestar para que seja alcançada a finalidade pretendida pela comunhão. Essa realidade põe em destaque o princípio da boa-fé objetiva, que assume notável relevância no contrato de sociedade e produz um conjunto de obrigações, que, somado aos aspectos da conduta pessoal do sócio, correspondem à noção de dever geral de colaboração, defendida por A. J. Avelãs Nunes, em monografia especializada, cuja inobservância ensejaria a sanção de exclusão do sócio faltoso[23].

Disso se extrai que a antiga classificação dogmática entre sociedade de capitais e sociedade de pessoas queda-se sem sustentação, à vista do papel desempenhado pela pessoa humana no contrato de sociedade e de sua posição de destinatária final das riquezas obtidas pela atividade econômica.

Essa nova abordagem do contrato de sociedade passa pelo reexame da *affectio societatis*, mas não para por aí. Segue adiante, para orientar a solução de conflitos que decorram da perda da *affectio societatis*, casos em que se proporá a ponderação entre os interesses dos litigantes, examinados de acordo com aspectos circunstanciais. A valoração de tais interesses em conformidade com os princípios constitucionais (função social da propriedade empresária, art. 170, III, CF, solidariedade, art. 1º; art. 3º, I; art. 170, *caput*, CF, da função social da livre iniciativa, art. 1º, IV; art. 170, *caput*, IV e parágrafo único, CF, justiça social, art. 3º, I, III e IV; art. 170, *caput*, CF e da dignidade da pessoa, art. 1º, III; art. 170, *caput*, CF) determinará quais deles são merecedores de tutela pelo ordenamento, orientando o juiz na distribuição concreta de justiça.

A aproximação entre o Direito Público e o Direito Privado, em consequência da direta aplicação às relações privadas dos princípios e valores constitucionais, é de altíssima relevância

---

[23] NUNES, A. J. Avelãs. *O Direito de Exclusão de Sócios nas Sociedades Comerciais*. São Paulo: Cultural Paulista, 2001.

para o Direito Societário, a ponto de Calixto Salomão Filho afirmar que se encontra afastada a "fase intimista do direito societário, entendida como período em que o direito societário se sente autossuficiente para analisar e regular as questões de organização da vida empresarial" e, continua o acadêmico, "se há algum marco da nova fase do direito societário é exatamente sua abertura para a interdisciplinaridade"[24].

Logo, a reunião de interesses públicos e privados em torno do contrato de sociedade é tema de primeira ordem nos estudos de Direito Societário e, evidentemente, projeta-se na função socioeconômica dessa categoria contratual, fato que vem sendo sucessivamente observado pela comunidade acadêmica, por meio de pesquisas e trabalhos de elevado conteúdo científico.

Nessa linha, é de se conferir as palavras de Eduardo Secchi Munhoz, que sustentou a conexão entre o público e o privado no contrato de sociedade, bem como a sujeição de seu regime jurídico aos princípios constitucionais:

> (...) o direito societário não pode ser entendido como um ramo do direito privado destinado a regular os interesses dos agentes econômicos exercendo papel exclusivo de pacificação de conflitos, numa concepção liberal de laissez faire. Deve-se reconhecer ao direito societário a função de constituir instrumento de implementação de políticas públicas que objetivem a consecução dos valores consagrados pelo ordenamento jurídico (...) Os valores sociais a serem necessariamente perseguidos pelo direito societário, no Brasil, estão enunciados no artigo 170 da Constituição Federal (...)[25].

Em suma, passe-se ao estudo dos temas e problemas originados no contrato de sociedade e diretamente alcançados pela releitura do Direito Societário sob perspectiva constitucional.

4. A *AFFECTIO SOCIETATIS* NA PERSPECTIVA CONSTITUCIONAL

A *affectio societatis* é tradicionalmente definida como o elemento subjetivo intencional presente no contrato de sociedade, que o distingue da mera comunhão de interesses[26].

A vontade era substancial para a configuração da *affectio societatis*, embora se desse a essa vontade um traço solidarista, bem explicado pela doutrina de Thaller – mencionada na Seção 1, deste trabalho – para quem o contrato de sociedade é individualizado por uma feição

---

[24] SALOMÃO FILHO, Calixto. *O novo direito societário*. São Paulo: Malheiros, 2002, p. 38.

[25] MUNHOZ, Eduardo Secchi. *Contribuições para a Revisão do Modelo Societário*. Tese (Doutorado em Direito) - Faculdade de Direito da Universidade de São Paulo, *São Paulo, 2002*, p. 30.

[26] Por todos, vide Rubens Requião, que, ao tratar das doutrinas clássicas sobre *affectio societatis,* registra o seguinte: "(...) a relação fraterna entre os sócios, a estima ou confiança recíproca, ideias que se encadeiam entre si, estabelecem uma constante nas sociedades mercantis, sem o que é impossível sua formação e existência. Com razão expressou-se Bonfante, condensando o tema, ao considerar a *societas* uma daquelas relações que exige uma vontade continuada, persistente, que produz efeito até quando esta vontade dura e cessa de produzi-la. O termo 'affectio societatis' ou 'animus societatis' indica a vontade de ser sócio, e exprime, para o romanista italiano, como viva e sentida fosse aquela natureza de relação e o caráter continuativo da *voluntas* (Corso di Diritto Romano, pg. 132). Ao cessar a 'affectio societatis', extingue-se a sociedade. Diz Troplong que a 'união faz a força; mas a discórdia arruína as melhores empresas'" (REQUIÃO, Rubens. *A preservação da sociedade pela exclusão de sócio.* Tese (Concurso para a Titularidade de Direito Comercial da Faculdade de Direito da Universidade do Paraná). Curitiba, 1959, p. 40).

986 | PROBLEMAS DE DIREITO CIVIL – *Homenagem aos 30 anos de cátedra do professor Gustavo Tepedino*

mais econômica que jurídica, consistente na vontade de colaboração ativa, em virtude da qual todos têm a consciência de que a união harmoniosa de bens e trabalho aumentará os bens de cada um, em patamar bem superior se comparado à atuação individual dos sócios. Essa vontade de colaboração funda-se na mútua estima alimentada entre os sócios, que se chamaria *affectio societatis*.

Os pontos de vista doutrinários acerca do conceito de *affectio societatis* vêm variando ao longo da evolução científica. Há que defenda a distinção entre o consensualismo e a *affectio*, sendo a última fundada na cooperação consciente dos sócios, durante a execução do contrato, aproximando-se da noção de dever geral de colaboração, acima mencionada[27].

Não obstante, a melhor interpretação parece ser no sentido de conectar o dever de cooperação, de alto conteúdo axiológico, à cláusula geral de boa-fé, uma vez que aquele dever tem fundamento no princípio da solidariedade (art. 1º; art. 3º, I; art. 170, *caput*, CF).

Em certos casos, o inadimplemento do dever de cooperação poderá produzir a perda da *affectio societatis*, em face da desinteligência entre os sócios. Por outro lado, não se pode afirmar que a quebra daquele dever acarretará sempre um desentendimento insuperável entre sócios: dependendo das circunstâncias, a sociedade poderá continuar normalmente suas atividades e os demais sócios poderão ter interesse em conviver com aquele inadimplente.

Essa aferição, que envolve questões de fato, dependerá do papel a ser cumprido por cada sócio para o sucesso comum. O importante é frisar que o dever de cooperação funcionará como forma de demonstrar, objetivamente, o cumprimento das obrigações assumidas por cada sócio e, por outro lado, como justificativa para exclusão do faltoso, independentemente de culpa.

Em uma palavra, o dever de cooperação ostenta atualmente *status* de princípio do Direito Contratual, não sendo, contudo, suficiente, sob o ponto de vista científico, para identificar o contrato de sociedade.

Não se pode negar que a *affectio societatis* corresponda efetivamente à vontade de estar em sociedade. Por conseguinte, uma leitura da *affectio societatis*, sob a perspectiva constitucional, a situa como modalidade da autonomia da vontade, que se fundamenta no princípio da liberdade de associação (art. 5º, XX, CF). Essa modalidade de autonomia é, pois, específica do contrato de sociedade e o distingue das demais categorias contratuais.

Neste raciocínio, a *affectio societatis* não consiste em um valor em si mesma, mas sim passa a ser objeto de avaliação pelo ordenamento, de acordo com as circunstâncias presentes no caso concreto e em direta subordinação aos princípios norteadores do sistema, estando funcionalizada tanto aos princípios fundamentais da República (arts. 1º e 3º, CF), quanto aos princípios sob os quais se encontra disciplinada a atividade econômica (art. 170, CF).

Esse ponto de vista permite, diante de eventual desequilíbrio ou iniquidade causada pelo exercício aético da autonomia da vontade, a revisão das cláusulas contratuais e estatutárias da sociedade, que estejam em desacordo com os princípios constitucionais, particularmente os princípios da função socioeconômica da propriedade empresária (art. 170, III, CF), da solidariedade (art. 1º; art. 3º, I; art. 170, *caput*, CF) e da função social da livre iniciativa (art. 1º, IV; art. 170, *caput*, IV e parágrafo único, CF).

Logo, a *affectio societatis*, sendo expressão da liberdade contratual, deve ser direcionada para a realização de valores da pessoa, que, tendo em conta as peculiaridades do contrato de sociedade – substancialmente, o seu caráter de contrato normativo, de trato sucessivo e de organização

---

[27] Essa posição foi externada por Jorge Lobo, por ocasião do "Ciclo de Conferências sobre Sociedades Limitadas", realizado pela Escola de Magistratura do Rio de Janeiro (EMERJ), em 14 de outubro de 2003.

– corresponde à satisfação das legítimas expectativas produzidas na esfera pessoal do sócio por ocasião do ingresso na entidade societária.

A tutela dessas expectativas reflete a homenagem pelo Direito Societário à confiança e boa-fé objetiva. Vale observar que tais expectativas podem ser de ordem patrimonial ou pessoal. No primeiro caso (patrimonial), exemplos de razoáveis expectativas relacionam-se ao recebimento da parcela no lucro auferido pela sociedade e à adequada apuração do valor de seus haveres na sociedade, em caso de exclusão ou retirada de sócio. Por outro lado, as expectativas de ordem pessoal podem corresponder ao direito de participação nas reuniões e assembleias sociais, ainda que o sócio não possua direito a voto, e o direito à obtenção do máximo de informações acerca da condução das atividades sociais, que deve ser a mais transparente possível.

Ressalve-se, ainda, que a *affectio societatis* **não se confunde com o** *intuitus personae*, como muitos parecem defender. Nessa linha, a vontade de se associar pode levar em conta tanto o brilhantismo pessoal de determinado profissional, quanto o apoio financeiro de um banco de fomento: em ambos, há interesse na associação, embora sejam absolutamente distintas a motivação de cada contraparte, individualmente considerada, para a constituição e manutenção do vínculo societário.

5. OS PRINCÍPIOS CONTRATUAIS NO CONTRATO DE SOCIEDADE

Reafirmada a natureza contratual do vínculo firmado entre os sócios, cumpre examinar a incidência dos "novos" princípios contratuais na dinâmica societária, especialmente a boa-fé objetiva, a função socioeconômica do contrato e o equilíbrio contratual, de tal modo a ultimar a releitura do contrato de sociedade à luz das transformações jurídicas operadas nas relações patrimoniais privadas.

5.1 A boa-fé objetiva

Ainda na doutrina clássica, a boa-fé no contrato de sociedade teve sua importância ressaltada e elevada a elemento substancial dessa relação. Essa relevância justificou a definição da *affectio societatis* como vontade de cooperação e, mais recentemente, como dever de cooperação. Tanto no primeiro caso quanto no segundo, o fator decisivo para a formulação desses entendimentos é a confiança recíproca entre sócios, na qual se encontra alicerçado o contrato de sociedade, segundo as palavras ilustradas de José Xavier Carvalho de Mendonça e, ulteriormente, de Rubens Requião[28].

Não se pode negar que a visão da *affectio* como dever de cooperação (e não mais como uma vontade!) tem como fundamento axiológico o solidarismo, especialmente presente no fenômeno associativo, no qual diferentes pessoas conjugam reciprocamente esforços para a realização de uma finalidade em proveito de todos.

Atualmente, a perspectiva constitucional do ordenamento conduz à conclusão segundo a qual o princípio do solidarismo, objetivo fundamental da República (art. 3º, I, CF), deve

---

[28] MENDONÇA, José Xavier Carvalho de. Op. cit., p. 241. Veja-se a síntese de Requião sobre o conceito de *affectio societatis* e sua relevância jurídica: "O direito moderno, assim, assiste à consagração e à vitória da 'affectio societatis', laço de afeto, confiança mútua e conjugação de interesses, que se originou nas associações familiares, nos albores do Direito Comercial, e que, hoje, se alça às culminâncias de instituto que toca muito perto aos interesses da sociedade humana e da economia nacional" (REQUIÃO, Rubens. Op. cit., p. 42).

PROBLEMAS DE DIREITO CIVIL – *Homenagem aos 30 anos de cátedra do professor Gustavo Tepedino*

operar como paradigma interpretativo de todo o sistema, incluindo-se, evidentemente, as relações patrimoniais privadas. Nesse sentido, reproduza-se lúcida passagem de Maria Celina Bodin de Moraes:

> A expressa referência à solidariedade, feita pelo legislador constituinte, longe de representar um vago programa político ou algum tipo de retoricismo, estabelece um princípio jurídico inovador em nosso ordenamento, a ser levado em conta não só no momento da elaboração da legislação ordinária e na execução de políticas públicas, mas também nos momentos de interpretação-aplicação do Direito, por seus operadores e demais destinatários, isto é, pelos membros todos da Sociedade[29].

E o solidarismo, na esfera do Direito Contratual, tem no princípio da boa-fé objetiva, sua primeira forma de concreção. Em seu "Manuale", Pietro Perlingieri aduz sobre o tema que[30]:

> Il contratto deve essere eseguito secondo buona fede. La regola rappresenta la proiezione, nell' attuazione della vicenda contrattuale, di um principio generale dell'ordinamento tendente a realizzare la cooperazione nell'obbligazione (...) L'esigenza di solidarietà, immanente al rapporto contrattuale, esige buona fede nella sua esecuzione, fedeltà allo "spirito" del vincolo e all'impegno di cooperazione vòlto alla soddisfazione degli interessi della controparte.

Esse dever de cooperação é hoje tão amplo que, segundo Arnoldo Wald, a ideia de contrato como instrumento formalizador de interesses antagônicos foi sendo abandonada e os autores passaram admitir, inicialmente nos contratos de longa duração e posteriormente em todos os contratos, a existência de "uma affectio – a *affectio contractus* – com alguma semelhança com outras formas de colaboração como a affectio societatis ou o próprio vínculo conjugal"[31].

Logo, a boa-fé objetiva e os deveres dela decorrentes, entre os quais podem ser elencados os deveres de colaboração, de informação à contraparte acerca de eventos que venham a influenciar a relação contratual, o dever ético de lealdade, de transparência e de sigilo, deixam de ser meramente acessórios, para que se coloquem lado a lado, em igualdade de importância, com as demais cláusulas contratuais.

Por isso, sustenta-se que o dever de cooperação não é suficiente para distinguir o contrato de sociedade de outras categorias contratuais, o que não impede que se afirme pela altíssima relevância desse dever no âmbito das relações societárias, em virtude da função muito peculiar que o princípio da boa-fé objetiva ostenta no contrato de sociedade.

Assim, o forte peso da tutela da confiança no contrato de sociedade confere à cláusula geral da boa-fé valor especialíssimo.

Portanto, sendo a sociedade um contrato tendente à continuidade, é importantíssimo que se atente para o comportamento dos sócios no curso da relação, vez que tal comportamento ensejou a formação do consentimento das contrapartes por ocasião da celebração do contrato.

---

[29]   MORAES, Maria Celina Bodin de. O Princípio da Solidariedade. In: PEREIRA, Antônio Celso Alves; MELLO, Celso Renato Duvivier de Albuquerque (orgs.). *Estudos em Homenagem a Carlos Alberto Menezes Direito*. Rio de Janeiro e São Paulo: Renovar, 2003. p. 529.

[30]   PERLINGIERI, Pietro. *Manuale di Diritto Civile*. Nápoles: Edizioni Scientifiche Italiane, 1997, p. 453.

[31]   WALD, Arnoldo. O novo Código Civil e o solidarismo contratual. *Revista de Direito Bancário, do Mercado de Capitais e da Arbitragem*, São Paulo, n. 21, jul.-set. 2003, p. 31.

Cap. 59 · DIREITO SOCIETÁRIO NA CONSTITUIÇÃO | 989

Eventual desvio de conduta de sócio, aferível objetivamente, sem a necessidade de se levar em consideração sua vontade interna, legitima a aplicação da grave pena de exclusão da sociedade e a resolução do contrato plurilateral relativamente ao faltoso.

Evidentemente, essa possibilidade deve ser examinada circunstancialmente, em conjunto com outros fatores e interesses que se apresentem concretamente, os quais devem configurar a ocorrência de justa causa, como examinado pelo autor em trabalho republicado em 2018[32].

5.2 A função socioeconômica do contrato de sociedade

Sustenta Pietro Perlingieri que em toda "noção jurídica encontram-se uma estrutura e uma função", assim também ocorrendo com a relação jurídica, com o fato jurídico e com as situações jurídicas subjetivas[33].

Nesse raciocínio, a estrutura do contrato de sociedade ostenta peculiar função socioeconômica, em decorrência de seu caráter de organização, que, nos termos acima tratados, bem explica a atuação externa da sociedade, contraindo obrigações e adquirindo direitos perante terceiros (art. 1.022 do Código Civil).

Em primeira análise, a pessoa jurídica, formada a partir do registro do contrato de sociedade, será aquela que atuará frente a estranhos da relação societária. Todavia, muita vez serão os próprios sócios que ficarão vinculados em face de terceiros, em virtude dos atos praticados pela organização constituída a partir do contrato. Esse cenário poderá ocorrer não apenas nas sociedades despersonificadas (sociedade em comum e sociedade em conta de participação, conforme arts. 990 e 991, parágrafo único, do Código Civil), como igualmente em decorrência da falência de sociedades nas quais a responsabilidade do sócio pelas obrigações sociais é ilimitada e subsidiária (arts. 1.023, 1.024, 1.039 e 1.045 do Código Civil, e art. 81 da Lei nº 11.101/2005).

Sob diferente enfoque, a função socioeconômica do contrato de sociedade justifica a desconsideração da personalidade jurídica em casos de fraude, abuso de direito ou infração ao contrato cometidas pelos sócios, em detrimento de legítimos interesses de terceiros, estando a matéria sujeita à cláusula geral do art. 50 do Código Civil, além de ser subsumível, conforme o caso, a regras previstas em lei especial.

Por outro lado, do conteúdo do contrato, extraem-se cláusulas com nítida eficácia vinculativa relativamente aos interesses daqueles que não figuram como parte da relação.

Como exemplo, cite-se a cláusula que trata da responsabilidade dos sócios, cujos limites podem ser convencionados nas sociedades simples (art. 997, VIII, do Código Civil), bem como aquela que diz respeito ao modo de integralização do capital social, se à vista ou a prazo e se em dinheiro ou em bens, responsabilizando-se os sócios pela exata estimação dos bens conferidos à sociedade, à luz do princípio da realidade do capital social, acolhido expressamente pelo art. 1.055, § 1º, do Código Civil.

De outra feita, o arrefecimento do princípio da relatividade do contrato de sociedade pode ser demonstrada pela faculdade detida pelo credor quirografário da sociedade de se opor a eventual redução do capital social, acaso considerado excessivo pelos sócios (art. 1.084 do Código Civil e art. 174 da Lei nº 6.404/76), mediante notificação entregue no prazo de sessenta dias (para as

---

[32] MENEZES, Mauricio Moreira. Reflexões sobre a exclusão de sócio da sociedade limitada por justa causa. In: PEREIRA, Guilherme Setoguti Julio; YARSHELL, Flavio Luiz (orgs.). *Processo Societário III*. São Paulo: Quartier Latin, 2018, p. 545-569.

[33] PERLINGIERI, Pietro. *Perfis do Direito Civil*, p. 94.

PROBLEMAS DE DIREITO CIVIL – *Homenagem aos 30 anos de cátedra do professor Gustavo Tepedino*

sociedades anônimas) ou noventa dias (para as sociedades limitadas), contado da data da publicação da ata da assembleia que houver decidido pela redução, caso em que tal deliberação apenas se tornará eficaz nas hipóteses de pagamento da dívida ou da realização de depósito judicial de seu respectivo valor.

Pode-se afirmar que a mais intensa controvérsia em torno da oposição do contrato de sociedade em face de terceiros diz respeito à eficácia dos atos praticados estranhamente aos contornos do objeto social.

Trata-se, pois, da Teoria do Ato Ultra Vires, que, segundo Rubens Requião, propugna a não vinculação da sociedade por atos alheios a seu objeto social. Vale observar que essa Teoria não se propõe a explicar a dinâmica das cláusulas contratuais limitativas dos poderes da administração, como aquelas que vedam a prática de determinados atos de gestão (*v.g.*, assunção de obrigações pela sociedade acima de certo montante), sem prévia autorização dos sócios.

Não obstante, o efeito buscado em ambas situações (ultra vires e limitação dos poderes de gestão) consiste na exclusão da responsabilidade da entidade societária com relação aos atos praticados pelos administradores que tenham excedido violado o contrato social. A esse respeito, Rubens Requião externou coerente resistência por sua aceitação, à vista da necessidade de se tutelar os interesses do terceiro de boa-fé com quem sociedade se relaciona[34].

O Código Civil adota criticável orientação em seu art. 1.015, parágrafo único, I, por nítida influência do art. 2.298, do Código italiano de 1942[35], ao privilegiar o formalismo do registro, dispondo que a cláusula limitativa de poderes pode ser oposta a terceiro se "estiver inscrita ou averbada no registro próprio da sociedade". Melhor seria a exclusiva manutenção no texto legal, quanto ao tema vertente, do art. 1.015, parágrafo único, inciso II, a determinar que a mencionada oposição pode se verificar quando provado que a cláusula limitativa era conhecida de terceiro. É manifesto que, nesse último caso, não se deve recorrer à vontade interna do terceiro, mas sim a elementos que demonstrem, objetivamente, o inequívoco conhecimento da limitação do órgão

---

[34] Leia-se adiante a lição de Rubens Requião sobre o problema da cláusula limitativa de poderes do administrador: "*É exigir demais, com efeito, no âmbito do comércio, onde as operações se realizam em massa, e por isso sempre em antagonismo com o formalismo, que a todo instante o terceiro que contrata com a sociedade comercial solicite desta a exibição do contrato social, para verificação dos poderes do gerente* (...) A doutrina que dá validade a tal cláusula é evidentemente contrária às tendências e espírito do direito comercial. Tem razão Eunápio Borges ao comentar que "além de sumamente nocivo à rapidez com que devem realizar-se os negócios comerciais, é de fato impraticável exigir-se, em cada caso, que terceiros examinem, nas Juntas Comerciais, os contratos ou estatutos das sociedades com que tratam". Filiamo--nos, pois, à corrente que nega validade a tal cláusula em relação a terceiros de boa-fé, por contrariar a essência do direito comercial, que repele o formalismo excessivo em proveito da celeridade e segurança das operações mercantis em relação ao público" (REQUIÃO, Rubens. *Curso de Direito Comercial*. v. 1, p. 326). Em comentários à lei acionária brasileira, o jurista expõe seu entendimento acerca da Teoria do Ato Ultra Vires: "Não cuidou a lei dos efeitos do ato ultra vires. Apenas responsabilizou os administradores pelos atos praticados "com violação da lei ou do estatuto". Sobre a validade desses atos silenciou. Debalde apresentamos sugestão de que se definisse na lei a invalidade dos atos ultra vires quando prejudiciais à sociedade, admitindo-se sua ratificação pela assembleia geral quando fossem não prejudiciais ou vantajosos" (REQUIÃO, Rubens. *Curso de Direito Comercial*. v. 2, p. 186).

[35] Confira-se o teor do referido dispositivo: "2298. (Rappresentanza della società). L'amministratore che ha la rappresentanza della società può compiere tutti gli atti che rientrano nell'oggetto sociale (23841; 1522 l. fall.), salve le limitazioni che risultano dall'atto costitutivo o dalla procura. Le limitazioni non sono opponibili ai terzi, se non sono iscritte nel registro delle imprese (2188; 99 ss. att.) o se non si prova che i terzi ne hanno avuto conoscenza (19, 34, 2193, 2207, 23842)".

da administração, razão suficiente para exclusão da boa-fé e, por consequência, da tutela que poderia ser deferida pelo ordenamento.

Por outro lado, o art. 1.015, parágrafo único, III, do Código Civil acolhe a Teoria do Ato Ultra Vires, dispondo que o excesso de poderes por parte do administrador pode ser oposto pela sociedade a pessoas externas ao contrato, caso a operação seja "evidentemente estranha aos negócios da sociedade". Aqui se pode elogiar a opção eleita pelo legislador do Código Civil, que abriu margem para a valoração do ato segundo circunstâncias concretas, porquanto emprega no bojo do dispositivo o advérbio "evidentemente", cujo significado poderá variar, em eventual conflito, conforme o ponto de vista não só dos interessados, como também da autoridade judiciária. Permite-se, com efeito, a ponderação dos interesses, tendo em conta, substancialmente, a função socioeconômica do contrato.

O problema não é simples. A função socioeconômica do contrato sugere a oposição de suas cláusulas a terceiro com quem a sociedade se relacione, como forma de tutelar não só os interesses dos sócios, como de eventuais credores que poderiam ser prejudicados pelo desvio de finalidade praticado pelo administrador.

Como se vê, andou bem o legislador quando previu a regra disposta no art. 1.015, parágrafo único, II, e quando acolhe em cláusula geral a Teoria do Ato Ultra Vires. Ocorre, porém, que as legítimas expectativas do terceiro não podem ser desconsideradas em virtude de questões meramente formais, decorrentes do registro do contrato, razão pela qual se podem suscitar dúvidas quanto à constitucionalidade do comentado art. 1.015, parágrafo único, I, do Código Civil.

Em suma, a função socioeconômica do contrato, atendo-se à oponibilidade de suas cláusulas a pessoas que não são parte na relação societária, difere substancialmente da função social da empresa, cujos contornos foram examinados pelo autor em outros trabalhos publicados[36].

5.3 O equilíbrio contratual nas relações societárias

As peculiaridades do contrato plurilateral de sociedade, antes realçadas, exigem especial reflexão sobre a aplicação do princípio do equilíbrio contratual às relações societárias.

Sendo o referido contrato de execução continuada, o princípio do equilíbrio contratual ostenta, de início, relevância na relação interna da sociedade, particularmente quanto aos direitos e deveres dos sócios, que devem ser pautados em bases equitativas, respeitando-se a proporcionalidade da participação de cada um no capital social.

A rigor, podem ser criados mecanismos que outorguem privilégios patrimoniais a um sócio ou a determinado grupo. Nas sociedades anônimas, podem ser criadas classes de ações preferenciais com direito a percepção de elevado percentual de dividendos prioritários, fixos ou mínimos (art. 17 da Lei nº 6.404/76). Nas sociedades limitadas, tendo em vista que as cotas podem ser de desigual valor (art. 1.055 do Código Civil), pode-se verificar a situação dos sócios serem titulares de igual quantidade de cotas (com idênticos direitos patrimoniais), embora um deles tenha contribuído para a sociedade com quantia substancialmente superior.

Com efeito, esses mecanismos apenas podem ser justificados se houver uma contrapartida que assegure a equivalência da relação entre sócios. Essa contrapartida deve não necessariamente

---

[36] MENEZES, Mauricio Moreira. *O Poder de Controle nas Companhias em Recuperação Judicial.* Rio de Janeiro: Forense, 2012; MENEZES, Mauricio Moreira. Função Socioeconômica da Empresa em Recuperação Judicial. *Revista Semestral de Direito Empresarial*, n. 1, p. 49-86, jul./dez. 2007.

corresponder a ganhos futuros de capital, mas pode estar relacionada com o risco do investimento realizado por aquele que ingressa na sociedade e confia a gestão da empresa a seus pares.

Há no Direito Societário um importante princípio, designadamente o da não diluição injustificada da participação dos sócios, que está em estreita conexão com o princípio do equilíbrio contratual. Aquele princípio encontra-se atualmente positivado por meio de duas relevantes regras, sendo a primeira correspondente ao direito de preferência dos sócios para a subscrição de novas ações ou cotas (emitidas em aumento de capital), e a segunda referente à fixação pelo legislador de um rol de critérios a ser observado para a fixação do preço de emissão da participação societária.

Logo, o direito de preferência à subscrição de ações (art. 171 da Lei nº 6.404/76) ou cotas (art. 1.081, § 1º, do Código Civil) configura interessante mecanismo legal tendente a assegurar a manutenção da participação originária de cada sócio no capital social, garantindo a execução do contrato nas bases originariamente acordadas, sem que haja diluição na participação de sócios, principalmente dos minoritários, que, por vezes, podem não participar da decisão de aumento do capital social.

A vinculação, nas sociedades anônimas, da estipulação do preço de emissão das ações a critérios previamente estabelecidos pelo legislador (valor patrimonial, valor econômico e valor de mercado, nos termos do art. 170, § 1º, da Lei nº 6.404/76) opera contrariamente à diluição injustificada do sócio minoritário, vez que, dessa forma, fica o controlador impedido de estipular, segundo sua exclusiva discricionariedade, um valor elevado e irrazoável para a integralização daquele preço, que eventualmente poderia impedir o acesso do minoritário ao aumento, em face de suas condições financeiras.

Considerando-se a omissão do Código Civil a respeito dos critérios de fixação do preço da participação societária emitida em aumento de capital, é defensável a observância daqueles critérios previstos no art. 170, § 1º, da Lei nº 6.404/76, às sociedades limitadas, cujo contrato social preveja a aplicação supletiva dessa lei, nos termos do art. 1.053, parágrafo único, do Código Civil, à vista do conteúdo axiológico do princípio da não diluição injustificada.

Naturalmente, deve ser excetuado o critério do valor de mercado, que apenas se aplica às companhias abertas que emitam ações admitidas à negociação no mercado de valores mobiliários (situação absolutamente estranha às companhias fechadas e às sociedades disciplinadas pelo Código Civil).

Por outro lado, a criação nas sociedades anônimas de espécies ou classes de ações privilegiadas, bem como a alteração de direitos previamente assegurados no estatuto social, dependem de aprovação, em separado, de mais da metade dos titulares de espécies ou classes de ações que venham a ser atingidas pela medida, cabendo aos eventuais dissidentes o direito de se retirar da companhia (art. 136, I e II, c/c art. 137, I, da Lei nº 6.404/76). Também aqui há o escopo de se resguardar o equilíbrio da relação societária, restringindo-se o poder do controlador e outorgando-se ao minoritário remédios próprios para a defesa de seus legítimos interesses.

O equilíbrio no contrato de sociedade legitima a pronta punição do sócio inadimplente com sua obrigação de integralizar a participação que tenha subscrito. A punição pode levar à suspensão do exercício dos direitos de sócio da anônima (art. 120 da Lei nº 6.404/76), sem prejuízo da cobrança forçada, pela sociedade, do valor em aberto (art. 107, I, da Lei nº 6.404/76). No caso das sociedades previstas no Código Civil, aquele inadimplemento pode levar à adoção, pela maioria, da medida extrema de exclusão do sócio faltoso (art. 1.004). A severidade do legislador fundamenta-se tanto na manutenção do equilíbrio entre sócios, quanto no princípio da preservação da empresa, que pode ter sua realização comprometida pelo *default* inesperado de um dos empreendedores.

A questão da justiça contratual tem diferente contorno quando analisada com referência à situação do sócio relativamente à sociedade.

Como ressaltava Ascarelli, as características de organização e de comunhão em um fim do contrato de sociedade, bem como sua função instrumental, devem ser levadas em consideração quanto ao problema da justiça, vez que aquele contrato não visa a distribuição direta de bens – tal como ocorre nos contratos comutativos – mas sim objetiva a realização de atividade econômica, organizando direitos e deveres que serão ulteriormente observados pelos contratantes, com a finalidade de distribuição de resultados.

Logo, essa distribuição de resultados depende do sucesso do empreendimento, estando, assim, sujeita aos riscos da empresa ou atividade. Consequência disso é a impossibilidade do sócio exigir da sociedade a distribuição de lucro equivalente ao aporte realizado, porquanto a própria obtenção de lucro consiste em um evento futuro e incerto. Essa expectativa do sócio ao retorno de seu investimento não se confunde com seu direito de participar do resultado (esse sim, decorrência direta do princípio do equilíbrio contratual).

No que se refere às companhias, esse direito é tutelado pelo art. 109, I, da Lei nº 6.404/76, cuja exigibilidade depende da efetiva aquisição de lucro pela sociedade, seguida da declaração de dividendos pela assembleia-geral ordinária, com observância das normas que asseguram sua percepção, especialmente as limitações para retenção de lucros e aquelas relativas ao dividendo obrigatório (arts. 196, 198 e 202 da Lei nº 6.404/76).

CONCLUSÕES

Por todo o exposto, podem ser inferidas as seguintes conclusões:

(i) as transformações sociais dos últimos decênios do século XIX e início do século XX, voltando-se contra os malefícios causados pelo individualismo e pelo exercício ilimitado da autonomia da vontade, colocaram sob revisão as estruturas jurídicas fundadas no contrato;

(ii) o Direito Societário foi revisitado em consequência do fenômeno da socialização do Direito, embora sem abandonar a influência do contratualismo;

(iii) o sistema brasileiro adotou, na disciplina das sociedades, a Teoria do Contrato Plurilateral, tal como ofertada pelo gênio de Tullio Ascarelli;

(iv) impõe-se a realização de nova leitura acerca da estrutura e função do contrato plurilateral de sociedade, adequando-o aos paradigmas contratuais contemporâneos e ao conteúdo axiológico dos princípios ordenadores do sistema jurídico brasileiro;

(v) a primeira constatação é a respeito da instrumentalidade da sociedade, que, por conta disso, deve ser funcionalizada para a realização dos interesses dos sócios (sob ponto de vista interno) e daqueles com quem ela interage (sob ponto de vista externo), desde que tais interesses sejam tutelados pelo ordenamento;

(vi) as soluções jurídicas aplicáveis em face de um conflito de interesses devem considerar os princípios de Direito Societário, ordenados segundo os princípios constitucionais, tendo em vista as circunstâncias materiais nas quais se insere a sociedade;

(vii) o dever de cooperação ostenta atualmente *status* de princípio do Direito Contratual, não sendo, contudo, suficiente, sob o ponto de vista científico, para identificar o contrato de sociedade;

(viii) uma leitura da *affectio societatis*, sob a perspectiva constitucional, a situa como modalidade da autonomia da vontade, que se fundamenta no princípio da liberdade de associação (art.

5º, XX, CF). Essa modalidade de autonomia é, pois, específica do contrato de sociedade e o distingue das demais categorias contratuais;

(ix) a *affectio societatis* não consiste em um valor em si mesma, mas sim passa a ser objeto de avaliação pelo ordenamento, de acordo com as circunstâncias presentes no caso concreto e em direta subordinação aos princípios norteadores do sistema, estando funcionalizada tanto aos princípios fundamentais da República (arts. 1º e 3º, CF), quanto aos princípios sob os quais se encontra disciplinada a atividade econômica (art. 170, CF);

(x) o forte peso da tutela da confiança no contrato de sociedade confere à cláusula geral da boa-fé valor especialíssimo;

(xi) a estrutura do contrato de sociedade ostenta peculiar função socioeconômica, em decorrência de seu caráter de organização, que bem explica a atuação externa da sociedade, contraindo obrigações e adquirindo direitos perante terceiros;

(xii) a função socioeconômica do contrato, atendo-se à oponibilidade de suas cláusulas a pessoas que não são parte na relação societária, difere substancialmente da função social da empresa;

(xiii) considerando o caráter de execução continuada do contrato de sociedade, o princípio do equilíbrio contratual funciona na distribuição dos direitos e deveres entre os sócios, que devem ser pautados em bases equitativas, respeitando-se a proporcionalidade da participação de cada um no capital social;

(xiv) nada impede que sejam criados mecanismos que outorguem privilégios patrimoniais a um sócio ou a determinado grupo, desde que possam ser justificados por uma contrapartida que assegure a equivalência da relação entre sócios. Essa contrapartida deve não necessariamente corresponder a ganhos futuros de capital, mas pode estar relacionada com o risco do investimento realizado por aquele que ingressa na sociedade e confia a gestão da empresa a seus pares;

(xv) A questão da justiça contratual tem diferente contorno quando analisada com referência à situação do sócio relativamente à sociedade;

(xvi) assim, as características de organização e de comunhão em um fim do contrato de sociedade, bem como sua função instrumental, devem ser levadas em consideração quanto ao problema da justiça, vez que aquele contrato não visa a distribuição direta de bens – tal como ocorre nos contratos comutativos – mas sim objetiva a realização de atividade econômica, organizando direitos e deveres que serão ulteriormente observados pelos contratantes, com a finalidade de distribuição de resultados.

60

GRUPOS SOCIETÁRIOS DE FATO: BREVE ENSAIO SOBRE UMA REALIDADE SOCIETÁRIA CONTEMPORÂNEA

NELLY POTTER

Sumário: I. Introdução. II. Função social: a empresa condicionada pelo direito e pela ética. III. Grupos societários de fato no ordenamento jurídico brasileiro. IV. Desconsideração em grupos de fato. V. Conclusão.

I. INTRODUÇÃO

O paradigma clássico de organização societária, no qual as pessoas se agrupavam em sociedades, foi abandonado para criar este novo padrão contemporâneo, no qual as sociedades agrupam-se entre si. Ao longo dos últimos dois séculos surgiu o fenômeno dos grupos societários, dando origem à teoria da desconsideração nos Estados Unidos, no final do século XIX.

O modelo de tipos societários que reinava desde os primórdios da atividade comercial foi colocado em xeque pela dissociação entre controle e propriedade, pondo em crise o próprio conceito de pessoa jurídica, avultando as correntes propugnadoras do afastamento da separação patrimonial em nome da equidade[1].

Nesta nova concepção, a atividade empresarial deixou de ser uma mera produtora de bens para tornar-se, antes de tudo, um poder[2] e, mais ainda, um mecanismo de transformação social no

---

[1] COMPARATO, Fábio Konder; SALOMÃO FILHO, Calixto. *O poder de controle na sociedade anônima.* 4. ed. Rio de Janeiro: Forense, 2005, p. 317.

[2] ARNOLDI, Paulo Roberto Colombo; MICHELIN, Taís Cristina de Camargo. Novos enfoques da função social da empresa numa economia globalizada. *Revista de Direito Privado*, n. 11, p. 247, jul./set. 2002.

cenário em que se insere, trazendo progresso, crescimento, novas tecnologias, desenvolvimento, tornando-se verdadeiro agente de promoção da pessoa humana e de sua dignidade e, ainda, um realizador da política econômica e social do Estado[3]. As grandes companhias oferecem oportunidades para as pessoas progredirem em seus talentos, qualquer que seja a sua origem, contribuindo assim, consideravelmente, para a mobilidade social por meio de transformações de diversos âmbitos, não só no social, mas também cultural, econômico e, até mesmo, geográfico, pela transposição de fronteiras e jurisdições políticas de atuação[4]. Por todos esses motivos, os grupos societários (aqui especialmente os de fato) não podem ser marginalizados e estigmatizados como contrários ao direito; eles devem ser protegidos pelo ordenamento.

Ao mesmo tempo, também é verdadeiro que uma minoria inescrupulosa busca valer--se desse instituto para lesar terceiros, usando a estruturação societária de forma arbitrária e abusiva. Isso se dá em especial naqueles casos em que se configura o exercício de fato de um poder de controle concentrado na gestão do grupo, não para a consecução de interesses comuns, mas para realizar propósitos íntimos e egoísticos. Eis a chave da questão e a pedra angular que irá definir se a natureza e finalidade do grupo societário foram atendidas, pois o grupo deve ser uma técnica de concentração de sociedades pela qual nasce um interesse novo, externo e superior a cada uma das companhias isoladamente considerada[5] e não realizável se não por meio dessa união de esforços. É na execução desses objetivos comuns que, além de metas econômico-financeiras, será preenchida a função social da atividade empresarial desenvolvida no caso concreto. Calcando-se o "interesse" na condução do grupo em mero ardil para lesar credores e a coletividade, por óbvio que esse centro de interesses não merecerá a tutela do ordenamento, ocorrendo a disfunção e a consequente desconsideração da personalidade jurídica das sociedades membro.

O exercício empresarial só pode ser consagrado pelo ordenamento na medida em que desempenha um papel social, além do econômico. Como principal agente propulsor da economia, deve orientar-se pelos fundamentos constitucionais e pelo atendimento de uma função no seio da coletividade em que se insere, indo além de suas atividades precípuas, que são a produção de riquezas e a obtenção de lucro[6]. A liberdade de desempenhar empresa não é absoluta e vem albergada no atendimento a determinados ditames de interesse da República, como o de assegurar a todos uma existência digna. Por isso, o empresário, além de auferir benefícios próprios, propicia o crescimento de riquezas, com melhor distribuição de renda e justiça social[7].

II. FUNÇÃO SOCIAL: A EMPRESA CONDICIONADA PELO DIREITO E PELA ÉTICA

A função da empresa extrapolou os limites clássicos da atividade comercial (produção, circulação, lucro), intrincando-se com um inafastável dever de cunho social. Onde antes predominavam objetivismo e liberalismo, quando a função da atividade, então chamada de comercial, era gerar

---

[3] COMPARATO, Fábio Konder; SALOMÃO FILHO, Calixto. *O poder de controle na sociedade anônima.* 4. ed. Rio de Janeiro: Forense, 2005, p. 282.

[4] LOBO, Jorge. *Grupo de sociedades.* Rio de Janeiro: Forense, 1978, p. 19.

[5] LOBO, Jorge. *Grupo de sociedades.* Rio de Janeiro: Forense, 1978, p. 31.

[6] ARNOLDI, Paulo; MICHELIN, Taís Cristina de Camargo. Novos enfoques da função social da empresa numa economia globalizada. *Revista de Direito Privado,* n. 11, jul./set. 2002, p. 246.

[7] TOMASEVICIUS FILHO, Eduardo. A função social da empresa. *Revista dos Tribunais,* v. 810, p. 57, abr. 2003.

lucro, organizar o capital e o trabalho[8], sendo um fim em si mesma, hoje essa função se ampliou ganhando um viés social e promocional inafastável do que ontologicamente se espera da empresa. Por outras palavras, se antes o fim da empresa era, tão somente, ser uma organização produtora de lucros[9], atualmente a esse objetivo final somam-se outros, de cunho social, em que se exige, especialmente das grandes corporações, uma atuação direta em interesses locais, regionais e até nacionais[10]. Vê-se, pois, que essa função social de que se trata não é apenas no sentido negativo, de respeito a certos limites estabelecidos em lei para o exercício da atividade, mas deve ser entendida na acepção positiva, de algo que deve ser feito ou cumprido[11].

A pessoa jurídica que exerce empresa serve como instrumento para a atividade promocional do Estado, numa atuação que se distingue daquela função repressiva do Estado, fundada apenas na sanção negativa, na qual se objetiva a omissão ou a não realização de uma conduta tida por contrária aos interesses da coletividade. No direito promocional, revela-se uma sanção ativa, ou seja, o incentivo estatal para a prática de determinada conduta cuja realização é de interesse da coletividade[12].

E mais: a própria personificação societária correspondente a uma sanção positiva do Estado, no sentido de traduzir-se em um benefício assegurado pelo direito, decorrente de um interesse do Estado de realizar atividade econômica pela forma associativa. Benefício esse que deverá favorecer tanto aos sócios quanto à comunidade onde a atividade é exercida, além do Estado mesmo, que se beneficiará dos resultados alcançados[13].

A inclusão por meio da atividade empresarial deve servir para que o indivíduo possa ser reconhecido como valor e não como mero instrumento da atividade econômica[14]. E não apenas ser reconhecido, mas reconhecer-se como tal, com mais autoestima, tornando-se, em suma mais digno, mais cidadão por meio da inclusão social. A livre iniciativa e a função social nesta visão, ao contrário de serem conceitos antagônicos, complementam-se[15], pois, ao mesmo tempo em que o lucro estimula o investimento e a atividade econômica, a função social legitima-a e a torna até mais rentável por meio de um critério de justiça distributiva.

Com esse tipo de atitude (de inclusão), o empresariado está promovendo os princípios fundamentais da República, previstos nos artigos 1° e 3° da CRFB, dentre os quais a erradicação da pobreza e da marginalização e a redução das desigualdades sociais. Além disso, muito mais do que as *"bolsas tudo"* conferidas pelo Estado a título de esmola[16], a inclusão por meio do estudo e do trabalho é o que realmente consagra o princípio da dignidade da pessoa humana. Vale lembrar

---

[8]   REQUIÃO, Rubens. *Curso de direito comercial.* 25. ed. São Paulo: Saraiva, 2003, v. 1, p. 14-15.

[9]   A Lei 6.404/76 traz inclusive a possibilidade de uma Sociedade anônima ser dissolvida caso não atinja esse fim, de gerar lucros.

[10]   BITELLI, Marcos Alberto Sant'anna. Da função social para a responsabilidade da empresa. In: VIANA, Rui Geraldo Camargo; NERY, Rosa Maria de Andrade (orgs.). *Temas atuais de direito civil na Constituição Federal.* São Paulo: Revista dos Tribunais, 2000, p. 239.

[11]   COMPARATO, Fábio Konder. Estado, empresa e função social. *RT*, n. 732, p. 41, out. 1996.

[12]   BANDEIRA, Gustavo. *Relativização da pessoa jurídica.* Rio de Janeiro: Impetus, 2004, p. 25.

[13]   Idem, p. 27.

[14]   VIEGAS, Frederico (org.). *Direito civil contemporâneo.* Brasília: Obcursos, 2009, p. 25.

[15]   Idem, p. 20.

[16]   Em sua brutal incapacidade e inoperância para criar oportunidades reais de emprego, frentes de trabalho, escolas decentes, ensino de qualidade, o Estado opta por uma ajuda permanente (que deveria ser provisória, até que a pessoa por si pudesse atingir a capacidade de se autossustentar), sem, contudo, tirar o indivíduo do pior estado de pobreza que pode existir, que é a pobreza de espírito.

PROBLEMAS DE DIREITO CIVIL – Homenagem aos 30 anos de cátedra do professor Gustavo Tepedino

que a valorização do trabalho e a busca do pleno emprego servem de fundamento para o Estado Democrático de Direito e, neste aspecto, a função social da empresa é salutar à consecução desse fim. Por outras palavras, a própria Constituição da República considerou esses fundamentos como elementos estruturantes da ordem pública constitucional e a função social da empresa é um meio de realizá-los e de exigir o comprometimento da atividade empresarial com o projeto de uma sociedade mais igualitária e menos desequilibrada, no sentido de proporcionar a ampliação de oportunidades a todos os cidadãos[17].

Na chamada "era da empresa", representada pelo desenvolvimento tecnológico, pela produção em massa, pelo processo de urbanização, pela competição acirrada e pelas crescentes exigências sociais[18], há de se esperar que os deveres inerentes à função social da empresa não se esgotem em leis ordinárias[19]. Diga-se assim que, cumprir amplamente a função social da empresa, compreende atender a todos os aspectos endógenos e exógenos a que a sociedade empresária esteja ligada, incluindo-se nos exógenos os interesses da coletividade que pertinem ao objeto social desenvolvido, independentemente da existência de uma lei infraconstitucional específica a respeito, mas com base na aplicação direta dos ditames da CRFB. Logo, a função social da empresa se manifesta através de um conjunto de ações que envolvem o poder-dever da instituição em exercer as suas atividades internas em harmonia com o interesse público e o da coletividade na qual se estabeleceu. Ou, ainda, o conteúdo da função social da empresa está no dever de um exercício justo da atividade empresarial[20].

Não são poucos os juristas a defender que, além do que se pode exigir coercitivamente por lei, a empresa possui ainda um dever ético para com a sociedade, uma cidadania empresarial, ou uma ética empresarial a ser seguida, que distingue o aventureiro do empresário[21]. O cumprimento coercitivo de preceitos éticos e morais decorre de exigências do mercado e da coletividade, que são mecanismos de cobrança tão eficientes quanto é a própria lei.

A função social voluntária, assim reconhecida como aquela que não guarda relação com as exigências e condutas impostas por lei, nada mais é do que o comprometimento do empresário com a adoção de um padrão ético de comportamento, contribuindo para o desenvolvimento econômico e para a melhoria da qualidade de vida de seus funcionários, da comunidade e da sociedade na qual está inserida. Nas palavras de Paulo Roberto Arnoldi, é a empresa atuando como agente social no processo de desenvolvimento[22], e os próprios empresários parecem conscientes dessa mudança e buscam ampliar suas responsabilidades e redefinir seu papel e missão.

De fato, a maior descoberta empresarial dessa nova era é a de que, embora não positivada nos Códigos ou Constituições, há uma ética empresarial a ser seguida, da qual os empresários não podem se furtar, sob pena de perderem o ritmo da história. Controvérsias à parte, levará um tempo até que a responsabilidade social, o comprometimento verdadeiro das empresas com a coletividade, seja uma realidade no Brasil. O que já se vivencia na Europa vem paulatinamente tomando corpo

---

[17]   VIEGAS, Frederico (org.). *Direito civil contemporâneo*. Brasília: Obcursos, 2009, p. 21; 22; 28; 29.

[18]   LAMY FILHO, Alfredo. A função social da empresa e o imperativo de sua reumanização. *Revista de Direito Administrativo*, n. 190, p. 55, out./dez. 1992.

[19]   TOMASEVICIUS FILHO, Eduardo. A função social da empresa. *Revista dos Tribunais*, v. 810, p. 44, abr. 2003.

[20]   Idem, p. 44.

[21]   LAMY FILHO, Alfredo. A função social da empresa e o imperativo de sua reumanização. *Revista de Direito Administrativo*, n. 190, p. 59, out./dez. 1992.

[22]   ARNOLDI, Paulo Roberto Colombo; MICHELIN, Taís Cristina de Camargo. Novos enfoques da função social da empresa numa economia globalizada. *Revista de Direito Privado*, n. 11, p. 222, jul./set. 2002.

aqui, internamente, trazendo consciência aos administradores de que a responsabilidade social é uma importante ferramenta de gestão, um fator de sucesso para as sociedades[23], e boa parte dos empresários já tomou consciência do valor intangível que a responsabilidade social pode agregar aos seus negócios[24].

Nessa esteira, a experiência já demonstrou, no Brasil e em outros países, que a atitude das empresas em relação à ecologia, à melhoria das condições de trabalho, ao tratamento igualitário às mulheres e às minorias raciais pode determinar investimentos e mesmo o preço de suas ações.[25] Trata-se do novo marketing do século XXI.

A empresa que leva em consideração os anseios da comunidade garante uma boa imagem no mercado e conquista a confiança das pessoas de suas relações[26]. Enganam-se os inocentes que pensam que a responsabilidade social é apenas um comprometimento humanitário da empresa com a comunidade[27]. Enganam-se ainda os pessimistas, que declaram ser ilusão o engajamento do sistema empresarial com a justiça social, sem a coerção estatal[28].

Enquanto a função social é um compromisso com a legalidade, a responsabilidade social o é com a eticidade e com o próprio mercado – e o mercado exige, tanto quanto a lei o faz. Uma vez que a sociedade não mais acolhe e legitima as empresas que visam exclusivamente ao lucro, a cidadania empresarial torna-se uma exigência ética à manutenção da empresa.

Tal equação de sucesso originou-se de um pensamento muito simples, o qual, aliás, demorou a ser reconhecido: melhorar internamente a empresa significa melhorar a produtividade e melhorá-la externamente traduz-se em qualidade de vida para as pessoas, o que, por fim, resultará num aumento de consumo e, por conseguinte, de lucro. Ou ainda: o aumento do bem-estar social e da igualdade promovido pela empresa trará um resultado positivo para a própria atividade econômica desenvolvida, uma vez que empresa e coletividade são componentes de uma mesma realidade. Ao final, todos saem ganhando[29].

Embora seja verdadeira a afirmação de que já é elevadíssimo o custo econômico da atividade empresarial[30], a responsabilidade social pode também ser encarada como um mecanismo de compensação das externalidades negativas, ou mesmo como uma fórmula de autorregulação dos mercados, pois a credibilidade da empresa pode ser afetada de forma positiva ou negativa em face das responsabilidades por essa assumidas, uma vez que não há confiança sem responsabilidade[31].

---

[23] Idem, p. 223.

[24] Esses conceitos são intrínsecos à governança corporativa que visa a um compromisso permanente de reumanização da economia. In: LAMY FILHO, Alfredo. A função social da empresa e o imperativo de sua reumanização. *Revista de Direito Administrativo*, n. 190, p. 55-56, out./dez. 1992.

[25] Idem, p. 249.

[26] GOMES, Daniela Vasconcellos. Função social do contrato e da empresa: aspectos jurídicos da responsabilidade social nas relações consumeristas. *Revista Forense*, v. 387, p. 60, set./out. 2006, p. 58.

[27] Idem, p. 60. Diz a autora neste trecho: "A motivação da empresa ao comprometer-se com atividades de interesse social deve ser autêntica, pois somente com um real compromisso com a comunidade é que a empresa é socialmente responsável".

[28] Nesta linha o autor que mais se destaca é Fábio Konder Comparato.

[29] Nossa opinião: melhorando a nós mesmos, melhoramos também o mundo ao nosso redor. Da mesma forma, as mudanças positivas ocorridas em nosso entorno nos trazem benefícios.

[30] No Brasil, há elevadíssima carga tributária e um sistema trabalhista engessado que gera encargos dos mais variados, além da indústria das indenizações em sede consumerista, que por vezes implica até na retirada de alguns produtos de mercado.

[31] NERY JUNIOR, Nelson; NERY, Rosa Maria de Andrade (orgs.). *Responsabilidade civil*: direito de empresa e o exercício da livre iniciativa. São Paulo: Revista dos Tribunais, 2010, v. 3, p. 684.

1000 | PROBLEMAS DE DIREITO CIVIL – *Homenagem aos 30 anos de cátedra do professor Gustavo Tepedino*

Como a norma está longe de regular de maneira satisfatória as externalidades negativas oriundas da produção econômica (poluição hídrica, sonora, atmosférica, do solo, reciclagem de lixo, contaminação das águas etc.), a responsabilidade social é absorvida pelo empresariado como uma relação necessária com todos estes aspectos negativos que atingem sua atividade econômica, criando uma ética empresarial positiva[32].

Pode-se ao fim dizer que, encarado sob o prisma de um investimento feito pela empresa, o atendimento ao social (função social e responsabilidade social) proporciona um retorno positivo para a atividade em três distintos aspectos: primeiro, de mais lucro (o que sempre é desejável), pelo aumento do público consumidor; segundo, de clientes mais satisfeitos, face aos produtos/serviços mais "conscientes" ou politicamente corretos; e, terceiro, pela difusão de uma imagem de mercado positiva, confiável e comprometida com a coletividade e com o meio ambiente.

Como visto, a concepção da atividade empresarial no novo milênio passa pelo atendimento de normas éticas, ao lado das normas de direito e este atendimento, apesar de não decorrer de lei, decorre de um mercado exigente e impositivo.

Entre a falência social e a função social, a empresa precisa pôr em prática, para a sua própria sobrevivência, atividades diversas daquelas até pouco tempo consideradas suficientes para sua manutenção[33]e, como centro do mundo moderno, deve prestar contas à sociedade na medida em que sua missão como órgão intermediador entre o poder público e o Estado se amplia. Assim é que o cumprimento da função social legitima a atividade empresarial, não se admitindo mais a falta de compromisso da empresa com o desenvolvimento da sociedade. Nesse sentido, Carlos Ghersi coloca os direitos fundamentais da sociedade como critério de legitimação da empresa[34].

Daí depreende-se o resumo de tudo que se buscou demonstrar: indissociável de sua função social, decorrente de lei, e de sua responsabilidade social, decorrente do comprometimento com a coletividade e das exigências do mercado, a empresa contemporânea se legitima, ao lado do Estado, como instituição essencial para o desenvolvimento nacional e para a promoção da pessoa humana. Baricentro, coração da sociedade contemporânea, célula fundamental do desenvolvimento[35], ou, nas palavras de Alfredo Lamy Filho, meio de vida, lugar de criação, de adaptação, de cooperação, mas também de confrontação, a empresa tornou-se, com a família, a instituição essencial da sociedade[36].

---

[32] Idem, p. 687-694. O autor nessa passagem assim se posicionou: "Para a sociedade civil, esta seria uma oportunidade singular de acompanhar e melhor fiscalizar a empresa, contribuindo para as decisões e, portanto, para a supressão das externalidades negativas da produção. Para o empresário, seria a oportunidade de conhecer melhor o perfil de seus consumidores, ganhar maior credibilidade e respeito no mercado, além de dividir diretamente a responsabilidade pelos riscos, uma vez que a comunidade afetada estaria participando direta ou indiretamente do processo decisório da companhia".

[33] ARNOLDI, Paulo Roberto Colombo; MICHELIN, Taís Cristina de Camargo. Novos enfoques da função social da empresa numa economia globalizada. *Revista de Direito Privado*, n. 11, p. 246, jul./set. 2002. Dessa mesma página, extrai-se o seguinte trecho: "O ciclo produtivo vai se tornando insustentável a medida que não mais existe um público consumidor (que está cada vez mais pobre). Se não há demanda, produzir para quê? E para quem? A busca incessante do lucro, por si só, não mais atende às necessidades econômico-sociais da atualidade".

[34] GHERSI, Carlos A. Funciones y responsabilidad de la empresa em el Mercosur. *Revista dos Tribunais*, v. 723, p. 49, jan. 1996.

[35] ALVES, Alexandre Ferreira Assumpção; GAMA, Guilherme Calmon Nogueira da (coords.). *Temas de direito civil-empresarial*. Rio de Janeiro: Renovar, 2008, p. 199.

[36] LAMY FILHO, Alfredo. A função social da empresa e o imperativo de sua reumanização. *Revista de Direito Administrativo*, n. 190, p. 57, out./dez. 1992.

III. GRUPOS SOCIETÁRIOS DE FATO NO ORDENAMENTO JURÍDICO BRASILEIRO

Nos grupos de direito, constituídos por uma convenção formal elaborada entre sociedades controladora e controlada, a relação de subordinação ou controle é sempre de natureza societária, ou seja, pautada sobre a participação da controladora (sociedade de comando do grupo) no capital social votante das sociedades filiadas ou controladas[37]. Sobre o tema da participação acionária nos grupos de direito no Brasil, Gustavo Tepedino lembrou que há grupo de direito (no Brasil) quando as sociedades formalizam a união econômica entre elas existente, seguindo as normas previstas nos arts. 265 a 277 da Lei das Sociedades por Ações (Lei 6.404/1976), de forma que se relacionam não apenas por meio de controle acionário, como também através de documento formal e de administração comum. Nesse caso, apesar de conservarem personalidade jurídica autônoma, e, em tese, patrimônios distintos, autoriza-se às sociedades integrantes prever empreendimentos conjuntos e despender esforços e recursos em comum[38].

Ao lado destes grupos societários de direito, expressamente previstos na lei acionária brasileira, a realidade societária contemporânea convive com uma infinidade de grupos societários, chamados *de fato*, pautados em participações e coligações, sem que haja qualquer relação de capital entre as sociedades. Com efeito, as relações societárias da contemporaneidade saíram do modelo até bem pouco tempo existente, da estrutura organizacional da sociedade multinacional tradicional dos grupos de subordinação, em que há uma sociedade com controle acionário e várias controladas, hierarquizando-se sob a forma piramidal com a *holding* no topo da pirâmide, para um fenômeno de vinculação entre as unidades empresariais por meio de uma rede de contratos societários, sem que haja participação de capital[39]. Assim, os grupos de fato se identificam pelo conjunto mais ou menos vasto de sociedades comerciais que se encontram subordinadas a uma direção econômica unitária e comum, embora conservem as respectivas personalidades jurídicas próprias e distintas[40], sem que para tanto se faça necessária qualquer participação de capital.

Dada a infinidade de contratos que podem ser firmados, assenta a dificuldade em identificar os casos em que há a formação de um grupo societário de fato em sentido amplo e quando, em termos de consequências jurídicas, a identificação desse grupo pode relevar para o direito.

Há contratos que geram uma relação societária reticular pelos quais se identificam parcerias, sem que se possa concluir, em todas estas relações, pela formação de grupo de fato *lato sensu*. O simples fato de sociedades se interligarem por meio de contratos não significa, necessariamente, que formam um grupo. Do mesmo modo, a verificação de conexão econômica entre sociedades não acarreta, invariavelmente, que haja dependência financeira entre elas. Além disso, ainda que se caracterize o grupo, pode ser que em seu âmago não se identifique uma relação de controle.

Por outras palavras, ainda que haja uma rede de contratos identificando um determinado grupo de sociedades, se no caso concreto cada sociedade mantiver a sua independência com relação às decisões societárias e se for, simultaneamente, economicamente independente, o controle não se fará presente. De outro lado, a grande novidade sob o aspecto jurídico é que os grupos de fato *lato sensu* têm se organizado por meio de uma estrutura de controle societário externo sob a forma contratual, abandonando a técnica da participação acionária, mas formando, ainda assim,

---

[37] Idem, p. 182.

[38] TEPEDINO, Gustavo. Consensualismo na arbitragem e teoria do grupo de sociedades. Exemplar gentilmente cedido pelo autor, p. 4.

[39] COMPARATO, Fábio Konder. Estado, empresa e função social. *RT*, n. 732, p. 40, out. 1996.

[40] ANTUNES, José A. Engrácia. *Os grupos de sociedades*. 2. ed. Coimbra: Almedida, 2002, p. 24.

uma rede grupal em que a sociedade controladora (*broker*) assume exclusivamente as funções de governo de um conjunto de outras sociedades fornecedoras de componentes ou matéria-prima, tratando-se de um novo panorama de organização estrutural da atividade empresarial[41]. Nesse cenário, nota-se, claramente, que o poder de decisão e o poder econômico estão centralizados em uma única sociedade do grupo, ainda que essa não tenha qualquer controle ou mesmo participação acionária. Há entre as sociedades que compõem esse tipo de grupo de fato *lato sensu* uma dependência, uma subordinação fática.

Em suma, o grupo de fato *lato sensu* que releva ao presente ensaio é aquele no qual se identifica a presença do poder de controle em sentido amplo.

A identificação da subordinação em um grupo de fato *lato sensu* é sutil e passa, necessariamente, pela análise de alguns aspectos do caso concreto para verificar situações fáticas que se apresentam como indicativas de formação do grupo societário, tais como: centralização de políticas trabalhistas, financeira e de investimentos comuns; utilização comum de nome comercial, produtos, campanhas publicitárias, marcas, uniformes, instruções diretivas comuns, *plafond* ou limite para transações; manual de instruções comum de produtos e serviços;[42] empregados comuns; diretores comuns; identidade de endereços; contratos de fornecimento exclusivo; remessas de *royalties* para a mesma sociedade fora do país, etc.

Esses pontos são meramente exemplificativos e não exaustivos e, além disso, o caso concreto requer a combinação de vários destes aspectos para que se possa demonstrar, cabalmente, que há uma relação de controle e subordinação que, no mais das vezes, se traduz numa espécie de dominação econômica de uma sociedade sobre as demais.

O grande fator a gerar dificuldade no caso concreto e, em especial, para enquadrar e delimitar o que é, efetivamente, um grupo de fato *lato sensu* é que as possibilidades são infinitas, e as combinações de formas, redes, entrelaçamentos, são inesgotáveis, imensuráveis, impensáveis e, a cada dia, surgem novas maneiras de se constituir um grupo sem qualquer vinculação acionária, mas com poder de controle comum. Não há como o jurista ou o aplicador do direito se fechar em um modelo, um conceito estanque. É preciso analisar detalhadamente e amiúde cada caso concreto, até porque em um haverá uma rede de contratos, em outro não... Doutro, emergirá operações econômicas que denotem dependência, já ausente em outra situação... E por aí adiante.

Nesse diapasão, a análise do caso concreto para verificar a ocorrência do controle como situação fática é determinante para caracterizar um grupo de fato *lato sensu,* perquirindo-se:

a) Há como caracterizar uma unidade de direção dentre as sociedades integrantes do grupo?

b) Por quem é exercido? (pessoa física ou jurídica estranha ao quadro societário dos componentes do grupo – controle externo);

c) Este exercício é permanente?

Veja, pois, que há situações concretas em que não basta apenas socorrer-se das participações acionárias ou do exercício dos direitos de sócios ou acionistas para que a satisfatória resposta jurídica seja encontrada. Há casos em que se faz necessário investigar, ao lado desses ou para além desses, quem efetivamente está ditando as regras, dando as cartas, comandando; quem está, enfim, com a posição fática de controle e poder.

---

[41] COMPARATO, Fábio Konder. Estado, empresa e função social. *RT*, n. 732, p. 40, out. 1996.

[42] BELTRAN, Ari Possidonio (coord.). *A União Europeia e o direito do trabalho.* São Paulo: LTr, 2012, p. 111.

IV. DESCONSIDERAÇÃO EM GRUPOS DE FATO

Importantíssimo frisar que a formação de grupos societários de fato, ou ainda a verificação do exercício do controle *externa corporis*, não constituem *per si* medidas antijurídicas. Muito pelo contrário, traduz-se numa natural expansão da atividade empresarial, coadunando-se à realidade mundial contemporânea. É preciso separar o exercício regular de um direito dos casos anômalos.

Como fenômeno natural da economia contemporânea, os grupos de sociedades fomentam o crescimento da economia e, muitas vezes, constituem eficaz mecanismo de progresso empresarial. A regra, portanto, é do respeito à autonomia das pessoas jurídicas que compõem o grupo, pois a simples constatação de controle e dependência, formal ou não, entre duas ou mais sociedades, não pode, isoladamente, levar à aplicação da *desregard doctrine*, já que se trata do exercício regular de um direito.

Contudo, um grupo societário, além de ser um agente econômico que cumpre um dever jurídico, pode, também, por sua conduta, violar esse dever, pela prática de comportamentos anômalos, com a utilização abusiva e desvirtuada do instituto do agrupamento de sociedades. Eis o cerne do problema, pois, nos casos de grupos de fato, essa composição não se encontra expressa em contrato social ou estatuto, carecendo de matéria probatória para consubstanciar-se. Ou seja, é preciso primeiro configurar o grupo, depois verificar sua utilização abusiva, para só então aplicar a desconsideração.

A questão merece fina análise, uma vez que a existência de controle entre duas empresas formalmente distintas não pode, isoladamente, levar a se concluir pela falta de autonomia patrimonial entre elas para permitir a aplicação da teoria da desconsideração[43]. Esse raciocínio é muito perigoso, pois pode fazer crer, equivocadamente, que os grupos societários são, em sua essência, institutos contrários ao direito. É importante esclarecer que, desde que mantida uma separação clara entre os negócios da controladora e da controlada ou controladas, inexistindo manipulação abusiva das sociedades integrantes do grupo, não há de se falar em desconsideração.

Sob tal ótica, o que deve se apurar no caso concreto é a conduta funcional da sociedade, ou do grupo de sociedades[44] e, justamente nesta assertiva reside o mais importante dos requisitos trazidos pelo artigo 50 do CC, que é o desvio de finalidade ou desvio de função. A teoria do desvio de função (ou disfunção) defende que a desconsideração da personalidade jurídica opera-se como resultante de fraude ou abuso, que nem sempre constituem ato ilícito, vez que, a disfunção se dá sempre que o comportamento do sócio (de fato ou de direito) ou a relação estabelecida torna inútil ou ineficaz a organização societária[45]. Nesse passo, o artigo 50 do CC nos remete, diretamente, ao substrato da função social da empresa e aos demais ditames da ordem econômica, emanados da CRFB.

O desvio de função, nessa construção, mostra-se como critério intrínseco à aplicação da teoria da desconsideração no caso de sociedades pertencentes ao mesmo grupo, pois a concessão da personalidade jurídica a cada um dos entes e sua manutenção têm como pressuposto inafastável a observância aos princípios do ordenamento relacionados à função social da empresa. Havendo uma utilização destorcida dos elementos que caracterizam os grupos de fato para perpetuar fraudes e prejuízos a terceiros, o grupo perde a sua função social, justamente face à ocorrência do desvio.

---

[43] KOURY, Suzy Elizabeth Cavalcante. *A desconsideração da personalidade jurídica* (disregard doctrine) *e os grupos de empresas*. 4. ed. Rio de Janeiro: Forense, 2000, p. 90.

[44] JUSTEN FILHO, Marçal. *Desconsideração da personalidade societária no direito brasileiro*. São Paulo: RT, 1987, p. 136-137.

[45] TEPEDINO, Gustavo; FACHIN, Luiz Edson (orgs.). *Diálogos sobre direito civil*. Rio de Janeiro: Renovar, 2008, v. II, p. 10.

Fundamentalmente, pode-se auferir que a desconsideração da personalidade jurídica no caso de sociedades pertencentes a grupos societários de fato ancora-se nas circunstâncias que provocam a incompatibilidade entre o ordenamento jurídico e o resultado que se atingiria, no caso concreto, através da utilização dessas pessoas jurídicas[46]. Ou seja, havendo manipulação das pessoas jurídicas pertencentes ao grupo societário, de forma que se verifique nas suas relações com terceiros – acionistas ou credores – que a autonomia patrimonial ou subjetiva foi utilizada para burlar a lei e ferir os preceitos do ordenamento, deve a personalidade ser desconsiderada para se tratar o grupo como uma unidade econômica, sem distinções, como de fato é[47].

Percebe-se, assim, que a disfunção apresenta-se como um pressuposto geral para ensejar a desconsideração da personalidade jurídica de sociedades integrantes de grupos de fato, prescindindo-se da aferição específica do elemento culpa o não significa dizer que este não se fará presente no caso concreto. Logo, não se indaga o elemento subjetivo do agente, mas tão somente a situação objetiva do desempenho da função, se conforme ou contrária ao ordenamento.

Vê-se, pois, que o princípio constitucional da função social é norteador da aplicação da teoria da desconsideração da personalidade jurídica às sociedades pertencentes a grupos de fato, na medida em que o uso indevido de sociedades integrantes de um grupo de fato caracteriza desvio de função ou afronta ao axioma constitucional da função social, pois nenhuma sociedade utilizada ou gerida por meio de fraude ou abuso pode cumprir uma função positiva no seio social.

O desvio de função, por esse viés, relaciona-se à inobservância dos ditames da ordem econômica, aqui compreendidos, além da função social da empresa, a livre concorrência e a livre iniciativa. Não se trata de um pressuposto infraconstitucional, mas de um axioma que reflete os anseios e os objetivos da República, como um dos pilares do ordenamento e da ordem jurídica e econômica na qual se insere. O desvio de função no exercício da atividade empresarial é a patologia da função social da empresa pelo mau uso da autonomia patrimonial à que o Estado conferiu legitimidade para viabilizar a consecução de certos fins.

Em termos práticos, no caso de desconsideração em grupo societário de fato, o magistrado deve considerar o grupo como um único ativo patrimonial *apenas* para aquele caso concreto. Por outras palavras, a decisão que deliberar pela desconsideração em sociedades pertencentes a grupo de fato deve fazê-lo abarcando o patrimônio de todas as sociedades, para que esse – considerado como unitário *naquele processo sub judice* – responda pelo crédito existente.

V.   CONCLUSÃO

Os grupos societários de fato são um fenômeno contemporâneo incontestável e, mais do que isso, são uma realidade necessária, positiva, propulsora da sociedade em aspectos relacionados ao progresso, à promoção social e ao desenvolvimento. O grupo societário e a rede empresarial constituem, hoje, os instrumentos por excelência de evolução da grande empresa frente à economia, não só para a obtenção de mais lucros, mas, fundamentalmente, para promover profundas mudanças de cunho social.

Nas últimas décadas, emergiram as mais variadas formas de associação, não mais calcadas nas tradicionais participações acionárias. Nesse novo modelo, o liame está no exercício de um poder de controle, muitas vezes, externo, oriundo de uma conexão econômica que permite a influência

---

[46]   Idem, p. 95.

[47]   KOURY, Suzy Elizabeth Cavalcante. *A desconsideração da personalidade jurídica* (disregard doctrine) *e os grupos de empresas*. 4. ed. Rio de Janeiro: Forense, 2000, p. 152.

dominante de uma sociedade sobre as demais, independentemente do instrumento ou da forma que se criou essa rede societária.

Entretanto, a formação de um grupo de fato, *per si,* não constitui qualquer irregularidade. Ainda que haja o controle informal entre sociedades, essa sinergia encontra-se com frequência nas relações societárias atuais e daí não resulta qualquer abuso, pois a formação de um grupo societário de fato constitui o exercício regular de um direito.

Desse modo, a análise da condução do grupo e de sua utilização funcional, é o cerne para caracterizar as situações nas quais seja perpetrado o abuso específico por meio da manipulação dos grupos societários. Além dos pressupostos objetivos e subjetivos para a desconsideração, há condutas comuns que denotam comportamentos abusivos (antijurídicos) específicos que são empregados na utilização dos grupos de forma contrária ao Direito.

Por falta de previsão legal específica sobre a matéria, as decisões judiciais de natureza cível que desconsideram a personalidade jurídica em grupos societários de fato acabam por fundamentar a aplicação do instituto no artigo 50 do CC, que traz o abuso da personalidade, o desvio de fim e a confusão patrimonial como pressupostos aplicáveis. Dentre esses pressupostos, o que melhor se coaduna com os casos de abusos específicos perpetrados por meio da utilização de grupos societários de fato é o do desvio da finalidade ou desvio de função, ocorrido no estrito desempenho da atividade empresarial, seja este desvio qualificado como abuso de direito ou identificado como choque aos princípios consagrados pela Constituição da República, o que remete o artigo 50 do CC diretamente para o princípio da função social da empresa e demais ditames da ordem econômica.

Contudo, a questão não é simples porque não existe uma normativa que trate, especificamente, dos grupos societários de fato e, ainda que seja criada norma específica para regular o instituto grupal, o problema da desconsideração em grupos societários de fato não pode ser reduzido a uma interpretação literal ou subsuntiva dentro do artigo 50 do Código Civil. A questão, por envolver a forma pela qual a ordem econômica se desenvolve, deve ser apreciada à luz dos princípios constitucionais, e não só os que regem a livre iniciativa e a função social da propriedade e da empresa, mas ainda sob o prisma dos princípios da justiça social e da dignidade da pessoa humana, essa, ao fim e ao cabo, a razão final de toda a normativa jurídica, a quem a lei se destina, tanto para regular quanto para proteger. A utilização abusiva dos grupos societários de fato deve passar pelo filtro necessário dos princípios e normas constitucionais relativos à economia, mas também pelos demais, que convergem para a plena realização dos preceitos da ordem econômica.

Qualquer tratamento que se queira dar sem levar esse viés em consideração será insuficiente. Qualquer abordagem do tema que não coloque o cerne do problema na finalidade social a ser alcançada pela constituição dos grupos de fato, ou seja, na função social da empresa (ou em sua disfunção), não estará à altura da posição de relevo que o instituto dos grupos societários de fato merece dentro do ordenamento brasileiro[48].

---

[48] NOTA DE AGRADECIMENTO: Artigo elaborado em homenagem ao Professor Gustavo Tepedino, pela comemoração de seus 30 anos de cátedra, de quem tive a honra e o privilégio de ter sido orientanda nos anos de 2015 e 2016 e a quem muito sou grata por todos os ensinamentos, por ter propiciado meu crescimento acadêmico e me passado a base do amadurecimento no contínuo estudo do Direito.

61

REVISITANDO O TEMA DA FUNÇÃO SOCIAL DA EMPRESA

VIVIANE PEREZ DE OLIVEIRA

Sumário: I. Introdução. II. Construindo o conceito de função social da empresa. III. A função social como incentivadora do exercício da empresa. IV. A função social como condicionadora da atuação empresarial – diferenciando o conceito da noção de responsabilidade social. V. Aplicação do princípio da função social da empresa como condicionadora da atuação empresarial. V.1 Limitações endógenas. V.2 Limitações exógenas. VI. Conclusão.

I. INTRODUÇÃO

Passados mais de dez anos da defesa da dissertação que compartilha o título do presente artigo, é um prazer poder revistar o tema, especialmente no contexto de uma merecida homenagem ao Prof. Gustavo Tepedino, quem além de ter sido meu professor durante toda a graduação foi também meu orientador ao longo do mestrado.

A felicidade em revisitar o tema, porém, esmaece ao se constatar que pouca evolução houve no que tange à aplicação do conceito da função social da empresa enquanto condicionadora da atuação empresarial, prevalecendo, ainda, sua aplicação enquanto incentivadora da manutenção da empresa. E embora correlatos, os diferentes vértices de aplicação do conceito, como se observará, são bem diversos.

II. CONSTRUINDO O CONCEITO DE FUNÇÃO SOCIAL DA EMPRESA

A ideia de função social como um *poder-dever* surge historicamente na Constituição alemã de Weimar de 1919[1], e representa a superação de uma concepção puramente individualista da

---

[1] V. art. 153: "Eigentum verpflichtet. Sein Gerbrauch soll augleich dem Wohle der Allgemeinheit dienen" (A propriedade obriga. Seu uso deve, ao mesmo tempo, servir ao interesse da coletividade).

propriedade. O conceito, embora relativamente difuso, está relacionado com o emprego do bem para o seu fim produtivo racional, de modo a gerar proveito não apenas para seu titular, mas também para a sociedade[2]. Ou seja, pode-se afirmar que a *função social* de determinado direito alinha seu exercício aos "interesses maiores da sociedade" – é neste sentido que se fala, hoje, de uma função social da propriedade ou do contrato. Nesse contexto, a existência de uma função social própria também para a empresa parece mesmo ser intuitiva. Mas como definir, de maneira segura, quais os "interesses maiores da sociedade" que deveriam ser observados no exercício da empresa?

A partir do momento em que se assentou a ideia de Constituição como norma[3], dotada de eficácia e condicionadora de todo o ordenamento jurídico – que lhe é hierarquicamente inferior –, parece lógico que a unidade e a segurança do sistema exijam que a definição dos interesses aos quais se referiu seja explorada em seu texto[4]. Isso porque, como se sabe, cabe à Constituição a importante função de veicular os consensos mínimos de determinada sociedade, que correspondem a interesses que transcendem o individual[5]. Por isso mesmo, os referidos "interesses maiores da sociedade" devem corresponder às escolhas democráticas do legislador constituinte. É no Texto Constitucional que o intérprete deverá perquirir os valores que certa sociedade deseja ver cumpridos através do exercício de determinado direito, ou seja: a função social que esta sociedade lhe busca imprimir.

Mas onde se encontraria, então, no Texto Constitucional, a função social da empresa? Para a responder a tal indagação, é preciso considerar, inicialmente, que a empresa é um instituto essencialmente econômico, porquanto destinado à produção e à perseguição do lucro. Nesse contexto, à empresa corresponde o princípio da livre-iniciativa, o qual assegura aos indivíduos a liberdade de se dedicarem ao desenvolvimento de atividades econômicas[6]. A livre-iniciativa, por sua vez, somente merecerá tutela se ponderada com os demais princípios constitucionais que cuidam do exercício da atividade econômica[7].

---

[2] A conclusão pode ser extraída da clássica definição de Léon Duguit, *Las transformaciones del derecho (público y privado)*, Buenos Aires: Heliasta, 1975, p. 179, para a função social da propriedade: "Pero la propriedad no es un derecho; es una función social. El propietario, es decir, el poseedor de una riqueza tiene, por el hecho de poseer esta riqueza, una función social que cumplir; mientras cumple esta misión sus actos de propietario están protegidos. Si no la cumple o la cumple mal, si por ejemplo no cultiva su tierra o deja arruinarse su casa, la intervención de los gubernantes es legitima para obligarle a cumplir su función social de propietario, que consiste en asegurar en empleo de las riquezas que posée conforme su destino".

[3] Sobre o tema, v., por todos, Luís Roberto Barroso, *O direito constitucional e a efetividade de suas normas*, Rio de Janeiro: Renovar, 1996, p. 73 e ss.

[4] Maria Celina Bodin de Moraes, A caminho de um direito civil constitucional, *Revista de Direito Civil*, Rio de Janeiro, n. 65, p. 28, jul./set. 1993: "Sob essa ótica, as normas de direito civil necessitam ser interpretadas como reflexo das normas constitucionais".

[5] J. J. Gomes Canotilho, Rever ou romper com a Constituição dirigente? Defesa de um constitucionalismo moralmente reflexivo, *Revista de Direito Constitucional e Ciência Política*, São Paulo, n. 15, p. 7-17, abr./jun. 1996.

[6] Eros Roberto Grau, *A ordem econômica na Constituição de 1988: interpretação e crítica*, São Paulo: Revista dos Tribunais, 2000, p. 223: "Uma das faces da *livre-iniciativa* se expõe, ninguém contesta, como *liberdade econômica*, ou *liberdade de iniciativa econômica*, cujo titular é a empresa" (grifo no original).

[7] Nesse sentido parecem precisas as observações de Carlos A. Ghersi, Funciones y responsabilidad de la empresa en el MERCOSUR, *Revista dos Tribunais*, São Paulo, n. 723, p. 49-50, jan. 1996, que, nada obstante tomem por base o ordenamento italiano, aplicam-se por inteiro à ordem brasileira: "El orden constitucional italiano, reconoce la libertad de iniciativa privada, es decir el ejercicio de la producción, circulación, distribución y comercialización de bienes y servicios, pero sólo en función de la realización de la utilidad social, es decir como bien señala Nicolo Lipari 'coloca los derechos fundamentales

1008 | PROBLEMAS DE DIREITO CIVIL – *Homenagem aos 30 anos de cátedra do professor Gustavo Tepedino*

Dessa forma, é no Título VI (Da Ordem Econômica e Financeira), Capítulo I (Dos Princípios Gerais da Atividade Econômica) da Constituição Federal que devemos buscar os interesses sociais que informam a livre-iniciativa e o exercício da empresa, a fim de definir-lhe a função social. Assim, é fácil concluir que a função social da empresa encontra sua expressão e contorno no artigo 170 da Constituição Federal[8] que, por sua relevância, ora se transcreve:

> Art. 170. A ordem econômica, fundada na valorização do trabalho humano e na livre-iniciativa, tem por fim assegurar a todos existência digna, conforme os ditames da justiça social, observados os seguintes princípios:
>
> I – soberania nacional;
>
> II – propriedade privada;
>
> III – função social da propriedade;
>
> IV – livre concorrência;
>
> V – defesa do consumidor;
>
> VI – defesa do meio ambiente, inclusive mediante tratamento diferenciado conforme o impacto ambiental dos produtos e serviços e de seus processos de elaboração e prestação; (Redação dada pela Emenda Constitucional nº 42, de 19.12.2003)
>
> VII – redução das desigualdades regionais e sociais;
>
> VIII – busca do pleno emprego;
>
> IX – tratamento favorecido para as empresas de pequeno porte constituídas sob as leis brasileiras e que tenham sua sede e administração no País.

A empresa, portanto, terá cumprido sua função social na medida em que em seu exercício obedecer aos princípios inscritos no artigo 170 da Constituição Federal. Nesse ponto convém fazer uma nota: é fácil perceber da leitura dos diversos incisos do artigo 170 que os princípios setoriais ali delineados não gozam de uma homogeneidade funcional. Quer dizer, o papel que a livre concorrência desempenha na ordem econômica é diverso daquele reservado ao princípio que propugna a busca do pleno emprego ou a redução das desigualdades regionais e sociais[9]. Dessa observação, bastante intuitiva, é possível agrupar tais princípios em duas categorias.

A primeira delas diz respeito aos *princípios de funcionamento*, que informam a regulação da dinâmica das relações produtivas, aos quais todos os seus agentes estão vinculados. Podem ser classificados como *princípios de funcionamento* aqueles referidos nos incisos I a VI do artigo 170, a saber: (i) soberania nacional, (ii) propriedade privada, (iii) função social da propriedade, (iv) livre concorrência, (v) defesa do consumidor e (vi) defesa do meio ambiente, além do (vii) respeito ao trabalhador, previsto no *caput*.

O segundo grupo é o dos *princípios fins*, que delineiam os objetivos que a ordem econômica como um todo deverá atingir. Vale dizer, representam os objetivos sociais do Estado dentro dessa

---

de la sociedad como criterio de legitimación de la empresa'. Esto en manera alguna descarta el interés individual por el lucro o tasa de ganancia, simplemente coloca limites como 'criterio y régimen de la relación individuo-sociedad' como dice otro importante jurista italiano, Francesco Galgano. Esto juega un papel central en la realización de la actividad empresaria y en sus relaciones, con los trabajadores y consumidores, que al final de cuentas son los mismos seres humanos en distintos roles".

[8] José Afonso da Silva, *Comentário contextual à Constituição*, São Paulo: Malheiros, 2005, p. 713.

[9] Sobre o tema, v. Luís Roberto Barroso, A ordem econômica constitucional e os limites à atuação estatal no controle de preços, *Temas de direito constitucional*, Rio de Janeiro: Renovar, 2003, v. 3, p. 47-81.

Cap. 61 · REVISITANDO O TEMA DA FUNÇÃO SOCIAL DA EMPRESA | **1009**

mesma ordem, informando as políticas pública e econômica do Governo no sentido da plena realização dos preceitos constitucionais[10]. Os princípios fins, portanto, encerram metas que, como informa o *caput* do artigo 174 da CF[11], não podem ser impostas diretamente aos particulares, mas cuja persecução lhes deve ser incentivada pelo Poder Público[12]. São a matéria-prima do planejamento econômico[13]. Os *princípios fins* figuram tanto no *caput* do art. 170, quanto em seus incisos finais. São eles: (i) existência digna para todos, (ii) redução das desigualdades regionais e sociais, (iii) busca do pleno emprego, e (iv) tratamento favorecido para as empresas de pequeno porte constituídas sob as leis brasileiras e que tenham sua sede e administração no país.

Muito bem. Embora com campos de aplicações diferentes, são os princípios inscritos no artigo 170 que deverão informar o conceito de função social da empresa e atribuir os contornos concretos de sua aplicação à atividade empresarial, orientando a interpretação das diversas normas infraconstitucionais que versem, direta ou indiretamente, sobre a atividade empresária.

Veja-se, porém, que os princípios contidos nos incisos do artigo 170 da CF podem ser alcançados de pelo menos duas formas: (i) incentivando o exercício da empresa, e (ii) condicionando a atuação empresarial. A primeira forma servirá especialmente à implementação dos *princípios fins*, na medida em que o exercício da atividade empresarial gera postos de trabalho e receita tributária; ao passo que a segunda é o campo próprio de atuação dos *princípios de funcionamento*. Nos itens seguintes, aprofunda-se esses dois raios de atuação do princípio da função social da empresa.

III. A FUNÇÃO SOCIAL COMO INCENTIVADORA DO EXERCÍCIO DA EMPRESA

Na sua primeira aplicação, o conceito de função social da empresa dá origem ao chamado *princípio da preservação da empresa*, que deve ser obrigatoriamente observado pelo Estado. Tal princípio advoga uma primazia da empresa, como centro de interesses autônomo e distinto de cada um dos grupos de interesses nela catalisados[14]. O núcleo da teoria está armado na consideração de que a empresa se aparta dos sócios e de seus interesses particulares, assumindo relevância própria, como elemento de economia coletiva; daí porque deve seguir fins que lhe são próprios: fins sociais.

---

[10] Nesse sentido, José Afonso da Silva, *Comentário contextual à Constituição*, São Paulo: Malheiros, 2005, p. 709: "(...) se revelam mais tipicamente como objetivos da ordem econômica – como, por exemplo, o da redução das desigualdades regionais e sociais e a busca do pleno emprego". Também Sara Jane Leite de Farias, Evolução histórica dos princípios econômicos da Constituição, In: Marcos Juruena Villela Souto e Carla C. Marshal (coords.), *Direito empresarial público*, Rio de Janeiro, 2002, p. 126.

[11] CF/88, art. 174, *caput*: "Como agente normativo e regulador da atividade econômica, o Estado exercerá, na forma da lei, as funções de fiscalização, incentivo e planejamento, sendo este determinante para o setor público e indicativo para o setor privado".

[12] Como ensina José Afonso da Silva, *Comentário contextual à Constituição*, São Paulo: Malheiros, 2005, p. 721, *incentivar* significa "*proteger, estimular, promover, apoiar, favorecer* e *auxiliar*, sem empregar meios coativos, as atividades particulares que satisfaçam necessidades ou conveniências de caráter geral" (grifos no original).

[13] Celso Ribeiro Bastos, *Comentários à Constituição do Brasil: promulgada em 5 de outubro de 1988*, São Paulo: Saraiva, 1990, t. 7, p. 110.

[14] Fábio Konder Comparato, A reforma da empresa, *Revista Forense*, Rio de Janeiro, n. 290, p. 15, jun. 1985: "Em qualquer das hipóteses, porém, é inegável que a sorte da empresa não pode ficar jungida à conduta do empresário como se entre eles houvesse uma relação dominial. Ainda nesse ponto, o legislador francês traçou, na reforma do direito falimentar de 1967, a via modelar a ser seguida: a preservação da empresa como centro autônomo de interesses, sem prejuízo da punição e do afastamento do empresário faltoso".

PROBLEMAS DE DIREITO CIVIL – *Homenagem aos 30 anos de cátedra do professor Gustavo Tepedino*

A manutenção da empresa atenderia, assim, ao interesse coletivo, na medida em que essa "unidade organizada de produção é fonte geradora de empregos, tributos e da produção ou mediação de bens e serviços para o mercado, sendo, assim, propulsora de desenvolvimento"[15]. Ou seja: incentivar a continuidade da empresa é uma forma de o Estado atender aos *princípios fins* a que se referiu no item anterior.

O princípio da preservação da empresa tem sua maior incidência, pois, nos possíveis casos de dissolução da sociedade, seja por retirada ou falecimento de sócio, seja em razão de processo falimentar. A jurisprudência não desconhece sua aplicação, sendo inúmeros os julgados que a privilegiam[16].

Em situações mais recentes, cumpre destacar que o princípio da função social da empresa foi invocado tanto para ratificar a legitimidade do Ministério Público, para atuar em processos de recuperação judicial como fiscal dos interesses sociais que a permeiam, quanto para afastar a exigibilidade da apresentação de certidões fiscais negativas no âmbito desses mesmos procedimentos[17]:

Recurso especial. Recuperação judicial. Negativa e prestação jurisdicional. Inocorrência. Administrador. Honorários. Fixação em patamar de 5% sobre os créditos concursais. Irresignação manifestada pelo Ministério Público. Legitimidade recursal configurada. (...)

5. A interpretação conjunta da regra do art. 52, V, da LFRE – que determina a intimação do Ministério Público acerca da decisão que defere o processamento da recuperação judicial – e daquela constante no art. 179, II, do CPC/15 – que autoriza, expressamente, a interposição de recurso pelo órgão ministerial quando a este incumbir intervir como fiscal da ordem jurídica – evidencia a legitimidade recursal do Parquet na hipótese concreta.

6. Ademais, *verifica-se estar plenamente justificada a interposição do recurso pelo MP como decorrência de sua atuação como fiscal da ordem jurídica, pois é seu papel institucional zelar, em nome do interesse público (função social da empresa), para que não sejam constituídos créditos capazes de inviabilizar a consecução do plano de soerguimento* (STJ, 3ª Turma, REsp 1.884.860/RJ, Rel. Min. Nancy Andrighi, *DJ* 29.10.2020 – *g.n.*).

Agravo interno no recurso especial. Agravo de instrumento. Recuperação judicial. Exigência de apresentação de certidão negativa de débito. Desnecessidade. Precedente. Agravo interno desprovido.

1. Segundo a jurisprudência da Terceira Turma, a apresentação das certidões negativas de débitos tributários não constitui requisito obrigatório para a concessão da recuperação judicial da empresa devedora ante a incompatibilidade da exigência com a relevância da função social da empresa e o princípio que objetiva sua preservação. Precedente.

2. Agravo interno desprovido (STJ, 3ª Turma, AgInt no REsp 1.802.034/MG, Rel. Min. Marco Aurélio Bellizze, julg. 01.03.2021).

Os julgados referidos apenas confirmam que a aplicação da função social da empresa enquanto incentivadora de seu exercício segue sendo reconhecida e privilegiada pela jurisprudência pátria.

---

[15] Sergio Campinho, *Sociedade por cotas de responsabilidade limitada*, Rio de Janeiro: Renovar, 2000, p. 111.

[16] Para um apanhado de decisões antigas sobre o tema, v. Irineu Mariani, O princípio da preservação da empresa e a dissolução da sociedade por cotas de responsabilidade limitada, *AJURIS*, Porto Alegre, n. 44, p. 80, nov. 1988.

[17] Para uma compreensão mais aprofundada dos fundamentos do entendimento jurisprudencial acerca do tema, v. STJ, 3ª Turma, REsp 1.864.625/SP, Rel. Min. Nancy Andrighi, *DJ* 26.06.2020.

Não por outra razão, este texto se dedicará com maior ênfase à menos explorada aplicação do conceito enquanto condicionador da atividade empresarial.

IV. A FUNÇÃO SOCIAL COMO CONDICIONADORA DA ATUAÇÃO EMPRESARIAL – DIFERENCIANDO O CONCEITO DA NOÇÃO DE RESPONSABILIDADE SOCIAL

Como vimos nos itens anteriores, a função social da empresa é conceito que pode ser extraído diretamente do Texto Constitucional e admite aplicação direta e imediata, inclusive como condicionadora da atividade empresarial. Nada obstante, a percepção de que a função social poderia também condicionar e limitar a atuação empresarial é ainda relativamente restrita. Nesse campo, ainda pouco explorado, não é incomum que a ideia de limitação do exercício da empresa em razão de sua função social, para aqueles que a aceitam, seja erroneamente confundida com a noção de responsabilidade social.

É em razão dessa confusão que Fábio Konder Comparato, um dos poucos a explorar a função social da empresa sob o prisma de condicionadora da atuação empresarial, levanta óbices à plena aplicação do princípio, concluindo por sua incompatibilidade com o regime capitalista. Veja-se seu raciocínio:

> É imperioso reconhecer, por conseguinte, a incongruência em se falar numa função social das empresas. No regime capitalista, o que se espera e exige delas é, apenas, a eficiência lucrativa, admitindo-se que, em busca do lucro, o sistema empresarial como um todo exerça a tarefa necessária de produzir ou distribuir bens e de prestar serviços no espaço de um mercado concorrencial. (...) A tese da função social das empresas apresenta hoje o sério risco de servir como mero disfarce retórico para o abandono, pelo Estado, de toda política social, em homenagem à estabilidade monetária e ao equilíbrio das finanças públicas.[18]

Em primeiro lugar, convém esclarecer que o princípio da função social não se mostra incompatível com a perseguição do lucro através do exercício da empresa. Certamente não se pode olvidar que o constituinte originário optou pela adoção do regime capitalista, o qual funda-se na livre-iniciativa, e não apenas aceita, mas incentiva a persecução do lucro nas atividades econômicas[19]. Mais do que isso, é preciso reconhecer que o lucro em si nada tem de ilícito e desempenha, ele mesmo, sua própria função social, promovendo o crescimento e o desenvolvimento econômicos. O lucro, portanto, não é incompatível com os princípios postos no artigo 170 da Constituição Federal, podendo inclusive, em sentido mais amplo, se traduzir em uma das formas de dar cumprimento aos seus *princípios fins*.

O lucro, todavia, não pode ser perseguido a qualquer custo, de forma desconectada dos demais princípios que informam o exercício da atividade empresarial. Isso porque, muito embora o regime adotado pelo constituinte seja mesmo o capitalismo[20], não se pode esquecer que a livre-iniciativa

---

[18] Fábio Konder Comparato, Estado, empresa e função social, *Revista dos Tribunais*, São Paulo, n. 732, p. 45-46, out. 1996.

[19] Marcos Juruena Villela Souto, *Aspectos jurídicos do planejamento econômico*, 2. ed. Rio de Janeiro: Lumen Juris, 2000, p. 145: "o lucro *justo* é incentivado num regime de livre-iniciativa, que repudia, apenas, o lucro sem causa lícita (...)".

[20] Miguel Reale, *Aplicações da Constituição Federal de 1988*, Rio de Janeiro: Forense, 1991, p. 13: "À luz do que suas disposições enunciam, estou convencido de que a Carta Magna, ora em vigor, optou por uma

1012 | PROBLEMAS DE DIREITO CIVIL – *Homenagem aos 30 anos de cátedra do professor Gustavo Tepedino*

trata-se "de uma liberdade-meio, ou liberdade condicional"[21]. É justamente neste momento que tem aplicação o princípio da função social em sua vertente condicionadora, a determinar, por exemplo, que na persecução de tal lucro o empresário deverá observar as boas práticas concorrenciais (art. 170, IV, CF), não degradar o meio ambiente (art. 170, VI, CF) e respeitar os direitos dos consumidores (art. 170, V, CF), bem como observar as leis trabalhistas (art. 170, *caput*, CF)[22].

Em segundo lugar, também não parece possível, em um regime capitalista, utilizar o princípio da função social da empresa como forma de transferir ao empresário os *munus* do Poder Público – embora se reconheça que esta seja uma das muitas distorções do conceito que pode ser encontrada em alguns trabalhos doutrinários[23]. A função social da empresa não pode ser manejada para, por exemplo, exigir dos empresários o fornecimento de educação gratuita aos filhos de seus funcionários.

Para os que advogam a causa da responsabilidade social das empresas, todavia, a produção de bens e serviços para consecução de lucros lícitos não é suficiente[24]. Animadas por sua responsabilidade social, e como integrantes da sociedade, as organizações empresariais teriam que participar ativa e responsavelmente da comunidade e do meio ambiente de forma mais ampla[25].

Essas iniciativas sociais, é verdade, são hoje bem-vistas no âmbito empresarial, podendo representar, a longo prazo, um aprimoramento da imagem do empresário no mercado[26]. Especialmente entre os consumidores, as empresas socialmente responsáveis têm ganhado cada vez mais prestígio. Não por outra razão, as empresas destacam, em mensagens institucionais, seus investimentos em programas sociais nos segmentos de cultura, educação, preservação ambiental, lazer e saúde.

Todavia, embora tais iniciativas sejam certamente louváveis, não se pode dizer que sejam obrigatórias por força do princípio da função social da empresa. Com efeito, a *responsabilidade social* das empresas, como ensina Eduardo Tomasevicius Filho "consiste na integração **voluntária**

---

    posição intermédia entre o liberalismo oitocentista, infenso a toda e qualquer intervenção do Estado, e o dirigismo estatal. Dir-se-ia que sua posição corresponde a do neoliberalismo ou social-liberalismo, o único, a meu ver, compatível com os problemas existenciais de nosso tempo".

[21] Fábio Konder Comparato, A reforma da empresa, *Revista Forense*, Rio de Janeiro, n. 290, p. 10, jun. 1985.

[22] Werson Franco Pereira Rêgo e Oswaldo Luiz Franco Rêgo, O Código de Defesa do Consumidor e o Direito Econômico, In: André Gustavo Corrêa de Andrade (org), *A constitucionalização do direito: a Constituição como lócus da hermenêutica jurídica*, Rio de Janeiro: Lumen Juris, 2003, p. 541. "Consagra-se, assim, uma *economia de mercado*, de natureza capitalista que, nada obstante isso, *deverá dar prioridade aos valores do trabalho humano e com vistas a alcançar a justiça social*. Logo, a liberdade econômica não é absoluta. *Ela é garantida até onde o fundamento e a finalidade da ordem econômica não sejam ameaçados*" (grifos no original).

[23] V. Carlos A. Ghersi, Funciones y responsabilidad de la empresa en el MERCOSUR, *Revista dos Tribunais*, São Paulo, n. 723, p. 48, jan. 1996.

[24] Robert Ashford, What are the ways of achieving corporate social responsibility?: binary economics, fiduciary duties, and corporate social responsibility: comprehending corporate wealth maximization and distribution for stockholders, stakeholders, and society, *Tulane Law Review*, Nova Orleans, n. 76, p. 1536, jun. 2002.

[25] Suzanne Corcoran, The corporation as citizen and as government: social responsibility and corporate morality, *The Flinders Journal Law of Reform*, Adelaide, v. 2, p. 65, dez. 1997: "We ought to accept that the corporation always has the social responsibility of a citizen and often has that of government".

[26] Paulo Roberto Colombo Arnoldi e Ademar Ribeiro, A revolução do empresariado, *Revista de Direito Privado*, São Paulo, n. 9, p. 225, jan.-mar. 2002: "Ao adicionar às suas competências básicas um comportamento ético e socialmente responsável, as empresas adquirem o respeito das pessoas e comunidades que são influenciadas por suas atividades e são gratificadas com o reconhecimento e engajamento dos seus colaboradores e a preferência dos consumidores".

Cap. 61 · REVISITANDO O TEMA DA FUNÇÃO SOCIAL DA EMPRESA | **1013**

de preocupações sociais e ambientais por parte das empresas nas suas operações e na interação com a comunidade", ao passo que só se pode exigir o cumprimento da função social da empresa "nas atividades que constituem os elementos da empresa, ou seja, o exercício de uma atividade econômica organizada produtora de bens e serviços com o intuito de lucro" (negrito acrescentado)[27].

Como se percebe, pois, a distinção se acentua no fato de a responsabilidade social encerrar uma postura voluntária do empresariado, enquanto a função social incide sobre o exercício da atividade empresarial e é de observância cogente por força do comando constitucional. A responsabilidade social, portanto, não é imposta por lei, mas encerra atos praticados por iniciativa do próprio empresário[28].

Neste ponto, para bem demonstrar o perfil voluntarista do conceito de responsabilidade social, convém examiná-lo sob o enfoque da doutrina norte-americana, berço de sua criação. Lá, tornou-se célebre o embate travado entre os professores E. Merrick Dodd e Adolph A. Berle Jr.[29]. Para o Prof. Berle, os administradores da companhia não teriam sequer autorização para praticar atos de responsabilidade social que não trouxessem benefícios diretos à própria companhia[30]. Isso porque, se agissem de forma diversa, estariam violando o dever de fidúcia que detêm perante os acionistas da sociedade, cuja legítima expectativa se resumiria à geração e distribuição de lucro[31].

Em visão contrária, e mais avançada, o Prof. Dodd defendia a possibilidade de os administradores praticarem atos de altruísmo diversos dos interesses dos acionistas, nem que para tanto se criasse um mecanismo de posterior controle desses atos por esses mesmos acionistas[32]. Esta

---

[27] Eduardo Tomasevicius Filho, A função social da empresa, *Revista dos Tribunais*, São Paulo, n. 810, p. 40 e 46, abr. 2003.

[28] Cheryl L. Wade, Corporate governance as corporate social responsibility: empathy and race discrimination, *Tulane Law Review*, Nova Orleans, v. 76, n. 5 & 6, p. 1464, jun. 2002: "corporate social responsibility looks to business to achieve social good even when not required by law".

[29] Adolph A. Berle Jr., Corporate powers as powers in Trust, *Harvard Law Review*, Cambridge, v. 44. n. 7, p. 1049-1074, maio 1931; E. Merrick Dodd, For whom are corporate managers trustees?, v. 45, n. 7. p. 1145-1163, maio 1932; E. Merrick Dodd, For whom are corporate managers trustees: a note, *Harvard Law Review*, v. 45, n. 8. p. 1365-1372, jun. 1932.

[30] A doutrina americana enunciada valia-se de argumentos como: "Whenever a corporate power is exercised, its existence must be ascertained and the technical correctness of its use must be checked; but its use must be judged in relation to the existing facts with a view toward discovering whether under all the circumstances the result fairly protects the interests of the shareholders". V. Adolph A. Berle Jr., Corporate powers as powers in Trust, *Harvard Law Review*, Cambridge, v. 44. n. 7, p. 1049-1074, maio 1931.

[31] De fato, o City Code on Takeover and Mergers (1981), editado pelo Council for the Securities Industry, adverte os administradores, em seu Princípio Geral 11, de que sua obrigação é a de primeiro agir no interesse dos acionistas. Isso o que nos dá conta Lord Wedderburn of Chalton, *Melbourne University Law Review*, Melbourne, v. 15, p. 12, jun. 1985. Essa restrição legal é objeto de críticas do Prof. Lawrence E. Mitchell, Cooperation and constraint in the modern corporation: an inquiry into the causes of corporate immorality, *Texas Law Review*, Austin, v. 73, n. 3, p. 480, fev. 1995.

[32] V. Robert Ashford, What are the ways of achieving corporate social responsibility?: binary economics, fiduciary duties, and corporate social responsibility: comprehending corporate wealth maximization and distribution for stockholders, stakeholders, and society, *Tulane Law Review*, Nova Orleans, n. 76, p. 1559, jun. 2002: "historical doctrine that corporate fiduciary duties flow first to the corporation and secondarily to the shareholders takes on added, practical significance with regard to fiduciary duties and corporate social responsibility. (...) If the binary approach to ownership-broadening financing might produce beneficial alternatives for shareholders, employees, customers, welfare recipients, and other stakeholders, then their advocates should consider that approach".

corrente do Prof. Dodd acreditava que o altruísmo era essencial para o sistema capitalista, na medida em que a empresa representa uma força socioeconômica que pode influenciar de maneira categórica o local em que se encontra.

A linha de pensamento do Prof. Dood influenciou a decisão tomada no conhecido caso *A.P. Smith Manufacturing Co. v. Barlow*, no qual a Suprema Corte de New Jersey declarou válida uma contribuição feita, em 1951, pelo quadro de diretores da A. P. Smith Manufacturing Co., no montante de $1,500 (mil e quinhentos dólares), para a Universidade de Princeton, a qual havia sido questionada pelos acionistas da empresa. A Corte, nada obstante tenha registrado o caráter voluntário da responsabilidade social, entendeu que os acionistas "whose private interests rest entirely upon the well-being of the corporation, ought not to be permitted to close their eyes to present-day realities and thwart the long-visioned corporate action in recognizing and voluntarily discharging its high obligations as a constituent of our modern social structure"[33].

Todavia, mesmo os autores que se alinham ao pensamento do Prof. Dodd, reconhecem que "the implementation of the concept of corporate social responsabilities in practice is not incompatible with the profit-optimisation principle, though inconsistent with the police profit-maximisation"[34]. E de fato a jurisprudência norte-americana, em resumo, acabou por se fixar no sentido de que "corporate altruism under the present systems of corporate governance and under the law today, not only is not practiced, it is not permissible. Corporations make contributions and other expenditures for social benefit only when, in the business judgment of management, it is in the corporate self-interest"[35].

É verdade que a legislação brasileira sobre o ponto é, de forma salutar, mais progressista do que a norte-americana, havendo autorização expressa na Lei das Sociedades Anônimas (Lei nº 6.404, de 15.12.1976) para a prática de atos gratuitos pelos administradores (artigo 154, § 4º)[36] – o que, contudo, não retira o caráter voluntário das ações de responsabilidade social. Note-se, aliás, que para o direito societário brasileiro existe uma distinção entre *atos gratuitos* e *atos de liberalidade*. Os atos de liberalidade, cuja prática é vedada pelo § 2º, alínea *a*, do mesmo artigo 154[37], são aqueles que importam em diminuição do patrimônio social sem qualquer benefício, ou vantagem de ordem econômica, correspondente para a sociedade empresarial. São considerados fraude à lei, e a medida de sua "antijuridicidade é a redução do patrimônio social ou a prática de negócio jurídico que, de qualquer forma, impeça o crescimento imediato ou mediato dele"[38].

Ou seja, a legislação brasileira permite a prática de atos gratuitos, relacionados à responsabilidade social da empresa, porque presume que estes, diversamente dos atos de liberalidade, são capazes de proporcionar benefícios à companhia, ainda que indiretos. Esses benefícios, como já se

---

[33] John Hood, Features: do corporations have social responsabilities?, *The freeman: ideas on Liberty*, Nova Iorque, v. 48, n. 11, p. 3, nov. 1998.

[34] Sweet & Maxwell, Recent perspectives on company law: a review article, *The company lawyer*, Londres, v. 19, n. 10 p. 290-5, nov./dez. 1998.

[35] John C Carter, The limit of corporate social responsibility, *Mercer Law Review*, Georgia, n. 33, p. 539, 1982.

[36] Lei nº 6.404/76, art. 154, § 4º: "O conselho de administração ou a diretoria podem autorizar a prática de atos gratuitos razoáveis em benefício dos empregados ou da comunidade de que participe a empresa, tendo em vista suas responsabilidades sociais".

[37] Lei nº 6.404/76, art. 154, § 2º: "É vedado ao administrador: a) praticar ato de liberalidade à custa da companhia".

[38] Modesto Carvalhosa e Nilton Latorraca, *Comentários à Lei de Sociedades Anônimas*, São Paulo: Saraiva, 1998, v. 3, p. 240.

referiu, podem decorrer de uma melhora na imagem da companhia, com consequente incremento de seus negócios, ou mesmo do incentivo dos empregados à maior produtividade.

Feita a digressão, e em síntese, o que se busca com a aplicação do princípio da função social da empresa não é exigir do empresário certas prestações de cunho social positivas, cuja competência, a rigor, caiba ao Estado; mas que esse mesmo empresário, em sua atuação, observe e dê cumprimento aos princípios estabelecidos pelo artigo 170 da Constituição Federal, que, em última análise, traduzem os interesses da sociedade brasileira. O item seguinte esclarecerá melhor a aplicação do princípio da função social da empresa como condicionadora da atuação empresarial.

V. APLICAÇÃO DO PRINCÍPIO DA FUNÇÃO SOCIAL DA EMPRESA COMO CONDICIONADORA DA ATUAÇÃO EMPRESARIAL

A aplicação do princípio da função social da empresa exige que os variados, e por vezes conflituosos, interesses internos e externos à mesma sejam observados e respeitados[39]. Por isso, pode-se classificar o aspecto da função social da empresa como condicionadora de seu exercício sob duas vertentes, quais sejam: (a) endógena – relativa às relações entre os agentes internos da empresa (empregados, sócios e administradores); e (b) exógena – relativa às relações com os centros de interesse externos à empresa (soberania, concorrentes, consumidores, e meio ambiente). Convém analisá-las brevemente de forma separada, buscando fornecer ao menos um exemplo concreto de sua aplicação em cada campo específico.

V.1 LIMITAÇÕES ENDÓGENAS

a) Relações de trabalho

No aspecto da limitação endógena ao exercício da empresa, se enquadra, em primeiro lugar e a teor do artigo 170, *caput*, o respeito às leis trabalhistas e aos interesses dos empregados. "É que a *livre-iniciativa* é um modo de expressão do trabalho e, por isso mesmo, corolária da valorização do trabalho, do trabalho livre – como observa Miguel Reale Júnior – em uma sociedade livre e pluralista"[40].

Não se espera com esse conceito obrigar o empresário a contratar quem quer que seja para compor os seus quadros[41], mas impor-lhe a observância de todos os direitos assegurados a seus empregados, e da dignidade dos mesmos em seus diversos aspectos[42]. A "empresa não deverá

---

[39] Modesto Carvalhosa e Nilton Latorraca, *Comentários à Lei de Sociedades Anônimas*, São Paulo: Saraiva, 1998, v. 3, p. 237-238. "Tem a empresa uma óbvia função social, nela sendo interessados os empregados, os fornecedores, a comunidade em que atua e o próprio Estado, que dela retira contribuições fiscais e parafiscais. Considerando-se principalmente três as modernas funções sociais da empresa. A primeira refere-se às condições de trabalho e às relações com seus empregados (...) a segunda volta-se ao interesse dos consumidores (...) a terceira volta-se ao interesse dos concorrentes (...). E ainda mais atual é a preocupação com os interesses de preservação ecológica urbano e ambiental da comunidade em que a empresa atua".

[40] Eros Roberto Grau, *A ordem econômica na Constituição de 1988: interpretação e crítica*, São Paulo: Revista dos Tribunais, 1990, p. 226.

[41] O que implicaria em uma agressão à garantia da liberdade de associação, inscrita no artigo 5º, XVII, da Constituição Federal.

[42] Como menciona Jorge Manuel Coutinho de Abreu, *Do abuso de direito*, Coimbra: Editora Almedina, 1999, p. 41: "a iniciativa econômica privada tem de exercer-se dentro dos limites definidos pela Constituição

1016 | PROBLEMAS DE DIREITO CIVIL – *Homenagem aos 30 anos de cátedra do professor Gustavo Tepedino*

sacrificar a sua própria subsistência em prol dos trabalhadores, mas deve trabalhar a fim de assegurar a sua função social e não apenas utilizar a força humana como uma força de produção tão somente"[43]. Por esse prisma, seria vedado, por exemplo, a discriminação no ambiente de trabalho ou a prática de assédio moral.

A função social da empresa informa, ainda, o tratamento a ser dado aos casos de sucessão em matéria trabalhista. Com efeito, considerando a contribuição que o empregado empresta ao desenvolvimento da empresa, o contrato de trabalho deve ser a ela relacionado e não ao empregador. Em outras palavras: é preciso considerar que o empregado está ligado à empresa, enquanto estabelecimento e atividade econômica, e não ao empresário-empregador[44]. A consequência prática desse raciocínio é a responsabilização daquele que estiver à frente da atividade, ainda que não tenha ocorrido sucessão formal, pela observância dos direitos do trabalhador.

A jurisprudência, porém, em exercício de ponderação, acabou por privilegiar o aspecto da função social da empresa enquanto incentivadora de seu exercício ao considerar constitucionais as previsões contidas na Lei de Falências e Recuperação Judicial (Lei nº 11.101, de 09.02.2005) que afasta a sucessão de créditos trabalhistas na hipótese de alienação conjunta ou separada de ativos relativos a empresas sob falência[45].

b) Relações entre sócios e administradores

Igualmente tem caráter endógeno o respeito aos interesses dos sócios ou acionistas, imposto não apenas ao administrador, mas também ao controlador em relação aos minoritários. Tais interesses também encontram guarida no artigo 170 da Constituição Federal, na medida em que o investimento realizado pelos sócios no capital da empresa representa um interesse patrimonial dos mesmos, capaz de ser resguardado pelo conceito maior de propriedade privada (inciso II)[46].

---

e pela lei (...), podendo até o Estado 'intervir transitoriamente na gestão de empresas privadas para assegurar o interesse geral e os direitos dos trabalhadores'".

[43] Christian Galvão Davies e Juliana Canarim Scalzo, Função Social da Empresa e do contrato, *Revista de Direito Internacional e Econômico*, Porto Alegre, v. 3, n. 14, p. 44, jan./fev./mar. 2006.

[44] Nesse sentido, v. Amauri Mascaro Nascimento, *Iniciação ao direito do trabalho*, São Paulo: LTr, 2002, p. 213: "Funda-se essa proteção no *princípio da continuidade do contrato de trabalho*, cujo corolário é o direito ao emprego, como também no *princípio da despersonalização do empregador*, ou seja, na perfeita discriminação que se faz entre empresário e empresa, para vincular os contratos de trabalho com esta e não com aquele. Com efeito, empregador é empresa, diz a lei (art. 2º da CLT), e não os seus titulares. Os contratos de trabalho são mantidos com a organização de trabalho e não com as pessoas que estejam eventualmente à frente dessa mesma organização".

[45] STF, Pleno, ADI 3.934-2/DF, Rel. Min. Ricardo Lewandowski, *DJ* 06.11.2009. A nova redação conferida à Lei nº 11.101/2005, pela Lei nº 14.112/2020, apenas ratifica a posição já exarada pelo Supremo Tribunal Federal, ao inserir nos artigos 60, parágrafo único, e 66, § 3º, expressa menção também às obrigações trabalhistas.

[46] Por certo não se desconhece ser há muito superada a corrente doutrinária que defendia serem os sócios ou acionistas proprietários do capital da sociedade que integram – o que atentaria contra a personalidade jurídica autônoma desta. O conceito que ora se adota é mesmo aquele de J. X. Carvalho de Mendonça – segundo o qual as contribuições dos sócios encerram um direito de duplo aspecto, patrimonial e pessoal –, que prevaleceu em sede doutrinária e é bem sintetizado por Rubens Requião: "O direito patrimonial é identificado como um crédito consistente em percepção de lucros durante a existência da sociedade e em particular na partilha da massa residual, decorrendo de sua liquidação final. Os *direitos pessoais* são os que decorrem do status de sócio" (grifo no original). Rubens Requião, *Curso de direito comercial*, São Paulo: Saraiva, 1995, v. 1, p. 340.

Esse aspecto patrimonial da natureza jurídica das contribuições dos sócios geraria, portanto, informado pelo princípio da função social da empresa, o dever de respeitar seus legítimos interesses. Assim, por exemplo, independentemente do tipo societário, deverá o administrador, seja ele sócio ou não, agir não apenas com a diligência que costuma empregar na condução de seus próprios negócios, sem buscar proveitos ou vantagens pessoais, mas buscar sempre a realização dos interesses sociais, ainda que contrários aos do grupo que eventualmente o elegeu[47].

O respeito ao interesse dos sócios ou acionistas encerra deveres de uma administração que aja com lisura e transparência, observando as normas legais e contratuais pertinentes, e buscando dar cumprimento, com eficiência, aos interesses da sociedade empresária. Também o controlador deverá pautar sua conduta não apenas pelos próprios interesses, mas respeitar os interesses dos sócios ou acionistas minoritários e da própria sociedade empresária – como aliás lhe impõem os artigos 115 e 116 parágrafo único da Lei nº 6.404/76[48].

Nesse contexto, parece relevante noticiar o recente julgado do Superior Tribunal de Justiça, que – privilegiando a necessidade de serem tutelados os interesses dos sócios minoritários –, entendeu que o fato de uma sociedade possuir apenas dois sócios, sendo o majoritário seu administrador, não afasta a vedação de que o administrador delibere sobre suas próprias contas, prevista no artigo 134, § 1º, da Lei nº 6.404/76, eis que não admite a aplicação da ressalva contida no § 6º do mesmo dispositivo[49], a qual é restrita à hipótese de os administradores serem os únicos sócios da companhia. Confiram-se os trechos relevantes da ementa do julgado:

> Recurso especial. Direito societário. Sociedade anônima fechada. Deliberações assembleares. Anulação. Assembleia Geral ordinária. *Aprovação das contas. Sócio administrador. Impossibilidade. Matéria. Ordem do dia. Ausência. Votação.* (...)
>
> 2. Cinge-se a controvérsia a definir se (i) incide na hipótese a exceção do artigo 134, § 6º, da Lei nº 6.404/1976, de modo que o sócio administrador está autorizado a deliberar a respeito das contas da companhia, (ii) a matéria relativa à remuneração do diretor da

---

[47] Lei 6.404/76, art. 154, § 1º: "O administrador eleito por grupo ou classe de acionistas tem, para com a companhia, os mesmos deveres que os demais, não podendo, ainda que para defesa do interesse dos que o elegeram, faltar a esses deveres".

[48] Lei 6.404/76: "Art. 115. O acionista deve exercer o direito a voto no interesse da companhia; considerar-se-á abusivo o voto exercido com o fim de causar dano à companhia ou a outros acionistas, ou de obter, para si ou para outrem, vantagem a que não faz jus e de que resulte, ou possa resultar, prejuízo para a companhia ou para outros acionistas".

"Art. 116 (...). Parágrafo único. O acionista controlador deve usar o poder com o fim de fazer a companhia realizar o seu objeto e cumprir sua função social, e tem deveres e responsabilidades para com os demais acionistas da empresa, os que nela trabalham e para com a comunidade em que atua, cujos direitos e interesses deve lealmente respeitar e atender".

[49] Lei 6.404/76: "Art. 134. Instalada a assembleia-geral, proceder-se-á, se requerida por qualquer acionista, à leitura dos documentos referidos no artigo 133 e do parecer do conselho fiscal, se houver, os quais serão submetidos pela mesa à discussão e votação.

§ 1º Os administradores da companhia, ou ao menos um deles, e o auditor independente, se houver, deverão estar presentes à assembleia para atender a pedidos de esclarecimentos de acionistas, mas os administradores não poderão votar, como acionistas ou procuradores, os documentos referidos neste artigo.

(...)

§ 6º As disposições do § 1º, segunda parte, não se aplicam quando, nas sociedades fechadas, os diretores forem os únicos acionistas".

1018 | PROBLEMAS DE DIREITO CIVIL – *Homenagem aos 30 anos de cátedra do professor Gustavo Tepedino*

companhia deveria ter constado da ordem do dia, (iii) era indispensável a disponibilização do parecer do Conselho Fiscal 30 (trinta) dias antes da realização da assembleia, e (iv) a retenção dos lucros somente é possível na hipótese em que a companhia comprove a sua dificuldade financeira.

3. *A aprovação das próprias contas é caso típico de conflito formal (ou impedimento de voto), sendo vedado ao acionista administrador proferir voto acerca da regularidade de suas contas.*

4. *Na hipótese, o fato de o único outro sócio da sociedade anônima fechada ter ocupado cargo de administração em parte do exercício não altera a conclusão que o sócio administrador não pode aprovar as próprias contas* (STJ, 3ª Turma, REsp 1.692.803/SP, Rel. Min. Ricardo Villas Bôas Cuevas, *DJe* 01.03.2021– *g.n.*).

Mais ainda, deve-se privilegiar não apenas o equilíbrio das relações sociais, mas também a transparência da sociedade empresária em suas relações com o mercado, como forma de tutelar os interesses de seus potenciais investidores. Especialmente nas companhias abertas, que têm seus valores mobiliários negociados na bolsa de valores, são as informações apresentadas ao mercado que permitem o conhecimento pleno das possibilidades do negócio, instruindo a decisão de nele investir ou não. Essas ideias, é bem verdade, compõem o conceito de *governança corporativa*, nascido no direito anglo-americano[50], e hoje amplamente difundido.

De toda sorte, para além do mero incentivo à adoção, a aplicação do princípio da função social da empresa fundamentaria a observância obrigatória de determinadas práticas de governança corporativa nas sociedades em geral, especialmente aquelas relativas aos deveres de informação e transparência na administração – que impõem, por exemplo, a divulgação periódica de demonstrativos financeiros e a comunicação da realização de negócios e operações relevantes. Isso porque o princípio da função social não admite que a administração da empresa seja uma inacessível e incompreensível caixa preta, especialmente para os acionistas minoritários.

V.2 LIMITAÇÕES EXÓGENAS

a) Soberania

A primeira esfera de interesse, prevista no artigo 170 da CF, tem como princípio de funcionamento e, portanto, delimitador da atividade empresarial, a *soberania*. É preciso notar, em primeiro lugar, que não se cuida aqui da mesma soberania política declarada como fundamento da República, no artigo 1ª, I, mas de soberania econômica. A soberania econômica "diz respeito à independência em relação à economia e à tecnologia estrangeira, já que a excessiva dependência econômica e tecnológica externa é uma séria ameaça à soberania nacional econômica"[51]. Não por outra razão, Eros Roberto Grau sustenta que a "afirmação da *soberania nacional econômica* não supõe o isolamento econômico, mas antes, pelo contrário,

---

[50] V. Cheryl L. Wade, Corporate governance as corporate social responsibility: empathy and race discrimination, *Tulane Law Review*, Nova Orleans, v. 76, n. 5 & 6, p. 1466, jun. 2002: "Corporate governance refers to how decisions are made and, more importantly, how disputes are settled within publicity traded corporations. It is a term that in the United States generally refers to the relationship among the professional managers of a publicly held corporation, its board of directors, and its shareholders".

[51] Sara Jane Leite de Farias, Evolução histórica dos princípios econômicos da Constituição, In: Marcos Juruena Villela Souto Souto e Carla C. Marshal (coords.), *Direito empresarial público*, Rio de Janeiro, 2002, p. 119.

Cap. 61 • REVISITANDO O TEMA DA FUNÇÃO SOCIAL DA EMPRESA | **1019**

modernização da economia – e da sociedade – e a ruptura de nossa situação de dependência em relação às sociedades desenvolvidas"[52].

Nesse contexto, é crescente a importância do papel da tecnologia para a competição no mundo globalizado, servindo seu aprimoramento como forma de alcance da soberania econômica. Ciente disso, a Carta de 1988 dedicou o item IV do título destinado à ordem social para incentivar a pesquisa, privada e pública, como meio de se buscar o desenvolvimento tecnológico[53], e consagrou também a proteção patentária[54]. A concessão de patentes é um incentivo à pesquisa, na

---

[52] Eros Roberto Grau, *A ordem econômica na Constituição de 1988: interpretação e crítica*, São Paulo: Revista dos Tribunais, 1990, p. 242.

[53] O capítulo é composto de quatro artigos, cuja transcrição parece relevante:

"Art. 218. O Estado promoverá e incentivará o desenvolvimento científico, a pesquisa, a capacitação científica e tecnológica e a inovação.

§ 1º A pesquisa científica básica e tecnológica receberá tratamento prioritário do Estado, tendo em vista o bem público e o progresso da ciência, tecnologia e inovação.

§ 2º A pesquisa tecnológica voltar-se-á preponderantemente para a solução dos problemas brasileiros e para o desenvolvimento do sistema produtivo nacional e regional.

§ 3º O Estado apoiará a formação de recursos humanos nas áreas de ciência, pesquisa, tecnologia e inovação, inclusive por meio do apoio às atividades de extensão tecnológica, e concederá aos que delas se ocupem meios e condições especiais de trabalho.

§ 4º A lei apoiará e estimulará as empresas que invistam em pesquisa, criação de tecnologia adequada ao País, formação e aperfeiçoamento de seus recursos humanos e que pratiquem sistemas de remuneração que assegurem ao empregado, desvinculada do salário, participação nos ganhos econômicos resultantes da produtividade de seu trabalho.

§ 5º É facultado aos Estados e ao Distrito Federal vincular parcela de sua receita orçamentária a entidades públicas de fomento ao ensino e à pesquisa científica e tecnológica.

§ 6º O Estado, na execução das atividades previstas no *caput*, estimulará a articulação entre entes, tanto públicos quanto privados, nas diversas esferas de governo.

§ 7º O Estado promoverá e incentivará a atuação no exterior das instituições públicas de ciência, tecnologia e inovação, com vistas à execução das atividades previstas no *caput*.

Art. 219. O mercado interno integra o patrimônio nacional e será incentivado de modo a viabilizar o desenvolvimento cultural e sócio-econômico, o bem-estar da população e a autonomia tecnológica do País, nos termos da lei federal".

Parágrafo único. O Estado estimulará a formação e o fortalecimento da inovação nas empresas, bem como nos demais entes, públicos ou privados, a constituição e a manutenção de parques e polos tecnológicos e de demais ambientes promotores da inovação, a atuação dos inventores independentes e a criação, absorção, difusão e transferência de tecnologia.

Art. 219-A. A União, os Estados, o Distrito Federal e os Municípios poderão firmar instrumentos de cooperação com órgãos e entidades públicos e com entidades privadas, inclusive para o compartilhamento de recursos humanos especializados e capacidade instalada, para a execução de projetos de pesquisa, de desenvolvimento científico e tecnológico e de inovação, mediante contrapartida financeira ou não financeira assumida pelo ente beneficiário, na forma da lei.

Art. 219-B. O Sistema Nacional de Ciência, Tecnologia e Inovação (SNCTI) será organizado em regime de colaboração entre entes, tanto públicos quanto privados, com vistas a promover o desenvolvimento científico e tecnológico e a inovação.

§ 1º Lei federal disporá sobre as normas gerais do SNCTI.

§ 2º Os Estados, o Distrito Federal e os Municípios legislarão concorrentemente sobre suas peculiaridades".

[54] A tutela do direito de patente restou consagrada como cláusula pétrea no inciso XXIX do art. 5º da Constituição, cujo teor é o seguinte: "a lei assegurará aos autores de inventos industriais privilégio temporário

medida em que permite ao inventor recuperar o investimento realizado para a descoberta da nova tecnologia, ao passo que estimula também a exploração e a divulgação do invento, em benefício da sociedade[55]. A aplicação do princípio da função social da empresa, portanto, exige do empresário o respeito e comprometimento com a tutela das patentes, por ser este um dos meios de se alcançar a soberania econômica nacional.

Nada obstante, é preciso ressaltar que a patente não deixa de constituir um monopólio temporário, e como tal, porque representa uma limitação à concorrência (outro dos elementos que compõem o conceito de função social da empresa, como se verá a seguir), deve ser admitida tão somente enquanto dê cumprimento a essa mesma função social. Em outras palavras, não se admite que as patentes sejam utilizadas como mecanismos de abuso de poder econômico, deixando de atender às necessidades do mercado[56]. Nessas hipóteses terá lugar o mecanismo da licença compulsória, capaz de reinstaurar a concorrência[57], ou, ainda, de impor o atendimento a casos de emergência nacional, como se observou, recentemente, no que tange às vacinas contra Covid-19[58].

b) Concorrência

Como já se pode depreender da narrativa, dentro do contexto da função social da empresa, a segunda delimitadora exógena à atividade empresarial é a concorrência, que se encontra resguardada pelo inciso IV do referido artigo 170 da Constituição Federal. A tutela da livre concorrência é instrumento garantidor da função social da empresa, na medida em que, informada pela

---

para sua utilização, bem como proteção às criações industriais, à propriedade das marcas, aos nomes de empresas e a outros signos distintivos, tendo em vista o interesse social e o desenvolvimento tecnológico e econômico do País".

[55] Douglas Gabriel Domingues, A propriedade industrial na Constituição Federal de 1988, *Revista Forense*, Rio de Janeiro, n. 304, p. 76, jan. 1988: "Com efeito, toda a invenção, por ser **nova e suscetível de aplicação industrial**, acrescenta um algo a mais ao estado da técnica. Cada invenção que se materializa representa um novo impulso, maior ou menor, no desenvolvimento tecnológico. Por sua vez, a concessão da patente e sua posterior exploração industrial e comercial transformam o que constituía apenas um avanço tecnológico em progresso econômico. (...) Pelas razões acima, todo sistema de concessão de patente se reveste de elevado **interesse geral de ordem econômica**, por constituir um agente do desenvolvimento tecnológico e econômico, atendendo assim o **interesse social da coletividade**. (...) São posições aparentemente antagônicas e contraditórias, porque em verdade o interesse de um completa o do outro e, em matéria de invenção, a sociedade é a maior interessada, e quando protege o inventor não o faz com a finalidade outra que estimular o progresso técnico, incrementar o desenvolvimento de sua economia e satisfazer a necessidade de seus membros" (grifos no original).

[56] Calixto Salomão Filho, Direito industrial, direito comercial e interesse público, *Revista de direito público e economia*, Belo Horizonte, ano 2, n. 7, p. 40-41, jul./set. 2004, explica que é dever dos detentores de patentes manter o mercado abastecido e com preços concorrenciais. Em caso de abuso, a consequência necessária deve ser a reintrodução da concorrência, através da licença compulsória.

[57] Lei nº 9.279/96, art. 68, § 1º: "Ensejam, igualmente, licença compulsória: I – a não exploração do objeto da patente no território brasileiro por falta de fabricação ou fabricação incompleta do produto, ou, ainda, a falta de uso integral do processo patenteado, ressalvados os casos de inviabilidade econômica, quando será admitida a importação; ou II – a comercialização que não satisfizer às necessidades do mercado". Para uma análise mais completa do assunto, v. Viviane Perez, Exploração Patentária e Infração à Ordem Econômica, *Revista de Direito Público Econômico*, 1:261-79, 2003.

[58] Lei nº 9.279/96, art. 71: "Nos casos de emergência nacional ou interesse público, declarados em ato do Poder Executivo Federal, desde que o titular da patente ou seu licenciado não atenda a essa necessidade, poderá ser concedida, de ofício, licença compulsória, temporária e não exclusiva, para a exploração da patente, sem prejuízo dos direitos do respectivo titular".

Cap. 61 · REVISITANDO O TEMA DA FUNÇÃO SOCIAL DA EMPRESA | **1021**

livre-iniciativa[59], visa a manter o mercado aberto à participação de novos agentes econômicos, o que assegura, a seu turno, a possibilidade de os indivíduos se dedicarem livremente a qualquer atividade que se proponham a exercer, observadas as normas de prévia habilitação[60]. Por certo, quanto maior a quantidade de agentes econômicos em determinado mercado, maior será a competitividade entre eles, o que gerará benefícios para a sociedade, seja por uma presumível queda de preços, seja por uma busca constante de aprimoramento dos produtos oferecidos para melhor disputa da clientela[61].

É por essa razão que a Constituição Federal prevê mecanismos de repressão ao abuso do poder econômico[62], em seu art. 173, §4o[63], atualmente regulado pela Lei no 12.529, de 30.11.2011, que confere à autoridade antitruste judicante, o CADE, a competência para o controle preventivo (através do exame prévio de certas operações societárias qualificadas como atos de concentração) e repressivo (por meio da imposição de sanções pecuniárias e de obrigações de fazer ou não fazer) dos atos e negócios jurídicos capazes de influenciar a estrutura do livre mercado[64].

Alguns dos critérios utilizados pelo CADE para resguardo da concorrência serão examinados no tópico seguinte, eis que correlatos à tutela dos interesses dos consumidores, também exógenos à empresa.

c) Consumidores

O consumidor é, sem dúvida, o centro de interesses contrapostos ao da empresa que mereceu maior atenção do direito nos últimos tempos. Com efeito, a própria tutela da concorrência não deixa de ser também, em última análise, um mecanismo de resguardo dos interesses dos consumidores,

---

[59] Manoel Gonçalves Ferreira Filho, *Comentários à Constituição Brasileira de 1988*, São Paulo: Saraiva, 1995, v. 4, p. 3: "A consagração da liberdade de iniciativa, como primeira das bases da ordem econômica e social, significa que é através da atividade socialmente útil a que se dedicam livremente os indivíduos, segundo suas inclinações, que se procurará a realização da justiça social e, portanto, do bem-estar social".

[60] Túlio do Egito Coelho, *Direito da livre concorrência*, Rio de Janeiro: Fundação Getulio Vargas, 2002, p. 11: "É, portanto, através da intervenção indireta do Estado na atividade econômica, normatizando-a e regulando-a, que se assegura o direito à livre-iniciativa; ou seja, é na livre concorrência, enquanto direito a que o abuso da liberdade de comércio e indústria não comprometa o funcionamento regular dos mercados, que se garante aos particulares a exploração dos meios de produção de acordo com suas aptidões e disponibilidades".

[61] Celso Ribeiro Bastos, *Comentários à Constituição do Brasil*, São Paulo: Saraiva, 1990, p. 25-26: "A livre concorrência é indispensável para o funcionamento do sistema capitalista. Ela consiste essencialmente na existência de diversos produtos e serviços. É pela livre concorrência que se melhoram as condições de competitividade das empresas, forçando-as a um constante aprimoramento dos seus métodos tecnológicos, dos seus custos, enfim, na procura constante de criação de condições mais favoráveis ao consumidor".

[62] José Cretella Junior, *Comentários à Constituição brasileira de 1988*, Rio de Janeiro: Forense Universitária, 1993, v. 8, p. 402: "Procurando dominar o mercado e eliminar a concorrência para conseguir lucros excessivos, o indivíduo e a empresa acabam usando o poder econômico de que dispõem para a satisfação de ambições pessoais, **deixando de atender à função social da empresa**" (negrito acrescentado).

[63] CF/88, art. 173, § 4o: "A lei reprimirá o abuso do poder econômico que vise à dominação dos mercados, à eliminação da concorrência e ao aumento arbitrário dos lucros".

[64] Eros Grau, *Elementos de direito econômico*, São Paulo: Revista dos Tribunais, 1981, p. 131-132: "Observado que o princípio da liberdade de iniciativa econômica, não é senão corolário do princípio da propriedade privada dos bens de produção e considerada a afetação deste pelo princípio da função social, visualizamos, em grande parte das normas do Direito Econômico, precisamente, formas de concreção deste último".

PROBLEMAS DE DIREITO CIVIL – *Homenagem aos 30 anos de cátedra do professor Gustavo Tepedino*

ao assegurar aos mesmos os já mencionados benefícios da competitividade[65]. Não por outro motivo, a Lei nº 11.529/2011 prevê o princípio da *eficiência* como exceção para a aprovação de atos de concentração que, nada obstante sejam passíveis de gerar algum prejuízo à concorrência, tragam maiores benefícios ao mercado e aos consumidores[66].

Também no tema se insere a chamada *regra da razão*[67] que permite a análise ponderada dos atos de concentração, ou mesmo das condutas tidas por infrações à ordem econômica, com os demais princípios que norteiam a tutela da concorrência. Sob o enfoque da regra da razão é preciso ponderar, em primeiro lugar, que a eliminação de determinado concorrente pode decorrer de uma melhor atuação do mercado e não necessariamente de abuso do poder econômico[68]. Neste caso, a eliminação não apenas seria lícita como também traria benefícios ao consumidor, porque fruto de uma melhor política de preços ou mesmo de maiores investimentos em tecnologia[69]. Ademais,

---

[65] João Bosco Leopoldino da Fonseca, *Lei de proteção da concorrência: comentários à legislação antitruste*, Rio de Janeiro: Forense, 2001, p. 2: "No mercado situam-se os agentes que oferecem e os que demandam os bens produzidos e de que necessitam, situam-se os que entram com o seu trabalho para que haja produção e circulação de bens. E, dentre todos estes agentes, dois se apresentam com particular importância: o Estado e o consumidor; o primeiro como agente e regulador da atividade econômica (art. 174 CF), o segundo como destinatário e como finalidade e razão de ser da regulação da concorrência".

[66] Lei nº 12.529/91, art. 88: "Serão submetidos ao Cade pelas partes envolvidas na operação os atos de concentração econômica em que, cumulativamente:

I – pelo menos um dos grupos envolvidos na operação tenha registrado, no último balanço, faturamento bruto anual ou volume de negócios total no País, no ano anterior à operação, equivalente ou superior a R$ 400.000.000,00 (quatrocentos milhões de reais); e

II – pelo menos um outro grupo envolvido na operação tenha registrado, no último balanço, faturamento bruto anual ou volume de negócios total no País, no ano anterior à operação, equivalente ou superior a R$ 30.000.000,00 (trinta milhões de reais).

(...)

§ 5º Serão proibidos os atos de concentração que impliquem eliminação da concorrência em parte substancial de mercado relevante, que possam criar ou reforçar uma posição dominante ou que possam resultar na dominação de mercado relevante de bens ou serviços, ressalvado o disposto no § 6º deste artigo.

§ 6º Os atos a que se refere o § 5º deste artigo poderão ser autorizados, desde que sejam observados os limites estritamente necessários para atingir os seguintes objetivos:

I – cumulada ou alternativamente:

a) aumentar a produtividade ou a competitividade;

b) melhorar a qualidade de bens ou serviços; ou

c) propiciar a eficiência e o desenvolvimento tecnológico ou econômico; e

II – sejam repassados aos consumidores parte relevante dos benefícios decorrentes".

[67] Para um histórico do surgimento da regra da razão, suscitada originalmente na Suprema Corte dos Estados Unidos no caso "Standart Oil Company of New Jersey *et alli* vs. United States", no qual se discutia a validade de contratos com finalidade de restringir o intercâmbio interestadual, v. João Bosco Leopoldino da Fonseca, *Lei de proteção da concorrência: comentários à legislação antitruste*, Rio de Janeiro: Forense, 2001, p. 71 e ss.

[68] Uadi Lammêgo Bulos, *Constituição Federal anotada*, São Paulo: Saraiva, 2000, p. 1.099: "(...) a Constituição de 1988 não combate, nem nega, o exercício *legal* do poder econômico. Porém, o seu uso desmesurado e antissocial enseja a intervenção do Estado para inibir excessos".

[69] José Carlos de Magalhães e Onofre Carlos de Arruda Sampaio, A concentração de empresas e a competência do CADE, *Revista dos Tribunais*, São Paulo, n. 763, p. 59, maio 1999: "A eliminação da

Cap. 61 • REVISITANDO O TEMA DA FUNÇÃO SOCIAL DA EMPRESA | 1023

é preciso considerar também se são razoáveis, sob a ótica do princípio da eficiência, os possíveis benefícios que possam decorrer de determinado ato de concentração[70]. Essa análise deve tomar por consideração não apenas o mercado interno, mas também a colocação de empresas brasileiras no cenário internacional[71].

Foi precisamente essa visão internacional e macroeconômica que, por exemplo, conduziu o CADE a autorizar a fusão das cervejarias Antártica e Brahma para a criação da AMBEV. Vê-se, portanto, que os princípios e objetivos inseridos no artigo 170 da Constituição Federal, porque norteiam o conceito uno de função social da empresa, não devem jamais ser analisados de forma isolada, sendo sempre necessária a ponderação na sua incidência sobre casos concretos para que seja extraída a regra que melhor conforma a hipótese aos ditames da função social da empresa. Sobre o tema se voltará ao final.

Neste ponto, coloca-se, ainda, uma questão relevante: tendo em conta a necessidade de tutela dos interesses do consumidor, seria possível admitir o controle de preços com base no princípio da função social da empresa? Encontramos doutrinadores de relevo que consideram, *a priori*, o controle de preços inconstitucional por afronta ao princípio da livre-iniciativa e/ou da livre concorrência. Assim, por exemplo, Miguel Reale entende que livre concorrência encerra um "'princípio econômico' segundo o qual a fixação dos preços das mercadorias e serviços não deve resultar de atos de autoridade, mas sim do livre jogo das forças em disputa da clientela na economia de mercado"[72].

Há, todavia, posições mais moderadas, como a de Luís Roberto Barroso, quem, muito embora considere que, em situações de normalidade, o controle prévio ou a fixação de preços privados pelo Estado configura inconstitucionalidade patente, a admite excepcionalmente como

---

concorrência é, igualmente, aceita pela ordem jurídica, se decorre da atividade industrial ou mercantil melhor desenvolvida, com oferta de produtos como melhor tecnologia e melhor preço, sem que haja abuso do poder econômico".

[70] Paula A. Forgioni, *Os fundamentos do antitruste*, São Paulo: Revista dos Tribunais, 1998, p. 184-185: "Pela regra da razão, somente são consideradas ilegais as práticas que restringem a concorrência *de forma não razoável* (que se subsumiriam, por via de consequência, à regra da proibição *per se*). A *contrario sensu*, por óbvio, são permitidas as práticas que não impliquem restrição desarrazoada ao livre comércio".

[71] Marcos Juruena Villela Souto, *Aspectos jurídicos do planejamento econômico*, 2. ed., Rio de Janeiro: Lumen Juris, 2000, p. 148: "Este é o ponto que mais tem provocado a atuação do CADE, já que, para adequação a um cenário globalizado em face do surgimento de blocos econômicos (Mercosul, Nafta, Comunidade Europeia etc.), as empresas devem se ampliar para obter ganhos de produtividade com processos de economia de escala. Tal ampliação ocorre, nos países em desenvolvimento, pela via das concentrações, razão pela qual o CADE não pode desconsiderar, nos seus julgados, o planejamento do desenvolvimento econômico e as relações internacionais, sob pena de reputar abusivas concentrações que permitirão a inserção do país na comunidade internacional".

[72] Miguel Reale, Inconstitucionalidade de congelamentos, *Folha de São Paulo*, 19.out.1988, Opinião, Tendências/Debates, p. A.3. Compartilha desse pensamento Marcos Juruena Villela Souto, *Aspectos jurídicos do planejamento econômico*, 2000, p. 149: "Vê-se, pois, que a disciplina legal do art. 173, § 4º, CF, para repressão do abuso do poder econômico, prevê como determinam os incisos LV e LIV do art. 5º, CF, o devido processo legal antecedendo a punição e a intervenção no patrimônio e na liberdade de ação do empresário, não se encontrando amparo na Lei Maior para práticas como tabelamentos e congelamentos de preços impostos nos planos econômicos brasileiros, os quis prévia e genericamente são considerados abusivos os preços em descordo com seus comandos (inexistindo, assim, defesa, diligências, pareceres, decisões de órgãos técnicos, tal como determina a lei)".

1024 | PROBLEMAS DE DIREITO CIVIL – *Homenagem aos 30 anos de cátedra do professor Gustavo Tepedino*

mecanismo temporário "para reordenar o mercado concorrencial de modo que a livre-iniciativa e seus corolários possam efetivamente funcionar"[73].

Embora louváveis os argumentos em contrário, o princípio da função social da empresa, em seu enfoque relativo ao consumidor, parece conferir um elastério maior às hipóteses em que admissível o controle de preço. Por certo, como bem destacou Luís Roberto Barroso, o controle de preços pode servir de mecanismo para corrigir anomalias do mercado. Nas hipóteses, portanto, em que não se verifica um mercado de concorrência perfeita ou ideal – porque, por exemplo, insere-se ele em um monopólio natural ou legal –, o controle de preços certamente será legítimo, desde que garantida margem de lucro razoável. É este o caso das taxas e da maioria das tarifas públicas.

Mas, afora estas hipóteses, o princípio da função social da empresa obriga que se admita a possibilidade do controle de preços também nas atividades que possam ser consideradas essenciais ou de extrema relevância para o consumidor – sempre preservada, é claro, uma margem de lucro razoável ao empresário. Isso porque o controle de preços, nesses casos, se mostra necessário para garantir o acesso dos consumidores a esses bens e/ou serviços essenciais, sem que restem eles reféns da atuação do empresariado. Em outras palavras: não se pode permitir que a essencialidade do bem ou serviço para o consumidor sirva como carta branca para a fixação abusiva de preços, alimentada pela inelasticidade da demanda[74].

d) Meio ambiente

Por fim, no que se refere à última esfera de interesse exógena, qual seja, a preservação do meio ambiente, importa, em primeiro lugar a consciência de que o progresso tecnológico nos tornou uma sociedade essencialmente poluidora. No Brasil, de forma similar com o ocorrido em diversos outros países, como lembra Paulo de Bessa Antunes, o desenvolvimento "sempre se fez de forma degradadora e poluidora, pois calcado na exportação de produtos primários, que eram extraídos sem qualquer preocupação com a sustentabilidade dos recursos, e, mesmo após o início da industrialização, não se teve qualquer cuidado com a preservação dos recursos ambientais"[75].

Não foi sem algum atraso, portanto, que a humanidade despertou para a necessidade de preservação do meio-ambiente. Em um primeiro momento, contudo, a tutela ambiental tinha caráter "eminentemente preservacionista não admitindo conceber o homem como parte integrante de sua dinâmica. Foi esta concepção que orientou a criação das primeiras áreas de preservação ambiental (expulsando seus habitantes)"[76]. Esse modelo também influenciou, inicialmente, a legislação ambiental brasileira. Com o passar do tempo, contudo, assiste-se a uma "mudança de paradigma, permitindo a criação do conceito de desenvolvimento sustentável, onde se reconhece a inevitável presença do homem (...)"[77].

---

[73] Luís Roberto Barroso, A ordem econômica constitucional e os limites à atuação estatal no controle de preços, *Temas de Direito Constitucional*, Rio de Janeiro: Renovar, 2003, t. 2, p. 77.

[74] Assim já entendeu o Supremo Tribunal Federal, ao considerar constitucional a Lei 8.039, de 30.05.1990, que dispunha sobre critérios de reajuste das mensalidades das escolas particulares (STF, Pleno, ADI-QO 319/DF, Rel. Min. Moreira Alves, *DJ* 30.04.1993).

[75] Paulo de Bessa Antunes, *Direito ambiental*, Rio de Janeiro: Lumen Juris, 2001, p. 13-14.

[76] Márcia Gomes de Oliveira et al., Tutela ambiental e sociedade de risco, In: Wilson Madeira Filho (org.), *Direito e justiça ambiental*, Niterói: PPSGD, 2002, p. 198.

[77] Geísa Carla de Castro Araújo e Patrícia Rangel de Sá, O meio ambiente como construção de um novo contrato social, In: Wilson Madeira Filho (org.), *Direito e justiça ambiental*, Niterói: PPSGD, 2002, p. 337.

Cap. 61 · REVISITANDO O TEMA DA FUNÇÃO SOCIAL DA EMPRESA | 1025

A ideia básica do desenvolvimento sustentável é a de que o atendimento das necessidades do presente não deve comprometer as gerações futuras[78]. Nesse contexto, a Constituição Federal de 1988 deu um passo relevante ao exigir, em seu artigo 225, IV[79], um prévio e público estudo de impacto ambiental para a instalação de obra ou atividade potencialmente causadora de degradação ao meio ambiente. O estudo, na medida em que permite um diagnóstico antecipado, representa importante instrumento de intervenção e planejamento ambiental.

O empresário, portanto, deverá buscar realizar o desenvolvimento sustentável, sempre respeitando o equilíbrio ecológico, seja na extração e utilização de matéria prima, seja no controle e tratamento dos detritos industriais[80]. Como ensina Eduardo Tomasevicius Filho, exerce "a função social a empresa que utiliza os recursos naturais de forma justa e reduz ao mínimo o impacto de suas atividades no meio ambiente"[81].

Não por outra razão, como assevera Uadi Lammêgo Bulos, "é facultado ao Poder Público interferir, de modo drástico, nos atos atentatórios à ecologia, mesmo porque a Constituição proíbe atividades produtivas agressoras do ecossistema"[82]. Essa faculdade terá especial relevo nos discutidos casos de pré-ocupação de certas áreas por indústrias e outras empresas poluidoras. A questão que se coloca, nessas hipóteses, não é simplista. Cuida-se de saber qual o tratamento adequado a empresas originalmente instaladas em áreas mais remotas que, com o tempo, tornaram-se habitadas e, com isso, passaram elas a representar um estorvo à sua vizinhança pela produção, por exemplo, de elevados ruídos sonoros.

Nessas situações, é preciso recorrer à ponderação de vários fatores. Se por um lado a paralisação da atividade se mostra medida excessivamente gravosa, por outro não se pode dizer que exista um direito adquirido à poluição[83], ainda que sonora. Caberá, então, ao Estado determinar ao empresário, com fulcro no princípio da função social da empresa, a adoção de tantas quantas sejam as medidas possíveis para minimizar os efeitos de sua atividade. Assim, poderá a Administração, como lembra Hely Lopes Meirelles, desde "impedir ampliações do que está em uso desconforme, a exigir equipamentos e tratamentos técnicos redutores da poluição, em prazos e condições razoáveis,

---

[78] STF, MS 22.164/SP, Rel. Min. Celso de Mello, *DJ* 17.11.1995: "A questão do direito ao meio ambiente ecologicamente equilibrado – Direito de terceira geração – Princípio da solidariedade. – O direito a integridade do meio ambiente – típico direito de terceira geração – constitui prerrogativa jurídica de titularidade coletiva, refletindo, dentro do processo de afirmação dos direitos humanos, a expressão significativa de um poder atribuído, não ao indivíduo identificado em sua singularidade, mas, num sentido verdadeiramente mais abrangente, a própria coletividade social".

[79] CF/88, art. 225: "Todos têm direito ao meio ambiente ecologicamente equilibrado, bem de uso comum do povo e essencial à sadia qualidade de vida, impondo-se ao Poder Público e à coletividade o dever de defendê-lo e preservá-lo para as presentes e futuras gerações.

§ 1º Para assegurar a efetividade desse direito, incumbe ao Poder Público: (...) IV – exigir, na forma da lei, para instalação de obra ou atividade potencialmente causadora de significativa degradação do meio ambiente, estudo prévio de impacto ambiental, a que se dará publicidade".

[80] Horácio Augusto Mendes de Souza, A intervenção do Estado no domínio econômico à luz da jurisprudência, In: Marcos Juruena Villela Souto e Carla C. Marshal (coords.), *Direito empresarial público*, Rio de Janeiro, 2002, p. 58: "A Constituição da República Federativa do Brasil consagra o direito subjetivo, público, constitucional e difuso ao meio ambiente adequado, razão pela qual o desenvolvimento de atividades econômicas deve se dar de modo a não vulnerar o mencionado direito constitucional".

[81] Eduardo Tomasevicius Filho, A função social da empresa, *Revista dos Tribunais*, São Paulo, n. 810, p. 44, abr. 2003.

[82] Uadi Lammêgo Bulos, *Constituição Federal anotada*, São Paulo: Saraiva, 2000, p. 1.102.

[83] Paulo de Bessa Antunes, *Direito ambiental*, Rio de Janeiro: Lumen Juris, 2001, p. 17.

incentivando a voluntária mudança de local"[84]. Essa é a forma de dar cumprimento ao princípio da função social da empresa, sob o enfoque da preservação ambiental.

VI. CONCLUSÃO

Como se vê, portanto, o artigo 170 da Constituição Federal fornece meios seguros para a compreensão do princípio da função social da empresa enquanto condicionadora da atividade empresarial, seja em sua vertente endógena ou exógena. A compreensão do princípio da função social da empresa sob esse prisma garante concretude ao conceito, facilitando sua aplicação pelos operadores do direito. Nada obstante, para que o princípio da função social da empresa possa alcançar sua eficácia plena, não se pode perder de vista a necessidade de ponderar os diversos elementos que o compõem em sua aplicação a cada caso concreto.

Isso porque o artigo 170 da Constituição Federal, como se viu, procura oferecer um norte para compatibilizar interesses diversos. Esses são interesses que se apresentam, por vezes, em conflito, servindo de exemplo as clássicas tensões que se verificam entre livre-iniciativa e livre concorrência ou meio ambiente; ou entre os interesses dos acionistas e aqueles dos trabalhadores ou dos consumidores.

Assim, a correta implementação do princípio da função social da empresa, com a compatibilização desses interesses diversos, deve se dar através da técnica da ponderação, de modo que a restrição imposta a cada interesse, concretamente, só será justificada caso não imponha o aniquilamento do interesse contraposto – e apenas se não houver solução menos gravosa e o benefício logrado compensar o grau de sacrifício imposto ao interesse antagônico[85].

---

[84]   Hely Lopes Meirelles, *Direito municipal brasileiro*, São Paulo: Revista dos Tribunais, 1981, p. 477.

[85]   V. Luís Roberto Barroso e Ana Paula de Barcellos, O começo da história. A nova interpretação constitucional e o papel dos princípios no direito brasileiro, In: Luís Roberto Barroso (org.), *A nova interpretação constitucional: ponderação, direitos fundamentais e relações privadas*, Rio de Janeiro: Renovar, 2006, p. 345: "De alguma forma, cada um desses elementos deverá ser considerado na medida de sua importância e pertinência para o caso concreto, de modo que na solução final, tal qual em um quadro bem pintado, as diferentes cores possam ser percebidas, ainda que uma ou algumas delas venham a se destacar sobre as demais".

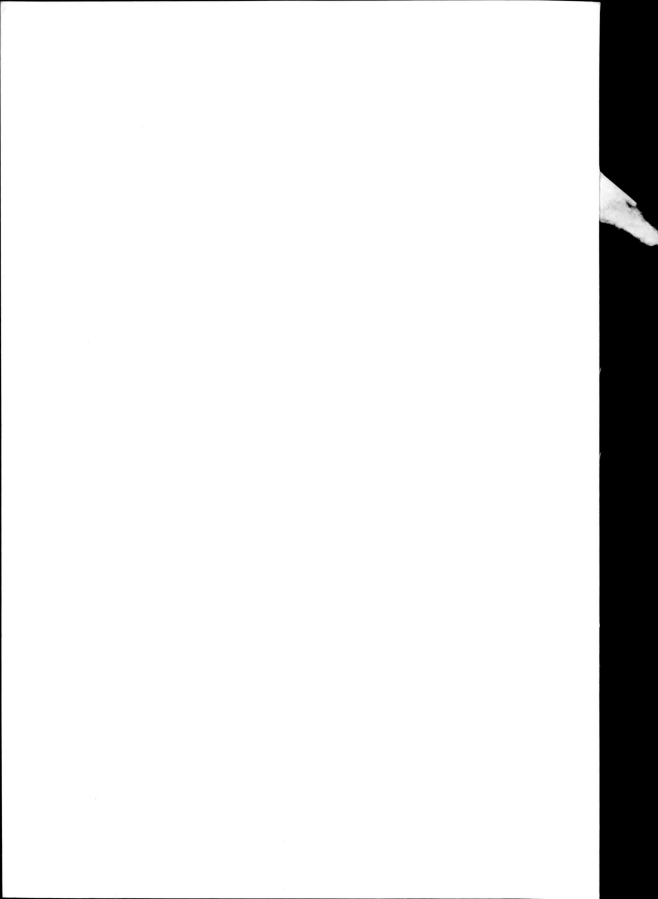